中华古籍保护计划

ZHONG HUA GU JI BAO HU JI HUA CHENG GUO

·成 果·

ཀྲུང་ཧྭ་གནའ་དཔེའི་བྱུང་བ་བརྗོད་པའི་དཀར་ཆག་དཔེ་ཚོགས།

中华古籍书志书目丛刊

བོད་རང་སྐྱོང་ལྗོངས་དཔེ་མཛོད་ཁང་གི་གནའ་དཔེའི་དཀར་ཆག

西藏自治区图书馆古籍目录

གསུང་འབུམ་པོད།

文 集 卷

1

བོད་རང་སྐྱོང་ལྗོངས་དཔེ་མཛོད་ཁང་གིས་བསྒྲིགས།

西藏自治区图书馆◎编

国家图书馆出版社

图书在版编目(CIP)数据

西藏自治区图书馆古籍目录·文集卷(全四册)/西藏自治区图书馆编.一北京:国家图书馆出版社,2015.9
(中华古籍书志书目丛刊)
ISBN 978-7-5013-5532-7

Ⅰ.①西… Ⅱ.①西… Ⅲ.①文集—古籍目录—西藏 Ⅳ.①Z838

中国版本图书馆CIP数据核字(2015)第010328号

书　　名　西藏自治区图书馆古籍目录·文集卷(全四册)
著　　者　西藏自治区图书馆　编
责任编辑　耿素丽

出　　版　国家图书馆出版社(100034　北京市西城区文津街7号)
　　　　　(原书目文献出版社　北京图书馆出版社)
发　　行　010-66114536　66126153　66151313　66175620
　　　　　66121706(传真),66126156(门市部)
E-mail　btsfxb@nlc.gov.cn(邮购)
Website　www.nlcpress.com→投稿中心
经　　销　新华书店
印　　装　河北三河弘翰印务有限公司
版　　次　2015年9月第1版　2015年9月第1次印刷

开　　本　889×1194(毫米)　1/16
印　　张　134.75
字　　数　1500千字

书　　号　ISBN 978-7-5013-5532-7
定　　价　1200.00元

编委会名单

དཔེ་གཞུང་རྩ་ཆེན་ཕྱོགས་བསྡུས་ཁྱད་འཕགས་ཤེས་རིག་རྒྱུན་འཛིན་བྱས། རྨད་བྱུང་པེར་དང་སྨྱུག་ཚས་རིགས་པའི་གླིང་ལ་ཕན་པ་སྒྲུབ།

（ཚབ་བྱེད་གླེང་གཞི།）

རང་རྒྱལ་ནི་ལོ་རྒྱུས་ཡུན་རིང་ལྡན་ལ་ཤེས་དཔལ་དར་བའི་གནའ་བོའི་རྒྱལ་ཁབ་ཞིག་ཡིན་པས། འོད་སྟོང་ལྡན་པའི་གནའ་རབས་རིག་གནས་ལྡན་ཡོད། རང་རྒྱལ་གྱི་གནའ་རབས་རིག་གནས་ཀྱི་རྟེན་གཞི་གཙོ་བོར་འགྱུར་བའི་གནའ་དཔེ་ནི། གླེགས་བམ་རི་བོའི་གཏོས་དང་མཉམ་པ་དང་། ཕུན་སུམ་ཚོགས་པ་དང་འབྱུས་སྒོ་ཚང་བའི་ཚད་ནི་མི་རིགས་གཞན་གྱིས་མདོ་བར་དཀའ་བ་ཞིག་ཡིན། རགས་རྩིས་བྱས་པར་གཞིགས་ན། ད་ཡོད་ཀྱི་དཔེ་མཛོད་ཁང་དང་། རྟེན་རྫས་བཤམས་མཛོད་ཁང་། ཡིག་རིགས་ཉར་ཚགས་ཚན་པ། དེ་བཞིན་སྒེར་གྱི་ཉར་ཚགས་བྱས་པའི་གནའ་དཔེ་མ་མཐར་ཡང་ཁྲི་༥༠༠༠ ཡན་ཟིན་གྱི་ཡོད། གནའ་དཔེ་དེ་དག་ནི་ཀྲུང་ཧྭ་མི་རིགས་ཀྱིས་ལོ་རྒྱུས་འཕེལ་རྒྱས་ཀྱི་བརྒྱུད་རིམ་ཁྲོད་དུ་གསར་གཏོད་བྱས་པའི་བསམ་པའི་རྒྱུ་ནོར་ཧ་ཅང་ཆེན་པོ་དང་རིག་གནས་ཤུལ་བཞག་གལ་ཆེན་ཞིག་ཡིན། དེ་ནི་ཀྲུང་ཧྭའི་ཤེས་དཔལ་ཟམ་མི་ཆད་པར་རྒྱུན་འཛིན་བྱེད་པའི་ལོ་རྒྱུས་ཀྱི་དཔང་པོ་ཡིན་ལ་མི་རབས་རྗེས་མས་རང་རྒྱལ་གནའ་རབས་ཀྱི་རིག་གནས་ཤེས་རྟོགས་དང་ཞིབ་འཇུག་བྱེད་པའི་གཞི་འཛིན་ས་གཙོ་བོ་ཞིག་ཀྱང་ཡིན།

གནའ་དཔེར་ལྡན་པའི་རིག་གནས་ཀྱི་ནུས་པ་དེ་ཐུ་ས་ནས་དབང་སྒྱུར་མཁན་དང་དཔྱོད་ལྡན་པ་རིམ་བྱུང་གིས་ངོས་འཛིན་བྱས་པར་མ་ཟད་ཟམ་མི་ཆད་པར་གོང་མཐོར་བཏང་ཡོད། ཁོ་ཆོས་ཐུར་ཞུས་དང་། ལེགས་སྒྲིག་པར་འདེབས། ཉམས་གསོ། ཉར་ཚགས་སོགས་རྣམ་པ་འདྲ་མིན་སྣ་ཚོགས་བརྒྱུད་དེ་གནའ་དཔེར་སྲུང་སྐྱོབ་བྱས་ཡོད་པས། གནའ་དཔེ་དེ་དག་འབྲུག་ཟིང་དང་། མེ་ཆུ། སྨུག་བཙོས་ཀྱི་འཇིགས་པ་སོགས་ལས་ཐར་ཏེ་སྔེས་དབང་གིས་མི་ཉམས་པར་གནས་ཡོད། ད་དུང་དེའི་ཁྲོད་ཀྱི་གནའ་དཔེ་མང་པོ་ཞིག 《མཛོད་བཞིའི་དཔེ་དེབ་ཀུན་བཏུས་》དང་།《ལོ་རྒྱུས་ཉེར་བཞིའི་པར་གཞི་སྣ་ཚོགས་ཕྱོགས་བཏུས་》《དཔེ་ཚོགས་སྡེ་བཞི་》ལ་སོགས་པའི་དཔེ་ཚོགས་ལུས་བརྒྱ་སྟོང་དུ་སྒྲིལ་བ་དང་འདྲ་བར། རིག་གཞུང་གི་དགེ་མཚན་ལྡན་པར་བྱས་ཡོད།

ཀྲུང་གོ་གསར་པ་དབུ་བརྙེས་རྗེས། ཏང་དང་སྲིད་གཞུང་གིས་གནའ་དཔེར་སྲུང་སྐྱོབ་བྱེད་ཤུགས་ཐར་བས་ཆེ་རུ་བཏང་ཡོད་ཅིང་། ༡༩༨༢ལོར་ 《ཀྲུང་ཧྭ་མི་དམངས་སྤྱི་མཐུན་རྒྱལ་ཁབ་ཀྱི་རིག་དངོས་སྲུང་སྐྱོབ་

བཅའ་ཁྲིམས་》 ཁྱབ་བསྒྲགས་བྱས་པ་དང་། ༢༠༠༦ ལོར་ 《རྒྱལ་ཁབ་ཀྱི་"ལོ་ལྔ་ཚན་བཅུ་གཅིག་པའི་" དུས་
སྐབས་ཀྱི་རིག་གནས་འཕེལ་རྒྱས་ཀྱི་འཆར་འགོད་རྩ་གནད་》 པར་འགྲེམས་བྱས་པ། ༢༠༠༧ལོར་" གནའ་དཔེ་
སྲུང་སྐྱོབ་ཐད་ཐུར་བས་ཤུགས་སྣོན་རྒྱག་རྒྱུའི་སྐོར་གྱི་བསམ་འཆར་》 དཔར་འགྲེམས་བྱས་པ་ལ་སོགས་པས།
གནའ་དཔེ་སྲུང་སྐྱོང་ལས་དོན་ཐད་ལ་སྲིད་ཇུས་ཀྱི་ཁྲིམས་སྲོལ་ཐད་ནས་འགན་སྲུང་ཐུབ་པ་བྱུང་ཡོད། རྒྱལ་
སྲིད་སྲི་ཁྲུབ་ཁང་གིས་༡༩༥༨ ལོར་" རྒྱལ་ཡོངས་གནའ་དཔེ་དག་སྒྲིག་པར་སྐྲུན་འཆར་འགོད་འགོ་ཁྲིད་ཚོགས་
ཆུང་" བཙུགས་པ་དང་། སློབ་གསོ་ཞུའུ་ཡིས་༡༩༨༣ལོར་ " རྒྱལ་ཡོངས་ཀྱི་མཐོ་རིམ་སློབ་གྲྭ་ཆེ་རིགས་ཀྱི་གནའ་
དཔེ་ལེགས་སྒྲིག་དང་ཞིབ་འཇུག་ལས་དོན་ཞུ་ལྷན་" བཙུགས་པ་སོགས། ཆེད་དམིགས་རང་བཞིན་གྱི་གནའ་
དཔེ་ལེགས་སྒྲིག་དང་སློབ་སྟོན་ཚན་པ་དེ་དག་གིས་གནའ་དཔེ་དག་སྒྲིག་དང་། ཞིབ་འཇུག སྲུང་སྐྱོབ་བཅས་ཀྱི་
ཐད་ལ་ཆེད་ལས་མཇུབ་ཁྲིད་འདོན་སྤེལ་བྱས་ཡོད། "ལོ་རྒྱུས་ཉེར་བཞིའི་གནའ་གཞུང་ཞུས་དག་ལས་གྲྭ"
དང་། " ཀྲུང་ཧྭའི་གནའ་དཔེའི་སྐར་བཟོའི་ལས་གྲྭ" "ཆ་ཚོང་བདུན་དང་རིགས་གཏེར་གཅིག་གི་ལས་གྲྭ"
སོགས་གནའ་དཔེ་སྲུང་སྐྱོབ་རྣམ་གྲངས་ཆེ་ཁག་སྤེལ་བ་དེས་གནའ་དཔེ་སྲུང་སྐྱོབ་ཐད་ཀྱི་གྲུབ་འབྲས་གཡུར་དུ་
ཟ་བ་ཐོབ་ཡོད།

༢༠༠༧ལོའི་ཟླ་༥པར། རིག་གནས་ཞུའུ་དང་ནོར་སྲིད་ཞུའུ་ཡི་རྒྱབ་སྐྱོར་འོག་ཏུ། རྒྱལ་ཁབ་དཔེ་མཛོད་
ཁང་དུ་རྒྱལ་ཁབ་གནའ་དཔེ་སྲུང་སྐྱོབ་ལྟེ་གནས་བཙུགས་ཏེ་སྒོ་བྱང་བཀལ་བ་དང་འབྲེལ་གཙོ་གནད་དུ" ཀྲུང་
ཧྭའི་གནའ་དཔེ་སྲུང་སྐྱོང་འཆར་གཞིའི" རྣམ་གྲངས་སྤེལ་བ་རེད། " ཀྲུང་ཧྭའི་གནའ་དཔེ་སྲུང་སྐྱོང་འཆར་
གཞི" ཡིས་རྒྱལ་ཡོངས་ཀྱི་གནའ་དཔེ་ཡོངས་བཤེར་ཐོ་འགོད་དང་། ཚད་ལྡན་ཡིག་རིགས་ཉམས་གསོ། རྒྱལ་
ཁབ་ཀྱི་རྩ་ཆེའི་གནའ་དཔེའི་མིང་མཛོད་ཁྱབ་བསྒྲགས་སོགས་ཀྱི་གནའ་དཔེ་སྲུང་སྐྱོབ་ལས་དོན་ཁག་སྤེལ་བར་
གྲུབ་འབྲས་མངོན་གསལ་དོད་པོ་ཐོབ་ཡོད། རྩ་ཆེན་དང་། ཁ་ཐོར་བ། ཆུང་བ། དཀོན་པ་བཅས་ཀྱི་གནའ་དཔེའི་
སྐར་སྐྱེས་རང་བཞིན་གྱི་སྲུང་སྐྱོང་ལ་ཤུགས་སྣོན་རྒྱག་ཕྱིར། རྒྱལ་ཁབ་གནའ་དཔེ་སྲུང་སྐྱོབ་ལྟེ་གནས་དང་རྒྱལ་
ཁབ་དཔེ་མཛོད་ཁང་དཔེ་སྐྲུན་ཁང་གཉིས་ཀྱིས་༢༠༠༨ལོ་ནས་རྩུས་འགོད་དང་སྤྲགས་གཅིག་རྗེས་གཉིས་མཐུད་
དང་"ཀྲུང་གོའི་གནའ་དཔེ་རྩ་ཆེན་དཔེ་ཚོགས"དང་ " ཀྲུང་ཧྭའི་གནའ་དཔེའི་བྱུང་བ་བརྗོད་པའི་དཀར་ཆག
དཔེ་ཚོགས"ཞེས་བྱ་བ་དཔེ་ཚོགས་ཆེན་པོ་གཉིས་ཀྱི་རྩོམ་སྒྲིག་ལས་དོན་སྤེལ་འགོ་བཙུགས་པ་རེད། "ཀྲུང་གོའི་

གནའ་དཔེ་རྩ་ཆེན་དཔེ་ཚོགས”ཀྱི་དམིགས་ཡུལ་ནི་རྒྱལ་ནང་གི་ཉར་ཚགས་ཚན་པ་གསུམ་མན་ཆད་（གསུམ་ཚུད་）ཀྱི་རྩ་ཆེའི་གནའ་དཔེ་ལེགས་སྒྲིག་ཕྱོགས་སྒྲིག་དང་། འདྲ་བཟོ་པར་འདེབས་སོགས་སླར་སྐྱེས་རང་བཞིན་གྱི་སྲུང་སྐྱོབ་བྱ་ཐབས་ལ་བརྟེན་ནས། རྩ་ཆེའི་གནའ་དཔེ་དེ་དག་ལུས་བརྒྱ་སྟོང་དུ་སྤྲུལ་བ་བཞིན་དུ་ནམ་ཡང་ཉམས་པ་མེད་པར་སྤེལ་ཡོད་པ་དང་། ད་དུང་རྩ་ཆེའི་གནའ་དཔེ་དེ་དག་རྒྱ་ཁྱབ་ཏུ་སྤེལ་བ་དང་། ཤེས་རིག་གླིང་དུ་ཕན་པ་རྒྱ་ཆེན་བྱུང་བ་དེས། རྩ་བའི་ཐོག་ནས་རྩ་ཆེའི་གནའ་དཔེ་དེ་དག་གི་“ཉར་” དང་“སྤྱོད” ཀྱི་གནད་དོན་ཐག་གཅོད་བྱུང་ཡོད། “ཀྲུང་ཧྭའི་གནའ་དཔེའི་བྱུང་བ་བརྗོད་པའི་དཀར་ཆག་དཔེ་ཚོགས”ནི་གནའ་དཔེའི་གསར་སྒྲིག་དཀར་ཆག་དང་། ལོ་རྒྱུས་དཀར་ཆག ཆེད་དོན་དཔེ་ཆའི་དཀར་ཆག ཞིབ་འཇུག་གི་བྱུང་བ་བརྗོད་པའི་དཀར་ཆག མཛོད་ཉར་གྱི་བྱུང་བ་བརྗོད་པ། དཔར་མཛོད་སོགས་རྩོམ་སྒྲིག་པར་སྐྲུན་བྱེད་པ་དེ་ཡིན།

ལོ་མང་འབད་བརྩོན་བྱས་པ་བརྒྱུད། “ཀྲུང་གོའི་གནའ་དཔེ་རྩ་ཆེན་དཔེ་ཚོགས” ཁྲོད་ཀྱི་《ཐེན་ཅིན་དཔེ་མཛོད་ཁང་གི་བམ་པོ་》དང་《ཨན་ཆིན་དཔེ་མཛོད་ཁང་གི་བམ་པོ་》《ཨའོ་མོན་སློབ་ཆེན་དཔེ་མཛོད་ཁང་གི་བམ་པོ་》དེ་བཞིན་《ཧོང་ཀོང་ཞིང་ཆེན་གྱིས་བཙུགས་པའི་ཀྲུང་ཧྭ་དཔེ་མཛོད་ཁང་གི་བམ་པོ་》སོགས་ཚང་མ་པར་ལེན་འདྲ་བཟོ་དཔེ་སྐྲུན་བྱས་ཟིན། དེ་སྔའི་ལོ་བྲང་ནང་དུ་ཉར་ཚགས་དང་དཔེ་ཉར་ཁང་ཆེན་དུ་ཉར་ཚགས་བྱས་པའི་རིགས་ལྔ་བརྒྱ་ལྷག་གི་རྩ་ཆེའི་གནའ་དཔེ་སྣ་ཚོགས་ལ་ནུས་ལྡན་གྱི་སྲུང་སྐྱོབ་དང་བེད་སྤྱོད་བྱུང་ཡོད། དེ་མིན་དཔེར་ན། 《སྔོ་ནུབ་སློབ་ཆེན་དཔེ་མཛོད་ཁང་གི་བམ་པོ་》དང་《ཧོ་ནན་སློབ་ཆེན་དཔེ་མཛོད་ཁང་གི་བམ་པོ་》སོགས་བམ་གྲངས་མང་པོ་གཅིག་རྗེས་གཉིས་མཐུད་དུ་དཔེ་སྐྲུན་བྱས་ཡོད། 《ཡུང་ལོའི་ཚིག་མཛོད་ཆེན་མོ་》ལ་སོགས་པས་མཚོན་པའི་རྩ་ཆེའི་དཔེ་དེབ་མང་པོའི་པར་ལེན་འདྲ་བཟོའི་གྲུབ་འབྲས་ཀྱིས། རྩ་ཆེའི་གནའ་དཔེའི་རིག་དངོས་ཀྱི་རང་བཞིན་དང་ཚད་ལྡན་ཡིག་ཆའི་རང་བཞིན་གཉིས་ཚད་གཞི་མཐོ་ཤོས་ཀྱི་སྒོ་ནས་ཟུང་འབྲེལ་དམ་ཚགས་བྱས་པར་བརྟེན། “ཀྲུང་གོའི་གནའ་དཔེ་རྩ་ཆེན་དཔེ་ཚོགས” རབས་དང་རིམ་པའི་གྲུབ་ཆ་གལ་ཆེན་ཞིག་ཏུ་སྒྲུབ་ཡོད། “ཀྲུང་ཧྭའི་གནའ་དཔེའི་བྱུང་བ་བརྗོད་པའི་དཀར་ཆག་དཔེ་ཚོགས” ཀྱིས་《རྒྱལ་ཁབ་ཀྱི་གནའ་དཔེ་རྩ་ཆེའི་མིང་གཞུང་དཔར་མཛོད་》ཁག་བཞི་པར་སྐྲུན་བྱས་ཡོད་པར་གནའ་དཔེ་རྩ་ཆེན་རིགས་༡༡༣༧༥ ཙམ་བསྡུས་ཡོད། པར་སྐྲུན་བྱེད་ཉེར་ཡོད་པའི་《ཐེན་ཅིན་དཔེ་

མཛོད་ཁང་གི་མཛོད་ཞར་དཔེ་དཀོན་དཀར་ཆག་》དང་《རྒྱན་ཏུང་སློབ་ཆེན་དཔེ་མཛོད་ཁང་གི་མཛོད་ཞར་དཔེ་དཀོན་དཀར་ཆག་》 《ཀྲེ་ཅང་དཔེ་མཛོད་ཁང་གི་མཛོད་ཞར་དཔེ་དཀོན་དཀར་ཆག་》སོགས་ཀྱིས་གནའ་དཔེར་དྲིལ་བསྒྲགས་དང་ལུགས་མཐུན་གྱིས་གནའ་དཔེ་བེད་སྤྱོད་བྱེད་པའི་ཐད་མཛད་རྗེས་ཆེན་པོ་ཆེ་བཞག་ཡོད།

མདོར་ན། འབད་བརྩོན་ཆེན་པོས་པར་ལེན་འདྲ་བཟོ་པར་སྐྲུན་སོགས་སྔར་སྲོལ་རང་བཞིན་གྱི་སྲུང་སྐྱོབ་བྱེད་ཐབས་བརྒྱུད་དེ་རྩ་ཆེའི་གནའ་དཔེར་སྲུང་སྐྱོང་ལེགས་པོ་བྱེད་པ་དང་། དེ་དག་གཉན་མཛོད་དང་ཀུན་དགའ་ར་བ་ལས་ཐོན་ཏེ། རིག་གནས་རྒྱུན་འཛིན་ལ་སྐུལ་འདེད་གཏོང་བ་དང་མི་རིགས་ཀྱི་སྙིང་སྟོབས་དར་སྤེལ་གཏོང་ཆེད་ནུས་པ་འདོན་སྤེལ་གང་ལེགས་བྱས་ཡོད། དེ་ནི་ང་ཚོ་གནའ་དཔེ་ཞར་ཚགས་སྡེ་ཚན་དང་གནའ་དཔེའི་ལས་དོན་པའི་དོར་ཐབས་མེད་པའི་འགན་འཁྲི་ཞིག་ཡིན་པས་ན། དེ་དོན་འབད་པ་ལྷུར་ལེན་བྱེད་དགོས་ངེས་ཡིན།

དེ་ནི་གླེང་གཞིའོ།

རྒྱལ་ཁབ་གནའ་དཔེ་སྲུང་སྐྱོབ་ལྟེ་གནས་ （རྒྱལ་ཁབ་དཔེ་མཛོད་ཁང་། ）

༢༠༡༥ལོའི་ཟླ་༥པར།

册府萃珍继绝学　翰墨流芳惠文林(代序)

我国是历史悠久的文明古国,拥有灿烂辉煌的古代文化。作为我国古代文化主要载体的古籍,其卷帙浩繁,丰富、完备程度远非其他民族可及。据不完全统计,现存各图书馆、博物馆和文献收藏单位及私家的古籍藏量至少在5000万册以上。这些古籍是中华民族在历史发展过程中创造的巨大精神财富和重要文化遗产,是中华文明绵延相承的历史见证,也是后人了解和研究我国古代文化的主要依据。

古籍承载的这一文化功能,早已为历代统治者和有识之士所认识并不断予以提升,他们通过校勘、整理、刊印、修复、珍藏等各种形式对古籍予以保护,使古籍不仅在经历了战乱、水火、蠹蚀之劫后能够幸存下来,还使得其中大量珍贵古籍通过《四库全书》《百衲本二十四史》《四部丛刊》等丛书而化身千百、裨益学术。

新中国成立后,党和政府进一步加大了对古籍的保护力度。1982年颁布了《中华人民共和国文物保护法》,2006年印发了《国家"十一五"时期文化发展规划纲要》,2007年印发了《关于进一步加强古籍保护的意见》,2012年印发了《国家"十一五"时期文化发展规划纲要》等,对古籍保护工作在政策法规层面予以保障;国务院于1958年成立了"全国古籍整理出版规划领导小组",教育部于1983年成立了"全国高等院校古籍整理研究工作委员会"等,这些专门性的古籍整理指导机构,对古籍的整理、研究和保护提供了专业指导;开展"点校二十四史工程""中华再造善本工程""七全一海工程"等重大古籍保护项目,使古籍保护取得丰硕成果。

2007年5月,在文化部、财政部的支持下,国家古籍保护中心在国家图书馆挂牌成立并重点开展了“中华古籍保护计划”项目。“中华古籍保护计划”开展了全国古籍普查登记、文献修复、公布国家珍贵古籍名录等各项古籍保护工作,成效显著。为加强对珍、稀、孤、罕古籍的再生性保护,国家古籍保护中心和国家图书馆出版社于2009年开始策划并陆续启动了“中国古籍珍本丛刊”“中华古籍书志书目丛刊”两个大型丛刊的编纂工作。“中国古籍珍本丛刊”旨在将国内馆藏单位在三家以下(含三家)的珍本古籍,通过整理汇编、仿真影印等再生性保护方式,使这些珍本古籍不仅得以化身千百、永无失传之虞,又可使这些珍本古籍广泛传播,嘉惠学林,从根本上解决这些珍本古籍的“藏”与“用”问题。“中华古籍书志书目丛刊”则编纂出版古籍新编书目、历史目录、专题书目、研究书志书目、藏书志、图录等。

通过多年的努力,“中国古籍珍本丛刊”之《天津图书馆卷》《安庆图书馆卷》《澳门大学图书馆卷》《广东省立中山图书馆卷》等均已影印出版,五百余种原深藏内府和藏书楼的各类珍本古籍因此得到了有效的保护和利用,其他如《西南大学图书馆卷》《河南大学图书馆卷》等多卷也将陆续出版。以《永乐大典》等为代表的诸多珍本仿真影印成果,因其将珍本古籍的文物属性和文献属性最大限度地进行了有机结合,从而成为“中国古籍珍本丛刊”系列中非常重要的组成部分。“中华古籍书志书目丛刊”已出版四批《国家珍贵古籍名录图录》,收录11375种珍贵古籍,即将出版《天津图书馆藏稀见书目》《山东大学图书馆藏稀见书目》和《浙江图书馆藏稀见书目》等,将为宣传古籍、合理利用古籍做出巨大贡献。

总之，努力通过影印出版等再生性保护手段保护好珍本古籍，使其走出深阁大库，为促进文化传承、弘扬民族精神发挥积极的作用，是我们古籍存藏单位和古籍工作者义不容辞的责任，必当不懈为之！

是为序。

国家古籍保护中心(国家图书馆)

2015年5月

གླེང་གཞི།

རང་རྒྱལ་ནི་མི་རིགས་མང་བའི་རྒྱལ་ཁབ་ཞིག་ཡིན་ཞིང་། ལོ་རྒྱུས་ཐོག་མི་རིགས་ཁག་གིས་མཉམ་དུ་ཕུན་སུམ་ཚོགས་པའི་ལོ་རྒྱུས་རིག་གནས་གསར་གཏོད་དང་གསོག་འཇོག་གནང་ཡོད་ལ་ཚད་ལྡན་གྱི་བསྟན་བཅོས་ཀྱང་མང་པོ་བཞག་ཡོད། གྲངས་ཉུང་མི་རིགས་ཀྱི་ཚད་ལྡན་ཡིག་ཆ་ནི་ཀྲུང་ཧྭ་མི་རིགས་ཀྱི་རྒྱུན་སྲོལ་རིག་གནས་ཀྱི་གྲུབ་ཆ་གཙོ་བོ་ཞིག་ཡིན། མི་རིགས་ཁག་གི་ལོ་ངོ་སྟོང་གི་ལོ་རྒྱུས་འཕེལ་རིམ་ནང་གསར་གཏོད་ཀྱི་གལ་ཆེའི་དཔལ་ཡོན་ལྡན་པའི་གྲུབ་འབྲས་ཞིག་ཡིན་ལ། ཕུན་སུམ་ཚོགས་པའི་ལོ་རྒྱུས་དང་རིག་གནས་ཀྱི་གོ་དོན་ཐེག་པ། དུས་རབས་མི་འདྲ་བའི་སྐབས་ཀྱི་གྲངས་ཉུང་མི་རིགས་ཕྱུལ་བྱུང་རིག་གནས་ཀྱི་རིན་ཐང་འདུ་ཤེས། མི་རིགས་ཁག་གི་ཤེས་རིག་འབྲས་བུ་གོང་བུར་འགྲིལ་བ། མི་རིགས་ཁག་གི་རིག་གནས་གསར་གཏོད་ཀྱི་ནུས་པ་དར་བ་གསལ་པོར་མཚོན་པ་དང་། མི་རིགས་ཁག་གི་བརྩེ་སེམས་ཀྱི་འབྲེལ་ཐག་སྐྱོང་བའི་བསམ་བློ་དང་གལ་ཆེའི་ཟམ་ཆེན་ཞིག་ཡིན་མ་ཟད་དཔལ་ཡོན་ལྡན་པའི་ཀྲུང་ཧྭ་ཡི་གྲུབ་ཆ་གཙོ་བོ་ཞིག་ཡིན།

ཚད་ལྡན་ཡིག་ཆའི་བསྟན་བཅོས་ནང་ལོ་རྒྱུས་ཀྱི་ཟིན་ཐོ་བཀོད་ཡོད་པ་དང་། དཔལ་ཡོན་རྒྱུད་འཛིན་གྱི་གལ་ཆེའི་སྣོད་ཆེན་ཞིག་ཡིན། ཀྲུང་ཧྭ་གནའ་དཔེ་རྒྱུད་སྤེལ་དེས་ཀྲུང་ཧྭ་མི་རིགས་ཀྱི་ལོ་ངོ་ལྔ་སྟོང་གི་ཤེས་རབ་ཉིང་བཅུད་གསོག་འཇོག་མཛོད་ལ་རང་རྒྱལ་ལ་ལོ་རྒྱུས་ཡུན་རིང་ལྡན་པའི་རིག་གནས་ཀྱི་བདེན་དཔང་དང་བསམ་བློའི་རིག་གནས་སྐྱོང་བའི་རྩ་བ་ཡིན། ཀྲུང་ཧྭ་མི་རིགས་ཀྱི་ཕྱུལ་བྱུང་རིག་གནས་ཀྱི་བསམ་བློའི་རིན་ཐང་མངོན་པ་དང་རིག་གནས་གསར་གཏོད་ཕུན་སུམ་ཚོགས་རུ་བཏང་བ། ཚད་ལྡན་ཡིག་ཆ་དེ་ཚོ་སྲུང་སྐྱོབ། ཐོག་འདོན་དང་བེད་སྤྱོད། མི་རབས་ནས་མི་རབས་བར་རྒྱུད་འཛིན་འགན་ལེན་ཐུབ་པ། སྐྱེས་གསར་རྒྱུན་སྲིང་ཡོང་བ། རྒྱུན་ཆད་མེད་པར་འཕེལ་རྒྱས་ཡོང་བའི་དགོས་ངེས་ཀྱི་དགོས་འདུན་ཡིན།

བོད་རིགས་ནི་མི་རིགས་གཞན་ལྟར་ལོ་ངོ་སྟོང་ཕྲག་གི་ལོ་རྒྱུས་ཡོད་པ་དང་། བཙན་པོའི་སྐབས་ནས་བཟུང་ལོ་རྒྱུས་ཀྱི་འཕེལ་རིམ་ནང་རྒྱ་ཆེ་བའི་བསྟན་བཅོས་མང་པོ་བཞག་ཡོད། དེ་ནི་བོད་མི་རིགས་ཀྱི་ལོ་ངོ་སྟོང་ཕྲག་གི་ལོ་རྒྱུས་འཕེལ་རིམ་ནང་གསར་གཏོད་ཀྱི་གལ་ཆེའི་ཤེས་དཔལ་གྱི་གྲུབ་འབྲས་ཞིག་ཡིན་ལ་ཀྲུང་ཧྭ་མི་རིགས་དང་མིའི་རིགས་ཀྱི་ཤེས་དཔལ་གྱི་རྩ་ཆེན་ཤུལ་བཞག་ཞིག་ཡིན། ཕུན་སུམ་ཚོགས་པའི་ལོ་རྒྱུས་དང་རིག་གནས་ཀྱི་དོན་འཁུར་ཐུབ་པ། ཡུན་རིང་ལྡན་པའི་བོད་ཀྱི་ལོ་རྒྱུས། འོད་སྟོང་འཕྲོ་བའི་རིག་གནས་དང་རིག་གནས་སྣང་ཚུལ་སྣ་ཚོགས་ཀྱི་འདུ་ཤེས་དོན་དངོས་འཁྲི་བ། ཧུར་བརྩོན་

དང་མི་རིགས་ཀྱི་ཚོད་ལྡན་ཡིག་ཆ་སྲུང་སྐྱོབ་དང་བེད་སྤྱོད། ཀྲུང་དཱུ་རིག་གནས་མང་པོ་གཅིག་འཕྲེལ་ཐད་ཀྱི་རྩ་བ་ལ་ སྲུང་སྐྱོབ་དང་རྒྱུན་སྐྱོང་། བོད་ཀྱི་མི་རིགས་ཁག་གི་ཞུལ་བྱུང་སྲོལ་རྒྱུན་རིག་གནས་རྒྱུན་འཛིན་དང་འཕེལ་རྒྱས། རིག་གནས་ རྒྱུན་འཛིན་སྐྱལ་སྤེལ་གྱི་ཆ་དང་མི་རིགས་ཁག་གི་བསམ་བློའི་རིག་གནས་སྤེལ་རེས། མི་རིགས་ཀྱི་སྐྱེས་སྟོབས་ཁྲབ་བརྟལ། མི་རིགས་མཐུན་སྒྲིལ་ལ་ཤུགས་སྣོན། སྤྱི་ཚོགས་བརྟན་ལྷིང་ལ་སྲུང་སྐྱོབ། བོད་ལྗོངས་སྤྱི་ཚོགས་རིང་ལུགས་ཀྱི་རིག་གནས་དར་རྒྱས་ལྡན་སུམ་ཚོགས་པ། ཀྲུང་གོའི་ཁྱད་ཆོས་དང་བོད་ཀྱི་ཁྱད་ཆོས་ལྡན་པའི་འཕེལ་རྒྱས་ཀྱི་ལམ་བུར་བདེ་སྐྱོད་ཐོག་ཕྱོགས་ཡོངས་ནས་སྤྱི་ཚོགས་རིང་ལུགས་ཀྱི་མཐུན་སྒྱུར་གྱི་སྤྱི་ཚོགས་གསར་གཏོད་བྱེད་རྒྱུར་དམིགས་གསལ་གྱི་གལ་ཆེའི་དོན་སྙིང་ལྡན་ཡོད།

དཀར་ཆག་སྒྲིག་པ་ནི་རང་རྒྱལ་གནའ་རབས་ཀྱི་ཚོད་ལྡན་ཡིག་ཆའི་ཞིབ་འཇུག་དང་ལེགས་བསྒྲིགས་ཀྱི་ཐབས་ཤེས་གཙོ་བོ་ཞིག་ཡིན། དཀར་ཆག་ཡོད་པའི་དབང་གིས་ང་ཚོས་གཞི་རྒྱ་ཆེ་བའི་གནའ་དཔེར་མཐོང་བ་ཙམ་གྱིས་ཀླག་པ་དང་གང་འདྲ་བྱེད་དགོས་མིན་མི་ཤེས་པ་མི་བྱེད་པ། དཀར་ཆག་གི་སློབ་གཉེར་ལ་ལམ་སྟོན་བྱེད་པ། རིག་གཞུང་ཁ་གསལ་ཡོང་བ། འབྱུང་ཁུངས་ར་སྤྲོད། ད་དུང་དེ་མིན་ཚོད་ལྡན་ཡིག་ཆའི་ཕྱག་ལས་གནང་མཁན་གཞན་པ་ཚོར་ཕན་ཐོགས་ཡོད་པ། གྲགས་ཅན་གྱི་དཀར་ཆག་རིག་པ་མཁས་ཅན་ཡོའོ་མིང་དྷའི་རྩོམ་ཡིག 《དཀར་ཆག་རིག་པ》 ཞེས་པའི་ནང་དཔེ་དེབ་ནི་མིའི་རིགས་ཀྱི་ཤེས་བྱའི་ཉིང་བཅུད་ཡིན་ལ་དཀར་ཆག་ནི་མིའི་རིགས་ཀྱི་ཤེས་རིག་སྒོ་མོ་ཕྱེ་བའི་ལྡེ་མིག་ཞིག་ཡིན། གལ་སྲིད་ལྡེ་མིག་མེད་ན་རང་ཅག་རྣམས་སྒོའི་ནང་འཛུལ་མི་ཐུབ་ཅེས་གསུངས་ཡོད། དཀར་ཆག་་གྱི་དེ་འདྲའི་ཕྱོགས་སྟོན་གྱི་ནུས་པ་ཐོན་ཚུལ་ནི། དང་ཐོག་ཀློག་པ་པོར་ཚོད་ལྡན་ཡིག་ཆ་བཙལ་འཚོལ་གྱི་རྩ་ཁུངས་མགོ་འདྲེན་བྱས་པ་ལས་མངོན་ཐུབ། དཔེ་དེབ་འདྲ་མིན་སྣ་ཚོགས་ཀྱི་དཀར་ཆག་ལས་ས་གནས་་ཁག་གི་བསྟན་བཅོས་ཚོད་ལྡན་ཡིག་ཆའི་ནང་དོན་ཁ་གསལ་མངོན་་པ་དང་། ཀློག་པ་པོར་ཞབས་ཞུ་བྱེད་ཐུབ། དེ་ནི་ས་གནས་་ཀྱི་ཚོད་ལྡན་ཡིག་ཆ་ཞིབ་འཇུག་བྱེད་པར་མེད་དུ་མི་རུང་བའི་བྱ་་བ་གཙོ་བོ་ཞིག་ཡིན། ས་གནས་ཀྱི་དཀར་ཆག་རིགས་འདྲ་མིན་ལེགས་བསྒྲིགས་ཡག་པོ་ཐུབ་ན་ས་གནས་་ཀྱི་ཚོད་ལྡན་ཡིག་ཆའི་ནང་དོན་མངོན་ཐུབ།

རྒྱལ་ཁབ་དགུ་བསྐྱེས་རྗེས། བསྟན་བཅོས་ལེགས་བསྒྲིགས་དཀར་ཆག་ལས་དོན་ལ་རྒྱ་ཁྱབ་དང་ཞིང་ཆེན་དང་གྲོང་ཁྱེར་དཔེ་མཛོད་ཁང་ནས་དོ་འཁུར་བྱས་ཞིང་། བསྒྱུ་རྩུབ། ལེགས་སྒྲིག ཚོད་ལྡན་ཡིག་ཆ་བེད་སྤྱོད་ཐད་དཔེ་མཛོད་ཁང་མང་པོ་ཞིག་གིས་ཕྱག་ལས་མང་པོ་གནང་ཡོད། ༡༩༨༧ལོར་བོད་ལྗོངས་དཔེ་མཛོད་ཁང་དབུ་བརྙེས་པ་ནས་བཟུང་། ཉེ་བའི་ལོ་

༢༠ ཡི་འཕེལ་རིམ་ནང་འབད་བརྩོན་ལ་བརྟེན་ནས་མི་རིགས་དང་ས་གནས་ཀྱི་ཁྱད་ཆོས་ཡོད་པའི་གསུང་འབུམ་བསྡུ་རུབ་དང་ལེགས་སྒྲིག་མང་པོ་བྱས་ཡོད། 《ཀྲུང་ཧྭ་གནའ་དཔེའི་ཕྱུང་བ་བརྗོད་པའི་དཀར་ཆག་དཔེ་ཚོགས་ལས་བོད་རང་སྐྱོང་ལྗོངས་དཔེ་མཛོད་ཁང་གི་གནའ་དཔེའི་དཀར་ཆག་གསུང་འབུམ་པོད།》 དཔེ་སྐྲུན་བྱས་པ་དེས་ དཔེ་མཛོད་ཁང་གི་ཕུན་སུམ་ཚོགས་པའི་གསུང་འབུམ་ཀློག་པ་པོར་ངོ་སྤྲོད་ཐུབ་པ་དང་། དཔེ་མཛོད་ཁང་གི་ལས་ཀའི་ནུས་པ་དང་ཞབས་ཞུའི་ཆུ་ཚད་གོང་མཐོར་བཏང་བ་དང་དུས་མཚུངས་དཔེ་མཛོད་ཁང་གི་གསུང་འབུམ་ཉར་ཚགས་ཀྱི་དྲིལ་བསྒྲགས་ལ་ཕན་ནུས་ཐོན་སྲིད། དྲིལ་བསྒྲགས་ལ་བརྟེན་ནས་སྤྱི་དམངས་ཀྱི་དཔེ་མཛོད་ཁང་གི་འདུ་ཤེས་ལ་ཤུགས་ སྣོན་ཐེབས་ཐུབ་ལ་དཔེ་མཛོད་ཁང་གི་སྤྱི་ཚོགས་ཀྱི་བག་ ཆགས་དང་མཚན་སྙན་གོང་མཐོར་འགྲོ་ཐུབ།

《ཀྲུང་ཧྭ་གནའ་དཔེའི་ཕྱུང་བ་བརྗོད་པའི་དཀར་ཆག་དཔེ་ཚོགས་ལས་བོད་རང་སྐྱོང་ལྗོངས་དཔེ་མཛོད་ཁང་གི་གནའ་དཔེའི་དཀར་ཆག་གསུང་འབུམ་པོད།》 ཞེས་པ་དེས་དཔེ་མཛོད་ཁང་དེ་ཉིད་ཞིང་ཆེན་རིམ་པའི་སྤྱི་སྤྱོད་དཔེ་མཛོད་ཁང་གི་འོས་འགན་མངོན་པའི་ཆེད་དང་། ཐུར་ལམ་ལྷག་པའི་སྒོ་ནས་བོད་ཡིག་ཚད་ལྡན་ཡིག་ཆའི་དཔེ་དེབ་ངོ་སྤྲོད་རྒྱ་ཆེའི་ཀློག་པ་པོར་ཞབས་ཞུའི་ཆེད་དུ་དམིགས་ནས་དཀར་ཆག་ལེགས་བསྒྲིགས་བྱས་པ་ཞིག་ཡིན། ཐོག་མར་བསྟན་བཅོས་ཚད་ལྡན་ཡིག་ཆའི་ནང་དོན་དང་ཐོ་བཀོད་དཀར་ཆག་ཁ་གསལ་ཡོད་པའི་རྨང་གཞིའི་ཐོག་དཔེ་དེབ་རྣམས་འདེམས་སྒྲུག་བྱས་ནས་ཞིབ་ཚགས་ཀྱིས་དབྱེ་བ་ཕྱེ་ནས་དཀར་ཆག་གི་དེབ་དེ་ལེགས་བསྒྲིགས་བྱས་པ་ཡིན།དེས་དཔེ་མཛོད་ཁང་གི་ཉར་ཚགས་གསུང་འབུམ་མངོན་པ་དང་ཀློག་པ་པོར་སྟབས་བདེ་དང་མཁས་དབང་ཚོར་ཞིབ་དཔྱད་དང་བཙལ་འཚོལ་ལ་ནུས་པ་ཐོན་ངེས་ཡིན་ལ་རང་གི་ལས་བཟོ་ཚོར་བློ་འདོན་དཔྱད་གཞིའི་ནུས་པ་འདོན་ཐུབ་པའི་ཕུན་སུམ་ཚོགས་པའི་ཚད་ལྡན་ཡིག་ཆའི་དེབ་ཐོ་ཞིག་ཡིན།དེར་མི་རིགས་ཀྱི་རིག་གནས་ཤུལ་བཞག་ལ་ སྲུང་སྐྱོབ་དང་། མེས་རྒྱལ་གོང་བུ་གཅིག་གྱུར་དང་སྤྱི་ཚོགས་བརྟན་ལྷིང་ལ་སྲུང་སྐྱོབ། ཀྲུང་ཧྭ་མི་རིགས་ རིག་གནས་སྤེལ་རེས་དང་མི་རིགས་མཐུན་སྒྲིལ་ཐད་གལ་ཆེའི་དགོས་ཡོད་ཀྱི་དོན་སྙིང་དང་ལོ་རྒྱུས་ཀྱི་དོན་སྙིང་གཏིང་ཟབ་ལྡན་ཡོད།

གོང་དུ་བཤད་པ་ལྟར་ 《ཀྲུང་ཧྭ་གནའ་དཔེའི་ཕྱུང་བ་བརྗོད་པའི་དཀར་ཆག་དཔེ་ཚོགས་ལས་བོད་རང་སྐྱོང་ལྗོངས་དཔེ་མཛོད་ཁང་གི་གནའ་དཔེའི་དཀར་ཆག་གསུང་འབུམ་པོད།》 ལེགས་བསྒྲིགས་ཐད་ཕྱིའི་བསྒྲིགས་སྟངས་དང་། ནང་དོན། དཀར་ཆག ཐོ་འགོད་ཚང་མ་སྔར་སྲོལ་གྱི་དཀར་ཆག་རིག་པའི་རིག་གཞུང་དང་ལག་ལེན་རྒྱུད་འཛིན་བྱས་ཡོད། དུས་རབས་འཕེལ་རྒྱས་འགྲོ་བ་དང་ཆབས་ཅིག་གསར་གཏོད་བྱུང་ཞིང་། གཅིག་ནས་དཀར་ ཆག་རིག་པའི་ལེགས་

བསྒྲིགས་ཀྱི་རྩ་དོན་ལ་བརྩི་སྲུང་དང་གཉིས་ནས་ས་གནས་མི་རིགས་ཀྱི་ཁྱད་ཆོས་འདུར་ཐོན་བྱས་པ། དེ་བཞིན་ད་ལྟ་ཉར་ཚགས་བྱས་པའི་གསུང་འབུམ་དཔེ་ཐོར་ཟབ་ནན་བྱས་པ་དང་ཆབས་ཅིག་ཐོར་བུའི་དཔེ་སྙིང་ལ་ཟབ་ནན་བྱེད་རྒྱུ་མ་བརྗེད་པ། མདོར་བསྡུས་ན་དཔེ་སྙིང་དཀར་ཆག་བཟོས་པ་དེས་ཀློག་པ་པོར་ཞིབ་དཔྱད་དང་བཙལ་འཚོལ་ལ་སྟབས་བདེ་དང་ཞིབ་འཚོལ་ཐད་དུས་ཚོད་གྲོན་ཆུང་བྱེད་ཐུབ་པ་མ་ཟད་དཔེ་ཚོགས་གསལ་འདེབས་བྱས་པ་བརྒྱུད། ཀློག་པ་པོར་སྟོན་གཟིགས་དང་། ངོས་འཛིན། སློབ་གཉེར་བཅས་ཀྱི་ཐད་རོགས་སྐྱོར་ཡོང་ངེས་ཡིན། དཔེ་མཛོད་ཁང་གི་ཆ་ནས་བཤད་ན་འང་གང་འདྲ་བྱས་ནས་ཉར་ཚགས་བྱས་པའི་གསུང་འབུམ་རྣམས་ཁྱབ་བསྒྲགས་བྱས་ཏེ་ཉམས་སྐྱོང་ཕྱོགས་བསྒོམས་དང་དེའི་ནང་ནས་བློ་སྒོ་འབྱེད་ཐུབ་པ་མ་ཟད་དེང་གི་དཀར་ཆག་ལས་དོན་ཐད་འགྱུར་བཅོས་དང་གསར་འབྱེད་ཀྱི་ཕན་པ་ལྡན་ཡོད།

བོད་ལྗོངས་རིག་གནས་ཐིང་ཏང་ཞུའུ་ཡི་དེ་སྟོན་ཏུའུ་ཅེ་ལེའུ་ཅན་མེན་གྱིས།

༢༠༡༥ ལོའི་ཟླ་བ་༣ པར་ལྷ་སར།

序 二

我国是一个统一的多民族国家,各民族在历史上共同创造和积累了丰富多彩的文化,留下了卷帙浩繁的典籍。少数民族文献是中华民族传统文化的重要组成部分,是各民族在几千年历史发展进程中创造的重要文明成果,承载着丰厚的历史和文化内涵,蕴含着各个时期少数民族优秀文化价值观念,凝聚着各少数民族的智慧成果,体现了各民族充沛的文化创造力,是维系民族情感的精神纽带和重要桥梁,是中华文明的重要组成部分。

典籍是记载历史、传承文明的重要载体。中华古籍承载着中华民族五千年的文化智慧,是我国悠久文化的历史见证和维系民族精神的文化根脉,体现了中华民族的优秀文化价值观念和丰沛的文化创造力。对这些文献进行妥善保护、开发和利用,是保证中华文化薪火相传、生生不息、不断发扬光大的必然要求。

藏民族同其他民族一样,有着数千年的文明史。自吐蕃时期以来,在历史文明的发展过程中留下了数量庞大的典籍文献,这是藏民族在数千年历史发展进程中创造的重要文明成果,是中华民族和人类文明的宝贵遗产,承载着丰厚的历史和文化内涵,是西藏悠久历史、灿烂文化和人文精神的生动写照。积极保护和利用民族文献,对于保护和维系中华文化多元一体的根脉、继承和弘扬西藏各民族的优秀传统文化,对促进文化传承、促进各民族思想文化交流、弘扬民族精神、加强民族团结、维护社会稳定,对推动西藏社会主义文化的大发展大繁荣、走好“中国特色、西藏特点”的发展路子、全面开创我区社会主义和谐社会的新局面,具有特殊重要的意义。

编制目录是我国古代从事文献研究和整理的主要方法之一。正是由于有了目录,我们才不至于对浩如烟海的古典文献不知所措、望而生畏。文献目录,可以指导读书治学,可以“辨章学术,考镜源流”,还有助于从事其他的文献工作。著名目录学家姚名达在所著《目录学》中说:“图书是人类知识的结晶,而目录是开放人类知识的钥匙,假如没有钥匙,吾人就不容易得其门而入。”书目的这种指南作用,首先体现在为读者提供了检索有关文献的线索。通过各种书目索引,系统地反映地方典籍文献,服务于读者,是研究地方文献必然要进行的首要工作。只有编制好各种类型的地方书目,才能展示特定的地方文献内容。

新中国成立后,编纂典籍文献的书目工作,普遍受到省市图书馆的关注,在收集、整理、利用文献方面,很多图书馆做了大量工作。1996年西藏自治区图书馆成立以来,在19年的进步和发展过程中通过不断的努力,搜集和整理了大量的具有深厚民族和地方特色的典籍文献。《中华古籍书志书目丛刊·西藏自治区图书馆古籍目录·文集卷》的出版,为广大读者展现了图书馆丰富的典籍文献,提升了图书馆自身的业务能力和服务水平,同时对图书馆的馆藏文献起到了宣传作用。良好的宣传会强化民众的图书馆意识,提高图书馆的社会影响力和知名度。

《中华古籍书志书目丛刊·西藏自治区图书馆古籍目录·文集卷》系该馆为了体现省级公共图书馆的职能,更好地揭示、报道馆藏文献图书,使之为广大读者服务而编制的目录。首先在弄清楚典籍文献内涵及收录标准的基础上，将馆藏图书进行整理遴选，然后条分缕析，编制了这一目录。这将反映西藏自治区图书馆馆藏典籍文献，起到方便读者检索，以及供本馆工作人员进行参考咨询的作用，是一部收罗宏富的文献书目。这对于抢救和保护民族文化遗产、维护社会稳定和国家统一、促进中华民族文化交流和民族的大团结具有重大的现实意义和深远的历史意义。

综上所述，《中华古籍书志书目丛刊·西藏自治区图书馆古籍目录·文集卷》的编制，在体例、内容、分类、著录等方面，既继承了传统目录学的理论与实践，又随着时代的发展有所创新；既遵循目录学的编制原则，又突出地方民族特点；既重点著录现存文献图书，又不忽略散佚典籍。总之，将一方文献萃为一编，以便读者检索、查考、稽核，不仅节省了不少检索之劳，而且通过揭示群书，使读者可以执简驭繁，实为治学上之"帮手"。对图书馆来讲，对如何揭示、报道馆藏典籍文献可引为借鉴，并从中受到启迪，有利于当前目录工作的改革与开拓。

原西藏自治区文化厅党组书记　刘建敏

2015年3月于拉萨

གླེང་གཞི།

《ཀྲུང་ཧྭ་གནའ་དཔེའི་བྱུང་བ་བརྗོད་པའི་དཀར་ཆག་དཔེ་ཚོགས་ལས་བོད་རང་སྐྱོང་ལྗོངས་དཔེ་མཛོད་ཁང་གི་གནའ་དཔེའི་དཀར་ཆག་གསུང་འབུམ་པོད།》 དངོས་སུ་དཔེ་སྐྲུན་ཞུས་པ་འདི་ནི་༢༠༠༧ལོར་ཀྲུང་ཧྭ་གནའ་དཔེ་སྲུང་སྐྱོབ་འཆར་གཞི་ལག་བསྟར་བྱས་རྗེས་ཐེངས་དང་པོར་དངོས་སུ་དཔེ་སྐྲུན་བྱས་པའི་བོད་ཡིག་གནའ་དཔེའི་དཀར་ཆག་ཞིག་ཡིན། འདི་ནི་རྒྱལ་ཡོངས་གནའ་དཔེ་ཐོ་འགོད་ཞིབ་བཤེར་ལས་དོན་གྱི་གལ་ཆེའི་གྲུབ་འབྲས་ཞིག་ཀྱང་ཡིན་ལ། བོད་ལྗོངས་གནའ་དཔེ་སྲུང་སྐྱོབ་ལྟེ་གནས་དང་རྒྱལ་ཁབ་གནའ་དཔེ་སྲུང་སྐྱོབ་ལྟེ་གནས་གཉིས་མཉམ་ལས་བྱས་པའི་ཉིང་བཅུད་ཀྱང་རེད།

བོད་ཡིག་གནའ་དཔེ་ནི་གྲངས་ཉུང་མི་རིགས་ཀྱི་ཡིག་རིགས་གནའ་དཔེའི་ནང་ནས་ཕུན་སུམ་ཚོགས་ཤོས་དང་། ལོ་རྒྱུས་རིང་ཤོས། སྣ་ཁ་འཛོམས་ཤོས་ཡིན། དེ་ནི་བོད་མི་རིགས་ཀྱི་ཉམས་པ་མེད་པའི་ཤེས་རིག་གི་ཉིང་བཅུད་ཡིན་ལ། ཀྲུང་ཧྭ་མི་རིགས་ཀྱི་ཡུན་རིང་ལོ་རྒྱུས་རིག་གནས་ཀྱི་མཚོན་རྟགས་དང་། མིའི་རིགས་ཀྱི་ཤེས་དཔལ་ལྡན་པའི་གལ་ཆེའི་ཤུལ་བཞག་ཞིག་ཡིན།

ཀྲུང་དབྱང་དང་རྒྱལ་སྲིད་སྤྱི་ཁྱབ་ཁང་ནས་སྤྱ་རྗེས་བོད་ཀྱི་ལས་དོན་ཚོགས་འདུའི་ཐོག་བོད་ཀྱི་རིག་གནས་འཛུགས་སྐྲུན་ཐད་གལ་ཆེའི་རང་བཞིན་དང་སྤུར་མཐོའི་རང་བཞིན་ནན་བཤད་གནང་གི་ཡོད། དེའི་ཐད། རིག་གནས་པུའུ་དང་། ནོར་སྲིད་པུའུ་སོགས་ཚན་པ་བཅུས་མཉམ་དུ་ཡིག་ཆ་ཁྱབ་བསྒྲགས་གནང་བ་དང་། ༢༠༠༨ལོར་བོད་ཡིག་གནའ་དཔེ་སྲུང་སྐྱོབ་ཀྱི་འཆར་གཞི་དངོས་སུ་འགོ་བཙུགས་ནས་བོད་ལྗོངས་དང་བོད་རིགས་ས་ཁུལ་གཞན་གྱི་གནའ་དཔེ་ཡོངས་བཤེར་ཐོ་འགོད། མི་སྣ་གསོ་སྐྱོང་། གནའ་དཔེ་ཉམས་གསོ་དང་གནའ་དཔེ་ལེགས་སྒྲིག་བེད་སྤྱོད་སོགས་ཀྱི་ལས་དོན་སྤེལ་ནས། བོད་ཀྱི་རིག་གནས་ཤུལ་བཞག་སྲུང་སྐྱོབ་དང་སྲུང་སྐྱོབ་ཀྱིས་བོད་ཀྱི་རིག་གནས་འཛུགས་སྐྲུན་ལ་རྒྱབ་སྐྱོར་དང་། མི་རིགས་མཐུན་སྒྲིལ་དང་མེས་རྒྱལ་གོང་བུ་གཅིག་འགྱུར་ལ་སྲུང་བརྩི། བོད་ཀྱི་དཔལ་འབྱོར་དང་སྤྱི་ཚོགས་མཐུན་སྦྱོར་དང་འཕེལ་རྒྱས་ལ་སྐུལ་མ། ཀྲུང་ཧྭ་མི་རིགས་ཐུན་མོང་གི་ཁྱིམ་གཞི་བཙས་འཛུགས་སྐྲུན་བྱས་ཡོད།

བོད་རང་སྐྱོང་ལྗོངས་སྲིད་གཞུང་དང་བོད་ལྗོངས་རིག་གནས་ཐང་གི་ཤུགས་ཆེའི་རྒྱབ་སྐྱོར་འོག་བོད་

ལྷོ་ཁ་སྤྱི་ཁྱབ་ཡུལ་གྱི་སྨན་བཅོས་ཁང་ནང་དུ་རྒྱ་གར་གྱི་ཤོག་བུ་ཐོག་ལ་བྲིས་པའི་སྤྱོད་ལམ་ལ་འཇུག་པ་ཡོད་

ཕྱོགས་གནའ་དཔེ་སྲུང་སྐྱོབ་བྱ་བཞག་ཐད་ལ་ཡར་རྒྱས་ཧ་ཅང་ཆེན་པོ་བྱུང་ཡོད། བོད་ཕྱོགས་གནའ་དཔེ་ཉར་ཚགས་ཚན་པ་རྣམས་ཀྱིས་ཧུར་བརྩོན་དང་ 《རྒྱལ་ཁབ་རྩ་ཆེའི་གནའ་དཔེའི་མིང་མཛོད》 སྙན་ཐོ་འགོད་པ་དང་། རྒྱལ་སྲིད་སྤྱི་ཁྱབ་ཁང་གིས་ཐེངས་དང་པོ་ནས་གསུམ་པའི་བར་ཁྱབ་བསྒྲགས་བྱས་པའི་《རྒྱལ་ཁབ་རྩ་ཆེའི་གནའ་དཔེའི་མིང་མཛོད་》ནང་བོད་ཡིག་གནའ་དཔེ་༣༩ཚུད་ཡོད། ད་དུང་ཐེངས་བཞི་པའི་《རྒྱལ་ཁབ་རྩ་ཆེའི་གནའ་དཔེའི་མིང་མཛོད་》ཞིབ་དཔྱད་ནང་བོད་ཡིག་གནའ་དཔེ་རིགས་༢༢༥སྙན་ཐོ་བཀོད་ཡོད་པའི་ཁྲོད་ནས་གནའ་དཔེ་པོད་༡༢༩《རྒྱལ་ཁབ་རྩ་ཆེའི་གནའ་དཔེའི་མིང་མཛོད་》ནང་དངོས་སུ་ཚུད་ཐུབ་པ་བྱུང་ཡོད། བོད་ཀྱི་དགོན་སྡེ་ཆེ་ཁག་དང་དཔེ་ཆ་ཉར་ཚགས་ཚན་པ་ཁག་ནས་སྙན་ཐོ་འགོད་མཁན་མངོན་གསལ་དོད་པོས་མང་ཙམ་ཕྱིན་ཡོད་ལ་སེམས་ཤུགས་ཀྱང་ཆེ་ཙམ་ཕྱིན་ཡོད།

གནའ་དཔེ་ཡོངས་བཤེར་ལས་དོན་མི་སྣའི་དཀའ་སེམས་དང་འབད་བརྩོན་འོག དགོན་སྡེ་ཁག་གཅིག་གི་དཔེ་རྙིང་ཉར་ཚགས་ཀྱི་འཁོར་ཡུག་ལེགས་བཅོས་དང་། ཤང་། རྫོང་། དགོན་སྡེ་བཅས་ཀྱི་གནའ་དཔེ་ཡོངས་བཤེར་ལས་ཀའི་འཕེལ་རྒྱས་འགྲོ་འགྲོས་པ་མ་ཟད་གསར་རྙེད་མང་པོ་བྱུང་ཡོད་པ་དཔེར་ན། མངའ་རིས་མཐོ་ཐིང་དགོན་དུ་སོག་ཡིག་ལོ་རྒྱུས་དེབ་ཐེར་དང་། ལྷོ་ཁ་གྲོང་མཁར་ཆོས་སྡེ་ནས་བཙན་པོའི་སྐབས་ཀྱི་བོད་ཡིག་དཔེ་རྙིང་རྙེད་པ་དེའི་ཁྲིམས་སྟངས་ཐད་ཕུན་ཚོང་གི་ཤོག་དྲིལ་དང་འདྲ་ཞིང་། དེ་ནི་སོག་ཡིག་དང་བོད་ཡིག་གནའ་དཔེར་བརྟགས་བརྗོད་འོས་པའི་གསར་བརྙལ་ཞིག་ཡིན། གནའ་དཔེ་ལེགས་བསྒྲིགས་དཀར་ཆག་བཟོ་བའི་ཐད། ཉར་ཚགས་ཚན་པ་ཁག་ནང་ནས་བོད་ལྗོངས་དཔེ་མཛོད་ཁང་གི་གྲུབ་འབྲས་ནི་དངོས་གསལ་དོད་ཐོས་ཡིན།

བོད་ལྗོངས་དཔེ་མཛོད་ཁང་ནི་སྤྱི་ལོ་༡༩༥༨ལོའི་ཟླ་༧པར་སྒྲོ་ཕྱེ་བའི་དཔེ་མཛོད་ཁང་གསར་པ་ཞིག་ཡིན་ལ་བོད་ལྗོངས་གནའ་དཔེ་སྲུང་སྐྱོབ་ལྟེ་གནས་ཀྱི་གནས་ཡུལ་ཡང་ཡིན། དཔེ་མཛོད་ཁང་གི་གནའ་དཔེ་ཉར་ཚགས་གཙོ་བོ་ནི་༡༩༥༥ ལོར་པེ་ཅིང་མི་རིགས་པོ་བྲང་གི་དཔེ་མཛོད་ཁང་ནས་ཕྱིར་འབུལ་ཞུས་པའི་སྔོན་འབྲས་སྤུངས་ཀྱི་གནའ་དཔེ་པོད་༡༧༠༠དང་ཐབས་ལམ་སྣ་ཚོགས་རྒྱུད་ནས་འཚོལ་སྡུ་བྱུང་བའི་གནའ་དཔེ་བཅས་ད་ལྟ་པོད་༡༨༠༠༠ ཆོས་ཚན་ཁྲི་༡༢ཙམ་ཡོད་པས་བོད་ཀྱི་གནའ་དཔེ་ཉར་ཚགས་མང་བའི་ཚན་པ་ཞིག་ཡིན། ལྷོངས་དཔེ་མཛོད་ཁང་གི་རྩ་ཐོའི་སྙན་ཞུའི་ཡི་གེ་དང་། གནའ་དཔེ་ཡོངས་བཤེར། གསོ་སྐྱོང་སྲུང་བཏང་

འཛུགས་གཉེར་གནང་བ་སོགས་ཕྱོགས་གང་ཅིའི་ཐད་ནས་ལྷོངས་ཡོངས་ཀྱི་གནའ་དཔེ་སྲུང་སྐྱོབ་ཀྱི་ལས་དོན་སྔེ་ཁྲིད་ནས་མྱུར་འཕེལ་བྱུང་ཡོད། དཔེ་མཛོད་ཁང་གི་གནའ་དཔེ་དཀར་ཆག་ལས་དོན་མི་ སྣས་ལོ་མང་རིང་འབད་བརྩོན་བྱས་པ་རྒྱུད་མི་རིགས་ཕོ་བྲང་དཔེ་མཛོད་ཁང་ནས་ཕྱིར་འབུལ་ཞུས་པའི་བོད་ཡིག་གསུང་འབུམ་རྣམས་དཀར་ཆག་བཟོས་ཚར་ནས་ལེགས་སྒྲིག་དཔེ་སྐྲུན་བྱས་ཡོད་པར། སྐྱེས་ཆེན་དམ་པ་༥༣ གྱི་གནའ་དཔེ་བོད་༢༩༧ དང་ཆོས་ཚན་༦༡༢༩གནའ་དཔེ་ཡོད། དེའི་ནང་བོད་རྒྱ་ཡིག་རིགས་གཉིས་ཀྱི་འགོ་བརྗོད། གླེང་གཞི། བསྒྲིགས་སྟངས། དཀར་ཆག གསུང་འབུམ་ཐོ་འགོད་བཅས་ཡོད་ཅིང་། ཐོ་འགོད་ཏ་ཅང་གི་ཁ་གསལ་ཡོད། མ་གཞི་གནའ་དཔེ་ཁག་གཅིག་དེའི་གོང་མི་རིགས་ཕོ་བྲང་དཔེ་མཛོད་ཁང་ནས་བསྒྲིགས་པའི་《ཤེས་བྱའི་གཏེར་མཛོད་》ནང་ཐོ་བཀོད་བྱས་ཡོད་ཀྱང་ད་དུང་ཐོ་འཁོད་མེད་པའི་གནའ་དཔེ་མི་ཉུང་བ་ཞིག་སྒྲིག་པ་པོས་དཔེ་མིང་རྒྱ་ཡིག་ཏུ་བསྒྱུར་ཡོད། མཆན་བཀོད་ལྟར་ཐོ་འགོད་བྱས་པའི་དཔེ་མཚོན་དཀར་ཆག་དེ་བོད་ལྷོངས་ཚན་པ་ཁག་གི་དཔྱད་གཞིར་འོས་པ་འདུག་ལ། རྗེས་སུ་བོད་ཡིག་དཔེ་རྙིང་ཐོ་འགོད་ལམ་སྲོལ་ཚད་ལྡན་གྱི་གཏན་འབེབས་ཡོང་འགྱུར་ཕན་ནུས་ཐོན་ཐུབ་པ་དང་། ཆབས་ཅིག་དཔེ་མཛོད་ཁང་གནའ་དཔེའི་དཀར་ཆག་གི་ལས་དོན་མི་སྣས་ལས་ཀར་སྙིང་ལུགས་མེད་པའི་རྣམ་པ་དང་ལེགས་བསྒྲིགས་དཔེ་སྐྲུན་གྱི་མཉམ་སྦྱོད་འདུ་ཤེས་ཀྱིས་གནའ་དཔེ་ཉར་ཚགས་ཚན་པའི་ལས་དོན་མི་སྣར་སྔེ་ཁྲིད་ཕན་ནུས་དང་ལྷོངས་ཡོངས་ཀྱི་གནའ་དཔེ་སྲུང་སྐྱོབ་ལས་དོན་ལ་སྐུལ་སློང་ཡོང་ངེས་རེད།

བོད་ལྷོངས་གནའ་དཔེ་སྲུང་སྐྱོབ་ལས་དོན་འགོ་བཙུགས་རྗེས་ཀྱི་དུས་ཐུང་ལོ་ཤས་ནང་། བོད་ལྷོངས་རིག་གནས་ཐེང་གི་དབུ་ཁྲིད་དང་འབྲེལ་ཡོད་སྡེ་ཚན་ཁག་གི་འབད་བརྩོན་འོག་གྲུབ་འབྲས་མི་ཉུང་བ་ཞིག་ཐོབ་ཡོད། བོད་ལྷོངས་དཔེ་མཛོད་ཁང་གིས་བོད་ལྷོངས་གནའདད་དཔེ་སྲུང་སྐྱོབ་ལྟེ་གནས་ཀྱི་ལས་འགན་གཅིག་ཕྱོག་འཁུར་ནས་རང་དཔེ་གཞན་སྟོན། གནའ་དཔེ་ཡོངས་བཤེར། དཀར་ཆག་ལེགས་བསྒྲིགས། དཔེ་སྐྲུན་ཁྱབ་སྤེལ་བྱས་པ་དེ་ནི། བོད་ལྷོངས་གནའ་དཔེ་སྲུང་སྐྱོབ་ཀྱི་ལས་དོན་ཕྱུལ་བྱུང་དང་། རྒྱལ་ཡོངས་གནའ་དཔེ་སྲུང་སྐྱོབ་ཀྱི་དམག་ས་དང་པོ་དེ་ཡིན་ལ《ཀྲུང་ཧྭ་གནའ་དཔེ་སྤྱིའི་དཀར་ཆག》གི་ལེགས་སྒྲིག་ཐད་རྨང་གཞི་བརྟན་པོ་ཞིག་བཙུགས་ཡོད། མ་རྗེས་ལེགས་གྲུབ་ཡོང་ཉེའི་སྐབས་དེར་མངའ་རིས་ས་མཐོའི་གནའ་དཔེ་ཡོངས་གཤེར་ཐོ་འགོད་ལས་དོན་ལེགས་གྲུབ་བྱུང་བའི་གསར་འགྱུར་བཟང་པོ་ཐོས་ཞིང་། ངེས་རྒྱལ་ཡོངས་གནའ་དཔེ་ཡོངས་

གཞེར་ཐོ་འགོད་ལས་དོན་ཁྲིད་ནས་སྔོན་ཐོན་གྱི་གནས་འབབ་བཟུང་ཡོད། མ་འོངས་པའི་ལོ་ཤས་ནང་བོད་ཡིག་གནའ་དཔེ་སྲུང་སྐྱོབ་ཀྱི་འབྲས་བུ་གཡུར་དུ་ཟ་བ་ཐོན་རྒྱུར་ཡིད་ཆེས་ཡོད་ལ་བོད་ལྗོངས་དེ་ཉིད་རྒྱལ་ཡོངས་རིག་གནས་འཛུགས་སྐྲུན་ཐད་ཀྱི་ཐོ་རེངས་སྐར་ཆེན་ཞིག་ཆགས་ངེས།

རྒྱལ་ཁབ་གནའ་དཔེ་སྲུང་སྐྱོབ་ལྟེ་གནས་ཀྱི་ཀྲུའུ་རེན་གཞོན་པ།
རྒྱལ་ཁབ་དཔེ་མཛོད་ཁང་གི་དབུ་འཛིན་གཞོན་པ།
ཀྲང་ཀྲི་ཆེང་གིས།
༢༠༡༥ལོའི་ཟླ་བ་༣པར་པེ་ཅིན་དུ།

序 三

《中华古籍书志书目丛刊·西藏自治区图书馆古籍目录·文集卷》正式出版了,这是2007年“中华古籍保护计划”实施以来第一部正式出版的藏文古籍目录,是全国古籍普查登记工作的一项重要成果,也是西藏自治区古籍保护中心和国家古籍保护中心合作的结晶。

藏文古籍在各少数民族文字古籍中数量最为丰富,流传久远,卷帙浩繁,是藏族人民不朽智慧的结晶,是中华民族悠久历史文化的见证,也是人类文明的宝贵遗产。中共中央、国务院历次西藏工作座谈会都强调西藏文化建设的重要性与紧迫性。为此,文化部、财政部等十个部委共同颁布文件,于2008年正式启动“西藏古籍保护计划”,开展西藏和其他藏区古籍的普查登记、人才培养、古籍保护修复和古籍整理利用等工作,抢救和保护西藏文化遗产,以支持西藏文化建设,维护民族团结和国家统一,促进西藏经济社会协调发展,建立中华民族共同精神家园。在西藏自治区政府和西藏自治区文化厅的大力支持下,西藏古籍保护工作取得很大进步。西藏各古籍收藏单位积极申报《国家珍贵古籍名录》。国务院颁布的第一至四批《国家珍贵古籍名录》共收录221部藏文古籍。而第五批《国家珍贵古籍名录》评审,藏文古籍就申报了400部,西藏各大寺院及藏书单位申报热情明显提高,积极性大大增加。在古籍保护工作人员的热情与努力下,部分寺院古籍保存环境得到改善,区、县、寺庙古籍普查工作进展迅速,并有了众多新发现,如西藏阿里地区札达县托林寺发现蒙古文史料，西藏山南地区仲喀曲德寺发现吐蕃时期藏文古籍，其抄写风格与敦煌写卷完全相同，是蒙古文和藏文古籍值得称道的新发现。古籍整理编目方面，各收藏单位中，西藏自治区图书馆的成绩尤为突出。

西藏自治区图书馆是1996年7月才开馆的年轻图书馆，也是西藏自治区古籍保护中心所在地。自治区图书馆古籍收藏主要有1995年由北京民族文化宫图书馆赠还原哲蚌寺部分古籍1700余函，加上多年来各种途径征集到的古籍，现藏量已达16000余函12万余册，成为西藏古籍收藏较多的单位。自治区图书馆在名录申报、古籍普查、举办培训等方面均带动全区古籍保护工作取得长足进步。图书馆古籍编目人员经多年努力，将北京民族文化宫图书馆赠还的藏文文集部分编目完毕，整理出版。文集目录收53位高僧大德的297函4129种古籍。以藏汉文序、藏汉文前言、凡例、目录、文集著录构成，著录十分详细。之前虽有部分古籍收录在民族文化宫图书馆编辑的《藏文典籍目录》中，但也有相当数量没有收录的古籍由编目者完成了书名汉译工作。此种解题式目录及分类模式，值得西藏各单位借鉴，为今后藏文古籍分类与著录规则的制定与规范起到了积极作用。同时，图书馆古籍编目人员孜孜不倦的工作态度与整理出版的共享意识，将带动各收藏单位古籍工作人员的积极性，推进全区古籍保护工作。

西藏古籍保护专项工作仅仅启动几年，就在自治区文化厅领导与各单位积极努力下，取得了不小的成绩。西藏自治区图书馆身兼自治区古籍保护中心职责，以身作则，清点馆藏古籍，编目整理，出版公布，是西藏古籍保护工作的佼佼者，成为全区古籍保护工作的排头兵，也为《西藏自治区图书馆古籍目录》的编纂奠定了坚实的基础。在本稿即将付梓之际，欣闻西藏平均海拔最高的阿里地区，以及山南、那曲、林芝等地已经完成了古籍普查登记工作，在全国少数民族地区古籍普查登记工作中处于领先地位，使我们进一步坚信未来几年藏文古籍保护成果将频频问世，成为西藏自治区乃至全国文化建设中的一大亮点。

国家古籍保护中心副主任、国家图书馆副馆长　张志清

2015 年 3 月于北京

འགོ་བརྗོད།

བོད་མི་རིགས་ཀྱི་རིག་གནས་ནི་ལོ་རྒྱུས་རིང་ཞིང་གཏིང་ཟབ་པ། ལས་ལ་བརྩོན་ཞིང་དཔའ་ངར་ལྡན་པའི་བོད་རིགས་མི་དམངས་ཀྱིས་རྒྱལ་རབས་རིམ་བྱུང་ནང་གསར་བསྐྲུན་མང་པོ་དང་ཕུན་སུམ་ཚོགས་པའི་རིག་གནས་ཀྱི་གསུང་རྩོམ་མང་པོ་ཡིག་བསྒྱུར་བྱས་པ་རྣམས་ཤོག་བྲིས། རྫོ་བརྐོས། ད་དུང་དཔར་བརྐོས་ཀྱི་རྣམ་པའི་ཐོག་ནས་ད་བར་གནས་ཡོད་པའི་རྩ་ཆེའི་ནོར་བུ་དེ་རྣམས་ཕོ་བྲང་། དགོན་སྡེ། དཔེ་མཛོད་ཁང་། རྟེན་རྫས་བཤམས་སྟོན་ཁང་། དམངས་ཁྲོད་བཅས་སུ་ཁྱབ་ཡོད། བོད་ལྗོངས་དཔེ་མཛོད་ཁང་གི་གནའ་དཔེའི་མ་དཔེ་མང་ཆེ་བ་པེ་ཅིང་མི་རིགས་ཕོ་བྲང་ནས་ཕྱིར་འབུལ་ཞུས་པའི་གྲས་ཡིན།

༡༩༥༩ལོར་དཔེ་མཛོད་ཁང་། རྟེན་རྫས་བཤམས་སྟོན་ཁང་། ནོར་བུ་གླིང་ཁ། གཙུག་ལག་ཁང་སོགས་ལ་མི་རིགས་ཕོ་བྲང་ནས་ཕྱིར་འབུལ་ཞུས་པའི་ཕྱག་དཔེ་སྔོན་འབྲས་སྤུངས་དགོན་ནས་ཉར་ཚགས་གནང་བ་དེ་རྣམས་བགོས་སྟངས་ཡག་པོ་བྱུང་མེད་པའི་དབང་གིས་གསུང་འབུམ་ཁ་ཐོར་དུ་ཕྱིན་པས་ལེགས་སྒྲིག་དང་ཞིབ་འཇུག་གནང་མཁན་ཚོར་བློ་ཕམ་དང་སྟབས་བདེ་མེད་པ་ཞིག་བྱུང་ཡོད། དེའི་སྐབས་བོད་ལྗོངས་དཔེ་མཛོད་ཁང་ལ་དཔེ་ཆ་པོད་༡༧༠༠བྱུང་བ་དེས་དཔེ་མཛོད་ཁང་གི་གནའ་དཔེ་ཉར་ཚགས་ཀྱི་རྨང་གཞི་གཏིང་ཡོད། བར་སྐབས་ཞིག་རིང་། དཔེ་མཛོད་ཁང་ནས་གཞན་གྱི་ལེགས་འབུལ་དང་ལེན་དང་། དམངས་ཁྲོད་ནང་ཁྱབ་པ་བསྡུ་རུབ། གསར་ཐོན་བྱུང་བའི་གསུང་རྩོམ་ཉོ་སྒྲུབ་སོགས་བརྒྱུད་ནས་དཔེ་མཛོད་ཁང་གི་ཉར་ཚགས་ཕུན་སུམ་ཚོགས་སུ་བཏང་ཡོད། ད་ལྟ་གནའ་དཔེ་པོད་༡༨༠༠༠ ལེ་ཚན་ཁྲི་༡༢ མི་སྣ་༢༠༠ཡི་གསུང་འབུམ་ཡོད། ནང་དོན་ནི་ཆོས་ལུགས། ལོ་རྒྱུས། ས་གཞིས། སྐད་ཡིག རྩོམ་རིག གསོ་རིག སྐར་རྩིས། མཚན་ཉིད་རིག་པ་སོགས་ཁྱབ་ཁོངས་མང་པོ་ཡོད། དཔེ་གཞི་མང་ཆེ་བ་དཔར་ཤིང་ཡིན་ལ། དུས་ཚོད་ནི་ཡོན་

རྒྱལ་རབས་ནས་དེང་གི་བར་འདེབས་དཔེ་དེབ་བར། མང་ཆེ་བ་གླེགས་བམ་གྱི་དཔེ་དབྱིབས་དང་བོད་ཤོག་ཡིན། ༢༠༡༠ལོར་སྟག་མ་ཤིང་ཐོག་བྲིས་པའི་དཔེ་སྒྲིལ་ཁག་གཅིག་ཉོས་པ། དཔེ་སྙིང་ཁག་གཅིག་ནི་གསེར་དང་། དངུལ། མ་ན་ཧོ་སོགས་རྒྱུ་ཆ་རྩ་ཆེའི་ལག་བྲིས་ལས་ཐོན་པས་རིག་དངོས་དང་། སྒྱུ་རྩལ་གྱི་རིན་ཐང་ཧ་ཅང་ཆེན་པོ་ལྡན་ཡོད་ལ། རྒྱལ་ཁབ་རྩ་ཆེའི་གནའ་དཔེའི་མིང་མཛོད་ནང་མང་པོ་ཞིག་ཚུད་ཡོད།

༡༩༩༨ལོར་དཔེ་མཛོད་ཁང་སྒོ་ཕྱེ་བ་ནས་བཟུང་། སྨིན་པ་ཚེ་རིང་། པད་མ་བཀྲ་ཤིས། རྡོ་རྗེ་དབང་འདུས། རྡོ་རྗེ་མཚོ་སོགས་ཀྱི་གནའ་དཔེའི་ཕྱག་ལས་གནང་མཁན་རྣམས་དང་དེ་བཞིན་ཏན་ཡོལ་ཞུས་པའི་ཞིབ་འཇུག་པ་གཞོན་པ་བསོད་ནམས་དོན་གྲུབ་ལགས་ཀྱི་འབད་བརྩོན་འོག༢༠༡༠ལོར་མི་རིགས་ཕོ་བྲང་ནས་བྱུང་བའི་གནའ་དཔེའི་གསུང་འབུམ་རྣམས་དཀར་ཆག་བཟོས་ཟིན། ད་རེས་དཔེ་སྐྲུན་བྱས་པའི《ཀྲུང་ཧྭ་གནའ་དཔེའི་བྱུང་བ་བརྗོད་པའི་དཀར་ཆག་དཔེ་ཚོགས་ལས་བོད་རང་སྐྱོང་ལྗོངས་དཔེ་མཛོད་ཁང་གི་གནའ་དཔེའི་དཀར་ཆག་གསུང་འབུམ་པོད།》འདི་ཉིད་དེའི་ནང་གི་ཆ་ཤས་ཤིག་ཡིན། དེའི་ནང་མཁས་དབང་༥༣གྱི་གནའ་དཔེ་པོད་༢༩༨དང་། ལེ་ཚན་༦༡༣༧ཡོད། དཔེ་སྐྲུན་གྱི་ཐ་ཕྱིའི་གོ་རིམ་ནི་རྒྱ་བོད་ཡིག་རིགས་ཀྱི་སྔོན་འགྲོའི་གཏམ་དང་། གླེང་གཞི། སྒྲིག་སྟངས། དཀར་ཆག གསུང་འབུམ་ཐོ་བཀོད། བོད་རྒྱ་ཡིག་རིགས་གཉིས་ཀྱི་གསུང་འབུམ་གྱི་དཔེ་མིང་། པོད་ཨང་། རྩོམ་པ་པོ་ངོ་སྤྲོད་མདོར་བསྡུས། ཟུར་མཆན། གསུང་འབུམ་ནང་གི་ལེ་ཚན་ཁག་གི་བོད་རྒྱ་གཉིས་ཀྱི་མིང་། གསུང་འབུམ་ནང་གི་རྩོམ་པ་པོའི་མཚན། བརྩམས་ལོ། བརྩམས་ཡུལ། བསྐྲུན་མཁན། རིགས་ཁོངས། དཔེ་གཞི། དམིགས་གསལ་གྱི་རྟགས། ཟུར་མཆན་བཅས་ཡིན།

དཀར་ཆག་སྒྲིག་པའི་བརྒྱུད་རིམ་ནང་མི་རིགས་དཔེ་མཛོད་ཁང་གི་དཔེ་ཐོ་ལས་གསུང་འབུམ་སྐོར་གྱི་《དཀར་ཆག་ཤེས་བྱའི་གཏེར་མཛོད་》དང་། མཁས་དབང་དྲུང་དཀར་བློ་བཟང་འཕྲིན་ལས་རིན་པོ་ཆེའི་《ཚིག་མཛོད་ཆེན་མོ་》དང་། «བོད་རྒྱ་ཚིག

མཛོད་ཆེན་མོ།》 ཨ་ལགས་ཚེ་བསྟན་ཞབས་དྲུང་གི་《བསྟན་རྩིས་ཀུན་བཏུས།》 ཁམས་སྤྲུལ་བསོད་ནམས་དོན་གྲུབ་ཀྱི་《བོད་ཀྱི་ལོ་རྒྱུས་དཔེ་ཐོ།》 ཧོང་རྨིན་ཞིན་སོགས་ཀྱི་《བསྟན་རྩིས་ཀ་ཕྲེང་ལག་དེབ།》 གོ་ཤུལ་གྲགས་པ་འབྱུང་གནས་སོགས་ཀྱི་བྲིས་པའི་«གངས་ཅན་མཁས་གྲུབ་རིམ་བྱོན་མིང་མཛོད།»པོ་ཏ་ལ་ནས་བསྒྲིགས་པའི་《དགེ་ལུགས་པའི་གསུང་འབུམ་དཀར་ཆག》དང་《རྙིང་མའི་གསུང་འབུམ་དཀར་ཆག》 མཚོ་སྔོན་མི་རིགས་དཔེ་སྐྲུན་ཁང་ནས་དཔེ་སྐྲུན་གནང་བའི་《བོད་ཀྱི་བསྟན་བཅོས་ཁག་ཅིག་གི་མཚན་བྱང་དྲི་མེད་ཤེལ་དཀར་》སོགས་དཔྱད་གཞིར་བྱས་ནས་བསྒྲིགས་པའོ། ཡིན་ནའང་གསུང་འབུམ་ནང་པོད་ཁག་ཅིག་མི་རིགས་ཕོ་བྲང་གི་དཀར་ཆག་ནང་མེད་པས། ཡིག་བསྒྱུར་ཐད་རྒྱ་ཡིག་ནི་པེ་ཅིང་མི་རིགས་ཕོ་བྲང་གི་བསྒྱུར་གཞིར་བཞག་ནས་གཙོ་བོ་ཇོ་ཇེ་མཚོ་ནས་འབད་པ་ཆེན་པོས་དཔྱད་ཡིག་ཁག་ལ་ཞིབ་བསྡུར་གནང་ནས་ལེགས་གྲུབ་བྱས་ཡོད། འོན་ཀྱང་སྒྱུར་པ་པོའི་རིག་གནས་ཚད་ཀྱིས་རྐྱེན་ཡིག་སྒྱུར་ཐད་ནོར་འཁྲུལ་མི་འཇུང་བ་ཞིག་ཡོང་སྲིད་པས་རྒྱ་ཆེའི་ཀློག་པ་པོ་རྣམས་ནས་སྐྱོན་བརྗོད་ཡོད་པ་ཞུ།

《ཀྲུང་ཧྭ་གནའ་དཔེའི་བྱུང་བ་བརྗོད་པའི་དཀར་ཆག་དཔེ་ཚོགས་ལས་བོད་རང་སྐྱོང་ལྗོངས་དཔེ་མཛོད་ཁང་གི་གནའ་དཔེའི་དཀར་ཆག་གསུང་འབུམ་པོད།》 རྩོམ་སྒྲིག་བྱེད་པའི་བརྒྱུད་རིམ་ནང་དཔེ་མཛོད་ཁང་གི་དབུ་ཁྲིད་དང་ལས་རོགས་རྣམ་ པའི་ཤུགས་ཆེའི་རྒྱབ་སྐྱོར་དང་། བོད་ཡིག་དཔེ་གཟིགས་ཁང་གི་དབྱངས་ལགས་ ནས་ཀྲུང་དཀར་ཆག་དཔེ་སྒྲིག་ཐད་ཕྱུག་ལས་ཧུར་ཐག་གནང་ཡོད། དཀར་ཆག་བདེ་བླག་ དང་དཔེ་སྐྲུན་ཐུབ་པ་ནི་བོད་ལྗོངས་རིག་གནས་ཐིང་དང་རྒྱལ་ཁབ་གནའ་དཔེ་སྲུང་སྐྱོབ་ལྟེ་གནས་ཀྱི་ཤུགས་ཆེའི་རོགས་སྐྱོར་ལས་བྱུང་བ་ཞིག་ཡིན། ཁོང་རྣམ་པས་དཀར་ཆག་གི་གླེང་གཞི་བྲིས་ནས་དཀར་ཆག་གི་རིན་ཐང་ལ་གདེང་འཇོག་གང་ལེགས་གནང་བ་དེས་ང་ཚོའི་ལས་ཀར་ཁས་ལེན་དང་བསྟུགས་བརྗོད་གནང་བ་ཞིག་ཡིན་ལ་ང་ཚོར་སྐུལ་ལྕག་གནང་བ་ཡང་ཡིན། རྒྱལ་ཁབ་གནའ་དཔེ་སྲུང་སྐྱོབ་ལྟེ་གནས་ནས་དཔེ་སྒྲིག་འགྲོ་སོང་ཐག་གཅོད་གནང་བ་དང་།

དེའི་སྐབས་ཤང་ཧའི་སོགས་རྒྱལ་ཁབ་གནའ་དཔེ་སྲུང་སྐྱོབ་ལྟེ་གནས་གཞུང་ལས་ཁང་གི་མི་སྣས་དཀའ་ངལ་ལ་མ་འཛེམས་པར་མཐུན་སྦྱོར་དང་། འབྲེལ་གཏུག་གིས་དཀར་ཆག་དཔེ་སྐྲུན་ཆེད་དཀའ་ངལ་མི་ཉུང་བ་ཞིག་སྐྱོན་ཡོད། ལྷག་པར་དུ་རྒྱལ་ཁབ་དཔེ་མཛོད་ཁང་གི་དཔེ་སྐྲུན་ཁང་ནས་དཔེ་སྐྲུན་གྲོན་དངུལ་གནང་བར་ཐུགས་རྗེ་ཆེ་ཞུ་རྒྱུ་ཡིན་ལ་དབུ་ཁྲིད་རྣམས་དང་ལས་རོགས་རྣམས་ཀྱི་རྒྱབ་སྐྱོར་གནང་བར་ཡང་སྙིང་ཐག་པ་ནས་ཐུགས་རྗེ་ཆེ་ཞུ་རྒྱུ་ཡིན།

འོན་ཀྱང་དཀར་ཆག་སྒྲིག་པ་པོ་རྣམས་ཀྱི་རིག་གནས་ཚད་ཀྱིས་རྐྱེན་ནོར་འཁྲུལ་མི་ཉུང་བ་ཞིག་ཡོད་ངེས་ལ་རྒྱ་ཆེའི་ཀློག་པ་པོ་རྣམས་ཀྱིས་དག་བཅོས་དང་དགོངས་འཆར་ལྷུག་སྟོལ་ཡོང་བ་མཁྱེན། མཁྱེན། མཁྱེན།།

རྩོམ་སྒྲིག་པས།
༢༠༡༥ལོའི་ཟླ་བ་༩པར།

前 言

藏族文化底蕴深厚、源远流长。勤劳勇敢的藏族人民历代创作和翻译了丰富多彩的文化典籍，或以纸本，或以摩崖，或以碑刻形式，多被保存至今。这些文化瑰宝散布在宫殿、寺庙、图书馆、博物馆及民间。西藏自治区图书馆藏藏文古籍原件，多为北京民族文化宫图书馆赠还部分。1995年，西藏自治区图书馆、西藏博物馆、罗布林卡、大昭寺等单位分藏北京民族文化宫图书馆赠还原哲蚌寺藏品时，各取所分，很多完整的文献，尤其文集类部分散落各处，同一人的文集分散到不同单位，给整理者、研究者带来了诸多不便与遗憾。当时尚未开馆的西藏图书馆分藏到1700余函，奠定了图书馆古籍收藏的基础。近年来，图书馆又通过接受各方捐赠、收集民间流藏、采购新影印著作等途径，不断丰富和完善馆藏，现馆藏古籍量达16000余函12万余种(册)，含约200人的文集。内容涉及宗教、历史地理、语言文字、文学、医学、天文历算、哲学等诸多领域；版本多为刻本，时间上起元代，下至近年影印本；装帧多为梵夹装，藏纸所著，2010年购藏一批桦树皮经卷；部分古籍用金、银、玛瑙等各种珍贵材料手写而成，极具文献、文物、艺术价值，《国家珍贵古籍名录》中收录多部精品。

自1996年开馆以来，边巴次仁、白马扎西、多吉旺堆、朗措等古籍编目人员和我馆已退休副研究馆员康珠索朗顿珠先生不断努力，到2010年底时，已将北京民族文化宫图书馆赠还的文集部分编目完毕。本次出版《中华古籍书志书目丛刊·西藏图书馆古籍目录·文集卷》即为此部分目录，收53位高僧大德的297函4129种古籍。本书先后顺序为凡例、目录、文集著录。著录项依次为文集藏汉文题名，函号，作者及简介，附注；文集所含各内容藏汉文题名，文集中出现作者名，著作年、地、倡著人，分类，版本，外部特征，附注。

编目过程中我们参考了民族文化宫图书馆出版的《藏文典籍目录》《东噶大辞典》《汉藏大辞典》，次丹夏茸的《藏历经典全集》，康珠索朗顿珠的《西藏史学书目》，黄民信先生的《藏族历史人物年代手册》，郭须·扎巴军乃等编著的《雪域历代名人辞典》，由布达拉宫管理处编著的《格鲁派文集目录》《宁玛派文集目录》，青海民族出版社出版的《藏文典籍要目》。然而，图书馆所藏部分文集，在民族文化宫图书馆目录中未收，因此，题名的汉文翻译工作由编目者，主要由朗措女士完成。虽然查阅了各种资料，尽了最大努力，但翻译尚未达到最完美，还望藏学专家批评指正。

在编辑《中华古籍书志书目丛刊·西藏图书馆古籍目录·文集卷》过程中，我们得到了图书馆领导和同行的大力支持与热心帮助。藏文阅览室央拉克服困难，加班加点，录入排版、核实校对，付出了很多劳动。目录能够顺利出版，得益于西藏自治区文化厅和国家古籍保护中心领导的大力支持。他们能够为目录写序，充分肯定目录的价值，是对我们劳动的认可与赞赏，也是对我们的鼓励与鞭策。感谢国家古籍保护中心为我们提供编纂经费，期间向辉等国家古籍保护中心办公室工作人员，不辞辛苦地协调、奔波，为目录的出版付出了不少劳动。在此，向各位领导与同仁的支持和帮助表示诚挚的谢意！
恳切希望藏学界专家对目录的得与失提出宝贵意见！

编者

2015年3月

ཁྲིག་སྟངས།

དང་པོ། དཀར་ཆག་འདིའི་ནང་དུ་བོད་རང་སྐྱོང་ལྗོངས་དཔེ་མཛོད་ཁང་དུ་མཛོད་ཉར་བྱས་པའི་བོད་ཀྱི་སྐྱེས་ཆེན་དམ་པ་༥༣ གྱི་གསུང་འབུམ་གནའ་དཔེ་བོད་༢༠༧དང་རིགས་༤༡༢༠བསྡུས་ཡོད།

གཉིས་པ། དཀར་ཆག་འདི་རྩིས་འགྲོལ་ཐོ་འགོད་རྣམ་གཞག་སྤྱད་པ་དང་། དེའི་ནང་དུ་བོད་རྒྱ་ཡིག་རིགས་གཉིས་ཀྱི་དཔེ་མིང་དང་། འགན་འཁུར་བ། པར་གཞི་དང་དེ་བཞིན་ཡིག་ཕྲེང་སྐོར། ཟུར་མཚན་སོགས་རྣམ་གྲངས་མང་པོ་ཚུད་ཡོད་པ་དེ་དག་ལས་དཔེ་དེབ་འདིར་ཁྱོན་ཡོངས་ནས་དབྱེ་ཞིབ་བྱས་ཡོད།

གསུམ་པ། རྩིས་འགྲོལ་ཚུལ་གྱི་ཐོ་འགོད་ནི། རིམ་པ་མང་བའི་ཨང་གྲངས་ཁྲིག་སྟངས་སྤྱད་ཡོད་དེ། ཞིབ་ཕྲའི་ཨང་གྲངས་ཁྲིག་སྟངས་གཤམ་གསལ་ལྟར་ཡིན།

(གཅིག་) ༡、 ༢、 ༣、 སོགས་ནི་ས་བཅད་ཀོ་རིམ་ཨང་གྲངས་ཆེན་པོ་ཡིན།

(གཉིས་) A ནི་བོད་རང་སྐྱོང་ལྗོངས་དཔེ་མཛོད་ཁང་(བསྡུས་མིང་ལ་བོད་ལྗོངས་དཔེ་མཛོད་ཁང་།) གི་མཛོད་ཉར་གནའ་དཔེ་དེ་གའི་ཨང་གྲངས་དང་མི་རིགས་རིག་གནས་ཕོ་བྲང་དཔེ་མཛོད་ཁང་གི་དཀར་ཆག་ཁྲོད་ཀྱི་ཨང་གྲངས་ཡིན།

(གསུམ་) B ནི་གནའ་དཔེ་དེའི་བོད་རྒྱ་ཡིག་རིགས་གཉིས་ཀྱི་དཔེ་མིང་ཡིན།

(བཞི་) C ནི་པོ་ཏིའི་ཨང་རྟགས་ཡིན།

(ལྔ་) D ནི་བོད་རྒྱ་ཡིག་རིགས་གཉིས་ཐོག་གི་རྩོམ་པ་པོའི་ངོ་སྤྲོད་མདོར་བསྡུས་ཡིན།

(དྲུག་) E ནི་ཟུར་མཚན་ཡིན།

(བདུན་) ༡.༡、 ༡.༢ སོགས་ནི་པོ་ཏི་གཅིག་ནང་གི་ཀོ་རིམ་ཨང་རྟགས་ཆུང་བ་ཡིན།

(བརྒྱད་) a ནི་དཀར་ཆག་བམ་གྲངས་ཀྱི་ཀོ་རིམ་ཨང་རྟགས་ཡིན།

(དགུ་) b ནི་བམ་གྲངས་ཀྱི་བོད་རྒྱ་ཡིག་རིགས་གཉིས་ཀྱི་དཔེ་མིང་ཡིན།

(བཅུ་) c ནི་བམ་གྲངས་ཁྲོད་ཀྱི་རྩོམ་པ་པོའི་མིང་ཡིན།

(བཅུ་གཅིག་) d ནི་རྗོམ་འབྲིའི་དུས་ཚོད་དང་། རྗོམ་ཡུལ་དེ་བཞིན་རྗོམ་སྐྲུན་ཞུ་མཁན་བཅས་ཡིན། གལ་ཏེ་ཞིབ་ཕྲའི་དུས་ཚོད་དང་ས་གནས་ཡོད་ན། ཞར་བྱུང་དུ་རྒྱ་ཡིག་བསྒྱུར་ཡིག་དགོས།

(བཅུ་གཉིས་) e ནི་བོད་རྒྱ་ཡིག་རིགས་གཉིས་ཀྱི་རིགས་དབྱེ་ཡིན།

(བཅུ་གསུམ་) f ནི་པར་གཞིའི་ཆ་འཕྲིན་ཡིན་ཏེ། དཔེར་ན། པར་མ། བོད་ལྗོངས་གཞིས་རྩེ་བཀྲས་ལྷུན་དགོན། སྣ་བཟང་རྒྱ་མཚོ་ལྟ་བུ།

(བཅུ་བཞི་) g ནི་ཡིག་གཟུགས་དང་། དཔེ་དེབ་རྣམ་པ། ཆེ་ཆུང་བཅས་ཡིན།

(བཅོ་ལྔ་) h ནི་ལྡེབ་གྲངས་དང་ཡིག་ཕྲེང་སྐོར་ཡིན།

(བཅུ་དྲུག་) i ནི་དབུ་ཞབས་ལྷ་སྐུ་ཡོད་མེད་དང་། རྒྱུ་སྤུས། ཡི་གེའི་ཁ་དོག ཆ་ཚང་ཡོད་མེད་བཅས་ཡིན།

(བཅུ་བདུན་) j ནི་ཟུར་མཆན་གྱི་ཚན་པ་ཡིན།

བཞི་པ། བསྡུས་མིང་།

(གཅིག་) དཀར་ཆག་ཁྲོད་ཀྱི་བོད་རང་སྐྱོང་ལྗོངས་དཔེ་མཛོད་ཁང་གི་བསྡུས་མིང་ལ་“ བོད་ལྗོངས་དཔེ་མཛོད་ཁང་” ཅེས་བརྗོད།

(གཉིས་) དཀར་ཆག་ཁྲོད་ཀྱི་ 《མི་རིགས་དཔེ་མཛོད་ཁང་གི་དཔེ་ཐོ་ལས་གསུང་འབུམ་སྐོར་གྱི་དཀར་ཆག་ཤེས་བྱའི་གཏེར་མཛོད་》 ཀྱི་བསྡུས་མིང་ལ་ “མི་རིགས་ཕོ་བྲང་གི་དཀར་ཆག” ཅེས་བརྗོད་དོ།

凡 例

一、本目录收入西藏自治区图书馆藏古籍中53位高僧大德的文集297函4129种古籍,其编排以西藏自治图书馆馆藏索书号为序。

二、本目录采用解题著录格式,含藏汉文题名、责任者、版本以及行款、附注等多项,力求全面解析该书。

三、解题式著录,采用多层次编号方式,具体编号如下:

(一)1、2、3……为条目大序列号。

(二)大序列号下的英文大写字母分别表示:A为西藏自治区图书馆藏该古籍编号和民族文化宫图书馆目录中编号;B为该古籍藏汉文题名;C为函帙号;D为作者藏汉文简介;E为附注。

(三)大序列号下的阿拉伯数字如1.1、1.2……表示一函内小序列号。

(四)小序列号下的英文小写字母分别表示:a为编目卷次序列号;b为卷次藏汉文题名;c为卷次中的作者名;d为著作时间、地点以及倡著人。若有具体时间和地点,则附汉译文;e为藏汉文分类;f为版本信息;g为字体、装帧、尺寸;h为叶数和行款;i为有无佛像扉页、材质、文字颜色、完整程度;j为附注项。

四、简称

(一)本目录中西藏自治区图书馆简称“西藏图书馆”。

（二）本目录中《民族图书馆藏文典籍目录文集类子目》简称“民族宫目录”。

总目录

第 1 册

册府萃珍继绝学　翰墨流芳惠文林（代序）

…………国家古籍保护中心（国家图书馆）1

序　二…………刘建敏 8

序　三…………张志清 15

前　言…………编　者 22

凡　例…………28

3408-3412　ཀོང་སྤྲུལ་ཡོན་ཏན་རྒྱ་མཚོའི་གསུང་འབུམ། …………1

贡珠・云丹嘉措文集

3413-3422　ཀློང་ཆེན་རབ་འབྱམས་པ་དྲི་མེད་འོད་ཟེར་གྱི་གསུང་འབུམ། …………81

隆钦热绛巴・赤墨俄色文集

3423-3427　མཁྱེན་བརྩེ་འོད་ཟེར་འཇིགས་མེད་གླིང་པའི་གསུང་འབུམ། …………94

钦则俄色・晋美林巴文集

3428-3434　འཇམ་དབྱངས་མཁྱེན་བརྩེ་དབང་པོའི་གསུང་འབུམ། …………197

绛央钦则旺波文集

3435-3456　འཇུ་མི་ཕམ་འཇམ་དབྱངས་རྣམ་རྒྱལ་རྒྱ་མཚོའི་གསུང་འབུམ། …………261

菊・弥旁绛央朗吉嘉措文集

3457-3467　དཔལ་སྤྲུལ་འཇིགས་མེད་ཆོས་དབང་པོའི་གསུང་འབུམ། …………376

巴珠・晋美曲旺文集

3468-3469 ས་སྐྱ་ཀུན་དགའ་སྙིང་པོའི་གསུང་འབུམ། ……………… 438
萨迦·衮噶宁波文集

3470-3472 ས་སྐྱ་བསོད་ནམས་རྩེ་མོའི་གསུང་འབུམ། ……………… 445
萨迦·索朗孜莫文集

3473-3476 ས་སྐྱ་གྲགས་པ་རྒྱལ་མཚན་གྱི་གསུང་འབུམ། ……………… 455
萨迦·扎巴坚赞文集

3477-3479 ས་སྐྱ་ཀུན་དགའ་རྒྱལ་མཚན་གྱི་གསུང་འབུམ། ……………… 477
萨迦·衮噶坚赞文集

3480-3482 ས་སྐྱ་འཕགས་པ་བློ་གྲོས་རྒྱལ་མཚན་གྱི་གསུང་འབུམ། ……………… 490
萨迦·八思巴洛卓坚赞文集

第 2 册

3483-3490 ཞྭ་ཆེན་ཚུལ་ཁྲིམས་རིན་ཆེན་གྱི་གསུང་འབུམ། ……………… 1
许钦·楚臣仁钦文集

3491-3506 སི་ཏུ་ཆོས་ཀྱི་འབྱུང་གནས་ཀྱི་གསུང་འབུམ། ……………… 62
司徒·曲吉穹勒文集

3507-6265 ཏཱ་ར་ནཱ་ཐ་ཀུན་དགའ་སྙིང་པོའི་གསུང་འབུམ། ……………… 102
多罗那他·衮噶宁波文集

3525-3536 དངུལ་ཆུ་དབྱངས་ཅན་གྲུབ་པའི་རྡོ་རྗེའི་གསུང་འབུམ། ……………… 188
欧曲·央金珠白多杰文集

3537-3549 དངུལ་ཆུ་དྷརྨ་བྷ་དྲའི་གསུང་འབུམ། ……………… 228
欧曲·达摩巴扎文集

3550-3555 རྗེ་དགེ་འདུན་གྲུབ་པའི་གསུང་འབུམ། ……………… 316
杰·根敦珠巴文集

3556-3561 རྗེ་དགེ་འདུན་གྲུབ་པའི་གསུང་འབུམ། ……………………………329
根敦嘉措文集

3563-3615 ངག་དབང་བློ་བཟང་རྒྱ་མཚོའི་གསུང་འབུམ། ……………………………358
阿旺洛桑嘉措文集

3616-3622 བསྐལ་བཟང་རྒྱ་མཚོའི་གསུང་འབུམ། ……………………………602
格桑嘉措文集

第 3 册

3623-3627 ཐུབ་བསྟན་རྒྱ་མཚོའི་གསུང་འབུམ། ……………………………1
土登嘉措文集

3628-3643 བློ་བཟང་ཆོས་ཀྱི་རྒྱལ་མཚན་གྱི་གསུང་འབུམ། ……………………………32
洛桑却吉坚赞文集

3644-3647 བློ་བཟང་ཡེ་ཤེས་ཀྱི་གསུང་འབུམ། ……………………………115
洛桑耶喜文集

3648-3656 དཔལ་ལྡན་ཡེ་ཤེས་ཀྱི་གསུང་འབུམ། ……………………………118
白登耶喜文集

3658-3665 བསྟན་པའི་ཉི་མའི་གསུང་འབུམ། ……………………………200
丹白尼玛文集

3666-3669 བསྟན་པའི་དབང་ཕྱུག་གི་གསུང་འབུམ། ……………………………273
丹白旺秋文集

3670-3673 བློ་བཟང་ཐུབ་བསྟན་ཆོས་ཀྱི་ཉི་མ་གསུང་འབུམ། ……………………………296
洛桑土登却吉尼玛文集

3674-3681 ཡོངས་འཛིན་ཡེ་ཤེས་རྒྱལ་མཚན་གྱི་གསུང་འབུམ། ……………………………433
荣增・耶喜坚赞文集

3693-3696 གུ་གེ་ཡོངས་འཛིན་བློ་བཟང་བསྟན་འཛིན་གྱི་གསུང་འབུམ། ……458
古格经师洛桑丹增文集

3697-3700 ཕ་བོང་ཁ་པ་བདེ་ཆེན་སྙིང་པོའི་གསུང་འབུམ། ……494
帕邦喀巴·德钦宁布文集

3706-3708 དཔལ་མང་པཎྜི་ཏ་དཀོན་མཆོག་རྒྱལ་མཚན་གྱི་གསུང་འབུམ། ……527
阿莽班智达·恭却坚赞文

第 4 册

3709-3716 ཀུང་ཐང་དཀོན་མཆོག་བསྟན་པའི་སྒྲོན་མེའི་གསུང་འབུམ། ……1
贡唐·恭却丹白卓麦文集

3717-3719 ཐུའུ་བཀྭན་ཆོས་ཀྱི་ཉི་མའི་གསུང་འབུམ། ……89
土观·却吉尼玛文集

3720-3723 ལྕང་སྐྱ་ངག་དབང་བློ་བཟང་ཆོས་ལྡན་གྱི་གསུང་འབུམ། ……135
章嘉·阿旺洛桑曲登文集

3724-3727 3736 ལྕང་སྐྱ་རོལ་པའི་རྡོ་རྗེའི་བཀའ་འབུམ། ……140
章嘉·若白多杰文集

3728 ཀེའུ་ཚང་བློ་བཟང་འཇམ་དབྱངས་སྨོན་ལམ་གསུང་འབུམ། ……214
盖邬仓·洛桑绛央孟朗文集

3729-3730 བཀའ་འགྱུར་བ་བློ་བཟང་ཚུལ་ཁྲིམས་ཀྱི་གསུང་འབུམ། ……219
甘珠尔·洛桑楚臣文集

3731-3732 རོང་ཐ་བློ་བཟང་དམ་ཆོས་རྒྱ་མཚོའི་གསུང་འབུམ། ……255
绒塔·洛桑旦曲嘉措文集

3733-3734 རྟ་ཚག་ཡེ་ཤེས་བསྟན་པའི་མགོན་པོའི་གསུང་འབུམ། ……296
达扎·耶喜丹白贡波文集

3735 དྭགས་པོ་མཁན་ཆེན་ངག་དབང་གྲགས་པའི་གསུང་འབུམ། ……306
塔波堪钦・阿旺扎巴文集

3737 འབྲི་གུང་སྐྱོབ་པ་འཇིག་རྟེན་མགོན་པོའི་གསུང་འབུམ། ……316
止贡・觉巴久定贡布文集

3738-3747 རྒྱལ་སྲས་ཐོགས་མེད་བཟང་པོའི་གསུང་འབུམ། ……320
贾色・妥美桑布文集

3748 རྒྱལ་སྲས་བློ་བཟང་ངག་དབང་ཐོགས་མེད་ཀྱི་གསུང་འབུམ། ……321
贾色・洛桑阿旺妥美文集

3749 དྭགས་པོ་ལྷ་རྗེའི་བསོད་ནམས་རིན་ཆེན་གྱི་གསུང་འབུམ། ……326
塔波拉杰・索朗仁钦文集

3750 འབྲུག་པ་ཀུན་དགའ་ལེགས་པའི་གསུང་འབུམ། ……341
竹巴・衮噶勒巴文集

3751 འབྲུག་པ་རྒྱལ་དབང་ཀུན་དགའ་དཔལ་འབྱོར་གྱི་གསུང་འབུམ། ……344
竹巴杰旺・衮噶班觉文集

3752-3755 དྲུང་ཆེན་ཤེས་རབ་རྒྱ་མཚོའི་གསུང་འབུམ། ……354
仲钦・喜饶嘉措文集

3756 བྱམས་གླིང་པཎ་ཆེན་བསོད་ནམས་རྣམ་རྒྱལ་གྱི་གསུང་འབུམ། ……379
强林班钦・索朗朗杰文集

3757 ཆ་ཧར་དགེ་བཤེས་བློ་བཟང་ཚུལ་ཁྲིམས་ཀྱི་གསུང་འབུམ། ……381
察哈尔格西・洛桑楚臣文集

3759 རྫོང་དཀར་འཇིགས་མེད་དམ་ཆོས་རྒྱ་མཚོའི་གསུང་འབུམ། ……391
宗噶・晋美旦曲嘉措文集

3760-3762 བུ་སྟོན་གྱི་གསུང་འབུམ། ……395
布顿文集

3763-3775 རྗེ་ཙོང་ཁ་པའི་གསུང་འབུམ། ……403

宗喀巴文集

3779-3783 12363-12370 རྗེ་སྲིད་སངས་རྒྱས་རྒྱ་མཚོའི་གསུང་འབུམ།······················411

第司·桑结嘉措文集

后 记··428

第1册目录

册府萃珍继绝学　翰墨流芳惠文林（代序）
……国家古籍保护中心（国家图书馆）1

序　二……刘建敏 8

序　三……张志清 15

前　言……编　者 22

凡　例……28

3408-3412　ཀོང་སྤྲུལ་ཡོན་ཏན་རྒྱ་མཚོའི་གསུང་འབུམ། ……1
贡珠・云丹嘉措文集

3413-3422　ཀློང་ཆེན་རབ་འབྱམས་པ་དྲི་མེད་འོད་ཟེར་གྱི་གསུང་འབུམ། ……81
隆钦热绛巴・赤墨俄色文集

3423-3427　མཁྱེན་བརྩེ་འོད་ཟེར་འཇིགས་མེད་གླིང་པའི་གསུང་འབུམ། ……94
钦则俄色・晋美林巴文集

3428-3434　འཇམ་དབྱངས་མཁྱེན་བརྩེ་དབང་པོའི་གསུང་འབུམ། ……197
绛央钦则旺波文集

3435-3456　འཇུ་མི་ཕམ་འཇམ་དབྱངས་རྣམ་རྒྱལ་རྒྱ་མཚོའི་གསུང་འབུམ། ……261
菊・弥旁绛央朗吉嘉措文集

3457-3467　དཔལ་སྤྲུལ་འཇིགས་མེད་ཆོས་དབང་པོའི་གསུང་འབུམ། ……376
巴珠・晋美曲旺文集

3468-3469　ས་སྐྱ་་ཀུན་དགའ་སྙིང་པོའི་གསུང་འབུམ། ……438
萨迦・衮噶宁波文集

3470-3472 ས་སྐྱ་་བསོད་ནམས་རྩེ་མོའི་གསུང་འབུམ། ······························ 445
萨迦·索朗孜莫文集

3473-3476 ས་སྐྱ་གྲགས་པ་རྒྱལ་མཚན་གྱི་གསུང་འབུམ། ······························ 455
萨迦·扎巴坚赞文集

3477-3479 ས་སྐྱ་ཀུན་དགའ་རྒྱལ་མཚན་གྱི་གསུང་འབུམ། ······························ 477
萨迦·衮噶坚赞文集

3480-3482 ས་སྐྱ་འཕགས་པ་བློ་གྲོས་རྒྱལ་མཚན་གྱི་གསུང་འབུམ། ······························ 490
萨迦·八思巴洛卓坚赞文集

1

A 3408 4423

B ཀོང་སྤྲུལ་ཡོན་ཏན་རྒྱ་མཚོའི་གསུང་འབུམ།

贡珠·云丹嘉措文集

C ཁ

D ཀོང་སྤྲུལ་ཡོན་ཏན་རྒྱ་མཚོ། ཀརྨ་བཀའ་བརྒྱུད། རབ་བྱུང་བཅུ་བཞི་པའི་ཆུ་མོ་བྱའི་ལོར ༡༨༡༣ མདོ་ཁམས་འབྲི་ཟླ་ཟབ་མོ་སྒང་དུ་ཡབ་བསྟན་འཛིན་གཡུང་དྲུང་དང་ཡུམ་བཀྲ་ཤིས་མཚོ་མོ་གཉིས་ཀྱི་སྲས་སུ་འཁྲུངས། ཞེ་ཆེན་པཎྜི་ཏ་འགྱུར་མེད་མཐུ་སྟོབས་རྣམ་རྒྱལ། སི་ཏུ་པདྨ་ཉིན་བྱེད་དང་། འཇམ་དབྱངས་མཁྱེན་བརྩེ་དབང་པོ་སོགས་རིས་མེད་ཀྱི་མཁས་པ་བཅུ་ཕྲག་ལྔ་ལྷག་ཙམ་སློབ་དཔོན་དུ་བསྟེན། ས་དགེ་བཀའ་རྙིང་གི་སློབ་མ་མང་དུ་སྤེལ། གསུང་རྩོམ་དཔར་ལ་འགོད་པ་དང་། མ་འགོད་པ་བསྒོམས་པོད་དགུ་བཅུ་ལྷག་ཙམ་ཡོད་པའི་ནང་ནས་གཙོ་ཆེ་བ་ནི་མཛོད་ཆེན་པོ་ལྔ་སྟེ་ཤེས་བྱ་ཀུན་ལ་ཁྱབ་པའི་མཛོད། གདམས་ངག་རིན་པོ་ཆེའི་མཛོད། བཀའ་བརྒྱུད་སྔགས་མཛོད། རིན་ཆེན་གཏེར་མཛོད། རྒྱ་ཆེན་བཀའ་ཡི་མཛོད་བཅས་ཡིན། དགུང་ལོ་དོན་བདུན་པ་རབ་བྱུང་བཅོ་ལྔ་པའི་ལྕགས་ཕོ་སྟག་གི་ལོར་༡༨༩༠ སྐུ་གཤེགས་སོ།། དེང་དཔེ་མཛོད་ཁང་དུ་དཔལ་སྤུངས་ཀྱི་དཔར་པོད་ ༣༣ ཀ----ཏ ཨ་ ཨོཾ ཨཱཿ ཧཱུྃ ཨང་རྟགས་ ༢༠༡༡-༢༠༤༣ དང་། མི་རིགས་པོ་བྲང་ནས་ཕྱིར་འབུལ་ཞུས་པའི་གྲས་པོད་ ༥ ཁ--ཅ ཨ་བཞུགས།

贡珠·云丹嘉措（1813—1890）：系噶玛噶举派。诞生于多康萨姆岗，从小拜司徒白玛宁西和降央庆则旺布等高僧为师，精通十明。1864 年撰写《常识全集》（ཤེས་བྱ་ཀུན་ཁྱབ）。其著作还有《教言宝库》《噶举派密库》等。其弟子遍及藏区各大寺院、各大教派。享年 77 岁。遗著有 90 余函。西藏图书馆藏有八邦寺版 33 函，编号为 2011—2043；北京民族文化宫图书馆赠送的有 5 函，编号为 3408—3412。

E 民族宫目录中，此函计 32 卷。西藏图书馆缺一卷：《大吉祥金刚童子常第·意趣精华》，故计 31 卷。

1.1

a 31-1

b དཔལ་ཆེན་ཡང་དག་ཧེ་རུ་ཀ་ཟླ་གམ་དགུ་པའི་སྒྲུབ་ཐབས་ཁྲག་འཐུང་མངོན་པར་རོལ་པ།

大吉祥清净嘿汝嘎半月形第九修法·饮血本尊显现游戏

c པདྨ་གར་དབང་རྩལ།

d དཔལ་སྤུངས་དགོན།（四川八邦寺）

e སྒྲུབ་ཐབས།（修心法）

f 刻本 དཔལ་སྤུངས་དགོན།（四川八邦寺）

g 乌金 梵夹装 37.5×5.5

h 27 6

i 无 藏纸 黑 完整

j

1.2

a 31-2

b དཔལ་ཆེན་ཡང་དག་ཧེ་རུ་ཀ་ཟླ་གམ་དགུ་པའི་དཀྱིལ་འཁོར་དུ་དབང་བསྐུར་བའི་ཆོ་ག་ཁྲག་འཐུང་མངོན་པར་འབྱུང་བ།

大吉祥清净嘿汝嘎半月形第九曼荼罗中灌顶仪轨·饮血本尊真实显现

c པདྨ་གར་དབང་བློ་གྲོས་མཐའ་ཡས་པའི་སྡེ།

d

e ཆོ་ག（仪轨）

f 刻本 དཔལ་སྤུངས་དགོན།（四川八邦寺）

g 乌金 梵夹装 36.5×5.5

h 45 6

i 无 藏纸 黑 完整

j

1.3

a 31-3

b　དཔལ་ཆེན་རྡོ་རྗེ་ཕུར་པའི་བསྙེན་སྒྲུབ་ལས་གསུམ་ལ་ཉེ་བར་མཁོ་བའི་ཡིག་སྣ་ཕྲན་ཚེགས་ཕྱོགས་གཅིག་ཏུ་

བསྡེབས་པ་འདོད་དགུའི་བང་མཛོད།

大吉祥金刚橛念修法三种羯摩需用散课诵合编·如意宝库

c　བློ་གྲོས་མཐའ་ཡས།

d　དཔལ་སྤུངས་དགོན།（四川八邦寺）

e　བསྙེན་ཡིག（念修文）

f　刻本　དཔལ་སྤུངས་དགོན།（四川八邦寺）

g　乌金　梵夹装　37.5×5.5
h　12　6
i　无　藏纸　黑　完整
j

1.4
a　31-4

b　རྡོ་རྗེ་ཕུར་པ་བདུད་འཇོམས་རོལ་བའི་ཕྱག་སྟ་ཀའི་བཞུགས་བྱང་དང་བརྒྱུད་པའི་ཡི་གེ་ཟླ་ཤེལ་མེ་ལོང་།

金刚橛摧魔游戏函目录与传承文·晶月明镜

c　བློ་གྲོས་མཐའ་ཡས་སམ་ཀརྨ་ངག་དབང་ཡོན་ཏན་རྒྱ་མཚོ།

d

e　ཕུར་པ།（金刚橛）

f　刻本　དཔལ་སྤུངས་དགོན།（四川八邦寺）

g　乌金　梵夹装　37.5×5.5
h　7　6
i　有　藏纸　黑　完整
j

1.5
a　31-5

b　རྡོ་རྗེ་ཕུར་པ་རྩ་བའི་རྒྱུད་ཀྱི་དུམ་བུ།

金刚橛根本需品

c

d

e ཕུར་པ།（金刚橛）

f 刻本 དཔལ་སྤུངས་དགོན།（四川八邦寺）

g 乌金 梵夹装 37.5×5.5

h 5 6

i 无 藏纸 黑 完整

j

1.6

a 31-6

b དཔལ་རྡོ་རྗེ་ཕུར་པའི་རྩ་བའི་རྒྱུད་ཀྱི་དུམ་བུའི་འགྲེལ་པ་སྙིང་པོ་བསྡུས་པ་དཔལ་རིན་ཆེན་དགྱེས་པའི་ཞལ་ལུང་།

吉祥金刚橛根本续品注释摄要·大吉祥喜悦之语教

c དགུང་ལོ་བརྒྱད་བཅུ་རྩ་བདུན་པའི་ཐོག།

d ཤྲཱི་དེ་ཝི་ཀོ་ཊི་གསུམ་པ་ཙཱ་འདྲ་རིན་ཆེན་བྲག་གི་སྒྲུབ་གནས་ཀུན་བཟང་བདེ་ཆེན་འོད་གསལ་གླིང་།

e རྒྱུད་འགྲེལ།（续释）

f 刻本 དཔལ་སྤུངས་དགོན།（四川八邦寺） ཀརྨ་བཀྲ་ཤིས་ཆོས་འཕེལ།

g 乌金 梵夹装 37.5×5.5

h 94 6

i 无 藏纸 黑 完整

j

1.7

a 31-7

b རྡོ་རྗེ་ཕུར་པའི་སྒྲུབ་སྐོར།

金刚橛修法

c

d

e ཕུར་པ།（金刚橛）

f 刻本 དཔལ་སྤུངས་དགོན།（四川八邦寺）

g 乌金 梵夹装 37.5×5.5
h 8 6
i 无 藏纸 黑 完整
j

1.8
a 31-8

b སློབ་མ་དབང་བསྐུར་བར་བྱེད་པའི་ཚུལ།

弟子灌顶法
c
d

e དབང་བཤད།（灌顶说）

f 刻本 དཔལ་སྤུངས་དགོན།（四川八邦寺）

g 乌金 梵夹装 37.5×5.5
h 11 6
i 无 藏纸 黑 完整
j

1.9
a 31-9

b དཔལ་རྡོ་རྗེ་གཞོན་ནུའི་དཀྱིལ་འཁོར་གྱི་ཆོ་ག་བདུད་འཇོམས་རོལ་པ།

吉祥金刚童子曼荼罗仪轨·摧魔游戏
c
d

e ཆོ་ག（仪轨）

f 刻本 དཔལ་སྤུངས་དགོན།（四川八邦寺）

g 乌金 梵夹装 37.5×5.5
h 50 6
i 无 藏纸 黑 完整

j

1.10

a 31-10

b རྡོ་རྗེ་ཕུར་པ་འཁོན་ལུགས་ཀྱི་བརྒྱུད་པའི་གསོལ་འདེབས་བཻཌཱུརྱའི་ཕྲེང་མཛེས།

金刚橛昆氏传规传承启请文·琉璃美鬘

c པདྨ་གར་དབང་བདེ་བའི་རྡོ་རྗེ།

d དཔལ་སྤུངས་དགོན། （四川八邦寺）

e གསོལ་འདེབས། （启请文）

f 刻本 དཔལ་སྤུངས་དགོན། （四川八邦寺）

g 乌金 梵夹装 37.5×5.5

h 2 6

i 无 藏纸 黑 完整

j

1.11

a 31-11

b དཔལ་ཆེན་རྡོ་རྗེ་ཕུར་པའི་ཚེ་འགུགས་ཀྱི་ཕྲིན་ལས་དྭངས་མ་བཅུད་བསྡུས།

大吉祥金刚橛招寿事业法·摄集精华

c པདྨ་གར་དབང་བདེ་བའི་རྡོ་རྗེ།

d

e ཚེ་འགུགས། （招寿）

f 刻本 དཔལ་སྤུངས་དགོན། （四川八邦寺）

g 乌金 梵夹装 37.5×5.5

h 4 6

i 无 藏纸 黑 完整

j

1.12

a 31-12

b　བཅོམ་ལྡན་འདས་རྡོ་རྗེ་ཕུར་པའི་སྟོད་ལས་ཀྱི་དབང་བསྐུར་བའི་ལག་ལེན་གསལ་བར་བྱེད་པ་བདུད་རྩིའི་

　　ནོར་ཤེལ།

　　薄伽梵金刚橛上部羯摩灌顶显明修法·甘露璎珞

c　པདྨ་གར་དབང་བདེ་བའི་རྡོ་རྗེ།

d　དཔལ་སྤུངས་དགོན།（四川八邦寺）

e　དབང་བསྐུར་ལག་ལེན།（灌顶实践）

f　刻本　དཔལ་སྤུངས་དགོན།（四川八邦寺）

g　乌金　梵夹装　37.5×5.5
h　19　6
i　无　藏纸　黑　完整
j

1.13
a　31-13

b　འཁོན་ལུགས་རྡོ་རྗེ་ཕུར་པའི་གཏོར་དབང་གི་ཡི་གེ་བྱིན་རླབས་བཅུད་ཀྱི་ཐིག་ལེ།

　　昆氏传规金刚橛神馐灌顶文·加持精华

c　ཀུ་སུ་ལི་བུ་ཏཱའི་མིང་ཅན་བློ་གྲོས་མཐའ་ཡས་པའི་སྡེ།

d

e　གཏོར་དབང་།（神馐灌顶）

f　刻本　དཔལ་སྤུངས་དགོན།（四川八邦寺）

g　乌金　梵夹装　37.5×5.5
h　6　6
i　无　藏纸　黑　完整
j

1.14
a　31-14

b　དཔལ་ཆེན་པོ་རྡོ་རྗེ་ཕུར་པའི་སྨད་ལས་དྲག་པོ་སྒྲོལ་བའི་རྗེས་སུ་གནང་བའི་ཡི་གེ་བདུད་བཞིའི་གཡུལ་འཛོམས།

大吉祥金刚橛下部威猛羯摩救度随许仪轨·战摧四魔

c པདྨ་གར་དབང་རྩལ།

d དཔལ་སྤུངས་དགོན། （四川八邦寺）

e རྗེས་གནང་། （灌顶）

f 刻本 དཔལ་སྤུངས་དགོན། （四川八邦寺）

g 乌金 梵夹装 37.5×5.5
h 4 6
i 无 藏纸 黑 完整
j

1.15
a 31-15

b བཅོམ་ལྡན་འདས་རྡོ་རྗེ་ཕུར་པའི་བསྐྱེད་རྫོགས་ཀྱི་ཁྲིད་ཡིག་ས་བོན་ཙམ་སྨོས་པ་རྡོ་རྗེའི་གསང་མཛོད།

薄伽梵金刚橛生圆二次第讲义·胜解种子金刚秘藏

c པདྨ་གར་གྱི་དབང་ཕྱུག་འཕྲིན་ལས་འགྲོ་འདུལ་རྩལ།

d དཔལ་སྤུངས་དགོན། （四川八邦寺）

e ཁྲིད་ཡིག （导释）

f 刻本 དཔལ་སྤུངས་དགོན། （四川八邦寺）

g 乌金 梵夹装 37.5×5.5
h 21 6
i 无 藏纸 黑 完整
j

1.16
a 31-16

b སྙན་བརྒྱུད་ཕུར་པའི་གནད་ཏིག་གི་བསྙེན་སྒྲུབ་ཉམས་སུ་ལེན་པ།

耳传金刚橛要念修法

c ཀུ་སུ་ལི་ཤུ་ཧཱའི་བློ་གྲོས་མཐའ་ཡས་པའི་སྡེ།

d

e བསྙེན་སྒྲུབ།（念修法）

f 刻本 དཔལ་སྤུངས་དགོན།（四川八邦寺）

g 乌金 梵夹装 37.5×5.5
h 4 6
i 无 藏纸 黑 完整
j

1.17
a 31-17
b རྡོ་རྗེ་ཕུར་པ་མཁོན་ལུགས་ཀྱི་བསྙེན་ཡིག་དཔལ་ཆེན་ཐུགས་ཐིག
金刚橛昆氏传规念修仪轨·大吉祥意趣精华
c པདྨ་གར་དབང་བདེ་བའི་རྡོ་རྗེ།

d དཔལ་སྤུངས་དགོན།（四川八邦寺）

e བསྙེན་ཡིག（念修文）

f 刻本 དཔལ་སྤུངས་དགོན།（四川八邦寺）

g 乌金 梵夹装 37.5×5.5
h 26 6
i 无 藏纸 黑 完整
j

1.18
a 31-18
b ཡང་ཕུར་ཐུན་མོང་གི་མན་ངག་ཨ་ཏིའི་ཁྲིད་ཡིག་ཐར་པའི་སྒོ་གཅིག
极密金刚橛共通教授阿底导释·解脱之门
c
d

e ཁྲིད་ཡིག（导释）

f 刻木 དཔལ་སྤུངས་དགོན།（四川八邦寺）

g 乌金 梵夹装 37.5×5.5
h 3 6
i 无 藏纸 黑 完整
j

1.19

a 31-19

b དཔལ་ཆེན་རྡོ་རྗེ་གཞོན་ནུའི་སྨད་ལས་གཏོར་ཟློག་གི་ལག་ལེན་གསལ་བར་བཀོད་པ་རྡོ་རྗེ་གནམ་ལྕགས་འཁྲུལ་འཁོར།

大吉祥金刚童子下部羯摩神馐回遮显明修法·金刚霹雳轮

c པདྨ་གར་གྱི་དབང་ཕྱུག་རྩལ་ལམ་བློ་གྲོས་མཐའ་ཡས།

d

e ཆོ་ག（仪轨）

f 刻本 དཔལ་སྤུངས་དགོན།（四川八邦寺）

g 乌金 梵夹装 37.5×5.5
h 25 6
i 无 藏纸 黑 完整
j

1.20

a 31-20

b དཔལ་ཆེན་རྡོ་རྗེ་ཕུར་པའི་སྒྲུབ་རྟེན་གྱི་གནད་དང་མངོན་སྤྱོད་གཟེར་ཁའི་བཅས་ཀྱི་རིམ་པ་རྣམ་པར་གསལ་བར་ཐོས་ཆུང་གི་བཅུད་འཛིན།

大吉祥金刚橛修法所依要点与诛法放咒方向等显明次第·寡闻者心中精华

c ཀུན་དག་དབང་ཡོན་ཏན་རྒྱ་མཚོ།

d དཔལ་སྤུངས་དགོན།（四川八邦寺）

e ཆོ་ག（仪轨）

f 刻本 དཔལ་སྤུངས་དགོན། （四川八邦寺）

g 乌金 梵夹装 37.5×5.5
h 24 6
i 无 藏纸 黑 完整
j

1.21
a 31-21

b དཔལ་ཆེན་རྡོ་རྗེ་གཞོན་ནུའི་གཏོར་ཟློག་གི་འདོན་འགྲིགས་མཐོང་བ་གོ་བྱེད།

大吉祥金刚童子神馐回遮法念诵列编·见者分晓

c འཇམ་དབྱངས་དགའ་བའི་བློ་གྲོས།

d

e ཆོ་ག （仪轨）

f 刻本 དཔལ་སྤུངས་དགོན། （四川八邦寺）

g 乌金 梵夹装 37.5×5.5
h 8 6
i 无 藏纸 黑 完整
j

1.22
a 31-22

b ལིང་ཁྲུས་ནོར་བུ་ཆུ་དྭངས།

洗净魔佣法·澄水宝珠

c པདྨ་གར་དབང་།

d

e ཆོ་ག （仪轨）

f 刻本 དཔལ་སྤུངས་དགོན། （四川八邦寺）

g 乌金 梵夹装 37.5×5.5
h 2 6
i 无 藏纸 黑 完整

j

1.23

a 31-23

b གསེར་སྐྱེམས།

供神饮词

c

d

e གསེར་སྐྱེམས།（供神饮词）

f 刻本 དཔལ་སྤུངས་དགོན།（四川八邦寺）

g 乌金 梵夹装 37.5×5.5

h 3 6

i 无 藏纸 黑 完整

j

1.24

a 31-24

b དཔལ་ཆེན་རྡོ་རྗེ་གཞོན་ནུ་གཙོ་འཁོར་སྲུང་མར་བཅས་པའི་བསྟོད་བསྐུལ་གསོལ་ཁ་སྤེལ་བ་ལྷའི་རྔ་སྒྲ།

大吉祥金刚童子主侍护法神等之赞颂、劝请、祈祷合编·天之鼓声

c པདྨ་གར་དབང་།

d དཔལ་སྤུངས་དགོན།（四川八邦寺）

e བསྟོད་བསྐུལ།（赞颂）

f 刻本 དཔལ་སྤུངས་དགོན།（四川八邦寺）

g 乌金 梵夹装 37.5×5.5

h 11 6

i 无 藏纸 黑 完整

j

1.25

a 31-25

b དཔལ་ཆེན་ཡང་དག་ཧེ་རུ་ཀའི་སྙིང་པོ་ཟླ་གམ་གཅིག་མ་ལ་བརྟེན་པའི་བསྙེན་པ་དང་རྒྱུན་གྱི་རྣལ་འབྱོར་བྱ་བའི་ཡི་གེ་ཐུགས་ཀྱི་ཐིག་ལེ།

依大吉祥清净嘿汝嘎心要半月形一尊念修与常修瑜伽仪轨·意趣精华

c པདྨ་གར་དབང་བློ་གྲོས་མཐའ་ཡས།

d

e བསྙེན་ཡིག（念修文）

f 刻本 དཔལ་སྤུངས་དགོན།（四川八邦寺）

g 乌金 梵夹装 37.5×5.5

h 12 6

i 无 藏纸 黑 完整

j

1.26

a 31-26

b རྡོ་རྗེ་ཕུར་པའི་མངོན་སྤྱོད་ལས་ལ་ཉེ་བར་མཁོ་བའི་ཡིག་ཆུང་སྦས་པ་མིག་འབྱེད།

金刚橛诛法羯摩常用小品·开眼秘本

c པདྨ་གར་དབང་བདེ་བའི་རྡོ་རྗེ།

d དཔལ་སྤུངས་དགོན།（四川八邦寺）

e བསྙེན་སྒྲུབ།（念修法）

f 刻本 དཔལ་སྤུངས་དགོན།（四川八邦寺）

g 乌金 梵夹装 37.5×5.5

h 8 6

i 无 藏纸 黑 完整

j

1.27

a 31-27

b དཔལ་ཆེན་རྡོ་རྗེ་ཕུར་པའི་ལས་བཞིའི་སྦྱིན་སྲེག་འཕྲིན་ལས་གཟི་བརྗིད་དཔལ་འབར།

大吉祥金刚橛四种事业护摩修法·威严事业吉祥光炽

c　པདྨ་གར་གྱི་དབང་ཕྱུག་རྩལ།

d　དཔལ་སྤུངས་དགོན།（四川八邦寺）

e　སྦྱིན་སྲེག（火供）

f　刻本　དཔལ་སྤུངས་དགོན།（四川八邦寺）

g　乌金　梵夹装　37.5×5.5

h　17　6

i　无　藏纸　黑　完整

j

1.28

a　31-28

b　ཡང་དག་ཧེ་རུ་ཀ་འཁོན་ལུགས་ཟླ་གམ་དགུ་པའི་ཞི་བའི་སྦྱིན་སྲེག་ཉེས་པ་ཀུན་སྦྱོང་།

清净嘿汝嘎昆氏传规半月形第九息灾护摩修法·普除罪过

c　བློ་གྲོས་མཐའ་ཡས།

d　དཔལ་སྤུངས་དགོན།（四川八邦寺）

e　ཞི་བའི་སྦྱིན་སྲེག（静寂火供）

f　刻本　དཔལ་སྤུངས་དགོན།（四川八邦寺）

g　乌金　梵夹装　37.5×5.5

h　8　6

i　无　藏纸　黑　完整

j

1.29

a　31-29

b　དཔལ་ས་སྐྱ་པའི་ཡབ་ཆོས་ཡང་ཕུར་ཐུན་མོང་གི་བཀའ་སྲུང་དཀའ་འདུད་ལྕམ་དྲལ་གྱི་སྒྲུབ་ཐབས་རྗེས་གནང་དང་བཅས་པ།

吉祥萨迦派父系法传金刚橛共通护法神嘎堆江扎之修法、随许法等

c ཀརྨ་ངག་དབང་ཡོན་ཏན་རྒྱ་མཚོའི་བཀའ་འབངས་ཀྱི་ཐ་ཆུང་བྱ་བྲལ་སྐལ་བཟང་མཁྱེན་བརྩེ་དབང་པོ།

d

e སྦྱང་ཐབས།（修心法）

f 刻本 དཔལ་སྤུངས་དགོན།（四川八邦寺）

g 乌金 梵夹装 37.5×5.5
h 7 6
i 无 藏纸 黑 完整
j

1.30
a 31-30

b དཔལ་ཆེན་རྡོ་རྗེ་གཞོན་ནུའི་ཕྲིན་ལས་ཀྱི་སྒོ་ནས་དགྲ་འདྲེ་བདུད་གསུམ་མནན་པའི་མན་ངག་རྡོ་རྗེ་ཐོག་བརྩེགས།

依大吉祥金刚童子事业修法镇伏敌、鬼、魔三者之教授·金刚重楼

c པདྨ་གར་གྱི་དབང་ཕྱུག་རྩལ།

d དཔལ་སྤུངས་དགོན།（四川八邦寺）

e མན་ངག་སྐོར།（导释）

f 刻本 དཔལ་སྤུངས་དགོན།（四川八邦寺）

g 乌金 梵夹装 37.5×5.5
h 15 6
i 无 藏纸 黑 完整
j

1.31
a 31-31

b ཀོང་སྤྲུལ་ཡོན་ཏན་རྒྱ་མཚོའི་གསུང་འབུམ། པོད་〈ཁ་〉པ་དང་〈ག་〉པའི་དཀར་ཆག

贡珠·云丹嘉措文集ཁ字函和ག字函目录

c

d

e དཀར་ཆག（目录）

f 刻本 དཔལ་སྤུངས་དགོན།（四川八邦寺）

g 乌金 梵夹装 37.5×5.5

h 1 6

i 无 藏纸 黑 完整

j

2

A 3409 4425

B ཀོང་སྤྲུལ་ཡོན་ཏན་རྒྱ་མཚོའི་གསུང་འབུམ།

贡珠·云丹嘉措文集

C ཀ

D ཀོང་སྤྲུལ་ཡོན་ཏན་རྒྱ་མཚོ།

同3408介绍。

E 此函民族宫目录中著录为26卷。西藏图书馆藏品多出一卷《贡珠·云丹嘉措文集ཀ字函目录》，又缺一卷：《上师密意修法宝海三身易行修法录·大宝明灯》，故亦26卷。

2.1

a 26-1

b ཀོང་སྤྲུལ་ཡོན་ཏན་རྒྱ་མཚོའི་གསུང་པོད་ཀ་པའི་དཀར་ཆག་བཞུགས་སོ།།

贡珠·云丹嘉措文集ཀ字函目录

c ཀོང་སྤྲུལ་ཡོན་ཏན་རྒྱ་མཚོ།

d

e དཀར་ཆག（目录）

f 抄本

g 草体 卷轴装 38×6

h 1 6
i 无 藏纸 黑 完整
j 封面钤有“民族文化宫图书馆藏”印；民族宫目录中无此件。

2.2
a 26-2
b རྡོ་རྗེ་རྣམ་པར་འཇོམས་པ་ཁྲོ་དཀར་གྱི་ཆོ་ག་དབང་བསྐུར་དང་བཅས་པ་དག་བྱེད་ཤེལ་གྱི་བུམ་བཟང་ཞེས་བྱ་བ་བཞུགས་སོ།།
金刚摧坏白色忿怒明王之陀罗尼仪轨、灌顶等·能净水晶妙瓶
c ཀརྨ་གར་དབང་ཡོན་ཏན་རྒྱ་མཚོ།
d དཔལ་སྤུངས་དགོན། （四川八邦寺）
e ཆོ་ག （仪轨）
f 刻本 དཔལ་སྤུངས་དགོན། （四川八邦寺）
g 乌金 梵夹装 38×6
h 27 6
i 无 藏纸 黑 完整
j

2.3
a 26-3
b རྡོ་རྗེ་རྣམ་པར་འཇོམས་པ་ཁྲོ་ནག་ལྷ་བཅོ་ལྔ་པའི་སྒྲུབ་ཐབས་གཟུངས་ཀྱི་ཆོ་ག་དང་བཅས་པ་སྦྱོང་བྱེད་རྡོ་རྗེའི་བུམ་པ་བཞུགས་སོ།།
金刚摧坏黑色忿怒明王十五尊之修法、陀罗尼仪轨等·金刚宝瓶
c པདྨ་གར་དབང་བློ་གྲོས་མཐའ་ཡས་པའི་སྡེ།
d དཔལ་སྤུངས་དགོན། （四川八邦寺）
e ཆོ་ག （仪轨）
f 刻本 དཔལ་སྤུངས་དགོན། （四川八邦寺）

g　乌金　梵夹装　38×6
h　20　6
i　无　藏纸　黑　完整
j

2.4

a　26-4

b　ཐུགས་རྗེ་ཆེན་པོ་གསང་འདུས་པའི་རྣལ་འབྱོར་རྒྱུན་གྱི་དབང་ཆོག་འགྲོ་དོན་ཆར་རྒྱུན་ཅེས་བྱ་བ་བཞུགས་སོ།།

大悲密集瑜伽常修灌顶仪轨 · 利众甘霖

c　པདྨ་གར་དབང་བློ་གྲོས་མཐའ་ཡས་པའི་སྡེ།

d　དཔལ་སྤུངས་དགོན།（四川八邦寺）

e　དབང་ཆོག（灌顶仪轨）

f　刻本　དཔལ་སྤུངས་དགོན།（四川八邦寺）

g　乌金　梵夹装　38×6
h　15　6
i　无　藏纸　黑　完整
j

2.5

a　26-5

b　རྡོ་རྗེ་རྣམ་པར་འཇོམས་པ་ཁྲོ་ནག་ལྷ་བཅོ་ལྔ་པའི་དཀྱིལ་འཁོར་དུ་དབང་བསྐུར་བའི་ཆོ་ག་སྨིན་བྱེད་ཡེ་ཤེས་བུམ་པ་ཞེས་བྱ་བ་བཞུགས་སོ།།

金刚摧坏黑色忿怒明王十五尊曼荼罗中灌顶仪轨 · 能熟智慧瓶

c　པདྨ་གར་དབང་བློ་གྲོས་མཐའ་ཡས་པའི་སྡེ།

d　དཔལ་སྤུངས་དགོན།（四川八邦寺）

e　དབང་ཆོག（灌顶仪轨）

f　刻本　དཔལ་སྤུངས་དགོན།（四川八邦寺）

g　乌金　梵夹装　38×6

h　25　6
i　无　藏纸　黑　完整
j

2.6
a　26-6
b　རྩ་གསུམ་སྙིང་བཅུད་བླ་མ་དགོངས་པ་འདུས་པའི་དབང་བསྐུར་ཡོངས་རྫོགས་ཀྱི་ལག་ལེན་དངོས་གྲུབ་རྒྱ་མཚོའི་ཆུ་རྒྱུན་ཞེས་བྱ་བ་བཞུགས་སོ།།
三根本心要精华·上师密意集之全部灌顶作法·悉地海之水流
c　པདྨ་གར་དབང་བློ་གྲོས་མཐའ་ཡས་པའི་སྡེ།
d　དཔལ་སྤུངས་དགོན། （四川八邦寺）
e　དབང་ཆོག （灌顶仪轨）
f　刻本　དཔལ་སྤུངས་དགོན། （四川八邦寺）
g　乌金　梵夹装　38×6
h　70　6
i　无　藏纸　黑　完整
j

2.7
a　26-7
b　ཐུགས་རྗེ་ཆེན་པོ་གསང་འདུས་པའི་དབང་བཤད་རྒྱས་བསྡུས་འཐི་བསྟན་བཞུགས་སོ།།
大悲密集灌顶解说·繁略扼要
c　གུཅས་སུ་དྲས།
d
e　དབང་བཤད། （灌顶说）
f　刻本　དཔལ་སྤུངས་དགོན། （四川八邦寺）
g　乌金　梵夹装　38×6
h　6　6
i　无　藏纸　黑　完整

j

2.8

a 26-8

b བླ་མ་དགོངས་པ་འདུས་པ་ལས།དཔའ་བོ་རྐྱང་སྒྲུབ་དང་གསལ་བྱེད་ཐུགས་ཀྱི་ནོར་བུའི་བསྙེན་སྒྲུབ་ཀྱི་ཡི་གེ་བདུད་རྩི་སྟོང་གི་ཟབ་བཅུད་ཅེས་བྱ་བཞུགས་སོ།།

上师密意集中独勇修法与心宝念修仪轨·千滴甘露精华

c པདྨ་གར་དབང་བློ་གྲོས་མཐའ་ཡས་པའི་སྡེ།

d དཔལ་སྤུངས་དགོན།（四川八邦寺）

e བསྙེན་སྒྲུབ།（念修法）

f 刻本 དཔལ་སྤུངས་དགོན།（四川八邦寺）

g 乌金 梵夹装 38×6

h 42 6

i 无 藏纸 黑 完整

j

2.9

a 26-9

b བཀའ་བརྒྱད་བདེ་གཤེགས་འདུས་ཆེན་གྱི་བསྙེན་པའི་ལག་ལེན་ཏིལ་མར་སྒྲོན་མེ་ཞེས་བྱ་བ་བཞུགས་སོ།།

修部八教如来总会念修法·香油明灯

c ད་རི་དྷ་ཀུ་ཊས།

d དཔལ་སྤུངས་དགོན།（四川八邦寺）

e བསྙེན་ཡིག（念修文）

f 刻本 དཔལ་སྤུངས་དགོན།（四川八邦寺）

g 乌金 梵夹装 38×6

h 10 6

i 无 藏纸 黑 完整

j

2.10

a 26-10

b ཡིད་དམ་དགོངས་འདུས་ཀྱི་སྤྱི་སྡོམ་སྤྲོས་བཅས་དབང་ཆེན་སྨིན་གྲོལ་རྒྱ་མཚོ་དབང་རྒྱུད་ལུགས་སུ་བསྐུར་པའི་ཟིན་ཐོ་བཞུགས་སོ།།

本尊密意集总纲之单传有广行大灌顶·成熟解脱海灌顶录

c པདྨ་གར་དབང་རྒྱལ།

d དཔལ་སྤུངས་དགོན།（四川八邦寺）

e ཟིན་ཐོ།（笔录）

f 刻本 དཔལ་སྤུངས་དགོན།（四川八邦寺）

g 乌金 梵夹装 38×6

h 9 6

i 无 藏纸 黑 完整

j

2.11

a 26-11

b བླ་མ་དགོངས་པ་འདུས་པའི་དབང་ཆེན་སོགས་ལ་ཉེ་བར་མཁོ་བའི་ལྷན་ཐབས་ཞི་བའི་སྦྱིན་སྲེག་བསྡུས་པ་ཟླ་བའི་སྣང་བ་ཞེས་བྱ་བ་བཞུགས་སོ།།

上师蜜意集中大灌顶等常修法补遗、息灾护摩略修法·月之光

c པདྨ་གར་དབང་བློ་གྲོས་མཐའ་ཡས་པའི་སྡེ།

d དཔལ་སྤུངས་དགོན།（四川八邦寺）

e དབང་ཆོག（灌顶仪轨）

f 刻本 དཔལ་སྤུངས་དགོན།（四川八邦寺）

g 乌金 梵夹装 38×6

h 15 6

i 无 藏纸 黑 完整

j　民族宫目录中为 7 叶。

2.12

a　26-12

b　གསང་སྔགས་རྡོ་རྗེ་གཏུམ་པོའི་གསང་སྒྲུབ་མེའི་འཁོར་ལོའི་རྒྱུན་ཁྱེར་གནམ་ལྕགས་ཚ་ཚ་ཞེས་བྱ་བ་བཞུགས་སོ།།

秘密主金刚威猛秘密修法·火轮易行法·霹雳轰声

c　པདྨ་གར་དབང་བློ་གྲོས་མཐའ་ཡས་པའི་སྡེ།

d

e　གསང་སྒྲུབ།（密修）

f　刻本　དཔལ་སྤུངས་དགོན།（四川八邦寺）

g　乌金　梵夹装　38×6

h　7　6

i　无　藏纸　黑　完整

j

2.13

a　26-13

b　ཕུར་པ་ཡང་གསང་བླ་མེད་ཀྱི་དྲག་པོའི་སྦྱིན་སྲེག་གི་ལག་ལེ་ན་བཞུགས་སོ།།

金刚橛极密无上威猛护摩修法

c　ཀོང་སྤྲུལ་པ།

d

e　སྦྱིན་སྲེག（火供）

f　刻本　དཔལ་སྤུངས་དགོན།（四川八邦寺）

g　乌金　梵夹装　38×6

h　4　6

i　无　藏纸　黑　完整

j

2.14

a　26-14

b　ཟབ་ཆོས་ཞི་ཁྲོ་དགོངས་པ་རང་གྲོལ་གྱི་ཚེ་འདས་གནས་འདྲེན་ཐུགས་རྗེའི་ལྕགས་ཀྱུ་ཁྱེར་བདེར་བཀོད་པ་བཞུགས་སོ།།

甚深法静怒密意自然解脱中超度亡灵法・大悲之钩易行法

c　ཀརྨ་ངག་དབང་ཡོན་ཏན་རྒྱ་མཚོ།

d　དཔལ་སྤུངས་དགོན།（四川八邦寺）

e　ཆོ་གའི་སྐོར།（仪轨）

f　刻本　དཔལ་སྤུངས་དགོན།（四川八邦寺）　གསང་སྔགས་བསྟན་འཛིན།

g　乌金　梵夹装　38×6

h　13　6

i　无　藏纸　黑　完整

j

2. 15

a　26-15

b　ཟབ་ཆོས་ཞི་ཁྲོ་དགོངས་པ་རང་གྲོལ་ལས་བླ་མ་བརྒྱུད་པའི་ཕྱག་འཚལ་ཉེས་ལྟུང་རང་གྲོལ་ཞེས་བྱ་བ་བཞུགས་སོ།།

甚深法静密意自然解脱中敬礼上师承法・罪过自解

c　བློ་གྲོས་མཐའ་ཡས་ཡོན་ཏན་རྒྱ་མཚོ།

d

e　ཆོ་ག（仪轨）

f　刻本　དཔལ་སྤུངས་དགོན།（四川八邦寺）

g　乌金　梵夹装　38×6

h　4　6

i　无　藏纸　黑　完整

j

2. 16

a　26-16

b　ཕྱག་རྗེ་ཆེན་པོ་ངན་སོང་རང་གྲོལ་གྱི་ནང་སྒྲུབ་རྒྱུན་ཁྱེར་བྱིན་རླབས་རྒྱ་མཚོ་བཞུགས་སོ།།

大悲观音恶趣自然解脱之易行内修法·加持海

c　པདྨ་གར་དབང་བློ་གྲོས་མཐའ་ཡས་པའི་སྡེ།

d　དཔལ་སྤུངས་དགོན།（四川八邦寺）

e　འདོན་ཆོག（诵经仪轨）

f　刻本　དཔལ་སྤུངས་དགོན།（四川八邦寺）

g　乌金　梵夹装　38×6

h　7　6

i　无　藏纸　黑　完整

j　民族宫目录中为6叶。

2.17

a　26-17

b　ཟབ་ཆོས་ཞི་ཁྲོ་དགོངས་པ་རང་གྲོལ་ལས།བླ་མ་བརྒྱུད་པའི་དོན་བསྐང་འབྲེལ་ཚད་རང་གྲོལ་ཞེས་བྱ་བ་བཞུགས་སོ།།

甚深法静怒密意自然解脱中上师传承补酬修法·关连自解

c　པདྨ་གར་དབང་བློ་གྲོས་མཐའ་ཡས་པའི་སྡེ།

d

e　ཆོ་ག（仪轨）

f　刻本　དཔལ་སྤུངས་དགོན།（四川八邦寺）

g　乌金　梵夹装　38×6

h　7　6

i　无　藏纸　黑　完整

j　民族宫目录中为5叶。

2.18

a　26-18

b　ཟབ་ཆོས་རྟ་ཕག་ཡིད་བཞིན་ནོར་བུའི་བརྒྱུད་པའི་གསོལ་འདེབས་ཟུང་འཇུག་རོལ་མོ་ཞེས་བྱ་བ་བཞུགས་སོ།།

甚深法马缰如意宝之传承启请文·双运音乐

c པདྨ་གར་དབང་ཕྲུག་རྩལ།

d

e གསོལ་འདེབས། （启请文）

f 刻本 དཔལ་སྤུངས་དགོན། （四川八邦寺）

g 乌金 梵夹装 38×6
h 1 6
i 无 藏纸 黑 完整
j

2.19
a 26-19

b དགོངས་གཏེར་བསམ་པ་ལྷུན་གྲུབ་བརྒྱུད་པའི་གསོལ་འདེབས་དངོས་གྲུབ་ཆར་འབེབས་ཞེས་བྱ་བ་བཞུགས་སོ།།

密意秘藏·如意任运天成、传承启请文·悉地雨降

c པདྨ་ནཱ་ཤྲ་རས།

d

e གསོལ་འདེབས། （启请文）

f 刻本 དཔལ་སྤུངས་དགོན། （四川八邦寺）

g 乌金 梵夹装 38×6
h 3 6
i 无 藏纸 黑 完整
j

2.20
a 26-20

b འཇམ་དཔལ་རྡོ་རྗེ་འཇིགས་བྱེད་ལྷ་བཅུ་གསུམ་མའི་སྔ་གོན་ཞེས་བྱ་བ་བཞུགས་སོ།།

文殊怖畏金刚十三尊预行法

c བློ་གྲོས་མཐའ་ཡས་པའི་སྡེ།

d

e ཆོ་ག （仪轨）

f 刻本 དཔལ་སྤུངས་དགོན། （四川八邦寺）

g 乌金 梵夹装 38×6
h 1 6
i 无 藏纸 黑 完整
j

2.21
a 26-21

b ཐུགས་རྗེ་ཆེན་པོ་ངན་སོང་རང་གྲོལ་གྱི་བརྒྱུད་པའི་གསོལ་འདེབས་ཐུགས་རྗེའི་ཆུ་རྒྱུན་ཅེས་བྱ་བ་བཞུགས་སོ།།

大悲观音恶趣自然解脱法门传承祈愿文·慈悲长流

c ཡོན་ཏན་རྒྱ་མཚོ།

d

e གསོལ་འདེབས། （启请文）

f 刻本 དཔལ་སྤུངས་དགོན། （四川八邦寺）

g 乌金 梵夹装 38×6
h 2 6
i 无 藏纸 黑 完整
j

2.22
a 26-22

b གཏེར་ཆེན་བསམ་གཏན་གླིང་པས་ཟབ་གཏེར་གྱི་གཙོ་བོ་ཡིད་དམ་དགོངས་པ་འདུས་པའི་སྨིན་བྱེད་ཅེས་བྱ་

བ་བཞུགས་སོ།།

伏藏师桑丹领巴之本尊密藏集果

c
d

e ཟབ་གཏེར། （伏藏密）

f 刻本 དཔལ་སྤུངས་དགོན། （四川八邦寺）

g 乌金 梵夹装 38×6
h 7 6

i 无 藏纸 黑 完整

j 封面钤有“民族文化宫图书馆藏”印；民族宫目录题名为“དབང་ཐོ”。

2.23

a 26-23

b ཟབ་ལམ་ཐུགས་ཀྱི་ནོར་བུ་ལས། རྩ་བའི་སྒྲུབ་ཆེན་དང་བདུད་རྩི་སྨན་གྲུབ་གཉིས་ཀྱི་སྒྲུབ་ཐོག་ཟུང་འབྲེལ་དུ་

བཀོད་པ་གྲུབ་གཉིས་བདུད་རྩིའི་མེ་ཏོག་ཅེས་བྱ་བ་བཞུགས་སོ།།

甚深道心宝中根本大修法与甘露药修法二者合编·二成就甘露宝箧

c

d

e སྨན་གྲུབ།（药果）

f 刻本 དཔལ་སྤུངས་དགོན།（四川八邦寺）

g 乌金 梵夹装 38×6

h 47 6

i 无 藏纸 黑 完整

j

2.24

a 26-24

b ཟབ་ལམ་ཐུགས་ཀྱི་ནོར་བུ་ལས། ལས་བཞི་མཆོག་ལྔའི་སྦྱིན་སྲེག་གི་ལག་ལེན་འདུས་གསལ་དུ་བཀོད་པ་

ནོར་བུ་སྣ་ཚོགས་མདོག་ཅན་ཞེས་བྱ་བ་བཞུགས་སོ།།

甚深道心宝中四种事业五种殊胜之护摩修法显明提要·各色珍宝

c པདྨ་གར་དབང་བློ་གྲོས་མཐའ་ཡས་པའི་སྡེ།

d

e སྦྱིན་སྲེག（火供）

f 刻本 དཔལ་སྤུངས་དགོན།（四川八邦寺）

g 乌金 梵夹装 38×6

h 15 6

i 无 藏纸 黑 完整

j

2.25

a 26-25

b ཚེ་དཔག་མེད་གནམ་ལྕགས་རྡོ་རྗེ་དངོས་གྲུབ་ཀུན་འདུས་ཀྱི་བསྐང་བ་འཆི་མེད་འདོད་འཇོའི་ང་སྒྲ་ཞེས་བྱ་བ་བཞུགས་སོ།།

无量寿霹雳金刚悉地普集之补酬·长寿如意鼓声

c པདྨ་གར་གི་དབང་ཕྱུག

d དཔལ་སྤུངས་དགོན།（四川八邦寺）

e ཚོ་ག（仪轨）

f 刻本 དཔལ་སྤུངས་དགོན།（四川八邦寺）

g 乌金 梵夹装 38×6

h 25 6

i 无 藏纸 黑 完整

j

2.26

a 26-26

b རྩ་གསུམ་ཡོངས་རྫོགས་རྡོ་རྗེ་གྲོ་ལོད་ཀྱི་དབང་གི་ལག་ལེན་མཚམས་སྦྱོར་གྱིས་བརྒྱན་པ་སོས་ཀའི་སྤྲིན་གྱི་ང་དབྱངས་ཞེས་བྱ ་བ་བཞུགས་སོ།།

三根本圆满多杰卓洛灌顶法·胜解庄严·孟夏雷声

c ཀརྨ་ངག་དབང་ཡོན་ཏན་རྒྱ་མཚོ་ཕྲིན་ལས་ཀུན་ཁྱབ་དཔལ་བཟང་པོ།

d དཔལ་སྤུངས་དགོན།（四川八邦寺）

e ཚོ་ག（仪轨）

f 刻本 དཔལ་སྤུངས་དགོན།（四川八邦寺）

g 乌金 梵夹装 38×6

h 11 6

i 无 藏纸 黑 完整

j 封面钤有“民族文化宫图书馆藏”印。

3

A 3410 4426

B ཀོང་སྤྲུལ་ཡོན་ཏན་རྒྱ་མཚོའི་གསུང་འབུམ།

贡珠·云丹嘉措文集

C ང

D ཀོང་སྤྲུལ་ཡོན་ཏན་རྒྱ་མཚོ།

同 3408 介绍。

E 此函民族宫目录中著录为 40 卷。西藏图书馆藏品为 36 卷，所缺 4 卷为《薄伽梵如来圆满正觉七尊大雄修法并供养仪轨·二资粮甘露大海》《从大堪布寂护著作中略集一百零八灵塔仪轨·入无垢道》《虚空藏忏罪仪轨传承启请文·帝青宝鬘》《祈愿文》。

3.1

a 36-1

b ཀོང་སྤྲུལ་ཡོན་ཏན་རྒྱ་མཚོའི་གསུང་པོད་ང་པའི་དཀར་ཆག་བཞུགས་སོ།།

贡珠·云丹嘉措文集ང字函目录

c ཀརྨ་གར་དབང་ཡོན་ཏན་རྒྱ་མཚོ།

d

e དཀར་ཆག（目录）

f 刻本 དཔལ་སྤུངས་དགོན།（四川八邦寺）

g 乌金 梵夹装 38×6

h 1 6

i 无 藏纸 黑 完整

j

3.2

a 36-2

b རྩ་བའི་ཐུགས་སྒྲུབ་དགོངས་པ་ཀུན་འདུས་ཀྱི་དབང་བསྐུར་བསྒྲགས་ཆོག་ཏུ་བཀོད་པ་གྲུབ་གཉིས་བདུད་རྩིའི་བཅུད་འབེབས་ཞེས་བཞུགས་སོ།།

根本密意修法集中灌顶念诵仪轨·二悉地甘露精华

c པདྨ་གར་དབང་འགྲོ་འདུལ་འཕྲིན་ལས་རྩལ།

d དཔལ་སྤུངས་དགོན།（四川八邦寺）

e ཆོ་ག（仪轨）

f 刻本 དཔལ་སྤུངས་དགོན།（四川八邦寺）

g 乌金 梵夹装 38×6

h 28 6

i 无 藏纸 黑 完整

j

3.3

a 36-3

b དཔལ་རྡོ་རྗེ་སེམས་པའི་བསྙོམ་བཟླས་རྒྱུད་སྡེ་བཞི་སྦྲགས་ཞེས་བྱ་བ་བཞུགས་སོ།།

吉祥金刚萨埵诵修仪轨结合四续

c ཀརྨ་ངག་དབང་ཡོན་ཏན་རྒྱ་མཚོ།

d

e བསྙོམ་བཟླས།（诵修仪轨）

f 刻本 དཔལ་སྤུངས་དགོན།（四川八邦寺）

g 乌金 梵夹装 38×6

h 2 6

i 无 藏纸 黑 完整

j

3.4

a 36-4

b　བླ་མའི་ཐུགས་སྒྲུབ་བར་ཆད་ཀུན་སེལ་ལས། སླེ་བ་བརྩེགས་པའི་སྒྲུབ་ཐབས་ཁྱེར་བདེ་བཞུགས་སོ།།

上师密意修法普消灾障中秽积金刚易修法

c　པདྨ་གར་དབང་འགྲོ་འདུལ་འཕྲིན་ལས་རྩལ།

d　ཙནྡན་འདྲ་རིན་ཆེན་བྲག་གི་བསམ་གཏན་གླིང་།（赞乍仁青扎）

e　སྒྲུབ་ཐབས།（修心法）

f　刻本　དཔལ་སྤུངས་དགོན།（四川八邦寺）

g　乌金　梵夹装　38×6
h　4　6
i　无　藏纸　黑　完整
j

3.5
a　36-5

b　གཏེར་གསང་སྒྲོལ་མ་འཇིགས་པ་ཀུན་སེལ་ལས་ས་ཡི་འཇིགས་སྐྱོབ་བསྒོམ་བཟླས་བཞུགས་སོ།།

伏藏救度母普除灾难中救护地难诵修法

c　བློ་གྲོས་མཐའ་ཡས།

d

e　བསྒོམ་བཟླས།（诵修法）

f　刻本　དཔལ་སྤུངས་དགོན།（四川八邦寺）

g　乌金　梵夹装　38×6
h　1　6
i　无　藏纸　黑　完整
j

3.6
a　36-6

b　དཔལ་དུས་ཀྱི་འཁོར་ལོ་སྐུ་གསུང་ཐུགས་ཡོངས་རྫོགས་ཀྱི་དཀྱིལ་འཁོར་དུ་བྱིས་པ་འཇུག་པའི་དབང་བསྐུར་

བསླབ་ཆོག་ཏུ་འགོད་པ་ཡེ་ཤེས་རྒྱ་མཚོའི་བཅུད་འདྲེན་ཅེས་བཞུགས་སོ།།

吉祥时轮身、语、意圆满曼荼罗中童稚入坛灌顶念诵仪轨·智海精要

c　ཀུན་ངག་དབང་ཡོན་ཏན་རྒྱ་མཚོ།

d　རྫོང་སོད་བདེ་གཤེགས་འདུས་པའི་ཕོ་བྲང་།

e　དུས་འཁོར།（时轮）

f　刻本　དཔལ་སྤུངས་དགོན།（四川八邦寺）

g　乌金　梵夹装　38×6

h　48　6

i　无　藏纸　黑　完整

j

3.7

a　36-7

b　འཕགས་མ་སྒྲོལ་མ་བཀྲ་ཤིས་དོན་གྲུབ་མའི་སྒྲུབ་ཐབས་བཀྲ་ཤིས་ཆར་འབེབས་ཞེས་བྱ་བ་བཞུགས་སོ།།

圣救度母吉祥成义篇中之修法·吉祥雨降

c　ཀུན་གར་དབང་ཡོན་ཏན་རྒྱ་མཚོ།

d

e　སྒྲུབ་ཐབས།（修法）

f　刻本　དཔལ་སྤུངས་དགོན།（四川八邦寺）

g　乌金　梵夹装　38×6

h　4　6

i　无　藏纸　黑　完整

j

3.8

a　36-8

b　སྒྲོལ་མ་རྣལ་འབྱོར་མའི་རྒྱུན་ཁྱེར་དམ་ཚིག་ངེས་པའི་ཐིག་ལེ་ཞེས་བྱ་བ་བཞུགས་སོ།།

救度瑜伽佛母常修法·三昧耶决定明点

c　ཡོན་ཏན་རྒྱ་མཚོ།

d　དཔལ་སྤུངས་དགོན།（四川八邦寺）

e　ཆོ་ག（仪轨）

f　刻本　དཔལ་སྤུངས་དགོན།（四川八邦寺）

g　乌金　梵夹装　38×6
h　6　6
i　无　藏纸　黑　完整
j

3.9
a　36-9

b　སྒྲོལ་མ་རྣལ་འབྱོར་མའི་མཆོད་ཆོག་མདོར་བསྡུས་བདེ་ཆེན་རོལ་མོ་ཞེས་བྱ་བ་བཞུགས་སོ།།
救度瑜伽佛母供养略修仪轨·大乐音乐

c　ཀརྨ་གར་དབང་ཡོན་ཏན་རྒྱ་མཚོ།

d　དཔལ་སྤུངས་དགོན།（四川八邦寺）

e　མཆོད་ཆོག（供养仪轨）

f　刻本　དཔལ་སྤུངས་དགོན།（四川八邦寺）

g　乌金　梵夹装　38×6
h　1　6
i　无　藏纸　黑　完整
j　民族宫目录中为10叶。

3.10
a　36-10

b　བཅོམ་ལྡན་འདས་མ་སྒྲོལ་མ་རྣལ་འབྱོར་མའི་རྩ་བའི་དབང་བསྐུར་གྱི་ཆོ་ག་བཟླས་ཆོག་དུ་བཀོད་པ་བཞུགས་སོ།།
薄伽梵救度瑜伽佛母根本灌顶念诵仪轨·青莲宝树

c　ཀརྨ་གར་དབང་ཡོན་ཏན་རྒྱ་མཚོ།

d　རྫོང་ཤོད་བདེ་གཤེགས་འདུས་པ།

e ཆོ་ག（仪轨）

f 刻本 དཔལ་སྤུངས་དགོན།（四川八邦寺）

g 乌金 梵夹装 38×6
h 1 6
i 无 藏纸 黑 完整
j 民族宫目录中为72叶。

3.11
a 36-11

b དམ་ཚིག་སྒྲོལ་མ་རྣལ་འབྱོར་མའི་རིག་པ་གཏད་པའི་ཆོ་ག་ཡེ་ཤེས་སྒོ་འབྱེད་ཅེས་བྱ་བ་བཞུགས་སོ།།

三昧耶救度瑜伽佛母交付明智仪轨·开智慧门

c ཀུ་སྣ་ལི་ཡོན་ཏན་རྒྱ་མཚོ་བློ་གྲོས་མཐའ་ཡས་པའི་སྡེ།

d

e ཆོ་ག（仪轨）

f 刻本 དཔལ་སྤུངས་དགོན།（四川八邦寺）

g 乌金 梵夹装 38×6
h 6 6
i 无 藏纸 黑 完整
j

3.12
a 36-12

b སྒྲོལ་མ་འཇིགས་པ་བརྒྱད་སྐྱོབ་ཀྱི་བསྒོམ་བཟླས་རྡོ་རྗེའི་ཡ་ལད་ཅེས་བྱ་བཞུགས་སོ།།

救度母解救八难诵修法·金刚甲胄

c བློ་གྲོས་མཐའ་ཡས་པའི་སྡེ།

d དཔལ་སྤུངས་དགོན།（四川八邦寺）

e བསྒོམ་བཟླས།（诵修法）

f 刻本 དཔལ་སྤུངས་དགོན།（四川八邦寺）

g 乌金 梵夹装 38×6
h 5 6
i 无 藏纸 黑 完整
j

3. 13
a 36-13

b ལྷ་མོ་འོད་ཟེར་ཅན་གྱི་སྒོམ་བཟླས་བཞུགས་སོ།།

光明天女诵修法

c ཀུ་སྣ་ལི་ཡོན་ཏན་རྒྱ་མཚོ་བློ་གྲོས་མཐའ་ཡས་པའི་སྡེ།

d

e སྒོམ་བཟླས།（诵修法）

f 刻本 དཔལ་སྤུངས་དགོན།（四川八邦寺）

g 乌金 梵夹装 38×6
h 1 6
i 无 藏纸 黑 完整
j

3. 14
a 36-14

b འཇམ་དཔལ་ཆོས་དབྱིངས་གསུང་དབང་གི་བརྒྱུད་འདེབས་སྨོན་ལམ་དང་བཅས་བྱིན་རླབས་བདུད་རྩིའི་སྣང་

སྟེར་ཞེས་བྱ་བ་བཞུགས་སོ།།

妙吉祥法界语自在传承祈请、愿文等·加持甘露施

c འཇམ་དབྱངས་མཁྱེན་བརྩེ་དབང་པོ།

d

e སྨོན་ལམ།（祈愿文）

f 刻本 དཔལ་སྤུངས་དགོན།（四川八邦寺）

g 乌金 梵夹装 38×6
h 2 6
i 无 藏纸 黑 完整

j

3.15

a　36-15

b　རྗེ་བཙུན་འཕགས་པ་འཇམ་དཔལ་དབྱངས་དཀར་པོའི་སྒོམ་བཟླས་སྙིང་གི་མུན་སེལ་ཞེས་བྱ་བ་བཞུགས་སོ།།

至尊圣者白色妙音文殊吉祥诵修法·消除蒙昧

c　ཀུ་སཱ་ལི་ཡོན་ཏན་རྒྱ་མཚོ་བློ་གྲོས་མཐའ་ཡས་པའི་སྡེ།

d　རྫོང་ཤོད་བདེ་གཤེགས་འདུས་པའི་ཕོ་བྲང་།

e　སྒོམ་བཟླས།（诵修法）

f　刻本　དཔལ་སྤུངས་དགོན།（四川八邦寺）

g　乌金　梵夹装　38×6

h　4　6

i　无　藏纸　黑　完整

j

3.16

a　36-16

b　རྗེ་བཙུན་སྨྲ་བའི་སེང་གེའི་སྒོམ་བཟླས་བློ་གྲོས་ཁ་འབྱེད་ཅེས་བྱ་བ་བཞུགས་སོ།།

至尊言说狮子诵修仪轨·启迪智慧

c　ཀརྨ་ངག་དབང་ཡོན་ཏན་རྒྱ་མཚོ།

d

e　སྒོམ་བཟླས།（诵修法）

f　刻本　དཔལ་སྤུངས་དགོན།（四川八邦寺）

g　乌金　梵夹装　38×6

h　2　6

i　无　藏纸　黑　完整

j

3.17

a　36-17

b བཅོམ་ལྡན་འདས་འོད་དཔག་མེད་འཁོར་དང་བཅས་པར་མཆོད་ཅིང་གསོལ་བ་གདབ་པའི་ཆོ་ག་བཞུགས་སོ།།
薄伽梵无量光佛及侍眷等供养并祈祷仪轨·解脱之车

c ཀརྨ་ངག་དབང་ཡོན་ཏན་རྒྱ་མཚོ།

d

e ཆོ་ག（仪轨）

f 刻本 དཔལ་སྤུངས་དགོན།（四川八邦寺）

g 乌金 梵夹装 38×6
h 27 6
i 无 藏纸 黑 完整
j

3.18
a 36-18

b སྙིན་ཉེ་བའི་སྲས་འཁོར་དང་བཅས་པ་དཀྱིལ་འཁོར་གཅིག་ཏུ་མཆོད་ཅིང་བསགས་སྦྱོང་བྱ་བའི་ཆོ་ག་རྒྱལ་སྲས་
དགྱེས་པའི་ལམ་འཇུག་ཅེས་བྱ་བ་བཞུགས་སོ།།
近佛子八大菩萨及其侍眷曼荼罗中修供养并积资忏净仪轨·佛子喜入之道

c བློ་གྲོས་མཐའ་ཡས་པའི་སྡེ།

d

e ཆོ་ག（仪轨）

f 刻本 དཔལ་སྤུངས་དགོན།（四川八邦寺）

g 乌金 梵夹装 38×6
h 6 6
i 无 藏纸 黑 完整
j 民族宫目录中为45叶。

3.19
a 36-19

b ཐུབ་པའི་དབང་པོ་དང་ཉེ་སྲས་བརྒྱད་ཀྱི་མཚན་བརྒྱའི་བསྟོད་པ་གཟུངས་སྔགས་དང་བཅས་པ་
བཞུགས་སོ།།

释迦牟尼及八大菩萨一百名称赞及陀罗尼咒等

c

d དཔལ་སྤུངས་དགོན། （四川八邦寺）

e གཟུངས་སྔགས། （密咒）

f 刻本 དཔལ་སྤུངས་དགོན། （四川八邦寺）

g 乌金 梵夹装 38×6
h 39 6
i 无 藏纸 黑 完整
j

3.20
a 36-20

b སྟོན་པ་གནས་བརྟན་ཆེན་པོ་འཁོར་དང་བཅས་པ་མཆོད་ཅིང་གསོལ་བ་འདེབས་པའི་ཆོ་ག་སྙིང་པོར་དྲིལ་བ་འཕགས་པ་དགྱེས་པའི་ལམ་འཇུག་ཅེས་བྱ་བ་བཞུགས་སོ།།

佛及诸大尊者侍眷等前供养祈祷仪轨心要合编·喜入之道

c ཀུ་སྣ་ལི་ཡོན་ཏན་རྒྱ་མཚོ་བློ་གྲོས་མཐའ་ཡས་པའི་སྡེ།

d རྫོང་ཤོད་འདུས་པའི་བདེ་གཤེགས།

e ཆོ་ག（仪轨）

f 刻本 དཔལ་སྤུངས་དགོན། （四川八邦寺）

g 乌金 梵夹装 38×6
h 30 6
i 无 藏纸 黑 完整
j 民族宫目录中为22叶。

3.21
a 36-21

b གཙུག་ཏོར་དྲི་མ་མེད་པའི་གཟུངས་དང་འབྲེལ་བར་སྣ་ཚོགས་གདབ་པའི་ཆོ་གའི་ལག་ལེན་དྲི་མེད་ཀུན་སྣང་ཞེས་བྱ་བ་བཞུགས་སོ།།

结合顶髻无垢陀罗尼造小泥塔像仪轨之修法·无垢普照

c ཀུན་དགའ་དབང་ཡོན་ཏན་རྒྱ་མཚོའམ་བློ་གྲོས་མཐའ་ཡས་པའི་སྡེ།

d རྫོང་སར་བཀྲིས་ལྷ་རྩེའི་ཆོས་གྲྭ（四川宗萨扎西拉则寺）

e ཆོ་ག（仪轨）

f 刻本 དཔལ་སྤུངས་དགོན།（四川八邦寺）

g 乌金 梵夹装 38×6

h 24 6

i 无 藏纸 黑 完整

j 民族宫目录中为12叶。

3.22

a 36-22

b འཕགས་པ་འོད་ཟེར་དྲི་མེད་ཀྱི་རྒྱུན་གྱི་བཟླས་པ་བྱ་ཚུལ་འཆི་མེད་འབྱུང་བ་ཞེས་བྱ་བ་བཞུགས་སོ།།

圣光明无垢常通法·长寿之源

c ཡོན་ཏན་རྒྱ་མཚོ།

d

e སྒྲོམ་བཟླས།（诵修法）

f 刻本 དཔལ་སྤུངས་དགོན།（四川八邦寺）

g 乌金 梵夹装 38×6

h 2 6

i 无 藏纸 黑 完整

j

3.23

a 36-23

b བཅོམ་ལྡན་འདས་དམ་ཚིག་རྡོ་རྗེའི་སྒོམ་བཟླས་བཞུགས་སོ།།

薄伽梵三昧耶金刚诵修略法

c

d

e སྒོམ་བཟླས།（诵修法）

f 刻本 དཔལ་སྤུངས་དགོན།（四川八邦寺）

g 乌金 梵夹装 38×6

h 1 6

i 无 藏纸 黑 完整

j

3.24

a 36-24

b ཚེ་དཔག་མེད་མཚན་བརྒྱ་རྩ་བརྒྱད་ཀྱི་གཟུངས་རིང་འདོན་པའི་གདམས་ངག་ཚིགས་བཅད་མ་བཞུགས་སོ།།

无量寿佛一百零八名称陀罗尼长咒念诵教诫颂文

c

d

e གདམས་ངག（教诫）

f 刻本 དཔལ་སྤུངས་དགོན།（四川八邦寺）

g 乌金 梵夹装 38×6

h 2 6

i 无 藏纸 黑 完整

j

3.25

a 36-25

b འཕགས་པ་ནམ་མཁའི་སྙིང་པོའི་བཟླས་ལུང་སྒྲུབ་ཐབས་ལྟུང་བཤགས་པའི་ཆོ་ག་དང་བཅས་པ་བཞུགས་སོ།།

虚空藏菩萨念经修法忏罪仪轨·圣道之车

c བློ་གྲོས་མཐའ་ཡས་པའི་སྡེ།

d

e ཆོ་ག（仪轨）

f 刻本 དཔལ་སྤུངས་དགོན།（四川八邦寺）

g 乌金 梵夹装 38×6

h 19 6

i 无 藏纸 黑 完整
j

3.26
a 36-26

b ནམ་མཁའ་ལྟར་དྲི་མ་མེད་པའི་གསུང་གི་དབང་ཕྱུག་ཆེན་པོའི་བསྙེན་པའི་ཆོ་ག་བསྡུས་པ་ཟབ་མོའི་ཡེ་ཤེས་ལ་

འཇུག་པ་བཞུགས་སོ།།

如虚空无垢语自在王念修仪轨略修法·入甚深智

c ཀརྨ་ངག་དབང་ཡོན་ཏན་རྒྱ་མཚོ།

d དཔལ་སྤུངས་དགོན། （四川八邦寺）

e ཆོ་ག （仪轨）

f 刻本 དཔལ་སྤུངས་དགོན། （四川八邦寺）

g 乌金 梵夹装 38×6
h 9 6
i 无 藏纸 黑 完整
j

3.27
a 36-27

b ཐར་པ་ཆེན་པོ་ཕྱོགས་སུ་རྒྱས་པའི་མདོའི་མན་ངག་ལྟར་བཀོད་པ་ཉེས་པའི་གདུང་སེལ་ཅེས་བྱ་བ་བཞུགས་སོ།།

大解脱方广忏罪仪轨·依要诀记录·消除罪过

c ཀརྨ་ངག་དབང་ཡོན་ཏན་རྒྱ་མཚོ།

d དཔལ་སྤུངས་དགོན། （四川八邦寺）

e མན་ངག （导释）

f 刻本 དཔལ་སྤུངས་དགོན། （四川八邦寺）

g 乌金 梵夹装 38×6
h 13 6
i 无 藏纸 黑 完整

j

3.28

a 36-28

b མདོ་ཆོག་རྣམས་ལ་སྦྱར་བར་བྱ་བའི་གཤིན་པོ་རྗེས་འཛིན་ཐར་ལམ་སྣང་བྱེད་བཞུགས་སོ།།

配合诸经仪轨超度亡者·能显解说道

c ཀརྨ་ངག་དབང་ཡོན་ཏན་འཕྲིན་ལས་རྒྱ་མཚོ།

d

e ཆོ་ག（仪轨）

f 刻本 དཔལ་སྤུངས་དགོན།（四川八邦寺）

g 乌金 梵夹装 38×6

h 12 6

i 无 藏纸 黑 完整

j

3.29

a 36-29

b འཕགས་པ་བཅུ་གཅིག་ཞལ་དཔལ་མོ་ལུགས་ཀྱི་རྗེས་སུ་གནང་བ་དང་གསོ་སྦྱོང་ཡན་ལག་བརྒྱད་པའི་སྡོམ་པ་

འབོགས་པའི་ཆོ་ག་གཞན་ཕན་བཞུགས་སོ།།

伯谟传规之圣十一面观音随许法与长净八支传戒仪轨·利他殊胜

c ཀརྨ་ངག་དབང་ཡོན་ཏན་འཕྲིན་ལས་རྒྱ་མཚོ།

d དཔལ་སྤུངས་དགོན།（四川八邦寺）

e ཆོ་ག（仪轨）

f 刻本 དཔལ་སྤུངས་དགོན།（四川八邦寺）

g 乌金 梵夹装 38×6

h 14 6

i 无 藏纸 黑 完整

j

3. 30

a 36-30

b བཅུ་གཅིག་ཞལ་དཔལ་མོ་ལུགས་དང་འབྲེལ་བར་སྨྱུང་གནས་སྒྲུབ་པའི་ལག་ལེན་གསེར་སྡོང་གཡུའི་ཕྲ་ཚོམ་ཞེས་

བྱ་བ་བཞུགས་སོ༎

结合伯谟传规之十一面观音斋戒修法·金塔严饰绿宝石

c

d དཔལ་སྤུངས་དགོན། （四川八邦寺）

e སྨྱུང་གནས་ཆོ་ག （斋戒）

f 刻本 དཔལ་སྤུངས་དགོན། （四川八邦寺）

g 乌金 梵夹装 38×6

h 24 6

i 无 藏纸 黑 完整

j

3. 31

a 36-31

b འཕགས་པ་བཅུ་གཅིག་ཞལ་དཔལ་མོ་ལུགས་ཀྱི་སྒྲུབ་ཐབས་དང་འབྲེལ་བའི་སྨྱུང་གནས་ཆོ་ག་གཞན་ཕན་ཀུན་

ཁྱབ་བཞུགས་སོ༎

结合伯谟传规之圣十一面观音修法斋戒仪轨·普遍利他

c ཀརྨ་ངག་དབང་ཡོན་ཏན་འཕྲིན་ལས་རྒྱ་མཚོ།

d དཔལ་སྤུངས་དགོན། （四川八邦寺）

e ཆོ་ག （仪轨）

f 刻本 དཔལ་སྤུངས་དགོན། （四川八邦寺）

g 乌金 梵夹装 38×6

h 24 6

i 无 藏纸 黑 完整

j 封面钤有“民族文化宫图书馆藏”印。

3.32

a 36-32

b བཅོམ་ལྡན་འདས་མི་འཁྲུགས་པའི་ཆོ་ག་མངོན་དགའི་ཞིང་གི་རྒྱན་མཛེས་བྱེད་ལྷན་ཐབས་ཨིནྡྲ་ནཱི་ལའི་རྒྱན་

འཕྲེངས་བཞུགས་སོ།།

薄伽梵不动佛仪轨·现喜刹庄严补遗·帝青宝络

c ཀརྨ་ངག་དབང་ཡོན་ཏན་འཕྲིན་ལས་རྒྱ་མཚོ།

d དཔལ་སྤུངས་དགོན།（四川八邦寺）

e ཆོ་ག（仪轨）

f 刻本 དཔལ་སྤུངས་དགོན།（四川八邦寺）

g 乌金 梵夹装 38×6

h 41 6

i 无 藏纸 黑 完整

j

3.33

a 36-33

b དཔལ་ཀུན་རིག་གི་ཆོ་ག་རྣམ་གྲོལ་སྒོ་ཆེན་གྱི་བསྙེན་སྒྲུབ་ལས་ཀྱི་རིམ་པ་གསལ་བར་བྱེད་པ་རྣམ་གྲོལ་ཤིང་རྟ་

ཞེས་བཞུགས་སོ།།

吉祥普明大日如来仪轨·显明解脱人门念修中羯摩次第·解脱之车

c ཀརྨ་ངག་དབང་ཡོན་ཏན་འཕྲིན་ལས་རྒྱ་མཚོ།

d དཔལ་སྤུངས་དགོན།（四川八邦寺）

e ཆོ་ག（仪轨）

f 刻本 དཔལ་སྤུངས་དགོན།（四川八邦寺）

g 乌金 梵夹装 38×6

h 38 6

i 无 藏纸 黑 完整

j

3.34

a 36-34

b བཅོམ་ལྡན་འདས་གདུགས་དཀར་མོའི་བསྐྱེད་བཟླས་རྒྱུན་ཁྱེར་རྡོ་རྗེ་འབར་བ་ཞེས་བྱ་བ་བཞུགས་སོ།།

薄伽梵白伞盖常修生起念诵仪轨·金刚光焰

c ཀུན་དགའ་དབང་ཡོན་ཏན་འཕྲིན་ལས་རྒྱ་མཚོ།

d དཔལ་སྤུངས་དགོན།（四川八邦寺）

e ཆོ་ག（仪轨）

f 刻本 དཔལ་སྤུངས་དགོན།（四川八邦寺）

g 乌金 梵夹装 38×6

h 4 6

i 无 藏纸 黑 完整

j

3.35

a 36-35

b འཇམ་དབྱངས་བླ་མེད་ལུགས་ཀྱི་བླ་མའི་རྣལ་འབྱོར་ཞེས་བྱ་བ་བཞུགས་སོ།།

文殊无上传规之上师瑜伽法

c ཀུན་དགའ་དབང་ཡོན་ཏན་འཕྲིན་ལས་རྒྱ་མཚོ།

d དཔལ་སྤུངས་དགོན།（四川八邦寺）

e བླ་མའི་རྣལ་འབྱོར།（上师瑜伽）

f 刻本 དཔལ་སྤུངས་དགོན།（四川八邦寺）

g 乌金 梵夹装 38×6

h 4 6

i 无 藏纸 黑 完整

j 民族宫目录中为3叶。

3. 36

a　36-36

b　ཇོ་བོ་ལུགས་ཀྱི་མི་འཁྲུགས་པ་ལྷ་དགུའི་དཀྱིལ་འཁོར་གྱི་སྒོ་ནས་ཕུང་པོ་སྲེག་སྦྱོང་གི་ཆོ་ག་འཇམ་མགོན་བླ་མའི་དགོངས་རྒྱན་བཞུགས་སོ།།

依阿底峡尊者传规之不动佛九尊曼荼罗修法作荼毗法师仪轨·上师密意庄严

c　ཀརྨ་ངག་དབང་ཡོན་ཏན་འཕྲིན་ལས་རྒྱ་མཚོ།

e　ཆོ་ག（仪轨）

f　刻本　དཔལ་སྤུངས་དགོན།（四川八邦寺）

g　乌金　梵夹装　38×6

h　12　6

i　无　藏纸　黑　完

j　民族宫目录中为 10 叶。

4

A　**3411　4427**

B　ཀོང་སྤྲུལ་ཡོན་ཏན་རྒྱ་མཚོའི་གསུང་འབུམ།

贡珠·云丹嘉措文集

C　ཅ

D　ཀོང་སྤྲུལ་ཡོན་ཏན་རྒྱ་མཚོ།

同 3408 介绍。

E　此函民族宫目录著录为 46 卷，西藏图书馆藏品亦 46 卷，但缺于前者《谒见霞玛仁波且时略说其姻缘和利益功德》，又多一卷《ཞྭ་དམར་ལོ་རྒྱུས་ཞུང་ང་བཞུགས་སོ།（霞玛译师简介）》。

4. 1

a　46-1

b　ཀོང་སྤྲུལ་ཡོན་ཏན་རྒྱ་མཚོའི་གསུང་པོད་ཅ་པའི་དཀར་ཆག་བཞུགས་སོ།།

贡珠·云丹嘉措文集ཚ字函目录

c　ཀཱ་ཀོང་སྤྲུལ་ཡོན་ཏན་རྒྱ་མཚོ།

d

e　དཀར་ཆག（目录）

f　刻本
g　乌金　梵夹装　38×6
h　1　6
i　无　藏纸　黑　完整
j

4.2
a　46-2

b　ཕྱག་ཆེན་སྔོན་འགྲོ་བཞི་སྦྱོར་དང་དངོས་གཞིའི་ཁྲིད་ཡིག་བཞུགས་སོ།།

大手印四加行与四正行导释次第略本·了义明灯

c　ཀཱ་ཀོང་སྤྲུལ་ཡོན་ཏན་རྒྱ་མཚོ།

d

e　ཁྲིད་ཡིག（导释）

f　刻本
g　乌金　梵夹装　38×6
h　61　6
i　无　藏纸　黑　完整
j

4.3
a　46-3

b　རྫོགས་པ་ཆེན་པོ་གསང་བ་སྙིང་ཐིག་མ་བུའི་བཀའ་སྲོལ་ཆུ་བོ་གཉིས་འདུས་ཀྱི་ཁྲིད་ཡིག་དྲི་མེད་ཞལ་ལུང་ཞེས་

བཞུགས་སོ།།

大圆满法与秘密心要母子教规二流汇合导释·无垢语教

c　པདྨ་གར་དབང་འཕྲིན་ལས་འགྲོ་འདུལ་རྩལ།

d ད་པལ་སྤུངས་དགོན།（四川八邦寺）

e ཁྲིད་ཡིག（导释）

f 刻本 ད་པལ་སྤུངས་དགོན།（四川八邦寺）

g 乌金 梵夹装 38×6
h 71 6
i 无 藏纸 黑 完整
j

4.4
a 46-4

b སྦྱོར་དྲུག་སྔོན་ཐོག་གཅིག་མའི་དམིགས་ཁྲིད་མདོར་བསྡུས་སྙིང་གི་ཐིག་ལེ་ཞེས་བྱ་བ་བཞུགས་སོ།།

六加行一座修法观想导释略说·心要明点

c གུ་ཊམ།

d

e ཁྲིད་ཡིག（导释）

f 刻本 ད་པལ་སྤུངས་དགོན།（四川八邦寺）

g 乌金 梵夹装 38×6
h 8 6
i 无 藏纸 黑 完整
j

4.5
a 46-5

b རྒྱུད་སྡེ་ལྔ་གཙོ་བསྡུས་ལ་བརྟེན་པའི་དཀྱིལ་འཁོར་མཆོད་ཆོག་བདག་འཇུག་དང་བཅས་པ་སྨིན་གྲོལ་སྙིང་པོ་

ཞེས་བྱ་བ་བཞུགས་སོ།།

依摄五续部为主之曼荼罗供养仪轨及自入法等·成熟解脱心要

c ཀརྨ་གར་དབང་ཡོན་ཏན་རྒྱ་མཚོ།

d ད་པལ་སྤུངས་དགོན།（四川八邦寺）

e མཆོད་ཆོག（供养仪轨）

f 刻本 དཔལ་སྤུངས་དགོན།（四川八邦寺）

g 乌金 梵夹装 38×6
h 9 6
i 无 藏纸 黑 完整
j

4.6

a 46-6

b དཔལ་ལྡན་ཤངས་པའི་གསེར་མཆོད་ལས་རྩ་བ་ནི་གུ་ཆོས་དྲུག་གི་ཁྲིད་བསྡུས་སྟན་ཐོག་གཅིག་མའི་ཉམས་ལེན་ཡེ་ཤེས་ཌཱ་ཀིའི་ཞལ་ལུང་ཞེས་བྱ་བ་བཞུགས་སོ།།

吉祥香派金法中根本六种妮谷法导释略说·一座修法耶喜扎根语教注疏

c ཁྱུང་རིགས་ལས་སྐྱེས་པ་ཡོན་ཏན་རྒྱ་མཚོ།

d

e ཁྲིད་ཡིག（导释）

f 刻本 དཔལ་སྤུངས་དགོན།（四川八邦寺）

g 乌金 梵夹装 38×6
h 18 6
i 无 藏纸 黑 完整
j

4.7

a 46-7

b དཔལ་ལྡན་ཤངས་པའི་གསེར་མཆོད་ཁྲིད་ཆེན་སྣ་ལྔ་ལས་མེ་ཏོག་མཁའ་སྤྱོད་དཀར་དམར་གྱི་ཉམས་ལེན་དབུ་མའི་མདུད་འགྲོལ་ཞེས་བྱ་བ་བཞུགས་སོ།།

香巴派金法五大导释中白红花空行修法·解中脉结

c ཀརྨ་ངག་དབང་ཡོན་ཏན་རྒྱ་མཚོ།

d

e ཉམས་ལེན། （实践）

f 刻本 དཔལ་སྤུངས་དགོན། （四川八邦寺）

g 乌金 梵夹装 38×6
h 13 6
i 无 藏纸 黑 完整
j

4.8
a 46-8

b ཚོགས་མཆོད་ཀྱི་དེ་ཉིད་མདོར་བསྡུས་སྨོས་པ་སྒྱུ་འཕྲུལ་རྒྱན་གྱི་རོལ་མོ་ཞེས་བྱ་བ་བཞུགས་སོ།།
会供略修法·胜解幻变庄严之音乐

c འདུ་གསུམ་པ་ཡོན་ཏན་རྒྱ་མཚོ།

d དཔལ་སྤུངས་དགོན། （四川八邦寺）

e ཚོགས་མཆོད། （集供）

f 刻本 དཔལ་སྤུངས་དགོན། （四川八邦寺）

g 乌金 梵夹装 38×6
h 10 6
i 无 藏纸 黑 完整
j

4.9
a 46-9

b ཤངས་ལུགས་མཁའ་སྤྱོད་དཀར་མོའི་ཚེས་བཅུའི་མཆོད་པ་འདོན་འགྲིགས་བསྡུས་ཆོག་ཏུ་བཀོད་པ་བཞུགས་སོ།།
香巴派传规白色空行母初十供养念诵仪轨

c
d

e འདོན་ཆོག （念诵）

f 刻本 དཔལ་སྤུངས་དགོན། （四川八邦寺）

g 乌金 梵夹装 38×6

h 10 6
i 无 藏纸 黑 完整
j

4.10

a 46-10
b ཤངས་ལུགས་མཁའ་སྤྱོད་དམར་མོའི་ཚེས་བཅུའི་མཆོད་པ་འདོན་འགྲིགས་བསྡུས་ཚིག་ཏུ་བཀོད་པ་བཞུགས་སོ།།
香巴派传规红色空行母初十供养念诵仪轨
c
d
e འདོན་ཚིག（念诵）
f 刻本 དཔལ་སྤུངས་དགོན།（四川八邦寺）
g 乌金 梵夹装 38×6
h 9 6
i 无 藏纸 黑 完整
j

4.11

a 46-11
b ཤངས་ལུགས་མཁའ་སྤྱོད་དཀར་དམར་གཉིས་ཀྱི་ཚོགས་མཆོད་དང་རྗེས་ཆོག་ཕྲིན་ལས་ཡར་འཕེལ་ཞེས་བྱ་
བ་བཞུགས་སོ།།
香巴派传规白红两种空行母会供与后加仪轨·事业增长
c
d
e འདོན་ཚིག（念诵）
f 刻本 དཔལ་སྤུངས་དགོན།（四川八邦寺）
g 乌金 梵夹装 38×6
h 5 6
i 无 藏纸 黑 完整
j

4.12

a 46-12

b ཟབ་ཆོས་ནི་གུ་ཆོས་དྲུག་གི་བརྒྱུད་འདེབས་ཞུང་འདུས་བཞུགས་སོ།།

甚深法妮谷空行母六法传承祈祷略法·大乐降临

c

d

e བརྒྱུད་འདེབས།（启请文）

f 刻本 དཔལ་སྤུངས་དགོན།（四川八邦寺）

g 乌金 梵夹装 38×6

h 2 6

i 无 藏纸 黑 完整

j

4.13

a 46-13

b རྒྱུད་སྡེ་ལྔ་གཙོ་བསྡུས་ཀྱི་བསྙེན་ཡིག་ཟབ་དོན་སྙིང་པོ་ཞེས་བྱ་བ་བཞུགས་སོ།།

五续部为主摄要念修甚深要义文

c ཀརྨ་ངག་དབང་ཡོན་ཏན་རྒྱ་མཚོའམ་བློ་གྲོས་མཐའ་ཡས་པའི་སྡེ།

d དཔལ་སྤུངས་དགོན།（四川八邦寺）

e བསྙེན་ཡིག（念修文）

f 刻本 དཔལ་སྤུངས་དགོན།（四川八邦寺）

g 乌金 梵夹装 38×6

h 10 6

i 无 藏纸 黑 完整

j

4.14

a 46-14

b ཤངས་པ་བཀའ་བརྒྱུད་ཀྱི་ཟབ་ཆོས་ལྷ་བཞི་དྲིལ་སྒྲུབ་ཀྱི་ཉམས་ལེན་ཡེ་ཤེས་རང་གསལ་ཞེས་བྱ་བ་བཞུགས་སོ།།

具德香巴噶举派甚深法四尊合修·智慧自显

c ཀརྨ་ངག་དབང་ཡོན་ཏན་རྒྱ་མཚོ།

d

e ཉམས་ལེན།（实践）

f 刻本 དཔལ་སྤུངས་དགོན།（四川八邦寺）

g 乌金 梵夹装 38×6

h 4 6

i 无 藏纸 黑 完整

j

4.15

a 46-15

b བདེ་མཆོག་དཀར་པོ་བྱང་ཆུབ་སྒྲུབ་ལམ་གྱི་རྫོགས་རིམ་ཆོ་ཁྲིད་དང་བཅས་པ་བདུད་རྩིའི་གོང་བུ་ཞེས་བྱ་བ་བཞུགས་སོ།།

白色胜乐金刚菩提修道圆满次第导释·甘露球

c ཀརྨ་ངག་དབང་ཡོན་ཏན་རྒྱ་མཚོ།

d

e ཁྲིད་ཡིག（导释）

f 刻本 དཔལ་སྤུངས་དགོན།（四川八邦寺）

g 乌金 梵夹装 38×6

h 18 6

i 无 藏纸 黑 完整

j 民族宫目录中为 12 叶。

4.16

a 46-16

b གྲུབ་པའི་དབང་ཕྱུག་ཐང་སྟོང་རྒྱལ་པོའི་ཉེ་བརྒྱུད་ཐུགས་རྗེ་ཆེན་པོའི་བསྒོམ་བཟླས་ཀྱི་ངག་འདོན་མདོ་སྔགས་ཡོངས་བཅུད་ཅེས་བྱ་བ་བཞུགས་སོ།།

成就自在师汤东吉布近传法门大悲观音修通法·显密精华

c　སྣ་གྲོས་མཐའ་ཡས།

d

e　ངག་འདོན།（念诵法）

f　刻本　དཔལ་སྤུངས་དགོན།（四川八邦寺）

g　乌金　梵夹装　38×6

h　4　6

i　无　藏纸　黑　完整

j

4. 17

a　46-17

b　གྲུབ་པའི་དབང་ཕྱུག་ཐང་སྟོང་རྒྱལ་པོ་ལ་ཐུགས་རྗེ་ཆེན་པོས་དངོས་སུ་གནང་བའི་སྙིང་པོ་ཡི་གེ་དྲུག་པའི་ཉམས་ལེན་གྱི་གཞུང་གསལ་བྱེད་དང་བཅས་པ་བཞུགས་སོ།།

大悲观音亲赐成就自在师汤东杰布心咒六字真言验修法解脱

c　སྣ་གྲོས་མཐའ་ཡས།

d

e　ཉམས་ལེན།（实践）

f　刻本　དཔལ་སྤུངས་དགོན།（四川八邦寺）

g　乌金　梵夹装　38×6

h　4　6

i　无　藏纸　黑　完整

j　民族宫目录中为 3 叶。

4. 18

a　46-18

b　གྲུབ་པའི་དབང་ཕྱུག་ཙཱ་གསུམ་པ་ཆེན་པོའི་ཉེ་བརྒྱུད་ཡི་གེ་དྲུག་པའི་སྒོམ་ལུང་འཁྲིད་ཚུལ་གཞན་ཕན་མཁའ་ཁྱབ་ཅེས་བྱ་བ་བཞུགས་སོ།།

成就自在师嘉桑巴近六字真言修行传授法·普遍利他

c ཡིག་དྲུག་པ་བློ་གྲོས་མཐའ་ཡས།

d དཔལ་སྤུངས་དགོན། (四川八邦寺)

e སྒོམ་ལུང་། (修行传授)

f 刻本 དཔལ་སྤུངས་དགོན། (四川八邦寺)

g 乌金 梵夹装 38×6

h 8 6

i 无 藏纸 黑 完整

j

4.19

a 46-19

b རྗེ་གྲུབ་ཐོབ་ཆེན་པོ་དགེ་སློང་པདྨ་དཀར་པོར་སྐྱེ་བ་བཞེས་པའི་ཚེ་འཕགས་པ་སྤྱན་རས་གཟིགས་ལ་གསོལ་བ་བཏབ་པའི་རྡོ་རྗེའི་གསུང་བཞུགས་སོ།།

大成就师比丘白玛噶波将受生时向观世音祈祷之金刚语

c བློ་གྲོས་མཐའ་ཡས།

d

e གསོལ་འདེབས། (启请文)

f 刻本 དཔལ་སྤུངས་དགོན། (四川八邦寺)

g 乌金 梵夹装 38×6

h 2 6

i 无 藏纸 黑 完整

j

4.20

a 46-20

b བཀའ་བབ་དྲུག་ལྡན་གྱི་ཟབ་ཁྲིད་བརྒྱུད་པའི་གསོལ་འདེབས་མུ་ཏིག་ཕྲེང་བ་ཞེས་བྱ་བ་བཞུགས་སོ།།

具足六种教敕甚深导释传承启请文·珍珠鬘

c ཡོན་ཏན་རྒྱ་མཚོ།

d

e གསོལ་འདེབས། (启请文)

f 刻本 དཔལ་སྤུངས་དགོན། (四川八邦寺)

g 乌金 梵夹装 38×6
f 4 6
i 无 藏纸 黑 完整
j

4.21
a 46-21

b ཚེ་དཔག་མེད་གྲུབ་པའི་རྒྱལ་མོའི་ལུགས་ཀྱི་བསྐྱེད་རྫོགས་ཟབ་ཁྲིད་ཀྱི་ཡི་གེ་འཆི་མེད་བདུད་རྩིའི་རྒྱ་གཏེར་ཞེས་བྱ་བ་བཞུགས་སོ།།

无量寿佛珠巴吉姆传规之生圆二次第甚深导释·长生甘露海

c ཀརྨ་ངག་དབང་ཡོན་ཏན་རྒྱ་མཚོ།

d དཔལ་སྤུངས་དགོན། (四川八邦寺)

e བསྐྱེད་རྫོགས། (生圆次第)

f 刻本 དཔལ་སྤུངས་དགོན། (四川八邦寺)

g 乌金 梵夹装 38×6
h 27 6
i 无 藏纸 黑 完整
j

4.22
a 46-22

b གཞན་སྟོང་དབུ་མ་ཆེན་པོའི་ལྟ་ཁྲིད་རྡོ་རྗེ་ཟླ་བ་དྲི་མ་མེད་པའི་འོད་ཟེར་ཞེས་བྱ་བ་བཞུགས་སོ།།

他空大中观见导释·无垢月光

c སྔགས་ལས་ཀྱི་བཙུན་པ་ཡོན་ཏན་རྒྱ་མཚོ།

d འཛམ་ཐང་གི་ཆོས་གྲྭ་ཆེན་པོ། (四川壤塘寺)

e དབུ་མའི་སྐོར། （中观）

f 刻本 དཔལ་སྤུངས་དགོན། （四川八邦寺）

g 乌金 梵夹装 38×6
h 16 6
i 无 藏纸 黑 完整
j

4.23
a 46-23

b བློ་གྲོས་མཐའ་ཡས་བློ་སྦྱོང་རྒྱུད་པའི་གསོལ་འདེབས་དད་པའི་གདུང་སེལ་ཞེས་བྱ་བ་བཞུགས་སོ།།

修心传承启请文·除信士苦

c
d

e གསོལ་འདེབས། （启请文）

f 刻本 དཔལ་སྤུངས་དགོན། （四川八邦寺）

g 乌金 梵夹装 38×6
h 1 6
i 无 藏纸 黑 完整
j

4.24
a 46-24

b ཐེག་པ་ཆེན་པོ་བློ་སྦྱོང་དོན་བདུན་མའི་ཁྲིད་ཡིག་བློ་དམན་འཇུག་བདེར་འགོད་པ་བྱང་ཆུབ་གཞུང་ལམ་ཞེས་

བྱ་བ་བཞུགས་སོ།།

大乘修心七义论导释·愚者易入菩提正道

c བློ་གྲོས་མཐའ་ཡས།

d དཔལ་སྤུངས་དགོན། （四川八邦寺）

e བློ་སྦྱོང་། （修心）

f 刻本 དཔལ་སྤུངས་དགོན། （四川八邦寺）

g 乌金 梵夹装 38×6

h 23 6

i 无 藏纸 黑 完整

j

4.25

a 46-25

b བློ་སྦྱོང་སྨོན་ལམ་བྱང་ཆུབ་སེམས་ཀྱི་མཚོའི་འཇུག་ངོགས་ཞེས་བྱ་བ་བཞུགས་སོ།།

修心愿文·入菩萨大海之舟

c བློ་གྲོས་མཐའ་ཡས།

d

e བློ་སྦྱོང་། （修心）

f 刻本 དཔལ་སྤུངས་དགོན། （四川八邦寺）

g 乌金 梵夹装 38×6

h 3 6

i 无 藏纸 黑 完整

j

4.26

a 46-26

b བཀའ་བརྒྱད་བདེ་གཤེགས་འདུས་པའི་སྒྲུབ་ཆེན་གྱི་སྟོང་ཐུན་གདོང་ལྔའི་གད་མོ་ཞེས་བྱ་བ་བཞུགས་སོ།།

修部八教如来总会作法总义·狮子喜笑

c སྒོམ་ལས་པ་ངག་དབང་ཡོན་ཏན་རྒྱ་མཚོ།

d དཔལ་སྤུངས་དགོན། （四川八邦寺）

e བཀའ་བརྒྱད། （修部八教）

f 刻本 དཔལ་སྤུངས་དགོན། （四川八邦寺）

g 乌金 梵夹装 38×6

h 26 6

i 无 藏纸 黑 完整

j 民族目录中为28叶。

4.27

a 46-27

b ཚོམ་བུ་ཚོགས་སུ་སྒྲུབ་པའི་གཏོང་ཐུན་གསལ་བར་སྟོས་པ་ཚངས་པའི་ང་རོ་ཞེས་བྱ་བ་བཞུགས་སོ།།

为修积福资粮中小堆施舍时阐明讲说·梵天吼声

c ཀརྨ་ཡོན་ཏན་རྒྱ་མཚོའམ་བློ་གྲོས་མཐའ་ཡས་པའི་སྡེ།

d དཔལ་སྤུངས་དགོན་ཐུབ་བསྟན་ཆོས་འཁོར་གླིང་།（四川八邦寺）

e སྦྱིན་པའི་བསྔོར།（舍施）

f 刻本 དཔལ་སྤུངས་དགོན།（四川八邦寺）

g 乌金 梵夹装 38×6

h 26 6

i 无 藏纸 黑 完整

j

4.28

a 46-28

b དཔལ་ལྡན་ཤངས་པ་བཀའ་བརྒྱུད་ཀྱི་ཟབ་ཆོས་ལྷ་བཞི་དྲིལ་སྒྲུབ་ཀྱི་ཁྲིད་ཡིག་ཡེ་ཤེས་འོད་འཕྲོ་ཞེས་བྱ་བ་

བཞུགས་སོ།།

吉祥香巴噶举派甚深法四尊合修导释·慧光辐射

c མང་ཐོས་ཀྱི་སྟོང་པ་ཡོན་ཏན་རྒྱ་མཚོ།

d དཔལ་སྤུངས་དགོན།（四川八邦寺）

e ཁྲིད་ཡིག（导释）

f 刻本 དཔལ་སྤུངས་དགོན།（四川八邦寺）

g 乌金 梵夹装 38×6

h 9 6

i 无 藏纸 黑 完整
j

4.29

a 46-29

b ལུས་མཆོད་སྦྱིན་གྱི་ཟིན་བྲིས་མདོར་བསྡུས་ཀུན་དགའི་སྐྱེད་ཚལ་ཞེས་བྱ་བ་བཞུགས་སོ།།

身供施法略录·普悦园林

c ཡོན་ཏན་རྒྱ་མཚོ།

d དཔལ་སྤུངས་དགོན། (四川八邦寺)

e མཆོད་སྦྱིན། (供施)

f 刻本 དཔལ་སྤུངས་དགོན། (四川八邦寺)

g 乌金 梵夹装 38×6
h 16 6
i 无 藏纸 黑 完整
j 民族宫目录中为13叶。

4.30

a 46-30

b དཔལ་དུས་ཀྱི་འཁོར་ལོའི་རིམ་གཉིས་འབྲོ་ལུགས་ཀྱི་བརྒྱུད་པའི་གསོལ་འདེབས་ཆེན་པོ་ཞེས་བྱ་བ་བཞུགས་སོ།།

卓派传规之吉祥时轮二次第传承祈祷文

c ཀརྨ་ངག་དབང་ཡོན་ཏན་རྒྱ་མཚོ།

d དཔལ་སྤུངས་དགོན། (四川八邦寺)

e གསོལ་འདེབས། (启请文)

f 刻本 དཔལ་སྤུངས་དགོན། (四川八邦寺)

g 乌金 梵夹装 38×6
h 4 6
i 无 藏纸 黑 完整
j

4.31

a 46-31

b ལྟ་བ་གཏན་ལ་འབེབས་པ་ལས་འཕྲོས་པའི་གཏམ་སྐབས་ལྔ་པ་ལུང་དང་རིག་པའི་མེ་ཏོག་རབ་ཏུ་དགོད་པ་ཞེས་བྱ་བ་བཞུགས་སོ།།

扶择正见余论第五品·善布教理之花

c བཙུན་མ་ཡོན་ཏན་རྒྱ་མཚོ།

d དཔལ་སྤུངས་དགོན།（四川八邦寺）

e ལྟ་བའི་སྐོར།（正见）

f 刻本 དཔལ་སྤུངས་དགོན།（四川八邦寺）

g 乌金 梵夹装 38×6

h 20 6

i 无 藏纸 黑 完整

j

4.32

a 46-32

b རིས་མེད་ཆོས་ཀྱི་འབྱུང་གནས་མདོ་ཙམ་སྨོས་པ་བློ་གསལ་མགྲིན་པའི་མཛེས་རྒྱན་ཞེས་བྱ་བ་བཞུགས་སོ།།

无偏见之佛教史略解说·智者美妙项饰

c ཡོན་ཏན་རྒྱ་མཚོ།

d དཔལ་སྤུངས་དགོན།（四川八邦寺）

e ཆོས་འབྱུང་།（教法史）

f 刻本 དཔལ་སྤུངས་དགོན།（四川八邦寺）

g 乌金 梵夹装 38×6

h 16 6

i 无 藏纸 黑 完整

j

4.33

a 46-33

b ཆོས་གྲྭ་ཆེན་པོ་ཐུབ་བསྟན་ཆོས་འཁོར་གླིང་གི་འདུས་པ་རྒྱ་མཚོར་བསླབ་བྱའི་གཏམ་དུ་གསོལ་བ་ཚོགས་མཆོག་ཀུན་ཏུ་དགའ་བའི་རྣ་རྒྱན་ཅེས་བྱ་བ་བཞུགས་སོ།།

土登曲廓林大寺院僧伽会集海中所述教诲 · 胜会普悦之耳饰

c

d

e བསླབ་བྱའི་སྐོར།（教言）

f 刻本 དཔལ་སྤུངས་དགོན།（四川八邦寺）

g 乌金 梵夹装 38×6

h 7 6

i 无 藏纸 黑 完整

j

4.34

a 46-34

b ཤུ་སྣ་འབྲུག་དག་གླིང་སོགས་ཆོས་འཁོར་ཆེན་པོ་རྣམས་ཀྱི་བཅའ་ཡིག་བླང་དོར་མིག་འབྱེད་ཅེས་བྱ་བ་བཞུགས་སོ།།

须坝珠达林寺等诸大寺之清规制约 · 取舍醒目

c

d

e བཅའ་ཡིག（清规戒律）

f 刻本 དཔལ་སྤུངས་དགོན།（四川八邦寺）

g 乌金 梵夹装 38×6

h 3 6

i 无 藏纸 黑 完整

j

4.35

a 46-35

b བྱམས་མགོན་མཆོག་གི་སྤྲུལ་པའི་སྐུ་སེང་གེའི་ཁྲིར་ཕེབས་པའི་མཧཱལ་རྒྱས་བཤད་ངོ་མཚར་སྟོ་འབྱེད་ཅེས་

བྱ་བ་བཞུགས་སོ།།

绛贡活佛升座时之曼遮广说·开希有百门之喜宴

c ཀུན་དགའ་དཔལ་ཡོན་ཏན་རྒྱ་མཚོ།

d

e མཎྜལ་བཤད་པ།（曼荼罗说）

f 刻本 དཔལ་སྤུངས་དགོན།（四川八邦寺）

g 乌金 梵夹装 38×6
h 29 6
i 无 藏纸 黑 完整
j

4.36
a 46-36

b དབང་བསྐུར་བྱིན་རླབས་སོགས་ཀྱི་རབ་དབྱེ་ཉུང་བསྡུས་ཞེས་བྱ་བ་བཞུགས་སོ།།

灌顶加持等详分略说·愚者喜悦

c བློན་སློམ་ད་རེ་དྷ་ཀུན་དགའ་དཔལ་ཡོན་ཏན་རྒྱ་མཚོ།

d དཔལ་སྤུངས་དགོན།（四川八邦寺）

e དབང་བསྐུར།（灌顶加持）

f 刻本 དཔལ་སྤུངས་དགོན།（四川八邦寺）

g 乌金 梵夹装 38×6
h 9 6
i 无 藏纸 黑 完整
j

4.37
a 46-37

b ཚེ་སྒྲུབ་དོགས་སེལ་ཞེས་བྱ་བ་བཞུགས་སོ།།

长寿修法祛疑肼解略说

c བློ་སྣོམ་ངག་དབང་ཡོན་ཏན་རྒྱ་མཚོ།

d དཔལ་སྤུངས་དགོན། （四川八邦寺）

e ཚེ་སྒྲུབ་སྐོར། （长寿修法）

f 刻本 དཔལ་སྤུངས་དགོན། （四川八邦寺）

g 乌金 梵夹装 38×6
h 7 6
i 无 藏纸 黑 完整
j

4.38
a 46-38

b ངེས་དོན་དབུ་མ་ཆེན་པོ་ལ་འཁྲུལ་རྟོག་ཉེར་གསུམ་གྱི་འབྱུར་འཛོམས་པ་ལེགས་བཤད་ཅེས་བྱ་བ་བཞུགས་སོ།།

破斥对大中观了义论发生之二十三种错误见解·嘉言金锤

c བསྟན་འཛིན་འཇུག་སྙིང་སྟགས་ཀྱི་ཐ་ཤལ།

d

e དགག་ལན་སྐོར། （驳斥）

f 刻本 དཔལ་སྤུངས་དགོན། （四川八邦寺）

g 乌金 梵夹装 38×6
h 4 6
i 无 藏纸 黑 完整
j

4.39
a 46-39

b དྲིས་ལན་རྣ་བའི་བདུད་རྩི་ཞེས་བྱ་བ་བཞུགས་སོ།།

问答篇·耳中甘露

c བློ་གྲོས་མཐའ་ཡས།

d

e ཞུ་བ་ཞུས་ལན། （问答）

f 刻本 དཔལ་སྤུངས་དགོན། （四川八邦寺）

g 乌金 梵夹装 38×6

h 26 6

i 无 藏纸 黑 完整

j

4. 40

a 46-40

b འཇམ་མགོན་བློ་གྲོས་མཐའ་ཡས་ཀྱི་ཞལ་སྔར་རྒྱལ་དབང་ཀརྨ་པ་མཁའ་ཁྱབ་རྡོ་རྗེས་བཀའ་འདྲི་ཕུལ་བ་ལན་

དང་བཅས་པ་བཞུགས་སོ།།

绛贡洛卓塔耶座前教王噶玛巴·喀恰多杰奉书答问

c

d

e ཞུ་བ་ཞུས་ལན། （问答）

f 刻本 དཔལ་སྤུངས་དགོན། （四川八邦寺）

g 乌金 梵夹装 38×6

h 14 6

i 无 藏纸 黑 完整

j

4. 41

a 46-41

b གནས་འདུས་སྒོ་བྱང་དང་པོ་ཞེས་བྱ་བ་བཞུགས་སོ།།

圣地录

c

d

e གནས་ཐོ། （地方志）

f 刻本 དཔལ་སྤུངས་དགོན། （四川八邦寺）

g 乌金 梵夹装 38×6

h 6 6
i 无 藏纸 黑 完整
j 封面钤有“民族文化宫图书馆藏”印；民族宫目录中题名为“གནས་ཡིག（圣地录）”。

4.42
a 46-42
b སྤྲོས་མེད་རྒྱུན་གྱི་ཉམས་ལེན་ཞེས་བྱ་བ་བཞུགས་སོ།།
无广行验修法·善士甘露
c
d
e ཉམས་ལེན།（实践）
f 刻本 དཔལ་སྤུངས་དགོན།（四川八邦寺）
g 乌金 梵夹装 38×6
h 4 6
i 无 藏纸 黑 完整
j

4.43
a 46-43
b ཞྭ་དམར་ལོ་རྒྱུས་ཞུང་དུ་བཞུགས་སོ།།
谒见霞玛仁波且时略说其姻缘和利益功德
c
d
e ལོ་རྒྱུས་སྐོར།（史志）
f 刻本 དཔལ་སྤུངས་དགོན།（四川八邦寺）
g 乌金 梵夹装 38×6
h 16 6
i 无 藏纸 黑 完整
j 民族宫目录中为3叶。

4.44

a 46-44

b དཔའ་བོའི་དབུ་ཞྭ་བཤད་པ་མདོར་བསྡུས་བཞུགས་སོ།།

巴俄之冠帽略说

c སྣ་གྲོས་མཐའ་ཡས།

d

e ཞྭ་བཤད་སྐོར།（冠帽说）

f 刻本 དཔལ་སྤུངས་དགོན།（四川八邦寺）

g 乌金 梵夹装 38×6

h 3 6

i 无 藏纸 黑 完整

j

4.45

a 46-45

b བཅོམ་ལྡན་འདས་དུས་ཀྱི་འཁོར་ལོ་ལྷན་སྐྱེས་ཀྱི་རྒྱུན་ཁྱེར་དང་རྣལ་འབྱོར་ཡན་ལག་དྲུག་པ་སྟན་ཐོག་གཅིག་

པའི་དམིགས་སྐོར་ཞེས་བྱ་བ་བཞུགས་སོ།།

薄伽梵时轮俱生常修瑜伽六支一座所缘修法·俱生成就施

c སྣ་གྲོས་མཐའ་ཡས་པའི་སྡེ།

d

e དུས་འཁོར་སྐོར།（时轮）

f 刻本 དཔལ་སྤུངས་དགོན།（四川八邦寺）

g 乌金 梵夹装 38×6

h 5 6

i 无 藏纸 黑 完整

j

4.46

a 46-46

b　རིང་འཚོའི་ཆོ་ག་སྒྲུབ་པའི་རྣམ་པར་བཞག་པ་འཆི་བདག་སླུ་བའི་རྟོག་པའི་དོན་འགྲེལ་ཚེ་དབང་དགའ་འཁྱིལ་ཞེས་བྱ་བ་བཞུགས་སོ།།

长生仪轨修法解脱·哄诱死神分别义解释·长寿灌顶·喜漩明点

c

d

e　ཆོ་ག（仪轨）

f　刻本　དཔལ་སྤུངས་དགོན།（四川八邦寺）

g　乌金　梵夹装　38×6

h　26　6

i　无　藏纸　黑　完整

j

5

A　3411

B　ཀོང་སྤྲུལ་ཡོན་ཏན་རྒྱ་མཚོའི་གསུང་འབུམ།

贡珠·云丹嘉措文集

C　ཉ

D　ཀོང་སྤྲུལ་ཡོན་ཏན་རྒྱ་མཚོ།

同3408介绍。

E　民族宫目录中无此函。

5.1

a　23-1

b　ཀོང་སྤྲུལ་ཡོན་ཏན་རྒྱ་མཚོའི་གསུང་པོད་ཉ་པའི་དཀར་ཆག་བཞུགས་སོ།།

贡珠·云丹嘉措文集ཉ字函目录

c

d

e　དཀར་ཆག（目录）

f 刻本
g 乌金 梵夹装 38×6
h 1 6
i 无 藏纸 黑 完整
j

5.2
a 23-2
b མྱུར་མཛད་ཡེ་ཤེས་མགོན་པོ་མཐིང་དཀར་གྱི་མངའ་གསོལ་དགེ་ལེགས་སྤྲིན་ཕུང་བཞུགས་སོ།།
速业一切智怙主蓝白之座·吉祥云团
c ཀརྨ་ངག་དབང་ཡོན་ཏན་རྒྱ་མཚོ།
d དཔལ་སྤུངས་དགོན། （四川八邦寺）
e གསོལ་ཆོག （供奉）
f 刻本 དཔལ་སྤུངས་དགོན། （四川八邦寺）
g 乌金 梵夹装 38×6
h 6 6
i 无 藏纸 黑 完整
j

5.3
a 23-3
b ཡེ་ཤེས་མགོན་པོ་ཏྲག་ཤད་ཀྱི་བསྐང་གསོལ་ལས་བཞི་མྱུར་གྲུབ་བཞུགས་སོ།།
一切智怙主猛言仪轨·四速果
c ཀརྨ་ངག་དབང་ཡོན་ཏན་རྒྱ་མཚོ།
d འཛམ་ཐང་དགོན། （四川壤塘寺）
e གསོལ་ཆོག （供奉）
f 刻本 དཔལ་སྤུངས་དགོན། （四川八邦寺）
g 乌金 梵夹装 38×6
h 2 6

i 无 藏纸 黑 完整
j

5.4
a 23-4
b འཕགས་པ་ཛམྦྷ་ལ་དཀར་པོའི་བསྟོད་པ་དངོས་གྲུབ་ཆར་འབེབས་ཞེས་བཞུགས་སོ།།
圣赞巴拉财神之赞歌业果·甘露
c ཀརྨ་ངག་དབང་ཡོན་ཏན་རྒྱ་མཚོ།
d དཔལ་སྤུངས་དགོན།（四川八邦寺）
e བསྟོད་ཚོགས།（赞集）
f 刻本 དཔལ་སྤུངས་དགོན།（四川八邦寺）
g 乌金 梵夹装 38×6
h 3 6
i 无 藏纸 黑 完整
j

5.5
a 23-5
b དཔལ་ལྡན་སྔགས་ཀྱི་སྲུང་མའི་ཕྲིན་ལས་རྡོ་རྗེ་ནོར་བུའི་ཕྲེང་བ་བཞུགས་སོ།།
密宗之护法女神业果金刚·宝串
c གར་གྱི་དབང་ཕྱུག་དང་ཀརྨ་ངག་དབང་ཡོན་ཏན་རྒྱ་མཚོ།
d དཔལ་སྤུངས་དགོན།（四川八邦寺）
e གསོལ་ཆག（供奉）
f 刻本 དཔལ་སྤུངས་དགོན།（四川八邦寺）
g 乌金 梵夹装 38×6
h 6 6
i 无 藏纸 黑 完整
j

5.6
a 23-6

b དུད་སོལ་མ་གཙོ་བོ་གྱུར་པའི་ལྷ་མོ་སྤྱི་ཡི་མཆོད་གསོལ་སྐྱེ་བ་ལྔ་པའི་སྒྲ་དབྱངས་ཞེས་བྱ་བ་བཞུགས་སོ།།

度素玛为首之众女神祭祀仪轨·五世妙音

c པད་མ་གར་གྱི་དབང་ཕྱུག

d དཔལ་སྤུངས་དགོན།（四川八邦寺）

e གསོལ་ཆག（供奉）

f 刻本 དཔལ་སྤུངས་དགོན།（四川八邦寺）

g 乌金 梵夹装 38×6
h 19 6
i 无 藏纸 黑 完整
j

5.7
a 23-7

b བཀའ་དྲིན་ལྷ་མོའི་གསོལ་མཆོད་བསམ་དོན་ལྷུན་གྲུབ་ཅེས་བྱ་བ་བཞུགས་སོ།།

感恩女神祈请仪轨·如意果

c པད་མ་གར་གྱི་དབང་ཕྱུག

d དཔལ་སྤུངས་དགོན།（四川八邦寺）

e གསོལ་ཆག（供奉）

f 刻本 དཔལ་སྤུངས་དགོན།（四川八邦寺）

g 乌金 梵夹装 38×6
h 10 6
i 无 藏纸 黑 完整
j

5.8
a 23-8

b ཟླ་ཀི་སུ་ཁ་སི་རྡིའི་སྐོང་འཕྲིན་ལས་མྱུར་འགྲུབ་ཅེས་བྱ་བ་བཞུགས་སོ།།

扎克苏卡斯迪之补酬仪轨·妙果速成

c ཀརྨ་ངག་དབང་ཡོན་ཏན་རྒྱ་མཚོ་བློ་གྲོས་མཐའ་ཡས་པའི་སྡེ།

d གླིང་ཡུལ་རྫོང་འགོ་འཛིག་རྟེན་དབང་པོ་བྲང་།

e གསོལ་ཚིག（供奉）

f 刻本 དཔལ་སྤུངས་དགོན། （四川八邦寺）

g 乌金 梵夹装 38×6
h 1 6
i 无 藏纸 黑 完整
j

5.9

a 23-9

b བཀའ་དྲིན་ལྷ་མོའི་གསོལ་མཆོད་བསམ་དོན་ལྷུན་གྲུབ་ཞེས་བྱ་བ་བཞུགས་སོ།།

感恩女神之仪轨·如意果

c པད་མ་གར་གྱི་དབང་ཕྱུག

d དཔལ་སྤུངས་དགོན། （四川八邦寺）

e གསོལ་ཚིག（供奉）

f 刻本 དཔལ་སྤུངས་དགོན། （四川八邦寺）

g 乌金 梵夹装 38×6
h 10 6
i 无 藏纸 黑 完整
j

5.10

a 23-10

b དམ་ཆོས་བདུད་ཀྱི་གཅོད་ཡུལ་གྱི་རྩ་གསུམ་ཆོས་སྲུང་བཅས་པའི་གཏོར་འབུལ་སྙིང་པོ་བསྡུད་ལྡན་ཞེས་བྱ་བ་

བཞུགས་སོ།།

法宝妖魔之觉域二十三护法神馐仪轨密要精华

c བློ་གྲོས་མཐའ་ཡས།

d རྫོང་ཤོད་བདེ་གཤེགས་འདུས་པའི་ཕོ་བྲང་།

e གསོལ་ཆོག（供奉）

f 刻本 དཔལ་སྤུངས་དགོན།（四川八邦寺）

g 乌金 梵夹装 38×6

h 3 6

i 无 藏纸 黑 完整

j

5. 11

a 23-11

b རྩ་གསུམ་ཆོས་སྐྱོང་དང་བཅས་པ་ལ་གཏོར་འབུལ་གྱི་རིམ་པ་ཁྱེར་བདེ་རིག་འཛིན་དགའ་སྟོན་ཅེས་བྱ་བ་

བཞུགས་སོ།།

二十三护法仪轨之简便过程·持慧欢宴

c ཀརྨ་གར་དབང་ཡོན་ཏན་རྒྱ་མཚོ།

d ཙྪ་འདྲ་རིན་ཆེན་བྲག（赞乍仁青扎）

e གསོལ་ཆོག（供奉）

f 刻本 དཔལ་སྤུངས་དགོན།（四川八邦寺）

g 乌金 梵夹装 38×6

h 6 6

i 无 藏纸 黑 完整

j

5. 12

a 23-12

b དམ་ཅན་སྐྱེས་བུ་ཆེན་པོ་མཆེད་འཁོར་བཅས་པའི་མངའ་གསོལ་དགོས་འདོད་ཀུན་སྩོལ་བྱ་བ་བཞུགས་སོ།།

圣护法众眷之传授法·如意妙果

c པདྨ་གར་དབང་བློ་གྲོས་མཐའ་ཡས།

d ཙཱ་འདྲ་རིན་ཆེན་བྲག（赞乍仁青扎）

e གསོལ་ཚོག（供奉）

f 刻本 དཔལ་སྤུངས་དགོན།（四川八邦寺）

g 乌金 梵夹装 38×6
h 4 6
i 无 藏纸 黑 完整
j

5.13
a 23-13

b དཔལ་ལྡན་ཞིང་སྐྱོང་དབང་པོའི་གསོལ་བ་དང་སྐོང་བ་ཉུང་བསྡུས་བཞུགས་སོ།།

护众护神之简便祈愿和仪轨

c པདྨ་གར་དབང་བློ་གྲོས་མཐའ་ཡས།

d ཙཱ་འདྲ་རིན་ཆེན་བྲག（赞乍仁青扎）

e གསོལ་ཚོག（供奉）

f 刻本 དཔལ་སྤུངས་དགོན།（四川八邦寺）

g 乌金 梵夹装 38×6
h 2 6
i 无 藏纸 黑 完整
j

5.14
a 23-14

b རྒྱུགས་འཛིན་དམར་པོའི་སྐོང་བ་ལོངས་སྤྱོད་ཆར་འབེབས་ཞེས་བྱ་བ་བཞུགས་སོ།།

红持蹄之仪轨·享受甘露

c པདྨ་གར་གྱི་དབང་ཕྱུག་རྩལ།

d　དཔལ་སྤུངས་དགོན། （四川八邦寺）

e　ཆར་འབེབས། （甘露降）

f　刻本　དཔལ་སྤུངས་དགོན། （四川八邦寺）

g　乌金　梵夹装　38×6
h　5　6
i　无　藏纸　黑　完整
j

5. 15
a　23-15

b　གཏེར་གསར་ཛམ་སྲས་གཏོར་མའི་ཟིན་བྲིས་བཞུགས་སོ། །

财神神馐仪轨之笔录

c　བློ་གྲོས་མཐའ་ཡས།

d　རྩ་འདྲ་རིན་ཆེན་བྲག （赞乍仁青扎）

e　གཏོར་མའི་སྐོར། （神馐）

f　刻本　དཔལ་སྤུངས་དགོན། （四川八邦寺）

g　乌金　梵夹装　38×6
h　2　6
i　无　藏纸　黑　完整
j

5. 16
a　23-16

b　ཛམ་སྲས་མདུང་དམར་ཅན་གྱི་སྐོང་གསོལ་རིན་ཆེན་ཆར་འབེབས་ཞེས་བྱ་བ་བཞུགས་སོ། །

红樱财神之祈愿和仪轨·宝贝甘露

c　བློ་གྲོས་མཐའ་ཡས།

d　དཔལ་སྤུངས་དགོན། （四川八邦寺）

e ཆར་འབེབས། （甘露降）

f 刻本 དཔལ་སྤུངས་དགོན། （四川八邦寺）

g 乌金 梵夹装 38×6

h 3 6

i 无 藏纸 黑 完整

j

5.17

a 23-17

b ཉེ་བའི་འབྱུང་གཙོད་རོལ་བཙན་ཁ་བ་དཀར་པོའི་གནས་བདག་ཉེར་གསུམ་ཞིང་སྐྱོང་གི་མཆོད་སྤྲིན་འདོད་འཛོའི་བ་མོ་བཞུགས་སོ།།

觉若赞卡瓦嘎布雪山之神二十三地方护法·祭祀云

c པདྨ་གར་གྱི་དབང་ཕྱུག་རྩལ།

d དཔལ་སྤུངས་དགོན། （四川八邦寺）

e གསོལ་མཆོག （供奉）

f 刻本 དཔལ་སྤུངས་དགོན། （四川八邦寺）

g 乌金 梵夹装 38×6

h 21 6

i 无 藏纸 黑 完整

j

5.18

a 23-18

b འདུལ་བ་མདོ་རྩ་ལས་འབྱུང་བའི་རི་མོའི་བྲི་ཡིག་ཚངས་པའི་པཏྟ་ཞེས་བྱ་བ་བཞུགས་སོ།།

《戒律藏》之图案画法·梵天巴扎

c ཡོན་ཏན་རྒྱ་མཚོས།

d དཔལ་སྤུངས་དགོན་ཐུབ་བསྟན་ཆོས་འཁོར་གླིང་། （四川八邦寺）

e　རི་མོའི་སྐོར།（美术）

f　刻本　དཔལ་སྤུངས་དགོན།（四川八邦寺）

g　乌金　梵夹装　38×6
h　5　6
i　无　藏纸　黑　完整
j

5.19

a　23-19

b　བྱ་སྤྱོད་རྣལ་འབྱོར་གསུམ་གྱི་རྒྱུད་སྡེའི་དཀྱིལ་འཁོར་རྣམས་ཀྱི་གཙོ་བོ་རགས་བསྡུས་ཞལ་ཐང་བཀོད་ཡིག་ནོར་བུ་ཆུ་ཤེལ་གྱི་ཕྲེང་བ་ཞེས་བྱ་བ་བཞུགས་སོ།།

行为三续众坛城之主简单唐卡图·水晶串

c　ཀརྨ་ངག་དབང་ཡོན་ཏན་རྒྱ་མཚོ།

d　དཔལ་སྤུངས་དགོན།（四川八邦寺）

e　གསོལ་ཚིག།（供奉）

f　刻本　དཔལ་སྤུངས་དགོན།（四川八邦寺）

g　乌金　梵夹装　38×6
h　44　6
i　无　藏纸　黑　完整
j

5.20

a　23-20

b　སྐད་གཉིས་ཤན་སྦྱར་ལ་ཉེ་བར་མཁོ་བའི་ཟིན་བྲིས་ལས་དང་པོ་བ་འཇུག་པའི་རོལ་མཚོ་ཞེས་བྱ་བ་བཞུགས་སོ།།

梵藏翻译中常识之第一笔记·乐海

c　ཀློ་གཏེར་རབ་དགའ་ཚངས་བྱུང་སྙེམས་པའི་ལང་ཚོ།

d

c　སྐད་གཉིས་ཤན་སྦྱར།（藏梵对照）

f 刻本 དཔལ་སྤུངས་དགོན།（四川八邦寺）

g 乌金 梵夹装 38×6
h 130 6
i 无 藏纸 黑 完整
j

5.21
a 23-21

b ཚེ་དཔག་མེད་ལ་སོགས་པའི་གཟུངས་ཀྱི་སྒྲུབ་བསྐུལ་ནོར་བུ་སྐར་མདོག་གི་ཕྲེང་བ་ཞེས་བྱ་བ་བཞུགས་སོ།།

无量寿佛等密宗修法·宝串

c ཀརྨ་ངག་དབང་ཡོན་ཏན་རྒྱ་མཚོའམ་བློ་གཏེར་དགའ་ཚང་བྱུང་སྙེམས་པའི་ལང་ཚོ།

d དཔལ་སྤུངས་དགོན།（四川八邦寺）

e གཟུངས་ཀྱི་སྐོར།（密咒）

f 刻本 དཔལ་སྤུངས་དགོན།（四川八邦寺）

g 乌金 梵夹装 38×6
h 27 6
i 无 藏纸 黑 完整
j

5.22
a 23-22

b བཏ་སྒྲོད་པ་ཙནྡྲ་པའི་སྐབས་སུ་ཉེ་བར་མཁོ་བའི་དྲིད་མཐའི་དཔེར་བརྗོད་ཞུང་ཏྭ་ཉམ་གསལ་ཞེས་བྱ་བ་

བཞུགས་སོ།།

因明学经典赞扎巴之常用例子明鉴

c ཀརྨ་གར་དབང་ཡོན་ཏན་རྒྱ་མཚོ།

d ཟེ་ཆེན་བླ་བྲང་ཕུན་ཚོགས།

e སྒྲ་རིག་སྐོར།（声明学）

f 刻本 དཔལ་སྤུངས་དགོན། （四川八邦寺）

g 乌金 梵夹装 38×6
h 15 6
i 无 藏纸 黑 完整
j

5.23
a 23-23
b འཚོ་བྱེད་ལས་དང་པོ་ལ་ཉེ་བར་མཁོ་བའི་ཟིན་ཏིག་གཅེས་པར་བཏུས་པ་བདུད་རྩིའི་ཐིགས་པ་ཞེས་བྱ་བ་བཞུགས་སོ།།
藏医学之常识辑要·甘露串
c ཀརྨ་གར་དབང་ཡོན་ཏན་རྒྱ་མཚོ།
d རྫ་འདྲ་རིན་ཆེན་གྲག （赞乍仁青扎）
e གསོ་རིག་སྐོར། （藏医学）
f 刻本 དཔལ་སྤུངས་དགོན། （四川八邦寺）
g 乌金 梵夹装 38×6
h 3 6
i 无 藏纸 黑 完整
j

6
A 3412
B ཀོང་སྤྲུལ་ཡོན་ཏན་རྒྱ་མཚོའི་གསུང་འབུམ། པོད།
贡珠·云丹嘉措文集
C ཨ
D ཀོང་སྤྲུལ་ཡོན་ཏན་རྒྱ་མཚོ།
同3408介绍。
E 民族宫目录中无此函。

6.1

a 2-1

b ཤེས་བྱ་ཀུན་ལ་ཁྱབ་པའི་གཞུང་ལུགས་ཉུང་ངུའི་ཚིག་གིས་རྣམ་པར་འགྲོལ་བ་ལེགས་བཤད་ཡོངས་འདུ་ཤེས་བྱ་མཐའ་ཡས་པའི་རྒྱ་མཚོ་ཞེས་བྱ་བ་བཞུགས་སོ།།

藏文常识经典简释颂·无极海

c ཀརྨ་གར་དབང་ཡོན་ཏན་རྒྱ་མཚོ།

d དཔལ་སྤུངས་དགོན།（四川八邦寺）

e རིག་གནས་སྐོར།（文化类）

f 刻本 དཔལ་སྤུངས་དགོན།（四川八邦寺）

g 乌金 梵夹装 38×6

h 382 6

i 有 藏纸 黑 完整

j

6.2

a 2-2

b ཤེས་བྱ་ཀུན་ལ་ཁྱབ་པའི་གཞུང་ལུགས་ཉུང་ངུའི་ཚིག་གིས་རྣམ་པར་འགྲོལ་བ་ལེགས་བཤད་ཡོངས་འདུ་ཤེས་བྱ་མཐའ་ཡས་པའི་རྒྱ་མཚོ་ཞེས་བྱ་བ་བཞུགས་སོ།།

藏文常识经典简释颂·无极海

c ཀརྨ་གར་དབང་ཡོན་ཏན་རྒྱ་མཚོ།

d རྫ་འདྲ་རིན་ཆེན་བྲག（赞乍仁青扎）

e རིག་གནས་སྐོར།（文化类）

f 刻本 དཔལ་སྤུངས་དགོན།（四川八邦寺）

g 乌金 梵夹装 38×6

h 393 6

i 有 藏纸 黑 完整

j

7

A 3413 523

B ཀློང་ཆེན་རབ་འབྱམས་པ་དྲི་མེད་འོད་ཟེར་གྱི་གསུང་འབུམ།

隆钦热绛巴·赤墨俄色文集

C ཀ

D ཀློང་ཆེན་རབ་འབྱམས་པ་དྲི་མེད་འོད་ཟེར། སྙིང་མ།རབ་བྱུང་ལྔ་པའི་ས་ཕོ་སྤྲེའུའི་ལོ་༡༣༠༨གཡོ་རུ་གྲྭའི་ཆ་སྟོད་གྲོང་དུ་ཡབ་བསྟན་པ་སྲུང་དང་ཡུམ་འབྲོག་བཟའ་བསོད་ནམས་རྒྱན་གཉིས་ཀྱི་སྲས་སུ་འཁྲུངས། དགུང་ལོ་བཅུ་པར་བསམ་ཡས་མཁན་པོ་བསམ་གྲུབ་རིན་ཆེན་ལས་རབ་ཏུ་བྱུང་སྟེ་མཚན་ལ་ཚུལ་ཁྲིམས་བློ་གྲོས་གསོལ།ཀརྨ་པ་རང་བྱུང་རྡོ་རྗེ་དང་། ས་སྐྱ་བདག་ཆེན། དཔང་བློ་གྲོས་བརྟན་པ་སོགས་དང་ལྷག་པར་དུ་རིག་འཛིན་ཀུ་མཱ་ར་ཛ་སློབ་དཔོན་དུ་བསྟེན་ནས་མདོ་སྔགས་གཞུང་ལུགས་ཡོངས་ལ་མཁས་པར་གྱུར། གངས་རི་ཐོད་དཀར་ཨོ་རྒྱན་རྫོང་འོད་ཟེར་སྤྲིན་གྱི་སྙིང་ཚལ་དུ་ཕེབས་ཏེ་དགོན་གནས་བཏབ།དབུ་རུ་ཞྭའི་ལྷ་ཁང་ཞིག་གསོ་མཛད། སྐུ་ཚེ་གང་པོར་དབེན་གནས་སུ་འཆད་རྩོད་རྩོམ་གསུམ་གྱིས་དུས་འདའ་བར་མཛད་ནས་རྫོགས་ཆེན་གྲུབ་མཐའ་སྤྲོལ་འབྱེད་མཛད། ཁོང་གི་བརྩམས་ཆོས་ཀློང་ཆེན་མཛོད་བདུན། ངལ་གསོ་སྐོར་གསུམ།རང་གྲོལ་སྐོར་གསུམ། མུན་སེལ་སྐོར་གསུམ།ཡང་ཏིག་སྐོར་གསུམ་སོགས་ཆོས་ཚན་ཉིས་བརྒྱ་ལྔ་བཅུ་རྩ་གསུམ་བཞུགས་པར་གྲགས། རབ་བྱུང་དྲུག་པའི་ཆུ་མོ་ཡོས་ཀྱི་ལོ་༡༣༦༣ལ་དཔལ་བསམ་ཡས་མཆིམས་ཕུར་དུ་སྐུ་གཤེགས། ངེད་དགེ་མཛོད་ཁང་དུ་སྡེ་དགེའི་དཔར་པོད་༥ ཀ--ང ཞྭི ཨང་རྟགས ༢༠༤༤--༢༠༥༨དང་། འཕྱོངས་རྒྱས་སོགས་ཀྱི་པར་པོད་༥ ཀ--ང ཨང་རྟགས ༣༩༡༣--༣༩༢༢ བཞུགས།

隆钦热绛巴·赤墨俄色（1308—1363）：宁玛派大圆满法的开创者。诞生于前藏运茹，自幼拜噶玛然炯多杰等为师，在亚德班钦座前问难释疑。游遍卫藏、印度、邬仗那等地，精通显密，一生说法著述，遗著有文集《隆钦七藏》等95函。最终在桑耶琼普静修院圆寂，享年55岁。西藏图书馆藏其文集中，北京民族宫赠送的文集有德格版5函，编号为2044—2058；琼结版5函，编号在3413—3422间。

E 此函民族宫目录著录有6卷。西藏图书馆藏品有3卷，另2卷被分入西藏图书馆3414号中。3413和3414函中皆无《如意宝藏甚深义释·金刚藏》。

7.1

a 3-1

b ཐེག་པ་ཆེན་པོ་མན་ངག་གི་བསྟན་བཅོས་ཡིད་བཞིན་རིན་པོ་ཆེའི་མཛོད་ཅེས་བྱ་བ་བཞུགས་སོ།།

大乘教授论·如意宝藏

c རྡོ་རྗེ་འཛིན་པ་ཚུལ་ཁྲིམས་བློ་གྲོས།

d

e ཡིད་བཞིན་མཛོད།（如意藏）

f 刻本 སྡེ་དགེ（四川德格）

g 乌金 梵夹装 52×7.5

h 31 7

i 有 藏纸 黑 完整

j 封面钤有“民族文化宫图书馆藏”印。

7.2

a 3-2

b ཐེག་པ་ཆེན་པོ་མན་ངག་གི་བསྟན་བཅོས་ཡིད་བཞིན་རིན་པོ་ཆེའི་མཛོད་ཀྱི་འགྲེལ་པ་པདྨ་དཀར་པོ་ཞེས་བྱ་བ་བཞུགས་སོ།།

大乘教授论·如意宝藏释·白莲篇

c རྡོ་རྗེ་འཛིན་པ་ཚུལ་ཁྲིམས་བློ་གྲོས།

d

e ཡིད་བཞིན་མཛོད།（如意藏）

f 刻本 སྡེ་དགེ（四川德格）

g 乌金 梵夹装 52×7

h 312 7

i 有 藏纸 黑 完整

j 封面钤有“民族文化宫图书馆藏”印。

7.3
a 3-3
b མན་ངག་རིན་པོ་ཆེའི་མཛོད་ཅེས་བྱ་བ་བཞུགས་སོ།།
导释宝藏
c ཀློང་ཆེན་རབ་འབྱམས།
d
e མན་ངག་མཛོད།（善言藏）
f 刻本 སྡེ་དགེ（四川德格）
g 乌金 梵夹装 52×7
h 56 7
i 有 藏纸 黑 完整
j 封面钤有“民族文化宫图书馆藏”印。

8
A 3414 523
B ཀློང་ཆེན་རབ་འབྱམས་པ་དྲི་མེད་འོད་ཟེར་གྱི་གསུང་འབུམ།
隆钦热绛巴·赤墨俄色文集
C ཀ
D ཀུན་མཁྱེན་ཀློང་ཆེན་རབ་འབྱམས་པ།
同3413介绍。
E 此函民族宫目录中亦为523号，含3卷，其中《教授宝藏》与3413函内容重。

8.1
a 3-1
b མན་ངག་རིན་པོ་ཆེའི་མཛོད་ཅེས་བྱ་བ་བཞུགས་སོ།།
导释宝藏
c ཀློང་ཆེན་རབ་འབྱམས།

d

e མན་ངག་མཛོད། （导释藏）

f 刻本 སྡེ་དགེ（四川德格）

g 乌金 梵夹装 45×6
h 78 6
i 有 藏纸 黑 完整
j 封面钤有“民族文化宫图书馆藏”印。

8.2
a 3-2

b ཆོས་དབྱིངས་རིན་པོ་ཆེའི་མཛོད་ཅེས་བྱ་བ་བཞུགས་སོ།།

法空宝藏

c ཀློང་ཆེན་རབ་འབྱམས།

d

e ཆོས་དབྱིངས་མཛོད། （法空藏）

f 刻本 སྡེ་དགེ（四川德格）

g 乌金 梵夹装 45×6
h 26 6
i 有 藏纸 黑 完整
j 封面钤有“民族文化宫图书馆藏”印；民族宫目录中为 19 叶。

8.3
a 3-3

b ཆོས་དབྱིངས་རིན་པོ་ཆེའི་མཛོད་ཀྱི་འགྲེལ་པ་ལུང་གི་གཏེར་མཛོད་ཅེས་བྱ་བ་བཞུགས་སོ།།

法界宝藏释·教敕宝库

c ཀློང་ཆེན་རབ་འབྱམས།

d

e ཆོས་དབྱིངས་མཛོད་འགྲེལ། （法空藏释）

f 刻本 སྡེ་དགེ（四川德格）

g　乌金　梵夹装　45×6
h　227　6
i　有　藏纸　黑　完整
j　封面钤有“民族文化宫图书馆藏”印；民族宫目录中为 160 叶。

9
A　3415-3416
B　ཀློང་ཆེན་རབ་འབྱམས་པ་དྲི་མེད་འོད་ཟེར་གྱི་གསུང་འབུམ།
　隆钦热绛巴·赤墨俄色文集
C　ཀ
D　ཀུན་མཁྱེན་ཀློང་ཆེན་རབ་འབྱམས་པ།
　同 3413 介绍。
E　此函在民族宫目录中为ཁ函。

9.1
a　1-1
b　ཐེག་པའི་མཆོག་རིན་པོ་ཆེའི་མཛོད་བཞུགས་སོ།།
　上乘宝藏
c　ཀུན་མཁྱེན་ངག་གི་དབང་པོ།
d
e　ཐེག་མཆོག་མཛོད།（上乘藏）
f　刻本　སྡེ་དགེ（四川德格）
g　乌金　梵夹装　45×6
h　510　7
i　有　藏纸　黑　完整
j　封面钤有“民族文化宫图书馆藏”印；民族宫目录中为 481 叶。

10
A　3417

B ཀློང་ཆེན་རབ་འབྱམས་པ་དྲི་མེད་འོད་ཟེར་གྱི་གསུང་འབུམ།

隆钦热强文集

C ཁ

D ཀློང་ཆེན་རབ་འབྱམས་པ་དྲི་མེད་འོད་ཟེར།

同 3413 介绍。

E 民族宫目录中无此函。

10.1

a 1-1

b ཐེག་པ་མཐའ་དག་གི་དོན་གསལ་བར་བྱེད་པ་གྲུབ་པའི་མཐའ་རིན་པོ་ཆེའི་མཛོད།

大乘教派明鉴·宝库

c

d རང་བྱུང་པདྨའི་གནས་སུ།

e གྲུབ་མཐའི་མཛོད།（教派藏）

f 刻本 སྡེ་དགེ（四川德格）

g 乌金 梵夹装 52×7.5

h 148 7

i 有 藏纸 黑 完整

j 封面钤有“民族文化宫图书馆藏”印。

11

A 3419 524

B ཀུན་མཁྱེན་ཀློང་ཆེན་རབ་འབྱམས་པ་དྲི་མེད་འོད་ཟེར་གྱི་གསུང་འབུམ།

隆钦热绛巴·赤墨俄色文集

C ཁ

D ཀློང་ཆེན་རབ་འབྱམས་པ་དྲི་མེད་འོད་ཟེར།

同 3413 介绍。

E 馆藏齐全。

11.1
a 1-1

b ཐེག་པའི་མཆོག་རིན་པོ་ཆེའི་མཛོད།

上承宝藏

c

d

e ཐེག་མཆོག་མཛོད།（上乘藏）

f 刻本 འཕྲོངས་རྒྱས་དཔལ་རི།（西藏山南琼结巴日）

g 乌金 梵夹装 46×6
h 685 6
i 有 藏纸 黑 完整
j 封面钤有“民族文化宫图书馆藏”印；民族宫目录中为 481 叶。

12
A 3420 525

B ཀུན་མཁྱེན་ཀློང་ཆེན་རབ་འབྱམས་པ་དྲི་མེད་འོད་ཟེར་གྱི་གསུང་འབུམ།

隆钦热绛巴·赤墨俄色文集

C ག

D ཀློང་ཆེན་རབ་འབྱམས་པ་དྲི་མེད་འོད་ཟེར།

同 3413 介绍。

E 此函民族宫目录著录有 6 卷，西藏图书馆藏品仅 2 卷，缺《第二佛陀恭钦文集中七宝藏息劳诸密疏卓越之本旨应如何修法之稀有法音·具缘乐闻》《本性宝藏》《一切续王吉祥幻化根本续·决定密要真谛》《决定要真实性之续王幻网解说·日月云巨光除十方一切黑暗》。

12.1
a 2-1

b གསང་བ་བླ་ན་མེད་པ་འོད་གསལ་རྡོ་རྗེ་སྙིང་པོའི་གནས་གསུམ་གསལ་བར་བྱེད་པའི་ཚིག་དོན་རིན་པོ་ཆེའི་

མཛོད།

阐明无上密光明金刚心要三枢要之句义·宝藏

c

d

e གསང་བ་མཛོད། （密藏）

f 刻本

g 乌金 梵夹装 46×6

h 90 6

i 有 藏纸 黑 完整

j 封面钤有“民族文化宫图书馆藏”印；民族宫目录中为182叶。

12.2

a 2-2

b སྡེ་གསུམ་སྙིང་པོའི་དོན་འགྲེལ་གནས་ལུགས་རིན་པོ་ཆེའི་མཛོད་ཅེས་བྱ་བའི་འགྲེལ་པ།

三部要义释·本性宝藏释

c ཀློང་ཆེན་རབ་འབྱམས།

d གངས་རི་ཐོད་དཀར། （西藏拉萨曲水岗日托嘎）

e གནས་ལུགས་རིན་པོ་ཆེའི་མཛོད། （理义藏）

f 刻本

g 乌金 梵夹装 52×7.5

h 90 6

i 无 藏纸 黑 完整

j 封面钤有“民族文化宫图书馆藏”印；民族宫目录中为67叶。

13

A **3421**

B ཀློང་ཆེན་རབ་འབྱམས་པ་དྲི་མེད་འོད་ཟེར་གྱི་གསུང་འབུམ།

隆钦热绛巴·赤墨俄色文集

C ང

D ཀློང་ཆེན་རབ་འབྱམས་པ་དྲི་མེད་འོད་ཟེར།

同3413介绍。

E 民族宫目录中无此函。

13.1

a 1-1

b ཆོས་ཐམས་ཅད་གཞུང་ལམ་གཅིག་ཏུ་སྟོན་པ་རྫོགས་པ་ཆེན་པོ་སེམས་ཉིད་ངལ་བསོའི་འགྲེལ་པ་ཤིང་རྟ་ཆེན་པོ་

ཞེས་བྱ་བ་བཞུགས་སོ།།

一切法聚集圆满之心注解·车轴

c རྒྱལ་འབྱོར་པ་དྲི་མེད་འོད་ཟེར།

d བྲག་དམར་ཟང་ཡག་ནམ་མཁའི་རྫོང་བོད་ཀྱི་རི་བོ་རྩེ་ལྔ།（藏五台山）

e རྫོགས་ཆེན།（大圆满）

f 刻本 འཕྱོངས་རྒྱས་དཔལ་རི།(西藏山南琼结巴日)

g 乌金 梵夹装 52×7

h 316 7

i 有 藏纸 黑 完整

j 民族宫目录中无此件。

14

A 3422 526

B ཀུན་མཁྱེན་ཀློང་ཆེན་རབ་འབྱམས་པ་དྲི་མེད་འོད་ཟེར་གྱི་གསུང་འབུམ།

隆钦热绛巴·赤墨俄色文集

C ང

D ཀློང་ཆེན་རབ་འབྱམས་པ་དྲི་མེད་འོད་ཟེར།

同 3413 介绍。

E 民族宫目录著录此函为 11 卷，西藏图书馆藏品中有 9 卷，缺《恭钦喇嘛文集赞》《劝请阅读恭钦隆钦热绛巴论著七宝藏文》。

14.1
a 9-1
b སྔགས་ཀྱི་སྤྱི་དོན་ཚངས་དབྱངས་འབྲུག་སྒྲ་ཞེས་བྱ་བ་བཞུགས་སོ།།
密咒总义 · 梵音雷声
c རྣལ་འབྱོར་པ་གློང་ཆེན་རབ་འབྱམས།
d འབྲུག་ལོ་དབྱར་ཟླ་བའི་ཚེས་བརྒྱད། 龙年夏月八日
གངས་རི་ཐོད་དཀར་རིན་ཆེན་སྤྲིང་པོའི་མགུལ་ཨོ་རྒྱན་རྫོང་།（西藏拉萨曲水岗日托嘎）
སློབ་བུ་བློ་བཟང་དགེ་བའི་འབྱུང་གནས་སོགས།
e སྔགས།（密宗）
f 刻本 སྡེ་དགེ（四川德格）
g 乌金 梵夹装 52×7
h 23 7
i 无 藏纸 黑 完整
j

14.2
a 9-2
b རྫོགས་པ་ཆེན་པོའི་སེམས་ཉིད་ངལ་གསོ་ཞེས་བྱ་བ་བཞུགས།།
大圆满心性息劳法
c
d གངས་རི་ཐོད་དཀར་ཨོ་རྒྱན་རྫོང་།（西藏拉萨曲水岗日托嘎邬坚宗）
e རྫོགས་ཆེན།（大圆满）
f 刻本 སྡེ་དགེ（四川德格）
g 乌金 梵夹装 52×7
h 40 7
i 无 藏纸 黑 完整
j

14.3
a 9-3
b རྫོགས་པ་ཆེན་པོ་སེམས་ཉིད་ངལ་གསོའི་འགྲེལ་པ་ཤིང་རྟ་ཆེན་པོ་ཞེས་བྱ་བ་བཞུགས།
大圆满心性息劳释·大车轨
c རྒྱལ་འབྱོར་པ་དྲི་མེད་འོད་ཟེར།
d བྲག་དམར་ཟང་ཡག་ནམ་མཁའི་རྫོང་བོད་ཀྱི་རི་བོ་རྩེ་ལྔ།（藏五台山）
e རྫོགས་ཆེན།（大圆满）
f 刻本 སྡེ་དགེ（四川德格）
g 乌金 梵夹装 52×7
h 372 7
i 无 藏纸 黑 完整
j

14.4
a 9-4
b རྫོགས་པ་ཆེན་པོ་སེམས་ཉིད་ངལ་གསོའི་གནས་གསུམ་དགེ་བ་གསུམ་གྱི་དོན་ཁྲིད་བྱང་ཆུབ་ལམ་བཟང་བཞུགས།
大圆满心性息劳三枢要三善处之释义·菩提妙道
c
d གངས་རི་ཐོད་དཀར་གྱི་མགུལ་མེ་ཏོག་སྤྲིན་གྱི་སྐྱེས་མོས་ཚལ།（西藏拉萨曲水岗日托嘎）
e རྫོགས་ཆེན།（大圆满）
f 刻本 སྡེ་དགེ（四川德格）
g 乌金 梵夹装 52×7
h 38 7
i 无 藏纸 黑 完整
j

14.5
a 9-5

b　རྫོགས་པ་ཆེན་པོ་བསམ་གཏན་ངལ་གསོ་ཞེས་བྱ་བ་བཞུགས།

大圆满禅定息劳法

c　ཀླུ་འབྱོར་པ་དྲི་མེད་འོད་ཟེར།

d　གངས་རི་ཐོད་དཀར་གྱི་མགུལ་མེ་ཏོག་སྤྲིན་གྱི་སྐྱེས་མོས་ཚལ།（西藏拉萨曲水岗日托嘎）

e　རྫོགས་ཆེན།（大圆满）

f　刻本　སྡེ་དགེ（四川德格）

g　乌金　梵夹装　52×7
h　12　7
i　无　藏纸　黑　完整
j

14.6
a　9-6

b　རྫོགས་པ་ཆེན་པོ་བསམ་གཏན་ངལ་གསོའི་འགྲེལ་པ་ཤིང་རྟ་རྣམ་པར་དག་པ་ཞེས་བྱ་བ་བཞུགས།

大圆满禅定息劳法·清净车轨

c　དྲི་མེད་འོད་ཟེར།

d　གངས་རི་ཐོད་དཀར་མགུལ།（西藏拉萨曲水岗日托嘎）

e　རྫོགས་ཆེན།（大圆满）

f　刻本　སྡེ་དགེ（四川德格）

g　乌金　梵夹装　52×7
h　34　7
i　无　藏纸　黑　完整
j

14.7
a　9-7

b　རྫོགས་པ་ཆེན་པོ་སྒྱུ་མ་ངལ་གསོ་ཞེས་བྱ་བ་བཞུགས་སོ།།

大圆满幻化息劳法

c　རྣལ་འབྱོར་པ་དྲི་མེད་འོད་ཟེར།

d　གངས་རི་ཐོད་དཀར་གྱི་མགུལ་མེ་ཏོག་སྒྲིན་གྱི་སྐྱིས་མོས་ཚལ།（西藏拉萨曲水岗日托嘎）

e　རྫོགས་ཆེན།（大圆满）

f　刻本　སྡེ་དགེ（四川德格）

g　乌金　梵夹装　52×7

h　17　7

i　无　藏纸　黑　完整

j

14.8

a　9-8

b　རྫོགས་པ་ཆེན་པོ་སྒྱུ་མ་ངལ་གསོའི་འགྲེལ་པ་ཤིང་རྟ་བཟང་པོ་ཞེས་བྱ་བ་བཞུགས།

大圆满幻化息劳法释·善妙车轨

c　རྣལའབྱོར་པ་སྣ་ཚོགས་རང་གྲོལ།

d　གངས་རི་ཐོད་དཀར་གྱི་གནས་ཨུ་རྒྱན་རྫོང་།（西藏拉萨曲水岗日托嘎邬坚宗）

e　རྫོགས་ཆེན།（大圆满）

f　刻本　སྡེ་དགེ（四川德格）

g　乌金　梵夹装　52×7

h　60　7

i　无　藏纸　黑　完整

j

14.9

a　9-9

b　ངལ་གསོ་སྐོར་གསུམ་གྱི་སྤྱི་དོན་ལེགས་བཤད་རྒྱ་མཚོ་ཞེས་བྱ་བ་བཞུགས།

三类息劳法总义·嘉言海

c　ཀུན་མཁྱེན་ངག་གི་དབང་པོ།

d　གངས་རི་ཐོད་དཀར་གྱི་གནས་ཨུ་རྒྱན་རྫོང་།（西藏拉萨曲水岗日托嘎邬坚宗）

e　རྫོགས་ཆེན།（大圆满）

f　刻本　སྡེ་དགེ（四川德格）

g　乌金　梵夹装　52×7

h　41　7

i　无　藏纸　黑　完整

j

15

A　3423　538

B　མཁྱེན་བརྩེ་འོད་ཟེར་འཇིགས་མེད་གླིང་པའི་གསུང་འབུམ།

钦则俄色·晋美林巴文集

C　ཁ

D　འཇིགས་མེད་གླིང་པ་མཁྱེན་བརྩེ་འོད་ཟེར།　རྙིང་མ་རབ་བྱུང་བཅུ་གཉིས་པའི་ས་བྱ་ལོ་༡༧༢༩ལ་འཕྱོངས་རྒྱས་དཔལ་རིའི་ཉེ་འདབས་སུ་འཁྲུངས།　དགུང་ལོ་དྲུག་པ་ནས་དམ་པའི་ཆོས་ཀྱི་སྒོར་ཞུགས།　གཏེར་ཆེན་དྲི་མེད་གླིང་པ།　ཞང་སྒོམ་ཆོས་ཀྱི་གྲགས་པ།　ཐང་འབྲོག་པདྨ་མཆོག་གྲུབ་སོགས་བླ་མ་བསྟེན་ནས་བཀའ་མ་དང་།　གཏེར་ཁ་གོང་འོག་རིག་གནས་སོགས་ལ་གསན་སྦྱོང་མཛད།　དེ་རྗེས་བསྙེན་མཚམས་ལ་ཡུན་རིང་བཞུགས་པ་དང་རྫོགས་ཆེན་སྙིང་ཐིག་གི་ཤིང་རྟ་གཅིག་པོར་གྱུར།　རྒྱལ་བ་པཎ་ཆེན་སོགས་གྲུབ་མཐའ་རིས་མེད་ཀྱི་བླ་ཆེན་ཚང་མས་བསྟོད་པའི་མི་རྟོག་ཕྱོགས་ཀུན་གཏེར་ནས་མཁས་གྲུབ་ཀུན་　གྱིས་གཙུག་གི་ཏོག་པར་ལྟར་བཀུར་བའི་བླ་ཆེན་ཞིག་ཏུ་གྱུར།　དབུས་གཙང་ཁམས་གསུམ་དང་།　མོན་དང་ཁ་ཆེ་སོགས་སུ་སྐད་རིགས་མི་གཅིག་པའི་སློབ་མ་མང་དུ་སྤེལ།　གསུང་རྩོམ་རྫོགས་ཆེན་སྙིང་ཏིག་དང་ཡོན་ཏན་མཛོད་རྩ་འགྲེལ་སོགས་བསྟན་བཅོས་ཆོས་ཚན་བདུན་ཅུ་དོན་ལྔ་ཡོད་པ་པོད་དགུར་བསྒྲིགས་ནས་བཞུགས།　དགུང་ལོ་བདུན་ཅུ་པ་རབ་བྱུང་བཅུ་གསུམ་པའི་ས་མོ་རྟའི་ལོར་༡༧༩༨སྐུ་མྱ་ངན་ལས་འདས།　ངེད་དཔེ་མཛོད་ཁང་དུ་སྡེ་དགེའི་པར་པོད་ཀ--ཏ　ཨང་རྟགས　༢༠༥༩--༢༠༨༥དང་།　མི་རིགས་ཕོ་བྲང་ནས་ཕྱིར་འབུལ་ཞུས་པའི་གྲས་པོད་　ཁ　ག　ཅ　ཛ　ཉ

ཡང་རྟགས ༣༤༢༣--༣༤༢༧ དང་།　　ལྷ་ས་ཞོལ་ཕྲོ་ལྷ་ཁང་གི་པར་པོད་༧ ཀ--ཏ ཡང་རྟགས ༢༠༨༦--༢༠༩༢ བཞུགས།

钦则俄色·晋美林巴（1729—1798）：属萨迦派。诞生于今山南琼结附近，6岁出家，自幼天资睿智。拜伏藏师哲麦隆巴等诸大师，遍通密宗、伏藏等，其弟子遍及前后藏、康区、迦湿弥罗等地。享年70岁。据传其遗著有《大圆满密要》等大圆满的论著10余函。但目前保存的仅有9函，皆系德格版。西藏图书馆馆藏有北京民族宫赠送的文集5函，编号为3423—3427；拉萨版有7函，编号为2086—2092。

E　馆藏齐全。

15.1

a　1-1

b　ཡོན་ཏན་རིན་པོ་ཆེའི་མཛོད་ལས་འབྲས་བུ་ཐེག་པའི་རྒྱ་ཆེར་འགྲེལ་པ་རྣམ་མཁྱེན་ཤིང་རྟ་ཞེས་བྱ་བ་བཞུགས་སོ།།

功德大宝藏中果乘广释·一切种智车

c　རང་བྱུང་རྡོ་རྗེ་མཁྱེན་བརྩེའི་སྐུ།

d　ཡར་ལུང་ཚེ་རིང་ལྗོངས་པད་མ་འོད་གླིང་།（西藏山南雅砻次仁迥白马林）

e　ཡོན་ཏན་རིན་ཆེའི་མཛོད་འགྲེལ།（功德藏释）

f　刻本　སྡེ་དགེ（四川德格）

g　乌金　梵夹装　46×6.5

h　440　6

i　无　藏纸　黑　完整

j

16

A　3423　539

B　མཁྱེན་བརྩེ་འོད་ཟེར་འཇིགས་མེད་གླིང་པའི་གསུང་འབུམ།

钦则俄色·晋美林巴文集

C　ཀ

D　ཀུན་མཁྱེན་འཇིགས་མེད་གླིང་པ།

介绍同上。

E 馆藏齐全。

16.1
a 2-1
b དེ་བཞིན་གཤེགས་པས་ལེགས་པར་གསུངས་པའི་གསུང་རབ་རྒྱ་མཚོའི་སྙིང་པོར་གྱུར་པ་རིག་པ་འཛིན་པའི་སྡེ་སྣོད་དམ། སྔ་འགྱུར་རྒྱུད་འབུམ་རིན་པོ་ཆེའི་རྟོགས་པ་བརྗོད་པ་འཛམ་གླིང་ཐ་གྲུ་ཁྱབ་པའི་རྒྱན་ཅེས་བྱ་བ་བཞུགས་སོ།།
如来所说经海心要 · 持明藏或说旧译续集大宝论述 · 赡部洲庄严
c རང་བྱུང་རྡོ་རྗེ་མཁྱེན་བརྩེའི་འོད།
d ཡར་ལུང་ཚེ་རིང་སྔོངས་པད་མ་འོད་གླིང་།（西藏山南雅砻次仁迥白马林）
e རྟོགས་བརྗོད།（传记）
f 刻本 སྡེ་དགེ（四川德格）
g 乌金 梵夹装 48×6.5
h 249 6
i 有 藏纸 黑 完整
j 民族宫目录中为 250 叶。

16.2
a 2-2
b དྲི་ལན་རིན་པོ་ཆེའི་བསྟན་བཅོས། ལུང་གི་གཏེར་མཛོད་ཅེས་བྱ་བ་བཞུགས་སོ།།
问答经典宝论 · 教言宝藏
c མཁྱེན་བརྩེའི་འོད་ཟེར་མིང་གཞན་ནམ་མཁའི་རྣལ་འབྱོར།
d ཡར་ལུང་ཚེ་རིང་སྔོངས་པད་མ་འོད་གླིང་།（西藏山南雅砻次仁迥白马林）
e དྲི་ལན་རིན་པོ་ཆེའི་བསྟན་བཅོས།（问答典籍宝论）
f 刻本 སྡེ་དགེ（四川德格）
g 乌金 梵夹装 46×6.5
h 188 6

i　无　藏纸　黑　完整
j

17
A　3424　541

B　མཁྱེན་བརྩེ་འོད་ཟེར་འཇིགས་མེད་གླིང་པའི་གསུང་འབུམ།

钦则俄色·晋美林巴文集

C　ཅ

D　འཇིགས་མེད་གླིང་པའམ་མཁྱེན་བརྩེ་འོད་ཟེར།

同 3423 介绍。

E　此函民族宫目录著录为 39 卷；在西藏图书馆藏品中有 28 卷，其中一卷为重，一卷在民族宫目录中无。另所缺 13 卷为《开示全圆法行篇》《集经轨补遗·教法海之舟》《无量寿佛三身摄集曼荼罗仪轨·长寿宝树·普喜园林》《觉派白度母独一曼荼罗法》《白玛语教解脱心要密意自然解脱灌顶仪轨·开显要义钦则之密意庄严》《解脱心要密意自然解脱之分支徧除犯三昧耶罪障洗净仪轨》《色究竟天大会大灌顶备忘录》《扬宗意修吽字念修所缘法类·伯日之速道》《普贤行愿文导释·消除堕落》《诸具誓护法前请托事业文》《斋戒仪轨·所求妙善》《恭钦法王晋美林巴文集细目明析》《恭钦法王晋美林巴文集细目明析》。

17.1
a　28-1

b　ཆབ་ཤོག་གི་རིམ་པ་རྣམས་ཕྱོགས་གཅིག་ཏུ་བསྒྲིགས་པ་མིའམ་ཅིའི་གླུ་གར།

各种书信次第合编·非人歌舞

c
d

e　ཡིག་བསྐུར་རྣམ་བཞག（书信论）

f　刻本　སྡེ་དགེ（四川德格）

g　乌金　梵夹装　48×6.5
h　19　6
i　无　藏纸　黑　完整
j　封面钤有“民族文化宫图书馆藏”印。

17.2
a 28-2

b སྔ་འགྱུར་རྙིང་མ་ལ་རྒོལ་ངན་ལོག་རྟོགས་བཟློག་པའི་བསྟན་བཅོས་ཀུན་མཁྱེན་ངག་གི་དབང་པོས་མཛད་པ།

恭钦阿旺所撰写的对旧译宁玛派邪知攻击之驳论

c སློང་ཆེན་རབ་འབྱམས་པ།

d

e རྩོད་ལན།（反驳论）

f 刻本 སྡེ་དགེ（四川德格）

g 乌金 梵夹装 48×6.5
h 49 6
i 无 藏纸 黑 完整
j 封面钤有“民族文化宫图书馆藏”印。

17.3
a 28-3

b སྔ་འགྱུར་རྒྱུད་འབུམ་རིན་པོ་ཆེ་དང་། མདོ་སྒྱུ་སེམས་གསུམ་གྱིས་མཚོན་བཀའ་མའི་སྨྲུབ་ཕྲིན། མཛོད་བདུན།

སྙིང་ཐིག་ཡ་བཞི། གཏེར་ཁ་གོང་འོག་གཙོ་བོར་གྱུར་པའི་ཐོབ་ཡིག་ཉི་ཟླའི་རྣ་ཆ།

旧译密续经典与集、幻·心三部所表传经教修行事业并七宝藏·心要四支及上下伏藏主要受法录·日月耳饰

c
d

e གསན་ཡིག（聆听文）

f 刻本 སྡེ་དགེ（四川德格）

g 乌金 梵夹装 48×6.5
h 13 6
i 无 藏纸 黑 完整
j 封面钤有“民族文化宫图书馆藏”印。

17.4
a 28-4

b　དཔལ་གསང་བའི་སྙིང་པོ་རྡོ་རྗེ་སེམས་དཔའ་སྒྱུ་འཕྲུལ་ཞི་བའི་སྒྲུབ་ཐབས་རྣམ་གྲོལ་ཤིང་རྟ།

秘密心要金刚萨埵幻变寂静修法·解脱之车

c

d

e　སྒྲུབ་ཐབས།（修心法）

f　刻本　སྡེ་དགེ（四川德格）

g　乌金　梵夹装　48×6.5

h　24　6

i　无　藏纸　黑　完整

j　封面钤有“民族文化宫图书馆藏”印。

17.5

a　28-5

b　དཔལ་གསང་བའི་སྙིང་པོ་སྒྱུ་འཕྲུལ་ཁྲོ་བོའི་སྒྲུབ་ཐབས་ཁྲག་འཐུང་མངོན་རྫོགས།

秘密心要幻变威猛修法·饮血圆满成就

c　རང་བྱུང་རྡོ་རྗེ།

d

e　སྒྲུབ་ཐབས།（修心法）

f　刻本　སྡེ་དགེ（四川德格）

g　乌金　梵夹装　48×6.5

h　23　6

i　无　藏纸　黑　完整

j　封面钤有“民族文化宫图书馆藏”印。

17.6

a　28-6

b　སྐྱེས་པ་རབས་ཀྱི་རྒྱུད་སྙན་ངགས་དམ་པའི་འཁྲི་ཤིང་དུ་བསྟགས་པའི་བྲ་ཞེ་ཧྲ་མིའམ་ཅི་ཀུན་ཏུ་དགའ་བའི་

ཟློས་གར་བཞུགས།

本生续·雅词善妙树中所赞乍尼达非人普喜歌舞

c

d

e བསྟོད་ཚོགས།（赞集）

f 刻本 སྡེ་དགེ（四川德格）

g 乌金 梵夹装 48×6.5
h 47 6
i 无 藏纸 黑 完整
j 封面钤有“民族文化宫图书馆藏”印。

17.7
a 28-7

b མུན་པའི་རྣལ་འབྱོར་ཡང་ཏིག་ནག་པོའི་ཕྲིན་ལས་ཀྱི་ཚོ་ག་ཁྲིགས་སུ་བཀྲིབས་པ།

黑暗瑜伽极密黑事业仪轨列编

c
d

e ཚོ་ག（仪轨）

f 刻本 སྡེ་དགེ（四川德格）

g 乌金 梵夹装 48×6.5
h 9 6
i 无 藏纸 黑 完整
j 封面钤有“民族文化宫图书馆藏”印。

17.8
a 28-8

b འཁོར་ལོས་མཚོན་པའི་གསུང་རྟེན་སྤྱི་ཁྱབ་ལ་རབ་གནས་བྱ་བའི་ཚོ་ག་ཕྱག་རྒྱ་བཞི་ལྡན།

法轮标帜所有经卷开光仪轨·具足四印

c འཇིགས་མེད་གླིང་པ།

d

e ཚོ་ག（仪轨）

f 刻本 སྡེ་དགེ（四川德格）

g 乌金 梵夹装 48×6.5

h 5 6
i 无 藏纸 黑 完整
j 封面钤有“民族文化宫图书馆藏”印。

17.9
a 28-9
b འཁོར་ལོས་མཚོན་པའི་གསུང་རྟེན་སྤྱི་ཁྱབ་ལ་རབ་གནས་བྱ་བའི་ཆོ་ག་ཕྱག་རྒྱ་བཞི་ལྡན།
法论标帜所有经卷开光仪轨·具足四印
c འཇིགས་མེད་གླིང་པ།
d
e ཆོ་ག（仪轨）
f 刻本 སྡེ་དགེ（四川德格）
g 乌金 梵夹装 48×6.5
h 5 6
i 无 藏纸 黑 完整
j 封面钤有“民族文化宫图书馆”印。

17.10
a 28-10
b བདེ་གཤེགས་སྒྲུབ་པ་བཀའ་བརྒྱད་ཉང་ལུགས་ཀྱི་གཏོར་བཟློག་སྐོར་གྱི་དྲི་ལན་གཤིན་རྗེའི་གད་རྒྱངས།
善逝成就八教之梁派神馐回遮法类问答·阎罗笑声
c མཁྱེན་རྩེ་འོད་ཟེར།
d
e ཆོ་ག（仪轨）
f 刻本 སྡེ་དགེ（四川德格）
g 乌金 梵夹装 48×6.5
h 4 6
i 无 藏纸 黑 完整
j 封面钤有“民族文化宫图书馆藏”印。

17.11

a 28-11

b རྡོ་རྗེ་ཕུར་པ་དྲེགས་འདུལ་གནམ་ལྕགས་འཁོར་ལོའི་ལས་མཐའ་ལས་བྱུང་བའི་ རྨེ་བཙེགས་ཀྱི་ཁྲུས་ཁྲུས་རྒྱུད་དོན་རྣམ་དག

金刚橛调伏凶魔天铁轮业末中所出涤除秽障法 · 经义清净

c མཁྱེན་བརྩེ་འོད་ཟེར།

d

e ཁྲུས་ཁྲུས།（沐浴）

f 刻本 སྡེ་དགེ（四川德格）

g 乌金 梵夹装 48×6.5

h 8 6

i 无 藏纸 黑 完整

j 封面钤有“民族文化宫图书馆藏”印。

17.12

a 28-12

b གཤིན་རྗེ་ནག་པོ་གསུམ་སྒྲིལ་གྱི་མནན་པའི་ཡིག་ཆུང་གཅིག་ཤེས་ཀུན་གྲོལ།

黑阎摩三合镇魔法小品 · 知一全解

c རིག་འཛིན་མཁྱེན་བརྩེ་འོད་ཟེར།

d

e ཆོ་ག（仪轨）

f 刻本 སྡེ་དགེ（四川德格）

g 乌金 梵夹装 48×6.5

h 21 6

i 无 藏纸 黑 完整

j 封面钤有“民族文化宫图书馆藏”印；民族宫目录中为8叶。

17.13

a 28-13

b བྱང་ཆུབ་སྤྱོད་པ་སྔོན་ལམ་ཕན་བདེ་སྟོན་པའི་ཀེ་ཀྱཱ་རྒྱལ་བའི་གཞུང་ལམ།

菩提行愿文·利乐宝树注释·佛之正道

c　རང་བྱུང་རྡོ་རྗེ་འཇིགས་མེད་གླིང་པ།

d

e　སྨོན་འགྲེལ།（愿文释）

f　刻本　སྡེ་དགེ（四川德格）

g　乌金　梵夹装　48×6.5
h　26　6
i　无　藏纸　黑　完整
j　封面钤有“民族文化宫图书馆藏”印。

17.14
a　28-14

b　བསངས་བཏྲན་གྱི་ཆོ་ག་མཆོད་པའི་སྤྲིན་གྱི་ཁང་བཟང་།

涤净供品仪轨·供养云妙室

c　རིག་འཛིན་འཇིགས་མེད་གླིང་པ།

d

e　ཆོ་ག（仪轨）

f　刻本　སྡེ་དགེ（四川德格）

g　乌金　梵夹装　48×6.5
h　13　6
i　无　藏纸　黑　完整
j　封面钤有“民族文化宫图书馆藏”印。

17.15
a　28-15

b　དཔལ་མགོན་ཞལ་བཞི་པའི་སྐོང་བ་དམ་ཅན་བླ་ཆགས་མ།

吉祥四面贡波酬供法·具誓存神

c　རང་བྱུང་རྡོ་རྗེ།

d　ས་སྐྱའི་གཙུག་ལག་ཁང་།（西藏日喀则萨迦寺）

e སྐོང་གསོལ། （酬供法）

f 刻本 སྡེ་དགེ（四川德格）

g 乌金 梵夹装 48×6.5
h 3 6
i 无 藏纸 黑 完整
j 封面钤有“民族文化宫图书馆藏”印。

17.16
a 28-16

b ཞིང་སྐྱོང་དུར་ཁྲོད་ལྷ་མོའི་གསོལ་མཆོད་ཀྱི་རིམ་པ།

护僵尸林天母祈供次第

c རང་བྱུང་རྡོ་རྗེ།

d ཡར་ཀླུང་ཚེ་རིང་ལྗོངས་པདྨ་འོད་གླིང་།（西藏山南雅砻次仁迥白玛林）

e གསོལ་མཆོད།（供奉仪轨）

f 刻本 སྡེ་དགེ（四川德格）

g 乌金 梵夹装 48×6.5
h 4 6
i 无 藏纸 黑 完整
j 封面钤有“民族文化宫图书馆藏”印。

17.17
a 28-17

b རྡོ་རྗེ་གཡུ་སྒྲོན་མའི་གསོལ་མཆོད་སྨན་བཙུན་མགུལ་རྒྱན།

金刚绿松石度母祈供法·药师项饰

c རིག་འཛིན་འཇིགས་མེད་གླིང་པ།

d རྡོ་གཞིས།

e གསོལ་མཆོད།（供奉仪轨）

f 刻本 སྡེ་དགེ（四川德格）

g 乌金 梵夹装 48×6.5
h 3 6
i 无 藏纸 黑 完整
j 封面铃有“民族文化宫图书馆藏”印。

17.18
a 28-18

b གནོད་སྦྱིན་ཙི་དམར་བའི་གསོལ་ཁ་རྒྱས་པ་མངའ་རིས་པཎ་ཆེན་རིན་པོ་ཆེའི་གཏེར་བྱོན་རྩ་བའི་དོན་རྒྱ་ཆེར་

བཀྲལ་བ་དབང་དྲག་དུས་ཀྱི་ཕོ་ཉ།

药叉枳玛哇祈祷广文·阿里班钦掘藏所出根本意广释

c

d ཧྲ་མཆོག་ཆེན་པོར་རོལ་པའི་ཕོ་བྲང་།

e གསོལ་མཆོད།（供奉）

f 刻本 སྡེ་དགེ（四川德格）

g 乌金 梵夹装 48×6.5
h 13 6
i 无 藏纸 黑 完整
j 封面铃有“民族文化宫图书馆藏”印。

17.19
a 28-19

b རྒྱལ་ཆེན་རྣམ་སྲས་ཀྱི་སྐོང་གསོལ་ཉུང་བསྡུས།

多闻子酬供略法

c རྫོགས་ཆེན་འཇིགས་མེད་གླིང་པ།

d

e སྐོང་གསོལ།（酬供法）

f 刻本 སྡེ་དགེ（四川德格）

g 乌金 梵夹装 48×6.5

h 2 6
i 无 藏纸 黑 完整
j 封面钤有“民族文化宫图书馆藏”印。

17.20
a 28-20
b དམ་ཅན་ཆོས་སྐྱོང་རྣམས་ལ་ཕྲིན་བཅོལ་བྱ་ཚུལ།
诸具誓护法前请托事业文
c
d
e ཕྲིན་བཅོལ་བྱ་ཚུལ།（托业法）
f 刻本 སྡེ་དགེ（四川德格）
g 乌金 梵夹装 48×6.5
h 1 6
i 无 藏纸 黑 完整
j 封面钤有“民族文化宫图书馆藏”印。

17.21
a 28-21
b རྡོ་རྗེ་གཡུ་སྒྲོན་མའི་བསྐང་གསོ་ཉེར་བསྡུ།
金刚绿松石度母酬供略法
c
d མཁྱེན་བརྩེ།
e བསྐང་གསོ།（酬供法）
f 刻本 སྡེ་དགེ（四川德格）
g 乌金 梵夹装 48×6.5
h 1 6
i 无 藏纸 黑 完整
j 封面钤有“民族文化宫图书馆藏”印。

17.22
a 28-22

b　སྐྱབས་སྡོམ་འབོགས་ཆོག་མཐོ་རིས་འཁྲི་ཤིང་།

传授皈依戒仪轨·增上宝树

c　རང་བྱུང་རྡོ་རྗེ།

d　ཡར་ཀླུང་ཚེ་རིང་སྡོངས་པདྨ་འོད་གླིང་།（西藏山南雅砻次仁迥白玛林）

e　འབོགས་ཆོག（皈依戒仪轨）

f　刻本　སྡེ་དགེ（四川德格）

g　乌金　梵夹装　48×6.5
h　3　6
i　无　藏纸　黑　完整
j　封面钤有“民族文化宫图书馆藏”印。

17.23
a　28-23

b　གནས་བརྟན་ཕྱག་མཆོད།

尊者礼赞文

c　རང་བྱུང་རྡོ་རྗེ།

d　འབྲི་གུང་།（西藏拉萨墨竹工卡止贡梯寺）

e　ཆོ་ག（仪轨）

f　刻本　སྡེ་དགེ（四川德格）

g　乌金　梵夹装　48×6.5
h　3　6
i　无　藏纸　黑　完整
j　封面钤有“民族文化宫图书馆藏”印。

17.24
a　28-24

b　རྡོ་རྗེ་སེམས་དཔའ་ལ་བརྟེན་པའི་བླ་མའི་རྣལ་འབྱོར་མངོན་དགའི་ཞིང་སྦྱོང་།

金刚萨埵前念修之上师瑜伽法·净治现喜刹

c ཪིག་འཛིན་འཇིགས་བྲལ་གླིང་པ།

d

e བླ་མའི་རྣལ་འབྱོར། （上师瑜伽）

f 刻本 སྡེ་དགེ（四川德格）

g 乌金 梵夹装 48×6.5
h 10 6
i 无 藏纸 黑 完整
j 封面钤有“民族文化宫图书馆藏”印。

17.25
a 28-25

b རིག་འཛིན་འཇིགས་མེད་གླིང་པའི་འཁྲུངས་རབས་རྣམ་ཐར་ཞུང་བསྡུས།

持明师晋美林巴本生事纪略篇

c
d

e རྣམ་ཐར། （传记）

f 刻本 སྡེ་དགེ（四川德格）

g 乌金 梵夹装 48×6.5
h 4 6
i 无 藏纸 黑 完整
j 封面钤有“民族文化宫图书馆藏”印。

17.26
a 28-26

b འཁོར་ལོ་འབར་བའི་དམིགས་རིམ་གྱི་དོགས་པ་ཀུན་གསལ་མེ་ལོང་།

轮焰所缘次第疑难·普显镜

c ཀློང་ཆེན་ནམ་མཁའི་རྣལ་འབྱོར།

d

e དམིགས་རིམ། （所缘次第）

f 刻本 སྡེ་དགེ（四川德格）

g 乌金 梵夹装 48×6.5
h 3 6
i 无 藏纸 黑 完整
j 封面钤有“民族文化宫图书馆藏”印。

17.27
a 28-27

b སྔོན་འགྲོ་དངོས་གཞིའི་ལམ་བསྡུས།

加行正行道略篇
c
d

e ཆོ་ག（仪轨）

f 刻本 སྡེ་དགེ（四川德格）

g 乌金 梵夹装 48×6.5
h 1 6
i 无 藏纸 黑 完整
j 封面钤有“民族文化宫图书馆藏”印。

17.28
a 28-28

b དྲག་པོ་གསུམ་སྒྲིལ་གྱི་སྒོམ་བཟླས་དང་རྗེས་གནང་ཟིན་བྲིས།

修持三威及灌顶纪要
c
d

e ཆོ་ག（仪轨）

f 刻本 སྡེ་དགེ（四川德格）

g 乌金 梵夹装 48×6.5
h 7 6
i 无 藏纸 黑 完整
j 封面钤有“民族文化宫图书馆藏”印。

18
A 3425 541

B མཁྱེན་བརྩེ་འོད་ཟེར་འཇིགས་མེད་གླིང་པའི་གསུང་འབུམ།

钦则俄色·晋美林巴文集

C ཙ

D འཇིགས་མེད་གླིང་པའམ་མཁྱེན་བརྩེ་འོད་ཟེར།

同 3423 介绍。

E 此函亦为民族宫目录的 541 号，因西藏图书馆藏品中有一卷为重，故计 40 卷。

18.1
a 39-1

b ཀུན་མཁྱེན་ཆོས་ཀྱི་རྒྱལ་པོ་རིག་འཛིན་འཇིགས་མེད་གླིང་པའི་བཀའ་འབུམ་ཡོངས་རྫོགས་ཀྱི་བཞུགས་བྱང་ཆོས་རབ་རྣམ་འབྱེད།

恭钦法王晋美林巴文集细目明析

c
d

e དཀར་ཆག（目录）

f 刻本 སྡེ་དགེ（四川德格）

g 乌金 梵夹装 48×6.5
h 13 6
i 无 藏纸 黑 完整
j

18.2
a 39-2

b སྐྱེས་པ་རབས་ཀྱི་རྒྱུད་སྔན་ངངགས་ངམ་པའི་ཁྲི་ཤིང་དུ་བསྔགས་པའི་ཕྲན་ཛ་མིའམ་ཅི་ཀུན་ཏུ་དགའ་བའི་བློས་གར།

本生续·雅词善妙树中所赞乍尼达非人普喜歌舞

c
d
e སྐྱེས་རབས། （本生传）

f 刻本 སྡེ་དགེ（四川德格）

g 乌金 梵夹装 48×6.5
h 47 6
i 无 藏纸 黑 完整
j 封面钤有“民族文化宫图书馆藏”印。

18.3
a 39-3

b ཆོས་སྤྱོད་བསྟན་པ་ཡོངས་རྫོགས།

开示全圆法行篇

c རང་བྱུང་རྡོ་རྗེ།

d

e ཆོས་སྤྱོད། （法行）

f 刻本 སྡེ་དགེ（四川德格）

g 乌金 梵夹装 48×6.5
h 13 6
i 无 藏纸 黑 完整
j 封面钤有“民族文化宫图书馆藏”印。

18.4
a 39-4

b དཔལ་གསང་བའི་སྙིང་པོ་རྡོ་རྗེ་སེམས་དཔའ་སྒྱུ་འཕྲུལ་ཞི་བའི་སྒྲུབ་ཐབས་རྣམ་གྲོལ་ཤིང་རྟ།

秘密心要金刚萨埵幻变寂静修法·解脱之车

c
d

e སྒྲུབ་ཐབས། （修心法）

f 刻本 སྡེ་དགེ（四川德格）

g 乌金 梵夹装 48×6.5
h 24 6
i 无 藏纸 黑 完整
j 封面钤有“民族文化宫图书馆藏”印。

18.5
a 39-5
b དཔལ་གསང་བའི་སྙིང་པོ་སྒྱུ་འཕྲུལ་ཁྲོ་བོའི་སྒྲུབ་ཐབས་ཁྲག་འཐུང་མངོན་རྫོགས།
秘密心要幻变威猛修法·饮血圆满成就
c རང་བྱུང་རྡོ་རྗེ།
d
e སྒྲུབ་ཐབས།（修心法）
f 刻本 སྡེ་དགེ（四川德格）
g 乌金 梵夹装 48×6.5
h 23 6
i 无 藏纸 黑 完整
j

18.6
a 39-6
b འདུས་པ་མདོའི་ཆོ་གའི་ལྷན་ཐབས་བསྟན་པ་རྒྱ་མཚོའི་གྲུ་གཟིངས།
集经仪轨补遗·教法海之舟
c རིག་འཛིན་འཇིགས་མེད་གླིང་པ།
d
e ལྷན་ཐབས།（补充）
f 刻本 སྡེ་དགེ（四川德格）
g 乌金 梵夹装 48×6.5
h 6 6
i 无 藏纸 黑 完整
j

18.7
a　39-7
b　ཚེ་དཔག་མེད་སྐུ་གསུམ་འདུས་པའི་དཀྱིལ་འཁོར་གྱི་ཆོ་ག་འཆི་བ་མེད་པའི་ལྗོན་པ་ཀུན་ཏུ་དགའ་བའི་སྐྱེད་མོས་ཚལ།
无量寿佛三身摄集曼荼罗仪轨・长寿宝树・普喜园林
c　རིག་འཛིན་འཇིགས་མེད་གླིང་པའམ་རང་བྱུང་རྡོ་རྗེ་མཁྱེན་རྩེ་འོད་ཟེར།
d　ཡར་ཀླུང་ཚེ་རིང་ལྗོངས་པདྨ་འོད་གླིང་།（西藏山南雅砻白玛林）
e　ཆོ་ག（仪轨）
f　刻本　སྡེ་དགེ（四川德格）
g　乌金　梵夹装　48×6.5
h　18　6
i　无　藏纸　黑　完整
j

18.8
a　39-8
b　མུན་པའི་རྣལ་འབྱོར་ཡང་ཏིག་ནག་པོའི་ཕྲིན་ལས་ཀྱི་ཆོ་ག་ཁྲིགས་སུ་བསྡེབས་པ།
黑暗瑜伽极密黑事业仪轨列编
c
d
e　ཆོ་ག（仪轨）
f　刻本　སྡེ་དགེ（四川德格）
g　乌金　梵夹装　48×6.5
h　9　6
i　无　藏纸　黑　完整
j

18.9
a　39-9

b ཇོ་ལུགས་སྒྲོལ་དཀར་མནྜལ་གཅིག་པ།

觉派白度母独一曼荼罗法

c རིག་འཛིན་འཇིགས་མེད་གླིང་པ།

d གཟིམ་ཚུང་ལྷ་རྒྱལ་རྩེར།

e བསྙེན་ཡིག（念修文）

f 刻本 སྡེ་དགེ（四川德格）

g 乌金 梵夹装 47×6.5

h 7 6

i 无 藏纸 黑 完整

j

18.10

a 39-10

b འཁོར་ལོས་མཚོན་པའི་གསུང་རྟེན་སྤྱི་ཁྱབ་ལ་རབ་གནས་བྱ་བའི་ཆོ་ག་ཕྱག་རྒྱ་བཞི་ལྡན།

法轮标帜所有经卷开光仪轨·具足四印

c

d འཇིགས་མེད་གླིང་པ།

e ཆོ་ག（仪轨）

f 刻本 སྡེ་དགེ（四川德格）

g 乌金 梵夹装 47×6.5

h 5 6

i 无 藏纸 黑 完整

j

18.11

a 39-11

b བདུའི་ཞལ་གདམས་གྲོལ་ཐིག་དགོངས་པ་རང་གྲོལ་གྱི་དབང་གི་ཆོ་ག་གནད་རྣམ་པར་ཕྱེ་བ་མཁྱེན་བརྩེའི་

དགོངས་རྒྱན།

白玛语教解脱心要密意自然解脱灌顶仪轨 · 开显要义钦则之密意庄严

c

d　ཡར་ཀླུང་ཚེ་རིང་ལྗོངས་པདྨ་འོད་གླིང་།（西藏山南雅砻白玛林）

e　ཆོ་ག（仪轨）

f　刻本　སྡེ་དགེ（四川德格）

g　乌金　梵夹装　47×6.5

h　54　6

i　无　藏纸　黑　完整

j

18.12

a　39-12

b　གྲོལ་ཐིག་དགོངས་པ་རང་གྲོལ་གྱི་ལེ་ལག་དམ་སྲིབ་ཞེས་པ་ཀུན་སེལ་གྱི་ཁྲུས་ཆོག

解脱心要密意自然解脱之分支偏除犯三昧耶罪障洗净仪轨

c　རིག་འཛིན་པ་མཁྱེན་བརྩེའི་འོད་ཟེར།

d

e　ཆོ་ག（仪轨）

f　刻本　སྡེ་དགེ（四川德格）

g　乌金　梵夹装　47×6.5

h　6　6

i　无　藏纸　黑　完整

j

18.13

a　39-13

b　འོག་མིན་ཚོགས་ཆེན་འདུས་པའི་དབང་ཆེན་གྱི་བསྙེན་ཐོ།

色究竟天大会大灌顶备忘录

c

d

e　བསྙེན་ཡིག（念修文）

f 刻本 སྡེ་དགེ（四川德格）

g 乌金 梵夹装 47×6.5
h 2 6
i 无 藏纸 黑 完整
j

18.14
a 39-14

b བདེ་གཤེགས་སྒྲུབ་པ་བཀའ་བརྒྱད་ཉང་ལུགས་ཀྱི་གཏོར་བཟློག་སྐོར་གྱི་དྲི་ལན་གཤིན་རྗེའི་གད་རྒྱངས།

善逝成就八教之梁派神馐回遮法类问答·阎罗笑声

c མཁྱེན་རྩེ་འོད་ཟེར།

d

e ཆོ་ག（仪轨）

f 刻本 སྡེ་དགེ（四川德格）

g 乌金 梵夹装 47×6.5
h 4 6
i 无 藏纸 黑 完整
j

18.15
a 39-15

b གཤིན་རྗེ་ནག་པོ་གསུམ་སྒྲིལ་གྱི་མནན་པའི་ཡིག་ཆུང་གཅིག་ཤེས་ཀུན་གྲོལ།

黑阎摩三合镇魔法小品·知一全解

c རིག་འཛིན་མཁྱེན་བརྩེ་འོད་ཟེར།

d

e ཆོ་ག（仪轨）

f 刻本 སྡེ་དགེ（四川德格）

g 乌金 梵夹装 47×6.5
h 21 6
i 无 藏纸 黑 完整

j 民族宫目录中为 8 叶。

18.16
a 39-16

b རྡོ་རྗེ་ཕུར་པ་དྲེགས་འདུལ་གནམ་ལྕགས་འཁོར་ལོའི་ལས་མཐའ་ལས་བྱུང་བའི་རྨི་བརྩེགས་ཀྱི་ཁྲབས་ཁྲུས་

རྒྱུད་དོན་རྣམ་དག

金刚橛调伏凶魔天铁轮业末中所出涤除秽障法·经义清净

c མཁྱེན་བརྩེ་འོད་ཟེར།

d

e ཁྲབས་ཁྲུས།（沐浴）

f 刻本 སྡེ་དགེ（四川德格）

g 乌金 梵夹装 47×6.5
h 8 6
i 无 藏纸 黑 完整
j

18.17
a 39-17

b བྱང་ཆུབ་སྤྱོད་པ་སྨོན་ལམ་ཕན་བདེ་ལྗོན་པའི་ཊཱི་ཀ་རྒྱལ་བའི་གཞུང་ལམ།

菩提行愿文·利乐宝树注释·佛之正道

c རང་བྱུང་རྡོ་རྗེ་འཇིགས་མེད་གླིང་པ།

d

e སྡོམ་གསུམ་དང་འབྲེལ་བའི་བསླབ་བྱ།（教诫）

f 刻本 སྡེ་དགེ（四川德格）

g 乌金 梵夹装 47×6.5
h 26 6
i 无 藏纸 黑 完整
j

18.18

a 39-18

b ཡང་རྫོགས་ཐུགས་སྒྲུབ་ཀྱི་ཧཱུྃ་བསྙེན་དམིགས་སྐོར་དཔལ་རིའི་མྱུར་ལམ།

扬宗意修吽字念修所缘法类·伯日之速道

c

d

e ཆོ་ག།（仪轨）

f 刻本 སྡེ་དགེ（四川德格）

g 乌金 梵夹装 47×6.5

h 4 6

i 无 藏纸 黑 完整

j

18.19

a 39-19

b ཀུན་བཟང་སྨོན་ལམ་གྱི་འདྲེན་བྱེད་ཊཱིཀཱའི་ཐུར་མས་གསལ་བ།

普贤行愿文导释·消除堕落

c མཁྱེན་བརྩེ།

d

e གསོལ་འདེབས་སྨོན་ལམ།（祈愿）

f 刻本 སྡེ་དགེ（四川德格）

g 乌金 梵夹装 47×6.5

h 3 6

i 无 藏纸 黑 完整

j

18.20

a 39-20

b འཁོར་ལོ་འབར་བའི་དམིགས་རིམ་གྱི་དོགས་པ་ཀུན་གསལ་མེ་ལོང་།

轮焰所缘次第疑难·普显镜

c ཀློང་ཆེན་ནམ་མཁའི་རྣལ་འབྱོར།

d

e དམིགས་རིམ། （所缘次第）

f 刻本 སྡེ་དགེ （四川德格）

g 乌金 梵夹装 47×6.5
h 3 6
i 无 藏纸 黑 完整
j

18.21
a 39-21

b བསངས་བཟྲན་གྱི་ཚོ་ག་མཆོད་པའི་སྤྲིན་གྱི་ཁང་བཟང་།

涤净供品仪轨·供养云妙室

c རིག་འཛིན་འཇིགས་མེད་གླིང་པ།

d

e ཚོ་ག （仪轨）

f 刻本 སྡེ་དགེ （四川德格）

g 乌金 梵夹装 47×6.5
h 13 6
i 无 藏纸 黑 完整
j

18.22
a 39-22

b དཔལ་མགོན་ཞལ་བཞི་པའི་སྐོང་བ་དམ་ཅན་བླ་ཆགས་མ།

吉祥四面贡波酬供法·具誓存神

c རང་བྱུང་རྡོ་རྗེ།

d ས་སྐྱའི་གཙུག་ལག་ཁང་། （西藏日喀则萨迦寺）

e སྐོང་མཆོད། （酬供法）

f 刻本 སྡེ་དགེ（四川德格）

g 乌金 梵夹装 47×6.5
h 3 6
i 无 藏纸 黑 完整
j

18.23
a 39-23

b ཞིང་སྐྱོང་དུར་ཁྲོད་ལྷ་མོའི་གསོལ་མཆོད་ཀྱི་རིམ་པ།

护僵尸林天母祈供次第

c རང་བྱུང་རྡོ་རྗེ།

d ཡར་ཀླུང་ཚེ་རིང་ལྗོངས་པདྨ་འོད་གླིང་།（西藏山南雅砻白玛林）

e གསོལ་མཆོད།（供奉）

f 刻本 སྡེ་དགེ（四川德格）

g 乌金 梵夹装 47×6.5
h 4 6
i 无 藏纸 黑 完整
j

18.24
a 39-24

b རྡོ་རྗེ་གཡུ་སྒྲོན་མའི་གསོལ་མཆོད་སྨན་བཙུན་མགུལ་རྒྱན།

金刚绿松石度母祈供法·药师项饰

c རིག་འཛིན་འཇིགས་མེད་གླིང་པ།

d རྡོ་གཞིས།

e གསོལ་མཆོད།（供奉）

f 刻本 སྡེ་དགེ（四川德格）

g 乌金 梵夹装 47×6.5

h 3 6
i 无 藏纸 黑 完整
j

18.25
a 39-25
b རྡོ་རྗེ་གཡུ་སྒྲོན་མའི་བསྐང་གསོ་ཉེར་བསྡུ།
金刚绿松石度母酬供略法
c མཁྱེན་བརྩེ།
d
e ཆོ་ག（仪轨）
f 刻本 སྡེ་དགེ（四川德格）
g 乌金 梵夹装 47×6.5
h 1 6
i 无 藏纸 黑 完整
j

18.26
a 39-26
b གནོད་སྦྱིན་ཙི་དམར་བའི་གསོལ་ཁ་རྒྱས་པ་མངའ་རིས་པཎ་ཆེན་རིན་པོ་ཆེའི་གཏེར་བྱོན་རྩ་བའི་དོན་རྒྱ་ཆེར་བཀྲལ་བ་དབང་དྲག་དུས་ཀྱི་ཕོ་ཉ།
药叉枳玛哇祈祷广文·阿里班钦掘藏所出根本意广释
c
d རྟ་མཆོག་ཆེན་པོར་རོལ་པའི་ཕོ་བྲང་།
e གསོལ་མཆོད།（供奉）
f 刻本 སྡེ་དགེ（四川德格）
g 乌金 梵夹装 47×6.5
h 13 6
i 无 藏纸 黑 完整
j

18.27
a 39-27
b རྒྱལ་ཆེན་རྣམ་སྲས་ཀྱི་སྐོང་གསོལ་ཉུང་བསྡུས།
多闻子酬供略法
c རྫོགས་ཆེན་འཛིགས་མེད་གླིང་པ།
d
e ཆོ་ག（仪轨）
f 刻本 སྡེ་དགེ（四川德格）
g 乌金 梵夹装 47×6.5
h 2 6
i 无 藏纸 黑 完整
j

18.28
a 39-28
b དམ་ཅན་རྒྱ་མཚོའི་སྐོང་བཤགས།
荡金嘉措之酬供并忏悔文
c
d
e ཆོ་ག（仪轨）
f 刻本 སྡེ་དགེ（四川德格）
g 乌金 梵夹装 47×6.5
h 1 6
i 无 藏纸 黑 完整
j

18.29
a 39-29
b དམ་ཅན་ཆོས་སྲུང་རྣམས་ལ་ཕྲིན་བཅོལ་བྱ་ཚུལ།
诸具誓护法前请托事业文

c
d
e ཕྲིན་བཅོལ་བྱ་ཚུལ།（托业法）
f 刻本 སྡེ་དགེ（四川德格）
g 乌金 梵夹装 47×6.5
h 1 6
i 无 藏纸 黑 完整
j

18.30
a 39-30
b སྦྱོར་འགྲོ་དངོས་གཞིའི་ལམ་བསྡུས།
加行正行道略篇
c
d
e ཆོ་ག（仪轨）
f 刻本 སྡེ་དགེ（四川德格）
g 乌金 梵夹装 47×6.5
h 1 6
i 无 藏纸 黑 完整
j

18.31
a 39-31
b སྐྱབས་སྡོམ་འབོགས་ཆོག་མཐོ་རིས་འཁྲི་ཤིང་།
传授皈依戒仪轨·增上宝树
c རང་བྱུང་རྡོ་རྗེ།
d ཡར་ཀླུང་ཚེ་རིང་ལྗོངས་པདྨ་འོད་གླིང་།（西藏山南雅砻白玛林）
e འབོགས་ཆོག（皈依戒仪轨）

f 刻本 སྡེ་དགེ（四川德格）

g 乌金 梵夹装 47×6.5
h 3 6
i 无 藏纸 黑 完整
j

18.32
a 39-32

b གནས་བརྟན་ཕྱག་མཆོད།

尊者礼赞文

c རང་བྱུང་རྡོ་རྗེ།

d འབྲི་གུང་།（西藏拉萨墨竹工卡止贡梯寺）

e ཆོ་ག（仪轨）

f 刻本 སྡེ་དགེ（四川德格）

g 乌金 梵夹装 47×6.5
h 3 6
i 无 藏纸 黑 完整
j

18.33
a 39-33

b སྨྱུང་གནས་ཀྱི་ཆོ་ག་མདོར་བསྡུས་འདུན་པ་བཟང་པོ།

斋戒仪轨·所求妙善

c
d

e ཆོ་ག（仪轨）

f 刻本 སྡེ་དགེ（四川德格）

g 乌金 梵夹装 47×6.5
h 1 6
i 无 藏纸 黑 完整

j

18.34
a 39-34

b རྡོ་རྗེ་སེམས་དཔའ་ལ་བརྟེན་པའི་བླ་མའི་རྣལ་འབྱོར་མངོན་དགའི་ཞིང་སྦྱོང་།

金刚萨埵前念修之上师瑜伽法·净治现喜刹

c རིག་འཛིན་འཇིགས་བྲལ་གླིང་པ།

d

e བླ་མའི་རྣལ་འབྱོར།（上师瑜伽）

f 刻本 སྡེ་དགེ（四川德格）

g 乌金 梵夹装 47×6.5
h 10 6
i 无 藏纸 黑 完整
j

18.35
a 39-35

b རིག་འཛིན་འཇིགས་མེད་གླིང་པའི་འཁྲུངས་རབས་རྣམ་ཐར་ཞུང་བསྡུས།

持明师晋美林巴本生事纪略篇

c
d

e རྣམ་ཐར།（传记）

f 刻本 སྡེ་དགེ（四川德格）

g 乌金 梵夹装 47×6.5
h 4 6
i 无 藏纸 黑 完整
j

18.36
a 39-36

b ཟླ་འགྱུར་སྙིང་མ་ལ་གསོལ་ངན་ལོག་རྟོགས་བཟློག་པའི་བསྟན་བཅོས་ཀུན་མཁྱེན་ངག་གི་དབང་པོས་མཛད་པ།

恭钦阿旺撰写的对旧译宁玛派邪知攻击之驳论

c ཀློང་ཆེན་རབ་འབྱམས་པ།

d

e རྩོད་ལན། （驳文）

f 刻本 སྡེ་དགེ （四川德格）

g 乌金 梵夹装 47×6.5

h 49 6

i 无 藏纸 黑 完整

j

18.37

a 39-37

b ཆབ་ཤོག་གི་རིམ་པ་རྣམས་ཕྱོགས་གཅིག་ཏུ་བསྒྲིགས་པ་མིའམ་ཅིའི་གླུས་གར།

各种书信次第合编·非人歌舞

c

d

e ཡིག་བསྐུར་རྣམ་བཞག （书信论）

f 刻本 སྡེ་དགེ （四川德格）

g 乌金 梵夹装 47×6.5

h 19 6

i 无 藏纸 黑 完整

j

18.38

a 39-38

b སྔ་འགྱུར་རྒྱུད་འབུམ་རིན་པོ་ཆེ་དང་། མདོ་སྒྱུ་སེམས་གསུམ་གྱིས་མཚོན་བཀའ་མའི་སྒྲུབ་ཕྲིན། མཛོད་བདུན།

སྙིང་ཐིག་ཡ་བཞི། གཏེར་ཁ་གོང་འོག་གཙོ་བོར་གྱུར་པའི་ཐོབ་ཡིག་ཉི་ཟླའི་རྣ་ཆ།

旧译密续经典与集、幻·心三部所表传经教修行事业并七宝藏·心要四支及上下伏藏主要受法录·日月耳饰

c

d

e གསན་ཡིག（聆听文）

f 刻本 སྡེ་དགེ（四川德格）

g 乌金 梵夹装 47×6.5
h 13 6
i 无 藏纸 黑 完整
j

18.39
a 39-39

b ཀུན་མཁྱེན་ཆོས་ཀྱི་རྒྱལ་པོ་རིག་འཛིན་འཇིགས་མེད་གླིང་པའི་བཀའ་འབུམ་ཡོངས་རྫོགས་ཀྱི་བཞུགས་བྱང་ཆོས་རབ་རྣམ་འབྱེད།

恭钦法王晋美林巴文集细目明析

c
d

e དཀར་ཆག（目录）

f 刻本 སྡེ་དགེ（四川德格）

g 乌金 梵夹装 47×6.5
h 5 6
i 无 藏纸 黑 完整
j

19
A 3426

B མཁྱེན་བརྩེ་འོད་ཟེར་འཇིགས་མེད་གླིང་པའི་གསུང་འབུམ།

钦则俄色·晋美林巴文集

C ཅ

D འཇིགས་མེད་གླིང་པའམ་མཁྱེན་བརྩེ་འོད་ཟེར།

同3423介绍。

E 民族宫目录中无此函。

19.1
a 58-1

b བར་དོའི་སྨོན་ལམ་དགོངས་གཅིག་རྒྱ་མཚོ་ཞེས་བྱ་བ་བཞུགས། པེ

中阴祈愿思集·大海

c རིག་འཛིན་འཇིགས་མེད་གླིང་པ།

d

e སྨོན་ལམ།（祈愿）

f 刻本 སྡེ་དགེ（四川德格）

g 乌金 梵夹装 46×6
h 4 6
i 无 藏纸 黑 完整
j

19.2
a 58-2

b ཀློང་ཆེན་སྙིང་ཐིག་ལས། རྒྱལ་བ་རིག་འཛིན་གྱི་སྲོག་འཁོར་དཔལ་གྱི་གདུ་བུ་བཞུགས། པེ

隆钦精义之持慧佛之轴轮·吉祥环饰

c
d

e ཀློང་ཆེན་སྙིང་ཐིག（隆钦精义）

f 刻本 སྡེ་དགེ（四川德格）

g 乌金 梵夹装 46×6
h 4 6
i 无 藏纸 黑 完整
j

19.3
a 58-3

b ཞི་ཁྲོ་ངན་སོང་སྦྱོང་བའི་ཆོག་སྒྲིགས་ཁྲོམ་དཀྲུགས་གསལ་བའི་རྒྱན་ཞེས་བྱ་བ་བཀླགས་ཆོག་མར་བཀོད་པ་

བཞུགས། ཕོ

修炼静猛恶趣之仪轨顺序·可读明鉴

c　རང་བྱུང་རྡོ་རྗེ།

d

e　ཆོ་ག（仪轨）

f　刻本　སྡེ་དགེ（四川德格）

g　乌金　梵夹装　46×6

h　22　6

i　无　藏纸　黑　完整

j

19. 4

a　58-4

b　ཞི་ཁྲོ་ངན་སོང་སྦྱོང་བ་ལ་བརྟེན་པའི་ཞིབ་དགོད་ལྷན་ཐབས་བཞུགས།　ཡི

依静猛恶趣之修炼仪轨之补充

c

d

e　ལྷན་ཐབས།（补充仪轨）

f　刻本　སྡེ་དགེ（四川德格）

g　乌金　梵夹装　46×6

h　3　6

i　无　藏纸　黑　完整

j

19. 5

a　58-5

b　ཞི་ཁྲོ་ངན་སོང་སྦྱོང་པའི་བསྐྱེད་རིམ་ལས་འཕྲོས་པའི་ཡང་ཡིག་དཀའ་གནད་རྒྱ་འགྲོལ་བཞུགས།　ཕུ

修炼静猛恶趣之生起次第疑难自解

c　རྫོགས་ཆེན་རང་བྱུང་རྡོ་རྗེ།

d　ཐུགས་ཟམ་སྤྲུལ་སྐུ་རིན་པོ་ཆེའི་དྲི་ལན་དུ།

e　དྲི་བ་དྲིས་ལན། （问答）

f　刻本　སྡེ་དགེ （四川德格）

g　乌金　梵夹装　46×6
h　4　6
i　无　藏纸　黑　完整
j

19.6
a　58-6

b　ཀློང་ཆེན་སྙིང་ཐིག་ལས་དམ་པ་རིགས་བརྒྱའི་ལྷ་དབང་གི་བཀོལ་བྱང་བཞུགས།

隆钦精义·百贤王之标题
c
d

e　ཀློང་ཆེན་སྙིང་ཐིག （隆钦精义）

f　刻本　སྡེ་དགེ （四川德格）

g　乌金　梵夹装　46×6
h　2　6
i　无　藏纸　黑　完整
j

19.7
a　58-7

b　ཀློང་ཆེན་སྙིང་ཐིག་ལས་ཉམས་ཆག་སྐོང་བའི་མན་ངག་བཞུགས།

隆钦精义·补充无畏教言之补充
c
d

e　ཀློང་ཆེན་སྙིང་ཐིག （隆钦精义）

f　刻本　སྡེ་དགེ （四川德格）

g　乌金　梵夹装　46×6
h　1　6
i　无　藏纸　黑　完整

j

19.8
a 58-8
b རྡོ་རྗེའི་ལྷ་མོ་བཅུ་དྲུག་གི་མཆོད་སྤྲིན་དྲི་ཟའི་རྒྱུད་མངས་ཞེས་བྱ་བ་བཞུགས།
十六金刚女神之祭祀·食香琴
c
d
e མཆོད་སྤྲིན། （祭祀）
f 刻本 སྡེ་དགེ （四川德格）
g 乌金 梵夹装 46×6
h 4 6
i 无 藏纸 黑 完整
j

19.9
a 58-9
b ཞི་ཁྲོ་ངན་སོང་སྦྱོང་བ་དང་འབྲེལ་བའི་སྒོ་ནས་ཚེ་འདས་ལ་ཕན་གདགས་པའི་ཆོ་ག་གཞན་ཕན་ཐུགས་རྗེའི་
དྲྭ་བ་ཞེས་བྱ་བ་བཞུགས།
依修静猛恶趣之众益超度仪轨公益慈悲·心网
d
e ཆོ་ག （仪轨）
f 刻本 སྡེ་དགེ （四川德格）
g 乌金 梵夹装 46×6
h 7 6
i 无 藏纸 黑 完整
j

19.10
a 58-10
b ཞི་ཁྲོ་ངན་སོང་སྦྱོང་བ་དང་འབྲེལ་བའི་ཚེ་འདས་ཀྱི་ཕུང་པོ་སྦྱོང་ཐབས་སྒྲིབ་གཉིས་རྣམ་གྲོལ་བཞུགས། བྱ

静猛恶趣之修身有关之超度二障解脱

c ཛོགས་པ་ཆེན་པོ་རང་བྱུང་རོ་རྗེ།

d

e ཆོ་ག（仪轨）

f 刻本 སྡེ་དགེ（四川德格）

g 乌金 梵夹装 46×6
h 7 6
i 无 藏纸 黑 完整
j

19.11
a 58-11

b ཀློང་ཆེན་སྙིང་གི་ཐིག་ལེ་ལས། བཀའ་སྲུང་མ་མགོན་ལྕམ་དྲལ་བཞུགས། ཐེ

隆钦精义·护神姊妹

c རང་བྱུང་སྤྲུལ་པའི་རོ་རྗེ།

d

e ཀློང་ཆེན་སྙིང་ཐིག（隆钦精义）

f 刻本 སྡེ་དགེ（四川德格）

g 乌金 梵夹装 46×6
h 9 6
i 无 藏纸 黑 完整
j

19.12
a 58-12

b ཀློང་ཆེན་སྙིང་གི་ཐིག་ལེ་ལས། མ་མགོན་ལྕམ་དྲལ་གྱི་སྲོག་གཏད་བཞུགས།

隆钦精义·怙主母托寿

c རང་བྱུང་སྤྲུལ་པའི་རོ་རྗེ།

d

e　ཀློང་ཆེན་སྙིང་ཐིག（隆钦精义）

f　刻本　སྡེ་དགེ（四川德格）

g　乌金　梵夹装　46×6
h　3　6
i　无　藏纸　黑　完整
j

19.13
a　58-13

b　ཀློང་ཆེན་སྙིང་ཐིག་ལས། བཀའ་སྲུང་ལྷམ་དྲལ་གནད་ཡིག་བཞུགས།

隆钦精义 · 护神姊妹要义

c　རང་བྱུང་སྤྲུལ་པའི་རྡོ་རྗེ།

d

e　ཀློང་ཆེན་སྙིང་ཐིག（隆钦精义）

f　刻本　སྡེ་དགེ（四川德格）

g　乌金　梵夹装　46×6
h　4　6
i　无　藏纸　黑　完整
j

19.14
a　58-14

b　བཀའ་སྲུང་མ་ལྷམ་དྲལ་ལས། མདོས་སྐོང་སྲིད་པ་བཞི་བཞེངས་བཞུགས།

护神姊妹 · 施灵仪轨四界

c
d

e　ཆོ་ག（仪轨）

f　刻本　སྡེ་དགེ（四川德格）

g　乌金　梵夹装　46×6
h　2　6

i　无　藏纸　黑　完整
j

19.15
a　58-15
b　བཀའ་སྲུང་མ་ལྕམ་དྲལ་ལས། མ་མོ་མཁའ་འགྲོའི་འབྲུགས་སྐོང་བཞུགས། མེ
　护神姊妹·空行邬摩天女仪轨
c
d
e　ཚོ་ག（仪轨）
f　刻本　སྡེ་དགེ（四川德格）
g　乌金　梵夹装 46×6
h　3　6
i　无　藏纸　黑　完整
j

19.16
a　58-16
b　བཀའ་སྲུང་མ་ལྕམ་དྲལ་ལས། གཡུལ་མདོས་བདུད་དཔུང་ཟིལ་གནོན་བཞུགས། མོ
　护神姊妹·施战降敌
c
d
e　ཚོ་ག（仪轨）
f　刻本　སྡེ་དགེ（四川德格）
g　乌金　梵夹装　46×6
h　18　6
i　无　藏纸　黑　完整
j

19.17
a　58-17
b　མ་མགོན་གཡུལ་མདོས་ཀྱི་བཅའ་གཞི་སོགས་ཀྱི་ཡིག་ཆུང་བཞུགས། ཙེ

怙主母神施战仪轨·文书要以

c

d

e ཆོ་ག（仪轨）

f 刻本 སྡེ་དགེ（四川德格）

g 乌金 梵夹装 46×6

h 4 6

i 无 藏纸 黑 完整

j

19.18

a 58-18

b ཀློང་ཆེན་སྙིང་ཐིག་ལས། བཀའ་སྲུང་སྨན་བཙུན་མཆེད་ལྔའི་ཕྲིན་ལས་དཔག་བསམ་ཡོངས་འདུ་བཞུགས། ཅོ

隆钦精义·护神五女功业·如意集

c

d

e ཀློང་ཆེན་སྙིང་ཐིག（隆钦精义）

f 刻本 སྡེ་དགེ（四川德格）

g 乌金 梵夹装 46×6

h 3 6

i 无 藏纸 黑 完整

j

19.19

a 58-19

b ཀློང་ཆེན་སྙིང་ཐིག་ལས། བཀའ་སྲུང་སྨན་བཙུན་མའི་གསང་བའི་གབ་ཡིག་དོན་ཞགས་པ་བཞུགས། ཆོ

隆钦精义·护神女之密文·不空绢索绳

c

d

e ཀློང་ཆེན་སྙིང་ཐིག（隆钦精义）

f 刻本 སྡེ་དགེ（四川德格）

g 乌金 梵夹装 46×6
h 4 6
i 无 藏纸 黑 完整
j

19.20
a 58-20
b ཀློང་ཆེན་སྙིང་ཐིག་ལས། ཚེ་རིང་མའི་ཡང་ཡིག་ཚིག་བརྒྱུད་མ་བཞུགས། ཚུ
隆钦精义·长寿女要义颂
c
d
e ཀློང་ཆེན་སྙིང་ཐིག（隆钦精义）
f 刻本 སྡེ་དགེ（四川德格）
g 乌金 梵夹装 46×6
h 1 6
i 无 藏纸 黑 完整
j

19.21
a 58-21
b ཚེ་རིང་མའི་གཡང་འགུགས་ཉུང་བསྡུས་བཞུགས། ཚེ
长寿女·招福简义
c
d
e གཡང་འགུགས།（招运）
f 刻本 སྡེ་དགེ（四川德格）
g 乌金 梵夹装 46×6
h 1 6
i 无 藏纸 黑 完整
j

19.22
a 58-22

b　གཏལ་དཀར་མའི་ཕྱུགས་གནོད་སྲུང་བ་བཞུགས། ཚ

白达·畜生禳灾·戒

c

d

e　གཏེར་ཆོས།（伏藏）

f　刻本　སྡེ་དགེ（四川德格）

g　乌金　梵夹装　46×6

h　2　6

i　无　藏纸　黑　完整

j

19.23

a　58-23

b　རྒྱུད་མགོན་ལེགས་ལྡན་ཚོགས་ཀྱི་བདག་པོའི་སྒྲུབ་པ་བཞུགས། ཛེ

续之怙主大自在天仪轨

c　རིག་འཛིན་འཇིགས་མེད་གླིང་པ།

d

e　ཆོ་ག（仪轨）

f　刻本　སྡེ་དགེ（四川德格）

g　乌金　梵夹装　46×6

h　7　6

i　无　藏纸　黑　完整

j

19.24

a　58-24

b　མགོན་པོ་ལེགས་ལྡན་གྱི་སྒྲུབ་པ་རྒྱུན་ཁྱེར་བཞུགས།　ཛུ

怙主自在天仪轨·常识

c

d

e　ཆོ་ག（仪轨）

f　刻本　སྡེ་དགེ（四川德格）

g　乌金　梵夹装　46×6
h　1　6
i　无　藏纸　黑　完整
j

19.25
a　58-25

b　ཀློང་ཆེན་སྙིང་ཐིག་ལས། འཕོ་བ་མ་བསྒོམས་སངས་རྒྱས་བཞུགས།　ཇོ

隆钦精义·往生隐修持佛
c
d

e　ཀློང་ཆེན་སྙིང་ཐིག（隆钦精义）

f　刻本　སྡེ་དགེ（四川德格）

g　乌金　梵夹装　46×6
h　2　6
i　无　藏纸　黑　完整
j

19.26
a　58-26

b　གཤིན་པོ་ལ་འཕོ་བ་འདེབས་པའི་སྔ་རོལ་དུ་མིང་ནས་ཕན་པར་བོས་པ་བཞུགས།　ཛོ

往生夺舍·有益呼唤

c　རང་བྱུང་རྡོ་རྗེ།

d

e　འཕོ་་བསྐོར།（往生夺舍）

f　刻本　སྡེ་དགེ（四川德格）

g　乌金　梵夹装　46×6
h　2　6

i 无 藏纸 黑 完整
j

19.27
a 58-27
b ཀློང་ཆེན་སྙིང་ཐིག་ལས། བདེ་སྟོང་རྫོང་གི་རྫོགས་རིམ་སྣན་རྒྱུད་ཤོག་དྲིལ་ཡིད་བཞིན་ནོར་བུ་བཞུགས། ཟེ
隆钦精义·空乐圆满集·如意宝
c
d
e ཀློང་ཆེན་སྙིང་ཐིག（隆钦精义）
f 刻本 སྡེ་དགེ（四川德格）
g 乌金 梵夹装 46×6
h 4 6
i 无 藏纸 黑 完整
j

19.28
a 58-28
b ཀློང་ཆེན་སྙིང་ཐིག་ལས། གཏུམ་མོའི་འབར་འཛག་ཡིག་ཆུང་བཞུགས། ཟུ
隆钦精义·猛女护神书
c
d
e ཀློང་ཆེན་སྙིང་ཐིག（隆钦精义）
f 刻本 སྡེ་དགེ（四川德格）
g 乌金 梵夹装 46×6
h 3 6
i 无 藏纸 黑 完整
j

19.29
a 58-29
b སྙན་བརྒྱུད་ཤོག་དྲིལ་ཡིད་བཞིན་ནོར་བུའི་སྒྲུབ་དོན་ཐབས་ལམ་མ་བསྒོམས་སངས་རྒྱས་བཞུགས། ཡེ

大圆满集·隐修持佛·如意宝

c

d

e གཏེར་ཆོས། （伏藏）

f 刻本 སྡེ་དགེ（四川德格）

g 乌金 梵夹装 46×6

h 4 6

i 无 藏纸 黑 完整

j

19.30

a 58-30

b ཀློང་ཆེན་སྙིང་ཐིག་ལས། རིན་ཆེན་འཕྲུལ་འཁོར་སྒྲུབ་དོན་གསལ་བ་བཞུགས། ཕྲ

隆钦精义·隐修明鉴·器宝

c རང་འབྱུང་རྡོ་རྗེ།

d

e ཀློང་ཆེན་སྙིང་ཐིག（隆钦精义）

f 刻本 སྡེ་དགེ（四川德格）

g 乌金 梵夹装 46×6

h 6 6

i 无 藏纸 黑 完整

j

19.31

a 58-31

b ཀློང་ཆེན་སྙིང་ཐིག་ལས། གཏུམ་མོའི་གསོལ་འདེབས་རྡོ་རྗེའི་ཚིག་རྐང་བཞུགས། ཞེ

隆钦精义·猛女祈愿·金刚语

c

d

e ཀློང་ཆེན་སྙིང་ཐིག（隆钦精义）

f　刻本　སྡེ་དགེ（四川德格）

g　乌金　梵夹装　46×6
h　1　6
i　无　藏纸　黑　完整
j

19.32
a　58-32

b　ཀློང་ཆེན་སྙིང་ཐིག་ལས། གཅོད་ཡུལ་མཁའ་འགྲོའི་གད་རྒྱངས་བཞུགས།

隆钦精义·觉派空行母呐喊

c
d

e　ཀློང་ཆེན་སྙིང་ཐིག（隆钦精义）

f　刻本　སྡེ་དགེ（四川德格）

g　乌金　梵夹装　46×6
h　6　6
i　无　藏纸　黑　完整
j

19.33
a　58-33

b　གཅོད་མཁན་རྣམས་ཀྱི་ཉེ་བར་སྤྱོད་པའི་རྣམ་བཤད་ཕྱིན་དྲུག་ལང་ཚོ་བཞུགས།

众觉派之常用六般若·青春

c　ཀློང་ཆེན་ནམ་མཁའི་རྡོ་རྗེ།

d　འབྲུག་པ་ངག་དབང་རྡོ་རྗེ།

e　ཕྱིན་དྲུག（六般若）

f　刻本　སྡེ་དགེ（四川德格）

g　乌金　梵夹装　46×6
h　3　6
i　无　藏纸　黑　完整

j

19.34
a 58-34

b ཀློང་ཆེན་སྙིང་ཐིག་ལས། རྫོགས་པ་ཆེན་པོ་ཀུན་ཏུ་བཟང་པོ་ཡེ་ཤེས་ཀློང་གི་རྒྱུད་བཞུགས། ནོ

隆钦精义·大圆满普贤续

c རིག་འཛིན་འཇིགས་མེད་གླིང་པ།

d

e ཀློང་ཆེན་སྙིང་ཐིག（隆钦精义）

f 刻本 སྡེ་དགེ（四川德格）

g 乌金 梵夹装 46×6
h 7 6
i 无 藏纸 黑 完整
j

19.35
a 58-35

b ཀློང་ཆེན་སྙིང་ཐིག་ལས། མན་ངག་རྫོགས་པ་ཆེན་པོའི་རྒྱུད་ཕྱི་མ་བཞུགས། ཟེ

隆钦精义·大圆满敕言外续

c ཀློང་ཆེན་ནམ་མཁའི་རྣལ་འབྱོར།

d

e ཀློང་ཆེན་སྙིང་ཐིག（隆钦精义）

f 刻本 སྡེ་དགེ（四川德格）

g 乌金 梵夹装 46×6
h 4 6
i 无 藏纸 黑 完整
j

19.36
a 58-36

b　ཀློང་ཆེན་སྙིང་ཐིག་ལས། ཀུན་ཏུ་བཟང་པོའི་དགོངས་ཉམས་བཞུགས།　ཟུ

隆钦精义·普贤要义

c

d

e　ཀློང་ཆེན་སྙིང་ཐིག（隆钦精义）

f　刻本　སྡེ་དགེ（四川德格）

g　乌金　梵夹装　46×6

h　4　6

i　无　藏纸　黑　完整

j

19.37

a　58-37

b　ཀློང་ཆེན་སྙིང་ཐིག་ལས། རྫོགས་པ་ཆེན་པོའི་གནད་གསུམ་ཤན་འབྱེད་བཞུགས།　ཟེ

隆钦精义·大圆满三要素分析

c

d

e　ཀློང་ཆེན་སྙིང་ཐིག（隆钦精义）

f　刻本　སྡེ་དགེ（四川德格）

g　乌金　梵夹装　46×6

h　2　6

i　无　藏纸　黑　完整

j

19.38

a　58-38

b　ཐུན་མོང་གི་སྔོན་འགྲོ་སེམས་སྦྱོང་རྣམ་པ་བདུན་གྱི་དོན་ཁྲིད་ཐར་པའི་ཐེམ་སྐས་ཞེས་བྱ་བ་བཞུགས།　ཟོ

共同前行修心七论之敕文·解脱梯

c

d

e　སྔོན་འགྲོ་སེམས་སྦྱོང་།（前行修心）

f 刻本 སྡེ་དགེ（四川德格）

g 乌金 梵夹装 46×6
h 39 6
i 无 藏纸 黑 完整
j

19.39
a 58-39

b རྫོགས་པ་ཆེན་པོ་ཀློང་ཆེན་སྙིང་ཏིག་གི་ཐུན་མོང་གི་སྔོན་འགྲོ་ཁྲིད་ཀྱི་ལག་ལེན་ལ་འདེབས་ལུགས་བཞུགས། འི

大圆满隆钦精义·加行文实施

c རང་བྱུང་རྡོ་རྗེ།

d

e ཀློང་ཆེན་སྙིང་ཐིག（隆钦精义）

f 刻本 སྡེ་དགེ（四川德格）

g 乌金 梵夹装 46×6
h 13 6
i 无 藏纸 黑 完整
j

19.40
a 58-40

b རྫོགས་པ་ཆེན་པོ་ཀློང་ཆེན་སྙིང་ཐིག་གི་ཐུན་མོང་མ་ཡིན་པའི་སྔོན་འགྲོའི་ཁྲིད་ཡིག་དྲན་པ་ཉེར་གཞག་

བཞུགས། ཨུ

大圆满隆钦精义·特殊加行敕文念处

c

d

e ཀློང་ཆེན་སྙིང་ཐིག（隆钦精义）

f 刻本 སྡེ་དགེ（四川德格）

g 乌金 梵夹装 46×6
h 13 6

i 无 藏纸 黑 完整
j

19.41
a 58-41
b རྫོགས་པ་ཆེན་པོ་ཀློང་ཆེན་སྙིང་ཏིག་གི་གདོད་མའི་མགོན་པོའི་ལམ་གྱི་རིམ་པའི་ཁྲིད་ཡིག་ཡེ་ཤེས་བླ་མ་

ཞེས་བྱ་བ་བཞུགས། འེ

大圆满隆钦精义・原始怙主道次敕文・广师
c
d
e ཀློང་ཆེན་སྙིང་ཐིག（隆钦精义）
f 刻本 སྡེ་དགེ（四川德格）
g 乌金 梵夹装 46×6
h 40 6
i 无 藏纸 黑 完整
j

19.42
a 58-42
b ཀློང་ཆེན་སྙིང་གི་ཐིག་ལེ་ལས། རྡོ་རྗེ་ཐེག་པའི་སྨིན་གྲོལ་ལམ་གྱི་རིམ་པ་ལས་འཕྲོས་པའི་མན་ངག་གི་རྒྱབ་རྟེན་

པདྨ་དཀར་པོ་བཞུགས། འོ

隆钦精义・金刚道次敕文依据・白莲花
c
d
e ཀློང་ཆེན་སྙིང་ཐིག（隆钦精义）
f 刻本 སྡེ་དགེ（四川德格）
g 乌金 梵夹装 46×6
h 20 6
i 无 藏纸 黑 完整
j

19.43

a　58-43

b　གནས་ལུགས་རྡོ་རྗེའི་ཚིག་རྐང་བཞུགས།　ཡི

　 金刚理义

c

d

e　གཏེར་ཆོས།（伏藏）

f　刻本　སྡེ་དགེ（四川德格）

g　乌金　梵夹装　46×6

h　2　6

i　无　藏纸　黑　完整

j

19.44

a　58-44

b　རིག་འཛིན་མཁའ་འགྲོ་དགྱེས་པའི་གསང་གཏམ་བདུད་རྩིའི་ཐིག་པ་བཞུགས།　ཡུ

　 持慧空行母欢喜之密文·甘露

c　རྣལ་འབྱོར་པ་པདྨ་དབང་ཆེན་ཡེ་ཤེས་དཔལ་གྱི་རོལ་མཚོ།

d

e　གཏེར་ཆོས།（伏藏）

f　刻本　སྡེ་དགེ（四川德格）

g　乌金　梵夹装　46×6

h　9　6

i　无　藏纸　黑　完整

j

19.45

a　58-45

b　སྙིང་ཐིག་སྒོམ་པའི་བྱ་བྲལ་གྱི། གོལ་ཤོར་ཚར་གཅོད་སེང་གེའི་ང་རོ་བཞུགས།　ཡེ

　 修悟境出世之道·降魔吼狮

c　རྣལ་འབྱོར་པ་པདྨ་དབང་ཆེན་ཡེ་ཤེས་དཔལ་གྱི་རོལ་མཚོ།

d　མཆིམས་ཕུའི་ལྟེ་བ་འོག་མིན་མཁའ་འགྲོའི་ཚོགས་ཁང་གསང་ཆེན་མེ་ཏོག་ཕུག་གི་མཚམས་མ་ལ

ཀློང་གྲོལ་དབྱིངས་རིག་སོགས།

e　ཀློང་ཆེན་སྙིང་ཐིག（隆钦精义）

f　刻本　སྡེ་དགེ（四川德格）

g　乌金　梵夹装　46×6
h　6　6
i　无　藏纸　黑　完整
j

19.46
a　58-46

b　རྫོགས་པ་ཆེན་པོ་གནས་ལུགས་གཅེར་མཐོང་ཞེས་བྱ་བ་བཞུགས།　ཡོ

大圆满之理论明鉴

c
d

e　གཏེར་ཆོས།（伏藏）

f　刻本　སྡེ་དགེ（四川德格）

g　乌金　梵夹装　46×6
h　3　6
i　无　藏纸　黑　完整
j

19.47
a　58-47

b　རྗེ་གྲུབ་ཐོབ་ཆེན་པོས་ཀློང་ཆེན་ནམ་མཁའི་རྣལ་འབྱོར་ལ་དག་སྣང་དུ་རྩལ་བ་ཐུགས་རྗེ་བྱམས་པའི་མན་ངག་

འགྲོ་བའི་སྲོག་འཛིན་བཞུགས།　ཟུ

献给持道者降钦南卡南觉之慈悲敕言・持众生命

c

d

e མན་ངག（善言）

f 刻本 སྡེ་དགེ（德格）

g 乌金 梵夹装 46×6
h 3 6
i 无 藏纸 黑 完整
j

19.48
a 58-48

b མདོ་སྔགས་ཟུང་དུ་འཇུག་པའི་སྤྱོད་ཡུལ་ལམ་ཁྱེར་སངས་རྒྱས་ལམ་ཞུགས་ཞེས་བྱ་བ་བཞུགས། ཊ
显密宗结合之行·悟道通行证

c རྫོགས་ཆེན་པ་རང་བྱུང་རྡོ་རྗེ།

d

e གཏེར་ཆོས།（伏藏）

f 刻本 སྡེ་དགེ（四川德格）

g 乌金 梵夹装 46×6
h 6 6
i 无 藏纸 黑 完整
j

19.49
a 58-49

b ཀློང་ཆེན་སྙིང་ཐིག་གི་གཏེར་མའི་རིག་ཟིག་གསལ་བ་བཞུགས་སོ།།
隆钦精义神馐明鉴

c
d

e ཀློང་ཆེན་སྙིང་ཐིག（隆钦精义）

f 刻本 སྡེ་དགེ（四川德格）

g 乌金 梵夹装 46×6

h 2 6
i 无 藏纸 黑 完整
j

19.50
a 58-50
b བདག་ཉིད་ཆེན་པོ་བཻ་རོའི་སྒྲུབ་ཐབས་བཞུགས། ལི
大贤贝如杂那修果法
c
d
e སྒྲུབ་ཐབས།（修心法）
f 刻本 སྡེ་དགེ（四川德格）
g 乌金 梵夹装 46×6
h 2 6
i 无 藏纸 黑 完整
j

19.51
a 58-51
b ཐུན་མོང་དང་ཐུན་མོང་མ་ཡིན་པའི་སྔོན་འགྲོ་སོགས་ངག་འདོན་འཐོར་བུའི་སྐོར་བཞུགས། ལེ
共与不共之加行等的零散经文
c
d
e ངག་འདོན་ཐོར་བུ།（诵文）
f 刻本 སྡེ་དགེ（四川德格）
g 乌金 梵夹装 46×6
h 13 6
i 无 藏纸 黑 完整
j

19.52
a 58-52

b ཚེས་བཅུའི་ཕན་ཡོན་གསོལ་འདེབས་བཞུགས། ཡུ

初十之有益祈祷

c ཀློང་ཆེན་ནམ་མཁའི་རྣལ་འབྱོར།

d

e གསོལ་འདེབས།（启请文）

f 刻本 སྡེ་དགེ（四川德格）

g 乌金 梵夹装 46×6

h 3 6

i 无 藏纸 黑 完整

j

19.53

a 58-53

b རབ་གནས་ཀྱི་རྒྱུད་ལས་གསུངས་པའི་མཆོད་ཕྲེང་ཀུན་ཏུ་རྒྱུ་བཞུགས། ཡོ

开光广续之祭串

c

d

e རབ་གནས།（开光）

f 刻本 སྡེ་དགེ（四川德格）

g 乌金 梵夹装 46×6

h 1 6

i 无 藏纸 黑 完整

j

19.54

a 58-54

b རྟེན་གསུམ་རབ་ཏུ་གནས་པའི་ཆོ་ག་བཀྲ་ཤིས་འདོད་འཇོ་ཞེས་བྱ་བ་བཞུགས། ཨོ

三依开光仪轨·吉祥圆满

c

d

e རབ་གནས། （开光）

f 刻本 སྡེ་དགེ（四川德格）

g 乌金 梵夹装 46×6
h 20 6
i 无 藏纸 黑 完整
j

19.55
a 58-55

b ཀློང་ཆེན་སྙིང་གི་ཐིག་ལེ་ལས་གཟའ་རྐོང་སྲོག་གི་སྤུ་གྲི་བཞུགས། ཙུ

隆钦精义 · 罗睺命剑
c
d

e ཀློང་ཆེན་སྙིང་ཐིག（隆钦精义）

f 刻本 སྡེ་དགེ（四川德格）

g 乌金 梵夹装 46×6
h 3 6
i 无 藏纸 黑 完整
j

19.56
a 58-56

b ཀློང་ཆེན་སྙིང་གི་ཐིག་ལེ་ལས་། ཚེ་རིང་མའི་སྲོག་དབང་སྦྱིན་པའི་སྐོར་བཞུགས། ཙ

隆钦精义 · 长寿女授寿业
c
d

e ཀློང་ཆེན་སྙིང་ཐིག（隆钦精义）

f 刻本 སྡེ་དགེ（四川德格）

g 乌金 梵夹装 46×6
h 4 6
i 无 藏纸 黑 完整

j

19. 57
a 58-57
b ཀློང་ཆེན་སྙིང་གི་ཐིག་ལེ་ལས། བཀའ་སྲུང་མ་མགོན་ལྕམ་དྲལ་བཞུགས། ཞེ
隆钦精义·护神姊妹
c
d
e ཀློང་ཆེན་སྙིང་ཐིག（隆钦精义）
f 刻本 སྡེ་དགེ（四川德格）
g 乌金 梵夹装 46×6
h 9 6
i 无 藏纸 黑 完整
j

19. 58
a 58-58
b རི་ཆོས་ཞལ་གདམས་ངོ་མཚར་རྒྱ་མཚོ་བཞུགས།
出世教诫·奇海
c ཀློང་ཆེན་ནམ་མཁའི་རྣལ་འབྱོར།
d
e ཞལ་གདམས།（教诫）
f 刻本 སྡེ་དགེ（四川德格）
g 乌金 梵夹装 46×6
h 5 6
i 无 藏纸 黑 完整
j

20
A **3427**

B　མཁྱེན་བརྩེ་འོད་ཟེར་འཇིགས་མེད་གླིང་པའི་གསུང་འབུམ།

钦则俄色·晋美林巴文集

C　ཛ

D　འཇིགས་མེད་གླིང་པའམ་མཁྱེན་བརྩེ་འོད་ཟེར།

同 3423 介绍。

E　民族宫目录中无此函。

20.1

a　108-1

b　ཀློང་ཆེན་སྙིང་གི་ཐིག་ལེའི་བཞུགས་བྱང་དཀར་ཆག་གི་རིམ་པ་ཕན་བདེའི་སྒོ་འཕར་འབྱེད་པའི་ལྡེ་མིག

隆钦精义之目录·启慧钥匙

c　འགྱུར་མེད་སྐལ་བཟང་རྒྱ་མཚོ།

d　གནས་ཆུང་ལྷ་དབྱངས་གླིང་།（西藏拉萨乃琼寺）

e　དཀར་ཆག（目录）

f　刻本

g　乌金　梵夹装　34×6

h　16　6

i　无　藏纸　黑　完整

j　封面钤有“民族文化宫图书馆藏”印。

20.2

a　108-2

b　ཀློང་ཆེན་སྙིང་ཐིག་གི་ཐིག་ལེའི་རྟོགས་པ་བརྗོད་པ་ཌཱཀྐིའི་གསང་གཏམ་ཆེན་མོ།

隆钦精义·传记大密疏

c

d

e　རྟོགས་བརྗོད།（传记）

f　刻本

g　乌金　梵夹装　34×6

h　7　6

i 无 藏纸 黑 完整
j 封面钤有“民族文化宫图书馆藏”印。

20.3
a 108-3
b གསང་བ་ཆེན་པོ་ཉམས་སྣང་གི་རྟོགས་བརྗོད་ཆུ་ཟླའི་གར་མཁན།
隆钦精义·传记水性舞者
c
d
e རྟོགས་བརྗོད།（传记）
f 刻本
g 乌金 梵夹装 34×6
h 27 6
i 无 藏纸 黑 完整
j 封面钤有“民族文化宫图书馆藏”印。

20.4
a 108-4
b ཀློང་ཆེན་སྙིང་གི་ཐིག་ལེ་ལས༔ གནད་བྱང་ཐུགས་ཀྱི་སྒྲོམ་བུ།
隆钦精义·主题意宝匣
c
d
c ཀློང་ཆེན་སྙིང་ཐིག（隆钦精义）
f 刻木
g 乌金 梵夹装 34×6
h 15 6
i 无 藏纸 黑 完整
j 封面钤有“民族文化宫图书馆藏”印。

20.5
a 108-5
b ཀློང་ཆེན་སྙིང་གི་ཐིག་ལེ་ལས༔ རིག་འཛིན་རྩ་རྒྱུད་ཐོད་པའི་དུམ་བུ།
隆钦精义·持慧基本续

c
d
e ཀློང་ཆེན་སྙིང་ཐིག（隆钦精义）
f 刻本
g 乌金　梵夹装　34×6
h 4　6
i 无　藏纸　黑　完整
j 封面钤有“民族文化宫图书馆藏”印。

20.6
a 108-6
b ཀློང་ཆེན་སྙིང་གི་ཐིག་ལེ་ལས༔ ཙ་དབང་རྒྱལ་ཐབས་ཀྱི་སྤྱི་བྱུགས།
隆钦精义·基本灌顶总论
c
d
e ཀློང་ཆེན་སྙིང་ཐིག（隆钦精义）
f 刻本
g 乌金　梵夹装　34×6
h 4　6
i 无　藏纸　黑　完整
j 封面钤有“民族文化宫图书馆藏”印。

20.7
a 108-7
b ཀློང་ཆེན་སྙིང་གི་ཐིག་ལེ་ལས༔ དབང་གི་སྤྱི་དོན་སྙིང་པོ་དོན་གསལ།
隆钦精义·灌顶总论要义
c རྫོགས་ཆེན་པ་རང་བྱུང་རྡོ་རྗེ།
d
e ཀློང་ཆེན་སྙིང་ཐིག（隆钦精义）
f 刻本
g 乌金　梵夹装　34×6
h 21　6
i 无　藏纸　黑　完整

j　封面钤有“民族文化宫图书馆藏”印。

20.8

a　108-8

b　ཀློང་ཆེན་སྙིང་གི་ཐིག་ལེ་ལས༔ ཕྱི་སྒྲུབ་བླ་མའི་རྣལ་འབྱོར་ཡིད་བཞིན་ནོར་བུ།

隆钦精义·无上瑜伽外修法·如意宝

c

d

e　ཀློང་ཆེན་སྙིང་ཐིག（隆钦精义）

f　刻本

g　乌金　梵夹装　34×6

h　6　6

i　无　藏纸　黑　完整

j　封面钤有“民族文化宫图书馆藏”印。

20.9

a　108-9

b　དཀྱིལ་འཁོར་ཐམས་ཅད་ཀྱི་ངོ་བོ་བླ་མ་མཆོད་པའི་ཆོ་ག་དངོས་གྲུབ་རྒྱ་མཚོ།

曼荼罗本师供奉仪轨·如意海

c

d

e　ཆོ་ག（仪轨）

f　刻本

g　乌金　梵夹装　34×6

h　38　6

i　无　藏纸　黑　完整

j　封面钤有“民族文化宫图书馆藏”印。

20.10

a　108-10

b　ཀློང་སྙིང་ལྷན་ཐབས་ལས༔འཕགས་ཡུལ་རིག་འཛིན་མཆོག་བརྒྱུད་ཀྱི་གསོལ་འདེབས་དང་།　ཀུན་མཁྱེན་ཆེན་པོའི་མཚན་བརྒྱད་ ཀྱི་གསོལ་འདེབས།　རྫོགས་ཆེན་རང་བྱུང་རྡོ་རྗེའི་སྐྱེས་རབས་གསོལ་འདེབས་བཅས་པ་བཞུགས་སོ།།

隆钦精义之圣地持慧八圣、八相怙主祈请、大圆满者朗绛多杰本生祈愿等

c　མཁྱེན་བརྩེའི་ལྷ།

d

e　གསོལ་འདེབས་སྨོན་ལམ།（祈愿）

f　刻本

g　乌金　梵夹装　34×6

h　6　6

i　无　藏纸　黑　完整

j　封面钤有“民族文化宫图书馆藏”印。

20.11

a　108-11

b　ཀློང་ཆེན་སྙིང་གི་ཐིག་ལེ་ལས༔ སྔོན་འགྲོ་ཉེར་གཞག་ངག་འདོན་ཁྲིགས་སུ་སྡེབས་པ་རྣམ་

མཁྱེན་ལམ་བཟང་།

隆钦精义之加行总集·智慧妙道

c　འཇིགས་མེད་འཕྲིན་ལས་འོད་ཟེར།

d

e　ཆོས་སྤྱོད།（法行）

f　刻本

g　乌金　梵夹装　34×6

h　15　6

i　无　藏纸　黑　完整

j　封面钤有“民族文化宫图书馆藏”印。

20.12

a　108-12

b　ཀློང་ཆེན་སྙིང་གི་ཐིག་ལེ་ལས༔ ནང་སྒྲུབ་རིག་འཛིན་འདུས་པ།

隆钦精义·内修慧集

c　མཁྱེན་བརྩེ་འཇིགས་མེད་གླིང་པ།

d

e ཀློང་ཆེན་སྙིང་ཐིག（隆钦精义）

f 刻本
g 乌金 梵夹装 34×6
h 10 6
i 无 藏纸 黑 完整
j 封面钤有“民族文化宫图书馆藏”印。

20.13
a 108-13

b ཀློང་ཆེན་སྙིང་གི་ཐིག་ལེ་ལས༔རིག་འཛིན་བསྙེན་ཡིག་དང་། རིག་འཛིན་གྲུབ་བྱང་གནད་ཀྱི་མིག་ཚགས། ཡུམ་ཀ་བདེ་ཆེན་རྒྱལ་མོའི་རྩ་བའི་བསྙེན་ཡིག ཡུམ་བདེ་ཆེན་རྒྱལ་མོའི་བསྙེན་ཡིག་ཡང་གསལ་ལུས་དཀྱིལ་བཅས།

隆钦精义·持慧念修文、持慧要义、单体佛母之修文等等

c རང་བྱུང་རྡོ་རྗེ་འཇིགས་མེད་གླིང་པ།

d

e བསྙེན་ཡིག（念修文）

f 刻本
g 乌金 梵夹装 34×6
h 11 6
i 无 藏纸 黑 完整
j 封面钤有“民族文化宫图书馆藏”印。

20.14
a 108-14

b ཀློང་ཆེན་སྙིང་གི་ཐིག་ལེ་ལས༔ རིག་འཛིན་གྱི་ཚེ་སྒྲུབ་བདུད་རྩིའི་བུམ་བཅུད།

隆钦精义·持慧长寿灌顶·甘露宝瓶

c

d དཔལ་ཆུ་བོ་རིའི་ལྷུགས་ཟམ་བྱང་ཆུ་བརྒྱན།（西藏山南吉祥曲沃日山）

e ཚེ་སྒྲུབ།（长寿仪轨）

f 刻本
g 乌金 梵夹装 34×6
h 4 6

i 无 藏纸 黑 完整

j 封面钤有“民族文化宫图书馆藏”印。

20.15

a 108-15

b ཀློང་ཆེན་སྙིང་གི་ཐིག་ལེ་ལས༔ རིག་འཛིན་ཚེ་སྒྲུབ་དམིགས་གནད་གལ་མདོ།

隆钦精义·持慧长寿灌顶要义

c

d

e ཚེ་སྒྲུབ།（长寿仪轨）

f 刻本

g 乌金 梵夹装 34×6

h 3 6

i 无 藏纸 黑 完整

j 封面钤有“民族文化宫图书馆藏”印。

20.16

a 108-16

b ཀློང་ཆེན་སྙིང་གི་ཐིག་ལེ་ལས༔ ཚེ་སྒྲུབ་བདུད་རྩིའི་བུམ་བཅུད་ཀྱི་དབང་བཤད་ལྷན་ཐབས།

隆钦精义·长寿灌顶补充·甘露宝瓶

c

d དཔལ་ཆུ་བོ་རིའི་ལྕགས་ཟམ་བྱང་ཆུ་བརྒྱུད།（西藏山南吉祥曲沃日山）

e དབང་བཤད།（灌顶说）

f 刻本

g 乌金 梵夹装 34×6

h 5 6

i 无 藏纸 黑 完整

j 封面钤有“民族文化宫图书馆藏”印。

20.17

a 108-17

b ཀློང་ཆེན་སྙིང་གི་ཐིག་ལེ་ལས༔ ཡུམ་ཀའི་བྱིན་རླབས་དབང་གི་ཆོ་ག

隆钦精义·单体佛母威力灌顶仪轨

c ཡང་རྫོང་དུས་དཀྱིའི་དབང་པོའི་ཕོ་བྲང་དུ་རྒྱ་ཁྲོལ།

d

e དབང་ཆོག（灌顶说）

f 刻本
g 乌金 梵夹装 34×6
h 5 6
i 无 藏纸 黑 完整
j 封面钤有“民族文化宫图书馆藏”印。

20.18
a 108-18

b ཀློང་ཆེན་སྙིང་གི་ཐིག་ལེ་ལས༔ ཡུམ་ཀ་མཚོ་རྒྱལ་བདེ་ཆེན་རྒྱལ་མོའི་རྩ་བའི་སྒྲུབ་པ་བདེ་ཆེན་དཔལ་ཕྲེང་།

隆钦精义·单体佛母措杰德钦基本修习·大乐吉祥串

c མཁྱེན་བརྩེ་འཇིགས་མེད་གླིང་པ།

d

e ཀློང་ཆེན་སྙིང་ཐིག（隆钦精义）

f 刻本
g 乌金 梵夹装 34×6
h 10 6
i 无 藏纸 黑 完整
j 封面钤有“民族文化宫图书馆藏”印。

20.19
a 108-19

b ཀློང་ཆེན་སྙིང་གི་ཐིག་ལེ་ལས༔ཡུམ་ཀ་བདེ་ཆེན་རྒྱལ་མོའི་རྩ་བའི་བསྙེན་ཡིག་དང་ཡིད་གསལ་ལུས་དཀྱིལ་

མདོན་བརྗོད་བཅས།

隆钦精义·单体佛母德钦女王授文纪要·中体辞藻

c

d ཡར་ཀླུང་ཚེ་རིང་ལྡོངས་པདྨ་འོད་གླིང་།（西藏山南雅砻次仁迥白玛林）

e བསྙེན་ཡིག（念修文）

f 刻本
g 乌金 梵夹装 34×6
h 8 6
i 无 藏纸 黑 完整
j 封面钤有“民族文化宫图书馆藏”印。

20.20
a 108-20
b ཀློང་ཆེན་སྙིང་གི་ཐིག་ལེ་ལས༔ ཡུམ་ཀ་མཁའ་འགྲོའི་བདག་འཇུག་དབང་དོན་རང་གསལ།

隆钦精义·单体佛母空行自受灌顶明鉴

c རིག་འཛིན་འཇིགས་མེད་གླིང་པ།

d

e ཀློང་ཆེན་སྙིང་ཐིག（隆钦精义）

f 刻本
g 乌金 梵夹装 34×6
h 6 6
i 无 藏纸 黑 完整
j 封面钤有“民族文化宫图书馆藏”印。

20.21
a 108-21
b ཀློང་ཆེན་སྙིང་གི་ཐིག་ལེ་ལས༔ རིག་འཛིན་ཡུམ་ཀའི་མེ་མཆོད་ལས་བཞིའི་བང་མཛོད།

隆钦精义·持慧单体佛母火祭四业·宝库

c

d ཡར་ཀླུང་ཚེ་རིང་ལྗོངས་པདྨ་འོད་གླིང་།（西藏山南雅砻次仁迥白玛林）

e མེ་མཆོད།(火祭)

f 刻本
g 乌金 梵夹装 34×6
h 6 6
i 无 藏纸 黑 完整
j 封面钤有“民族文化宫图书馆藏”印。

20.22

a 108-22

b ཀློང་ཆེན་སྙིང་གི་ཐིག་ལེ་ལས༔ སྐུ་གསུམ་བདུད་རྩིའི་བཅུད་ལེན།

隆钦精义之三体·甘露取

c

d

e ཀློང་ཆེན་སྙིང་ཐིག（隆钦精义）

f 刻本

g 乌金 梵夹装 34×6

h 2 6

i 无 藏纸 黑 完整

j 封面钤有“民族文化宫图书馆藏”印。

20.23

a 108-23

b ཀློང་ཆེན་སྙིང་གི་ཐིག་ལེ་ལས༔ ཡུམ་ཀ་མཁའ་འགྲོའི་ནང་སྒྲུབ་བདེ་ཆེན་སྙིང་པོའི་གཏེར་འབུམ།

隆钦精义·单体佛母空行内修大乐精华·宝瓶

c

d

e ཀློང་ཆེན་སྙིང་ཐིག（隆钦精义）

f 刻本

g 乌金 梵夹装 34×6

h 13 6

i 无 藏纸 黑 完整

j 封面钤有“民族文化宫图书馆藏”印。

20.24

a 108-24

b ཀློང་ཆེན་སྙིང་གི་ཐིག་ལེ་ལས༔ སྒྲོལ་མ་མཎྜལ་བཞི་པའི་ཆོ་ག་ཀླུ་དབང་དགོངས་རྒྱན།

隆钦精义·度母四曼荼罗仪轨·龙王思义

c མཁྱེན་བརྩེའི་ལྷ།

d

e ཆོ་ག（仪轨）

f 刻本
g 乌金 梵夹装 34×6
h 19 6
i 无 藏纸 黑 完整
j 封面钤有“民族文化宫图书馆藏”印。

20.25
a 108-25

b ཡུམ་ཀ་བདེ་ཆེན་རྒྱལ་མོ་ལས༔ མཁའ་འགྲོའི་བསུན་བློག་ངོ་མཚར་སྣང་བ།

单体佛母·空行驳论奇象

c
d

e བསུན་བཟློག（反驳）

f 刻本
g 乌金 梵夹装 34×6
h 12 6
i 无 藏纸 黑 完整
j 封面钤有“民族文化宫图书馆藏”印。

20.26
a 108-26

b རྡོ་རྗེ་ལྷ་མོ་བཅུ་དྲུག་གི་མཆོད་ཕྲེང་དྲི་ཟའི་རྒྱུད་མང་།

十六金刚女神之祭祀仪轨·食香妙音

c
d

e ཆོ་ག（仪轨）

f 刻本
g 乌金 梵夹装 34×6
h 5 6
i 无 藏纸 黑 完整
j 封面钤有“民族文化宫图书馆藏”印。

20.27

a　108-27

b　ཡུམ་ཀ་བདེ་ཆེན་རྒྱལ་མོ་ལས༔ དཔའ་བོ་དཔའ་མོའི་བསྟུན་བཟློག

单体佛母·勇士男女驳斥论

c

d

e　ལས་ཚོགས། （业资）

f　刻本

g　乌金　梵夹装　34×6

h　1　6

i　无　藏纸　黑　完整

j　封面钤有“民族文化宫图书馆藏”印。

20.28

a　108-28

b　ཡུམ་ཀ་མཁའ་འགྲོའི་ལས་ཚོགས་བཞི་པ་དང་འབྲེལ་བར། ཚེ་དབང་གི་མཚམས་སྦྱོར།

单体佛母空行四羯摩集有关的长寿灌顶的介绍

c

d

e　ལས་ཚོགས།(业资)

f　刻本

g　乌金　梵夹装　34×6

h　8　6

i　无　藏纸　黑　完整

j　封面钤有“民族文化宫图书馆藏”印。

20.29

a　108-29

b　ཡུམ་ཀ་མཁའ་འགྲོའི་ལས་ཚོགས་ལས། གཏེར་བུམ་སྒྲུབ་པའི་ལྷན་ཐབས།

单体佛母空行修补充·宝瓶

c

d

e　སྒྲུབ་ཐབས། （修心法）

f 刻本
g 乌金 梵夹装 34×6
h 9 6
i 无 藏纸 黑 完整
j 封面钤有“民族文化宫图书馆藏”印。

20.30
a 108-30
b བདེ་བ་ཅན་དུ་བགྲོད་པའི་ཚེ་དཔག་མེད་མྱུར་ལམ་ཞེས་བྱ་བ་དང་། བདེ་བ་ཅན་གྱི་ཞིང་བཀོད་སྨོན་ལམ།
无量寿之道·极乐世界捷径祈愿
c མཁྱེན་བརྩེའི་ལྷ།
d
e སྨོན་ལམ། （祈愿）
f 刻本
g 乌金 梵夹装 34×6
h 17 6
i 无 藏纸 黑 完整
j 封面钤有“民族文化宫图书馆藏”印。

20.31
a 108-31
b ཀློང་ཆེན་སྙིང་གི་ཐིག་ལེ་ལས༔བདེ་བ་ཅན་དུ་བགྲོད་པའི་ཆོ་ག་དཔག་མེད་མྱུར་ལམ་ཁོངས་ཀྱི་ཁྲུས་ཆོག་དང་
འདྲེལ་བའི་གཤིན་པོ་ལ་ལམ་བསྟན།
隆钦精义之极乐世界捷径仪轨·无量寿速道之内沐浴仪轨及有关死人指引
c
d
e ཆོ་ག （仪轨）
f 刻本
g 乌金 梵夹装 34×6
h 8 6
i 无 藏纸 黑 完整
j 封面钤有“民族文化宫图书馆藏”印。

20.32

a 108-32

b མཁའ་འགྲོའི་ལས་ཚོགས་བཅོ་ལྔ་པ་སྦྲིབ་སྦྱོང་གནས་ལུང་གི་ཆོ་ག་བསྒྲིགས་པ་དག་བྱེད་གཏེར་བུམ།

空行羯摩十五隐修敕文仪轨集·净瓶

c རྫོགས་ཆེན་པ་རང་བྱུང་རྡོ་རྗེ།

d

e ཆོ་ག（仪轨）

f 刻本

g 乌金　梵夹装　34×6

h 9　6

i 无　藏纸　黑　完整

j 封面钤有“民族文化宫图书馆藏”印。

20.33

a 108-33

b ཀློང་ཆེན་སྙིང་གི་ཐིག་ལེ་ལས༔ཡུམ་ཀ་བདེ་ཆེན་སྒྲོལ་མ་རྣལ་འབྱོར་མ་ལ་བརྟེན་ནས་དུག་དབྱུངས་ཁྲུས་

བཀྲུའི་ལྷན་ཐབས།

隆钦精义之依单体佛母德钦度母瑜伽女排毒·沐浴法的内容补充

c མཁྱེན་བརྩེའི་ལྷ།

d

e ཁྲུས་གསོལ།（沐浴）

f 刻本

g 乌金　梵夹装　34×6

h 3　6

i 无　藏纸　黑　完整

j 封面钤有“民族文化宫图书馆藏”印。

20.34

a 108-34

b ཀློང་ཆེན་སྙིང་གི་ཐིག་ལེ་ལས༔ ཡུམ་ཀ་མཁའ་འགྲོའི་ལས་ཚོགས་ལས། ན་བསྣུའི་ལྷན་ཐབས་སྲོག་འཚོའི་སྒྲོན་པ།

隆钦精义之单体佛母羯摩上师变法之结合·常青树

c

d

e ལས་ཚོགས། （业资）

f 刻本

g 乌金 梵夹装 34×6

h 11 6

i 无 藏纸 黑 完整

j 封面钤有“民族文化宫图书馆藏”印。

20.35

a 108-35

b ཡུམ་ཀའི་གསང་སྒྲུབ་སེང་གེའི་གདོང་ཅན་ལས༔ དབང་ཆོག་བྱིན་རླབས་ཆུན་པོ།

单体佛母密修狮子面·威力灌顶仪轨

c

d

e ཆོ་ག（仪轨）

f 刻本

g 乌金 梵夹装 34×6

h 3 6

i 无 藏纸 黑 完整

j 封面钤有“民族文化宫图书馆藏”印。

20.36

a 108-36

b ཀློང་ཆེན་སྙིང་གི་ཐིག་ལེ་ལས༔ ཡུམ་ཀའི་གསང་སྒྲུབ་སེང་གེའི་གདོང་ཅན་མའི་སྒྲུབ་ཐབས་དང་། གསོལ་འདེབས།

བསྙེན་ཡིག་དངོས་གྲུབ་རྒྱ་མཚོ།

隆钦精义·单体佛母密修狮子面修法、祈愿、念修等如意海

c མཁྱེན་བརྩེ་འཇིགས་མེད་གླིང་པ།

d

e སྒྲུབ་ཐབས་སོགས། （修心法）

f 刻本

g 乌金 梵夹装 34×6
h 15 6
i 无 藏纸 黑 完整
j 封面钤有“民族文化宫图书馆藏”印。

20.37
a 108-37
b ཡུམ་ཀའི་གསང་སྒྲུབ་སེང་གེའི་གདོང་ཅན་ལས༔ སྲུང་ཟློག་བྱད་མ་སྟོབས་འཇོམས།
单体佛母密修狮子面·击败强敌法
c
d
e ཆོ་ག（仪轨）
f 刻本
g 乌金 梵夹装 34×6
h 1 6
i 无 藏纸 黑 完整
j 封面钤有“民族文化宫图书馆藏”印。

20.38
a 108-38
b ཡུམ་ཀའི་གསང་སྒྲུབ་སེང་གེའི་གདོང་ཅན་ལས༔ བྱད་གྲོལ་གནམ་ལྕགས་འཁོར་ལོ།
单体佛母密修狮子面·禳解诅咒·霹雳轮
c
d
e ཆོ་ག（仪轨）
f 刻本
g 乌金 梵夹装 34×6
h 6 6
i 无 藏纸 黑 完整
j 封面钤有“民族文化宫图书馆藏”印。

20.39
a 108-39
b ཡུམ་ཀའི་གསང་སྒྲུབ་སེང་གེའི་གདོང་ཅན་ལས༔ གཏོར་ཟློག་བྱད་གདོན་གཡུལ་འཇོམས།

单体佛母密修狮子面·弃神馐禳解降强敌
c
d
e གཏོར་བཟློག（抛神馐仪轨）
f 刻本
g 乌金 梵夹装 34×6
h 13 6
i 无 藏纸 黑 完整
j 封面钤有“民族文化宫图书馆藏”印。

20.40
a 108-40
b ཡུམ་ཀའི་གསང་སྒྲུབ་སེང་གདོང་མའི་གཏོར་ཟློག་གི་གཅའ་གཞི་གཏོད་ཀྱི་ཡིག་ཆུང་།
单体佛母密修狮子面·弃神馐仪轨之文
c
d
e ཆོ་ག（仪轨）
f 刻本
g 乌金 梵夹装 34×6
h 2 6
i 无 藏纸 黑 完整
j 封面钤有“民族文化宫图书馆藏”印。

20.41
a 108-41
b གསང་སྒྲུབ་སེང་གེའི་གདོང་ཅན་ལས༔ ཕྲིན་ལས་གཞན་ཕན་འཁོར་ལོ།
密修狮子面·功业利他法轮
c
d
e ལས་ཚོགས།（业资）
f 刻本
g 乌金 梵夹装 34×6
h 1 6
i 无 藏纸 黑 完整

j　封面钤有“民族文化宫图书馆藏”印。

20.42

a　108-42

b　ཀློང་ཆེན་སྙིང་གི་ཐིག་ལེ་ལས༔ ཡོ་ག་གསུམ་གྱི་སྤྱི་ཆིངས་དཔལ་ཆེན་ཞལ་ལུང་།

隆钦精义·三瑜伽公约大吉祥授言

c

d

e　ཀློང་ཆེན་སྙིང་ཐིག（隆钦精义）

f　刻本

g　乌金　梵夹装　34×6

h　1　6

i　无　藏纸　黑　完整

j　封面钤有“民族文化宫图书馆藏”印。

20.43

a　108-43

b　ཀློང་ཆེན་སྙིང་གི་ཐིག་ལེ་ལས༔ རིག་འཛིན་ཐུགས་སྒྲུབ་དཔལ་ཆེན་འདུས་པ།

隆钦精义·智慧意修大吉祥集

c　རང་བྱུང་རྡོ་རྗེ།

d

e　ཀློང་ཆེན་སྙིང་ཐིག（隆钦精义）

f　刻本

g　乌金　梵夹装　34×6

h　20　6

i　无　藏纸　黑　完整

j　封面钤有“民族文化宫图书馆藏”印。

20.44

a　108-44

b　ཐུགས་སྒྲུབ་དཔལ་ཆེན་འདུས་པའི་བསྙེན་ཡིག

意修大吉祥集海·念修书

c　མཁྱེན་བརྩེའི་ལྷ།

d

e　བསྙེན་ཡིག（念修文）

f　刻本
g　乌金　梵夹装　34×6
h　7　6
i　无　藏纸　黑　完整
j　封面钤有“民族文化宫图书馆藏”印。

20.45
a　108-45

b　དཔལ་ཆེན་བཀའ་འདུས་རྒྱ་མཚོ་ལས། འཇམ་དཔལ་གཤིན་རྗེ་འཆི་བདག་ཟིལ་གནོན།

大吉祥论集海·文殊降服死神法
c
d

e　ཆོ་ག（仪轨）

f　刻本
g　乌金　梵夹装　34×6
h　6　6
i　无　藏纸　黑　完整
j　封面钤有“民族文化宫图书馆藏”印。

20.46
a　108-46

b　དཔལ་ཆེན་བཀའ་འདུས་རྒྱ་མཚོ་ལས༔ རྟ་མགྲིན་ཁམས་གསུམ་རོལ་པ།

大吉祥论集海·马头明王享福三界
c
d

e　རྟ་མགྲིན་སྒོར།（马头明王）

f　刻本
g　乌金　梵夹装　34×6
h　4　6
i　无　藏纸　黑　完整

j 封面钤有“民族文化宫图书馆藏”印。

20.47
a 108-47
b དཔལ་ཆེན་བཀའ་འདུས་རྒྱ་མཚོ་ལས༔ ཡང་དག་སངས་རྒྱས་མཉམ་སྦྱོར།
大吉祥论集海·正世佛之合成
c
d
e ཀློང་ཆེན་སྙིང་ཐིག（隆钦精义）
f 刻本
g 乌金 梵夹装 34×6
h 5 6
i 无 藏纸 黑 完整
j 封面钤有“民族文化宫图书馆藏”印。

20.48
a 108-48
b དཔལ་ཆེན་བཀའ་འདུས་རྒྱ་མཚོ་ལས༔ ཕུར་པ་བདུད་དཔུང་ཟིལ་གནོན།
大吉祥论集海·金刚橛伏敌
c
d
e ཕུར་པ།（金刚橛）
f 刻本
g 乌金 梵夹装 34×6
h 10 6
i 无 藏纸 黑 完整
j 封面钤有“民族文化宫图书馆藏”印。

20.49
a 108-49
b བཀའ་འདུས་ཆོས་ཀྱི་རྒྱ་མཚོ་ལས༔ དཔལ་ཆེན་ཕྱག་རྒྱ་རྒྱས་པ།
论集法海·大手印广释
c
d

e ཆོ་ག（仪轨）

f 刻本
g 乌金 梵夹装 34×6
h 4 6
i 无 藏纸 黑 完整
j 封面钤有“民族文化宫图书馆藏”印。

20.50
a 108-50
b ཐུགས་སྒྲུབ་དཔལ་ཆེན་འདུས་པ་ལས༔ ཁྲག་འཐུང་རིགས་བཞིའི་སྨོས་དབང་།
意修大吉祥集·吸血四族灌顶
c ཆོས་ཀྱི་བདག་པོ།
d
e ཆོ་ག（仪轨）
f 刻本
g 乌金 梵夹装 34×6
h 9 6
i 无 藏纸 黑 完整
j 封面钤有“民族文化宫图书馆藏”印。

20.51
a 108-51
b དཔལ་ཆེན་བཀའ་འདུས་རྒྱ་མཚོ་ལས༔ སྒྲུབ་པའི་ཕོག་རིན་པོ་ཆེའི་ཟ་མ་ཏོག
大吉祥论集海·修法宝箧经
c
d
e ཀློང་ཆེན་སྙིང་ཐིག（隆钦精义）
f 刻本
g 乌金 梵夹装 34×6
h 13 6
i 无 藏纸 黑 完整
j 封面钤有“民族文化宫图书馆藏”印。

20.52
a 108-52
b ཀློང་སྙིང་བཀའ་འདུས་རྒྱ་མཚོ་ལས༔ བདག་འཇུག་དབང་དོན་རྒྱ་མཚོ།
隆钦精义大吉祥论集海·自受灌顶·法海
c
d
e བདག་འཇུག（自受灌顶）
f 刻本
g 乌金 梵夹装 34×6
h 12 6
i 无 藏纸 黑 完整
j 封面钤有“民族文化宫图书馆藏”印。

20.53
a 108-53
b ཐུགས་སྒྲུབ་དཔལ་ཆེན་འདུས་པ་ལས༔ རོལ་པ་ཆེན་པོའི་གཏོར་བཟློག
修意大吉祥论集·享受者之弃神馐法
c
d
e ཆོ་ག（仪轨）
f 刻本
g 乌金 梵夹装 34×6
h 44 6
i 无 藏纸 黑 完整
j 封面钤有“民族文化宫图书馆藏”印。

20.54
a 108-54
b ཐུགས་སྒྲུབ་དཔལ་ཆེན་འདུས་པ་ལས༔ རོལ་པ་ཆེན་པོའི་གཏོར་བཟློག་གི་གཞེར་ཁ་ཟབ་མོ་གུད་དུ་ཕྱུང་བ།
修意大吉祥论集·享受者之驱魔禳灾法侧补
c
d
e ཆོ་ག（仪轨）

f 刻本
g 乌金 梵夹装 34×6
h 7 6
i 无 藏纸 黑 完整
j 封面钤有“民族文化宫图书馆藏”印。

20.55
a 108-55
b དཔལ་ཆེན་སྲུང་སྐྱོག་འཁོར་ལོ་ཡི། ཞལ་ཤེས་གནད་དོན་གསལ་བྱེད་པ།
大吉祥护神法轮·要义明鉴
c
d
e གཏེར་ཆེན། （伏藏）
f 刻本
g 乌金 梵夹装 34×6
h 5 6
i 无 藏纸 黑 完整
j 封面钤有“民族文化宫图书馆藏”印。

20.56
a 108-56
b ཀློང་ཆེན་སྙིང་གི་ཐིག་ལེ་ལས༔ ཚེ་མཆོག་བདུད་རྩི་འཁྱིལ་བ་ཡོན་ཏན་འདུས་པའི་དཀྱིལ་འཁོར།
隆钦精义·殊寿甘露集·坛城
c
d
e སྒྲུབ་ཐབས། （修心法）
f 刻本
g 乌金 梵夹装 34×6
h 13 6
i 无 藏纸 黑 完整
j 封面钤有“民族文化宫图书馆藏”印。

20.57
a 108-57

b　སྨན་སྒྲུབ་ཁབ་ལེན་ཟིན་བྲིས།

　药修取针笔录

c　འཇིགས་མེད་གླིང་པ།

d

e　སྨན་སྒྲུབ།（药修）

f　刻本

g　乌金　梵夹装　34×6

h　3　6

i　无　藏纸　黑　完整

j　封面钤有“民族文化宫图书馆藏”印。

20.58

a　108-58

b　བསྐྱེད་རིམ་ལྷའི་ཁྲིད་ཀྱི་རྣམ་པར་བཞག་པ་འོག་མིན་བགྲོད་པའི་ཐེམ་སྐས།

　生起次第之论·天梯

c　རང་བྱུང་རྡོ་རྗེ་འཇིགས་མེད་གླིང་པའམ་མཁྱེན་བརྩེའི་འོད་ཟེར།

d

e　ཁྲིད་ཡིག（导释）

f　刻本

g　乌金　梵夹装　34×6

h　32　6

i　无　藏纸　黑　完整

j　封面钤有“民族文化宫图书馆藏”印。

20.59

a　108-59

b　རིག་འཛིན་ཞི་དྲག་གི་སྒོ་ནས། ཞི་བའི་སྦྱིན་སྲེག་ཡེ་ཤེས་མེ་ལྕེ།

　依持慧猛静·寂静火供·智慧火焰

c　རོལ་པའི་རྡོ་རྗེ།

d

e　ལས་ཚོགས། （业资）

f　刻本
g　乌金　梵夹装　34×6
h　10　6
i　无　藏纸　黑　完整
j　封面钤有“民族文化宫图书馆藏”印。

20.60
a　108-60

b　དཔལ་ཆེན་བཀའ་འདུས་རྒྱ་མཚོ་ལས། ལས་བཞི་མཆོག་དང་ལྔའི་སྦྱིན་སྲེག་དངོས་གྲུབ་རྒྱ་མཚོའི་ཟ་མ་ཏོག

　大吉祥论集海·四业圣及五火供·妙果海·宝匣
c
d

e　ལས་ཚོགས། （业资）

f　刻本
g　乌金　梵夹装　34×6
h　32　6
i　无　藏纸　黑　完整
j　封面钤有“民族文化宫图书馆藏”印。

20.61
a　108-61

b　འཕགས་པའི་གསོལ་འདེབས་ཞལ་མཐོང་མ།

　殊胜祈愿自显女

c　གླིང་ཆེན་ནམ་མཁའི་རྣལ་འབྱོར།

d

e　གསོལ་འདེབས་སྨོན་ལམ། （祈愿）

f　刻本
g　乌金　梵夹装　34×6
h　3　6
i　无　藏纸　黑　完整
j　封面钤有“民族文化宫图书馆藏”印。

20.62

a 108-62

b ཀློང་ཆེན་སྙིང་གི་ཐིག་ལེ་ལས༔ གསང་སྒྲུབ་ཐུགས་རྗེ་ཆེན་པོ་སྡུག་བསྔལ་རང་གྲོལ།

隆钦精义·密修观世音自解脱

c མཁྱེན་བརྩེ་འཇིགས་མེད་གླིང་པ།

d

e ཀློང་ཆེན་སྙིང་ཐིག（隆钦精义）

f 刻本

g 乌金 梵夹装 34×6

h 10 6

i 无 藏纸 黑 完整

j 封面钤有“民族文化宫图书馆藏”印。

20.63

a 108-63

b ཐུགས་རྗེ་ཆེན་པོ་སྡུག་བསྔལ་རང་གྲོལ་གྱི་ཆོ་གའི་དཀའ་འགྲེལ་དབྱར་གྱི་ང་གསང་།

观世音自解脱仪轨·疑难注释·雷鸣

c རང་བྱུང་རྡོ་རྗེ།

d

e ཆོ་ག（仪轨）

f 刻本

g 乌金 梵夹装 34×6

h 11 6

i 无 藏纸 黑 完整

j 封面钤有“民族文化宫图书馆藏”印。

20.64

a 108-64

b ཐུགས་རྗེ་ཆེན་པོ་སྡུག་བསྔལ་རང་གྲོལ་ལས༔ དབང་དོན་བདག་འཇུག་གསལ་བ།

观世音自解脱·自受灌顶明鉴

c

d

e　ལས་ཚོགས།（业资）

f　刻本
g　乌金　梵夹装　34×6
h　3　6
i　无　藏纸　黑　完整
j　封面钤有“民族文化宫图书馆藏”印。

20.65
a　108-65

b　ཐུགས་རྗེ་ཆེན་པོ་སྡུག་བསྔལ་རང་གྲོལ་ལས༔ པྲ་ཁྲིད་དམར་བྱང་གནད་ཡིག

观世音自解脱·圆光占卜敕言要义

c
d

e　ལས་ཚོགས།（业资）

f　刻本
g　乌金　梵夹装　34×6
h　7　6
i　无　藏纸　黑　完整
j　封面钤有“民族文化宫图书馆藏”印。

20.66
a　108-66

b　ཀློང་ཆེན་སྙིང་གི་ཐིག་ལེ་ལས༔ རྟ་མགྲིན་འདུས་པའི་སྒྲུབ་ཐབས།

隆钦精义·马头明王集中修法

c
d

e　སྒྲུབ་ཐབས།（修心法）

f　刻本
g　乌金　梵夹装　34×6
h　2　6
i　无　藏纸　黑　完整
j　封面钤有“民族文化宫图书馆藏”印。

20.67

a 108-67

b ཀློང་ཆེན་སྙིང་གི་ཐིག་ལེ་ལས༔ བླ་མ་དྲག་པོ་རྟ་ཁྱུང་འབར་བའི་གསོལ་འདེབས།

隆钦精义 · 猛师祈愿

c

d

e གསོལ་འདེབས་སྨོན་ལམ།（祈愿）

f 刻本 ཆོས་གཟུགས་ནམ་མཁའ་ཚེ་དབང་མཆོག་སྒྲུབ།

g 乌金 梵夹装 34×6

h 2 6

i 无 藏纸 黑 完整

j 封面钤有“民族文化宫图书馆藏”印。

20.68

a 108-68

b བརྒྱད་པ་བསྔོ་བ་བྱ་བ།

八回向

c

d

e བསྔོ་བ།（回向）

f 刻本

g 乌金 梵夹装 34×6

h 2 6

i 无 藏纸 黑 完整

j 封面钤有“民族文化宫图书馆藏”印。

20.69

a 108-69

b ཀློང་ཆེན་སྙིང་གི་ཐིག་ལེ་ལས༔ བླ་མ་དྲག་པོ་རྟ་ཁྱུང་འབར་བའི་ལས་བྱང་བྱིན་རླབས་གཟི་འབར།

隆钦精义 · 猛师品目威业光

c འཇིགས་མེད་མི་བསྐྱོད་རྡོ་རྗེ།

d

e ལས་བྱང་། （品目）

f 刻本
g 乌金 梵夹装 34×6
h 7 6
i 无 藏纸 黑 完整
j 封面钤有“民族文化宫图书馆藏”印。

20.70
a 108-70

b བླ་མ་དྲག་པོ་རྟ་ཁྱུང་འབར་བ་ལས༔ དབང་དང་བསྙེན་པའི་གནད་ཡིག

猛师威·灌顶及念修要义

c
d

e བསྙེན་ཡིག （念修文）

f 刻本
g 乌金 梵夹装 34×6
h 2 6
i 无 藏纸 黑 完整
j 封面钤有“民族文化宫图书馆藏”印。

20.71
a 108-71

b བླ་མ་དྲག་པོ་རྟ་ཁྱུང་འབར་བ་ལས༔ ཀླུའི་གདོན་བསྐྲལ་འོག་གདོན་མཐར་བྱེད།

猛师威·驱逐鲁神法

c
d

e ཆོ་ག （仪轨）

f 刻本
g 乌金 梵夹装 34×6
h 10 6
i 无 藏纸 黑 完整
j 封面钤有“民族文化宫图书馆藏”印。

20.72

a 108-72

b ཟངས་མདོག་དཔལ་རིའི་སྨོན་ལམ་དཔལ་རིའི་གསང་ལམ།

铜色山祈愿·吉祥山密道

c

d

e གསོལ་འདེབས་སྨོན་ལམ།（祈愿）

f 刻本

g 乌金　梵夹装　34×6

h 4　6

i 无　藏纸　黑　完整

j 封面钤有“民族文化宫图书馆藏”印。

20.73

a 108-73

b ཀློང་ཆེན་སྙིང་གི་ཐིག་ལེ་ལས༔ གཞི་ལམ་འབྲས་བུའི་སྨོན་ལམ་དང་། སྐུ་གསུམ་ཞིང་ཁམས་སྦྱོངས་བའི་སྨོན་ལམ།

བདེན་ཚིག་འགྲུབ་པའི་སྨོན་ལམ་བཅས་སོ།།

隆钦精义·道果、修三界、谛语之祈愿

c

d

e གསོལ་འདེབས་སྨོན་ལམ།（祈愿）

f 刻本

g 乌金　梵夹装　34×6

h 9　6

i 无　藏纸　黑　完整

j 封面钤有“民族文化宫图书馆藏”印。

20.74

a 108-74

b བར་མདོའི་སྨོན་ལམ་དགོངས་གཅིག་རྒྱ་མཚོ།

中阴祈愿集·广海

c རིག་འཛིན་འཇིགས་མེད་གླིང་པ།

d

e གསོལ་འདེབས་སྨོན་ལམ།（祈愿）

f 刻本
g 乌金 梵夹装 34×6
h 5 6
i 无 藏纸 黑 完整
j 封面钤有“民族文化宫图书馆藏”印。

20.75
a 108-75

b ཀློང་ཆེན་སྙིང་གི་ཐིག་ལེ་ལས༔ སྐོང་བཤགས་རྡོ་རྗེའི་ཐོལ་གླུ།

隆钦精义・补酬仪轨金刚之音

c མཁྱེན་བརྩེ་འཇིགས་མེད་གླིང་པ།

d

e སྐོང་བཤགས།（补酬仪轨）

f 刻本
g 乌金 梵夹装 34×6
h 8 6
i 无 藏纸 黑 完整
j 封面钤有“民族文化宫图书馆藏”印。

20.76
a 108-76

b ཀློང་ཆེན་སྙིང་གི་ཐིག་ལེ་ལས༔ རྒྱལ་བ་རིག་འཛིན་གྱི་སྲོག་འཁོར་དཔལ་གྱི་གདུ་བུ།

隆钦精义・持慧佛之主轮・吉祥环饰
c
d

e ཀློང་ཆེན་སྙིང་ཐིག（隆钦精义）

f 刻本
g 乌金 梵夹装 34×6
h 7 6
i 无 藏纸 黑 完整
j 封面钤有“民族文化宫图书馆藏”印。

20.77

a 108-77

b ཞི་ཁྲོ་ངན་སོང་སྦྱོང་བའི་ཆོག་སྒྲིགས་ཁྲིམ་དཀྲུགས་གསལ་བའི་རྒྱན།

修炼静猛恶趣之仪轨·饰

c རང་བྱུང་རྡོ་རྗེ།

d

e ཆོ་ག།（仪轨）

f 刻本

g 乌金 梵夹装 34×6

h 37 6

i 无 藏纸 黑 完整

j 封面钤有“民族文化宫图书馆藏”印。

20.78

a 108-78

b ཞི་ཁྲོ་ངན་སོང་སྦྱོང་བ་ལ་བརྟེན་པའི་ཞིབ་དགོད་ལྷན་ཐབས།

修炼静猛恶趣之仪轨补充

c

d

e ལྷན་ཐབས།（补充仪轨）

f 刻本

g 乌金 梵夹装 34×6

h 3 6

i 无 藏纸 黑 完整

j 封面钤有“民族文化宫图书馆藏”印。

20.79

a 108-79

b ཀློང་ཆེན་སྙིང་གི་ཐིག་ལེ་ལས༔ཉམས་ཆག་སྐོང་བའི་མན་ངག་དང་།དམ་པ་རིགས་བརྒྱའི་ལྷ་དབང་གི་བཀོལ་

བྱང་།

隆钦精义·补充满愿教授·百贤王之标题

c

d

e མན་ངག（导释）

f 刻本
g 乌金 梵夹装 34×6
h 3 6
i 无 藏纸 黑 完整
j 封面钤有“民族文化宫图书馆藏”印。

20.80

a 108-80

b ཉམས་ཆག་སྡིག་སྒྲིབ་ཐམས་ཅད་བཤགས་པའི་རྒྱལ་པོ་ན་རག་གདོང་སྤྲུག

解脱罪孽之王那若东珠

c

d

e སྡིག་བཤགས་སྐོར།（忏悔）

f 刻本
g 乌金 梵夹装 34×6
h 13 6
i 无 藏纸 黑 完整
j 封面钤有“民族文化宫图书馆藏”印。

20.81

a 108-81

b ཀློང་ཆེན་སྙིང་གི་ཐིག་ལེ་ལས༔ཞི་ཁྲོ་ངན་སོང་སྦྱོང་བ་དང་འབྲེལ་བའི་སྒོ་ནས་ཚེ་འདས་ལ་ཕན་གདགས་པའི་

ཆོ་ག་གཞན་ཕན་ཐུགས་རྗེའི་དྲ་བ་དང་ཚེ་འདས་ཀྱི་ཕུང་པོ་སྦྱོང་ཐབས་སྒྲིབ་གཉིས་རྣམ་གྲོལ།

隆钦精义·依修静猛恶趣之众益超度仪轨等

c རང་བྱུང་རྡོ་རྗེ།

d

e ཆོ་ག（仪轨）

f 刻本
g 乌金 梵夹装 34×6
h 21 6

i　无　藏纸　黑　完整
j　封面钤有“民族文化宫图书馆藏”印。

20.82
a　108-82
b　ཀློང་ཆེན་སྙིང་གི་ཐིག་ལེ་ལས༔བཀའ་སྲུང་མ་མགོན་ལྕམ་དྲལ་དང་མ་མོའི་འཁྲུགས་སྐོང་།གཟའ་ཀྲད་སོགས་ཀྱི་སྤྱི་གྱི ཞིང་སྐྱོང་དུར་ཁྲོད་ལྷ་མོའི་གསོལ་ཀ་བཀའ་སྲུང་སྨན་བཙུན་མཆེད་ལྔའི་གསོལ་མཆོད་ཕྲིན་ལས་དཔག་བསམ་ཡོངས་འདུ། རྡོ་རྗེ་གཡུ་སྒྲོན་མའི་བསྐང་གསོ་ཉེར་བསྡུས། གསེར་སྐྱེམས། ཕྲིན་བཅོལ་ཐུབ་པའི་བསྟན་པ།
隆钦精义·护神怙主、罗睺风、尸林女神之供奉、护神五姊妹供奉仪轨、事业如意树、金刚绿度母之补酬仪轨、供酒、托业佛教等
c　མཁྱེན་བརྩེ་འཇིགས་མེད་གླིང་པ།
d
e　གསོལ་མཆོད།（供奉）
f　刻本
g　乌金　梵夹装　34×6
h　25　6
i　无　藏纸　黑　完整
j　封面钤有“民族文化宫图书馆藏”印。

20.83
a　108-83
b　གནོད་སྦྱིན་ཆེན་པོའི་གསོལ་ཀའི་སྒྲུབ་ཐབས།
大夜叉供奉修行法
c
d
e　ཆོ་ག（仪轨）
f　刻本
g　乌金　梵夹装　34×6
h　2　6
i　无　藏纸　黑　完整
j　封面钤有“民族文化宫图书馆藏”印。

20.84

a 108-84

b ཀློང་ཆེན་སྙིང་གི་ཐིག་ལེ་ལས༔ འོད་གསལ་རྡོ་རྗེ་སྙིང་པོའི་རིག་འཛིན་བརྒྱུད་པའི་བསྐངས་བཤགས་སྐོང་འི་མཆོད་གླུ།

隆钦精义·光显持慧金刚心补酬仪轨·赞歌

c

d གནས་གངས་རི་ཐོད་དཀར།（西藏拉萨曲水岗日托嘎）

e ཆོ་ག（仪轨）

f 刻本

g 乌金　梵夹装　34×6

h 3　6

i 无　藏纸　黑　完整

j 封面钤有“民族文化宫图书馆藏”印。

20.85

a 108-85

b ཀློང་ཆེན་སྙིང་གི་ཐིག་ལེ་ལས༔ ལྷམ་དྲལ་གསུམ་གྱི་སྲོག་གཏད།

隆钦精义·三姐妹供命法

c

d

e ཆོ་ག（仪轨）

f 刻本

g 乌金　梵夹装　34×6

h 10　6

i 无　藏纸　黑　完整

j 封面钤有“民族文化宫图书馆藏”印。

20.86

a 108-86

b བཀའ་སྲུང་མ་མགོན་ལྷམ་དྲལ་ལས༔ མདོས་སྐོང་སྲིད་པ་གཞི་བཞེངས།

隆钦精义·三姐妹供命法·灵器补酬·宇宙之建立过程

c

d

e ཆོ་ག(仪轨)

f 刻本
g 乌金 梵夹装 34×6
h 2 6
i 无 藏纸 黑 完整
j 封面钤有“民族文化宫图书馆藏”印。

20.87
a 108-87

b ཀློང་ཆེན་སྙིང་གི་ཐིག་ལེ་ལས༔ བཀའ་སྲུང་ལྕམ་དྲལ་གནད་ཡིག་སོགས།

隆钦精义·护神兄妹要义

c
d

e ཀློང་ཆེན་སྙིང་ཐིག（隆钦精义）

f 刻本
g 乌金 梵夹装 34×6
h 5 6
i 无 藏纸 黑 完整
j 封面钤有“民族文化宫图书馆藏”印。

20.88
a 108-88

b བཀའ་སྲུང་མ་མགོན་ལྕམ་དྲལ་ལས༔ གཡུལ་མདོས་བདུད་དཔུང་ཟིལ་གནོན།

隆钦精义·战器伏众敌

c
d

e ཆོ་ག（仪轨）

f 刻本
g 乌金 梵夹装 34×6
h 27 6
i 无 藏纸 黑 完整
j 封面钤有“民族文化宫图书馆藏”印。

20.89

a 108-89

b མ་མགོན་གཡུལ་མདོས་ཀྱི་བཅའ་གཞི་སོགས་ཀྱི་ཡིག་ཆུང་།

怙母战器要义之戒律文

c

d

e བཅའ་ཡིག（清规戒律）

f 刻本

g 乌金 梵夹装 34×6

h 5 6

i 无 藏纸 黑 完整

j 封面钤有“民族文化宫图书馆藏”印。

20.90

a 108-90

b ཀློང་ཆེན་སྙིང་གི་ཐིག་ལེ་ལས༔ གཟའི་སྐྱལ་བྱང་དུག་རླངས་འཇོམས་མ།

隆钦精义·罗睺毒气

c

d

e ཆོ་ག（仪轨）

f 刻本

g 乌金 梵夹装 34×6

h 1 6

i 无 藏纸 黑 完整

j 封面钤有“民族文化宫图书馆藏”印。

20.91

a 108-91

b གཏལ་དཀར་མའི་ཕྱུགས་གཏའ་སྡོམ་པ།

白达玛抵押牲畜之诫

c

d

e ཆོ་ག（仪轨）

f 刻本

g 乌金 梵夹装 34×6
h 2 6
i 无 藏纸 黑 完整
j 封面钤有“民族文化宫图书馆藏”印。

20.92
a 108-92
b ཀློང་ཆེན་སྙིང་གི་ཐིག་ལེ་ལས༔ བསྟན་སྲུང་དམ་ཅན་རྒྱ་མཚོའི་ཏུ་མཚོན་མངའ་གསོལ།
隆钦精义·护法神荡金嘉措武器供奉
c མཁྱེན་བརྩེའི་ལྷ།
d
e ཆོས་སྐྱོང་སྒྲུབ་སྐོར།（护神修法）
f 刻本
g 乌金 梵夹装 34×6
h 6 6
i 无 藏纸 黑 完整
j 封面钤有“民族文化宫图书馆藏”印。

20.93
a 108-93
b ཀློང་ཆེན་སྙིང་གི་ཐིག་ལེ་ལས༔མ་མགོན་གྱི་བསྐུལ་དང་།བཟླས་དམིགས།གཏོར་འབུལ།བསྐང་འཕྲིན་བདེན་བདར།
བསྟོད་པ། བཀའ་བསྒྲུངས་པ།གསོལ་མཆོད་བཅས།
隆钦精义·怙主鼓励、反复颂缘、抛神馐、功业实践、赞美、护持供奉仪轨等
c
d
e ཆོ་ག(仪轨)
f 刻本
g 乌金 梵夹装 34×6
h 7 6
i 无 藏纸 黑 完整
j 封面钤有“民族文化宫图书馆藏”印。

20.94
a 108-94
b ཚོགས་རོལ་ལག་ལེན་དང་། འདི་ནན་གང་འོས་ནས་བཏུད་པ། ཚོགས་འདུས་བཅས་པ།
聚众之实践、顶礼、聚集等
c
d
e ཆོ་ག(仪轨)
f 刻本
g 乌金 梵夹装 34×6
h 2 6
i 无 藏纸 黑 完整
j 封面钤有“民族文化宫图书馆藏”印。

20.95
a 108-95
b རྒྱུད་མགོན་ལེགས་ལྡན་ཚོགས་ཀྱི་བདག་པོའི་སྐོང་བ།
大自在天之补酬仪轨
c རིག་འཛིན་འཇིགས་མེད་གླིང་པ།
d
e ལས་ཚོགས། (业资)
f 刻本
g 乌金 梵夹装 34×6
h 9 6
i 无 藏纸 黑 完整
j 封面钤有“民族文化宫图书馆藏”印。

20.96
a 108-96
b མགོན་པོ་ལེགས་ལྡན་གྱི་སྐོང་བ་རྒྱུན་འཁྱེར།
自在天仪轨常识手册
c རིག་འཛིན་འཇིགས་མེད་གླིང་པ།
d

e ལས་ཚོགས།（业资）

f 刻本
g 乌金 梵夹装 34×6
h 2 6
i 无 藏纸 黑 完整
j 封面钤有“民族文化宫图书馆藏”印。

20.97
a 108-97

b ཀློང་ཆེན་སྙིང་གི་ཐིག་ལེ་ལས༔ འཕོ་བ་མ་བསྒོམས་སངས་རྒྱས།

隆钦精义·往生修持佛

c
d

e ཆོ་ག（仪轨）

f 刻本
g 乌金 梵夹装 34×6
h 2 6
i 无 藏纸 黑 完整
j 封面钤有“民族文化宫图书馆藏”印。

20.98
a 108-98

b གཤིན་པོ་ལ་འཕོ་བ་འདེབས་པའི་སྔ་རོལ་དུ་མིང་ནས་ནན་པར་བོས་པ།

往生夺舍之前呼唤其名

c རང་བྱུང་རྡོ་རྗེ།

d

e ཆོ་ག（仪轨）

f 刻本
g 乌金 梵夹装 34×6
h 3 6
i 无 藏纸 黑 完整
j 封面钤有“民族文化宫图书馆藏”印。

20.99
a 108-99
b ཀློང་ཆེན་སྙིང་གི་ཐིག་ལེ་ལས༔གཏུམ་མོའི་གསོལ་འདེབས་རྡོ་རྗེའི་ཚིག་ཁང་བདེ་སྟོང་ བྲུང་གི་རྫོགས་རིམ་སྙན་རྒྱུད་

ནོག་དྲིལ་ཡིད་བཞིན་ནོར་བུ།གཏུམ་མོའི་འབར་འཛག་གི་ཡིག་ཆུང་།སྙན་རྒྱུད་ནོག་དྲིལ་ཡིད་བཞིན་ནོར་བུའི་སྦ་

དོན་ཐབས་ལམ་མ་བསྒོམས་སངས་རྒྱས། རིག་འཛིན་འཁྲུལ་འཁོར་སྦས་དོན་གསལ་བ་བཅས་སོ།།

隆钦精义·邬摩天女祈愿金刚语乐空圆满次第耳传卷如意宝、猛女咒文、耳传卷如意宝隐秘不修佛、持慧轮隐秘等
c རང་བྱུང་རྡོ་རྗེ།
d
e གསོལ་འདེབས་སྨོན་ལམ་སོགས།（祈愿）
f 刻本
g 乌金 梵夹装 34×6
h 21 6
i 无 藏纸 黑 完整
j 封面钤有“民族文化宫图书馆藏”印。

20.100
a 108-100
b ཀློང་ཆེན་སྙིང་གི་ཐིག་ལེ་ལས༔ ཡང་གསང་བླ་མའི་སྒྲུབ་པ་ཐིག་ལེའི་རྒྱ་ཅན།
隆钦精义·绝密上师修法精华
c མཁྱེན་བརྩེ་འཇིགས་མེད་གླིང་པ།
d
e ལས་ཚོགས།（业资）
f 刻本
g 乌金 梵夹装 34×6
h 4 6
i 无 藏纸 黑 完整
j 封面钤有“民族文化宫图书馆藏”印。

20.101
a 108-101

b ཀློང་ཆེན་སྙིང་གི་ཐིག་ལེ་ལས༔ རྡོ་རྗེའི་རྣལ་འབྱོར་དང་རྗེས་སུ་འབྲལ་བའི་སྨིན་བྱེད་ཀྱི་དབང་རྣམ་གྲོལ་ཡེ་ཤེས་མཆོག་སྦྱིན།

隆钦精义·金刚瑜伽及业果灌顶解脱智慧圣赐

c འཇིགས་མེད་པ།

d གངས་རི་ཐོད་དཀར་ཨུ་རྒྱན་རྫོང་།（西藏拉萨曲水岗日托嘎邬坚宗）

e དབང་བཤད།（灌顶说）

f 刻本

g 乌金 梵夹装 34×6

h 3 6

i 无 藏纸 黑 完整

j 封面钤有“民族文化宫图书馆藏”印。

20.102

a 108-102

b ཀློང་ཆེན་སྙིང་གི་ཐིག་ལེ་ལས༔ ཡང་གསང་བླ་མའི་སྒྲུབ་པ་ཐིག་ལེའི་རྒྱ་ཅན་གྱི་བསྙེན་ཡིག་སྒྲུབ་གཉིས་ཤིང་རྟ།

隆钦精义·绝密上师明点念修文·二果车

c མཁྱེན་བརྩེའི་དབང་པོ།

d པདྨ་འོད་གསལ་གླིང་།（西藏山南雅砻白玛林）

e བསྙེན་ཡིག（念修文）

f 刻本

g 乌金 梵夹装 34×6

h 4 6

i 无 藏纸 黑 完整

j 封面钤有“民族文化宫图书馆藏”印。

20.103

a 108-103

b ཀློང་ཆེན་སྙིང་གི་ཐིག་ལེ་ལས༔ཡང་གསང་བླ་མའི་སྒྲུབ་པ་ཐིག་ལེའི་རྒྱ་ཅན་གྱི་རྗེས་ཆོག་ཚོགས་ཀྱི་མཆོད་པ་བསོད་ནམས་སྤྲིན་གྱི་རོལ་མོ།

隆钦精义·绝密上师明点之随许仪轨·集供福德云乐

c འཇིགས་མེད་མཁྱེན་བརྩེའི་བློས་གར།

d རང་ལོ་བཅུ་བདུན་པ། 十七岁（1745 年）

e ཆོ་ག（仪轨）

f 刻本

g 乌金 梵夹装 34×6

h 5 6

i 无 藏纸 黑 完整

j 封面钤有“民族文化宫图书馆藏”印。

20.104

a 108-104

b ཀློང་ཆེན་སྙིང་གི་ཐིག་ལེ་ལས༔ བླ་མ་ཡང་གསང་གི་བླ་བརྒྱུད་གསོལ་འདེབས།

隆钦精义·上师大圆满师承祈愿

c འཇམ་དབྱངས་མཁྱེན་བརྩེ་དབང་པོ།

d

e གསོལ་འདེབས།（启请文）

f 刻本

g 乌金 梵夹装 34×6

h 13 6

i 无 藏纸 黑 完整

j 封面钤有“民族文化宫图书馆藏”印。

20.105

a 108-105

b གཅོད་ཡུལ་མཁའ་འགྲོའི་གད་རྒྱངས་ཀྱི་བརྒྱུད་པའི་གསོལ་འདེབས།

觉派空行母怒吼启请文

c རང་བྱུང་རྡོ་རྗེ།

d

e གསོལ་འདེབས།（启请文）

f 刻本
g 乌金 梵夹装 34×6
h 3 6
i 无 藏纸 黑 完整
j 封面钤有“民族文化宫图书馆藏”印。

20.106
a 108-106
b ཀློང་ཆེན་སྙིང་གི་ཐིག་ལེ་ལས༔ རྫོགས་པ་ཆེན་པོ་ཀུན་ཏུ་བཟང་པོ་ཡེ་ཤེས་ཀློང་གི་རྒྱུད་དང་། རྫོགས་པ་ཆེན་པོའི་རྒྱུད་ཕྱི་མ། ཀུན་ཏུ་བཟང་པོའི་དགོངས་ཉམས། རྫོགས་པ་ཆེན་པོའི་གནད་གསུམ་ཤན་འབྱེད།
隆钦精义·大圆满普贤续、大圆满后续、普贤思集、大圆满三要义分析等
c རང་བྱུང་རྡོ་རྗེ།
d
e ཀློང་ཆེན་སྙིང་ཐིག（隆钦精义）
f 刻本
g 乌金 梵夹装 34×6
h 23 6
i 无 藏纸 黑 完整
j 封面钤有“民族文化宫图书馆藏”印。

20.107
a 108-107
b ཨོརྒྱན་ཟུར་རྗེ་གླིང་པའི་གསོལ་འདེབས།
上师奥金苏吉林巴之祈愿
c རང་བྱུང་རྡོ་རྗེ།
d
e གསོལ་འདེབས།（启请文）
f 刻本
g 乌金 梵夹装 34×6
h 4 6
i 无 藏纸 黑 完整

j 封面钤有“民族文化宫图书馆藏”印。

20.108
a 108-108
b ཨོ་རྒྱན་ཟུར་རྗེ་གླིང་པས་མཛད་པའི་སྟོང་པ་དབང་འདུས་ཞེས་བྱ་བའི་གསོལ་འདེབས།
上师奥金苏吉林巴之著作·空集启请文
c རང་བྱུང་རྡོ་རྗེ།
d
e གསོལ་འདེབས།（启请文）
f 刻本
g 乌金　梵夹装　34×6
h 9　6
i 无　藏纸　黑　完整
j 封面钤有“民族文化宫图书馆藏”印。

21
A 3428　6301
B འཇམ་དབྱངས་མཁྱེན་བརྩེ་དབང་པོའི་གསུང་འབུམ།
绛央钦则旺波文集
C ཀ

D འཇམ་དབྱངས་མཁྱེན་བརྩེ་དབང་པོ།ས་སྐྱ།　རབ་བྱུང་བཅུ་བཞི་པའི་ལྕགས་འབྲུག་སྤྱི་ལོ་༡༨༢༠ལ་ཡབ་དྲུང་ཆེན་རིན་ཆེན་རྣམ་རྒྱལ་དང་ཡུམ་བསོད་ནམས་མཚོའི་སྲས་སུ་མདོ་ཁམས་སྡེ་དགེར་འཁྲུངས།　སྨིན་གླིང་མཁན་ཆེན་རིག་འཛིན་བཟང་པོ་ལས་བསྙེན་པར་རྫོགས།　དགུང་ལོ་བཅུ་གཉིས་ཐོག་ཐར་རྩེ་མཁན་ཆེན་བྱམས་པ་ཀུན་དགའ་བསྟན་འཛིན་གྱིས་ཨེ་ཝཾ་ཐར་པ་རྩེའི་མཁན་ཆེན་བྱམས་པ་ནམ་མཁའ་འཆི་མེད་ཀྱི་ཡང་སྲིད་དུ་ངོས་བཟུང་།　སྨིན་གླིང་ཁྲི་ཆེན་འགྱུར་མེད་སངས་རྒྱས་ཀུན་དགའ།　ཞེ་ཆེན་འགྱུར་མེད་མཐུ་སྟོབས་རྣམ་རྒྱལ།　ས་སྐྱ་པ་རྡོ་རྗེ་རིན་ཆེན།　ཐར་རྩེ་མཁན་ཆེན་སྐུ་མཆེད་སོགས་ས་དགེ་བཀའ་རྙིང་གི་བླ་མ་སྐྱེས་བུ་དམ་པ་བརྒྱ་དང་ལྔ་བཅུ་ལྷག་ཡོངས་འཛིན་དུ་བསྟེན་ནས་མདོ་སྔགས་རིག་གནས་དང་བཅས་པ་ཐུན་མོང་དང་ཐུན་མིན་གྱི་གཞུང་ལུགས་མཐའ་དག་སྦྱངས་པ་

དཔྱིས་ཕྱིན་པ་མཛད། རྗེ་འདི་ཉིད་ཀྱིས་གང་གསན་པ་ཐམས་ཅད་གདུལ་བྱ་སོ་སོའི་མོས་སྐལ་དང་འཚམ་པར་དབང་ལུང་ཁྲིད་གསུམ་གྱི་རྒྱུན་བསྐྱངས། ཁོང་གི་གསུང་པར་དུ་འགོད་པ་པོད་བཅུ་གསུམ་བཞུགས། ཞལ་སློབ་ཀོང་སྤྲུལ་ཡོན་ཏན་རྒྱ་མཚོ། འཇུ་མི་ཕམ་རྣམ་རྒྱལ་རྒྱ་མཚོ། ས་སྐྱ་ཁྲི་ཆེན་བཀྲ་ཤིས་རིན་ཆེན། རྒྱལ་བ་ཀརྨ་པ་སྐུ་ཕྲེང་བཅུ་བཞི་དང་བཅོ་ལྔ། བྲག་གཡབ་ཉོ་མིན་དཔོན་སོགས་ས་དགེ་བཀའ་རྙིང་གི་སྐྱེས་ཆེན་གྲངས་ལས་འདས་པ་བྱོན། རབ་བྱུང་བཅོ་ལྔ་པའི་ཆུ་འབྲུག་༡༨༩༢སྐུ་མྱ་ངན་ལས་འདས། དེད་དཔེ་མཛོད་ཁང་དུ་རྒྱ་གར་པར་ལྡེ་ཉུབ་མི་རིགས་སློབ་གྲྭའི་པར་སློག་པོད་ ༢༤ ཀ--ཡ ཨང་རྟགས ༢༠༩༣--༢༡༦༤བར་དང་། རྫོང་གསར་གྱི་པར་པོད་ ༦ ཀ ག ཆ--ཏ ཨང་རྟགས ༣༤༢༨--༣༤༣༣ བཞུགས།

绛央钦则旺波（1820—1892）：属萨迦派。诞生于多康德格附近。4、5岁起开始习读。12 岁被认定为堪钦强巴朗卡其美转世，游历三大寺及后藏诸寺，拜 150 余名西藏各个教派高僧为师。精通显、密宗。拥有众多弟子，其中以贡珠·云丹嘉措、吉米旁朗杰嘉措等宁玛派弟子及扎西仁钦等萨迦派弟子，第十四、十五世噶玛活佛，第十世、十一世司徒，达隆仁钦等噶举派弟子，理塘堪钦、霍尔康等格鲁派弟子最为著名，还有苯教等的弟子不计其数。他用虔诚的信徒所献的财物铸造金佛像 2000 余尊；木刻版经文 40 余函；手抄本 2000 余函；修建大小寺庙 13 座。对佛教的发展及众生的利益作出积极贡献，功德圆满。其文集的木刻版有 13 函，但皆已损毁。西藏图书馆藏北京民族文化宫图书馆赠送的文集有印度版本，即西南民族大学印刷厂的复印版 24 函，编号在 2093—2164 间；四川宗萨版（རྫོང་གསར།）6 函，编号为：3428—3433。

E 此函民族宫目录著录为 7 卷，西藏图书馆藏品则为 11 卷，缺《绛央钦则旺波文集ཀ字函目录》一卷，多出《ངེས་པ་དོན་གྱི་ཐམས་ཅད་མཁྱེན་པ་འཇམ་དབྱངས་མཁྱེན་བརྩེའི་དབང་པོའི་གསུང་འབུམ་རིན་པོ་ཆེའི་དཀར་ཆག་ལེགས་བཤད་མཛོད་ཀྱི་ལྡེའུ་མིག་ཅེས་བྱ་བ་བཞུགས་སོ།（略译：绛央钦则旺波文集目录）》51 叶。另多出 4 卷均在民族宫目录中的ཁ函中。

21.1

a 11-1

b ངེས་པ་དོན་གྱི་ཐམས་ཅད་མཁྱེན་པ་འཇམ་དབྱངས་མཁྱེན་བརྩེའི་དབང་པོའི་གསུང་འབུམ་རིན་པོ་ཆེའི་དཀར་ཆག་ལེགས་བཤད་མཛོད་ཀྱི་ལྡེའུ་མིག་ཅེས་བྱ་བ་བཞུགས་སོ།།

绛央钦则旺波文集目录

c

d

e དཀར་ཆག（目录）

f 刻本 རྫོང་གསར།（四川甘孜宗萨）

g 乌金 梵夹装 37×6

h 51 6

i 无 藏纸 黑 完整

j 民族宫目录中无此件。

21.2

a 11-2

b ལྷ་དང་བཅས་པའི་སྟོན་པ་མཉམ་མེད་ཤཱཀྱ་སེང་གེའི་ཞབས་ཀྱི་པདྨོ་མཛད་པ་བཅུ་གཉིས་ཀྱི་སྒོ་ནས་ཅུང་ཟད་བསྟོད་པ་ཀུན་བཟང་འཁོར་ལོའི་རེའུ་མིག་རྒྱལ་བ་སྲས་བཅས་དགྱེས་པའི་རོལ་མོ་ཞེས་བྱ་བ་བཞུགསོ།།

无等天人师释迦狮子莲座前以十二事业简略赞颂之回文诗表格·佛菩萨喜乐

c ཤཱཀྱའི་དགེ་སློང་འཇམ་དབྱངས་མཁྱེན་བརྩེའི་དབང་པོ།

d

e བསྟོད་པ།（赞颂）

f 刻本 རྫོང་གསར།（四川甘孜宗萨）

g 乌金 梵夹装 37×6

h 6 6

i 无 藏纸 黑 完整

j

21.3

a 11-3

b དཔལ་ལྡན་ས་སྐྱ་པཎྜི་ཏའི་ཞབས་ཀྱི་བསྟོར་ཚུང་ཟད་བསྔགས་པའི་ཀུན་བཟང་འཁོར་ལོའི་རི་མོ་མིག་འཛམ་

མགོན་བླ་མ་དགྱེས་པའི་རོལ་མོ་ཞེས་བྱ་བ་བཞུགས་སོ།།

具德萨迦班智达尊前简略赞颂之回文诗表格·文殊怙主上师喜乐

c ཤཱ་ཀྱའི་དགེ་སློང་བྱ་བྲལ་བ་འཇམ་དབྱངས་མཁྱེན་བརྩེའི་དབང་པོ།

d

e བསྟོད་པ།（赞颂）

f 刻本 རྫོང་གསར།（四川甘孜宗萨）

g 乌金 梵夹装 37×6

h 5 6

i 无 藏纸 黑 完整

j

21.4

a 11-4

b ཀུན་མཁྱེན་ཆོས་ཀྱི་རྒྱལ་པོ་དྲི་མེད་འོད་ཟེར་གྱི་ཞབས་ཀྱི་བསྟོལ་ཚུང་ཟད་བསྔགས་པའི་ཀུན་བཟང་

འཁོར་ལོའི་རི་མོ་མིག་མཚོ་བྱུང་དགྱེས་པའི་རོལ་མོ་ཞེས་བྱ་བ་བཞུགས་སོ།།

遍智法王智美俄色座前简略赞颂之回文诗表格·妙音佛母喜乐

c ཤཱཀྱའི་དགེ་སློང་རིག་པ་འཛིན་པ་འཇམ་དབྱངས་མཁྱེན་བརྩེའི་དབང་པོ།

d རབ་བྱུང་བཅུ་བཞི་པའི་ལྕགས་མོ་ཕག་གི་ལོ། 第十四饶迥铁阴猪年（1851）

ཨེ་ཝྃ་ཆོས་ལྡན་གྱི་བླ་བྲང་ཐར་པ་རྩེ།

e བསྟོད་པ།（赞颂）

f 刻本 རྫོང་གསར།（四川甘孜宗萨）

g 乌金 梵夹装 37×6

h 18 6

i 无 藏纸 黑 完整

j

21.5
a 11-5
b འཆི་མེད་ཚེ་ལྷ་རྣམ་གསུམ་གྱི་བསྟོད་པ་བཞུགས་སོ།།
長寿三尊赞
c གཞོན་ནུ་ཨ་ཧྰ་ཡ།
d རང་ལོ་བཅུ་བདུན་དང་བཅོ་བརྒྱད། 17-18 岁（1837-1838 年）
རིག་གྲོལ་ཕུན་ཚོགས་གླིང་།（彭措林寺）
e བསྟོད་པ།（赞颂）
f 刻本 རྫོང་གསར།（四川甘孜宗萨）
g 乌金 梵夹装 37×6
h 16 6
i 无 藏纸 黑 完整
j

21.6
a 11-6
b བསྟོད་ཚོགས་གསོལ་འདེབས་སྨྲས་བཅས་རྒྱལ་བ་དགྱེས་པའི་རོལ་མོ་ཡོན་ཏན་རྒྱ་མཚོ་མཐའ་ཡས་པའི་སྤྲིན་
ཞེས་བྱ་བ་བཞུགས་སོ།།
赞颂集启请文·佛菩萨喜悦之音乐功德无涯云
c
d
e བསྟོད་ཚོགས།（赞集）
f 刻本 རྫོང་གསར།（四川甘孜宗萨）
g 乌金 梵夹装 37×6
h 192 6
i 无 藏纸 黑 完整
j

21.7

a　11-7

b　བླ་མ་ཕྱག་འཚལ་བའི་ཚིགས་བཅད་ཡན་ལག་བདུན་པ་ལམ་རིམ་གྱི་སྨོན་ལམ་དང་བཅས་པ་ཀུན་བཟང་

སྤྱོད་པའི་འཇུག་ངོགས་ཞེས་བྱ་བ་བཞུགས་སོ།།

敬礼上师之七支颂偈及道次第祈愿文・入普贤行之津梁

c

d　ཆུ་སྟོད་ཟླ་བ།　藏历六月　བསམ་གཏན་གྱི་ཁང་བུར་ཤར་མ།

e　སྨོན་ལམ།（祈愿）

f　刻本　རྫོང་གསར།（四川甘孜宗萨）

g　乌金　梵夹装　37×6

h　32　6

i　无　藏纸　黑　完整

j　民族宫目录中为ཁ函。

21.8

a　11-8

b　ཀུན་མཁྱེན་བླ་མ་རྡོ་རྗེ་འཆང་ཆེན་པོ་འཇམ་དབྱངས་མཁྱེན་བརྩེའི་དབང་པོའི་རྣམ་ཐར་ཉུང་ངུར་བསྡུས་པ་

བཞུགས་སོ།།

遍智上师金刚大持绛央钦则旺波小传

c　བཙུན་གཟུགས་ཀྱི་ན་བ་མི་ཕམ།

d　རབ་ཆོས་དབང་ཕྱུག་ཁྲིམས་ཟླའི་ཚེས་ཉེར་བརྒྱད།　第十五饶迥火牛年（1877）藏历七月十

六至八月十五日

e　རྣམ་ཐར།（传记）

f　刻本　རྫོང་གསར།（四川甘孜宗萨）

g　乌金　梵夹装　37×6

h　9　6

i　无　藏纸　黑　完整

j 民族宫目录中为ཁ函。

21.9
a 11-9
b སྐྱེ་ཕྲེང་གསོལ་འདེབས་བཞུགས་སོ།།
世系启请文
c
d
e གསོལ་འདེབས།（启请文）
f 刻本 རྫོང་གསར།（四川甘孜宗萨） ཀུན་དགའ་རྒྱན་མཚན།
g 乌金 梵夹装 37×6
h 1 6
i 无 藏纸 黑 完整
j 民族宫目录中为ཁ函。

21.10
a 11-10
b འཆི་མེད་མཛེ་ར་བ་ལ་བསྟོད་པ་ཌཱ་ཀི་དགྱེས་པའི་རོལ་མོ་ཞེས་བྱ་བ་བཞུགས།
曼达罗明妃赞·空行母喜乐
c
d
e བསྟོད་པ།（赞颂）
f 刻本 རྫོང་གསར།（四川甘孜宗萨） བྱམས་པ་བསྟན་འཛིན་སོགས།
g 乌金 梵夹装 37×6
h 11 6
i 无 藏纸 黑 完整
j

21.11
a 11-11

b གདམས་གྱི་ཚོགས་རིག་གཞུང་རྒྱ་མཚོར་འཇུག་པའི་གྲུ་རྫིང་ཞེས་བྱ་བ་བཞུགས་སོ།།

法言集·入学海之舟

c

d

e གདམས་ཚོགས།（言集）

f 刻本 རྫོང་གསར།（四川甘孜宗萨）

g 乌金 梵夹装 37×6

h 143 6

i 有 藏纸 黑 完整

j 民族宫目录中为ཁ函。

22

A **3429**

B འཇམ་དབྱངས་མཁྱེན་བརྩེ་དབང་པོའི་གསུང་འབུམ།

绛央钦则旺波文集

C **ག**

D འཇམ་དབྱངས་མཁྱེན་བརྩེའི་དབང་པོ་ཀུན་དགའ་བསྟན་པའི་རྒྱན་མཚན།

同3428介绍。

E 此函民族宫目录著录为ང和ཅ函，而原ག函的目录和《妙吉祥幻网经传八派统之开派讲说与笔录诸类》，在西藏图书馆藏品中无。

22.1

a 2-1

b གསང་ཆེན་རྡོ་རྗེ་ཐེག་པ་ཕྱི་འགྱུར་གསར་མ་གཙོ་བོར་སྟོན་པའི་ཟིན་བྲིས་སྣ་ཚོགས་དང་མདོ་རྒྱུད་ལུང་བཏུས་བཅས་པ་བཞུགས་སོ།།

据新译大密金刚乘而作之诸种笔录与显密教理汇集

c པད་མ་འོད་གསལ་མདོ་སྔགས་གླིང་པ།

d

e སྔགས། (密宗)

f 刻本 རྫོང་གསར། (四川甘孜宗萨) ཐོག་སི་སྤྲུལ་པའི་མཆིད་ལན་དུ།

g 乌金 梵夹装 37×6

h 357 6

i 有 藏纸 黑 完整

j 民族宫目录中为ང函。

22.2

a 2-2

b དྲིས་ལན་མདོར་བསྡུས་སྐོར་བཞུགས་སོ།།

问答略摄

c

d

e དྲི་བ་དྲིས་ལན། (问答类)

f 刻本 རྫོང་གསར། (四川甘孜宗萨)

g 乌金 梵夹装 37×6

h 33 6

i 有 藏纸 黑 完整

j 民族宫目录中为ཅ函。

23

A 3430

B འཇམ་དབྱངས་མཁྱེན་བརྩེ་དབང་པོའི་གསུང་འབུམ།

绛央钦则旺波文集

C ཆ

D འཇམ་དབྱངས་མཁྱེན་བརྩེའི་དབང་པོ་ཀུན་དགའ་བསྟན་པའི་རྒྱན་མཚན།

同3428介绍。

E　此函在民族宫目录里分布在ད和ཤ函中，而原ཆ函的 6 卷在西藏图书馆藏品中无。

23.1

a　8-1

b　གསང་འདུས་འཇིག་རྟེན་དབང་ཕྱུག་གི་སྒྲུབ་ཐབས་ཉུང་ངུ་བྱིན་རླབས་ཟླ་བའི་ཐིག་ལེ་དང་བཅས་པ་སྙིང་པོ་བཞུགས་སོ།།

密集观自在略修法·加持月光甘露

c

d

e　སྒྲུབ་ཐབས།（修心法）

f　刻本　རྫོང་གསར།（四川甘孜宗萨）

g　乌金　梵夹装　36.5×6

h　10　6

i　无　藏纸　黑　完整

j　封面钤有“民族文化宫图书馆藏”印；民族宫目录中为ད函。

23.2

a　8-2

b　གྲུབ་ཆེན་མི་ཏྲ་ཛཱ་གིའི་ལུགས་ཀྱི་ཐུགས་རྗེ་ཆེན་པོ་སེམས་ཉིད་ངལ་གསོའི་སྒྲུབ་ཐབས་རྗེས་གནང་མན་ངག་

དང་བཅས་པ་སྙིང་གི་བདུད་རྩི་ཞེས་བྱ་བ་བཞུགས་སོ།།

人成就师弥扎卓格传规之大悲观音心性息劳修法随许法要诀·心中甘露

c

d

e　སྒྲུབ་ཐབས།（修心法）

f　刻本　རྫོང་གསར།（四川甘孜宗萨）

g　乌金　梵夹装　36.5×6

h　8　6

i　无　藏纸　黑　完整

j　封面钤有“民族文化宫图书馆藏”印；民族宫目录中为ད函。

23.3

a 8-3

b རིགས་གསུམ་མམ་སྤྱིའི་དཀྱིལ་འཁོར་གྱི་ཆོ་ག་ཕྲིན་ལས་ལྷུན་གྲུབ་ཅེས་ཞེས་བྱ་བ་བཞུགས་སོ།།

三部怙主总曼荼罗仪轨·事业任运成就

c

d

e ཆོ་ག（仪轨）

f 刻本 རྫོང་གསར།（四川甘孜宗萨）

g 乌金 梵夹装 36.5×6

h 45 6

i 有 藏纸 黑 完整

j 封面钤有“民族文化宫图书馆藏”印；民族宫目录中为༧函。

23.4

a 8-4

b གྲུབ་ཆེན་མི་ཏྲ་བརྒྱ་རྩའི་དབང་བཀའ་སོ་སོའི་མཚམས་སྦྱོར་མདོར་བསྡུས་པ་ཐུགས་རྗེ་ཆེན་པོའི་དགོངས་རྒྱན་

མཛེས་པར་བྱེད་པའི་རྒྱན་ཅེས་བྱ་བ་བཞུགས་སོ།།

大成就师弥扎百法各别灌顶法语简介·大悲观音密意美妙庄严

c

d ཐུབ་བསྟན་ཆོས་འཁོར་གླིང་།（四川八邦寺）

e བཀའ་དབང་།（授喻灌顶）

f 刻本 རྫོང་གསར།（四川甘孜宗萨）

g 乌金 梵夹装 36.5×6

h 46 6

i 无 藏纸 黑 完整

j 封面钤有“民族文化宫图书馆藏”印；民族宫目录中为༨函。

23.5

a 8-5

b རྗེ་བཙུན་སྒྲོལ་མ་དཀར་མོ་ཡིད་བཞིན་འཁོར་ལོའི་ཆོ་ག་ལ་བརྟེན་ནས་བརྟན་བཞུགས་འབུལ་ཚུལ་དབང་བཅུ་གྲུབ་པའི་དགའ་སྟོན་ཞེས་བྱ་བ་བཞུགས་སོ།།

依至尊白度母如意轮仪轨修长住世法·十自在喜宴

c

d

e ཆོ་ག།（仪轨）

f 刻本 རྫོང་གསར།（四川甘孜宗萨）

g 乌金 梵夹装 36.5×6

h 15 6

i 无 藏纸 黑 完整

j 封面钤有“民族文化宫图书馆藏”印；民族宫目录中为༥函。

23.6

a 8-6

b ཚེ་དཔག་མེད་གྲུབ་རྒྱལ་ལུགས་ཀྱི་བརྒྱུད་འདེབས་འཆི་མེད་བདུད་རྩིའི་ཆར་འབེབས་ཅེས་བྱ་བ་བཞུགས་སོ།།

珠吉传规之无量寿佛传承启请文·长寿甘露降

c

d

e བརྒྱུད་འདེབས།（启请文）

f 刻本 རྫོང་གསར།（四川甘孜宗萨）

g 乌金 梵夹装 36.5×6

h 28 6

i 无 藏纸 黑 完整

j 封面钤有“民族文化宫图书馆藏”印；民族宫目录中为༥函。

23.7

a 8-7

b ཉེ་བརྒྱུད་ཚེ་ཧྟ་ཟུང་འབྲེལ་གྱི་རྒྱུན་ཁྱེར་ཤིན་ཏུ་བསྡུས་པ་འཆི་མེད་གྲུབ་པའི་ཞལ་བྱང་ཞེས་བྱ་བ་བཞུགས་སོ།།

近传长寿佛与马头金刚结合之常用略法·长寿悉地之语教
c
d ཆུ་བོ་རིའི་གཟིམ་ཕུག（曲沃日山）
e འདོན་ཆ།（诵经文）
f 刻本 རྫོང་གསར།（四川甘孜宗萨）
g 乌金 梵夹装 36.5×6
h 2 6
i 无 藏纸 黑 完整
j 封面钤有“民族文化宫图书馆藏”印；民族宫目录中为ད函。

23.8
a 8-8
b ཚེ་དཔག་མེད་གྲུབ་རྒྱལ་ལུགས་ཀྱི་བྱིན་རླབས་ཆོ་ག་པད་དཀར་བཞད་པའི་གསལ་བྱེད་གཞན་ཕན་བདུད་རྩིའི་

སྙིང་པོ་ཞེས་བྱ་བ་བཞུགས་སོ།།
珠吉传规之无量寿佛加持仪轨·白莲茂盛·利他甘露精华
c
d
e ཆོ་ག（仪轨）
f 刻本 རྫོང་གསར།（四川甘孜宗萨）
g 乌金 梵夹装 36.5×6
h 61 6
i 无 藏纸 黑 完整
j 封面钤有“民族文化宫图书馆藏”印；民族宫目录中为ད函。

24
A 3431
B འཇམ་དབྱངས་མཁྱེན་བརྩེ་དབང་པོའི་གསུང་འབུམ།
绛央钦则旺波文集

C ཛ

D འཇམ་དབྱངས་མཁྱེན་བརྩེའི་དབང་པོ་ཀུན་དགའ་བསྟན་པའི་རྒྱན་མཚན།
同 3428 介绍。

E 此函为民族宫目录中ད函里的 7 卷。

24.1
a 7-1

b ཤིང་རྟ་ཆེན་པོ་རྣམ་གཉིས་ཀྱི་གཞུང་དང་རྗེས་སུ་མཐུན་པའི་དབུ་མའི་ལྟ་ཁྲིད་བདུད་རྩིའི་སྙིང་པོ་ཞེས་བྱ་བ་

བཞུགས་སོ།།

随顺二大乘师学理之中观导引·甘露精华

c

d

e ལྟ་ཁྲིད། (中观导释)

f 刻本 རྫོང་གསར། (四川甘孜宗萨)

g 乌金 梵夹装 36.5×6
h 12 6
i 无 藏纸 黑 完整
j 封面钤有“民族文化宫图书馆藏”印。

24.2
a 7-2

b ཀུན་མཁྱེན་བོ་དོང་པའི་དཔལ་དེ་ཉིད་འདུས་ཆེན་གྱི་ཟབ་ཁྲིད་ཆོས་སྐོར་དགུ་ལས། ཐུབ་པ་ཆེན་པོའི་གཅོད་

ཀྱི་ཁྲིད་ཡིག་ཟབ་དོན་ཡང་སྙིང་ཞེས་བྱ་བ་བཞུགས་སོ།།

遍智博东巴吉祥自性集之甚深导引九法类中能仁能断导引甚深义精粹

c མཐུ་སྟོ་ཁས།

d

e གཅོད། (觉派)

f 刻本 རྫོང་གསར།（四川甘孜宗萨）

g 乌金 梵夹装 36.5×6
h 14 6
i 无 藏纸 黑 完整
j 封面钤有“民族文化宫图书馆藏”印。

24.3
a 7-3

b ཀུན་མཁྱེན་པོ་དོང་པའི་ལུགས་ཀྱི་ཕྱག་རྒྱ་ཆེན་པོ་ལྷན་ཅིག་སྐྱེས་སྦྱོར་དང་ཟབ་གསལ་དབྱེར་མེད་ཟུང་དུ་འཇུག་པའི་སྔོན་འགྲོའི་ངག་འདོན་མ་རིག་མུན་སེལ་ཞེས་བྱ་བ་བཞུགས་སོ།།

遍智博东巴传规之大手印俱生和合深明无别之双运前行念诵法・消除黑暗

c མཛུ་སྒོ་ཁས།

d

e སྔོན་འགྲོའི་ངག་འདོན།（诵文序）

f 刻本 རྫོང་གསར།（四川甘孜宗萨）

g 乌金 梵夹装 36.5×6
h 36 6
i 无 藏纸 黑 完整
j 封面钤有“民族文化宫图书馆藏”印。

24.4
a 7-4

b སྨན་བླའི་མདོ་ཆོག་གི་སྙིང་པོ་ཤིན་ཏུ་བསྡུས་པ་ཕན་བདེའི་དཔལ་སྟེར་ཞེས་བྱ་བ་བཞུགས་སོ།།

药师经仪轨精粹・利乐吉祥施

c མཛུ་སྒོ་ཁས།

d

e མདོ་ཆོག（显宗仪轨）

f 刻本 རྫོང་གསར།（四川甘孜宗萨）

g 乌金 梵夹装 36.5×6

h 4 6
i 无 藏纸 黑 完整
j 封面钤有“民族文化宫图书馆藏”印。

24.5
a 7-5
b ཐུབ་དབང་ཉེ་སྲས་བརྒྱད་ལ་ཕྱག་མཆོད་བྱ་ཚུལ་མདོར་བསྡུས་ཕན་བདེའི་སྙིང་པོ་ཞེས་བྱ་བ་བཞུགས་སོ།།
能仁王及八大菩萨礼供略法·利乐精华
c མཛུ་སྒོ་ཁས།
d
e ཆོ་ག（仪轨）
f 刻本 རྫོང་གསར།（四川甘孜宗萨）
g 乌金 梵夹装 36.5×6
h 7 6
i 无 藏纸 黑 完整
j 封面钤有“民族文化宫图书馆藏”印。

24.6
a 7-6
b རིག་འཛིན་ཆེན་པོ་སངས་རྒྱས་གླིང་པའི་གཏེར་བྱོན་ཐུབ་དབང་གནས་བརྟན་བཅུ་དྲུག་གི་མཆོད་པའི་ཆོ་ག་སྙིང་པོར་དྲིལ་བ་ཕན་བདེའི་འབྱུང་གནས་ཞེས་བྱ་བ་བཞུགས་སོ།།
大持明桑结林巴所掘伏藏中能仁工及十六尊者之供养仪轨精要·利乐之源
c
d
e ཆོ་ག（仪轨）
f 刻本 རྫོང་གསར།（四川甘孜宗萨）
g 乌金 梵夹装 36.5×6
h 19 6
i 无 藏纸 黑 完整
j 封面钤有“民族文化宫图书馆藏”印。

24.7
a 7-7

b ཐུབ་དབང་གནས་བརྟན་བཅུ་དྲུག་འཁོར་དང་བཅས་པ་མཆོད་ཅིང་གསོལ་བ་གདབ་པའི་ཚུལ་མདོར་བསྡུས་

པ་བསོད་ནམས་སྤྲིན་གྱི་ངྷ་གསར་ཞེས་བྱ་བ་བཞུགས་སོ།།

能仁王及十六尊者供养启请略法·福云鼓声

c མཛད་སྒོ་ཁས།

d

e གསོལ་འདེབས།（启请文）

f 刻本 རྫོང་གསར།（四川甘孜宗萨）

g 乌金 梵夹装 36.5×6
h 10 6
i 无 藏纸 黑 完整
j 封面钤有“民族文化宫图书馆藏”印；民族宫目录中为9叶。

25
A 3433

B འཇམ་དབྱངས་མཁྱེན་བརྩེ་དབང་པོའི་གསུང་འབུམ།

绛央钦则旺波文集

C ཏ

D འཇམ་དབྱངས་མཁྱེན་བརྩེའི་དབང་པོ་ཀུན་དགའ་བསྟན་པའི་རྒྱན་མཚན།

同3428介绍。
E 此函在民族宫目录中分布于同文集各函中。

25.1
a 84-1

b བླ་མའི་ཐུགས་སྒྲུབ་བར་ཆད་ཀུན་སེལ་གྱི་སྔོན་འགྲོའི་ངག་འདོན་བྱང་ཆུབ་མཆོག་གི་ས་བོན་ཅེས་བྱ་

བ་བཞུགས་སོ།།

上师意修法·普消灾障之前行念诵法·胜菩提种子

c
d
e ངག་འདོན།（念诵法）
f 刻本 རྫོང་གསར།（四川甘孜宗萨）
g 乌金 梵夹装 36.5×6
h 6 6
i 有 藏纸 黑 完整
j 封面钤有“民族文化宫图书馆藏”印；民族宫目录中为ཕ函。

25.2
a 84-2
b སྔ་འགྱུར་སྡོམ་པ་གསུམ་གྱི་བརྒྱུད་པའི་བླ་མ་རྣམས་ལ་གསོལ་འདེབས་པ་བཞུགས་སོ།།
旧译三律仪传承诸上师启请文
c
d
e གསོལ་འདེབས།（启请文）
f 刻本 རྫོང་གསར།（四川甘孜宗萨）
g 乌金 梵夹装 36.5×6
h 10 6
i 无 藏纸 黑 完整
j 封面钤有“民族文化宫图书馆藏”印；民族宫目录中为ཕ函。

25.3
a 84-3
b བླ་མའི་ཐུགས་སྒྲུབ་བར་ཆད་ཀུན་སེལ་ལས་ཕྱི་གསོལ་འདེབས་ཀྱི་ཚུལ་དུ་སྒྲུབ་པ་དང་རྗེས་སུ་འབྲེལ་བའི་
ཚོགས་གཉིས་སྤེལ་བའི་ཆོག་བྱིན་རླབས་ཆར་འབེབས་ཞེས་བྱ་བ་བཞུགས་སོ།།
上师意修法·普消灾障中外修祈请法及与此相关之二资粮增益仪轨·加持雨降
c
d

e ཆོ་གའི་སྐོར།（仪轨）

f 刻本 རྫོང་གསར།（四川甘孜宗萨）

g 乌金 梵夹装 36.5×6
h 23 6
i 无 藏纸 黑 完整

j 封面钤有“民族文化宫图书馆藏”印；民族宫目录中为ཐ函。

25.4
a 84-4

b དམ་བཅའ་ཉེར་བརྒྱད་པ་བཞུགས་སོ།།

诺言二十八则

c
d

e དམ་བཅའ།（承诺）

f 刻本 རྫོང་གསར།（四川甘孜宗萨）

g 乌金 梵夹装 36.5×6
h 2 6
i 无 藏纸 黑 完整

j 封面钤有“民族文化宫图书馆藏”印；民族宫目录中为ཐ函。

25.5
a 84-5

b དཀའ་རབ་རྡོ་རྗེའི་སྙིང་ཐིག་ལས། ཡི་དམ་ཞི་བའི་སྒྲུབ་ཐབས་དང་ཕྲིན་ལས་ཀྱི་བྱང་བུ་ཁྲིགས་སུ་བསྡེབས་པ་བདེ་

ཆེན་མྱུར་ལམ་ཞེས་བྱ་བ་བཞུགས་སོ།།

噶饶多杰精义中寂静本尊修法与事业仪轨列编·大乐捷径

c པདྨ་འོད་གསལ་མདོ་སྔགས་གླིང་པ།

d

e སྒྲུབ་ཐབས།（修心法）

f 刻本 རྫོང་གསར། （四川甘孜宗萨） ལྷུང་རྟོགས་བསྟན་པའི་ཉི་མ།

g 乌金 梵夹装 36.5×6

h 10 6

i 无 藏纸 黑 完整

j 封面钤有“民族文化宫图书馆藏”印；民族宫目录中为ཐ函，1叶。

25.6

a 84-6

b དགའ་རབ་རྡོ་རྗེའི་སྙིང་ཐིག་ལས།ཡི་དམ་ཞི་བའི་སྒྲུབ་པ་དཔལ་རྡོ་རྗེ་སེམས་དཔའི་བསྐྱེད་རྫོགས་ཀྱི་ཉམས་ལེན་སྙིང་པོ་དྲིལ་བ་བདེ་ཆེན་ཐིག་ལེ་ཞེས་བྱ་བ་བཞུགས་སོ།།

噶饶多杰精义中寂静本尊修法即吉祥金刚萨埵生圆二次第实修精要·大乐精华

c པདྨ་འོད་གསལ་མདོ་སྔགས་གླིང་པ།

d

e ཆོ་ག（仪轨）

f 刻本 རྫོང་གསར། （四川甘孜宗萨）

ལྷུང་རྟོགས་བསྟན་པའི་ཉི་མ་དང་དགེ་བའི་བཤེས་གཉེན་རིག་པ།

g 乌金 梵夹装 36.5×6

h 9 6

i 无 藏纸 黑 完整

j 封面钤有“民族文化宫图书馆藏”印；民族宫目录中为ཐ函，10叶。

25.7

a 84-7

b བླ་མའི་ཐུགས་སྒྲུབ་བར་ཆད་ཀུན་སེལ་ལས། གུ་རུ་རྒྱལ་བའི་གདུང་འཛིན་གྱི་ཕྲིན་ལས་སྙིང་པོ་ཁྲིགས་སུ་བསྡེབས་པ་ཁམས་གསུམ་དབང་སྡུད་ཅེས་བྱ་བ་བཞུགས་སོ།།

上师意修法·普消灾障中莲华生大师嗣承事业精要列编·制服三届

c

d

e གཏེར་ཆོས།（伏藏）

f 刻本 རྫོང་གསར།（四川甘孜宗萨）

g 乌金 梵夹装 36.5×6

h 5 6

i 无 藏纸 黑 完整

j 封面钤有“民族文化宫图书馆藏”印；民族宫目录中为ཁ函，7 叶。

25.8

a 84-8

b བླ་མའི་ཐུགས་སྒྲུབ་བར་ཆད་ཀུན་སེལ་ལས།རིག་འཛིན་རྩ་འཕྲུལ་མཐུ་ཆེན་རྡོ་རྗེ་གྲོ་བོ་ལོད་ཀྱི་ཕྲིན་ལས་སྙིང་པོར་དྲིལ་བ་བཞུགས་སོ།།

上师意修法·普消灾障中具持明大神变力之莲华生大师事业精要

c

d

e ཚོག（仪轨）

f 刻本 རྫོང་གསར།（四川甘孜宗萨）

g 乌金 梵夹装 36.5×6

h 3 6

i 无 藏纸 黑 完整

j 封面钤有“民族文化宫图书馆藏”印；民族宫目录中为ཁ函。

25.9

a 84-9

b བླ་མའི་ཐུགས་སྒྲུབ་བར་ཆད་ཀུན་སེལ་གྱི་དོན་དབང་འབྲིང་པོ་དང་བསྡུས་པའི་ཚོག་སྙིང་པོའི་སྣང་བ་ཞེས་བྱ་བ་བཞུགས་སོ།།

上师意修法·普消灾障中句义灌顶中、略仪轨要义

c འཇམ་མགོན་རྡོ་རྗེ་འཆང་བློ་གྲོས་མཐའ་ཡས།

d

e ཚོ་ག（仪轨）

f 刻本 རྫོང་གསར། （四川甘孜宗萨）

g 乌金 梵夹装 36.5×6
h 16 6
i 无 藏纸 黑 完整

j 封面钤有“民族文化宫图书馆藏”印；民族宫目录中为ཞ函。

25.10
a 84-10

b སྐུ་གསུམ་རིགས་འདུས་ཟབ་ཏིག་ལས། སྙིང་པོ་དོན་གྱི་གཏོར་དབང་གི་མཚམས་སྦྱོར་མདོར་བསྡུས་པ་བདེ་ཆེན་

སྨྱུ་གུ་ཞེས་བྱ་བ་བཞུགས་སོ།།

三身种集甚深精义种中要义之神馐灌顶略说·大乐之苗

c པད་མ་འོད་གསལ་མདོ་སྔགས་གླིང་པ།

d

e གཏོར་དབང་། （神馐灌顶）

f 刻本 རྫོང་གསར། （四川甘孜宗萨）

g 乌金 梵夹装 36.5×6
h 4 6
i 无 藏纸 黑 完整

j 封面钤有“民族文化宫图书馆藏”印；民族宫目录中为ཞ函。

25.11
a 84-11

b བཅོམ་ལྡན་འདས་མགོན་པོ་འོད་དཔག་ཏུ་མེད་པའི་སངས་རྒྱས་ཀྱི་ཞིང་ཡོངས་སུ་སྦྱོང་བའི་ཆོ་ག་བདེ་བ་ཅན་དུ་

བགྲོད་པའི་ཤིང་རྟ་ཞེས་བྱ་བ་བཞུགས་སོ།།

薄伽梵怙主无量光佛刹土圆满净治仪轨·趣极乐刹土之车

c

d

e ཆོ་ག（仪轨）

f 刻本 རྫོང་གསར།（四川甘孜宗萨）

g 乌金 梵夹装 36.5×6

h 21 6

i 无 藏纸 黑 完整

j 封面钤有“民族文化宫图书馆藏”印；民族宫目录中为ཕ函。

25.12

a 84-12

b བཅོམ་ལྡན་འདས་མགོན་པོ་འོད་དཔག་ཏུ་མེད་པའི་ཞིང་སྦྱོང་གི་ཆོ་ག་དང་རྗེས་སུ་འབྲེལ་བའི་གཞན་ཕན་ཕྲིན་

ལས་ཀྱི་རིམ་པ་བདེ་བ་ཅན་དུ་བགྲོད་པའི་མྱུར་ལམ་ཞེས་བྱ་བ་བཞུགས་སོ།།

薄伽梵怙无量光佛刹土净治仪轨及结合利他事业次第·趣极乐刹之捷径

c པད་མ་འོད་གསལ་མདོ་སྔགས་གླིང་པ།（白玛林）

d

e ཆོ་ག（仪轨）

f 刻本 རྫོང་གསར།（四川甘孜宗萨）

g 乌金 梵夹装 36.5×6

h 14 6

i 无 藏纸 黑 完整

j 封面钤有“民族文化宫图书馆藏”印；民族宫目录中为ཕ函。

25.13

a 84-13

b འོད་དཔག་མེད་ཀྱི་དབང་བསྐུར་གྲངས་གསོག་བྱ་ཚུལ་བཞུགས་སོ།།

无量光佛灌顶积数法

c

d

e　ཆོ་ག།（仪轨）

f　刻本　རྫོང་གསར།（四川甘孜宗萨）

g　乌金　梵夹装　36.5×6
h　1　6
i　无　藏纸　黑　完整

j　封面钤有“民族文化宫图书馆藏”印；民族宫目录中为ཕ函。

25.14

a　84-14

b　འཕགས་པ་ཐུགས་རྗེ་ཆེན་པོ་པདྨ་གཙུག་ཏོར་གྱི་སྒྲུབ་ཐབས་སྙིང་པོར་དྲིལ་བ་གཞན་ཕན་ཟླ་སྣང་ཞེས་བྱ་བ་བཞུགས་སོ།།

　圣大悲莲华顶髻观世音修法精要·利他月光

c

d

e　སྒྲུབ་ཐབས།（修心法）

f　刻本　རྫོང་གསར།（四川甘孜宗萨）

g　乌金　梵夹装　36.5×6
h　38　6
i　无　藏纸　黑　完整

j　封面钤有“民族文化宫图书馆藏”印；民族宫目录中为 བ函。

25.15

a　84-15

b　འཕགས་པ་ཐུགས་རྗེ་ཆེན་པོ་འཁོར་བ་དོང་སྤྲུགས་ཀྱི་བསྙེན་སྒྲུབ་ཕྲིན་ལས་དང་བཅས་པ་གཞན་ཕན་མཁའ་ཁྱབ་ཅེས་བྱ་བ་བཞུགས་སོ།།

　圣大悲观音永断轮回之念修法及事业法·利他普遍

c

d

e བསྙེན་སྒྲུབ།（念修）

f 刻本 རྫོང་གསར།（四川甘孜宗萨）

g 乌金 梵夹装 36.5×6
h 11 6
i 无 藏纸 黑 完整

j 封面铃有“民族文化宫图书馆藏”印；民族宫目录中为བ函。

25.16
a 84-16

b གཏེར་གསར་འཁོར་བ་དོང་སྤྲུགས་བརྒྱུད་འདེབས་ཞེས་བྱ་བ་བཞུགས་སོ།།

新掘伏藏永断轮回法传承启请文

c

d

e གསོལ་འདེབས།（启请文）

f 刻本 རྫོང་གསར།（四川甘孜宗萨）

g 乌金 梵夹装 36.5×6
h 1 6
i 无 藏纸 黑 完整

j 封面铃有“民族文化宫图书馆藏”印；民族宫目录中为བ函。

25.17
a 84-17

b རྗེ་བཙུན་སྒྲོལ་མ་འཇིགས་པ་ཀུན་སེལ་གྱི་དབང་ཆོག་བྱིན་རླབས་ཆར་འབེབས་ཞེས་བྱ་བ་བཞུགས་སོ།།

至尊普消苦难度母之灌顶仪轨·加持雨降

c

d

e ཆོ་ག（仪轨）

f 刻本 རྫོང་གསར།（四川甘孜宗萨）

g 乌金 梵夹装 36.5×6

h　13　6
i　无　藏纸　黑　完整
j　封面钤有“民族文化宫图书馆藏”印；民族宫目录中为ན函。

25.18
a　84-18
b　སྒྲོལ་མའི་དབང་གི་སྐབས་འཁོར་གྱི་ལྷ་བསྐྱེད་རྒྱས་པར་སྤྲོན་བྱ་བ་བཞུགས་སོ།།
　意修法度母之灌顶之从尊生气次第
c
d
e　ཚོ་ག（仪轨）
f　刻本　རྫོང་གསར།（四川甘孜宗萨）
g　乌金　梵夹装　36.5×6
h　1　6
i　无　藏纸　黑　完整
j　封面钤有“民族文化宫图书馆藏”印；民族宫目录中为ན函。

25.19
a　84-19
b　ཐུགས་སྒྲུབ་བར་ཆད་ཀུན་སེལ་ལས། རིགས་བདག་རྡོ་རྗེ་སེམས་དཔའི་གསང་སྒྲགས་ཐོས་པས་གྲོལ་བ་ཞེས་བྱ་
　བ་བཞུགས་སོ།།
　上师意修法·普消灾障中部主金刚萨埵密周·闻者解脱
c
d
e　ཚོ་ག（仪轨）
f　刻本　རྫོང་གསར།（四川甘孜宗萨）
g　乌金　梵夹装　36.5×6
h　29　6
i　无　藏纸　黑　完整

j 封面钤有“民族文化宫图书馆藏”印；民族宫目录中为ཐ函。

25.20
a 84-20
b ཐུགས་སྒྲུབ་བར་ཆད་ཀུན་གྱི་བཀའ་གཏེར་སྲུང་མའི་གཏོར་བཟློ་བསྡུས་པ་བཞུགས་སོ།།
意修法·普消灾障中伏藏护法之神馐回向法略篇
c
d
e ཆོ་ག（仪轨）
f 刻本 རྫོང་གསར།（四川甘孜宗萨）
g 乌金 梵夹装 36.5×6
h 1 6
i 无 藏纸 黑 完整
j 封面钤有“民族文化宫图书馆藏”印；民族宫目录中为ཐ函，2叶。

25.21
a 84-21
b ཐུགས་སྒྲུབ་བར་ཆད་ཀུན་གྱི་བཀའ་གཏེར་སྲུང་མའི་གཏོར་བཟློ་བསྡུས་པ་བཞུགས་སོ།།
意修法·普消灾障中伏藏护法之神馐回向法略篇
c
d
e ཆོ་ག（仪轨）
f 刻本 རྫོང་གསར།（四川甘孜宗萨）
g 乌金 梵夹装 36.5×6
h 2 6
i 无 藏纸 黑 完整
j 封面钤有“民族文化宫图书馆藏”印；民族宫目录中为ཐ函。

25.22
a 84-22

b བླ་མའི་ཐུགས་སྒྲུབ་ཡིད་བཞིན་ནོར་བུ་ལས། བཀའ་སྲུང་མཆོད་པའི་ཕྲིན་ལས་མདོར་བསྡུས་སྙིང་པོར་དྲིལ་

བ་བཞུགས་སོ།།

上师意修法·如意宝中护法神供养事业略篇精要

c

d

e ཆ་ག（仪轨）

f 刻本 རྫོང་གསར།（四川甘孜宗萨）

g 乌金 梵夹装 36.5×6

h 1 6

i 无 藏纸 黑 完整

j 封面钤有“民族文化宫图书馆藏”印；民族宫目录中为བ函。

25.23

a 84-23

b རྒྱུད་སྡེ་བཞི་དང་རྗེས་སུ་འབྲེལ་པའི་རྗེ་བཙུན་སྒྲོལ་མའི་སྒྲུབ་ཐབས་རྒྱུན་ཁྱེར་སྙིང་པོར་དྲིལ་བ་བཞུགས་སོ།།

与四续部相关之至尊度母修法·常用精要

c

d

e སྒྲུབ་ཐབས།（修法）

f 刻本 རྫོང་གསར།（四川甘孜宗萨）

g 乌金 梵夹装 36.5×6

h 12 6

i 无 藏纸 黑 完整

j 封面钤有“民族文化宫图书馆藏”印；民族宫目录中为བ函。

25.24

a 84-24

b ཟབ་དོན་རྩ་གསུམ་ཆོ་དཀར་དོན་དབང་མདོར་བསྡུས་བཞུགས་སོ།།

甚深七法三根本白色无量寿佛句义灌顶略篇笔录

c

d

e དོན་དབང་། （句义灌顶）

f 刻本 རྫོང་གསར། （四川甘孜宗萨）

g 乌金 梵夹装 36.5×6

h 24 6

i 无 藏纸 黑 完整

j 封面钤有“民族文化宫图书馆藏”印；民族宫目录中为བ函。

25.25

a 84-25

b སྔ་འགྱུར་རྡོ་རྗེ་ཐེག་པའི་བརྒྱུད་པ་གསུམ་གྱི་བླ་མ་ལ་གསོལ་བ་འདེབས་པ་བྱིན་རླབས་ཆར་འབེབས་ཞེས་བྱ་བ་བཞུགས་སོ།།

旧译金刚乘三传承上师启请文·加持雨降

c

d

e གསོལ་འདེབས། （启请文）

f 刻本 རྫོང་གསར། （四川甘孜宗萨）

g 乌金 梵夹装 36.5×6

h 1 6

i 无 藏纸 黑 完整

j 封面钤有“民族文化宫图书馆藏”印；民族宫目录中为བ函。

25.26

a 84-26

b རྩ་གསུམ་བདེ་གཤེགས་འདུས་པའི་ལས་བྱང་དངོས་གྲུབ་ཆར་འབེབས་ཞེས་བྱ་བ་བཞུགས་སོ།།

三根本善逝集之羯摩仪轨·悉地雨降

c མཚོ་སྐྱེས་བླ་མ་དགྱེས་པའི་འབངས་ཀྱི་སློ་གྲོས་པ་ཞོན་ནུ།

d

e ལས་བྱང་།（品目）

f 刻本 རྫོང་གསར།（四川甘孜宗萨）

g 乌金 梵夹装 36.5×6
h 11 6
i 无 藏纸 黑 完整

j 封面钤有“民族文化宫图书馆藏”印；民族宫目录中为བ函。

25.27
a 84-27

b རྩ་གསུམ་བདེ་གཤེགས་འདུས་པའི་བདག་འཇུག་གི་ཆོ་ག་ཡེ་ཤེས་ཆར་འབེབས་བཞུགས་སོ།།

三根本善逝集之自入仪轨·智慧雨降

c
d

e ཆོ་ག（仪轨）

f 刻本 རྫོང་གསར།（四川甘孜宗萨）

g 乌金 梵夹装 36.5×6
h 6 6
i 无 藏纸 黑 完整

j 封面钤有“民族文化宫图书馆藏”印；民族宫目录中为བ函。

25.28
a 84-28

b དཔལ་ཆེན་ཡང་དག་ཟབ་ཏིག་ལས། རྒྱུད་ཀྱི་རྣལ་འབྱོར་སྙིང་པོ་བཞུགས་སོ།།

大吉祥真实法甚深精义之瑜伽传承心要

c
d

e ཆོ་ག（仪轨）

f 刻本 རྫོང་གསར།（四川甘孜宗萨）

g 乌金 梵夹装 36.5×6
h 16 6
i 无 藏纸 黑 完整
j 封面钤有“民族文化宫图书馆藏”印；民族宫目录中为ང函。

25.29
a 84-29
b འཇམ་དཔལ་གཤིན་རྗེའི་ཐུགས་ཏིག་ལས། སྔོན་འགྲོའི་རྣལ་འབྱོར་སྙིང་པོ་བཞུགས་སོ།།
妙吉祥阎摩精义之前行瑜伽心要
c
d
e ཆོ་ག（仪轨）
f 刻本 རྫོང་གསར།（四川甘孜宗萨）
g 乌金 梵夹装 36.5×6
h 6 6
i 无 藏纸 黑 完整
j 封面钤有“民族文化宫图书馆藏”印；民族宫目录中为ང函。

25.30
a 84-30
b ཕྲིན་ལས་ཕུར་པའི་གནད་ཏིག་ལས། སྔོན་འགྲོའི་རྣལ་འབྱོར་སྙིང་པོ་བཞུགས་སོ།།
事业橛精义之前行瑜伽心要
c པདྨ་འོད་གསལ་མདོ་སྔགས་གླིང་པ།
d ཨེ་ཝཾ།
e ཆོ་ག（仪轨）
f 刻本 རྫོང་གསར།（四川甘孜宗萨）
g 乌金 梵夹装 36.5×6
h 7 6
i 无 藏纸 黑 完整

j 封面钤有“民族文化宫图书馆藏”印；民族宫目录中为ཐ函。

25.31

a 84-31

b རྒྱ་ཚར་གསུམ་ནི། ཕུད་དང་རྒྱ་བསྔོས་ལ་དང་པོ་བཀའ་བསྒོ་བའི་ཕྱིར་ཕུལ།

首要要旨回供

c

d

e ཆོ་ག（仪轨）

f 刻本 རྫོང་གསར།（四川甘孜宗萨）

g 乌金 梵夹装 36.5×6

h 1 6

i 无 藏纸 黑 完整

j 封面钤有“民族文化宫图书馆藏”印；民族宫目录中为ཐ函。

25.32

a 84-32

b སྙན་བརྒྱུད་ཕྲིན་ལས་ཕུར་པའི་གནད་ཏིག་གི་ས་བཅད་བཞུགས་སོ།།

耳传事业橛精义科判

c

d དཔལ་སྤུངས་དགོན།（四川八邦寺）

e ཆོ་ག（仪轨）

f 刻本 རྫོང་གསར།（四川甘孜宗萨）

g 乌金 梵夹装 36.5×6

h 3 6

i 无 藏纸 黑 完整

j 封面钤有“民族文化宫图书馆藏”印；民族宫目录中为ཐ函。

25.33

a 84-33

b འཆི་མེད་འཕགས་པའི་སྙིང་ཏིག་ལས། རྒྱུན་གྱི་རྣལ་འབྱོར་ཕྱག་རྒྱ་གཅིག་པ་བཞུགས་སོ།།

长寿佛母精义之常修之瑜伽独一本尊法

c

d དཔལ་སྤུངས་དགོན། （四川八邦寺）

e ཆོ་ག （仪轨）

f 刻本　རྫོང་གསར། （四川甘孜宗萨）

g 乌金　梵夹装　36.5×6

h 4　6

i 无　藏纸　黑　完整

j 封面钤有“民族文化宫图书馆藏”印；民族宫目录中为བ函。

25.34

a 84-34

b འཆི་མེད་འཕགས་པའི་སྙིང་ཏིག་གི་ཚོགས་མཆོད་བསྡུས་པ་བདུད་རྩིའི་ཐིགས་ཐིག་བཞུགས་སོ།།

长寿佛母精义之会供法略篇·甘露精华

c

d

e ཚོགས་མཆོད། （集供）

f 刻本　རྫོང་གསར། （四川甘孜宗萨）

g 乌金　梵夹装　36.5×6

h 11　6

i 无　藏纸　黑　完整

j 封面钤有“民族文化宫图书馆藏”印；民族宫目录中为བ函。

25.35

a 84-35

b གསང་སྤྱོད་མཁའ་འགྲོའི་སྙན་བརྒྱུད་ཀྱི་བསྙེན་པ་སོགས་ཀྱི་ཟིན་ཐོ་བཞུགས་སོ།།

密行空行耳传之念修法等笔录

c
d
e　བསྙེན་པ།（念修）
f　刻本　རྫོང་གསར།（四川甘孜宗萨）
g　乌金　梵夹装　36.5×6
h　2　6
i　无　藏纸　黑　完整
j　封面钤有“民族文化宫图书馆藏”印；民族宫目录中为བ函。

25.36
a　84-36
b　འཆི་མེད་འཕགས་མའི་སྙིང་ཏིག་གི་རྒྱས་པའི་སྦྱིན་སྲེག་ངག་འདོན་ཟིན་བྲིས་བཞུགས་སོ།།
　长寿佛母精义之增益护摩念诵法
c
d
e　སྦྱིན་སྲེག（火供）
f　刻本　རྫོང་གསར།（四川甘孜宗萨）
g　乌金　梵夹装　36.5×6
h　8　6
i　无　藏纸　黑　完整
j　封面钤有“民族文化宫图书馆藏”印；民族宫目录中为བ函。

25.37
a　84-37
b　རྫོགས་པ་ཆེན་པོ་ཀློང་ཆེན་སྙིང་ཐིག་གི་སྔོན་འགྲོའི་དམིགས་རིམ་སྙིང་པོར་དྲིལ་བ་ཟབ་དོན་བདུད་རྩིའི་ཉིང་ཁུ་ཞེས་བཞུགས་སོ།།
　大圆满隆钦精义之前行所缘次第精要 · 甚深义甘露精华
c
d

e སྔོན་འགྲོའི་དམིགས་རིམ།(前行所缘次第)

f 刻本 རྫོང་གསར།（四川甘孜宗萨）

g 乌金 梵夹装 36.5×6
h 14 6
i 无 藏纸 黑 完整

j 封面钤有“民族文化宫图书馆藏”印；民族宫目录中为བ函。

25.38
a 84-38

b སྔོན་འགྲོའི་ངག་འདོན་མདོར་བསྡུས་བྱང་ཆུབ་མྱུར་ལམ་བཞུགས་སོ།།

前行略法·菩提妙道

c
d

e སྔོན་འགྲོའི་ངག་འདོན།(前行诵法)

f 刻本 རྫོང་གསར།（四川甘孜宗萨）

g 乌金 梵夹装 36.5×6
h 1 6
i 无 藏纸 黑 完整

j 封面钤有“民族文化宫图书馆藏”印；民族宫目录中为བ函。

25.39
a 84-39

b རྡོ་རྗེ་སེམས་དཔའ་ལ་བརྟེན་པའི་བླ་མའི་རྣལ་འབྱོར་གྱི་བརྒྱུད་འདེབས་བདེ་ཆེན་ཆར་འབེབས་ཞེས་

བྱ་བ་བཞུགས་སོ།།

依金刚萨埵修上师瑜伽法传承启请文·大乐雨降

c
d

e བརྒྱུད་འདེབས།(启请文)

f 刻本 རྫོང་གསར། （四川甘孜宗萨）

g 乌金 梵夹装 36.5×6

h 1 6

i 无 藏纸 黑 完整

j 封面钤有“民族文化宫图书馆藏”印；民族宫目录中为བ函。

25.40

a 84-40

b རྡོ་རྗེ་སེམས་དཔའ་ལ་བརྟེན་པའི་བླ་མ་མཆོད་པའི་ཆོ་ག་གཞན་ཕན་གྱི་ཕྲིན་ལས་དང་བཅས་པ་བདེ་ཆེན་ལམ་

བཟང་ཞེས་བྱ་བ་བཞུགས་སོ།།

依金刚萨埵修上师供养仪轨及利他事业·大乐妙道

c

d

e ཆོ་ག（仪轨）

f 刻本 རྫོང་གསར། （四川甘孜宗萨）

g 乌金 梵夹装 36.5×6

h 24 6

i 无 藏纸 黑 完整

j 封面钤有“民族文化宫图书馆藏”印；民族宫目录中为བ函。

25.41

a 84-41

b རྡོ་རྗེ་སེམས་དཔའ་ལ་བརྟེན་པའི་བླ་མ་མཆོད་པའི་ཆོ་ག་དང་འབྲེལ་བའི་ཁྱད་པར་ཕྲིན་ལས་བདེ་ཆེན་སྙིང་པོ་

ཞེས་བྱ་བ་བཞུགས་སོ།།

依金刚萨埵修上师供养仪轨及与之有关之殊胜事业·大乐心要

c

d

e ཆོ་ག（仪轨）

f 刻本 རྫོང་གསར།（四川甘孜宗萨）

g 乌金 梵夹装 36.5×6

h 9 6

i 无 藏纸 黑 完整

j 封面钤有“民族文化宫图书馆藏”印；民族宫目录中为བ函。

25.42

a 84-42

b རྡོ་རྗེ་སེམས་དཔའ་ཐུགས་ཀྱི་སྒྲུབ་པའི་སྦྱོང་གྲོལ་རིལ་བུའི་སྒྲུབ་ཐབས་ངག་འདོན་སྙིང་པོར་དྲིལ་བ་གཞན་ཕན་མཁའ་ཁྱབ་ཅེས་བྱ་བ་བཞུགས་སོ།།

吉祥金刚萨埵意修法之实用解脱丸修制法念诵精要・普遍利他

c

d

e ཆོ་ག（仪轨）

f 刻本 རྫོང་གསར།（四川甘孜宗萨）

g 乌金 梵夹装 36.5×6

h 4 6

i 无 藏纸 黑 完整

j 封面钤有“民族文化宫图书馆藏”印；民族宫目录中为བ函。

25.43

a 84-43

b བླ་མ་དྲག་པོ་རྟ་ཁྱུང་འབར་བའི་བྱིན་རླབས་དབང་བསྐུར་གྱི་མཚམས་སྦྱོར་དངོས་གྲུབ་འདོད་འཇོ་ཞེས་བྱ་བ་བཞུགས་སོ།།

忿怒上师马头金刚翅鸟炽烈加持灌顶说・悉地如意

c

d

e ཆོ་ག（仪轨）

f 刻本 རྫོང་གསར། （四川甘孜宗萨）

g 乌金 梵夹装 36.5×6

h 29 6

i 无 藏纸 黑 完整

j 封面钤有“民族文化宫图书馆藏”印；民族宫目录中为བ函。

25.44

a 84-44

b རིག་འཛིན་ཚེ་དབང་གྲངས་གསོག་སོགས་ཀྱི་ཚེ་ཉེ་བར་བསྡུས་པ་འཆི་མེད་བདུད་བརྩིའི་ཡང་སྙིང་ཞེས་བྱ་བ་བཞུགས་སོ།།

持明长寿灌顶积数法、延寿法·长寿甘露精华

c གཞན་ནུ་ཨ་ནནྡ་ཡས།

d

e ཆོ་ག （仪轨）

f 刻本 རྫོང་གསར། （四川甘孜宗萨）

g 乌金 梵夹装 36.5×6

h 2 6

i 无 藏纸 黑 完整

j 封面钤有“民族文化宫图书馆藏”印；民族宫目录中为བ函。

25.45

a 84-45

b ཀློང་ཆེན་གྱི་སྙིང་ཐིག་ལས་བླ་མ་རིག་འཛིན་འདུས་པའི་སྐོང་བསྡུས་རྡོ་རྗེའི་རྒྱུད་མངས་ཞེས་བྱ་བ་བཞུགས་སོ།།

隆钦精义中上师持明集之酬愿略文·金刚琵琶

c པད་མ་འོད་གསལ་མདོ་སྔགས་གླིང་པ།

d

e ཆོ་ག （仪轨）

f 刻本 སྡེ་དགེ།（四川甘孜宗萨）

g 乌金 梵夹装 36.5×6
h 1 6
i 无 藏纸 黑 完整
j 封面钤有“民族文化宫图书馆藏”印；民族宫目录中为ཁ函，2叶。

25.46
a 84-46
b རྡོ་རྗེ་ལྷ་མོ་བཅུ་དྲུག་གི་མཆོད་འཕྲེང་མདོར་བསྡུས་པ་རྡོ་རྗེ་སྒྲ་མའི་མཆོད་སྤྲིན་ཞེས་བྱ་བ་བཞུགས་སོ།།
十六金刚佛母之供鬘略篇·金刚音母之供云
c
d
e མཆོད་སྤྲིན།（供云）

f 刻本 སྡེ་དགེ།（四川甘孜宗萨）

g 乌金 梵夹装 36.5×6
h 1 6
i 无 藏纸 黑 完整
j 封面钤有“民族文化宫图书馆藏”印；民族宫目录中为ཁ函。

25.47
a 84-47
b བླ་མ་དྲག་པོ་ཏ་ཁྲུང་འབར་བའི་དབང་གྲངས་གསོག་གི་ཆོ། ཐོག་མར་ཆོ་གཅིག་ལ་སྐུ་གསུང་ཐུགས་དབང་ཡན་
གཞུང་ལྟར་རྒྱས་པ་ཞེས་བྱ་བ་བཞུགས་སོ།།
猛师威业之语、身、意·广释
c
d
e ཆོ་ག（仪轨）

f 刻本 སྡེ་དགེ།（四川甘孜宗萨）

g 乌金 梵夹装 36.5×6

h 24 6
i 无 藏纸 黑 完整
j 封面钤有“民族文化宫图书馆藏”印；民族宫目录中无此件。

25.48
a 84-48
b ཀློང་ཆེན་སྙིང་ཐིག་ལས། རིག་འཛིན་ཐུགས་སྒྲུབ་དཔལ་ཆེན་འདུས་པའི་ཕྲིན་ལས་སྙིང་པོར་དྲིལ་བ་ཞེས་

བྱ་བ་བཞུགས་སོ།།

隆钦精义中持明意修法大吉祥集·事业精要
c འཇིགས་མེད་གླིང་པའི་སྡེ།
d
e ཀློང་ཆེན་སྙིང་ཐིག（隆钦精义）
f 刻本 རྫོང་གསར།（四川甘孜宗萨）
g 乌金 梵夹装 36.5×6
h 8 6
i 无 藏纸 黑 完整
j 封面钤有“民族文化宫图书馆藏”印；民族宫目录中为མ函。

25.49
a 84-49
b རིག་འཛིན་ཐུགས་སྒྲུབ་དཔལ་ཆེན་འདུས་པའི་རྒྱུན་འཁྱེར་ཕྱག་རྒྱ་གཅིག་པ་ཞེས་བྱ་བ་བཞུགས་སོ།།
持明意修法大吉祥集之常修单手印法
c ཀུན་མཁྱེན་བླ་མ་དགྱེས་པའི་འབངས།
d
e ཕྱག་རྒྱ།(手印)
f 刻本 རྫོང་གསར།（四川甘孜宗萨）
g 乌金 梵夹装 36.5×6
h 3 6
i 无 藏纸 黑 完整

j 封面钤有“民族文化宫图书馆藏”印；民族宫目录中为མ函。

25.50

a 84-50

b མདུན་བསྐྱེད་ཀྱི་ཟླ་འོད་དུ་ཞུ་བ་ལས་སྒོང་གྲོལ་བདུད་རྩིའི་ཕུང་པོ་ཞེས་བྱ་བ་བཞུགས་སོ།།

甘露句义修持法

c

d

e ཆོ་ག(仪轨)

f 刻本 རྫོང་གསར།（四川甘孜宗萨）

g 乌金 梵夹装 36.5×6

h 1 6

i 无 藏纸 黑 完整

j 封面钤有“民族文化宫图书馆藏”印；民族宫目录中为མ函。

25.51

a 84-51

b ཐུགས་སྒྲུབ་ཐུགས་རྗེ་ཆེན་པོ་སྡུག་བསྔལ་རང་གྲོལ་གྱི་བརྒྱུད་འདེབས་བྱིན་རླབས་དཔལ་སྟེར་ཅེས་བྱ་

བ་བཞུགས་སོ།།

密修大悲观音精要集·苦厄自然解脱之传承启请文·加持吉祥施

c

d

e བརྒྱུད་འདེབས།(启请文)

f 刻本 རྫོང་གསར།（四川甘孜宗萨）

g 乌金 梵夹装 36.5×6

h 1 6

i 无 藏纸 黑 完整

j 封面钤有“民族文化宫图书馆藏”印；民族宫目录中为མ函。

25.52

a 84-52

b ཐུགས་རྗེ་ཆེན་པོ་སྡུག་བསྔལ་རང་གྲོལ་གྱི་དབང་དང་འབྲེལ་བར་སྒྲོང་གྲོལ་རིམ་བུའི་དབང་བསྐུར་བར་འདོད་ན་

དབང་དངོས་གཞིའི་བུམ་དབང་རྫོགས་པ་བཞུགས་སོ།།

与大悲观音精要集·苦厄自然解脱灌顶相结合之实用解脱丸灌顶

c

d

e ཆོ་ག (仪轨)

f 刻本 རྫོང་གསར། (四川甘孜宗萨)

g 乌金 梵夹装 36.5×6

h 1 6

i 无 藏纸 黑 完整

j 封面钤有“民族文化宫图书馆藏”印；民族宫目录中为མ函。

25.53

a 84-53

b ཐུགས་རྗེ་ཆེན་པོ་སྡུག་བསྔལ་རང་གྲོལ་གྱི་སྒྲོང་གྲོལ་རིལ་བུ་སྒྲུབ་པའི་སྐབས་རྩ་བའི་དམིགས་བཟླས་ཞེས་

བྱ་བ་བཞུགས་སོ།།

大悲观音精要集·苦厄自然解脱中实用解脱丸修持时之根本观想念诵法

c

d

e ཆོ་ག (仪轨)

f 刻本 རྫོང་གསར། (四川甘孜宗萨)

g 乌金 梵夹装 36.5×6

h 1 6

i 无 藏纸 黑 完整

j 封面钤有“民族文化宫图书馆藏”印；民族宫目录中为མ函。

25.54

a 84-54

b ཐུགས་རྗེ་ཆེན་པོ་སྡུག་བསྔལ་རང་གྲོལ་གྱི་སེམས་པ་བཞིའི་མངོན་རྟོགས་ཞེས་བྱ་བ་བཞུགས་སོ།།

大悲观音精要集·苦厄自然解脱中之四尊女菩萨现证法

c

d

e ཆོ་ག（仪轨）

f 刻本 རྫོང་གསར།（四川甘孜宗萨）

g 乌金 梵夹装 36.5×6

h 1 6

i 无 藏纸 黑 完整

j 封面钤有“民族文化宫图书馆藏”印；民族宫目录中为མ函。

25.55

a 84-55

b ཡང་གསང་བླ་མ་སྒྲུབ་པ་ཐིག་ལེའི་རྒྱ་ཅན་གྱི་བརྒྱུད་འདེབས་བྱིན་རླབས་ཆར་འབེབས་ཞེས་བྱ་བ་བཞུགས་སོ།།

极密上师修法精要秘密传承启请文·加持雨降

c ཀུན་མཁྱེན་བླ་མ་དགྱེས་པའི་འབངས་འཇིགས་པ་མེད་པའི་སྡེ།

d གངས་རི་ཐོད་དཀར།（西藏拉萨曲水岗日托嘎）

e བརྒྱུད་འདེབས།（启请文）

f 刻本 རྫོང་གསར།（四川甘孜宗萨）

g 乌金 梵夹装 36.5×6

h 10 6

i 无 藏纸 黑 完整

j 封面钤有“民族文化宫图书馆藏”印；民族宫目录中为མ函。

25.56

a 84-56

b ཡང་གསང་བླ་མའི་སྒྲུབ་པ་ཐིག་ལེའི་རྒྱ་ཅན་གྱི་པཎྜིན་ཡིག་གྲུབ་གཉིས་ཤིང་རྟ་ཞེས་བྱ་བ་བཞུགས་སོ།།

绝密上师修法精要秘密念修文·二悉地车轨

c

d པད་མ་འོད་གླིང་།

e ཚ་ག (仪轨)

f 刻本 རྫོང་གསར། (四川甘孜宗萨)

g 乌金 梵夹装 36.5×6

h 5 6

i 无 藏纸 黑 完整

j 封面钤有“民族文化宫图书馆藏”印；民族宫目录中为མ函。

25.57

a 84-57

b ཡང་གསང་བླ་མའི་སྒྲུབ་པ་ཐིག་ལེའི་རྒྱ་ཅན་གྱི་སྨིན་བྱེད་ཡེ་ཤེས་མཆོག་སྦྱིན་ཞེས་བྱ་བ་བཞུགས་སོ།།

绝密上师修法精要秘密成熟灌顶·智慧殊胜施

c ཨ་ལྷས་བ།

d གངས་རི་ཐོད་དཀར། (西藏拉萨曲水岗日托嘎)

e ཚ་ག (仪轨)

f 刻本 རྫོང་གསར། (四川甘孜宗萨)

g 乌金 梵夹装 36.5×6

h 4 6

i 无 藏纸 黑 完整

j 封面钤有“民族文化宫图书馆藏”印；民族宫目录中为མ函。

25.58

a 84-58

b འོད་གསལ་རྫོགས་ཆེན་སྙིང་པོའི་རིག་འཛིན་བརྒྱུད་པའི་ཕྱག་མཆོད་བྱིན་རླབས་བདུད་རྩིའི་ཆར་འབེབས་ཞེས་

བྱ་བ་བཞུགས་སོ།།

光明金刚精要之持明传承礼供法·加持甘露雨降

c

d

e ཚ་ག (仪轨)

f 刻本 རྫོང་གསར། (四川甘孜宗萨)

g 乌金 梵夹装 36.5×6

h 4 6

i 无 藏纸 黑 完整

j 封面钤有“民族文化宫图书馆藏”印；民族宫目录中为མ函。

25.59

a 84-59

b ཡུམ་ཀ་མཁའ་འགྲོའི་ཚོགས་ཀྱི་མཆོད་པ་ཉེ་བར་བསྡུས་པ་གྲུབ་གཉིས་དཔལ་ཕྲེང་ཞེས་བྱ་བ་བཞུགས་སོ།།

单体空行母之会供法摄要·二悉地吉祥鬘

c

d

e ཚ་ག (仪轨)

f 刻本 རྫོང་གསར། (四川甘孜宗萨)

g 乌金 梵夹装 36.5×6

h 1 6

i 无 藏纸 黑 完整

j 封面钤有“民族文化宫图书馆藏”印；民族宫目录中为མ函。

25.60

a 84-60

b བདེ་བ་ཅན་དུ་བསྒོད་པའི་ཆོ་ག་དཔག་མེད་མྱུར་ལམ་དང་འབྲེལ་བའི་ཚེ་སྒྲུབ་ཀྱི་གདམས་པ་སྙིང་པོར་དྲིལ་

བ་བཞུགས་སོ།།

与趣极乐刹之仪轨·无量捷径相关之长寿修法要诀精要

c ཨ་ནུ་ཡ།

d

e ཆོ་ག (仪轨)

f 刻本 རྫོང་གསར། (四川甘孜宗萨)

g 乌金 梵夹装 36.5×6

h 9 6

i 无 藏纸 黑 完整

j 封面钤有"民族文化宫图书馆藏"印；民族宫目录中为མ函。

25.61

a 84-61

b རྫོགས་པ་ཆེན་པོ་ཀློང་ཆེན་སྙིང་ཏིག་གི་འགྲོ་བའི་མཚམས་སྦྱོར་ཞུང་གསལ་བཞུགས་སོ།།

大圆满法隆钦精义之往生法简介

c

d

e ཀློང་ཆེན་སྙིང་ཏིག (隆钦精义)

f 刻本 རྫོང་གསར། (四川甘孜宗萨)

g 乌金 梵夹装 36.5×6

h 6 6

i 无 藏纸 黑 完整

j 封面钤有"民族文化宫图书馆藏"印；民族宫目录中为ཡ函。

25.62

a 84-62

b བཀའ་སྲུང་མ་མགོན་ལྕམ་དྲལ་གྱི་ཚོགས་མཆོད་ཕྲིན་ལས་མཆོག་སྦྱིན་ཅེས་བྱ་བ་བཞུགས་སོ།།

护法江扎之会供法·事业殊胜施

c

d དབུར་སྟོད་ཞྭ་ལྷ་ཁང་། (西藏拉萨墨竹贡嘎夏拉康)

e ཆོ་ག (仪轨)

f 刻本 སྡེ་དགེ།（四川甘孜宗萨）

g 乌金 梵夹装 36.5×6
h 6 6
i 无 藏纸 黑 完整

j 封面钤有“民族文化宫图书馆藏”印；民族宫目录中为མ函。

25.63
a 84-63

b བསྔོས་པ་བྱ་བ་ནི། ལས་གཞུང་གི་བསྟོད་པ་ཞེས་བྱ་བ་བཞུགས་སོ།།

回向之业绩赞

c
d

e བསྟོད་པ།（赞颂）

f 刻本 སྡེ་དགེ།（四川甘孜宗萨）

g 乌金 梵夹装 36.5×6
h 1 6
i 无 藏纸 黑 完整
j 封面钤有“民族文化宫图书馆藏”印；民族宫目录中无此件。

25.64
a 84-64

b བཀའ་བསྲུང་སྨན་བཙུན་མཆེད་ལྔའི་ཕྲིན་ལས་དཔག་བསམ་ཡོངས་འདུ་དང་འབྲེལ་བའི་ཚོགས་མཆོད་ཕན་བདེའི་རྣ་ཆ་ཞེས་བྱ་བ་བཞུགས་སོ།།

与护法神药尊五昆仲之事业·如意树相关之会供法·利乐耳饰

c

d དགུང་ལོ་བཅུ་བདུན། 十七岁（1836年）

e བསྟོད་པ།（赞颂）

f 刻本 སྡེ་དགེ།（四川甘孜宗萨）

g 乌金 梵夹装 36.5×6

h 4 6
i 无 藏纸 黑 完整
j 封面钤有“民族文化宫图书馆藏”印；民族宫目录中为 མ函。

25.65
a 84-65
b རྩ་གསུམ་ཆོས་སྲུང་རྒྱ་མཚོའི་སྐོང་བཤགས་དང་གཏོར་བསྔོ་བཅས་ཉེ་བར་བསྡུས་པ་དངོས་གྲུབ་མཆོག་

སྩོལ་བཞུགས་སོ།།

三根本护法海之酬忏法神馐回向摄要·悉地殊胜施
c
d
e ཆོ་ག（仪轨）
f 刻本 རྫོང་གསར།（四川甘孜宗萨）
g 乌金 梵夹装 36.5×6
h 2 6
i 无 藏纸 黑 完整
j 封面钤有“民族文化宫图书馆藏”印；民族宫目录中为ས函。

25.66
a 84-66
b ཐུགས་རྗེ་ཆེན་པོ་སྡུག་བསྔལ་རང་གྲོལ་གྱི་གནས་ལུང་གྲངས་གསོག་ཅེས་བྱ་བ་བཞུགས་སོ།།

大悲观音精要集·苦厄自然解脱中度亡经教积数法
c
d
e ཞལ་འདོན།（诵文）
f 刻本 རྫོང་གསར།（四川甘孜宗萨）
g 乌金 梵夹装 36.5×6
h 2 6
i 无 藏纸 黑 完整

j 封面钤有“民族文化宫图书馆藏”印；民族宫目录中为 མ函。

25.67

a 84-67

b དཔལ་ཐྱགས་ཀྱི་སྲུང་མའི་གཏེར་བསྔོ་ཉེར་བསྡུས་ཞེས་བྱ་བ་བཞུགས་སོ།།

密乘护法神之神馐回向摄要

c

d

e བསྔོ་སྨོན།།(超度)

f 刻本 རྫོང་གསར།（四川甘孜宗萨）

g 乌金 梵夹装 36.5×6

h 1 6

i 无 藏纸 黑 完整

j 封面钤有“民族文化宫图书馆藏”印；民族宫目录中为མ函。

25.68

a 84-68

b རབ་གནས་བཀྲ་ཤིས་འདོད་འཇོའི་སྙིང་པོ་ཉེ་བར་བསྡུས་པ་ཞེས་བྱ་བ་བཞུགས་སོ།།

开光法·吉祥如意藏摄要

c འཇིགས་པ་མེད་པའི་སྡེས།

d

e རབ་གནས།（开光）

f 刻本 རྫོང་གསར།（四川甘孜宗萨）

g 乌金 梵夹装 36.5×6

h 13 6

i 无 藏纸 黑 完整

j 封面钤有“民族文化宫图书馆藏”印；民族宫目录中为མ函，12 叶。

25.69

a 84-69

b བར་དོའི་ངོ་སྤྲོད་དང་འཕོ་བའི་མཚམས་སྦྱོར་བཅས་ཞུང་ངུར་བསྡུས་པ་བཞུགས་སོ།།

中阴与往生说简介

c

d

e བར་དོའི་ངོ་སྤྲོད། （中阴简介）

f 刻本 རྫོང་གསར། （四川甘孜宗萨）

g 乌金 梵夹装 36.5×6

h 6 6

i 无 藏纸 黑 完整

j 封面钤有"民族文化宫图书馆藏"印；民族宫目录中为མ函。

25.70

a 84-70

b ཇོ་ལུགས་སྒྲོལ་དཀར་མཚལ་གཅིག་པའི་སྒྲུབ་སྐོར་ལས་ཚོགས་དང་བཅས་པ་བཞུགས་སོ།།

阿底峡传规之白度母一座曼遮修习法类及实修事相

c

d

e སྒྲུབ་སྐོར། （修心法）

f 刻本 རྫོང་གསར། （四川甘孜宗萨）

g 乌金 梵夹装 36.5×6

h 19 6

i 无 藏纸 黑 完整

j 封面钤有"民族文化宫图书馆藏"印；民族宫目录中为མ函。

25.71

a 84-71

b བདུད་རྩི་སྨན་གྱི་སྒྲུབ་པ་མདོར་བསྡུས་བྱ་ཚུལ་འཆི་མེད་རྟག་པའི་བཅུད་ལེན་ཞེས་བྱ་བ་བཞུགས་སོ།།

甘露药物修制略法·长寿采英

c མཚོ་སྔོ་ཁས།

d

e སྨན་སྒྲུབ།（药修）

f 刻本 རྫོང་གསར།（四川甘孜宗萨）

g 乌金 梵夹装 36.5×6
h 5 6
i 无 藏纸 黑 完整

j 封面钤有“民族文化宫图书馆藏”印；民族宫目录中为མ函。

25.72
a 84-72

b རྟེན་གསུམ་རབ་ཏུ་གནས་པའི་ཆོ་ག་སྙིང་པོར་དྲིལ་བ་དགེ་ལེགས་ཆར་འབེབས་ཞེས་བྱ་བ་བཞུགས་སོ།།

三依开光仪轨精要·善妙雨降

c མཚོ་སྔོ་ཁས།

d

e རབ་གནས།（开光）

f 刻本 རྫོང་གསར།（四川甘孜宗萨）

g 乌金 梵夹装 36.5×6
h 11 6
i 无 藏纸 黑 完整

j 封面钤有“民族文化宫图书馆藏”印；民族宫目录中为མ函。

25.73
a 84-73

b སངས་རྒྱས་སྤྱི་བསྟོད་བཞུགས་སོ།།

佛陀共通赞

c
d

e བསྟོད་ཚོགས།（赞集）

f 刻本 རྫོང་གསར།（四川甘孜宗萨）

g 乌金 梵夹装 36.5×6
h 1 6
i 无 藏纸 黑 完整
j 封面钤有“民族文化宫图书馆藏”印；民族宫目录中为མ函。

25.74
a 84-74

b རབ་གནས་བཀྲ་ཤིས་བཞུགས་སོ།།

开光吉祥颂

c
d

e རབ་གནས།（开光）

f 刻本 རྫོང་གསར།（四川甘孜宗萨）

g 乌金 梵夹装 36.5×6
h 2 6
i 无 藏纸 黑 完整
j 封面钤有“民族文化宫图书馆藏”印；民族宫目录中无此件。

25.75
a 84-75

b སོ་ཐར་འདུལ་སྡོམ་བརྒྱུད་པའི་གསོལ་འདེབས་སྨོན་ལམ་དང་བཅས་པ་བཞུགས་སོ།།

别解脱律仪传承祈请及祈愿文

c
d

e གསོལ་འདེབས།（启请文）

f 刻本 རྫོང་གསར།（四川甘孜宗萨）

g 乌金 梵夹装 36.5×6
h 32 6

i 无 藏纸 黑 完整

j 封面钤有“民族文化宫图书馆藏”印；民族宫目录中为མ函。

25.76

a 84-76

b རྗེ་བཙུན་རིག་བྱེད་དབང་མོའི་སྒྲུབ་ཐབས་ཡིད་འཕྲོག་པདྨ་རཱ་གའི་ཕྲེང་བ་བཞུགས་སོ།།

至尊作明佛母修法·如意红宝石鬘

c

d

e སྒྲུབ་ཐབས།（修心法）

f 刻本 རྫོང་གསར།（四川甘孜宗萨）

g 乌金 梵夹装 36.5×6

h 5 6

i 无 藏纸 黑 完整

j 封面钤有“民族文化宫图书馆藏”印；民族宫目录中为ཡ函。

25.77

a 84-77

b ཡུམ་བཀའ་མཁའ་འགྲོའི་ལས་ཚོགས་བཞི་པ་དང་འབྲེལ་བའི་ཚེ་དབང་ཉེར་བསྡུས་བཞུགས་སོ།།

与单体空行母四实修事相结合之长寿灌顶摄要

c

d

e ཚེ་དབང་།（长寿灌顶）

f 刻本 རྫོང་གསར།（四川甘孜宗萨）

g 乌金 梵夹装 36.5×6

h 19 6

i 无 藏纸 黑 完整

j 封面钤有“民族文化宫图书馆藏”印；民族宫目录中为མ函，4叶。

25.78

a 84-78

b རིག་འཛིན་ཡུམ་བཀའི་བརྒྱུད་འདེབས་བདེ་ཆེན་ཆར་འབེབས་བཞུགས་སོ།།

持明母法语之传承启请文·大乐雨降

c

d

e བརྒྱུད་འདེབས།（启请文）

f 刻本 རྫོང་གསར།（四川甘孜宗萨）

g 乌金 梵夹装 36.5×6

h 1 6

i 无 藏纸 黑 完整

j 封面钤有“民族文化宫图书馆藏”印；民族宫目录中为མ函。

25.79

a 84-79

b དགའ་རབ་རྡོ་རྗེའི་སྙིང་ཏིག་ལས། ཡི་དམ་ཞི་བ་རྡོ་རྗེ་སེམས་དཔའི་བརྒྱུད་འདེབས་བདེ་ཆེན་སྤྲིན་ཕུང་ཞེས་བྱ་

བ་བཞུགས་སོ།།

噶饶多杰精义之寂静本尊金刚萨埵传承启请文·大乐云聚

c པད་མ་འོད་གསལ་མདོ་སྔགས་གླིང་པ།

d

e བརྒྱུད་འདེབས།（启请文）

f 刻本 རྫོང་གསར།（四川甘孜宗萨） ལུང་རྟོགས་བསྟན་པའི་ཉི་མ།

g 乌金 梵夹装 36.5×6

h 1 6

i 无 藏纸 黑 完整

j 封面钤有“民族文化宫图书馆藏”印；民族宫目录中为ཕ函。

25.80

a 84-80

b　ཕྲིན་ལས་ཕུར་པའི་གནད་དྲིལ་ལས། སྔོན་འགྲོའི་རྣལ་འབྱོར་སྙིང་པོ་བཞུགས་སོ།།

事业橛精义之前行瑜伽心要

c　བདུད་མ་འོད་གསལ་མདོ་སྔགས་གླིང་པ།

d　ཨེ་ཝཾ་ཆོས་ཀྱི་སྣང་ཆེན།

e　སྔོན་འགྲོ（前行）

f　刻本　རྫོང་གསར།（四川甘孜宗萨）

g　乌金　梵夹装　36.5×6
h　7　6
i　无　藏纸　黑　完整
j　封面钤有“民族文化宫图书馆藏”印；民族宫目录中为བ函。

25.81
a　84-81

b　རྡོ་རྗེ་ཕུར་པ་རྩ་བའི་རྒྱུད་ཀྱི་གསར་འགྱུར་དུམ་བུ་བཞུགས་སོ།།

金刚橛基本续之新意部分

c　བདུད་མ་འོད་གསལ་མདོ་སྔགས་གླིང་པ།

d

e　ཕུར་པའི་སྐོར།（金刚橛）

f　刻本　རྫོང་གསར།（四川甘孜宗萨）　ལུང་རྟོགས་བསྟན་པའི་ཉི་མ།

g　乌金　梵夹装　36.5×6
h　5　6
i　无　藏纸　黑　完整
j　封面钤有“民族文化宫图书馆藏”印；民族宫目录中无此件。

25.82
a　84-82

b　ཕྲིན་ལས་ཕུར་པའི་གནད་དྲིལ་བཞུགས།

功业橛之要义

c པད་མ་འོད་གསལ་མདོ་སྔགས་གླིང་པ།

d

e ཕུར་པའི་སྐོར། (金刚橛)

f 刻本 རྫོང་གསར། (四川甘孜宗萨) ལུང་རྟོགས་བསྟན་པའི་ཉི་མ།

g 乌金 梵夹装 36.5×6
h 9 6
i 无 藏纸 黑 完整
j 封面钤有“民族文化宫图书馆藏”印；民族宫目录中无此件。

25.83
a 84-83

b རགྱ་ཚར་གསུམ་ནི། ཕུད་དང་རགྱ་བསྔོས་པ་དང་པོ་བཀའ་བསྒོ་པའི་ཕྱིར་ཕུལ་བཞུགས་སོ།།

首要要旨回供

c
d

e བཀའ་བསྒོ། (授命)

f 刻本 རྫོང་གསར། (四川甘孜宗萨) ལུང་རྟོགས་བསྟན་པའི་ཉི་མ།

g 乌金 梵夹装 36.5×6
h 1 6
i 无 藏纸 黑 完整
j 封面钤有“民族文化宫图书馆藏”印；民族宫目录中为བ函。

25.84
a 84-84

b སྙན་བརྒྱུད་ཕྲིན་ལས་ཕུར་པའི་གནད་ཏིག་གི་ས་བཅད་བཞུགས་སོ།།

耳传事业橛精义科判

c
d

e ཕུར་པའི་སྐོར། (金刚橛)

f 刻本 རྫོང་གསར།（四川甘孜宗萨） ལུང་རྟོགས་བསྟན་པའི་ཉི་མ།

g 乌金 梵夹装 36.5×6
h 31 6
i 无 藏纸 黑 完整
j 封面钤有“民族文化宫图书馆藏”印；民族宫目录中为བ函，3叶。

26
A 3434
B འཇམ་དབྱངས་མཁྱེན་བརྩེ་དབང་པོའི་གསུང་འབུམ།
绛央钦则旺波文集
C
D འཇམ་དབྱངས་མཁྱེན་བརྩེའི་དབང་པོ་ཀུན་དགའ་བསྟན་པའི་རྒྱལ་མཚན།
同3428介绍。
E 民族宫目录中无此函。

26.1
a 17-1
b ཐེག་པ་ཆེན་པོ་བློ་སྦྱོང་ཐུན་བརྒྱད་མ།
大乘·修心八部
c མཛད་བྱང་།
d
e བློ་སྦྱོང་།（修心）
f 刻本 བླ་བྲང་བཀྲ་ཤིས་འཁྱིལ།（甘肃夏河拉卜楞寺）
g 乌金 梵夹装 48×6.5
h 10 6
i 无 藏纸 黑 完整
j 封面钤有“民族文化宫图书馆藏”印。

26.2
a 17-2

b སུམ་པ་ལོ་ཙཱ་བའི་སྙན་བརྒྱུད་ཀྱི་བློ་སྦྱོང་གཞུང་ཁྲིད་ཡིག་དང་བཅས་པ་བཞུགས།

松巴译师耳传修心之导释等

c མཛོད་ཁ།

d

e བློ་སྦྱོང་།（修心）

f 刻本 བླ་བྲང་བཀྲ་ཤིས་འཁྱིལ།（甘肃夏河拉卜楞寺）

g 乌金 梵夹装 48×6
h 9 6
i 无 藏纸 黑 完整
j 封面钤有“民族文化宫图书馆藏”印。

26. 3

a 17-3

b ཀུན་མཁྱེན་པོ་དོང་བའི་ལུགས་ཀྱི་ཕྱག་རྒྱ་ཆེན་པོ་ལྷན་ཅིག་སྐྱེས་སྦྱོར་དང་ཟབ་གསལ་དབྱེར་མེད་

ཟུང་དུ་འཇུག་པའི་སྔོན་འགྲོའི་ངག་འདོན་མ་རིག་མུན་སེལ།

遍知珀东派大手印俱生与深明结合之前言颂词·解密

c མཛོད་ཁ།

d

e ཕྱག་རྒྱ་ཆེན་པོ།（人法手印）

f 刻本 བླ་བྲང་བཀྲ་ཤིས་འཁྱིལ།（甘肃夏河拉卜楞寺）

g 乌金 梵夹装 47.5×6
h 8 6
i 无 藏纸 黑 完整
j 封面钤有“民族文化宫图书馆藏”印。

26. 4

a 17-4

b བོ་དོང་རས་ཆེན་དཔལ་འབྱོར་བཟང་པོའི་ལུགས་ཀྱི་གཏུམ་མོ་ཞག་བདུན་མའི་ཁྲིད་ཡིག་བླ་མའི་ཞལ་ལུང་།

珀东热钦班觉派·邬摩天女七夜导释上师授喻

c　མཚྔོ་ཁ།

d

e　ཁྲིད་ཡིག（导释）

f　刻本　བླ་བྲང་བཀྲ་ཤིས་འཁྱིལ།（甘肃夏河拉卜楞寺）

g　乌金　梵夹装　47×6
h　7　6
i　无　藏纸　黑　完整
j　封面钤有“民族文化宫图书馆藏”印。

26.5
a　17-5

b　གྲུབ་ཆེན་དམ་པ་སངས་རྒྱས་ནས་བརྒྱུད་པའི་དམ་ཆོས་སྡུག་བསྔལ་ཞི་བྱེད་ཀྱི་ལམ་ལྔའི་འཁྲིད་ཡིག་དྲི་མེད་
སྣང་བ་གྲུབ་པ་མཆོག་གི་ཞལ་ལུང་།
尊者佛传授解脱苦难·五道导释无垢妙果授喻

c　མཚྔོ་ཁ།

d

e　ཁྲིད་ཡིག（导释）

f　刻本　བླ་བྲང་བཀྲ་ཤིས་འཁྱིལ།（甘肃夏河拉卜楞寺）

g　乌金　梵夹装　47×6.5
h　15　6
i　无　藏纸　黑　完整
j　封面钤有“民族文化宫图书馆藏”印。

26.6
a　17-6

b　དཔལ་ལྡན་བོ་དོང་བཀའ་བརྒྱུད་ལས་བྱུང་བའི་ཕྱག་རྒྱ་ཆེན་པོ་ལྷན་ཅིག་སྐྱེས་སྦྱོར་གྱི་ཟབ་འཁྲིད་འཆད་ཚུལ་ཐོ་
ཡིག
大吉祥珀东噶举大手印俱生·敕文笔录

c མཛད་སྒོ་ཁ།

d

e ཟབ་ཁྲིད།（甚导）

f 刻本 བླ་བྲང་བཀྲ་ཤིས་འཁྱིལ།（甘肃夏河拉卜楞寺）

g 乌金 梵夹装 47×6

h 13 6

i 无 藏纸 黑 完整

j 封面钤有“民族文化宫图书馆藏”印。

26.7

a 17-7

b ཀུན་མཁྱེན་པོ་དོང་བའི་ལུགས་ཀྱི་ཕྱག་རྒྱ་ཆེན་པོའི་ཁྲིད་ཡིག་གྲུབ་པའི་ཞལ་ལུང་བདུད་རྩིའི་སྙིང་པོ།

遍知珀东派大手印之导释谕·甘露精要

c མཛད་སྒོ་ཁ།

d

e ཁྲིད་ཡིག（导释）

f 刻本 བླ་བྲང་བཀྲ་ཤིས་འཁྱིལ།（甘肃夏河拉卜楞寺）

g 乌金 梵夹装 47×6

h 3 6

i 无 藏纸 黑 完整

j 封面钤有“民族文化宫图书馆藏”印。

26.8

a 17-8

b བོ་དོང་ལུགས་ཀྱི་ཕྱག་རྒྱ་ཆེན་པོ་ཟབ་གསལ་གྱི་རིང་བརྒྱུད་གསོལ་འདེབས་ཡེ་ཤེས་མཆོག་སྩོལ།

上师珀东派大手印·深明祈愿智慧妙果施

c མཛད་སྒོ་ཁ།

d

e གསོལ་འདེབས།（启请文）

f 刻本 བླ་བྲང་བཀྲ་ཤིས་འཁྱིལ། (甘肃夏河拉卜楞寺)

g 乌金 梵夹装 47.5×6

h 2 6

i 无 藏纸 黑 完整

j 封面钤有“民族文化宫图书馆藏”印。

26.9

a 17-9

b དཔལ་ནཱ་རོ་པའི་རྗེ་རྗེའི་གསུང་ཕྱག་རྒྱ་ཆེན་པོ་ཚིག་བསྡུས་ཀྱི་མན་ངག་རྒྱུད་ཀྱི་ལུང་དང་སྦྱར་བ་གཙོ་བོ་བརྟན་

པའི་འགྲེལ་ཆུང་རྟོགས་པར་སླ་བ།

上师那若巴大手印教言续之有关导释之简疏易懂

c མཆན་གོ་ཁ།

d

e ཕྱག་རྒྱ་ཆེན་པོ། (大法手印)

f 刻本 བླ་བྲང་བཀྲ་ཤིས་འཁྱིལ། (甘肃夏河拉卜楞寺)

g 乌金 梵夹装 48×6.5

h 8 6

i 无 藏纸 黑 完整

j 封面钤有“民族文化宫图书馆藏”印。

26.10

a 17-10

b ཕྱག་རྒྱ་ཆེན་པོ་སེམས་ཉིད་ངལ་བསོའི་རྩ་བའི་མདོ་ཡི་ལུང་དང་སྦྱར་བ།

大手印心性安息论典·授言

c མཆན་གོ་ཁ།

d

e ཕྱག་རྒྱ་ཆེན་པོ། (大法手印)

f 刻本 བླ་བྲང་བཀྲ་ཤིས་འཁྱིལ། (甘肃夏河拉卜楞寺)

g 乌金 梵夹装 47.5×6.5

h 3 6
i 无 藏纸 黑 完整
j 封面钤有“民族文化宫图书馆藏”印。

26.11
a 17-11
b བླ་མའི་རྣལ་འབྱོར་སྐབས་བླ་མ་བརྒྱུད་པའི་ཁ་སྐོང་།
上师瑜伽之上师传承补充
c མཇུག་ཁ།
d
e བླ་མའི་རྣལ་འབྱོར། （上师瑜伽）
f 刻本 བླ་བྲང་བཀྲ་ཤིས་འཁྱིལ། (甘肃夏河拉卜楞寺)
g 乌金 梵夹装 47.5×6.5
h 1 6
i 无 藏纸 黑 完整
j 封面钤有“民族文化宫图书馆藏”印。

26.12
a 17-12
b ཀུན་མཁྱེན་པོ་དོང་པའི་དཔལ་དེ་ཉིད་འདུས་ཆེན་གྱི་ཟབ་ཁྲིད་ཆོས་སྐོར་དགུ་ལས་ཐུབ་པ་ཆེན་པོའི་གཙོད་ཁྲིད་
ཀྱི་ཁྲིད་ཡིག ཟབ་དོན་ཡང་སྙིང་།
遍知博当巴密集教言九部之觉派导释精义
c མཇུག་ཁ།
d
e གཙོད་ཁྲིད་ཡིག （觉派导释）
f 刻本 བླ་བྲང་བཀྲ་ཤིས་འཁྱིལ། (甘肃夏河拉卜楞寺)
g 乌金 梵夹装 47.5×6.4
h 11 6
i 无 藏纸 黑 完整
j 封面钤有“民族文化宫图书馆藏”印。

26.13
a 17-13
b ཀུན་མཁྱེན་པོ་དོང་པའི་བཀའ་སློལ་ཐུབ་པ་མདོ་གཅོད་ཀྱི་ངག་འདོན་བསྒྲགས་པས་གྲུབ་པ།
遍知珀东巴授喻佛·典籍诵辞
c མཛྡོ་ཁ
d
e གཅོད། (觉派)
f 刻本 ལྷ་བྲང་བཀྲ་ཤིས་འཁྱིལ། (甘肃夏河拉卜楞寺)
g 乌金 梵夹装 47.5×6.4
h 7 6
i 无 藏纸 黑 完整
j 封面钤有“民族文化宫图书馆藏”印。

26.14
a 17-14
b ཀུན་མཁྱེན་པོ་དོང་བའི་ལུགས་ཀྱི་ཕྱག་རྒྱ་ཆེན་པོ་ལྷན་ཅིག་སྐྱེས་སྦྱོར་དང་ཟབ་གསལ་དབྱེར་མེད་ཟུང་འཇུག་པའི་
སྔོན་འགྲོའི་ངག་འདོན་མ་རིག་མུན་སེལ།
遍智珀东巴大手印俱生与深明结合前言颂词·解密
c མཛྡོ་ཁ
d
e ཕྱག་རྒྱ་ཆེན་པོ། (大法手印)
f 刻本 ལྷ་བྲང་བཀྲ་ཤིས་འཁྱིལ། (甘肃夏河拉卜楞寺)
g 乌金 梵夹装 47.6×6.3
h 9 6
i 无 藏纸 黑 完整
j 封面钤有“民族文化宫图书馆藏”印。

26.15
a 17-15

b　འཕགས་པ་སྤྱན་རས་གཟིགས་ཀྱིས་གྲུབ་ཆེན་མི་ཏྲ་ཛོ་ཀི་ལ་གསུངས་པའི་ཕྱག་རྒྱ་ཆེན་པོ་སེམས་ཉིད་ངལ་བསོའི་

　གཞུང་འགྲེལ་སྙིང་པོ་བསྡུས་པ།

　观世音菩萨为尊者弥扎卓格之传授·大手印心性安息之经典注疏纪要

c　བྱ་བྲལ་པ་འཇམ་དབྱངས་མཁྱེན་བརྩེ་དབང་པོ།

d

e　ཕྱག་རྒྱ་ཆེན་པོ།(大手印)

f　刻本　བླ་བྲང་བཀྲ་ཤིས་འཁྱིལ། (甘肃夏河拉卜楞寺)

g　乌金　梵夹装　47×6.5

h　14　6

i　无　藏纸　黑　完整

j　封面钤有“民族文化宫图书馆藏”印。

26.16

a　17-16

b　སེམས་ཉིད་ངལ་བསོའི་བརྒྱུད་འདེབས་གནས་སྐྱུར་མ།

　心性安息论之传承祈愿

c　རྡོ་རྗེ་འཆང་བློ་གསལ་ཞབས།

d

e　བརྒྱུད་འདེབས།(启请文)

f　刻本　བླ་བྲང་བཀྲ་ཤིས་འཁྱིལ། (甘肃夏河拉卜楞寺)

g　乌金　梵夹装　47.5×6.3

h　2　6

i　无　藏纸　黑　完整

j　封面钤有“民族文化宫图书馆藏”印。

26.17

a　17-17

b　འཕགས་པ་སྤྱན་རས་གཟིགས་ཀྱིས་གྲུབ་ཆེན་མི་ཏྲ་ཛོ་ཀི་ལ་གསུངས་པའི་རང་གི་སེམས་ཉིད་ངལ་བསོ་པའི་མན་

　ངག

观世音菩萨传授给尊者弥扎卓格·心性安息导释

c

d

e མན་ངག（善言）

f 刻本 བླ་བྲང་བཀྲ་ཤིས་འཁྱིལ།（甘肃夏河拉卜楞寺）

g 乌金 梵夹装 47×6.3

h 24 6

i 无 藏纸 黑 完整

j 封面钤有“民族文化宫图书馆藏”印。

27

A 3435 393

B འཇུ་མི་ཕམ་འཇམ་དབྱངས་རྣམ་རྒྱལ་རྒྱ་མཚོའི་གསུང་འབུམ།

菊·弥旁绛央朗吉嘉措文集

C ཀ

D འཇུ་མི་ཕམ་འཇམ་དབྱངས་རྣམ་རྒྱལ་རྒྱ་མཚོ། རྙིང་མ་རབ་བྱུང་བཅུ་བཞི་པའི་མེ་རྟ་སྤྱི་ལོ་༡༨༤༦ལ་ཡབ་འཇུ་མགོན་པོ་དར་རྒྱས་དང་ཡུམ་སྲིང་ཆུང་མའི་སྲས་སུ་སྡེ་དགེར་སྐུ་འཁྲུངས། དགུང་ལོ་བཅུ་གཉིས་སྟེང་ནས་རྙིང་མའི་དགོན་པ་གསང་སྔགས་ཆོས་གླིང་དགོན་དུ་ཆོས་ཞུགས་མཛད། ཁོང་གི་རྩ་བའི་བླ་མ་འཇམ་དབྱངས་མཁྱེན་རྩེ་དབང་པོ་དང་གཞན་ཡང་སྐྱབས་མགོན་དབང་ཆེན་དགྱེས་རབ་རྡོ་རྗེ། དཔལ་སྤྲུལ་ཨོ་རྒྱན་འཇིགས་མེད་ཆོས་ཀྱི་དབང་པོ། འབུམ་གསར་དགེ་བཤེས་ངག་དབང་འབྱུང་གནས། བློ་གཏེར་དབང་པོ་སོགས་མཁས་ཆེན་དུ་མ་སློབ་དཔོན་དུ་བསྟེན་ནས་ཐུན་མོང་དང་ཐུན་མོང་མ་ཡིན་པའི་གཙུག་ལག་བརྒྱ་ཕྲག་མང་པོ་སྦྱངས་པ་མཐར་ཕྱིན་པ་མཛད། གསུང་རྩོམ་པོ་ཏི་སུམ་ཅུ་སོ་གཉིས་ཙམ་ད་ལྟ་སྡེ་དགེའི་པར་ཁང་དུ་བཞུགས། དེ་དག་ཁྲོད་ནས་རྒྱལ་པོ་ལུགས་ཀྱི་བསྟན་བཅོས། མཁས་འཇུག་སོགས་དེབ་གཟུགས་པར་སྐྲུན་བྱས་ཡོད་པས་སློབ་གྲྭ་ཁག་གི་སློབ་དེབ་ཏུ་གྱུར་ཡོད། ཞལ་སློབ་གཙོ་བོ་རྡོ་སྤྲུལ་རྡོ་རྗེ། གཏེར་སྟོན་བསོད་རྒྱལ། ཀཿཐོག་སི་ཏུ་ཆོས་ཀྱི་རྒྱ་མཚོ། རྫོགས་སྤྲུལ་ཐུ་པ། དཔལ་སྤྲུངས་སི་ཏུ་སོགས་ཞིན་ཏུ་མང་། རབ་བྱུང་བཅོ་ལྔ་པའི་ཆུ་བྱི་༡༩༡༢ལོར་འཇུ་རི་ཁྲོད་དུ་དགོངས་པ་ཆོས་དབྱིངས་སུ་རྫོགས། དེང་དཔེ་མཛོད་ཁང་དུ་སྡེ་དགེའི་པར་ཤོད་༢༥

ཀ--ད ཨེ ཕྲུཾཨང་རྟགས ༢༡༩༨--༢༢༦༩ དང་། ངེད་དགེ་མཛོད་ཁང་དུ་མི་རིགས་ཕོ་བྲང་ནས་ཕྱིར་འབུལ་ཞུས་པའི་

གྲས་པོད་༡༨ ཀ--ཛ ཨོཾ ཕྲུཾ ཨང་རྟགས ༣༤༣༥--༣༤༥༦ བཞུགས།

菊·弥旁绛央朗吉嘉措（1846—1912）：属宁玛派，诞生于多康德格附近，12 岁入宁玛派寺院为僧。后赴拉萨、洛扎等地朝佛。拜绛央钦则旺波、扎巴珠等为师，以精通医学、天文历算、工巧学著称，声誉传遍整个藏区。其代表作有《国王修身论》《入行论》等。弟子有八邦司徒等，其中以竹青寺的第五代活佛噶托司徒嘉措最著名。圆寂于吉静修院，享年 67 岁。其著作刻版主要收藏在德格印经院及八邦寺、部分由私人收藏。西藏图书馆藏北京民族文化宫图书馆赠送的文集有德格版 18 函，编号在 3435—3456 间；德格版 25 函，编号在 2198—2269 间。

E 馆藏齐全。

27.1

a 10-1

b སྐུ་གཟུགས་ཀྱི་ཐིག་རྩ་རབ་གསལ་ཉི་མ་ཞེས་བྱ་བ་བཞུགས་སོ།།

造像量度·光明日

c མི་ཕམ་པ།

d ས་ཕག་ཟླ་༧ཚེས་༡༥ 土猪年（1899）七月十五日 རྫ་དགོན།（四川甘孜）

e ཐིག་རྩ།（量度）

f 刻本 སྡེ་དགེ（四川德格）

g 乌金 梵夹装 49×6

h 35 6

i 无 藏纸 黑 完整

j

27.2

a 10-2

b བཟོ་གནས་ཉེར་མཁོའི་ཟ་མ་ཏོག་བཞུགས་སོ།།

工巧明处必需之宝箧

c མི་ཕམ་པ།

d མེ་རྟ་ཟླ་༤ཚེས་༡༡ 火马年（1906）四月十一日

e བཙོ་གནས།（工巧）

f 刻本 སྡེ་དགེ（四川德格）

g 乌金 梵夹装 37×6
h 34 6
i 无 藏纸 黑 完整
j

27.3
a 10-3

b བདུད་རྩི་སྙིང་ཡན་ལག་བརྒྱད་པ་གསང་བ་མན་ངག་གི་རྒྱུད་ལས་དུམ་བུ་དང་པོ་རྩ་བའི་རྒྱུད་སོགས་རྒྱུད་བཞིའི་

དཀའ་མཆན་གཅེས་པར་བཏུས་པ་འདོད་འབྱུང་ནོར་བུའི་མེ་ལོང་ཞེས་བྱ་བ་བཞུགས་སོ།།

甘露藏八支密诀续第一章根本续等四续释难选集·意欲宝镜
c
d

e སྨན་རྩིས།（藏医历算）

f 刻本 སྡེ་དགེ（四川德格）

g 乌金 梵夹装 37×6
h 25 6
i 无 藏纸 黑 完整
j

27.4
a 10-4

b བདུད་རྩི་སྙིང་ཡན་ལག་བརྒྱད་པ་གསང་བ་མན་ངག་གི་རྒྱུད་ལས་དུམ་བུ་གསུམ་པ་མན་ངག་གི་རྒྱུད་

ཀྱི་དཀའ་མཆན་ཅེས་བྱ་བ་བཞུགས་སོ།།

甘露藏八支密诀续第三章口诀续释难
c
d

e　སྨན་རྩིས།（藏医历算）

f　刻本　སྡེ་དགེ（四川德格）

g　乌金　梵夹装　37×6
h　21　6
i　无　藏纸　黑　完整
j

27.5
a　10-5

b　དུམ་བུ་བཞི་པ་ཕྱི་མ་ཕྲིན་ལས་རྒྱུད་ཀྱི་དཀའ་མཆན།
　第四章后分事业续释难

c　དྲང་སྲོང་ཀརྨ་དགའ་བའི་དབང་པོ་གཞན་ཕན་མཐའ་ཡས་པའི་སྡེ།

d　ལྕགས་སྤྲེལ་སྟོན་ཟླར།　铁猴年（1860）秋

e　སྨན་རྩིས།（藏医历算）

f　刻本　སྡེ་དགེ（四川德格）

g　乌金　梵夹装　37×6
h　2　6
i　无　藏纸　黑　完整
j

27.6
a　10-6

b　གསོ་བ་རིག་པའི་མན་ངག་གཅེས་བཏུས་དང་ལག་ལེན་དམར་ཁྲིད་ཀྱི་སྐོར་ཕན་བདེའི་བང་མཛོད་བཞུགས་སོ།།
　医方明教授选集与临床直观教导类・利乐宝藏

c　བརྫེ་མི་ཕམ་རྒྱ་མཚོ།

d　སྤྱི་ཁྱབ་ཆེན་པོ་ཚེ་རིང་དཔལ་ལྡན།

e　སྨན་རྩིས།（藏医历算）

f 刻本 སྡེ་དགེ（四川德格）

g 乌金 梵夹装 37×6
h 197 6
i 无 藏纸 黑 完整
j

27.7

a 10-7

b ཤོག་དྲིལ་སྐོར་གསུམ་ལས། ངོས་འཛིན་མན་ངག་གསེར་གྱི་ལྡེའུ་མིག་ཞེས་བྱ་བ་བཞུགས་སོ།།

纸卷三类之辩别教授·金钥

c མི་ཕམ་པ།

d ལྕགས་ཁྱི་ཟླ་༦ཚེས་༡༩ 铁狗年（1910）六月十九日 ནགས་ཚང་མའི་རི་ཁྲོད།

e སྨན་རྩིས།（藏医历算）

f 刻本 སྡེ་དགེ（四川德格）

g 乌金 梵夹装 37×6
h 16 6
i 无 藏纸 黑 完整
j

27.8

a 10-8

b གཡུ་ཐོག་ཤོག་དྲིལ་སྐོར་གསུམ་གྱི་མ་བུ་དོན་བསྡེབ་ཏུ་བཀོལ་བ་བཞུགསོ།།

玉妥纸卷三类之母子义汇编

c གསོ་དཔྱད་འཛིན་པ་མི་ཕམ་འཇམ་དབྱངས་རྒྱ་མཚོ།

d ཆུ་སྟག 水虎年（1902） པདྨ་བསམ་གཏན་བདེ་ལྡན་གླིང་།（白玛桑丹德丹林）

e སྨན་རྩིས།（藏医历算）

f 刻本 སྡེ་དགེ（四川德格）

g 乌金 梵夹装 37×6

h　45　6
i　无　藏纸　黑　完整
j

27.9
a　10-9
b　བདུད་རྩི་སྙིང་པོའི་རྒྱུད་ཀྱི་འགྲེལ་པ་དྲང་སྲོང་ཞལ་ལུང་ལས་དུམ་བུ་བཞི་པ་ཕྱིའི་རྒྱུད་ཀྱི་རྩ་མདོ་ཆུ་མདོའི་ཊཱིཀ་བཞུགས་སོ།།
甘露藏续释·仙人口授第四章后分续之脉经与水经释
c
d　དཔལ་སྤུངས་དགོན།（四川八邦寺）
e　སྨན་རྩིས།（藏医历算）
f　刻本　སྡེ་དགེ（四川德格）
g　乌金　梵夹装　37×6
h　32　6
i　无　藏纸　黑　完整
j

27.10
a　10-10
b　སྨན་སྦྱོར་བདུད་རྩིའི་ཐིག་ལེ་ཞེས་བྱ་བ་བཞུགས་སོ།།
配药法·甘露精华
c　མང་དུ་ཐོས་པའི་ཚེ་རིག་འཛིན་པ་འཇུ་མི་ཕམ་འཇམ་དབྱངས་རྣམ་རྒྱལ་རྒྱ་མཚོ།
d　རྫོང་གསར་བཀྲ་ཤིས་ལྷ་རྩེ།（四川甘孜宗萨寺）
e　སྨན་རྩིས།（藏医历算）
f　刻本　སྡེ་དགེ（四川德格）
g　乌金　梵夹装　37×6
h　14　6
i　无　藏纸　黑　完整

j

28
A 3436 394

B འཇུ་མི་ཕམ་འཇམ་དབྱངས་རྣམ་རྒྱལ་རྒྱ་མཚོའི་གསུང་འབུམ།

菊·弥旁绛央朗吉嘉措文集

C ཁ

D འཇུ་མི་ཕམ་རྣམ་རྒྱལ་རྒྱ་མཚོ།

同 3435 介绍。

E 馆藏齐全。

28.1
a 12-1

b ནད་སྣ་ཚོགས་ཞི་བའི་སྔགས་བདུད་རྩིའི་ཆར་པ་བཞུགས་སོ།།

息灭各种病真言·甘露雨

c མི་ཕམ་འཇམ་དཔལ་དགྱེས་པའི་རྡོ་རྗེ།

d ཆུ་སྟག 水虎年（1902）

e སྨན་རྩིས།（藏医历算）

f 刻本 སྡེ་དགེ（四川德格）

g 乌金 梵夹装 37×6
h 95 6
i 无 藏纸 黑 完整
j

28.2
a 12-2

b ནད་བརྒྱ་སྔགས་གཅིག་སྐོར་བཞུགས་སོ།།

百病一咒类

c　མི་ཕམ་འཇམ་དཔལ་དགྱེས་པའི་རྡོ་རྗེ།

d

e　སྨན་རྩིས།（藏医历算）

f　刻本　སྡེ་དགེ（四川德格）

g　乌金　梵夹装　37×6

h　20　6

i　无　藏纸　黑　完整

j

28.3

a　12-3

b　ཚེ་སྒྲུབ་རྡོ་རྗེ་ཡང་རྫོང་ལས། འགོད་ནད་ཀུན་འཇོམས་སྔགས་ཀྱི་མཚོན་ཆ་བཞུགས་སོ།།

策珠多杰央宗消灭一切传染病咒之兵器

c　མི་ཕམ་རྣམ་པར་རྒྱལ་བ།

d　མེ་སྤྲེལ། 火猴年（1896）

e　སྨན་རྩིས།（藏医历算）

f　刻本　སྡེ་དགེ（四川德格）

g　乌金　梵夹装　37×6

h　15　6

i　无　藏纸　黑　完整

j

28.4

a　12-4

b　ནད་ཀྱི་མཐུད་དཔྱད་སྣ་ཚོགས་ཕྱོགས་གཅིག་བཀོད་པ་ཟུག་རྔུ་ཀུན་སེལ་ཞེས་བྱ་བ་བཞུགས་སོ།།

各种治病秘方合编·疼痛全消

c　མི་ཕམ་འཇམ་དཔལ་དགྱེས་པ།

d

e སྨན་རྩིས། （藏医历算）

f 刻本 སྡེ་དགེ（四川德格）

g 乌金 梵夹装 37×6
h 24 6
i 有 藏纸 黑 完整
j

28.5
a 12-5
b མཁྱུད་སྦྱོད་སྣ་ཚོགས་ཕྱོགས་བསྡུས་ཅིན་ཏ་མ་ཎི་བཞུགས་སོ།།
各种秘方集·如意珠
c མི་ཕམ་འཇམ་དཔལ་དགྱེས་པ།
d ཤིང་འབྲུག་ལོའི་ཁྲོ་བཞིན་ཟླ་བའི་ཚེས་དགུ་ནས་མགོ་བརྩམས་སྤེ་ཚེས་བཅུ་གཅིག 木龙年（1904）藏历七月十一日
e སྨན་རྩིས། （藏医历算）

f 刻本 སྡེ་དགེ（四川德格）

g 乌金 梵夹装 37×6
h 54 6
i 无 藏纸 黑 完整
j

28.6
a 12-6
b བརྡ་སྤྲོད་པ་དབྱངས་ཅན་ངག་གི་མེ་ལོང་ཞེས་བྱ་བ་བཞུགས་སོ།།
声明学·妙音语镜
c
d
e བརྡ་སྤྲོད། （语言学）

f 刻本 སྡེ་དགེ（四川德格）

g 乌金 梵夹装 37×6
h 33 6
i 无 藏纸 黑 完整
j

28.7

a 12-7

b བརྡའ་ཤན་འབྱེད་ཐེ་ཚོམ་དྭ་བ་གཅོད་པའི་རལ་གྲི་ཞེས་བྱ་བ་མཚན་བཞུགས་སོ།།

夹注词语辨异断疑纲之剑

c མི་ཕམ་པ།

d

e བརྡ་སྤྲོད། (语言学)

f 刻本 སྡེ་དགེ (四川德格)

g 乌金 梵夹装 37×6
h 8 6
i 无 藏纸 黑 完整
j

28.8

a 12-8

b ཚད་མ་རིགས་པའི་གཏེར་མཆན་གྱིས་འགྲེལ་པ་ཕྱོགས་ལས་རྣམ་པར་རྒྱལ་བའི་རྡོ་མཚོན་ཞེས་བྱ་བ་བཞུགསོ།།

量论正理藏注疏·胜敌之器

c

d

e ཚད་མ། (因明学)

f 刻本 སྡེ་དགེ (四川德格)

g 乌金 梵夹装 37×6
h 102 6
i 无 藏纸 黑 完整
j

28.9

a 12-9

b སྐར་རྩིས་ཀྱི་སྔོན་འགྲོ་རིན་ཆེན་མེ་ལོང་ཞེས་བྱ་བ་བཞུགས་སོ།།

历算前行宝鉴

c འཇམ་དཔལ་དགྱེས་པ་འགྱུར་མེད་མི་བསྐྱོད་རྡོ་རྗེ།

d རབ་ཆོས་རྣམ་རྒྱལ་ཆུ་སྦྲུལ་ལོའི་ཟླ་བ་༤ཚེས་༢༥ 水蛇年（1893）四月二十五日

བཀྲ་ཤིས་དཔལ་འབར་བསྟན་བདེ་ལྡན་གླིང་།（白玛桑丹德丹林寺）

e སྨན་རྩིས།（藏医历算）

f 刻本 སྡེ་དགེ（四川德格）

g 乌金 梵夹装 37×6

h 6 6

i 无 藏纸 黑 完整

j

28.10

a 12-10

b གཙུག་ལག་རྩིས་ཀྱི་སྔོན་འགྲོ་རབ་གསལ་མེ་ལོང་ཞེས་བྱ་བ་བཞུགས་སོ།།

经典历算前行明鉴

c མི་ཕམ་རྒྱ་མཚོ།

d རང་ལོ་༢༣ ས་འབྲུག་ལོའི་སྨིན་ཟླའི་ཚེས་༡༩ 土龙年（1868）藏历九月十九日

མོ་ཧོར་དགོན་གྱི་རི་ཁྲོད།（冒霍尔寺）

e སྨན་རྩིས།（藏医历算）

f 刻本 སྡེ་དགེ（四川德格）

g 乌金 梵夹装 37×6

h 8 6

i 无 藏纸 黑 完整

j

28.11

a 12-11

b ནམ་མཁའི་གོ་ལའི་ཚུལ་ལ་དཔྱད་པ་ལ་ལན་དུ་སྦྱིངས་པའི་གདམ།མཁས་པའི་སྙན་རྒྱན་མེ་ཏོག་གི་ཆུན་འཕྱང་

ཞེས་བྱ་བ་བཞུགས་སོ།།

虚空球形研究答问·智者耳饰花环

c རྩིས་རིག་སྨྲ་བའི་ཁྱིས་པ་ཨཛོ་ད་བི་ཛ་ཡ།

d

e སྨན་རྩིས།（藏医历算）

f 刻本 སྡེ་དགེ（四川德格）

g 乌金 梵夹装 37×6

h 10 6

i 无 藏纸 黑 完整

j

28.12

a 12-12

b ཉེ་བར་མཁོ་བའི་རྫས་སྣ་ཚོགས་ཀྱི་སྦྱོར་ཐབས་ལག་ལེན་ཇི་རིགས་བསྟན་པ་ཤེལ་གྱི་ཕྲེང་བ་བཞུགསོ།།

各种需要物配合法实修如理开示·水晶鬘

c མི་ཕམ་པ།

d

e ཆོ་ག(仪轨)

f 刻本 སྡེ་དགེ（四川德格）

g 乌金 梵夹装 37×6

h 21 6

i 无 藏纸 黑 完整

j

29

A 3437 395

B འཇུ་མི་ཕམ་འཇམ་དབྱངས་རྣམ་རྒྱལ་རྒྱ་མཚོའི་གསུང་འབུམ།

菊·弥旁绛央朗吉嘉措文集

C ག

D འཇུ་མི་ཕམ་རྣམ་རྒྱལ་རྒྱ་མཚོ།

同 3435 介绍。

E 馆藏齐全。

29.1

a 21-1

b སྐར་རྩིས་སྣ་ཚོགས་བཞུགས།

历算杂说

c རྩིས་རིགས་སླ་བ་འཇམ་དཔལ་དགྱེས་པ།

d

e སྨན་རྩིས།（藏医历算）

f 刻本 སྡེ་དགེ（四川德格）

g 乌金 梵夹装 37×6

h 25 6

i 无 藏纸 黑 完整

j

29.2

a 21-2

b ཁྱིམ་བཅུ་གཉིས་ཀྱི་ཟིག་གི་དཔེའུ་རིས་ཞིབ་པར་བཀོད་པའི་དོན་གསལ་བར་བརྗོད་པ་བློ་གསལ་དགའ་བསྐྱེད་བཞུགས་སོ།།

十二宫图式详解明义·智者生喜

c མི་ཕམ།

d ལྕགས་ཕག་ཟླ་བ་ནཔའི་ཚེས་བཅུ། 铁猪年（1911）三月十日

e སྐར་རྩིས། （藏医历算）

f 刻本 སྡེ་དགེ （四川德格）

g 乌金 梵夹装 37×6
h 16 6
i 无 藏纸 黑 完整
j

29.3
a 21-3

b ཟླ་ཀང་གི་དོགས་གནས་ལ་དཔྱད་པ།

太阴步度解疑

c མི་ཕམ་པ།

d ལྕགས་ཁྱིའི་རྒྱལ་ཟླ་བའི་ཚེས་༡༡ 铁狗年（1910）藏历十二月十一日

e སྐར་རྩིས། （藏医历算）

f 刻本 སྡེ་དགེ （四川德格）

g 乌金 梵夹装 37×6
h 5 6
i 无 藏纸 黑 完整
j

29.4
a 21-4

b རྩིས་གསར་ཐུབ་བསྟན་མཛེས་རྒྱན་ལ་དཔྱད་པ་བཞུགས།

新算释教妙庄严研究

c
d

e སྐར་རྩིས། （藏医历算）

f 刻本 སྡེ་དགེ （四川德格）

g 乌金 梵夹装 37×6

h 28 6

i 无 藏纸 黑 完整

j

29.5

a 21-5

b རྩིས་སྐོང་ནོར་བུའི་ཕྲེང་བ་བཞུགས་སོ།།

历算类・宝鬘

c མི་ཕམ།

d

e སྨན་རྩིས།（藏医历算）

f 刻本 སྡེ་དགེ（四川德格）

g 乌金 梵夹装 37×6

h 32 6

i 无 藏纸 黑 完整

j

29.6

a 21-6

b དུས་རྩིས་ངོ་མཚར་ཉི་མ་ཞེས་བྱ་བ་བཞུགས་སོ།།

时间算法・希有日曜

c ཨརྡོ་ཏ།

d རང་ལོ་༢༡ མེ་སྟག། 二十一岁火虎年（1866）

e སྨན་རྩིས།（藏医历算）

f 刻本 སྡེ་དགེ（四川德格）

g 乌金 梵夹装 37×6

h 22 6

i 无 藏纸 黑 完整

j

29.7

a 21-7

b མཚན་འབུམ་ནོར་བུའི་ཕྲེང་བ་ལ་འཁོལ་ཕྱུང་གཅེས་བཏུས་བཞུགས་སོ།།

十万名号·宝鬘中选集

c མི་ཕམ་པ།

d

e མཚན་འབུམ།（万名）

f 刻本 སྡེ་དགེ（四川德格）

g 乌金 梵夹装 37×6

h 10 6

i 无 藏纸 黑 完整

j

29.8

a 21-8

b རྟེན་ཅིང་འབྲེལ་བར་འབྱུང་བའི་སྙིང་པོ་བཞུགས་སོ།།

缘起心要

c ལྷ་རིག་སྨྲ་བ་འཇམ་དཔལ་དགྱེས་པའི་རང་མདངས་མཚོ་བྱུང་བཞད་པའི་གེ་སར།

d རང་ལོ་༢༦ལྕགས་ལུག་རྒྱལ་ཟླའི་ཚེས་༣ 二十六岁铁羊年（1871）藏历十二月三日

e རྟེན་འབྲེལ།（缘起）

f 刻本 སྡེ་དགེ（四川德格）

g 乌金 梵夹装 37×6

h 10 6

i 无 藏纸 黑 完整

j

29.9

a 21-9

b ཡེ་ཤེས་སྙིང་པོ་ཀུན་ལས་བཏུས་པའི་མཚན་འགྲེལ་མུ་ཏིག་གི་ཕྲེང་བ་ཞེས་བྱ་བ་བཞུགས་སོ།།

智藏普集经注疏·珍珠鬘

c སློ་གྲོས་དྲི་མེད།

d རང་ལོ་༢༥ལྕགས་རྟ་ཟླ་༡༢ཚེས་༢༣ 二十五岁铁马年（1870）十二月二十三日

e རྟེན་འབྲེལ།（缘起）

f 刻本 སྡེ་དགེ（四川德格）

g 乌金 梵夹装 37×6

h 17 6

i 无 藏纸 黑 完整

j

29.10

a 21-10

b ཉི་ཤུ་པའི་ཚིག་ལེའུར་བྱས་པའི་མཆན་འགྲེལ་བཞུགས་སོ།།

二十颂注疏

c

d

e སྒྲ་འགྲེལ།（注疏）

f 刻本 སྡེ་དགེ（四川德格）

g 乌金 梵夹装 37×6

h 6 6

i 无 藏纸 黑 完整

j

29.11

a 21-11

b སུམ་ཅུ་པའི་ཚིག་ལེའུར་བྱས་པའི་མཆན་འགྲེལ་བཞུགས་སོ།།

三十颂注疏

c

d

e སྒྲ་འགྲེལ།（注疏）

f 刻本 སྡེ་དགེ（四川德格）

g 乌金 梵夹装 37×6
h 8 6
i 无 藏纸 黑 完整
j

29.12
a 21-12

b གཞན་སྟོང་ཁས་ལེན་སེང་གེའི་ང་རོ་བཞུགས་སོ།།

承认他空·狮子吼
c
d

e དབུ་མ།（中观）

f 刻本 སྡེ་དགེ（四川德格）

g 乌金 梵夹装 37×6
h 21 6
i 无 藏纸 黑 完整
j

29.13
a 21-13

b མངོན་པ་ཀུན་བཏུས་ཀྱི་རྣམ་གྲངས་སྣ་ཚོགས་བཤད་པ།

对法集论各种名相释
c
d

e མངོན་པ།（俱舍论）

f 刻本 སྡེ་དགེ（四川德格）

g 乌金 梵夹装 37×6
h 55 6
i 无 藏纸 黑 完整
j

29.14
a 21-14
b ཤེས་རབ་བསྡུས་པའི་སྡོམ་བྱང་།
般若略摄颂
c
d
e མངོན་པ། (俱舍论)
f 刻本 སྡེ་དགེ (四川德格)
g 乌金 梵夹装 37×6
h 3 6
i 无 藏纸 黑 完整
j

29.15
a 21-15
b ཐེག་ཆེན་བསྡུས་པའི་སྙིང་པོ་མཆན་བཅས་བཞུགས་སོ།།
摄大乘心要夹注
c མི་ཕམ་པ།
d ལྕགས་ཕག 铁猪年（1911）
e མངོན་པ། (俱舍论)
f 刻本 སྡེ་དགེ (四川德格)
g 乌金 梵夹装 37×6
h 77 6
i 无 藏纸 黑 完整
j

29.16
a 21-16
b རྡོ་རྗེ་རྣམ་པར་འཇོམས་པའི་གཟུངས་ཀྱི་མཆན་འགྲེལ་བཞུགས་སོ།།
摧碎金刚陀罗尼注

c
d
e གཟུངས།（密咒）
f 刻本 སྡེ་དགེ（四川德格）
g 乌金 梵夹装 37×6
h 6 6
i 无 藏纸 黑 完整
j

29.17
a 21-17
b བྱ་སྤྱོད་ཀྱི་སྔགས་བསྒྲུབ་པའི་ཚུལ་གནད་མདོར་བསྡུས་བཞུགས་སོ།།
事续行续真言修法略摄精要
c
d ཤིང་འབྲུག་གྲོ་བཞིན་ཟླ་བ། 木龙年（1904）藏历七月
e སྔགས།（密宗）
f 刻本 སྡེ་དགེ（四川德格）
g 乌金 梵夹装 37×6
h 27 6
i 无 藏纸 黑 完整
j

29.18
a 21-18
b དམ་བཅའ་ཉེ་ཤུ་པའི་ཟིན་བྲིས་ཤིན་ཏུ་བསྡུས་པ་བཞུགས་སོ།།
二十三昧耶简略笔录
c
d
e གསང་ཆེན།（绝密）
f 刻本 སྡེ་དགེ（四川德格）

g 乌金 梵夹装 37×6
h 8 6
i 无 藏纸 黑 完整
j

29.19
a 21-19
b དཔལ་སར་ཧས་མཛད་པའི་དོ་ཧ་མཛོད་ཀྱི་གླུའི་མཆན་འགྲེལ་གཉུགས་རྡོ་རྗེའི་སྒྲ་དབྱངས་ཞེས་བྱ་བཞུགས།
萨啰诃著道情歌注疏·真实金刚声
c
d
e ཉམས་མགུར།（道歌）
f 刻本 སྡེ་དགེ（四川德格）
g 乌金 梵夹装 37×6
h 19 6
i 无 藏纸 黑 完整
j

29.20
a 21-20
b ནག་རྩིས་ཀྱི་རབ་ཏུ་བྱེད་པ་ལས། ཀག་རྩིས་འཆི་མེད་བཅུད་ལེན་ཞེས་བྱ་བ་བཞུགས་སོ།།
易经占法中凶险占法·长寿精华
c ཧྲཱིཿ།
d
e སྨན་རྩིས།（藏医历算）
f 刻本 སྡེ་དགེ（四川德格）
g 乌金 梵夹装 37×6
h 7 6
i 无 藏纸 黑 完整
j

29.21

a　21-21

b　ནག་རྩིས་ཀྱི་རབ་ཏུ་ཕྱེད་པ་ལས། གཤིན་རྩིས་ཕན་བདེ་མྱུར་སྟེར་ཞེས་བྱ་བ་བཞུགས་སོ།།

易经占法中丧亡占法·利乐速施

c　ཀྱཱི

d

e　སྨན་རྩིས།（藏医历算）

f　刻本　སྡེ་དགེ（四川德格）

g　乌金　梵夹装　37×6

h　6　6

i　无　藏纸　黑　完整

j

30

A　3438　396

B　འཇུ་མི་ཕམ་འཇམ་དབྱངས་རྣམ་རྒྱལ་རྒྱ་མཚོའི་གསུང་འབུམ།

菊·弥旁绛央朗吉嘉措文集

C　ང

D　འཇུ་མི་ཕམ་རྣམ་རྒྱལ་རྒྱ་མཚོ།

同 3435 介绍。

E　馆藏齐全。

30.1

a　9-1

b　དབུ་མ་རྒྱན་གྱི་རྣམ་བཤད་འཇམ་དབྱངས་བླ་མ་དགྱེས་པའི་ཞལ་ལུང་ཞེས་བྱ་བ་བཞུགས་སོ།།

中观庄严论释·妙音上师喜悦之教诫

c　མི་ཕམ་རྣམ་པར་རྒྱལ་བ།

d

e　དབུ་མ།（中观）

f 刻本 སྡེ་དགེ（四川德格）

g 乌金 梵夹装 37×6
h 208 6
i 无 藏纸 黑 完整
j

30.2
a 9-2

b སློབ་དཔོན་ཆེན་པོ་པདྨ་འབྱུང་གནས་ཀྱིས་མཛད་པའི་མན་ངག་ལྟ་བའི་ཕྲེང་བའི་མཆན་འགྲེལ་ནོར་བུའི་བང་མཛོད་ཅེས་བྱ་བ་བཞུགས་སོ།།

莲花生大师所著要门见鬘论注疏·宝藏

c མི་ཕམ་པ།

d

e ལྟ་བ།（观点）

f 刻本 སྡེ་དགེ（四川德格）

g 乌金 梵夹装 37×6
h 24 6
i 无 藏纸 黑 完整
j

30.3
a 9-3

b བྱང་ཆུབ་སེམས་བསྒོམ་པ་རྡོ་ལ་གསེར་ཞུན་གྱི་མཆན་འགྲེལ་དེ་ཁོ་ན་ཉིད་གསལ་བའི་སྒྲོན་མེ་ཞེས་བྱ་བ་བཞུགསོ།།

修习菩提心·炼石成金之注释·真实性明灯

c
d

e བྱང་སེམས་སྒོམ་ཚུལ།（菩提修心法）

f 刻本 སྡེ་དགེ（四川德格） བློ་གསལ་ལུང་རྟོགས་མཐར་ཕྱིན།

g 乌金 梵夹装 37×6
h 15 6

i 无 藏纸 黑 完整

j

30.4

a 9-4

b ལུས་ལ་ཉེར་མཁོ་སྐབས་བརྒྱད་པ་བཞུགས་སོ༎

身需要第八品

c མི་ཕམ་འཇམ་དཔལ་དགྱེས་པ།

d དགེ་བྱེད་ལོའི་དབོ་ཟླའི་ཚེས་རྒྱལ་སྲིད་གྲངས་ཀྱི་དུས་སུ། 水虎年（1902）藏历二月

e སྨན་རྩིས། （藏医历算）

f 刻本 སྡེ་དགེ（四川德格）

g 乌金 梵夹装 37×6

h 15 6

i 无 藏纸 黑 完整

j

30.5

a 9-5

b འདོད་པའི་བསྟན་བཅོས་འཇིག་རྟེན་ཀུན་དུ་དགའ་བའི་གཏམ་ཞེས་བྱ་བ་བཞུགས་སོ༎

爱欲论·世间欢喜藏

c མི་ཕམ་འཇམ་དབྱངས་རྣམ་རྒྱལ།

d རབ་ཚེས་མི་ཟད་པའི་ལོའི་ཆོ་འཕྲུལ་ཟླ་བ། 火狗年（1886）藏历正月

e བསྟན་བཅོས།(典籍)

f 刻本 སྡེ་དགེ（四川德格）

g 乌金 梵夹装 37×6

h 33 6

i 无 藏纸 黑 完整

j

30.6

a 9-6

b གླུ་བྲོ་སྒྱུ་མའི་རོལ་མོ་ཡོད་དོ།

歌舞幻化乐

c མི་སྤྲེལ་ལྷ་བ་དྲུག་པའི་ཆོས་གསུམ།

d

e གླུ་གར། (歌舞)

f 刻本 སྡེ་དགེ (四川德格)

g 乌金 梵夹装 37×6

h 13 6

i 无 藏纸 黑 完整

j

30.7

a 9-7

b རང་སྲུང་རྔས་རྔོད་ཟབ་མོ་གནམ་ལྕགས་མེ་འབར་མ་ཞེས་བཞུགས་སོ།།

自护猛利物深义·霹雳炽燃

c རིག་སྔགས་འཛིན་པ་མི་ཕམ་རྣམ་རྒྱལ།

d རབ་ཆོས་ས་ཁྱི་ནག་པ་ཟླ་བའི་ཚེས་བཅུ། 土狗年（1898）藏历三月十日 རྫ་སླུང་གི་འགྲམ་བཤད་སྒྲུབ་གླིང་། （四川甘孜）

e སྔགས་རྫས། (密咒用品)

f 刻本 སྡེ་དགེ (四川德格)

g 乌金 梵夹装 37×6

h 39 6

i 无 藏纸 黑 完整

j

30.8

a 9-8

b བརྟག་པ་སྣ་ཚོགས་པའི་སྐོར་ནོར་བུའི་མེ་ལོང་བཞུགས།

诸种观察类·宝镜

c མི་ཕམ་པ།

d ཤིང་འབྲུག་ཟླ་བ་གཅིག་པའི་ཚེས་བཅུ་བཞི། 木龙年（1904）一月十四日

e བརྟག་པ་སྣ་ཚོགས།（诸种观察）

f 刻本　སྡེ་དགེ（四川德格）

g 乌金　梵夹装　37×6

h 23　6

i 无　藏纸　黑　完整

j

30.9

a 9-9

b རྡོ་རྗེ་གཡུ་སྒྲོན་མའི་པྲ་སྒྲུབ་སྣང་གསལ་མེ་ལོང་ཅེས་བྱ་བ་བཞུགས་སོ།།

金刚玉灯母圆光法·明镜

c མི་ཕམ་པ།

d

e ཆོ་ག（仪轨）

f 刻本　སྡེ་དགེ（四川德格）

g 乌金　梵夹装　37×6

h 29　6

i 无　藏纸　黑　完整

j

31

A 3439-3440　397

B འཇུ་མི་ཕམ་རྣམ་རྒྱལ་རྒྱ་མཚོའི་གསུང་འབུམ།

菊·弥旁绛央朗吉嘉措文集

C ཅ

D འཇམ་མི་ཕམ་རྣམ་རྒྱལ་རྒྱ་མཚོ།

同 3435 介绍。

E 馆藏齐全。

31.1

a 6-1

b ཤེས་རབ་ཀྱི་ལེའུའི་ཚིག་དོན་གོ་སླ་བར་རྣམ་པར་བཤད་པ་ནོར་བུ་ཀེ་ཏ་ཀ

入行论般若品句义易解释·澄净宝

c

d སྟག་ལོ། 虎年

e ཕར་ཕྱིན།（般若）

f 刻本 སྡེ་དགེ（四川德格）

g 乌金 梵夹装 47.3×6.5

h 48 6

i 无 藏纸 黑 完整

j 封面钤有“民族文化宫图书馆藏”印。

31.2

a 6-2

b བརྒལ་ལན་ཉིན་བྱེད་སྣང་བ།

慧品释答难·日光

c མི་ཕམ་རྣམ་རྒྱལ།

d ས་གླང་། 土牛年（1889）

e བརྒལ་ལན།（反驳）

f 刻本 སྡེ་དགེ（四川德格）

g 乌金 梵夹装 47.3×6.3

h 46 6

i 无 藏纸 黑 完整
j 封面钤有“民族文化宫图书馆藏”印；民族宫目录中为 47 叶。

31.3
a 6-3
b གཞན་གྱི་རྩོད་པའི་ལན་མདོར་བསྡུས་པ་རིགས་ལམ་རབ་གསལ་དེ་ཉིད་སྣང་བྱེད།
争辩略答·明正理道真性日
c དགེ་ཚུལ་ཀཾ་ཛམ་རྒྱལ།
d
e རྩོད་ལན། (反驳文)
f 刻本 སྡེ་དགེ (四川德格)
g 乌金 梵夹装 47.5×6.2
h 142 6
i 有 藏纸 黑 完整
j 封面钤有“民族文化宫图书馆藏”印；民族宫目录中为 149 叶。

31.4
a 6-4
b གཏེར་སྟོན་བརྟག་པ་ཆུ་དྭངས་ནོར་བུ།
取藏观察法·澄水宝
c མི་ཕམ་པ།
d
e ཕར་ཕྱིན། (般若)
f 刻本 སྡེ་དགེ (四川德格)
g 乌金 梵夹装 42.2×6
h 7 6
i 无 藏纸 黑 完整
j 封面钤有“民族文化宫图书馆藏”印。

31.5
a 6-5

b བྱང་ཆུབ་སེམས་དཔའ་ཆེན་པོ་ཉེ་བའི་སྲས་བརྒྱད་ཀྱི་རྟོགས་བརྗོད་ནོར་བུའི་ཕྲེང་བ།

八大菩萨之史事·宝鬘

c

d

e རྟོགས་བརྗོད།（传记）

f 刻本 སྡེ་དགེ（四川德格）

g 乌金 梵夹装 47.5×6.5

h 220 6

i 无 藏纸 黑 完整

j 封面钤有“民族文化宫图书馆藏”印；民族宫目录中为 226 叶。

31.6

a 6-6

b ཡིག་བསྐུར་གྱི་རྣམ་བཞག་མདོར་ཙམ་བརྗོད་པ་མེ་ཏོག་ནོར་བུའི་ཕྲེང་བ།

信札略释·花宝鬘

c ལྷ་རིག་སྨྲ་བའི་མི་ཕམ་རྣམ་པར་རྒྱལ་བ།

d

e ཡིག་བསྐུར།（信札）

f 刻本 སྡེ་དགེ（四川德格）

g 乌金 梵夹装 48×6

h 6 6

i 无 藏纸 黑 完整

j 封面钤有“民族文化宫图书馆藏”印。

32

A 3441 398

B འཇུ་མི་ཕམ་རྣམ་རྒྱལ་རྒྱ་མཚོའི་གསུང་འབུམ།

菊·弥旁绛央朗吉嘉措文集

C ཀ

D　འཇུ་མི་ཕམ་རྣམ་རྒྱལ་རྒྱ་མཚོ།

同 3435 介绍。

E　馆藏齐全。

32. 1

a　2-1

b　ཐུབ་མཆོག་བྱིན་རླབས་གཏེར་མཛོད།

能仁仪轨 · 加持宝藏

c　ཤཱཀྱ་རྗེས་འཇུག་མི་ཕམ་འཇམ་དབྱངས་རྒྱ་མཚོ།

d　ལྕགས་ཁྱི། 铁狗年（1910）　ཛ་དོ་རྗེ་འཕན་ཕྱུག

e　གཏེརམཛོད།（宝藏）

f　刻本　སྡེ་དགེ（四川德格）

g　乌金　梵夹装　48×6

h　4　6

i　有　藏纸　黑　完整

j　封面钤有“民族文化宫图书馆藏”印。

32. 2

a　2-2

b　ཐུབ་མཆོག་བྱིན་རླབས་གཏེར་མཛོད་ཀྱི་རྒྱབ་ཆོས་པ་དྨ་དཀར་པོ།

能仁仪轨 · 加持宝藏之送葬经 · 白莲花

c

d　ལྕགས་འབྲུག 铁龙年（1880）

e　རྒྱབ་ཆོས།（葬经）

f　刻本　སྡེ་དགེ（四川德格）　པ་རྗེ་ཀུན་བཟང་ཆོས་ཉི།

g　乌金　梵夹装　44.7×6

h　501　6

i　有　藏纸　黑　完整

j　封面钤有“民族文化宫图书馆藏”印。

33
A 3442

B འཇུ་མི་ཕམ་རྣམ་རྒྱལ་རྒྱ་མཚོའི་གསུང་འབུམ།

菊·弥旁绛央朗吉嘉措文集

C ཇ

D འཇུ་མི་ཕམ་རྣམ་རྒྱལ་རྒྱ་མཚོ།

同 3435 介绍。

E 此函一卷在民族宫目录著录为 4220 号，另两件则无。

33.1

a 3-1

b སྲིད་པ་འཕྲུལ་གྱི་ཇུ་ཐིག་གི་དཔྱད་དོན་སྣང་གསལ་སྒྲོན་མེ།

象雄彩线卜辞·明灯

c

d

e མོ་ཡིག（占卜）

f 刻本 སྡེ་དགེ（四川德格）

g 乌金 梵夹装 47.5×6.4

h 407 6

i 有 藏纸 黑 完整

j 封面钤有“民族文化宫图书馆藏”印；民族宫目录中为 4220 号。

33.2

a 3-2

b ལས་རིམ་དང་མོ་སྤྲུལ་སོགས།

工序及占卜等

c

d

e མོ་སྤྲུལ་སོགས།（占卜）

f 刻本 སྡེ་དགེ（四川德格）

g 乌金 梵夹装 47.5×6.4
h 19 6
i 无 藏纸 黑 完整
j 封面钤有“民族文化宫图书馆藏”印；民族宫目录中无此件。

33.3
a 3-3

b ཡེ་ཤེས་རྒྱས་པའི་རྣམ་བཞག་བློ་གྲོས་སྣང་བ་རྣམ་སྤེང་།

智慧广论增益

c
d

e སྔགས།（密宗）

f 刻本 སྡེ་དགེ（四川德格）

g 乌金 梵夹装 37.2×6
h 8 6
i 无 藏纸 黑 完整
j 封面钤有“民族文化宫图书馆藏”印；民族宫目录中无此件。

34
A 3443
B 菊·弥旁绛央朗吉嘉措文集

C ༡

D འཇུ་མི་ཕམ་རྣམ་རྒྱལ་རྒྱ་མཚོ།

同 3435 介绍。
E 民族宫目录中无此函。

34.1
a 4-1

b མཁའ་འགྲོ་རྒྱལ་མོ་ཡེ་ཤེས་མཚོ་ལ་གསོལ་འདེབས་དང་པའི་གདུང་དབྱངས།

空行母益西措杰之祈愿·心声

c

d ས་ཁྱི། 土狗年（1898）

e གསོལ་འདེབས། （启请文）

f 刻本 སྡེ་དགེ（四川德格）

g 乌金 梵夹装 36×6

h 5 6

i 无 藏纸 黑 完整

j 封面钤有“民族文化宫图书馆藏”印。

34.2

a 4-2

b དཔལ་དུས་ཀྱི་འཁོར་ལོའི་རྫོགས་རིམ་རྡོ་རྗེའི་རྣལ་འབྱོར་གྱི་དགོངས་གནད་གསལ་བྱེད་བཻཌཱུརྱའི་མེ་ལོང་།

吉祥法轮圆满次第金刚瑜伽要义·琉璃镜

c

d

e སྔགས། （密宗）

f 刻本 སྡེ་དགེ（四川德格）

g 乌金 梵夹装 36×6

h 37 6

i 无 藏纸 黑 完整

j 封面钤有“民族文化宫图书馆藏”印。

34.3

a 4-3

b རྫོགས་པ་ཆེན་པོའི་ལྟ་བའི་ཉམས་མགུར་སྒྲ་སྙན་གྱི་རོལ་མོ།

大圆满观之韵·乐器

c མི་ཕམ་འཇམ་དབྱངས་དགྱེས་པའི་བློ་མཚོ།

d ཆུ་སྦྲུལ། 水蛇年（1893）

e ལྟ་བའི་ཉམས་མགུར། （观之韵）

f 刻本 སྡེ་དགེ（四川德格）

g 乌金 梵夹装 36.5×6
h 40 6
i 有 藏纸 黑 完整
j 封面钤有“民族文化宫图书馆藏”印。

34.4
a 4-4

b སེམས་ཀྱི་སྤྱོད་པ་རྣམ་པར་སྦྱོང་པ་སོ་སོར་བརྟག་པའི་དཔྱད་སྒོམ་འཁོར་ལོ་མ།

心行修行分别探析·法轮

c

d ལྕགས་འབྲུག 铁龙年（1880）

e སྔགས།（密宗）

f 刻本 སྡེ་དགེ（四川德格）

g 乌金 梵夹装 37×6
h 17 6
i 无 藏纸 黑 完整
j 封面钤有“民族文化宫图书馆藏”印。

35
A 3444-3445 399

B འཇུ་མི་ཕམ་རྣམ་རྒྱལ་རྒྱ་མཚོའི་གསུང་འབུམ།

菊·弥旁绛央朗吉嘉措文集

C ཨོཾ

D འཇུ་མི་ཕམ་རྣམ་རྒྱལ་རྒྱ་མཚོ།

同 3435 介绍。
E 馆藏齐全。

35.1
a 5-1

b　རྒྱལ་པོ་ལུགས་ཀྱི་བསྟན་བཅོས་ས་གཞི་སྐྱོང་བའི་རྒྱན།

王道论·护国庄严

c

d

e　བསྟན་བཅོས།（典籍）

f　刻本　སྡེ་དགེ（四川德格）　བསོད་ནམས་དཔལ་གྲུབ།

g　乌金　梵夹装　38×6

h　79　6

i　无　藏纸　黑　完整

j　封面钤有“民族文化宫图书馆藏”印。

35.2

a　5-2

b　གཞི་ཐམས་ཅད་ཡོད་པར་སྨྲ་བའི་དགེ་ཚུལ་གྱི་ལེའུར་བྱས་པའི་མཆན་འགྲེལ་ནོར་བུ་ཕྲེང་བ།

说一切有部沙弥戒释注疏·宝鬘

c　འཇམ་དབྱངས་མི་ཕམ་རིན་པོ་ཆེ།

d

e　འདུལ་བ།（律藏）

f　刻本　སྡེ་དགེ（四川德格）　དགེ་སློང་མཁྱེན་བརྩེ་བློ་གྲོས།

g　乌金　梵夹装　37.5×6

h　22　6

i　无　藏纸　黑　完整

j　封面钤有“民族文化宫图书馆藏”印。

35.3

a　5-3

b　དབུ་མའི་མཆན་འགྲེལ་གནས་ལུགས་རབ་གསལ་ཀླུ་དབང་དགོངས་རྒྱན།

中观根本颂注疏·显明真实义·鲁神密意庄严

c

d

e དབུ་མ། （中观）

f 刻本 སྡེ་དགེ（四川德格） འཇམ་དབྱངས་མཁྱེན་རབ་མཐའ་ཡས།

g 乌金 梵夹装 37.5×6
h 147 6
i 有 藏纸 黑 完整
j 封面钤有“民族文化宫图书馆藏”印。

35.4
a 5-4

b དབུ་མ་ལ་འཇུག་པའི་འགྲེལ་པ་ཟླ་བའི་ཞལ་ལུང་དྲི་མེད་ཤེལ་ཕྲེང་།

入中论释·月称口授·无垢水晶鬘

c མི་ཕམ་རྒྱ་མཚོ།

d

e དབུ་མ།（中观）

f 刻本 སྡེ་དགེ（四川德格）

g 乌金 梵夹装 37×6
h 171 6
i 有 藏纸 黑 完整
j 封面钤有“民族文化宫图书馆藏”印。

35.5
a 5-5

b རྒྱུད་ལུང་མན་ངག་གི་ཚིག་དོན་ཅུང་ཟད་བཤད་པ་དྲི་མེད་ཤེལ་གྱི་མེ་ལོང་།

续部教授要诀句义略释·无垢水晶镜

c
d

e མན་ངག（善言）

f 刻本 སྡེ་དགེ（四川德格）

g 乌金 梵夹装 37×6
h 8 6

i 无 藏纸 黑 完整
j 封面钤有“民族文化宫图书馆藏”印。

36
A 3446 400

B འཇུ་མི་ཕམ་རྣམ་རྒྱལ་རྒྱ་མཚོའི་གསུང་འབུམ།

菊·弥旁绛央朗吉嘉措文集

C ཨ

D འཇུ་མི་ཕམ་རྣམ་རྒྱལ་རྒྱ་མཚོ།

同 3435 介绍。
E 馆藏齐全。

36.1
a 1-1

b ཐེག་པ་ཆེན་པོ་མདོ་སྡེའི་རྒྱན་གྱི་དགོངས་དོན་རྣམ་པར་བཤད་པ་ཐེག་མཆོག་བདུད་རྩིའི་དགའ་སྟོན།

大乘经庄严论密意义释·胜乘甘露喜宴

c མི་ཕམ་འཇམ་དབྱངས་རྒྱ་མཚོ།

d ལྕགས་ཕག 铁猪年（1911）

e མདོ་སྡེ་རྒྱན་གྱི་རྣམ་བཤད།（大乘庄严论释）

f 刻本 སྡེ་དགེ（四川德格）

g 乌金 梵夹装 38.5×5.6
h 384 6
i 有 藏纸 黑 完整
j 封面钤有“民族文化宫图书馆藏”印。

37
A 3447 401

B འཇུ་མི་ཕམ་རྣམ་རྒྱལ་རྒྱ་མཚོའི་གསུང་འབུམ།

菊·弥旁绛央朗吉嘉措文集

C ར

D འཇུ་མི་ཕམ་རྣམ་རྒྱལ་རྒྱ་མཚོ།

同 3435 介绍。

E 馆藏齐全。

37.1

a 1-1

b དམ་པའི་ཆོས་མངོན་པ་མཛོད་ཀྱི་མཆན་འགྲེལ་རིན་པོ་ཆེའི་དོ་ཤལ་བློ་གསལ་དགྱེས་པའི་མགུལ་རྒྱན།

正法俱舍论注疏·大宝璎珞·智者喜悦之项饰

c མི་ཕམ་འཇམ་དཔལ་དགྱེས་པའི་རྡོ་རྗེ།

d མེ་སྟག 火虎年（1866） ཚོག་བཀྲ་ཤིས་དགེ་འཕེལ་གླིང་།（却扎西格陪林寺）

e མཛོད།（俱舍论）

f 刻本 སྡེ་དགེ（四川德格）

g 乌金 梵夹装 37.5×6

h 378 6

i 有 藏纸 黑 完整

j 封面钤有“民族文化宫图书馆藏”印。

38

A 3448 402

B འཇུ་མི་ཕམ་རྣམ་རྒྱལ་རྒྱ་མཚོའི་གསུང་འབུམ།

菊·弥旁绛央朗吉嘉措文集

C ལ

D འཇུ་མི་ཕམ་རྣམ་རྒྱལ་རྒྱ་མཚོ།

同 3435 介绍。

E 馆藏齐全。

38.1

a 7-1

b ཤེར་ཕྱིན་མངོན་རྟོགས་རྒྱན་གྱི་མཆན་འགྲེལ་བུཏྣ་རི་ཀའི་དོ་ཤལ།

般若现观庄严论注疏·白莲华璎珞

c རྗེ་མི་ཕམ་པ།

d མེ་སྟག 火虎年（1866） དབེན་གནས་བཀྲ་ཤིས་དགེ་འཕེལ་གླིང་།（却扎西格陪林寺）

e ཤེར་ཕྱིན།（般若）

f 刻本 སྡེ་དགེ（四川德格）

g 乌金 梵夹装 37.5×6

h 174 6

i 有 藏纸 黑 完整

j 封面钤有“民族文化宫图书馆藏”印。

38.2

a 7-2

b ཐེག་པ་ཆེན་པོ་རྒྱུད་བླ་མའི་བསྟན་བཅོས་ཀྱི་མཆན་འགྲེལ་མི་ཕམ་ཞལ་ལུང་།

究竟一乘宝性论注疏·弥旁口传

c

d ཤིང་གླང་། 木牛年（1865） དབེན་གནས་བཀྲ་ཤིས་དགེ་འཕེལ་གླིང་།（却扎西格陪林寺）

e ལྡེ་འགྲེལ།（注疏）

f 刻本 སྡེ་དགེ（四川德格） འགྱུར་མེད་པདྨ་རྣམ་རྒྱལ།

g 乌金 梵夹装 37×6

h 107 6

i 无 藏纸 黑 完整

j 封面钤有“民族文化宫图书馆藏”印。

38.3

a 7-3

b བདེ་གཤེགས་སྙིང་པོ་སྟོང་ཐུན་ཆེན་མོ་སེང་གེའི་ང་རོ།

如来藏总义·狮子吼

c　མི་ཕམ་འཇམ་དབྱངས་རྣམ་རྒྱལ།

d　ལྕགས་ཡོས། 铁兔年（1891）　སྐྱབ་ཁང་བདུད་ལས་རྣམ་རྒྱལ།

e　སྔགས། (密宗)

f　刻本　སྡེ་དགེ（四川德格）

g　乌金　梵夹装　38×6
h　23　6
i　无　藏纸　黑　完整
j　封面钤有“民族文化宫图书馆藏”印。

38.4
a　7-4

b　ཆོས་དང་ཆོས་ཉིད་རྣམ་པར་འབྱེད་པའི་ཚིག་ལེའུར་བྱས་པའི་འགྲེལ་པ་ཡེ་ཤེས་སྣང་བ་རྣམ་འབྱེད།

辨法法性颂文释·智光明辨

c　མི་ཕམ་འཇམ་དབྱངས།

d　ཤིང་རྟ། 木马年（1894）　ཀཿཐོག་དགོན།（四川甘孜嘎托寺）

e　ལྟ་འགྲེལ། (注疏)

f　刻本　སྡེ་དགེ（四川德格）

g　乌金　梵夹装　37.5×6
h　26　6
i　无　藏纸　黑　完整
j　封面钤有“民族文化宫图书馆藏”印。

38.5
a　7-5

b　དབུས་དང་མཐའ་རྣམ་པར་འབྱེད་པའི་བསྟན་བཅོས་ཀྱི་འགྲེལ་པ་འོད་ཟེར་གྱི་ཕྲེང་བ།

辨中边论释·光明鬘

c　མི་ཕམ་རྣམ་པར་རྒྱལ་བ།

d ཤིང་རྟ། 木马年（1894） ཀཿཐོག་དགོན། （四川甘孜嘎托寺）

e ལྟ་འགྲེལ། （注疏）

f 刻本 སྡེ་དགེ（四川德格）

g 乌金 梵夹装 37.5×6
h 64 6
i 无 藏纸 黑 完整
j 封面钤有“民族文化宫图书馆藏”印。

38.6
a 7-6

b དོན་རྣམ་པར་ངེས་པ་ཤེས་རབ་རལ་གྲིའི་མཆན།

义决择·智慧剑论旁注

c འཇམ་དབྱངས་དགྱེས་པ།

d མེ་རྟ། 火马年（1906）

e ཤེར་ཕྱིན། （般若）

f 刻本 སྡེ་དགེ（四川德格）

g 乌金 梵夹装 37.5×6
h 17 6
i 无 藏纸 黑 完整
j 封面钤有“民族文化宫图书馆藏”印。

38.7
a 7-7

b ལྟ་བའི་མགུར་ཟབ་མོ།

甚深正见歌

c འཇམ་དབྱངས་བློ་གྲོས་རྒྱ་མཚོ།

d ཆུ་སྤྲེལ། 水猴年（1872） ཞེ་ཆེན་རི་ཁྲོད།（四川西欠寺）

e ལྟ་མགུར། (正见歌)

f 刻本 སྡེ་དགེ（四川德格） དགེ་སློང་ཚེ་དབང་རིག་འཛིན།

g 乌金 梵夹装 37.5×6
h 24 6
i 无 藏纸 黑 完整
j 封面钤有“民族文化宫图书馆藏”印。

39
A 3449 403

B འཇུ་མི་ཕམ་རྣམ་རྒྱལ་རྒྱ་མཚོའི་གསུང་འབུམ།

菊·弥旁绛央朗吉嘉措文集

C ཙ

D འཇུ་མི་ཕམ་རྣམ་རྒྱལ་རྒྱ་མཚོ།

同3435介绍。

E 此函民族宫目录著录为45卷，西藏图书馆藏品为42卷，其中有一卷在民族宫目录中无，另所缺4卷：为《无能胜论》《品类清净》《根本传上师等证得成就颂》《赞颂文·大地庄严》。

39.1
a 42-1

b རྒྱུད་ལུགས་འཇམ་དཔལ་ཞི་བའི་སྒྲུབ་ཐབས་ཡེ་ཤེས་སྣང་བ་མཆོག་གྲུབ།

续部妙吉祥寂静修法·智光殊胜成就

c

d ལྕགས་སྦྲུལ། 铁蛇年（1881）

e སྒྲུབ་ཐབས།（修心法）

f 刻本 སྡེ་དགེ（四川德格）

g 乌金 梵夹装 36.5×6
h 9 6
i 无 藏纸 黑 完整

j　封面钤有“民族文化宫图书馆藏”印。

39.2

a　42-2

b　བཟླས་དམིགས།

　念诵所缘境

c

d

e　སྔགས། (密宗)

f　刻本　སྡེ་དགེ（四川德格）

g　乌金　梵夹装　38×6

h　2　6

i　无　藏纸　黑　完整

j　封面钤有“民族文化宫图书馆藏”印。

39.3

a　42-3

b　འཇམ་དཔལ་བསྟོད་པ་བྱིན་རླབས་གཏེར་ཆེན།

　妙吉祥赞·大加持藏

c　འཇམ་དབྱངས་དགྱེས་པའི་རྟོ་རྗེ།

d　གླང་ལོ། 牛年

e　བསྟོད་པ། (赞颂)

f　刻本　སྡེ་དགེ（四川德格）

g　乌金　梵夹装　36.5×6

h　1　6

i　无　藏纸　黑　完整

j　封面钤有“民族文化宫图书馆藏”印。

39.4

a　42-4

b　བགེགས་བསྐྲད་སྲུང་འཁོར་སྒོམ་པ།

驱魔护轮修法

c

d　ལྕགས་སྦྲུལ། 铁蛇年（1881）

e　སྔགས།（密宗）

f　刻本　སྡེ་དགེ（四川德格）

g　乌金　梵夹装　37×6

h　2　6

i　无　藏纸　黑　完整

j　封面钤有“民族文化宫图书馆藏”印。

39.5

a　42-5

b　ཡང་གསང་ཚེ་ཡི་བསྒྲུབ་པ་འཆི་མེད་རྡོ་རྗེའི་སྲོག་བསྒྲུབ།

极密修寿法·长寿金刚寿命

c

d　ལྕགས་སྦྲུལ། 铁蛇年（1881）

e　ཚེ་སྒྲུབ།（长寿修法）

f　刻本　སྡེ་དགེ（四川德格）

g　乌金　梵夹装　37.5×6

h　3　6

i　无　藏纸　黑　完整

j　封面钤有“民族文化宫图书馆藏”印。

39.6

a　42-6

b　འཇམ་དཔལ་གྱི་ཚོགས་མཆོད།

妙吉祥会供法

c　མི་ཕམ་འཇམ་དབྱངས་རྣམ་རྒྱལ་རྒྱ་མཚོ།

d ལྕགས་སྦྲུལ། 铁蛇年（1881）

e ཚོགས་མཆོད། （集供）

f 刻本 སྡེ་དགེ（四川德格）

g 乌金 梵夹装 37.5×6
h 10 6
i 无 藏纸 黑 完整
j 封面钤有“民族文化宫图书馆藏”印。

39.7
a 42-7

b ཚོགས་བསྡུས།

会供略法

c

d མེ་རྟ། 火马年（1906）

e སྔགས། （密宗）

f 刻本 སྡེ་དགེ（四川德格）

g 乌金 梵夹装 38×6
h 1 6
i 无 藏纸 黑 完整
j 封面钤有“民族文化宫图书馆藏”印。

39.8
a 42-8

b ཚོགས་མཆོད།

会供法会

c རྫིཿམིང་བ།

d

e ཚོགས་མཆོད། （集供）

f 刻本 སྡེ་དགེ（四川德格）

g 乌金 梵夹装 37×6
h 1 6
i 无 藏纸 黑 完整
j 封面钤有“民族文化宫图书馆藏”印；民族宫目录中无此件。

39.9
a 42-9

b འཇམ་དཔལ་གྱི་བསྐང་བ་ནོར་བུའི་ཕྲེང་བ།

妙吉祥满愿法·宝鬘

c ཟིལ་གནོན་དགྱེས་པ་རྩལ།

d ལྕགས་འབྲུག 铁龙年（1880）

e སྔགས།（密宗）

f 刻本 སྡེ་དགེ（四川德格）

g 乌金 梵夹装 37×6
h 5 6
i 无 藏纸 黑 完整
j 封面钤有“民族文化宫图书馆藏”印。

39.10
a 42-10

b བསྐང་བ།

补酬仪轨

c
d

e སྔགས།（密宗）

f 刻本 སྡེ་དགེ（四川德格）

g 乌金 梵夹装 37×6
h 1 6
i 无 藏纸 黑 完整

j 封面钤有“民族文化宫图书馆藏”印。

39.11
a 42-11
b འཇམ་དཔལ་གྱི་བསྒྲུབ་ཐབས་དང་འབྲེལ་བའི་སྨོན་ལམ་བྱིན་རླབས་སྤྲིན་ཆེན།
与妙吉祥修法相关之愿文·加持云
c
d
e སྨོན་ལམ།（祈愿）
f 刻本 སྡེ་དགེ（四川德格）
g 乌金 梵夹装 37.5×6
h 3 6
i 无 藏纸 黑 完整
j 封面钤有“民族文化宫图书馆藏”印。

39.12
a 42-12
b ཆོས་དབྱིངས་ཀྱི་བརྒྱུད་འདེབས།
法界等续部祈祷颂
c
d
e བརྒྱུད་འདེབས།（启请文）
f 刻本 སྡེ་དགེ（四川德格）
g 乌金 梵夹装 37.5×6
h 3 6
i 无 藏纸 黑 完整
j 封面钤有“民族文化宫图书馆藏”印。

39.13
a 42-13
b རིགས་ལྔའི་མཁའ་འགྲོའི་ཆོས་སྲུང་།
五部空行护法颂文

c
d
e བསྟོད་པ། （赞颂）
f 刻本 སྡེ་དགེ（四川德格）
g 乌金 梵夹装 37.5×6
h 3 6
i 无 藏纸 黑 完整
j 封面钤有“民族文化宫图书馆藏”印；民族宫目录中为1叶。

39.14

a 42-14
b འཇམ་དཔལ་ཡེ་ཤེས་སེམས་དཔའི་སྨིན་བྱེད་དབང་གི་རིམ་པ་ཡེ་ཤེས་རྡོ་རྗེའི་རྒྱུན་འབེབས།
妙吉祥智慧萨埵成熟灌顶次第·智金刚长流
c ཨོ་རྒྱན་ཆོས་ཀྱི་རྒྱལ་པོའི་བཀའ་སྐྱོང་པ་མི་ཕམ་རྣམ་པར་རྒྱལ་བ།
d ལྕགས་སྦྲུལ། 铁蛇年（1881）
e སྔགས། （密宗）
f 刻本 སྡེ་དགེ（四川德格）
g 乌金 梵夹装 38×6
h 23 6
i 无 藏纸 黑 完整
j 封面钤有“民族文化宫图书馆藏”印。

39.15

a 42-15
b འཕགས་པ་འཇམ་དཔལ་དམར་པོ་ལོངས་སྤྱོད་ཚེ་འཕེལ་གྱི་ཚེ་སྒྲུབ་གནམ་ལྕགས་རྡོ་རྗེ་འཆི་བདག་བདུད་འཇོམས།
红色圣妙吉祥增长福寿长寿修法·霹雳金刚摧伏死魔
c འཇམ་དབྱངས་དགྱེས་པའི་རྡོ་རྗེ།
d ཤིང་མོ་ལུག 木阴羊年（1895）

e ཚེ་སྒྲུབ། (长寿修法)

f 刻本 སྡེ་དགེ (四川德格)

g 乌金 梵夹装 37.5×6
h 11 6
i 无 藏纸 黑 完整
j 封面铃有“民族文化宫图书馆藏”印；民族宫目录中为12叶。

39.16
a 42-16

b ཚེའི་དངོས་གྲུབ་བླང་བ།

寿命成就法

c
d

e ཆོ་ག (仪轨)

f 刻本 སྡེ་དགེ (四川德格)

g 乌金 梵夹装 37.5×6
h 1 6
i 无 藏纸 黑 完整
j 封面铃有“民族文化宫图书馆藏”印。

39.17
a 42-17

b འཇམ་དཔལ་ཚེ་བདག་དམར་པོའི་ཚེ་དབང་བདུད་རྩིའི་རྒྱུན་འབེབས་འཆི་མེད་དཔལ་སྟེར།

红色妙吉祥长寿主长寿灌顶·甘露长流·长寿吉祥施

c མི་ཕམ་འཇམ་དབྱངས་དགྱེས་པའི་རྡོ་རྗེ།

d

e ཚེ་དབང་། (长寿灌顶)

f 刻本 སྡེ་དགེ (四川德格)

g 乌金 梵夹装 37×6
h 6 6

i 无 藏纸 黑 完整
j 封面钤有“民族文化宫图书馆藏”印。

39.18

a 42-18

b འཆི་མེད་བཅུད་ལེན་བསྒྲུབ་པའི་ཐབས་མཆོག་བདུད་རྩིའི་བུམ་བཟང་།

长寿服食最胜修法·甘露妙瓶

c མི་ཕམ་འཇམ་དབྱངས་དགྱེས་པའི་རྡོ་རྗེ།

d ལྕགས་ཡོས། 铁兔年（1891）

e ཚེ་སྒྲུབ།（长寿修法）

f 刻本 སྡེ་དགེ（四川德格）

g 乌金 梵夹装 37.5×6
h 6 6
i 无 藏纸 黑 完整
j 封面钤有“民族文化宫图书馆藏”印。

39.19

a 42-19

b བཅུད་མཆོག་ཁ་སྐོང་།

服食仪轨增补

c འཇམ་དབྱངས་དགྱེས་པ།

d ཤིང་རྟ། 木马年（1894）

e ཆོ་ག （仪轨）

f 刻本 སྡེ་དགེ（四川德格）

g 乌金 梵夹装 37.5×6
h 3 6
i 无 藏纸 黑 完整
j 封面钤有“民族文化宫图书馆藏”印。

39.20
a 42-20

b ཡང་ཁ་སྐོང་།

曼殊室利服食修法补注

c

d

e ཆོ་ག （仪轨）

f 刻本 སྡེ་དགེ（四川德格）

g 乌金 梵夹装 37.5×6
h 2 6
i 无 藏纸 黑 完整
j 封面钤有“民族文化宫图书馆藏”印。

39.21
a 42-21

b སྨན་སྦྱར།

配药法

c

d

e སྨན་སྦྱར། (配药法)

f 刻本 སྡེ་དགེ（四川德格）

g 乌金 梵夹装 37.5×6
h 1 6
i 无 藏纸 黑 完整
j 封面钤有“民族文化宫图书馆藏”印。

39.22
a 42-22

b བསྟོད་པ་ས་གཞི་མཛེས་རྒྱན།

赞美大地庄严·饰

c མི་ཕམ་འཇམ་དཔལ་དགྱེས་པ།

d　མེ་རྟ། 火马年（1906）

e　བསྟོད་པ། (赞颂)

f　刻本　སྡེ་དགེ（四川德格）

g　乌金　梵夹装　37.5×6
h　1　6
i　无　藏纸　黑　完整
j　封面钤有“民族文化宫图书馆藏”印。

39.23
a　42-23

b　བཅུད་ལེན་གྱི་ཆ་ལག་རིན་ཆེན་ཟ་མ་ཏོག

　服食法支分·宝箧

c　རྣལ་འབྱོར་པ་མི་ཕམ་འཇམ་དབྱངས་དགྱེས་པ་དབང་གི་རྡོ་རྗེ།

d　མེ་སྤྲེལ། 火猴年（1896）　འཆི་མེད་མཆོག་གྲུབ་གླིང་།（其美却珠林）

e　སྔགས། (密宗)

f　刻本　སྡེ་དགེ（四川德格）

g　乌金　梵夹装　38×6
h　8　6
i　无　藏纸　黑　完整
j　封面钤有“民族文化宫图书馆藏”印。

39.24
a　42-24

b　ར་ས་ཡཱ་ནའི་ལག་ལེན་གསལ་བར་མཛད་པ་བདུད་རྩི་གྲུབ་པ།

　服食实修显说·作法·甘露成就

c　འཇམ་དཔལ་དགྱེས་པའི་རྡོ་རྗེ།

d　ཆུ་འབྲུག 水龙年（1892）

e སྔགས།(密宗)

f 刻本 སྡེ་དགེ（四川德格）

g 乌金 梵夹装 37×6
h 8 6
i 无 藏纸 黑 完整
j 封面钤有“民族文化宫图书馆藏”印。

39.25
a 42-25

b རྡོ་རྗེའི་གླུའི་མཆོད་པ།

金刚歌供养法

c འཇམ་དབྱངས་དགྱེས་པ།

d

e མཆོད་པ།（供奉）

f 刻本 སྡེ་དགེ（四川德格） ལྷག་མགོན།

g 乌金 梵夹装 37.5×6
h 23 6
i 无 藏纸 黑 完整
j 封面钤有“民族文化宫图书馆藏”印。

39.26
a 42-26

b འཇམ་དཔལ་མར་མེ་མཆོད་པའི་ལག་ལེན་མདོར་བསྡུས་འབེལ་གཏམ་རྣ་བའི་བདུད་རྩི།

妙吉祥供灯略修法规·耳甘露

c མི་ཕམ་འཇམ་དབྱངས་རྣམ་པར་རྒྱལ་བ།

d ཤིང་ཕག 木猪年（1875）

e མཆོད་པ།（供奉）

f 刻本 སྡེ་དགེ（四川德格）

g 乌金 梵夹装 37.5×6
h 8 6
i 无 藏纸 黑 完整
j 封面钤有“民族文化宫图书馆藏”印。

39.27

a 42-27

b སྦྱིན་སྲེག་གི་ལས་རིམ་དོན་གསལ།

护摩羯磨次第显义

c མི་ཕམ་འཇམ་དབྱངས་དགྱེས་པ།

d ས་སྤྲེལ། 土猴年（1908） ཁྲ་མགུ་རི་ཁྲོད། （扎古静修院）

e སྔགས། （密宗）

f 刻本 སྡེ་དགེ（四川德格）

g 乌金 梵夹装 38×6
h 18 6
i 无 藏纸 黑 完整
j 封面钤有“民族文化宫图书馆藏”印；民族宫目录中为 19 叶。

39.28

a 42-28

b རྡོར་དྲིལ་བྱིན་རླབས།

加持铃杵法

c
d

e སྔགས། （密宗）

f 刻本 སྡེ་དགེ（四川德格）

g 乌金 梵夹装 37.5×6
h 1 6
i 无 藏纸 黑 完整
j 封面钤有“民族文化宫图书馆藏”印。

39.29
a 42-29
b འཇམ་དཔལ་དཀར་པོའི་སྦྱིན་སྲེག་ཡེ་ཤེས་མེ་ལྕེ་རབ་ཏུ་རྒྱས་པ།
白妙吉祥护摩法·智焰广增
c མི་ཕམ་འཇམ་དབྱངས་རྣམ་རྒྱལ།
d ཤིང་ཕག 木猪年（1875）
e སྦྱིན་སྲེག（火供）
f 刻本 སྡེ་དགེ（四川德格）
g 乌金 梵夹装 37.5×6
h 7 6
i 无 藏纸 黑 完整
j 封面钤有“民族文化宫图书馆藏”印。

39.30
a 42-30
b རྫས་བྱིན་རླབས་ཁ་བསྒྱུར།
加持物转化法
c
d
e སྔགས།（密宗）
f 刻本 སྡེ་དགེ（四川德格）
g 乌金 梵夹装 37.5×6
h 2 6
i 无 藏纸 黑 完整
j 封面钤有“民族文化宫图书馆藏”印。

39.31
a 42-31
b འཇམ་དཔལ་གྱི་སཙྪའི་ལས་ཚོགས།
妙吉祥印塑泥像事业资粮

c མི་ཕམ་འཇམ་དཔལ་དགྱེས་པ།

d མེ་རྟ། 火马年（1906）

e ལས་ཚོགས།（业资）

f 刻本 སྡེ་དགེ（四川德格）

g 乌金 梵夹装 38×6
h 7 6
i 无 藏纸 黑 完整
j 封面钤有“民族文化宫图书馆藏”印。

39.32
a 42-32

b རིགས་སྔགས་ཀྱི་རྒྱལ་པོ་ཨ་ར་པ་ཙ་ལ་བརྟེན་ནས་བླང་དོར་བརྟག་པ་འཇམ་དཔལ་རྒྱས་པའི་ཞལ་ལུང་།

依阿若跛札拉密咒王观察取舍法·妙吉祥喜悦之教诫

c
d

e སྔགས།（密宗）

f 刻本 སྡེ་དགེ（四川德格）

g 乌金 梵夹装 38×6
h 25 6
i 无 藏纸 黑 完整
j 封面钤有“民族文化宫图书馆藏”印；民族宫目录中为 29 叶。

39.33
a 42-33

b འཇམ་དཔལ་སྨྲ་བའི་སེངྒེའི་སྒྲུབ་ཐབས་བློ་ཡི་ཉིན་བྱེད།

妙吉祥所说狮子修法·意慧日

c འཇམ་དཔལ་དགྱེས་པའི་རྡོ་རྗེ།

d ཤིང་རྟ། 木马年（1894） དཔལ་སྤུངས་དགོན།（四川八邦寺）

e བློ་སྦྱོང་། (修心法)

f 刻本 སྡེ་དགེ (四川德格)

g 乌金 梵夹装 37.5×6
h 4 6
i 无 藏纸 黑 完整
j 封面钤有“民族文化宫图书馆藏”印。

39.34
a 42-34

b འཇམ་དཔལ་གྱི་ལས་ཚོགས་ཀུན་འབྱུང་ནོར་བུའི་རྒྱལ་པོ།

妙吉祥事业普生宝王论

c འཇམ་དཔལ་དགྱེས་པའི་རང་མདངས་མཚོ་བྱུང་བཞད་པའི་གེ་སེར།

d ཞྭལ་གདོན། 火马年（1906）

e ལས་ཚོགས། (业资)

f 刻本 སྡེ་དགེ (四川德格)

g 乌金 梵夹装 37.5×6
h 42 6
i 无 藏纸 黑 完整
j 封面钤有“民族文化宫图书馆藏”印。

39.35
a 42-35

b ས་ཡི་སྙིང་པོ།

地藏种子字观想法

c
d

e སྔགས། (密宗)

f 刻本 སྡེ་དགེ (四川德格)

g 乌金 梵夹装 37.5×6

h 1 6

i 无 藏纸 黑 完整

j 封面钤有“民族文化宫图书馆藏”印。

39.36

a 42-36

b ཚིག་ཅན་འཕོ་བའི་གདམས་པ།

顿往生法教授

c འཇམ་དཔལ་དགྱེས་པའི་རྡོ་རྗེ།

d ཤིང་སྤྲེལ། 木猴年（1884）

e སྔགས།（密宗）

f 刻本 སྡེ་དགེ（四川德格）

g 乌金 梵夹装 37.5×6

h 1 6

i 无 藏纸 黑 完整

j 封面钤有“民族文化宫图书馆藏”印。

39.37

a 42-37

b གཟུངས་སློབས་སྒྲུབ་སྐོར་ཟབ་གསང་ནོར་བུའི་གཏེར་མཛོད་སྙིང་གི་མུན་སེལ།

学修陀罗尼类深密宝藏·消除心暗

c མི་ཕམ་པ།

d

e སྔགས།（密宗）

f 刻本 སྡེ་དགེ（四川德格）

g 乌金 梵夹装 37.5×6

h 34 6

i 无 藏纸 黑 完整

j 封面钤有“民族文化宫图书馆藏”印。

39.38

a 42-38

b ལས་སྣ་ཚོགས་པའི་སྐོར་ཐོར་བུའི་རིགས་ཕྱོགས་བསྡུས་དགོས་འབྱུང་གཏེར་གྱི་བུམ་བཟང་།

事业类散集·如意宝藏妙瓶

c

d

e ལས་ཚོགས་ཐོར་བུ། (业资)

f 刻本 སྡེ་དགེ（四川德格）

g 乌金 梵夹装 37.5×6

h 61 6

i 无 藏纸 黑 完整

j 封面钤有“民族文化宫图书馆藏”印；民族宫目录中为69叶。

39.39

a 42-39

b ཚིག་བདུན་གསོལ་འདེབས་དང་འབྲེལ་བའི་བླ་མའི་རྣལ་འབྱོར།

与七句祈祷文相关之上师瑜伽·加持雨降

c མི་ཕམ་རྣམ་པར་རྒྱལ་བ་ཡིད་ཀྱི་མཚོ་ལས་བྱུང་བ།

c

d

e བླ་མའི་རྣལ་འབྱོར།（无上瑜伽）

f 刻本 སྡེ་དགེ（四川德格）

g 乌金 梵夹装 37.5×6

h 2 6

i 无 藏纸 黑 完整

j 封面钤有“民族文化宫图书馆藏”印。

39.40

a 42-40

b འཕགས་པ་རིག་འཛིན་བརྒྱད་ཀྱི་གསོལ་འདེབས། བོད་ཡུལ་གྲུབ་ཆེན་བརྒྱད་ཀྱི་གསོལ་འདེབས།

圣地八持明者祈祷文·藏地八大得道者祈祷文

c

d ཆུ་སྦྲུལ། 水蛇年（1893） དཀར་མོ་སྟག་ཚང་།（嘎莫达仓）

e གསོལ་འདེབས།（祈愿）

f 刻本 སྡེ་དགེ（四川德格）

g 乌金 梵夹装 37.5×6
h 3 6
i 无 藏纸 黑 完整
j 封面钤有“民族文化宫图书馆藏”印。

39.41
a 42-41

b འཇམ་དཔལ་ཁྲོ་ཆུ་དུག་སྔོང་ནག་པོའི་རྒྱུན་འཁྱེར་མདོན་རྟོགས་ཁྲོ་ཆུ་ཁོལ་མ།

妙吉祥毒熔铁黑面常行修持法·熔铁沸液

c སྐྱབ་ཁང་བདུད་ལས་རྣམ་རྒྱལ།

e སྔགས།（密宗）

f 刻本 སྡེ་དགེ（四川德格）

g 乌金 梵夹装 39×6
h 6 6
i 无 藏纸 黑 完整
j 封面钤有“民族文化宫图书馆藏”印。

39.42
a 42-42

b ཚོགས་མཆོད།

会供法会

c འཇམ་དབྱངས་དགྱེས་པ་ཡིད་ཀྱི་མཚོ་ལས་བྱུང་བ།

d གསེར་འཕྱང་། 火鸡年（1897）

e ཚོགས་མཆོད།（集供）

f 刻本 སྡེ་དགེ（四川德格）

g 乌金 梵夹装 37.5×6
h 1 6
i 无 藏纸 黑 完整
j 封面钤有“民族文化宫图书馆藏”印；民族宫目录中无此件。

40
A 3450 404

B འཇུ་མི་ཕམ་རྣམ་རྒྱལ་རྒྱ་མཚོའི་གསུང་འབུམ།

菊·弥旁绛央朗吉嘉措文集

C ན

D འཇུ་མི་ཕམ་རྣམ་རྒྱལ་རྒྱ་མཚོ།

同3435介绍。
E 馆藏齐全。

40.1
a 42-1

b ཀུན་མཁྱེན་རྡོ་རྗེ་གཟི་བྱིན་བླ་མའི་རྣལ་འབྱོར།

遍智多杰思济上师瑜伽

c མི་ཕམ་འཇམ་དབྱངས་དགྱེས་པ།

d ས་བྱི། 土鼠年（1888） ཆབ་མདོ།（西藏昌都）

e བླ་མའི་རྣལ་འབྱོར།（无上瑜珈）

f 刻本 སྡེ་དགེ（四川德格）

g 乌金 梵夹装 38×6
h 6 6
i 无 藏纸 黑 完整
j 封面钤有“民族文化宫图书馆藏”印。

40.2

a 42-2

b བཀའ་བརྒྱད་ཞི་བ་གསང་ཆེན་རིགས་གཅིག་སྒྲུབ་ཐབས།

八教寂静大密独部修法

c

d

e སྒྲུབ་ཐབས།（修心法）

f 刻本 སྡེ་དགེ（四川德格）

g 乌金 梵夹装 37.5×6

h 2 6

i 无 藏纸 黑 完整

j 封面钤有“民族文化宫图书馆藏”印。

40.3

a 42-3

b རིག་འཛིན་བརྒྱུད་བསྐུལ་བྱིན་རླབས་ཆར་འབེབས།

持明传承启请文·加持雨降

c འཇམ་དཔལ་རྡོ་རྗེ།

d ས་ཁྱི། 土狗年（1898）

e སྔགས།（密宗）

f 刻本 སྡེ་དགེ（四川德格）

g 乌金 梵夹装 37.5×6

h 2 6

i 无 藏纸 黑 完整

j 封面钤有“民族文化宫图书馆藏”印。

40.4

a 42-4

b བསྐྱེད་རྫོགས་ཆེན་མོའི་བྱིན་འབེབས།

大生起圆满加持法

c

d

e སྔགས། （密宗）

f 刻本 སྡེ་དགེ（四川德格）

g 乌金 梵夹装 37.5×6
h 1 6
i 无 藏纸 黑 完整
j 封面钤有“民族文化宫图书馆藏”印。

40.5
a 42-5

b བཀའ་བརྒྱད་བདེ་གཤེགས་འདུས་པའི་ལས་བྱང་དངོས་གྲུབ་ཀུན་འབྱུང་།

八教如来所摄事业净治明解·悉地普生

c དཔལ་ཆེ་མཆོག་དགྱེས་པ་རྩལ།

d ལྕགས་ཡོས། 铁兔年（1891） སྒྲུབ་ཁང་བདུད་ལས་རྣམ་རྒྱལ།

e སྔགས། （密宗）

f 刻本 སྡེ་དགེ（四川德格）

g 乌金 梵夹装 38×6
h 20 6
i 无 藏纸 黑 完整
j 封面钤有“民族文化宫图书馆藏”印；民族宫目录中为26叶。

40.6
a 42-6

b རྦད་བསྐུལ།

迫切劝请文

c མི་ཕམ་པ།

d ཆུ་ཡོས། 水兔年（1903）

e སྔགས། （密宗）

f 刻本 སྡེ་དགེ（四川德格）

g 乌金 梵夹装 37.5×6

h 4 6

i 无 藏纸 黑 完整

j 封面钤有“民族文化宫图书馆藏”印。

40.7

a 42-7

b བཀའ་བརྒྱད་བདེ་འདུས་ཀྱི་ཚེ་འགུགས་རྡོ་རྗེའི་ཚེ་མཆོག་གྲུབ་པ།

八教如来祥金刚橛招寿修法

c འཇམ་དཔལ་དགྱེས་པའི་རྡོ་རྗེ་ཆེ་མཆོག་དགྱེས་པ་རྩལ།

d ཆུ་འབྲུག 水龙年（1892） པདྨ་བདེ་ལྡན་གླིང་།（白玛德丹林）

e སྔགས།（密宗）

f 刻本 སྡེ་དགེ（四川德格）

g 乌金 梵夹装 37×6

h 2 6

i 无 藏纸 黑 完整

j 封面钤有“民族文化宫图书馆藏”印。

40.8

a 42-8

b བཀའ་བརྒྱད་བདེ་འདུས་ཀྱི་ཕྱག་རྒྱའི་མཆོད་སྒྲུབ་མངོན་རྟོགས་ཆེན་མོའི་གསོལ་འདེབས་རྡོ་རྗེ་བཀོད་པའི་

འོད་ཟེར།

八教如来所摄手印供修现观大法祈祷文·金刚庄严光明

c འཇམ་དཔལ་དགྱེས་པའི་རྡོ་རྗེ།

d ཆུ་འབྲུག 水龙年（1892）

e སྔགས།（密宗）

f 刻本 སྡེ་དགེ（四川德格）

g 乌金 梵夹装 37.5×6
h 23 6
i 无 藏纸 黑 完整
j 封面钤有“民族文化宫图书馆藏”印。

40.9
a 42-9

b དྲེགས་པའི་སྡེ་དཔོན་སུམ་ཅུའི་གསོལ་བྱང་རྒྱུད་ནས་བཏུས་པ་འཕྲིན་ལས་མྱུར་འགྲུབ།

从续中集出三十暴恶部主祈祷文·事业速成

c

d ཟིལ་གནོན། 火马年（1906）

e སྔགས།（密宗）

f 刻本 སྡེ་དགེ（四川德格）

g 乌金 梵夹装 37.5×6
h 5 6
i 无 藏纸 黑 完整
j 封面钤有“民族文化宫图书馆藏”印。

40.10
a 42-10

b བཀའ་བརྒྱད་བདེ་འདུས་ཀྱི་བསྐྱེད་རྫོགས་ཆུང་བའི་མདངས་བསྐང་།

八教如来所摄生起圆满略法

c
d

e སྔགས།（密宗）

f 刻本 སྡེ་དགེ（四川德格）

g 乌金 梵夹装 37.5×6
h 6 6
i 无 藏纸 黑 完整
j 封面钤有“民族文化宫图书馆藏”印。

40.11

a 42-11

b བཀའ་བརྒྱད་ཁྲོ་རོལ་གཏོར་བཟློག་བསྡུས་པ་དགྲ་འགེགས་དཔུང་འཇོམས།

八教法中忿怒游戏回遮供神馐略法·摧伏敌障军

c འཇམ་དཔལ་དགྱེས་པའི་རྡོ་རྗེ།

d ལྕགས་ཡོས། 土兔年（1879） སྤྱབ་ཁང་བདུད་ལས་རྣམ་རྒྱལ།

e སྔགས།（密宗）

f 刻本 སྡེ་དགེ（四川德格）

g 乌金 梵夹装 37.5×6

h 14 6

i 无 藏纸 黑 完整

j 封面钤有“民族文化宫图书馆藏”印；民族宫目录中为23叶。

40.12

a 42-12

b ཁྲོ་བོ་ཁྱུང་གི་བཟློག་བྱང་།

忿怒大鹏回遮法

c

d

e སྔགས།（密宗）

f 刻本 སྡེ་དགེ（四川德格）

g 乌金 梵夹装 38×6

h 1 6

i 无 藏纸 黑 完整

j 封面钤有“民族文化宫图书馆藏”印。

40.13

a 42-13

b དྲགས་སྔགས་སོ་ལྔའི་ཤམ་བུ་སྔགས་བྱང་།

三十五种降伏真言旁注·咒名目录
c
d
e སྔགས། (密宗)
f 刻本 སྡེ་དགེ (四川德格)
g 乌金 梵夹装 37×6
h 1 6
i 无 藏纸 黑 完整
j 封面钤有“民族文化宫图书馆藏”印。

40.14
a 42-14
b ཁྱུང་གི་བསྙེས་ངན་བཟློག་པ་རྒྱས་པ།
大鹏回遮恶兆广法
c འཇམ་དཔལ་དགྱེས་པ།
d
e སྔགས། (密宗)
f 刻本 སྡེ་དགེ (四川德格)
g 乌金 梵夹装 37.5×6
h 3 6
i 无 藏纸 黑 完整
j 封面钤有“民族文化宫图书馆藏”印。

40.15
a 42-15
b ཡང་ཁྱུང་བཟློག
大鹏回遮法
c
d
e སྔགས། (密宗)

f 刻本 སྡེ་དགེ（四川德格）

g 乌金 梵夹装 37.3×6
h 3 6
i 无 藏纸 黑 完整
j 封面钤有“民族文化宫图书馆藏”印。

40.16
a 42-16

b བཀའ་བརྒྱད་དོན་འགྲིགས།

八教念诵法编

c མི་ཕམ་པ།

d

e སྔགས།（密宗）

f 刻本 སྡེ་དགེ（四川德格）

g 乌金 梵夹装 38×6
h 1 6
i 无 藏纸 黑 完整
j 封面钤有“民族文化宫图书馆藏”印。

40.17
a 42-17

b ཚེ་བདག་ཕྱག་རྒྱ་ཞིལ་གནོན་གྱི་ལས་བྱང་རྡོ་རྗེ་གནམ་ལྕགས་འབར་བའི་འཁོར་ལོ།

寿主手印胜伏羯磨仪轨·金刚霹雳炽燃轮
c
d

e ལས་བྱང་།（品目）

f 刻本 སྡེ་དགེ（四川德格）

g 乌金 梵夹装 37×6
h 33 6
i 无藏纸黑 完整
j 封面钤有“民族文化宫图书馆藏”印；民族宫目录中为34叶。

40.18
a 42-18
b ཧཱུྃ་བསྐལ་པ་བརྒྱད་ཁྲི་བཞི་སྟོང་།
八万四千劫等策励文
c
d
e སྔགས། （密宗）
f 刻本 སྡེ་དགེ（四川德格）
g 乌金 梵夹装 37.5×6
h 1 6
i 无 藏纸 黑 完整
j 封面钤有“民族文化宫图书馆藏”印。

40.19
a 42-19
b འཇམ་དཔལ་གཤིན་རྗེ་གཤེད་ཀྱི་དྲག་པོའི་སྦྱིན་སྲེག་རྡོ་རྗེ་མེ་འབར་རབ་འབར།
妙吉祥大威德威猛·金刚火德炽燃
c ཞྭ་ལུ་གསོན་དགྲེས་པ་རྒྱལ།
d ལྕགས་འབྲུག 铁龙年（1880）
e སྦྱིན་སྲེག（火供）
f 刻本 སྡེ་དགེ（四川德格）
g 乌金 梵夹装 37.7×6
h 10 6
i 无 藏纸 黑 完整
j 封面钤有“民族文化宫图书馆藏”印。

40.20
a 42-20
b འཇམ་དཔལ་ནག་པོའི་གྲིབ་འཇོམས་རྡོ་རྗེ་ཕ་ལམ་གྱི་ལས་མཐའ་རྡོ་རྗེའི་མེ་ཆེན།

黑色妙吉祥摧伏障碍论 •解除金刚钻石深广事业边际无隐密显示事业金刚猛火

c འཇམ་དཔལ་རྡོ་རྗེ་རྣལ་འབྱོར་པ་རྡོ་རྗེ་བློ་གྲོས་དྲི་མེད་རྩལ།

d

e སྔགས། （密宗）

f 刻本 སྡེ་དགེ（四川德格）

g 乌金 梵夹装 37.7×6
h 4 6
i 无 藏纸 黑 完整
j 封面钤有“民族文化宫图书馆藏”印。

40.21
a 42-21

b རྟ་མགྲིན་ཡང་གསང་གི་འཕྲིན་ལས་དབང་དྲག་འབར་བ།

马头明王绝密事业 · 降伏焰

c མི་ཕམ་རྣམ་པར་རྒྱལ་བ།

d ཆུ་རྟ། 水马年（1882）

e སྔགས། （密宗）

f 刻本 སྡེ་དགེ（四川德格）

g 乌金 梵夹装 37.5×6
h 12 6
i 无 藏纸 黑 完整
j 封面钤有“民族文化宫图书馆藏”印。

40.22
a 42-22

b རྟ་མགྲིན་ནག་པོའི་ལས་འགྲིགས་དངོས་གྲུབ་རྒྱ་མཚོའི་སྤྲིན་ཕུང་།

黑色马头明王事业 · 悉地海云聚

c མི་ཕམ་རྣམ་པར་རྒྱལ་བ་པདྨ་བཞད་པ།

d

e　སྔགས།（密宗）

f　刻本　སྡེ་དགེ（四川德格）

g　乌金　梵夹装　37.5×6
h　28　6
i　无　藏纸　黑　完整
j　封面钤有“民族文化宫图书馆藏”印。

40.23
a　42-23

b　དཔལ་ཆེན་ཡང་དག་རྒྱུན་གྱི་རྣལ་འབྱོར་ཙ་ལུ་གསང་བའི་དགོངས་པ།

大吉祥真实常修瑜伽·秘咒密意
c
d

e　སྔགས།（密宗）

f　刻本　སྡེ་དགེ（四川德格）

g　乌金　梵夹装　37.5×6
h　7　6
i　无　藏纸　黑　完整
j　封面钤有“民族文化宫图书馆藏”印。

40.24
a　42-24

b　ཕྱག་ན་རྡོ་རྗེ་དྲགས་པ་ཀུན་འདུལ་གྱི་ཕྱི་ནང་གསང་སྒྲུབ།

金刚手降伏骄慢内外秘密修法
c
d

e　སྔགས།（密宗）

f　刻本　སྡེ་དགེ（四川德格）

g　乌金　梵夹装　37.3×6

h 10 6
i 无 藏纸 黑 完整
j 封面钤有“民族文化宫图书馆藏”印。

40.25
a 42-25

b རྒྱུད་ལུགས་རྡོ་རྗེ་ཕུར་པའི་ལས་བྱང་ཕྲིན་ལས་ཐོགས་མེད།

续部金刚橛羯磨仪轨·事业无碍

c མི་ཕམ་པ།

d

e ལས་བྱང་།（品目）

f 刻本 སྡེ་དགེ（四川德格）

g 乌金 梵夹装 37.5×6
h 30 6
i 无 藏纸 黑 完整
j 封面钤有“民族文化宫图书馆藏”印。

40.26
a 42-26

b སྔགས་སྲོད་ལོག་ཏྲིའི་རྒྱུན་ཁྱེར་སྙིང་པོ་དྲང་སྲོང་དམོད་པ་མཚོན་ཆའི་འཁོར་ལོ།

威猛真言常用心要·诅咒仙人武器轮

c མི་ཕམ་པ།

d

e སྔགས།（密宗）

f 刻本 སྡེ་དགེ（四川德格）

g 乌金 梵夹装 38×6
h 10 6
i 无 藏纸 黑 完整
j 封面钤有“民族文化宫图书馆藏”印；民族宫目录中为26叶。

40.27

a 42-27

b དྲང་སྲོང་ཁྲོས་པའི་གཏོར་བཟློག་བཅུད་ཕུར།

忿怒仙人之回遮法精要橛

c མི་ཕམ་པ།

d

e སྔགས། （密宗）

f 刻本 སྡེ་དགེ （四川德格）

g 乌金 梵夹装 37.5×6
h 6 6
i 无 藏纸 黑 完整
j 封面钤有“民族文化宫图书馆藏”印。

40.28
a 42-28

b ཆོས་སྐྱོང་གི་གསོལ་མཆོད་སྣོར་ཕྱོགས་བསྡུས་འདོད་འབྱུང་དཔལ་གྱི་རྫིང་བུ་གསོལ་མཆོད།

护法祭祀类汇编·欲源吉祥池
c
d ཆུ་འབྲུག 水龙年（1892）

e གསོལ་མཆོད། （供奉）

f 刻本 སྡེ་དགེ （四川德格）

g 乌金 梵夹装 37.5×6
h 80 6
i 无 藏纸 黑 完整
j 封面钤有“民族文化宫图书馆藏”印。

40.29
a 42-29

b རིག་པ་འགྱུར་མེད་ཡེ་ཤེས་ཀྱི་སྐྱེས་བུ་ཆེན་པོའི་བླ་མའི་རྣལ་འབྱོར་བྱིན་རླབས་མྱུར་འཇུག

聪颖智慧大士之上师瑜伽·速入加持

c མི་ཕམ་རྣམ་པར་རྒྱལ་བ།

d ཤིང་ལུག 木羊年（1895） དཔལ་ལྡན་གྲུབ་སྡེ་།（四川德格）

e བླ་མའི་རྣམ་འབྱོར།（无上瑜伽）

f 刻本 སྡེ་དགེ（四川德格）

g 乌金 梵夹装 37.5×6
h 40 6
i 无 藏纸 黑 完整
j 封面钤有“民族文化宫图书馆藏”印。

40.30
a 42-30

b གསོལ་མཆོད་འཕྲིན་ལས་མྱུར་འགྲུབ།

祭祀·事业速成
c
d

e གསོལ་མཆོད།（供奉）

f 刻本 སྡེ་དགེ（四川德格）

g 乌金 梵夹装 37.5×6
h 10 6
i 无 藏纸 黑 完整
j 封面钤有“民族文化宫图书馆藏”印。

40.31
a 42-31

b གེ་སར་རྡོ་རྗེ་ཚེའི་རྒྱལ་པོའི་གཞུང་དང་མན་ངག་བདུད་རྩིའི་བུམ་བཟང་།

格萨尔金刚寿王之典籍与教授类·甘露妙瓶
c

d ལྕགས་རྟ། 铁马年（1870）

e མན་ངག（善言）

f 刻本 སྡེ་དགེ（四川德格）

g 乌金 梵夹装 39×6
h 7 6
i 无 藏纸 黑 完整
j 封面钤有“民族文化宫图书馆藏”印。

40.32
a 42-32

b ཏྲི་ཙ་གསུམ་ཀུན་འདུས།

三脉普摄·莲花顶鬘

c འཇམ་དཔལ་རྡོ་རྗེ།

d

e སྔགས།（密宗）

f 刻本 སྡེ་དགེ（四川德格）

g 乌金 梵夹装 37.5×6
h 1 6
i 无 藏纸 黑 完整
j 封面钤有“民族文化宫图书馆藏”印。

40.33
a 42-33

b འཛམ་གླིང་དུང་ཟླ་དཀར་པོའི་འབུམ་པ་རྒྱ་ཚ་ཞལ་དཀར་གྱི་ཕྲིན་ལས་རྡོ་རྗེའི་རླུང་ཤུགས།

赡部洲十万白螺月白面汉甥之事业·金刚风力

c མི་ཕམ་འཇམ་དབྱངས་དགྱེས་པ།

d

e སྔགས།（密宗）

f 刻本 སྡེ་དགེ（四川德格）

g 乌金 梵夹装 37.5×6
h 2 6
i 无 藏纸 黑 完整

j 封面钤有“民族文化宫图书馆藏”印。

40.34

a 42-34

b སྒ་བདེའི་གསོལ་བསྡུས་དགྲ་བགེགས་དཔུང་འཇོམས།

鞍上平安之祈祷摄略·摧障敌军

c འཇམ་དཔལ་ནོར་བུ།

d ས་ལུག 土羊年（1859）

e གསོལ་བསྡུས།（祈祷摄略）

f 刻本 སྡེ་དགེ（四川德格）

g 乌金 梵夹装 37.3×6

h 1 6

i 无 藏纸 黑 完整

j 封面钤有“民族文化宫图书馆藏”印。

40.35

a 42-35

b གེ་སར་རྒྱལ་པོའི་གཡང་འབོད་ཕྱུ་གཡང་འགུགས་པའི་ལྕགས་ཀྱུ།

格萨尔王唤福召福之铁钩

c མི་ཕམ་པ།

d ཆུ་བྱ། 水鸡年（1873） རྫོང་གསར་བཀྲ་ཤིས་ལྷ་རྩེ།（四川宗萨扎西拉则）

e གཡང་འབོད།（招福）

f 刻本 སྡེ་དགེ（四川德格）

g 乌金 梵夹装 37.5×6

h 2 6

i 无 藏纸 黑 完整

j 封面钤有“民族文化宫图书馆藏”印。

40.36

a 42-36

b པདྨ་མཁའ་འགྲོའི་རིག་བྱེད་རྩལ་གྱི་བསངས་མཆོད་པདྨའི་དྲྭ་བ།

莲花空行慧力之煨桑供·莲花网

c མི་ཕམ་པ།

d ཁྲ་དཀུ་རི་ཁྲོད།（扎古静修院）

e བསངས་མཆོད།（煨桑仪轨）

f 刻本 སྡེ་དགེ（四川德格）

g 乌金 梵夹装 37×6

h 2 6

i 无 藏纸 黑 完整

j 封面钤有“民族文化宫图书馆藏”印。

40.37

a 42-37

b ས་ཆོག་དཔལ་གྱི་གཞི་འཛིན།

地仪轨吉祥依据

c མི་ཕམ་རིན་པོ་ཆེ།

d ལྕགས་འབྲུག 铁龙年（1880）

e ཆོ་ག （仪轨）

f 刻本 སྡེ་དགེ（四川德格）

g 乌金 梵夹装 37×6

h 39 6

i 无 藏纸 黑 完整

j 封面钤有“民族文化宫图书馆藏”印。

40.38

a 42-38

b བླ་བསྒྲུ་བསྐྱུས་པ་འཆི་མེད་སྲོག་སྦྱིན།

赎魂篇·施长寿命

c ཞིལ་གནོན་དགྱེས་པ་རྩལ།

d ཆུ་རྟ། 水马年（1882）

e ཆོ་ག （仪轨）

f 刻本 སྡེ་དགེ（四川德格）

g 乌金 梵夹装 37.5×6

h 2 6

i 无 藏纸 黑 完整

j 封面钤有“民族文化宫图书馆藏”印。

40.39

a 42-39

b བླ་བསླུ་བྱེད་པ།

赎魂法

c

d

e ཆོ་ག (仪轨)

f 刻本 སྡེ་དགེ（四川德格）

g 乌金 梵夹装 37.5×6

h 2 6

i 无 藏纸 黑 完整

j 封面钤有“民族文化宫图书馆藏”印。

40.40

a 42-40

b བླ་འབོད།

招魂篇

c མི་ཕམ་པ།

d

e བླ་འབོད། （招魂）

f 刻本 སྡེ་དགེ（四川德格）

g 乌金 梵夹装 37.5×6
h 2 6
i 无 藏纸 黑 完整
j 封面铃有“民族文化宫图书馆藏”印。

40.41
a 42-41

b འཆི་བསླུ་བསྡུས་པ་བདུད་ལས་རྣམ་རྒྱལ།

赎命略摄·胜伏魔军

c མི་ཕམ་འཆི་མེད་རྡོ་རྗེ།

d

e འཆི་བསླུ།（赎命）

f 刻本 སྡེ་དགེ（四川德格）

g 乌金 梵夹装 38.5×6
h 2 6
i 无 藏纸 黑 完整
j 封面铃有“民族文化宫图书馆藏”印。

40.42
a 42-42

b སྣང་སྲིད་འཁྲུགས་པ་ཡོ་བཅོས་ཀྱི་གཏོ་ཆེན་པོ་བཀྲ་ཤིས་ཕན་བདེ།

万物错乱纠偏禳解法·吉祥利乐

c མི་ཕམ་འཇམ་དཔལ་དགྱེས་པ།

d མེ་ལུག 火羊年（1907）

e ཆོ་ག（仪轨）

f 刻本 སྡེ་དགེ（四川德格）

g 乌金 梵夹装 38.5×6
h 5 6
i 无 藏纸 黑 完整
j 封面钤有“民族文化宫图书馆藏”印。

41
A 3451 406

B འཇུ་མི་ཕམ་རྣམ་རྒྱལ་རྒྱ་མཚོའི་གསུང་འབུམ།

菊·弥旁绛央朗吉嘉措文集

C ཧྲཱི

D འཇུ་མི་ཕམ་རྣམ་རྒྱལ་རྒྱ་མཚོ།

同 3435 介绍。

E 此函民族宫目录著录 33 卷，西藏图书馆藏品却为 36 卷，其中 5 卷在ཧྲཱི里；又缺《妙吉祥金轮除一切罪书写、制立、修习三种方法》《万物略说》《不回遮》《普照大音韵占卜》等 4 卷；另有 3 卷在民族宫目录中无。

41.1
a 36-1

b མགྲོན་བཞི་བཇེད་མཆོག་དཔག་བསམ་ལྗོན་ཤིང་བྱ་བ་བཞུགས་སོ།།

四种宾客献供仪轨·如意树等

c
d

e ཆོ་ག（仪轨）

f 刻本 སྡེ་དགེ（四川德格）

g 乌金 梵夹装 46×6
h 39 6
i 无 藏纸 黑 完整
j 封面钤有“民族文化宫图书馆藏”印。

41.2
a 36-2

b གསང་འདུས་བཞུགས་སོ།།

密集

c

d

e གསང་འདུས། （密集）

f 刻本 སྡེ་དགེ（四川德格）

g 乌金 梵夹装 46×6

h 1 6

i 无 藏纸 黑 完整

j 封面钤有“民族文化宫图书馆藏”印。

41. 3

a 36-3

b གཏོ་སྒྲོམ་འབུམ་ཏིག་གི་དགོངས་དོན་ལག་ལེན་ཁྱེར་བདེ་བཀོད་པའི་གཏོ་ཆོག་བཀྲ་ཤིས་འདོད་འཇོ་ཞེས་བྱ་བ་བཞུགས་སོ།།

十万禳解宝精要密意修持易行禳解仪轨·吉祥如意

c མི་ཕམ་པ།

d

e གཏོ་ཆོག（禳解仪轨）

f 刻本 སྡེ་དགེ（四川德格）

g 乌金 梵夹装 46×6

h 39 6

i 无 藏纸 黑 完整

j 封面钤有“民族文化宫图书馆藏”印；民族宫目录中为 72 叶。

41. 4

a 36-4

b སྒྲོམ་གཏད་འཆེན་མོ་བཀྲ་ཤིས་ཀུན་ཁྱབ་ཅེས་བྱ་བ་བཞུགས་སོ།།

禳解大法·吉祥普遍

c　མི་ཕམ་འཇམ་དཔལ་དགྱེས་པས།

d

e　ཆོ་ག（仪轨）

f　刻本　སྡེ་དགེ（四川德格）

g　乌金　梵夹装　46×6
h　11　6
i　无　藏纸　黑　完整
j　封面钤有“民族文化宫图书馆藏”印。

41.5
a　36-5

b　སྨིང་བཀྲ་ཤིས་ནོར་བུའི་རྒྱལ་མཚན་དགེ་ལེགས་དོན་ཀུན་འགྲུབ་པའི་དབྱངས་སྙན་ཞེས་བྱ་བ་བཞུགས་སོ།།

说吉祥宝幢妙善一切义成之妙音

c　མི་ཕམ་པ།

d

e　གསང་སྔགས།（密宗）

f　刻本　སྡེ་དགེ（四川德格）

g　乌金　梵夹装　46×6
h　2　6
i　无　藏纸　黑　完整
j　封面钤有“民族文化宫图书馆藏”印。

41.6
a　36-6

b　གཏོ་བཟླང་དཀོན་མཆོག་གསུམ་སོགས་བདེན་བསྐུལ་ཞེས་བྱ་བ་བཞུགས་སོ།།

送禳解法劝发三宝等实语

c

d

e　གཏོ་བཟློངས་སྐོར།（禳解）

f 刻本 སྡེ་དགེ（四川德格）

g 乌金 梵夹装 46×6
h 1 6
i 无 藏纸 黑 完整
j 封面钤有“民族文化宫图书馆藏”印。

41.7
a 36-7

b ཕན་བྱེད་ཀྱི་གཏོ་ཐབས་སྣ་ཚོགས་བཀྲ་ཤིས་སྒོ་མང་ཞེས་བྱ་བ་བཞུགས་སོ།།

各种利益禳解法·多吉祥门

c མི་ཕམ་པ།

d

e གཏོ་ཐབས་སྐོར།（禳解法）

f 刻本 སྡེ་དགེ（四川德格）

g 乌金 梵夹装 46×6
h 15 6
i 无 藏纸 黑 完整
j 封面钤有“民族文化宫图书馆藏”印。

41.8
a 36-8

b འཆི་བསླུ་ནད་གདོན་ཀུན་གྲོལ་ཞེས་བྱ་བ་བཞུགས་སོ།།

赎死法·普除病魔

c མི་ཕམ་པ།

d

e འཆི་བསླུའི་སྐོར།（赎死法）

f 刻本 སྡེ་དགེ（四川德格）

g 乌金 梵夹装 46×6
h 1 6
i 无 藏纸 黑 完整

j 封面钤有“民族文化宫图书馆藏”印。

41.9
a 36-9

b འཆི་འཕོ་ཞེས་བྱ་བ་བཞུགས་སོ།།

往生法

c

d

e འཆི་འཕོའི་སྐོར། （往生法）

f 刻本 སྡེ་དགེ（四川德格）

g 乌金 梵夹装 46×6

h 1 6

i 无 藏纸 黑 完整

j 封面钤有“民族文化宫图书馆藏”印；民族宫目录中无此件。

41.10
a 36-10

b སྲིད་པ་དགུ་བཅོས་ཞེས་བྱ་བ་བཞུགས་སོ།།

治三有魔

c

d

e དགུ་བཅོས་སྐོར།（驱魔）

f 刻本 སྡེ་དགེ（四川德格）

g 乌金 梵夹装 46×6

h 39 6

i 无 藏纸 黑 完整

j 封面钤有“民族文化宫图书馆藏”印；民族宫目录中为1叶。

41.11
a 36-11

b དཔལ་ལག་ན་རྡོ་རྗེ་དབང་བསྐུར་བའི་རྒྱུད་ཅེས་བྱ་བ་བཞུགས་སོ།།

吉祥持金刚灌顶续中所说义

c མི་ཐམ་འཛམ་དཔལ་དགྱེས་པས།

d

e དབང་བསྐུར་སྐོར། (灌顶)

f 刻本 སྡེ་དགེ (四川德格)

g 乌金 梵夹装 46×6
h 8 6
i 无 藏纸 黑 完整
j 封面钤有"民族文化宫图书馆藏"印。

41.12
a 36-12

b མདོས་གཞུང་བཀྲ་ཤིས་འཁྱིལ་བ་ཞེས་བྱ་བ་བཞུགས་སོ།།

修灵器法·吉祥旋

c མི་ཕམ་པ།

d

e མདོས་སྐོར། (禳解)

f 刻本 སྡེ་དགེ (四川德格)

g 乌金 梵夹装 46×6
h 6 6
i 无 藏纸 黑 完整
j 封面钤有"民族文化宫图书馆藏"印。

41.13
a 36-13

b མདོས་ཀྱི་བར་དུ་འགྱེས་བྱང་བཀྲ་ཤིས་འབྲུལ་མིག་ཅེས་བྱ་བ་བཞུགས་སོ།།

灵器中之总发愿文·吉祥璇

c
d

e མདོས་སྐོར། (禳解)

f 刻本 སྡེ་དགེ（四川德格）

g 乌金 梵夹装 46×6
h 1 6
i 无 藏纸 黑 完整
j 封面钤有“民族文化宫图书馆藏”印。

41.14
a 36-14

b མདོས་སྒྲིགས་བཀྲ་ཤིས་སྒོམ་པ་ཞེས་བྱ་བ་བཞུགས་སོ།།

灵器陈列·吉祥修习

c མི་ཕམ་པ།

d

e མདོས་སྐོར།（禳解）

f 刻本 སྡེ་དགེ（四川德格）

g 乌金 梵夹装 46×6
h 5 6
i 无 藏纸 黑 完整
j 封面钤有“民族文化宫图书馆藏”印。

41.15
a 36-15

b མདོས་ཀྱི་བསྔོ་བའི་འཕྲེངས་ཞེས་བྱ་བ་བཞུགས་སོ།།

灵器回向文
c
d

e མདོས་སྐོར།（禳解）

f 刻本 སྡེ་དགེ（四川德格）

g 乌金 梵夹装 46×6
h 4 6
i 无 藏纸 黑 完整
j 封面钤有“民族文化宫图书馆藏”印。

41.16
a 36-16

b སྲིད་སྲུང་བྱིས་པ་འཚོ་བའི་གདོ་བུ་མང་སྟོན་པ་ཞེས་བྱ་བ་བཞུགས་སོ།།

养护育婴多子树

c མི་ཕམ་འཇམ་དབྱངས་དགྱེས་པས།

d

e ཆོ་ག（仪轨）

f 刻本 སྡེ་དགེ（四川德格）

g 乌金 梵夹装 46×6
h 6 6
i 无 藏纸 黑 完整
j 封面钤有“民族文化宫图书馆藏”印。

41.17
a 36-17

b ཞི་གཏོར་བསྡུས་པ་ཞེས་བྱ་བ་བཞུགས་སོ།།

息灾供食略法

c
d

e ཞི་གཏོར།（息灾神馐）

f 刻本 སྡེ་དགེ（四川德格）

g 乌金 梵夹装 46×6
h 2 6
i 无 藏纸 黑 完整
j 封面钤有“民族文化宫图书馆藏”印。

41.18
a 36-18

b དཀར་བསུར་བསྡུས་པ་ཞེས་བྱ་བ་བཞུགས་སོ།།

白色薰烟法

c མི་ཕམ་པ།

d

e དཀར་བཤུར་སྐོར།（煨素）

f 刻本 སྡེ་དགེ（四川德格）

g 乌金 梵夹装 46×6
h 4 6
i 无 藏纸 黑 完整
j 封面钤有“民族文化宫图书馆藏”印。

41.19
a 36-19

b བདེ་བ་ཅན་དུ་སྐྱེ་བའི་རྒྱུ་བཞིའི་དོན་ཞེས་བྱ་བ་བཞུགས་སོ།།

生极乐国四因义
c
d

e ཆོ་ག（仪轨）

f 刻本 སྡེ་དགེ（四川德格）

g 乌金 梵夹装 46×6
h 1 6
i 无 藏纸 黑 完整
j 封面钤有“民族文化宫图书馆藏”印。

41.20
a 36-20

b གཏོ་སྒྲོམ་གྱི་ལག་ལེན་བཀྲ་ཤིས་འདོད་འཇོ་སྤར་ཁ་དུར་བཙས་ཞེས་བྱ་བ་བཞུགས་སོ།།

禳解之修习吉祥满愿卦蓍法
c
d

e ཆོ་ག（仪轨）

f 刻本 སྡེ་དགེ（四川德格）

g 乌金 梵夹装 46×6
h 5 6
i 无 藏纸 黑 完整
j 封面钤有“民族文化宫图书馆藏”印；民族宫目录中为3叶。

41.21
a 36-21
b སྤར་ཁ་བརྒྱད་ཀྱི་གཏོ་ཐབས་ཞེས་བྱ་བ་བཞུགས་སོ།།
八卦禳解法
c
d
e ཆོ་ག（仪轨）
f 刻本 སྡེ་དགེ（四川德格）
g 乌金 梵夹装 46×6
h 5 6
i 无 藏纸 黑 完整
j 封面钤有“民族文化宫图书馆藏”印。

41.22
a 36-22
b མི་ཁ་གཡང་ལེན་རྟེན་འབྲེལ་ཞེས་བྱ་བ་བཞུགས་སོ།།
取“人语”吉兆
c མི་ཕམ་པ།
d
e ཆོ་ག（仪轨）
f 刻本 སྡེ་དགེ（四川德格）
g 乌金 梵夹装 46×6
h 3 6
i 无 藏纸 黑 完整
j 封面钤有“民族文化宫图书馆藏”印。

41.23

a 36-23

b དེའི་སྨོན་བཀྲ་ཞེས་བྱ་བ་བཞུགས་སོ།།

祈愿吉祥

c

d

e ཚ་ག（仪轨）

f 刻本 སྡེ་དགེ（四川德格）

g 乌金 梵夹装 46×6

h 1 6

i 无 藏纸 黑 完整

j 封面钤有“民族文化宫图书馆藏”印；民族宫目录中无此件。

41.24

a 36-24

b གཡང་འགུག་སྣ་རྫས་ལྕགས་ཀྱུ་ཞེས་བྱ་བ་བཞུགས་སོ།།

召祥法天物钩

c

d

e ཚ་ག（仪轨）

f 刻本 སྡེ་དགེ（四川德格）

g 乌金 梵夹装 46×6

h 2 6

i 无 藏纸 黑 完整

j 封面钤有“民族文化宫图书馆藏”印。

41.25

a 36-25

b ནོར་ཕྱུགས་ཁ་ཚ་བཅོས་ཐབས་ཞེས་བྱ་བ་བཞུགས་སོ།།

治牲畜口疫法

c

d

e ཆོ་ག（仪轨）

f 刻本 སྡེ་དགེ（四川德格）

g 乌金 梵夹装 46×6
h 3 6
i 无 藏纸 黑 完整
j 封面钤有“民族文化宫图书馆藏”印。

41.26
a 36-26

b སྟོང་མཐལ་ལན་ཆགས་ཀུན་སྦྱོང་ཞེས་བྱ་བ་བཞུགས་སོ།།

净治命债灾厄篇

c མི་ཕམ་འཇམ་དཔལ་དགྱེས་པ།

d

e ཆོ་ག（仪轨）

f 刻本 སྡེ་དགེ（四川德格）

g 乌金 梵夹装 46×6
h 3 6
i 无 藏纸 黑 完整
j 封面钤有“民族文化宫图书馆藏”印。

41.27
a 36-27

b སངས་རྒྱས་བྱམས་སེམས་ཀྱི་མཚན་སྣ་ཚོགས་ནོར་བུའི་ཕྲེང་བ་ཞེས་བྱ་བ་བཞུགས་སོ།།

佛菩萨各种名号·宝鬘

c

d

e མཚན་བརྗོད་སྐོར།（相称）

f 刻本 སྡེ་དགེ（四川德格）

g 乌金 梵夹装 46×6
h 94 6

i 无 藏纸 黑 完整
j 封面钤有“民族文化宫图书馆藏”印。

41.28

a 36-28

b ལས་སྒྲིབ་རྒྱུན་གཅོད་ཀྱི་སྔགས་བརྒྱ་པ་ཞེས་བྱ་བ་བཞུགས་སོ།།

断业障咒百种

c

d

e ཆོ་ག（仪轨）

f 刻本 སྡེ་དགེ（四川德格）

g 乌金 梵夹装 46×6

h 56 6

i 无 藏纸 黑 完整

j 封面钤有“民族文化宫图书馆藏”印；民族宫目录中为 47 叶。

41.29

a 36-29

b རྟེན་ལ་རབ་གནས་སྒྲུབ་པའི་ཆོ་ག་ཞེས་བྱ་བ་བཞུགས་སོ།།

尊像开光修法仪轨心要·增长善妙吉祥

c

d

e ཆོ་ག（仪轨）

f 刻本 སྡེ་དགེ（四川德格）

g 乌金 梵夹装 46×6

h 13 6

i 无 藏纸 黑 完整

j 封面钤有“民族文化宫图书馆藏”印；民族宫目录中为 19 叶。

41.30

a 36-30

b གཏམ་ཚོགས་ཐོར་བུའི་རིགས་ཕྱོགས་གཅིག་ཏུ་སྒྲིགས་པ་ལེགས་བཤད་ནོར་བུའི་བང་མཛོད་ཅེས་བྱ་བ་བཞུགས་སོ།།

格言散集合编·嘉言宝藏

c　འཇམ་དཔལ་དགྱེས་པའི་རང་མདངས།

d　རྫོང་གསར་བཀྲིས་ལྷ་རྩེ།（四川宗萨扎西拉则）

e　གཏམ་ཚོགས་སྐོར།（言集）

f　刻本　སྡེ་དགེ（四川德格）

g　乌金　梵夹装　46×6

h　38　6

i　无　藏纸　黑　完整

j　封面钤有“民族文化宫图书馆藏”印；民族宫目录中为ཟླ函。

41. 31

a　36-31

b　བདུད་ཀྱི་སྨྲ་ཐབས་འཇོམས་པ་མཁྱེན་པའི་རལ་གྲི་ཞེས་བྱ་བ་བཞུགས་སོ།།

摧伏魔诳·智慧之剑

c　འཇམ་དབྱངས་དགྱེས་པ།

d

e　ཆོ་ག（仪轨）

f　刻本　སྡེ་དགེ（四川德格）

g　乌金　梵夹装　46×6

h　5　6

i　无　藏纸　黑　完整

j　封面钤有“民族文化宫图书馆藏”印；民族宫目录中为ཟླ函。

41. 32

a　36-32

b　ཀུན་མཁྱེན་མི་ཕམ་རིན་པོ་ཆེ་རྗེ་གྲུབ་སྤྲུལ་སྐུ་འཇིགས་མེད་བསྟན་པའི་ཉི་མར་ཞལ་གདམས་བསླབ་བྱ་གནང་བ་ཞེས་བྱ་བ་བཞུགས་སོ།།

遍智弥旁仁波切对多珠活佛晋美丹白尼玛所说教授学处类
c
d
e ཞལ་གདམས་སྐོར། （教言）
f 刻本 སྡེ་དགེ（四川德格）
g 乌金 梵夹装 46×6
h 2 6
i 无 藏纸 黑 完整
j 封面钤有“民族文化宫图书馆藏”印；民族宫目录中为སྡ函。

41.33
a 36-33
b ཀུན་མཁྱེན་བླ་མར་འཇམ་དཔལ་གྱིས་རྗེས་སུ་གནང་བའི་བསྟན་བཅོས་ཨུཏྤལ་ལྔ་པ་དང་རལ་གྱི་ལྔ་པ་ཞེས་བྱ་བ་བཞུགས་སོ།།
妙吉祥随赐遍智上师·五优昙钵罗花与五剑论
c འཇམ་དབྱངས་རྣམ་པར་རྒྱལ་བ།
d
e བསྟན་བཅོས། （典籍）
f 刻本 སྡེ་དགེ（四川德格）
g 乌金 梵夹装 46×6
h 6 6
i 无 藏纸 黑 完整
j 封面钤有“民族文化宫图书馆藏”印；民族宫目录中为སྡ函。

41.34
a 36-34
b དཔལ་ལྡན་བླ་མ་ལ་མཆོད་ཅིང་གསོལ་བ་འདེབས་པ་དོན་གཉིས་རིན་ཆེན་འདྲེན་པའི་ གྲུ་བོ་ཞེས་བྱ་བ་བཞུགས་སོ།།

具德上师供养启请文·引二利宝之舟楫

c　འཇམ་དབྱངས་རྣམ་པར་རྒྱལ་བ།

d

e　གསོལ་འདེབས་སྐོར།（启请文）

f　刻本　སྡེ་དགེ（四川德格）

g　乌金　梵夹装　46×6
h　6　6
i　无　藏纸　黑　完整
j　封面钤有“民族文化宫图书馆藏”印。

41.35
a　36-35

b　བསྙེན་ཐོ་ཞེས་བྱ་བ་བཞུགས།

念修文目录

c　འཇམ་དབྱངས་རྣམ་པར་རྒྱལ་བ།

d

e　བསྙེན་ཐོ།（念修目录）

f　刻本　སྡེ་དགེ（四川德格）

g　乌金　梵夹装　46×6
h　20　6
i　无　藏纸　黑　完整
j　封面钤有“民族文化宫图书馆藏”印；民族宫目录中无此件。

41.36
a　36-36

b　བདུད་བརྩི་སྨན་སྒྲུབ་ཀྱི་སྦྱོར་སྡེར་རབ་གསལ་འཆི་མེད་སྨན་མཆོག་གྲུབ་པ་ཞེས་བྱ་བ་བཞུགས་སོ།།

甘露药修配法明解·成就长寿药

c　འཇམ་དབྱངས་རྣམ་པར་རྒྱལ་བ།

d

e སྨན་རྩིས།（藏医历算）

f 刻本 སྡེ་དགེ（四川德格）

g 乌金 梵夹装 46×6
h 21 6
i 无 藏纸 黑 完整

j 封面钤有“民族文化宫图书馆藏”印；民族宫目录中为ཟླ函。

42
A **3452 407**

B འཇམ་མི་ཕམ་རྣམ་རྒྱལ་རྒྱ་མཚོའི་གསུང་འབུམ།

菊·弥旁绛央朗吉嘉措文集

C ཧཱུྃ

D འཇམ་མི་ཕམ་རྣམ་རྒྱལ་རྒྱ་མཚོ།

同3435介绍。

E 此函民族宫目录中著录13卷，西藏图书馆藏品亦为13卷，其中一卷属ཟླ函，有一卷在民族宫目录中无；馆藏缺《经》《五次第笔录散编》。

42.1
a 13-1

b སོ་ཐར་མདོའི་མཆན་འགྲེལ་ཉུང་ངུ་ངེས་ལེགས་ཐེམ་སྐས་ཞེས་བྱ་བ་བཞུགས་སོ།།

别解脱戒经注疏略本·真善阶梯

c
d

e འདུལ་བ།（律经）

f 刻本 སྡེ་དགེ（四川德格）

g 乌金 梵夹装 46×6
h 65 6
i 无 藏纸 黑 完整

j 封面钤有“民族文化宫图书馆藏”印。

42.2

a 13-2

b བསྙེན་རྫོགས་ཚིག་འགྲེལ་ཞེས་བྱ་བ་བཞུགས་སོ།།

承事律仪颂释

c མི་ཕམ་རྣམ་པར་རྒྱལ་བ།

d

e འདུལ་བ།（律经）

f 刻本 སྡེ་དགེ（四川德格）

g 乌金 梵夹装 46×6

h 2 6

i 无 藏纸 黑 完整

j 封面钤有“民族文化宫图书馆藏”印。

42.3

a 13-3

b ཚུལ་ཁྲིམས་མདོའི་ས་བཅད་ཅེས་བྱ་བ་བཞུགས་སོ།།

沙弥戒经科判

c

d

e འདུལ་བ།（律经）

f 刻本 སྡེ་དགེ（四川德格）

g 乌金 梵夹装 46×6

h 65 6

i 无 藏纸 黑 完整

j 封面钤有“民族文化宫图书馆藏”印。

42.4

a 13-4

b སྡོམ་གསུམ་ངོ་བོ་གཅིག་ཏུ་སྒྲུབ་པ་ཞེས་བྱ་བ་བཞུགས་སོ།།

三律仪一体合修法

c

d

e འདུལ་བ། (律经)

f 刻本 སྡེ་དགེ (四川德格)

g 乌金 梵夹装 46×6

h 10 6

i 无 藏纸 黑 完整

j 封面钤有“民族文化宫图书馆藏”印。

42.5

a 13-5

b བཤེས་སྤྲིང་གི་མཆན་འགྲེལ་པདྨ་དཀར་པོའི་ཕྲེང་བ་ཞེས་བྱ་བ་བཞུགས་སོ།།

诫王书函注疏·白莲鬘

c

d

e བཤེས་སྤྲིང་འགྲེལ་པ། (信札)

f 刻本 སྡེ་དགེ (四川德格)

g 乌金 梵夹装 46×6

h 31 6

i 无 藏纸 黑 完整

j 封面钤有“民族文化宫图书馆藏”印。

42.6

a 13-6

b མདོ་བཅུ་ས་བཅད་ཅེས་བྱ་བ་བཞུགས་སོ།།

藏经十部

c

d

e ས་བཅད། (科判)

f 刻本 སྡེ་དགེ (四川德格)

g 乌金 梵夹装 46×6
h 2 6
i 无 藏纸 黑 完整
j 封面钤有“民族文化宫图书馆藏”印；民族宫目录中无此件。

42.7
a 13-7
b བདེ་བ་ཅན་གྱི་ཞིང་སྦྱོང་བའི་དད་པ་གསལ་བར་བྱེད་པ་དྲང་སྲོང་ལུང་གི་ཉི་མ་ཞེས་བྱ་བ་བཞུགས་སོ།།
修极乐国土净信明显释·大仙教日
c
d
e ཆོ་ག（仪轨）
f 刻本 སྡེ་དགེ（四川德格）
g 乌金 梵夹装 46×6
h 15 6
i 无 藏纸 黑 完整
j 封面钤有“民族文化宫图书馆藏”印。

42.8
a 13-8
b གསང་འདུས་རིམ་ལྔའི་མཆན་དཀྲུས་སུ་བཀོད་པའི་འགྲེལ་ཆུང་ཟུང་འཇུག་ནོར་བུའི་སྒྲོན་མེ་ཞེས་བྱ་བ་
བཞུགས་སོ།།
密集五次第夹注长行略解·双运宝灯
c
d
e གསང་འདུས་འགྲེལ་པ།（密集注释）
f 刻本 སྡེ་དགེ（四川德格）
g 乌金 梵夹装 46×6
h 76 6
i 无 藏纸 黑 完整
j 封面钤有“民族文化宫图书馆藏”印。

42.9

a 13-9

b ཞལ་གདམས་ལམ་རིམ་ཡེ་ཤེས་སྙིང་པོའི་བསྡུས་དོན་ཞེས་བྱ་བ་བཞུགས་སོ།།

教诫道次第智慧藏摄义

c

d

e ཞལ་གདམས།（教言）

f 刻本 སྡེ་དགེ（四川德格）

g 乌金 梵夹装 46×6

h 15 6

i 无 藏纸 黑 完整

j 封面钤有“民族文化宫图书馆藏”印；民族宫目录中为14叶。

42.10

a 13-10

b ས་མཐའི་རྣམ་གྲངས་མདོ་མཚོན་ཞེས་བྱ་བ་བཞུགས་སོ།།

边地异名略诠

c

d

e བརྡ་སྤྲོད།（语言学）

f 刻本 སྡེ་དགེ（四川德格）

g 乌金 梵夹装 46×6

h 5 6

i 无 藏纸 黑 完整

j 封面钤有“民族文化宫图书馆藏”印。

42.11

a 13-11

b ཚད་མ་ཀུན་ལས་བཏུས་པའི་མཆན་འགྲེལ་རིག་ལམ་རབ་གསལ་སྣང་བ་ཞེས་བྱ་བ་བཞུགས་སོ།།

集量论注疏·明道光照

c

d

e　ཚད་མ། (因明学)

f　刻本　སྡེ་དགེ (四川德格)

g　乌金　梵夹装　46×6
h　74　6
i　无　藏纸　黑　完整
j　封面钤有“民族文化宫图书馆藏”印。

42.12
a　13-12

b　བསྡུས་ཚན་རྩོད་རིག་སྨྲ་བའི་སྒོ་འབྱེད་ཅེས་བྱ་བ་བཞུགས་སོ།།

辩论入门

c
d

e　ཚད་མ། (因明学)

f　刻本　སྡེ་དགེ (四川德格)

g　乌金　梵夹装　46×6
h　35　6
i　无　藏纸　黑　完整
j　封面钤有“民族文化宫图书馆藏”印；民族宫目录中为སྣ函。

42.13
a　13-13

b　གངས་རིའི་ཁྲོད་ཀྱི་སྨྲ་བའི་སེང་གེ་གཅིག་འཇམ་མགོན་མི་ཕམ་རྣམ་རྒྱ་མཚོའི་རྣམ་ཐར་སྙིང་པོ་བསྡུས་

པ་དང་གསུང་རབ་ཀྱི་དཀར་ཆག་སྔ་འགྱུར་བསྟན་པའི་མཛེས་རྒྱན་ཞེས་བྱ་བ་བཞུགས་སོ།།

雪山唯一言说狮子妙音怙主弥旁嘉措略传及其著作目录·旧译教典庄严

c
d

e　རྣམ་ཐར། (传记)

f　刻本　སྡེ་དགེ (四川德格)

g 乌金 梵夹装 46×6
h 65 6
i 无 藏纸 黑 完整
j 封面钤有“民族文化宫图书馆藏”印；民族宫目录中为 56 叶。

43
A **3453 408**

B འཇུ་མི་ཕམ་རྣམ་རྒྱལ་རྒྱ་མཚོའི་གསུང་འབུམ།

菊·弥旁绛央朗吉嘉措文集

C **ཀྱཻ༔**

D འཇུ་མི་ཕམ་རྣམ་རྒྱལ་རྒྱ་མཚོ།

同 3435 介绍。
E 馆藏齐全。

43. 1
a 6-1

b དཀོན་མཆོག་གསུམ་རྗེས་སུ་དྲན་པའི་མདོ་རྣམ་པར་འགྲེལ་པ་བཀྲ་ཤིས་མི་ཟད་པའི་སྒྲ་དབྱངས་ཞེས་བྱ་བ་བཞུགས།

随念三宝经释·吉祥无尽之乐音

c མི་ཕམ་རྣམ་པར་རྒྱལ་བ།

d

e མདོ་འགྲེལ།(显宗释)

f 刻本 སྡེ་དགེ（四川德格）

g 乌金 梵夹装 46×6
h 35 6
i 无 藏纸 黑 完整
j 封面钤有“民族文化宫图书馆藏”印。

43. 2
a 6-2

b ངེས་ཤེས་རིན་པོ་ཆེའི་སྒྲོན་མེ་ཞེས་བྱ་བ་བཞུགས་སོ།།

决定慧宝灯

c　མི་ཕམ་རྣམ་པར་རྒྱལ་བ།

d

e　ལྟ་བའི་བསྐོར།（观点）

f　刻本　སྡེ་དགེ（四川德格）

g　乌金　梵夹装　46×6
h　27　6
i　无　藏纸　黑　完整
j　封面钤有“民族文化宫图书馆藏”印；民族宫目录中为34叶。

43.3
a　6-3

b　རྗེ་བཙུན་ས་སྐྱ་པའི་ལྟ་གྲུབ་ཀྱི་གནད་འགག་ཞིག་ལ་དྲི་བ་བྱུང་བའི་དོགས་སེལ་ཞེས་བྱ་བ་བཞུགས་སོ།།

萨迦派见修扼要·消除问答疑惑

c　མི་ཕམ་རྣམ་པར་རྒྱལ་བ།

d

e　དྲི་བ་དྲིས་ལན།（问答）

f　刻本　སྡེ་དགེ（四川德格）

g　乌金　梵夹装　46×6
h　35　6
i　无　藏纸　黑　完整
j　封面钤有“民族文化宫图书馆藏”印；民族宫目录中为7叶。

43.4
a　6-4

b　བསམ་གཏན་ཕྱི་མའི་རྒྱུད་དོན་རྣམ་པར་བཤད་པ་རིགས་སྔགས་འཛིན་པའི་ཡིད་ཀྱི་འདོད་འཇོ་ཞེས་བྱ་

བ་བཞུགས་སོ།།

禅定后续义释·持明咒者如意藏

c　མི་ཕམ་འཇམ་དཔལ་དགྱེས་པའི་རྡོ་རྗེ།

d

e ཆུང་དོན།（续义）

f 刻本 སྡེ་དགེ（四川德格）

g 乌金 梵夹装 46×6

h 23 6

i 无 藏纸 黑 完整

j 封面钤有“民族文化宫图书馆藏”印。

43.5

a 6-5

b སྙན་དངགས་མེ་ལོང་གི་འགྲེལ་པ་དབྱངས་ཅན་དགྱེས་པའི་རོལ་མཚོ་ཞེས་བྱ་བ་བཞུགས་སོ།།

诗镜释·妙音喜悦游戏海

c མི་ཕམ་མཚོ་བྱུང་བཞད་པའི་རྡོ་རྗེ།

d

e སྙན་ངག（修辞）

f 刻本 སྡེ་དགེ（四川德格）

g 乌金 梵夹装 46×6

h 335 6

i 无 藏纸 黑 完整

j 封面钤有“民族文化宫图书馆藏”印；民族宫目录中为228叶。

43.6

a 6-6

b སྨྲ་བའི་སེང་གེ་མི་ཕམ་ཕྱོགས་ལས་རྣམ་པར་རྒྱལ་བའི་གསུང་རབ་རྣམས་ཀྱི་བཞུགས་བྱང་ངོ་མཚར་ནོར་བུའི་ཕྲེང་

བ་ཞེས་བྱ་བ་བཞུགས་སོ།།

言说狮子弥旁·却勒朗吉文集目录·希有宝镜

c མི་ཕམ་མཚོ་བྱུང་བཞད་པའི་རྡོ་རྗེ།

d

e བཞུགས་བྱང་།（目录）

f 刻本 སྡེ་དགེ（四川德格）

g 乌金 梵夹装 46×6
h 16 6
i 无 藏纸 黑 完整
j 封面钤有“民族文化宫图书馆藏”印。

44
A **3455 405**

B འཇུ་མི་ཕམ་རྣམ་རྒྱལ་རྒྱ་མཚོའི་གསུང་འབུམ།

菊 · 弥旁绛央朗吉嘉措文集

C ཧཱུྃ

D འཇུ་མི་ཕམ་རྣམ་རྒྱལ་རྒྱ་མཚོ།

同 3435 介绍。

E 此函民族宫目录著录为 9 卷，西藏图书馆藏品为 8 卷，并中 2 卷属ཧྲཱིཿ函，1 卷属ཨཱཿ函，1 卷在民族宫目录中无。缺藏《吉祥时轮圆满次第金刚瑜伽密意枢要显明 · 琉璃镜》《甚深教导摄要等 · 甘露精华》《旧译宏教愿文 · 法王喜悦之教诫》《觉朗派讲说传承补遗》《金刚萨埵息灾烧炼 · 吉祥功德炽燃》。

44. 1
a 8-1

b ཡུལ་དམ་པ་རྣམས་ལ་བསྟོད་པ་དང་གསོལ་འདེབས་སྐོར་ཕྱོགས་བསྡུས་སྲས་བཅས་རྒྱལ་བ་དགྱེས་པའི་རོལ་མོ་ཞེས་བྱ་བ་བཞུགས་སོ།།

诸方大德赞颂祈祷文类集 · 诸佛菩萨喜悦之音乐

c འཇམ་དབྱངས་དགྱེས་པ།

d

e བསྟོད་ཚོགས།（赞集）

f 刻本 སྡེ་དགེ（四川德格）

g 乌金 梵夹装 46×6
h 119 6
i 无 藏纸 黑 完整
j 封面钤有“民族文化宫图书馆藏”印。

44.2
a 8-2

b མཐོང་གྲོལ་དབུ་ཞྭའི་འབེལ་གཏམ་བཞུགས་སོ།།

见者解脱帽祝辞略摄

c འཇམ་དབྱངས་དགྱེས་པའི་རང་མདངས།

d

e འབེལ་གཏམ།（祝辞）

f 刻本 སྡེ་དགེ（四川德格）

g 乌金 梵夹装 46×6
h 3 6
i 无 藏纸 黑 完整
j 封面钤有“民族文化宫图书馆藏”印；民族宫目录中为ཧྲི函。

44.3
a 8-3

b དབྱངས་འཆར་ཆེན་མོའི་ཟུར་འདེབས་བཞུགས་སོ།།

大占星补充

c འཇམ་དབྱངས་དགྱེས་པའི་རང་མདངས།

d

e དབྱངས་འཆར།（占星）

f 刻本 སྡེ་དགེ（四川德格）

g 乌金 梵夹装 46×6
h 3 6
i 无 藏纸 黑 完整
j 封面钤有“民族文化宫图书馆藏”印；民族宫目录中无此件。

44.4
a　8-4

b　དཔལ་གཡུལ་ལས་རྣམ་པར་རྒྱལ་བའི་འི་རྒྱུད་དོན་རབ་ཏུ་གསལ་བའི་ངག་གི་བཀོད་པ་ཀུན་གཟིགས་དབྱངས་

འཆར་ཆེན་པོ་ཤེལ་གྱི་མེ་ལོང་ཞེས་བྱ་བ་བཞུགས་སོ།།

战阵取胜经文明解·占音大全慧鉴

c　བསྟན་ཆུང་མི་ཕམ་རྒྱ་མཚོའམ་འཇམ་དཔལ་དགྱེས་པའི་རང་མདངས།

d　དཔལ་ངོར་བཤད་སྒྲུབ་ཀྱི་ཆོས་སྡེ་ཆེན་པོ་རྫོང་གསར་བཀྲ་ཤིས་ལྷ་རྩེ།（四川宗萨寺）

e　རྒྱུད་དོན།（续义）

f　刻本　སྡེ་དགེ（四川德格）

g　乌金　梵夹装　46×6
h　131　6
i　无　藏纸　黑　完整
j　封面钤有“民族文化宫图书馆藏”印；民族宫目录中为ཧྲི函。

44.5
a　8-5

b　ཉེ་སྲས་བརྒྱད་ཀྱི་སྒྲུབ་པ་རིན་ཆེན་གཏེར་བུམ་བཞུགས་སོ།།

八大菩萨修法·宝藏瓶

c　འཇམ་དབྱངས་དགྱེས་པའི་རང་མདངས།

d

e　སྒྲུབ་ཆོག（修心法）

f　刻本　སྡེ་དགེ（四川德格）

g　乌金　梵夹装　46×6
h　146　6
i　无　藏纸　黑　完整
j　封面钤有“民族文化宫图书馆藏”印。

44.6

a 8-6

b ཚིག་བདུན་གསོལ་འདེབས་དང་འབྲེལ་བའི་བླ་མའི་རྣལ་འབྱོར་དང་རྣམ་བཤད་སོགས་ཀྱི་སྐོར་བྱིན་རླབས་

སྤྲིན་ཕུང་བཞུགས་སོ།།

七句祈请颂文与上师瑜伽合修释等类·加持之聚

c མི་ཕམ།

d

e གསོལ་འདེབས།（启请文）

f 刻本 སྡེ་དགེ（四川德格）

g 乌金 梵夹装 46×6

h 41 6

i 无 藏纸 黑 完整

j 封面钤有“民族文化宫图书馆藏”印；民族宫目录中为2叶。

44.7

a 8-7

b ཐུན་མིན་རྫོགས་ཆེན་སྐོར་གྱི་གདམས་པ་ཕྱོགས་བསྡུས་ཟབ་དོན་སྙིང་པོ་སངས་རྒྱས་ལག་སྟེར་ཞེས་བྱ་བ་

བཞུགས་སོ།།

不共大圆满类教授集深义心要·佛陀手授

c འཇམ་དབྱངས་དགྱེས་པའི་རང་མདངས།

d

e གདམས་ངག（教言）

f 刻本 སྡེ་དགེ（四川德格）

g 乌金 梵夹装 46×6

h 61 6

i 无 藏纸 黑 完整

j 封面钤有“民族文化宫图书馆藏”印；民族宫目录中为ཟྣ函。

44.8
a 8-8
b ཡང་གཏེར་རྩ་གསུམ་དྲིལ་སྒྲུབ་ཀྱི་ཟིན་བྲིས་ནོར་བུའི་འོད་ཟེར་ཞེས་བྱ་བ་བཞུགས་སོ།།
宝藏三脉合修笔记·宝光
c འཇམ་དབྱངས་དགྱེས་པའི་རང་མདངས།
d
e དྲིལ་སྒྲུབ།（合修）
f 刻本 སྡེ་དགེ（四川德格）
g 乌金 梵夹装 46×6
h 16 6
i 无 藏纸 黑 完整
j 封面钤有“民族文化宫图书馆藏”印；民族宫目录中为17叶。

45
A 3456
B འཇུ་མི་ཕམ་རྣམ་རྒྱལ་རྒྱ་མཚོའི་གསུང་འབུམ།
菊·弥旁绛央朗吉嘉措文集
C
D འཇུ་མི་ཕམ་རྣམ་རྒྱལ་རྒྱ་མཚོ།
同3435介绍。
E 此函由民族宫目录中同文集ཀ、ཁ、ག、ང、ཅ等函的散卷组成。

45.1
a 14-1
b བཟོ་གནས་ཉེ་མཁོའི་ཟ་མ་ཏོག་བཞུགས་སོ།།
工巧明处必需中宝筐
c མི་ཕམ་པ།
d

e　བཟོ་གནས།（工巧学）

f　刻本　སྡེ་དགེ（四川德格）

g　乌金　梵夹装　46×6
h　34　6
i　无　藏纸　黑　完整

j　封面钤有“民族文化宫图书馆藏”印；民族宫目录为ཀ函。

45. 2

a　14-2

b　བརྡ་ཤན་འབྱེད་ཐེ་ཚོམ་དྲ་བ་གཅོད་པའི་རལ་གྲི་ཞེས་བྱ་བ་མཆན་བཅས་བཞུགས་སོ།།

夹注词语辨异断疑纲之剑

c　མི་ཕམ་པ།

d

e　བརྡ་མཚན།（语法）

f　刻本　སྡེ་དགེ（四川德格）

g　乌金　梵夹装　46×6
h　8　6
i　无　藏纸　黑　完整

i　封面钤有“民族文化宫图书馆藏”印；民族宫目录为ཁ函。

45. 3

a　14-3

b　ནམ་མཁའི་སྒོ་ལའི་ཚུལ་ལ་དཔྱད་པ་ལ་ལན་དུ་སྤྲིངས་པའི་གཏམ། མཁས་པའི་སྙན་རྒྱན་མེ་ཏོག་གི་ཆུན་འཕྱང་

ཞེས་བཞུགས་སོ།།

虚空球形研究答问·智者耳饰花环

c　ཨ་ཛཻ་བི་ཡ།

d

e སྤྲིངས་ཡིག（信札）

f 刻本 སྡེ་དགེ（四川德格）

g 乌金 梵夹装 46×6
h 10 6
i 无 藏纸 黑 完整

j 封面钤有“民族文化宫图书馆藏”印；民族宫目录为ཁ函。

45.4
a 14-4

b བཟོ་གནས་ཉེ་མཁོའི་ཟ་མ་ཏོག་བཞུགས་སོ།།

工巧明处必需中宝箧

c རྩིས་རིག་སློབ་འཇམ་དཔལ་དགྱེས་པ།

d

e སྨན་རྩིས།（藏医历算）

f 刻本 སྡེ་དགེ（四川德格）

g 乌金 梵夹装 46×6
h 24 6
i 无 藏纸 黑 完整

j 封面钤有“民族文化宫图书馆藏”印；民族宫目录中为ཀ函，34叶。

45.5
a 14-5

b ཁྱིམ་བཅུ་གཉིས་ཀྱི་ཞིབ་གི་དཔེའུ་རིས་ཞིབ་པར་བཀོད་པའི་དོན་གསལ་བར་བརྗོད་པ་བློ་གསལ་དགའ་

བསྐྱེད་བཞུགས་སོ།།

十二宫图式详解明义·智者生喜

c མི་ཕམ་པ།

d

e སྨན་རྩིས།（藏医历算）

f 刻本 སྡེ་དགེ（四川德格）

g 乌金 梵夹装 46×6
h 16 6
i 无 藏纸 黑 完整

j 封面钤有“民族文化宫图书馆藏”印；民族宫目录为ག函。

45.6
a 14-6

b ཟླ་ཁང་གི་དོགས་གནས་ལ་དཔྱད་པ་བཞུགས་སོ།།

太阴步度解疑

c མི་ཕམ་པ།

d

e སྨན་རྩིས།（藏医历算）

f 刻本 སྡེ་དགེ（四川德格）

g 乌金 梵夹装 46×6
h 5 6
i 无 藏纸 黑 完整

j 封面钤有“民族文化宫图书馆藏”印；民族宫目录为ག函。

45.7
a 14-7

b རྩིས་གཞུང་ཐུབ་བསྟན་མཛེས་རྒྱན་ལ་དཔྱད་པ་བཞུགས་སོ།།

新算释教妙庄严研究

c
d

e སྨན་རྩིས།（藏医历算）

f 刻本 སྡེ་དགེ（四川德格）

g 乌金 梵夹装 46×6
h 28 6
i 无 藏纸 黑 完整
j 封面钤有“民族文化宫图书馆藏”印；民族宫目录为ག函。

45.8
a 14-8
b རྩིས་སྐོར་ནོར་བུའི་ཕྲེང་བ་བཞུགས་སོ།།
历算类·宝鬘
c མི་ཕམ་པ།
d
e སྨན་རྩིས།（藏医历算）
f 刻本 སྡེ་དགེ（四川德格）
g 乌金 梵夹装 46×6
h 32 6
i 无 藏纸 黑 完整
j 封面钤有“民族文化宫图书馆藏”印；民族宫目录为ག函。

45.9
a 14-9
b དུས་རྩིས་དོན་ཚར་ཉི་མ་ཞེས་བྱ་བ་བཞུགས་སོ།།
时间算法·希有日曜
c ཨ་ཛི་ཏ།
d
e སྨན་རྩིས།（藏医历算）
f 刻本 སྡེ་དགེ（四川德格）
g 乌金 梵夹装 46×6
h 22 6
i 无 藏纸 黑 完整

j 封面钤有“民族文化宫图书馆藏”印；民族宫目录为ག函。

45.10
a 14-10

b བརྟག་པ་སྣ་ཚོགས་པའི་སྐོར་ནོར་བུའི་མེ་ལོང་ཞེས་བྱ་བ་བཞུགས་སོ།།

诸种观察类·宝镜

c

d

e སྨན་རྩིས།（藏医历算）

f 刻本 སྡེ་དགེ（四川德格）

g 乌金 梵夹装 46×6
h 23 6
i 无 藏纸 黑 完整

j 封面钤有“民族文化宫图书馆藏”印；民族宫目录为ང函。

45.11
a 14-11

b བརྒལ་ལན་ཉིན་བྱེད་སྣང་བ་བཞུགས་སོ།།

慧品释答难·日光

c ཉིང་བཏན་མི་ཕམ་རྣམ་རྒྱལ།

d

e བརྒལ་ལན།（反驳文）

f 刻本 སྡེ་དགེ（四川德格）

g 乌金 梵夹装 46×6
h 46 6
i 无 藏纸 黑 完整

j 封面钤有“民族文化宫图书馆藏”印；民族宫目录中为ཅ函，47叶。

45.12

a 14-12

b གཞན་གྱིས་བརྩད་པའི་ལན་མདོར་བསྡུས་པ་རིགས་ལམ་རབ་གསལ་དེ་ཉིད་སྣང་བ་ཞེས་བྱ་བ་བཞུགས་སོ།།

争辩略答·明正理道真性日

c ཀུ་ས་ལི་ཨ་ཛི་ཏ་འཇམ་མིང་གཞན་སུཧྨི་སུཏྲར།

d

e དགག་ལན།（反驳文）

f 刻本 སྡེ་དགེ（四川德格）

g 乌金 梵夹装 46×6

h 142 6

i 无 藏纸 黑 完整

j 封面钤有“民族文化宫图书馆藏”印；民族宫目录中为ཅ函，149 叶。

45.13

a 14-13

b གཏེར་སྟོན་བརྟག་པ་ཆུ་དྭངས་ནོར་བུ་ཞེས་བྱ་བ་བཞུགས་སོ།།

取藏观察法·澄水宝

c མི་ཕམ་པ།

d དགུང་ལོ་ཉེར་གཅིག 二十一岁（1866 年）

e གཏེར་ཆོས།（伏藏）

f 刻本 སྡེ་དགེ（四川德格）

g 乌金 梵夹装 46×6

h 7 6

i 无 藏纸 黑 完整

j 封面钤有“民族文化宫图书馆藏”印；民族宫目录中为ཅ函。

45.14

a 14-14

b　ཤེས་རབ་ཀྱི་ལེའུའི་ཚིག་དོན་གོ་སླ་བར་རྣམ་པར་བཤད་པ་ནོར་བུ་ཀེ་ཏ་ཀ་ཞེས་བྱ་བ་བཞུགས་སོ།།
入行论般若品句义易解释·澄净珠

c　འཇམས་དབྱངས་རྣམ་པར་རྒྱལ་བས།

d　དགུང་ལོ་ཉེར་གཅིག　二十一岁（1866年）

e　སྤྱོད་འཇུག་འགྲེལ།(入行论释)

f　刻本　སྡེ་དགེ（四川德格）

g　乌金　梵夹装　46×6

h　48　6

i　无　藏纸　黑　完整

j　封面钤有“民族文化宫图书馆藏”印；民族宫目录中为ཙ函。

46

A　3457　5941

B　དཔལ་སྤྲུལ་འཇིགས་མེད་ཆོས་དབང་པོའི་གསུང་འབུམ།
巴珠·晋美曲旺文集

C　ཀ

D　རྫ་དཔལ་སྤྲུལ་ཨོ་རྒྱན་འཇིགས་མེད་ཆོས་ཀྱི་དབང་པོ།　སྙིང་མ་རབ་བྱུང་བཅུ་བཞི་པའི་ས་འབྲུག་སྤྱི་ལོ་༡༨༠༨ ལ་ཁམས་བྱང་འབྲོག་དགེ་རྩེ་རྫ་ཆུ་ཁའི་སྟེར་གདོགས་རྒྱལ་ཐོགས་ཅེས་པའི་གདུང་ལས་སྐུ་འཁྲུངས།　སྐུ་གཞོན་ནུའི་དུས་ནས་རྡོ་གྲུབ་ཆེན་འཇིགས་མེད་འཕྲིན་ལས་འོད་ཟེར་གྱིས་དཔལ་དགེ་བསམ་གཏན་ཕུན་ཚོགས་ཀྱི་སྤྲུལ་སྐུར་ངོས་བཟུང་།　གྲུབ་བརྒྱའི་གཙུག་རྒྱན་རིག་འཛིན་བྱང་ཆུབ་རྡོ་རྗེའི་དྲུང་དུ་རབ་ཏུ་བྱུང་།　མཚན་ལ་ཨོ་རྒྱན་འཇིགས་མེད་ཆོས་ཀྱི་དབང་པོ་ཞེས་གསོལ།རིས་མེད་དགེ་བའི་བཤེས་གཉེན་མང་དུ་བསྟེན་ནས་མདོ་སྔགས་ཀྱི་གཞུང་མང་པོ་དང་རིག་གནས་བཅས་གསན།　སྙིང་མའི་ཀུན་མཁྱེན་ཡབ་སྲས།　ས་པཎ།　རྗེ་ཙོང་ཁ་པ་ཆེན་པོ་སོགས་གསར་སྙིང་མཁས་དབང་རྣམ་པའི་ལེགས་བཤད་མཐའ་དག་གསན་བསམ་ཧྲག་འགྲུས་སུ་མཛད་པས་མཁས་པའི་གྲགས་པ་ཐོབ།　སྐྱེས་ཆེན་ཁོང་ནང་རྟོགས་པའི་ཡོན་

ཏན་ཤིན་ཏུ་མཐོ་ཡང་དམའ་ས་ཁོ་ན་འཛིན་པས་བློ་གཟུར་པོར་གནས་པའི་མཁས་པ་ཀུན་གྱིས་བསྔགས་བརྗོད་ཐོབ། དམ་པ་དེ་ཉིད་ཀྱི་ཀ༔ཐོག་སི་ཏུ་མཆོག་སྤྲུལ་ཆོས་ཀྱི་བློ་གྲོས། འཇུ་མི་ཕམ། སེར་ཤུལ་ལྷ་རམས་པ་ཐུབ་བསྟན། དཔལ་སྤྲུངས་བློ་མ་བཀྲ་ཤིས་འོད་ཟེར་སོགས་རིས་མེད་ས་དགེ་བཀའ་རྙིང་གི་བླ་མ་དེ་དག་གི་གཙོས་པའི་སློབ་མ་མང་དུ་བསྐྱངས། རབ་བྱུང་བཅོ་ལྔ་པའི་མེ་ཕག་སྟེ་སྤྱི་ལོ་༡༨༨༧་ལོར་སྐུ་གཤེགས། ཁོང་གི་དངོས་སློབ་ཨོ་རྒྱན་བསྟན་འཛིན་ནོར་བུས་ཇི་ལྟར་རྙེད་པ་གཅིག་ཏུ་བསྡུས་ཏེ་གླེགས་བམ་པོད་དྲུག་ཙམ་མཆིས། ངེད་དཔེ་མཛོད་ཁང་དུ་སྡེ་དགེའི་པར་པོད་༦ ཀ---ཆ ཨང་རྟགས་༣༤༥༧--༣༤༦༢ བཞུགས།

巴珠·晋美曲旺（1807—1887）：属宁玛派。诞生于多康扎曲卡（今澜沧江流域）。幼年出家，天资聪慧，幼时就领悟大乘教理。广泛学习宁玛派诸多师徒文集、《萨班文集》、《宗喀巴文集》等。虽学问通达、德行服众，但大部分遗著都无署名，仅在后记中称“野犬僧”“闲散僧”等。其文章字句优美，读之即能领略其意。主要以赞扬好的品德、斥责劣徒恶性为内容。其代表作为戏剧《苑宴歌舞》（གཏམ་པདྨ་ཚལ་གྱི་ཟློས་གར།），被列入藏区中学生教材中。弟子众多，有各教派的高僧大德，最有名的是吉米旁朗杰嘉措、噶托司徒确吉洛哲。享年 79 岁。著作分散于各地，后由其弟子邬坚丹增罗布搜集整理，并筹集资金加以刊刻。西藏图书馆藏民族文化宫图书馆赠送的文集有 6 函，编号为 3457—3462。

E 此函民族宫目录著录 27 卷，西藏图书馆藏品为 28 卷，有 1 卷在前者中无。

46. 1

a 28-1

b དཔལ་ལྡན་བླ་མ་དམ་པ་ཤེས་བྱ་ཀུན་མཁྱེན་ཤྲཱི་ནཱ་ཀའི་གསུང་འབུམ་གྱི་བཞུགས་བྱང་འདོད་འབྱུང་རིན་པོ་ཆེའི་ཏོག

具德师尊所缘遍智室利涅摩迦文集目录·随愿宝顶

c མི་ཕམ་རྣམ་པར་རྒྱལ་བ།

d

e དཀར་ཆག（目录）

f 刻本 སྡེ་དགེ（四川德格）

g 乌金 梵夹装 27×4
h 16 6
i 无 汉纸 黑 完整
j 封面钤有“民族文化宫图书馆藏”印；民族宫目录中为18叶。

46.2
a 28-2

b གསང་བ་བསམ་གྱི་མི་ཁྱབ་པའི་མདོ་ལས་བསྟན་པའི་གསུང་དབྱངས་ཡན་ལག་དྲུག་བཅུའི་སྔོམ་ཚིག

无上密宗经·十二分支

c དཔལ་སྤྲུལ་རིན་པོ་ཆེ།

d

e སྡོམ་ཚིག（总论）

f 刻本 སྡེ་དགེ（四川德格）

g 乌金 梵夹装 27×4
h 2 6
i 无 汉纸 黑 完整
j 封面钤有“民族文化宫图书馆藏”印；民族宫目录中无此件。

46.3
a 28-3

b གཞོན་ནུ་ནོར་ལྡན་གྱི་དྲིས་ལན་ལེགས་བཤད་སྙིང་པོ།

答旋努洛登问·嘉言智慧心要

c དཔལ་སྤྲུལ་རིན་པོ་ཆེ།

d

e དྲི་བ་དྲིས་ལན།（问答）

f 刻本 སྡེ་དགེ（四川德格）

g 乌金 梵夹装 27×4
h 14 6
i 无 汉纸 黑 完整

j 封面钤有“民族文化宫图书馆藏”印。

46.4

a 28-4

b སྙན་ངག་མེ་ལོང་གི་སྤྲོན་བརྗོད་རྣ་བའི་གླིང་བུ།

诗镜藻词·悦耳之笛

c དཔལ་སྤྲུལ་རིན་པོ་ཆེ།

d

e སྙན་ངག（修辞）

f 刻本 སྡེ་དགེ（四川德格）

g 乌金 梵夹装 27×4

h 23 6

i 无 汉纸 黑 完整

j 封面钤有“民族文化宫图书馆藏”印。

46.5

a 28-5

b སྙན་ངག་རྩོམ་དཔེ།

姿态修饰法等部分举例

c དཔལ་སྤྲུལ་བ།

d

e སྙན་ངག（修辞）

f 刻本 སྡེ་དགེ（四川德格）

g 乌金 梵夹装 27×4

h 2 6

i 无 汉纸 黑 完整

j 封面钤有“民族文化宫图书馆藏”印。

46.6

a 28-6

b དམ་པའི་ཆོས་འདུལ་བ་ལ་བསྟོད་པ་མེ་ཏོག་གི་སྐྱེད་མོས་ཚལ།

正法毗奈耶赞·百花园

c དཔལ་སྤྲུལ་བ།

d

e བསྟོད་ཚོགས།（赞集）

f 刻本 སྡེ་དགེ（四川德格）

g 乌金 梵夹装 27×4

h 10 6

i 无 汉纸 黑 完整

j 封面钤有“民族文化宫图书馆藏”印。

46.7

a 28-7

b གཏམ་རྒྱུད།

传说

c དཔལ་སྤྲུལ་བ།

d

e གཏམ་རྒྱུད།（故事传说）

f 刻本 སྡེ་དགེ（四川德格）

g 乌金 梵夹装 27×4

h 5 6

i 无 汉纸 黑 完整

j 封面钤有“民族文化宫图书馆藏”印。

46.8

a 28-8

b དེ་བཞིན་གཤེགས་པའི་གསུང་གསང་བ་བསམ་གྱི་མི་ཁྱབ་པ་ལ་བསྟགས་པ་པདྨ་དཀར་པོ་ཆུན་འཕྱངས།

大师善逝不可思议密语赞·白莲花环

c ཨ་བུ་ཧྲལ་པོ།

d

e བསྟོད་ཚོགས། (赞集)

f 刻本 སྡེ་དགེ (四川德格)

g 乌金 梵夹装 27×4
h 23 6
i 无 汉纸 黑 完整
j 封面钤有“民族文化宫图书馆藏”印。

46.9
a 28-9

b ཀུན་མཁྱེན་ཀློང་ཆེན་རབ་འབྱམས་པའི་གསུང་རབ་མཛོད་བདུན་ལ་བསྔ་བར་བསྐུལ་བ།

劝阅遍智隆钦热绛巴之教典七宝藏论颂

c དཔལ་སྤྲུལ་བ།

d

e བསྟོད་ཚོགས། (赞集)

f 刻本 སྡེ་དགེ (四川德格)

g 乌金 梵夹装 27×4
h 5 6
i 无 汉纸 黑 完整
j 封面钤有“民族文化宫图书馆藏”印。

46.10
a 28-10

b རྒྱལ་བའི་སྨྱུ་གུ་ཆོས་ཀྱི་དབང་པོ་རྗེས་སུ་དྲན་པའི་ངག་གི་ཕྲེང་བ་བཀྲ་ཤིས་བིལ་བའི་ལྗོན་ཤིང་ཀུན་ཏུ་

དགའ་བའི་ཚལ།

活佛法王随念语鬘·吉祥频婆妙树欢喜园

c དཔལ་སྤྲུལ་བ།

d

e བསྟོད་ཚོགས། (赞集)

f 刻本 སྡེ་དགེ（四川德格）

g 乌金 梵夹装 27×4
h 3 6
i 无 汉纸 黑 完整
j 封面钤有“民族文化宫图书馆藏”印。

46.11
a 28-11

b ལྷ་ཆོས་དང་མཐུན་པའི་གཏམ་པདྨ་ཚལ་གྱི་ཟློས་གར།

出世法言·莲苑歌舞

c དཔལ་སྤྲུལ་བ།

d

e གཏམ་རྒྱུད།（故事传说）

f 刻本 སྡེ་དགེ（四川德格）

g 乌金 梵夹装 27×4
h 28 6
i 无 汉纸 黑 完整
j 封面钤有“民族文化宫图书馆藏”印。

46.12
a 28-12

b ཨོ་རྒྱན་སངས་རྒྱས་གཉིས་པའི་སྐུ་ཚབ་གཙོ་བོ་གྱུར་བའི་སྐུ་གསུང་ཐུགས་རྟེན་ལ་གུས་པར་བྱེད་པའི་ཚུལ་བརྗོད་

པ་ལེགས་ལམ་གདམས་པའི་གསོས་སྨན།

乌仗那第二佛陀为主之佛像经塔恭敬法·善言正道之良药

c དཔལ་སྤྲུལ་བ།

d

e གདམས་ངག（教言）

f 刻本 སྡེ་དགེ（四川德格）

g 乌金 梵夹装 27×4

h 11 6
i 无 汉纸 黑 完整
j 封面钤有“民族文化宫图书馆藏”印。

46.13
a 28-13

b ཆོས་དང་འཇིག་རྟེན་ཤེས་པའི་བསྟན་བཅོས་གདོལ་བའི་དྲང་སྲོང་གི་གཏམ་ཐར་བའི་ཐེམ་སྐས།

佛法与世法了知论·旃陀罗仙人之语·解脱之梯

c སུ་ཛ་ཡི།

d ཀོང་རྒྱས་མཆེ་བ་གཙོགས་པའི་ཕོ་བྲང་།

e དྲང་གཏམ།（直谏）

f 刻本 སྡེ་དགེ（四川德格）

g 乌金 梵夹装 27×4
h 10 6
i 无 汉纸 黑 完整
j 封面钤有“民族文化宫图书馆藏”印。

46.14
a 28-14

b ཆོས་འབྱུང་འཕེལ་གཏམ་ཉུང་ངུ།

佛教源流略谈

c དཔལ་སྤྲུལ་བ།

d

e ཆོས་འབྱུང་།（教法史）

f 刻本 སྡེ་དགེ（四川德格）

g 乌金 梵夹装 27×4
h 17 6
i 无 汉纸 黑 完整
j 封面钤有“民族文化宫图书馆藏”印。

46.15
a　28-15
b　ལུགས་ཟུང་ཚོགས་གདམས་ཀྱི་ལྷན་ཐབས་རིན་ཆེན་ཕྲ་ཚོམ།
政教训词补遗·珍宝簇
c　དཔལ་སྤྲུལ་བ།
d
e　ལྷན་ཐབས།（补充仪轨）
f　刻本　སྡེ་དགེ（四川德格）
g　乌金　梵夹装　27×4
h　6　6
i　无　汉纸　黑　完整
j　封面钤有“民族文化宫图书馆藏”印。

46.16
a　28-16
b　མཎྜལ་རྣམ་བཤད་ཚོགས་གཉིས་ལམ་བཟང་།
曼荼罗解说·二资粮妙道
c　ཨ་བུ་ཧྲོད་པོ།
d
e　མཎྜལ་རྣམ་བཤད།（曼陀罗解说）
f　刻本　སྡེ་དགེ（四川德格）
g　乌金　梵夹装　27×4
h　5　6
i　无　汉纸　黑　完整
j　封面钤有“民族文化宫图书馆藏”印。

46.17
a　28-17
b　ཆུ་གྲུ་ལུས་ཀྱི་རྣམ་བཤད།
河、舟、身解说

c དཔལ་སྤྲུལ་བ།

d

e ཚུ་གྲུ་ལུས་ཀྱི་རྣམ་བཤད། （解说）

f 刻本 སྡེ་དགེ（四川德格）

g 乌金 梵夹装 27×4
h 5 6
i 无 汉纸 黑 完整
j 封面钤有“民族文化宫图书馆藏”印。

46.18
a 28-18

b དབེན་པའི་གཏམ་ལྷའི་རྔ་སྒྲ།

空闲之语·天鼓之声

c དཔལ་སྤྲུལ་བ།

d

e དབེན་པའི་གཏམ།（谚语）

f 刻本 སྡེ་དགེ（四川德格）

g 乌金 梵夹装 27×4
h 9 6
i 无 汉纸 黑 完整
j 封面钤有“民族文化宫图书馆藏”印。

46.19
a 28-19

b འབུལ་ཡིག་ལེའུ་ཚན་དང་སྤྲིང་ཡིག

呈文品类与信函

c དཔལ་སྤྲུལ་བ།

d

e འཕྲིན་ཡིག（信札）

f 刻本 སྡེ་དགེ（四川德格）

g 乌金 梵夹装 27×4
h 9 6
i 无 汉纸 黑 完整
j 封面钤有“民族文化宫图书馆藏”印。

46.20
a 28-20

b སྙེབ་སྦྱོར་གྱི་མན་ངག་རིན་ཆེན་ཕྲེང་བ།

诗律要诀·珍宝鬘

c དཔལ་སྤྲུལ་བ།

d

e སྙེབ་སྦྱོར་མན་ངག（善言）

f 刻本 སྡེ་དགེ（四川德格）

g 乌金 梵夹装 27×4
h 7 6
i 无 汉纸 黑 完整
j 封面钤有“民族文化宫图书馆藏”印。

46.21
a 28-21

b རྩིས་གཞུང་ཉིན་བྱེད་སྣང་བའི་འདས་ལོ་ངེས་པ་གསར་སྦྱོར་དགེ་ལེགས་སྣང་བ་ཉི་མ།

历算日光论新换卒年定数·妙善日光

c དཔལ་སྤྲུལ་བ།

d

e སྨན་རྩིས།（藏医历算）

f 刻本 སྡེ་དགེ（四川德格）

g 乌金 梵夹装 27×4
h 20 6
i 无 汉纸 黑 完整

j 封面钤有“民族文化宫图书馆藏”印。

46.22
a 28-22

b རྩིས་གཞུང་ཉིན་བྱེད་སྣང་བའི་ལག་ལེན་བུ་ཡིག་ངོ་མཚར་ཕྲེང་བ།

历算日光论子篇实用算法·希有鬘

c དཔལ་སྤྲུལ་བ།

d

e སྨན་རྩིས།（藏医历算）

f 刻本 སྡེ་དགེ（四川德格）

g 乌金 梵夹装 27×4
h 14 6
i 无 汉纸 黑 完整
j 封面钤有“民族文化宫图书馆藏”印。

46.23
a 28-23

b རྩིས་དཀར་ནག་ཟུང་འཇུག་གི་ལོའི་རྣམ་བཤད་གོ་ལའི་རྣ་རྒྱན།

黑白算双运历书讲说·蹍道耳饰

c དཔལ་སྤྲུལ་བ།

d

e སྨན་རྩིས།（藏医历算）

f 刻本 སྡེ་དགེ（四川德格）

g 乌金 梵夹装 27×4
h 15 6
i 无 汉纸 黑 完整
j 封面钤有“民族文化宫图书馆藏”印。

46.24
a 28-24

b ཡུལ་དུས་ལོངས་སྤྱོད་བསྒྲིགས་ཐབས་ཀྱི་མན་ངག

境、时、受用和合要诀

c དཔལ་སྤྲུལ་བ།

d

e མན་ངག（善言）

f 刻本 སྡེ་དགེ（四川德格）

g 乌金 梵夹装 27×4
h 2 6
i 无 汉纸 黑 完整
j 封面钤有“民族文化宫图书馆藏”印。

46.25
a 28-25

b དུས་གཟེར་རྩིས་ཀྱི་ལག་ལེན་མདོར་བསྡུས།

节气推算法略说

c དཔལ་སྤྲུལ་བ།

d

e སྨན་རྩིས།（藏医历算）

f 刻本 སྡེ་དགེ（四川德格）

g 乌金 梵夹装 27×4
h 7 6
i 无 汉纸 黑 完整
j 封面钤有“民族文化宫图书馆藏”印。

46.26
a 28-26

b ལིཙྪ་བྱིའི་མགོ་རྒྱན་དཔྱོད་ལྡན་མཁས་པའི་ ཡིད་འཕྲོག་བློ་གསལ་སྙིང་གི་མུན་སེལ་སྒྲོན་མེད་ལེགས་བཤད་ཟླ་

བའི་འོད་སྣང་།

历法顶严·智者意悦除暗明慧之善说·月光

c དཔལ་སྤྲུལ་བ།

d

e སྙན་ངག（修辞）

f 刻本 སྡེ་དགེ（四川德格）

g 乌金 梵夹装 27×4
h 4 6
i 无 汉纸 黑 完整
j 封面钤有“民族文化宫图书馆藏”印。

46.27
a 28-27

b ཀུན་འཁོར།

回文诗轮

c དཔལ་སྤྲུལ་བ།

d

e སྙན་ངག（修辞）

f 刻本 སྡེ་དགེ（四川德格）

g 乌金 梵夹装 27×4
h 10 6
i 无 汉纸 黑 完整
j 封面钤有“民族文化宫图书馆藏”印；民族宫目录中为8叶。

46.28
a 28-28

b རྐང་བམ་བཅོས་ཐབས།

足部象皮病治疗法

c དཔལ་སྤྲུལ་བ།

d

e སྨན་རྩིས།（藏医历算）

f 刻本 སྡེ་དགེ（四川德格）

g 乌金 梵夹装 27×4

h 1 6

i 无 汉纸 黑 完整

j 封面钤有“民族文化宫图书馆藏”印。

47

A **3458 5942**

B དཔལ་སྤྲུལ་འཇིགས་མེད་ཆོས་དབང་པོའི་གསུང་འབུམ།

巴珠·晋美曲旺文集

C ཁ

D རྗེ་དཔལ་སྤྲུལ་ཨོ་རྒྱན་འཇིགས་མེད་ཆོས་ཀྱི་དབང་པོ།

同3457介绍。

E 此函民族宫目录著录为31卷，西藏图书馆藏品为30卷，其中3卷在民族宫目录中无，故缺4卷：为《言教必备》《科判》《修行学处十七事解说》《大乘阿底要诀·显示实相》。

47.1

a 30-1

b བཀའ་བསྟན་སྤྱིའི་བཤད་ཁྲིའི་ཡན་ལག

甘珠尔丹珠尔总说之支分

c དཔལ་སྤྲུལ་བ།

d

e བཀའ་བསྟན།（大藏经）

f 刻本 སྡེ་དགེ（四川德格）

g 乌金 梵夹装 27.5×4.5

h 4 6

i 无 汉纸 黑 完整

j 封面钤有“民族文化宫图书馆藏”印。

47.2
a 30-2
b མངོན་པ་མཛོད་ཀྱི་བཅད།
俱舍论科判
c དཔལ་སྤྲུལ་བ།
d
e མཛོད།（俱舍论）
f 刻本 སྡེ་དགེ（四川德格）
g 乌金 梵夹装 27.5×4.5
h 17 6
i 无 汉纸 黑 完整
j 封面钤有“民族文化宫图书馆藏”印。

47.3
a 30-3
b དབུ་མའི་བསྟན་བཅོས་རྩ་བ་ཤེས་རབ་ཀྱི་བསྡུས་དོན་ས་བཅད་རབ་ཏུ་གསལ་བ།
中观论根本般若摄义科判明释
c དཔལ་སྤྲུལ་བ།
d
e དབུ་མ།（中观）
f 刻本 སྡེ་དགེ（四川德格）
g 乌金 梵夹装 27.5×4.5
h 18 6
i 无 汉纸 黑 完整
j 封面钤有“民族文化宫图书馆藏”印。

47.4
a 30-4
b ཤེར་ཕྱིན་མངོན་པར་རྟོགས་པའི་རྒྱན་གྱི་བསྡུས་དོན་ས་བཅད།
般若波罗蜜多现观庄严摄义科判

c དཔལ་སྤྲུལ་བ།

d

e ཤེར་ཕྱིན།（般若）

f 刻本 སྡེ་དགེ（四川德格）

g 乌金 梵夹装 27.5×4.5

h 9 6

i 无 汉纸 黑 完整

j 封面钤有“民族文化宫图书馆藏”印。

47.5

a 30-5

b ཐེག་པ་ཆེན་པོའི་བསྟན་བཅོས་རྒྱུད་བླ་མའི་ས་བཅད།

究竟一乘宝性论科判

c དཔལ་སྤྲུལ་བ།

d

e རྒྱུད་བླ་མའི་ས་བཅད།（科判）

f 刻本 སྡེ་དགེ（四川德格）

g 乌金 梵夹装 27.5×4.5

h 11 6

i 无 汉纸 黑 完整

j 封面钤有“民族文化宫图书馆藏”印；民族宫目录中为 10 叶。

47.6

a 30-6

b ཐེག་པ་ཆེན་པོའི་བསྟན་བཅོས་མདོ་སྡེ་རྒྱན་གྱི་ས་བཅད།

大乘经庄严论科判

c དཔལ་སྤྲུལ་རིན་པོ་ཆེ།

d

e མདོ་སྡེ་རྒྱན་གྱི་ས་བཅད།（科判）

f 刻本 སྡེ་དགེ（四川德格）

g 乌金 梵夹装 27.5×4.5
h 20 6
i 无 汉纸 黑 完整
j 封面钤有“民族文化宫图书馆藏”印。

47.7
a 30-7

b སྡོམ་གསུམ་རྣམ་པར་ངེས་པའི་རྩ་བའི་ས་བཅད།

三律仪抉择根本颂科判

c དཔལ་སྤྲུལ་རིན་པོ་ཆེ།

d

e འདུལ་བ།（律经）

f 刻本 སྡེ་དགེ（四川德格） རྒྱ་རོང་སྤྲུལ་སྐུ།

g 乌金 梵夹装 27.5×4.5
h 8 6
i 无 汉纸 黑 完整
j 封面钤有“民族文化宫图书馆藏”印。

47.8
a 30-8

b རྒྱུད་ཀྱི་རྒྱལ་པོའི་ལོ་རྒྱུས།

密续大教王经史事

c དཔལ་སྤྲུལ་བ།

d

e ལོ་རྒྱུས།（史志）

f 刻本 སྡེ་དགེ（四川德格）

g 乌金 梵夹装 27.5×4.5
h 8 6
i 无 汉纸 黑 完整

j　封面钤有“民族文化宫图书馆藏”印。

47.9

a　30-9

b　ཡོན་ཏན་མཛོད་ཀྱི་འཆད་ཐབས་ཡིད་ཀྱི་མེ་ལོང་།

功德藏解说法·心镜

c　དཔལ་སྤྲུལ་བ།

d

e　ཡོན་ཏན་མཛོད།（功德藏）

f　刻本　སྡེ་དགེ（四川德格）

g　乌金　梵夹装　26×4.5

h　3　6

i　无　汉纸　黑　完整

j　封面钤有“民族文化宫图书馆藏”印。

47.10

a　30-10

b　ཡོན་ཏན་རིན་པོ་ཆེའི་མཛོད་ཀྱི་སྤྱི་དོན་ས་བཅད་རྒྱས་བསྡུས་མཚམས་འབྲིང་པོ་ལྟར་བྱས་པ།

功德宝藏总义科判广略适中

c　དཔལ་སྤྲུལ་བས།

d

e　ཡོན་ཏན་མཛོད་ཀྱིས་བཅད།（功德藏）

f　刻本　སྡེ་དགེ（四川德格）

g　乌金　梵夹装　27.5×4.5

h　21　6

i　无　汉纸　黑　完整

j　封面钤有“民族文化宫图书馆藏”印。

47.11

a　30-11

b ཡོན་ཏན་མཛོད་ཀྱི་བསྡུས་དོན་འབྱེད་འགྲེལ་མེ་ཏོག་གི་ཕྲེང་བ།

功德宝藏略义阐释·花鬘

c ཨ་བུ་རྒྱལ་པོ།

d

e ཡོན་ཏན་མཛོད།（功德藏）

f 刻本 སྡེ་དགེ（四川德格）

g 乌金 梵夹装 27.5×4.5

h 44 6

i 无 汉纸 黑 完整

j 封面铃有“民族文化宫图书馆藏”印。

47.12

a 30-12

b སེམས་ཉིད་ངལ་བསོའི་བསྡུས་དོན་པད་མ་དཀར་པོའི་བཞེལ་མངར།

心性安息略义·白幡甘露

c དཔལ་སྤྲུལ་བ།

d

e སེམས་ཉིད་ངལ་གསོ།（心性安息）

f 刻本 སྡེ་དགེ（四川德格）

g 乌金 梵夹装 27.5×4.5

h 26 6

i 无 汉纸 黑 完整

j 封面铃有“民族文化宫图书馆藏”印。

47.13

a 30-13

b བསམ་པ་མྱུར་འགྲུབ་ཀྱི་ས་བཅད།

意愿速成科判

c དཔལ་སྤྲུལ་བ།

d

e ས་བཅད། (科判)

f 刻本 སྡེ་དགེ (四川德格)

g 乌金 梵夹装 27.5×4.5
h 1 6
i 无 汉纸 黑 完整
j 封面钤有“民族文化宫图书馆藏”印。

47.14
a 30-14

b མཆོད་བརྗོད།

礼赞

c དཔལ་སྤྲུལ་བ།

d

e མཆོད་བརྗོད། (礼赞)

f 刻本 སྡེ་དགེ (四川德格)

g 乌金 梵夹装 27.5×4.5
h 10 6
i 无 汉纸 黑 完整
j 封面钤有“民族文化宫图书馆藏”印；民族宫目录中无此件。

47.15
a 30-15

b མཁས་གྲུབ་ཀརྨ་ཆགས་མེད་ཀྱི་མཛད་པའི་རྣམ་དག་བདེ་ཆེན་ཞིང་གི་སྨོན་ལམ།

噶玛确美大师著作极乐世界祈愿

c དཔལ་སྤྲུལ་བ།

d

e སྨོན་ལམ། (祈愿)

f 刻本 སྡེ་དགེ (四川德格)

g 乌金 梵夹装 27.5×4.5
h 3 6
i 无 汉纸 黑 完整
j 封面钤有“民族文化宫图书馆藏”印；民族宫目录中无此件。

47.16
a 30-16

b གཞི་བཅུ་བདུན་གྱི་ཟིན་བྲིས།

十七事笔录

c དཔལ་སྤྲུལ་བ།

d

e འདུལ་བ།（律藏）

f 刻本 སྡེ་དགེ（四川德格）

g 乌金 梵夹装 26.5×4.5
h 12 6
i 无 汉纸 黑 完整
j 封面钤有“民族文化宫图书馆藏”印。

47.17
a 30-17

b ཐེག་པ་ཆེན་པོའི་གསོ་སྦྱོང་སྐབས་ཊཱི་ལྟར་སྟོན་གྱི་སོགས་ཀྱི་འབྲུ་འགྲེལ།

大乘布萨时颂文精释

c དཔལ་སྤྲུལ་སྨྲ་རོ།

d

e འདུལ་བ།（律藏）

f 刻本 སྡེ་དགེ（四川德格）

g 乌金 梵夹装 27.5×4.5
h 5 6
i 无 汉纸 黑 完整
j 封面钤有“民族文化宫图书馆藏”印。

47.18

a 30-18

b བསྡུས་པའི་བསླབ་བྱ་གཞི་བཅུ་བདུན་གྱི་རྣམ་བཤད།

简单教言要义十七论

c དཔལ་སྤྲུལ་སྤྲོ་རོ།

d

e འདུལ་བ།（律藏）

f 刻本 སྡེ་དགེ（四川德格）

g 乌金 梵夹装 27×4.5

h 13 6

i 无 汉纸 黑 完整

j 封面钤有“民族文化宫图书馆藏”印；民族宫目录中无此件。

47.19

a 30-19

b གསོ་སྦྱོང་།

布萨

c དཔལ་སྤྲུལ་སྤྲོ་རོ།

d

e གསོ་སྦྱོང་།（布萨）

f 刻本 སྡེ་དགེ（四川德格）

g 乌金 梵夹装 27.5×4.5

h 9 6

i 无 汉纸 黑 完整

j 封面钤有“民族文化宫图书馆藏”印。

47.20

a 30-20

b ཟབ་མོའི་ལྟ་བའི་བརྒྱུད་པ་ཐེག་ཆེན་དབུ་མའི་ལུགས་ཀྱི་སེམས་བསྐྱེད་འཇོགས་ཚོག

甚深见所传大乘中观派发心教授仪轨

c དཔལ་སྤྲུལ་སྨྲ་རོ།

d

e ཆོ་ག（仪轨）

f 刻本 སྡེ་དགེ（四川德格）

g 乌金 梵夹装 27.5×4.5
h 5 6
i 无 汉纸 黑 完整
j 封面钤有“民族文化宫图书馆藏”印。

47.21
a 30-21

b ཉེར་མཁོ་སྣ་ཚོགས་ཀྱི་སྐོར་ལས། སྐྱབས་སེམས་ཀྱི་ཁྲིད་བསྡུས་སངས་རྒྱས་ཆོས་ཚོགས་མའི་འགྲེལ་པ།

诸种急需中皈依与发心之简略导引·佛法资粮释

c དཔལ་སྤྲུལ་སྨྲ་རོ།

d

e སྐྱབས་ཁྲིད།（发心导释）

f 刻本 སྡེ་དགེ（四川德格）

g 乌金 梵夹装 32×4.5
h 5 6
i 无 汉纸 黑 完整
j 封面钤有“民族文化宫图书馆藏”印。

47.22
a 30-22

b བྱང་ཆུབ་སེམས་དཔའི་བསླབ་བྱ་བསྡུས་པ།

菩萨学处略要

c ཨོ་རྒྱན་འཇིགས་མེད་ཆོས་ཀྱི་དབང་པོ།

d

e བསླབ་བྱ།（教言）

f 刻本 སྡེ་དགེ（四川德格）

g 乌金 梵夹装 27×4.5
h 16 6
i 无 汉纸 黑 完整
j 封面钤有“民族文化宫图书馆藏”印。

47.23
a 30-23

b བསླབ་བྱ་ཀུན་ལས་བཏུས་པའི་ཚིག་ལེའུར་བྱས་པའི་མཆན་འགྲེལ།

集学论颂注疏

c དཔལ་སྤྲུལ་བ།

d

e བསླབ་བྱ།（教言）

f 刻本 སྡེ་དགེ（四川德格）

g 乌金 梵夹装 27×4.5
h 5 6
i 无 汉纸 黑 完整
j 封面钤有“民族文化宫图书馆藏”印。

47.24
a 30-24

b བྱང་ཆུབ་སེམས་དཔའི་སྤྱོད་པ་ལ་འཇུག་པའི་སྒོམ་རིམ་རབ་གསལ་ཉི་མ།

入菩萨行之修习次第·丽日

c དཔལ་སྤྲུལ་བ།

d

e སྤྱོད་འཇུག（入行论）

f 刻本 སྡེ་དགེ（四川德格）

g 乌金 梵夹装 27.5×4.5
h 10 6
i 无 汉纸 黑 完整

j　封面钤有“民族文化宫图书馆藏”印。

47.25
a　30-25

b　རྒྱལ་བའི་སྲས་ཀྱི་བསླབ་བྱ་མདོར་བསྡུས་ཉམས་ལེན་སྙིང་པོ།

菩萨学处略摄·修持心要

c　ཨ་བུ་རྒྱལ་པོ།

d

e　བསླབ་བྱ།（教言）

f　刻本　སྡེ་དགེ（四川德格）

g　乌金　梵夹装　27×4.5
h　8　6
i　无　汉纸　黑　完整
j　封面钤有“民族文化宫图书馆藏”印。

47.26
a　30-26

b　མདོ་སྡེ་རྒྱན་གྱི་དོན་བསྡུས་འཕགས་པའི་དགོངས་རྒྱན།

经庄严论摄义·圣者密意庄严

c　དཔལ་སྤྲུལ་བ།

d

e　མདོ་སྡེ་རྒྱན་འགྲེལ།（大乘庄严论释）

f　刻本　སྡེ་དགེ（四川德格）

g　乌金　梵夹装　27×4.5
h　11　6
i　无　汉纸　黑　完整
j　封面钤有“民族文化宫图书馆藏”印。

47.27
a　30-27

b སེམས་ཅན་དོན་བྱེད་བརྟགས་དགུའི་ཟིན་བྲིས།

饶益有情九观笔录

c དཔལ་སྤྲུལ་བ།

d

e ཟིན་བྲིས།（笔录）

f 刻本 སྡེ་དགེ（四川德格）

g 乌金 梵夹装 26×4.5
h 8 6
i 无 汉纸 黑 完整
j 封面钤有“民族文化宫图书馆藏”印。

47.28
a 30-28

b ཐེག་ཆེན་ལྟ་ཁྲིད་བདེན་གཉིས་རབ་ཏུ་གསལ་བ།

大乘正见导引·二谛明释

c དཔལ་སྤྲུལ་བ།

d

e ལྟ་ཁྲིད།（正见导释）

f 刻本 སྡེ་དགེ（四川德格）

g 乌金 梵夹装 27×4.5
h 7 6
i 无 汉纸 黑 完整
j 封面钤有“民族文化宫图书馆藏”印。

47.29
a 30-29

b བདུད་ཀྱི་རྒྱུ་བརྟགས་ཏེ་སྤོང་ཚུལ་གྱི་མན་ངག་བདུད་ལས་རྣམ་རྒྱལ།

魔因观察遮止法要诀·胜伏魔军

c དཔལ་སྤྲུལ་བ།

d

e　མན་ངག（善言）

f　刻本　སྡེ་དགེ（四川德格）

g　乌金　梵夹装　26×4.5
h　18　6
i　无　汉纸　黑　完整
j　封面钤有“民族文化宫图书馆藏”印。

47.30
a　30-30

b　ཐེག་ཆེན་མདོ་སྡེ་མཐོང་བའི་ཕན་ཡོན་ཚིགས་སུ་བཅད་པ།

　阅大乘经功德颂

c　ཨ་ཐུ།

d

e　ཐེག་མདོ་མཐོང་བའི་ཕན་ཡོན་ཚིགས་བཅད།（大乘经）

f　刻本　སྡེ་དགེ（四川德格）

g　乌金　梵夹装　27.5×4.5
h　18　6
i　无　汉纸　黑　完整
j　封面钤有“民族文化宫图书馆藏”印。

48
A　3459　5943

B　དཔལ་སྤྲུལ་འཇིགས་མེད་ཆོས་ཀྱི་དབང་པོའི་གསུང་འབུམ།

　巴珠·晋美曲旺文集

C　ཀ

D　རྫ་དཔལ་སྤྲུལ་ཨོ་རྒྱན་འཇིགས་མེད་ཆོས་ཀྱི་དབང་པོ།

　同 3457 介绍。
E　馆藏齐全。

48.1

a 5-1

b ཤེས་རབ་ཀྱི་ཕ་རོལ་ཏུ་ཕྱིན་པའི་མན་ངག་གི་བསྟན་བཅོས་མངོན་པར་རྟོགས་པའི་རྒྱན་གྱི་སྤྱི་དོན།

般若波罗蜜多要诀现观庄严论总义

c

d

e ཕར་ཕྱིན།（般若）

f 刻本 སྡེ་དགེ（四川德格）

g 乌金 梵夹装 29×6.5

h 245 6

i 无 汉纸 黑 完整

j 封面钤有“民族文化宫图书馆藏”印。

48.2

a 5-2

b ཤེས་རབ་ཀྱི་ཕ་རོལ་ཏུ་ཕྱིན་པའི་མན་ངག་གི་བསྟན་བཅོས་མངོན་པར་རྟོགས་པའི་རྒྱན་གྱི་འབྲུ་འགྲེལ།

般若波罗蜜多要诀现观庄严论精释

c

d

e ཕར་ཕྱིན།（般若）

f 刻本 སྡེ་དགེ（四川德格）

g 乌金 梵夹装 29×6.5

h 85 6

i 无 汉纸 黑 完整

j 封面钤有“民族文化宫图书馆藏”印。

48.3

a 5-3

b ཤེར་ཕྱིན་སྐབས་དགེ་འདུན་ཉི་ཤུའི་ཟུར་བཀོལ།

般若波罗蜜多二十僧伽附录

c

d

e པར་ཕྱིན། （般若）

f 刻本 སྡེ་དགེ（四川德格）

g 乌金 梵夹装 29×6.5
h 2 6
i 无 汉纸 黑 完整
j 封面钤有“民族文化宫图书馆藏”印。

48.4
a 5-4

b ཤེས་རབ་བསྡུས་པའི་སྡོམ་བྱང་།

般若摄颂纲目
c
d

e པར་ཕྱིན། （般若）

f 刻本 སྡེ་དགེ（四川德格）

g 乌金 梵夹装 29×6.5
h 15 6
i 无 汉纸 黑 完整
j 封面钤有“民族文化宫图书馆藏”印。

48.5
a 5-5

b ཤེར་ཕྱིན་རྒྱན་གྱི་སྤྱི་དོན་བསྒོམ་རིམ་ཆུང་ངུ་གཞུང་ལུགས་ལེགས་བཤད།

般若波罗蜜多现观庄严论总义修习次第小品·经义嘉言
c
d

e པར་ཕྱིན། （般若）

f 刻本 སྡེ་དགེ（四川德格）

g 乌金 梵夹装 29×6.5
h 20 6

i 无 汉纸 黑 完整
j 封面钤有“民族文化宫图书馆藏”印。

49
A 3460 5945
B དཔལ་སྤྲུལ་འཇིགས་མེད་ཆོས་དབང་པོའི་གསུང་འབུམ།
巴珠·晋美曲旺文集
C ང
D རྗེ་དཔལ་སྤྲུལ་ཨོ་རྒྱན་འཇིགས་མེད་ཆོས་ཀྱི་དབང་པོ།
同 3457 介绍。
E 此函民族宫目录著录为 29 卷,西藏图书馆藏品为 29 卷,有 1 卷在前者中无,又缺 1 卷。

49.1
a 29-1
b ཕྱི་ནང་གྲུབ་མཐའ་དབྱེ་ཚུལ་ས་བོན་བསྡུས་པ།
内外教派分别法·聚集种子
c
d
e གྲུབ་མཐའ།（教派）
f 刻本 སྡེ་དགེ（四川德格）
g 乌金 梵夹装 29×6.5
h 5 6
i 无 汉纸 黑 完整
j 封面钤有“民族文化宫图书馆藏”印。

49.2
a 29-2
b ཐེག་པ་རིམ་དགུའི་རྣམ་བཞག་གི་ས་བཅད།
九乘次第之建立科判
c

d

e ཐེག་པ་རིམ་དགུའི་ས་བཅད། （九乘次第科判）

f 刻本 སྡེ་དགེ（四川德格）

g 乌金 梵夹装 29×6.5
h 16 6
i 无 汉纸 黑 完整
j 封面钤有“民族文化宫图书馆藏”印。

49.3
a 29-3

b སྡོམ་གསུམ་རྣམ་ངེས་ལས་བྱང་སེམས་ལེའུའི་ཉེས་སྤྱོད་སྡོམ་པའི་ཚུལ་ཁྲིམས་ཡན་གྱི་འབྲུ་འགྲེལ།
三律仪抉择中殊胜心品·制恶行戒支精释
c
d

e འདུལ་བ། （律经）

f 刻本 སྡེ་དགེ（四川德格）

g 乌金 梵夹装 29×6.5
h 14 6
i 无 汉纸 黑 完整
j 封面钤有“民族文化宫图书馆藏”印。

49.4
a 29-4

b འབྲས་བུ་སྐུ་བཞིའི་རྣམ་བཤད་དང་སེམས་བསྐྱེད་བསླབ་བྱ་བདེ་སྨོན་བཅས་པའི་ཟིན་བྲིས།
果位四身详解、发心、学处、安乐愿文等笔录
c
d

e བསླབ་བྱ། （教言）

f 刻本 སྡེ་དགེ（四川德格）

g 乌金 梵夹装 29×6.5
h 7 6

i 无 汉纸 黑 完整
j 封面钤有“民族文化宫图书馆藏”印。

49.5
a 29-5
b སྡོམ་པ་གསུམ་གྱི་གནད་བསྡུས་པ།
三律仪摄要
c
d
e འདུལ་བ།（律经）
f 刻本 སྡེ་དགེ（四川德格）
g 乌金 梵夹装 29×6.5
h 5 6
i 无 汉纸 黑 完整
j 封面钤有“民族文化宫图书馆藏”印。

49.6
a 29-6
b ཡོན་ཏན་རིན་པོ་ཆེའི་མཛོད་ཀྱི་དཀའ་འགྲེལ་ཉིན་བྱེད་སྣང་བ།
功德宝藏释难日光
c མདོ་སྔགས་བསྟན་པའི་ཉི་མ།
d
e ཡོན་ཏན་མཛོད་འགྲེལ།（功德藏）
f 刻本 སྡེ་དགེ（四川德格）
g 乌金 梵夹装 29×6.5
h 70 6
i 无 汉纸 黑 完整
j 封面钤有“民族文化宫图书馆藏”印。

49.7
a 29-7

b ཪྒྱལ་སྲས་བྱང་ཆུབ་སེམས་དཔའི་ས་དང་ལམ་གྱི་རྣམ་གྲངས་མདོར་བསྡུས།

　菩萨地与道之名相略集

c

d

e ས་ལམ།（菩提地与道）

f 刻本　སྡེ་དགེ（四川德格）

g 乌金　梵夹装　29×6.5

h 8　6

i 无　汉纸　黑　完整

j 封面钤有“民族文化宫图书馆藏”印。

49.8

a 29-8

b ལམ་ལྔ་རིམ་གྱིས་བགྲོད་ཚུལ་དང་ས་བཅུའི་ཡོན་ཏན་ཐོབ་ཚུལ་བྱེ་བྲག་ཏུ་བཤད་པ།

　五道次第行诣法与十地功德证得法别释

c

d

e ཕར་ཕྱིན།（般若）

f 刻本　སྡེ་དགེ（四川德格）

g 乌金　梵夹装　29×6.5

h 20　6

i 无　汉纸　黑　完整

j 封面钤有“民族文化宫图书馆藏”印。

49.9

a 29-9

b བརྒལ་བའི་ལན་ལོག་རྟོག་སྨྲ་ངན་ཞི་བྱེད་དང་དྲི་བ་ལེ་ཚན་བརྒྱད་ཀྱི་བདག་ཉིད་ཅན་བཞུགས།

　息除辩难邪见恶说与八问章体性

c

d

e བརྒལ་ལན།（反驳文）

f 刻本 སྡེ་དགེ（四川德格）

g 乌金 梵夹装 29×6.5
h 6 6
i 无 汉纸 黑 完整
j 封面钤有“民族文化宫图书馆藏”印。

49.10
a 29-10

b སྨོན་ལམ་ཕན་བདེའི་ལྗོན་པའི་མཚམས་སྦྱོར་གྱི་ངག་བཀོལ་བཞུགས་སོ།།

祈愿文利乐树篇开示讲记

c
d

e གསོལ་འདེབས་སྨོན་ལམ།（祈愿）

f 刻本 སྡེ་དགེ（四川德格）

g 乌金 梵夹装 29×6.5
h 16 6
i 无 汉纸 黑 完整
j 封面钤有“民族文化宫图书馆藏”印；民族宫目录中为 14 叶。

49.11
a 29-11

b སྐྱབས་རྗེ་རིན་པོ་ཆེའི་གསུང་ལས་འཕྲོས་པའི་དབང་བཞིའི་རྣམ་བཤད་རིན་ཆེན་ཕུང་པོ།

据至上怙主教言所著四灌顶详说·宝聚

c དཔལ་དགེ་རྒྱལ་པོ།

d

e དབང་བཤད།（灌顶说）

f 刻本 སྡེ་དགེ（四川德格）

g 乌金 梵夹装 29×6.5
h 11 6
i 无 汉纸 黑 完整
j 封面钤有“民族文化宫图书馆藏”印。

49.12

a 29-12

b ཞི་ཁྲོའི་དབང་སོགས་ཀྱི་མཚམས་སྦྱོར་པུཎྜ་རཱིཀའི་ཏོ་ཤལ།

寂怒灌顶等之开示·白莲华璎珞

c

d

e དབང་བཤད། （灌顶说）

f 刻本 སྡེ་དགེ（四川德格）

g 乌金 梵夹装 29×6.5

h 12 6

i 无 汉纸 黑 完整

j 封面钤有“民族文化宫图书馆藏”印。

49.13

a 29-13

b ཞི་ཁྲོའི་བསྙེན་ཡིག

寂、怒念修文

c

d

e བསྙེན་ཡིག（念修文）

f 刻本 སྡེ་དགེ（四川德格）

g 乌金 梵夹装 29×6.5

h 5 6

i 无 汉纸 黑 完整

j 封面钤有“民族文化宫图书馆藏”印；民族宫目录中无此件。

49.14

a 29-14

b ཞི་ཁྲོ་དགོངས་པ་རང་གྲོལ་གྱི་ལས་འགྲིགས།

寂怒密意自然解脱之作业调和法

c

d

e ཆོ་ག（仪轨）

f 刻本 སྡེ་དགེ（四川德格）

g 乌金 梵夹装 29×6.5
h 5 6
i 无 汉纸 黑 完整
j 封面钤有“民族文化宫图书馆藏”印。

49.15
a 29-15

b ནང་བསྒྲུབས་རིག་འཛིན་འདུས་པའི་ཕྱག་ལེན་མཐོང་གསལ་མེ་ལོང་།

内修持明所集实修法·观察明鉴

c
d

e ལས་ཚོགས།（业资）

f 刻本 སྡེ་དགེ（四川德格）

g 乌金 梵夹装 29×6.5
h 5 6
i 无 汉纸 黑 完整
j 封面钤有“民族文化宫图书馆藏”印。

49.16
a 29-16

b འདུས་དོན་དབང་གི་གོ་དོན་ཟིན་བྲིས།

集经灌顶含义笔录

c
d

e དབང་བཤད།（灌顶说）

f 刻本 སྡེ་དགེ（四川德格）

g 乌金 梵夹装 29×6.5
h 9 6

i 无 汉纸 黑 完整
j 封面钤有“民族文化宫图书馆藏”印。

49.17
a 29-17
b སྙིང་ཐིག་ཡ་བཞིའི་དབང་གི་ཕྱག་ལེན་ལས་འགྲིག
四支心要灌顶之修持作业调和法
c
d
e དབང་དཔེ། （灌顶例）
f 刻本 སྡེ་དགེ（四川德格）
g 乌金 梵夹装 29×6.5
h 10 6
i 无 汉纸 黑 完整
j 封面钤有“民族文化宫图书馆藏”印。

49.18
a 29-18
b བསྐྱེད་རིམ་ལྷའི་ཁྲིད་ཀྱི་དཀའ་གནད་རྩུང་ཟད་བཤད་པ།
生起次第本尊导引枢要略说
c ཨ་བུ་རྡལ་པོ།
d
e གསང་སྔགས་སྤྱིའི་སྐོར། （密宗）
f 刻本 སྡེ་དགེ（四川德格）
g 乌金 梵夹装 29×6.5
h 14 6
i 无 汉纸 黑 完整
j 封面钤有“民族文化宫图书馆藏”印。

49.19
a 29-19

b སྲོག་བསྡོམས་ཟེར་བཞིའི་དམིགས་པའི་གནད་འགག་ཁམས་གསུམ་རོལ་བའི་ཚངས་པའི་སྒྲ་དབྱངས།

命结四钉所缘关要·游戏三界之梵音

c ཆོས་ཀྱི་དབང་པོ།

d

e སྔགས།（密宗）

f 刻本 སྡེ་དགེ（四川德格）

g 乌金 梵夹装 29×6.5

h 19 6

i 无 汉纸 黑 完整

j 封面钤有“民族文化宫图书馆藏”印。

49.20

a 29-20

b རྣམ་བཅུའི་ཐིག་བཤད་བཻ་དཀར་ནས་གསུངས་པ།

白琉璃所述十相自在量度法解说

c

d

e ཐིག་རྩ་སོགས་ཀྱི་སྐོར།（量度）

f 刻本 སྡེ་དགེ（四川德格）

g 乌金 梵夹装 29×6.5

h 4 6

i 无 汉纸 黑 完整

j 封面钤有“民族文化宫图书馆藏”印。

49.21

a 29-21

b ཐབས་གྲོལ་ལམ་གྱི་ཁྱད་པར།

方便解脱道之殊胜

c དཔལ་སྤྲུལ་རིན་པོ་ཆེ།

d

e ཐབས་ཤེས་ཁྱད་པར། （方法别）

f 刻本 སྡེ་དགེ（四川德格）

g 乌金 梵夹装 29×6.5
h 2 6
i 无 汉纸 黑 完整
j 封面钤有“民族文化宫图书馆藏”印。

49.22
a 29-22

b རྒྱལ་སྲས་རིན་པོ་ཆེ་གཞན་ཕན་མཐའ་ཡས་ཀྱི་ཞབས་བརྟན་གྱི་འགྲེལ་པ་རྡོ་རྗེའི་ཚིག་གི་ཁ་འབྱེད།
贾色活佛·贤彭塔耶之文注释·住世金刚句开示

c དཔལ་དགེ་རྒྱལ་པོ།

d

e ཞབས་བརྟན་འགྲེལ་པ། （住世文释）

f 刻本 སྡེ་དགེ（四川德格）

g 乌金 梵夹装 29×6.5
h 9 6
i 无 汉纸 黑 完整
j 封面钤有“民族文化宫图书馆藏”印。

49.23
a 29-23

b གྲུབ་ཆེན་མར་པའི་ལུགས་ཀྱི་ཕྱག་ཆེན་ཁྲིད་ཀྱི་མན་ངག་གནད་ཀྱི་ལྡེ་མིག
大成就者玛尔巴传规之大手印导引要诀·关键之钥
c
d

e མན་ངག་སྐོར། （善言）

f 刻本 སྡེ་དགེ（四川德格）

g 乌金 梵夹装 29×6.5
h 46 6

i 无 汉纸 黑 完整
j 封面钤有“民族文化宫图书馆藏”印。

49.24
a 29-24

b བླ་མ་རྒྱངས་འབོད་རྩ་བ་འགྲེལ་པ་དང་བཅས་པ།

遥祈上师本颂释

c
d

e གསོལ་འདེབས། (祈愿文)

f 刻本 སྡེ་དགེ (四川德格)

g 乌金 梵夹装 29×6.5
h 21 6
i 无 汉纸 黑 完整
j 封面钤有“民族文化宫图书馆藏”印。

49.25
a 29-25

b རྫོགས་ཆེན་གསང་བ་སྙིང་ཐིག་གི་རྒྱུད་ཀྱི་གནད་དོན་རྣམ་པར་དབྱེ་བའི་འགྲོང་མུན་ཁང་གི་སྒྲོན་མེ།

大圆满秘密心要续之要义广释·暗室之灯

c
d

e རྫོགས་ཆེན་སྙིང་ཐིག (圆满精义)

f 刻本 སྡེ་དགེ (四川德格)

g 乌金 梵夹装 29×6.5
h 9 6
i 无 汉纸 黑 完整
j 封面钤有“民族文化宫图书馆藏”印。

49.26
a 29-26

b རྫོགས་པ་ཆེན་པོའི་ཉམས་ལེན་གྱི་གནད་མཐར་ཐུག་པའི་རྩ་འགྲེལ་འོད་གསལ་གྱི་སྣང་ཆ།

大圆满修持之究竟要旨本释·光明显照分
c
d
e རྫོགས་ཆེན་ཉམས་ལེན། （圆满实践）
f 刻本 སྡེ་དགེ （四川德格）
g 乌金 梵夹装 29×6.5
h 11 6
i 无 汉纸 黑 完整
j 封面钤有“民族文化宫图书馆藏”印。

49.27
a 29-27
b ཐེག་མཆོག་ཨ་ཏིའི་མན་ངག་གནས་ལུགས་གསལ་སྟོན།
大乘阿底要诀·实相显示
c
d
e མན་ངག （善言）
f 刻本 སྡེ་དགེ （四川德格）
g 乌金 梵夹装 29×6.5
h 14 6
i 无 汉纸 黑 完整
j 封面钤有“民族文化宫图书馆藏”印。

49.28
a 29-28
b མཁས་པ་ཤྲཱི་རྒྱལ་པོའི་ཁྱད་ཆོས།
学者室利结波之殊胜功德
c
d
e བསྟོད་ཚོགས། （赞集）
f 刻本 སྡེ་དགེ （四川德格）

g 乌金 梵夹装 29×6.5
h 9 6
i 无 汉纸 黑 完整
j 封面钤有“民族文化宫图书馆藏”印。

49.29
a 29-29
b གཅོད་ཡུལ་མཁའ་འགྲོའི་གད་རྒྱངས་ཀྱི་མན་ངག་ཟབ་མོ།
断境空行笑声之甚深要诀
c
d
e མན་ངག（善言）
f 刻本 སྡེ་དགེ（四川德格）
g 乌金 梵夹装 29×6.5
h 9 6
i 无 汉纸 黑 完整
j 封面钤有“民族文化宫图书馆藏”印。

50
A 3461 5944
B དཔལ་སྤྲུལ་འཇིགས་མེད་ཆོས་དབང་པོའི་གསུང་འབུམ།
巴珠 · 晋美曲旺文集
C ཅ
D རྫ་དཔལ་སྤྲུལ་ཨོ་རྒྱན་འཇིགས་མེད་ཆོས་ཀྱི་དབང་པོ།
同 3457 介绍。
E 馆藏齐全。

50.1
a 3-1
b རྫོགས་པ་ཆེན་པོ་ཀློང་ཆེན་སྙིང་ཏིག་གི་སྔོན་འགྲོའི་ཁྲིད་ཡིག་ཀུན་བཟང་བླ་མའི་ཞལ་ལུང་ཞེས་བྱ་བ་བཞུགས་སོ།།
大圆满隆钦宁底（空行心要）之前行讲义 · 普贤上师言教

c ཨ་བུ་རྡུལ་བུ།

d རྒྱལ་ཚབ་སྤྲུལ་པའི་སྐུ་རིན་པོ་ཆེ་ཀུན་བཟང་ཐེག་མཆོག་རྡོ་རྗེ་སོགས།

e ཁྲིད་ཡིག（导释）

f 刻本 སྡེ་དགེ（四川德格）དཔར་སློག（复印本）

g 乌金 梵夹装 47×7
h 282 6
i 无 汉纸 黑 完整
j 封面钤有“民族文化宫图书馆藏”印。

50.2
a 3-2

b སྔོན་འགྲོའི་དམིགས་རིམ་བསྡུས་པ་ཞེས་བྱ་བ་བཞུགས་སོ།།

前行所缘次第略要
c
d

e སྔོན་འགྲོའི་དམིགས་རིམ།（前行所缘次第）

f 刻本 སྡེ་དགེ（四川德格）དཔར་སློག（复印本）

g 乌金 梵夹装 47×7
h 11 6
i 无 汉纸 黑 完整
j 封面钤有“民族文化宫图书馆藏”印。

50.3
a 3-3

b སྨྱོས་བྱེད་ཀྱི་བཏུང་བའི་ཉེས་དམིགས་མདོ་རྒྱུད་བསྟན་བཅོས་རྣམས་ལས་བཏུས་པ་ཉེས་པའི་ འཕྲང་སྒྲོལ་ཅེས་བྱ་

བ་བཞུགས་སོ།།

诸显密经续论中所载饮酒之过失·渡越罪孽险道

c ཞྭ་ཨ་བུ་རྡུལ་པོ།

d པདྨ་ལེགས་གྲུབ།

e ཆང་གི་ཉེས་དམིགས།（罪孽所缘）

f 刻本 སྡེ་དགེ（四川德格）དཔར་སློག（复印本）

g 乌金 梵夹装 47×7

h 23 6

i 无 汉纸 黑 完整

j 封面钤有“民族文化宫图书馆藏”印。

51

A **3462 5946**

B དཔལ་སྤྲུལ་འཇིགས་མེད་ཆོས་དབང་པོའི་གསུང་འབུམ།

巴珠·晋美曲旺文集

C **ཆ**

D རྫ་དཔལ་སྤྲུལ་ཨོ་རྒྱན་འཇིགས་མེད་ཆོས་ཀྱི་དབང་པོ།

同 3457 介绍。

E 馆藏齐全。

51.1

a 15-1

b བྱང་ཆུབ་སེམས་དཔའི་སྤྱོད་ཡུལ་ཡོངས་སུ་དག་པའི་སྨོན་ལམ་ཚིགས་སུ་བཅད་པ་བཞུགས་སོ།།

菩萨行境清净祈愿颂

c

d

e སྨོན་ལམ།（祈愿）

f 刻本 སྡེ་དགེ（四川德格）དཔར་སློག（复印本）

g 乌金 梵夹装 47×7

h 5 6

i 无 汉纸 黑 完整

j 封面钤有“民族文化宫图书馆藏”印。

51. 2
a　15-2
b　བྱང་ཆུབ་སེམས་དཔའ་ནོར་བཟང་གིས་བསྟེན་པའི་བཤེས་གཉེན་ལྔ་བཅུ་རྩ་གཅིག་ལ་ཕྱག་འཚལ་བ་བཞུགས།
　礼拜、善财菩萨依止之五十一位善知识
c
d
e　བསྟོད་ཚོགས།（赞集）
f　刻本　སྡེ་དགེ（四川德格）དཔར་སློག（复印本）
g　乌金　梵夹装　47×7
h　4　6
i　无　汉纸　黑　完整
j　封面钤有“民族文化宫图书馆藏”印。

51. 3
a　15-3
b　བྱང་ཆུབ་སེམས་དཔའ་ནོར་བཟང་ལ་ཁྱིམ་བདག་ནན་ཞུགས་ཀྱིས་ལུང་བསྟན་པ་སྨོན་ལམ་དུ་ཁ་བསྒྱུར་བ་བཞུགས།
　善财菩萨由安住长者授记发愿变文
c
d
e　སྨོན་ལམ།（祈愿）
f　刻本　སྡེ་དགེ（四川德格）དཔར་སློག（复印本）
g　乌金　梵夹装　47×7
h　1　6
i　无　汉纸　黑　完整
j　封面钤有“民族文化宫图书馆藏”印。

51. 4
a　15-4
b　སྤྱོད་འཇུག་བརྒྱུད་པའི་གསོལ་འདེབས།
　入行论所传启请文
c

d

e གསོལ་འདེབས། （启请文）

f 刻本 སྡེ་དགེ（四川德格）དཔར་སློག（复印本）

g 乌金 梵夹装 47×7
h 1 6
i 无 汉纸 黑 完整
j 封面钤有“民族文化宫图书馆藏”印。

51.5
a 15-5

b བླ་མའི་གསོལ་འདེབས་བཀྲ་ཤིས་དགེ་ལེགས་བཞུགས་སོ།།

上师启请文·吉祥妙善

c ཁྲི་ཆེན་དཔལ་དགེ

d

e གསོལ་འདེབས། （启请文）

f 刻本 སྡེ་དགེ（四川德格）དཔར་སློག（复印本）

g 乌金 梵夹装 47×7
h 5 6
i 无 汉纸 黑 完整
j 封面钤有“民族文化宫图书馆藏”印。

51.6
a 15-6

b ཞབས་བརྟན།

长久住世文

c དཔལ་དགེ་མཆོག་སྤྲུལ་རིན་པོ་ཆེ།

d མདོ་སྔགས་རྒྱ་མཚོ་དང་བསོད་ནམས་རྣམ་རྒྱལ།

e ཞབས་བརྟན། （住世文）

f 刻本 སྡེ་དགེ（四川德格）དཔར་སློག（复印本）

g 乌金 梵夹装 47×7
h 4 6
i 无 汉纸 黑 完整
j 封面钤有“民族文化宫图书馆藏”印。

51.7
a 15-7

b དབུལ་གཏོར་ཆ་བཞིའི་ཡོ་བྱད་འདུ་བྱ།

四分神馐供法

c
d

e གཏོར་མ།（神馐）

f 刻本 སྡེ་དགེ（四川德格）དཔར་སློག（复印本）

g 乌金 梵夹装 47×7
h 3 6
i 无 汉纸 黑 完整
j 封面钤有“民族文化宫图书馆藏”印。

51.8
a 15-8

b གསུར་མཆོད་ཉེར་མཁོ་སྤྱི་དང་དམིགས་བསལ་ལེ་ཚན་གྱི་སྐོར་བཞུགས་སོ།།

煨素供急需用品总别事项类

c
d

e གསུར་མཆོད།（煨素）

f 刻本 སྡེ་དགེ（四川德格）དཔར་སློག（复印本）

g 乌金 梵夹装 47×7
h 7 6
i 无 汉纸 黑 完整
j 封面钤有“民族文化宫图书馆藏”印。

51.9

a 15-9

b གཅོད།

部分往俗家讽诵经忏之觉巴所生深刻境相

c

d

e གཅོད།（觉派）

f 刻本 སྡེ་དགེ（四川德格）དཔར་སློག（复印本）

g 乌金 梵夹装 47×7

h 2 6

i 无 汉纸 黑 完整

j 封面钤有“民族文化宫图书馆藏”印。民族宫目录中题名为“གྲོང་མཆོག་བཀའ་སྲུང་དཔལ་ལྡན་དུར་ཁྲོད་བདག་པོའི་བསང་ཆོག་བཞུགས།།”。

51.10

a 15-10

b ཡུམ་ཆེན་མོའི་གསོལ་འདེབས།

大般若经启请文

c

d

e གསོལ་འདེབས།（启请文）

f 刻本 སྡེ་དགེ（四川德格）དཔར་སློག（复印本）

g 乌金 梵夹装 47×7

h 1 6

i 无 汉纸 黑 完整

j 封面钤有“民族文化宫图书馆藏”印。

51.11

a 15-11

b བདེ་མཆོག་བཀའ་སྲུང་དཔལ་ལྡན་དུར་ཁྲོད་བདག་པོའི་བསངས་མཆོད་བཞུགས།

胜乐护教具德尸陀林主之煨桑仪轨

c ཨ་བུ་རྡལ་པོ།

d

e བསངས་མཆོད།（煨桑）

f 刻本 སྡེ་དགེ（四川德格）དཔར་སློག（复印本）

g 乌金 梵夹装 47×7
h 3 6
i 无 汉纸 黑 完整
j 封面钤有“民族文化宫图书馆藏”印。

51. 12
a 15-12

b ཆོས་སྐྱོང་ཕྲིན་བཅོལ་བཀྲ་ཤིས་དགེ་ལེགས་བཞུགས།

请托护法神·吉祥妙善

c ཨ་བུ་རྡལ་པོ།

d

e ཕྲིན་བཅོལ།（托业）

f 刻本 སྡེ་དགེ（四川德格）དཔར་སློག（复印本）

g 乌金 梵夹装 47×7
h 2 6
i 无 汉纸 黑 完整
j 封面钤有“民族文化宫图书馆藏”印。

51. 13
a 15-13

b དམོད་ངན་དུག་གི་མེ་ཏོག་ཅན་བཞུགས་སོ།།

恶咒毒华

c ཨ་བུ་རྡལ་པོ།

d

e དནོན་ངན།（毒咒）

f 刻本 སྡེ་དགེ（四川德格）དཔར་སློག（复印本）

g 乌金 梵夹装 47×7
h 6 6
i 无 汉纸 黑 完整
j 封面钤有“民族文化宫图书馆藏”印。

51. 14
a 15-14

b ཐོག་མཐའ་བར་གསུམ་དུ་དགེ་བའི་གཏམ་ལྟ་སྒོམ་སྤྱོད་གསུམ་ཉམས་ལེན་དམ་པའི་སྙིང་ནོར།

初中后三时妙善语·见、修、行三位胜修心要宝

c དུག་ལྷ་མི་འབར་ཨ་བུ་ཧྲལ་པོ།

d ཐུབ་དཀར་རྩེ་རྒྱལ་གྲུབ་པའི་ཐུག་ཕྱག

e ཉམས་ལེན།（实践）

f 刻本 སྡེ་དགེ（四川德格）དཔར་སློག（复印本）

g 乌金 梵夹装 47×7
h 25 6
i 无 汉纸 黑 完整
j 封面钤有“民族文化宫图书馆藏”印。

51. 15
a 15-15

b མཚུངས་དོན་མན་ངག་རྡོ་རྗེའི་ཐོལ་གླུ་སྤྲོས་བྲལ་སྒྲ་དབྱངས་ཞེས་བྱ་བ་བཞུགས་སོ།།

无等教授金刚歌·远离戏论之音

c
d

e གཏམ་ཚོགས།(言集)

f 刻本 སྡེ་དགེ（四川德格）དཔར་སློག（复印本）

g 乌金 梵夹装 47×7

h 60 6
i 无 汉纸 黑 完整
j 封面钤有“民族文化宫图书馆藏”印。

52
A 3463-3464 5944
B དཔལ་སྤྲུལ་འཇིགས་མེད་ཆོས་དབང་པོའི་གསུང་འབུམ།
巴珠·晋美曲旺文集
C
D རྫ་དཔལ་སྤྲུལ་ཨོ་རྒྱན་འཇིགས་མེད་ཆོས་ཀྱི་དབང་པོ།
同 3457 介绍。
E 此函在民族宫目录中为ཙ函。

52.1
a 1-1
b རྫོགས་པ་ཆེན་པོ་ཀློང་ཆེན་སྙིང་ཏིག་གི་སྔོན་འགྲོའི་ཁྲིད་ཡིག་ཀུན་བཟང་བླ་མའི་ཞལ་ལུང་།
大圆满隆钦精义前行讲义·普贤上师言教
c
d
e ཀློང་ཆེན་སྙིང་ཏིག(隆钦精义)
f 刻本 སྡེ་དགེ（四川德格）
g 乌金 梵夹装 38×6
h 305 6
i 有 藏纸 黑 完整
j 封面钤有“民族文化宫图书馆藏”印；民族宫目录中为ཙ函，282 叶。

53
A 3465-3466 5944
B དཔལ་སྤྲུལ་འཇིགས་མེད་ཆོས་དབང་པོའི་གསུང་འབུམ།

巴珠·晋美曲旺文集

C

D རྫ་དཔལ་སྤྲུལ་ཨོ་རྒྱན་འཇིགས་མེད་ཆོས་ཀྱི་དབང་པོ།

同 3457 介绍。

E 民族宫目录中为ཅ函。

53.1

a 1-1

b རྫོགས་པ་ཆེན་པོ་ཀློང་ཆེན་སྙིང་ཏིག་གི་སྔོན་འགྲོའི་ཁྲིད་ཡིག་ཀུན་བཟང་བླ་མའི་ཞལ་ལུང་།

大圆满隆钦宁底（空行心要）之前行讲义·普贤上师言教

c ཨོ་རྒྱན་འཇིགས་མེད་ཆོས་ཀྱི་དབང་པོ།

d ཨོ་རྒྱན་བསམ་གཏན་གླིང་།（邬坚桑丹林）

e ཀློང་ཆེན་སྙིང་ཏིག(隆钦精义)

f 刻本 སྡེ་དགེ（四川德格）

g 乌金 梵夹装 38×6

h 274 6

i 有 藏纸 黑 完整

j 封面钤有“民族文化宫图书馆藏”印；民族宫目录中为ཅ函。

54

A 3467

B དཔལ་སྤྲུལ་འཇིགས་མེད་ཆོས་དབང་པོའི་གསུང་འབུམ།

巴珠·晋美曲旺文集

C

D རྫ་དཔལ་སྤྲུལ་ཨོ་རྒྱན་འཇིགས་མེད་ཆོས་ཀྱི་དབང་པོ།

同 3457 介绍。

E 此函由民族宫目录中同文集不同函的散卷组成。

54.1
a 22-1

b འབུལ་ཡིག་ལེའུ་ཚན་དང་སྤྲིང་ཡིག

呈文品类与信函
c
d

e འཕྲིན་ཡིག（信札）

f 刻本 སྡེ་དགེ（四川德格）

g 乌金 梵夹装 38×5.5
h 9 6
i 无 藏纸 黑 完整

j 封面钤有“民族文化宫图书馆藏”印；民族宫目录中为ཀ函。

54.2
a 22-2

b འདུས་མདོའི་དབང་གི་ཟིན་ཐོ།

集经灌顶含义笔录
c
d

e དབང་ལུང་ཟིན་ཐོ།（灌顶笔录）

f 刻本 སྡེ་དགེ（四川德格）

g 乌金 梵夹装 37.7×5.5
h 9 6
i 无 藏纸 黑 完整

j 封面钤有“民族文化宫图书馆藏”印；民族宫目录中为ང函。

54.3
a 22-3

b བླ་མ་རྒྱང་འབོད་རྩ་བ་འགྲེལ་པ་དང་བཅས་པ།

遥祈上师本颂释

c
d

e གསོལ་འདེབས། （启请文）

f 刻本 སྡེ་དགེ（四川德格）

g 乌金 梵夹装 39×5.8
h 21 6
i 无 藏纸 黑 完整

j 封面钤有“民族文化宫图书馆藏”印；民族宫目录中为ང函。

54.4
a 22-4

b བཀའ་བསྟན་སྤྱིའི་བཤད་བྱའི་ཡན་ལག་བཞུགས་སོ།།

甘珠尔丹珠尔总说之支分
c
d

e བཀའ་བསྟན། （大藏经）

f 刻本 སྡེ་དགེ（四川德格）

g 乌金 梵夹装 38×5.5
h 4 6
i 无 藏纸 黑 完整

j 封面钤有“民族文化宫图书馆藏”印；民族宫目录中为ཁ函。

54.5
a 22-5

b གསུར་མཆོད་ཉེར་མཁོ་སྤྱི་དང་དམིགས་བསལ་བ་ལེ་ཚན་གྱི་སྐོར།

煨素急需用品总别事项类
c
d

e བསུར་མཆོད། （煨素）

f 刻本 སྡེ་དགེ（四川德格）

g 乌金 梵夹装 38×6
h 7 6
i 无 藏纸 黑 完整

j 封面钤有“民族文化宫图书馆藏”印；民族宫目录中为ཆ函。

54.6
a 22-6

b མཁས་པ་ཤྲཱི་རྒྱལ་པོའི་ཁྱད་ཆོས།
学者室利结波之殊胜功德

c དཔལ་སྤྲུལ་པ།

d

e བསྟོད་ཚོགས།（赞集）

f 刻本 སྡེ་དགེ（四川德格）

g 乌金 梵夹装 38.8×5.7
h 10 6
i 无 藏纸 黑 完整

j 封面钤有“民族文化宫图书馆藏”印；民族宫目录中为ང函，9叶。

54.7
a 22-7

b ཐོག་མཐའ་བར་གསུམ་དུ་དགེ་བའི་གཏམ་ལྟ་སྒོམ་སྤྱོད་གསུམ་ཉམས་ལེན་དམ་པའི་སྙིང་ནོར།
初中后三时妙善语·见、修、行三位胜修心要宝
c
d

e ཉམས་ལེན།（实践）

f 刻本 སྡེ་དགེ（四川德格）

g 乌金 梵夹装 37.8×6
h 25 6

i 无 藏纸 黑 完整

j 封面钤有“民族文化宫图书馆藏”印；民族宫目录中为ང函。

54.8

a 22-8

b བྱང་ཆུབ་སེམས་དཔའི་སྤྱོད་ཡུལ་ཡོངས་སུ་དག་པའི་སྨོན་ལམ་ཚིགས་སུ་བཅད་པ།

菩萨行境清净祈愿颂

c

d

e གསོལ་འདེབས།（启请文）

f 刻本 སྡེ་དགེ（四川德格）

g 乌金 梵夹装 37.5×6

h 5 6

i 无 藏纸 黑 完整

j 封面钤有“民族文化宫图书馆藏”印；民族宫目录中为ང函。

54.9

a 22-9

b ཉེར་མཁོ་སྣ་ཚོགས་ལས། སྐྱབས་སེམས་ཀྱི་ཁྲིད་བསྡུས་སངས་རྒྱས་ཆོས་ཚོགས་མའི་འགྲེལ་པ།

诸种急需中皈依与发心之简略导引·佛法资粮释

c

d

e ཁྲིད་ཡིག（导释）

f 刻本 སྡེ་དགེ（四川德格）

g 乌金 梵夹装 39.2×5.7

h 5 6

i 无 藏纸 黑 完整

j 封面钤有“民族文化宫图书馆藏”印；民族宫目录中为ཁ函。

54.10

a 22-10

b བཀལ་བའི་ལན་ལོག་རྟོག་སྨྲ་ངན་ཞི་བྱེད་དང་དྲི་བ་ལེ་ཚན་བརྒྱད་ཀྱི་བདག་ཉིད་ཅན།

息除辩难邪见恶说与八问章体性

c

d

e དྲི་བ་དྲིས་ལན།（问答）

f 刻本 སྡེ་དགེ（四川德格）

g 乌金 梵夹装 37.4×5.7

h 6 6

i 无 藏纸 黑 完整

j 封面钤有“民族文化宫图书馆藏”印；民族宫目录中为ང函。

54.11

a 22-11

b ཟབ་མོ་ལྟ་བའི་བརྒྱུད་པ་ཐེག་ཆེན་དབུ་མའི་ལུགས་ཀྱི་སེམས་བསྐྱེད་འབོགས་ཆོག

甚深见所传大乘中观派发心教授仪轨

c

d

e ཆོ་ག（仪轨）

f 刻本 སྡེ་དགེ（四川德格）

g 乌金 梵夹装 37.4×5.5

h 5 6

i 无 藏纸 黑 完整

j 封面钤有“民族文化宫图书馆藏”印；民族宫目录中为ཁ函。

54.12

a 22-12

b སྲོག་སྡོམ་གཟེར་བཞིའི་དམིགས་པའི་གནད་འགགས་ཁམས་གསུམ་རོལ་བའི་ཚངས་པའི་སྒྲ་དབྱངས།

命结四钉所缘关要·游戏三界之梵音

c ཆོས་ཀྱི་དབང་པོ།

d

e སྔགས། (密宗)

f 刻本 སྡེ་དགེ (四川德格)

g 乌金 梵夹装 38×6

h 9 6

i 无 藏纸 黑 完整

j 封面钤有“民族文化宫图书馆藏”印；民族宫目录中为ང函。

54.13

a 22-13

b བསྐྱེད་རིམ་ལྷའི་ཁྲིད་ཀྱི་དཀའ་གནད་ཅུང་ཟད་བཤད་པ།

生起次第本尊导引枢要略说

c ཨ་བུ་ཧྲུལ་པོ།

d

e སྔགས། (密宗)

f 刻本 སྡེ་དགེ (四川德格)

g 乌金 梵夹装 38.5×6.3

h 14 6

i 无 藏纸 黑 完整

j 封面钤有“民族文化宫图书馆藏”印；民族宫目录中为ང函。

54.14

a 22-14

b བྱང་ཆུབ་སེམས་དཔའ་ནོར་བཟང་གིས་བསྟེན་པའི་བཤེས་གཉེན་ལྔ་བཅུ་རྩ་གཅིག་ལ་ཕྱག་འཚལ།

礼拜、善财菩萨依止之五十一位善知识

c

d

e བསྟོད་ཚོགས།（赞集）

f 刻本 སྡེ་དགེ（四川德格）

g 乌金 梵夹装 37×6.5
h 4 6
i 无 藏纸 黑 完整

j 封面钤有“民族文化宫图书馆藏”印；民族宫目录中为ཆ函。

54.15
a 22-15

b མཚུངས་མེད་མན་ངག་རྡོ་རྗེའི་ཇོལ་གླུ་སྤྲོས་བྲལ་སྒྲ་དབྱངས།

无等教授金刚歌·远离戏论之音

c

d

e མན་ངག（善言）

f 刻本 སྡེ་དགེ（四川德格）

g 乌金 梵夹装 37.7×6
h 60 6
i 无 藏纸 黑 完整

j 封面钤有“民族文化宫图书馆藏”印；民族宫目录中为ཆ函。

54.16
a 22-16

b ཆོས་དང་འཇིག་རྟེན་ཤེས་པའི་བསྟན་བཅོས་གདོལ་བའི་དྲང་སྲོང་གི་གཏམ་ཐར་པའི་ཐེམ་སྐས།

佛法与世法了知论·旃陀罗仙人之语·解脱之梯

c ཀུ་ནྟཿ་ཀྲྀ།

d

e བསྟན་བཅོས།（典籍）

f 刻本 སྡེ་དགེ（四川德格）

g 乌金 梵夹装 37×6
h 10 6
i 无 藏纸 黑 完整
j 封面钤有“民族文化宫图书馆藏”印；民族宫目录中为ཀ函。

54.17
a 22-17
b ཐེག་པ་རིམ་པ་དགུའི་རྣམ་བཞག་གི་ས་བཅད།
九乘次第之建立科判
c
d
e ས་བཅད།（科判）
f 刻本 སྡེ་དགེ（四川德格）
g 乌金 梵夹装 37.7×5.5
h 16 6
i 无 藏纸 黑 完整
j 封面钤有“民族文化宫图书馆藏”印；民族宫目录中为ང函。

54.18
a 22-18
b དམ་པའི་ཆོས་འདུལ་བ་ལ་བསྟོད་པ་མེ་ཏོག་གི་སྙེད་མོས་ཚལ།
正法毗奈耶赞·百花园
c
d
e བསྟོད་ཚོགས།（赞集）
f 刻本 སྡེ་དགེ（四川德格）
g 乌金 梵夹装 37×6
h 10 6
i 无 藏纸 黑 完整
j 封面钤有“民族文化宫图书馆藏”印；民族宫目录中为ཀ函。

54.19

a 22-19

b ཉམས་ལྡན་སོགས་ཁ་ཤས་ཀྱི་རྩོམ་དཔེ།

姿态修饰法等部分举例

c

d

e རྩོམ་དཔེ།（修辞）

f 刻本 སྡེ་དགེ（四川德格）

g 乌金 梵夹装 37.5×6

h 2 6

i 无 藏纸 黑 完整

j 封面钤有“民族文化宫图书馆藏”印；民族宫目录中为ཀ函。

54.20

a 22-20

b དུས་གཟེར་རྩིས་ལག་ལེན་མདོར་བསྡུས།

气节推算法略说

c

d

e སྨན་རྩིས།（藏医历算）

f 刻本 སྡེ་དགེ（四川德格）

g 乌金 梵夹装 37×6

h 7 6

i 无 藏纸 黑 完整

j 封面钤有“民族文化宫图书馆藏”印；民族宫目录中为ཀ函。

54.21

a 22-21

b ལེའུ་ཕྱིའི་མགོ་རྒྱན་དཔྱོད་ལྡན་མཁས་པའི་ཡིད་འཕྲོག་བློ་གསལ་སྙིང་གི་མུན་སེལ་སྒྲོན་མེད་ལེགས་བཤད་ཟླ་

བའི་འོད་སྣང་།

历法顶严·智者意悦除暗明慧之善说月光

c དཔལ་སྤྲུལ་པ།

d

e བཟོ་རིག（工巧学）

f 刻本 སྡེ་དགེ（四川德格）

g 乌金 梵夹装 37×6

h 4 6

i 无 藏纸 黑 完整

j 封面钤有“民族文化宫图书馆藏”印；民族宫目录中为ཀ函。

54.22

a 22-22

b ཙ་རྒྱུད་ལུང་གི་ཕྲེང་བ།

耳传续之敕言鬘

c

d

e མན་ངག（善言）

f 刻本 སྡེ་དགེ（四川德格）

g 乌金 梵夹装 40×6

h 8 6

i 无 藏纸 黑 完整

j 封面钤有“民族文化宫图书馆藏”印；民族宫目录中无此件。

55

A 3468 344

B ས་སྐྱ་ཀུན་དགའ་སྙིང་པོའི་གསུང་འབུམ།

萨迦·衮噶宁波文集

C ཀ

D ས་སྐྱ་ཀུན་དགའ་སྙིང་པོ། ས་སྐྱ།རབ་བྱུང་གཉིས་པའི་ཆུ་ཕོ་སྤྲེལ་ལོར་༡༠༩༢ཡབ་འཁོན་དཀོན་མཆོག་རྒྱལ་པོ་དང་ཁོང་གི་བཙུན་མོ་ཆུང་བ་མ་གཅིག་ཞང་མོའི་སྲས་སུ་ས་སྐྱར་སྐུ་འཁྲུངས། ནར་སོན་པ་ན་ཡབ་ཀྱི་མདུན་ནས་ཡི་གེ་སྦྱོར་སློག་དང་སྨན་རྩིས། སྒྲ་སྐད་ངག་སོགས་ལ་སློབ་གཉེར་གནང་། བླ་མ་བ་རི་ལོ་ཙྪ་བ། བྲང་ཏི་དར་མ་སྙིང་པོ། ཁྱུང་རིན་ཆེན་གྲགས་སོགས་དགེ་བའི་བཤེས་གཉེན་ཉི་ཤུ་ལྷག་བསྟེན་པ་དང་མདོ་སྔགས་གཞུང་ཁག་ལ་སློབ་གཉེར་གནང་། གངས་རིའི་ཁྲོད་དུ་དཔལ་ལྡན་ས་སྐྱ་པ་ཞེས་སྙན་པའི་བ་དན་ཕྱོགས་བཅུར་གཡོ་བ་མཛད། ས་སྐྱའི་གདན་སར་དགུང་ལོ་ཞེ་བརྒྱད་བཞུགས། སློབ་མ་དཔལ་ལྡན་བསོད་ནམས་རྩེ་མོ།སེ་ཧྲ་ལའི་ཨ་ཙ་ར་སོགས་སློབ་མ་མང་དུ་སྤེལ། རབ་བྱུང་གསུམ་པའི་ས་ཕོ་སྟག་གི་ལོ་༡༡༥༨ལ་སྐུ་བཤེགས། ས་ཆེན་འདིས་མཛད་པའི་གསུང་རྩོམ་ཕྱོགས་བསྒྲིགས་པོད་གཉིས་བཞུགས། ངེད་དཔེ་མཛོད་ཁང་དུ་སྡེ་དགེའི་ པར་པོད་༢ ཀ--ཁ ཨང་རྟགས་༢༣༩༤--༢༣༩༩ བཞུགས།

萨迦•衮噶宁波（1092—1158）：萨迦派鼻祖衮却加布之子。系后藏萨迦昆氏家族后裔，诞生于萨迦。自幼随父学习大小五明。后随母意从师巴日译师（བ་རི་ལོ་ཙྪ་བ།）。搜集印度、尼泊尔、藏地殊胜佛像，在萨迦建尊胜塔。他为弘扬萨迦派教义，付出了毕生尽力。经常迎请其他教派高僧到萨迦讲法，在此奠定了五明学规。先著《道果摄义》，随后著作渐多。其弟子有索朗孜莫等。毕生努力传播萨迦派教义，在萨迦所建的佛像、佛经、佛塔及寺庙很多。任萨迦派住持 48 年。著作有德格版 2 函。在西藏图书馆藏北京民族文化宫图书馆赠送的文集也有德格版 2 函，编号在 2394—2399 间。

E 此函在民族宫目录中为 7 卷，西藏图书馆藏品缺 5 卷：《上师阿里撰刚二品续释文》《吉祥喜金刚本续二品释难》《萨钦撰喜金刚本续二品释难》《金刚帐续录》《金刚帐续讲释提纲》。

55. 1

a 2-1

b རྣལ་འབྱོར་གྱི་དབང་ཕྱུག་ས་སྐྱ་བ་བརྩེ་བ་ཆེན་པོ་ཀུན་དགའ་སྙིང་པོའི་གསུང་རབ་གླེགས་བམ་དང་པོ་ལས་དཔལ་ལྡན་བི་རཱུ་པ་ལ་བསྟོད་པ་བཞུགས་སོ།།

瑜伽自在师吉祥萨迦派衮噶宁波文集第一卷中具德毗汝巴赞

c བླ་མ་ས་ཆེན།

d

e བསྟོད་ཚོགས།（赞集）

f 刻本 སྡེ་དགེ（四川德格）

g 乌金 梵夹装 48×6.5

h 387 6

i 有 藏纸 黑 完整

j 封面钤有“民族文化宫图书馆藏”印；民族宫目录中为26叶。

55.2

a 2-2

b དཔལ་ཡང་དག་པར་སྦྱོར་བའི་རྒྱུད་ཕྱི་མའི་རྣམ་བཤད།

吉祥正相应后续解说

c ས་ཆེན།

d

e སྔགས།（密宗）

f 刻本 སྡེ་དགེ（四川德格）

g 乌金 梵夹装 48×6.5

h 41 6

i 无 藏纸 黑 完整

j 封面钤有“民族文化宫图书馆藏”印。

56

A 3469 345

B ས་སྐྱ་་ཀུན་དགའ་སྙིང་པོའི་གསུང་འབུམ།

萨迦·衮噶宁波文集

C ཁ

D ས་སྐྱ་་ཀུན་དགའ་སྙིང་པོ།

同 3468 介绍。

E 馆藏齐全。

56.1

a 10-1

b རྣལ་འབྱོར་གྱི་དབང་ཕྱུག་ས་སྐྱ་པ་བརྗེ་བ་ཆེན་པོ་ཀུན་དགའ་སྙིང་པོའི་གསུང་རབ་གླེགས་བམ་གཉིས་པ་ལས་

བདེ་མཆོག་ནག་པོ་པའི་ལུགས་ཀྱི་བླ་མ་བརྒྱུད་པའི་ལོ་རྒྱུས།

瑜伽自在师吉祥萨迦派贡嘎宁波文集第二卷中那波传规胜乐上师传承史

c

d

e ལོ་རྒྱུས།（史志）

f 刻本 སྡེ་དགེ（四川德格）

g 乌金 梵夹装 47.7×6.5

h 86 6

i 有 藏纸 黑 完整

j 封面钤有“民族文化宫图书馆藏”印。

56.2

a 10-2

b འཇིགས་བྱེད་རྡོག་པ་བདུན་པའི་ཊཱིཀྐ་བཞུགས།

怖畏金刚七品注释

c

d

e སྔགས།（密宗）

f 刻本 སྡེ་དགེ（四川德格）

g 乌金 梵夹装 48×6.5

h 14 6

i 无 藏纸 黑 完整

j 封面钤有“民族文化宫图书馆藏”印。

56.3
a 10-3

b སྒྲོལ་མ་ལྷ་བཅུ་བདུན་མའི་དཀྱིལ་ཆོག

度母十七尊曼荼罗仪轨

c

d

e དཀྱིལ་ཆོག（曼荼罗仪轨）

f 刻本 སྡེ་དགེ（四川德格）

g 乌金 梵夹装 48×6.5

h 10 6

i 无 藏纸 黑 完整

j 封面钤有“民族文化宫图书馆藏”印。

56.4
a 10-4

b དཔལ་ས་སྐྱ་པའི་མན་ངག་གཅེས་པ་བཏུས་པ་རིན་པོ་ཆེའི་ཕྲེང་བ།

吉祥萨迦派教授辑要·宝鬘

c

d

e མན་ངག（善言）

f 刻本 སྡེ་དགེ（四川德格）

g 乌金 梵夹装 48.5×6.5

h 27 6

i 无 藏纸 黑 完整

j 封面钤有“民族文化宫图书馆藏”印。

56.5
a 10-5

b རྡོ་རྗེའི་མགུར་ལས་གསུང་པའི་ཁྲོ་བཅུའི་སྲུང་འཁོར།

金刚帐续所说十忿怒明王守护轮

c

d

e སྔགས། (密宗)

f 刻本 སྡེ་དགེ (四川德格)

g 乌金 梵夹装 48×6.5
h 9 6
i 无 藏纸 黑 完整
j 封面钤有“民族文化宫图书馆藏”印。

56.6
a 10-6

b དཔལ་དུར་ཁྲོད་བདག་པོའི་སྒྲུབ་སྐོར།

吉祥尸林主修法类

c
d

e ཆོ་ག (仪轨)

f 刻本 སྡེ་དགེ (四川德格)

g 乌金 梵夹装 48×6.5
h 6 6
i 无 藏纸 黑 完整
j 封面钤有“民族文化宫图书馆藏”印。

56.7
a 10-7

b དཔལ་འཁོར་ལོ་བདེ་མཆོག་གི་རྩ་བའི་རྒྱུད་ཀྱི་ཊཱིཀ་མུ་ཏིག་ཕྲེང་བ།

吉祥胜乐轮根本续释・珍珠鬘

c
d

e སྔགས། (密宗)

f 刻本 སྡེ་དགེ (四川德格)

g 乌金 梵夹装 48×6.5
h 185 6
i 有 藏纸 黑 完整

j 封面钤有“民族文化宫图书馆藏”印。

56.8

a 10-8

b སློབ་དཔོན་མཚོ་སྐྱེས་ཀྱི་ལོ་རྒྱུས།

海生金刚大师史事

c

d

e ལོ་རྒྱུས།（史志）

f 刻本 སྡེ་དགེ（四川德格）

g 乌金 梵夹装 48.5×6.7

h 28 6

i 无 藏纸 黑 完整

j 封面钤有“民族文化宫图书馆藏”印。

56.9

a 10-9

b བདེ་མཆོག་རྩ་རྒྱུད་ཀྱི་ལེ་འབྲེལ།

胜乐根本续诸品关系

c

d

e སྔགས།（密宗）

f 刻本 སྡེ་དགེ（四川德格）

g 乌金 梵夹装 48×6.5

h 38 6

i 无 藏纸 黑 完整

j 封面钤有“民族文化宫图书馆藏”印。

56.10

a 10-10

b ནག་པོ་དཀྱིལ་ཆོག་གི་ཐོ་ཡིག

那波巴传规曼荼罗仪轨录

c

d

e སྔགས།（密宗）

f 刻本 སྡེ་དགེ（四川德格）

g 乌金 梵夹装 48.5×6.5

h 16 6

i 无 藏纸 黑 完整

j 封面钤有“民族文化宫图书馆藏”印。

57

A 3470 346

B ས་སྐྱ་བསོད་ནམས་རྩེ་མོའི་གསུང་འབུམ།

萨迦·索朗孜莫文集

C ག

D ས་སྐྱ་བསོད་ནམས་རྩེ་མོ། ས་སྐྱ། རབ་བྱུང་གཉིས་པའི་ཆུ་ཁྱི་ལོ་༡༡༤༢ཡབ་ཀུན་དགའ་སྙིང་པོ་དང་ཡུམ་བཙུན་མོ་ཆེ་བ་མ་གཅིག་འོད་ལྡན་གྱི་སྲས་སུ་ས་སྐྱར་སྐུ་འཁྲུངས། ཡབ་ཆེན་དང་ཆ་པ་ཆོས་ཀྱི་སེང་གེ་སོགས་ལས་མདོ་སྔགས་རིག་གནས་ལ་གསན་བཞེས་མཛད། རྒྱུད་སྡེ་སྡོད་བཅུ་བཞི་ཐུགས་ཐོགས་ནས་གསུང་སྐབས། ཆུ་བོ་གངྒ་ཚུན་ཆད་རྡོ་རྗེ་ཐེག་པ་མཐའ་དག་ལ་མཁས་པའི་སྙན་གྲགས་ཀྱིས་ཁྱབ། གདན་ས་ལོ་གསུམ་མཛད། ཞལ་སློབ་གཙོ་བོ་གཅུང་རྗེ་བཙུན་གྲགས་པ་རྒྱལ་མཚན། རྩོམ་སྟོན་སོགས་མང་དུ་སྤེལ། རབ་བྱུང་གསུམ་པའི་ཆུ་སྟག་ལོ་༡༡༨༢གཟུགས་སྐུའི་བཀོད་པ་བསྡུས། ཁོང་གསུང་རྩོམ་སྡེ་དགེའི་པར་མ་པོད་གསུམ་བཞུགས། ངེད་དཔེ་མཛོད་ཁང་དུ་སྡེ་དགེའི་པར་མ་པོད་༣ག--ཅ།ཨང་རྟགས་༢༤༠༠-- ༢༤༠༨ བཞུགས།

萨迦·索朗孜莫(1142—1182)：属萨迦派。萨迦·衮噶宁波 53 岁时所生儿子。曾任萨迦寺住持 3 年，后将萨迦住持之事托付给弟弟、弟子扎巴坚赞，自己在恰巴却吉僧格座前聆听经典近 11 载。尊师精通金刚乘诸典。享年 41 岁。遗著在西藏图书馆藏北京民族文化宫图书馆赠送的文集有德格版 3 函，编号在 2400—2408 间。

E 此函在民族宫目录中为 6 卷，西藏图书馆藏品中 1 卷在前者中无，并将第 1 卷之第二种内容单列一卷，故成 8 卷。

57.1

a 8-1

b གནས་ལྔ་རིག་པའི་པཎ་ཌི་ཏ་ཆེན་མོ་ཡོངས་སུ་གྲགས་པའི་སློབ་དཔོན་རིན་པོ་ཆེ་བསོད་ནམས་རྩེ་མོའི་གསུང་རབ་གླེགས་བམ་དང་པོ་ལས་རྒྱུད་སྡེ་སྤྱིའི་རྣམ་བཞག

五明大班智达阿阇梨索朗孜莫文集第一卷之续部总建立论

c

d

e སྔགས། （密宗）

f 刻本 སྡེ་དགེ （四川德格）

g 乌金 梵夹装 47.7×6.5

h 74 6

i 有 藏纸 黑 完整

j 封面钤有“民族文化宫图书馆藏”印。

57.2

a 8-2

b རྗེ་ས་ཆེན་ལ་བསྟོད་པ།

萨钦·贡嘎宁波赞

c

d

e བསྟོད་པ། （赞颂）

f 刻本 སྡེ་དགེ （四川德格）

g 乌金 梵夹装 48×6.5

h 8 6

i 无 藏纸 黑 完整

j 封面钤有“民族文化宫图书馆藏”印；此件在民族宫目录中为第一卷内容。

57.3

a 8-3

b　དཔལ་ཀྱི་རྡོ་རྗེའི་རྩ་རྒྱུད་བརྟག་གཉིས་ཀྱི་རྣམ་པར་བཤད་པ་ཉི་མའི་འོད་ཟེར།

　吉祥喜金刚本续二品续解说·日光

c

d　ཡར་ལུང་བསམ་གཏན་གླིང་།（西藏山南雅砻桑顶林）

e　སྔགས།（密宗）

f　刻本　སྡེ་དགེ（四川德格）

g　乌金　梵夹装　48.5×6.5

h　137　6

i　有　藏纸　黑　完整

j　封面钤有“民族文化宫图书馆藏”印。

57.4

a　8-4

b　བཟང་པོ་ཡོངས་བཟུང་གི་རབ་གནས་ཀྱི་ཊཱི་ཀ།

　具六殊胜开光法注释

c　རྒྱལ་འབྱོར་པ་བསོད་ནམས་རྩེ་མོ།

d

e　རབ་གནས་ཊཱིཀ།（开光释）

f　刻本　སྡེ་དགེ（四川德格）

g　乌金　梵夹装　48.5×6.5

h　14　6

i　无　藏纸　黑　完整

j　封面钤有“民族文化宫图书馆藏”印。

57.5

a　8-5

b　དཔལ་ཀྱིའི་རྡོ་རྗེའི་སྒྲུབ་ཐབས་མཚོ་སྐྱེས་ཀྱི་ཊཱི་ཀ།

　吉祥喜金刚修法海生注释

c　རྒྱལ་འབྱོར་པ་བསོད་ནམས་རྩེ་མོ།

d

e སྔགས། （密宗）

f 刻本 སྡེ་དགེ（四川德格）

g 乌金 梵夹装 48.5×6.5
h 54 6
i 无 藏纸 黑 完整
j 封面钤有“民族文化宫图书馆藏”印。

57.6
a 8-6

b དང་པོའི་ལས་ཅན་གྱི་བྱ་བའི་རིམ་པ་དང་ལམ་རིམ་བསྒོམ་ཚུལ།

初机修行次第与道次第修法

c
d

e ལམ་རིམ། （次第）

f 刻本 སྡེ་དགེ（四川德格）

g 乌金 梵夹装 48.5×6.5
h 51 6
i 无 藏纸 黑 完整
j 封面钤有“民族文化宫图书馆藏”印。

57.7
a 8-7

b དཔལ་ཀྱི་རྡོ་རྗེའི་རྩ་རྒྱུད་བརྟག་པ་གཉིས་པའི་བསྡུས་དོན།

吉祥喜金刚本续二品续摄义

c
d

e སྔགས། （密宗）

f 刻本 སྡེ་དགེ（四川德格）

g 乌金 梵夹装 48×6.5
h 16 6

i 无 藏纸 黑 完整
j 封面钤有“民族文化宫图书馆藏”印。

57.8
a 8-8
b སམྦུ་ཊའི་རྒྱུད་ཀྱི་བསྡུས་དོན།
三布扎续之简义
c
d
e རྒྱུད།（续部）
f 刻本 སྡེ་དགེ（四川德格）
g 乌金 梵夹装 48.5×6.5
h 23 6
i 无 藏纸 黑 完整
j 封面钤有“民族文化宫图书馆藏”印；民族宫目录中无此件。

58
A 3471 347
B ས་སྐྱ་བསོད་ནམས་རྩེ་མོའི་གསུང་འབུམ།
萨迦·索朗孜莫文集
C ང
D ས་སྐྱ་་བསོད་ནམས་རྩེ་མོ།
同3470介绍。
E 馆藏齐全。

58.1
a 4-1
b གནས་ལྔ་རིག་པའི་པཎྜི་ཏ་ཆེན་མོ་ཡོངས་སུ་གྲགས་པའི་སློབ་དཔོན་རིན་པོ་ཆེ་བསོད་ནམས་རྩེ་མོའི་གསུང་
རབ་གླེགས་བམ་གཉིས་པ་ལས་སམྦུ་ཊཱི་ཀ་གནད་ཀྱི་གསལ་བྱེད།
五明大班智达阿阇梨索朗孜莫文集第二卷正相应续注释显要

c　རྗེ་བཙུན་་བསོད་ནམས་རྩེ་མོ།

d

e　སྔགས།（密宗）

f　刻本　སྡེ་དགེ（四川德格）

g　乌金　梵夹装　48.5×6.5

h　239　6

i　有　藏纸　黑　完整

j　封面钤有“民族文化宫图书馆藏”印。

58.2

a　4-2

b　སམྦུ་ཊའི་བརྟག་པ་གཉིས་པའི་རབ་བྱེད་གཉིས་པའི་ཊཱིཀ།

正相应续第二品之第二章注释

c

d

e　རྒྱུད།（续部）

f　刻本　སྡེ་དགེ（四川德格）

g　乌金　梵夹装　48.5×6.5

h　23　6

i　无　藏纸　黑　完整

j　封面钤有“民族文化宫图书馆藏”印。

58.3

a　4-3

b　ཆོས་ལ་འཇུག་པའི་སྒོ་ཞེས་བྱ་བའི་བསྟན་བཅོས།

入法门论典

c　དགེ་བསྙེན་བསོད་ནམས་རྩེ་མོ།

d

e　བསྟན་བཅོས།（典籍）

f 刻本 སྡེ་དགེ（四川德格）

g 乌金 梵夹装 48.5×6.5
h 55 6
i 无 藏纸 黑 完整
j 封面钤有“民族文化宫图书馆藏”印。

58.4
a 4-4

b ཡི་གེ་བཀླག་ཐབས་བྱིས་པའི་བདེ་ཁྲིག་ཏུ་འཇུག་པ།

文字启蒙读法

c དགེ་བསྙེན་''བསོད་ནམས་རྩེ་མོ།

d

e བརྡ་སྤྲོད།（语言学）

f 刻本 སྡེ་དགེ（四川德格）

g 乌金 梵夹装 48.5×6.5
h 9 6
i 无 藏纸 黑 完整
j 封面钤有“民族文化宫图书馆藏”印。

59
A 3472 348

B ས་སྐྱ་བསོད་ནམས་རྩེ་མོའི་གསུང་འབུམ།

萨迦·索朗孜莫文集

C **ཙ**

D ས་སྐྱ་བསོད་ནམས་རྩེ་མོ།

同 3470 介绍。
E 馆藏齐全。

59.1
a 8-1

b གནས་ལྔ་རིག་པའི་པཎྜི་ཏ་ཆེན་པོ་ཞེས་ཡོངས་སུ་གྲགས་པའི་སློབ་དཔོན་རིན་པོ་ཆེ་བསོད་ནམས་རྩེ་མོའི་གསུང་

རབ་གླེགས་བམ་གསུམ་པ་ལས་དཔལ་ཀྱེའི་རྡོ་རྗེའི་མངོན་པར་རྟོགས་པ་ཡན་ལག་བཞི་པ།

五明大班智达阿阇梨索朗孜莫文集第三卷之喜金刚现证法第四分支

c

d

e སྔགས།（密宗）

f 刻本 སྡེ་དགེ（四川德格）

g 乌金 梵夹装 48.5×6.5

h 34 6

i 有 藏纸 黑 完整

j 封面钤有“民族文化宫图书馆藏”印。

59.2

a 8-2

b དཔལ་ཀྱེ་རྡོ་རྗེའི་དཀྱིལ་འཁོར་དུ་སློབ་མ་སྨིན་པར་བྱེད་པའི་ཆོ་ག་དབང་གི་ཆུ་བོ་ཆེན་མོ།

吉祥喜金刚曼荼罗中弟子成熟灌顶仪轨·灌顶大河流

c

d

e ཆོ་ག（仪轨）

f 刻本 སྡེ་དགེ（四川德格）

g 乌金 梵夹装 48.5×6.5

h 55 6

i 有 藏纸 黑 完整

j 封面钤有“民族文化宫图书馆藏”印。

59.3

a 8-3

b དཔལ་ཀྱེའི་རྡོ་རྗེའི་རབ་ཏུ་གནས་པ་བཟང་པོ་དྲུག

吉祥喜金刚具六殊胜开光法

c

d

e　རབ་གནས། （开光）

f　刻本　སྡེ་དགེ（四川德格）

g　乌金　梵夹装　48.5×6.5
h　22　6
i　无　藏纸　黑　完整
j　封面钤有“民族文化宫图书馆藏”印。

59.4
a　8-4

b　འཁོར་ལོ་བདེ་མཆོག་དྲིལ་བུ་པའི་གཞུང་གི་མངོན་པར་རྟོགས་པ།

　　枳布传规之胜乐轮现证法

c　ཤཱཀྱའི་དགེ་བསྙེན་བསོད་ནམས་རྩེ་མོ།

d

e　སྔགས། （密宗）

f　刻本　སྡེ་དགེ（四川德格）

g　乌金　梵夹装　48.5×6.5
h　29　6
i　无　藏纸　黑　完整
j　封面钤有“民族文化宫图书馆藏”印。

59.5
a　8-5

b　དཔལ་འཁོར་ལོ་བདེ་མཆོག་གི་མཆོད་ཕྲེང་།

　　吉祥胜乐轮供养鬘

c　དགེ་བསྙེན་བསོད་ནམས་རྩེ་མོ།

d　དཔལ་ས་སྐྱའི་གཙུག་ལག་ཁང་། （西藏日喀则萨迦寺）

e　སྔགས། （密宗）

f　刻本　སྡེ་དགེ（四川德格）

g　乌金　梵夹装　48.5×6.5
h　35　6
i　无　藏纸　黑　完整
j　封面钤有“民族文化宫图书馆藏”印。

59.6
a　8-6
b　འཕགས་པ་དོན་ཡོད་ཞགས་པའི་ལོ་རྒྱུས།
不空羂索史
c　ཐེག་པ་མཆོག་གི་རྣལ་འབྱོར་པ་བསོད་ནམས་རྩེ་མོ།
d
e　ལོ་རྒྱུས།（史志）
f　刻本　སྡེ་དགེ（四川德格）
g　乌金　梵夹装　48.5×6.5
h　21　6
i　无　藏纸　黑　完整
j　封面钤有“民族文化宫图书馆藏”印。

59.7
a　8-7
b　རྡོ་རྗེ་གདན་པའི་ཆོས་དྲུག
金刚座六法
c　དགེ་བསྙེན་བསོད་ནམས་རྩེ་མོ།
d
e　རྒྱུད།（续部）
f　刻本　སྡེ་དགེ（四川德格）
g　乌金　梵夹装　48.5×6.5
h　23　6
i　无　藏纸　黑　完整
j　封面钤有“民族文化宫图书馆藏”印。

59.8
a 8-8

b བྱང་ཆུབ་སེམས་པའི་སྤྱོད་པ་ལ་འཇུག་པའི་འགྲེལ་པ།

入菩萨行论释

c དགེ་བསྙེན་བསོད་ནམས་རྩེ་མོ།

d

e སྤྱོད་འཇུག་གི་འགྲེལ་པ།（入行论释）

f 刻本 སྡེ་དགེ（四川德格）

g 乌金 梵夹装 48.5×6.5
h 116 6
i 无 藏纸 黑 完整
j 封面钤有“民族文化宫图书馆藏”印。

60
A 3473 349

B ས་སྐྱ་གྲགས་པ་རྒྱལ་མཚན་གྱི་གསུང་འབུམ།

萨迦·扎巴坚赞文集

C ཆ

D ས་སྐྱ་གྲགས་པ་རྒྱལ་མཚན། ས་སྐྱར་བ་བྱུང་གསུམ་པའི་མེ་ཡོས་༡༡༤༧ལ་ཡབ་ས་ཆེན་ཀུན་དགའ་སྙིང་པོ་དང་ཡུམ་མ་གཅིག་འོད་སྒྲོན་གྱིས་སྲས་སུ་སྐུ་འཁྲུངས། ཡབ་ཆེན་དང་། གཅེན་བསོད་ནམས་རྩེ་མོ་སོགས་མཁས་གྲུབ་དུ་མ་གུས་པས་བསྟེན་ཏེ། མདོ་སྔགས་ཀྱི་དབང་ལུང་དུ་མ་གསན་བསམ་མཛད་ནས་ཡང་ན་ཐུགས་དམ་མཛད། ཡང་ན་གཞུང་ལུགས་ལ་གཟིགས།ཡང་ན་ཆོས་འཆད་ཉན་མཛད་པ་ལས་རྣམ་གཡེངས་དང་དོན་མེད་དུ་བཞུགས་པ་སུས་ཀྱང་མཐོང་མ་མྱོང་བར་གྲགས། ཧོང་གིས་དབུ་རྩེ་སྙིང་མའི་གཙུག་ལག་ཁང་དང་། གསེར་བྲིས་ཀྱི་བཀའ་འགྱུར། གསེར་དངུལ་ལས་གྲུབ་པའི་འབུམ་ཆ་སུམ་བརྒྱ་བཞེངས། དགུང་ལོ་ཞེ་བཅུ་ང་བདུན་རིང་གདན་ས་མཛད། ཐུགས་སྲས་གཙོ་བོ་ས་སྐྱ་པཎྜི་ཏ་ཀུན་དགའ་རྒྱལ་མཚན། དབང་ཕྱུག་གྲགས་པ་སོགས་རྒྱ་བོད་ན་སྙད་གྲགས་ཆེ་

བའི་སློབ་མ་མང་དུ་སྤེལ།　རབ་བྱུང་བཞི་པའི་མེ་བྱི་༡༡༤༧ལོར་སྐུ་གཤེགས།　གསུང་རྩོམ་ཕྱོགས་བསྒྲིགས་བྱས་པ་སྡེ་དགེའི་དཔར་མ་པོད་བཞི་ཡོད། དེང་དཔེ་མཛོད་ཁང་དུ་སྡེ་དགེའི་པར་མ་པོད་ ༥ ཆ--ཏ ཨང་རྟགས་༢༤༠༩---༢༤༢༠ བཞུགས།

萨迦·扎巴坚赞（1147—1216）：属萨迦派，萨钦衮噶宁波之子。自小从父学习。12 岁父亲过世，13 岁被兄长索朗孜莫委任为萨迦寺住持。或修行禅定，或广阅经典，对弘法事业从未懈怠。显、密经论及灌顶传承甚多。学识广博高深，名扬康藏。建造邬坚宁玛大佛殿；造金银写本《大般若经》300 余部，其中 100 余部供于萨迦寺，其余的各部赠送给各派寺院。37 岁时，兄索朗孜莫去世。毕生致力于萨迦教派的弘扬和发展，为萨迦教派的立足和发展立下了汗马功劳。任萨迦寺住持 57 年。享年 70 岁。其弟子中以萨迦班智达衮噶坚赞、旺秀扎巴最为著名。遗著主要有《入行论提示》《藏医药宝库》等。西藏图书馆藏其文集有德格版 5 函，编号在 2409—2420 间。

E　馆藏齐全。

60.1

a　8-1

b　དེ་བཞིན་གཤེགས་པ་ཐམས་ཅད་ཀྱི་གསུང་གི་གསང་བ་འཛིན་པ་རྗེ་བཙུན་རིན་པོ་ཆེ་གྲགས་པ་རྒྱལ་མཚན་གྱི་གསུང་རབ་གླེགས་བམ་དང་པོ་ལས་རྒྱུད་ཀྱི་མངོན་པར་རྟོགས་པ་རིན་པོ་ཆེའི་ལྗོན་ཤིང་།

持如来密法之至尊扎巴坚赞文集第一卷中之密续现观法宝树

c　གྲགས་པ་རྒྱལ་མཚན།

d　ས་སྐྱ་གཙུག་ལག་ཁང་།（西藏日喀则萨迦寺）

e　རྒྱུད།（续部）

f　刻本　སྡེ་དགེ（四川德格）

g　乌金　梵夹装　48.5×6.5

h　139　6

i　有　藏纸　黑　完整

j　封面钤有“民族文化宫图书馆藏”印。

60.2

a　8-2

b　རྒྱུད་སྡེ་སྤྱིའི་རྣམ་གཞག་དང་རྒྱུད་ཀྱི་མངོན་པར་རྟོགས་པའི་སྟོང་ཐུན་ས་བཅད།

　续部总建立与密续现观法总义科判

c　གྲགས་པ་རྒྱལ་མཚན།

d

e　རྒྱུད་སྡེ།（续部）

f　刻本　སྡེ་དགེ（四川德格）

g　乌金　梵夹装　48.5×6.5

h　23　6

i　无　藏纸　黑　完整

j　封面钤有“民族文化宫图书馆藏”印。

60.3

a　8-3

b　ལམ་འབྲས་བརྒྱུད་པའི་གསོལ་འདེབས།

　道果传承启请文

c

d

e　གསོལ་འདེབས་སྨོན་ལམ།（启请文）

f　刻本　སྡེ་དགེ（四川德格）

g　乌金　梵夹装　48.5×6.5

h　13　6

i　无　藏纸　黑　完整

j　封面钤有“民族文化宫图书馆藏”印。

60.4

a　8-4

b　བླ་མ་བརྟེན་པའི་ཐབས་ཤློ་ཀ་ལྔ་བཅུ་པའི་གསལ་བྱེད།

　依上师法五十颂

c　གྲགས་པ་རྒྱལ་མཚན།

d

e བཤེས་གཉེན་རྟེན་ཚུལ། （上师供养）

f 刻本 སྡེ་དགེ（四川德格）

g 乌金 梵夹装 48.5×6.5
h 18 6
i 无 藏纸 黑 完整
j 封面钤有“民族文化宫图书馆藏”印。

60.5
a 8-5

b བརྟག་པ་གཉིས་པའི་རྣམ་པར་བཤད་པ་མ་དག་པ་རྣམས་འཇོམས་པར་བྱེད་པའི་རྣམ་འགྲེལ་དགའ་ལྡན།

喜金刚续第二品解说·祛谬具净释

c གྲགས་པ་རྒྱལ་མཚན།

d

e རྒྱུད། （续部）

f 刻本 སྡེ་དགེ（四川德格）

g 乌金 梵夹装 48.5×6.5
h 133 6
i 无 藏纸 黑 完整
j 封面钤有“民族文化宫图书馆藏”印。

60.6
a 8-6

b རྒྱུད་སྡེའི་དུམ་བུ་བརྒྱ་བཅུ་གསུམ་པ།

密续部片段一百一十三条

c
d

e རྒྱུད་སྡེ།(续部)

f 刻本 སྡེ་དགེ（四川德格）

g 乌金 梵夹装 48.5×6.5
h 15 6

i 有 藏纸 黑 完整
j 封面钤有“民族文化宫图书馆藏”印。

60.7
a 8-7
b བླ་མ་རྒྱ་གར་བའི་ལོ་རྒྱུས།
印度上师毗缚巴史事
c གྲགས་པ་རྒྱལ་མཚན།
d
e ལོ་རྒྱུས།（史志）
f 刻本 སྡེ་དགེ（四川德格）
g 乌金 梵夹装 48.5×6.5
h 9 6
i 无 藏纸 黑 完整
j 封面钤有“民族文化宫图书馆藏”印。

60.8
a 8-8
b དམ་པའི་ཆོས་མངོན་པ་ཀུན་ལས་བཏུས་པའི་མཚན་ཉིད་རབ་ཏུ་གསལ་བ།
大乘阿毗达磨集论摄义·法相显明
c གྲགས་པ་རྒྱལ་མཚན།
d
e མངོན་པ།（俱舍论）
f 刻本 སྡེ་དགེ（四川德格）
g 乌金 梵夹装 48.5×6.5
h 41 6
i 有 藏纸 黑 完整
j 封面钤有“民族文化宫图书馆藏”印。

61
A　3474　350
B　ས་སྐྱ་གྲགས་པ་རྒྱལ་མཚན་གྱི་གསུང་འབུམ།
萨迦·扎巴坚赞文集
C　ཇ
D　ས་སྐྱ་གྲགས་པ་རྒྱལ་མཚན།
同 3473 介绍。
E　馆藏齐全。

61.1
a　13-1
b　དེ་བཞིན་གཤེགས་པ་ཐམས་ཅད་ཀྱི་གསུང་གི་གསང་བ་འཛིན་པ་རྗེ་བཙུན་རིན་པོ་ཆེ་གྲགས་པ་རྒྱལ་མཚན་གྱི་གསུང་རབ་གླེགས་བམ་གཉིས་པ་ལས་འཕགས་པ་རྡོ་རྗེ་གུར་གྱི་རྒྱན་ཞེས་བྱ་བའི་རྣམ་འགྲེལ།
持如来密法之至尊扎巴坚赞文集第二卷中圣金刚帐续庄严释
c　གྲགས་པ་རྒྱལ་མཚན།
d　ལྕགས་ཕོ་རྟ་ཡི་སྨིན་དྲུག་ཟླ་བ། 铁阳马年（1210）藏历九月十六至十月十五日
ས་སྐྱ་དགོན།（西藏日喀则萨迦寺）
e　སྔགས།（密宗）
f　刻本　སྡེ་དགེ（四川德格）
g　乌金　梵夹装　48.5×6.5
h　73　6
i　无　藏纸　黑　完整
j　封面钤有“民族文化宫图书馆藏”印。

61.2
a　13-2
b　གུར་གྱི་བསྡུས་དོན།
金刚帐续摄义
c

d

e སྔགས། （密宗）

f 刻本 སྡེ་དགེ（四川德格）

g 乌金 梵夹装 48.5×6.5
h 12 6
i 无 藏纸 黑 完整
j 封面钤有“民族文化宫图书馆藏”印。

61.3
a 13-3

b དཔལ་ཀྱེ་རྡོ་རྗེའི་མངོན་རྟོགས་ཡན་ལག་དྲུག་པ།

吉祥喜金刚现证法六支

c གྲགས་པ་རྒྱལ་མཚན།

d

e རྒྱུད། （续部）

f 刻本 སྡེ་དགེ（四川德格）

g 乌金 梵夹装 48.5×6.5
h 20 6
i 有 藏纸 黑 完整
j 封面钤有“民族文化宫图书馆藏”印。

61.4
a 13-4

b བྱིན་རླབས་ཀྱི་བརྒྱུད་པ་མ་ཉམས་པའི་ལག་ལེན་གྱི་ཐོ་ཡིག

加持传承实修录

c གྲགས་པ་རྒྱལ་མཚན།

d ས་སྐྱའི་གཙུག་ལག་ཁང་།（西藏日喀则萨迦寺）

e ཐོ་ཡིག（笔录）

f 刻本 སྡེ་དགེ（四川德格）

g 乌金 梵夹装 48.5×6.5
h 17 6
i 无 藏纸 黑 完整
j 封面钤有“民族文化宫图书馆藏”印。

61.5
a 13-5

b རྩ་བའི་ལྟུང་བ་བཅུ་བཞི་པའི་འགྲེལ་པ་གསལ་བྱེད་འཁྲུལ་སྤོང་།

十四根本堕罪释·祛谬解惑

c གྲགས་པ་རྒྱལ་མཚན།

d ས་སྐྱའི་གཙུག་ལག་ཁང་།（西藏日喀则萨迦寺）

e འདུལ་བ།（律经）

f 刻本 སྡེ་དགེ（四川德格）

g 乌金 梵夹装 48.5×6.5
h 62 6
i 有 藏纸 黑 完整
j 封面钤有“民族文化宫图书馆藏”印。

61.6
a 13-6

b ཧེ་ཝཛྲ་ཀའི་ཚས་དྲུག

胜乐金刚六种饰品释

c གྲགས་པ་རྒྱལ་མཚན།

d

e ཚས་འགྲེལ།（品释）

f 刻本 སྡེ་དགེ（四川德格）

g 乌金 梵夹装 48.5×6.5
h 26 6

i 无 藏纸 黑 完整
j 封面钤有“民族文化宫图书馆藏”印。

61.7
a 13-7
b སྐྱབས་སུ་འགྲོ་བ་དང་སེམས་བསྐྱེད་པའི་ཆོ་ག
皈依及发心仪轨
c
d
e ཆོ་ག（仪轨）
f 刻本 སྡེ་དགེ（四川德格）
g 乌金 梵夹装 48.5×6.5
h 16 6
i 无 藏纸 黑 完整
j 封面钤有“民族文化宫图书馆藏”印。

61.8
a 13-8
b དུས་ཐ་མའི་ཆོ་ག་གཞན་ཕན་བདུད་རྩིའི་ཐིགས་པ།
丧葬仪轨·利他甘露滴
c
d
e ཆོ་ག（仪轨）
f 刻本 སྡེ་དགེ（四川德格）
g 乌金 梵夹装 48.5×6.5
h 9 6
i 无 藏纸 黑 完整
j 封面钤有“民族文化宫图书馆藏”印；民族宫目录中为 227 叶。

61.9
a 13-9
b དཔལ་ཀྱེ་རྡོ་རྗེའི་བསྐྱོད་པ་ཌཱ་ཀ་ཞེས་བྱ་བ་བཞུགས།

吉祥喜金刚赞·长行诗
c
d

e བསྟོད་ཚོགས།（赞集）

f 刻本 སྡེ་དགེ（四川德格）

g 乌金 梵夹装 48.5×6.5
h 6 6
i 无 藏纸 黑 完整
j 封面钤有“民族文化宫图书馆藏”印。

61.10
a 13-10

b བདེ་མཆོག་ལཱུ་ཧི་པའི་ལུགས་ཀྱི་བླ་མ་བརྒྱུད་པའི་ལོ་རྒྱུས།

鲁依巴传规之胜乐上师传承史
c
d

e ལོ་རྒྱུས།（史志）

f 刻本 སྡེ་དགེ（四川德格）

g 乌金 梵夹装 48.5×6.5
h 15 6
i 无 藏纸 黑 完整
j 封面钤有“民族文化宫图书馆藏”印。

61.11
a 13-11

b བདེ་མཆོག་ནག་པོ་པའི་དཀྱིལ་ཆོག་ས་བཅད་འཁྲུགས་ཅན།

那波巴传规之胜乐曼荼罗仪轨之具紊科判

c གྲགས་པ་རྒྱལ་མཚན།

d ས་སྐྱའི་གཙུག་ལག་ཁང་།（西藏日喀则萨迦寺）

e ཆོ་ག（仪轨）

f 刻本 སྡེ་དགེ（四川德格）

g 乌金 梵夹装 48.5×6.5
h 53 6
i 无 藏纸 黑 完整
j 封面钤有“民族文化宫图书馆藏”印。

61.12
a 13-12

b བདེ་མཆོག་ནག་པོ་པའི་དཀྱིལ་ཆོག་ལག་ཏུ་བླངས་བའི་རིམ་པ།

胜乐那波巴撰曼荼罗仪轨本释

c གྲགས་པ་རྒྱལ་མཚན།

d

e ཆོ་ག（仪轨）

f 刻本 སྡེ་དགེ（四川德格）

g 乌金 梵夹装 48.5×6.5
h 37 6
i 无 藏纸 黑 完整
j 封面钤有“民族文化宫图书馆藏”印。

61.13
a 13-13

b སློབ་དཔོན་རྡོ་རྗེ་དྲིལ་བུ་པའི་ལོ་རྒྱུས།

阿阇梨多杰枳布巴史

c རྣལ་འབྱོར་གྱི་དབང་ཕྱུག་གྲགས་པ་རྒྱལ་མཚན།

d

e ལོ་རྒྱུས།（史志）

f 刻本 སྡེ་དགེ（四川德格）

g 乌金 梵夹装 48.5×6.5
h 30 6
i 无 藏纸 黑 完整

j　封面钤有“民族文化宫图书馆藏”印。

62

A　3475　351

B　ས་སྐྱ་གྲགས་པ་རྒྱལ་མཚན་གྱི་གསུང་འབུམ།

萨迦·扎巴坚赞文集

C　ཏ

D　ས་སྐྱ་གྲགས་པ་རྒྱལ་མཚན།

同 3473 介绍。

E　此函民族宫目录著录为 12 卷，西藏图书馆藏品中缺 2 卷：《二面亥母修法》《金刚橛修法类》。

62.1

a　10-1

b　དེ་བཞིན་གཤེགས་པ་ཐམས་ཅད་ཀྱི་གསུང་གི་གསང་བ་འཛིན་པ་རྗེ་བཙུན་རིན་པོ་ཆེ་གྲགས་པ་རྒྱལ་མཚན་གྱི་གསུང་རབ་གླེགས་བམ་གསུམ་པ་ལས་བདེ་མཆོག་ལཱུ་ཧི་པའི་ལུགས་ཀྱི་མངོན་པར་རྟོགས་པ་བསྒོམ་པའི་རིམ་པ།

持如来密法之至尊扎巴坚赞第三卷中鲁依巴传规之胜乐现证修习次第

c　གྲགས་པ་རྒྱལ་མཚན།

d

e　སྔགས།（密宗）

f　刻本　སྡེ་དགེ（四川德格）

g　乌金　梵夹装　48.5×6.5

h　39　6

i　有　藏纸　黑　完整

j　封面钤有“民族文化宫图书馆藏”印。

62.2

a　10-2

b　ཕག་མོ་ཞལ་གཉིས་མའི་སྒྲུབ་ཐབས།

二面亥母修法

c གྲགས་པ་རྒྱལ་མཚན།

d

e སྒྲུབ་ཐབས།（修心法）

f 刻本 སྡེ་དགེ（四川德格）

g 乌金 梵夹装 48.5×6.5
h 46 6
i 有 藏纸 黑 完整
j 封面钤有“民族文化宫图书馆藏”印。

62.3
a 10-3

b ངེས་བརྗོད་བླ་མའི་འཁྲུལ་འཁོར་བྲི་ཐབས།

定诵上续幻轮绘制法

c གྲགས་པ་རྒྱལ་མཚན།

d

e འཁྲུལ་འཁོར་བྲི་ཐབས།（绘图法）

f 刻本 སྡེ་དགེ（四川德格）

g 乌金 梵夹装 48.5×6.5
h 29 6
i 无 藏纸 黑 完整
j 封面钤有“民族文化宫图书馆藏”印。

62.4
a 10-4

b དགྲ་ནག་གི་སྒྲུབ་ཐབས།

黑敌阎曼德迦修法

c གྲགས་པ་རྒྱལ་མཚན།

d

e སྒྲུབ་ཐབས། （修心法）

f 刻本 སྡེ་དགེ （四川德格）

g 乌金 梵夹装 48.5×6.5
h 21 6
i 有 藏纸 黑 完整
j 封面钤有“民族文化宫图书馆藏”印。

62.5
a 10-5

b སྒྲོལ་མ་ཉིན་ཞི་མཚན་ཁྲོའི་སྒྲུབ་ཐབས།

度母日静夜猛修法及赞颂
c
d

e སྒྲུབ་ཐབས། （修心法）

f 刻本 སྡེ་དགེ （四川德格）

g 乌金 梵夹装 48.5×6.5
h 66 6
i 有 藏纸 黑 完整
j 封面钤有“民族文化宫图书馆藏”印。

62.6
a 10-6

b གསང་སྔགས་ནང་གི་ལྷུང་བཟེད་བརྟག་པ།

密咒中颅钵之观察
c
d

e གསང་སྔགས། （密宗）

f 刻本 སྡེ་དགེ （四川德格）

g 乌金 梵夹装 48.5×6.5
h 10 6
i 无 藏纸 黑 完整

j 封面钤有“民族文化宫图书馆藏”印。

62. 7
a 10-7
b ངན་སོང་སྦྱོང་རྒྱུད་ཀྱི་སྤྱི་དོན།
净治恶趣续总义
c
d དཔལ་ལྡན་ས་སྐྱ། （西藏日喀则萨迦寺）
e ལས་ཚོགས། （业资）
f 刻本 སྡེ་དགེ（四川德格）
g 乌金 梵夹装 48.5×6.5
h 15 6
i 无 藏纸 黑 完整
j 封面钤有“民族文化宫图书馆藏”印。

62. 8
a 10-8
b རྡོ་རྗེ་འབྱུང་བའི་ཡིག་སྣ།
金刚萨埵悉地法释集
c དགེ་བསྙེན་གྲགས་པ་རྒྱལ་མཚན།
d
e ལས་ཚོགས། （业资）
f 刻本 སྡེ་དགེ（四川德格）
g 乌金 梵夹装 48.5×6.5
h 72 6
i 无 藏纸 黑 完整
j 封面钤有“民族文化宫图书馆藏”印。

62. 9
a 10-9

b སྒྲུབ་ཐབས་སོ་སོའི་ཡིག་སྣ།

各别修法集

c རྗེ་བཙུན་ཆེན་པོ།

d

e སྒྲུབ་ཐབས།（修心法）

f 刻本 སྡེ་དགེ（四川德格）

g 乌金 梵夹装 48.5×6.5

h 56 6

i 无 藏纸 黑 完整

j 封面钤有“民族文化宫图书馆藏”印。

62.10

a 10-10

b རྡོ་རྗེ་ཕུར་པའི་མངོན་པར་རྟོགས་པ།

金刚橛现证法

c གྲགས་པ་རྒྱལ་མཚན།

d ས་སྐྱ།（西藏日喀则萨迦寺）

e སྒྲུབ་ཐབས།（修心法）

f 刻本 སྡེ་དགེ（四川德格）

g 乌金 梵夹装 48.5×6.5

h 16 6

i 无 藏纸 黑 完整

j 封面钤有“民族文化宫图书馆藏”印。

63

A 3476 352

B ས་སྐྱ་གྲགས་པ་རྒྱལ་མཚན་གྱི་གསུང་འབུམ།

萨迦 · 扎巴坚赞文集

C ཏ

D ས་སྐྱ་གྲགས་པ་རྒྱལ་མཚན།

同 3473 介绍。

E 馆藏齐全。

63.1

a 13-1

b དེ་བཞིན་གཤེགས་པ་ཐམས་ཅད་ཀྱི་གསུང་གི་གསང་བ་འཛིན་པ་རྗེ་བཙུན་རིན་པོ་ཆེ་གྲགས་པ་རྒྱལ་མཚན་གྱི་གསུང་རབ་གླེགས་བམ་བཞི་པ་ལས་ཀུན་རིག་གི་ཆོ་ག་གཞན་ཕན་འོད་ཟེར།

持如来密法之至尊扎巴坚赞文集第四卷中毗卢遮那仪轨·利他光明

c དགེ་བསྙེན་གྲགས་པ་རྒྱལ་མཚན།

d

e ཆོ་ག（仪轨）

f 刻本 སྡེ་དགེ（四川德格）

g 乌金 梵夹装 48×6.5

h 59 6

i 有 藏纸 黑 完整

j 封面钤有“民族文化宫图书馆藏”印。

63.2

a 13-2

b གཞན་ཕན་ཉེར་མཁོ།

利他积蓄

c དགེ་བསྙེན་གྲགས་པ་རྒྱལ་མཚན།

d ས་སྐྱ་དགོན་པ།（西藏日喀则萨迦寺）

e ཆོ་ག（仪轨）

f 刻本 སྡེ་དགེ（四川德格）

g 乌金 梵夹装 48×6.5
h 19 6
i 无 藏纸 黑 完整
j 封面钤有“民族文化宫图书馆藏”印。

63.3
a 13-3
b ཨཆའི་ཆོ་ག་དང་རབ་ཏུ་གནས་པ་དོན་གསལ་བ།
经堂佛塔地基仪轨和开光明义
c དགེ་བསྙེན་གྲགས་པ་རྒྱལ་མཚན།
d ས་སྐྱ་དགོན་པ།（西藏日喀则萨迦寺）
e ཆོ་ག(仪轨)
f 刻本 སྡེ་དགེ（四川德格）
g 乌金 梵夹装 48×6.5
h 31 6
i 有 藏纸 黑 完整
j 封面钤有“民族文化宫图书馆藏”印。

63.4
a 13-4
b བྱ་སྤྱོད་རིགས་གསུམ་སྤྱིའི་རིག་གཏད་ཀྱི་ཆོ་ག
事续行三续部之总托明仪轨
c རྗེ་བཙུན་གྲགས་པ་རྒྱལ་མཚན།
d ས་སྐྱ་དགོན།（西藏日喀则萨迦寺）
e ཆོ་ག（仪轨）
f 刻本 སྡེ་དགེ（四川德格）
g 乌金 梵夹装 47.5×6.5
h 16 6
i 无 藏纸 黑 完整

j 封面钤有“民族文化宫图书馆藏”印。

63.5

a 13-5

b ཨ་ར་པ་ཙ་ན་ལྔ་ལྷའི་སྒྲུབ་ཐབས།

五字文殊主眷五尊修法

c དགེ་བསྙེན་གྲགས་པ་རྒྱལ་མཚན།

d ས་སྐྱ་དགོན། （西藏日喀则萨迦寺）

e སྒྲུབ་ཐབས། （修心法）

f 刻本 སྡེ་དགེ（四川德格）

g 乌金 梵夹装 48.3×6.5

h 17 6

i 无 藏纸 黑 完整

j 封面钤有“民族文化宫图书馆藏”印。

63.6

a 13-6

b དོན་ཡོད་ཞགས་པའི་ཆོ་གའི་ལག་ལེན་ས་སྐྱ་བའི་ལུགས།

萨迦传规不空羂索仪轨实修法

c རྣལ་འབྱོར་པ་གྲགས་པ་རྒྱལ་མཚན།

d

e ཆོ་ག（仪轨）

f 刻本 སྡེ་དགེ（四川德格）

g 乌金 梵夹装 48×6.5

h 17 6

i 无 藏纸 黑 完整

j 封面钤有“民族文化宫图书馆藏”印。

63.7

a 13-7

b རྣམ་འཇོམས་རྒྱུད་ཀྱི་གསལ་བྱེད་འོད་ཟེར་ཅན།

金刚摧服续明解·日光

c རྣལ་འབྱོར་པ་གྲགས་པ་རྒྱལ་མཚན།

d ས་སྐྱ་དགོན། （西藏日喀则萨迦寺）

e ཆོ་ག （仪轨）

f 刻本 སྡེ་དགེ （四川德格）

g 乌金 梵夹装 48×6.5
h 33 6
i 无 藏纸 黑 完整
j 封面钤有“民族文化宫图书馆藏”印。

63.8
a 13-8

b ཤཱཀྱ་རྣམས་ཀྱི་རྒྱལ་རབས་བཞུགས་སོ།།

释迦王族记

c དགེ་བསྙེན་གྲགས་པ་རྒྱལ་མཚན།

d

e རྒྱལ་རབས། （史志）

f 刻本 སྡེ་དགེ （四川德格）

g 乌金 梵夹装 48×6.5
h 19 6
i 无 藏纸 黑 完整
j 封面钤有“民族文化宫图书馆藏”印。

63.9
a 13-9

b ཕྱག་རྒྱ་ཆེན་པོ་གཅེས་པ་བཏུས་པའི་མན་ངག

大手印辑要之教授

c དགེ་བསྙེན་གྲགས་པ་རྒྱལ་མཚན།

d

e མན་ངག（善言）

f 刻本 སྡེ་དགེ（四川德格）

g 乌金 梵夹装 48.5×6.5
h 20 6
i 无 藏纸 黑 完整
j 封面钤有“民族文化宫图书馆藏”印。

63.10
a 13-10

b ཆོས་སྤྱོད་རིན་ཆེན་ཕྲེང་བ།

法行·大宝鬘

c དགེ་བསྙེན་གྲགས་པ་རྒྱལ་མཚན།

d

e ཆོས་སྤྱོད།（法行）

f 刻本 སྡེ་དགེ（四川德格）

g 乌金 梵夹装 47.8×6.5
h 17 6
i 无 藏纸 黑 完整
j 封面钤有“民族文化宫图书馆藏”印。

63.11
a 13-11

b བྱང་ཆུབ་སེམས་དཔའི་སྡོམ་པ་གསལ་བར་སྟོན་པ་ཤོ་ལོ་ཀ་ཉི་ཤུ་པའི་རྣམ་བཤད།

菩萨戒律二十颂解说

c དགེ་བསྙེན་གྲགས་པ་རྒྱལ་མཚན།

d

e བྱམས་སྡོམ་སྐོར།（菩萨戒律）

f 刻本 སྡེ་དགེ（四川德格）

g 乌金 梵夹装 48×6.5
h 48 6
i 无 藏纸 黑 完整
j 封面钤有“民族文化宫图书馆藏”印。

63.12
a 13-12

b ཞེན་པ་བཞི་བྲལ་གྱི་གདམས་པ།

离四耽著教诫

c དགེ་བསྙེན་གྲགས་པ་རྒྱལ་མཚན།

d

e མན་ངག（善言）

f 刻本 སྡེ་དགེ（四川德格）

g 乌金 梵夹装 48×6.5
h 21 6
i 无 藏纸 黑 完整
j 封面钤有“民族文化宫图书馆藏”印。

63.13
a 13-13

b གསོ་དཔྱད་རྒྱལ་པོའི་དཀོར་མཛོད།

医学王库

c རྗེ་བཙུན་གྲགས་པ་རྒྱལ་མཚན།

d

e སྨན་རྩིས།（藏医历算）

f 刻本 སྡེ་དགེ（四川德格）

g 乌金 梵夹装 47×6.5
h 84 6
i 无 藏纸 黑 完整

j　封面钤有“民族文化宫图书馆藏”印。

64

A　3477　353

B　ས་སྐྱ་ཀུན་དགའ་རྒྱལ་མཚན་གྱི་གསུང་འབུམ།

萨迦·衮噶坚赞文集

C　ཐ

D　ས་སྐྱ་ཀུན་དགའ་རྒྱལ་མཚན། ས་སྐྱ། རབ་བྱུང་གསུམ་པའི་ཆུ་མོ་སྟག་སྟེ་སྤྱི་ལོ་༡༡༨༢ལ་ཡབ་དཔལ་ཆེན་འོད་པོ་དང་ཡུམ་མ་གཅིག་གཟར་ཕུ་མ་ཉི་ཁྲི་ལྕམ་གཉིས་ཀྱི་སྲས་སུ་ས་སྐྱར་སྐུ་འཁྲུངས། གཙོ་བོར་རྗེ་བཙུན་གྲགས་པ་རྒྱལ་མཚན་དང་ ཁ་ཆེ་པཎ་ཆེན་ཤཱཀྱ་ཤྲཱི་དང་། བལ་པོའི་པཎྜི་ཏ་སམ་བྷ་ཤྲཱི་སོགས་སློབ་དཔོན་དུ་བསྟེན་ནས་མདོ་སྔགས་དང་། ཟབ་ཆོས་མཐའ་དག་བུམ་པ་གང་བྱོའི་ཚུལ་གྱིས་གསན་ཅིང་། སྒྲ་གསོ་བ། བཟོ། སྐར་རྩིས་སོགས་རིག་གནས་ཀུན་གྱི་གནས་ལ་མཁྱེན་པ་རབ་ཏུ་རྒྱས་ཤིང་། ཕྱག་རྗེས་ཀྱང་མང་དུ་བཞག་ཅིང་དགེ་བསྙེན་གྱི་སྡོམ་པ་མནོས་ས་སྐྱའི་གདན་ས་ལོ་བཅུ་བསྐྱངས། དཔལ་བསམ་ཡས་ཀྱི་གདན་སར་ཡང་གདན་ཞུས་ལྟར་ཕེབས། ཧོར་རྒྱལ་གྱིས་གདན་ཞུས་ལྟར་དགུང་ལོ་བཅུར་ཕེབས་པའི་འགྲོ་མགོན་ཆོས་འཕགས་མཉམ་ཁྲིད་གནང་། ཆོས་རྗེ་འདིས་རྒྱ་བོད་ཧོར་གསུམ་ལ་ལུགས་གཉིས་ཀར་ལེགས་ཉེས་འབྱེད་པའི་བློ་གྲོས་ཀྱི་སྣང་བ་དམ་པ་བརྒྱལ། ཐུགས་སྲས་གཙོ་བོ་ནི་ཨུ་ཡུག་པ་རིག་པའི་སེང་གེ་ཞང་བཙུན་མདོ་སྡེ་དཔལ། དགེ་བཤེས་ཤཱཀྱ་བཟང་པོ་སོགས་རྒྱ་བོད་ཧོར་གསུམ་དུ་མཁས་གྲུབ་མང་པོ་བྱུང་། རབ་བྱུང་བཞི་པའི་ལྕགས་ཕག་ལོ་༡༢༥༡ལ་སྐུ་མྱ་ངན་ལས་འདས། བཀའ་འབུམ་སྡེ་དགེའི་དཔར་མ་པོད་གསུམ་བཞུགས། ངེད་དཔེ་མཛོད་ཁང་དུ་སྡེ་དགེའི་ པོད་ ༣ ཐ---ན ཨང་གྲངས་

༢༥༢༧--༢༥༢༩ བཞུགས།

萨迦·衮噶坚赞（1182—1251）：属萨迦派，萨迦·扎巴坚赞兄之子。从小从父学习密宗口诀、医典要诀。拜萨迦·扎巴坚赞为规范师。19岁从库顿大学者学习《集量论》。20岁，赴后藏拜粗顿雄努僧格为师，系统学习《量论七部》。25岁，拜克什米尔班钦释迦释为师大量学习《五部大论》等11载。又拜尼泊尔班智达桑巴释学习梵文、诗词、工巧等等。几乎拜读了所有在藏的印度梵文古籍。名声大振，被称之为“大班智达”。应邀任桑耶寺住持，为众僧讲经说法、整顿寺规。随后桑耶寺成为萨迦寺的辖寺。61岁，遵上师之意，举行加行大法轮。65岁，应蒙古汗阔端之邀，携八思巴前往凉州。在凉州辞世，享年70岁。著作有《贤者口饰》、《辞海》、《乐器经典》、《花束》等。文章字词优美、内容简明。其最脍炙人口的代表作是《萨迦格言》，在藏区广为流传，是一部能够指导现实生活的教科书。遗著在西藏图书馆藏北京民族文化宫图书馆赠送的文集有德格版3函，编号在2421—2429间。

E 馆藏齐全。

64.1

a 8-1

b ཕྱོགས་ཐམས་ཅད་ལས་རྣམ་པར་རྒྱལ་བ་ཆེན་པོ་འཇམ་མགོན་ས་སྐྱ་པཎྜི་ཏ་ཀུན་དགའ་རྒྱལ་མཚན་དཔལ་བཟང་པོའི་ཞབས་ཀྱི་གསུང་རབ་གླེགས་བམ་དང་པོ་ལས་ཐུབ་པའི་དགོངས་པ་རབ་ཏུ་གསལ་བ་ཞེས་བྱ་བའི་བསྟན་བཅོས།

尊胜大师，文殊怙主萨迦班智达衮噶坚赞文集第一卷中能仁密意备显论

c ས་སྐྱ་པཎྜི་ཏ།

d དཔལ་ས་སྐྱ་དགོན།（西藏日喀则萨迦寺）

e བསྟན་བཅོས།（典籍）

f 刻本 སྡེ་དགེ（四川德格）

g 乌金 梵夹装 48×6.5

h 99 6

i 有 藏纸 黑 完整

j 封面钤有“民族文化宫图书馆藏”印。

64.2

a 8-2

b ལེགས་པར་བཤད་པ་རིན་པོ་ཆེའི་གཏེར་ཞེས་བྱ་བའི་བསྟན་བཅོས།

格言宝藏论

c ཤཱཀྱའི་དགེ་སློང་ཀུན་དགའ་རྒྱལ་མཚན།

d དཔལ་ས་སྐྱ་དགོན། （西藏日喀则萨迦寺）

e ལེགས་བཤད། (格言)

f 刻本 སྡེ་དགེ （四川德格）

g 乌金 梵夹装 48×6.5
h 23 6
i 无 藏纸 黑 完整
j 封面钤有“民族文化宫图书馆藏”印。

64.3
a 8-3

b གཞུང་ལུགས་ལེགས་པར་བཤད་པ་ཞེས་བྱ་བའི་བསྟན་བཅོས།

教理善说论

c ས་སྐྱ་པཎྜི་ཏ།

d ལིང་ཀྲུ། （凉州）

e ལེགས་བཤད། (格言)

f 刻本 སྡེ་དགེ （四川德格）

g 乌金 梵夹装 47.5×6.5
h 32 6
i 无 藏纸 黑 完整
j 封面钤有“民族文化宫图书馆藏”印。

64.4
a 8-4

b རོལ་མོའི་བསྟན་བཅོས།

论音乐

c
d

e རོལ་དབྱངས། (音乐)

f 刻本 སྡེ་དགེ（德格）

g 乌金 梵夹装 47.5×6.5
h 8 6无 藏纸 黑 完整
j 封面钤有“民族文化宫图书馆藏”印。

64.5
a 8-5

b མཁས་པ་རྣམས་འཇུག་པའི་སྒོ་ཞེས་བྱ་བའི་བསྟན་བཅོས།

智者入门论

c དགེ་སློང་ཀུན་དགའ་རྒྱལ་མཚན་དཔལ་བཟང་པོ།

d

e མཁས་འཇུག(入行论)

f 刻本 སྡེ་དགེ（四川德格）

g 乌金 梵夹装 48×6.5
h 62 6
i 无 藏纸 黑 完整
j 封面钤有“民族文化宫图书馆藏”印。

64.6
a 8-6

b སྒྲ་ལ་འཇུག་པ་ཞེས་བྱ་བའི་བསྟན་བཅོས།

声明入门论

c སྐད་གཉིས་སྨྲ་བ་ཀུན་དགའ་རྒྱལ་མཚན།

d

e སྒྲ།(声明学)

f 刻本 སྡེ་དགེ（四川德格）

g 乌金 梵夹装 48×6.5
h 28 6
i 无 藏纸 黑 完整
j 封面钤有“民族文化宫图书馆藏”印。

64.7
a 8-7

b ཚིག་གི་གཏེར་ཞེས་བྱ་བའི་བསྟན་བཅོས།

语词库论

c ཤཱཀྱའི་དགེ་སློང་ཀུན་དགའ་རྒྱལ་མཚན།

d

e མངོན་བརྗོད།(辞藻学)

f 刻本 སྡེ་དགེ（四川德格）

g 乌金 梵夹装 48×6.5
h 33 6
i 无 藏纸 黑 完整
j 封面钤有“民族文化宫图书馆藏”印。

64.8
a 8-8

b བདེ་བར་གཤེགས་པའི་ཐུགས་རྗེ་ལ་བསྐུལ་བ།

祈请如来悲悯文

c
d

e བསྟོད་ཚོགས།(赞集)

f 刻本 སྡེ་དགེ（四川德格）

g 乌金 梵夹装 48×6.5
h 27 6
i 无 藏纸 黑 完整
j 封面钤有“民族文化宫图书馆藏”印。

65
A 3478 354

B ས་སྐྱ་ཀུན་དགའ་རྒྱལ་མཚན་གྱི་གསུང་འབུམ།

萨迦·衮噶坚赞文集

C ད

D ས་སྐྱ་ཀུན་དགའ་རྒྱལ་མཚན།

同 3477 介绍。

E 此函民族宫目录著录为 3 卷。西藏图书馆藏品中把第三卷的一种内容当作独立卷单列，故成 4 卷。

65.1

a 4-1

b ཚད་མ་རིགས་གཏེར།

因明正理藏论

c

d དཔལ་ས་སྐྱའི་གཙུག་ལག་ཁང་།（西藏日喀则萨迦寺）

e ཚད་མ།（因明学）

f 刻本 སྡེ་དགེ（四川德格）

g 乌金 梵夹装 50×7

h 25 6

i 有 藏纸 黑 完整

j 封面钤有“民族文化宫图书馆藏”印。

65.2

a 4-2

b ཚད་མ་རིགས་གཏེར་གྱི་རང་འགྲེལ།

因明正理藏论自注

c ཤཱཀྱའི་དགེ་སློང་ཀུན་དགའ་རྒྱན་མཚན།

d དཔལ་སྐྱའི་གཙུག་ལྷག་ཁང་དུ།（西藏日喀则萨迦寺）

e ཚད་མ།（因明学）

f 刻本 སྡེ་དགེ（四川德格）

g 乌金 梵夹装 50×7
h 195 6
i 有 藏纸 黑 完整
j 封面钤有“民族文化宫图书馆藏”印。

65.3
a 4-3
b དབུ་མའི་ལུགས་ཀྱི་སེམས་བསྐྱེད་ཀྱི་ཆོ་ག་བཞུགས།
中观派之发心仪轨
c
d
e ཆོ་ག（仪轨）
f 刻本 སྡེ་དགེ（四川德格）
g 乌金 梵夹装 50×7
h 28 6
i 有 藏纸 黑 完整
j 封面钤有“民族文化宫图书馆藏”印。

65.4
a 4-4
b བདེ་མཆོག་ལཱུ་ཧི་པའི་འབྲུ་འབུམ་བཞུགས།
鲁伊巴传规之胜乐现证句义释
c ཤཱཀྱའི་སྲས་ཀྱི་དགེ་སློང་སུ་བཛྲ།
d ཕྱག་ཆུང་གི་དགོན་པ།
e སྔགས།（密宗）
f 刻本 སྡེ་དགེ（四川德格）
g 乌金 梵夹装 50×7
h 38 6
i 无 藏纸 黑 完整
j 封面钤有“民族文化宫图书馆藏”印；民族宫目录中为第 3 卷内容。

66
A　3479　355
B　ས་སྐྱ་ཀུན་དགའ་རྒྱལ་མཚན་གྱི་གསུང་འབུམ།
萨迦·衮噶坚赞文集
C　ན
D　ས་སྐྱ་ཀུན་དགའ་རྒྱལ་མཚན།
同3477介绍。
E　馆藏齐全。

66.1
a　13-1
b　སྡོམ་པ་གསུམ་གྱི་རབ་ཏུ་དབྱེ་བའི་བསྟན་བཅོས་བཞུགས།
三律仪
c　སྡེ་སྣོད་འཛིན་པ་ཀུན་དགའ་རྒྱན་མཚན།
d
e　འདུལ་བ།（律经）
f　刻本　སྡེ་དགེ（四川德格）
g　乌金　梵夹装　50×7
h　49　6
i　有　藏纸　黑　完整
j　封面钤有“民族文化宫图书馆藏”印。

66.2
a　13-2
b　རྗེ་བཙུན་རིན་པོ་ཆེ་གྲགས་པ་རྒྱལ་མཚན་གྱི་བསྟོད་པ་བཞུགས་སོ།།
至尊扎巴坚赞赞
c　ཀུན་དགའ་རྒྱན་མཚན།
d

e བསྟོད་པ། （赞颂）

f 刻本 སྡེ་དགེ （四川德格）

g 乌金 梵夹装 50×7
h 5 6
i 无 藏纸 黑 完整
j 封面钤有“民族文化宫图书馆藏”印。

66.3
a 13-3

b ཕྱོགས་བཅུའི་སངས་རྒྱས་དང་བྱང་ཆུབ་སེམས་དཔའ་རྣམས་ལ་ཞུ་བའི་འཕྲིན་ཡིག་བཞུགས་སོ།།

上十万诸佛菩萨书

c སྡེ་སྣོད་འཛིན་པ་ས་སྐྱ་པཎྜི་ཏ།

d

e འཕྲིན་ཡིག （信札）

f 刻本 སྡེ་དགེ （四川德格）

g 乌金 梵夹装 50×7
h 15 6
i 有 藏纸 黑 完整
j 封面钤有“民族文化宫图书馆藏”印。

66.4
a 13-4

b སྐྱེས་བུ་དམ་པ་རྣམས་ལ་སྤྲིང་བའི་ཡི་གེ་བཞུགས་སོ།།

致胜士夫书

c
d

e སྤྲིང་ཡིག （信札）

f 刻本 སྡེ་དགེ （四川德格）

g 乌金 梵夹装 50×7
h 18 6

i 无 藏纸 黑 完整
j 封面钤有“民族文化宫图书馆藏”印。

66.5
a 13-5
b ལམ་ཟབ་མོ་བླ་མའི་རྣལ་འབྱོར་བཞུགས་སོ།།
甚深道上师瑜伽法
c སྡེ་སྣོད་འཛིན་པ་དཔལ་ལྡན་ས་སྐྱ་པཎྜི་ཏ།
d དཔལ་བསམ་ཡས་ལྷུན་གྱིས་གྲུབ་པའི་གཙུག་ལག་ཁང་།（西藏山南桑耶寺） ཀྱུ་རའི་དགོན་པོ་དགོན་གཡོག
e བླ་མའི་རྣལ་འབྱོར།（无上瑜伽）
f 刻本 སྡེ་དགེ（四川德格）
g 乌金 梵夹装 50×7
h 32 6
i 无 藏纸 黑 完整
j 封面钤有“民族文化宫图书馆藏”印。

66.6
a 13-6
b ཨ་ཀྲའི་གཞི་བཤད་བཞུགས།
喜金刚根本咒乘解说
c
d
e སྔགས།（密宗）
f 刻本 སྡེ་དགེ（四川德格）
g 乌金 梵夹装 50×7
h 28 6
i 无 藏纸 黑 完整
j 封面钤有“民族文化宫图书馆藏”印。

66.7

a 13-7

b འཇམ་དཔལ་ཨ་ར་པ་ཙ་ནའི་མངོན་རྟོགས་བཞུགས་སོ།།

五字文殊现证法

c ས་སྐྱ་པཎྜི་ཏ།

d

e སྒྲུབ་ཐབས། （修心法）

f 刻本 སྡེ་དགེ（四川德格）

g 乌金 梵夹装 50×7

h 22 6

i 无 藏纸 黑 完整

j 封面钤有“民族文化宫图书馆藏”印。

66.8

a 13-8

b དྲི་མ་མེད་པ་ཞེས་བྱ་བའི་རྒྱ་ཆེར་འགྲེལ་པ་བཞུགས་སོ།།

无垢广释

c ཤཱཀྱའི་དགེ་བསྙེན་ཀུན་དགའ་རྒྱན་མཚན།

d

e བསྟོད་འགྲེལ། （赞释）

f 刻本 སྡེ་དགེ（四川德格）

g 乌金 梵夹装 50×7

h 28 6

i 有 藏纸 黑 完整

j 封面钤有“民族文化宫图书馆藏”印。

66.9

a 13-9

b ཟུང་འཇུག་གསལ་བའི་ས་བཅད་བཞུགས་སོ།།

开显双运曼荼罗仪轨科判

c ཟབ་སྐོར་འཛིན་པ་བློ་གྲོས་རབ་གསལ་སོགས།

d

e སྔགས།（密宗）

f 刻本 སྡེ་དགེ（四川德格）

g 乌金 梵夹装 50×7
h 15 6
i 无 藏纸 黑 完整
j 封面钤有“民族文化宫图书馆藏”印。

66.10
a 13-10

b གངས་ཅན་གྱི་སྒོམ་ཆེན་རྣམས་ལ་གདམས་པ་བཞུགས་སོ།།

c 致雪域诸瑜伽行者之教诫
d

e ཞལ་གདམས།（教诫）

f 刻本 སྡེ་དགེ（四川德格）

g 乌金 梵夹装 50×7
h 46 6
i 无 藏纸 黑 完整
j 封面钤有“民族文化宫图书馆藏”印。

66.11
a 13-11

b རླུང་གི་རྟེན་འབྲེལ་བརྟག་པ་བཞུགས།

风兆缘起品

c དཔལ་ལྡན་ས་སྐྱ་པཎྜི་ཏ།

d

e རྟེན་འབྲེལ་བརྟག་པ།（缘起）

f 刻本 སྡེ་དགེ（四川德格）

g 乌金 梵夹装 50×7
h 20 6
i 无 藏纸 黑 完整
j 封面钤有“民族文化宫图书馆藏”印。

66.12
a 13-12
b དཔལ་ལྡན་ས་སྐྱ་པཎྜི་ཏ་ཆེན་པོའི་རྣམ་པར་ཐར་པ་བཞུགས་སོ།།
具德萨迦班智达传
c ཀུང་ཐང་གི་བཙུན་པ་ཞང་རྒྱལ་བ་དཔལ།
d ཨུ་རྒྱན་གྱི་དགོན་པ།
e རྣམ་ཐར།（传记）
f 刻本 སྡེ་དགེ（四川德格）
g 乌金 梵夹装 50×7
h 12 6
i 无 藏纸 黑 完整
j 封面钤有“民族文化宫图书馆藏”印。

66.13
a 13-13
b བརྟག་པ་གཉིས་པའི་བསྡུས་དོན་རྗེ་བཙུན་གྱིས་མཛད་པ་ལ་ས་པཎ་གྱིས་ཅུང་ཟད་བཅོས་པ་བཞུགས་སོ།།
喜金刚续第二品略义，至尊所著，萨班稍作修改
c
d
e རྒྱུད།（续部）
f 刻本 སྡེ་དགེ（四川德格）
g 乌金 梵夹装 50×7
h 18 6
i 无 藏纸 黑 完整
j 封面钤有“民族文化宫图书馆藏”印。

67

A 3480 356

B ས་སྐྱ་འཕགས་པ་བློ་གྲོས་རྒྱལ་མཚན་གྱི་གསུང་འབུམ།

萨迦·八思巴洛卓坚赞文集

C པ

D ས་སྐྱ་འཕགས་པ་བློ་གྲོས་རྒྱལ་མཚན། ས་སྐྱ། རབ་བྱུང་བཞི་པའི་ཤིང་མོ་ལུག་སྤྱི་ལོ་༡༢༣༥ལོར་གཙང་གཡས་རུ་ངམ་རིང་གི་ཟླུ་ཁུང་དུ་ཡབ་ས་པཎ་གྱི་གཅུང་ཟངས་ཚ་བསོད་ནམས་རྒྱལ་མཚན་དང་ཡུམ་མ་གཅིག་ཀུན་དགའ་སྐྱིད་གཉིས་ཀྱི་སྲས་སུ་སྐུ་འཁྲུངས།ས་པཎ་ཀུན་དགའ་རྒྱལ་མཚན། ཁ་ཆེ་པཎ་ཆེན་ཤྲཱི་ད་ཐཱ་ག་ད་བྷ་དྲ།བློ་བོ་ལོ་ཙ་བ་ཤེས་རབ་རིན་ཆེན། སྣར་ཐང་མཁན་ཆེན་མཆིམས་ནམ་མཁའ་གྲགས་སོགས་ལས་མདོ་སྔགས་རིག་གནས་ཀྱི་གཞུང་ལུགས་མང་དུ་གསན་ནས་གནས་ལྔ་རིག་པའི་གཞུང་ལུགས་ཐམས་ཅད་ཐུགས་སུ་ཆུད། ས་སྐྱའི་གདན་ས་ལོ་མང་བསྐྱངས། སེ་ཆེན་རྒྱལ་པོ་ཧུ་པི་ལེས་གདན་དྲངས་ཞར་རྒྱལ་པོར་སྨྲ་ཕྱི་དབང་ཐེངས་གསུམ་བསྐུར་བའི་ཐེངས་དང་པོའི་དབང་ཡོན་ལ་བོད་ཁྲི་སྐོར་བཅུ་གསུམ་དང་ཧེ་ཤྲིའི་གོ་གནས་སོགས་གནང་། ཐེངས་གཉིས་པར་དབང་ཡོན་དུ་བོད་ཆོལ་ ཁ་གསུམ་གྱི་སྲིད་དབང་ཡོངས་རྫོགས་ཀྱང་ཕུལ་ནས་ཆོས་སྲིད་གཉིས་ཀའི་བདག་པོར་བསྐོས། ཐེངས་གསུམ་པར་དབང་ཡོན་དུ་ཆོས་དུང་དཀར་པོ་རྒྱང་གྲགས་དང་རྒྱ་ཡི་མི་ཡུར་ཆེན་མོ་སོགས་ཕུལ། ཁོང་གི་སློབ་མ་ཡང་ཞང་དཀོན་མཆོག་དཔལ་དང་། དགེ་སློང་ཀུན་བློ་སོགས་ཤིན་ཏུ་མང་པོ་ཡོད། དགུང་ལོ་ལྔ་དྲུག་རབ་བྱུང་ལྔ་པའི་ལྕགས་ཕོ་འབྲུག་གི་སྤྱི་ལོ་༡༢༨༠ལོར་སྐུ་བཤེགས། གསུང་རྩོམ་ཕྱོགས་གཅིག་ཏུ་བསྒྲིགས་པ་སྡེ་དགེའི་པར་མ་པོད་གསུམ་བཞུགས། ངེད་དཔེ་མཛོད་ཁང་དུ་སྡེ་དགེའི་དཔར་པོད་ན པ---བ ཨང་རྟགས་༢༩༣༠--༢༩༣༨ བཞུགས།

萨迦·八思巴洛卓坚赞（1235—1280）：属萨迦派，萨迦班智达衮噶坚赞兄索朗坚赞之子。自幼拜萨班、卡切班钦、纳唐堪钦等为师，系统学习显、密教义。10 岁时随萨迦班智达衮噶坚赞前往凉州与蒙古汗阔端会晤。途中在萨班座前出家。萨班衮噶坚赞临终前将所有权利交给尊师。21 岁，拜纳塘堪钦扎巴僧格为师。25 岁时应忽必烈之邀前往大都，向蒙古王公贵族传授喜金刚灌顶，忽必烈为其献上藏区十三万户。31 岁返回萨迦。在萨迦寺内添置众多塑像，金汁抄写显密经文和般若 200 余函。33 岁，奉忽必烈之命返回大都。多年在蒙古地区宣扬佛法。1269 年，本欠释迦桑布为萨迦寺大殿奠基，三座拉章全部竣工。41 岁返回萨迦。次年，以皇太子为施主，在后藏举行大法会，参与僧人达七万余人。向十万信众讲经说法 40 余天；为萨迦班智达的灵塔作金顶；造金写本佛说经典 40 余函及金写佛经 2157 函。曾任萨迦寺住持多年。56 岁在萨迦拉章拉康示寂。遗著在西藏图书馆藏北京民族文化宫图书馆赠送的文集有德格版 3 函，编号在 2430—2438 间。

E 馆藏齐全。

67. 1

a 9-1

b ཤེས་བྱ་རབ་ཏུ་གསལ་བ།

彰所知论

c དགེ་སློང་འཕགས་པ་བློ་གྲོས་རྒྱལ་མཚན།

d ས་ཕོ་སྟག་གི་ལོ་སྟོན་ཟླ་འབྲིང་པོའི་ཚེས་༢༣ 土阳虎年（1278）藏历八月二十三日

དཔལ་ས་སྐྱའི་ཆོས་གྲྭ་ཆེན་པོ།（西藏日喀则萨迦寺） རྒྱལ་བུ་བྱང་ཆུབ་སེམས་པ་ཇིམ་གྱིམ།

e ཤེས་བྱ་རབ་གསལ།（常识）

f 刻本 སྡེ་དགེ（四川德格）

g 乌金 梵夹装 50×7

h 35 6

i 有 藏纸 黑 完整

j 封面钤有“民族文化宫图书馆藏”印。

67. 2

a 9-2

b ལམ་འབྲས་བརྒྱུད་པའི་ཕྱག་མཆོད་བཞུགས།

道果传承礼供文

c

d

e ཕྱག་མཆོད།（礼拜）

f 刻本 སྡེ་དགེ（四川德格）

g 乌金 梵夹装 50×7
h 45 6
i 无 藏纸 黑 完整
j 封面钤有“民族文化宫图书馆藏”印。

67.3
a 9-3

b རྒྱུད་ཀྱི་མངོན་པར་རྟོགས་པ་སྒྲོན་ཆུང་།

续部现观略论

c
d

e རྒྱུད།(续部)

f 刻本 སྡེ་དགེ（四川德格）

g 乌金 梵夹装 50×7
h 59 6
i 无 藏纸 黑 完整
j 封面钤有“民族文化宫图书馆藏”印。

67.4
a 9-4

b དཔལ་བརྟག་པ་གཉིས་པའི་འགྲེལ་པ་དག་ཆུང་སྤྱི་དོན་གསལ་བ་བཞུགས་སོ།།

喜金刚续第二品释·阐明具净小品及总义

c
d

e རྒྱུད།(续部)

f 刻本 སྡེ་དགེ（四川德格）

g 乌金 梵夹装 50×7
h 29 6
i 无 藏纸 黑 完整
j 封面钤有“民族文化宫图书馆藏”印。

67.5
a 9-5
b དཔལ་ཡང་དག་པར་སྦྱོར་བའི་རྒྱུད་ཀྱི་རྒྱལ་པོའི་བསྡུས་དོན་བཞུགས།
正相应续摄义
c
d
e རྒྱུད།（续部）
f 刻本 སྡེ་དགེ（四川德格） ཨ་ཙ་ར།
g 乌金 梵夹装 50×7
h 28 6
i 无 藏纸 黑 完整
j 封面钤有“民族文化宫图书馆藏”印。

67.6
a 9-6
b དཔལ་ཀྱེ་རྡོ་རྗེའི་མངོན་རྟོགས་ཡིད་བཞིན་ནོར་བུ།
喜金刚现证法·如意宝
c
d
e སྔགས།（密宗）
f 刻本 སྡེ་དགེ（四川德格）
g 乌金 梵夹装 50×7
h 45 6
i 无 藏纸 黑 完整
j 封面钤有“民族文化宫图书馆藏”印。

67.7
a 9-7
b དཔལ་ཀྱེ་རྡོ་རྗེའི་དཀྱིལ་འཁོར་དུ་བདག་ཉིད་འཇུག་པའི་ཆོ་ག་སྙིང་པོ་གསལ་ཞེས་བྱ་བ་བཞུགས་སོ།།
吉祥喜金刚曼荼罗自入仪轨·显明心要
c འཕགས་པ།

d ཤིང་ཕོ་བྱི་བའི་ལོ་སྟོན་ཟླ་ར་བའི་ཚེས་ཉེ་ཤུ་གཅིག 木阳鼠年（1264）藏历七月二十一日

དགེ་སློང་དབང་ཕྱུག་འབུམ་གྱིས་དྲིས་པ།

e ཆོ་ག(仪轨)

f 刻本 སྡེ་དགེ（四川德格）

g 乌金 梵夹装 50×7
h 70 6
i 无 藏纸 黑 完整
j 封面钤有“民族文化宫图书馆藏”印。

67.8
a 9-8

b དུས་འཁོར་ཐུགས་དཀྱིལ་གྱི་མངོན་རྟོགས་བཞུགས་སོ།།

时轮意曼荼罗现观法

c

d ལྕགས་མོ་བྱའི་ལོ་དབྱིད་ཟླ་ར་བ། 铁阴鸡年（1261）藏历正月

རྒྱལ་པོའི་ཕོ་བྲང་ཁའི་ཕིང་ཧྲུ།（开平府）

e སྔགས།(密宗)

f 刻本 སྡེ་དགེ（四川德格）

g 乌金 梵夹装 50×7
h 51 6
i 无 藏纸 黑 完整
j 封面钤有“民族文化宫图书馆藏”印。

67.9
a 9-9

b དཔལ་འཁོར་ལོ་བདེ་མཆོག་གི་མཆོད་པའི་ཆོ་ག་ཀུན་ཏུ་བཟང་པོའི་མཆོད་སྤྲིན་བཞུགས།

吉祥胜乐轮供养仪轨·普贤供云

c

d ཆུ་མོ་བྱའི་ལོ་ས་ག་ཟླ་བའི་ཚེས་ཉི་ཤུ་བཞི། 水阴鸡年（1273）藏历四月二十四日 ཤིང་ཀུན།

e ཆོ་ག(仪轨)

f 刻本 སྡེ་དགེ（四川德格） ཨ་ཙ་ར།

g 乌金 梵夹装 50×7

h 39 6

i 无 藏纸 黑 完整

j 封面钤有“民族文化宫图书馆藏”印。

68

A 3481 357

B ས་སྐྱ་འཕགས་པ་བློ་གྲོས་རྒྱལ་མཚན་གྱི་གསུང་འབུམ།

萨迦·八思巴洛卓坚赞文集

C པ

D འགྲོ་མགོན་ཆོས་རྒྱལ་འཕགས་པ་བློ་གྲོས་རྒྱལ་མཚན།

同3480介绍。

E 此函在民族宫目录著录为10卷，西藏图书馆藏品则把卷内三种内容当作独立卷来列出，故成13卷。

68.1

a 13-1

b བདེ་མཆོག་ལཱུ་ཧི་པའི་ལུགས་ཀྱི་སྒྲུབ་ཐབས་རིམ་པ་གསལ་བ་བཞུགས་སོ།།

鲁依巴传规之胜乐修法次第明解

c རྡོ་རྗེ་འཛིན་པ་འཕགས་པ།

d

e སྔགས།(密宗)

f 刻本 སྡེ་དགེ（四川德格）

g 乌金 梵夹装 50×7

h 35 6

i 无 藏纸 黑 完整
j 封面钤有“民族文化宫图书馆藏”印。

68.2
a 13-2
b དྲིལ་བུ་པའི་དབང་གི་བྱ་བ་བསྡུས་པ་བཞུགས་སོ།།
  枳布巴灌顶略摄
c དགེ་སློང་ཐུགས་འཆང་འཕགས་པ།
d ས་ཕོ་སྟག་གི་ལོ་དབྱར་ཟླ་ར་བའི་ཚེས་༢༥ དཔལ་ས་སྐྱའི་ཆོས་གྲྭ་ཆེན་པོ།
  土阳虎年（1278）藏历四月西藏日喀则萨迦寺
e དབང་ཆོག（灌顶仪轨）
f 刻本 སྡེ་དགེ（四川德格）
g 乌金 梵夹装 50×7
h 18 6
i 无 藏纸 黑 完整
j 封面钤有“民族文化宫图书馆藏”印。

68.3
a 13-3
b དཔལ་འཁོར་ལོ་བདེ་མཆོག་ལྷ་ལྔའི་དཀྱིལ་འཁོར་གྱི་སྒྲུབ་ཐབས་བཞུགས་སོ།།
  吉祥胜乐轮五尊曼荼罗修法
c དགེ་སློང་ཐུགས་འཆང་འཕགས་པ།
d ཆུ་མོ་བྱི་ལོ་ཆོ་འཕྲུལ་ཟླ་བ། 水阴鼠年（1252）藏历正月 ཤིང་ཀུན་མཁར།
e སྒྲུབ་ཐབས།（修心法）
f 刻本 སྡེ་དགེ（四川德格）
g 乌金 梵夹装 50×7
h 17 6
i 无 藏纸 黑 完整
j 封面钤有“民族文化宫图书馆藏”印。

68. 4

a 13-4

b ཕག་མོ་ལྷ་སོ་བདུན་མའི་མངོན་རྟོགས་བཞུགས་སོ།།

亥母三十七尊现证法

c

d

e སྔགས།(密宗)

f 刻本 སྡེ་དགེ（四川德格）

g 乌金 梵夹装 50×7

h 26 6

i 无 藏纸 黑 完整

j 封面钤有“民族文化宫图书馆藏”印。

68. 5

a 13-5

b སྒྱུ་མ་བདེ་བ་ཆེན་པོའི་དཀྱིལ་འཁོར་གྱི་ཆོ་ག་དབང་རྣམ་པར་རོལ་པ་ཞེས་བྱ་བ་བཞུགས་སོ།།

大乐幻化曼荼罗仪轨 · 受用灌顶

c དགེ་སློང་སྔགས་འཆང་བ་འཕགས་པ།

d ལྕགས་མོ་ལུག་གི་ལོ་བྱ་སྟོ་ཟླ་བའི་ཚེས་༡༨ 铁阴羊年（1271）藏历八月十八日

ཤིང་ཀུན་གྱི་སའི་ཀ།

e ཆོ་ག(仪轨)

f 刻本 སྡེ་དགེ（四川德格） ཨ་ཙ་ར།

g 乌金 梵夹装 50×7

h 34 6

i 无 藏纸 黑 完整

j 封面钤有“民族文化宫图书馆藏”印。

68. 6

a 13-6

b　སྒྲོལ་མ་ལྷ་བཅུ་བདུན་མའི་དཀྱིལ་འཁོར་གྱི་སྒྲུབ་ཐབས་བཞུགས་སོ།།

度母三十七尊曼荼罗修法

c　དགེ་སློང་འཕགས་པ།

d　ས་ཕོ་སྟག་གི་ལོ་སྨིན་དྲུག་ཟླ་བའི་ཚེས་གསུམ།　土阳虎年（1278）藏历九月三日

དཔལ་ས་སྐྱའི་ཆོས་གྲྭ་ཆེན་པོ།（西藏日喀则萨迦寺）　དཔོན་མོ་གོ་གོ་ཆེན།

e　སྒྲུབ་ཐབས།（修心法）

f　刻本　སྡེ་དགེ（四川德格）　ཡེ་ཤེས་སེང་གེ

g　乌金　梵夹装　50×7

h　40　6

i　有　藏纸　黑　完整

j　封面钤有“民族文化宫图书馆藏”印。

68.7

a　13-7

b　དཔལ་གསང་བ་འདུས་པ་མི་བསྐྱོད་རྡོ་རྗེའི་དཀྱིལ་འཁོར་གྱི་ཆོ་ག་དབང་རབ་ཏུ་གསལ་བ་ཞེས་བྱ་བ་བཞུགས་སོ།།

吉祥密集不动金刚曼荼罗仪轨·极显灌顶

c　བློ་གྲོས་རྒྱལ་མཚན་དཔལ་བཟང་པོ།

d　ཆུ་ཕོ་ཁྱིའི་ལོ་སྨལ་པོའི་ཟླ་བ།　水阳狗午（1262）藏历丨　月

རྒྱལ་པོའི་ཕོ་བྲང་ཁའི་ཕིང་ཧྥུ།（开平府）

e　ཆོ་ག(仪轨)

f　刻本　སྡེ་དགེ（四川德格）

g　乌金　梵夹装　50×7

h　41　6

i　有　藏纸　黑　完整

j　封面钤有“民族文化宫图书馆藏”印。

68.8

a 13-8

b གསང་འདུས་ཡེ་ཤེས་ཞབས་ཀྱི་རྣམ་ཐར་དང་བརྒྱུད་པའི་རིམ་པ་བཞུགས་སོ།།

密集智足传及传承次第

c འཕགས་པ།

d མེ་ཕོ་རྟའི་ལོ་དབྱར་ཟླ་འབྲིང་པོའི་ཡར་ངོ་ལ། 火阳马年（1247）夏五月上旬

རྒྱལ་བུ་བྱང་ཆུབ་སེམས་པའི་ཕོ་བྲང་།

e རྣམ་ཐར།(传记)

f 刻本 སྡེ་དགེ（四川德格）

g 乌金 梵夹装 50×7

h 21 6

i 无 藏纸 黑 完整

j 封面钤有“民族文化宫图书馆藏”印。

68.9

a 13-9

b དཔལ་གཤིན་རྗེའི་གཤེད་དགྲ་ནག་པོའི་སྒྲུབ་པའི་ཐབས་བསྡུས་པ་བཞུགས་སོ།།

黑敌阎曼德迦修法

c ཨུགས་མོ་བྱའི་ལོ་ཁྲའི་ཟླ་བ་ཚེས་བརྒྱད།

d རྒྱལ་པོའི་ཕོ་བྲང་།（皇宫） དབང་ལྡན་དཔལ། སྒྲུབ་ཐབས།

e སྒྲུབ་ཐབས།（修心法）

f 刻本 སྡེ་དགེ（四川德格）

g 乌金 梵夹装 50×7

h 55 6

i 无 藏纸 黑 完整

j 封面钤有“民族文化宫图书馆藏”印。

68.10

a 13-10

b གཤེད་དམར་ལྷ་བཅུ་གསུམ་མའི་སྒྲུབ་པའི་ཐབས་བཞུགས་སོ༎

红阎曼德迦十三尊修法

c

d ས་ཕོ་འབྲུག་གི་ལོ་ཁྲིའི་ཟླ་བའི་ཚེས་༡༥ 土阳龙年（1268）藏历九月十五日

e སྒྲུབ་ཐབས།（修心法）

f 刻本 སྡེ་དགེ（四川德格）

g 乌金 梵夹装 50×7

h 45 6

i 有 藏纸 黑 完整

j 封面钤有“民族文化宫图书馆藏”印。

68.11

a 13-11

b སྦྱོང་རྒྱུད་ནས་གསུངས་པའི་ཚེ་དཔག་མེད་ཀྱི་སྒྲུབ་པའི་ཐབས་བཞུགས་སོ༎

净治续所述无量寿修法

c

d ཆུ་མོ་གླང་གི་ལོ་དགུན་ཟླར་བའི་ཡར་ངོ་། 水阴牛年（1253）藏历冬月上旬

སྨར་ཁམས་ཅམ་མདོའི་གཙུག་ལག་ཁང་།（西藏昌都芒康）

e སྒྲུབ་ཐབས།（修心法）

f 刻本 སྡེ་དགེ（四川德格）

g 乌金 梵夹装 50×7

h 45 6

i 无 藏纸 黑 完整

j 封面钤有“民族文化宫图书馆藏”印。

68.12

a 13-12

b བསྲུང་བ་ལྔའི་དབང་ཆོག་གི་སྐོར་རྣམས་བཞུགས་སོ༎

五守护灌顶仪轨等

c

d ཤིང་མོ་ཕག་གི་ལོ་རྒྱལ་གྱི་ཟླ་བ་ཚེས་༢༡ 木阴猪年（1275）藏历十二月二十一日

དཔལ་ས་སྐྱའི་གཙུག་ལག་ཁང་།（西藏日喀则萨迦寺）

e དབང་ཆོག（灌顶仪轨）

f 刻本 སྡེ་དགེ（四川德格）

g 乌金 梵夹装 50×7
h 16 6
i 无 藏纸 黑 完整
j 封面钤有“民族文化宫图书馆藏”印。

68.13
a 13-13

b རྒྱལ་པོ་ལ་གདམས་པའི་རབ་ཏུ་བྱེད་པའི་རྣམ་པར་བཤད་པ་གསུང་རབ་གསལ་བའི་རྒྱན་ཞེས་བྱ་བ་བཞུགས་སོ།།

诫大王章释·明解经典之庄严

c

d ཤིང་མོ་ཕག་ལོ་སྟོན་ཟླ་འབྲིང་པོའི་ཚེས་༢༨ 木阴猪年（1275）秋八月二十八日

རྒྱལ་པོ་གོ་པ།

e གདམས་ངག(教诫)

f 刻本 སྡེ་དགེ（四川德格）

g 乌金 梵夹装 50×7
h 37 6
i 无 藏纸 黑 完整
j 封面钤有“民族文化宫图书馆藏”印。

69
A 3482 358

B ས་སྐྱ་འཕགས་པ་བློ་གྲོས་རྒྱལ་མཚན་གྱི་གསུང་འབུམ།

萨迦·八思巴洛卓坚赞文集

C བ

D འགྲོ་མགོན་ཆོས་རྒྱལ་འཕགས་པ་བློ་གྲོས་རྒྱལ་མཚན།

同 3480 介绍。

E 此函民族宫目录著录为 12 卷，西藏图书馆藏品亦 12 卷，其中一卷为第十卷中的内容。所缺一卷：是《萨迦派至尊五祖大宝语教版本目录·幻化之钥》。

69.1

a 12-1

b འཕགས་མ་འོད་ཟེར་ཅན་མའི་སྒྲུབ་ཐབས་བཞུགས་སོ།།

光明母修法

c དགེ་སློང་ཐུགས་འཆང་བ་འཕགས་པ།

d ལྕགས་ཕོ་རྟའི་ལོ་དབྱར་ཟླ་འབྲིང་པོའི་ཚེས་༢༠ 铁阳马年（1270）夏五月二十日

e སྒྲུབ་ཐབས།（修心法）

f 刻本 སྡེ་དགེ（四川德格）

g 乌金 梵夹装 50×7

h 20 6

i 有 藏纸 黑 完整

j 封面钤有“民族文化宫图书馆藏”印。

69.2

a 12-2

b བསྲུང་བ་ལྔའི་དབང་ཆོག་གི་སྡོམ་རིང་བྱུང་བཞུགས།

五守护灌顶仪轨总摄二种

c

d ཤིང་མོ་ཕག་གི་ལོ། 木阴猪年（1275） ལྷན་གློང་ཐང་འཛིག་རྟེན་སྒྲོན་མའི་གཙུག་ལག་ཁང་།

e དབང་ཆོག(灌顶仪轨)

f 刻本 སྡེ་དགེ（四川德格） ཨ་ཙ་རའོ།

g 乌金 梵夹装 50×7

h 36 6
i 有 藏纸 黑 完整
j 封面钤有“民族文化宫图书馆藏”印。

69.3
a 12-3
b རྒྱུད་སྡེའི་དཀར་ཆག་བཞུགས་སོ།།
续部目录
c
d
e དཀར་ཆག(目录)
f 刻本 སྡེ་དགེ（四川德格）
g 乌金 梵夹装 50×7
h 23 6
i 无 藏纸 黑 完整
j 封面钤有“民族文化宫图书馆藏”印。

69.4
a 12-4
b ཕྱོགས་བཞིའི་གཏོར་མ་བཞུགས་སོ།།
四方供神馐仪轨
c
d
e ཆོ་ག(仪轨)
f 刻本 སྡེ་དགེ（四川德格）
g 乌金 梵夹装 50×7
h 21 6
i 无 藏纸 黑 完整
j 封面钤有“民族文化宫图书馆藏”印。

69.5
a 12-5

b བསྟོད་དབྱངས་རྒྱ་མཚོ་སྙན་དངགས་རིན་པོ་ཆེའི་རྒྱན་རྣམ་པར་བཀྲ་བ་ཞེས་བྱ་བ་བཞུགས་སོ།།

赞颂海・诗宝庄严・灿烂

c

d

e བསྟོད་པ།（赞颂）

f 刻本 སྡེ་དགེ（四川德格）

g 乌金 梵夹装 50×7

h 46 6

i 有 藏纸 黑 完整

j 封面钤有“民族文化宫图书馆藏”印。

69.6

a 12-6

b རྒྱལ་པོ་ལ་གདམས་པའི་རབ་བྱེད་བཞུགས་སོ།།

诫汗王章

c

d ལྕགས་མོ་ལུག་གི་ལོ་བྱ་སྟོའི་ཟླ་བའི་ཚེས་༨ 铁阴羊年（1271）藏历八月八 ཤིང་ཀུན་གྱི་ས་ཆ།

e གདམས་པ།（教诫）

f 刻本 སྡེ་དགེ（四川德格）

g 乌金 梵夹装 50×7

h 39 6

i 无 藏纸 黑 完整

j 封面钤有“民族文化宫图书馆藏”印。

69.7

a 12-7

b རྒྱལ་པོ་ཧོ་ཀོ་ལ་གདམས་པ་བཞུགས་སོ།།

致忽哥汗之教诫

c

d འཕགས་པས་ཆུ་ཕོ་སྤྲེའུའི་ལོ་ཟླ་བ་ལྔ་པ། 水阳猴年（1272）五月 ཤིང་ཀུན།

e གདམས་པ།(教诫)

f 刻本 སྡེ་དགེ (四川德格) ཨ་ཅ་ར།

g 乌金 梵夹装 50×7
h 66 6
i 无 藏纸 黑 完整
j 封面钤有“民族文化宫图书馆藏”印。

69.8
a 12-8

b བྱང་ཆུབ་ལམ་གྱི་སྙིང་པོ་བཞུགས།

菩提道心要

c

d

e ལམ་རིམ།(道次)

f 刻本 སྡེ་དགེ (四川德格)

g 乌金 梵夹装 50×7
h 48 6
i 无 藏纸 黑 完整
j 封面钤有“民族文化宫图书馆藏”印。

69.9
a 12-9

b བདེ་བར་གཤེགས་པའི་གསུང་རབ་འགྱུར་རོ་འཚལ་བཞེངས་པའི་གསལ་བྱེད་ཐེབ་སྦྱོར་གྱི་རྒྱན་རྣམ་པར་བཀྲ་བ་

ཞེས་བྱ་བ་བཞུགས།

刊刻佛经《甘珠尔》之说明·韵律庄严

c དགེ་སློང་འཕགས་པ།

d ས་ཕོ་སྟག་གི་ལོ་སྨིན་དྲུག་གི་ཟླ་བའི་ཚེས་༥ 土阳虎年（1278）藏历九月五日

དཔལ་ས་སྐྱའི་ཆོས་གྲྭ་ཆེན་པོ།（西藏日喀则萨迦寺）

e སྣ་ཚོགས།(汇编)

f 刻本 སྡེ་དགེ（四川德格）

g 乌金 梵夹装 50×7
h 23 6
i 无 藏纸 黑 完整
j 封面钤有“民族文化宫图书馆藏”印。

69.10
a 12-10

b དགེ་བསྙེན་དང་དགེ་ཚུལ་དང་དགེ་སློང་དུ་ཉེ་བར་སྒྲུབ་པའི་ཆོ་གའི་གསལ་བྱེད་བཞུགས་སོ།།

居士、沙弥、比丘必修仪轨明解

c དགེ་སློང་འཕགས་པ།

d ས་སྐྱའི་གཙུག་ལག་ཁང་།（西藏日喀则萨迦寺）

e ཆོ་ག(仪轨)

f 刻本 སྡེ་དགེ（四川德格）

g 乌金 梵夹装 50×7
h 33 6
i 无 藏纸 黑 完整
j 封面钤有“民族文化宫图书馆藏”印。

69.11
a 12-11

b རྒྱལ་པོ་ཡབ་སྲས་ཀྱིས་མཆོད་རྟེན་བཞེངས་པ་ལ་བསྔགས་པའི་སྙེལ་སྦྱོར་དཔྱ་ཀ་བཞུགས་སོ།།

汉王父子造塔赞·长行诗

c

d ཤིང་གླང་དབྱར་འབྲིང་༡༤ 木牛年（1265）夏五月十四日

དཔལ་ལྡན་ས་སྐྱ།（西藏日喀则萨迦寺）

e བསྟོད་པ།(赞颂)

f 刻本 སྡེ་དགེ（四川德格）

g 乌金 梵夹装 50×7
h 32 6
i 无 藏纸 黑 完整
j 封面钤有“民族文化宫图书馆藏”印。

69.12
a 12-12

b གུར་མགོན་ལྷམ་དྲལ་གྱི་རྗེས་གནང་བཞུགས་སོ།།

宝帐怙主及眷属随许法

c

d མེ་མོ་ཡོས་བུའི་ལོ་སྨིན་དྲུག་གི་ཟླ་བ་ཚེས་༡༠ 火阴兔年（1267）藏历九月十日

པར་འདམ་གྱི་ས་ཀ།

e རྗེས་གནང་།(随许)

f 刻本 སྡེ་དགེ（四川德格）

g 乌金 梵夹装 50×7
h 22 6
i 有 藏纸 黑 完整
j 封面钤有“民族文化宫图书馆藏”印。

ཀྲུང་ཧྭ་གནའ་དཔེའི་ཐུང་བ་བརྗོད་པའི་དཀར་ཆག་དཔེ་ཚོགས།

中华古籍书志书目丛刊

བོད་རང་སྐྱོང་ལྗོངས་དཔེ་མཛོད་ཁང་གི་གནའ་དཔེའི་དཀར་ཆག

西藏自治区图书馆古籍目录

གསུང་འབུམ་པོད།

文集卷

2

བོད་རང་སྐྱོང་ལྗོངས་དཔེ་མཛོད་ཁང་གིས་བསྒྲིགས།

西藏自治区图书馆◎编

国家图书馆出版社

第 2 册目录

3483-3490 ཞུ་ཆེན་ཚུལ་ཁྲིམས་རིན་ཆེན་གྱི་གསུང་འབུམ། ······ 1
许钦·楚臣仁钦文集

3491-3506 སི་ཏུ་་ཆོས་ཀྱི་འབྱུང་གནས་ཀྱི་གསུང་འབུམ། ······ 62
司徒·曲吉穹勒文集

3507-6265 ཏཱ་ར་ནཱ་ཐ་ཀུན་དགའ་སྙིང་པོའི་གསུང་འབུམ། ······ 102
觉囊·多罗那他·衮噶宁波文集

3525-3536 དངུལ་ཆུ་དབྱངས་ཅན་གྲུབ་པའི་རྡོ་རྗེའི་གསུང་འབུམ། ······ 188
欧曲·央金珠白多杰文集

3537-3549 དངུལ་ཆུ་དྷརྨ་བྷ་དྲའི་གསུང་འབུམ། ······ 228
欧曲·达摩巴扎文集

3550-3555 རྗེ་དགེ་འདུན་གྲུབ་པའི་གསུང་འབུམ། ······ 316
杰·根敦珠巴文集

3556-3561 རྗེ་དགེ་འདུན་གྲུབ་པའི་གསུང་འབུམ། ······ 329
根敦嘉措文集

3563-3615 ངག་དབང་བློ་བཟང་རྒྱ་མཚོའི་གསུང་འབུམ། ······ 358
阿旺洛桑嘉措文集

3616-3622 བསྐལ་བཟང་རྒྱ་མཚོའི་གསུང་འབུམ། ······ 602
格桑嘉措文集

70

A 3483 410

B ཞུ་ཆེན་ཚུལ་ཁྲིམས་རིན་ཆེན་གྱི་གསུང་འབུམ།

许钦・楚臣仁钦文集

C ཀ

D ཞུ་ཆེན་པོ་ཙ་བ་ཚུལ་ཁྲིམས་རིན་ཆེན། ས་སྐྱ་རབ་བྱུང་བཅུ་གཉིས་པའི་མེ་གླང་སྤྱི་ལོ་༡༦༩༧ལོར་དཀར་མཛེས་ཁུལ་གྱི་ལྡན་པ་དཀར་བསམ་གྲུབ་གླིང་གི་ཉེ་འདབས་ཡབ་ལྷ་བཟོ་ངག་དབང་ཆོས་འཕེལ་དང་ཡུམ་བུ་མོ་བུ་ཆོག་གཉིས་ཀྱི་སྲས་སུ་སྐུ་འཁྲུངས། ཡབ་ལས་སྐུ་གཟུགས་ཀྱི་ཆ་ཚད་གཟུགས་རིས་སྣ་ཚོགས་ལེགས་པར་སྦྱངས། ཀརྨ་ཐུབ་སྟོབས་རྡོ་རྗེ། དགེ་བཤེས་སངས་རྒྱས་ཆོས་འཕེལ། རབ་འབྱམས་པ་བསོད་ནམས་སེང་གེ། ངོར་མཁན་ཆེན་ཚུལ་ཁྲིམས་ལྷུན་གྲུབ་སོགས་བཤེས་གཉེན་མང་དུ་བསྟེན་ནས་རིག་པའི་གནས་ཀུན་ལ་གོ་བ་གཏིང་ཚུགས་པ་སྙེད། མདོ་ཁམས་སུ་མཁས་པའི་གྲགས་པ་ཐོབ། བོད་ཀྱི་སྦྲ་དང་སྙན་ངག་སུམ་རྟགས་དག་གསུམ་གསོ་རིག་དང་བཟོ་རིག་བྲིས་འབུར་གྱི་ལག་རྩལ་སྨད་དུ་བྱུང་བ་གསར་དུ་སྤེལ། དབུ་ཅན་སོགས་ཡིག་གཟུགས་ལེགས་པར་འབྲི་བའི་སྲོལ་དར་སྤེལ་མཛད། བསྟན་འགྱུར་དཀར་ཆག་བརྩམས། སྐུ་ཚེའི་སྨད་དུ་སྡེ་དགེ་པར་ཁང་དུ་ཞུ་དག་མཁན་པོ་ཡུན་རིང་མཛད། སློབ་མ་ཡང་རབ་འབྱམས་པ་བསོད་ནམས་རབ་བརྟན་དང་། ངག་དབང་དགེ་ལེགས་ལྷུན་གྲུབ། སྡེ་དགེ་ས་སྐྱོང་ཆེན་མོ་སོགས་མང་དུ་བྱུང་། དགུང་ལོ་དོན་བདུན་རབ་བྱུང་བཅུ་གསུམ་པའི་ཤིང་རྟ་སྤྱི་ལོ་༡༧༧༤ལོར་སྐུ་བཤེགས། གསུང་རྩོམ་སྡེ་དགེའི་དཔར་མ་པོད་བཅུ་བཞུགས། ངེད་དཔེ་མཛོད་ཁང་དུ་སྡེ་དགེའི་པར་མ་པོད་༡༠ ཀ--ཏ ཨ ཨང་རྟགས་ ༢༡༥༥--༢༥༩༠ བཞུགས།

许钦・楚臣仁钦（1697—1774）：生于多康甘孜，7 岁起从父学字习画，11 岁出家。拜然坚巴索南僧格等高僧系统学习医学、天文历算、因明等等。遵曲杰丹巴次仁（德格土司）之命校对、刊刻萨迦五祖文集和新刻《丹珠尔》，应德格土司之请，撰《丹珠尔目录》。从此，班智达许钦・楚臣仁钦的声誉遍康藏。提倡推广藏文楷书、草书、兰扎字、乌尔都字等等。为泽被后代，留有遗著。其晚年留在德格印经院任校对堪布，故博得堪布许钦巴的美誉。顾全藏族文化发展的大局，没有教派成见。因此，今德格印经院内收藏藏族各个时期的教派文集刻版30余万块，世界闻名，这与尊师毕生的努力不可分割。圆寂于德格，享年77岁。遗著在西藏图书馆藏北京民族文化宫图书馆赠送的文集有德格版10函，编号在2155—2540间，另有德格版7函，编号为3483—3489。

E 馆藏齐全。

70.1

a 1-1

b དཔལ་ལྡན་བླ་མ་དམ་པ་རྣམས་ལས་དམ་པའི་ཆོས་ཐོས་པའི་ཡི་གེ་དོན་གཉེར་གདེངས་ཅན་རོལ་པའི་རྒྱ་གཏེར་

ཞེས་པ་ལས་གླེགས་བམ་དང་པོ་བཞུགས་སོ།།

从诸大德上师前闻得正法录·求义戏海中第一函

c

d

e ཐོབ་ཡིག(得法录)

f 刻本 སྡེ་དགེ（四川德格）

g 乌金 梵夹装 47×7

h 343 6

i 有 藏纸 黑 完整

j 封面钤有“民族文化宫图书馆藏”印。

71

A 3484 411

B ཞུ་ཆེན་ཚུལ་ཁྲིམས་རིན་ཆེན་གྱི་གསུང་འབུམ།

许钦·楚臣仁钦文集

C ཁ

D ཞུ་ཆེན་ཚུལ་ཁྲིམས་རིན་ཆེན།

同3483介绍。

E 馆藏齐全。

71.1

a 1-1

b　དཔལ་ལྡན་བླ་མ་དམ་པ་རྣམས་ལས་དམ་པའི་ཆོས་ཐོས་པའི་ཡི་གེ་དོན་གཉེར་གདེངས་ཅན་རོལ་པའི་རྒྱ་གཏེར་
ཞེས་པ་ལས་གླེགས་བམ་གཉིས་པ་བཞུགས་སོ།།
从诸大德上师前闻得正法录·求义戏海中第二函

c　ངག་དབང་ཚུལ་ཁྲིམས་རིན་ཆེན།

d　སྡེ་དགེ་ལྷུན་གྲུབ་སྟེང་གི་རྒྱལ་ཁབ་གི་དབང་པོའི་ཕྱོགས་ཀྱི་བ་གམ་གསུམ་པ།（四川德格）

e　ཐོབ་ཡིག(得法录)

f　刻本　སྡེ་དགེ（四川德格）

g　乌金　梵夹装　47×7
h　280　6
i　有　藏纸　黑　完整
j　封面钤有“民族文化宫图书馆藏”印。

72
A　3485　417

B　ཞུ་ཆེན་ཚུལ་ཁྲིམས་རིན་ཆེན་གྱི་གསུང་འབུམ།
许钦·楚臣仁钦文集

C　༡

D　ཞུ་ཆེན་ཚུལ་ཁྲིམས་རིན་ཆེན།
同3483介绍。
E　此函民族宫目录著录为24卷。西藏图书馆藏品中缺一卷：《度母退敌仪诵·三 聚净信之泥婆罗鼓》。

72.1
a　23-1

b　བཅོམ་ལྡན་འདས་ཐུབ་པའི་དབང་པོ་དང་ཆོས་སྨྲ་བའི་སློབ་དཔོན་ཤྲཱི་ཡི་རཏྣར་དབྱེར་མེད་དུ་བསྟོད་ཅིང་འདོད་
དོན་གསོལ་བའི་ཚིགས་སུ་བཅད་པ་ཚངས་སྲས་འཕྱང་འགྲོའི་སྒྲ་དབྱངས་ཞེས་བྱ་བ་བཞུགས་སོ།།
薄伽梵能仁王与说法论师斯拉那达无别赞及祈愿颂·妙音天女琵琶歌音

c
d

e བསྟོད་པ།(赞颂)

f 刻本 སྡེ་དགེ（四川德格）

g 乌金 梵夹装 47×7
h 4 6
i 无 藏纸 黑 完整
j 封面钤有“民族文化宫图书馆藏”印。

72.2
a 23-2

b ལམ་འབྲས་བུ་དང་བཅས་པའི་བླ་མ་བརྒྱུད་པ་དང་ཨེ་ཝཾ་པའི་གདན་རབས་སྐབས་ཅིག་པའི་གསོལ་འདེབས་འཕྲེར་བདེ་བཞུགས་སོ།།

道果上师传承及埃旺巴传承世系祈祷文略篇

c བརྩེ་ཚུལ་ཁྲིམས་རིན་ཆེན།

d

e གསོལ་འདེབས།(启请文)

f 刻本 སྡེ་དགེ（四川德格）

g 乌金 梵夹装 47×7
h 10 6
i 无 藏纸 黑 完整
j 封面钤有“民族文化宫图书馆藏”印。

72.3
a 23-3

b རྡོ་རྗེ་དྲིལ་བུ་པའི་ལུགས་ཀྱི་འཁོར་ལོ་བདེ་མཆོག་ལྷ་ལྔའི་དཀྱིལ་འཁོར་གྱི་ཆོ་གའི་དབང་གི་མཚམས་སྦྱོར་རྣམ་གསལ་ཉི་མ་ཞེས་བྱ་བ་བཞུགས་སོ།།

多吉枳布巴传规胜乐轮五尊曼荼罗仪轨灌顶开示·日光

c བརྩེ་ཚུལ་ཁྲིམས་རིན་ཆེན།

d　རབ་བྱུང་མེ་ལྷའི་ནང་གསེལ་ཐམས་ཅད་འདུལ་ཞེས་པའི་གནམ་ལོ་སྒྲོལ་བྱེད་སྟོན་གྱིས་ཉ་བའི་ཞག་གི་ཕྱུང་པོའི་

རྒྱལ་གཉིས་པ་སངས་རྒྱས་བཟང་པོ། 火阴猪年（1767）

e　སྔགས།(密宗)

f　刻本　སྡེ་དགེ（四川德格）

g　乌金　梵夹装　47×7
h　34　6
i　无　藏纸　黑　完整
j　封面钤有“民族文化宫图书馆藏”印。

72.4
a　23-4

b　འཕགས་པ་སྤྱན་རས་གཟིགས་དབང་ཕྱུག་ཞལ་བཅུ་གཅིག་པའི་དཀྱིལ་འཁོར་གྱི་ཆོ་ག་གངྒའི་ཆུ་རྒྱུན་ཞེས་

བྱ་བ་བཞུགས་སོ།།

圣十一面观自在曼荼罗仪轨·恒河

c　དབྱངས་ཅན་སྙེམས་པའི་ལང་ཚོའི་སྒེ།

d　སངས་རྒྱས་བཟང་པོ།ལྷུན་གྲུབ་སྟེང་གི་རྒྱལ་ཁབ་ཕྱོགས་ལས་རྣམ་པར་རྒྱལ་བའི་བསྡི་གནས།（四川德格）

e　ཆོ་ག(仪轨)

f　刻本　སྡེ་དགེ（四川德格）

g　乌金　梵夹装　47×7
h　41　6
i　无　藏纸　黑　完整
j　封面钤有“民族文化宫图书馆藏”印。

72.5
a　23-5

b　གུ་རུ་པདྨ་འོད་འབར་གྱི་བསྲེག་བླུགས་ཀྱི་ཆོ་ག་ཉེས་སྒྲིབ་མུན་སྡུག་ཟླ་བའི་གསལ་སྒྲོན་ཞེས་བྱ་བ་བཞུགས་སོ།།

莲花生大师光明炽燃护摩仪轨·吞噬罪障黑暗明灯

c བརྗེ་ཚུལ་ཁྲིམས་རིན་ཆེན།

d ལི་རང་ཚུ་ཚན་ཁར།　སངས་རྒྱས་བཟང་པོ་བླ་མ་སངས་རྒྱས་རིན་ཆེན།

e ཆོ་ག(仪轨)

f 刻本　སྡེ་དགེ（四川德格）

g 乌金　梵夹装　47×7
h 15　6
i 无　藏纸　黑　完整
j 封面钤有“民族文化宫图书馆藏”印。

72.6
a 23-6

b སྐྱེར་སྒོང་ནས་བརྒྱུད་པའི་རྟ་མཆོག་རོལ་པའི་སྒྲུབ་ཐབས་ཡིད་ཆེས་པདྨ་རཱ་གའི་མགུལ་རྒྱན་ཞེས་བྱ་བ་བཞུགས་སོ།།

杰贡传承马头明王修法·红宝石项饰

c བརྗེ་ཚུལ་ཁྲིམས་རིན་ཆེན།

d

e སྒྲུབ་ཐབས།（修心法）

f 刻本　སྡེ་དགེ（四川德格）

g 乌金　梵夹装　47×7
h 13　6
i 无　藏纸　黑　完整
j 封面钤有“民族文化宫图书馆藏”印。

72.7
a 23-7

b སྒྲོན་མ་དཀར་མོ་ཡིད་བཞིན་འཁོར་ལོའི་བསྙེན་པ་བྱ་ཚུལ་གྱི་ཡི་གེའི་ཟླ་འོད་གསར་པ་ཞེས་བྱ་བ་བཞུགས་སོ།།

白度母如意轮闭关静修法·新月光

c བརྗེ་ཚུལ་ཁྲིམས་རིན་ཆེན།

d སྡེ་དགེ་ལྷུན་གྲུབ་སྟེང་གི་རྒྱལ་ཁབ་གི་དབང་པོའི་ཕྱོགས་ཀྱི་བསྡི་གནས།（四川德格）

རྫོང་ཆེན་མགོའི་དབུ་མཛད་བླ་མ་ཕུན་ཚོགས་གྲགས་པ།

e བསྙེན་པ་བྱ་ཚུལ། （念修）

f 刻本 སྡེ་དགེ（四川德格）

g 乌金 梵夹装 47×7
h 9 6
i 无 藏纸 黑 完整
j 封面钤有“民族文化宫图书馆藏”印。

72.8
a 23-8
b ཕྱག་ན་རྡོ་རྗེའི་འཆིང་བདག་འཇོམས་པའི་དཀྱིལ་འཁོར་ཆོ་གའི་ཐོ་ཆུང་རིན་ཆེན་སྒྲོན་མ་ཞེས་བྱ་བ་བཞུགས་སོ།།
金刚手摧伏死主曼荼罗略轨·宝灯
c ཚུལ་རིན།
d
e ཆོ་ག（仪轨）

f 刻本 སྡེ་དགེ（四川德格）

g 乌金 梵夹装 47×7
h 9 6
i 无 藏纸 黑 完整
j 封面钤有“民族文化宫图书馆藏”印。

72.9
a 23-9
b མཁའ་སྤྱོད་ཞལ་བཟང་བལྟ་བའི་སྨོན་ལམ་རྣམ་འགྲེལ་འདབ་སྟོང་འགྲོལ་བའི་ཁ་ཆང་ཞེས་བྱ་བ་བཞུགས་སོ།།
愿见空行母妙颜愿文释·莲舌开启之津
c ལྷན་ཕྱག་ཚུལ་ཁྲིམས་རིན་ཆེན།
d ལྷུན་གྲུབ་སྟེང་གི་རྒྱལ་ཁབ།（四川德格） ཤེས་རབ་ཆོས་འཕེལ་སོགས།
e སྨོན་ལམ།（祈愿）

f 刻本 སྡེ་དགེ（四川德格）

g 乌金 梵夹装 47×7

h 22 6

i 无 藏纸 黑 完整

j 封面钤有“民族文化宫图书馆藏”印。

72.10

a 23-10

b འབྱུང་བ་ལྔའི་ཚ་ཚ་བསྐྲུན་པའི་མཆོད་སྦྱིན་ལ་བརྟེན་པའི་འཆི་བསླུའི་ཆོ་ག་གྲུབ་པའི་ཞལ་ལུང་འདབ་ བརྒྱ་འགྲོལ་

བྱེད་ཅེས་བྱ་བ་བཞུགས།

依印造五大之铸模塔像等供施赎死之仪轨·成就者语教莲花盛开

c བརྫེ་ཚུལ་ཁྲིམས་རིན་ཆེན།

d ཟབ་གསང་སྤྱོད་པའི་གྱེར་བསྒོམ་པ་སྣང་མགོན།

e ཆོ་ག（仪轨）

f 刻本 སྡེ་དགེ（四川德格）

g 乌金 梵夹装 47×7

h 10 6

i 无 藏纸 黑 完整

j 封面钤有“民族文化宫图书馆藏”印。

72.11

a 23-11

b ཁ་འབར་མ་དཀར་མོ་ལ་བརྟེན་ནས་འཆི་བ་བསླུ་ཞིང་བར་གཅོད་བཟློག་པའི་ཐབས་འཆི་མེད་བདེ་ སྟེར་ཞེས་བྱ་

བ་བཞུགས་སོ།།

依燃白母修赎死及回遮间断法·长寿安乐施

c

d

e ཆོ་ག（仪轨）

f 刻本 སྡེ་དགེ（四川德格）

g 乌金 梵夹装 47×7
h 5 6
i 无 藏纸 黑 完整
j 封面钤有“民族文化宫图书馆藏”印。

72.12
a 23-12

b ཐུགས་རྗེ་ཆེན་པོའི་སྨར་ཁྲིད་ལམ་གྱི་ཡོན་ཏན་སྐྱེ་འགྱུར་སྨོན་ལམ་མངོན་འདོད་མཛའ་ན་འགུགས་པའི་ཕྲིན་སྙན་

ཞེས་བྱ་བ་བཞུགས་སོ།།

大悲直观导释愿生起道之功德愿文·召挚友之佳音

c བཙེ་ཚུལ་རིན།

d ལྷུན་གྲུབ་སྟེང་གི་རྒྱལ་ཁབ།（四川德格） བླ་མ་ངག་དབང་ཚུལ་ཁྲིམས།

e སྨོན་ལམ།（祈愿）

f 刻本 སྡེ་དགེ（四川德格）

g 乌金 梵夹装 47×7
h 9 6
i 无 藏纸 黑 完整
j 封面钤有“民族文化宫图书馆藏”印。

72.13
a 23-13

b དགོན་སྡེ་གསར་འདེབས་སོགས་ཀྱི་ཚེ་ཁྱད་ཆོས་སྦྱར་བར་འོས་པའི་ཟུར་རྒྱན་མཆི་ཀའི་ཕྲེང་བ་བཞུགས་སོ།།

新建寺庙时随应赞叹殊胜法附加庄严·摩利迦鬘

c བཙེ་ཚུལ་ཁྲིམས་རིན་ཆེན།

d

e བསྟོད་པ།（赞颂）

f 刻本 སྡེ་དགེ（四川德格） ལྷ་རྒྱལ་སྒང་།

g 乌金 梵夹装 47×7
h 6 6
i 无 藏纸 黑 完整
j 封面钤有“民族文化宫图书馆藏”印。

72.14
a 23-14
b ལྷ་རྒྱལ་སྒང་གི་ཆོས་སྡེ་སྲིད་གསུམ་ཡོངས་འདུའི་དགེ་འདུན་གྱིས་མཚོན་པའི་དགོན་སྡེ་སྤྱིའི་བསླབ་བྱ་རགས་བསྡུས་གཟུར་གནས་ཚངས་པའི་ དྲངས་ཐིག་ཅེས་བྱ་བ་བཞུགས་སོ།།
以拉杰尚寺三域聚集僧侣为代表之寺庙总学处略文·梵天准绳
c བཟོ་ཚུལ་ཁྲིམས་རིན་ཆེན།
d འགལ་བ་ཞེས་པ་ས་གླང་ལོ། 土牛年（1769） མཁན་ཆེན་རིན་ཆེན་མི་འགྱུར་རྒྱལ་མཚན།
e བསླབ་བྱ།（教言）
f 刻本 སྡེ་དགེ（四川德格）
g 乌金 梵夹装 47×7
h 13 6
i 无 藏纸 黑 完整
j 封面钤有“民族文化宫图书馆藏”印。

72.15
a 23-15
b ལྷ་རྒྱལ་སྒང་གི་ཆོས་སྡེ་སྲིད་གསུམ་དགེ་ལེགས་ཡོངས་འདུའི་གཙུག་ལག་ཁང་རྟེན་དང་བརྟེན་པར་བཅས་པ་བསྐྲུན་པ་ལས་འཕྲོས་པའི་འབེལ་གཏམ་བཀྲ་ཤིས་འཁྱིལ་བའི་སྒྲ་དབྱངས་ཞེས་བྱ་བ་བཞུགས་སོ།།
拉杰尚寺三界善妙聚集大殿建造佛像等谈论·吉祥旋音声
c བཟོ་ཚུལ་ཁྲིམས་རིན་ཆེན།
d རབ་བྱུང་གདུགས། 火兔年（1747） ལྷུན་གྲུབ་སྟེང་གི་རྒྱལ་ཁབ།（四川德格）
མཁན་ཆེན་རིན་ཆེན་མི་འགྱུར་རྒྱལ་མཚན།

e　འབེལ་གཏམ།（谈论）

f　刻本　སྡེ་དགེ（四川德格）

g　乌金　梵夹装　47×7
h　31　6
i　无　藏纸　黑　完整
j　封面钤有“民族文化宫图书馆藏”印。

72.16
a　23-16

b　བྱང་ཆུབ་ཆེན་པོའི་མཆོད་རྟེན་བཞེངས་པའི་བཞུགས་བྱང་དཀར་ཆག་ཚོགས་གཉིས་ཁང་བཟང་བགྲོད་པའི་

ཐེམ་སྐས་ཞེས་བྱ་བ་བཞུགས་སོ།།

建造大菩提塔之装藏目录·趣二资粮宫阶梯

c　བཟེ་ཚུལ་ཁྲིམས་རིན་ཆེན།

d　དགེ་སློང་དཀོན་མཆོག་དཔལ་ལྡན།

e　དཀར་ཆག（目录）

f　刻本　སྡེ་དགེ（四川德格）

g　乌金　梵夹装　47×7
h　8　6
i　无　藏纸　黑　完整
j　封面钤有“民族文化宫图书馆藏”印。

72.17
a　23-17

b　ཡིད་ལྷུང་ལྷ་རྒྱལ་སྒང་གི་གཙུག་ལག་ཁང་སྲིད་གསུམ་དགེ་ལེགས་ཡོངས་འདུ་ཞེས་བྱ་བའི་ཕྱི་ནང་གི་གཏན་འཇོག་

དངོས་པོའི་དེབ་ཐེར་རང་གཞན་ཡིད་ཆེས་སྐྱེས་པའི་བདེན་དཔང་ཞེས་བྱ་བ་བཞུགས་སོ།།

拉杰尚之三界善妙聚集殿之内外恒产清单·令自他相信之凭证

c　བཟེ་ཚུལ་ཁྲིམས་རིན་ཆེན།

d བླ་མ་ཤེས་རབ་བཟང་པོ།

e དངོས་ཐོ།（清单）

f 刻本 སྡེ་དགེ（四川德格）

g 乌金 梵夹装 47×7
h 4 6
i 无 藏纸 黑 完整
j 封面钤有“民族文化宫图书馆藏”印。

72.18
a 23-18

b མཁའ་སྤྱོད་ཡུམ་ལ་བརྟེན་པའི་འཕོ་བའི་གདམས་པ་མཁའ་སྤྱོད་བགྲོད་པའི་མྱུར་ལམ་ཞེས་བྱ་བ་བཞུགས་སོ།།

空行母往生法教授·趣空行捷径

c བརྟེ་ཚུལ་ཁྲིམས་རིན་ཆེན།

d དགེ་སློང་སངས་རྒྱས་ཕུན་ཚོགས།

e འཕོ་བའི་གདམས་པ།（往生法）

f 刻本 སྡེ་དགེ（四川德格）

g 乌金 梵夹装 47×7
h 8 6
i 无 藏纸 黑 完整
j 封面钤有“民族文化宫图书馆藏”印。

72.19
a 23-19

b འདིར་སྐུ་བརྙན་ལ་སྣན་ཞལ་ཕུལ་བའི་འདོད་དོན་གསོལ་གདབ་ཀྱི་རིགས་རྣམས་བཞུགས་སོ།།

向佛像敬献哈达之祈愿文类

c བརྟེ་ཚུལ་ཁྲིམས་རིན་ཆེན།

d

e གསོལ་འདེབས།（启请文）

f　刻本　སྡེ་དགེ（四川德格）

g　乌金　梵夹装　47×7
h　10　6
i　无　藏纸　黑　完整
j　封面钤有“民族文化宫图书馆藏”印。

72.20
a　23-20

b　དཔལ་ལྡན་ས་སྐྱ་པའི་གསེར་ཆོས་ལུགས་ཀྱི་རྡོ་རྗེ་རྣལ་འབྱོར་མའི་བསྐྱེད་རྫོགས་ཀྱི་ཟབ་ཁྲིད་སྨུར་ལམ་རྐང་

མགྱོགས་སྒྲུབ་པའི་གོམ་སྟབས་ཞེས་བྱ་བ་བཞུགས་སོ།།

吉祥萨迦金法传规之金刚瑜伽母生起圆满次第甚深教导捷径·修习速成步伐

c　བརྩེ་ཚུལ་ཁྲིམས་རིན་ཆེན།

d　ལྕགས་སྟག 铁虎年（1770）　ལྷུན་གྲུབ་སྟེང་གི་རྒྱལ་ཁབ།（四川德格）

མགོན་ཁང་གི་ཤར་གྱི་ནྲ་མ་ཀུན་དགའ་ཕུན་ཚོགས་དང་ནྲ་རྒྱུད་རྫོང་དཔོན་མགོན་པོ།

e　སྔགས།（密宗）

f　刻本　སྡེ་དགེ（四川德格）

g　乌金　梵夹装　47×7
h　36　6
i　无　藏纸　黑　完整
j　封面钤有“民族文化宫图书馆藏”印；民族宫目录中为37叶。

72.21
a　23-21

b　དོགས་པའི་གནས་ཀྱི་འཆིང་རྒྱ་འགྲོལ་བའི་ཐོ་ཆུང་མཚར་སྨུག་ཁ་ཆང་ཞེས་བྱ་བ་བཞུགས་སོ།།

解难释疑略文·可意津液

c　ངག་དབང་ཚུལ་ཁྲིམས་རིན་ཆེན།

d　ལྷུན་གྲུབ་སྟེང་གི་དབུ་མཛད་བླ་མ་ཀུན་ དགའ་་བསོད་ནམས།

e སྔགས།（密宗）

f 刻本 སྡེ་དགེ（四川德格）

g 乌金 梵夹装 47×7
h 6 6
i 无 藏纸 黑 完整
j 封面钤有“民族文化宫图书馆藏”印。

72.22
a 23-22

b མཁན་ཆེན་རིན་ཆེན་མི་འགྱུར་རྒྱན་མཚན་པར་རྗེས་གནང་ཞུ་དུས་ཀྱི་འབུལ་ཡིག་བཞུགས་སོ།།

祈请堪钦仁钦弥觉坚赞开许时之呈文

c
d

e འབུལ་ཡིག（呈文）

f 刻本 སྡེ་དགེ（四川德格）

g 乌金 梵夹装 47×7
h 4 6
i 无 藏纸 黑 完整
j 封面钤有“民族文化宫图书馆藏”印。

72.23
a 23-23

b དཔལ་ས་སྐྱ་པ་ངག་དབང་ཀུན་དགའ་བློ་གྲོས་སངས་རྒྱས་བསྟན་པའི་རྒྱལ་མཚན་པར་ཕུལ་བའི་ ཞུ་ཡིག་གསྒྲ་

ཐའི་གླུ་མ་ཞེས་བྱ་བ་བཞུགས་སོ།།

呈萨迦阿旺恭嘎洛卓桑杰丹白坚赞之启请文

c བརྩེ་ཚུལ་ཁྲིམས་རིན་ཆེན།

d

e འབུལ་ཡིག（呈文）

f 刻本 སྡེ་དགེ（四川德格）

g 乌金 梵夹装 47×7
h 14 6
i 无 藏纸 黑 完整
j 封面钤有“民族文化宫图书馆藏”印。

73
A **3486 413**

B ཞྭ་ཆེན་ཚུལ་ཁྲིམས་རིན་ཆེན་གྱི་གསུང་འབུམ།

许钦·楚臣仁钦文集

C **ང**

D ཞྭ་ཆེན་ཚུལ་ཁྲིམས་རིན་ཆེན།

同 3483 介绍。

E 此函民族宫目录著录为 23 卷。西藏图书馆藏品中缺 3 卷：《白色怙主如意尼修法及随许法·招三界之钩》《白色怙主如意摩尼还愿仪轨·如意树》《马头密修闭关静修法·文字鼓音》。

73. 1
a 20-1

b དཔལ་གསང་བ་འདུས་པ་སྤྱན་རས་གཟིགས་དབང་ཕྱུག་གི་སྒྲུབ་ཐབས་སྐལ་ལྡན་ཤིང་རྟ་ཞེས་བྱ་བ་བཞུགས་སོ།།

密集观自在修法·具缘之车

c སྐྱེས་བདག་གི་ལོ།

d ལྷུན་གྲུབ་སྟེང་གི་རྒྱལ་ཁབ་ཀྱི་དབང་པོའི་ཕྱོགས་ཀྱི་བ་གམ།（四川德格）

སྒྱུར་མདའ་བླ་མ་བསོད་ནམས་དབང་ཕྱུག

e སྒྲུབ་ཐབས།（修心法）

f 刻本 སྡེ་དགེ（四川德格）

g 乌金 梵夹装 47×7
h 20 6
i 有 藏纸 黑 完整
j 封面钤有“民族文化宫图书馆藏”印。

73. 2

a 20-2

b དཔལ་གསང་བ་འདུས་པ་སྤྱན་རས་གཟིགས་དབང་ཕྱུག་གི་དཀྱིལ་འཁོར་དུ་སློབ་མ་སྨིན་པར་བྱེད་པའི་ཆོ་ག་སྐལ་

ལྡན་ཤིང་རྟ་ཞེས་བྱ་བ་བཞུགས་སོ།།

密集观自在曼荼罗中成熟弟子仪轨 · 具缘之车

c ཚུལ་ཁྲིམས་རིན་ཆེན།

d སྡེ་དགེ་ལྷུན་གྲུབ་སྟེང་གི་རྒྱལ་ཁབ་དབང་པོའི་ཕྱོགས་ཀྱི་བ་གམ་གསུམ་པ།（四川德格）

སྐྱོར་མདའ་ཆོས་རྗེ་བསོད་ནམས། དབང་ཕྱུག

e ཆོ་ག（仪轨）

f 刻本 སྡེ་དགེ（四川德格）

g 乌金 梵夹装 47×7

h 45 6

i 有 藏纸 黑 完整

j 封面钤有“民族文化宫图书馆藏”印。

73. 3

a 20-3

b དཔལ་ངན་སོང་ཐམས་ཅད་ཡོངས་སུ་སྦྱོང་པའི་རྒྱུད་ལས་གསུངས་པའི་རས་བྲིས་ལ་བརྟེན་པའི་བསྙེན་སྒྲུབ་ཀྱི་

ལག་ལེན་གསལ་བར་བྱེད་པའི་ཡི་གེ་ཡིད་ཆེས་ལུང་གི་རྒྱུད་མངས་ཞེས་བྱ་བ་བཞུགས་སོ།།

净治一切恶趣密续中所说依布绘闭关静修法明文 · 信教之琴音

c ཚུལ་ཁྲིམས་རིན་ཆེན།

d སྡེ་དགེ་ལྷུན་གྲུབ་སྟེང་གི་ཆོས་གྲྭ（四川德格） བླ་མ་ཧྲེ་ཤུ་ར།

e ཆོ་ག（仪轨）

f 刻本 སྡེ་དགེ（四川德格）

g 乌金 梵夹装 47×7

h　15　6
i　无　藏纸　黑　完整
j　封面钤有“民族文化宫图书馆藏”印。

73.4
a　20-4
b　བཅོམ་ལྡན་འདས་རྡོ་རྗེ་ཚེའི་དངོས་སྒྲུབ་ཀྱི་ཆོ་ག་འཆི་མེད་གྲུབ་པའི་བཅུད་ལེན་ཞེས་བྱ་བ་བཞུགས་སོ།།
薄伽梵金刚寿念修法仪轨·长寿成就撷英
c　བརྗེ་ཚུལ་ཁྲིམས་རིན་ཆེན།
d　རབ་བྱུང་འདོད་པའི་འབྱུ་མང་། 土虎年（1758）　སྡེ་དགེ་ལྷུན་གྲུབ་སྟེང་གི་རྒྱལ་ཁབ།（四川德格）
དབུ་མཛད་བླ་མ་སངས་རྒྱས་བསྟན་འཛིན།
e　ཆོ་ག（仪轨）
f　刻本　སྡེ་དགེ（四川德格）
g　乌金　梵夹装　47×7
h　10　6
i　无　藏纸　黑　完整
j　封面钤有“民族文化宫图书馆藏”印。

73.5
a　20-5
b　མཚན་ཡང་དག་པར་བརྗོད་པའི་འཇམ་དཔལ་གྱི་སྒྲུབ་ཐབས་རིན་པོ་ཆེའི་ཐེམ་སྐས་ཞེས་བྱ་བ་བཞུགས་སོ།།
正净名称文殊修法·大宝梯
c　བརྗེ་ཚུལ་ཁྲིམས་རིན་ཆེན།
d　ལྕགས་སྤྲེལ་ལོ། 铁猴年（1740）　སྡེ་དགེ་ལྷུན་གྲུབ་སྟེང་གི་ཆོས་གྲྭ（四川德格）
e　སྒྲུབ་ཐབས།（修心法）
f　刻本　སྡེ་དགེ（四川德格）
g　乌金　梵夹装　47×7
h　13　6

i 无 藏纸 黑 完整
j 封面钤有“民族文化宫图书馆藏”印。

73.6
a 20-6
b འཇམ་པའི་དཀར་པོ་མ་ཏྲིའི་ལུགས་ཀྱི་བསྙེན་པ་བྱ་ཚུལ་ལག་ལེན་རྣམ་གསལ་ཞེས་བྱ་བ་བཞུགས་སོ།།
白文殊玛底传规闭关静修法明解
c བཙྟེ་ཚུལ་ཁྲིམས་རིན་ཆེན།
d ཡུལ་ཤོད་ཀྱི་ས་འཛིན་མགོན་པོ་རྣམ་རྒྱལ།
e བསྙེན་སྒྲུབ།（念修）
f 刻本 སྡེ་དགེ（四川德格）
g 乌金 梵夹装 47×7
h 4 6
i 无 藏纸 黑 完整
j 封面钤有“民族文化宫图书馆藏”印。

73.7
a 20-7
b ཐུགས་རྗེ་ཆེན་པོ་དང་ཕྱག་རྒྱ་ཆེན་པོ་ཟུང་འཇུག་ཏུ་ཉམས་སུ་ལེན་པའི་སྔོན་འགྲོའི་རྗེས་གནང་ཐུགས་རྗེའི་ཆུ་རྒྱུན་ཞེས་བྱ་བ་བཞུགས་སོ།།
大悲观音及大手印双运修法之加行随许法·大悲长流
c
d སྡེ་དགེ་ལྷུན་གྲུབ་སྟེང་གི་ཆོས་གྲྭ（四川德格）
e རྗེས་གནང་།（随许）
f 刻本 སྡེ་དགེ（四川德格）
g 乌金 梵夹装 47×7
h 6 6
i 无 藏纸 黑 完整
j 封面钤有“民族文化宫图书馆藏”印。

73.8
a 20-8
b སྤྱན་རས་གཟིགས་ཚེམ་བུ་ལུགས་ཀྱི་སྨར་ཁྲིད་ངག་འདོན་ཞུང་ཐུ་དོན་ཚང་ཞེས་བྱ་བ་བཞུགས་སོ།།
称布传规之观世音直观教导诵略义全
c བརྩེ་ཚུལ་ཁྲིམས་རིན་ཆེན།
d ས་དཀར་བསམ་འགྲུབ་གླིང་།（四川萨嘎桑珠林寺）
e སྔགས།（密宗）
f 刻本 སྡེ་དགེ（四川德格）
g 乌金 梵夹装 47×7
h 9 6
i 无 藏纸 黑 完整
j 封面钤有“民族文化宫图书馆藏”印。

73.9
a 20-9
b ཐུགས་རྗེ་ཆེན་པོའི་སྨར་ཁྲིད་ངེས་དོན་དབྱིད་ཀྱི་ཐིག་ལེ་འཆད་པར་བྱེད་པའི་ཟུར་རྒྱན་ཞེས་བྱ་བ་བཞུགས་སོ།།
大悲观音直观教导了义·明点解说附加庄严
c བརྩེ་ཚུལ་ཁྲིམས་རིན་ཆེན།
d སྡེ་དགེ་ལྷུན་གྲུབ་སྟེང་གི་ཆོས་གྲྭ（四川德格） བླ་མ་བཀྲ་རྡོན།
e སྔགས།（密宗）
f 刻本 སྡེ་དགེ（四川德格）
g 乌金 梵夹装 47×7
h 14 6
i 无 藏纸 黑 完整
j 封面钤有“民族文化宫图书馆藏”印。

73.10
a 20-10

b དགེ་སློང་མ་དཔལ་མོའི་ལུགས་ཀྱི་ཐུགས་རྗེ་ཆེན་པོ་ཞལ་བཅུ་གཅིག་པའི་སྒྲུབ་ཐབས་སྨྱུང་གནས་དང་བཅས་པའི་ཆོ་ག་སྡིག་སྒྲིབ་རྣམ་སྦྱོང་ཞེས་བྱ་བ་བཞུགས་སོ།།

比丘尼伯莫传规十一面大悲观音修法及禁食斋戒仪轨·净治罪障

c བཙེ་ཚུལ་ཁྲིམས་རིན་ཆེན།

d སྡེ་དགེ་ལྷུན་གྲུབ་སྟེང་གི་རྒྱལ་ཁབ་ཀྱི་དབང་པོའི་ཕྱོགས་སུ་རབ་བྱུང་འདོད་པའི་གནམ་ལོའི་སྤྲོལ་བྱེད་ལྷ་མོ་ཁྲིམས་ཀྱིས་ཉ་ཡོངས་སུ་གང་བའི་དཀར་པོ་ནམ་གྲུའི་འགྲུབ་སྦྱོར་གྱི་ཉིན།（四川德格）

e ཆོ་ག（仪轨）

f 刻本 སྡེ་དགེ（四川德格）

g 乌金 梵夹装 47×7

h 21 6

i 无 藏纸 黑 完整

j 封面钤有“民族文化宫图书馆藏”印。

73.11

a 20-11

b སྨྱུང་བར་གནས་པའི་ཆོ་ག་རྣམ་གསལ་མེ་ལོང་ཞེས་བྱ་བ་བཞུགས་སོ།།

斋戒仪轨·明镜

c བཙེ་ཚུལ་ཁྲིམས་རིན་ཆེན།

d སྡེ་དགེ་ལྷུན་གྲུབ་སྟེང་གི་ཆོས་གྲྭ（四川德格） བླ་མ་བསོད་ནམས་ལྷུན་གྲུབ།

e ཆོ་ག（仪轨）

f 刻本 སྡེ་དགེ（四川德格）

g 乌金 梵夹装 47×7

h 8 6

i 无 藏纸 黑 完整

j 封面钤有“民族文化宫图书馆藏”印。

73.12

a 20-12

b སློབ་དཔོན་འགྲོ་བཟང་སྙིང་པོའི་ལུགས་ཀྱི་ཕྱག་ན་རྡོ་རྗེ་གོས་སྔོན་ཅན་གྱི་སྒྲུབ་ཐབས་དང་རྗེས་གནང་གི་ཆོ་ག་

མཁས་པའི་ཞལ་ལུང་བཞུགས་སོ།།

阿阇黎卓桑宁布传规蓝裙金刚手修法及随许法仪轨·智者语教

c བརྩེ་ཚུལ་ཁྲིམས་རིན་ཆེན།

d

e ཆོ་ག（仪轨）

f 刻本　སྡེ་དགེ（四川德格）

g 乌金　梵夹装　47×7

h 6　6

i 无　藏纸　黑　完整

j 封面钤有“民族文化宫图书馆藏”印。

73.13

a 20-13

b བཅོམ་ལྡན་འདས་ཚེ་དཔག་མེད་དཔག་ཏུ་མེད་པ་ལྷ་དགུའི་དབང་གི་མཚམས་སྦྱོར་འཆི་མེད་གྲུབ་པའི་ལམ་

བཟང་གསལ་བར་བྱེད་པའི་སྒྲོན་མེ་ཞེས་བྱ་བ་བཞུགས་སོ།།

薄伽梵无量寿九尊灌顶接引文·成就不死妙道明灯

c ཆོས་སྨྲ་བའི་བཙུན་པ་ཚུལ་ཁྲིམས་རིན་ཆེན།

d སྡེ་དགེ་ལྷུན་གྲུབ་སྟེང་གི་ཆོས་གྲྭ（四川德格）　དགེ་བའི་བཤེས་གཉེནབཀྲ་ཤིས་དཔལ་བཟང་།

e སྔགས།（密宗）

f 刻本　སྡེ་དགེ（四川德格）

g 乌金　梵夹装　47×7

h 21　6

i 无　藏纸　黑　完整

j 封面钤有“民族文化宫图书馆藏”印。

73.14

a 20-14

b གྲུབ་པའི་དབང་ཕྱུག་ཐང་སྟོང་རྒྱལ་པོའི་ལུགས་ཀྱི་ཚེ་ཧ་ཟུང་འབྲེལ་གྱི་ཚེ་དབང་བསྐུར་བའི་ཆོ་ག་ཚེ་སྒྲུབ་རྡོ་རྗེར་སྒྲུབ་པའི་བཅུད་ལེན་ཞེས་བྱ་བ་བཞུགས་སོ།།

成就自在师汤东杰波传规无量寿与马头金刚双运之长寿灌顶仪轨·成就金刚寿命之撷英

c བརྟེ་ཚུལ་ཁྲིམས་རིན་ཆེན།

d རབ་བྱུང་འདོད་པའི་མེ་གླང་ལོ། 火牛年（1757）

སྡེ་དགེ་ས་སྐྱོང་བླ་མ་ཆེན་པོའི་སྐུ་མདུན་གྱི་སྨྱུག་འཛིན་དབང་པོ་ཀུ་རུའི་མཚན་ཅན།

e ཆོ་ག（仪轨）

f 刻本 སྡེ་དགེ（四川德格）

g 乌金 梵夹装 47×7

h 27 6

i 无 藏纸 黑 完整

j 封面钤有“民族文化宫图书馆藏”印。

73.15

a 20-15

b ཧ་མགྲིན་ཡང་ཕྱུང་ནག་པོའི་སྒྲུབ་ཐབས་དབང་བསྐུར་གྱི་ཆོ་ག་རབ་དྭངས་མེ་ལོང་ཞེས་བྱ་བ་བཞུགས་སོ།།

派生黑色马头修法灌顶仪轨·最洁明镜

c བརྟེ་ཚུལ་ཁྲིམས་རིན་ཆེན།

d སྡེ་དགེ་ལྷུན་གྲུབ་སྟེང་གི་རྒྱལ་ཁབ།（四川德格） མཁས་བཙུན་དམ་པ་རྣམ་རྒྱལ་བཟང་པོ།

e ཆོ་ག（仪轨）

f 刻本 སྡེ་དགེ（四川德格）

g 乌金 梵夹装 47×7

h 8 6

i 无 藏纸 黑 完整

j 封面钤有“民族文化宫图书馆藏”印。

73.16

a 20-16

b རྡོ་རྗེ་རྣམ་པར་འཇོམས་པའི་ལས་བཞིའི་སྦྱིན་སྲེག་གི་ཆོ་གའི་ཁྱད་པར་རྣམ་འབྱེད་ཧ་ནུ་མ་ནྟ་ཞེས་བྱ་བ་བཞུགས་སོ།།

金刚摧坏之四业护摩仪轨差别品哈努孟泰

c བརྩེ་ཚུལ་ཁྲིམས་རིན་ཆེན།

d ལྷུན་གྲུབ་སྟེང་གི་རྒྱལ་ཁབ།（四川德格）

e ཆོ་ག（仪轨）

f 刻本 སྡེ་དགེ（四川德格）

g 乌金 梵夹装 47×7

h 17 6

i 无 藏纸 黑 完整

j 封面钤有“民族文化宫图书馆藏”印。

73.17

a 20-17

b རྗེ་བཙུན་ས་སྐྱ་པའི་གསེར་ཆོས་ཀྱི་ནང་ཚན་མཁའ་འགྲོ་མ་སེང་གེའི་གདོང་པ་ཅན་གྱི་མཆོད་པའི་ཆོ་ག་ཕྲིན་ལས་ཟླ་འོད་གསར་པའི་ཕོ་ཉ་ཞེས་བྱ་བ་བཞུགས་སོ།།

至尊萨迦派之金法内部狮面空行母供养仪轨・事业月光新使

c བརྩེ་ཚུལ་ཁྲིམས་རིན་ཆེན།

d ཆུ་ཁྱི་ལོ། 水狗年（1742） སྡེ་དགེ་ལྷུན་གྲུབ་སྟེང་གི་ཆོས་གྲྭ།（四川德格）

བླ་མ་བསོད་ནམས་དབང་ཕྱུག

e ཆོ་ག（仪轨）

f 刻本 སྡེ་དགེ（四川德格）

g 乌金 梵夹装 47×7

h 14 6
i 无 藏纸 黑 完整
j 封面钤有“民族文化宫图书馆藏”印。

73.18
a 20-18
b གསེར་ཆོས་མཁའ་འགྲོ་མ་སེང་གེའི་གདོང་པ་ཅན་གྱི་ཚོགས་འཁོར་བྱ་ཚུལ་བདུད་རྩིའི་རོལ་མཚོ་ཞེས་བྱ་བ་
བཞུགས་སོ།།
金法狮面空行母会从轮修法·甘露戏海
c བརྡེ་ཚུལ་ཁྲིམས་རིན་ཆེན།
d སྡེ་དགེ་ལྷུན་གྲུབ་སྟེང་གི་ཆོས་གྲྭ།（四川德格）
e ཆོ་ག（仪轨）
f 刻本 སྡེ་དགེ（四川德格）
g 乌金 梵夹装 47×7
h 5 6
i 无 藏纸 黑 完整
j 封面钤有“民族文化宫图书馆藏”印。

73.19
a 20-19
b གསེར་ཆོས་ལུགས་ཀྱི་སེང་གེའི་གདོང་ཅན་སྔོན་མོའི་གཏོར་བཟློག་གི་ཕྲིན་ལས་མཚོན་ཆའི་འཁོར་ལོ་ཞེས་བྱ་བ་
བཞུགས་སོ།།
金法蓝色狮面佛母供神馐回遮魔障法·事业武器轮
c
d སྡེ་དགེ་ལྷུན་གྲུབ་སྟེང་གི་རྒྱལ་ཁབ།（四川德格） བླ་མ་རྡོ་རྗེ་འཛིན་དབང་བསོད་ནམས་དབང་ཕྱུག
e ཆོ་ག（仪轨）
f 刻本 སྡེ་དགེ（四川德格）
g 乌金 梵夹装 47×7

h 25 6
i 无 藏纸 黑 完整
j 封面钤有“民族文化宫图书馆藏”印。

73.20
a 20-20
b མཁའ་འགྲོ་མ་སེང་གེའི་གདོང་ཅན་མའི་ཚོགས་མཆོད་དངོས་གྲུབ་འདོད་འཇོའི་རྫིང་བུ་ཞེས་བྱ་བ་བཞུགས།

狮面空行母会供法·悉地如意池

c བཀྲ་ཚུལ་ཁྲིམས་རིན་ཆེན།

d བླ་མ་བསོད་ནམས་དབང་ཕྱུག་སོགས།

e ཚོགས་མཆོད།（集供）

f 刻本 སྡེ་དགེ（四川德格）

g 乌金 梵夹装 47×7
h 3 6
i 无 藏纸 黑 完整
j 封面钤有“民族文化宫图书馆藏”印。

74
A 3487 414
B ཞུ་ཆེན་ཚུལ་ཁྲིམས་རིན་ཆེན་གྱི་གསུང་འབུམ།

许钦·楚臣仁钦文集

C ཙ

D ཞུ་ཆེན་ཚུལ་ཁྲིམས་རིན་ཆེན།

同3483介绍。
E 此函民族宫目录著录为20卷，西藏图书馆藏品缺4卷：《中观传规发胜提心仪轨·往大乘洲之车》《那塘传规檐木林度母修法·悉地如意》《宝帐怙主像七日不共开光仪轨及观想念诵仪轨·护法欢喜笑声》《财运事业宝殊胜召祥仪轨·随愿雨降》。

74.1

a 16-1

b དེ་བཞིན་གཤེགས་པའི་གཙུག་གཏོར་ནས་བྱུང་བའི་གདུགས་དཀར་པོ་ཅན་མའི་དཀྱིལ་འཁོར་དུ་སློབ་མ་དབང་

བསྐུར་བའི་ཆོ་ག་བདུད་རྩིའི་ཆུ་རྒྱུན།

从如来顶髻所出白伞盖佛母曼荼罗中弟子灌顶仪轨·甘露长流

c བརྩེ་ཚུལ་ཁྲིམས་རིན་ཆེན།

d སྡེ་དགེ（四川德格）

e ཆོ་ག（仪轨）

f 刻本 སྡེ་དགེ（四川德格）

g 乌金 梵夹装 49×6.5

h 44 6

i 无 藏纸 黑 完整

j 封面钤有“民族文化宫图书馆藏”印。

74.2

a 16-2

b ཁྲོ་བོ་གཙུག་གཏོར་འབར་བའི་སྒྲུབ་ཐབས་རྗེས་གནང་ལག་ལེན་རྣམ་གསལ་མེ་ལོང་།

忿怒王顶髻焰修法随许法等修法·明镜

c བརྩེ་ཚུལ་ཁྲིམས་རིན་ཆེན།

d སྡེ་དགེ（四川德格）

e ཆོ་ག（仪轨）

f 刻本 སྡེ་དགེ（四川德格）

g 乌金 梵夹装 47×6.5

h 7 6

i 无 藏纸 黑 完整

j 封面钤有“民族文化宫图书馆藏”印；民族宫目录中为 4 叶。

74.3

a 16-3

b སྣར་ཐང་བརྒྱ་རྩ་ལས་འབྱུང་བའི་ཡི་དམ་ལྷ་ཚོགས་རྣམས་ཀྱི་སྒྲུབ་ཐབས་རྗེས་གནང་དང་བཅས་པའི་ཡི་གེ་

འདོད་འཇོལ་མོ།

纳塘百法中所出各种本尊修法及随许法等文·如意乳牛

c བརྩེ་ཚུལ་ཁྲིམས་རིན་ཆེན།

d སྡེ་དགེ（四川德格）

e ཆོ་ག（仪轨）

f 刻本 སྡེ་དགེ（四川德格）

g 乌金 梵夹装 48×6.5
h 29 6
i 有 藏纸 黑 完整
j 封面钤有“民族文化宫图书馆藏”印。

74.4
a 16-4
b དབང་དང་རྗེས་གནང་ལ་སོགས་པའི་གོང་དུ་གླེང་བར་འོས་པའི་ཆོས་གཏམ་འབྲུག་གི་ཟེ་གསང་།

传灌顶及随许法中堪说正法史话·雷声

c བརྩེ་ཚུལ་ཁྲིམས་རིན་ཆེན།

d སྡེ་དགེ（四川德格）

e ཆོ་ག（仪轨）

f 刻本 སྡེ་དགེ（四川德格）

g 乌金 梵夹装 47.5×6.5
h 10 6
i 无 藏纸 黑 完整
j 封面钤有“民族文化宫图书馆藏”印。

74.5
a 16-5

b བཀའ་སྲུང་ཚོགས་ཀྱི་གཏོར་མའི་ཆོ་ག་ཞུང་ཏྲ་དོན་འདུས།

护法会供神馐略轨摄义

c བརྩེ་ཚུལ་ཁྲིམས་རིན་ཆེན།

d སྡེ་དགེ（四川德格）

e ཆོ་ག（仪轨）

f 刻本 སྡེ་དགེ（四川德格）

g 乌金 梵夹装 48×6.5

h 8 6

i 无 藏纸 黑 完整

j 封面钤有“民族文化宫图书馆藏”印。

74.6

a 16-6

b དཔལ་དུར་ཁྲོད་བདག་པོ་ཡབ་ཡུམ་གྱི་བསྙེན་སྒྲུབ་གསལ་བར་བྱེད་པའི་གཏམ་གྱི་རྒྱུད་མང་།

尸林主双尊闭关静修法·明解琴声

c བརྩེ་ཚུལ་ཁྲིམས་རིན་ཆེན།

d སྡེ་དགེ（四川德格）

e བསྙེན་སྒྲུབ།（念修）

f 刻本 སྡེ་དགེ（四川德格）

g 乌金 梵夹装 47×6.5

h 9 6

i 无 藏纸 黑 完整

j 封面钤有“民族文化宫图书馆藏”印。

74.7

a 16-7

b དཔལ་རྡོ་རྗེ་འཇིགས་བྱེད་ཀྱི་གཏོར་ཆོག་གི་ཕྲིན་ལས་ལ་ཉེར་པར་མཁོ་བའི་རོལ་ཚོགས་རྣམས་ཀྱི་རིང་ཐུང་སོགས་

ཀྱི་ཐོ་ཆུང་དྲན་པ་འཛིན་པའི་ལྕགས་ཀྱུ

能怖金刚供神馐仪轨事业常用长短颂文小册·提念之钩

c བཟླ་ཚུལ་ཁྲིམས་རིན་ཆེན།

d སྡེ་དགེ（四川德格）

e ཆོ་ག（仪轨）

f 刻本 སྡེ་དགེ（四川德格）

g 乌金 梵夹装 47×6.5
h 8 6
i 无 藏纸 黑 完整
j 封面钤有“民族文化宫图书馆藏”印。

74.8
a 16-8

b རྟེན་འབྲེལ་ཟབ་མོའི་སྙིང་བའི་འཁོར་ལོ་རབ་ཏུ་གནས་པའི་ཆོ་ག་རྣམ་གསལ་སྒྲོན་མ།

甚深缘起护论开光仪轨明灯

c བཟླ་ཚུལ་ཁྲིམས་རིན་ཆེན།

d

e ཆོ་ག（仪轨）

f 刻本 སྡེ་དགེ（四川德格）

g 乌金 梵夹装 47×6.5
h 8 6
i 无 藏纸 黑 完整
j 封面钤有“民族文化宫图书馆藏”印；民族宫目录中为6叶。

74.9
a 16-9

b ཛམ་བྷ་ལ་དཀར་པོ་ཡི་ཆུ་སྦྱིན་ལ་བརྟེན་ནས་སྒྲུབ་པ་དངོས་གྲུབ་འདོད་འཇོའི་རྫིང་བུ།

依白藏跋拉外水施修法·悉地如意池

c བཀྲ་ཚུལ་ཁྲིམས་རིན་ཆེན།

d

e ཆོ་ག（仪轨）

f 刻本 སྡེ་དགེ（四川德格）

g 乌金 梵夹装 47.5×6.5
h 10 6
i 无 藏纸 黑 完整
j 封面钤有“民族文化宫图书馆藏”印。

74.10
a 16-10

b ཆོས་སྐྱོང་གཏོར་མའི་རིམ་པ་ཀུན་དགའི་རོལ་མཚོ།

法行神馐次第·遍喜戏海

c བཀྲ་ཚུལ་ཁྲིམས་རིན་ཆེན།

d སྡེ་དགེ（四川德格）

e ཆོ་ག（仪轨）

f 刻本 སྡེ་དགེ（四川德格）

g 乌金 梵夹装 47.5×6.5
h 5 6
i 无 藏纸 黑 完整
j 封面钤有“民族文化宫图书馆藏”印。

74.11
a 16-11

b སཙྪ་འདེབས་པའི་ཆོ་ག་དགེ་ཚོགས་རྒྱ་མཚོ་འཕེལ་བའི་ཟླ་བ།

印制小泥塔小泥像仪轨·福善海增长之月

c བཀྲ་ཚུལ་ཁྲིམས་རིན་ཆེན།

d ཆོས་སྡེ་བསམ་གྲུབ་ཕོ་བྲང་།（四川德格曲德桑珠宫殿）

e ཆོ་ག།（仪轨）

f 刻本 སྡེ་དགེ（四川德格）

g 乌金 梵夹装 47.5×6.5
h 11 6
i 无 藏纸 黑 完整
j 封面钤有“民族文化宫图书馆藏”印。

74.12
a 16-12

b ལེགས་པར་སྦྱར་བའི་འི་སྐད་ཀྱི་ཀློག་ཐབས་རྣམ་གསལ་སྒྲོན་མ།

梵语读法·明灯

c བདུད་སྒྲོད་པ་ཚུལ་ཁྲིམས་རིན་ཆེན།

d རབ་རྒྱས། 铁马年（1750）

e སྐད་ཀློག་ཐབས།（梵文读法）

f 刻本 སྡེ་དགེ（四川德格）

g 乌金 梵夹装 47.5×6.5
h 5 6
i 无 藏纸 黑 完整
j 封面钤有“民族文化宫图书馆藏”印。

74.13
a 16-13

b དགེ་ཚུལ་གྱི་སྡོམ་པ་གསུམ་ལྡན་པའི་དགེ་སློང་བར་གྱིས་ཉེ་བར་བསྙེན་པའི་དགོན་སྡེ་རྣམས་ཀྱི་བསླབ་བྱ་བཅའ་

ཡིག་ལེགས་ཉེས་རང་ཞལ་སྣང་བའི་མེ་ལོང་།

从沙弥至具足三律比丘所依寺院中学处清规制约

c བརྩེ་ཚུལ་ཁྲིམས་རིན་ཆེན།

d ཆོས་ལྡན།

e　བཅའ་ཡིག（清规戒律）

f　刻本　སྡེ་དགེ（四川德格）

g　乌金　梵夹装　47.5×6.5
h　24　6
i　无　藏纸　黑　完整
j　封面钤有“民族文化宫图书馆藏”印。

74.14
a　16-14
b　སྒྲོལ་མ་དཀར་མོ་ཡིད་བཞིན་འཁོར་ལོའི་སྒྲུབ་ཐབས་ལས་བརྩམས་པའི་དྲིས་ལན་པདྨ་དཀར་པོའི་ཕྲེང་བ།
　白色度母如意轮修法中问答・白莲鬘
c　བརྗེ་ཚུལ་ཁྲིམས་རིན་ཆེན།
d
e　བསྐྱང་གསོ།（问答）
f　刻本　སྡེ་དགེ（四川德格）
g　乌金　梵夹装　47.5×6.5
h　16　6
i　无　藏纸　黑　完整
j　封面钤有“民族文化宫图书馆藏”印。

74.15
a　16-15
b　དོགས་པའི་གནས་ཀྱི་མདུད་བུ་འགྲོལ་བའི་དྲིས་ལན་སོར་མོའི་ཟློས་གར།
　解疑难结之问答・指之戏舞
c　བརྗེ་ཚུལ་ཁྲིམས་རིན་ཆེན།
d
e　བསྡོ་སྨོན།（问答）
f　刻本　སྡེ་དགེ（四川德格）
g　乌金　梵夹装　47.5×6.5

h 6 6
i 无 藏纸 黑 完整
j 封面钤有“民族文化宫图书馆藏”印；民族宫目录中为 24 叶。

74.16
a 16-16
b བླ་མ་རྒྱལ་བའི་རྒྱལ་སྲས་བསྟན་སྲུང་ནོར་ལྷ་རྣམས་ལ་ཡན་ལག་བདུན་པ་འབུལ་བ་གསོལ་བ་གདབས་པ་སྐུ་གསུང་ཐུགས་རྟེན་དང་མཆོད་རྫས་གསར་སྐྲུན་རྣམས་ཀྱི་དཀར་ཆག་བསྔོ་བ་སྨོན་ལམ་བསྡོམས་པ་ཕུན་ཚོགས་བདེ་བཞིའི་བང་མཛོད།
诸上师、佛、菩萨、护法、财神等前献七支供祈祷文及新造佛像、经、塔、供物等目录回向发愿文·四分圆满宝藏
c བརྩེ་ཚུལ་ཁྲིམས་རིན་ཆེན།
d
e དཀར་ཆག་སོགས།（目录）
f 刻本 སྡེ་དགེ（德格）
g 乌金 梵夹装 47.5×6.5
h 51 6
i 无 藏纸 黑 完整
j 封面钤有“民族文化宫图书馆藏”印。

75
A 3488 416
B ཞུ་ཆེན་ཚུལ་ཁྲིམས་རིན་ཆེན་གྱི་གསུང་འབུམ།
许钦·楚臣仁钦文集
C ཛ
D ཞུ་ཆེན་ཚུལ་ཁྲིམས་རིན་ཆེན།
同 3483 介绍。

E 此函民族宫目录著录为29卷，西藏图书馆藏品缺2卷：《怖畏金刚上师瑜不共供养仪轨诵法·贤劫项饰》《六面黑阎摩二十一尊曼荼罗仪轨·莲舌开启之津液》。

75.1
a 27-1

b དཔལ་ས་སྐྱ་ངག་དབང་ཀུན་དགའ་བློ་གྲོས་སངས་རྒྱས་བསྟན་པའི་རྒྱལ་མཚན་པ་ལ་བསྟོད་པ་བསམ་དགུའི་སྒྲང་སྙེ་འཇོ་བའི་མགྲིན་སྣན།

萨迦派阿旺恭嘎洛卓桑杰丹伯坚赞赞颂文·如愿蜂音

c བཞི་ཚུལ་ཁྲིམས་རིན་ཆེན།

d

e བསྟོད་ཚོགས།（赞集）

f 刻本 སྡེ་དགེ（四川德格）

g 乌金 梵夹装 47.5×6.5
h 8 6
i 无 藏纸 黑 完整
j 封面钤有“民族文化宫图书馆藏”印。

75.2
a 27-2

b དཔལ་གཤིན་རྗེ་གཤེད་ནག་པོ་གདོང་དྲུག་ལྷ་ཉེར་གཅིག་པའི་དཀྱིལ་འཁོར་གྱི་སྒྲུབ་ཐབས་ཞལ་ལུང་འདབ་བརྒྱ་ཕྱེ་བའི་འགྲམ་ཆང་།

六面黑阎摩二十一尊曼荼罗修法·语教生津

c བཞི་ཚུལ་ཁྲིམས་རིན་ཆེན།

d

e སྒྲུབ་ཐབས།（修心法）

f 刻本 སྡེ་དགེ（四川德格）

g 乌金 梵夹装 47.5×6.5
h 37 6

i　无　藏纸　黑　完整
j　封面钤有“民族文化宫图书馆藏”印。

75. 3
a　27-3
b　བཅོམ་ལྡན་འདས་གཤིན་རྗེའི་གཤེད་གདོང་དྲུག་པ་ལྷ་ཉེར་གཅིག་གི་དཀྱིལ་འཁོར་དབང་བསྐུར་བའི་མཚམས་སྦྱོར་སྨིན་བྱེད་གསེར་ལྡན།
六面阎摩二十一尊曼荼罗中灌顶开示
c　བཟོད་ཚུལ་ཁྲིམས་རིན་ཆེན།
d　སྡེ་དགེ（四川德格）
e　སྔགས།(密宗)
f　刻本　སྡེ་དགེ（四川德格）
g　乌金　梵夹装　47×6.5
h　33　6
i　无　藏纸　黑　完整
j　封面钤有“民族文化宫图书馆藏”印。

75. 4
a　27-4
b　བཅོམ་ལྡན་འདས་ཚེ་དང་ཡེ་ཤེས་དཔག་ཏུ་མེད་པ་དཀར་པོའི་རྗེས་སུ་གནང་བའི་གསལ་བྱེད་སོམ་ཉིའི་མུན་འཐོག
薄伽梵白色寿智无量佛尊随许法明解·消除疑暗
c　བཟོད་ཚུལ་ཁྲིམས་རིན་ཆེན།
d
e　སྔགས།(密宗)
f　刻本　སྡེ་དགེ（四川德格）
g　乌金　梵夹装　47×6.5
h　5　6

i　无　藏纸　黑　完整
j　封面钤有“民族文化宫图书馆藏”印；民族宫目录中为6叶。

75.5
a　27-5
b　གྲུབ་ཐོབ་ཐང་སྟོང་རྒྱལ་པོ་ལུགས་ཀྱི་ཚེ་དཔག་མེད་འཆི་མེད་དཔལ་སྟེར་གྱི་ཚེ་སྒྲུབ་ཉམས་སུ་ལེན་ཚུལ་འཆི་མེད་

　བཅུད་ལེན།

　大成就师汤东杰波传规无量寿赐不死吉祥长寿修法·长寿采英
c　བཟོ་ཚུལ་ཁྲིམས་རིན་ཆེན།
d　ས་དཀར་བསམ་གྲུབ་གླིང་།（四川萨嘎桑珠林）
e　ཚེ་སྒྲུབ།(长寿修法)
f　刻本　སྡེ་དགེ（四川德格）
g　乌金　梵夹装　47.5×6.5
h　4　6
i　无　藏纸　黑　完整
j　封面钤有“民族文化宫图书馆藏”印。

75.6
a　27-6
b　གསེར་ཆོས་འཇམ་དཔལ་ནག་པོའི་བསྒོམ་བཟླས་ཉམས་སུ་བླང་ཚུལ་ཀུན་དགའི་མེ་ལོང་།
　金法黑文殊诵修法·普庆明镜
c　བཟོ་ཚུལ་ཁྲིམས་རིན་ཆེན།
d
e　བསྒོམ་བཟླས།(修心法)
f　刻本　སྡེ་དགེ（四川德格）
g　乌金　梵夹装　47.5×6.5
h　9　6
i　无　藏纸　黑　完整
j　封面钤有“民族文化宫图书馆藏”印。

75.7
a 27-7

b གཉེན་སྒྲོལ་ཡན་ལག་དྲུག་པའི་བསྙེན་སྒྲུབ་བྱ་ཚུལ་གྱི་ཡི་གེ་ཨུཏྤལ་གཞོན་ནུའི་ཕྲེང་བ།

业译师传规之度母第六支闭关静修法诵文·青莲童子鬘

c བརྩེ་ཚུལ་ཁྲིམས་རིན་ཆེན།

d

e སྔགས།(密宗)

f 刻本 སྡེ་དགེ（四川德格）

g 乌金 梵夹装 47.5×6.5
h 9 6
i 无 藏纸 黑 完整
j 封面钤有“民族文化宫图书馆藏”印。

75.8
a 27-8

b ཀུ་རུ་ཀུལླ་དམར་མོའི་ཕྲེང་བ་ཅན་གྱི་སྒྲུབ་ཐབས་དང་རྗེས་གནང་གི་ཆོ་ག་རྣམ་གསལ་མེ་ལོང་།

古汝红威火鬘修法及随许法仪轨明镜

c བརྩེ་ཚུལ་ཁྲིམས་རིན་ཆེན།

d

e ཆོ་ག(仪轨)

f 刻本 སྡེ་དགེ（四川德格）

g 乌金 梵夹装 47.5×6:5
h 9 6
i 无 藏纸 黑 完整
j 封面钤有“民族文化宫图书馆藏”印。

75.9
a 27-9

b རྗེ་བཙུན་སེངྒེ་སྒྲ་བའི་ཞི་བའི་སྦྱིན་སྲེག་བྱ་བའི་ཆོ་ག་ཟླ་འོད་གསར་བ།

至尊狮子吼和息灾护摩仪轨·明月新光

c བརྩེ་ཚུལ་ཁྲིམས་རིན་ཆེན།

d

e ཆོ་ག(仪轨)

f 刻本 སྡེ་དགེ(四川德格)

g 乌金 梵夹装 47.5×6.5
h 7 6
i 无 藏纸 黑 完整
j 封面钤有“民族文化宫图书馆藏”印。

75.10
a 27-10

b བསྟན་སྲུང་དབང་པོ་རྣམས་ཐུགས་དགྱེས་པར་བསྐྱེད་པ་དང་དགྲ་བགེགས་ལ་ཐེད་པའི་ཚུལ་དུ་སྒྲུབ་པའི་ཕྲིན་ལས་གཏོར་བཟློག་གཡུལ་ལས་རྣམ་པར་རྒྱལ་བའི་ངར།

诸护法生喜及遣神灭敌事业供神馐回遮法·战胜之吼声

c བརྩེ་ཚུལ་ཁྲིམས་རིན་ཆེན།

d

e ཆོ་ག(仪轨)

f 刻本 སྡེ་དགེ(四川德格)

g 乌金 梵夹装 47.5×6.5
h 21 6
i 无 藏纸 黑 完整
j 封面钤有“民族文化宫图书馆藏”印。

75.11
a 27-11

b ལྷག་པའི་ལྷ་བཀའ་སྲུང་དུ་བཅས་པ་ལ་གཏོར་མ་འབུལ་བའི་ཆོ་ག་ཉུང་ངུ་དོན་འདུས།

守本尊誓护法前供神馐仪轨·简明摄义

c བརྩེ་ཚུལ་ཁྲིམས་རིན་ཆེན།

d

e ཆོ་ག།(仪轨)

f 刻本 སྡེ་དགེ（四川德格）

g 乌金 梵夹装 47.5×6.5
h 5 6
i 无 藏纸 黑 完整
j 封面钤有“民族文化宫图书馆藏”印。

75.12
a 27-12

b བསྟན་སྲུང་རྣམས་ལ་རྐྱེན་སེལ་ཕྲིན་འཆོལ་རེ་བ་མྱུར་འགྲུབ་ཞེས་བྱ་བ།
诸护法前除障托付事业文·迅速满愿

c བརྡེ་ཚུལ་ཁྲིམས་རིན་ཆེན།

d

e ཕྲིན་འཆོལ།(托业)

f 刻本 སྡེ་དགེ（四川德格）

g 乌金 梵夹装 48×6.5
h 9 6
i 无 藏纸 黑 完整
j 封面钤有“民族文化宫图书馆藏”印。

75.13
a 27-13

b བསྟན་སྲུང་དབང་པོའི་ཚོགས་ལ་ཕྲིན་ལས་བསྐུལ་བ་འཇིགས་རུང་རྡོ་རྗེའི་བཞད་སྒྲ།
护法明王前劝动事业诵文·可怖金刚笑声

c བརྡེ་ཚུལ་ཁྲིམས་རིན་ཆེན།

d

e ཕྲིན་བསྐུལ།(励业)

f 刻本 སྡེ་དགེ（四川德格）

g 乌金 梵夹装 47×6.5
h 6 6
i 无 藏纸 黑 完整
j 封面钤有“民族文化宫图书馆藏”印。

75.14
a 27-14

b བསྟན་སྲུང་རྣམས་ལ་བསྐང་གསོ་དང་སྤྱན་གཟིགས་འབུལ་བའི་ལས་བསྐུལ་བསྟན་པ་རྒྱས་པའི་དབྱར་རྔ།

诸护法前献酬供及亲眼供物劝请事业文·宏教雷声

c བརྟེ་ཚུལ་ཁྲིམས་རིན་ཆེན།

d

e བསྐང་གསོ། （补酬）

f 刻本 སྡེ་དགེ（四川德格）

g 乌金 梵夹装 47×6.5
h 10 6
i 无 藏纸 黑 完整
j 封面钤有“民族文化宫图书馆藏”印。

75.15
a 27-15

b རྟེན་བཞེངས་རྣམས་ཀྱི་ཞལ་བྱང་དང་བསྔོ་བ་སྨོན་ལམ་གྱི་ཚིགས་སུ་བཅད་པའི་སྤྲང་རྩེ་ཡོལ་གོ

建造佛像、经、塔等题词及回向发愿颂文

c བརྟེ་ཚུལ་ཁྲིམས་རིན་ཆེན།

d

e བསྔོ་སྨོན། （愿颂文）

f 刻本 སྡེ་དགེ（四川德格）

g 乌金 梵夹装 47×6.5
h 3 6
i 无 藏纸 黑 完整
j 封面钤有“民族文化宫图书馆藏”印；民族宫目录中为6叶。

75.16

a 27-16

b བཅུ་དྲུག་ཞལ་གྱི་བསྙེན་ཐབས་དྲི་མེད་ཐེང་བའི་གསལ་བྱེད།

十一面观音闭关静修法·阐明无垢鬘

c བཟེ་ཚུལ་ཁྲིམས་རིན་ཆེན།

d

e ཚོ་ག(仪轨)

f 刻本 སྡེ་དགེ（四川德格）

g 乌金 梵夹装 47×6.5

h 3 6

i 无 藏纸 黑 完整

j 封面钤有“民族文化宫图书馆藏”印。

75.17

a 27-17

b དམ་པའི་ཆོས་སྒྲོགས་བྱེད་པའི་སྔོན་རྗེས་ཀྱི་བསམ་བརྗོད་རྣམ་གསལ་མེ་ལོང་།

宣读正法前后之思维及说词明镜

c བཟེ་ཚུལ་ཁྲིམས་རིན་ཆེན།

d

e གདམས་པ།(教诫)

f 刻本 སྡེ་དགེ（四川德格）

g 乌金 梵夹装 47×6.5

h 5 6

i 无 藏纸 黑 完整

j 封面钤有“民族文化宫图书馆藏”印。

75.18

a 27-18

b ཆོས་གཏམ་ཐར་པར་འཁྲིད་པའི་ཕོ་ཉ།

法语解脱导引天使·中阴有情教诫

c བརྩེ་ཚུལ་ཁྲིམས་རིན་ཆེན།

d

e འཕྲིན་ཡིག(信札)

f 刻本 སྡེ་དགེ（四川德格）

g 乌金 梵夹装 47×6.5
h 11 6
i 无 藏纸 黑 完整
j 封面钤有“民族文化宫图书馆藏”印。

75.19
a 27-19

b གསང་ཆེན་རྒྱུད་ཀྱི་རྒྱལ་པོ་རྣམས་ནས་བསྟན་པའི་གནས་ཡུལ་ཆེན་པོ་རྣམས་ཀྱི་ངོས་འཛིན་ཤེས་བྱའི་སྣང་མོ་ངོམ་པའི་མེ་ལོང་།

诸大密续王中所示诸圣地识·开示见识明镜

c བརྩེ་ཚུལ་ཁྲིམས་རིན་ཆེན།

d སྡེ་དགེ（四川德格）

e གནས་ཡུལ་ངོས་འཛིན།(圣地识)

f 刻本 སྡེ་དགེ（四川德格）

g 乌金 梵夹装 47×6.5
h 15 6
i 无 藏纸 黑 完整
j 封面钤有“民族文化宫图书馆藏”印。

75.20
a 27-20

b དགོས་སྐབས་ཆོས་ཀྱི་དཀའ་གནས་ཀྱི་དོགས་པ་དྲིས་པའི་ལན་སྔོན་མེ་ཏོག་ཕྲེང་བ།

正法疑难答问·鲜花鬘

c བརྩེ་ཚུལ་ཁྲིམས་རིན་ཆེན།

d

e དྲི་བ་དྲིས་ལན། （问答）

f 刻本 སྡེ་དགེ（四川德格）

g 乌金 梵夹装 47×6.5

h 19 6

i 无 藏纸 黑 完整

j 封面钤有“民族文化宫图书馆藏”印。

75.21

a 27-21

b སྤྲུལ་པའི་སྐུ་མཆོག་སྐལ་བཟང་ཕྲིན་ལས་ལྷུན་གྲུབ་པ་ནས་བཀའི་ཕྲིན་ཡིག་འབྱོར་བའི་གསུང་ལན་ཨ་སྨྲའི་

འབྲས་བུ།

活佛格桑陈来伦珠来书所问答问篇·巷摩罗果

c བརྩེ་ཚུལ་ཁྲིམས་རིན་ཆེན།

d

e འཕྲིན་ཡིག（信札）

f 刻本 སྡེ་དགེ（四川德格）

g 乌金 梵夹装 47×6.5

h 10 6

i 无 藏纸 黑 完整

j 封面钤有“民族文化宫图书馆藏”印。

75.22

a 27-22

b ཤེས་བྱའི་གནས་ཀྱི་དོགས་པ་དྲིས་པའི་ལན་སྔོན་ཡིད་འཕྲོག་རྐང་སྟབས།

所知境界疑难答问篇·悦意步伐

c བརྩེ་ཚུལ་ཁྲིམས་རིན་ཆེན།

d

e དྲི་བ་དྲིས་ལན།（问答）

f 刻本 སྡེ་དགེ（四川德格）

g 乌金 梵夹装 47×6.5
h 15 6
i 无 藏纸 黑 完整
j 封面钤有“民族文化宫图书馆藏”印。

75.23
a 27-23

b བསང་མཆོད་ཀྱི་ཆོ་གའི་རྣམ་བཤད་ཚོགས་གཉིས་རྒྱ་གཏེར་འཕེལ་བའི་ཟླ་བ།

煨桑供养仪轨释·二资粮海增长之月

c བརྩེ་ཚུལ་ཁྲིམས་རིན་ཆེན།

d

e ཆོ་ག（仪轨）

f 刻本 སྡེ་དགེ（四川德格）

g 乌金 梵夹装 46×6.5
h 27 6
i 无 藏纸 黑 完整
j 封面钤有“民族文化宫图书馆藏”印。

75.24
a 27-24

b རིགས་གསུམ་མགོན་པོའི་སྒྲུབ་ཐབས་ཚོགས་སུ་བཅད་པ།

三部怙主修法颂文

c བརྩེ་ཚུལ་ཁྲིམས་རིན་ཆེན།

d རྨ་རོང་ཆབ་ཚར་ཁ།

e སྒྲུབ་ཐབས།（修心法）

f 刻本 སྡེ་དགེ（四川德格）

g 乌金 梵夹装 46×6.5
h 7 6

i 无 藏纸 黑 完整
j 封面钤有“民族文化宫图书馆藏”印。

75.25
a 27-25
b སྤྲུལ་པའི་རྒྱལ་ཁབ་ཆེན་པོ་བསེ་ཁྲབ་པའི་ཐུགས་དམ་སྐང་བ་དང་ཆོ་ག་རྫོགས་ལྡན་སྤྲིན་གྱི་ང་གསང་།
化身王色操巴酬愿仪轨·圆劫雷声
c བརྩེ་ཚུལ་ཁྲིམས་རིན་ཆེན།
d ཧོར་ཉག་ཟྭག་དགོན། (四川霍尔聂扎工寺)
e ཆོ་ག (仪轨)
f 刻本 སྡེ་དགེ (四川德格)
g 乌金 梵夹装 46×6.5
h 7 6
i 无 藏纸 黑 完整
j 封面钤有“民族文化宫图书馆藏”印。

75.26
a 27-26
b འཇིགས་བྱེད་བཅུ་དྲུག་པའི་གཏོར་བཟློག་སྐབས་ཀྱི་དྲག་བསྐུལ་དུས་དགྲའི་དབང་པོ་བཞད་པའི་ང་རོ།
怖畏金刚六十分回遮供食诛伏法·时仇王笑声
c བརྩེ་ཚུལ་ཁྲིམས་རིན་ཆེན།
d
e གཏོར་བཟློག (神馐回供)
f 刻本 སྡེ་དགེ (四川德格)
g 乌金 梵夹装 46×6.5
h 6 6
i 无 藏纸 黑 完整
j 封面钤有“民族文化宫图书馆藏”印。

75.27

a 27-27

b གནོད་སྦྱིན་གྱི་དགྲ་ལྷའི་རྒྱལ་པོ་ཡ་བ་སྐྱ་བདུན་ལ་བསང་མཆོད་འབུལ་བའི་ཆོ་ག་ལྷའི་ཇ་ཆེན།

药叉上怨王雅哇嘉顿煨桑供养仪轨·天鼓

c བརྩེ་ཚུལ་ཁྲིམས་རིན་ཆེན།

d

e ཆོ་ག（仪轨）

f 刻本 སྡེ་དགེ（四川德格）

g 乌金 梵夹装 46×6.5

h 4 6

i 无 藏纸 黑 完整

j 封面钤有“民族文化宫图书馆藏”印。

76

A **3489 418**

B ཞུ་ཆེན་ཚུལ་ཁྲིམས་རིན་ཆེན་གྱི་གསུང་འབུམ།

许钦·楚臣仁钦文集

C **ཏ**

D ཞུ་ཆེན་ཚུལ་ཁྲིམས་རིན་ཆེན།

同 3483 介绍。

E 馆藏齐全。

76.1

a 23-1

b སངས་རྒྱས་ཐོད་པ་ལྔ་ཉི་ཤུ་རྩ་ལྔའི་སྒྲུབ་ཐབས་ངག་འདོན་བ་ཀུ་ལའི་ཁ་འབྱེད།

佛颅二十五尊修法念诵仪·薄俱罗开花

c བརྩེ་ཚུལ་ཁྲིམས་རིན་ཆེན།

d སྡེ་དགེ（四川德格）

e　སྒྲུབ་ཐབས། （修心法）

f　刻本　སྡེ་དགེ（四川德格）

g　乌金　梵夹装　46×6.5
h　9　6
i　有　藏纸　黑　完整
j　封面钤有“民族文化宫图书馆藏”印。

76.2
a　23-2

b　བདེ་མཆོག་སངས་རྒྱས་ཐོད་པ་ལྔ་ཉེར་ལྔའི་དཀྱིལ་འཁོར་དབང་ཆོག་བ་ཀུ་ལའི་ཁ་འབྱེད།

胜乐佛颅二十五尊曼荼罗灌顶仪轨·薄俱罗花开

c　བཀྲ་ཚུལ་ཁྲིམས་རིན་ཆེན།

d　ཆུ་འབྲུག 水龙年（1775）　ལྷུན་གྲུབ་སྟེང་།（四川德格）

e　དབང་ཆོག（灌顶仪轨）

f　刻本　སྡེ་དགེ（四川德格）

g　乌金　梵夹装　46×6.5
h　39　6
i　无　藏纸　黑　完整
j　封面钤有“民族文化宫图书馆藏”印。

76.3
a　23-3

b　རྡོ་རྗེ་མི་འཁྲུགས་པའི་ཆོ་ག་ལས་སྒྲིབ་རྣམ་སྦྱོང་གི་གཞིན་གསོན་རྗེས་འཛིན་སྐབས་ཀྱི་ཟུར་རྒྱན་སོམ་ཉི་མུན་སེལ་སྒྲོན་མ།

不动金刚仪轨净除业障摄益生亡时之附属庄严·消除疑暗明灯

c　བཀྲ་ཚུལ་ཁྲིམས་རིན་ཆེན།

d　ལྷུན་གྲུབ་སྟེང་།（四川德格）

e ཆོ་ག（仪轨）

f 刻本 སྡེ་དགེ（四川德格）

g 乌金 梵夹装 46×6.5
h 5 6
i 无 藏纸 黑 完整
j 封面钤有“民族文化宫图书馆藏”印。

76.4
a 23-4

b གཟའ་ཡུམ་འཁོར་དང་བཅས་པ་མཆོད་པའི་ཆོ་ག་གནད་གདོན་མུན་པ་སེལ་བའི་ཉི་ཟླའི་མ་ཧྲུམ།

曜母及眷属供养仪轨·除病魔黑暗日光

c བཙེ་ཚུལ་ཁྲིམས་རིན་ཆེན།

d ལྷུན་གྲུབ་སྟེང་།（四川德格）

e ཆོ་ག（仪轨）

f 刻本 སྡེ་དགེ（四川德格）

g 乌金 梵夹装 46×6.5
h 13 6
i 无 藏纸 黑 完整
j 封面钤有“民族文化宫图书馆藏”印。

76.5
a 23-5

b ལོ་ཐོག་སད་སྲུང་མྱ་ངན་མེད་པའི་ཁ་འབྱེད།

庄稼防雹法·无忧开花

c བཙེ་ཚུལ་ཁྲིམས་རིན་ཆེན།

d ལྷུན་གྲུབ་སྟེང་།（四川德格）

e ཆོ་ག（仪轨）

f 刻本 སྡེ་དགེ（四川德格）

g 乌金 梵夹装 46×6.5
h 12 6
i 无 藏纸 黑 完整
j 封面钤有“民族文化宫图书馆藏”印。

76.6
a 23-6

b ཀྱེ་རྡོ་རྗེ་འཇིགས་བྱེད་གཉིས་ལ་གཏོར་འབུལ་འབྲིང་བ་བསྡུས་ཆོག་འཁྱེར་བདེ།

喜金刚及能怖金刚二法供神馐法易修中·略仪轨

c བཀྲ་ཤིས་ཁྲིམས་རིན་ཆེན།

d ལྷུན་གྲུབ་སྟེང་།（四川德格）

e གཏོར་འབུལ།（神馐仪轨）

f 刻本 སྡེ་དགེ（四川德格）

g 乌金 梵夹装 46×6.5
h 5 6
i 无 藏纸 黑 完整
j 封面钤有“民族文化宫图书馆藏”印。

76.7
a 23-7

b འཇམ་དཔལ་ཨ་ར་པ་ཙ་ནའི་སྒྲུབ་ཐབས་ཉིན་བྱེད་སྣང་བ།

文殊五字真言修法·日光

c བཀྲ་ཤིས་ཁྲིམས་རིན་ཆེན།

d ལྷུན་གྲུབ་སྟེང་།（四川德格）

e སྒྲུབ་ཐབས།（修心法）

f 刻本 སྡེ་དགེ（四川德格）

g 乌金 梵夹装 46×6.5

h 5 6
i 无 藏纸 黑 完整
j 封面钤有“民族文化宫图书馆藏”印。

76.8
a 23-8
b འབྱུང་བཞིའི་ཆོ་ག་དག་བྱེད་བདུད་རྩིའི་ཆུ་རྒྱུན།
四大种正轨·甘露长流
c བརྩེ་ཚུལ་ཁྲིམས་རིན་ཆེན།
d ལྷུན་གྲུབ་སྟེང་།（四川德格）
e ཆོ་ག（仪轨）
f 刻本 སྡེ་དགེ（四川德格）
g 乌金 梵夹装 47×6.5
h 9 6
i 无 藏纸 黑 完整
j 封面钤有“民族文化宫图书馆藏”印。

76.9
a 23-9
b ཐུབ་པ་གནས་བརྟན་འཁོར་དང་བཅས་པའི་བསང་མཆོད་ཀྱི་རིམ་པ་རྫོགས་ལྡན་བསོད་ནམས་སྤྲིན་ཕུང་།
牟尼罗汉及眷属侍等前煨香供法次第·圆满福资云
c བརྩེ་ཚུལ་ཁྲིམས་རིན་ཆེན།
d ལྷུན་གྲུབ་སྟེང་།（四川德格）
e ཆོ་ག（仪轨）
f 刻本 སྡེ་དགེ（四川德格）
g 乌金 梵夹装 46×6.5
h 3 6
i 无 藏纸 黑 完整
j 封面钤有“民族文化宫图书馆藏”印。

76.10

a 23-10

b ཉག་ཐག་ཡུལ་གྱི་གཞི་བདག་འབྱུང་ཆུང་སྟག་རིལ་འཁོར་དང་བཅས་པའི་བསང་མཆོད་འདོད་འབྱུང་སྤྲིན་གྱི་

ང་གསང་།

涅查之地神鹏穹达日及眷属等煨桑供法·愿云鼓声

c བཛྲ་ཚུལ་ཁྲིམས་རིན་ཆེན།

d སྡེ་དགེ་དགོན་ཆེན།（四川德格）

e ཆོ་ག（仪轨）

f 刻本 སྡེ་དགེ（四川德格）

g 乌金 梵夹装 46×6.5

h 8 6

i 无 藏纸 黑 完整

j 封面钤有“民族文化宫图书馆藏”印。

76.11

a 23-11

b མ་ཅིག་རྡོ་རྗེ་དབང་གྲོལ་འཁོར་དང་བཅས་པའི་གཏོར་བསྔོ་དང་ཐུགས་དམ་བསྐང་བའི་ཆོ་ག་བསམ་དོན་

ཀུན་གྲུབ།

独母金刚自在解脱母眷等供神馐、回向及酬愿仪轨·所愿皆成

c བཛྲ་ཚུལ་ཁྲིམས་རིན་ཆེན།

d སྡེ་དགེ་དགོན་ཆེན།（四川德格）

e ཆོ་ག（仪轨）

f 刻本 སྡེ་དགེ（四川德格）

g 乌金 梵夹装 46×6.5

h 5 6

i 无 藏纸 黑 完整

j 封面钤有“民族文化宫图书馆藏”印。

76.12

a 23-12

b དགེ་འདུན་དབྱེན་འདུམ་གྱི་མཆོད་རྟེན་ཆེན་པོ་བཞེངས་པའི་དཀར་ཆག་དྭངས་གསལ་མེ་ལོང་།

僧伽和解大塔建立之目录·水晶明镜

c བཟླ་ཚུལ་ཁྲིམས་རིན་ཆེན།

d ལྕགས་སྟག 铁虎年（1770） ལྷུན་གྲུབ་སྟེང་།（四川德格）

e དཀར་ཆག（目录）

f 刻本 སྡེ་དགེ（四川德格）

g 乌金 梵夹装 46×6.5

h 12 6

i 无 藏纸 黑 完整

j 封面钤有“民族文化宫图书馆藏”印。

76.13

a 23-13

b རྣམ་པར་དཔྱོད་ལྡན་ནས་སོམ་ཉིའི་གནས་ཀྱི་གསང་ལན་དབང་པོའི་ཟླ་རིས།

依慧消除疑虑之密答书·明月图画

c བཟླ་ཚུལ་ཁྲིམས་རིན་ཆེན།

d ལྷུན་གྲུབ་སྟེང་།（四川德格）

e དྲི་བ་དྲིས་ལན།（问答）

f 刻本 སྡེ་དགེ（四川德格）

g 乌金 梵夹装 46×6.5

h 16 6

i 无 藏纸 黑 完整

j 封面钤有“民族文化宫图书馆藏”印。

76.14

a　23-14

b　གཏན་འཇོག་གི་ཡི་གེ་འགྱུར་མེད་དྲང་ཐིག

长留文书·不变正直线

c　བརྩེ་ཚུལ་ཁྲིམས་རིན་ཆེན།

d　མེ་ཁྱི། 火狗年（1766）　ལྷུན་གྲུབ་སྟེང་།（四川德格）

e　གཏན་འཇོག་གི་ཡི་གེ（合同）

f　刻本　སྡེ་དགེ（四川德格）

g　乌金　梵夹装　46×6.5

h　3　6

i　无　藏纸　黑　完整

j　封面钤有“民族文化宫图书馆藏”印。

76.15

a　23-15

b　དཔལ་ལྷུན་གྲུབ་སྟེང་གི་ཆོས་གྲྭ་དང་རྫོ་ཁོ་ལྷ་ཁང་བཅས་པར་བསྐོར་བའི་གྲངས་ཚད་བསོད་ནམས་འབུམ་གཟུགས་འཆར་བའི་མེ་ལོང་།

伦珠顶寺院及垛柯神殿等中绕数量·现起多福明镜

c　བརྩེ་ཚུལ་ཁྲིམས་རིན་ཆེན།

d　ལྷུན་གྲུབ་སྟེང་།（四川德格）

e　བསྐོར་བའི་ཕན་ཡོན།（转经功德）

f　刻本　སྡེ་དགེ（四川德格）

g　乌金　梵夹装　46×6.5

h　8　6

i　无　藏纸　黑　完整

j　封面钤有“民族文化宫图书馆藏”印。

76.16

a　23-16

b དམ་པའི་ཆོས་སྒྲོགས་པ་རྣམས་ལ་ཕན་པར་གདམས་པ་དོན་གཉིས་གྲུབ་པའི་བཅུད་ལེན།

对诸宣诵正法者有益教言·二利成就之采英

c བཟླ་ཚུལ་ཁྲིམས་རིན་ཆེན་ནམ་དག་གི་དབང་པོ་འཇིགས་བྲལ་ཕྱོགས་ལས་རྣམ་པར་རྒྱལ་བའི་ལྷ་དབྱངས་ཅན་

སྙེམས་པའི་ལང་ཚོ།

d སྡེ་དགེ་ཕྱོགས་སྒྲོང་།（四川德格）

e མན་ངག（善言）

f 刻本 སྡེ་དགེ（四川德格）

g 乌金 梵夹装 46×6.5

h 6 6

i 无 藏纸 黑 完整

j 封面钤有"民族文化宫图书馆藏"印。

76.17

a 23-17

b བླ་མ་ཡི་དམ་རྒྱལ་བ་སྲས་དང་བཅས་པ་བསྟན་སྲུང་ནོར་ལྷའི་ཚོགས་དང་བཅས་པ་རྣམས་ལ་འདོད་དོན་གསོལ་

བའི་ཡི་གེ་དགེ་ལེགས་བསམ་གྲུབ་ལྷུན་གྲུབ།

上师本尊佛菩萨护法财神等前随愿祈祷文·如愿任运成就

c བཟླ་ཚུལ་ཁྲིམས་རིན་ཆེན།

d སྡེ་དགེ་ཕྱོགས་སྒྲོང་།（四川德格）

e གསོལ་འདེབས།（启请文）

f 刻本 སྡེ་དགེ（四川德格）

g 乌金 梵夹装 46×6.5

h 34 6

i 无 藏纸 黑 完整

j 封面钤有"民族文化宫图书馆藏"印；民族宫目录中为33叶。

76.18

a 23-18

b དཔལ་ས་སྐྱའི་བླ་མ་རྡོ་རྗེ་འཆང་ཡབ་སྲས་དང་ངོར་ཁང་གསར་མཁན་ཆེན་དང་ཀརྨ་ཞྭ་ནག་པ་བཅས་ལ་རང་གཞན་གྱི་ལེགས་འབུལ་སྟོབས་པའི་ཤིས་བརྗོད་ཚངས་སྲས་རྒྱུད་མངས་སྒྲ་དབྱངས།

吉祥萨迦教主金刚持师徒及俄康色大堪布与黑帽噶玛派等前致自他奉献之吉祥颂文·妙音天女琴声

c བཟེ་ཚུལ་ཁྲིམས་རིན་ཆེན།

d ལྷུན་གྲུབ་སྟེང་།（四川德格）

e བསྟོད་ཚོགས།（赞集）

f 刻本 སྡེ་དགེ（四川德格）

g 乌金 梵夹装 46×6.5

h 12 6

i 无 藏纸 黑 完整

j 封面钤有“民族文化宫图书馆藏”印。

76.19

a 23-19

b ཞྭ་སེར་བསྟན་པའི་སྣང་བྱེད་མཆོག་གི་སྤྲུལ་སྐུ་ངག་དབང་འཕྲིན་ལས་དཔལ་བཟང་བར་བརྡ་སྤྲོད་ཀུན་བཤད་ཀྱི་མཚན་གསོལ་བ་ཏྲ།

为黄教活佛阿旺称勒解说·声明之命名文

c བཟེ་ཚུལ་ཁྲིམས་རིན་ཆེན།

d ལྷུན་གྲུབ་སྟེང་།（四川德格）

e བརྡ་སྤྲོད།（语言学）

f 刻本 སྡེ་དགེ（四川德格）

g 乌金 梵夹装 46. 5×6.5

h 7 6

i 无 藏纸 黑 完整

j 封面钤有“民族文化宫图书馆藏”印。

76.20

a 23-20

b མེ་ཁྱིའི་མི་ཟད་གནམ་ལོ་གསར་ཚེས་ཀྱི་ཧ་བའི་ཟླ་ཚེས་སྐྲ་གཅན་དུས་མེས་རི་བོང་འཛིན་པར་འཇུག་པའི་རི་མོ་

ཤར་ཚེ་སྒོ་ཡིག་དགེ་བའི་འཕྲིན་ཤོང་།

丙戌年新年正月罗睺星尾进月中图形现起时贴门善说告示

c བརྩེ་ཚུལ་ཁྲིམས་རིན་ཆེན།

d ལྷུན་གྲུབ་སྟེང་།（四川德格）

e སྨན་རྩིས།（藏医历算）

f 刻本 སྡེ་དགེ（四川德格）

g 乌金 梵夹装 46．5×6.5

h 6 6

i 无 藏纸 黑 完整

j 封面钤有“民族文化宫图书馆藏”印。

76.21

a 23-21

b སྟོན་མཆོག་ཉེ་མའི་རྒྱ་ལག་བསྟན་སྲུང་གནས་བརྟན་བཅུ་དྲུག་ཞབས་འབྲིང་དྷརྨ་ཏཱ་ལ་མི་བདག་ཧ་ཤང་བཀའ་

སྲོད་རྒྱལ་ཆེན་དང་བཅས་པའི་རྟོགས་པ་བརྗོད།

释迦亲属护法十六尊者仆役达玛达那及哈香护法杰钦明王等之故事

c བརྩེ་ཚུལ་ཁྲིམས་རིན་ཆེན་ནམ་ངག་གི་དབང་པོ་འཇིགས་བྲལ་ཕྱོགས་ལས་རྣམ་པར་རྒྱལ་བའི་ལྷ་དཔྱད་ཀ་ཅན་

སྙེམས་པའི་ལང་ཚོ།

d ལྷུན་གྲུབ་སྟེང་།（四川德格）

e རྟོགས་བརྗོད།（传记）

f 刻本 སྡེ་དགེ（四川德格）

g 乌金 梵夹装 46×6.5

h 6 6
i 无 藏纸 黑 完整
j 封面钤有“民族文化宫图书馆藏”印。

76.22
a 23-22
b རང་གི་རྟོགས་བརྗོད་ཐང་ཀ་བཀོད་པའི་ཞལ་བྱང་དོན་བསྡུ་ཀུན་དགའ་བསྐྱེད་པའི་ཞིང་ཁམས་རྒྱ་མཚོ།
长久史事佛像画轴题辞摄义·普庆刹海
c བཟང་ཚུལ་ཁྲིམས་རིན་ཆེན།
d ལྷུན་གྲུབ་སྟེང་།（四川德格）
e རྟོགས་བརྗོད།（传记）
f 刻本 སྡེ་དགེ（四川德格）
g 乌金 梵夹装 46×6.5
h 6 6
i 无 藏纸 黑 完整
j 封面钤有“民族文化宫图书馆藏”印。

76.23
a 23-23
b ཆོས་སྨྲ་བའི་བཙུན་ཚུལ་ཁྲིམས་རིན་ཆེན་དུ་བོད་པའི་སྐྱེ་བ་ཕལ་བའི་རྐང་འཐུང་དགེ་སྡིག་འདྲེས་མའི་ལས་ཀྱི་
ཡལ་ག་ཕན་ཚུན་དུ་འཛོངས་པར་བདེ་སྡུག་གི་ལོ་འདབ་དུས་ཀྱི་རྒྱལ་མོས་རེ་མོས་སུ་བསྒྱུར་བ།
说法僧徒楚臣仁钦平生树发出善恶枝叶所经历苦乐史事
c བཙུན་ཚུལ་ཁྲིམས་རིན་ཆེན།
d སྡེ་དགེ་ལྷུན་གྲུབ་སྟེང་།（四川德格）
e ལོ་རྒྱུས།（史志）
f 刻本 སྡེ་དགེ（四川德格）
g 乌金 梵夹装 46×6.5
h 181 6

i 无 藏纸 黑 完整
j 封面钤有“民族文化宫图书馆藏”印。

77
A 3490 419
B ཞུ་ཆེན་ཚུལ་ཁྲིམས་རིན་ཆེན་གྱི་གསུང་འབུམ།
许钦·楚臣仁钦文集
C ཨ
D ཞུ་ཆེན་ཚུལ་ཁྲིམས་རིན་ཆེན།
同 3483 介绍。
E 此函民族宫目录中为 16 卷，在西藏图书馆藏品中仅存 2 卷。

77.1
a 2-1
b ཐམས་ཅད་མཁྱེན་པ་ཉི་མའི་གཉེན་གྱི་རྟོགས་པ་བརྗོད་མ་ལི་ཀཱའི་ཕྲེང་བ་ཞེས་བྱ་བ་བཞུགས་སོ།།
一切智释迦佛本生传·摩利噶花鬘
c ངག་དབང་འཇིགས་བྲལ་དབྱངས་ཅན་སྙེམས་པའི་ལང་ཚོའི་སྡེ།
d
e རྟོགས་བརྗོད།（传记）
f 刻本 སྡེ་དགེ（四川德格）
g 乌金 梵夹装 47×6.5
h 29 6
i 有 藏纸 黑 完整
j 封面钤有“民族文化宫图书馆藏”印。

77.2
a 2-2
b བཀའ་ཉེ་བར་མཁོ་བ་རྣམས་གཅིག་ཏུ་བསྡེབས་པའི་སྒྲིགས་བམ་འདོད་དགུ་འཇོ་བའི་བུམ་བཟང་ཞེས་བྱ་བའི་
མཚན་བྱང་བཞུགས་སོ།།

《甘珠尔》集·如意妙瓶

c བཞྡེ་ཚུལ་ཁྲིམས་རིན་ཆེན།

d

e བཀའ་བསྡུས།（甘珠尔集）

f 刻本 སྡེ་དགེ（四川德格）

g 乌金 梵夹装 47×6.5
h 7 6
i 无 藏纸 黑 完整
j 封面钤有“民族文化宫图书馆藏”印。

78
A 3490 415

B ཞུ་ཆེན་ཚུལ་ཁྲིམས་རིན་ཆེན་གྱི་གསུང་འབུམ།

许钦·楚臣仁钦文集

C ཆ

D ཞུ་ཆེན་ཚུལ་ཁྲིམས་རིན་ཆེན།

同 3483 介绍。
E 此函在民族宫目录中为 20 卷，西藏图书馆藏品中仅存 2 卷。

78.1
a 2-1

b དཔལ་རྡོ་རྗེ་ནག་པོ་ཆེན་པོ་མགུར་གྱི་མགོན་པོ་ཕྱི་སྲུང་བའི་འཁོར་ལོ་དང་ནང་རྩ་གསུམ་འཁོར་ལོ་ལྔ་ལ་བརྟེན་

པའི་བསྙེན་སྒྲུབ་ལས་སྦྱོར་ཁྱད་པར་བའི་སྒྲུབ་ཐབས་རྡོ་རྗེའི་གོ་མཚོན།

依吉祥大黑天宝帐怙主外护轮及内三脉五轮之闭关静修特殊诛法·金刚武器

c བཞྡེ་ཚུལ་ཁྲིམས་རིན་ཆེན།

d

c སྒྲུབ་ཐབས།（修心法）

f 刻本 སྡེ་དགེ（四川德格）

g 乌金 梵夹装 47×6.5
h 13 6
i 无 藏纸 黑 完整
j 封面钤有“民族文化宫图书馆藏”印。

78.2
a 2-2

b རྡོ་རྗེ་ནག་པོ་ཆེན་པོ་མགུར་གྱི་མགོན་པོ་ཁྲོ་བོ་བཅུ་དང་བཅས་པའི་སྲུང་བའི་འཁོར་ལོ་འབྲི་ཚུལ་རབ་གནས་དང་

བཅས་པའི་ཆོ་ག་རྣམ་གསལ་རིན་ཆེན་སྒྲོན་མེ།

大黑天宝帐怙主及十忿怒明王护轮画法及开光仪轨·智者宝灯

c བེ་རྡེ་ཚུལ་ཁྲིམས་རིན་ཆེན།

d ལྷུན་གྲུབ་སྟེང་གི་རྒྱལ་ཁབ་ཀྱི་དབང་པོའི་ཕྱོགས།（四川德格）

e ཆོ་ག（仪轨）

f 刻本 སྡེ་དགེ（四川德格）

g 乌金 梵夹装 47×6.5
h 7 6
i 无 藏纸 黑 完整
j 封面钤有“民族文化宫图书馆藏”印。

79
A 3490

B ཞུ་ཆེན་ཚུལ་ཁྲིམས་རིན་ཆེན་གྱི་གསུང་འབུམ།

许钦·楚臣仁钦文集

C

D ཞུ་ཆེན་ཚུལ་ཁྲིམས་རིན་ཆེན།

同3483介绍。
E 民族宫目录中无此函。

79.1

a 4-1

b ཚེ་དཔག་མེད་ལ་བརྟེན་པའི་རབ་གནས་མདོར་བསྡུས་པའི་ལག་ལེན།

依无量寿佛开光实践简要

c བེ་རྩེ་ཚུལ་ཁྲིམས་རིན་ཆེན།

d

e རབ་གནས།（开光）

f 刻本 སྡེ་དགེ（四川德格）

g 乌金 梵夹装 47×6.5

h 11 6

i 无 藏纸 黑 完整

j 封面钤有“民族文化宫图书馆藏”印。

79.2

a 4-2

b འཇིགས་བྱེད་ཞུགས་ཀྱི་སྒྲུབ་ཐབས་དང་གཏོར་ཆོག་གི་ཟུར་འདེབས་བསྙེན་སྒྲུབ་རྣམ་རོལ།

怖畏金刚修法及神馐仪轨之增益念修·享乐

c དཀོན་མཆོག་ལྷུན་གྲུབ།

d

e སྒྲུབ་ཐབས་སོགས།（修心法）

f 刻本 སྡེ་དགེ（四川德格）

g 乌金 梵夹装 47×6.5

h 9 6

i 无 藏纸 黑 完整

j 封面钤有“民族文化宫图书馆藏”印。

79.3

a 4-3

b དཔལ་ས་སྐྱ་པ་ངག་གི་དབང་ཕྱུག་ཀུན་དགའ་བློ་གྲོས་ལ་བསྟོད་པ་སྦྲང་རྩིའི་མགྲིན་སྣན།

吉祥萨迦阿格旺秀更噶罗追之赞·蜂之音

c བཻཌཱུ་རྱ་ཚུལ་ཁྲིམས་རིན་ཆེན།

d ཨཱཀྲི་རའི་ལོ། 水阳猴年（1752） ཚེས་སྡེ་བསམ་གྲུབ་ཕོ་བྲང་།（四川甘孜曲德桑珠宫殿）

e བསྟོད་ཚོགས།（赞集）

f 刻本 སྡེ་དགེ（四川德格）

g 乌金 梵夹装 47×6.5
h 2 6
i 无 藏纸 黑 完整
j 封面钤有“民族文化宫图书馆藏”印。

79.4
a 4-4

b བཅོམ་ལྡན་འདས་རྡོ་རྗེ་མི་འཁྲུགས་པའི་དཀྱིལ་འཁོར་གྱི་ཆོ་ག་ལས་སྒྲིབ་རྣམ་སྦྱོང་།

薄伽梵不动金刚佛曼荼罗仪轨之修障

c དཀོན་མཆོག་ལྷུན་གྲུབ།

d ལྕགས་མོ་ཕག་གི་ལོ། 铁阴猪年（1731） ཨེ་ཝཾ་ཆོས་ལྡན།（四川厄旺寺）

e ཆོ་ག（仪轨）

f 刻本 སྡེ་དགེ（四川德格）

g 乌金 梵夹装 47×6.5
h 10 6
i 有 藏纸 黑 完整
j 封面钤有“民族文化宫图书馆藏”印。

80
A 3491 6134

B སི་ཏུ་ཆོས་ཀྱི་འབྱུང་གནས་ཀྱི་གསུང་འབུམ།

司徒·曲吉穹勒文集

C ཀ

D སི་ཏུ་ཆོས་ཀྱི་འབྱུང་གནས་བསྟན་པའི་ཉིན་བྱེད། བཀའ་བརྒྱུད། རབ་བྱུང་བཅུ་གཉིས་པའི་ས་མོ་ཡོས་ཕྱི་ལོ་༡༧༠༠ལོར་འབྲི་ཟླ་ཟལ་མོ་སྒང་གི་ཁོངས་སྡེ་དགེ་ལྷུན་གྲུབ་སྟེང་དང་ཉེ་བར་ཨ་ལོ་ནང་དིང་རི་སྒང་དུ་ཡབ་དག་བང་ཚེ་རིང་དང་ཡུམ་ཕྲ་འགྲུ་མ་གཉིས་ཀྱི་སྲས་སུ་སྐུ་འཁྲུངས། དགུང་ལོ་གསུམ་པར་ཀརྨ་སྐུ་ཕྲེང་བཅུ་གཅིག་ཡེ་ཤེས་རྡོ་རྗེས་སི་ཏུ་སྐུ་ཕྲེང་བཞི་པའི་ཡང་སྲིད་དུ་ངོས་འཛིན། དགུང་ལོ་བཅུ་བཞི་པར་ཞྭ་དམར་སྐུ་ཕྲེང་བརྒྱད་པའི་མདུན་དུ་བྱུང་སྡོམ་པ་བཞེས། ཀརྨ་པ་ཞྭ་དམར་ནག་གཉིས། ཏཱ་ཧོར་རིན་པོ་ཆེ། རྒྱལ་བ་སྐུ་ཕྲེང་བདུན་པ་སྐལ་བཟང་རྒྱ་མཚོ་སོགས་རིས་མེད་མཁས་པ་མང་པོ་སློབ་དཔོན་དུ་བསྟེན་ནས་མཁས་པའི་ཡང་རྩེར་སོན། དགུང་ལོ་༢༣དང་༣༦སྐྱ་རྗེས་བལ་ཡུལ་དུ་ཐེངས་གཉིས་ཕེབས་བལ་ཡུལ་ཡམ་བུ་རྒྱལ་བུས་བཀུར་བཟོས་ཚད་མེད་གནང་། ཕྱི་ལོ་༡༧༢༧ལོར་དཔལ་སྤུངས་དགོན་ཕྱག་བཏབ།ཀརྨ་པ་བདུད་འདུལ་རྡོ་རྗེ། ཞྭ་དམར་ཆོས་གྲུབ་རྒྱ་མཚོ། ཀཿཐོག་རིག་འཛིན་ཚེ་དབང་ནོར་བུ། བོད་བཀའ་སློན་ཞབས་དྲུང་ཚེ་རིང་དབང་རྒྱལ་སོགས་སློབ་མ་མང་དུ་སྤེལ། རབ་བྱུང་བཅུ་གསུམ་པའི་ཕྱི་ལོ་༡༧༧༤ལོར་དཀར་མཛེས་སུ་དགོངས་པ་ཆོས་དབྱིངས་སུ་མནལ་ལོ། གསུང་རྩོམ་དཔལ་སྤུངས་པར་མ་པོད་བཅུ་བཞི་ཡོད། ངེས་དཔེ་མཛོད་ཁང་དུ་དཔལ་སྤུངས་པར་མ་པོད་ ༡༤ ཀ--པ ཨ ཨང་རྟགས་ ༢༣༢༦--༢༣༦༧ བཞུགས།

司徒·曲吉穹勒（1700—1774）：属噶举派。诞生于德格附近，系八邦寺的创建者。3 岁时被十一世噶玛活佛认定为四世司徒曲吉旺秋之转世灵童。14 岁前往卫藏，在第八世夏玛巴座前受戒出家。拜噶玛巴、第七世达赖喇嘛为师。先后两次前往尼泊尔加德满都。主持八邦寺勘察地形、奠基、建造等工作。在寺内绘制汉、尼泊尔绘制法结合的《本生如意图》。在其弟子噶龙夏茸次仁旺杰的督促下撰写《智者项饰》。又收集多种字体，创建“德志”（སྡེ་བྲིས།）藏文字体的写法。校对《甘珠尔》，撰写《甘珠尔目录》，共八品，今德格印经院储藏有五品。尊师作为学者中的泰斗，共赴前藏五次，云南、嘉茸等地，恩及黎民百姓。1774 年，遵圣旨，前往内地，途中在甘孜圆寂，享年 76 岁。其著作在西藏图书馆藏北京民族文化宫图书馆赠送的文集有八邦寺版 14 函，编号在 2326—2367 间。

E 馆藏齐全。

80.1
a 5-1

b ཏཱའི་སི་ཏུ་བསྟན་པའི་ཉིན་བྱེད་ཀྱི་གསུང་འབུམ་རིན་པོ་ཆེའི་བཞུགས་བྱང་དཀར་ཆག་རིན་ཆེན་ཕྲེང་བ་བཞུགས།

大司徒·丹白尼杰文集目录·大宝鬘

c

d

e དཀར་ཆག（目录）

f 刻本 དཔལ་སྤུངས་དགོན།（四川八邦寺）

g 乌金 梵夹装 53×6

h 3 6

i 无 汉纸 黑 完整

j 封面钤有“民族文化宫图书馆藏”印。

80. 2

a 5-2

b ཀ་ལཱ་པའི་བྱིངས་ཀྱི་མདོ་བུ་སྟོན་རིན་པོ་ཆེའི་འགྱུར་ལ་འགྱུར་བཅོས་མཛད་པ་སྐད་གཉིས་ཤན་སྦྱར།

梵藏对照改译布顿大师所译声明集分论

c མདོ་ཁམས་པ་བསྟན་པའི་ཉིན་བྱེད།

d རབ་བྱུང་བཅུ་གསུམ་པའི་དབང་ཕྱུག་ལོར། 第十三饶迥火牛年（1757）

e སྒྲ་རིག（声明学）

f 刻本 དཔལ་སྤུངས་དགོན།（四川八邦寺）

g 乌金 梵夹装 53×6

h 28 6

i 无 汉纸 黑 完整

j 封面钤有“民族文化宫图书馆藏”印。

80. 3

a 5-3

b ཀ་ལཱ་པའི་བྱིངས་མདོའི་འགྲེལ་པ།

声明集分论释

c བཙུན་པ་སྐད་གཉིས་སྨྲ་བ་སི་ཏུའི་མིང་ཅན།

d　རབ་བྱུང་བཅུ་གསུམ་པའི་མེ་ཕོ་བྱི་བའི་ལོ། 第十三饶迥火阳鼠年（1756）

　　ཐུབ་བསྟན་ཆོས་འཁོར་གླིང་གི་གཙུག་ལག་ཁང་།（四川）

e　སྒྲ་རིག（声明学）

f　刻本　དཔལ་སྤུངས་དགོན།（四川八邦寺）

g　乌金　梵夹装　53×6

h　72　6

i　无　汉纸　黑　完整

j　封面钤有“民族文化宫图书馆藏”印。

80.4

a　5-4

b　ལུང་སྟོན་པ་ཙནྡྲ་པའི་མདོ་བཞུགས་སོ།།

　　旃陀罗波声明论

c　ཀུན་བསྟན་པའི་ཉིན་བྱེད།

d

e　སྒྲ་རིག（声明学）

f　刻本　དཔལ་སྤུངས་དགོན།（四川八邦寺）

g　乌金　梵夹装　53×6

h　61　6

i　无　汉纸　黑　完整

j　封面钤有“民族文化宫图书馆藏”印。

80.5

a　5-5

b　ལེགས་པར་སྦྱར་བའི་སྒྲའི་བསྟན་བཅོས་ཙནྡྲ་པའི་རྣམ་བཤད་བརྡ་སྤྲོད་གཞུང་ལུགས་རྒྱ་མཚོར་འཇུག་ཅིང་ ལེགས་

　　བཤད་རིན་ཆེན་འདྲེན་པའི་གྲུ་གཟིངས་ཞེས་བྱ་བ་བཞུགས་སོ།།

　　旃陀罗波声明论释·入声明经义·引善言宝之航舟

c　རྗེ་བཙུན་བླ་མ་རིག་པ་འཛིན་པའི་དབང་ཕྱུག

d

e སྒྲ་རིག（声明学）

f 刻本 དཔལ་སྤུངས་དགོན།（四川八邦寺）

g 乌金 梵夹装 53×6

h 215 6

i 无 汉纸 黑 完整

j 封面钤有“民族文化宫图书馆藏”印。

81

A 3492 6135

B སི་ཏུ་ཆོས་ཀྱི་འབྱུང་གནས་ཀྱི་གསུང་འབུམ།

司徒·曲吉穹勒文集

C ཁ

D སི་ཏུ་བསྟན་པའི་ཉིན་བྱེད་དམ་ཆོས་ཀྱི་འབྱུང་གནས།

同3491介绍。

E 馆藏齐全。

81.1

a 1-1

b སྐབས་གཉིས་པ་ནས་སྐབས་བཞི་པ་ཡན་གྱི་འགྲེལ་པ།

旃陀罗波声明论释第二、第三、第四品

c རྗེ་བཙུན་བླ་མ་རིག་པ་འཛིན་པའི་དབང་ཕྱུག

d

e སྒྲ་རིག（声明学）

f 刻本 དཔལ་སྤུངས་དགོན།（四川八邦寺）

g 乌金 梵夹装 53×6

h 373 6

i 无 汉纸 黑 完整

j 封面钤有“民族文化宫图书馆藏”印。

82
A　3493　6136
B　སི་ཏུ་ཆོས་ཀྱི་འབྱུང་གནས་ཀྱི་གསུང་འབུམ།
　司徒·曲吉穹勒文集
C　ག
D　སི་ཏུ་བསྟན་པའི་ཉིན་བྱེད་དམ་ཆོས་ཀྱི་འབྱུང་གནས།
　同 3491 介绍。
E　馆藏齐全。

82.1
a　1-1
b　སྐབས་ལྔ་པ་ནས་སྐབས་དྲུག་པ།
　旃陀罗波声明论释第五、第六品
c　གཆ་བསྟན་པའི་ཉིན་བྱེད་གཙུག་ལག་ཆོས་ཀྱི་སྣང་བ།
d　རབ་བྱུང་ལྕགས་རྟ་ལོར། 铁马年（1750）
　མདོ་སྨད་སྡེ་དགེའི་མངའ་རིས་ཐུབ་བསྟན་ཆོས་འཁོར་གླིང་།（四川德格）
　རྗེ་བཙུན་བླ་མ་རིག་པ་འཛིན་པའི་དབང་ཕྱུག
e　སྒྲ་རིག（声明学）
f　刻本　དཔལ་སྤུངས་དགོན།（四川八邦寺）
g　乌金　梵夹装　53×6
h　341　6
i　无　汉纸　黑　完整
j　封面钤有“民族文化宫图书馆藏”印。

83
A　3494　6136

B　སི་ཏུ་ཆོས་ཀྱི་འབྱུང་གནས་ཀྱི་གསུང་འབུམ།

司徒·曲吉穹勒文集

C　ག

D　སི་ཏུ་བསྟན་པའི་ཉིན་བྱེད་དམ་ཆོས་ཀྱི་འབྱུང་གནས།

同 3491 介绍。

E　与 3493 号同。

83.1

a　1-1

b　སྐབས་ལྔ་པ་ནས་སྐབས་དྲུག་པ།

旃陀罗波声明论释第五、第六品

c　ཀརྨ་བསྟན་པའི་ཉིན་བྱེད་གཙུག་ལག་ཆོས་ཀྱི་སྣང་བ།

d　རབ་རྒྱུས་ལྕགས་ཏ་ལོར། 铁马年（1750）

མདོ་སྨད་སྡེ་དགེའི་མངའ་རིས་ཐུབ་བསྟན་ཆོས་འཁོར་གླིང་།（四川德格）

རྗེ་བཙུན་བླ་མ་རིག་པ་འཛིན་པའི་དབང་ཕྱུག

e　སྒྲ་རིག（声明学）

f　刻本　དཔལ་སྤུངས་དགོན།（四川八邦寺）

g　乌金　梵夹装　53×6

h　341　6

i　无　汉纸　黑　完整

j　封面钤有“民族文化宫图书馆藏”印。

84

A　3495　6137

B　སི་ཏུ་ཆོས་ཀྱི་འབྱུང་གནས་ཀྱི་གསུང་འབུམ།

司徒·曲吉穹勒文集

C ང

D སི་ཏུ་བསྟན་པའི་ཉིན་བྱེད་དམ་ཆོས་ཀྱི་འབྱུང་གནས།

同 3491 介绍。

E 馆藏齐全。

84.1

a 2-1

b སློབ་དཔོན་འཆི་མེད་སེང་གེས་མཛད་པའི་མིང་དང་རྟགས་རྗེས་སུ་བསྟན་པའི་བསྟན་བཅོས་འཆི་མེད་མཛོད་ཅེས་བྱ་བའི་གཞུང་སྐད་གཉིས་ཤན་སྦྱར་བ་བཞུགས་སོ།།

梵藏对照轨范师齐美森格所著名相论述 · 长寿藏

c ཀརྨ་བསྟན་པའི་ཉིན་བྱེད་གཙུག་ལག་ཆོས་ཀྱི་སྣང་བ།

d ཤིང་ཕོ་སྤྲེལ་ལོའི་ས་ག་ཟླ་བ། 木阳猴年（1764）藏历四月

མདོ་སྨད་སྡེ་དགེའི་མངའ་རིས་ཐུབ་བསྟན་ཆོས་འཁོར་གྱི་དགོན་པ།（四川德格）

e ལེགས་སྦྱར།（梵藏对照）

f 刻本 དཔལ་སྤུངས་དགོན།（四川八邦寺）

g 乌金 梵夹装 53×6

h 121 6

i 有 汉纸 黑 完整

j 封面钤有“民族文化宫图书馆藏”印。

84.2

a 2-2

b མིང་དང་རྟགས་རྗེས་སུ་བསྟན་པའི་བསྟན་བཅོས་འཆི་མེད་མཛོད་རྒྱ་ཆེར་འགྲེལ་པ་འདོད་འཇོའི་བ་མོ་ཞེས་བྱ་བ་བཞུགས་སོ།།

各相述论 · 长寿藏广释 · 如意牛

c

d

e བརྡ་སྤྲོད།（语言学）

f 刻本 དཔལ་སྤུངས་དགོན།（四川八邦寺）

g 乌金 梵夹装 53×6
h 248 6
i 有 汉纸 黑 完整
j 封面钤有“民族文化宫图书馆藏”印。

85
A 3496 6138

B སི་ཏུ་ཆོས་ཀྱི་འབྱུང་གནས་ཀྱི་གསུང་འབུམ།

司徒·曲吉穹勒文集

C ཅ

D སི་ཏུ་བསྟན་པའི་ཉིན་བྱེད་དམ་ཆོས་ཀྱི་འབྱུང་གནས།

同 3491 介绍。
E 馆藏齐全。

85.1
a 3-1

b མངོན་བརྗོད་འཆི་མེད་མཛོད་ཀྱི་འགྲེལ་པ་འདོད་འཇོའི་བ་མོའི་འཕྲོས་གླེགས་བམ་འོག་མ།

辞藻据甘露藏注释·如意附卷下函

c གཙུག་ལག་ཆོས་ཀྱི་སྣང་བ།

d རབ་བྱུང་བཅུ་གསུམ་པའི་ལྕགས་ཕོ་རྟའི་ལོ། 第十三饶迥铁马年（1750）

མཚུར་ཕུར་དབུ་བརྩམས་ནས་ལྷ་ལྡན་གཙུག་ལག་ཁང་།

e མངོན་བརྗོད།（辞藻学）

f 刻本 དཔལ་སྤུངས་དགོན།（四川八邦寺）

g 乌金 梵夹装 52.5×6
h 211 6

i 无 汉纸 黑 完整
j 封面钤有“民族文化宫图书馆藏”印。

85.2
a 3-2

b སྒྲའི་བྱེད་དངོས་ལས་གསུམ་གསལ་བར་བྱེད་པའི་གཞུང་འགྲེལ་པ་ལ་མཁས་པ།

阐明语法三直接业格之正文妙释

c བསྟན་པའི་ཉིན་བྱེད།

d རབ་བྱུང་བཅུ་གསུམ་པའི་དབང་ཕྱུག་གི་ལོ། 第十三饶迥火牛年（1757）

e སྒྲ་འགྲེལ། （声明学释）

f 刻本 དཔལ་སྤུངས་དགོན། （四川八邦寺）

g 乌金 梵夹装 52.5×6
h 22 6
i 无 汉纸 黑 完整
j 封面钤有“民族文化宫图书馆藏”印。

85.3
a 3-3

b མཆོག་སྡེད་ཀྱིས་མཛད་པའི་རྟགས་བསྡུ་རྩ་འགྲེལ་གསར་འགྱུར་རྣམས།

新译却色所著之因摄本释

c སི་ཏུ་བསྟན་པའི་ཉིན་བྱེད།

d

e སྒྲ་འགྲེལ། （声明学释）

f 刻本 དཔལ་སྤུངས་དགོན། （四川八邦寺）

g 乌金 梵夹装 52.5×6
h 20 6
i 无 汉纸 黑 完整
j 封面钤有“民族文化宫图书馆藏”印。

86

A 3497 6139

B སི་ཏུ་ཆོས་ཀྱི་འབྱུང་གནས་ཀྱི་གསུང་འབུམ།

司徒·曲吉穹勒文集

C ཆ

D སི་ཏུ་བསྟན་པའི་ཉིན་བྱེད་དམ་ཆོས་ཀྱི་འབྱུང་གནས།

同 3491 介绍。

E 馆藏齐全。

86.1

a 5-1

b འཆི་མེད་མཛོད་ཀྱི་གཞུང་ལ་བརྟེན་ནས་ལེགས་པར་སྦྱར་བའི་སྐད་ཀྱི་མིང་དང་རྟགས་ཀྱི་འཇུག་པ་གསལ་བར་བྱེད་པའི་བསྟན་བཅོས་ལེགས་བཤད་སྒོ་བརྒྱ་འབྱེད་པའི་ལྡེ་མིག

据甘露藏一书以阐明梵语名与音势之论述·开善言百门之钥

c གཙུག་ལག་ཆོས་ཀྱི་སྣང་བ།

d སྡེ་དགེ་དགོན།（四川德格）

e སྒྲ་འགྲེལ།（声明学释）

f 刻本 དཔལ་སྤུངས་དགོན།（四川八邦寺）

g 乌金 梵夹装 52.5×6

h 219 6

i 有 汉纸 黑 完整

j 封面钤有“民族文化宫图书馆藏”印。

86.2

a 5-2

b བྱཱ་ཀ་ར་ཎ་སྭ་ལ་སུམ་བཅུ་པ་དང་རྟགས་ཀྱི་འཇུག་པ་གཉིས།

声明论之三十颂与音势论

c

d

e སུམ་རྟགས།（语法）

f 刻本 དཔལ་སྤུངས་དགོན།（四川八邦寺）

g 乌金 梵夹装 52.5×6
h 4 6
i 无 汉纸 黑 完整
j 封面钤有“民族文化宫图书馆藏”印。

86.3
a 5-3

b ཡུལ་གངས་ཅན་པའི་བརྡ་ཡང་དག་པར་སྦྱོར་བའི་བསྟན་བཅོས་ཀྱི་ཐེ་བྲག་སུམ་ཅུ་པ་དང་རྟགས་ཀྱི་འཇུག་

པའི་གཞུང་གི་རྣམ་པར་བཤད་པ་མཁས་པའི་མགུལ་རྒྱན་མུ་ཏིག་འཕྲེང་མཛེས།

雪域语言学之三十颂与音势论明解·智者项饰珍珠美鬘

c

d རབ་བྱུང་༡༣པའི་ཆུ་འབྲུག་ལོ། 第十三饶迥水龙年（1772）

དཔལ་སྤུངས་དགོན།（四川八邦寺）

e སུམ་རྟགས།（语法）

f 刻本 དཔལ་སྤུངས་དགོན།（四川八邦寺）

g 乌金 梵夹装 52.5×6
h 42 6
i 无 汉纸 黑 完整
j 封面钤有“民族文化宫图书馆藏”印。

86.4
a 5-4

b སློབ་དཔོན་དབྱུག་པ་ཅན་གྱིས་མཛད་པའི་སྙན་ངག་མེ་ལོང་མ་ཞེས་བྱ་བ་སྐད་གཉིས་ཤན་སྦྱར།

梵藏对照持杖论师所著诗镜

c

d རབ་བྱུང་༡༣པའི་ཆུ་འབྲུག་ལོ། 第十三饶迥水龙年（1772）

e སྙན་ངག（修辞）

f 刻本 དཔལ་སྤུངས་དགོན།（四川八邦寺）

g 乌金 梵夹装 52.5×6
h 42 6
i 无 汉纸 黑 完整
j 封面钤有“民族文化宫图书馆藏”印。

86.5
a 5-5

b ཡི་གེ་བརྒྱ་པའི་དོན་འགྲེལ།

百字明释义

c སི་ཏུ་རྣམ་ཀ་ར།

d

e སྒྲ་འགྲེལ།（声明学释）

f 刻本 དཔལ་སྤུངས་དགོན།（四川八邦寺）

g 乌金 梵夹装 52.5×6
h 5 6
i 无 汉纸 黑 完整
j 封面钤有“民族文化宫图书馆藏”印。

87
A 3498-99 6140

B སི་ཏུ་ཆོས་ཀྱི་འབྱུང་གནས་ཀྱི་གསུང་འབུམ།

司徒·曲吉穹勒文集

C ཇ

D སི་ཏུ་བསྟན་པའི་ཉིན་བྱེད་དམ་ཆོས་ཀྱི་འབྱུང་གནས།

同 3491 介绍。
E 此函民族宫目录著录为 12 卷，西藏图书馆藏品为 13 卷，有一卷在前者中无。

87.1

a 13-1

b སློབ་དཔོན་ངག་གི་དབང་ཕྱུག་གྲགས་པས་མཛད་པའི་འཆི་བ་བསླུ་བའི་མན་ངག་ཀུན་ལས་བཏུས་པའི་གཞུང་།

规范师阿吉旺秋扎巴所著之赎死要诀集论

c བསྟན་པའི་ཉིན་བྱེད།

d ལྷོན་པ་ལུང་གི་གཙུག་ལག་ཁང་།（西藏山南君巴龙寺）

e མན་ངག（善言）

f 刻本 དཔལ་སྤུངས་དགོན།（四川八邦寺）

g 乌金 梵夹装 52.5×6

h 31 6

i 无 汉纸 黑 完整

j 封面钤有“民族文化宫图书馆藏”印。

87.2

a 13-2

b དཔལ་ནག་པོ་ཆེན་པོ་རྒྱུད་ཀྱི་རྒྱལ་པོ་དངོས་གྲུབ་ཀུན་ལས་བཏུས་པ།

吉祥大黑天密续王成就集论

c

d

e རྒྱུད།（续部）

f 刻本 དཔལ་སྤུངས་དགོན།（四川八邦寺）

g 乌金 梵夹装 52.5×6

h 17 6

i 无 汉纸 黑 完整

j 封面钤有“民族文化宫图书馆藏”印。

87.3

a 13-3

b དཔལ་ལྡན་གཤིན་རྗེའི་གཤེད་དམར་པོའི་རྒྱུད་ཀྱི་རྒྱལ་པོ།

具德红阎摩敌密续王

c བསྟན་པའི་ཉིན་བྱེད།

d དཔལ་སྤུངས་དགོན།（四川八邦寺）

e རྒྱུད།（续部）

f 刻本 དཔལ་སྤུངས་དགོན།（四川八邦寺）

g 乌金 梵夹装 52.5×6
h 34 6
i 有 汉纸 黑 完整
j 封面钤有“民族文化宫图书馆藏”印。

87.4
a 13-4

b རྒྱུད་ཀྱི་རྒྱལ་པོ་དཔལ་གདན་བཞི་པ་ཞེས་བྱ་བའི་དཀྱིལ་འཁོར་གྱི་ཆོ་ག་སྙིང་པོ་མདོར་བསྡུས།

密续王吉祥四座曼荼罗仪轨简要集

c སི་ཏུ་བསྟན་པའི་ཉིན་བྱེད།

d མེ་ཁྱི་ལོ། 火狗年（1766） དཔལ་སྤུངས་ཐུབ་བསྟན་ཆོས་འཁོར་གླིང་།（四川八邦寺）

e ཆོ་ག（仪轨）

f 刻本 དཔལ་སྤུངས་དགོན།（四川八邦寺）

g 乌金 梵夹装 52.5×6
h 32 6
i 无 汉纸 黑 完整
j 封面钤有“民族文化宫图书馆藏”印。

87.5
a 13-5

b བལ་ཡུལ་རང་བྱུང་མཆོད་རྟེན་ཆེན་པོའི་ལོ་རྒྱུས།

尼泊尔博德塔志

c བསྟན་པའི་ཉིན་བྱེད།

d བལ་ཡུལ་རང་བྱུང་མཆོད་རྟེན་ཆེན་པོའི་ཉེ་འདབས་འབྲས་སྤུངས་རི་བོའི་གཙུག་ལག་ཁང་།

（尼泊尔博德塔附近哲蚌山寺）

e ལོ་རྒྱུས།（史志）

f 刻本 དཔལ་སྤུངས་དགོན།（四川八邦寺）

g 乌金 梵夹装 52.5×6
h 15 6
i 有 汉纸 黑 完整
j 封面钤有“民族文化宫图书馆藏”印。

87.6
a 13-6

b དཔལ་གྱི་བདག་པོས་སྦྱར་བའི་དཀར་རྩིས་རིན་ཆེན་འཕྲེང་བ།

贝吉达波所撰天文历法·大宝鬘

c བསྟན་པའི་ཉིན་བྱེད།

d རབ་འདོད་མེ་ཕག་ལོ། 火猪年（1767）

དཔལ་སྤུངས་ཐུབ་བསྟན་ཆོས་འཁོར་གླིང་།（四川八邦寺）

e སྨན་རྩིས།（藏医历算）

f 刻本 དཔལ་སྤུངས་དགོན།（四川八邦寺）

g 乌金 梵夹装 52.5×6
h 30 6
i 无 汉纸 黑 完整
j 封面钤有“民族文化宫图书馆藏”印。

87.7
a 13-7

b འབྲས་རྩིས་ཀྱི་གཞུང་སྦྱར་བར་རྟོགས་པ།

速悟果算正文

c
d

e སྨན་རྩིས། （藏医历算）

f 刻本 དཔལ་སྤུངས་དགོན། （四川八邦寺）

g 乌金 梵夹装 52.5×6
h 26 6
i 无 汉纸 黑 完整
j 封面钤有“民族文化宫图书馆藏”印。

87.8
a 13-8

b སྒྲུར་བར་རྟོགས་པའི་གཞུང་གི་དོན་གསལ་བར་སྒྲུར་གསལ་སྒྲོན་མེ།

阐明速悟文义·速言明灯

c

d

e སྨན་རྩིས། （藏医历算）

f 刻本 དཔལ་སྤུངས་དགོན། （四川八邦寺）

g 乌金 梵夹装 52.5×6
h 21 6
i 无 藏纸 黑 3498 完整
j 封面钤有“民族文化宫图书馆藏”印；3499 号缺 2 叶。

87.9
a 13-9

b ནག་པོ་ཆེན་པོའི་བསྟོད་པ་བརྒྱད་པ།

大黑天八赞

c སི་ཏུ་པ།

d

e བསྟོད་ཚོགས། （赞集）

f 刻本 དཔལ་སྤུངས་དགོན། （四川八邦寺）

g 乌金 梵夹装 52.5×6
h 17 6

i 无 汉纸 黑 完整

j 封面钤有“民族文化宫图书馆藏”印。

87.10

a 13-10

b སྡེབ་སྦྱོར་རྣམས་ཀྱི་མཚན་ཉིད་ཐོས་པས་ཆུབ་པ།

声律之性相·闻者通达

c བསྟན་པའི་ཉིན་བྱེད།

d

e སྡེབ་སྦྱོར།（韵律学）

f 刻本 དཔལ་སྤུངས་དགོན།（四川八邦寺）

g 乌金 梵夹装 52.5×6

h 13 6

i 无 汉纸 黑 完整

j 封面钤有“民族文化宫图书馆藏”印。

87.11

a 13-11

b མཚོ་ལྡན་མའི་བརྡ་སྤྲོད་པའི་རབ་བྱེད།

海生女之解音释字品

c བསྟན་པའི་ཉིན་བྱེད།

d ཆུ་ཕོ་འབྲུག་ལོ་སྟོན་ཟླ་བ། 水阳龙年（1772）藏历四月

དཔལ་སྤུངས་ཐུབ་བསྟན་ཆོས་འཁོར་གླིང་།（四川）

e སྒྲ་འགྲེལ།（声明学释）

f 刻本 དཔལ་སྤུངས་དགོན།（四川八邦寺）

g 乌金 梵夹装 52.5×6

h 94 6

i 无 汉纸 黑 完整

j 封面钤有“民族文化宫图书馆藏”印。

87.12

a 13-12

b སྲེད་མེད་བུས་ཞུས་པའི་གཟུངས་སྒྲོལ་མའི་མཚན་བརྒྱ་རྩ་བརྒྱད་སངས་རྒྱས་ཀླུ་བྱིན་གྱི་གཟུངས།

向塞麦之子请教度母密咒一百零八相·鲁神加持咒

c

d

e གཟུངས།（密咒）

f 刻本 དཔལ་སྤུངས་དགོན།（四川八邦寺）

g 乌金 梵夹装 52.5×6

h 7 6

i 无 汉纸 黑 完整

j 封面钤有“民族文化宫图书馆藏”印。

87.13

a 13-13

b སྣ་ཚོགས་ཀྱི་སྐོར།

杂品

c

d

e སྣ་ཚོགས།（汇编）

f 刻本 དཔལ་སྤུངས་དགོན།（四川八邦寺）

g 乌金 梵夹装 52.5×6

h 7 6

i 无 汉纸 黑 完整

j 封面钤有“民族文化宫图书馆藏”印。

88

A 3500 6141

B སི་ཏུ་ཆོས་ཀྱི་འབྱུང་གནས་ཀྱི་གསུང་འབུམ།

司徒·曲吉穹勒文集

C　༧

D　སི་ཏུ་བསྟན་པའི་ཉིན་བྱེད་དམ་ཆོས་ཀྱི་འབྱུང་གནས།

　同 3491 介绍。

E　馆藏齐全。

88. 1

a　17-1

b　ངེས་དོན་ཕྱག་རྒྱ་ཆེན་པོའི་སྨོན་ལམ་གྱི་འགྲེལ་པ་གྲུབ་པ་མཆོག་གི་ཞལ་ལུང་།

　了义大手印愿文释 · 大圣口传

c　སི་ཏུ་པ་བསྟན་པའི་ཉིན་བྱེད།

d　ཆུ་གླང་ལོ། 水牛年（1733）　　དཔལ་སྤུངས་ཐུབ་བསྟན་ཆོས་འཁོར་གླིང་།（四川八邦寺）

e　སྨོན་འགྲེལ།（祈愿文释）

f　刻本　དཔལ་སྤུངས་དགོན།（四川八邦寺）

g　乌金　梵夹装　52.5×6

h　50　6

i　无　汉纸　黑　完整

j　封面钤有“民族文化宫图书馆藏”印。

88. 2

a　17-2

b　མི་ཏྲ་བརྒྱ་རྩའི་དབང་གི་ཆོ་ག་གསལ་བར་བྱེད་པའི་བསྟན་བཅོས་ཐུགས་རྗེ་ཆེན་པོའི་དགོངས་རྒྱན།

　弥札百法之灌顶仪轨明论 · 大悲观世音密意庄严

c　སི་ཏུ་བསྟན་པའི་ཉིན་བྱེད།

d　མིག་དམར་གྱི་ལོ། 水牛年（1733）　དཔལ་སྤུངས་ཐུབ་བསྟན་ཆོས་འཁོར་གླིང་།（四川八邦寺）

e　ཆོ་ག（仪轨）

f　刻本　དཔལ་སྤུངས་དགོན།（四川八邦寺）

g　乌金　梵夹装　52.5×6

h 37 6
i 无 汉纸 黑 完整
j 封面钤有“民族文化宫图书馆藏”印。

88.3
a 17-3

b དཔལ་འཁོར་ལོ་སྡོམ་པ་བསྡུས་རྒྱུད་རྩ་བའི་སྒྲུབ་ཐབས།

吉祥胜乐轮摄根本续之修法

c བསྟན་པའི་ཉིན་བྱེད།

d

e སྒྲུབ་ཐབས།（修心法）

f 刻本 དཔལ་སྤུངས་དགོན།（四川八邦寺）

g 乌金 梵夹装 52.5×6
h 8 6
i 无 汉纸 黑 完整
j 封面钤有“民族文化宫图书馆藏”印。

88.4
a 17-4

b དཔལ་འཁོར་ལོ་སྡོམ་པའི་སྒྲུབ་ཐབས་གསང་བའི་བདག་པོ་ཕྱག་ན་རྡོ་རྗེས་མཛད་པའི་དཀྱིལ་འཁོར་གྱི་ཆོ་ག་

བདེ་ཆེན་རྡོ་རྗེ་བདུད་རྩིའི་བུམ་བཟང་།

吉祥胜乐修法·秘密主金刚手所作曼荼罗仪轨·大乐金刚甘露妙瓶
c
d

e ཆོ་ག（仪轨）

f 刻本 དཔལ་སྤུངས་དགོན།（四川八邦寺）

g 乌金 梵夹装 52.5×6
h 27 6
i 无 汉纸 黑 完整
j 封面钤有“民族文化宫图书馆藏”印。

88.5

a 17-5

b བསྟོད་པའི་སྐོར་དྲི་ཟའི་པང་འགྲོའི་རྒྱུད་ཀྱི་སྒྲ་དབྱངས།

赞颂类・乾达婆琵琶之音

c སི་ཏུའི་མིང་ཅན།

d

e བསྟོད་ཚོགས།（赞集）

f 刻本 དཔལ་སྤུངས་དགོན།（四川八邦寺）

g 乌金 梵夹装 52.5×6

h 17 6

i 无 汉纸 黑 完整

j 封面钤有“民族文化宫图书馆藏”印。

88.6

a 17-6

b འཛིག་རྟེན་དབང་ཕྱུག་གཙྪ་པ་བྱང་ཆུབ་མཆོག་གི་རྡོ་རྗེའི་ཆོས་སྐུའི་རྟེན་མཆོག་གསར་དུ་འབྲུངས་པའི་གཏམ་

ངོ་མཚར་ཡོངས་འདུའི་སྙེ་མ།

新建世间自在师噶玛巴圣菩提金刚法身殊胜塔・聚希有言语之穗

c བསྟན་པའི་ཉིན་བྱེད།

d

e སྐུ་རྟེན་བསྐོར་གྱི་གཏམ།（法身塔说）

f 刻本 དཔལ་སྤུངས་དགོན།（四川八邦寺）

g 乌金 梵夹装 52.5×6

h 17 6

i 有 汉纸 黑 完整

j 封面钤有“民族文化宫图书馆藏”印。

88.7

a 17-7

b　རྒྱ་ཚན་སྤྲུལ་སྐུའི་དྲི་ལན་ལུང་བཞིན་འཛོམས་པའི་སྙན་ཚིག

答嘉村活佛问·遵经教传授之诗词

c　གཙུག་ལག་ཆོས་ཀྱི་སྣང་བ།

d　དཔལ་ཀརྨ་པའི་གཙུག་ལག་ཁང་།（四川噶玛寺）

e　དྲི་བ་དྲིས་ལན།（问答）

f　刻本　དཔལ་སྤུངས་དགོན།（四川八邦寺）

g　乌金　梵夹装　52.5×6

h　15　6

i　无　汉纸　黑　完整

j　封面钤有“民族文化宫图书馆藏”印；民族宫目录中为31叶。

88.8

a　17-8

b　རྗེ་བཙུན་མཆོག་གི་སྤྲུལ་པའི་སྐུ་དགྱེས་པར་བྱེད་པའི་དྲི་ལན་ནོར་བུའི་མེ་ལོང་།

至尊神圣活佛喜悦之问答·宝镜

c

d

e　དྲི་བ་དྲིས་ལན།（问答）

f　刻本　དཔལ་སྤུངས་དགོན།（四川八邦寺）

g　乌金　梵夹装　52.5×6

h　41　6

i　无　汉纸　黑　完整

j　封面钤有“民族文化宫图书馆藏”印。

88.9

a　17-9

b　དྲི་ལན་སྣ་ཚོགས་ནོར་བུ་ཀེ་ཏ་ཀའི་ཕྲེང་བ།

问答种种·澄水宝鬘

c　སི་ཏུ་པ།

d

e དྲི་བ་དྲིས་ལན། （问答）

f 刻本 དཔལ་སྤུངས་དགོན། （四川八邦寺）

g 乌金 梵夹装 52.5×6
h 41 6
i 无 汉纸 黑 完整
j 封面钤有“民族文化宫图书馆藏”印；民族宫目录中为 15 叶。

88.10
a 17-10

b སྨོན་ལམ་སྣ་ཚོགས་པ།

愿文类
c
d

e སྨོན་ལམ། （祈愿）

f 刻本 དཔལ་སྤུངས་དགོན། （四川八邦寺）

g 乌金 梵夹装 52.5×6
h 36 6
i 无 汉纸 黑 完整
j 封面钤有“民族文化宫图书馆藏”印。

88.11
a 17-11

b ཁྲིད་ཡིག་དང་ཞལ་གདམས་སྣ་ཚོགས།

语教类

c གཙུག་ལག་ཆོས་ཀྱི་སྣང་བ།

d

e ཞལ་གདམས། （教言）

f 刻本 དཔལ་སྤུངས་དགོན། （四川八邦寺）

g 乌金 梵夹装 52.5×6

h 28 6
i 无 汉纸 黑 完整
j 封面钤有“民族文化宫图书馆藏”印。

88.12
a 17-12
b གསོལ་འདེབས་དང་ཞབས་བརྟན་སྣ་ཚོགས་སྐོར།
诸启请文与长久住世文类
c སི་ཏུ་ཆོས་ཀྱི་འབྱུང་གནས།
d
e གསོལ་འདེབས།（启请文）
f 刻本 དཔལ་སྤུངས་དགོན།（四川八邦寺）
g 乌金 梵夹装 52.5×6
h 43 6
i 无 汉纸 黑 完整
j 封面钤有“民族文化宫图书馆藏”印。

88.13
a 17-13
b བླ་མའི་རྣལ་འབྱོར་དང་ཡི་དམ་བསྒོམ་བཟླས་སོགས།
上师瑜伽法与本尊修诵法
c སི་ཏུ་པ།
d
e བླ་མའི་རྣལ་འབྱོར་སོགས།（上师瑜伽）
f 刻本 དཔལ་སྤུངས་དགོན།（四川八邦寺）
g 乌金 梵夹装 52.5×6
h 19 6
i 无 汉纸 黑 完整
j 封面钤有“民族文化宫图书馆藏”印。

88.14

a 17-14

b ཡི་དམ་སྐོར་གྱི་བསྒོམ་བཟླས།

本尊之修诵法等

c སི་ཏུ་པ།

d

e ཡི་དམ་སྒྲུབ་སྐོར།（本尊修法）

f 刻本 དཔལ་སྤུངས་དགོན།（四川八邦寺）

g 乌金 梵夹装 52.5×6

h 18 6

i 无 汉纸 黑 完整

j 封面钤有“民族文化宫图书馆藏”印。

88.15

a 17-15

b མགོན་པོའི་སྲུང་འཁོར་སྐོར་སོགས།

怙主护身符类等

c སི་ཏུ་བསྟན་པའི་ཉིན་བྱེད།

d ལྕགས་ཡོས་ལོ། 铁兔年（1771）

e སྲུང་འཁོར་སྐོར།（护身符）

f 刻本 དཔལ་སྤུངས་དགོན།（四川八邦寺）

g 乌金 梵夹装 52.5×6

h 23 6

i 无 汉纸 黑 完整

j 封面钤有“民族文化宫图书馆藏”印。

88.16

a 17-16

b སྲིད་པ་བར་མདོ་ལམ་ཁྲིར་གདམས་ངག་རེག་ཟིག

中有路引口诀笔记

c སི་ཏུ་བསྟན་པའི་ཉིན་བྱེད།

d རང་ལོ་ཉེར་གཅིག་པ། 二十一岁（1720 年）

e གདམས་ངག（教言）

f 刻本 དཔལ་སྤུངས་དགོན།（四川八邦寺）

g 乌金 梵夹装 52.5×6
h 7 6
i 无 汉纸 黑 完整
j 封面钤有“民族文化宫图书馆藏”印。

88.17
a 17-17

b ནག་པོ་ལྕམ་དྲལ་གྱི་ཕྲིན་ལས་ཀྱི་ཆོ་ག་བདུད་ལས་རྣམ་རྒྱལ་གྱི་སྒྲ་དབྱངས།

黑色姊妹之事业仪轨·战胜厉魔之歌声

c སི་ཏུ་བསྟན་པའི་ཉིན་བྱེད།

d རབ་བྱུང་༡༣པའི་དཔྱིད་ཟླ་ཐ་ཆུང་གི་ནག་པོའི་བཅུ་བཞི། 第十三饶迥藏历三月十四日

མཚུར་ཕུ་དགོན།（西藏拉萨楚布寺）

e ཆོ་ག（仪轨）

f 刻本 དཔལ་སྤུངས་དགོན།（四川八邦寺）

g 乌金 梵夹装 52.5×6
h 19 6
i 无 汉纸 黑 完整
j 封面钤有“民族文化宫图书馆藏”印。

89
A 3501 6142

B སི་ཏུ་ཆོས་ཀྱི་འབྱུང་གནས་ཀྱི་གསུང་འབུམ།

司徒·曲吉穹勒文集

C　ཏ

D　སི་ཏུ་བསྟན་པའི་ཉིན་བྱེད་དམ་ཆོས་ཀྱི་འབྱུང་གནས།

　同 3491 介绍。

E　此函民族宫目录著录为 2 卷，西藏图书馆藏品缺一卷：《甘珠尔目录》。

89.1

a　1-1

b　བདེ་བར་གཤེགས་པའི་བཀའ་གངས་ཅན་གྱི་བརྡས་དྲངས་པའི་ཕྱི་མོའི་ཚོགས་ཇེ་སྙེད་པ་པར་དུ་བསྒྲུབས་པའི་ཚུལ་ལས་ཉེ་བར་བརྩམས་པའི་གཏམ་བཟང་པོ་བློ་ལྡན་མོས་པའི་ཀུནྡ་ཡོངས་སུ་ཁ་བྱེ་བའི་ཟླ་འོད་གཞོན་ནུའི་འཕྲི་ཤིང་ཞེས་བྱ་བ་བཞུགས་སོ།།

　如来教敕·藏文原本刻版绪言开启虔诚智士心扉·月光

c

d　ཆུ་མོ་གླང་གི་ལོ་གྲོ་བཞིན་གྱི་ཟླ་བ། 水阴牛年（1733）藏历七月

　མིའི་དབང་པོ་ཆོས་བཞིན་དུ་ས་སྐྱོང་བ་ཉིད།

e　དཔར་ཡིག（刻版跋）

f　刻本　དཔལ་སྤུངས་དགོན།（四川八邦寺）

g　乌金　梵夹装　53×6

h　260　6

i　有　汉纸　黑　完整

j　封面钤有“民族文化宫图书馆藏”印。

90

A　3502　6143

B　སི་ཏུ་་ཆོས་ཀྱི་འབྱུང་གནས་ཀྱི་གསུང་འབུམ།

　司徒·曲吉穹勒文集

C　ཨ

D སི་ཏུ་བསྟན་པའི་ཉིན་བྱེད་དམ་ཆོས་ཀྱི་འབྱུང་གནས།

同 3491 介绍。

E 馆藏齐全。

90.1

a 15-1

b རིག་འཛིན་དབང་ཕྱུག་རོལ་པ་རྡོ་རྗེའི་རྣམ་པར་ཐར་པ་དབྱངས་ཅན་མགུལ་གྱི་སྒྲ་དབྱངས་ཞེས་བྱ་བ་བཞུགས་སོ།།

持明自在师若巴多杰传·妙音

c

d

e རྣམ་ཐར།（传记）

f 刻本 དཔལ་སྤུངས་དགོན།（四川八邦寺）

g 乌金 梵夹装 53×6

h 18 6

i 有 汉纸 黑 完整

j 封面钤有“民族文化宫图书馆藏”印。

90.2

a 15-2

b དཀར་ཆག་སྣ་ཚོགས་དཔག་བསམ་ལྗོན་བཟང་ཞེས་བྱ་བ་བཞུགས་སོ།།

目录集·如意树

c ཤཱཀྱའི་དགེ་རྒན་པོ་ཀརྨ་བསྟན་པའི་ཉིན་བྱེད།

d ཆུ་མོ་སྦྲུལ་ལོ། 水阴蛇年（1773）

ཐུབ་བསྟན་ཆོས་འཁོར་གླིང་གི་གཙུག་ལག་ཁང་ཆེན་པོ།（四川八邦寺）

e དཀར་ཆག（目录）

f 刻本 དཔལ་སྤུངས་དགོན།（四川八邦寺）

g 乌金 梵夹装 53×6

h 17 6

i 无 汉纸 黑 完整

j 封面钤有“民族文化宫图书馆藏”印。

90.3

a 15-3

b ཆུ་གཏོར་དང་བསངས་ཡིག་གི་སྐོར་གི་བདུད་རྩིའི་སྤྲིན་ཆར་བཞུགས།

水神馐与诵文类·甘露云海

c སྨོམ་ལས་པ་བསྟན་པའི་ཉིན་བྱེད།

d ཐུབ་བསྟན་ཆོས་འཁོར་གླིང་སོགས།（四川八邦寺） བླ་མ་ཧ་མཁྱེན་མགོན་པོ་སོགས།

e བསངས་ཡིག（煨桑诵文）

f 刻本 དཔལ་སྤུངས་དགོན།（四川八邦寺）

g 乌金 梵夹装 53×6

h 27 6

i 无 汉纸 黑 完整

j 封面钤有“民族文化宫图书馆藏”印。

90.4

a 15-4

b སྣ་ཚོགས་སྐོར་བཞུགས་སོ།།

杂品类

c སི་ཏུ་བསྟན་པའི་ཉིན་བྱེད།

d ཀླུ་སྡིང་གི་དབེན་གནས་སོགས།

e སྣ་ཚོགས།（汇编）

f 刻本 དཔལ་སྤུངས་དགོན།（四川八邦寺）

g 乌金 梵夹装 53×6

h 23 6

i 无 汉纸 黑 完整

j 封面钤有“民族文化宫图书馆藏”印。

90.5

a 15-5

b སྣ་ཚོགས་སྐོར་ལེ་ཚན་གཉིས་པ་སོགས་བཞུགས།

杂品类第二节等

c

d

e སྣ་ཚོགས།（汇编）

f 刻本 དཔལ་སྤུངས་དགོན།（四川八邦寺）

g 乌金 梵夹装 53×6

h 15 6

i 无 汉纸 黑 完整

j 封面钤有“民族文化宫图书馆藏”印。

90.6

a 15-6

b འབྲུམ་བཅོས་སོགས་རྒྱ་བོད་ཀྱི་སྨན་བཅོས་སྣ་ཚོགས་ཕན་བདེའི་འབྱུང་གནས་བཞུགས་སོ།།

治痘疮等藏汉种种医治法·福利之源

c སི་ཏུའི་མིང་ཅན།

d ཡར་འབྲོག་གཡུ་མཚོའི་ངོགས་ལྷས་དབང་ཆེན་པོའི་བཞུགས་སྐར་གྱི་ཉེ་འདབ་སོགས་ས་དབང་

ཆོས་རྒྱལ་ཆེན་པོ་སོགས།

e སྨན་རྩིས།（藏医历算）

f 刻本 དཔལ་སྤུངས་དགོན།（四川八邦寺）

g 乌金 梵夹装 53×6

h 67 6

i 无 汉纸 黑 完整

j 封面钤有“民族文化宫图书馆藏”印。

90.7

a 15-7

b བོད་ཀྱི་བརྡའི་བྱེ་བྲག་གསལ་བར་བྱེད་པ་ངག་གི་སྒྲོན་མ་བཞུགས།

藏文语法类详述·语灯

c ཟླ་གྲགས་ཀྱི་དགེ་སློང་ངག་དབང་ཆོས་ཀྱི་རྒྱ་མཚོ་དབྱངས་ཅན་སྙེམས་པའི་སྡེ།

d རྣམ་འབྱུང་གི་ལོ་ཐ་སྐར་ཟླ་བའི་གྲལ་ཚེས་བཅོ་ལྔ། 土狗年（1718）藏历九月十五日

ཀཿཐོག་པའི་སྒང་ཆེན།（四川噶玛寺） བྱང་པ་འཚོ་མཛད་ཀརྨ་འོད་ཟེར།

e བརྡ་སྤྲོད།（语言学）

f 刻本 དཔལ་སྤུངས་དགོན།（四川八邦寺）

g 乌金 梵夹装 53×6

h 23 6

i 无 汉纸 黑 完整

j 封面钤有“民族文化宫图书馆藏”印。

90.8

a 15-8

b བོད་ཀྱི་བརྡ་དག་ས་མཐའི་རྣམ་དབྱེ་རབ་གསལ་སྒྲོན་མ་ཞེས་བྱ་བ་བཞུགས་སོ།།

藏文正字异体明辨明灯

c སྟོམ་ལས་པ་ཤེས་རབ་འོད་ཟེར།

d ཡོངས་འཛིན་དམ་པ་ཨོ་རྒྱན་བློ་གྲོས།

e བརྡ་སྤྲོད།（语言学）

f 刻本 དཔལ་སྤུངས་དགོན།（四川八邦寺）

g 乌金 梵夹装 53×6

h 9 6

i 无 汉纸 黑 完整

j 封面钤有“民族文化宫图书馆藏”印。

90.9

a 15-9

b འཇིག་རྟེན་དབང་ཕྱུག་དཔལ་ཀརྨ་པའི་དྲུང་དུ་ཕུལ་བའི་ཞུ་ཡིག

上呈世间自在佛噶玛巴书

c
d
e ཕྲིན་ཡིག（信札）
f 刻本 དཔལ་སྤུངས་དགོན།（四川八邦寺）
g 乌金 梵夹装 53×6
h 41 6
i 无 汉纸 黑 完整
j 封面钤有“民族文化宫图书馆藏”印。

90.10
a 15-10
b ཙནྡྲ་ཝྱཱ་ཀ་ར་ཎའི་འགྲེལ་པ་བཞུགས་སོ།།
旃坛陀罗声明论乌纳注释
c
d
e སྒྲ་རིག（声明学）
f 刻本 དཔལ་སྤུངས་དགོན།（四川八邦寺）
g 乌金 梵夹装 53×6
h 35 6
i 无 汉纸 黑 完整
j 封面钤有“民族文化宫图书馆藏”印。

90.11
a 15-11
b སུམ་མཐའ་རིན་ཆེན་འབྱུང་གནས་བཞུགས་སོ།།
文法类书·大宝之源
c
d
e སྒྲ་རིག（声明学）
f 刻本 དཔལ་སྤུངས་དགོན།（四川八邦寺）
g 乌金 梵夹装 53×6

h 68 6
i 无 汉纸 黑 完整
j 封面钤有“民族文化宫图书馆藏”印。

90.12
a 15-12
b དབང་བསྐུར་མཚམས་སྦྱོར་རབ་འབྱམས་ཞེས་བྱ་བ་བཞུགས་སོ།།
灌顶泛论
c
d ཐུབ་བསྟན་ཆོས་འཁོར་གླིང་།（四川八邦寺） བླ་མ་ཆོས་ཀྱི་དབང་ཕྱུག
e དབང་བཤད།（灌顶论）
f 刻本 དཔལ་སྤུངས་དགོན།（四川八邦寺）
g 乌金 梵夹装 53×6
h 18 6
i 无 汉纸 黑 完整
j 封面钤有“民族文化宫图书馆藏”印。

90.13
a 15-13
b སྒྲོན་མ་རྣལ་འབྱོར་མའི་དཀྱིལ་འཁོར་གྱི་སྒྲུབ་ཐབས་ཡེ་ཤེས་འབར་བ་བཞུགས་སོ།།
度母瑜伽母曼荼罗修法·智慧炽增
c
d
e སྒྲུབ་ཐབས།（修心法）
f 刻本 དཔལ་སྤུངས་དགོན།（四川八邦寺）
g 乌金 梵夹装 53×6
h 29 6
i 无 汉纸 黑 完整
j 封面钤有“民族文化宫图书馆藏”印。

90.14
a 15-14

b　སྒྲོལ་དཀར་སྒྲུབ་ཐབས།

　 白度母修法

c　སྒོམས་ལས་པ་རྟ་ནྲ་ཀ་ར།

d　འབྲུ་མང་པོའི་ལོ་སྣོན་ཟླ་བའི་དཀར་ཚེས་རྒྱལ་བ་དང་པོ། 土虎年（1758）藏历四月一日

　 ལྡན་གྲུབ་སྡེ་དགེ་ཕོ་བྲང་ཆེན་པོ།（四川德格）

e　སྒྲུབ་ཐབས།（修心法）

f　刻本　དཔལ་སྤུངས་དགོན།（四川八邦寺）

g　乌金　梵夹装　53×6

h　4　6

i　无　汉纸　黑　完整

j　封面钤有“民族文化宫图书馆藏”印。

90.15

a　15-15

b　བྱིས་པའི་གདོན་ཞི་བར་བྱེད་པ།

　 孺童魔障禳解法

c

d

e　སྔགས།（密宗）

f　刻本　དཔལ་སྤུངས་དགོན།（四川八邦寺）

g　乌金　梵夹装　53×6

h　11　6

i　无　汉纸　黑　完整

j　封面钤有“民族文化宫图书馆藏”印。

91

A　3503　6144

B　སི་ཏུ་ཆོས་ཀྱི་འབྱུང་གནས་ཀྱི་གསུང་འབུམ།

司徒·曲吉穹勒文集

C ད

D སི་ཏུ་བསྟན་པའི་ཉིན་བྱེད་དམ་ཆོས་ཀྱི་འབྱུང་གནས།

同 3491 介绍。

E 此函民族宫目录著录为 2 卷，西藏图书馆藏品缺一卷：《噶玛冈仓传承广史·宝月晶鬘补遗》。

91.1

a 1-1

b བསྒྲུབ་བརྒྱུད་ཀརྨ་ཀཾ་ཚང་བརྒྱུད་པ་རིན་པོ་ཆེའི་རྣམ་པར་ཐར་པ་རབ་འབྱམས་ནོར་བུ་ཟླ་བ་ཆུ་ཤེལ་གྱི་ཕྲེང་བ་

ཞེས་བྱ་བ་བཞུགས་སོ།།

道统噶玛冈仓传承广史·宝月晶鬘

c

d

e རྣམ་ཐར།（传记）

f 刻本 དཔལ་སྤུངས་དགོན།（四川八邦寺）

g 乌金 梵夹装 53×6

h 341 6

i 无 汉纸 黑 完整

j 封面钤有“民族文化宫图书馆藏”印；民族宫目录中为 34 叶。

92

A 3504 6145

B སི་ཏུ་ཆོས་ཀྱི་འབྱུང་གནས་ཀྱི་གསུང་འབུམ།

司徒·曲吉穹勒文集

C ན

D སི་ཏུ་བསྟན་པའི་ཉིན་བྱེད་དམ་ཆོས་ཀྱི་འབྱུང་གནས།

同 3491 介绍。

E 馆藏齐全。

92.1

a 1-1

b སྒྲུབ་བརྒྱུད་ཀརྨ་ཀཾ་ཚང་བརྒྱུད་པ་རིན་པོ་ཆེའི་རྣམ་པར་ཐར་པ་རབ་འབྱམས་ནོར་བུ་ཟླ་བ་ཆུ་ཤེལ་གྱི་ཕྲེང་བ་ཞེས་བྱ་བའི་ཕྱི་ཀཱ་ཕྱི་མ།

道统噶玛冈仓传承广史·宝月晶鬘末卷

c ཀརྨ་ཚེ་དབང་ཀུན་ཁྱབ།

d རབ་བྱུང་བཅུ་གསུམ་པའི་ཤིང་མོ་ལུག 第十三饶迥木阴羊年（1715）

དཔལ་སྤུངས་ཐུབ་བསྟན་ཆོས་འཁོར་གླིང་།（四川八邦寺）

e རྣམ་ཐར།（传记）

f 刻本 དཔལ་སྤུངས་དགོན།（四川八邦寺） རིམ་གྲོ་པ་ཀརྨ་ལེགས་བཤད།

g 乌金 梵夹装 53×6

h 350 6

i 无 汉纸 黑 完整

j 封面钤有“民族文化宫图书馆藏”印。

93

A 3505 6146

B སི་ཏུ་ཆོས་ཀྱི་འབྱུང་གནས་ཀྱི་གསུང་འབུམ།

司徒·曲吉穹勒文集

C པ

D སི་ཏུ་བསྟན་པའི་ཉིན་བྱེད་དམ་ཆོས་ཀྱི་འབྱུང་གནས།

同 3491 介绍。

E 馆藏齐全。

93.1

a 3-1

b ཆོས་མངོན་པ་མཛོད་ཀྱི་ཚིག་དོན་རྣམ་པར་འགྲེལ་པ་བརྒྱ་བྱིན་ཐོག་པའི་ནོར་བུའི་འོད་སྣང་ཞེས་བྱ་བ་བཞུགས་སོ།།

俱舍论句义详解·帝释顶宝日

c

d དཔལ་སྤུངས་དགོན། （四川八邦寺）

e མཛོད། （俱舍论）

f 刻本 དཔལ་སྤུངས་དགོན། （四川八邦寺）

g 乌金 梵夹装 53×6

h 341 6

i 无 汉纸 黑 完整

j 封面钤有“民族文化宫图书馆藏”印。

93.2

a 3-2

b བྱམས་མགོན་བསྟན་པའི་ཉིན་བྱེད་ཀྱི་ཆོས་སྐུའི་མཆོད་རྟེན་མཐོང་གྲོལ་ཆེན་མོའི་དཀར་ཆག་ཇོགས་ལྡན་གྱི་བསྐལ་བཟང་འདྲེན་པའི་འཁོར་ལོ་རིན་པོ་ཆེ་ཞེས་བྱ་བ་བཞུགས་སོ།།

慈尊丹白尼杰之法身塔通卓钦莫志·引圆劫之宝轮

c ཀརྨ་ཚེ་དབང་ཀུན་ཁྱབ།

d ཤར་དཔལ་སྤུངས་ཐུབ་བསྟན་ཆོས་འཁོར་གླིང་། （四川八邦寺）

e དཀར་ཆག （目录）

f 刻本 དཔལ་སྤུངས་དགོན། （四川八邦寺）

g 乌金 梵夹装 53×6

h 20 6

i 无 汉纸 黑 完整

j 封面钤有“民族文化宫图书馆藏”印。

93.3

a 3-3

b དཔལ་མཆོག་རིག་པ་འཛིན་པའི་མཆོད་རྟེན་གྱི་སྣང་བརྙན་དགེ་ལེགས་འདོད་དགུའི་ཆར་འབེབས་ཀྱི་དཀར་ཆག་

ཀུནྡ་ལའི་ཕྲེང་བ་ཞེས་བྱ་བ་བཞུགས་སོ།།

吉祥殊胜惹巴麦巴塔形·妙善随欲雨降志·青莲鬘

c ཀརྨ་ཚེ་དབང་ཀུན་ཁྱབ།

d ཤར་དཔལ་སྤུངས་ཐུབ་བསྟན་ཆོས་འཁོར་གླིང་།（四川八邦寺）

e དཀར་ཆག（目录）

f 刻本 དཔལ་སྤུངས་དགོན།（四川八邦寺）

g 乌金 梵夹装 53×6

h 7 6

i 无 汉纸 黑 完整

j 封面钤有“民族文化宫图书馆藏”印。

94

A 3506 6147

B སི་ཏུ་་ཆོས་ཀྱི་འབྱུང་གནས་ཀྱི་གསུང་འབུམ།

司徒·曲吉穹勒文集

C ཨ

D སི་ཏུ་བསྟན་པའི་ཉིན་བྱེད་དམ་ཆོས་ཀྱི་འབྱུང་གནས།

同 3491 介绍。

E 馆藏齐全。

94.1

a 4-1

b རྒྱལ་བའི་ཀརྨ་དབང་པོ་བདུད་འདུལ་རྡོ་རྗེའི་རྣམ་ཐར་ཤུང་ཚེ་དད་པའི་ཟླ་ཤེལ།

佛王噶玛巴杜堆多杰传略·信者月晶

c སི་ཏུ་པདྨ་ཉིན་བྱེད་དབང་པོ།

d དཔལ་སྤུངས་དགོན།（四川八邦寺）

e རྣམ་ཐར། （传记）

f 刻本 དཔལ་སྤུངས་དགོན། （四川八邦寺） འབྲུག་པ་ཆོས་ཀྱི་དབང་པོ།

g 乌金 梵夹装 50×6.5
h 5 6
i 无 汉纸 黑 完整
j 封面钤有“民族文化宫图书馆藏”印。

94.2
a 4-2

b སི་ཏུའི་འབོད་པ་ཀརྨ་བསྟན་པའི་ཉིན་བྱེད་ཀྱི་རང་ཚུལ་དྲངས་པོར་བརྗོད་པ་དྲི་བྲལ་ཤེལ་གྱི་མེ་ལོང་།

大司徒丹白尼杰自述纪实·无垢晶镜

c

d དཔལ་སྤུངས་དགོན། （四川八邦寺）

e རྣམ་ཐར། （传记）

f 刻本 དཔལ་སྤུངས་དགོན། （四川八邦寺）

g 乌金 梵夹装 50×6.5
h 371 6
i 有 汉纸 黑 完整
j 封面钤有“民族文化宫图书馆藏”印。

94.3
a 4-3

b འཁོར་ལོའི་ཡོན་ཏན་འབུམ་ལྡན་གྱི་ཕན་ཡོན།

轮之功德说

c

d དཔལ་སྤུངས་དགོན། （四川八邦寺）

e ཕན་ཡོན་བསྒྲར། （功德说）

f 刻本 དཔལ་སྤུངས་དགོན། （四川八邦寺）

g 乌金 梵夹装 50×6.5

h 8 6
i 无 汉纸 黑 完整
j 封面钤有“民族文化宫图书馆藏”印。

94.4
a 4-4
b ཛོ་དར་ཡོན་ཏན་འབུམ་ལྡན་གྱི་ཕན་ཡོན།
致敬哈达功德说
c
d དཔལ་སྤུངས་དགོན།（四川八邦寺）
e ཕན་ཡོན་བསྐོར།（功德说）
f 刻本 དཔལ་སྤུངས་དགོན།（四川八邦寺）
g 乌金 梵夹装 50×6.5
h 7 6
i 无 汉纸 黑 完整
j 封面钤有“民族文化宫图书馆藏”印。

95
A 3507 1019
B ཏཱ་ར་ནཱ་ཐ་ཀུན་དགའ་སྙིང་པོའི་གསུང་འབུམ།
觉囊·多罗那他·衮噶宁波文集
C ཁ
D ཛོ་ནང་ཏཱ་ར་ནཱ་ཐ་ཀུན་དགའ་སྙིང་པོ། ཛོ་ནང།རབ་བྱུང་བཅུ་པའི་ཤིང་མོ་ཕག་སྤྱི་ལོ༡༥༧༥ལོར་དབུས་ཛོ་མོ་ཁ་
རག་དང་ཉེ་བའི་སར་ཡབ་རྣམ་རྒྱལ་ཕུན་ཚོགས་དང་ཡུམ་རྡོ་རྗེ་བུ་དགའ་གཉིས་ཀྱི་སྲས་སུ་སྐུ་འཁྲུངས། ཛོ་ནང་
མཁན་པོ་ལུང་རིག་རྒྱ་མཚོས་ཛོ་ནང་བླ་མ་ཀུན་དགའ་གྲོལ་མཆོག་གི་སྐུ་ཕྲེང་དུ་ངོས་འཛིན་མཛད། དགུང་ལོ་དྲུག་
པ་ལ་ཀློག་སློབ་དབུ་བཙུགས། མཁན་པོ་ལུང་རིགས་རྒྱ་མཚོ། སློབ་དཔོན་བྱམས་པ་ལྷུན་གྲུབ། ཛོ་ནང་རྗེ་
དྲུང་། སངས་རྒྱས་བུདྡྷ་གུ་པྟ་ནཱ་ཐ་སོགས་སློབ་དཔོན་མང་པོ་བརྟེན་ནས་མདོ་སྔགས་གཞུང་མང་པོར་གསན་

བསམ་མཛད། དཀྲུང་ལོ་བཅུ་བདུན་ལ་འཇམ་དབྱངས་ཀུན་དགའ་རྒྱལ་མཚན་གྱིས་མཁན་པོ་དང་སློབ་དཔོན་བྱམས་པ་ལྷུན་གྲུབ་ཀྱིས་ལས་སློབ་མཛད་དེ་དགེ་འདུན་གྲངས་ཚང་དབུས་སུ་བསྙེན་རྫོགས་ཀྱི་སྡོམ་པ་ཡང་དག་པར་མནོས། ༡༦༡༥ལོར་རྟག་བརྟན་དམ་ཆོས་གླིང་གི་གནས་གཞི་གསར་དུ་བཏབ། ཡིག་མཁན་ཆིག་བརྒྱ་བརྒྱད་ཅུ་བཀུག་ནས། དགོངས་འགྲེལ་གྱི་བསྟན་བཅོས་འགྱུར་རོ་ཅོག་འབྲིར་བཅུག་པོ་ཏི་རེ་ལ་ཤོག་གྲངས་སུམ་བརྒྱ་དགུ་ཅུ་རེ་བྱས་ཏེ་པོ་ཏི་ཞེས་བརྒྱ་བྲིས། དཀྲུང་ལོ་དྲུག་ཅུ་པ་རབ་བྱུང་བཅུ་གཅིག་པའི་ཤིང་ཕོ་ཁྱིའི་ལོར་༡༦༣༤སྐུ་གཤེགས། རྟག་བརྟན་དགོན་གྱི་པར་མ་པོ་ཏི་༡༦བཞུགས། ངེད་དཔེ་མཛོད་ཁང་དུ་མི་རིགས་པོ་བྲང་ནས་ཕྱིར་འབུལ་ཞུས་པའི་ཇོ་ནང་རྟག་བརྟན་ཕུན་ཚོགས་གླིང་པར་པོད་༡༤ཡོད་ཨང་རྟགས་༣༥༠༧--༣༥༢༠དང་རྒྱ་གར་པར་པོད་༡༧ཡོད་ཨང་རྟགས་༣༢༠༢--༣༢༡༨ བཞུགས།

觉囊·多罗那他·衮噶宁波（1575—1634）：属觉囊派，系藏族四大姓氏中的惹氏家族。诞生于前后藏之间的仲（འབྲོང་།）地。4岁时被认定为觉囊衮噶卓却转世，被迎请到觉囊修静院。6岁起习经。后任觉囊寺住持，扩建庙宇、广造佛像，招百余书法家撰写金汁《丹珠尔》；整顿寺院，建立新寺规。在尊师大力倡议和努力下，密宗教义发展迅速，觉囊派盛极一时。享年60岁。遗著在西藏图书馆藏北京民族文化宫图书馆赠送的文集有印度版16函，编号为3202—3218；觉囊达旦彭措林寺版有14函，编号为3507—3520。

E 此函民族宫目录著录为11卷。西藏图书馆藏品多出一卷，为本文集ང函内容。

95.1

a 12-1

b རྡོ་རྗེའི་རྣལ་འབྱོར་གྱི་འཁྲིད་ཡིག་མཐོང་བ་དོན་ལྡན་གྱི་ལྷན་ཐབས་འོད་བརྒྱ་འབར་བ་བཞུགས་སོ།།

金刚瑜伽之导引·见者具义之补遗·百光焰炽

c རྒྱལ་ཁམས་པ་ཏཱ་ར་ནཱ་ཐ།

d ངེས་པར་བརྗོད་པ་གངས་རིའི་ཁྲོད་ཀྱི་ཤཱཀྱ་ལ། མཁན་ཆེན་ཀུན་དགའ་ལུང་རིག་རྒྱ་མཚོ་སོགས།

e སྔགས།（密宗）

f　刻本　ཇོ་ནང་རྟག་བརྟན་དགོན།（西藏日喀则觉囊寺）

g　乌金　梵夹装　47×7
h　179　7
i　有　藏纸　黑　完整
j　封面钤有“民族文化宫图书馆藏”印。

95.2
a　12-2
b　དུས་འཁོར་སྡོམ་ཆེན་གྱི་ཐིག་ཚོན་གསལ་བྱེད་བཞུགས།
　时轮之弹线施彩说明
c　རྒྱལ་ཁམས་པ་ཏཱ་ར་ནཱ་ཐ།
d
e　ཐིག་ཚོན།（绘彩）
f　刻本　ཇོ་ནང་རྟག་བརྟན་དགོན།（西藏日喀则觉囊寺）
g　乌金　梵夹装　47×7
h　3　7
i　无　藏纸　黑　完整
j　封面钤有“民族文化宫图书馆藏”印。

95.3
a　12-3
b　དཔལ་དུས་ཀྱི་འཁོར་ལོ་སྙིང་པོའི་དཀྱིལ་འཁོར་གྱི་སྒྲུབ་ཐབས་ཡེ་ཤེས་འོད་འཕྲོ་ཞེས་བྱ་བ་བཞུགས་སོ།།
　吉祥时轮心要曼荼罗修法·放智慧光
c　རྒྱལ་ཁམས་པ་ཏཱ་ར་ནཱ་ཐ།
d　ནགས་རྒྱལ་གྱི་དབེན་གནས།
e　སྒྲུབ་ཐབས།（修心法）
f　刻本　ཇོ་ནང་རྟག་བརྟན་དགོན།（西藏日喀则觉囊寺）
g　乌金　梵夹装　47×7
h　24　7

i 无 藏纸 黑 完整
j 封面钤有“民族文化宫图书馆藏”印。

95.4
a 12-4
b དུས་འཁོར་ཚོགས་མཆོད་བདུད་རྩི་འཁྱིལ་པ་བཞུགས།
时轮会供法·甘露漩
c རྒྱལ་ཁམས་པ་ཏཱ་ར་ནཱ་ཐ།
d ནགས་རྒྱལ་གྱི་དབེན་གནས།
e ཚོགས་མཆོད།（集供）
f 刻本 ཇོ་ནང་རྟག་བརྟན་དགོན།（西藏日喀则觉囊寺）
g 乌金 梵夹装 47×7
h 5 7
i 有 藏纸 黑 完整
j 封面钤有“民族文化宫图书馆藏”印。

95.5
a 12-5
b དཔལ་དུས་ཀྱི་འཁོར་ལོའི་མཆོད་ཆོག་ཉེར་མཁོ་བཞུགས།
吉祥时轮常用供养仪轨
c རྒྱལ་ཁམས་པ་ཏཱ་ར་ནཱ་ཐ།
d དཔལ་གྱི་ཇོ་ནང་།（西藏日喀则觉囊寺）
e ཆོ་ག（仪轨）
f 刻本 ཇོ་ནང་རྟག་བརྟན་དགོན།（西藏日喀则觉囊寺）
g 乌金 梵夹装 47×7
h 28 7
i 有 藏纸 黑 完整
j 封面钤有“民族文化宫图书馆藏”印。

95.6

a 12-6

b རྡོ་རྗེ་རྣལ་འབྱོར་གྱི་ཕྱིའི་ངོ་སྤྲོད།

金刚瑜伽之外指示

c རྒྱལ་ཁམས་པ་ཏཱ་ར་ནཱ་ཐ།

d

e སྔགས།（密宗）

f 刻本 ཇོ་ནང་རྟག་བརྟན་དགོན།（西藏日喀则觉囊寺）

g 乌金 梵夹装 47×7

h 11 7

i 无 藏纸 黑 完整

j 封面钤有“民族文化宫图书馆藏”印。

95.7

a 12-7

b ཟབ་ལམ་རྡོ་རྗེའི་རྣལ་འབྱོར་གྱི་འཁྲིད་ཡིག་མཐོང་བ་དོན་ལྡན་ཞེས་བྱ་བ་བཞུགས་སོ།།

甚深道金刚瑜伽之导引·见者具义

c

d རང་ལོ་བཞི་བཅུ། 四十岁（1614 年）

ནགས་རྒྱལ་གྱི་དབེན་གནས་དཔལ་ཇོ་མོ་ནང་།（西藏日喀则觉囊寺）

མདོ་སྔགས་པ་དཔོན་པོ་ཡོན་ཏན་ལྷུན་གྲུབ།

e སྔགས།（密宗）

f 刻本 ཇོ་ནང་རྟག་བརྟན་དགོན།（西藏日喀则觉囊寺）

g 乌金 梵夹装 47×7

h 52 7

i 有 藏纸 黑 完整

j 封面钤有“民族文化宫图书馆藏”印。

95.8

a　12-8

b　དཔལ་དུས་ཀྱི་འཁོར་ལོའི་སྦྱིན་བསྲེག་གི་ཆོ་ག་ནང་གི་མུན་སེལ་གྱི་ལག་ལེན་བཞུགས་སོ།།

吉祥时轮之护摩仪轨・除内暗之修法

c　རྒྱལ་ཁམས་པ་ཏཱ་ར་ནཱ་ཐ།

d

e　ཆོ་ག（仪轨）

f　刻本　ཇོ་ནང་རྟག་བརྟན་དགོན།（西藏日喀则觉囊寺）

g　乌金　梵夹装　47×7
h　6　7
i　有　藏纸　黑　完整
j　封面钤有“民族文化宫图书馆藏”印。

95.9
a　12-9

b　སྦྱོར་བ་ཡན་ལག་དྲུག་པའི་ངོ་སྤྲོད་ནང་མ་བཞུགས་སོ།།

六支瑜伽之内指示

c　རྒྱལ་ཁམས་པ་ཏཱ་ར་ནཱ་ཐ།

d　ནགས་རྒྱལ་གྱི་དབེན་གནས་དཔལ་ཇོ་མོ་ནང་།（西藏日喀则觉囊寺）

e　སྔགས།（密宗）

f　刻本　ཇོ་ནང་རྟག་བརྟན་དགོན།（西藏日喀则觉囊寺）

g　乌金　梵夹装　47×7
h　22　7
i　无　藏纸　黑　完整
j　封面钤有“民族文化宫图书馆藏”印。

95.10
a　12-10

b　དཔལ་དུས་ཀྱི་འཁོར་ལོའི་དབང་གོང་མའི་ཆོ་ག་བཞུགས།

吉祥时轮最上灌顶仪轨

c

d ནགས་རྒྱལ་གྱི་དབེན་གནས་དཔལ་ཇོ་མོ་ནང་། （西藏日喀则觉囊寺）

e ཚོ་ག （仪轨）

f 刻本 ཇོ་ནང་རྟག་བརྟན་དགོན། （西藏日喀则觉囊寺）

g 乌金 梵夹装 47×7
h 18 7
i 有 藏纸 黑 完整
j 封面钤有“民族文化宫图书馆藏”印。

95.11
a 12-11

b གཞན་སྟོང་སྙིང་པོ་ཞེས་བྱ་བ་བཞུགས།

他空心要

c

d ཆོས་ལུང་བྱང་རྩེའི་དབེན་གནས།

e དབུ་མ། （中观）

f 刻本 ཇོ་ནང་རྟག་བརྟན་དགོན། （西藏日喀则觉囊寺）

g 乌金 梵夹装 47×7
h 12 7
i 有 藏纸 黑 完整
j 封面钤有“民族文化宫图书馆藏”印；民族宫目录中为ང函。

95.12
a 12-12

b དུས་འཁོར་ལྷ་དགུའི་སྒྲུབ་ཐབས་རྒྱས་པ་བཞུགས།

时轮九尊广修法

c
d

e སྒྲུབ་ཐབས། （修心法）

f 刻本 ཛོ་ནང་རྟག་བརྟན་དགོན། （西藏日喀则觉囊寺）

g 乌金 梵夹装 47×7
h 12 7
i 有 藏纸 黑 完整
j 封面钤有“民族文化宫图书馆藏”印。

96
A 3508 1020

B ཏཱ་ར་ནཱ་ཐ་ཀུན་དགའ་སྙིང་པོའི་གསུང་འབུམ།

觉囊·多罗那他·衮噶宁波文集

C ག

D ཏཱ་ར་ནཱ་ཐ་ཀུན་དགའ་སྙིང་པོ།

同 3507 介绍。
E 馆藏齐全。

96.1
a 4-1

b རྗེ་བཙུན་ཪྡོན་པའི་གདམས་ངག་ལས་འབྱུང་བ་རྡོ་རྗེ་ཕག་མོའི་སྒྲུབ་ཐབས་བདེ་བ་སྦྱིན་པ་ཞེས་བྱ་བ་བཞུགས།

至尊猎人师之教授中所出之金刚亥母修法·能施安乐
c
d རང་ལོ་ཉེར་གསུམ། 二十三岁（1597 年）

དཔལ་སྟག་ལུང་ཐང་པ་རྗེ་བཙུན་བླ་མ་ཀུན་དགའ་བཀྲ་ཤིས།

e སྒྲུབ་ཐབས། （修心法）

f 刻本 ཛོ་ནང་རྟག་བརྟན་དགོན། （西藏日喀则觉囊寺）

g 乌金 梵夹装 47×7
h 14 7
i 有 藏纸 黑 完整
j 封面钤有“民族文化宫图书馆藏”印。

96.2

a 4-2

b སྦྱོར་བ་ཡན་ལག་དྲུག་པའི་མན་ངག་རྙེད་པའི་འཕྲུལ་འཁོར་གྱི་སྡོམ་པ་བཞུགས་སོ།།

六支瑜伽之教授·获得幻轮律仪

c རྒྱལ་ཁམས་པ་ཏ་ར་ན་ཐ།

d

e སྔགས།（密宗）

f 刻本 ཇོ་ནང་རྟག་བརྟན་དགོན།（西藏日喀则觉囊寺）

g 乌金 梵夹装 47×7

h 3 7

i 无 藏纸 黑 完整

j 封面钤有“民族文化宫图书馆藏”印。

96.3

a 4-3

b སྦྱོར་དྲུག་གེགས་སེལ་བཞུགས།

六支瑜伽除障法

c རྒྱལ་ཁམས་པ་ཏ་ར་ན་ཐ།

d ནགས་རྒྱལ་དབེན་གནས།

e སྔགས།（密宗）

f 刻本 ཇོ་ནང་རྟག་བརྟན་དགོན།（西藏日喀则觉囊寺）

g 乌金 梵夹装 47×7

h 21 7

i 有 藏纸 黑 完整

j 封面钤有“民族文化宫图书馆藏”印。

96.4

a 4-4

b དཔལ་དུས་ཀྱི་འཁོར་ལོའི་དཀྱིལ་འཁོར་གྱི་ཚ་གའི་རྣམ་པར་བཤད་པ་བདུད་རྩིའི་རྒྱ་མཚོ་ཞེས་བ་བཞུགས།

吉祥时轮曼荼罗仪轨解说·甘露海

c རྒྱལ་ཁམས་པ་ཏ་ར་ན་ཐ།

d

e ཆོ་ག（仪轨）

f 刻本 ཇོ་ནང་རྟག་བརྟན་དགོན།（西藏日喀则觉囊寺）

g 乌金 梵夹装 47×7

h 153 7

i 有 藏纸 黑 完整

j 封面钤有“民族文化宫图书馆藏”印。

97

A 3509 1021

B ཏཱ་ར་ནཱ་ཐ་ཀུན་དགའ་སྙིང་པོའི་གསུང་འབུམ།

觉囊·多罗那他·衮噶宁波文集

C ང

D ཏཱ་ར་ནཱ་ཐ་ཀུན་དགའ་སྙིང་པོ།

同 3507 介绍。

E 此函民族宫目录著录为 19 卷，西藏图书馆藏品亦 19 卷，但缺《贾色师前由史事门而作赞颂》，又多出一卷。

97.1

a 19-1

b དབང་མདོར་བསྟན་གྱི་འགྲེལ་པ་ཟབ་དོན་མཐའ་དག་གསལ་བར་བྱེད་པའི་ཉི་མ་ཞེས་བྱ་བ་བཞུགས།

灌顶略说释·显明一切深义之日光

c རྒྱལ་ཁམས་པ་ཏ་ར་ན་ཐ།

d རང་ལོ་ཞེ་གཉིས། 四十二岁（1616 年） ནགས་རྒྱལ་དབེན་གནས་ཇོ་ནང་།（西藏日喀则觉囊寺）

e སྔགས།（密宗）

f 刻本 ཇོ་ནང་རྟག་བརྟན་དགོན། （西藏日喀则觉囊寺）

g 乌金 梵夹装 47×7
h 102 7
i 有 藏纸 黑 完整
j 封面钤有“民族文化宫图书馆藏”印；民族宫目录中为 99 叶。

97.2
a 9-2

b རྡོ་ཕག་མོའི་སྒྲུབ་ཐབས་ཆུང་བ་བཞུགས་སོ།།

金刚亥母之略修法

c

d རང་ལོ་ཉེར་གསུམ། 二十三岁（1597 年）

e སྒྲུབ་ཐབས། （修心法）

f 刻本 ཇོ་ནང་རྟག་བརྟན་དགོན། （西藏日喀则觉囊寺）

g 乌金 梵夹装 47×7
h 11 7
i 有 藏纸 黑 完整
j 封面钤有“民族文化宫图书馆藏”印。

97.3
a 19 3

b ན་རོ་མཁའ་སྤྱོད་ཀྱི་རྫོགས་རིམ་ཐུན་མོང་མ་ཡིན་པ་བཞུགས།

那若空行圆满次第不共法

c རྒྱལ་ཁམས་པ་ཏ་ར་ན་ཐ།

d

e སྔགས། （密宗）

f 刻本 ཇོ་ནང་རྟག་བརྟན་དགོན། （西藏日喀则觉囊寺）

g 乌金 梵夹装 47×7
h 6 7
i 无 藏纸 黑 完整

j 封面钤有“民族文化宫图书馆藏”印。

97.4

a 19-4

b རྡོ་རྗེ་རྣལ་འབྱོར་པའི་བསྐྱེད་རིམ་གྱི་མན་ངག་གོ་དོན་དང་བཅས་པ་མདོ་ཙམ་གྱི་ཡི་གེ་བདེ་ཆེན་རོལ་པ་ཞེས་བྱ་

བ་བཞུགས།

金刚瑜伽母之生起次第之教授知义略篇·大乐游戏

c རྒྱལ་ཁམས་པ་ཏཱ་ར་ན་ཐ།

d ཉེར་བཞིར་བརྩམས་པ་དང་རང་ལོ་བཞི་བཅུ་ལ་ཚུང་ཟད་ཁ་སྐོང་། 二十四岁（1598年）至四十岁（1614年） སྒྲོག་སྟོང་ཆོས་ཀྱི་ཕོ་བྲང་། རྩེབ་རི་བསམ་གླིང་མཁན་པོ།

e མན་ངག（善言）

f 刻本 ཇོ་ནང་རྟག་བརྟན་དགོན།（西藏日喀则觉囊寺）

g 乌金 梵夹装 47×7

h 14 7

i 有 藏纸 黑 完整

j 封面钤有“民族文化宫图书馆藏”印。

97.5

a 19-5

b རྡོ་རྗེ་ཕག་མོ་དམྱོད་ལུགས་ཀྱི་འཁྲིད་ཡིག་དངོས་གྲུབ་ཀྱི་འདོད་འཇོ་ཞེས་བྱ་བ་བཞུགས།

嘉师传规之金刚亥母导引·悉地如意藏

c རྒྱལ་ཁམས་པ་ཏཱ་ར་ན་ཐ།

d

e སྔགས།（密宗）

f 刻本 ཇོ་ནང་རྟག་བརྟན་དགོན།（西藏日喀则觉囊寺）

g 乌金 梵夹装 47×7

h 15 7

i 有 藏纸 黑 完整

j 封面钤有“民族文化宫图书馆藏”印。

97.6

a 19-6

b སྐུ་གསུམ་རྡོ་རྗེ་ཕག་མོ་ཅེས་བྱ་བ་དབུ་བཅད་མར་གྲགས་པའི་སྒྲུབ་མཆོད་ངག་འདོན་བཞུགས།

三身金刚亥母又名乌金玛之供修念诵法

c རྒྱལ་ཁམས་པ་ཏ་ར་ན་ཐ།

d

e སྒྲུབ་མཆོད་ངག་འདོན།（诵法）

f 刻本 ཇོ་ནང་རྟག་བརྟན་དགོན།（西藏日喀则觉囊寺）

g 乌金 梵夹装 47×7

h 5 7

i 无 藏纸 黑 完整

j 封面钤有“民族文化宫图书馆藏”印。

97.7

a 19-7

b རྗེ་བཙུན་རྡོ་རྗེ་ཕག་མོ་དོན་གྲུབ་མའི་སྒྲུབ་མཆོད་ཀྱི་ཡི་གེའོ།།

至尊金刚亥母义成母供修法

c རྒྱལ་ཁམས་པ་ཏ་ར་ན་ཐ།

d

e སྒྲུབ་མཆོད།（供修法）

f 刻本 ཇོ་ནང་རྟག་བརྟན་དགོན།（西藏日喀则觉囊寺）

g 乌金 梵夹装 47×7

h 4 7

i 无 藏纸 黑 完整

j 封面钤有“民族文化宫图书馆藏”印。

97.8

a 19-8

b རྗེ་བཙུན་རྡོ་རྗེ་རྣལ་འབྱོར་མ་བདེན་གཉིས་ཞལ་ཅན་སྒྲུབ་ཅིང་མཆོད་པའི་ཆོ་ག་བདེ་བ་ཆེན་པོའི་དཔལ་འབར་བ་ཞེས་བྱ་བ་བཞུགས་སོ།།

至尊金刚瑜伽母二谛本面修法并供养仪轨·大乐吉祥焰

c

d ས་སྐྱོང་གཞོན་ནུ་ཆོས་བཞིན་པ་ཀུན་དགའ་རབ་བརྟན་དབང་གི་རྒྱལ་པོ།

e ཆོ་ག(仪轨)

f 刻本 ཇོ་ནང་རྟག་བརྟན་དགོན།（西藏日喀则觉囊寺）

g 乌金 梵夹装 47×7

h 30 7

i 有 藏纸 黑 完整

j 封面钤有“民族文化宫图书馆藏”印。

97.9

a 19-9

b ཟབ་མོ་གཞན་སྟོང་དབུ་མའི་བརྒྱུད་འདེབས་བཞུགས།

甚深他空中观之师承启请文

c རྒྱལ་ཁམས་པ་ཏ་ར་ན་ཐ།

d

e གསོལ་འདེབས།(启请文)

f 刻本 ཇོ་ནང་རྟག་བརྟན་དགོན།（西藏日喀则觉囊寺）

g 乌金 梵夹装 47×7

h 4 7

i 无 藏纸 黑 完整

j 封面钤有“民族文化宫图书馆藏”印。

97.10

a 19-10

b མཁའ་འགྲོ་སྤྱི་གཏོར་རྒྱས་པ་བཞུགས།

空行总供广轨

c ཀྱཱལ་ཁམས་པ་ཏ་ར་ན་ཐ།

d

e གཏོར་ཆོག(神馐仪轨)

f 刻本 ཇོ་ནང་རྟག་བརྟན་དགོན། （西藏日喀则觉囊寺）

g 乌金 梵夹装 47×7
h 5 7
i 无 藏纸 黑 完整
j 封面钤有“民族文化宫图书馆藏”印。

97.11
a 19-11

b ཟབ་ལམ་རྡོ་རྗེའི་རྣལ་འབྱོར་གྱི་རྣམ་པར་བཤད་པ་རྒྱས་པར་བསྟན་པ་ཟུང་འཇུག་རབ་ཏུ་ གསལ་བ་ཆེན་པོ་ཞེས་

བྱ་བ་བཞུགས།

甚深道金刚瑜伽广释·极显双运

c རྡོ་རྗེ་ཐེག་པའི་རྣལ་འབྱོར་པ་ཏ་ར་ན་ཐ།

d རང་ལོ་བཞི་བཅུ་ཞེ་གཉིས། 四十二岁（1616年）

ནགས་རྒྱལ་དབེན་གནས་ཇོ་ནང་དཔལ་རི་ཁྲོད། （西藏日喀则觉囊寺）

e སྔགས།(密宗)

f 刻本 ཇོ་ནང་རྟག་བརྟན་དགོན། （西藏日喀则觉囊寺）

g 乌金 梵夹装 47×7
h 121 7
i 有 藏纸 黑 完整
j 封面钤有“民族文化宫图书馆藏”印；民族宫目录中为120叶。

97.12
a 19-12

b སྒྲོལ་མ་རྣལ་འབྱོར་མའི་འཁྲིད་ཡིག་བདེ་ཆེན་མྱུར་གཏེར་བཞུགས་སོ།།

度母瑜伽母之导引·速获大乐宝藏

c ཀྱུལ་ཁམས་པ་ཏ་ར་ན་ཐ།

d རང་ལོ་ཉེར་བདུན། 二十七岁（1603 年） གཡོ་རུ་གོང་དཀར་གྱི་ལོ་བྲང་།

e སྔགས།（密宗）

f 刻本 ཇོ་ནང་རྟག་བརྟན་དགོན།（西藏日喀则觉囊寺）

g 乌金 梵夹装 47×7
h 11 7
i 有 藏纸 黑 完整
j 封面钤有“民族文化宫图书馆藏”印。

97.13
a 19-13

b རྗེ་བཙུན་རྡོ་རྗེ་རྣལ་འབྱོར་མའི་སྲེག་བླུགས་ཀྱི་ལག་ལེན་བཞུགས།

至尊金刚瑜伽母之烧炼修法

c
d

e སྔགས།（密宗）

f 刻本 ཇོ་ནང་རྟག་བརྟན་དགོན།（西藏日喀则觉囊寺）

g 乌金 梵夹装 47×7
h 5 7
i 有 藏纸 黑 完整
j 封面钤有“民族文化宫图书馆藏”印。

97.14
a 19-14

b བཅོམ་ལྡན་འདས་མ་སྒྲོལ་མ་རྣལ་འབྱོར་མའི་བདག་འཇུག་གཞན་ལ་ཕན་པ་ཞེས་བྱ་བ་བཞུགས་སོ།།

薄伽梵母度母瑜伽母之自入利他法

c ཀྱུལ་ཁམས་པ་ཏ་ར་ན་ཐ།

d

e སྔགས།（密宗）

f 刻本 ཇོ་ནང་རྟག་བརྟན་དགོན།（西藏日喀则觉囊寺）

g 乌金 梵夹装 47×7
h 23 7
i 无 藏纸 黑 完整
j 封面钤有“民族文化宫图书馆藏”印。

97.15

a 19-15

b སྒྲོལ་མ་རྣལ་འབྱོར་མའི་དཀྱིལ་འཁོར་གྱི་སྒྲུབ་ཐབས་ཡེ་ཤེས་འབར་བ་བཞུགས་སོ།།

度母瑜伽母之曼荼罗修法·智慧炽燃

c རྒྱལ་ཁམས་པ་ཏ་ར་ན་ཐ།

d ཀུན་ལྡན་གྱི་ལོ་ཆུ་སྟོད་ཟླ་བའི་ཚེས་ཉི་ཤུ། 铁鼠年（1600）藏历六月二十日

རྣམ་རྒྱལ་རབས་བརྟན། ཇོ་བཙུན་དམ་པ་ཀུན་དགའ་བཀྲ་ཤིས།

e སྒྲུབ་ཐབས།(修心法)

f 刻本 ཇོ་ནང་རྟག་བརྟན་དགོན།（西藏日喀则觉囊寺）

g 乌金 梵夹装 47×7
h 14 7
i 无 藏纸 黑 完整
j 封面钤有“民族文化宫图书馆藏”印。

97.16

a 19-16

b གཞན་སྟོང་དབུ་མའི་རྒྱན་གྱི་ལུང་སྦྱོར་བཞུགས་སོ།།

他空中观庄严之经教配合篇

c རྒྱལ་ཁམས་པ་ཏ་ར་ན་ཐ།

d

e དབུ་མ།(中观)

f 刻本 ཇོ་ནང་རྟག་བརྟན་དགོན།（西藏日喀则觉囊寺）

g 乌金 梵夹装 47×7

h 20 7

i 无 藏纸 黑 完整

j 封面钤有“民族文化宫图书馆藏”印。

97.17

a 19-17

b མཐར་ཐུག་དབུ་མ་ཆེན་པོ་འཇིག་རྟེན་འཇིག་རྟེན་འདས་པའི་ཆོས་ཐམས་ཅད་ཀྱི་གནད་བསྡུན་བཅོས་ཡིད་བཞིན་ནོར་བུ་ལྟ་བུ་སྙིང་པོ་ངེས་པ་ཞེས་བྱ་བ་གྲུབ་མཐའི་མཐར་ཐུག་བཞུགས་སོ།།

大究竟中观见一切世出世法要义论·如意宝心要义·宗派究竟

c རྒྱལ་ཁམས་པ་ཏ་ར་ན་ཐ།

d

e དབུ་མ།(中观)

f 刻本 ཇོ་ནང་རྟག་བརྟན་དགོན།（西藏日喀则觉囊寺）

g 乌金 梵夹装 47×7

h 10 7

i 有 藏纸 黑 完整

j 封面钤有“民族文化宫图书馆藏”印。

97.18

a 19-18

b གཞན་སྟོང་དབུ་མའི་རྒྱན་ཅེས་བྱ་བ་བཞུགས་སོ།།

他空中观庄严篇

c རྒྱལ་ཁམས་པ་ཏ་ར་ན་ཐ།

d རང་ལོ་སུམ་ཅུ། 三十岁（1604 年） ཇོ་ནང་རི་ཁྲོད།（西藏日喀则觉囊寺）

e དབུ་མ།(中观)

f 刻本 ཇོ་ནང་རྟག་བརྟན་དགོན།（西藏日喀则觉囊寺）

g 乌金 梵夹装 47×7

h 12 7

i 无 藏纸 黑 完整
j 封面钤有“民族文化宫图书馆藏”印。

97.19
a 19-19
b སྟོང་ཉིད་ཀྱི་རབ་ཏུ་དབྱེ་བ་ཁྱད་པར་དུ་འཕགས་པ་བཙུགས་སོ།།
空性品殊胜
c རྒྱལ་ཁམས་པ་ཏ་ར་ན་ཐ།
d
e དབུ་མ།(中观)
f 刻本 རྫོ་ནང་རྟག་བརྟན་དགོན། (西藏日喀则觉囊寺)
g 乌金 梵夹装 47×7
h 9 7
i 无 藏纸 黑 完整
j 封面钤有“民族文化宫图书馆藏”印；民族宫目录中无此件。

98
A 3510 1022
B ཏཱ་ར་ནཱ་ཐ་ཀུན་དགའ་སྙིང་པོའི་གསུང་འབུམ།
觉囊·多罗那他·衮噶宁波文集
C ཙ
D ཏཱ་ར་ནཱ་ཐ་ཀུན་དགའ་སྙིང་པོ།
同 3507 介绍。
E 馆藏齐全。

98.1
a 8-1
b དཔལ་གསང་བ་འདུས་པའི་སྒྲུབ་དཀྱིལ་འབར་བའི་འོད་གསལ།
吉祥密集曼荼罗修法·炽焰光明

c ཏཱ་ར་ནཱ་ཐ།

d

e སྒྲུབ་ཐབས།(修心法)

f 刻本 ཇོ་ནང་རྟག་བརྟན་དགོན།（西藏日喀则觉囊寺）

g 乌金 梵夹装 47×7
h 37 7
i 有 藏纸 黑 完整
j 封面钤有“民族文化宫图书馆藏”印。

98.2
a 8-2

b དཔལ་གསང་བ་འདུས་པའི་སྒྲུབ་ཐབས་འབར་བའི་འོད་གསལ།

吉祥密集之修法·炽焰光明

c རྒྱལ་ཁམས་པ་ཏཱ་ར་ནཱ་ཐ།

d ནགས་རྒྱལ་གྱི་དབེན་གནས།（西藏日喀则觉囊寺）

e སྒྲུབ་ཐབས།（修心法）

f 刻本 ཇོ་ནང་རྟག་བརྟན་དགོན།（西藏日喀则觉囊寺）

g 乌金 梵夹装 47×7
h 14 7
i 有 藏纸 黑 完整
j 封面钤有“民族文化宫图书馆藏”印。

98.3
a 8-3

b དཔལ་གསང་བ་འདུས་པ་ཡེ་ཤེས་ཞབས་ལུགས་ཀྱི་དཀྱིལ་འཁོར་གྱི་ཆོ་ག་ཡེ་ཤེས་སྣང་བྱེད།

吉祥密集智足传规之曼荼罗仪轨·智慧光明

c རྒྱལ་ཁམས་པ་ཏཱ་ར་ནཱ་ཐ།

d

e ཆོ་ག།(仪轨)

f 刻本 ཛོ་ནང་རྟག་བརྟན་དགོན། (西藏日喀则觉囊寺)

g 乌金 梵夹装 47×7
h 27 7
i 有 藏纸 黑 完整
j 封面钤有“民族文化宫图书馆藏”印。

98.4
a 8-4

b གསང་འདུས་ཡེ་ཤེས་ཞབས་ལུགས་ཀྱི་མན་ངག་ལས། ཟབ་གསལ་དབྱེར་མེད་ཀྱི་ཁྲིད་ཡིག་བཞུགས།

འདི་སོར་བསམ་གཉིས་ཏེ་ཐོག་མར་བསྟན་པར་བྱའོ།།

密集智足传规之教授中深明无别之导引·此中二教授兹开示最初

c

d དགུང་གྲངས་ཉེར་དགུ 二十九岁（1603 年）

e མན་ངག།(善言)

f 刻本 ཛོ་ནང་རྟག་བརྟན་དགོན། (西藏日喀则觉囊寺)

g 乌金 梵夹装 47×7
h 8 7
i 无 藏纸 黑 完整
j 封面钤有“民族文化宫图书馆藏”印。

98.5
a 8-5

b དཔལ་གསང་བ་འདུས་པ་འཇམ་པའི་རྡོ་རྗེའི་མངོན་པར་རྟོགས་པ་ཡེ་ཤེས་སྣང་བྱེད།

吉祥密集文殊金刚现观·智慧光明

c ཏཱ་ར་ནཱ་ཐ།

d

e སྒྲུབ་ཐབས། (修心法)

f 刻本 རྫོ་ནང་རྟག་བརྟན་དགོན། （西藏日喀则觉囊寺）

g 乌金 梵夹装 47×7
h 17 7
i 有 藏纸 黑 完整
j 封面钤有“民族文化宫图书馆藏”印。

98.6
a 8-6

b གསང་འདུས་འཕགས་ལུགས་རིམ་ལྔ་སྣར་ཁྲིད་གདན་རྫོགས་ཀྱི་ཁྲིད་ཡིག་འཁྲུལ་པའི་དྲི་བྲལ་ཞེས་བྱ་བ་མར་པའི་

དགོངས་པ་ཇི་ལྟ་བཞུགས་སོ།།

密集圣者传规之五次第直观教导圆座导引无误篇·依玛尔巴密意

c ཏཱ་ར་ནཱ་ཐ།

d དགུང་གྲངས་ཉེར་དྲུག་པ། 二十六岁（1600 年） སྟག་ལུང་ཐང་གི་ཆོས་གྲྭ

e སྔགས།(密宗)

f 刻本 རྫོ་ནང་རྟག་བརྟན་དགོན། （西藏日喀则觉囊寺）

g 乌金 梵夹装 47×7
h 16 7
i 有 藏纸 黑 完整
j 封面钤有“民族文化宫图书馆藏”印。

98.7
a 8-7

b གསང་འདུས་འཕགས་སྐོར་ལས་རིམ་ལྔ་འགོས་ལུགས་ཀྱི་ཁྲིད་ཡིག་རྒྱུད་དོན་གསལ་བ།

密集圣法类中五次第廓师传规之导引·显明密续义

c ཏཱ་ར་ནཱ་ཐ།

d དགུང་གྲངས་༢༧ 二十七岁（1601 年） ངོལ་མདའི་རྫོང་།

e སྔགས། (密宗)

f 刻本 ཇོ་ནང་རྟག་བརྟན་དགོན།（西藏日喀则觉囊寺）

g 乌金 梵夹装 47×7
h 21 7
i 无 藏纸 黑 完整
j 封面钤有“民族文化宫图书馆藏”印。

98.8
a 8-8

b རིམ་ལྔའི་འགྲེལ་ཆེན་རྡོ་རྗེ་འཆང་ཆེན་པོའི་དགོངས་པ།

五次第广释·大金刚持密意

c ཏཱ་ར་ནཱ་ཐ།

d དགུང་གྲངས་༤༦ 四十六岁（1620 年） གངས་རིའི་ཁྲོད་ཀྱི་ཤམྦྷ་ལ།

e གསང་སྔགས།(密宗)

f 刻本 ཇོ་ནང་རྟག་བརྟན་དགོན།（西藏日喀则觉囊寺）

g 乌金 梵夹装 47×7
h 332 7
i 无 藏纸 黑 完整
j 封面钤有“民族文化宫图书馆藏”印；民族宫目录中为 331 叶。

99
A 3511 1023

B ཏཱ་ར་ནཱ་ཐ་ཀུན་དགའ་སྙིང་པོའི་གསུང་འབུམ།

觉囊·多罗那他·衮噶宁波文集

C ཚ

D ཏཱ་ར་ནཱ་ཐ་ཀུན་དགའ་སྙིང་པོ།

同 3507 介绍。

E 此函民族宫目录著录为 16 卷。西藏图书馆藏品缺三卷《五次第简明之注疏《秘密总仪轨一切息灾事业之护摩仪轨中品修法》《佛顶惹派之常用念诵法》，另一卷为本文集□函内容，故计 14 卷。

99.1

a 14-1

b དཔལ་རྡོ་རྗེ་འཇིགས་མཛད་ལྷ་བཅུ་གསུམ་མའི་ཆོ་ག་འདོན་པ་སྒྱུར་ལུགས་ཡང་དག་པ།

吉祥怖畏金刚十三尊仪轨正净译规念诵法

c རྒྱལ་ཁམས་པ་ཏཱ་ར་ནཱ་ཐ།

d

e ཆོས་སྤྱོད་ཕྱོགས་བསྡུས།(法行集)

f 刻本 ཇོ་ནང་རྟག་བརྟན་དགོན། （西藏日喀则觉囊寺）

g 乌金 梵夹装 47×7

h 9 7

i 无 藏纸 黑 完整

j 封面钤有“民族文化宫图书馆藏”印；民族宫目录中为ཐ函，7 叶。

99.2

a 14-2

b རྡོ་རྗེ་ཐེག་པའི་ལམ་གྱི་རིམ་པ་ནམ་མཁའི་རྡོ་རྗེ་རབ་ཏུ་གསལ་བ།

金刚乘之道次第·虚空金刚显明篇

c ཀུན་དགའ་སྙིང་པོ།

d

e གསང་སྔགས།(密宗)

f 刻本 ཇོ་ནང་རྟག་བརྟན་དགོན། （西藏日喀则觉囊寺）

g 乌金 梵夹装 47×7

h 5 7

i 无 藏纸 黑 完整

j 封面钤有“民族文化宫图书馆藏”印。

99.3

a 14-3

b དཔལ་འཁོར་ལོ་སྡོམ་པའི་ཆོ་གའི་ཡན་ལག་འབྱུང་པོ་ཐམས་ཅད་པའི་གཏོར་ཆོག་ཆེན་མོ།

吉祥胜乐轮仪轨支分一切部供施大仪轨

c རྒྱལ་ཁམས་པ་ཏཱ་ར་ནཱ་ཐ།

d

e ཆོ་ག(仪轨)

f 刻本 ཇོ་ནང་རྟག་བརྟན་དགོན།（西藏日喀则觉囊寺）

g 乌金 梵夹装 47×7
h 9 7
i 有 藏纸 黑 完整
j 封面钤有“民族文化宫图书馆藏”印。

99.4
a 14-4

b དཔལ་འཁོར་ལོ་སྡོམ་པའི་སྒྲུབ་ཐབས་བདེ་ཆེན་སྙིང་པོ།

吉祥胜乐轮之修法·大乐心要

c ཏཱ་ར་ནཱ་ཐ།

d དགུང་གྲངས་༣༦པར། 三十六岁（1610年）

e སྒྲུབ་ཐབས།（修心法）

f 刻本 ཇོ་ནང་རྟག་བརྟན་དགོན།（西藏日喀则觉囊寺）

g 乌金 梵夹装 47×7
h 13 7
i 无 藏纸 黑 完整
j 封面钤有“民族文化宫图书馆藏”印。

99.5
a 14-5

b དཔལ་སྡོམ་པ་ཆེན་པོའི་སྒྲུབ་དཀྱིལ་གྱི་རིམ་པའི་ཁྱད་པར་གསལ་བྱེད།

吉祥胜乐大曼荼罗修习次第殊胜显明篇

c རྒྱལ་ཁམས་པ་ཏཱ་ར་ནཱ་ཐ།

d

e སྦྱང་ཐབས། （修心法）

f 刻本 ཇོ་ནང་རྟག་བརྟན་དགོན། （西藏日喀则觉囊寺）

g 乌金 梵夹装 47×7

h 27 7

i 有 藏纸 黑 完整

j 封面钤有“民族文化宫图书馆藏”印。

99.6

a 14-6

b དཔལ་བདེ་མཆོག་རིམ་ལྔའི་ཁྲིད་ཡིག

吉祥胜乐五次第导引

c ཏཱ་ར་ནཱ་ཐ།

d ཇོ་ནང་རྟག་བརྟན་དམ་ཆོས་གླིང་། （西藏日喀则觉囊寺）

e སྔགས། （密宗）

f 刻本 ཇོ་ནང་རྟག་བརྟན་དགོན། （西藏日喀则觉囊寺）

g 乌金 梵夹装 47×7

h 8 7

i 无 藏纸 黑 完整

j 封面钤有“民族文化宫图书馆藏”印。

99.7

a 14-7

b བདེ་མཆོག་གི་རྫོགས་རིམ་རྣལ་འབྱོར་ཆེན་པོའི་ཁྲིད་ཡིག

胜乐之圆满次第大瑜伽导引

c ཏཱ་ར་ནཱ་ཐ།

d

e སྔགས།（密宗）

f 刻本 ཛོ་ནང་རྟག་བརྟན་དགོན།（西藏日喀则觉囊寺）

g 乌金 梵夹装 47×7
h 8 7
i 无 藏纸 黑 完整
j 封面钤有“民族文化宫图书馆藏”印。

99.8
a 14-8

b དཔལ་འཁོར་ལོ་སྡོམ་པའི་དཀྱིལ་འཁོར་གྱི་ཆོ་ག་བདེ་ཆེན་འཇུག་ངོགས།

吉祥胜乐轮之曼荼罗仪轨·大乐门径

c ཏཱ་ར་ནཱ་ཐ།

d དགུང་གྲངས་༤༠པར། 四十岁（1614 年） ནགས་རྒྱལ་གྱི་དབེན་གནས།

e ཆོ་ག（仪轨）

f 刻本 ཛོ་ནང་རྟག་བརྟན་དགོན།（西藏日喀则觉囊寺）

g 乌金 梵夹装 47×7
h 36 7
i 无 藏纸 黑 完整
j 封面钤有“民族文化宫图书馆藏”印。

99.9
a 14-9

b བདེ་མཆོག་ལུས་དཀྱིལ་གྱི་དབང་ཆོག་བདེ་ཆེན་སྙིང་པོ།

胜乐身曼荼罗灌顶仪轨·大乐心要

c ཏཱ་ར་ནཱ་ཐ།

d ནགས་རྒྱལ་གྱི་དབེན་གནས།

e ཆོ་ག（仪轨）

f　刻本　ཇོ་ནང་རྟག་བརྟན་དགོན།（西藏日喀则觉囊寺）

g　乌金　梵夹装　47×7
h　12　7
i　无　藏纸　黑　完整
j　封面钤有“民族文化宫图书馆藏”印。

99.10
a　14-10

b　དཔལ་འཁོར་ལོ་སྡོམ་པའི་དཀྱིལ་འཁོར་རབ་འབྱམས་ཀྱི་སྒྲུབ་ཐབས་དངོས་སྒྲུབ་ཀྱི་རྒྱ་མཚོ།

吉祥胜乐轮之广博曼荼罗修法·悉地海

c　རྒྱལ་ཁམས་པ་ཏཱ་ར་ནཱ་ཐ།

d　དགུང་གྲངས་༤༡པར། 四十一岁（1615 年）　ནགས་རྒྱལ་གྱི་དབེན་གནས།

e　སྒྲུབ་ཐབས།（修心法）

f　刻本　ཇོ་ནང་རྟག་བརྟན་དགོན།（西藏日喀则觉囊寺）

g　乌金　梵夹装　47×7
h　112　7
i　无　藏纸　黑　完整
j　封面钤有“民族文化宫图书馆藏”印。

99.11
a　14-11

b　འཁོར་ལོ་སྡོམ་པའི་སྒྲུབ་ཐབས་ལཱུ་ཡི་པའི་ལུགས་བདེ་ཆེན་འཇུག་ངོགས།

鲁伊巴传规之胜乐轮修法·大乐门径

c　རྒྱལ་ཁམས་པ་ཏཱ་ར་ནཱ་ཐ།

d　དགུང་གྲངས་༤༡པར། 四十一岁（1615 年）　ནགས་རྒྱལ་གྱི་དབེན་གནས།

e　སྒྲུབ་ཐབས།（修心法）

f　刻本　ཇོ་ནང་རྟག་བརྟན་དགོན།（西藏日喀则觉囊寺）

g　乌金　梵夹装　47×7

h 23 7
i 无 藏纸 黑 完整
j 封面钤有“民族文化宫图书馆藏”印。

99.12
a 14-12
b དཔལ་འཁོར་ལོ་སྡོམ་པའི་བརྒྱུད་འདེབས།
吉祥胜乐轮之师承启请文
c ཏཱ་ར་ནཱ་ཐ།
d དགུང་གྲངས་༤༠པར། 四十岁（1617 年） བསམ་གཏན་གླིངས།
e རྒྱུད་འདེབས།（启请文）
f 刻本 ཇོ་ནང་རྟག་བརྟན་དགོན།（西藏日喀则觉囊寺）
g 乌金 梵夹装 47×7
h 5 7
i 无 藏纸 黑 完整
j 封面钤有“民族文化宫图书馆藏”印。

99.13
a 14-13
b གྲུབ་ཆེན་ནག་པོ་སྤྱོད་པའི་དོ་ཧའི་འགྲེལ་པ་ཟབ་དོན་ལྡེ་མིག
大成就师黑行之道情歌释·甚深义钥
c ཏཱ་ར་ནཱ་ཐ།
d
e སྔགས།（密宗）
f 刻本 ཇོ་ནང་རྟག་བརྟན་དགོན།（西藏日喀则觉囊寺）
g 乌金 梵夹装 47×7
h 35 7
i 无 藏纸 黑 完整
j 封面钤有“民族文化宫图书馆藏”印；民族宫目录中为 45 叶。

99.14

a 14-14

b གསང་བའི་དེ་ཁོ་ན་ཉིད་རབ་ཏུ་གསལ་བའི་འགྲེལ་པ་དགོངས་པ་རབ་གསལ།

秘密真实性显明释·密意极显

c ཏཱ་ར་ནཱ་ཐའམ་ཀུན་དགའ་སྙིང་པོ།

d ཇོ་ནང་།（西藏日喀则觉囊寺）

e གསང་སྔགས།（密宗）

f 刻本 ཇོ་ནང་རྟག་བརྟན་དགོན།（西藏日喀则觉囊寺）

g 乌金 梵夹装 47×7

h 81 7

i 无 藏纸 黑 完整

j 封面钤有“民族文化宫图书馆藏”印。

100

A 3512 1024

B ཏཱ་ར་ནཱ་ཐ་ཀུན་དགའ་སྙིང་པོའི་གསུང་འབུམ།

觉囊·多罗那他·衮噶宁波文集

C ཛ

D ཏཱ་ར་ནཱ་ཐ་ཀུན་དགའ་སྙིང་པོ།

同 3507 介绍。

E 此函民族宫目录著录为 15 卷，西藏图书馆藏品中缺《吉祥胜乐轮曼荼罗仪轨大阿阇梨觉巴哇传规之修法·大乐之雨》《吉祥空行海曼荼罗之自入法秘密心要》《吉祥空行幻化母胜乐之修法·喜乐海》《吉祥胜乐轮之手供法》，另多出一卷不在民族宫目录中。

100.1

a 12-1

b སློབ་མ་དབང་བསྐུར་བར་བྱེད་པའི་ཚུལ།

为弟子灌顶法

c ཏཱ་ར་ནཱ་ཐ།

d

e དབང་བཤད།（灌顶说）

f 刻本 ཇོ་ནང་རྟག་བརྟན་དགོན།（西藏日喀则觉囊寺）

g 乌金 梵夹装 47×7
h 11 7
i 无 藏纸 黑 完整
j 封面钤有“民族文化宫图书馆藏”印。

100.2
a 12-2

b འཁོར་ལོ་སྡོམ་པའི་ཚོགས་མཆོད་དགེ་ལེགས་རྒྱ་མཚོ།

胜乐轮之会供法·妙善海

c ཏཱ་ར་ནཱ་ཐ།

d

e ཚོགས་མཆོད།（集供）

f 刻本 ཇོ་ནང་རྟག་བརྟན་དགོན།（西藏日喀则觉囊寺）

g 乌金 梵夹装 47×7
h 2 7
i 无 藏纸 黑 完整
j 封面钤有“民族文化宫图书馆藏”印。

100.3
a 12-3

b འཁོར་ལོ་སྡོམ་པའི་ལྷ་ཚོགས་ཀྱི་བཀྲ་ཤིས་དགེ་ལེགས་རྒྱ་མཚོ།

胜乐轮之诸尊会众吉祥妙善海

c ཏཱ་ར་ནཱ་ཐ།

d དཀྱུང་གྲངས་༢༣གྱི་སྨིན་ཟླའི་ཚེས་༡༤ 二十三岁（1597 年）藏历四月十四日

e ཆོ་ག（仪轨）

f 刻本 ཇོ་ནང་རྟག་བརྟན་དགོན།（西藏日喀则觉囊寺）

g 乌金 梵夹装 47×7
h 6 7
i 无 藏纸 黑 完整
j 封面钤有“民族文化宫图书馆藏”印。

100.4
a 12-4

b དཔལ་ཁྲོ་བོ་རྒྱལ་པོ་རྟ་མཆོག་རོལ་པའི་ལས་བྱང་དྲེགས་པ་ཀུན་འདུལ།

吉祥忿怒王马胜游戏羯摩・普伏骄慢

c ཏཱ་ར་ནཱ་ཐ།

d དགུང་གྲངས་ཉེར་བརྒྱད། 二十八岁（1602 年） ཆོས་འཁོར་གླིངས།

e ལས་ཚོག（业资）

f 刻本 ཇོ་ནང་རྟག་བརྟན་དགོན།（西藏日喀则觉囊寺）

g 乌金 梵夹装 47×7
h 12 7
i 无 藏纸 黑 完整
j 封面钤有“民族文化宫图书馆藏”印。

100.5
a 12-5

b དཔལ་གཏུམ་པོ་ཁྲོ་བོ་ཆེན་པོ་མི་གཡོ་བླ་མེད་ཀྱི་སྒྲུབ་ཐབས་བདུད་ལས་རྣམ་པར་རྒྱལ་བ།

吉祥威猛大忿怒不动明王无上修法・胜伏魔军

c ཏཱ་ར་ནཱ་ཐ།

d

e སྒྲུབ་ཐབས།（修心法）

f 刻本 ཇོ་ནང་རྟག་བརྟན་དགོན།（西藏日喀则觉囊寺） ཤཱཀྱ་བསྟན་འཛིན།

g 乌金 梵夹装 47×7
h 9 7
i 有 藏纸 黑 完整
j 封面钤有“民族文化宫图书馆藏”印。

100.6
a 12-6
b དཔལ་རྡོ་རྗེ་གཞོན་ནུའི་དཀྱིལ་འཁོར་གྱི་ཆོ་ག་བདུད་འཇོམས་རོལ་པ།
吉祥金刚童子曼荼罗仪轨·摧魔遊戏
c ཏཱ་ར་ནཱ་ཐ།
d
e ཆོ་ག（仪轨）
f 刻本 ཇོ་ནང་རྟག་བརྟན་དགོན། （西藏日喀则觉囊寺）
g 乌金 梵夹装 47×7
h 35 7
i 有 藏纸 黑 完整
j 封面钤有“民族文化宫图书馆藏”印。

100.7
a 12-7
b དེ་ཉིད་བདུན་པའི་རྣམ་པར་བཤད་པའི་རིན་ཆེན་སྙེ་མ།
真实第七之解说·大宝穗
c ཏཱ་ར་ནཱ་ཐ།
d དགུང་གྲངས་༢༤ཉེ་བ་རྣམ་འབྱུང་གི་ལོ། 二十四岁（1598 年） ཇོ་མོ་ནང་།（西藏日喀则觉囊寺）
e འཁོར་ལོ་སྡོམ་པའི་རྩ་རྒྱུད།（时轮戒基本续）
f 刻本 ཇོ་ནང་རྟག་བརྟན་དགོན།（西藏日喀则觉囊寺）
g 乌金 梵夹装 47×7
h 37 7
i 无 藏纸 黑 完整

j 封面钤有“民族文化宫图书馆藏”印。

100.8

a 12-8

b དཔལ་གཏུམ་པོ་ཁྲོ་བོ་ཆེན་པོའི་དཀྱིལ་འཁོར་གྱི་ཆོ་ག་རྡོ་རྗེ་རོལ་པ།

吉祥威猛大忿怒明王之曼荼罗仪轨·金刚游戏

c ཏཱ་ར་ནཱ་ཐ།

d དགུང་གྲངས་༢༨པ། 二十八岁（1602 年） ཆོས་འཁོར་སྒྲིངས།

e ཆོ་ག（仪轨）

f 刻本 ཇོ་ནང་རྟག་བརྟན་དགོན།（西藏日喀则觉囊寺）

g 乌金 梵夹装 47×7

h 17 7

i 无 藏纸 黑 完整

j 封面钤有“民族文化宫图书馆藏”印。

100.9

a 12-9

b འཁོར་ལོ་སྡོམ་པ་ནག་པོ་ཞབས་ལུགས་ཀྱི་སྒྲུབ་ཐབས་བདེ་བ་ཆེན་པོའི་ཆར་ཡང་།

吉祥胜乐轮黑尊者传规之修法·大乐之雨

c ཏཱ་ར་ནཱ་ཐ།

d དགུང་གྲངས་༤༡པ། 四十一岁（1615 年） ཇོ་ནང་།（西藏日喀则觉囊寺）

e སྒྲུབ་ཐབས།（修心法）

f 刻本 ཇོ་ནང་རྟག་བརྟན་དགོན།（西藏日喀则觉囊寺）

g 乌金 梵夹装 47×7

h 18 7

i 有 藏纸 黑 完整

j 封面钤有“民族文化宫图书馆藏”印；民族宫目录中为 3 叶。

100.10

a　12-10

b　དཔལ་འཁོར་ལོ་སྡོམ་པའི་དཀྱིལ་ཆོག་ནག་པོ་ལུགས་ཀྱི་གསང་བྱེད་བདེ་བ་ཆེན་པོའི་ཆར་ཡང་།

　吉祥胜乐轮戒坛城灌顶之黑密·大乐之雨

c　ཏཱ་ར་ནཱ་ཐ།

d　ནགས་རྒྱལ་གྱི་དབེན་གནས།

e　ཆོ་ག（仪轨）

f　刻本　ཇོ་ནང་རྟག་བརྟན་དགོན།（西藏日喀则觉囊寺）

g　乌金　梵夹装　47×7
h　46　7
i　有　藏纸　黑　完整
j　封面钤有“民族文化宫图书馆藏”印；民族宫目录中无此件。

100.11
a　12-11

b　བླ་མ་མཆོད་པའི་ཆོ་ག་སྐལ་པ་བཟང་པོའི་འཇུག་ངོགས།

　供养上师仪轨善缘者津梁

c　ཏཱ་ར་ནཱ་ཐ།

d　དགུང་གྲངས་༢༣པ། 二十三岁（1597 年）

e　ཆོ་ག（仪轨）

f　刻本　ཇོ་ནང་རྟག་བརྟན་དགོན།（西藏日喀则觉囊寺）

g　乌金　梵夹装　47×7
h　18　7
i　无　藏纸　黑　完整
j　封面钤有“民族文化宫图书馆藏”印。

100.12
a　12-12

b　བདེ་མཆོག་ནག་པོ་ཞབས་ལུགས་ཀྱི་སྒྲུབ་ཐབས་རྣམ་པར་བཤད་པ་རྒྱས་འགྲེལ་ཐུན་མོང་མ་ཡིན་པ་ལྡན་ཅིག་སྐྱེས་

པའི་གཟི་འོད་ཕྱོགས་བཅུར་རྒྱས་པ།

胜乐黑尊者传规之修法不共广释疏·俱生威光普照十方

c ཏཱ་ར་ནཱ་ཐ།

d དགུང་གྲངས་༤༧པ། 四十七岁（1621年） གངས་རིའི་ཁྲོད་ཀྱི་དཔལ་ལྡན་ཤཱཀྱ་ལ།

e སྒྲུབ་ཐབས།（修心法）

f 刻本 ཇོ་ནང་རྟག་བརྟན་དགོན།（西藏日喀则觉囊寺）

g 乌金 梵夹装 47×7

h 190 7

i 有 藏纸 黑 完整

j 封面钤有“民族文化宫图书馆藏”印。

101

A 3513 2015

B ཏཱ་ར་ནཱ་ཐ་ཀུན་དགའ་སྙིང་པོའི་གསུང་འབུམ།

觉囊·多罗那他·衮噶宁波文集

C ༡

D ཏཱ་ར་ནཱ་ཐ་ཀུན་དགའ་སྙིང་པོ།

同3507介绍。

E 馆藏齐全。

101.1

a 8-1

b བདེ་མཆོག་བསྟོད་ཆེན་དངོས་གྲུབ་འབྱུང་གནས།

胜乐大赞·悉地之源

c ཏཱ་ར་ནཱ་ཐ།

d དགུང་གྲངས་༢༣་པར། 二十三岁（1577年）

e བསྟོད་ཚོགས།（赞集）

f 刻本 ཛོ་ནང་རྟག་བརྟན་དགོན།（西藏日喀则觉囊寺）

g 乌金 梵夹装 47×7
h 18 7
i 无 藏纸 黑 完整
j 封面钤有“民族文化宫图书馆藏”印。

101.2
a 8-2

b དཔལ་རྡོ་རྗེ་གདན་བཞིའི་དཀྱིལ་འཁོར་གྱི་ཆོ་ག་བདུད་རྩིའི་ཐིག་ལེ།

吉祥金刚四座曼荼罗仪轨·甘露明点

c ཏཱ་ར་ནཱ་ཐ།

d

e ཆོ་ག（仪轨）

f 刻本 ཛོ་ནང་རྟག་བརྟན་དགོན།（西藏日喀则觉囊寺）

g 乌金 梵夹装 47×7
h 19 7
i 无 藏纸 黑 完整
j 封面钤有“民族文化宫图书馆藏”印；民族宫目录中为13叶。

101.3
a 8-3

b དཔལ་རྡོ་རྗེ་གདན་བཞིའི་རྩ་བའི་དཀྱིལ་འཁོར་ཡེ་ཤེས་དབང་ཕྱུག་མ་ལྷ་བཅུ་གསུམ་གྱི་བདག་ཉིད་ཅན་གྱི་སྒྲུབ་ཐབས་བདུད་རྩིའི་ཐིག་ལེ།

吉祥金刚四座之根本曼荼罗智慧自在母十三尊实性修法·甘露明点

c ཏཱ་ར་ནཱ་ཐ།

d ཛོ་ནང་།（西藏日喀则觉囊寺）

e སྒྲུབ་ཐབས།（修心法）

f 刻本 ཛོ་ནང་རྟག་བརྟན་དགོན། （西藏日喀则觉囊寺）

g 乌金 梵夹装 47×7
h 13 7
i 有 藏纸 黑 完整
j 封面钤有“民族文化宫图书馆藏”印；民族宫目录中为19叶。

101.4
a 8-4

b དཔལ་ཕྱག་ན་རྡོ་རྗེ་འཁོར་ལོ་ཆེན་པོའི་དཀྱིལ་ཆོག་སྲིད་གསུམ་འདུལ་བྱེད།

吉祥金刚手大轮曼荼罗仪轨·能伏三有

c ཏཱ་ར་ནཱ་ཐ།

d

e ཆོག（仪轨）

f 刻本 ཛོ་ནང་རྟག་བརྟན་དགོན།（西藏日喀则觉囊寺）

g 乌金 梵夹装 47×7
h 31 7
i 无 藏纸 黑 完整
j 封面钤有“民族文化宫图书馆藏”印。

101.5
a 8-5

b དཔལ་འཁོར་ལོ་ཆེན་པོའི་སྒྲུབ་ཐབས་སྲིད་གསུམ་འདུལ་བྱེད།

吉祥胜乐轮之修法·能伏三有

c ཏཱ་ར་ནཱ་ཐ།

d

e སྒྲུབ་ཐབས།（修心法）

f 刻本 ཛོ་ནང་རྟག་བརྟན་དགོན།（西藏日喀则觉囊寺）

g 乌金 梵夹装 47×7
h 14 7
i 无 藏纸 黑 完整

j 封面钤有“民族文化宫图书馆藏”印；民族宫目录中为 16 叶。

101.6

a 8-6

b རྡོ་རྗེ་ཐེག་པ་ཡི་གནས་ལུགས་གསལ་བྱེད།

阐明金刚乘实相

c ཏཱ་ར་ནཱ་ཐ།

d

e གསང་སྔགས།（密宗）

f 刻本 ཇོ་ནང་རྟག་བརྟན་དགོན།（西藏日喀则觉囊寺）

g 乌金 梵夹装 47×7

h 19 7

i 无 藏纸 黑 完整

j 封面钤有“民族文化宫图书馆藏”印。

101.7

a 8-7

b རྡོ་རྗེ་གདན་བཞིའི་འཁྲིད་ཡིག་ཡེ་ཤེས་སྒོ་འབྱེད།

金刚四座导引·开智慧门

c ཏཱ་ར་ནཱ་ཐ།

d དགུང་གྲངས་༥༠ པ། 五十岁（1624 年） ལྷོ་ཕྱོགས་ཤཱཀྱ་ལ།

e རྒྱུད།（续部）

f 刻本 ཇོ་ནང་རྟག་བརྟན་དགོན།（西藏日喀则觉囊寺）

g 乌金 梵夹装 47×7

h 28 7

i 无 藏纸 黑 完整

j 封面钤有“民族文化宫图书馆藏”印。

101.8

a 8-8

b　བདེ་མཆོག་བསྟོད་ཆེན་གྱི་རང་འགྲེལ་ཕན་བདེའི་རྒྱ་མཚོ།

胜乐大赞自释·利乐海

c　ཏཱ་ར་ནཱ་ཐ།

d

e　བསྟོད་ཚོགས། （赞集）

f　刻本　ཛོ་ནང་རྟག་བརྟན་དགོན། （西藏日喀则觉囊寺）

g　乌金　梵夹装　47×7

h　268　7

i　有　藏纸　黑　完整

j　封面钤有“民族文化宫图书馆藏”印。

102

A　3518　1030

B　ཏཱ་ར་ནཱ་ཐ་ཀུན་དགའ་སྙིང་པོའི་གསུང་འབུམ།

觉囊·多罗那他·衮噶宁波文集

C　པ

D　ཏཱ་ར་ནཱ་ཐ་ཀུན་དགའ་སྙིང་པོ།

同 3507 介绍。

E　此函民族宫目录著录为 30 卷，西藏图书馆藏品缺 5 卷：《常忏文释》《模印泥像等开光略法》《水神馐制法仪轨》《禳魔仪轨略篇》《显密法门》。

102. 1

a　25-1

b　མངོན་པར་དགའ་བའི་ཞིང་གི་སྨོན་ལམ་མདོ་སྡེའི་དགོངས་དོན།

现喜刹土之愿文·经部密义

c　ཏཱ་ར་ནཱ་ཐ།

d

e　གསོལ་འདེབས་སྨོན་ལམ། （祈愿文）

f 刻本 ཇོ་ནང་རྟག་བརྟན་དགོན། （西藏日喀则觉囊寺）

g 乌金 梵夹装 43×7
h 4 7
i 无 藏纸 黑 完整
j 封面钤有“民族文化宫图书馆藏”印。

102.2
a 25-2

b མི་འཁྲུགས་པ་ལྷ་དགུའི་ཆོ་ག་ཉུང་ངུ་རྣམ་གསལ།

不动九尊简明仪轨

c བཙུན་པ་གྲོལ་མཆོག

d

e ཆོ་ག （仪轨）

f 刻本 ཇོ་ནང་རྟག་བརྟན་དགོན། （西藏日喀则觉囊寺）

g 乌金 梵夹装 43×7
h 39 7
i 无 藏纸 黑 完整
j 封面钤有“民族文化宫图书馆藏”印。

102.3
a 25-3

b རྣམ་རྒྱལ་ལྷ་དགུའི་སྒྲུབ་ཐབས་བུམ་ཆོག་དང་བཅས་པ།

尊胜九尊修法及净瓶仪轨

c ཏཱ་ར་ནཱ་ཐ།

d

e སྒྲུབ་ཐབས། （修心法）

f 刻本 ཇོ་ནང་རྟག་བརྟན་དགོན། （西藏日喀则觉囊寺）

g 乌金 梵夹装 43×7
h 11 7
i 无 藏纸 黑 完整

j 封面钤有“民族文化宫图书馆藏”印；民族宫目录中为10叶。

102.4

a 25-4

b རྡོ་རྗེ་རྣམ་འཇོམས་ཀྱི་སྒྲུབ་བྱ་བུམ་ཆོག་དང་བཅས་པ།

金刚摧碎之净瓶修法仪轨

c ཏཱ་ར་ནཱ་ཐ།

d ཇོ་ནང་རི་ཁྲོད།（西藏日喀则觉囊寺）

e བུམ་ཆོག（净瓶仪轨）

f 刻本 ཇོ་ནང་རྟག་བརྟན་དགོན།（西藏日喀则觉囊寺） དགེ་སློང་འཆི་མེད་སོར་རྒྱས་དཔར་དུ་སྒྲུབ།

g 乌金 梵夹装 43×7

h 7 7

i 无 藏纸 黑 完整

j 封面钤有“民族文化宫图书馆藏”印。

102.5

a 25-5

b གཏོར་མ་ཆ་གསུམ་ལག་ལེན།

三分神馐实修法

c ཏཱ་ར་ནཱ་ཐ།

d

e ཆོག（仪轨）

f 刻本 ཇོ་ནང་རྟག་བརྟན་དགོན།（西藏日喀则觉囊寺）

g 乌金 梵夹装 36.5×6.5

h 6 7

i 无 藏纸 黑 完整

j 封面钤有“民族文化宫图书馆藏”印。

102.6
a 25-6

b ཀླུ་གཏོར་ཆོ་ག

鲁神神馐仪轨

c ད྄་ར་ནཱ་ཐ།

d

e ཆོ་ག（仪轨）

f 刻本 ཇོ་ནང་རྟག་བརྟན་དགོན། （西藏日喀则觉囊寺）

g 乌金 梵夹装 43×7
h 6 7
i 无 藏纸 黑 完整
j 封面钤有“民族文化宫图书馆藏”印。

102.7
a 25-7

b བཟློག་པ།

回遮法

c ད྄་ར་ནཱ་ཐ།

d

e ཆོ་ག（仪轨）

f 刻本 ཇོ་ནང་རྟག་བརྟན་དགོན། （西藏日喀则觉囊寺）

g 乌金 梵夹装 43×7
h 1 7
i 无 藏纸 黑 完整
j 封面钤有“民族文化宫图书馆藏”印。

102.8
a 25-8

b བླ་མའི་རྣལ་འབྱོར།

上师瑜伽法

c　ཏཱ་ར་ནཱ་ཐ།

d　དགུང་གྲངས་༢༩ 二十九岁（1603 年）　དཔལ་བཟང་ལྷུན།

e　བླ་མའི་རྣལ་འབྱོར།（无上瑜伽）

f　刻本　ཇོ་ནང་རྟག་བརྟན་དགོན།（西藏日喀则觉囊寺）

g　乌金　梵夹装　43×7
h　3　7
i　无　藏纸　黑　完整
j　封面钤有“民族文化宫图书馆藏”印。

102.9
a　25-9

b　དཀྱིལ་འཁོར་ཆེན་པོའི་རྡུལ་ཚོན་གླུ་ལ་གཏོད་པའི་ལག་ལེན།

大曼荼罗之彩土实修法

c　ཏཱ་ར་ནཱ་ཐ།

d

e　ཆོ་ག（仪轨）

f　刻本　ཇོ་ནང་རྟག་བརྟན་དགོན།（西藏日喀则觉囊寺）

g　乌金　梵夹装　43×7
h　4　7
i　无　藏纸　黑　完整
j　封面钤有“民族文化宫图书馆藏”印。

102.10
a　25-10

b　ཐེག་པ་ཆེན་པོ་བློ་སྦྱོང་དོན་བདུན་གྱི་ཁྲིད་ཡིག

大乘修心七义论导引

c　ཏཱ་ར་ནཱ་ཐ།

d　དགུང་གྲངས་༢༦ 二十六岁（1600 年）　གནས་མཆོག་རྣམ་རྒྱལ་རབ་བརྟན།

e སློ་སྦྱོང་། （修心）

f 刻本 ཛོ་ནང་རྟག་བརྟན་དགོན། （西藏日喀则觉囊寺） ཀུན་དགའ་དར་རྒྱས།

g 乌金 梵夹装 43×7
h 11 7
i 无 藏纸 黑 完整
j 封面钤有“民族文化宫图书馆藏”印。

102.11
a 25-11

b བྱམས་སྨོན་གྱི་འགྲེལ་པ།

弥勒愿文释

c ཏཱ་ར་ནཱ་ཐ།

d

e སྨོན་འགྲེལ། （愿文释）

f 刻本 ཛོ་ནང་རྟག་བརྟན་དགོན། （西藏日喀则觉囊寺）

g 乌金 梵夹装 43×7
h 22 7
i 无 藏纸 黑 完整
j 封面钤有“民族文化宫图书馆藏”印。

102.12
a 25-12

b རྒྱལ་བའི་བསྟན་པ་ལ་འཇུག་པའི་རིམ་པ་སྐྱེས་བུ་གསུམ་གྱི་མན་ངག་གི་ཁྲིད་ཡིག་བདུད་རྩིའི་ཉིང་ཁུ།

趣入佛教次第三士夫之教授导引·甘露精华

c ཏཱ་ར་ནཱ་ཐ།

d

e ལམ་རིམ། （道次第）

f 刻本 ཛོ་ནང་རྟག་བརྟན་དགོན། （西藏日喀则觉囊寺）

g 乌金 梵夹装 42×6.5

h 60 7

i 无 藏纸 黑 完整

j 封面钤有“民族文化宫图书馆藏”印；民族宫目录中为 59 叶。

102. 13

a 25-13

b རབ་གནས་ཀྱི་ཆོ་ག་འགྲོ་ཕན་རྒྱས་བྱེད།

开光仪轨·广利众生

c ཏཱ་ར་ནཱ་ཐ།

d

e ཆོ་ག（仪轨）

f 刻本 ཇོ་ནང་རྟག་བརྟན་དགོན།（西藏日喀则觉囊寺）

g 乌金 梵夹装 43×7

h 23 7

i 无 藏纸 黑 完整

j 封面钤有“民族文化宫图书馆藏”印。

102. 14

a 25-14

b རབ་གནས་འགྲོ་ཕན་རྒྱས་བྱེད་ཀྱི་ལྷན་ཐབས་ཆེས་རྒྱས་པ།

开光仪轨·广利众生之补遗详说

c ཏཱ་ར་ནཱ་ཐ།

d

e ལས་ཚོགས།（业资）

f 刻本 ཇོ་ནང་རྟག་བརྟན་དགོན།（西藏日喀则觉囊寺）

g 乌金 梵夹装 43×7

h 16 7

i 无 藏纸 黑 完整

j 封面钤有“民族文化宫图书馆藏”印。

102. 15

a 25-15

b རྒྱུ་འབྲས་དབུ་མའི་ཐིག་ལེ།

因果中观明点

c དྷ་ར་ནྟ་ཐ།

d

e དབུ་མ། （中观）

f 刻本 ཇོ་ནང་རྟག་བརྟན་དགོན། （西藏日喀则觉囊寺）

g 乌金 梵夹装 43×7
h 3 7
i 无 藏纸 黑 完整
j 封面钤有“民族文化宫图书馆藏”印。

102.16
a 25-16

b དགེ་བཤེས་དཔལ་ལྡན་ཤཱཀྱ་བསྟན་འཛིན་གྱིས་དྲི་ལན་གནད་ཀྱི་གསལ་བྱེད།

答格西白登释迦丹增问答·阐明要义

c དྷ་ར་ནྟ་ཐ།

d

e དྲི་བ་དྲིས་ལན། （问答）

f 刻本 ཇོ་ནང་རྟག་བརྟན་དགོན། （西藏日喀则觉囊寺）

g 乌金 梵夹装 43×7
h 29 7
i 有 藏纸 黑 完整
j 封面钤有“民族文化宫图书馆藏”印。

102.17
a 25-17

b ཤེར་སྙིང་གི་ཚིག་འགྲེལ།

心经释

c ཏཱ་ར་ནཱ་ཐ།

d

e ཤེར་ཕྱིན་གྱི་ཆོས་འགྲེལ།（般若释）

f 刻本 ཇོ་ནང་རྟག་བརྟན་དགོན།（西藏日喀则觉囊寺）

g 乌金 梵夹装 43×7
h 14 7
i 无 藏纸 黑 完整
j 封面钤有“民族文化宫图书馆藏”印。

102.18
a 25-18

b ཚུལ་གཉིས་རྣམ་པར་འབྱེད་པ་ངེས་པའི་དོན་གྱི་འཇུག་ངོགས་ཞེས་བྱ་བ་ཤུང་ངུ་རྣམ་གསལ་དག་ཅིང་ཚང་བ།

开显二理了义津梁·简明精要

c ཏཱ་ར་ནཱ་ཐ།

d

e དབུ་མ།（中观）

f 刻本 ཇོ་ནང་རྟག་བརྟན་དགོན།（西藏日喀则觉囊寺）

g 乌金 梵夹装 43×7
h 8 7
i 无 藏纸 黑 完整
j 封面钤有“民族文化宫图书馆藏”印。

102.19
a 25-19

b གསོ་སྦྱོང་གི་ཆོ་ག་དུས་བཟང་ཆོ་ག་དང་བཅས་པ།

布萨仪轨及吉时供养

c ཏཱ་ར་ནཱ་ཐ།

d

e ཆོ་ག（仪轨）

f 刻本 རྫོ་ནང་རྟག་བརྟན་དགོན། （西藏日喀则觉囊寺）

g 乌金 梵夹装 43×7
h 8 7
i 无 藏纸 黑 完整
j 封面钤有“民族文化宫图书馆藏”印。

102.20
a 25-20

b ཞིབ་མོ་རྣམ་པར་འབྱེད་པ།

详细分析篇

c ཏཱ་ར་ནཱ་ཐ།

d དགུང་གྲངས་༢༥་པར། 二十五岁（1599 年）

e མཚན་ཉིད། （因明学）

f 刻本 རྫོ་ནང་རྟག་བརྟན་དགོན། （西藏日喀则觉囊寺）

g 乌金 梵夹装 43×7
h 14 7
i 有 藏纸 黑 完整
j 封面钤有“民族文化宫图书馆藏”印；民族宫目录中为 13 叶。

102.21
a 25-21

b འཆིང་བ་རྣམ་འགྲོལ་གྱི་འགྲེལ་པ།

解脱系缚释

c ཏཱ་ར་ནཱ་ཐ།

d

e མན་ངག （善言）

f 刻本 རྫོ་ནང་རྟག་བརྟན་དགོན། （西藏日喀则觉囊寺）

g 乌金 梵夹装 43×7
h 2 7

i 无 藏纸 黑 完整
j 封面钤有“民族文化宫图书馆藏”印；民族宫目录中为 7 叶。

102.22
a 25-22

b སྟག་ལུང་ཞབས་དྲུང་གི་གསུང་ལན།

答达垅白仲书

c ཏཱ་ར་ནཱ་ཐ།

d

e དྲི་བ་དྲིས་ལན།（问答）

f 刻本 ཇོ་ནང་རྟག་བརྟན་དགོན།（西藏日喀则觉囊寺）

g 乌金 梵夹装 43×7
h 5 7
i 无 藏纸 黑 完整
j 封面钤有“民族文化宫图书馆藏”印。

102.23
a 25-23

b ཟབ་མོ་སྔགས་ཀྱི་དྲི་ལན་སྒོ་བརྒྱ་འབྱེད་པའི་ལྡེ་མིག

甚深真言之问答·开百门之钥

c ཏཱ་ར་ནཱ་ཐ།

d

e དྲི་བ་དྲིས་ལན།（问答）

f 刻本 ཇོ་ནང་རྟག་བརྟན་དགོན།（西藏日喀则觉囊寺）

g 乌金 梵夹装 43×7
h 13 7
i 无 藏纸 黑 完整
j 封面钤有“民族文化宫图书馆藏”印。

102.24
a 25-24

b དཀོན་མཆོག་གསུམ་རྗེས་སུ་དྲན་པའི་མདོ་དོན་ཙུང་ཟད་བཤད་པ།

随念三宝经义略解

c ཏཱ་ར་ནཱ་ཐ།

d

e མདོ་འགྲེལ།（显宗释）

f 刻本 ཇོ་ནང་རྟག་བརྟན་དགོན།（西藏日喀则觉囊寺）

g 乌金 梵夹装 43×7
h 19 7
i 无 藏纸 黑 完整
j 封面钤有"民族文化宫图书馆藏"印。

102.25
a 25-25

b ལས་དང་པོ་པ་རྣམས་ལ་ཕན་པའི་རབ་ཏུ་བྱེད་པ་བསྟན་པའི་ནོར་རྫས།

饶益初业品·教法财宝

c ཏཱ་ར་ནཱ་ཐ།

d དགུང་གྲངས་༢༣་པ། 二十三岁（1593 年） བསམ་གཏན་གླིངས།

e རྒྱུད་འགྲེལ།（续释）

f 刻本 ཇོ་ནང་རྟག་བརྟན་དགོན།（西藏日喀则觉囊寺）

g 乌金 梵夹装 43×7
h 17 7
i 无 藏纸 黑 完整
j 封面钤有"民族文化宫图书馆藏"印。

103
A 3519 1031

B ཏཱ་ར་ནཱ་ཐ་ཀུན་དགའ་སྙིང་པོའི་གསུང་འབུམ།

觉囊·多罗那他·衮噶宁波文集

C ཐ

D ཏཱ་ར་ནཱ་ཐ་ཀུན་དགའ་སྙིང་པོ།

同 3507 介绍。

E 此函民族宫目录著录为 3 卷，西藏图书馆藏品仅 1 卷，缺 2 卷：《多种声明穗义领会篇》《妙音声明经释·殊胜显明》。

103.1

a 1-1

b རྒྱལ་བའི་སྐུ་གཟུགས་ཀྱི་ཆ་ཚད་བསྟན་པ་བདེ་སྐྱིད་འབྱུང་གནས་ཞེས་བྱ་བ།

佛之身像量度明示篇·幸福之源

c ཏཱ་ར་ནཱ་ཐ།

d ནགས་རྒྱལ་གྱི་དབེན་གནས།

c ལྷ་སྐུའི་ཆ་ཚད།（塑佛量度）

f 刻本 ཇོ་ནང་རྟག་བརྟན་དགོན།（西藏日喀则觉囊寺）

g 乌金 梵夹装 37×6.5

h 22 7

i 无 藏纸 黑 完整

j 封面钤有“民族文化宫图书馆藏”印；民族宫目录中为 24 叶。

104

A 3521 1033

B ཏཱ་ར་ནཱ་ཐ་ཀུན་དགའ་སྙིང་པོའི་གསུང་འབུམ།

觉囊·多罗那他·衮噶宁波文集

C མ

D ཏཱ་ར་ནཱ་ཐ་ཀུན་དགའ་སྙིང་པོ།

同 3507 介绍。

E 此函在民族宫目录中为 33 卷，西藏图书馆藏品仅 11 卷。

104.1

a 11-1

b ཐུན་མོང་མ་ཡིན་པའི་སྨོན་ལམ་རྒྱལ་བ་རྒྱ་མཚོ།

不共愿文佛海篇

c དྷ་ར་ནྞ་ཐ།

d ལྷ་ས།（西藏拉萨）

e སྨོན་ལམ།（祈愿文）

f 刻本 ཇོ་ནང་རྟག་བརྟན་དགོན།（西藏日喀则觉囊寺）

g 乌金 梵夹装 44×7

h 4 7

i 无 藏纸 黑 完整

j 封面钤有“民族文化宫图书馆藏”印。

104.2

a 11-2

b གསེར་སྐྱེམས།

神饮供法

c དྷ་ར་ནྞ་ཐ།

d

e ཆོ་ག（仪轨）

f 刻本 ཇོ་ནང་རྟག་བརྟན་དགོན།（西藏日喀则觉囊寺）

g 乌金 梵夹装 42×8

h 3 7

i 无 藏纸 黑 完整

j 封面钤有“民族文化宫图书馆藏”印；民族宫目录中为21叶。

104.3

a 11-3

b བཀྲ་ཤིས་དཔལ་ལྡན་སྦྱོད་པའི་རྡོ་རྗེ།

一切吉祥具德密行金刚法类

c ཏཱ་ར་ནཱ་ཐ།

d

e གསོལ་འདེབས་སྨོན་ལམ། （祈愿文）

f 刻本 ཛོ་ནང་རྟག་བརྟན་དགོན། （西藏日喀则觉囊寺）

g 乌金 梵夹装 37×8

h 1 7

i 无 藏纸 黑 完整

j 封面钤有“民族文化宫图书馆藏”印。

104.4

a 11-4

b སྨོན་ལམ་དགོས་པ་ཀུན་འབྱུང་།

祈愿文·所需普生

c ཏཱ་ར་ནཱ་ཐ།

d

e གསོལ་འདེབས་སྨོན་ལམ། （祈愿文）

f 刻本 ཛོ་ནང་རྟག་བརྟན་དགོན། （西藏日喀则觉囊寺）

g 乌金 梵夹装 37×8

h 4 7

i 无 藏纸 黑 完整

j 封面钤有“民族文化宫图书馆藏”印。

104.5

a 11-5

b ལས་དང་པོའི་རིམ་པ་ཕན་བདེའི་འབྱུང་གནས།

初业有情次第·利乐之源

c ཏཱ་ར་ནཱ་ཐ།

d དགུང་གྲངས་༣༥པར། 三十五岁（1609 年）

e ཉམས་ལེན། （实践）

f 刻本 ཛོ་ནང་ཏག་བརྟན་དགོན། （西藏日喀则觉囊寺）

g 乌金 梵夹装 37×6.5
h 25 7
i 无 藏纸 黑 完整
j 封面钤有“民族文化宫图书馆藏”印。

104.6
a 11-6

b བསངས་མཆོད།

烟桑供法

c ཏཱ་ར་ནཱ་ཐ།

d

e གསངས་མཆོད། （煨桑仪轨）

f 刻本 ཛོ་ནང་ཏག་བརྟན་དགོན། （西藏日喀则觉囊寺）

g 乌金 梵夹装 37×6.5
h 2 7
i 无 藏纸 黑 完整
j 封面钤有“民族文化宫图书馆藏”印。

104.7
a 11-7

b བླ་མ་མཆོད་པའི་ཆོ་ག་མཆོད་པའི་གཏེར།

供养上师法仪轨·供养宝藏

c ཏཱ་ར་ནཱ་ཐ།

d

e ཆོ་ག （仪轨）

f 刻本 ཛོ་ནང་ཏག་བརྟན་དགོན། （西藏日喀则觉囊寺）

g 乌金 梵夹装 42×7

h 10 7
i 无 藏纸 黑 完整
j 封面钤有“民族文化宫图书馆藏”印。

104.8
a 11-8

b བཀའ་བབས་བདུན་ལྡན་གྱི་བརྒྱུད་པའི་རྣམ་ཐར་ངོ་མཚར་རྨད་དུ་བྱུང་བ་རིན་པོ་ཆེའི་བྱུང་ཁུངས་ལྟ་བུའི་གཏམ།

七系付法传承史·希有宝源论

c ཏཱ་ར་ནཱ་ཐ།

d དགུང་གྲངས་༢༦ པ། 二十六岁（1600年） སྟག་ལུང་ཐང་དང་ཉེ་བའི་རྣམ་རྒྱལ་རབ་བརྟན།

e རྣམ་ཐར།（传记）

f 刻本 ཇོ་ནང་རྟག་བརྟན་དགོན།（西藏日喀则觉囊寺） བློ་ལྡན་ཀུན་དགའ་རྣམ་རྒྱལ།

g 乌金 梵夹装 42×7
h 70 7
i 有 藏纸 黑 完整
j 封面钤有“民族文化宫图书馆藏”印。

104.9
a 11-9

b རྒྱལ་ཆེན་རྣམ་ཐོས་སྲས་ཀྱི་དྲག་གཏོར་ཤིན་ཏུ་ཟབ་པ་རྟགས་མངོན་འགྱུར་ཅན།（གཙོ་བོ་དང་ལས་མཁན་གྱི་དྲག་

སྔགས་མ་སྨྲས་པར་བྲིས་ཡོད་པས་བཀའ་རྒྱ་དམ་པ་གལ་ཆེའོ། དམར་ནག་གང་ལ་སྦྱར་ཀྱང་འདྲ། དགེའོ།）

多闻子大天王之威猛神馐供法·变现极密兆象

c ཏཱ་ར་ནཱ་ཐ།

d

e ཆོ་ག(仪轨)

f 刻本 ཇོ་ནང་རྟག་བརྟན་དགོན།（西藏日喀则觉囊寺）

g 乌金 梵夹装 44×6.5
h 14 7
i 无 藏纸 黑 完整

j 封面钤有“民族文化宫图书馆藏”印。

104.10

a 11-10

b བླ་མ་མཆོད་པའི་ཚོགས་ཀྱི་འཁོར་ལོའི་ཆོ་ག

供养上师法之会法轮仪轨

c ཏཱ་ར་ནཱ་ཐ།

d

e ཆོ་ག（仪轨）

f 刻本 ཇོ་ནང་རྟག་བརྟན་དགོན།（西藏日喀则觉囊寺）

g 乌金 梵夹装 43×7

h 3 7

i 无 藏纸 黑 完整

j 封面钤有“民族文化宫图书馆藏”印。

104.11

a 11-11

b བླ་མ་མཆོད་པ་བདེ་ལེགས་རབ་རྒྱས།

供养上师法·广增妙乐

c ཏཱ་ར་ནཱ་ཐ།

d

e བླ་མཆོད།（上师供养）

f 刻本 ཇོ་ནང་རྟག་བརྟན་དགོན།（西藏日喀则觉囊寺）

g 乌金 梵夹装 43×7

h 8 7

i 无 藏纸 黑 完整

j 封面钤有“民族文化宫图书馆藏”印。

105

A 3522

B ཏཱ་ར་ནཱ་ཐ་ཀུན་དགའ་སྙིང་པོའི་གསུང་འབུམ།

觉囊·多罗那他·衮噶宁波文集

C **ཚོར་བུ**

D ཏཱ་ར་ནཱ་ཐ་ཀུན་དགའ་སྙིང་པོ།

同 3507 介绍。

E 西藏图书馆藏此函由散卷组成。

105.1

a 13-1

b བཅོམ་ལྡན་འདས་ཐུབ་པའི་དབང་པོའི་མཛད་པ་མདོ་ཙམ་བརྗོད་པ་མཐོང་བས་དོན་ལྡན་རབ་ཏུ་དགའ་བ་དང་བཅས་པས་དད་པའི་ཉིན་བྱེད་ཕྱོགས་བརྒྱར་འཆར་བ།

薄伽梵释迦能仁王佛之事业略说·见者具义极喜·信士之日出现于八方

c རྒྱལ་ཁམས་པ་ཏཱ་ར་ནཱ་ཐ།

d རང་ལོ་ལྔ་བཅུ་པ། 五十岁（1624 年） སྔོ་ཕྱོགས་ཤམ་བྷ་ལ།

e མཛད་རྣམ།（功勋）

f 刻本 ཇོ་ནང་རྟག་བརྟན་དགོན།（西藏日喀则觉囊寺）

g 乌金 梵夹装 44×6

h 192 7

i 有 藏纸 黑 完整

j 封面钤有“民族文化宫图书馆藏”印；民族宫目录中为 1 函，191 叶。

105.2

a 13-2

b ཐེག་པ་ཆེན་པོ་བློ་སྦྱོང་དོན་བདུན་གྱི་ཁྲིད་ཡིག

大乘修心七义论导引

c རྒྱལ་ཁམས་པ་ཏཱ་ར་ནཱ་ཐ།

d རང་ལོ་ཉེར་དྲུག་པ། 二十六岁（1600 年） གནས་མཆོག་རྣམ་རྒྱལ་རབ་བརྟན།

e བློ་སྦྱོང་།（修心）

f 刻本 ཛོ་ནང་རྟག་བརྟན་དགོན།（西藏日喀则觉囊寺） ཀུན་དགའ་དར་རྒྱས།

g 乌金 梵夹装 44×6.5
h 11 7
i 无 藏纸 黑 完整

j 封面钤有“民族文化宫图书馆藏”印。哲蚌寺藏书号有：ཕྱི། ལ། ༥༧༥。民族宫目录中为པ函。

105.3
a 13-3

b དབུ་མའི་མན་ངག་ཁྱད་འཕགས།

中观善言殊胜

c རྒྱལ་ཁམས་པ་ཏྡོན་པ་བཞི་ལྡན། འཛམ་ཐང་ངག་དབང་གྲགས་པ།

d

e དབུ་མ།（中观）

f 刻本 ཛོ་ནང་རྟག་བརྟན་དགོན།（西藏日喀则觉囊寺）

g 乌金 梵夹装 45.5×7
h 5 7
i 无 藏纸 黑 完整

j 封面钤有“民族文化宫图书馆藏”印。哲蚌寺藏书号有：ཕྱི། ལ། ༥༧༥，民族宫目录中无此件。

105.4
a 13-4

b རྒྱལ་བའི་བསྟན་པ་ལ་འཇུག་པའི་རིམ་པ་སྐྱེས་བུ་གསུམ་གྱི་མན་ངག་གི་ཁྲིད་ཡིག་བདུད་རྩིའི་ཉིང་ཁུ།

娶入佛教次第三士夫之教授导引·甘露精华

c རྒྱལ་ཁམས་པ་ཏཱ་ར་ནཱ་ཐ།

d

e ལམ་རིམ།（次第）

f 刻本 ཇོ་ནང་རྟག་བརྟན་དགོན།（西藏日喀则觉囊寺）

g 乌金 梵夹装 42×6.5
h 60 7
i 有 藏纸 黑 完整
j 封面钤有“民族文化宫图书馆藏”印。哲蚌寺藏书号有：ཀྱི། ཡ། ༥༧༥。民族宫目录中为བ函，59 叶。

105.5
a 13-5

b འཕོ་བའི་མན་ངག་ཁྱད་འཕགས་རབ་ཏུ་རྒྱས་པ།

往生之善言大殊胜

c

d འཇམ་ཐང་ངག་དབང་གྲགས་པ།

e མན་ངག（善言）

f 刻本 ཇོ་ནང་རྟག་བརྟན་དགོན།（西藏日喀则觉囊寺）

g 乌金 梵夹装 46×7
h 11 7
i 无 藏纸 黑 完整
j 封面钤有“民族文化宫图书馆藏”印。哲蚌寺藏书号有：ཀྱི། ཡ། ༥༧༥。民族宫目录中无此件。

105.6
a 13-6

b བདེན་པ་གཉིས་ཀྱི་རྣམ་པར་དབྱེ་བའི་འཇའ་ས།

二谛之别类敕书

c རྒྱལ་ཁམས་ཏཱ་ར་ནཱ་ཐ།

d

e བདེན་གཉིས། （二谛）

f 刻本 རྫོ་ནང་རྟག་བརྟན་དགོན། （西藏日喀则觉囊寺）

g 乌金 梵夹装 44×7
h 3 7
i 无 藏纸 黑 完整
j 封面钤有“民族文化宫图书馆藏”印。哲蚌寺藏书号有：ཐྱི། ལ། ༥༧༥。民族宫目录中无此件。

105.7
a 13-7

b གཞན་སྟོང་སྙིང་པོ།

他空心要

c རྒྱལ་ཁམས་པ་ཏཱ་ར་ནཱ་ཐ།

d

e དབུ་མ། （中观）

f 刻本 རྫོ་ནང་རྟག་བརྟན་དགོན། （西藏日喀则觉囊寺）

g 乌金 梵夹装 41.5×7
h 12 7
i 无 藏纸 黑 完整
j 封面钤有“民族文化宫图书馆藏”印。哲蚌寺藏书号有：ཐྱི། ལ། ༥༧༥。民族宫目录中为ང函。

105.8
a 13-8

b ཚུལ་གཉིས་རྣམ་པར་འབྱེད་པ་ངེས་པའི་དོན་གྱི་འཇུག་ངོགས་ཞེས་བྱ་བ་ཞུང་དུ་རྣམ་གསལ་དག་ཅིང་ཚང་བ།

开显二理了义津梁·简明精要

c རྒྱལ་ཁམས་པ་ཏཱ་ར་ནཱ་ཐ།

d　ཆོས་ལུང་བྱང་རྩེ་དབེན་གནས།

e　དབུ་མ།（中观）

f　刻本　ཇོ་ནང་རྟག་བརྟན་དགོན།（西藏日喀则觉囊寺）

g　乌金　梵夹装　44×7
h　7　7
i　无　藏纸　黑　完整
j　封面钤有“民族文化宫图书馆藏”印。哲蚌寺藏书号有：སྤྱི། ལ། ༥༧༥。民族宫目录中为པ函，8叶。

105.9
a　13-9

b　རྣམ་གྲངས་ཀྱི་མདོ་སློབ་ཕན་པ་བཞུགས་སོ།།

品类之经典教言

c　རྒྱལ་ཁམས་པ་ཏཱ་ར་ནཱ་ཐ་ཀུན་དགའ་སྙིང་པོ།

d　རང་ལོ་ཉེར་གསུམ་པ། 二十三岁（1597年）　ཇོ་མོ་ནང་།（西藏日喀则觉囊寺）

e　ཞལ་སློབ།（教诫）

f　刻本　ཇོ་ནང་རྟག་བརྟན་དགོན།（西藏日喀则觉囊寺）

g　乌金　梵夹装　44×7
h　18　7
i　无　藏纸　黑　完整
j　封面钤有“民族文化宫图书馆藏”印。哲蚌寺藏书号有：སྤྱི། ལ། ༥༧༥ 。民族宫目录中无此件。

105.10
a　13-10

b　བཀྲ་ཤིས་ཀྱི་རྣམ་བཤད།

吉祥之解说

c ཏཱ་ར་ནཱ་ཐ་ཀུན་དགའ་སྙིང་པོ།

d

e བསྟོད་ཚོགས།（赞集）

f 刻本 ཇོ་ནང་རྟག་བརྟན་དགོན།（西藏日喀则觉囊寺）

g 乌金 梵夹装 40×8

h 4 7

i 无 藏纸 黑 完整

j 封面钤有“民族文化宫图书馆藏”印。哲蚌寺藏书号有：ཕྱི། ལ། ༥༧༥。民族宫目录中为མ函。

105.11

a 13-11

b མངོན་པར་དགའ་བའི་ཞིང་གི་སྨོན་ལམ་མདོ་སྡེ་དགོངས་དོན།

现喜刹土之愿文·经部密义

c རྒྱལ་ཁམས་པ་ཏཱ་ར་ནཱ་ཐ།

d

e སྨོན་ལམ།（祈愿文）

f 刻本 ཇོ་ནང་རྟག་བརྟན་དགོན།（西藏日喀则觉囊寺）

g 乌金 梵夹装 44.5×7.5

h 4 7

i 无 藏纸 黑 完整

j 封面钤有“民族文化宫图书馆藏”印。哲蚌寺藏书号有：ཕྱི། ལ། ༥༧༥。民族宫目录中为པ函。

105.12

a 13-12

b རྒྱལ་ཡུམ་སྙིང་པོའི་རྣམ་བཤད།

般若要义论

c རྒྱལ་ཁམས་པ་ཏཱ་ར་ནཱ་ཐ།

d

e ཕར་ཕྱིན།（般若）

f 刻本 ཇོ་ནང་རྟག་བརྟན་དགོན།（西藏日喀则觉囊寺）

g 乌金 梵夹装 45×6

h 7 7

i 无 藏纸 黑 完整

j 封面钤有“民族文化宫图书馆藏”印。哲蚌寺藏书号有：ཁྲི། ལ། ༥༧༥。民族宫目录中无此件。

105.13

a 13-13

b ལྟ་བ་ངན་སེལ།

敉恶观

c རྒྱལ་ཁམས་པ་ཏཱ་ར་ནཱ་ཐ།

d

e ལྟ་སྒྲུབ།（观形）

f 刻本 ཇོ་ནང་རྟག་བརྟན་དགོན།（西藏日喀则觉囊寺）

g 乌金 梵夹装 43×7

h 25 7

i 无 藏纸 黑 完整

j 封面钤有“民族文化宫图书馆藏”印。哲蚌寺藏书号有：ཁྲི། ལ། ༥༧༥。民族宫目录中无此件。

106

A 3523 1018

B ཏཱ་ར་ནཱ་ཐ་ཀུན་དགའ་སྙིང་པོའི་གསུང་འབུམ།

觉囊 · 多罗那他 · 衮噶宁波文集

C ཀ།

D ཏཱ་ར་ནཱ་ཐ་ཀུན་དགའ་སྙིང་པོ།

同 3507 介绍。

E 此函民族宫目录著录为 8 卷，西藏图书馆藏品仅 1 卷。

106.1

a 1-1

b རྒྱལ་ཁམས་པ་ཏཱ་ར་ནཱ་ཐས་བདག་ཉིད་ཀྱི་རྣམ་ཐར་ངེས་པར་བརྗོད་པའི་དེབ་གཏེར་ཤིན་ཏུ་ཞིབ་མོ་མ་ བཅོས་ལྷུག་པའི་རྟོགས་བརྗོད་ཅེས་བྱ་བ་བཞུགས།

游佛国者多罗那他自传 · 详述纪实长行体传记

c

d

e རྣམ་ཐར།（传记）

f 刻本 ཇོ་ནང་རྟག་བརྟན་དགོན།（西藏日喀则觉囊寺）

g 乌金 梵夹装 47×7

h 331 7

i 有 藏纸 黑 完整

j 封面钤有“民族文化宫图书馆藏”印；民族宫目录中为 326 叶。

107

A 3524

B ཏཱ་ར་ནཱ་ཐ་ཀུན་དགའ་སྙིང་པོའི་གསུང་འབུམ།

觉囊 · 多罗那他 · 衮噶宁波文集

C ཚོར་བྱ།

D ཏཱ་ར་ནཱ་ཐ་ཀུན་དགའ་སྙིང་པོ།

同 3507 介绍。

E 西藏图书馆藏此函为散卷。

107. 1

a 1-1

b དམ་པའི་ཆོས་རིན་པོ་ཆེ་འཕགས་པའི་ཡུལ་དུ་ཇི་ལྟར་དར་བའི་ཚུལ་གསལ་བར་སྟོན་པ་དགོས་འདོད་ཀུན་འབྱུང་།

印度正法宝弘扬史明示·愿欲普生

c རྒྱལ་ཁམས་པ་ཏཱ་ར་ནཱ་ཐ།

d རང་ལོ་ཞེ་ལྔ།ས་ཕོ་སྤྲེའུ་ལོ། 土阳猴年（1608） བྲག་སྟོད་ཆོས་ཀྱི་ཕོ་བྲང་།

e ཆོས་འབྱུང་།（佛教史）

f 刻本 ཇོ་ནང་རྟག་བརྟན་དགོན།（西藏日喀则觉囊寺）

g 乌金 梵夹装 47×7

h 131 7

i 有 藏纸 黑 完整

j 封面钤有“民族文化宫图书馆藏”印；民族宫目录中为印本2419。

108

A 6259 3247

B ཏཱ་ར་ནཱ་ཐ་ཀུན་དགའ་སྙིང་པོའི་གསུང་འབུམ།

觉囊·多罗那他·衮噶宁波文集

C

D ཏཱ་ར་ནཱ་ཐ་ཀུན་དགའ་སྙིང་པོ།

同3507介绍。

E 西藏图书馆藏品无函号；馆藏齐全。

108. 1

a 4-1

b དཔལ་དུས་ཀྱི་འཁོར་ལོའི་བསྐྱེད་རིམ་གྱི་རྣམ་པར་བཤད་པ་དངོས་གྲུབ་ཞེར་མཆོ།

吉祥时轮修法生起次第·悉地长存

c རྒྱལ་ཁམས་པ་ཏཱ་ར་ནཱ་ཐ།

d

e སྔགས།（密宗）

f 刻本 རྫོ་ནང་རྟག་བརྟན་དགོན།（西藏日喀则觉囊寺）

g 乌金 梵夹装 45×7
h 278 7
i 无 藏纸 黑 完整
j 封面钤有“民族文化宫图书馆藏”印。

108.2
a 4-2

b དཔལ་དུས་ཀྱི་འཁོར་ལོའི་དབང་ཆོག་ལས་རྡོ་རྗེ་སློབ་དཔོན་དབང་གི་ཆོ་ག་ཡེ་ཤེས་རྒྱ་མཚོ།

吉祥时轮灌顶仪轨中金刚阿阇梨之灌顶仪轨·入智慧海

c རྒྱལ་ཁམས་པ་ཏཱ་ར་ནཱ་ཐ།

d རང་ལོ་སོ་བརྒྱད་པར། 三十八岁（1612年） རྫོ་མོ་ནང་།（西藏日喀则觉囊寺）

e ཆོ་ག（仪轨）

f 刻本 རྫོ་ནང་རྟག་བརྟན་དགོན།（西藏日喀则觉囊寺）

g 乌金 梵夹装 46×7
h 8 7
i 无 藏纸 黑 完整
j 封面钤有“民族文化宫图书馆藏”印。

108.3
a 4-3

b དཀྱིལ་འཁོར་གྱི་ཆོ་ག་ཡེ་ཤེས་རྒྱ་མཚོའི་དགོངས་དོན།

吉祥时轮曼荼罗仪轨·智慧海密义

c རྒྱལ་ཁམས་པ་ཏཱ་ར་ནཱ་ཐ།

d རང་ལོ་སོ་བརྒྱད་པར། 三十八岁（1612年） རྫོ་མོ་ནང་།（西藏日喀则觉囊寺）

e ཆོ་ག（仪轨）

f　刻本　ཇོ་ནང་རྟག་བརྟན་དགོན།（西藏日喀则觉囊寺）

g　乌金　梵夹装　46×7
h　43　7
i　无　藏纸　黑　完整
j　封面钤有“民族文化宫图书馆藏”印。

108.4
a　4-4

b　དཔལ་དུས་ཀྱི་འཁོར་ལོའི་སྒྲུབ་ཐབས་རྒྱས་པ་དཔག་བསམ་ལྗོན་ཤིང་ལ་འཇུག་པ།

吉祥时轮修法·入如意树

c　རྒྱལ་ཁམས་པ་ཏཱ་ར་ནཱ་ཐ།

d　རང་ལོ་སོ་བརྒྱད་པར། 三十八岁（1612 年）　ཇོ་མོ་ནང་།（西藏日喀则觉囊寺）

e　སྒྲུབ་ཐབས།（修心法）

f　刻本　ཇོ་ནང་རྟག་བརྟན་དགོན།（西藏日喀则觉囊寺）

g　乌金　梵夹装　46×7
h　40　7
i　无　藏纸　黑　完整
j　封面钤有“民族文化宫图书馆藏”印。

109
A　6260　3248

B　ཏཱ་ར་ནཱ་ཐ་ཀུན་དགའ་སྙིང་པོའི་གསུང་འབུམ།

觉囊·多罗那他·衮噶宁波文集
C

D　ཏཱ་ར་ནཱ་ཐ་ཀུན་དགའ་སྙིང་པོ།

同 3507 介绍。
E　此函无函号；馆藏齐全。

109.1
a　8-1

b དཔལ་དུས་ཀྱི་འཁོར་ལོའི་རྒྱུད་ཀྱི་རྒྱལ་པོའི་རྒྱ་ཆེར་འགྲེལ་པ་དྲི་མ་མེད་པའི་འོད་ཀྱི་མདོར་བསྡུས་དང་པོའི་བཤད་སྦྱར་ངེས་དོན་སྣང་བ་ཞེས་བྱ་བ་བཞུགས་སོ།།

吉祥时轮续王广释·无垢光第一略摄之本释·明见了义

c ཤཱཀྱའི་དགེ་སློང་དུས་ཀྱི་འཁོར་ལོའི་རྣལ་འབྱོར་པ་ཆོས་རྒྱལ་པོའི་མིང་གཞན་ཕྱོགས་ལས་རྣམ་རྒྱལ།

d རྒྱལ་སྲས་རིན་པོ་ཆེ་ནམ་མཁའ་བསྟན་པའི་རྒྱལ་མཚན།

e རྒྱུད།（续部）

f 刻本 ཛོ་ནང་རྟག་བརྟན་དགོན།（西藏日喀则觉囊寺）

g 乌金 梵夹装 47×7

h 49 7

i 无 藏纸 黑 完整

j 封面钤有“民族文化宫图书馆藏”印。

109.2

a 8-2

b བླ་མའི་གསོལ་འདེབས།

上师启请文

c

d

e གསོལ་འདེབས།（启请文）

f 刻本 ཛོ་ནང་རྟག་བརྟན་དགོན།（西藏日喀则觉囊寺）

g 乌金 梵夹装 47×7

h 1 7

i 无 藏纸 黑 完整

j 封面钤有“民族文化宫图书馆藏”印。

109.3

a 8-3

b དཔལ་དུས་ཀྱི་འཁོར་ལོའི་ངེས་དོན་གྱི་དཀའ་བའི་གནས་རྣམས་འགྲེལ་པ་སྲས་རྣམ་ཤྭ་རས་མཛད་པ་བཞུགས་སོ།།

塞·达磨霞惹所著吉祥时轮了义释难

c
d
e སྔགས། （密宗）
f 刻本 རྫོང་ནང་རྟག་བརྟན་དགོན། （西藏日喀则觉囊寺）
g 乌金 梵夹装 47×7
h 23 7
i 有 藏纸 黑 完整
j 封面钤有“民族文化宫图书馆藏”印。

109.4
a 8-4
b ཟབ་ལམ་བཀའ་རྒྱ་མ་བཞུགས་སོ།།
甚深道秘籍
c
d རང་ལོ་ཉེར་ལྔར་ཉེ་བ་ལ། 二十五岁（1599 年）
e སྔགས། （密宗）
f 刻本 རྫོང་ནང་རྟག་བརྟན་དགོན། （西藏日喀则觉囊寺）
g 乌金 梵夹装 47×7
h 11 7
i 无 藏纸 黑 完整
j 封面钤有“民族文化宫图书馆藏”印。

109.5
a 8-5
b རྣལ་འབྱོར་ཡན་ལག་དྲུག་པའི་རྟགས་ཚད་ཀྱི་ཡི་གེ་བཞུགས་སོ།།
六支瑜伽相量篇
c
d
e སྔགས། （密宗）
f 刻本 རྫོང་ནང་རྟག་བརྟན་དགོན། （西藏日喀则觉囊寺）

g 乌金 梵夹装 47×7
h 16 7
i 无 藏纸 黑 完整
j 封面钤有“民族文化宫图书馆藏”印。

109.6
a 8-6

b སྦྱོར་དྲུག་གི་དྲི་ལན་བཞུགས།

六支瑜伽问答

c

d རང་ལོ་ཉེར་ལྔ། 二十五岁（1599 年）

e སྔགས།（密宗）

f 刻本 ཇོ་ནང་རྟག་བརྟན་དགོན།（西藏日喀则觉囊寺）

g 乌金 梵夹装 47×7
h 4 7
i 有 藏纸 黑 完整
j 封面钤有“民族文化宫图书馆藏”印。

109.7
a 8-7

b རྣལ་འབྱོར་ཡན་ལག་དྲུག་པའི་སྙིང་པོ་སྟན་ཐོག་གཅིག་མའི་འཁྲིད་ཡིག་བཞུགས།

六支瑜伽心要独座导引

c རྒྱལ་ཁམས་པ་ཏཱ་ར་ནཱ་ཐ།

d རི་ཁྲོད་ཆེན་པོ་ཇོ་ནང་།（西藏日喀则觉囊寺）

e སྔགས།（密宗）

f 刻本 ཇོ་ནང་རྟག་བརྟན་དགོན།（西藏日喀则觉囊寺）

g 乌金 梵夹装 47×7
h 7 7
i 无 藏纸 黑 完整
j 封面钤有“民族文化宫图书馆藏”印。

109.8

a 8-8

b བར་དོའི་ངོ་སྤྲོད་མདོ་ཙམ་བརྗོད་པ་བཞུགས།

中有指示简明解说

c རྒྱལ་ཁམས་པ་ཏཱ་ར་ནཱ་ཐ།

d

e བར་དོ་ངོ་སྤྲོད།（中阴简介）

f 刻本 ཇོ་ནང་རྟག་བརྟན་དགོན།（西藏日喀则觉囊寺）

g 乌金 梵夹装 47×7

h 7 7

i 无 藏纸 黑 完整

j 封面钤有“民族文化宫图书馆藏”印。

110

A 6261 3249

B ཏཱ་ར་ནཱ་ཐ་ཀུན་དགའ་སྙིང་པོའི་གསུང་འབུམ།

觉囊·多罗那他·衮噶宁波文集

C

D ཏཱ་ར་ནཱ་ཐ་ཀུན་དགའ་སྙིང་པོ།

同 3507 介绍。

E 此函无函号，馆藏齐全。

110.1

a 4-1

b དཔལ་དགྱེས་པའི་རྡོ་རྗེའི་མན་ངག་སྦྱ་བ་མིག་འབྱེད་སོ་ནམ།

吉祥喜金刚隐密教授·开眼篇等

c རྒྱལ་ཁམས་པ་ཏཱ་ར་ནཱ་ཐ།ཀུན་དགའ་སྙིང་པོ་ཏཱ་ར་ནཱ་ཐ།

d རང་ལོ་ཉི་ཤུ་པ། 二十岁（1594 年）

e མན་ངག（善言）

f 刻本 རྫོང་ནང་རྟག་བརྟན་དགོན།（西藏日喀则觉囊寺）

g 乌金 梵夹装 42×7
h 15 7
i 有 藏纸 黑 完整
j 封面钤有“民族文化宫图书馆藏”印。

110.2
a 4-2

b ཕྱག་བརྒྱ་བཞི་བའི་སྙིང་པོའི་མན་ངག་རབ་གསལ་ངེས་དོན།

第四印契心要教授显明了义藏

c རྒྱལ་ཁམས་པ་ཏཱ་ར་ནཱ་ཐ། ཀུན་དགའ་སྙིང་པོ་ཏཱ་ར་ནཱ་ཐ།

d རང་ལོ་བཅུ་དགུ་པར། 十九岁（1593 年） དཔལ་ཆོས་ཀྱི་ཐང་།

e མན་ངག（善言）

f 刻本 རྫོང་ནང་རྟག་བརྟན་དགོན།（西藏日喀则觉囊寺）

g 乌金 梵夹装 42×7
h 16 7
i 无 藏纸 黑 完整
j 封面钤有“民族文化宫图书馆藏”印。

110.3
a 4-3

b འཁོར་ལོ་སྡོམ་པ་ཁྲོ་བོ་རྣམ་པར་རོལ་པ་ཞེས་བྱ་བ་རྡོ་རྗེ་ཧེ་རུ་ཀའི་སྒྲུབ་ཐབས།

胜乐轮忿怒游戏金刚嘿汝嘎修法

c རྒྱལ་ཁམས་པ་ཏཱ་ར་ནཱ་ཐ། ཀུན་དགའ་སྙིང་པོ་ཏཱ་ར་ནཱ་ཐ།

d རང་ལོ་ཉེར་གཉིས་པར། 二十二岁（1596 年） བསམ་གཏན་སྡིངས།

e　སྒྲུབ་ཐབས།（修心法）

f　刻本　ཇོ་ནང་རྟག་བརྟན་དགོན།（西藏日喀则觉囊寺）

g　乌金　梵夹装　42×7
h　24　7
i　无　藏纸　黑　完整
j　封面钤有“民族文化宫图书馆藏”印。

110.4
a　4-4

b　རྗེ་བཙུན་རྔོན་པའི་གདམས་ངག་གི་སྨར་ཁྲིད།

至尊猎人师之教授直观导释

c　རྒྱལ་ཁམས་པ་ཏཱ་ར་ནཱ་ཐ།

d　རང་ལོ་ཉེར་གསུམ་པར། 二十三岁（1597年）

e　ཞལ་གདམས།（教诫）

f　刻本　ཇོ་ནང་རྟག་བརྟན་དགོན།（西藏日喀则觉囊寺）

g　乌金　梵夹装　42×7
h　6　7
i　无　藏纸　黑　完整
j　封面钤有“民族文化宫图书馆藏”印。

111
A　6262　3251

B　ཏཱ་ར་ནཱ་ཐ་ཀུན་དགའ་སྙིང་པོའི་གསུང་འབུམ།

觉囊·多罗那他·衮噶宁波文集

C

D　ཏཱ་ར་ནཱ་ཐ་ཀུན་དགའ་སྙིང་པོ།

同3507介绍。

E　此函无函号；馆藏齐全。

111.1
a 5-1

b སྟོན་པ་ཤཱཀྱའི་དབང་པོའི་མཛད་པ་བརྒྱ་པའི་ཁྲིམས་ཡིག་རྗེ་བཙུན་ཀུན་སྙིང་གི་མཛད་པ།

至尊衮宁所著大师释迦能仁王百行篇

c རྒྱལ་ཁམས་པ་ཏཱ་ར་ནཱ་ཐ། ཀུན་དགའ་སྙིང་པོ།

d ཪོ་བྲང་ཆེན་པོ།

e མཛད་རྣམ།（功勋）

f 刻本
g 乌金 梵夹装 45×7
h 85 7
i 无 藏纸 黑 完整
j 封面钤有“民族文化宫图书馆藏”印。

111.2
a 5-2

b བཅོམ་ལྡན་འདས་ཐུབ་པའི་དབང་པོ་ལ་བསྟོད་པ།

薄伽梵能仁王赞

c རྒྱལ་ཁམས་པ་ཏཱ་ར་ནཱ་ཐ།

d རང་ལོ་ཉེར་ལྔ་བ། 二十五岁（1599年）

ར་ས་འཕྲུལ་སྣང་གཙུག་ལག་ཁང་།（西藏拉萨大昭寺）

e བསྟོད་ཚོགས།（赞集）

f 刻本 བྱམས་པ་རྒྱ་མཚོ།

g 乌金 梵夹装 43×7
h 5 7
i 无 藏纸 黑 完整
j 封面钤有“民族文化宫图书馆藏”印。

111.3
a 5-3

b　སྒྲོལ་མའི་བརྒྱུད་ཀྱི་འབྱུང་ཁུངས་གསལ་བར་ར་བྱེད་པའི་ལོ་རྒྱུས་གསེར་གྱི་ཕྲེང་བ།

度母续源显明史・黄金鬘

c　རྒྱལ་ཁམས་པ་ཏཱ་ར་ནཱ་ཐ།

d　རང་ལོ་སུམ་བཅུ་པར། 三十岁（1604 年）　ཆོས་གྲྭ་གསེར་མདོག་ཅན།

e　ལོ་རྒྱུས།（史志）

f　刻本
g　乌金　梵夹装　44×7
h　20　7
i　有　藏纸　黑　完整
j　封面钤有“民族文化宫图书馆藏”印。

111.4
a　5-4

b　སྒྲོལ་མའི་འགྲེལ་བ།

度母续注疏

c　རྒྱལ་ཁམས་པ་ཏཱ་ར་ནཱ་ཐ།

d

e　སྒྲོལ་འགྲེལ།（度母经释）

f　刻本
g　乌金　梵夹装　44.5×7
h　15　7
i　无　藏纸　黑　完整
j　封面钤有“民族文化宫图书馆藏”印。

111.5
a　5-5

b　གྲུབ་ཆེན་བུད་དྷ་གུཔྟའི་རྣམ་ཐར་རྗེ་བཙུན་ཉིད་ཀྱི་ཞལ་ལུང་ལས་གཞན་དུ་རང་རྟོག་གི་དྲི་མས་མ་སྦགས་པའི་ཡི་
གེ་ཡང་དག་པའོ།།

大成就师佛陀笈多传・至尊亲授未染私见文字确切

c རྒྱལ་ཁམས་པ་ཏཱ་ར་ནཱ་ཐ།

d རང་ལོ་ཉེར་བདུན་པར། 二十七岁（1601年）

e རྣམ་ཐར།（传记）

f 刻本

g 乌金　梵夹装　42×7

h 17　7

i 有　藏纸　黑　完整

j 封面钤有“民族文化宫图书馆藏”印。

112

A 6263　3253

B ཏཱ་ར་ནཱ་ཐ་ཀུན་དགའ་སྙིང་པོའི་གསུང་འབུམ།

觉囊·多罗那他·衮噶宁波文集

C

D ཏཱ་ར་ནཱ་ཐ་ཀུན་དགའ་སྙིང་པོ།

同3507介绍。

E 此函无函号。民族宫目录著录为5卷，西藏图书馆藏品缺一卷：《开光略摄》。

112.1

a 4-1

b དཔལ་དུས་ཀྱི་འཁོར་ལོའི་ཆོས་སྐོར་གྱི་འབྱུང་ཁུངས་ཉེར་མཁོ་བཟླས་པ།

吉祥时轮法类·必由之源

c རྒྱལ་ཁམས་པ་ཏཱ་ར་ནཱ་ཐ།

d ཆོས་ཁྱུང་བྱུང་རྩར།

e ཆོས་འབྱུང་།（佛教史）

f 刻本

g 乌金　梵夹装　46×7

h 29　7

i 无　藏纸　黑　完整

j　封面钤有“民族文化宫图书馆藏”印；民族宫目录中为 22 叶。

112. 2

a　4-2

b　གྲུབ་པའི་སློབ་དཔོན་ཆེན་པོ་ནག་པོ་སྤྱོད་པའི་དགོངས་དོན་རིམ་བཞི་ལམ་སློངས་སྙིང་པོར་དྲིལ་བ།

大成就师阿阇梨黑行之密意四次第道心要卷

c　རྒྱལ་ཁམས་པ་ཏཱ་ར་ནཱ་ཐ།

d

e　སྔགས།（密宗）

f　刻本

g　乌金　梵夹装　43×7

h　17　7

i　无　藏纸　黑　完整

j　封面钤有“民族文化宫图书馆藏”印。

112. 3

a　4-3

b　ཟབ་དོན་ཉེར་གཅིག་པ།

深义二十一颂

c　རྒྱལ་ཁམས་པ་ཏཱ་ར་ནཱ་ཐ།

d

e　སྔགས།（密宗）

f　刻本

g　乌金　梵夹装　43×7

h　8　7

i　无　藏纸　黑　完整

j　封面钤有“民族文化宫图书馆藏”印。

112. 4

a　4-4

b　མཉམ་སྦྱོར་དཀྱིལ་ཆོག

平等加行曼荼罗仪轨

c　རྒྱལ་ཁམས་པ་ཏཱ་ར་ནཱ་ཐ།

d

e　ཆོ་ག（仪轨）

f　刻本
g　乌金　梵夹装　42×7
h　29　7
i　无　藏纸　黑　完整
j　封面钤有“民族文化宫图书馆藏”印。

113
A　6264　3257
B　ཏཱ་ར་ནཱ་ཐ་ཀུན་དགའ་སྙིང་པོའི་གསུང་འབུམ།
　觉囊·多罗那他·衮噶宁波文集
C
D　ཏཱ་ར་ནཱ་ཐ་ཀུན་དགའ་སྙིང་པོ།
　同3507介绍。
E　此函无函号；馆藏齐全。

113.1
a　3-1
b　བདེ་མཆོག་ཨུཥྞཱི་ཥའི་ངག་འདོན་འཁྱེར་བདེ།
　胜乐佛顶之易修念诵法
c　རྒྱལ་ཁམས་པ་ཏཱ་ར་ནཱ་ཐ།
d
e　ཆོས་སྤྱོད།（法行）
f　刻本
g　乌金　梵夹装　42×7
h　5　7
i　有　藏纸　黑　完整
j　封面钤有“民族文化宫图书馆藏”印。

113.2

a 3-2

b དཔལ་འཁོར་ལོ་སྡོམ་པའི་སྦྱིན་སྲེག་གི་ཆོ་ག་དངོས་གྲུབ་སྙེ་མ།

吉祥胜乐轮之护摩仪轨·悉地穗

c རྒྱལ་ཁམས་པ་ཏཱ་ར་ནཱ་ཐ།

d

e ཆོ་ག（仪轨）

f 刻本

g 乌金 梵夹装 42×7

h 8 7

i 无 藏纸 黑 完整

j 封面钤有“民族文化宫图书馆藏”印。

113.3

a 3-3

b དཔལ་འཁོར་ལོ་སྡོམ་པའི་བསྙེན་པ་ཇི་ལྟར་བྱ་བའི་རིམ་པ།

吉祥胜乐轮闭关静修之次第

c རྒྱལ་ཁམས་པ་ཏཱ་ར་ནཱ་ཐ།

d རང་ལོ་ཉེར་དྲུག་པར། 二十六岁（1600 年）

e བསྙེན་ཡིག（念修文）

f 刻本

g 乌金 梵夹装 42×7

h 7 7

i 无 藏纸 黑 完整

j 封面钤有“民族文化宫图书馆藏”印。

114

A 6265 3258

B ཏཱ་ར་ནཱ་ཐ་ཀུན་དགའ་སྙིང་པོའི་གསུང་འབུམ།

觉囊·多罗那他·衮噶宁波文集

C

D ཏཱ་ར་ནཱ་ཐ་ཀུན་དགའ་སྙིང་པོ།

同 3507 介绍。

E 此函无函号。民族宫目录著录为 17 卷，西藏图书馆藏品缺 2 卷：《一偈解说》《行续要义·日力炽燃》，又多出一卷。

114.1

a 16-1

b ལམ་མདོར་བསྡུས་པ་བཞུགས་སོ།།

道次第略摄

c རྒྱལ་ཁམས་པ་ཏཱ་ར་ནཱ་ཐ། དགེ་སློང་ཀུན་དགའ་སྙིང་པོ།

d

e སྔགས། （密宗）

f 刻本

g 乌金 梵夹装 43×7

h 3 7

i 无 藏纸 黑 完整

j 封面钤有“民族文化宫图书馆藏”印。

114.2

a 16-2

b དུས་ཀྱི་འཁོར་ལོའི་སྒྲུབས་ཐབས་དང་འགྲེལ་བའི་ཕྱག་བརྒྱའི་རྣམ་གྲངས་རབ་གསལ་སྣང་བ།

时轮修法与密续注释之手印门类显明篇

c རྒྱལ་ཁམས་པ་ཏཱ་ར་ནཱ་ཐ། བློ་གྲོས་རྒྱལ་མཚན་དཔལ།

d

e སྒྲུབས་ཐབས། （修心法）

f 刻本

g 乌金 梵夹装 38×7

h 6 7

i 无 藏纸 黑 完整

j 封面钤有“民族文化宫图书馆藏”印。

114. 3

a　16-3

b　རྡོ་རྗེ་རྣལ་འབྱོར་མ་སྒྲུབ་ཅིང་མཆོད་པའི་ཆོ་ག་ངག་འདོན།

金刚瑜伽母供修念诵仪轨

c　རྒྱལ་ཁམས་པ་ཏ་ར་ན་ཐ།

d　འཛམ་ཐང་།（四川壤塘寺）

e　ཆོ་ག（仪轨）

f　刻本

g　乌金　梵夹装　38×7

h　25　7

i　无　藏纸　黑　完整

j　封面钤有“民族文化宫图书馆藏”印。

114. 4

a　16-4

b　རྗེ་བཙུན་དམ་པ་ཀུན་དགའ་སྙིང་པོའི་བརྟན་བཞུགས་སོ།།

至尊大德衮噶宁波长久住世文

c　རྒྱལ་ཁམས་པ་ཏ་ར་ན་ཐ།

d

e　ཞབས་བརྟན།（住世文）

f　刻本

g　乌金　梵夹装　42. 5×7

h　2　6

i　无　藏纸　黑　完整

j　封面钤有“民族文化宫图书馆藏”印。

114. 5

a　16-5

b　མཆོད་པ།

供养法

c ཀྱཻལ་ཁམས་པ་དྷ་ར་ནྲ་ཐ།

d

e ཆོ་ག（仪轨）

f 刻本

g 乌金 梵夹装 42×7
h 1 6
i 无 藏纸 黑 完整
j 封面钤有“民族文化宫图书馆藏”印。

114.6
a 16-6

b གཏོར་མ་བརྒྱ་རྩའི་ངག་འདོན།

百种神馐念诵法

c ཀྱཻལ་ཁམས་པ་དྷ་ར་ནྲ་ཐ།

d

e ཆོས་སྤྱོད།（法行）

f 刻本
g 乌金 梵夹装 43×7
h 5 6
i 无 藏纸 黑 完整
j 封面钤有“民族文化宫图书馆藏”印。

114.7
a 16-7

b དགའ་ལྡན་ཕུན་ཚོགས་གླིང་གི་གནས་བཤད།

甘丹彭措林寺胜地志

c ཀྱཻལ་ཁམས་པ་དྷ་ར་ནྲ་ཐ།

d

e གནས་ཡིག（地方志）

f 刻本

g 乌金 梵夹装 43.5×7
h 19 6
i 无 藏纸 黑 完整
j 封面钤有“民族文化宫图书馆藏”印。

114.8
a 16-8

b གཏོར་མ་ཆེན་མོའི་ཆོ་ག་བར་ཆད་ཀུན་སེལ།

大神馐仪轨·灾厄全消

c རྒྱལ་ཁམས་པ་ཏཱ་ར་ནཱ་ཐ།

d

e ཆོ་ག（仪轨）

f 刻本
g 乌金 梵夹装 44.5×7
h 10 6
i 无 藏纸 黑 完整
j 封面钤有“民族文化宫图书馆藏”印。

114.9
a 16-9

b དཀར་གཏོར་ཆ་བཞི།

四分白神馐

c རྒྱལ་ཁམས་པ་ཏཱ་ར་ནཱ་ཐ།

d

e ཆོ་ག(仪轨)

f 刻本
g 乌金 梵夹装 44×7
h 5 6
i 无 藏纸 黑 完整
j 封面钤有“民族文化宫图书馆藏”印。

114.10
a 16-10

b ཚེ་མདོའི་འགྲེལ་བ།

长寿经疏

c རྒྱལ་ཁམས་པ་ཏཱ་ར་ནཱ་ཐ།

d

e མདོ་འགྲེལ།（显宗释）

f 刻本
g 乌金 梵夹装 44×7
h 11 6
i 无 藏纸 黑 完整
j 封面钤有“民族文化宫图书馆藏”印。

114.11
a 16-11

b སྒྲུབ་གནས་སྐྱིད་ཕུག་བདེ་ལྡན་གྱི་གནས་བཤད།

修行处吉甫德登胜地志

c རྒྱལ་ཁམས་པ་ཏཱ་ར་ནཱ་ཐ།

d

e གནས་ཡིག（地方志）

f 刻本
g 乌金 梵夹装 44×7
h 2 6
i 无 藏纸 黑 完整
j 封面钤有“民族文化宫图书馆藏”印。

114.12
a 16-12

b ཇོ་ནང་གི་གནས་བཤད།

觉囊胜地志

c རྒྱལ་ཁམས་པ་ཏཱ་ར་ནཱ་ཐ།

d

e གནས་ཡིག（地方志）

f 刻本
g 乌金 梵夹装 42×7
h 13 6
i 无 藏纸 黑 完整
j 封面钤有“民族文化宫图书馆藏”印。

114.13
a 16-13

b ཡས་གདམ་དང་བསྔོ་བ་མདོར་བསྡུས།

法语与回向文略摄

c རྒྱལ་ཁམས་པ་ཏྟ་ར་ནཱ་ཐ།

d

e ཆོ་ག（仪轨）

f 刻本
g 乌金 梵夹装 43.5×7
h 16 7
i 无 藏纸 黑 完整
j 封面钤有“民族文化宫图书馆藏”印。

114.14
a 16-14

b ཚིགས་བཅད་ཉུང་ངུའི་བསྟོད་པ་རྣམ་པར་འགྲེལ་བ།

宝云经中少分偈赞释

c རྒྱལ་ཁམས་པ་ཏྟ་ར་ནཱ་ཐ།

d

e བསྟོད་ཚོགས།（赞集）

f 刻本
g 乌金 梵夹装 42×7
h 3 7
i 无 藏纸 黑 完整
j 封面钤有“民族文化宫图书馆藏”印。

114.15

a 16-15

b ལྟུང་བཤགས་ཀྱི་འགྲེལ་པ།

忏罪堕法释

c རྒྱལ་ཁམས་པ་ཏྟ་ར་ནྟ་ཐ།

d

e མདོ་སྔགས་ཀྱི་...

f 刻本

g 乌金 梵夹装 45×7

h 16 7

i 无 藏纸 黑 完整

j 封面钤有“民族文化宫图书馆藏”印。

114.16

a 16-16

b ཚིགས་བཅད་བཅུ་པའི་འགྲེལ་པ་ཟིན་བྲིས་སུ་བཀོད་པ།

十颂之注解笔录

c རྒྱལ་ཁམས་པ་ཏྟ་ར་ནྟ་ཐ།

d

e སྔགས།（密宗）

f 刻本

g 乌金 梵夹装 42×7

h 16 7

i 无 藏纸 黑 完整

j 封面钤有“民族文化宫图书馆藏”印；民族宫目录中无此件。

115

A 3525-3528 1014

B དངུལ་ཆུ་དབྱངས་ཅན་གྲུབ་པའི་རྡོ་རྗེའི་གསུང་འབུམ།

欧曲·央金珠白多杰文集

C　ཀ

D　དངུལ་ཆུ་དབྱངས་ཅན་གྲུབ་པའི་རྡོ་རྗེ། དགེ་ལུགས།རབ་བྱུང་བཅུ་བཞི་པའི་ས་མོ་སྦྲུལ་ལོ་༡༨༠༩ལོ་ཡབ་བཀྲ་ཤིས་དང་ཡུམ་ཚེ་རིང་སྒྲི་ཆོད་གཉིས་ཀྱི་སྲས་སུ་གཙང་གཡས་རུར་སྐུ་འཁྲུངས། བླ་མ་གཙོ་བོ་ཁུ་བོ་དངུལ་ཆུ་དྷརྨ་བྷ་དྲ་སོགས་བསྟེན་ནས་བླ་མའི་ཐུགས་ལ་ཟབ་ཆོས་བཞུགས་སོ་ཅོག་བུམ་པ་གང་བྱོའི་ཚུལ་གྱིས་ཞུས་ཤིང་རིག་གནས་ཆེ་ཕྲ་ཀུན་ལ་མཁས་པའི་ཡང་རྩེར་སོན། དཀའ་ཆེན་དཀོན་མཆོག་ཆོས་འཕེལ་དྲུང་ནས་དགེ་བསྙེན་དང་དགེ་ཚུལ་གྱི་སྡོམ་པ་མནོས། དགུང་ལོ་སོ་སོ་བཞི་པར་བླ་མའི་མདུན་སྙན་ངག་དང་སྒྲ་ཀ་ལ་པའི་རྒྱུགས་ཕུལ་བས་བླ་མ་ཐུགས་དགྱེས་པ་ཆེན་པོས་ལེགས་སོ་དང་བཅས་ལྷ་རྫས་སྲིད་དུ་རིང་བ་མགུལ་པར་བསྐུལ་ཏེ་མཚན་དབྱངས་ཅན་གྲུབ་པའི་རྡོ་རྗེ་ཞེས་པ་གནང་། དེ་ནས་བཟུང་མཚན་དེ་ཀུན་ཁྱད་མེད་དུ་གྲགས། ལོ་དེར་བླ་མ་ཆོས་བཟང་དྲུང་དགེ་སློང་གི་སྡོམ་པ་མནོས། སློབ་མ་གྲགས་ཆེ་བ་ངག་དབང་ཚུལ་ཁྲིམས། སྨོ་མང་ལྷ་རམས་པ་དགེ་འདུན་རྒྱ་མཚོ། སྨིན་གྲོལ་ནོ་མོན་ཧན། ཆབ་མདོ་འཕགས་པ་ལྷ།ཆུ་བཟང་ཧུ་ཐོག་ཐུའུ་སོགས་ཤིན་ཏུ་མང་། རབ་བྱུང་བཅོ་ལྔ་པའི་མེ་ཕག་༡༨༨༧ལོར་སྐུ་གཤེགས། གསུང་རྩོམ་སུམ་རྟགས་སྐོར་སྡེ། ལེགས་བཤད་ལྗོན་དབང་དང་དཀའ་གནད་གསལ་བའི་མེ་ལོང་ནི་ཀུན་གྱིས་རྒྱུས་ཡོད་ཅིང་།བོད་ཡིག་སྦྱོང་མཁན་མང་ཆེ་བས་སློབ་འཛིན་བྱེད་ཀྱི་ཡོད། ཆོས་ཚན་ཕྱོགས་བསྡུས་བྱས་པ་པོད་གསུམ་བཞུགས། ངེད་དཔེ་མཛོད་ཁང་དུ་མི་རིགས་ཕོ་བྲང་ནས་ཕྱིར་འབུལ་ཞུས་པའི་སྡེ་དགེའི་པར་མ་པོད་ཐཀ--གཤང་རྟགས་༣༥༢༥-- ༣༥༣༦ བཞུགས།

欧曲·央金珠白多杰（1809—1887）：属格鲁派。诞生于后藏，系欧曲喇嘛曲桑侄子、弟子。自幼拜欧曲喇嘛曲桑等诸多大师。一生弟子众多，其中有敏竹诺门汗、昌都普巴拉、曲桑呼图克图等。代表作中有《树王格言》《疑难明鉴》等已列入小学语言入门必学课程。西藏图书馆藏北京民族文化宫图书馆赠送的文集有德格版 3 函，编号在 3525—3536 间；日喀则南木林寺版 3 函，编号在 4583—4591 间。

E　此函民族宫目录著录为 14 卷，西藏图书馆藏品缺一卷：《上师央金珠白多杰名称梵文三体》，又多出一卷。

115.1

a　14-1

b　རྗེ་བཙུན་དབྱངས་ཅན་གྲུབ་པའི་རྡོ་རྗེའི་བཀའ་འབུམ་ཀ་པའི་དཀར་ཆག

至尊上师央金珠白多杰文集ཀ字函目录

c བཙུན་པ་དབྱངས་ཅན་གྲུབ་པའི་རྡོ་རྗེ།

d དངུལ་ཆུ་རི་ཁྲོད།（欧曲静修院）

e དཀར་ཆག（目录）

f 刻本 སྡེ་དགེ（四川德格）

g 乌金 梵夹装 50×7
h 2 6
i 无 藏纸 黑 完整
j 封面钤有“民族文化宫图书馆藏”印。

115.2
a 14-2

b རྗེ་བཙུན་བླ་མ་རྡོ་རྗེ་འཆང་ཐམས་ཅད་མཁྱེན་པ་དབྱངས་ཅན་གྲུབ་པའི་རྡོ་རྗེ་དཔལ་བཟང་པོའི་ཞལ་སྔ་ནས་ལ་

རྣམ་ཐར་གྱི་སྒོ་ནས་གསོལ་བ་འདེབས་ཚུལ་བྱིན་རླབས་ནོར་བུ་འདྲེན་པའི་ཤིང་རྟ།

至尊上师金刚持一切智央金珠白多杰座前由传记之门而作祈祷法·能导引加持宝车

c བཙུན་པ་དབྱངས་ཅན་གྲུབ་པའི་རྡོ་རྗེ།

d ཆུ་སྦྲུལ་ལོ། 水蛇年（1833） དངུལ་ཆུ་རི་ཁྲོད།（欧曲静修院）

e རྣམ་ཐར།（传记）

f 刻本 སྡེ་དགེ（四川德格）

g 乌金 梵夹装 40×7
h 6 6
i 无 藏纸 黑 完整
j 封面钤有“民族文化宫图书馆藏”印。

115.3
a 14-3

b བླ་མ་འཇམ་དབྱངས་རྡོ་རྗེ་སྐུ་གསུང་ཐུགས་ཀྱི་དངོས་གྲུབ་སྩོལ།
上师嘉木央金刚传授身、语、意之悉地

c བརྩོན་པ་དབྱངས་ཅན་གྲུབ་པའི་རྡོ་རྗེ།

d དངུལ་ཆུ་རི་ཁྲོད།（欧曲静修院）

e མན་ངག（善言）

f 刻本 སྡེ་དགེ（四川德格）

g 乌金 梵夹装 41×7
h 1 6
i 无 藏纸 黑 完整
j 封面钤有“民族文化宫图书馆藏”印。

115.4
a 14-4

b རིགས་དང་དཀྱིལ་འཁོར་རྒྱ་མཚོའི་མངའ་བདག་ཁྱབ་བདག་རྡོ་རྗེ་སེམས་དཔའི་ངོ་བོ་བཀའ་དྲིན་གསུམ་ལྡན་

རྗེ་བཙུན་བླ་མ་ཐམས་ཅད་མཁྱེན་པ་བློ་བཟང་ཆོས་འཕེལ་དཔལ་བཟང་པོའི་ཞལ་སྔ་ནས་ཀྱི་རྣམ་པར་ཐར་པ་

དགེ་ལྡན་བསྟན་པའི་ཉི་འོད།

种姓与曼荼罗海主金刚萨埵具三恩体性至尊上师一切智洛桑曲培传·格登教法之日光

c བརྩོན་པ་དབྱངས་ཅན་གྲུབ་པའི་རྡོ་རྗེ།

d ས་བྱི་ལོ། 土鼠年（1828） དངུལ་ཆུ་རི་ཁྲོད།（欧曲静修院）

e རྣམ་ཐར།（传记）

f 刻本 སྡེ་དགེ（四川德格）

g 乌金 梵夹装 49×7
h 209 6
i 有 藏纸 黑 完整
j 封面钤有“民族文化宫图书馆藏”印。

115.5

a 14-5

b ཐེག་པ་ཆེན་པོ་བྱང་ཆུབ་ཏུ་སེམས་བསྐྱེད་པའི་ཆོ་ག་མཁས་གྲུབ་བླ་མའི་ཞལ་ལུང་རྒྱལ་བའི་གཞུང་ལམ་སྟོན་པའི་ས་མཁན།

大乘发菩提心仪轨·善巧成就上师语教·开示成佛正道

c བཙུན་པ་དབྱངས་ཅན་གྲུབ་པའི་རྡོ་རྗེ།

d དངུལ་ཆུ་རི་ཁྲོད།（欧曲静修院）

e ཆོ་ག（仪轨）

f 刻本 སྡེ་དགེ（四川德格）

g 乌金 梵夹装 49.5×7

h 14 6

i 无 藏纸 黑 完整

j 封面钤有“民族文化宫图书馆藏”印。

115.6

a 14-6

b ཆོས་ཀྱི་རྒྱལ་པོ་ཙོང་ཁ་པ་ཆེན་པོའི་བསྒོམ་བཟླས་བྱ་ཚུལ་དངོས་གྲུབ་ཆར་དུ་སྙིལ་བའི་སྤྲིན་ཕུང་།

法王宗喀巴大师之诵修法·悉地如雨将注之云层

c བཙུན་པ་དབྱངས་ཅན་གྲུབ་པའི་རྡོ་རྗེ།

d དངུལ་ཆུ་རི་ཁྲོད།（欧曲静修院）

e བསྒོམ་བཟླས་བྱ་ཚུལ།（诵修法）

f 刻本 སྡེ་དགེ（四川德格）

g 乌金 梵夹装 48×7

h 5 6

i 无 藏纸 黑 完整

j 封面钤有“民族文化宫图书馆藏”印。

115.7

a 14-7

b ཟབ་ལམ་བླ་མའི་རྣལ་འབྱོར་དགའ་ལྡན་ལྷ་བརྒྱ་མ་ལ་བརྟེན་ནས་མདོ་སྔགས་ཀྱི་ལམ་ཆ་ཚང་བར་ཉམས་སུ་ལེན་

ཚུལ་གྱི་མན་ངག་སྐལ་བཟང་དགའ་སྟོན།

依甚深道上师瑜伽喜足天众篇修显密全圆道之教授·具缘喜宴

c བཙུན་པ་དབྱངས་ཅན་གྲུབ་པའི་རྡོ་རྗེ།

d དངུལ་ཆུ་རི་ཁྲོད།（欧曲静修院）

e མན་ངག（善言）

f 刻本 སྡེ་དགེ（四川德格）

g 乌金 梵夹装 49×7

h 26 6

i 无 藏纸 黑 完整

j 封面钤有“民族文化宫图书馆藏”印。

115.8

a 14-8

b དཔལ་རྡོ་རྗེ་འཇིགས་བྱེད་ལ་བརྟེན་པའི་ས་བརྟག་བསྲུང་སྦྱོང་བ་གསུམ་གྱི་ལག་ལེན་གསལ་བར་བཤད་པ་ལེགས་

ཚོགས་སྒོ་བརྒྱ་འབྱེད་པའི་ལྡེ་མིག

依吉祥怖畏金刚而作观地净治地基三种实修法明解·开千百吉祥门之钥

c བཙུན་པ་དབྱངས་ཅན་གྲུབ་པའི་རྡོ་རྗེ།

d དངུལ་ཆུ་རི་ཁྲོད།（欧曲静修院）

e སྔགས།（密宗）

f 刻本 སྡེ་དགེ（四川德格）

g 乌金 梵夹装 47×7

h 8 6

i 无 藏纸 黑 完整

j 封面钤有“民族文化宫图书馆藏”印。

115.9

a 14-9

b དཔལ་རྡོ་རྗེ་འཇིགས་བྱེད་ཆེན་པོའི་ཞི་རྒྱས་དབང་གསུམ་གྱི་སྦྱིན་སྲེག་གི་ཆོ་ག་གསལ་བར་བཤད་པ་བློ་བཟང་རྒྱལ་བའི་ཞལ་ལུང་།

吉祥怖畏金刚之息灾、增益、怀爱三种护摩仪轨明解・善慧胜者之语教

c བཙུན་པ་དབྱངས་ཅན་གྲུབ་པའི་རྡོ་རྗེ།

d དངུལ་ཆུ་རི་ཁྲོད། （欧曲静修院）

e ཆོ་ག（仪轨）

f 刻本 སྡེ་དགེ（四川德格）

g 乌金 梵夹装 57×7

h 37 6

i 无 藏纸 黑 完整

j 封面钤有“民族文化宫图书馆藏”印。

115.10

a 14-10

b དཔལ་རྡོ་རྗེ་འཇིགས་བྱེད་ཆེན་པོ་ལ་བརྟེན་ནས་བྱབས་ཁྲུས་དང་བཀའ་བསྒོ་སྦྲགས་གཅིག་ཏུ་བྱ་ཚུལ་དྲེགས་པ་ཟིལ་གནོན།

依吉祥怖畏金刚而作洗净・敕令合一修法・镇摄骄慢

c བཙུན་པ་དབྱངས་ཅན་གྲུབ་པའི་རྡོ་རྗེ།

d དངུལ་ཆུ་རི་ཁྲོད། （欧曲静修院）

e བྱབས་ཁྲུས། （沐浴）

f 刻本 སྡེ་དགེ（四川德格）

g 乌金 梵夹装 47×7

h 7 6

i 无 藏纸 黑 完整

j 封面钤有“民族文化宫图书馆藏”印。

115.11

a 14-11

b དཔལ་རྡོ་རྗེ་འཇིགས་བྱེད་ཀྱི་སྒོ་ནས་བྱབས་ཁྲུས་བྱེད་ཚུལ་འཆི་མེད་གངྒཱའི་རྒྱུན་བཟང་།

由吉祥怖畏金刚法门而作洗净法·长生恒河妙流

c བཙུན་པ་དབྱངས་ཅན་གྲུབ་པའི་རྡོ་རྗེ།

d དངུལ་ཆུ་རི་ཁྲོད།（欧曲静修院）

e བྱབས་ཁྲུས།（沐浴）

f 刻本 སྡེ་དགེ（四川德格）

g 乌金 梵夹装 50×7

h 12 6

i 无 藏纸 黑 完整

j 封面钤有“民族文化宫图书馆藏”印。

115.12

a 14-12

b དཔལ་རྡོ་རྗེ་འཇིགས་བྱེད་དམར་པོ་མདའ་གཞུ་འགེངས་པའི་བསྙེན་སྒྲུབ་སྦྲགས་མ་ཉམས་སུ་ལེན་ཚུལ་སྣོད་བཅུད་

དུག་རིགས་སྲེག་པའི་དུས་མཐའི་མེ་ཆེན།

吉祥红色怖畏金刚引满弓箭念修合一修法·焚毁情器世间一切毒恶魔类之末劫火

c བཙུན་པ་དབྱངས་ཅན་གྲུབ་པའི་རྡོ་རྗེ།

d ལྷ་ལྡན་བཤད་སྒྲུབ་གླིང་།（西藏拉萨拉丹夏珠林）

e བསྙེན་སྒྲུབ།（念修）

f 刻本 སྡེ་དགེ（四川德格）

g 乌金 梵夹装 49.5×7

h 5 6

i 无 藏纸 黑 完整

j 封面钤有“民族文化宫图书馆藏”印。

115.13

a 14-13

b བླ་མ་དང་འཇམ་དཔལ་ཞི་ཁྲོ་དབྱེར་མེད་པའི་རྣལ་འབྱོར་ཉམས་ལེན་ཚུལ་དངོས་གྲུབ་གཏེར་མཛོད།

上师与妙吉祥静怒无别之瑜伽修法·悉地宝藏

c བཙུན་པ་དབྱངས་ཅན་གྲུབ་པའི་རྡོ་རྗེ།

d ལྷ་ལྡན་བཤད་སྒྲུབ་གླིང་།（西藏拉萨拉丹夏珠林）

e བླ་མའི་རྣལ་འབྱོར།（无上瑜伽）

f 刻本 སྡེ་དགེ（四川德格）

g 乌金 梵夹装 49×7

h 13 6

i 无 藏纸 黑 完整

j 封面钤有“民族文化宫图书馆藏”印。

115.14

a 14-14

b དཔལ་རྡོ་རྗེ་འཇིགས་བྱེད་དཔའ་བོ་གཅིག་པའི་སྒྲུབ་ཐབས་བདུད་འཇོམས་དཔའ་བོ་ཆེན་པོ།

吉祥独勇怖畏金刚修法·捶魔大雄

c བཙུན་པ་དབྱངས་ཅན་གྲུབ་པའི་རྡོ་རྗེ།

d དངུལ་ཆུ་རི་ཁྲོད།（欧曲静修院）

e སྒྲུབ་ཐབས།（修心法）

f 刻本 སྡེ་དགེ（四川德格）

g 乌金 梵夹装 50×7

h 13 6

i 无 藏纸 黑 完整

j 封面钤有“民族文化宫图书馆藏”印。

116

A 3529-3532 101

B　དངུལ་ཆུ་དབྱངས་ཅན་གྲུབ་པའི་རྡོ་རྗེའི་གསུང་འབུམ།

欧曲·央金珠白多杰文集

C　ཁ

D　དངུལ་ཆུ་དབྱངས་ཅན་གྲུབ་པའི་རྡོ་རྗེ།

同3525介绍。

E　此函民族宫目录著录为28卷，西藏图书馆藏品缺2卷：《依六十分神饈而修四种事业法及其作法与所缘要义简说》《依昼夜六十四刻之神饈而修威猛诛法放咒教授·霹雳速降》，又多出一卷。

116.1

a　27-1

b　རྗེ་བཙུན་དབྱངས་ཅན་གྲུབ་པའི་རྡོ་རྗེའི་བཀའ་འབུམ་ཁ་པའི་དཀར་ཆག

至尊上师央金珠白多杰文集目录

c　དབྱངས་ཅན་གྲུབ་པའི་རྡོ་རྗེ།

d

e　དཀར་ཆག（目录）

f　刻本　སྡེ་དགེ（四川德格）

g　乌金　梵夹装　50×7

h　2　6

i　无　藏纸　黑　完整

j　封面钤有“民族文化宫图书馆藏”印；民族宫目录中无此件。

116.2

a　27-2

b　འཇིགས་མཛད་སེར་པོའི་སྒོ་ནས་ཚེ་སྒྲུབ་བྱེད་ཚུལ་འཆི་མེད་སྲོག་གི་ཁ་བ།

依黄色怖畏金刚而修长寿法·长命柱

c　དབྱངས་ཅན་གྲུབ་པའི་རྡོ་རྗེ།

d　ལྷ་ལྡན་བཤད་སྒྲུབ་གླིང་།（西藏拉萨夏珠林）

e ཚེ་སྒྲུབ། （长寿修法）

f 刻本 སྡེ་དགེ（四川德格）

g 乌金 梵夹装 50×7

h 3 6

i 无 藏纸 黑 完整

j 封面钤有“民族文化宫图书馆藏”印。

116.3

a 27-3

b དཔལ་འཁོར་ལོ་བདེ་མཆོག་ལྷ་ལྔའི་སྒྲུབ་ཐབས་ཀྱི་སྙིང་པོ་བསྡུས་པ་བདེ་ཆེན་གསལ་སྒྲོན།

吉祥胜乐轮五尊修法摄要·大乐明灯

c བཙུན་པ་དབྱངས་ཅན་གྲུབ་པའི་རྡོ་རྗེ།

d ཁྲག་སྐྱུག་དངུལ་ཆུ་རི་ཁྲོད། （欧曲静修院）

e སྒྲུབ་ཐབས། （修心法）

f 刻本 སྡེ་དགེ（四川德格）

g 乌金 梵夹装 49×6

h 9 6

i 无 藏纸 黑 完整

j 封面钤有“民族文化宫图书馆藏”印。

116.4

a 27-4

b དཔལ་འཁོར་ལོ་སྡོམ་པ་གྲུབ་ཆེན་དྲིལ་བུ་ལུགས་ལྷ་ལྔའི་དཀྱིལ་འཁོར་གྱི་ཆོ་ག་བདེ་ཆེན་དགའ་སྟོན།

大成就师枳布巴传规之吉祥胜乐轮五尊曼荼罗仪轨·大乐喜宴

c དགེ་འཕེལ་ཆོས་གྲྭ

d

e ཆོ་ག（仪轨）

f 刻本 སྡེ་དགེ（四川德格）

g　乌金　梵夹装　48×7
h　20　6
i　无　藏纸　黑　完整
j　封面钤有“民族文化宫图书馆藏”印。

116.5
a　27-5
b　བདེ་མཆོག་ལྷ་རེ་གཉིས་པའི་ནང་གི་ཐིག་རྩ་དང་དེའི་ཐོག་འབབ་ཚུལ་ལ་དཔྱད་པ་གཟུར་གནས་མཁས་པའི་སྙན་སྒྲོན།
胜乐六十二尊内线弹法及其上覆盖法·正直智者之陈述
c　དབྱངས་ཅན་གྲུབ་པའི་རྡོ་རྗེ།
d　རང་ལོ་དོན་གཉིས་པ། 七十二岁（1880 年）　དངུལ་ཆུའི་གཟིམས་ཕུག（欧曲寝宫）
e　ཐིག་རྩ།（量度法）
f　刻本　སྡེ་དགེ（四川德格）
g　乌金　梵夹装　48×7
h　8　6
i　无　藏纸　黑　完整
j　封面钤有“民族文化宫图书馆藏”印。

116.6
a　27-6
b　བདེ་མཆོག་དཀར་པོའི་སྒོ་ནས་ཚེ་རིང་སོགས་སྒྲུབ་ཅིང་ལོངས་སྤྱོད་པའི་ཚུལ་འཆི་མེད་བདུད་རྩིའི་བཅུད་ལེན།
由白色胜乐法门修制长寿丸等及其服用法·采长寿甘露精华
c　ས྄་ར་སུསྡིསརྫིབརྫ།
d　དངུལ་ཆུའི་གཟིམས་ཕུག（欧曲寝宫）
e　ཚེ་སྒྲུབ།（长寿修法）
f　刻本　སྡེ་དགེ（四川德格）
g　乌金　梵夹装　48×7

h 4 6
i 无 藏纸 黑 完整
j 封面钤有“民族文化宫图书馆藏”印。

116.7
a 27-7
b བདེ་མཆོག་ཆོ་ལྷ་དཀར་པོའི་བསྐྱེད་རྫོགས་ཀྱི་སྒོ་ནས་ཚེ་སྒྲུབ་བྱ་ཚུལ་འཆི་མེད་བདུད་རྩིའི་བུམ་བཟང་།
依白色胜乐之生圆二次第而修长寿法·长寿甘露妙瓶
c བཙུན་པ་དབྱངས་ཅན་གྲུབ་པའི་རྡོ་རྗེ།
d གཟིམ་ཕུག་རྡོ་རྗེ་ཕོ་བྲང་།
e ཚེ་སྒྲུབ།（长寿修法）
f 刻本 སྡེ་དགེ（四川德格）
g 乌金 梵夹装 50×7
h 15 6
i 无 藏纸 黑 完整
j 封面钤有“民族文化宫图书馆藏”印。

116.8
a 27-8
b རྗེ་རྗེ་རྣལ་འབྱོར་མ་ནཱ་རོ་མཁའ་སྤྱོད་མའི་མཆོད་འཕྲེང་རྒྱས་བ་བྱ་ཚུལ་ཁྱད་ཆོས་གསུམ་ལྡན།
至尊金刚瑜伽母那若空行母之供养鬘广修法·具殊胜法
c བཙུན་པ་དབྱངས་ཅན་གྲུབ་པའི་རྡོ་རྗེ།
d
e ཆོ་ག（仪轨）
f 刻本 སྡེ་དགེ（四川德格）
g 乌金 梵夹装 49.5×7
h 5 6
i 无 藏纸 黑 完整
j 封面钤有“民族文化宫图书馆藏”印。

116.9
a 27-9

b རྗེ་བཙུན་རྡོ་རྗེ་རྣལ་འབྱོར་མ་ལ་བསྟོད་ཅིང་གསོལ་བ་འདེབས་པའི་ཚིགས་སུ་བཅད་པ་དངོས་གྲུབ་མྱུར་དུ་

འགུགས་པའི་ལྕགས་ཀྱུ།

至尊金刚瑜伽母赞并祈祷颂文·速招悉地之钩

c སུ་र་སུསྲིསརྡིབཛྲ།

d

e གསོལ་འདེབས། （启请文）

f 刻本 སྡེ་དགེ（四川德格）

g 乌金 梵夹装 49×7
h 5 6
i 无 藏纸 黑 完整
j 封面钤有“民族文化宫图书馆藏”印。

116.10
a 27-10

b རྗེ་བཙུན་རྡོ་རྗེ་རྣལ་འབྱོར་མ་ནཱ་རོ་མཁའ་སྤྱོད་དབང་མོའི་ལམ་གྱི་སྨོན་ལམ་ཆ་ཚང་བསྐལ་བཟང་མཁའ་

སྤྱོད་འཇུག་པའི་ཐེམ་སྐས།

至尊金刚瑜伽母那若空行母王要道祈愿文全份·具缘登空行之梯

c བཙུན་པ་དབྱངས་ཅན་གྲུབ་པའི་རྡོ་རྗེ།

d དངུལ་ཆུ་རི་ཁྲོད། （欧曲静修院）

e སྨོན་ལམ། （祈愿）

f 刻本 སྡེ་དགེ（四川德格）

g 乌金 梵夹装 49.5×7
h 4 6
i 无 藏纸 黑 完整
j 封面钤有“民族文化宫图书馆藏”印。

116.11

a　27-11

b　རྗེ་བཙུན་རྡོ་རྗེ་རྣལ་འབྱོར་མ་ནཱ་རོ་མཁའ་སྤྱོད་དབང་མོའི་ལམ་གྱི་སྨོན་ལམ་ཆ་ཚང་བའི་ཚིག་དོན་ལྷུག་པར་བཤད་པ་མཁའ་སྤྱོད་ཞིང་དུ་འབོད་པའི་ལྷའི་རྔ་དབྱངས།

至尊金刚瑜伽母那若空行母王要道祈愿全份句义解说·空行刹召唤之天鼓

c　བརྩོན་པ་དབྱངས་ཅན་གྲུབ་པའི་རྡོ་རྗེ།

d　རང་ལོ་དོན་གཉིས་པ་ལྕགས་འབྲུག 七十二岁铁龙年（1880）

དཀའ་ལྡན་རྩེའི་གཟིམ་ཕུག（噶丹孜寝宫）

e　སྨོན་ལམ།（祈愿）

f　刻本　སྡེ་དགེ（四川德格）

g　乌金　梵夹装　49.5×7

h　50　6

i　无　藏纸　黑　完整

j　封面钤有“民族文化宫图书馆藏”印。

116.12

a　27-12

b　རྗེ་བཙུན་རྡོ་རྗེ་རྣལ་འབྱོར་མར་བརྟེན་ནས་མཁའ་འགྲོའི་གྲིབ་སེལ་བྱ་ཚུལ་གངྒཱའི་ཆུ་རྒྱུན།

依至尊金刚瑜伽母而修空行除障法·恒河长流

c　བརྩོན་པ་དབྱངས་ཅན་གྲུབ་པའི་རྡོ་རྗེ།

d

e　སྔགས།（密宗）

f　刻本　སྡེ་དགེ（四川德格）

g　乌金　梵夹装　50×7

h　5　6

i　无　藏纸　黑　完整

j　封面钤有“民族文化宫图书馆藏”印。

116.13

a 27-13

b དཔལ་འཁོར་ལོའི་བདེ་མཆོག་དྲིལ་བུ་ལྷ་ཞ་དང་ནཱ་རོ་མཁའ་སྤྱོད་མའི་བླ་མ་ལྷ་སྲུང་གི་སྐུ་བརྙན་བཞེངས་

ཚུལ་ངོ་མཚར་ཡེ་ཤེས་མེ་ལོང་།

枳布巴传规之吉祥胜乐轮五尊及那若空行母之上师、本尊、护法等像建造法·希有智镜

c བཙུན་པ་དབྱངས་ཅན་གྲུབ་པའི་རྡོ་རྗེ།

d

e གཟོ་རིག（工巧学）

f 刻本 སྡེ་དགེ（四川德格）

g 乌金 梵夹装 49×7

h 12 6

i 无 藏纸 黑 完整

j 封面钤有“民族文化宫图书馆藏”印。

116.14

a 27-14

b བྱང་ཆུབ་ལམ་རིམ་གྱི་ཞར་སྒོམ་ཟིན་བྲིས་སྐལ་ལྡན་རེ་སྐོང་།

菩提道次第依次略修录·具缘满愿

c དབྱངས་ཅན་གྲུབ་པའི་རྡོ་རྗེ།

d

e ལམ་རིམ།（道次第）

f 刻本 སྡེ་དགེ（四川德格）

g 乌金 梵夹装 49.5×7

h 19 6

i 无 藏纸 黑 完整

j 封面钤有“民族文化宫图书馆藏”印。

116.15

a 27-15

b ཉིན་ཞག་ཐུགས་གཅིག་ལ་དགེ་སྦྱོང་ཇི་ལྟར་བྱ་ཚུལ་བཤད་པ་ལེགས་བཤད་རིན་ཆེན་ཕྲེང་བ།

一昼夜中应如何作善业法讲说·嘉言大宝鬘

c དབྱངས་ཅན་གྲུབ་པའི་རྡོ་རྗེ།

d མིག་དམར། （星期二）

e ལམ་རིམ་བློ་སྦྱོང་། （菩提修心）

f 刻本 སྡེ་དགེ（四川德格）

g 乌金 梵夹装 50×7

h 27 6

i 无 藏纸 黑 完整

j 封面钤有“民族文化宫图书馆藏”印。

116.16

a 27-16

b མདོ་སྨད་བསྟན་པའི་བདག་པོ་བཙན་པོ་ཧུ་ཐོག་ཐུ་སྐལ་བཟང་ཐུབ་བསྟན་འཕྲིན་ལས་རྒྱ་མཚོ་དཔལ་བཟང་པོ་

ནས་བཀའ་འདྲི་གནང་བའི་ལན་མུན་ནག་མདའ་འཕེན།

答多麦地区佛教主宰呼图克图格桑土登称勒嘉措问·黑暗中放矢

c དབྱངས་ཅན་གྲུབ་པའི་རྡོ་རྗེ།

d

e དྲི་བ་དྲིས་ལན། （问答）

f 刻本 སྡེ་དགེ（四川德格）

g 乌金 梵夹装 50×7

h 14 6

i 无 藏纸 黑 完整

j 封面钤有“民族文化宫图书馆藏”印。

116.17

a 27-17

b ཀུན་རིག་གི་བསྙེན་པ་བྱ་ཚུལ་རབ་གསལ་ཉི་མའི་སྣང་བ།

普明大日如来念修法·明灿日光

c　དབྱངས་ཅན་གྲུབ་པའི་རྡོ་རྗེ།　སུ་ར་སྨྲྀསཛྙཱབཛྲ།　འཇམ་དབྱངས་རྡོ་རྗེ།

d

e　བསྙེན་སྒྲུབ།（念修）

f　刻本　སྡེ་དགེ（四川德格）

g　乌金　梵夹装　49×7

h　13　6

i　无　藏纸　黑　完整

j　封面钤有“民族文化宫图书馆藏”印。

116.18

a　27-18

b　ནོར་གྱི་དབང་ཕྱུག་འཕགས་པ་ཛམྦྷ་ལ་སེར་པོ་གཙོ་རྐྱང་དང་གཟུངས་ལས་བྱུང་བའི་ནོར་རྒྱུན་མ་སེར་མོའི་

བུམ་བསྒྲུབ་སོ་སོར་བྱ་ཚུལ་འདོད་དགུའི་འབྱུང་གནས།

圣财宝自在黄色藏跋拉单一主尊与陀罗尼中所出黄色财源宝瓶各别修法·随愿之源

c　བཙུན་པ་དབྱངས་ཅན་གྲུབ་པའི་རྡོ་རྗེ།

d　རང་ལོ་རེ་དགུ་བ་དབང་ཕྱུག་གི་ལོ།　火牛年（1877）　དངུལ་ཆུ་རི་ཁྲོད།（欧曲静修院）

e　བུམ་སྒྲུབ།（净瓶修法）

f　刻本　སྡེ་དགེ（四川德格）

g　乌金　梵夹装　48.5×7

h　11　6

i　无　藏纸　黑　完整

j　封面钤有“民族文化宫图书馆藏”印。

116.19

a　27-19

b　མགོན་དཀར་གྱི་བུམ་ཐོད་འཁོར་ལོ་སྒྲུབ་ཚུལ་འདོད་རྒུའི་ཆར་འབེབས་ཡིད་བཞིན་ནོར་བུ་བཞུགས།

白色如意宝顶怙主瓶髅轮修法·随愿雨降·如意宝

c བཙུན་པ་དབྱངས་ཅན་གྲུབ་པའི་རྡོ་རྗེ།

d ཁྲག་སྦྲུག 水猪年（1863） དངུལ་ཆུ་རི་ཁྲོད།（欧曲静修院）

e སྔགས།（密宗）

f 刻本 སྡེ་དགེ（四川德格）

g 乌金 梵夹装 47.5×7
h 12 6
i 无 藏纸 黑 完整
j 封面钤有“民族文化宫图书馆藏”印。

116.20
a 27-20

b རྗེ་བཙུན་ཡིད་བཞིན་འཁོར་ལོ་ལ་བརྟེན་པའི་ཞི་བའི་སྦྱིན་སྲེག་མདོར་བསྡུས་བྱ་ཚུལ་ཟག་མེད་བདུད་རྩིའི་ཟླ་ཆར།

依白度母如意轮修息灾摩护略法·无漏甘露细雨

c བཙུན་པ་དབྱངས་ཅན་གྲུབ་པའི་རྡོ་རྗེ།

d ས་འབྲུག་གི་ལོ། 土龙年（1868） དངུལ་ཆུ་རི་ཁྲོད།（欧曲静修院）

e སྦྱིན་སྲེག（火供）

f 刻本 སྡེ་དགེ（四川德格）

g 乌金 梵夹装 46.5×7
h 12 6
i 无 藏纸 黑 完整
j 封面钤有“民族文化宫图书馆藏”印。

116.21
a 27-21

b གཟུངས་སྔགས་མགོ་ཆེད་འགའ་ཞིག་ཀློག་འདོན་བྱ་ཚུལ་ལེགས་སྦྱར་སྐད་བའི་ཉིན་བྱེད།

部分常用陀罗尼咒文念诵解说·梵语日光

c བཙུན་པ་དབྱངས་ཅན་གྲུབ་པའི་རྡོ་རྗེ།

d ཤིང་ཁྱི། 木狗年（1874） དངུལ་ཆུ་རི་ཁྲོད།（欧曲静修院）

e སྒྲགས་ཀློག་འདོན།（梵文读法）

f 刻本 སྡེ་དགེ（四川德格）

g 乌金 梵夹装 49.5×7
h 24 6
i 无 藏纸 黑 完整
j 封面钤有“民族文化宫图书馆藏”印。

116.22
a 27-22

b ཁྲི་གུང་ཐང་པ་ཆེན་པོས་མཛད་པའི་སྡོམ་ཆོག་གི་སྒོ་ནས་སྡོམ་པ་གསུམ་གྱི་མི་མཐུན་ཕྱོགས་དྲན་ཚུལ་བཤད་པ་

རབ་གསལ་ཉིན་བྱེད་སྣང་བ་ཐུབ་བསྟན་པདྨོའི་མཛེས་རྒྱན།

贡唐巴大主座所著戒律门三律仪不顺方提念法讲说·明灿日光·佛莲妙庄严

c བཙུན་པ་དབྱངས་ཅན་གྲུབ་པའི་རྡོ་རྗེ།

d དངུལ་ཆུ་རི་ཁྲོད།（欧曲静修院）

e འདུལ་བ།（律经）

f 刻本 སྡེ་དགེ（四川德格）

g 乌金 梵夹装 50×7
h 24 6
i 无 藏纸 黑 完整
j 封面钤有“民族文化宫图书馆藏”印。

116.23
a 27-23

b བསླབ་བྱ་མཐོང་བ་དོན་ལྡན་གྱི་ཚིག་འགྲེལ་གནད་དོན་ཀུན་གསལ།

教言·见者具义句释·要义普显

c བཙུན་པ་དབྱངས་ཅན་གྲུབ་པའི་རྡོ་རྗེ།

d　ཁྱུ་མཆོག་གི་ལོ།　水马年（1882）　དངུལ་ཆུ་རི་ཁྲོད།（欧曲静修院）

e　གདམས་ངག（教言）

f　刻本　སྡེ་དགེ（四川德格）

g　乌金　梵夹装　48.5×7
h　14　6
i　无　藏纸　黑　完整
j　封面钤有“民族文化宫图书馆藏”印。

116.24
a　27-24

b　མཆོད་རྟེན་གྱི་ཐིག་རྩ་བསྒྲགས་པས་འགྲུབ་པ།

灵塔量度法·诵则成义

c　བཙུན་པ་དབྱངས་ཅན་གྲུབ་པའི་རྡོ་རྗེ།

d

e　ཐིག་རྩ།（量度法）

f　刻本　སྡེ་དགེ（四川德格）

g　乌金　梵夹装　49×7
h　9　6
i　无　藏纸　黑　完整
j　封面钤有“民族文化宫图书馆藏”印。

116.25
a　27-25

b　དཔལ་རྡོ་རྗེ་འཇིགས་བྱེད་ཆེན་པོའི་འཕྲུལ་འཁོར་བརྒྱུད་རིམ་དང་འཁོར་ལོ་བཏབ་ཚུལ།

吉祥怖畏金刚幻轮传承次第及幻轮作法等

c　བཙུན་པ་དབྱངས་ཅན་གྲུབ་པའི་རྡོ་རྗེ།

d

e　སྔགས།（密宗）

f 刻本 སྡེ་དགེ（四川德格）

g 乌金 梵夹装 49×7
h 3 6
i 无 藏纸 黑 完整
j 封面钤有“民族文化宫图书馆藏”印。

116.26
a 27-26

b འཇིགས་བྱེད་བཅུ་གསུམ་མའི་རས་བྲིས་ཀྱི་དཀྱིལ་འཁོར་དུ་དབང་བསྐུར་ཚུལ་གྱི་ཆོ་ག

怖畏金刚十三尊布绘曼荼罗中灌顶仪轨

c བཙུན་པ་དབྱངས་ཅན་གྲུབ་པའི་རྡོ་རྗེ།

d

e ཆོ་ག（仪轨）

f 刻本 སྡེ་དགེ（四川德格）

g 乌金 梵夹装 49×7
h 6 6
i 无 藏纸 黑 完整
j 封面钤有“民族文化宫图书馆藏”印。

116.27
a 27-27

b གཤིན་རྗེ་འཁྲུལ་འཁོར་གྱི་ཐིག་རྩ།

阎曼德迦幻轮弹线法

c བཙུན་པ་དབྱངས་ཅན་གྲུབ་པའི་རྡོ་རྗེ།

d

e ཐིག་རྩ།（量度法）

f 刻本 སྡེ་དགེ（四川德格）

g 乌金 梵夹装 49×7
h 2 6
i 无 藏纸 黑 完整

j 封面钤有“民族文化宫图书馆藏”印。

117

A 3533-3536 1016

B དངུལ་ཆུ་དབྱངས་ཅན་གྲུབ་པའི་རྡོ་རྗེའི་གསུང་འབུམ།

欧曲·央金珠白多杰文集

C ག

D དངུལ་ཆུ་དབྱངས་ཅན་གྲུབ་པའི་རྡོ་རྗེ།

同3525介绍。

E 此函民族宫目录著录为41卷，西藏图书馆藏品缺一卷：《雪域教众怙主班禅活佛梵文名称按语基构成略编·嘉言宝鬘》。

117.1

a 41-1

b རྗེ་བཙུན་བླ་མ་དབྱངས་ཅན་གྲུབ་པའི་རྡོ་རྗེའི་བཀའ་འབུམ་ཡོད་ག་པའི་དཀར་ཆག

至尊上师央金珠白多杰文集目录

c

d

e དཀར་ཆག（目录）

f 刻本 སྡེ་དགེ（四川德格）

g 乌金 梵夹装 49×7

h 2 6

i 无 藏纸 黑 完整

j 封面钤有“民族文化宫图书馆藏”印。

117.2

a 41-2

b ཉེ་བརྒྱུད་ཚེ་ཁྲིད་འཆི་མེད་རྡོ་རྗེའི་སྲོག་ཤིང་གི་ཚེ་དབང་བསྐུར་ཚུལ་གསལ་བར་བཤད་པ་གནས་གསུམ་མཁའ་འགྲོའི་ཞལ་ལུང་།

近传长寿法导释·长生金刚命木之长寿灌顶明解·三域空行语教

c　དབྱངས་ཅན་གྲུབ་པའི་རྡོ་རྗེ།

d　འགལ་བྱེད་ཅེས་པ་ལྕགས་ཕག་ལོའི་ས་ག་ཟླ་བ། 铁猪年（1851）藏历四月

　　དངུལ་ཆུའི་རི་ཁྲོད། （欧曲静修院）

e　ཚེ་དབང་། （长寿灌顶）

f　刻本　སྡེ་དགེ （四川德格）

g　乌金　梵夹装　49×7
h　31　6
i　无　藏纸　黑　完整
j　封面铃有“民族文化宫图书馆藏”印。

117.3
a　41-3

b　ཁྱེའུ་རིན་ཆེན་ཟླ་བས་ཞུས་པའི་མདོ་དོན་ཉམས་སུ་ལེན་ཚུལ་དོན་གཉིས་ལྷུན་གྲུབ།

　　宝月童子所问经义验修法·二利任运天成

c

d　ཨིནྡྲ་ར་ཞེས་པ་ཆུ་སྤྲེལ་ལོའི་སྟོན་ཟླ་བ། 水猴年（1872）藏历四月

　　དངུལ་ཆུའི་རི་ཁྲོད། （欧曲静修院）

e　མདོ་འགྲེལ། （显宗释）

f　刻本　སྡེ་དགེ （四川德格）

g　乌金　梵夹装　49×7
h　4　6
i　无　藏纸　黑　完整
j　封面铃有“民族文化宫图书馆藏”印。

117.4
a　41-4

b　དབྱངས་ཅན་མ་དཀར་མོའི་བསྙེན་ཡིག་མདོར་བསྡུས།

　　白色妙音母念修略法

c

d ཀུན་ལྡན་གྱི་ལོ། 铁鼠年（1840）

e བསྙེན་ཡིག（念修文）

f 刻本 སྡེ་དགེ（四川德格）

g 乌金 梵夹装 49×7
h 4 6
i 无 藏纸 黑 完整
j 封面钤有“民族文化宫图书馆藏”印。

117.5
a 41-5

b དཔལ་ལྡན་ལྷ་མོ་ལ་བརྟེན་ནས་ཤོ་མོ་འདེབས་ཚུལ་ནོར་བུའི་མེ་ལོང་།

依吉祥天母掷骰占卜法

c

d ས་སྤྲེ་ཞེས་པ་ས་སྤྲེལ་ལོའི་སྨྲོན་ཟླ་བར། 土猴年（1848）藏历四月

དངུལ་ཆུའི་རི་ཁྲོད།（欧曲静修院）

e བརྟག་ཐབས་སྣ་ཚོགས།（占卜）

f 刻本 སྡེ་དགེ（四川德格）

g 乌金 梵夹装 49×7
h 24 6
i 无 藏纸 黑 完整
j 封面钤有“民族文化宫图书馆藏”印。

117.6
a 41-6

b འཇིག་རྟེན་པའི་ལྷ་རྟེན་གྱི་ནང་དུ་འཇུག་རྒྱུའི་བུམ་པ་བསྒྲུབ་ཚུལ་བདེ་སྐྱིད་ཉི་མ་འདྲེན་པའི་ཤིང་རྟ།

世间神像中装净瓶修法·享乐车

c
d

e བུམ་སྒྲུབ།（净瓶修法）

f 刻本 སྡེ་དགེ（四川德格）

g 乌金 梵夹装 49×7
h 6 6
i 无 藏纸 黑 完整
j 封面钤有“民族文化宫图书馆藏”印。

117.7
a 41-7

b བརྡ་སྤྲོད་པ་དབྱངས་ཅན་གྱི་མདོ་འཇམ་དབྱངས་བླ་མས་བསྒྱུར་བཅོས་མཛད་པ།

绛央喇嘛所改译之妙音声明论经
c
d

e སྒྲ་འགྲེལ།（声明学释）

f 刻本 སྡེ་དགེ（四川德格）

g 乌金 梵夹装 49×7
h 11 6
i 无 藏纸 黑 完整
j 封面钤有“民族文化宫图书馆藏”印。

117.8
a 41-8

b ལེགས་བཤད་ལྗོན་དབང་རྩ་བ།

三十根本颂·嘉言树王论
c
d

e སུམ་རྟགས།（语法）

f 刻本 སྡེ་དགེ（四川德格）

g 乌金 梵夹装 49×7
h 1 6
i 无 藏纸 黑 完整

j 封面钤有“民族文化宫图书馆藏”印。

117.9

a 41-9

b སུམ་ཅུ་པའི་སྙིང་པོའི་དོན་གསལ་བྱེད་ལེགས་བཤད་ལྗོན་པའི་དབང་པོ།

阐明三十颂要义·嘉言树王论

c

d

e སུམ་རྟགས།（语法）

f 刻本 སྡེ་དགེ（四川德格）

g 乌金 梵夹装 49×7

h 10 6

i 无 藏纸 黑 完整

j 封面钤有“民族文化宫图书馆藏”印。

117.10

a 41-10

b རྟགས་ཀྱི་འཇུག་པའི་སྙིང་པོའི་དོན་མདོ་ཙམ་བརྗོད་པ་དཀའ་གནད་གསལ་བའི་མེ་ལོང་།

字性添接法要义略说·释难明镜

c

d

e སུམ་རྟགས།（语法）

f 刻本 སྡེ་དགེ（四川德格）

g 乌金 梵夹装 49×7

h 5 6

i 无 藏纸 黑 完整

j 封面钤有“民族文化宫图书馆藏”印。

117.11

a 41-11

b བོད་ཡིག་གི་གནས་དང་བྱེད་རྩོལ་ངོས་འཛིན་ཚུལ་གསར་པའི་གཏམ་གྱི་སྨྱུ་གུ

藏文发音部位与发音方法新解·语苗

c

d ཆུ་མཚོག་གི་ལོ། 水马年（1882）

e སུམ་རྟགས། （语法）

f 刻本　སྡེ་དགེ（四川德格）

g 乌金　梵夹装　51×7
h 3　6
i 无　藏纸　黑　完整
j 封面钤有“民族文化宫图书馆藏”印。

117.12
a 41-12

b མིང་གཅིག་དོན་མང་པོ་ལ་འཇུག་ཚུལ་བཤད་པ་བློ་གསལ་མགྲིན་རྒྱན།

一名多义解说·智者项饰
c
d

e མངོན་བརྗོད། （辞藻）

f 刻本　སྡེ་དགེ（四川德格）

g 乌金　梵夹装　51×7
h 5　6
i 无　藏纸　黑　完整
j 封面钤有“民族文化宫图书馆藏”印。

117.13
a 41-13

b རྗེ་བོད་མཁས་པའི་གབ་ཚིག་གི་དཔེར་བརྗོད་ལོགས་སུ་བཀོལ་ཏེ་བཤད་པ་མཁས་དབང་དགོངས་རྒྱན་པཎ་

ཆེན་བླ་མའི་ཞལ་ལུང་།

播克巴大师之隐语举例释·贤哲意趣庄严·大善巧语教
c
d

e སྒྲ་སྒྲོན། （声明学）

f 刻本 སྡེ་དགེ（四川德格）

g 乌金 梵夹装 51×7
h 8 6
i 无 藏纸 黑 完整
j 封面钤有“民族文化宫图书馆藏”印。

117.14
a 41-14

b གསུང་ཐོར་བུ་ཕྱོགས་བསྒྲིགས།

零散语教合编

c

d བཀྲས་ལྷུན་པཎ་ཁང་།（西藏日喀则扎什伦布寺）

e ཐོར་བུ།（散文）

f 刻本 སྡེ་དགེ（四川德格）

g 乌金 梵夹装 51×7
h 9 6
i 无 藏纸 黑 完整
j 封面钤有“民族文化宫图书馆藏”印。

117.15
a 41-15

b རྗེ་བཙུན་བླ་མ་ཐམས་ཅད་མཁྱེན་པ་དབྱངས་ཅན་གྲུབ་པའི་རྡོ་རྗེ་དཔལ་བཟང་པོའི་གསུང་ཐོར་བུ་རྣམས་

ཕྱོགས་གཅིག་ཏུ་བསྒྲིགས་པ།

至尊上师一切智央金珠白多杰零散语教合编

c མཆོ་སྒོ་ཁ་བརྡོ།

d དངུལ་ཆུའི་རི་ཁྲོད།（欧曲静修院）

e གསུང་ཐོར་བུ།（散集）

f 刻本 སྡེ་དགེ（四川德格）

g 乌金 梵夹装 51×7
h 41 6
i 无 藏纸 黑 完整
j 封面钤有“民族文化宫图书馆藏”印。

117.16
a 41-16
b སྐྱབས་མགོན་པཎ་ཆེན་བསྟན་པའི་ཉི་མའི་མཚན་སྔགས་བྱིངས་ནས་བསྒྲུབས་པ།
救怙主班禅·丹白尼玛梵文名称按语基构成篇
c
d མཛེས་བྱེད་ཀྱི་ལོ། 水兔年（1843） དངུལ་ཆུའི་རི་ཁྲོད།（欧曲静修院）
e མཚན་སྔགས།（梵文名）
f 刻本 སྡེ་དགེ（四川德格）
g 乌金 梵夹装 51×7
h 11 6
i 无 藏纸 黑 完整
j 封面钤有“民族文化宫图书馆藏”印。

117.17
a 41-17
b ཟམ་པ་རབ་གནས་བྱ་ཚུལ་འགྱུར་མེད་རྡོ་རྗེའི་ལྷུན་པོ།
桥樑开光法·永固须弥
c དབྱངས་ཅན་གྲུབ་པའི་རྡོ་རྗེ།
d རང་ལོ་༧༠པ་འབྲུ་མང་གི་ལོ། 土虎年（1878） དངུལ་རིའི་གཟིམ་ཕུག（欧曲静修院）
e རབ་གནས།（开光）
f 刻本 སྡེ་དགེ（四川德格）
g 乌金 梵夹装 51×7
h 5 6
i 无 藏纸 黑 完整
j 封面钤有“民族文化宫图书馆藏”印。

117.18

a 41-18

b ཞུ་སེར་བསྟན་པའི་གསལ་བྱེད་ཧོར་ཁང་གསར་སྤྲུལ་པའི་སྐུ་ནས་བཀའ་འདྲི་གནང་བའི་ལན་ཤིས་པའི་མར་མེ།

答阐明黄帽教法之霍尔康萨活佛问·明灯

c དབྱངས་ཅན་གྲུབ་པའི་རྡོ་རྗེ།

d

e དྲི་བ་དྲིས་ལན།（问答）

f 刻本 སྡེ་དགེ（四川德格）

g 乌金 梵夹装 51×7

h 9 6

i 无 藏纸 黑 完整

j 封面钤有“民族文化宫图书馆藏”印。

117.19

a 41-19

b སད་སྲུང་རིལ་བུ་བསྒྲུབ་ཚུལ།

防霜灾丸修制法

c དབྱངས་ཅན་གྲུབ་པའི་རྡོ་རྗེ།

d

e ལས་ཚོགས།（业资）

f 刻本 སྡེ་དགེ（四川德格）

g 乌金 梵夹装 51×7

h 3 6

i 无 藏纸 黑 完整

j 封面钤有“民族文化宫图书馆藏”印。

117.20

a 41-20

b ཟབ་ལམ་གཅོད་ཀྱི་བླ་མ་བརྒྱུད་པའི་གསོལ་འདེབས་བྱིན་རླབས་སྤྲུར་འཛུག

甚深道觉法之上师传承启请文·速获加持

c　དབྱངས་ཅན་གྲུབ་པའི་རྡོ་རྗེ།

d　འདོན་བྱེད་ཀྱི་ལོའི་ཐ་སྐར་ཟླ་བ། 火鼠年（1876）藏历八月十六至九月十五日

དངུལ་རིའི་གཟིམ་ཕུག（欧曲寝宫）

e　གསོལ་འདེབས།（启请文）

f　刻本　སྡེ་དགེ（四川德格）

g　乌金　梵夹装　51×7

h　4　6

i　无　藏纸　黑　完整

j　封面钤有“民族文化宫图书馆藏”印。

117.21

a　41-21

b　གྲྭ་ཚང་ཆེ་མོའི་ཆོས་བདག་རྒྱལ་པོ་ཆེན་པོར་གསོལ་མཆོད་མདོར་བསྡུས་བྱ་ཚུལ་དགྲ་ལྷ་དགྱེས་པའི་རྔ་དབྱངས།

扎仓启莫之护法神吉布钦波前祈供略法·战神所喜鼓声

c　དབྱངས་ཅན་གྲུབ་པའི་རྡོ་རྗེ།

d

e　གསོལ་མཆོད།（供奉）

f　刻本　སྡེ་དགེ（四川德格）

g　乌金　梵夹装　51×7

h　3　6

i　无　藏纸　黑　完整

j　封面钤有“民族文化宫图书馆藏”印。

117.22

a　41-22

b　ཞུ་ཕྲིན་གྱི་རིམ་པ་ཁ་ཤས།

部分呈请文

c དབྱངས་ཅན་གྲུབ་པའི་རྡོ་རྗེ།

d

e སྤྲིངས་ཡིག（信札）

f 刻本 སྡེ་དགེ（四川德格）

g 乌金 梵夹装 51×7
h 12 6
i 无 藏纸 黑 完整
j 封面钤有“民族文化宫图书馆藏”印。

117.23
a 41-23

b དགེ་སློང་བློ་བཟང་ཆོས་འཕེལ་གྱི་དབྱངས་ཚུང་འགའ་ཞིག

比丘洛桑曲培短歌篇

c དབྱངས་ཅན་གྲུབ་པའི་རྡོ་རྗེ།

d

e ཉམས་མགུར།（道歌）

f 刻本 སྡེ་དགེ（四川德格）

g 乌金 梵夹装 51×7
h 8 6
i 无 藏纸 黑 完整
j 封面钤有“民族文化宫图书馆藏”印。

117.24
a 41-24

b ཚོགས་མཆོད་བརྒྱ་ཆེར་སོགས་འབུལ་ཚུལ་མདོར་བསྡུས་མཁའ་འགྲོ་དགྱེས་བྱེད་སྒྲ་དབྱངས།

百分会供略供法·空行悦意

c དབྱངས་ཅན་གྲུབ་པའི་རྡོ་རྗེ།

d

e ལས་ཚོགས།（业资）

f 刻本 སྡེ་དགེ（四川德格）

g 乌金 梵夹装 51×7
h 3 6
i 无 藏纸 黑 完整
j 封面铃有“民族文化宫图书馆藏”印。

117.25
a 41-25

b རྡོ་རྗེ་ཁྱུང་ལུང་མ་ཞི་དྲག་དང་རྒྱལ་པོ་ལི་བྱིན་ཧ་ར་གཉིས་ལ་མཆོད་གཏོར་གསེར་སྐྱེམས་མདོར་བསྡུས་སྟབས་གཅིག་ཏུ་འབུལ་ཚུལ་སོགས།

和威多杰穹隆玛与明王里金哈惹前供神馐及神饮略法

c

d ན་ཚོད་ལྷན་ལོའི་མཆུ་ཟླ། 木猪年（1875）藏历正月

e ཆོ་ག(仪轨)

f 刻本 སྡེ་དགེ（四川德格）

g 乌金 梵夹装 51×7
h 9 6
i 无 藏纸 黑 完整
j 封面铃有“民族文化宫图书馆藏”印。

117.26
a 41-26

b བློ་བཟང་འཇིགས་མེད་དབང་པོའི་མཚན་བསྟོད། མཚན་ཐུགས། ཡུན་བརྟན་ཚིགས་བཅད་བཅས་བཞུགས།

洛桑晋美旺波名称赞、梵文名称、祈请长久住世颂文等

c དབྱངས་ཅན་གྲུབ་པའི་རྡོ་རྗེ།

d རང་ལོ་༢༡(མེ་ཕག་ལོའི་ཁྲུམས་སྟོད་ཟླ་བ། 火猪年（1887）藏历八月

e བསྟོད་ཚོགས།（赞集）

f 刻本 སྡེ་དགེ（四川德格）

g 乌金 梵夹装 51×7
h 3 6
i 无 藏纸 黑 完整
j 封面钤有“民族文化宫图书馆藏”印。

117.27
a 41-27
b བརྟན་བཞུགས།
请长久住世祈愿文
c
d
e བརྟན་བཞུགས།（住世文）
f 刻本 སྡེ་དགེ（四川德格）
g 乌金 梵夹装 51×7
h 1 6
i 无 藏纸 黑 完整
j 封面钤有“民族文化宫图书馆藏”印。

117.28
a 41-28
b དམ་པ་འགའ་ཞིག་གི་བརྟན་བཞུགས།
部分大德前请长久住世文
c དབྱངས་ཅན་གྲུབ་པའི་རྡོ་རྗེ།
d
e བརྟན་བཞུགས་སྨོན་ལམ།（住世祈愿）
f 刻本 སྡེ་དགེ（四川德格）
g 乌金 梵夹装 51×7
h 7 6
i 无 藏纸 黑 完整
j 封面钤有“民族文化宫图书馆藏”印。

117.29

a 41-29

b རྡོ་རྗེ་ཕུར་པའི་དཀྱིལ་འཁོར་གྱི་ཐིག་རྩ་གསར་པའི་ལེགས་བཤད།

金刚橛曼荼罗弹线法·新编嘉言

c དབྱངས་ཅན་གྲུབ་པའི་རྡོ་རྗེ།

d

e ཐིག་རྩ།（量度法）

f 刻本 སྡེ་དགེ（四川德格）

g 乌金 梵夹装 51×7

h 3 6

i 无 藏纸 黑 完整

j 封面钤有“民族文化宫图书馆藏”印。

117.30

a 41-30

b འོད་དཔག་མེད་ཀྱི་འཕོ་བ་བཀའ་བརྒྱ་མའི་བཀའ་ཟིན།

无量光佛往生法·极密语教录

c

d

e འཕོ་བ།（往生法）

f 刻本 སྡེ་དགེ（四川德格）

g 乌金 梵夹装 51×7

h 10 6

i 无 藏纸 黑 完整

j 封面钤有“民族文化宫图书馆藏”印。

117.31

a 41-31

b ཀླུ་གཏོར་མདོར་བསྡུས་གཏོང་ཚུལ་བདུད་རྩིའི་རྒྱ་མཚོ།

鲁神神馐供施略法·甘露大海

c དབྱངས་ཅན་གྲུབ་པའི་རྡོ་རྗེ།

d

e　ཆོ་ག（仪轨）

f　刻本　སྡེ་དགེ（四川德格）

g　乌金　梵夹装　51×7
h　7　6
i　无　藏纸　黑　完整
j　封面钤有“民族文化宫图书馆藏”印。

117.32
a　41-32

b　བྱང་ཆུབ་ལྟུང་བཤགས་དང་། སྤྱི་བཤགས་གཉིས་ཀྱི་ཟིན་བྲིས་ཐར་འདོད་སྙིང་གི་དགའ་སྟོན།

菩提忏罪文与总忏忏悔文笔录·求解脱心中之喜宴

c
d

e　ཟིན་བྲིས།（笔录）

f　刻本　སྡེ་དགེ（四川德格）

g　乌金　梵夹装　51×7
h　15　6
i　无　藏纸　黑　完整
j　封面钤有“民族文化宫图书馆藏”印。

117.33
a　41-33

b　དགའ་ལྡན་རྩིས་གསར་ལས་ཉི་ཟླར་སྒྲ་གཅན་འཛུག་ཚུལ་གཟུར་གནས་མཁས་པ་དགྱེས་པའི་མཆོད་སྤྲིན།

甘丹新算法中罗睺入食日、月算法·公正智者所喜供养云

c
d

e　སྨན་རྩིས།（藏医历算）

f　刻本　སྡེ་དགེ（四川德格）

g　乌金　梵夹装　51×7
h　13　6

i 无 藏纸 黑 完整
j 封面钤有“民族文化宫图书馆藏”印。

117.34
a 41-34
b རྒྱ་ནག་ས་སྣང་བརྟག་རྩུལ་ལེགས་བཤད་ཡོངས་འདུའི་ཤིང་དབང་།
汉地春牛经·嘉言全聚超度王
c དབྱངས་ཅན་གྲུབ་པའི་རྡོ་རྗེ།
d
e སྨན་རྩིས།（藏医历算）
f 刻本 སྡེ་དགེ（四川德格）
g 乌金 梵夹装 51×7
h 6 6
i 无 藏纸 黑 完整
j 封面钤有“民族文化宫图书馆藏”印。

117.35
a 41-35
b རྩིས་ཀྱི་འཁོར་ལོ་གསལ་བྱེད།
历算周期显明篇
c དབྱངས་ཅན་གྲུབ་པའི་རྡོ་རྗེ།
d
e སྨན་རྩིས།（藏医历算）
f 刻本 སྡེ་དགེ（四川德格）
g 乌金 梵夹装 51×7
h 2 6
i 无 藏纸 黑 完整
j 封面钤有“民族文化宫图书馆藏”印。

117.36
a 41-36

b ཛོ་མཚར་རེའུ་མིག་ལས་ཞི་གཟའ་གཉིས་ཀྱི་རྐང་འཛིན།

希有表格中二文曜之检步表

c དབྱངས་ཅན་གྲུབ་པའི་རྡོ་རྗེ།

d

e སྨན་རྩིས།（藏医历算）

f 刻本 སྡེ་དགེ（四川德格）

g 乌金 梵夹装 51×7
h 3 6
i 无 藏纸 黑 完整
j 封面钤有“民族文化宫图书馆藏”印。

117.37
a 41-37

b ཛོ་མཚར་རེའུ་མིག་ལས་ཞི་གཟའ་གཉིས་ཀྱི་དལ་དག

希有表格中二文曜之迟行定数表

c
d

e སྨན་རྩིས།（藏医历算）

f 刻本 སྡེ་དགེ（四川德格）

g 乌金 梵夹装 51×7
h 3 6
i 无 藏纸 黑 完整
j 封面钤有“民族文化宫图书馆藏”印。

117.38
a 41-38

b ཛོ་མཚར་རེའུ་མིག་ལས་བཀྲ་ཤིས་ཉིན་ཞག་སྤྱོད་པའི་དལ་དག

希有表格中吉祥金星每太阳日迟行定数

c དབྱངས་ཅན་གྲུབ་པའི་རྡོ་རྗེ།

d

e སྐར་རྩིས། （藏医历算）

f 刻本 སྡེ་དགེ（四川德格）

g 乌金 梵夹装 51×7
h 2 6
i 无 藏纸 黑 完整
j 封面钤有“民族文化宫图书馆藏”印。

117.39
a 41-39

b ངོ་མཚར་རེའུ་མིག་ལས་ཕུར་བུ་ཉིན་ཞག་སྔོད་པའི་དཔལ་དག

希有表格中木星每太阳日迟行定数

c དབྱངས་ཅན་གྲུབ་པའི་རྡོ་རྗེ།

d

e སྐར་རྩིས། （藏医历算）

f 刻本 སྡེ་དགེ（四川德格）

g 乌金 梵夹装 51×7
h 4 6
i 无 藏纸 黑 完整
j 封面钤有“民族文化宫图书馆藏”印。

117.40
a 41-40

b ངོ་མཚར་རེའུ་མིག་ལས་ཉི་བུ་ཉིན་ཞག་སྔོད་པའི་དཔལ་དག

希有表格中土星太阳日迟行定数

c དབྱངས་ཅན་གྲུབ་པའི་རྡོ་རྗེ།

d

e སྐར་རྩིས། （藏医历算）

f 刻本 སྡེ་དགེ（四川德格）

g 乌金 梵夹装 51×7

h 5 6
i 无 藏纸 黑 完整
j 封面钤有“民族文化宫图书馆藏”印。

117.41
a 41-41

b ངོ་མཚར་རེའུ་མིག་ལས་གཟའ་ལྔའི་མྱུར་ཐང་།

希有表格中五曜疾步表
c
d

e སྨན་རྩིས།（藏医历算）

f 刻本 སྡེ་དགེ（四川德格）

g 乌金 梵夹装 51×7
h 5 6
i 无 藏纸 黑 完整
j 封面钤有“民族文化宫图书馆藏”印。

118
A 3537 1042

B དངུལ་ཆུ་དྷརྨ་བྷ་དྲའི་གསུང་འབུམ།

欧曲·达摩巴扎文集

C ཀ།

D དངུལ་ཆུ་བླ་མ་ཆོས་བཟང་ངམ་དྷརྨ་བྷ་དྲ། དགེ་ལུགས།རབ་བྱུང་བཅུ་གསུམ་པའི་ ཆུ་ཕོ་འབྲུག་གི་ལོ་ ༡༧༧༢ ལ་ཡབ་བཀྲ་ཤིས་དཔལ་འབྱོར་དང་ཡུམ་མཁའ་འགྲོ་དཔལ་སྐྱིད་གཉིས་སྲས་སུ་གཙང་གཡས་རུའི་ཆ་རོང་སྟོད་བྲུག་མོའི་ཡུལ་དུ་སྐུ་འཁྲུངས། དགུང་ལོ་བཅུ་གཅིག་སྐབས་ད་གཟོད་སྐུ་ཞང་ལྷ་བུའི་སར་ཀ་ཁ་སློང་བའི་དབུ་བརྩུགས། དགུང་ལོ་བཅུ་བཞི་ལ་བཀྲ་ཤིས་དགེ་འཕེལ་དུ་ཕེབས་ནས་སློབ་དཔོན་བློ་བཟང་རྒྱལ་མཚན་ལ་སྐྲ་ཕུད་ཕུལ་ནས་གྲྭ་པ་བྱས།དགུང་ལོ་བཅུ་གསུམ་ལ་མཁས་ཆེན་ངག་དབང་རྡོ་རྗེའི་དྲུང་དུ་དགེ་བསྙེན་དང་དགེ་ཚུལ་གྱི་སྡོམ་པ་རིམ་ཅན་དུ་བླངས།འབྱོང་

རྗེ་ བློ་བཟང་ཚུལ་ཁྲིམས། ཀུ་གེ་ཡོངས་འཛིན་བློ་བཟང་བསྟན་འཛིན། གྲུབ་དབང་བསྐལ་བཟང་ཆོས་རྒྱལ། རྗེ་དྲུང་བློ་བཟང་དགེ་འདུན་སོགས་སློབ་དཔོན་མཁས་ཆེན་མང་པོ་ལས་ཆོས་དང་རིག་གནས་སྦྱངས་པ་གནང་ནས་མཁས་པ་ཆེན་པོར་གྱུར། དགུང་ལོ་སོ་ལྔ་པ་ནས་སྒྲུབ་པ་ཉམས་ལེན་གཙོ་བོར་མཛད། སློབ་མ་མཁས་ཆེན་ངག་དབང་ སྙན་གྲགས། རི་སྦུག་སྤྲུལ་སྐུ་བློ་གསལ་བསྟན་སྐྱོང་། བདེ་ཆེན་སྤྲུལ་སྐུ་བློ་བཟང་ཚུལ་ཁྲིམས་སོགས་མང་པོ་བྱུང་། དགུང་ལོ་བརྒྱད་ཅུ་རབ་བྱུང་བཅུ་བཞི་པའི་ལྕགས་མོ་ཕག་གི་༡༨༥༡ལོར་སྐུ་གཤེགས། གསུང་པོད་བཅུ་ཙམ་བཞུགས། ངེད་དཔེ་མཛོད་ཁང་དུ་མི་རིགས་པོ་བྲང་ནས་ཕྱིར་འབུལ་ཞུས་པའི་སྡེ་དགེའི་པར་མ་པོད་ ༦ ཀ---ཆ ཨང་རྟགས ༣༥༣༧--༣༥༤༩།

欧曲喇嘛曲桑达摩巴扎（1772—1851）：原属噶举派，后改属格鲁派。诞生于后藏，14 岁在扎西格培寺出家。拜古格雍增洛桑丹增等为师，系统学习显密仪轨。35 岁起开始修行。一生弟子甚丰，以贤者阿旺年扎、茹布活佛罗赛丹炯、德欠活佛洛桑慈成等称著。享年 80 岁。其遗著共 10 函，以密宗题材居多。西藏图书馆藏北京民族文化宫图书馆赠送文集有德格版 6 函，编号在 3537—3549 间； 日喀则南木林版有 6 函，编号在 4592—4609 间。

E 此函民族宫目录著录为 24 卷，西藏图书馆藏品中仅存 10 卷，另 11 卷不在民族宫目录中。

118. 1

a 21-1

b རྗེ་བཙུན་བླ་མ་ཐམས་ཅད་མཁྱེན་པ་རྡམ་རྡ་དྲ་དཔལ་བཟང་པོའི་གསུང་འབུམ་ཀ་པའི་དཀར་ཆག་ལེགས་བཤད་རིན་ཆེན་འཕྲེང་བ་ཞེས་བྱ་བ་བཞུགས་སོ།།

至尊上师一切智达摩巴扎文集ཀ字函目录

c

d

e དཀར་ཆག（目录）

f 刻本 སྡེ་དགེ（四川德格）

g 乌金 梵夹装 48×7

h 3 6
i 无 藏纸 黑 完整
j 封面钤有“民族文化宫图书馆藏”印；民族宫目录中无此件。

118.2
a 21-2
b རྗེ་བཙུན་བླ་མ་ཐམས་ཅད་མཁྱེན་པ་རྣམ་རྣ་དྲ་དཔལ་བཟང་པོ་ལ་རྣམ་ཐར་གྱི་སྒོ་ནས་གསོལ་འདེབས་ཚུལ་

དངོས་གྲུབ་གྲུ་ཆར་གཡོ་བའི་སྤྲིན་ཕུང་ཞེས་བྱ་བ་བཞུགས།

至尊上师一切智达摩巴扎由传记之门而作祈愿法·悉地细雨之云层
c དབྱངས་ཅན་གྲུབ་པའི་རྡོ་རྗེ།
d ཆུ་བྱི་ལོའི་ཁྲུམས་སྟོད་ཟླ་བའི་དམར་ཕྱོགས་བཟང་པོ་གསུམ་པའི་ཉིན་བཞད། 水鼠年（1792）藏历八

月三日 དངུལ་ཆུ་རི་ཁྲོད་དགའ་ལྡན་རྩེའི་གཟིམ་ཕུག（欧曲静修院）

བཞད་པདྨ་ཚོས་སྡིངས་རབ་བྱུང་ཚོགས་སྒྲི།
e གསོལ་འདེབས།（启请文）
f 刻本 སྡེ་དགེ（四川德格）
g 乌金 梵夹装 48×7
h 5 6
i 无 藏纸 黑 完整
j 封面钤有“民族文化宫图书馆藏”印。

118.3
a 21-3
b དཔལ་རྡོ་རྗེ་འཇིགས་བྱེད་ལ་བརྟེན་ནས་སེར་ལམ་གཅོད་པ་བཞུགས།

依怖畏金刚修阻止雹路法
c ལྷ་སྐྱེས་སེང་གེའི་བརྟུལ་ཞུགས་འཛིན་པའི་དགེ་སློང་རྣམ་རྣ་དྲ།
d མཁར་ཁང་དཔོན་ཚང་།
e ཚོ་ག（仪轨）

f　刻本　སྡེ་དགེ（四川德格）

g　乌金　梵夹装　48×7
h　5　6
i　无藏纸　黑　完整
j　封面钤有“民族文化宫图书馆藏”印。

118.4
a　21-4

b　དུས་གསུམ་རྒྱལ་བ་ཀུན་གྱི་སྤྱི་གཟུགས་བཀའ་དྲིན་གསུམ་ལྡན་རྗེ་བཙུན་བླ་མ་ཐམས་ཅད་མཁྱེན་པ་རྣམ་སྣ་ད་

དཔལ་བཟང་པོའི་རྣམ་པར་ཐར་པ་ཞྭ་སེར་བསྟན་པའི་མཛེས་རྒྱན་ཞེས་བྱ་བ་བཞུགས་སོ། །

三世诸佛之总体三恩至尊上师一切智达摩巴扎传·黄帽法派妙庄严
c
d

e　རྣམ་ཐར།（传记）

f　刻本　སྡེ་དགེ（四川德格）

g　乌金　梵夹装　48×7
h　215　6
i　有　藏纸　黑　完整
j　封面钤有“民族文化宫图书馆藏”印。

118.5
a　21-5

b　དཔལ་རྡོ་རྗེ་འཇིགས་བྱེད་ཀྱི་བཅུ་ཆའི་སྦྱིན་སྲེག་གི་ཁྱད་ཆོས་གསལ་བར་བྱེད་པའི་ཡི་གེ་དོན་ཡོད་འཕྲུལ་གྱི་

ཞགས་པ་ཞེས་བྱ་བ་བཞུགས་སོ། །

吉祥怖畏金刚之十分护摩特法明解文·不空幻化羂索

c　མན་ངག་འཛིན་པའི་བརྗེ་རྣམ་སྣ་ད།

d　རྣམ་འགྱུར་གྱི་ལོ། 铁虎年（1830）　དངུལ་ཆུ།（欧曲）　རྗེ་དྲུང་བློ་བཟང་ཚེ་རིང་།

e　ཚ་ག（仪轨）

f 刻本 སྡེ་དགེ（四川德格）

g 乌金 梵夹装 48×7
h 5 6
i 无 藏纸 黑 完整
j 封面钤有“民族文化宫图书馆藏”印。

118.6
a 21-6

b བླ་མ་འཇམ་དཔལ་ཞི་ཁྲོའི་ས་བཅད་དང་། དེའི་ཟབ་ཁྲིད་མན་ངག་བཀའ་རྒྱ་མའི་ཟིན་བྲིས་ལེ་ཚན། གཟའ་ཉི་མ་གདུང་གང་མའི་ཉམས་ལེན་འཁྱེར་བདེ་བཅས་བཞུགས།

上师妙吉祥静怒法科判及其甚深秘密教导记录、日曜董冈玛易行修法等

c དགེ་སློང་རྣམ་ རྣ་དྭ།

d རྒྱལ་བའི་ལོ་ཟླ་བ་བཅུ་པའི་ཚེས་ཉེར་དྲུག 木马年（1834）十月二十六日

e སྔགས་ཀྱི་ཟབ་ཁྲིད།（密宗导释）

f 刻本 སྡེ་དགེ（四川德格）

g 乌金 梵夹装 48×7
h 8 6
i 无 藏纸 黑 完整
j 封面钤有“民族文化宫图书馆藏”印。

118.7
a 21-7

b འཇིགས་བྱེད་དཔའ་བོ་གཅིག་པའི་དབང་ཆོག་ཟིན་བྲིས་དང་དེའི་བུམ་སྒྲུབ་སོགས་བཞུགས་སོ།།

独勇怖畏金刚灌顶仪轨记录及其净瓶修法

c
d

e དབང་ཆོག（灌顶仪轨）

f 刻本 སྡེ་དགེ（四川德格）

g 乌金 梵夹装 48×7

h　8　6
i　无　藏纸　黑　完整
j　封面钤有“民族文化宫图书馆藏”印。

118.8
a　21-8
b　འཇིགས་བྱེད་བཅུ་གསུམ་མའི་བསྙེན་ཡིག་མཁས་གྲུབ་དགོངས་འདུས་ཞེས་བྱ་བ་བཞུགས་སོ༎
　怖畏金刚十三尊念修法·集善巧成就者之意趣
c
d　འཇོན་བྱེད་ཀྱི་ལོའི་གྲོ་བཞིན་ཟླ་བ། 火鼠年（1816）藏历七月
　དངུལ་ཆུའི་རི་ཁྲོད།（欧曲静修院）　དགེ་སློང་བློ་བཟང་བཀྲ་ཤིས།
e　བསྙེན་ཐབས།（念修）
f　刻本　སྡེ་དགེ（四川德格）
g　乌金　梵夹装　48×7
h　19　6
i　无　藏纸　黑　完整
j　封面钤有“民族文化宫图书馆藏”印。

118.9
a　21-9
b　རྗེ་མཁས་གྲུབ་དམ་པ་ངག་དབང་རྡོ་རྗེའི་བསམ་སྤྱོད་ངེས་གཏམ་བཞུགས།
　上师尊者阿旺多杰心行定语
c
d
e　ཚོགས་གཏམ།（语言）
f　刻本　སྡེ་དགེ（四川德格）
g　乌金　梵夹装　48×7
h　1　6
i　无　藏纸　黑　完整
j　封面钤有“民族文化宫图书馆藏”印；民族宫目录中无此件。

118.10

a　21-10

b　རྗེ་བཀའ་འགྱུར་བླ་མ་སོགས་རིམ་པ་ལྔའི་རྣམ་ཐར་རགས་བསྡུས་ངོ་མཚར་དད་པའི་ས་བོན་ཞེས་བྱ་བ་བཞུགས།

至尊甘珠尔传经师等五代传略·希有虔信之种子

c

d　ཚེ་ཏུ་མཁན་པོ་དགའ་ལྡན་ཐེ་བོ་སྤྲུལ་སྐུའི་ དྲིས་ལན་དུ།

e　དྲི་བ་དྲིས་ལན།（问答）

f　刻本　སྡེ་དགེ（四川德格）

g　乌金　梵夹装　48×7

h　5　6

i　无　藏纸　黑　完整

j　封面钤有“民族文化宫图书馆藏”印。

118.11

a　21-11

b　ཀྱཻ་རྡོ་རྗེའི་བླ་མའི་རྣལ་འབྱོར་ཟུང་འཇུག་ནོར་བུ་འདྲེན་པའི་ཤིང་རྟ་བཞུགས་སོ།།

喜金刚上师瑜伽法·引双运宝车

c　དགེ་སློང་ཧྲམ་ཧྲ་དུ།

d　དགེ་སློང་བྱམས་པ་དར་རྒྱས།

e　བླ་མའི་རྣལ་འབྱོར།（无上瑜伽）

f　刻本　སྡེ་དགེ（四川德格）

g　乌金　梵夹装　48×7

h　5　6

i　无　藏纸　黑　完整

j　封面钤有“民族文化宫图书馆藏”印。

118.12

a　21-12

b　ཀྱཻ་རྡོ་རྗེའི་ལྷན་སྐྱེས་ཀྱི་སྒྲུབ་ཐབས་འཕྲུལ་སྒྲོང་སྙིང་པོ་ཞེས་བྱ་བ་བཞུགས།

喜金刚俱生无误修法心要

c

d

e སྒྲུབ་ཐབས།（修心法）

f 刻本 སྡེ་དགེ（四川德格）

g 乌金 梵夹装 48×7

h 5 6

i 无 藏纸 黑 完整

j 封面钤有“民族文化宫图书馆藏”印。

118.13

a 21-13

b ལྷ་ཆོས་དང་མི་ཆོས་འབྲེལ་བའི་བསླབ་བྱ་ནོར་བུའི་འཕྲེང་བ་ཞེས་བྱ་བ་བཞུགས།

出世与入世结合之教言·宝串

c

d

e བསླབ་བྱ།（教言）

f 刻本 སྡེ་དགེ（四川德格）

g 乌金 梵夹装 48×7

h 5 6

i 无 藏纸 黑 完整

j 封面钤有“民族文化宫图书馆藏”印；民族宫目录中无此件。

118.14

a 21-14

b བློ་གྲོས་ཀྱི་འཇུག་སྒོ་འབྱེད་པར་བྱེད་པའི་ཐབས་ཤེས་བྱ་ངོ་སྤྲོད་ཚིག་ཏུ་བསྡིགས་པ་སོགས་བཞུགས།

依智慧入行之法常识介绍

c

d

e ཤེས་བྱའི་རྣམ་གྲངས།（常识）

f 刻本 སྡེ་དགེ（四川德格）

g　乌金　梵夹装　48×7
h　11　6
i　无　藏纸　黑　完整
j　封面钤有“民族文化宫图书馆藏”印；民族宫目录中无此件。

118.15
a　21-15
b　གཏོར་མའི་བཤད་ཁྲིད་ལེགས་བཤད་དོན་བསྡུས་གཞན་ཕན་རབ་གསལ་བཞུགས།
神馐导释简集利他明鉴
c　བསམ་གཏན་པ་རྡོ་རྗེ།
d
e　གཏོར་ཁྲིད།(神馐导释)
f　刻本　སྡེ་དགེ（四川德格）
g　乌金　梵夹装　48×7
h　17　6
i　无　藏纸　黑　完整
j　封面钤有“民族文化宫图书馆藏”印；民族宫目录中无此件。

118.16
a　21-16
b　གཏོར་མ་བརྒྱ་རྩ་ཆ་ལག་ཚང་བ་ཚོད་མ་ཐམས་ཅད་མཁྱེན་པ་དབེན་ས་པས་མཛད་པ་ལྷན་ཐབས་དང་བསྡེབས་པ་བཞུགས་སོ།།
百种神馐作及补充法温萨巴著
c　ཉི་ཟླ་བཟོ།
d
e　གཏོར་ཆོག（神馐仪轨）
f　刻本　སྡེ་དགེ（四川德格）
g　乌金　梵夹装　48×7
h　10　6
i　无　藏纸　黑　完整

j 封面钤有“民族文化宫图书馆藏”印；民族宫目录中无此件。

118.17
a 21-17
b འདུལ་བའི་ཆོ་ག་ལས་དེང་དུས་མཁོ་བ་འགའ་ཞིག་ཟུར་དུ་བཀོད་པ་བཞུགས།
戒律仪轨中与现世有关的内容旁释
c
d
e ཆོ་ག（仪轨）
f 刻本 སྡེ་དགེ（四川德格）
g 乌金 梵夹装 48×7
h 11 6
i 无 藏纸 黑 完整
j 封面钤有“民族文化宫图书馆藏”印；民族宫目录中无此件。

118.18
a 21-18
b འཕགས་པ་སྤྱན་རས་གཟིགས་ཀྱི་བསྟོད་པ་པོ་བསྟོད་ཀྱི་འགྲེལ་པ་དོན་ཡོད་རྡོ་རྗེས་མཛད་པ་བཞུགས།
观世音赞颂释东月多杰所著
c
d
e བསྟོད་འགྲེལ།（颂释）
f 刻本 སྡེ་དགེ（四川德格）
g 乌金 梵夹装 48×7
h 7 6
i 无 藏纸 黑 完整
j 封面钤有“民族文化宫图书馆藏”印；民族宫目录中无此件。

118.19
a 21-19
b ཐུབ་བསྟན་རིན་པོ་ཆེ་ལ་ལོག་པར་སྤྱོད་པ་ཅུང་ཟད་སུན་འབྱིན་པ་ཞེས་བྱ་བ་བཞུགས།
吐登仁波且行为之反驳

c
d
e འདུལ་བ།（律经）
f 刻本 སྡེ་དགེ（四川德格）
g 乌金 梵夹装 48×7
h 13 6
i 无 藏纸 黑 完整
j 封面钤有“民族文化宫图书馆藏”印；民族宫目录中无此件。

118.20
a 21-20
b བརྡ་གསར་རྙིང་གི་ཁྱད་པར་བསྟན་པ་གསར་བུའི་བློ་གྲོས་སྐྱེད་བྱེད་ཅེས་བྱ་བ་བཞུགས་སོ།།
新旧词之区别·后辈增智
c དགེ་སློང་གི་ཤ་ཚུགས་རྫོ་རྗེ།
d
e བརྡ་སྤྲོད།（语言学）
f 刻本 སྡེ་དགེ（四川德格）
g 乌金 梵夹装 48×7
h 6 6
i 无 藏纸 黑 完整
j 封面钤有“民族文化宫图书馆藏”印；民族宫目录中无此件。

118.21
a 21-21
b དཔལ་ཀྱེ་རྡོ་རྗེ་ལྷ་དགུའི་ཞི་བའི་སྦྱིན་སྲེག་གི་ཆོ་ག་སྡིག་ལྟུང་མུན་སེལ་ཉི་འོད་ཅེས་བྱ་བ་བཞུགས།
喜金刚九尊之息灾护摩仪轨·消除罪恶黑暗之日光
c རིག་སྔགས་འཆང་གི་ཆར་གཏོགས་པ་རྣམ་རྡ་ཏྲ།
d དབང་ཕྱུག་ཅེས་པ་མེ་མོ་གླང་གི་ལོའི་ས་ག་ཟླ་བ། 火阴牛年（1817）藏历四月
དབེན་གནས་དངུལ་ཆུའི་རི་ཁྲུག（欧曲静修院）

e ཆོ་ག（仪轨）

f 刻本 སྡེ་དགེ（四川德格）

g 乌金 梵夹装 48×7
h 19 6
i 无 藏纸 黑 完整
j 封面钤有“民族文化宫图书馆藏”印。

119
A 3538-3539 1043

B དངུལ་ཆུ་དྷརྨ་བྷ་དྲའི་གསུང་འབུམ།

欧曲·达摩巴扎文集

C ཁ

D དངུལ་ཆུ་དྷརྨ་བྷ་དྲ།

同3537介绍。

E 此函民族宫目录著录为56卷。西藏图书馆藏品缺一卷：《枳布传规之胜乐尊曼荼罗仪轨·大乐之源》，又多出一卷。

119.1
a 56-1

b རྗེ་བཙུན་བླ་མ་ཐམས་ཅད་མཁྱེན་པ་དྷརྨ་བྷ་དྲ་དཔལ་བཟང་པོའི་གསུང་འབུམ་ཁ་པའི་དཀར་ཆག་བཞུགས།

至尊上师一切智达摩巴扎文集ཁ字函目录

c
d

e དཀར་ཆག（目录）

f 刻本 སྡེ་དགེ（四川德格）

g 乌金 梵夹装 48×7
h 4 6
i 无 藏纸 黑 完整

j 封面钤有“民族文化宫图书馆藏”印；民族宫目录中无此件。

119.2

a 56-2

b བདེ་མཆོག་དྲིལ་བུ་པའི་བླ་བརྒྱུད་གསོལ་འདེབས་དང་དཔལ་འཁོར་ལོ་བདེ་མཆོག་དྲིལ་བུ་ལྷ་ལྔའི་དབང་མཆོག་བདེ་ཆེན་སྙིང་པོ་ཞེས་བྱ་བ་བཞུགས་སོ།།

积布巴传规之胜乐师承祈请及胜乐轮积布五尊法灌顶仪轨·大乐心要

c ཤཱཀྱའི་དགེ་སློང་རིག་པ་འཛིན་པ་རྣམ་རྒྱ་ད།

d སྨ་ཚོགས་ལོའི་གྲོ་བཞིན་ཟླ་བའི་ ཡར་ངོའི་ཚེས་བཅུ། 水马年（1822）藏历七月十日

དངོས་ཆུའི་རི་ཁྲོད（欧曲静修院）

e གསོལ་འདེབས་སོགས།（启请文）

f 刻本 སྡེ་དགེ（四川德格）

g 乌金 梵夹装 48×7

h 14 6

i 无 藏纸 黑 完整

j 封面钤有“民族文化宫图书馆藏”印。

119.3

a 56-3

b བདེ་མཆོག་དྲིལ་བུ་ལྷ་ལྔར་ལས་རུང་གི་བསྙེན་པ་ཇི་ལྟར་བྱ་ཚུལ་གྱི་ཡི་གེ་གནད་ཀྱི་དོན་གསལ་ཞེས་བྱ་བ་བཞུགས།

积布传规之胜乐五尊堪能念修法·要义显明

c བན་ཀན་རྣམ་རྒྱ་ད།

d སྐལ་བཟང་ཆོས་སྐྱིད།

e བསྙེན་ཡིག（念修文）

f 刻本 སྡེ་དགེ（四川德格）

g 乌金 梵夹装 48×7

h 9 6

i 无 藏纸 黑 完整

j 封面钤有“民族文化宫图书馆藏”印。

119.4

a 56-4

b དཔལ་འཁོར་ལོ་བདེ་མཆོག་ལྷ་ལྔའི་བསྙེན་པའི་ཁ་སྐོང་གི་སྦྱིན་སྲེག་མདོར་བསྡུས་བྱ་ཚུལ་ཁྱད་ཆོས་གསུམ་ལྡན་

ཞེས་བྱ་བ་དང་ཚོགས་མཆོད་དང་ས་བཅད་བསྡུས་པ་ནང་ཐག་བཅས་པ་བཞུགས་སོ།།

吉祥胜乐轮五尊念修法补遗之护摩略法·具殊胜三法及会供并科判摄要

c དགེ་སློང་རྣམ་རྒྱ་ད།

d

e ཆོ་ག（仪轨）

f 刻本 སྡེ་དགེ（四川德格）

g 乌金 梵夹装 48×7

h 9 6

i 无 藏纸 黑 完整

j 封面钤有“民族文化宫图书馆藏”印。

119.5

a 56-5

b བདེ་མཆོག་དྲིལ་བུ་ལུས་དཀྱིལ་གྱི་བླ་མའི་རྣལ་འབྱོར་སོགས་བཞུགས།

枳布传规之胜乐身曼荼罗上师瑜伽法等

c རྣམ་རྒྱ་ད།

d

e བླ་མའི་རྣལ་འབྱོར།（无上瑜伽）

f 刻本 སྡེ་དགེ（四川德格）

g 乌金 梵夹装 48×7

h 5 6

i 无 藏纸 黑 完整

j 封面钤有“民族文化宫图书馆藏”印。

119.6
a 56-6
b བདེ་མཆོག་དྲིལ་བུ་ལུས་དཀྱིལ་གྱི་སྒོམ་ཆོས་མདོར་བསྡུས་བཞུགས།
枳布传规之胜乐身曼荼罗修习法略篇等
c དགེ་སློང་ཧྣམ་ཟ་ད།
d
e ཆོ་ག（仪轨）
f 刻本 སྡེ་དགེ（四川德格）
g 乌金 梵夹装 48×7
h 7 6
i 无 藏纸 黑 完整
j 封面钤有“民族文化宫图书馆藏”印。

119.7
a 56-7
b དཔལ་འཁོར་ལོ་སྡོམ་པའི་རིན་ཆེན་བཞིའི་སྔགས་བཅུའི་རྗེས་གནང་བྱ་ཚུལ་ལེགས་བཤད་གསེར་གྱི་ ཐུར་མ་ཞེས་བྱ་བ་བཞུགས།
吉祥胜乐轮之四大宝中十密咒随许法·嘉言金钥
c དགེ་སློང་ཧྣམ་ཟ་ད།
d གསེར་འབྱུང་གི་ལོ། 火鸡年（1837） དངུལ་ཆུའི་རི་ཁྲོད（欧曲静修院）
e ཆོ་ག（仪轨）
f 刻本 སྡེ་དགེ（四川德格）
g 乌金 梵夹装 48×7
h 12 6
i 无 藏纸 黑 完整
j 封面钤有“民族文化宫图书馆藏”印。

119.8
a 56-8

b བདེ་མཆོག་དཀར་པོའི་སྒོ་ནས་རྫོགས་རིམ་ལ་བརྟེན་པའི་ཚེ་བསྒྲིང་ཚུལ་འཆི་མེད་སྒྲོག་གི་དཔལ་ཞེས་བྱ་བ་

བཞུགས་སོ།།

白胜乐法门中依圆满次第修延寿法·长寿吉祥施

c བན་ཀན་རྣམ་རྣ་ད།

d དབྱངས་ཅན་གྲུབ་པའི་རྡོ་རྗེ།

e ཚེ་སྒྲུབ།（长寿仪轨）

f 刻本 སྡེ་དགེ（四川德格）

g 乌金 梵夹装 48×7

h 3 6

i 无 藏纸 黑 完整

j 封面钤有“民族文化宫图书馆藏”印。

119.9

a 56-9

b རྗེ་བཙུན་ནཱ་རོ་མཁའ་སྤྱོད་མའི་བླ་མའི་རྣལ་འབྱོར་གནད་དོན་ཀུན་ཚང་ཞེས་བྱ་བ་བཞུགས།

至尊那若空行母上师瑜伽法·要义大全

c བན་ཀན་རྣམ་རྣ་ད།

d སྨྱུར་བྱེད་ཀྱི་ལོ་ས་ག་ཟླ་བ། 土猪年（1839）藏历四月

དངུལ་ཆུ་རི་ཁྲུག（欧曲静修院） དཔལ་ལྡན་ལགས།

e བླ་མའི་རྣལ་འབྱོར།（上师瑜伽）

f 刻本 སྡེ་དགེ（四川德格）

g 乌金 梵夹装 48×7

h 7 6

i 无 藏纸 黑 完整

j 封面钤有“民族文化宫图书馆藏”印。

119.10

a　56-10

b　རྗེ་བཙུན་རྡོ་རྗེ་རྣལ་འབྱོར་མ་ནཱ་རོ་མཁའ་སྤྱོད་ཀྱི་སིནྡྷུ་རའི་དཀྱིལ་འཁོར་སྒྲུབ་མཆོད་དང་དབང་གི་ཆོག་བདེ་ཆེན་གསལ་སྒྲོན་ཞེས་བྱ་བ་བཞུགས་སོ།།

至尊金刚瑜伽母那若空行之生都惹曼荼罗修供法与灌顶仪轨·大乐明灯

c　ཉམས་ཐོ་ད།

d

e　ཆོ་ག（仪轨）

f　刻本　སྡེ་དགེ（四川德格）

g　乌金　梵夹装　48×7

h　26　6

i　无　藏纸　黑　完整

j　封面钤有“民族文化宫图书馆藏”印。

119.11

a　56-11

b　མཁའ་སྤྱོད་མའི་སྒྲུབ་ཐབས་མདོར་བསྡུས།

空行母修法略篇

c　ཉམས་ཐོ་ད།

d

e　སྒྲུབ་ཐབས།（修心法）

f　刻本　སྡེ་དགེ（四川德格）

g　乌金　梵夹装　48×7

h　1　6

i　无　藏纸　黑　完整

j　封面钤有“民族文化宫图书馆藏”印。

119.12

a　56-12

b　ཛ་མཆོད།

茶供法

c ཧྲམ་ཧྲ་ཏ།

d སྡེ་པ་དར་རྒྱས།

e ཇ་མཆོད།（茶供法）

f 刻本 སྡེ་དགེ（四川德格）

g 乌金 梵夹装 48×7

h 1 6

i 无 藏纸 黑 完整

j 封面钤有“民族文化宫图书馆藏”印。

119.13

a 56-13

b རྗེ་བཙུན་ནཱ་རོ་མཁའ་སྤྱོད་མའི་བསྙེན་ཡིག་གནད་ཀྱི་ལྡེ་མིག་ཅེས་བྱ་བ་བཞུགས།

至尊那若空行修法·修要之钥

c བན་གཟུགས་སྨོམས་ལས་པ་ཧྲམ་ཧྲ་ཏ།

d དཔོན་ཚང་ཚེ་དབང་རྡོ་རྗེ།

e བསྙེན་ཡིག（念修文）

f 刻本 སྡེ་དགེ（四川德格）

g 乌金 梵夹装 48×7

h 7 6

i 无 藏纸 黑 完整

j 封面钤有“民族文化宫图书馆藏”印。

119.14

a 56-14

b རྗེ་བཙུན་རྡོ་རྗེ་རྣལ་འབྱོར་མའི་ཞི་བའི་སྦྱིན་སྲེག་མན་ངག་བདུད་རྩིའི་ཡང་སྙིང་ཞེས་བྱ་བ་བཞུགས་སོ།།

至尊金刚瑜伽母之息灾护摩法教授·甘露精华

c བན་གཟུགས་སྨོམ་ལས་པ་ཧྲམ་ཧྲ་ཏས།

d ཁྲུ་མཆོག་གི་ལོའི་ནག་པ་ཟླ་བ། 水马年（1822）藏历三月

དངུལ་ཆུའི་རི་ཁྲོད（欧曲静修院） རྗེ་དབྱངས་བློ་བཟང་ཚེ་རིང་སོགས།

e སྦྱིན་སྲེག（火供）

f 刻本 སྡེ་དགེ（四川德格）

g 乌金 梵夹装 48×7

h 6 6

i 无 藏纸 黑 完整

j 封面钤有“民族文化宫图书馆藏”印。

119.15

a 56-15

b རྗེ་བཙུན་རྡོ་རྗེ་རྣལ་འབྱོར་མའི་སྔགས་བཏུའི་རྗེས་གནང་བྱ་ཚུལ་གནས་གསུམ་མཁའ་འགྲོའི་སྙིང་ཐིག ཅེས་བྱ་བ་

བཞུགས།

至尊金刚瑜伽母密咒随许法·三域空行心要

c བཙེ་ནམ་ཧ་ཏ།

d ས་སྐྱོང་ལོ། 木鸡年（1825） དངུལ་ཆུའི་རི་ཁྲོད（欧曲静修院）

e རྗེས་གནང་།（随许）

f 刻本 སྡེ་དགེ（四川德格）

g 乌金 梵夹装 48×7

h 6 6

i 有藏纸黑完整

j 封面钤有“民族文化宫图书馆藏”印。

119.16

a 56-16

b བདེ་མཆོག་ཡབ་ཡུམ་སྐོར་གྱི་དཀར་ཆག

胜乐双尊法门目录

c

d

e དཀར་ཆག（目录）

f 刻本 སྡེ་དགེ（四川德格）

g 乌金 梵夹装 48×7

h 1 6

i 无 藏纸 黑 完整

j 封面钤有“民族文化宫图书馆藏”印。

119.17

a 56-17

b ལྷ་ལྔའི་སྒྲུབ་ཐབས་བདེ་ཆེན་འབྱུང་གནས་ཀྱི་བསྡུས་དོན་ཉམས་ལེན་སྒོ་བརྒྱ་འབྱེད་པའི་ལྡེ་མིག་སོགས་བདེ་མཆོག་ཡབ་ཡུམ་གྱི་སྐོར་ཁ་ཤས་བཞུགས།

五尊修法·大乐之源摄义·开验修法多门之钥等部分胜乐双尊法门

c ཛམ་ཛ་ང།

d

e སྒྲུབ་ཐབས།（修心法）

f 刻本 སྡེ་དགེ（四川德格）

g 乌金 梵夹装 48×7

h 10 6

i 无 藏纸 黑 完整

j 封面钤有“民族文化宫图书馆藏”印。

119.18

a 56-18

b གསང་བདེ་འཇིགས་གསུམ་གྱི་གཏོར་འབུལ་དངོས་གྲུབ་ཀྱི་ལྕགས་ཀྱུའི་བཤད་ཁྲིད་མུན་སེལ་སྒྲོན་མེ་ཞེས་བྱ་བ་བཞུགས།

密集、胜乐、怖畏三法神馐供法·悉地钩之导释·除暗明灯

c པན་ཆེན་ཛམ་ཛ་ང།

d　དཀའ་ཆེན་བློ་བཟང་ཡོན་ཏན།

e　གཏོར་འབུལ།(神馐供法)

f　刻本　སྡེ་དགེ（四川德格）

g　乌金　梵夹装　48×7
h　9　6
i　无　藏纸　黑　完整
j　封面钤有“民族文化宫图书馆藏”印。

119.19
a　56-19

b　རྣམ་བཅུ་དབང་ལྡན་སྒྲུབ་ཚུལ་དང་བསྒྲུབས་པའི་མཚན་དོན་མདོར་བསྡུས་སྟོང་གཟུགས་བདེ་ཆེན་སྙིང་པོ་བཞུགས།

十真具权修法及所修之诠义略篇·空色大乐心要
c
d

e　སྔགས་སྒྲུབ།(密修)

f　刻本　སྡེ་དགེ（四川德格）

g　乌金　梵夹装　48×7
h　3　6
i　无　藏纸　黑　完整
j　封面钤有“民族文化宫图书馆藏”印。

119.20
a　56-20

b　དཔལ་ཕྱག་ན་རྡོ་རྗེ་འབྱུང་པོ་འདུལ་བྱེད་ཀྱི་བསྙེན་ཡིག་བཞུགས།

吉祥金刚手调伏部多念修法

c　དགེ་སློང་རྣམ་རྣ་ད།

d　དགེ་ཚུལ་ཡེ་ཤེས་དངོས་གྲུབ།

e　བསྙེན་ཡིག(念修文)

f　刻本　སྡེ་དགེ（四川德格）

g　乌金　梵夹装　48×7
h　4　6
i　无　藏纸　黑　完整
j　封面钤有“民族文化宫图书馆藏”印。

119.21
a　56-21

b　རྟ་མགྲིན་གསང་སྒྲུབ་ཀྱི་མངོན་དཀྱིལ་བདུད་རྩིའི་ཡང་སྙིང་སོགས་བཞུགས།
　密修马头金刚现证曼荼罗·甘露精华

c　ཧྲམ་ཧྲ་བ།

d　བསྟན་འཛིན་བཀྲ་ཤིས།

e　སྔགས།(密宗)

f　刻本　སྡེ་དགེ（四川德格）

g　乌金　梵夹装　48×7
h　5　6
i　无　藏纸　黑　完整
j　封面钤有“民族文化宫图书馆藏”印。

119.22
a　56-22

b　རྟ་མགྲིན་གསང་སྒྲུབ་ཀྱི་བརྒྱུད་འདེབས་དང་ནང་ཆོས་ཁ་སྐོང་།
　密修马头金刚师承祈请与内供法补篇

c　ཧྲམ་ཧྲ་བ།

d　དབྱངས་ཅན་གྲུབ་པའི་རྡོ་རྗེ།

e　བརྒྱུད་འདེབས།（启请文）

f 刻本 སྡེ་དགེ（四川德格）

g 乌金 梵夹装 48×7
h 1 6
i 无 藏纸 黑 完整
j 封面钤有“民族文化宫图书馆藏”印。

119.23
a 56-23

b རྗེ་བཙུན་རིག་བྱེད་དབང་མོའི་ཚོགས་འཁོར་དང་བསྟོད་པ་བཞུགས་སོ།།

至尊能明母会供轮与赞颂

c ཤཱཀྱའི་དགེ་སློང་ཉམས་ཉ་ང།

d ལྕགས་བྱ་སྨིན་དྲུག་ཟླ་བའི་ཡར་ཚེས་བཅུ། 铁鸡年（1801）藏历十月十日

དབེན་གནས་དགའ་ལྡན་ཆོས་འཕེལ་གྱི་སྒྲུབ་ཁང་།（噶丹却培静修院）

e ཚོགས་མཆོད།（集供）

f 刻本 སྡེ་དགེ（四川德格）

g 乌金 梵夹装 48×7
h 5 6
i 无 藏纸 黑 完整
j 封面钤有“民族文化宫图书馆藏”印。

119.24
a 56-24

b ཚེ་སྒྲུབ་འཆི་མེད་བདེ་ཀུན་ཕན་བཞུགས།

长寿修法·易特普益

c
d

e ཚེ་སྒྲུབ།（长寿修法）

f 刻本 སྡེ་དགེ（四川德格）

g 乌金 梵夹装 48×7

h 1 6
i 无 藏纸 黑 完整
j 封面钤有“民族文化宫图书馆藏”印。

119.25
a 56-25
b ཚེ་སྒྲུབ་ཐུན་མོང་མ་ཡིན་པ་ཟབ་གནད་ཅན་འཁྱེར་བདེ་ཀུན་ཕན་བཞུགས་སོ།།
不共长寿修法·甚深要义易持普益
c
d
e ཚེ་སྒྲུབ།(长寿修法)
f 刻本 སྡེ་དགེ（四川德格）
g 乌金 梵夹装 48×7
h 3 6
i 无 藏纸 黑 完整
j 封面钤有“民族文化宫图书馆藏”印。

119.26
a 56-26
b གྲུབ་རྒྱལ་ལུགས་ཀྱི་ཚེ་དཔག་མེད་ལྷ་གཅིག་བུམ་གཅིག་གི་དབང་བསྐུར་བཞུགས་སོ།།
珠吉传规之无量寿一尊一瓶灌顶法
c ཤཱཀྱའི་དགེ་སློང་ཧྲམ་ཧྲ་ཏ།
d རབ་བྱུང་བཅུ་བཞི་ནང་ཚན་རྣམ་འབྱུང་གི་ལོའི་ཟླ་བའི་གྲལ་ཚེས་བཟང་པོ། 第十四饶迥土龙年（1808）
e ཆོ་ག（仪轨）
f 刻本 སྡེ་དགེ（德格）
g 乌金 梵夹装 48×7
h 15 6
i 无 藏纸 黑 完整
j 封面钤有“民族文化宫图书馆藏”印。

119.27

a 56-27

b ཉེ་བརྒྱུད་ཚེ་ཁྲིད་འཆི་མེད་རྡོ་རྗེའི་སྲོག་ཤིང་གི་ངག་འདོན་ནག་འགྲོས་སུ་བཀོད་པ་བཞུགས་སོ།།

近传长寿导释·长生金刚命木之念诵易行通轨

c པན་གཟུགས་རྣམ་རྣ་ད།

d དགེ་སྦྱིངས་ཉེའུ་གསིང་པའི་ཛོ་གསུམ་ཐར་ལགས།

e ཚེ་སྒྲུབ།（长寿修法）

f 刻本 སྡེ་དགེ（四川德格）

g 乌金 梵夹装 48×7

h 6 6

i 无 藏纸 黑 完整

j 封面钤有“民族文化宫图书馆藏”印。

119.28

a 56-28

b བཅུད་ལེན་རིལ་བུ་བསྒྲུབས་ནས་སྤྱོད་ཚུལ་སོགས་བཞུགས།

采英丸修制及用法等

c རྣམ་རྣ་ད།

d བར་འཇུག་ཤོག་བཅད་དེ་ལྕགས་སྟག་ཟླ་བཅུ་པ་ཚེས་བཅུ་བདུན། 铁虎午（1830）十月十七日

e རིལ་སྒྲུབ།（药丸修制）

f 刻本 སྡེ་དགེ（四川德格）

g 乌金 梵夹装 48×7

h 4 6

i 无 藏纸 黑 完整

j 封面钤有“民族文化宫图书馆藏”印。

119.29

a 56-29

b འཕོ་ཁྲིད་དཔའ་བོ་གཡུལ་འཇུག་གི་ལྷན་ཐབས་ཟིན་བྲིས་བཞུགས།

往生教导·勇士入战之补遗记录

c དགེ་སློང་ཧྲམ་ཧྲ་ཏ།

d

e འཕོ་ཁྲིད། （往生导释）

f 刻本 སྡེ་དགེ（四川德格）

g 乌金 梵夹装 48×7

h 4 6

i 无 藏纸 黑 完整

j 封面钤有“民族文化宫图书馆藏”印。

119.30

a 56-30

b བཀའ་གདམས་ཐིག་ལེ་བཅུ་དྲུག་གི་སྒྲུབ་དཀྱིལ་ཕུལ་བྱུང་དགོངས་རྒྱན་སྙིང་པོ་ཞེས་བྱ་བ་བཞུགས།

噶当十六明点曼荼罗修法·卓越密意庄严心要

c བརྗེ་ཧྲམ་ཧྲ་ཏ།

d མེ་ཁྱིད་པའི་ལོའི་གྲོ་བཞིན་ཟླ་བའི་དམར་ཕྱོགས་རྒྱལ་བ་གསུམ་པའི་ཉིན། 火狗年（1826）藏历七月

三日 དངུལ་ཆུའི་རི་ཁྲོད།（欧曲静修院）

e སྒྲུབ་དཀྱིལ།(曼荼罗修法)

f 刻本 སྡེ་དགེ（四川德格）

g 乌金 梵夹装 48×7

h 16 6

i 无 藏纸 黑 完整

j 封面钤有“民族文化宫图书馆藏”印。

119.31

a 56-31

b བཀའ་གདམས་ཐིག་ལེ་བཅུ་དྲུག་གི་བསྐྱེད་གཟུངས་མདོར་བསྡུས་བྱ་ཚུལ་བཞུགས།

噶当十六明点之赞颂、陀罗尼略修法

c

d

e བསྟོད་པ།(赞颂)

f 刻本 སྡེ་དགེ（四川德格）

g 乌金 梵夹装 48×7

h 2 6

i 无 藏纸 黑 完整

j 封面钤有“民族文化宫图书馆藏”印。

119.32

a 56-32

b ཐིག་ལེ་བཅུ་དྲུག་གི་བསྒོམ་བཟླས་སྙིང་པོར་དྲིལ་བ།

十六明点修诵心要

c ཉམ་ཉ་ཌ།

d

e བསྒོམ་བཟླས།(修诵)

f 刻本 སྡེ་དགེ（四川德格）

g 乌金 梵夹装 48×7

h 1 6

i 无 藏纸 黑 完整

j 封面钤有“民族文化宫图书馆藏”印。

119.33

a 56-33

b བླ་མའི་རྣལ་འབྱོར་བཞུགས་སོ།།

上师瑜伽法

c དགེ་སློང་ཉམ་ཉ་ཌ།

d

e ཆོ་ག(仪轨)

f 刻本 སྡེ་དགེ（四川德格）

g 乌金 梵夹装 48×7
h 1 6
i 无 藏纸 黑 完整
j 封面钤有“民族文化宫图书馆藏”印。

119.34
a 56-34

b ཇ་མཆོད་འཁྲིད་ཡིག་མན་ངག་གསལ་སྒྲོན་དང་སྤྱན་རས་གཟིགས་ཀྱི་བླ་མའི་རྣལ་འབྱོར་གྱི་འཁྲིད་ཡིག་

ཕན་བདེའི་དཔལ་སྟེར་ཞེས་བྱ་བ་བཞུགས།

茶供教导之要诀明灯与观世音上师瑜伽教导·利乐吉祥施

c བན་གཟུགས་རྣམ་རྣ་ད།

d དྲིལ་དཔོན་ཚོར་བུ་དགོས་སྐྱེས།

e ཇ་མཆོད།(茶供法)

f 刻本 སྡེ་དགེ（四川德格）

g 乌金 梵夹装 48×7
h 8 6
i 无 藏纸 黑 完整
j 封面钤有“民族文化宫图书馆藏”印。

119.35
a 56-35

b འཕགས་པ་བཅུ་གཅིག་ཞལ་ལ་བརྟེན་པའི་སྨྱུང་གནས་ཀྱི་ཆོ་ག་བསྡུས་པ་བཞུགས།

依圣十一面观音修斋戒略轨·

c
d

e ཆོ་ག（仪轨）

f 刻本 སྡེ་དགེ（四川德格）

g 乌金 梵夹装 48×7

h 5 6
i 无 藏纸 黑 完整
j 封面钤有“民族文化宫图书馆藏”印。

119.36
a 56-36

b སྨྱུང་གནས་ཀྱི་ཆོ་ག་བསྡུས་པའི་འཁྲིད་ཡིག་གྲུབ་བརྙེས་དཔལ་མོའི་དགོངས་རྒྱན་ཞེས་བྱ་བ་བཞུགས།
斋戒仪轨略法教导·伯谟之密意庄严

c དགེ་སློང་རྣམ་སྣ་དྲ།

d ས་སྐྱོང་ཞེས་པ་ཤིང་བྱ་ཆོ་འཕྲུལ་ཟླ་བའི་ཡར་ཚེས་བཅོ་ལྔ། 木鸡年（1825）藏历正月十五日

བཞད་དཔལ་ཆུའི་རི་ཁྲུག（欧曲静修院） དགེ་སྡིངས་ནའུ་གསེང་པའི་ལྷམ་དྲུང་ལགས།

e ཆོ་ག（仪轨）

f 刻本 སྡེ་དགེ（四川德格）

g 乌金 梵夹装 48×7
h 29 6
i 无 藏纸 黑 完整
j 封面钤有“民族文化宫图书馆藏”印。

119.37
a 56-37

b གྲུབ་དབང་གཉན་ཆེམ་བུ་བའི་ལུགས་ཀྱི་ཐུགས་རྗེ་ཆེན་པོའི་དམར་ཁྲིད་སྙན་བརྒྱུད་བདུད་རྩིའི་ཐིགས་མ་

ཞེས་བྱ་བ་བཞུགས།

成就自在师聂村布哇传规之大悲观音直观教导·耳传甘露珠

c བརྩེ་རྣམ་སྣ་དྲ།

d རང་ལོ་ཉེར་གཅིག་སྣ་ཚོགས་ལོར། 二十一岁（1792 年）

བཞད་དཔལ་ཆུའི་རི་ཁྲུག（欧曲静修院）

e སྔགས།（密宗）

f 刻本 སྡེ་དགེ（四川德格）

g 乌金 梵夹装 48×7

h 11 6

i 无 藏纸 黑 完整

j 封面钤有“民族文化宫图书馆藏”印。

119. 38

a 56-38

b སྙིང་པོ་དོན་གསུམ་མདོར་བསྡུས་ཉམས་སུ་ལེན་ཚུལ་གྲུབ་ཆེན་ཞལ་ལུང་ཞེས་བྱ་བ་བཞུགས།

三心要义略修法·大成就者语教

c བན་གཟུགས་ཧྲམ་ཧྲ་ཏྲ།

d

e ཉམས་ལེན།（实践）

f 刻本 སྡེ་དགེ（四川德格）

g 乌金 梵夹装 48×7

h 1 6

i 无 藏纸 黑 完整

j 封面钤有“民族文化宫图书馆藏”印。

119. 39

a 56-39

b སྙིང་པོ་དོན་གསུམ་ལས་བར་དོའི་ཉམས་ལེན་གྱི་སྟོང་མཐུན་བཞུགས།

三心要义中之中阴修法大纲

c སྨིན་དྲུག་ཟླ་བ།

d དཀུང་སློན།

e བར་དོའི་ཉམས་ལེན།（中阴修法）

f 刻本 སྡེ་དགེ（四川德格）

g 乌金 梵夹装 48×7

h 3 6

i 无 藏纸 黑 完整
j 封面钤有“民族文化宫图书馆藏”印。

119.40
a 56-40
b སྒྲོལ་མར་ཕྱག་འཚལ་ཉེར་གཅིག་གིས་བསྟོད་པའི་རྣམ་བཤད་ཡིད་འཕྲོག་ཨུཏྤ་ལའི་ཆུན་པོ་ཞེས་བྱ་བ་བཞུགས།
敬礼度母二十一赞解说·悦意青莲束
c ཤཱཀྱའི་དགེ་སློང་རྣམ་རྡ་བྲ།
d འབྲུ་མང་གི་ལོའི་དབོ་ཟླ་བ། 土虎年（1818）藏历二月
བཞད་དཔལ་ཆུ་རི་སྒྲུག（欧曲静修院）
e བསྟོད་པ།（赞颂）
f 刻本 སྡེ་དགེ（四川德格）
g 乌金 梵夹装 48×7
h 12 6
i 无 藏纸 黑 完整
j 封面钤有“民族文化宫图书馆藏”印。

119.41
a 56-41
b སྒྲོལ་མ་མཎྜལ་བཞི་པའི་ཆོ་ག་མདོར་བསྡུས་བཞུགས།
救度母四曼陀罗仪轨略篇
c རྗེ་དྲུང་བློ་བཟང་ཚེ་རིང་།
d
e ཆོ་ག（仪轨）
f 刻本 སྡེ་དགེ（四川德格）
g 乌金 梵夹装 48×7
h 5 6
i 无 藏纸 黑 完整
j 封面钤有“民族文化宫图书馆藏”印。

119.42

a 56-42

b ཕྱག་མཆོད་སྨོན་ལམ་མདོར་བསྡུས་དང་སྒྲོལ་མ་མཎྜལ་བཞི་པའི་ཆོག་བསྒྲིགས་བཞུགས།

礼供祈愿略篇与度母四曼遮仪轨列编

c ཧྲམ་ཧྲ་ཏ།

d དགེ་སློང་བློ་བཟང་རབ་རྒྱས།

e སྨོན་ལམ།（祈愿）

f 刻本 སྡེ་དགེ（四川德格）

g 乌金 梵夹装 48×7

h 6 6

i 无 藏纸 黑 完整

j 封面钤有“民族文化宫图书馆藏”印。

119.43

a 56-43

b རྗེ་བཙུན་སེང་ལྡེང་ནགས་ཀྱི་སྒྲོལ་མའི་བསྟོད་པ་ལེགས་བྲིས་མར་གྲགས་པའི་འགྲེལ་པ་ཉུང་ངུ་རྣམ་ གསལ་ཞེས་བྱ་བ་བཞུགས།

至尊竭地洛迦林度母赞·善书篇略释

c དགེ་སློང་ཧྲམ་ཧྲ་ཏ།

d གསེར་འཕྱུང་གི་ལོར། 火鸡年（1837） ཚེ་རིང་དོན་གྲུབ།

e བསྟོད་འགྲེལ།（赞颂释）

f 刻本 སྡེ་དགེ（四川德格）

g 乌金 梵夹装 48×7

h 10 6

i 无 藏纸 黑 完整

j 封面钤有“民族文化宫图书馆藏”印。

119.44
a 56-44
b བཟང་སྤྱོད་ཀྱི་འཆི་བླུ་བྱ་ཚུལ་བཞུགས།
普贤行愿赎死修法
c དགེ་སློང་རྣམ་རྟ་ད།
d
e འཆི་བླུ།（赎死法）
f 刻本 སྡེ་དགེ（四川德格）
g 乌金 梵夹装 48×7
h 1 6
i 无 藏纸 黑 完整
j 封面钤有“民族文化宫图书馆藏”印。

119.45
a 56-45
b བཅོམ་ལྡན་འདས་རྡོ་རྗེ་མི་འཁྲུགས་རྒྱལ་པོ་བརྟེན་ནས་སྡིག་པ་སྦྱོང་བའི་ཆོ་ག་ལེགས་བཤད་རྒྱ་མཚོའི་སྙིང་པོ་ཞེས་བྱ་བ་བཞུགས།
依薄伽梵不动金刚王修净治罪过仪轨·嘉言海藏
c
d
o ཆོ་ག（仪轨）
f 刻本 སྡེ་དགེ（四川德格）
g 乌金 梵夹装 48×7
h 18 6
i 无 藏纸 黑 完整
j 封面钤有“民族文化宫图书馆藏”印。

119.46
a 56-46
b སྒྲ་ཚོག་ཙུས་ཚོག་འཛིམ་པ་བྱིན་རླབས་སོགས་བཞུགས།

发骨仪轨及加持泥土等
c
d
e སྐུས་ཆོག (发骨仪轨)
f 刻本 སྡེ་དགེ (四川德格)
g 乌金 梵夹装 48×7
h 3 6
i 无 藏纸 黑 完整
j 封面钤有“民族文化宫图书馆藏”印。

119.47
a 56-47
b དཔལ་ལྡན་རྡོ་རྗེ་སེམས་དཔའི་བསྒོམ་བཟླས་དག་བྱེད་བདུད་རྩིའི་བུམ་བཟང་ཞེས་བྱ་བ་བཞུགས་སོ།།
具德金刚萨埵诵修法·甘露妙瓶
c ཤཱཀྱའི་དགེ་སློང་རྣམ་རྣ་དྲ།
d དཀར་པོའི་ལོའི་ཆུ་སྟོད་ཟླ་བའི་ཡར་ཚེས་བཅོ་ལྔ། 兔蛇年（1809）藏历六月十五日
བཞད་དཔྱལ་ཆུ་རི་ཁྲོད་དགའ་ལྡན་རྩེའི་སྒོང་བ་བསམ་གཏན་གྱི་ཁང་བུར།（欧曲静修院）
དགེ་སློང་ཡེ་ཤེས་བཤེས་གཉེན།
e ཆོ་ག（仪轨）
f 刻本 སྡེ་དགེ（四川德格）
g 乌金 梵夹装 48×7
h 15 6
i 无 藏纸 黑 完整
j 封面钤有“民族文化宫图书馆藏”印。

119.48
a 56-48
b རྡོར་སེམས་ཀྱི་བསྒོམ་བཟླས་མདོར་བསྡུས་བྱ་ཚུལ་བཞུགས་སོ།།
金刚萨埵诵修略法

c　དགེ་སློང་རྣམ་རྣ་ད།

d

e　སྙེན་བཟླས་བྱ་ཚུལ།（诵修法）

f　刻本　སྡེ་དགེ（四川德格）

g　乌金　梵夹装　48×7

h　4　6

i　无　藏纸　黑　完整

j　封面钤有“民族文化宫图书馆藏”印。

119.49

a　56-49

b　དམ་ཚིག་རྡོ་རྗེའི་བསྙེན་བཟླས་བྱ་ཚུལ་བཞུགས།

三昧耶金刚诵修法

c　དགེ་སློང་རྣམ་རྣ་ད།

d

e　བསྙེན་བཟླས།（诵修法）

f　刻本　སྡེ་དགེ（四川德格）

g　乌金　梵夹装　48×7

h　1　6

i　无　藏纸　黑　完整

j　封面钤有“民族文化宫图书馆藏”印。

119.50

a　56-50

b　ཟ་བྱེད་རྡོ་རྗེ་མཁའ་འགྲོའི་སྦྱིན་སྲེག་གི་འཁྲིད་ཡིག་སྡིག་སྒྲིབ་མུན་སེལ་ཉི་འོད་ཅེས་བྱ་བ་བཞུགས།

火金刚空行护摩教导·消除罪障黑暗之日光

c　བན་གཟུགས་རྣམ་རྣ་ད།

d　སྣ་ཚོགས་ལོ་སྨོན་ཟླ་བའི་ཡར་ཚེས་སྟོང་པ་དང་པོའི་ཉིན།　水马年（1822）藏历四月

བཞད་དངུལ་ཆུའི་རི་ཁྲོད། （欧曲静修院）　　དགེ་སློང་ཡེ་ཤེས་རྣམ་རྒྱལ།

e　ཚོ་ག（仪轨）

f　刻本　སྡེ་དགེ（四川德格）

g　乌金　梵夹装　48×7
h　8　6
i　有藏纸黑完整
j　封面钤有“民族文化宫图书馆藏”印。

119.51
a　56-51

b　ཐུན་དྲུག་གི་རྣལ་འབྱོར་ཉམས་སུ་ལེན་ཚུལ་ཐབས་ལ་མཁས་པའི་དེད་དཔོན་ཞེས་བྱ་བ་བཞུགས་སོ།།

　　六座瑜伽修法·善巧方便之商主

c　དགེ་སློང་ཧྲམ་ཧྲ་ཏ།

d　དབེན་གནས་ཆུམས་ཀྱི་དགའ་ལྡན་ལྷ་ཁྱིངས།　　　དགེ་སློང་བློ་བཟང་དཔལ་ལྡན།

e　ཐུན་དྲུག་ཉམས་ལེན།（瑜伽实践）

f　刻本　སྡེ་དགེ（四川德格）

g　乌金　梵夹装　48×7
h　10　6
i　无　藏纸　黑　完整
j　封面钤有“民族文化宫图书馆藏”印。

119.52
a　56-52

b　སྨན་བླའི་མདོ་ཆོག་ཉམས་ལེན་བདེ་འཇུག་སྙིང་པོ་ཞེས་བྱ་བ་བཞུགས།

　　药师经轨修法·入乐心要

c　ཧྲམ་ཧྲ་ཏ།

d

e　སྨན་ཆོག（药佛仪轨）

f　刻本　སྡེ་དགེ（四川德格）

g　乌金　梵夹装　48×7
h　6　6
i　无　藏纸　黑　完整
j　封面钤有“民族文化宫图书馆藏”印。

119.53
a　56-53

b　སྨན་བླ་མཆེད་བདུན་ལ་གསོལ་བ་འདེབས་ཚུལ་བཞུགས།

药师七昆仲前祈愿文

c　བན་གཟུགས་རྣམ་རྡ་དྲ།

d

e　གསོལ་འདེབས།（启请文）

f　刻本　སྡེ་དགེ（四川德格）

g　乌金　梵夹装　48×7
h　1　6
i　无　藏纸　黑　完整
j　封面钤有“民族文化宫图书馆藏”印。

119.54
a　56-54

b　བཻ་ཌཱུརྻ་དང་སྨན་བླའི་གཟུངས་བོད་སྐད་དུ་བསྒྱུར་བ་ཏོག་གི་བློ་གྲོས་ཞེས་བྱ་བ་བཞུགས་སོ།།

藏译吠琉璃药师陀罗尼·殊胜智慧

c　དགེ་སློང་རྣམ་རྡ་དྲ།

d　དགེ་བྱེད་ལོ་དབོ་ཟླ་བ། 水虎年（1842）藏历二月

དབེན་གནས་དངུལ་ཆུ་རི་ཁྲོད།（欧曲静修院）　སེང་ཆེན་རྡོ་རྗེ་འཆང་།

e　སྨན་བླའི་གཟུངས།（药佛密咒）

f　刻本　སྡེ་དགེ（四川德格）　དབྱངས་ཅན་གྲུབ་པའི་རྡོ་རྗེ།

g　乌金　梵夹装　48×7
h　4　6
i　无　藏纸　黑　完整
j　封面钤有“民族文化宫图书馆藏”印。

119.55
a　56-55
b　གནས་བརྟན་ཕྱག་མཆོད་རྒྱལ་བསྟན་འཛད་མེད་སྙིང་པོ་ཞེས་བྱ་བ་བཞུགས།
尊者礼供法·佛教无尽藏
c　དགེ་སློང་རྣམ་རྣ་བ།
d　མིག་དམར་གྱི་ལོའི་ས་ག་ཟླ་བའི་ཚེས་༨　水牛年（1793）藏历四月八日
དངུལ་ཆུའི་རི་ཁྲོད་དགའ་ལྡན་རྩེར།（欧曲静修院）
e　གནས་བརྟན་ཕྱག་མཆོད།（礼供法）
f　刻本　སྡེ་དགེ（四川德格）
g　乌金　梵夹装　48×7
h　11　6
i　无　藏纸　黑　完整
j　封面钤有“民族文化宫图书馆藏”印。

119.56
a　56-56
b　གནས་བརྟན་ཕྱག་མཆོད་ཀྱི་སྐབས་སུ་ཁྲུས་གསོལ་མདོར་བསྡུས་བྱ་ཚུལ།
尊者礼供时之浴佛略法
c　རྣམ་རྣ་བ།
d
e　ཁྲུས་གསོལ།（浴佛仪轨）
f　刻本　སྡེ་དགེ（四川德格）
g　乌金　梵夹装　48×7
h　1　6

i 无 藏纸 黑 完整
j 封面钤有“民族文化宫图书馆藏”印。

120
A 3540-3542 1044

B དངུལ་ཆུ་དྷརྨ་བྷ་དྲའི་གསུང་འབུམ།

欧曲·达摩巴扎文集

C ག

D དངུལ་ཆུ་དྷརྨ་བྷ་དྲ།

同3537介绍。

E 此函民族宫目录著录为37卷，西藏图书馆藏品缺2卷：《玛吉之觉法门类合编》《觉法略修篇》，又多出一卷。

120.1
a 36-1

b རྗེ་བཙུན་བླ་མ་ཐམས་ཅད་མཁྱེན་པ་དྷརྨ་བྷདྲ་དཔལ་བཟང་པོའི་གསུང་འབུམ་ག་པའི་དཀར་ཆག

至尊上师欧曲·达摩巴扎文集ག字函目录

c དགེ་སློང་དྷརྨ་བྷདྲ།

d དངུལ་ཆུ་རི་ཁྲོད།（欧曲静修院）

e དཀར་ཆག（目录）

f 刻本 སྡེ་དགེ（四川德格）

g 乌金 梵夹装 49×7
h 3 6
i 无 藏纸 黑 完整
j 民族宫目录中无此件。

120.2
a 36-2

b བླ་མཆོད་བདེ་སྟོང་དབྱེར་མེད་མའི་བསྡུས་དོན།
供养上师法乐空无别篇之摄义
c དགེ་སློང་ རྣམ་སྣང་།
d དངུལ་ཆུ་རི་ཁྲོད། （欧曲静修院）
e ཆོ་ག（仪轨）
f 刻本 སྡེ་དགེ（四川德格）
g 乌金 梵夹装 49×7
h 3 6
i 无 藏纸 黑 完整
j

120.3
a 36-3
b དཀོན་མཆོག་རྗེས་དྲན་གྱི་མདོ་འགྲེལ་དད་པའི་ལྕགས་ཀྱུ།
随念三宝经释·起信之钩
c དགེ་སློང་ རྣམ་སྣང་།
d དངུལ་ཆུ་རི་ཁྲོད། （欧曲静修院）
e མདོ་འགྲེལ།（显宗释）
f 刻本 སྡེ་དགེ（四川德格）
g 乌金 梵夹装 48×7
h 8 6
i 无 藏纸 黑 完整
j

120.4
a 36-4
b རྒྱལ་བའི་ཡོན་ཏན་གཏམ་མདོར་བསྡུས་པར་བརྗོད་པའི་གཏམ་དད་པའི་སྒོ་འབྱེད།
佛功德略说·开正信门

c དགེ་སློང་རྣམ་སྣང་།

d དངུལ་ཆུ་རི་ཁྲོད།（欧曲静修院）

e གདམས་ཚོགས།（语集）

f 刻本 སྡེ་དགེ（四川德格）

g 乌金 梵夹装 49×7
h 15 6
i 无 藏纸 黑 完整
j

120. 5
a 36-5

b འཕགས་པ་སྒོ་དྲུག་པའི་གཟུངས་ཀྱི་རྣམ་བཤད་རབ་གསལ་སྒྲོན་མེ།

圣六门陀罗尼解说明灯

c དགེ་སློང་རྣམ་སྣང་།

d དགེ་བྱེད། 水虎年（1842） ནོར་བུ་གླིང་།

e རྒྱུད་འགྲེལ།（续释）

f 刻本 སྡེ་དགེ（四川德格）

g 乌金 梵夹装 49×7
h 9 6
i 无 藏纸 黑 完整
j

120. 6
a 36-6

b འཕགས་པ་འདའ་ཀ་ཡེ་ཤེས་ཀྱི་མདོ་འགྲེལ་འཇིགས་སེལ་སྐྱེལ་མ།

圣临终智大乘经释·除怖畏送使

c དགེ་སློང་རྣམ་སྣང་།

d དགེ་བྱེད། 水虎年（1842） དངུལ་ཆུ་རི་ཁྲོད།（欧曲静修院）

e མདོ་འགྲེལ།（显宗释）

f 刻本 སྡེ་དགེ（四川德格）

g 乌金 梵夹装 49×7
h 6 6
i 无 藏纸 黑 完整
j

120.7
a 36-7

b བར་དོ་འཕྲང་སྒྲོལ་གྱི་གསོལ་འདེབས་འཇིགས་སྒྲོལ་གྱི་དཔའ་བོའི་རྣམ་བཤད་པཎ་ཆེན་དགོངས་རྒྱན།

中阴速得解救祈祷文・解怖畏勇士解说・班钦意趣庄严

c དགེ་སློང་རྣམ་སྣང་།

d ཁྲུ་མཆོག 水马年（1822） དངུལ་ཆུ་རི་ཁྲོད།（欧曲静修院）

e གསོལ་འདེབས།（启请文）

f 刻本 སྡེ་དགེ（四川德格）

g 乌金 梵夹装 50×7
h 14 6
i 无 藏纸 黑 完整
j

120.8
a 36-8

b སེམས་དང་སེམས་བྱུང་ངོས་འཛིན་མདོར་བསྡུས་ཏེ་བརྗོད་པ་ཆོས་མངོན་རྒྱ་མཚོའི་ཡང་སྙིང་།

心与心所之识别略说・对法海之精华

c དགེ་སློང་རྣམ་སྣང་།

d དངུལ་ཆུ་རི་ཁྲོད།（欧曲静修院）

e ཤེས་རིག（智慧）

f 刻本 སྡེ་དགེ（四川德格）

g 乌金 梵夹装 49.5×7
h 5 6
i 无 藏纸 黑 完整
j

120.9
a 36-9

b ཟག་མེད་གསུར་བསྔོ་འཁྲིད་ཡིག་སྔོན་མེད་ལེགས་བཤད་མཐོང་བ་དོན་ལྡན།

无漏煨素供回向教导·空前嘉言·见者具义

c དགེ་སློང་རྣམ་སྣང་།

d རྣམ་འབྱུང་གི་ལོ། 土龙年（1808） དངུལ་ཆུ་རི་ཁྲོད།（欧曲静修院）

e གསུར་ཁྲིད།（煨素导释）

f 刻本 སྡེ་དགེ（四川德格）

g 乌金 梵夹装 49×7
h 13 6
i 无 藏纸 黑 完整
j

120.10
a 36-10

b འདུལ་བའི་སྐོར་ཁ་ཤས་ཕྱོགས་གཅིག་ཏུ་བསྒྲིགས་པ།

部分毗奈耶法类合编

c དགེ་སློང་རྣམ་སྣང་།

d དངུལ་ཆུ་རི་ཁྲོད།（欧曲静修院）

e འདུལ་བ།（律经）

f 刻本 སྡེ་དགེ（四川德格）

g 乌金 梵夹装 48×7

h 12 6

i 无 藏纸 黑 完整

j

120. 11

a 36-11

b འདུལ་བའི་སྐོར་གྱི་དཀར་ཆག

毗奈耶门类目录

c དགེ་སློང་རྣམ་སྣད།

d དངུལ་ཆུ་རི་ཁྲོད།（欧曲静修院）

e དཀར་ཆག（目录）

f 刻本 སྡེ་དགེ（四川德格）

g 乌金 梵夹装 50×7

h 1 6

i 无 藏纸 黑 完整

j

120. 11

a 36-12

b འདུལ་བ་རྒྱ་མཚོའི་སྙིང་པོའི་ཊཱིཀ་བློ་བཟང་དགོངས་དོན་གསལ་བའི་ཉིན་བྱེད།

毗奈耶海心要注疏·阐明善慧密意之丽日

c བཙུན་པ་སུ་རྨེ་ཤྭ་ར།

d ཀུན་དགའི་ལོ། 木虎年（1794） དངུལ་ཆུ་རི་ཁྲོད།（欧曲静修院）

e འདུལ་ཊཱིཀ（律经释）

f 刻本 སྡེ་དགེ（四川德格）

g 乌金 梵夹装 48×7

h 13 6
i 无 藏纸 黑 完整
j

120.13
a 36-13
b སྡོམ་པ་གསུམ་གྱི་བསླབ་བྱའི་སྡོམ་ཚིག་གི་བསྡུས་དོན།
三律仪之学处总纲摄义
c དགེ་སློང་རྣམ་སྣང་།
d དངུལ་ཆུ་རི་ཁྲོད།（欧曲静修院）
e བསླབ་བྱ།（教言）
f 刻本 སྡེ་དགེ（四川德格）
g 乌金 梵夹装 50×7
h 12 6
i 无 藏纸 黑 完整
j

120.14
a 36-14
h དགེ་ཚུལ་གྱི་བསླབ་བྱའི་སྡོམ་ཚིག
沙弥之学处总纲
c དགེ་སློང་རྣམ་སྣང་།
d དངུལ་ཆུ་རི་ཁྲོད།（欧曲静修院）
e བསླབ་བྱ།（教言）
f 刻本 སྡེ་དགེ（四川德格）
g 乌金 梵夹装 50×7
h 3 6
i 无 藏纸 黑 完整
j

120.15
a　36-15
b　ཛམ་བྷ་ལ་རིགས་ལྔ་ལ་ཆུ་འབུལ་བའི་ཆོ་ག་དག་བྱེད་བདུད་རྩིའི་བུམ་བཟང་།
　五种藏跋拉之水供仪轨·清净甘露妙瓶
c　དགེ་སློང་ཧྣམ་ཧྣད།
d　དངུལ་ཆུ་རི་ཁྲོད།（欧曲静修院）
e　ཆོ་ག（仪轨）
f　刻本　སྡེ་དགེ（四川德格）
g　乌金　梵夹装　47×7
h　3　6
i　无　藏纸　黑　完整
j

120.16
a　36-16
b　ཆབ་གཏོར་ཤཱཀྱ་ཐུབ་པའི་ཁྲིད་ཡིག་གནད་དོན་འཛུབ་བཙུགས།
　水食子神馐供法·释迦能仁导释要义指南
c　དགེ་སློང་ཧྣམ་ཧྣད།
d　ཇམ་འབྱུང་གི་ལོ།　土狗年（1838）　དངུལ་ཆུ་རི་ཁྲོད།（欧曲静修院）
e　ཆབ་གཏོར།（水神馐供法）
f　刻本　སྡེ་དགེ（四川德格）
g　乌金　梵夹装　47.8×7
h　7　6
i　无　藏纸　黑　完整
j

120.17
a　36-17

b བྲུལ་གཏོར་དཀོར་སྒྲིབ་དག་བྱེད་ཟླ་ཤེལ་ཆུ་རྒྱུན་གྱི་འཁྲིད་ཡིག་གནད་ཀྱི་དོན་གསལ།
散塊神馐供法·净治夺财罪障月晶流导释·要义显明

c དགེ་སློང་ཧྲམ་ཧྲད།

d སྒྱུར་བྱེད། 土猪年（1839） དངུལ་ཆུ་རི་ཁྲོད།（欧曲静修院）

e བྲུལ་གཏོར།（神馐供法）

f 刻本 སྡེ་དགེ（四川德格）

g 乌金 梵夹装 50×7
h 8 6
i 无 藏纸 黑 完整
j

120.18
a 36-18

b འབྱུང་བཞིའི་གཏོར་མའི་བཤད་ཁྲིད་ལེགས་བཤད་གསར་པའི་དགའ་སྟོན་མཐོང་བ་འཛུམ་ཤོར།
四大种神馐导释·新嘉言喜宴·笑

c དགེ་སློང་ཧྲམ་ཧྲད།

d དབང་ཕྱུག 火牛年（1817） དངུལ་ཆུ་རི་ཁྲོད།（欧曲静修院）

e གཏོར་ཁྲིད།（神馐导释）

f 刻本 སྡེ་དགེ（四川德格）

g 乌金 梵夹装 49×7
h 14 6
i 无 藏纸 黑 完整
j

120.19
a 36-19

b ལྷག་པའི་ལྷའི་རྗེས་གནང་གི་དཀར་ཆག
本尊随许法目录

c　དགེ་སློང་རྣམ་སྣང་།

d　བཀྲ་ཤིས་དགེ་འཕེལ་ཆོས་གྲྭ（扎西格陪）

e　དཀར་ཆག（目录）

f　刻本　སྡེ་དགེ（四川德格）

g　乌金　梵夹装　46.5×7
h　61　6
i　无　藏纸　黑　完整
j　民族宫目录中为1叶。

120.20
a　36-20

b　བསླབ་བྱ་རྗེས་འཛིན་གྱི་རིམ་པ།

　学处摄受次第

c　དགེ་སློང་རྣམ་སྣང་།

d　དངུལ་ཆུ་རི་ཁྲོད།（欧曲静修院）

e　བསླབ་བྱ།(教言)

f　刻本　སྡེ་དགེ（四川德格）

g　乌金　梵夹装　47.5×7
h　12　6
i　无　藏纸　黑　完整
j　民族宫目录中为11叶。

120.21
a　36-21

b　སྒྲུབ་ཐབས་དཀར་ཆག

　修法目录

c　དགེ་སློང་རྣམ་སྣང་།

d　དངུལ་ཆུ་རི་ཁྲོད།（欧曲静修院）

e　དཀར་ཆག(目录)

f　刻本　སྡེ་དགེ（四川德格）

g　乌金　梵夹装　49×7
h　1　6
i　无　藏纸　黑　完整
j

120.22
a　36-22

b　བདེ་མཆོག་དཀར་པོའི་ཚེ་དབང་ཐུན་མོང་མ་ཡིན་པ་སོགས་ལྷག་པའི་ལྷ་འགའ་ཞིག་གི་རྗེས་གནང་གཏོང་ཚུལ།
　白色胜乐不共长寿灌顶等部分本尊随许法

c　དགེ་སློང་རྣམ་རྣང་།

d　བཀྲ་ཤིས་དགེ་འཕེལ་ཆོས་གྲྭ（扎西格陪）

e　ཚེ་སྒྲུབ།(长寿修法)

f　刻本　སྡེ་དགེ（四川德格）

g　乌金　梵夹装　47×7
h　61　6
i　无　藏纸　黑　完整
j

120.23
a　36-23

b　རྗེས་གནང་ཁོངས་སུ་མ་སོང་བའི་རྗེས་གནང་སྒྲུབ་ཐབས་ཀྱི་རིམ་པ་རྣམས་ཕྱོགས་གཅིག་ཏུ་བསྒྲིགས་པ།
　不属于随许法内之本尊修法次第合编

c　དགེ་སློང་རྣམ་རྣང་།

d　བཀྲ་ཤིས་དགེ་འཕེལ་ཆོས་གྲྭ（扎西格陪）

e བློ་སྦྱོང་ཐབས།（修心法）

f 刻本 སྡེ་དགེ（四川德格）

g 乌金 梵夹装 55×7
h 47 6
i 无 藏纸 黑 完整
j

120.24
a 36-24

b བྱང་ཆུབ་ལམ་གྱི་རིམ་པའི་དམར་ཁྲིད་ཐམས་ཅད་མཁྱེན་པར་བགྲོད་པའི་བདེ་ལམ་གྱི་ལྷན་ཐབས་ནག་འགྲོས་སུ་བཀོད་པ།

菩提道次第直观教导·趣一切智坦道补遗·易行通轨

c དགེ་སློང་རྣམ་སྣང།

d དཔལ་ཆུ་རི་ཁྲོད།（欧曲静修院）

e ལམ་རིམ།(道次第)

f 刻本 སྡེ་དགེ（四川德格）

g 乌金 梵夹装 49×7
h 16 6
i 无 藏纸 黑 完整
j

120.25
a 36-25

b བྱང་ཆུབ་ལམ་གྱི་རིམ་པ་ཤིན་ཏུ་བསྡུས་པ།

菩提道次第略修法

c དགེ་སློང་རྣམ་སྣང།

d དཔལ་ཆུ་རི་ཁྲོད།（欧曲静修院）

e ལམ་རིམ། (道次第)

f 刻本 སྡེ་དགེ (四川德格)

g 乌金 梵夹装 48×7

h 4 6

i 无 藏纸 黑 完整

j

120.26

a 36-26

b བྱང་ཆུབ་ལམ་གྱི་རིམ་པ་བདེ་ལམ་གྱི་སྙིང་པོ་བསྡུས་ཏེ་བཤད་སྒོམ་གྱི་ཚུལ་དུ་ཉམས་སུ་ལེན་ཚུལ།

菩提道次第坦道心要之验修法

c དགེ་སློང་རྣམ་རྡབ།

d དངུལ་ཆུ་རི་ཁྲོད། (欧曲静修院)

e ལམ་རིམ། (道次第)

f 刻本 སྡེ་དགེ (四川德格)

g 乌金 梵夹装 45×7

h 7 6

i 无 藏纸 黑 完整

J

120.27

a 36-27

b ལམ་རིམ།

道次第科判

c དགེ་སློང་རྣམ་རྡབ།

d དངུལ་ཆུ་རི་ཁྲོད། (欧曲静修院)

e ལམ་རིམ། (道次第)

f 刻本 སྡེ་དགེ（四川德格）

g 乌金 梵夹装 47×7
h 7 6
i 无 藏纸 黑 完整
j

120.28
a 36-28

b བྱང་ཆུབ་ལམ་གྱི་རིམ་པའི་དམར་ཁྲིད་ཐམས་ཅད་མཁྱེན་པར་བགྲོད་པའི་བདེ་ལམ་གྱི་ལྷན་ཐབས།

菩提道次第直观教导·趣一切智之坦道补遗

c དགེ་སློང་རྣམ་སྣང་།

d དངུལ་ཆུ་རི་ཁྲོད།（欧曲静修院）

e ལམ་རིམ།(道次第)

f 刻本 སྡེ་དགེ（四川德格）

g 乌金 梵夹装 48.5×7
h 6 6
i 无 藏纸 黑 完整
j

120.29
a 36-29

b བྱང་ཆུབ་ལམ་གྱི་རིམ་པ་བདེ་ལམ་གྱི་སྙིང་པོ་དང་ལམ་རིམ་རྣམ་བཞག

菩提道次第坦道心要与道次第建立论

c དགེ་སློང་རྣམ་སྣང་། རིགྲྭ་རྣམ་སྣང་།

d དངུལ་ཆུ་རི་ཁྲོད།（欧曲静修院）

e ལམ་རིམ།(道次第)

f 刻本 སྡེ་དགེ（四川德格）

g 乌金 梵夹装 46.5×7

h 9 6
i 无 藏纸 黑 完整
j 民族宫目录中为9叶。

120.30
a 36-30
b ཡན་ལག་བདུན་པའི་རྣམ་བཤད་ཕན་བདེའི་ལམ་སྟོན།
七支解说·开示利乐道
c དགེ་སློང་རྣམ་སྣང་།
d སྐྱེས་ལྡན། 土兔年（1819） དངུལ་ཆུ་རི་ཁྲོད།（欧曲静修院）
e ཆོ་ག(仪轨)
f 刻本 སྡེ་དགེ（四川德格）
g 乌金 梵夹装 49×7
h 6 6
i 无 藏纸 黑 完整
j

120.31
a 36-31
b བདེ་བར་གཤེགས་པ་སུམ་ཅུ་རྩ་ལྔ་ལ་བསྟོད་པའི་རབ་བྱེད་གངྒའི་ཆུ་རྒྱུན།
三十五佛赞品·恒河长流
c དགེ་སློང་རྣམ་སྣང་།
d དངུལ་ཆུ་རི་ཁྲོད།（欧曲静修院）
e བསྟོད་ཚོགས།(赞集)
f 刻本 སྡེ་དགེ（四川德格）
g 乌金 梵夹装 49.5×7
h 5 6
i 无 藏纸 黑 完整
j

120.32
a 36-32
b མཎྜའི་ཁྲིད་ཡིག་བསོད་ནམས་ཀྱི་ཆུ་གཏེར།
曼遮导释·福德海
c དགེ་སློང་ཧྲམ་ཧྲད།
d འབྲུ་མང་གི་ལོ། 土虎年（1818） དངུལ་ཆུ་རི་ཁྲོད།（欧曲静修院）
e མཎྜའི་ཁྲིད་ཡིག(导释)
f 刻本 སྡེ་དགེ（四川德格）
g 乌金 梵夹装 49×7
h 9 6
i 无 藏纸 黑 完整
j

120.33
a 36-33
b ལམ་གྱི་གཙོ་བོ་གསུམ་གྱི་འཁྲིད་ཡིག་སྐལ་ལྡན་འཇུག་ངོགས།
道之三要导释·具缘门径
c དགེ་སློང་ཧྲམ་ཧྲད།
d དངུལ་ཆུ་རི་ཁྲོད།（欧曲静修院）
e ལམ་རིམ།(道次第)
f 刻本 སྡེ་དགེ（四川德格）
g 乌金 梵夹装 50×7
h 7 6
i 无 藏纸 黑 完整
j

120.34
a 36-34

b　རྟེན་འབྲེལ་བསྟོད་པའི་ཚིགས་བསྟོད་པའི་ཚིག་དོན་ཞུང་ངར་བཀྲོལ་བ་ཟབ་དོན་ལྟ་བའི་འདྲེན་བྱེད།
　缘起赞句义略释·能引甚深义正见
c　དགེ་སློང་རྣམ་སྣང་།
d　དངུལ་ཆུ་རི་ཁྲོད།（欧曲静修院）
e　བསྟོད་ཚོགས།（赞集）
f　刻本　སྡེ་དགེ（四川德格）
g　乌金　梵夹装　50×7
h　13　6
i　无　藏纸　黑　完整
j

120.35
a　36-35
b　བློ་སྦྱོང་དོན་བདུན་མའི་ཡང་སྙིང་ཐེག་ཆེན་ལམ་གྱི་ལྡེ་མིག
　修心七义论之精华·大乘道之钥
c　དགེ་སློང་རྣམ་སྣང་།
d　དངུལ་ཆུ་རི་ཁྲོད།（欧曲静修院）
e　བློ་སྦྱོང་།（修心）
f　刻本　སྡེ་དགེ（四川德格）
g　乌金　梵夹装　49×7
h　5　6
i　无　藏纸　黑　完整
j

120.36
a　36-36
b　བློ་སྦྱོང་ཚིག་བརྒྱད་མའི་འཁྲིད་ཡིག་ཐེག་ཆེན་དགའ་སྟོན་སྙིང་པོ།
　修心八句导释·大乘喜宴藏

c དགེ་སློང་རྣམ་རྣད།

d ཤིང་ཡོས། 铁兔年（1831） དངུལ་ཆུ་རི་ཁྲོད།（欧曲静修院）

e བློ་སྦྱོང་།（修心）

f 刻本 སྡེ་དགེ（四川德格）

g 乌金 梵夹装 49×7
h 5 6
i 无 藏纸 黑 完整
j

121
A 3543-3545 1045

B དངུལ་ཆུ་རྣམ་རྡོ་དྲའི་གསུང་འབུམ།

欧曲·达摩巴扎文集

C ང

D དངུལ་ཆུ་རྣམ་རྡོ་དྲ།

同 3537 介绍。

E 此函民族宫目录著录为 27 卷，西藏图书馆藏品缺 3 卷：《怙主波如意宝之供念诵略法》《白怙主如意宝灌顶之护摩法等》《央金珠白多杰名赞与祈请长久住世文》，又多出一卷。

121.1
a 25-1

b རྗེ་བཙུན་བླ་མ་ཐམས་ཅད་མཁྱེན་པ་རྣམ་རྡོ་དྲ་དཔལ་བཟང་པོའི་གསུང་འབུམ་ང་བའི་དཀར་ཆག

至尊上师欧曲·达摩巴扎文集目录

c དགེ་སློང་རྣམ་རྣད།

d དངུལ་ཆུ་རི་ཁྲོད།（欧曲静修院）

e　དཀར་ཆག(目录)

f　刻本　སྡེ་དགེ（四川德格）

g　乌金　梵夹装　48×7
h　2　6
i　无　藏纸　黑　完整
j　民族宫目录中无此件。

121.2
a　25-2

b　མངོན་རྟོགས་རྒྱན་གྱི་བསྡུས་དོན་ཤེར་ཕྱིན་ལྡེ་མིག

现观庄严论摄义·般若波罗蜜多之钥

c　དགེ་སློང་ཧྲམ་ཧྲད།

d　ཚོད་ལྡན། 木猪年（1815）　དངུལ་ཆུ་རི་ཁྲོད།（欧曲静修院）

e　ཤེས་ཕྱིན།(般若)

f　刻本　སྡེ་དགེ（四川德格）

g　乌金　梵夹装　47×7
h　12　6
i　无　藏纸　黑　完整
j

121.3
a　25-3

b　བསྡུས་དོན་ས་བཅད་དཀར་ཆག

摄义科判目录

c　དགེ་སློང་ཧྲམ་ཧྲད།

d　དངུལ་ཆུ་རི་ཁྲོད།（欧曲静修院）

e　དཀར་ཆག(目录)

f 刻本 སྡེ་དགེ (四川德格)

g 乌金 梵夹装 49×7
h 1 6
i 无 藏纸 黑 完整
j

121.4
a 25-4

b བསྡུས་དོན་ས་བཅད་ཀྱི་རིམ་པ་རྣམས་ཕྱོགས་གཅིག་ཏུ་བསྒྲིགས་པ།

摄义科判次第合编

c དགེ་སློང་རྣམ་སྣང་།

d དངུལ་ཆུ་རི་ཁྲོད། (欧曲静修院)

e ས་བཅད། (科判)

f 刻本 སྡེ་དགེ (四川德格)

g 乌金 梵夹装 47×7
h 43 6
i 无 藏纸 黑 完整
j

121.5
a 25-5

b ཐོར་བུའི་དཀར་ཆག

零散目录

c དགེ་སློང་རྣམ་སྣང་།

d དངུལ་ཆུ་རི་ཁྲོད། (欧曲静修院)

e དཀར་ཆག (目录)

f 刻本 སྡེ་དགེ (四川德格)

g 乌金 梵夹装 50×7

h 2 6
i 无 藏纸 黑 完整
j

121.6
a 25-6
b རབ་གནས་ལེགས་བཤད་གནད་བསྡུས།
开光法·嘉言摄要
c དགེ་སློང་ཧྲམ་རྟབ།
d དངུལ་ཆུ་རི་ཁྲོད། （欧曲静修院）
e རབ་གནས། （开光）
f 刻本 སྡེ་དགེ（四川德格）
g 乌金 梵夹装 48×7
h 5 6
i 无 藏纸 黑 完整
j

121.7
a 25-7
b རབ་གནས།
开光极略修法
c དགེ་སློང་ཧྲམ་རྟབ།
d དངུལ་ཆུ་རི་ཁྲོད། （欧曲静修院）
e རབ་གནས། （开光）
f 刻本 སྡེ་དགེ（四川德格）
g 乌金 梵夹装 49.5×7
h 1 6
i 无 藏纸 黑 完整
j

121.8

a 25-8

b མདོ་སྔགས་ཀྱི་བླ་བརྒྱུད་གསོལ་འདེབས་སོགས་ངག་ཐོར་བུ་རྣམས་ཕྱོགས་གཅིག་ཏུ་བསྒྲིགས་པ།

显密之上师传承启请文等诸散集合编

c དགེ་སློང་དྲན་བཟང་།

d དངུལ་ཆུ་རི་ཁྲོད། （欧曲静修院）

e གསོལ་འདེབས། （启请文）

f 刻本 སྡེ་དགེ（四川德格）

g 乌金 梵夹装 48.5×7

h 33 6

i 无 藏纸 黑 完整

j

121.9

a 25-9

b དྲིས་ལན་གྱི་དཀར་ཆག་མདོར་བསྡུས།

问答目录编制

c དགེ་སློང་དྲན་བཟང་།

d དངུལ་ཆུ་རི་ཁྲོད། （欧曲静修院）

e དཀར་ཆག （目录）

f 刻本 སྡེ་དགེ（四川德格）

g 乌金 梵夹装 50×7

h 2 6

i 无 藏纸 黑 完整

j

121.10

a 25-10

b དྲིས་ལན་གྱི་རིམ་པ་ཕྱོགས་གཅིག་ཏུ་བསྒྲིགས་པ།

问答次第合编

c དགེ་སློང་རྣམ་རྒྱལ།

d དངུལ་ཆུ་རི་ཁྲོད། （欧曲静修院）

e དྲི་བ་དྲིས་ལན། （问答）

f 刻本 སྡེ་དགེ（四川德格）

g 乌金 梵夹装 46.5×7
h 147 6
i 无 藏纸 黑 完整
j

121.11
a 25-11

b སྐོར་ཚད་དཀར་ཆག

史志与右绕量目录

c དགེ་སློང་རྣམ་རྒྱལ།

d དངུལ་ཆུ་རི་ཁྲོད། （欧曲静修院）

e དཀར་ཆག （目录）

f 刻本 སྡེ་དགེ（四川德格）

g 乌金 梵夹装 47×7
h 1 6
i 无 藏纸 黑 完整
j

121.12
a 25-12

b དཀར་ཆག་སྐོར་ཚད་ཀྱི་རིམ་པ་ཕྱོགས་གཅིག་ཏུ་བསྒྲིགས་པ།

史志与绕量次第合编

c　དགེ་སློང་སྣོམས་ལས་པ་རྣམ་རྣད།

d　ཆུ་མཚོག　水马年（1822）　དངུལ་ཆུ་རི་ཁྲོད།（欧曲静修院）

e　དཀར་ཆག（目录）

f　刻本　སྡེ་དགེ（四川德格）

g　乌金　梵夹装　47×7
h　31　6
i　无　藏纸　黑　完整
j

121.13
a　25-13

b　འཇིགས་བྱེད་བཅུ་གསུམ་མའི་དཀྱིལ་འཁོར་གྱི་ཐིག་རྩ་མན་ངག་ལུགས་སོགས་ཐིག་རྩ་ཕྱོགས་གཅིག་ཏུ་བསྒྲིགས་པ།

怖畏金刚十三尊曼荼罗之弹线教授等合编

c　དགེ་སློང་རྣམ་རྣད།

d　དགེ་འཕེལ་ཚོས་གྲྭ

e　མན་ངག（善言）

f　刻本　སྡེ་དགེ（四川德格）

g　乌金　梵夹装　48.5×7
h　6　6
i　无　藏纸　黑　完整
j

121.14
a　25-14

b　མགོན་དཀར་ཡིད་བཞིན་ནོར་བུའི་དབང་གི་སྒྲིན་སྲེག

六臂怙主念修略要与荡金曲吉念修法

c　དགེ་སློང་རྣམ་རྣད།

d དངུལ་ཆུ་རི་ཁྲོད།（欧曲静修院）

e ལས་ཚོགས།（业资）

f 刻本 སྡེ་དགེ（四川德格）

g 乌金 梵夹装 47×7
h 4 6
i 无 藏纸 黑 完整
j

121. 15
a 25-15

b ཆོས་རྒྱལ་ནང་སྒྲུབ་ཀྱི་གཏོར་ཆེན་ཐུན་མོང་བའི་ཆོག་བསྒྲིགས་ཟིན་བྲིས།

内修之荡金曲吉大神馐共通仪轨记录

c དགེ་སློང་རྣམ་སྣང་།

d དངུལ་ཆུ་རི་ཁྲོད།（欧曲静修院）

e ཆོ་གའི་ཟིན་བྲིས།（仪轨笔录）

f 刻本 སྡེ་དགེ（四川德格）

g 乌金 梵夹装 47×7
h 5 6
i 无 藏纸 黑 完整
j

121. 16
a 25-16

b ཆོས་སྐྱོང་རྗེས་གནང་གི་དཀར་ཆག

护法随许法目录

c དགེ་སློང་རྣམ་སྣང་།

d དངུལ་ཆུ་རི་ཁྲོད།（欧曲静修院）

e དཀར་ཆག（目录）

f 刻本 སྡེ་དགེ（四川德格）

g 乌金 梵夹装 52×3
h 1 6
i 无 藏纸 黑 完整
j

121.17
a 25-17

b ཞྭ་སེར་ཅོ་པན་འཆང་བའི་ཆོས་སྐྱོང་གཙོ་བོ་རྣམས་ཀྱི་རྗེས་གནང་བྱ་ཚུལ་ནོར་བུའི་འཕྲེང་བ།

护持黄帽教派诸主要护法之随许法·宝鬘

c དགེ་སློང་རྣམ་དག

d དངུལ་ཆུ་རི་ཁྲོད།（欧曲静修院）

e ལས་ཚོགས།（业资）

f 刻本 སྡེ་དགེ（四川德格）

g 乌金 梵夹装 49×7
h 30 6
i 无 藏纸 黑 完整
j 民族宫目录中为32叶。

121.18
a 25-18

b ལྷ་ཆེན་ཚངས་པ་ཞི་དྲག་དང་ནེ་སེར་ཇོ་བོ་ཆེན་པོའི་རྗེས་གནང་གཏོང་ཚུལ་བློ་མུན་སྙིང་གི་མུན་སེལ།

大梵天王和威二种及勒色觉窝随许法·消除心中昏暗

c དགེ་སློང་རྣམ་དག

d དངུལ་ཆུ་རི་ཁྲོད།（欧曲静修院）

e ལས་ཚོགས།（业资）

f 刻本 སྡེ་དགེ（四川德格）

g 乌金 梵夹装 47×7
h 11 6
i 无 藏纸 黑 完整
j

121.19
a 25-19

b དཔལ་ལྡན་ཚོགས་ཀྱི་བདག་པོ་གཏོར་འབུལ་གྱི་དོན་བཤད།
具德毗奈夜迦神馐供法释义

c དགེ་སློང་ཆོས་བཟང་།

d དཔལ་ཆུ་རི་ཁྲོད།（欧曲静修院）

e ཆོ་ག(仪轨)

f 刻本 སྡེ་དགེ（四川德格）

g 乌金 梵夹装 50×7
h 3 6
i 无 藏纸 黑 完整
j

121.20
a 25-20

b གཏོར་འབུལ་གསེར་སྐྱེམས་སོགས་ཀྱི་དཀར་ཆག
神馐供法及供神饮等目录

c དགེ་སློང་ཆོས་བཟང་།

d དཔལ་ཆུ་རི་ཁྲོད།（欧曲静修院）

e དཀར་ཆག(目录)

f 刻本 སྡེ་དགེ（四川德格）

g 乌金 梵夹装 50 ×7

h 1 6
i 无 藏纸 黑 完整
j

121.21
a 25-21
b བླ་མ་ཡི་དམ་ཆོས་སྲུང་གི་གཏོར་འབུལ་དང་གསེར་སྐྱེམས་མཆོད་འཕྲིན་རྣམས་ཕྱོགས་དུ་བསྒྲིགས་པ།
上师本尊护法之神馐供法及神饮供养·请托事业法等合编
c དགེ་སློང་དྲན་རྡོ།
d དཔལ་ཆུ་རི་ཁྲོད།（欧曲静修院）
e ཆོ་ག(仪轨)
f 刻本 སྡེ་དགེ（四川德格）
g 乌金 梵夹装 48×7
h 25 6
i 无 藏纸 黑 完整
j

121.22
a 25-22
b བརྒྱ་བཞིའི་ཆོ་ག་ཇི་ལྟར་བྱ་ཚུལ་ནག་འགྲོས་སུ་བཀོད་པ།
四百供禳解仪轨·易行通轨
c དགེ་སློང་དྲན་རྡོ།
d དཔལ་ཆུ་རི་ཁྲོད།（欧曲静修院）
e ཆོ་ག(仪轨)
f 刻本 སྡེ་དགེ（四川德格）
g 乌金 梵夹装 47.5×7
h 8 6
i 无 藏纸 黑 完整
j

121.23
a 25-23

b ཞབས་བརྟན།

尊者自身祈愿长久住世偈

c དགེ་སློང་ཧྲམ་ཟླ།

d དངུལ་ཆུ་རི་ཁྲོད།（欧曲静修院）

e ཞབས་བརྟན།(住世文)

f 刻本 སྡེ་དགེ（四川德格）

g 乌金 梵夹装 50×7
h 1 6
i 无 藏纸 黑 完整
j

121.24
a 25-24

b བརྟན་བཞུགས།

祈请杰珠尊巴长久住世文

c དགེ་སློང་ཧྲམ་ཟླ།

d དངུལ་ཆུ་རི་ཁྲོད།（欧曲静修院）

e བརྟན་བཞུགས།(住世文)

f 刻本 སྡེ་དགེ（四川德格）

g 乌金 梵夹装 50×7
h 1 6
i 无 藏纸 黑 完整
j

121.25
a 25-25

b　ཡུམ་བརྟན།

　祈请德钦活佛长久住世文

c　དགེ་སློང་རྣམ་རྣམ།

d　དངུལ་ཆུ་རི་ཁྲོད།（欧曲静修院）

e　བརྟན་བཞུགས།(住世文)

f　刻本　སྡེ་དགེ（四川德格）

g　乌金　梵夹装　50×7

h　1　6

i　无　藏纸　黑　完整

j

122

A　3546　3558

B　ལྕང་སྐྱ་ངག་དབང་བློ་བཟང་ཆོས་ལྡན་གྱི་གསུང་འབུམ།

　章嘉·阿旺洛桑曲登文集

C　**ཅ**

D　ལྕང་སྐྱ་ངག་དབང་ཆོས་ལྡན།（དགེ་ལུགས）རབ་བྱུང་བཅུ་གཅིག་པའི་ཆུ་ཕོ་རྟའི་ལོ་༡༦༤༢ལ་ཡབ་ཁེ་བ་ཅང་ཨེ་ཧར་དང་ཡུམ་ལོ་ཟ་ཐར་མོ་གཉིས་ཀྱི་སྲས་སུ་སྐུ་འཁྲུངས།　པཎ་ཆེན་བློ་བཟང་ཆོས་རྒྱལ་མཚན་ནས་གྲགས་པ་འོད་ཟེར་གྱི་སྐུ་སྐྱེ་རུ་ངོས་འཛིན།　ལྷ་པ་ཆེན་པོའི་མདུན་བསྙེན་རྫོགས་ཀྱི་སྡོམ་པ་བླངས།　འབྲས་སྤུངས་སྒོ་མང་གྲྭ་ཚང་གི་ཆོས་གྲྭར་བཞུགས།　སྒོ་མང་སློབ་དཔོན་ངག་དབང་བློ་གྲོས་རྒྱ་མཚོ།　ཤར་རྩེའི་མཁན་པོ་བློ་བཟང་པདྨ།　ཐུགས་པ་དཔོན་སློབ་དགེ་འདུན་གྲུབ་པ།　ཟྭང་པ་རྒྱལ་ཚབ་སོགས་ལས་མདོ་སྔགས་གཞུང་ལ་སྦྱངས་པ་མཐར་ཕྱིན་མཛད་ནས་མཁས་པའི་གྲགས་པ་ཐོབ།　ཆུ་བྱ་༡༦༩༣ལོར་གོང་མ་ཁང་ཞིས་གདན་འདྲེན་ལྟར་སྐར་ཡང་པེ་ཅིང་དུ་ཕེབས།　གོང་མའི་དབུ་བླར་བཀུར།　དགུང་ལོ་བདུན་ཅུ་དོན་གསུམ་རབ་བྱུང་བཅུ་གཉིས་པའི་ཤིང་ཕོ་རྟའི་ལོ་

༡༧༡༤ལ་དགོངས་པ་རྫོགས། གསུང་པོད་ལྔ་ཙམ་བཞུགས། ངེད་དཔེ་མཛོད་ཁང་དུ་མི་རིགས་པོ་བྲང་ནས་ཕྱིར་འབུལ་ཞུས་པའི་པར་མ་པོད་༦ ཀ ཁ ག--ཅ ཆ ཨང་རྟགས་༣༧༢༠--༣༧༢༣ ༣༧༣༦བཞུགས།།

章嘉·阿旺洛桑曲登（1642—1714）：属格鲁派。诞生于多麦湟水流域，被班禅洛桑确坚认定为扎巴沃色的转世。9 岁在佑宁寺出家。20 岁在五世达赖喇嘛座前授沙弥戒，并入哲蚌寺习经，拜果芒阿旺罗珠嘉措等为师，系统学习显密教义。46 岁觐见皇帝，被奉为国师。曾两度赴北京。在北京创建嵩祝寺。遗著共 5 函，西藏图书馆藏北京民族文化宫图书馆赠送的文集有德格版 6 函，编号为 3720—3723, 3736。

E 民族宫目录著录中同文集ཅ函有三个号 3563、3553、3558，西藏图书馆藏 1 函。

122. 1

a 1-1

b བསྙེན་རྫོགས་སོགས་སྒྲུབ་ཆོག་བླ་མའི་རྣལ་འབྱོར་དང་གསོལ་འདེབས་ལེ་ཚན་འདོད་ལྷ་འགའ་རེའི་སྒྲུབ་ཐབས་དང་ཆར་འབེབས་གཏོར་མ་སོགས།

具圆戒等成就仪轨、上师瑜伽法、祈祷篇、个别欲天修法、求雨神馐等

c ངག་དབང་བློ་བཟང་ཆོས་ལྡན་དཔལ་བཟང་པོ།

d

e བསྙེན་སྒྲུབ།(念修)

f 刻本

g 乌金 梵夹装 47×6

h 191 5

i 无 藏纸 黑 完整

j

123

A 3547 1046

B དངུལ་ཆུ་དྷརྨ་བྷ་དྲའི་གསུང་འབུམ།

欧曲·达摩巴扎文集

C ཅ

D དངུལ་ཆུ་དྷརྨ་བྷ་དྲ།

同 3537 介绍。

E 此函民族宫目录著录为 30 卷，西藏图书馆藏品缺 3 卷：《三种威猛法合修诵法与随许法记录》《上师供养法乐空无别篇中往生、忏悔诸法之记录·具缘满愿》《薄伽梵怖畏金刚生起次第修法》，又多出一卷。

123.1

a 28-1

b རྗེ་བཙུན་བླ་མ་ཐམས་ཅད་མཁྱེན་པ་དྷརྨ་བྷདྲ་དཔལ་བཟང་པོའི་གསུང་འབུམ་པོད་ཙ་པའི་དཀར་ཆག

至尊上师欧曲·达摩巴扎文集ཙ函目录

c

d

e དཀར་ཆག(目录)

f 刻本 སྡེ་དགེ(四川德格)

g 乌金 梵夹装 50×6.5

h 3 6

i 无 藏纸 黑 完整

j 民族宫目录中无此件。

123.2

a 28-2

b ཡུལ་གངས་ཅན་གྱི་སྐད་ཀྱི་བརྡ་སྤྲོད་པའི་བསྟན་བཅོས་སུམ་ཅུ་པ་དང་རྟགས་ཀྱི་འཇུག་པའི་རྣམ་བཤད་མཁས་མཆོག་སི་ཏུའི་ཞལ་ལུང་།

藏语声明记论三十颂与字性添接法解说·最胜善巧司徒语教

c དཀུང་གྲགས་ཨཔཔ་མེ་སྟག་ལོའི་གྲོ་བཞིན་ཟླ་བ།

d དངུལ་ཆུའི་རི་ཁྲོད།(欧曲静修院)

e སུམ་རྟགས།(语法)

f 刻本 སྡེ་དགེ(四川德格)

g 乌金 梵夹装 47×6
h 26 6
i 无 藏纸 黑 完整
j

123.3
a 28-3

b ཝྱཱ་ཀ་ར་ཎའི་རྩ་བ་སུམ་ཅུ་པ་དང་། རྟགས་ཀྱི་འཇུག་པ་གཉིས།

声明记论根本三十颂与字性添接法

c སློབ་དཔོན་ཨ་ནུས་མཛད།

d

e སུམ་རྟགས། （语法）

f 刻本 སྡེ་དགེ（四川德格）

g 乌金 梵夹装 47×6
h 4 6
i 无 藏纸 黑 完整
j

123.4
a 28-4

b སུམ་རྟགས་ཀྱི་རྣམ་བཤད་ནོར་བུ་ཀེ་ཏ་ཀའི་དོ་ཤལ་དུ་འཐོད་པའི་དགག་ལན་ཚངས་པའི་ཐིག་གི་སྤུན་ཐྲ།

三十颂及字性添接法解说·澄水宝珠缨珞之答辩·基线经纬

c ཧྲམ་ཧྲ་ད།

d རྣམ་འབྱུང་གི་ལོ། 土狗年（1658） དངུལ་ཆུའི་རི་ཁྲོད།（欧曲静修院）

e སུམ་རྟགས། （语法）

f 刻本 སྡེ་དགེ（四川德格）

g 乌金 梵夹装 47×6
h 8 6
i 无 藏纸 黑 完整
j

123.5
a 28-5
b མངོན་བརྗོད་ཀྱི་བསྟན་བཅོས་རྒྱ་མཚོའི་ཆུ་ཐིགས།
藻饰词论·大海一滴
c
d དགུང་གྲངས་༣༧་པ་ཆུ་ཁྱི་ཆེན་གྱི་ལོ། 水狗年（1682）
དཔལ་ཆུའི་རི་ཁྲོད་དགའ་ལྡན་རྩེའི་རི་ཁྲོད།（欧曲静修院）
e མངོན་བརྗོད།（辞藻）
f 刻本 སྡེ་དགེ（四川德格）
g 乌金 梵夹装 47×6
h 13 6
i 无 藏纸 黑 完整
j

123.6
a 28-6
b གྲངས་ཀྱི་མངོན་བརྗོད་ཀྱི་རྣམ་བཤད།
数目之藻词解说
c དགེ་སློང་དབང་ཕྱུག་ཆོས་བཟང་།
d
e མངོན་བརྗོད།（辞藻）
f 刻本 སྡེ་དགེ（四川德格）
g 乌金 梵夹装 47×6
h 8 6
i 无 藏纸 黑 完整
j

123.7
a 28-7

b སྙན་ངག་གི་དཔེར་བརྗོད་དང་མཚུངས་པ་གསལ་བྱེད་ཀྱི་སྒྲའི་དོགས་གཅོད་བཞུགས་སོ།།

诗词举例及比喻格释疑篇

c

d

e སྙན་ངག（修辞）

f 刻本 སྡེ་དགེ（四川德格）

g 乌金 梵夹装 47×6

h 10 6

i 无 藏纸 黑 完整

j

123.8

a 28-8

b སྙན་ངག་མེ་ལོང་གི་ནང་ནས་གབ་ཚིག་གི་སྙན་ངག་ལོགས་སུ་བཀོལ་ཏེ་བཤད་པ།

诗镜隐语之词章旁解

c རྣམ་རྡ་ཏ།

d དགའ་བའི་ལོ། 水龙年（1712） དངུལ་ཆུའི་རི་ཁྲོད（欧曲静修院）

e སྙན་ངག（修辞）

f 刻本 སྡེ་དགེ（四川德格）

g 乌金 梵夹装 47×6

h 9 6

i 无 藏纸 黑 完整

j

123.9

a 28-9

b སྙན་ངག་གི་བསྟན་བཅོས་རྒྱ་མཚོའི་སྙིང་པོ།

诗论·海藏

c དགེ་སློང་སུ་རྣམ་ཤྭ་ར།

d　ཀུན་དགའི་ལོ། 木虎年（1674）　དངུལ་ཆུའི་རི་ཁྲོད།（欧曲静修院）

e　སྙན་ངག（修辞）

f　刻本　སྡེ་དགེ（四川德格）

g　乌金　梵夹装　47×6
h　5　6
i　无　藏纸　黑　完整
j

123.10
a　28-10

b　ཡིག་བསྐུར་རྣམ་གཞག་མདོར་བསྡུས།

书牍轨范略编

c　ཧྲམ་ཧྲ་ཏ།

d

e　ཡིག་བསྐུར་རྣམ་གཞག（信札）

f　刻本　སྡེ་དགེ（四川德格）

g　乌金　梵夹装　47×6
h　8　6
i　无　藏纸　黑　完整
j

123.11
a　28-11

b　ཞུ་འཕྲིན་གྱི་རིམ་པ་ཕྱོགས་གཅིག་ཏུ་བསྡེབས་པ་ཁ་བའི་དུས་ཀྱི་མེ་ཏོག

呈文指南合编·雪期鲜花

c　ཧྲམ་ཧྲ་ཏ།

d　དགེ་བྱེད་ལོ། 水虎年（1662）　དངུལ་ཆུའི་རི་ཕུག（欧曲静修院）

e　སྤྲིངས་ཡིག（信札）

f　刻本　སྡེ་དགེ（四川德格）

g　乌金　梵夹装　47×6

h　17　6

i　无　藏纸　黑　完整

j

123. 12

a　28-12

b　མ་ཞིང་གི་རྟགས་དབྱངས་མཐའ་ཅན་ལ་རྣམ་དབྱེའི་འཇུག་ཚུལ་བཤད་པ།

声明科判·中性词韵尾判位解说

c　རྣམ་རྡ་ད།

d

e　སུམ་རྟགས།（语法）

f　刻本　སྡེ་དགེ（四川德格）

g　乌金　梵夹装　47×6

h　1　6

i　无　藏纸　黑　完整

j

123. 13

a　28-13

b　ཉེར་བསྒྱུར་ཉི་ཤུའི་བཤད་སྦྱར་རྒྱ་མཚོའི་ཆུ་ཐིགས།

语基之连声音变二十种讲说·大海一滴

c　རྣམ་རྡ་ད།

d　དངུལ་ཆུའི་རི་ཁྲོད（欧曲静修院）

e　སྒྲ་འགྲེལ།（声明学释）

f　刻本　སྡེ་དགེ（四川德格）

g　乌金　梵夹装　48×6.5

h　1　6

i 无 藏纸 黑 完整
j

123.14
a 28-14
b སྔགས་ཀྱི་ཡི་གེའི་ཀློག་ཚུལ་དངོས་བསྟན་པ།
咒文念诵法指南
c རྣམ་སྣ་ང།
d
e སྒྲ་རིག（声明学）
f 刻本 སྡེ་དགེ（四川德格）
g 乌金 梵夹装 51×6.5
h 4 6
i 无 藏纸 黑 完整
j

123.15
a 28-15
b སྔགས་ཀྱི་ཡི་གེའི་ཀློག་ཚུལ་དངོས་བསྟན་པ་མདོར་བསྡུས་ཀྱི་འགྲེལ་པ་དཔེར་བརྗོད་དང་བཅས་པ།
咒文诵念指南略释及举例说明
c དགེ་སློང་སུ་རྣམ་ཤྭ་ར།
d དངུལ་ཆུའི་རི་ཁྲོད（欧曲静修院）
e སྒྲ་རིག（声明学）
f 刻本 སྡེ་དགེ（四川德格）
g 乌金 梵夹装 48×6.5
h 8 6
i 无 藏纸 黑 完整
j

123.16

a 28-16

b ལེགས་ལྡན་གཟའ་ལྔ་ཉིན་ཞག་མའི་མགྱོགས་སྡེར་བསྡུས་ཚུལ།

大自在天五曜行度依太阳日速算法

c ཐམ་རྡ་དྭ།

d རབ་བྱུང་བཅུ་གསུམ་པའི་མིག་དམར་གྱི་ལོ། 第十三饶迥水牛年（1673）

e སྨན་རྩིས།（藏医历算）

f 刻本 སྡེ་དགེ（四川德格）

g 乌金 梵夹装 48×6.5

h 4 6

i 无 藏纸 黑 完整

j

123.17

a 28-17

b ལམ་རིམ་བླ་མ་བརྒྱུད་པའི་འདྲི་ཚུལ།

道次第上师传承之祈问

c ཐམ་རྡ་དྭ།

d

e ལམ་རིམ་བླ་བརྒྱུད།（道次第传承）

f 刻本 སྡེ་དགེ（四川德格）

g 乌金 梵夹装 49×6.5

h 6 6

i 无 藏纸 黑 完整

j

123.18

a 28-18

b ལམ་གྱི་གཙོ་བོ་རྣམ་གསུམ་གྱི་ཊཱིཀ་ཚིག་དོན་རབ་ཏུ་གསལ་བར་བྱེད་པའི་སྒྲོན་མེ།

道之三要注疏·善显句义之灯

c　དགེ་སློང་སུ་རྣམེ་ཤྲ་ར།

d　དགུང་གྲངས་༢༢པ་ཆུ་གླང་གི་ལོ། 水牛年（1673）

e　ལམ་རིམ།（道次第）

f　刻本　སྡེ་དགེ（四川德格）

g　乌金　梵夹装　48×6.5
h　13　6
i　无　藏纸　黑　完整
j

123.19
a　28-19

b　བཅོམ་ལྡན་འདས་མ་ཀུ་རུ་ཀུ་ལླེའི་འཁོར་ལོའི་ལས་ཚོགས།

　薄伽梵母古里之护轮诛敌法等

c　རྣམ་སྣ་ང།

d

e　ལས་ཚོགས།（业资）

f　刻本　སྡེ་དགེ（四川德格）

g　乌金　梵夹装　49×6.5
h　3　6
i　无　藏纸　黑　完整
j

123.20
a　28-20

b　འབྲས་རྩིས་དཀར་ཆག

　果算法目录

c　རྣམ་སྣ་ང།

d

e སྨན་རྩིས།（藏医历算）

f 刻本 སྡེ་དགེ（四川德格）

g 乌金 梵夹装 49×6.5
h 1 6
i 无 藏纸 黑 完整
j

123.21
a 28-21

b འབྲས་རྩིས་མདོར་བསྡུས།

果算法略篇

c རྣམ་ཐ་ད།

d

e སྨན་རྩིས།（藏医历算）

f 刻本 སྡེ་དགེ（四川德格）

g 乌金 梵夹装 49×6.5
h 12 6
i 无 藏纸 黑 完整
j

123.22
a 28-22

b འཇིག་རྟེན་ལྷའི་གསོལ་མཆོད་དཀར་ཆག

世间神之祈供目录

c རྣམ་ཐ་ད།

d

e གསོལ་མཆོད།（供奉）

f 刻本 སྡེ་དགེ（四川德格）

g 乌金 梵夹装 50×5

h 1 6
i 无 藏纸 黑 完整
j

123.23
a 28-23
b འཇིག་རྟེན་གྱི་ལྷ་སྲུང་འགའི་གསོལ་མཆོད་ཕྱོགས་གཅིག་ཏུ་བསྒྲིགས་པ།
部分世间护法神之祈供法合编
c རྣམ་ཐར།
d
e གསོལ་མཆོད།（供奉）
f 刻本 སྡེ་དགེ（四川德格）
g 乌金 梵夹装 47×6.5
h 20 6
i 无 藏纸 黑 完整
j

123.24
a 28-24
b བདེ་ཅན་སྨོན་ལམ།
极乐愿文
c རྣམ་ཐར།
d
e གསོལ་འདེབས།（启请文）
f 刻本 སྡེ་དགེ（四川德格）
g 乌金 梵夹装 49×6.5
h 1 6
i 无 藏纸 黑 完整
j

123.25

a 28-25

b ཡིད་ལ་སྨོན་པའི་དོན་ཚིག་བཅད་དུ་བསྒྲིགས་པ།

心中祈愿颂文

c ཧྲམ་ཧྲ་ཏ།

d

e གསོལ་འདེབས།（启请文）

f 刻本 སྡེ་དགེ（四川德格）

g 乌金 梵夹装 49×6.5

h 1 6

i 无 藏纸 黑 完整

j

123.26

a 28-26

b རྗེ་བཙུན་རྡོ་རྗེ་རྣལ་འབྱོར་མའི་བསྐྱེད་རྫོགས་ཀྱི་ཟིན་བྲིས་མཁའ་སྤྱོད་བགྲོད་པའི་གསང་ལམ་སྙིང་གི་ཐིག་ལེ།

（འདི་ལ་དབང་དང་བྱིན་རླབས་ཐོབ་ཀྱང་སྙན་བརྒྱུད་ཀྱི་ཟབ་ཁྲིད་མ་ཐོབ་པས་བལྟ་བར་མི་བྱའོ།）

至尊金刚瑜伽母生圆二次第之记录·趣空行道心要

c ཧྲམ་ཧྲ་ཏ།

d

e གསང་སྔགས་སྤྱིའི་སྐོར།（密宗总论）

f 刻本 སྡེ་དགེ（四川德格）

g 乌金 梵夹装 49×6.5

h 59 6

i 无 藏纸 黑 完整

j

123.27

a 28-27

b དཔལ་རྡོ་རྗེ་འཇིགས་བྱེད་ལྷ་བཅུ་གསུམ་མའི་བསྐྱེད་རིམ་གྱི་ཟིན་བྲིས་དྭང་སྔོང་བླ་མའི་ཞལ་ལུང་།

吉祥怖畏金刚十三尊生起次第记录·仙师语教

c རྣམ་ཉ་ད།

d དངུལ་ཆུའི་རི་ཁྲོད། （欧曲静修院）

e གསང་སྔགས། （密宗）

f 刻本 སྡེ་དགེ（四川德格）

g 乌金 梵夹装 49×6.5

h 89 6

i 有藏纸黑完整

j 民族宫目录中为86叶。

123.28

a 28-28

b དཔལ་རྡོ་རྗེ་འཇིགས་བྱེད་ཀྱི་རིམ་པ་གཉིས་པའི་ལམ་ལ་ཇི་ལྟར་བགྲོད་པའི་ཚུལ་གྱི་ཟིན་བྲིས་གསང་ཆེན་མྱུར་ལམ།

吉祥怖畏金刚二次第道趣入法之记录·大密捷径

c རྣམ་ཉ་ད་དཔལ་བཟང་པོ།

d ལྕགས་ཡོས་ལོ། 铁兔年（1711）

e གསང་སྔགས། （密宗）

f 刻本 སྡེ་དགེ（四川德格）

g 乌金 梵夹装 49×6.5

h 26 6

i 有藏纸黑完整

j

124

A 3548-3549 1047

B དངུལ་ཆུ་དྷརྨ་བྷ་དྲའི་གསུང་འབུམ།

欧曲·达摩巴扎文集

C ཆ

D　དངུལ་ཆུ་དྷརྨ་བྷ་དྲ།

同 3537 介绍。

E　此函民族宫目录著录为 12 卷，西藏图书馆藏品中多出一卷。

124.1

a　13-1

b　རྗེ་བཙུན་ཐམས་ཅད་མཁྱེན་པ་དྷརྨ་བྷ་དྲའི་གསུང་འབུམ་ཆ་པའི་དཀར་ཆག

至尊上师欧曲·达摩巴扎文集ཆ函目录

c　དྷརྨ་བྷ་དྲ།

d

e　དཀར་ཆག（目录）

f　刻本　སྡེ་དགེ（四川德格）

g　乌金　梵夹装　51×6.5

h　1　6

i　无　藏纸　黑　完整

j　民族宫目录中无此件。

124.2

a　13-2

b　བླ་མ་ལྔ་བཅུ་པའི་ཟིན་བྲིས་འདོད་རྒྱུའི་བུམ་བཟང་།

事师五十颂之记录·随愿妙瓶

c　རྗེ་དྲུང་ཚེ་རིང་མིང་ཅན་ནས་ཟིན་བྲིས་སུ་བཀོད།

d

e　ཟིན་བྲིས།（笔录）

f　刻本　སྡེ་དགེ（四川德格）

g　乌金　梵夹装　51×6.5

h　16　6

i　无　藏纸　黑　完整

j

124.3
a　13-3
b　རྩ་ལྟུང་དང་སྦོམ་པོའི་ཟིན་བྲིས།
　根本堕罪与粗罪之记录
c　ཧྣམ་ཧྣ་ད།
d
e　འདུལ་བ།（律经）
f　刻本　སྡེ་དགེ（四川德格）
g　乌金　梵夹装　51×6.5
h　10　6
i　无　藏纸　黑　完整
j

124.4
a　13-4
b　བྱང་སེམས་ཀྱི་བསླབ་བྱའི་ཟིན་བྲིས་བྱང་ཆུབ་གཞུང་ལམ་སྙིང་པོ།
　菩萨学处笔录·菩提正道心要
c　ཧྣམ་ཧྣ་ད།
d
e　ཞལ་གདམས།（教诫）
f　刻本　སྡེ་དགེ（四川德格）
g　乌金　梵夹装　51×6.5
h　20　6
i　无　藏纸　黑　完整
j

124.5
a　13-5
b　བྱང་ཆུབ་ལམ་གྱི་རིམ་པའི་དམར་འཁྲིད་ཐམས་ཅད་མཁྱེན་པར་བགྲོད་པའི་བདེ་ལམ་གྱི་ཟིན་བྲིས་རིན་

ཆེན་བང་མཛོད།

菩提道次第直观教导·趣一切智坦道之记录·大宝藏

c རྣམ་སྣ་ད།

d ས་བྱི་ལོ། 土鼠年（1708）

e ལམ་རིམ།（道次第）

f 刻本 སྡེ་དགེ（四川德格）

g 乌金 梵夹装 51×6.5

h 133 6

i 无 藏纸 黑 完整

j

124.6

a 13-6

b གྲུབ་ཆེན་དྲིལ་བུ་པའི་ལུགས་ཀྱི་བདེ་མཆོག་ལྷ་ལྔའི་བསྐྱེད་རིམ་གྱི་ཟིན་བྲིས་བདེ་ཆེན་ཡང་སྙིང་།

大成就师枳布传规之胜乐五尊生起次第记录·大乐精要

c རྣམ་སྣ་ད།

d ཤིང་ལུག་ལོ། 木羊年（1655）

e གསང་སྔགས།（密宗）

f 刻本 སྡེ་དགེ（四川德格）

g 乌金 梵夹装 51×6.5

h 52 6

i 无 藏纸 黑 完整

j

124.7

a 13-7

b ཟབ་ལམ་ཕྱག་རྒྱ་ཆེན་པོའི་རྩ་བ་རྒྱལ་བའི་གཞུང་ལམ་གྱི་སྟེང་ནས་ཟབ་ཁྲིད་གནང་སྐབས་ཀྱི་ཟིན་བྲིས་

འཁྲུལ་པ་ཀུན་སེལ།

甚深道大手印根本·从佛正道传授甚深教导时之记录·误谬全消

c རྣམ་ཐར།

d

e གསང་སྔགས། （密宗）

f 刻本 སྡེ་དགེ（四川德格）

g 乌金 梵夹装 51×6.5

h 28 6

i 无 藏纸 黑 完整

j

124.8

a 13-8

b གཅོད་ཡོག་གཅིག་མའི་བཀའ་བཤད་ཟིན་བྲིས་དང་ཐུགས་རྟེན་འཛུགས་ཚུལ་གྱི་ཕྱག་ལེན་ཟིན་བྲིས།

觉法雪吉玛讲记与建造佛塔笔记

c རྣམ་ཐར།

d

e རྟེན་འཛུགས་ཟིན་བྲིས་སོགས། （建塔笔记）

f 刻本 སྡེ་དགེ（四川德格）

g 乌金 梵夹装 51×6.5

h 12 6

i 无 藏纸 黑 完整

j

124.9

a 13-9

b སྙིང་པོ་དོན་གསུམ་གྱི་ཟིན་བྲིས་གྲུབ་ཆེན་ཞལ་ལུང་གསལ་བའི་མེ་ལོང་།

三心要义随闻录·大成就师语教明镜

c རྣམ་ཐར།

d

e ཞལ་གདམས།（教言）

f 刻本 སྡེ་དགེ（四川德格）

པཎ་ཆེན་བསྟན་པའི་ཉི་མ་ཀྱཱ་ལ་བ་ཅོང་ཁ་པ་གློ་བཟང་དཔལ་ལྡན་ཆོས་གྲགས།

བློ་བཟང་ཚེ་རིང་། རྣམ་རྣད། དབྱངས་ཅན་གྲུབ་པའི་རྡོ་རྗེ།

g 乌金 梵夹装 51×6.5
h 15 6
i 无 藏纸 黑 完整
j

124.10
a 13-10

b བཏོར་མ་བརྒྱ་རྩའི་ཟིན་བྲིས་སྐལ་ལྡན་ཡིད་ཀྱི་རེ་སྐོང་།

百食子神馐供法记录·具缘满愿

c རྣམ་ཐར།

d

e ཆོ་ག（仪轨）

f 刻本 སྡེ་དགེ（四川德格）

g 乌金 梵夹装 51×6.5
h 27 6
i 无 藏纸 黑 完整
j

124.11
a 13-11

b ཐུན་དྲུག་ཚོ་གའི་དམིགས་རིམ་ཟིན་བྲིས་སྐལ་བཟང་རྣ་བའི་མཛེས་རྒྱན།

六座瑜伽仪轨所缘次第记录·具缘耳饰

c རྣམ་ཐར།

d

e ཆོ་ག（仪轨）

f 刻本 སྡེ་དགེ（四川德格）

g 乌金 梵夹装 51×6.5
h 14 6
i 无 藏纸 黑 完整
j

124.12
a 13-12

b བློ་སྦྱོང་དོན་བདུན་མའི་མའི་ཟིན་བྲིས་རྒྱལ་སྲས་སྙིང་ནོར།

修心七义论记录·佛子心宝

c ཧམ་ཧ་བ།

d

e བློ་སྦྱོང་།（修心）

f 刻本 སྡེ་དགེ（四川德格）

g 乌金 梵夹装 51×6.5
h 93 6
i 无 藏纸 黑 完整
j

124.13
a 13-13

b ན་རོ་ཆོས་དྲུག་གི་ཟིན་བྲིས་ཡིད་ཆེས་དགོངས་རྒྱན།

那若六法随闻录·胜解密意庄严

c ཧམ་ཧ་བ།

d ཆུ་སྟག་ལོ 水虎年（1662） དངུལ་ཆུའི་རི་ཁྲོད།（欧曲静修院）

e གསང་སྔགས།（密宗）

f 刻本 སྡེ་དགེ（四川德格）

g 乌金 梵夹装 51×6.5

h 45 6

i 无 藏纸 黑 完整

j

125

A 3550-3551 1171

B རྗེ་དགེ་འདུན་གྲུབ་པའི་གསུང་འབུམ།

杰·根敦珠巴文集

C ཀ

D རྒྱལ་བ་དགེ་འདུན་གྲུབ། དགེ་ལུགས། རབ་བྱུང་བདུན་པའི་ལྕགས་ལུག་ལོ་༡༣༩༡ལ་ཡབ་མགོན་པོ་རྡོ་རྗེ་དང་ཡུམ་ཇོ་མོ་ནམ་སྐྱིད་གཉིས་ཀྱི་སྲས་སུ་དཔལ་ལྡན་ས་སྐྱའི་འགྲོག་པའི་ལྷས་ར་ཞིག་ཏུ་སྐུ་འཁྲུངས། བྱང་པའི་ཆེན་པོ་སྣ་ལྡན་པས་སློབ་དཔོན་མཛད་དེ་རབ་ཏུ་བྱུང་བ་དང་དགེ་ཚུལ་གྱི་སྡོམ་པ་ཡང་དག་པར་མནོས། མཚན་དགེ་འདུན་གྲུབ་པ་དཔལ་ཞེས་གསོལ། འཇམ་མགོན་བླ་མ་ཙོང་ཁ་པ་ཆེན་པོ་དང་། མཁན་ཆེན་གྲུབ་པ་ཤེས་རབ། རྗེ་ཤེས་རབ་སེང་གེ་སོགས་ཡོངས་འཛིན་ལྔ་བཅུ་སྐོར་གྱི་ཞབས་ལ་གཏུགས་ནས་སྙན་གྲགས་གང་སར་ཁྱབ། ༡༤༤༧ལོར་བཀྲ་ཤིས་ལྷུན་པོ་ཕྱག་བཏབས། འདུལ་འཛིན་དཔལ་ལྡན་བཟང་པོ། རྡོ་རྗེ་སློབ་དཔོན་བཟང་པོ་བཀྲ་ཤིས། སྨོན་ལམ་དཔལ་ལེགས་པའི་སྣ་གྲོས་སོགས་སློབ་མ་གངས་རིའི་ཁྲོད་མ་ ཁྱབ་པ་མེད། གསུང་རྩོམ་འདུལ་བའི་ པླེགས་བམ་ཆེན་ཤོ་སོགས་པོད་བདུན་ཙམ་བཞུགས། རབ་བྱུང་བརྒྱད་པའི་ཤིང་རྟ་ལོ་༡༤༧༤ལ་དགོངས་པ་གཞན་དོན་དུ་ཕེབས།དེད་དཔེ་མཛོད་ཁང་དུ་བཀྲ་ཤིས་ལྷུན་པར་པོད་ཅཀ---ཅ ཨ ཨང་རྟགས་༣༢༢༠-- ༣༢༣༧མི་རིགས་པོ་བྲང་ནས་ཕྱིར་འབུལ་ཞུས་པ་པོད་༣ ཀ--ག ཨང་རྟགས་༣༥༥༠--༣༥༥༡ བླ་བྲང་གི་པར་པོད་༥ ཀ--ཅ ཨང་རྟགས་༩༡༡༧--༩༡༢༡ བཞུགས།

杰·根敦珠巴（1391—1474）：属格鲁派。诞生于萨迦寺附近的一个牧民家庭，为第三子。15 岁在那塘寺出家，25 岁时赴前藏昌珠寺学习因明和中观等，后拜宗喀巴、西绕僧格等 50 余名高僧为师，学者之威名扬全藏，并撰写《因明经典智慧饰》（ཚད་མ་བསྟན་བཅོས་ཆེན་པོ་རིག་པའི་རྒྱན།）。1447 年创建扎什伦布寺。曾谢绝被迎请出任甘丹寺堪布。1464 年，召集各地书法家，缮写《甘珠尔》。尊师一生恪守清规戒律。精通藏、汉、蒙、梵四种语言。其弟子遍及藏区。西藏图书馆藏有民族文化宫图书馆赠送的文集3函，编号为3550—3553；扎什伦布寺版6函，编号在3220—3237间；夏河拉卜楞寺版5函，编号在4917—4931间。

E 馆藏齐全。

125.1

a 1-1

b ལེགས་པར་གསུངས་པའི་དམ་པའི་ཆོས་འདུལ་བའི་གླེང་གཞི་དང་རྟོགས་པ་བརྗོད་པ་ལུང་སྡེ་བཞི་ཀུན་ལས་བཏུས་པ་རིན་པོ་ཆེའི་མཛོད།

善说正法毗奈耶因缘与事记·四部阿含总摄宝藏

c རྒྱལ་བ་དགེ་འདུན་གྲུབ།

d

e འདུལ་བ།（律经）

f 刻本 བཀྲ་ཤིས་ལྷུན་པོ།（西藏日喀则扎什伦布寺）

g 乌金 梵夹装 55×7

h 561 7

i 有藏纸黑完整

j 封面钤有“民族文化宫图书馆藏”印；民族宫目录中为428叶。

126

A 3552 1172

B དགེ་འདུན་གྲུབ་པའི་གསུང་འབུམ།

杰·根敦珠巴文集

C ཁ

D རྗེ་ལའི་བླ་མ་སྐུ་ཕྲེང་དང་པོ་རྒྱལ་བ་དགེ་འདུན་གྲུབ།

同3550介绍。

E 馆藏齐全。

126.1

a 1-1

b ལེགས་པར་གསུངས་པའི་དམ་པའི་ཆོས་འདུལ་བའི་དམ་པའི་ཆོས་འདུལ་བ་མཐའ་དག་གི་སྙིང་པོའི་དོན་

ལེགས་པར་བཤད་པ་རིན་པོ་ཆེའི་ཕྲེང་བ།

善说正法一切毗奈耶要义·格言宝鬘

c པཎ་ཆེན་དགེ་འདུན་གྲུབ།

d བཀྲ་ཤིས་ལྷུན་པོ།（西藏日喀则扎什伦布寺）

e འདུལ་བ།（律经）

f 刻本 བཀྲ་ཤིས་ལྷུན་པོ།（西藏日喀则扎什伦布寺） དམ་པ་སངས་རྒྱས།

g 乌金 梵夹装 49×7

h 476 7

i 有藏纸黑完整

j 封面钤有“民族文化宫图书馆藏”印。

127

A 3553 1173

B དགེ་འདུན་གྲུབ་པའི་གསུང་འབུམ།

杰·根敦珠巴文集

C ཀ

D ཧཱ་ལའི་བླ་མ་སྐུ་ཕྲེང་དང་པོ་རྒྱལ་བ་དགེ་འདུན་གྲུབ།

同3550介绍。

E 此函民族宫目录著录为4卷，西藏图书馆藏品中多出一卷。

127.1

a 5-1

b རྗེ་ཐམས་ཅད་མཁྱེན་པ་པཎ་ཆེན་དགེ་འདུན་གྲུབ་ཀྱི་གསུང་འབུམ་ཀ་པའི་དཀར་ཆག

杰·根敦珠巴文集ཀ函目录

c པཎ་ཆེན་དགེ་འདུན་གྲུབ།

d

e དཀར་ཆག（目录）

f 刻本 བཀྲ་ཤིས་ལྷུན་པོ།（西藏日喀则扎什伦布寺）

g 乌金 梵夹装 50×7
h 1 7
i 无 藏纸 黑 完整
j 封面钤有“民族文化宫图书馆藏”印；民族宫目录中无此件。

127.2
a 5-2

b སོ་སོའི་ཐར་པའི་མདོའི་རྣམ་བཤད་གཞུང་དོན་གསལ་བའི་ཉི་མ།

別解脱戒经解说・显经义之日光

c པཎ་ཆེན་དགེ་འདུན་གྲུབ།

d

e འདུལ་བ།（律经）

f 刻本 བཀྲ་ཤིས་ལྷུན་པོ།（西藏日喀则扎什伦布寺）

g 乌金 梵夹装 48.5×7
h 53 7
i 有藏纸黑完整
j 封面钤有“民族文化宫图书馆藏”印。

127.3
a 5-3

b དམ་པའི་ཆོས་ཀྱི་མངོན་པའི་མཛོད་ཀྱི་རྣམ་པར་བཤད་པ་ཐར་ལམ་གསལ་བྱེད།

正法现对法藏释・阐明解脱道

c པཎ་ཆེན་དགེ་འདུན་གྲུབ།

d ཤིང་ཕག 木猪年（1455）

e　མཛོད།（俱舍论）

f　刻本　བཀྲ་ཤིས་ལྷུན་པོ།（西藏日喀则扎什伦布寺）　དགེ་སློང་བློ་བཟང་སྐལ་བཟང་རྒྱ་མཚོ།

g　乌金　梵夹装　51×7
h　227　7
i　有藏纸黑完整
j　封面钤有“民族文化宫图书馆藏”印；民族宫目录中为220叶。

127.4
a　5-4

b　དབུ་མ་འཇུག་པའི་བསྟན་བཅོས་ཀྱི་དགོངས་པ་རབ་ཏུ་གསལ་བའི་མེ་ལོང་།

入中论释·善显意趣明镜

c　དབུ་མ་ཆེན་པོ་རྣལ་འབྱོར་བ་དགེ་འདུན་གྲུབ།

d　སྣར་ཐང་།（西藏日喀则那塘寺）

e　དབུ་མ།（中观）

f　刻本　བཀྲ་ཤིས་ལྷུན་པོ།（西藏日喀则扎什伦布寺）

g　乌金　梵夹装　46×7
h　53　7
i　有藏纸黑完整
j　封面钤有“民族文化宫图书馆藏”印，民族宫目录中为57叶。

127.5
a　5-5

b　དབུ་མ་ཤེས་རབ་ཀྱི་ངག་དོན་བཤད་པ་རིན་པོ་ཆེའི་ཕྲེང་བ།

中观根本般若颂语义释·大宝鬘

c　པཎ་ཆེན་དགེ་འདུན་གྲུབ།

d　སྣར་ཐང་།（西藏日喀则那塘寺）

e　དབུ་མ།（中观）

f　刻本　བཀྲ་ཤིས་ལྷུན་པོ།（西藏日喀则扎什伦布寺）

g　乌金　梵夹装　47×7
h　48　7
i　无　藏纸　黑　完整
j　封面钤有“民族文化宫图书馆藏”印。

128
A　**3554　1175**

B　དགེ་འདུན་གྲུབ་པའི་གསུང་འབུམ།

杰·根敦珠巴文集

C　**ཙ**

D　དྷ་ལའི་བླ་མ་སྐུ་ཕྲེང་དང་པོ་རྒྱལ་བ་དགེ་འདུན་གྲུབ།

同 3550 介绍。
E　此函在民族宫目录中为 13 卷，西藏图书馆藏品中多出一卷。

128. 1
a　14-1

b　རྗེ་ཐམས་ཅད་མཁྱེན་པ་དགེ་འདུན་གྲུབ་པ་དཔལ་བཟང་པོའི་རྣམ་ཐར་ངོ་མཚར་རྨད་བྱུང་ནོར་བུའི་ཕྲེང་བ་ཞེས་བྱ་བ་བཞུགས།

至尊一切智根敦珠传·希有卓越宝鬘

c　ཤཱཀྱའི་དགེ་སློང་ཡེ་ཤེས་རྩེ་མོ།（བཀྲ་ལྷུན་ཁྲི་པ་༤པ）

d　ཤིང་ཕོ་སྟག་གི་ལོའི་ཆོ་འཕྲུལ་ཆེན་པོ་དབོན་ཟླ་བའི་ཉེར་ལྔ།　木阳虎年（1434）藏历二月二十五日　　བཀྲས་ལྷུན་གཟིམས་ཁང་།（西藏日喀则扎什伦布寺）

e　རྣམ་ཐར།（传记）

f　刻本　བཀྲ་ཤིས་ལྷུན་པོ།（西藏日喀则扎什伦布寺）

g　乌金　梵夹装　50×7
h　64　6

i 无 藏纸 黑 完整
j 封面钤有“民族文化宫图书馆藏”印；民族宫目录中为63叶。

128.2
a 14-2
b བླ་མ་ཐམས་ཅད་མཁྱེན་པའི་རྣམ་ཐར་ངོ་མཚར་མཛད་པ་བཅུ་གཉིས་པ་བཞུགས་སོ།།
上师一切智之十二希有事业传记
c དགེ་སློང་སློམས་ལས་པ་ཀུན་དགའ་རྒྱན་མཚན།
d མེ་མོ་སྦྲུལ་ལོ། 火阴蛇年（1437） དཔལ་རྩེས་ཐང་གི་ཆོས་སྡེ་ཆེན་པོ།
e རྣམ་ཐར། （传记）
f 刻本 བཀྲ་ཤིས་ལྷུན་པོ། （西藏日喀则扎什伦布寺）
g 乌金 梵夹装 50×7
h 25 6
i 无 藏纸 黑 完整
j 封面钤有“民族文化宫图书馆藏”印；民族宫目录中为21叶。

128.3
a 14-3
b བཅོམ་ལྡན་འདས་ཐུབ་པའི་དབང་པོའི་རྣམ་པར་ཐར་པ་ལ་བསྟོད་པ་བདུད་དཔུང་ཕྱེ་མ་འཐག་པ་ཞེས་
བྱ་བ་བཞུགས།
薄伽梵能仁王佛传赞·粉碎魔军
c ཤྲཱའི་དགེ་སློང་དགེ་འདུན་གྲུབ་པ།
d བྱང་ཆུབ་ཆེན་པོའི་དབེན་གནས་ཐེག་ཆེན་པོ་གླིང་།
e བསྟོད་པ། （赞颂）
f 刻本 བཀྲ་ཤིས་ལྷུན་པོ། （西藏日喀则扎什伦布寺）
g 乌金 梵夹装 50×7
h 9 6
i 无 藏纸 黑 完整

j　封面钤有“民族文化宫图书馆藏”印；民族宫目录中为 8 叶。

128.4
a　14-4
b　ཇེ་ཐམས་ཅད་མཁྱེན་པ་དགེ་འདུན་གྲུབ་པ་དཔལ་བཟང་པོའི་གསུང་ཐོར་བུ་བ་སྣ་ཚོགས་བཞུགས་སོ།།
一切智根敦珠巴各体散文集
c　དཔལ་སྣར་ཐང་པ་དགེ་འདུན་གྲུབ།
d　དཔལ་ལྡན་རྒྱལ་སྡེང་གི་གཙུག་ལག་ཁང་།
e　ཐོར་བུ་སྣ་ཚོགས།（散集）
f　刻本　བཀྲ་ཤིས་ལྷུན་པོ།（西藏日喀则扎什伦布寺）
g　乌金　梵夹装　50×7
h　73　6
i　无　藏纸　黑　完整
j　封面钤有“民族文化宫图书馆藏”印；民族宫目录中为 120 叶。

128.5
a　14-5
b　འཆི་ལྟས་བརྟག་པ་གྲུབ་རྒྱལ་ལུགས་ཀྱི་ཚེ་དབང་ལ་བརྟེན་ནས་ཚེ་བསྲིང་ཐབས་སྒྲོལ་མ་དཀར་མོའི་ཚེ་སྒྲུབ་ཀྱི་སྒོ་ནས་ཚེ་བསྲིང་ཐབས་ནམ་མཁའ་ཟས་སུ་ཟ་བའི་སྒོ་ནས་ཚེ་བསྲིང་ཐབས་འཕོ་བ་སྲུང་བ་རྣམས་བཞུགས་སོ།།
依珠加派生死占卜法之长寿灌顶来延寿、白度母长寿修持来护寿往生修法
c　བཙུན་པ་དགེ་འདུན་གྲུབ་པ།
d　ལ་ཤར་གྱི་བར་གྲོང་རྣམ་པར་རྒྱལ་བའི་ཁང་བཟང་དཔོན་ཁང་དཔལ་འབྱོར་ལྷུན་གྲུབ།
e　ཚེ་སྒྲུབ།（长寿修法）
f　刻本　བཀྲ་ཤིས་ལྷུན་པོ།（西藏日喀则扎什伦布寺）
g　乌金　梵夹装　50×7
h　20　6
i　无　藏纸　黑　完整
j　封面钤有“民族文化宫图书馆藏”印；民族宫目录中无此件。

128.6

a　14-6

b　སྒྲོལ་དཀར་ཐུན་མོང་མ་ཡིན་པའི་རྗེས་གནང་བཞུགས།

　白度母不共之随许法

c

d

e　རྗེས་གནང་།（随许）

f　刻本　བཀྲ་ཤིས་ལྷུན་པོ།（西藏日喀则扎什伦布寺）

g　乌金　梵夹装　50×7

h　4　6

i　无　藏纸　黑　完整

j　封面钤有“民族文化宫图书馆藏”印。

128.7

a　14-7

b　སྒྲོལ་མ་ཕྱག་འཚལ་ཉེར་གཅིག་གི་ཊཱིཀཱ་རིན་པོ་ཆེའི་ཕྲེང་བ་དང་སྒྲོལ་ལྗང་སྒྲུབ་ཐབས་བཞུགས་སོ།།

　敬礼二十一度母赞注释·大宝鬘与绿度母修法

c

d　ཆོས་གྲྭ་ཆེན་པོ་བཀྲ་ཤིས་ལྷུན་པོ།（西藏日喀则扎什伦布寺）

e　བསྟོད་འགྲེལ།（赞颂释）

f　刻本　བཀྲ་ཤིས་ལྷུན་པོ།（西藏日喀则扎什伦布寺）

g　乌金　梵夹装　50×7

h　10　6

i　无　藏纸　黑　完整

j　封面钤有“民族文化宫图书馆藏”印；民族宫目录中为9叶。

128.8

a　14-8

b　དཔལ་དུས་ཀྱི་འཁོར་ལོའི་རིམ་གཉིས་ཀྱི་ཟིན་བྲིས་མཁས་པའི་ཡིད་འཕྲོག་བཞུགས་སོ།།

　吉祥时轮之二次第笔录·智者悦意

c ཀུན་མཁྱེན་འཕགས་འོད་ཡོན་ཏན་རྒྱ་མཚོའི་གདུལ་བྱའི་ཐ་ཆུང་བཙུན་པ་དགེ་འདུན་གྲུབ།

d ལྷུན་གྲུབ་སྡེ་ཆེན་གྱི་བདེ་འཇོར་རྣམ་སྲས་གླིང་།

e དུས་འཁོར།（时轮）

f 刻本 བཀྲ་ཤིས་ལྷུན་པོ།（西藏日喀则扎什伦布寺）

g 乌金 梵夹装 50×7
h 20 6
i 无 藏纸 黑 完整
j 封面钤有“民族文化宫图书馆藏”印；民族宫目录中为 17 叶。

128.9
a 14-9

b ཐེག་པ་ཆེན་པོ་བློ་སྦྱོང་གི་གདམས་པ་བཞུགས་སོ།།

大乘修心之教授

c

d ཆོས་གྲྭ་ཆེན་པོ་བཀྲ་ཤིས་ལྷུན་པོ།（西藏日喀则扎什伦布寺）

e ཐེག་ཆེན་བློ་སྦྱོང་།（大乘修心）

f 刻本 བཀྲ་ཤིས་ལྷུན་པོ།（西藏日喀则扎什伦布寺）

g 乌金 梵夹装 50×7
h 54 6
i 无 藏纸 黑 完整
j 封面钤有“民族文化宫图书馆藏”印；民族宫目录中为 47 叶。

128.10
a 14-10

b རྒྱལ་པོ་ཟླ་བ་བཟང་པོའི་རྣམ་འཕྲུལ་ཏའི་སི་ཏུ་ཆེན་པོ་རྣམ་རྒྱལ་གྲགས་པའི་དྲི་བ་བཞུགས་སོ།།

月贤王之化身大司徒朗吉扎巴之启问

c

d རྩོམ་ལྡན་གྱི་ལོ་ཁྲུམས་ཀྱི་ཟླ་བའི་ཚེས་གསུམ། 土兔年（1459）藏历八月

ངམ་རིངས།（西藏日喀则昂仁）

e དྲི་བ་དྲིས་ལན།（问答）

f 刻本 བཀྲ་ཤིས་ལྷུན་པོ།（西藏日喀则扎什伦布寺）

g 乌金 梵夹装 50×7
h 3 6
i 无 藏纸 黑 完整
j 封面钤有“民族文化宫图书馆藏”印。

128.11
a 14-11

b རྒྱལ་པོ་ཟླ་བ་བཟང་པོའི་རྣམ་འཕྲུལ་ཏའི་སི་ཏུ་ཆེན་པོ་རྣམ་རྒྱལ་གྲགས་པའི་དྲི་བའི་ལན་བཞུགས་སོ།།

答月贤王之化身大司徒朗吉扎巴之问答

c ཆོས་སྨྲ་བའི་བཙུན་པ་དགེ་འདུན་གྲུབ་དཔལ་བཟང་པོ།

d བཀྲ་ཤིས་ལྷུན་པོ་དཔལ་གྱི་བདེ་ཆེན་ཕྱོགས་ཐམས་ཅད་ལས་རྣམ་པར་རྒྱལ་བའི་གླིང་།（西藏日喀则扎什伦布寺）

e དྲི་བ་དྲིས་ལན།（问答）

f 刻本 བཀྲ་ཤིས་ལྷུན་པོ།（西藏日喀则扎什伦布寺）

g 乌金 梵夹装 50×7
h 27 6
i 无 藏纸 黑 完整
j 封面钤有“民族文化宫图书馆藏”印；民族宫目录中为24叶。

128.12
a 14-12

b དུས་ཆེན་ངོས་འཛིན་དང་ཆོ་འཕྲུལ་བསྟོད་པ་བཞུགས།

识别大节日与神变节赞

c
d

e བསྟོད་པ།（赞颂）

f 刻本 བཀྲ་ཤིས་ལྷུན་པོ། （西藏日喀则扎什伦布寺）

g 乌金 梵夹装 50×7
h 3 6
i 无 藏纸 黑 完整
j 封面钤有“民族文化宫图书馆藏”印。

128.13
a 14-13

b ཆོས་རྒྱལ་ཡབ་ཡུམ་གྱི་བསྐང་གསོ་བསྟོད་བསྐུལ་དང་བཅས་པ་བཞུགས།

法王双尊之酬供、赞颂、劝请等
c
d

e བསྐང་གསོ། （酬供）

f 刻本 བཀྲ་ཤིས་ལྷུན་པོ། （西藏日喀则扎什伦布寺）

g 乌金 梵夹装 50×7
h 8 6
i 无 藏纸 黑 完整
j 封面钤有“民族文化宫图书馆藏”印。

128.14
a 14-14

b མགོན་པོ་ལེགས་ལྡན་གྱི་གཏོར་ཆོག་བཞུགས།

怙主勒登之供神馐仪轨
c
d

e གཏོར་ཆོག （神馐仪轨）

f 刻本 བཀྲ་ཤིས་ལྷུན་པོ། （西藏日喀则扎什伦布寺）

g 乌金 梵夹装 50×7
h 3 6
i 无 藏纸 黑 完整
j 封面钤有“民族文化宫图书馆藏”印；民族宫目录中为5叶。

129
A 3555 4589

B དགེ་འདུན་གྲུབ་པའི་གསུང་འབུམ།

杰·根敦珠巴文集

C ཆ

D རྗེ་ཡབ་ཀྱི་བླ་མ་སྐུ་ཕྲེང་དང་པོ་རྒྱལ་བ་དགེ་འདུན་གྲུབ།

同 3550 介绍。

E 此函在民族宫目录中无函号。馆藏齐全。

129.1

a 3-1

b གཏོར་མའི་ཆོ་ག་ཚིག་དོན་རབ་གསལ་ཞེས་བྱ་བ་ཐམས་ཅད་མཁྱེན་པ་དགེ་འདུན་གྲུབ་ཀྱི་གསུང་ཟིན་བྲིས་སུ་བཀོད་པ་བཞུགས།

据一切智根敦珠所述而笔录之神馐仪轨·词义显明

c

d

e ཆོ་ག（仪轨）

f 刻本 བཀྲ་ཤིས་ལྷུན་པོ།（西藏日喀则扎什伦布寺）

g 乌金 梵夹装 50×7

h 16 6

i 无 藏纸 黑 完整

j 封面钤有“民族文化宫图书馆藏”印。

129.2

a 3-2

b ཐེག་པ་ཆེན་པོའི་བློ་སྦྱོང་གི་འཁྲིད་ཚུང་ཟད་བསྡུས་པ་བཞུགས།

大乘修心指导简编

c

d

e བློ་སྦྱོང་།（修心）

f 刻本 བཀྲ་ཤིས་ལྷུན་པོ།（西藏日喀则扎什伦布寺）

g 乌金 梵夹装 50×7
h 26 6
i 无 藏纸 黑 完整
j 封面钤有“民族文化宫图书馆藏”印。

129.3
a 3-3

b དཔལ་གསང་བ་འདུས་པའི་སྒོ་ནས་རབ་ཏུ་གནས་པར་བྱེད་པའི་ཆོ་ག་མདོར་བསྡུས་པ་བཞུགས་སོ།།
吉祥密集开光仪轨略摄

c ཤཱཀྱའི་དགེ་སློང་དགེ་འདུན་གྲུབ་པ།

d

e ཆོ་ག（仪轨）

f 刻本 བཀྲ་ཤིས་ལྷུན་པོ།（西藏日喀则扎什伦布寺）

g 乌金 梵夹装 50×7
h 11 6
i 无 藏纸 黑 完整
j 封面钤有“民族文化宫图书馆藏”印。

130
A 3556-3557 1162

B དགེ་འདུན་རྒྱ་མཚོའི་གསུང་འབུམ།
根敦嘉措文集

C ཀ

D རྒྱལ་བ་དགེ་འདུན་རྒྱ་མཚོ། དགེ་ལུགས།རབ་བྱུང་བརྒྱད་པའི་མེ་སྤྲེལ་༡༤༧༦ལོར་ཡབ་ཀུན་དགའ་རྒྱལ་མཚན་དང་

ཡུམ་ཀུན་དགའ་བཟང་མོ་གཉིས་ཀྱི་སྲས་སུ་གཙང་རྟ་ནག་ཏུ་སྐུ་འཁྲུངས། དགུང་ལོ་བདུན་ལ་ཐོས་བསམ་གླིང་གི་ཀུན་

མཁྱེན་ཆོས་འཕྱོར་དཔལ་བཟང་གིས་རྒྱལ་བ་དགེ་འདུན་གྲུབ་པའི་སྤྲུལ་སྐུར་ངོས་འཛིན་མཛད། མེ་རྟ་ལོར་པཎ་ཆེན་ལུང་

རིགས་རྒྱ་མཚོའི་མདུན་ནས་དགེ་བསྙེན་གྱི་སྡོམ་པ་བཞེས། མཚན་དགེ་འདུན་རྒྱ་མཚོ་ཞེས་གསོལ། ལོ་དེར་གནས་སྙིང་ཆོས་རྗེ་ཀུན་དགའ་བདེ་ལེགས་པས་མཁན་པོ་དང་། པཎ་ཆེན་ལུང་རིགས་རྒྱ་མཚོས་སློབ་དཔོན་མཛད་དེ་དགེ་ཚུལ་གྱི་བསླབ་པ་བཞེས། པཎ་ཆེན་ཡེ་ཤེས་རྩེ་མོ། འཇམ་དབྱངས་ལེགས་པ་ཆོས་འབྱོར། མཁས་གྲུབ་ནོར་བཟང་རྒྱ་མཚོ་སོགས་བླ་མ་མང་པོ་བསྟེན་ནས་མཁས་པར་གྱུར། དགུང་ལོ་སོ་བཞི་ལ་ཆོས་འཁོར་རྒྱལ་མེ་ཏོག་ཐང་གི་དགོན་པ་ཕྱག་བཏབ། དགུང་ལོ་ཞེ་གསུམ་ལ་འབྲས་སྤུངས་ཁྲི་པ་དགུ་པ་མཛད། དགུང་ལོ་ང་གཉིས་ལ་སེ་རའི་གདན་ས་ཡང་མཛད། སློབ་མ་ཁྲི་རིན་པོ་ཆེ་བདེ་བ་ཅན་པ་ཆོས་རྗེ་དགེ་ལེགས་དཔལ་བཟང་སོགས་མང་དུ་བྱོན། རབ་བྱུང་དགུ་པའི་ཆུ་སྟག་༡༥༤༢ལོར་འབྲས་སྤུངས་སུ་ཞི་བར་གཤེགས། གསུང་རྩོམ《གྲུབ་མཐའ་རྒྱ་མཚོར་འཇུག་པའི་གྲུ་གཟིངས》སོགས་པོད་ལྔ་ཙམ་བཞུགས། ངེད་དཔེ་མཛོད་ཁང་དུ་མི་རིགས་པོ་བྲང་ནས་ཕྱིར་འབུལ་ཞུས་པའི་གྲས་པོད་༧ཨང་རྟགས་ ༣༥༥༦--༣༥༦༢ བཞུགས་ཀྱང་ནང་དོན་ཆ་མི་ཚང་།།

根敦嘉措（1476—1542）：属格鲁派。诞生于后藏达纳。7 岁被认定为根敦珠巴转世。11 岁在扎什伦布寺举行坐床典礼。后至白居寺等地，又迎请至哲蚌寺。43 岁任哲蚌寺第九任法台；52 岁任色拉寺法台；1517 年出任甘丹寺法台。帕竹第司奉献哲蚌寺的青石殿为尊师居所，并改名为噶丹颇章。最终在哲蚌寺圆寂，享年 68 岁。其著述以赞文、教诫、传记类为主，著作有《教派入门》等 5 函。西藏图书馆藏北京民族文化宫图书馆赠送的文集有 7 函，编号为 3556—3562，但内容不全。

E 此函在民族宫目录中为 8 卷，西藏图书馆藏品中仅存一卷。

130. 1

a 1-1

b དཔལ་གསང་བ་འདུས་པའི་རིམ་པ་དང་པོའི་ལམ་ལ་སློབ་པའི་ཚུལ།

吉祥密集第一次第道修学法

c མཁན་རིན་པོ་ཆེ་དགེ་འདུན་རྒྱ་མཚོ་དཔལ་བཟང་པོ།

d འབྲས་སྤུངས།（西藏拉萨哲蚌寺）

e གསང་འདུས་ཀྱི་སྐོར།（密集）

f 刻本 དགའ་ལྡན་ཕུན་ཚོགས་གླིང་།（西藏日喀则噶丹彭措林） དགེ་སློང་རྡུལ་བྲལ།

g 乌金 梵夹装 46×7

h 39 7

i 无 藏纸 黑 完整

j 封面钤有“民族文化宫图书馆藏”印。

131

A 3558-3559 1163

B དགེ་འདུན་རྒྱ་མཚོའི་གསུང་འབུམ།

根敦嘉措文集

C ཁ

D རྒྱལ་དབང་སྐུ་ཕྲེང་གཉིས་པ་དགེ་འདུན་རྒྱ་མཚོ།

同 3556 介绍。

E 此函民族宫目录著录为 17 卷，西藏图书馆藏品缺一卷：《至尊一切智根敦嘉措文集第二函目录》。

131.1

a 16-1

b རྗེ་ཐམས་ཅད་མཁྱེན་པའི་གསུང་འབུམ་ཐོར་བུ་ལས་དཔལ་རྡོ་རྗེ་འཇིགས་བྱེད་ཀྱི་རིམ་པ་དང་པོའི་ལམ་ལ་སློབ་པའི་ཚུལ་བསྐྱེད་རིམ་གསལ་བའི་སྒྲོན་མེ།

至尊一切智散集中吉祥怖畏金刚第一次第道休学法·生起次第明灯

c མཁན་རིན་པོ་ཆེ་དགེ་འདུན་རྒྱ་མཚོ་དཔལ་བཟང་པོ།

d

e གསང་སྔགས།（密宗）

f 刻本 དགའ་ལྡན་ཕུན་ཚོགས་གླིང་།（西藏日喀则噶丹彭措林） ཡོན་ཏན་མཆོག

g 乌金 梵夹装 48×6

h 26 6

i 无 藏纸 黑 完整

j 封面钤有“民族文化宫图书馆藏”印。

131.2

a 16-2

b རྗེ་ཐམས་ཅད་མཁྱེན་པའི་གསུང་འབུམ་ཐོར་བུ་ལས་ན་རོ་ཆོས་དྲུག་གི་དམིགས་རིམ་ཡེ་ཤེས་མཁའ་འགྲོའི་ཞལ་

ལུང་།

至尊一切智散集中那若六法之所缘次第·智慧空行之口传

c མཁན་རིན་པོ་ཆེ་དགེ་འདུན་རྒྱ་མཚོ་དཔལ་བཟང་པོ།

d འཇོམས་རྒྱལ་མཚན་རྩེ།

e ཞལ་ལུང་།（教诫）

f 刻本 དགའ་ལྡན་ཕུན་ཚོགས་གླིང་།（西藏日喀则噶丹彭措林）

g 乌金 梵夹装 47×6

h 15 6

i 无 藏纸 黑 完整

j 封面钤有“民族文化宫图书馆藏”印。

131.3

a 16-3

b རྗེ་ཐམས་ཅད་མཁྱེན་པའི་གསུང་འབུམ་ཐོར་བུ་ལས་དྲིལ་བུ་ལུ་ལྔའི་སྒྲུབས་ཐབས།

至尊一切智散集中枳布传规之五尊修法·悉地宝藏

c མཁན་རིན་པོ་ཆེ་དགེ་འདུན་རྒྱ་མཚོ་དཔལ་བཟང་པོ།

d བཀྲ་ཤིས་ལྷུན་པོ།（西藏日喀则扎什伦布寺）

e སྒྲུབ་ཐབས།（修心法）

f 刻本 དགའ་ལྡན་ཕུན་ཚོགས་གླིང་།（西藏日喀则噶丹彭措林）

ཆོས་ཀྱི་དཔལ་འབྱོར་ལེགས་པ།

g 乌金 梵夹装 49×6

h 15 6

i 无 藏纸 黑 完整

j 封面钤有“民族文化宫图书馆藏”印。

131.4
a 16-4
b རྗེ་ཐམས་ཅད་མཁྱེན་པའི་གསུང་འབུམ་ཐོར་བུ་ལས་བདེ་མཆོག་དྲིལ་བུ་ལུགས་ཀྱི་སྦྱིན་སྲེག
至尊一切智散集中枳布传规之胜乐护摩法
c མཁན་རིན་པོ་ཆེ་དགེ་འདུན་རྒྱ་མཚོ་དཔལ་བཟང་པོ།
d
e སྦྱིན་སྲེག（火供）
f 刻本 དགའ་ལྡན་ཕུན་ཚོགས་གླིང་།（西藏日喀则噶丹彭措林） ཚེ་དཔལ།
g 乌金 梵夹装 46×6
h 8 6
i 无 藏纸 黑 完整
j 封面钤有“民族文化宫图书馆藏”印。

131.5
a 16-5
b རྗེ་ཐམས་ཅད་མཁྱེན་པའི་གསུང་འབུམ་ཐོར་བུ་ལས་གྲུབ་ཆེན་དྲིལ་བུ་ལུགས་ཀྱི་བདེ་མཆོག་ལུས་དཀྱིལ་གྱི་བསྐྱེད་རིམ།
至尊一切智散集中大成就枳布传规之胜乐身曼荼罗生起次第
c མཁན་རིན་པོ་ཆེ་དགེ་འདུན་རྒྱ་མཚོ་དཔལ་བཟང་པོ།
d
e གསང་སྔགས།（密宗）
f 刻本 དགའ་ལྡན་ཕུན་ཚོགས་གླིང་།（西藏日喀则噶丹彭措林） ཡོན་མཆོག
g 乌金 梵夹装 46.5×5.5
h 27 6
i 无 藏纸 黑 完整
j 封面钤有“民族文化宫图书馆藏”印。

131.6

a 16-6

b དཔལ་འཁོར་ལོ་སྡོམ་པའི་རིམ་པ་དང་པོའི་ལམ་ལ་སློབ་པའི་ཚུལ་གོ་བདེ་བར་བརྗོད་པ་འདོད་པ་འཛོ་བའི་སྙིང་པོ།

吉祥胜乐第一次第道修学法易解·如意心要

c མཁན་རིན་པོ་ཆེ་དགེ་འདུན་རྒྱ་མཚོ་དཔལ་བཟང་པོ།

d ལྕགས་འབྲུག། 铁虎年（1530） འབྲས་སྤུངས།（西藏拉萨哲蚌寺）

e སྔགས།（密宗次第）

f 刻本 དགའ་ལྡན་ཕུན་ཚོགས་གླིང་།（西藏日喀则噶丹彭措林） བཤེས་གཉེན་བཀྲ་ཤིས།

g 乌金 梵夹装 47×6

h 62 6

i 无 藏纸 黑 完整

j 封面钤有“民族文化宫图书馆藏”印。

131.7

a 16-7

b རྗེ་ཐམས་ཅད་མཁྱེན་པའི་གསུང་འབུམ་ཐོར་བུ་ལས་སློབ་དཔོན་དྲིལ་བུ་ཞབས་ཀྱི་ལུགས་ཀྱི་འཁོར་ལོ་སྡོམ་པའི་

རྫོགས་རིམ་རིམ་པ་ལྔའི་གནད་དོན་གསལ་བར་བྱེད་པའི་ཉི་མའི་འོད་ཟེར།

至尊一切智散集中阿阇梨枳布传规之胜乐轮圆满次第五次第要义·显明之日光

c རྒྱལ་འབྱོར་བ་དགེ་འདུན་རྒྱ་མཚོ་དཔལ་བཟང་པོ།

d འཕར་བའི་ལོ། 铁牛年（1541） བཀྲ་ཤིས་ལྷུན་པོ།（西藏日喀则扎什伦布寺）

e གསང་སྔགས།（密宗）

f 刻本 དགའ་ལྡན་ཕུན་ཚོགས་གླིང་།（西藏日喀则噶丹彭措林） ཆོས་ཀྱི་དཔལ་འབྱོར་ལེགས་པ།

g 乌金 梵夹装 47×6

h 40 6

i 无 藏纸 黑 完整

j 封面钤有“民族文化宫图书馆藏”印。

131.8

a 16-8

b རྗེ་ཐམས་ཅད་མཁྱེན་པའི་གསུང་འབུམ་ཐོར་བུ་ལས་ཡི་དམ་སྒྲུབ་སྐོར་དང་རྗེས་གནང་གི་རིམ་པ།

至尊一切智散集中本尊修法类与随许法诸次第

c མཁན་རིན་པོ་ཆེ་དགེ་འདུན་རྒྱ་མཚོ་དཔལ་བཟང་པོ།

d

e རྗེས་གནང་།（灌顶）

f 刻本 དགའ་ལྡན་ཕུན་ཚོགས་གླིང་།（西藏日喀则噶丹彭措林）

g 乌金 梵夹装 49×6

h 66 6

i 无 藏纸 黑 完整

j 封面钤有“民族文化宫图书馆藏”印；民族宫目录中为63叶。

131.9

a 16-9

b དགེ་སློང་མ་དཔལ་མོའི་ལུགས་ཀྱི་ཐུགས་རྗེ་ཆེན་པོའི་སྒྲུབ་ཐབས།

比丘尼伯莫传规之大悲观音修法

c མཁན་རིན་པོ་ཆེ་དགེ་འདུན་རྒྱ་མཚོ་དཔལ་བཟང་པོ།

d

e སྒྲུབ་ཐབས།（修心法）

f 刻本 དགའ་ལྡན་ཕུན་ཚོགས་གླིང་།（西藏日喀则噶丹彭措林） ཕྱོགས་ལས་རྣམ་རྒྱལ།

g 乌金 梵夹装 50×6

h 8 6

i 无 藏纸 黑 完整

j 封面钤有“民族文化宫图书馆藏”印。

131.10

a 16-10

b རྗེ་ཐམས་ཅད་མཁྱེན་པའི་གསུང་འབུམ་ཐོར་བུ་ལས་རབ་ཏུ་གནས་པའི་ཆོ་ག་བཀྲ་ཤིས་སྙེ་མ།

至尊一切智散集中开光法·吉祥穗

c མཁན་རིན་པོ་ཆེ་དགེ་འདུན་རྒྱ་མཚོ་དཔལ་བཟང་པོ།

d བཀྲ་ཤིས་ལྷུན་པོ།（西藏日喀则扎什伦布寺）

e ཚོ་ག（仪轨）

f 刻本 དགའ་ལྡན་ཕུན་ཚོགས་གླིང་།（西藏日喀则噶丹彭措林） བཀྲ་ཤིས་ཆེ་དབང་།

g 乌金 梵夹装 46×6

h 19 6

i 无 藏纸 黑 完整

j 封面钤有“民族文化宫图书馆藏”印。

131.11

a 16-11

b རྗེ་ཐམས་ཅད་མཁྱེན་པའི་གསུང་འབུམ་ཐོར་བུ་ལས་གནས་བརྟན་ཕྱག་མཆོད།

至尊一切智散集中上座长老礼供法

c མཁན་རིན་པོ་ཆེ་དགེ་འདུན་རྒྱ་མཚོ་དཔལ་བཟང་པོ།

d

e ཚོ་ག（仪轨）

f 刻本 དགའ་ལྡན་ཕུན་ཚོགས་གླིང་།（西藏日喀则噶丹彭措林）

g 乌金 梵夹装 47×6

h 5 6

i 无 藏纸 黑 完整

j 封面钤有“民族文化宫图书馆藏”印。

131.12

a 16-12

b རྗེ་བཙུན་ཐམས་ཅད་མཁྱེན་པའི་གསུང་འབུམ་ཐོར་བུ་ལས་རྣལ་འབྱོར་དབང་ཕྱུག་བློ་གྲོས་སྦས་པའི་

མགུར་གྱི་འགྲེལ་བ།

至尊一切智散集中瑜伽自在师洛卓贝巴之道情歌释

c མཁན་རིན་པོ་ཆེ་དགེ་འདུན་རྒྱ་མཚོ་དཔལ་བཟང་པོ།

d

e མགུར་འགྲེལ།（道歌释）

f 刻本　དགའ་ལྡན་ཕུན་ཚོགས་གླིང་།（西藏日喀则噶丹彭措林）

g 乌金　梵夹装　47×6
h 3　6
i 无　藏纸　黑　完整
j 封面钤有“民族文化宫图书馆藏”印；民族宫目录中为6叶。

131.13
a 16-13

b བཅུད་ལེན་གྱི་གདམས་པ་རིམ་པ་ལྔ་པ།

服食教授第五次第

c བྱ་བྲལ་དགེ་འདུན་རྒྱ་མཚོ་དཔལ་བཟང་པོ།

d

e གདམས་ངག（授言）

f 刻本　དགའ་ལྡན་ཕུན་ཚོགས་གླིང་།（西藏日喀则噶丹彭措林）

g 乌金　梵夹装　48×7
h 3　6
i 无　藏纸　黑　完整
j 封面钤有“民族文化宫图书馆藏”印。

131.14
a 16-14

b རྗེ་བཙུན་ཐམས་ཅད་མཁྱེན་པའི་གསུང་འབུམ་ཐོར་བུ་ལས་དཀར་གཏོར་དང་གཏོར་མ་བརྒྱ་རྩའི་རིམ་པ།

至尊一切智散集中分开神馐与百食子次第

c མཁན་རིན་པོ་ཆེ་དགེ་འདུན་རྒྱ་མཚོ་དཔལ་བཟང་པོ།

d ཁྲུ་མཆོག 水马年（1522）　འབྲས་སྤུངས།（西藏拉萨哲蚌寺）

e ཆོ་ག（仪轨）

f　刻本　དགའ་ལྡན་ཕུན་ཚོགས་གླིང་།（西藏日喀则噶丹彭措林）

g　乌金　梵夹装　47.5×7
h　6　6
i　无　藏纸　黑　完整
j　封面钤有“民族文化宫图书馆藏”印。

131.15
a　16-15

b　རྗེ་བཙུན་ཐམས་ཅད་མཁྱེན་པའི་གསུང་འབུམ་ལས་དྲང་ངེས་རྣམ་འབྱེད་ཀྱི་དཀའ་འགྲེལ་དགོངས་པའི་དོན་རབ་ཏུ་གསལ་བར་བྱེད་པའི་སྒྲོན་མེ།

至尊一切智文集中辨了不了义释难·极显密义明灯

c　མཁན་རིན་པོ་ཆེ་དགེ་འདུན་རྒྱ་མཚོ་དཔལ་བཟང་པོ།

d　དཔལ་ཡེར་པ་ལྷ་རི་མགུལ།（西藏拉萨耶巴密乘寺）

e　དྲང་ངེས།（辨了不了义）

f　刻本　དགའ་ལྡན་ཕུན་ཚོགས་གླིང་།（西藏日喀则噶丹彭措林）　ཆོས་འཕེལ་བཟང་པོ།

g　乌金　梵夹装　47×7
h　106　6
i　无　藏纸　黑　完整
j　封面钤有“民族文化宫图书馆藏”印。

131.16
a　16-16

b　རྗེ་བཙུན་ཐམས་ཅད་མཁྱེན་པའི་གསུང་འབུམ་ཐོར་བུ་ལས་དབུ་མ་འཇུག་པའི་རྣམ་བཤད་དགོངས་པའི་དོན་རབ་ཏུ་གསལ་བའི་རྒྱན།

至尊一切智散集中入中论释·密义显明庄严

c　མཁན་རིན་པོ་ཆེ་དགེ་འདུན་རྒྱ་མཚོ་དཔལ་བཟང་པོ།

d　རྒྱལ་བའི་ལོ། 木马年（1534）　འབྲས་སྤུངས།（西藏拉萨哲蚌寺）

e དབུ་མ།（中观）

f 刻本 དགའ་ལྡན་ཕུན་ཚོགས་གླིང་།（西藏日喀则噶丹彭措林） ཡོན་ཏན་མཚོག

g 乌金 梵夹装 48×7

h 113 6

i 无 藏纸 黑 完整

j 封面钤有“民族文化宫图书馆藏”印。

132

A 3560 1164

B དགེ་འདུན་རྒྱ་མཚོའི་གསུང་འབུམ།

根敦嘉措文集

C ག

D རྒྱལ་དབང་སྐུ་ཕྲེང་གཉིས་པ་དགེ་འདུན་རྒྱ་མཚོ།

同 3556 介绍。

E 此函民族宫目录中为 22 卷，西藏图书馆藏品中缺一卷：《一切智根敦嘉措文集第三函目录》。

132.1

a 21-1

b རྗེ་ཐམས་ཅད་མཁྱེན་པའི་གསུང་འབུམ་ཐོར་བུ་ལས་བསྟན་བཅོས་ཆེན་པོ་སྟོང་ཉིད་བདུན་ཅུ་པའི་རྣམ་བཤད་དབུ་མའི་ལམ་གསལ་བར་བྱེད་པའི་སྒྲོན་མེ་ཞེས་བྱ་བ་བཞུགས།

一切智散集中七十空性论释 · 显中观道之明灯

c མཐའ་བྲལ་དབུ་མ་ཆེན་པོའི་རྣལ་འབྱོར་པ་དགེ་འདུན་རྒྱ་མཚོ།

d གསེར་འཕྱང་གི་ལོ་སྟོན་གྱི་ཟླ་བའི་ཚེས་བཞི་ལ། 火鸡年（1537）藏历四月四日

དཔལ་ལྡན་འབྲས་སྤུངས་ཀྱི་དགའ་ལྡན་ཕོ་བྲང་མེ་ཏོག་མངོན་པར་བཀྲ་བའི་ གླིང་ཁང་།（西藏拉萨哲蚌寺）

e དབུ་མ།（中观）

f 刻本 དགའ་ལྡན་ཕུན་ཚོགས་གླིང་།（西藏日喀则噶丹彭措林） གཞོན་ནུ་དཔལ་འབྱོར།
g 乌金 梵夹装 48×7
h 28 6
i 无 藏纸 黑 完整
j 封面钤有“民族文化宫图书馆藏”印。

132.2
a 21-2
b རྗེ་ཐམས་ཅད་མཁྱེན་པའི་གསུང་འབུམ་ཐོར་བུ་ལས་རྟེན་འབྲེལ་བསྟོད་པའི་ཚིག་དོན་བཤད་པ་བླ་ན་མེད་པའི་འཇུག་ངོགས་ཞེས་བྱ་བ་བཞུགས་སོ།།
一切智散集中缘起赞句义释·无上津梁
c བརྩོན་པ་དགེ་འདུན་རྒྱ་མཚོ།
d དཔལ་ལྡན་འབྲས་སྤུངས།（西藏拉萨哲蚌寺） གནས་བརྟན་རྣམ་རྒྱལ་དཔལ་བཟང་།
e བསྟོད་འགྲེལ།（赞颂释）
f 刻本 དགའ་ལྡན་ཕུན་ཚོགས་གླིང་།（西藏日喀则噶丹彭措林）
g 乌金 梵夹装 48×7
h 16 6
i 无 藏纸 黑 完整
j 封面钤有“民族文化宫图书馆藏”印。

132.3
a 21-3
b རྗེ་ཐམས་ཅད་མཁྱེན་པའི་གསུང་འབུམ་ཐོར་བུ་བ་ལས་སྒྲོན་མ་ཕྱག་འཚལ་ཉེར་གཅིག་གི་རྣམ་བཤད་བཞུགས་སོ།།
一切智散集中敬礼二十一度母赞释
c ཆོས་སྨྲ་བའི་བཙུན་པ་དགེ་འདུན་རྒྱ་མཚོ།
d ཆུ་ཁྱི་ལོ་སྟོན་གྱི་ཟླ་བའི་ཆོས་བརྒྱད། 水狗年（1502）藏历四月
རྒྱལ་མཚན་ལྷུན་པོའི་དབེན་གནས།（西藏日喀则扎什伦布寺）

e　བསྟོད་འགྲེལ།（赞颂释）

f　刻本　དགའ་ལྡན་ཕུན་ཚོགས་གླིང་།（西藏日喀则噶丹彭措林）

g　乌金　梵夹装　48×7
h　5　6
i　无　藏纸　黑　完整
j　封面钤有“民族文化宫图书馆藏”印。

132.4
a　21-4

b　རྗེ་ཐམས་ཅད་མཁྱེན་པ་དགེ་འདུན་རྒྱ་མཚོས་མཛད་པའི་དཔལ་རྡོ་རྗེ་འཇིགས་བྱེད་ཀྱི་ཚོགས་མཆོད་བཞུགས་སོ།།

一切智根敦嘉措所著吉祥怖畏金刚之会供供法

c　ཐམས་ཅད་མཁྱེན་པ་དགེ་འདུན་རྒྱ་མཚོ།

d　དགེ་སློང་རི་ཁྲོད་པ་འགའ་ཞིག

e　ཚོགས་མཆོད།（集供）

f　刻本　དགའ་ལྡན་ཕུན་ཚོགས་གླིང་།（西藏日喀则噶丹彭措林寺）

g　乌金　梵夹装　48×7
h　3　6
i　无　藏纸　黑　完整
j　封面钤有“民族文化宫图书馆藏”印。

132.5
a　21-5

b　རྗེ་བཙུན་ཐམས་ཅད་མཁྱེན་པའི་གསུང་འབུམ་ཐོར་བུ་བ་ལས་མཆོད་ཡར་བཞུགས་སོ།།

一切智散集中上供法

c
d

e　མཆོད་བསྟོད།（礼赞）

f　刻本　དགའ་ལྡན་ཕུན་ཚོགས་གླིང་།（西藏日喀则噶丹彭措林）

g　乌金　梵夹装　48×7

h 3 6
i 无 藏纸 黑 完整
j 封面钤有“民族文化宫图书馆藏”印。

132.6
a 21-6
b རྗེ་བཙུན་ཐམས་ཅད་མཁྱེན་པའི་གསུང་འབུམ་ཐོར་བུ་བ་ལས་ཇ་མཆོད་རྩ་འགྲེལ་བཞུགས་སོ།།
至尊一切智散集中茶供根本释
c དགེ་འདུན་རྒྱ་མཚོ།
d ནང་སོ་ཆོས་མཛད།
e ཇ་མཆོད།（茶供）
f 刻本 དགའ་ལྡན་ཕུན་ཚོགས་གླིང་།（西藏日喀则噶丹彭措林）
g 乌金 梵夹装 48×7
h 2 6
i 无 藏纸 黑 完整
j 封面钤有“民族文化宫图书馆藏”印。

132.7
a 21-7
b རྗེ་བཙུན་ཐམས་ཅད་མཁྱེན་པའི་གསུང་འབུམ་ཐོར་བུ་བ་ལས་གྲུབ་མཐའ་རྒྱ་མཚོར་འཇུག་པའི་གྲུ་རྫིངས་ཞེས་བྱ་
བའི་བསྟན་བཅོས་བཞུགས་སོ།།
至尊一切智散集中宗派论趣宗派海之舟楫
c རང་གཞན་གྱི་གྲུབ་པའི་མཐའི་དེ་ཁོ་ན་ཉིད་འབྱེད་པ་ལ་བློ་གྲོས་ཀྱི་སྤོབས་པ་དགེ་བ་ཅན་དགེ་འདུན་རྒྱ་མཚོ།
d དགུང་ལོ་ཉེར་ལྔ། 二十五岁年（1500） དཔལ་ལྡན་ཨ་ཧྲི་ཤ་ཡབ་སྲས་སོགས་ཀྱི་ཞྱིན་གྱིས་བརླབས་
པའི་གནས་ཆེན་པོ་དཔལ་གྱི་ཡེར་པ།（西藏拉萨耶巴寺）
e གྲུབ་མཐའ།（教派）
f 刻本 དགའ་ལྡན་ཕུན་ཚོགས་གླིང་།（西藏日喀则噶丹彭措林）

g 乌金 梵夹装 48×7
h 13 6
i 无 藏纸 黑 完整
j 封面钤有“民族文化宫图书馆藏”印。

132.8
a 21-8

b རྗེ་བཙུན་ཐམས་ཅད་མཁྱེན་པའི་གསུང་འབུམ་ཐོར་བུ་བ་ལས་དཀར་ཆག་སྙན་ངགས་རྣམས་བཞུགས་སོ།།

至尊一切智散集中目录诗词等

c ཁ་བ་རི་པའི་སྙན་ངགས་མཁན་རྣམ་དཔྱོད་ཀྱི་མགྲིན་པ་མངོན་པར་མཛོ་བ་བཙུན་པ་དགེ་འདུན་རྒྱ་མཚོ།

d ས་ག་ཟླ་བའི་དུས་ཆེན་སོགས། 藏历萨嘎达瓦节

རྫིང་ཕྱི་དགའ་ལྡན་གླིང་སོགས།（增其噶丹林）

e དཀར་ཆག（目录）

f 刻本 དགའ་ལྡན་ཕུན་ཚོགས་གླིང་།（西藏日喀则噶丹彭措林） ཆོས་འཕེལ་བཟང་པོ་སོགས།

g 乌金 梵夹装 48×7
h 33 6
i 无 藏纸 黑 完整
j 封面钤有“民族文化宫图书馆藏”印。

132.9
a 21-9

b རྗེ་བཙུན་ཐམས་ཅད་མཁྱེན་པའི་གསུང་འབུམ་ཐོར་བུ་བ་ལས་དགེ་སློང་གི་བསླབ་བྱ་ལག་ལེན་གསལ་བའི་སྒྲོན་

མེ་འདུལ་བ་བསྡུས་པའི་སྙིང་པོ་ཞེས་བྱ་བ་བཞུགས་སོ།།

至尊一切智散集中比丘学处实修明灯·毗奈耶摄要

c བཀའ་གདམས་ཀྱི་བཙུན་པ་དགེ་འདུན་རྒྱ་མཚོ།

d མགོའི་ཟླ་བའི་བཟང་པོ་དང་པོའི་ཚེས་ལ།（藏历十一月）

ཆོས་འཁོར་རྒྱལ་བཀྲ་ཤིས་ལྷུན་གྱིས་གྲུབ་པའི་གཙུག་ལག་ཁང་།（西藏日喀则扎什伦布寺）

མིའི་དབང་པོ་ཀུན་སྤངས་ཆེན་པོ་ཆོ་དབང་ བསྟན་པའི་རྒྱན་མཚན།

e འདུལ་བ། （律经）

f 刻本 དགའ་ལྡན་ཕུན་ཚོགས་གླིང་།（西藏日喀则噶丹彭措林）

g 乌金 梵夹装 48×7
h 78 6
i 无 藏纸 黑 完整
j 封面钤有“民族文化宫图书馆藏”印。

132.10
a 21-10

b རྗེ་བཙུན་ཐམས་ཅད་མཁྱེན་པའི་གསུང་འབུམ་ཐོར་བུ་བ་ལས་སྨོན་ལམ་བདུན་བཅུ་པའི་ཊཱིཀ་བཞུགས་སོ།།

至尊一切智散集中七十愿文注疏

c

d རི་བོ་ཆོས་རྫོང་།（西藏曲宗山） སྐྱེས་མཆོག་བློ་གྲོས་ཚུལ་ཁྲིམས།

e སྨོན་ཊཱིཀ（注疏）

f 刻本 དགའ་ལྡན་ཕུན་ཚོགས་གླིང་།（西藏日喀则噶丹彭措林）

g 乌金 梵夹装 48×7
h 17 6
i 无 藏纸 黑 完整
j 封面钤有“民族文化宫图书馆藏”印。

132.11
a 21-11

b རྗེ་བཙུན་ཐམས་ཅད་མཁྱེན་པའི་གསུང་འབུམ་ཐོར་བུ་ལས་ཆོས་སྐྱོང་གི་སྐོར་རྣམས་བཞུགས་སོ།།

至尊一切智散集中诸护法类

c བཙུན་པ་དགེ་འདུན་རྒྱ་མཚོ།

d འོལ་ཁ་སྟག་རྩེ་སོགས།（西藏沃喀、达孜等地） དགེ་བའི་བཤེས་གཉེན་མཁྱེན་རབ་དབང་ཕྱུག་སོགས།

e ཆོས་སྐྱོང་བསྐོར།（护神）

f 刻本 དགའ་ལྡན་ཕུན་ཚོགས་གླིང་།（西藏日喀则噶丹彭措林）

དཀའ་བཅུ་པ་ཡོན་ཏན་མཆོག་སོགས།

g 乌金 梵夹装 48×7
h 81 6
i 无 藏纸 黑 完整
j 封面钤有“民族文化宫图书馆藏”印。

132.12
a 21-12

b རྗེ་བཙུན་ཐམས་ཅད་མཁྱེན་པའི་གསུང་འབུམ་ཐོར་བུ་ལས་མཉམ་དབྱངས་ཨ་ར་པ་ཙ་ནའི་མངོན་རྟོགས་རྗེས་

གནང་དང་བཅས་པ་བཞུགས་སོ།།

一切智散集中文殊五字真言之现观法、随许法等

c དགེ་འདུན་རྒྱ་མཚོ།

d

e སྒྲུབ་ཐབས།（修心法）

f 刻本 དགའ་ལྡན་ཕུན་ཚོགས་གླིང་།（西藏日喀则噶丹彭措林）

ཆོས་ཀྱི་དཔལ་འབྱོར་ལེགས་པ།

g 乌金 梵夹装 48×7
h 4 6
i 无 藏纸 黑 完整
j 封面钤有“民族文化宫图书馆藏”印。

132.13
a 21-13

b རྗེ་བཙུན་ཐམས་ཅད་མཁྱེན་པའི་གསུང་འབུམ་ཐོར་བུ་ལས་ཆོས་རྒྱལ་ཆེན་པོ་ཚེ་རིང་མཆེད་ལྔ་རྡོ་རྗེ་གྲགས་མོ་

རྒྱལ་རྡོ་རྗེ་གཡུ་སྒྲོན་མ་འཕྲོས་ལྷ་ཀོང་བཙུན་དེ་མོ་འོ་དེ་གུང་རྒྱལ་སོགས་ཀྱི་གསོལ་ཁ་བསྟོད་པ་དང་བཅས་རྣམས་

བཞུགས་སོ།།

至尊一切智散集中大法王长寿五姊妹、多杰扎莫贾、多杰玉灯母、却拉公尊德莫、沃代贡杰等之祈供法等

c དབྱངས་ཅན་བཞད་པའི་རྡོ་རྗེ།

d ཆོས་འཁོར་ལྷ་ས།（西藏拉萨） ནང་སོ་རྟ་མགྲིན་མགོན་པོ་སོགས།

e མཆོད་བསྟོད།（礼赞）

f 刻本 དགའ་ལྡན་ཕུན་ཚོགས་གླིང་།（西藏日喀则噶丹彭措林）

g 乌金 梵夹装 48×7

h 26 6

i 无 藏纸 黑 完整

j 封面钤有“民族文化宫图书馆藏”印。

132.14

a 21-14

b རྗེ་བཙུན་ཐམས་ཅད་མཁྱེན་པའི་གསུང་འབུམ་ཐོར་བུ་ལས་ཆབ་ཤོག་སྙན་ངག་གི་སྐོར་རྣམས་བཞུགས་སོ།།

至尊一切智散集中书札诗词类

c ལྷ་ཆེན་ཡར་ལྷ་ཤམ་པོའི་གངས་མགུལ་དབེན་ གནས་གསལ་དབྱངས་དགོན་སོགས།

d

e ཆབ་ཤོག（信札）

f 刻本 དགའ་ལྡན་ཕུན་ཚོགས་གླིང་།（西藏口喀则噶丹彭措林）

g 乌金 梵夹装 48×7

h 122 6

i 无 藏纸 黑 完整

j 封面钤有“民族文化宫图书馆藏”印。

132.15

a 21-15

b རྗེ་བཙུན་ཐམས་ཅད་མཁྱེན་པའི་གསུང་འབུམ་ཐོར་བུ་ལས་ཡི་དམ་རྡོ་རྗེ་འཇིགས་ཀྱི་ཤིས་བརྗོད་སྨོན་ལམ་དང་བཅས་པ་བཞུགས།

至尊一切智散集中本尊怖畏金刚之吉祥颂、愿文等

c དགེ་འདུན་རྒྱ་མཚོ།

dས་སྐྱོང་ཆེན་པོ་བསོད་ནམས་རྒྱལ་པོ།

e སྨོན་ལམ།（祈愿文）

f 刻本 དགའ་ལྡན་ཕུན་ཚོགས་གླིང་།（西藏日喀则噶丹彭措林） སྡེ་སྣོད་འཛིན་པ་ཡོན་ཏན།

g 乌金 梵夹装 48×7

h 4 6

i 无 藏纸 黑 完整

j 封面钤有“民族文化宫图书馆藏”印。

132.16

a 21-16

b རྗེ་བཙུན་ཐམས་ཅད་མཁྱེན་པའི་གསུང་འབུམ་ཐོར་བུ་ལས་དོན་རྒྱན་སོ་ལྔའི་དཔེར་བརྗོད་རྣམས་བཞུགས།

至尊一切智散集中三十五种意义修词法举例

c དགེ་འདུན་རྒྱ་མཚོ།

d འོལ་ཁ་ནས་ས་སྐྱོང་ཨ་མོ་ཀྲ་རྡོ་རྗེ་རྣམ་རྒྱལ།

e སྙན་ངག（修辞）

f 刻本 དགའ་ལྡན་ཕུན་ཚོགས་གླིང་།（西藏日喀则噶丹彭措林）

g 乌金 梵夹装 48×7

h 11 6

i 无 藏纸 黑 完整

j 封面钤有“民族文化宫图书馆藏”印。

132.17

a 21-17

b རྗེ་བཙུན་ཐམས་ཅད་མཁྱེན་པའི་གསུང་འབུམ་ཐོར་བུ་ལས་བཀའ་གདམས་གླེགས་བམ་གྱི་བསྡུས་དོན་བཞུགས།

至尊一切智散集中噶当宝籍之摄义

c བཀའ་གདམས་ཀྱི་ཕ་ཞལ་དུ་གཏོགས་པ་བཙུན་པ་དགེ་འདུན་རྒྱ་མཚོ།

d ཆོས་གྲྭ་ཆེན་པོ་དཔལ་ལྡན་འབྲས་སྤུངས།（西藏拉萨哲蚌寺）

ཨ་ཀྱཻ་དཀའ་བཅུ་པ་ཤེས་རབ་རྒྱན་མཚན་སོགས།

e བཀའ་གདམས་གླེགས་བམ་གྱི་བསྡུས་དོན།（噶当宝籍之摄义）

f 刻本 དགའ་ལྡན་ཕུན་ཚོགས་གླིང་།（西藏日喀则噶丹彭措林）

ཆོས་ཀྱི་དཔལ་འབྱོར་ལེགས་པ།

g 乌金 梵夹装 48×7
h 4 6
i 无 藏纸 黑 完整
j 封面钤有“民族文化宫图书馆藏”印。

132.18
a 21-18
b རྗེ་བཙུན་ཐམས་ཅད་མཁྱེན་པའི་གསུང་འབུམ་ཐོར་བུ་ལས་བརྟན་བཞུགས་ཀྱི་སྐོར་རྣམས་བཞུགས།
至尊一切智散集中请长久住世文类
c ཆོས་སྨྲ་བ་དགེ་འདུན་རྒྱ་མཚོ།
d དཔོན་དྲུང་བློ་བདེ་བ་སོགས།
e བརྟན་བཞུགས་སྐོར།（住世文）
f 刻本 དགའ་ལྡན་ཕུན་ཚོགས་གླིང་།（西藏日喀则噶丹彭措林）

དཔལ་ལྡན་འབྲས་སྤུངས་སོགས།（西藏拉萨哲蚌寺）

g 乌金 梵夹装 48×7
h 5 6
i 无 藏纸 黑 完整
j 封面钤有“民族文化宫图书馆藏”印。

132.19
a 21-19
b རྗེ་བཙུན་ཐམས་ཅད་མཁྱེན་པའི་གསུང་འབུམ་ཐོར་བུ་ལས་སྨན་བླའི་ཤིས་བརྗོད་བཞུགས་སོ།།

至尊一切智散集中药师之吉祥颂

c དགེ་འདུན་རྒྱ་མཚོ།

d ནང་སོ་ཧ་མཁྱེན་མགོན་པོ།

e ཤིས་བརྗོད།（吉祥颂）

f 刻本 དགའ་ལྡན་ཕུན་ཚོགས་གླིང་།（西藏日喀则噶丹彭措林）

g 乌金 梵夹装 48×7

h 2 6

i 无 藏纸 黑 完整

j 封面钤有“民族文化宫图书馆藏”印。

132.20

a 21-20

b བརྒྱ་བཞིའི་ཚོ་ག་རྗེ་ཐམས་ཅད་མཁྱེན་པ་དགེ་འདུན་རྒྱ་མཚོའི་དཔལ་གྱིས་མཛད་པ་བཞུགས་སོ།།

一切智根敦嘉措所作四百仪轨

c ཆོས་སྨྲ་བ་དགེ་འདུན་རྒྱ་མཚོ།

d

e ཚོ་ག（仪轨）

f 刻本 དགའ་ལྡན་ཕུན་ཚོགས་གླིང་།（西藏日喀则噶丹彭措林）

g 乌金 梵夹装 48×7

h 5 6

i 无 藏纸 黑 完整

j 封面钤有“民族文化宫图书馆藏”印。

132.21

a 21-21

b རྗེ་བཙུན་ཐམས་ཅད་མཁྱེན་པའི་གསུང་འབུམ་ཐོར་བུ་ལས་མཚན་ཡང་དག་པར་བརྗོད་པའི་རྒྱ་ཆེར་བཤད་པ་

རྡོ་རྗེའི་རྣལ་འབྱོར་གྱི་དེ་ཁོ་ན་ཉིད་སྣང་བར་བྱེད་པའི་ཉི་མ་ཆེན་པོ་ཞེས་བྱ་བ་བཞུགས་སོ།།

至尊一切智散集中广说金刚瑜伽真性之灿烂太阳

c ཤཱཀྱའི་དགེ་སློང་དགེ་འདུན་རྒྱ་མཚོ།

d མཉམ་མེད་ཤཱཀྱའི་རྒྱལ་པོ་འཁྲུངས་ནས་ལོ་ཉིས་སྟོང་དང་བཞི་བརྒྱ་རེ་གསུམ། 佛诞生 2463 年

འཕྱོངས་རྒྱས་མཚན་རྩེའི་དབེན་གནས།（西藏山南琼结） ནང་སོ་ཆོས་རྒྱལ་ཆེན་པོ་སྲི་ཆོད་རྒྱལ་པོ།

e མཚན་བརྗོད།（相称）

f 刻本 དགའ་ལྡན་ཕུན་ཚོགས་གླིང་།（西藏日喀则噶丹彭措林） འཇམ་དབྱངས་བློ་གྲོས།

g 乌金 梵夹装 48×7

h 141 6

i 无 藏纸 黑 完整

j 封面钤有“民族文化宫图书馆藏”印。

133

A 3561 1164

B དགེ་འདུན་རྒྱ་མཚོའི་གསུང་འབུམ།

根敦嘉措文集

C ཀ

D རྒྱལ་དབང་སྐུ་ཕྲེང་གཉིས་པ་དགེ་འདུན་རྒྱ་མཚོ།

同 3556 介绍。

E 西藏图书馆藏此函为ཀ།函部分内容的重复。

133.1

a 15-1

b རྗེ་ཐམས་ཅད་མཁྱེན་པའི་གསུང་འབུམ་ཐོར་བུ་ལས་བསྟན་བཅོས་ཆེན་པོ་སྟོང་ཉིད་བདུན་ཅུ་པའི་རྣམ་བཤད་

དབུ་མའི་ལམ་གསལ་བར་བྱེད་པའི་སྒྲོན་མེ་ཞེས་བྱ་བ་བཞུགས།

一切智散集中七十空性论释 · 显中观道之明灯

c མཐའ་བྲལ་དབུ་མ་ཆེན་པོའི་རྣལ་འབྱོར་པ་དགེ་འདུན་རྒྱ་མཚོ།

d　གསེར་འཕྱུང་གི་ལོ་སྟོན་གྱི་ཟླ་བའི་ཚེས་བཞི་ལ།　火鸡年（1537）藏历四月四日

དཔལ་ལྡན་འབྲས་སྤུངས་ཀྱི་དགའ་ལྡན་ཕོ་བྲང་མེ་ཏོག་མཛེས་པར་བཀྲ་བའི་གླིང་ཁང།(西藏拉萨哲蚌寺

噶丹颇章)　ཀུ་གེ་ནས་མཁའ་བདག་འཇིག་རྟེན་དབང་ཕྱུག

e　དབུ་མ།（中观）

f　刻本　དགའ་ལྡན་ཕུན་ཚོགས་གླིང་།（西藏日喀则噶丹彭措林）

g　乌金　梵夹装　48×7

h　28　6

i　无　藏纸　黑　完整

j　封面钤有“民族文化宫图书馆藏”印。

133.2

a　15-2

b　རྗེ་ཐམས་ཅད་མཁྱེན་པའི་གསུང་འབུམ་ཐོར་བུ་ལས་རྟེན་འབྲེལ་བསྟོད་པའི་ཚིག་དོན་བཤད་པ་བླ་ན་མེད་པའི་

འཇུག་ངོགས་ཞེས་བྱ་བ་བཞུགས་སོ།།

一切智散集中缘起赞句义释·无上津梁

c　བཙུན་པ་དགེ་འདུན་རྒྱ་མཚོ།

d　དཔལ་ལྡན་འབྲས་སྤུངས།（西藏拉萨哲蚌寺）　གནས་བརྟན་རྣམ་རྒྱལ་དཔལ་བཟང་།

e　བསྟོད་འགྲེལ།（赞颂释）

f　刻本　དགའ་ལྡན་ཕུན་ཚོགས་གླིང་།（西藏日喀则噶丹彭措林）

g　乌金　梵夹装　48×7

h　16　6

i　无　藏纸　黑　完整

j　封面钤有“民族文化宫图书馆藏”印。

133.3

a　15-3

b　རྗེ་ཐམས་ཅད་མཁྱེན་པའི་གསུང་འབུམ་ཐོར་བུ་བ་ལས་སྒྲོན་མ་ཕྱུག་འཚལ་ཉེར་གཅིག་གི་རྣམ་བཤད་བཞུགས་སོ།།

一切智散集中敬礼二十一度母赞释

c ཆོས་སྨྲ་བའི་བཙུན་པ་དགེ་འདུན་རྒྱ་མཚོ།

d ཆུ་ཁྱི་ལོ་སྟོན་གྱི་ཟླ་བའི་ཚེས་བརྒྱད། 水狗年（1502）藏历四月八日

བཀྲ་ཤིས་ལྷུན་པོའི་དབེན་གནས།（西藏日喀则扎什伦布寺）

e བསྟོད་འགྲེལ།（赞颂释）

f 刻本 དགའ་ལྡན་ཕུན་ཚོགས་གླིང་།（西藏日喀则噶丹彭措林）

g 乌金 梵夹装 48×7

h 5 6

i 无 藏纸 黑 完整

j 封面钤有“民族文化宫图书馆藏”印。

133.4

a 15-4

b རྗེ་བཙུན་ཐམས་ཅད་མཁྱེན་པའི་གསུང་འབུམ་ཐོར་བུ་བ་ལས་མཆོད་ཡར་བཞུགས་སོ།།

一切智散集中上供法

c

d

e མཆོད་བསྟོད།（礼赞）

f 刻本 དགའ་ལྡན་ཕུན་ཚོགས་གླིང་།（西藏日喀则噶丹彭措林）

g 乌金 梵夹装 48×7

h 3 6

i 无 藏纸 黑 完整

j 封面钤有“民族文化宫图书馆藏”印。

133.5

a 15-5

b རྗེ་བཙུན་ཐམས་ཅད་མཁྱེན་པའི་གསུང་འབུམ་ཐོར་བུ་བ་ལས་གྲུབ་མཐའ་རྒྱ་མཚོར་འཇུག་པའི་གྲུ་རྫིངས་ཞེས་བྱ་

བའི་བསྟན་བཅོས་བཞུགས་སོ།།

至尊一切智散集中宗派论趣宗派海之舟楫

c རང་གཞན་གྱི་གྲུབ་པའི་མཐའི་དེ་ཁོ་ན་ཉིད་འབྱེད་པ་ལ་བློ་གྲོས་ཀྱི་སྤོབས་པ་དགེ་བ་ཅན་དགེ་འདུན་རྒྱ་མཚོ།

d དགུང་ལོ་ཉེར་ལྔ། 二十五岁（1500 年）

དཔལ་ལྡན་ཨ་ཏི་ཤ་ཡབ་སྲས་སོགས་ཀྱི་བྱིན་གྱིས་བརླབས་པའི་གནས་ཆེན་པོ་དཔལ་གྱི་ཡེར་པ།（西藏拉萨耶巴寺）

e གྲུབ་མཐའ།（教派）

f 刻本 དགའ་ལྡན་ཕུན་ཚོགས་གླིང་།（西藏日喀则噶丹彭措林）

g 乌金 梵夹装 48×7
h 13 6
i 无 藏纸 黑 完整
j 封面钤有“民族文化宫图书馆藏”印。

133.6
a 15-6

b རྗེ་བཙུན་ཐམས་ཅད་མཁྱེན་པའི་གསུང་འབུམ་ཐོར་བུ་བ་ལས་དཀར་ཆག་སྙན་ངགས་རྣམས་བཞུགས་སོ།།
至尊一切智散集中目录诗词等

c ཁ་བ་རི་པའི་སྙན་ངགས་མཁན་རྣམ་དཔྱོད་ཀྱི་མགྲིན་པ་མངོན་པར་མཐོ་བ་བཙུན་པ་དགེ་འདུན་རྒྱ་མཚོ།

d ས་ག་ཟླ་བའི་དུས་ཆེན་སོགས།（藏历萨嘎达瓦节）

རྫིང་ཕྱི་དགའ་ལྡན་གླིང་སོགས།（增其噶丹林寺）

e དཀར་ཆག（目录）

f 刻本 དགའ་ལྡན་ཕུན་ཚོགས་གླིང་།（西藏日喀则噶丹彭措林寺）

ཆོས་འཕེལ་བཟང་པོ་སོགས།

g 乌金 梵夹装 48×7
h 33 6
i 无 藏纸 黑 完整
j 封面钤有“民族文化宫图书馆藏”印。

133.7

a　15-7

b　རྗེ་བཙུན་ཐམས་ཅད་མཁྱེན་པའི་གསུང་འབུམ་ཐོར་བུ་བ་ལས་དགེ་སློང་གི་བསླབ་བྱ་ལག་ལེན་གསལ་བའི་སྒྲོན་མེ་ འདུལ་བ་བསྡུས་པའི་སྙིང་པོ་ཞེས་བྱ་བ་བཞུགས་སོ།།

至尊一切智散集中比丘学处实修明灯·毗奈耶摄要

c　བཀའ་གདམས་ཀྱི་བཙུན་པ་དགེ་འདུན་རྒྱ་མཚོ།

d　མགོའི་ཟླ་བའི་བཟང་པོ་དང་པོའི་ཚེས།（藏历十一月）

ཆོས་འཁོར་རྒྱལ་བཀྲ་ཤིས་ལྷུན་གྱིས་གྲུབ་པའི་གཙུག་ལག་ཁང་།（西藏日喀则扎什伦布）

མིའི་དབང་པོ་ཀུན་སྤྱངས་ཆེན་པོ་ཚེ་དབང་བསྟན་པའི་རྒྱན་མཚན།

e　འདུལ་བ།（律经）

f　刻本　དགའ་ལྡན་ཕུན་ཚོགས་གླིང་།（西藏日喀则噶丹彭措林）

གཞོན་ནུ་ཆོས་ཀྱི་དཔལ་འབྱོར།

g　乌金　梵夹装　48×7

h　78　6

i　无　藏纸　黑　完整

j　封面钤有“民族文化宫图书馆藏”印。

133.8

a　15-8

b　རྗེ་བཙུན་ཐམས་ཅད་མཁྱེན་པའི་གསུང་འབུམ་ཐོར་བུ་བ་ལས་སྨོན་ལམ་བདུན་བཅུ་པའི་ཊཱིཀ་བཞུགས་སོ།།

至尊一切智散集中七十愿文注疏

c

d　རི་བོ་ཆོས་རྫོང་།（西藏曲宗山）　སྐྱེས་མཆོག་བློ་གྲོས་ཚུལ་ཁྲིམས།

e　སྨོན་ཊཱིཀ（注疏）

f　刻本　དགའ་ལྡན་ཕུན་ཚོགས་གླིང་།（西藏日喀则噶丹彭措林）

g　乌金　梵夹装　48×7

h　17　6

i 无 藏纸 黑 完整
j 封面钤有“民族文化宫图书馆藏”印。

133.9
a 15-9
b རྗེ་བཙུན་ཐམས་ཅད་མཁྱེན་པའི་གསུང་འབུམ་ཐོར་བུ་ལས་ཆོས་རྒྱལ་ཆེན་པོ་ཚེ་རིང་མཆེད་ལྔ་རྡོ་རྗེ་གྲགས་མོ་རྒྱལ་རྡོ་རྗེ་གཡུ་སྒྲོན་མ་འཇོམས་ལྷ་ཀོང་བཙུན་དེ་མོ་འོ་དེ་གུང་རྒྱལ་སོགས་ཀྱི་གསོལ་ཁ་བསྐོད་པ་དང་བཅས་རྣམས་བཞུགས་སོ།།
至尊一切智散集中大法王长寿五姊妹、多杰扎莫贾、多杰玉灯母、却公尊德莫、窝本吉等之祈供法等
c དབྱངས་ཅན་བཞད་པའི་རྡོ་རྗེ།
d ཆོས་འཁོར་ལྷ་ས་སོགས།（西藏拉萨） ནང་སོ་ཧ་མཁྱེན་མགོན་པོ་སོགས།
e མཆོད་བསྟོད།（礼赞）
f 刻本 དགའ་ལྡན་ཕུན་ཚོགས་གླིང་།（西藏日喀则噶丹彭措林） ཆོས་ཀྱི་དཔལ་འབྱོར་སོགས།
g 乌金 梵夹装 48×7
h 26 6
i 无 藏纸 黑 完整
j 封面钤有“民族文化宫图书馆藏”印。

133.10
a 15-10
b རྗེ་བཙུན་ཐམས་ཅད་མཁྱེན་པའི་གསུང་འབུམ་ཐོར་བུ་ལས་ཆབ་ཤོག་སྙན་ངག་གི་སྐོར་རྣམས་བཞུགས་སོ།།
至尊一切智散集中书札诗词类
c
d ལྷ་ཆེན་ཡར་ལྷ་ཤམ་པོའི་གངས་མགུལ་དབེན་གནས་གསལ་དབྱངས་དགོན་སོགས།（西藏山南雅拉香波）
e ཆབ་ཤོག（信札）
f 刻本 དགའ་ལྡན་ཕུན་ཚོགས་གླིང་།（西藏日喀则噶丹彭措林）

g 乌金 梵夹装 48×7
h 122 6
i 无 藏纸 黑 完整
j 封面钤有“民族文化宫图书馆藏”印。

133.11
a 15-11
b རྗེ་བཙུན་ཐམས་ཅད་མཁྱེན་པའི་གསུང་འབུམ་ཐོར་བུ་ལས་ཡི་དམ་རྡོ་རྗེ་འཇིགས་ཀྱི་ཤིས་ བརྗོད་སྨོན་ལམ་དང་

བཅས་པ་བཞུགས།

至尊一切智散集中本尊怖畏金刚之吉祥颂、愿文等
c དགེ་འདུན་རྒྱ་མཚོ།
dས་སྐྱོང་ཆེན་པོ་བསོད་ནམས་རྒྱལ་པོ།
e སྨོན་ལམ།（祈愿文）
f 刻本 དགའ་ལྡན་ཕུན་ཚོགས་གླིང་།（西藏日喀则噶丹彭措林） ནེ་སྟོད་འཛིན་པ་ཡོན་ཏན།
g 乌金 梵夹装 48×7
h 4 6
i 无 藏纸 黑 完整
j 封面钤有“民族文化宫图书馆藏”印。

133.12
a 15-12
b རྗེ་བཙུན་ཐམས་ཅད་མཁྱེན་པའི་གསུང་འབུམ་ཐོར་བུ་ལས་དོན་རྒྱན་སོ་ལྔའི་དཔེར་བརྗོད་རྣམས་བཞུགས།
至尊一切智散集中三十五种意义修词法举例
c དགེ་འདུན་རྒྱ་མཚོ།
d འོལ་ཁ་ནས་ས་སྐྱོང་ཨ་མོ་ གྷ་རྡོ་རྗེ་རྣམ་རྒྱལ།
e སྙན་ངག（修辞）
f 刻本 དགའ་ལྡན་ཕུན་ཚོགས་གླིང་།（西藏日喀则噶丹彭措林）
g 乌金 梵夹装 48×7

h 11 6
i 无 藏纸 黑 完整
j 封面钤有“民族文化宫图书馆藏”印。

133.13
a 15-13
b རྗེ་བཙུན་ཐམས་ཅད་མཁྱེན་པའི་གསུང་འབུམ་ཐོར་བུ་ལས་བཀའ་གདམས་གླེགས་བམ་གྱི་བསྡུས་དོན་བཞུགས།
至尊一切智散集中甘丹宝籍之摄义
c བཀའ་གདམས་ཀྱི་ཐ་ཤལ་དུ་གཏོགས་པ་བཙུན་པ་དགེ་འདུན་རྒྱ་མཚོ།
d ཆོས་གྲྭ་ཆེན་པོ་དཔལ་ལྡན་འབྲས་སྤུངས།（西藏拉萨哲蚌寺）
ཨ་ཀྲོ་དཀའ་བཅུ་པ་ཤེས་རབ་རྒྱན་མཚན་སོགས།
e བཀའ་གདམས་གླེགས་བམ་གྱི་བསྡུས་དོན།（甘丹宝籍摄义）
f 刻本 དགའ་ལྡན་ཕུན་ཚོགས་གླིང་།（西藏日喀则噶丹彭措林）
ཆོས་ཀྱི་དཔལ་འབྱོར་ལེགས་པ།
g 乌金 梵夹装 48×7
h 4 6
i 无 藏纸 黑 完整
j 封面钤有“民族文化宫图书馆藏”印。

133.14
a 15-14
b རྗེ་བཙུན་ཐམས་ཅད་མཁྱེན་པའི་གསུང་འབུམ་ཐོར་བུ་ལས་བརྟན་བཞུགས་ཀྱི་སྐོར་རྣམས་བཞུགས།
至尊一切智散集中请长久住世文类
c ཆོས་སྨྲ་བ་དགེ་འདུན་རྒྱ་མཚོ།
d དཔོན་དྲུང་བློ་བདེ་བ་སོགས།
e བརྟན་བཞུགས་ཀྱི་སྐོར།（住世文）
f 刻本 དགའ་ལྡན་ཕུན་ཚོགས་གླིང་།（西藏日喀则噶丹彭措林）

དཔལ་ལྡན་འབྲས་སྤུངས་སོགས། (西藏拉萨哲蚌寺等)

g 乌金 梵夹装 48×7
h 5 6
i 无 藏纸 黑 完整
j 封面钤有"民族文化宫图书馆藏"印。

133.15
a 15-15

b རྗེ་བཙུན་ཐམས་ཅད་མཁྱེན་པའི་གསུང་འབུམ་ཐོར་བུ་ལས་སྨན་བླའི་ཤིས་བརྗོད་བཞུགས་སོ།།

至尊一切智散集中药师之吉祥颂

c དགེ་འདུན་རྒྱ་མཚོ།

d ནང་སོ་ཧ་མཁྱེན་མགོན་པོ།

e ཤིས་བརྗོད། (吉祥颂)

f 刻本 དགའ་ལྡན་ཕུན་ཚོགས་གླིང་། (西藏日喀则噶丹彭措林)

g 乌金 梵夹装 48×7
h 2 6
i 无 藏纸 黑 完整
j 封面钤有"民族文化宫图书馆藏"印。

134
A 3563-3564 5014

B ངག་དབང་བློ་བཟང་རྒྱ་མཚོའི་གསུང་འབུམ།

阿旺洛桑嘉措文集

C ཀ

D རྒྱལ་བ་ངག་དབང་བློ་བཟང་རྒྱ་མཚོ། དགེ་ལུགས། རབ་བྱུང་བཅུ་པའི་མེ་སྦྲུལ་ལོ་༡༦༡༧ལ་འཕྱོངས་རྒྱས་འཕྱིང་བ་སྟག་རྩེར་ཡབ་བདུད་འདུལ་རབ་རྒྱལ་དང་། ཡུམ་ཀུན་དགའ་ལྷ་མཛེས་གཉིས་ཀྱི་སྲས་སུ་སྐུ་བལྟམས། ཚུ་ཁྲི་ལོར་༡༦༢༢ པཎ་ཆེན་སྐུ་ཕྲེང་བཞི་པ་བློ་བཟང་ཆོས་རྒྱན་གྱིས་རྒྱལ་བ་ཡོན་ཏན་རྒྱ་མཚོའི་མཆོག་སྤྲུལ་དུ་ངོས་འཛིན་

གནང་། དགུང་ལོ་བརྒྱད་ལ་པཎ་ཆེན་བློ་བཟང་ཆོས་རྒྱན་གྱིས་མཁན་པོ་དང་། གླིང་སྨད་ཞབས་དྲུང་འཇམ་དབྱངས་དཀོན་མཆོག་ཆོས་འཕེལ་གྱིས་སློབ་དཔོན་མཛད་དེ་དགེ་ཚུལ་གྱི་སྡོམ་པ་བཞེས། པཎ་ཆེན་བློ་བཟང་ཆོས་རྒྱན། དགའ་ལྡན་གསེར་ཁྲི་སོ་ལྔ་པ་འཇམ་དབྱངས་དཀོན་མཆོག་ཆོས་འཕེལ། ཁྲབ་བདག་དབང་ཕྱུག་རབ་བརྟན། འཕོན་དཔལ་འབྱོར་ལྷུན་གྲུབ། ཟུར་ཆེན་ཆོས་དབྱིངས་རང་གྲོལ་སོགས་རིས་མེད་སློབ་དཔོན་མང་དུ་བསྟེན་ནས་མདོ་སྔགས་རིག་གནས་ཚང་མར་མཁས་པའི་གྲགས་པ་ཐོབ། ཆུ་རྟ་ལོ་༡༦༤༢ལ་དགའ་ལྡན་ཕོ་བྲང་གི་སྲིད་གཞུང་ཐོག་མར་བཙུགས།ཤིང་བྱ་ལོ་༡༦༤༥ལ་ཕོ་བྲང་དཀར་པོ་བཞེངས། ཤིང་བྱ་ལོ་ལ་ཉེ་ཐང་དྲུང་ཆེན་བློ་བཟང་རྒྱ་མཚོ་སློབ་དཔོན་དུ་བསྐོས་ནས་སློབ་མ་སུམ་ཅུ་སྐོར་ལ་འཚོ་བའི་མཐུན་རྐྱེན་སྦྱར་ཏེ་གསོ་རིག་སྨན་གྱི་སློབ་གྲྭ་ཞིག་གསར་འཛུགས་མཛད། ཆུ་འབྲུག་༡༦༥༢ལོར་པེ་ཅིང་དུ་ཆིབས་བསྒྱུར་གནང་། གོང་མ་དང་ཞལ་འཛོམས་ཐོག་གོང་མས་གནམ་འོག་གི་སྐྱེ་འགྲོ་ཐམས་ཅད་བསྟན་པ་གཅིག་ཏུ་སྒྱུར་བ་འགྱུར་མེད་རྡོ་རྗེ་འཆང་རྒྱ་མཚོའི་བླ་མ་ཞེས་འཇའ་ས་དང་། ཐམ་ཀ་སོགས་ཕུལ་ཏེ་བཀུར་བརྗོད་བླ་ན་མེད་པ་གནང་། རབ་བྱུང་བཅུ་གཅིག་པའི་ཆུ་ཁྱི་༡༦༨༢ལོར་ཕོ་བྲང་དམར་པོ་བཞེངས་འགོ་ཚུགས། ལོ་འདིར་དགོངས་པ་ཞི་བར་གཤེགས། ངེད་དཔེ་མཛོད་ཁང་ལ་ལྷོ་ནུབ་མི་རིགས་དཔར་ཁང་གི་ཡོད་༢༥ཀ--ཞཨང་རྟགས་༤༣༣༨--༤༤༡༢དང་མི་རིགས་ཕོ་བྲང་ནས་ཕྱིར་འབུལ་ཞུས་པའི་གྲས་ཡོད་ ༢༡ ཨང་རྟགས་ ༣༥༧༡--༣༦༠༣ བཞུགས།

阿旺洛桑嘉措（1617—1682）：属格鲁派。诞生于西藏山南琼结境内。自幼天资聪颖，豁达大度，1622 年被四世班禅认定为四世达赖的转世，在哲蚌寺坐床，拜四世班禅洛桑确吉坚赞为师。8 岁授比丘戒。著作有《诗镜释难》《西藏王臣记》等。在西藏刊刻了很多经籍、造金撰写《甘珠尔》。1646 年创建拉萨医学院——索日卓番林（གསོ་རིག་འགྲོ་ཕན་གླིང་།），刻印罕见的医学经典《藏医药十八支》。1642 年始建噶丹颇章政权。1652 年从哲蚌寺赴京觐见顺治皇帝。1682 年，开始扩建布达拉宫。另尊师朝拜桑耶等山南诸寺，布施僧众。时年圆寂，享年 65 岁。遗著在西藏图书馆藏北京民族文化宫图书馆赠送的文集有 21 函，编号为 3571—3603； 还有北京民族文化宫图书馆收藏过的文集 4 函，编号为 3563—3570； 另，北京民族文化宫赠送有五世达赖的密集 4 函，编号为 3604—3608；还有其散集 7 函，编号为 3609—3615；西南民族大学的复印本 25 函，编号在 4338—4412 间。

E 馆藏齐全。

134.1
a 1-1

b ཟབ་པ་དང་རྒྱ་ཆེ་བའི་དམ་པའི་ཆོས་ཀྱི་ཐོབ་ཡིག་གངྒཱའི་ཆུ་རྒྱུན་ལས་གླེགས་བམ་དང་པོ་བཞུགས།

深广正法之得法录·恒河长流第一函

c

d

e ཐོབ་ཡིག（得法录）

f 刻本 དགའ་ལྡན་ཕུན་ཚོགས་གླིང་།（西藏日喀则噶丹彭措林）

g 乌金 梵夹装 48×6

h 418 6

i 有 藏纸 黑 完整

j 封面钤有“民族文化宫图书馆藏”印；哲蚌寺藏书号有འབྲས་སྤུངས་ནང་༤༢。

135

A 3565-3566 5015

B ངག་དབང་བློ་བཟང་རྒྱ་མཚོའི་གསུང་འབུམ།

阿旺洛桑嘉措文集

C ཁ

D ངག་དབང་བློ་བཟང་རྒྱ་མཚོ།

同3563介绍。

E 馆藏齐全。

135.1
a 1-1

b ཟབ་པ་དང་རྒྱ་ཆེ་བའི་དམ་པའི་ཆོས་ཀྱི་ཐོབ་ཡིག་གངྒཱའི་ཆུ་རྒྱུན་ལས་གླེགས་བམ་གཉིས་པ་བཞུགས།

深广正法之得法录·恒河长流第二函

c

d

e ཐོབ་ཡིག (得法录)

f 刻本 དགའ་ལྡན་ཕུན་ཚོགས་གླིང་། (西藏日喀则噶丹彭措林)

g 乌金 梵夹装 48×6

h 385 6

i 有 藏纸 黑 完整

j 封面钤有"民族文化宫图书馆藏"印，写有哲蚌寺藏书号：འབྲས་སྤུངས་ནང་༤༢；民族宫目录中为386叶。

136

A 3567-3569 5016

B ངག་དབང་བློ་བཟང་རྒྱ་མཚོའི་གསུང་འབུམ།

阿旺洛桑嘉措文集

C ག

D ངག་དབང་བློ་བཟང་རྒྱ་མཚོ།

同3563介绍。

E 馆藏齐全。

136.1

a 1-1

b ཟབ་པ་དང་རྒྱ་ཆེ་བའི་དམ་པའི་ཆོས་ཀྱི་ཐོབ་ཡིག་གང་གཱའི་ཆུ་རྒྱུན་ལས་གླེགས་བམ་གསུམ་པ་བཞུགས།

深广正法之得法录·恒河长流第三函

c

d

e ཐོབ་ཡིག (得法录)

f 刻本 དགའ་ལྡན་ཕུན་ཚོགས་གླིང་། (西藏日喀则噶丹彭措林)

g 乌金 梵夹装 48×6

h 366 6

i 有 藏纸 黑 完整

j 封面钤有“民族文化宫图书馆藏”印，写有哲蚌寺藏书号：འབྲས་སྤུངས་ནང་

༥༢。

137

A 3570 5017

B ངག་དབང་བློ་བཟང་རྒྱ་མཚོའི་གསུང་འབུམ།

阿旺洛桑嘉措文集

C ང

D ངག་དབང་བློ་བཟང་རྒྱ་མཚོ།

同 3563 介绍。

E 馆藏齐全。

137.1

a 1-1

b ཟབ་པ་དང་རྒྱ་ཆེ་བའི་དམ་པའི་ཆོས་ཀྱི་ཐོབ་ཡིག་གངྒཱའི་ཆུ་རྒྱུན་ལས་གླེགས་བམ་བཞི་པ་བཞུགས།

深广正法之得法录·恒河长流第四函

c

d

e ཐོབ་ཡིག（得法录）

f 刻本 དགའ་ལྡན་ཕུན་ཚོགས་གླིང་།（西藏日喀则噶丹彭措林）

g 乌金 梵夹装 48×6

h 367 6

i 有 藏纸 黑 完整

j 封面钤有“民族文化宫图书馆藏”印，写有哲蚌寺藏书号：འབྲས་སྤུངས་ནང་

༥༢。

138
A 3571-3575 4569

B ངག་དབང་བློ་བཟང་རྒྱ་མཚོའི་གསུང་འབུམ།

阿旺洛桑嘉措文集

C ཀ

D ངག་དབང་བློ་བཟང་རྒྱ་མཚོ།

同 3563 介绍。
E 馆藏齐全。

138.1
a 1-1

b ཟ་ཧོར་བནྡེ་ངག་དབང་བློ་བཟང་རྒྱ་མཚོའི་འདི་སྣང་འཁྲུལ་བའི་རོལ་རྩེད་རྟོགས་བརྗོད་ཀྱི་ཚུལ་དུ་བཀོད་པ་

དུ་ཀཱུ་ལའི་གོས་བཟང་ལས་གླེགས་བམ་དང་པོ།

萨霍尔僧人阿旺洛桑嘉措幻化游戏之传记·轻縠妙衣第一函

c རྒྱལ་དབང་སྐུ་ཕྲེང་ལྔ་བ་ངག་དབང་བློ་བཟང་རྒྱ་མཚོ།

d འབྲས་སྤུངས།（西藏拉萨哲蚌寺）

e རྟོགས་བརྗོད།（传记）

f 刻本 གླང་བུ་བ་དགྲ་འདུལ་ཚེ་རིང་གིས་བསྐྲུན་པ།

g 乌金 梵夹装 46×6
h 364 6
i 有 藏纸 黑 完整
j

139
A 3576-3580 685

B ངག་དབང་བློ་བཟང་རྒྱ་མཚོའི་གསུང་འབུམ།

阿旺洛桑嘉措文集

C ཁ

D ངག་དབང་བློ་བཟང་རྒྱ་མཚོ།

同 3563 介绍。

E 馆藏齐全。

139.1

a 1-1

b ཟ་ཧོར་བནྡེ་ངག་དབང་བློ་བཟང་རྒྱ་མཚོའི་འདི་སྣང་འཁྲུལ་བའི་རོལ་རྩེད་རྟོགས་བརྗོད་ཀྱི་ཚུལ་དུ་བཀོད་པ་དུ་ཀཱུ་ལའི་གོས་བཟང་ལས་གླེགས་བམ་གཉིས་པ།

萨霍尔僧人阿旺洛桑嘉措幻化游戏之传记·轻縠妙衣第二函

c རྒྱལ་དབང་སྐུ་ཕྲེང་ལྔ་པ་ངག་དབང་བློ་བཟང་རྒྱ་མཚོ།

d འབྲས་སྤུངས།（西藏拉萨哲蚌寺）

e རྟོགས་བརྗོད།（传记）

f 刻本 སྒྲིན་བདག་དཔོན་མོ་བསོད་ནམས་ཆོས་འཛོམས།

g 乌金 梵夹装 47×6

h 281 6

i 无 藏纸 黑 完整

j

140

A 3581-3582 682

B ངག་དབང་བློ་བཟང་རྒྱ་མཚོའི་གསུང་འབུམ།

阿旺洛桑嘉措文集

C ག

D ངག་དབང་བློ་བཟང་རྒྱ་མཚོ།

同 3563 介绍。

E 馆藏齐全。

140.1

a　1-1

b　ཟ་ཧོར་བནྡེ་ངག་དབང་བློ་བཟང་རྒྱ་མཚོའི་འདི་སྣང་འཕྲུལ་བའི་རོལ་རྩེད་རྟོགས་བརྗོད་ཀྱི་ཚུལ་དུ་བཀོད་པ་དུ་ཀཱུ་ལའི་གོས་བཟང་ལས་གླེགས་བམ་གསུམ་པ།

萨霍尔僧人阿旺洛桑嘉措幻化游戏之传记·轻縠妙衣第三函

c　རྒྱལ་དབང་སྐུ་ཕྲེང་ལྔ་པ་ངག་དབང་བློ་བཟང་རྒྱ་མཚོ།

d　འབྲས་སྤུངས།（西藏拉萨哲蚌寺）

e　རྟོགས་བརྗོད།（传记）

f　刻本

g　乌金　梵夹装　46×6

h　246　6

i　无　藏纸　黑　完整

j

141

A　3583　2571

B　ངག་དབང་བློ་བཟང་རྒྱ་མཚོའི་གསུང་འབུམ།

阿旺洛桑嘉措文集

C　ང

D　ངག་དབང་བློ་བཟང་རྒྱ་མཚོ།

同 3563 介绍。

E　馆藏齐全。

141.1

a　1-1

b　ཟ་ཧོར་བནྡེ་ངག་དབང་བློ་བཟང་རྒྱ་མཚོའི་འདི་སྣང་འཕྲུལ་བའི་རོལ་རྩེད་རྟོགས་བརྗོད་ཀྱི་ཚུལ་དུ་བཀོད་པ་དུ་ཀཱུ་ལའི་གོས་བཟང་ལས་གླེགས་བམ་བཞི་པ།

萨霍尔僧人阿旺洛桑嘉措幻化游戏之传记·轻縠妙衣第四函

c ཀྱལ་དབང་སྐུ་ཕྲེང་ལྔ་པ་ངག་དབང་བློ་བཟང་རྒྱ་མཚོ།

d འབྲས་སྤུངས།（西藏拉萨哲蚌寺）

e རྟོགས་བརྗོད།（传记）

f 刻本 སྦྱིན་བདག་དཔོན་མོ་བསོད་ནམས་ཆོས་འཛོམས།

g 乌金 梵夹装 47×6

h 360 6

i 有 藏纸 黑 完整

j 封面书有“སྣང་བ་མཐའ་ཡས།”。

142

A 3584 2573

B ངག་དབང་བློ་བཟང་རྒྱ་མཚོའི་གསུང་འབུམ།

阿旺洛桑嘉措文集

C ཙ

D ངག་དབང་བློ་བཟང་རྒྱ་མཚོ།

同3563介绍。

E 馆藏齐全。

142.1

a 1-1

b ཟ་ཧོར་བཙུན་ངག་དབང་བློ་བཟང་རྒྱ་མཚོའི་འདི་སྣང་འཁྲུལ་བའི་རོལ་རྩེད་རྟོགས་བརྗོད་ཀྱི་ཚུལ་དུ་བཀོད་པ་དུ་ཀཱུ་ལའི་གོས་བཟང་ལས་གླེགས་བམ་ལྔ་པ།

萨霍尔僧人阿旺洛桑嘉措幻化游戏之传记·轻縠妙衣第五函

c ཀྱལ་དབང་སྐུ་ཕྲེང་ལྔ་པ་ངག་དབང་བློ་བཟང་རྒྱ་མཚོ།

d འབྲས་སྤུངས།（西藏拉萨哲蚌寺）

e རྟོགས་བརྗོད། （传记）

f 刻本 སྤྱིན་བདག་དཔོན་མོ་བསོད་ནམས་ཆོས་འཛོམས།

g 乌金 梵夹装 47×6
h 338 6
i 无 藏纸 黑 完整
j

143
A 3585 2575

B ངག་དབང་བློ་བཟང་རྒྱ་མཚོའི་གསུང་འབུམ།

阿旺洛桑嘉措文集

C ཆ

D ངག་དབང་བློ་བཟང་རྒྱ་མཚོ།

同 3563 介绍。
E 馆藏齐全。

143.1
a 1-1

b ཟ་ཧོར་བནྡེ་ངག་དབང་བློ་བཟང་རྒྱ་མཚོའི་འདི་སྣང་འཁྲུལ་བའི་རོལ་རྩེད་རྟོགས་བརྗོད་ཀྱི་ཚུལ་དུ་བཀོད་པ་དུ་ཀཱུ་

ལའི་གོས་བཟང་ལས་གླེགས་བམ་དྲུག་པ།

萨霍尔僧人阿旺洛桑嘉措幻化游戏之传记·轻縠妙衣第六函

c རྒྱལ་དབང་སྐུ་ཕྲེང་ལྔ་པ་ངག་དབང་བློ་བཟང་རྒྱ་མཚོ།

d འབྲས་སྤུངས། （西藏拉萨哲蚌寺）

e རྟོགས་བརྗོད། （传记）

f 刻本 སྤྱིན་བདག་དཔོན་མོ་བསོད་ནམས་ཆོས་འཛོམས།

g 乌金 梵夹装 45×6
h 383 6

i 有 藏纸 黑 完整
j

144
A 3586 687
B ངག་དབང་བློ་བཟང་རྒྱ་མཚོའི་གསུང་འབུམ།
阿旺洛桑嘉措文集
C ༡
D ངག་དབང་བློ་བཟང་རྒྱ་མཚོ།
同 3563 介绍。
E 此函在民族宫目录中为 8 卷，西藏图书馆藏品中仅存 3 卷。

144.1
a 3-1
b འཇིག་རྟེན་དབང་ཕྱུག་ཐམས་ཅད་མཁྱེན་པ་ཡོན་ཏན་རྒྱ་མཚོ་དཔལ་བཟང་པོའི་རྣམ་པར་ཐར་པ་ནོར་
བུའི་འཕྲེང་བ།
世间自在一切智云丹嘉措传·宝鬘
c ཟ་ཧོར་གྱི་བན་དེ་ངག་དབང་བློ་བཟང་རྒྱ་མཚོ་འཇིགས་མེད་གོ་ཆ་ཐུབ་བསྟན་ལང་འཚོའི་སྡེ།
d ཚོང་ཁའི་ཡུལ་དཀར་ཐང་མར་ཁྲུའི་མཚོ་མོ།（青海宗喀）
e རྣམ་ཐར།（传记）
f 刻本 སྣོན་འགྲོ་ལོ་རྟ་བ།
g 乌金 梵夹装 47.5×6
h 52 6
i 有 藏纸 黑 完整
j 封面钤有“民族文化宫图书馆藏”印。

144.2
a 3-2

b ཇེ་བཙུན་ཐམས་ཅད་མཁྱེན་པ་བསོད་ནམས་རྒྱ་མཚོའི་རྣམ་ཐར་དངོས་གྲུབ་རྒྱ་མཚོའི་ཤིང་རྟ།
至尊一切智索朗嘉措传·悉地海车

c ངག་དབང་བློ་བཟང་རྒྱ་མཚོ་འཇིགས་མེད་གོ་ཆ་ཐུབ་བསྟན་ལང་འཚོའི་སྡེ།

d མེ་ཕོ་ཁྱི་ལོ། 火阳狗年（1646） དགའ་ལྡན་ཕོ་བྲང་།（西藏拉萨噶丹颇章）

e རྣམ་ཐར།（传记）

f 刻本 ངག་དབང་དགེ་ལེགས།

g 乌金 梵夹装 47.5×6
h 109 6
i 有 藏纸 黑 完整
j 封面钤有“民族文化宫图书馆藏”印。

144.3
a 3-3

b དུས་གསུམ་རྒྱལ་བའི་མཁྱེན་བརྩེ་ནུས་པའི་རང་གཟུགས་དཀྱིལ་འཁོར་རྒྱ་མཚོའི་གཙོ་བོ་ཁྱབ་བདག་རྡོ་རྗེ་སེམས་དཔའི་ངོ་བོ་མགོན་པོ་བསོད་ནམས་མཆོག་ལྡན་བསྟན་པའི་རྒྱལ་མཚན་དཔལ་བཟང་པོའི་རྣམ་པར་ཐར་པ་ངོ་མཚར་དད་པའི་རླབས་ཕྲེང་།
三世诸佛悲智力之自相曼荼罗海主遍主金刚萨埵之自性怙主索朗却登丹白坚赞传·希有信者之浪花

c ངག་དབང་བློ་བཟང་རྒྱ་མཚོ་འཇིགས་མེད་གོ་ཆ་ཐུབ་བསྟན་ལང་འཚོའི་སྡེ།

d མེ་འབྲུག་ནག་པ་ཟླ་བའི་ཚེས་བཅུ་བདུན། 火龙年（1676）三月十七日
དམར་པོ་རི།（西藏拉萨布达拉宫）

e རྣམ་ཐར།（传记）

f 刻本 འཇམ་དབྱངས་གྲགས་པ།

g 乌金 梵夹装 47.5×6
h 102 6
i 有 藏纸 黑 完整

j 封面钤有“民族文化宫图书馆藏”印。

145

A 3587 688

B ངག་དབང་བློ་བཟང་རྒྱ་མཚོའི་གསུང་འབུམ།

阿旺洛桑嘉措文集

C ཏ

D ངག་དབང་བློ་བཟང་རྒྱ་མཚོ།

同 3563 介绍。

E 此函民族宫目录著录为 6 卷，西藏图书馆藏品中缺 2 卷：《诸部曼荼罗遍主金刚持洛色嘉措扎巴坚赞传·学讲教法之日光》《三世一切如来之自性大宝遍主索朗却珠丹白坚赞传·招智者意根之钩》。

145.1

a 4-1

b རྒྱལ་བ་ལྔ་པ་ཆེན་པོའི་གསུང་འབུམ་པོད་ཏ་པའི་དཀར་ཆག་བཞུགས་སོ།།

大宝佛第五世达赖文集ཏ字函目录

c

d

e དཀར་ཆག(目录)

f 刻本 དགའ་ལྡན་ཕུན་ཚོགས་གླིང་།（西藏日喀则噶丹彭措林寺）

g 乌金 梵夹装 48×6

h 1 6

i 有 藏纸 黑 完整

j 封面钤有“民族文化宫图书馆藏”印。

145.2

a 4-2

b ཟུར་ཐམས་ཅད་མཁྱེན་པ་ཆོས་དབྱིངས་རང་གྲོལ་གྱི་རྣམ་ཐར་ཐེག་མཆོག་བསྟན་པའི་ཤིང་རྟ་ཞེས་བྱ་བ་

བཞུགས་སོ།།

苏钦一切智曲英让卓传·大乘圣教之车

c　ཟ་ཧོར་གྱི་ཐུགས་སྨོན་གང་ཤར་རང་གྲོལ།

d　མེ་འབྲུག་ཧོར་ཟླ་བརྒྱད་པའི་དཀར་ཆའི་བཟང་པོ་གཉིས་པ། 火龙年（1676）藏历八月二日

པོ་བྲང་དམར་པོ།（西藏拉萨布达拉宫）

རིག་འཛིན་སྤྲུལ་པའི་སྐུ་མཆོག་བློ་བཟང་པདྨ་འཕྲིན་ལས།

e　རྣམ་ཐར།(传记)

f　刻本　དགའ་ལྡན་ཕུན་ཚོགས་གླིང་།（西藏日喀则噶丹彭措林寺）

འཕྲོང་རྒྱས་སྤུན་བདུན་པ་ལྷུན་གྲུབ་རྒྱ་མཚོ།

g　乌金　梵夹装　48×6
h　121　6
i　有　藏纸　黑　完整
j　封面钤有“民族文化宫图书馆藏”印。

145.3
a　4-3

b　ཉང་སྟོན་ཕྱ་ཚང་པ་བློ་གྲོས་ཀྱི་རྡོ་རྗེའི་རྟོགས་པ་བརྗོད་པ་ཉུང་ངུ་རྣམ་གསལ་ཞེས་བྱ་བ་བཞུགས་སོ།།

梁师察昌巴·洛卓却根多杰传略篇

c　ཟ་ཧོར་གྱི་རིགས་ལས་ལོ་རྒྱུས་སྨྲ་བའི་བཙུན་པ་འཇམ་དབྱངས་དགའ་བའི་བཤེས་གཉེན།

d　མེ་ཕོ་འབྲུག་གི་ལོ། 火阳龙年（1676）　ཕོ་བྲང་ཆེན་པོ་དམར་པོ་རི།（西藏拉萨布达拉宫）

e　རྟོགས་བརྗོད།(传记)

f　刻本　དགའ་ལྡན་ཕུན་ཚོགས་གླིང་།（西藏日喀则噶丹彭措林寺）　འཕྲོང་རྒྱས་སྤུན་བདུན་པ་

ལྷུན་གྲུབ་རྒྱ་མཚོ།

g　乌金　梵夹装　48×6
h　63　6

i 有 藏纸 黑 完整

j 封面钤有“民族文化宫图书馆藏”印。

145.4

a 4-4

b རྒྱལ་ཀུན་འདུས་པའི་ངོ་བོ་ཁྱབ་བདག་ཧེ་རུ་ཀ་ཧུར་སྒྲིག་གར་གྱིས་རྣམ་པར་རོལ་བ་གདན་གསུམ་ཚང་བའི་

སྤྱི་དཔོན་རྗེ་བཙུན་བླ་མ་དབང་ཕྱུག་རབ་བརྟན་བསྟན་པའི་རྒྱལ་མཚན་དཔལ་བཟང་པོའི་རྟོགས་པ་བརྗོད་པ་

བདུད་རྩིའི་ཟ་མ་ཏོག་ཅེས་བྱ་བ་བཞུགས་སོ།།

诸佛总集自性遍主嘿汝嘎袈裟舞戏三座圆满之部主至尊上师旺秋饶登丹白坚赞传·甘露宝篚

c ཟ་ཧོར་གྱི་རིགས་ལས་ལོ་རྒྱུས་སྨྲ་བའི་བཙུན་པ་འཇམ་དབྱངས་དགའ་བའི་བཤེས་གཉེན།

d བིང་ཤིང་ལོ་ཆུ་སྟོད་ཟླ་བ། 丙辰年（1676）藏历六月

པོ་བྲང་ཆེན་པོ་ཏ་ལ།（西藏拉萨布达拉宫） བཅོ་བརྒྱད་ཆོས་རྗེ་བྱམས་པ་ངག་དབང་ལྷུན་གྲུབ།

e རྟོགས་བརྗོད།（传记）

f 刻本 དགའ་ལྡན་ཕུན་ཚོགས་གླིང་།（西藏日喀则噶丹彭措林寺）

འཕྱོང་རྒྱས་སྤྱན་བདུན་པ་ལྷུན་གྲུབ་རྒྱ་མཚོ།

g 乌金 梵夹装 48×6

h 55 6

i 有 藏纸 黑 完整

j 封面钤有“民族文化宫图书馆藏”印。

146

A 3588 3434

B ངག་དབང་བློ་བཟང་རྒྱ་མཚོའི་གསུང་འབུམ།

阿旺洛桑嘉措文集

C ཨ

D　ངག་དབང་བློ་བཟང་རྒྱ་མཚོ།

同 3563 介绍。

E　此函民族宫目录著录仅 6 卷。西藏图书馆藏品中掺入民族宫目录中 3434 号的 13 卷，另有 2 卷在民族宫目录中无。

146.1

a　20-1

b　ཐམས་ཅད་མཁྱེན་པ་ལྔ་པ་ཆེན་པོའི་གསུང་འབུམ་པོད་ཐ་པའི་དཀར་ཆག་བཞུགས་སོ།།

一切智第五世达赖文集ཐ字函目录

c

d

e　དཀར་ཆག(目录)

f　刻本　དགའ་ལྡན་ཕུན་ཚོགས་གླིང་།（西藏日喀则噶丹彭措林寺）

g　乌金　梵夹装　48×6

h　3　6

i　无　藏纸　黑　完整

j　封面钤有“民族文化宫图书馆藏”印。

146.2

a　20-2

b　བླ་མ་མཆོད་པའི་ཆོ་ག་ཟུང་འཇུག་བསྒྲུབ་པའི་ཤིང་རྟ་ཞེས་བྱ་བ་བཞུགས་སོ།།

上师供养仪轨·成就双运之车

c　ཟ་ཧོར་གྱི་རིགས་ལས་ཨཱ་ཡུཥྨ་ཏེ་པའི་བཙུན་པ་ངག་དབང་བློ་བཟང་རྒྱ་མཚོ།

d　དགའ་བའི་ལོ་ཆུ་སྟོད་ཟླ་བའི་དབྱངས་ཤུ་འཆར་བའི་ཚེས་ལ། 水龙年（1652）藏历六月

བྱང་ཕྱོགས་ཀྱི་ཆུ་བོ་ལོ་ཧི་ཏའི་འགྲམ་པོད་སོག་གི་ལོ་ཙཱ་བ་བཀའ་བཅུ་ཤེས་རབ་རྒྱ་མཚོ།

e　ཆོ་ག(仪轨)

f　刻本　དགའ་ལྡན་ཕུན་ཚོགས་གླིང་།（西藏日喀则噶丹彭措林寺）

མཱུརྡྷོ་ཁ་ཤྲཱི་ཛྙཱ་ཧྲི་ཊ་ཀ་ར་ཛེ་ཡཀྵ།

g 乌金 梵夹装 48×6

h 14 6

i 无 藏纸 黑 完整

j 封面钤有“民族文化宫图书馆藏”印。

146.3

a 20-3

b བཀའ་གདམས་རིན་པོ་ཆེ་ཐིག་ལེ་བཅུ་དྲུག་གི་རྒྱུན་ཁྱེར་གྱི་ལེགས་བཤད་ཕུལ་བྱུང་དགོངས་རྒྱན་བཞུགས།

噶当大宝法十六明点常用灌顶导引・卓越嘉言・密意庄严

c བཀའ་གདམས་ཀྱི་བཙུན་པ་ངག་གི་དབང་ཕྱུག་བློ་བཟང་རྒྱ་མཚོ་འཇིགས་མེད་གོ་ཆ་ཐུབ་བསྟན་ལང་ཚོའི་སྡེ།

d ས་མོ་གླང་གི་ལོའི་རྒྱལ་བའི་ཆོ་འཕྲུལ་བསྟན་པའི་དུས་སྟོན་ཆེས་བཅུར་གྲུ་འཛིན་གཉིས་པ། 土阴牛年

(1649) དགའ་ལྡན་ཕོ་བྲང་།（西藏拉萨噶丹颇章） ཆོས་རྗེ་མགོན་པོ་བསོད་ནམས་མཆོག་

ལྡན།

e དབང་ཁྲིད།(灌顶导释)

f 刻本 དགའ་ལྡན་ཕུན་ཚོགས་གླིང་།（西藏日喀则噶丹彭措林寺） ངག་དབང་དགེ་ལེགས།

g 乌金 梵夹装 48×6

h 16 6

i 无 藏纸 黑 完整

j 封面钤有“民族文化宫图书馆藏”印。

146.4

a 20-4

b དཔལ་རྡོ་རྗེ་འཇིགས་བྱེད་ཀྱི་རྒྱུན་འཁྱེར་གྱི་རྣལ་འབྱོར་རེག་ཟིག་བཀླགས་ཆོག་ཏུ་བཀོད་པ་བཞུགས་སོ།།

吉祥怖畏金刚常用瑜伽笔记念诵仪轨

c ཟ་ཧོར་གྱི་བནྡེ།

d

e ཆོ་ག(仪轨)

f 刻本 དགའ་ལྡན་ཕུན་ཚོགས་གླིང་།（西藏日喀则噶丹彭措林寺）

དཔལ་གྲོང་སྔགས་པ་ངག་དབང་དགེ་ལེགས།

g 乌金 梵夹装 48×6
h 20 6
i 无 藏纸 黑 完整
j 封面钤有“民族文化宫图书馆藏”印。

146.5
a 20-5

b དཔལ་རྡོ་རྗེ་འཇིགས་བྱེད་ཀྱི་ཞི་བའི་སྦྱིན་སྲེག་རབ་དཀར་བདུད་རྩིའི་བུམ་བཟང་བཞུགས་སོ།།

吉祥怖畏金刚之息灾护摩 · 洁白甘露妙瓶

c ཟ་ཧོར་གྱི་བཙུན་ངག་དབང་བློ་བཟང་རྒྱ་མཚོ།

d

e སྦྱིན་སྲེག(火供)

f 刻本 དགའ་ལྡན་ཕུན་ཚོགས་གླིང་།（西藏日喀则噶丹彭措林寺） ངག་དབང་དགེ་ལེགས།

g 乌金 梵夹装 48×6
h 6 6
i 无 藏纸 黑 完整
j 封面钤有“民族文化宫图书馆藏”印；民族宫目录中为 3434 号。

146.6
a 20-6

b འཇམ་དཔལ་གཤིན་རྗེའི་གཤེད་དམར་པོ་ལྷ་ལྔའི་སྒྲུབ་ཐབས་འཇམ་དཔལ་དགྱེས་པའི་ཞལ་ལུང་བཞུགས་སོ།།

红色文殊阎曼德迦五尊之修法 · 文殊喜悦之口传

c ཟ་ཧོར་གྱི་བན་ཆེན་ངག་དབང་བློ་བཟང་རྒྱ་མཚོ།

d

e སྒྲུབ་ཐབས།（修心法）

f 刻本 དགའ་ལྡན་ཕུན་ཚོགས་གླིང་།（西藏日喀则噶丹彭措林寺）

བརྩོན་པ་འཇམ་དབྱངས་གྲགས་པ།

g 乌金 梵夹装 48×6

h 17 6

i 无 藏纸 黑 完整

j 封面钤有“民族文化宫图书馆藏”印；民族宫目录中为 3434 号。

146.7

a 20-7

b འཇམ་དཔལ་གཤིན་རྗེའི་གཤེད་དམར་པོ་ལྷ་ལྔའི་དཀྱིལ་འཁོར་གྱི་ཆོ་ག་མཐོ་རིས་དབང་གི་ཆུ་རྒྱུན་བཞུགས།

文殊大威德五神曼荼罗仪轨·天堂之水

c ཟ་ཧོར་གྱི་བན་ཀན་ངག་དབང་བློ་བཟང་རྒྱ་མཚོ་འཇིགས་མེད་གོ་ཆ་ཐུབ་བསྟན་ལང་ཚོའི་སྡེ།

d ཆུ་གླང་ནག་པ་ཟླ་བའི་དཀར་ཆའི་ཕོ་བྲང་དམར་པོ། 水牛年（1673）藏历三月西藏拉萨布达拉宫

e ཆོ་ག（仪轨）

f 刻本 དགའ་ལྡན་ཕུན་ཚོགས་གླིང་།（西藏日喀则噶丹彭措林寺） འཇམ་དབྱངས་གྲགས་པ།

g 乌金 梵夹装 48×6

h 43 6

i 有 藏纸 黑 完整

j 封面钤有“民族文化宫图书馆藏”印；民族宫目录中无此件。

146.8

a 20-8

b དཔལ་འཁོར་ལོ་སྡོམ་པ་དྲིལ་བུ་ལུགས་ཀྱི་ཕྱི་དཀྱིལ་ལྷ་ལྔའི་སྒྲུབ་ཐབས་ལོ་པཎ་ཞལ་ལུང་ཞེས་བྱ་བ་བཞུགས།

枳布巴传规之吉祥胜乐轮外曼荼罗五尊修法·译师班智达口传

c ཟ་ཧོར་བརྩེ་ཀུན་དགའ།

d ཤིང་སྟག་ཁྲུམས་ཀྱི་ཟླ་བ། 木虎年（1674）藏历八月

ཕོ་བྲང་པོ་ཏ་ལ།（西藏拉萨布达拉宫） དབུ་མཛད་བློ་བཟང་ཡོན་ཏན།

e སྒྲུབ་ཐབས།（修心法）

f 刻本 དགའ་ལྡན་ཕུན་ཚོགས་གླིང་།（西藏日喀则噶丹彭措林寺）

གནས་བརྟན་འཇམ་དབྱངས་གྲགས་པ།

g 乌金 梵夹装 48×6
h 18 6
i 无 藏纸 黑 完整
j 封面钤有“民族文化宫图书馆藏”印；民族宫目录中为3434号。

146.9
a 20-9

b དཔལ་འཁོར་ལོ་སྡོམ་པ་དྲིལ་བུ་ལུགས་ཀྱི་ཕྱི་དཀྱིལ་ལྷ་ལྔའི་དཀྱིལ་ཆོག་དཔའ་བོའི་གྲོང་འཇུག་ཅེས་པ་བཞུགས།

枳布传规之吉祥胜乐轮外曼荼罗五尊之曼荼罗仪轨·勇士夺舍

c ཟ་ཧོར་གྱི་བཙྫེ་འཇམ་དབྱངས་དགའ་བའི་བཤེས་གཉེན།

d ཀུན་དགའ་ཞེས་པ་ཤིང་སྟག་དབྱུ་གུ་ཟླ་བའི་དཀར་ཕྱོགས་ཀྱི་དགའ་བ་གསུམ་པའི་ཚེས་ལ།

木虎年（1674）藏历九月三日

འཕགས་པ་འཇིག་རྟེན་དབང་ཕྱུག་གི་ཞིང་ཁམས་དམར་པོ་རི། དབུ་མཛོད་སྔོ་བཟང་ཡོན་ཏན།

e ཆོ་ག（仪轨）

f 刻本 དགའ་ལྡན་ཕུན་ཚོགས་གླིང་།（西藏日喀则噶丹彭措林寺）

སྡོམ་བརྩོན་འཇམ་དབྱངས་གྲགས་པ།

g 乌金 梵夹装 48×6
h 43 6
i 无 藏纸 黑 完整
j 封面钤有“民族文化宫图书馆藏”印；民族宫目录中为3434号。

146.10
a 20-10

b ནཱ་རོ་མཁའ་སྤྱོད་ཀྱི་རྣལ་འབྱོར་བཅུ་གཅིག་གི་ཉམས་ལེན་ལ་སྒྲོ་འདོགས་གཅོད་པ་དང་སེམས་འཛིན་ཟུང་འབྲེལ་

དུ་གནོད་ཚུལ་མཐོང་གྲོལ་ལྡེ་མིག་བཞུགས།

那若空行之十一种瑜伽修法断除增损与结合持心修法·见者解脱之钥

c ཟ་ཧོར་གྱི་བཟེད།

d ལྕགས་ཕག་ཧོར་ཟླ་གཉིས་པའི་ཡར་ཚེས་བཅོ་ལྔ། 铁猪年（1671）藏历二月十五日

མཁན་ཆེན་ཞ་ལུ་པ་རིན་ཆེན་བསོད་ནམས་མཆོག་གྲུབ་བསྟན་པའི་རྒྱན་མཚན།

e སྔགས།（密宗）

f 刻本 དགའ་ལྡན་ཕུན་ཚོགས་གླིང་།（西藏日喀则噶丹彭措林寺）

རིག་བྱེད་པ་ངག་དབང་ནམ་མཁའ།

g 乌金 梵夹装 48×6
h 6 6
i 无 藏纸 黑 完整
j 封面钤有“民族文化宫图书馆藏”印；民族宫目录中为 3434 号。

146.11
a 20-11

b ལམ་ཟབ་ནང་མའི་བླ་མའི་རྣལ་འབྱོར་མཐོ་རིས་དབང་གི་ཆུ་བོ་ཞེས་བྱ་བ་བཞུགས།

甚深道内修上师瑜伽法·天宫灌顶流

c ཟ་ཧོར་གྱི་བཟེད།

d ཁྱབ་བདག་བསྟན་པའི་རྒྱལ་མཚན་མཁའ་སྤྱོད་ཞིང་དུ་གཤེགས་པའི་དུས་དྲན་གྱི་ཆོས།

e བླ་མའི་རྣལ་འབྱོར།（上师瑜伽）

f 刻本 དགའ་ལྡན་ཕུན་ཚོགས་གླིང་།（西藏日喀则噶丹彭措林寺）

རིག་བྱེད་པ་ངག་དབང་གྲགས་པ།

g 乌金 梵夹装 48×6
h 5 6
i 有 藏纸 黑 完整
j 封面钤有“民族文化宫图书馆藏”印；民族宫目录中为 3434 号。

146.12
a 20-12

b ལམ་ཟབ་ཕྱི་མའི་ཉམས་ལེན་གནད་སྒྲིལ་འཇུག་བདེ་བཞུགས།

甚深道外修易行持验摄要

c ཟ་ཧོར་གྱི་བཙུན།

d ཡོངས་འཛིན་ཞེས་པ་ཆུ་བྱི་ལོ་ཧོར་ཟླ་དྲུག་པའི་ཡར་ངོའི་བཟང་པོ་གཉིས་པའི་ཚེས། 水鼠年（1672）藏历六月二日 མཆོད་དཔོན་ངག་དབང་ཤེས་རབ་སོགས།

e སྔགས།（密宗）

f 刻本 དགའ་ལྡན་ཕུན་ཚོགས་གླིང་།（西藏日喀则噶丹彭措林寺）

ཐོམ་བརྩོན་འཇམ་དབྱངས་གྲགས་པ།

g 乌金 梵夹装 48×6
h 6 6
i 无 藏纸 黑 完整
j 封面铃有“民族文化宫图书馆藏”印；民族宫目录中为3434号。

146.13
a 20-13

b གསུང་ངག་རིན་པོ་ཆེ་ལམ་འབྲས་བུ་དང་བཅས་པའི་འཁྲིད་ཀྱི་ཟིན་བྲིས་བསྟན་པ་རྒྱས་བྱེད་ཅེས་བྱ་བ་ལས་བུམ་དབང་གི་རྨི་ལམ་མན་གྱི་བྲིས་ཁའུ་བྲག་རྫོང་པའི་བཞེད་པ་མ་ནོར་བ་བཞུགས་སོ།།

大宝语教道果等之引导笔记·能宏教法中瓶灌观梦笔录·喀乌乍仲哇所许无误录

c ཟ་ཧོར་བཙུན་ངག་དབང་བློ་བཟང་རྒྱ་མཚོ།

d

e སྔགས།（密宗）

f 刻本 དགའ་ལྡན་ཕུན་ཚོགས་གླིང་།（西藏日喀则噶丹彭措林寺）

g 乌金 梵夹装 48×6
h 14 6
i 无 藏纸 黑 完整
j 封面铃有“民族文化宫图书馆藏”印；民族宫目录中为3434号。

146.14
a 20-14

b ཟབ་ལམ་འཕོ་བའི་མན་ངག་མཁའ་སྤྱོད་བགྲོད་པའི་ཐེམ་སྐས་ཞེས་བྱ་བ་བཞུགས་སོ།།

甚深道往生教授·趣空行之阶梯

c ཟ་ཧོར་བཙེ་ངག་དབང་བློ་བཟང་རྒྱ་མཚོ།

d ཞ་ལུ་རི་ཕུག་གི་སློབ་དཔོན་རིན་ཆེན་བསོད་ནམས་མཆོག་གྲུབ།

e མན་ངག（善言）

f 刻本 དགའ་ལྡན་ཕུན་ཚོགས་གླིང་།（西藏日喀则噶丹彭措林寺）

g 乌金 梵夹装 48×6
h 6 6
i 无 藏纸 黑 完整
j 封面钤有“民族文化宫图书馆藏”印；民族宫目录中为3434号。

146.15
a 20-15

b ཉེ་བརྒྱུད་ཚེ་ཁྲིད་འཆི་མེད་རྡོ་རྗེའི་སྲོག་ཤིང་ཁྲིགས་སུ་བསྡེབས་པ་བཞུགས།

近传长寿导释与金刚主轴结合法

c ཟ་ཧོར་བཙེ་ངག་དབང་བློ་བཟང་རྒྱ་མཚོ།

d དཔལ་ལྡན་འབྲས་སྤུངས།（西藏拉萨哲蚌寺）

ཕོ་བྲང་གོང་རི་དཀར་པོའི་དཀོན་པ་གཉེར་དཔོན་ དགེ་སློང་བླ་མ་བྱམས་པ་ཀུན་དགའ།

e ཚེ་སྒྲུབ།（长寿修法）

f 刻本 དགའ་ལྡན་ཕུན་ཚོགས་གླིང་།（西藏日喀则噶丹彭措林寺） ངག་དབང་དགེ་ལེགས།

g 乌金 梵夹装 48×6
h 5 6
i 无 藏纸 黑 完整
j 封面钤有“民族文化宫图书馆藏”印；民族宫目录中无此件。

146.16

a 20-16

b རྣམ་རྒྱལ་འཇོམས་སོགས་སོགས་ལ་དགོས་པའི་གསོ་སྦྱོང་གི་ཆོ་ག་བཞུགས།

尊胜佛母金刚摧碎等所需之布萨仪轨

c ཟ་ཧོར་བཟྷེ།

d

e ཆོ་ག（仪轨）

f 刻本 དགའ་ལྡན་ཕུན་ཚོགས་གླིང་།（西藏日喀则噶丹彭措林寺）

g 乌金 梵夹装 48×6

h 5 6

i 无 藏纸 黑 完整

j 封面钤有“民族文化宫图书馆藏”印；民族宫目录中为3434号。

146.17

a 20-17

b ཇོ་ནང་རི་ལུགས་ཀྱི་རྗེ་བཙུན་རྣམ་པར་རྒྱལ་མའི་སྒྲུབ་ཐབས་འཆི་མེད་དཔལ་སྟེར་བཞུགས་སོ།།

哲达日传规之至尊尊胜佛母修法·长寿吉祥施

c ཟ་ཧོར་བཟྷེ་ངག་དབང་བློ་བཟང་རྒྱ་མཚོ།

d རྩོམ་བྱེད་ཅེས་པ་ཤིང་ལུག 木羊年（1655）

e སྒྲུབ་ཐབས།（修心法）

f 刻本 དགའ་ལྡན་ཕུན་ཚོགས་གླིང་།（西藏日喀则噶丹彭措林寺） འཇམ་དཔལ།

g 乌金 梵夹装 42×6

h 10 6

i 无 藏纸 黑 完整

j 封面钤有“民族文化宫图书馆藏”印；民族宫目录中为3434号。

146.18

a 20-18

b　རྡོ་རྗེ་མི་འཁྲུག་པ་ལྷ་དགུའི་དཀྱིལ་འཁོར་གྱི་ཆོ་ག་ངན་སོང་ཚ་གདུང་ཀུན་སེལ་ག་བུར་གསར་པའི་ཆུ་རྒྱུན་

བཞུགས་སོ།།

不动金刚九尊曼陀罗仪轨 · 普除恶趣苦新樟脑流

c　ཟ་ཧོར་གྱི་བཙུན་པ་ངག་དབང་བློ་བཟང་རྒྱ་མཚོ་འཇིགས་མེད་གོ་ཆ་ཐུབ་བསྟན་ལང་ཚོ།

d　ཞིན་འབྱེད་དབང་པོ་ཉ་ཁྱིམ་དུ་སྤྱོད་པའི་ཕྱོགས་ཕྱི་མའི་བཟང་པོ་དང་པོའི་ཚེས་ལ་

དགའ་ལྡན་ཕོ་བྲང་མི་ཧྲུག་མངོན་པར་ བཀྲ་བའི་གླིང་ཁང་།（西藏拉萨噶丹颇章）

e　ཆོ་ག（仪轨）

f　刻本　དགའ་ལྡན་ཕུན་ཚོགས་གླིང་།（西藏日喀则噶丹彭措林寺）

g　乌金　梵夹装　48×6

h　19　6

i　无　藏纸　黑　完整

j　封面钤有“民族文化宫图书馆藏”印；民族宫目录中为 3434 号。

146. 19

a　20-19

b　རྒྱུད་སྡེ་བཞིའི་ལྷ་ཚོགས་རྣམས་ཀྱི་སྒྲུབ་འཕྲིན་བསྙེན་པ་རྗེས་གནང་སོགས་ཀྱི་ཉམས་ལེན་མཆོག་ཐུན་དངོས་གྲུབ་

འདོད་དགུའི་སྙེ་མ་གཡུར་ཟ་ཞེས་བྱ་བ་བཞུགས།

四部密续诸佛会之闭关静修与随许法等修验法 · 胜共悉地随愿成熟穗

c　ཟ་ཧོར་བཙེ་བྱང་སེམས་སྒྱུ་གུ་རྩལ།

d　ལྕགས་བྱ་སྨྲ་དབྱངས་ཀྱི་ཟླ་བ། 铁鸡年（1681）藏历十月

e　སྒྲུབ་ཐབས།（修心法）

f　刻本　དགའ་ལྡན་ཕུན་ཚོགས་གླིང་།（西藏日喀则噶丹彭措林寺）

དགེ་སློང་ངག་དབང་དཀོན་མཆོག

g　乌金　梵夹装　48×6

h　97　6

i　无　藏纸　黑　完整
j　封面钤有“民族文化宫图书馆藏”印；民族宫目录中为100叶。

146.20
a　20-20
b　གཟུ་གནས་བློ་ལྡན་ངོ་མཚར་སྐྱེད་བྱེད་གཟུངས་འབུལ་གྱི་ལག་ལེན་འཁྲུལ་སྤོང་ཉིན་མོར་བྱེད་པ་བཞུགས་སོ།།
具智证者能生希有之装藏献法·离误显明
c　ཟ་ཧོར་གྱི་བཙུན་པ་ངག་དབང་བློ་བཟང་རྒྱ་མཚོ་འཇིགས་མེད་གོ་ཆ་ཐུབ་བསྟན་ལང་ཚོ།
d　ས་མོ་གླང་གི་ལོ་སྟོད་ཟླ་བ། 土阴牛年（1649）藏历六月
ཕོ་བྲང་ཆེན་པོ་པོ་ཏ་ལའི་གཟིམས་ཆུང་ཁམས་གསུམ་ཟིལ་གནོན།（西藏拉萨布达拉宫）
དེ་མོ་སྤྲུལ་སྐུ་ངག་དབང་དགེ་ལེགས་རྒྱན་མཚན།
e　གཟུངས་འབུལ།（装藏）
f　刻本　དགའ་ལྡན་ཕུན་ཚོགས་གླིང་།（西藏日喀则噶丹彭措林寺）
གྲོང་སྨད་པ་འཕྲིན་ལས་རྒྱ་མཚོ།
g　乌金　梵夹装　48×6
h　25　6
i　无　藏纸　黑　完整
j　封面钤有“民族文化宫图书馆藏”印。

147
A　3589　5574
B　ངག་དབང་བློ་བཟང་རྒྱ་མཚོའི་གསུང་འབུམ།
阿旺洛桑嘉措文集
C　ད
D　ངག་དབང་བློ་བཟང་རྒྱ་མཚོ།
同3563介绍。
E　馆藏齐全。

147.1

a 16-1

b ཐམས་ཅད་མཁྱེན་པ་ལྔ་པ་ཆེན་པོའི་གསུང་འབུམ་ཡོད་ད་པའི་དཀར་ཆག་བཞུགས་སོ།།

一切智第五世达赖文集ད字函目录

c

d

e དཀར་ཆག（目录）

f 刻本 དགའ་ལྡན་ཕུན་ཚོགས་གླིང་།（西藏日喀则噶丹彭措林寺）

g 乌金 梵夹装 48×6

h 2 6

i 无 藏纸 黑 完整

j 封面钤有“民族文化宫图书馆藏”印。

147.2

a 16-2

b བྲག་རྫོང་རྒྱུན་འཁྱེར་རྡོ་རྗེའི་གོ་ཁྲབ་ཅེས་པ་བཞུགས་སོ།།

乍宗常用念诵法·金刚铠

c ཟ་ཧོར་གྱི་བཙུན་པ་ངག་དབང་བློ་བཟང་རྒྱ་མཚོ།

d

e ངག་འདོན།（念诵）

f 刻本 དགའ་ལྡན་ཕུན་ཚོགས་གླིང་།（西藏口喀则噶丹彭措林寺）

g 乌金 梵夹装 48×6

h 6 6

i 无 藏纸 黑 完整

j 封面钤有“民族文化宫图书馆藏”印。

147.3

a 16-3

b དཔལ་མགོན་པོ་ཆེ་ཆུང་ལས་མཁན་རྣམས་ཀྱི་བསྐང་བཤགས་ཆོས་སྐྱོང་དགྱེས་པའི་སྒྲ་དབྱངས་བཞུགས་སོ།།

吉祥大小怙主诸使者酬供忏悔次第·护法悦意妙音

c ཟ་ཧོར་གྱི་བཙུན་པ་ངག་དབང་བློ་བཟང་རྒྱ་མཚོ།

d

e བསྐང་བཤགས།（酬供）

f 刻本 དགའ་ལྡན་ཕུན་ཚོགས་གླིང་།（西藏日喀则噶丹彭措林寺） ངག་དབང་དགེ་ལེགས།

g 乌金 梵夹装 48×6
h 22 6
i 无 藏纸 黑 完整
j 封面钤有“民族文化宫图书馆藏”印。

147.4
a 16-4

b དབྱུ་གུ་དྲུག་ཅུ་རྩ་བཞིའི་གཏོར་ཆོག་སྲིད་གསུམ་རྣམ་རྒྱལ་བཞུགས་སོ།།
六十四刻供神馐仪轨·三有尊胜

c ཟ་ཧོར་གྱི་བཙུན་པ་ངག་དབང་བློ་བཟང་རྒྱ་མཚོ།

d ཕོ་བྲང་གོང་རི་དཀར་པོའི་དཀོན་གཉེར་དཔོན་དགེ་སྟེང་བླ་མ་བྱམས་པ་ཀུན་དགའ་འབྱུང་གནས།

e གཏོར་ཆོག（神馐仪轨）

f 刻本 དགའ་ལྡན་ཕུན་ཚོགས་གླིང་།（西藏日喀则噶丹彭措林寺） ངག་དབང་དགེ་ལེགས།

g 乌金 梵夹装 48×6
h 4 6
i 无 藏纸 黑 完整
j 封面钤有“民族文化宫图书馆藏”印。

147.5
a 16-5

b ཐོགས་མེད་དྲག་རྩལ་ནུས་སྟོབས་ལྡན་པའི་དམ་ཅན་ཆོས་སྐྱོང་རྒྱ་མཚོའི་མངོན་རྟོགས་མཆོད་འབུལ་བསྐང་
བཤགས་བསྟོད་ཚོགས་སོགས་འཕྲིན་ལས་རྣམ་བཞི་ལྷུན་གྲུབ་ཅེས་བྱ་བ་བཞུགས།

具无碍威猛力之具誓护法现观法酬供忏悔、赞颂等·四业任运成就

c མཁན་པོ་བསྟན་འཛིན་རྒྱ་མཚོ་སོགས།

d

e མཆོད་འབུལ་སོགས། （供奉）

f 刻本 དགའ་ལྡན་ཕུན་ཚོགས་གླིང་།（西藏日喀则噶丹彭措林寺） འཆམས་དཔོན་ངག་དབང་དཀོན་ཅོག་སོགས།

g 乌金 梵夹装 48×6
h 232 6
i 无 藏纸 黑 完整
j 封面钤有“民族文化宫图书馆藏”印。

147.6
a 16-6

b ཀླུ་གཏོར་བདུད་རྩི་འོ་མའི་ཆུ་རྒྱུན་བཞུགས།

祭龙供品·甘露乳长流

c ཟ་ཧོར་བཙྫེ།

d

e ཀླུ་གཏོར།（祭龙仪轨）

f 刻本 དགའ་ལྡན་ཕུན་ཚོགས་གླིང་།（西藏日喀则噶丹彭措林寺）

g 乌金 梵夹装 48×6
h 5 6
i 无 藏纸 黑 完整
j 封面钤有“民族文化宫图书馆藏”印。

147.7
a 16-7

b ལྔ་ལྷའི་གསོལ་མཆོད་བསོད་ནམས་དཔལ་བསྐྱེད་བཞུགས་སོ།།

五尊祈供法·生起福德吉祥

c ཟ་ཧོར་ཐུགས་སྨིན།

d ས་རྟ་ཧོར་ཟླ་བརྒྱད་པ། 土马年（1678）藏历八月

e ལྷ་གསོལ། （祈神）

f 刻本 དགའ་ལྡན་ཕུན་ཚོགས་གླིང་།（西藏日喀则噶丹彭措林寺）

གནས་བརྟན་འཇམ་དབྱངས་གྲགས་པ།

g 乌金 梵夹装 48×6
h 5 6
i 无 藏纸 黑 完整
j 封面铃有“民族文化宫图书馆藏”印。

147.8
a 16-8

b ལྷ་རྣམས་མཉེས་པར་བྱེད་པའི་བསངས་མཆོད་བཀྲ་ཤིས་འཁྱིལ་བ་བཞུགས།

诸天喜悦之煨桑供法·吉祥漩

c ལྷ་རྗེ་གཞུང་།

d བཀའ་བཅུ་ཤེས་རབ་རྒྱ་མཚོ་སོགས།

e བསངས་མཆོད། （煨桑祭祀）

f 刻本 དགའ་ལྡན་ཕུན་ཚོགས་གླིང་།（西藏日喀则噶丹彭措林寺） སློབ་འགྲོ་པཊ་ཆེན།

g 乌金 梵夹装 48×6
h 9 6
i 无 藏纸 黑 完整
j 封面铃有“民族文化宫图书馆藏”印。

147.9
a 16-9

b རྒྱ་ཧོར་ཡུལ་དུ་ཞི་བར་ཕན་པའི་བསངས་ཡིག་དངོས་གྲུབ་ཆར་འབེབས་བཞུགས།

饶益汉蒙诸地之煨桑祭文·悉地雨降

c ཟ་ཧོར་བརྫི།

d

e བསངས་མཆོད།（煨桑祭祀）

f 刻本 དགའ་ལྡན་ཕུན་ཚོགས་གླིང་།（西藏日喀则噶丹彭措林寺）

g 乌金 梵夹装 48×6
h 3 6
i 无 藏纸 黑 完整
j 封面钤有“民族文化宫图书馆藏”印。

147.10

a 16-10

b མི་མཐུན་ཉེས་ཀུན་སེལ་ཞིང་ལེགས་ཚོགས་ཅི་འདོད་འགྲུབ་པའི་བསངས་ཡིག་གི་རིམ་པ་མི་འཛད་མཆོད་སྤྲིན་སྒོ་འབྱེད་ཅེས་བྱ་བ་བཞུགས།

普除不顺过患随愿成就福善之煨桑供养次第·开无尽供养云门

c ཟ་ཧོར་བནྡེ།

d ལྕགས་སྤྲེལ་ཧོར་ཟླ་བདུན་པའི་ཡར་ཚེས་ལ། 铁猴年（1680）藏历七月上旬 གཞལ་ཡས་ཁང་པོ་བྲང་དམར་པོ་རིར།（西藏拉萨布达拉宫）

e བསངས་མཆོད།（煨桑祭祀）

f 刻本 དགའ་ལྡན་ཕུན་ཚོགས་གླིང་།（西藏日喀则噶丹彭措林寺）

མཐར་རྒྱས་པ་བལ་བཤད་དབང་པོ།

g 乌金 梵夹装 48×6
h 20 6
i 无 藏纸 黑 完整
j 封面钤有“民族文化宫图书馆藏”印。

147.11

a 16-11

b གསུར་ཚོག་གི་རིམ་པ་ཡིད་བཞིན་འདོད་འཇོ་བཞུགས།

熏焦煨素仪轨次第·如意篇

c ཟ་ཧོར་བཀྲ།

d

e གསུར་ཆོག（煨素仪轨）

f 刻本 དགའ་ལྡན་ཕུན་ཚོགས་གླིང་།（西藏日喀则噶丹彭措林寺）

དགེ་སློང་འཇམ་དབྱངས་གྲགས་པ།

g 乌金 梵夹装 48×6
h 4 6
i 无 藏纸 黑 完整
j 封面钤有“民族文化宫图书馆藏”印。

147.12
a 16-12

b གཏོར་མ་བརྒྱ་རྩ་བསྐྲགས་པས་དོན་འགྲུབ་ཅེས་བྱ་བ་བཞུགས་སོ།།

百神馐供法·诵即义成

c སེ་ཆེན་དཔོན་པོ།

d

e གཏོར་ཆོག（神馐仪轨）

f 刻本 དགའ་ལྡན་ཕུན་ཚོགས་གླིང་།（西藏日喀则噶丹彭措林寺） ངག་དབང་དགེ་ལེགས།

g 乌金 梵夹装 48×6
h 10 6
i 无 藏纸 黑 完整
j 封面钤有“民族文化宫图书馆藏”印。

147.13
a 16-13

b གཏོར་མ་བརྒྱ་རྩ་འཁྱེར་བདེ་ཀུན་ཕན།

百神馐易行供法·饶益有情

c དཔལ་ལྡན་འབྲས་སྤུངས་ཆོས་སྡེར།

d

e　གཏོར་ཆོག（神馐仪轨）

f　刻本　དགའ་ལྡན་ཕུན་ཚོགས་གླིང་།（西藏日喀则噶丹彭措林寺）

g　乌金　梵夹装　48×6
h　4　6
i　无　藏纸　黑　完整
j　封面钤有“民族文化宫图书馆藏”印。

147.14
a　16-14

b　གཞི་གསུམ་ཆོ་གའི་ཆ་རྐྱེན་གཏོར་མ་ཆ་བཞི་དང་གཞི་བདག་གཏོར་བསྔོ་བཞུགས།

三事仪轨一分四分神馐供品及地祇神馐供品、回向法

c　ཟ་ཏོར་བརྒྱ།

d

e　གཏོར་ཆོག（神馐仪轨）

f　刻本　དགའ་ལྡན་ཕུན་ཚོགས་གླིང་།（西藏日喀则噶丹彭措林寺）　འཇམ་དབྱངས་གྲགས།

g　乌金　梵夹装　48×6
h　3　6
i　无　藏纸　黑　完整
j　封面钤有“民族文化宫图书馆藏”印。

147.15
a　16-15

b　གཏོར་མའི་རིམ་པ་སྣ་ཚོགས་ཕྱོགས་གཅིག་ཏུ་བཀོད་པ་བཞུགས།

诸种神馐供品次第合编

c
d

e　གཏོར་ཆོག（神馐仪轨）

f　刻本　དགའ་ལྡན་ཕུན་ཚོགས་གླིང་།（西藏日喀则噶丹彭措林寺）　འཇམ་དབྱངས་གྲགས་པ།

g　乌金　梵夹装　48×6
h　29　6

i 无 藏纸 黑 完整

j 封面钤有“民族文化宫图书馆藏”印。

147.16

a 16-16

b ཀླུ་གཏོར་རྒྱུན་འཁྱེར།

鲁神神馐常用供法

c ཟ་ཧོར་བརྗེ།

d

e ཀླུ་གཏོར།（鲁神神馐供法）

f 刻本 དགའ་ལྡན་ཕུན་ཚོགས་གླིང་།（西藏日喀则噶丹彭措林寺）

གནས་པན་འཇམ་དབྱངས།

g 乌金 梵夹装 48×6

h 3 6

i 无 藏纸 黑 完整

j 封面钤有“民族文化宫图书馆藏”印。

148

A 3590 3411

B ངག་དབང་བློ་བཟང་རྒྱ་མཚོའི་གསུང་འབུམ།

阿旺洛桑嘉措文集

C ན

D ངག་དབང་བློ་བཟང་རྒྱ་མཚོ།

同 3563 介绍。

E 馆藏齐全。

148.1

a 11-1

b ཐམས་ཅད་མཁྱེན་པ་ལྔ་པ་ཆེན་པོའི་གསུང་འབུམ་པོད་ན་པའི་དཀར་ཆག

一切智第五世达赖文集ན字函目录

c

d

e དཀར་ཆག（目录）

f 刻本

g 乌金 梵夹装 48×6

h 1 6

i 无 藏纸 黑 完整

j 封面钤有“民族文化宫图书馆藏”印。

148.2

a 11-2

b བྱང་ཆུབ་ལམ་གྱི་རིམ་པའི་ཁྲིད་ཡིག་འཇམ་པའི་དབྱངས་ཀྱི་ཞལ་ལུང་།

菩提道次第教导·文殊口传

c ཟ་ཧོར་གྱི་བན་དྷེ་ངག་དབང་བློ་བཟང་རྒྱ་མཚོ་འཇིགས་མེད་གོ་ཆ་ཐུབ་བསྟན་ལང་ཚོའི་སྡེ་འམ།འཇམ་

དབྱངས་དགའ་བའི་བཤེས་གཉེན།

d ས་ཕོ་ཁྱི་ལོ། 土阳狗年（1658） འབྲས་སྤུངས་དགོན།（西藏拉萨哲蚌寺）

e ལམ་རིམ། （道次第）

f 刻本 དགའ་ལྡན་ཕུན་ཚོགས་གླིང་།（西藏日喀则噶丹彭措林）

གྲོང་སྨད་པ་འཕྲིན་ལས་རྒྱ་མཚོ།

g 乌金 梵夹装 48×6

h 101 6

i 有 藏纸 黑 完整

j 封面钤有“民族文化宫图书馆藏”印。

148.3

a 11-3

b ཟབ་མོ་དབུ་མའི་ལྟ་བ་ཉམས་སུ་ལེན་ཚུལ་འཇམ་དཔལ་སྙིང་པོའི་ཞལ་ལུང་།

甚深中观见修法·妙吉祥藏口传

c ཟ་ཧོར་གྱི་བན་དྷེ་ངག་དབང་བློ་བཟང་རྒྱ་མཚོ་འཇིགས་མེད་གོ་ཆ་ཐུབ་བསྟན་ལང་ཚོའི་སྡེ།

d མེ་ཕག་ས་ག་ཟླ་བ། 火猪年（1647）藏历四月

e དབུ་མ། （中观）

f 刻本 དགའ་ལྡན་ཕུན་ཚོགས་གླིང་། （西藏日喀则噶丹彭措林） ངག་དབང་དགེ་ལེགས།

g 乌金 梵夹装 48×6
h 9 6
i 无 藏纸 黑 完整
j 封面钤有“民族文化宫图书馆藏”印。

148.4
a 11-4

b བསྟན་བཅོས་ཆེན་པོ་དབུ་མ་ལ་འཇུག་པ་གསལ་བར་བྱེད་པ་ཐེག་ཆེན་རྒྱ་མཚོར་འཇུག་པའི་གྲུ་གཟིངས།

入中论显明释论·入大乘海之舟楫

c ངག་དབང་བློ་བཟང་རྒྱ་མཚོ་འཇིགས་མེད་གོ་ཆ་ཐུབ་བསྟན་ལང་ཚོའི་སྡེ།

d མེ་ཕག་ལོ། 火猪年（1647） དཔལ་ལྡན་འབྲས་སྤུངས། （西藏拉萨哲蚌寺）

e དབུ་མ། （中观）

f 刻本 དགའ་ལྡན་ཕུན་ཚོགས་གླིང་། （西藏日喀则噶丹彭措林） ངག་དབང་དགེ་ལེགས།

g 乌金 梵夹装 48×6
h 144 6
i 有 藏纸 黑 完整
j 封面钤有“民族文化宫图书馆藏”印。

148.5
a 11-5

b དམིགས་བརྩེ་མའི་ཊཱིཀྐ་ཉམས་ལེན་དང་འབྲེལ་བ་ཚིག་དོན་རབ་གསལ།

弥遮玛注释与修法相结合之句义显明篇

c ངག་དབང་བློ་བཟང་རྒྱ་མཚོ་འཇིགས་མེད་གོ་ཆ་ཐུབ་བསྟན་ལང་ཚོའི་སྡེ།

d　རང་བྱུང་འཕགས་པའི་གཙུག་ལག་ཁང་།

e　དམིགས་བརྩེ་མའི་ཊཱིཀྐ（弥遮玛注释）

f　刻本　དགའ་ལྡན་ཕུན་ཚོགས་གླིང་།（西藏日喀则噶丹彭措林）

　　དཔར་བསྐོ་བ་གཙང་བསྟན་འཛིན།　དགེ་སློང་འཇམ་དབྱངས་གྲགས་པ།

g　乌金　梵夹装　48×6
h　11　6
i　有　藏纸　黑　完整
j　封面钤有“民族文化宫图书馆藏”印。

148.6
a　11-6

b　ལམ་གྱི་གཙོ་བོ་རྣམ་གསུམ་གྱི་མཆན་འགྲེལ།

　圣道三要注释

c　གདོང་དྲུག་སྙེམས་པའི་ལང་ཚོ།

d

e　ལམ་རིམ།（道次第）

f　刻本　དགའ་ལྡན་ཕུན་ཚོགས་གླིང་།（西藏日喀则噶丹彭措林）
g　乌金　梵夹装　48×6
h　4　6
i　无　藏纸　黑　完整
j　封面钤有“民族文化宫图书馆藏”印。

148.7
a　11-7

b　ལམ་གྱི་གཙོ་བོ་རྣམ་གསུམ་གྱི་དགོངས་འགྲེལ་ལུང་རིག་གཏེར་མཛོད།

　道之三要密意释·教理宝藏

c　འཇམ་དབྱངས་དགའ་བའི་བཤེས་གཉེན་ནམ་གདོང་དྲུག་སྙེམས་པའི་ལང་ཚོ།

d　ཤིང་སྟག 木虎年（1674）　པོ་བྲང་པོ་ཏ་ལ།（西藏拉萨布达拉宫）

e ལམ་རིམ། （道次第）

f 刻本 དགའ་ལྡན་ཕུན་ཚོགས་གླིང་།（西藏日喀则噶丹彭措林）

གནས་བརྟན་འཛམ་དབྱངས་གྲགས་པ།

g 乌金 梵夹装 48×6
h 26 6
i 有 藏纸 黑 完整
j 封面钤有“民族文化宫图书馆藏”印。

148.8
a 11-8

b དགེ་བ་རྫོགས་བྱང་དུ་བསྔོ་བའི་གཏམ་མཆོག་དམན་གྱི་བློ་སྣ་ཚོགས་དང་མཐུན་པར་བཀོད་པ་རྒྱ་མཚོར་འཇུག་

པའི་ཆུ་ཀླུང་།

诸善圆满清净回向文・诸种胜劣智慧咸宜・入海之河流

c
d

e བསྔོ་སྨོན། （回向文）

f 刻本 དགའ་ལྡན་ཕུན་ཚོགས་གླིང་།（西藏日喀则噶丹彭措林）

g 乌金 梵夹装 48×6
h 13 6
i 无 藏纸 黑 完整
j 封面钤有“民族文化宫图书馆藏”印。

148.9
a 11-9

b བདེ་གཤེགས་བདུན་གྱི་མཆོད་པའི་ཆོག་བསྒྲིགས་ཡིད་བཞིན་དབང་རྒྱལ།

七佛供养仪轨・如意自在王

c ཟ་ཧོར་གྱི་བན་དྷེ་ངག་དབང་བློ་བཟང་རྒྱ་མཚོ་འཇིགས་མེད་གོ་ཆ་ཐུབ་བསྟན་ལང་ཚོའི་སྡེ།

d ཆུ་གླང་ལོ། 水牛年（1673） དམར་པོ་རི།（西藏拉萨布达拉宫）

e ཆོ་ག（仪轨）

f 刻本 དགའ་ལྡན་ཕུན་ཚོགས་གླིང་།（西藏日喀则噶丹彭措林）

གནས་བརྟན་འཇམ་དབྱངས་གྲགས་པ། རྒྱལ་ཆེན་རིགས་བཞི།

g 乌金 梵夹装 48×6
h 58 6
i 有 藏纸 黑 完整
j 封面钤有“民族文化宫图书馆藏”印。

148.10
a 11-10

b གནས་བརྟན་ཆེན་པོ་བཅུ་དྲུག་གི་མཆོད་པ་རྒྱལ་བསྟན་འདོད་མེད་ནོར་བུ།

十六尊者供养法·佛教无尽宝

c འཇམ་དབྱངས་དགའ་བའི་བཤེས་གཉེན།

d མེ་འབྲུག་ལོ་སྨིན་དབྱངས་ཀྱི་ཟླ་བ། 火龙年（1676）藏历十月

པོ་བྲང་པོ་ཏ་ལ།（西藏拉萨布达拉宫）

e མཆོད་འབུལ།（供养）

f 刻本 དགའ་ལྡན་ཕུན་ཚོགས་གླིང་།（西藏日喀则噶丹彭措林） ངག་དབང་དགེ་ལེགས།

g 乌金 梵夹装 48×6
h 48 6
i 有 藏纸 黑 完整
j 封面钤有“民族文化宫图书馆藏”印。

148.11
a 11-11

b རྒྱུད་སྡེ་རྒྱ་མཚོར་རབ་འབྱམས་སྨྲ་བ་རྣམས་ཀྱི་བཤད་པའི་སྔོན་འགྲོའི་མཆོད་བརྗོད་ཀྱི་རིམ་པ་འཕང་

འགྲོའི་སྒྲ་ དབྱངས།

续部海中诸博学师所说之前行供养次第·琵琶之音

c　ཟ་ཧོ་གྱི་བན་རྒྱི།

d

e　མཆོད་བརྗོད།（礼赞）

f　刻本　དགའ་ལྡན་ཕུན་ཚོགས་གླིང་།（西藏日喀则噶丹彭措林）　འཛམ་དབྱངས་གྲགས་པ།

g　乌金　梵夹装　48×6
h　18　6
i　无　藏纸　黑　完整
j　封面钤有“民族文化宫图书馆藏”印。

149
A　3591-3592　3412

B　ངག་དབང་བློ་བཟང་རྒྱ་མཚོའི་གསུང་འབུམ།

阿旺洛桑嘉措文集

C　པ

D　ངག་དབང་བློ་བཟང་རྒྱ་མཚོ།

同 3563 介绍。
E　馆藏齐全。

149.1
a　7-1

b　ཐམས་ཅད་མཁྱེན་པ་ལྔ་པ་ཆེན་པོའི་གསུང་འབུམ་པོད་པ་པའི་དཀར་ཆག

一切智第五世达赖文集པ字函目录

c
d

e　དཀར་ཆག（目录）

f　刻本
g　乌金　梵夹装　47×5.5
h　1　6
i　无　藏纸　黑　完整

j 封面钤有“民族文化宫图书馆藏”印。

149.2

a 7-2

b བསྟན་བཅོས་མངོན་རྟོགས་རྒྱན་འགྲེལ་རྣམས་གསལ་བར་བྱེད་པ་བློ་བཟང་དགོངས་རྒྱན་གདོང་ལྔའི་དབང་པོའི་སྒྲ་དབྱངས་ལས། སྐབས་དང་པོའི་ཚིག་དོན་མཐའ་དཔྱོད་བཞུགས།

阐明现观庄严论本释·善慧密意庄严狮吼声中第一分句义辨析

c ངག་དབང་བློ་བཟང་རྒྱ་མཚོ་འཇིགས་མེད་གོ་ཆ་ཐུབ་བསྟན་ལང་འཚོའི་སྡེ།

d ཤིང་སྤྲེལ་ལ་དབུ་བཙུགས་ནས་ཤིང་བྱ་ལོར་མཇུག་སྒྲིལ། 木猴年（1644）至木鸡年（1645）

འབྲས་སྤུངས།（西藏拉萨哲蚌寺）

e ཕར་ཕྱིན།（般若）

f 刻本 ངག་དབང་དགེ་ལེགས།

g 乌金 梵夹装 47×5.5

h 151 6

i 有 藏纸 黑 完整

j 封面钤有“民族文化宫图书馆藏”印。

149.3

a 7-3

b བསྟན་བཅོས་མངོན་རྟོགས་རྒྱན་འགྲེལ་རྣམས་གསལ་བར་བྱེད་པ་བློ་བཟང་དགོངས་རྒྱན་གདོང་ལྔའི་དབང་པོའི་སྒྲ་དབྱངས་ལས། སྐབས་གཉིས་པའི་ཚིག་དོན་མཐའ་དཔྱོད་བཞུགས།

阐明现观庄严论本释·善慧密意庄严狮吼声中第二分句义辨析

c ངག་དབང་བློ་བཟང་རྒྱ་མཚོ་འཇིགས་མེད་གོ་ཆ་ཐུབ་བསྟན་ལང་འཚོའི་སྡེ།

d ཤིང་སྤྲེལ་ལ་དབུ་བཙུགས་ནས་ཤིང་བྱ་ལོར་མཇུག་སྒྲིལ། 木猴年（1644）至木鸡年（1645）

འབྲས་སྤུངས།（西藏拉萨哲蚌寺）

e ཕར་ཕྱིན།（般若）

f　刻本　ངག་དབང་དགེ་ལེགས།

g　乌金　梵夹装　47×5.5
h　56　6
i　无　藏纸　黑　完整
j　封面钤有“民族文化宫图书馆藏”印。

149.4
a　7-4

b　བསྟན་བཅོས་མངོན་རྟོགས་རྒྱན་འགྲེལ་རྣམས་གསལ་བར་བྱེད་པ་བློ་བཟང་དགོངས་རྒྱན་གདོང་ལྔའི་དབང་

པོའི་སྒྲ་དབྱངས་ལས། སྐབས་གསུམ་པའི་ཚིག་དོན་མཐའ་དཔྱོད་བཞུགས།

阐明现观庄严论本释·善慧密意庄严狮吼声中第三分句义辨析

c　ངག་དབང་བློ་བཟང་རྒྱ་མཚོ་འཇིགས་མེད་གོ་ཆ་ཐུབ་བསྟན་ལང་འཚོའི་སྡེ།

d　ཤིང་སྤྲེལ་ལ་དབུ་བཙུགས་ནས་ཤིང་བྱ་ལོར་མཇུག་སྒྲིལ། 木猴年（1644）至木鸡年（1645）

འབྲས་སྤུངས།（西藏拉萨哲蚌寺）

e　ཕར་ཕྱིན།（般若）

f　刻本　ངག་དབང་དགེ་ལེགས།

g　乌金　梵夹装　47×5.5
h　24　6
i　无　藏纸　黑　完整
j　封面钤有“民族文化宫图书馆藏”印。

149.5
a　7-5

b　བསྟན་བཅོས་མངོན་རྟོགས་རྒྱན་འགྲེལ་རྣམས་གསལ་བར་བྱེད་པ་བློ་བཟང་དགོངས་རྒྱན་གདོང་ལྔའི་དབང་

པོའི་སྒྲ་དབྱངས་ལས། སྐབས་བཞི་པའི་ཚིག་དོན་མཐའ་དཔྱོད་བཞུགས།

阐明现观庄严论本释·善慧密意庄严狮吼声中第四分句义辨析

c　ངག་དབང་བློ་བཟང་རྒྱ་མཚོ་འཇིགས་མེད་གོ་ཆ་ཐུབ་བསྟན་ལང་འཚོའི་སྡེ།

d ཞིང་སྐྱོང་ལ་དབུ་བཙུགས་ནས་ཤིང་བྱ་ལོར་མཇུག་སྒྲིལ། 木猴年（1644）至木鸡年（1645）

འབྲས་སྤུངས།（西藏拉萨哲蚌寺）

e ཕར་ཕྱིན།（般若）

f 刻本 ངག་དབང་དགེ་ལེགས།

g 乌金 梵夹装 47×5.5

h 72 6

i 无 藏纸 黑 完整

j 封面钤有“民族文化宫图书馆藏”印。

149.6

a 7-6

b བསྟན་བཅོས་མངོན་རྟོགས་རྒྱན་འགྲེལ་རྣམས་གསལ་བར་བྱེད་པ་བློ་བཟང་དགོངས་རྒྱན་གདོང་ལྔའི་དབང་པོའི་སྒྲ་དབྱངས་ལས། སྐབས་ལྔ་པ་དང་དྲུག་པའི་ཚིག་དོན་མཐའ་དཔྱོད་བཞུགས།

阐明现观庄严论本释·善慧密意庄严狮吼声中第五分及第六分句义辨析

c ངག་དབང་བློ་བཟང་རྒྱ་མཚོ་འཇིགས་མེད་གོ་ཆ་ཐུབ་བསྟན་ལང་འཚོའི་སྡེ།

d ཞིང་སྐྱོང་ལ་དབུ་བཙུགས་ནས་ཤིང་བྱ་ལོར་མཇུག་སྒྲིལ། 木猴年（1644）至木鸡年（1645）

འབྲས་སྤུངས།（西藏拉萨哲蚌寺）

e ཕར་ཕྱིན།（般若）

f 刻本 ངག་དབང་དགེ་ལེགས།

g 乌金 梵夹装 47×5.5

h 38 6

i 无 藏纸 黑 完整

j 封面钤有“民族文化宫图书馆藏”印。

149.7

a 7-7

b བསྟན་བཅོས་མངོན་རྟོགས་རྒྱན་འགྲེལ་རྣམས་གསལ་བར་བྱེད་པ་བློ་བཟང་དགོངས་རྒྱན་གདོང་ལྔའི་དབང་

པོའི་སྒྲ་དབྱངས་ལས། སྐབས་བདུན་པ་དང་བརྒྱད་པའི་ཚིག་དོན་མཐའ་དཔྱོད་བཞུགས།

阐明现观庄严论本释·善慧密意庄严狮吼声中第七分及第八分句义辨析

c ངག་དབང་བློ་བཟང་རྒྱ་མཚོ་འཇིགས་མེད་གོ་ཆ་ཐུབ་བསྟན་ལང་འཚོའི་སྡེ།

d ཤིང་སྤྲེལ་ལ་དབུ་བཙུགས་ནས་ཤིང་བྱ་ལོར་མཇུག་སྒྲིལ། 木猴年（1644）至木鸡年（1645）

འབྲས་སྤུངས།（西藏拉萨哲蚌寺）

e ཕར་ཕྱིན།（般若）

f 刻本 ངག་དབང་དགེ་ལེགས།

g 乌金 梵夹装 47×5.5

h 46 6

i 有 藏纸 黑 完整

j 封面钤有“民族文化宫图书馆藏”印。

150

A 3593 3413

B ངག་དབང་བློ་བཟང་རྒྱ་མཚོའི་གསུང་འབུམ།

阿旺洛桑嘉措文集

C ཐ

D ངག་དབང་བློ་བཟང་རྒྱ་མཚོ།

同 3563 介绍。

E 馆藏齐全。

150.1

a 4-1

b ཐམས་ཅད་མཁྱེན་པ་ལྔ་པ་ཆེན་པོའི་གསུང་འབུམ་པོད་ཐ་པའི་དཀར་ཆག

一切智第五世达赖文集ཐ字函目录

c

d

e　དཀར་ཆག（目录）

f　刻本
g　乌金　梵夹装　47×6
h　1　6
i　无　藏纸　黑　完整
j　封面钤有“民族文化宫图书馆藏”印。

150.2
a　4-2

b　བསྟན་པའི་རྩ་བ་རབ་བྱུང་དང་ཁྱིམ་པ་ལ་ཕན་གདགས་པའི་ལས་ཀྱི་ཆོ་ག་མཐའ་གཅོད་དང་བཅས་པ་འཁྲུལ་སྤོང་རྣམ་རྒྱལ་གསེར་མདོག

圣教根本饶益出家在家羯磨仪轨探究·离误尊胜纯金

c　ངག་དབང་བློ་བཟང་རྒྱ་མཚོ་འཇིགས་མེད་གོ་ཆ་ཐུབ་བསྟན་ལང་འཚོའི་སྡེའམ་མཚན་གཞན་ཚངས་སྲས་བཞད་པའི་རྡོ་རྗེ།

d　ས་ལུག་ལོ།　土羊年（1679）　པོ་བྲང་ཆེན་པོ་པོ་ཏ་ལ།（西藏拉萨布达拉宫）

e　ཆོ་ག（仪轨）

f　刻本　དཔལ་གྲོང་ཐུགས་རམས་པ་ངག་དབང་དགེ་ལེགས།

g　乌金　梵夹装　47×6
h　264　6
i　有　藏纸　黑　完整
j　封面钤有“民族文化宫图书馆藏”印。

150.3
a　4-3

b　སོ་ཐར་གྱི་ཚུལ་ཁྲིམས་ལ་དགའ་བའི་དཔྱོད་ལྡན་རྣམས་ལ་ཕན་བྱེད་ཉུང་ངུ་རྣམ་གསལ་སྒྲོན་མེ།

喜悦为别解脱戒之诸智者略作饶益·显明灯

c　ཟ་ཧོར་རིགས་ཀྱི་བཙུན་པ་ལྷུམ་བུ་པ།

d　རྣམ་པར་རྒྱལ་བའི་ལོ།　木马年（1654）

e འདུལ་བ། （律经）

f 刻本
g 乌金 梵夹装 47×6
h 20 6
i 无 藏纸 黑 完整
j 封面钤有“民族文化宫图书馆藏”印。

150.4
a 4-4

b ཆོས་མངོན་པ་མཛོད་ཀྱི་རྣམ་བཤད་ཆོས་མངོན་རིན་ཆེན་འདྲེན་པའི་ཤིང་རྟ།

对法俱舍解说·能引对法大宝之车

c ངག་དབང་བློ་བཟང་རྒྱ་མཚོ་འཇིགས་མེད་གོ་ཆ་ཐུབ་བསྟན་ལང་འཚོའི་སྡེ།

d མེ་ཁྱི་ལོ། 火狗年（1646） དཔལ་ལྡན་འབྲས་སྤུངས། （西藏拉萨哲蚌寺）

e མཛོད། （俱舍论）

f 刻本
g 乌金 梵夹装 47×6
h 177 6
i 有 藏纸 黑 完整
j 封面钤有“民族文化宫图书馆藏”印。

151
A 3594 3414

B ངག་དབང་བློ་བཟང་རྒྱ་མཚོའི་གསུང་འབུམ།

阿旺洛桑嘉措文集

C བ

D ངག་དབང་བློ་བཟང་རྒྱ་མཚོ།

同 3563 介绍。
E 馆藏齐全。

151.1

a 12-1

b ཐམས་ཅད་མཁྱེན་པ་ལྔ་པ་ཆེན་པོའི་གསུང་འབུམ་པོད་བ་པའི་དཀར་ཆག

一切智第五世达赖文集བ字函目录

c

d

e དཀར་ཆག（目录）

f 刻本

g 乌金 梵夹装 48×6

h 1 6

i 无 藏纸 黑 完整

j 封面钤有“民族文化宫图书馆藏”印。

151.2

a 12-2

b ཕྱོགས་བཅུའི་བདེ་གཤེགས་བྱང་སེམས་སློབ་མི་སློབ་ཀྱི་དགེ་འདུན་དང་བཅས་པའི་བསྟོད་ཚོགས་དངོས་གྲུབ་རྒྱ་

མཚོའི་གཏེར་མཛོད།

十方诸佛菩萨有学无学僧伽等众赞颂篇·悉地海藏

c ཟ་ཧོར་གྱི་བན་དེ་ངག་དབང་བློ་བཟང་རྒྱ་མཚོ།

d མེ་སྦྲུལ། 火蛇年（1677） པོ་བྲང་པོ་ཏ་ལ།（西藏拉萨布达拉宫）

e བསྟོད་ཚོགས།（赞集）

f 刻本 གྲོང་སྨད་པ་སངས་རྒྱས་རྒྱ་མཚོ།

g 乌金 梵夹装 48×6

h 26 6

i 无 藏纸 黑 完整

j 封面钤有“民族文化宫图书馆藏”印。

151.3

a 12-3

b རྗེ་བཙུན་འཇམ་དཔལ་དབྱངས་ཀྱི་བསྟོད་པ་ཧ་སྨྲ་རའི་རྒྱུད་མང་།

至尊文殊赞·多弦琵琶

c ངག་དབང་བློ་བཟང་རྒྱ་མཚོ་འཇིགས་མེད་གོ་ཆ་ཐུབ་བསྟན་ལང་འཚོའི་སྡེའམ་འཇམ་དབྱངས་དགའ་བའི་བཤེས་གཉེན། ཚངས་སྲས་བཞད་པའི་རྡོ་རྗེ།

d མེ་སྦྲུལ་ལོ། 火蛇年（1677） ཕོ་བྲང་པེ་ཅིང་གི་ཉེ་འདབས།（北京）

e བསྟོད་ཚོགས།（赞集）

f 刻本 སྣོན་འགྲོ་པཥ་ཆེན།

g 乌金 梵夹装 48×6
h 6 6
i 无 藏纸 黑 完整
j 封面钤有“民族文化宫图书馆藏”印。

151.4
a 12-4

b ཡོན་ཏན་ཀུན་གྱི་གཞི་རྟེན་བླ་མའི་རྣལ་འབྱོར་ཉམས་ལེན་གྱི་རིམ་པ་ཞིང་ཁམས་རྒྱ་མཚོའི་བྱིན་རླབས་མྱུར་འདྲེན།
一切功德之根本上师瑜伽修法次第·速引刹海加持

c ངག་དབང་བློ་བཟང་རྒྱ་མཚོ་འཇིགས་མེད་གོ་ཆ་ཐུབ་བསྟན་ལང་འཚོའི་སྡེ།

d ལྕགས་བྱ་ལོ། 铁鸡年（1681）

e བླ་མའི་རྣལ་འབྱོར།（上师瑜伽）

f 刻本 མཐར་རྒྱས་པ་བློ་བཟང་དབང་པོ།

g 乌金 梵夹装 48×6
h 75 6
i 无 藏纸 黑 完整
j 封面钤有“民族文化宫图书馆藏”印。

151.5
a 12-5

b མཁས་ཤིང་གྲུབ་པའི་དབང་ཕྱུག་དམ་པ་རྣམས་ཀྱི་གཙོ་བོར་གྱུར་པའི་བླ་མའི་བསྟོད་ཚོགས་ཀྱི་རིམ་པ།

成为诸善巧成就自在大德之主之上师赞颂次第

c ཟ་ཧོར་གྱི་བན་དྷེ།

d ལྕགས་བྱ་ལོ། 铁鸡年（1681）

e བསྟོད་ཚོགས།（赞集）

f 刻本 འཆམས་དཔོན་དགེ་སློང་ངག་དབང་དཀོན་ཆོག

g 乌金 梵夹装 48×6

h 180 6

i 无 藏纸 黑 完整

j 封面钤有“民族文化宫图书馆藏”印。

151.6

a 12-6

b འཁྲུངས་རབས་ཀྱི་ཞིང་བཀོད་འདྲི་ཚུལ་གྱི་རྟོགས་བརྗོད་ཁ་བྱང་དང་བཅས་པ་གསལ་བའི་མེ་ལོང་།

询问降生世系之刹土庄严之故事及品目明鉴

c ཟ་ཧོར་གྱི་བན་དྷེ།

d པོ་བྲང་པོ་ཏ་ལ།（西藏拉萨布达拉宫）

e འཁྲུངས་རབས།（本生传）

f 刻本

g 乌金 梵夹装 48×6

h 13 6

i 无 藏纸 黑 完整

j 封面钤有“民族文化宫图书馆藏”印。

151.7

a 12-7

b སྙན་མགུར་གསང་གསུམ་ཡིད་བཞིན་འཆར་འབེབས།

悦耳道情歌·三密如意雨降

c ཟ་ཧོར་གྱི་བན་དྷེ་གང་ཤར་རང་གྲོལ།

d

e ཉམས་མགུར།（道歌）

f 刻本 རིག་བྱེད་པ་སྣོ་བཟང་དབང་པོ།

g 乌金 梵夹装 48×6
h 3 6
i 无 藏纸 黑 完整
j 封面钤有“民族文化宫图书馆藏”印。

151.8
a 12-8

b ལམ་ཡིག་རང་གཟུགས་གསལ་སྟོན་དྲི་བྲལ་མེ་ལོང་།

明示道路历程本相·离垢明镜
c
d

e ལམ་ཡིག（通行证）

f 刻本
g 乌金 梵夹装 48×6
h 14 6
i 无 藏纸 黑 完整
j 封面钤有“民族文化宫图书馆藏”印。

151.9
a 12-9

b ཕན་བདེའི་རྩ་བ་ཇོ་ཤཱཀ་རྣམས་ཀྱི་བརྟན་བཞུགས་ཀྱི་ཆོ་ག་མི་འགྱུར་གཡུང་དྲུང་།

利乐之本支大昭寺小昭寺释迦尊像久住仪轨·永恒常住

c ཟ་ཧོར་གྱི་བན་དྷེ་སྤགས་དཀར་མ་ཚེ་བ།

d

e ཆོ་ག（仪轨）

f 刻本 གནས་བརྟན་འཛམ་དབྱངས་གྲགས་པ།

g 乌金 梵夹装 48×6
h 8 6
i 无 藏纸 黑 完整

j 封面钤有“民族文化宫图书馆藏”印。

151.10
a 12-10

b སྨོན་ལམ་ཆེན་མོའི་དམ་བཅའི་སྐབས་ཀྱི་མ་ཎི་བསྐུལ་རྒྱུའི་ཚོགས་བཅད་བརྟན་བཞུགས་དང་བཅས་པ།

大愿法会立宗时劝诵嘛呢颂文及请长久住世文

c ཟ་ཧོར་གྱི་བན་དྷེ།

d

e བསྟོད་ཚོགས།（赞集）

f 刻本 འཛམ་དཔལ།

g 乌金 梵夹装 48×6
h 3 6
i 无 藏纸 黑 完整
j 封面钤有“民族文化宫图书馆藏”印。

151.11
a 12-11

b ཇ་མཆོད་ཀྱི་རིམ་པ་བཅུད་མཆོག་ནམ་མཁའ་མཛོད་ཀྱི་དགའ་སྟོན།

供茶次第·上妙精华虚空藏喜宴

c ཟ་ཧོར་གྱི་བན་དྷེ།

d

e ཇ་མཆོད།（茶供）

f 刻本 ཐར་རྒྱས་པ་བློ་བཟང་།

g 乌金 梵夹装 48×6
h 6 6
i 无 藏纸 黑 完整
j 封面钤有“民族文化宫图书馆藏”印。

151.12
a 12-12

b ཕྱིན་ཚོགས་འདོད་དགུ་མ་སོགས་ཇ་མཆོད་ཀྱི་སྐོར།

随求圆满篇等供茶法类

c ཟ་ཧོར་གྱི་བན་དྷེ།

d

e ཇ་མཆོད། （茶供）

f 刻本 ཐར་རྒྱས་པ་བློ་བཟང་།

g 乌金 梵夹装 48×6
h 3 6
i 无 藏纸 黑 完整
j 封面钤有“民族文化宫图书馆藏”印。

152
A 3595-3596 696

B ངག་དབང་བློ་བཟང་རྒྱ་མཚོའི་གསུང་འབུམ།

阿旺洛桑嘉措文集

C ཅ

D ངག་དབང་བློ་བཟང་རྒྱ་མཚོ།

同 3563 介绍。
E 馆藏齐全。

152.1
a 1-1

b སྐུ་གསུང་ཐུགས་རྟེན་གསར་བཞེངས་རིན་པོ་ཆེའི་མཆོད་རྫས་ཁང་བཟང་གི་དཀར་ཆག་དང་ཐམ་ཕུད་དེབ་

ཁྲིམས་ཡིག་གི་འགོ་རྒྱུད་སྡེ་བཞིའི་སྒོ་འཕར་ཕྱེ་བའི་སྐལ་བཟང་གི་གླེགས་བམ་གཉིས་པ།

新造佛像经塔大宝供物妙室之目录与印章新册清规制约之始末·开四部法门之具缘第二函

c ཟ་ཧོར་གྱི་བན་དྷེ།

d

e དཀར་ཆག（目录）

f 刻本
g 乌金 梵夹装 47×6
h 308 6
i 无 藏纸 黑 完整
j 封面钤有“民族文化宫图书馆藏”印。

153
A 3597-3598 697

B ངག་དབང་བློ་བཟང་རྒྱ་མཚོའི་གསུང་འབུམ།

阿旺洛桑嘉措文集

C ཚ

D ངག་དབང་བློ་བཟང་རྒྱ་མཚོ།

同 3563 介绍。
E 馆藏齐全。

153.1
a 2-1

b སྐུ་གསུང་ཐུགས་རྟེན་གསར་བཞེངས་རིན་པོ་ཆེའི་མཆོད་རྫས་ཁང་བཟང་གི་དཀར་ཆག་དང་ཐམ་ཕུད་དེབ་

ཁྲིམས་ཡིག་གི་འགོ་རྒྱུངས་སྡེ་བཞིའི་སྒོ་འཕར་ཕྱེ་བའི་སྐལ་བཟང་གི་གླེགས་བམ་གསུམ་པ།

新造佛像经塔大宝供物妙室之目录与印章新册清规制约之始末·开四部法门之具缘第三函

c ཟ་ཧོར་གྱི་རིག་བྱེད་ཚངས་སྲས་བཞད་པའི་རྡོ་རྗེ།

d

e དཀར་ཆག（目录）

f 刻本 གནས་བརྟན་འཇམ་དབྱངས་གྲགས་པ།

g 乌金 梵夹装 47×6
h 87 6
i 无 藏纸 黑 完整

j 封面钤有“民族文化宫图书馆藏”印，写有哲蚌寺藏书号：597 འབྲས་སྤུངས།

ནང་། 。民族宫目录中为 110 叶。

153.2
a 2-2

b བླ་མ་ཡི་དམ་སངས་རྒྱས་བྱང་སེམས་ཆོས་སྐྱོང་རྣམས་ལ་སྣེན་ཞལ་འཕན་བླ་བྲེ་སོགས་ནས་ཕུལ་བའི་ཞལ་བྱང་

བསོད་ནམས་མ་དྲོས་མཚོ་ཆེན།

诸上师本尊佛菩萨护法尊前敬献哈达、经幡、华盖之教谕·福德无热恼大池

c

d

e ཞལ་བྱང་། （名目）

f 刻本

g 乌金 梵夹装 47×6

h 247 6

i 无 藏纸 黑 完整

j 封面钤有“民族文化宫图书馆藏”印，写有哲蚌寺藏书号：597 འབྲས་སྤུངས།

ནང་།

154
A 3600-3601 3417

B ངག་དབང་བློ་བཟང་རྒྱ་མཚོའི་གསུང་འབུམ།

阿旺洛桑嘉措文集

C ཛ

D ངག་དབང་བློ་བཟང་རྒྱ་མཚོ།

同 3563 介绍。

E 此函在民族宫目录中为 5 卷，西藏图书馆藏品中缺 3 卷。

154.1
a 2-1

b གངས་ཅན་ཡུལ་གྱི་ས་ལ་སྤྱོད་པའི་མཐོ་རིས་ཀྱི་རྒྱལ་བློན་གཙོ་བོར་བརྗོད་པའི་དེབ་ཐེར་རྫོགས་ལྡན་གཞོན་ནུའི་དགའ་སྟོན་དཔྱིད་ཀྱི་རྒྱལ་མོའི་གླུ་དབྱངས།

西藏王臣史记·圆满童子之庆宴·杜鹃歌声

c ཟ་ཧོར་གྱི་བཙུན་པ་ངག་དབང་བློ་བཟང་རྒྱ་མཚོའམ་མིང་གཞན་ཚངས་སྲས་བཞད་པའི་རྡོ་རྗེ་འཛིགས་མེད་གོ་ཆ་ཐུབ་བསྟན་ལང་ཚོ་གསར་པའི་སྡེ།

d ཆུ་མོ་ལུག་ལོའི་གླུ་དབྱངས་ཟླ་བ། 阴羊年（1643）藏历十月

དགའ་ལྡན་ཕོ་བྲང་།（西藏拉萨噶丹颇章）

e རྒྱལ་རབས།（史志）

f 刻本 ངག་དབང་དགེ་ལེགས།

g 乌金 梵夹装 47×6
h 104 7
i 无 藏纸 黑 完整
j 封面钤有“民族文化宫图书馆藏”印；民族宫目录中为113叶。

154.2
a 2-2

b རྒྱ་བོད་ཧོར་སོགས་ཀྱི་མཆོག་དམའ་བར་པ་རྣམས་ལ་འཕྲིན་ཡིག་སྙན་ངག་ཏུ་བཀོད་པ་རབ་སྙན་རྒྱུད་མངས།

致汉藏蒙卑中庸三品大众诗咏书函·悦耳琵琶

c
d

e ཆབ་ཤོག（书函）

f 刻本
g 乌金 梵夹装 47×6
h 289 6
i 无 藏纸 黑 完整
j 封面钤有“民族文化宫图书馆藏”印。

155

A 3602 699

B ངག་དབང་བློ་བཟང་རྒྱ་མཚོའི་གསུང་འབུམ།

阿旺洛桑嘉措文集

C ཟ

D ངག་དབང་བློ་བཟང་རྒྱ་མཚོ།

同 3563 介绍。

E 此函民族宫目录中为 4 卷，西藏图书馆藏品中缺 2 卷。

155.1

a 2-1

b སྙན་ངག་མེ་ལོང་གི་བཀའ་འགྲེལ་དབྱངས་ཅན་དགྱེས་པའི་གླུ་དབྱངས།

诗镜难义释·妙音喜悦之歌声

c བློ་བཟང་རྒྱ་མཚོ་འཛིགས་མེད་གོ་ཆ་ཐུབ་བསྟན་ལང་ཚོའི་སྡེའམ་ཚངས་སྲས་བཞད་པའི་རྡོ་རྗེ་གདོང་དྲུག་དགའ་

བའི་བཤེས་གཉེན།

d མེ་ཕག་ལོ་སྨིན་དྲུག་ཟླ་བ། 火猪年（1647）藏历十月

དཔལ་ལྡན་འབྲས་སྤུངས།（西藏拉萨哲蚌寺）

e སྙན་ངག（修辞）

f 刻本

g 乌金 梵夹装 47×6

h 122 6

i 有 藏纸 黑 完整

j 封面钤有“民族文化宫图书馆藏”印；民族宫目录中为 148 叶。

155.2

a 2-2

b རྩིས་ཀྱི་མན་ངག་ཉིན་མོར་བྱེད་པའི་སྣང་བ།

星算诀窍·昼日光明

c

d ཆུ་སྦྲུལ་ལོའི་དཔོ་ཟླ་བ། 水蛇年（1653）藏历二月

སྨིན་གྲོལ་གླིང་།（西藏山南敏珠林寺）

e སྨན་རྩིས།（藏医历算）

f 刻本
g 乌金 梵夹装 47×6
h 116 6
i 有 藏纸 黑 完整
j 封面钤有“民族文化宫图书馆藏”印；民族宫目录中为307叶。

156
A 3603 700

B ངག་དབང་བློ་བཟང་རྒྱ་མཚོའི་གསུང་འབུམ།

阿旺洛桑嘉措文集

C ཞ

D ངག་དབང་བློ་བཟང་རྒྱ་མཚོ།

同3563介绍。
E 馆藏齐全。

156.1
a 2-1

b སྨོན་ལམ་ཤིས་བརྗོད་བརྟན་བཞུགས་སོགས་ཀྱི་ཚོགས་སུ་བཅད་པ་རབ་དཀར་དགེ་བའི་ཆུ་རྒྱུན་ལས་གླེགས་བམ་

དང་པོ།

祈愿文、吉祥颂、请长久住世等颂文·净善河流第一函

c ཟ་ཧོར་གྱི་བན་དྷེ།

d

e གསོལ་འདེབས་སྨོན་ལམ།（祈愿文）

f 刻本

g 乌金 梵夹装 47×6
h 308 6
i 无 藏纸 黑 完整
j 封面钤有“民族文化宫图书馆藏”印。

156.2
a 2-2
b སྨོན་ལམ་ཤིས་བརྗོད་བརྟན་བཞུགས་སོགས་ཀྱི་ཚོགས་སུ་བཅད་པ་རབ་དཀར་དགེ་བའི་ཆུ་ཀླུང་ལས་གླེགས་བམ་གཉིས་པ།
愿文、吉祥颂、请长久住世等颂文·净善河流第二函
c ཟ་ཧོར་གྱི་ སྤྲུལ་སྐུ་ཤྲེལ་གཞོན་བཞད་པ་རྩལ།
d
e གསོལ་འདེབས་སྨོན་ལམ།（祈愿文）
f 刻本
g 乌金 梵夹装 47×6
h 111 6
i 无 藏纸 黑 完整
j

157
A 3604
B ངག་དབང་བློ་བཟང་རྒྱ་མཚོའི་གསུང་འབུམ།
阿旺洛桑嘉措文集
C ཀ
D ངག་དབང་བློ་བཟང་རྒྱ་མཚོ།
同 3563 介绍。
E 西藏图书馆藏此函由民族宫目录中同文集各函散卷组成。

157.1
a 46-1

b རྒྱལ་བ་བློ་བཟང་རྒྱ་མཚོའི་གསུང་འབུམ་ནང་མ་ཡང་བསྒྲག་མེའི་སྤུ་གྲིའི་ལས་སྦྱོར་གྱི་སྔོན་འགྲོ་བསྙེན་ཡིག་

བཻཌཱུཪྻའི་དོ་ཤལ།

大宝佛洛桑嘉措文集中密藏之秘密回遮法火剑作业加行之前行念修法·吠琉璃璎珞

c ཟ་ཧོར་ཐུགས་སྨོན་ཞིལ་གནོན་བཞད་པ་རྩལ།

d

e ལས་ཚོགས།（业资）

f 刻本 འབྲས་སྤུངས།（西藏拉萨哲蚌寺） རིག་འཛིན་འཇམ་དབྱངས་གྲགས་པ།

g 乌金 梵夹装 46×6

h 10 6

i 无 藏纸 黑 完整

j 封面钤有“民族文化宫图书馆藏”印；民族宫目录中为ཁ函。

157.2

a 46-2

b རྒྱལ་བ་བློ་བཟང་རྒྱ་མཚོའི་གསུང་འབུམ་ནང་མ། བོད་སྐྱོང་བསྟན་མ་བཅུ་གཉིས་ཀྱི་མདོས་ཀྱི་འཕྲིན་ལས་དབྱིད་ཀྱི་

རྒྱལ་མོའི་གླུ་དབྱངས།

大宝佛洛桑嘉措文集中密藏之护藏土十二坚牢地母之禳解事业·杜鹃歌音

c ཟ་ཧོར་གྱི་རིགས་ལས་ཐུགས་སྨོན་གང་ཤར་རང་གྲོལ།

d ལྕགས་ཁྱི། 铁狗年（1670）

e མདོས་ཀྱི་འཕྲིན་ལས།（禳解事业）

f 刻本 འབྲས་སྤུངས།（西藏拉萨哲蚌寺） རིག་འཛིན་འཇམ་དབྱངས་གྲགས་པ།

g 乌金 梵夹装 46×6

h 28 6

i 无 藏纸 黑 完整

j 封面钤有“民族文化宫图书馆藏”印；民族宫目录中为ང函。

157.3

a　46-3

b　རྒྱལ་བ་བློ་བཟང་རྒྱ་མཚོའི་གསུང་འབུམ་ནང་མ།འཇམ་དཔལ་གཤིན་རྗེ་དྲེགས་པ་འཛོམས་བྱེད་ཀྱི་དྲག་པོ་ཐོར་ཀྱི་འཕྲིན་ལས་གནམ་ལྕགས་འབར་བའི་ཐོགས་མདའ།

大宝佛洛桑嘉措文集中密藏之文殊焰摩能坏凶顽之诛法诅咒事业·天铁焰之雷箭

c　ཟ་ཧོར་ཐུགས་སྨོན་བཞད་པ་རྩལ།

d　ཆུ་ཕོ་བྱི།　水阳鼠年（1672）　པོ་ཏ་ལ།（西藏拉萨布达拉宫）

e　མན་ངག（善言）

f　刻本　འབྲས་སྤུངས།（西藏拉萨哲蚌寺）　རིག་འཛིན་འཇམ་དབྱངས་གྲགས་པ།

g　乌金　梵夹装　46×6

h　22　6

i　无　藏纸　黑　完整

j　封面钤有“民族文化宫图书馆藏”印；民族宫目录中为ཁ函。

157.4

a　46-4

b　རྒྱལ་བ་བློ་བཟང་རྒྱ་མཚོའི་གསུང་འབུམ་ནང་མ།འཆི་བདག་བཟློག་བྱེད་ཀྱི་གྱེར་གཞུང་འཆི་བདག་གཡུལ་ལས་རྒྱལ་བའི་ཏུ་མཚོན།

大宝佛洛桑嘉措文集中密藏之死神回遮之诵本·战胜死神之军器

c　ཟ་ཧོར་གྱི་ཐུགས་བན་ཟླ་མེད་རྡོ་རྗེ་རྩལ།

d　ལྕགས་སྟག　铁虎年（1650）　དགའ་ལྡན་ཕོ་བྲང་།（西藏拉萨噶丹颇章）

e　ཆོ་ག（仪轨）

f　刻本　འབྲས་སྤུངས།（西藏拉萨哲蚌寺）　བློ་བཟང་ཚེ་རིང་།

g　乌金　梵夹装　46×6

h 9 6
i 无 藏纸 黑 完整
j 封面钤有“民族文化宫图书馆藏”印；民族宫目录中为ཀ函。

157.5
a 46-5
b རྒྱལ་བ་བློ་བཟང་རྒྱ་མཚོའི་གསུང་འབུམ་ནང་མ།འཆི་བདག་ཞལ་དབྱེའི་ཕྲིན་ལས་རྒྱུན་ཁྱེར་ཚིག་ཉུང་དོན་གསལ་བ།
大宝佛洛桑嘉措文集中密藏之死神开口之常用事业·言简意赅
c ཟ་ཧོར་ཐུགས་སྨྲོན་དྲག་པོ་རྩལ།
d
e མན་ངག（善言）
f 刻本 འབྲས་སྤུངས།（西藏拉萨哲蚌寺） དགེ་སློང་འཇམ་དབྱངས་གྲགས་པ།
g 乌金 梵夹装 46.5×5.5
h 6 6
i 无 藏纸 黑 完整
j 封面钤有“民族文化宫图书馆藏”印；民族宫目录中为ཁ函。

157.6
a 46-6
b རྒྱལ་བ་བློ་བཟང་རྒྱ་མཚོའི་གསུང་འབུམ་ནང་མ། ལས་ཀྱི་གཤིན་རྗེའི་འཕྲིན་ལས་འཆི་བདག་དགྱེས་པའི་ཀན་གླུ།
大宝佛洛桑嘉措文集中密藏之作业阎摩之事业·死神喜悦之腭声
c ཟ་ཧོར་གྱི་རིགས་ལས་ཐུགས་བན་ནག་པོ་ཟིལ་གནོན་དྲག་པོ་རྩལ།
d གསེར་འབྱུང་། 火鸡年（1657） དགའ་ལྡན་ཕོ་བྲང་།（西藏拉萨噶丹颇章）
e མན་ངག（善言）
f 刻本 འབྲས་སྤུངས།（西藏拉萨哲蚌寺） བློ་བཟང་བསྟན་འཛིན་དཔང་རྒྱལ།
g 乌金 梵夹装 47×5.5

h　15　6
i　无　藏纸　黑　完整
j　封面钤有“民族文化宫图书馆藏”印；民族宫目录中为ཁ函。

157.7
a　46-7
b　རྒྱལ་བ་བློ་བཟང་རྒྱ་མཚོའི་གསུང་འབུམ་ནང་མ། འཇམ་དཔལ་ཞི་བའི་འཕྲིན་ལས་སངས་རྒྱས་མངོན་སུམ་སྟོན་པའི་ལག་བཅངས།
大宝佛洛桑嘉措文集中密藏之文殊息灾事业·佛现前示现之手据
c　ཟ་ཧོར་གྱི་རིགས་ལས་ཐུགས་འཆང་བཞད་པ་རྩལ།
d　པོ་བྲང་པོ་ཏ་ལ།（西藏拉萨布达拉宫）
e　ཆོ་ག（仪轨）
f　刻本　འབྲས་སྤུངས།（西藏拉萨哲蚌寺）　གནས་བཅུ་འཇམ་དབྱངས།
g　乌金　梵夹装　47×5.7
h　8　6
i　无　藏纸　黑　完整
j　封面钤有“民族文化宫图书馆藏”印；民族宫目录中为ཁ函。

157.8
a　46-8
b　རྒྱལ་བ་བློ་བཟང་རྒྱ་མཚོའི་གསུང་འབུམ་ནང་མ།འཇམ་དཔལ་ཚེ་བདག་ནག་པོའི་བསྙེན་ཡིག་དངོས་གྲུབ་གཏེར་མཛོད།
大宝佛洛桑嘉措文集中密藏之黑文殊寿主闭关静修法·悉地宝藏
c　ཟ་ཧོར་ཐུགས་སྨྱོན་དྲག་པོ་རྩལ།
d
e　བསྙེན་ཡིག（念修）

f 刻本 འབྲས་སྤུངས།（西藏拉萨哲蚌寺） འཇམ་དཔལ།

g 乌金 梵夹装 47×5.8
h 4 6
i 无 藏纸 黑 完整

j 封面钤有“民族文化宫图书馆藏”印；民族宫目录中为ཁ函。

157.9
a 46-9

b རྒྱལ་བ་བློ་བཟང་རྒྱ་མཚོའི་གསུང་འབུམ་ནང་མཐྲིག་པའི་སྡེ་དཔོན་གྱི་གསོལ་མཆོད།

大宝佛洛桑嘉措文集中密藏之污垢神主祈祷

c
d

e གསོལ་མཆོད།（供奉）

f 刻本 འབྲས་སྤུངས།（西藏拉萨哲蚌寺）

g 乌金 梵夹装 48×6
h 3 6
i 无 藏纸 黑 完整
j 封面钤有“民族文化宫图书馆藏”印；民族宫目录中无此件。

157.10
a 46-10

b རྒྱལ་བ་བློ་བཟང་རྒྱ་མཚོའི་གསུང་འབུམ་ནང་མཐྲིག་གཙང་རོང་གཏེར་གསར་བླ་མ་ཞི་དྲག་གཉིས་ཀྱི་གཏེར་སྲུང་

མཆོད་པའི་འཕྲིན་ལས།

大宝佛洛桑嘉措文集中密藏之藏绒新秘藏上师寂怒二种秘藏护法神供养事业

c ཟ་ཧོར་གྱི་ཐུགས་སྨྲོན་ཟིལ་གནོན་དྲག་རྩལ།

d དགའ་ལྡན་ཕོ་བྲང་།（西藏拉萨噶丹颇章）

e མཆོད་འཕྲིན།（事业）

f 刻本 འབྲས་སྤུངས།（西藏拉萨哲蚌寺）

g 乌金 梵夹装 46.5×5.5

h 2 6

i 无 藏纸 黑 完整

j 封面钤有“民族文化宫图书馆藏”印；民族宫目录中为ང函。

157.11

a 46-11

b རྒྱལ་བ་བློ་བཟང་རྒྱ་མཚོའི་གསུང་འབུམ་ནང་མ། གཏེར་ཁ་འོག་མའི་རྟ་ནག་ལྷགས་རལ་ཅན་གྱི་ལས་བྱང་ཉེ་མའི་དཀྱིལ་འཁོར།

大宝佛洛桑嘉措文集中密藏之中下秘藏达纳甲热监之羯磨品目·日曼荼罗

c ཟ་ཧོར་བཟ྄ེ་ངག་དབང་བློ་བཟང་རྒྱ་མཚོ།

d

e ཆོ་ག（仪轨）

f 刻本 འབྲས་སྤུངས།（西藏拉萨哲蚌寺） གནས་བཅ་འཛམ་དབྱངས།

g 乌金 梵夹装 47.5×6

h 5 6

i 无 藏纸 黑 完整

j 封面钤有“民族文化宫图书馆藏”印；民族宫目录中为ག函。

157.12

a 46-12

b རྒྱལ་བ་བློ་བཟང་རྒྱ་མཚོའི་གསུང་འབུམ་ནང་མ། ནཱ་རོ་མཁའ་སྤྱོད་ཀྱི་རྣལ་འབྱོར་བཅུ་གཅིག་གི་ཉམས་ལེན་ལ་སྒྲོ་འདོགས་གཅོད་པ་དང་སེམས་འཛིན་ཟུང་འབྲེལ་དུ་གཏོང་ཚུལ་མཐོང་གྲོལ་ལྡེ་མིག

大宝佛洛桑嘉措文集中密藏之那若空行之十一种瑜伽修法断除增损与结合持心修法·见者解脱之钥

c ཟ་ཧོར་བཟ྄ེ།

d ལྕགས་ཕག 铁猪年（1671）

e སྔགས།（密宗）

f 刻本 འབྲས་སྤུངས།（西藏拉萨哲蚌寺） རིག་བྱེད་པ་ངག་དབང་ནམ་མཁའ།

g 乌金 梵夹装 47×6

h 6 6

i 无 藏纸 黑 完整

j 封面钤有“民族文化宫图书馆藏”印；民族宫目录中为3434号。

157.13

a 46-13

b རྒྱལ་བ་བློ་བཟང་རྒྱ་མཚོའི་གསུང་འབུམ་ནང་མ་ཞང་ལུགས་དྲག་པོ་བདེ་གཤེགས་འདུས་པའི་རྒྱུན་ཁྱེར་རིགས་འཛིན་བརྒྱུད་པའི་ཞལ་ལུང་།

大宝佛洛桑嘉措文集中密藏之梁师传规之威猛如来集常用持明相承口传

c ཟ་ཧོར་བཙེ་ངག་དབང་བློ་བཟང་རྒྱ་མཚོ།

d

e ཞལ་གདམས།（教诫）

f 刻本 འབྲས་སྤུངས།（西藏拉萨哲蚌寺） གནས་བརྟན་འདམ་དབྱངས།

g 乌金 梵夹装 47×6

h 3 6

i 无 藏纸 黑 完整

j 封面钤有“民族文化宫图书馆藏”印；民族宫目录中为ཀ函。

157.14

a 46-14

b རྒྱལ་བ་བློ་བཟང་རྒྱ་མཚོའི་གསུང་འབུམ་ནང་མ་ཉེ་བརྒྱུད་ཚེ་ཁྲིད་འཆི་མེད་རྡོ་རྗེའི་སྲོག་ཤིང་ཁྲིགས་སུ་བསྡེབས་པ།

大宝佛洛桑嘉措文集中密藏之近传长寿导释与金刚主轴结合法

c ཟ་ཧོར་བཙེ་ངག་དབང་བློ་བཟང་རྒྱ་མཚོ།

d　འབྲས་སྤུངས།（西藏拉萨哲蚌寺）

e　ཚེ་སྒྲུབ།（长寿修法）

f　刻本　འབྲས་སྤུངས།（西藏拉萨哲蚌寺）

g　乌金　梵夹装　46.5×6
h　5　6
i　无　藏纸　黑　完整
j　封面钤有“民族文化宫图书馆藏”印；民族宫目录中无此件。

157.15
a　46-15
b　རྒྱལ་བ་བློ་བཟང་རྒྱ་མཚོའི་གསུང་འབུམ་ནང་མ།གཏེར་ཁ་གོང་མའི་དྲག་པོ་བདེ་འདུས་ཀྱི་བསྙེན་ཡིག།མེ་རླུང་

འཁྲུག་པའི་ཚ་ངར།

大宝佛洛桑嘉措文集中密藏之威猛安乐集闭关静修法·火风动摇之绶带

c　ཟ་ཧོར་ལྡགས་སྨྱོན།

d

e　བསྙེན་ཡིག（念修文）

f　刻本　འབྲས་སྤུངས།（西藏拉萨哲蚌寺）　འཇམ་དབྱངས་དཔལ་བཟང་།

g　乌金　梵夹装　46×5.6
h　6　6
i　无　藏纸　黑　完整
j　封面钤有“民族文化宫图书馆藏”印；民族宫目录中为ཀ།函。

157.16
a　46-16
b　རྒྱལ་བ་བློ་བཟང་རྒྱ་མཚོའི་གསུང་འབུམ་ནང་མ།ཁྲུས་ཆས་ཀ།ཏུའི་ལས་བྱང་དག།སྒྲིགས་དགྲ་སྲོག་གཙོད་པའི་སྤུ་གྲི།
大宝佛洛桑嘉措文集中密藏之杰切格杜之羯磨品目念诵轨·断敌命之利刃
c　ཟ་ཧོར་ལྡགས་བཙུན་ངག་དབང་བློ་བཟང་རྒྱ་མཚོ་མིང་གཞན་ཟིལ་གནོན་དྲག་རྩལ་རྡོ་རྗེ།

d

e　ཆོ་ག（仪轨）

f　刻本　འབྲས་སྤུངས།（西藏拉萨哲蚌寺）　བློ་བཟང་བསྟན་འཛིན་དབང་རྒྱལ།

g　乌金　梵夹装　46×6
h　6　6
i　无　藏纸　黑　完整
j　封面钤有“民族文化宫图书馆藏”印；民族宫目录中为ང函。

157.17
a　46-17

b　རྒྱལ་བ་བློ་བཟང་རྒྱ་མཚོའི་གསུང་འབུམ་ནང་མ་བཏགས་གྲོལ་གྱི་དབང་བསྐུར་དང་རབ་གནས་ཀྱི་ཆོག་བསྒྲིགས་མུ་ཏི་ལའི་ཕྲེང་བ།

大宝佛洛桑嘉措文集中密藏之安立解脱之灌顶与开光仪轨・珍珠鬘

c　ཟ་ཧོར་བཟེ།

d　ལྕགས་བྱ། 铁鸡年（1681）

e　ཆོ་ག（仪轨）

f　刻本　འབྲས་སྤུངས།（西藏拉萨哲蚌寺）　བློ་བཟང་དབང་པོ།

g　乌金　梵夹装　47×6
h　11　6
i　无　藏纸　黑　完整
j　封面钤有“民族文化宫图书馆藏”印；民族宫目录中为ང函。

157.18
a　46-18

b　རྒྱལ་བ་བློ་བཟང་རྒྱ་མཚོའི་གསུང་འབུམ་ནང་མ་གཞུང་ཆེན་བདེ་གཤེགས་འདུས་པའི་སྙིང་པོའི་དོན་ཀུན་ཚང་བར་བསྡུས་པའི་ཐུགས་སྒྲུབ་ཐོག་མདའི་ཚ་དབལ།

大宝佛洛桑嘉措文集中密藏之大典籍如来集心要普摄诸义之意修法・雷箭热簇

c ཟ་ཧོར་སྔགས་སྨྲོན་རྡོ་རྗེ་ཐོགས་མེད་རྩལ།

d ཀུན་དགའ། 木虎年（1674） རི་བོ་གྲུ་འཛིན།（西藏拉萨布达拉宫）

e སྔགས།（密宗）

f 刻本 འབྲས་སྤུངས།（西藏拉萨哲蚌寺） འཇམ་གྲགས།

g 乌金 梵夹装 46×5.5
h 5 6
i 无 藏纸 黑 完整
j 封面钤有“民族文化宫图书馆藏”印；民族宫目录中为ཀ函。

157.19
a 46-19

b རྒྱལ་བ་བློ་བཟང་རྒྱ་མཚོའི་གསུང་འབུམ་ནང་མ། ལྔ་ལྷའི་གསོལ་མཆོད་བསོད་ནམས་དཔལ་བསྐྱེད།
大宝佛洛桑嘉措文集中密藏之五尊祈供法·生起福德吉祥

c ཟ་ཧོར་བཙེ་དག་དབང་བློ་བཟང་རྒྱ་མཚོ། ཟ་ཧོར་སྔགས་སྨྲོན།

d ས་རྟ། 土马年（1678） གནས་བརྟན་འཇམ་དབྱངས་གྲགས་པ།

e ཆོ་ག（仪轨）

f 刻本 འབྲས་སྤུངས།（西藏拉萨哲蚌寺） གནས་བརྟན་འཇམ་དབྱངས་གྲགས་པ།

g 乌金 梵夹装 47.5×5.5
h 5 6
i 无 藏纸 黑 完整
j 封面钤有“民族文化宫图书馆藏”印；民族宫目录中为ང函。

157.20
a 46-20

b རྒྱལ་བ་བློ་བཟང་རྒྱ་མཚོའི་གསུང་འབུམ་ནང་མ།ཡང་བཟློག་ནག་པོ་མེའི་སྤུ་གྲིའི་དྲག་པོའི་སྦྱིན་སྲེག་དུས་ཀྱི་ཐེན་

ཟའི་ཕུང་པོ།

大宝佛洛桑嘉措文集中密藏之秘密回遮黑火剑威猛护摩法·劫火聚

c ཟ་ཧོར་བཀྲེ་ངག་དབང་བློ་བཟང་རྒྱ་མཚོ། ཟ་ཧོར་ཐུགས་སྨོན་ངོ་རྗེ་ཐོགས་མེད་རྩལ།

d ཤིང་སྦྲུལ། 木蛇年（1665）

e སྦྱིན་སྲེག（火供）

f 刻本 འབྲས་སྤུངས།（西藏拉萨哲蚌寺） གནས་བཅ་འཇམ་དབྱངས།

g 乌金 梵夹装 47×6

h 11 6

i 无 藏纸 黑 完整

j 封面钤有“民族文化宫图书馆藏”印；民族宫目录中为ཁ函。

157.21

a 46-21

b རྒྱལ་བ་བློ་བཟང་རྒྱ་མཚོའི་གསུང་འབུམ་ནང་མ། རྒྱལ་པོ་ལུགས་ཀྱི་ཐུགས་རྗེ་ཆེན་པོའི་ལས་བྱང་ཉི་མའི་སྙིང་པོ།

大宝佛洛桑嘉措文集中密藏之王者传规之大悲观音羯磨品目·日光藏

c ཟ་ཧོར་བཀྲེ་ངག་དབང་བློ་བཟང་རྒྱ་མཚོ་མིང་གཞན་ཟིལ་གནོན་དྲག་རྩལ།

d ཆུ་འབྲུག 水龙年（1652）

e ཚོ་ག（仪轨）

f 刻本 འབྲས་སྤུངས།（西藏拉萨哲蚌寺）

སློབ་དཔོན་སྨོན་གྲོལ་བ་པཙ་ཆེན་འཇམ་དབྱངས་ལྷུན་གྲུབ།

g 乌金 梵夹装 46.5 ×6

h 9 6

i 无 藏纸 黑 完整

j 封面钤有“民族文化宫图书馆藏”印；民族宫目录中为ག函。

157.22

a 46-22

b རྒྱལ་བ་བློ་བཟང་རྒྱ་མཚོའི་གསུང་འབུམ་ནང་མ་ཁ་བྲག་གཏེར་བྱོན་མའི་དྲེགས་འདུལ་བསྙེན་ཐབས་རྡོ་རྗེ་འབར་བའི་གཟི་བྱིན།

大宝佛洛桑嘉措文集中密藏之察乍得郡玛之伏魔修法·金刚焰之威慑

c ཟ་ཧོར་བརྩམས།

d

e བསྙེན་ཐབས།（念修法）

f 刻本 འབྲས་སྤུངས།（西藏拉萨哲蚌寺） ཟ་ཧོར་བརྩམས།

g 乌金 梵夹装 46×6

h 3 6

i 无 藏纸 黑 完整

j 封面钤有“民族文化宫图书馆藏”印，写有哲蚌寺藏书号：ༀ྄༧༥。民族宫目录中为ད函，6叶。

157.23

a 46-23

b རྒྱལ་བ་བློ་བཟང་རྒྱ་མཚོའི་གསུང་འབུམ་ནང་མ། སྲིན་སྲེག་གི་སྒོ་འབྱེད་འཕྲུལ་གྱི་ལྡེ་མིག

大宝佛洛桑嘉措文集中密藏之开护摩门之幻化钥

c ངག་དབང་བློ་བཟང་རྒྱ་མཚོ།

d

e ལས་ཚོགས།（业资）

f 刻本 འབྲས་སྤུངས།（西藏拉萨哲蚌寺）

g 乌金 梵夹装 47×6

h 4 6

i 无 藏纸 黑 完整

j 封面钤有“民族文化宫图书馆藏”印；民族宫目录中为ཁ函。

157.24

a 46-24

b　རྒྱལ་བ་བློ་བཟང་རྒྱ་མཚོའི་གསུང་འབུམ་ནང་མ། གཉན་ཆེན་ཐང་ལྷའི་འཕྲིན་ལས་བདུད་རྩིའི་ཆུ་རྒྱུན།

大宝佛洛桑嘉措文集中密藏之念青唐拉神之事业·甘露长流

c　རྟེར་བཏེ།

d

e　མན་ངག（善言）

f　刻本　འབྲས་སྤུངས།（西藏拉萨哲蚌寺）

g　乌金　梵夹装　45.5×6

h　5　6

i　无　藏纸　黑　完整

j　封面钤有“民族文化宫图书馆藏”印；民族宫目录中为ང函。

157.25

a　46-25

b　རྒྱལ་བ་བློ་བཟང་རྒྱ་མཚོའི་གསུང་འབུམ་ནང་མ། སྐད་ཅིག་ཉིད་ལ་བདེ་ཆེན་དུ་བགྲོད་པའི་ཟབ་ལམ་འཕོ་བའི་གདམས་པ།

大宝佛洛桑嘉措文集中密藏之一刹那中趣入大乐之深道往生教导

c　བཞད་པ་རྩལ།

d

e　འཕོ་གདམས།（往生教导）

f　刻本　འབྲས་སྤུངས།（西藏拉萨哲蚌寺）

g　乌金　梵夹装　45×6

h　2　6

i　无　藏纸　黑　完整

j　封面钤有“民族文化宫图书馆藏”印；民族宫目录中为ང函。

157.26

a　46-26

b ཀྱལ་བ་བློ་བཟང་རྒྱ་མཚོའི་གསུང་འབུམ་ནང་མ། དབྱུ་གུ་དྲུག་ཅུ་རྩ་བཞིའི་གཏོར་ཆོག་སྲིད་གསུམ་རྣམ་རྒྱལ།

大宝佛洛桑嘉措文集中密藏之六十四刻供品仪轨·三有尊胜

c ཟ་ཧོར་བནྡེ་ངག་དབང་བློ་བཟང་རྒྱ་མཚོ།

d

e ཆོ་ག（仪轨）

f 刻本 འབྲས་སྤུངས།（西藏拉萨哲蚌寺） ངག་དབང་དགེ་ལེགས།

g 乌金 梵夹装 46×6

h 4 6

i 无 藏纸 黑 完整

j 封面钤有“民族文化宫图书馆藏”印；民族宫目录中为ད函。

157.27

a 46-27

b རྒྱལ་བ་བློ་བཟང་རྒྱ་མཚོའི་གསུང་འབུམ་ནང་མ། ཞིང་སྐྱོང་སེང་གེའི་གདོང་པ་ཅན་གྱི་ལས་བྱང་གནམ་ལྕགས་སྤུ་གྲི

大宝佛洛桑嘉措文集中密藏之护方神狮面之羯磨品目·天铁利刃

c ཟ་ཧོར་བནྡེ་ངག་དབང་བློ་བཟང་རྒྱ་མཚོ་མིང་གཞན་ཟིལ་གནོན་དྲག་རྩལ།

d

e ཆོ་ག（仪轨）

f 刻本 འབྲས་སྤུངས།（西藏拉萨哲蚌寺） རྒྱ་མཚོ།

g 乌金 梵夹装 47.5×5.5

h 5 6

i 无 藏纸 黑 完整

j 封面钤有“民族文化宫图书馆藏”印；民族宫目录中为ག函。

157.28

a 46-28

b རྒྱལ་བ་བློ་བཟང་རྒྱ་མཚོའི་གསུང་འབུམ་ནང་མ། རྒྱས་པའི་སྦྱིན་སྲེག་དངོས་གྲུབ་ཉིན་མོར་བྱེད་པ།

大宝佛洛桑嘉措文集中密藏之护摩广修法·悉地日光

c
d
e སྦྱིན་སྲེག（火供）
f 刻本 འབྲས་སྤུངས།（西藏拉萨哲蚌寺）
g 乌金 梵夹装 46.5×6
h 2 6
i 无 藏纸 黑 完整
j 封面钤有“民族文化宫图书馆藏”印；民族宫目录中为ཁ函。

157.29
a 46-29
b རྒྱལ་བ་བློ་བཟང་རྒྱ་མཚོའི་གསུང་འབུམ་ནང་མ། ཀི་ཀང་བརྒྱུད་འདེབས།
大宝佛洛桑嘉措文集中密藏之金刚传承启请文
c ཟ་ཧོར་བནྡེ་ངག་དབང་བློ་བཟང་རྒྱ་མཚོའམ་ཞེལ་གདོན་དྲག་པོའི་རྩལ།
d
e གསོལ་འདེབས།（启请文）
f 刻本 འབྲས་སྤུངས།（西藏拉萨哲蚌寺）
g 乌金 梵夹装 46×6
h 1 6
i 无 藏纸 黑 完整
j 封面钤有“民族文化宫图书馆藏”印；民族宫目录中为ཁ函。

157.30
a 46-30
b རྒྱལ་བ་བློ་བཟང་རྒྱ་མཚོའི་གསུང་འབུམ་ནང་མ། དཀར་ཆག
大宝佛洛桑嘉措文集中密藏之目录
c
d
e དཀར་ཆག（目录）

f 刻本 འབྲས་སྤུངས།（西藏拉萨哲蚌寺）

g 乌金 梵夹装 45.5×5.5

h 1 6

i 无 藏纸 黑 完整

j 封面钤有“民族文化宫图书馆藏”印，写有哲蚌寺藏书号：འ 。民族宫目录中无此件。

157.31

a 46-31

b རྒྱལ་བ་བློ་བཟང་རྒྱ་མཚོའི་གསུང་འབུམ་ནང་མ། ཡང་བཟློག་ནག་པོའི་སྤུ་གྲིའི་ལས་བྱང་རྡོ་རྗེའི་ཐོགས་མདའ།

大宝佛洛桑嘉措文集中密藏之秘密回遮黑法火剑之羯磨品目·金刚雷箭

c ཟ་ཧོར་གྱི་རིགས་ལས་ སྤྲུགས་པ་ནག་པོ་ཟིལ་གནོན་དྲག་པོ་རྩལ།

d ཤིང་སྦྲུལ། 木蛇年（1665） པོ་ཏ་ལ།（西藏拉萨布达拉宫）

e ཆོ་ག（仪轨）

f 刻本 འབྲས་སྤུངས།（西藏拉萨哲蚌寺） གནས་གསར་འཇམ་དབྱངས།

g 乌金 梵夹装 47×6

h 16 6

i 无 藏纸 黑 完整

j 封面钤有“民族文化宫图书馆藏”印；民族宫目录中为ཁ函。

157.32

a 46-32

b རྒྱལ་བ་བློ་བཟང་རྒྱ་མཚོའི་གསུང་འབུམ་ནང་མ། དཔལ་རྡོ་རྗེ་འཇིགས་བྱེད་ཀྱི་ཞི་བའི་སྦྱིན་སྲེག་རབ་དཀར་

བདུད་རྩིའི་བུམ་བཟང་།

大宝佛洛桑嘉措文集中密藏之吉祥怖畏金刚之息灾护摩·洁白甘露妙瓶

c ཟ་ཧོར་བཙུན་ངག་དབང་བློ་བཟང་རྒྱ་མཚོ།

d

e　ལས་ཚོགས། （业资）

f　刻本　འབྲས་སྤུངས། （西藏拉萨哲蚌寺）　ངག་དབང་དགེ་ལེགས།

g　乌金　梵夹装　46.5×6
h　6　6
i　无　藏纸　黑　完整
j　封面钤有“民族文化宫图书馆藏”印；民族宫目录中为 3434 号。

157.33
a　46-33

b　རྒྱལ་བ་བློ་བཟང་རྒྱ་མཚོའི་གསུང་འབུམ་ནང་མ། བྱང་གཏེར་ཕུར་བུ་ལུགས་གསུམ་གྱི་བསྙེན་སྒྲུབ་ལས་སྦྱོར་བྱ་ཚུལ་བདུད་སྡེ་གཡུལ་ལས་རྣམ་པར་རྒྱལ་བ།

大宝佛洛桑嘉措文集中密藏之北宗秘藏橛部三规之闭关静修事业加行法·战胜魔军

c　ཟ་ཧོར་གྱི་སྡགས་སྨོན་དྲག་པོ་རྩལ།

d　ལྕགས་ཕོ་བྱི། 铁阳鼠年（1660）

e　བསྙེན་སྒྲུབ། （念修）

f　刻本　འབྲས་སྤུངས། （西藏拉萨哲蚌寺）　འཛམ་དཔལ།

g　乌金　梵夹装　46.5×5.5
h　7　6
i　无　藏纸　黑　完整

j　封面钤有“民族文化宫图书馆藏”印；民族宫目录中为ག函。

157.34
a　46-34

b　རྒྱལ་བ་བློ་བཟང་རྒྱ་མཚོའི་གསུང་འབུམ་ནང་མ།བྱང་གཏེར་ཕུར་བུ་ལུགས་གསུམ་གང་ལའང་སྦྱར་ཆོག་པའི་ཞི་བའི་སྦྱིན་སྲེག་མུན་སེལ་འོད་དཀར།

大宝佛洛桑嘉措文集中密藏之北宗秘藏橛部三规随用均可之息灾护摩·除暗白光

c ཟ་ཧོར་ སྤྲུགས་པན།

d པོ་ཏ་ལ།（西藏拉萨布达拉宫）

e ལས་ཚོགས།（业资）

f 刻本 འབྲས་སྤུངས།（西藏拉萨哲蚌寺） ཆང་ཁྲིམ་པ་ངག་དབང་མཁྱེན་བརྩེ།

g 乌金 梵夹装 47×6

h 10 6

i 无 藏纸 黑 完整

j 封面钤有“民族文化宫图书馆藏”印；民族宫目录中为ག函。

157.35

a 46-35

b རྒྱལ་བ་བློ་བཟང་རྒྱ་མཚོའི་གསུང་འབུམ་ནང་མ་དཔལ་ཆེན་ཕུར་བུའི་དམར་ཆེན་གཏོར་བཟློག་གནམ་ལྕགས་

ཐོགས་མདའ།

大宝佛洛桑嘉措文集中密藏之大吉祥普布玛钦神馐回遮法·天铁雷箭

c ཟ་ཧོར་གྱི་བཙུན་པ་ངག་དབང་བློ་བཟང་རྒྱ་མཚོ།

d

e གཏོར་བཟློག（神馐回遮）

f 刻本 འབྲས་སྤུངས།（西藏拉萨哲蚌寺） ངག་དབང་དགེ་ལེགས།

g 乌金 梵夹装 46.5×6

h 5 6

i 无 藏纸 黑 完整

j 封面钤有“民族文化宫图书馆藏”印；民族宫目录中为ག函。

157.36

a 46-36

b རྒྱལ་བ་བློ་བཟང་རྒྱ་མཚོའི་གསུང་འབུམ་ནང་མ། བླ་མ་ཀརྨ་གུ་རུའི་བརྒྱུད་འདེབས།

大宝佛洛桑嘉措文集中密藏之上师噶玛古汝师传祈愿文

c ཟ་ཧོར་བཏྲེ།

d

e བསྐུད་འདེབས། （启请文）

f 刻本 འབྲས་སྤུངས། （西藏拉萨哲蚌寺） དགེ་སློང་འཇམ་དབྱངས་གྲགས་པ།

g 乌金 梵夹装 46×6

h 3 6

i 无 藏纸 黑 完整

j 封面钤有“民族文化宫图书馆藏”印；民族宫目录中为ང函。

157.37

a 46-37

b རྒྱལ་བ་བློ་བཟང་རྒྱ་མཚོའི་གསུང་འབུམ་ནང་མ། ཀརྨ་གུ་རུ་ཡང་གསང་དྲག་པོ་དང་འབྲེལ་བའི་ཟངས་མདོག་དཔལ་རིར་སྐྱེ་བའི་གསོལ་འདེབས་སྨོན་ལམ་གྱི་རིམ་པ།

大宝佛洛桑嘉措文集中密藏之噶玛古汝与极密威猛相结合之祈愿往生铜色吉祥山发愿次第

c ཟ་ཧོར་བཏྲེ།

d

e གསོལ་འདེབས་སྨོན་ལམ། （祈愿）

f 刻本 འབྲས་སྤུངས། （西藏拉萨哲蚌寺） ཕུན་ཚོགས་དབང་པོ།

g 乌金 梵夹装 45×6

h 2 6

i 无 藏纸 黑 完整

j 封面钤有“民族文化宫图书馆藏”印；民族宫目录中为ང函。

157.38

a 46-38

b རྒྱལ་བ་བློ་བཟང་རྒྱ་མཚོའི་གསུང་འབུམ་ནང་མ། པདྨ་ཡང་གསང་ཁྲོས་པའི་སྒྲུབ་བསྙེན་ལ་ཉེ་བར་མཁོ་བའི་དངོས་གྲུབ་ལེན་ཚོག་ཡིད་བཞིན་དབང་རྒྱལ།

大宝佛洛桑嘉措文集中密藏之莲华极密忿怒之王闭关静修常修常需之得悉地仪轨·如意灌顶王

c ཟ་ཧོར་གྱི་ཐུགས་བཙུན་ཆེ་མཆོག་འདུས་པ་རྩལ།

d ལྕགས་བྱ། 铁鸡年（1681） དམར་པོ་རི།（西藏拉萨布达拉宫）

e ཆོ་ག（仪轨）

f 刻本 འབྲས་སྤུངས།（西藏拉萨哲蚌寺） འཆམ་དཔོན་ངག་དབང་དཀོན་མཆོག

g 乌金 梵夹装 46×6

h 4 6

i 无 藏纸 黑 完整

j 封面钤有“民族文化宫图书馆藏”印；民族宫目录中为ག函。

157.39

a 46-39

b རྒྱལ་བ་བློ་བཟང་རྒྱ་མཚོའི་གསུང་འབུམ་ནང་མ། དབང་ཆེན་ཡང་གསང་ལྷ་དགུའི་སྒོ་ནས་དྲག་པོ་ཟོར་གྱི་

འཕྲིན་ལས་རྡོ་རྗེ་ཕ་ལམ།

大宝佛洛桑嘉措文集中密藏之大自在极密九尊法门中威猛诅咒之事业·金刚钻石

c ཟ་ཧོར་གྱི་ཐུགས་སྨྱོན་ཟིལ་གནོན་བཞད་པ་རྩལ།

d ལྕགས་མོ་བྱ། 铁阴鸡年（1681） པོ་ཊ་ལ།（西藏拉萨布达拉宫）

e དྲག་ཟོར།（猛咒）

f 刻本 འབྲས་སྤུངས།（西藏拉萨哲蚌寺） འཆམ་དཔོན་ངག་དབང་དཀོན་མཆོག

g 乌金 梵夹装 46×6

h 23 6

i 无 藏纸 黑 完整

j 封面钤有“民族文化宫图书馆藏”印；民族宫目录中为ག函。

157.40

a 46-40

b རྒྱལ་བ་བློ་བཟང་རྒྱ་མཚོའི་གསུང་འབུམ་ནང་མ། པདྨ་དབང་ཆེན་ཡང་གསང་ཁྲོས་པའི་བསྙེན་ཡིག་རིན་ཆེན་དབང་གི་འདོད་འཇོ།

大宝佛洛桑嘉措文集中密藏之莲华大自在极密忿怒王之闭关静修法·大宝灌意

c ཟ་ཧོར་གྱི་ཐུགས་སྲས་ཟིལ་གནོན་བཞད་པ་རྩལ།

d དམར་སེར་ཅན། 火蛇年（1677）

e བསྙེན་ཡིག（念修文）

f 刻本 འབྲས་སྤུངས།（西藏拉萨哲蚌寺） གནས་བརྟན་འཇམ་དབྱངས།

g 乌金 梵夹装 46×6

h 14 6

i 无 藏纸 黑 完整

j 封面钤有“民族文化宫图书馆藏”印；民族宫目录中为ག函。

157.41

a 46-41

b རྒྱལ་བ་བློ་བཟང་རྒྱ་མཚོའི་གསུང་འབུམ་ནང་མ། གནད་བདག་སྟོབས་འཇོམས་ཀྱི་ཆོག་སྒྲིགས་མི་མཐུན་སྨག་རུམ་སེལ་བའི་བརྒྱ་ཕྲག་ཉི་དངོས།

大宝佛洛桑嘉措文集中密藏之摧瘟神力之仪轨·消除不顺昏暗之百日光

c ཟ་ཧོར་བཟོ།

d

e མན་ངག（善言）

f 刻本 འབྲས་སྤུངས།（西藏拉萨哲蚌寺）

g 乌金 梵夹装 46×6

h 15 6

i 无 藏纸 黑 完整

j 封面钤有“民族文化宫图书馆藏”印；民族宫目录中为ང函。

157.42

a 46-42

b རྒྱལ་བ་བློ་བཟང་རྒྱ་མཚོའི་གསུང་འབུམ་ནང་མ། དབང་ཆེན་ཡང་གསང་ཁྲོས་པའི་ལས་བྱང་སྙིང་པོའི་བཙུད་བསྡུས།

大宝佛洛桑嘉措文集中密藏之大自在极密忿怒王之羯磨品目·精华摄要

c ཟ་ཧོར་ཐུགས་པ་བན།

d

e ལས་ཚོགས།（业资）

f 刻本 འབྲས་སྤུངས།（西藏拉萨哲蚌寺） ཕུན་ཚོགས་དབང་པོ།

g 乌金 梵夹装 46.5×6

h 6 6

i 无 藏纸 黑 完整

j 封面钤有“民族文化宫图书馆藏”印；民族宫目录中为ཁ函。

157.43

a 46-43

b རྒྱལ་བ་བློ་བཟང་རྒྱ་མཚོའི་གསུང་འབུམ་ནང་མ། གནོད་སྦྱིན་ཡ་བ་རྒྱ་བདུན་གྱི་མདོས་ཆོག་དབང་དྲག་གྲུབ་པའི་དགའ་སྟོན།

大宝佛洛桑嘉措文集中密藏之药叉雅哇嘉七尊之禳解仪轨·权威成就之喜宴

c ཟ་ཧོར་ཐུགས་སྨོན།

d

e མདོས་ཆོག（禳解仪轨）

f 刻本 འབྲས་སྤུངས།（西藏拉萨哲蚌寺） གནས་བན་འཇམ་དབྱངས།

g 乌金 梵夹装 47×5.5

h 5 6

i 无 藏纸 黑 完整

j 封面钤有“民族文化宫图书馆藏”印；民族宫目录中为ང函。

157.44

a 46-44

b རྒྱལ་བ་བློ་བཟང་རྒྱ་མཚོའི་གསུང་འབུམ་ནང་མ། ཕན་བདེ་རྩ་ལག་ཇོ་ཤཱཀྱ་རྣམས་གཉིས་ཀྱི་བརྟན་བཞུགས་ཀྱི་མི་འགྱུར་གཡུང་དྲུང་།

大宝佛洛桑嘉措文集中密藏之利乐之本支大昭寺小昭寺释迦尊像久住仪轨·永恒常住

c ཟ་ཧོར་བནྡེ། ཐུགས་དཀར་མ་ཧེ་བ།

d

e བརྟན་བཞུགས།（住世文）

f 刻本 འབྲས་སྤུངས།（西藏拉萨哲蚌寺） གནས་བརྟན་འཇམ་དབྱངས་གྲགས་པ།

g 乌金 梵夹装 45×6

h 8 6

i 无 藏纸 黑 完整

j 封面钤有“民族文化宫图书馆藏”印；民族宫目录中为བ函。

157.45

a 46-45

b རྒྱལ་བ་བློ་བཟང་རྒྱ་མཚོའི་གསུང་འབུམ་ནང་མ།སྤྲུལ་པའི་ཆོས་རྒྱལ་ཆེན་པོའི་མདོས་ཀྱི་གྱེར་གཞུང་བསམ་དོན་ལྷུན་གྲུབ།

大宝佛洛桑嘉措文集中密藏之大幻化法王之禳解诵文·如意任运成就

c

d

e མདོས།（禳解）

f 刻本 འབྲས་སྤུངས།（西藏拉萨哲蚌寺） ཐུགས་བན་ངག་དབང་འཕྲིན་ལས།

g 乌金 梵夹装 48×6

h 3 6

i 无 藏纸 黑 完整

j 封面钤有“民族文化宫图书馆藏”印；民族宫目录中为ང函。

157.46

a 46-46

b རྒྱལ་བ་བློ་བཟང་རྒྱ་མཚོའི་གསུང་འབུམ་ནང་མཱ་ཧཱ་ཆེན་རྡོ་རྗེ་འབར་བ་རྩལ་གྱི་སྲོག་གཏད་ཀྱི་རྗེས་གནང་མུ་ཏི་ལའི་འཕྲེང་བ།

大宝佛洛桑嘉措文集中密藏之金刚焰力大神之诅咒生要·珍珠鬘

c ཟ་ཧོར་བན་དེ་ཐོགས་མེད་རྩལ།

d པོ་ཏ་ལ།（西藏拉萨布达拉宫）

e རྗེས་གནང་།（灌顶）

f 刻本

g 乌金 梵夹装 45×6

h 6 6

i 无 藏纸 黑 完整

j 封面钤有“民族文化宫图书馆藏”印；民族宫目录中为ཀ函。

158

A 3605

B ངག་དབང་བློ་བཟང་རྒྱ་མཚོའི་གསུང་འབུམ།

阿旺洛桑嘉措文集

C ཁ

D ངག་དབང་བློ་བཟང་རྒྱ་མཚོ།

同 3563 介绍。

E 西藏图书馆藏此函由民族宫目录中同文集各函散卷组成。

158.1

a 44-1

b　རྒྱལ་བ་བློ་བཟང་རྒྱ་མཚོའི་གསུང་འབུམ་ནང་མ། དཀར་ཆག

　大宝佛洛桑嘉措文集中密藏之目录

c

d

e　དཀར་ཆག（目录）

f　刻本

g　乌金　梵夹装　45×6

h　2　6

i　无　藏纸　黑　完整

j　封面钤有“民族文化宫图书馆藏”印；民族宫目录中无此件。

158.2

a　44-2

b　རྒྱལ་བ་བློ་བཟང་རྒྱ་མཚོའི་གསུང་འབུམ་ནང་མ། ཁྱབ་འཇུག་རྟེན་མངོན་ཀྱི་འཕྲིན་ལས་དྲང་སྲོང་ཀུན་ཏུ་དགའ་བའི་ བློས་གར།

　大宝佛洛桑嘉措文集中密藏之遍入像禳解之事业·仙人普庆之舞剧

c　ཟ་ཧོར་བཙེ།

d

e　མདོས།（禳解）

f　刻本　ཆང་ཁྲིམ་པ་བློ་བཟང་དོན་གྲུབ།

g　乌金　梵夹装　47.5×6

h　8　6

i　无　藏纸　黑　完整

j　封面钤有“民族文化宫图书馆藏”印；民族宫目录中为ང函。

158.3

a　44-3

b　རྒྱལ་བ་བློ་བཟང་རྒྱ་མཚོའི་གསུང་འབུམ་ནང་མ། རྫོགས་ཆེན་མཁའ་འགྲོའི་སྙིང་ཏིག་གི་འབྲིད་ཡིག་ མཆན་གསལ་འབུམ་ཕྲག་སྣང་བཞིའི་འོད་ཟེར།

大宝佛洛桑嘉措文集中密藏之大圆满空行心滴导引注解·百千四现光明

c

d

e མཆན།（导释）

f 刻本

g 乌金 梵夹装 47×6

h 8 6

i 无 藏纸 黑 完整

j 封面钤有“民族文化宫图书馆藏”印；民族宫目录中为ང函。

158.4

a 44-4

b རྒྱལ་བ་བློ་བཟང་རྒྱ་མཚོའི་གསུང་འབུམ་ནང་མ། འཆི་མེད་བདུད་རྩི་བུམ་པའི་རྣམ་དག་དབང་གི་ཆུ་རྒྱུན་གྱི་གསལ་བྱེད་བདུད་རྩིའི་ཟླ་སྣང་།

大宝佛洛桑嘉措文集中密藏之阐明长寿甘露净瓶灌顶之水流·显照甘露月光

c ཟ་ཧོར་གྱི་རིགས་ལས་གཡོ་རུ་ཧཱུྃ་བརྒྱུད་དུ་སྐྱེས་པའི་ཐུགས་ཀན་ཆེ་མཆོག་འདུས་པ་རྩལ།

d དམར་པོ་རི།（西藏拉萨布达拉宫）

e བུམ་དབང་།（净瓶灌顶）

f 刻本 འཕྱོང་རྒྱས་ལྷུག་པ་ཕུན་ཚོགས་དབང་པོ།

g 乌金 梵夹装 47×6

h 6 6

i 无 藏纸 黑 完整

j 封面钤有“民族文化宫图书馆藏”印；民族宫目录中为ང函。

158.5

a 44-5

b རྒྱལ་བ་བློ་བཟང་རྒྱ་མཚོའི་གསུང་འབུམ་ནང་མ། སྙན་མགུར་གསུང་གསུམ་ཡིད་བཞིན་ཆར་འབེབས།

大宝佛洛桑嘉措文集中密藏之悦耳道情歌·三密如意雨降

c ཟ་ཧོར་བཙེ།

d

e སྣན་མགུར། （道歌）

f 刻本 རིག་བྱེད་པ་བློ་བཟང་དཔང་པོ།

g 乌金 梵夹装 46×6
h 3 6
i 无 藏纸 黑 完整
j 封面钤有“民族文化宫图书馆藏”印；民族宫目录中为བ函。

158.6
a 44-6

b རྒྱལ་བ་བློ་བཟང་རྒྱ་མཚོའི་གསུང་འབུམ་ནང་མ། རྡོ་རྗེ་གདུམ་པོའི་ལས་བྱང་རྒྱུན་འཁྱེར་མཐོང་བས་ནམ་གྲོལ།
大宝佛洛桑嘉措文集中密藏之金刚威猛之常用羯磨品目·见者解脱

c ཟ་ཧོར་ཐུགས་སྨོན།

d

e ལས་ཚོགས། （业资）

f 刻本 ཐུགས་རམས་པ་ངག་དབང་དགེ་ལེགས།

g 乌金 梵夹装 47×6
h 4 6
i 无 藏纸 黑 完整
j 封面钤有“民族文化宫图书馆藏”印；民族宫目录中为ང函。

158.7
a 44-7

b རྒྱལ་བ་བློ་བཟང་རྒྱ་མཚོའི་གསུང་འབུམ་ནང་མ། གཤིན་རྗེ་དྲག་པ་འཇོམས་བྱེད་ཀྱི་ལས་བྱང་བདུད་ལས་རྣམ་

པར་རྒྱལ་བ་ཚངས་པའི་རྔ་ཆེན།

大宝佛洛桑嘉措文集中密藏之凶猛阎摩能坏之羯磨品目·战胜魔军之梵天鼓

c ཟ་ཧོར་བཟེ།

d ཆུ་གླང་། 水牛年（1673）

e ལས་ཚོགས།（业资）

f 刻本
g 乌金 梵夹装 47×6
h 11 6
i 无 藏纸 黑 完整
j 封面钤有“民族文化宫图书馆藏”印；民族宫目录中为ཁ函。

158.8
a 44-8

b རྒྱལ་བ་བློ་བཟང་རྒྱ་མཚོའི་གསུང་འབུམ་ནང་མ། རྗེས་གནང་རིག་གཏད་བྱིན་རླབས་ཀྱི་མཚམས་སྦྱོར་འཕྲིན་ལས་ཆུ་རྒྱུན།
大宝佛洛桑嘉措文集中密藏之随许传咒加持之结合篇·事业泉流

c ཟ་ཧོར་བཟེ།

d

e ལས་ཚོགས།（业资）

f 刻本 གནས་བརྟན་འཇམ་དབྱངས་གྲགས་པ།
g 乌金 梵夹装 47×6
h 9 6
i 无 藏纸 黑 完整
j 封面钤有“民族文化宫图书馆藏”印；民族宫目录中为ང函。

158.9
a 44-9

b རྒྱལ་བ་བློ་བཟང་རྒྱ་མཚོའི་གསུང་འབུམ་ནང་མ། རྗེ་བཙུན་སེང་ལྡོང་ནགས་སྒྲོལ་ལ་བརྟེན་པའི་མདོས་ཆོག་མཐོང་བས་དོན་གྲུབ།

大宝佛洛桑嘉措文集中密藏之依至尊竭地洛迦林度母修禳解仪轨·见者义成

c　ཟ་ཧོར་བན་ཅན་བཞད་པ་རྩལ།

d

e　ཆོ་ག（仪轨）

f　刻本　འཕྱོང་རྒྱས་ལྷུག་པ་ཕུན་ཚོགས་དབང་པོ།

g　乌金　梵夹装　47×5.5

h　17　6

i　无　藏纸　黑　完整

j　封面钤有“民族文化宫图书馆藏”印；民族宫目录中为ང函。

158.10

a　44-10

b　རྒྱལ་བ་བློ་བཟང་རྒྱ་མཚོའི་གསུང་འབུམ་ནང་མ། དྲང་སྲོང་ཁྱབ་འཇུག་རཱ་ཧུ་ལའི་ལས་བྱང་དུག་མདའ་ནག་པོ།

大宝佛洛桑嘉措文集中密藏之仙人遍入罗睺罗之羯磨品目·黑色毒箭

c　ཟིལ་གནོན་དྲག་རྩལ་རྡོ་རྗེ།

d　ཆུ་ཕོ་རྟ། 水阳马年（1642）

e　ལས་བྱང་།（品目）

f　刻本　ངག་དབང་དགེ་ལེགས།

g　乌金　梵夹装　47×6

h　5　6

i　无　藏纸　黑　完整

j　封面钤有“民族文化宫图书馆藏”印；民族宫目录中为ང函。

158.11

a　44-11

b རྒྱལ་བ་བློ་བཟང་རྒྱ་མཚོའི་གསུང་འབུམ་ནང་མ། དཔལ་ལྡན་ཡང་ཟླ་བཟའི་མདོས་ཀྱི་འཕྲིན་ལས་ཡིད་བཞིན་

གཏེར་ མཛོད།

大宝佛洛桑嘉措文集中密藏之吉祥漾嘎莎之禳解事业·如意宝藏

c

d ཆུ་སྦྲུལ། 水蛇年（1653）

e མདོས།（禳解）

f 刻本 འཛམ་དཔལ།

g 乌金 梵夹装 47×6

h 19 6

i 无 藏纸 黑 完整

j 封面钤有“民族文化宫图书馆藏”印；民族宫目录中为ང函。

158.12

a 44-12

b རྒྱལ་བ་བློ་བཟང་རྒྱ་མཚོའི་གསུང་འབུམ་ནང་མ། འདོད་ཁམས་དབང་ཕྱུག་རེ་མ་ཏི་དགྱེས་པ་བསྐྱེད་པར་བྱེད་པའི་

མདོས་ཀྱི་འཕྲིན་ལས་གྱེར་སྒོམ་རྡོ་རྗེའི་སྒྲ་དབྱངས།

大宝佛洛桑嘉措文集中密藏之欲界自在热玛底生起喜悦之禳解事业诵修法·金刚声音

c ཟ་ཧོར་བླ་མེད་རྡོ་རྗེ་རྩལ་ལམ་དྭག་པོ་རྩལ།

d མེ་ཕག 火猪年（1647）

e མདོས།（禳解）

f 刻本 སྔགས་འཆང་ངག་དབང་དགེ་ལེགས།

g 乌金 梵夹装 46.5×6

h 13 6

i 无 藏纸 黑 完整

j 封面钤有“民族文化宫图书馆藏”印；民族宫目录中为ང函。

158.13

a 44-13

b རྒྱལ་བ་བློ་བཟང་རྒྱ་མཚོའི་གསུང་འབུམ་ནང་མ། ཐུགས་རྗེ་ཆེན་པོ་འཁོར་བ་དབྱིངས་སྒྲོལ་གྱི་བསྐྱེད་རྫོགས་

རྫོགས་པ་ཆེན་པོའི་འཁྲིད་ཡིག་རིགས་འཛིན་ཞལ་ལུང་།

大宝佛洛桑嘉措文集中密藏之大悲观音救脱轮回界之生圆二次大圆满导引·持种口传

c

d དམར་པོ་རི།（西藏拉萨布达拉宫）

e མན་ངག（善言）

f 刻本 རིགས་འཛིན་འཇམ་དབྱངས་གྲགས་པ།

g 乌金 梵夹装 47×6

h 51 6

i 无 藏纸 黑 完整

j 封面钤有“民族文化宫图书馆藏”印；民族宫目录中为ག函。

158.14

a 44-14

b རྒྱལ་བ་བློ་བཟང་རྒྱ་མཚོའི་གསུང་འབུམ་ནང་མ། བྱང་གཏེར་ཐུགས་རྗེ་ཆེན་པོ་འགྲོ་བ་ཀུན་སྒྲོལ་གྱི་ལས་བྱང་

གི་དོན་ཚང་ཞིང་འཁྱེར་བདེ་ཕན་བདེ་འབྱུང་གནས།

大宝佛洛桑嘉措文集中密藏之北宗秘藏大悲观音普度众生之羯磨品目·义备而易行·利乐之源

c ཟ་ཧོར་བན་དེ་བྱང་སེམས་རྒྱ་གྱ་རྩལ།

d ལྕགས་བྱ། 铁鸡年（1681）

e ལས་ཚོགས།（业资）

f 刻本 འཆམས་དཔོན་ངག་དབང་དཀོན་མཆོག

g 乌金 梵夹装 45×6

h 3 6

i 无　藏纸　黑　完整

j 封面钤有“民族文化宫图书馆藏”印；民族宫目录中为ག函。

158. 15

a 44-15

b རྒྱལ་བ་བློ་བཟང་རྒྱ་མཚོའི་གསུང་འབུམ་ནང་མ། བླ་མ་ཀརྨ་གུ་རུའི་བསྙེན་ཡིག་སྲུང་བཅངས་མ།

大宝佛洛桑嘉措文集中密藏之上师噶玛古汝之闭关静修法·守持篇

c

d

e བསྙེན་ཡིག（念修文）

f 刻本

g 乌金　梵夹装　44×6

h 2 6

i 无　藏纸　黑　完整

j 封面钤有“民族文化宫图书馆藏”印；民族宫目录中为ང函。

158. 16

a 44-16

b རྒྱལ་བ་བློ་བཟང་རྒྱ་མཚོའི་གསུང་འབུམ་ནང་མ། བླ་མ་ཀརྨ་གུ་རུའི་གཏོར་ནག་གི་ལས་མཐའ་གནམ་ལྕགས་སྤུ་གྲི།

大宝佛洛桑嘉措文集中密藏之上师噶玛古汝之黑神馐供法·末劫天铁之利刃

c ཟ་ཧོར་གྱི་ཐུགས་སྨྲོན་ཟིལ་གནོན་བཞད་པ་རྩལ།

d མེ་སྦྲུལ། 火蛇年（1677）

e ཆོ་ག（仪轨）

f 刻本　དཔལ་གྲོང་ཐུགས་རམས་པ་ངག་དབང་དགེ་ལེགས།

g 乌金　梵夹装　47×6

h 6 6

i 无　藏纸　黑　完整

j 封面钤有“民族文化宫图书馆藏”印；民族宫目录中为ང函。

158.17

a 44-17

b རྒྱལ་བ་བློ་བཟང་རྒྱ་མཚོའི་གསུང་འབུམ་ནང་མ། བླ་མ་ཀརྨ་གུ་རུའི་གྱེར་སྒོམ་འཕྲིན་ལས་གཟི་འོད་སྟོང་འབར།

大宝佛洛桑嘉措文集中密藏之上师噶玛古汝之诵修事业·威光千焰

c ཟ་ཧོར་གྱི་ཐུགས་སྒྲོན་ཞིལ་གནོན་བཞད་པ་རྩལ།

d དམར་སེར་ཅན། 火蛇年（1677）

e གྱེར་སྒོམ།（诵修）

f 刻本 དཔལ་གྲོང་ཐུགས་རམས་པ་ངག་དབང་དགེ་ལེགས།

g 乌金 梵夹装 46.5×6

h 7 6

i 无 藏纸 黑 完整

j 封面钤有“民族文化宫图书馆藏”印；民族宫目录中为ང函。

158.18

a 44-18

b རྒྱལ་བ་བློ་བཟང་རྒྱ་མཚོའི་གསུང་འབུམ་ནང་མ། བླ་མ་ཀརྨ་གུ་རུའི་འཕྲིན་ལས་དྲག་པོའི་སྲོག་གཏད་བྱིན་རླབས་

སྤྲིན་ཕུང་།

大宝佛洛桑嘉措文集中密藏之师噶玛古汝之威猛事业托命·加持云

c ཟ་ཧོར་བརྩེ། ཟ་ཧོར་གྱི་ཐུགས་སྒྲོན་ཞིལ་གནོན་བཞད་པ་རྩལ།

d དམར་སེར་ཅན། 火蛇年（1677）

e མན་ངག（善言）

f 刻本 དཔལ་གྲོང་ཐུགས་རམས་པ་ངག་དབང་དགེ་ལེགས།

g 乌金 梵夹装 45×6

h 5 6

i 无 藏纸 黑 完整

j 封面钤有“民族文化宫图书馆藏”印；民族宫目录中为ང函。

158.19

a 44-19

b རྒྱལ་བ་བློ་བཟང་རྒྱ་མཚོའི་གསུང་འབུམ་ནང་མ། ལྷ་མཆོག་འབར་བ་རྩལ་གྱི་འཕྲིན་ལས་བརྒྱ་ཕྲག་ཉི་དངོས་འཛིན་པའི་སྣང་གསལ།

大宝佛洛桑嘉措文集中密藏之上神焰力之事业·百日真现光明

c ཟ་ཧོར་གྱི་ཐུགས་བརྩན་ཞིལ་གནོན་བཞད་པ་རྩལ།

d ཀུན་དགའ་ཞེས་པ་ཤིང་སྟག 木虎年（1674） དམར་པོ་རི།（西藏拉萨布达拉宫）

e མན་ངག（善言）

f 刻本 རིགས་འཛིན་འཇམ་དབྱངས་གྲགས་པ།

g 乌金 梵夹装 46×6

h 25 6

i 无 藏纸 黑 完整

j 封面钤有“民族文化宫图书馆藏”印；民族宫目录中为ཀ函。

158.20

a 44-20

b རྒྱལ་བ་བློ་བཟང་རྒྱ་མཚོའི་གསུང་འབུམ་ནང་མ། རྡོ་རྗེ་འབར་བ་རྩལ་གྱི་བསྙེན་སྒྲུབ་བཀང་མདོས་ཀྱི་ལག་ལེན་དྲན་པའི་གསོལ་འདེབས།

大宝佛洛桑嘉措文集中密藏之金刚焰力之闭关静修法·禳解供修法、忆念祈愿文等

c རྡོ་རྗེ་ཐོགས་མེད་རྩལ།

d

e གསོལ་འདེབས།（启请文）

f 刻本 འཇམ་དབྱངས་གྲགས་པ།

g 乌金 梵夹装 46×6
h 6 6
i 无 藏纸 黑 完整
j 封面钤有“民族文化宫图书馆藏”印；民族宫目录中为ཀ函。

158.21
a 44-21
b རྒྱལ་བ་བློ་བཟང་རྒྱ་མཚོའི་གསུང་འབུམ་ནང་མ། རྡོ་རྗེ་འབར་བ་རྩལ་གྱི་རྟེན་མདོས་བཀང་མདོས་ཟློག་མདོས་ཀྱི་རིམ་པ་བརྒྱ་འབག་མིག་གི་རྣམ་འཕྲུལ།
大宝佛洛桑嘉措文集中密藏之金刚焰力之所供、酬供、回遮等禳解之次第·眼之幻现
c
d ཤིང་སྟག 木虎年（1674） པོ་ཏ་ལ།（西藏拉萨布达拉宫）
e ཆོ་ག（仪轨）
f 刻本 སྒོམ་བརྩོན་འཇམ་དབྱངས་གྲགས་པ།
g 乌金 梵夹装 47×6
h 17 6
i 无 藏纸 黑 完整
j 封面钤有“民族文化宫图书馆藏”印；民族宫目录中为ཀ函。

158.22
a 44-22
b རྒྱལ་བ་བློ་བཟང་རྒྱ་མཚོའི་གསུང་འབུམ་ནང་མ། རྡོ་རྗེ་དྲག་པོ་རྩལ་གྱི་རྩ་ཚིག་རྡོ་རྗེའི་མདུད་གྲོལ།
大宝佛洛桑嘉措文集中密藏之金刚威猛力根本句·解金刚结
c
d
e མན་ངག（善言）
f 刻本
g 乌金 梵夹装 47×5.5
h 3 6

i 无 藏纸 黑 完整

j 封面铃有“民族文化宫图书馆藏”印；民族宫目录中为ང函。

158.23

a 44-23

b རྒྱལ་བ་བློ་བཟང་རྒྱ་མཚོའི་གསུང་འབུམ་ནང་མ། ལྕགས་འདྲའི་འཁོར་ལོའི་སྔགས་བྱང་།

大宝佛洛桑嘉措文集中密藏之如铁护轮之真言名目

c ཟ་ཧོར་བཙེ་ངག་དབང་བློ་བཟང་རྒྱ་མཚོ།

d

e སྔགས་བྱང་།（名目）

f 刻本

g 乌金 梵夹装 47.5×5.5

h 3 6

i 无 藏纸 黑 完整

j 封面铃有“民族文化宫图书馆藏”印；民族宫目录中为ང函。

158.24

a 44-24

b རྒྱལ་བ་བློ་བཟང་རྒྱ་མཚོའི་གསུང་འབུམ་ནང་མ། ལྷ་ཐུག་གཏེར་སྦྱོན་ལས་བྱང་གི་འཕྲིན་ལས་གནམ་ལྕགས་

རྡོ་རྗེ་ཐོགས་མདའ།

大宝佛洛桑嘉措文集中密藏之乍得郡神法中金翅鸟之事业·天铁金刚雷箭

c ཟ་ཧོར་བཙེ།

d

e གཏེར་མ།（伏藏）

f 刻本 ཆང་ཁྲིམ་བློ་བཟང་དངོས་གྲུབ།

g 乌金 梵夹装 47×6

h 3 6

i 无 藏纸 黑 完整

j 封面钤有“民族文化宫图书馆藏”印；民族宫目录中为ང函。

158.25

a 44-25

b རྒྱལ་བ་བློ་བཟང་རྒྱ་མཚོའི་གསུང་འབུམ་ནང་མ། ལམ་ཟབ་ནང་མའི་བླ་མའི་རྣལ་འབྱོར་མཐོ་རིས་དབང་གི་ཆུ་བོ།

大宝佛洛桑嘉措文集中密藏之甚深道内修上师瑜伽法·天宫灌顶流

c ཟ་ཧོར་བཀྲེ།

d

e བླ་མའི་རྣལ་འབྱོར།（上师瑜伽）

f 刻本 རིག་བྱེད་པ་ངག་དབང་ནམ་མཁའ།

g 乌金 梵夹装 47×6

h 5 6

i 无 藏纸 黑 完整

j 封面钤有“民族文化宫图书馆藏”印；民族宫目录中为 3434 号。

158.26

a 44-26

b རྒྱལ་བ་བློ་བཟང་རྒྱ་མཚོའི་གསུང་འབུམ་ནང་མ། ལམ་ཟབ་ཕྱི་མའི་ཉམས་ལེན་གནད་སྒྲིལ་འཇུག་བདེ།

大宝佛洛桑嘉措文集中密藏之甚深道外修易行持验摄要

c སློབ་བཤད་མ་འཛིན་པ་ཟ་ཧོར་གྱི་བཙུའི་ཡོངས་འཛིན།

d ཆུ་བྱི། 水鼠年（1972）

e ཉམས་ལེན།（实践）

f 刻本 ཐོམ་བརྩོན་འཇམ་དབྱངས་གྲགས་པ།

g 乌金 梵夹装 47×6

h 6 6

i 无 藏纸 黑 完整

j 封面钤有“民族文化宫图书馆藏”印；民族宫目录中为 3434 号。

158.27

a 44-27

b རྒྱལ་བ་བློ་བཟང་རྒྱ་མཚོའི་གསུང་འབུམ་ནང་མ། བསྔུན་བཟློག་གི་ཐོར་བྱང་།

大宝佛洛桑嘉措文集中密藏之放咒编

c

d

e བསྔུན་བཟློག（反驳）

f 刻本

g 乌金　梵夹装　46×6

h 3　6

i 无　藏纸　黑　完整

j 封面钤有“民族文化宫图书馆藏”印；民族宫目录中为ང函。

158.28

a 44-28

b རྒྱལ་བ་བློ་བཟང་རྒྱ་མཚོའི་གསུང་འབུམ་ནང་མ། བསྔུན་བཟློག་གི་ཆོགས་སྒྲིགས་འཆི་བདག་གཡུལ་ལས་རྣམ་རྒྱལ།

大宝佛洛桑嘉措文集中密藏之放咒仪轨编·战胜死神

c ཟ་ཧོར་གྱི་བཙེ་ཟིལ་གནོན་བཞད་པ་རྩལ།

d

e ཆོ་ག（仪轨）

f 刻本　རིགས་འཛིན་འཇམ་དབྱངས་གྲགས་པ།

g 乌金　梵夹装　47×6

h 15　6

i 无　藏纸　黑　完整

j 封面钤有“民族文化宫图书馆藏”印；民族宫目录中为ང函。

158.29

a 44-29

b རྒྱལ་བ་བློ་བཟང་རྒྱ་མཚོའི་གསུང་འབུམ་ནང་མ། མཁའ་འགྲོ་བསྔུན་བཟློག་གི་བཅས་བཀོམས་ཅི་འདོད་རྩེ་དགའ་

གསར་གླུ།

大宝佛洛桑嘉措文集中密藏之空行迎送之加行法·随愿生乐之新歌

c　ཟ་ཧོར་བཀྲེ།

d

e　མན་ངག（善言）

f　刻本
g　乌金　梵夹装　46×6
h　4　6
i　无　藏纸　黑　完整
j　封面钤有“民族文化宫图书馆藏”印；民族宫目录中为ང函。

158.30
a　44-30
b　རྒྱལ་བ་བློ་བཟང་རྒྱ་མཚོའི་གསུང་འབུམ་ནང་མ། ཕྱི་ནས་མཁའ་འགྲོ་བསུན་མའི་ཞུ་བ།

大宝佛洛桑嘉措文集中密藏之从外迎接空行祈求文
c
d
e　མན་ངག（善言）
f　刻本
g　乌金　梵夹装　47×6
h　3　6
i　无　藏纸　黑　完整
j　封面钤有“民族文化宫图书馆藏”印；民族宫目录中为ང函。

158.31
a　44-31
b　རྒྱལ་བ་བློ་བཟང་རྒྱ་མཚོའི་གསུང་འབུམ་ནང་མ། འཇམ་དཔལ་ཚེ་བདག་གི་ཞི་བའི་སྦྱིན་སྲེག་གངྒའི་ཆུ་རྒྱུན།

大宝佛洛桑嘉措文集中密藏之妙吉祥寿主之息灾护摩·恒河长流

c　ཟ་ཧོར་ཐུགས་སྨོན་བཞད་པ་རྩལ།

d　པོ་ཏ་ལ།（西藏拉萨布达拉宫）

e སྦྱིན་སྲེག（火供）

f 刻本 གནས་བན་འཇམ་དབྱངས།

g 乌金 梵夹装 47×6
h 11 6
i 无 藏纸 黑 完整
j 封面钤有“民族文化宫图书馆藏”印；民族宫目录中为ཁ函。

158.32
a 44-32

b རྒྱལ་བ་བློ་བཟང་རྒྱ་མཚོའི་གསུང་འབུམ་ནང་མ། འཇམ་དཔལ་ཚེ་བདག་ནག་པོའི་མཆོད་རྟེན་བཅས་ཆོག་གི་རབ་གནས་བྱིན་རླབས་ཉི་མའི་གཟི་འབར།

大宝佛洛桑嘉措文集中密藏之文殊黑寿主塔等开光仪轨·加持日光焰

c ཟ་ཧོར་སྔགས་འཆང་ཟིལ་གནོན་བཞད་པ་རྩལ།

d མེ་འབྲུག 火龙年（1676） པོ་ཏ་ལ།（西藏拉萨布达拉宫）

e ཆོ་ག（仪轨）

f 刻本 གནས་བཙུན་འཇམ་དབྱངས་བསྟན་འཛིན།

g 乌金 梵夹装 45×6
h 9 6
i 无 藏纸 黑 完整
j 封面钤有“民族文化宫图书馆藏”印；民族宫目录中为ཁ函。

158.33
a 44-33

b རྒྱལ་བ་བློ་བཟང་རྒྱ་མཚོའི་གསུང་འབུམ་ནང་མ། འཇམ་དཔལ་རྫོགས་པ་ཆེན་པོའི་འཕྲིན་ལས་དང་སྦྱིན་བྱེད་ཀྱི་ཆོག་སྒྲིགས་སྣང་སྟོང་འོད་ལྔའི་རྒྱ་ཅན།

大宝佛洛桑嘉措文集中密藏之妙吉祥塔圆满事业与成熟仪轨·现空五光印

c ཟ་ཧོར་གྱི་བན་སྡེ་གསུང་ཤར་རང་གྲོལ།

d ཆུ་གླང་། 水牛年（1673） པོ་ཏ་ལ།（西藏拉萨布达拉宫）

e ཆོ་ག（仪轨）

f 刻本 རིག་འཛིན་འཇམ་དབྱངས་གྲགས་པ།

g 乌金 梵夹装 46×6

h 22 6

i 无 藏纸 黑 完整

j 封面钤有“民族文化宫图书馆藏”印；民族宫目录中为ཁ函。

158.34

a 44-34

b རྒྱལ་བ་བློ་བཟང་རྒྱ་མཚོའི་གསུང་འབུམ་ནང་མ། རབ་ཏུ་གནས་པའི་ཆོ་ག་བཀྲ་ཤིས་འབུམ་ཕྲག་གསར་འོད།

大宝佛洛桑嘉措文集中密藏之开光仪轨·亿万吉祥新光

c

d

e ཆོ་ག（仪轨）

f 刻本

g 乌金 梵夹装 46×6

h 19 6

i 无 藏纸 黑 完整

j 封面钤有“民族文化宫图书馆藏”印；民族宫目录中为ག函。

158.35

a 44-35

b རྒྱལ་བ་བློ་བཟང་རྒྱ་མཚོའི་གསུང་འབུམ་ནང་མ། མཆོད་རྟེན་གྱི་སྟོད་སྨད་བར་གསུམ་བསྒྲིག་པའི་ངག་འདོན།

大宝佛洛桑嘉措文集中密藏之佛塔上中下三列念诵法

c ཟ་ཧོར་བཟེ།

d

e ངག་འདོན། （念诵法）

f 刻本

g 乌金 梵夹装 46×6

h 4 6

i 无 藏纸 黑 完整

j 封面钤有“民族文化宫图书馆藏”印；民族宫目录中为ང函。

158.36

a 44-36

b རྒྱལ་བ་བློ་བཟང་རྒྱ་མཚོའི་གསུང་འབུམ་ནང་མ། རྒྱུད་སྡེ་རྒྱ་མཚོར་རབ་འབྱམས་སྨྲ་བ་རྣམས་ཀྱི་བཤད་པའི་སྔོན་འགྲོའི་མཆོད་བརྗོད་ཀྱི་རིམ་པ་འཕང་འགྲོའི་སྒྲ་དབྱངས།

大宝佛洛桑嘉措文集中密藏之续部海中诸博学师所说之前行供养次第·琵琶之音

c ཟ་ཧོར་བནྡེ།

d

e མཆོད་བརྗོད། （礼赞）

f 刻本 དགེ་སྡོང་འཇམ་དབྱངས་གྲགས་པ།

g 乌金 梵夹装 46×6

h 18 6

i 无 藏纸 黑 完整

j 封面钤有“民族文化宫图书馆藏”印；民族宫目录中为ན函。

158.37

a 44-37

b རྒྱལ་བ་བློ་བཟང་རྒྱ་མཚོའི་གསུང་འབུམ་ནང་མ། དཔལ་ཀུན་ཏུ་བཟང་པོའི་འཆམས་ཀྱི་བརྗེད་བྱང་ལྷའི་རོལ་གར།

大宝佛洛桑嘉措文集中密藏之吉祥普贤舞蹈之备忘录·神之戏舞

c ཟ་ཧོར་བནྡེ་ངག་དབང་བློ་བཟང་རྒྱ་མཚོ། མིང་གཞན་དུ་ཟླ་མེད་རྡོ་རྗེ་རྩལ།

d མེ་ཕག་ནས་ཆུ་འབྲུག་གི་ལོ། 火猪年（1647）至水龙年（1652）

དགའ་ལྡན་ཕོ་བྲང་།（西藏拉萨噶丹颇章）

e འཆམས།（法舞）

f 刻本
g 乌金 梵夹装 45×6
h 40 6
i 无 藏纸 黑 完整
j 封面钤有“民族文化宫图书馆藏”印；民族宫目录中为ག函。

158.38
a 44-38

b རྒྱལ་བ་བློ་བཟང་རྒྱ་མཚོའི་གསུང་འབུམ་ནང་མ། འཇོམས་བྱེད་ཉི་ཟླ་ནག་པོའི་བརྒྱུད་འདེབས།

大宝佛洛桑嘉措文集中密藏之能坏黑日月法师承启请文

c ཟ་ཧོར་བཟེ།

d

e གསོལ་འདེབས།（启请文）

f 刻本
g 乌金 梵夹装 45×6
h 3 6
i 无 藏纸 黑 完整
j 封面钤有“民族文化宫图书馆藏”印；民族宫目录中为ཁ函。

158.39
a 44-39

b རྒྱལ་བ་བློ་བཟང་རྒྱ་མཚོའི་གསུང་འབུམ་ནང་མ། འཇོམས་བྱེད་རྒྱལ་ཆེན་ཉི་ཟླ་ནག་པོའི་བཀའ་གཏད་སྒོམ་ལུང་བྱ་ཚུལ་མཐོང་བས་དོན་ལྡན།

大宝佛洛桑嘉措文集中密藏之能坏大力黑日月法托付修法·见者具义

c ཟ་ཧོར་གྱི་ཐུགས་སྲྙོན་ཞིལ་གནོན་དྲག་པོའི་རྩལ།

d ཡོངས་འཛིན་ཞེས་པ་ཆུ་བྱི། 水鼠年（1672）

e ཆོ་ག（仪轨）

f 刻本 རིག་འཛིན་འཇམ་དབྱངས་གྲགས་པ།

g 乌金 梵夹装 46×6
h 8 6
i 无 藏纸 黑 完整
j 封面钤有“民族文化宫图书馆藏”印；民族宫目录中为ཁ函。

158.40
a 44-40
b རྒྱལ་བ་བློ་བཟང་རྒྱ་མཚོའི་གསུང་འབུམ་ནང་མ། ཚེ་བདག་ནོན་པོ་ནང་གཅོད་ཀྱི་དབང་གི་ཆོག་གྲིགས་ཞ་རྒྱས་

ཟླ་བའི་དཀྱིལ་འཁོར།

大宝佛洛桑嘉措文集中密藏之寿主除急病灌顶仪轨·圆满月曼荼罗

c ཟ་ཧོར་གྱི་ཐུགས་སྨོན་ཟིལ་གནོན་དྲག་པོའི་རྩལ།

d ཆུ་གླང་ལོ། 水牛年（1673） པོ་ཏ་ལ།（西藏拉萨布达拉宫）

e ཆོ་ག（仪轨）

f 刻本 སྡོམ་བརྩོན་འཇམ་དབྱངས་གྲགས་པ།

g 乌金 梵夹装 46×6
h 10 6
i 无 藏纸 黑 完整
j 封面钤有“民族文化宫图书馆藏”印；民族宫目录中为ཁ函。

158.41
a 44-41
b རྒྱལ་བ་བློ་བཟང་རྒྱ་མཚོའི་གསུང་འབུམ་ནང་མ། ཐུག་ཆོག་དབང་དྲག་རོལ་བའི་དགའ་སྟོན།

大宝佛洛桑嘉措文集中密藏之供粥仪轨·权威游戏喜宴

c ཟ་ཧོར་བཟླ།

d

e ཆོ་ག（仪轨）

f 刻本
g 乌金 梵夹装 46×6
h 11 6
i 无 藏纸 黑 完整
j 封面钤有“民族文化宫图书馆藏”印；民族宫目录中为ང函。

158.42
a 44-42
b རྒྱལ་བ་བློ་བཟང་རྒྱ་མཚོའི་གསུང་འབུམ་ནང་མ། ཐུགས་སྒྲུབ་ཀྱི་ལས་བྱང་ནོར་བུའི་ཅོད་པན།
大宝佛洛桑嘉措文集中密藏之意修之羯磨品目·宝冠
c ཟིལ་གནོན་དྲག་རྩལ།
d ཤིང་སྤྲེལ། 木猴年（1644）
e ལས་ཚོགས།（业资）
f 刻本
g 乌金 梵夹装 46×6
h 10 6
i 无 藏纸 黑 完整
j 封面钤有“民族文化宫图书馆藏”印；民族宫目录中为ཀ函。

158.43
a 44-43
b རྒྱལ་བ་བློ་བཟང་རྒྱ་མཚོའི་གསུང་འབུམ་ནང་མ། དྲང་སྲོང་དྲི་མེད་ཞི་ཁྲོའི་རིག་གཏད་ཀྱི་ཆོག་སྒྲིགས་ཐུགས་
ཐིགས་སྙིང་བུམ་གཡས་འཁྱིལ།
大宝佛洛桑嘉措文集中密藏之无垢仙人寂怒之明因仪轨·心滴精要右旋瓶
c ཟ་ཧོར་བཟེ།
d
e ཆོ་ག（仪轨）

f　刻本　　སྒོམ་བརྩོན་འཇམ་དབྱངས་གྲགས་པ།

g　乌金　梵夹装　46×6
h　6　6
i　无　藏纸　黑　完整
j　封面钤有“民族文化宫图书馆藏”印；民族宫目录中为ཀ函。

158.44
a　44-44
b　རྒྱལ་བ་བློ་བཟང་རྒྱ་མཚོའི་གསུང་འབུམ་ནང་མ། ཐུགས་སྒྲུབ་དྲག་པོ་རྩལ་གྱི་ལས་བྱང་དངོས་གྲུབ་ཡོངས་འདུའི་

　　གཏེར་མཛོད།

　　大宝佛洛桑嘉措文集中密藏之意修威猛之羯磨品目·悉地圆集宝藏

c　ཟ་ཧོར་བཙུན།

d　ལྕགས་སྤྲེལ། 铁猴年（1680）　པོ་ཏ་ལ།（西藏拉萨布达拉宫）

e　ལས་བྱང་།（品目）

f　刻本　　ཞར་རྒྱས་པ་བློ་བཟང་དབང་པོ།

g　乌金　梵夹装　46×6
h　11　6
i　无　藏纸　黑　完整
j　封面钤有“民族文化宫图书馆藏”印；民族宫目录中为ཀ函。

159
A　3606

B　ངག་དབང་བློ་བཟང་རྒྱ་མཚོའི་གསུང་འབུམ།

　　阿旺洛桑嘉措文集

C　ཀ

D ངག་དབང་བློ་བཟང་རྒྱ་མཚོ།

同 3563 介绍。

E 西藏图书馆藏此函由民族宫目录中同文集各函散卷组成。

159.1

a 24-1

b རྒྱལ་བ་བློ་བཟང་རྒྱ་མཚོའི་གསུང་འབུམ་ནང་མ། དཀར་ཆག

大宝佛洛桑嘉措文集中密藏之目录

c

d

e དཀར་ཆག（目录）

f 刻本

g 乌金 梵夹装 52×8.5

h 2 6

i 无 藏纸 黑 完整

j 封面钤有“民族文化宫图书馆藏”印；民族宫目录中无此件。

159.2

a 24-2

b རྒྱལ་བ་བློ་བཟང་རྒྱ་མཚོའི་གསུང་འབུམ་ནང་མ། འཇམ་དཔལ་ཕྱག་རྒྱ་ཟིལ་གནོན་གྱི་དབང་ཆོག་སྔགས་འཆང་ཀུནྡའི་འདོད་འཇོ་ཟླ་ཤེལ་གསར་པའི་ཐིགས་པ།

大宝佛洛桑嘉措文集中密藏之文殊手印威慑之灌顶仪轨·持密咒精髓如意月珠新滴

c ཟིལ་གནོན་དྲག་རྩལ།

d

e དབང་ཆོག（灌顶仪轨）

f 刻本 ངག་དབང་དགེ་ལེགས།

g 乌金 梵夹装 47×6

h 19 6

i 无 藏纸 黑 完整

j 封面钤有“民族文化宫图书馆藏”印；民族宫目录中为ཁ函。

159.3

a 24-3

b རྒྱལ་བ་བློ་བཟང་རྒྱ་མཚོའི་གསུང་འབུམ་ནང་མ། འཇམ་དཔལ་ཕྱག་རྒྱ་ཟིལ་གནོན་གྱི་བསྙེན་ཡིག་རྡོ་རྗེ་བརྩེ་བརྒྱ་མ།

大宝佛洛桑嘉措文集中密藏之文殊手印威慑闭关静修法·百股金刚杵

c ཟ་ཧོར་སྔགས་སྨོན་ཟིལ་གནོན་བཞད་པ་རྩལ།

d ཆུ་ཁྱི། 水狗年（1682）

e བསྙེན་ཡིག（念修文）

f 刻本 འཆམས་དགོན་དགེ་སློང་ངག་དབང་དཀོན་མཆོག

g 乌金 梵夹装 46×6

h 20 6

i 无 藏纸 黑 完整

j 封面钤有“民族文化宫图书馆藏”印；民族宫目录中为ཁ函。

159.4

a 24-4

b རྒྱལ་བ་བློ་བཟང་རྒྱ་མཚོའི་གསུང་འབུམ་ནང་མ། འཇམ་དཔལ་ཁྲོ་ཆུ་དུག་སྔོན་ནག་པོའི་བརྒྱུད་འདེབས་སྨོན་ལམ་དང་བཅས་པ།

大宝佛洛桑嘉措文集中密藏之文殊铁水黑毒树法师承祈请愿文等

c ཟ་ཧོར་སྔགས་སྨོན་ཟིལ་གནོན་བཞད་པ་རྩལ།

d

e གསོལ་འདེབས།（启请文）

f 刻本 འཆམས་དགོན་དགེ་སློང་ངག་དབང་དཀོན་མཆོག

g 乌金 梵夹装 47.5×6
h 3 6
i 无 藏纸 黑 完整
j 封面钤有“民族文化宫图书馆藏”印；民族宫目录中为ཁ函。

159.5
a 24-5
b རྒྱལ་བ་བློ་བཟང་རྒྱ་མཚོའི་གསུང་འབུམ་ནང་མ། གཤིན་རྗེ་ཁྲོ་ཆུ་དུག་སྡོང་གི་རྒྱུན་གྱི་རྣལ་འབྱོར་སྤུ་གྲི་འབར་བ།
大宝佛洛桑嘉措文集中密藏之阎摩铁水毒树之常修瑜伽法·利刃焰
c ཟ་ཧོར་སྔགས་སྨྱོན་ཟིལ་གནོན་དྲག་པོ་རྩལ།
d ཕོ་བྲང་དམར་པོ།（西藏拉萨布达拉宫）
e ཆོ་ག（仪轨）
f 刻本 སྔགས་འཆང་འཇམ་གྲགས།
g 乌金 梵夹装 46.5×6
h 4 6
i 无 藏纸 黑 完整
j 封面钤有“民族文化宫图书馆藏”印；民族宫目录中为ཁ函。

159.6
a 24-6
b ཁྲོ་བོ་རོལ་པའི་ཟིན་བྲིས་རིགས་འཛིན་དགོངས་རྒྱན།
忿怒王游戏记录·持明密意庄严
c ཟ་ཧོར་སྔགས་བཙུན།
d
e ཟིན་བྲིས།（记录）
f 刻本 འབྲས་སྤུངས།（西藏拉萨哲蚌寺）
g 乌金 梵夹装 47×5.5
h 10 6

i 无 藏纸 黑 完整

j 封面钤有“民族文化宫图书馆藏”印；民族宫目录中为ག函。

159.7

a 24-7

b ཁྲོ་བོ་རོལ་བའི་ངག་འདོན་བདུད་སྡེ་གཡུལ་ལས་རྒྱལ་བའི་སྒྲ་དབྱངས།

忿怒王游戏念诵法·战胜魔军之声

c ཟ་ཧོར་བཟེ་ངག་དབང་བློ་བཟང་རྒྱ་མཚོའམ་མིང་གཞན་ཟ་ཧོར་ཐུགས་སྨོན་ཞིལ་གནོན་བཞད་པ་རྩལ།

d ཆུ་ཡོས། 水兔年（1663） པོ་ཏ་ལ།（西藏拉萨布达拉宫）

e ངག་འདོན།（念诵法）

f 刻本 འབྲས་སྤུངས།（西藏拉萨哲蚌寺） འཇམ་དཔལ་བཟང་པོ།

g 乌金 梵夹装 47×5.5

h 91 6

i 无 藏纸 黑 完整

j 封面钤有“民族文化宫图书馆藏”印；哲蚌寺藏书号有：ཀྱུ༧༣ 。民族宫目录中为ག函。

159.8

a 24-8

b རིགས་གསུམ་འདུས་པ་འཇམ་དཔལ་ཁྲོ་ཆུ་དུག་སྡོང་ནག་པོའི་བསྙེན་པའི་ཡི་གེ་རིན་ཆེན་ཀེ་ཏ་ཀ།

三集文殊铁水黑毒树念修法·澄水宝珠

c ཟ་ཧོར་ཐུགས་སྨོན་ཞིལ་གནོན་བཞད་པ་རྩལ་གྱི་ཀུན་དགའ།

d མེ་སྦྲུལ། 火蛇年（1677） དམར་པོ་རི།（西藏拉萨布达拉宫）

e བསྙེན་ཡིག（念修文）

f 刻本 འབྲས་སྤུངས།（西藏拉萨哲蚌寺） འཇམ་གྲགས།

g 乌金 梵夹装 46×5.5

h 19 6

i　无　藏纸　黑　完整

j　封面钤有“民族文化宫图书馆藏”印；哲蚌寺藏书号有:ཛ།　༥༧。民族宫目录中为ཁ函。

159.9

a　24-9

b　རྒྱལ་བ་བློ་བཟང་རྒྱ་མཚོའི་གསུང་འབུམ་ནང་མ། ཟིལ་གནོན་ཕྲིན་ལས་ཀྱི་རྣམ་ངེས་རིགས་འཛིན་འཚེ་མེད་དགའ་སྟོན་བདུད་རྩིའི་ཆུ་རྒྱུན།

大宝佛洛桑嘉措文集中密藏之镇伏事业之决定持明长寿喜宴·甘露长流

c　ཟིལ་གནོན་དྲག་རྩལ།

d　རང་ལོ་ཉེར་དྲུག་པ། 二十六岁（1643年）

e　མན་ངག（善言）

f　刻本　　ངག་དབང་དགེ་ལེགས།

g　乌金　梵夹装　47×6.5

h　52　6

i　无　藏纸　黑　完整

j　封面钤有“民族文化宫图书馆藏”印；民族宫目录中为ཁ函。

159.10

a　24-10

b　ཟིལ་གནོན་དྲག་པོའི་སྦྱིན་སྲེག་གི་ལས་བྱང་དུས་ཀྱི་མེ་ལྕེའི་ཕྲེང་བ།

威慑诛法护摩之羯磨品目·时焰鬘

c　ཟིལ་གནོན་དྲག་རྩལ་རྡོ་རྗེ།

d

e　ལས་ཚོགས།（业资）

f　刻本　འབྲས་སྤུངས།（西藏拉萨哲蚌寺）　　ངག་དབང་དགེ་ལེགས།

g　乌金　梵夹装　46×6

h　8　6
i　无　藏纸　黑　完整
j　封面钤有“民族文化宫图书馆藏”印；哲蚌寺藏书号有：ཕྱ།༧༣ 。民族宫目录中为ཁ函。

159.11
a　24-11
b　བཀའ་བརྒྱད་བདེ་འདུས་ཀྱི་དབང་དང་། ཁྲོ་རོལ་གྱི་ཟིན་བྲིས་ཀུན་བཟང་དགོངས་པའི་རོལ་མཚོ།
八教乐集灌顶与忿怒游戏之笔记·普贤密意游戏海
c　ཟ་ཧོར་བཟེ་ངག་དབང་བློ་བཟང་རྒྱ་མཚོ།
d
e　དབང་།（灌顶）
f　刻本　འབྲས་སྤུངས།（西藏拉萨哲蚌寺）
g　乌金　梵夹装　46×6
h　8　6
i　无　藏纸　黑　完整
j　封面钤有“民族文化宫图书馆藏”印；民族宫目录中为ཀ函。

159.12
a　24-12
b　རྒྱལ་བ་བློ་བཟང་རྒྱ་མཚོའི་གསུང་འབུམ་ནང་མ། བྱང་གཏེར་ཕུར་པ་ཁྲོ་བོ་རོལ་བའི་གཏོར་བཟློག་བདུད་སྡེ་
ཕྱེར་འཐག
大宝佛洛桑嘉措文集中密藏之北宗秘藏橛忿怒王游戏神馐回遮法·粉碎魔军
c　འཇམ་དཔལ་ཕྱག་བརྒྱ་ཟིལ་གནོན་སྙེམས་པའི་སྤྲེའམ་བཙུན་པ་ངག་དབང་བློ་བཟང་རྒྱ་མཚོ་ཚངས་སྲས་བཞད་
པའི་ རྡོ་རྗེ།
d　རྩོམ་བྱེད་ཀྱི་ལོ། 木羊年（1655）

དགའ་ལྡན་ཕོ་བྲང་མི་ཧྲག་མཛོན་པར་བཀྲ་བའི་གླིང་ཁང་། （西藏拉萨噶丹颇章）

e གཏོར་བཟློག（神馐回遮法）

f 刻本 ངག་དབང་དགེ་ལེགས།

g 乌金 梵夹装 47×6
h 32 6
i 无 藏纸 黑 完整
j 封面铃有“民族文化宫图书馆藏”印；民族宫目录中为ག函，12 叶。

159.13
a 24-13

b རྒྱལ་བ་བློ་བཟང་རྒྱ་མཚོའི་གསུང་འབུམ་ནང་མ། བཀའ་བརྒྱད་གསང་བ་ཡོངས་རྫོགས་ཀྱི་དབང་བསྐུར་དུས་

བསྒྲུབ་བུམ་དང་དབང་འབུམ་བསྡེབས་ནས་ཆུ་བབས་སུ་བཀོད་པ་ཡོངས་འདུའི་འཁྲི་ཤིང་།

大宝佛洛桑嘉措文集中密藏之八教秘密圆满灌顶时修法瓶与灌顶瓶注水安置·全聚宝树

c ཟ་ཧོར་སྡགས་སྨོན་ཟིལ་གནོན་བཞད་པ་རྩལ།

d ཆུ་བྱི། 水鼠年（1672）

e དབང་བསྐུར། （传授灌顶）

f 刻本 གནས་བརྟན་འཛམ་དབྱངས་གྲགས་པ།

g 乌金 梵夹装 46×6
h 91 6
i 无 藏纸 黑 完整
j 封面铃有“民族文化宫图书馆藏”印；民族宫目录中为ཀ函。

159.14
a 24-14

b རྒྱལ་བ་བློ་བཟང་རྒྱ་མཚོའི་གསུང་འབུམ་ནང་མ། བཀའ་བརྒྱད་ཡོངས་རྫོགས་ཀྱི་ལས་གཞུང་གི་ཁྲིང་བྱ།

大宝佛洛桑嘉措文集中密藏之八教圆满羯磨品目

c
d
e བྱང་བུ། （品目）
f 刻本
g 乌金　梵夹装　46×6
h 10　6
i 无　藏纸　黑　完整
j 封面钤有“民族文化宫图书馆藏”印；民族宫目录中为ཀ函。

159.15
a 24-15
b རྒྱལ་བ་བློ་བཟང་རྒྱ་མཚོའི་གསུང་འབུམ་ནང་མ། བཀའ་བརྒྱད་བདེ་གཤེགས་འདུས་པའི་ལས་བྱང་ཁྲག་འཐུང་རོལ་བའི་གད་བརྒྱངས།
大宝佛洛桑嘉措文集中密藏之八教如来集羯磨品目·饮血游戏之笑声
c རྡོ་རྗེ་ཐོགས་མེད་རྩལ།
d ལྕགས་ཕོ་སྤྲེལ། 铁阳猴年（1680）　དམར་པོ་རི། （西藏拉萨布达拉宫）
e མན་ངག （善言）
f 刻本　དཔལ་གྲོང་ངག་དབང་དགེ་ལེགས།
g 乌金　梵夹装　47×6
h 21　6
i 无　藏纸　黑　完整
j 封面钤有“民族文化宫图书馆藏”印；民族宫目录中为ཀ函。

159.16
a 24-16
b རྒྱལ་བ་བློ་བཟང་རྒྱ་མཚོའི་གསུང་འབུམ་ནང་མ། བཀའ་བརྒྱད་ཡོངས་རྫོགས་ཀྱི་ཞི་བའི་སྦྱིན་སྲེག་རིགས་འཛིན་ཀུན་རྣའི་འདོད་འཇོ།

大宝佛洛桑嘉措文集中密藏之八教圆满息灾护摩·持种明点如意

c ཟ་ཧོར་གྱི་རིགས་སྔགས་འཆང་བ་ཆེ་མཆོག་འདུས་པ་རྩལ།

d ཕོ་བྲང་པོ་ཏ་ལ།（西藏拉萨布达拉宫）

e མན་ངག（善言）

f 刻本 གནས་བན་འཇམ་དབྱངས།

g 乌金 梵夹装 47×6
h 11 6
i 无 藏纸 黑 完整
j 封面钤有“民族文化宫图书馆藏”印；民族宫目录中为ཀ函。

159.17
a 24-17

b རྒྱལ་བ་བློ་བཟང་རྒྱ་མཚོའི་གསུང་འབུམ་ནང་མ། བཀའ་བརྒྱད་གསང་རྫོགས་ཀྱི་ལས་བྱང་ལྷན་ཐབས་དགོས་པ་

ཀུན་འབྱུང་།

大宝佛洛桑嘉措文集中密藏之八教秘密圆满羯磨品目补遗·所需俱有

c བཞད་པ་རྩལ།

d

e ཆོ་ག（仪轨）

f 刻本 འཇམ་དཔལ།

g 乌金 梵夹装 46.5×6
h 15 6
i 无 藏纸 黑 完整
j 封面钤有“民族文化宫图书馆藏”印；民族宫目录中为ཀ函。

159.18
a 24-18

b རྒྱལ་བ་བློ་བཟང་རྒྱ་མཚོའི་གསུང་འབུམ་ནང་མ། ཞི་ཁྲོ་བཀའ་བརྒྱད་གསང་བ་ཡོངས་རྫོགས་སྒྲུབ་ཆེན་གྱི་

རིག་ཟིག་འཁྲུལ་བྲལ་མཐོང་བས་རེ་སྐོང་།

大宝佛洛桑嘉措文集中密藏之寂怒八教秘密圆满大成就者之真实笔记·见者满愿

c

d

e ཟིན་བྲིས། （笔记）

f 刻本

g 乌金　梵夹装　46×6

h 10　6

i 无　藏纸　黑　完整

j 封面钤有“民族文化宫图书馆藏”印；民族宫目录中为ཀ函。

159.19

a 24-19

b རྒྱལ་བ་བློ་བཟང་རྒྱ་མཚོའི་གསུང་འབུམ་ནང་མ། གསང་རྫོགས་སྒྲུབ་ཆེན་དང་སྨན་སྒྲུབ་ཀྱི་ཟིན་བྲིས་གང་གཱའི་ཆུ་རྒྱུན།

大宝佛洛桑嘉措文集中密藏之秘密圆满大成就与制药修法之笔记·恒河长流

c ཟ་ཧོར་བཙེ།

d

e ཟིན་བྲིས། （笔记）

f 刻本

g 乌金　梵夹装　45×6

h 4　6

i 无　藏纸　黑　完整

j 封面钤有“民族文化宫图书馆藏”印；民族宫目录中为ཀ函。

159.20

a 24-20

b རྒྱལ་བ་བློ་བཟང་རྒྱ་མཚོའི་གསུང་འབུམ་ནང་མ། ལམ་ཡིག་རང་གཟུགས་གསལ་སྟོན་དྲི་བྲལ་མེ་ལོང་།

大宝佛洛桑嘉措文集中密藏之自显通行无垢·镜

c བཙེ་ངག་དབང་བློ་བཟང་རྒྱ་མཚོ།

d

e ལམ་ཡིག（通行证）

f 刻本
g 乌金 梵夹装 47×6
h 14 6
i 无 藏纸 黑 完整
j 封面钤有“民族文化宫图书馆藏”印；民族宫目录中无此件。

159.21
a 24-21

b རྒྱལ་བ་བློ་བཟང་རྒྱ་མཚོའི་གསུང་འབུམ་ནང་མ། བྱང་གཏེར་གྱི་ཕུར་པ་ཁྲོ་བོ་རོལ་བའི་གཏོར་བཟློག་བདུད་སྡེ་ཕྱེར་འཐག

大宝佛洛桑嘉措文集中密藏之北宗秘藏橛忿怒王游戏神馐回遮法·粉碎魔军

c ཟ་ཧོར་རིགས་ལས་སྤྲུགས་སྨོན་གང་ཤར་རང་གྲོལ་ལམ་ངག་དབང་བློ་བཟང་རྒྱ་མཚོ།

d

e གཏོར་བཟློག（神馐回遮法）

f 刻本 འཛམ་དཔལ།

g 乌金 梵夹装 47×6
h 12 6
i 无 藏纸 黑 完整
j 封面钤有“民族文化宫图书馆藏”印；民族宫目录中无此件。

159.22
a 24-22

b རྒྱལ་བ་བློ་བཟང་རྒྱ་མཚོའི་གསུང་འབུམ་ནང་མ། དྲག་པོའི་སྦྱིན་སྲེག་བསྐལ་བའི་མེ་དཔུང་།

大宝佛洛桑嘉措文集中密藏之降伏护摩法·劫火聚

c ངག་དབང་བློ་བཟང་རྒྱ་མཚོ།

d

e སྦྱིན་སྲེག（火供）

f 刻本

g 乌金 梵夹装 47×6

h 4 6

i 无 藏纸 黑 完整

j 封面钤有“民族文化宫图书馆藏”印；民族宫目录中为ཁ函。

159.23

a 24-23

b རྒྱལ་བ་བློ་བཟང་རྒྱ་མཚོའི་གསུང་འབུམ་ནང་མ། དབང་གི་སྦྱིན་སྲེག་ཁམས་གསུམ་འགུགས་པའི་ལྕགས་ཀྱུ

大宝佛洛桑嘉措文集中密藏之敬爱护摩法·招三界之钩

c

d

e སྦྱིན་སྲེག（火供）

f 刻本

g 乌金 梵夹装 46．5×6

h 2 6

i 无 藏纸 黑 完整

j 封面钤有“民族文化宫图书馆藏”印；民族宫目录中为ཁ函。

159.24

a 24-24

b རྒྱལ་བ་བློ་བཟང་རྒྱ་མཚོའི་གསུང་འབུམ་ནང་མ། གསུང་ངག་རིན་པོ་ཆེ་ལམ་འབྲས་བུ་དང་བཅས་པའི་འཁྲིད་ཀྱི་ཟིན་བྲིས་བསྟན་པ་རྒྱས་བྱེད་ཅེས་བྱ་བ་ལས་བུམ་དབང་གི་རྨི་ལམ་མན་གྱི་ཟིན་བྲིས་ཀཨུ་བྲག་རྫོང་བའི་བཞེད་པ་མ་ནོར་བ།

大宝佛洛桑嘉措文集中密藏之大宝语教道果等之引导笔记·能宏教法中瓶灌观梦笔录·喀乌乍仲哇所许无误录

c

d

e ཟིན་བྲིས།（笔记）

f 刻本
g 乌金 梵夹装 47×6
h 15 6
i 无 藏纸 黑 完整
j 封面钤有“民族文化宫图书馆藏”印；民族宫目录中为 3434 号。

160
A 3607

B ངག་དབང་བློ་བཟང་རྒྱ་མཚོའི་གསུང་འབུམ།

阿旺洛桑嘉措文集

C ང

D ངག་དབང་བློ་བཟང་རྒྱ་མཚོ།

同 3563 介绍。
E 西藏图书馆藏此函由民族宫目录中同文集各函散卷组成。

160. 1
a 60-1

b རྒྱལ་བ་བློ་བཟང་རྒྱ་མཚོའི་གསུང་འབུམ་ནང་མ། བླ་མ་ཀརྨ་གུ་རུའི་བརྒྱུད་འདེབས།

大宝佛洛桑嘉措文集中密藏之上师噶玛古汝师传祈愿文

c ཟ་ཧོར་བརྩི།

d

e བརྒྱུད་འདེབས།（祈愿文）

f 刻本 འབྲས་སྤུངས།（西藏拉萨哲蚌寺） དགེ་སློང་འཇམ་དབྱངས་གྲགས་པ།

g 乌金 梵夹装 46×6
h 3 6
i 无 藏纸 黑 完整
j 封面钤有“民族文化宫图书馆藏”印，写有哲蚌寺藏书号：ཟི། ༣ 。

民族宫目录中为ང函。

160.2

a 60-2

b རྒྱལ་བ་བློ་བཟང་རྒྱ་མཚོའི་གསུང་འབུམ་ནང་མ། འཇམ་དཔལ་ཁྲོ་ཆུ་དུག་སྡོང་ནག་པོའི་བརྒྱུད་འདེབས་སྨོན་ལམ་དང་བཅས་པ།

大宝佛洛桑嘉措文集中密藏之文殊铁水黑毒树法师承祈请愿文等

c ཟ་ཧོར་སྔགས་སྨྱོན་ཞིལ་གནོན་བཞད་པ་རྩལ།

d

e བརྒྱུད་འདེབས།（启请文）

f 刻本 འབྲས་སྤུངས།（西藏拉萨哲蚌寺） དགེ་སློང་ངག་དབང་དཀོན་ཚོག

g 乌金 梵夹装 47×5.5

h 3 6

i 无 藏纸 黑 完整

j 封面钤有“民族文化宫图书馆藏”印，写有哲蚌寺藏书号：ཟེ། ༣。民族宫目录中为ཁ函。

160.3

a 60-3

b རྒྱལ་བ་བློ་བཟང་རྒྱ་མཚོའི་གསུང་འབུམ་ནང་མ། ལྕགས་འདྲའི་འཁོར་ལོའི་སྔགས་བྱང་།

大宝佛洛桑嘉措文集中密藏之如铁护轮之真言名目

c ཟ་ཧོར་བཟླ།

d

e སྔགས་བྱང་།（名目）

f 刻本 འབྲས་སྤུངས།（西藏拉萨哲蚌寺）

g 乌金 梵夹装 46×6

h 3 6

i 无 藏纸 黑 完整

j 封面钤有“民族文化宫图书馆藏”印，写有哲蚌寺藏书号：ཟེ། ༩ 。民族宫目录中为ང函。

160.4

a 60-4

b རྒྱལ་བ་བློ་བཟང་རྒྱ་མཚོའི་གསུང་འབུམ་ནང་མ། རྡོ་རྗེ་དྲག་པོ་རྩལ་གྱི་རྩ་ཚིག་རྡོ་རྗེའི་མདུད་གྲོལ།

大宝佛洛桑嘉措文集中密藏之金刚威猛力根本句·解金刚结

c

d

e མན་ངག（善言）

f 刻本

g 乌金 梵夹装 47×5.5

h 3 6

i 无 藏纸 黑 完整

j 封面钤有“民族文化宫图书馆藏”印，写有哲蚌寺藏书号：ཟེ། ༩ 。民族宫目录中为ང函。

160.5

a 60-5

b རྒྱལ་བ་བློ་བཟང་རྒྱ་མཚོའི་གསུང་འབུམ་ནང་མ། འཇོམས་བྱེད་ཉི་ཟླ་ནག་པོའི་བརྒྱུད་འདེབས།

大宝佛洛桑嘉措文集中密藏之能坏黑日月法师承启请文

c ཟ་ཧོར་བནྡེ།

d

e བརྒྱུད་འདེབས།（启请文）

f 刻本

g 乌金 梵夹装 47×6

h 3 6

i 无 藏纸 黑 完整

j 封面钤有“民族文化宫图书馆藏”印，写有哲蚌寺藏书号：ཟེ། ༣。民族宫目录中为ཁ函。

160.6

a 60-6

b རྒྱལ་བ་བློ་བཟང་རྒྱ་མཚོའི་གསུང་འབུམ་ནང་མ། བྱང་གཏེར་ཐུགས་རྗེ་ཆེན་པོ་འགྲོ་བ་ཀུན་སྒྲོལ་གྱི་ལས་བྱང་གི་དོན་ཚང་ཞིང་འཇུག་བདེ་བ་ཕན་བདེ་འབྱུང་གནས།

大宝佛洛桑嘉措文集中密藏之北宗秘藏大悲观音普度众生之羯磨品目·义备而易行·利乐之源

c ཟ་ཧོར་བནྡེ།

d

e ཆོ་ག（仪轨）

f 刻本 དཔལ་གྲོང་ཐུགས་རམས་པ་ངག་དབང་དགེ་ལེགས།

g 乌金 梵夹装 46×6

h 3 6

i 无 藏纸 黑 完整

j 封面钤有“民族文化宫图书馆藏”印，写有哲蚌寺藏书号：ཟེ། ༣。民族宫目录中为ག函。

160.7

a 60-7

b རྒྱལ་བ་བློ་བཟང་རྒྱ་མཚོའི་གསུང་འབུམ་ནང་མ། སྤྲུལ་པའི་ཆོས་རྒྱལ་ཆེན་པོའི་མདོས་ཀྱི་གྱེར་གཞུང་བསམ་དོན་ལྷུན་གྲུབ།

大宝佛洛桑嘉措文集中密藏之大幻化法王之禳解诵文·如意任运成就

c ཟ་ཧོར་བནྡེ།

d

e　མདོས།（禳解）

f　刻本　ཐུགས་པན་ངག་དབང་འཕྲིན་ལས།

g　乌金　梵夹装　46×6
h　3　6
i　无　藏纸　黑　完整
j　封面钤有“民族文化宫图书馆藏”印，写有哲蚌寺藏书号：ཟེ།　༧。民族宫目录中为ང函。

160.8
a　60-8

b　རྒྱལ་བ་བློ་བཟང་རྒྱ་མཚོའི་གསུང་འབུམ་ནང་མ། དྲེགས་པའི་སྡེ་དཔོན་གྱི་གསོལ་མཆོད།
大宝佛洛桑嘉措文集中密藏之威神之供奉
c
d

e　གསོལ་མཆོད།（供奉仪轨）

f　刻本
g　乌金　梵夹装　47×6
h　3　6
i　无　藏纸　黑　完整
j　封面钤有“民族文化宫图书馆藏”印，写有哲蚌寺藏书号：ཟེ།　༧。民族宫目录中无此件。

160.9
a　60-9

b　རྒྱལ་བ་བློ་བཟང་རྒྱ་མཚོའི་གསུང་འབུམ་ནང་མ། ཁ་བྲག་གཏེར་སྟོན་མའི་དྲེགས་འདུལ་བསྙེན་ཐབས་རྡོ་རྗེ་འབར་བའི་གཟི་བྱིན།

大宝佛洛桑嘉措文集中密藏之察乍得郡玛之伏魔修法·金刚焰之威慑

c　ཟ་ཧོར་བཙེ།

d

e　བསྙེན་ཐབས།（念修法）

f　刻本　འབྲས་སྤུངས།（西藏拉萨哲蚌寺）　ཟ་ཧོར་བནྡེ།

g　乌金　梵夹装　46×6
h　3　6
i　无　藏纸　黑　完整

j　封面钤有“民族文化宫图书馆藏”印，写有哲蚌寺藏书号：ཟེ།　༩。民族宫目录中为ང函，6 叶。

160.10

a　60-10

b　རྒྱལ་བ་བློ་བཟང་རྒྱ་མཚོའི་གསུང་འབུམ་ནང་མ། ཐུགས་རྗེ་ཆེན་པོ་རྒྱལ་པོ་ལུགས་ཀྱི་ལས་བྱང་དང་འབྲེལ་བའི་ཚོགས་མཆོད།

大宝佛洛桑嘉措文集中密藏之与王者传规之大悲观音羯磨品目相结合之会供法

c　ཟ་ཧོར་བནྡེ་བྱང་སེམས་སྒྱུ་གུ་རྩལ།

d　ལྕགས་བྱ། 铁鸡年（1681）

e　ཚོགས་མཆོད།（集供）

f　刻本　འཆམ་དཔོན་ངག་དབང་དཀོན་མཆོག

g　乌金　梵夹装　46×6
h　3　6
i　无　藏纸　黑　完整

j　封面钤有“民族文化宫图书馆藏”印，写有哲蚌寺藏书号：ཟེ།　༩。民族宫目录中为ག函。

160.11

a　60-11

b　རྒྱལ་བ་བློ་བཟང་རྒྱ་མཚོའི་གསུང་འབུམ་ནང་མ། ཞང་ལུགས་དྲག་པོ་བདེ་གཤེགས་འདུས་པའི་རྒྱུན་ཁྱེར་རིགས་འཛིན་བརྒྱུད་པའི་ཞལ་ལུང་།

大宝佛洛桑嘉措文集中密藏之梁师传规之威猛如来集常用持明相承口传

c　ཟ་ཧོར་བནྡེ་ངག་དབང་བློ་བཟང་རྒྱ་མཚོ།

d

e　ཞལ་གདམས།（教诫）

f　刻本　　གནས་བརྟན་འཇམ་དབྱངས།

g　乌金　梵夹装　47 ×6

h　3　6

i　无　藏纸　黑　完整

j　封面钤有“民族文化宫图书馆藏”印，写有哲蚌寺藏书号：ཟེ།　༡。民族宫目录中为ཀ函。

160.12

a　60-12

b　རྒྱལ་བ་བློ་བཟང་རྒྱ་མཚོའི་གསུང་འབུམ་ནང་མ། དྲག་པོའི་སྦྱིན་སྲེག་བསྐལ་བའི་མེ་དཔུང་།

大宝佛洛桑嘉措文集中密藏之降伏护摩法·劫火聚

c　ངག་དབང་བློ་བཟང་རྒྱ་མཚོ།

d

e　སྦྱིན་སྲེག（火供）

f　刻本

g　乌金　梵夹装　47×6

h　4　6

i　无　藏纸　黑　完整

j　封面钤有“民族文化宫图书馆藏”印，写有哲蚌寺藏书号：ཟེ།　༡。民族宫目录中为ཁ函。

160.13

a 60-13

b རྒྱལ་བ་བློ་བཟང་རྒྱ་མཚོའི་གསུང་འབུམ་ནང་མ། སྤྱིན་སྲེག་གི་སྒོ་འབྱེད་འཕྲུལ་གྱི་ལྡེ་མིག

大宝佛洛桑嘉措文集中密藏之开护摩门之幻化钥

c ངག་དབང་བློ་བཟང་རྒྱ་མཚོ།

d

e ལས་ཚོགས།（业资）

f 刻本 འབྲས་སྤུངས།（西藏拉萨哲蚌寺）

g 乌金 梵夹装 47×6

h 4 6

i 无 藏纸 黑 完整

j 封面钤有“民族文化宫图书馆藏”印，写有哲蚌寺藏书号：ཟ། ༦ 。民族宫目录中为ཁ函。

160.14

a 60-14

b རྒྱལ་བ་བློ་བཟང་རྒྱ་མཚོའི་གསུང་འབུམ་ནང་མ། པདྨ་ཡང་གསང་ཁྲོས་པའི་སྒྲུབ་བསྙེན་ལ་ཉེ་བར་མཁོ་བའི་དངོས་

གྲུབ་ལེན་ཆོག་ཡིད་བཞིན་དབང་རྒྱལ།

大宝佛洛桑嘉措文集中密藏之莲华极密忿怒之王闭关静修常修常需之得悉地仪轨·如意灌顶王

c ཟ་ཧོར་གྱི་བཟགས་བཙུན་ཆེ་མཆོག་འདུས་པ་རྩལ།

d ལྕགས་བྱ། 铁鸡年（1681） དམར་པོ་རི།（西藏拉萨布达拉宫）

e ཆོ་ག（仪轨）

f 刻本 འབྲས་སྤུངས།（西藏拉萨哲蚌寺） འཆམ་དཔོན་ངག་དབང་དཀོན་མཆོག

g 乌金 梵夹装 46×6

h 4 6

i 无 藏纸 黑 完整

j 封面钤有“民族文化宫图书馆藏”印，写有哲蚌寺藏书号：ཟི། ཉ 。民族宫目录中为ག函。

160.15

a 60-15

b རྒྱལ་བ་བློ་བཟང་རྒྱ་མཚོའི་གསུང་འབུམ་ནང་མ། གཤིན་རྗེ་ཁྲོ་ཆུ་དུག་སྡོང་གི་རྒྱུན་གྱི་རྣལ་འབྱོར་སྤུ་གྲི་འབར་བ།

大宝佛洛桑嘉措文集中密藏之阎摩铁水毒树之常修瑜伽法·利刃焰

c ཟ་ཧོར་སྔགས་སྨྱོན་ཞིལ་གནོན་དྲག་པོ་རྩལ།

d པོ་བྲང་དམར་པོ།（西藏拉萨布达拉宫）

e ཆོ་ག（仪轨）

f 刻本 སྔགས་འཆང་འཇམ་གྲགས།

g 乌金 梵夹装 46 .5×6

h 4 6

i 无 藏纸 黑 完整

j 封面钤有“民族文化宫图书馆藏”印，写有哲蚌寺藏书号：ཟི། ཉ 。民族宫目录中为ཁ函。

160.16

a 60-16

b རྒྱལ་བ་བློ་བཟང་རྒྱ་མཚོའི་གསུང་འབུམ་ནང་མ། གསང་རྫོགས་སྒྲུབ་ཆེན་དང་སྨན་སྒྲུབ་ཀྱི་ཟིན་བྲིས་གངྒཱའི་ཆུ་རྒྱུན།

大宝佛洛桑嘉措文集中密藏之秘密圆满大成就与制药修法之笔记·恒河长流

c ཟ་ཧོར་བནྡེ།

d

e སྨན་སྒྲུབ་ཀྱི་ཟིན་བྲིས་སོགས།（药修笔录）

f 刻本

g 乌金 梵夹装 45×6

h 4 6

i 无 藏纸 黑 完整

j 封面钤有“民族文化宫图书馆藏”印，写有哲蚌寺藏书号：ཟི། ༣。民族宫目录中为ཀ函。

160.17

a 60-17

b རྒྱལ་བ་བློ་བཟང་རྒྱ་མཚོའི་གསུང་འབུམ་ནང་མ། མཆོད་རྟེན་གྱི་སྟོད་སྨད་བར་གསུམ་བསྒྲིག་པའི་ངག་འདོན།

大宝佛洛桑嘉措文集中密藏之佛塔上中下三列念诵法

c ཟ་ཧོར་བརྩེ།

d

e ངག་འདོན།（念诵）

f 刻本

g 乌金 梵夹装 46×6

h 4 6

i 无 藏纸 黑 完整

j 封面钤有“民族文化宫图书馆藏”印，写有哲蚌寺藏书号：ཟི། ༣。民族宫目录中为ང函。

160.18

a 60-18

b རྒྱལ་བ་བློ་བཟང་རྒྱ་མཚོའི་གསུང་འབུམ་ནང་མ། དྲང་སྲོང་ཁྱབ་འཇུག་རཱ་ཧུ་ལའི་ལས་བྱང་དུག་མདའ་ནག་པོ།

大宝佛洛桑嘉措文集中密藏之仙人遍入罗睺罗之羯磨品目·黑色毒箭

c

d ཆུ་ཕོ་རྟ། 水阳马年（1642）

e ལས་བྱང་།（品目）

f 刻本 ངག་དབང་དགེ་ལེགས།

g 乌金 梵夹装 46×6

h 5 6

i 无 藏纸 黑 完整

j 封面钤有“民族文化宫图书馆藏”印，写有哲蚌寺藏书号：ཟེ། ༡。民族宫目录中为ང函。

160.19

a 60-19

b རྒྱལ་བ་བློ་བཟང་རྒྱ་མཚོའི་གསུང་འབུམ་ནང་མ། གཏེར་སྲུང་དཔལ་མགོན་སྟག་ཞོན་གསོལ་མཆོད་བསྐུགས་ཆོག་ཁྱེར་བདེ།

大宝佛洛桑嘉措文集中密藏之守护秘藏神吉祥骑虎怙主之祈供易诵仪轨

c ཟ་ཧོར་བརྗེ་ཟིལ་གནོན་དྲག་པོ་རྩལ།

d

e ཆོ་ག（仪轨）

f 刻本 སུ་རྡྷི་ཨ་ཡུ་རིཥྚ།

g 乌金 梵夹装 46×6

h 5 6

i 无 藏纸 黑 完整

J 封面钤有“民族文化宫图书馆藏”印，写有哲蚌寺藏书号：ཟེ། ༡。民族宫目录中为ང函。

160.20

a 60-20

b རྒྱལ་བ་བློ་བཟང་རྒྱ་མཚོའི་གསུང་འབུམ་ནང་མ། བླ་མ་གུ་རུའི་འཕྲིན་ལས་དྲག་པོའི་སྲོག་གཏད་བྱིན་རླབས་སྤྲིན་ཕུང་།

大宝佛洛桑嘉措文集中密藏之上师噶玛古汝之威猛事业托命·加持云

c ཟ་ཧོར་བརྗེ།

d

e ཆོ་ག（仪轨）

f 刻本

g 乌金 梵夹装 47×6

h 5 6

i 无 藏纸 黑 完整

j 封面铃有“民族文化宫图书馆藏”印，写有哲蚌寺藏书号：ཟི། ཉ。民族宫目录中为ང函。

160.21

a 60-21

b རྒྱལ་བ་བློ་བཟང་རྒྱ་མཚོའི་གསུང་འབུམ་ནང་མ། ཞིང་སྐྱོང་སེང་གེའི་གདོང་པ་ཅན་གྱི་ལས་བྱང་གནམ་ལྕགས་སྤུ་གྲི

大宝佛洛桑嘉措文集中密藏之护方神狮面之羯磨品目·天铁利刃

c ཟ་ཧོར་བཙེ་ངག་དབང་བློ་བཟང་རྒྱ་མཚོ་མིང་གཞན་ཟིལ་གནོན་དྲག་རྩལ།

d

e ལས་ཚོགས།（业资）

f 刻本 འབྲས་སྤུངས།（西藏拉萨哲蚌寺） རྒྱ་མཚོ།

g 乌金 梵夹装 47.5×5.5

h 5 6

i 无 藏纸 黑 完整

j 封面铃有“民族文化宫图书馆藏”印，写有哲蚌寺藏书号：ཟི། ཉ。民族宫目录中为ཀ函。

160.22

a 60-22

b རྒྱལ་བ་བློ་བཟང་རྒྱ་མཚོའི་གསུང་འབུམ་ནང་མ། གཏེར་ཁ་འོག་མའི་ཏྟ་ནག་ལྕགས་རལ་ཅན་གྱི་ལས་བྱང་ཉི་མའི་

དཀྱིལ་འཁོར།

大宝佛洛桑嘉措文集中密藏之下秘藏达纳甲热监之羯磨品目·日曼荼罗

c ཟ་ཧོར་བཙེ་ངག་དབང་བློ་བཟང་རྒྱ་མཚོ།

d

e ལས་ཚོགས།（业资）

f 刻本 འབྲས་སྤུངས།（西藏拉萨哲蚌寺） གནས་བན་འཇམ་དབྱངས།

g 乌金 梵夹装 47.5×6

h 5 6

i 无 藏纸 黑 完整

j 封面钤有“民族文化宫图书馆藏”印，写有哲蚌寺藏书号：ཟེ། ༣ 。民族宫目录中为ག函。

160.23

a 60-23

b རྒྱལ་བ་བློ་བཟང་རྒྱ་མཚོའི་གསུང་འབུམ་ནང་མ། བཀའ་བརྒྱད་གསང་རྫོགས་ཀྱི་བྲིས་ཐང་འདྲི་བའི་གསལ་བྱེད་སང་གསུམ་མི་ཟད་རྒྱན་འཁོར།

大宝佛洛桑嘉措文集中密藏之八教秘密圆满之画轴·阐明所问三密无尽庄严轮

c ཟ་ཧོར་བཙེ།

d

c བཟོ་རིག（工巧学）

f 刻本

g 乌金 梵夹装 46×6

h 6 6

i 无 藏纸 黑 完整

j 封面钤有“民族文化宫图书馆藏”印，写有哲蚌寺藏书号：ཟེ། ༣ 。民族宫目录中为ཀ函。

160.24

a 60-24

b ཀྱུལ་བ་བློ་བཟང་རྒྱ་མཚོའི་གསུང་འབུམ་ནང་མ། བླ་མ་ཀརྨ་གུ་རུའི་གཏོར་ནག་གི་ལས་མཐའ་གནམ་ལྕགས་སྤུ་གྲི
大宝佛洛桑嘉措文集中密藏之上师噶玛古汝之黑神馐供法·末劫天铁之利刃

c ཟ་ཧོར་གྱི་སྔགས་སྨྲོན་ཟིལ་གནོན་བཞད་པ་རྩལ།

d མེ་སྦྲུལ། 火蛇年（1677）

e གཏོར་ཆོག（神馐供法）

f 刻本 དཔལ་གྲོང་སྔགས་རམས་པ་ངག་དབང་དགེ་ལེགས།

g 乌金 梵夹装 47×6
h 6 6
i 无 藏纸 黑 完整
j 封面钤有“民族文化宫图书馆藏”印，写有哲蚌寺藏书号：ཞི། ༣。民族宫目录中为ང函。

160.25
a 60-25

b ཀྱུལ་བ་བློ་བཟང་རྒྱ་མཚོའི་གསུང་འབུམ་ནང་མ། བྱང་གཏེར་ཕུར་བུ་ལུགས་གསུམ་གྱི་བསྙེན་སྒྲུབ་ལས་སྦྱོར་

བྱ་ཚུལ་བདུད་སྡེ་གཡུལ་ལས་རྣམ་པར་རྒྱལ་བ།

大宝佛洛桑嘉措文集中密藏之北宗秘藏橛部三规之闭关静修事业加行法·战胜魔军

c ཟ་ཧོར་གྱི་སྔགས་སྨྲོན་དྲག་པོ་རྩལ།

d ལྕགས་ཕོ་བྱི། 铁阳鼠年（1660）

e ཆོ་ག（仪轨）

f 刻本 འབྲས་སྤུངས།（西藏拉萨哲蚌寺） འཇམ་དཔལ།

g 乌金 梵夹装 46.5×5.5
h 7 6
i 无 藏纸 黑 完整

j 封面钤有“民族文化宫图书馆藏”印，写有哲蚌寺藏书号：ཟི། ཉ。民族宫目录中为ག函。

160.26

a 60-26

b རྒྱལ་བ་བློ་བཟང་རྒྱ་མཚོའི་གསུང་འབུམ་ནང་མ། བླ་མ་ཀརྨ་གུ་རུའི་སྒྲུབ་སྐོར་འཕྲིན་ལས་གཟི་འོད་སྟོང་འབར།

大宝佛洛桑嘉措文集中密藏之上师噶玛古汝之诵修事业·威光千焰

c ཟ་ཧོར་གྱི་སྡགས་སྔོན་ཞེལ་གནོན་བཞད་པ་རྩལ།

d དམར་སེར་ཅན། 火蛇年（1677）

e སྒྲུབ་སྐོར། （诵修）

f 刻本 དཔལ་གྲོང་སྔགས་རམས་པ་ངག་དབང་དགེ་ལེགས།

g 乌金 梵夹装 46.5×6

h 7 6

i 无 藏纸 黑 完整

j 封面钤有“民族文化宫图书馆藏”印，写有哲蚌寺藏书号：ཟི། ཉ。民族宫目录中为ང函。

160.27

a 60-27

b རྒྱལ་བ་བློ་བཟང་རྒྱ་མཚོའི་གསུང་འབུམ་ནང་མ། རྫོགས་ཆེན་མཁའ་འགྲོའི་སྙིང་ཏིག་གི་འཁྲིད་ཡིག་མཆན་གསལ་འབུམ་ཕྲག་སྣང་བཞིའི་འོད་ཟེར།

大宝佛洛桑嘉措文集中密藏之大圆满空行心滴导引注解·百千四现光明

c

d

e མཆན། （注解）

f 刻本

g 乌金 梵夹装 47×6

h 8 6
i 无 藏纸 黑 完整
j 封面钤有“民族文化宫图书馆藏”印，写有哲蚌寺藏书号：ཟེ། ཏྲ 。民族宫目录中为ང函。

160.28
a 60-28
b རྒྱལ་བ་བློ་བཟང་རྒྱ་མཚོའི་གསུང་འབུམ་ནང་མ། ཟིལ་གནོན་དྲག་པོའི་སྦྱིན་སྲེག་གི་ལས་བྱང་དུས་ཀྱི་མེ་ལྕེའི་ཕྲེང་བ།
大宝佛洛桑嘉措文集中密藏之威慑诛法护摩之羯磨品目·时焰鬘
c ཟིལ་གནོན་དྲག་རྩལ་རྡོ་རྗེ།
d
e ལས་ཚོགས།（业资）
f 刻本 འབྲས་སྤུངས།（西藏拉萨哲蚌寺） ངག་དབང་དགེ་ལེགས།
g 乌金 梵夹装 46×6
h 8 6
i 无 藏纸 黑 完整
j 封面钤有“民族文化宫图书馆藏”印，写有哲蚌寺藏书号：ཟེ། ཏྲ 。民族宫目录中为ཁ函。

160.29
a 60-29
b རྒྱལ་བ་བློ་བཟང་རྒྱ་མཚོའི་གསུང་འབུམ་ནང་མ། འཇམ་དཔལ་ཞི་བའི་འཕྲིན་ལས་སངས་རྒྱས་མངོན་སུམ་སྟོན་པའི་ལག་བཅངས།
大宝佛洛桑嘉措文集中密藏之文殊息灾事业·佛现前示现之手据
c ཟ་ཧོར་གྱི་རིགས་ལས་ཐུགས་འཆང་བཞད་པ་རྩལ།

d པོ་བྲང་པོ་ཏ་ལ།（西藏拉萨布达拉宫）

e ལས་ཚོགས།（业资）

f 刻本 འབྲས་སྤུངས།（西藏拉萨哲蚌寺） གནས་བན་འཇམ་དབྱངས།

g 乌金 梵夹装 47×5.7
h 8 6
i 无 藏纸 黑 完整
j 封面钤有“民族文化宫图书馆藏”印，写有哲蚌寺藏书号：ཟི། ཉ 。民族宫目录中为ཁ函。

160.30
a 60-30

b རྒྱལ་བ་བློ་བཟང་རྒྱ་མཚོའི་གསུང་འབུམ་ནང་མ། བཀའ་བརྒྱད་བདེ་འདུས་ཀྱི་དབང་དང་ཁྲོ་རོལ་གྱི་ཟིན་བྲིས་ཀུན་བཟང་དགོངས་པའི་རོལ་མཚོ།

大宝佛洛桑嘉措文集中密藏之八教乐集灌顶与忿怒游戏之笔记·普贤密意游戏海

c ཟ་ཧོར་བནྡེ་ངག་དབང་བློ་བཟང་རྒྱ་མཚོ།

d

e དབང་།（灌顶）

f 刻本 འབྲས་སྤུངས།（西藏拉萨哲蚌寺）

g 乌金 梵夹装 46×6
h 8 6
i 无 藏纸 黑 完整
j 封面钤有“民族文化宫图书馆藏”印，写有哲蚌寺藏书号：ཟི། ཉ 。民族宫目录中为ཀ函。

160.31
a 60-31

b　རྒྱལ་བ་བློ་བཟང་རྒྱ་མཚོའི་གསུང་འབུམ་ནང་མ། ཁྱབ་འཇུག་རྟེན་མདོས་ཀྱི་འཕྲིན་ལས་དྲང་སྲོང་ཀུན་ཏུ་དགའ་བའི་ཟློས་གར།

大宝佛洛桑嘉措文集中密藏之遍入像禳解之事业·仙人普庆之舞剧

c　ཟ་ཧོར་བནྡེ་ངག་དབང་བློ་བཟང་རྒྱ་མཚོ།

d

e　མདོས།（禳解）

f　刻本　འབྲས་སྤུངས།（西藏拉萨哲蚌寺）　ཚང་ཁྱིམ་པ་བློ་བཟང་དོན་གྲུབ།

g　乌金　梵夹装　47.5×6

h　8　6

i　无　藏纸　黑　完整

j　封面钤有“民族文化宫图书馆藏”印，写有哲蚌寺藏书号：ཟེ།　ཉ。民族宫目录中为ང函。

160.32

a　60-32

b　རྒྱལ་བ་བློ་བཟང་རྒྱ་མཚོའི་གསུང་འབུམ་ནང་མ། ཁྲོ་བོ་རོལ་བའི་ཟིན་བྲིས་རིགས་འཛིན་དགོངས་རྒྱན།

大宝佛洛桑嘉措文集中密藏之忿怒王游戏记录·持明密意庄严

c

d

e　ཟིན་བྲིས།（笔录）

f　刻本　འབྲས་སྤུངས།（西藏拉萨哲蚌寺）

g　乌金　梵夹装　47×6

h　10　6

i　无　藏纸　黑　完整

j　封面钤有“民族文化宫图书馆藏”印，写有哲蚌寺藏书号：ཟེ།　ཉ。民族宫目录中为ག函。

160.33

a 60-33

b རྒྱལ་བ་བློ་བཟང་རྒྱ་མཚོའི་གསུང་འབུམ་ནང་མ། ཐུགས་སྒྲུབ་ཀྱི་ལས་བྱང་ནོར་བུའི་ཅོད་པན།

大宝佛洛桑嘉措文集中密藏之意修之羯磨品目·宝冠

c ཟིལ་གནོན་དྲག་རྩལ།

d ཤིང་སྤྲེལ། 木猴年（1644）

e ལས་ཚོགས།（业资）

f 刻本 འབྲས་སྤུངས།（西藏拉萨哲蚌寺）

g 乌金 梵夹装 46×6

h 10 6

i 无 藏纸 黑 完整

j 封面钤有“民族文化宫图书馆藏”印，写有哲蚌寺藏书号：ཟི། ཉ。民族宫目录中为ཀ函。

160.34

a 60-34

b རྒྱལ་བ་བློ་བཟང་རྒྱ་མཚོའི་གསུང་འབུམ་ནང་མ། བྱང་གཏེར་ཕུར་པ་ལུགས་གསུམ་གང་ལའང་སྦྱར་ཆོག་པའི་ཞི་བའི་སྦྱིན་སྲེག་མུན་སེལ་འོད་དཀར།

大宝佛洛桑嘉措文集中密藏之北宗秘藏橛部三规随用均可之息灾护摩·除暗白光

c ཟ་ཧོར་ཐུགས་བན།

d པོ་ཏ་ལ།（西藏拉萨布达拉宫）

e སྦྱིན་སྲེག（火供）

f 刻本 ཚང་ཁྲིམ་པ་ངག་དབང་མཁྱེན་བརྩེ།

g 乌金 梵夹装 47×6

h 10 6

i 无 藏纸 黑 完整

j 封面钤有“民族文化宫图书馆藏”印，写有哲蚌寺藏书号：ཟི། ཉ 。民族宫目录中为ག函。

160.35

a 60-35

b རྒྱལ་བ་བློ་བཟང་རྒྱ་མཚོའི་གསུང་འབུམ་ནང་མ། བཀའ་བརྒྱད་ཡོངས་རྫོགས་ཀྱི་ལས་གཞུང་གི་བྱང་བུ།

大宝佛洛桑嘉措文集中密藏之八教圆满羯磨品目

c

d

e ལས་ཚོགས།（业资）

f 刻本

g 乌金 梵夹装 47.5×6

h 10 6

i 无 藏纸 黑 完整

j 封面钤有“民族文化宫图书馆藏”印，写有哲蚌寺藏书号：ཟི། ཉ 。民族宫目录中为ག函。

160.36

a 60-36

b རྒྱལ་བ་བློ་བཟང་རྒྱ་མཚོའི་གསུང་འབུམ་ནང་མ། ཞི་ཁྲོ་བཀའ་བརྒྱད་གསང་བ་ཡོངས་རྫོགས་སྒྲུབ་ཆེན་གྱི་

རེག་ཟིག་འཁྲུལ་བྲལ་མཐོང་བས་རེ་སྐོང་།

大宝佛洛桑嘉措文集中密藏之寂怒八教秘密圆满大成就者之真实笔记·见者满愿

c ཟ་ཧོར་བནྡེ།

d

e ཟིན་བྲིས།（笔记）

f 刻本

g 乌金 梵夹装 46×6

h 10 6
i 无 藏纸 黑 完整
j 封面钤有“民族文化宫图书馆藏”印，写有哲蚌寺藏书号：ཟི། ཉ 。民族宫目录中为ཀ函。

160.37
a 60-37
b རྒྱལ་བ་བློ་བཟང་རྒྱ་མཚོའི་གསུང་འབུམ་ནང་མ་ཡང་བཟློག་མེའི་སྤུ་གྲིའི་ལས་སྦྱོར་གྱི་སྔོན་འགྲོ་བསྙེན་ཡིག་བཻཌཱུརྻའི་དོ་ཤལ།
大宝佛洛桑嘉措文集中密藏之秘密回遮法火剑作业加行之前行念修法・吠琉璃璎珞
c ཟ་ཧོར་ཐུགས་སྨོན་ཞིལ་གནོན་བཞད་པ་རྩལ།
d
e བསྙེན་ཡིག（念修文）
f 刻本 རིག་འཛིན་འཇམ་དབྱངས་གྲགས་པ།
g 乌金 梵夹装 46．5×6
h 10 6
i 无 藏纸 黑 完整
j 封面钤有“民族文化宫图书馆藏”印，写有哲蚌寺藏书号：ཟི། ཉ 。民族宫目录中为ཁ函。

160.38
a 60-38
b རྒྱལ་བ་བློ་བཟང་རྒྱ་མཚོའི་གསུང་འབུམ་ནང་མ། ཐུག་ཚོག་དབང་དྲག་རོལ་བའི་དགའ་སྟོན།
大宝佛洛桑嘉措文集中密藏之供粥仪轨・权威游戏喜宴
c ཟ་ཧོར་བནྡེ།
d

e ཆོ་ག（仪轨）

f 刻本 འབྲས་སྤུངས།（西藏拉萨哲蚌寺）

g 乌金 梵夹装 47×6

h 11 6

i 无 藏纸 黑 完整

j 封面钤有“民族文化宫图书馆藏”印，写有哲蚌寺藏书号：ཟི། ༧。民族宫目录中为ང函。

160.39

a 60-39

b རྒྱལ་བ་བློ་བཟང་རྒྱ་མཚོའི་གསུང་འབུམ་ནང་མ། བཏགས་གྲོལ་གྱི་དབང་བསྐུར་དང་རབ་གནས་ཀྱི་ཆོག་བསྒྲིགས་མུ་ཏི་ལའི་ཕྲེང་བ།

大宝佛洛桑嘉措文集中密藏之安立解脱之灌顶与开光仪轨·珍珠鬘

c ཟ་ཧོར་བཙུན།

d ལྕགས་བྱ། 铁鸡年（1681）

e ཆོ་ག（仪轨）

f 刻本 འབྲས་སྤུངས།（西藏拉萨哲蚌寺） བློ་བཟང་དབང་པོ།

g 乌金 梵夹装 47×6

h 11 6

i 无 藏纸 黑 完整

j 封面钤有“民族文化宫图书馆藏”印，写有哲蚌寺藏书号：ཟི། ༧。民族宫目录中为ང函。

160.40

a 60-40

b རྒྱལ་བ་བློ་བཟང་རྒྱ་མཚོའི་གསུང་འབུམ་ནང་མ། ཐུགས་སྒྲུབ་དྲག་པོའི་རྣལ་གྱི་ལས་བྱང་དངོས་གྲུབ་ཡོངས་འདུའི་གཏེར་མཛོད།

大宝佛洛桑嘉措文集中密藏之意修威猛之羯磨品目·悉地圆集宝藏

c ཟ་ཧོར་བཟེ་ངག་དབང་བློ་བཟང་རྒྱ་མཚོ། ཞིལ་གནོན་དྲག་རྩལ།

d ཤིང་སྤྲེལ། 木猴年（1644）

e ལས་ཚོགས།（业资）

f 刻本 འབྲས་སྤུངས།（西藏拉萨哲蚌寺）

g 乌金 梵夹装 47×6
h 10 6
i 无 藏纸 黑 完整
j 封面钤有“民族文化宫图书馆藏”印，写有哲蚌寺藏书号：ཞི། ཉ。民族宫目录中为ཀ函，11 叶。

160.41
a 60-41

b རྒྱལ་བ་བློ་བཟང་རྒྱ་མཚོའི་གསུང་འབུམ་ནང་མ། གཤིན་རྗེ་དྲག་པ་འཇོམས་བྱེད་ཀྱི་ལས་བྱང་བདུད་ལས་རྣམ་པར་རྒྱལ་བ་ཚངས་པའི་རྔ་ཆེན།

大宝佛洛桑嘉措文集中密藏之凶猛阎摩能坏之羯磨品目·战胜魔军之梵天鼓

c ཟ་ཧོར་བཟེ།

d ཆུ་གླང་། 水牛年（1673）

e ལས་ཚོགས།（业资）

f 刻本
g 乌金 梵夹装 47×6
h 11 6
i 无 藏纸 黑 完整

j 封面钤有“民族文化宫图书馆藏”印，写有哲蚌寺藏书号：ཞེ། ཉ 。民族宫目录中为ཁ函。

160.42

a 60-42

b རྒྱལ་བ་བློ་བཟང་རྒྱ་མཚོའི་གསུང་འབུམ་ནང་མ། འཇམ་དཔལ་ཚེ་བདག་གི་ཞི་བའི་སྦྱིན་སྲེག་གང་གའི་ཆུ་རྒྱུན།

大宝佛洛桑嘉措文集中密藏之妙吉祥寿主之息灾护摩·恒河长流

c ཟ་ཧོར་ཐུགས་སྨོན་བཞད་པ་རྩལ།

d པོ་ཏ་ལ།（西藏拉萨布达拉宫）

e སྦྱིན་སྲེག（火供）

f 刻本 གནས་བན་འཇམ་དབྱངས།

g 乌金 梵夹装 47×6

h 11 6

i 无 藏纸 黑 完整

j 封面钤有“民族文化宫图书馆藏”印，写有哲蚌寺藏书号：ཞེ། ཉ 。民族宫目录中为ཁ函。

160.43

a 60-43

b རྒྱལ་བ་བློ་བཟང་རྒྱ་མཚོའི་གསུང་འབུམ་ནང་མ། ཡང་བཟློག་ནག་པོ་མེའི་སྤུ་གྲིའི་དྲག་པོའི་སྦྱིན་སྲེག་དུས་ཀྱི་

ཤྲིན་ཟའི་ཕུང་པོ།

大宝佛洛桑嘉措文集中密藏之秘密回遮黑火剑威猛护摩法·劫火聚

c ཟ་ཧོར་བཙུན་ངག་དབང་བློ་བཟང་རྒྱ་མཚོ། ཟ་ཧོར་ཐུགས་སྨོན་རྡོ་རྗེ་ཐོགས་མེད་རྩལ།

d ཤིང་སྦྲུལ། 木蛇年（1665）

e སྦྱིན་སྲེག（火供）

f　刻本　འབྲས་སྤུངས།（西藏拉萨哲蚌寺）　གནས་བཅན་འཇམ་དབྱངས།

g　乌金　梵夹装　47×6

h　11　6

i　无　藏纸　黑　完整

j　封面钤有“民族文化宫图书馆藏”印，写有哲蚌寺藏书号：ཟེ།　༣ 。民族宫目录中为ཁ函。

160.44

a　60-44

b　རྒྱལ་བ་བློ་བཟང་རྒྱ་མཚོའི་གསུང་འབུམ་ནང་མ། བཀའ་བརྒྱད་ཡོངས་རྫོགས་ཀྱི་ཞི་བའི་སྦྱིན་སྲེག་རིགས་འཛིན་ཀུནྡའི་འདོད་འཇོ།

大宝佛洛桑嘉措文集中密藏之八教圆满息灾护摩·持种明点如意

c　ཟ་ཧོར་གྱི་རིག་སྔགས་འཆང་ཆེ་མཆོག་འདུས་པ་རྩལ།

d　པོ་ཏ་ལ།（西藏拉萨布达拉宫）

e　སྦྱིན་སྲེག（火供）

f　刻本　གནས་བཅན་འཇམ་དབྱངས།

g　乌金　梵夹装　47×6

h　11　6

i　无　藏纸　黑　完整

j　封面钤有“民族文化宫图书馆藏”印，写有哲蚌寺藏书号：ཟེ།　༣ 。民族宫目录中为ཀ函。

160.45

a　60-45

b　རྒྱལ་བ་བློ་བཟང་རྒྱ་མཚོའི་གསུང་འབུམ་ནང་མ། བཀའ་བརྒྱད་གསང་རྫོགས་ཀྱི་ལས་བྱང་ལྷན་ཐབས་དགོས་པ་ཀུན་འབྱུང་།

大宝佛洛桑嘉措文集中密藏之八教秘密圆满羯磨品目补遗·所需俱有

c བཞད་པ་རྩལ།

d

e ལས་ཚོགས།（业资）

f 刻本 འབྲས་སྤུངས།（西藏拉萨哲蚌寺） འཇམ་དཔལ།

g 乌金 梵夹装 45.5×6

h 15 6

i 无 藏纸 黑 完整

j 封面钤有“民族文化宫图书馆藏”印，写有哲蚌寺藏书号：ཞེ། ༧ 。民族宫目录中为ཀ函。

160.46

a 60-46

b རྒྱལ་བ་བློ་བཟང་རྒྱ་མཚོའི་གསུང་འབུམ་ནང་མ། རིགས་གསུམ་འདུས་པ་འཇམ་དཔལ་ཁྲོ་ཆུ་དུག་སྡོང་ནག་པོའི་བསྙེན་པའི་ཡི་གེ་རིན་ཆེན་ཀེ་ཏ་ཀ

大宝佛洛桑嘉措文集中密藏之三集文殊铁水黑毒树念修法·澄水宝珠

c ཟ་ཧོར་ཐུགས་སྐྱོན་ཟིལ་གནོན་བཞད་པ་རྩལ་གྱི་ཀུན་དགའ།

d མེ་སྦྲུལ། 火蛇年（1677） དམར་པོ་རི།（西藏拉萨布达拉宫）

e བསྙེན་ཡིག（念修文）

f 刻本 འབྲས་སྤུངས།（西藏拉萨哲蚌寺） འཇམ་གྲགས།

g 乌金 梵夹装 46×5.5

h 19 6

i 无 藏纸 黑 完整

j 封面钤有“民族文化宫图书馆藏”印，写有哲蚌寺藏书号：ཞེ། ༧ 。民族宫目录中为ཁ函。

160.47
a 60-47
b རྒྱལ་བ་བློ་བཟང་རྒྱ་མཚོའི་གསུང་འབུམ་ནང་མ། ཐུགས་རྗེ་ཆེན་པོ་འཁོར་བ་དབྱིངས་སྒྲོལ་གྱི་བསྐྱེད་རྫོགས་རྫོགས་པ་ཆེན་པོའི་འཁྲིད་ཡིག་རིགས་འཛིན་ཞལ་ལུང་།
大宝佛洛桑嘉措文集中密藏之大悲观音救脱轮回界之生圆二次大圆满导引·持种口传
c
d ཀུན་དགའ་ཞེས་པ་ཤིང་སྟག་ལོ། 木虎年（1674） དམར་པོ་རི།（西藏拉萨布达拉宫）
e སྔགས།（密宗）
f 刻本 རིགས་འཛིན་འཇམ་དབྱངས་གྲགས་པ།
g 乌金 梵夹装 47×6
h 51 6
i 无 藏纸 黑 完整
j 封面钤有“民族文化宫图书馆藏”印，写有哲蚌寺藏书号：ཟི། ཉ。民族宫目录中为ག函。

160.48
a 60-48
b རྒྱལ་བ་བློ་བཟང་རྒྱ་མཚོའི་གསུང་འབུམ་ནང་མ། འཇམ་དཔལ་ཚེ་བདག་ནག་པོའི་བམ་སྒྲོངས་དང་རྩ་གསུམ་བསྐང་གསོ།
大宝佛洛桑嘉措文集中密藏之黑寿神之尸体仪轨及三基本补酬仪轨
c
d
e ཆོ་ག（仪轨）
f 刻本
g 乌金 梵夹装 47×6
h 6 6
i 无 藏纸 黑 完整

j 封面钤有“民族文化宫图书馆藏”印，写有哲蚌寺藏书号：ཟི། ཐ 。民族宫目录中无此件。

160.49

a 60-49

b རྒྱལ་བ་བློ་བཟང་རྒྱ་མཚོའི་གསང་འབུམ་ནང་མ། དཔལ་ཀུན་ཏུ་བཟང་པོའི་འཆམས་ཀྱི་བརྗེད་བྱང་ལྷའི་རོལ་གར།

大宝佛洛桑嘉措文集中密藏之吉祥普贤舞蹈之备忘录·神之戏舞

c ཟ་ཧོར་བནྡེ་ངག་དབང་བློ་བཟང་རྒྱ་མཚོའམ་ཟླ་མེད་རྡོ་རྗེ་རྩལ།

d མེ་ཕག་ནས་ཆུ་འབྲུག་ལོ། 火猪年（1647）至水龙年（1652）

དགའ་ལྡན་ཕོ་བྲང་།（西藏拉萨噶丹颇章）

e འཆམས་ཀྱི་བརྗེད་བྱང་།（法舞备忘录）

f 刻本

g 乌金　梵夹装　48×6

h 40　6

i 无　藏纸　黑　完整

j 封面钤有“民族文化宫图书馆藏”印，写有哲蚌寺藏书号：ཟི། ཐ 。民族宫目录中为ག函。

160.50

a 60-50

b རྒྱལ་བ་བློ་བཟང་རྒྱ་མཚོའི་གསང་འབུམ་ནང་མ། འཇམ་དཔལ་ཚེ་བདག་ནག་པོའི་བཟློག་དཀྱིལ་ལ་མཁོ་བའི་སྔོན་འགྲོའི་ཆོ་ག་ཞུང་དུ་རྣམ་གསལ།

大宝佛洛桑嘉措文集中密藏之文殊黑寿主之回遮曼荼罗所需前行略修仪轨

c ཟ་ཧོར་བནྡེ།

d

e ཆོ་ག（仪轨）

f 刻本 དགེ་སློང་འཇམ་དབྱངས་གྲགས་པ།

g 乌金 梵夹装 46. 5×6

h 6 6

i 无 藏纸 黑 完整

j 封面钤有“民族文化宫图书馆藏”印，写有哲蚌寺藏书号：ཟེ། ༣ 。民族宫目录中为ཁ函。

160. 51

a 60-51

b རྒྱལ་བ་བློ་བཟང་རྒྱ་མཚོའི་གསུང་འབུམ་ནང་མ། དཔལ་རྡོ་རྗེ་ཕུར་པའི་སྒྲུབ་ཆེན་གྱི་ཆོག་སྒྲིགས་དངོས་གྲུབ་རྒྱ་མཚོའི་རོལ་གར།

大宝佛洛桑嘉措文集中密藏之吉祥金刚橛大成就仪轨·悉地海戏舞

c ཟ་ཧོར་ཐུགས་སྨོན་བླ་མེད་རྡོ་རྗེ་རྩལ།

d རང་ལོ་ཞེ་གཅིག་པ། 四十一岁年（1657）

e ཆོ་ག（仪轨）

f 刻本 འཇམ་དཔལ།

g 乌金 梵夹装 46. 5×6

h 18 6

i 无 藏纸 黑 完整

j 封面钤有“民族文化宫图书馆藏”印，写有哲蚌寺藏书号：ཟེ། ༣ 。民族宫目录中为ག函。

160. 52

a 60-52

b རྒྱལ་བ་བློ་བཟང་རྒྱ་མཚོའི་གསུང་འབུམ་ནང་མ། ཁྲོ་བོ་རོལ་བའི་དག་འདོན་བདུད་སྡེ་གཡུལ་ལས་རྒྱལ་བའི་སྒྲ་དབྱངས།

大宝佛洛桑嘉措文集中密藏之忿怒王游戏念诵法·战胜魔军之声

c ཟ་ཧོར་བཟེ་དགེ་དབང་བློ་བཟང་རྒྱ་མཚོའམ་མིང་གཞན་ཟ་ཧོར་ཐུགས་སྨྲོན་ཞེལ་གནོན་བཞད་པ་རྩལ།

d ཆུ་ཡོས། 水兔年（1663） པོ་ཏ་ལ།（西藏拉萨布达拉宫）

e ངག་འདོན།（念诵法）

f 刻本 འཇམ་དཔལ་བཟང་པོ།

g 乌金 梵夹装 47×5.5

h 91 6

i 无 藏纸 黑 完整

j 封面钤有“民族文化宫图书馆藏”印，写有哲蚌寺藏书号：ཟི། ཀ 。民族宫目录中为ག函。

160.53

a 60-53

b རྒྱལ་བ་བློ་བཟང་རྒྱ་མཚོའི་གསང་འབུམ་ནང་མ། བཀའ་བརྒྱད་གསང་བ་ཡོངས་རྫོགས་ཀྱི་དབང་བསྐུར་དུས་བསྒྲུབ་ བུམ་དང་དབང་འབུམ་བཟྲིབས་ནས་ཆུ་བབས་སུ་བཀོད་པ་ཡོངས་འདུའི་འཁྲི་ཤིང་།

大宝佛洛桑嘉措文集中密藏之八教秘密圆满灌顶时修法瓶与灌顶瓶注水安置·全聚宝树

c ཟ་ཧོར་ཐུགས་སྨྲོན་ཞེལ་གནོན་བཞད་པ་རྩལ།

d ཆུ་བྱི། 水鼠年（1672）

e ཐུགས།（密宗）

f 刻本 གནས་བརྟན་འཇམ་དབྱངས་གྲགས་པ།

g 乌金 梵夹装 46×6

h 91 6

i 无 藏纸 黑 完整

j 封面钤有“民族文化宫图书馆藏”印，写有哲蚌寺藏书号：ཟེ། ཉ 。民族宫目录中为ཀ函。

160.54

a 60-54

b རྒྱལ་བ་བློ་བཟང་རྒྱ་མཚོའི་གསུང་འབུམ་ནང་མ། མ་དང་མཁའ་འགྲོའི་མཉེས་བྱེད་མེ་མཆོད་ཀྱི་ཆོ་ག་རིགས་འཛིན་སྲོག་མཐུད་ཚེ་སྨན་ལྗོན་པ།

大宝佛洛桑嘉措文集中密藏之母与空行喜悦之火供仪轨·持明延寿甘露药树

c

d ལྕགས་བྱ། 铁鸡年（1681）

e ཆོ་ག（仪轨）

f 刻本 འབྲས་སྤུངས།（西藏拉萨哲蚌寺） འཆམ་དཔོན་དགེ་སློང་ངག་དབང་དཀོན་མཆོག

g 乌金 梵夹装 46×6

h 8 6

i 无 藏纸 黑 完整

j 封面钤有“民族文化宫图书馆藏”印，写有哲蚌寺藏书号：ཟེ། ཉ 。民族宫目录中为ང函。

160.55

a 60-55

b རྒྱལ་བ་བློ་བཟང་རྒྱ་མཚོའི་གསུང་འབུམ་ནང་མ། ཡང་བཟློག

大宝佛洛桑嘉措文集中密藏之秘密回遮法璎珞

c ཟ་ཧོར་བརྐྱེ།

d མེ་སྟག 火虎年（1626）

e ཆོ་ག（仪轨）

f 刻本 འབྲས་སྤུངས། （西藏拉萨哲蚌寺）

g 乌金 梵夹装 46×6

h 1 6

i 无 藏纸 黑 完整

j 封面钤有“民族文化宫图书馆藏”印，写有哲蚌寺藏书号：ཟི། ཉ 。民族宫目录中为ག函。

160.56

a 60-56

b རྒྱལ་བ་བློ་བཟང་རྒྱ་མཚོའི་གསུང་འབུམ་ནང་མ། ཀིང་ཀང་གཏང་རག

大宝佛洛桑嘉措文集中密藏之金刚酬恩法

c

d

e ཆོ་ག（仪轨）

f 刻本 འབྲས་སྤུངས། （西藏拉萨哲蚌寺）

g 乌金 梵夹装 46×6

h 1 6

i 无 藏纸 黑 完整

j 封面钤有“民族文化宫图书馆藏”印，写有哲蚌寺藏书号：ཟི། ཉ 。民族宫目录中为ཁ函。

160.57

a 60-57

b རྒྱལ་བ་བློ་བཟང་རྒྱ་མཚོའི་གསུང་འབུམ་ནང་མ། ལོག་ཧྲིའི་གཏང་རག

大宝佛洛桑嘉措文集中密藏之罗世神之喜宴

c ཟ་ཧོར་བཟྲི།

d

e ཆོ་ག（仪轨）

f 刻本 འབྲས་སྤུངས།（西藏拉萨哲蚌寺） དགེ་སྤོང་འཛམ་དབྱངས་གྲགས་པ།

g 乌金 梵夹装 46×6

h 1 6

i 无 藏纸 黑 完整

j 封面钤有“民族文化宫图书馆藏”印，写有哲蚌寺藏书号：ཟེ། ༧。民族宫目录中无此件。

160.58

a 60-58

b རྒྱལ་བ་བློ་བཟང་རྒྱ་མཚོའི་གསུང་འབུམ་ནང་མ། འཇམ་དཔལ་མེའི་སྤུ་གྲིའི་དམོད་པ་ཟོར་བསྐྱལ་རྡོ་རྗེ་ཕ་ལམ།

大宝佛洛桑嘉措文集中密藏之文殊火焰咒·金刚石

c

d

e མན་ངག（善言）

f 刻本

g 乌金 梵夹装 45.5×6

h 2 6

i 无 藏纸 黑 完整

j 封面钤有“民族文化宫图书馆藏”印，写有哲蚌寺藏书号：ཟེ། ༧。民族宫目录中无此件。

160.59

a 60-59

b རྒྱལ་བ་བློ་བཟང་རྒྱ་མཚོའི་གསུང་འབུམ་ནང་མ། རིག་འཛིན་གདུང་སྒྲུབ་ཀྱི་འཕྲིན་ལས་བཟླགས་ཆོག་མཐོང་བ་དོན་ལྡན།

大宝佛洛桑嘉措文集中密藏之持明种修摩法之事业念诵仪轨·见者具义

c ཟ་ཧོར་གྱི་རིགས་ལས་ཐུགས་སྨིན་གང་ཤར་རང་གྲོལ།

d ལྕགས་བྱ། 铁鸡年（1681） དགའ་ལྡན་ཕོ་བྲང་།（西藏拉萨噶丹颇章）

e བཟླགས་ཆོག（念诵仪轨）

f 刻本
g 乌金 梵夹装 47.5×6
h 18 6
i 无 藏纸 黑 完整
j 封面钤有“民族文化宫图书馆藏”印，写有哲蚌寺藏书号：ཟི། ༣。民族宫目录中为ཀ函。

160.60
a 60-60
b རྒྱལ་བ་བློ་བཟང་རྒྱ་མཚོའི་གསུང་འབུམ་ནང་མ། སྐད་ཅིག་ཉིད་ལ་བདེ་ཆེན་ལམ་དུ་བགྲོད་པར་བྱེད་པའི་ཟབ་ལམ་འཕོ་བའི་གདམས་པ།
大宝佛洛桑嘉措文集中密藏之一刹那中趣入大乐之深道往生教导
c བཞད་པ་རྒྱལ།
d
e འཕོ་གདམས།（往生教导）
f 刻本
g 乌金 梵夹装 46×6
h 2 6
i 无 藏纸 黑 完整
j 封面钤有“民族文化宫图书馆藏”印，写有哲蚌寺藏书号：ཟི། ༣。民族宫目录中为ང函。

161
A 3608 683
B ངག་དབང་བློ་བཟང་རྒྱ་མཚོའི་གསུང་འབུམ།
阿旺洛桑嘉措文集
C ང

D ངག་དབང་བློ་བཟང་རྒྱ་མཚོ།

同 3563 介绍。

E 此函民族宫目录著录为 51 卷，西藏图书馆藏品中缺 15 卷，另 4 卷为 5097 号ང函内容，故计 40 卷。

161.1

a 40-1

b རྒྱལ་བ་བློ་བཟང་རྒྱ་མཚོའི་གསུང་འབུམ་ནང་མ། བླ་མ་ཀརྨ་གུ་རུའི་བརྒྱུད་འདེབས།

大宝佛洛桑嘉措文集中密藏之上师噶玛古汝师传祈愿文

c ཟ་ཧོར་བཟེ།

d

e བརྒྱུད་འདེབས།（启请文）

f 刻本 འབྲས་སྤུངས།（西藏拉萨哲蚌寺） དགེ་སློང་འཇམ་དབྱངས་གྲགས་པ།

g 乌金 梵夹装 46×6

h 3 6

i 无 藏纸 黑 完整

j 封面钤有“民族文化宫图书馆藏”印。

161.2

a 40-2

b རྒྱལ་བ་བློ་བཟང་རྒྱ་མཚོའི་གསུང་འབུམ་ནང་མ། བླ་མ་ཀརྨ་གུ་རུའི་གྱི་སྒྲུབ་འཕྲིན་ལས་གཞི་འོད་སྟོང་འབར།

大宝佛洛桑嘉措文集中密藏之上师噶玛古汝之诵修事业·威光千焰

c ཟ་ཧོར་གྱི་རིགས་ལས་བཙུན་པ་ངག་དབང་བློ་བཟང་རྒྱ་མཚོ།

d དམར་སེར་ཅན། 火蛇年（1677）

e སྒྲུབ་ཐབས།（诵修）

f 刻本 དཔལ་གྲོང་ཕྱག་ཁམས་པ་ངག་དབང་དགེ་ལེགས།

g 乌金 梵夹装 46.5×6

h 7 6

i 无 藏纸 黑 完整
j 封面钤有“民族文化宫图书馆藏”印。

161.3
a 40-3
b རྒྱལ་བ་བློ་བཟང་རྒྱ་མཚོའི་གསུང་འབུམ་ནང་མ། བླ་མ་ཀརྨ་གུ་རུའི་བསྙེན་ཡིག་སྲུང་བཅངས་མ།
大宝佛洛桑嘉措文集中密藏之上师噶玛古汝之闭关静修法·守持篇
c
d
e བསྙེན་ཡིག（念修文）
f 刻本
g 乌金 梵夹装 44×6
h 2 6
i 无 藏纸 黑 完整
j 封面钤有“民族文化宫图书馆藏”印。

161.4
a 40-4
b རྒྱལ་བ་བློ་བཟང་རྒྱ་མཚོའི་གསུང་འབུམ་ནང་མ། ཀརྨ་གུ་རུ་ཡང་གསང་དྲག་པོ་དང་འབྲེལ་བའི་ཟངས་བདག་དཔལ་རིར་སྐྱེ་བའི་གསོལ་འདེབས་སྨོན་ལམ་གྱི་རིམ་པ།
大宝佛洛桑嘉措文集中密藏之噶玛古汝与极密威猛相结合之祈愿往生
c ཟ་ཧོར་བཟེ།
d
e གསོལ་འདེབས།（启请文）
f 刻本 འབྲས་སྤུངས།（西藏拉萨哲蚌寺） ཕུན་ཚོགས་དབང་པོ།
g 乌金 梵夹装 45×6
h 2 6
i 无 藏纸 黑 完整
j 封面钤有“民族文化宫图书馆藏”印。

161.5
a 40-5

b　རྒྱལ་བ་བློ་བཟང་རྒྱ་མཚོའི་གསུང་འབུམ་ནང་མ། བླ་མ་ཀརྨ་གུ་རུའི་གཏོར་ནག་གི་ལས་མཐའ་གནམ་ལྕགས་སྤུ་གྲི

大宝佛洛桑嘉措文集中密藏之上师噶玛古汝之黑神馐供法·末劫天铁之利刃

c　ཟ་ཧོར་གྱི་སྔགས་སྨྱོན་ཟིལ་གནོན་བཞད་པ་རྩལ།

d　མེ་སྦྲུལ། 火蛇年（1677）

e　ཆོ་ག（仪轨）

f　刻本　དཔལ་གྲོང་སྔགས་རམས་པ་ངག་དབང་དགེ་ལེགས།

g　乌金　梵夹装　47×6

h　6　6

i　无　藏纸　黑　完整

j　封面钤有“民族文化宫图书馆藏”印。

161.6

a　40-6

b　རྒྱལ་བ་བློ་བཟང་རྒྱ་མཚོའི་གསུང་འབུམ་ནང་མ། རྡོ་རྗེ་དྲག་པོ་རྩལ་གྱི་རྩ་ཚིག་རྡོ་རྗེའི་མདུད་གྲོལ།

大宝佛洛桑嘉措文集中密藏之金刚威猛力根本句·解金刚结

c

d

e　སྔགས།（密宗）

f　刻本

g　乌金　梵夹装　47×5.5

h　3　6

i　无　藏纸　黑　完整

j　封面钤有“民族文化宫图书馆藏”印。

161.7

a　40-7

b　གཡུ་ཐོག་སྙིང་ཐིག་གི་ལས་བྱང་དཔག་བསམ་ལྗོན་པ།

玉妥心滴之羯磨品目·如意宝树

c　ཟ་ཧོར་གྱི་རིགས་ལས་བཙུན་པ་ངག་དབང་བློ་བཟང་རྒྱ་མཚོ།

d ཀུན་འཛིན། 土鼠年（1648） དགའ་ལྡན་ཕོ་བྲང་།（西藏拉萨噶丹颇章）

e ཆོ་ག（仪轨）

f 刻本 འབྲས་སྤུངས།（西藏拉萨哲蚌寺）

g 乌金 梵夹装 46×6
h 10 6
i 无 藏纸 黑 完整
j 封面钤有“民族文化宫图书馆藏”印。

161.8
a 40-8

b མ་དང་མཁའ་འགྲོའི་མཉེས་བྱེད་མེ་མཆོད་ཀྱི་ཆོ་ག་རིགས་འཛིན་སྲོག་མཐུད་རྩེ་སྨན་ལྗོན་པ།

母与空行喜悦之火供仪轨·持明延寿甘露药树

c

d ལྕགས་བྱ། 铁鸡年（1681）

e ཆོ་ག（仪轨）

f 刻本 འབྲས་སྤུངས།（西藏拉萨哲蚌寺） འཆམ་དཔོན་དགེ་སློང་ངག་དབང་དཀོན་མཆོག

g 乌金 梵夹装 46×6
h 8 6
i 无 藏纸 黑 完整
j 封面钤有“民族文化宫图书馆藏”印。

161.9
a 40-9

b རྫོགས་ཆེན་མཁའ་འགྲོ་སྙིང་ཐིག་གི་འཁྲིད་ཡིག་མཆན་གསལ་འབུམ་ཕྲག་སྣང་བཞིའི་འོད་ཟེར།

大圆满空行心滴导引注解·百千四现光明

c ཟ་ཧོར་བནྡེ་ངག་དབང་བློ་བཟང་རྒྱ་མཚོ།

d

e མཆན།（注解）

f 刻本 འབྲས་སྤུངས། （西藏拉萨哲蚌寺）

g 乌金 梵夹装 47×6

h 8 6

i 无 藏纸 黑 完整

j 封面钤有“民族文化宫图书馆藏”印。

161.10

a 40-10

b ཐུག་ཚོག་དབང་དྲག་རོལ་བའི་དགའ་སྟོན།

供粥仪轨·权威游戏喜宴

c ཟ་ཧོར་བཙེ།

d འབྲས་སྤུངས། （西藏拉萨哲蚌寺）

e ཆོ་ག （仪轨）

f 刻本 འབྲས་སྤུངས། （西藏拉萨哲蚌寺）

g 乌金 梵夹装 47×6

h 11 6

i 无 藏纸 黑 完整

j 封面钤有“民族文化宫图书馆藏”印。

161.11

a 40-11

b རྒྱལ་བ་བློ་བཟང་རྒྱ་མཚོའི་གསུང་འབུམ་ནང་མ། འཆི་མེད་བདུད་རྩི་བུམ་པའི་རྣམ་དག་དབང་གི་ཆུ་རྒྱུན་གྱི་

གསལ་བྱེད་བདུད་རྩིའི་ཟླ་སྣང་།

大宝佛洛桑嘉措文集中密藏之阐明长寿甘露净瓶灌顶之水流·显照甘露月光

c ཟ་ཧོར་ཐུགས་ཀན་ཆེ་མཆོག་འདུས་པ་རྩལ།

d དམར་པོ་རི། （西藏拉萨布达拉宫）

e མན་ངག （善言）

f　刻本　འཕྲོངས་རྒྱས་ཕྲུག་པ་ཕུན་ཚོགས་དབང་པོ།

g　乌金　梵夹装　46×6
h　6　6
i　无　藏纸　黑　完整
j　封面钤有“民族文化宫图书馆藏”印。

161.12
a　40-12

b　ཟླ་བྲག་གཏེར་བྱོན་ནང་སྒྲུབ་ལྕགས་ཀྱི་སྡོང་པོའི་ལས་བྱང་དབང་ཆོག་དང་བཅས་པ་གངྒཱའི་ཆུ་རྒྱུན།

乍得郡神内修法·铁树之羯磨品目灌顶仪轨等·恒河长流

c　ཟ་ཧོར་ཐུགས་སྨིན་བཞད་པ་རྩལ།

d　ས་ལུག 土羊年（1679）

རྣམ་པར་རྒྱལ་བའི་ཕན་བདེ་བཤད་སྒྲུབ་གླིང་།（西藏山南夏珠林寺）

e　ཆོ་ག（仪轨）

f　刻本　འབྲས་སྤུངས།（西藏拉萨哲蚌寺）　དཔལ་གྲོང་ཐུགས་རམས་པ་ངག་དབང་དགེ་ལེགས།

g　乌金　梵夹装　46.5×5.5
h　7　6
i　无　藏纸　黑　完整
j　封面钤有“民族文化宫图书馆藏”印。

161.13
a　40-13

b　རྒྱལ་བ་བློ་བཟང་རྒྱ་མཚོའི་གསུང་འབུམ་ནང་མ། བྱང་གཏེར་ལྕགས་སྡོང་མའི་དབང་ཆོག་གི་ལྷན་ཐབས་འཆི་མེད་བདུད་རྩིའི་བུམ་བཟང་།

大宝佛洛桑嘉措文集中密藏之北宗秘藏铁树篇之灌顶仪轨补遗·长寿甘露妙瓶

c　ཟ་ཧོར་བཙུན་པ་ངག་དབང་བློ་བཟང་རྒྱ་མཚོ་འཇིགས་མེད་གོ་ཆ་ཐུབ་བསྟན་ལང་ཚོའི་སྡེ།

d　དགའ་ལྡན་ཕོ་བྲང་།（西藏拉萨噶丹颇章）

e ཆོ་ག（仪轨）

f 刻本 ངག་དབང་དགེ་ལེགས།

g 乌金 梵夹装 46×6
h 6 6
i 无 藏纸 黑 完整
j 封面钤有“民族文化宫图书馆藏”印。

161.14
a 40-14

b ཁ་བྲག་གཏེར་སྟོན་མའི་དྲེགས་འདུལ་བསྙེན་ཐབས་རྡོ་རྗེ་འབར་བའི་གཟི་བྱིན།

察乍得郡玛之伏魔修法·金刚焰之威慑

c ཟ་ཧོར་བཟྗེ།

d

e སྒྲུབ་ཐབས།（修心法）

f 刻本 འབྲས་སྤུངས།（西藏拉萨哲蚌寺） ཟ་ཧོར་བཟྗེ།

g 乌金 梵夹装 46×6
h 3 6
i 无 藏纸 黑 完整
j 封面钤有“民族文化宫图书馆藏”印，写有哲蚌寺藏书号：ཀྱ།༧༥。

161.15
a 40-15

b རྒྱལ་བ་བློ་བཟང་རྒྱ་མཚོའི་གསུང་འབུམ་ནང་མ། རྡོ་རྗེ་གཏུམ་པོའི་ལས་བྱང་རྒྱུན་འཁྱེར་མཐོང་བས་རྣམ་གྲོལ།

大宝佛洛桑嘉措文集中密藏之金刚威猛之常用羯磨品目·见者解脱

c ཟ་ཧོར་ཐུགས་སྨོན།

d

e ཆོ་ག（仪轨）

f 刻本 ཐུགས་རམས་པ་ངག་དབང་དགེ་ལེགས།

g 乌金 梵夹装 47×6
h 4 6
i 无 藏纸 黑 完整
j 封面钤有“民族文化宫图书馆藏”印。

161.16
a 40-16
b རྒྱལ་བ་བློ་བཟང་རྒྱ་མཚོའི་གསུང་འབུམ་ནང་མ། རྗེས་གནང་རིག་གཏད་བྱིན་རླབས་ཀྱི་མཚམས་སྦྱོར་འཕྲིན་ལས་ཆུ་རྒྱུན།
大宝佛洛桑嘉措文集中密藏之随许传咒加持之结合篇·事业泉流
c ཟ་ཧོར་བརྩེ།
d
e ཆོ་ག（仪轨）
f 刻本 གནས་བརྟན་འཇམ་དབྱངས་གྲགས་པ།
g 乌金 梵夹装 47×6
h 9 6
i 无 藏纸 黑 完整
j 封面钤有“民族文化宫图书馆藏”印。

161.17
a 40-17
b རྒྱལ་བ་བློ་བཟང་རྒྱ་མཚོའི་གསུང་འབུམ་ནང་མ། སྐད་ཅིག་ཉིད་ལ་བདེ་ཆེན་དུ་བགྲོད་པའི་ཟབ་ལམ་འཕོ་བའི་གདམས་པ།
大宝佛洛桑嘉措文集中密藏之一刹那中趣入大乐之深道往生教导
c བཞད་པ་རྩལ།
d
e འཕོ་གདམས།（往生教导）
f 刻本 འབྲས་སྤུངས།（西藏拉萨哲蚌寺）
g 乌金 梵夹装 45×6

h　2　6
i　无　藏纸　黑　完整
j　封面钤有“民族文化宫图书馆藏”印。

161.18
a　40-18
b　ལྕགས་འདྲའི་འཁོར་ལོའི་སྔགས་བྱང་།
　如铁护轮之真言名目
c　ཟ་ཧོར་བཟེ།
d
e　སྔགས་བྱང་།（名目）
f　刻本　འབྲས་སྤུངས།（西藏拉萨哲蚌寺）
g　乌金　梵夹装　46×6
h　3　6
i　无　藏纸　黑　完整
j　封面钤有“民族文化宫图书馆藏”印。

161.19
a　40-19
b　བཏགས་གྲོལ་གྱི་དབང་བསྐུར་དང་རབ་གནས་ཀྱི་ཆོག་བསྒྲིགས་མུ་ཏི་ལའི་ཕྲེང་བ།
　安立解脱之灌顶与开光仪轨·珍珠鬘
c　ཟ་ཧོར་བཟེ།
d　ལྕགས་བྱ། 铁鸡年（1681）
e　ཆོ་ག（仪轨）
f　刻本　འབྲས་སྤུངས།（西藏拉萨哲蚌寺）　སྣོ་བཟང་དབང་པོ།
g　乌金　梵夹装　47×6
h　11　6
i　无　藏纸　黑　完整
j　封面钤有“民族文化宫图书馆藏”印，写有哲蚌寺藏书号：ཐུ།　༧༢　༥。

161.20

a 40-20

b རྒྱལ་བ་བློ་བཟང་རྒྱ་མཚོའི་གསུང་འབུམ་ནང་མ། མཁའ་འགྲོ་བསུན་བཟློག་གི་བཅས་བསྒོམས་ཅི་འདོད་རྩེ་དགའ་གསར་གླུ།

大宝佛洛桑嘉措文集中密藏之空行迎送之加行法·随愿生乐之新歌

c ཟ་ཧོར་བཟེ།

d

e ཆོ་ག（仪轨）

f 刻本

g 乌金 梵夹装 46×6

h 4 6

i 无 藏纸 黑 完整

j 封面钤有“民族文化宫图书馆藏”印。

161.21

a 40-21

b རྒྱལ་བ་བློ་བཟང་རྒྱ་མཚོའི་གསུང་འབུམ་ནང་མ། བསུན་བཟློག་གི་ཟོར་བྱང་།

大宝佛洛桑嘉措文集中密藏之放咒编

c

d

e ཟོར་བྱང་།（放咒编）

f 刻本

g 乌金 梵夹装 46×6

h 3 6

i 无 藏纸 黑 完整

j 封面钤有“民族文化宫图书馆藏”印。

161.22

a 40-22

b རྒྱལ་བ་བློ་བཟང་རྒྱ་མཚོའི་གསུང་འབུམ་ནང་མ། བསུན་བཟློག་གི་ཆོགས་སྒྲིགས་འཆི་བདག་གཡུལ་ལས་རྣམ་རྒྱལ།

大宝佛洛桑嘉措文集中密藏之放咒仪轨编·战胜死神

c ཟ་ཧོར་གྱི་བནྡེ་ཟིལ་གནོན་བཞད་པ་རྩལ།

d

e ཆོ་ག（仪轨）

f 刻本
g 乌金 梵夹装 47×6
h 15 6
i 无 藏纸 黑 完整
j 封面钤有“民族文化宫图书馆藏”印。

161.23
a 40-23

b རྒྱལ་བ་བློ་བཟང་རྒྱ་མཚོའི་གསུང་འབུམ་ནང་མ། ཕྱི་ནས་མཁའ་འགྲོ་བསུན་མའི་ཞུ་བ།

大宝佛洛桑嘉措文集中密藏之从外迎接空行祈求文
c
d

e བསུན་མའི་ཞུ་བ།（祈求文）

f 刻本
g 乌金 梵夹装 46×6
h 3 6
i 无 藏纸 黑 完整
j 封面钤有“民族文化宫图书馆藏”印。

161.24
a 40 24

b རྒྱལ་བ་བློ་བཟང་རྒྱ་མཚོའི་གསུང་འབུམ་ནང་མ། རྗེ་བཙུན་སེང་ལྡོང་ནགས་སྒྲོལ་ལ་བརྟེན་པའི་མདོས་ཆོག་

མཐོང་བས་དོན་གྲུབ།

大宝佛洛桑嘉措文集中密藏之依至尊竭地洛迦林度母修禳解仪轨•见者义成

c ཟ་ཧོར་བན་ཆན་བཞད་པ་རྩལ།

d

e ཆོ་ག（仪轨）

f 刻本 འཕྱོང་རྒྱས་ལྷུག་པ་ཕུན་ཚོགས་དབང་པོ།

g 乌金 梵夹装 47×5.5
h 17 6
i 无 藏纸 黑 完整
j 封面钤有“民族文化宫图书馆藏”印。

161.25
a 40-25

b རྒྱལ་བ་བློ་བཟང་རྒྱ་མཚོའི་གསུང་འབུམ་ནང་མ། མཆོད་རྟེན་གྱི་སྟོད་སྨད་བར་གསུམ་བསྒྲིག་པའི་ངག་འདོན།

大宝佛洛桑嘉措文集中密藏之佛塔上中下三列念诵法

c ཟ་ཧོར་བཙུན།

d

e ངག་འདོན།（念诵法）

f 刻本
g 乌金 梵夹装 46×6
h 4 6
i 无 藏纸 黑 完整
j 封面钤有“民族文化宫图书馆藏”印。

161.26
a 40-26

b རྒྱལ་བ་བློ་བཟང་རྒྱ་མཚོའི་གསུང་འབུམ་ནང་མ། དཔལ་ལྡན་དམག་ཟོར་མའི་མངའ་གསོལ་བསམ་དོན་ལྷུན་གྲུབ།

大宝佛洛桑嘉措文集中密藏之吉祥退敌母之祈愿文·如意任运成就

c ཟ་ཧོར་བཙུན།

d ཆུ་སྦྲུལ། 水蛇年（1653）

e གསོལ་འདེབས།（启请文）

f 刻本
g 乌金 梵夹装 46×6
h 4 6
i 无 藏纸 黑 完整
j 封面钤有“民族文化宫图书馆藏”印。

161.27
a 40-27

b བྱས་ཆས་ཀེ་ཏུའི་ལས་བྱང་དག་སྒྲིགས་དགྲ་སྲོག་གཅོད་པའི་སྤུ་གྲི

杰切格杜之羯磨品目念诵仪轨·断敌命之利刃

c ཟ་ཧོར་བཟྗེ་ངག་དབང་བློ་བཟང་རྒྱ་མཚོའམ་ཟིལ་གནོན་དྲག་རྩལ་རྡོ་རྗེ།

d

e ཆོ་ག（仪轨）

f 刻本 བློ་བཟང་བསྟན་འཛིན་དབང་རྒྱལ།

g 乌金 梵夹装 47×6
h 6 6
i 无 藏纸 黑 完整
j 封面钤有“民族文化宫图书馆藏”印。

161.28
a 40-28

b འདོད་ཁམས་དབང་ཕྱུག་རེ་མ་ཏྲི་དགྱེས་པ་བསྐྱེད་པར་བྱེད་པའི་མདོས་ཀྱི་ཕྲིན་ལས་གྱེར་སྒོམ་རྡོ་རྗེ་སྒྲ་དབྱངས།

欲界自在热玛底生起喜悦之禳解事业诵修法·金刚声音

c ཟ་ཧོར་བཟྗེ་ངག་དབང་བློ་བཟང་རྒྱ་མཚོ། ཟ་ཧོར་གྱི་རིགས་ལས་བྱུང་བའི་རིགས་འཛིན་གྱི་བཙུན་པ་ གླ་མེད་རྡོ་རྗེ་

རྩལ་ལམ་དྲག་པོའི་རྩལ།

d མེ་ཕག 火猪年（1647）

e ཆོ་ག（仪轨）

f 刻本 ཐུགས་འཆང་ངག་དབང་དགེ་ལེགས།

g 乌金 梵夹装 46×6
h 13 6
i 无 藏纸 黑 完整
j 封面钤有“民族文化宫图书馆藏”印。

161.29

a 40-29

b རྒྱལ་བ་བློ་བཟང་རྒྱ་མཚོའི་གསུང་འབུམ་ནང་མ། བོད་སྐྱོང་བསྟན་མ་བཅུ་གཉིས་ཀྱི་མདོས་ཀྱི་འཕྲིན་ལས་དབྱིད་ཀྱི་

རྒྱལ་མོའི་གླུ་དབྱངས།

大宝佛洛桑嘉措文集中密藏之护藏土十二坚牢地母之禳解事业·杜鹃歌音

c ཟ་ཧོར་གྱི་རིགས་ལས་སྤྲུགས་སྨྲོན་གང་ཤར་རང་གྲོལ།

d ལྕགས་ཁྱི། 铁狗年（1670）

e མདོས།（禳解）

f 刻本 འབྲས་སྤུངས།（西藏拉萨哲蚌寺） རིག་འཛིན་འཇམ་དབྱངས་གྲགས་པ།

g 乌金 梵夹装 46×6

h 28 6

i 无 藏纸 黑 完整

j 封面钤有“民族文化宫图书馆藏”印。

161.30

a 40-30

b རྒྱལ་བ་བློ་བཟང་རྒྱ་མཚོའི་གསུང་འབུམ་ནང་མ། དྲང་སྲོང་ཁྱབ་འཇུག་རཱ་ཧུ་ལའི་ལས་བྱང་དུག་མདའ་ནག་པོ།

大宝佛洛桑嘉措文集中密藏之仙人遍入罗睺罗之羯磨品目·黑色毒箭

c ཟིལ་གནོན་དྲག་རྩལ་རྡོ་རྗེ།

d ཆུ་ཕོ་རྟ། 水阳马年（1642）

e ཆོ་ག（仪轨）

f 刻本 ངག་དབང་དགེ་ལེགས།

g 乌金 梵夹装 47×6

h 5 6

i 无 藏纸 黑 完整

j 封面钤有“民族文化宫图书馆藏”印。

161.31

a 40-31

b རྒྱལ་བ་བློ་བཟང་རྒྱ་མཚོའི་གསུང་འབུམ་ནང་མ། གཅང་རོང་གཏེར་གསར་བླ་མ་ཞི་དྲག་གཉིས་ཀྱི་གཏེར་སྲུང་མཆོད་པའི་འཕྲིན་ལས།

大宝佛洛桑嘉措文集中密藏之藏绒新秘藏上师寂怒二种秘藏护法神供养事业

c ཟ་ཧོར་གྱི་སྤགས་སྨོན་ཟིལ་གནོན་དྲག་རྩལ།

d དགའ་ལྡན་ཕོ་བྲང་།（西藏拉萨噶丹颇章）

e མཆོད་འཕྲིན།（祭业）

f 刻本 འབྲས་སྤུངས།（西藏拉萨哲蚌寺）

g 乌金 梵夹装 46.5×5.5

h 2 6

i 无 藏纸 黑 完整

j 封面钤有“民族文化宫图书馆藏”印。

161.32

a 40-32

b གཏེར་སྲུང་དཔལ་མགོན་སྟག་བཞོན་གྱི་གསོལ་མཆོད་བསྐུགས་ཆོག་ཁྱེར་བདེ།

守护秘藏神吉祥骑虎怙主之祈供易诵仪轨

c ཟ་ཧོར་བཙེ་ངག་དབང་བློ་བཟང་རྒྱ་མཚོ། ཟ་ཧོར་བཙེ་ཟིལ་གནོན་དྲག་པོ་རྩལ།

d

e ཆོ་ག（仪轨）

f 刻本 འབྲས་སྤུངས།（西藏拉萨哲蚌寺）

g 乌金 梵夹装 46×6

h 5 6

i 无 藏纸 黑 完整

j 封面钤有“民族文化宫图书馆藏”印。

161.33

a 40-33

b ཁྱབ་འཇུག་རྟེན་མདོས་ཀྱི་འཕྲིན་ལས་དྲང་སྲོང་ཀུན་ཏུ་དགའ་བའི་ཟློས་གར།

遍入像禳解之事业·仙人普庆之舞剧

c ཟ་ཧོར་བཙེ་ངག་དབང་བློ་བཟང་རྒྱ་མཚོ།

d

e རྟེན་མདོས། (所供禳解)

f 刻本 འབྲས་སྤུངས། (西藏拉萨哲蚌寺) ཚང་ཁྲིམ་པ་བློ་བཟང་དོན་གྲུབ།

g 乌金 梵夹装 47.5×6
h 8 6
i 无 藏纸 黑 完整
j 封面钤有“民族文化宫图书馆藏”印。

161.34
a 40-34

b དྲང་སྲོང་ལོག་ཏྲི་པྲ་ལའི་ལས་བྱང་ཚོག་སྒྲིགས་གནམ་ལྕགས་རྡོ་རྗེའི་དྲེགས་འབེབས།

仙人洛枳巴拉之羯磨品目仪轨·霹雳金刚猛降
c

d ཆུ་གླང་། 水牛年（1673） པོ་ཏ་ལ། (西藏拉萨布达拉宫)

e ལས་ཚོགས། (业资)

f 刻本 འབྲས་སྤུངས། (西藏拉萨哲蚌寺) རིག་འཛིན་འཇམ་དབྱངས་གྲགས་པ།

g 乌金 梵夹装 47×6
h 17 6
i 无 藏纸 黑 完整
j 封面钤有“民族文化宫图书馆藏”印；民族宫目录中为5097号ང函。

161.35
a 40-35

b རྒྱལ་བ་བློ་བཟང་རྒྱ་མཚོའི་གསུང་འབུམ་ནང་མ། གཏོད་སྦྱིན་ཡ་བ་སྐྱ་བདུན་གྱི་མདོས་ཆོག་དབང་དྲག་གྲུབ་པའི་

དགའ་སྟོན།

大宝佛洛桑嘉措文集中密藏之药叉雅哇嘉七尊之禳解仪轨·权威成就之喜宴

c ཟ་ཧོར་ཐུགས་སྲིན།

d

e མདོས་ཆོག（禳解仪轨）

f 刻本 འབྲས་སྤུངས།（西藏拉萨哲蚌寺） གནས་བན་འཇམ་དབྱངས།

g 乌金 梵夹装 47×5.5

h 5 6

i 无 藏纸 黑 完整

j 封面钤有“民族文化宫图书馆藏”印。

161.36

a 40-36

b ཐུགས་རྒོད་ལོག་ཏྲིའི་ཧོམ་གྱི་ལག་ལེན་ཉི་མའི་སྙིང་པོ།

猛咒洛枳之护摩修法·日光藏

c ཟ་ཧོར་བཙེ་ངག་དབང་བློ་བཟང་རྒྱ་མཚོ།

d

e སྒྲུབ་ཐབས།（修心法）

f 刻本 འབྲས་སྤུངས།（西藏拉萨哲蚌寺） དཔལ་གྲོང་ཐུགས་རམས་པ།

g 乌金 梵夹装 46×5.5

h 2 6

i 无 藏纸 黑 完整

j 封面钤有“民族文化宫图书馆藏”印；民族宫目录中为5097号ང函。

161.37

a 40-37

b ཐུགས་རྒོད་ལོག་ཏྲིའི་པྲ་ལའི་བཟློག་པ་དང་བསད་པའི་ལས་སྦྱོར་གྱི་གསལ་བྱེད་ཡི་གེ་གླང་སྨྱོན་སྣ་རྩེར་འགོད་པའི་མཚོན་འཁོར།

猛咒洛枳巴拉之回遮与诛法事业加行仪轨·狂牛鼻端所栓之利刃轮

c ཟ་ཧོར་ཐུགས་སྨྲོན་ཟིལ་གནོན་དྲག་པོ་རྩལ།

d པོ་ཏ་ལ།（西藏拉萨布达拉宫）

e ཚ་ག（仪轨）

f 刻本 འབྲས་སྤུངས།（西藏拉萨哲蚌寺） བཙུན་པ་འཇམ་གྲགས།

g 乌金 梵夹装 47×6

h 13 6

i 无 藏纸 黑 完整

j 封面钤有“民族文化宫图书馆藏”印。

161.38

a 40-38

b གཉན་ཆེན་ཐང་ལྷའི་འཕྲིན་ལས་བདུད་རྩིའི་ཆུ་རྒྱུན།

念青唐拉神之事业·甘露长流

c ཟ་ཧོར་བནྡེ།

d

e ལས་ཚོགས།（业资）

f 刻本 འབྲས་སྤུངས།（西藏拉萨哲蚌寺）

g 乌金 梵夹装 45.5×6

h 5 6

i 无 藏纸 黑 完整

j 封面钤有“民族文化宫图书馆藏”印；民族宫目录中为5097号ང函。

161.39

a 40-39

b རྒྱལ་བ་བློ་བཟང་རྒྱ་མཚོའི་གསུང་འབུམ་ནང་མ། དྲང་སྲོང་ལོག་ཏྲི་པཱ་ལའི་སྲུང་བཟློག་ཐུན་མོང་པ་ཉམས་སུ་ལེན་ཚུལ་བཙན་མཁར་བསྲུང་བའི་འཕྲུལ་སྒྲོགས།

大宝佛洛桑嘉措文集中密藏之仙人洛枳巴拉之守护回遮共通实修持法·守护坚堡之幻化炮

c ཟ་ཧོར་གྱི་ཐུགས་སྨོན་ཞིལ་གནོན་དྲག་པོ་རྩལ།

d ཆུ་གླང་། 水牛年（1673） པོ་ཏ་ལ།（西藏拉萨布达拉宫）

e ཚོ་ག（仪轨）

f 刻本 རྫོང་བཙོན་འཛམ་དབྱངས་གྲགས་པ།

g 乌金 梵夹装 47×6
h 13 6
i 无 藏纸 黑 完整
j 封面钤有“民族文化宫图书馆藏”印；民族宫目录中为5097号ང函。

161.40
a 40-40

b རྒྱལ་བ་བློ་བཟང་རྒྱ་མཚོའི་གསུང་འབུམ་ནང་མ། ནད་བདག་སྟོབས་འཇོམས་ཀྱི་ཆོག་ཕྱོགས་མི་མཐུན་སྨག་

ཐུམ་སེལ་བའི་བརྒྱ་ཕྲག་ཉི་དཔོས།

大宝佛洛桑嘉措文集中密藏之摧瘟神力之仪轨·消除不顺昏暗之百日光

c ཟ་ཧོར་བརྩེ།

d

e ཚོ་ག（仪轨）

f 刻本
g 乌金 梵夹装 47×6
h 15 6
i 无 藏纸 黑 完整
j 封面钤有“民族文化宫图书馆藏”印。

162
A 3609

B ངག་དབང་བློ་བཟང་རྒྱ་མཚོའི་གསུང་འབུམ།

阿旺洛桑嘉措文集
C

D　ངག་དབང་བློ་བཟང་རྒྱ་མཚོ།

同 3563 介绍。

E　西藏图书馆藏此函由民族宫目录中同文集各函散卷组成。

162.1

a　32-1

b　བཏགས་གྲོལ་གྱི་དབང་བསྐུར་དང་རབ་གནས་ཀྱི་ཆོག་བསྒྲིགས་མུ་ཏི་ལའི་ཕྲེང་བ།

安立解脱之灌顶与开光仪轨·珍珠鬘

c　ཟ་ཧོར་བཟློ།

d　ལྕགས་བྱ། 铁鸡年（1681）

e　ཆོ་ག（仪轨）

f　刻本　འབྲས་སྤུངས།（西藏拉萨哲蚌寺）　བློ་བཟང་དཔང་པོ།

g　乌金　梵夹装　47×6

h　11　6

i　无　藏纸　黑　完整

j　封面钤有“民族文化宫图书馆藏”印，写有哲蚌寺藏书号：ཤུ།　༧༢　ཏུ。

民族宫目录中为ང函。

162.2

a　32-2

b　ཟིལ་གནོན་འཕྲིན་ལས་ཀྱི་རྣམ་ངེས་རིགས་འཛིན་འཆི་མེད་དགའ་སྟོན་བདུད་རྩིའི་ཆུ་རྒྱུན།

镇伏事业之决定持明长寿喜宴·甘露长流

c

d　རང་ལོ་ཉེར་དྲུག་པ།　二十六岁年（1642）

e　ལས་ཚོགས།（业资）

f　刻本　འབྲས་སྤུངས།（西藏拉萨哲蚌寺）

g　乌金　梵夹装　47×5.5

h 52 6
i 无 藏纸 黑 完整
j 封面钤有“民族文化宫图书馆藏”印；民族宫目录中为ཁ函。

162.3
a 32-3
b ཁྲོ་བོ་རོལ་བའི་ཟིན་ བྲིས་རིགས་འཛིན་དགོངས་རྒྱན།
忿怒王游戏记录·持明密意庄严
c ཟ་ཧོར་ སྡགས་བཙུན།
d
e ཟིན་བྲིས།（笔录）
f 刻本 འབྲས་སྤུངས།（西藏拉萨哲蚌寺）
g 乌金 梵夹装 47×5.5
h 10 6
i 无 藏纸 黑 完整
j 封面钤有“民族文化宫图书馆藏”印，写有哲蚌寺藏书号：ཚོ། ༣༢。民族宫目录中为ག函。

162.4
a 32-4
b ཁྲོ་བོ་རོལ་བའི་ངག་འདོན་བདུད་སྡེ་གཡུལ་ལས་རྒྱལ་བའི་སྒྲ་དབྱངས།
忿怒王游戏念诵法·战胜魔军之声
c ཟ་ཧོར་བརྗེ་ངག་དབང་བློ་བཟང་རྒྱ་མཚོའམ་མིང་གཞན་ཟ་ཧོར་སྔགས་སྨྲོན་ཞིལ་གནོན་བཞད་པ་རྩལ།
d ཆུ་ཡོས། 水兔年（1663） པོ་ཏ་ལ།（西藏拉萨布达拉宫）
e ངག་འདོན།（念诵法）
f 刻本 འབྲས་སྤུངས།（西藏拉萨哲蚌寺） འཛམ་དཔལ་བཟང་པོ།
g 乌金 梵夹装 47×5.5

h 91 6
i 无 藏纸 黑 完整
j 封面钤有“民族文化宫图书馆藏”印，写有哲蚌寺藏书号：ཀླུ།༧༣。

162.5
a 32-5
b བླ་མ་ཀརྨ་གུ་རུའི་གྱེར་སྒོམ་འཕྲིན་ལས་གཟི་འོད་སྟོང་འབར།
上师噶玛古汝之诵修事业·威光千焰
c ཟ་ཧོར་ཐུགས་སྒྲོན་ཟིལ་གནོན་བཞད་པ་རྩལ།
d དམར་སེར་ཅན་གྱི་ལོ། 火蛇年（1677）
e སྒོམ་སྒྲུབ།（诵修）
f 刻本
g 乌金 梵夹装 46×6
h 7 6
i 无 藏纸 黑 完整
j 封面钤有“民族文化宫图书馆藏”印；民族宫目录中为ང函。

162.6
a 32-6
b འཇམ་དཔལ་ཁྲོ་ཆུ་དུག་སྡོང་ནག་པོའི་བརྒྱུད་འདེབས་སྨོན་ལམ་དང་བཅས་པ།
文殊铁水黑毒树法师承祈请愿文等
c ཟ་ཧོར་ཐུགས་སྒྲོན་ཟིལ་གནོན་བཞད་པ་རྩལ།
d
e རྒྱུད་འདེབས།（启请文）
f 刻本 འབྲས་སྤུངས།（西藏拉萨哲蚌寺） དགེ་སློང་ངག་དབང་དཀོན་མཆོག
g 乌金 梵夹装 47×5.5
h 3 6
i 无 藏纸 黑 完整

j 封面钤有“民族文化宫图书馆藏”印，写有哲蚌寺藏书号：ཤུ།༧༣。民族宫目录中为ཁ函。

162.7

a 32-7

b འཇམ་དཔལ་གཤིན་རྗེ་དྲག་པ་འཇོམས་བྱེད་ཀྱི་དྲེགས་པོ་སྒྲོར་གྱི་འཕྲིན་ལས་གནམ་ལྕགས་འབར་བའི་ཐོགས་མདའ།

文殊阎摩能坏凶顽之诛法诅咒事业·天铁焰之雷箭

c རྣམ་འདྲེན་ཤཱཀྱ་སེང་གེ

d བྱི་བའི་ལོ། 鼠年 ཕོ་བྲང་པོ་ཏ་ལ།（西藏拉萨布达拉宫）

e ཆོ་ག(仪轨)

f 刻本 འབྲས་སྤུངས།（西藏拉萨哲蚌寺） བཙུན་པ་འཇམ་དབྱངས་གྲགས་པ།

g 乌金 梵夹装 46×5.5

h 22 6

i 无 藏纸 黑 完整

j 封面钤有“民族文化宫图书馆藏”印，写有哲蚌寺藏书号： ཤུ།༧༣。民族宫目录中为ཁ函。

162.8

a 32-8

b འཇམ་དཔལ་ཕྱག་བརྒྱ་ཟིལ་གནོན་གྱི་བསྙེན་ཡིག་རྡོ་རྗེ་བརྩེ་བརྒྱ་པ།

文殊手印威慑闭关静修法·百股金刚杵

c ཟ་ཧོར་ཐུགས་སྨྲོན་ཟིལ་གནོན་བཞད་པ་རྩལ།

d ཆུ་ཁྱི། 水狗年（1682）

e བསྙེན་ཡིག（念修文）

f 刻本 འབྲས་སྤུངས།（西藏拉萨哲蚌寺） དགེ་སློང་ངག་དབང་དཀོན་མཆོག

g 乌金 梵夹装 45×6
h 20 6
i 无 藏纸 黑 完整
j 封面钤有“民族文化宫图书馆藏”印，写有哲蚌寺藏书号：ཐུ། ༢༢。民族宫目录中为ཁ函。

162.9
a 32-9
b འཇམ་དཔལ་ཚེ་བདག་ནག་པོའི་བསྙེན་ཡིག་དངོས་གྲུབ་གཏེར་མཛོད།
黑文殊寿主之闭关静修法·悉地宝藏
c ཟ་ཧོར་ཐུགས་སྨིན་ཟིལ་གནོན་བཞད་པ་རྩལ།
d
e བསྙེན་ཡིག（念修文）
f 刻本 འབྲས་སྤུངས།（西藏拉萨哲蚌寺） འཇམ་དཔལ།
g 乌金 梵夹装 46×6
h 4 6
i 无 藏纸 黑 完整
j 封面钤有“民族文化宫图书馆藏”印，写有哲蚌寺藏书号：ཐུ། ༢༧。民族宫目录中为ཁ函。

162.10
a 32-10
b འཇམ་དཔལ་ཞི་བའི་འཕྲིན་ལས་སངས་རྒྱས་མངོན་སུམ་སྟོན་པའི་ལག་བཅངས།
文殊息灾事业·佛现前示现之手据
c ཟ་ཧོར་ཐུགས་སྨིན་ཟིལ་གནོན་བཞད་པ་རྩལ།
d པོ་ཏ་ལ།（西藏拉萨布达拉宫）
e ལས་ཚོགས།(业资)

f 刻本 འབྲས་སྤུངས།（西藏拉萨哲蚌寺） འཛམ་དབྱངས།

g 乌金 梵夹装 47×6

h 8 6

i 无 藏纸 黑 完整

j 封面钤有“民族文化宫图书馆藏”印，写有哲蚌寺藏书号：ཛ། ༤༢。民族宫目录中为ཁ函。

162.11

a 32-11

b ལྷ་མཆོག་འབར་བ་རྩལ་གྱི་འཕྲིན་ལས་བརྒྱ་ཐུག་ཉི་ངོས་འཛིན་པའི་སྣང་གསལ།

上神焰力之事业·百日真现光明

c ཟ་ཧོར་ཐུགས་སྨོན་ཟིལ་གནོན་བཞད་པ་རྩལ་གྱི་ཀུན་དགའ།

d ཤིང་སྟག 木虎年（1674） དམར་པོ་རི།（西藏拉萨布达拉宫）

e ལས་ཚོགས།(业资)

f 刻本 འབྲས་སྤུངས།（西藏拉萨哲蚌寺） འཛམ་གྲགས།

g 乌金 梵夹装 46×6

h 25 6

i 无 藏纸 黑 完整

j 封面钤有“民族文化宫图书馆藏”印，写有哲蚌寺藏书号：ཀྱི། ༧༢༣༧。

民族宫目录中为ཀ函。

162.12

a 32-12

b རྡོ་རྗེ་འབར་བ་རྩལ་གྱི་རྟེན་མདོས་གླུད་མདོས་ཀྱི་རིམ་པ་རྒྱ་འབག་མིག་གི་རྣམ་འཕྲུལ།

金刚焰力之所供、酬供、回遮等禳解之次第·眼之幻现

c ཟ་ཧོར་ཐུགས་སྨོན་ཟིལ་གནོན་བཞད་པ་རྩལ་གྱི་ཀུན་དགའ།

d

e རྟེན་མདོས། （所供禳解）

f 刻本 འབྲས་སྤུངས། （西藏拉萨哲蚌寺）

g 乌金 梵夹装 46×5.5
h 13 6
i 无 藏纸 黑 完整
j 封面钤有“民族文化宫图书馆藏”印，写有哲蚌寺藏书号：ཟ།༢༨。民族宫目录中为ཀ函，17 叶。

162.13
a 32-13
b བྱང་གཏེར་ཐུགས་རྗེ་ཆེན་པོ་འགྲོ་བ་ཀུན་གྲོལ་གྱི་ལས་བྱང་གི་དོན་ཚང་ཞིང་འཁྱེར་བདེ་བ་ཕན་བདེ་འབྱུང་གནས།

北宗秘藏大悲观音普度众生之羯磨品目·义备而易行·利乐之源
c ཟ་ཧོར་བཟླ།
d
e ལས་བྱང་། （品目）

f 刻本 འབྲས་སྤུངས། （西藏拉萨哲蚌寺） ངག་དབང་དགེ་ལེགས།

g 乌金 梵夹装 45×6
h 3 6
i 无 藏纸 黑 完整
j 封面钤有“民族文化宫图书馆藏”印，写有哲蚌寺藏书号：ཀི。民族宫目录中为ག函。

162.14
a 32-14
b གཏེར་མ་འོག་མའི་རྟ་ནག་ལྕགས་རལ་ཅན་གྱི་ལས་བྱང་ཉི་མའི་དཀྱིལ་འཁོར།།

下秘藏达纳甲热坚之羯磨品目·日曼荼罗

c ཟ་ཧོར་བཟེ།

d

e ལས་བྱང་།（品目）

f 刻本 འབྲས་སྤུངས།（西藏拉萨哲蚌寺） འཇམ་དབྱངས།

g 乌金 梵夹装 40×5
h 5 6
i 无 藏纸 黑 完整
j 封面钤有“民族文化宫图书馆藏”印，写有哲蚌寺藏书号：༦。民族宫目录中为ཀ函。

162.15
a 32-15

b རིགས་གསུམ་འདུས་པ་འཇམ་དཔལ་ཁྲོ་ཆུ་དུག་སྡོང་ནག་པོའི་བསྙེན་པའི་ཡི་གེ་རིན་ཆེན་ཀེ་ཏ་ཀ

三集文殊铁水黑毒树念修法·澄水宝珠

c ཟ་ཧོར་སྔགས་སྨྲོན་ཞིལ་གནོན་བཞད་པ་རྩལ་གྱི་ཀུན་དགའ།

d མེ་སྦྲུལ། 火蛇年（1677） དམར་པོ་རི།（西藏拉萨布达拉宫）

e བསྙེན་ཡིག（念修文）

f 刻本 འབྲས་སྤུངས།（西藏拉萨哲蚌寺）

g 乌金 梵夹装 46×5.5
h 19 6
i 无 藏纸 黑 完整
j 封面钤有“民族文化宫图书馆藏”印，写有哲蚌寺藏书号：ཏོ། ༥༧。民族宫目录中为ཁ函。

162.16
a 32-16

b བཅོམ་ལྡན་འདས་མི་གཡོ་བ་མགོན་པོ་བསྟོད་པ།

薄伽梵不动怙主赞颂词

c དཀའ་བཅུ་སྨྲ་བ་བཟང་གྲགས་པ།

d

e བསྟོད་ཚོགས།(赞集)

f 刻本 འབྲས་སྤུངས།（西藏拉萨哲蚌寺）

g 乌金 梵夹装 53×6

h 5 6

i 无 藏纸 黑 完整

j 封面钤有“民族文化宫图书馆藏”印，写有哲蚌寺藏书号：ཤ།༨。民族宫目录中无此件。

162.17

a 32-17

b ལྷན་སྐྱེས་ཀྱི་བསྟོད་པ།

自生赞词

c ཟ་ཧོར་ སྔགས་སྨྲོན་ཟིལ་གནོན་བཞད་པ་རྩལ་གྱི་ཀུན་དགའ།

d

e བསྟོད་ཚོགས།(赞集)

f 刻本 འབྲས་སྤུངས།（西藏拉萨哲蚌寺）

g 乌金 梵夹装 47×7

h 1 6

i 无 藏纸 黑 完整

j 封面钤有“民族文化宫图书馆藏”印，写有哲蚌寺藏书号：ཤུ།༧༣。民族宫目录中无此件。

162.18

a 32-18

b　གཤིན་རྗེ་དྲེགས་པ་ལས་བྱུང་བདུད་ལས་རྣམ་པར་རྒྱལ་བ་ཚངས་པའི་རྔ་དབྱངས།

凶猛阎摩能坏之羯磨品目·战胜魔军之梵天鼓

c　ཟ་ཧོར་བཟྲེ།

d

e　ལས་བྱང་།(品目)

f　刻本　འབྲས་སྤུངས།（西藏拉萨哲蚌寺）　དགེ་སློང་འཇམ་དབྱངས་གྲགས་པ།

g　乌金　梵夹装　47×5.5

h　11　6

i　无　藏纸　黑　完整

j　封面钤有“民族文化宫图书馆藏”印，写有哲蚌寺藏书号：ཚུ།　༡。民族宫目录中为ཁ函。

162.19

a　32-19

b　ལས་ཀྱི་གཤིན་རྗེའི་འཕྲིན་ལས་འཆི་བདག་དགྱེས་པའི་རྐན་སྒྲ།

作业阎摩之事业·死神喜悦之腭声

c　ཐུགས་པ་ནག་པོ་ཟིལ་གནོན་དྲག་པོ་རྩལ།

d　གསེར་འབྱུང་། 火鸡年（1657）　དགའ་ལྡན་ཕོ་བྲང་།（西藏拉萨噶丹颇章）

e　ལས་ཚོགས།(业资)

f　刻本　འབྲས་སྤུངས།（西藏拉萨哲蚌寺）

g　乌金　梵夹装　46.5×5.5

h　15　6

i　无　藏纸　黑　完整

j　封面钤有“民族文化宫图书馆藏”印，写有哲蚌寺藏书号：ཀུ。民族宫目录中为ཁ函。

162.20

a 32-20

b ཚེ་བདག་རྣོན་པོ་ནད་གཅོད་ཀྱི་དབང་གི་ཆོག་སྒྲིགས་ཉ་རྒྱས་ཟླ་བའི་དཀྱིལ་འཁོར།

寿主除急病灌顶仪轨·圆满月曼荼罗

c ཟ་ཧོར་སྔགས་སྨྲོན་ཟིལ་གནོན་བཞད་པ་རྩལ་གྱི་ཀུན་དགའ།

d བག་ལོ། 水牛年（1673）

e ཆོ་ག(仪轨)

f 刻本 འབྲས་སྤུངས།（西藏拉萨哲蚌寺） འཇམ་གྲགས།

g 乌金 梵夹装 47×6

h 10 6

i 无 藏纸 黑 完整

j 封面钤有“民族文化宫图书馆藏”印，写有哲蚌寺藏书号：ཤྲི།༣༧。民族宫目录中为ཁ函。

162.21

a 32-21

b ཡིད་བསྔོག

回向

c ཟ་ཧོར་བརྩེ།

d མེ་སྟག 火虎年（1626）

e ཆོ་ག(仪轨)

f 刻本 འབྲས་སྤུངས།（西藏拉萨哲蚌寺）

g 乌金 梵夹装 45×6

h 1 6

i 无 藏纸 黑 完整

j 封面钤有“民族文化宫图书馆藏”印，写有哲蚌寺藏书号：ཟུ。民族宫目录中无此件。

162.22
a 32-22
b ཁ་བྲག་གཏེར་སྟོན་མའི་དྲེགས་འདུལ་བསྒྲེན་ཐབས་རྡོ་རྗེ་འབར་བའི་གཟི་བྱིན།
察乍得郡玛之伏魔修法·金刚焰之威慑
c ཟ་ཧོར་བཙུན།
d
e སྒྲུབ་ཐབས།（修心法）
f 刻本 འབྲས་སྤུངས།（西藏拉萨哲蚌寺） ཟ་ཧོར་བཙུན།
g 乌金 梵夹装 46×6
h 3 6
i 无 藏纸 黑 完整
j 封面钤有“民族文化宫图书馆藏”印，写有哲蚌寺藏书号：ཀླ༧༥。民族宫目录中为ང函，6叶。

162.23
a 32-23
b ཟིལ་གནོན་དྲག་པོའི་སྦྱིན་སྲེག་གི་ལས་བྱང་དུས་ཀྱི་མེ་ལྕེའི་ཕྲེང་བ།
威慑诛法护摩之羯磨品目·时焰鬘
c ཟིལ་གནོན་དྲག་རྩལ་རྡོ་རྗེ།
d
e ལས་ཚོགས།（业资）
f 刻本 འབྲས་སྤུངས།（西藏拉萨哲蚌寺） ངག་དབང་དགེ་ལེགས།
g 乌金 梵夹装 46×6
h 8 6
i 无 藏纸 黑 完整

j 封面钤有“民族文化宫图书馆藏”印，写有哲蚌寺藏书号：ཕྱི།༧༣。民族宫目录中为ཁ函。

162.24

a 32-24

b ཀླུ་གཏོར་བདུད་རྩིའི་འོ་མའི་ཆུ་རྒྱུན།

祭龙食子·甘露乳长流

C ཟ་ཧོར་བཟེ།

d

e ཆོ་ག(仪轨)

f 刻本 འབྲས་སྤུངས།（西藏拉萨哲蚌寺）

g 乌金 梵夹装 49×6

h 5 6

i 无 藏纸 黑 完整

j 封面钤有“民族文化宫图书馆藏”印，写有哲蚌寺藏书号：ཕྱི།༧༣。民族宫目录中为ད函。

162.25

a 32-25

b རྒྱ་ཧོར་ཡུལ་དུ་ཞི་བར་ཕན་པའི་བསངས་ཀྱི་ཡི་གེ་དངོས་གྲུབ་ཆར་འབེབས།

饶益汉蒙诸地之煨桑祭文·悉地雨降

c ཟ་ཧོར་བཟེ།

d

e བསངས་ཡིག(煨桑祭文)

f 刻本 འབྲས་སྤུངས།（西藏拉萨哲蚌寺）

g 乌金 梵夹装 46×6

h 3 6

i 无 藏纸 黑 完整

j 封面钤有“民族文化宫图书馆藏”印，写有哲蚌寺藏书号：ཀྱ།༧༣。民族宫目录中为ང函。

162.26
a 32-26
b ཟབ་ལམ་ཨ་ཏིའི་བསྟན་སྲུང་སྔགས་ཀྱི་བདག་མོའི་མཆོད་ཕྲིན་ཕྲིན་ལས་མྱུར་འགྲུབ།
密道阿底护神咒女之祭业速成
c
d འཇམ་དཔལ་ནོར་བུ་གླིང་།
e མཆོད་འཕྲིན།(祭业)
f 刻本 འབྲས་སྤུངས།（西藏拉萨哲蚌寺）
g 乌金 梵夹装 41×6
h 5 6
i 无 藏纸 黑 完整
j 封面钤有“民族文化宫图书馆藏”印；民族宫目录中无此件。

162.27
a 32-27
b དཀར་ཆག
目录
c
d
e དཀར་ཆག(目录)
f 刻本 འབྲས་སྤུངས།（西藏拉萨哲蚌寺）
g 乌金 梵夹装 45.5×5.5
h 1 6
i 无 藏纸 黑 完整

j 封面钤有“民族文化宫图书馆藏”印，写有哲蚌寺藏书号：འ。民族宫目录中无此件。

162.28
a 32-28
b སྲོག་སྒྲུབ་ཡང་སྙིང་འདུས་པ་སྟག་ཞོན་བདུན་གྲོས་ཀྱི་སྒྲུབ་པ།
修命密集七骑虎议修
c སྤྲུལ་སྐུ་གུ་རུ་རྡོ་རྗེས་ཀོང་པོ་གྲི་ལ་རྗེ་རྫོན་ནས་གཏེར་ནས་བཏོན།
d
e གཏེར་ཆོས།(伏藏)
f 刻本 འབྲས་སྤུངས།（西藏拉萨哲蚌寺）
g 乌金 梵夹装 43.5×5.5
h 13 6
i 无 藏纸 黑 完整
j 封面钤有“民族文化宫图书馆藏”印；民族宫目录中无此件。

162.29
a 32-29
b འཇོམས་བྱེད་ཉི་ཟླ་ནག་པོའི་བརྒྱུད་འདེབས།
能坏黑日月法师承启请文
c ཟ་ཧོར་བནྡེ།
d
e གསོལ་འདེབས།(启请文)
f 刻本 འབྲས་སྤུངས།（西藏拉萨哲蚌寺）
g 乌金 梵夹装 46×6
h 3 6
i 无 藏纸 黑 完整
j 封面钤有“民族文化宫图书馆藏”印；民族宫目录中为ཁ函。

162. 30

a 32-30

b འཇོམས་བྱེད་རྒྱལ་ཆེན་ཉི་ཟླ་ནག་པོའི་བཀའ་གཏད་སྒོམ་ཕྱུང་བྱ་ཚུལ་མཐོང་བས་དོན་ལྡན།

能坏大力黑日月法托付修法・见者具义

c ཟ་ཧོར་གྱི་སྔགས་སྨྱོན་ཟིལ་གནོན་དྲག་པོ་རྩལ་གྱིས་ཡོངས་འཛིན།

d ཆུ་ཕོ་བྱི། 水阳鼠年（1672）

e ཆོ་ག(仪轨)

f 刻本 འབྲས་སྤུངས།（西藏拉萨哲蚌寺） འཛམ་གྲགས།

g 乌金 梵夹装 47×6

h 8 6

i 无 藏纸 黑 完整

j 封面钤有“民族文化宫图书馆藏”印；民族宫目录中为ཁ函。

162. 31

a 32-31

b ཡང་བཟློག་མེ་ཡི་སྤུ་གྲིའི་ལས་སྦྱོར་གྱི་སྔོན་འགྲོ་བསྙེན་ཡིག་བཻཌཱུརྻའི་དོ་ཤལ།

秘密回遮法火剑作业加行之前行念修法・吠琉璃瓔珞

c

d

e བསྙེན་ཡིག(念修文)

f 刻本 འབྲས་སྤུངས།（西藏拉萨哲蚌寺）

g 乌金 梵夹装 46×6

h 10 6

i 无 藏纸 黑 完整

j 封面钤有“民族文化宫图书馆藏”印，写有哲蚌寺藏书号：ཞུ།༧༣。民族宫目录中为ཁ函。

162. 32

a 32-32

b ཀིང་ཀང་གཏང་རག

金刚酬恩法

c

d

e ཆོ་ག(仪轨)

f 刻本 འབྲས་སྤུངས།（西藏拉萨哲蚌寺）

g 乌金 梵夹装 46×6

h 1 6

i 无 藏纸 黑 完整

j 封面钤有“民族文化宫图书馆藏”印，写有哲蚌寺藏书号：སྤྱི།༧༣。民族宫目录中为ཁ函。

163

A 3610

B ངག་དབང་བློ་བཟང་རྒྱ་མཚོའི་གསུང་འབུམ།

阿旺洛桑嘉措文集

C

D ངག་དབང་བློ་བཟང་རྒྱ་མཚོ།

同 3563 介绍。

E 民族宫目录中无此函。

163.1

a 2-1

b ཐོགས་མེད་དྲག་རྩལ་ཐུས་སྟབས་ལྡན་པའི་དམ་ཅན་ཆོས་སྲུང་རྒྱ་མཚོའི་མངོན་རྟོགས་མཆོད་འབུལ་བསྐང་བཤགས་བསྟོད་ཚོགས་སོགས་འཕྲིན་ལས་རྣམ་བཞིའི་ལྷུན་གྲུབ།

无敌威猛汤金曲杰护神嘉措祭祀补酬仪轨赞集等·四业果自成

c ཟ་ཧོར་བནྡེ།

d

e བསྟོད་ཚོགས་སོགས།(赞集)

f 刻本 འབྲས་སྤུངས།（西藏拉萨哲蚌寺） འཆམ་དཔོན་དགེ་ལེགས་ངག་དབང་དཀོན་མཆོག

g 乌金 梵夹装 47×6
h 231 6
i 无 藏纸 黑 完整
j 封面钤有“民族文化宫图书馆藏”印。

163.2
a 2-2

b རྒྱུད་སྡེ་རྣམ་བཞིའི་ལྷ་ཚོགས་རྣམས་ཀྱི་སྒྲུབ་འཕྲིན་བསྙེན་པ་རྗེས་གནང་སོགས་ཀྱི་ཉམས་ལེན་མཆོག་ཐུན་དངོས་གྲུབ་འདོད་དགུའི་སྙེ་མ་གཡུར་ཟ།

四续部众神之修业、念修、随许等的实践胜果·如意穗

c ཟ་ཧོར་བཙེ་བྱང་སེམས་སྤྱི་གུ་རྩལ།

d ལྕགས་བྱ་སྨྲ་དབྱངས་ཀྱི་ཟླ། 铁鸡年（1681）藏历十月

e ཚ་ག(仪轨)

f 刻本 འབྲས་སྤུངས།（西藏拉萨哲蚌寺） འཆམ་དཔོན་དགེ་ལེགས་ངག་དབང་དཀོན་མཆོག

g 乌金 梵夹装 45.5×6
h 100 6
i 无 藏纸 黑 完整
j 封面钤有“民族文化宫图书馆藏”印。

164
A 3611

B ངག་དབང་བློ་བཟང་རྒྱ་མཚོའི་གསུང་འབུམ།

阿旺洛桑嘉措文集

C

D ངག་དབང་བློ་བཟང་རྒྱ་མཚོ།

同3563介绍。

E 西藏图书馆藏此函由民族宫目录中同文集各函散卷组成。

164.1

a 2-1

b བྱང་སེམས་ལམ་གྱི་རིམ་པའི་འཁྲིད་ཡིག་འཇམ་པའི་དབྱངས་ཀྱི་ཞལ་ལུང་།

菩提道次第教导·文殊口传

c ཟ་ཧོར་བཙེ་ངག་དབང་བློ་བཟང་རྒྱ་མཚོ་འཇིགས་མེད་གོ་ཆ་ཐུབ་བསྟན་ལང་ཚོའི་སྡེའམ་འཇམ་དབྱངས་དགའ་

བའི་ བཤེས་གཉེན།

d འབྲས་སྤུངས། （西藏拉萨哲蚌寺）

e ལམ་རིམ།(道次第)

f 刻本 འབྲས་སྤུངས། （西藏拉萨哲蚌寺） གྲོང་སྨད་པ་འཕྲིན་ལས་རྒྱ་མཚོ།

g 乌金 梵夹装 47×6

h 98 6

i 有 藏纸 黑 完整

j 封面钤有“民族文化宫图书馆藏”印；民族宫目录中为ན函，101 叶。

164.2

a 2-2

b ཚོགས་གཉིས་བྱེད་པོ་མཐུ་ཡི་ལེགས་བསྒྲུན་སྐུ་གསུམ་གོ་འཕང་ངོ་མཚར་ཡིད་འོང་མ་ལ་ཡ་ཡི་དགའ་ཚལ།

创造二积资之三身奇位·神女乐园

c ཟ་ཧོར་བཙེ་ངག་དབང་བློ་བཟང་རྒྱ་མཚོ་འཇིགས་མེད་གོ་ཆ་ཐུབ་བསྟན་ལང་ཚོའི་སྡེའམ་འཇམ་དབྱངས་དགའ་

བའི་བཤེས་གཉེན།

d

e ལས་ཚོགས།(业资)

f 刻本 འབྲས་སྤུངས། （西藏拉萨哲蚌寺）

g 乌金 梵夹装 45×6

h 144 6
i 有 藏纸 黑 完整
j 封面钤有“民族文化宫图书馆藏”印；民族宫目录中无此件。

165
A 3612
B ངག་དབང་བློ་བཟང་རྒྱ་མཚོའི་གསུང་འབུམ།
阿旺洛桑嘉措文集
C
D ངག་དབང་བློ་བཟང་རྒྱ་མཚོ།
同 3563 介绍。
E 西藏图书馆藏此函由民族宫目录中同文集各函散卷组成。

165. 1
a 59-1
b གཞུང་ཆེན་བདེ་གཤེགས་འདུས་པའི་སྙིང་པོའི་དོན་ཀུན་ཚང་བར་བསྡུས་པའི་ཐུགས་སྒྲུབ་ཐོག་མདའི་ཚ་དབལ།
大典籍如来集心要普摄诸义之意修法·雷箭热簇
c ཟ་ཧོར་སྔགས་སྨྲོན་རྡོ་རྗེ་ཐོགས་མེད་རྩལ།
d ཀུན་དགའ། 木虎年（1674） རི་བོ་གྲུ་འཛིན།（西藏拉萨布达拉宫）
e རྒྱུད་འགྲེལ།（续释）
f 刻本 འབྲས་སྤུངས།（西藏拉萨哲蚌寺） འཇམ་གྲགས།
g 乌金 梵夹装 46×5.5
h 5 6
i 无 藏纸 黑 完整
j 封面钤有“民族文化宫图书馆藏”印；民族宫目录中为ཀ函。

165. 2
a 59-2
b དཔལ་ཀུན་ཏུ་བཟང་པོའི་འཆམས་ཀྱི་བརྗེད་བྱང་ལྷའི་རོལ་གར།

吉祥普贤舞蹈之备忘录·神之戏舞

c ཟླ་མེད་རྡོ་རྗེ་རྩལ།

d མེ་ཕག་ལོ་ནས་ས་གླང་བར། 火猪年（1647）至土牛年（1649）

པོ་ཏ་ལའི་སྐྱིད་སྡོང་རྩེ། （西藏拉萨布达拉宫）

e འཆམས་ཀྱི་བརྗེད་བྱང་།(法舞备忘录)

f 刻本 འབྲས་སྤུངས། （西藏拉萨哲蚌寺）

g 乌金 梵夹装 47.5×6
h 40 6
i 无 藏纸 黑 完整
j 封面钤有“民族文化宫图书馆藏”印；民族宫目录中为ག函。

165.3
a 59-3

b རྒྱལ་དབང་བློ་བཟང་རྒྱ་མཚོའི་བརྟན་བཞུགས་བཀའ་རྩོམ་གཙོ་ཆེ་བ་རྣམས་བཞུགས་སོ།།

大宝佛洛桑嘉措之长寿之主要作品

c

d

e བརྟན་བཞུགས།(住世文)

f 刻本 འབྲས་སྤུངས། （西藏拉萨哲蚌寺） བསྐྱལ་བ་པོ་ནི་གྲོང་སྨད་པ་སངས་རྒྱས་རྒྱ་མཚོ།

g 乌金 梵夹装 46×6
h 4 6
i 无 藏纸 黑 完整
j 封面钤有“民族文化宫图书馆藏”印；民族宫目录中无此件。

165.4
a 59-4

b ཡང་བཟློག

秘密回遮法

c ཟ་ཧོར་བནྡེ།

d མེ་སྟག 火虎年（1626）

e ལས་ཚོགས།(业资)

f 刻本 འབྲས་སྤུངས།（西藏拉萨哲蚌寺）

g 乌金 梵夹装 46×6

h 1 6

i 无 藏纸 黑 完整

j 封面钤有“民族文化宫图书馆藏”印，写有哲蚌寺藏书号：ཀྱ།༤༢。民族宫目录中为ཁ函。

165.5

a 59-5

b རྒྱས་པའི་སྦྱིན་སྲེག་དངོས་གྲུབ་ཉིན་མོར་བྱེད་པ།

护摩广修法·悉地日光

c

d

e སྦྱིན་སྲེག(火供)

f 刻本 འབྲས་སྤུངས།（西藏拉萨哲蚌寺）

g 乌金 梵夹装 46.5×6

h 2 8

i 无 藏纸 黑 完整

j 封面钤有“民族文化宫图书馆藏”印；民族宫目录中为ཁ函。

165.6

a 59-6

b དྲུ་གུ་ཏྲུག་ཙུ་ཙ་བཞི་འི་གཏོར་ཆོག་སྲིད་གསུམ་རྣམ་རྒྱལ།

六十四刻供神馐仪轨·三有尊胜

c ཟ་ཧོར་བནྡེ་ངག་དབང་བློ་བཟང་རྒྱ་མཚོ།

d

e ཆོ་ག(仪轨)

f 刻本 འབྲས་སྤུངས།（西藏拉萨哲蚌寺） ངག་དབང་དགེ་ལེགས།

g 乌金 梵夹装 46×6
h 4 6
i 无 藏纸 黑 完整
j 封面钤有“民族文化宫图书馆藏”印；民族宫目录中为ད函。

165.7
a 59-7

b གསུང་ངག་རིན་པོ་ཆེ་ལམ་འབྲས་བུ་དང་བཅས་པའི་ཁྲིད་ཀྱི་ཟིན་བྲིས་བསྟན་པ་རྒྱས་བྱེད་ཅེས་བྱ་བ་ལས་བུམ་དབང་གི་རྨི་ལམ་མན་གྱི་ཟིན་བྲིས་ཁའུ་བྲག་རྫོང་བའི་བཞེད་པ་མ་ནོར་བ།

大宝语教道果等之引导笔记·能宏教法中瓶灌观梦笔录·喀乌乍仲哇所许无误录

c ཟ་ཧོར་བནྡེ་ངག་དབང་བློ་བཟང་རྒྱ་མཚོ།

d

e ལམ་འབྲས།（道果）

f 刻本 འབྲས་སྤུངས།（西藏拉萨哲蚌寺）

g 乌金 梵夹装 46×6
h 15 6
i 无 藏纸 黑 完整
j 封面钤有“民族文化宫图书馆藏”印；民族宫目录中为 3434 号。

165.8
a 59-8

b ཀེ་ཀང་བརྒྱུད་འདེབས།

金刚传承启请文

c ཟ་ཧོར་བནྡེ་ངག་དབང་བློ་བཟང་རྒྱ་མཚོའམ་ཟིལ་གནོན་དྲག་པོའི་རྩལ།

d

e གསོལ་འདེབས།(启请文)

f 刻本 འབྲས་སྤུངས།（西藏拉萨哲蚌寺）

g 乌金 梵夹装 46×6
h 1 6
i 无 藏纸 黑 完整
j 封面钤有“民族文化宫图书馆藏”印；民族宫目录中为ཁ函。

165.9
a 59-9

b ཕྱོགས་བཅུའི་བདེ་གཤེགས་བྱང་སེམས་སློབ་མི་སློབ་ཀྱི་དགེ་འདུན་དང་བཅས་པའི་བསྟོད་ཚོགས་དངོས་གྲུབ་ཀྱི་

མཚོའི་གཏེར་མཛོད།

十方诸佛菩萨有学无学僧伽等众赞颂篇·悉地海藏

c ཟ་ཧོར་བནྡེ་ངག་དབང་བློ་བཟང་རྒྱ་མཚོའམ་ཞེལ་གདོན་དྲག་པོའི་རྩལ།

d མེ་སྦྲུལ། 火蛇年（1677） པོ་ཏ་ལ།（西藏拉萨布达拉宫）

e བསྟོད་ཚོགས།(赞集)

f 刻本 འབྲས་སྤུངས།（西藏拉萨哲蚌寺） གྲོང་སྨད་པ་སངས་རྒྱས་རྒྱ་མཚོ།

g 乌金 梵夹装 46×6
h 26 6
i 无 藏纸 黑 完整
j 封面钤有“民族文化宫图书馆藏”印；民族宫目录中为བ函。

165.10
a 59-10

b སྐུ་གཡོགས་རིན་པོ་ཆེའི་བརྟན་བཞུགས་རྟ་དཔོན་འཛོམས་ཕྱོ་ཕྲུག་གིས་ཞུས་པ་ཚོགས་གཉིས་བསོར་བའི་ཕྲུགས་

འཆང་མ།

辅助上师之马差头夫妇为上师长寿之二积资·威力女

c ཟ་ཧོར་བརྗེ་འཇམ་དབྱངས་དགའ་བའི་བཤེས་གཉེན།

d

e གསོལ་འདེབས།(启请文)

f 刻本 འབྲས་སྤུངས།（西藏拉萨哲蚌寺） ངག་དབང་དཀོན་མཆོག

g 乌金 梵夹装 47×6

h 3 6

i 无 藏纸 黑 完整

j 封面钤有“民族文化宫图书馆藏”印；民族宫目录中无此件。

165.11

a 59-11

b འཇམ་དཔལ་ཚེ་བདག་ནག་པོའི་མཆོད་རྟེན་བཅས་ཚོག་གི་རབ་གནས་བྱིན་རླབས་ཉི་མའི་གཟི་འབར།

文殊黑寿主塔等开光仪轨·加持日光焰

c ཟ་ཧོར་གྱི་ཐུགས་འཆང་ཞིལ་གནོན་བཞད་པ་རྩལ།

d མེ་འབྲུག 火龙年（1676） པོ་ཏ་ལ།（西藏拉萨布达拉宫）

e ཆོ་ག(仪轨)

f 刻本 འབྲས་སྤུངས།（西藏拉萨哲蚌寺） གནས་བརྟན་འཇམ་དབྱངས་བསྟན་འཛིན།

g 乌金 梵夹装 46×6

h 9 6

i 无 藏纸 黑 完整

j 封面钤有“民族文化宫图书馆藏”印；民族宫目录中为ཁ函。

165.12

a 59-12

b དྲང་སྲོང་ལོག་ཏི་པ་ལའི་ལས་བྱང་ཚོག་སྒྲིགས་གནམ་ལྕགས་རྡོ་རྗེ་དྲག་འབེབས།

仙人洛枳巴拉之羯磨品目仪轨·霹雳金刚猛降

c ཟ་ཧོར་གྱི་ཐུགས་ཀུན་ཆེ་མཆོག་འདུས་པ་རྩལ།

d ཆུ་གླང་། 水牛年（1673） པོ་ཏ་ལ། （西藏拉萨布达拉宫）

e ཆོ་ག(仪轨)

f 刻本 འབྲས་སྤུངས། （西藏拉萨哲蚌寺） བཙུན་པ་འཇམ་དབྱངས་གྲགས་པ།

g 乌金 梵夹装 47×6
h 17 6
i 无 藏纸 黑 完整
j 封面钤有“民族文化宫图书馆藏”印；民族宫目录中为ང函。

165.13
a 59-13

b བྱས་ཆས་ཀེ་ཏུའི་ལས་བྱང་དག་སྒྲིགས་དགྲ་སྲོག་གཅོད་པའི་སྤུ་གྲི

杰切格杜之羯磨品目念诵仪轨 · 断敌命之利刃

c ཟ་ཧོར་བཙེ་ངག་དབང་བློ་བཟང་རྒྱ་མཚོའམ་ཞིལ་གནོན་དྲག་རྩལ་རྡོ་རྗེ།

d

e ཆོ་ག(仪轨)

f 刻本 འབྲས་སྤུངས། （西藏拉萨哲蚌寺） བློ་བཟང་བསྟན་འཛིན་དབང་རྒྱལ།

g 乌金 梵夹装 47×6
h 6 6
i 无 藏纸 黑 完整
j 封面钤有“民族文化宫图书馆藏”印；民族宫目录中为ང函。

165.14
a 59-14

b ལྕགས་འདྲའི་འཁོར་ལོའི་སྔགས་བྱང་།

如铁护轮之真言名目

c ཟ་ཧོར་བཙེ་ངག་དབང་བློ་བཟང་རྒྱ་མཚོ།

d

e ཐིགས་ཐྱང་། （名目）

f 刻本 འབྲས་སྤུངས། （西藏拉萨哲蚌寺）

g 乌金 梵夹装 47.5 ×5.5
h 3 6
i 无 藏纸 黑 完整
j 封面钤有“民族文化宫图书馆藏”印；民族宫目录中为ང函。

165.15
a 59-15

b འཆི་བདག་ཞལ་དབྱེའི་ཕྲིན་ལས་རྒྱུན་ཁྱེར་ཚིག་ཉུང་དོན་གསལ་བ།

死神开口之常用事业·言简意赅

c ཟ་ཧོར་ཐུགས་སྨྲོན་དག་པོའི་རྩལ།

d དམར་པོ་རི། （西藏拉萨布达拉宫）

e ལས་ཚོགས།（业资）

f 刻本 འབྲས་སྤུངས། （西藏拉萨哲蚌寺） དགེ་སློང་འཇམ་དབྱངས་གྲགས་པ།

g 乌金 梵夹装 46×6
h 6 6
i 无 藏纸 黑 完整
j 封面钤有“民族文化宫图书馆藏”印；民族宫目录中为ཁ函。

165.16
a 59-16

b གཤིན་རྗེ་དྲེགས་པ་འཛོམས་བྱེད་ཀྱི་ལས་བྱང་བདུད་ལས་རྣམ་པར་རྒྱལ་བ་ཚངས་པའི་རྔ་ཆེན།

凶猛阎摩能坏之羯磨品目·战胜魔军之梵天鼓

c ཟ་ཧོར་བཙུན་ངག་དབང་བློ་བཟང་རྒྱ་མཚོ།

d ཆུ་གླང་། 水牛年（1673）

e ལས་བྱང་།(品目)

f 刻本 འབྲས་སྤུངས།（西藏拉萨哲蚌寺） དགེ་སློང་འཇམ་དབྱངས་གྲགས་པ།

g 乌金 梵夹装 47×5.5
h 11 6
i 无 藏纸 黑 完整
j 封面钤有“民族文化宫图书馆藏”印；民族宫目录中为ཁ函。

165.17
a 59-17

b ལྔ་ལྷའི་གསོལ་མཆོད་བསོད་ནམས་དཔལ་བསྐྱེད།

五尊祈供法·生起福德吉祥

c ཟ་ཧོར་བཙུན་ངག་དབང་བློ་བཟང་རྒྱ་མཚོ། ཟ་ཧོར་ཐུགས་སྨོན།

d ས་རྟ། 土马年（1678）

e ཆོ་ག(仪轨)

f 刻本 འབྲས་སྤུངས།（西藏拉萨哲蚌寺） གནས་བརྟན་འཇམ་དབྱངས་གྲགས་པ།

g 乌金 梵夹装 47.5×5.5
h 5 6
i 无 藏纸 黑 完整
j 封面钤有“民族文化宫图书馆藏”印；民族宫目录中为ང函。

165.18
a 59-18

b ལམ་གསལ་ནང་མའི་རྣལ་འབྱོར་མཐོ་རིས་དབང་གི་ཆུ་བོ།

甚深道内修上师瑜伽法·天宫灌顶流

c ཟ་ཧོར་བཙུན་ངག་དབང་བློ་བཟང་རྒྱ་མཚོ།

d

e ཆོ་ག(仪轨)

f　刻本　འབྲས་སྤུངས།（西藏拉萨哲蚌寺）　རིག་བྱེད་པ་ངག་དབང་ནམ་མཁའ།

g　乌金　梵夹装　46×6

h　5　6

i　无　藏纸　黑　完整

j　封面钤有“民族文化宫图书馆藏”印；民族宫目录中为3434号。

165.19

a　59-19

b　ཡང་བཟློག་མེའི་སྤུ་གྲིའི་ལས་སྦྱོར་གྱི་སྔོན་འགྲོའི་བསྙེན་ཡིག་བཻཌཱུའི་དོ་ཤལ།

秘密回遮法火剑作业加行之前行念修法·吠琉璃瓔珞

c　ཟ་ཧོར་བནྡེ་ངག་དབང་བློ་བཟང་རྒྱ་མཚོ། ཟ་ཧོར་ཐུགས་སྨོན་ཞིལ་གནོན་བཞད་པ་རྩལ།

d

e　བསྙེན་ཡིག(念修文)

f　刻本　འབྲས་སྤུངས།（西藏拉萨哲蚌寺）　བཙུན་པ་འཇམ་དབྱངས་གྲགས་པ།

g　乌金　梵夹装　46.5×5.7

h　10　6

i　无　藏纸　黑　完整

j　封面钤有“民族文化宫图书馆藏”印；民族宫目录中为ཁ函。

165.20

a　59-20

b　འདོད་ཁམས་དབང་ཕྱུག་རེ་མ་ཏཱི་དགྱེས་པ་བསྐྱེད་པར་བྱེད་པའི་མདོས་ཀྱི་ཕྲིན་ལས་གྱེར་སྒོམ་རྡོ་རྗེ་སྒྲ་དབྱངས།

欲界自在热玛底生起喜悦之禳解事业诵修法·金刚声音

c　ཟ་ཧོར་བནྡེ་ངག་དབང་བློ་བཟང་རྒྱ་མཚོ། ཟ་ཧོར་གྱི་རིགས་ལས་བྱུང་བའི་རིགས་འཛིན་གྱི་བཙུན་པ་བླ་མེད་

རྡོ་རྗེ་རྩལ་ལམ་དྲག་པོའི་རྩལ།

d　མེ་ཕག　火猪年（1647）

e　ཆོ་ག(仪轨)

f　刻本　འབྲས་སྤུངས།（西藏拉萨哲蚌寺）　སྤྱགས་འཆང་ངག་དབང་དགེ་ལེགས།

g　乌金　梵夹装　46×6

h　13　6

i　无　藏纸　黑　完整

j　封面钤有“民族文化宫图书馆藏”印；民族宫目录中为ང函。

165.21

a　59-21

b　བཀའ་བརྒྱད་བདེ་འདུས་ཀྱི་དབང་དང་། ཁྲོ་རོལ་གྱི་ཟིན་བྲིས་ཀུན་བཟང་དགོངས་པའི་རོལ་མཚོ།

八教乐集灌顶与忿怒游戏之笔记·普贤密意游戏海

c　ཟ་ཧོར་བཟྡེ་ངག་དབང་བློ་བཟང་རྒྱ་མཚོ།

d

e　དབང་དང་ཁྲོ་རོལ་གྱི་ཟིན་བྲིས།(笔记)

f　刻本　འབྲས་སྤུངས།（西藏拉萨哲蚌寺）

g　乌金　梵夹装　46×6

h　8　6

i　无　藏纸　黑　完整

j　封面钤有“民族文化宫图书馆藏”印；民族宫目录中为ཀ函。

165.22

a　59-22

b　གཏེར་སྲུང་དཔལ་མགོན་སྟག་བཞོན་ཀྱི་གསོལ་ཀ་ཆེད་བསྐུགས་ཆོག་ཁྱེར་བདེ།

守护秘藏神吉祥骑虎怙主之祈供易诵仪轨

c　ཟ་ཧོར་བཟྡེ་ངག་དབང་བློ་བཟང་རྒྱ་མཚོ། ཟ་ཧོར་བཟྡེ་ཞིལ་གནོན་དྲག་པོ་རྩལ།

d

e　ཆོག(仪轨)

f　刻本　འབྲས་སྤུངས།（西藏拉萨哲蚌寺）

g　乌金　梵夹装　46×6

h 5 6
i 无 藏纸 黑 完整
j 封面钤有“民族文化宫图书馆藏”印；民族宫目录中为ང函。

165.23
a 59-23
b གཉན་ཆེན་ཐང་ལྷའི་ཕྲིན་ལས་བདུད་རྩིའི་ཆུ་རྒྱུན།
念青唐拉神之事业·甘露长流
c ཟ་ཧོར་བནྡེ་ངག་དབང་བློ་བཟང་རྒྱ་མཚོ།
d
e ལས་ཚོགས།（业资）
f 刻本 འབྲས་སྤུངས།（西藏拉萨哲蚌寺）
g 乌金 梵夹装 46×6
h 5 6
i 无 藏纸 黑 完整
j 封面钤有“民族文化宫图书馆藏”印；民族宫目录中为ང函。

165.24
a 59-24
b རྗེས་གནང་རིག་གཏད་བྱིན་རླབས་ཀྱི་མཚམས་སྦྱོར་ཕྲིན་ལས་ཆུ་རྒྱུན།
随许传咒加持之结合篇·事业泉流
c ཟ་ཧོར་བནྡེ་ངག་དབང་བློ་བཟང་རྒྱ་མཚོ།
d
e ཆོ་ག(仪轨)
f 刻本 འབྲས་སྤུངས།（西藏拉萨哲蚌寺）
g 乌金 梵夹装 46×6
h 9 6
i 无 藏纸 黑 完整

j 封面钤有“民族文化宫图书馆藏”印；民族宫目录中为ང函。

165.25
a 59-25
b གཏེར་ཁ་གོང་མའི་བདེ་འདུས་ཀྱི་བསྙེན་ཡིག་མེ་རླུང་འཕྲུགས་པའི་ཚ་དར།
密藏之威猛安乐集闭关静修法·火风动摇之绶带
c ཟ་ཧོར་བཙུན་ངག་དབང་བློ་བཟང་རྒྱ་མཚོ། ཟ་ཧོར་ཐུགས་སྨོན།
d
e བསྙེན་ཡིག(念修文)
f 刻本 འབྲས་སྤུངས།（西藏拉萨哲蚌寺） འཇམ་དབྱངས་བཟང་པོ།
g 乌金 梵夹装 47×5.5
h 6 6
i 无 藏纸 黑 完整
j 封面钤有“民族文化宫图书馆藏”印；民族宫目录中为ཀ函。

165.26
a 59-26
b དྲང་སྲོང་དྲི་མེད་ཞི་ཁྲོའི་རིགས་གཏད་ཀྱི་ཆོག་སྒྲིགས་ཐུགས་ཐིགས་སྙིང་བུམ་གཡས་འཁྱིལ།
无垢仙人寂怒之明因仪轨·心滴精要右旋瓶
c ཟ་ཧོར་བཙུན་ངག་དབང་བློ་བཟང་རྒྱ་མཚོ།
d
e ཆ་ག(仪轨)
f 刻本 འབྲས་སྤུངས།（西藏拉萨哲蚌寺） དགེ་སློང་འཇམ་དབྱངས་གྲགས་པ།
g 乌金 梵夹装 47.5×6
h 6 6
i 无 藏纸 黑 完整
j 封面钤有“民族文化宫图书馆藏”印；民族宫目录中为ཀ函。

165.27

a 59-27

b རྡོ་རྗེ་འབར་བ་རྩལ་གྱི་རྟེན་མདོས་བཀང་མདོས་ཀྱི་རིམ་པ་རྒྱ་འབག་མིག་གི་རྣམ་འཕྲུལ།

金刚焰力之所供、酬供、回遮等禳解之次第·眼之幻现

c ཟ་ཧོར་བཙེ་ངག་དབང་བློ་བཟང་རྒྱ་མཚོ།　　ཟ་ཧོར་ཐུགས་སྨོན་རྡོ་རྗེ་ཐོགས་མེད་རྩལ།

d ཤིང་སྟག　木虎年（1674）　པོ་ཏ་ལ།（西藏拉萨布达拉宫）

e རྟེན་མདོས།（所供禳解）

f 刻本　འབྲས་སྤུངས།（西藏拉萨哲蚌寺）　སྟོམ་བརྩོན་འཇམ་དབྱངས་གྲགས་པ།

g 乌金　梵夹装　47.5×5.5

h 17　6

i 无　藏纸　黑　完整

j 封面钤有“民族文化宫图书馆藏”印；民族宫目录中为ཀ།函。

165.28

a 59-28

b ཟིལ་གནོན་དྲག་པོའི་སྦྱིན་སྲེག་གི་ལས་བྱང་དུས་ཀྱི་མེ་ལྗེའི་ཕྲེང་བ།

威慑诛法护摩之羯磨品目·时焰鬘

c ཟ་ཧོར་བཙེ་ངག་དབང་བློ་བཟང་རྒྱ་མཚོ།　ཟ་ཧོར་ཐུགས་སྨོན་རྡོ་རྗེ་ཐོགས་མེད་རྩལ།

d

e ལས་བྱང་།（品目）

f 刻本　འབྲས་སྤུངས།（西藏拉萨哲蚌寺）　ངག་དབང་དགེ་ལེགས།

g 乌金　梵夹装　46.5×5.5

h 8　6

i 无　藏纸　黑　完整

j 封面钤有“民族文化宫图书馆藏”印；民族宫目录中为ཁ།函。

165.29

a 59-29

b　ཡང་བཟློག་ནག་པོ་མེའི་སྤུ་གྲིའི་དྲག་པོའི་སྦྱིན་སྲེག་དུས་ཀྱི་བྱིན་ཟའི་ཕུང་པོ།

秘密回遮黑火剑威猛护摩法·劫火聚

c　ཟ་ཧོར་བནྡེ་ངག་དབང་བློ་བཟང་རྒྱ་མཚོ།　ཟ་ཧོར་ཐུགས་སྨྱོན་རྡོ་རྗེ་ཐོགས་མེད་རྩལ།

d　ཤིང་སྦྲུལ། 木蛇年（1665）

e　སྦྱིན་སྲེག（火供）

f　刻本　འབྲས་སྤུངས།（西藏拉萨哲蚌寺）　གནས་བན་འཇམ་དབྱངས།

g　乌金　梵夹装　47×6
h　11　6
i　无　藏纸　黑　完整
j　封面钤有“民族文化宫图书馆藏”印；民族宫目录中为ཁ函。

165. 30
a　59-30

b　གསང་རྫོགས་སྒྲུབ་ཆེན་དང་སྨན་སྒྲུབ་ཀྱི་ཟིན་བྲིས་གངྒཱའི་ཆུ་རྒྱུན།

秘密圆满大成就与制药修法之笔记·恒河长流

c　ཟ་ཧོར་བནྡེ་ངག་དབང་བློ་བཟང་རྒྱ་མཚོ།　ཟ་ཧོར་ཐུགས་སྨྱོན་རྡོ་རྗེ་ཐོགས་མེད་རྩལ།

d　ཕོ་བྲང་པོ་ཏ་ལ།（西藏拉萨布达拉宫）

e　སྨན་སྒྲུབ།（药修）

f　刻本　འབྲས་སྤུངས།（西藏拉萨哲蚌寺）　གནས་བན་འཇམ་དབྱངས།

g　乌金　梵夹装　46×6
h　11　6
i　无　藏纸　黑　完整
j　封面钤有“民族文化宫图书馆藏”印；民族宫目录中为ཀ函，4叶。

165. 31
a　59-31

b　འཆི་བདག་བཟློག་བྱེད་ཀྱི་ཀློར་གཞུང་འཆི་བདག་གཡུལ་ལས་རྒྱལ་བའི་རྡོ་མཚོན།

死神回遮之诵本·战胜死神之军器

c　ཟ་ཧོར་བཛྲེ་ངག་དབང་བློ་བཟང་རྒྱ་མཚོ། ཟ་ཧོར་ལྷགས་སྨོན་ བླ་མེད་རྡོ་རྗེ་རྩལ།

d　ལྕགས་སྟག 铁虎年（1650）　དགའ་ལྡན་ཕོ་བྲང་།（西藏拉萨噶丹颇章）

e　མན་ངག་གི་སྐོར།（善言）

f　刻本　འབྲས་སྤུངས།（西藏拉萨哲蚌寺）　བློ་བཟང་ཚེ་རིང་།

g　乌金　梵夹装　47×6

h　9　6

i　无　藏纸　黑　完整

j　封面钤有“民族文化宫图书馆藏”印；民族宫目录中为ཀ函。

165.32

a　59-32

b　རྡོ་རྗེ་འབར་བ་རྩལ་གྱི་བསྙེན་སྒྲུབ་བཀང་མདོས་ཀྱི་ལག་ལེན་དྲན་པའི་གསོལ་འདེབས།

金刚焰力之闭关修法·禳解供修法、忆念祈愿文等

c　ཟ་ཧོར་བཛྲེ་ངག་དབང་བློ་བཟང་རྒྱ་མཚོ།

d

e　གསོལ་འདེབས།（启请文）

f　刻本　འབྲས་སྤུངས།（西藏拉萨哲蚌寺）　འཇམ་དབྱངས་གྲགས་པ།

g　乌金　梵夹装　47×6

h　6　6

i　无　藏纸　黑　完整

j　封面钤有“民族文化宫图书馆藏”印；民族宫目录中为ཀ函。

165.33

a　59-33

b　གསུང་ངག་རིན་པོ་ཆེ་ལམ་འབྲས་བུ་དང་བཅས་པའི་འཁྲིད་ཀྱི་ཟིན་བྲིས་བསྟན་པ་རྒྱས་བྱེད་ཅེས་བྱ་བ་ལས་

བྲིས་ དཔང་གི་རྫི་ལམ་མན་གྱི་ཟིན་བྲིས་ཁའུ་བྲག་རྫོང་བའི་བཞེད་པ་མ་ནོར་བ།

大宝语教道果等之引导笔记·能宏教法中瓶灌观梦笔录·喀乌乍仲哇所许无误录

c ཟ་ཧོར་བཟེ་ངག་དབང་བློ་བཟང་རྒྱ་མཚོ།

d

e ལམ་འབྲས་ཁྲིད་ཀྱི་ཟིན།（道果笔录）

f 刻本 འབྲས་སྤུངས།（西藏拉萨哲蚌寺）

g 乌金 梵夹装 45×6
h 15 6
i 无 藏纸 黑 完整
j 封面钤有“民族文化宫图书馆藏”印；民族宫目录中为3434号。

165.34
a 59-34

b དབང་ཆེན་ཡང་གསང་ལྷ་དགུའི་སྒོ་ནས་དྲག་པོ་ཟོར་གྱི་འཕྲིན་ལས་རྡོ་རྗེ།

大自在极密九尊法门中威猛诅咒之事业·金刚钻石

c ཟ་ཧོར་བཟེ་ངག་དབང་བློ་བཟང་རྒྱ་མཚོ། ཟ་ཧོར་ཐུགས་སྨོན་ཟིལ་གནོན་བཞད་པ་རྩལ།

d ལྕགས་མོ་བྱ། 铁阴鸡年（1681） ཕོ་བྲང་པོ་ཏ་ལ།（西藏拉萨布达拉宫）

e ཆོ་ག(仪轨)

f 刻本 འབྲས་སྤུངས།（西藏拉萨哲蚌寺） འཆམ་དཔོན་ངག་དབང་དཀོན་མཆོག

g 乌金 梵夹装 45.5×6
h 23 6
i 无 藏纸 黑 完整
j 封面钤有“民族文化宫图书馆藏”印；民族宫目录中为ག函。

165.35
a 59-35

b ཞིང་སྐྱོང་སེང་གེའི་གདོང་པ་ཅན་གྱི་ལས་བྱང་གནམ་ལྕགས་སྤུ་གྲི

护方神狮面之羯磨品目 · 天铁利刃

c　ཟ་ཧོར་བཙེ་ངག་དབང་བློ་བཟང་རྒྱ་མཚོ་མིང་གཞན་ཟིལ་གནོན་དྲག་རྩལ།

d

e　ལས་ཚོགས།（业资）

f　刻本　འབྲས་སྤུངས།（西藏拉萨哲蚌寺）　རྒྱ་མཚོ།

g　乌金　梵夹装　47.5×5.5
h　5　6
i　无　藏纸　黑　完整
j　封面钤有“民族文化宫图书馆藏”印；民族宫目录中为ཀ函。

165.36
a　59-36

b　དཔལ་རྡོ་རྗེ་འཇིགས་བྱེད་ཀྱི་ཞི་བའི་སྦྱིན་སྲེག་རབ་དཀར་བདུད་རྩིའི་བུམ་བཟང་།

吉祥怖畏金刚之息灾护摩 · 洁白甘露妙瓶

c　ཟ་ཧོར་བཙེ་ངག་དབང་བློ་བཟང་རྒྱ་མཚོ།

d

e　སྦྱིན་སྲེག（火供）

f　刻本　འབྲས་སྤུངས།（西藏拉萨哲蚌寺）　ངག་དབང་དགེ་ལེགས།

g　乌金　梵夹装　47×6
h　6　6
i　无　藏纸　黑　完整
j　封面钤有“民族文化宫图书馆藏”印；民族宫目录中为 3434 号。

165.37
a　59-37

b　དབང་གི་སྦྱིན་སྲེག་ཁམས་གསུམ་འགུགས་པའི་ལྕགས་ཀྱུ

敬爱护摩法 · 招三界之钩

c　ཟ་ཧོར་བཙེ་ངག་དབང་བློ་བཟང་རྒྱ་མཚོ།

d

e སྦྱིན་སྲེག（火供）

f 刻本 འབྲས་སྤུངས།（西藏拉萨哲蚌寺）

g 乌金 梵夹装 46.5×6
h 2 6
i 无 藏纸 黑 完整
j 封面钤有“民族文化宫图书馆藏”印；民族宫目录中为ཁ函。

165.38
a 59-38

b རྫོགས་ཆེན་མཁའ་འགྲོ་སྙིང་ཐིག་གི་འཁྲིད་ཡིག་མཚན་གསལ་འབུམ་ཕྲག་སྣང་བཞིའི་འོད་ཟེར།

大圆满空行心滴导引注解·百千四现光明

c ཟ་ཧོར་བཙེ་ངག་དབང་བློ་བཟང་རྒྱ་མཚོ།

d

e མཁའ་འགྲོ་སྙིང་ཐིག་གི་འཁྲིད་མཚན།（导释）

f 刻本 འབྲས་སྤུངས།（西藏拉萨哲蚌寺）

g 乌金 梵夹装 47×6
h 8 6
i 无 藏纸 黑 完整
j 封面钤有“民族文化宫图书馆藏”印；民族宫目录中为ང函。

165.39
a 59-39

b དྲག་པོའི་སྦྱིན་སྲེག་བསྐལ་བའི་མེ་དཔུང་།

降伏护摩法·劫火聚

c ཟ་ཧོར་བཙེ་ངག་དབང་བློ་བཟང་རྒྱ་མཚོ།

d

e སྦྱིན་སྲེག（火供）

f 刻本 འབྲས་སྤུངས།（西藏拉萨哲蚌寺）

g 乌金 梵夹装 46×6
h 4 6
i 无 藏纸 黑 完整
j 封面钤有“民族文化宫图书馆藏”印；民族宫目录中为ཁ函。

165.40
a 59-40
b ཁྱབ་འཇུག་རྟེན་མདོས་ཀྱི་འཁྲིན་ལས་དྲང་སྲོང་ཀུན་ཏུ་དགའ་བའི་ཟློས་གར།
遍入像禳解之事业·仙人普庆之舞剧
c ཟ་ཧོར་བཟེ་ངག་དབང་བློ་བཟང་རྒྱ་མཚོ།
d
e རྟེན་མདོས།（所供禳解）

f 刻本 འབྲས་སྤུངས།（西藏拉萨哲蚌寺） ཚང་ཁྲིམ་པ་བློ་བཟང་དོན་གྲུབ།

g 乌金 梵夹装 47.5×6
h 8 6
i 无 藏纸 黑 完整
j 封面钤有“民族文化宫图书馆藏”印；民族宫目录中为ང函。

165.41
a 59-41
b ཤ་བརྒྱ་ཟན་རྒྱས་ཆོ་ག་ཟངས་ཡག་སྙིགས་དུས་ཕན་བྱེད།
夏嘉参杰仪轨·浊世利他
c ཟ་ཧོར་བཟེ་ངག་དབང་བློ་བཟང་རྒྱ་མཚོ། བཞད་པའི་རྡོ་རྗེ།
d
e ཆོ་ག（仪轨）

f 刻本 འབྲས་སྤུངས།（西藏拉萨哲蚌寺）

g 乌金 梵夹装 45×5.5

h 6 6
i 无 藏纸 黑 完整
j 封面钤有“民族文化宫图书馆藏”印；民族宫目录中无此件。

165.42
a 59-42
b དཔལ་ལྡན་དམག་ཟོར་མའི་མངའ་གསོལ་བསམ་དོན་ལྷུན་གྲུབ་མ།
吉祥退敌母之祈愿文·如意任运成就
c ཟ་ཧོར་བནྡེ་ངག་དབང་བློ་བཟང་རྒྱ་མཚོ།
d ཆུ་སྦྲུལ། 水蛇年（1653）
e གསོལ་འདེབས།（启请文）
f 刻本 འབྲས་སྤུངས།（西藏拉萨哲蚌寺） འཇམ་དཔལ།
g 乌金 梵夹装 48×6
h 4 6
i 无 藏纸 黑 完整
j 封面钤有“民族文化宫图书馆藏”印；民族宫目录中为ང函。

165.43
a 59-43
b འབྲུག་པ་སྤྲུལ་སྐུ་རིན་པོ་ཆེས་མཛད་པའི་ཚེ་བདག་གི་ཡིག་ཆར་རྣམ་པར་དཔྱད་པའི་ཡི་གེ་རི་ཐང་མཚམས་ཀྱི་
ནད་བརྒྱ་འཇོམས་པའི་སྨན་གཅིག
不丹活佛所著寿神文册探究·能除山原间百病之一药
c པ་རི་ཧྲ་ར། ཟ་ཧོར་བནྡེ་ངག་དབང་བློ་བཟང་རྒྱ་མཚོ།
d ཆུ་ཕོ་བྱི། 水阳鼠年（1672） དགའ་ལྡན་ཕུན་ཚོགས་གླིང་།（西藏日喀则噶丹彭措林寺）
e ཚེ་སྒྲུབ།（长寿修法）
f 刻本 འབྲས་སྤུངས།（西藏拉萨哲蚌寺）

g 乌金 梵夹装 47.5×6
h 21 6
i 无 藏纸 黑 完整
j 封面钤有“民族文化宫图书馆藏”印；民族宫目录中为ཁ函。

165.44
a 59-44
b བཅོམ་ལྡན་འདས་ཀུན་རིག་གི་ཆོ་ག་རྒྱུད་དོན་གསལ་བའི་སྙིང་པོ་བསྡུས་པ་ཡིད་བཞིན་གྱི་ནོར་བུ།
薄伽梵遍知仪轨・续释明集・心宝
c བསྟན་པ་བློ་བཟང་ཆོས་ཀྱི་རྒྱལ་མཚན།
d བཀྲ་ཤིས་ལྷུན་པོ།（西藏日喀则扎什伦布寺）
e ཆོ་ག（仪轨）
f 刻本 འབྲས་སྤུངས།（西藏拉萨哲蚌寺） བློ་བཟང་ཕུན་ཚོགས།
g 乌金 梵夹装 49×7
h 23 6
i 无 藏纸 黑 完整
j 封面钤有“民族文化宫图书馆藏”印；民族宫目录中无此件。

165.45
a 59-45
b ཐུགས་སྒྲུབ་ཀྱི་ལས་བྱང་ནོར་བུའི་ཅོད་པན།
意修之羯磨品目・宝冠
c ཟ་ཧོར་བནྡེ་ངག་དབང་བློ་བཟང་རྒྱ་མཚོ། ཟིལ་གནོན་དྲག་རྩལ།
d ཤིང་སྤྲེལ། 木猴年（1644）
e ལས་ཚོགས།（业资）
f 刻本 འབྲས་སྤུངས།（西藏拉萨哲蚌寺）
g 乌金 梵夹装 46.5×6

h 10 6
i 无 藏纸 黑 完整
j 封面钤有“民族文化宫图书馆藏”印；民族宫目录中为ཀ函。

165.46
a 59-46
b གཏེར་ཁ་འོག་མའི་རྟ་ནག་ཨྱུགས་རལ་ཅན་གྱི་ལས་བྱང་ཉི་མའི་དཀྱིལ་འཁོར།
下秘藏达纳甲热坚之羯磨品目·日曼荼罗
c ཟ་ཧོར་བཟེ་ངག་དབང་བློ་བཟང་རྒྱ་མཚོ།
d
e ལས་ཚོགས།（业资）
f 刻本 འབྲས་སྤུངས།（西藏拉萨哲蚌寺） གནས་བཅུ་འཇམ་དབྱངས།
g 乌金 梵夹装 47.5×6
h 5 6
i 无 藏纸 黑 完整
j 封面钤有“民族文化宫图书馆藏”印；民族宫目录中为ཀ函。

165.47
a 59-47
b དྲག་སྔགས་ནོད་ལོག་སྐྱེའི་ཧོམ་གྱི་ལག་ལེན་ཉི་མའི་སྙིང་པོ།
猛咒洛枳之护摩修法·日光藏
c ཟ་ཧོར་བཟེ་ངག་དབང་བློ་བཟང་རྒྱ་མཚོ།
d
e ཆོ་ག（仪轨）
f 刻本 འབྲས་སྤུངས།（西藏拉萨哲蚌寺） དཔལ་གྲོང་ཐུགས་རམས་པ།
g 乌金 梵夹装 46× 5.5
h 2 6
i 无 藏纸 黑 完整
j 封面钤有“民族文化宫图书馆藏”印；民族宫目录中为ང函。

165.48
a　59-48
b　སྔགས་རྔོད་ལོག་ཧྲིའི་པྲ་ལའི་བཟློག་པ་དང་བསད་པའི་ལས་སྦྱོར་གྱི་གསལ་བྱེད་ཡི་གེ་གླང་སྨྱོན་སྣ་རྩེར་འགོད་
　པའི་མཚོན་འཁོར།
　猛咒洛枳巴拉之回遮与诛法事业加行仪轨·狂牛鼻端所栓之利刃轮
c　ཟ་ཧོར་སྔགས་སྨྱོན་ཟིལ་གནོན་དྲག་པོ་རྩལ།
d　པོ་ཏ་ལ།（西藏拉萨布达拉宫）
e　ལས་ཚོགས།（业资）
f　刻本　འབྲས་སྤུངས།（西藏拉萨哲蚌寺）　བཙུན་པ་འཇམ་གྲགས།
g　乌金　梵夹装　47×6
h　13　6
i　无　藏纸　黑　完整
j　封面钤有“民族文化宫图书馆藏”印；民族宫目录中为ང函。

165.49
a　59-49
b　ལོག་ཧྲིའི་གཏང་རག
　洛枳酬神仪轨
c　ཟ་ཧོར་བཟླ།
d
e　ཆ་ག（仪轨）
f　刻本　འབྲས་སྤུངས།（西藏拉萨哲蚌寺）　དགེ་སློང་འཇམ་དབྱངས་གྲགས་པ།
g　乌金　梵夹装　46×6
h　1　6
i　无　藏纸　黑　完整
j　封面钤有“民族文化宫图书馆藏”印；民族宫目录中为ང函。

165.50

a 59-50

b ན་རོ་མཁའ་སྤྱོད་ཀྱི་རྣལ་འབྱོར་བཅུ་གཅིག་གི་ཉམས་ལེན་ལ་སྒྲོ་འདོགས་གཅོད་པ་དང་སེམས་འཛིན་ཟུང་འབྲེལ་དུ་གཏོང་ཚུལ་མཐོང་གྲོལ་ལྡེ་མིག

那若空行之十一种瑜伽修法断除增损与结合持心修法·见者解脱之钥

c ཟ་ཧོར་བཙུན།

d ལྕགས་ཕག 铁猪年（1671）

e རྣལ་འབྱོར་ཉམས་ལེན།（瑜伽实践）

f 刻本 འབྲས་སྤུངས།（西藏拉萨哲蚌寺） རིག་བྱེད་པ་ངག་དབང་ནམ་མཁའ།

g 乌金 梵夹装 47×6

h 6 6

i 无 藏纸 黑 完整

j 封面钤有“民族文化宫图书馆藏”印；民族宫目录中为 3434 号。

165.51

a 59-51

b འཇོམས་བྱེད་ཉི་ཟླ་ནག་པོའི་བརྒྱུད་འདེབས།

能坏黑日月法师承启请文

c ཟ་ཧོར་བཙུན།

d

e གསོལ་འདེབས།（启请文）

f 刻本 འབྲས་སྤུངས།（西藏拉萨哲蚌寺） བློ་བཟང་བསྟན་འཛིན་དབང་རྒྱལ།

g 乌金 梵夹装 47×6

h 3 6

i 无 藏纸 黑 完整

j 封面钤有“民族文化宫图书馆藏”印；民族宫目录中为ཁ函。

165.52

a 59-52

b ལས་ཀྱི་གཤིན་རྗེའི་འཕྲིན་ལས་འཆི་བདག་དགྱེས་པའི་རྐན་སྒྲ།

作业阎摩之事业·死神喜悦之腭声

c ཟ་ཧོར་རིགས་ལས་སྤྲུགས་པ་ནག་པོའམ་ཞིལ་གནོན་དྲག་པོའི་རྩལ།

d གསེར་འཕྲུང་གི་ལོ། 火鸡年（1657） དགའ་ལྡན་ཕོ་བྲང་།（西藏拉萨噶丹颇章）

e ལས་ཚོགས།（业资）

f 刻本 འབྲས་སྤུངས།（西藏拉萨哲蚌寺）

g 乌金 梵夹装 46.5×6

h 15 6

i 无 藏纸 黑 完整

j 封面钤有“民族文化宫图书馆藏”印；民族宫目录中为ཁ函。

165.53

a 59-53

b རྗེ་བཙུན་བསམ་གཏན་གླིང་བའི་ཨ་ཏིའི་ཆོས་སྐོར་གྱི་དཀར་ཆག་ཐེག་མཆོག་རིན་ཆེན་དོ་ཤལ།

至尊桑登林寺阿底法类目录·胜乘宝璎珞

c ཟ་ཧོར་བརྗེ་ངག་དབང་བློ་བཟང་རྒྱ་མཚོ།

d

e དཀར་ཆག（目录）

f 刻本 དགའ་ལྡན་ཕུན་ཚོགས་གླིང་།（西藏日喀则噶丹彭措林寺）

ལྷུང་གསེབ་པ་འཇམ་དབྱངས་དཔལ་བཟང་།

g 乌金 梵夹装 48×6

h 10 6

i 无 藏纸 黑 完整

j 封面钤有“民族文化宫图书馆藏”印；民族宫目录中为ག函。

165.54

a 59-54

b ཐུགས་སྒྲུབ་དྲག་པོའི་རྒྱལ་གྱི་ལས་བྱང་དངོས་གྲུབ་ཡོངས་འདུའི་གཏེར་མཛོད།

意修威猛之羯磨品目·悉地圆集宝藏

c ཟ་ཧོར་བཛྲེ་ངག་དབང་བློ་བཟང་རྒྱ་མཚོ། ཞིལ་གནོན་དྲག་རྒྱལ།

d ཤིང་སྤྲེལ། 木猴年（1644）

e ལས་ཚོགས།（业资）

f 刻本 འབྲས་སྤུངས།（西藏拉萨哲蚌寺）

g 乌金 梵夹装 47×6

h 10 6

i 无 藏纸 黑 完整

j 封面钤有“民族文化宫图书馆藏”印；民族宫目录中为ཀ函，11叶。

165.55

a 59-55

b ཉང་ལུགས་དྲག་པོ་བདེ་གཤེགས་འདུས་པའི་རྒྱུན་ཁྱེར་རིགས་འཛིན་བརྒྱུད་པའི་ཞལ་ལུང་།

梁师传规之威猛如来集常用持明相承口传

c ཟ་ཧོར་བཛྲེ་ངག་དབང་བློ་བཟང་རྒྱ་མཚོ།

d

e ཞལ་གདམས།（教诫）

f 刻本 འབྲས་སྤུངས།（西藏拉萨哲蚌寺） གནས་པརྩོན། པངམ་དབྱངས།

g 乌金 梵夹装 47×6

h 3 6

i 无 藏纸 黑 完整

j 封面钤有“民族文化宫图书馆藏”印；民族宫目录中为ཀ函。

165.56

a 59-56

b རྡོ་རྗེ་དྲག་པོ་རྒྱལ་གྱི་རྒྱ་ཆེག་རྡོ་རྗེའི་མདུད་འགྲོལ།

金刚威猛力根本句·解金刚结

c ཟ་ཧོར་བརྗེ་ངག་དབང་བློ་བཟང་རྒྱ་མཚོ།

d

e སྔགས།（密宗）

f 刻本 འབྲས་སྤུངས།（西藏拉萨哲蚌寺）

g 乌金 梵夹装 46.5×5.5

h 3 6

i 无 藏纸 黑 完整

j 封面钤有“民族文化宫图书馆藏”印；民族宫目录中为ང函。

165.57

a 59-57

b འཇམ་དཔལ་གཤིན་རྗེ་དྲེགས་པ་འཇོམས་བྱེད་ཀྱི་དྲག་པོ་མོར་གྱི་འཕྲིན་ལས་གནམ་ལྕགས་འབར་བའི་ཐོག་མདའ།

文殊阎摩能坏凶顽之诛法诅咒事业·天铁焰之雷箭

c ཟ་ཧོར་བརྗེ་ངག་དབང་བློ་བཟང་རྒྱ་མཚོ། ཟ་ཧོར་སྔགས་སྒྲོན་བཞད་པ་རྩལ།

d ཆུ་ཕོ་བྱི། 水阳鼠年（1672）

e མན་ངག（善言）

f 刻本 འབྲས་སྤུངས།（西藏拉萨哲蚌寺） བཙུན་པ་འཇམ་དབྱངས་གྲགས་པ།

g 乌金 梵夹装 47×6

h 22 6

i 无 藏纸 黑 完整

j 封面钤有“民族文化宫图书馆藏”印；民族宫目录中为ཁ函。

165.58

a 59-58

b སྙན་མགུར་གསུང་གསུམ་ཡིད་བཞིན་འཆར་འབེབས།

悦耳道情歌·三密如意雨降

c ཟ་ཧོར་བརྩེ་གདང་ཤར་རང་གྲོལ།

d

e སྙན་མགུར།（道歌）

f 刻本 འབྲས་སྤུངས།（西藏拉萨哲蚌寺） རིག་བྱེད་པ་བློ་བཟང་དབང་པོ།

g 乌金 梵夹装 46×6
h 3 6
i 无 藏纸 黑 完整
j 封面钤有“民族文化宫图书馆藏”印；民族宫目录中为བ函。

165.59
a 59-59

b ཀུན་རིག་གི་སློ་ནས་ཚེ་འདས་རྗེས་སུ་འཛིན་ཚུལ།
遍知仪轨去世随

c ཟ་ཧོར་བརྩེ་ངག་དབང་བློ་བཟང་རྒྱ་མཚོ།

d

e ཆོ་ག（仪轨）

f 刻本 འབྲས་སྤུངས།（西藏拉萨哲蚌寺）

g 乌金 梵夹装 48×7
h 6 6
i 无 藏纸 黑 完整
j 封面钤有“民族文化宫图书馆藏”印；民族宫目录中无此件。

166
A 3613

B ངག་དབང་བློ་བཟང་རྒྱ་མཚོའི་གསུང་འབུམ།
阿旺洛桑嘉措文集

C

D ངག་དབང་བློ་བཟང་རྒྱ་མཚོ།

同 3563 介绍。

E　西藏图书馆藏此函由民族宫目录中同文集各函散卷组成。

166.1

a　19-1

b　མ་དང་མཁའ་འགྲོའི་མཉེས་བྱེད་མེ་མཆོད་ཀྱི་ཆོ་ག་རིག་འཛིན་སྲོག་མཐུད་རྩེ་སྨན་ལྗོན་པ།

母与空行喜悦之火供仪轨·持明延寿甘露药树

c

d　ལྕགས་བྱ། 铁鸡年（1681）

e　ཆོ་ག（仪轨）

f　刻本　འབྲས་སྤུངས།（西藏拉萨哲蚌寺）　འཆམ་དཔོན་དགེ་སློང་ངག་དབང་དཀོན་མཆོག

g　乌金　梵夹装　46×6

h　8　6

i　无　藏纸　黑　完整

j　封面钤有“民族文化宫图书馆藏”印；民族宫目录中为ང函。

166.2

a　19-2

b　ཁྲོ་བོ་རོལ་བའི་ཟིན་བྲིས་རིག་འཛིན་དགོངས་རྒྱན།

忿怒王游戏记录·持明密意庄严

c

d

e　ཟིན་བྲིས།（笔录）

f　刻本　འབྲས་སྤུངས།（西藏拉萨哲蚌寺）

g　乌金　梵夹装　47×6

h　10　6

i　无　藏纸　黑　完整

j　封面钤有“民族文化宫图书馆藏”印；民族宫目录中为ག函。

166.3

a 19-3

b བཀའ་བརྒྱད་བདེ་འདུས་ཀྱི་དབང་དང་། ཁྲོ་རོལ་གྱི་ཟིན་བྲིས་ཀུན་བཟང་དགོངས་པའི་རོལ་མཚོ།

八教乐集灌顶与忿怒游戏之笔记·普贤密意游戏海

c

d

e དབང་སོགས།（灌顶）

f 刻本 འབྲས་སྤུངས།（西藏拉萨哲蚌寺）

g 乌金 梵夹装 45.5×5.5

h 8 6

i 无 藏纸 黑 完整

j 封面钤有“民族文化宫图书馆藏”印；民族宫目录中为ཀ།函。

166.4

a 19-4

b དྲེགས་པའི་སྡེ་དཔོན་གྱི་གསོལ་མཆོད།

威神之祈供仪轨

c

d

e ཆོ་ག（仪轨）

f 刻本 འབྲས་སྤུངས།（西藏拉萨哲蚌寺）

g 乌金 梵夹装 48×6

h 3 6

i 无 藏纸 黑 完整

j 封面钤有“民族文化宫图书馆藏”印；民族宫目录中无此件。

166.5

a 19-5

b ལམ་ཡིག་རང་གཟུགས་གསལ་སྟོན་དྲི་བྲལ་མེ་ལོང་།

明示道路历程本相·离垢明镜

c
d
e ལམ་ཡིག（通行证）

f 刻本 འབྲས་སྤུངས།（西藏拉萨哲蚌寺）

g 乌金 梵夹装 46.5 ×6
h 4 6
i 无 藏纸 黑 完整
j 封面钤有“民族文化宫图书馆藏”印；民族宫目录中为བ函，14 叶。

166.6
a 19-6
b བསྲུན་བཟློག་གི་ཆོག་སྒྲིགས་འཆི་བདག་གཡུལ་ལས་རྣམ་རྒྱལ།

放咒仪轨编·战胜死神

c ཟ་ཧོར་བཟེ་ཞིལ་གནོན་བཞད་པ་རྩལ།

d མེ་སྦྲུལ། 火蛇年（1677）

e ཆོ་ག（仪轨）

f 刻本 འབྲས་སྤུངས།（西藏拉萨哲蚌寺） བཙུན་པ་འཇམ་དབྱངས་གྲགས་པ།

g 乌金 梵夹装 47×6
h 15 6
i 无 藏纸 黑 完整
j 封面钤有“民族文化宫图书馆藏”印；民族宫目录中为ང函。

166.7
a 19-7
b ཁྲོ་རོལ་ངག་འདོན་བདུད་སྡེའི་གཡུལ་ལས་རྒྱལ་བའི་སྒྲ་དབྱངས།

忿怒王游戏念诵法·战胜魔军之声

c ཟ་ཧོར་བཟེ་ངག་དབང་བློ་བཟང་རྒྱ་མཚོ་མིང་གཞན་ཐུགས་སྨོན་གང་ཤར་རང་གྲོལ།

d ཆུ་ཡོས། 水兔年（1663） པོ་ཏ་ལ།（西藏拉萨布达拉宫）

e ངག་འདོན། （念诵法）

f 刻本 འབྲས་སྤུངས། （西藏拉萨哲蚌寺） འཇམ་དབྱངས་དཔལ་བཟང་།

g 乌金 梵夹装 47×6
h 91 6
i 无 藏纸 黑 完整
j 封面钤有“民族文化宫图书馆藏”印；民族宫目录中为ག函。

166.8
a 19-8

b ཉེ་བརྒྱུད་ཚེ་ཁྲིད་འཆི་མེད་རྡོ་རྗེའི་སྲོག་ཤིང་ཁྲིགས་སུ་བསྡེབས་པ།

近续长寿导释金刚神主轴结合法

c ཟ་ཧོར་བཟེ་ངག་དབང་བློ་བཟང་རྒྱ་མཚོ།

d འབྲས་སྤུངས། （西藏拉萨哲蚌寺）

e ཚེ་ཁྲིད། （长寿导释）

f 刻本 འབྲས་སྤུངས། （西藏拉萨哲蚌寺） ངག་དབང་དགེ་ལེགས།

g 乌金 梵夹装 46.5×6
h 5 6
i 无 藏纸 黑 完整
j 封面钤有“民族文化宫图书馆藏”印；民族宫目录中无此件。

166.9
a 19-9

b འཆི་བདག་བཟློག་བྱེད་ཀྱི་འཆི་བདག་གཡུལ་ལས་རྒྱལ་བའི་རྡུ་མཚོན།

死神回遮之诵本·战胜死神之军器

c ཟ་ཧོར་གྱི་ཐུགས་པན་བླ་མེན་རྡོ་རྗེ་རྩལ།

d ལྕགས་སྟག 铁虎年（1650） དགའ་ལྡན་ཕོ་བྲང་། （西藏拉萨噶丹颇章）

e ཆོ་ག （仪轨）

f 刻本 འབྲས་སྤུངས།（西藏拉萨哲蚌寺） སློ་བཟང་ཚེ་རིང་།

g 乌金 梵夹装 46×6

h 9 6

i 无 藏纸 黑 完整

j 封面钤有“民族文化宫图书馆藏”印；民族宫目录中为ཀ函。

166.10

a 19-10

b གཏེར་ཁ་གོང་མའི་དྲག་པོ་བདེ་འདུས་ཀྱི་བསྙེན་ཡིག་མེ་རླུང་འཁྲུག་པའི་ཚ་དར།

密藏之威猛安乐集闭关静修法·火风动摇之绥带

c ཟ་ཧོར་ཐུགས་སྨོན།

d

e བསྙེན་ཡིག（念修文）

f 刻本 འབྲས་སྤུངས།（西藏拉萨哲蚌寺） འཇམ་དབྱངས་དཔལ་བཟང་།

g 乌金 梵夹装 46×5.6

h 6 6

i 无 藏纸 黑 完整

j 封面钤有“民族文化宫图书馆藏”印；民族宫目录中为ཀ函。

166.11

a 19-11

b ཀིང་ཀང་གཏང་རག

金刚酬恩法

c ཟ་ཧོར་བཙེ།

d

e ཆོ་ག（仪轨）

f 刻本 འབྲས་སྤུངས།（西藏拉萨哲蚌寺） དགེ་སློང་འཇམ་དབྱངས་གྲགས་པ།

g 乌金 梵夹装 46×6

h 1 6
i 无 藏纸 黑 完整
j 封面钤有“民族文化宫图书馆藏”印；民族宫目录中为ཁ函。

166.12
a 19-12
b དབྱུ་གུ་དྲུག་བཅུ་རྩ་བཞིའི་གཏོར་ཚད་སྲིད་གསུམ་རྣམ་རྒྱལ།
六十四刻供神馐仪轨·三有尊胜
c ཟ་ཧོར་བནྡེ་ངག་དབང་བློ་བཟང་རྒྱ་མཚོ།
d
e ཆོ་ག（仪轨）
f 刻本 འབྲས་སྤུངས།（西藏拉萨哲蚌寺） ངག་དབང་དགེ་ལེགས།
g 乌金 梵夹装 46×5.5
h 4 6
i 无 藏纸 黑 完整
j 封面钤有“民族文化宫图书馆藏”印；民族宫目录中为ད函。

166.13
a 19-13
b དཔལ་ཆེན་ཕུར་བུའི་དམར་ཆེན་གཏོར་བཟློག་གནམ་ལྕགས་ཐོག་མདའ།
大吉祥普布玛钦神馐回遮法·粉碎魔军
c ཟ་ཧོར་བནྡེ་ངག་དབང་བློ་བཟང་རྒྱ་མཚོ།
d
e ཆོ་ག（仪轨）
f 刻本 འབྲས་སྤུངས།（西藏拉萨哲蚌寺） ངག་དབང་དགེ་ལེགས།
g 乌金 梵夹装 46.5×6
h 5 6
i 无 藏纸 黑 完整

j 封面钤有“民族文化宫图书馆藏”印；民族宫目录中为ག函。

166.14
a 19-14
b བྱས་ཆས་ཀེ་ཏུའི་ལས་བྱང་དག་སྒྲིགས་དགྲ་སྲོག་གཅོད་པའི་སྤུ་གྲི
杰切格杜之羯磨品目念诵轨·断敌命之利刃
c ཟ་ཧོར་ཐུགས་བརྩོན་ངག་དབང་བློ་བཟང་རྒྱ་མཚོ་མིང་གཞན་ཟིལ་གནོན་དྲག་རྩལ་རྡོ་རྗེ།
d
e ལས་ཚོགས།（业资）
f 刻本 འབྲས་སྤུངས།（西藏拉萨哲蚌寺） བློ་བཟང་བསྟན་འཛིན་དབང་རྒྱལ།
g 乌金 梵夹装 46×6
h 6 6
i 无 藏纸 黑 完整
j 封面钤有“民族文化宫图书馆藏”印；民族宫目录中为ག函。

166.15
a 19-15
b དྲང་སྲོང་ཁྱབ་འཇུག་ར་ཧུ་ལའི་ལས་བྱང་དུག་མདའ་ནག་པོ།
仙人遍入罗睺罗之羯磨品目·黑色毒箭
c ཟིལ་གནོན་དྲག་རྩལ་རྡོ་རྗེ།
d ཆུ་ཕོ་རྟ། 水阳马年（1642）
e ལས་ཚོགས།（业资）
f 刻本 འབྲས་སྤུངས།（西藏拉萨哲蚌寺） ངག་དབང་དགེ་ལེགས།
g 乌金 梵夹装 46×5.5
h 5 6
i 无 藏纸 黑 完整
j 封面钤有“民族文化宫图书馆藏”印；民族宫目录中为ང函。

166.16

a 19-16

b འཇམ་དཔལ་ཚེ་བདག་ཕྱག་བརྒྱ་ཟིལ་གནོན་གྱི་ལས་བྱང་གནམ་ལྕགས་འཁོར་ལོ།

妙吉祥寿神手印威慑作法品目·霹雳轮

c ཤཱཀྱའི་བཙུན་པ་ངག་དབང་བློ་བཟང་རྒྱ་མཚོ་ཚངས་སྲས་བཞད་པའི་རྡོ་རྗེ།

d མྱོས་ལྡན་གྱི་ལོ། 土兔年（1639） དགའ་ལྡན་ཕོ་བྲང་།（西藏拉萨噶丹颇章）

e ཆོ་ག（仪轨）

f 刻本 འབྲས་སྤུངས།（西藏拉萨哲蚌寺） ངག་དབང་དགེ་ལེགས།

g 乌金 梵夹装 45.7×5.7

h 32 6

i 无 藏纸 黑 完整

j 封面钤有“民族文化宫图书馆藏”印；民族宫目录中为ཁ函。

166.17

a 19-17

b ཐུགས་སྒྲུབ་ཀྱི་ལས་བྱང་ནོར་བུའི་ཅོད་པན།

意修之羯磨品目·宝冠

c ཟིལ་གནོན་དྲག་རྩལ།

d ཉིང་སྒྲོལ། 木猴年（1644）

e ཆོ་ག（仪轨）

f 刻本 འབྲས་སྤུངས།（西藏拉萨哲蚌寺）

g 乌金 梵夹装 46×6

h 10 6

i 无 藏纸 黑 完整

j 封面钤有“民族文化宫图书馆藏”印；民族宫目录中为ཀ函。

166.18
a 19-18

b རྒྱལ་བོ་ལུགས་ཀྱི་ཐུགས་རྗེ་ཆེན་པོའི་ལས་བྱང་ཉི་མའི་སྙིང་པོ།

王者传规之大悲观音羯磨品目·日光藏

c ཟ་ཧོར་བཙེ་ངག་དབང་བློ་བཟང་རྒྱ་མཚོ་མིང་གཞན་ཟིལ་གནོན་དྲག་རྩལ།

d ཆུ་འབྲུག 水龙年（1652）

e ལས་ཚོགས།（业资）

f 刻本 འབྲས་སྤུངས།（西藏拉萨哲蚌寺） སློབ་དཔོན་སློན་གྲོལ་བ་པཎ་ཆེན་འཇམ་དབྱངས་ལྷུན་གྲུབ།

g 乌金 梵夹装 46.5 ×6
h 9 6
i 无 藏纸 黑 完整
j 封面钤有“民族文化宫图书馆藏”印；民族宫目录中为ག函。

166.19
a 19-19

b རྒྱུད་སྡེ་རྒྱ་མཚོར་རབ་འབྱམས་སྨྲ་བ་རྣམས་ཀྱི་བཤད་པའི་མངོན་འགྲོའི་མཆོད་བརྗོད་ཀྱི་རིམ་པ་འཕང་འགྲོའི་སྒྲ་དབྱངས།

续部海中诸博学师所说之前行供养次第·琵琶之音

c ཟ་ཧོར་བཙེ།

d

e མཆོད་བརྗོད།（礼赞）

f 刻本 འབྲས་སྤུངས།（西藏拉萨哲蚌寺）

g 乌金 梵夹装 46×6
h 18 6
i 无 藏纸 黑 完整

j 封面钤有“民族文化宫图书馆藏”印；民族宫目录中为ནི函。

167

A 3614

B ངག་དབང་བློ་བཟང་རྒྱ་མཚོའི་གསུང་འབུམ།

阿旺洛桑嘉措文集

C

D ངག་དབང་བློ་བཟང་རྒྱ་མཚོ།

同 3563 介绍。

E 西藏图书馆藏此函由民族宫目录中同文集各函散卷组成。

167.1

a 30-1

b གཞུང་ཆེན་བདེ་གཤེགས་འདུས་པའི་སྙིང་པོའི་དོན་ཀུན་ཚང་བར་བསྡུས་པའི་ཐུགས་སྒྲུབ་ཐོག་མདའི་ཚ་དབལ།

大典籍如来集心要普摄诸义之意修法·雷箭热簇

c ཟ་ཧོར་ཐུགས་སྨོན་རྡོ་རྗེ་ཐོགས་མེད་རྩལ།

d ཀུན་དགའ། 木虎年（1674） རི་བོ་གྲུ་འཛིན།（西藏拉萨布达拉宫）

e རྒྱུད་འགྲེལ།（续释）

f 刻本 འབྲས་སྤུངས།（西藏拉萨哲蚌寺） འཇམ་གྲགས།

g 乌金 梵夹装 46×5.5

h 5 6

i 无 藏纸 黑 完整

j 封面钤有“民族文化宫图书馆藏”印；民族宫目录中为ཀ函。

167.2

a 30-2

b ཐུགས་སྒྲུབ་ཀྱི་ལས་བྱང་ནོར་བུའི་ཅོད་པན།

意修之羯磨品目·宝冠

c　ཟ་ཧོར་བཙེ་ངག་དབང་བློ་བཟང་རྒྱ་མཚོ།　ཟིལ་གནོན་དྲག་རྩལ།

d

e　ལས་ཚོགས།（业资）

f　刻本　འབྲས་སྤུངས།（西藏拉萨哲蚌寺）

g　乌金　梵夹装　46.5×6
h　10　6
i　无　藏纸　黑　完整
j　封面钤有“民族文化宫图书馆藏”印；民族宫目录中为ག函。

167.3
a　30-3

b　གཏེར་ཁ་འོག་མའི་ཏྲ་ནག་ལྷགས་རལ་ཅན་གྱི་ལས་བྱང་ཉི་མའི་དཀྱིལ་འཁོར།

下秘藏达纳甲热坚之羯磨品目·日曼荼罗

c　ཟ་ཧོར་བཙེ་ངག་དབང་བློ་བཟང་རྒྱ་མཚོ།

d

e　ལས་ཚོགས།（业资）

f　刻本　འབྲས་སྤུངས།（西藏拉萨哲蚌寺）　གནས་བན་འཛམ་དབྱངས།

g　乌金　梵夹装　47.5×6
h　5　6
i　无　藏纸　黑　完整
j　封面钤有“民族文化宫图书馆藏”印；民族宫目录中为ག函。

167.4
a　30-4

b　ཟིལ་གནོན་དྲག་པོའི་སྦྱིན་སྲེག་གི་ལས་བྱང་དུས་ཀྱི་མེ་ལྕེའི་ཕྲེང་བ།

威慑诛法护摩之羯磨品目·时焰鬘

c　ཟིལ་གནོན་དྲག་རྩལ་རྡོ་རྗེ།

d

e ལས་ཚོགས། （业资）

f 刻本 འབྲས་སྤུངས། （西藏拉萨哲蚌寺） ངག་དབང་དགེ་ལེགས།

g 乌金 梵夹装 46×6
h 8 6
i 无 藏纸 黑 完整
j 封面钤有“民族文化宫图书馆藏”印，写有哲蚌寺藏书号：ཕྱི།༧༢。民族宫目录中为ཁ函。

167.5
a 30-5

b ལྔ་ལྷའི་གསོལ་མཆོད་བསོད་ནམས་དཔལ་བསྐྱེད།

五尊祈供法·生起福德吉祥

c ཟ་ཧོར་བཙེ་ངག་དབང་བློ་བཟང་རྒྱ་མཚོ། ཟ་ཧོར་ཐུགས་སྨོན།

dས་རྟ། 土马年（1678）

e ཆོ་ག（仪轨）

f 刻本 འབྲས་སྤུངས། （西藏拉萨哲蚌寺） གནས་བརྟན་འཇམ་དབྱངས་གྲགས་པ།

g 乌金 梵夹装 47.5×5.5
h 5 6
i 无 藏纸 黑 完整
j 封面钤有“民族文化宫图书馆藏”印；民族宫目录中为ད函。

167.6
a 30-6

b བྱང་གཏེར་ཐུགས་རྗེ་ཆེན་པོ་འགྲོ་བ་ཀུན་གྲོལ་གྱི་ལས་བྱང་གི་དོན་ཚང་ཞིང་འཇུག་བདེ་བ་ཕན་བདེ་འབྱུང་

གནས།

北宗秘藏大悲观音普度众生之羯磨品目·义备而易行·利乐之源

c ཟ་ཧོར་བཟོ།

d

e ཆོ་ག（仪轨）

f 刻本 འབྲས་སྤུངས།（西藏拉萨哲蚌寺） ངག་དབང་དགེ་ལེགས།

g 乌金 梵夹装 45×6
h 3 6
i 无 藏纸 黑 完整
j 封面钤有“民族文化宫图书馆藏”印，写有哲蚌寺藏书号：ཀི。民族宫目录中为ག函。

167.7
a 30-7

b ཁ་བྲག་གཏེར་སྟོན་མའི་དྲེགས་འདུལ་བསྒྲེན་ཐབས་རྡོ་རྗེ་འབར་བའི་གཟི་བྱིན།

察乍得郡玛之伏魔修法·金刚焰之威慑

c ཟ་ཧོར་བཟོ།

d

e ལས་ཚོགས།（业资）

f 刻本 འབྲས་སྤུངས།（西藏拉萨哲蚌寺） ཟ་ཧོར་བཟོ།

g 乌金 梵夹装 46×6
h 3 6
i 无 藏纸 黑 完整
j 封面钤有“民族文化宫图书馆藏”印，写有哲蚌寺藏书号：ཀྱི༧༥。民族宫目录中为ང函，6叶。

167.8
a 30-8

b བཀའ་བརྒྱུད་གསང་བ་ཡོངས་རྫོགས་ཀྱི་དབང་བསྐུར་དུས་སྒྲུབ་འབུམ་དང་དབང་འབུམ་བསྡེབས་ནས་ཚུ་

བཀས་སུ་བཀོད་པ་ཡོངས་འདུའི་འཁྲི་ཤིང་།

八教秘密圆满灌顶时修法瓶与灌顶瓶注水安置·全聚宝树

c ཟ་ཧོར་ཐུགས་སྒྲོན་ཟིལ་གནོན་བཞད་པ་རྩལ།

d ཆུ་བྱི། 水鼠年（1672）

e ལས་ཚོགས།（业资）

f 刻本 འབྲས་སྤུངས།（西藏拉萨哲蚌寺） གནས་བརྟན་འཇམ་དབྱངས་གྲགས་པ།

g 乌金 梵夹装 45×6

h 91 6

i 无 藏纸 黑 完整

j 封面钤有“民族文化宫图书馆藏”印；民族宫目录中为ཀ།函。

167.9

a 30-9

b སངས་རྒྱས་ཐམས་ཅད་དང་མཉམ་པར་སྦྱོར་བ་དཔལ་ཡང་དག་ཟླ་གམ་དགུ་བའི་དཀྱིལ་འཁོར་གྱི་ཆོ་ག་ཧྲུམ་མཛད་ཞལ་ལུང་།

一切佛平等加行吉祥真实九扇曼荼罗仪轨·吽迦罗口传

c ཟ་ཧོར་ཐུགས་བཙུན་ངག་དབང་བློ་བཟང་རྒྱ་མཚོ་འཇིགས་མེད་གོ་ཆ་ཐུབ་བསྟན་ལང་ཚོའི་སྡེ།

d ཆུ་མོ་གླང་། 水阴牛年（1673） ༼རང་བྱུང་འཕགས་པའི་གཙུག་ལག་ཁང་།

e ཆོ་ག（仪轨）

f 刻本 འབྲས་སྤུངས།（西藏拉萨哲蚌寺） རིག་འཛིན་འཇམ་དབྱངས་གྲགས་པ།

g 乌金 梵夹装 47×6

h 65 6

i 无 藏纸 黑 完整

j 封面钤有“民族文化宫图书馆藏”印；民族宫目录中为ཀ།函。

167.10

a 30-10

b བྱས་ཆས་ཀེ་ཏུའི་ལས་བྱང་ངག་སྒྲིགས་དགྲ་སྲོག་གཅོད་པའི་སྤུ་གྲི

杰切格杜之羯磨品目念诵轨·断敌命之利刃

c ཟ་ཧོར་བཟེ་ངག་དབང་བློ་བཟང་རྒྱ་མཚོའམ་ཟིལ་གནོན་དྲག་རྩལ་རྡོ་རྗེ།

d

e ཆོ་ག（仪轨）

f 刻本 འབྲས་སྤུངས།（西藏拉萨哲蚌寺） བློ་བཟང་བསྟན་འཛིན་དཔང་རྒྱལ།

g 乌金 梵夹装 47×6

h 6 6

i 无 藏纸 黑 完整

j 封面钤有“民族文化宫图书馆藏”印；民族宫目录中无此件。

167.11

a 30-11

b ཉང་ལུགས་དྲག་པོ་བདེ་གཤེགས་འདུས་པའི་རྒྱུན་ཁྱེར་རིགས་འཛིན་བརྒྱུད་པའི་ཞལ་ལུང་།

梁师传规之威猛如来集常用持明相承口传

c ཟ་ཧོར་བཟེ་ངག་དབང་བློ་བཟང་རྒྱ་མཚོ།

d

e ཞལ་གདམས།（教言）

f 刻本 འབྲས་སྤུངས།（西藏拉萨哲蚌寺） གནས་བརྟན་འཇམ་དབྱངས།

g 乌金 梵夹装 47×6

h 3 6

i 无 藏纸 黑 完整

j 封面钤有“民族文化宫图书馆藏”印；民族宫目录中为ཀ函。

167.12

a 30-12

b ཐུགས་སྒྲུབ་དྲག་པོའི་རྩལ་གྱི་ལས་བྱང་དངོས་གྲུབ་ཡོངས་འདུའི་གཏེར་མཛོད།

意修威猛之羯磨品目·悉地圆集宝藏

c ཟ་ཧོར་བཟོ།

d ལྕགས་སྤྲེལ། 铁猴年（1680） པོ་ཏ་ལ།（西藏拉萨布达拉宫）

e ལས་ཚོགས།（业资）

f 刻本 འབྲས་སྤུངས།（西藏拉萨哲蚌寺） ཐར་རྒྱས་པ་བློ་བཟང་དབང་པོ།

g 乌金 梵夹装 46.5×6
h 11 6
i 无 藏纸 黑 完整

j 封面钤有“民族文化宫图书馆藏”印；民族宫目录中为ཀ函。

167.13
a 30-13

b སྒྲིན་སྲིག་གི་སྒོ་འབྱེད་འཕྲུལ་གྱི་ལྡེ་མིག

开护摩门之幻化钥

c ངག་དབང་བློ་བཟང་རྒྱ་མཚོ།

d

e ལས་ཚོགས།（业资）

f 刻本 འབྲས་སྤུངས།（西藏拉萨哲蚌寺）

g 乌金 梵夹装 47×6
h 4 6
i 无 藏纸 黑 完整

j 封面钤有“民族文化宫图书馆藏”印；民族宫目录中为ཁ函。

167.14
a 30-14

b ལྕགས་འདྲའི་འཁོར་ལོའི་སྔགས་བྱང་།

如铁护轮之真言名目

c ཟ་ཧོར་བཟོ།

d

e ལས་ཚོགས། （业资）

f 刻本 འབྲས་སྤུངས། （西藏拉萨哲蚌寺）

g 乌金 梵夹装 46×6
h 3 6
i 无 藏纸 黑 完整

j 封面钤有“民族文化宫图书馆藏”印；民族宫目录中为ང函。

167.15
a 30-15

b བཀའ་བརྒྱད་གསང་རྫོགས་ཀྱི་ལས་བྱང་ལྷན་ཐབས་དགོས་པ་ཀུན་འབྱུང་།

八教秘密圆满羯磨品目补遗·所需俱有

c བཞད་པ་རྩལ།

d

e ལས་ཚོགས། （业资）

f 刻本 འབྲས་སྤུངས། （西藏拉萨哲蚌寺）

g 乌金 梵夹装 45.5×6
h 15 6
i 无 藏纸 黑 完整

j 封面钤有“民族文化宫图书馆藏”印；民族宫目录中为ཀ函。

167.16
a 30-16

b གཉན་ཆེན་ཐང་ལྷའི་འཕྲིན་ལས་བདུད་རྩིའི་ཆུ་རྒྱུན།

念青唐拉神之事业·甘露长流

c ཟ་ཧོར་བཟེ།

d

c ལས་ཚོགས། （业资）

f 刻本 འབྲས་སྤུངས།（西藏拉萨哲蚌寺）

g 乌金 梵夹装 45.5×6

h 5 6

i 无 藏纸 黑 完整

j 封面钤有“民族文化宫图书馆藏”印；民族宫目录中为ང函。

167.17

a 30-17

b རྗེས་གནང་རིག་གཏད་བྱིན་རླབས་ཀྱི་མཚམས་སྦྱོར་འཕྲིན་ལས་ཆུ་རྒྱུན།

随许传咒加持之结合篇·事业泉流

c ཟ་ཧོར་བཟླ།

d

e ལས་ཚོགས།（业资）

f 刻本 འབྲས་སྤུངས།（西藏拉萨哲蚌寺） གནས་བརྟན་འཇམ་དབྱངས་གྲགས་པ།

g 乌金 梵夹装 47×5.5

h 9 6

i 无 藏纸 黑 完整

j 封面钤有“民族文化宫图书馆藏”印；民族宫目录中为ང函。

167.18

a 30-18

b རྡོ་རྗེ་གཏུམ་པའི་ལས་བྱང་རྒྱུན་འཁྱེར་མཐོང་བ་རྣམ་གྲོལ།

金刚威猛之常用羯磨品目·见者解脱

c ཟ་ཧོར་ཐུགས་སྨོན།

d

e ལས་ཚོགས།（业资）

f 刻本 འབྲས་སྤུངས།（西藏拉萨哲蚌寺） དཔལ་གྲོང་ཐུགས་རམས་པ་ངག་དབང་དགེ་ལེགས།

g 乌金 梵夹装 46×6

h 4 6
i 无 藏纸 黑 完整

j 封面钤有“民族文化宫图书馆藏”印；民族宫目录中为ང函。

167.19
a 30-19

b ཚེ་བདག་རྣོན་པོ་ནད་གཅོད་ཀྱི་དབང་གི་ཆོག་སྒྲིགས་ཉ་རྒྱས་ཟླ་བའི་དཀྱིལ་འཁོར།

寿主除急病灌顶仪轨·圆满月曼荼罗

c ཟ་ཧོར་བཙུན།

d

e ཆོ་ག（仪轨）

f 刻本 འབྲས་སྤུངས།（西藏拉萨哲蚌寺） དགེ་སྡོང་འཇམ་དབྱངས་གྲགས་པ།

g 乌金 梵夹装 46×6
h 10 6
i 无 藏纸 黑 完整

j 封面钤有“民族文化宫图书馆藏”印；民族宫目录中为ཁ函。

167.20
a 30-20

b ཐུག་ཆོག་དབང་དྲག་རོལ་བའི་དགའ་སྟོན།

供粥仪轨·权威游戏喜宴

c ཟ་ཧོར་བཙུན།

d འབྲས་སྤུངས།（西藏拉萨哲蚌寺）

e ཆོ་ག（仪轨）

f 刻本 འབྲས་སྤུངས།（西藏拉萨哲蚌寺）

g 乌金 梵夹装 47×6
h 11 6
i 无 藏纸 黑 完整

j 封面钤有“民族文化宫图书馆藏”印；民族宫目录中为ང函。

167.21

a 30-21

b ཇོ་བཙུན་སེང་ལྡེང་ནགས་སྒྲོལ་ལ་བརྟེན་པའི་མདོས་ཆོག་མཐོང་བས་དོན་གྲུབ།

依至尊竭地洛迦林度母修禳解仪轨·见者义成

c ཟ་ཧོར་བན་ཆེན་བཞད་པ་རྩལ།

d

e མདོས་ཆོག（禳解仪轨）

f 刻本 འབྲས་སྤུངས།（西藏拉萨哲蚌寺） འཕྲོངས་རྒྱས་ཕུན་ཚོགས་དབང་པོ།

g 乌金 梵夹装 47×6

h 17 6

i 无 藏纸 黑 完整

j 封面钤有“民族文化宫图书馆藏”印；民族宫目录中为ང函。

167.22

a 30-22

b དྲང་སྲོང་ལོག་ཏི་པ་ལའི་ལས་བྱང་ཆོག་སྒྲིགས་གནམ་ལྕགས་རྡོ་རྗེའི་དྲེགས་འབེབས།

仙人洛枳巴拉之羯磨品目仪轨·霹雳金刚猛降

c

d ཆུ་གླང་། 水牛年（1673） པོ་ཏ་ལ།（西藏拉萨布达拉宫）

e ལས་ཚོགས།（业资）

f 刻本 འབྲས་སྤུངས།（西藏拉萨哲蚌寺） རིག་འཛིན་འཇམ་དབྱངས་གྲགས་པ།

g 乌金 梵夹装 47×6

h 17 6

i 无 藏纸 黑 完整

j 封面钤有“民族文化宫图书馆藏”印；民族宫目录中为ང函。

167.23
a　30-23
b　བྱང་གཏེར་ཕུར་པ་ཁྲོ་བོ་རོལ་པའི་གཏོར་བཟློག་བདུད་སྡེ་ཕྱེར་འཐག།
　北宗秘藏橛忿怒王游戏神馐回遮法·粉碎魔军
c　ཟ་ཧོར་གྱི་རིགས་ལས་གང་ཤར་རང་གྲོལ་ལམ་ངག་དབང་བློ་བཟང་རྒྱ་མཚོ།
d
e　གཏོར་བཟློག（神馐回遮）
f　刻本　འབྲས་སྤུངས།（西藏拉萨哲蚌寺）　འཇམ་དཔལ།
g　乌金　梵夹装　47×5.5
h　12　6
i　无　藏纸　黑　完整
j　封面钤有“民族文化宫图书馆藏”印；民族宫目录中为ག函。

167.24
a　30-24
b　དྲེགས་པའི་སྡེ་དཔོན་གྱི་གསོལ་མཆོད།
　威神之仪轨
c
d
e　གསོལ་མཆོད།（仪轨）
f　刻本　འབྲས་སྤུངས།（西藏拉萨哲蚌寺）
g　乌金　梵夹装　47.5×6
h　3　6
i　无　藏纸　黑　完整
j　封面钤有“民族文化宫图书馆藏”印；民族宫目录中无此件。

167.25
a　30-25
b　ཀླ་བྲག་གཏེར་བཙན་ནང་སྒྲུབ་ལྕགས་ཀྱི་སྡོང་པོའི་ལས་བྱང་དབང་ཆོག་དང་བཅས་པ་གངྒའི་ཆུ་རྒྱུན།
　乍得郡神内修法·铁树之羯磨品目灌顶仪轨等·恒河长流

c　ཟ་ཧོར་ཐུགས་སྨོན་བཞད་པ་རྩལ།

d　ས་ལུག 土羊年（1679）

ཐམ་པར་རྒྱལ་བའི་ཕན་བདེ་བཤད་སྒྲུབ་གླིང་།（西藏山南夏珠林寺）

e　ལས་ཚོགས།（业资）

f　刻本　འབྲས་སྤུངས།（西藏拉萨哲蚌寺）　དཔལ་གྲོང་ཐུགས་རམས་པ་ངག་དབང་དགེ་ལེགས།

g　乌金　梵夹装　46.5×5.5
h　7　6
i　无　藏纸　黑　完整

j　封面钤有“民族文化宫图书馆藏”印；民族宫目录中为ང函。

167.26
a　30-26

b　སྐད་ཅིག་ཉིད་ལ་བདེ་ཆེན་དུ་བགྲོད་པའི་ཟབ་ལམ་འཕོ་བའི་གདམས་པ།

一刹那中趣入大乐之深道往生教导

c　བཞད་པ་རྩལ།

d

e　འཕོ་གདམས།（往生教导）

f　刻本　འབྲས་སྤུངས།（西藏拉萨哲蚌寺）

g　乌金　梵夹装　45×6
h　2　6
i　无　藏纸　黑　完整

j　封面钤有“民族文化宫图书馆藏”印；民族宫目录中为ང函。

167.27
a　30-27

b　རྡོ་རྗེ་འབར་བ་རྩལ་གྱི་རྟེན་མདོས་བཀང་མདོས་ཀྱི་རིམ་པ་རྒྱ་འབག་མིག་གི་རྣམ་འཕྲུལ།

金刚焰力之所供、酬供、回遮等禳解之次第·眼之幻现

c　ཟ་ཧོར་གྱི་ཐུགས་སྒྲོན་རྡོ་རྗེ་ཐོགས་མེད་རྩལ།

d　ཤིང་སྟག　木虎年（1674）　པོ་ཏ་ལ།（西藏拉萨布达拉宫）

e　རྣེན་མདོས།（所供禳解）

f　刻本　འབྲས་སྤུངས།（西藏拉萨哲蚌寺）　སྡོམ་བརྩོན་འཇམ་དབྱངས་གྲགས་པ།

g　乌金　梵夹装　46.5×6
h　17　6
i　无　藏纸　黑　完整
j　封面钤有“民族文化宫图书馆藏”印；民族宫目录中为ག函。

167.28
a　30-28
b　པདྨ་དབང་ཆེན་ཡང་གསང་ཁྲོས་པའི་ལོ་རྒྱུས་རིག་འཛིན་ཞལ་ལུང་།
　　莲华大自在极密忿怒王之史事·持明口传
c　ཟ་ཧོར་གྱི་ཐུགས་བཙུན་ངག་དབང་བློ་བཟང་རྒྱ་མཚོ་མིང་གཞན་བཞད་པ་རྩལ།

d　ས་སྐྱོང་གི་ལོ།　木鸡年（1645）

e　ལོ་རྒྱུས།（史志）

f　刻本　འབྲས་སྤུངས།（西藏拉萨哲蚌寺）　རིག་ཐུགས་འཆང་བ་ངག་དབང་དགེ་ལེགས།

g　乌金　梵夹装　47×6
h　7　6
i　无　藏纸　黑　完整
j　封面钤有“民族文化宫图书馆藏”印；民族宫目录中为ག函。

167.29
a　30-29
b　ཞིང་སྐྱོང་སེང་གེའི་གདོང་ཅན་གྱི་ལས་བྱང་གནམ་ལྕགས་སྤུ་གྲི
　　护方神狮面之羯磨品目·天铁利刃

c ཟ་ཧོར་གྱི་ སྟགས་བན་ངག་དབང་བློ་བཟང་རྒྱ་མཚོ་མིང་གཞན་ཟིལ་གནོན་དྲག་རྩལ།

d

e ལས་ཚོགས།（业资）

f 刻本 འབྲས་སྤུངས།（西藏拉萨哲蚌寺） རྒྱ་མཚོ།

g 乌金 梵夹装 46.5×6
h 5 6
i 无 藏纸 黑 完整

j 封面钤有“民族文化宫图书馆藏”印；民族宫目录中为ཀ函。

167.30
a 30-30

b རྡོ་རྗེ་འབར་བ་རྩལ་གྱི་བསྙེན་སྒྲུབ་བཀང་མདོས་ཀྱི་ལག་ལེན་དྲན་པའི་གསལ་འདེབས།

金刚焰力之闭关修法·禳解供修法、忆念祈愿文等

c རྡོ་རྗེ་ཐོགས་མེད་རྩལ།

d

e གསོལ་འདེབས།（启请文）

f 刻本 འབྲས་སྤུངས།（西藏拉萨哲蚌寺） འཇམ་དབྱངས་གྲགས་པ།

g 乌金 梵夹装 45.5×6
h 6 6
i 无 藏纸 黑 完整

j 封面钤有“民族文化宫图书馆藏”印；民族宫目录中为ཀ函。

168
A 3615

B ངག་དབང་བློ་བཟང་རྒྱ་མཚོའི་གསུང་འབུམ།

阿旺洛桑嘉措文集

C

D ངག་དབང་བློ་བཟང་རྒྱ་མཚོ།

同 3563 介绍。

E 西藏图书馆藏此函由民族宫目录中同文集各函散卷组成。

168.1

a 8-1

b ལྷ་མཆོག་འབར་བ་ཙུལ་གྱི་འཕྲིན་ལས་བརྒྱ་ཕྲག་ཉི་དངོས་འཛིན་པའི་སྣང་གསལ།

上神焰力之事业·百日真现光明

c ཟ་ཧོར་སྡགས་བཙུན་ཟིལ་གནོན་བཞད་པ་རྩལ།

d ཤིང་སྟག 木虎年（1674） དམར་པོ་རི།（西藏拉萨布达拉宫）

e ལས་ཚོགས།（业资）

f 刻本 འབྲས་སྤུངས།（西藏拉萨哲蚌寺） རིག་འཛིན་འཇམ་དབྱངས་གྲགས་པ།

g 乌金 梵夹装 47×6

h 25 6

i 无 藏纸 黑 完整

j 封面钤有“民族文化宫图书馆藏”印；民族宫目录中为ཀ།函。

168.2

a 8-2

b འདོད་ཁམས་དབང་ཕྱུག་དམག་སོར་རྒྱལ་མོའི་སྒྲུབ་ཐབས་གཏོར་ཆོག་ཚོགས་མཆོད་མངའ་གསོལ་བཅས་པ།

欲界神马索女王修法、神馐、集供仪轨

c རྒྱལ་བ་སྐལ་བཟང་རྒྱ་མཚོ།

d

e ལས་ཚོགས།（业资）

f 刻本 རྩེ་རྣམ་རྒྱལ་གྲྭ་ཚང་།（西藏拉萨布达拉宫朗杰扎藏）

g 乌金 梵夹装 49×7

h 30 6

i 无 藏纸 黑 完整

j 封面钤有“民族文化宫图书馆藏”印；民族宫目录中无此件。

168.3

a 8-3

b རྡོ་རྗེ་འབར་བ་རྩལ་གྱི་རྟེན་མདོས་བསྐང་མདོས་ཀྱི་རིམ་པ་རྒྱ་འབག་མིག་གི་རྣམ་འཕྲུལ།

金刚焰力之所供、酬供、回遮等禳解之次第·眼之幻现

c ཟ་ཧོར་ཐུགས་སྤྲུལ་རྡོ་རྗེ་ཐོགས་མེད་རྩལ།

d ཤིང་སྟག 木虎年（1674） པོ་ཏ་ལ།（西藏拉萨布达拉宫）

e རྟེན་མདོས།（所供禳解）

f 刻本 འབྲས་སྤུངས།（西藏拉萨哲蚌寺） སྒོམ་བརྩོན་འཇམ་དབྱངས་གྲགས་པ།

g 乌金 梵夹装 46.5×6

h 30 6

i 无 藏纸 黑 完整

j 封面钤有“民族文化宫图书馆藏”印；民族宫目录中为ཀ།函，17 叶。

168.4

a 8-4

b གཉན་ཆེན་ཐང་ལྷའི་འཕྲིན་ལས་བདུད་རྩིའི་ཆུ་རྒྱུན།

念青唐拉神之事业·甘露长流

c ཟ་ཧོར་བཙྙེ།

d

e ལས་ཚོགས།（业资）

f 刻本 འབྲས་སྤུངས།（西藏拉萨哲蚌寺）

g 乌金 梵夹装 48×5.5

h 5 6

i 无 藏纸 黑 完整

j 封面钤有“民族文化宫图书馆藏”印；民族宫目录中为ང函。

168.5
a 8-5
b བོད་སྐྱོང་བསྟན་མ་བཅུ་གཉིས་ཀྱི་མདོས་ཀྱི་འཕྲིན་ལས་དཔྱིད་ཀྱི་རྒྱལ་མོའི་གླུ་དབྱངས།
护藏土十二坚牢地母之禳解事业·杜鹃歌音
c ཟ་ཧོར་གྱི་རིགས་ལས་ཐུགས་སྨོན་གང་ཤར་རང་གྲོལ།
d ལྕགས་ཁྱི། 铁狗年（1670） པོ་ཏ་ལ།（西藏拉萨布达拉宫）
e ལས་ཚོགས།（业资）
f 刻本 འབྲས་སྤུངས།（西藏拉萨哲蚌寺） གནས་བརྟན་འཇམ་དབྱངས།
g 乌金 梵夹装 46×6
h 28 6
i 无 藏纸 黑 完整
j 封面钤有“民族文化宫图书馆藏”印；民族宫目录中为ང函。

168.6
a 8-6
b རྗེས་འབྲངས།
追随
c
d
e ལས་ཚོགས།（业资）
f 刻本 འབྲས་སྤུངས།（西藏拉萨哲蚌寺）
g 乌金 梵夹装 47×5.5
h 21 6
i 无 藏纸 黑 完整
j 封面钤有“民族文化宫图书馆藏”印；民族宫目录中无此件。

168.7
a 8-7
b གཡུ་ཐོག་སྙིང་ཐིག་གི་ལས་བྱང་དཔག་བསམ་ལྗོན་པ།

玉妥心滴之羯磨品目·如意宝树

c ཟ་ཧོར་གྱི་རིགས་ལས་བཙུན་པ་ངག་དབང་བློ་བཟང་རྒྱ་མཚོ།

d ཀུན་འཛོམས། 土鼠年（1648） དགའ་ལྡན་ཕོ་བྲང་།（西藏拉萨噶丹颇章）

e ཆོ་ག（仪轨）

f 刻本 འབྲས་སྤུངས།（西藏拉萨哲蚌寺）

g 乌金 梵夹装 46×6
h 10 6
i 无 藏纸 黑 完整
j 封面钤有“民族文化宫图书馆藏”印；民族宫目录中为ང函。

168.8
a 8-8

b རྒྱལ་པོ་ལུགས་ཀྱི་ཐུགས་རྗེ་ཆེན་པོའི་མ་ཎི་རིལ་བསྒྲུབ་ཀྱི་ཆོ་ག་བྱིན་རླབས་བདུད་རྩིའི་གཏེར་ཆེན།
国王修论之大观音玛尼丸修持仪轨·威力甘露大宝藏

c ཟ་ཧོར་བཟེ་བྱང་སེམས་སྒྱུ་གུ་རྩལ།

d ལྕགས་བྱ། 铁鸡年（1681） དགའ་ལྡན་ཕོ་བྲང་།（西藏拉萨噶丹颇章）

e ཆོ་ག（仪轨）

f 刻本 འབྲས་སྤུངས།（西藏拉萨哲蚌寺）

g 乌金 梵夹装 46×6
h 8 6
i 无 藏纸 黑 完整
j 封面钤有“民族文化宫图书馆藏”印。

169
A 3616 3460

B བསྐལ་བཟང་རྒྱ་མཚོའི་གསུང་འབུམ།

格桑嘉措文集

C ཀ

D རྒྱལ་བ་བསྐལ་བཟང་རྒྱ་མཚོ། དགེ་ལུགས།རབ་བྱུང་བཅུ་གཉིས་པའི་ས་བྱ་ལོ་༡༧༠༤ལ་ཡབ་བསོད་ནམས་དར་རྒྱས་དང་ཡུམ་བློ་བཟང་ཆོས་མཚོ་གཉིས་ཀྱི་སྲས་སུ་ཁམས་ལི་ཐང་དགོན་ཆེན་བྱམས་པ་གླིང་གི་ལྷ་ཞོལ་དུ་སྐུ་འཁྲུངས།ལི་ཐང་ཆོས་སྡིང་ནས་རྒྱལ་བའི་ཡང་སྲིད་ཡིན་པ་ལུང་བསྟན་ཞིང་སྐུ་ཞང་ཨ་དགེ་བཀྲ་ཤིས་ནས་བསྐལ་བཟང་རྒྱ་མཚོ་ཞེས་མཚན་གསོལ།གནས་ཚུལ་དེ་རིམ་བཞིན་དབུས་གཙང་དུ་ཁྱབ་རྗེས་རྒྱལ་པོ་ལྷ་བཟང་གིས་ཕྱོགས་འདིར་སྙིག་ཉན་བྱེད་མཁན་བཏང་། ཤིང་རྟ་༡༧༡༨ལོར་སྡེ་དགེར་གདན་ཞུ་བྱས། ལོ་དེ་རང་དུ་བསྟན་འཛིན་ཆིང་ཐང་དཔོན་བརྒྱ་སྐོར་ཞིག་ཕེབས་བསུར་འགྲོར་ནས་མཚོ་སྔོན་དུ་ཕེབས་ནས་སྐུ་བོ་ཁྲི་ཐུག་བཀྲལ་བར་མཇལ་ཁ་གནང་། དགུང་ལོ་བརྒྱད་ཐོག་ཡན་དར་ཐུ་ནས་ཙོ་ནེ་བརྒྱུད་ཡང་སྲིད་རིན་པོ་ཆེ་སྐུ་འབུམ་བྱམས་པ་གླིང་དུ་ཕེབས་ནས་གསེར་ཁྲི་བཞུགས། དགུང་ལོ་བཅུ་གསུམ་དུས་སྐུ་འབུམ་ནས་ལྷ་སར་ཆིབས་ཁ་བསྒྱུར་ཚེ་སྲས་བཅུ་བཞི་པ་ཅང་ཙུན་སོགས་ཤིན་ཏུ་གཏོས་ཆེ་བའི་ཆིབས་ཞབས་དང་རྒྱ་སོག་སྐུ་སྲུང་དམག་མི་ཁྲིན་ཆེ་དང་བཅས་ལྷུགས་བྱེ་ལོར་པོ་ཏ་ལར་ཕེབས། པཎ་ཆེན་བློ་བཟང་ཡེ་ཤེས་ནས་མཁན་སློབ་སྔགས་མ་མཛད་དེ་དགེ་ཚུལ་གྱི་སྡོམ་པ་བཞེས། ཆ་གན་ནོ་མིན་ཧན། རྩ་བཟང་ནོ་མིན་ཧན། ཁྲི་བློ་བཟང་དར་རྒྱས། ཁྲི་ཆེན་དཔལ་ལྡན་གྲགས་པ་སོགས་ནས་གཞུང་ཆེན་མོ་དང་རིག་གནས་རྒྱ་མཚོར་གསན་སྦྱོང་གནང་ནས་མཁས་པའི་ཕུལ་དུ་ཕྱིན། དགུང་ལོ་ཞེ་བཞིར་བཀའ་ཤག་བཙུགས། དགུང་ལོ་ཞེ་ལྔར་འབྲས་ལྗོངས་རྒྱལ་པོ་གསར་བསྐོས་གནང་། སྒྲ་སྙན་ངག་རྩིསདཀར་ནག་ཐེབ་སྦྱོར་སོགས་ཡིག་རིགས་དུ་མའི་སློབ་གྲྭ་ཞིག་གསར་འཛུགས་གནང་། ཕྱིས་ཤར་ཆེན་ལྟོག་ཏུ་ཡོད་པའི་རྩེ་སློབ་གྲྭ་ཟེར་བ་འདི་ཡིན། ནོར་གླིང་དུ་བསྐལ་བཟང་ཕོ་བྲང་གསར་བསྐྲུན་མཛད། པཎ་ཆེན་དཔལ་ལྡན་ཡེ་ཤེས། ལྕང་སྐྱ་རོལ་པའི་རྡོ་རྗེ་སོགས་དངོས་སློབ་གྲངས་ལས་འདས་པར་རབ་བྱུང་དང་བསྙེན་རྫོགས་ཀྱི་སྡོམ་པ་གནང་། རབ་བྱུང་བཅུ་གསུམ་པའི་མེ་མོ་གླང་ལ་ལོ་༡༧༥༧ལ་དགོངས་པ་ཆོས་དབྱིངས་སུ་ཐིམས། གསུང་རྩོམ་པར་དུ་འགོད་པ་པོད་བདུན་ཡོད།

ཛེད་དཔེ་མཛོད་ཁང་དུ་མི་རིགས་པོ་བྲང་ནས་ཕྱིར་འབུལ་ཞུས་པའི་གྲས་ཡོད་ཤ ཀ--ཛ ཨང་རྟགས་ ༣༦༡༦--༣༦༢༢

བཞུགས།

格桑嘉措（1708—1757）：属格鲁派。诞生于多康理塘寺附近。被认定六世达赖转世的消息传遍卫藏后，蒙古拉藏汗派人察访、确认，迎请至德格，受德格土司丹巴次仁隆重欢迎。时年，由丹津亲王迎往青海，受到上万信众膜拜。13岁，从塔尔寺启程赴拉萨。1720年，在布达拉宫举行隆重的坐床典礼，班禅洛桑益西座前受戒。七世达赖创建因明、天文历算、语言等学校；在罗布林卡创建格桑颇章。其弟子不计其数，著名的有班钦贝丹益西、章嘉若白多杰等。享年50岁。遗著有7函。西藏图书馆藏北京民族文化宫图书馆赠送的文集有7函，编号为3616—3622。

E 馆藏齐全。

169.1

a 1-1

b ཟབ་པ་དང་རྒྱ་ཆེ་བའི་དམ་པའི་ཆོས་ཀྱི་ཐོབ་ཡིག་རིན་ཆེན་དབང་གི་རྒྱལ་པོའི་དོ་ཤལ།

甚深与广大正法之得法录·帝青宝璎珞

c

d ཤིང་འབྲུག 木龙年（1784） དགེ་འཕེལ་བསམ་གཏན་གླིང་།（西藏拉萨格培桑丹林）

e ཐོབ་ཡིག（得法录）

f 刻本 ཞོལ།（西藏拉萨雪版）

g 乌金 梵夹装 53×7

h 386 6

i 有 藏纸 黑 完整

j 封面钤有“民族文化宫图书馆藏”印。

170

A 3616 1125

B བསྐལ་བཟང་རྒྱ་མཚོའི་གསུང་འབུམ།

格桑嘉措文集

C ཀ

D　རྒྱལ་བ་སྐུ་ཕྲེང་བདུན་པ་བསྐལ་བཟང་རྒྱ་མཚོ།

同上。

E　馆藏齐全。

170.1

a　2-1

b　དཀར་ཆག

目录

c

d

e　དཀར་ཆག（目录）

f　刻本　ཞོལ།（西藏拉萨雪版）

g　乌金　梵夹装　50×7

h　1 3

i　无　藏纸　黑　完整

j　封面钤有“民族文化宫图书馆藏”印。

170.2

a　2-2

b　དཔལ་གསང་བ་འདུས་པ་མི་བསྐྱོད་རྡོ་རྗེའི་དཀྱིལ་འཁོར་གྱི་ཆོ་གའི་རྣམ་པར་བཤད་པ་དབང་དོན་དེ་ཉིད་ཡང་གསལ་སྣང་བ་རྡོ་རྗེ་སེམས་དཔའི་ཞལ་ལུང་།

吉祥密集不动金刚曼荼罗仪轨解说·灌顶义实性极显之光·金刚萨埵口传

c

d

e　ཆོ་གའི་རྣམ་བཤད།（仪轨论典）

f　刻本　ཞོལ།（西藏拉萨雪版）

g　乌金　梵夹装　50×7

h　417　6

i　有　藏纸　黑　完整

j　封面钤有“民族文化宫图书馆藏”印。

171

A 3617 1126

B བསྐལ་བཟང་རྒྱ་མཚོའི་གསུང་འབུམ།

格桑嘉措文集

C ཁ

D རྒྱལ་བ་སྐུ་ཕྲེང་བདུན་པ་བསྐལ་བཟང་རྒྱ་མཚོ།

同3616介绍。

E 馆藏齐全。

171.1

a 14-1

b དཀར་ཆག

目录

c

d

e དཀར་ཆག（目录）

f 刻本 ཞོལ།（西藏拉萨雪版）

g 乌金 梵夹装 48×6.5

h 2 6

i 无 藏纸 黑 完整

j 封面钤有“民族文化宫图书馆藏”印。

171.2

a 14-2

b རྒྱལ་བ་ཀུན་གྱི་མཁྱེན་བརྩེ་ནུས་གསུམ་གྱི་བདག་ཉིད་རྗེ་བཙུན་ཙོང་ཁ་པ་ཆེན་པོ་ལ་དམིགས་བརྩེ་མའི་གསོལ་

འདེབས་དང་འབྲེལ་བའི་བླ་མའི་རྣལ་འབྱོར་དགའ་ལྡན་ལྷ་བརྒྱ་མའི་ཁྲིད་ཡིག་དངོས་གྲུབ་ཀུན་འབྱུང་།

诸佛智悲力三者主体至尊宗喀巴大师座前结合弥遮玛祈请之上瑜伽喜足天众篇讲义·悉地普生

c བླ་གྲུབ་འི་དགེ་སློང་བློ་བཟང་བསྐལ་བཟང་རྒྱ་མཚོ།

d

e　བླ་མའི་རྣལ་འབྱོར།（上师瑜伽）

f　刻本　ཞོལ།（西藏拉萨雪版）

g　乌金　梵夹装　48×6.5
h　16　6
i　无　藏纸　黑　完整
j　封面钤有“民族文化宫图书馆藏”印；民族宫目录中为 15 叶。

171.3
a　14-3

b　བླ་མ་དང་དཔལ་རྡོ་རྗེ་འཇིགས་བྱེད་ཆེན་པོ་ངོ་བོ་དབྱེར་མེད་དུ་མོས་ནས་གསོལ་བ་འདེབས་པའི་རྣལ་འབྱོར་བྱ་བའི་རིམ་པ་དངོས་གྲུབ་ཀུན་སྩོལ།

观想上师与薄伽梵吉祥大怖畏金刚体性无别之门而祈祷之瑜伽修法次第·悉地普施

c　དགེ་སློང་བློ་བཟང་བསྐལ་བཟང་རྒྱ་མཚོ།

d　ཁྲི་ཆེན་ངག་དབང་མཆོག་ལྡན།

e　བླ་མའི་རྣལ་འབྱོར།（上师瑜伽）

f　刻本　ཞོལ།（西藏拉萨雪版）

g　乌金　梵夹装　48×6
h　8　6
i　无　藏纸　黑　完整
j　封面钤有“民族文化宫图书馆藏”印。

171.4
a　14-4

b　ཡོན་ཏན་ཀུན་གྱི་གཞི་རྟེན་བླ་མའི་རྣལ་འབྱོར་གྱི་རིམ་པ་ཕྱོགས་གཅིག་ཏུ་བཀོད་པ་དངོས་གྲུབ་བདུད་རྩིའི་ཆར་འབེབས།

万德之基与上瑜伽次第合编·悉地甘露雨降

c　དགེ་སློང་བློ་བཟང་བསྐལ་བཟང་རྒྱ་མཚོ།

d

e བླ་མའི་རྣལ་འབྱོར། （上师瑜伽）

f 刻本 ཞོལ། （西藏拉萨雪版）

g 乌金 梵夹装 48×6
h 84 6
i 无 藏纸 黑 完整
j 封面钤有“民族文化宫图书馆藏”印。

171.5
a 14-5

b དཔལ་རྡོ་རྗེ་འཇིགས་བྱེད་ལྷ་བཅུ་གསུམ་མའི་དབང་གི་བརྒྱུད་འདེབས།
吉祥怖畏金刚十三尊灌顶传承启请文

c དགེ་སློང་བློ་བཟང་བསྐལ་བཟང་རྒྱ་མཚོ།

d ངག་དབང་བློ་བཟང་ཆོས་འཕེལ་སོགས།

e གསོལ་འདེབས། （启请文）

f 刻本 ཞོལ། （西藏拉萨雪版）

g 乌金 梵夹装 48×6
h 3 6
i 无 藏纸 黑 完整
j 封面钤有“民族文化宫图书馆藏”印。

171.6
a 14-6

b བཅོམ་ལྡན་འདས་དཔལ་འཇིགས་བྱེད་ཆེན་པོའི་བསྐྱེད་རྫོགས་དམར་ཁྲིད་ཀྱི་བརྒྱུད་འདེབས།
薄伽梵吉祥大怖畏金刚生圆二次第直观教导之传承启请文

c དགེ་སློང་བློ་བཟང་བསྐལ་བཟང་རྒྱ་མཚོ།

d ཁྲི་ཆེན་དངོས་གྲུབ་རྒྱ་མཚོའི་སྤྲུལ་སྐུ།

e གསོལ་འདེབས། （启请文）

f 刻本 ཞོལ། （西藏拉萨雪版）

g 乌金 梵夹装 48×6
h 3 6
i 无 藏纸 黑 完整
j 封面钤有“民族文化宫图书馆藏”印。

171.7
a 14-7

b ཁྱབ་འདུག་འཇམ་དཔལ་གཤིན་རྗེའི་གཤེད་རྡོ་རྗེ་འཇིགས་བྱེད་ཆེན་པོའི་དཀྱིལ་འཁོར་དུ་སྐལ་ལྡན་གྱི་སློབ་མ་

བཅུག་ ནས་དབང་བསྐུར་བའི་ཚུལ་རྣམས་བཤད་པ་སྐུ་གསུམ་རིན་ཆེན་བང་མཛོད།

遍主妙吉祥阎曼德迦大怖畏金刚曼荼罗中为入坛具缘弟子灌顶作法解说·三身大宝藏

c དགེ་སློང་བློ་བཟང་བསྐལ་བཟང་རྒྱ་མཚོ།

d དགེ་སློང་ནམ་མཁའ་ཡེ་ཤེས། གནས་མཆོག་པོ་ཏ་ལ། （西藏拉萨布达拉宫）

e དབང་བཤད། （灌顶说）

f 刻本 ཞོལ། （西藏拉萨雪版）

g 乌金 梵夹装 48×6
h 108 6
i 无 藏纸 黑 完整
j 封面钤有“民族文化宫图书馆藏”印。

171.8
a 14-8

b བཅོམ་ལྡན་འདས་དཔལ་འཇིགས་བྱེད་ཆེན་པོའི་བསྐྱེད་རྫོགས་དམར་ཁྲིད་ཐུན་མོང་མ་ཡིན་པའི་ཚུལ་བཤད་པ་

མཆོག་ཐུན་དངོས་གྲུབ་གཏེར་མཛོད།

薄伽梵吉祥大怖畏金刚生起次第不共直观教导解说·胜共二悉地库藏

c དགེ་སློང་བློ་བཟང་བསྐལ་བཟང་རྒྱ་མཚོ།

d གནས་མཆོག་པོ་ཏ་ལ། （西藏拉萨布达拉宫）

དཔོན་བླ་བ་ཆེའི་ཨེ་ཆའི་དགེ་སློང་ཕུན་ཚོགས་ཆོས་ལྡན།

e བསྐྱེད་རྫོགས་དམར་ཁྲིད།（直观导释）

f 刻本 ཞོལ།（西藏拉萨雪版）

g 乌金 梵夹装 48×6
h 56 6
i 无 藏纸 黑 完整
j 封面钤有“民族文化宫图书馆藏”印。

171.9
a 14-9

b དཔལ་རྡོ་རྗེ་འཇིགས་བྱེད་ཀྱི་ཚོགས་མཆོད་དགའ་སྟོན་འཛུམ་བཞད།

吉祥怖畏金刚会供法·喜庆笑颜

c དགེ་སློང་བློ་བཟང་བསྐལ་བཟང་རྒྱ་མཚོ།

d ལྕང་སྐྱ་མཆོག་སྤྲུལ་རིན་པོ་ཆེ།

e ཚོགས་མཆོད།（集供）

f 刻本 ཞོལ།（西藏拉萨雪版）

g 乌金 梵夹装 48×6
h 4 6
i 无 藏纸 黑 完整
j 封面钤有“民族文化宫图书馆藏”印。

171.10
a 14-10

b བཅོམ་ལྡན་འདས་དཔལ་འཇིགས་བྱེད་ཆེན་པོ་དཔའ་བོ་གཅིག་པ་བདུད་ཐམས་ཅད་ལས་རྣམ་པར་རྒྱལ་

བའི་དཀྱིལ་འཁོར་གྱི་ཆོ་གའི་ངག་འདོན་གྱི་རིམ་པ་བདུད་དཔུང་ཕྱེ་མར་འཐག་པའི་འཁྲུལ་འཁོར།

薄伽梵吉祥独勇大怖畏金刚胜伏一切魔军曼荼罗仪轨念诵次第·粉碎魔军之幻轮

c དགེ་སློང་བློ་བཟང་བསྐལ་བཟང་རྒྱ་མཚོ།

d གྲུ་འཛིན་གཉིས་པ།（西藏拉萨布达拉宫）

e ཆོ་གའི་ངག་འདོན།（仪轨念诵）

f 刻本 ཞོལ།（西藏拉萨雪版）

g 乌金 梵夹装 48×6
h 36 6
i 无 藏纸 黑 完整
j 封面钤有“民族文化宫图书馆藏”印。

171.11
a 14-11

b དཔལ་འཁོར་ལོ་སྡོམ་པ་ལཱུ་ཡི་པའི་ལུགས་དང་མི་ཏྲ་ནས་བརྒྱུད་པའི་ཞལ་གཅིག་ཕྱག་གཉིས་པ་ལྷ་ལྔའི་དབང་གི་བརྒྱུད་འདེབས།

吉祥胜乐轮鲁伊巴传规与弥枳所传一面二臂五尊灌顶传承启请文

c དགེ་སློང་བློ་བཟང་བསྐལ་བཟང་རྒྱ་མཚོ།

d སེ་ར་ཐེག་ཆེན་གླིང་།（西藏拉萨色拉寺）

e གསོལ་འདེབས།（启请文）

f 刻本 ཞོལ།（西藏拉萨雪版）

g 乌金 梵夹装 48×6
h 11 6
i 无 藏纸 黑 完整
j 封面钤有“民族文化宫图书馆藏”印。

171.12
a 14-12

b བདེ་མཆོག་དྲིལ་བུ་ལུགས་ལྷ་ལྔའི་དབང་གི་བརྒྱུད་འདེབས་དང་སྨོན་ལམ་ཤིས་བརྗོད།

枳布传规之胜乐五尊灌顶传承启请文、愿文、吉祥颂等

c དགེ་སློང་བློ་བཟང་བསྐལ་བཟང་རྒྱ་མཚོ།

d དར་མཁན་དགེ་སློང་སྐལ་བཟང་ཡོན་ཏན།

e བརྒྱུད་འདེབས།（启请文）

f 刻本 ཞོལ།（西藏拉萨雪版）

g 乌金 梵夹装 48×6
h 5 6
i 无 藏纸 黑 完整
j 封面钤有“民族文化宫图书馆藏”印。

171.13
a 14-13

b དཔལ་འཁོར་ལོ་སྡོམ་པ་གྲུབ་ཆེན་དྲིལ་བུ་ཞབས་ཀྱི་ལུགས་ལྷ་ལྔའི་སྒྲུབ་ཐབས་བདེ་ཆེན་དབང་གི་རྒྱལ་པོ།

吉祥胜乐轮大成就师枳布巴传规之五尊修法·大乐灌顶王

c དགེ་སློང་བློ་བཟང་བསྐལ་བཟང་རྒྱ་མཚོ།

d འབྲས་སྤུངས་སྔགས་པའི་གྲྭ་རིགས་སྔགས་རམས་པ་བློ་བཟང་ཚངས་དབྱངས།

e སྒྲུབ་ཐབས།（修心法）

f 刻本 ཞོལ།（西藏拉萨雪版）

g 乌金 梵夹装 48×6
h 34 6
i 无 藏纸 黑 完整
j 封面钤有“民族文化宫图书馆藏”印。

171.14
a 14-14

b བཅོམ་ལྡན་འདས་དཔལ་འཁོར་ལོ་སྡོམ་པའི་ཚོགས་མཆོད་ཀྱི་མཆོད་པ་ཇི་ལྟར་བྱ་བའི་ཚུལ་བདེ་ཆེན་སྙིང་པོ་རབ་

རྒྱས།

薄伽梵吉祥胜乐轮会供如何修法·极增大乐藏

c དགེ་སློང་བློ་བཟང་བསྐལ་བཟང་རྒྱ་མཚོ།

d　པོ་བྲང་པོ་ཏ་ལ།（西藏拉萨布达拉宫）　ལྷུང་སྐྱ་མཆོག་སྤྲུལ་རིན་པོ་ཆེ།

e　ཆོ་ག（仪轨）

f　刻本　ཞོལ།（西藏拉萨雪版）

g　乌金　梵夹装　48×6
h　17　6
i　无　藏纸　黑　完整
j　封面钤有"民族文化宫图书馆藏"印。

172
A　3618　1127

B　བསྐལ་བཟང་རྒྱ་མཚོའི་གསུང་འབུམ།

格桑嘉措文集

C　ག

D　རྒྱལ་བ་སྐུ་ཕྲེང་བདུན་པ་བསྐལ་བཟང་རྒྱ་མཚོ།

同3616介绍。
E　馆藏齐全。

172.1
a　8-1

b　དཀར་ཆག

目录

c　དགེ་སློང་བློ་བཟང་བསྐལ་བཟང་རྒྱ་མཚོ།

d

e　དཀར་ཆག（目录）

f　刻本　ཞོལ།（西藏拉萨雪版）

g　乌金　梵夹装　48.5×6
h　1　6
i　无　藏纸　黑　完整

j 封面钤有“民族文化宫图书馆藏”印。

172.2

a 8-2

b གསང་ཆེན་རྡོ་རྗེ་ཐེག་པའི་སྨིན་བྱེད་ཀྱི་དབང་རྗེས་གནང་སོགས་ཀྱི་སྔོན་འགྲོའི་ཆོས་ཀྱི་གདམས་དུ་བྱ་བ་གཞན་ཕན་རབ་སྤེར།

大密金刚乘能熟灌顶、随许法等之前行法语·利他广施

c དགེ་སློང་བློ་བཟང་བསྐལ་བཟང་རྒྱ་མཚོ།

d པོ་བྲང་པོ་ཏ་ལ།（西藏拉萨布达拉宫）

e དབང་བཤད།（灌顶说）

f 刻本 ཞོལ།（西藏拉萨雪版）

g 乌金 梵夹装 48×6.5

h 16 6

i 无 藏纸 黑 完整

j 封面钤有“民族文化宫图书馆藏”印。

172.3

a 8-3

b བླ་མ་དང་དང་སངས་རྒྱས་བྱང་སེམས་སོགས་ལ་བསྟོད་ཅིང་གསོལ་བ་འདེབས་པ་དང་དེ་དང་འབྲེལ་བའི་བརྟན་བཞུགས་ཀྱི་རིམ་པ་ཕྱོགས་གཅིག་ཏུ་བསྒྲིགས་པ་དགེ་ལེགས་ཉིན་མོར་བྱེད་པའི་སྣང་བ།

上师与诸佛菩萨等赞颂及祈请并与其结合请长久住世之次第合编·妙善日光明

c དགེ་སློང་བློ་བཟང་བསྐལ་བཟང་རྒྱ་མཚོ།

d དེ་མོ་སློབ་དཔོན་རབ་འབྱམས་པ་བློ་བཟང་དཔལ་ལྡན།

e གསོལ་འདེབས།（启请文）

f 刻本 ཞོལ།（西藏拉萨雪版）

g 乌金 梵夹装 48×6.5

h 188 6
i 无 藏纸 黑 完整
j 封面钤有“民族文化宫图书馆藏”印。

172.4
a 8-4

b དུས་འཁོར་རྒྱུད་འདེབས།

时轮传承启请文

c དགེ་སློང་བློ་བཟང་བསྐལ་བཟང་རྒྱ་མཚོ།

d ཨེར་ཏེ་ནི་ནོ་མོན་ཧན་ངག་དབང་ལྷུན་གྲུབ་དར་རྒྱས།

e གསོལ་འདེབས།（启请文）

f 刻本 ཞོལ།（西藏拉萨雪版）

g 乌金 梵夹装 47×6.5
h 3 6
i 无 藏纸 黑 完整
j 封面钤有“民族文化宫图书馆藏”印。

172.5
a 8-5

b དཔལ་དང་པོའི་སངས་རྒྱས་དུས་ཀྱི་འཁོར་ལོའི་དབང་གོང་མ་གོང་ཆེན་རྡོ་རྗེ་སློབ་དཔོན་བདག་པོ་ཆེན་པོའི་དབང་དང་བཅས་པ་བསྐུར་བའི་ཆོ་ག།དོན་གཉིས་མཆོག་སྦྱིན།

吉祥本初佛时轮最上灌顶金刚阿阇梨大主宰灌顶等仪轨二·利殊胜施

c དགེ་སློང་བློ་བཟང་བསྐལ་བཟང་རྒྱ་མཚོ།

d དར་ཧན་མཁན་པོ་ངག་དབང་དོན་གྲུབ།འབྲས་སྤུངས་དགའ་ལྡན་ཕོ་བྲང་།（西藏拉萨哲蚌寺噶丹颇章）

e ཆོ་ག（仪轨）

f 刻本 ཞོལ།（西藏拉萨雪版）

g 乌金 梵夹装 47×6.5

h 11 6
i 无 藏纸 黑 完整
j 封面钤有“民族文化宫图书馆藏”印。

172.6
a 8-6
b བཅོམ་ལྡན་འདས་དཔལ་དུས་ཀྱི་འཁོར་ལོའི་སྐུ་གསུང་ཐུགས་ཡོངས་སུ་རྫོགས་པའི་དཀྱིལ་འཁོར་གྱི་སྒྲུབ་ཐབས་མཁས་གྲུབ་ཞལ་ལུང་།
薄伽梵吉祥时轮身语意圆满曼荼罗修法·善巧成就者口传
c དགེ་སློང་བློ་བཟང་བསྐལ་བཟང་རྒྱ་མཚོ།
d པོ་ཏ་ལ།（西藏拉萨布达拉宫） ལྷ་བཙུན་ངག་དབང་ལྷུན་གྲུབ་དར་རྒྱས།
e སྒྲུབ་ཐབས།（修心法）
f 刻本 ཞོལ།（西藏拉萨雪版） དགེ་སློང་བསྐལ་བཟང་ཡོན་ཏན།
g 乌金 梵夹装 48×7
h 73 6
i 有 藏纸 黑 完整
j 封面钤有“民族文化宫图书馆藏”印。

172.7
a 8-7
b དཔལ་དུས་ཀྱི་འཁོར་ལོའི་ཐུགས་དཀྱིལ་གྱི་སྒྲུབ་ཐབས་དངོས་གྲུབ་ཀུན་གྱི་བུམ་བཟང་།
吉祥时轮意曼荼罗修法·一切悉地之妙瓶
c དགེ་སློང་བློ་བཟང་བསྐལ་བཟང་རྒྱ་མཚོ།
d པོ་ཏ་ལ།（西藏拉萨布达拉宫）
e སྒྲུབ་ཐབས།（修心法）
f 刻本 ཞོལ།（西藏拉萨雪版）
g 乌金 梵夹装 47×6.5
h 54 6

i 无 藏纸 黑 完整
j 封面钤有“民族文化宫图书馆藏”印。

172.8
a 8-8
b དཔལ་དང་པོའི་སངས་རྒྱས་དུས་ཀྱི་འཁོར་ལོའི་ཚོགས་ཀྱི་མཆོད་པའི་ཆོ་ག་བདེ་ཆེན་འདོད་འཇོ།
吉祥本初佛时轮会供仪轨·大乐如意
c དགེ་སློང་བློ་བཟང་བསྐལ་བཟང་རྒྱ་མཚོ།
d པོ་ཏ་ལ།（西藏拉萨布达拉宫）
e ཆོ་ག（仪轨）
f 刻本 ཞོལ།（西藏拉萨雪版） སྡེ་དགུ་མཁན་པོ་བློ་བཟང་རྣམ་རྒྱལ།
g 乌金 梵夹装 46.5×6.5
h 10 6
i 无 藏纸 黑 完整
j 封面钤有“民族文化宫图书馆藏”印。

173
A 3619 1128
B བསྐལ་བཟང་རྒྱ་མཚོའི་གསུང་འབུམ།
格桑嘉措文集
C ང
D རྒྱལ་བ་སྐུ་ཕྲེང་བདུན་པ་བསྐལ་བཟང་རྒྱ་མཚོ།
同 3616 介绍。
E 馆藏齐全。

173.1
a 15-1
b དཀར་ཆག
目录

c དགེ་སློང་བློ་བཟང་བསྐལ་བཟང་རྒྱ་མཚོ།

d

e དཀར་ཆག（目录）

f 刻本 ཞོལ།（西藏拉萨雪版）

g 乌金 梵夹装 48×6
h 4 6
i 无 藏纸 黑 完整
j 封面钤有“民族文化宫图书馆藏”印。

173.2
a 15-2

b བློ་སྦྱོང་དང་འབྲེལ་བའི་གདམས་པ་དང་སྙན་མགུར་གྱི་རིམ་པ་ཕྱོགས་གཅིག་ཏུ་བཀོད་པ་དོན་ལྡན་ཚངས་པའི་

སྒྲ་དབྱངས།

与修心相结合之教授、悦耳道情歌次第合编·具义梵音

c དགེ་སློང་བློ་བཟང་བསྐལ་བཟང་རྒྱ་མཚོ།

d ཕུར་ལྕོག་ངག་དབང་བྱམས་པ་སོགས།

e བློ་སྦྱོང་།（修心）

f 刻本 ཞོལ།（西藏拉萨雪版）

g 乌金 梵夹装 47×6.5
h 51 6
i 无 藏纸 黑 完整
j 封面钤有“民族文化宫图书馆藏”印。

173.3
a 15-3

b ཁྲི་ཆེན་སྤྲུལ་པའི་སྐུ་བློ་བཟང་བསྟན་པའི་ཉི་མ་དཔལ་བཟང་པོའི་རྣམ་པར་ཐར་པ་དགོངས་ལྡན་ཡིད་དབང་

འགུགས་པའི་ཕོ་ཉ།

赤钦活佛洛桑丹白尼玛传·招具智意王之使者

c　དགེ་སློང་བློ་བཟང་བསྐལ་བཟང་རྒྱ་མཚོ།

d　མེ་སྟག 火虎年（1746）　པོ་ཏ་ལ།（西藏拉萨布达拉宫）

e　རྣམ་ཐར།（传记）

f　刻本　ཞོལ།（西藏拉萨雪版）　གཟིམས་དཔོན་བྱམས་གླིང་མཁན་པོ་བློ་བཟང་ཚེ་རིང་།

g　乌金　梵夹装　47×6.5
h　44　6
i　无　藏纸　黑　完整
j　封面钤有“民族文化宫图书馆藏”印。

173.4
a　15-4
b　དཔལ་རྡོ་རྗེ་སེམས་དཔའ་ལྷ་བཅུ་བདུན་པའི་དབང་གི་བརྒྱུད་འདེབས་དང་སྨོན་ལམ་ཤིས་བརྗོད།
吉祥金刚萨埵十七尊灌顶传承启请文、发愿文、吉祥颂等
c　དགེ་སློང་བློ་བཟང་བསྐལ་བཟང་རྒྱ་མཚོ།

d　དགེ་སློང་བློ་བཟང་བསྟན་འཛིན།

e　བསྟོད་ཚོགས།（赞集）

f　刻本　ཞོལ།（西藏拉萨雪版）

g　乌金　梵夹装　48×7
h　4　6
i　无　藏纸　黑　完整
j　封面钤有“民族文化宫图书馆藏”印。

173.5
a　15-5
b　བཅོམ་ལྡན་འདས་དཔལ་རྡོ་རྗེ་སེམས་དཔའ་ལྷ་བཅུ་བདུན་གྱི་སྒྲུབ་ཐབས་རབ་དཀར་བདུད་རྩིའི་ཆུ་རྒྱུན།
薄伽梵吉祥金刚萨埵十七尊修法·极白甘露长流
c　དགེ་སློང་བློ་བཟང་བསྐལ་བཟང་རྒྱ་མཚོ།

d　དགེ་སློང་སྐལ་བཟང་བསྟན་དར།

e　སྒྲུབ་ཐབས།（修心法）

f　刻本　ཞོལ།（西藏拉萨雪版）　དར་ཧན་དགེ་སློང་བསྐལ་བཟང་ཡོན་ཏན།

g　乌金　梵夹装　47×6
h　13　6
i　无　藏纸　黑　完整
j　封面钤有“民族文化宫图书馆藏”印。

173.6
a　15-6

b　དཔལ་རྡོ་རྗེ་སེམས་དཔའ་ལྷ་བཅུ་བདུན་གྱི་དཀྱིལ་འཁོར་གྱི་ཆོ་ག་ཀུན་ཕན་ནོར་བུའི་ཕྲེང་བ།

吉祥金刚萨埵十七尊曼荼罗仪轨·普利宝鬘

c　དགེ་སློང་བློ་བཟང་བསྐལ་བཟང་རྒྱ་མཚོ།

d　དགེ་སློང་སྐལ་བཟང་བསྟན་དར།

e　ཆོ་ག（仪轨）

f　刻本　ཞོལ།（西藏拉萨雪版）　གཟིམས་དཔོན་བྱམས་གླིང་མཁན་པོ་བློ་བཟང་ཚེ་རིང་།

g　乌金　梵夹装　47×6
h　38　6
i　无　藏纸　黑　完整
j　封面钤有“民族文化宫图书馆藏”印。

173.7
a　15-7

b　ཐུགས་རྗེ་ཆེན་པོ་རྒྱལ་བ་རྒྱ་མཚོའི་སྒྲུབ་ཐབས་དངོས་གྲུབ་གཏེར་མཛོད།

大悲胜海观音之修法·悉地宝藏

c　དགེ་སློང་བློ་བཟང་བསྐལ་བཟང་རྒྱ་མཚོ།

d　པོ་ཏ་ལ།（西藏拉萨布达拉宫）

e སྒྲུབ་ཐབས།（修心法）

f 刻本 ཞོལ།（西藏拉萨雪版）

g 乌金 梵夹装 47.5×6
h 13 6
i 无 藏纸 黑 完整
j 封面钤有“民族文化宫图书馆藏”印。

173.8
a 15-8

b རྒྱུད་སྡེ་ནས་གསུངས་པའི་ལྷ་ཚོགས་དུ་མའི་སྒྲུབ་ཐབས་ཀྱི་རིམ་པ་ཕྱོགས་གཅིག་ཏུ་བཀོད་པ་ཕན་བདེའི་འདོད་

དགུ་སྟེར་བ་ཡོངས་འདུའི་འཁྲི་ཤིང་།

续部所说诸多佛会之修法次第合编·如意利乐施·聚宝树

c དགེ་སློང་བློ་བཟང་བསྐལ་བཟང་རྒྱ་མཚོ།

d རི་ཁྲོད་པ་པདྨ་བདེ་ཆེན།

e སྒྲུབ་ཐབས།（修心法）

f 刻本 ཞོལ།（西藏拉萨雪版）

g 乌金 梵夹装 47×6
h 68 6
i 无 藏纸 黑 完整
j 封面钤有“民族文化宫图书馆藏”印。

173.9
a 15-9

b འཕགས་པ་ཐུགས་རྗེ་ཆེན་པོ་ཁ་སརྤ་ཎིའི་སྒྲུབ་ཐབས་རྗེས་གནང་བྱ་ཚུལ་ལས་ཚོགས་ཀྱི་རིམ་པ་གཞན་ཕན་

ཀུནྡ་འཛུམ་པའི་ཟླ་འོད།

圣大悲观音喀萨巴呢修法·随许法·作业次第等·利他君陀花开之月光

c དགེ་སློང་ཚུལ་ཁྲིམས་ཆོས་སྨྲ་བའི་སྟོབས་ལས་མཁན་པོ་བློ་བཟང་བསྐལ་བཟང་རྒྱ་མཚོ།

d མངའ་རིས་ནོ་ཡོན་ཀུན་འགྱུར་མེད་ཡེ་ཤེས་ཆོ་བརྟན་རྒྱ་མཚོ།

e སྒྲུབ་ཐབས།（修心法）

f 刻本 ཞོལ།（西藏拉萨雪版） ཞ་ལུ་མཁན་པོ་ངག་དབང་ཡོན་ཏན་འབྱུང་གནས།

g 乌金 梵夹装 48×6
h 29 6
i 无 藏纸 黑 完整
j 封面钤有“民族文化宫图书馆藏”印。

173. 10
a 15-10

b དཔལ་གསང་བདག་ཕྱག་ན་རྡོ་རྗེ་དྲག་པོ་གསུམ་སྒྲིལ་གྱི་སྒྲུབ་ཐབས་རྡོ་རྗེ་ཕ་ལམ།

吉祥秘密主金刚手威猛三尊合修法·金刚钻石

c དགེ་སློང་བློ་བཟང་བསྐལ་བཟང་རྒྱ་མཚོ།

d རབ་འབྱམས་པ་བྱམས་པ་ཆོས་འཕྱོར།

e སྒྲུབ་ཐབས།（修心法）

f 刻本 ཞོལ།（西藏拉萨雪版）

g 乌金 梵夹装 48×6
h 5 6
i 无 藏纸 黑 完整
j 封面钤有“民族文化宫图书馆藏”印。

173. 11
a 15-11

b རྗེ་བཙུན་འཇམ་དཔལ་དབྱངས་ཨ་ར་པ་ཙ་ན་ལྔ་ལྷའི་དབང་གི་བརྒྱུད་འདེབས།

至尊妙吉祥阿、惹、巴、扎、纳五尊灌顶传承祈愿文、吉祥颂等

c དགེ་སློང་བློ་བཟང་བསྐལ་བཟང་རྒྱ་མཚོ།

d ནོ་མོན་ཧན་ངག་དབང་ལྷུན་གྲུབ་དར་རྒྱས།

e　གསོལ་འདེབས།（启请文）

f　刻本　ཞོལ།（西藏拉萨雪版）

g　乌金　梵夹装　48×6.5
h　4　6
i　无　藏纸　黑　完整
j　封面钤有“民族文化宫图书馆藏”印。

173.12
a　15-12

b　ལྷག་པའི་ལྷ་མཆོག་རྗེ་བཙུན་འཇམ་པའི་དབྱངས་ཨ་ར་པ་ཙ་ན་དཀར་པོ་ལྷ་ལྔའི་སྒྲུབ་ཐབས་ཀུན་གསལ་ཤེས་རབ་མཆོག་སྦྱིན།

增上胜尊至尊妙吉祥阿、惹、巴、扎、纳白色五尊修法·普明智慧殊胜施

c　དགེ་སློང་བློ་བཟང་བསྐལ་བཟང་རྒྱ་མཚོ།

d　པོ་ཏ་ལ།（西藏拉萨布达拉宫）

e　སྒྲུབ་ཐབས།（修心法）

f　刻本　ཞོལ།（西藏拉萨雪版）　དར་ཧན་དགེ་སློང་བསྐལ་བཟང་ཡོན་ཏན།

g　乌金　梵夹装　48×6.5
h　16　6
i　无　藏纸　黑　完整
j　封面钤有“民族文化宫图书馆藏”印。

173.13
a　15-13

b　རྗེ་བཙུན་འཇམ་དཔལ་དབྱངས་ཨ་ར་པ་ཙ་ན་ལྷ་ལྔའི་དཀྱིལ་འཁོར་གྱི་ཆོ་ག་འཇམ་དབྱངས་དགྱེས་པའི་ཞལ་སྟོན།

至尊妙吉祥阿、惹、巴、扎、纳五尊曼荼罗仪轨·妙吉祥所喜之宴

c　དགེ་སློང་བློ་བཟང་བསྐལ་བཟང་རྒྱ་མཚོ།

d　གྲུ་འཛིན་གཉིས་པ།（西藏拉萨布达拉宫）

e ཚ་ག（仪轨）

f 刻本 ཞོལ།（西藏拉萨雪版） བྱམས་གླིང་མཁན་པོ་བློ་བཟང་ཚེ་རིང་།

g 乌金 梵夹装 47×6.5
h 36 6
i 无 藏纸 黑 完整
j 封面钤有“民族文化宫图书馆藏”印。

173.14
a 15-14

b མཐུ་སྟོབས་ཐོགས་པ་མེད་པའི་དམ་ཅན་ཆོས་སྲུང་དུ་མ་ལ་མཆོད་གཏོར་འབུལ་བ་དང་བསྐང་བཤགས་བསྟོད་

བསྐུལ་སོགས་ཀྱི་རིམ་པ་ཕྱོགས་གཅིག་ཏུ་བཀོད་པ་འཕྲིན་ལས་རྣམ་བཞིའི་འདོད་འཇོ།

威力无碍诸具誓护法神馐供法、酬恩、忏悔、赞颂、劝发等次第合编·四种事业如意

c དགེ་སློང་བློ་བཟང་བསྐལ་བཟང་རྒྱ་མཚོ།

d

e ཚ་ག（仪轨）

f 刻本 ཞོལ།（西藏拉萨雪版）

g 乌金 梵夹装 47.5×6
h 92 6
i 无 藏纸 黑 完整
j 封面钤有“民族文化宫图书馆藏”印。

173.15
a 15-15

b རྒྱལ་བ་ཀུན་གྱི་ཡུམ་གཅིག་དཔལ་ལྡན་སྲིད་གསུམ་དབང་མོ་དབྱུ་འཕང་བསྟོད་ཅིང་མངའ་གསོལ་བའི་བདེན་

ཚིག་ དངོས་གྲུབ་འདོད་པ་འཇོ་བའི་བུམ་བཟང་།

诸佛唯一佛母具权三有王母威望赞并祈愍授真实句·悉地如意妙瓶

c དགེ་སློང་བློ་བཟང་བསྐལ་བཟང་རྒྱ་མཚོ།

d ས་འབྲུག 土龙年（1748）

e བསྟོད་ཚོགས།（赞集）

f 刻本 ཞོལ།（西藏拉萨雪版）

g 乌金 梵夹装 48×6.5
h 3 6
i 无 藏纸 黑 完整
j 封面钤有“民族文化宫图书馆藏”印。

174
A 3620 1129

B བསྐལ་བཟང་རྒྱ་མཚོའི་གསུང་འབུམ།

格桑嘉措文集

C ཙ

D རྒྱལ་བ་སྐུ་ཕྲེང་བདུན་པ་བསྐལ་བཟང་རྒྱ་མཚོ།

同3616介绍。

E 此函民族宫目录著录为13卷，西藏图书馆藏品中缺一卷：《依布绘而修吉祥怖畏金刚十三尊供养法》，又一卷不在民族宫目录中。

174.1
a 13-1

b པོད་ཙ་པའི་དཀར་ཆག

ཙ函目录

c
d

e དཀར་ཆག(目录)

f 刻本
g 乌金 梵夹装 49×6.5
h 1 6
i 无 藏纸 黑 完整

j 封面钤有“民族文化宫图书馆藏”印。

174.2

a 13-2

b རྒྱལ་བ་ཐམས་ཅད་ཀྱི་མཐུ་སྟོབས་གཅིག་ཏུ་བསྡུས་པའི་རང་གཟུགས་གསང་གསང་བའི་བདག་པོ་འཁོར་ལོ་ཆེན་

པོའི་ འཕྲིན་ལས་བཞིའི་སྦྱིན་སྲེག་གི་ཆོ་ག་དངོས་གྲུབ་བང་མཛོད།

诸佛威力总聚之自相秘密主大轮王四种事业护摩仪轨·悉地宝藏

c བློ་བཟང་སྐལ་བཟང་རྒྱ་མཚོ།

d ས་ལུག་ལོ། 土羊年（1739） གྲུ་འཛིན་གཉིས་པ།（西藏拉萨布达拉宫）

དེ་མོ་ཆོས་སྡེའི་བླ་ཚབ་རབ་འབྱམས་སྨྲ་བ་བློ་བཟང་དཔལ་ལྡན།

e ཆོ་ག(仪轨)

f 刻本 ཞོལ།（西藏拉萨雪版） དར་མཁན་དགེ་སློང་སྐལ་བཟང་ཡོན་ཏན།

g 乌金 梵夹装 46.5×6.5

h 17 6

i 无 藏纸 黑 完整

j 封面钤有“民族文化宫图书馆藏”印。

174.3

a 13-3

b ཐུགས་རྗེ་ཆེན་པོ་བཅུ་གཅིག་ཞལ་དཔལ་མོ་ལུགས་ཀྱི་དབང་གི་བླ་མ་བརྒྱུད་པའི་གསོལ་འདེབས།

十一面大悲观音伯莫传规之灌顶师承启请文

c བློ་བཟང་སྐལ་བཟང་རྒྱ་མཚོ།

d རབ་འབྱམས་ངག་དབང་བསྟན་འཛིན།

e གསོལ་འདེབས་སྨོན་ལམ།(启请文)

f 刻本 ཞོལ།（西藏拉萨雪版）

g 乌金 梵夹装 48×7

h 3 6

i 无 藏纸 黑 完整
j 封面钤有“民族文化宫图书馆藏”印。

174.4
a 13-4

b འཕགས་པ་ཐུགས་རྗེ་ཆེན་པོ་ཞལ་བཅུ་གཅིག་པ་ཕྱག་སྟོང་སྤྱན་སྟོང་གྲུབ་བརྙེས་དགེ་སློང་དཔལ་མོ་ལུགས་ཀྱི་

དཀྱིལ་འཁོར་ཆེན་པོར་འཇུག་ཅིང་དབང་བསྐུར་བའི་ཆོ་ག་བདེ་ལེགས་ཀུན་འབྱུང་།

圣大悲十一面千手千眼观音得成就者比丘尼伯莫传规之曼荼罗入坛灌顶仪轨·妙乐普生

c

d སྟག་ཕུ་སྤྲུལ་སྐུ་བློ་བཟང་བསྟན་འཛིན་རྒྱལ་མཚན་སོགས།

e ཆོ་ག(仪轨)

f 刻本 ཞོལ།（西藏拉萨雪版）

པོ་བྲང་པོ་ཏ་ལའི་གཟིམ་ཆུང་ཉེ་འོད་འཁྱིལ།（西藏拉萨布达拉宫）

g 乌金 梵夹装 48.5×6.5
h 25 6
i 无 藏纸 黑 完整
j 封面钤有“民族文化宫图书馆藏”印。

174.5
a 13-5

b འཕགས་པ་ཐུགས་རྗེ་ཆེན་པོ་ཞལ་བཅུ་གཅིག་པ་དཔལ་མོ་ལུགས་ཀྱི་སྒྲུབ་ཐབས་སྨྱུང་བར་གནས་པའི་ཆོ་ག་དང་

བཅས་པ་ཕན་བདེའི་སྣང་བ་གསར་ངོམ།

圣十一面大悲观音伯莫传规之修法斋戒仪轨等·利乐光明新辉

c རྒྱལ་བ་སྐལ་བཟང་རྒྱ་མཚོ།

d སྟག་ཕུ་སྤྲུལ་སྐུ་བློ་བཟང་བསྟན་འཛིན་རྒྱལ་མཚན་སོགས།

e ཆོ་ག(仪轨)

f 刻本 ཞོལ། （西藏拉萨雪版）

ཪོ་བྲང་པོ་ཏ་ལའི་གཟིམ་ཆུང་ཉི་འོད་འཁྱིལ། （西藏拉萨布达拉宫）

g 乌金 梵夹装 47×6.5
h 22 6
i 无 藏纸 黑 完整
j 封面钤有“民族文化宫图书馆藏”印。

174.6
a 13-6

b འཕགས་པ་སྒོ་དྲུག་པའི་གཟུངས་ཀྱི་རྣམ་པར་བཤད་པ་འཛད་མེད་ཡོན་ཏན་ནོར་བུའི་གཏེར་མཛོད།

圣六门陀罗尼解说·无尽功德宝藏

c བློ་བཟང་སྐལ་བཟང་རྒྱ་མཚོ།

d པོ་ཏ་ལ། （西藏拉萨布达拉宫）

e གཟུངས།(密咒)

f 刻本 ཞོལ། （西藏拉萨雪版） མཆོད་དཔོན་ཞ་ལུ་མཁན་པོ་ངག་དབང་ཡོན་ཏན་འབྱུང་གནས།

g 乌金 梵夹装 48×6
h 28 6
i 无 藏纸 黑 完整
j 封面钤有“民族文化宫图书馆藏”印。

174.7
a 13-7

b རྒྱལ་བ་ཀུན་གྱི་ཡབ་གཅིག་རྗེ་བཙུན་འཇམ་དཔལ་དབྱངས་ལ་བསྟོད་པ་འཇམ་དབྱངས་གཉེས་པར་བྱེད་པའི་

བསྟོད་སྤྲིན་རྒྱ་མཚོ་ཞེས་བྱ་བའི་རྣམ་པར་འགྲེལ་པ་ཀུན་གསལ་ཤེས་རབ་འདོད་འཛོ།

诸佛唯一之父至尊妙吉祥赞·妙吉祥喜悦之赞云海广释·智慧如意

c བློ་བཟང་སྐལ་བཟང་རྒྱ་མཚོའམ་མཚན་གཞན་དུ་འཇམ་དབྱངས་སྙིག་པའི་ལང་ཚོ་དབྱངས་ཅན་དགྱེས་པའི་རྡོ་རྗེ།

d པོ་ཏ་ལར་དབུ་བརྩམས་ནས་འབྲས་སྤུངས་ལ་རྫོགས་པར་བགྱིས།

e བསྟོད་འགྲེལ། （赞释）

f 刻本 ཞོལ། （西藏拉萨雪版） ཞ་ལུ་མཁན་པོ་ངག་དབང་ཡོན་ཏན་འབྱུང་གནས།

g 乌金 梵夹装 48×6
h 51 6
i 无 藏纸 黑 完整
j 封面钤有“民族文化宫图书馆藏”印。

174.8
a 13-8

b འཕགས་པ་འདའ་ཀ་ཡེ་ཤེས་ཞེས་བྱ་བ་ཐེག་པ་ཆེན་པོའི་མདོ་འགྲེལ་ཀུན་མཁྱེན་ཡེ་ཤེས་སྣང་བའི་ཉི་མ།

圣临终智大乘经释·一切智慧显现之日

c བློ་བཟང་སྐལ་བཟང་རྒྱ་མཚོ།

d པོ་བྲང་པོ་ཏ་ལ། （西藏拉萨布达拉宫）

e མདོ་འགྲེལ། （显宗释）

f 刻本 ཞོལ། （西藏拉萨雪版） ཞ་ལུ་མཁན་པོ་ངག་དབང་ཡོན་ཏན་འབྱུང་གནས།

g 乌金 梵夹装 48×6
h 33 6
i 无 藏纸 黑 完整
j 封面钤有“民族文化宫图书馆藏”印。

174.9
a 13-9

b སྨོན་ལམ་ཤིས་བརྗོད་བརྟན་བཞུགས་བཅས་ཀྱི་རིམ་པ་ཕྱོགས་གཅིག་ཏུ་བཀོད་པ་ནོར་བུ་དབང་གི་རྒྱལ་པོའི་དོ་

ཤལ།

祈愿文、吉祥颂、请长久住世等次第合编·宝自在王璎珞

c བློ་བཟང་སྐལ་བཟང་རྒྱ་མཚོ།

d

e གསོལ་འདེབས་སྨོན་ལམ། （启请文）

f　刻本　ཞོལ།（西藏拉萨雪版）

g　乌金　梵夹装　48×6
h　83　6
i　无　藏纸　黑　完整
j　封面钤有“民族文化宫图书馆藏”印。

174.10

a　13-10

b　རྒྱ་ཧོར་བོད་ཀྱི་མཆོག་དམན་བར་པ་ལ་སྤྲིང་བའི་འཕྲིན་ཡིག་གི་རིམ་པ་ཕྱོགས་གཅིག་ཏུ་བཀོད་པ་དགྱེད་ལྡན་ཡིད་ཀྱི་ཤིང་རྟ།

致汉、蒙、藏上中下三等人士书函次第合编·智者如意之车

c

d

e　ཆབ་ཤོག（信札）

f　刻本　ཞོལ།（西藏拉萨雪版）

g　乌金　梵夹装　48×6
h　79　6
i　无　藏纸　黑　完整
j　封面钤有“民族文化宫图书馆藏”印。

174.11

a　13-11

b　དྭགས་པོ་དགེ་བའི་བཤེས་གཉེན་བློ་བཟང་སྦྱིན་པས་བརྩམ་ལྡན་འདས་དཔལ་རྡོ་རྗེ་འཇིགས་བྱེད་ཆེན་པོའི་དབང་ཆོག་ནག་འགྲོས་སུ་བཀོད་པ་འདི་རྩ་བ་ཆེ་བ་མཐའ་དག་རྒྱུད་སོགས་གཞུང་ཆེན་མོའི་དགོངས་དོན་ལ་འགྱུར་ཞིང་ལས་དང་པོ་པར་ཕན་པའི་ལེགས་བཤད་དུ་བྱུང་འདུག་ཅེས་དབུགས་དབྱུང་ནས་འགའ་ཞིག་ལ་དོགས་གཅོད་ཀྱི་མཆན་བུ་སྦྱལ་བ་བཅས་བཞུགས་སོ།།

达波善知识洛桑金巴所著薄伽梵吉祥怖畏金刚灌顶仪轨易解·此与大根本一切密续等大经密意相合且有礼仪初学之格言并授若干可资安慰之断疑注解

c ཉ་ནའི་མིང་ཅན།

d ཞབས་དྲུང་ཚེ་རིང་དབང་རྒྱལ།

e དབང་བཤད།（灌顶说）

f 刻本 ཞོལ།（西藏拉萨雪版）

g 乌金 梵夹装 48×6
h 37 6
i 无 藏纸 黑 完整
j 封面钤有“民族文化宫图书馆藏”印。

174.12
a 13-12

b བསངས་མཆོད་ཀྱི་རིམ་པ་ཕྱོགས་གཅིག་ཏུ་བཀོད་པ།

烬桑供法次第合编

c བློ་བཟང་སྐལ་བཟང་རྒྱ་མཚོ།

d དྲུན་ལྷང་བསོད་ནམས་བསྟན་འཛིན།

e བསངས་མཆོད།（煨桑祭祀）

f 刻本 ཞོལ།（西藏拉萨雪版）

g 乌金 梵夹装 48×6
h 17 6
i 无 藏纸 黑 完整
j 封面钤有“民族文化宫图书馆藏”印。

174.13
a 13-13

b འཇམ་དཔལ་གཤིན་རྗེ་གཤེད་ཀྱི་བཀའ་སྲོད་འཆི་བདག་ལས་ཀྱི་གཤིན་རྗེ་འཁོར་དང་བཅས་པའི་ཉེན་ཞག་གི་

དབྱུག་གུ་དྲུག་ཅུ་རྩ་བཞིའི་གཏོར་མ་ལ་བརྟེན་ཏེ་དྲག་པོ་གཙོ་བོར་གྱུར་པའི་ལས་སྒྲུབ་པའི་རིམ་པ་གནམ་ལྕགས་

ཐོག་ཆེན་ དྲག་འབེབས།

文殊怖畏金刚及众眷依昼夜棍六十四神馐来修持排序·闪电霹雳

c བློ་བཟང་སྐལ་བཟང་རྒྱ་མཚོ།

d ཕོ་བྲང་པོ་ཏ་ལ།（西藏拉萨布达拉宫）

e ལས་ཚོགས།（业资）

f 刻本 ཞོལ།（西藏拉萨雪版） དགེ་སློང་སྐལ་བཟང་ཡོན་ཏན།

g 乌金 梵夹装 48×6

h 17 6

i 无 藏纸 黑 完整

j 封面钤有“民族文化宫图书馆藏”印。

175

A 3621 1130

B བསྐལ་བཟང་རྒྱ་མཚོའི་གསུང་འབུམ།

格桑嘉措文集

C ཆ

D རྒྱལ་བ་སྐུ་ཕྲེང་བདུན་པ་བསྐལ་བཟང་རྒྱ་མཚོ།

同3616介绍。

E 馆藏齐全。

175.1

a 3-1

b པོད་ཆ་པའི་དཀར་ཆག

ཆ函目录

c

d

e དཀར་ཆག（目录）

f 刻本 ཞོལ།（西藏拉萨雪版）

g 乌金 梵夹装 48×6.5
h 1 6
i 无 藏纸 黑 完整
j 封面钤有“民族文化宫图书馆藏”印；民族宫目录中为2叶。

175.2
a 3-2
b སྐུ་གསུང་ཐུགས་རྟེན་གསར་བཞེངས་ཀྱི་ཞལ་བྱང་རྒྱབ་ཡིག་སྨོན་ལམ་འདོད་གསོལ་དཀར་ཆག་དེབ་ཐེར་མགོ་

བརྗོད་བཅས་ཕྱོགས་སྡེབས་སུ་བཀོད་པ་ལེགས་ཚོགས་དཔལ་གྱི་བང་མཛོད།

新造佛像经塔之题词、背文、愿文、随求祈请目录书册序文等合编·妙聚吉祥之库

c བློ་བཟང་སྐལ་བཟང་རྒྱ་མཚོ།

d བཀའ་བློན་ཐོན་པ་སྲི་གཅོད་ཚེ་བརྟན།

e སྨོན་ལམ་སོགས། （启请文）

f 刻本 ཞོལ། （西藏拉萨雪版）

g 乌金 梵夹装 47×6
h 324 6
i 无 藏纸 黑 完整
j 封面钤有“民族文化宫图书馆藏”印。

175.3
a 3-3
b བདེ་བར་གཤེགས་པའི་སྐུ་གསུངས་རྟེན་སོགས་ཀྱི་སྐོར་ཚད་ཀྱི་རིམ་པ་ཕྱོགས་བསྡེབས་བྱང་ཆེན་རྒྱ་མཚོར་བགྲོད་

པའི་ཤིང་རྟ།

佛像经塔等类量度次第合编·趣大菩提海之车

c བློ་བཟང་སྐལ་བཟང་རྒྱ་མཚོ།

d དགེ་རྩེ་སྐུ་སྐྱེ་བློ་བཟང་བཀྲ་ཤིས་སོགས།

e ཐིག་རྩ་སོགས་ཀྱི་སྐོར། （量度）

f 刻本 ཞོལ།（西藏拉萨雪版）

g 乌金 梵夹装 47×6
h 42 6
i 无 藏纸 黑 完整
j 封面钤有“民族文化宫图书馆藏”印。

176
A 3622 1131

B བསྐལ་བཟང་རྒྱ་མཚོའི་གསུང་འབུམ།

格桑嘉措文集

C ཛ

D རྒྱལ་བ་སྐུ་ཕྲེང་བདུན་པ་བསྐལ་བཟང་རྒྱ་མཚོ།

同 3616 介绍。
E 馆藏齐全。

176.1
a 3-1

b པོད་ཛ་པའི་དཀར་ཆག

ཛ函目录

c
d

e དཀར་ཆག（目录）

f 刻本 ཞོལ།（西藏拉萨雪版）

g 乌金 梵夹装 50×7
h 1 6
i 无 藏纸 黑 完整
j 封面钤有“民族文化宫图书馆藏”印。

176.2
a 3-2

b ཆོས་སྡེ་ཆེ་ཆུང་གི་བཅའ་ཡིག་སྡེ་བརྒྱད་ལ་སྦྱིངས་ཡིག་ལམ་ཡིག་སྒོ་འཇའ་སོགས་ཀྱི་རིམ་པ་ཕྱོགས་གཅིག་ཏུ་

བསྒྲིགས་པ་འཇིགས་མེད་གདོང་ལྔའི་སྒྲ་དབྱངས།

大小寺庙之清规制约、八部书函、路程记、门彩等次第合编·无畏狮子吼声

c བློ་བཟང་སྐལ་བཟང་རྒྱ་མཚོ།

d ཕོ་བྲང་པོ་ཏ་ལ།（西藏拉萨布达拉宫）

e བཅའ་ཡིག་སོགས།（清规戒律）

f 刻本 ཞོལ།（西藏拉萨雪版） དགེ་སྐྱོང་སྐལ་བཟང་ཡོན་ཏན།

g 乌金 梵夹装 48.5×6.5
h 148 6
i 无 藏纸 黑 完整
j 封面钤有“民族文化宫图书馆藏”印。

176.3
a 3-3

b བླ་མ་ཡི་དམ་སངས་རྒྱས་ཆོས་སྐྱོང་རྣམས་དང་བཅས་པ་ལ་སྙན་ཤལ་ཐམ་ཕུད་རིན་པོ་ཆེའི་རྒྱན་ན་བཟའ་

མཆོད་རྫས་སོགས་ཕུལ་བའི་ཞལ་ཡིག་གི་རིམ་པ་ཕྱོགས་གཅིག་ཏུ་བཀོད་པ་ཚོགས་གཉིས་གསེར་གྱི་སྙེ་མ།

上师本尊佛菩萨护法等前献冠带、印玺、钵盂、宝饰、衣服、供物等之题词次第合编·二资粮金穗

c བློ་བཟང་སྐལ་བཟང་རྒྱ་མཚོ།

d

e ཞལ་ཡིག（题词）

f 刻本 ཞོལ།（西藏拉萨雪版）

g 乌金 梵夹装 47×7
h 230 6
i 无 藏纸 黑 完整
j 封面钤有“民族文化宫图书馆藏”印。

ཀྲུང་ཧྭ་གནའ་དཔེའི་བྱུང་བ་བརྗོད་པའི་དཀར་ཆག་དཔེ་ཚོགས།

中华古籍书志书目丛刊

བོད་རང་སྐྱོང་ལྗོངས་དཔེ་མཛོད་ཁང་གི་གནའ་དཔེའི་དཀར་ཆག

西藏自治区图书馆古籍目录

གསུང་འབུམ་པོད།

文集卷

3

བོད་རང་སྐྱོང་ལྗོངས་དཔེ་མཛོད་ཁང་གིས་བསྒྲིགས།

西藏自治区图书馆◎编

国家图书馆出版社

第3册目录

3623-3627 ཐུབ་བསྟན་རྒྱ་མཚོའི་གསུང་འབུམ། ………………………… 1

土登嘉措文集

3628-3643 བློ་བཟང་ཆོས་ཀྱི་རྒྱལ་མཚན་གྱི་གསུང་འབུམ། ………………………… 32

洛桑却吉坚赞文集

3644-3647 བློ་བཟང་ཡེ་ཤེས་ཀྱི་གསུང་འབུམ། ………………………… 115

洛桑耶喜文集

3648-3656 དཔལ་ལྡན་ཡེ་ཤེས་ཀྱི་གསུང་འབུམ། ………………………… 118

白登耶喜文集

3658-3665 བསྟན་པའི་ཉི་མའི་གསུང་འབུམ། ………………………… 200

丹白尼玛文集

3666-3669 བསྟན་པའི་དབང་ཕྱུག་གི་གསུང་འབུམ། ………………………… 273

丹白旺秋文集

3670-3673 བློ་བཟང་ཐུབ་བསྟན་ཆོས་ཀྱི་ཉི་མ་གསུང་འབུམ། ………………………… 296

洛桑土登却吉尼玛文集

3674-3681 ཡོངས་འཛིན་ཡེ་ཤེས་རྒྱལ་མཚན་གྱི་གསུང་འབུམ། ………………………… 433

荣增·耶喜坚赞文集

3693-3696 གུ་གེ་ཡོངས་འཛིན་བློ་བཟང་བསྟན་འཛིན་གྱི་གསུང་འབུམ། ………………………… 458

古格经师洛桑丹·增文集

3697-3700 ཕ་བོང་ཁ་པ་བདེ་ཆེན་སྙིང་པོའི་གསུང་འབུམ། ………………………… 494

帕邦喀巴·德钦宁布文集

3706-3708 དཔལ་མང་པཎྜི་ཏ་དཀོན་མཆོག་རྒྱལ་མཚན་གྱི་གསུང་འབུམ། ……………… 527
阿莽班智达·恭却坚赞文

177

A　3623　722

B　ཐུབ་བསྟན་རྒྱ་མཚོའི་གསུང་འབུམ།

土登嘉措文集

C　ཀ

D　རྒྱལ་བ་ཐུབ་བསྟན་རྒྱ་མཚོ།　དགེ་ལུགས།རབ་བྱུང་བཅོ་ལྔ་པའི་མེ་བྱི་ལོ་༡༨༧༥ལ་ཡབ་ཀུན་དགའ་རིན་ཆེན་དང་།　ཡུམ་བློ་བཟང་སྒྲོལ་མ་གཉིས་ཀྱི་སྲས་སུ་དྭགས་པོ་སྣང་མདུན་དུ་སྐུ་འཁྲུངས།　པཎ་ཆེན་སྐུ་ཕྲེང་བརྒྱད་པ་བསྟན་པའི་དབང་ཕྱུག་གི་གསུང་བརྟག་དང་གནས་ཆུང་ཆོས་སྐྱོང་གི་བཀའ་ལུང་ཆོས་འཁོར་ལྷ་མོ་བླ་མཚོའི་གཟིགས་སྣང་བཅས་ཀྱི་ཐོག་ནས་རྒྱལ་བའི་ཡང་སྲིད་དུ་ངོས་འཛིན་གནང་།　པཎ་ཆེན་རིན་པོ་ཆེས་དགུང་ལོ་གཉིས་པར་གཙུག་ཕུད་བཞེས་ཏེ་མཚན་ལ་ངག་དབང་བློ་བཟང་ཐུབ་བསྟན་རྒྱ་མཚོ་འཇིགས་བྲལ་དབང་ཕྱུག་ཕྱོགས་ལས་རྣམ་པར་རྒྱལ་བའི་སྡེ་ཞེས་གསོལ།　དགུང་ལོ་བཞི་པར་པོ་ཏ་ལའི་གསེར་ཁྲིར་མངའ་གསོལ།　དགུང་ལོ་ཉེར་བཞིར་དགེ་བཤེས་ལྷ་རམས་པའི་གྲྭ་སྐོར་མཚན་བཞེས་གནང་།　ཞིང་ལུག་དགུང་ལོ་ཉི་ཤུར་ཕེབས་སྐབས་ཡོངས་འཛིན་ཕུར་ལྕོག་བྱམས་པ་རྒྱ་མཚོས་མཁན་སློབ་སྦྲགས་མ་མཛད་དེ་དགེ་སློང་གི་སྡོམ་པ་བཞེས།　དགུང་གྲངས་ཉི་ཤུར་ཆོས་སྲིད་གཉིས་ཀྱི་ཐུགས་འགན་བཞེས།　ས་བྱི་ལོར་ཀུན་གཟིགས་པཎ་ཆེན་རིན་པོ་ཆེའི་ཡང་སྲིད་ངོས་འཛིན་གྱིས་གཙུག་ཕུད་བཞེས།　མཚན་ལ་བློ་བཟང་ཆོས་ཀྱི་ཉི་མ་དགེ་ལེགས་ཞེས་གསོལ།མདོ་རིམ་དཔོན་རིགས་ཀྱི་བུ་ཕྲུག་ནང་ནས་བྱང་ངོས་པ་རིག་འཛིན་རྡོ་རྗེ་སོགས་མི་བཞི་འདམས་ནས་དབྱིན་ཇིའི་ལོན་ཊོན་དུ་བཏང་སྟེ་གློག་འདོན་རྒྱུ་དང་།　གློག་འཕྲིན་གཏོང་རྒྱུ།　གཏེར་ཁ་འདོན་རྒྱུ།　དམག་དོན་སྒྱུ་རྩལ་བཅས་ལ་སློབ་སྦྱོང་དུ་བཏང་།　ཞོལ་པར་ཁང་དང་སྨན་རྩིས་ཁང་།　ཆུ་ཤུགས་གློག་ཁང་།　ལྷ་ས་ནས་རྒྱལ་རྩེ་བར་གྱི་གློག་འཕྲིན་སྐུད་པ་གསར་འཛུགས་གནང་།　ཁོང་ནི་ཆོས་སྲིད་རིག་གནས་གང་ཅིའི་ཐད་ལ་གཞན་འགྲན་མ་མཆིས་པའི་མཁྱེན་དཔྱོད་དང་།　དུས་བབས་ཀྱི་འགྱུར་ལྡོག་ལ་ཚོད་དཔག་གནང་མཁས་པ།　བཙན་ཤུགས་ཆེ་བའི་ཕྱི་ནང་

གི་དགྲ་བོ་དང་། བཀླག་ཐབས་བྲལ་བའི་དཀའ་ངལ་གང་ལའང་ཞུམ་པ་མེད་པའི་ཐུགས་སྟོབས་བརྟན་པའི་སྒོ་
ནས་རྒྱལ་ཁ་ལེན་ཐོད་པར་མཛད་མཁས་པ་ཞིག་ཡིན། རབ་བྱུང་བཅུ་དྲུག་པའི་ཆུ་བྱ་ལོ་(༡༩༣༣)ལ་སྐུ་ཡི་བཀོད་པ་
ཆོས་དབྱིངས་སུ་བསྡུས། དེད་དཔེ་མཛོད་ཁང་དུ་མི་རིགས་ཕོ་བྲང་ནས་ཕྱིར་འབུལ་ཞུས་པའི་གྲས་ པོད་ ༥ ཀ--ཅ
ཨང་རྟགས་༣༦༢༣--༣༦༢༧ བཞུགས།

土登嘉措（1876—1933）：属格鲁派。诞生于西藏自治区境内的达布朗顿。经八世班禅认定、乃穷护法神的授言以及拉姆拉措神湖的显示，确认其为上世达赖喇嘛的转世。在蔡公堂剃度出家，名为阿旺洛桑土登嘉措，在布达拉宫举行隆重的坐床典礼。朝拜甘丹、桑耶等诸寺，布施僧众。1904年英军入藏，尊师前往蒙古避难三年。1910年前往印度，游历24个圣地。支持鲁本西热加措大师校对，造木刻版《布顿文集》26函，并创建雪印经院、曼则康医学院等；修复大昭寺、小昭寺、布达拉宫壁画，整顿三大寺为首的诸多寺院寺规；派上层贵族的四个弟子前往英国伦敦留学，学习电力、邮政、矿产、军事艺术等。其遗著内容广泛，西藏图书馆藏北京民族文化宫图书馆赠送的文集有5函，编号为3623—3627。

E 此函在民族宫目录著录为3卷，西藏图书馆藏品多出一卷。

177.1

a 4-1

b དཀར་ཆག

目录

c

d

e དཀར་ཆག（目录）

f 刻本 ཞོལ་པར་ཁང་ཆེན་མོ་གངས་ཅན་ཕན་བདེའི་གཏེར་མཛོད་གླིང་།（西藏拉萨雪版）

g 乌金 梵夹装 36×7

h 2 7

i 无 藏纸 黑 完整

j 封面钤有“民族文化宫图书馆藏”印；民族宫目录中无此件。

177.2

a 4-2

b བཀའ་དྲིན་གསུམ་ལྡན་རིགས་དང་དཀྱིལ་འཁོར་རྒྱ་མཚོའི་མངའ་བདག་མཁན་ཆེན་ཡོངས་འཛིན་རྡོ་རྗེ་འཆང་རྗེ་བཙུན་བློ་བཟང་ཚུལ་ཁྲིམས་བྱམས་པ་རྒྱ་མཚོ་དཔལ་བཟང་པོའི་རྣམ་པར་ཐར་པ་རྒྱ་མཚོ་ལྟ་བུའི་ནང་ནས་དང་པའི་གསོས་སུ་ཆ་ཤས་ཙམ་བརྗོད་པ་མཁས་མང་མཛེས་པར་བྱེད་པའི་དོན་བཟང་མེ་ཏོག་གི་མགུལ་རྒྱན་གསར་པ་ཞེས་བྱ་བ་བཞུགས་སོ༎

具足三恩诸部曼荼罗海主大堪布经师金刚持至尊洛桑楚臣绛巴嘉措传·似海中培养诚信之略说·诸学者妙义鲜花之项饰

c ངག་དབང་བློ་བཟང་ཐུབ་བསྟན་རྒྱ་མཚོ་འཇིགས་བྲལ་དབང་ཕྱུག་ཕྱོགས་ལས་རྣམ་པར་རྒྱལ་བ།

d རབ་བྱུང་བཅོ་ལྔ་པ། 第十五饶迥年（1927）

སྐྱབས་ཁང་སྐྱུལ་སྐུ་བློ་བཟང་ངག་དབང་བསྟན་འཛིན་རྒྱ་མཚོ།

e རྣམ་ཐར།（传记）

f 刻本 ཞོལ་པར་ཁང་ཆེན་མོ་གངས་ཅན་ཕན་བདེའི་གཏེར་མཛོད་གླིང་།（西藏拉萨雪版）

g 乌金 梵夹装 36×7

h 157 7

i 无 藏纸 黑 完整

j 封面钤有“民族文化宫图书馆藏”印。

177.3

a 4-3

b རིག་དང་དཀྱིལ་འཁོར་རྒྱ་མཚོའི་སྤྱི་བསྡུའི་བདག་ཉིད་དོན་གྱི་སྙད་དུ་མཚན་ནས་སྨོས་ཏེ་མཁན་ཆེན་ཡོངས་འཛིན་ཕུར་ལྕོག་རྡོ་རྗེ་འཆང་ཆེན་པོའི་སྐུ་གདུང་ཟ་མ་ཏོག་སྙིང་པོར་བཞུགས་པའི་གདུང་རྟེན་ལེ་ལག་དང་བཅས་པའི་དཀར་ཆག་ལྷ་ཡི་རྫིང་བཟང་ཞེས་བྱ་བ་བཞུགས་སོ༎

诸部曼荼罗海主因事称名大堪布经师普觉大金刚持之灵骨宝箧装藏之墓塔补遗目录·天之妙池

c ངག་དབང་བློ་བཟང་ཐུབ་བསྟན་རྒྱ་མཚོ་འཇིགས་བྲལ་དབང་ཕྱུག་ཕྱོགས་ལས་རྣམ་པར་རྒྱལ་བ།

d སྐྱབས་ཁང་སྤྲུལ་སྐུ་སོགས།

e གདུང་རྟེན་དཀར་ཆག（灵塔志）

f 刻本 ཞོལ་པར་ཁང་ཆེན་མོ་གངས་ཅན་ཕན་བདེའི་གཏེར་མཛོད་གླིང་།（西藏拉萨雪版）

g 乌金 梵夹装 36×7
h 51 7
i 无 藏纸 黑 完整
j 封面钤有“民族文化宫图书馆藏”印。

177.4
a 4-4

b རིགས་དང་དཀྱིལ་འཁོར་རྒྱ་མཚོའི་མངའ་བདག་བཀའ་དྲིན་གསུམ་ལྡན་རྗེ་ཞྭ་དམར་བ་དགེ་འདུན་བསྟན་འཛིན་རྒྱ་མཚོ་དཔལ་བཟང་པོའི་རྟོགས་པ་བརྗོད་པ་མཛད་བཟང་རིན་ཆེན་ཁམས་ཚོགས་ལེགས་སྦྱངས་ཉམས་འགྱུར་གཟི་བྱིན་འབར་བའི་སྔོན་མེད་རྣམ་ཐར་ནོར་བུའི་ཕྲེང་བ་ཞེས་བྱ་བ་བཞུགས་སོ།།

诸部曼荼罗海主具足三恩上师夏玛哇·根敦丹增嘉措传·妙善事业福善威光空前传记宝鬘

c

d

e རྣམ་ཐར།（传记）

f 刻本 ཞོལ་པར་ཁང་ཆེན་མོ་གངས་ཅན་ཕན་བདེའི་གཏེར་མཛོད་གླིང་།（西藏拉萨雪版）

g 乌金 梵夹装 36×7
h 191 7
i 无 藏纸 黑 完整
j 封面钤有“民族文化宫图书馆藏”印。

178
A 3624 723

B ཐུབ་བསྟན་རྒྱ་མཚོའི་གསུང་འབུམ།

土登嘉措文集

C ཁ

D　རྒྱལ་བ་སྐུ་ཕྲེང་བཅུ་གསུམ་པ་ཐུབ་བསྟན་རྒྱ་མཚོ།
　同 3623 介绍。
E　此函民族宫目录著录为 17 卷，西藏图书馆藏品中多出一卷。

178. 1
a　18-1
b　རྗེ་བླ་མ་སྲིད་ཞིའི་གཙུག་རྒྱན་༧རྒྱལ་མཆོག་བཅུ་གསུམ་པ་ཆེན་པོའི་གསུང་འབུམ་དཀར་ཆག་མུ་ཏིག་ ཕྲེང་བ་ལས་པོད་གཉིས་པ་བཞུགས་སོ།།
　至尊上师顶宝第十三世达赖喇嘛文集目录・珍珠璎珞中第二函
c
d
e　དཀར་ཆག（目录）
f　刻本　ཞོལ་པར་ཁང་ཆེན་མོ་གངས་ཅན་ཕན་བདེའི་གཏེར་མཛོད་གླིང་།（西藏拉萨雪版）
g　乌金　梵夹装　36×7
h　2　7
i　无　藏纸　黑　完整
j　封面钤有“民族文化宫图书馆藏”印；民族宫目录中无此件。

178. 2
a　18-2
b　མདོ་སྨད་སྐུ་འབུམ་བྱམས་པ་གླིང་དང་། ལྷ་ལྡན་ཆོ་འཕྲུལ་སྨོན་ལམ་ཆེན་མོ་བཅས་ཀྱི་ཚོགས་མགོན་དུ་ཕེབས་སྐབས་སྐྱེས་རབས་སོགས་ཀྱི་གསུང་བཤད་ཞལ་གས་བསྒྲིགས་བཞུགས་སོ།།
　青海塔尔寺与拉萨神变大愿法会在寺中讲述释迦本生等之开示
c
d　མེ་འབྲུག་སོགས། 火龙年（1916）　གསུང་ཡུལ་སྐུ་འབུམ་བྱམས་པ་གླིང་སོགས།（青海塔尔寺）
e　སྐྱེས་རབས་སོགས།（传记）
f　刻本　ཞོལ་པར་ཁང་ཆེན་མོ་གངས་ཅན་ཕན་བདེའི་གཏེར་མཛོད་གླིང་།（西藏拉萨雪版）
g　乌金　梵夹装　36×7
h　158　7

i 有 藏纸 黑 完整
j 封面钤有“民族文化宫图书馆藏”印。

178.3
a 18-3
b བཀའ་གདམས་ཐིག་ལེ་བཅུ་དྲུག་གི་སྒྲུབ་དཀྱིལ་ཆ་ལག་ཀུན་ཚང་ལེགས་བཤད་རིན་ཆེན་གསལ་སྒྲོན་ཅེས་བྱ་བ་

དང་། རྡུལ་ཚོན་ཀླུ་ལ་གཏོད་པའི་ཆབ་འདྲེན་གྱི་ཆོ་ག་འཇོག་པོའི་གཙུག་ནོར་བཅས་བཞུགས་སོ།།

噶当十六明点修法曼荼罗支分全具·善说大宝明灯及彩土供鲁神引水仪轨·德叉迦鲁王顶宝

c སྟབས་སྲི་སྤྲུལ་སྐུ་མང་ཐོས་དགེ་སློང་བློ་བཟང་ཚེ་དབང་།

d ངག་དབང་བློ་བཟང་ཐུབ་བསྟན་རྒྱ་མཚོ།

e ཆོ་ག（仪轨）

f 刻本 ཞོལ་པར་ཁང་ཆེན་མོ་གངས་ཅན་ཕན་བདེའི་གཏེར་མཛོད་གླིང་།（西藏拉萨雪版）

g 乌金 梵夹装 36×7
h 40 7
i 无 藏纸 黑 完整
j 封面钤有“民族文化宫图书馆藏”印。

178.4
a 18-4
b བཀའ་གདམས་ཐིག་ལེ་བཅུ་དྲུག་གི་ལྷ་ཚོགས་ལ་ཞི་བའི་སྲེག་སྦྱིན་གྱི་མཆོད་པ་འབུལ་ཚུལ་རབ་དཀར་ཟླ་བ་

གསར་པའི་ཐིགས་ཞུན་ཞེས་བྱ་བ་བཞུགས་སོ།།

噶当十六明点之佛会前息灾护摩供养法·洁白新月容滴

c ཤཱཀྱའི་དགེ་སློང་ངག་དབང་བློ་བཟང་ཐུབ་བསྟན་རྒྱ་མཚོ།

d སྟབས་སྲི་སྤྲུལ་སྐུ་མང་ཐོས་དགེ་སློང་བློ་བཟང་ཚེ་དབང་།

e ཞི་སྦྱིན་འབུལ་ཚུལ།（息灾火供法）

f 刻本 ཞོལ་པར་ཁང་ཆེན་མོ་གངས་ཅན་ཕན་བདེའི་གཏེར་མཛོད་གླིང་།（西藏拉萨雪版）

g 乌金 梵夹装 36×7

h 17 7

i 无 藏纸 黑 完整

j 封面钤有“民族文化宫图书馆藏”印。

178.5

a 18-5

b འཇམ་མགོན་བླ་མ་ཆོས་ཀྱི་རྒྱལ་པོ་ཙོང་ཁ་པ་ཆེན་པོ་ལ་བླ་མའི་རྣལ་འབྱོར་དང་འབྲེལ་བའི་སྟོང་མཆོད་འབུལ་བའི་ ཆོ་ག་དངོས་གྲུབ་ཡོངས་འདུའི་སྙེ་མ་ཞེས་བྱ་བ་བཞུགས་སོ།།

与文殊怙主上师法王宗喀巴大师上师瑜伽法相结合之献千盏灯供仪轨·悉地全聚穗

c

d རབ་བྱུང་བཅོ་ལྔ་པ་ས་མོ་ཕག་གི་ལོ། 第十五饶迥土阴猪年（1899）

ནོར་གླིང་བདེ་སྐྱིད་ཀུན་དགའ་འཁྱིལ།（西藏拉萨罗布林卡）

འབྲས་སྤུངས་སྒོ་མང་པའི་སློབ་དཔོན་གུང་ཐང་སྤྱིལ་སྐྱ་བསྟན་པ་ཆོས་འཕེལ་སོགས།

e ཆོ་ག（仪轨）

f 刻本 ཞོལ་པར་ཁང་ཆེན་མོ་གངས་ཅན་ཕན་བདེའི་གཏེར་མཛོད་གླིང་།（西藏拉萨雪版）

g 乌金 梵夹装 36×7

h 7 7

i 无 藏纸 黑 完整

j 封面钤有“民族文化宫图书馆藏”印。

178.6

a 18-6

b བཅོམ་ལྡན་འདས་རྗེ་བཙུན་མ་ཀུ་རུ་ཀུལླེའི་སྒྲུབ་ཐབས་ཀྱི་ཆོ་ག་མདོར་བསྡུས་སྲིད་གསུམ་གྱི་དགེ་མཚན་དབང་དུ་འགུགས་པའི་ལྕགས་ཀྱུ་དང་། ཚོགས་མཆོད་ཀུན་བཟང་སྒྱུ་མའི་རྩེ་དགའ་བསྙེན་སྒྲུབ་ཀྱི་ལས་སྦྱོར་དབང་གི་སྦྱིན་སྲེག་བྱ་ཚུལ་རིན་ཆེན་དགོས་འདོད་ཀྱི་བུམ་བཟང་བཅས་བཞུགས་སོ།།

薄伽梵至尊佛母古汝古里略修仪轨·召来三有善相灌顶之钩及会供普贤幻现喜念修作业加行灌顶护摩作法等·大宝随愿妙瓶

c

d རབ་བྱུང་བཅོ་ལྔ་པ་ཆུ་ཕོ་སྟག་གི་ལོ། 第十五饶迴水阳虎年（1902）

དབེན་གནས་དཔལ་ལྡན་ལྷ་གཅིག་གི་ཐུགས་བསྐྱེད་ཆེས་བའི་ཞིང་མཆོག་ཡེར་པར།（西藏拉萨扎叶巴寺）

e ཆོ་ག（仪轨）

f 刻本 ཞོལ་པར་ཁང་ཆེན་མོ་གངས་ཅན་ཕན་བདེའི་གཏེར་མཛོད་གླིང་།（西藏拉萨雪版）

g 乌金 梵夹装 36×7
h 14 7
i 无 藏纸 黑 完整
j 封面钤有“民族文化宫图书馆藏”印。

178.7
a 18-7

b བཅོམ་ལྡན་འདས་དཔལ་ཐུགས་རྗེ་ཆེན་པོ་ཞལ་བཅུ་གཅིག་པ་མཁའ་འགྲོ་ལྔ་བསྐོར་གྱི་རྗེས་གནང་བྱ་ཚུལ་ཆོ་ག་བཀླགས་ཆོག་མ་ཕྱིན་རླབས་འདོད་དགུའི་གཏེར་མཛོད་ཅེས་བྱ་བ་བཞུགས་སོ།།

薄伽梵吉祥十一面大悲观音五空行围绕之随许修法念诵仪轨・随欲加持宝藏

c

d ར་སྒྲེང་དགེ་འཕེལ་གླིང་གི་གཟིམ་ཚང་།（西藏拉萨热振寺）

e ཆོ་ག（仪轨）

f 刻本 ཞོལ་པར་ཁང་ཆེན་མོ་གངས་ཅན་ཕན་བདེའི་གཏེར་མཛོད་གླིང་།（西藏拉萨雪版）

g 乌金 梵夹装 36×7
h 12 7
i 无 藏纸 黑 完整
j 封面钤有“民族文化宫图书馆藏”印。

178.8
a 18-8

b　ཡེ་ཤེས་ཀྱི་མཁའ་འགྲོ་སེངྒེའི་གདོང་པ་ཅན་གྱི་བདག་བསྐྱེད་དང་། བསྐང་བཤགས། གཏོར་འབུལ། བསྟོད་འབུལ། བསྟོད་བཟློག་བཅས་བྱ་ཚུལ་བྱད་མ་འཇོམས་པའི་སྤུ་གྲི་ཞེས་བྱ་བ་བཞུགས་སོ།།

智慧空行狮面母之自生、酬忏、供神馐、赞颂、回遮等修法·捶坏诅咒之利刃

c　ཐྭ་ཀཱུའི་དགེ་སློང་ ངག་དབང་བློ་བཟང་ཐུབ་བསྟན་རྒྱ་མཚོ།

d　ཁལ་ཁ་སན་ནོ་ཡོན་དགོན་དགའ་ལྡན་ཚེ་འཕེལ་གླིང་།（蒙古喀尔喀噶丹才培林）

e　ཆོ་ག（仪轨）

f　刻本　ཞོལ་པར་ཁང་ཆེན་མོ་གངས་ཅན་ཕན་བདེའི་གཏེར་མཛོད་གླིང་།（西藏拉萨雪版）

g　乌金　梵夹装　36×7
h　6　7
i　无　藏纸　黑　完整
j　封面钤有“民族文化宫图书馆藏”印。

178.9
a　18-9

b　རྗེ་བཙུན་སྒྲོལ་མ་ལ་བརྟེན་པའི་ཚེ་སྒྲུབ་ཆེའི་བཅུད་ལེན་གདུང་སེལ་ཟླ་འོད་དང་།སྤྱན་རས་གཟིགས་བཅུ་གཅིག་ཞལ་གྱི་བསྒོམ་བཟླས་བཅས་བཞུགས་སོ།།

依至尊度母修长寿法·长寿服食·除苦月光及十一面观音诵修法等

c　ཤཱཀྱའི་དགེ་སྦྱོང་ཐུབ་བསྟན་རྒྱ་མཚོ།

d　དབེན་གནས་ཕ་བོང་ཁ་གཟིམས་ཆུང་དབང་དྲག་བསྟན་དགའ་ཚལ།（西藏拉萨帕邦喀宫）

སྐུ་གཉེར་དཔོན་རྩེ་ཚོགས་དགེ་སློང་།

e　ཆོ་ག（仪轨）

f　刻本　ཞོལ་པར་ཁང་ཆེན་མོ་གངས་ཅན་ཕན་བདེའི་གཏེར་མཛོད་གླིང་།（西藏拉萨雪版）

g　乌金　梵夹装　36×7
h　5　7
i　无　藏纸　黑　完整

j 封面钤有“民族文化宫图书馆藏”印。

178.10

a 18-10

b བཅོམ་ལྡན་འདས་དང་པོའི་སངས་རྒྱས་དཔལ་དུས་ཀྱི་འཁོར་ལོའི་སྐུ་གསུང་ཐུགས་ཡོངས་སུ་རྫོགས་པའི་རྡུལ་ཚོན་གྱི་དཀྱིལ་འཁོར་འའབྲི་སྐབས་ལྷ་ཚོགས་རྣམས་འགོད་ཚུལ་གསལ་བར་བཀོད་པ་འབྲི་ཤིང་ཡོངས་འདུའི་དགའ་ཚལ་ཞེས་ བྱ་བ་བཞུགས་སོ།།

薄伽梵本初佛吉祥时轮身语意圆满彩土曼荼罗饰绘时诸尊会众安置法明解·宝树全聚之乐苑

c ངག་དབང་བློ་བཟང་ཐུབ་བསྟན་རྒྱ་མཚོ་འཇིགས་བྲལ་དབང་ཕྱུག་ཕྱོགས་ལས་རྣམ་རྒྱལ།

d སྐུ་འབུམ་བྱམས་པ་གླིང་།（青海塔尔寺） ཚེ་ཤོས་སྤྲུལ་སྐུ་བློ་བཟང་བྱང་ཆུབ་བསྟན་པའི་སྒྲོན་མེ།

e ཐིག་རྡུལ་ཚོན།（彩绘）

f 刻本 ཞོལ་པར་ཁང་ཆེན་མོ་གངས་ཅན་ཕན་བདེའི་གཏེར་མཛོད་གླིང་།（西藏拉萨雪版）

g 乌金 梵夹装 36×7

h 6 7

i 无 藏纸 黑 完整

j 封面钤有“民族文化宫图书馆藏”印。

178.11

a 18-11

b ཁྱབ་བདག་རྡོ་རྗེ་འཆང་ཡེ་རྗེ་བཙུན་དགེ་འདུན་བསྟན་འཛིན་རྒྱ་མཚོ་དཔལ་བཟང་པོའི་ཞལ་སྔ་ནས་འཇམ་དཔལ་གཤིན་རྗེའི་གཤེད་ལྷ་བཅུ་གསུམ་གྱི་རིམ་པ་དང་པོའི་ཟབ་ཁྲིད་སྩལ་སྐབས་རང་གི་བློས་ཇི་ལྟར་ཟིན་པ་རྣམས་བརྗེད་བྱང་དུ་བཀོད་པ་བཞུགས་སོ།།

遍主金刚持至尊根敦丹增嘉措传授文殊阎曼德迦十三尊生起次第甚深导引时自心如何持念等备忘录

c

d

e བརྗེད་བྱང་།（备忘录）

f　刻本　ཞོལ་པར་ཁང་ཆེན་མོ་གངས་ཅན་ཕན་བདེའི་གཏེར་མཛོད་གླིང་།（西藏拉萨雪版）

g　乌金　梵夹装　36×7
h　12　7
i　无　藏纸　黑　完整
j　封面钤有“民族文化宫图书馆藏”印；民族宫目录中为26叶。

178.12
a　18-12

b　བཅོམ་ལྡན་འདས་དཔལ་རྡོ་རྗེ་འཇིགས་བྱེད་ཆེན་པོའི་ཕྲེང་སྔགས་དང་།བསྟོད་པའི་དོན་གསལ་བར་བྱེད་པའི་རིན་ཆེན་སྒྲོན་མེ་ཞེས་བྱ་བ་བཞུགས་སོ།།

薄伽梵吉祥怖畏金刚念珠咒与赞颂义明解之大宝灯

c

d　མདོ་སྔགས་བསྟན་པའི་ཡང་མཛོད་སྐུ་འབུམ།（青海塔尔寺）　བདེ་ཡངས་སྤྲུལ་སྐུ་བློ་བཟང་བསྟན་གྲགས་རྒྱ་མཚོ།

e　བསྟོད་འགྲེལ།（密咒释）

f　刻本　ཞོལ་པར་ཁང་ཆེན་མོ་གངས་ཅན་ཕན་བདེའི་གཏེར་མཛོད་གླིང་།（西藏拉萨雪版）

g　乌金　梵夹装　36×7
h　12　7
i　无　藏纸　黑　完整
j　封面钤有“民族文化宫图书馆藏”印。

178.13
a　18-13

b　སྐུ་གསུམ་ཚོགས་འདུས་ཀྱི་དབང་དང་རྟ་མགྲིན་པདྨ་ཡང་གསང་གི་སྨན་སྒྲུབ་དང་འབྲེལ་བའི་སྨན་དབང་བྱ་ཚུལ་རྒྱལ་ཀུན་འཛུམ་ཞལ་འཆར་བའི་བཻ་ཌཱུརྻའི་བཻ་ཌཱུརྻའི་ཨ་དར་ཤ་ཞེས་བྱ་བ་བཞུགས་སོ།།

至尊丝伦谢巴哲之净相极密胜密吉祥结印中三身聚海生长寿金刚灌顶加持结合莲花大灌顶极密忿怒大成就甘露药所依三昧耶物药灌顶次第贯通作法易诵通轨 · 诸佛笑颜现起之吠琉璃镜

c　ཤཱཀྱའི་དགེ་སློང་༄རྒྱལ་བའི་ཆོས་ཚུལ་འཛིན་པ་ངག་དབང་བློ་བཟང་ཐུབ་བསྟན་རྒྱ་མཚོ།

d　རབ་བྱུང་བཅོ་ལྔ་པ། 第十五饶迥年（1927）　ནག་ཆུ་ཞབས་དགོན།（西藏那曲夏寺）

e　སྨན་དབང་།（药灌顶）

f　刻本　ཞོལ་པར་ཁང་ཆེན་མོ་གངས་ཅན་ཕན་བདེའི་གཏེར་མཛོད་གླིང་།（西藏拉萨雪版）

g　乌金　梵夹装　36×7
h　10　7
i　无　藏纸　黑　完整
j　封面钤有“民族文化宫图书馆藏”印。

178.14
a　18-14

b　ཟིལ་གནོན་བཞད་པ་རྩལ་གྱི་གཟིགས་སྣང་ཟབ་མོའི་ནང་ཚན་དཔལ་ཆེན་ཁམས་གསུམ་ཟིལ་གནོན་གྱི་བསྙེན་སྒྲུབ་ཁ་སྐོང་དུ་ཞི་རྒྱས་སྦྱིན་སྲེག་བྱ་ཚུལ་འཕྲིན་ལས་མྱུར་དུ་འགུགས་པའི་ལྕགས་ཀྱུ་ཞེས་བྱ་བ་བཞུགས་སོ།།

丝伦谢巴哲之甚深观境秘要大吉祥威慑三界之念修法补遗中息灾与增益护摩修法·速招事业之钩

c　ཤཱཀྱའི་བཙུན་པ་ངག་དབང་བློ་བཟང་ཐུབ་བསྟན་རྒྱ་མཚོ།

d　རབ་བྱུང་བཅོ་ལྔ་པ་མེ་སྤྲེ་ལོར། 第十五饶迥火猴年（1896）

e　ཞི་སྦྱིན་ཆོ་ག（息灾火供仪轨）

f　刻木　ཞོལ་པར་ཁང་ཆེན་མོ་གངས་ཅན་ཕན་བདེའི་གཏེར་མཛོད་གླིང་།（西藏拉萨雪版）

g　乌金　梵夹装　36×7
h　10　7
i　无　藏纸　黑　完整
j　封面钤有“民族文化宫图书馆藏”印。

178.15
a　18-15

b　ཕུར་པ་ཡང་སྙིང་སྤུ་གྲིའི་སྒྲུབ་ཆེན་གྱི་ཆོ་ག་དོན་གཉིས་འདོད་དགུའི་བང་མཛོད་ཅེས་བ་བཞུགས་སོ།།

金刚橛极密利刃之大修仪轨·二利如意宝库

c　ཤཱཀྱའི་དགེ་སློང་གི་ཆོས་ཚུལ་འཆང་བའི་སྟོམས་ལས་པ་ངག་དབང་བློ་བཟང་ཐུབ་བསྟན་རྒྱ་མཚོ།

d

e ཆོ་ག（仪轨）

f 刻本 ཞོལ་པར་ཁང་ཆེན་མོ་གངས་ཅན་ཕན་བདེའི་གཏེར་མཛོད་གླིང་།（西藏拉萨雪版）

g 乌金 梵夹装 36×7
h 42 7
i 无 藏纸 黑 完整
j 封面钤有“民族文化宫图书馆藏”印。

178. 16
a 18-16

b དཔལ་ལྡན་དམར་ཟོར་རྒྱལ་མོ་རེ་ཏི་དང་། རྒྱལ་བའི་བསྟན་སྲུང་སྐུ་ལྔ། སྣང་སྲིད་དྲེགས་པའི་སྡེ་དཔོན་རྡོ་རྗེ་གྲགས་ལྡན་བཅས་ཀྱི་ཐུགས་དམ་བསྐང་བ་དང་། དགྱེས་པ་སྐྱེད་པར་བྱེད་པའི་ཆོ་ག་གསོལ་མཆོད་མདོར་བསྡུས་ཉིང་འཛིན་ལྷ་ཡི་རོལ་གར་དངོས་གྲུབ་ཀུན་གྱི་གཏེར་གྱུར་ཅེས་བྱ་བ་བཞུགས་སོ།།

吉祥退敌母热底、护教五尊、骄神凶顽之部主多杰扎登等之酬本尊恩令生喜悦仪轨祈供略法·三摩地神之戏舞·诸悉地之秘藏

c ཤཱཀྱའི་བཙུན་པའི་རིགས་འཆང་མང་ཐོས་དགེ་སློང་ངག་དབང་བློ་བཟང་ཐུབ་བསྟན་རྒྱ་མཚོ།

d ཕ་བོང་ཁ་ཀུན་བཟང་རྡོ་རྗེའི་ཕོ་བྲང་གི་གཟིམ་ཆུང་དབང་དྲག་བསྟན་སྲུང་དགའ་ཚལ།（西藏拉萨帕邦喀宫）

e བསྐང་ཆོག（补酬仪轨）

f 刻本 ཞོལ་པར་ཁང་ཆེན་མོ་གངས་ཅན་ཕན་བདེའི་གཏེར་མཛོད་གླིང་།（西藏拉萨雪版）

g 乌金 梵夹装 36×7
h 8 7
i 无 藏纸 黑 完整
j 封面钤有“民族文化宫图书馆藏”印。

178. 17
a 18-17

b སྲིད་པ་ཕོ་བྲང་གླིང་དགུའི་མདོ་ལ་བརྟེན་ནས་ཀླུ་རྒྱལ་ནཱ་ཏ་ཙའི་ཚོགས་ལ་མཆོད་གཏོར་དང་། མདོས་གསོལ་

གཡང་ལེན་བཅས་ཀྱི་ཆོ་ག་འཁྱེར་བདེར་བཀོད་པ་བདག་སྙིའི་ཀུནྡ་འབྱེད་པའི་བསིལ་ཟེར་འོད་ཕྲེང་ཞེས་བྱ་བ་

བཞུགས་སོ།།

依轮回宫殿九洲灵器修供鲁神婆楼那会众前供神馐与灵器祈求福运等易行仪轨·开自心明点之清凉光鬘

c

d རབ་བྱུང་བཅོ་ལྔ། 第十五饶迥年（1927）

e ཀླུ་མདོས། （鲁神禳解）

f 刻本 ཞོལ་པར་ཁང་ཆེན་མོ་གངས་ཅན་ཕན་བདེའི་གཏེར་མཛོད་གླིང་། （西藏拉萨雪版）

g 乌金 梵夹装 36×7

h 12 7

i 无 藏纸 黑 完整

j 封面钤有“民族文化宫图书馆藏”印。

178.18

a 18-18

b ཀླུ་རྒྱལ་མལ་དྲོ་གཟི་ཅན་ལ་མཆོད་གཏོར་འབུལ་བའི་ཆོ་ག་དངོས་གྲུབ་རིན་ཆེན་འདོད་རྒུའི་བང་མཛོད་ ཅེས་བྱ་

བ་བཞུགས་སོ།།

鲁王梅卓思坚前献供品仪轨·悉地大宝随愿库

c

d རབ་བྱུང་བཅོ་ལྔ་པ་ཆུ་ཕོ་སྟག་གི་ལོ། 第十五饶迥水阳虎年（1902）

e ཆོ་ག （仪轨）

f 刻本 ཞོལ་པར་ཁང་ཆེན་མོ་གངས་ཅན་ཕན་བདེའི་གཏེར་མཛོད་གླིང་། （西藏拉萨雪版）

g 乌金 梵夹装 36×7

h 10 7

i 无 藏纸 黑 完整

j 封面钤有“民族文化宫图书馆藏”印；民族宫目录中为12叶。

179

A 3625 724

B ཐུབ་བསྟན་རྒྱ་མཚོའི་གསུང་འབུམ།

土登嘉措文集

C ག

D རྒྱལ་བ་སྐུ་ཕྲེང་བཅུ་གསུམ་པ་ཐུབ་བསྟན་རྒྱ་མཚོ།

同 3623 介绍。

E 此函民族宫目录著录为 12 卷；西藏图书馆藏品缺一卷：《菩提道次第广论讲授时需用之广行传派与深观传派二者之师承祈请等祈愿次第合编》，有 3 卷为ང函内容，另一卷不在民族宫目录中。

179.1

a 15-1

b རྗེ་བླ་མ་སྲིད་ཞིའི་གཙུག་རྒྱན་༧རྒྱལ་མཆོག་བཅུ་གསུམ་པ་ཆེན་མོའི་གསུང་འབུམ་དཀར་ཆག་མུ་ཏིག་ཕྲེང་བ་ལས་པོད་གསུམ་པ།

至尊上师第十三世达赖文集目录·珍珠璎珞中第三函

c ཤཱཀྱའི་དགེ་སློང་ངག་དབང་བློ་བཟང་ཐུབ་བསྟན་རྒྱ་མཚོ།

d

e དཀར་ཆག（目录）

f 刻本 ཞོལ་པར་ཁང་ཆེན་མོ་གངས་ཅན་ཕན་བདེའི་གཏེར་མཛོད་གླིང་།（西藏拉萨雪版）

g 乌金 梵夹装 49×8

h 2 6

i 无 藏纸 黑 完整

j 封面钤有“民族文化宫图书馆藏”印。

179.2

a 15-2

b དབྱངས་ཅན་ཞལ་ལུང་སྙན་ངག་ལེའུ་གསུམ་གྱི་དཔེར་བརྗོད་བཻཌཱུར་དཀར་པོའི་ཕྲེང་བ།

妙音口传诗品第三章之举例·白琉璃鬘

c　མཚོ་བྱུང་རོལ་བའི་རྡོ་རྗེ།

d　མེ་ལུག 火羊年（1907）

e　སྙན་ངག（修辞）

f　刻本　ཞོལ་པར་ཁང་ཆེན་མོ་གངས་ཅན་ཕན་བདེའི་གཏེར་མཛོད་གླིང་།（西藏拉萨雪版）

g　乌金　梵夹装　49×7.5
h　40　7
i　有　藏纸　黑　完整
j　封面钤有"民族文化宫图书馆藏"印。

179.3
a　15-3

b　གནས་ལྔ་རིག་པའི་པཎྜིཏ་ཆེན་པོ་སྐྱབས་རྗེ་དཔའ་རི་བ་བློ་གྲོས་རབ་གསལ་མཆོག་གི་ཞལ་ལྔ་ནས་སྙན་ངག་གི་བསྟན་བཅོས་མེ་ལོང་མའི་སྙིང་ནས་བཀའ་ཁྲིད་ནོད་སྐབས་ལེའུ་བར་པའི་དཀའ་གནད་བརྗེད་བྱང་དུ་བཀོད་པ།

五明处大班智达怙主巴日哇·洛卓饶色所著诗镜论中接受教导中篇之难义要点备忘录

c　ཤཱཀྱའི་དགེ་སློང་ངག་དབང་བློ་བཟང་ཐུབ་བསྟན་རྒྱ་མཚོ།

d

e　སྙན་ངག（修辞）

f　刻本　ཞོལ་པར་ཁང་ཆེན་མོ་གངས་ཅན་ཕན་བདེའི་གཏེར་མཛོད་གླིང་།（西藏拉萨雪版）

g　乌金　梵夹装　49×8
h　23　7
i　无　藏纸　黑　完整
j　封面钤有"民族文化宫图书馆藏"印。

179.4
a　15-4

b　ཀུན་ཏུ་བཟང་པོའི་འཁོར་ལོའི་སྒོ་ནས་བསྟོད་པའི་རིམ་པ་ཕྱོགས་བསྡེབས་ཚངས་སྲས་འཕང་འགྲོའི་སྒྲ་དབྱངས།

普贤法轮门中赞颂次第合编·梵天子琵琶音

c ཤཱཀྱའི་དགེ་སློང་ངག་དབང་བློ་བཟང་ཐུབ་བསྟན་རྒྱ་མཚོ།

d

e བསྟོད་ཚོགས། （赞集）

f 刻本 ཞོལ་པར་ཁང་ཆེན་མོ་གངས་ཅན་ཕན་བདེའི་གཏེར་མཛོད་གླིང་།（西藏拉萨雪版）

g 乌金 梵夹装 50×8
h 9 7
i 无 藏纸 黑 完整
j 封面钤有“民族文化宫图书馆藏”印。

179.5
a 15-5

b བླ་མ་དང་རྗེ་འབྲོམ་རྔོག་གསུམ་དབྱེར་མེད་དུ་སྒོམ་ཚུལ་གྱི་བླ་མའི་རྣལ་འབྱོར་ཉེ་བརྒྱུད་ཀྱི་བྱིན་རླབས་ཆུ་རྒྱུན་

དཔབ་ པའི་དད་བརྩོན་གསར་བའི་ལྷའི་རྫིང་བུ་སོགས་བླ་མའི་རྣལ་འབྱོར་གྱི་རིམ་པ་ཕྱོགས་གཅིག་ཏུ་བཀོད་པ།

上师与觉、种、鄂三师无别观修法之上师瑜伽近传加持长流新信勤学者之天池等上师瑜伽次第合编

c ཤཱཀྱའི་དགེ་སློང་ངག་དབང་བློ་བཟང་ཐུབ་བསྟན་རྒྱ་མཚོ།

d ཐུབ་བསྟན་སྐལ་བཟང་།

e བླ་མའི་རྣལ་འབྱོར། （上师瑜伽）

f 刻本 ཞོལ་པར་ཁང་ཆེན་མོ་གངས་ཅན་ཕན་བདེའི་གཏེར་མཛོད་གླིང་།（西藏拉萨雪版）

g 乌金 梵夹装 49×7
h 30 7
i 无 藏纸 黑 完整
j 封面钤有“民族文化宫图书馆藏”印。

179.6
a 15-6

b ལྟ་ལྡན་སྨོན་ལམ་ཆེན་མོའི་གསུང་ཆོས་སྐྱེས་རབས་སོ་བཞིའི་བརྒྱུད་པ་གོང་མ་རྣམས་དང་།རྒྱལ་དབང་ཡབ་སྲས་

རིམ་ ཐེབས་རྣམས་ཀྱི་གསོལ་འདེབས། ཐུགས་བསྐྱེ།མཛད་སྒོའི་རིམ་པ་བཅས་བཞུགས་སོ།།

拉萨大愿法会中说本生三十四纪·诸传承大德及法王师徒世次之启请文、回向及作业次第等

c ཤཱཀྱའི་དགེ་སློང་ངག་དབང་བློ་བཟང་ཐུབ་བསྟན་རྒྱ་མཚོ།

d

e གསོལ་འདེབས་སོགས།（启请文）

f 刻本 ཞོལ་པར་ཁང་ཆེན་མོ་གངས་ཅན་ཕན་བདེའི་གཏེར་མཛོད་གླིང་།（西藏拉萨雪版）

g 乌金 梵夹装 49×7.5
h 6 7
i 无 藏纸 黑 完整
j 封面钤有“民族文化宫图书馆藏”印。

179.7
a 15-7

b བརྟན་བཞུགས་སྨོན་ཚིག་འཆི་མེད་དགའ་སྟོན་འདོད་རྒྱུའི་དཔལ་སྟེར་སོགས་ཞབས་བརྟན་གྱི་རིམ་པ་ཕྱོགས་གཅིག་ཏུ་བསྒྲིགས་པ།

请长久住世愿文·长寿喜宴·随求吉祥施等请住世次第合编

c ཤཱཀྱའི་རིང་ལུགས་འཛིན་པ་དགེ་སློང་ངག་དབང་བློ་བཟང་ཐུབ་བསྟན་རྒྱ་མཚོ་འཇིགས་བྲལ་དབང་ཕྱུག་ཕྱོགས་ལས་རྣམ་རྒྱལ།

d པོ་ཏ་ལ།（西藏拉萨布达拉宫）

e བརྟན་བཞུགས།（住世文）

f 刻本 ཞོལ་པར་ཁང་ཆེན་མོ་གངས་ཅན་ཕན་བདེའི་གཏེར་མཛོད་གླིང་།（西藏拉萨雪版）

g 乌金 梵夹装 49×7.5
h 31 7
i 无 藏纸 黑 完整
j 封面钤有“民族文化宫图书馆藏”印。

179.8
a 15-8

b མྱུར་བྱོན་སྨོན་ཚིག་ཐུགས་རྗེ་གཏིང་ནས་བསྐུལ་བའི་ལྷའི་རྔ་སྒྲ་སོགས་མྱུར་བྱོན་གྱི་རིམ་པ་ཕྱོགས་གཅིག་ཏུ་བསྒྲིགས་པ།
祈活佛迅速转世愿文·深发悲心之天鼓声等迅速转世再来次第合编

c ཤཱཀྱའི་དགེ་སློང་ངག་དབང་བློ་བཟང་ཐུབ་བསྟན་རྒྱ་མཚོ།

d

e སྨོན་ཚིག（祈愿文）

f 刻本 ཞོལ་པར་ཁང་ཆེན་མོ་གངས་ཅན་ཕན་བདེའི་གཏེར་མཛོད་གླིང་།（西藏拉萨雪版）

g 乌金 梵夹装 49×7.5

h 25 7

i 无 藏纸 黑 完整

j 封面钤有“民族文化宫图书馆藏”印。

179.9

a 15-9

b རྗེ་བཙུན་འཇམ་པའི་དབྱངས་རིགས་ལྔའི་བསྟོད་པ་ཀུན་ཏུ་བཟང་པོའི་མཆོད་སྤྲིན་སོགས་བསྟོད་པའི་རིམ་པ་ཕྱོགས་གཅིག་ཏུ་བཀོད་པ།
至尊五部文殊赞·普贤供养云等赞颂次第合编

c ཤཱཀྱའི་དགེ་སློང་ངག་དབང་བློ་བཟང་ཐུབ་བསྟན་རྒྱ་མཚོ།

d

e བསྟོད་ཚོགས།（赞集）

f 刻本 ཞོལ་པར་ཁང་ཆེན་མོ་གངས་ཅན་ཕན་བདེའི་གཏེར་མཛོད་གླིང་།（西藏拉萨雪版）

g 乌金 梵夹装 49×7.5

h 8 7

i 无 藏纸 黑 完整

j 封面钤有“民族文化宫图书馆藏”印。

179.10

a 15-10

b ཕུར་ཕྱོག་ཡོངས་འཛིན་རྡོ་རྗེ་འཆང་གི་ཞལ་སྔ་ནས་རྡོ་རྗེ་ཕྲེང་བ་དང་མི་ཏྲ་བརྒྱ་རྩ་བཅས་ཀྱི་དབང་ཆེན་བོད་

སྐབས་གསུང་བཤད་ཟིན་བྲིས་སུ་བཀོད་པ།

普觉经师金刚持传授金刚鬘与弥扎百法之大受灌顶时讲说之笔录

c སྐྱབས་དགེ་སློང་ངག་དབང་བློ་བཟང་ཐུབ་བསྟན་རྒྱ་མཚོ།

d

e དབང་ཟིན།（灌顶笔录）

f 刻本 ཞོལ་པར་ཁང་ཆེན་མོ་གངས་ཅན་ཕན་བདེའི་གཏེར་མཛོད་གླིང་།（西藏拉萨雪版）

g 乌金 梵夹装 49×7.5

h 93 7

i 无 藏纸 黑 完整

j 封面钤有“民族文化宫图书馆藏”印。

179.11

a 15-11

b ཡི་དམ་རྒྱུད་སྡེ་རྒྱ་མཚོའི་སྒྲུབ་ཐབས་རིན་ཆེན་འབྱུང་གནས་ཀྱི་ལྷན་ཐབས་རིན་འབྱུང་དོན་གསལ་བཞིན་བླ་མ་

དམ་པའི་ཕྱག་བཞེས་བཅའ་གཞིའི་ལས་རིམ་རྗེས་གནང་བྱེད་སྐབས་ལྟར་ཁྲིགས་ཆགས་སུ་བསྡེབས་པ་པདྨའི་ཁྲུས་

རྫིང་།

依本尊续部海修法·大宝之源补遗·宝生明义依上师选定之规约作业次第随许时列编·莲花浴池

c སྐྱབས་དགེ་སློང་ངག་དབང་བློ་བཟང་ཐུབ་བསྟན་རྒྱ་མཚོ་འཇིགས་བྲལ་དབང་ཕྱུག་ཕྱོགས་ལས་རྣམ་པར་རྒྱལ་

བའི་སྡེ།

d དགའ་ལྡན་ཐེག་ཆེན་གླིང་།（噶丹大乘林）

e ཆོ་ག（仪轨）

f 刻本 ཞོལ་པར་ཁང་ཆེན་མོ་གངས་ཅན་ཕན་བདེའི་གཏེར་མཛོད་གླིང་།（西藏拉萨雪版） དོན་

གྲུབ་གཡུལ་རྒྱལ།

g 乌金 梵夹装 49×7.5
h 34 7
i 无 藏纸 黑 完整
j 封面钤有“民族文化宫图书馆藏”印。

179.12
a 15-12
b སྐྱབས་རྗེ་ཡོངས་འཛིན་རྣམས་ཀྱི་ཞལ་སྔ་ནས་གསུང་ཆོས་གསན་སྐབས་མན་ངག་དཀའ་གནད་བརྗེད་བྱང་བཀོད་པ་སོགས་གསུང་ཐོར་བུ་ཕྱོགས་བསྒྲིགས།
从诸怙主经师前听受说法时对教授难义要点备忘录等散集合编
c ཐ་ཀའི་དགེ་སློང་ངག་དབང་བློ་བཟང་ཐུབ་བསྟན་རྒྱ་མཚོ་འཇིགས་བྲལ་དབང་ཕྱུག་ཕྱོགས་ལས་རྣམ་པར་རྒྱལ་བའི་སྡེ།
d
e བརྗེད་བྱང་།（备忘录）
f 刻本 ཞོལ་པར་ཁང་ཆེན་མོ་གངས་ཅན་ཕན་བདེའི་གཏེར་མཛོད་གླིང་།（西藏拉萨雪版）
g 乌金 梵夹装 49×7.5
h 26 7
i 无 藏纸 黑 完整
j 封面钤有“民族文化宫图书馆藏”印。

179.13
a 15-13
b སྐུ་འབུམ་དཀའ་བཅུ་པ་དཀོན་མཆོག་དཔལ་བཟང་གི་དྲིས་ལན་སོགས་དྲིས་ལན་གྱི་རིམ་པ་ཕྱོགས་གཅིག་ཏུ་བཀོད་པ།
塔尔寺十论师恭却贝桑之问答等问答次第合编
c ཐ་ཀའི་དགེ་སློང་ངག་དབང་བློ་བཟང་ཐུབ་བསྟན་རྒྱ་མཚོ།
d
e དྲི་བ་དྲིས་ལན།（问答）

f 刻本 ཞོལ་པར་ཁང་ཆེན་མོ་གངས་ཅན་ཕན་བདེའི་གཏེར་མཛོད་གླིང་།（西藏拉萨雪版）

g 乌金 梵夹装 49×7.5

h 6 7

i 无 藏纸 黑 完整

j 封面钤有“民族文化宫图书馆藏”印；民族宫目录中为ང函。

179.14

a 15-14

b དགེ་སྡིག་བླང་དོར་གསལ་སྟོན་གྱི་བསླབ་བྱ་རང་སྐྱོན་མཚང་འབྲུ་བྱེད་པའི་ཨད་རྴ་སོགས་བསླབ་བྱའི་རིམ་པ་ཕྱོགས་གཅིག་ཏུ་བསྒྲིགས་པ།

善恶取舍明示之学处·发露自过之明镜等学处次第合编

c དགེ་སློང་ངག་དབང་བློ་བཟང་ཐུབ་བསྟན་རྒྱ་མཚོ།

d རོང་པོ་ཨ་རོང་སྤྲུལ་སྐུ་ལུང་རྟོགས།

e བསླབ་བྱ།（教言）

f 刻本 ཞོལ་པར་ཁང་ཆེན་མོ་གངས་ཅན་ཕན་བདེའི་གཏེར་མཛོད་གླིང་།（西藏拉萨雪版）

g 乌金 梵夹装 49×7.5

h 8 7

i 无 藏纸 黑 完整

j 封面钤有“民族文化宫图书馆藏”印；民族宫目录中为ང函。

179.15

a 15-15

b གནོད་སྦྱིན་རྒྱལ་པོ་སྐུ་ལྔ་ལ་བརྟེན་པའི་གཡང་འགུགས་དང་། མདོ་སྨད་ཐོར་རྐོད་ཀྱི་གནས་བདག་སོགས་གཞི་བདག་རྣམས་ཀྱི་གསོལ་མཆོད་ཕྱོགས་གཅིག་ཏུ་བཀོད་པ།

依药叉王五尊修招财运与多麦脱阁之方神等诸地神之祈供法合编

c ཤཱཀྱའི་དགེ་སློང་ངག་དབང་བློ་བཟང་ཐུབ་བསྟན་རྒྱ་མཚོ་འཇིགས་བྲལ་དབང་ཕྱུག་ཕྱོགས་ལས་རྣམ་པར་རྒྱལ་

བའི་སྐྱེ།

d

e གཡང་འགུགས་སོགས། （招运）

f 刻本 ཞོལ་པར་ཁང་ཆེན་མོ་གངས་ཅན་ཕན་བདེའི་གཉེར་མཛོད་གླིང་།（西藏拉萨雪版）

g 乌金 梵夹装 49×7.5
h 21 7
i 无 藏纸 黑 完整
j 封面钤有“民族文化宫图书馆藏”印；民族宫目录中为ང函。

180
A 3626 725

B ཐུབ་བསྟན་རྒྱ་མཚོའི་གསུང་འབུམ།

土登嘉措文集

C ང

D རྒྱལ་བ་སྐུ་ཕྲེང་བཅུ་གསུམ་པ་ཐུབ་བསྟན་རྒྱ་མཚོ།

同 3623 介绍。

E 此函民族宫目录著录为 9 卷；西藏图书馆藏品中有一卷在民族宫目录中无，另 3 卷已入上面ག函中。

180.1

a 7-1

b རྗེ་བླ་མ་སྲིད་ཞིའི་གཙུག་རྒྱན་༧རྒྱལ་མཆོག་བཅུ་གསུམ་པ་ཆེན་པོའི་གསུང་འབུམ་དཀར་ཆག་མུ་ཏིག་ཕྲེང་བ་ལས་པོད་བཞི་པ།

至尊上师第十三世达赖喇嘛文集目录·珍珠璎珞中第四函

c ངག་དབང་བློ་བཟང་ཐུབ་བསྟན་རྒྱ་མཚོ་འཇིགས་བྲལ་དབང་ཕྱུག་ཕྱོགས་ལས་རྣམ་པར་རྒྱལ།

d

e　དཀར་ཆག（目录）

f　刻本　ཞོལ་པར་ཁང་ཆེན་མོ་གངས་ཅན་ཕན་བདེའི་གཏེར་མཛོད་གླིང་།（西藏拉萨雪版）

g　乌金　梵夹装　49×7.5
h　1　7
i　无　藏纸　黑　完整
j　封面钤有“民族文化宫图书馆藏”印；民族宫目录中无此件。

180.2
a　7-2

b　མདོ་སྨད་ལྷུམ་ཞིའི་དགའ་ཚལ་གཉིས་པ་ཆོས་སྡེ་ཆེན་པོ་སྐུ་འབུམ་བྱམས་པ་གླིང་གི་དགེ་འདུན་རྣམས་ཀྱི་བླང་དོར་

ཁྲིམས་སུ་བཅའ་བའི་རིམ་པ་སོགས་བོད་དང་བོད་ཆེན་པོའི་ཆོས་སྡེ་ཁག་ལ་བསྩལ་བའི་བཅའ་ཡིག་གི་རིམ་པ་

ཕྱོགས་གཅིག་ཏུ་བཀོད་པ་འདུལ་བ་འབུམ་སྡེའི་དགོངས་དོན་རྣམ་པར་བཀྲ་བའི་དྭངས་ཤེལ་མེ་ལོང་།

青海第二蓝毗乐园塔尔寺诸僧伽之取舍戒规制约次第等与赐颁西藏与大藏区寺院之清规制约次第合编·毗奈耶十万颂密义之光辉灿烂水晶明镜

c　ངག་དབང་བློ་བཟང་ཐུབ་བསྟན་རྒྱ་མཚོ་འཇིགས་བྲལ་དབང་ཕྱུག་ཕྱོགས་ལས་རྣམ་པར་རྒྱལ།

d　ཤིང་མོ་གླང་། 木阴牛年（1925）

ནོར་གླིང་སྐལ་བཟང་ཕོ་བྲང་།（西藏拉萨罗布林卡格桑宫殿）

e　བཅའ་ཡིག（清规戒律）

f　刻本　ཞོལ་པར་ཁང་ཆེན་མོ་གངས་ཅན་ཕན་བདེའི་གཏེར་མཛོད་གླིང་།（西藏拉萨雪版）

g　乌金　梵夹装　49×7.5
h　134　7
i　有　藏纸　黑　完整
j　封面钤有“民族文化宫图书馆藏”印。

180.3
a　7-3

b བོད་དང་བོད་ཆེན་པོའི་ལྗོངས་སུ་འཁོད་པའི་སྐྱེ་འགྲོ་རྣམས་ལ་ལུགས་གཉིས་ཀྱི་བླང་དོར་བསླབ་བྱའི་རྩ་ཚིག་སྤེལ་བའི་རིམ་པ་ཕྱོགས་བཀོད་ལྷའི་རྔ་དབྱངས།

赐颁藏与大藏区众生政教之取舍学处本文次第列编·天鼓声

c ངག་དབང་བློ་བཟང་ཐུབ་བསྟན་རྒྱ་མཚོ་འཇིགས་བྲལ་དབང་ཕྱུག་ཕྱོགས་ལས་རྣམ་པར་རྒྱལ།

d ཤིང་བྱ། 木鸡年（1885）

e བསླབ་བྱ།（教言）

f 刻本 ཞོལ་པར་ཁང་ཆེན་མོ་གངས་ཅན་ཕན་བདེའི་གཏེར་མཛོད་གླིང་།（西藏拉萨雪版）

g 乌金 梵夹装 49×7.5
h 69 7
i 无 藏纸 黑 完整
j 封面钤有“民族文化宫图书馆藏”印。

180.4
a 7-4

b པར་བྱང་། ཐང་ཀའི་རྒྱབ་ཡིག་མཆོད་རྫས་ཕུལ་བྱང་སོགས་འདོད་གསོལ་སྨོན་ལམ་གྱི་རིམ་པ་ཕྱོགས་གཅིག་ཏུ་བསྒྲིགས་པ།

书版题词与佛像画轴背文供物供献题辞等祈愿次第合编

c ངག་དབང་བློ་བཟང་ཐུབ་བསྟན་རྒྱ་མཚོ་འཇིགས་བྲལ་དབང་ཕྱུག་ཕྱོགས་ལས་རྣམ་པར་རྒྱལ།

d རབ་བྱུང་བཅོ་ལྔ་བའི་ཤིང་བྱ། 第十五饶迥木鸡年（1885）

e སྨོན་ལམ།（祈愿）

f 刻本 ཞོལ་པར་ཁང་ཆེན་མོ་གངས་ཅན་ཕན་བདེའི་གཏེར་མཛོད་གླིང་།（西藏拉萨雪版）

g 乌金 梵夹装 49×7.5
h 67 7
i 无 藏纸 黑 完整
j 封面钤有“民族文化宫图书馆藏”印。

180.5

a 7-5

b མཚན་གཟིམ་ལྷ་མོ་གསུང་བྱོན་མར་གནམ་ལོ་གསར་འཆར་གྱི་རྟེན་འབྱུང་སྣན་ཞལ་དང་།རྟེན་གཙོ་ཁག་ལ་ཐམ་

ཕུད་སོགས་སྣན་ཞལ་སྨོན་ཚིག་གི་རིམ་པ་ཕྱོགས་གཅིག་ཏུ་བསྒྲིགས་པ་སྣན་ཚིག་དོན་བཟང་པདྨ་རཱ་གའི་རྒྱན་

འཕྲེང་།

曾说话之夜寝天母像前新年献礼哈达及主要佛像、经、塔、神物、新加印章等供哈达、发愿文之次第合编·雅辞妙义·赤珠庄严鬘

c ངག་དབང་བློ་བཟང་ཐུབ་བསྟན་རྒྱ་མཚོ་འཇིགས་བྲལ་དབང་ཕྱུག་ཕྱོགས་ལས་རྣམ་པར་རྒྱལ།

d

e སྨོན་ཚིག（祈愿文）

f 刻本 ཞོལ་པར་ཁང་ཆེན་མོ་གངས་ཅན་ཕན་བདེའི་གཏེར་མཛོད་གླིང་།（西藏拉萨雪版）

g 乌金 梵夹装 49×7.5
h 68 7
i 无 藏纸 黑 完整
j 封面钤有“民族文化宫图书馆藏”印。

180.6
a 7-6

b རྟེན་གསུམ་མཆོད་རྫས་ཀྱི་དཀར་ཆག་དང་། མཆོད་རྩ་ཐེབས་སྦྱོར་སོགས་དེ་བས་ཐེར་མགོ་རྒྱན་གྱི་རིམ་པ་ཕྱོགས་

བཀོད་ཨུཏྤལ་མེ་ཏོག་ཕྲེང་མཛེས།

佛像、经、塔供物之目录与供事基金等册卷首庄严次第合编·青莲花美鬘

c ངག་དབང་བློ་བཟང་ཐུབ་བསྟན་རྒྱ་མཚོ་འཇིགས་བྲལ་དབང་ཕྱུག་ཕྱོགས་ལས་རྣམ་པར་རྒྱལ།

d

e དཀར་ཆག（目录）

f 刻本 ཞོལ་པར་ཁང་ཆེན་མོ་གངས་ཅན་ཕན་བདེའི་གཏེར་མཛོད་གླིང་།（西藏拉萨雪版）

g 乌金 梵夹装 49×7.5
h 38 7
i 无 藏纸 黑 完整
j 封面钤有“民族文化宫图书馆藏”印。

180.7

a 7-7

b ནོར་གླིང་ཕོ་བྲང་ཡས་མས་སོགས་ཀྱི་ལྡེབ་བྲིས་དང་།གཟིམ་སྒོའི་མཚན་བྱང་། སྤྲུལ་སྐུའི་མཚན་གསོལ་བཅས་ཕྱོགས་

གཅིག་ཏུ་བཀོད་པ།

宝洲宫上下等处之壁画、寝门题名、活佛取名等合编

c ངག་དབང་བློ་བཟང་ཐུབ་བསྟན་རྒྱ་མཚོ་འཇིགས་བྲལ་དབང་ཕྱུག་ཕྱོགས་ལས་རྣམ་པར་རྒྱལ།

d

e སྣ་ཚོགས།（汇编）

f 刻本 ཞོལ་པར་ཁང་ཆེན་མོ་གངས་ཅན་ཕན་བདེའི་གཏེར་མཛོད་གླིང་།（西藏拉萨雪版）

g 乌金 梵夹装 49×7.5

h 18 7

i 无 藏纸 黑 完整

j 封面钤有“民族文化宫图书馆藏”印。

181

A 3627 726

B ཐུབ་བསྟན་རྒྱ་མཚོའི་གསུང་འབུམ།

土登嘉措文集

C **ཅ**

D རྒྱལ་བ་སྐུ་ཕྲེང་བཅུ་གསུམ་པ་ཐུབ་བསྟན་རྒྱ་མཚོ།

同 3623 介绍。

E 此函民族宫目录著录为 8 卷，西藏图书馆藏品中多出一卷。

181.1

a 9-1

b རྗེ་བླ་མ་སྲིད་ཞིའི་གཙུག་རྒྱན་༧རྒྱལ་མཆོག་བཅུ་གསུམ་པ་ཆེན་པོའི་གསུང་འབུམ་དཀར་ཆག་མུ་ཏིག་ཕྲེང་བ་ལས་

པོད་ཐ་པ་བཞུགས་སོ།།

至尊上师第十三世达赖文集目录·珍珠瓔珞中第五函

c

d

e　དཀར་ཆག（目录）

f　刻本　ཞོལ་པར་ཁང་ཆེན་མོ་གངས་ཅན་ཕན་བདེའི་གཏེར་མཛོད་གླིང་།（西藏拉萨雪版）

g　乌金　梵夹装　36×7

h　2　7

i　无　藏纸　黑　完整

j　封面钤有“民族文化宫图书馆藏”印；民族宫目录中无此件。

181.2

a　9-2

b　རྒྱལ་ཀུན་སྤྱི་གཟུགས་ཡོངས་འཛིན་ཆོས་བཞིན་དུ་སྤྱོད་པ་དུ་མའི་ཞལ་སྔ་ནས་དམ་པའི་ཆོས་ཀྱི་དབང་ལུང་སོགས་མདོ་སྔགས་ཟབ་རྒྱས་བདུད་རྩིའི་རྒྱུན་ཁུངས་ལྡན་བྱིན་རླབས་ཀྱི་ཚན་ཁ་མ་ཉམས་པའི་མགོ་སྐལ་ཇི་སྙེད་ཐོབ་པའི་རིམ་པ་བརྒྱུད་རིམ་དང་བཅས་པ་མ་འདྲེས་གསལ་བར་བཀོད་པ་རྒྱལ་བསྟན་པད་ཚལ་བཞད་པའི་ཉི་འོད་ཅེས་བྱ་བ་བཞུགས་སོ།།

诸佛总体如法而行之诸经师传授正法灌顶导引、传经等显密深广甘露法流加持未失所有受得次第承传无误明显列编·佛教莲花苑盛开之日光

c

d

e　གསན་ཡིག（聆听文）

f　刻本　ཞོལ་པར་ཁང་ཆེན་མོ་གངས་ཅན་ཕན་བདེའི་གཏེར་མཛོད་གླིང་།（西藏拉萨雪版）

g　乌金　梵夹装　36×7

h　212　7

i　有　藏纸　黑　完整

j　封面钤有“民族文化宫图书馆藏”印。

181.3

a　9-3

b　ཀུན་གཟིགས་པཎ་ཆེན་ཐམས་ཅད་མཁྱེན་པ་སོགས་མཆོག་དམན་རྣམས་ལ་གནང་བའི་ཆབ་ཤོག་གི་རིམ་པ་ཕྱོགས་གཅིག་ཏུ་བཀོད་པ་བཞུགས་སོ།།

致遍知班禅一切智等上下诸人书次第合编

c

d

e　ཆབ་ཤོག（信札）

f　刻本　ཞོལ་པར་ཁང་ཆེན་མོ་གངས་ཅན་ཕན་བདེའི་གཏེར་མཛོད་གླིང་།（西藏拉萨雪版）

g　乌金　梵夹装　36×7

h　89　7

i　无　藏纸　黑　完整

j　封面钤有“民族文化宫图书馆藏”印。

181.4

a　9-4

b　རྟེན་གསུམ་རབ་གནས་མཎྜལ་བཅས་ཀྱི་ལྷུགས་བཤད་དང་། འདུས་སྡེ་ཁག་ལ་བསྙེན་བཀུར་གནང་བའི་འགྱེད་ཁྲའི་ རིམ་པ་སོགས་ཕྱོགས་གཅིག་ཏུ་བཀོད་པ་བཞུགས་སོ།།

佛像经塔开光与曼荼罗等之讲说及对僧会承事赐发布施册次第等合编

c

d

e　མཎྜལ་བཤད་པ་སོགས།（曼荼罗讲说）

f　刻本　ཞོལ་པར་ཁང་ཆེན་མོ་གངས་ཅན་ཕན་བདེའི་གཏེར་མཛོད་གླིང་།（西藏拉萨雪版）

g　乌金　梵夹装　36×7

h　27　7

i　无　藏纸　黑　完整

j　封面钤有“民族文化宫图书馆藏”印。

181.5

a　9-5

b ལྷ་ལྡན་སྤྲུལ་པའི་གཙུག་ལག་ཁང་ཆེན་པོར་ཉམས་གསོས་བགྱིས་པའི་དཀར་ཆག་སྨོན་ཚིག་དང་འབྲེལ་བ་ཕན་བདེའི་

བཀོད་པ་ཆར་དུ་དངར་བ་དད་སྣང་འབུམ་ཕྲག་འཆར་བའི་འོ་མཚོའི་རྙིང་བུ་ཞེས་བྱ་བ་བཞུགས་སོ།།

拉萨幻化大殿培修目录结合愿文展转连贯利乐庄严·百千诚信现起之乳海

c ཤཱཀྱའི་དགེ་སློང་ངག་དབང་བློ་བཟང་ཐུབ་བསྟན་རྒྱ་མཚོ།

d རབ་བྱུང་བཅོ་ལྔ་པའི་ཆུ་ཆེན་ཞེས་པ་ཆུ་ཕོ་ཁྱི་ལོ། 第十五饶迥水阳狗年（1922）

e དཀར་ཆག（目录）

f 刻本 ཞོལ་པར་ཁང་ཆེན་མོ་གངས་ཅན་ཕན་བདེའི་གཏེར་མཛོད་གླིང་།（西藏拉萨雪版）

g 乌金 梵夹装 36×7

h 12 7

i 无 藏纸 黑 完整

j 封面钤有“民族文化宫图书馆藏”印。

181.6

a 9-6

b ར་མོ་ཆེ་གཙུག་ལག་ཁང་རྟེན་དང་བརྟེན་པར་བཅས་པ་ཉམས་གསོས་བགྱིས་པའི་དཀར་ཆག་མུ་ཏིག་དོ་ཤལ་

གསར་པ་འཛད་མེད་ཕན་བདེའི་རྒྱན་སྤྲུར་ཅེས་བྱ་བ་བཞུགས་སོ།།

小昭寺能依等培修目录·珍珠新璎珞·利乐无尽庄严

c ཤཱཀྱའི་དགེ་སློང་ངག་དབང་བློ་བཟང་ཐུབ་བསྟན་རྒྱ་མཚོ།

d རབ་བྱུང་བཅོ་ལྔ་པའི་ཆུ་ཆེན་གྱི་ལོ། 第十五饶迥水狗年（1922） ནོར་གླིང་བསྐལ་བཟང་ཕོ་བྲང་།

（西藏拉萨罗布林卡格桑宫殿）

e དཀར་ཆག（目录）

f 刻本 ཞོལ་པར་ཁང་ཆེན་མོ་གངས་ཅན་ཕན་བདེའི་གཏེར་མཛོད་གླིང་།（西藏拉萨雪版）

g 乌金 梵夹装 36×7

h 9 7

i 无 藏纸 黑 完整

j 封面钤有“民族文化宫图书馆藏”印。

181.7
a 9-7

b གངས་ཅན་མཁས་གྲུབ་ཀུན་གྱི་གཙུག་རྒྱན་ཐམས་ཅད་མཁྱེན་པ་བུ་སྟོན་རིན་ཆེན་གྲུབ་ཡབ་སྲས་ཀྱི་བཀའ་འབུམ་པར་དུ་སྒྲེལ་བའི་འདོད་དོན་སྨོན་ཚིག་ཕན་བདེའི་ཡང་ཚོ་གསར་དུ་འཆར་བ་ཐར་འདོད་ཅི་དགར་ འཇུག་པའི་ལྷའི་ཁྲུས་རྫིང་དང་། བལ་ཡུལ་མཆོད་རྟེན་འཕགས་པ་ཤིང་ཀུན་ཉམས་གསོ་བགྱིས་པའི་དཀར་ཆག་ངོ་མཚར་དང་པའི་སྒོ་འབྱེད་བཅས་བཞུགས་སོ།།

西藏诸善巧成就者之顶严一切智布顿·仁钦珠师徒文集付梓之祈愿文·利乐之春光·求解脱者喜入之沐浴天池及尼泊尔灵塔帕巴辛衮培修目录·开希有信门

c

d ལྕགས་མོ་བྱ་ལོ། 铁阴鸡年（1921） ནོར་གླིང་བསྐལ་བཟང་ཕོ་བྲང་།（西藏拉萨罗布林卡格桑宫殿）

e དཀར་ཆག་སོགས།（目录）

f 刻本 ཞོལ་པར་ཁང་ཆེན་མོ་གངས་ཅན་ཕན་བདེའི་གཏེར་མཛོད་གླིང་།（西藏拉萨雪版）

g 乌金 梵夹装 36×7
h 12 7
i 无 藏纸 黑 完整
j 封面钤有“民族文化宫图书馆藏”印。

181.8
a 9-8

b རྒྱས་བཏབ་ར་ཆེའི་གཙུག་ལྷག་ཁང་གི་ལྡེབ་བྲིས་སྐྱེས་རབས་སོ་བཞི་པའི་ཞལ་བྱང་ཟུར་དུ་བཀོལ་བ་མཐོང་བ་དོན་ལྡན་བཞུགས་སོ།།

小昭寺壁画本生三十四事之题辞另篇·见者具义

c
d

e ཞལ་ཐང་ལྡེབས་བྲིས།（佛祖本生壁画）

f 刻本 ཞོལ་པར་ཁང་ཆེན་མོ་གངས་ཅན་ཕན་བདེའི་གཏེར་མཛོད་གླིང་།（西藏拉萨雪版）

g 乌金 梵夹装 36×7

h 25 7

i 无 藏纸 黑 完整

j 封面钤有“民族文化宫图书馆藏”印。

181.9

a 9-9

b བསྟན་པའི་ནང་མཛོད་འདུལ་བ་ལུང་སྡེ་བཞི། མདོ་རྩ་མཆན་འགྲེལ།མཚོ་ཊཱིཀ་སོགས་ལས་བྱུང་བའི་སོ་ཐར་བསླབ་གཞིའི་དགག་སྒྲུབ་གནང་མཚམས་ཉེ་མཁོའི་དབྱིབས་ཚད་བཅས་ཕྱག་ལེན་མཐོང་རྒྱུན་ལྟར་དཔེ་རིས་སུ་བཀོད་པ་ཉེས་ལྟུང་མུན་པ་འཛོམས་པའི་ཟླ་འོད་ཅེས་བྱ་བ་བཞུགས་སོ།།

教法内库毗奈耶四部律经本释、海疏等所出之别解脱学事中开、遮、许、断常用形量等传统作法图示·摧灭罪堕黑暗之月光

c

d

e འདུལ་རིམ།（律经）

f 刻本 ཞོལ་པར་ཁང་ཆེན་མོ་གངས་ཅན་ཕན་བདེའི་གཏེར་མཛོད་གླིང་།（西藏拉萨雪版）

g 乌金 梵夹装 36×7

h 9 7

i 有 藏纸 黑 完整

j 封面钤有“民族文化宫图书馆藏”印。

182

A 3628-3630 785

B བློ་བཟང་ཆོས་ཀྱི་རྒྱལ་མཚན་གྱི་གསུང་འབུམ།

洛桑却吉坚赞文集

C ཀ

D　པཎ་ཆེན་བློ་བཟང་ཆོས་ཀྱི་རྒྱལ་མཚན། དགེ་ལུགས། རབ་བྱུང་བཅུ་པའི་ལྕགས་ཕོ་རྟ་ལོ་༡༥༧༠ལ་ཡབ་ཀུན་དགའ་འོད་ཟེར་དང་ཡུམ་མཚོ་རྒྱལ་གཉིས་ཀྱི་སྲས་སུ་གཙང་རོང་གི་མཚམས་ལྷན་གྱི་ནང་དྲུག་བརྒྱ་པའི་སྨེའུ་ཡུལ་དུ་སྐུ་འཁྲུངས། དགུང་ལོ་ཆུང་དུས་ནས་མཁས་གྲུབ་སངས་རྒྱས་ཡེ་ཤེས་ཀྱིས་དབེན་ས་བློ་བཟང་དོན་གྲུབ་ཀྱི་སྤྲུལ་སྐུར་ངོས་འཛིན་མཛད། དགུང་ལོ་བཅུ་གསུམ་ལ་དབེན་དགོན་དུ་མཁས་གྲུབ་སངས་རྒྱས་ཡེ་ཤེས་ལས་རབ་ཏུ་བྱུང་ཞིང་དགེ་ཚུལ་གྱི་སྡོམ་པ་བཞེས་ཏེ་མཚན་ལ་བློ་བཟང་ཆོས་ཀྱི་རྒྱལ་མཚན་ཞེས་གསོལ། དགུང་ལོ་བཅུ་བཞི་ལ་དབེན་དགོན་གྱི་ཁྲི་པ་མཛད། དགུང་ལོ་ཉེར་གཉིས་ལ་བཀྲ་ལྷུན་ཁྲི་པ་བཅུ་བཞི་པ་དམ་ཆོས་ཡར་འཕེལ་ལས་བསྙེན་རྫོགས་སྡོམ་པ་བཞེས། མཁས་གྲུབ་སངས་རྒྱས་ཡེ་ཤེས། སློབ་དཔོན་རིན་པོ་ཆེ་མཁྱེན་རབ་དབང་ཕྱུག་རྗེ་བཙུན་ནམ་མཁའ་རྒྱལ་མཚན། སློབ་དཔོན་དགེ་འདུན་རྒྱལ་མཚན། རྣམ་རྒྱལ་དཔལ་བཟང་སོགས་ཀྱི་མདུན་ནས་མདོ་སྔགས་ཀྱི་གཞུང་ལུགས་ཅི་རིགས་གསན། དགུང་ལོ་ཞེ་བདུན་པ་ནས་བཟུང་སེ་འབྲས་གཉིས་ཀྱི་མཁན་པོ་ལོ་ལྔ་རེ་མཛད། དགུང་ལོ་ལྔ་གཉིས་ལ་རྒྱལ་བ་བློ་བཟང་རྒྱ་མཚོ་རྒྱལ་བའི་ཡང་སྲིད་དུ་ངོས་འཛིན། དགུང་ལོ་དོན་གཉིས་ནས་བཟུང་ཞྭ་ལུ་དགོན་གྱི་མཁན་པོ་ཉི་ཤུ་མཛད། དགུང་ལོ་དོན་ལྔ་ལ་གུ་ཤྲཱི་ བསྟན་འཛིན་ཆོས་རྒྱལ་གྱིས་པཎ་ཆེན་སྦོ་ཁི་ཏོ་ཞེས་པ་ཧེ་བློ་གྲོས་སྟོབས་ལྡན་ཞེས་མཚན་སྙན་གསོལ། དབེན་དགོན་དུ་ཀ་བ་ཉི་ཤུ་རྩ་བཞིའི་གཙུག་ལག་ཁང་གསར་དུ་བསྐྲུན་ནས་བཀའ་འགྱུར་གླེགས་བམ་རེར་གསེར་ཞོ་སུམ་ཅུ་སོ་དྲུག་རེ་ལས་བསྒྲུབས་པའི་བཀའ་འགྱུར་ཆ་ཚང་བཞེངས་ཏེ་གཙུག་ལག་ཁང་དུ་བཞུགས་སུ་གསོལ། སློབ་མ་གྲགས་ཆེ་བ་རྒྱལ་བ་ཡོན་ཏན་རྒྱ་མཚོ། རྒྱལ་བ་ལྔ་པ་ཆེན་པོ།རིན་པོ་ཆེ་སངས་རྒྱས་ཡེ་ཤེས།སྐྱམ་པོ་སྤྲུལ་སྐུ། སེ་ཆེན་ཆོས་རྗེ་སོགས་མང་། རབ་བྱུང་བཅུ་གཅིག་པའི་ཆུ་སྟག་༡༦༦༢ལོར་དགུང་གྲངས་གོ་བཞིར་ཞིབས་སྐབས་ཞི་བར་གཤེགས། གསུང་རྩོམ་པོད་ལྔ་བཞུགས། དེང་དཔེ་མཛོད་ཁང་དུ་བཀྲ་ལྷུན་པར་མ་པོད་༥ཀ--ཅཨང་རྟགས་༢༨༩༣--༢༩༠༩དང་མི་རིགས་པོ་བྲང་ཕྱིར་འབུལ་ཞུས་པའི་གྲས་པོད་༥ ཀ--ཅ ཨང་རྟགས་ ༣༦༢༨--༣༦༩༠ བཞུགས།

四世班禅洛桑却吉坚赞（1570—1662）：属格鲁派。诞生于后藏医术之家，13 岁在温寺受戒出家。14 岁担任温寺法台，撰写了《妙音天女赞》。1586 年，入扎什伦布寺。是年 11 月，在甘丹寺参加辩经，得大慧名。广行弘扬佛法、饶益众生事业。在温寺建二十四柱大经堂，并在大经堂置入造金写本《甘珠尔》。47 岁起任色拉寺和哲蚌寺的法台。其弟子有达赖云丹嘉措等。52 岁时认定洛桑嘉措为四世达赖喇嘛的转世。1642 年起任夏鲁寺法台达 20 年。弟子中以云丹嘉措、五世达赖等称著。享年 94 岁。西藏图书馆藏北京民族文化宫图书馆赠送的文集有 5 函，编号在 3628—3640 间；扎什伦布寺版 5 函，编号在 2893—2904 间。

E　此函在民族宫目录著录为 18 卷，西藏图书馆藏品中多出一卷。

182.1

a　19-1

b　རྗེ་བཙུན་བློ་བཟང་ཆོས་ཀྱི་རྒྱལ་མཚན་གྱི་གསུང་འབུམ་ཀ་པའི་དཀར་ཆག་བཞུགས་སོ།།

至尊洛桑却吉坚赞文集ཀ字函目录

c

d

e　དཀར་ཆག（目录）

f　刻本　བཀྲ་ཤིས་ལྷུན་པོ།（西藏日喀则扎什伦布寺）

g　乌金　梵夹装　49×7

h　2　6

i　无　藏纸　黑　完整

j　封面钤有“民族文化宫图书馆藏”印；民族宫目录中为 1 叶。

182.2

a　19-2

b　ཆོས་སྨྲ་བའི་དགེ་སློང་བློ་བཟང་ཆོས་ཀྱི་རྒྱལ་མཚན་གྱི་སྤྱོད་ཚུལ་གསལ་བར་སྟོན་པ་ནོར་བུའི་ཕྲེང་ ཞེས་བྱ་བཞུགས་སོ།།

说法比丘洛桑却吉坚赞德行史·宝鬘

c

d　ལྕགས་ཕོ་བྱི་བའི་ལོ་སྟོན་ཟླ་ཐ་ཆུང་། 铁阳鼠年（1660）藏历六月底

e　རྟོགས་བརྗོད།（传记）

f　刻本　བཀྲ་ཤིས་ལྷུན་པོ།（西藏日喀则扎什伦布寺）

g 乌金 梵夹装 49×7
h 225 6
i 有 藏纸 黑 完整
j 封面钤有“民族文化宫图书馆藏”印。

182.3
a 19-3
b ཐུབ་དབང་ཞལ་པད་མ་བཞུགས།
能仁莲面篇
c རྒྱལ་ཁམས་པ་བློ་བཟང་ཆོས་ཀྱི་རྒྱལ་མཚན།
d དབེན་ས་ཆོས་ཀྱི་ཕོ་བྲང་གི་གཙུག་ལག་ཁང་།（西藏日喀则温萨寺）
e བསྟོད་པ།（赞颂）
f 刻本 བཀྲ་ཤིས་ལྷུན་པོ།（西藏日喀则扎什伦布寺）
g 乌金 梵夹装 49×7
h 3 6
i 无 藏纸 黑 完整
j 封面钤有“民族文化宫图书馆藏”印。

182.4
a 19-4
b མཁས་གྲུབ་ཆེན་པོ་གསུམ་གྱི་ཡོན་ཏན་མདོར་བསྡུས་པའི་སྒོ་ནས་རྟོགས་པ་བརྗོད་པ་མཁས་པའི་ཡིད་འཕྲོག་ གྲུབ་
པའི་རྒྱན་ཅེས་བྱ་བ་བཞུགས་སོ།།
善巧成就略摄三功德门而说史事·智者悦意成就之严饰
c མང་དུ་ཐོས་པ་རྒྱལ་ཁམས་པ་བློ་བཟང་ཆོས་ཀྱི་རྒྱལ་མཚན།
d དབེན་ས་ཆོས་ཀྱི་ཕོ་བྲང་།（西藏日喀则温萨寺） མཁན་རིན་པོ་ཆེ་ནོར་བཟང་རྒྱ་མཚོ་སོགས།
e རྟོགས་བརྗོད།（传记）
f 刻本 བཀྲ་ཤིས་ལྷུན་པོ།（西藏日喀则扎什伦布寺） དགེ་སློང་དགེ་འདུན་དར་རྒྱས།
g 乌金 梵夹装 49×7

h　51　6
i　无　藏纸　黑　完整
j　封面钤有“民族文化宫图书馆藏”印。

182.5
a　19-5
b　དགེ་ལྡན་བཀའ་བརྒྱུད་རིན་པོ་ཆེའི་ཟབ་ལམ་བརྒྱུད་པའི་རྣམ་པར་ཐར་པ་མདོར་བསྡུས་གཏེར་གྱི་ཁ་བྱང་ལྟ་བུ་
བཞུགས།
甘丹噶举之甚深道传承略史·宝藏录
c
d
e　རྣམ་ཐར།（传记）
f　刻本　བཀྲ་ཤིས་ལྷུན་པོ།（西藏日喀则扎什伦布寺）　དགེ་ཚུལ་བློ་བཟང་དབང་རྒྱལ།
g　乌金　梵夹装　49×7
h　11　6
i　无　藏纸　黑　完整
j　封面钤有“民族文化宫图书馆藏”印。

182.6
a　19-6
b　འཕགས་པའི་གནས་བརྟན་ཆེན་པོ་རབ་འབྱོར་གྱི་རྟོགས་པ་བརྗོད་པ་ཚངས་པའི་སྒྲ་དབྱངས་ཞེས་བྱ་བ་བཞུགས་སོ།།
圣大尊者须菩提传·梵天之音
c　ཤཱཀྱའི་དགེ་སློང་བློ་བཟང་ཆོས་རྒྱན།
d　སྣེ་མོ་གཞིས་ཀ་རྣམ་རྒྱལ་རབ་བརྟན་གྱི་ཡང་རྩེ་གཞལ་ཡས་ཁང་།（西藏拉萨尼木朗杰绕丹庄园）
ཡོངས་རྫོགས་འཛིན་སངས་རྒྱས་དཔལ་བཟང་།
e　རྟོགས་བརྗོད།（传记）
f　刻本　བཀྲ་ཤིས་ལྷུན་པོ།（西藏日喀则扎什伦布寺）　བློ་བཟང་དར་རྒྱས།
g　乌金　梵夹装　49×7
h　4　6

i 无 藏纸 黑 完整
j 封面钤有“民族文化宫图书馆藏”印。

182.7
a 19-7
b རིགས་ལྡན་གྲགས་པའི་རྟོགས་པ་བརྗོད་པ་དྲི་མེད་འོད་དཀར་འཁྱིལ་བའི་ཟླ་བ་ཞེས་བྱ་བཞུགས་སོ།།
日登扎巴传・无垢白光旋之月
c མང་དུ་ཐོས་པའི་དགེ་སློང་སྤོང་བ་པ་བློ་བཟང་ཆོས་ཀྱི་རྒྱལ་མཚན།
d སྣེ་མོ་ལྷུན་པོ་དཔལ་འབར་ཞེས་པའི་རྫོང་།（西藏拉萨尼木）
e རྟོགས་བརྗོད།（传记）
f 刻本 བཀྲ་ཤིས་ལྷུན་པོ།（西藏日喀则扎什伦布寺） ཤཱཀྱའི་དགེ་ཚུལ་བློ་བཟང་བསྟན་འཛིན།
g 乌金 梵夹装 49×7
h 4 6
i 无 藏纸 黑 完整
j 封面钤有“民族文化宫图书馆藏”印。

182.8
a 19-8
b སློབ་དཔོན་ཨབྷྱཱཿཡཱ་ཀཱ་རའི་རྟོགས་པ་བརྗོད་པ་ཚངས་པའི་དབྱངས་སྙན་ཞེས་བྱ་བ་བཞུགས་སོ།།
阿阇梨阿坝雅嘎惹传・梵天雅音
c རྒྱལ་ཁམས་པ་དགེ་སློང་བློ་བཟང་ཆོས་ཀྱི་རྒྱལ་མཚན།
d ལྕགས་སྦྲུལ་ཟླ་བ་ལྔ་པའི་ཡར་ངོའི་ཚེས་བརྒྱད། 铁蛇年（1641）五月八日
 ལྷན་ལྷུན་རབ་ཀྱི་གཞིས་ཀ（兰伦热布庄园）
e རྟོགས་བརྗོད།（传记）
f 刻本 བཀྲ་ཤིས་ལྷུན་པོ།（西藏日喀则扎什伦布寺） དགེ་ཚུལ་བློ་བཟང་དར་རྒྱས།
g 乌金 梵夹装 49×7
h 5 6
i 无 藏纸 黑 完整

j 封面钤有“民族文化宫图书馆藏”印。

182.9

a 19-9

b ཆོས་ཀྱི་རྗེ་ས་སྐྱ་པཎྜི་ཏ་ཀུན་དགའ་རྒྱལ་མཚན་གྱི་རྣམ་པར་ཐར་པ་དྲི་ཟའི་གླུ་དབྱངས་ཞེས་བྱ་བ་བཞུགས་སོ།།

法王萨迦班智达·衮噶坚赞传·乾达婆之歌音

c ཤཱཀྱའི་དགེ་སློང་བློ་བཟང་ཆོས་རྒྱན།

d ཆོས་གྲྭ་ཆེན་པོ་དཔལ་ལྡན་འབྲས་སྤུངས་ཀྱི་གཟིམས་ཆུང་ཞི་འོད་འཁྱིལ།（西藏拉萨哲蚌寺）

e རྣམ་ཐར།（传记）

f 刻本 བཀྲ་ཤིས་ལྷུན་པོ།（西藏日喀则扎什伦布寺） བློ་བཟང་དར་རྒྱས།

g 乌金 梵夹装 49×7

h 7 6

i 无 藏纸 黑 完整

j 封面钤有“民族文化宫图书馆藏”印。

182.10

a 19-10

b གཡུང་སྟོན་རྡོ་རྗེ་དཔལ་གྱི་རྣམ་པར་ཐར་པ་ངོ་མཚར་རྒྱ་མཚོའི་ཆུ་རླབས་ཀྱི་རང་སྒྲ་ཞེས་བྱ་བ་བཞུགས་སོ།།

雍敦日措巴传·希有海自发浪声

c

d བཀྲ་ཤིས་ལྷུན་པོའི་གཙུག་ལག་ཁང་།（西藏日喀则扎什伦布寺） སངས་རྒྱས་དཔལ་བཟང་།

e རྣམ་ཐར།（传记）

f 刻本 བཀྲ་ཤིས་ལྷུན་པོ།（西藏日喀则扎什伦布寺） བློ་བཟང་དར་རྒྱས།

g 乌金 梵夹装 49×7

h 6 6

i 无 藏纸 黑 完整

j 封面钤有“民族文化宫图书馆藏”印。

182.11

a 19-11

b བྱང་ཆུབ་སེམས་དཔའ་སེམས་དཔའ་ཆེན་པོ་ཞི་བའི་ལྷའི་རྟོགས་པ་བརྗོད་པ་པདྨ་དཀར་པོའི་ཕྲེང་བ་བྱིན་ རླབས་

ཀྱི་དྲི་བསུང་འགྱེད་བྱེད་ཅེས་བྱ་བ་བཞུགས་སོ།།

菩萨摩诃萨寂天传·白莲鬘能散加持芬香

c ཤཱཀྱའི་བཙུན་པ་བློ་བཟང་ཆོས་ཀྱི་རྒྱལ་མཚན།

d ན་ཚོད་ལོ་བཅུ་དྲུག་ལོན་པའི་ཚེ། 十六岁（1587 年）

དབེན་ས་ཆོས་ཀྱི་ཕོ་བྲང་གི་གཙུག་ལག་ཁང་།（西藏日喀则温萨寺）

e རྟོགས་བརྗོད།（传记）

f 刻本 བཀྲ་ཤིས་ལྷུན་པོ།（西藏日喀则扎什伦布寺）

g 乌金 梵夹装 49×7

h 18 6

i 无 藏纸 黑 完整

j 封面钤有“民族文化宫图书馆藏”印。

182.12

a 19-12

b སྐྱེ་དགུའི་བདག་མོའི་རྟོགས་བརྗོད་ངོ་མཚར་འདབ་བརྒྱ་གྲོད་པའི་པདྨོ་ཞེས་བྱ་བ་བཞུགས་སོ།།

杰故达莫传·希有百叶莲花

c

d ཆོས་གྲྭ་ཆེན་པོ་བཀྲ་ཤིས་ལྷུན་པོ།（西藏日喀则扎西伦布寺） ཆོས་མཛད་མ་བློ་བཟང་ཆོས་འཛིན།

e རྟོགས་བརྗོད།（传记）

f 刻本 བཀྲ་ཤིས་ལྷུན་པོ།（西藏日喀则扎什伦布寺） དགེ་ཚུལ་བློ་བཟང་དར་རྒྱས།

g 乌金 梵夹装 49×7

h 6 6

i 无 藏纸 黑 完整

j 封面钤有“民族文化宫图书馆藏”印。

182.13

a 19-13

b ༄ སྐྱེ་དགུའི་བདག་མོའི་རྟོགས་བརྗོད་མདོར་བསྡུས་བཞུགས།

杰故达莫传略

c ཆོས་སྨྲ་བའི་བཙུན་པ་བློ་བཟང་ཆོས་ཀྱི་རྒྱལ་མཚན།

d ཆོས་གྲྭ་ཆེན་པོ་བཀྲ་ཤིས་ལྷུན་པོ།（西藏日喀则扎西伦布寺） གྲྭ་ཚང་གི་མཁན་རིན་པོ་ཆེ་

གཡག་ལུང་བ་སོགས།

e རྣམ་ཐར།（传记）

f 刻本 བཀྲ་ཤིས་ལྷུན་པོ།（西藏日喀则扎什伦布寺）

g 乌金 梵夹装 49×7

h 7 6

i 无 藏纸 黑 完整

j 封面钤有“民族文化宫图书馆藏”印；民族宫目录中无此件。

182. 14

a 19-14

b ས་གསུམ་མའི་ཊཱི་ཀཱ་ཚིག་དོན་གསལ་བ་ཞེས་བྱ་བ་བཞུགས།

三域篇句义明显注疏

c སྡེ་སྣོད་འཛིན་པ་བློ་བཟང་ཆོས་ཀྱི་རྒྱལ་མཚན།

d ཆོས་གྲྭ་ཆེན་པོ་གངས་ཅན་ཆོས་འཕེལ། དགེ་བའི་བཤེས་གཉེན་ལེགས་བཤད་དཔལ་ལྡན།

e སྨོན་ཊཱི་ཀཱ།（祈愿文释）

f 刻本 བཀྲ་ཤིས་ལྷུན་པོ།（西藏日喀则扎什伦布寺）

g 乌金 梵夹装 49×7

h 14 6

i 无 藏纸 黑 完整

j 封面钤有“民族文化宫图书馆藏”印；民族宫目录中为15叶。

182. 15

a 19-15

b གྲུབ་པའི་དབང་ཕྱུག་མི་ལ་བརྟེན་པའི་བླ་མའི་རྣལ་འབྱོར་དང་རྣམ་ཐར་དུ་མ་ཚུད་པའི་གསུང་མགུར་རྣམས་

བཞུགས་སོ།།

依成就自在师弥拉日巴修上师瑜伽与略传中之道情歌等

c དགེ་སློང་བློ་བཟང་ཆོས་ཀྱི་རྒྱལ་མཚན།

d བཀྲ་ཤིས་ལྷུན་པོའི་གཟིམས་ཁང་།（西藏日喀则扎什伦布寺）

དཀའ་བཅུ་པ་བསོད་ནམས་ཡར་འཕེལ།

e གསུང་མགུར།（道歌）

f 刻本 བཀྲ་ཤིས་ལྷུན་པོ།（西藏日喀则扎什伦布寺）

g 乌金 梵夹装 49×7

h 18 6

i 无 藏纸 黑 完整

j 封面钤有“民族文化宫图书馆藏”印。

182.16

a 19-16

b རྗེ་བཙུན་བླ་མའི་རྣལ་འབྱོར་དང་ནང་གི་ཁོང་སྐྲན་འདོན་པའི་སྐྱུག་སྨན་ཞེས་བྱ་བ་བཞུགས་སོ།།

至尊上师瑜伽与拔除内瘤之吐药

c བཙུན་པ་བློ་བཟང་ཆོས་ཀྱི་རྒྱལ་མཚན།

d འབྲས་སྤུངས་དགའ་ལྡན་ཕོ་བྲང་།（西藏拉萨哲蚌噶丹颇章）

e བླ་མའི་རྣལ་འབྱོར།（上师瑜伽）

f 刻本 བཀྲ་ཤིས་ལྷུན་པོ།（西藏日喀则扎什伦布寺）

g 乌金 梵夹装 49×7

h 6 6

i 无 藏纸 黑 完整

j 封面钤有“民族文化宫图书馆藏”印。

182.17

a 19-17

b བླ་མ་མཆོད་པའི་ཆོ་ག

供养上师仪轨

c ཤཱཀྱའི་དགེ་སློང་བློ་བཟང་ཆོས་ཀྱི་རྒྱལ་མཚན།

d ཐོན་དགའ་ལྡན་རྫོང་།（西藏拉萨尼木吞噶丹宗） ས་སྐྱོང་མིའི་དབང་པོ་མགོན་པོ་དབང་གི་རྒྱལ་པོ།

e ཆོ་ག（仪轨）

f 刻本 བཀྲ་ཤིས་ལྷུན་པོ།（西藏日喀则扎什伦布寺）

g 乌金 梵夹装 49×7

h 26 6

i 无 藏纸 黑 完整

j 封面钤有“民族文化宫图书馆藏”印。

182.18

a 19-18

b རྒྱལ་སྲས་ཤེས་རབ་འཕེལ་གྱི་སྤྲུལ་སྐུའི་གསོལ་འདེབས་དང་དགེ་སློང་མཁར་སྐྱ་པའི་བཀའ་ལན་བཞུགས་སོ།།

贾色喜饶培活佛之祈愿文与比丘喀迦巴之答复书

c

d

e གསོལ་འདེབས།（启请文）

f 刻本 བཀྲ་ཤིས་ལྷུན་པོ།（西藏日喀则扎什伦布寺）

g 乌金 梵夹装 49×7

h 2 6

i 无 藏纸 黑 完整

j 封面钤有“民族文化宫图书馆藏”印。

182.19

a 19-19

b པཎ་ཆེན་ཐམས་ཅད་མཁྱེན་པ་བློ་བཟང་ཆོས་ཀྱི་རྒྱལ་མཚན་དཔལ་བཟང་པོའི་གསུང་ཉེ་བར་མཁོ་བ་འགའ་ཞིག་

བཞུགས་སོ།།

班禅一切智洛桑却吉坚赞之部分常用说集

c ཤཱཀྱའི་དགེ་སློང་བློ་བཟང་ཆོས་ཀྱི་རྒྱལ་མཚན།

d བཀྲ་ཤིས་ལྷུན་པོ་སོགས།（西藏日喀则扎什伦布寺） རམ་་དཔྱོད་ལྡན་པ་བློ་བཟང་དབང་རྒྱལ་

སོགས།

e སྣ་ཚོགས།（汇编）

f 刻本 བཀྲ་ཤིས་ལྷུན་པོ།（西藏日喀则扎什伦布寺）

g 乌金 梵夹装 49×7

h 58 6

i 无 藏纸 黑 完整

j 封面钤有“民族文化宫图书馆藏”印。

183

A 3631-3632 786

B བློ་བཟང་ཆོས་ཀྱི་རྒྱལ་མཚན་གྱི་གསུང་འབུམ།

洛桑却吉坚赞文集

C ཁ

D པན་ཆེན་སྐུ་ཕྲེང་བཞི་པ་བློ་བཟང་ཆོས་ཀྱི་རྒྱལ་མཚན།

同 3628 介绍。

E 此函民族宫目录著录为 11 卷，西藏图书馆藏品中缺 2 卷：《班禅·洛桑却吉坚赞之部分散集》《释迦比丘洛桑却吉坚赞所著依止善知识法·宝镜》，又有 6 卷在民族宫目录中无。

183.1

a 15-1

b པན་ཆེན་སྐུ་ཕྲེང་བཞི་པ་བློ་བཟང་ཆོས་ཀྱི་རྒྱལ་མཚན་གྱི་གསུང་འབུམ་ཁ་པའི་དཀར་ཆག

第四世班禅洛桑却吉坚赞文集ཁ函目录

c　རྣལ་འབྱོར་པ་བློ་བཟང་ཆོས་ཀྱི་རྒྱལ་མཚན།

d

e　དཀར་ཆག（目录）

f　刻本　འབྲས་སྤུངས།（西藏拉萨哲蚌寺）

g　乌金　梵夹装　47×6
h　1　6
i　无　藏纸　黑　完整
j　封面钤有“民族文化宫图书馆藏”印；民族宫目录中为2叶。

183.2
a　15-2

b　རྡོ་རྗེ་ཕྲེང་བའི་དཀྱིལ་འཁོར་ཆེན་མོ་བཞི་བཅུ་རྩ་གཉིས་ཀྱི་སྒྲུབ་ཐབས་རིན་ཆེན་དབང་གི་རྒྱལ་པོ།

金刚鬘四十二大曼荼罗修法·大宝灌顶王鬘

c　བཙུན་པ་བློ་བཟང་ཆོས་ཀྱི་རྒྱལ་མཚན།

d　ཆོས་གྲྭ་བཀྲ་ཤིས་ལྷུན་པོ།（西藏日喀则扎什伦布寺）

e　སྒྲུབ་ཐབས།（修心法）

f　刻本　འབྲས་སྤུངས།（西藏拉萨哲蚌寺）　དགེ་སློང་བློ་བཟང་ཕུན་ཚོགས།

g　乌金　梵夹装　47×6.5
h　48　6
i　有　藏纸　黑　完整
j　封面钤有“民族文化宫图书馆藏”印；民族宫目录中为65叶。

183.3
a　15-3

b　སློབ་དཔོན་ཀླུ་སྒྲུབ་ཀྱི་མཛད་པའི་རིམ་པ་ལྔའི་རྣམ་པར་བཤད་པ་ཟུང་འཇུག་ནོར་བུའི་བང་མཛོད།

怙主龙树所著五次第解说·双运宝库藏

c　རྣལ་འབྱོར་པ་བློ་བཟང་ཆོས་ཀྱི་རྒྱལ་མཚན།

d ཆོས་གྲྭ་བཀྲ་ཤིས་ལྷུན་པོ།（西藏日喀则扎什伦布寺）

e སྔགས།（密咒）

f 刻本 འབྲས་སྤུངས།（西藏拉萨哲蚌寺） དགའ་བཅུ་བ་སྙིང་སྟོབས་རྒྱ་མཚོ།

g 乌金 梵夹装 47×6

h 61 6

i 无 藏纸 黑 完整

j 封面钤有“民族文化宫图书馆藏”印；民族宫目录中为82叶。

183.4

a 15-4

b རྒྱུད་ཐམས་ཅད་ཀྱི་རྒྱལ་པོ་དཔལ་གསང་བ་འདུས་པའི་བསྐྱེད་རིམ་གྱི་རྣམ་བཤད་དངོས་གྲུབ་ཀྱི་རྒྱ་མཚོའི་སྙིང་པོ།

一切密续之王吉祥密集金刚之生起次第解说·悉地海藏

c རྣལ་འབྱོར་པ་བློ་བཟང་ཆོས་ཀྱི་རྒྱལ་མཚན།

d ཆོས་གྲྭ་བཀྲ་ཤིས་ལྷུན་པོ།（西藏日喀则扎什伦布寺）

e རྒྱུད་འགྲེལ།（续释）

f 刻本 འབྲས་སྤུངས།（西藏拉萨哲蚌寺）

g 乌金 梵夹装 47.5×6

h 58 6

i 无 藏纸 黑 完整

j 封面钤有“民族文化宫图书馆藏”印；民族宫目录中为77叶。

183.5

a 15-5

b རྒྱུད་ཐམས་ཅད་ཀྱི་རྒྱལ་པོ་དཔལ་གསང་བ་འདུས་པའི་གདམས་པ་རིམ་ལྔ་གསལ་སྒྲོན་གྱི་སྙིང་པོ་གནད་ཀུན་

བསྡུས་པ་ཟབ་དོན་གསལ་བའི་ཉི་མ།

一切密续之王吉祥密集之教授五次第·明灯摄要·显明深义之日光

c རྣལ་འབྱོར་པ་བློ་བཟང་ཆོས་ཀྱི་རྒྱལ་མཚན།

d ཆོས་གྲྭ་བཀྲ་ཤིས་ལྷུན་པོ།（西藏日喀则扎什伦布寺）

e གསང་འདུས།（密集）

f 刻本 འབྲས་སྤུངས།（西藏拉萨哲蚌寺）

g 乌金 梵夹装 47×6
h 56 6
i 无 藏纸 黑 完整
j 封面钤有“民族文化宫图书馆藏”印；民族宫目录中为75叶。

183.6
a 15-6

b དཔལ་གསང་བ་འདུས་པའི་བླ་མའི་རྣལ་འབྱོར་དང་མངོན་པར་རྟོགས་པ་མདོར་བསྡུས།
吉祥密集之上师瑜伽与现证略法

c རྣལ་འབྱོར་པ་བློ་བཟང་ཆོས་ཀྱི་རྒྱལ་མཚན།

d ཆོས་གྲྭ་བཀྲ་ཤིས་ལྷུན་པོ།（西藏日喀则扎什伦布寺）

e བླ་མའི་རྣལ་འབྱོར།（上师瑜伽）

f 刻本 འབྲས་སྤུངས།（西藏拉萨哲蚌寺） དགེ་སློང་བློ་བཟང་ཕུན་ཚོགས།

g 乌金 梵夹装 48×6.5
h 14 6
i 无 藏纸 黑 完整
j 封面钤有“民族文化宫图书馆藏”印；民族宫目录中为17叶。

183.7
a 15-7

b བཅོམ་ལྡན་འདས་དཔལ་འཁོར་ལོ་བདེ་མཆོག་ལཱུ་ཨི་པའི་ལུགས་ཀྱི་བསྐྱེད་རིམ།
薄伽梵吉祥胜乐轮·鲁伊巴传规之生起次第修法

c རྣལ་འབྱོར་པ་བློ་བཟང་ཆོས་ཀྱི་རྒྱལ་མཚན།

d ཆོས་གྲྭ་བཀྲ་ཤིས་ལྷུན་པོ།（西藏日喀则扎什伦布寺）

e སྔགས། （密咒）

f 刻本 འབྲས་སྤུངས། （西藏拉萨哲蚌寺） དགེ་ཚུལ་བློ་བཟང་དཔང་རྒྱལ།

g 乌金 梵夹装 47×6

h 29 6

i 无 藏纸 黑 完整

j 封面钤有“民族文化宫图书馆藏”印；民族宫目录中为41叶。

183.8

a 15-8

b དཔལ་རྡོ་རྗེ་འཇིགས་བྱེད་ཀྱི་བསྐྱེད་རྫོགས་རིམ་པ་དངོས་གྲུབ་སྙེ་མ།

吉祥怖畏金刚之生起次第修法·悉地穗

c རྣལ་འབྱོར་པ་བློ་བཟང་ཆོས་ཀྱི་རྒྱལ་མཚན།

d ཆོས་གྲྭ་བཀྲ་ཤིས་ལྷུན་པོ། （西藏日喀则扎什伦布寺）

e སྔགས། （密咒）

f 刻本 འབྲས་སྤུངས། （西藏拉萨哲蚌寺）

g 乌金 梵夹装 48×6

h 21 6

i 无 藏纸 黑 完整

j 封面钤有“民族文化宫图书馆藏”印；民族宫目录中为29叶。

183.9

a 15-9

b དྲུག་བཅུ་རྩ་ཚིག་ཞ་ལུ་བ་ཆེན་པོས་མཛད་པ།

夏鲁巴大师所著六十根本论句

c རྣལ་འབྱོར་པ་བློ་བཟང་ཆོས་ཀྱི་རྒྱལ་མཚན།

d ཆོས་གྲྭ་བཀྲ་ཤིས་ལྷུན་པོ། （西藏日喀则扎什伦布寺）

e སྔགས། （密咒）

f 刻本 འབྲས་སྤུངས།（西藏拉萨哲蚌寺）

g 乌金 梵夹装 47×6
h 2 6
i 无 藏纸 黑 完整
j 封面钤有“民族文化宫图书馆藏”印；民族宫目录中为3叶。

183.10
a 15-10

b རྒྱུད་ཐམས་ཅད་ཀྱི་རྒྱལ་པོ་དཔལ་གསང་བ་འདུས་པའི་རྫོགས་པའི་རིམ་པ་ལྔའི་ལག་རྗེས་ཤིན་ཏུ་ཟབ་པ།

一切续之王吉祥密集圆满五次第之甚深手印

c རྣལ་འབྱོར་པ་བློ་བཟང་ཆོས་ཀྱི་རྒྱལ་མཚན།

d

e སྔགས།（密咒）

f 刻本 འབྲས་སྤུངས།（西藏拉萨哲蚌寺）

g 乌金 梵夹装 46×6.5
h 12 6
i 无 藏纸 黑 完整
j 封面钤有“民族文化宫图书馆藏”印；民族宫目录中无此件。

183.11
a 15-11

b བདེ་མཆོག་ལཱུ་ཨི་པའི་བསྐྱེད་རྫོགས་སྙིང་པོར་དྲིལ་པ་ཚིགས་བཅད་དང་ལཱུ་དྲིལ་གཉིས་ཀྱི་རྫོགས་རིམ་ཤིན་ཏུ་ཟབ་པ།

胜乐拉乌巴之生圆次第之合集颂·拉枳二派之圆满次第甚法

c རྣལ་འབྱོར་པ་བློ་བཟང་ཆོས་ཀྱི་རྒྱལ་མཚན།

d

e སྔགས།（密咒）

f 刻本 འབྲས་སྤུངས།（西藏拉萨哲蚌寺）

g 乌金 梵夹装 46×6

h 23 6
i 无 藏纸 黑 完整
j 封面钤有“民族文化宫图书馆藏”印；民族宫目录中无此件。

183.12
a 15-12
b དཔལ་རྡོ་རྗེ་འཇིགས་བྱེད་ཀྱི་ཆོས་ཤིན་ཏུ་ཟབ་པ།
吉祥怖畏金刚甚法
c རྣལ་འབྱོར་པ་བློ་བཟང་ཆོས་ཀྱི་རྒྱལ་མཚན།
d
e སྔགས། （密咒）
f 刻本 འབྲས་སྤུངས། （西藏拉萨哲蚌寺）
g 乌金 梵夹装 47×6.5
h 17 6
i 无 藏纸 黑 完整
j 封面钤有“民族文化宫图书馆藏”印；民族宫目录中无此件。

183.13
a 15-13
b དཔལ་རྡོ་རྗེ་འཇིགས་བྱེད་ཀྱི་གཏོར་ཆེན་དྲུག་བཅུ་པའི་རྣམ་བཞག་དམ་ཉམས་ཀྱི་སྲོག་གཅོད་མཚོན་ཆ་འབར་
བའི་འཁྲུལ་འཁོར།
吉祥大威德神馐仪轨六十论·致命器轮
c རྣལ་འབྱོར་པ་བློ་བཟང་ཆོས་ཀྱི་རྒྱལ་མཚན།
d
e སྔགས། （密咒）
f 刻本 འབྲས་སྤུངས། （西藏拉萨哲蚌寺）
g 乌金 梵夹装 46×6.5
h 24 6
i 无 藏纸 黑 完整
j 封面钤有“民族文化宫图书馆藏”印；民族宫目录中无此件。

183.14
a 15-14

b ལྷ་ཆེན་ཆོས་ཀྱི་རྒྱལ་པོ་ཕྱི་སྒྲུབ་ལ་བརྟེན་པའི་ཐུན་མོང་མ་ཡིན་པའི་དྲུག་ཅུ་པ་ཛཻ་ལྷར་བྱ་བའི་ཚུལ་གྱི་ཆོག་བསྐྱིགས་དམ་ཉམས་སྐོང་གི་སྤྲུ་གྲི་ཞེས་བྱ་བ་དང་། ཐུན་མོང་མ་ཡིན་པའི་དྲུག་ཅུ་པའི་མན་ངག་བཀའ་རྒྱ་ཅན་གྱི་ཟུར་འདེབས་འཆི་བདག་ཁྲག་གི་མདོག་ཅན་དང་།དམ་ཅན་བཀའ་སྡོད་རྣམ་གསུམ་གྱི་ཟུར་འདེབས་སྤྲུ་གྲི་ལྷ་བུ་མྱུར་མགྱོགས་དྲག་པོའི་ཕོ་ཉ།

依大神法王外修来不共实践六十论之仪轨举行法、特殊的六十论善言来祈愿死神血面、三待命护神补充祈愿·速信使

c རྣལ་འབྱོར་པ་བློ་བཟང་ཆོས་ཀྱི་རྒྱལ་མཚན།

d འབྲས་སྤུངས།（西藏拉萨哲蚌寺）

e ཆོ་ག（仪轨）

f 刻本 འབྲས་སྤུངས།（西藏拉萨哲蚌寺）

g 乌金 梵夹装 46×6.5

h 10 6

i 无 藏纸 黑 完整

j 封面钤有“民族文化宫图书馆藏”印；民族宫目录中无此件。

183.15
a 15-15

b བཀའ།

甘珠尔

c རྣལ་འབྱོར་པ་བློ་བཟང་ཆོས་ཀྱི་རྒྱལ་མཚན།

d

e བཀའ་བསྟན།（大藏经）

f 刻本 འབྲས་སྤུངས།（西藏拉萨哲蚌寺）

g 乌金 梵夹装 49×7

h　1　6
i　无　藏纸　黑　完整
j　封面钤有“民族文化宫图书馆藏”印；民族宫目录中无此件。

184
A　3633-3634　787
B　བློ་བཟང་ཆོས་ཀྱི་རྒྱལ་མཚན་གྱི་གསུང་འབུམ།
　洛桑却吉坚赞文集
C　ག
D　པཎ་ཆེ་སྐུ་ཕྲེང་བཞི་པ་བློ་བཟང་ཆོས་ཀྱི་རྒྱལ་མཚན།
　同 3628 介绍。
E　此函民族宫目录著录为 29 卷；西藏图书馆藏品中缺 3 卷：《吉祥时轮略修法》《阿底峡尊者传规之二十一度母修法、作业等·胜共二悉地宝库》《度母回遮战争修法仪轨·胜伏怨敌》，其中卷《第二密续主体之大悲心要曼荼罗之仪轨念诵法》为重复，又有 3 卷不在民族宫目录中。

184.1
a　30-1
b　པཎ་ཆེན་སྐུ་ཕྲེང་བཞི་པ་བློ་བཟང་ཆོས་ཀྱི་རྒྱལ་མཚན་་གྱི་གསུང་འབུམ་ག་པའི་དཀར་ཆག
　第四世班禅洛桑却吉坚赞文集ག函目录
c　རྣལ་འབྱོར་བ་བློ་བཟང་ཆོས་ཀྱི་རྒྱལ་མཚན།
d
e　དཀར་ཆག（目录）
f　刻本　འབྲས་སྤུངས།（西藏拉萨哲蚌寺）
g　乌金　梵夹装　48×6
h　1　6
i　无　藏纸　黑　完整
j　封面钤有“民族文化宫图书馆藏”印；民族宫目录中为 2 叶。

184.2

a 30-2

b རྒྱུད་ཐམས་ཅད་ཀྱི་རྒྱལ་པོ་བཅོམ་ལྡན་འདས་དཔལ་དུས་ཀྱི་འཁོར་ལོའི་རྩ་བའི་རྒྱུད་ལས་ཕྱུང་བ་བསྡུས་པའི་རྒྱུད་ཀྱི་རྒྱས་འགྲེལ་དྲི་མ་མེད་པའི་འོད་ཀྱི་རྒྱ་ཆེར་བཤད་པ་དེ་ཁོ་ན་ཉིད་སྣང་བར་བྱེད་པའི་སྙིང་པོ་བསྡུས་པ་ཡིད་བཞིན་གྱི་ནོར་བུ།

一切密续之王薄伽梵吉祥时轮本续中所出摄续广释·无垢光广说空性光明摄要·如意宝

c རྣལ་འབྱོར་པ་བློ་བཟང་ཆོས་ཀྱི་རྒྱལ་མཚན།

d བཀྲ་ཤིས་ལྷུན་པོ།（西藏日喀则扎什伦布寺）

e རྒྱུད་འགྲེལ།（续释）

f 刻本 འབྲས་སྤུངས།（西藏拉萨哲蚌寺） རབ་འབྱམས་པ་དར་མ་བཟང་པོ།

g 乌金 梵夹装 48×6

h 149 6

i 有 藏纸 黑 完整

j 封面钤有“民族文化宫图书馆藏”印；民族宫目录中为184叶。

184.3

a 30-3

b དཔལ་དུས་ཀྱི་འཁོར་ལོའི་སྨོན་ལམ་ཤིས་བརྗོད།

吉祥时轮之愿文、吉祥颂

c རྣལ་འབྱོར་པ་བློ་བཟང་ཆོས་ཀྱི་རྒྱལ་མཚན།

d

e སྨོན་ལམ།（祈愿）

f 刻本 འབྲས་སྤུངས།（西藏拉萨哲蚌寺）

g 乌金 梵夹装 48×6

h 3 6

i 无 藏纸 黑 完整

j 封面钤有“民族文化宫图书馆藏”印。

184.4

a 30-4

b བཅོམ་ལྡན་འདས་དཔལ་དུས་ཀྱི་འཁོར་ལོའི་ཟབ་པ་རྡོ་རྗེའི་རྣལ་འབྱོར།

薄伽梵吉祥时轮甚深道金刚瑜伽法

c རྣལ་འབྱོར་པ་བློ་བཟང་ཆོས་ཀྱི་རྒྱལ་མཚན།

d དབེན་ས་ཆོས་ཀྱི་ཕོ་བྲང་།（西藏日喀则温萨寺） དགེ་སློང་ངག་དབང་བློ་བཟང་།

e རྒྱུད་འགྲེལ།（续释）

f 刻本 འབྲས་སྤུངས།（西藏拉萨哲蚌寺） དཀའ་བཅུ་ཚོགས་སོག་པ་ལེགས་པ་ཆོས་འབྱོར།

g 乌金 梵夹装 48×6.5

h 13 6

i 无 藏纸 黑 完整

j 封面钤有“民族文化宫图书馆藏”印；民族宫目录中为15叶。

184.5

a 30-5

b བཅོམ་ལྡན་འདས་དཔལ་དུས་ཀྱི་འཁོར་ལོའི་སྒྲུབ་ཐབས་མདོར་བསྡུས།

薄伽梵吉祥法轮修法简要

c རྣལ་འབྱོར་པ་བློ་བཟང་ཆོས་ཀྱི་རྒྱལ་མཚན།

d

e སྒྲུབ་ཐབས།（修心法）

f 刻本 འབྲས་སྤུངས།（西藏拉萨哲蚌寺）

g 乌金 梵夹装 47×6.5

h 12 6

i 无 藏纸 黑 完整

j 封面钤有“民族文化宫图书馆藏”印；民族宫目录中无此件。

184.6

a 30-6

b དཔལ་རྡོ་རྗེ་འཇིགས་བྱེད་དཔའ་བོ་གཅིག་པའི་དཀྱིལ་འཁོར་གྱི་ཆོ་ག་བདུད་དཔུང་འཇོམས་པ།

吉祥独勇怖畏金刚之曼荼罗仪轨·摧伏魔军

c　རྣལ་འབྱོར་པ་བློ་བཟང་ཆོས་ཀྱི་རྒྱལ་མཚན།

d　ཟ་བུ་ལུང་།（沙普隆）　མདོ་སྔགས་རབ་འབྱམས་སྨྲ་བའི་རི་བྲོད་པ།

e　ཆོ་ག（仪轨）

f　刻本　འབྲས་སྤུངས།（西藏拉萨哲蚌寺）

g　乌金　梵夹装　48×6
h　4　6
i　无　藏纸　黑　完整
j　封面钤有“民族文化宫图书馆藏”印。

184.7
a　30-7

b　འཇིགས་བྱེད་དཔའ་བོ་གཅིག་པ་རོ་ལངས་བརྒྱད་བསྐོར་ཞེ་དགུ་མ་གསུམ་གྱི་སྒྲུབ་ཐབས།

怖畏金刚八起尸围绕四十九尊三种之修法

c　རྣལ་འབྱོར་པ་བློ་བཟང་ཆོས་ཀྱི་རྒྱལ་མཚན།

d　བསོད་ནམས་རྒྱལ་མཚན།

e　སྒྲུབ་ཐབས།（修法）

f　刻本　འབྲས་སྤུངས།（西藏拉萨哲蚌寺）

g　乌金　梵夹装　47×6
h　10　6
i　无　藏纸　黑　完整
j　封面钤有“民族文化宫图书馆藏”印；民族宫目录中为12叶。

184.8
a　30-8

b　དཔལ་རྡོ་རྗེ་འཇིགས་བྱེད་ཀྱི་དབང་ཆོག་རང་བུམ་བསྐྱེད་ཀྱི་ཟུར་འདེབས།

吉祥怖畏金刚之灌顶仪轨与净瓶生法附编

c　རྣལ་འབྱོར་པ་བློ་བཟང་ཆོས་ཀྱི་རྒྱལ་མཚན།

d　དགེ་སློང་བློ་བཟང་བསྟན་འཛིན།

e　ཆོ་ག（仪轨）

f　刻本　འབྲས་སྤུངས།（西藏拉萨哲蚌寺）　རྗེ་དྲུང་བློ་བཟང་དབང་རྒྱལ།

g　乌金　梵夹装　46.5×6
h　15　6
i　无　藏纸　黑　完整
j　封面钤有"民族文化宫图书馆藏"印；民族宫目录中为19叶。

184.9
a　30-9

b　དཔལ་རྡོ་རྗེ་འཇིགས་བྱེད་ཀྱི་དབང་དྲག་གི་སྦྱིན་སྲེག་བྱ་ཚུལ་ལག་ལེན་དུ་དྲིལ་བ་རྣམ་བཤད་དངོས་གྲུབ་རྒྱ་མཚོ།

吉祥怖畏金刚之权威护摩法解说·悉地海中所出

c　རྣལ་འབྱོར་པ་བློ་བཟང་ཆོས་ཀྱི་རྒྱལ་མཚན།

d　བཀྲ་ཤིས་ལྷུན་པོའི་གཟིམ་ཁང་ཡིད་དགའ་ཆོས་འཛིན།（西藏日喀则扎什伦布寺）　བཀྲ་ཤིས་ལྷུན་

པོའི་བརྒྱུད་པ་གྲྭ་ཚང་གི་དཔོན་སློབ།

e　སྦྱིན་སྲེག（火供）

f　刻本　འབྲས་སྤུངས།（西藏拉萨哲蚌寺）　རྗེ་དྲུང་བློ་བཟང་དབང་རྒྱལ།

g　乌金　梵夹装　48×6
h　6　6
i　无　藏纸　黑　完整
j　封面钤有"民族文化宫图书馆藏"印；民族宫目录中为7叶。

184.10
a　30-10

b　ཡི་དམ་གྱི་ཚོགས་འཁོར་དང་སྦྱིན་སྲེག

本尊佛会与护摩等

c　རྣལ་འབྱོར་པ་བློ་བཟང་ཆོས་ཀྱི་རྒྱལ་མཚན།

d　དགེ་སློང་ཡེ་ཤེས་རབ་བརྟན།

e　སྦྱིན་སྲེག（火供）

f　刻本　འབྲས་སྤུངས།（西藏拉萨哲蚌寺）

g　乌金　梵夹装　46×6
h　8　6
i　无　藏纸　黑　完整
j　封面钤有“民族文化宫图书馆藏”印；民族宫目录中为10叶。

184.11
a　30-11

b　ཚེ་ཆོག་འཆི་མེད་འདོད་འཇོ་དབང་གི་རྒྱལ་པོ།

长寿修法仪轨·长寿如意灌顶王

c　རྣལ་འབྱོར་པ་བློ་བཟང་ཆོས་ཀྱི་རྒྱལ་མཚན།

d　སྤྲུལ་སྐུ་ངག་དབང་བསྟན་འཛིན་འཕྲིན་ལས་ཕྱོགས་སྣང་གྲགས་པའི་སྡེ།

e　ཆོ་ག（仪轨）

f　刻本　འབྲས་སྤུངས།（西藏拉萨哲蚌寺）　དགེ་སློང་འཚོ་བྱེད་བློ་བཟང་དབང་རྒྱལ།

g　乌金　梵夹装　47×6
h　21　6
i　无　藏纸　黑　完整
j　封面钤有“民族文化宫图书馆藏”印；民族宫目录中为26叶。

184.12
a　30-12

b　ཚེ་དབང་བསྐུར་ཚུལ་འཆི་མེད་ཚེའི་རིག་འཛིན་གྱི་དངོས་གྲུབ་སྟེར་བའི་གདམས་པ།

长寿灌顶法·赐长寿之持明悉地教诫

c　རྣལ་འབྱོར་པ་བློ་བཟང་ཆོས་ཀྱི་རྒྱལ་མཚན།

d　བཀྲ་ཤིས་ལྷུན་པོ།（西藏日喀则扎什伦布寺）　རབ་འབྱམས་སྨྲ་བའི་ཆོས་རྗེ་མཐའ་ཡས་མཚན་ཅན།

e ཚེ་དབང་། （长寿灌顶）

f 刻本 འབྲས་སྤུངས། （西藏拉萨哲蚌寺）

g 乌金 梵夹装 47.5×6
h 8 6
i 无 藏纸 黑 完整
j 封面钤有“民族文化宫图书馆藏”印；民族宫目录中为10叶。

184.13
a 30-13

b བཅོམ་ལྡན་འདས་ཀུན་རིག་གི་ཆོ་ག་རྒྱུད་དོན་གསལ་བའི་སྙིང་པོ་བསྡུས་པ་ཡིད་བཞིན་གྱི་ནོར་བུ།

薄伽梵遍智仪轨·密续义显明摄要·如意宝

c རྣལ་འབྱོར་པ་བློ་བཟང་ཆོས་ཀྱི་རྒྱལ་མཚན།

d བཀྲ་ཤིས་ལྷུན་པོ། （西藏日喀则扎什伦布寺） ཆོས་རྗེ་དཔལ་འབྱོར་བཟང་པོ་དཔོན་སློབ།

e ཆོ་ག （仪轨）

f 刻本 འབྲས་སྤུངས། （西藏拉萨哲蚌寺）

g 乌金 梵夹装 47.5×6
h 29 6
i 无 藏纸 黑 完整
j 封面钤有“民族文化宫图书馆藏”印；民族宫目录中为37叶。

184.14
a 30-14

b ཀུན་རིག་བུམ་བསྐྱེད་བསྡུས་པ།

遍智净瓶生起略修法

c རྣལ་འབྱོར་པ་བློ་བཟང་ཆོས་ཀྱི་རྒྱལ་མཚན།

d

e སྔགས་ཀྱི་ཆོ་ག （密宗仪轨）

f 刻本 འབྲས་སྤུངས། （西藏拉萨哲蚌寺）

g 乌金 梵夹装 48×6.5
h 2 6
i 无 藏纸 黑 完整
j 封面钤有“民族文化宫图书馆藏”印；民族宫目录中为3叶。

184.15
a 30-15
b ཀུན་རིག་གི་སྒོ་ནས་ཚེ་འདས་རྗེས་སུ་འཛིན་ཚུལ།
依遍智法门摄受亡者法
c རྣལ་འབྱོར་པ་བློ་བཟང་ཆོས་ཀྱི་རྒྱལ་མཚན།
d
e ཆོ་ག（仪轨）
f 刻本 འབྲས་སྤུངས།（西藏拉萨哲蚌寺）
g 乌金 梵夹装 47×6
h 9 6
i 无 藏纸 黑 完整
j 封面钤有“民族文化宫图书馆藏”印；民族宫目录中为10叶。

184.16
a 30-16
b རྒྱུད་སྡེ་གཉིས་པའི་གཙོ་བོ་གྱུར་བའི་སྙིང་རྗེ་ཆེན་པོའི་སྙིང་པོ་ཅན་གྱི་དཀྱིལ་འཁོར་གྱི་ཆོ་ག་ངག་འདོན་དུ་བསྒྲིགས་པ།
第二密续主体之大悲心要曼荼罗之仪轨念诵法
c རྣལ་འབྱོར་པ་བློ་བཟང་ཆོས་ཀྱི་རྒྱལ་མཚན།
d
e ཆོ་ག（仪轨）
f 刻本 འབྲས་སྤུངས།（西藏拉萨哲蚌寺）
g 乌金 梵夹装 48×6
h 18 6
i 无 藏纸 黑 完整

j　封面钤有“民族文化宫图书馆藏”印；民族宫目录中为 21 叶。

184.17

a　30-17

b　བཅོམ་ལྡན་འདས་རྣམ་པར་རྒྱལ་མའི་སྒྲུབ་དཀྱིལ་འཆི་མེད་དཔལ་སྦྱིན།

薄伽梵尊胜佛母曼荼罗修法·长寿吉祥施

c　རྣལ་འབྱོར་པ་བློ་བཟང་ཆོས་ཀྱི་རྒྱལ་མཚན།

d　འབྲས་སྤུངས།（西藏拉萨哲蚌寺）

e　སྒྲུབ་ཐབས།（修心法）

f　刻本　འབྲས་སྤུངས།（西藏拉萨哲蚌寺）　སྡོམ་བརྩོན་དགེ་ལེགས་ལྷུན་གྲུབ།

g　乌金　梵夹装　47×6

h　18　6

i　无　藏纸　黑　完整

j　封面钤有“民族文化宫图书馆藏”印；民族宫目录中为 19 叶。

184.18

a　30-18

b　བཅོམ་ལྡན་འདས་རྡོ་རྗེ་མི་འཁྲུགས་པའི་སྒྲུབ་དཀྱིལ་ཡོངས་སུ་རྫོགས་པའི་ཆོ་ག་མངོན་པར་དགའ་བའི་སྒོ་འབྱེད།

薄伽梵金刚不动佛曼荼罗修法全轨·开真实喜乐门

c　རྣལ་འབྱོར་པ་བློ་བཟང་ཆོས་ཀྱི་རྒྱལ་མཚན།

d　བཀྲ་ཤིས་ལྷུན་པོ།（西藏日喀则扎什伦布寺）　དགེ་སློང་བློ་བཟང་ཕུན་ཚོགས།

e　སྔགས་ཀྱི་ཆོ་ག（密宗仪轨）

f　刻本　འབྲས་སྤུངས།（西藏拉萨哲蚌寺）　ཞྭ་ལུ་བ་ཚེ་རིང་ཆོས་འཕེལ།

g　乌金　梵夹装　48×6

h　19　6

i　无　藏纸　黑　完整

j　封面钤有“民族文化宫图书馆藏”印；民族宫目录中为 20 叶。

184.19

a 30-19

b བཅོམ་ལྡན་འདས་སྨན་བླའི་མདོ་ཆོག་གི་སྙིང་པོ་བསྡུས་པ་ཡིད་བཞིན་གྱི་ནོར་བུ།

薄伽梵药师经仪轨摄要·如意宝

c རྣལ་འབྱོར་པ་བློ་བཟང་ཆོས་ཀྱི་རྒྱལ་མཚན།

d བཀྲ་ཤིས་ལྷུན་པོ།（西藏日喀则扎什伦布寺）

e ཆོ་ག（仪轨）

f 刻本 འབྲས་སྤུངས།（西藏拉萨哲蚌寺）

g 乌金 梵夹装 48×6

h 6 6

i 无 藏纸 黑 完整

j 封面钤有“民族文化宫图书馆藏”印。

184.20

a 30-20

b འཇམ་དཀར་སྒྲུབ་ཐབས་ཤེས་རབ་མཆོག་སྦྱིན།

白文殊修法·智慧殊胜施

c རྣལ་འབྱོར་པ་བློ་བཟང་ཆོས་ཀྱི་རྒྱལ་མཚན།

d དགེ་ཚུལ་བློ་བཟང་ནོར་བུ།

e སྒྲུབ་ཐབས།（修心法）

f 刻本 འབྲས་སྤུངས།（西藏拉萨哲蚌寺）

g 乌金 梵夹装 47×6

h 9 6

i 无 藏纸 黑 完整

j 封面钤有“民族文化宫图书馆藏”印；民族宫目录中为 11 叶。

184.21

a 30-21

b འཕགས་པ་ཞལ་བཅུ་གཅིག་པའི་སྒྲུབ་ཐབས་སྨྱུང་བར་གནས་པའི་ཆོ་ག་ནོར་བུའི་ཕྲེང་བ།

圣十一面大悲观音之修法、斋戒仪轨·宝鬘

c རྣལ་འབྱོར་པ་བློ་བཟང་ཆོས་ཀྱི་རྒྱལ་མཚན།

d འབྲས་སྤུངས།（西藏拉萨哲蚌寺）

e སྒྲུབ་ཐབས།（修心法）

f 刻本 འབྲས་སྤུངས།（西藏拉萨哲蚌寺） དགེ་སློང་བློ་བཟང་ཕུན་ཚོགས།

g 乌金 梵夹装 47×6

h 10 6

i 无 藏纸 黑 完整

j 封面钤有“民族文化宫图书馆藏”印；民族宫目录中为12叶。

184.22

a 30-22

b སྨྱུང་བར་གནས་པའི་ཆོ་ག་དང་འབྲེལ་བ་འཕགས་པ་བཅུ་གཅིག་པའི་དབང་ཆོག

与斋戒仪轨结合之圣十一面大悲观音灌顶仪轨

c རྣལ་འབྱོར་པ་བློ་བཟང་ཆོས་ཀྱི་རྒྱལ་མཚན།

d ཞྭ་ལུ་བ་རིན་ཆེན་ཆོས་འཕེལ།

e ཆོ་ག（仪轨）

f 刻本 འབྲས་སྤུངས།（西藏拉萨哲蚌寺）

g 乌金 梵夹装 47×6

h 5 6

i 无 藏纸 黑 完整

j 封面钤有“民族文化宫图书馆藏”印；民族宫目录中为6叶。

184.23

a 30-23

b ཡེ་ཤེས་ཁྱུང་ཁྲའི་སྒྲུབ་ཐབས་སྙིང་འོག་གི་ནད་ཀྱི་གདུང་བ་སེལ་བའི་ཟླ་ཤེལ།

智慧杂色金翅鸟修法·除窒息热症病痛苦之月晶

c རྣལ་འབྱོར་པ་བློ་བཟང་ཆོས་ཀྱི་རྒྱལ་མཚན།

d

e བློ་སྦྱོང་།（修心法）

f 刻本 འབྲས་སྤུངས།（西藏拉萨哲蚌寺）

g 乌金 梵夹装 47×6
h 3 6
i 无 藏纸 黑 完整
j 封面钤有“民族文化宫图书馆藏”印。

184.24
a 30-24

b རྗེ་བཙུན་སེངྒེའི་སྒྲ་དང་ཕྱག་རྡོར་ལ་བརྟེན་པའི་གདོན་འགྲོལ་བྱེད་ཚུལ་གདུང་སེལ་ནོར་བུའི་ཟླ་བ།

依至尊狮子吼与金刚手法门修解除魔祟法·消除苦恼之宝月

c རྣལ་འབྱོར་པ་བློ་བཟང་ཆོས་ཀྱི་རྒྱལ་མཚན།

d ཆོས་གྲྭ་གངས་ཅན་ཆོས་འཕེལ།（西藏日喀则扎什伦布寺）

e ཆོ་ག（仪轨）

f 刻本 འབྲས་སྤུངས།（西藏拉萨哲蚌寺） དགེ་སློང་བློ་བཟང་ཕུན་ཚོགས།

g 乌金 梵夹装 48×6
h 11 6
i 无 藏纸 黑 完整
j 封面钤有“民族文化宫图书馆藏”印；民族宫目录中为11叶。

184.25
a 30-25

b དཔལ་རྡོ་རྗེ་རྣམ་པར་འཇོམས་པའི་ཆོ་ག་ཕན་བདེའི་འབྱུང་གནས།

金刚摧坏仪轨·利乐之源

c རྣལ་འབྱོར་པ་བློ་བཟང་ཆོས་ཀྱི་རྒྱལ་མཚན།

d མཚན་སྒྲོགས་མཁན་ཆེན་ནོར་བུའི་རྒྱ་མཚོ།

e ཆོ་ག（仪轨）

f 刻本 འབྲས་སྤུངས།（西藏拉萨哲蚌寺）

g 乌金 梵夹装 47×6
h 9 6
i 无 藏纸 黑 完整
j 封面钤有“民族文化宫图书馆藏”印。

184.26
a 30-26

b ཁྲོ་བོ་སྨེ་བ་བརྩེགས་པའི་སྒྲུབ་ཐབས་བདུད་རྩིའི་ཆུ་རྒྱུན།

秽积忿怒王修法·甘露长流

c རྣལ་འབྱོར་པ་བློ་བཟང་ཆོས་ཀྱི་རྒྱལ་མཚན།

d

e སྒྲུབ་ཐབས།（修心法）

f 刻本 འབྲས་སྤུངས།（西藏拉萨哲蚌寺）

g 乌金 梵夹装 47.5×6
h 7 6
i 无 藏纸 黑 完整
j 封面钤有“民族文化宫图书馆藏”印。

184.27
a 30-27

b ཆོས་རྒྱལ་གྱི་བཤགས་པ་བསྐང་བཟློག་མངའ་གསོལ་ཆེས་གཅིག་གཏོར་རྟེན་འཛུགས་རྣམ་སོགས།

荡金曲吉忏悔、酬供、回遮、祈愿与建立法器神馐常供物等

c རྣལ་འབྱོར་པ་བློ་བཟང་ཆོས་ཀྱི་རྒྱལ་མཚན།

d རྣམ་རྒྱལ་བཀྲ་ཤིས།

e སྔགས་ཀྱི་ཆོ་ག(密宗仪轨)

f 刻本 འབྲས་སྤུངས།（西藏拉萨哲蚌寺）

g 乌金 梵夹装 47×6
h 7 6

i 无 藏纸 黑 完整
j 封面钤有“民族文化宫图书馆藏”印；民族宫目录中为8叶。

184.28
a 30-28

b འཇམ་དཔལ་ཞི་དྲག་གི་བསྲུང་བ།

静猛文殊之护持

c རྣལ་འབྱོར་པ་བློ་བཟང་ཆོས་ཀྱི་རྒྱལ་མཚན།

d

e སྔགས་ཀྱི་ཆོ་ག།(密宗仪轨)

f 刻本 འབྲས་སྤུངས།（西藏拉萨哲蚌寺）

g 乌金 梵夹装 47.5×6
h 3 6
i 无 藏纸 黑 完整
j 封面钤有“民族文化宫图书馆藏”印；民族宫目录中无此件。

184.29
a 30-29

b ཐུབ་དབང་ཞལ་པདྨ།

佛祖莲面

c རྣལ་འབྱོར་པ་བློ་བཟང་ཆོས་ཀྱི་རྒྱལ་མཚན།

d དཔེན་ས་ཆོས་ཀྱི་ཕོ་བྲང་།（西藏日喀则温萨寺）

e གསོལ་འདེབས།(启请文)

f 刻本 འབྲས་སྤུངས།（西藏拉萨哲蚌寺）

g 乌金 梵夹装 48×6
h 6 6
i 无 藏纸 黑 完整
j 封面钤有“民族文化宫图书馆藏”印；民族宫目录中无此件。

184.30

a 30-30

b རྒྱུད་སྡེ་གཉིས་པའི་གཙོ་བོ་གྱུར་བའི་སྙིང་རྗེ་ཆེན་པོའི་སྙིང་པོ་ཅན་གྱི་དཀྱིལ་འཁོར་གྱི་ཆོ་ག་ངག་འདོན་དུ་བསྒྲིགས་པ།

第二密续主体之大悲心要曼荼罗之仪轨念诵法

c རྣལ་འབྱོར་པ་བློ་བཟང་ཆོས་ཀྱི་རྒྱལ་མཚན།

d བཀྲ་ཤིས་ལྷུན་པོ།（西藏日喀则扎什伦布寺） མཚན་སྒྲོགས་མཁན་ཆེན་ནོར་བུ་རྒྱ་མཚོ།

e སྔགས་ཀྱི་ཆོ་ག（密宗仪轨）

f 刻本 འབྲས་སྤུངས།（西藏拉萨哲蚌寺） དཀའ་བཅུ་ལེགས་པ་ཆོས་འབྱོར།

g 乌金 梵夹装 48×6

h 18 6

i 无 藏纸 黑 完整

j 封面钤有“民族文化宫图书馆藏”印；民族宫目录中为21叶。

185

A 3635、3637 788

B བློ་བཟང་ཆོས་ཀྱི་རྒྱལ་མཚན་གྱི་གསུང་འབུམ།

洛桑却吉坚赞文集

C ང

D པཎ་ཆེན་སྐུ་ཕྲེང་བཞི་པ་བློ་བཟང་ཆོས་ཀྱི་རྒྱལ་མཚན།

同3628介绍。

E 馆藏齐全

185.1

a 40-1

b པཎ་ཆེན་ཐམས་ཅད་མཁྱེན་པ་བློ་བཟང་ཆོས་ཀྱི་རྒྱལ་མཚན་དཔལ་བཟང་པོའི་གསུང་འབུམ་ང་པའི་དཀར་ཆག་བཞུགས་སོ།།

班禅一切智洛桑却吉坚赞文集ཅ字函目录

c
d

e དཀར་ཆག（目录）

f 刻本 བཀྲ་ཤིས་ལྷུན་པོ།（西藏日喀则扎什伦布寺）

g 乌金 梵夹装 49×7
h 3 6
i 无 藏纸 黑 完整
j 封面钤有“民族文化宫图书馆藏”印；民族宫目录中为1叶。

185.2
a 40-2

b བསྟན་པ་སྤྱི་དང་རྒྱུད་སྡེ་བཞིའི་རྣམ་གཞག་ཟིན་བྲིས་སུ་བྱས་པ་བཞུགས་སོ།།

佛之教法与四部密续之建立笔录

c ཤཱཀྱའི་བཙུན་པ་ཆོས་ཀྱི་རྒྱལ་མཚན།

d ཆོས་འཁོར་ལྷ་ས།（西藏拉萨）

e ཟིན་བྲིས།（笔录）

f 刻本 བཀྲ་ཤིས་ལྷུན་པོ།（西藏日喀则扎什伦布寺）

g 乌金 梵夹装 49×7
h 37 6
i 有 藏纸 黑 完整
j 封面钤有“民族文化宫图书馆藏”印。

185.3
a 40-3

b དགེ་ལྡན་བཀའ་བརྒྱུད་རིན་པོ་ཆེའི་ཕྱག་ཆེན་རྩ་བ་རྒྱལ་བའི་གཞུང་ལམ་ཞེས་བྱ་བ་བཞུགས།

甘丹教传大手印根本·佛之正道

c དགེ་སློང་བློ་བཟང་ཆོས་ཀྱི་རྒྱལ་མཚན།

d　དགེ་ལྡན་རྣམ་པར་རྒྱལ་བའི་གླིང་།　　གནས་བརྟན་རབ་འབྱམས་པ་དགེ་འདུན་རྒྱལ་མཚན་སོགས།

e　ཕྱག་ཆེན།（大法手印）

f　刻本　བཀྲ་ཤིས་ལྷུན་པོ།（西藏日喀则扎什伦布寺）

g　乌金　梵夹装　49×7
h　6　6
i　无　藏纸　黑　完整
j　封面钤有“民族文化宫图书馆藏”印。

185.4
a　40-4

b　དགེ་ལྡན་བཀའ་བརྒྱུད་རིན་པོ་ཆེའི་བཀའ་སྲོལ་ཕྱག་རྒྱ་ཆེན་པོའི་རྩ་བ་རྒྱས་པར་བཤད་པ་ཡང་གསལ་སྒྲོན་མེ་

ཞེས་བྱ་བ་བཞུགས་སོ།།

甘丹教传教规大手印根本广说·极显明灯

c　སློང་བ་པ་བློ་བཟང་ཆོས་ཀྱི་རྒྱལ་མཚན།

d　བཀྲ་ཤིས་ལྷུན་པོའི་གཙུག་ལག་ཁང་།（西藏日喀则扎什伦布寺）

གནས་བརྟན་རབ་འབྱམས་པ་དགེ་འདུན་རྒྱལ་མཚན།

e　ཕྱག་ཆེན།（大法手印）

f　刻本　བཀྲ་ཤིས་ལྷུན་པོ།（西藏日喀则扎什伦布寺）

g　乌金　梵夹装　49×7
h　31　6
i　无　藏纸　黑　完整
j　封面钤有“民族文化宫图书馆藏”印。

185.5
a　40-5

b　བྱང་ཆུབ་ལམ་གྱི་སྒྲོན་མའི་རྣམ་བཤད་ཕུལ་བྱུང་བཞད་པའི་དགའ་སྟོན་ཞེས་བྱ་བ་བཞུགས།

菩提道炬论释·卓越喜宴

c ཐོས་པའི་དགེ་སློང་བློ་བཟང་ཆོས་ཀྱི་རྒྱལ་མཚན།

d ཆོས་གྲྭ་ཆེན་པོ་བཀྲ་ཤིས་ལྷུན་པོ།（西藏日喀则扎什伦布寺）

e ལམ་སྒྲོན།（菩提道炬）

f 刻本 བཀྲ་ཤིས་ལྷུན་པོ།（西藏日喀则扎什伦布寺）

ཡོངས་ཀྱི་དགེ་བའི་བཤེས་གཉེན་སངས་རྒྱས་ བཀྲ་ཤིས།

g 乌金 梵夹装 49×7
h 54 6
i 无 藏纸 黑 完整
j 封面钤有“民族文化宫图书馆藏”印。

185.6
a 40-6

b ཤེས་རབ་ཀྱི་ཕ་རོལ་ཏུ་ཕྱིན་པའི་མན་ངག་གི་བསྟན་བཅོས་མངོན་པར་རྟོགས་པའི་རྒྱན་གྱི་སྙིང་པོ་གསལ་བར་

ལེགས་པར་བཤད་པའི་རྒྱ་མཚོ་ལས་སྐབས་དང་པོའི་རྣམ་པར་བཤད་པ་བཞུགས།

般若波罗蜜多之教授现观庄严论之心中心要·显明说海中第一会之解说
c
d

e ཤེར་ཕྱིན།（般若）

f 刻本 བཀྲ་ཤིས་ལྷུན་པོ།（西藏日喀则扎什伦布寺）

g 乌金 梵夹装 49×7
h 41 6
i 无 藏纸 黑 完整
j 封面钤有“民族文化宫图书馆藏”印；民族宫目录中为42叶。

185.7
a 40-7

b བྱང་ཆུབ་ལམ་གྱི་རིམ་པའི་ཁྲིད་ཚིགས་སུ་བཅད་པ་ཁྱེར་བདེ་བ་བཞུགས་སོ།།

菩提道次第导引颂易持篇

c　དགེ་སློང་བློ་བཟང་ཆོས་ཀྱི་རྒྱལ་མཚན།

d　དབེན་ས་ཆོས་ཀྱི་ཕོ་བྲང་།（西藏日喀则温萨寺）　བཤེས་གཉེན་བསོད་ནམས་རྒྱལ་མཚན།

e　ལམ་རིམ།（菩提道次）

f　刻本　བཀྲ་ཤིས་ལྷུན་པོ།（西藏日喀则扎什伦布寺）

g　乌金　梵夹装　49×7
h　10　6
i　无　藏纸　黑　完整
j　封面钤有“民族文化宫图书馆藏”印。

185.8
a　40-8

b　བྱང་ཆུབ་ལམ་གྱི་རིམ་པའི་དམར་ཁྲིད་ཐམས་ཅད་མཁྱེན་པར་བགྲོད་པའི་བདེ་ལམ་ཞེས་བྱ་བ་བཞུགས།

菩提道次第之直观教导·趣一切智之坦道

c　ཆོས་སྨྲ་བ་བློ་བཟང་ཆོས་ཀྱི་རྒྱལ་མཚན།

d

e　ལམ་རིམ།（菩提道次）

f　刻本　བཀྲ་ཤིས་ལྷུན་པོ།（西藏日喀则扎什伦布寺）

g　乌金　梵夹装　49×7
h　33　6
i　无　藏纸　黑　完整
j　封面钤有“民族文化宫图书馆藏”印。

185.9
a　40-9

b　དགེ་སློང་གི་བསླབ་བྱ་སོགས་ཉེ་བར་མཁོ་བ་འགའ་ཞིག་བཞུགས།

常用部分比丘学处等

c　བཙུན་པ་བློ་བཟང་ཆོས་ཀྱི་རྒྱལ་མཚན།

d　ཆོས་གྲྭ་ཆེན་པོ་བཀྲ་ཤིས་ལྷུན་གཙུག་ལག་ཁང་སོགས།（西藏日喀则扎什伦布寺）

རི་ཁྲོད་འཛིན་པ་དགེ་འདུན་རྒྱལ་མཚན་སོགས།

e འདུལ་བ།（律经）

f 刻本 བཀྲ་ཤིས་ལྷུན་པོ།（西藏日喀则扎什伦布寺）

མདོ་རབ་འབྱམས་སྨྲ་བ་བློ་བཟང་བསྟན་པ་དར་རྒྱས་སོགས།

g 乌金 梵夹装 49×7

h 13 6

i 无 藏纸 黑 完整

j 封面钤有“民族文化宫图书馆藏”印。

185.10

a 40-10

b ཚུལ་ཁྲིམས་ཡང་དག་པར་སྲུང་བའི་མན་ངག་ཅེས་བྱ་བ་བཞུགས་སོ།།

守戒清净之教授要诀

c ཆོས་སྨྲ་བའི་དགེ་སློང་བློ་བཟང་ཆོས་ཀྱི་རྒྱལ་མཚན།

d གནས་མཆོག་དབེན་ས་ཆོས་ཀྱི་ཕོ་བྲང་།（西藏日喀则温萨寺）

e འདུལ་བ།（律经）

f 刻本 བཀྲ་ཤིས་ལྷུན་པོ།（西藏日喀则扎什伦布寺）

g 乌金 梵夹装 49×7

h 21 6

i 无 藏纸 黑 完整

j 封面钤有“民族文化宫图书馆藏”印。

185.11

a 40-11

b ཐར་པ་དོན་དུ་གཉེར་བའི་རི་ཁྲོད་པ་རྣམས་ལ་ཁྲིམས་སུ་བཅའ་བ་སྐུ་གསུམ་གཞལ་མེད་ཁང་དུ་འཛེགས་པ་

བཻཌཱུརྱའི་ཐེམ་སྐས་ཞེས་བྱ་བ་བཞུགས་སོ།།

向求解脱之诸山人制定法规·登三身无量宫琉璃梯

c ཤཱཀྱའི་དགེ་སློང་བློ་བཟང་ཆོས་ཀྱི་རྒྱལ་མཚན།

d ར་ས་ར་མོ་ཆེ།（西藏拉萨小昭寺） ཆོས་རྗེ་དོན་གྲུབ་རིན་ཆེན།

e བཅའ་ཡིག（清律戒规）

f 刻本 བཀྲ་ཤིས་ལྷུན་པོ།（西藏日喀则扎什伦布寺） དཔོན་ཕྲུག་ཚེ་རིང་།

g 乌金 梵夹装 49×7
h 8 6
i 无 藏纸 黑 完整
j 封面钤有“民族文化宫图书馆藏”印。

185.12
a 40-12

b བློ་སྦྱོང་དམར་ཁྲིད་ཤར་རྩེ་ཆོས་རྗེ་ལ་གནང་བ་བཞུགས་སོ།།

赐夏哲却杰之修心直观教导

c ཆོས་སྨྲ་བའི་དགེ་སློང་བློ་བཟང་ཆོས་ཀྱི་རྒྱལ་མཚན།

d ས་ག་ཟླ་བའི་དཀར་ཆོས་བཅོ་ལྔའི་ཉིན། 藏历四月十五日 ཤར་རྩེ་ཆོས་རྗེ་གྲགས་པ་དཔལ་འབྱོར།

e བློ་སྦྱོང་།（修心）

f 刻本 བཀྲ་ཤིས་ལྷུན་པོ།（西藏日喀则扎什伦布寺） རྗེ་དྲུང་བློ་བཟང་དབང་རྒྱལ།

g 乌金 梵夹装 49×7
h 5 6
i 无 藏纸 黑 完整
j 封面钤有“民族文化宫图书馆藏”印。

185.13
a 40-13

b སྟོབས་བཞིའི་བཤགས་བསྒོམས་བྱ་ཚུལ་བཞུགས།

依四力之忏悔法

c རྒྱལ་ཁམས་པའི་བཙུན་པ་བློ་བཟང་ཆོས་ཀྱི་རྒྱལ་མཚན།

d བཀྲ་ལྷུན་གཟིམས་ཁང་གི་ཡང་རྩོག་ཉི་འོད་འཁྱིལ།（西藏日喀则扎什伦布寺）

རི་ཁྲོད་དགའ་ལྡན་མཁན་ཆེན།

e སྡིག་བཤགས་བྱ་ཚུལ།（忏悔法）

f 刻本 བཀྲ་ཤིས་ལྷུན་པོ།（西藏日喀则扎什伦布寺）

g 乌金 梵夹装 49×7
h 3 6
i 无 藏纸 黑 完整
j 封面钤有“民族文化宫图书馆藏”印。

185.14
a 40-14

b སྡིག་མུན་སེལ་བྱེད་ཟླ་བའི་འོད་ཟེར་ཞེས་བྱ་བ་བཞུགས།

消除罪恶黑暗之月光

c དགེ་སློང་བློ་བཟང་ཆོས་ཀྱི་རྒྱལ་མཚན།

d ནང་སོ་བཀྲ་ཤིས་རབ་བརྟན།

e སྡིག་བཤགས་བྱ་ཚུལ།（忏悔法）

f 刻本 བཀྲ་ཤིས་ལྷུན་པོ།（西藏日喀则扎什伦布寺） དགེ་ཚུལ་བློ་བཟང་དབང་རྒྱལ།

g 乌金 梵夹装 49×7
h 3 6
i 无 藏纸 黑 完整
j 封面钤有“民族文化宫图书馆藏”印。

185.15
a 40-15

b དྲི་བ་ལྷག་བསམ་རབ་དཀར་གྱི་དྲིས་ལན་བློ་བཟང་བཞད་པའི་སྒྲ་དབྱངས་ཞེས་བྱ་བ་བཞུགས་སོ།།

增上心极洁之问答·洛桑笑音

c མདོ་རྒྱུད་དམ་པའི་མན་ངག་འཛིན་པ་བློ་བཟང་ཆོས་ཀྱི་རྒྱན་མཚན།

d ཆོས་སྡེ་ཆེན་པོ་བཀྲ་ཤིས་ལྷུན་པོ།（西藏日喀则扎什伦布寺）

ཀོང་པོ་དགེ་སློང་བློ་བཟང་རྒྱ་མཚོ་སོགས།

e དྲི་བ་དྲིས་ལན།（问答）

f 刻本 བཀྲ་ཤིས་ལྷུན་པོ།（西藏日喀则扎什伦布寺）

g 乌金 梵夹装 49×7
h 11 6
i 无 藏纸 黑 完整
j 封面钤有"民族文化宫图书馆藏"印。

185.16
a 40-16

b གྲྭ་པ་ཤེས་རབ་རིན་ཆེན་པའི་རྩོད་ལན་ལུང་རིགས་སེང་གེའི་ང་རོ་ཞེས་བྱ་བ་བཞུགས།

扎巴喜饶仁钦巴之答辩教理・狮子吼声

c ཤཱཀྱའི་དགེ་སློང་རིགས་པ་སྨྲ་བ་བློ་བཟང་ཆོས་ཀྱི་རྒྱལ་མཚན།

d ཆོས་གྲྭ་ཆེན་པོ་བཀྲ་ལྷུན་གཙུག་ལྟག་ཁང་།（西藏日喀则扎什伦布寺）

ངམ་རིམ་མཁན་ཆེན་ཚེ་བརྟན་རྒྱལ་མཚན།

e རྩོད་ལན།（驳文）

f 刻本 བཀྲ་ཤིས་ལྷུན་པོ།（西藏日喀则扎什伦布寺）

ཤཱཀྱའི་དགེ་ཚུལ་རྗེ་དྲུང་བློ་བཟང་དཔང་རྒྱལ་སོགས།

g 乌金 梵夹装 49×7
h 45 6
i 无 藏纸 黑 完整
j 封面钤有"民族文化宫图书馆藏"印。

185.17
a 40-17

b ན་རོ་ཆོས་དྲུག་གི་ཟབ་ཁྲིད་གསེར་གྱི་ལྡེ་མིག་ཅེས་བྱ་བ་བཞུགས་སོ།།

那若六法之甚深导引·黄金钥

c ཤཱཀྱའི་དགེ་སློང་མདོ་རྒྱུད་རྒྱ་མཚོའི་གདམས་པ་འཛིན་པ་བློ་བཟང་ཆོས་ཀྱི་རྒྱལ་མཚན།

d ཆོས་གྲྭ་ཆེན་པོ་བཀྲ་ཤིས་ལྷུན་པོ།（西藏日喀则扎什伦布寺）

དགེ་སློང་རི་ཁྲོད་པ་དགེ་འདུན་རྒྱལ་མཚན།

e སྔགས།（密宗）

f 刻本 བཀྲ་ཤིས་ལྷུན་པོ།（西藏日喀则扎什伦布寺）

g 乌金 梵夹装 49×7
h 8 6
i 无 藏纸 黑 完整
j 封面钤有"民族文化宫图书馆藏"印。

185.18
a 40-18

b སྙིང་པོ་དོན་གསུམ་གྱི་ཁྲིད་འཕགས་པ་སྤྱན་རས་གཟིགས་ལ་བརྟེན་པ་ཉིན་དུ་ལེགས་པ་ཞིག་བཞུགས།

道之三要导引·依圣观世音法而修

c དགེ་སློང་སྐྱོམས་ལས་པ་བློ་བཟང་ཆོས་ཀྱི་རྒྱལ་མཚན།

d ཆོས་གྲྭ་ཆེན་པོ་བཀྲ་ཤིས་ལྷུན་པོ།（西藏日喀则扎什伦布寺）

e སྔགས།（密宗）

f 刻本 བཀྲ་ཤིས་ལྷུན་པོ།（西藏日喀则扎什伦布寺）

g 乌金 梵夹装 49×7
h 5 6
i 无 藏纸 黑 完整
j 封面钤有"民族文化宫图书馆藏"印。

185.19
a 40-19

b ནམ་མཁའ་སྒོ་འབྱེད་ཀྱི་དབང་བྱེད་ཚུལ་བཞུགས།

开虚空门之灌顶法

c མང་དུ་ཐོས་པའི་དགེ་སློང་བློ་བཟང་ཆོས་ཀྱི་རྒྱལ་མཚན།

d ལྷ་ལྡན་གཙུག་ལག་ཁང་།（西藏拉萨大昭寺）

e དབང་བསྐུར།（灌顶说法）

f 刻本 བཀྲ་ཤིས་ལྷུན་པོ།（西藏日喀则扎什伦布寺）

g 乌金 梵夹装 49×7
h 4 6
i 无 藏纸 黑 完整
j 封面钤有“民族文化宫图书馆藏”印。

185.20
a 40-20

b གཅོད་ཀྱི་གདམས་པ་ཐར་འདོད་ཀྱི་དེད་དཔོན་ཞེས་བྱ་བ་བཞུགས།

觉法之教导·求解脱之商主

c རྣལ་འབྱོར་སྤྱོད་པའི་དགེ་སློང་བློ་བཟང་ཆོས་ཀྱི་རྒྱལ་མཚན།

d དབེན་ས་ཆོས་ཀྱི་ཕོ་བྲང་གི་གཙུག་ལག་ཁང་།（西藏日喀则温萨寺） རྗེ་དྲུང་བློ་བཟང་ལེགས་ཚོགས།

e གཅོད།（觉派）

f 刻本 བཀྲ་ཤིས་ལྷུན་པོ།（西藏日喀则扎什伦布寺）

g 乌金 梵夹装 49×7
h 14 6
i 无 藏纸 黑 完整
j 封面钤有“民族文化宫图书馆藏”印。

185.21
a 40-21

b ཞལ་གཟིགས་དང་རྡོ་རྗེ་གདན་གྱི་རི་ཁྲོད་ཡོལ་དཀར་རྣམས་ཀྱི་གནས་བསྟོད་བཞུགས་སོ།།

谢思与金刚座之玉嘎诸山林等圣地赞

c མདོ་རྒྱུད་མན་ངག་འཛིན་པའི་སྤོང་བ་པ་དགེ་སློང་བློ་བཟང་ཆོས་ཀྱི་རྒྱལ་མཚན།

d ཛེ་དྲུང་དཔལ་འབྱོར་རྡོ་རྗེ་སོགས།

e བསྟོད་པ།（赞颂）

f 刻本 བཀྲ་ཤིས་ལྷུན་པོ།（西藏日喀则扎什伦布寺）

g 乌金 梵夹装 49×7
h 9 6
i 无 藏纸 黑 完整
j 封面钤有“民族文化宫图书馆藏”印。

185. 22
a 40-22

b བདེ་བ་ཅན་གྱི་ཞིང་དུ་ཐོགས་པ་མེད་པར་བགྲོད་པའི་མྱུར་ལམ་ཞེས་བྱ་བ་བཞུགས།

无碍趣入极乐刹土之捷径

c མདོ་རྒྱུད་མན་ངག་འཛིན་པའི་སྤོང་བ་པ་དགེ་སློང་བློ་བཟང་ཆོས་ཀྱི་རྒྱལ་མཚན།

d

e གདམས་པ།（教诫）

f 刻本 བཀྲ་ཤིས་ལྷུན་པོ།（西藏日喀则扎什伦布寺）

g 乌金 梵夹装 49×7
h 7 6
i 无 藏纸 黑 完整
j 封面钤有“民族文化宫图书馆藏”印。

185. 23
a 40-23

b བཀྲ་ཤིས་ལྷུན་པོའི་རིན་པོ་ཆེའི་མཆོད་རྟེན་མཐོང་བས་དོན་ལྡན་ཅིང་ཐོས་པས་རྣམ་པར་གྲོལ་བའི་དཀར་ཆག་

བཞུགས།

扎什伦布寺之大宝塔·见者具义并闻者解脱之目录

c རིགས་པ་སྨྲ་བ་བློ་བཟང་ཆོས་ཀྱི་རྒྱལ་མཚན།

d

e　དཀར་ཆག（目录）

f　刻本　བཀྲ་ཤིས་ལྷུན་པོ།（西藏日喀则扎什伦布寺）

g　乌金　梵夹装　49×7
h　6　6
i　无　藏纸　黑　完整
j　封面钤有“民族文化宫图书馆藏”印。

185.24
a　40-24

b　བཀྲ་ཤིས་ལྷུན་པོའི་ཕྱིའི་མཆོད་རྟེན་དང་ར་སྒྲེང་དུ་མཆོད་རྟེན་བཞེངས་པའི་དཀར་ཆག་བཞུགས།

扎什伦布之外塔与热振地区新建佛塔目录

c　བཙུན་པ་བློ་བཟང་ཆོས་ཀྱི་རྒྱལ་མཚན།

d

e　དཀར་ཆག(目录)

f　刻本　བཀྲ་ཤིས་ལྷུན་པོ།（西藏日喀则扎什伦布寺）

g　乌金　梵夹装　49×7
h　5　6
i　无　藏纸　黑　完整
j　封面钤有“民族文化宫图书馆藏”印。

185.25
a　40-25

b　རྒྱལ་བ་བྱམས་པ་ལ་བརྟེན་པའི་འཕོ་བ་ལེགས་པ་ཅིག་བཞུགས་སོ།།

依弥勒佛修往生法

c　དགེ་སློང་བློ་བཟང་ཆོས་ཀྱི་རྒྱལ་མཚན།

d　ཆོས་སྡེ་ཆེན་པོ་དཔལ་གྱི་བཀྲ་ཤིས་ལྷུན་པོ།（西藏日喀则扎什伦布寺）

e　འཕོ་བ།(往生法)

f　刻本　བཀྲ་ཤིས་ལྷུན་པོ།（西藏日喀则扎什伦布寺）

g 乌金 梵夹装 49×7
h 4 6
i 无 藏纸 黑 完整
j 封面钤有“民族文化宫图书馆藏”印。

185.26
a 40-26
b ཁྲོ་མོ་སྨེ་བརྩེགས་པའི་སྒྲུབ་ཐབས་བཀྲུ་བྱི་བ་བསྲུང་གསུམ་བྱ་ཚུལ་དང་བཅས་པ་བཞུགས་སོ།།
穢积忿怒母之修法洗、除、守护三法
c པཎ་ཆེན་བློ་བཟང་ཆོས་ཀྱི་རྒྱལ་མཚན།
d
e སྒྲུབ་ཐབས།（修心法）
f 刻本 བཀྲ་ཤིས་ལྷུན་པོ།（西藏日喀则扎什伦布寺）
g 乌金 梵夹装 49×7
h 5 6
i 无 藏纸 黑 完整
j 封面钤有“民族文化宫图书馆藏”印。

185.27
a 40-27
b དཔལ་མགོན་ཏྲཀྲད་ལ་མཆོད་གཏོར་མདོར་བསྡུས་འབུལ་ཚུལ་བཞུགས་སོ།།
圣主支噶峡达前供神馐略法
c གཞོན་ཇེའི་གཞེད་ཀྱི་རྣལ་འབྱོར་པ་བློ་བཟང་ཆོས་ཀྱི་རྒྱལ་མཚན།
d དཔལ་འབྱོར་དར་རྒྱས།
e མཆོད་གཏོར།（神馐仪轨）
f 刻本 བཀྲ་ཤིས་ལྷུན་པོ།（西藏日喀则扎什伦布寺）
g 乌金 梵夹装 49×7
h 5 6
i 无 藏纸 黑 完整
j 封面钤有“民族文化宫图书馆藏”印。

185.28
a 40-28
b ཇོ་བོ་འཕྲིན་དཀར་བའི་བསངས་མཆོད་ཤུ་སྨེ།
觉窝青噶波之煨桑法
c པཎ་ཆེན་ཐམས་ཅད་མཁྱེན་བློ་བཟང་ཆོས་ཀྱི་རྒྱལ་མཚན།
d ར་སྒྲེང་གནས་བཅུ་ལྷ་ཁང་།（西藏拉萨热振寺）
e བསངས་མཆོད།（煨桑）
f 刻本 བཀྲ་ཤིས་ལྷུན་པོ།（西藏日喀则扎什伦布寺）
g 乌金 梵夹装 49×7
h 3 6
i 无 藏纸 黑 完整
j 封面钤有"民族文化宫图书馆藏"印。

185.29
a 40-29
b གཟུངས་གཞུག་གནོད་སྦྱིན་འཁོར་ལོ་ཇི་ལྟར་བྱ་བའི་ཚུལ་གསལ་བྱེད་ནོར་བུའི་མེ་ལོང་བཞུགས།
装脏之药叉轮作法·宝镜
c རིགས་པར་སྨྲ་བའི་རྒྱལ་ཁམས་པ་བློ་བཟང་ཆོས་ཀྱི་རྒྱལ་མཚན།
d ཆོས་གྲྭ་ཆེན་པོ་བཀྲ་ལྷུན།（西藏日喀则扎什伦布寺） དེ་མོ་སྤྲུལ་པའི་སྐུ་ངག་དབང་དགེ་ལེགས་རྒྱན་མཚན་སོགས།
e གཟུངས་འབུལ།（装藏法）
f 刻本 བཀྲ་ཤིས་ལྷུན་པོ།（西藏日喀则扎什伦布寺） རྗེ་དྲུང་བློ་བཟང་དབང་རྒྱལ།
g 乌金 梵夹装 49×7
h 7 6
i 无 藏纸 黑 完整
j 封面钤有"民族文化宫图书馆藏"印。

185.30
a 40-30
b རབ་ཏུ་གནས་པའི་ཆོ་ག་ལག་ལེན་དུ་དྲིལ་བ་དགེ་ལེགས་རྒྱ་མཚོའི་ཆར་འབེབས་ཞེས་བྱ་བཞུགས་སོ།།
开光仪轨实修法·福善海雨降
c ཆོས་སྨྲ་བ་བློ་བཟང་ཆོས་ཀྱི་རྒྱལ་མཚན།
d ཆོས་གྲྭ་ཆེན་པོ་བཀྲ་ཤིས་ལྷུན་པོའི་གཙུག་ལག་ཁང་།（西藏日喀则扎什伦布寺）
d ཆོས་གྲྭ་ཆེན་པོ་བཀྲ་ལྷུན་གཙུག་ལྷག་ཁང་།（西藏日喀则扎什伦布寺）
དགེ་སློང་བློ་བཟང་ཕུན་ཚོགས་སོགས།
e རབ་གནས་ཆོ་ག(开光仪轨)
f 刻本 བཀྲ་ཤིས་ལྷུན་པོ།（西藏日喀则扎什伦布寺） དགེ་སློང་བློ་བཟང་ཕུན་ཚོགས།
g 乌金 梵夹装 49×7
h 31 6
i 无 藏纸 黑 完整
j 封面钤有“民族文化宫图书馆藏”印。

185.31
a 40-31
b གཙུག་གཏོར་བཟློག་ཆེན་གྱི་ལག་ལེན་སྙིང་པོར་དྲིལ་བའི་ཆོ་ག་རྒྱས་འབྲིང་བསྡུས་གསུམ་བར་ཆད་ཀུན་སེལ་ཞེས་
བྱ་བ་བཞུགས་སོ།།
顶髻母大回遮修法心要编轨人中小三种·灾厄全消
c མང་དུ་ཐོས་པའི་དགེ་སློང་བློ་བཟང་ཆོས་ཀྱི་རྒྱལ་མཚན།
d ཆོས་གྲྭ་ཆེན་པོ་བཀྲ་ལྷུན་གཙུག་ལག་ཁང་།（西藏日喀则扎什伦布寺）
e ཆོ་ག(仪轨)
f 刻本 བཀྲ་ཤིས་ལྷུན་པོ།（西藏日喀则扎什伦布寺） དགེ་ཚུལ་བློ་བཟང་ཕུན་ཚོགས།
g 乌金 梵夹装 49×7
h 10 6
i 无 藏纸 黑 完整
j 封面钤有“民族文化宫图书馆藏”印。

185.32

a 40-32

b ཁ་འབར་གཏོར་ཆེན་གྱི་ཆོ་ག་ངག་འདོན་གྱི་རིམ་པ་ཕྱོགས་གཅིག་ཏུ་བསྒྲིགས་པ་བཞུགས།

焰口母大神馐仪轨念诵次第合编

c རྒྱལ་ཁམས་པ་དགེ་སློང་བློ་བཟང་ཆོས་ཀྱི་རྒྱལ་མཚན།

d

e ཆོ་ག(仪轨)

f 刻本 བཀྲ་ཤིས་ལྷུན་པོ།（西藏日喀则扎什伦布寺）

g 乌金 梵夹装 49×7

h 7 6

i 无 藏纸 黑 完整

j 封面钤有“民族文化宫图书馆藏”印。

185.33

a 40-33

b བརྒྱ་བཞིའི་ཆོ་ག་ཇི་ལྟར་བྱ་བའི་ཚུལ་ཕན་བདེའི་འབྱུང་གནས་ཅེས་བྱ་བ་བཞུགས་སོ།།

四百禳解法仪轨作法·利乐之源

c ཤཱཀྱའི་དགེ་སློང་བློ་བཟང་ཆོས་ཀྱི་རྒྱལ་མཚན།

d

e ཆོ་ག(仪轨)

f 刻本 བཀྲ་ཤིས་ལྷུན་པོ།（西藏日喀则扎什伦布寺）

g 乌金 梵夹装 49×7

h 4 6

i 无 藏纸 黑 完整

j 封面钤有“民族文化宫图书馆藏”印。

185.34

a 40-34

b གཏོར་མ་བརྒྱ་རྩ་ཆ་ལག་ཚང་བ་ཐམས་ཅད་མཁྱེན་པ་དབེན་ས་པས་མཛད་པ་བཞུགས་སོ།།

一切智温萨巴所作百食子神馐供法

c ཆོས་སྨྲ་བའི་བཙུན་པ་བློ་བཟང་ཆོས་ཀྱི་རྒྱལ་མཚན།

d

e གཏོར་ཆོག（神馐仪轨）

f 刻本 བཀྲ་ཤིས་ལྷུན་པོ།（西藏日喀则扎什伦布寺）

g 乌金 梵夹装 49×7
h 6 6
i 无 藏纸 黑 完整
j 封面钤有“民族文化宫图书馆藏”印。

185.35
a 40-35

b གཏོར་མ་བརྒྱ་ཙ་ཤིན་ཏུ་བསྡུས་པ་བཞུགས་སོ།།

百食子神馐略供法

c བཙུན་པ་བློ་བཟང་ཆོས་ཀྱི་རྒྱལ་མཚན།

d སྨེ་པ་ལྷའི་མཚན་ཅན།

e གཏོར་ཆོག（神馐仪轨）

f 刻本 བཀྲ་ཤིས་ལྷུན་པོ།（西藏日喀则扎什伦布寺） དཀའ་བཅུ་ལེགས་པ་ཆོས་འབྱོར།

g 乌金 梵夹装 49×7
h 3 6
i 无 藏纸 黑 完整
j 封面钤有“民族文化宫图书馆藏”印。

185.36
a 40-36

b བྲུལ་གཏོར་དཀོར་སྒྲིབ་དག་བྱེད་ཟླ་ཤེལ་ཆུ་རྒྱུན་བཞུགས་སོ།།

散块神馐供法·除夺僧物罪障月晶长流

c བཙུན་པ་བློ་བཟང་ཆོས་ཀྱི་རྒྱལ་མཚན།

d སྲིད་རིན་ཆེན་རྩེའི་རྡོ་རྗེའི་གཞལ་ཡས། རི་ཁྲོད་པ་དགེ་སློང་དམ་ཆོས།

e བྲུལ་གཏོར། （神馐仪轨）

f 刻本 བཀྲ་ཤིས་ལྷུན་པོ། （西藏日喀则扎什伦布寺）

g 乌金 梵夹装 49×7
h 4 6
i 无 藏纸 黑 完整
j 封面钤有“民族文化宫图书馆藏”印。

185.37
a 40-37

b གཏོར་མ་ཆ་བཞི་བཞུགས་སོ།།

四分神馐供法

c དགེ་སློང་བློ་བཟང་ཆོས་ཀྱི་རྒྱལ་མཚན།

d དཀའ་བཅུ་པ་བློ་བཟང་དར་རྒྱས།

e གཏོར་ཆོག （神馐仪轨）

f 刻本 བཀྲ་ཤིས་ལྷུན་པོ། （西藏日喀则扎什伦布寺）

g 乌金 梵夹装 49×7
h 3 6
i 无 藏纸 黑 完整
j 封面钤有“民族文化宫图书馆藏”印。

185.38
a 40-38

b དགེ་སློང་ཆོས་སྨྲ་བ་བློ་བཟང་ཆོས་ཀྱི་རྒྱལ་མཚན་གྱི་དག་ཐོར་བུ་བ་ཕྱོགས་གཅིག་ཏུ་ སྒྲིགས་པ་ལས་ཀླུ་གཏོར་གྱི་

རིམ་པ་བཞུགས།

说法比丘·洛桑却吉坚赞散集合编中供鲁神神馐

c ཕྱོགས་བྲལ་རྒྱལ་ཁམས་ཞུལ་བའི་བཙུན་པ་བློ་བཟང་ཆོས་ཀྱི་རྒྱལ་མཚན།

d

e ཀླུ་གཏོར།（鲁神神馐仪轨）

f 刻本 བཀྲ་ཤིས་ལྷུན་པོ།（西藏日喀则扎什伦布寺）

g 乌金 梵夹装 49×7
h 4 6
i 无 藏纸 黑 完整
j 封面钤有“民族文化宫图书馆藏”印。

185.39
a 40-39

b དགེ་སློང་ཆོས་སྨྲ་བ་བློ་བཟང་ཆོས་ཀྱི་རྒྱལ་མཚན་གྱི་དག་ཐོར་བུ་བ་ཕྱོགས་གཅིག་ཏུ་སྒྲིགས་པ་ལས་ཚ་བསུར་

ཡིད་ལ་འདོད་འཇོ་བཞུགས།

说法比丘·洛桑却吉坚赞散集合编中煨素供法·能满心愿

c དགེ་སློང་བློ་བཟང་ཆོས་ཀྱི་རྒྱལ་མཚན།

d འབྲས་སྤུངས་དགའ་ལྡན་ཕོ་བྲང་།（西藏拉萨哲蚌噶丹颇章）

e ཚ་བསུར།（煨素）

f 刻本 བཀྲ་ཤིས་ལྷུན་པོ།（西藏日喀则扎什伦布寺）

g 乌金 梵夹装 49×7
h 3 6
i 无 藏纸 黑 完整
j 封面钤有“民族文化宫图书馆藏”印。

185.40
a 40-40

b དགེ་སློང་ཆོས་སྨྲ་བ་བློ་བཟང་ཆོས་ཀྱི་རྒྱལ་མཚན་གྱི་དག་ཐོར་བུ་བ་ཕྱོགས་གཅིག་ཏུ་སྒྲིགས་པ་ལས་ འབྱུང་བཞི་

གཏོར་མ་ཆབ་གཏོར་སུ་རྡུ་པ་བཅས་བཞུགས་སོ།།

说法比丘·洛桑却吉坚赞散集合编中大种神馐水食子等

c དགེ་སློང་བློ་བཟང་ཆོས་ཀྱི་རྒྱལ་མཚན།

d

e ཚབ་གཏོར།（神馐仪轨）

f 刻本 བཀྲ་ཤིས་ལྷུན་པོ།（西藏日喀则扎什伦布寺）

g 乌金 梵夹装 49×7
h 6 6
i 无 藏纸 黑 完整
j 封面钤有“民族文化宫图书馆藏”印。

186
A 3636
B བློ་བཟང་ཆོས་ཀྱི་རྒྱལ་མཚན་གྱི་གསུང་འབུམ།
洛桑却吉坚赞文集
C ང
D པཎ་ཆེན་སྐུ་ཕྲེང་བཞི་པ་བློ་བཟང་ཆོས་ཀྱི་རྒྱལ་མཚན།
同 3628 介绍。
E 民族宫目录中无此函。

186.1
a 1-1
b བྱང་ཆུབ་ལམ་གྱི་རིམ་པའི་བླ་མ་བརྒྱུད་པའི་རྣམ་པར་ཐར་པ་རྒྱལ་བསྟན་མཛེས་པའི་རྒྱན་མཆོག་ཕུལ་བྱུང་ནོར་བུའི་ཕྲེང་བ།
菩提道次之上师传承传记佛法神圣·宝串
c པཎ་ཆེན་བློ་བཟང་ཆོས་ཀྱི་རྒྱལ་མཚན།
d
e རྣམ་ཐར།（传记）
f 刻本
g 乌金 梵夹装 49×6.5
h 474 6
i 无 藏纸 黑 完整
j 封面钤有“民族文化宫图书馆藏”印。

187

A 3638-3640 789

B བློ་བཟང་ཆོས་ཀྱི་རྒྱལ་མཚན་གྱི་གསུང་འབུམ།

洛桑却吉坚赞文集

C ཙ

D པཎ་ཆེན་སྐུ་ཕྲེང་བཞི་པ་བློ་བཟང་ཆོས་ཀྱི་རྒྱལ་མཚན།

同3628介绍。

E 馆藏齐全。

187.1

a 6-1

b པཎ་ཆེན་སྐུ་ཕྲེང་བཞི་པ་བློ་བཟང་ཆོས་ཀྱི་རྒྱལ་མཚན་གྱི་གསུང་འབུམ་ཙ་པའི་དཀར་ཆག

第四世班禅洛桑却吉坚赞文集ཙ函目录

c རྣལ་འབྱོར་པ་བློ་བཟང་ཆོས་ཀྱི་རྒྱལ་མཚན།

d

e དཀར་ཆག（目录）

f 刻本 འབྲས་སྤུངས།（西藏拉萨哲蚌寺）

g 乌金 梵夹装 49×7

h 7 6

i 无 藏纸 黑 完整

j 封面钤有“民族文化宫图书馆藏”印；民族宫目录中为1叶。

187.2

a 6-2

b པཎ་ཆེན་ཐམས་ཅད་མཁྱེན་པ་ཆེན་པོའི་གསུང་ཐོར་བུ་བ་ཕྱོགས་གཅིག་ཏུ་བསྒྲིབས་པ་རྣམས་བཞུགས་སོ།།

班禅一切智之散集合编

c རྣལ་འབྱོར་པ་བློ་བཟང་ཆོས་ཀྱི་རྒྱལ་མཚན།

d འབྲུག་གི་ལོ། 龙年 བཀྲ་ཤིས་ལྷུན་པོའི་ཟུར་བཞིའི་སློབ་དཔོན།

e གསུང་ཐོར་བུ།（散集）

f 刻本 འབྲས་སྤུངས།（西藏拉萨哲蚌寺）

g 乌金 梵夹装 50×7
h 410 6
i 有 藏纸 黑 完整
j 封面钤有"民族文化宫图书馆藏"印。

187.3
a 6-3
b བཀྲ་ཤིས་རྩེ་བ་ནང་སོག་བློ་བཟང་དབང་རྒྱལ་ལ་གདམས་པ་རྣམས་ཆབས་གཅིག་ཏུ་བསྒྲིགས་པ།
赐扎西哲巴内蒙洛桑旺杰之教导等合编
c རྣལ་འབྱོར་པ་བློ་བཟང་ཆོས་ཀྱི་རྒྱལ་མཚན།
d བཀྲ་ཤིས་ལྷུན་པོ།（西藏日喀则扎什伦布寺） སྐལ་བཟང་མགོན་པོ་དབང་རྒྱལ།
e ཞལ་གདམས།（教诫）
f 刻本 འབྲས་སྤུངས།（西藏拉萨哲蚌寺）
g 乌金 梵夹装 49×7
h 17 6
i 无 藏纸 黑 完整
j 封面钤有"民族文化宫图书馆藏"印。

187.4
a 6-4
b བསངས་ཀྱི་ཆོ་ག་དངོས་གྲུབ་གཞི་འོད་འབར་བ་ངོ་མཚར་རིན་པོ་ཆེའི་ཕྲེང་བ།
煨桑仪轨·悉地光焰希有大宝鬘
c རྣལ་འབྱོར་པ་བློ་བཟང་ཆོས་ཀྱི་རྒྱལ་མཚན།
d འབྲས་སྤུངས་དགའ་ལྡན་ཕོ་བྲང་།（西藏拉萨哲蚌噶丹颇章） འཕྲིན་ལས་དཔལ་འབྱོར།

e ཆོ་ག（仪轨）

f 刻本 འབྲས་སྤུངས།（西藏拉萨哲蚌寺）

g 乌金 梵夹装 49×7
h 16 6
i 无 藏纸 黑 完整
j 封面钤有“民族文化宫图书馆藏”印。

187.5
a 6-5

b བསངས་ཀྱི་ཆོ་ག་དངོས་གྲུབ་གཞི་འོད་འབར་བ་ཞེས་བྱ་བ་རྒྱས་འབྲིང་བསྡུས་གསུམ་ལས་འདི་ཉིད་འབྲིང་བའོ།

煨桑仪轨·悉地光焰广中略三种中此为中本

c རྣལ་འབྱོར་བ་བློ་བཟང་ཆོས་ཀྱི་རྒྱལ་མཚན།

d

e ཆོ་ག(仪轨)

f 刻本 འབྲས་སྤུངས།（西藏拉萨哲蚌寺）

g 乌金 梵夹装 49×7
h 10 6
i 无 藏纸 黑 完整
j 封面钤有“民族文化宫图书馆藏”印。

187.6
a 6-6

b བསངས་ཀྱི་ཆོ་ག་བཀྲ་ཤིས་ཆར་འབེབས་མཆོད་སྤྲིན་རྒྱ་མཚོ།

煨桑供仪轨·供养云海

c རྣལ་འབྱོར་བ་བློ་བཟང་ཆོས་ཀྱི་རྒྱལ་མཚན།

d

e ཆོ་ག(仪轨)

f 刻本 འབྲས་སྤུངས།（西藏拉萨哲蚌寺）

g 乌金 梵夹装 49×7

h 4 6
i 无 藏纸 黑 完整
j 封面钤有“民族文化宫图书馆藏”印。

188
A 3641
B བློ་བཟང་ཆོས་ཀྱི་རྒྱལ་མཚན་གྱི་གསུང་འབུམ།
洛桑却吉坚赞文集
C **ཐོར་བུ**
D པཎ་ཆེན་སྐུ་ཕྲེང་བཞི་པ་བློ་བཟང་ཆོས་ཀྱི་རྒྱལ་མཚན།
同 3628 介绍。
E 西藏图书馆藏此函由民族宫目录中同文集各函散卷组成。

188.1
a 51-1
b པཎ་ཆེན་སྐུ་ཕྲེང་བཞི་པ་བློ་བཟང་ཆོས་ཀྱི་རྒྱལ་མཚན་གྱི་གསུང་འབུམ་ག་པའི་དཀར་ཆག
第四世班禅洛桑却吉坚赞文集ག函目录
c རྒྱལ་འབྱོར་བ་བློ་བཟང་ཆོས་ཀྱི་རྒྱལ་མཚན།
d
e དཀར་ཆག(目录)
f 刻本 འབྲས་སྤུངས།（西藏拉萨哲蚌寺）
g 乌金 梵夹装 48×6
h 1 6
i 无 藏纸 黑 完整
j 民族宫目录中为ག函，2 叶。

188.2
a 51-2

b ཀྱུད་ཐམས་ཅད་ཀྱི་རྒྱལ་པོ་བཅོམ་ལྡན་འདས་དཔལ་དུས་ཀྱི་འཁོར་ལོའི་རྩ་བའི་རྒྱུད་ལས་ཕྱུང་བ་བསྡུས་པའི་

རྒྱུད་ཀྱི་རྒྱས་འགྲེལ་དྲི་མ་མེད་པའི་འོད་ཀྱི་རྒྱ་ཆེར་བཤད་པ་དེ་ཁོ་ན་ཉིད་སྣང་བར་བྱེད་པའི་སྙིང་པོ་བསྡུས་པ་

ཡིད་བཞིན་གྱི་ནོར་བུ།

一切密续之王薄伽梵吉祥时轮本续中所出摄续广释 •无垢光广说空性光明摄要 · 如意宝

c རྣལ་འབྱོར་པ་བློ་བཟང་ཆོས་ཀྱི་རྒྱལ་མཚན།

d བཀྲ་ཤིས་ལྷུན་པོ།（西藏日喀则扎什伦布寺）

e རྒྱུད་འགྲེལ།（续释）

f 刻本 འབྲས་སྤུངས།（西藏拉萨哲蚌寺） རབ་འབྱམས་པ་དར་མ་བཟང་པོ།

g 乌金 梵夹装 48×6

h 149 6

i 有 藏纸 黑 完整

j 民族宫目录中为ག函，184 叶。

188.3

a 51-3

b དཔལ་དུས་ཀྱི་འཁོར་ལོའི་སྨོན་ལམ་ཤིས་བརྗོད།

吉祥时轮之愿文、吉祥颂

c རྣལ་འབྱོར་པ་བློ་བཟང་ཆོས་ཀྱི་རྒྱལ་མཚན།

d

e སྨོན་ལམ།(祈愿文)

f 刻本 འབྲས་སྤུངས།（西藏拉萨哲蚌寺）

g 乌金 梵夹装 48×6

h 3 6

i 无 藏纸 黑 完整

j 民族宫目录中为ག函。

188.4

a 51-4

b བཅོམ་ལྡན་འདས་དཔལ་དུས་ཀྱི་འཁོར་ལོའི་ཟབ་པ་རྡོ་རྗེའི་རྣལ་འབྱོར།

薄伽梵吉祥时轮甚深道金刚瑜伽法

c རྣལ་འབྱོར་པ་བློ་བཟང་ཆོས་ཀྱི་རྒྱལ་མཚན།

d དབེན་ས་ཆོས་ཀྱི་ཕོ་བྲང་།（西藏日喀则温萨寺） དགེ་སློང་ངག་དབང་བློ་བཟང་།

e དུས་འཁོར།(续释)

f 刻本 འབྲས་སྤུངས།（西藏拉萨哲蚌寺） དཀའ་བཅུ་ཚོགས་སོག་པ་ལེགས་པ་ཆོས་འབྱོར།

g 乌金 梵夹装 48×6.5

h 13 6

i 无 藏纸 黑 完整

j 民族宫目录中为ག函，15叶。

188.5

a 51-5

b འཇིགས་བྱེད་དཔའ་བོ་གཅིག་པ་རོ་ལངས་བརྒྱད་བསྐོར་ཞེ་དགུ་མ་གསུམ་གྱི་སྒྲུབ་ཐབས།

怖畏金刚八起尸围绕四十九尊三种之修法

c རྣལ་འབྱོར་པ་བློ་བཟང་ཆོས་ཀྱི་རྒྱལ་མཚན།

d དགེ་བའི་བཤེས་བསྙེན་སངས་རྒྱས་བཀྲ་ཤིས།

e སྒྲུབ་ཐབས།（修心法）

f 刻本 འབྲས་སྤུངས།（西藏拉萨哲蚌寺）

g 乌金 梵夹装 47×6

h 10 6

i 无 藏纸 黑 完整

j 民族宫目录中为ག函，12叶。

188.6
a 51-6
b དཔལ་རྡོ་རྗེ་འཇིགས་བྱེད་ཀྱི་དབང་ཆོག་རང་བུམ་བསྐྱེད་ཀྱི་ཟུར་འདེབས།
吉祥怖畏金刚之灌顶仪轨与净瓶生法附编
c རྣལ་འབྱོར་པ་བློ་བཟང་ཆོས་ཀྱི་རྒྱལ་མཚན།
d དགེ་སློང་བློ་བཟང་བསྟན་འཛིན།
e སྔགས་ཀྱི་ཆོ་ག（密宗仪轨）
f 刻本 འབྲས་སྤུངས།（西藏拉萨哲蚌寺） རྗེ་དྲུང་བློ་བཟང་དཔང་རྒྱལ།
g 乌金 梵夹装 46.5×6
h 15 6
i 无 藏纸 黑 完整
j 民族宫目录中为ག函，19 叶。

188.7
a 51-7
b དཔལ་རྡོ་རྗེ་འཇིགས་བྱེད་ཀྱི་དབང་དྲག་གི་སྦྱིན་སྲེག་བྱ་ཚུལ་ལག་ལེན་དུ་དྲིལ་བ་རྣམ་བཤད་དངོས་གྲུབ་རྒྱ་མཚོ།
吉祥怖畏金刚之权威护摩法解说·悉地海中所出
c རྣལ་འབྱོར་པ་བློ་བཟང་ཆོས་ཀྱི་རྒྱལ་མཚན།
d བཀྲ་ཤིས་ལྷུན་པོའི་གཞིས་ཀ་རྩེ་ཡིད་དཀར་ཚལ་འཛིན།（西藏日喀则扎什伦布寺）
བཀྲ་ཤིས་ལྷུན་པོའི་བརྒྱད་པ་གྲྭ་ཚང་གི་དཔོན་སློབ།
e སྦྱིན་སྲེག（火供）
f 刻本 འབྲས་སྤུངས།（西藏拉萨哲蚌寺） རྗེ་དྲུང་བློ་བཟང་དཔང་རྒྱལ།
g 乌金 梵夹装 48×6
h 6 6
i 无 藏纸 黑 完整
j 民族宫目录中为ག函，7 叶。

188.8

a 51-8

b ཡི་དམ་གྱི་ཚོགས་འཁོར་དང་སྦྱིན་སྲེག

本尊佛会与护摩等

c རྣལ་འབྱོར་པ་བློ་བཟང་ཆོས་ཀྱི་རྒྱལ་མཚན།

d དགེ་སློང་ཡེ་ཤེས་རབ་བརྟན།

e སྦྱིན་སྲེག（火供）

f 刻本 འབྲས་སྤུངས།（西藏拉萨哲蚌寺）

g 乌金 梵夹装 46×6

h 8 6

i 无 藏纸 黑 完整

j 民族宫目录中为ག函，10叶。

188.9

a 51-9

b ཚེ་ཆོག་འཆི་མེད་འདོད་འཇོ་དབང་གི་རྒྱལ་པོ།

长寿修法仪轨·长寿如意灌顶王

c རྣལ་འབྱོར་པ་བློ་བཟང་ཆོས་ཀྱི་རྒྱལ་མཚན།

d སྤྲུལ་སྐུ་ངག་དབང་བསྟན་འཛིན་འཕྲིན་ལས་ཕྱོགས་སྣང་གྲགས་པའི་སྡེ།

e ཆོ་ག（仪轨）

f 刻本 འབྲས་སྤུངས།（西藏拉萨哲蚌寺） དགེ་སློང་འཚོ་བྱེད་བློ་བཟང་དབང་རྒྱལ།

g 乌金 梵夹装 47×6

h 21 6

i 无 藏纸 黑 完整

j 民族宫目录中为ག函，26叶。

188.10

a 51-10

b ཚེ་དབང་བསྐུར་ཚུལ་འཆི་མེད་ཚེའི་རིག་འཛིན་གྱི་དངོས་གྲུབ་སྟེར་བའི་གདམས་པ།

长寿灌顶法·赐长寿之持明悉地教诫

c རྣལ་འབྱོར་པ་བློ་བཟང་ཆོས་ཀྱི་རྒྱལ་མཚན།

d བཀྲ་ཤིས་ལྷུན་པོ།（西藏日喀则扎什伦布寺）

རབ་འབྱམས་སྨྲ་བའི་ཆོས་རྗེ་མཐའ་ཡས་མཚན་ཅན།

e ཚེ་དབང་བསྐུར་ཚུལ།（长寿灌顶授法）

f 刻本 འབྲས་སྤུངས།（西藏拉萨哲蚌寺）

g 乌金 梵夹装 47.5×6

h 8 6

i 无 藏纸 黑 完整

j 民族宫目录中为ག函，10 叶。

188.11

a 51-11

b ཀུན་རིག་བུམ་བསྐྱེད་བསྡུས་པ།

遍智净瓶生起略修法

c རྣལ་འབྱོར་པ་བློ་བཟང་ཆོས་ཀྱི་རྒྱལ་མཚན།

d

e སྔགས་ཀྱི་ཆོ་ག（密宗仪轨）

f 刻本 འབྲས་སྤུངས།（西藏拉萨哲蚌寺）

g 乌金 梵夹装 48×6.5

h 2 6

i 无 藏纸 黑 完整

j 民族宫目录中为ག函，3 叶。

188.12
a 51-12
b རྒྱུད་སྡེ་གཉིས་པའི་གཙོ་བོ་གྱུར་པའི་སྙིང་རྗེ་ཆེན་པོའི་སྙིང་པོ་ཅན་གྱི་དཀྱིལ་འཁོར་གྱི་ཆོ་ག་ངག་འདོན་དུ་བསྒྲིགས་པ།
第二密续主体之大悲心要曼荼罗之仪轨念诵法
c རྣལ་འབྱོར་པ་བློ་བཟང་ཆོས་ཀྱི་རྒྱལ་མཚན།
d
e ཆོ་ག（仪轨）
f 刻本 འབྲས་སྤུངས།（西藏拉萨哲蚌寺）
g 乌金 梵夹装 48×6
h 18 6
i 无 藏纸 黑 完整
j 民族宫目录中为ག函，21 叶。

188.13
a 51-13
b བཅོམ་ལྡན་འདས་རྣམ་པར་རྒྱལ་མའི་སྒྲུབ་དཀྱིལ་འཆི་མེད་དཔལ་སྦྱིན།
薄伽梵尊胜佛母曼荼罗修法·长寿吉祥施
c རྣལ་འབྱོར་པ་བློ་བཟང་ཆོས་ཀྱི་རྒྱལ་མཚན།
d འབྲས་སྤུངས།（西藏拉萨哲蚌寺）
e སྒྲུབ་ཐབས།（修心法）
f 刻本 འབྲས་སྤུངས།（西藏拉萨哲蚌寺） སློམ་བརྩོན་དགེ་ལེགས་ལྷུན་གྲུབ།
g 乌金 梵夹装 47×6
h 18 6
i 无 藏纸 黑 完整
j 民族宫目录中为ག函，19 叶。

188.14

a 51-14

b བཅོམ་ལྡན་འདས་རྡོ་རྗེ་མི་འཁྲུགས་པའི་སྒྲུབ་དཀྱིལ་ཡོངས་སུ་རྫོགས་པའི་ཆོ་ག་མངོན་པར་དགའ་བའི་སྒོ་འབྱེད།

薄伽梵金刚曼荼罗圆满修法·欢颜开门

c རྣལ་འབྱོར་པ་བློ་བཟང་ཆོས་ཀྱི་རྒྱལ་མཚན།

d བཀྲ་ཤིས་ལྷུན་པོ།（西藏日喀则扎什伦布寺） དགེ་སློང་བློ་བཟང་ཕུན་ཚོགས།

e ཆོ་ག（仪轨）

f 刻本 འབྲས་སྤུངས།（西藏拉萨哲蚌寺） ཞྭ་ལུ་བ་ཚེ་རིང་ཆོས་འཕེལ།

g 乌金 梵夹装 48×6

h 19 6

i 无 藏纸 黑 完整

j 民族宫目录中为ག函，20 叶。

188.15

a 51-15

b བཅོམ་ལྡན་འདས་སྨན་བླའི་མདོ་ཆོག་གི་སྙིང་པོ་བསྡུས་པ་ཡིད་བཞིན་གྱི་ནོར་བུ།

薄伽梵药师经仪轨摄要·如意宝

c རྣལ་འབྱོར་པ་བློ་བཟང་ཆོས་ཀྱི་རྒྱལ་མཚན།

d བཀྲ་ཤིས་ལྷུན་པོ།（西藏日喀则扎什伦布寺）

e ཆོ་ག（仪轨）

f 刻本 འབྲས་སྤུངས།（西藏拉萨哲蚌寺）

g 乌金 梵夹装 48×6

h 6 6

i 无 藏纸 黑 完整

j 民族宫目录中为ག函。

188.16

a 51-16

b ཁྲོ་བོ་སྨེ་བ་བརྩེགས་པའི་སྒྲུབ་ཐབས་བདུད་རྩིའི་ཆུ་རྒྱུན།

秽积忿怒王修法·甘露长流

c རྣལ་འབྱོར་པ་བློ་བཟང་ཆོས་ཀྱི་རྒྱལ་མཚན།

d

e སྒྲུབ་ཐབས།（修心法）

f 刻本 འབྲས་སྤུངས།（西藏拉萨哲蚌寺）

g 乌金 梵夹装 47.5×6
h 7 6
i 无 藏纸 黑 完整
j 民族宫目录中为ཀ函。

188.17
a 51-17

b ཆོས་རྒྱལ་གྱི་བཤགས་པ་བསྐང་བཟློག་མངའ་གསོལ་ཆེས་གཅིག་གཏོར་རྟེན་འཛུགས་རྣམ།

荡金曲之忏悔、酬供、回遮、祈愿与建立法器神馐常供物等

c རྣལ་འབྱོར་པ་བློ་བཟང་ཆོས་ཀྱི་རྒྱལ་མཚན།

d རྣམ་རྒྱལ་བཀྲ་ཤིས།

e སྔགས་ཀྱི་ཆོ་ག（密宗仪轨）

f 刻本 འབྲས་སྤུངས།（西藏拉萨哲蚌寺）

g 乌金 梵夹装 47×6
h 7 6
i 无 藏纸 黑 完整
j 民族宫目录中为ཀ函，8 叶。

188.18
a 51-18

b མཉམ་མེད་རྒྱལ་བ་ཙོང་ཁ་པ་ཆེན་པོའི་མཛད་པའི་དྲི་བ་ལྷག་བསམ་དང་དེའི་དྲི་ལན་རྡོ་རྗེ་འཆང་པཎ་ཆེན་ཐམས་ ཅད་མཁྱེན་པ་བློ་བཟང་ཆོས་ཀྱི་རྒྱལ་མཚན་དཔལ་བཟང་པོས་མཛད་པ།
持金刚班禅洛桑坚赞所著解答无敌宗喀巴大师功勋之作

c དམ་པའི་མན་ངག་འཛིན་པའི་སྐྱོང་བ་བ་བློ་བཟང་ཆོས་ཀྱི་རྒྱལ་མཚན།

d ཆོས་གྲྭ་བཀྲ་ཤིས་ལྷུན་པོ།（西藏日喀则扎什伦布寺）

e དྲི་བ་དྲིས་ལན།（问答）

f 刻本 འབྲས་སྤུངས།（西藏拉萨哲蚌寺）

g 乌金 梵夹装 50×6
h 24 6
i 无 藏纸 黑 完整
j 民族宫目录中无此件。

188.19
a 51-19

b དགེ་ལྡན་བཀའ་བརྒྱུད་རིན་པོ་ཆེའི་ཕྱག་ཆེན་རྩ་བ་རྒྱལ་བའི་གཞུང་ལམ།
甘丹教传大手印根本·佛之正道

c དགེ་སློང་བློ་བཟང་ཆོས་ཀྱི་རྒྱལ་མཚན།

d

e ཕྱག་ཆེན།（大法手印）

f 刻本 འབྲས་སྤུངས།（西藏拉萨哲蚌寺）

g 乌金 梵夹装 49×6
h 5 6
i 无 藏纸 黑 完整
j 民族宫目录中为□函，6叶。

188.20
a 51-20

b བླ་མའི་བཀའ་དྲིན་དྲན་ནས། གསོལ་བ་འདེབས་ཤིང་ཐུགས་རྗེ་བསྐུལ་བ་གྲུབ་པའི་སྤྲིན་སྒྲ།

忆上师恩之祈愿慈悲·云音

c རྣལ་འབྱོར་པ་བློ་བཟང་ཆོས་ཀྱི་རྒྱལ་མཚན།

d གནས་བརྟུ་རབ་འབྱམས་པ་དགེ་འདུན་རྒྱ་མཚོ་དང་། ཀུ་ཤྲི་སེ་ཆེན་ཆོས་རྗེ།

e གསོལ་འདེབས། （启请文）

f 刻本 འབྲས་སྤུངས། （西藏拉萨哲蚌寺）

g 乌金 梵夹装 49×6
h 5 6
i 无 藏纸 黑 完整
j 民族宫目录中无此件。

188.21
a 51-21

b སྒྲ་པ་ཤེས་རབ་རིན་ཆེན་པའི་རྩོད་ལན་ལུང་རིགས་སེངྒེའི་ང་རོ།

扎巴喜饶仁钦巴之答辩教理·狮子吼声

c རྣལ་འབྱོར་པ་བློ་བཟང་ཆོས་ཀྱི་རྒྱལ་མཚན།

d བཀྲ་ཤིས་ལྷུན་པོ། （西藏日喀则扎什伦布寺） མཁན་ཆེན་ཚེ་བརྟན་རྒྱལ་མཚན།

e དྲི་བ་དྲིས་ལན། （问答）

f 刻本 འབྲས་སྤུངས། （西藏拉萨哲蚌寺） རྗེ་དྲུང་བློ་བཟང་དབང་རྒྱལ།

g 乌金 梵夹装 48×6
h 41 6
i 无 藏纸 黑 完整
j 民族宫目录中为 45 叶。

188.22
a 51-22

b དགེ་ལྡན་བཀའ་བརྒྱུད་རིན་པོ་ཆེའི་བཀའ་སྲོལ་ཕྱག་རྒྱ་ཆེན་པོའི་རྩ་བ་རྒྱས་པར་བཤད་པ་ཡང་གསལ་སྒྲོན་མེ།

噶丹噶举上师之传承大手印广义·烛光

c རྣལ་འབྱོར་པ་བློ་བཟང་ཆོས་ཀྱི་རྒྱལ་མཚན།

d བཀྲ་ཤིས་ལྷུན་པོ།（西藏日喀则扎什伦布寺） གནས་བཅུ་རབ་འབྱམས་པ་དགེ་འདུན་རྒྱལ་མཚན།

e ཕྱག་ཆེན།（大法手印）

f 刻本 འབྲས་སྤུངས།（西藏拉萨哲蚌寺）

g 乌金 梵夹装 49×6

h 26 6

i 无 藏纸 黑 完整

j 民族宫目录中无此件。

188.23

a 51-23

b བྱང་ཆུབ་ལམ་གྱི་སྒྲོན་མའི་རྣམ་བཤད་ཕུལ་བྱུང་བཞད་པའི་དགའ་སྟོན།

菩提道炬论释·卓越喜宴

c རྣལ་འབྱོར་པ་བློ་བཟང་ཆོས་ཀྱི་རྒྱལ་མཚན།

d བཀྲ་ཤིས་ལྷུན་པོ།（西藏日喀则扎什伦布寺） དགེ་བཤེས་སངས་རྒྱས་བཀྲ་ཤིས།

e ལམ་རིམ།（道次第）

f 刻本 འབྲས་སྤུངས།（西藏拉萨哲蚌寺）

g 乌金 梵夹装 48×6

h 46 6

i 无 藏纸 黑 完整

j 民族宫目录中为ང函，54叶。

188.24

a 51-24

b རྗེ་བཙུན་རྡོ་རྗེ་རྣལ་འབྱོར་མའི་སྒོ་ནས་འཕོ་བ་ཉམས་སུ་ལེན་པའི་རིམ་པ།

依金刚瑜伽女往生实践法

c པཎ་ཆེན་བློ་བཟང་ཆོས་ཀྱི་རྒྱལ་མཚན།

d

e འཕོ་བའི་ཉམས་ལེན།（往生实践法）

f 抄本 འབྲས་སྤུངས།（西藏拉萨哲蚌寺）

g 乌金 梵夹装 48×6
h 4 6
i 无 藏纸 黑 完整
j 民族宫目录中无此件。

188.25
a 51-25

b དགེ་སློང་གི་བསླབ་བྱ་སོགས་ཉེ་བར་མཁོ་བ་འགའ་ཞིག་བཞུགས་སོ།།

常用部分比丘学处等

c རྣལ་འབྱོར་པ་བློ་བཟང་ཆོས་ཀྱི་རྒྱལ་མཚན།

d

e བསླབ་བྱ།（教言）

f 刻本 འབྲས་སྤུངས།（西藏拉萨哲蚌寺）

g 乌金 梵夹装 48×6
h 11 6
i 无 藏纸 黑 完整
j 民族宫目录中为ㄈ函，13叶。

188.26
a 51-26

b ཚུལ་ཁྲིམས་ཡང་དག་པར་སྲུང་བའི་མན་ངག

守戒清净之教授要诀

c རྣལ་འབྱོར་པ་བློ་བཟང་ཆོས་ཀྱི་རྒྱལ་མཚན།

d དབེན་ས་ཆོས་ཀྱི་ཕོ་བྲང་།（西藏日喀则温萨寺）

e མན་ངག（善言）

f 刻本 འབྲས་སྤུངས།（西藏拉萨哲蚌寺）

g 乌金 梵夹装 48×6
h 16 6
i 无 藏纸 黑 完整
j 民族宫目录中为ང函，21 叶。

188.27
a 51-27

b བློ་སྦྱོང་དམར་ཁྲིད་ཤར་རྩེ་ཆོས་རྗེ་ལ་གནང་བ།

赐夏哲却杰之修心直观教导

c རྣལ་འབྱོར་པ་བློ་བཟང་ཆོས་ཀྱི་རྒྱལ་མཚན།

d

e བློ་སྦྱོང་།（修心）

f 刻本 འབྲས་སྤུངས།（西藏拉萨哲蚌寺） རྗེ་དྲུང་བློ་བཟང་དབང་རྒྱལ།

g 乌金 梵夹装 48×6
h 4 6
i 无 藏纸 黑 完整
j 民族宫目录中为ང函，54 叶。

188.28
a 51-28

b སྡིག་ལྟུན་སེལ་བྱེད་ཟླ་བའི་འོད་ཟེར།

消除罪恶黑暗之月光

c རྣལ་འབྱོར་པ་བློ་བཟང་ཆོས་ཀྱི་རྒྱལ་མཚན།

d ནང་སོ་བཀྲ་ཤིས་རབ་བརྟན།

e སྡིག་བཤགས།（忏悔）

f 刻本 འབྲས་སྤུངས།（西藏拉萨哲蚌寺）

g 乌金 梵夹装 48×6

h 2 6

i 无 藏纸 黑 完整

j 民族宫目录中为ང函，3 叶。

188.29

a 51-29

b དྲི་བ་ལྷག་བསམ་རབ་དཀར་གྱི་དྲི་ལན་བློ་བཟང་བཞད་པའི་སྒྲ་དབྱངས།

增上心极洁之问答·洛桑笑音

c མན་ངག་འཛིན་པའི་སློང་པ་བ་བློ་བཟང་ཆོས་ཀྱི་རྒྱལ་མཚན།

d བཀྲ་ཤིས་ལྷུན་པོ།（西藏日喀则扎什伦布寺） ཀོང་པོ་དགེ་སློང་བློ་བཟང་རྒྱ་མཚོ་དང་།

མངའ་རིས་དཀའ་བཅུ་བ་བརྩོན་འགྲུས་རྒྱལ་མཚན། དགེ་སློང་བློ་བཟང་ཕུན་ཚོགས།

e དྲི་བ་དྲིས་ལན།（问答）

f 刻本 འབྲས་སྤུངས།（西藏拉萨哲蚌寺）

g 乌金 梵夹装 48×6

h 8 6

i 无 藏纸 黑 完整

j 民族宫目录中为ང函，11 叶。

188.30

a 51-30

b ན་རོ་ཆོས་དྲུག་གི་ཟབ་ཁྲིད་གསེར་གྱི་ལྡེ་མིག

那若六法之甚深导引·黄金钥

c མདོ་རྒྱུད་རྒྱ་མཚོའི་གདམས་པ་འཛིན་པ་བློ་བཟང་ཆོས་ཀྱི་རྒྱལ་མཚན།

d བཀྲ་ཤིས་ལྷུན་པོ།（西藏日喀则扎什伦布寺） རི་ཁྲོད་པ་དགེ་འདུན་རྒྱ་མཚོ།

e སྔགས།（密宗）

f 刻本 འབྲས་སྤུངས། （西藏拉萨哲蚌寺）

g 乌金 梵夹装 48×6
h 6 6
i 无 藏纸 黑 完整
j 民族宫目录中为ང函，8 叶。

188.31
a 51-31

b སྙིང་པོ་དོན་གསུམ་གྱི་ཁྲིད་འཕགས་པ་སྤྱན་རས་གཟིགས་བརྟེན་པ་ཉིན་དུ་ལེགས་པ།

道之三要导引·依圣观世音法而修

c མདོ་རྒྱུད་རྒྱ་མཚོའི་གདམས་པ་འཛིན་པ་བློ་བཟང་ཆོས་ཀྱི་རྒྱལ་མཚན།

d བཀྲ་ཤིས་ལྷུན་པོ།（西藏日喀则扎什伦布寺）

e སྔགས།（密宗）

f 刻本 འབྲས་སྤུངས།（西藏拉萨哲蚌寺）

g 乌金 梵夹装 48×6
h 4 6
i 无 藏纸 黑 完整
j 民族宫目录中为ང函，5 叶。

188.32
a 51-32

b ཞལ་གཟིགས་དང་རྡོ་རྗེ་གདན་གྱི་རི་ཁྲོད་ཡོལ་དཀར་རྣམས་ཀྱི་གནས་བསྟོད།

谢思与金刚座之玉嘎诸山林等圣地赞

c མདོ་རྒྱུད་མན་ངག་འཛིན་པའི་སྔོང་བ་པོ་བློ་བཟང་ཆོས་ཀྱི་རྒྱལ་མཚན།

d

e གནས་བསྟོད།（圣地赞）

f 刻本 འབྲས་སྤུངས།（西藏拉萨哲蚌寺）

g 乌金 梵夹装 48×6
h 7 6
i 无 藏纸 黑 完整
j 民族宫目录中为ང函，9叶。

188.33
a 51-33
b བདེ་བ་ཅན་གྱི་ཞིང་དུ་ཐོགས་པ་མེད་པར་བགྲོད་པའི་སྐྱུར་ལམ།
无碍趣入极乐刹土之捷径
c མདོ་རྒྱུད་མན་ངག་འཛིན་པའི་སྤོང་བ་པོ་བློ་བཟང་ཆོས་ཀྱི་རྒྱལ་མཚན།
d
e མན་ངག（善言）
f 刻本 འབྲས་སྤུངས།（西藏拉萨哲蚌寺）
g 乌金 梵夹装 48×6
h 6 6
i 无 藏纸 黑 完整
j 民族宫目录中为ང函。

188.34
a 51-34
b བཀྲ་ཤིས་ལྷུན་པོའི་རིན་པོ་ཆེའི་མཆོད་རྟེན་མཐོང་བས་དོན་དང་ལྡན་ཅིང་ཐོས་པ་རྣམ་པར་གྲོལ་བའི་དཀར་ཆག།
扎什伦布寺之大宝塔·见者具义并闻者解脱之目录
c རིགས་པ་སྨྲ་བ་བློ་བཟང་ཆོས་ཀྱི་རྒྱལ་མཚན།
d
e དཀར་ཆག（目录）
f 刻本 འབྲས་སྤུངས།（西藏拉萨哲蚌寺）
g 乌金 梵夹装 48×6
h 4 6
i 无 藏纸 黑 完整

j 民族宫目录中为ང函，6 叶。

188.35

a 51-35

b བཀྲ་ཤིས་ལྷུན་པོའི་ཕྱིའི་མཆོད་རྟེན་དང་བསྒྲེང་དུ་མཆོད་རྟེན་བཞེངས་པའི་དཀར་ཆག

扎什伦布寺之外塔与热振地区新建佛塔目录

c བཙུན་པ་བློ་བཟང་ཆོས་ཀྱི་རྒྱལ་མཚན།

d

e དཀར་ཆག（目录）

f 刻本 འབྲས་སྤུངས།（西藏拉萨哲蚌寺）

g 乌金 梵夹装 48×6

h 4 6

i 无 藏纸 黑 完整

j 民族宫目录中为ང函，5 叶。

188.36

a 51-36

b རྒྱལ་བ་བྱམས་པ་ལ་བརྟེན་པའི་འཕོ་བ་ལེགས་པ།

依弥勒佛修往生法

c དགེ་སློང་བློ་བཟང་ཆོས་ཀྱི་རྒྱལ་མཚན།

d བཀྲ་ཤིས་ལྷུན་པོ།（西藏日喀则扎什伦布寺）

e ཆོ་ག（仪轨）

f 刻本 འབྲས་སྤུངས།（西藏拉萨哲蚌寺）

g 乌金 梵夹装 48×6

h 4 6

i 无 藏纸 黑 完整

j 民族宫目录中为ང函。

188.37

a 51-37

b གཟུངས་གཞུག་གཙོད་སྒྲིན་འཁོར་ལོ་ཇི་ལྟར་བྱ་བའི་ཚུལ་གསལ་བྱེད་ནོར་བུའི་མེ་ལོང་།

装脏之药叉轮作法·宝镜

c རིགས་པ་སྨྲ་བ་བློ་བཟང་ཆོས་ཀྱི་རྒྱལ་མཚན།

d བཀྲ་ཤིས་ལྷུན་པོ།（西藏日喀则扎什伦布寺）

e གཟུངས་འབུལ།（装藏法）

f 刻本 འབྲས་སྤུངས།（西藏拉萨哲蚌寺） རྗེ་དྲུང་བློ་བཟང་དཔང་རྒྱལ།

g 乌金 梵夹装 48×6

h 6 6

i 无 藏纸 黑 完整

j 民族宫目录中为ང函，7叶。

188.38

a 51-38

b གཙུག་གཏོར་བཟློག་ཆེན་གྱི་ལག་ལེན་སྙིང་པོར་དྲིལ་བའི་ཆོ་ག་རྒྱས་འབྲིང་བསྡུས་པའི་ཆོ་ག་རྒྱས་འབྲིང་བསྡུས་

གསུམ་བར་ཆད་ཀུན་སེལ།

顶髻母大回遮修法心要编轨大中小三种·灾厄全消

c མདོ་རྒྱུད་རྒྱ་མཚོའི་གདམས་པ་འཛིན་པ་བློ་བཟང་ཆོས་ཀྱི་རྒྱལ་མཚན།

d བཀྲ་ཤིས་ལྷུན་པོ།（西藏日喀则扎什伦布寺）

e སྔགས་ཀྱི་ཆོ་ག（密宗仪轨）

f 刻本 འབྲས་སྤུངས།（西藏拉萨哲蚌寺） དགེ་ཚུལ་བློ་བཟང་ཕུན་ཚོགས།

g 乌金 梵夹装 48×6

h 9 6

i 无 藏纸 黑 完整

j 民族宫目录中为ང函，10叶。

188.39

a 51-39

b གཏོར་མ་བརྒྱ་རྩ་ཆ་ལག་ཚང་བ་ཐམས་ཅད་མཁྱེན་པ་དབེན་ས་པས་མཛད་པ།

一切智温萨巴所作百食子神馐供法

c ཆོས་སྨྲ་བའི་བཙུན་པ་བློ་བཟང་ཆོས་ཀྱི་རྒྱལ་མཚན།

d

e གཏོར་ཆོག（神馐仪轨）

f 刻本 འབྲས་སྤུངས།（西藏拉萨哲蚌寺）

g 乌金 梵夹装 50×7

h 6 6

i 无 藏纸 黑 完整

j 民族宫目录中为ང函。

188.40

a 51-40

b བཅོམ་ལྡན་འདས་དཔལ་འཁོར་ལོ་བདེ་མཆོག་ལཱུ་ཧི་པའི་ལུགས་ཀྱི་བསྐྱེད་རིམ།

薄伽梵吉祥胜乐轮·鲁伊巴传规之生起次第修法

c ཆོས་སྨྲ་བའི་བཙུན་པ་བློ་བཟང་ཆོས་ཀྱི་རྒྱལ་མཚན།

d བཀྲ་ཤིས་ལྷུན་པོ།（西藏日喀则扎什伦布寺）

e སྔགས།（密宗）

f 刻本 འབྲས་སྤུངས།（西藏拉萨哲蚌寺）

g 乌金 梵夹装 50×7

h 41 6

i 无 藏纸 黑 完整

j 民族宫目录中为ཁ函。

188.41
a 51-41
b དཔལ་རྡོ་རྗེ་འཇིགས་བྱེད་ཀྱི་སའི་ཆོག་སོགས་ལག་ལེན་སྙིང་པོ་དྲིལ་བ།
吉祥金刚大威德之地仪轨等的实践集
c ཆོས་སྨྲ་བའི་བཙུན་པ་བློ་བཟང་ཆོས་ཀྱི་རྒྱལ་མཚན།
d དགེ་སློང་བློ་བཟང་བསྟན་འཛིན།
e སྔགས་ཀྱི་ཆོ་ག（密宗仪轨）
f 刻本 འབྲས་སྤུངས།（西藏拉萨哲蚌寺） རྗེ་དྲུང་བློ་བཟང་དབང་རྒྱལ།
g 乌金 梵夹装 50×7
h 10 6
i 无 藏纸 黑 完整
j 民族宫目录中无此件。

188.42
a 51-42
b དབང་ཆོག
灌顶仪轨
c དགེ་སློང་བློ་བཟང་ཆོས་ཀྱི་རྒྱལ་མཚན།
d
e སྔགས་ཀྱི་ཆོ་ག（密宗）
f 刻本 འབྲས་སྤུངས།（西藏拉萨哲蚌寺）
g 乌金 梵夹装 49×6
h 10 6
i 无 藏纸 黑 完整
j 民族宫目录中无此件。

188.43
a 51-43

b ཇོ་བོ་འཁྲུང་དཀར་བའི་བསངས་མཆོད་ཤུ་རྣ།

觉窝青噶波之煨桑供法

c པཎ་ཆེན་བློ་བཟང་ཆོས་ཀྱི་རྒྱལ་མཚན།

d ར་སྒྲེང་།（西藏拉萨热振寺）

e ཆོ་ག（仪轨）

f 刻本 འབྲས་སྤུངས།（西藏拉萨哲蚌寺）

g 乌金 梵夹装 47×6
h 3 6
i 无 藏纸 黑 完整
j 民族宫目录中为ང函。

188.44
a 51-44

b དགེ་སློང་བློ་བཟང་ཆོས་ཀྱི་རྒྱལ་མཚན་གྱི་དག་ཐོར་བུ་བ་ལས་སུ་རྣ་པ་བྱ་རྩལ།

比丘洛桑却吉坚赞散集中苏热巴仪轨

c དགེ་སློང་བློ་བཟང་ཆོས་ཀྱི་རྒྱལ་མཚན།

d

e གསུང་ཐོར་བུ།（散集）

f 刻本 འབྲས་སྤུངས།（西藏拉萨哲蚌寺）

g 乌金 梵夹装 48×6
h 2 6
i 无 藏纸 黑 完整
j 民族宫目录中无此件。

188.45
a 51-45

b དགེ་སློང་ཆོས་སྨྲ་བ་བློ་བཟང་ཆོས་ཀྱི་རྒྱལ་མཚན་གྱི་དག་ཐོར་བུ་ཕྱོགས་གཅིག་ཏུ་བསྒྲིགས་པ་ལས་ཆ་བསྒུར་

ཡིད་ལ་འདོད་འཇོ།

说法比丘·洛桑却吉坚赞散集合编中供鲁神神馐次第如意

c བློ་བཟང་ཆོས་ཀྱི་རྒྱལ་མཚན།

d འབྲས་སྤུངས་དགའ་ལྡན་ཕོ་བྲང་།（西藏拉萨哲蚌噶丹颇章）

e ཚ་བསུར།（煨素）

f 刻本 འབྲས་སྤུངས།（西藏拉萨哲蚌寺）

g 乌金 梵夹装 48×6

h 2 6

i 无 藏纸 黑 完整

j 民族宫目录中为ང函，4叶。

188.46

a 51-46

b དཔལ་མགོན་ཞལ་ལ་མཆོད་གཏོར་མདོར་བསྡུས་འབུལ་ཚུལ།

圣主支噶峡达前供神馐略法

c བློ་བཟང་ཆོས་ཀྱི་རྒྱལ་མཚན།

d

e ཆོ་ག（仪轨）

f 刻本 འབྲས་སྤུངས།（西藏拉萨哲蚌寺）

g 乌金 梵夹装 46×6.5

h 5 6

i 无 藏纸 黑 完整

j 民族宫目录中为ང函。

188.47

a 51-47

b སྨན་སྒྲ་བསྡུས་པ།

药师简要

c རྣལ་འབྱོར་པ་བློ་བཟང་ཆོས་ཀྱི་རྒྱལ་མཚན།

d

e སྨན་རྩིས།（藏医历算）

f 刻本 འབྲས་སྤུངས།（西藏拉萨哲蚌寺）

g 乌金 梵夹装 49.5×7.5

h 5 6

i 无 藏纸 黑 完整

j 民族宫目录中无此件。

188.48

a 51-48

b དགེ་ལྡན་བཀའ་བརྒྱུད་རིན་པོ་ཆེའི་ཕྱག་ཆེན་རྩ་བ་རྒྱལ་བའི་གཞུང་ལམ།

甘丹教传大手印根本·佛之正道

c དགེ་སློང་བློ་བཟང་ཆོས་ཀྱི་རྒྱལ་མཚན།

d

e ཕྱག་ཆེན།（大法手印）

f 刻本 འབྲས་སྤུངས།（西藏拉萨哲蚌寺）

g 乌金 梵夹装 48×6

h 5 6

i 无 藏纸 黑 完整

j 民族宫目录中为ང函，6 叶。

188.49

a 51-49

b བྱང་ཆུབ་ལམ་གྱི་རིམ་པའི་ཁྲིད་ཚོགས་སུ་བཅད་པ་ཁྱེར་བདེ་བ་བཞུགས་སོ།།

菩提道次第导引颂易持篇

c དགེ་སློང་བློ་བཟང་ཆོས་ཀྱི་རྒྱལ་མཚན།

d དབེན་ས་ཆོས་ཀྱི་ཕོ་བྲང་།（西藏日喀则温萨寺）

e ལམ་རིམ།（道次第）

f 刻本 འབྲས་སྤུངས།（西藏拉萨哲蚌寺）

g 乌金 梵夹装 48.5×6
h 8 6
i 无 藏纸 黑 完整
j 民族宫目录中为ང函，10 叶。

188.50
a 51-50
b རབ་ཏུ་གནས་པའི་ཆོ་ག་དགེ་ལེགས་ཆར་འབེབས།
开光仪轨实修法·福善海雨降
c ཆོས་སྨྲ་བ་བློ་བཟང་ཆོས་ཀྱི་རྒྱལ་མཚན།

d བཀྲ་ཤིས་ལྷུན་པོ།（西藏日喀则扎什伦布寺）

e ཆོ་ག（仪轨）

f 刻本 འབྲས་སྤུངས།（西藏拉萨哲蚌寺） དགེ་སློང་བློ་བཟང་ཕུན་ཚོགས།

g 乌金 梵夹装 47.5×6
h 25 6
i 无 藏纸 黑 完整
j 民族宫目录中为ང函，31 叶。

188.51
a 51-51
b དཔལ་གསང་བ་འདུས་པའི་དཀྱིལ་འཁོར་གྱི་ལས་ཐིག་དང་ཚོན་དགྱེས་པའི་རིམ་པ་དཀྱིལ་ཆོག་ནས་ཕྱུང་བ།
吉祥密集曼荼罗划线和彩绘过程曼荼罗仪轨分支
c བློ་བཟང་ཆོས་ཀྱི་རྒྱལ་མཚན།

d འབྲས་སྤུངས་དགའ་ལྡན་ཕོ་བྲང་།（西藏拉萨哲蚌噶丹颇章）

e སྔགས་ཀྱི་ཆོ་ག（密宗仪轨）

f 刻本 འབྲས་སྤུངས།（西藏拉萨哲蚌寺）

g 乌金 梵夹装 48×6
h 9 6
i 无 藏纸 黑 完整
j 民族宫目录中无此件。

189
A 3643

B བློ་བཟང་ཆོས་ཀྱི་རྒྱལ་མཚན་གྱི་གསུང་འབུམ།

洛桑却吉坚赞文集

C ཨ།ཐ

D པཎ་ཆེན་སྐུ་ཕྲེང་བཞི་པ་བློ་བཟང་ཆོས་ཀྱི་རྒྱལ་མཚན།

同3628介绍。
E 民族宫目录中无此函。

189.1
a 1-1

b པཎ་ཆེན་ཐམས་ཅད་མཁྱེན་པ་ཆེན་པོའི་གསུང་ཐོར་བུ་ཕྱོགས་གཅིག་ཏུ་བསྒྲིབས་པ་རྣམས་བཞུགས་སོ།།

班禅洛桑却吉坚赞散集

c དགེ་སློང་ཆོས་ཀྱི་རྒྱལ་མཚན།

d བཀྲ་ཤིས་ལྷུན་པོ།（西藏日喀则扎什伦布寺）

e སྣ་ཚོགས།（汇编）

f 刻本 འབྲས་སྤུངས།（西藏拉萨哲蚌寺）

g 乌金 梵夹装 49×6.5
h 369 6

i 无 藏纸 黑 完整

j 民族宫目录中无此件。

190

A 3644 3501

B བློ་བཟང་ཡེ་ཤེས་ཀྱི་གསུང་འབུམ།

洛桑耶喜文集

C ཀ

D པཎ་ཆེན་བློ་བཟང་ཡེ་ཤེས། དགེ་ལུགས། རབ་བྱུང་བཅུ་གཅིག་པའི་ཆུ་མོ་ཡོས་ལོ་༡༦༦༣ལ་ཡབ་ཞབས་དྲུང་བསོད་ནམས་དཔལ་གྲགས་དང་། ཡུམ་ཆོ་བརྟན་བུ་ཁྲིད་གཉིས་ཀྱི་སྲས་སུ་གཙང་ཐོབ་རྒྱལ་དུ་སྐུ་འཁྲུངས། དགུང་ལོ་བཞི་པར་རྒྱལ་བ་ལྔ་པ་ཆེན་པོས་པཎ་ཆེན་སྐུ་ཕྲེང་བཞི་པའི་སྤྲུལ་སྐུར་ངོས་འཛིན་མཛད་དེ་བཀྲ་ལྷུན་གྱི་གསེར་ཁྲིར་མངའ་གསོལ། དགུང་ལོ་བརྒྱད་དང་ཉེ་ཤུ་རྩ་གཉིས་སོ་སོར་རྒྱལ་བ་ལྔ་པ་ཆེན་པོས་དགེ་ཚུལ་གྱི་སྡོམ་པ་བཞེས་པ་དང་། སྔགས་ཆེན་རྡོ་རྗེ་འཛིན་པ་ཀུན་མཆོག་རྒྱལ་མཚན་ལས་བསྙེན་རྫོགས་ཀྱི་སྡོམ་པ་བཞེས། དགུང་ལོ་སོ་ལྔ་དང་ང་བདུན་སོ་སོར་རྒྱལ་བ་ཚངས་དབྱངས་རྒྱ་མཚོ་དང་རྒྱལ་བ་བསྐལ་བཟང་རྒྱ་མཚོར་དགེ་ཚུལ་སློང་གྱི་སྡོམ་པ་ཕུལ། བཀྲ་ལྷུན་གདན་ས་ལོ་དྲུག་ཅུ་རེ་བརྒྱད་བསྐྱངས། རབ་བྱུང་བཅུ་གཉིས་པའི་མེ་སྦྲུལ་ལོ་༡༧༣༧ལ་དགོངས་པ་ཆོས་དབྱིངས་སུ་ཐིམ། ངེད་དཔེ་མཛོད་ཁང་དུ་བཀྲ་ལྷུན་པར་མ་པོད་༤ཀ--ངཨང་རྟགས་༢༩༠༨--༢༩༡༩དང་མི་རིགས་ཕོ་བྲང་ནས་ཕྱིར་འབུལ་ཞུས་པ་པོད་༤ ཀ--ང ཨང་རྟགས་ ༣༦༤༤--༣༦༤༧བཞུགས།

五世班禅洛桑耶喜（1663—1737）：属格鲁派。诞生于后藏，4 岁时被五世达赖认定为四世班禅的转世，在扎什伦布寺坐床。曾为七世达赖授沙弥戒。任扎什伦布寺住持达 68 年之久。向僧俗众生讲经说法，从未间断，并向卫藏各大寺院广做布施，以善事伟业，终其一生。享年 75 岁。其著作在西藏图书馆藏北京民族文化宫图书馆赠送的文集有 4 函，编号为 3644—3647；扎什伦布寺版 4 函，编号在 2908—2919 间。

E 馆藏齐全。

190.1
a 2-1

b པཎ་ཆེན་སྐུ་ཕྲེང་ལྔ་པ་རྗེ་བཙུན་བློ་བཟང་ཡེ་ཤེས་དཔལ་བཟང་པོའི་བཀའ་འབུམ་ཀ་པའི་དཀར་ཆག

班禅·洛桑耶喜文集ཀ函字函目录

c
d

e དཀར་ཆག（目录）

f 刻本 བཀྲ་ཤིས་ལྷུན་པོ།（西藏日喀则扎什伦布寺）

g 乌金 梵夹装 49×7
h 1 6
i 无 藏纸 黑 完整
j 封面钤有“民族文化宫图书馆藏”印。

190.2
a 2-2
b ཤཱཀྱའི་དགེ་སློང་བློ་བཟང་ཡེ་ཤེས་ཀྱི་སྤྱོད་ཚུལ་གསལ་བར་བྱེད་པ་འོད་དཀར་ཅན་གྱི་ཕྲེང་བ་ཞེས་བྱ་བ་བཞུགས།
释迦比丘·洛桑耶喜之自行传记·白光鬘（上）

c དགེ་སློང་བློ་བཟང་ཡེ་ཤེས།

d རྗེ་བཙུན་དམ་པ་བློ་བཟང་བསྟན་པའི་རྒྱལ་མཚན་དང་བ་སོ་སྤྲུལ་སྐུ་བློ་བཟང་དཔལ་ལྡན་སོགས།

e རྣམ་ཐར།（传记）

f 刻本 བཀྲ་ཤིས་ལྷུན་པོ།（西藏日喀则扎什伦布寺）

g 乌金 梵夹装 49×7
h 400 6
i 有 藏纸 黑 完整
j 封面钤有“民族文化宫图书馆藏”印。

191
A 3647 770

B བློ་བཟང་ཡེ་ཤེས་ཀྱི་གསུང་འབུམ།

洛桑耶喜文集

C ང

D པཎ་ཆེན་བློ་བཟང་ཡེ་ཤེས།

同 3644 介绍。

E 此函在民族宫目录中仅一卷，西藏图书馆藏品中多出 2 卷。

191.1

a 3-1

b པཎ་ཆེན་ཐམས་ཅད་མཁྱེན་པ་རྡོ་རྗེ་འཆང་ཆེན་པོ་རྗེ་བཙུན་བློ་བཟང་དཔལ་བཟང་པོ་ལ་དད་ལྡན་རྣམས་

ཀྱིས་སྔ་ཕྱིར་ཞུས་པའི་གསུང་ཐོར་བུ་པ་ཕྱོགས་གཅིག་ཏུ་བསྒྲིབས་པའི་དཀར་ཆག

班禅一切智至尊洛桑耶喜座前诸善信人士前后所求文集合编之目录

c

d

e དཀར་ཆག（目录）

f 刻本

g 乌金 梵夹装 48×7

h 1 6

i 无 藏纸 黑 完整

j 封面钤有“民族文化宫图书馆藏”印；民族宫目录中无此件。

191.2

a 3-2

b རྡོ་རྗེ་འཆང་ཆེན་པོ་པཎ་ཆེན་ཐམས་ཅད་མཁྱེན་པ་བློ་བཟང་ཡེ་ཤེས་དཔལ་བཟང་པོའི་སྐུ་གསུང་ཐུགས་ཀྱི་མཛད་

པ་མ་ལུས་པ་གསལ་བར་བྱེད་པའི་རྣམ་པར་ཐར་པ་འོད་དཀར་ཅན་གྱི་ཕྲེང་བའི་སྨད།

持金刚班禅洛桑耶喜身、语、意之功勋明鉴传记·白光鬘(下)

c དགེ་སློང་བློ་བཟང་དཔལ་ལྡན་ཡེ་ཤེས།

d

e རྣམ་ཐར།(传记)

f 刻本 རྗེ་དྲུང་ཡེ་ཤེས་བསྟན་འགྲུས།

g 乌金 梵夹装 50×7
h 138 6
i 无 藏纸 黑 完整
j 封面钤有“民族文化宫图书馆藏”印；民族宫目录中无此件。

191.3
a 3-3

b ཆོས་སྨྲ་བའི་བཙུན་པ་བློ་བཟང་ཡེ་ཤེས་ཀྱི་ངག་ཐོར་བུ་པ་རྣམས་ཆབས་གཅིག་ཏུ་བསྒྲིགས་པ།

说法大德洛桑耶喜散集合编

c དགེ་སློང་བློ་བཟང་ཡེ་ཤེས།

d

e ཐོར་བུ།(散集)

f 刻本
g 乌金 梵夹装 48.5×7
h 340 6
i 无 藏纸 黑 完整
j 封面钤有“民族文化宫图书馆藏”印。

192
A 3648 668

B དཔལ་ལྡན་ཡེ་ཤེས་ཀྱི་གསུང་འབུམ།

白登耶喜文集

C ཀ

D པཎ་ཆེན་བློ་བཟང་དཔལ་ལྡན་ཡེ་ཤེས།དགེ་ལུགས། རབ་བྱུང་བཅུ་གཉིས་པའི་ས་རྟ་ལོ་༡༧༣༨ལ་ཡབ་ཐང་ལྷ་དང་

ཡུམ་ཉི་ཟླ་དབང་མོ་གཉིས་ཀྱི་སྲས་སུ་གཙང་ཤངས་རྣམ་གླིང་རྫོང་ལོངས་གྲམ་བཀྲ་ཤིས་རྩེ་ཞེས་པའི་ཡུལ་དུ་སྐུ་འཁྲུངས།

རྒྱལ་བ་སྐལ་བཟང་རྒྱ་མཚོས་པཎ་ཆེན་སྐུ་ཕྲེང་ལྔ་པའི་སྤྲུལ་སྐུར་ངོས་འཛིན་མཛད། དགུང་ལོ་བཞི་ལ་ཕེབས་སྐབས་བཀྲ་

ལྷུན་གྱི་གསེར་ཁྲིར་མངའ་གསོལ། དགུང་ལོ་བདུན་པར་རྒྱལ་བ་སྐལ་བཟང་རྒྱ་མཚོའི་དྲུང་ནས་དགེ་ཚུལ་སྡོམ་པ་བཞེས་

པ། དགུང་ལོ་ཉི་ཤུར་ཡོངས་འཛིན་བློ་བཟང་ཆོས་འཕེལ་ལས་བསྙེན་རྫོགས་སྒོམ་པ་བཞེས།ཕྱག་འབྲུག་ལོར་རྒྱལ་བ་བདུན་པའི་ཡང་སྲིད་ངོས་འཛིན་དང་རྒྱུང་སྲིད་རིན་པོ་ཆེའི་དབུ་སྐྲ་གཙུག་ཕུད་བཞེས་ཏེ་མཚན་ལ་བློ་བཟང་བསྐལ་པའི་དབང་ཕྱུག་འཇམ་པའི་རྒྱ་མཚོ་ཞེས་པའི་མཚན་གསོལ། དགུང་ལོ་ཞེ་གཅིག་ལ་མདོ་སྨད་ཁུལ་དུ་ཕེབས་ནས་སྐུ་འབུམ་དང་། ཧོར་ཡུལ་དགོན་སྡེ་ཁག་ལ་སྐྱེ་བོ་ཁྲི་ཁྲག་དུ་མར་མདོ་སྔགས་ཀྱི་ཆོས་ཀྱི་འཁོར་ལོ་རྒྱ་ཆེར་བསྐོར། དགུང་ལོ་ཞེ་གཉིས་པ་ཕག་ལོ་༡༧༥༧ལོ་གོང་མ་ཆན་ལུང་གིས་གདན་དྲངས་ལྟར་རྒྱ་ནག་དུ་ཕེབས། གོང་མར་ཆོས་དང་རྗེས་གནང་མང་པོ་བསྩལ། ཕྱག་ཕྱི་༡༧༨༠ལོར་པེ་ཅིང་ཧོང་སི་ཞེས་པའི་དགོན་པར་སྐུ་གཤེགས། གསུང་རྩོམ་པོད་འབྲིང་དགུ་ཙམ་མཛད། ངེད་དགེ་མཛོད་ཁང་དུ་བཀྲ་ཤིས་ལྷུན་པོར་མ་པོད་༨ཁ--ཅཨང་རྟགས་༢༩༢༠--༢༩༤༩(དང་། མི་རིགས་པོ་བྲང་ནས་ཕྱིར་འབུལ་ཞུས་པའི་གྲས་པོད་ ༩ཀ--ཏ ཨང་རྟགས་ ༣༦༤༨--༣༦༥༦ བཞུགས།

六世班禅白登耶喜（1738—1780）：属格鲁派。诞生于后藏扎西则地区，幼时信佛好施、品行高尚，被达赖喇嘛格桑嘉措认定为五世班禅的转世灵童。1757 年，受比丘戒，为庆祝受戒，向后藏 357 座寺庙、34 座静修院发放布施。向章嘉若白多杰求授大威德灌顶。1765 年，前往拉萨，在大昭寺释迦佛祖座前为达赖喇嘛绛白坚措授沙弥戒，向三大寺，上、下密院，前藏，山南，藏北地区 170 座寺院广放布施、供养，向僧俗大众讲经传法，以满众愿。1779 年，因乾隆皇帝下旨迎请前往北京。途径安多藏区，为塔尔寺及蒙古信众讲经说法。1780 年，在北京圆寂，遗体迎入扎什伦布寺，享年 43 岁。西藏图书馆藏北京民族文化宫图书馆赠送的文集有 9 函，编号为 3648—3656；扎什伦布寺版 8 函；编号在 2920—2949 间。

E 馆藏齐全。

192. 1

a 5-1

b དུས་གསུམ་སངས་རྒྱས་ཀུན་གྱི་བདག་ཉིད་རྗེ་བཙུན་ཐམས་ཅད་མཁྱེན་གཟིགས་ཆེན་པོ་བློ་བཟང་དཔལ་ལྡན་ཡེ་ཤེས་དཔལ་བཟང་པོའི་གསང་རྣམ་གྱི་སྒོ་ནས་གསོལ་བ་འདེབས་ཚུལ།

三世诸佛之主体至尊一切智洛桑白登耶喜前由秘密门而作祈祷之法

c བློ་བཟང་བསྟན་འཛིན་རྒྱལ་མཚན།

d དཀའ་བཅུ་བློ་བཟང་བསྟན་པ།

e གསོལ་འདེབས།（启请文）

f 刻本 བཀྲ་ཤིས་ལྷུན་པོ།（西藏日喀则扎什伦布寺）

g 乌金 梵夹装 50×6.5
h 4 6
i 无 藏纸 黑 完整
j 封面钤有“民族文化宫图书馆藏”印。

192.2
a 5-2

b རྗེ་བླ་མ་སྲིད་ཞིའི་གཙུག་རྒྱན་པཎ་ཆེན་ཐམས་ཅད་མཁྱེན་པ་བློ་བཟང་དཔལ་ལྡན་ཡེ་ཤེས་དཔལ་བཟང་པོའི་ཞལ་སྔ་ནས་རྣམ་པར་ཐར་པའི་ཉི་མའི་འོད་ཟེར།

至尊上师有寂之顶严班禅一切智洛桑白登耶喜传·日之光明

c འཇམ་དབྱངས་བཞད་པ་དཀོན་མཆོག་འཇིགས་མེད་དབང་པོ་སྩལ།

d སྦྲུལ་ལོ་ནས་མེ་རྟ། 蛇年至火马年[1] བཀྲ་ཤིས་ལྷུན་པོ།（西藏日喀则扎什伦布寺）

ཕྱག་མཛོད་ཆེན་པོ་ཇོ་མིན་ཧན་བློ་བཟང་སྦྱིན་པ། ཛ་སག་བླ་མ་བློ་བཟང་མཁས་མཆོག

e རྣམ་ཐར།（传记）

f 刻本 བཀྲ་ཤིས་ལྷུན་པོ།（西藏日喀则扎什伦布寺）

རབ་འབྱམས་པ་འཇིགས་མེད་དཔལ་འབྱོར།

g 乌金 梵夹装 49×7
h 375 6
i 有 藏纸 黑 完整
j 封面钤有“民族文化宫图书馆藏”印。

192.3
a 5-3

b རྗེ་བླ་མ་སྲིད་ཞིའི་གཙུག་རྒྱན་པཎ་ཆེན་ཐམས་ཅད་མཁྱེན་པ་བློ་བཟང་དཔལ་ལྡན་ཡེ་ཤེས་དཔལ་བཟང་པོའི་ཞལ་

[1] 与作者生卒年接近的火马年为1726年或1786年，但均不在作者生卒年范围之内。以下同。

ཞལ་ནས་རྣམ་པར་ཐར་བའི་ཉི་མའི་འོད་ཟེར་ཞེས་པའི་སྨད་ཆ།

至尊上师有寂之顶严班禅一切智洛桑白登耶喜传·日之光明下集

c འཇམ་དབྱངས་བཞད་པ་དཀོན་མཆོག་འཇིགས་མེད་དབང་པོ་སྡེ།

d སྦྲུལ་ལོ་ནས་མེ་རྟ། 蛇年至火马年

བཀྲ་ཤིས་ལྷུན་པོ། (西藏日喀则扎什伦布寺)

ཕྱག་མཛོད་ཆེན་པོ་ནོ་མིན་ཧན་བློ་བཟང་སྦྱིན་པ་རྫོང་སག་བླ་མ་བློ་བཟང་མཁས་མཆོག

e རྣམ་ཐར།(传记)

f 刻本 བཀྲ་ཤིས་ལྷུན་པོ། (西藏日喀则扎什伦布寺)

རབ་འབྱམས་པ་འཇིགས་མེད་དཔལ་འབྱོར།

g 乌金 梵夹装 50×7

h 307 6

i 无 藏纸 黑 完整

j 封面钤有“民族文化宫图书馆藏”印。

192.4

a 5-4

b རྗེ་བླ་མ་སྲིད་ཞིའི་གཙུག་རྒྱན་པཎ་ཆེན་ཐམས་ཅད་མཁྱེན་པ་བློ་བཟང་དཔལ་ལྡན་ཡེ་ཤེས་དཔལ་བཟང་པོའི་ཞལ་སྔ་

ནས་རྣམ་པར་ཐར་བའི་ཉི་མའི་འོད་ཟེར་གྱི་ཟུར་འདེབས་ཤེལ་དཀར་མེ་ལོང་།

至尊上师有寂之顶严班禅一切智洛桑白登耶喜传·日之光明附篇·白晶镜

c འཇམ་དབྱངས་བཞད་པ་དཀོན་མཆོག་འཇིགས་མེད་དབང་པོ་སྡེ།

d བཀྲ་ཤིས་ལྷུན་པོ། (西藏日喀则扎什伦布寺)

e རྣམ་ཐར།(传记)

f 刻本 བཀྲ་ཤིས་ལྷུན་པོ། (西藏日喀则扎什伦布寺)

g 乌金 梵夹装 50×7

h 78 6

i 无 藏纸 黑 完整
j 封面钤有“民族文化宫图书馆藏”印。

192.5
a 5-5

b རྒྱལ་བ་མཆོག་གི་བདག་ཉིད་གང་དེའི་སྐུ་གདུང་རིན་པོ་ཆེའི་ཡིད་བཞིན་ནོར་བུ་སྙིང་པོར་བཞུགས་པའི་མཆོད་སྡོང་ཆེན་པོ་རྟེན་དང་བརྟེན་པར་བཅས་པའི་དཀར་ཆག་ངོ་མཚར་འདབ་སྟོང་འབྱེད་པའི་ཉིན་བྱེད།

最胜主宰之大宝遗体灵塔如意宝装藏供物能依所依等之目录·开希有千叶莲花之日

c བློ་བཟང་འཇམ་དཔལ་རྒྱ་མཚོ།

d གྲུ་འཛིན་གཉིས་པ་པོ་ཏ་ལ།（西藏拉萨布达拉宫）

e དཀར་ཆག(目录)

f 刻本 བཀྲ་ཤིས་ལྷུན་པོ།（西藏日喀则扎什伦布寺） ཁྲུ་བོ་ཨ་ཆེ་མཐུ།

g 乌金 梵夹装 50×7
h 42 6
i 无 藏纸 黑 完整
j 封面钤有“民族文化宫图书馆藏”印。

193
A 3649 669

B དཔལ་ལྡན་ཡེ་ཤེས་ཀྱི་གསུང་འབུམ།

白登耶喜文集

C ཁ

D པཎ་ཆེན་བློ་བཟང་ཡེ་ཤེས།

同 3648 介绍。
E 馆藏齐全。

193.1
a 18-1

b པཎ་ཆེན་དཔལ་ལྡན་ཡེ་ཤེས་ཀྱི་གསུང་འབུམ་ཁ་བའི་དཀར་ཆག

班禅白登耶喜文集ཁ函目录

c ༄༅།།བཀྲ་ཤིས་ལྷུན་པོའི་དགེ་སློང་བློ་བཟང་དཔལ་ལྡན་ཡེ་ཤེས།

d

e དཀར་ཆག(目录)

f 刻本 བཀྲ་ཤིས་ལྷུན་པོ།（西藏日喀则扎什伦布寺）

g 乌金 梵夹装 50×6.5
h 2 6
i 无 藏纸 黑 完整
j 封面钤有“民族文化宫图书馆藏”印。

193.2
a 18-2

b རྗེ་བཙུན་བློ་བཟང་དཔལ་ལྡན་ཡེ་ཤེས་དཔལ་བཟང་པོའི་བརྟན་བཞུགས་རྣམས་ཆབས་གཅིག་ཏུ་བསྒྲིགས་པ།

至尊洛桑白登耶喜长久住世文等合编

c ༄༅།།བཀྲ་ཤིས་ལྷུན་པོའི་དགེ་སློང་བློ་བཟང་དཔལ་ལྡན་ཡེ་ཤེས།

d ཞབས་དྲུང་བསྟན་པ་དར་རྒྱས།

e བརྟན་བཞུགས།(住世文)

f 刻本 བཀྲ་ཤིས་ལྷུན་པོ།（西藏日喀则扎什伦布寺）

g 乌金 梵夹装 50×7
h 41 6
i 有 藏纸 黑 完整
j 封面钤有“民族文化宫图书馆藏”印。

193.3
a 18-3

b བླ་མ་སྣ་ཚོགས་ཀྱི་གསོལ་འདེབས་བརྟན་བཞུགས་སྔོན་ཚིག་འབྲུངས་རབ་བྲིས་ཐང་འབྲི་ཚུལ་བཅས་བཞུགས་སོ།།

诸上师之启请文附加请住世文及本生之画轴画法等

c ཤཱཀྱའི་དགེ་སློང་བློ་བཟང་དཔལ་ལྡན་ཡེ་ཤེས།

d སྔར་ཉག་པ་བློ་བཟང་འཕྲིན་ལས།

e གསོལ་འདེབས་སོགས།(启请文)

f 刻本 བཀྲ་ཤིས་ལྷུན་པོ།（西藏日喀则扎什伦布寺）

g 乌金 梵夹装 50×6.5
h 74 6
i 无 藏纸 黑 完整
j 封面钤有“民族文化宫图书馆藏”印；民族宫目录中为75叶。

193.4
a 18-4

b ཉམས་མགུར་རྣམས་ཕྱོགས་གཅིག་ཏུ་བསྡེབས་པ།

道情歌集合编

c ཤཱཀྱའི་དགེ་སློང་བློ་བཟང་དཔལ་ལྡན་ཡེ་ཤེས།

d རབ་འབྱམས་པ་འཇམ་དབྱངས་བསམ་གྲུབ།

e མགུར་གླུ། (道歌)

f 刻本 བཀྲ་ཤིས་ལྷུན་པོ།（西藏日喀则扎什伦布寺）

g 乌金 梵夹装 50×7
h 3 6
i 无 藏纸 黑 完整
j 封面钤有“民族文化宫图书馆藏”印。

193.5
a 18-5

b བློ་སྦྱོང་ལམ་རིམ་གྱི་སྐོར།

修心道次第法类

c ཤཱཀྱའི་དགེ་སློང་བློ་བཟང་དཔལ་ལྡན་ཡེ་ཤེས།

d

e ལམ་རིམ་བློ་སྦྱོང་། (道次第修心)

f 刻本 བཀྲ་ཤིས་ལྷུན་པོ། （西藏日喀则扎什伦布寺）

g 乌金 梵夹装 49.5×7
h 9 6
i 无 藏纸 黑 完整
j 封面钤有“民族文化宫图书馆藏”印。

193.6
a 18-6

b བྱང་ཆུབ་ལམ་གྱི་རིམ་པའི་དམར་ཁྲིད་གཞན་ཕན་བདུད་རྩིའི་བུམ་པ།

菩提道次第直观教导·利他甘露瓶

c ༄༅།ཀློང་རྒྱལ་བའི་དགེ་སློང་བློ་བཟང་དཔལ་ལྡན་ཡེ་ཤེས།

d ཞབས་དྲུང་བསྐལ་བཟང་དགེ་ལེགས།

e ལམ་རིམ། (道次第)

f 刻本 བཀྲ་ཤིས་ལྷུན་པོ། （西藏日喀则扎什伦布寺）

g 乌金 梵夹装 49.5×7
h 16 6
i 无 藏纸 黑 完整
j 封面钤有“民族文化宫图书馆藏”印。

193.7
a 18-7

b མདོ་སྔགས་ཀྱི་གནད་རྣམས་ལ་དྲིས་པའི་ལན་རྣམས་ཕྱོགས་གཅིག་ཏུ་བསྒྲིབས་པ།

显密诸要义之问答集合编

c ༄༅།ཀློང་རྒྱལ་བའི་དགེ་སློང་བློ་བཟང་དཔལ་ལྡན་ཡེ་ཤེས།

d

e དྲི་བ་དྲིས་ལན། (问答)

f 刻本 བཀྲ་ཤིས་ལྷུན་པོ། （西藏日喀则扎什伦布寺）

g 乌金 梵夹装 49.5×7
h 38 6
i 无 藏纸 黑 完整
j 封面钤有“民族文化宫图书馆藏”印。

193.8
a 18-8

b འདོད་ལྷ་སྣ་ཚོགས་ཀྱི་བསྟོད་ཚོགས་གསོལ་འདེབས་ཀྱི་སྐོར།

各种欲天之赞颂、启请文等类

c ༧ཤཱཀྱའི་དགེ་སློང་བློ་བཟང་དཔལ་ལྡན་ཡེ་ཤེས།

d ཉི་འཁོར་བ་ཡེ་ཤེས་བསྟན་འཛིན།

e བསྟོད་ཚོགས།(赞集)

f 刻本 བཀྲ་ཤིས་ལྷུན་པོ།（西藏日喀则扎什伦布寺）

g 乌金 梵夹装 50×6.5
h 28 6
i 无 藏纸 黑 完整
j 封面钤有“民族文化宫图书馆藏”印。

193.9
a 18-9

b བསླབ་གྲྭ་སྤྱི་དང་དགོན་སྡེ་ཁག་གི་བཅའ་ཡིག་སོགས་ཀྱི་སྐོར།

总学处与寺院之清规制约等类

c ༧ཤཱཀྱའི་དགེ་སློང་བློ་བཟང་དཔལ་ལྡན་ཡེ་ཤེས།

d ཧོར་ཆེན་ཧྲ་ཧླ་མ་ཡེ་ཤེས་འབྱུང་གནས།

e བཅའ་ཡིག(清规戒律)

f 刻本 བཀྲ་ཤིས་ལྷུན་པོ།（西藏日喀则扎什伦布寺）

g 乌金 梵夹装 50×6.5
h 24 6
i 无 藏纸 黑 完整

j 封面钤有“民族文化宫图书馆藏”印。

193.10
a 18-10

b རྟེན་གསར་བཞེངས་ཀྱི་དཀར་ཆག་དང་རྒྱབ་ཡིག་ཞལ་བྱང་སོགས་ཀྱི་སྐོར།

新建佛像经塔之目录与背文标题等类

c ༄༅།བློ་བཟང་...

d

e དཀར་ཆག(目录)

f 刻本 བཀྲ་ཤིས་ལྷུན་པོ།（西藏日喀则扎什伦布寺）

g 乌金 梵夹装 50×6.5
h 40 6
i 无 藏纸 黑 完整
j 封面钤有“民族文化宫图书馆藏”印。

193.11
a 18-11

b འདོད་ལྷ་སྣ་ཚོགས་ལ་བརྟེན་པའི་སྡིག་ལྟུང་བཤགས་བསྡམས་བྱ་ཚུལ།

依诸欲天法门修忏悔罪过之法类

c ༄༅།བློ་བཟང་...

d ཐུགས་རིམ་པ་བློ་བཟང་བསྟན་འཛིན།

e ཆོ་ག(仪轨)

f 刻本 བཀྲ་ཤིས་ལྷུན་པོ།（西藏日喀则扎什伦布寺）

g 乌金 梵夹装 50×6.5
h 7 6
i 无 藏纸 黑 完整
j 封面钤有“民族文化宫图书馆藏”印。

193.12
a 18-12

b ཆབ་ཤོག་སྐོར་བཞུགས་སོ།།

书函类

c ༄༅།བློ་བཟང་དཔལ་ལྡན་ཡེ་ཤེས།

d

e ཆབ་ཤོག(书函类)

f 刻本 བཀྲ་ཤིས་ལྷུན་པོ།（西藏日喀则扎什伦布寺）

g 乌金 梵夹装 50×6.5
h 10 6
i 无 藏纸 黑 完整
j 封面钤有“民族文化宫图书馆藏”印。

193.13
a 18-13

b གནས་བསྟོད་རྣམས་བཞུགས་སོ།།

诸圣地赞

c ༄༅།བློ་བཟང་དཔལ་ལྡན་ཡེ་ཤེས།

d བློ་བཟང་འཇམ་དབྱངས།

e གནས་བསྟོད།(圣地赞)

f 刻本 བཀྲ་ཤིས་ལྷུན་པོ།（西藏日喀则扎什伦布寺）

g 乌金 梵夹装 49×6.5
h 3 6
i 无 藏纸 黑 完整
j 封面钤有“民族文化宫图书馆藏”印。

193.14
a 18-14

b འདོད་ལྷ་སྣ་ཚོགས་ཀྱི་སྒྲུབ་ཐབས་ཀྱི་མཇུག་ཏུ་བྱ་བའི་སྨོན་ལམ་ཤིས་བརྗོད་སོགས་སྨོན་ལམ་གྱི་སྐོར།

诸种欲天修法之结尾应作之愿文、吉祥颂等类

c ༄༅།པཎྜིཏ་ཀཱུ་རི་ཤཱིལ་ལྡན་ཡེ་ཤེས།

c ༄པཎ་ཀུའི་དགེ་སློང་བློ་བཟང་དཔལ་ལྡན་ཡེ་ཤེས།

d དཀའ་བཅུ་མཁས་མཆོག་བཀྲ་ཤིས།

e སྨོན་ལམ།（祈愿）

f 刻本 བཀྲ་ཤིས་ལྷུན་པོ།（西藏日喀则扎什伦布寺）

g 乌金 梵夹装 50×7
h 14 6
i 无 藏纸 黑 完整
j 封面钤有“民族文化宫图书馆藏”印；民族宫目录中为5叶。

193.15
a 18-15

b སྐྱབས་མགོན་རིགས་བརྒྱའི་ཁྱབ་བདག་ཐུབ་པ་རྡོ་རྗེ་འཆང་དང་དབྱེར་མ་མཆིས་པ་རྗེ་བཙུན་བློ་བཟང་དཔལ་ལྡན་ཡེ་

ཤེས་དཔལ་བཟང་པོས་བྱང་ཆུབ་ལམ་གྱི་རིམ་པའི་དམར་ཁྲིད་ཐམས་ཅད་མཁྱེན་པར་བགྲོད་པའི་བདེ་ལམ་སྨྱུར་

ཁྲིད་དུ་མཛད་པ།

与百部遍主能仁金刚持无别之至尊洛桑白登耶喜所著菩提道次第直观教导·趣一切智坦道

c ༄པཎ་ཀུའི་དགེ་སློང་བློ་བཟང་དཔལ་ལྡན་ཡེ་ཤེས།

d མེ་ཕག 火猪年（1767）

e ལམ་རིམ།(道次第)

f 刻本 བཀྲ་ཤིས་ལྷུན་པོ།（西藏日喀则扎什伦布寺） དགེ་ཚུལ་བློ་བཟང་མཁས་མཆོག

g 乌金 梵夹装 50×7
h 37 6
i 无 藏纸 黑 完整
j 封面钤有“民族文化宫图书馆藏”印。

193.16
a 18-16

b གྲུབ་ཆེན་དྲིལ་བུ་ལུགས་ཀྱི་ལུས་དཀྱིལ་གྱི་མངོན་རྟོགས་ཀྱི་ངག་འདོན་བདེ་ཆེན་བདུད་རྩིའི་ཆུ་རྒྱུན།

大成就师枳布传规之身曼荼罗现证法念诵轨·大乐甘露长流

c ༄༅།བློ་བཟང་དཔལ་ལྡན་ཡེ་ཤེས།

d བློ་བཟང་དཔལ་འབར།

e སྔགས།(密宗)

f 刻本 བཀྲ་ཤིས་ལྷུན་པོ།（西藏日喀则扎什伦布寺） དཀའ་ཆེན་བློ་བཟང་ཆོས་འཕེལ།

g 乌金 梵夹装 50×7

h 19 6

i 无 藏纸 黑 完整

j 封面钤有“民族文化宫图书馆藏”印。

193.17

a 18-17

b བཅོམ་ལྡན་འདས་འཇམ་དཔལ་རྡོ་རྗེའི་བདག་མདུན་བུམ་གསུམ་སློབ་མ་སྔ་གོན་དང་བཅས་པ།

薄伽梵文殊金刚之自生起净瓶生法三种及弟子作预行法等

c ༄༅།བློ་བཟང་དཔལ་ལྡན་ཡེ་ཤེས།

d དགེ་སློང་ཡེ་ཤེས་མཐའ་ཡས།

e སྔགས་ཀྱི་ཆོ་ག(密宗仪轨)

f 刻本 བཀྲ་ཤིས་ལྷུན་པོ།（西藏日喀则扎什伦布寺） དཀའ་ཆེན་བློ་བཟང་ཆོས་འཕེལ།

g 乌金 梵夹装 50×7

h 30 6

i 无 藏纸 黑 完整

j 封面钤有“民族文化宫图书馆藏”印。

193.18

a 18-18

b རྟེན་གསུམ་རྣམས་ལ་སྙན་ཤལ་སྤྱན་གཟིགས་ན་བཟའ་སོགས་ཕུལ་བའི་འདོད་གསོལ་གྱི་སྐོར།

佛像经塔等前供耳饰哈达供物衣服等祈愿法类

c ༄༅།།པཎ་ཀྱི་དགེ་སློང་བློ་བཟང་དཔལ་ལྡན་ཡེ་ཤེས།

d ས་བྱི་ལོ། 土鼠年（1768）

e གསོལ་འདེབས།(启请文)

f 刻本 བཀྲ་ཤིས་ལྷུན་པོ།（西藏日喀则扎什伦布寺）

g 乌金 梵夹装 50×6.5

h 15 6

i 有 藏纸 黑 完整

j 封面钤有“民族文化宫图书馆藏”印。

194

A 3650、3646 670

B དཔལ་ལྡན་ཡེ་ཤེས་ཀྱི་གསུང་འབུམ།

白登耶喜文集

C ཀ

D པཎ་ཆེན་བློ་བཟང་ཡེ་ཤེས།

同3648介绍。

E 馆藏齐全。

194.1

a 6-1

b པཎ་ཆེན་དཔལ་ལྡན་ཡེ་ཤེས་ཀྱི་གསུང་འབུམ་ཀ་པའི་དཀར་ཆག

班禅白登耶喜文集ཀ函目录

c དགེ་སློང་བློ་བཟང་དཔལ་ལྡན་ཡེ་ཤེས།

d

e དཀར་ཆག(目录)

f 刻本 བཀྲ་ཤིས་ལྷུན་པོ།（西藏日喀则扎什伦布寺）

g 乌金 梵夹装 49×7
h 1 6
i 无 藏纸 黑 完整
j 封面钤有“民族文化宫图书馆藏”印。

194.2
a 6-2
b རྡོ་རྗེ་འཆང་ཆེན་པོ་པཎ་ཆེན་ཐམས་ཅད་མཁྱེན་པ་བློ་བཟང་ཡེ་ཤེས་དཔལ་བཟང་པོའི་སྐུ་གསུང་ཐུགས་ཀྱི་མཛད་པ་ མ་ལུས་པ་གསལ་བར་བྱེད་པའི་རྣམ་པར་ཐར་པ་འོད་དཀར་ཅན་གྱི་འཕྲེང་བའི་སྨད་ཆ།
大金刚持班禅一切智洛桑耶喜一切身语之事业明显之传记·白光鬘下集
c དགེ་སློང་བློ་བཟང་དཔལ་ལྡན་ཡེ་ཤེས།
d བློ་བཟང་བརྟན་འགྲུས།
e རྣམ་ཐར།(传记)
f 刻本 བཀྲ་ཤིས་ལྷུན་པོ།（西藏日喀则扎什伦布寺） རྗེ་དྲུང་ཡེ་ཤེས་བརྟན་འགྲུས།
g 乌金 梵夹装 50×7
h 138 6
i 有 藏纸 黑 完整
j 封面钤有“民族文化宫图书馆藏”印；民族宫目录中为135叶。

194.3
a 6-3
b དུས་གསུམ་སངས་རྒྱས་ཐམས་ཅད་ཀྱི་ངོ་བོ་རིགས་དང་དཀྱིལ་འཁོར་རྒྱ་མཚོའི་མངའ་བདག་བཀའ་དྲིན་མཚུངས་མེད་རྗེ་བཙུན་ངག་དབང་བྱམས་པ་རིན་པོ་ཆེའི་རྣམ་པར་ཐར་པ་དད་པའི་འདབ་བརྒྱ་བཞད་པར་བྱེད་པའི་ཉི་མ།
一切三世诸佛之种性与曼荼罗海主恩德无比之至尊阿旺绛巴仁波切传·开百叶信莲之日
c དགེ་སློང་བློ་བཟང་དཔལ་ལྡན་ཡེ་ཤེས།
d ཛ་སག་བླ་མ་ཐུའུ་བཀྭན་ཕོ་ཐོག་ཐུ་སོགས།
e རྣམ་ཐར།(传记)

f　刻本　བཀྲ་ཤིས་ལྷུན་པོ།（西藏日喀则扎什伦布寺）

g　乌金　梵夹装　50×7
h　153　6
i　无　藏纸　黑　完整
j　封面钤有“民族文化宫图书馆藏”印。

194.4
a　6-4

b　རིགས་དང་དཀྱིལ་འཁོར་ཀུན་གྱི་བདག་པོ་རྡོ་རྗེ་འཆང་ཆེན་ཁམས་གསུམ་འགྲོ་བའི་བླ་མ་མཆོག་གི་སྐུ་གདུང་ཡིད་བཞིན་གྱི་ནོར་བུ་སྙིང་པོར་བཞུགས་པའི་ལྷར་བཅས་སྐྱེ་དགུའི་མཆོད་སྡོང་ཆེན་པོའི་ཐོག་མཐའ་བར་གསུམ་གྱི་ཆེ་བའི་ཡོན་ཏན་བརྗོད་པར་བྱེད་པའི་གཏམ་རྫུ་འཕྲུལ་འོད་ཟེར་ཕྱོགས་བརྒྱར་འབྱེད་པའི་སྣང་བྱེད།

一切部主与曼荼罗之主大金刚三界众生之最胜上师遗体灵塔如意宝装藏中天等众生应作盛大供养初中后三段宏大功德示说·开诸幻化之光明

c　དགེ་སློང་བློ་བཟང་དཔལ་ལྡན་ཡེ་ཤེས།

d　གསོལ་དཔོན་ངག་དབང་མཁྱེན་བརྩེ་སོགས།

e　བསྟོད་ཚོགས།(赞集)

f　刻本　བཀྲ་ཤིས་ལྷུན་པོ།（西藏日喀则扎什伦布寺）

g　乌金　梵夹装　50×6.5
h　79　6
i　无　藏纸　黑　完整
j　封面钤有“民族文化宫图书馆藏”印。

194.5
a　6-5

b　འཕགས་པ་གནས་བརྟན་བཅུ་དྲུག་གི་རྣམ་ཐར།

圣十六尊者传

c　དགེ་སློང་བློ་བཟང་དཔལ་ལྡན་ཡེ་ཤེས།

d

e རྣམ་ཐར།(传记)

f 刻本 བཀྲ་ཤིས་ལྷུན་པོ།（西藏日喀则扎什伦布寺）

g 乌金 梵夹装 50×7
h 9 6
i 无 藏纸 黑 完整
j 封面钤有“民族文化宫图书馆藏”印。

194.6
a 6-6
b རྗེ་བཙུན་བླ་མ་དམ་པ་མཉམ་མེད་ཤཱཀྱའི་རྒྱལ་པོའི་རང་ལུགས་པ་རྡོ་རྗེ་འཆང་བློ་བཟང་བཟོད་པ་དཔལ་བཟང་པོའི་ ཞལ་སྔ་ནས་ཀྱི་སྐུ་ཆེ་བའི་ཡོན་ཏན་ཆ་ཤས་ཙམ་བརྗོད་པའི་གཏམ་ངོ་མཚར་དཔག་མེད།
至尊上师无等释迦宗规大师金刚持洛桑索巴之伟大功德略说·无量希有语
c དགེ་སློང་བློ་བཟང་དཔལ་ལྡན་ཡེ་ཤེས།

d བློ་བཟང་རིག་གྲོལ།

e བསྟོད་ཚོགས།(赞集)

f 刻本 བཀྲ་ཤིས་ལྷུན་པོ།（西藏日喀则扎什伦布寺）

g 乌金 梵夹装 50×7
h 22 6
i 有 藏纸 黑 完整
j 封面钤有“民族文化宫图书馆藏”印。

195
A 3651 4643

B དཔལ་ལྡན་ཡེ་ཤེས་ཀྱི་གསུང་འབུམ།

白登耶喜文集

C ང

D པཎ་ཆེན་བློ་བཟང་ཡེ་ཤེས།

同 3648 介绍。
E 馆藏齐全。

195.1
a 14-1

b པཎ་ཆེན་དཔལ་ལྡན་ཡེ་ཤེས་ཀྱི་གསུང་འབུམ་ང་བའི་དཀར་ཆག

班禅白登耶喜文集ང函目录

c རྣལ་འབྱོར་པ་བློ་བཟང་དཔལ་ལྡན་ཡེ་ཤེས།

d རྗེ་དྲུང་བློ་བཟང་རྒྱལ་མཚན།

e དཀར་ཆག(目录)

f 刻本 བཀྲ་ཤིས་ལྷུན་པོ།（西藏日喀则扎什伦布寺）

g 乌金 梵夹装 50×7
h 3 6
i 有 藏纸 黑 完整
j 封面钤有“民族文化宫图书馆藏”印。

195.2
a 14-2

b རྗེ་བཙུན་བློ་བཟང་དཔལ་ལྡན་ཡེ་ཤེས་དཔལ་བཟང་པོའི་བླ་མའི་རྣལ་འབྱོར་རྣམས་ཆབས་གཅིག་ཏུ་བསྡེབས་པ།

至尊洛桑白登耶喜所著上师瑜伽合编

c རྣལ་འབྱོར་པ་བློ་བཟང་དཔལ་ལྡན་ཡེ་ཤེས།

d

e བླ་མའི་རྣལ་འབྱོར།(上师瑜伽)

f 刻本 བཀྲ་ཤིས་ལྷུན་པོ།（西藏日喀则扎什伦布寺）

g 乌金 梵夹装 50×7
h 149 6
i 无 藏纸 黑 完整
j 封面钤有“民族文化宫图书馆藏”印。

195.3

a 14-3

b དཔལ་འཁོར་ལོ་སྡོམ་པ་གྲུབ་ཆེན་ལཱུ་ཨི་པའི་ལུགས་ཀྱི་བདག་བསྐྱེད་བསྡུས་པ།

大成就师鲁伊巴传规之吉祥胜乐轮自生略修法

c རྣལ་འབྱོར་བ་བློ་བཟང་དཔལ་ལྡན་ཡེ་ཤེས།

d ནོ་ཡོན་པཎ་ཌི་ཏ་བློ་བཟང་སྦྱིན་པ།

e སྔགས་ཀྱི་ཆོ་ག(密宗仪轨)

f 刻本 བཀྲ་ཤིས་ལྷུན་པོ།（西藏日喀则扎什伦布寺）

དཀའ་བཅུ་ཆོས་མཛད་བློ་བཟང་ཆོས་འཕེལ།

g 乌金 梵夹装 50×7

h 12 6

i 无 藏纸 黑 完整

j 封面钤有“民族文化宫图书馆藏”印。

195.4

a 14-4

b བླ་མ་ཡི་དམ་སངས་རྒྱས་བྱང་སེམས་སོགས་ལ་བསྙེན་པ་བྱ་ཚུལ་གྱི་བསྙེན་ཡིག་གི་སྐོར།

上师本尊诸佛菩萨等前承事作法之承事文类

c རྣལ་འབྱོར་བ་བློ་བཟང་དཔལ་ལྡན་ཡེ་ཤེས།

d དཀའ་བཅུ་ཆོས་མཛད་བློ་བཟང་བཀྲ་ཤིས།

e བསྙེན་ཡིག(念修文)

f 刻本 བཀྲ་ཤིས་ལྷུན་པོ།（西藏日喀则扎什伦布寺）

g 乌金 梵夹装 50×7

h 11 6

i 无 藏纸 黑 完整

j 封面钤有“民族文化宫图书馆藏”印。

195.5

a 14-5

b བླ་མ་སངས་རྒྱས་བྱང་སེམས་སོགས་ལ་བརྟེན་པའི་འཕོ་བའི་སྐོར།

依上师诸佛菩萨等修往生之法类

c རྣལ་འབྱོར་པ་བློ་བཟང་དཔལ་ལྡན་ཡེ་ཤེས།

d གསོལ་དཔོན་ཡེ་ཤེས་བསྟན་འཛིན།

e ཆོ་ག།(仪轨)

f 刻本 བཀྲ་ཤིས་ལྷུན་པོ།(西藏日喀则扎什伦布寺)

g 乌金 梵夹装 49×7

h 6 6

i 无 藏纸 黑 完整

j 封面钤有“民族文化宫图书馆藏”印。

195.6

a 14-6

b འདོད་ལྷ་རྣ་ཚོགས་ཀྱི་སྒྲུབ་ཐབས།

诸欲天之修法

c རྣལ་འབྱོར་པ་བློ་བཟང་དཔལ་ལྡན་ཡེ་ཤེས།

d དགེ་སློང་བློ་བཟང་བསྟན་འཛིན་སོགས།

e སྒྲུབ་ཐབས།(修心法)

f 刻本 བཀྲ་ཤིས་ལྷུན་པོ།(西藏日喀则扎什伦布寺)

g 乌金 梵夹装 49.5×7

h 106 6

i 无 藏纸 黑 完整

j 封面钤有“民族文化宫图书馆藏”印。

195.7

a 14-7

b འཕགས་པ་སྤྱན་རས་གཟིགས་ལ་བརྟེན་པའི་མ་ཎི་རིལ་སྒྲུབ་བྱ་བའི་ཆོ་ག

依圣观世音修制嘛呢丸仪轨

c ནལ་འབྱོར་པ་བློ་བཟང་དཔལ་ལྡན་ཡེ་ཤེས།

d ནང་སོ་བློ་བཟང་ལྷུན་གྲུབ།

e ཆོ་ག(仪轨)

f 刻本 བཀྲ་ཤིས་ལྷུན་པོ།（西藏日喀则扎什伦布寺）

g 乌金 梵夹装 50×7
h 7 6
i 无 藏纸 黑 完整
j 封面钤有“民族文化宫图书馆藏”印。

195.8
a 14-8

b བླ་མ་སངས་རྒྱས་བྱང་སེམས་སོགས་ཀྱི་བྲིས་འབུར་གྱི་སྐུ་སོགས་རྟེན་གསུམ་བཞེངས་ཚུལ་གྱི་སྐོར།

上师、佛、菩萨等之绘画、浮雕像等建造像、经、塔三种之法类

c ནལ་འབྱོར་པ་བློ་བཟང་དཔལ་ལྡན་ཡེ་ཤེས།

d

e བཟོ་རིག(工巧学)

f 刻本 བཀྲ་ཤིས་ལྷུན་པོ།（西藏日喀则扎什伦布寺）

g 乌金 梵夹装 50×7
h 7 6
i 无 藏纸 黑 完整
j 封面钤有“民族文化宫图书馆藏”印。

195.9
a 14-9

b ལྷ་སྣ་ཚོགས་ཀྱི་ལས་བཞིའི་སྦྱིན་སྲེག་གི་ཆོ་ག་བཞུགས་སོ།།

诸本尊之四种事业护摩仪轨

c ནལ་འབྱོར་པ་བློ་བཟང་དཔལ་ལྡན་ཡེ་ཤེས།

d

e ཆོ་ག།(仪轨)

f 刻本 བཀྲ་ཤིས་ལྷུན་པོ།（西藏日喀则扎什伦布寺）

g 乌金 梵夹装 50×7
h 31 6
i 无 藏纸 黑 完整
j 封面钤有“民族文化宫图书馆藏”印。

195.10
a 14-10

b དཔལ་ཡེ་ཤེས་ཀྱི་མགོན་པོ་ཚེ་བདག་ལ་བརྟེན་པའི་ཚེ་དབང་བྱ་ཚུལ་ཟླ་བའི་ཆུ་རྒྱུན།

依吉祥耶喜贡波寿神修长寿灌顶法·月之长流

c རྣལ་འབྱོར་པ་བློ་བཟང་དཔལ་ལྡན་ཡེ་ཤེས།

d དཀའ་བཅུ་བ་ཡེ་ཤེས་བསྟན་འཛིན།

e ཚེ་དབང་།（长寿灌顶）

f 刻本 བཀྲ་ཤིས་ལྷུན་པོ།（西藏日喀则扎什伦布寺）

g 乌金 梵夹装 50×7
h 16 6
i 无 藏纸 黑 完整
j 封面钤有“民族文化宫图书馆藏”印。

195.11
a 14-11

b འཆི་བླུའི་སྐོར་རྣམས་བཞུགས་སོ།།

诸赎死法类

c རྣལ་འབྱོར་པ་བློ་བཟང་དཔལ་ལྡན་ཡེ་ཤེས།

d རབ་འབྱམས་པ་བློ་བཟང་དགེ་ལེགས།

e ཆོ་ག（仪轨）

f　刻本　བཀྲ་ཤིས་ལྷུན་པོ།（西藏日喀则扎什伦布寺）

g　乌金　梵夹装　50×7
h　8　6
i　无　藏纸　黑　完整
j　封面钤有“民族文化宫图书馆藏”印。

195.12
a　14-12

b　ཡུལ་ལྷ་བཞི་བདག་འབྲུངས་ལྷ་སོགས་ལ་མཆོད་གཏོར་འབུལ་ཚུལ་གྱི་སྐོར།

　方神、地神、诞神等前供神馐法类

c　རྣལ་འབྱོར་པ་བློ་བཟང་དཔལ་ལྡན་ཡེ་ཤེས།

d　རྗེ་དྲུང་བློ་བཟང་བསྐལ་བཟང་།

e　ཆ་ག（仪轨）

f　刻本　བཀྲ་ཤིས་ལྷུན་པོ།（西藏日喀则扎什伦布寺）

g　乌金　梵夹装　50×7
h　36　6
i　无　藏纸　黑　完整
j　封面钤有“民族文化宫图书馆藏”印。

195.13
a　14-13

b　དཔལ་གསང་བ་འདུས་པའི་ཚོགས་མཆོད་ལ་སོགས་པ་ཚོགས་མཆོད་ཀྱི་སྐོར་བཞུགས་སོ།།

　吉祥密集之会供等会供法类

c　རྣལ་འབྱོར་པ་བློ་བཟང་དཔལ་ལྡན་ཡེ་ཤེས།

d　 སྔགས་རམས་པ་ངག་དབང་འཇམ་དབྱངས།

e　ཚོགས་མཆོད།（集供）

f　刻本　བཀྲ་ཤིས་ལྷུན་པོ།（西藏日喀则扎什伦布寺）

g　乌金　梵夹装　50×7

h 4 6
i 无 藏纸 黑 完整
j 封面钤有“民族文化宫图书馆藏”印。

195.14
a 14-14
b ཡི་དམ་ཆོས་སྲུང་རྣམས་ལ་བརྟེན་པའི་བཀའ་བསྒོ་བྱེད་ཚུལ་དང་ལྷ་སྲིན་སྡེ་བརྒྱད་ལྷ་སོགས་ལ་ཆབ་ཤོག་བཀའ་བསྒོའི་རིམ་པ་ཕྱོགས་གཅིག་ཏུ་བསྡེབས་པ།
依诸本尊护法作吩咐与法与天龙八部等前行文吩咐次第合编
c རྣལ་འབྱོར་པ་བློ་བཟང་དཔལ་ལྡན་ཡེ་ཤེས།
d མ་ཏི་བ་ཡེ་ཤེས་རྒྱལ་མཚན།
e བཀའ་བསྒོ་བྱེད་ཚུལ།（授命）
f 刻本 བཀྲ་ཤིས་ལྷུན་པོ།（西藏日喀则扎什伦布寺）
g 乌金 梵夹装 50×7
h 14 6
i 有 藏纸 黑 完整
j 封面钤有“民族文化宫图书馆藏”印；民族宫目录中为6叶。

196
A 3652 672
B དཔལ་ལྡན་ཡེ་ཤེས་ཀྱི་གསུང་འབུམ།
白登耶喜文集
C ཙ
D པཎ་ཆེན་བློ་བཟང་ཡེ་ཤེས།
同3648介绍。
E 馆藏齐全。

196.1
a 27-1

b པཎ་ཆེན་དཔལ་ལྡན་ཡེ་ཤེས་ཀྱི་གསུང་འབུམ་ཅ་བའི་དཀར་ཆག

班禅白登耶喜文集ཅ函目录

c ༄཮ཤཱཀྱའི་དགེ་སློང་བློ་བཟང་དཔལ་ལྡན་ཡེ་ཤེས།

d

e དཀར་ཆག（目录）

f 刻本 བཀྲ་ཤིས་ལྷུན་པོ།（西藏日喀则扎什伦布寺）

g 乌金 梵夹装 49×7
h 4 6
i 有 藏纸 黑 完整
j 封面钤有“民族文化宫图书馆藏”印；民族宫目录中为1叶。

196.2
a 27-2

b ཆོས་སྐྱོང་རྣམས་སྒྲུབ་སྐོར་བསྐངས་བསྐུལ་དང་བཅས་པ་བཞུགས་སོ།།

诸护法修法类酬供催劝等法

c ༄཮ཤཱཀྱའི་དགེ་སློང་བློ་བཟང་དཔལ་ལྡན་ཡེ་ཤེས།

d གནས་སྙིང་མཆོད་ཁང་པ་རྣམ་རྒྱལ་འཕྲིན་ལས་དང་བློ་བཟང་བསྟན་པ།

e སྒྲུབ་ཐབས།（修心法）

f 刻本 བཀྲ་ཤིས་ལྷུན་པོ།（西藏日喀则扎什伦布寺）

g 乌金 梵夹装 50×7
h 95 6
i 无 藏纸 黑 完整
j 封面钤有“民族文化宫图书馆藏”印。

196.3
a 27-3

b དཔལ་དུས་ཀྱི་འཁོར་ལོའི་སྐུ་གསུང་ཐུགས་ཡོངས་རྫོགས་བསྒྲུབ་པའི་ཐབས་དངོས་གྲུབ་བདུད་རྩིའི་འབྱུང་གནས།

吉祥时轮之身语意圆满修法·悉地甘露之源

c　༄ཤཱཀྱའི་དགེ་སློང་བློ་བཟང་དཔལ་ལྡན་ཡེ་ཤེས། མིང་གཞན་དོན་ཡོད་རྡོ་རྗེ།

d　དགུང་ལོ་སོ་ལྔ་བ་སྦྲུལ་ལོ། 三十五岁蛇年（1773）　མཚོ་སྔོན་ཧུན་དབང་དཀོན་མཆོག་བཀྲ་ཤིས།

e　སྒྲུབ་ཐབས།（修心法）

f　刻本　བཀྲ་ཤིས་ལྷུན་པོ།（西藏日喀则扎什伦布寺）　དགེ་ཚུལ་བློ་བཟང་རིག་གྲོལ།

g　乌金　梵夹装　50×7

h　22　6

i　无　藏纸　黑　完整

j　封面钤有“民族文化宫图书馆藏”印。

196.4

a　27-4

b　བཅོམ་ལྡན་འདས་དཔལ་དགྱེས་པའི་རྡོ་རྗེ་ལྷ་དགུའི་སྒྲུབ་ཐབས་བདུད་རྩིའི་ཆུ་རྒྱུན།

薄伽梵吉祥喜金刚九尊修法·甘露长流

c　༄ཤཱཀྱའི་དགེ་སློང་བློ་བཟང་དཔལ་ལྡན་ཡེ་ཤེས།

d　ཁལ་ཁ་དཀའ་ཆེན་བློ་བཟང་ཚུལ་ཁྲིམས།

e　སྒྲུབ་ཐབས།（修心法）

f　刻本　བཀྲ་ཤིས་ལྷུན་པོ།（西藏日喀则扎什伦布寺）

g　乌金　梵夹装　50×7

h　17　6

i　无　藏纸　黑　完整

j　封面钤有“民族文化宫图书馆藏”印。

196.5

a　27-5

b　དཔལ་གསང་སྔགས་རྒྱུད་པ་གྲྭ་ཚང་གི་གཏོར་བཟོའི་རིམ་པའི་རྣམ་བཤད་མདོར་བསྡུས།

吉祥密宗学院之制造神馐次第略说

c　༄ཤཱཀྱའི་དགེ་སློང་བློ་བཟང་དཔལ་ལྡན་ཡེ་ཤེས།

d བློ་བཟང་བསྟན་འཛིན།

e ཆོ་ག(仪轨)

f 刻本 བཀྲ་ཤིས་ལྷུན་པོ།（西藏日喀则扎什伦布寺）

g 乌金 梵夹装 49.5×7
h 3 6
i 无 藏纸 黑 完整
j 封面钤有“民族文化宫图书馆藏”印。

196.6
a 27-6

b དམིགས་བརྩེ་མའི་ལས་ཚོགས་ཀྱི་ནང་ནས་ཆར་འབེབས་ཀྱི་ལས་ཚོགས་ནག་འགྲོས་སུ་བཀོད་པ།

弥遮玛作业中祈雨作业易修通轨

c ཤཱཀྱའི་དགེ་སློང་བློ་བཟང་དཔལ་ལྡན་ཡེ་ཤེས།

d

e ལས་ཚོགས།(业资)

f 刻本 བཀྲ་ཤིས་ལྷུན་པོ།（西藏日喀则扎什伦布寺）

g 乌金 梵夹装 50×7
h 6 6
i 无 藏纸 黑 完整
j 封面钤有“民族文化宫图书馆藏”印。

196.7
a 27-7

b དམིགས་བརྩེ་མའི་ལས་ཚོགས་ཀྱི་ནང་ནས་སད་སྲུང་གི་ལས་ཚོགས་ནག་འགྲོས་སུ་བཀོད་པ།

弥遮玛作业中防霜冻作业易行通轨

c ཤཱཀྱའི་དགེ་སློང་བློ་བཟང་དཔལ་ལྡན་ཡེ་ཤེས།

d

e ལས་ཚོགས།(业资)

f 刻本 བཀྲ་ཤིས་ལྷུན་པོ། （西藏日喀则扎什伦布寺）

g 乌金 梵夹装 50×7
h 5 6
i 无 藏纸 黑 完整
j 封面钤有“民族文化宫图书馆藏”印。

196.8
a 27-8

b དམིགས་བརྗེ་མའི་ལས་ཚོགས་ཀྱི་ནང་ནས་མཚོན་སྲུང་བའི་བཟའ་ཡིག་ལས་ཚོགས་ནག་འགྲོས་སུ་བཀོད་པ།

弥遮玛作业中防器械杀伤之吞符作业易行通轨

c ༄༅།ཀྱཻའི་དགེ་སློང་བློ་བཟང་དཔལ་ལྡན་ཡེ་ཤེས།

d

e ལས་ཚོགས།（业资）

f 刻本 བཀྲ་ཤིས་ལྷུན་པོ། （西藏日喀则扎什伦布寺）

g 乌金 梵夹装 49×7
h 4 6
i 无 藏纸 黑 完整
j 封面钤有“民族文化宫图书馆藏”印。

196.9
a 27-9

b དམིགས་བརྗེ་མའི་ལས་ཚོགས་ཀྱི་ནང་ནས་མཚོན་སྲུང་འདོགས་པའི་ལས་ཚོགས་ནག་འགྲོས་སུ་བཀོད་པ།

弥遮玛作业中防械杀害佩带作业易行通轨

c ༄༅།ཀྱཻའི་དགེ་སློང་བློ་བཟང་དཔལ་ལྡན་ཡེ་ཤེས།

d

e ལས་ཚོགས།（业资）

f 刻本 བཀྲ་ཤིས་ལྷུན་པོ། （西藏日喀则扎什伦布寺）

g 乌金 梵夹装 49×7
h 5 6
i 无 藏纸 黑 完整

j 封面钤有“民族文化宫图书馆藏”印。

196.10
a 27-10

b དམིགས་བརྩེ་མའི་ལས་ཚོགས་ཀྱི་ནང་ནས་གྲིབ་སྲུང་བའི་ལས་ཚོགས་ནག་འགྲོས་སུ་བཀོད་པ།

弥遮玛作业中防秽障作业易行通轨

c ༄༅།།ཀྲུའི་དགེ་སློང་བློ་བཟང་དཔལ་ལྡན་ཡེ་ཤེས།

d

e ལས་ཚོགས།（业资）

f 刻本 བཀྲ་ཤིས་ལྷུན་པོ།（西藏日喀则扎什伦布寺）

g 乌金 梵夹装 50×7
h 7 6
i 无 藏纸 黑 完整
j 封面钤有“民族文化宫图书馆藏”印。

196.11
a 27-11

b དམིགས་བརྩེ་མའི་ལས་ཚོགས་ཀྱི་ནང་ནས་སྲོག་རླུང་བཅོས་པའི་ཐབས་ཀྱི་ལས་ཚོགས་ནག་འགྲོས་སུ་བཀོད་པ།

弥遮玛作业中治命风法之作业易行通轨

c ༄༅།།ཀྲུའི་དགེ་སློང་བློ་བཟང་དཔལ་ལྡན་ཡེ་ཤེས།

d

e ལས་ཚོགས།（业资）

f 刻本 བཀྲ་ཤིས་ལྷུན་པོ།（西藏日喀则扎什伦布寺）

g 乌金 梵夹装 50×7
h 5 6
i 无 藏纸 黑 完整
j 封面钤有“民族文化宫图书馆藏”印。

196.12
a 27-12

b དམིགས་བརྩེ་མའི་ལས་ཚོགས་ཀྱི་ནང་ནས་རྒྱལ་པོ་གྲི་ཐོགས་ཀྱི་བཟའ་ཡིག་གི་ལས་ཚོགས་ནག་འགྲོས་སུ་བཀོད་པ།

弥遮玛作业中明王持刀之吞符作业易行通轨

c ༄༅།ཤཱཀྱའི་དགེ་སློང་བློ་བཟང་དཔལ་ལྡན་ཡེ་ཤེས།

d

e ལས་ཚོགས།(业资)

f 刻本 བཀྲ་ཤིས་ལྷུན་པོ།（西藏日喀则扎什伦布寺）

g 乌金 梵夹装 50×7
h 5 6
i 无 藏纸 黑 完整
j 封面钤有“民族文化宫图书馆藏”印。

196.13
a 27-13

b དམིགས་བརྩེ་མའི་ལས་ཚོགས་ཀྱི་ནང་ནས་ཇག་འཆིང་གི་ལས་ཚོགས་ནག་འགྲོས་སུ་བཀོད་པ།

弥遮玛作业中缚盗匪作业易行通轨

c ༄༅།ཤཱཀྱའི་དགེ་སློང་བློ་བཟང་དཔལ་ལྡན་ཡེ་ཤེས།

d

e ལས་ཚོགས།(业资)

f 刻本 བཀྲ་ཤིས་ལྷུན་པོ།（西藏日喀则扎什伦布寺）

g 乌金 梵夹装 50×7
h 5 6
i 无 藏纸 黑 完整
j 封面钤有“民族文化宫图书馆藏”印。

196.14
a 27-14

b དམིགས་བརྩེ་མའི་ལས་ཚོགས་ཀྱི་ནང་ནས་ཞིང་གི་རྩ་འདོན་པའི་ལས་ཚོགས་ནག་འགྲོས་སུ་བཀོད་པ།

弥遮玛作业中除田间草作业易行通轨

c ༄༅།ཤཱཀྱའི་དགེ་སློང་བློ་བཟང་དཔལ་ལྡན་ཡེ་ཤེས།

d

e ལས་ཚོགས། (业资)

f 刻本 བཀྲ་ཤིས་ལྷུན་པོ། (西藏日喀则扎什伦布寺)

g 乌金 梵夹装 50×7
h 5 6
i 无 藏纸 黑 完整
j 封面钤有“民族文化宫图书馆藏”印。

196.15
a 27-15

b དམིགས་བརྩེ་མའི་ལས་ཚོགས་ཀྱི་ནང་ནས་ཁ་ཟས་འོང་བར་བྱེད་པའི་མན་ངག་གི་ལས་ཚོགས་ནག་འགྲོས་སུ་བཀོད་པ།

弥遮玛作业中招来食物要诀作业易行通轨

c ༄༅།ཀྱཱའི་དགེ་སློང་བློ་བཟང་དཔལ་ལྡན་ཡེ་ཤེས།

d

e ལས་ཚོགས། (业资)

f 刻本 བཀྲ་ཤིས་ལྷུན་པོ། (西藏日喀则扎什伦布寺)

g 乌金 梵夹装 50×7
h 5 6
i 无 藏纸 黑 完整
j 封面钤有“民族文化宫图书馆藏”印。

196.16
a 27-16

b དམིགས་བརྩེ་མའི་ལས་ཚོགས་ཀྱི་ནང་ནས་རང་གང་དུ་འགྲོ་ཡང་བར་ཆད་སྲུང་ཚུལ་གྱི་ལས་ཚོགས་ནག་འགྲོས་སུ་བཀོད་པ།

弥遮玛作业中随去何方灾害不侵作业易行通轨

c ༄༅།ཀྱཱའི་དགེ་སློང་བློ་བཟང་དཔལ་ལྡན་ཡེ་ཤེས།

d

e ལས་ཚོགས། （业资）

f 刻本 བཀྲ་ཤིས་ལྷུན་པོ། （西藏日喀则扎什伦布寺）

g 乌金 梵夹装 50×7
h 5 6
i 无 藏纸 黑 完整
j 封面钤有“民族文化宫图书馆藏”印。

196.17
a 27-17

b ཁམས་གསུམ་ཆོས་ཀྱི་རྒྱལ་པོ་ཤར་ཙོང་ཁ་པ་བློ་བཟང་གྲགས་པའི་དཔལ་གྱི་གསོལ་འདེབས་དམིགས་བརྩེ་མའི་

ལས་ཚོགས་བཅུ་གཅིག་གི་དོན་ཞིབ་ཏུ་བཤད་པ།

三界法王宗喀巴洛桑扎巴祈祷文、弥遮玛作业十一种之义详解

c ༄ཤཱཀྱའི་དགེ་སློང་བློ་བཟང་དཔལ་ལྡན་ཡེ་ཤེས།

d ཐུགས་རམས་པ་བློ་བཟང་ཚུལ་ཁྲིམས་སོགས།

e གསོལ་འདེབས། （启请文）

f 刻本 བཀྲ་ཤིས་ལྷུན་པོ། （西藏日喀则扎什伦布寺） དགེ་ཚུལ་བློ་བཟང་མཁས་མཆོག

g 乌金 梵夹装 50×7
h 23 6
i 无 藏纸 黑 完整
j 封面钤有“民族文化宫图书馆藏”印。

196.18
a 27-18

b བླ་མའི་རྣལ་འབྱོར་ཆབས་གཅིག་ཏུ་བསྡེབས་པ།

诸上师瑜伽法合编

c ༄ཤཱཀྱའི་དགེ་སློང་བློ་བཟང་དཔལ་ལྡན་ཡེ་ཤེས།

d ཤར་རྩེ་གྲྭ་ཚང་གི་མཁས་མཆོག་ཡོན་ཏན་རྒྱ་མཚོ།

e བླ་མའི་རྣལ་འབྱོར།（上师瑜伽）

f 刻本 བཀྲ་ཤིས་ལྷུན་པོ།（西藏日喀则扎什伦布寺） གསོལ་དཔོན་བློ་བཟང་མཁས་མཆོག

g 乌金 梵夹装 50×7
h 22 6
i 无 藏纸 黑 完整
j 封面钤有“民族文化宫图书馆藏”印。

196.19
a 27-19

b འདོད་ལྷ་སྣ་ཚོགས་ཀྱི་སྒྲུབ་ཐབས།

诸各种欲天之修法

c ལྷཀྲཱུའི་དགེ་སློང་བློ་བཟང་དཔལ་ལྡན་ཡེ་ཤེས།

d

e སྒྲུབ་ཐབས།（修心法）

f 刻本 བཀྲ་ཤིས་ལྷུན་པོ།（西藏日喀则扎什伦布寺）

g 乌金 梵夹装 49.5×7
h 55 6
i 无 藏纸 黑 完整
j 封面钤有“民族文化宫图书馆藏”印。

196.20
a 27-20

b ཆོས་སྐྱོང་སྒྲུབ་སྐོར་རྣམས་ཕྱོགས་གཅིག་ཏུ་བསྒྲིགས་པ།

诸护法修法合编

c ལྷཀྲཱུའི་དགེ་སློང་བློ་བཟང་དཔལ་ལྡན་ཡེ་ཤེས།

d

e སྒྲུབ་ཐབས།（修心法）

f 刻本 བཀྲ་ཤིས་ལྷུན་པོ།（西藏日喀则扎什伦布寺）

g 乌金 梵夹装 49.5×7

h　21　6
i　无　藏纸　黑　完整
j　封面钤有“民族文化宫图书馆藏”印。

196.21
a　27-21
b　རྗེ་རང་ཉིད་ཀྱི་བརྟན་བཞུགས་རྣམས་ཕྱོགས་གཅིག་ཏུ་བསྒྲིགས་པ།
　大师之长久住世诸文合编
c　༄ཤཱཀྱའི་དགེ་སློང་བློ་བཟང་དཔལ་ལྡན་ཡེ་ཤེས།
d　རྗེ་ཡོན་ཏན་རྒྱ་མཚོ།
e　བརྟན་བཞུགས།（住世文）
f　刻本　བཀྲ་ཤིས་ལྷུན་པོ།（西藏日喀则扎什伦布寺）
g　乌金　梵夹装　50×7
h　11　6
i　无　藏纸　黑　完整
j　封面钤有“民族文化宫图书馆藏”印。

196.22
a　27-22
b　བླ་མ་སྣ་ཚོགས་ཀྱི་གསོལ་འདེབས་བརྟན་བཞུགས་སྨོན་ཚིག་གི་སྐོར།
　诸上师之祈祷、长久住世、愿文等类
c　༄ཤཱཀྱའི་དགེ་སློང་བློ་བཟང་དཔལ་ལྡན་ཡེ་ཤེས།
d　དགེ་སློང་བློ་བཟང་ཚུལ་ཁྲིམས།
e　གསོལ་འདེབས།（启请文）
f　刻本　བཀྲ་ཤིས་ལྷུན་པོ།（西藏日喀则扎什伦布寺）
g　乌金　梵夹装　50×7
h　18　6
i　无　藏纸　黑　完整
j　封面钤有“民族文化宫图书馆藏”印。

196.23
a 27-23

b བྱང་ཆུབ་ལམ་གྱི་རིམ་པའི་སྐོར།

菩提道次第诸法类

c ༄༅།ཀུའི་དགེ་སློང་བློ་བཟང་དཔལ་ལྡན་ཡེ་ཤེས།

d རབ་འབྱམས་པ་བློ་བཟང་སྦྱིན་པ།

e ལམ་རིམ། （道次第）

f 刻本 བཀྲ་ཤིས་ལྷུན་པོ། （西藏日喀则扎什伦布寺）

g 乌金 梵夹装 50×7
h 3 6
i 无 藏纸 黑 完整
j 封面钤有“民族文化宫图书馆藏”印。

196.24
a 27-24

b མདོ་སྔགས་ཀྱི་གནད་རྣམས་ལ་དྲིས་པའི་ལན་རྣམས་ཕྱོགས་གཅིག་ཏུ་བསྡེབས་པ།

显密诸要义之问答合编

c ༄༅།ཀུའི་དགེ་སློང་བློ་བཟང་དཔལ་ལྡན་ཡེ་ཤེས།

d

e དྲི་བ་དྲིས་ལན། （问答）

f 刻本 བཀྲ་ཤིས་ལྷུན་པོ། （西藏日喀则扎什伦布寺）

g 乌金 梵夹装 50×7
h 18 6
i 无 藏纸 黑 完整
j 封面钤有“民族文化宫图书馆藏”印。

196.25
a 27-25

b　འདོད་ལྷ་རྣམ་ཚོགས་ཀྱི་བསྟོད་ཚོགས་གསོལ་འདེབས་ཀྱི་སྐོར།

诸欲天之赞颂、祈祷法类

c　༧ཤཱཀྱའི་དགེ་སློང་བློ་བཟང་དཔལ་ལྡན་ཡེ་ཤེས།

d　ཡེ་ཤེས་ཕུན་ཚོགས།

e　བསྟོད་ཚོགས།（赞集）

f　刻本　བཀྲ་ཤིས་ལྷུན་པོ།（西藏日喀则扎什伦布寺）

g　乌金　梵夹装　49.5×7

h　5　6

i　无　藏纸　黑　完整

j　封面钤有“民族文化宫图书馆藏”印。

196.26

a　27-26

b　སྨོན་ལམ་ཤིས་བརྗོད་ཀྱི་སྐོར་རྣམས་བཞུགས་སོ།།

愿文、吉祥颂等类

c　༧ཤཱཀྱའི་དགེ་སློང་བློ་བཟང་དཔལ་ལྡན་ཡེ་ཤེས།

d　དྲུང་རམས་པ་བློ་བཟང་རྣམ་རྒྱལ།

e　གསོལ་འདེབས།（启请文）

f　刻本　བཀྲ་ཤིས་ལྷུན་པོ།（西藏日喀则扎什伦布寺）

g　乌金　梵夹装　50×7

h　7　6

i　无　藏纸　黑　完整

j　封面钤有“民族文化宫图书馆藏”印。

196.27

a　27-27

b　རྟེན་གསར་བཞེངས་ཀྱི་དཀར་ཆག་དང་རྒྱབ་ཡིག་ཞལ་བྱང་སོགས་ཀྱི་སྐོར་རྣམས་བཞུགས་སོ།།

新造佛像经塔之目录与背文标题等类

c ༄༅།ཤཱཀྱའི་དགེ་སློང་བློ་བཟང་དཔལ་ལྡན་ཡེ་ཤེས།

d དགེ་སློང་ངག་དབང་ནམ་མཁའ།

e དཀར་ཆག（目录）

f 刻本 བཀྲ་ཤིས་ལྷུན་པོ།（西藏日喀则扎什伦布寺）

g 乌金 梵夹装 50×7
h 28 6
i 有 藏纸 黑 完整
j 封面钤有“民族文化宫图书馆藏”印。

197
A **3653 673**

B དཔལ་ལྡན་ཡེ་ཤེས་ཀྱི་གསུང་འབུམ།

白登耶喜文集

C ཆ

D པཎ་ཆེན་བློ་བཟང་ཡེ་ཤེས།

同3648介绍。
E 馆藏齐全。

197.1
a 33-1

b པཎ་ཆེན་སྐུ་ཕྲེང་དྲུག་པ་བློ་བཟང་དཔལ་ལྡན་ཡེ་ཤེས་ཀྱི་གསུང་འབུམ་ཆ་པའི་དཀར་ཆག

第六世班禅洛桑白登耶喜文集ཆ函目录

c ༄༅།ཤཱཀྱའི་དགེ་སློང་བློ་བཟང་དཔལ་ལྡན་ཡེ་ཤེས།

d

e དཀར་ཆག（目录）

f 刻本 བཀྲ་ཤིས་ལྷུན་པོ།（西藏日喀则扎什伦布寺）

g 乌金 梵夹装 49×7
h 2 6
i 无 藏纸 黑 完整
j 封面钤有“民族文化宫图书馆藏”印；民族宫目录中为 1 叶。

197.2
a 33-2
b ཇེ་རང་ཉིད་ཀྱི་བརྟན་བཞུགས་རྣམས་བཞུགས་སོ།།
大师之长久住世文等
c ཤཱཀྱའི་དགེ་སློང་བློ་བཟང་དཔལ་ལྡན་ཡེ་ཤེས།
d མཛོད་པ་བཀྲ་ཤིས་ཚེ་རིང་།
e གསོལ་འདེབས།（启请文）
f 刻本 བཀྲ་ཤིས་ལྷུན་པོ།（西藏日喀则扎什伦布寺）
g 乌金 梵夹装 49×7
h 11 6
i 有 藏纸 黑 完整
j 封面钤有“民族文化宫图书馆藏”印。

197.3
a 33-3
b བླ་མའི་རྣལ་འབྱོར་སྐོར་བཞུགས་སོ།།
上师瑜伽法类
c ཤཱཀྱའི་དགེ་སློང་བློ་བཟང་དཔལ་ལྡན་ཡེ་ཤེས།
d དཀའ་བཅུ་བློ་བཟང་བཤེས་གཉེན།
e རྒྱུད་འགྲེལ།（续释）
f 刻本 བཀྲ་ཤིས་ལྷུན་པོ།（西藏日喀则扎什伦布寺）
g 乌金 梵夹装 49×7
h 41 6
i 无 藏纸 黑 完整

j 封面钤有“民族文化宫图书馆藏”印。

197.4

a 33-4

b བླ་མ་སྣ་ཚོགས་ཀྱི་བརྟན་བཞུགས་སྨོན་ཚིག་འཁྲུངས་རབས་བཅས་བཞུགས་སོ༎

诸上师之长久住世文、药师仪轨、本生世系等

c ༄༅ཤཱཀྱའི་དགེ་སློང་བློ་བཟང་དཔལ་ལྡན་ཡེ་ཤེས།

d དར་ཁན་ཐོན་བློ་བཟང་དཔལ་འབྱོར་སོགས།

e འཁྲུངས་རབས་སོགས།(本生传)

f 刻本 བཀྲ་ཤིས་ལྷུན་པོ།（西藏日喀则扎什伦布寺）

g 乌金 梵夹装 50×7

h 22 6

i 无 藏纸 黑 完整

j 封面钤有“民族文化宫图书馆藏”印。

197.5

a 33-5

b འདོད་ལྷ་སྣ་ཚོགས་ཀྱི་སྒྲུབ་ཐབས་བཞུགས་སོ༎

诸欲天修法

c ༄༅ཤཱཀྱའི་དགེ་སློང་བློ་བཟང་དཔལ་ལྡན་ཡེ་ཤེས།

d དགེ་སློང་བློ་བཟང་ཤེས་རབ་སོགས།

e སྒྲུབ་ཐབས།（修心法）

f 刻本 བཀྲ་ཤིས་ལྷུན་པོ།（西藏日喀则扎什伦布寺） གསོལ་དཔོན་བློ་བཟང་མཁས་གྲུབ།

g 乌金 梵夹装 49×7

h 48 6

i 无 藏纸 黑 完整

j 封面钤有“民族文化宫图书馆藏”印。

197.6

a 33-6

b བླ་བརྒྱུད་གསོལ་འདེབས་ཀྱི་སྐོར།

师承祈请法类

c ༄༅།།ཤཱཀྱའི་དགེ་སློང་བློ་བཟང་དཔལ་ལྡན་ཡེ་ཤེས།

d རྗེ་དྲུང་བློ་བཟང་རྒྱ་མཚོ།

e གསོལ་འདེབས།(启请文)

f 刻本 བཀྲ་ཤིས་ལྷུན་པོ།（西藏日喀则扎什伦布寺） གསོལ་དཔོན་བློ་བཟང་མཁས་མཆོག

g 乌金 梵夹装 49×7

h 4 6

i 无 藏纸 黑 完整

j 封面钤有“民族文化宫图书馆藏”印。

197.7

a 33-7

b བཅོམ་ལྡན་འདས་དཔལ་དུས་ཀྱི་འཁོར་ལོའི་སྒྲུབ་ཐབས་རིན་ཆེན་གཏེར་མཛོད།

薄伽梵吉祥时轮略修法·大宝藏

c ༄༅།།ཤཱཀྱའི་དགེ་སློང་བློ་བཟང་དཔལ་ལྡན་ཡེ་ཤེས།

d ཨེར་ཏི་ནི་མིན་ཧན་ཡེ་ཤེས་འཛིགས་མེད་དཔལ་ལྡན་བསྟན་པའི་མགོན་པོ།

e སྒྲུབ་ཐབས།（修心法）

f 刻本 བཀྲ་ཤིས་ལྷུན་པོ།（西藏日喀则扎什伦布寺）

g 乌金 梵夹装 49.5×7

h 11 6

i 无 藏纸 黑 完整

j 封面钤有“民族文化宫图书馆藏”印。

197.8

a 33-8

b བཅོམ་ལྡན་འདས་དཔལ་རྡོ་རྗེ་འཇིགས་བྱེད་ཆེན་པོའི་བསྐྱེད་རིམ་གཞན་ཕན་སྙིང་པོ།

薄伽梵吉祥怖畏金刚生起次第·利他心要

c ༄༅ཤཱཀྱའི་དགེ་སློང་བློ་བཟང་དཔལ་ལྡན་ཡེ་ཤེས།

d དོ་ཤོས་ཨེ་ཕུ་ཕུན་ཚོགས་བཀྲ་ཤིས།

e བསྐྱེད་རིམ།(生起次第)

f 刻本 བཀྲ་ཤིས་ལྷུན་པོ།（西藏日喀则扎什伦布寺）

g 乌金 梵夹装 49.5×7
h 25 6
i 无 藏纸 黑 完整
j 封面钤有“民族文化宫图书馆藏”印。

197.9
a 33-9

b བཅོམ་ལྡན་འདས་དཔལ་རྡོ་རྗེ་འཇིགས་བྱེད་ཆེན་པོའི་རྫོགས་རིམ་གཞན་ཕན་སྙིང་པོ།

薄伽梵吉祥怖畏金刚圆满次第·利他心要

c ༄༅ཤཱཀྱའི་དགེ་སློང་བློ་བཟང་དཔལ་ལྡན་ཡེ་ཤེས།

d དོ་ཤོས་ཨེ་ཕུ་ཕུན་ཚོགས་བཀྲ་ཤིས།

e རྫོགས་རིམ།(圆满次第)

f 刻本 བཀྲ་ཤིས་ལྷུན་པོ།（西藏日喀则扎什伦布寺）

g 乌金 梵夹装 49.5×7
h 7 6
i 无 藏纸 黑 完整
j 封面钤有“民族文化宫图书馆藏”印。

197.10
a 33-10

b བཅོམ་ལྡན་འདས་དཔལ་དུས་ཀྱི་འཁོར་ལོ་སྡོམ་པའི་སྒྲུབ་ཐབས་བསྡུས་པ་ཉམས་སུ་ལེན་པ།

薄伽梵吉祥胜乐轮略修法

c ༄༅ཤཱཀྱའི་དགེ་སློང་བློ་བཟང་དཔལ་ལྡན་ཡེ་ཤེས།

d

e སྒྲུབ་ཐབས།（修心法）

f 刻本 བཀྲ་ཤིས་ལྷུན་པོ།（西藏日喀则扎什伦布寺）

g 乌金 梵夹装 49×7

h 21 6

i 无 藏纸 黑 完整

j 封面钤有“民族文化宫图书馆藏”印。

197.11

a 33-11

b དཔལ་དུས་ཀྱི་འཁོར་ལོ་སྡོམ་པའི་དབང་དོན་ཟབ་གསང་གི་གནས་བསྡུས་པ།

吉祥胜乐轮灌顶秘密深义摄要

c ཤཱཀྱའི་དགེ་སློང་བློ་བཟང་དཔལ་ལྡན་ཡེ་ཤེས།

d དབེན་ས་ཆོས་ཀྱི་ཕོ་བྲང་།（西藏日喀则温萨寺）

དབེན་དགོན་རྡོ་རྗེ་སློབ་དཔོན་དགེ་སློང་ཡེ་ཤེས་བདེ་ལེགས།

e སྔགས།(密宗)

f 刻本 བཀྲ་ཤིས་ལྷུན་པོ།（西藏日喀则扎什伦布寺）

g 乌金 梵夹装 49.5×7

h 5 6

i 无 藏纸 黑 完整

j 封面钤有“民族文化宫图书馆藏”印。

197.12

a 33-12

b བཅོམ་ལྡན་འདས་དཔལ་དུས་ཀྱི་འཁོར་ལོ་སྡོམ་པ་གྲུབ་ཆེན་དྲིལ་བུ་ལུགས་ལྷ་ལྔའི་སྒྲུབ་ཐབས་བདེ་ཆེན་རྒྱ་མཚོ

འཇུག་ངོགས་བླ་བརྒྱུད་དང་བཅས་པ།

薄伽梵吉祥胜乐轮大成就师枳布传规之五尊修法·大乐海门径及师承

c ཤཱཀྱའི་དགེ་སློང་བློ་བཟང་དཔལ་ལྡན་ཡེ་ཤེས།

d

e སྒྲུབ་ཐབས།（修心法）

f 刻本 བཀྲ་ཤིས་ལྷུན་པོ།（西藏日喀则扎什伦布寺）

g 乌金 梵夹装 50×7
h 17 6
i 无 藏纸 黑 完整
j 封面钤有“民族文化宫图书馆藏”印。

197.13
a 33-13

b བཅོམ་ལྡན་འདས་དཔལ་དུས་ཀྱི་འཁོར་ལོ་སྡོམ་པ་གྲུབ་ཆེན་དྲིལ་བུ་ལུགས་ལྷ་ལྔའི་སྒྲུབ་ཐབས་བདེ་ཆེན་རྒྱ་མཚོ་འཇུག་ངོགས་ཞེས་བྱ་བ་ལས་བུམ་པ་དང་མདུན་བསྐྱེད་ཀྱི་ཆོ་ག

薄伽梵吉祥胜乐轮大成就师枳布传规之五尊修法·大乐海门径中羯磨瓶与面前生起仪轨

c ༄།ཤཱཀྱའི་དགེ་སློང་བློ་བཟང་དཔལ་ལྡན་ཡེ་ཤེས།

d

e སྔགས་ཀྱི་ཆོ་ག(密宗仪轨)

f 刻本 བཀྲ་ཤིས་ལྷུན་པོ།（西藏日喀则扎什伦布寺）

g 乌金 梵夹装 49×7
h 8 6
i 无 藏纸 黑 完整
j 封面钤有“民族文化宫图书馆藏”印。

197.14
a 33-14

b བཅོམ་ལྡན་འདས་དཔལ་དུས་ཀྱི་འཁོར་ལོ་སྡོམ་པ་གྲུབ་ཆེན་དྲིལ་བུ་ལུགས་ལྷ་ལྔའི་སྒྲུབ་ཐབས་བདེ་ཆེན་རྒྱ་མཚོ་འཇུག་ངོགས་ཞེས་བྱ་བ་ལས་དཀྱིལ་འཁོར་གྱི་ཆོ་ག

薄伽梵吉祥胜乐轮大成就师传规之五尊修法·大乐海门径中曼荼罗仪轨

c ༄།ཤཱཀྱའི་དགེ་སློང་བློ་བཟང་དཔལ་ལྡན་ཡེ་ཤེས།

d དགེ་སློང་བློ་བཟང་ཚེ་དབང་།

e སྔགས་ཀྱི་ཆོ་ག(密宗仪轨)

f 刻本 བཀྲ་ཤིས་ལྷུན་པོ།（西藏日喀则扎什伦布寺）

g 乌金 梵夹装 49×7
h 18 6
i 无 藏纸 黑 完整
j 封面钤有“民族文化宫图书馆藏”印。

197.15
a 33-15

b རྡོ་རྗེ་དབྱིངས་ཀྱི་དཀྱིལ་འཁོར་ཆེན་པོའི་སྦྱིན་སྲེག་གི་ཆོ་ག་སོགས་སྦྱིན་སྲེག་གི་སྐོར་བཞུགས་སོ།།

金刚界大曼荼罗护摩仪轨等护摩法类

c ༄༅། ཤཱཀྱའི་དགེ་སློང་བློ་བཟང་དཔལ་ལྡན་ཡེ་ཤེས།

d དགེ་སློང་ངག་དབང་ཆོས་འཕེལ།

e སྦྱིན་སྲེག(火供)

f 刻本 བཀྲ་ཤིས་ལྷུན་པོ།（西藏日喀则扎什伦布寺）

g 乌金 梵夹装 49.5×7
h 11 6
i 无 藏纸 黑 完整
j 封面钤有“民族文化宫图书馆藏”印。

197.16
a 33-16

b གསུང་མགུར་བསླབ་བྱའི་སྐོར།

道情歌教训类

c ༄༅། ཤཱཀྱའི་དགེ་སློང་བློ་བཟང་དཔལ་ལྡན་ཡེ་ཤེས།

d རྗེ་དྲུང་བློ་བཟང་ཀུན་མཁྱེན།

e མགུར།(道歌)

f 刻本 བཀྲ་ཤིས་ལྷུན་པོ།（西藏日喀则扎什伦布寺）

g 乌金 梵夹装 49.5×7
h 10 6
i 无 藏纸 黑 完整
j 封面钤有“民族文化宫图书馆藏”印。

197.17
a 33-17

b ཤངས་དགའ་ལྡན་བདེ་ཆེན་རབ་རྒྱས་གླིང་ཆེན་པོའི་གཙུག་ལག་ཁང་རྟེན་དང་བརྟེན་པར་བཅས་པ་གསར་སྐྲུན་

སྐབས་སྐྱབས་མགོན་ཆེན་པོས་མཛད་པའི་དཔལ་རྡོ་རྗེ་འཇིགས་བྱེད་ཀྱི་སྒོ་ནས་རབ་ཏུ་གནས་པའི་ཆོ་ག་མདོར་

བསྡུས་བྱ་ཚུལ།

香甘丹德钦饶杰林寺新建能依所依时大怙主所著之怖畏金刚法门开光略轨

c ༄ཤཱཀྱའི་དགེ་སློང་བློ་བཟང་དཔལ་ལྡན་ཡེ་ཤེས།

d

e ཆོ་ག།(仪轨)

f 刻本 བཀྲ་ཤིས་ལྷུན་པོ།（西藏日喀则扎什伦布寺）

g 乌金 梵夹装 50×7
h 5 6
i 无 藏纸 黑 完整
j 封面钤有“民族文化宫图书馆藏”印。

197.18
a 33-18

b ཆོས་སྐྱོང་སྒྲུབ་སྐོར།

护法修法类

c ༄ཤཱཀྱའི་དགེ་སློང་བློ་བཟང་དཔལ་ལྡན་ཡེ་ཤེས།

d དགེ་སློང་དཀོན་མཆོག་ཆོས་བཟང་།

e སྒྲུབ་ཐབས།（修心法）

f 刻本 བཀྲ་ཤིས་ལྷུན་པོ།（西藏日喀则扎什伦布寺）

g 乌金 梵夹装 49.5×7
h 23 6
i 无 藏纸 黑 完整
j 封面钤有“民族文化宫图书馆藏”印。

197.19
a 33-19

b རྒྱལ་པོ་ཆེན་པོ་རྣམ་ཐོས་སྲས་ཡང་གསང་མདུང་དམར་ཅན་གྱི་སྒྲུབ་ཐབས་ལས་ཚོགས་དང་བཅས་པ།
多闻子大天王极密红缨枪之修法及作业等

c ༄༅།ཀྲུའི་དགེ་སློང་བློ་བཟང་དཔལ་ལྡན་ཡེ་ཤེས།

d ཞབས་དྲུང་ཨེར་ཏེ་ནི་ནོ་མིན་ཁང་།

e ལས་ཚོགས།(业资)

f 刻本 བཀྲ་ཤིས་ལྷུན་པོ།（西藏日喀则扎什伦布寺）

g 乌金 梵夹装 49.5×7
h 11 6
i 无 藏纸 黑 完整
j 封面钤有“民族文化宫图书馆藏”印。

197.20
a 33-20

b ལྷ་མཆོག་སྲིད་གསུམ་གྱི་བདག་པོ་ཚངས་པ་ཆེན་པོ་མཉེས་པར་བྱེད་པའི་མདོས་ཀྱི་ཆོ་ག་དགེ་མཚན་བཞད་པའི་

ཉི་འོད།

三有主大梵天王所喜之灵器供仪轨·丌善祥之日光

c ༄༅།ཀྲུའི་དགེ་སློང་བློ་བཟང་དཔལ་ལྡན་ཡེ་ཤེས།

d

e ཆོ་ག(仪轨)

f 刻本 བཀྲ་ཤིས་ལྷུན་པོ།（西藏日喀则扎什伦布寺）

g 乌金 梵夹装 49.5×7
h 9 6
i 无 藏纸 黑 完整
j 封面钤有“民族文化宫图书馆藏”印。

197.21
a 33-21

b མ་ཅིག་འདོད་པ་ཁམས་ཀྱི་དབང་ཕྱུག་མོ་འདེབས་ཚུལ།

玛吉欲界权财占卜骰法

c ༄༅།ཀྲུའི་དགེ་སློང་བློ་བཟང་དཔལ་ལྡན་ཡེ་ཤེས།

d རྗེ་བཙུན་བློ་བཟང་ཆོས་འཕེལ་དཔལ་བཟང་པོ།

e མོ་མོ་འདེབས་ཚུལ།(占卜骰法)

f 刻本 བཀྲ་ཤིས་ལྷུན་པོ།（西藏日喀则扎什伦布寺）

g 乌金 梵夹装 49×7
h 24 6
i 无 藏纸 黑 完整
j 封面钤有“民族文化宫图书馆藏”印。

197.22
a 33-22

b ཚོགས་མཆོད་སྐོར་བཞུགས་སོ།།

会供法类

c ༄༅།ཀྲུའི་དགེ་སློང་བློ་བཟང་དཔལ་ལྡན་ཡེ་ཤེས།

d མཆོད་དཔོན་པ་བློ་བཟང་འཕྲིན་ལས།

e ཚོགས་མཆོད།(集供)

f 刻本 བཀྲ་ཤིས་ལྷུན་པོ།（西藏日喀则扎什伦布寺）

g 乌金 梵夹装 50×7
h 4 6
i 无 藏纸 黑 完整
j 封面钤有“民族文化宫图书馆藏”印。

197.23
a 33-23

b བསྟོད་ཚོགས་གསོལ་འདེབས་ཀྱི་སྐོར་བཞུགས་སོ།།

赞颂、祈祷法类

c ༄༅། པཎ་ཆེན་ཐམས་ཅད་མཁྱེན་པ་བློ་བཟང་དཔལ་ལྡན་ཡེ་ཤེས།

d

e གསོལ་འདེབས།（启请文）

f 刻本 བཀྲ་ཤིས་ལྷུན་པོ།（西藏日喀则扎什伦布寺）

g 乌金 梵夹装 49×7
h 2 6
i 无 藏纸 黑 完整
j 封面钤有“民族文化宫图书馆藏”印。

197.24
a 33-24

b གནས་བསྟོད་རྣམས་བཞུགས་སོ།།

圣地赞颂类

c ༄༅། པཎ་ཆེན་ཐམས་ཅད་མཁྱེན་པ་བློ་བཟང་དཔལ་ལྡན་ཡེ་ཤེས།

d ཞབས་གྲས་དགེ་སློང་དོན་གྲུབ།

e གནས་བསྟོད།（圣地赞）

f 刻本 བཀྲ་ཤིས་ལྷུན་པོ།（西藏日喀则扎什伦布寺） གསོལ་དཔོན་བློ་བཟང་མཁས་མཆོག

g 乌金 梵夹装 49×7
h 3 6

i 无 藏纸 黑 完整
j 封面钤有“民族文化宫图书馆藏”印。

197.25
a 33-25

b རྟེན་གསུམ་རྣམས་ལ་སྙན་ཤལ་སྤྲུན་རས་གཟིགས་ན་བཟའ་སོགས་ཕུལ་བའི་འདོད་གསོལ་གྱི་སྐོར་རྣམས་བཞུགས་སོ།།

佛像经塔等供耳饰哈达供物衣服等祈愿法类

c ༄༅།ཀུན་ཀྱི་དགེ་སློང་བློ་བཟང་དཔལ་ལྡན་ཡེ་ཤེས།

d

e གསོལ་འདེབས།(启请文)

f 刻本 བཀྲ་ཤིས་ལྷུན་པོ།（西藏日喀则扎什伦布寺）

g 乌金 梵夹装 49.5×7
h 4 6
i 无 藏纸 黑 完整
j 封面钤有“民族文化宫图书馆藏”印。

197.26
a 33-26

b རྗེ་བཙུན་བློ་བཟང་དཔལ་ལྡན་ཡེ་ཤེས་ཀྱི་གསུང་ཐོར་བུ་རྣམས་ཕྱོགས་གཅིག་ཏུ་བསྒྲིགས་པ།

至尊洛桑白登耶喜之诸散集合编

c ༄༅།ཀུན་ཀྱི་དགེ་སློང་བློ་བཟང་དཔལ་ལྡན་ཡེ་ཤེས།

d གྲགས་པ་བཤད་སྒྲུབ།

e གསུང་ཐོར་བུ།(散集)

f 刻本 བཀྲ་ཤིས་ལྷུན་པོ།（西藏日喀则扎什伦布寺）

g 乌金 梵夹装 49.5×7
h 14 6
i 无 藏纸 黑 完整
j 封面钤有“民族文化宫图书馆藏”印。

197.27

a 33-27

b འཕོ་བའི་སྐོར་རྣམས་བཞུགས་སོ།།

往生法类

c ༄།ཀྲུའི་དགེ་སློང་བློ་བཟང་དཔལ་ལྡན་ཡེ་ཤེས།

d

e ཆོ་ག(仪轨)

f 刻本 བཀྲ་ཤིས་ལྷུན་པོ།（西藏日喀则扎什伦布寺）

g 乌金 梵夹装 49×7

h 3 6

i 无 藏纸 黑 完整

j 封面钤有“民族文化宫图书馆藏”印。

197.28

a 33-28

b རྟེན་གསར་བཞེངས་ཀྱི་དཀར་ཆག་རྒྱབ་ཡིག་གི་སྐོར།

新造佛像经塔等之目录、背文等类

c ༄།ཀྲུའི་དགེ་སློང་བློ་བཟང་དཔལ་ལྡན་ཡེ་ཤེས།

d གུ་ཤྲཱི་བློ་བཟང་སྙན་གྲགས།

e དཀར་ཆག(目录)

f 刻本 བཀྲ་ཤིས་ལྷུན་པོ།（西藏日喀则扎什伦布寺）

g 乌金 梵夹装 49×7

h 6 6

i 无 藏纸 黑 完整

j 封面钤有“民族文化宫图书馆藏”印。

197.29

a 33-29

b རྨ་བྱའི་རྒྱལ་པོ་གསེར་དུ་སྣང་བ་ལ་བརྟེན་ནས་དུག་ཞི་བར་བྱེད་པའི་མན་ངག

依孔雀王金光明修解毒之教授

c ༄ཤཱཀྱའི་དགེ་སློང་བློ་བཟང་དཔལ་ལྡན་ཡེ་ཤེས།

d རྗེ་བཙུན་བློ་བཟང་ཆོས་འཕེལ།

e མན་ངག(善言)

f 刻本 བཀྲ་ཤིས་ལྷུན་པོ།（西藏日喀则扎什伦布寺）

g 乌金 梵夹装 49×7

h 2 6

i 无 藏纸 黑 完整

j 封面钤有“民族文化宫图书馆藏”印。

197.30

a 33-30

b འདོད་གསོལ་སྨོན་ལམ་གྱི་སྐོར་རྣམས་ཆབས་གཅིག་ཏུ་བསྡེབས་པ།

祈祷发愿门类合编

c ༄ཤཱཀྱའི་དགེ་སློང་བློ་བཟང་དཔལ་ལྡན་ཡེ་ཤེས།

d ཏྲེ་པོ་ཟུར་དཔོན་སོགས།

e གསོལ་འདེབས།(启请文)

f 刻本 བཀྲ་ཤིས་ལྷུན་པོ།（西藏日喀则扎什伦布寺）

g 乌金 梵夹装 49×7

h 24 6

i 无 藏纸 黑 完整

j 封面钤有“民族文化宫图书馆藏”印。

197.31

a 33-31

b ཆབ་ཤོག་གི་སྐོར།

书札类

c ༄༅།ཀླུ་ཀྱི་དགེ་སློང་བློ་བཟང་དཔལ་ལྡན་ཡེ་ཤེས།

d

e ཆབ་ཤོག(书函)

f 刻本 བཀྲ་ཤིས་ལྷུན་པོ།（西藏日喀则扎什伦布寺）

g 乌金 梵夹装 49×7
h 8 6
i 无 藏纸 黑 完整
j 封面钤有“民族文化宫图书馆藏”印。

197.32
a 33-32

b བཀའ་ཤོག་སྐོར་བཞུགས་སོ།།

公文命令类

c ༄༅།ཀླུ་ཀྱི་དགེ་སློང་བློ་བཟང་དཔལ་ལྡན་ཡེ་ཤེས།

d ལྕགས་སྟག 铁虎年（1770）

e ཆབ་ཤོག(书函)

f 刻本 བཀྲ་ཤིས་ལྷུན་པོ།（西藏日喀则扎什伦布寺）

g 乌金 梵夹装 49.5×7
h 2 6
i 无 藏纸 黑 完整
j 封面钤有“民族文化宫图书馆藏”印。

197.33
a 33-33

b གཞི་བདག་མཆོད་འཕྲིན་རྣམས་བཞུགས་སོ།།

地神供法催动事业等类

c ༄༅།ཀླུ་ཀྱི་དགེ་སློང་བློ་བཟང་དཔལ་ལྡན་ཡེ་ཤེས།

d རྒྱར་ཁམས་ཡེར་དེ་ནི་ཞབས་དྲུང་བློ་བཟང་ཐུབ་བསྟན།

e ཆོ་ག(仪轨)

f 刻本 བཀྲ་ཤིས་ལྷུན་པོ། (西藏日喀则扎什伦布寺)

g 乌金 梵夹装 49.5×7
h 14 6
i 无 藏纸 黑 完整
j 封面钤有"民族文化宫图书馆藏"印。

198
A 3654 674
B དཔལ་ལྡན་ཡེ་ཤེས་ཀྱི་གསུང་འབུམ།
白登耶喜文集
C ཛ
D པཎ་ཆེན་བློ་བཟང་ཡེ་ཤེས།
同3648介绍。
E 馆藏齐全。

198.1
a 23-1
b རྗེ་བཙུན་བློ་བཟང་དཔལ་ལྡན་ཡེ་ཤེས་དཔལ་བཟང་པོའི་གསུང་འབུམ་ཛ་པའི་དཀར་ཆག
至尊洛桑白登耶喜文集ཛ字函目录
c
d
e དཀར་ཆག(目录)

f 刻本 བཀྲ་ཤིས་ལྷུན་པོ། (西藏日喀则扎什伦布寺)

g 乌金 梵夹装 49×7
h 2 5
i 无 藏纸 黑 完整
j 封面钤有"民族文化宫图书馆藏"印。

198.2
a 23-2

b རྗེ་རང་ཉིད་ཀྱི་བརྟན་བཞུགས་རྣམས་བཞུགས་སོ།།

大师之长久住世文等

c དགེ་སློང་བློ་བཟང་དཔལ་ལྡན་ཡེ་ཤེས།

d

e བརྟན་བཞུགས།（住世文）

f 刻本 བཀྲ་ཤིས་ལྷུན་པོ།（西藏日喀则扎什伦布寺） གསོལ་དཔོན་བློ་བཟང་མཁས་མཆོག

g 乌金 梵夹装 49.5×7
h 20 6
i 有 藏纸 黑 完整
j 封面钤有“民族文化宫图书馆藏”印。

198.3
a 23-3

b བཅོམ་ལྡན་འདས་མགོན་པོ་ཚེ་དང་ཡེ་ཤེས་དཔག་ཏུ་མེད་པའི་བསྐྱེད་རྫོགས་ཀྱི་ཁྲིད་སྒོམ་ཚུལ་ཟིན་བྲིས་སུ་བཏབ་པ།

薄伽梵怙主寿智无量之生圆二次教导修法笔录

c བློ་བཟང་དཔལ་ལྡན་བསྟན་པའི་ཡེ་ཤེས།

d སྦྲུལ་ལོ་ས་ཟླ། 蛇年藏历四月

དགའ་ལྡན་བདེ་ཆེན་རབ་རྒྱས་གླིང་།（西藏日喀则噶丹德钦饶杰林）

e སྔགས།（密宗）

f 刻本 བཀྲ་ཤིས་ལྷུན་པོ།（西藏日喀则扎什伦布寺）

g 乌金 梵夹装 50×7
h 8 6
i 无 藏纸 黑 完整
j 封面钤有“民族文化宫图书馆藏”印。

198.4
a 23-4

b ཕན་པ་དང་བདེ་བ་མ་ལུས་པ་འབྱུང་བའི་གནས་དམ་པ་ཆོས་གྲྭ་ཆེན་པོ་དགའ་ལྡན་བདེ་ཆེན་རབ་རྒྱས་གླིང་གི་བཅའ་ཡིག་ཟླ་བའི་ཆུ་རྒྱུན།

一切利乐生源之甘丹德钦饶杰林正法大寺之清规制约·月之长流

c བློ་བཟང་དཔལ་ལྡན་ཡེ་ཤེས།

d ཆུ་ཁམས་སྨིན་གྱི་གླང་པོའི་ལོ། 水牛年[1]

དགའ་ལྡན་བདེ་ཆེན་རབ་རྒྱས་གླིང་།（西藏日喀则甘丹德钦饶杰林）

e བཅའ་ཡིག（清规戒律）

f 刻本 བཀྲ་ཤིས་ལྷུན་པོ།（西藏日喀则扎什伦布寺）

g 乌金 梵夹装 50×7

h 9 7

i 无 藏纸 黑 完整

j 封面钤有“民族文化宫图书馆藏”印。

198.5

a 23-5

b སྨྱུང་གནས་ཀྱི་བླ་མ་བརྒྱུད་པའི་རྣམ་ཐར་མདོར་བསྡུས་ཕན་ཡོན་དང་བཅས་པ།

斋戒之师承史略及其功德等

c དགེ་སློང་བློ་བཟང་དཔལ་ལྡན་ཡེ་ཤེས།

d

e རྣམ་ཐར།（传记）

f 刻本 བཀྲ་ཤིས་ལྷུན་པོ།（西藏日喀则扎什伦布寺）

g 乌金 梵夹装 49.5×7

h 54 6

i 无 藏纸 黑 完整

j 封面钤有“民族文化宫图书馆藏”印。

---

[1] 与作者生卒年接近的水牛年为1733年或1793年，均不在作者生卒年范围之内。

198.6
a 23-6

b བློ་སྦྱོང་ལམ་རིམ་སོགས་ཀྱི་སྐོར།

修心道次第等法类

c དགེ་སློང་བློ་བཟང་དཔལ་ལྡན་ཡེ་ཤེས།

d

e ལམ་རིམ་བློ་སྦྱོང་།（道次第修心）

f 刻本 བཀྲ་ཤིས་ལྷུན་པོ།（西藏日喀则扎什伦布寺）

g 乌金 梵夹装 49×7
h 6 6
i 无 藏纸 黑 完整
j 封面钤有“民族文化宫图书馆藏”印。

198.7
a 23-7

b བླ་མ་རྣམ་ཚོགས་ཀྱི་བརྟན་བཞུགས་གསོལ་འདེབས་ཀྱི་རིམ་པ།

诸上师在长久住世、祈祷次第等

c དགེ་སློང་བློ་བཟང་དཔལ་ལྡན་ཡེ་ཤེས།

d

e གསོལ་འདེབས།（启请文）

f 刻本 བཀྲ་ཤིས་ལྷུན་པོ།（西藏日喀则扎什伦布寺）

g 乌金 梵夹装 49×7
h 32 6
i 无 藏纸 黑 完整
j 封面钤有“民族文化宫图书馆藏”印。

198.8
a 23-8

b གསུང་ལན་ཆབ་ཤོག་གི་སྐོར་རྣམས་བཞུགས་སོ།།

答复书函类

c　དགེ་སློང་བློ་བཟང་དཔལ་ལྡན་ཡེ་ཤེས།

d

e　ཆབ་ཤོག（信札）

f　刻本　བཀྲ་ཤིས་ལྷུན་པོ།（西藏日喀则扎什伦布寺）

g　乌金　梵夹装　49×7
h　6　6
i　无　藏纸　黑　完整
j　封面钤有“民族文化宫图书馆藏”印。

198.9
a　23-9

b　གྲུབ་པའི་གནས་མཆོག་དབེན་ས་ཆོས་ཀྱི་ཕོ་བྲང་གི་གནས་བསྟོད།

修行胜地寂静法宫圣地赞

c　དགེ་སློང་བློ་བཟང་དཔལ་ལྡན་ཡེ་ཤེས།

d

e　གནས་བསྟོད།（圣地赞）

f　刻本　བཀྲ་ཤིས་ལྷུན་པོ།（西藏日喀则扎什伦布寺）

g　乌金　梵夹装　50×7
h　3　7
i　无　藏纸　黑　完整
j　封面钤有“民族文化宫图书馆藏”印。

198.10
a　23-10

b　འདོད་གསོལ་གྱི་སྐོར་རྣམས་ཆབས་གཅིག་ཏུ་བསྡེབས་པ།

祈愿法类合编

c　དགེ་སློང་བློ་བཟང་དཔལ་ལྡན་ཡེ་ཤེས།

d

e　གསོལ་འདེབས།（启请文）

f 刻本 བཀྲ་ཤིས་ལྷུན་པོ། （西藏日喀则扎什伦布寺）

g 乌金 梵夹装 50×7
h 24 7
i 无 藏纸 黑 完整
j 封面钤有“民族文化宫图书馆藏”印。

198.11
a 23-11

b བླ་མའི་རྣལ་འབྱོར་སྐོར།

上师瑜伽法类

c དགེ་སློང་བློ་བཟང་དཔལ་ལྡན་ཡེ་ཤེས།

d

e བླ་མའི་རྣལ་འབྱོར། （上师瑜伽）

f 刻本 བཀྲ་ཤིས་ལྷུན་པོ། （西藏日喀则扎什伦布寺）

g 乌金 梵夹装 49×7
h 25 6
i 无 藏纸 黑 完整
j 封面钤有“民族文化宫图书馆藏”印。

198.12
a 23-12

b ཉམས་མགུར་རྣམས་ཕྱོགས་གཅིག་ཏུ་བསྡེབས་པ།

道情歌合编

c དགེ་སློང་བློ་བཟང་དཔལ་ལྡན་ཡེ་ཤེས།

d

e ཉམས་མགུར། （道歌）

f 刻本 བཀྲ་ཤིས་ལྷུན་པོ། （西藏日喀则扎什伦布寺）

g 乌金 梵夹装 49×7
h 3 6
i 无 藏纸 黑 完整

j　封面钤有“民族文化宫图书馆藏”印。

198.13

a　23-13

b　རྒྱལ་བ་ཀུན་གྱི་བདག་པོ་བཅོམ་ལྡན་འདས་འཇམ་དཔལ་གཤིན་རྗེ་གཤེད་ཀྱི་རིམ་པ་དང་པོའི་མན་ངག་ཚིགས་བཅད་དུ་བསྡེབས་པ་མན་ངག་གི་ལྡེ་མིག

诸佛之主宰薄伽梵文殊阎摩之第一次第教授颂·教授要钥

c　དགེ་སློང་བློ་བཟང་དཔལ་ལྡན་ཡེ་ཤེས།

d　ཤངས་དགའ་ལྡན་བདེ་ཆེན་རབ་རྒྱས་གླིང་།（西藏日喀则香噶丹德钦饶杰林）

e　མན་ངག（善言）

f　刻本　བཀྲ་ཤིས་ལྷུན་པོ།（西藏日喀则扎什伦布寺）

g　乌金　梵夹装　49×7

h　16　6

i　无　藏纸　黑　完整

j　封面钤有“民族文化宫图书馆藏”印。

198.14

a　23-14

b　འདོད་ལྷ་སྣ་ཚོགས་ཀྱི་སྒྲུབ་ཐབས་སྐོར་བཞུགས་སོ།།

诸欲天之修法类

c　དགེ་སློང་བློ་བཟང་དཔལ་ལྡན་ཡེ་ཤེས།

d

e　སྒྲུབ་ཐབས།（修心法）

f　刻本　བཀྲ་ཤིས་ལྷུན་པོ།（西藏日喀则扎什伦布寺）　གསོལ་དཔོན་བློ་བཟང་མཁས་མཆོག

g　乌金　梵夹装　49×7

h　28　6

i　无　藏纸　黑　完整

j　封面钤有“民族文化宫图书馆藏”印。

198.15
a 23-15

b རྣམ་པར་སྣང་མཛད་མངོན་པར་བྱང་ཆུབ་པའི་ཆོ་ག་ཕན་བདེ་ཀུན་འབྱུང་ལས་བདག་བསྐྱེད་བཞུགས་སོ།།

毗卢现证菩提仪轨·利乐普生中自生法

c

d

e ཆོ་ག（仪轨）

f 刻本 བཀྲ་ཤིས་ལྷུན་པོ།（西藏日喀则扎什伦布寺）

g 乌金 梵夹装 49×7
h 18 6
i 无 藏纸 黑 完整
j 封面钤有“民族文化宫图书馆藏”印。

198.16
a 23-16

b རྣམ་པར་སྣང་མཛད་མངོན་པར་བྱང་ཆུབ་པའི་ཆོ་ག་ཕན་བདེ་ཀུན་འབྱུང་ལས་དཀྱིལ་འཁོར་གྱི་ཆོ་ག

毗卢现证菩提仪轨·利乐普生中曼荼罗仪轨

c

d

e ཆོ་ག（仪轨）

f 刻本 བཀྲ་ཤིས་ལྷུན་པོ།（西藏日喀则扎什伦布寺）

g 乌金 梵夹装 49×7
h 23 6
i 无 藏纸 黑 完整
j 封面钤有“民族文化宫图书馆藏”印。

198.17
a 23-17

b རྣམ་པར་སྣང་མཛད་མངོན་པར་བྱང་ཆུབ་པའི་ཆོ་ག་ཕན་བདེ་ཀུན་འབྱུང་ལས་དབང་ཆོག་སྨོན་ལམ་ཤིས་བརྗོད་

དང་བཅས་པ།

毗卢现证菩提仪轨·利乐普生中灌顶仪轨、愿文、吉祥颂等

c　དགེ་སློང་བློ་བཟང་དཔལ་ལྡན་ཡེ་ཤེས།

d　བཀྲས་ལྷུན་གཟིམ་ཆུང་བཀའ་གདམས་ཕོ་བྲང་།（西藏日喀则扎什伦布寺）

e　ཆོ་ག（仪轨）

f　刻本　བཀྲ་ཤིས་ལྷུན་པོ།（西藏日喀则扎什伦布寺）

g　乌金　梵夹装　49×7
h　17　6
i　无　藏纸　黑　完整
j　封面钤有“民族文化宫图书馆藏”印。

198.18
a　23-18

b　ཆོས་སྐྱོང་རྣམས་བསྒྲུབ་ཅིང་མཆོད་གཏོར་འབུལ་བའི་རིམ་པ།

诸护法修法及供神馐次第

c　དགེ་སློང་བློ་བཟང་དཔལ་ལྡན་ཡེ་ཤེས།

d

e　སྒྲུབ་ཐབས།（修心法）

f　刻本　བཀྲ་ཤིས་ལྷུན་པོ།（西藏日喀则扎什伦布寺）

g　乌金　梵夹装　49×7
h　32　6
i　无　藏纸　黑　完整
j　封面钤有“民族文化宫图书馆藏”印。

198.19
a　23-19

b　མཐུ་སྟོབས་ཡོངས་ཀྱི་བདག་པོ་རྒྱལ་བའི་བསྟན་སྲུང་ཀུན་གྱི་རྗེ་བོ་ལྷ་བུར་གྱུར་པ་དཔལ་རྡོ་རྗེ་ནག་པོ་ཆེན་པོ་

གདོང་བཞི་པའི་མཆོད་ཆོག་གི་ལས་རིམ་དངོས་གྲུབ་མྱུར་དུ་འགུགས་པའི་རྡོ་རྗེའི་ལྕགས་ཀྱུ།

全力之主诸护法之王吉祥大黑金刚四面明王之供养仪轨之作业次第·速招悉地之金刚钩

c　དགེ་སློང་བློ་བཟང་དཔལ་ལྡན་ཡེ་ཤེས།

d

e　ཆོ་ག（仪轨）

f　刻本　བཀྲ་ཤིས་ལྷུན་པོ།（西藏日喀则扎什伦布寺）

g　乌金　梵夹装　49×7
h　12　6
i　无　藏纸　黑　完整
j　封面钤有“民族文化宫图书馆藏”印。

198.20
a　23-20

b　ཆོས་སྐྱོང་དྲེགས་པ་ལྕམ་དྲལ་གྱི་མདོས་ཆོག་ཡིད་བཞིན་དབང་རྒྱལ་ཀླུ་དབང་གཙུག་གི་ནོར་བུ།

护法江扎之灵器供轨·如意尊胜鲁王顶宝

c　དགེ་སློང་བློ་བཟང་དཔལ་ལྡན་ཡེ་ཤེས།

d　བཀྲས་ལྷུན་གཟིམ་ཆུང་བཀའ་གདམས་ཕོ་བྲང་།（西藏日喀则扎什伦布寺）

e　མདོས་ཆོག（禳解仪轨）

f　刻本　བཀྲ་ཤིས་ལྷུན་པོ།（西藏日喀则扎什伦布寺）

g　乌金　梵夹装　49×7
h　14　6
i　无　藏纸　黑　完整
j　封面钤有“民族文化宫图书馆藏”印。

198.21
a　23-21

b　རྟེན་གསར་བཞེངས་ཀྱི་དཀར་ཆག་དང་ཐང་སྐུའི་རྒྱབ་ཡིག་སོགས་བཞུགས་སོ།།

新造佛像经塔之目录及画像背文等

c　དགེ་སློང་བློ་བཟང་དཔལ་ལྡན་ཡེ་ཤེས།

d

e དཀར་ཆག(目录)

f 刻本 བཀྲ་ཤིས་ལྷུན་པོ།（西藏日喀则扎什伦布寺）

g 乌金 梵夹装 49×7
h 14 6
i 无 藏纸 黑 完整
j 封面钤有“民族文化宫图书馆藏”印。

198.22
a 23-22

b བཅོམ་ལྡན་འདས་དཔལ་རྡོ་རྗེ་འཇིགས་བྱེད་ལ་བརྟེན་པའི་གཤིན་པོ་རྗེས་འཛིན་གྱི་ཆོ་ག་བདེ་ཆེན་མྱུར་ལམ།

依薄伽梵吉祥怖畏金刚修摄受亡者仪轨·大乐捷径

c དགེ་སློང་བློ་བཟང་དཔལ་ལྡན་ཡེ་ཤེས།

d

e ཆོ་ག(仪轨)

f 刻本 བཀྲ་ཤིས་ལྷུན་པོ།（西藏日喀则扎什伦布寺）

g 乌金 梵夹装 49×7
h 7 6
i 无 藏纸 黑 完整
j 封面钤有“民族文化宫图书馆藏”印。

198.23
a 23-23

b ཡུལ་ལྷ་ཞི་བདག་རྣམས་ལ་མཆོད་གཏོར་འབུལ་ཚུལ་གྱི་རིམ་པ་ཛམས་པའི་གདང་རྒྱངས།

诸方神地神前供神馐次第·扫除凶顽

c དགེ་སློང་བློ་བཟང་དཔལ་ལྡན་ཡེ་ཤེས།

d

e མཆོད་གཏོར།（神馐仪轨）

f 刻本 བཀྲ་ཤིས་ལྷུན་པོ།（西藏日喀则扎什伦布寺）

g 乌金 梵夹装 49×7
h 24 6
i 无 藏纸 黑 完整
j 封面钤有“民族文化宫图书馆藏”印。

199
A 3655 3517
B དཔལ་ལྡན་ཡེ་ཤེས་ཀྱི་གསུང་འབུམ།
白登耶喜文集
C ཉ
D པཎ་ཆེན་བློ་བཟང་ཡེ་ཤེས།
同 3648 介绍。
E 此函民族宫目录著录为 25 卷；西藏图书馆藏品中缺一卷：《瑜伽自在大成就师枳布传规之胜乐轮身曼荼罗中如何灌顶次第·善慧密意庄严》，又一卷在民族宫目录中无。

199.1
a 25-1
b རྗེ་བཙུན་བློ་བཟང་དཔལ་ལྡན་ཡེ་ཤེས་དཔལ་བཟང་པོའི་གསུང་འབུམ་ཉ་པའི་དཀར་ཆག
至尊洛桑白登耶喜文集ཉ字函目录
c
d
e དཀར་ཆག（目录）
f 刻本 བཀྲ་ཤིས་ལྷུན་པོ།（西藏日喀则扎什伦布寺）
g 乌金 梵夹装 50×7.5
h 1 4
i 无 藏纸 黑 完整
j 封面钤有“民族文化宫图书馆藏”印。

199.2
a 25-2

b བླ་མའི་རྣལ་འབྱོར་གྱི་སྐོར་རྣམས་ཆབས་གཅིག་ཏུ་བསྒྲིགས་པ།

诸上师瑜伽法合编

c དགེ་སློང་བློ་བཟང་དཔལ་ལྡན་ཡེ་ཤེས།

d

e བླ་མའི་རྣལ་འབྱོར། （上师瑜伽）

f 刻本 བཀྲ་ཤིས་ལྷུན་པོ། （西藏日喀则扎什伦布寺）

g 乌金 梵夹装 49.5×7
h 10 6
i 有 藏纸 黑 完整
j 封面钤有“民族文化宫图书馆藏”印。

199.3
a 25-3

b བླ་མ་སྣ་ཚོགས་ཀྱི་བརྟན་བཞུགས་སྨོན་ཚིག་འཁྲུངས་རབས་རྣམས་ཕྱོགས་གཅིག་ཏུ་བསྒྲིགས་པ།

诸上师之长久住世文、愿文、本生世系等合编

c དགེ་སློང་བློ་བཟང་དཔལ་ལྡན་ཡེ་ཤེས།

d

e གསོལ་འདེབས། （启请文）

f 刻本 བཀྲ་ཤིས་ལྷུན་པོ། （西藏日喀则扎什伦布寺）

g 乌金 梵夹装 49.5×7.5
h 19 6
i 无 藏纸 黑 完整
j 封面钤有“民族文化宫图书馆藏”印。

199.4
a 25-4

b བཅོམ་ལྡན་འདས་ངན་སོང་ཐམས་ཅད་ཡོངས་སུ་སྦྱོང་བ་གཟི་བརྗིད་ཀྱི་རྒྱལ་པོ་ཀུན་རིག་རྣམ་པར་སྣང་མཛད་

ཀྱི་སྒོ་ ནས་སྦྱིན་སྲེག་བྱེད་ཚུལ།

薄伽梵净治一切恶趣之威慑王遍知法门中息灾护摩修法

c　དགེ་སློང་བློ་བཟང་དཔལ་ལྡན་ཡེ་ཤེས།

d

e　ལས་ཚོགས།（业资）

f　刻本　བཀྲ་ཤིས་ལྷུན་པོ།（西藏日喀则扎什伦布寺）

g　乌金　梵夹装　49×7
h　7　6
i　无　藏纸　黑　完整
j　封面钤有“民族文化宫图书馆藏”印。

199.5
a　25-5

b　ལམ་རིམ་ཟིན་བྲིས།

菩提道次第笔录

c　དགེ་སློང་བློ་བཟང་དཔལ་ལྡན་ཡེ་ཤེས།

d　མེ་བྱ་ལོ།　火鸡年（1777）

e　ལམ་རིམ།（菩提道次第）

f　刻本　བཀྲ་ཤིས་ལྷུན་པོ།（西藏日喀则扎什伦布寺）

སྙོམས་ལས་པ་མི་ཐུང་སྐུ་སྐྱེའི་མིང་ཅན་གྱིས་ཟིན་བྲིས་སུ་བཀོད་པའོ།

g　乌金　梵夹装　49×7
h　39　6
i　无　藏纸　黑　完整
j　封面钤有“民族文化宫图书馆藏”印；民族宫目录中无此件。

199.6
a　25-6

b　མེ་བྱ་ལོ་ཁྱབ་བདག་རྡོ་རྗེ་སེམས་དཔའི་ངོ་བོ་པཎ་ཆེན་ཆོས་ཀྱི་རྒྱལ་པོས་གངས་ཅན་ལྷ་གཅིག་ཕྱག་ན་པདྨོ་

ངུར་སྨྲིག་གར་གྱིས་རྣམ་པར་རོལ་པ་རྒྱལ་བའི་དབང་པོ་ཐམས་ཅད་མཁྱེན་གཟིགས་ཆེན་པོར་བྱང་ཆུབ་བདེ་ལམ་

གྱི་ཁྲིད་ལུང་ལུང་རིགས་ཀྱི་མཐའ་དཔྱོད་དང་བཅས་ཏེ་རྒྱས་པར་སྩལ་སྐབས་གཞུང་གི་ཚིག་ཟིན་ལ་མི་གསལ་བའི་

གསུང་ བཤད་ཕལ་མོ་ཆེའི་ཟིན་བྲིས་བདེ་ལམ་ཡང་གསལ་སྒྲོན་མེ་ཞེས་བྱ་བཞུགས་སོ།།

丁酉年遍主金刚萨埵之体性班禅法王请求藏土唯一尊佛观音化身达赖一切智传赐菩提坦道之教导及一切教理时对论句记忆不清诸节之笔录·坦道明灯

c

d མེ་བྱ་ལོ། 火鸡年（1777）

e ལམ་རིམ།（道次第）

f 刻本 བཀྲ་ཤིས་ལྷུན་པོ།（西藏日喀则扎什伦布寺）

སློབས་ལས་པ་མི་ཐུང་སྐུ་སྐྱེའི་མིང་ཅན་གྱིས་ཟིན་བྲིས་སུ་བཀོད་པའོ།

g 乌金 梵夹装 49×7

h 22 6

i 无 藏纸 黑 完整

j 封面钤有“民族文化宫图书馆藏”印。

199.7

a 25-7

b མེ་ཁྱི་ལོ་ཆོས་གྲྭ་ཆེན་པོ་བཀྲ་ཤིས་ལྷུན་པོར་པཎ་ཆེན་ཆོས་ཀྱི་རྒྱལ་པོ་རྗེ་བཙུན་བློ་བཟང་དཔལ་ལྡན་ཡེ་ཤེས་

དཔལ་བཟང་པོས་སྡེ་སྣོད་འཛིན་པ་གསུམ་སྟོང་ལྷག་ཙམ་ལ་བསྟན་བཅོས་ཚད་མ་རྣམ་འགྲེལ་གྱི་མན་ངག་རྒྱས་

པར་གནང་བ་རྣམས་ཀྱི་སྙིང་པོ་བསྡུས་དོན་ཙམ་ཞིག་ཟིན་བྲིས་སུ་བཀོད་པ་བཞུགས་སོ།།

丙戌年扎什伦布寺中班禅法王洛桑白登耶喜为住持经藏法师约三千余人详讲量释论之教授摄要笔录

c

d མེ་ཁྱི་ལོ། 火狗年（1766）

e ཚད་མ།（因明学）

f 刻本 བཀྲ་ཤིས་ལྷུན་པོ།（西藏日喀则扎什伦布寺）

དགེ་སློང་ཡེ་ཤེས་རྒྱལ་མཚན་གྱིས་ཟིན་བྲིས་སུ་བཀོད།
g 乌金 梵夹装 49×7
h 6 6
i 无 藏纸 黑 完整
j 封面钤有“民族文化宫图书馆藏”印。

199.8
a 25-8
b པཎ་ཆེན་ཆོས་ཀྱི་རྒྱལ་པོ་༧རྗེ་བཙུན་བློ་བཟང་དཔལ་ལྡན་ཡེ་ཤེས་དཔལ་བཟང་པོས་ཆོས་གྲྭ་ཆེན་པོ་བཀྲ་ཤིས་ལྷུན་པོར་བྱང་ཆུབ་ལམ་གྱི་རིམ་པའི་བཀའ་ཁྲིད་སྩལ་སྐབས་ཀྱི་ཟིན་བྲིས་ཙུང་ཟད་བཞུགས་སོ།།
班禅法王至尊洛桑白登耶喜于扎什伦布大寺传赐菩提道次第教导时之简略笔录
c
d
e ལམ་རིམ། （道次第）
f 刻本 བཀྲ་ཤིས་ལྷུན་པོ།（西藏日喀则扎什伦布寺） མི་ཧྲིའི་མིང་ཅན་གྱིས་ཟིན་བྲིས་སུ་བཀོད།
g 乌金 梵夹装 49×7
h 28 6
i 无 藏纸 黑 完整
j 封面钤有“民族文化宫图书馆藏”印。

199.9
a 25-9
b རྡོ་རྗེ་འཆང་ཆེན་པོ་༧པཎ་ཆེན་ཆོས་ཀྱི་རྒྱལ་པོ་རྗེ་བཙུན་བློ་བཟང་དཔལ་ལྡན་ཡེ་ཤེས་དཔལ་བཟང་པོས་ཆོས་གྲྭ་ཆེན་པོ་བཀྲ་ཤིས་ལྷུན་པོའི་ཚོགས་ཆེན་འདུས་སྡེ་ཆེན་པོའི་དབུས་སུ་གཏོར་མ་བརྒྱ་རྩའི་དམར་ཁྲིད་རྒྱས་པར་སྩལ་སྐབས་གསུང་བཤད་པལ་མོ་ཆེའི་ཟིན་བྲིས་སྐལ་ལྡན་སྤྱི་ནོར་ཞེས་བྱ་བ་བཞུགས་སོ།།
大金刚持班禅法王至尊洛桑白灯耶喜于扎什伦布大僧会中传赐百食子神馐供法详讲时之记录·具缘共宝
c
d

e　གཏོར་མ་བརྒྱ་རྩའི་ཁྲིད་ཡིག（神馐导释）

f　刻本　བཀྲ་ཤིས་ལྷུན་པོ།（西藏日喀则扎什伦布寺）　ས་སྐྱའི་མིང་ཅན་གྱིས་ཞེན་ཁྲིས་སུ་བཀོད།

g　乌金　梵夹装　49×7
h　25　6
i　无　藏纸　黑　完整
j　封面钤有“民族文化宫图书馆藏”印。

199.10
a　25-10

b　དཔལ་འཁོར་ལོ་སྡོམ་པ་རྣལ་འབྱོར་གྱི་དབང་ཕྱུག་དྲིལ་བུ་པའི་བཞེད་སྲོལ་རིམ་ལྔའི་དམར་ཁྲིད་ཟུང་འཇུག་ཐེམ་སྐས།

瑜伽自在师枳布传规之胜乐轮五尊直观教导·双运阶梯

c　དགེ་སློང་བློ་བཟང་དཔལ་ལྡན་ཡེ་ཤེས།

d

e　སྔགས།（密宗）

f　刻本　བཀྲ་ཤིས་ལྷུན་པོ།（西藏日喀则扎什伦布寺）

g　乌金　梵夹装　49.5×7
h　11　6
i　无　藏纸　黑　完整
j　封面钤有“民族文化宫图书馆藏”印。

199.11
a　25-11

b　མེ་བྱ་ལོ་རྒྱལ་དབང་མཆོག་ལ་པཎ་ཆེན་ཆོས་ཀྱི་རྒྱལ་པོས་ལམ་རིམ་ཆེན་མོའི་བཤད་ལུང་རྒྱས་པར་གནང་སྐབས་གཞུང་གི་ཚ་ཚིག་ལ་མི་གསལ་བའི་གསུང་བཤད་རྣམས་ཀྱི་ཟིན་བྲིས་ལེགས་བཤད་རྒྱ་མཚོ།

丁酉年佛王座前班禅法王请传菩提道次第广论详讲时本论中不明句释之笔录·嘉言大海

c　དགེ་སློང་བློ་བཟང་དཔལ་ལྡན་ཡེ་ཤེས།

d

e ལམ་རིམ།（道次第）

f 刻本 བཀྲ་ཤིས་ལྷུན་པོ།（西藏日喀则扎什伦布寺）

g 乌金 梵夹装 49×7
h 23 6
i 无 藏纸 黑 完整
j 封面钤有“民族文化宫图书馆藏”印；民族宫目录中为 39 叶。

199.12
a 25-12

b བསྟན་སྲུང་ཡོངས་ཀྱི་རྗེ་བོ་ལྷ་ཆེན་ཆོས་ཀྱི་རྒྱལ་པོ་ནང་སྒྲུབ་ལ་བརྟེན་པའི་གཏོར་ཆེན་བདུད་དཔུང་རབ་འཇོམས།

依一切护法之主曲吉内修法门作修大神馐法·摧尽魔军
c
d

e ཆོས་སྐྱོང་སྒྲུབ་སྐོར།（护神修法）

f 刻本 བཀྲ་ཤིས་ལྷུན་པོ།（西藏日喀则扎什伦布寺）

g 乌金 梵夹装 49×7
h 20 6
i 无 藏纸 黑 完整
j 封面钤有“民族文化宫图书馆藏”印。

199.13
a 25-13

b ཆབ་ཤོག་གི་སྐོར་རྣམས་ཕྱོགས་གཅིག་ཏུ་བསྡེབས་པ།

诸书札类合编

c དགེ་སློང་བློ་བཟང་དཔལ་ལྡན་ཡེ་ཤེས།

d བཀྲ་ཤིས་ལྷུན་པོ།（西藏日喀则扎什伦布寺）

e ཆབ་ཤོག（书函）

f 刻本 བཀྲ་ཤིས་ལྷུན་པོ།（西藏日喀则扎什伦布寺）

g 乌金 梵夹装 49×7

h 6 6
i 无 藏纸 黑 完整
j 封面钤有“民族文化宫图书馆藏”印。

199.14
a 25-14
b གསུང་སྣ་ཚོགས།
诸种法语集
c
d
e གསུང་ཐོར་བུ།（散集）
f 刻本 བཀྲ་ཤིས་ལྷུན་པོ།（西藏日喀则扎什伦布寺）
g 乌金 梵夹装 49×7
h 14 6
i 无 藏纸 黑 完整
j 封面钤有“民族文化宫图书馆藏”印。

199.15
a 25-15
b མདོ་སྔགས་ཀྱི་གནད་རྣམས་ལ་དྲི་བ་ཞུས་པའི་ལན་རྣམས་ཆབས་གཅིག་ཏུ་བསྒྲིགས་པ།
显密诸要之问答合编
c དགེ་སློང་བློ་བཟང་དཔལ་ལྡན་ཡེ་ཤེས།
d
e དྲི་བ་དྲིས་ལན།（问答）
f 刻本 བཀྲ་ཤིས་ལྷུན་པོ།（西藏日喀则扎什伦布寺）
g 乌金 梵夹装 49×7
h 7 6
i 无 藏纸 黑 完整
j 封面钤有“民族文化宫图书馆藏”印。

199.16
a 25-16

b འདོད་གསོལ་སྨོན་ཚིག་གི་སྐོར་ཕྱོགས་གཅིག་ཏུ་བསྒྲིགས་པ།

祈愿、愿文等类合编

c དགེ་སློང་བློ་བཟང་དཔལ་ལྡན་ཡེ་ཤེས།

d

e གསོལ་འདེབས།（启请文）

f 刻本 བཀྲ་ཤིས་ལྷུན་པོ།（西藏日喀则扎什伦布寺）

g 乌金 梵夹装 49×7
h 12 6
i 无 藏纸 黑 完整
j 封面钤有“民族文化宫图书馆藏”印。

199.17
a 25-17

b བཅའ་ཡིག་གི་སྐོར་རྣམས་ཕྱོགས་གཅིག་ཏུ་བསྒྲིགས་པ།

诸清规制约合编

c དགེ་སློང་བློ་བཟང་དཔལ་ལྡན་ཡེ་ཤེས།

d

e བཅའ་ཡིག（清规戒律）

f 刻本 བཀྲ་ཤིས་ལྷུན་པོ།（西藏日喀则扎什伦布寺）

g 乌金 梵夹装 49×7
h 17 6
i 无 藏纸 黑 完整
j 封面钤有“民族文化宫图书馆藏”印。

199.18
a 25-18

b རྟེན་གསར་བཞེངས་ཀྱི་དཀར་ཆག་རྒྱབ་ཡིག་གི་སྐོང་རྣམས།

新造佛像经塔之目录、背文等类

c
d

e དཀར་ཆག（目录）

f 刻本 བཀྲ་ཤིས་ལྷུན་པོ།（西藏日喀则扎什伦布寺）

g 乌金 梵夹装 49×7
h 4 6
i 无 藏纸 黑 完整
j 封面钤有“民族文化宫图书馆藏”印。

199.19
a 25-19

b མ་གཅིག་གྲུབ་པའི་རྒྱལ་མོ་ལུགས་ཀྱི་ཚེ་མཐའ་ཡས་པའི་སྒྲུབ་པ་ལ་བརྟེན་རང་གཞན་གྱི་ཚེ་སྤེལ་བ་དང་། དེའི་སྐད་དུ་རིལ་སྒྲུབ་ཇི་ལྟར་བྱ་བ་བཞུགས་སོ།།

依玛吉贾姆传规之长寿修法·增长自他之寿及为此之故如何修制长寿丸法

c དགེ་སློང་བློ་བཟང་དཔལ་ལྡན་ཡེ་ཤེས།

d

e ཚེ་སྒྲུབ།（长寿修法）

f 刻本 བཀྲ་ཤིས་ལྷུན་པོ།（西藏日喀则扎什伦布寺）

g 乌金 梵夹装 49×7
h 10 6
i 无 藏纸 黑 完整
j 封面钤有“民族文化宫图书馆藏”印。

199.20
a 25-20

b བཅོམ་ལྡན་འདས་མ་གདུགས་དཀར་མོ་ཅན་གྱི་སྒྲུབ་ཐབས་དངོས་གྲུབ་བདུད་རྩིའི་བུམ་བཟང་།

薄伽梵白伞盖佛母修法·悉地甘露妙瓶

c དགེ་སློང་བློ་བཟང་དཔལ་ལྡན་ཡེ་ཤེས།

d གནམ་སྐྱོང་དགུང་ལོ་ཞེ་ལྔ་པ། 皇帝四十五岁（1756 年）

ས་བྲང་ཆེན་པོའི་ཉེ་འདབས་ལྷ་ཁང་སེར་པོ།

e བློ་ཐབས།（修心法）

f 刻本 བཀྲ་ཤིས་ལྷུན་པོ།（西藏日喀则扎什伦布寺）

g 乌金 梵夹装 50×7
h 25 6
i 无 藏纸 黑 完整
j 封面钤有“民族文化宫图书馆藏”印。

199.21
a 25-21

b མཐུ་སྟོབས་ཡོངས་ཀྱི་བདག་པོ་དཔལ་མགོན་ཞལ་བཞི་པར་མཆོད་གཏོར་འབུལ་བའི་རིམ་པ་བདུད་སྡེ་རབ་

འཇོམས།

全力之主四面怙主供神馐次第·摧灭魔军

c དགེ་སློང་བློ་བཟང་དཔལ་ལྡན་ཡེ་ཤེས།

d

e ཆོ་ག（仪轨）

f 刻本 བཀྲ་ཤིས་ལྷུན་པོ།（西藏日喀则扎什伦布寺）

g 乌金 梵夹装 49×7
h 14 6
i 无 藏纸 黑 完整
j 封面钤有“民族文化宫图书馆藏”印。

199.22
a 25-22

b རྡོ་རྗེ་གཡུ་སྒྲོན་མའི་གཏོར་ཆོག

金刚玉准玛天女之供神馐仪轨

c དགེ་སློང་བློ་བཟང་དཔལ་ལྡན་ཡེ་ཤེས།

d

e ཆོ་ག（仪轨）

f 刻本 བཀྲ་ཤིས་ལྷུན་པོ། （西藏日喀则扎什伦布寺）

g 乌金 梵夹装 49×7
h 10 6
i 无 藏纸 黑 完整
j 封面钤有“民族文化宫图书馆藏”印。

199.23
a 25-23

b ཡུལ་ལྷ་ཞི་བདག་རྣམས་ལ་མཆོད་གཏོར་འབུལ་ཚུལ།

方神地神等前神馐供法

c དགེ་སློང་བློ་བཟང་དཔལ་ལྡན་ཡེ་ཤེས།

d

e ཆོ་ག （仪轨）

f 刻本 བཀྲ་ཤིས་ལྷུན་པོ། （西藏日喀则扎什伦布寺）

g 乌金 梵夹装 49×7
h 8 6
i 无 藏纸 黑 完整
j 封面钤有“民族文化宫图书馆藏”印。

199.24
a 25-24

b གྲུབ་པའི་གནས་ཆེན་པོ་ཤམྦྷ་ལའི་རྣམ་བཤད་འཕགས་ཡུལ་གྱི་རྟོགས་བརྗོད་དང་བཅས་པ་ངོ་མཚར་སྐྱེ་བའི་

འབྱུང་གནས།

香拔拉注疏·圣地传记·开希有之源

c དགེ་སློང་བློ་བཟང་དཔལ་ལྡན་ཡེ་ཤེས།

d རྒྱལ་པོ་རྣམ་གནོན་གྱི་དགུང་ལོ་ཞེ་དགུ་པ་མེ་ལུག 皇帝四十九岁铁龙年（1760）

ཆོས་གྲྭ་ཆེན་པོ་བཀྲ་ཤིས་ལྷུན་པོ། （西藏日喀则扎什伦布寺）

e རྟོགས་བརྗོད། （传记）

f 刻本 བཀྲ་ཤིས་ལྷུན་པོ། （西藏日喀则扎什伦布寺）

g 乌金 梵夹装 49×7

h 50 6

i 无 藏纸 黑 完整

j 封面钤有“民族文化宫图书馆藏”印。

199.25

a 25-25

b ཆོས་སྐྱོང་རྣམས་སྒྲུབ་སྐོར་བསྐང་བ་བསྐུལ་བ་དང་བཅས་པ།

诸护法之修法、酬补、催动事业

c དགེ་སློང་བློ་བཟང་དཔལ་ལྡན་ཡེ་ཤེས།

d

e སྒྲུབ་ཐབས་སོགས། （修心法）

f 刻本 བཀྲ་ཤིས་ལྷུན་པོ། （西藏日喀则扎什伦布寺）

g 乌金 梵夹装 49×7

h 8 6

i 有 藏纸 黑 完整

j 封面钤有“民族文化宫图书馆藏”印。

200

A 3656 676

B དཔལ་ལྡན་ཡེ་ཤེས་ཀྱི་གསུང་འབུམ།

白登耶喜文集

C ཏ

D པཎ་ཆེན་བློ་བཟང་ཡེ་ཤེས།

同 3648 介绍。

E 馆藏齐全。

200.1

a 14 1

b གསུང་གཏུམ་བཀའ་རྒྱ་མ་རྣམས་ཀྱི་དཀར་ཆག་ཆབས་གཅིག་ཏུ་བསྡེབས་པ་བཞུགས།

诸密语集之目录合编

c

d

e དཀར་ཆག（目录）

f 刻本 བཀྲ་ཤིས་ལྷུན་པོ།（西藏日喀则扎什伦布寺）

g 乌金 梵夹装 50×7

h 2 6

i 无 藏纸 黑 完整

j 封面钤有“民族文化宫图书馆藏”印。

200.2

a 14-2

b མགོན་དཀར་འགྲེལ་པ་བཀའ་རྒྱ་མ་བཞུགས་པ་འདི་བཀླག་པའི་དུས་སུ་མགོན་པོ་དང་གནོད་སྦྱིན་ཀྵ་ཏྲ་པཱ་ལ་དང་

འཁོར་བཞི་དང་ཆོས་སྐྱོང་རྣམས་ལ་གཏོར་མ་ཕུལ་གཞི་བདག་ལ་གསེར་སྐྱེམས་ཕུལ་ནས་བཀླས་ན་དངོས་གྲུབ་

ཐོབ་པོ་བཀྲ་ཤིས།

阅读贡噶释极密篇时对怙主药叉格扎巴那及四侍眷、诸护法前供神馐、地神前供神饮·能得悉地吉祥

c གཙང་ཉང་སྨད་ཀྱི་སའི་ཆ་འཕགས་པ་ཐུགས་རྗེའི་གཏེར་གྱི་གདན་ས།

d རང་གི་རྡོ་རྗེ་སྤུན་གྲོགས་དགེ་སློང་སྣོ་ན།

e སྔགས།（密宗）

f 刻本 བཀྲ་ཤིས་ལྷུན་པོ།（西藏日喀则扎什伦布寺）

g 乌金 梵夹装 50×7

h 35 6

i 无 藏纸 黑 完整

j 封面钤有“民族文化宫图书馆藏”印。

200.3

a 14-3

b དཔལ་རྡོ་རྗེ་འཇིགས་བྱེད་དམར་པོ་ཞལ་གཅིག་ཕྱག་གཉིས་པ་ལ་བརྟེན་པའི་དུག་དབང་བསྐུར་ཚུལ་ བདུད་རྩིའི་

ཆུ་རྒྱུན་ཞེས་བྱ་བ་བཞུགས།

依吉祥红色一面二臂怖畏金刚灌顶法·甘露长流

c

d བཀའ་གདམས་ཕོ་བྲང་།（西藏日喀则扎什伦布寺噶当宫殿）

དགེ་སློང་དགེ་འདུན་དོན་གྲུབ།

e དབང་བསྐུར།（灌顶授法）

f 刻本 བཀྲ་ཤིས་ལྷུན་པོ།（西藏日喀则扎什伦布寺） དགེ་སློང་དགེ་འདུན་དོན་གྲུབ།

g 乌金 梵夹装 50×7

h 18 6

i 无 藏纸 黑 完整

j 封面钤有“民族文化宫图书馆藏”印。

200.4

a 14-4

b ལམ་རིམ་པ་གཉིས་ཀྱི་གནད་རྣམས་རྡོ་རྗེའི་མགུར་དུ་བཞེངས་པའི་དགོངས་དོན་འགྲེལ་བར་བྱེད་པ་གསང་ ཆེན་

ལམ་གྱི་སྒོ་འབྱེད་ཅེས་བྱ་བ་བཞུགས།

二次第道之诸要金刚歌中所许密意释·开大密道之门

c ཤཱཀྱའི་བཙུན་པ་བློ་བཟང་དཔལ་ལྡན་ཡེ་ཤེས།

d གསང་སྔགས་རྒྱུད་པ་གྲྭ་ཚང་གི་གཟིམས་ཆུང་རྡོ་རྗེའི་གཞལ་ཡས།

ལྷུང་སྐུ་མཆོག་གི་སྤྲུལ་པའི་སྐུ་ཀོན་ཏིང་ཕུའུ་ཤན་ཀྲང་ཚེ་དྷཱ་ཁྲི།

e ལམ་མགུར།（菩提歌）

f 刻本 བཀྲ་ཤིས་ལྷུན་པོ།（西藏日喀则扎什伦布寺）

g 乌金 梵夹装 50×7

h 18 6

i 无 藏纸 黑 完整

j　封面钤有“民族文化宫图书馆藏”印。

200.5
a　14-5
b　ནེ་སེར་ཇོ་བོ་ཆེན་པོའི་སྒྲུབ་ཐབས་རྗེས་གནང་ལས་ཚོགས་དང་བཅས་པ་བཞུགས་སོ།།
勒色觉窝修法及随许法作业等
c　དགེ་སློང་བློ་བཟང་དཔལ་ལྡན་ཡེ་ཤེས།
d
e　སྒྲུབ་ཐབས།（修法）
f　刻本　བཀྲ་ཤིས་ལྷུན་པོ།（西藏日喀则扎什伦布寺）
g　乌金　梵夹装　50×7
h　10　6
i　无　藏纸　黑　完整
j　封面钤有“民族文化宫图书馆藏”印。

200.6
a　14-6
b　གཏོར་ཆེན་དྲུག་ཅུ་པའི་ཞལ་ཤེས་བདུད་སྡེ་རབ་ཏུ་འཇོམས་པའི་གནམ་ལྕགས་ཞེས་བྱ་བ་བཞུགས།
阅读六十分大神馐之口诀·摧灭魔军之霹雳
c　དགེ་སློང་སྣང་མཛད་རྡོ་རྗེ།
d　ཞང་སྒྱུ་རོལ་པའི་རྡོ་རྗེ།
e　གཏོར་ཆོག（神馐仪轨）
f　刻本　བཀྲ་ཤིས་ལྷུན་པོ།（西藏日喀则扎什伦布寺）
g　乌金　梵夹装　50×7
h　8　6
i　无　藏纸　黑　完整
j　封面钤有“民族文化宫图书馆藏”印。

200.7
a　14-7

b དུས་འཁོར་ལས་བརྩམས་ཏེ་དྲིས་ལན་བློ་གསལ་དགའ་བསྐྱེད་ཅེས་བྱ་བ་བཞུགས།

从时轮起之问答·智者生喜

c དོན་གྲུབ་རྡོ་རྗེ།

d དགེ་བའི་བཤེས་གཉེན་ཞིག་གི་དྲིས་ལན་དུ།

e དྲི་བ་དྲིས་ལན།（问答）

f 刻本 བཀྲ་ཤིས་ལྷུན་པོ།（西藏日喀则扎什伦布寺）

g 乌金 梵夹装 50×7
h 7 6
i 无 藏纸 黑 完整
j 封面钤有“民族文化宫图书馆藏”印。

200.8
a 14-8

b རྡོ་རྗེ་མཁའ་ལྡིང་ནག་པོ་ལ་བརྟེན་པའི་རང་གཞན་གྱི་སྡིག་སྒྲིབ་སྦྱོང་ཞིང་མི་གཙང་བ་བཀྲུ་ཚུལ་བཞུགས་སོ།།

依金刚黑金翅鸟法门净治自他罪障并涤除不净法

c དགེ་སློང་མཁའ་ལྡིང་རྣལ་འབྱོར་པ་བློ་བཟང་དཔལ་ལྡན་ཡེ་ཤེས།

d བཀྲ་ལྷུན་བཀའ་གདམས་ཕོ་བྲང་།（西藏日喀则扎什伦布寺噶当宫殿）

e ཁྲུས་ཁྲུས།（沐浴）

f 刻本 བཀྲ་ཤིས་ལྷུན་པོ།（西藏日喀则扎什伦布寺）

g 乌金 梵夹装 50×7
h 4 6
i 无 藏纸 黑 完整
j 封面钤有“民族文化宫图书馆藏”印。

200.9
a 14-9

b རྗེ་བཙུན་བླ་མ་མཆོད་ཉིད་མ་འོངས་དུས་ཤམྦྷ་ལར་དྲག་པོ་འཁོར་ལོའི་སྐུར་བཞེངས་ནས་ངོ་མཚར་བའི་ མཛད་
པ་སྟོན་སྐབས་འཁོར་གྱི་ཐོག་མར་སྐྱེ་བའི་སྨོན་ཚིག་ཤམྦྷ་ལའི་ཞིང་བཀོད་བྲི་ཚུལ།
至尊上师于未来世中现起为香拔拉威猛轮王身而作希有事业时愿生为最初侍眷之愿文、及香拔拉净刹庄严画法
c
d
e ཤམྦྷ་ལའི་ཞིང་བཀོད་བྲི་ཚུལ།（香巴拉世界绘制法）
f 刻本 བཀྲ་ཤིས་ལྷུན་པོ།（西藏日喀则扎什伦布寺）
g 乌金 梵夹装 50×7
h 7 6
i 无 藏纸 黑 完整
j 封面钤有“民族文化宫图书馆藏”印。

200.10
a 14-10
b རྒྱལ་བ་ཀུན་གྱི་ཡབ་གཅིག་རྗེ་བཙུན་འཇམ་པའི་དབྱངས་དྲག་དུ་ཁྲོས་པ་དཔལ་རྡོ་རྗེ་འཇིགས་བྱེད་ཀྱི་ལམ་རིམ་
གཉིས་ཀྱི་ཁྲིད་ཡིག་མདོར་བསྡུས་སྐུ་གསུམ་ཐེམ་སྐས་ཞེས་བྱ་བ་བཞུགས་སོ།།
诸佛唯一之父至尊文殊现起威猛忿怒之吉祥怖畏金刚二次第道之教导摄要·三身阶梯
c གཤིན་རྗེའི་གཤེད་ཀྱི་རྣལ་འབྱོར་པ་༧ཤཱཀྱའི་དགེ་སློང་བློ་བཟང་དཔལ་ལྡན་ཡེ་ཤེས།
d ཐྲི་ལིག་ཐུ་ན་མོན་ཧན་གྱི་སྐུ་སྐྱེ་བློ་བཟང་བསྟན་པ་རབ་རྒྱས།
e སྔགས།（密宗）
f 刻本 བཀྲ་ཤིས་ལྷུན་པོ།（西藏日喀则扎什伦布寺） ཆོས་མཛོད་ཡེ་ཤེས་སྐལ་ལྡན།
g 乌金 梵夹装 50×7
h 13 6
i 无 藏纸 黑 完整
j 封面钤有“民族文化宫图书馆藏”印。

200.11

a 14-11

b དཔལ་རྡོ་རྗེ་འཇིགས་བྱེད་ཀྱི་རྫོགས་རིམ་བཞུགས་སོ༎

吉祥怖畏金刚之圆满次第

c

d

e སྔགས། （密宗）

f 刻本 བཀྲ་ཤིས་ལྷུན་པོ། （西藏日喀则扎什伦布寺）

g 乌金 梵夹装 50×7

h 16 6

i 无 藏纸 黑 完整

j 封面铃有“民族文化宫图书馆藏”印。

200.12

a 14-12

b བཅོམ་ལྡན་འདས་དཔལ་དུས་ཀྱི་འཁོར་ལོའི་ལམ་རིམ་གཉིས་ཀྱི་རྣམ་གཞག་སྨོན་པའི་ཡུལ་དུ་བྱེད་པའི་རྡོ་ རྗེའི་

ཚིག་རྗེ་བློ་གྲོས་ཆོས་སྐྱོང་གིས་མཛད་པའི་དོན་རྒྱ་ཆེར་འགྲེལ་པ་རྡོ་རྗེའི་ལམ་སྟོན་བཞུགས༎

薄伽梵吉祥时轮二次第道之建立·作为愿境之金刚句系洛卓曲窘所著广大释义·开示金刚道

c དགེ་སློང་བློ་བཟང་དཔལ་ལྡན་ཡེ་ཤེས།

d ཐག་གཡབ་སྤྲུལ་སྐུ་དཔལ་ལྡན་བསྟན་པའི་རྒྱལ་མཚན།

e སྔགས། （密宗）

f 刻本 བཀྲ་ཤིས་ལྷུན་པོ། （西藏日喀则扎什伦布寺）

g 乌金 梵夹装 50×7

h 35 6

i 无 藏纸 黑 完整

j 封面铃有“民族文化宫图书馆藏”印。

200.13

a 14-13

b　བཅོམ་ལྡན་འདས་དཔལ་རྡོ་རྗེ་འཇིགས་བྱེད་ཆེན་པོའི་རྫོགས་རིམ་གྱི་སྙིང་པོ་བཞུགས་སོ།།

薄伽梵吉祥怖畏金刚圆满次第心要

c

d

e　སྔགས།（密宗）

f　刻本　བཀྲ་ཤིས་ལྷུན་པོ།（西藏日喀则扎什伦布寺）

g　乌金　梵夹装　50×7

h　6　6

i　无　藏纸　黑　完整

j　封面钤有“民族文化宫图书馆藏”印。

200.14

a　14-14

b　དམར་ནོར་རྒྱལ་མོ་ལ་བརྟེན་ནས་ཞི་རྒྱས་དབང་དྲག་གི་ལས་བསྒྲུབ་པའི་རིམ་པ་བཞུགས་སོ།།

依吉祥天母修息灾、增益、权威、诛伏业之次第

c　འཇམ་དཔལ་གཤིན་རྗེ་གཤེད་ཀྱི་རྣལ་འབྱོར་པ་ཤཱཀྱའི་དགེ་སློང་བློ་བཟང་དཔལ་ལྡན་ཡེ་ཤེས།

d　གཡག་སྡེ་གསོག་དགོན་བླ་མ་དཀའ་ཆེན་བློ་བཟང་རྣམ་རྒྱལ།

e　སྔགས།（密宗）

f　刻本　བཀྲ་ཤིས་ལྷུན་པོ།（西藏日喀则扎什伦布寺）

g　乌金　梵夹装　50×7

h　3　6

i　无　藏纸　黑　完整

j　封面钤有“民族文化宫图书馆藏”印。

201

A　3658、3645　3528

B　བསྟན་པའི་ཉི་མའི་གསུང་འབུམ།

丹白尼玛文集

C ཁ

D པཎ་ཆེན་བསྟན་པའི་ཉི་མ། དགེ་ལུགས།རབ་བྱུང་བཅུ་གསུམ་པའི་ཆུ་མོ་སྟག་ལོ་༡༧༨༢ལ་ཡབ་དཔལ་ལྡན་དོན་གྲུབ་དང་། ཡུམ་འཆི་མེད་རྒྱལ་མོ་གཉིས་ཀྱི་སྲས་སུ་གཙང་ཤང་སྣོད་པ་ནམ་དུ་སྐུ་འཁྲུངས། འཁྲུངས་ལོ་དེར་རྒྱལ་བ་འཇམ་དཔལ་རྒྱ་མཚོས་པཎ་ཆེན་སྐུ་ཕྲེང་དྲུག་པའི་ཡང་སྲིད་དུ་ངོས་འཛིན་གནང་། དགུང་ལོ་བརྒྱད་པ་དང་བཅུ་དགུར་རྒྱལ་བ་འཇམ་དཔལ་རྒྱ་མཚོ་ལས་སྔ་ཕྱིར་དགེ་ཚུལ་སློང་སྡོམ་པ་བཞེས་ཏེ་མཚན་ལ་རྗེ་བཙུན་བློ་བཟང་དཔལ་ལྡན་བསྟན་པའི་ཉི་མ་ཞེས་གསོལ། རྒྱལ་དབང་རིན་པོ་ཆེ་མཆོག་དང་། ཡོངས་འཛིན་འཁྲོང་རྫེ་བློ་བཟང་ཚུལ་ཁྲིམས། ཡོངས་འཛིན་ཀུ་གེ་བློ་བཟང་བསྟན་འཛིན་བཅས་མཁས་གྲུབ་དམ་པ་རྣམས་ལས་མདོ་སྔགས་རིག་གནས་ཀུན་ལ་སྦྱངས་པ་མཛད། དགུང་ལོ་ཉེར་གཉིས་ཐོག་རྒྱལ་དབང་སྐུ་ཕྲེང་དགུ་པ་ལུང་རྟོགས་རྒྱ་མཚོ་ངོས་འཛིན་གནང་། ཆུ་རྟ་ལོ་༡༨༢༢ལ་རྒྱལ་དབང་ཚུལ་ཁྲིམས་རྒྱ་མཚོ་མཆོག་གི་དབུ་སྐྲ་གཙུག་ཕུད་བཞེས། ལྕགས་གླང་ལོ་༡༨༤༡ལ་རྒྱལ་དབང་སྐུ་ཕྲེང་བཅུ་གཅིག་པ་ངོས་འཛིན་མཛད། དགུང་ལོ་ཞེ་དགུར་བདེ་ཆེན་ཀུན་བཟང་ཕོ་བྲང་གསར་བཞེངས་མཛད། དགུང་ལོ་དྲུག་ཅུ་རེ་གཉིས་པར་（༡༨༤༤--༡༨༤༥）སྲིད་སྐྱོང་གི་ཐུགས་རྒྱུན་བཞེས། ༡༧༨༨ནས་༡༨༥༣བར་ལོ་དྲུག་ཅུ་རེ་དྲུག་རིང་དུ་བཀྲ་ཤིས་ཀྱི་ཁྲི་པ་མཛད། ཁོང་གི་སློབ་མ་ཁལ་ཁ་རྗེ་བཙུན་དམ་པ། ལྕང་སྐྱ་རིན་པོ་ཆེ། རྒྱལ་ཚབ་ར་སྒྲེང་རྡོ་རྗེ་འཆང་། ཕུར་ལྕོག་བྱམས་པ་རིན་པོ་ཆེ། སེང་ཆེན་བློ་བཟང་བསྟན་འཛིན་སོགས་གྲགས་ཆེན་མང་པོ་བྱུང་། རབ་བྱུང་བཅུ་བཞི་པའི་ཆུ་གླང་ལོ་༡༨༥༣ལ་དགོངས་པ་ཆོས་དབྱིངས་སུ་གཤེགས། གསུང་རྩོམ་པོད་དགུ་བཞུགས། ངེད་དཔེ་མཛོད་ཁང་དུ་བཀྲ་ཤིས་པར་པོད་ཀ--ཏཨང་རྟགས་༢༦༥༠--༢༦༧༨དང་། མི་རིགས་ཕོ་བྲང་ནས་ཕྱིར་འབྲུལ་ཞུས་པའི་གྲུས་པོད་ཀ--ཏཨང་རྟགས་༣༦༥༧--༣༦༦༥བཞུགས།

班禅丹白尼玛（1782—1853）：属格鲁派。诞生于后藏白朗地区，被达赖喇嘛绛白坚措确认为上世班禅的转世灵童。8 岁受沙弥戒。拜古格雍增洛桑丹增等为师，系统学习显密文化。22 岁，主持认定九世班禅转世灵童的工作。1853 年，因廓尔喀人挑衅滋事，为暂避难，前往拉萨。41 岁，又主持认定丨一世达赖喇嘛转世灵童的工作。62 岁时执政。尊师精通教理，讲经，辩论，毕生致力于政教事业。1788 年起任扎什伦布寺住持长达 66 年。其弟子以喀尔喀哲布尊丹巴、章嘉若白多杰、摄政王热振活佛等称著。享年 72 岁。其著作在西藏图书馆藏北京民族文化宫图书馆赠送的文集有 9 函，编号为 3657—3665； 扎什伦布寺版 9 函，编号在 2950—2976 间。

E　馆藏齐全。

201.1

a　15-1

b　རྡོ་རྗེ་འཆང་ཆེན་པོ་རྗེ་བཙུན་བློ་བཟང་དཔལ་ལྡན་བསྟན་པའི་ཉི་མ་ཕྱོགས་ལས་རྣམ་རྒྱལ་དཔལ་བཟང་པོའི་

བཀའ་འབུམ་ཁ་བའི་དཀར་ཆག

大金刚持至尊洛桑白登丹白尼玛文集ཁ字函目录

c　༄༅།ཤཱཀྱའི་དགེ་སློང་བློ་བཟང་དཔལ་ལྡན་བསྟན་པའི་ཉི་མ་ཕྱོགས་ལས་རྣམ་རྒྱལ་དཔལ་བཟང་པོ།

d　བཀྲ་ཤིས་ལྷུན་པོའི་གཞིམས་ཁྱུང་བཀའ་གདམས་ཕོ་བྲང་།（西藏日喀则扎什伦布寺噶当宫殿）

e　དཀར་ཆག（目录）

f　刻本　བཀྲ་ཤིས་ལྷུན་པོ།（西藏日喀则扎什伦布寺）

g　乌金　梵夹装　50×7

h　4　6

i　无　藏纸　黑　完整

j　封面钤有“民族文化宫图书馆藏”印。

201.2

a　15-2

b　རྗེ་བཙུན་བློ་བཟང་དཔལ་ལྡན་བསྟན་པའི་ཉི་མ་ཕྱོགས་ལས་རྣམ་པར་རྒྱལ་བ་དཔལ་བཟང་པོ་དད་ལྡན་རྣམས་ལ་

སྔ་ཕྱིར་ཞུས་པའི་རྗེ་རང་ཉིད་ཀྱི་བརྟན་བཞུགས་གསོལ་འདེབས་དང་སྨོན་ཚིག་རྗེས་ཀྱི་རིམ་པ་རྣམས་ཆབས་ཅིག་

ཏུ་བསྡེབས་པ།

至尊洛桑白登丹白尼玛座前诸具信人士先后所呈之请长久住世启请文、愿文次第合编

c ༧ཤཱཀྱའི་དགེ་སློང་བློ་བཟང་དཔལ་ལྡན་བསྟན་པའི་ཉི་མ་ཕྱོགས་ལས་རྣམ་རྒྱལ་དཔལ་བཟང་པོ།

d བཀྲ་ཤིས་ལྷུན་པོའི་གཟིམས་ཆུང་བཀའ་གདམས་ཕོ་བྲང་།（西藏日喀则扎什伦布寺噶当宫殿）

མཛོད་པ་བླ་མ་ནོ་ཡོན་ཆེ་ཧུ་བསྟན་འཛིན་འོད་ཟེར་སོགས།

e གསོལ་འདེབས།（启请文）

f 刻本 བཀྲ་ཤིས་ལྷུན་པོ།（西藏日喀则扎什伦布寺）

g 乌金 梵夹装 50×7

h 49 6

i 无 藏纸 黑 完整

j 封面钤有“民族文化宫图书馆藏”印。

201.3

a 15-3

b བླ་མ་སྣ་ཚོགས་ཀྱི་བརྟན་བཞུགས་དང་འཁྲུངས་རབས་གསོལ་འདེབས་མྱུར་འབྱོན་རྗེས་འཛིན་སྨོན་ཚིག་སོགས་ཀྱི་

རིམ་པ་རྣམས་ཕྱོགས་གཅིག་ཏུ་བསྡེབས་པ།

诸上师之请长久住世文、本生启请文、祈速转世再来文、忆念愿文等合编

c ༧ཤཱཀྱའི་དགེ་སློང་བློ་བཟང་དཔལ་ལྡན་བསྟན་པའི་ཉི་མ་ཕྱོགས་ལས་རྣམ་རྒྱལ་དཔལ་བཟང་པོ།

d བཀྲ་ཤིས་ལྷུན་པོའི་གཟིམས་ཆུང་བཀའ་གདམས་ཕོ་བྲང་།（西藏日喀则扎什伦布寺噶当宫殿）

དགེ་སློང་བསྟན་འཛིན་སོགས།

e གསོལ་འདེབས།（启请文）

f 刻本 བཀྲ་ཤིས་ལྷུན་པོ།（西藏日喀则扎什伦布寺） རྗེ་དྲུང་བློ་བཟང་དཔལ་འབྱོར།

g 乌金 梵夹装 49×7

h 58 6

i 无 藏纸 黑 完整

j 封面钤有“民族文化宫图书馆藏”印。

201.4

a 15-4

b　རྗེ་བཙུན་བློ་བཟང་དཔལ་ལྡན་བསྟན་པའི་ཉི་མ་ཕྱོགས་ལས་རྣམ་པར་རྒྱལ་བ་དཔལ་བཟང་པོའི་བླ་མའི་

རྣལ་འབྱོར་རྣམས་ཆབས་ཅིག་ཏུ་བསྒྲིབས་པ།

至尊洛桑白登丹白尼玛之上师瑜伽法等合编

c　༄༅ཀྱཱའི་དགེ་སློང་བློ་བཟང་དཔལ་ལྡན་བསྟན་པའི་ཉི་མ་ཕྱོགས་ལས་རྣམ་རྒྱལ་དཔལ་བཟང་པོ།

d　བཀྲ་ཤིས་ལྷུན་པོའི་གཟིམས་ཆུང་བཀའ་གདམས་ཕོ་བྲང་།（西藏日喀则扎什伦布寺噶当宫殿）

དགེ་སློང་བཀྲ་ཤིས་དོན་གྲུབ།

e　བླ་མའི་རྣལ་འབྱོར།（上师瑜伽法）

f　刻本　བཀྲ་ཤིས་ལྷུན་པོ།（西藏日喀则扎什伦布寺）　རྗེ་དྲུང་བློ་བཟང་དཔལ་འབྱོར།

g　乌金　梵夹装　49×7

h　28　6

i　无　藏纸　黑　完整

j　封面钤有"民族文化宫图书馆藏"印。

201.5

a　15-5

b　རྡོར་ཕྲེང་མི་ཏྲའི་དབང་གི་བརྒྱུད་འདེབས་དང་བླ་བརྒྱུད་ཁ་སྐོང་གི་སྐོར།

金刚鬘弥扎之灌顶传承及师承补遗等

c　༄༅ཀྱཱའི་དགེ་སློང་བློ་བཟང་དཔལ་ལྡན་བསྟན་པའི་ཉི་མ་ཕྱོགས་ལས་རྣམ་རྒྱལ་དཔལ་བཟང་པོ།

d　དབེན་དགོན་དབུ་མཛད་ཀུན་དགའ་དཔལ་ལྡན་སོགས།

e　གསོལ་འདེབས།（启请文）

f　刻本　བཀྲ་ཤིས་ལྷུན་པོ།（西藏日喀则扎什伦布寺）

g　乌金　梵夹装　49.5×7

h　6　6

i　无　藏纸　黑　完整

j　封面钤有"民族文化宫图书馆藏"印。

201.6

a 15-6

b མདོ་སྔགས་ཀྱི་ལམ་གྱི་གནད་ཚང་ཞིང་བླ་རྗེས་འཛིན་གྱི་སྨོན་ཚིག་སོགས་ཉམས་མགུར་གྱི་སྐོར་བཞུགས་སོ།།

全俱显密道要并上师忆念之愿文等道情歌类

c ༄ཤཱཀྱའི་དགེ་སློང་བློ་བཟང་དཔལ་ལྡན་བསྟན་པའི་ཉི་མ་ཕྱོགས་ལས་རྣམ་རྒྱལ་དཔལ་བཟང་པོ།

d ཏྲེ་བོ་རབ་འབྱམས་པ་བློ་བཟང་ཆོས་འཕེལ་སོགས།

e མགུར།（道歌）

f 刻本 བཀྲ་ཤིས་ལྷུན་པོ།（西藏日喀则扎什伦布寺） རྗེ་དྲུང་བློ་བཟང་དཔལ་འབྱོར།

g 乌金 梵夹装 50×7

h 6 6

i 无 藏纸 黑 完整

j 封面钤有“民族文化宫图书馆藏”印。

201.7

a 15-7

b རྗེ་བཙུན་བསྟན་པའི་འཁོར་ལོ་དང་དབྱངས་ཅན་ལྷ་མོ་གཉིས་ཀྱི་བསྟོད་པ་དང་།སློབ་དཔོན་ཉི་མ་སྦས་པའི་ལུགས་ཀྱི་སྒྲོལ་མ་ཉེར་གཅིག་གི་སྒྲུབ་ཐབས་བསྐྱེད་རིམ་གྱི་སློབ་ཚུལ་གྱི་དམིགས་སྐོར་མདོར་བསྡུས་དང་བསྙེན་ཐབས་ལས་གསུམ་ཇི་ལྟར་བྱ་བའི་ཚུལ་བཅས་བཞུགས་སོ།།

佛教法轮与妙音天女赞、阿阇梨尼玛坝巴传规之度母二十一尊之修法、生起次第学法之所缘略说并念修三种作业之作法等

c ༄ཤཱཀྱའི་དགེ་སློང་བློ་བཟང་དཔལ་ལྡན་བསྟན་པའི་ཉི་མ་ཕྱོགས་ལས་རྣམ་རྒྱལ་དཔལ་བཟང་པོ།

d གཟིམས་ཁང་ཡིད་དགའ་ཆོས་འཛིན།（西藏日喀则扎什伦布寺）

དགེ་ཚུལ་མ་ཡེ་ཤེས་ཆོས་འཛིན་སོགས།

e སྒྲུབ་ཐབས།（修心法）

f 刻本 བཀྲ་ཤིས་ལྷུན་པོ།（西藏日喀则扎什伦布寺）

g 乌金 梵夹装 49.5×7

h 23 6

i 无 藏纸 黑 完整
j 封面钤有“民族文化宫图书馆藏”印。

201.8
a 15-8
b ཟབ་པ་དང་རྒྱ་ཆེ་བའི་ཆོས་ཀྱི་བེ་ཌཱུའི་ཕྲེང་བ།
深广教法之闻法录·吠琉璃鬘
c ཤཱཀྱའི་དགེ་སློང་བློ་བཟང་དཔལ་ལྡན་བསྟན་པའི་ཉི་མ་ཕྱོགས་ལས་རྣམ་རྒྱལ་དཔལ་བཟང་པོ།
d ཤིང་མོ་གླང་། 木阴牛年（1805） ཙི་ནའི་ཡུལ།（内地）
e ཐོབ་ཡིག（得法录）
f 刻本 བཀྲ་ཤིས་ལྷུན་པོ།（西藏日喀则扎什伦布寺）
g 乌金 梵夹装 50×7
h 241 6
i 有 藏纸 黑 完整
j 封面钤有“民族文化宫图书馆藏”印。

201.9
a 15-9
b བྱང་ཆུབ་ལྟུང་བཤགས་ཀྱི་དོན་འགྲེལ་སྡིག་མུན་སེལ་བྱེད་སྣང་བྱེད་ཉི་མའི་འོད་ཟེར།
菩提忏罪文释义·能除罪恶黑暗之日光
c ཤཱཀྱའི་དགེ་སློང་བློ་བཟང་དཔལ་ལྡན་བསྟན་པའི་ཉི་མ་ཕྱོགས་ལས་རྣམ་རྒྱལ་དཔལ་བཟང་པོ།
d ལྷ་ལྡན་གཙུག་ལག་ཁང་།（西藏拉萨大昭寺） རྒྱུད་སྨད་གྲྭ་རིགས་དགེ་སློང་སྐལ་བཟང་སྦྱིན་པ།
e ལྟུང་བཤགས།（忏悔）
f 刻本 བཀྲ་ཤིས་ལྷུན་པོ།（西藏日喀则扎什伦布寺）
g 乌金 梵夹装 50×7
h 7 6
i 无 藏纸 黑 完整
j 封面钤有“民族文化宫图书馆藏”印。

201.10

a 15-10

b དགོན་སྡེ་ཁག་གི་བཅའ་ཡིག་བསླབ་བྱའི་སྐོར།

寺院之清规制约训诫类

c ༄༅།པཎ་ཀྲུའི་དགེ་སློང་བློ་བཟང་དཔལ་ལྡན་བསྟན་པའི་ཉི་མ་ཕྱོགས་ལས་རྣམ་རྒྱལ་དཔལ་བཟང་པོ།

d གཟིམས་ཆུང་བཀའ་གདམས་ཕོ་བྲང་།（西藏日喀则扎什伦布寺噶当宫殿）

ཨུ་བྲུ་ཆེ་དར་ཅན་ཆོས་རྗེ་དགེ་ལེགས་གྲགས་པ།

e བསླབ་བྱ།（教言）

f 刻本 བཀྲ་ཤིས་ལྷུན་པོ།（西藏日喀则扎什伦布寺）

g 乌金 梵夹装 50×7

h 10 6

i 无 藏纸 黑 完整

j 封面钤有“民族文化宫图书馆藏”印。

201.11

a 15-11

b མདོ་སྔགས་ཀྱི་དཀའ་གནད་རྣམས་ལ་དྲི་བ་ཞུས་པའི་ལན་རྣམས་ཕྱོགས་གཅིག་ཏུ་བསྒྲིབས་པ།

显密教法诸要之问答集合编

c ༄༅།པཎ་ཀྲུའི་དགེ་སློང་བློ་བཟང་དཔལ་ལྡན་བསྟན་པའི་ཉི་མ་ཕྱོགས་ལས་རྣམ་རྒྱལ་དཔལ་བཟང་པོ།

d གཟིམས་ཆུང་བཀའ་གདམས་ཕོ་བྲང་།（西藏日喀则扎什伦布寺噶当宫殿）

མདོ་ཁམས་སྨྲ་མཆོད་བླ་མ་བློ་བཟང་དགེ་ལེགས།

e དྲི་བ་དྲིས་ལན།（问答）

f 刻本 བཀྲ་ཤིས་ལྷུན་པོ།（西藏日喀则扎什伦布寺）

g 乌金 梵夹装 50×7

h 6 6

i 无 藏纸 黑 完整

j 封面钤有“民族文化宫图书馆藏”印。

201.12

a　15-12

b　ཆོས་སྐྱོང་རྣམས་ཀྱི་སྒྲུབ་སྐོར་གསོལ་མཆོད་བྱ་བའི་རིམ་པ་བསྐང་བ་བསྐུལ་དང་བཅས་པ་རྣམས་ཕྱོགས་གཅིག་ཏུ་བསྡེབས་པ།

诸护法之修法、祈供次第、酬供、催动事业等合编

c　ཤཱཀྱའི་དགེ་སློང་བློ་བཟང་དཔལ་ལྡན་བསྟན་པའི་ཉི་མ་ཕྱོགས་ལས་རྣམ་རྒྱལ་དཔལ་བཟང་པོ།

d　ས་སྦྲུལ། 土蛇年（1809）

གཟིམས་ཚུང་བཀའ་གདམས་ཕོ་བྲང་།（西藏日喀则扎什伦布寺噶当宫殿）

e　སྔགས་ཀྱི་ཆོ་ག（密宗仪轨）

f　刻本　བཀྲ་ཤིས་ལྷུན་པོ།（西藏日喀则扎什伦布寺）

g　乌金　梵夹装　49×7

h　34　6

i　无　藏纸　黑　完整

j　封面钤有“民族文化宫图书馆藏”印。

201.13

a　15-13

b　རྟེན་གསར་བཞེངས་ཀྱི་དཀར་ཆག་རྒྱབ་ཡིག་ཞལ་བྱང་སྨོན་ཚིག་འདོད་གསོལ་གྱི་སྐོར།

新造佛像、经、塔之目录、背文、标目、愿文祈祷等类

c　ཤཱཀྱའི་དགེ་སློང་བློ་བཟང་དཔལ་ལྡན་བསྟན་པའི་ཉི་མ་ཕྱོགས་ལས་རྣམ་རྒྱལ་དཔལ་བཟང་པོ།

d　གཟིམས་ཁང་ཀུན་གཟིགས་རྣམ་པར་རྒྱལ་བ།（西藏日喀则扎什伦布寺）

ཨ་ཞང་རྫེ་དྲུང་དོན་གྲུབ་རྒྱ་མཚོ།

e　སྨོན་ཚིག（祈愿文）

f　刻本　བཀྲ་ཤིས་ལྷུན་པོ།（西藏日喀则扎什伦布寺）

g　乌金　梵夹装　49.5×7

h 9 6
i 无 藏纸 黑 完整
j 封面钤有“民族文化宫图书馆藏”印。

201.14
a 15-14
b ལྷ་སྲིན་སྡེ་བརྒྱད་སོགས་ལ་ཆབ་ཤོག་བཀའ་བསྒོའི་སྐོར།
天龙八部等前吩咐之书札类
c ༄༅།།ཤཱཀྱའི་དགེ་སློང་བློ་བཟང་དཔལ་ལྡན་བསྟན་པའི་ཉི་མ་ཕྱོགས་ལས་རྣམ་རྒྱལ་དཔལ་བཟང་པོ།
d ཆུ་ཕོ་ཁྱི། 水阳狗年（1802）
e ཆབ་ཤོག（书函）
f 刻本 བཀྲ་ཤིས་ལྷུན་པོ།（西藏日喀则扎什伦布寺）
g 乌金 梵夹装 49.5×7
h 4 6
i 无 藏纸 黑 完整
j 封面钤有“民族文化宫图书馆藏”印。

201.15
a 15-15
b གཞི་བདག་མཆོད་འཕྲིན་རྣམས་ཕྱོགས་གཅིག་ཏུ་བསྡེབས་པ།
地神供法请托事业等合编
c ༄༅།།ཤཱཀྱའི་དགེ་སློང་བློ་བཟང་དཔལ་ལྡན་བསྟན་པའི་ཉི་མ་ཕྱོགས་ལས་རྣམ་རྒྱལ་དཔལ་བཟང་པོ།
d ༄༅།།འཇམ་པའི་དབྱངས་གོང་མ་བདག་པོ་ཆེན་པོའི་སོ་ཕྲུག་གི་འཚོ་སྐྱོང་བ་ངག་དབང་དཔལ་བཟང་།
e མཆོད་ཆོག（供养）
f 刻本 བཀྲ་ཤིས་ལྷུན་པོ།（西藏日喀则扎什伦布寺）
g 乌金 梵夹装 49×7
h 8 6
i 有 藏纸 黑 完整
j 封面钤有“民族文化宫图书馆藏”印。

202
A 3659 3529

B བསྟན་པའི་ཉི་མའི་གསུང་འབུམ།

丹白尼玛文集

C ཀ

D བློ་བཟང་དཔལ་ལྡན་བསྟན་པའི་ཉི་མ་ཕྱོགས་ལས་རྣམ་རྒྱལ་དཔལ་བཟང་པོ།

同 3658 介绍。

E 馆藏齐全。

202.1
a 2-1

b རྗེ་བཙུན་བློ་བཟང་དཔལ་ལྡན་བསྟན་པའི་ཉི་མ་ཕྱོགས་ལས་རྣམ་རྒྱལ་དཔལ་བཟང་པོའི་གསུང་འབུམ་ཀ་པ་རིན་ལྡན་ སློགས་བམ་དང་པོའི་དཀར་ཆག

至尊洛桑白登丹白尼玛文集ཀ字函目录

c ༄༅།ཀུའི་དགེ་སློང་བློ་བཟང་དཔལ་ལྡན་བསྟན་པའི་ཉི་མ་ཕྱོགས་ལས་རྣམ་རྒྱལ་དཔལ་བཟང་པོ།

d ཆུ་ཕོ་ཁྱི། 水阳狗年（1802）

e དཀར་ཆག（目录）

f 刻本 བཀྲ་ཤིས་ལྷུན་པོ།（西藏日喀则扎什伦布寺）

g 乌金 梵夹装 55×7
h 4 6
i 无 藏纸 黑 完整
j 封面钤有“民族文化宫图书馆藏”印。

202.2
a 2-2

b ཡི་དམ་རྒྱ་མཚོའི་སྒྲུབ་ཐབས་རིན་ཆེན་འབྱུང་གནས་ཀྱི་ལྷན་ཐབས་རིན་འབྱུང་དོན་གསལ་ལས་གླེགས་བམ་

དང་པོ་བཞུགས་སོ།།

本尊海之修法·大宝之源补遗·阐明宝生义第一函

c ༄༅།གྱུ་ཀྱའི་དགེ་སློང་བློ་བཟང་དཔལ་ལྡན་བསྟན་པའི་ཉི་མ་ཕྱོགས་ལས་རྣམ་རྒྱལ་དཔལ་བཟང་པོ།

d ཆུ་ཕོ་ཁྱི། 水阳狗年（1802）

e སྒྲུབ་ཐབས།（修心法）

f 刻本 བཀྲ་ཤིས་ལྷུན་པོ།（西藏日喀则扎什伦布寺）

g 乌金 梵夹装 55×7

h 521 6

i 有 藏纸 黑 完整

j 封面钤有“民族文化宫图书馆藏”印。

203

A 3660 779

B བསྟན་པའི་ཉི་མའི་གསུང་འབུམ།

丹白尼玛文集

C ང

D བློ་བཟང་དཔལ་ལྡན་བསྟན་པའི་ཉི་མ་ཕྱོགས་ལས་རྣམ་རྒྱལ་དཔལ་བཟང་པོ།

同3658介绍。

E 馆藏齐全。

203.1

a 2-1

b རྗེ་བཙུན་བློ་བཟང་དཔལ་ལྡན་བསྟན་པའི་ཉི་མ་ཕྱོགས་ལས་རྣམ་རྒྱལ་དཔལ་བཟང་པོའི་གསུང་འབུམ་ང་པ་རིན་

ལྡན་ གླེགས་བམ་གཉིས་པའི་དཀར་ཆག

至尊洛桑白登丹白尼玛文集ང字函目录

c ༄ཤཱཀྱའི་དགེ་སློང་བློ་བཟང་དཔལ་ལྡན་བསྟན་པའི་ཉི་མ་ཕྱོགས་ལས་རྣམ་རྒྱལ་དཔལ་བཟང་པོ།

d ཆུ་ཕོ་ཁྱི། 水阳狗年（1802）

e དཀར་ཆག（目录）

f 刻本 བཀྲ་ཤིས་ལྷུན་པོ།（西藏日喀则扎什伦布寺）

g 乌金 梵夹装 50×7
h 5 6
i 无 藏纸 黑 完整
j 封面钤有“民族文化宫图书馆藏”印。

203.2
a 2-2

b ཡི་དམ་རྒྱ་མཚོའི་སྒྲུབ་ཐབས་རིན་ཆེན་འབྱུང་གནས་ཀྱི་ལྷན་ཐབས་རིན་འབྱུང་དོན་གསལ་ལས་གླེགས་བམ་གཉིས་པ་བཞུགས་སོ།།

本尊海之修法·大宝之源补遗·阐明宝生义第二函

c ༄ཤཱཀྱའི་དགེ་སློང་བློ་བཟང་དཔལ་ལྡན་བསྟན་པའི་ཉི་མ་ཕྱོགས་ལས་རྣམ་རྒྱལ་དཔལ་བཟང་པོ།

d ཆུ་ཕོ་ཁྱི། 水阳狗年（1802）

e སྒྲུབ་ཐབས།（修心法）

f 刻本 བཀྲ་ཤིས་ལྷུན་པོ།（西藏日喀则扎什伦布寺）

g 乌金 梵夹装 50×7
h 476 6
i 有 藏纸 黑 完整
j 封面钤有“民族文化宫图书馆藏”印。

204
A 3661 3531

B བསྟན་པའི་ཉི་མའི་གསུང་འབུམ།

丹白尼玛文集

C ཆ

D བློ་བཟང་དཔལ་ལྡན་བསྟན་པའི་ཉི་མ་ཕྱོགས་ལས་རྣམ་རྒྱལ་དཔལ་བཟང་པོ།

同 3658 介绍。

E 馆藏齐全。

204. 1

a 26-1

b རྡོ་རྗེ་འཆང་ཆེན་པོ་རྗེ་བཙུན་བློ་བཟང་དཔལ་ལྡན་བསྟན་པའི་ཉི་མ་ཕྱོགས་ལས་རྣམ་རྒྱལ་དཔལ་བཟང་པོའི་བཀའ་འབུམ་ཆ་བའི་དཀར་ཆག

金刚持至尊洛桑白登丹白尼玛文集ཆ字函目录

c ༄ཤཱཀྱའི་དགེ་སློང་བློ་བཟང་དཔལ་ལྡན་བསྟན་པའི་ཉི་མ་ཕྱོགས་ལས་རྣམ་རྒྱལ།

d ཆུ་ཕོ་ཁྱི། 水阳狗年（1802）

e དཀར་ཆག（目录）

f 刻本 བཀྲ་ཤིས་ལྷུན་པོ།（西藏日喀则扎什伦布寺）

g 乌金 梵夹装 50×7.5

h 3 6

i 无 藏纸 黑 完整

j 封面钤有“民族文化宫图书馆藏”印。

204. 2

a 26-2

b རྗེ་རང་ཉིད་ལ་བརྟེན་པའི་བླ་མའི་རྣལ་འབྱོར་གྱི་རིམ་པ་རྣམས་ཕྱོགས་གཅིག་ཏུ་བསྡེབས་པ་བཞུགས་སོ།།

依大师自尊修上师瑜伽之诸次第合编

c ༄ཤཱཀྱའི་དགེ་སློང་བློ་བཟང་དཔལ་ལྡན་བསྟན་པའི་ཉི་མ་ཕྱོགས་ལས་རྣམ་རྒྱལ།

d ཆུ་ཕོ་ཁྱི། 水阳狗年（1802） ཁལ་ཁ་ཨེར་ཏེ་ནི་ཤྲཱི་ལུག་ཐུ་བླ་མ་ཆོ་བརྟན།

e བླ་མའི་རྣལ་འབྱོར།（上师瑜伽）

f 刻本 བཀྲ་ཤིས་ལྷུན་པོ། （西藏日喀则扎什伦布寺）

g 乌金 梵夹装 49×7
h 41 6
i 有 藏纸 黑 完整
j 封面铃有“民族文化宫图书馆藏”印。

204. 3

a 26-3

b གསང་བདེ་འཇིགས་གསུམ་སྤྱན་རས་གཟིགས་རྒྱལ་བ་རྒྱ་མཚོ་བཅས་པའི་བླ་མའི་རྣལ་འབྱོར་དང་འབྲེལ་བའི་སྒྲུབ་ཐབས་མདོར་བསྡུས་བསྐྱེད་རྫོགས་ཀྱི་གནད་ཚང་བ་བཞུགས་སོ།།

与密集、胜乐、怖畏三尊、胜海观音等上师瑜伽相结合之略修法·具足生圆二次之要旨

c ༄༅། པཎ་ཆེན་དགེ་སློང་བློ་བཟང་དཔལ་ལྡན་བསྟན་པའི་ཉི་མ་ཕྱོགས་ལས་རྣམ་རྒྱལ།

d ཆུ་ཕོ་ཁྱི། 水阳狗年（1802） གཟིམས་ཆུང་བཀའ་གདམས་ཕོ་བྲང་།（西藏日喀则扎什伦布寺噶当宫殿） རབ་འབྱམས་པ་དཀོན་མཆོག་བསྟན་འཕེལ།

e སྒྲུབ་ཐབས།（修心法）

f 刻本 བཀྲ་ཤིས་ལྷུན་པོ།（西藏日喀则扎什伦布寺）

g 乌金 梵夹装 50×7
h 9 6
i 无 藏纸 黑 完整
j 封面铃有“民族文化宫图书馆藏”印。

204. 4

a 26-4

b གསུང་རབ་ཀུན་གྱི་སྙིང་པོ་ལམ་གྱི་གཙོ་བོ་རྣམ་གསུམ་གྱི་ཁྲིད་ཡིག་གཞན་ཕན་སྙིང་པོ།

诸经论之心要道之三要引导·利他心要

c ༄༅། པཎ་ཆེན་དགེ་སློང་བློ་བཟང་དཔལ་ལྡན་བསྟན་པའི་ཉི་མ་ཕྱོགས་ལས་རྣམ་རྒྱལ།

d གཟིམས་ཆུང་བཀའ་གདམས་ཕོ་བྲང་།（西藏日喀则扎什伦布寺噶当宫殿）

e ལམ་གཙོའི་ཁྲིད།（道次第导释）

f 刻本 བཀྲ་ཤིས་ལྷུན་པོ།（西藏日喀则扎什伦布寺）

g 乌金 梵夹装 49×7
h 22 6
i 无 藏纸 黑 完整
j 封面钤有“民族文化宫图书馆藏”印。

204.5
a 26-5

b ཁམས་གསུམ་ཆོས་ཀྱི་རྒྱལ་པོ་ཙོང་ཁ་པ་ཆེན་པོས་ལེགས་པར་བཤད་པ་ལམ་གྱི་གཙོ་བོ་རྣམ་གསུམ་གྱི་དོན་ལས་

བརྩམས་པའི་དྲི་བའི་ལན།

三界法王宗喀巴大师所著嘉言道之三要之教义问答

c ༄༅་ཀྲུའི་དགེ་སློང་བློ་བཟང་དཔལ་ལྡན་བསྟན་པའི་ཉི་མ་ཕྱོགས་ལས་རྣམ་རྒྱལ།

d ཆུ་ཕོ་ཁྱི། 水阳狗年（1802）

གཟིམས་ཆུང་བཀའ་གདམས་ཕོ་བྲང་།（西藏日喀则扎什伦布寺噶当宫殿）

སློང་རྫོལ་བླ་མ་ངག་དབང་བློ་བཟང་གི་དྲུང་ཡིག་རྟོགས་ལྡན་དམ་ཆོས་ཡར་འཕེལ།

e དྲི་བ་དྲིས་ལན།（问答）

f 刻本 བཀྲ་ཤིས་ལྷུན་པོ།（西藏日喀则扎什伦布寺）

g 乌金 梵夹装 50×7
h 20 6
i 无 藏纸 黑 完整
j 封面钤有“民族文化宫图书馆藏”印。

204.6
a 26-6

b སློབ་དཔོན་དཔའ་བོའི་རྣམ་ཐར་མདོར་བསྡུས་དང་སྐྱེས་རབས་སོ་བཞི་པའི་ཤིས་བརྗོད་ཀྱི་དོན་འགྲེལ་བཅས་

བཞུགས་སོ།།

阿阇梨圣勇略传及本生三十四事之吉祥颂释义等

c ༄ཤཱཀྱའི་དགེ་སློང་བློ་བཟང་དཔལ་ལྡན་བསྟན་པའི་ཉི་མ་ཕྱོགས་ལས་རྣམ་རྒྱལ།

d ཆུ་ཕོ་ཁྱི། 水阳狗年（1802）

གཟིམས་ཆུང་བཀའ་གདམས་ཕོ་བྲང་།（西藏日喀则扎什伦布寺噶当宫殿）

ཁལ་ཁ་གཡས་རུ་ཙང་ཙུན་ཛ་སག་ག་ཐུ་རྒྱལ་པོའི་གཙུང་ཨེར་ཏེ་ནི་ཆོས་རྗེ་བློ་བཟང་ཐུབ་བསྟན་གསལ་བྱེད།

e རྣམ་ཐར་སོགས།（传记）

f 刻本 བཀྲ་ཤིས་ལྷུན་པོ།（西藏日喀则扎什伦布寺）

g 乌金 梵夹装 49.5×7

h 9 6

i 无 藏纸 黑 完整

j 封面钤有“民族文化宫图书馆藏”印。

204.7

a 26-7

b ཨེར་ཏེ་ནི་ཨི་ལ་ཁུག་སན་མེར་ཁན་པཎྜི་ཏ་ཧུ་ཐོག་ཐུ་བློ་བཟང་བསྟན་པ་དར་རྒྱས་ཀྱི་སྐྱེས་རབས་རྣམ་ཐར་བཞུགས་སོ།།

额尔德尼伊那库生麦班智达呼图克图洛桑登巴达吉之本生传

c ༄ཤཱཀྱའི་དགེ་སློང་བློ་བཟང་དཔལ་ལྡན་བསྟན་པའི་ཉི་མ་ཕྱོགས་ལས་རྣམ་རྒྱལ།

d ཆུ་ཕོ་ཁྱི། 水阳狗年（1802）

བཀྲ་ཤིས་ལྷུན་པོའི་གཟིམས་ཆུང་བཀའ་གདམས་ཕོ་བྲང་།（西藏日喀则扎什伦布寺噶当宫殿）

ཨེར་ཏེ་ནི་ཨི་ལ་ཁུག་སན་མེར་ཁན་པཎྜི་ཏ་ཧུ་ཐོག་ཐུ་བློ་བཟང་སྟན་པ་དར་རྒྱས་ཀྱི་སློབ་མ་དཀའ་ལྡན་ཕུན་ཚོགས་གླིང་གི་ཆོས་རྗེ་ནོ་མ་ཧེ་དགེ་སློང་བློ་བཟང་རྒྱ་མཚོ་སོགས།

e རྣམ་ཐར།（传记）

f 刻本 བཀྲ་ཤིས་ལྷུན་པོ།（西藏日喀则扎什伦布寺）

g 乌金 梵夹装 49.5×7
h 7 6
i 无 藏纸 黑 完整
j 封面钤有“民族文化宫图书馆藏”印。

204.8
a 26-8
b བླ་མ་དང་ཕྱག་རྡོར་འབྱུང་འདུལ་དབྱེར་མེད་ཀྱི་སྒོ་ནས་སྡིག་ལྟུང་བཤགས་ཐབས་སྡིག་མིན་སེལ་བའི་སྒྲོན་མེ།
上师与伏魔金刚手无别法门中忏罪法·消除罪恶黑暗之明灯
c ༄༅།ཤཱཀྱའི་དགེ་སློང་བློ་བཟང་དཔལ་ལྡན་བསྟན་པའི་ཉི་མ་ཕྱོགས་ལས་རྣམ་རྒྱལ།
d ཆུ་ཁྱི་ཁྲི། 水阳狗年（1802）
ཁལ་ཁ་གཡས་རུ་ཅང་ཅན་ཛ་སག་ག་ཐུ་རྒྱལ་པོའི་གཙུང་ཤེར་དོ་ནི་ཆོས་རྗེ་བློ་བཟང་ཐུབ་བསྟན་གསལ་བྱེད།
e སྡིག་ལྟུང་བཤགས་ཐབས།（忏悔法）
f 刻本 བཀྲ་ཤིས་ལྷུན་པོ།（西藏日喀则扎什伦布寺）
g 乌金 梵夹装 50×7
h 3 6
i 无 藏纸 黑 完整
j 封面钤有“民族文化宫图书馆藏”印。

204.9
a 26-9
b བླ་མ་ལྔ་བཅུ་པའི་རྣམ་བཤད་དངོས་གྲུབ་རྣམ་གཉིས་ཀྱི་སྒོ་བརྒྱ་འབྱེད་པའི་ལྡེ་མིག
事师五十颂解说·开二悉地多门之钥
c ༄༅།ཤཱཀྱའི་དགེ་སློང་བློ་བཟང་དཔལ་ལྡན་བསྟན་པའི་ཉི་མ་ཕྱོགས་ལས་རྣམ་རྒྱལ།
d ཆུ་ཁྱི་ཁྲི། 水阳狗年（1802）
e བསྟོད་འགྲེལ།（赞释）
f 刻本 བཀྲ་ཤིས་ལྷུན་པོ།（西藏日喀则扎什伦布寺）
g 乌金 梵夹装 49×7

h 9 6
i 无 藏纸 黑 完整
j 封面钤有“民族文化宫图书馆藏”印。

204.10
a 26-10
b དཔལ་གསང་བ་འདུས་པའི་དབང་དོན་དངོས་གྲུབ་བང་མཛོད།
吉祥密集之灌顶释义·悉地宝库之钥
c ༄ཤཱཀྱའི་དགེ་སློང་བློ་བཟང་དཔལ་ལྡན་བསྟན་པའི་ཉི་མ་ཕྱོགས་ལས་རྣམ་རྒྱལ།
d ཆུ་ཕོ་ཁྱི། 水阳狗年（1802）

བཀྲ་ཤིས་ལྷུན་པོའི་གཟིམས་ཆུང་བཀའ་གདམས་ཕོ་བྲང་།（西藏日喀则扎什伦布寺噶当宫殿）
དོན་གཉེར་ཅན་འགའ་ཞིག

e སྔགས།（密宗）
f 刻本 བཀྲ་ཤིས་ལྷུན་པོ།（西藏日喀则扎什伦布寺）
g 乌金 梵夹装 49×7
h 40 6
i 无 藏纸 黑 完整
j 封面钤有“民族文化宫图书馆藏”印。

204.11
a 26-11
b ཕྲེང་བ་ནས་བཤད་པའི་གསང་འདུས་འཇམ་དཔལ་རྡོ་རྗེའི་དཀྱིལ་འཁོར་དུ་དབང་བསྐུར་ཚུལ་བཞུགས་སོ།།
鬘论所说之密集文殊金刚之曼荼罗中灌顶法
c ༄ཤཱཀྱའི་དགེ་སློང་བློ་བཟང་དཔལ་ལྡན་བསྟན་པའི་ཉི་མ་ཕྱོགས་ལས་རྣམ་རྒྱལ།
d ཆུ་ཕོ་ཁྱི། 水阳狗年（1802）

བཀྲ་ཤིས་ལྷུན་པོའི་གཟིམས་ཆུང་བཀའ་གདམས་ཕོ་བྲང་།（西藏日喀则扎什伦布寺噶当宫殿）

e སྔགས།（密宗）

f 刻本 བཀྲ་ཤིས་ལྷུན་པོ། （西藏日喀则扎什伦布寺）

g 乌金 梵夹装 50×7
h 15 6
i 无 藏纸 黑 完整
j 封面钤有“民族文化宫图书馆藏”印。

204.12
a 26-12

b ཐེང་བ་ནས་བཤད་པའི་དཀྱིལ་འཁོར་ཞེ་ལྔའི་ལྷ་དང་སྟོན་ཚུལ།

鬘论所说之曼荼罗四十五尊示面修法

c ༄ཤཱཀྱའི་དགེ་སློང་བློ་བཟང་དཔལ་ལྡན་བསྟན་པའི་ཉི་མ་ཕྱོགས་ལས་རྣམ་རྒྱལ།

d ཆུ་ཕོ་ཁྱི། 水阳狗年（1802）

བཀྲ་ཤིས་ལྷུན་པོའི་གཟིམས་ཆུང་བཀའ་གདམས་ཕོ་བྲང་། （西藏日喀则扎什伦布寺噶当宫殿）

e སྔགས། （密宗）

f 刻本 བཀྲ་ཤིས་ལྷུན་པོ། （西藏日喀则扎什伦布寺）

g 乌金 梵夹装 50×7
h 32 6
i 无 藏纸 黑 完整
j 封面钤有“民族文化宫图书馆藏”印。

204.13
a 26-13

b ཐེང་བ་ནས་བཤད་པའི་དཀྱིལ་འཁོར་ཞེ་ལྔའི་ལྷ་དང་སྟོན་ཚུལ་མདོར་བསྡུས་བཞུགས་སོ།།

鬘论所说之诸曼荼罗诸尊示面略修法

c ༄ཤཱཀྱའི་དགེ་སློང་བློ་བཟང་དཔལ་ལྡན་བསྟན་པའི་ཉི་མ་ཕྱོགས་ལས་རྣམ་རྒྱལ།

d ཆུ་ཕོ་ཁྱི། 水阳狗年（1802）

བཀྲ་ཤིས་ལྷུན་པོའི་གཟིམས་ཆུང་བཀའ་གདམས་ཕོ་བྲང་། （西藏日喀则扎什伦布寺噶当宫殿）

e སྔགས། （密宗）

f 刻本 བཀྲ་ཤིས་ལྷུན་པོ། （西藏日喀则扎什伦布寺）

g 乌金 梵夹装 50×7
h 26 6
i 无 藏纸 黑 完整
j 封面钤有“民族文化宫图书馆藏”印。

204.14
a 26-14

b བཅོམ་ལྡན་འདས་དཔལ་རྡོ་རྗེ་འཇིགས་བྱེད་ཆེན་པོའི་དཀྱིལ་འཁོར་དུ་འཇུག་པའི་དབང་གི་སྔ་གོན་གྱི་རིམ་

བརྒྱམས་བཞུགས་སོ།།

薄伽梵吉祥怖畏金刚曼荼罗中之预行灌顶之次第

c ཤཱཀྱའི་དགེ་སློང་བློ་བཟང་དཔལ་ལྡན་བསྟན་པའི་ཉི་མ་ཕྱོགས་ལས་རྣམ་རྒྱལ།

d ཆུ་ཕོ་ཁྱི། 水阳狗年（1802）

བཀྲ་ཤིས་ལྷུན་པོའི་གཟིམས་ཆུང་བཀའ་གདམས་ཕོ་བྲང་། （西藏日喀则扎什伦布寺噶当宫殿）

e སྔགས། （密宗）

f 刻本 བཀྲ་ཤིས་ལྷུན་པོ། （西藏日喀则扎什伦布寺）

g 乌金 梵夹装 49.5×7
h 8 6
i 无 藏纸 黑 完整
j 封面钤有“民族文化宫图书馆藏”印。

204.15
a 26-15

b བཅོམ་ལྡན་འདས་དཔལ་རྡོ་རྗེ་འཇིགས་བྱེད་ཆེན་པོ་ལྷ་བཅུ་གསུམ་གྱི་དཀྱིལ་འཁོར་དུ་དབང་བསྐུར་ཚུལ་

བཞུགས་སོ།།

薄伽梵怖畏金刚十三尊曼荼罗中灌顶法

c ༄༅།ཀུན་དགེ་སྨོང་བློ་བཟང་དཔལ་ལྡན་བསྟན་པའི་ཉི་མ་ཕྱོགས་ལས་རྣམ་རྒྱལ།

d ཆུ་ཕོ་ཁྱི། 水阳狗年（1802）

བཀྲ་ཤིས་ལྷུན་པོའི་གཟིམས་ཆུང་བཀའ་གདམས་ཕོ་བྲང་།（西藏日喀则扎什伦布寺噶当宫殿）

e སྔགས།（密宗）

f 刻本 བཀྲ་ཤིས་ལྷུན་པོ།（西藏日喀则扎什伦布寺）

g 乌金 梵夹装 49.5×7

h 29 6

i 无 藏纸 黑 完整

j 封面钤有“民族文化宫图书馆藏”印。

204.16

a 26-16

b དཔལ་རྡོ་རྗེ་འཇིགས་བྱེད་ཀྱི་རྫོགས་རིམ་རྣལ་འབྱོར་བཞིའི་ཁྲིད་ཡིག་སྐུ་གསུམ་ནོར་བུའི་གླིང་དུ་བགྲོད་པའི་གྲུ་གཟིངས།

吉祥怖畏金刚之圆满次第四瑜伽之引导·趣三身宝洲之舟楫

c ༄༅།ཀུན་དགེ་སྨོང་བློ་བཟང་དཔལ་ལྡན་བསྟན་པའི་ཉི་མ་ཕྱོགས་ལས་རྣམ་རྒྱལ།

d ཆུ་ཕོ་ཁྱི། 水阳狗年（1802）

བཀྲ་ཤིས་ལྷུན་པོའི་གཟིམས་ཆུང་བཀའ་གདམས་ཕོ་བྲང་།（西藏日喀则扎什伦布寺噶当宫殿）

e རྫོགས་རིམ།（圆满次第）

f 刻本 བཀྲ་ཤིས་ལྷུན་པོ།（西藏日喀则扎什伦布寺）

g 乌金 梵夹装 49×7

h 30 6

i 无 藏纸 黑 完整

j 封面钤有“民族文化宫图书馆藏”印。

204.17

a 26-17

b　དཔལ་དུས་ཀྱི་འཁོར་ལོའི་བུམ་བསྐྱེད་ཀྱི་ཆོ་ག

吉祥时轮净瓶生起仪轨

c　ཤཱཀྱའི་དགེ་སློང་བློ་བཟང་དཔལ་ལྡན་བསྟན་པའི་ཉི་མ་ཕྱོགས་ལས་རྣམ་རྒྱལ།

d　ཆུ་ཕོ་ཁྱི། 水阳狗年（1802）

བཀྲ་ཤིས་ལྷུན་པོའི་གཟིམས་ཆུང་བཀའ་གདམས་ཕོ་བྲང་།（西藏日喀则扎什伦布寺噶当宫殿）

མཚོ་སྔོན་ཞིང་ཆེན་ཁྲིད་པ་ཁང་བསོད་ནམས་རྡོ་རྗེ།

e　སྔགས་ཀྱི་ཆོ་ག（密宗仪轨）

f　刻本　བཀྲ་ཤིས་ལྷུན་པོ།（西藏日喀则扎什伦布寺）

g　乌金　梵夹装　49×7

h　4　6

i　无　藏纸　黑　完整

j　封面钤有“民族文化宫图书馆藏”印。

204. 18

a　26-18

b　བཅོམ་ལྡན་འདས་དཔལ་དུས་ཀྱི་འཁོར་ལོའི་མདུན་བསྐྱེད་སྒྲུབ་པའི་མཆོད་པའི་ཆོ་ག་ཕྱི་རོལ་མཆོད་པ་དང་

བཅས་པ་བཞུགས་སོ།།

薄伽梵吉祥时轮面前生起供修仪轨及外供等

c　ཤཱཀྱའི་དགེ་སློང་བློ་བཟང་དཔལ་ལྡན་བསྟན་པའི་ཉི་མ་ཕྱོགས་ལས་རྣམ་རྒྱལ།

d　ཆུ་ཕོ་ཁྱི། 水阳狗年（1802）

བཀྲ་ཤིས་ལྷུན་པོའི་གཟིམས་ཆུང་བཀའ་གདམས་ཕོ་བྲང་།（西藏日喀则扎什伦布寺噶当宫殿）

མཚོ་སྔོན་ཞིང་ཆེན་ཁྲིད་པ་ཁང་བསོད་ནམས་རྡོ་རྗེ།

e　སྔགས་ཀྱི་ཆོ་ག（密宗仪轨）

f　刻本　བཀྲ་ཤིས་ལྷུན་པོ།（西藏日喀则扎什伦布寺）

g 乌金 梵夹装 50×7
h 21 6
i 无 藏纸 黑 完整
j 封面钤有“民族文化宫图书馆藏”印。

204.19
a 26-19
b བཅོམ་ལྡན་འདས་དཔལ་དུས་ཀྱི་འཁོར་ལོའི་བྱིས་པ་ལྟར་འཇུག་པའི་དབང་འདུན་ལེན་པའི་ཆོ་གའི་ནག་འགྲོས་གཏང་རག་གི་མཆོད་པ་འབུལ་ཚུལ་དང་བཅས་པ་བཞུགས་སོ།།
薄伽梵吉祥时轮如童入取灌顶之仪轨易诵法及酬供法等
c ༄ཤཱཀྱའི་དགེ་སློང་བློ་བཟང་དཔལ་ལྡན་བསྟན་པའི་ཉི་མ་ཕྱོགས་ལས་རྣམ་རྒྱལ།
d ཆུ་ཕོ་ཁྱི། 水阳狗年（1802）
བཀྲ་ཤིས་ལྷུན་པོའི་གཟིམས་ཆུང་བཀའ་གདམས་ཕོ་བྲང་།（西藏日喀则扎什伦布寺噶当宫殿）
མཆོ་སྔོན་ཆིང་ཧང་བསོད་ནམས་རྡོ་རྗེ།
e སྔགས་ཀྱི་ཆོ་ག（密宗仪轨）
f 刻本 བཀྲ་ཤིས་ལྷུན་པོ།（西藏日喀则扎什伦布寺）
g 乌金 梵夹装 50×7
h 19 6
i 无 藏纸 黑 完整
j 封面钤有“民族文化宫图书馆藏”印。

204.20
a 26-20
b མགོན་པོ་ཚེ་དཔག་མེད་ལྷ་དགུའི་དཀྱིལ་འཁོར་དུ་སློབ་མ་གཞུག་ཅིང་དབང་བསྐུར་བའི་རིམ་པ་འཆི་མེད་དཔལ་སྟེར་ ཞེས་བྱ་བ་དང་སྨན་བླ་མཆེད་བདུན་གྱི་རྗེས་གནང་སྐབས་ཀྱི་ཆོས་བཤད་བཅས་བཞུགས་སོ།།
怙主无量寿尊曼荼罗中弟子入住并灌顶次第·长寿吉祥施及药师七昆仲之随许法之说法
c ༄ཤཱཀྱའི་དགེ་སློང་བློ་བཟང་དཔལ་ལྡན་བསྟན་པའི་ཉི་མ་ཕྱོགས་ལས་རྣམ་རྒྱལ།

d ཆུ་ཕོ་ཁྱི། 水阳狗年（1802）

e མན་ངག（善言）

f 刻本 བཀྲ་ཤིས་ལྷུན་པོ།（西藏日喀则扎什伦布寺）

g 乌金 梵夹装 49×7
h 15 6
i 无 藏纸 黑 完整
j 封面钤有“民族文化宫图书馆藏”印。

204.21
a 26-21

b བཅོམ་ལྡན་འདས་མ་རྣམ་རྒྱལ་མའི་སྒྲུབ་དཀྱིལ་འཆི་མེད་བདུད་རྩིའི་བུམ་བཟང་།

薄伽梵尊胜佛母曼荼罗·长寿甘露妙瓶

c ༄ཤཱཀྱའི་དགེ་སློང་བློ་བཟང་དཔལ་ལྡན་བསྟན་པའི་ཉི་མ་ཕྱོགས་ལས་རྣམ་རྒྱལ།

d ཆུ་ཕོ་ཁྱི། 水阳狗年（1802）

e སྒྲུབ་ཐབས།（修心法）

f 刻本 བཀྲ་ཤིས་ལྷུན་པོ།（西藏日喀则扎什伦布寺）

g 乌金 梵夹装 50×7
h 29 6
i 无 藏纸 黑 完整
j 封面钤有“民族文化宫图书馆藏”印。

204.22
a 26-22

b བཅོམ་ལྡན་འདས་འཕགས་མ་གདུགས་དཀར་མོ་ཅན་གྱི་མངོན་དཀྱིལ་ཉེར་འཆོའི་མུན་པ་སེལ་བའི་ཉི་འོད།

薄伽梵圣母白伞盖真实曼荼罗·消除黑暗之日光

c ༄ཤཱཀྱའི་དགེ་སློང་བློ་བཟང་དཔལ་ལྡན་བསྟན་པའི་ཉི་མ་ཕྱོགས་ལས་རྣམ་རྒྱལ།

d ཆུ་ཕོ་ཁྱི། 水阳狗年（1802）

བཀྲ་ཤིས་ལྷུན་པོའི་གཟིམས་ཁྱུང་བཀའ་གདམས་ཕོ་བྲང་།（西藏日喀则扎什伦布寺噶当宫殿）

e སྔགས།（密宗）

f 刻本 བཀྲ་ཤིས་ལྷུན་པོ།（西藏日喀则扎什伦布寺）

g 乌金 梵夹装 50×7
h 34 6
i 无 藏纸 黑 完整
j 封面钤有“民族文化宫图书馆藏”印。

204.23
a 26-23

b འཕགས་པ་བཅུ་གཅིག་ཞལ་ལྷ་ལྔའི་དབང་བསྐུར་བའི་ཆོ་ག་སྐལ་ལྡན་གདུང་བ་སེལ་བའི་བདུད་རྩིའི་ཆུ་རྒྱུན་ཞེས་བྱ་བ་བཞུགས་སོ།།

圣十一面观音五尊之灌顶仪轨·具缘除苦之甘露长流

c ༄༅།ཀུན་གྱི་དགེ་སྐོང་ཐོ་བཟང་དཔལ་ལྡན་བསྟན་པའི་ཉི་མ་ཕྱོགས་ལས་རྣམ་རྒྱལ།

d ཆུ་ཕོ་ཁྱི། 水阳狗年（1802）

བཀྲ་ཤིས་ལྷུན་པོའི་གཟིམས་ཁྱུང་བཀའ་གདམས་ཕོ་བྲང་།（西藏日喀则扎什伦布寺噶当宫殿）

e སྔགས་ཀྱི་ཆོ་ག（密宗仪轨）

f 刻本 བཀྲ་ཤིས་ལྷུན་པོ།（西藏日喀则扎什伦布寺）

g 乌金 梵夹装 49.5×7
h 11 6
i 无 藏纸 黑 完整
j 封面钤有“民族文化宫图书馆藏”印。

204.24
a 26-24

b ཀྱཻ་རྡོར་ལྷ་དགུའི་སྒྲུབ་ཐབས་ངག་འདོན་ནག་འགྲོས་སུ་བཀོད་པ།

喜金刚九尊修法易诵通轨

c ཤཱཀྱའི་དགེ་སློང་བློ་བཟང་དཔལ་ལྡན་བསྟན་པའི་ཉི་མ་ཕྱོགས་ལས་རྣམ་རྒྱལ།

d ཆུ་ཕོ་ཁྱི། 水阳狗年（1802） བྱ་མདའ་རི་ཁྲོད་པ་ཕག་མོ་བསྟན་འཛིན།

e སྦྱོང་ཐབས།（修心法）

f 刻本 བཀྲ་ཤིས་ལྷུན་པོ།（西藏日喀则扎什伦布寺）

g 乌金 梵夹装 49×7
h 20 6
i 无 藏纸 黑 完整
j 封面钤有“民族文化宫图书馆藏”印。

204.25
a 26-25

b ཀུན་རིག་གི་ཆོ་གའི་སྙིང་པོ་ངན་འགྲོའི་ཚ་གདུང་སེལ་བའི་བདུད་རྩིའི་ཆུ་རྒྱུན་ཞེས་བྱ་བ་བཞུགས་སོ།།

遍知仪轨心要·除恶趣剧苦之甘露长流

c ཤཱཀྱའི་དགེ་སློང་བློ་བཟང་དཔལ་ལྡན་བསྟན་པའི་ཉི་མ་ཕྱོགས་ལས་རྣམ་རྒྱལ།

d ཆུ་ཕོ་ཁྱི། 水阳狗年（1802）

བཀྲ་ཤིས་ལྷུན་པོའི་གཟིམས་ཆུང་བཀའ་གདམས་ཕོ་བྲང་།（西藏日喀则扎什伦布寺噶当宫殿）

ཞ་ཤུར་དཔོན་བསོད་ནམས་དབང་རྒྱལ།

e སྔགས་ཀྱི་ཆོ་ག（密宗仪轨）

f 刻本 བཀྲ་ཤིས་ལྷུན་པོ།（西藏日喀则扎什伦布寺）

g 乌金 梵夹装 49×7
h 20 6
i 无 藏纸 黑 完整
j 封面钤有“民族文化宫图书馆藏”印。

204.26
a 26-26

b མགོན་དཀར་ཡིད་བཞིན་ནོར་བུའི་གཏོར་ཆོག

白色如意宝怙主之神馐仪轨

c ༄ཤཱཀྱའི་དགེ་སློང་བློ་བཟང་དཔལ་ལྡན་བསྟན་པའི་ཉི་མ་ཕྱོགས་ལས་རྣམ་རྒྱལ།

d ཆུ་ཕོ་ཁྱི། 水阳狗年（1802）

བཀྲ་ཤིས་ལྷུན་པོའི་གཟིམས་ཆུང་བཀའ་གདམས་ཕོ་བྲང་།（西藏日喀则扎什伦布寺噶当宫殿）

e ཆོ་ག（仪轨）

f 刻本 བཀྲ་ཤིས་ལྷུན་པོ།（西藏日喀则扎什伦布寺）

g 乌金 梵夹装 50×7

h 7 6

i 无 藏纸 黑 完整

j 封面钤有“民族文化宫图书馆藏”印。

205

A 3662 3532

B བསྟན་པའི་ཉི་མའི་གསུང་འབུམ།

丹白尼玛文集

C ཆ

D བློ་བཟང་དཔལ་ལྡན་བསྟན་པའི་ཉི་མ་ཕྱོགས་ལས་རྣམ་རྒྱལ་དཔལ་བཟང་པོ།

同 3658 介绍。

E 馆藏齐全。

205.1

a 28-1

b པཎ་ཆེན་ཐམས་ཅད་མཁྱེན་པ་རྗེ་བཙུན་བློ་བཟང་དཔལ་ལྡན་བསྟན་པའི་ཉི་མ་ཕྱོགས་ལས་རྣམ་རྒྱལ་དཔལ་

བཟང་ པོའི་གསུང་འབུམ་ཆ་པའི་དཀར་ཆག

班禅一切智至尊洛桑白登丹白尼玛文集ཆ字函目录

c

d

e དཀར་ཆག（目录）

f 刻本
g 乌金 梵夹装 48.5×7
h 3 6
i 无 藏纸 黑 完整
j 封面钤有“民族文化宫图书馆藏”印。

205.2
a 28-2

b ཁམས་གསུམ་ཆོས་ཀྱི་རྒྱལ་པོ་ཙོང་ཁ་པ་ཆེན་པོའི་ནང་ཐུགས་ཀྱི་སྲས་གཅིག་བླ་མེད་མཁས་གྲུབ་སྨྲ་བའི་ཉི་མ་དགེ་ལེགས་དཔལ་བཟང་པོ་ལ་ཕྱི་ནང་གསང་གསུམ་གྱི་རྣམ་པར་ཐར་པའི་སྒོ་ནས་གསོལ་བ་འདེབས་པ་དད་པའི་རོལ་མཚོ་སྤེལ་བའི་བླ་འོད།

三界法王宗喀巴之唯一得意弟子克珠玛哇尼玛格勒贝桑前由三密史事而作祈愿文·信者

c བློ་བཟང་དཔལ་ལྡན་བསྟན་པའི་ཉི་མ་ཕྱོགས་ལས་རྣམ་རྒྱལ།

d

e གསོལ་འདེབས།（启请文）

f 刻本 བཀྲ་ཤིས་ལྷུན་པོ།（西藏日喀则扎什伦布寺）

g 乌金 梵夹装 48×7
h 5 6
i 有 藏纸 黑 完整
j 封面钤有“民族文化宫图书馆藏”印。

205.3
a 28-3

b བླ་མ་སྣ་ཚོགས་ཀྱི་བརྟན་བཞུགས་དང་འཁྲུངས་རབས་གསོལ་འདེབས་འཁྲུངས་ཐང་འབྲི་ཚུལ་མྱུར་འབྱོན་གསོལ་འདེབས་རྗེས་འཛིན་སྨོན་ཚིག་སོགས་ཀྱི་རིམ་པ་རྣམས་ཕྱོགས་གཅིག་ཏུ་བསྡེབས་པ།

各上师之请住世文、本生启请文、本生画轴画法、速转世祈愿文、忆念愿文等次第合编

c བློ་བཟང་དཔལ་ལྡན་བསྟན་པའི་ཉི་མ་ཕྱོགས་ལས་རྣམ་རྒྱལ།

d

e གསོལ་འདེབས།（启请文）

f 刻本 བཀྲ་ཤིས་ལྷུན་པོ།（西藏日喀则扎什伦布寺）

g 乌金 梵夹装 48×7

h 82 6

i 无 藏纸 黑 完整

j 封面钤有“民族文化宫图书馆藏”印。

205.4

a 28-4

b འཕགས་པ་དཀོན་མཆོག་བརྩེགས་པའི་པའི་མདོ་ལས་འདུལ་བ་རྣམ་པར་གཏན་ལ་དབབ་པ་ཉེ་བར་འཁོར་གྱིས་ཞུས་ པ་ཞེས་བྱ་བའི་འགྲེལ་པ་རྒྱལ་སྲས་སྤྱོད་པའི་དང་ཚུལ་གསལ་བའི་མེ་ལོང་།

圣宝积经中毗奈耶抉择优婆离所问品释·佛子行明镜

c བློ་བཟང་དཔལ་ལྡན་བསྟན་པའི་ཉི་མ་ཕྱོགས་ལས་རྣམ་རྒྱལ།

d

e མདོ་འགྲེལ།（显宗释）

f 刻本 བཀྲ་ཤིས་ལྷུན་པོ།（西藏日喀则扎什伦布寺）

g 乌金 梵夹装 48×7

h 71 6

i 无 藏纸 黑 完整

j 封面钤有“民族文化宫图书馆藏”印。

205.5

a 28-5

b རྗེ་བཙུན་འཕགས་མ་སྒྲོལ་མའི་མཚན་བརྒྱ་རྩ་བརྒྱད་པའི་འགྲེལ་པ་ཕྱི་ནང་འཇིགས་བརྒྱད་ཀྱི་གཙོས་པའི་ངལ་གསོའི་གླིང་།

至尊圣度母名称一百零八释·内外八畏之安息洲

c　བློ་བཟང་དཔལ་ལྡན་བསྟན་པའི་ཉི་མ་ཕྱོགས་ལས་རྣམ་རྒྱལ།

d　བཀྲས་ལྷུན་གཟིམ་ཆུང་བཀའ་གདམས་ཕོ་བྲང་།（西藏日喀则扎什伦布寺噶当宫殿）

e　མཚན་འགྲེལ།（名称释）

f　刻本　བཀྲ་ཤིས་ལྷུན་པོ།（西藏日喀则扎什伦布寺）

g　乌金　梵夹装　48×7
h　24　6
i　无　藏纸　黑　完整
j　封面钤有“民族文化宫图书馆藏”印。

205.6
a　28-6
b　རྗེ་བཙུན་བློ་བཟང་དཔལ་ལྡན་ཡེ་ཤེས་ཀྱིས་མཛད་པའི་ཤམྦྷ་ལའི་སྨོན་ལམ་གྱི་འགྲེལ་པ་རིགས་ལྡན་ཞལ་

བཟང་བལྟ་བའི་ཤེལ་དཀར་མེ་ལོང་།

至尊洛桑白登耶喜所著之香拔拉愿文注释·观持种妙容之晶镜

c　བློ་བཟང་དཔལ་ལྡན་བསྟན་པའི་ཉི་མ་ཕྱོགས་ལས་རྣམ་རྒྱལ།

d　བཀྲས་ལྷུན་གཟིམ་ཆུང་བཀའ་གདམས་ཕོ་བྲང་།（西藏日喀则扎什伦布寺噶当宫殿）

e　སྨོན་འགྲེལ།（祈愿释）

f　刻本　བཀྲ་ཤིས་ལྷུན་པོ།（西藏日喀则扎什伦布寺）

g　乌金　梵夹装　48×7
h　10　6
i　无　藏纸　黑　完整
j　封面钤有“民族文化宫图书馆藏”印。

205.7
a　28-7

b　རྣམ་པར་རྒྱལ་མ་ལ་བརྟེན་ནས་རང་གཞན་གྱི་ཚེ་སྒྲུབ་བྱ་ཚུལ་དང་རྗེ་བཙུན་སྒྲོལ་དཀར་གྱི་སྒོ་ནས་ཚེ་སྒྲུབ་བྱ་

ཚུལ་འཆི་མེད་བདུད་རྩིའི་དཔལ་སྟེར།

依尊胜佛母修自他长寿修法与至尊白度母法中长寿修法·长寿甘露吉祥施

c　བློ་བཟང་དཔལ་ལྡན་བསྟན་པའི་ཉི་མ་ཕྱོགས་ལས་རྣམ་རྒྱལ།

d

e ཚེ་སྒྲུབ།（长寿修法）

f　刻本　བཀྲ་ཤིས་ལྷུན་པོ།（西藏日喀则扎什伦布寺）

g　乌金　梵夹装　48×7

h　8　6

i　无　藏纸　黑　完整

j　封面钤有“民族文化宫图书馆藏”印。

205.8

a　28-8

b　འདོད་ལྷ་སྣ་ཚོགས་བཀའ་ལ་བརྟེན་པའི་སྒྲུབ་ཐབས་དང་ལས་ཚོགས་སྒྲུབ་ཚུལ་བཅས་ཆབས་གཅིག་ཏུ་བསྡེབས་པ།

依诸欲天之修法及作业等合编

c　བློ་བཟང་དཔལ་ལྡན་བསྟན་པའི་ཉི་མ་ཕྱོགས་ལས་རྣམ་རྒྱལ།

d　བཀྲས་ལྷུན་གཟིམ་ཆུང་ཡིད་དགའ་ཆོས་འཛིན།（西藏日喀则扎什伦布寺）

e　ལས་ཚོགས།（业资）

f　刻本　བཀྲ་ཤིས་ལྷུན་པོ།（西藏日喀则扎什伦布寺）

g　乌金　梵夹装　48×7

h　20　6

i　无　藏纸　黑　完整

j　封面钤有“民族文化宫图书馆藏”印。

205.9

a　28-9

b　བཅོམ་ལྡན་འདས་དཔལ་ཀྱི་རྡོ་རྗེའི་རིམ་པ་དང་པོའི་ལམ་ལ་སློབ་ཚུལ་མཁས་གྲུབ་ཞལ་ལུང་གསལ་བའི་གཙུག་རྒྱན།

薄伽梵吉祥金刚之次第最初道中学法·善巧成就者之语教顶饰

c བློ་བཟང་དཔལ་ལྡན་བསྟན་པའི་ཉི་མ་ཕྱོགས་ལས་རྣམ་རྒྱལ།

d

e སྔགས།（密宗）

f 刻本 བཀྲ་ཤིས་ལྷུན་པོ།（西藏日喀则扎什伦布寺）

g 乌金 梵夹装 48×7
h 52 6
i 无 藏纸 黑 完整
j 封面钤有“民族文化宫图书馆藏”印。

205.10
a 28-10

b བཅོམ་ལྡན་འདས་ཀྱི་རྡོ་རྗེའི་རྫོགས་རིམ་གྱི་འཁྲིད་ཡིག་སྡོམ་བཞིའི་རྣལ་འབྱོར་གྲོལ་ལམ་སྙིང་གི་ཐིག་ལེ་ཞེས་བྱ་བ་རྫི་ ཧ་ར་དྲི་སྨ།

薄伽梵喜金刚之圆满次第引导·四戒之瑜伽解脱道心滴

c བློ་བཟང་དཔལ་ལྡན་བསྟན་པའི་ཉི་མ་ཕྱོགས་ལས་རྣམ་རྒྱལ།

d

e རྫོགས་རིམ།（圆满次第）

f 刻本 བཀྲ་ཤིས་ལྷུན་པོ།（西藏日喀则扎什伦布寺）

g 乌金 梵夹装 48×7
h 48 6
i 无 藏纸 黑 完整
j 封面钤有“民族文化宫图书馆藏”印。

205.11
a 28-11

b ཀྱཻ་རྡོར་ལྷ་དགུའི་ཚོགས་ཀྱི་མཆོད་པ་ཇི་ལྟར་བྱ་བའི་ཚུལ་དངོས་གྲུབ་ཀྱི་སྒོ་བརྒྱ་འབྱེད་པའི་ལྡེ་མིག

喜金刚九尊之会供法·开悉地多门之钥

c བློ་བཟང་དཔལ་ལྡན་བསྟན་པའི་ཉི་མ་ཕྱོགས་ལས་རྣམ་རྒྱལ།

d

e ལས་ཚོགས།（业资）

f 刻本 བཀྲ་ཤིས་ལྷུན་པོ།（西藏日喀则扎什伦布寺）

g 乌金 梵夹装 48×7
h 7 6
i 无 藏纸 黑 完整
j 封面钤有“民族文化宫图书馆藏”印。

205.12
a 28-12

b ཡི་དམ་དགྱེས་པ་རྡོ་རྗེ་ལྷ་དགུའི་བསྙེན་པ་ཇི་ལྟར་བྱ་ཚུལ་དངོས་གྲུབ་ཀྱི་བང་མཛོད།

本尊喜金刚九尊之闭关静修法·悉地宝库

c བློ་བཟང་དཔལ་ལྡན་བསྟན་པའི་ཉི་མ་ཕྱོགས་ལས་རྣམ་རྒྱལ།

d

e བསྙེན་ཡིག（念修文）

f 刻本 བཀྲ་ཤིས་ལྷུན་པོ།（西藏日喀则扎什伦布寺）

g 乌金 梵夹装 48×7
h 12 6
i 无 藏纸 黑 完整
j 封面钤有“民族文化宫图书馆藏”印。

205.13
a 28-13

b དམ་ཅན་ཆོས་ཀྱི་རྒྱལ་པོའི་བསྙེན་སྒྲུབ་ཇི་ལྟར་བྱ་བའི་བསྙེན་ཡིག་བཻཌཱུར་འཕྲེང་བ།

荡金曲吉之闭关静修法修念文·吠琉璃鬘

c བློ་བཟང་དཔལ་ལྡན་བསྟན་པའི་ཉི་མ་ཕྱོགས་ལས་རྣམ་རྒྱལ།

d བཀྲས་ལྷུན་གཟིམ་ཆུང་བཀའ་གདམས་ཕོ་བྲང་།（西藏日喀则扎什伦布寺噶当宫殿）

e བསྙེན་ཡིག（念修文）

f 刻本 བཀྲ་ཤིས་ལྷུན་པོ།（西藏日喀则扎什伦布寺）

g 乌金 梵夹装 48×7
h 5 6
i 无 藏纸 黑 完整
j 封面钤有“民族文化宫图书馆藏”印。

205.14
a 28-14

b བཅོམ་ལྡན་འདས་དཔལ་དུས་ཀྱི་འཁོར་ལོའི་ཞི་བའི་སྦྱིན་སྲེག་གི་ཆོ་ག་དངོས་གྲུབ་རིན་ཆེན་འདྲེན་པའི་ཤིང་རྟ།

薄伽梵吉祥时轮之息灾护摩仪轨·引悉地大宝之车

c བློ་བཟང་དཔལ་ལྡན་བསྟན་པའི་ཉི་མ་ཕྱོགས་ལས་རྣམ་རྒྱལ།

d

e ཆོ་ག（仪轨）

f 刻本 བཀྲ་ཤིས་ལྷུན་པོ།（西藏日喀则扎什伦布寺）

g 乌金 梵夹装 48×7
h 14 6
i 无 藏纸 黑 完整
j 封面钤有“民族文化宫图书馆藏”印。

205.15
a 28-15

b བཅོམ་ལྡན་འདས་ཀྱི་རྡོ་རྗེའི་ལས་བཞིའི་སྦྱིན་སྲེག་གི་ཆོ་ག་ཀླུ་དབང་གཙུག་གི་ནོར་བུ།

薄伽梵喜金刚之四种事业护摩仪轨·鲁王顶宝

c བློ་བཟང་དཔལ་ལྡན་བསྟན་པའི་ཉི་མ་ཕྱོགས་ལས་རྣམ་རྒྱལ།

d

e ལས་ཚོགས།（业资）

f 刻本 བཀྲ་ཤིས་ལྷུན་པོ།（西藏日喀则扎什伦布寺）

g 乌金 梵夹装 48×7
h 9 6
i 无 藏纸 黑 完整
j 封面钤有“民族文化宫图书馆藏”印。

205.16

a 28-16

b བཅོམ་ལྡན་འདས་རྣམ་པར་སྣང་མཛད་མངོན་པར་བྱང་ཆུབ་པའི་ཞི་རྒྱས་ཀྱི་སྦྱིན་སྲེག་དངོས་གྲུབ་ནོར་བུའི་

བཅུད་ཀྱིས་བརླམས་པའི་བུམ་བཟང་།

薄伽梵毗卢现证菩提之息灾与增益之护摩法·悉地宝精华充满之妙瓶

c བློ་བཟང་དཔལ་ལྡན་བསྟན་པའི་ཉི་མ་ཕྱོགས་ལས་རྣམ་རྒྱལ།

d

e ལས་ཚོགས།（业资）

f 刻本 བཀྲ་ཤིས་ལྷུན་པོ།（西藏日喀则扎什伦布寺）

g 乌金 梵夹装 48×7

h 9 6

i 无 藏纸 黑 完整

j 封面钤有“民族文化宫图书馆藏”印。

205.17

a 28-17

b ཚེ་དཔག་མེད་གྲུབ་རྒྱལ་ལུགས་ཀྱི་ཞི་རྒྱས་ཀྱི་སྦྱིན་སྲེག་དངོས་གྲུབ་ཀུན་འབྱུང་།

珠吉传规之无量寿息灾与增益护摩法·悉地普生

c བློ་བཟང་དཔལ་ལྡན་བསྟན་པའི་ཉི་མ་ཕྱོགས་ལས་རྣམ་རྒྱལ།

d བཀྲས་ལྷུན་གཟིམ་ཆུང་བཀའ་གདམས་ཕོ་བྲང་།（西藏日喀则扎什伦布寺噶当宫殿）

e ལས་ཚོགས།（业资）

f 刻本 བཀྲ་ཤིས་ལྷུན་པོ།（西藏日喀则扎什伦布寺）

g 乌金 梵夹装 48×7

h 12 6

i 无 藏纸 黑 完整

j 封面钤有“民族文化宫图书馆藏”印。

205.18

a 28-18

b ཚེ་དཔག་མེད་ལྷ་དགུའི་ལས་བཞིའི་སྦྱིན་སྲེག་ཇེ་ལྟར་བྱ་བའི་ཚུལ།

无量寿九尊之四种事业护摩修法

c བློ་བཟང་དཔལ་ལྡན་བསྟན་པའི་ཉི་མ་ཕྱོགས་ལས་རྣམ་རྒྱལ།

d

e ལས་ཚོགས།（业资）

f 刻本 བཀྲ་ཤིས་ལྷུན་པོ།（西藏日喀则扎什伦布寺）

g 乌金 梵夹装 48×7

h 4 6

i 无 藏纸 黑 完整

j 封面钤有“民族文化宫图书馆藏”印。

205.19

a 28-19

b སྒྲོལ་མ་ཉི་ཤུ་རྩ་གཅིག་ལ་བརྟེན་པའི་ཞི་རྒྱས་ཀྱི་སྦྱིན་སྲེག་དངོས་གྲུབ་ཀུན་འབྱུང་།

依救度母二十一尊法修息灾与增益护摩法·悉地普生

c བློ་བཟང་དཔལ་ལྡན་བསྟན་པའི་ཉི་མ་ཕྱོགས་ལས་རྣམ་རྒྱལ།

d བཀྲས་ལྷུན་གཟིམ་ཆུང་བཀའ་གདམས་ཕོ་བྲང་།（西藏日喀则扎什伦布寺噶当宫殿）

e ལས་ཚོགས།（业资）

f 刻本 བཀྲ་ཤིས་ལྷུན་པོ།（西藏日喀则扎什伦布寺）

g 乌金 梵夹装 48×7

h 11 6

i 无 藏纸 黑 完整

j 封面钤有“民族文化宫图书馆藏”印。

205.20

a 28-20

b དཔོན་སློབ་སྐྱེར་སྒང་པའི་ལུགས་ཀྱི་རྟ་མགྲིན་གསང་སྒྲུབ་ཀྱི་ཞི་བའི་སྦྱིན་སྲེག་བྱ་ཚུལ།

结冈传规之密修马头金刚之息灾护摩修法

c བློ་བཟང་དཔལ་ལྡན་བསྟན་པའི་ཉི་མ་ཕྱོགས་ལས་རྣམ་རྒྱལ།

d

e ལས་ཚོགས། （业资）

f 刻本 བཀྲ་ཤིས་ལྷུན་པོ། （西藏日喀则扎什伦布寺）

g 乌金 梵夹装 48×7

h 8 6

i 无 藏纸 黑 完整

j 封面钤有“民族文化宫图书馆藏”印。

205.21

a 28-21

b ལྷ་ཆེན་གནོད་སྦྱིན་འབར་བའི་དབང་དྲག་གི་སྦྱིན་སྲེག་ཁམས་གསུམ་དབང་སྡུད།

药叉大神坝哇之权威二种护摩法·权摄三界

c བློ་བཟང་དཔལ་ལྡན་བསྟན་པའི་ཉི་མ་ཕྱོགས་ལས་རྣམ་རྒྱལ།

d

e ལས་ཚོགས། （业资）

f 刻本 བཀྲ་ཤིས་ལྷུན་པོ། （西藏日喀则扎什伦布寺）

g 乌金 梵夹装 48×7

h 8 6

i 无 藏纸 黑 完整

j 封面钤有“民族文化宫图书馆藏”印。

205.22

a 28-22

b མདོ་སྔགས་ཀྱི་གནད་རྣམས་ལ་དྲི་བ་ཞུས་པའི་ལན་རྣམས་ཕྱོགས་གཅིག་ཏུ་བསྡེབས་པ།

显密诸要义之问答集合编

c བློ་བཟང་དཔལ་ལྡན་བསྟན་པའི་ཉི་མ་ཕྱོགས་ལས་རྣམ་རྒྱལ།

d

e དྲི་བ་དྲིས་ལན། （问答）

f 刻本 བཀྲ་ཤིས་ལྷུན་པོ།（西藏日喀则扎什伦布寺）

g 乌金 梵夹装 48×7
h 10 6
i 无 藏纸 黑 完整
j 封面钤有“民族文化宫图书馆藏”印。

205.23
a 28-23

b ཡེ་ཤེས་ཀྱི་མཁའ་འགྲོ་མ་སེངྒེའི་གདོང་པ་ཅན་གྱི་ཐུགས་དམ་སྐོང་ཞིང་འཕྲིན་ལས་འཚོལ་བའི་རིམ་པ་བཻཌཱུརྱའི་

འཕྲེང་བ།

智慧空行母狮相佛母之酬供、请托事业次第·吠琉璃鬘

c བློ་བཟང་དཔལ་ལྡན་བསྟན་པའི་ཉི་མ་ཕྱོགས་ལས་རྣམ་རྒྱལ།

d བཀྲས་ལྷུན་གཟིམ་ཆུང་བཀའ་གདམས་ཕོ་བྲང་།（西藏日喀则扎什伦布寺噶当宫殿）

e ཆོ་ག（仪轨）

f 刻本 བཀྲ་ཤིས་ལྷུན་པོ།（西藏日喀则扎什伦布寺）

g 乌金 梵夹装 48×7
h 9 6
i 无 藏纸 黑 完整
j 封面钤有“民族文化宫图书馆藏”印。

205.24
a 28-24

b བསྟན་མ་བཅུ་གཉིས་ཀྱི་ནང་ཚན་རྡོ་རྗེ་ཁྱུང་ཡུང་མ་ཞི་དྲག་གཉིས་ཀྱི་གཏོར་ཆོག

十二女护法之内目金刚鹏教静猛神馐仪轨

c བློ་བཟང་དཔལ་ལྡན་བསྟན་པའི་ཉི་མ་ཕྱོགས་ལས་རྣམ་རྒྱལ།

d

e ཆོ་ག（仪轨）

f 刻本 བཀྲ་ཤིས་ལྷུན་པོ།（西藏日喀则扎什伦布寺）

g 乌金 梵夹装 48×7
h 16 6
i 无 藏纸 黑 完整
j 封面钤有“民族文化宫图书馆藏”印。

205.25
a 28-25

b བརྟེན་གསར་བཞེངས་ཀྱི་དཀར་ཆག་དང་རྒྱབ་ཡིག་ཁ་བྱང་འདོད་གསོལ་སྨོན་ཚིག་སོགས་ཀྱི་རིམ་པ་རྣམས་ཕྱོགས་གཅིག་ཏུ་བསྒྲིབས་པ།

新造佛像、经、塔之目录、背文、标题、祈祷愿文等次第合编

c བློ་བཟང་དཔལ་ལྡན་བསྟན་པའི་ཉི་མ་ཕྱོགས་ལས་རྣམ་རྒྱལ།

d

e དཀར་ཆག་སོགས།（目录）

f 刻本 བཀྲ་ཤིས་ལྷུན་པོ།（西藏日喀则扎什伦布寺）

g 乌金 梵夹装 48×7
h 16 6
i 无 藏纸 黑 完整
j 封面钤有“民族文化宫图书馆藏”印。

205.26
a 28-26

b གཞི་བདག་ཁང་ཀའི་རྒྱལ་པོའི་བསྐང་གསོ་ཆ་ལག་ཚང་བ།

地神康嘎吉布之酬供全法

c བློ་བཟང་དཔལ་ལྡན་བསྟན་པའི་ཉི་མ་ཕྱོགས་ལས་རྣམ་རྒྱལ།

d བཀྲས་ལྷུན་གཟིམ་ཆུང་བཀའ་གདམས་ཕོ་བྲང་།（西藏日喀则扎什伦布寺噶当宫殿）

e ཆོ་ག（仪轨）

f 刻本 བཀྲ་ཤིས་ལྷུན་པོ།（西藏日喀则扎什伦布寺）

g 乌金 梵夹装 48×7
h 8 6

i 无 藏纸 黑 完整
j 封面钤有“民族文化宫图书馆藏”印。

205.27
a 28-27
b གཙོད་སྦྱིན་འབར་བའི་མངོན་རྟོགས་སྤྱན་འདྲེན་བསྐང་བཤགས་བསྟོད་བསྐུལ་མངའ་གསོལ་དང་བཅས་པ་བདུད་སྡེའི་བྲག་རི་འཇོམས་པའི་གནམ་ལྕགས།
药叉坝哇之修持法、迎请、酬忏、赞颂、劝请事业、祈愿等法·摧坏魔军坚山之霹雳
c བློ་བཟང་དཔལ་ལྡན་བསྟན་པའི་ཉི་མ་ཕྱོགས་ལས་རྣམ་རྒྱལ།
d བཀྲས་ལྷུན་གཞིམ་ཆུང་བཀའ་གདམས་ཕོ་བྲང་།（西藏日喀则扎什伦布寺噶当宫殿）
e བསྐང་བཤགས་སོགས།（酬忏）
f 刻本 བཀྲ་ཤིས་ལྷུན་པོ།（西藏日喀则扎什伦布寺）
g 乌金 梵夹装 48×7
h 6 6
i 无 藏纸 黑 完整
j 封面钤有“民族文化宫图书馆藏”印。

205.28
a 28-28
b དྲེགས་པ་གྲོགས་འཛིན་ཆེན་པོ་རྒྱལ་ཆེན་བསེ་ཁྲབ་ཅན་གྱི་བསྐང་བཤགས་བསྙས་བསྟོད་སོགས་ཆ་ཚང་བ་དང་རྒྱུན་ཁྱེར་གཏོར་བསྔོ་འཕྲིན་བཅོལ་དང་བཅས་པ།
大明王色操坚之酬忏、赞颂等全法及常用供神馐回向并请托事业
c བློ་བཟང་དཔལ་ལྡན་བསྟན་པའི་ཉི་མ་ཕྱོགས་ལས་རྣམ་རྒྱལ།
d
e བསྐང་བཤགས་སོགས།（酬忏）
f 刻本 བཀྲ་ཤིས་ལྷུན་པོ།（西藏日喀则扎什伦布寺）
g 乌金 梵夹装 48×7

h 8 6
i 有 藏纸 黑 完整
j 封面钤有“民族文化宫图书馆藏”印。

206
A 3663 3533

B བསྟན་པའི་ཉི་མའི་གསུང་འབུམ།

丹白尼玛文集

C ཛ

D བློ་བཟང་དཔལ་ལྡན་བསྟན་པའི་ཉི་མ་ཕྱོགས་ལས་རྣམ་རྒྱལ་དཔལ་བཟང་པོ།

同3658介绍。

E 此函民族宫目录著录为27卷，西藏图书馆藏品中缺一卷：《千手千眼白伞盖佛母之会供、煨桑供及招财运等法》。

206.1
a 26-1

b རྗེ་བཙུན་བློ་བཟང་དཔལ་ལྡན་བསྟན་པའི་ཉི་མ་ཕྱོགས་ལས་རྣམ་རྒྱལ་དཔལ་བཟང་པོའི་གསུང་འབུམ་ཛ་པའི་དཀར་ཆག་བཞུགས་སོ།།

至尊洛桑白登丹白尼玛文集ཛ字函目录

c
d

e དཀར་ཆག（目录）

f 刻本 བཀྲ་ཤིས་ལྷུན་པོ།（西藏日喀则扎什伦布寺）

g 乌金 梵夹装 50×7
h 6 6
i 无 藏纸 黑 完整
j 封面钤有“民族文化宫图书馆藏”印。

206.2
a 26-2

b ཚད་མའི་ལམ་ཁྲིད་རིག་པའི་སྒོ་བརྒྱ་འབྱེད་པའི་ལྡེ་མིག་ཅེས་བྱ་བ་བཞུགས་སོ།།

量之理路引导 · 开多门之钥

c ཤཱཀྱའི་དགེ་སློང་བློ་བཟང་དཔལ་ལྡན་བསྟན་པའི་ཉི་མ།

d བཀྲ་ལྷུན་གཟིམས་ཆུང་བཀའ་གདམས་ཕོ་བྲང་།（西藏日喀则扎什伦布寺噶当宫殿）

མཁན་ཆེན་ནོ་མིན་ཧན་བློ་བཟང་ཚེ་དབང་སྐྱབས་མཆོག

e ཚད་མ།（因明学）

f 刻本 བཀྲ་ཤིས་ལྷུན་པོ།（西藏日喀则扎什伦布寺）

g 乌金 梵夹装 50×7

h 23 6

i 有 藏纸 黑 完整

j 封面钤有“民族文化宫图书馆藏”印。

206.3

a 26-3

b རྗེ་རང་ཉིད་ཀྱི་བརྟན་བཞུགས་སོགས་ཀྱི་རིམ་པ་དང་གསོལ་འདེབས་སྨོན་ཚིག་རྗེས་འཛིན་གྱི་རིམ་པ་རྣམས་

ཕྱོགས་ གཅིག་ཏུ་བསྡེབས་པ་བཞུགས་སོ།།

大师之请住世文等次第、祈请、忆念等次第集合编

c ཤཱཀྱའི་དགེ་སློང་བློ་བཟང་དཔལ་ལྡན་བསྟན་པའི་ཉི་མ།

d དགེ་སློང་དབུ་མཛད་བློ་བཟང་བཟོད་པ་སོགས།

e གསོལ་འདེབས་སོགས།（启请文）

f 刻本 བཀྲ་ཤིས་ལྷུན་པོ།（西藏日喀则扎什伦布寺）

གསོལ་དཔོན་རྗེ་དྲུང་བློ་བཟང་དཔལ་འབྱོར།

g 乌金 梵夹装 50×7

h 33 6

i 无 藏纸 黑 完整

j 封面钤有“民族文化宫图书馆藏”印。

206.4

a 26-4

b ཉམས་མགུར་དང་འབྲེལ་བའི་གསོལ་འདེབས་རྗེས་འཛིན་སྨོན་ཚིག་སོགས་ཀྱི་རིམ་པ་ཕྱོགས་གཅིག་ཏུ་ བསྒྲིབས་པ་

བཞུགས་སོ།།

道情歌及注释之祈请、忆念、发愿等次第合编

c གཟིམས་ཆུང་བཀའ་གདམས་ཕོ་བྲང་སོགས།

d ལྷན་མ་སྤྲུལ་སྐུ་བློ་བཟང་དཔལ་འབྱོར་རྒྱལ་མཚན་སོགས།

e ཉམས་མགུར།（道歌）

f 刻本 བཀྲ་ཤིས་ལྷུན་པོ།（西藏日喀则扎什伦布寺） རྗེ་དྲུང་བློ་བཟང་དཔལ་འབྱོར།

g 乌金 梵夹装 50×7

h 26 6

i 无 藏纸 黑 完整

j 封面钤有“民族文化宫图书馆藏”印。

206.5

a 26-5

b རྗེ་བཙུན་བློ་བཟང་དཔལ་ལྡན་བསྟན་པའི་ཉི་མ་ཕྱོགས་ལས་རྣམ་རྒྱལ་དཔལ་བཟང་པོའི་བླ་མའི་རྣལ་འབྱོར་གྱི་

རིམ་པ་རྣམས་ཆབས་གཅིག་ཏུ་བསྒྲིབས་པ་བཞུགས་སོ།།

至尊洛桑白登丹白尼玛之上师瑜伽次第集合编

c ཤཱཀྱའི་དགེ་སློང་བློ་བཟང་དཔལ་ལྡན་བསྟན་པའི་ཉི་མ།

d རྒྱལ་དབང་ཆེན་པོའི་སྐུ་བཅར་གསོལ་དཔོན་མཁན་པོ་ངག་དབང་རྒྱལ་མཚན་སོགས།

e བླ་མའི་རྣལ་འབྱོར།（上师瑜伽）

f 刻本 བཀྲ་ཤིས་ལྷུན་པོ།（西藏日喀则扎什伦布寺）

g 乌金 梵夹装 50×7

h 88 6

i 无 藏纸 黑 完整

j 封面钤有“民族文化宫图书馆藏”印。

206.6
a 26-6

b གཏོར་མ་བརྒྱ་རྩའི་བླ་མ་རྒྱུད་པའི་གསོལ་འདེབས་དང་ཤིས་བརྗོད་བྱ་ཚུལ་བཞུགས་སོ།།

百食子神馐师承祈请、吉祥颂等

c པཎྜིའི་དགེ་སློང་བློ་བཟང་དཔལ་ལྡན་བསྟན་པའི་ཉི་མ།

d རོང་མཆོ་དགེ་སློང་བློ་བཟང་དགེ་ལེགས་སོགས།

e གསོལ་འདེབས།（启请文）

f 刻本 བཀྲ་ཤིས་ལྷུན་པོ།（西藏日喀则扎什伦布寺）

g 乌金 梵夹装 50×7
h 4 6
i 无 藏纸 黑 完整
j 封面钤有“民族文化宫图书馆藏”印。

206.7
a 26-7

b རྒྱལ་བའི་ཡོངས་འཛིན་པཎྜི་ཏ་ཆེན་པོ་ཡེ་ཤེས་རྒྱལ་མཚན་དཔལ་བཟང་པོ་ལ་གསང་རྣམ་གྱི་སྒོ་ནས་གསོལ་བ་

འདེབས་པ་རིན་པོ་ཆེའི་ཕྲེང་བ་ཞེས་བྱ་བ་བཞུགས་སོ།།

云增班智达·耶喜坚赞前由密门而作祈愿文·大宝鬘

c པཎྜིའི་དགེ་སློང་བློ་བཟང་དཔལ་ལྡན་བསྟན་པའི་ཉི་མ།

d གཟིམས་ཆུང་བཀའ་གདམས་ཕོ་བྲང་།（西藏日喀则扎什伦布寺噶当宫殿）

མ་མ་བློ་བཟང་སྒྲོལ་མ།

e གསོལ་འདེབས།（启请文）

f 刻本 བཀྲ་ཤིས་ལྷུན་པོ།（西藏日喀则扎什伦布寺）

g 乌金 梵夹装 50×7
h 5 6

i 无 藏纸 黑 完整
j 封面钤有“民族文化宫图书馆藏”印。

206.8
a 26-8
b བླ་མ་མང་པོའི་བརྟན་བཞུགས་འབྲུངས་རབས་མྱུར་འབྱོན་གསོལ་འདེབས་རྗེས་འཛིན་སྨོན་ཚིག་སོགས་ཀྱི་ རིམ་པ་
རྣམས་ཕྱོགས་གཅིག་ཏུ་བསྡེབས་པ་བཞུགས་སོ།།
诸多上师之请住世文、本生、祈速转世、忆念愿文等次第合编
c པཎ་ཆེན་དགེ་སློང་བློ་བཟང་དཔལ་ལྡན་བསྟན་པའི་ཉི་མ།
d རྒྱལ་ཚབ་ཪྗེ་མིན་ཧན་དེ་མོ་སྤྲུལ་པའི་སྐུ་སོགས།
e གསོལ་འདེབས་སོགས།（启请文）
f 刻本 བཀྲ་ཤིས་ལྷུན་པོ།（西藏日喀则扎什伦布寺）
g 乌金 梵夹装 50×7
h 53 6
i 无 藏纸 黑 完整
j 封面钤有“民族文化宫图书馆藏”印。

206.9
a 26-9
b པཎ་ཆེན་ཐམས་ཅད་མཁྱེན་པ་རྗེ་བཙུན་བློ་བཟང་དཔལ་ལྡན་བསྟན་པའི་ཉི་མ་ཕྱོགས་ལས་རྣམ་རྒྱལ་ དཔལ་
བཟང་པོའི་གསུང་ཐོར་བུ་བ་འགའ་ཞིག་ཕྱོགས་གཅིག་ཏུ་བསྡེབས་པ་བཞུགས་སོ།།
班禅一切智至尊洛桑白登丹白尼玛之部分散集合编
c པཎ་ཆེན་དགེ་སློང་བློ་བཟང་དཔལ་ལྡན་བསྟན་པའི་ཉི་མ།
d བཀྲ་ཤུར་སོགས། དགེ་སློང་ངག་དབང་གཙུག་ཏོར་སོགས།
e ཐོར་བུ།（散集）
f 刻本 བཀྲ་ཤིས་ལྷུན་པོ།（西藏日喀则扎什伦布寺） རྗེ་དྲུང་བློ་བཟང་དཔལ་འབྱོར་སོགས།
g 乌金 梵夹装 50×7

h 31 6
i 无 藏纸 黑 完整
j 封面钤有“民族文化宫图书馆藏”印。

206.10
a 26-10
b དགོན་པ་ཁག་གི་བཅའ་ཡིག་བསླབ་བྱའི་སྐོར་རྣམས་ཕྱོགས་གཅིག་ཏུ་བསྡེབས་པ་བཞུགས་སོ།།
寺院之清规制约训诫类合编
c ཤཱཀྱའི་དགེ་སློང་བློ་བཟང་དཔལ་ལྡན་བསྟན་པའི་ཉི་མ།
d གཟིམས་ཆུང་བཀའ་གདམས་ཕོ་བྲང་།（西藏日喀则扎什伦布寺噶当宫殿）
བཀའ་བཅུ་ཤེས་རྡོ་རྗེ་སོགས།
e བཅའ་ཡིག（清规戒律）
f 刻本 བཀྲ་ཤིས་ལྷུན་པོ།（西藏日喀则扎什伦布寺）
g 乌金 梵夹装 50×7
h 23 6
i 无 藏纸 黑 完整
j 封面钤有“民族文化宫图书馆藏”印。

206.11
a 26-11
b བཅོམ་ལྡན་འདས་ཐམས་ཅད་རིག་པ་ལྷ་སོ་བདུན་གྱི་བསྙེན་པ་ཇི་ལྟར་བྱ་བའི་ཚུལ་ཐར་ལམ་བགྲོད་པའི་ཐེམ་སྐས་ཞེས་བྱ་བ་བཞུགས་སོ།།
薄伽梵普明三十七尊之闭关静修法 · 趣解脱道之阶梯
c ཤཱཀྱའི་དགེ་སློང་བློ་བཟང་དཔལ་ལྡན་བསྟན་པའི་ཉི་མ།
d གཟིམས་ཆུང་བཀའ་གདམས་ཕོ་བྲང་།（西藏日喀则扎什伦布寺噶当宫殿）
ཚ་ཁང་སྤྲུལ་པའི་སྐུ་རབ་འབྱམས་པ་བསྟན་འཛིན་འཕྲིན་ལས།
e ཆོ་ག（仪轨）

f 刻本 བཀྲ་ཤིས་ལྷུན་པོ།（西藏日喀则扎什伦布寺）

g 乌金 梵夹装 50×7
h 5 6
i 无 藏纸 黑 完整
j 封面钤有“民族文化宫图书馆藏”印。

206.12
a 26-12

b གནས་བཅུའི་ཕྱག་མཆོད་ཀྱི་ཆོ་གའི་སྦྱོར་དངོས་མཇུག་གསུམ་དང་ཟུང་དུ་འབྲེལ་བའི་སྨན་བླ་བདེ་བཤེགས་བདུན་གྱི་ཕྱག་མཆོད་སྨོན་ལམ་ཐུགས་དམ་བསྐུལ་བའི་རིམ་པ་བཟོད་གསོལ་ཤིས་བརྗོད་དང་བཅས་མདོར་བསྡུས་བཞུགས་སོ།།

与十处之礼供仪轨之加行、正行、完结行三者相结合之药师七佛之礼供、愿文、劝动悲意次第、请容恕、吉祥颂略编

c པཎྐའི་དགེ་སློང་བློ་བཟང་དཔལ་ལྡན་བསྟན་པའི་ཉི་མ།

d ཞབས་དྲུང་ཆོས་བསྟན་འཛིན་རྒྱ་མཚོ།

e ཆོ་ག（仪轨）

f 刻本 བཀྲ་ཤིས་ལྷུན་པོ།（西藏日喀则扎什伦布寺）

g 乌金 梵夹装 50×7
h 6 6
i 无 藏纸 黑 完整
j 封面钤有“民族文化宫图书馆藏”印。

206.13
a 26-13

b འཕགས་པ་ཞལ་བཅུ་གཅིག་པ་ལ་བརྟེན་པའི་སྨྱུང་བར་གནས་པའི་ཆོ་ག་མདོར་བསྡུས་ཕན་བདེའི་ལམ་བཟང་གསལ་བར་བྱེད་པའི་ཟླ་ཚེས་གསར་པ་ཞེས་བྱ་བ་བཞུགས་སོ།།

圣十一面大悲观音斋戒仪轨略编·显明利乐妙道之新月

c པཎྐའི་དགེ་སློང་བློ་བཟང་དཔལ་ལྡན་བསྟན་པའི་ཉི་མ།

d གཞིམས་རྩེ་ཡིད་དགའ་ཆོས་འཛིན། （西藏日喀则扎什伦布寺）

དགེ་སློང་བློ་བཟང་བཀྲ་ཤིས་སོགས།

e ཆོ་ག （仪轨）

f 刻本 བཀྲ་ཤིས་ལྷུན་པོ། （西藏日喀则扎什伦布寺）

g 乌金 梵夹装 50×7

h 10 6

i 无 藏纸 黑 完整

j 封面钤有“民族文化宫图书馆藏”印。

206. 14

a 26-14

b ཉི་ཐང་ལུགས་ཀྱི་སྒྲོལ་མ་ཉེར་གཅིག་གི་བརྒྱུད་རིམ་གསོལ་འདེབས་དང་དེའི་ཚོགས་མཆོད། རྟ་མགྲིན་སྐྱེར་ ལུགས་ཀྱི་བརྒྱུད་རིམ་གསོལ་འདེབས་དང་ཤིས་བརྗོད་བཞུགས་སོ།།

尼贝传规之二十一度母传承次第祈愿文及其会供、结冈传规之马头金刚传承次第祈愿文及其吉祥颂等

c ཤཱཀྱའི་དགེ་སློང་བློ་བཟང་དཔལ་ལྡན་བསྟན་པའི་ཉི་མ།

d གཞིམས་རྩེ་བཀའ་གདམས་ཕོ་བྲང་། （西藏日喀则扎什伦布寺噶当宫殿）

མཚོ་སྔོན་ཨེར་ཏེ་ནི་སྨྲ་ཡ་ན་ཐུ་བའི་ལེ་འཕྲིན་ལས་དཔལ་འབྱོར།

e གསོལ་འདེབས། （启请文）

f 刻本 བཀྲ་ཤིས་ལྷུན་པོ། （西藏日喀则扎什伦布寺）

g 乌金 梵夹装 50×7

h 6 6

i 无 藏纸 黑 完整

j 封面钤有“民族文化宫图书馆藏”印。

206. 15

a 26-15

b གྲུབ་ཆེན་ནི་མ་སྦས་པའི་ལུགས་ཀྱི་སྒྲོལ་མ་ཉེར་གཅིག་གི་བསྐྱེད་རིམ་ཉམས་སུ་ལེན་ཚུལ་བཞུགས་སོ།།

大成就师尼玛贝巴传规之度母二十一尊之生起次第修习法

c ཤཱཀྱའི་དགེ་སློང་བློ་བཟང་དཔལ་ལྡན་བསྟན་པའི་ཉི་མ།

d དགེ་ཚུལ་མ་ཡེ་ཤེས་ཆོས་འཛིན་སོགས།

e བསྐྱེད་རིམ།（生起次第）

f 刻本 བཀྲ་ཤིས་ལྷུན་པོ།（西藏日喀则扎什伦布寺）

g 乌金 梵夹装 50×7
h 7 6
i 无 藏纸 黑 完整
j 封面钤有“民族文化宫图书馆藏”印。

206.16
a 26-16

b གྲུབ་ཆེན་ནི་མ་སྦས་པའི་ལུགས་ཀྱི་སྒྲོལ་མ་ཉེར་གཅིག་ལ་བརྟེན་པའི་རྫོགས་རིམ་ཉམས་སུ་ལེན་ཚུལ་བཞུགས།

大成就师尼玛贝巴传规之度母二十一尊之圆满次第修习法

c ཤཱཀྱའི་དགེ་སློང་བློ་བཟང་དཔལ་ལྡན་བསྟན་པའི་ཉི་མ།

d གཟིམས་ཁྱུང་ཡིད་དགའ་ཆོས་འཛིན།（西藏日喀则扎什伦布寺）

ཁལ་ཁ་རྗེ་བཙུན་དམ་པའི་ཞབས་གྲས་ཡེ་ཤེས་དར་རྒྱས་སོགས།

e རྫོགས་རིམ།（圆满次第）

f 刻本 བཀྲ་ཤིས་ལྷུན་པོ།（西藏日喀则扎什伦布寺）

g 乌金 梵夹装 50×7
h 4 6
i 无 藏纸 黑 完整
j 封面钤有“民族文化宫图书馆藏”印。

206.17
a 26-17

b ལེགས་ལྡན་མཆེད་གསུམ་གྱི་ཐུགས་དམ་བསྐངས་ཤིང་འཕྲིན་ལས་འཆོལ་ཚུལ་བཞུགས་སོ།།
具善三昆仲之酬供法及请托事业法
c ཤཱཀྱའི་དགེ་སློང་བློ་བཟང་དཔལ་ལྡན་བསྟན་པའི་ཉི་མ།
d གཟིམས་ཆུང་བཀའ་གདམས་ཕོ་བྲང་།（西藏日喀则扎什伦布寺噶当宫殿）
ཁལ་ཁ་རྗེ་བཙུན་དམ་པའི་ཞབས་གྲས་དགེ་སློང་བློ་བཟང་ལེགས་ལྡན།
e འཕྲིན་བཅོལ།（托业）
f 刻本 བཀྲ་ཤིས་ལྷུན་པོ།（西藏日喀则扎什伦布寺）
གསེར་བཅར་གསོལ་དཔོན་རྗེ་དྲུང་བློ་བཟང་དཔལ་འབྱོར།
g 乌金 梵夹装 50×7
h 6 6
i 无 藏纸 黑 完整
j 封面钤有“民族文化宫图书馆藏”印。

206.18
a 26-18
b ལེགས་ལྡན་མཆེད་གསུམ་གྱི་ཐུགས་རྟེན་འཛུགས་པའི་ཆོ་ག་བཞུགས་སོ།།
具善三昆仲之佛塔建立仪轨
c ཤཱཀྱའི་དགེ་སློང་བློ་བཟང་དཔལ་ལྡན་བསྟན་པའི་ཉི་མ།
d གདུགས་དཀར་གྲྭ་ཚང་གི་བླ་མ་དགེ་སློང་བློ་བཟང་རྣམ་ར།
e ཆོ་ག（仪轨）
f 刻本 བཀྲ་ཤིས་ལྷུན་པོ།（西藏日喀则扎什伦布寺）
g 乌金 梵夹装 50×7
h 5 6
i 无 藏纸 黑 完整
j 封面钤有“民族文化宫图书馆藏”印。

206.19

a 26-19

b ཐུགས་རྗེ་ཆེན་པོ་ཁྱེར་བདེ་ཞིག་བཞུགས་སོ།།

易行佛塔仪轨

c བློ་བཟང་དཔལ་ལྡན་བསྟན་པའི་ཉི་མ་ཕྱོགས་ལས་རྣམ་པར་རྒྱལ་བ།

d

e ཆོ་ག（仪轨）

f 刻本 བཀྲ་ཤིས་ལྷུན་པོ།（西藏日喀则扎什伦布寺）

g 乌金 梵夹装 50×7

h 4 6

i 无 藏纸 黑 完整

j 封面钤有“民族文化宫图书馆藏”印。

206.20

a 26-20

b དཔལ་མགོན་ཕྱག་བཞི་པའི་ཐུགས་རྗེན་འཛུགས་པའི་ཆོ་ག་བཞུགས་སོ།།

造四臂怙主塔之仪轨

c ཤཱཀྱའི་དགེ་སློང་བློ་བཟང་དཔལ་ལྡན་བསྟན་པའི་ཉི་མ།

d གཟིམས་ཆུང་བཀའ་གདམས་ཕོ་བྲང་།（西藏日喀则扎什伦布寺噶当宫殿）

ཆོས་རྗེ་བླ་མ་བསོད་ནམས་ཚེ་རིང་སོགས།

e ཆོ་ག（仪轨）

f 刻本 བཀྲ་ཤིས་ལྷུན་པོ།（西藏日喀则扎什伦布寺）

གམ་བཅར་གསོལ་དཔོན་རྗེ་དྲུང་བློ་བཟང་དཔལ་འབྱོར།

g 乌金 梵夹装 50×7

h 4 6

i 无 藏纸 黑 完整

j 封面钤有“民族文化宫图书馆藏”印。

206.21

a　26-21

b　དམ་ཅན་ཆོས་ཀྱི་རྒྱལ་པོ་ལ་བརྟེན་པའི་བསྙེན་ཡིག་ཟླ་ཆོས་གསར་པ་བཞུགས་སོ།།

荡金曲吉之闭关静修法·新月

c　ཤཱཀྱའི་དགེ་སློང་བློ་བཟང་དཔལ་ལྡན་བསྟན་པའི་ཉི་མ།

d　གུང་བདེ་ལེགས་རྡོ་རྗེ།

e　བསྙེན་ཡིག（念修文）

f　刻本　བཀྲ་ཤིས་ལྷུན་པོ།（西藏日喀则扎什伦布寺）

g　乌金　梵夹装　50×7

h　4　6

i　无　藏纸　黑　完整

j　封面钤有“民族文化宫图书馆藏”印。

206.22

a　26-22

b　རྣམ་སྲས་སེར་ཆེན་ལ་བརྟེན་པའི་བསྙེན་སྒྲུབ་ལས་གསུམ་བྱ་ཚུལ་ཕྱི་ནང་གསང་བའི་རྟེན་བཅའ་ཚུལ་ བསྐང་གསོ་

སོགས་ཀྱི་མཇུག་ཏུ་གཤེགས་གཏོར་འབུལ་ཚུལ་མངའ་གསོལ་དང་བཅས་པ་བཞུགས་སོ།།

黄多闻子闭关静修三种作业法内外密之供物、酬供等、结尾送神神馐供法、祈愿等

c　ཤཱཀྱའི་དགེ་སློང་བློ་བཟང་དཔལ་ལྡན་བསྟན་པའི་ཉི་མ།

d　མཚོ་སྔོན་ཞིར་ཏེ་ནེ་ཧྲུ་ཡན་ཐུ་བའི་ལི་འཕྲིན་ལས་དཔལ་འབྱོར།

e　སྒྲུབ་ཐབས།（修心法）

f　刻本　བཀྲ་ཤིས་ལྷུན་པོ།（西藏日喀则扎什伦布寺）　རྗེ་དྲུང་བློ་བཟང་དཔལ་འབྱོར།

g　乌金　梵夹装　50×7

h　5　6

i　无　藏纸　黑　完整

j　封面钤有“民族文化宫图书馆藏”印。

206.23

a 26-23

b ཆོས་སྐྱོང་རྣམས་སྒྲུབ་ཅིང་མཆོད་གཏོར་འབུལ་ཞིང་འཕྲིན་ལས་འཆོས་བའི་རིམ་པ་སོགས་ཕྱོགས་གཅིག་ཏུ་

བསྡེབས་པ་བཞུགས་སོ།།

诸护法修法、神馐供法、请托事业次第等合编

c ཤཱཀྱའི་དགེ་སློང་བློ་བཟང་དཔལ་ལྡན་བསྟན་པའི་ཉི་མ།

d མཚོ་སྔོན་པའི་ལེ་འཕྲིན་ལས་དཔལ་འབྱོར་གྱི་ཐུས་རྣམ་རྒྱལ་ཟླ་བ།

e འཕྲིན་བཅོལ།（托业）

f 刻本 བཀྲ་ཤིས་ལྷུན་པོ།（西藏日喀则扎什伦布寺）

g 乌金 梵夹装 50×7

h 64 6

i 无 藏纸 黑 完整

j 封面钤有“民族文化宫图书馆藏”印。

206. 24

a 26-24

b ཡུལ་ལྷ་གཞི་བདག་སོགས་ཀྱི་མཆོད་འཕྲིན་གྱི་རིམ་པ་རྣམས་ཕྱོགས་གཅིག་ཏུ་བསྡེབས་པ་བཞུགས་སོ།།

方神地神等之供养、劝请事业之次第合编

c ཤཱཀྱའི་དགེ་སློང་བློ་བཟང་དཔལ་ལྡན་བསྟན་པའི་ཉི་མ།

d གཟིམས་ཆུང་བཀའ་གདམས་ཕོ་བྲང་།（西藏日喀则扎什伦布寺噶当宫殿）

ཆོས་ཀྱི་སྤྱན་ལྡན་རྒྱ་སྟོན་སྤྲུལ་པའི་སྐུ།

e གསོལ་མཆོད།（供养仪轨）

f 刻本 བཀྲ་ཤིས་ལྷུན་པོ།（西藏日喀则扎什伦布寺）

g 乌金 梵夹装 50×7

h 40 6

i 无 藏纸 黑 完整

j 封面钤有“民族文化宫图书馆藏”印。

206.25

a 26-25

b སྐྱེ་བོ་རྣམས་དང་ལྷ་ཀླུ་གཞི་བདག་རྣམས་དགེ་བཅུའི་ཁྲིམས་ལ་གནས་པར་བསྐུལ་བའི་ཚིགས་བཅད་གདོང་ལྔའི་

དབང་པོའི་སྒྲ་དབྱངས་སོགས་ཆབ་ཤོག་བཀའ་བསྒོའི་རིམ་པ་བཞུགས་སོ།།

劝动诸士夫及天神、鲁神、地神等住入十善法戒之颂文·狮子吼音等吩咐文书次第

c ཤཱཀྱའི་དགེ་སློང་བློ་བཟང་དཔལ་ལྡན་བསྟན་པའི་ཉི་མ།

d ཁོ་བྲང་ཆེན་པོ་རྒྱལ་མཚན་མཐོན་པོ།（西藏日喀则扎什伦布寺）

e ཆབ་ཤོག（书函）

f 刻本 བཀྲ་ཤིས་ལྷུན་པོ།（西藏日喀则扎什伦布寺）

g 乌金 梵夹装 50×7

h 6 6

i 无 藏纸 黑 完整

j 封面钤有“民族文化宫图书馆藏”印。

206.26

a 26-26

b མྱུར་མཛད་ཡེ་ཤེས་ཀྱི་མགོན་པོ་ཕྱག་དྲུག་པ་ལ་མཆོད་བསྟོད་ཐུགས་དམ་བསྐང་བའི་ རིམ་པ་བཞུགས་སོ།།

事业速成六臂耶喜怙主之供赞、酬供次第

c ཤཱཀྱའི་དགེ་སློང་བློ་བཟང་དཔལ་ལྡན་བསྟན་པའི་ཉི་མ།

d

e མཆོད་བསྟོད།（供赞）

f 刻本 བཀྲ་ཤིས་ལྷུན་པོ།（西藏日喀则扎什伦布寺）

g 乌金 梵夹装 50×7

h 7 6

i 有 藏纸 黑 完整

j 封面钤有“民族文化宫图书馆藏”印。

207
A 3664 3534

B བསྟན་པའི་ཉི་མའི་གསུང་འབུམ།

丹白尼玛文集

C ཉ

D ཟློ་བཟང་དཔལ་ལྡན་བསྟན་པའི་ཉི་མ་ཕྱོགས་ལས་རྣམ་རྒྱལ་དཔལ་བཟང་པོ།

同 3658 介绍。

E 馆藏齐全。

207.1

a 16-1

b སྣང་བ་མཐའ་ཡས་རྗེ་བཙུན་བློ་བཟང་དཔལ་ལྡན་བསྟན་པའི་ཉི་མ་ཕྱོགས་ལས་རྣམ་རྒྱལ་དཔལ་བཟང་པོའི་བཀའ་འབུམ་ཉ་པའི་ནང་དུ་ཆོས་ཚན་ཇི་བཞུགས་ཀྱི་དཀར་ཆག་ཕྱོགས་གཅིག་ཏུ་བཀོད་པ།

无量光至尊洛桑白登丹白尼玛文集ཉ字函中所有法节目录合编

c ཤཱཀྱའི་དགེ་སློང་བློ་བཟང་དཔལ་ལྡན་བསྟན་པའི་ཉི་མ་ཕྱོགས་ལས་རྣམ་རྒྱལ།

d

e དཀར་ཆག（目录）

f 刻本 བཀྲ་ཤིས་ལྷུན་པོ།（西藏日喀则扎什伦布寺）

g 乌金 梵夹装 47×7

h 2 6

i 无 藏纸 黑 完整

j 封面钤有“民族文化宫图书馆藏”印；民族宫目录中为1叶。

207.2

a 16-2

b བསྐལ་བཟང་སངས་རྒྱས་སྟོང་གི་མཆོད་ཆོག་མཆོག་མཐུན་དངོས་གྲུབ་ཀྱི་འདབ་བརྒྱ་མངོན་པར་གྲོལ་བའི་ཉིན་བྱེད་དབང་པོ།

贤劫千佛之供养仪轨·胜共悉地之莲花开放之日

c ཤཱཀྱའི་དགེ་སློང་བློ་བཟང་དཔལ་ལྡན་བསྟན་པའི་ཉི་མ་ཕྱོགས་ལས་རྣམ་རྒྱལ།

d པཎྜིཏ་ཧོ་ཐོག་ཐུ་ངག་དབང་བློ་བཟང་བསྟན་པའི་རྒྱལ་མཚན།

e མཆོད་ཆོག（供养）

f 刻本 བཀྲ་ཤིས་ལྷུན་པོ།（西藏日喀则扎什伦布寺）

g 乌金 梵夹装 48×7
h 76 6
i 有 藏纸 黑 完整
j 封面钤有“民族文化宫图书馆藏”印。

207.3
a 16-3

b བཅོམ་ལྡན་འདས་ཁྲོ་བོ་བདུད་རྩི་འཁྱིལ་བ་ལྷ་བཅུ་གསུམ་གྱི་བདག་བསྐྱེད་རྡུལ་ཚོན་ལ་བརྟེན་པའི་དཀྱིལ་ཆོག

དབང་ཆོག སྦྱིན་སྲེག་ཚོགས་མཆོད་བཅས་ཞག་འགྲོས་སུ་བཀོད་པ།

薄伽梵甘露漩忿怒王十三尊之自生法及依彩土之曼荼罗仪轨、灌摩仪轨、护摩、会供等易诵通轨

c ཤཱཀྱའི་དགེ་སློང་བློ་བཟང་དཔལ་ལྡན་བསྟན་པའི་ཉི་མ་ཕྱོགས་ལས་རྣམ་རྒྱལ།

d ཁལ་ཁ་ཁྲུ་རལ་སོགས།

e དཀྱིལ་ཆོག（曼荼罗仪轨）

f 刻本 བཀྲ་ཤིས་ལྷུན་པོ།（西藏日喀则扎什伦布寺）

g 乌金 梵夹装 49×7
h 76 6
i 无 藏纸 黑 完整
j 封面钤有“民族文化宫图书馆藏”印。

207.4
a 16-4

b གཙུག་གཏོར་རྣམ་རྒྱལ་མའི་སྒྲུབ་ཐབས་ཉམས་སུ་ལེན་ཚུལ།

顶髻尊胜佛母之净瓶修法

c ཤཱཀྱའི་དགེ་སློང་བློ་བཟང་དཔལ་ལྡན་བསྟན་པའི་ཉི་མ་ཕྱོགས་ལས་རྣམ་རྒྱལ།

d ཕྱག་མཛོད་རབ་འབྱམས་པ་བློ་བཟང་ཤེས་རབ།

e སྒྲུབ་ཐབས།（修心法）

f 刻本 བཀྲ་ཤིས་ལྷུན་པོ།（西藏日喀则扎什伦布寺）

g 乌金 梵夹装 47.5×7
h 10 6
i 无 藏纸 黑 完整
j 封面钤有“民族文化宫图书馆藏”印。

207.5
a 16-5

b གཙུག་གཏོར་རྣམ་རྒྱལ་མའི་བདག་བུམ།

顶髻尊胜佛母之修法

c ཤཱཀྱའི་དགེ་སློང་བློ་བཟང་དཔལ་ལྡན་བསྟན་པའི་ཉི་མ་ཕྱོགས་ལས་རྣམ་རྒྱལ།

d དགེ་སློང་བློ་བཟང་དོན་ཡོད།

e སྔགས།（密宗）

f 刻本 བཀྲ་ཤིས་ལྷུན་པོ།（西藏日喀则扎什伦布寺）

g 乌金 梵夹装 47.5×7
h 9 6
i 无 藏纸 黑 完整
j 封面钤有“民族文化宫图书馆藏”印。

207.6
a 16-6

b དཔལ་རྡོ་རྗེ་འཇིགས་བྱེད་ཀྱི་བདག་བསྐྱེད་ཀྱི་རྣལ་འབྱོར་མདོར་བསྡུས་བསྐྱེད་རིམ་གྱི་གནད་ཚང་བ།

吉祥怖畏金刚之自生瑜伽略说·俱足生起次第之要旨

c ཤཱཀྱའི་དགེ་སློང་བློ་བཟང་དཔལ་ལྡན་བསྟན་པའི་ཉི་མ་ཕྱོགས་ལས་རྣམ་རྒྱལ།

d ཛུན་གར་དུ་བོད་ཆེན་ཞང་གུ་རུ་སྐྱབས།

e སྔགས།（密宗）

f 刻本 བཀྲ་ཤིས་ལྷུན་པོ།（西藏日喀则扎什伦布寺）

g 乌金 梵夹装 47.5×7
h 12 6
i 无 藏纸 黑 完整
j 封面钤有“民族文化宫图书馆藏”印。

207.7
a 16-7

b འཇམ་དཔལ་གཤིན་རྗེ་གཤེད་ལ་སོགས་པ་ཡི་དམ་གྱི་ལྷ་སྐབས་སུ་བབས་པ་གང་ཡང་རུང་བའི་སྒོ་ནས་གསོན་སྦྱོང་བྱ་ཚུལ།

文殊阎曼德迦等本尊任何亦可及时生者净治法

c ཤཱཀྱའི་དགེ་སློང་བློ་བཟང་དཔལ་ལྡན་བསྟན་པའི་ཉི་མ་ཕྱོགས་ལས་རྣམ་རྒྱལ།

d བླ་མ་རྡོ་རྗེ་གདན་པ་བ་རི་ལོ་ཙཱ་བ་སོགས།

e སྔགས་ཀྱི་ཆོ་ག（密宗仪轨）

f 刻本 བཀྲ་ཤིས་ལྷུན་པོ།（西藏日喀则扎什伦布寺）

g 乌金 梵夹装 48×7
h 17 6
i 无 藏纸 黑 完整
j 封面钤有“民族文化宫图书馆藏”印。

207.8
a 16-8

b དཔལ་རྡོ་རྗེ་འཇིགས་བྱེད་ཀྱི་བསྟོད་པ་རྗེ་པཎ་ཆེན་ཐམས་ཅད་མཁྱེན་པ་སྐུ་ངོ་མས་མཛད་པའི་དགུ་ཞལ་མའི་འགྲེལ་པ་བཞུགས་སོ།།

吉祥怖畏金刚赞·本尊班禅一切智所著之九面篇注释

c ཤཱཀྱའི་དགེ་སློང་བློ་བཟང་དཔལ་ལྡན་བསྟན་པའི་ཉི་མ་ཕྱོགས་ལས་རྣམ་རྒྱལ།

d ཆུ་ཕོ་ཁྱི། 水阳狗年（1802）

e བསྟོད་ཚོགས། （赞集）

f 刻本 བཀྲ་ཤིས་ལྷུན་པོ། （西藏日喀则扎什伦布寺）

g 乌金 梵夹装 48×7
h 5 6
i 无 藏纸 黑 完整
j 封面钤有“民族文化宫图书馆藏”印。

207.9
a 16-9

b བཀའ་གདམས་ཐིག་ལེ་བཅུ་དྲུག་གི་སྦྱིན་སྲེག་ནོར་བུའི་འོད་འབར།

噶丹十六明点之护摩法·宝光焰

c ཤཱཀྱའི་དགེ་སློང་བློ་བཟང་དཔལ་ལྡན་བསྟན་པའི་ཉི་མ་ཕྱོགས་ལས་རྣམ་རྒྱལ།

d ཆུ་ཕོ་ཁྱི། 水阳狗年（1802）

ལྷ་ལྡན་ནོར་བུ་གླིང་གའི་སྐལ་བཟང་ཕོ་བྲང་།（西藏拉萨罗布林卡格桑殿）

ཨ་རིག་མཁན་པོ་ཨེར་དེ་ནི་ཆོས་རྗེ་བློ་བཟང་ཕུན་ཚོགས།

e སྦྱིན་སྲེག（火供）

f 刻本 བཀྲ་ཤིས་ལྷུན་པོ། （西藏日喀则扎什伦布寺）

g 乌金 梵夹装 48×7
h 15 6
i 无 藏纸 黑 完整
j 封面钤有“民族文化宫图书馆藏”印。

207.10
a 16-10

b ཇེ་ཙོང་ཁ་པ་ཆེན་པོ་ལ་བརྟེན་ནས་ས་བཅུད་བུམ་པ་ལྷ་བུམ་ཀླུ་བུམ་གཅིག་ཐུབ་སུ་བསྒྲུབ་ཚུལ་ཚིགས་བཅད་དུ་བསྒྲིགས་པ།

依宗喀巴大师修养地瓶、本尊瓶、龙瓶等修法颂

c ཤཱཀྱའི་དགེ་སློང་བློ་བཟང་དཔལ་ལྡན་བསྟན་པའི་ཉི་མ་ཕྱོགས་ལས་རྣམ་རྒྱལ།

d ཆུ་ཕོ་ཁྱི། 水阳狗年（1802） ལི་ཐང་མཁན་པོ་ཀླུ་སྒྲུབ་ཕུན་ཚོགས།

e སྔགས།（密宗）

f 刻本 བཀྲ་ཤིས་ལྷུན་པོ།（西藏日喀则扎什伦布寺）

g 乌金 梵夹装 48×7
h 4 6
i 无 藏纸 黑 完整
j 封面钤有“民族文化宫图书馆藏”印。

207.11
a 16-11

b རྗེ་བཙུན་འཕགས་མ་སྒྲོལ་མ་ཉི་ཤུ་རྩ་གཅིག་གི་སྤྲུལ་གཞི་སེང་ལྡེང་ནགས་སྒྲོལ་ལ་བརྟེན་པའི་སྨྱུང་བར་གནས་པའི་ཆོ་ག་བྱ་ཚུལ།

依圣救度母二十一尊化基竭地洛迦林度母修斋戒法仪轨

c ཤཱཀྱའི་དགེ་སློང་བློ་བཟང་དཔལ་ལྡན་བསྟན་པའི་ཉི་མ་ཕྱོགས་ལས་རྣམ་རྒྱལ།

d ཧར་གདོང་གྲྭ་རིགས་ཡེ་ཤེས་ཕུན་ཚོགས།

e ཆོ་ག（仪轨）

f 刻本 བཀྲ་ཤིས་ལྷུན་པོ།（西藏日喀则扎什伦布寺）

g 乌金 梵夹装 48×7
h 39 6
i 无 藏纸 黑 完整
j 封面钤有“民族文化宫图书馆藏”印。

207.12

a 16-12

b བྱམས་སྨོན་གྱི་འགྲེལ་བཤད་མཁས་གྲུབ་དགོངས་རྒྱན།

弥勒愿文解释·善巧成就者之密意庄严

c ཤཱཀྱའི་དགེ་སློང་བློ་བཟང་དཔལ་ལྡན་བསྟན་པའི་ཉི་མ་ཕྱོགས་ལས་རྣམ་རྒྱལ།

d མདོ་སྔགས་འཕྲོང་ཐང་དགོན་གྱི་དགེ་སློང་ངག་དབང་བཟོད་པ།

e སྨོན་འགྲེལ།（祈愿释）

f 刻本 བཀྲ་ཤིས་ལྷུན་པོ།（西藏日喀则扎什伦布寺）

g 乌金 梵夹装 47×7
h 29 6
i 无 藏纸 黑 完整
j 封面钤有“民族文化宫图书馆藏”印。

207.13

a 16-13

b བྱམས་འཇམ་དབྱངས་སོགས་འདོད་ལྷ་འགའ་ཞིག་གི་སྒྲུབ་ཐབས་བསྟོད་པ་སོགས།

弥勒文殊等部分欲天修法并赞颂等

c ཤཱཀྱའི་དགེ་སློང་བློ་བཟང་དཔལ་ལྡན་བསྟན་པའི་ཉི་མ་ཕྱོགས་ལས་རྣམ་རྒྱལ།

d ཁལ་ཁ་རྗེ་བཙུན་དམ་པ་བློ་བཟང་ཚུལ་ཁྲིམས་འཇིགས་མེད་བསྟན་པའི་རྒྱལ་མཚན།

e བསྟོད་ཚོགས།（赞集）

f 刻本 བཀྲ་ཤིས་ལྷུན་པོ།（西藏日喀则扎什伦布寺）

g 乌金 梵夹装 47.5×7
h 13 6
i 无 藏纸 黑 完整
j 封面钤有“民族文化宫图书馆藏”印。

207.14

a 16-14

b དགའ་ལྡན་ཕྱག་རྒྱ་ཆེན་པོའི་ལམ་བཟང་ཉམས་སུ་ལེན་ཚུལ་གྱི་མན་ངག་སྙིང་པོ་བསྡུས་པ།

甘丹大手印妙道修法教授略要

c ཤཱཀྱའི་དགེ་སློང་བློ་བཟང་དཔལ་ལྡན་བསྟན་པའི་ཉི་མ་ཕྱོགས་ལས་རྣམ་རྒྱལ།

d རབ་འབྱམས་པ་ཤེས་རབ་རྒྱ་མཚོ།

e མན་ངག（善言）

f 刻本 བཀྲ་ཤིས་ལྷུན་པོ།（西藏日喀则扎什伦布寺）

g 乌金 梵夹装 47.5×7

h 8 6

i 无 藏纸 黑 完整

j 封面钤有“民族文化宫图书馆藏”印。

207.15

a 16-15

b དྲིས་ལན་གྱི་རིམ་པ་ཕྱོགས་གཅིག་ཏུ་བསྒྲིགས་པ།

问答次第合编

c ཤཱཀྱའི་དགེ་སློང་བློ་བཟང་དཔལ་ལྡན་བསྟན་པའི་ཉི་མ་ཕྱོགས་ལས་རྣམ་རྒྱལ།

d ཆུ་ཕོ་ཁྱི། 水阳狗年（1802） ཧོར་གདོང་གྲྭ་རིགས་ཡེ་ཤེས་ཕུན་ཚོགས།

e དྲི་བ་དྲིས་ལན།（问答）

f 刻本 བཀྲ་ཤིས་ལྷུན་པོ།（西藏日喀则扎什伦布寺）

h 84 6

i 无 藏纸 黑 完整

j 封面钤有“民族文化宫图书馆藏”印。

207.16

a 16-16

b མགོན་པོ་ཚེ་བདག་གི་སྒོ་ནས་ཚེའི་དངོས་གྲུབ་བསྒྲུབ་ཚུལ་༧མགོན་པོའི་བར་ཆད་ཀུན་སེལ་གྱི་སྒོ་ནས་འཆི་བླུ་བྱ་ཚུལ་ཟོར་འཕེན་དང་མོ་མ་འདེབས་ཚུལ།

依长寿怙主修长寿悉地法、依怙主修除障法、依怙主修赎命法、放咒与占卦法

c ཤཱཀྱའི་དགེ་སློང་བློ་བཟང་དཔལ་ལྡན་བསྟན་པའི་ཉི་མ་ཕྱོགས་ལས་རྣམ་རྒྱལ།

d བཀྲས་ཆུ་སྐྱིད་ཚལ།　　དགེ་སློང་ངག་དབང་བསྟན་དར་དབང་ཕྱུག

e ཚེ་སྒྲུབ་སོགས།（长寿仪轨）

f 刻本　བཀྲ་ཤིས་ལྷུན་པོ།（西藏日喀则扎什伦布寺）　རྗེ་དྲུང་བློ་བཟང་དཔལ་འབྱོར།

g 乌金　梵夹装　47.5×7

h 5　6

i 无　藏纸　黑　完整

j 封面钤有“民族文化宫图书馆藏”印。

208

A 3665　3535

B བསྟན་པའི་ཉི་མའི་གསུང་འབུམ།

丹白尼玛文集

C ཏ

D བློ་བཟང་དཔལ་ལྡན་བསྟན་པའི་ཉི་མ་ཕྱོགས་ལས་རྣམ་རྒྱལ་དཔལ་བཟང་པོ།

同 3658 介绍。

E 馆藏齐全。

208.1

a 21-1

b སྣང་བ་མཐའ་ཡས་རྗེ་བཙུན་བློ་བཟང་དཔལ་ལྡན་བསྟན་པའི་ཉི་མ་ཕྱོགས་ལས་རྣམ་རྒྱལ་དཔལ་བཟང་པོའི་

གསུང་འབུམ་ཏ་པའི་ནང་དུ་ཆོས་ཚན་ཇི་བཞུགས་ཀྱི་དཀར་ཆག་གཅིག་ཏུ་བཀོད་པ།

无量光至尊洛桑白登丹白尼玛文集ཏ字函中涉及法类之目录

c བློ་བཟང་དཔལ་ལྡན་བསྟན་པའི་ཉི་མ་ཕྱོགས་ལས་རྣམ་རྒྱལ།

d

e དཀར་ཆག（目录）

f　刻本　བཀྲ་ཤིས་ལྷུན་པོ།（西藏日喀则扎什伦布寺）

g　乌金　梵夹装　48×7
h　2　6
i　无　藏纸　黑　完整
j　封面钤有“民族文化宫图书馆藏”印。

208.2
a　21-2

b　རྡོ་རྗེ་སློབ་དཔོན་ཆེན་པོ་རྣམས་ལ་སྐུ་ཚེ་བསྐལ་བརྒྱར་བཞུགས་གསོལ་འདེབས་པའི་རྟེན་འབྲེལ་སྒྲིག་པའི་ཚོ་ག་དང་ འབྲེལ་བར་མཁའ་འགྲོ་བསུ་བཟློག་གི་བརྟན་བཞུགས་འབུལ་ཚུལ་བཞུགས།

诸金刚阿阇梨前请住寿百劫缘起仪轨结合迎送空行请住世供修法

c　བློ་བཟང་དཔལ་ལྡན་བསྟན་པའི་ཉི་མ་ཕྱོགས་ལས་རྣམ་རྒྱལ།

d

e　བརྟན་བཞུགས།（住世文）

f　刻本　བཀྲ་ཤིས་ལྷུན་པོ།（西藏日喀则扎什伦布寺）

g　乌金　梵夹装　47×6.5
h　10　6
i　无　藏纸　黑　完整
j　封面钤有“民族文化宫图书馆藏”印。

208.3
a　21-3

b　དཔལ་ལྡན་བླ་མ་དམ་པ་ཡོངས་འཛིན་རྡོ་རྗེ་འཆང་ཆེན་པོ་བློ་བཟང་བྱམས་པའི་དཔལ་གྱི་སྐུ་གསུང་ཐུགས་ཀྱི་ རྟོགས་ པ་བརྗོད་པ་ཐུབ་བསྟན་ཀུནྡ་བཞད་པའི་ཟླ་འོད་ཅེས་བྱ་བ་བཞུགས་སོ།།

具德上师云增大金刚持洛桑强巴之身语意传·佛教君陀花开之月光

c　བློ་བཟང་དཔལ་ལྡན་བསྟན་པའི་ཉི་མ་ཕྱོགས་ལས་རྣམ་རྒྱལ།

d　བཀྲ་ཤིས་ཀུན་སྐྱོབ་གླིང་།（西藏日喀则扎西贡觉林寺）

e　རྣམ་ཐར།（传记）

f 刻本 བཀྲ་ཤིས་ལྷུན་པོ།（西藏日喀则扎什伦布寺）

g 乌金 梵夹装 48×7
h 69 6
i 无 藏纸 黑 完整
j 封面钤有“民族文化宫图书馆藏”印。

208.4
a 21-4

b ཁམས་གསུམ་ཆོས་ཀྱི་རྒྱལ་པོ་ཙོང་ཁ་པ་ཆེན་པོ་སོགས་ལ་སྟོང་མཆོད་འབུལ་ཚུལ་རྣམས་ཕྱོགས་གཅིག་ཏུ་བསྒྲིགས་པ།

三界法王宗喀巴大师等前千盏灯供法等合编

c བློ་བཟང་དཔལ་ལྡན་བསྟན་པའི་ཉི་མ་ཕྱོགས་ལས་རྣམ་རྒྱལ།

d

e སྟོང་མཆོད་འབུལ་ཚུལ།（千盏灯供法）

f 刻本 བཀྲ་ཤིས་ལྷུན་པོ།（西藏日喀则扎什伦布寺）

g 乌金 梵夹装 47×7
h 15 6
i 无 藏纸 黑 完整
j 封面钤有“民族文化宫图书馆藏”印。

208.5
a 21-5

b དགེ་སློང་གི་བསླབ་བྱའི་ངོས་འཛིན་སྡོམ་ཚིག་རྒྱུན་ལྡན་དུ་ཉམས་ལེན་བྱ་ཚུལ་དང་བསྔོ་སྨོན་ཤིས་བརྗོད་ཀྱིས་རྒྱས་འདེབས་སོགས་བཞུགས།

比丘学处之识别戒律常修法、回向发愿吉祥颂、广祈愿文等

c བློ་བཟང་དཔལ་ལྡན་བསྟན་པའི་ཉི་མ་ཕྱོགས་ལས་རྣམ་རྒྱལ།

d

e གསོལ་འདེབས།（启请文）

f 刻本 བཀྲ་ཤིས་ལྷུན་པོ།（西藏日喀则扎什伦布寺）

g 乌金 梵夹装 48×7
h 9 6
i 无 藏纸 黑 完整
j 封面钤有“民族文化宫图书馆藏”印。

208.6
a 21-6

b དཔལ་གསང་བ་འདུས་པ་མི་བསྐྱོད་རྡོ་རྗེ་ལྷ་སོ་གཉིས་ཀྱི་སྒྲུབ་ཐབས་ཆ་ཚང་མདོར་བསྡུས།

密集不动金刚三十二尊之略修法

c བློ་བཟང་དཔལ་ལྡན་བསྟན་པའི་ཉི་མ་ཕྱོགས་ལས་རྣམ་རྒྱལ།

d སྒྲུབ་ཐབས།（修心法）

f 刻本 བཀྲ་ཤིས་ལྷུན་པོ།（西藏日喀则扎什伦布寺）

g 乌金 梵夹装 48×7
h 14 6
i 无 藏纸 黑 完整
j 封面钤有“民族文化宫图书馆藏”印。

208.7
a 21-7

b གྲུབ་ཆེན་དྲིལ་བུ་ལུགས་ཀྱི་ལུགས་བཟང་བདེ་མཆོག་ལུས་དཀྱིལ་གྱི་བདག་བསྐྱེད་སྒྲུབ་མཆོད་བདག་འཇུག་དང་

བཅས་པ་རྒྱུན་འཁྱེར་ཉམས་ལེན་བྱེད་ཚུལ།

大成就师枳布传规之胜乐身曼荼罗之自生法、修供、自入法等常修法

c བློ་བཟང་དཔལ་ལྡན་བསྟན་པའི་ཉི་མ་ཕྱོགས་ལས་རྣམ་རྒྱལ།

d

e སྔགས།（密宗）

f 刻本 བཀྲ་ཤིས་ལྷུན་པོ།（西藏日喀则扎什伦布寺）

g 乌金 梵夹装 48×7
h 52 6

i　无　藏纸　黑　完整
j　封面钤有“民族文化宫图书馆藏”印。

208.8
a　21-8
b　དཔལ་འཁོར་ལོ་བདེ་མཆོག་ཡབ་ཀྱི་རྐང་བརྒྱད་བསྟོད་པའི་འགྲེལ་པ་དང་། ཡུམ་གྱི་འཕྲེང་སྔགས་མཆན་འགྲེལ་བཅས་པ།
胜乐轮父尊之八句赞颂释及母尊之咒鬘注释
c　བློ་བཟང་དཔལ་ལྡན་བསྟན་པའི་ཉི་མ་ཕྱོགས་ལས་རྣམ་རྒྱལ།
d
e　བསྟོད་འགྲེལ།（赞释）
f　刻本　བཀྲ་ཤིས་ལྷུན་པོ།（西藏日喀则扎什伦布寺）
g　乌金　梵夹装　48×7
h　44　6
i　无　藏纸　黑　完整
j　封面钤有“民族文化宫图书馆藏”印。

208.9
a　21-9
b　རྟ་མགྲིན་ཡང་གསང་ཁྲོས་པའི་སྒྲུབ་ཐབས་དང་ཡང་གསང་གི་སྨོན་འགྲེལ་བཅས་པ།
马头金刚极密忿怒王修法及极密之愿文释
c　བློ་བཟང་དཔལ་ལྡན་བསྟན་པའི་ཉི་མ་ཕྱོགས་ལས་རྣམ་རྒྱལ།
d
e　སྒྲུབ་ཐབས།（修心法）
f　刻本　བཀྲ་ཤིས་ལྷུན་པོ།（西藏日喀则扎什伦布寺）
g　乌金　梵夹装　48×7.5
h　49　6
i　无　藏纸　黑　完整
j　封面钤有“民族文化宫图书馆藏”印。

208.10

a 21-10

b རྣལ་འབྱོར་བླ་མེད་ལུགས་གྲུབ་ཆེན་ཉི་མ་སྦས་པའི་བཞེད་སྲོལ་རྗེ་བཙུན་སེང་ལྡེང་ནགས་སྒྲོལ་མའི་སྒྲུབ་ཐབས།

无上瑜伽传规之大成就师尼玛贝巴所许之规至尊竭地洛迦林救度母修法

c བློ་བཟང་དཔལ་ལྡན་བསྟན་པའི་ཉི་མ་ཕྱོགས་ལས་རྣམ་རྒྱལ།

d

e སྒྲུབ་ཐབས།（修心法）

f 刻本 བཀྲ་ཤིས་ལྷུན་པོ།（西藏日喀则扎什伦布寺）

g 乌金 梵夹装 48×7

h 15 6

i 无 藏纸 黑 完整

j 封面钤有“民族文化宫图书馆藏”印。

208.11

a 21-11

b གཙུག་ཏོར་རྣམ་རྒྱལ་མ་སོགས་འདོད་ལྷ་དགའ་ཞིག་གི་སྨྱུང་གནས་ཆོ་ག་བཞུགས་སོ།།

顶髻尊胜佛母等部分欲天之斋戒仪轨

c བློ་བཟང་དཔལ་ལྡན་བསྟན་པའི་ཉི་མ་ཕྱོགས་ལས་རྣམ་རྒྱལ།

d

e ཆོ་ག（仪轨）

f 刻本 བཀྲ་ཤིས་ལྷུན་པོ།（西藏日喀则扎什伦布寺）

g 乌金 梵夹装 48×7

h 26 6

i 无 藏纸 黑 完整

j 封面钤有“民族文化宫图书馆藏”印。

208.12

a 21-12

b སྙིགས་མའི་མགོན་པོ་བདེ་བར་གཤེགས་པ་མཆེད་བདུན་སོགས་ལྷ་སྣང་མང་པོའི་བསྙེན་ཡིག་ཕྱོགས་གཅིག་ཏུ་

བསྒྲིགས་པ།

浊世怙主如来七昆仲等诸多本尊护法、闭关静修法合编

c བློ་བཟང་དཔལ་ལྡན་བསྟན་པའི་ཉི་མ་ཕྱོགས་ལས་རྣམ་རྒྱལ།

d

e བསྙེན་ཡིག（念修文）

f 刻本 བཀྲ་ཤིས་ལྷུན་པོ།（西藏日喀则扎什伦布寺）

g 乌金 梵夹装 48×7
h 17 6
i 无 藏纸 黑 完整
j 封面钤有“民族文化宫图书馆藏”印。

208.13
a 21-13

b སྒྱུར་མཛད་ཡེ་ཤེས་ཀྱི་མགོན་པོ་ལ་བརྟེན་པའི་དྲག་པོའི་སྦྱིན་སྲེག་བྱ་ཚུལ་མདོར་བསྡུས་བཞུགས།

依事业速成耶喜贡波修威猛护摩略法

c བློ་བཟང་དཔལ་ལྡན་བསྟན་པའི་ཉི་མ་ཕྱོགས་ལས་རྣམ་རྒྱལ།

d

e ལས་ཚོགས།（业资）

f 刻本 བཀྲ་ཤིས་ལྷུན་པོ།（西藏日喀则扎什伦布寺）

g 乌金 梵夹装 48×7
h 7 6
i 无 藏纸 黑 完整
j 封面钤有“民族文化宫图书馆藏”印。

208.14
a 21-14

b མགོན་པོ་ཕྱག་དྲུག་པའི་བསྙེན་ཡིག་མཐོང་གྲོལ་ལྡེ་མིག

六臂明王之闭关静修法·见者解脱之钥

c བློ་བཟང་དཔལ་ལྡན་བསྟན་པའི་ཉི་མ་ཕྱོགས་ལས་རྣམ་རྒྱལ།

d

e བསྙེན་ཡིག（念修文）

f 刻本 བཀྲ་ཤིས་ལྷུན་པོ།（西藏日喀则扎什伦布寺）

g 乌金 梵夹装 48×7
h 5 6
i 无 藏纸 黑 完整
j 封面钤有“民族文化宫图书馆藏”印。

208.15
a 21-15

b མགོན་པོ་ཡིད་བཞིན་ནོར་བུ་ལ་བརྟེན་པའི་ནོར་སྒྲུབ་དབུལ་ཕོངས་གདུང་བ་སེལ་བའི་ཉིན་བྱེད།

依贡波如意宝之财运修法·除贫苦之日光

c བློ་བཟང་དཔལ་ལྡན་བསྟན་པའི་ཉི་མ་ཕྱོགས་ལས་རྣམ་རྒྱལ།

d བཀྲས་ལྷུན་གཟིམ་ཆུང་བཀའ་གདམས་ཕོ་བྲང་།（西藏日喀则扎什伦布寺噶当宫殿）

e ནོར་སྒྲུབ།（财运修法）

f 刻本 བཀྲ་ཤིས་ལྷུན་པོ།（西藏日喀则扎什伦布寺）

g 乌金 梵夹装 48×7
h 17 6
i 无 藏纸 黑 完整
j 封面钤有“民族文化宫图书馆藏”印。

208.16
a 21-16

b དམ་ཅན་གཤིན་རྗེའི་རྒྱལ་པོ་སེར་པོའི་གཏོར་ཆོགས་སྤྱན་འདྲེན་བཤགས་པ་བསྐང་བ་བསྟོད་འཕྲིན་འཆོལ་

བཅས་ཆ་ཚང་བཞུགས།

黄荡金曲吉之供神馐、会供、迎送、酬赞、请托事业等

c བློ་བཟང་དཔལ་ལྡན་བསྟན་པའི་ཉི་མ་ཕྱོགས་ལས་རྣམ་རྒྱལ།

d

e ཆོ་ག（仪轨）

f 刻本 བཀྲ་ཤིས་ལྷུན་པོ།（西藏日喀则扎什伦布寺）

g 乌金 梵夹装 48×7
h 7 6
i 无 藏纸 黑 完整
j 封面钤有“民族文化宫图书馆藏”印。

208.17
a 21-17
b གཤིན་རྗེ་ཆོས་ཀྱི་རྒྱལ་པོ་ཕྱི་སྒྲུབ་ལ་བརྟེན་པའི་གཏོར་ཆེན་དྲུག་ཅུ་པའི་རྣམ་གཞག་ལག་ལེན་ངག་འདོན་གྱི་རིམ་པ།

依阎摩法王外修法供大神馐六十分之分类作法念诵次第

c བློ་བཟང་དཔལ་ལྡན་བསྟན་པའི་ཉི་མ་ཕྱོགས་ལས་རྣམ་རྒྱལ།

d

e ཆོ་ག（仪轨）

f 刻本 བཀྲ་ཤིས་ལྷུན་པོ།（西藏日喀则扎什伦布寺）

g 乌金 梵夹装 48×7
h 20 6
i 无 藏纸 黑 完整
j 封面钤有“民族文化宫图书馆藏”印。

208.18
a 21-18
b དཔལ་མགོན་ཞལ་བཞི་པའི་གཏོར་ཆེན་ཟོར་འཕེན་གྱི་ཆོ་ག་རྗེ་ལྟར་བྱ་ཚུལ་དང་གཤེགས་གཏོར་འབུལ་ཚུལ་བཅས།

四面怙主之供大神馐放咒仪轨作法及送神神馐供法

c བློ་བཟང་དཔལ་ལྡན་བསྟན་པའི་ཉི་མ་ཕྱོགས་ལས་རྣམ་རྒྱལ།

d

e ཆོ་ག（神馐仪轨）

f 刻本 བཀྲ་ཤིས་ལྷུན་པོ།（西藏日喀则扎什伦布寺）

g 乌金 梵夹装 48×7
h 12 6
i 无 藏纸 黑 完整
j 封面钤有“民族文化宫图书馆藏”印。

208.19
a 21-19

b བསྟན་སྲུང་ཀུན་གྱི་རྗེ་བོ་ཆོས་སྐྱོང་དྲེགས་པ་ལྕམ་སྲིང་གི་གཏོར་བསྒྲུབ་ཇི་ལྟར་བྱ་བའི་ཚུལ་ཡིད་བཞིན་དབང་གི་

རྒྱལ་པོ་ཞེས་བྱ་བ་བཞུགས་སོ།།

护法之主姊妹护法之神馐供修法·如意灌顶王

c བློ་བཟང་དཔལ་ལྡན་བསྟན་པའི་ཉི་མ་ཕྱོགས་ལས་རྣམ་རྒྱལ།

d

e ཆོ་ག（仪轨）

f 刻本 བཀྲ་ཤིས་ལྷུན་པོ།（西藏日喀则扎什伦布寺）

g 乌金 梵夹装 48×7
h 11 6
i 无 藏纸 黑 完整
j 封面钤有“民族文化宫图书馆藏”印。

208.20
a 21-20

b བཟང་སྤྱོད་ལ་བརྟེན་པའི་འཆི་བླུའི་ཆོ་ག་བྱ་ཚུལ་འཁྱེར་བདེར་བཀོད་པ།

依普贤行愿品修赎死仪轨易行法

c བློ་བཟང་དཔལ་ལྡན་བསྟན་པའི་ཉི་མ་ཕྱོགས་ལས་རྣམ་རྒྱལ།

d

e ཆོ་ག(仪轨)

f 刻本 བཀྲ་ཤིས་ལྷུན་པོ།（西藏日喀则扎什伦布寺）

g 乌金 梵夹装 48×7
h 6 6
i 无 藏纸 黑 完整
j 封面钤有“民族文化宫图书馆藏”印。

208.21
a 21-21

b འགོ་བའི་ལྷ་ལྔའི་གསོལ་མཆོད་ཀྱི་རིམ་པ་བྱ་ཚུལ།

守舍神五尊祈供次第

c བློ་བཟང་དཔལ་ལྡན་བསྟན་པའི་ཉི་མ་ཕྱོགས་ལས་རྣམ་རྒྱལ།

d བཀྲས་ལྷུན་གཟིམ་ཆུང་བཀའ་གདམས་ཕོ་བྲང་།（西藏日喀则扎什伦布寺噶当宫殿）

e གསོལ་མཆོད།(祈供)

f 刻本 བཀྲ་ཤིས་ལྷུན་པོ།（西藏日喀则扎什伦布寺）

g 乌金 梵夹装 48×7
h 8 6
i 无 藏纸 黑 完整
j 封面钤有“民族文化宫图书馆藏”印。

209
A 3666-3667 719

B བསྟན་པའི་དབང་ཕྱུག་གི་གསུང་འབུམ།

丹白旺秋文集

C ཀ

D པཎ་ཆེན་བསྟན་པའི་དབང་ཕྱུག དགེ་ལུགས། རབ་བྱུང་བཅུ་བཞི་པའི་ཤིང་ཡོས་ལོ་༡༨༥༥ལ་ཡབ་བསྟན་འཛིན་དབང་རྒྱལ་དང་། ཡུམ་བཀྲ་ཤིས་ལྷ་མོ་གཉིས་ཀྱི་སྲས་སུ་གཙང་ཐོབ་རྒྱལ་བྱོལ་ཚང་ཞེས་པར་སྐུ་འཁྲུངས། དགུང་ལོ་གསུམ་པར་པཎ་ཆེན་སྐུ་ཕྲེང་བདུན་པའི་ཡང་སྲིད་དུ་ངོས་འཛིན་ཞུས། དགུང་ལོ་དྲུག་ཐོག་དགོན་པའི་གསེར་

ཁྲིར་ཕེབས་པ་དང་སྲིད་སྐྱོང་ར་སྒྲེང་ངག་དབང་ཡེ་ཤེས་ཚུལ་ཁྲིམས་རྒྱལ་མཚན་ལས་རབ་བྱུང་གི་སྡོམ་པ་བཞེས། ས་སྐྱའི་འདུལ་འཛིན་ཆེན་པོ་མེ་ཏྲི་ཧྣམ་ཐཱ་ར་དཔལ་བཟང་པོའི་དྲུང་ནས་པཎ་ཆེན་ཤཱཀྱ་ཤྲཱིའི་སྡོམ་རྒྱུན་གྱི་བསྙེན་རྫོགས་སྡོམ་པ་བཞེས། དགུང་ལོ་ཉེར་གསུམ་པར་ཕུར་ལྕོག་ཡོངས་འཛིན་བྱམས་པ་རྒྱ་མཚོའི་དྲུང་ནས་བླ་ཆེན་བརྒྱུད་ཀྱི་སྡོམ་རྒྱུན་བསྐྱར་བཞེས་མཛད། རྣམ་རྒྱལ་བཟོད་པ་དང་། ནོ་མིན་ཧན་རྡོ་རྗེ་འཆང་བློ་བཟང་བསྟན་པའི་རྒྱལ་མཚན། གཏིང་སྐྱེས་སྤྲུལ་སྐུ་བསྟན་པའི་རྒྱལ་མཚན། མཛེས་པ་རྗེ་བཙུན་ཡེ་ཤེས་ཆོས་འཕེལ། ཕུར་ལྕོག་བློ་བཟང་ཚུལ་ཁྲིམས་བྱམས་པ་རྒྱ་མཚོ་སོགས་བསྟེན་ནས་མཁས་བཙུན་བཟང་པོའི་སྙན་གྲགས་ཐོབ། སློབ་མ་གྲགས་ཆེ་བ་ལྕང་སྐྱ་རིན་པོ་ཆེ། ཆབ་མདོ་འཕགས་པ་ལྷ། ཀུན་མཁྱེན་འཇམ་དབྱངས་བཞད་པ། དབྱངས་ཅན་གྲུབ་པའི་རྡོ་རྗེ་སོགས་མང་པོ་བྱུང་། རབ་བྱུང་བཅོ་ལྔ་པའི་ཆུ་རྟ་ལོ་༡༨༨༢ལ་སྐུ་མྱ་ངན་ལས་འདས། དེད་དཔེ་མཛོད་ཁང་དུ་བཀའ་འབུམ་པར་པོད་༣ཀ--གཡང་རྟགས་༢༩༧༧--༢༩༨༥དང་།མི་རིགས་ཕོ་བྲང་ནས་ཕྱིར་འབུལ་ཞུས་པའི་གྲས་པོད་༣ཀ--ག ཡང་རྟགས་ ༣༦༦༦--༣༦༦༩ བཞུགས།

八世班禅丹白旺秋（1855—1882）：属格鲁派。诞生于后藏。3 岁被认定为七世班禅转世灵童。6 岁剃度出家，在扎什伦布寺坐床，拜热振呼图克图为师，记诵经文，孜孜不倦。当时扎什伦布寺的秋季法会盛况空前，有萨迦派二十五扎仓与格鲁派十扎仓的僧人 3800 余人聚集。其弟子众多，以章嘉若白多杰、嘉木样协巴、央金朱贝多吉等称著。享年 28 岁。遗著共有 3 函，西藏图书馆藏北京民族文化宫图书馆赠送的文集有 3 函，编号为 3666—3669；扎什伦布寺版 3 函，编号为 2977—2985 之间。

E 馆藏齐全。

209.1

a 4-1

b གསུང་པོད་ཀ་པའི་དཀར་ཆག

文集ཀ字函目录

c ཤཱཀྱའི་དགེ་སློང་བློ་བཟང་དཔལ་ལྡན་བསྟན་པའི་ཉི་མ།

d

e དཀར་ཆག(目录)

f 刻本 བཀྲ་ཤིས་ལྷུན་པོ། (西藏日喀则扎什伦布寺)

g 乌金 梵夹装 48×6
h 1 6
i 无 藏纸 黑 完整
j 封面钤有“民族文化宫图书馆藏”印。

209.2
a 4-2

b ཀུན་གཟིགས་པཎ་ཆེན་ཆོས་ཀྱི་རྒྱལ་པོ་རྗེ་བཙུན་བློ་བཟང་དཔལ་ལྡན་ཆོས་ཀྱི་གྲགས་པ་བསྟན་པའི་དབང་ཕྱུག་དཔལ་བཟང་པོ་ལ་གསོལ་བ་འདེབས་ཚུལ་སྐལ་ལྡན་མགུལ་རྒྱན་ངོ་མཚར་འཕྲེང་བ་ཞེས་པ་བཞུགས།

普照班禅法王至尊洛桑白登却吉扎巴丹白旺秋前祈祷法·具缘项饰希有鬘

c ཤཱཀྱའི་དགེ་སློང་ཡོངས་འཛིན་གདན་ཁྲི་འཛིན་པ་བློ་བཟང་བསྟན་འཛིན་དབང་རྒྱལ།

d

e གསོལ་འདེབས། (启请文)

f 刻本 བཀྲ་ཤིས་ལྷུན་པོ། (西藏日喀则扎什伦布寺)

g 乌金 梵夹装 48×6
h 7 6
i 有 藏纸 黑 完整
j 封面钤有“民族文化宫图书馆藏”印。

209.3
a 4-3

b རྗེ་བཙུན་བློ་བཟང་དཔལ་ལྡན་ཆོས་ཀྱི་གྲགས་པ་བསྟན་པའི་དབང་ཕྱུག་དཔལ་བཟང་པོའི་རྣམ་ཐར་ དད་ལྡན་པད་ཚལ་བཞད་པའི་ཉིན་བྱེད་སྣང་བ་བཞུགས།

至尊洛桑白登却吉扎巴丹白旺秋传·信莲盛开之日光

c ཤཱཀྱའི་དགེ་སློང་ཡོངས་འཛིན་གདན་ཁྲི་འཛིན་པ་བློ་བཟང་བསྟན་འཛིན་དབང་རྒྱལ།

d གཉིས་མེད་གསུང་བ་དུས་འཁོར་བོད་དུ་ཐོན་པ་མེ་ཡོས་ནས་འགོ་རྩིས་པའི་རབ་བྱུང་བཅོ་ལྔ་པ། 第十五饶迥火兔年（1867） བདེ་ཆེན་སྐལ་བཟང་ཕོ་བྲང་།（德钦格桑宫殿）

ཕྱག་མཛོད་ཆེན་མོ་བློ་བཟང་དོན་གྲུབ།

e རྣམ་ཐར།（传记）

f 刻本 བཀྲ་ཤིས་ལྷུན་པོ།（西藏日喀则扎什伦布寺）

g 乌金 梵夹装 48×6
h 303 6
i 有 藏纸 黑 完整
j 封面钤有“民族文化宫图书馆藏”印。

209.4
a 4-4
b མཆོད་སྡོང་འཛམ་གླིང་མཛེས་རྒྱན་གྱི་དཀར་ཆག་དད་པའི་འདབ་སྟོང་བཞད་པའི་ཉིན་བྱེད་ཅེས་བྱ་བ་བཞུགས་སོ།།

灵塔赡部洲庄严之目录·信莲笑开之日
c ཡོངས་རྫོགས་སྤྱིལ་མིང་པ་ཤཱཀྱའི་དགེ་སློང་བློ་བཟང་བསྟན་འཛིན་དབང་རྒྱལ།

d ཐམས་ཅད་འདུལ་ཞེས་པ་མེ་ཕག་ས་ག་ཟླ་བའི་དཀར་ཕྱོགས་རྒྱལ་བ་གསུམ་པའི་ཉིན། 火猪年[1]藏历四月三日 དཔལ་ལྡན་རྒྱུད་གྲྭའི་གཟིམས་ཆུང་རྡོ་རྗེ་ཕོ་བྲང་།（西藏日喀则密院）

ནོ་མིན་ཧན་༧བློ་བཟང་དོན་གྲུབ།

e དཀར་ཆག（目录）

f 刻本 བཀྲ་ཤིས་ལྷུན་པོ།（西藏日喀则扎什伦布寺）

g 乌金 梵夹装 48×6
h 56 6
i 有 藏纸 黑 完整

---

①与作者生卒年接近的火猪年为1827年或1887年，均不在作者生卒年范围之内。

j 封面钤有“民族文化宫图书馆藏”印。

210
A 3668 720

B བསྟན་པའི་དབང་ཕྱུག་གི་གསུང་འབུམ།

丹白旺秋文集

C ཁ

D པཎ་ཆེན་བསྟན་པའི་དབང་ཕྱུག

同 3666 介绍。

E 此函民族宫目录著录为 22 卷，西藏图书馆藏品中多出一卷。

210.1
a 23-1

b གསུང་འབོད་གཉིས་པའི་དཀར་ཆག

文集第二函目录

c

d

e དཀར་ཆག(目录)

f 刻本 བཀྲ་ཤིས་ལྷུན་པོ།（西藏日喀则扎什伦布寺）

g 乌金 梵夹装 48×6

h 2 6

i 无 藏纸 黑 完整

j 封面钤有“民族文化宫图书馆藏”印；民族宫目录中无此件。

210.2
a 23-2

b བརྟན་བཞུགས་གསོལ་འདེབས་འདོད་དོན་ལྷུན་གྲུབ་དབང་གི་རྒྱལ་པོ་བཞུགས་སོ།།

长久住世启请文·所欲任运成就灌顶王

c ཤཱཀྱའི་བཙུན་པ་བློ་བཟང་དཔལ་ལྡན་ཆོས་ཀྱི་གྲགས་པ་བསྟན་པའི་དབང་ཕྱུག

d མེ་ཕོ་སྟག་ལོའི་རྒྱལ་ཟླའི་ཡར་ཚེས། 火阳虎年（1866）藏历十二月上旬

གཟིམས་ཆུང་བཀའ་གདམས་ཕོ་བྲང་། （西藏日喀则扎什伦布寺噶当宫殿）

མཛོད་པ་ཛ་སག་བླ་མ་བློ་བཟང་བསམ་གཏན་སོགས།

e གསོལ་འདེབས། (启请文)

f 刻本 བཀྲ་ཤིས་ལྷུན་པོ། （西藏日喀则扎什伦布寺）

g 乌金 梵夹装 48×6
h 36 6
i 有 藏纸 黑 完整
j 封面钤有“民族文化宫图书馆藏”印。

210.3
a 23-3

b ལྷ་མིའི་རྣམ་འདྲེན་དམ་པ་ཤཱཀྱའི་རྒྱལ་བའི་དབང་པོ་ཐམས་ཅད་མཁྱེན་ཅིང་གཟིགས་པ་ཆེན་པོའི་ མཆོག་གི་སྤྲུལ་པའི་སྐུ་རིན་པོ་ཆེའི་བརྟན་བཞུགས་གསོལ་འདེབས་སྨོན་ལམ་བདེན་ཚིག་གི་མཚམས་སྦྱོར་དང་བཅས་པ་འདོད་འཛོའི་དཔག་བསམ་དབང་པོ་ཞེས་བྱ་བ་བཞུགས་སོ།།

人天导师佛王一切智之转世活佛前长久住世启请文真言结合·如意宝树王

c འབྲུ་མང་ཞེས་པ་ས་སྟག་གནམ་ལོ།

d ནོར་གླིང་ཕོ་བྲང་། （西藏拉萨罗布林卡） རྒྱལ་ཚབ་ཐུང་ཞན་རྗེ་དྲུང་ཧོ་ཐོག་ཐུ་ཆེན་པོ།

e གསོལ་འདེབས། (启请文)

f 刻本 བཀྲ་ཤིས་ལྷུན་པོ། （西藏日喀则扎什伦布寺）

g 乌金 梵夹装 48×6
h 9 6
i 有 藏纸 黑 完整
j 封面钤有“民族文化宫图书馆藏”印。

210.4
a 23-4

b གདན་ས་འདི་ཁའི་གྲྭ་ཚང་བཞིའི་ཁྲི་འཛིན་སོགས་བླ་མ་དྭ་མའི་བསྟོད་ཚོགས་ཀྱི་རིམ་པ་ཕྱོགས་གཅིག་ཏུ་བསྒྲིགས་

པ་ བྱིན་རླབས་རིན་ཆེན་བྱེ་མ་འདྲེན་པའི་ཆུ་རྒྱུད་ཞེས་བྱ་བ་བཞུགས་སོ།།

住持此间寺院之四扎仓法座等之诸多上师赞颂次第合编·引加持宝沙之河流

c བླ་རིགས་ཀྱི་བརྗེས།

d ཕྱག་མཛོད་ཤེས་རབ་དར་རྒྱས་སོགས།

e བསྟོད་ཚོགས།(赞集)

f 刻本 བཀྲ་ཤིས་ལྷུན་པོ།（西藏日喀则扎什伦布寺）

g 乌金 梵夹装 48×6
h 19 6
i 无 藏纸 黑 完整
j 封面钤有“民族文化宫图书馆藏”印。

210.5
a 23-5

b བསྟོད་ཚོགས་དང་སྨོན་ཚིག་སྐོར་ཁ་ཤས་བཞུགས།

部分赞颂与愿文类

c ཤཱཀྱའི་བཙུན་པ་བློ་བཟང་དཔལ་ལྡན་ཆོས་ཀྱི་གྲགས་པ་བསྟན་པའི་དབང་ཕྱུག

d གཟིམས་ཆུང་བཀའ་གདམས་པོ་བྲང་།（西藏日喀则扎什伦布寺噶当宫殿）

མཛོད་པ་བློ་བཟང་རྣམ་རྒྱལ་སོགས།

e བསྟོད་ཚོགས།(赞集)

f 刻本 བཀྲ་ཤིས་ལྷུན་པོ།（西藏日喀则扎什伦布寺）

g 乌金 梵夹装 48×6
h 19 6
i 无 藏纸 黑 完整
j 封面钤有“民族文化宫图书馆藏”印。

210.6
a 23-6

b བསྟན་བཅོས་འཛིན་རྗེན་མགོན་པོའི་སྐུ་ཕྲེང་གསོལ་འདེབས་ཡོངས་རྫོས་སྙིང་ནོར་ཞེས་བྱ་བ་བཞུགས།

正教师季登怙主身世鬘祈愿文·全计心宝

c རིག་སྔགས་འཆང་བའི་བརྩེ་བློ་བཟང་དཔལ་ལྡན་ཆོས་ཀྱི་གྲགས་པ་བསྟན་པའི་དབང་ཕྱུག

d རྗེ་བཙུན་སྒྲུ་མོ་སྐལ་བཟང་སྒྲོལ་མ་སོགས།

e གསོལ་འདེབས།(启请文)

f 刻本 བཀྲ་ཤིས་ལྷུན་པོ།（西藏日喀则扎什伦布寺）

g 乌金 梵夹装 48×6

h 9 6

i 无 藏纸 黑 完整

j 封面钤有“民族文化宫图书馆藏”印。

210.7

a 23-7

b སྐུ་གསུང་ཐུགས་རྟེན་གསར་བཞེངས་སོགས་ཀྱི་འདོད་གསོལ་སྨོན་ཚིག་རིམ་པ་པད་དཀར་འཕྲེང་བ་ཞེས་བྱ་བ་

བཞུགས་སོ།།

新造佛像经塔等祈愿文次第·白莲鬘

c རྒྱལ་རིགས་ཀྱི་བརྐྱེ།

d སྟག་ལུང་མདའི་སྣར་ཐོག（西藏日喀则达隆）

སྤྲུལ་སྐུ་ངག་དབང་ཐེགམཆོག་འཛིགས་ མེད་དཔའ་བོ།

e སྨོན་ཚིག(祈愿文)

f 刻本 བཀྲ་ཤིས་ལྷུན་པོ།（西藏日喀则扎什伦布寺）

g 乌金 梵夹装 48×6

h 10 6

i 有 藏纸 黑 完整

j 封面钤有“民族文化宫图书馆藏”印。

210.8

a 23-8

b སྒྱུར་བྱོན་གསོལ་འདེབས་སྐོར་བཞུགས་སོ།།

迅速转世启请文类

c བཙུན་པ་བློ་བཟང་དཔལ་ལྡན་ཆོས་ཀྱི་གྲགས་པ་བསྟན་པའི་དབང་ཕྱུག

d རང་ལོ་ཉེར་གཅིག་ལོ། 二十一岁（1875 年）

བཀྲ་ལྷུན་གཟིམས་ཆུང་དགའ་ལྡན་རྣམ་རྒྱལ།（西藏日喀则扎什伦布寺噶当宫殿）

བཀའི་དགུང་སྔོན་བཞི་སོགས།

e གསོལ་འདེབས།(启请文)

f 刻本 བཀྲ་ཤིས་ལྷུན་པོ།（西藏日喀则扎什伦布寺）

g 乌金 梵夹装 48×6

h 7 6

i 无 藏纸 黑 完整

j 封面钤有“民族文化宫图书馆藏”印。

210.9

a 23-9

b བླ་མ་དོན་གྲུབ་ཀྱི་རྣལ་འབྱོར་ཚར་གསུམ་ཕྱག་པའི་ཉམས་ལེན་སྙིང་པོ་དྲིལ་བ་གསང་ཆེན་བདུད་རྩིའི་བཅུད་མཆོག་ ཅེས་བྱ་བ་བཞུགས་སོ།།

喇嘛顿珠之瑜伽三遍修法心要·大密甘露精华

c ལྷ་བབས་རྒྱལ་རིགས་ཀྱི་བརྟེ།

d ཉར་གདོང་སྔགས་རམ་པ་བསོད་ནམས།

e སྔགས།(密宗)

f 刻本 བཀྲ་ཤིས་ལྷུན་པོ།（西藏日喀则扎什伦布寺）

g 乌金 梵夹装 48×6

h 6 6

i 无 藏纸 黑 完整

j 封面钤有“民族文化宫图书馆藏”印。

210.10

a 23-10

b གྲུབ་དབང་ཐང་སྟོང་སྙན་བརྒྱུད་ཀྱི་ཚེ་དབང་གི་ཆོག་བསྒྲིགས་འཆི་མེད་ཆབ་རྒྱུན་འབེབས་པའི་གི་ལ་ཤ་རི་ཞེས་བྱ་བ་བཞུགས་སོ།།

成就自在师汤东耳传之长寿灌顶仪轨 · 长寿泉源之雪山

c ལྷ་བབས་རྒྱལ་རིགས་ཀྱི་བརྗེ་དྲམ་ཀྱི་དེ།

d ངག་དབང་རིན་ཆེན་བློ་བཟང་ཆོས་འཕེལ།

e ཆོ་ག(仪轨)

f 刻本 བཀྲ་ཤིས་ལྷུན་པོ།（西藏日喀则扎什伦布寺）

g 乌金 梵夹装 48×6

h 14 6

i 无 藏纸 黑 完整

j 封面钤有“民族文化宫图书馆藏”印。

210.11

a 23-11

b ཆོས་སྡེ་བསྟན་སྲིད་གླིང་གི་དུས་འཁོར་གྲྭ་ཚང་གི་བཅའ་ཡིག་འདོད་སྙིང་དྲང་འགྲོ་ཞེས་བྱ་བ་བཞུགས་སོ།།

登色林寺时轮扎仓之清规制约 · 目的正直

c བཙུན་པ་བློ་བཟང་དཔལ་ལྡན་ཆོས་ཀྱི་གྲགས་པ་བསྟན་པའི་དབང་ཕྱུག

d ཤིང་ཁྱི་གནམ་ལོའི་ཧོར་ཟླ་དགུ་པའི་དམར་ཕྱོགས་ཀྱི་ཆོས་དགེ་བར། 木狗年（1874）藏历九月

སྨད་ཁྲུད་འཛིན་གྱི་ཆོས་གྲྭ།（姆曲增辩经院） ལྷ་དབང་རིག་འཛིན།

e བཅའ་ཡིག(清规戒律)

f 刻本 བཀྲ་ཤིས་ལྷུན་པོ（西藏日喀则扎什伦布寺）

g 乌金 梵夹装 48×6

h 8 6

i 无 藏纸 黑 完整
j 封面钤有“民族文化宫图书馆藏”印。

210.12
a 23-12
b དགོན་དགེ་འདུན་རབ་རྒྱས་གླིང་གི་སྤྲུལ་སྐུ་དཀོན་མཆོག་བསྟན་དར་གྱི་སྐྱེས་རབས་གསོལ་འདེབས་མཆན་འགྲེལ།
根敦饶杰林寺活佛恭却登达本生启请文注释
c རྒྱལ་རིགས་ཀྱི་ཧྲུ་སུ་ཀུས།
d ཞབས་དྲུང་བློ་བཟང་དཔལ་ལྡན་སོགས།
e གསོལ་འདེབས།(启请文)
f 刻本 བཀྲ་ཤིས་ལྷུན་པོ།（西藏日喀则扎什伦布寺）
g 乌金 梵夹装 48×6
h 5 6
i 无 藏纸 黑 完整
j 封面钤有“民族文化宫图书馆藏”印。

210.13
a 23-13
b རྗེ་བཙུན་འཇམ་དབྱངས་དཀར་པོ་ཤེས་རབ་བློ་འཕེལ་ལ་ཀུན་བཟང་འཁོར་ལོའི་སྒོ་ནས་བསྟོད་པ་ངག་གི་རོལ་མོ་ཞེས་བྱ་བ་བཞུགས་སོ།།
至尊白文殊喜饶洛培前由普贤轮门而赞颂·语之音乐
c
d
e བསྟོད་པ།(赞颂)
f 刻本 བཀྲ་ཤིས་ལྷུན་པོ།（西藏日喀则扎什伦布寺）
g 乌金 梵夹装 48×6
h 5 6
i 无 藏纸 黑 完整
j 封面钤有“民族文化宫图书馆藏”印。

210. 14
a 23-14
b ཆབ་ཤོག་ཕྱོགས་གཅིག་ཏུ་བསྒྲིགས་པ་བཞུགས་སོ།།
书函合编
c
d
e ཆབ་ཤོག(书函)
f 刻本 བཀྲ་ཤིས་ལྷུན་པོ།（西藏日喀则扎什伦布寺）
g 乌金 梵夹装 48×6
h 21 6
i 无 藏纸 黑 完整
j 封面钤有“民族文化宫图书馆藏”印。

210. 15
a 23-15
b མི་རྩའི་ངག་འདོན་མ་ཧཱ་སུ་ཁ་ཞེས་བྱ་བ་བཞུགས་སོ།།
麦扎念诵法玛哈苏喀
c ཐུགས་འཆང་རྗོར་སེམས་རིག་པའི་ཡེ་ཤེས།
d
e མི་རྩའི་ངག་འདོན།(麦扎念诵法)
f 刻本 བཀྲ་ཤིས་ལྷུན་པོ།（西藏日喀则扎什伦布寺）
g 乌金 梵夹装 48×6
h 4 6
i 无 藏纸 黑 完整
j 封面钤有“民族文化宫图书馆藏”印。

210. 16
a 23-16
b བཅོམ་ལྡན་འདས་དཔལ་རྡོ་རྗེ་འཇིགས་བྱེད་ལ་བརྟེན་པའི་གཤིན་པོ་རྣམས་རྗེས་སུ་འཛིན་པའི་ཆོ་ ག་བདེ་ཆེན་
སྒྲུར་ལམ།

依薄伽梵吉祥怖畏金刚法摄受亡者仪轨·大乐捷径

c

d

e ཆོ་ག(仪轨)

f 刻本 བཀྲ་ཤིས་ལྷུན་པོ།（西藏日喀则扎什伦布寺）

g 乌金 梵夹装 48×6

h 12 6

i 无 藏纸 黑 完整

j 封面钤有“民族文化宫图书馆藏”印。

210. 17

a 23-17

b ཐུབ་པའི་དབང་པོའི་འཁྲུངས་དཔེ་སོ་བཞིའི་གསུང་བཤད་སྔོན་འགྲོ་བཞུགས།

释迦能仁王佛本生三十四事讲说前行

c

d

e སྐྱེས་རབས་སྔོན་འགྲོ（本生前行）

f 刻本 བཀྲ་ཤིས་ལྷུན་པོ།（西藏日喀则扎什伦布寺）

g 乌金 梵夹装 48×6

h 36 6

i 无 藏纸 黑 完整

j 封面钤有“民族文化宫图书馆藏”印。

210. 18

a 23-18

b ལྷ་འདྲེ་བཀའ་ཤོག་དང་། སྡེ་བརྒྱད་བཀའ་ཤོག་བཅས་བཞུགས་སོ།།

鬼神书札与天龙八部书札

c ལྷ་བབས་རྒྱལ་རིགས་ཀྱི་རིག་སྔགས་འཆང་བའི་བརྗེད།

d རྗེ་བཙུན་སྒྲུ་མོ་སྐལ་བཟང་སྒྲོལ་མ་སོགས།

e བཀའ་ཤོག(书函)

f 刻本 བཀྲ་ཤིས་ལྷུན་པོ།（西藏日喀则扎什伦布寺）

g 乌金 梵夹装 48×6
h 7 6
i 无 藏纸 黑 完整
j 封面钤有“民族文化宫图书馆藏”印。

210.19
a 23-19

b དཔལ་མཉམ་མེད་རི་བོ་དགེ་ལྡན་པའི་ལུགས་ཀྱི་བཅོམ་ལྡན་འདས་འཇམ་དཔལ་གཤིན་རྗེ་གཤེད་དཔལ་རྡོ་རྗེ་

འཇིགས་བྱེད་ཆེན་པོ་ལྷ་བཅུ་གསུམ་མའི་དབང་གི་བརྒྱུད་རིམ་གྱི་གསོལ་འདེབས་རིན་པོ་ཆེ་ཀེ་ཏ་ཀའི་འཕྲེང་བ་

ཞེས་བྱ་བ་བཞུགས་སོ།།

功德无比格登山派传规之薄伽梵文殊阎曼德迦吉祥怖畏金刚十三尊灌顶师承启请文·澄水珠鬘

c ཟ་ཧོར་བཛྲ།

d གྲུ་བྱམས་གླིང་མ་ཧཱ་བ་མགྲོན་གཉེར་དཀོན་མཆོག་བློ་གྲོས།

e གསོལ་འདེབས།（启请文）

f 刻本 བཀྲ་ཤིས་ལྷུན་པོ།（西藏日喀则扎什伦布寺）

g 乌金 梵夹装 48×6
h 4 6
i 无 藏纸 黑 完整
j 封面钤有“民族文化宫图书馆藏”印。

210.20
a 23-20

b དཔལ་མཉམ་མེད་རི་བོ་དགེ་ལྡན་པའི་ལུགས་ཀྱི་བཅོམ་ལྡན་འདས་འཇམ་དཔལ་གཤིན་རྗེ་གཤེད་ དཔལ་རྡོ་རྗེ་

འཇིགས་བྱེད་ཆེན་པོ་ལྷ་བཅུ་གསུམ་མའི་རྒྱུན་ཁྱེར་གྱི་རྣལ་འབྱོར་རེག་ཟིག་བཟླག་ཆོག་ ཏུ་བཀོད་པ་བཞུགས།

功德无比格登山派传规之薄伽梵文殊阎曼德迦吉祥怖畏金刚十三尊常修瑜伽记录念诵仪轨

c ཟ་ཧོར་བརྙེ།

d

e སྔགས།（密宗）

f 刻本 བཀྲ་ཤིས་ལྷུན་པོ།（西藏日喀则扎什伦布寺）

དཔལ་གྲོང་སྔགས་རམས་པ་ངག་དབང་དགེ་ལེགས།

g 乌金 梵夹装 48×6
h 27 6
i 无 藏纸 黑 完整
j 封面钤有“民族文化宫图书馆藏”印。

210.21
a 23-21

b ན་སྲུང་རྣམས་ལ་བསྐང་གསོ་འབུལ་ཚུལ་བཞུགས་སོ།།

诸护法神前酬恩供法

c སྔགས་འཆང་རྡོ་རྗེ་གཞོན་ནུ་རྩལ།

d དཀའ་ཆེན་དཔལ་ལྡན་ཆོས་འཕེལ།

e བསྐང་གསོ།（补酬仪轨）

f 刻本 བཀྲ་ཤིས་ལྷུན་པོ།（西藏日喀则扎什伦布寺）

g 乌金 梵夹装 48×6
h 23 6
i 无 藏纸 黑 完整
j 封面钤有“民族文化宫图书馆藏”印。

210.22
a 23-22

b དཔལ་མཉམ་མེད་རི་བོ་དགེ་ལྡན་པའི་བསྟན་པའི་བཀའ་སྲུང་ཀུན་གྱི་གཙོ་བོར་གྱུར་པ་སྐྱེར་མཛད་ལེ་ཤེས་ཀྱི་

མགོན་པོ་ཕྱག་དྲུག་པའི་གཏོར་ཆོག་བསྐང་བཤགས་བསྟོད་པ་ཆ་ལག་མགོན་དཀར་དང་བཅས་པ་བཞུགས་སོ།།

功德无比格登山派诸护法之首速成事业耶喜怙主六臂明王神馐供轨、酬忏、赞颂及白怙主供法等

c མང་དུ་ཐོས་པའི་རྡོ་རྗེ་འཛིན་པ་དགེ་ལེགས་དཔལ་བཟང་པོ།

d གངས་མགུལ་དབེན་གནས་རིན་ཆེན་འབར་བའི་སྡིངས།

e གཏོར་ཆོག་སོགས།(神馐仪轨)

f 刻本 བཀྲ་ཤིས་ལྷུན་པོ།（西藏日喀则扎什伦布寺）

g 乌金 梵夹装 48×6
h 34 6
i 无 藏纸 黑 完整
j 封面钤有“民族文化宫图书馆藏”印。

210.23
a 23-23

b རྗེ་བཙུན་བློ་བཟང་གྲགས་པས་བླ་མ་འཇམ་དབྱངས་ལ་དངོས་སུ་གསན་པའི་གསེར་ཆོས་འཇམ་དབྱངས་ཆོས་སྐོར་གྱི་ནང་ཚན་ལས་གཤིན་ནང་སྒྲུབ་དང་ཕྱི་སྒྲུབ་གཉིས་ཀྱི་གཏོར་ཆོག་བསྐང་བཤགས་བསྟོད་བསྐུལ་ངག་འདོན་གྱི་རིམ་པ་བཞུགས་སོ།།

至尊宗喀巴大师于上师文殊前亲聆之金法文殊法类之内部作业、阎摩内外二修之神馐供轨、酬忏、赞请等念诵次第

c
d

e གཏོར་ཆོག་སོགས།(神馐仪轨)

f 刻本 བཀྲ་ཤིས་ལྷུན་པོ།（西藏日喀则扎什伦布寺）

g 乌金 梵夹装 48×6
h 16 6
i 无 藏纸 黑 完整
j 封面钤有“民族文化宫图书馆藏”印。

211
A 3669 721

B བསྟན་པའི་དབང་ཕྱུག་གི་གསུང་འབུམ།

丹白旺秋文集

C ག

D པཎ་ཆེན་བསྟན་པའི་དབང་ཕྱུག

同 3666 介绍。

E 馆藏齐全。

211.1

a 14-1

b གསུང་འབུམ་པོད་གསུམ་པའི་དཀར་ཆག་བཞུགས།

文集第三函目录

c

d

e དཀར་ཆག(目录)

f 刻本 བཀྲ་ཤིས་ལྷུན་པོ།（西藏日喀则扎什伦布寺）

g 乌金 梵夹装 48×6

h 2 6

i 无 藏纸 黑 完整

j 封面钤有“民族文化宫图书馆藏”印；民族宫目录中为 1 叶。

211.2

a 14-2

b དཔལ་ལྡན་དམག་ཟོར་རྒྱལ་མོའི་གདམས་སྐོར་མཁའ་འགྲོའི་ཞལ་ལུང་ལས་ལས་བཞི་སྤྱི་བསྡིལ་གསང་སྒྲུབ་དང་བཅས་པའི་འཕྲིན་ལས་བསྐུལ་ཚིག་ཏུ་བཀོད་པ།ཞར་བྱུང་ཨ་ཕྱི།དཔལ་ལྷ་དྲུག་རྒྱལ་མ་གཡུ་སྒྲོན་མ། དེ་མོ་རྣམས་ཀྱི་གསོལ་མཆོད་དང་བཅས་པ་རིན་ཆེན་ནོར་བུའི་དོ་ཤལ་ཞེས་བྱ་བ་བཞུགས་སོ།།

吉祥退敌母教诫空行语教、四业总合密修法之羯磨念诵仪轨 附载祖婆护法、吉祥天母、威胜母、玉灯母等之祈供法 · 大宝璎珞

c

d

e བསྙགས་ཆོག(念诵仪轨)

f 刻本 བཀྲ་ཤིས་ལྷུན་པོ།（西藏日喀则扎什伦布寺）

g 乌金 梵夹装 48×6
h 64 6
i 无 藏纸 黑 完整
j 封面钤有“民族文化宫图书馆藏”印。

211.3
a 14-3

b དཔལ་ལྡན་དམར་ཟོར་རྒྱལ་མོའི་གཏོར་ཆོག་བསྐང་བསྐུལ་གསེར་སྐྱེམས་ཚོགས་འཁོར་དང་བཅས་པ་ ཉུང་གསལ་

ཁྱེར་བདེར་བཀོད་པ་ནོར་བུའི་དོ་ཤལ་དཔྱོད་ལྡན་འགུལ་རྒྱན་ཞེས་བྱ་བ་བཞུགས་སོ༎

吉祥退敌母之供神馐仪轨、酬供、劝请、神饮、会供等易行略法·大宝璎珞·智者项饰

c སྔགས་འཆང་རྡོ་རྗེ་གཞོན་ནུ་རྩལ།

d མཁན་པོ་ནོ་མིན་ཧན་དཀའ་ཆེན་དཔལ་ལྡན་ཆོས་འཕེལ།

e གཏོར་ཆོག(神馐仪轨)

f 刻本 བཀྲ་ཤིས་ལྷུན་པོ།（西藏日喀则扎什伦布寺）

g 乌金 梵夹装 48×6
h 7 6
i 无 藏纸 黑 完整
j 封面钤有“民族文化宫图书馆藏”印。

211.4
a 14-4

b དཔལ་ས་སྐྱ་པའི་བསྟན་སྲུང་མགོན་པོ་ཆེ་ཆུང་ལས་མཁན་ལྷམ་དྲལ་དུར་ཁྲོད་བདག་པོ་དང་བཅས་པ་རྣམས་ལ་

གཏོར་མ་འབུལ་བའི་ཆོ་ག་འཕྲིན་ལས་མྱུར་མགྱོགས་ཀྱི་ཕོ་ཉ་ཞེས་བྱ་བ་བཞུགས་སོ༎

萨迦派大小护法怙主、及阎摩差役江扎、尸林主前供神馐仪轨·速成事业之使

c

d

e　ཆོ་ག(仪轨)

f　刻本　བཀྲ་ཤིས་ལྷུན་པོ།（西藏日喀则扎什伦布寺）

g　乌金　梵夹装　48×6
h　24　6
i　无　藏纸　黑　完整
j　封面钤有“民族文化宫图书馆藏”印。

211.5
a　14-5

b　གནམ་བསྐོས་འཇམ་དབྱངས་གོང་མ་རྒྱལ་པོའི་བཀའི་མདུན་ན་འདོན་སྒོ་སྟོག་ཨམ་བན་པོ་ཏལ་ཀ་ཐའི་ཆིང་ཝང་སེངྒེ་རིན་ཆེན་གྱི་གཏོར་ཆོག་བསྐང་བཤགས་བསྟོད་བསྐུལ་གསེར་སྐྱེམས་བསང་མཆོད་དང་བཅས་འཕྲིན་ལས་རྣམ་བཞིའི་དགའ་སྟོན་ཞེས་བྱ་བ་བཞུགས་སོ།།

天命文殊皇帝之大臣阁觉钦差博多勒噶台亲王森格仁钦之神馐供轨、酬忏、赞颂、劝请、神饮、煨桑供等四种事业之喜宴

c　ལྷ་རིགས་ཀྱི་བརྗེ།

d　ཐའི་ཇི་གཙུག་ཏོར་སྐྱབས་བསོད་ནམས་དར་རྒྱས་སོགས།

e　གཏོར་ཆོག(神馐仪轨)

f　刻本　བཀྲ་ཤིས་ལྷུན་པོ།（西藏日喀则扎什伦布寺）

g　乌金　梵夹装　48×6
h　27　6
i　无　藏纸　黑　完整
j　封面钤有“民族文化宫图书馆藏”印。

211.6
a　14-6

b　སྲིད་གསུམ་བདག་པོ་ལྷ་ཆེན་ཚངས་པ་ཆེན་པོའི་གཏོར་ཆོག་བསྐང་བསྐུལ་ཚོགས་མཆོད་དང་བཅས་པ་དྲེགས་བྱེད་དགྱེས་པའི་གླུ་དབྱངས་ཞེས་བྱ་བ་བཞུགས་སོ།།

三界之主大梵天王神馐供轨、酬供、劝请、会供等·骄神所喜之歌声

c　རྒྱལ་རིགས་ཀྱི་བརྟེ།

d　ནོ་མིན་ཧན་དཀར་ཆེན་དཔལ་ལྡན་ཆོས་འཕེལ།

e　གཏོར་ཆོག(神馐仪轨)

f　刻本　བཀྲ་ཤིས་ལྷུན་པོ།（西藏日喀则扎什伦布寺）

g　乌金　梵夹装　48×6
h　6　6
i　无　藏纸　黑　完整
j　封面钤有“民族文化宫图书馆藏”印。

211.7
a　14-7

b　སྲོག་བདག་འོད་ཀྱི་རྒྱལ་པོ་ལི་བྱིན་ཧ་རའི་གསོལ་མཆོད་བསྟོད་བསྐུལ་ཚོགས་མཆོད་དང་བཅས་པ་ འཕྲིན་ལས་

རྣམ་བཞིའི་དགའ་སྟོན་ཞེས་བྱ་བ་བཞུགས།

命主光王里金哈惹之供养、赞颂、劝请、会供·四种事业之喜宴

c　བྲུལ་རིགས་ཀྱི་བརྟེ།

d　རི་དྭགས་མགོའི་ཟླ་བའི་ཕྱོགས་ཕྱི་མའི་དགའ་བ་གཉིས་པའི་ཚེས་ཀྱི་ཕྱི་ཆར། 藏历十一月二日

ཁལ་ཁ་རྗེ་བཙུན་དམ་པའི་ཟླ་སྨན་ དགེ་སློང་དཔལ་ལྡན།

e　གསོལ་མཆོད།（供养）

f　刻本　བཀྲ་ཤིས་ལྷུན་པོ།（西藏日喀则扎什伦布寺）

g　乌金　梵夹装　48×6
h　7　6
i　无　藏纸　黑　完整
j　封面钤有“民族文化宫图书馆藏”印。

211.8
a　14-8

b ཙི་དམར་བའི་མཆོད་སྤྲིན་བཞུགས་སོ།།

枳玛哇之供养法

c རྒྱལ་རིགས་ཀྱི་བརྟེ།

d དགེ་སློང་ངག་དབང་བཟང་པོ།

e མཆོད་སྤྲིན།（供养）

f 刻本 བཀྲ་ཤིས་ལྷུན་པོ།（西藏日喀则扎什伦布寺）

g 乌金 梵夹装 48×6
h 9 6
i 无 藏纸 黑 完整
j 封面钤有“民族文化宫图书馆藏”印。

211.9
a 14-9

b ཧོར་ཆེན་སོག་ཡོན་ཏན་སྒྲ་ཡིན་ཐུའི་དགོན་གྱི་གཞི་བདག་བཙན་ཆོད་དགྲ་འདུལ་བསྟན་སྐྱོང་གི་དྲག་སྐུལ་བཞུགས།

科尔沁部云丹宝音图寺之地神赞阁扎堆护法之威猛催召法

c རྒྱལ་རིགས་ཀྱི་བརྟེ།

d ཨམ་བན་ཧོ་ཆས་ཨེལ་ཐུ་པོ་ཏལ་ཀ་ཐའི་ཅིང་ཤྲང་པོ་ཡིན་ནི་མ་ཏུ།

e དྲག་སྐུལ།（猛催召法）

f 刻本 བཀྲ་ཤིས་ལྷུན་པོ།（西藏日喀则扎什伦布寺）

g 乌金 梵夹装 48×6
h 7 6
i 无 藏纸 黑 完整
j 封面钤有“民族文化宫图书馆藏”印。

211.10
a 14-10

b ཆོས་སྐྱོང་སྤྱིའི་མཆོད་བསྟོད་བསྐང་བསྐུལ་འཕྲིན་བཅོལ་བཟོད་གསོལ་མངའ་གསོལ་བཀྲ་ཤིས་བཅས་ དང་མི་ཚན་སོ་སོའི་གཏོར་འབུལ་སྐུབ་འཇུག་སོགས་ཕྱོགས་གཅིག་ཏུ་སྡེབས་པ་བཞུགས་སོ།།
护法总供赞、酬供、劝请、托事业、祈恕、祈领管、吉祥颂等及各个之供神馐等合编
c
d
e ཆོ་ག(仪轨)
f 刻本 བཀྲ་ཤིས་ལྷུན་པོ།（西藏日喀则扎什伦布寺）
g 乌金 梵夹装 48×6
h 9 6
i 无 藏纸 黑 完整
j 封面钤有“民族文化宫图书馆藏”印。

211.11
a 14-11
b རྒྱལ་པོ་ཆེན་པོ་ངལ་གསོས་པོ་ལ་མཆོད་གཏོར་འབུལ་བའི་ཆོ་ག་བསྐང་བཤགས་བསྟོད་པ་དང་བཅས་པ་དངོས་གྲུབ་ ཀྱི་བང་མཛོད་ཅེས་བྱ་བ་རྗེ་བཙུན་ཐམས་ཅད་མཁྱེན་པ་དགེ་འདུན་མཆོས་མཛད་པའི་དཔལ་ཞྭ་ལུ་པའི་ཡིག་ཆས་ ཟུར་རྒྱུང་ཟད་བརྒྱན་པ་བཞུགས།
多闻子大天王前供神馐仪轨、酬忏、赞颂等·悉地宝藏·至尊一切智根敦嘉措所著夏鲁派教本略附于后以作庄严
c
d ཆོས་འཁོར་རྒྱལ་གྱི་གཙུག་ལག་ཁང་གི་བཀའ་གདམས་ཕོ་བྲང་།（西藏山南曲廓杰寺噶当宫殿）
e ཆོ་ག(仪轨)
f 刻本 བཀྲ་ཤིས་ལྷུན་པོ།（西藏日喀则扎什伦布寺）
g 乌金 梵夹装 48×6
h 10 6
i 无 藏纸 黑 完整
j 封面钤有“民族文化宫图书馆藏”印。

211.12
a 14-12
b རྣམ་སྲས་ཀྱི་ཚོགས་མཆོད་འཕྲིན་བཅོལ་ཁ་ཤས་བཅས་བཞུགས་སོ།།
部分多闻子之会供、请托事业等
c རྒྱལ་རིགས་ཀྱི་བརྙེ།
d སྤྱགས་ཆོས་དཀའ་ཆེན་ཆོས་འཕེལ་དར་རྒྱས།
e འཕྲིན་བཅོལ།(托业)
f 刻本 བཀྲ་ཤིས་ལྷུན་པོ།（西藏日喀则扎什伦布寺）
g 乌金 梵夹装 48×6
h 7 6
i 无 藏纸 黑 完整
j 封面钤有“民族文化宫图书馆藏”印。

211.13
a 14-13
b རྡོ་རྗེ་ནག་པོ་ཕྱག་བཞི་པ་མཆོད་པར་འདོད་པས་མཆོད་གཏོར་འབུལ་ཚུལ་བཞུགས་སོ།།
四臂大黑金刚随愿供神馐法
c བྲུལ་རིགས་ཀྱི་བརྙེ།
d དཔལ་གདོང་ཐ་སྐར་ཟླ་བའི་དཀར་ཕྱོགས་ཀྱི་རྫོགས་པ་དང་པོ། 水鸡年（1873）藏历九月
སྣག་མོ་མི་ཚན་གྲྭ་གྲས་གཉེར་པ་ཡེ་ཤེས་སྨོན་ལམ།
e གཏོར་འབུལ།(神馐仪轨)
f 刻本 བཀྲ་ཤིས་ལྷུན་པོ།（西藏日喀则扎什伦布寺）
g 乌金 梵夹装 48×6
h 5 6
i 无 藏纸 黑 完整
j 封面钤有“民族文化宫图书馆藏”印。

211.14

a 14-14

b རྒྱལ་རིགས་ཀྱི་བརྟེན་དཔལ་ལྡན་དཀྱིའི་གཞུང་ལུགས་སྨྲ་གསུམ་ལ་སྦྱངས་པའི་ངལ་བ་ཙུང་ཟད་ཙམ་བསྟེན་པའི་ཚེ་གཞུང་དོན་དཔེར་བརྗོད་དུ་བཀོད་པ་ཚངས་སྲས་དགྱེས་པའི་རོལ་མོ་ཞེས་བྱ་བ་བཞུགས་སོ།།

王族之释僧受学旦志试镜三章时之文义举例·梵子悦意之音乐

c

d

e སྙན་ངག(修辞)

f 刻本 བཀྲ་ཤིས་ལྷུན་པོ།（西藏日喀则扎什伦布寺）

g 乌金 梵夹装 48×6

h 149 6

i 有 藏纸 黑 完整

j 封面钤有“民族文化宫图书馆藏”印；民族宫目录中为148叶。

212

A 3670 3545

B བློ་བཟང་ཐུབ་བསྟན་ཆོས་ཀྱི་ཉི་མ་གསུང་འབུམ།

洛桑土登却吉尼玛文集

C ཁ

D པཎ་ཆེན་བློ་བཟང་ཐུབ་བསྟན་ཆོས་ཀྱི་ཉི་མ། དགེ་ལུགས།རབ་བྱུང་བཅོ་ལྔ་པའི་ཆུ་མོ་ལུག་ལོ་ ༡༨༨༣ ལ་ཡབ་རྡ་མགྲིན་དང་ཡུམ་དམ་ཆོས་འཚོ་མོ་གཉིས་ཀྱི་སྲས་སུ་དགས་པོ་ཀ་ཤར་གྱི་ཡུལ་དུ་སྐུ་འཁྲུངས། དགུང་ལོ་དྲུག་ཐོག་གསེར་བུམ་བརྟག་བསྒྲིལ་དཀྲུགས་ནས་པཎ་ཆེན་སྐུ་ཕྲེང་བརྒྱད་པའི་ཡང་སྲིད་དུ་ཐག་བཅད། རྒྱལ་བ་ཐུབ་བསྟན་རྒྱ་མཚོས་དབུ་སྐྲ་གཙུག་ཕུད་བཞེས་ཏེ་མཚན་ལ་བློ་བཟང་ཐུབ་བསྟན་ཆོས་ཀྱི་ཉི་མ་དགེ་ལེགས་རྣམ་རྒྱལ་ཞེས་གསོལ། རྒྱལ་བ་ཐུབ་བསྟན་རྒྱ་མཚོ་ལས་དགེ་བསྙེན་དང་། བར་མ་རབ་བྱུང་སྔོན་དུ་སོང་བས་ཚོགས་སླ་མ་དགེ་ཚུལ་དང་། བསླབ་གཞི་ཡོངས་སུ་རྫོགས་པའི་དགེ་སློང་གི་སྡོམ་པ་བཅས་རིམ་བཞིན་བཞེས། དགུང་ལོ་སོ་གཉིས་པར་གསེར་ཟངས་ལས་བསྒྲུབས་པའི་རྗེ་བཙུན་བྱམས་པའི་སྐུ་བརྙན་མཐོ་ཚད་ཁྲུ་བརྒྱ་ཙམ་ཡོད་པ་ཞིག་གསར་བཞེངས་མཛད།

དེ་ནི་འཛམ་གླིང་ཐོག་རྗེ་བཙུན་བྱམས་པའི་གསེར་ཟངས་སྐུ་བརྙན་ཆེ་ཤོས་ཞིག་ཡིན། དགུང་ལོ་ཞེ་གཅིག་པར་པེ་ཅིང་དུ་ཆིབས་བསྒྱུར་གནང་། རྒྱ་སོག་དགོན་སྡེ་ཕལ་མོ་ཆེར་ཞབས་ཀྱི་བཅགས་ནས་མཆོད་སྦྱིན་དང་། བསྟེན་བཀུར་གཟབ་འབྲུལ་ཐོག་སྐྱེ་བོ་གྲངས་ལས་འདས་པར་དབང་ལུང་རྗེས་གནང་སོགས་ཆོས་སྦྱིན་རྒྱ་ཆེར་བསྩལ། རབ་བྱུང་བཅུ་དྲུག་པའི་མེ་གླང་ལོ་༡༩༣༧ལ་སྐུ་གཤེགས། ངེད་དཔེ་མཛོད་ཁང་དུ་བཀྲ་ལྷུན་པར་ཐོད་༥ཀ--ཅ ཨང་རྟགས་༢༩༨༤--- ༣༠༠༠དང་། མི་རིགས་ཕོ་བྲང་ནས་ཕྱིར་འབུལ་ཞུས་པའི་གྲས་ཐོད་ ༤ཁ--ཅ ཨང་རྟགས་༣༦༧༠--༣༦༧༣ བཞུགས།

九世班禅洛桑土登却吉尼玛（1883—1937）：属格鲁派。诞生于达布地区，高僧占卜与金瓶掣签相符，认定为八世班禅喇嘛的转世灵童，遂赴扎什伦布寺，举行坐床典礼。6 岁，在达赖土登嘉措座前受圆满比丘戒，赐名洛桑土登却吉尼玛格勒朗杰。32 岁，在扎什伦布寺铸造镏金弥勒佛像，为世上最大的镏金佛像。1924 年赴北京，对内地及蒙古地区的信众宣讲佛法。在玉树结古镇圆寂，享年 54 岁。遗著在西藏图书馆收藏北京民族文化馆图书馆赠送的文集有 4 函，编号为 3670—3673；扎什伦布寺版 5 函，编号在 2980—3000 间。

E　馆藏齐全。

212.1

a　57-1

b　སྐྱབས་མགོན་རྗེ་བཙུན་བློ་བཟང་ཐུབ་བསྟན་ཆོས་ཀྱི་ཉི་མ་དགེ་ལེགས་རྣམ་རྒྱལ་དཔལ་བཟང་པོའི་གསུང་འབུམ་ཁ་པའི་དཀར་ཆག་རིན་པོ་ཆེའི་ཕྲེང་བ།

怙主至尊上师洛桑土登却吉尼玛格勒朗杰文集ཁ字函目录·大宝鬘

c　༄༅།།ཀྱཻའི་དགེ་སློང་བློ་བཟང་ཐུབ་བསྟན་ཆོས་ཀྱི་ཉི་མ་དགེ་ལེགས་རྣམ་རྒྱལ་དཔལ་བཟང་པོ།

d

e　དཀར་ཆག(目录)

f　刻本　བཀྲ་ཤིས་ལྷུན་པོ།（西藏日喀则扎什伦布寺）

g　乌金　梵夹装　46×7

h　5　6

i　无　藏纸　黑　完整
j　封面钤有“民族文化宫图书馆藏”印。

212.2
a　57-2
b　དགའ་ལྡན་ལྷ་རྒྱལ་མའི་ཚོག་རིམ་དང་བསྟུན་པའི་དམིགས་རྣམ་སྐྱོང་ཚུལ་སྐལ་ལྡན་ཐར་ལམ་སྒོ་འབྱེད།
依喜足天众所述之观想法·开具缘解脱道门
c　ཤཱཀྱའི་དགེ་སློང་བློ་བཟང་ཐུབ་བསྟན་ཆོས་ཀྱི་ཉི་མ་དགེ་ལེགས་རྣམ་རྒྱལ་དཔལ་བཟང་པོ།
d　མེ་སྦྲུལ། 火蛇年（1917）　བྱང་རྩམས་པ་བློ་བཟང་དཔལ་ལྡན།
e　དམིགས་རྣམ་སྐྱོང་ཚུལ།(观想法)
f　刻本　བཀྲ་ཤིས་ལྷུན་པོ།（西藏日喀则扎什伦布寺）
g　乌金　梵夹装　47×7
h　7　6
i　有　藏纸　黑　完整
j　封面钤有“民族文化宫图书馆藏”印。

212.3
a　57-3
b　དགའ་ལྡན་ལྷ་རྒྱལ་མར་གྲགས་པའི་བླ་མའི་རྣལ་འབྱོར་གྱི་ཉམས་ལེན་ཇི་ལྟར་བྱ་བའི་ཁྲིད་ཡིག་གསེར་གྱི་ཡང་ཞུན།
喜足天众上师瑜伽如何修持之讲义·黄金液
c　ཤཱཀྱའི་དགེ་སློང་བློ་བཟང་ཐུབ་བསྟན་ཆོས་ཀྱི་ཉི་མ་དགེ་ལེགས་རྣམ་རྒྱལ་དཔལ་བཟང་པོ།
d　གཞིམ་ཆུང་ཉི་འོད་བདེ་ཆེན་ཀུན་འཁྱིལ།　བྱང་རྩམས་པ་བློ་བཟང་དཔལ་ལྡན།
e　བླ་མའི་རྣལ་འབྱོར།(上师瑜伽)
f　刻本　བཀྲ་ཤིས་ལྷུན་པོ།（西藏日喀则扎什伦布寺）　དོན་གྲུབ་དབང་འདུས།
g　乌金　梵夹装　47×7

h 21 6
i 有 藏纸 黑 完整
j 封面钤有“民族文化宫图书馆藏”印。

212.4
a 57-4
b ཟབ་ལམ་སྙན་བརྒྱུད་ཀྱི་མན་ངག་དགའ་ལྡན་ལྷ་བརྒྱ་མའི་བསྙེན་ཡིག་རཏྣའི་དོ་ཤལ།
甚深耳传口诀·喜足天众念修文·大宝璎珞
c ༄ཤཱཀྱའི་དགེ་སློང་བློ་བཟང་ཐུབ་བསྟན་ཆོས་ཀྱི་ཉི་མ་དགེ་ལེགས་རྣམ་རྒྱལ་དཔལ་བཟང་པོ།
d དྲུང་རམས་པ་བློ་བཟང་དཔལ་ལྡན།
e བསྙེན་ཡིག（念修文）
f 刻本 བཀྲ་ཤིས་ལྷུན་པོ།（西藏日喀则扎什伦布寺）
g 乌金 梵夹装 47×7
h 5 6
i 无 藏纸 黑 完整
j 封面钤有“民族文化宫图书馆藏”印。

212.5
a 57-5
b དགའ་ལྡན་ལྷ་བརྒྱ་མའི་བླ་མའི་རྣལ་འབྱོར་ཉམས་སུ་ལེན་ཚུལ་ཐུན་མོང་མིན་པ་སྙན་བརྒྱུད་རྒྱ་མཚོའི་ཉིང་ཁུ་
གྲུབ་ མཆོག་དགྱེས་པའི་དགའ་སྟོན།
喜足天众上师瑜伽修持法·不共耳传海精要·最胜成就欢悦喜宴
c ༄ཤཱཀྱའི་དགེ་སློང་བློ་བཟང་ཐུབ་བསྟན་ཆོས་ཀྱི་ཉི་མ་དགེ་ལེགས་རྣམ་རྒྱལ་དཔལ་བཟང་པོ།
d
e བླ་མའི་རྣལ་འབྱོར།（上师瑜伽）
f 刻本 བཀྲ་ཤིས་ལྷུན་པོ།（西藏日喀则扎什伦布寺）
g 乌金 梵夹装 47×7

h 6 6
i 无 藏纸 黑 完整
j 封面钤有“民族文化宫图书馆藏”印。

212.6

a 57-6
b དགའ་ལྡན་ལྷ་བརྒྱ་མ་དང་འབྲེལ་བའི་་བླ་མའི་རྣལ་འབྱོར་ཉམས་སུ་ལེན་ཚུལ་མདོར་བསྡུས།
喜足天众相应上师瑜伽修持法略要
c ༄ཤཱཀྱའི་དགེ་སློང་བློ་བཟང་ཐུབ་བསྟན་ཆོས་ཀྱི་ཉི་མ་དགེ་ལེགས་རྣམ་རྒྱལ་དཔལ་བཟང་པོ།
d ཡང་སྙིང་པོ་བྲང་། གཟིམ་འགག་པ་དགེ་འདུན་བཀྲ་ཤིས།
e བླ་མའི་རྣལ་འབྱོར།（上师瑜伽）
f 刻本 བཀྲ་ཤིས་ལྷུན་པོ།（西藏日喀则扎什伦布寺）
g 乌金 梵夹装 46.5×7
h 6 6
i 无 藏纸 黑 完整
j 封面钤有“民族文化宫图书馆藏”印。

212.7

a 57-7
b རྗེ་རིན་པོ་ཆེའི་དཔལ་དུས་ཀྱི་འཁོར་ལོའི་རིམ་གཉིས་ཀྱི་སྒོ་ནས་བསྟོད་པ་ཀ་ལིའི་ཕྲེང་བར་བསྒྲིགས་པ་ཟབ་དོན་གསལ་བའི་ཉི་མ།
依吉祥时轮二次第门之宗喀巴大师赞·迦里鬘·深义显照日
c ༄ཤཱཀྱའི་དགེ་སློང་བློ་བཟང་ཐུབ་བསྟན་ཆོས་ཀྱི་ཉི་མ་དགེ་ལེགས་རྣམ་རྒྱལ་དཔལ་བཟང་པོ།
d གཟིམ་ཁང་ཁམས་གསུམ་ཟིལ་གནོན།
e བསྟོད་ཚོགས།（赞集）
f 刻本 བཀྲ་ཤིས་ལྷུན་པོ།（西藏日喀则扎什伦布寺）

g 乌金 梵夹装 48×7
h 3 6
i 无 藏纸 黑 完整
j 封面钤有“民族文化宫图书馆藏”印。

212.8
a 57-8

b བདག་ཅག་རྣམས་ཀྱི་འདྲེན་པ་བློ་བཟང་གྲགས་པའི་དཔལ་ཞེས་མཚན་ལྡན་སྐྱེ་བ་ལྷ་བའི་སྒྲ་ཡིས་ཡིད་ཅན་མ་རིག་པའི་གཉིད་ལས་སློང་བར་མཛད་པ་གང་ལ་ཟབ་ལམ་མཐར་ཐུག་ཡན་ལག་དྲུག་གི་ཏིང་འཛིན་པ་མཐར་སོན་པའི་ཚུལ་ལས་བརྩམས་ཏེ་ཀ་བཤད་ཀྱི་སྒོ་ནས་བསྟོད་པ་ཟུང་འཇུག་འདྲེན་པའི་ཤིང་རྟ།

吾等导释洛桑扎巴以具相右旋海螺之音觉醒含识无明眠梦能达深道究竟六支等持彼岸所作嵌字赞·引双运之本

c ༄༅།།ཀྲཱཀྱའི་དགེ་སློང་བློ་བཟང་ཐུབ་བསྟན་ཆོས་ཀྱི་ཉི་མ་དགེ་ལེགས་རྣམ་རྒྱལ་དཔལ་བཟང་པོ།

d

e བསྟོད་ཚོགས།（赞集）

f 刻本 བཀྲ་ཤིས་ལྷུན་པོ།（西藏日喀则扎什伦布寺）

g 乌金 梵夹装 47×7
h 4 6
i 无 藏纸 黑 完整
j 封面钤有“民族文化宫图书馆藏”印。

212.9
a 57-9

b རྗེ་རིན་པོ་ཆེར་རིགས་གསུམ་གཅིག་འདུས་ཀྱི་སྒོ་ནས་གསོལ་འདེབས་ཚུལ་སྨོན་ཚིག་དང་བཅས་པ།

以密宗事部三怙主合为一体所作宗喀巴大师启请文及祈愿文

c ༄༅།།ཀྲཱཀྱའི་དགེ་སློང་བློ་བཟང་ཐུབ་བསྟན་ཆོས་ཀྱི་ཉི་མ་དགེ་ལེགས་རྣམ་རྒྱལ་དཔལ་བཟང་པོ།

d དད་ལྡན་བསྟན་འཛིན་རྒྱ་མཚོ།

e གསོལ་འདེབས། （启请文）

f 刻本 བཀྲ་ཤིས་ལྷུན་པོ། （西藏日喀则扎什伦布寺）

g 乌金 梵夹装 47.5×7
h 1 6
i 无 藏纸 黑 完整
j 封面钤有“民族文化宫图书馆藏”印。

212.10
a 57-10

b རྗེ་བདག་ཉིད་ཆེན་པོར་དཔེ་རྒྱན་སོ་གཉིས་ཀྱིས་བསྟོད་ཚིག་ཡན་ལག་བདུན་པ་དང་བཅས་པ་བློ་བཟང་དགྱེས་པའི་ སྒྲ་དབྱངས།

以三十二类譬喻修饰法所作宗喀巴大师赞及加行七法·善慧喜悦之音

c ༄ཤཱཀྱའི་དགེ་སློང་བློ་བཟང་ཐུབ་བསྟན་ཆོས་ཀྱི་ཉི་མ་དགེ་ལེགས་རྣམ་རྒྱལ་དཔལ་བཟང་པོ།

d པེ་ཅིང་ཡུན་ཧ་ཧོ་གུང་། （北京雍和宫）

e བསྟོད་ཚིག （赞词）

f 刻本 བཀྲ་ཤིས་ལྷུན་པོ། （西藏日喀则扎什伦布寺）

g 乌金 梵夹装 48×7
h 7 6
i 无 藏纸 黑 完整
j 封面钤有“民族文化宫图书馆藏”印。

212.11
a 57-11

b དམིགས་བརྩེ་མའི་སྒོ་ནས་གྲིབ་སྲུང་གི་ལས་ཚོགས་མདོར་བསྡུས།

弥遮玛所传防邪羯磨略要

c ༄ཤཱཀྱའི་དགེ་སློང་བློ་བཟང་ཐུབ་བསྟན་ཆོས་ཀྱི་ཉི་མ་དགེ་ལེགས་རྣམ་རྒྱལ་དཔལ་བཟང་པོ།

d

e ལས་ཚོགས།（业资）

f 刻本 བཀྲ་ཤིས་ལྷུན་པོ།（西藏日喀则扎什伦布寺）

g 乌金 梵夹装 48×7
h 5 6
i 无 藏纸 黑 完整
j 封面钤有“民族文化宫图书馆藏”印。

212.12
a 57-12

b བླ་མའི་རྣལ་འབྱོར་ཀུན་མཁྱེན་བདེ་སྐྱིད་བགྲོད་པའི་ཐེམ་སྐས།

上师瑜伽·遍智安乐行阶梯

c ༄༅།སྭཱཀྱའི་དགེ་སློང་བློ་བཟང་ཐུབ་བསྟན་ཆོས་ཀྱི་ཉི་མ་དགེ་ལེགས་རྣམ་རྒྱལ་དཔལ་བཟང་པོ།

d ཏ་ལེ་ཐུ་སུ་མ།

e བླ་མའི་རྣལ་འབྱོར།（上师瑜伽）

f 刻本 བཀྲ་ཤིས་ལྷུན་པོ།（西藏日喀则扎什伦布寺）

g 乌金 梵夹装 48.5×7
h 9 6
i 无 藏纸 黑 完整
j 封面钤有“民族文化宫图书馆藏”印。

212.13
a 57-13

b རྩ་བའི་བླ་མ་ཚེ་དཔག་མེད་ཀུ་རུ་ཀུལླེ་གསུམ་བརྩེགས་ཀྱི་བླ་མའི་རྣལ་འབྱོར་བྱིན་རླབས་མྱུར་འཇུག

根本上师、无量寿佛、作明佛母之尊合修上师瑜伽·速入加持

c ༄༅།སྭཱཀྱའི་དགེ་སློང་བློ་བཟང་ཐུབ་བསྟན་ཆོས་ཀྱི་ཉི་མ་དགེ་ལེགས་རྣམ་རྒྱལ་དཔལ་བཟང་པོ།

d སན་ཞི་ཞིང་ཆེན་དའི་ཡོན་ཕུའི་ཕོ་བྲང་།（山西太原）

ཛོ་སག་བླ་མ་སྒོ་མང་མཁན་སྤྲུལ་འཇམ་དབྱངས་གྲགས་པ་རྒྱ་མཚོ།

e བླ་མའི་རྣལ་འབྱོར།(上师瑜伽)

f 刻本 བཀྲ་ཤིས་ལྷུན་པོ།（西藏日喀则扎什伦布寺）

g 乌金 梵夹装 46×7
h 7 6
i 无 藏纸 黑 完整
j 封面钤有“民族文化宫图书馆藏”印。

212.14
a 57-14

b བྱམས་མགོན་ལ་བརྟེན་པའི་བླ་མའི་རྣལ་འབྱོར་དགའ་ལྡན་ཞིང་བཀོད།

依止慈尊之上师瑜伽法·趣兜率刹土

c ༄ཤཱཀྱའི་དགེ་སློང་བློ་བཟང་ཐུབ་བསྟན་ཆོས་ཀྱི་ཉི་མ་དགེ་ལེགས་རྣམ་རྒྱལ་དཔལ་བཟང་པོ།

d དད་ལྡན་བློ་བཟང་དར་རྒྱས།

e བླ་མའི་རྣལ་འབྱོར།(上师瑜伽)

f 刻本 བཀྲ་ཤིས་ལྷུན་པོ།（西藏日喀则扎什伦布寺）

g 乌金 梵夹装 47.5×7
h 3 6
i 无 藏纸 黑 完整
j 封面钤有“民族文化宫图书馆藏”印。

212.15
a 57-15

b ཚེ་དཔག་མེད་ལ་བརྟེན་པའི་བླ་མའི་རྣལ་འབྱོར་ཉམས་སུ་ལེན་ཚུལ།

依止无量寿佛之上师瑜伽修持法

c ༄ཤཱཀྱའི་དགེ་སློང་བློ་བཟང་ཐུབ་བསྟན་ཆོས་ཀྱི་ཉི་མ་དགེ་ལེགས་རྣམ་རྒྱལ་དཔལ་བཟང་པོ།

d　རབ་འབྱམས་པ་བློ་བཟང་ཤེས་རབ་གྲགས་པ།

e　བླ་མའི་རྣལ་འབྱོར།(上师瑜伽)

f　刻本　བཀྲ་ཤིས་ལྷུན་པོ།（西藏日喀则扎什伦布寺）　ཡི་གེ་པ་བློ་བཟང་ཀུན་དགའ།

g　乌金　梵夹装　47×7
h　4　6
i　无　藏纸　黑　完整
j　封面钤有“民族文化宫图书馆藏”印。

212.16
a　57-16

b　རྒྱ་ནག་མི་སེར་རྒྱལ་ཁབ་ཀྱི་དྲག་པོའི་ལས་ཁུངས་ཙུན་སི་ཨུལ་ཡོན་ཀྲུས་ཞེས་པའི་སྤྱི་ཁྱབ་སྤྱིལ་སྤྱུགས་བཀྲང་ལ་

བསྐུལ་བའི་ཚེ་ལྷའི་རྣལ་འབྱོར།

应南京军事委员会朱部长之请而作延寿瑜伽

c　༄༅།ཤཱཀྱའི་དགེ་སློང་བློ་བཟང་ཐུབ་བསྟན་ཆོས་ཀྱི་ཉི་མ་དགེ་ལེགས་རྣམ་རྒྱལ་དཔལ་བཟང་པོ།

d　རྒྱ་ནག་མི་སེར་རྒྱལ་ཁབ་ཀྱི་དྲག་པོའི་ལས་ཁུངས་ཙུན་སི་ཨུལ་ཡོན་ཀྲུས་ཞེས་པའི་སྤྱི་ཁྱབ་སྤྱིལ་སྤྱུགས་བཀྲང་།

e　ཚེ་ལྷའི་རྣལ་འབྱོར།(寿女瑜伽)

f　刻本　བཀྲ་ཤིས་ལྷུན་པོ།（西藏日喀则扎什伦布寺）

g　乌金　梵夹装　47×7
h　2　6
i　无　藏纸　黑　完整
j　封面钤有“民族文化宫图书馆藏”印。

212.17
a　57-17

b　རྗེ་བཙུན་སྒྲོལ་མ་ལ་བརྟེན་པའི་བླ་མའི་རྣལ་འབྱོར་མྱུར་སྐྱོབ་ཐུགས་རྗེ་བསྐུལ་བའི་སྒྲ་དབྱངས།

依止至尊度母之上师瑜伽法·速得救护发悲心声音

c ཤཱཀྱའི་དགེ་སློང་བློ་བཟང་ཐུབ་བསྟན་ཆོས་ཀྱི་ཉི་མ་དགེ་ལེགས་རྣམ་རྒྱལ་དཔལ་བཟང་པོ།

d མཁན་སྤྲུལ་འཇམ་དབྱངས་ལེགས་བཤད་རྒྱ་མཚོ།

e བླ་མའི་རྣལ་འབྱོར།（上师瑜伽）

f 刻本 བཀྲ་ཤིས་ལྷུན་པོ།（西藏日喀则扎什伦布寺）

g 乌金 梵夹装 48×7
h 3 6
i 无 藏纸 黑 完整
j 封面钤有“民族文化宫图书馆藏”印。

212.18
a 57-18

b དུར་བེད་ཧོག་དགེ་སློང་བློ་བཟང་བསོད་ནམས་ནས་ཞུས་སྐུལ་བླ་མའི་རྣལ་འབྱོར།

应土尔伯特旗比丘洛桑索朗之请所授上师瑜伽法

c ཤཱཀྱའི་དགེ་སློང་བློ་བཟང་ཐུབ་བསྟན་ཆོས་ཀྱི་ཉི་མ་དགེ་ལེགས་རྣམ་རྒྱལ་དཔལ་བཟང་པོ།

d དུར་བེད་ཕང་ཕུག（杜尔伯特王府） དགེ་སློང་བློ་བཟང་བསོད་ནམས།

e བླ་མའི་རྣལ་འབྱོར།（上师瑜伽）

f 刻本 བཀྲ་ཤིས་ལྷུན་པོ།（西藏日喀则扎什伦布寺）

g 乌金 梵夹装 47.5×7
h 2 6
i 无 藏纸 黑 完整
j 封面钤有“民族文化宫图书馆藏”印。

212.19
a 57-19

b བླ་མའི་རྣལ་འབྱོར་ཟུང་འཇུག་ཉེ་ལམ།

上师瑜伽法·双运捷径

c ༄ཤཱཀྱའི་དགེ་སློང་བློ་བཟང་ཐུབ་བསྟན་ཆོས་ཀྱི་ཉི་མ་དགེ་ལེགས་རྣམ་རྒྱལ་དཔལ་བཟང་པོ།

d དད་ལྡན་བློ་བཟང་བསམ་གཏན།

e བླ་མའི་རྣལ་འབྱོར།（上师瑜伽）

f 刻本 བཀྲ་ཤིས་ལྷུན་པོ།（西藏日喀则扎什伦布寺）

g 乌金 梵夹装 48×7
h 2 6
i 无 藏纸 黑 完整
j 封面钤有“民族文化宫图书馆藏”印。

212.20
a 57-20

b དོ་ལོན་ནོར་བཀའ་འགྱུར་ཧོ་ཐོག་ཐུ་ངག་དབང་བློ་བཟང་བསྟན་འཛིན་ཉི་མ་ནས་བསྐུལ་བའི་བླ་མའི་རྣལ་འབྱོར།

应多伦诺尔甘珠尔呼图克图阿旺洛桑丹增尼玛之请所授上师瑜伽

c ༄ཤཱཀྱའི་དགེ་སློང་བློ་བཟང་ཐུབ་བསྟན་ཆོས་ཀྱི་ཉི་མ་དགེ་ལེགས་རྣམ་རྒྱལ་དཔལ་བཟང་པོ།

d བཀའ་འགྱུར་ཧོ་ཐོག་ཐུ་ངག་དབང་བློ་བཟང་བསྟན་འཛིན་ཉི་མ།

e བླ་མའི་རྣལ་འབྱོར།（上师瑜伽）

f 刻本 བཀྲ་ཤིས་ལྷུན་པོ།（西藏日喀则扎什伦布寺）

g 乌金 梵夹装 47.5×7
h 2 6
i 无 藏纸 黑 完整
j 封面钤有“民族文化宫图书馆藏”印。

212.21
a 57-21

b བླ་མའི་རྣལ་འབྱོར་དོན་གཉིས་ལྷུན་གྲུབ།

上师瑜伽法·二利任运成就

c ༄ཤཱཀྱའི་དགེ་སློང་བློ་བཟང་ཐུབ་བསྟན་ཆོས་ཀྱི་ཉི་མ་དགེ་ལེགས་རྣམ་རྒྱལ་དཔལ་བཟང་པོ།

d ཡང་རམས་པ་རྣམ་རྒྱལ་བཀྲ་ཤིས།

e བླ་མའི་རྣལ་འབྱོར།（上师瑜伽）

f 刻本 བཀྲ་ཤིས་ལྷུན་པོ།（西藏日喀则扎什伦布寺）

g 乌金 梵夹装 47×7

h 6 6

i 无 藏纸 黑 完整

j 封面钤有“民族文化宫图书馆藏”印。

212.22

a 57-22

b སྤྲུལ་སྐུ་འཇིགས་མེད་སེངྒེ་ནས་ཞུས་པའི་བླ་མའི་རྣལ་འབྱོར།

应晋美森格活佛所请之上师瑜伽法

c ༄ཤཱཀྱའི་དགེ་སློང་བློ་བཟང་ཐུབ་བསྟན་ཆོས་ཀྱི་ཉི་མ་དགེ་ལེགས་རྣམ་རྒྱལ་དཔལ་བཟང་པོ།

d ཞིང་ཆེན་ལན་ཁྲུའི་ལུ་ཧི་ཐན། སྤྲུལ་སྐུ་འཇིགས་མེད་སེངྒེ།

e བླ་མའི་རྣལ་འབྱོར།（上师瑜伽）

f 刻本 བཀྲ་ཤིས་ལྷུན་པོ།（西藏日喀则扎什伦布寺） སུ་མ་ཏི་ཐ་ཟླ།

g 乌金 梵夹装 47.5×7

h 6 6

i 无 藏纸 黑 完整

j 封面钤有“民族文化宫图书馆藏”印。

212.23

a 57-23

b དུས་འཁོར་ལ་བརྟེན་པའི་བླ་མའི་རྣལ་འབྱོར་ཟུང་འཇུག་དགའ་སྟེར།

依止时轮之上师瑜伽·双运喜施

c ༄ཤཱཀྱའི་དགེ་སློང་བློ་བཟང་ཐུབ་བསྟན་ཆོས་ཀྱི་ཉི་མ་དགེ་ལེགས་རྣམ་རྒྱལ་དཔལ་བཟང་པོ།

d བྱར་ནུབ་བློ་བཟང་རྒྱལ་མཚན།

e བླ་མའི་རྣལ་འབྱོར།（上师瑜伽）

f 刻本 བཀྲ་ཤིས་ལྷུན་པོ།（西藏日喀则扎什伦布寺）

g 乌金 梵夹装 47.5×7
h 3 6
i 无 藏纸 黑 完整
j 封面钤有“民族文化宫图书馆藏”印。

212.24
a 57-24
b དུས་འཁོར་ལ་བརྟེན་པའི་བླ་མའི་རྣལ་འབྱོར་གསང་ཆེན་པོ་ཉ།
依止时轮之上师瑜伽法·大密使者
c ༄༅།ཤཱཀྱའི་དགེ་སློང་བློ་བཟང་ཐུབ་བསྟན་ཆོས་ཀྱི་ཉི་མ་དགེ་ལེགས་རྣམ་རྒྱལ་དཔལ་བཟང་པོ།
d གནས་མཆོག་རི་བོ་རྩེ་ལྔ།（五台山） ཀུང་དགེ་འདུན་སྐྱབས་སོགས།
e བླ་མའི་རྣལ་འབྱོར།（上师瑜伽）
f 刻本 བཀྲ་ཤིས་ལྷུན་པོ།（西藏日喀则扎什伦布寺）
g 乌金 梵夹装 47.5×7
h 5 6
i 无 藏纸 黑 完整
j 封面钤有“民族文化宫图书馆藏”印。

212.25
a 57-25
b རིགས་ལྡན་དྲག་པོ་འཁོར་ལོ་ཅན་ལ་བརྟེན་པའི་བླ་མའི་རྣལ་འབྱོར་ཉམས་སུ་ལེན་ཚུལ་སྟོང་གཟུགས་ལམ་སྟོན།
依止部主勇武轮王之上师瑜伽修持法·显示空色道
c ༄༅།ཤཱཀྱའི་དགེ་སློང་བློ་བཟང་ཐུབ་བསྟན་ཆོས་ཀྱི་ཉི་མ་དགེ་ལེགས་རྣམ་རྒྱལ་དཔལ་བཟང་པོ།
d གནས་མཆོག་རི་བོ་རྩེ་ལྔ།（五台山）

བདེ་སྟོང་ཡ་ངོས་དགོན་གྱི་གྲྭ་གྲས་རབ་འབྱམས་པ་དཀོན་མཆོག་ཡར་འཕེལ།

e སླ་མའི་རྣལ་འབྱོར།（上师瑜伽）

f 刻本 བཀྲ་ཤིས་ལྷུན་པོ།（西藏日喀则扎什伦布寺）

g 乌金 梵夹装 48×7
h 2 6
i 无 藏纸 黑 完整
j 封面钤有“民族文化宫图书馆藏”印。

212.26
a 57-26

b རིགས་ལྡན་དྲག་པོ་འཁོར་ལོ་ཅན་ལ་བརྟེན་པའི་བླ་མའི་རྣལ་འབྱོར་མདོར་བསྡུས་རིགས་ལྡན་འཛུམ་ཞལ་ལྟ་བའི་མེ་ལོང་།

依止部主勇武轮王之上师瑜伽略法·部主笑颜观照镜

c ཤཱཀྱའི་དགེ་སློང་བློ་བཟང་ཐུབ་བསྟན་ཆོས་ཀྱི་ཉི་མ་དགེ་ལེགས་རྣམ་རྒྱལ་དཔལ་བཟང་པོ།

d མར་གད་བཞུགས་སྐར། དགེ་བཟང་གསུང་དབྱངས་ཅན།

e སླ་མའི་རྣལ་འབྱོར།（上师瑜伽）

f 刻本 བཀྲ་ཤིས་ལྷུན་པོ།（西藏日喀则扎什伦布寺）

g 乌金 梵夹装 47.5×7
h 2 6
i 无 藏纸 黑 完整
j 封面钤有“民族文化宫图书馆藏”印。

212.27
a 57-27

b དཔལ་དུས་ཀྱི་འཁོར་ལོའི་བླ་མ་ལྷ་ཚོགས་ལ་གསོལ་འདེབས་དངོས་གྲུབ་ཀུན་འབྱུང་།

吉祥时轮之上师天众启请文·悉地之源

c ༄༅། །ཤཱཀྱའི་དགེ་སློང་བློ་བཟང་ཐུབ་བསྟན་ཆོས་ཀྱི་ཉི་མ་དགེ་ལེགས་རྣམ་རྒྱལ་དཔལ་བཟང་པོ།

d གཟིམ་ཆུང་བདེ་ཆེན་ཀུན་འཁྱིལ། རྫོང་ཁ་བ་དྲུང་རམས་པ་ཤེས་རབ་བསྟན་འཛིན།

e གསོལ་འདེབས།（启请文）

f 刻本 བཀྲ་ཤིས་ལྷུན་པོ།（西藏日喀则扎什伦布寺）

g 乌金 梵夹装 47.5×7
h 3 6
i 无 藏纸 黑 完整
j 封面钤有“民族文化宫图书馆藏”印。

212.28
a 57-28

b ཤམྦྷ་ལའི་ཞིང་བཀོད་དང་ཆོས་རྒྱལ་རིགས་ལྡན་གྱི་བླ་མའི་རྣལ་འབྱོར་རྗེས་འཛིན་གསོལ་འདེབས་འཆི་ཁའི་

གདམས་པ་སྨོན་ལམ་བཅས་བཞུགས་སོ།།

香拔拉刹土庄严与部主法王之上师瑜伽摄受启请文·临终教诲祈愿

c ༄༅། །ཤཱཀྱའི་དགེ་སློང་བློ་བཟང་ཐུབ་བསྟན་ཆོས་ཀྱི་ཉི་མ་དགེ་ལེགས་རྣམ་རྒྱལ་དཔལ་བཟང་པོ།

d སུ་རོང་སུ་ཉིར་ཐུའི་ཕང་ཕྱུགས།（苏尼特右旗王府） གྲ་རིགས་འཇམ་དཔལ་རྒྱ་མཚོ།

e གསོལ་འདེབས།（启请文）

f 刻本 བཀྲ་ཤིས་ལྷུན་པོ།（西藏日喀则扎什伦布寺）

g 乌金 梵夹装 47×7
h 3 6
i 无 藏纸 黑 完整
j 封面钤有“民族文化宫图书馆藏”印。

212.29
a 57-29

b ཁྲི་ཆེན་སྤྲུལ་པའི་སྐུ་བློ་བཟང་བཀྲ་ཤིས་འཁྱིལ་ལས་རྒྱ་མཚོ་ནས་ཞུས་པའི་སྨོན་ཚིག་འགྱུར་མེད་བདེ་བ།

活佛洛桑扎西称勒嘉措请说之香拔拉愿文·永恒安乐

c ཤཱཀྱའི་དགེ་སློང་བློ་བཟང་ཐུབ་བསྟན་ཆོས་ཀྱི་ཉི་མ་དགེ་ལེགས་རྣམ་རྒྱལ་དཔལ་བཟང་པོ།

d ཁྲི་ཆན་སྤྲུལ་སྐུ་བློ་བཟང་བཀྲ་ཤིས་འཕྲིན་ལས་རྒྱ་མཚོ།

e སྨོན་ཚིག（祈愿文）

f 刻本 བཀྲ་ཤིས་ལྷུན་པོ།（西藏日喀则扎什伦布寺）

g 乌金 梵夹装 48.5×7

h 2 6

i 无 藏纸 黑 完整

j 封面钤有“民族文化宫图书馆藏”印。

212.30

a 57-30

b ཚེ་རབས་རྗེས་འཛིན་དང་ཤམྦྷ་ལའི་སྨོན་ཚིག་ཟུང་འབྲེལ།

世代摄受与香拔拉祈愿文合修法

c ཤཱཀྱའི་དགེ་སློང་བློ་བཟང་ཐུབ་བསྟན་ཆོས་ཀྱི་ཉི་མ་དགེ་ལེགས་རྣམ་རྒྱལ་དཔལ་བཟང་པོ།

d སྐུ་འབུམ་བྱམས་པ་གླིང་།（青海塔尔寺） བསེ་སྤྱོལ།

e སྨོན་ཚིག（祈愿文）

f 刻本 བཀྲ་ཤིས་ལྷུན་པོ།（西藏日喀则扎什伦布寺）

g 乌金 梵夹装 47.5×7

h 3 6

i 无 藏纸 黑 完整

j 封面钤有“民族文化宫图书馆藏”印。

212.31

a 57-31

b ཤམྦྷ་ལར་སྐྱེ་བའི་སྨོན་ལམ་དག་ཞིང་བགྲོད་པའི་ཕོ་ཉ།

往生香拔拉祈愿文·趣净土之使者

c　ཤཱཀྱའི་དགེ་སློང་བློ་བཟང་ཐུབ་བསྟན་ཆོས་ཀྱི་ཉི་མ་དགེ་ལེགས་རྣམ་རྒྱལ་དཔལ་བཟང་པོ།

d　སན་ལི་ཡོན་ཕུར་འཕྲུལ་མ།　ཚེ་ནེ་དགོན་ཆེན་གྱི་བདེ་ནང་སྤྲུལ་སྐུ་འཇིགས་མེད་རྒྱ་མཚོ།

e　སྨོན་ལམ།（祈愿文）

f　刻本　བཀྲ་ཤིས་ལྷུན་པོ།（西藏日喀则扎什伦布寺）

g　乌金　梵夹装　46×7
h　2　6
i　无　藏纸　黑　完整
j　封面钤有“民族文化宫图书馆藏”印。

212.32
a　57-32

b　ཤམྦྷ་ལའི་སྨོན་ཚིག་བདེ་ཆེན་དཔལ་འབར།

香拔拉愿文·大乐吉祥焰

c　ཤཱཀྱའི་དགེ་སློང་བློ་བཟང་ཐུབ་བསྟན་ཆོས་ཀྱི་ཉི་མ་དགེ་ལེགས་རྣམ་རྒྱལ་དཔལ་བཟང་པོ།

d　ཡིན་དའི་ཕོ་བྲང་།（北京瀛台宫）　ཕྱག་མཛོད་སྤྲུལ་སྐུ་སྐལ་བཟང་བསྟན་པ་རྒྱ་མཚོ།

e　སྨོན་ཚིག（祈愿文）

f　刻本　བཀྲ་ཤིས་ལྷུན་པོ།（西藏日喀则扎什伦布寺）

g　乌金　梵夹装　48×7
h　2　6
i　无　藏纸　黑　完整
j　封面钤有“民族文化宫图书馆藏”印。

212.33
a　57-33

b　དཔལ་དུས་ཀྱི་འཁོར་ལོའི་གསོལ་འདེབས་མི་འགྱུར་བདེ་ཆེན་མ།

吉祥时轮启请文·不变大乐

c ༄ཤཱཀྱའི་དགེ་སློང་བློ་བཟང་ཐུབ་བསྟན་ཆོས་ཀྱི་ཉི་མ་དགེ་ལེགས་རྣམ་རྒྱལ་དཔལ་བཟང་པོ།

d

e གསོལ་འདེབས།（启请文）

f 刻本 བཀྲ་ཤིས་ལྷུན་པོ།（西藏日喀则扎什伦布寺）

g 乌金 梵夹装 47×7

h 3 6

i 无 藏纸 黑 完整

j 封面钤有“民族文化宫图书馆藏”印。

212.34

a 57-34

b ཤམ་སྨོན་རྣམ་ཀུན་མཆོག་ལྡན་མ།

香拔拉愿文·具一切胜相

c ༄ཤཱཀྱའི་དགེ་སློང་བློ་བཟང་ཐུབ་བསྟན་ཆོས་ཀྱི་ཉི་མ་དགེ་ལེགས་རྣམ་རྒྱལ་དཔལ་བཟང་པོ།

d ལྷུང་སྐྱ་ཇ་སག་སྒོ་མང་སྤྱིལ་སྐྱུ།

e སྨོན་ལམ།（祈愿文）

f 刻本 བཀྲ་ཤིས་ལྷུན་པོ།（西藏日喀则扎什伦布寺）

g 乌金 梵夹装 47×7

h 2 6

i 无 藏纸 黑 完整

j 封面钤有“民族文化宫图书馆藏”印。

212.35

a 57-35

b དཔལ་དུས་ཀྱི་འཁོར་ལོའི་བསྟོད་པ་སྟོང་གཟུགས་རིན་ཆེན་འདྲེན་པའི་ཤིང་རྟ།

吉祥时轮赞·引空色宝之车

c ༄ཤཱཀྱའི་དགེ་སློང་བློ་བཟང་ཐུབ་བསྟན་ཆོས་ཀྱི་ཉི་མ་དགེ་ལེགས་རྣམ་རྒྱལ་དཔལ་བཟང་པོ།

d

e བསྟོད་ཚོགས། （赞集）

f 刻本 བཀྲ་ཤིས་ལྷུན་པོ། （西藏日喀则扎什伦布寺）

g 乌金 梵夹装 47.5×7
h 3 6
i 无 藏纸 黑 完整
j 封面钤有“民族文化宫图书馆藏”印。

212.36
a 57-36

b ཤིང་བཟའ་པཎྜི་ཏ་ཧོ་ཐོག་ཐུ་ནས་ཞུས་ངོར་སྦྱལ་བའི་ཤིས་སྨོན་རིགས་ལྡན་ཞལ་བཟང་ལྟ་བའི་མེ་ལོང་།
辛萨班智达呼图克图请说之香拔拉愿文·部主妙颜观照镜

c ༄༅།ཀྱཻ་དགེ་སློང་བློ་བཟང་ཐུབ་བསྟན་ཆོས་ཀྱི་ཉི་མ་དགེ་ལེགས་རྣམ་རྒྱལ་དཔལ་བཟང་པོ།

d ཤིང་བཟའ་སྐུ་འཕྲེང་བཅོ་བརྒྱད་པ་བློ་བཟང་མཁས་གྲུབ་རྒྱ་མཚོ།

e སྨོན་ཚིག （祈愿文）

f 刻本 བཀྲ་ཤིས་ལྷུན་པོ། （西藏日喀则扎什伦布寺）

g 乌金 梵夹装 47.5×7
h 3 6
i 无 藏纸 黑 完整
j 封面钤有“民族文化宫图书馆藏”印。

212.37
a 57-37

b དཔལ་དུས་ཀྱི་འཁོར་ལོའི་དབང་ཆེན་སྐྱལ་སྐབས་ཀྱི་སྔོན་འགྲོའི་གསུང་བཤད་སྐལ་ལྡན་ཡིད་ཀྱི་རེ་སྐོང་།
授吉祥时轮大灌顶时之前行教诲·具缘心意满愿

c ༄༅།ཀྱཻ་དགེ་སློང་བློ་བཟང་ཐུབ་བསྟན་ཆོས་ཀྱི་ཉི་མ་དགེ་ལེགས་རྣམ་རྒྱལ་དཔལ་བཟང་པོ།

d

e སྔོན་འགྲོའི་བཤད་པ།（前言）

f 刻本 བཀྲ་ཤིས་ལྷུན་པོ།（西藏日喀则扎什伦布寺）

g 乌金 梵夹装 46.5×7
h 40 6
i 无 藏纸 黑 完整
j 封面钤有“民族文化宫图书馆藏”印。

212.38
a 57-38

b ཤིང་ཁྱི་ཟླ་ཚེས་དགེ་བར། ཧང་གྲེ་ཞིང་ཆེན་ལིང་ཡོན་སི་ཞེས་པའི་དགོན་པར་ཀྲུང་ཡང་བུ་ཙའོ་སྡེ་རྒྱའི་ཆོས་པ་སྤྱི་ནས་དཔལ་དུས་ཀྱི་འཁོར་ལོའི་དབང་ཆེན་ཞུ་སྟོལ་སྐབས་སྔོན་དུ་ལས་འབྲས་བླང་དོར་དང་འབྲེལ་སྐྱབས་འགྲོ་བྱེད་ཚུལ་སོགས་ཀྱི་བཀའ་འཁྲིད་སྒྲུལ་ཟིན།

甲戌年吉月日于杭州灵隐寺应中国佛教会之请授时轮大灌顶时先为开示业果取舍相应皈依修法

c ༄༅།།ཀུའི་དགེ་སློང་བློ་བཟང་ཐུབ་བསྟན་ཆོས་ཀྱི་ཉི་མ་དགེ་ལེགས་རྣམ་རྒྱལ་དཔལ་བཟང་པོ།

d

e སྐྱབས་ཁྲིད།（皈依导释）

f 刻本 བཀྲ་ཤིས་ལྷུན་པོ།（西藏日喀则扎什伦布寺）

g 乌金 梵夹装 47.8×7
h 15 6
i 无 藏纸 黑 完整
j 封面钤有“民族文化宫图书馆藏”印。

212.39
a 57-39

b དཔལ་དུས་ཀྱི་འཁོར་ལོའི་དབང་གི་སྔོན་འགྲོའི་གསུང་བཤད་མདོར་བསྡུས།

吉祥时轮灌顶之前行略说

c ༄༅།ཤཱཀྱའི་དགེ་སློང་བློ་བཟང་ཐུབ་བསྟན་ཆོས་ཀྱི་ཉི་མ་དགེ་ལེགས་རྣམ་རྒྱལ་དཔལ་བཟང་པོ།

d

e དབང་གི་སྔོན་འགྲོའི་གཏམ། （灌顶前行说）

f 刻本 བཀྲ་ཤིས་ལྷུན་པོ།（西藏日喀则扎什伦布寺）

g 乌金 梵夹装 48×7

h 3 6

i 无 藏纸 黑 完整

j 封面钤有“民族文化宫图书馆藏”印。

212.40

a 57-40

b དཔལ་དུས་ཀྱི་འཁོར་ལོའི་དབང་ཆེན་གྱི་སྟ་གོན་བྱ་ཚུལ་བདེ་དཀྲོལ་དང་བཅས་པ་བདེ་ཆེན་སྒོ་འབྱེད།

吉祥时轮大灌顶前行法事相解说·开大乐门

c ༄༅།ཤཱཀྱའི་དགེ་སློང་བློ་བཟང་ཐུབ་བསྟན་ཆོས་ཀྱི་ཉི་མ་དགེ་ལེགས་རྣམ་རྒྱལ་དཔལ་བཟང་པོ།

d

e དབང་གི་སྟ་གོན། （灌顶前行准备）

f 刻本 བཀྲ་ཤིས་ལྷུན་པོ།（西藏日喀则扎什伦布寺）

g 乌金 梵夹装 47.5×7

h 17 6

i 无 藏纸 黑 完整

j 封面钤有“民族文化宫图书馆藏”印。

212.41

a 57-41

b པོ་ཏིང་རྒྱལ་ཁབ་ཏུ་ཀུ་ཤྲེཡ་ཟླ་ཆོས་དགེ་བར་འཛམ་དབྱངས་ས་ཡི་ཚངས་པའི་བསྟི་གནས་པོ་བྲང་ཐ་ཏུ་ཏན་དུ་བུ

ཅའོ་སྙེ་ཆོས་པ་རྣམས་ལ་དཔལ་དུས་ཀྱི་འཁོར་ལོའི་སློབ་མ་རྗེས་འཛིན།སྟ་གོན་བྱེས་པ་ལྟར་འཇུག་པའི་དབང་བདུན་

བཅས་བགྱིས་སྐབས་ཀྱི་བརྡ་དཀྲོལ་ལུང་འདྲེན་རྒྱས་བཤད་མེད་པར་གོ་སླ་མདོར་བསྡུས་སུ་བཀོད་པ་སྟོང་གཟུགས་པདྨོ་འབྱེད་པའི་ཉིན་བྱེད།

壬申年在京师故宫太和殿向佛教徒传吉祥时轮摄寿弟子法，前行修如童七灌顶时，事相解释及口传导引简明录·空色莲华开敷日

c ༄།ཤཱཀྱའི་དགེ་སློང་བློ་བཟང་ཐུབ་བསྟན་ཆོས་ཀྱི་ཉི་མ་དགེ་ལེགས་རྣམ་རྒྱལ་དཔལ་བཟང་པོ།

d

e སྔགས།（密宗）

f 刻本 བཀྲ་ཤིས་ལྷུན་པོ།（西藏日喀则扎什伦布寺）

g 乌金 梵夹装 47×7

h 54 6

i 无 藏纸 黑 完整

j 封面钤有“民族文化宫图书馆藏”印。

212.42

a 57-42

b དུས་འཁོར་དབང་ཆེན་སྐབས་མཆོད་དཔོན་ནས་བྱེད་སྒོའི་ཐོ་ཡིག

时轮大灌顶时，执事僧人工作手册

c ༄།ཤཱཀྱའི་དགེ་སློང་བློ་བཟང་ཐུབ་བསྟན་ཆོས་ཀྱི་ཉི་མ་དགེ་ལེགས་རྣམ་རྒྱལ་དཔལ་བཟང་པོ།

d ཡིག་མིང་ཅན།

e ཐོ་ཡིག（笔录）

f 刻本 བཀྲ་ཤིས་ལྷུན་པོ།（西藏日喀则扎什伦布寺）

g 乌金 梵夹装 48×7

h 6 6

i 无 藏纸 黑 完整

j 封面钤有“民族文化宫图书馆藏”印。

212.43

a 57-43

b ལེགས་པར་བཤད་པ་སའི་བསྟན་བཅོས་ལུགས་གཉིས་འོད་བརྒྱ་འབར་བའི་དཔྱིག་གི་ཕྲེང་བ།

善说地论·政教两制百光炽燃宝鬘

c ༄༅།ཤཱཀྱའི་དགེ་སློང་བློ་བཟང་ཐུབ་བསྟན་ཆོས་ཀྱི་ཉི་མ་དགེ་ལེགས་རྣམ་རྒྱལ་དཔལ་བཟང་པོ།

d འཕགས་པ་འཇམ་དཔལ་གྱི་ཞིང་མཆོག་རི་བོ་དྭངས་བསིལ། （清凉山）

མཁན་སྤྲུལ་འཇམ་དབྱངས་ལེགས་བཤད།

e བསྟན་བཅོས།(典籍)

f 刻本 བཀྲ་ཤིས་ལྷུན་པོ།（西藏日喀则扎什伦布寺）

g 乌金 梵夹装 47.5×7

h 9 6

i 无 藏纸 黑 完整

j 封面钤有“民族文化宫图书馆藏”印。

212.44

a 57-44

b ལེགས་པར་བཤད་པ་ཆུའི་བསྟན་བཅོས་ལུགས་གཉིས་བླང་དོར་ཀུན་གསལ།

善说水论·政教两制取舍善明

c ༄༅།ཤཱཀྱའི་དགེ་སློང་བློ་བཟང་ཐུབ་བསྟན་ཆོས་ཀྱི་ཉི་མ་དགེ་ལེགས་རྣམ་རྒྱལ་དཔལ་བཟང་པོ།

d སན་ཞི་ཞིང་ཆེན། （山西） མཁན་སྤྲུལ་འཇམ་དབྱངས་ལེགས་བཤད།

e བསྟན་བཅོས། （典籍）

f 刻本 བཀྲ་ཤིས་ལྷུན་པོ།（西藏日喀则扎什伦布寺）

g 乌金 梵夹装 47.5×7

h 9 6

i 无 藏纸 黑 完整

j 封面钤有“民族文化宫图书馆藏”印。

212.45

a 57-45

b ཤར་ཕྱོགས་མ་ཧཱ་ཙི་ནའི་ཡུལ་གྱི་བུ་ཙའོ་ཧུད་མཐའ་དག་ལ་སྤྲིངས་པའི་བསླབ་བྱ་དགེ་ལེགས་པདྨོ་བཞད་པའི་ཉི་འོད།

致中国佛教会诸人士书·善莲开敷日光

c ༄ཤཱཀྱའི་དགེ་སློང་བློ་བཟང་ཐུབ་བསྟན་ཆོས་ཀྱི་ཉི་མ་དགེ་ལེགས་རྣམ་རྒྱལ་དཔལ་བཟང་པོ།

d

e བསླབ་བྱ།（教言）

f 刻本 བཀྲ་ཤིས་ལྷུན་པོ།（西藏日喀则扎什伦布寺）

g 乌金 梵夹装 47×7

h 6 6

i 无 藏纸 黑 完整

j 封面钤有“民族文化宫图书馆藏”印。

212.46

a 57-46

b བསླབ་བྱ་འཁྲུལ་པའི་གཉིད་ལས་སློང་བྱེད།

教言·觉醒迷梦

c ༄ཤཱཀྱའི་དགེ་སློང་བློ་བཟང་ཐུབ་བསྟན་ཆོས་ཀྱི་ཉི་མ་དགེ་ལེགས་རྣམ་རྒྱལ་དཔལ་བཟང་པོ།

d པེ་ཅིང་ཡོན་ཧ་ཁོ་བྲང་།（北京雍和宫）

e བསླབ་བྱ།（教言）

f 刻本 བཀྲ་ཤིས་ལྷུན་པོ།（西藏日喀则扎什伦布寺） སྒྲིག་པ་པོ་ནི་དོན་གྲུབ།

g 乌金 梵夹装 47×7

h 3 6

i 无 藏纸 黑 完整

j 封面钤有“民族文化宫图书馆藏”印。

212.47

a 57-47

b བསླབ་བྱ་བློ་ལྡན་འཇུག་ངོགས།

教言·智者津梁

c ༄༅།ཤཱཀྱའི་དགེ་སློང་བློ་བཟང་ཐུབ་བསྟན་ཆོས་ཀྱི་ཉི་མ་དགེ་ལེགས་རྣམ་རྒྱལ་དཔལ་བཟང་པོ།

d

e བསླབ་བྱ།(教言)

f 刻本 བཀྲ་ཤིས་ལྷུན་པོ།（西藏日喀则扎什伦布寺）

g 乌金 梵夹装 47.5×7

h 4 6

i 无 藏纸 黑 完整

j 封面钤有“民族文化宫图书馆藏”印。

212.48

a 57-48

b བློ་གསར་གཞོན་ནུ་རྣམས་ཀྱི་བསླབ་བྱ་ཕན་བདེའི་སྒོ་བརྒྱ་འབྱེད་པའི་ལྡེ་མིག

致诸初学学子之教言·开利乐百门之钥

c ༄༅།ཤཱཀྱའི་དགེ་སློང་བློ་བཟང་ཐུབ་བསྟན་ཆོས་ཀྱི་ཉི་མ་དགེ་ལེགས་རྣམ་རྒྱལ་དཔལ་བཟང་པོ།

d

e བསླབ་བྱ།(教言)

f 刻本 བཀྲ་ཤིས་ལྷུན་པོ།（西藏日喀则扎什伦布寺）

g 乌金 梵夹装 48×7

h 5 6

i 无 藏纸 黑 完整

j 封面钤有“民族文化宫图书馆藏”印。

212.49

a 57-49

b བསླབ་བྱ་པད་དཀར་ཐྲེང་བ།

教言·白莲鬘

c ༄༅།ཤཱཀྱའི་དགེ་སློང་བློ་བཟང་ཐུབ་བསྟན་ཆོས་ཀྱི་ཉི་མ་དགེ་ལེགས་རྣམ་རྒྱལ་དཔལ་བཟང་པོ།

d

e བསླབ་བྱ།(教言)

f 刻本 བཀྲ་ཤིས་ལྷུན་པོ།（西藏日喀则扎什伦布寺）

g 乌金 梵夹装 47×7

h 3 6

i 无 藏纸 黑 完整

j 封面钤有“民族文化宫图书馆藏”印。

212.50

a 57-50

b བསླབ་བྱ་བློ་ལྡན་དགའ་བསྐྱེད།

教言·智者生喜

c ༄༅།ཤཱཀྱའི་དགེ་སློང་བློ་བཟང་ཐུབ་བསྟན་ཆོས་ཀྱི་ཉི་མ་དགེ་ལེགས་རྣམ་རྒྱལ་དཔལ་བཟང་པོ།

d ཞིང་ཆེན་ལན་གྲུའི་ཕོ་བྲང་ལུ་ཧྲི་ཐན།（兰州）

e བསླབ་བྱ།(教言)

f 刻本 བཀྲ་ཤིས་ལྷུན་པོ།（西藏日喀则扎什伦布寺） མ་ཧེ་ཕྲན།

g 乌金 梵夹装 48×7

h 2 6

i 无 藏纸 黑 完整

j 封面钤有“民族文化宫图书馆藏”印。

212.51

a 57-51

b ཞིང་ཆེན་བང་ཐེན་དུ་རི་ཡིན་གྱི་མི་རིགས་རྣམས་ལ་གདམས་པའི་བསླབ་བྱ་སྐྱབས་གསུམ་ལམ་སྟོན།

在丰田对日本人等之讲道录·三皈指津

c　༄༅ཀྲཱཀྱཻའི་དགེ་སློང་བློ་བཟང་ཐུབ་བསྟན་ཆོས་ཀྱི་ཉི་མ་དགེ་ལེགས་རྣམ་རྒྱལ་དཔལ་བཟང་པོ།

d

e　བསླབ་བྱ།(教言)

f　刻本　བཀྲ་ཤིས་ལྷུན་པོ།（西藏日喀则扎什伦布寺）

g　乌金　梵夹装　47.5×7

h　7　6

i　无　藏纸　黑　完整

j　封面钤有“民族文化宫图书馆藏”印。

212.52

a　57-52

b　དྲི་ལན་ཡིད་ཀྱི་མུན་སེལ་ཟླ་འོད།

答问·消除心暗之月光

c　༄༅ཀྲཱཀྱཻའི་དགེ་སློང་བློ་བཟང་ཐུབ་བསྟན་ཆོས་ཀྱི་ཉི་མ་དགེ་ལེགས་རྣམ་རྒྱལ་དཔལ་བཟང་པོ།

d

e　དྲི་བ་དྲིས་ལན།(问答)

f　刻本　བཀྲ་ཤིས་ལྷུན་པོ།（西藏日喀则扎什伦布寺）

g　乌金　梵夹装　47×7

h　3　6

i　无　藏纸　黑　完整

j　封面钤有“民族文化宫图书馆藏”印。

212.53

a　57-53

b　དགོན་གནས་དར་རྒྱས་གླིང་གི་གསོ་སྦྱོང་བགྱིད་ལུགས་ཀྱི་རིམ་པ་གསལ་བར་སྟོན་པ་ཐུབ་བསྟན་ཀུ་མུད་བཞད་

པའི་ཟླ་ཟེར།

达结林寺布萨作法次第开示·佛教睡莲开敷月光

c ༄༅།།ཀུན་དགེ་སློང་བློ་བཟང་ཐུབ་བསྟན་ཆོས་ཀྱི་ཉི་མ་དགེ་ལེགས་རྣམ་རྒྱལ་དཔལ་བཟང་པོ།

d ཆོས་གྲྭ་བཀྲ་ཤིས་ལྷུན་པོ།（西藏日喀则扎什伦布寺） དྲུང་ཡིག་དགོན་མཆོག་བསྟན་པ།

e འདུལ་བ།（律经）

f 刻本 བཀྲ་ཤིས་ལྷུན་པོ།（西藏日喀则扎什伦布寺）

g 乌金 梵夹装 48×7

h 5 6

i 无 藏纸 黑 完整

j 封面钤有“民族文化宫图书馆藏”印。

212.54

a 57-54

b གསན་ཡིག་ནོར་བུའི་དོ་ཤལ།

闻法录・宝璎珞

c ༄༅།།ཀུན་དགེ་སློང་བློ་བཟང་ཐུབ་བསྟན་ཆོས་ཀྱི་ཉི་མ་དགེ་ལེགས་རྣམ་རྒྱལ་དཔལ་བཟང་པོ།

d

e གསན་ཡིག（聆听文）

f 刻本 བཀྲ་ཤིས་ལྷུན་པོ།（西藏日喀则扎什伦布寺）

g 乌金 梵夹装 47×7

h 78 6

i 无 藏纸 黑 完整

j 封面钤有“民族文化宫图书馆藏”印。

212.55

a 57-55

b ནང་དུས་པོ་ཏ་ལའི་གནས་བསྟོད།

南海普陀山胜地赞

c ༄༅།།ཀུན་དགེ་སློང་བློ་བཟང་ཐུབ་བསྟན་ཆོས་ཀྱི་ཉི་མ་དགེ་ལེགས་རྣམ་རྒྱལ་དཔལ་བཟང་པོ།

d　ནན་ཏེ་པོ་ཊ་ལ།（南海普陀山）　ལྷུང་སྐྱ་མཁན་སྤྱུལ་འཇམ་དབྱངས་རྒྱ་མཚོ།

e　བསྟོད་ཚོགས།（赞集）

f　刻本　བཀྲ་ཤིས་ལྷུན་པོ།（西藏日喀则扎什伦布寺）

g　乌金　梵夹装　48×7
h　3　6
i　无　藏纸　黑　完整
j　封面钤有“民族文化宫图书馆藏”印。

212.56
a　57-56

b　ཚེ་རིང་ལྗོངས་དྲུག་གི་དཔལ་ཡོན་ལ་བསྟོད་པ་ཚིགས་སུ་བཅད་པ་མཐོང་བས་ཡིད་འཕྲོག

六长寿区吉祥功德颂·见者意悦

c　ཤཱཀྱའི་དགེ་སློང་བློ་བཟང་ཐུབ་བསྟན་ཆོས་ཀྱི་ཉི་མ་དགེ་ལེགས་རྣམ་རྒྱལ་དཔལ་བཟང་པོ།

d　མ་ཧཱ་ཙི་ན།（内地）

e　བསྟོད་ཚོགས།（赞集）

f　刻本　བཀྲ་ཤིས་ལྷུན་པོ།（西藏日喀则扎什伦布寺）

g　乌金　梵夹装　48×7
h　2　6
i　无　藏纸　黑　完整
j　封面钤有“民族文化宫图书馆藏”印。

212.57
a　57-57

b　པར་བྱང་སྨོན་ཚིག་དད་པའི་ཨ་ལུང་།

刻版题记愿文·起信环

c　ཤཱཀྱའི་དགེ་སློང་བློ་བཟང་ཐུབ་བསྟན་ཆོས་ཀྱི་ཉི་མ་དགེ་ལེགས་རྣམ་རྒྱལ་དཔལ་བཟང་པོ།

d

e སྨོན་ཚིག(祈愿文)

f 刻本 བཀྲ་ཤིས་ལྷུན་པོ།（西藏日喀则扎什伦布寺）

g 乌金 梵夹装 47×7

h 1 6

i 无 藏纸 黑 完整

j 封面钤有“民族文化宫图书馆藏”印。

213

A 3671 3546

B བློ་བཟང་ཐུབ་བསྟན་ཆོས་ཀྱི་ཉི་མ་གསུང་འབུམ།

洛桑土登却吉尼玛文集

C ཀ

D པཎ་ཆེན་བློ་བཟང་ཐུབ་བསྟན་ཆོས་ཀྱི་ཉི་མ།

同3670介绍。

E 馆藏齐全。

213.1

a 64-1

b སྐྱབས་མགོན་རྗེ་བཙུན་བློ་བཟང་ཐུབ་བསྟན་ཆོས་ཀྱི་ཉི་མ་དགེ་ལེགས་རྣམ་རྒྱལ་དཔལ་བཟང་པོའི་གསུང་འབུམ་ཀ་པའི་དཀར་ཆག་རིན་པོ་ཆེའི་ཕྲེང་བ།

怙主至尊上师洛桑土登却吉尼玛格勒朗杰文集ཀ字函目录·大宝鬘

c ༄ཤཱཀྱའི་དགེ་སློང་བློ་བཟང་ཐུབ་བསྟན་ཆོས་ཀྱི་ཉི་མ་དགེ་ལེགས་རྣམ་རྒྱལ་དཔལ་བཟང་པོ།

d

e དཀར་ཆག(目录)

f 刻本 བཀྲ་ཤིས་ལྷུན་པོ།（西藏日喀则扎什伦布寺）

g 乌金 梵夹装 47×7

h 5 6

i 无 藏纸 黑 完整

j 封面钤有“民族文化宫图书馆藏”印。

213.2

a 64-2

b བྱང་ཆུབ་ལམ་གྱི་སྒྲོན་མའི་རྣམ་བཤད་མདོར་བསྡུས་ཐར་ལམ་བགྲོད་པའི་ཐེམ་སྐས།

菩提道炬论略解·趣解脱道之阶梯

c ༄།ཤཱཀྱའི་དགེ་སློང་བློ་བཟང་ཐུབ་བསྟན་ཆོས་ཀྱི་ཉི་མ་དགེ་ལེགས་རྣམ་རྒྱལ་དཔལ་བཟང་པོ།

d

e ལམ་རིམ།(道次第)

f 刻本 བཀྲ་ཤིས་ལྷུན་པོ།（西藏日喀则扎什伦布寺）

g 乌金 梵夹装 48×7

h 42 6

i 无 藏纸 黑 完整

j 封面钤有“民族文化宫图书馆藏”印。

213.3

a 64-3

b བྱང་ཆུབ་ལམ་གྱི་རིམ་པའི་གནད་བསྡུས་རྒྱུན་འཁྱེར།

菩提道次第常用摄要

c ༄།ཤཱཀྱའི་དགེ་སློང་བློ་བཟང་ཐུབ་བསྟན་ཆོས་ཀྱི་ཉི་མ་དགེ་ལེགས་རྣམ་རྒྱལ་དཔལ་བཟང་པོ།

d ཁམས་གསུམ་ཟིལ་གནོན་པོ་བྲང་། དགའ་རབ་རྗེ་དྲུང་བློ་བཟང་ཚུལ་ཁྲིམས།

e ལམ་རིམ།(道次第)

f 刻本 བཀྲ་ཤིས་ལྷུན་པོ།（西藏日喀则扎什伦布寺）

g 乌金 梵夹装 47.5×7

h 6 6

i 无 藏纸 黑 完整

j 封面钤有“民族文化宫图书馆藏”印。

213.4

a 64-4

b ཐུན་མོང་དང་ཐུན་མིན་གྱི་ལམ་བགྲོད་པ་མདོར་བསྡུས་དྲན་གསོར་བཀོད་པ་ལམ་བཟང་བལྟ་བའི་མེ་ལོང་།

共与不共之行提念略篇·观妙道明镜

c ༄ཤཱཀྱའི་དགེ་སློང་བློ་བཟང་ཐུབ་བསྟན་ཆོས་ཀྱི་ཉི་མ་དགེ་ལེགས་རྣམ་རྒྱལ་དཔལ་བཟང་པོ།

d ཞིང་མཆོག་རི་བོ་དྭངས་བསིལ།（圣地清凉山）

e ལམ་རིམ།（道次第）

f 刻本 བཀྲ་ཤིས་ལྷུན་པོ།（西藏日喀则扎什伦布寺）

g 乌金 梵夹装 48×7

h 8 6

i 无 藏纸 黑 完整

j 封面钤有“民族文化宫图书馆藏”印。

213.5

a 64-5

b དད་ལྡན་ཞིག་ལ་སྤེལ་བ་ཕུལ་བྱུང་ལམ་གྱི་འཇུག་ངོགས།

一具信者增长卓越道之门径

c ༄ཤཱཀྱའི་དགེ་སློང་བློ་བཟང་ཐུབ་བསྟན་ཆོས་ཀྱི་ཉི་མ་དགེ་ལེགས་རྣམ་རྒྱལ་དཔལ་བཟང་པོ།

d

e ལམ་རིམ།（道次第）

f 刻本 བཀྲ་ཤིས་ལྷུན་པོ།（西藏日喀则扎什伦布寺）

g 乌金 梵夹装 47×7

h 5 6

i 无 藏纸 黑 完整

j 封面钤有“民族文化宫图书馆藏”印。

213.6

a 64-6

b ལམ་གྱི་གཙོ་བོ་རྣམ་པ་གསུམ་གྱི་དམིགས་རྣམ་སྐྱོང་ཚུལ་མདོར་བསྡུས།

道之三要之所缘修行法略篇

c ༄༅།།ཀུའི་དགེ་སློང་བློ་བཟང་ཐུབ་བསྟན་ཆོས་ཀྱི་ཉི་མ་དགེ་ལེགས་རྣམ་རྒྱལ་དཔལ་བཟང་པོ།

d

e ལམ་རིམ།（道次第）

f 刻本 བཀྲ་ཤིས་ལྷུན་པོ།（西藏日喀则扎什伦布寺）

g 乌金 梵夹装 47.5×7

h 6 6

i 无 藏纸 黑 完整

j 封面钤有“民族文化宫图书馆藏”印。

213.7

a 64-7

b སྐྱབས་འགྲོ་འདོན་དགོས་པའི་ཞལ་གདམས་མདོར་བསྡུས།

皈依念诵之语教略篇

c ༄༅།།ཀུའི་དགེ་སློང་བློ་བཟང་ཐུབ་བསྟན་ཆོས་ཀྱི་ཉི་མ་དགེ་ལེགས་རྣམ་རྒྱལ་དཔལ་བཟང་པོ།

d

e གདམས་ངག(教言)

f 刻本 བཀྲ་ཤིས་ལྷུན་པོ།（西藏日喀则扎什伦布寺）

g 乌金 梵夹装 47.5×7

h 9 6

i 无 藏纸 黑 完整

j 封面钤有“民族文化宫图书馆藏”印。

213.8

a 64-8

b སྐྱབས་འགྲོ་ཞལ་གདམས་དགེ་ལེགས་ཀུན་འབྱུང་།

皈依之语教·妙善普生

c ༄༅།ཀྲུའི་དགེ་སློང་བློ་བཟང་ཐུབ་བསྟན་ཆོས་ཀྱི་ཉི་མ་དགེ་ལེགས་རྣམ་རྒྱལ་དཔལ་བཟང་པོ།

d མེ་འབྲུག 火龙年（1916） ལོ་བྲང་རྒྱལ་མཚན་མཐོན་པོ།（西藏日喀则扎什伦布寺）

e གདམས་ངག(教言)

f 刻本 བཀྲ་ཤིས་ལྷུན་པོ།（西藏日喀则扎什伦布寺）

g 乌金 梵夹装 47×7

h 4 6

i 无 藏纸 黑 完整

j 封面钤有“民族文化宫图书馆藏”印。

213.9

a 64-9

b རི་རྩེ་དགེ་བཤེས་དཀོན་མཆོག་ཚུལ་ཁྲིམས་ལ་གདམས་པའི་ལམ་རིམ་མདོར་བསྡུས།

传授日哲格西·恭却楚臣之道次第略篇

c ༄༅།ཀྲུའི་དགེ་སློང་བློ་བཟང་ཐུབ་བསྟན་ཆོས་ཀྱི་ཉི་མ་དགེ་ལེགས་རྣམ་རྒྱལ་དཔལ་བཟང་པོ།

d རི་བོ་རྩེ་ལྔ།（五台山） ཞོལ་བ་དགེ་བཤེས་དཀོན་མཆོག་ཚུལ་ཁྲིམས།

e གདམས་ངག（教言）

f 刻本 བཀྲ་ཤིས་ལྷུན་པོ།（西藏日喀则扎什伦布寺）

g 乌金 梵夹装 47.5×7

h 7 6

i 无 藏纸 黑 完整

j 封面钤有“民族文化宫图书馆藏”印。

213.10

a 64-10

b གསོལ་འདེབས་བྱིན་རླབས་སྤྲུངས་ཞུས་སུ་གྲགས་པའི་དོན་འགྲེལ་མཛད་འགྲོ།

祈祷文加持聚积释义

c ལྷུན་གྲུབ་ཀྱི་དགེ་སློང་བློ་བཟང་ཐུབ་བསྟན་ཆོས་ཀྱི་ཉི་མ་དགེ་ལེགས་རྣམ་རྒྱལ་དཔལ་བཟང་པོ།

d

e གསོལ་འདེབས།（启请文）

f 刻本 བཀྲ་ཤིས་ལྷུན་པོ།（西藏日喀则扎什伦布寺）

g 乌金 梵夹装 47.5×7

h 4 6

i 无 藏纸 黑 完整

j 封面钤有“民族文化宫图书馆藏”印。

213.11

a 64-11

b སེམས་བསྐྱེད་མཆོད་པའི་སྐབས་ཀྱི་གསུང་བཤད་སྐལ་ལྡན་སྐུ་གསུམ་གྲོང་ཁྱེར་དུ་བགྲོད་པའི་ཐེམ་སྐས།

发心供养时之讲说·趣具缘三身城之阶梯

c ལྷུན་གྲུབ་ཀྱི་དགེ་སློང་བློ་བཟང་ཐུབ་བསྟན་ཆོས་ཀྱི་ཉི་མ་དགེ་ལེགས་རྣམ་རྒྱལ་དཔལ་བཟང་པོ།

d

e ལམ་རིམ།（道次第）

f 刻本 བཀྲ་ཤིས་ལྷུན་པོ།（西藏日喀则扎什伦布寺）

g 乌金 梵夹装 47×7

h 4 6

i 无 藏纸 黑 完整

j 封面钤有“民族文化宫图书馆藏”印。

213.12

a 64-12

b ཐལ་རང་གཉིས་ཀྱི་ལྟ་བའི་ཁྱད་པར་གྱི་དོགས་གཅོད་མདོད་འགྲོ།

应成与自续两派正见之差别决疑篇

c ལྷུན་གྲུབ་ཀྱི་དགེ་སློང་བློ་བཟང་ཐུབ་བསྟན་ཆོས་ཀྱི་ཉི་མ་དགེ་ལེགས་རྣམ་རྒྱལ་དཔལ་བཟང་པོ།

d

e དབུ་མ།（中观）

f 刻本 བཀྲ་ཤིས་ལྷུན་པོ།（西藏日喀则扎什伦布寺）

g 乌金 梵夹装 48.5×7
h 5 6
i 无 藏纸 黑 完整
j 封面钤有“民族文化宫图书馆藏”印。

213.13
a 64-13

b པེ་ཅིང་དུ་ལྷི་ཅལ་ཕུག་ནས་ཞུས་པ་ཧྥུའི་སྐབས་ཀྱི་ལས་འབྲས་བླང་དོར་གྱི་གནད་གསལ་བར་སྟོན་པའི་གསུང་བཤད་མདོར་བསྡུས།
于北京应李家福请求时开示业果取舍之要义略篇

c ༄ཤཱཀྱའི་དགེ་སློང་བློ་བཟང་ཐུབ་བསྟན་ཆོས་ཀྱི་ཉི་མ་དགེ་ལེགས་རྣམ་རྒྱལ་དཔལ་བཟང་པོ།

d

e གདམས་ངག（教言）

f 刻本 བཀྲ་ཤིས་ལྷུན་པོ།（西藏日喀则扎什伦布寺）

g 乌金 梵夹装 48.5×7
h 4 6
i 无 藏纸 黑 完整
j 封面钤有“民族文化宫图书馆藏”印。

213.14
a 64-14

b གསུང་མགུར་རིགས་ཀུན་ཁྱབ་བདག་མ།
道情歌一切部遍主篇

c ༄ཤཱཀྱའི་དགེ་སློང་བློ་བཟང་ཐུབ་བསྟན་ཆོས་ཀྱི་ཉི་མ་དགེ་ལེགས་རྣམ་རྒྱལ་དཔལ་བཟང་པོ།

d

e མགུར། （道歌）

f 刻本 བཀྲ་ཤིས་ལྷུན་པོ།（西藏日喀则扎什伦布寺）

g 乌金 梵夹装 48×7
h 3 6
i 无 藏纸 黑 完整
j 封面铃有“民族文化宫图书馆藏”印。

213.15
a 64-15
b འདི་གའི་དུས་འཁོར་བ་རྣམས་ཀྱི་བཅའ་ཡིག་ཟུར་བསྡེབས་རིགས་ལྡན་ཞལ་ལུང་།

诸时轮学人之清规制约另编·具种口传
c ༄༅།།ཐུབ་བསྟན་ཆོས་ཀྱི་ཉི་མ་དགེ་ལེགས་རྣམ་རྒྱལ་དཔལ་བཟང་པོ། ཀུན་གྱི་དགེ་སློང་བློ་བཟང་

d

e བཅའ་ཡིག་ཟུར་བསྡེབས། （戒规补充）

f 刻本 བཀྲ་ཤིས་ལྷུན་པོ།（西藏日喀则扎什伦布寺）

g 乌金 梵夹装 48×7
h 4 6
i 无 藏纸 黑 完整
j 封面铃有“民族文化宫图书馆藏”印。

213.16
a 64-16
b དཔལ་ངམ་རིང་ཆོས་སྡེའི་ཐུགས་ཁང་བདེ་ཆེན་ལྷུན་གྲུབ་རབ་བརྟན་གླིང་ཞེས་ཡོངས་སུ་གྲགས་པའི་དགེ་འདུན་

རིག་འཛིན་པ་རྣམས་ཀྱི་བཅའ་ཡིག

昂仁密殿德钦伦珠饶登林寺全体僧伽持明诸人之清规制约
c ༄༅།།ཀུན་གྱི་དགེ་སློང་བློ་བཟང་ཐུབ་བསྟན་ཆོས་ཀྱི་ཉི་མ་དགེ་ལེགས་རྣམ་རྒྱལ་དཔལ་བཟང་པོ།

d ས་འབྲུག 土龙年（1928）

ཆོས་གྲྭ་བཀྲ་ཤིས་ལྷུན་པོའི་བཀའ་གདམས་ཕོ་བྲང་།（西藏日喀则扎什伦布寺噶当宫殿）

དཀའ་ཆེན་ཡོན་ཏན་ཡར་འཕེལ་སོགས།

e བཅའ་ཡིག（清律戒规）

f 刻本 བཀྲ་ཤིས་ལྷུན་པོ།（西藏日喀则扎什伦布寺）

g 乌金 梵夹装 47.5×7

h 7 6

i 无 藏纸 黑 完整

j 封面钤有“民族文化宫图书馆藏”印。

213.17

a 64-17

b ཡ་གཱ་ཆོས་སྡིངས་པའི་བཅའ་ཡིག

雅噶却顶寺之清规制约

c ༄༅།།ཤཱཀྱའི་དགེ་སློང་བློ་བཟང་ཐུབ་བསྟན་ཆོས་ཀྱི་ཉི་མ་དགེ་ལེགས་རྣམ་རྒྱལ་དཔལ་བཟང་པོ།

d ལྕགས་བྱི། 铁鼠年（1900）

གཟིམས་ཆུང་ཡིད་དགའ་ཆོས་འཛིན།（西藏日喀则扎什伦布寺）

e བཅའ་ཡིག（清律戒规）

f 刻本 བཀྲ་ཤིས་ལྷུན་པོ།（西藏日喀则扎什伦布寺）

g 乌金 梵夹装 48×7

h 5 6

i 无 藏纸 黑 完整

j 封面钤有“民族文化宫图书馆藏”印。

213.18

a 64-18

b དགོན་བསོད་ནམས་བཟང་པོའི་གླིང་གི་བཅའ་ཡིག

索朗桑波林寺之清规制约・阐明取舍

c ༄ཤཱཀྱའི་དགེ་སློང་བློ་བཟང་ཐུབ་བསྟན་ཆོས་ཀྱི་ཉི་མ་དགེ་ལེགས་རྣམ་རྒྱལ་དཔལ་བཟང་པོ།

d

e བཅའ་ཡིག（清律戒规）

f 刻本 བཀྲ་ཤིས་ལྷུན་པོ།（西藏日喀则扎什伦布寺）

g 乌金 梵夹装 47.5×7

h 4 6

i 无 藏纸 黑 完整

j 封面钤有“民族文化宫图书馆藏”印。

213.19

a 64-19

b དགའ་ལྡན་བཤད་སྒྲུབ་འཕེལ་རྒྱས་གླིང་གི་བཅའ་ཡིག་སེམས་ཀྱི་གླང་སྨྱོན་འདུལ་བའི་ལྕགས་ཀྱུ

甘丹谢珠培结林之清规制约・调伏心中狂象之铁钩

c ༄ཤཱཀྱའི་དགེ་སློང་བློ་བཟང་ཐུབ་བསྟན་ཆོས་ཀྱི་ཉི་མ་དགེ་ལེགས་རྣམ་རྒྱལ་དཔལ་བཟང་པོ།

d མེ་སྟག 火虎年（1926） མ་ཧཱ་ཙི་ནའི་ཡུལ།（内地） དཀའ་ཆེན་བློ་བཟང་རྒྱལ་མཚན་སོགས།

e བཅའ་ཡིག（清律戒规）

f 刻本 བཀྲ་ཤིས་ལྷུན་པོ།（西藏日喀则扎什伦布寺）

g 乌金 梵夹装 48×7

h 11 6

i 无 藏纸 黑 完整

j 封面钤有“民族文化宫图书馆藏”印。

213.20

a 64-20

b ལྕགས་ལུག་སྤྲ་རོང་ཨུ་ཇུམ་སོག་སོད་ལེ་ཐུ་བཀྲ་ཤིས་ཆོས་འཁོར་གླིང་འདུས་སྡེར་སྩལ་བའི་བཅའ་ཡིག་ཟུར་ཐེབ།

辛未年致西乌珠穆沁旗霍勒图扎西曲廓林寺总僧会之清规制约另编

c ༄ཤཱཀྱའི་དགེ་སློང་བློ་བཟང་ཐུབ་བསྟན་ཆོས་ཀྱི་ཉི་མ་དགེ་ལེགས་རྣམ་རྒྱལ་དཔལ་བཟང་པོ།

d བཀྲ་ཤིས་ཆོས་འཁོར་གླིང་།（扎西曲廓林）

e བཅའ་ཡིག(清律戒规)

f 刻本 བཀྲ་ཤིས་ལྷུན་པོ།（西藏日喀则扎什伦布寺）

g 乌金 梵夹装 47×7
h 8 6
i 无 藏纸 黑 完整
j 封面钤有“民族文化宫图书馆藏”印；民族宫目录中为 4 叶。

213.21
a 64-21
b པ་ཡན་སྤར་དགོན་གྱི་ཁྲིམས་ཁྲིམས་སུ་བཅའ་བའི་ཡི་གེ།

巴彦新寺之清规制约

c ༄ཀུནྡའི་དགེ་སློང་བློ་བཟང་ཐུབ་བསྟན་ཆོས་ཀྱི་ཉི་མ་དགེ་ལེགས་རྣམ་རྒྱལ་དཔལ་བཟང་པོ།

d རབ་བྱུང་བཅུ་དྲུག་པའི་མེ་བྱི། 第十六饶迥火鼠年（1936） འགོ་ལོག（青海果洛）

e བཅའ་ཡིག(清律戒规)

f 刻本 བཀྲ་ཤིས་ལྷུན་པོ།（西藏日喀则扎什伦布寺）

g 乌金 梵夹装 48×7
h 4 6
i 无 藏纸 黑 完整
j 封面钤有“民族文化宫图书馆藏”印。

213.22
a 64-22
b སྨ་རོང་ཀྱུ་ཙུམ་ཕང་གི་སུ་མ་བཀྲ་ཤིས་གླིང་གི་བཅའ་ཡིག

西乌珠穆沁王庙扎西却林寺清规制约

c ༄ཀུནྡའི་དགེ་སློང་བློ་བཟང་ཐུབ་བསྟན་ཆོས་ཀྱི་ཉི་མ་དགེ་ལེགས་རྣམ་རྒྱལ་དཔལ་བཟང་པོ།

d ལྕགས་ལུག 铁羊年（1931） ཆེན་ཕྱང་བསོད་ནམས་རབ་བརྟན།

e བཅའ་ཡིག(清律戒规)

f 刻本 བཀྲ་ཤིས་ལྷུན་པོ།（西藏日喀则扎什伦布寺）

g 乌金 梵夹装 47.5×7
h 8 6
i 无 藏纸 黑 完整
j 封面钤有“民族文化宫图书馆藏”印。

213.23
a 64-23
b ཆོས་སྡེ་བཀྲ་ཤིས་ཆོས་འཁོར་གླིང་གི་ཁྲིམས་སུ་བཅའ་བའི་ཡི་གེ

扎西曲廓林寺之清规制约

c ༄ཤཱཀྱའི་དགེ་སློང་བློ་བཟང་ཐུབ་བསྟན་ཆོས་ཀྱི་ཉི་མ་དགེ་ལེགས་རྣམ་རྒྱལ་དཔལ་བཟང་པོ།

d ས་ཁྱི། 土狗年（1898） གཟིམ་ཆུང་དགའ་ལྡན་པོ་བྲང་། （西藏日喀则噶丹宫殿）

བྲུང་རམས་པ་ཚེ་དབང་།

e བཅའ་ཡིག（清律戒规）

f 刻本 བཀྲ་ཤིས་ལྷུན་པོ།（西藏日喀则扎什伦布寺）

g 乌金 梵夹装 48×7
h 5 6
i 无 藏纸 黑 完整
j 封面钤有“民族文化宫图书馆藏”印。

213.24
a 64-24
b བྲག་མགོ་དགའ་ལྡན་རབ་བརྟན་རྣམ་པར་རྒྱལ་བའི་གླིང་གི་སྤང་བླང་ཀུན་སྤྱོད་དེ་ལྟར་བྱ་ཚུལ་གྱི་བཅའ་ཡིག

炉霍章谷寺甘丹·饶登朗结林之取舍净行之清规制约

c ༄ཤཱཀྱའི་དགེ་སློང་བློ་བཟང་ཐུབ་བསྟན་ཆོས་ཀྱི་ཉི་མ་དགེ་ལེགས་རྣམ་རྒྱལ་དཔལ་བཟང་པོ།

d　བྲག་མགོ་དཀའ་ཆེན་དགེ་ལེགས་ཕུན་ཚོགས།

e　བཅའ་ཡིག（清律戒规）

f　刻本　བཀྲ་ཤིས་ལྷུན་པོ།（西藏日喀则扎什伦布寺）

g　乌金　梵夹装　47.5×7

h　4　6

i　无　藏纸　黑　完整

j　封面钤有“民族文化宫图书馆藏”印。

213.25

a　64-25

b　ཨུ་དུར་ཤོག་བློ་ལྡན་ཕུན་ཚོགས་གླིང་གི་དུས་འཁོར་གྲྭ་ཚང་གི་བཅའ་ཡིག་བདེ་ཆེན་པད་དཀར་བཞད་པའི་ཉིན་བྱེད།

温都尔旗洛登彭措林寺时轮僧院之清规制约·大乐白莲喜开之日光

c　ཤཱཀྱའི་དགེ་སློང་བློ་བཟང་ཐུབ་བསྟན་ཆོས་ཀྱི་ཉི་མ་དགེ་ལེགས་རྣམ་རྒྱལ་དཔལ་བཟང་པོ།

d　རྒྱ་ནག་མ་ཧཱ་ཙི་ནའི་ཡུལ（内地）　དབུ་མཛད་འཇམ་དབྱངས་རྡོ་རྗེ་སོགས།

e　བཅའ་ཡིག（清律戒规）

f　刻本　བཀྲ་ཤིས་ལྷུན་པོ།（西藏日喀则扎什伦布寺）

g　乌金　梵夹装　47×7

h　6　6

i　无　藏纸　黑　完整

j　封面钤有“民族文化宫图书馆藏”印。

213.26

a　64-26

b　སྣར་དགོན་བདེ་ཆེན་གླིང་གི་ཁྲིམས་སུ་བཅའ་བའི་ཡི་གེ

德钦林寺之清规制约

c ༄༅།ཀུའི་དགེ་སློང་བློ་བཟང་ཐུབ་བསྟན་ཆོས་ཀྱི་ཉི་མ་དགེ་ལེགས་རྣམ་རྒྱལ་དཔལ་བཟང་པོ།

d

e བཅའ་ཡིག（清律戒规）

f 刻本 བཀྲ་ཤིས་ལྷུན་པོ།（西藏日喀则扎什伦布寺）

g 乌金 梵夹装 47.5×7
h 3 6
i 无 藏纸 黑 完整
j 封面钤有“民族文化宫图书馆藏”印。

213.27
a 64-27

b དུར་བོད་ཐུར་དགོན་ཐུབ་བསྟན་དར་རྒྱས་གླིང་གི་བཅའ་ཡིག་དོན་གཉིས་ནོར་བུའི་བང་མཛོད།

杜尔伯特图土登达结林寺之清规制约・二利宝库

c ༄༅།ཀུའི་དགེ་སློང་བློ་བཟང་ཐུབ་བསྟན་ཆོས་ཀྱི་ཉི་མ་དགེ་ལེགས་རྣམ་རྒྱལ་དཔལ་བཟང་པོ།

d རབ་བྱུང་བཅུ་དྲུག་པའི་ས་སྦྲུལ། 第十六饶迥土蛇年（1929）

e བཅའ་ཡིག（清律戒规）

f 刻本 བཀྲ་ཤིས་ལྷུན་པོ།（西藏日喀则扎什伦布寺）

g 乌金 梵夹装 47.5×7
h 7 6
i 无 藏纸 黑 完整
j 封面钤有“民族文化宫图书馆藏”印。

213.28
a 64-28

b དགོན་བསྟན་པ་དར་རྒྱས་གླིང་གི་བཅའ་ཡིག་འགྱུར་མེད་རྡོ་རྗེའི་སྲོག་ཤིང་།

丹巴达结林寺之清规制约・不变金刚之中柱

c ༄༅།ཀུའི་དགེ་སློང་བློ་བཟང་ཐུབ་བསྟན་ཆོས་ཀྱི་ཉི་མ་དགེ་ལེགས་རྣམ་རྒྱལ་དཔལ་བཟང་པོ།

d

e　བཅའ་ཡིག（清律戒规）

f　刻本　བཀྲ་ཤིས་ལྷུན་པོ།（西藏日喀则扎什伦布寺）

g　乌金　梵夹装　47×7
h　5　6
i　无　藏纸　黑　完整
j　封面钤有“民族文化宫图书馆藏”印。

213.29

a　64-29

b　མེ་འབྲུག་ཡོངས་རྫོ་རིན་པོ་ཆེ་དགུང་ལོ་དྲུག་ཅུ་རེ་གཅིག་ཐོག་མཛད་པའི་མཎྜལ་བརྟན་བཞུགས་གསོལ་འདེབས།

丙辰年荣洛活佛六十一岁时供曼荼罗祈请长久住世启请文

c　༄༅།ཤཱཀྱའི་དགེ་སློང་བློ་བཟང་ཐུབ་བསྟན་ཆོས་ཀྱི་ཉི་མ་དགེ་ལེགས་རྣམ་རྒྱལ་དཔལ་བཟང་པོ།

d

e　མཎྜལ་བཤད་པ།(曼荼罗说)

f　刻本　བཀྲ་ཤིས་ལྷུན་པོ།（西藏日喀则扎什伦布寺）

g　乌金　梵夹装　46.5×7
h　7　6
i　无　藏纸　黑　完整
j　封面钤有“民族文化宫图书馆藏”印。

213.30

a　64-30

b　གོང་ས་མཆོག་ལ་ཕུལ་བའི་མཎྜལ་བརྟན་བཤད་དགེ་ལེགས་རྒྱ་མཚོའི་དཔལ་སྟེར།

最高尊长前呈曼荼罗祈请住世述说·善妙海之吉祥施

c　༄༅།ཤཱཀྱའི་དགེ་སློང་བློ་བཟང་ཐུབ་བསྟན་ཆོས་ཀྱི་ཉི་མ་དགེ་ལེགས་རྣམ་རྒྱལ་དཔལ་བཟང་པོ།

d

e　ཆོ་ག(仪轨)

f 刻本 བཀྲ་ཤིས་ལྷུན་པོ། （西藏日喀则扎什伦布寺）

g 乌金 梵夹装 47.5×7
h 5 6
i 无 藏纸 黑 完整
j 封面钤有“民族文化宫图书馆藏”印。

213.31
a 64-31
b མཚལ་བརྟན་བཞུགས་གསོལ་འདེབས་འཆི་མེད་དགའ་སྟོན།
供曼荼罗住世启请文·长寿喜宴
c ༄༅ཤཱཀྱའི་དགེ་སློང་བློ་བཟང་ཐུབ་བསྟན་ཆོས་ཀྱི་ཉི་མ་དགེ་ལེགས་རྣམ་རྒྱལ་དཔལ་བཟང་པོ།
d
e གསོལ་འདེབས། （启请文）

f 刻本 བཀྲ་ཤིས་ལྷུན་པོ། （西藏日喀则扎什伦布寺）
g 乌金 梵夹装 48×7
h 4 6
i 无 藏纸 黑 完整
j 封面钤有“民族文化宫图书馆藏”印。

213.32
a 64-32
b མཚལ་བརྟན་བཞུགས་གསོལ་འདེབས་དགེ་ལེགས་རྒྱ་མཚོའི་སྤྲིན་ཕུང་།
供曼荼罗住世启请文·善妙大海云层
c ༄༅ཤཱཀྱའི་དགེ་སློང་བློ་བཟང་ཐུབ་བསྟན་ཆོས་ཀྱི་ཉི་མ་དགེ་ལེགས་རྣམ་རྒྱལ་དཔལ་བཟང་པོ།
d
e གསོལ་འདེབས། （启请文）

f 刻本 བཀྲ་ཤིས་ལྷུན་པོ། （西藏日喀则扎什伦布寺）

g 乌金 梵夹装 47.5×7
h 5 6
i 无 藏纸 黑 完整
j 封面钤有“民族文化宫图书馆藏”印。

213.33
a 64-33
b ཆུ་བྱ་ལོ་འཁྲུངས་སྐར་སྐབས་དབུ་སྐོར་གྲྭ་ཚང་དབུ་མཛད་རྣམ་བརྟེན་ནས་ཞུས་སྐྱལ་བརྟན་བཞུགས་གསོལ་འདེབས།
癸酉年诞辰日乌格僧院领诵师朗准祈求后赐长久住世启文
c ༄༅།ཤཱཀྱའི་དགེ་སློང་བློ་བཟང་ཐུབ་བསྟན་ཆོས་ཀྱི་ཉི་མ་དགེ་ལེགས་རྣམ་རྒྱལ་དཔལ་བཟང་པོ།
d ཆུ་བྱ། 水鸡年（1933） དབུ་སྐོར་གྲྭ་ཚང་དབུ་མཛད་རྣམ་བརྟེན།
e གསོལ་འདེབས།（启请文）
f 刻本 བཀྲ་ཤིས་ལྷུན་པོ།（西藏日喀则扎什伦布寺）
g 乌金 梵夹装 48×7
h 3 6
i 无 藏纸 黑 完整
j 封面钤有“民族文化宫图书馆藏”印。

213.34
a 64-34
b བརྟན་བཞུགས་གསོལ་འདེབས་འདོད་འཇོའི་བུམ་བཟང་བཀྲ་ཤིས་ཀུན་འཁྱིལ།
长久住世启请文·如意妙瓶·吉祥普旋
c ༄༅།ཤཱཀྱའི་དགེ་སློང་བློ་བཟང་ཐུབ་བསྟན་ཆོས་ཀྱི་ཉི་མ་དགེ་ལེགས་རྣམ་རྒྱལ་དཔལ་བཟང་པོ།
d གཟིམས་ཆུང་བཀའ་གདམས་ཕོ་བྲང་།（西藏日喀则扎什伦布寺噶当宫殿） བློ་བཟང་བསྟན་འཛིན་དབང་རྒྱལ་སོགས།

e གསོལ་འདེབས།(启请文)

f 刻本 བཀྲ་ཤིས་ལྷུན་པོ།（西藏日喀则扎什伦布寺）

g 乌金 梵夹装 47×7

h 3 6

i 无 藏纸 黑 完整

j 封面钤有“民族文化宫图书馆藏”印。

213.35

a 64-35

b བསྟན་པའི་རྩ་ལག་དམ་པར་གྱུར་པའི་བླ་སྤྲུལ་ཁག་གི་ཞབས་བརྟན་གསོལ་འདེབས་ཀྱི་རིམ་པ་རྣམས་ཕྱོགས་གཅིག་ཏུ་བསྒྲིགས་པ།

向佛教本支之上师诸活佛等长久住世祈请次第合编

c ༄༅།།ཀྱཻ་དགེ་སློང་བློ་བཟང་ཐུབ་བསྟན་ཆོས་ཀྱི་ཉི་མ་དགེ་ལེགས་རྣམ་རྒྱལ་དཔལ་བཟང་པོ།

d གནས་མཆོག་རི་བོ་དྭངས་གསལ།（清凉山） དཀའ་ཆེན་སངས་རྒྱས་ཕུན་ཚོགས།

e གསོལ་འདེབས།(启请文)

f 刻本 བཀྲ་ཤིས་ལྷུན་པོ།（西藏日喀则扎什伦布寺）

g 乌金 梵夹装 47.5×7

h 24 6

i 无 藏纸 黑 完整

j 封面钤有“民族文化宫图书馆藏”印。

213.36

a 64-36

b ཞབས་བརྟན་གསོལ་འདེབས་དངོས་གྲུབ་འདོད་འཇོའི་བུམ་བཟང་།

长久住世启请文·悉地如意妙瓶

c ༄༅།།ཀྱཻ་དགེ་སློང་བློ་བཟང་ཐུབ་བསྟན་ཆོས་ཀྱི་ཉི་མ་དགེ་ལེགས་རྣམ་རྒྱལ་དཔལ་བཟང་པོ།

d　དཀའ་ཆེན་བསྟན་འཛིན་འཇིགས་མེད་དབང་ཕྱུག

e　གསོལ་འདེབས། (启请文)

f　刻本　བཀྲ་ཤིས་ལྷུན་པོ། （西藏日喀则扎什伦布寺）

g　乌金　梵夹装　48×7
h　3　6
i　无　藏纸　黑　完整
j　封面钤有“民族文化宫图书馆藏”印。

213. 37
a　64-37

b　ཆོས་གྲྭ་ཆེན་པོ་བཀྲ་ཤིས་ལྷུན་པོའི་གསང་སྔགས་རྒྱུད་པ་གྲྭ་ཚང་གི་སློབ་དཔོན་རྡོ་རྗེ་འཛིན་པ་ཞལ་སྔ་ནས་ཆེན་པོ་

བསྟན་འཛིན་འཇིགས་མེད་དབང་ཕྱུག་གི་ཞབས་བརྟན་གསོལ་འདེབས།

扎什伦布大寺密宗僧院阿阇梨金刚持祈请丹增晋美旺秋大师长久住世启请文

c　༄ཤཱཀྱའི་དགེ་སློང་བློ་བཟང་ཐུབ་བསྟན་ཆོས་ཀྱི་ཉི་མ་དགེ་ལེགས་རྣམ་རྒྱལ་དཔལ་བཟང་པོ།

d　ནང་སོག （内蒙古）　　དྭང་རམས་པ་བློ་བཟང་དགེ་འདུན།

e　གསོལ་འདེབས། （启请文）

f　刻本　བཀྲ་ཤིས་ལྷུན་པོ། （西藏日喀则扎什伦布寺）

g　乌金　梵夹装　47×7
h　2　6
i　无　藏纸　黑　完整
j　封面钤有“民族文化宫图书馆藏”印。

213. 38
a　64-38

b　ལྕགས་ལུགས་བརྟན་བཞུགས་གསོལ་འདེབས་འདོད་འཇོའི་བུམ་བཟང་།

辛未年长久住世启请文·如意妙瓶

c ༄༅།།ཤཱཀྱའི་དགེ་སློང་བློ་བཟང་ཐུབ་བསྟན་ཆོས་ཀྱི་ཉི་མ་དགེ་ལེགས་རྣམ་རྒྱལ་དཔལ་བཟང་པོ།

d ཞབས་འབྲིང་ཏྭ་ཚེ་ལོ་སོགས།

e གསོལ་འདེབས།（启请文）

f 刻本 བཀྲ་ཤིས་ལྷུན་པོ།（西藏日喀则扎什伦布寺）

g 乌金 梵夹装 47×7

h 3 6

i 无 藏纸 黑 完整

j 封面钤有“民族文化宫图书馆藏”印。

213. 39

a 64-39

b ཡོངས་འཛིན་གཉིང་སྐྱེས་སྤྲུལ་པའི་སྐུ་བློ་བཟང་དཔལ་ལྡན་ཆོས་ཀྱི་དབང་ཕྱུག་གི་བརྟན་བཞུགས་གསོལ་འདེབས།

经师丁杰活佛洛桑白登却吉旺秋长久住世启请文

c ༄༅།།ཤཱཀྱའི་དགེ་སློང་བློ་བཟང་ཐུབ་བསྟན་ཆོས་ཀྱི་ཉི་མ་དགེ་ལེགས་རྣམ་རྒྱལ་དཔལ་བཟང་པོ།

d གཉིང་སྐྱེས་བཀྲས་ཆོས་སྐྱི་བྱུར་བློ་བཟང་ཕུན་ཚོགས།

e གསོལ་འདེབས།（启请文）

f 刻本 བཀྲ་ཤིས་ལྷུན་པོ།（西藏日喀则扎什伦布寺）

g 乌金 梵夹装 47×7

h 3 6

i 无 藏纸 黑 完整

j 封面钤有“民族文化宫图书馆藏”印。

213. 40

a 64-40

b སྐུ་འབུམ་ཆེ་ཤོས་སྤྲུལ་པའི་སྐུ་ངོས་འཛིན་མཚན་གསོལ་དང་འབྲེལ་བའི་ཞབས་བརྟན་སྨོན་ཚིག

与塔尔寺却西活佛之认识授名相结合之长久住世愿文等

c　༄ཤཱཀྱའི་དགེ་སློང་བློ་བཟང་ཐུབ་བསྟན་ཆོས་ཀྱི་ཉི་མ་དགེ་ལེགས་རྣམ་རྒྱལ་དཔལ་བཟང་པོ།

d　ཆེ་ཤོས་ཕྱུག་མཛོད།

e　སྨོན་ཚིག（祈愿文）

f　刻本　བཀྲ་ཤིས་ལྷུན་པོ།（西藏日喀则扎什伦布寺）

g　乌金　梵夹装　47.5×7
h　3　6
i　无　藏纸　黑　完整
j　封面钤有“民族文化宫图书馆藏”印。

213.41
a　64-41

b　བརྟན་བཞུགས་གསོལ་འདེབས་སྐལ་ལྡན་འདུལ་བྱའི་ཡིད་ཀྱི་རེ་སྐོང་།

长久住世启请文·具缘有情皆得满愿

c　༄ཤཱཀྱའི་དགེ་སློང་བློ་བཟང་ཐུབ་བསྟན་ཆོས་ཀྱི་ཉི་མ་དགེ་ལེགས་རྣམ་རྒྱལ་དཔལ་བཟང་པོ།

d　ས་ལུག　土羊年（1919）　པོ་བྲང་རྒྱལ་མཚན་མཐོན་པོ།（西藏日喀则扎什伦布寺）

e　གསོལ་འདེབས།（启请文）

f　刻本　བཀྲ་ཤིས་ལྷུན་པོ།（西藏日喀则扎什伦布寺）

g　乌金　梵夹装　47×7
h　4　6
i　无　藏纸　黑　完整
j　封面钤有“民族文化宫图书馆藏”印。

213.42
a　64-42

b　བརྟན་བཞུགས་གསོལ་འདེབས།

长久住世启请文

c　༄ཤཱཀྱའི་དགེ་སློང་བློ་བཟང་ཐུབ་བསྟན་ཆོས་ཀྱི་ཉི་མ་དགེ་ལེགས་རྣམ་རྒྱལ་དཔལ་བཟང་པོ།

d　རིམ་གྲོ་བ་ཆོས་རྗེ་དཔལ་ལྡན་འོད་ཟེར།

e　གསོལ་འདེབས།（启请文）

f　刻本　བཀྲ་ཤིས་ལྷུན་པོ།（西藏日喀则扎什伦布寺）

g　乌金　梵夹装　47.5×7
h　2　6
i　无　藏纸　黑　完整
j　封面钤有“民族文化宫图书馆藏”印。

213.43
a　64-43

b　བརྟན་བཞུགས་གསོལ་འདེབས་དོན་གཉིས་ལྷུན་གྲུབ།

长久住世启请文·二利任运天成

c　ཤཱཀྱའི་དགེ་སློང་བློ་བཟང་ཐུབ་བསྟན་ཆོས་ཀྱི་ཉི་མ་དགེ་ལེགས་རྣམ་རྒྱལ་དཔལ་བཟང་པོ།

d　ཤིང་ཁྱི། 木狗年（1934）　ལན་གྲུ་ཕོ་བྲང་།（兰州）

e　གསོལ་འདེབས།(启请文)

f　刻本　བཀྲ་ཤིས་ལྷུན་པོ།（西藏日喀则扎什伦布寺）

g　乌金　梵夹装　47.5×7
h　4　6
i　无　藏纸　黑　完整
j　封面钤有“民族文化宫图书馆藏”印。

213.44
a　64-44

b　ཨོ་རྡོད་ཁ་མི་འབྲུག་སུ་མའི་ཞབས་དྲུང་སྐལ་བཟང་སངས་རྒྱས་སྐྱབས་ཀྱི་ཞབས་བརྟན་གསོལ་འདེབས།

敖尔妥喀弥楚寺之夏仲·格桑桑结嘉之长久住世启请文

c　ཤཱཀྱའི་དགེ་སློང་བློ་བཟང་ཐུབ་བསྟན་ཆོས་ཀྱི་ཉི་མ་དགེ་ལེགས་རྣམ་རྒྱལ་དཔལ་བཟང་པོ།

d　ནན་ཅིང་།（南京）　ཞབས་དྲུང་སྐལ་བཟང་སངས་རྒྱས་སྐྱབས།

e　གསོལ་འདེབས།(启请文)

f　刻本　བཀྲ་ཤིས་ལྷུན་པོ།（西藏日喀则扎什伦布寺）

g　乌金　梵夹装　47.5×7

h　2　6

i　无　藏纸　黑　完整

j　封面钤有“民族文化宫图书馆藏”印。

213.45

a　64-45

b　ཞབས་བརྟན་གསོལ་འདེབས་ཀུན་བཟང་རོལ་གར།

长久住世启请文·普贤戏舞

c　༄ཤཱཀྱའི་དགེ་སློང་བློ་བཟང་ཐུབ་བསྟན་ཆོས་ཀྱི་ཉི་མ་དགེ་ལེགས་རྣམ་རྒྱལ་དཔལ་བཟང་པོ།

d

e　གསོལ་འདེབས།（启请文）

f　刻本　བཀྲ་ཤིས་ལྷུན་པོ།（西藏日喀则扎什伦布寺）

g　乌金　梵夹装　48×7

h　2　6

i　无　藏纸　黑　完整

j　封面钤有“民族文化宫图书馆藏”印；民族宫目录中为3叶。

213.46

a　64-46

b　གསོལ་འདེབས་འདོད་དོན་རེ་སྐོང་།

启请文·随求满愿

c　༄ཤཱཀྱའི་དགེ་སློང་བློ་བཟང་ཐུབ་བསྟན་ཆོས་ཀྱི་ཉི་མ་དགེ་ལེགས་རྣམ་རྒྱལ་དཔལ་བཟང་པོ།

d　འཕོ་ལུག་སྤྲུལ་སྐུ་ངག་དབང་རབ་བརྟན་རྒྱ་མཚོ་སོགས།

e གསོལ་འདེབས།（启请文）

f 刻本 བཀྲ་ཤིས་ལྷུན་པོ།（西藏日喀则扎什伦布寺）

g 乌金 梵夹装 47×7

h 2 6

i 无 藏纸 黑 完整

j 封面钤有“民族文化宫图书馆藏”印。

213.47

a 64-47

b ཨོ་ལང་ཧ་ལ་སུ་མ་རིན་ཆེན་མཆོག་གྲུ་གླིང་གི་བདག་པོ་པཀྲི་ཧོ་ཐོག་ཐུའི་ཡང་སྲིད་སྤྲུལ་སྐུ་ངོས་འཛིན་མཚན་དང་འབྲེལ་བའི་བརྟན་བཞུགས་གསོལ་འདེབས།

与敖朗哈拉寺仁钦却珠林之寺主巴克什呼图克图之转世活佛认识授名相结合之长久住世启请文

c ༄ཤཱཀྱའི་དགེ་སློང་བློ་བཟང་ཐུབ་བསྟན་ཆོས་ཀྱི་ཉི་མ་དགེ་ལེགས་རྣམ་རྒྱལ་དཔལ་བཟང་པོ།

d ཆོས་སྡེ་ཧྲ་བླ་མ་སྒྲ་ཡིད་སོགས།

e གསོལ་འདེབས།（启请文）

f 刻本 བཀྲ་ཤིས་ལྷུན་པོ།（西藏日喀则扎什伦布寺）

g 乌金 梵夹装 47.5×7

h 3 6

i 无 藏纸 黑 完整

j 封面钤有“民族文化宫图书馆藏”印。

213.48

a 64-48

b བརྟན་བཞུགས་གསོལ་འདེབས་རྒྱལ་ཀུན་སོར་རྟོགས།

长久住世启请文・诸佛妙观察

c ༄ཤཱཀྱའི་དགེ་སློང་བློ་བཟང་ཐུབ་བསྟན་ཆོས་ཀྱི་ཉི་མ་དགེ་ལེགས་རྣམ་རྒྱལ་དཔལ་བཟང་པོ།

d　བྱ་ཁྱུང་དགོན་གྱི་ཁྲི་པ་བློ་བཟང་སྟན་གྲགས་རྒྱ་མཚོ།

e　གསོལ་འདེབས།（启请文）

f　刻本　བཀྲ་ཤིས་ལྷུན་པོ།（西藏日喀则扎什伦布寺）

g　乌金　梵夹装　48×7
h　3　6
i　无　藏纸　黑　完整
j　封面钤有“民族文化宫图书馆藏”印。

213.49
a　64-49

b　ལྕང་ལུང་ཨཱརྻ་པཎྜི་ཏ་ཆེན་པོའི་མཆོག་སྤྲུལ་རིན་པོ་ཆེའི་ཞབས་བརྟན་གསོལ་འདེབས་བསམ་འཕེལ་དབང་གི་རྒྱལ་པོ།

江隆阿雅大班智达活佛之长久住世启请文·如意灌顶王

c　ཤཱཀྱའི་དགེ་སློང་བློ་བཟང་ཐུབ་བསྟན་ཆོས་ཀྱི་ཉི་མ་དགེ་ལེགས་རྣམ་རྒྱལ་དཔལ་བཟང་པོ།

d　ལྕང་ལུང་དགོན།（青海章隆寺）

ལྕང་ལུང་དགོན་གྱི་སྤྲུལ་སྐུ་མཁན་པོ་བློ་བཟང་དགེ་འདུན་རྒྱ་མཚོ་སོགས།

e　གསོལ་འདེབས།（启请文）

f　刻本　བཀྲ་ཤིས་ལྷུན་པོ།（西藏日喀则扎什伦布寺）

g　乌金　梵夹装　47.5×7
h　4　6
i　无　藏纸　黑　完整
j　封面钤有“民族文化宫图书馆藏”印。

213.50
a　64-50

b　ཞབས་བརྟན་གསོལ་འདེབས་འདོད་འཇོ་རེ་སྐོང་།

长久住世启请文·如意满愿

c ཤཱཀྱའི་དགེ་སློང་བློ་བཟང་ཐུབ་བསྟན་ཆོས་ཀྱི་ཉི་མ་དགེ་ལེགས་རྣམ་རྒྱལ་དཔལ་བཟང་པོ།

d ཡང་ཐོག་པོ་བྲང་བྱང་ཆུབ་གླིང་ཁང་།

e གསོལ་འདེབས།(启请文)

f 刻本 བཀྲ་ཤིས་ལྷུན་པོ།（西藏日喀则扎什伦布寺）

g 乌金 梵夹装 47.5×7

h 3 6

i 无 藏纸 黑 完整

j 封面钤有“民族文化宫图书馆藏”印。

213.51

a 64-51

b གསོལ་འདེབས་རྣམ་དག་གཞན་ཕན།

启请文·清净利他

c ཤཱཀྱའི་དགེ་སློང་བློ་བཟང་ཐུབ་བསྟན་ཆོས་ཀྱི་ཉི་མ་དགེ་ལེགས་རྣམ་རྒྱལ་དཔལ་བཟང་པོ།

d

e གསོལ་འདེབས།(启请文)

f 刻本 བཀྲ་ཤིས་ལྷུན་པོ།（西藏日喀则扎什伦布寺）

g 乌金 梵夹装 47.5×7

h 3 6

i 无 藏纸 黑 完整

j 封面钤有“民族文化宫图书馆藏”印。

213.52

a 64-52

b རྗེ་བཙུན་འཕྲིན་ལས་འཇིགས་མེད་རྒྱ་མཚོའི་ཞབས་བརྟན་གསོལ་འདེབས།

至尊晋美称勒嘉措之长久住世启请文

c ༄༅། །ཀུན་གྱི་དགེ་སྐྱོང་བློ་བཟང་ཐུབ་བསྟན་ཆོས་ཀྱི་ཉི་མ་དགེ་ལེགས་རྣམ་རྒྱལ་དཔལ་བཟང་པོ།

d

e གསོལ་འདེབས།(启请文)

f 刻本 བཀྲ་ཤིས་ལྷུན་པོ།（西藏日喀则扎什伦布寺）

g 乌金 梵夹装 47.5×7

h 3 6

i 无 藏纸 黑 完整

j 封面钤有“民族文化宫图书馆藏”印。

213.53

a 64-53

b ཞབས་བརྟན་གསོལ་འདེབས་འཐོར་བུ་ཕྱོགས་གཅིག་དགེ

长久住世启请文散集合编

c ༄༅། །ཀུན་གྱི་དགེ་སྐྱོང་བློ་བཟང་ཐུབ་བསྟན་ཆོས་ཀྱི་ཉི་མ་དགེ་ལེགས་རྣམ་རྒྱལ་དཔལ་བཟང་པོ།

d དཀའ་ཆེན་བྱམས་པ་སྐལ་བཟང་།

e གསོལ་འདེབས།(启请文)

f 刻本 བཀྲ་ཤིས་ལྷུན་པོ།（西藏日喀则扎什伦布寺）

g 乌金 梵夹装 48×7

h 11 6

i 无 藏纸 黑 完整

j 封面钤有“民族文化宫图书馆藏”印。

213.54

a 64-54

b བསྟན་པའི་རྩ་ལག་དམ་པ་རྣམས་ཀྱི་ཞབས་བརྟན་ཁག་ཕྱོགས་གཅིག་ཏུ་བསྒྲིགས་པ།

佛教本支诸大德之请住世文合编

c ༄༅། །ཀུན་གྱི་དགེ་སྐྱོང་བློ་བཟང་ཐུབ་བསྟན་ཆོས་ཀྱི་ཉི་མ་དགེ་ལེགས་རྣམ་རྒྱལ་དཔལ་བཟང་པོ།

d ཆིང་ཕང་ཡེ་ཤེས་མཁས་བཙུན་དང་བཙུན་མོ་ཆན་ལུང་ཀུན།

e ཞབས་བརྟན།(住世文)

f 刻本 བཀྲ་ཤིས་ལྷུན་པོ།（西藏日喀则扎什伦布寺）

g 乌金 梵夹装 47×7

h 25 6

i 无 藏纸 黑 完整

j 封面钤有“民族文化宫图书馆藏”印。

213.55

a 64-55

b འཛམ་གླིང་མཛེས་བྱེད་རྒྱན་དྲུག་མཆོག་གཉིས་སོགས་འཕགས་བོད་ཀྱི་པཎ་གྲུབ་ཆེན་པོ་འགའ་ཞིག་ལ་གསོལ་འདེབས་པའི་རིམ་པར་ཕྱེ་བ་ཕུལ་བྱུང་དོན་ལྡན།

赡部洲二胜六严等印藏之部分班智达及大成就师前祈请次第·具卓越义

c ༄ཤཱཀྱའི་དགེ་སློང་བློ་བཟང་ཐུབ་བསྟན་ཆོས་ཀྱི་ཉི་མ་དགེ་ལེགས་རྣམ་རྒྱལ་དཔལ་བཟང་པོ།

d

e གསོལ་འདེབས།(启请文)

f 刻本 བཀྲ་ཤིས་ལྷུན་པོ།（西藏日喀则扎什伦布寺）

g 乌金 梵夹装 48×7

h 4 6

i 无 藏纸 黑 完整

j 封面钤有“民族文化宫图书馆藏”印。

213.56

a 64-56

b ཡོངས་འཛིན་རྡོ་རྗེ་འཆང་ཆེན་པོའི་སྐུ་འཕྲེང་གསོལ་འདེབས་ཞབས་བརྟན་བདེན་ཚིག་དང་བཅས་པ་ཐུགས་རྗེ་བསྐུལ་བའི་ཕོ་ཉ།

经师大金刚持之历代祈请住世真言等·劝动悲心之使者

c ༄ཤཱཀྱའི་དགེ་སློང་བློ་བཟང་ཐུབ་བསྟན་ཆོས་ཀྱི་ཉི་མ་དགེ་ལེགས་རྣམ་རྒྱལ་དཔལ་བཟང་པོ།

d གནས་མཆོག་རི་བོ་རྩེ་ལྔ།（五台山） དཀའ་ཆེན་སངས་རྒྱས་ཕུན་ཚོགས་སོགས།

e གསོལ་འདེབས།(启请文)

f 刻本 བཀྲ་ཤིས་ལྷུན་པོ།（西藏日喀则扎什伦布寺）

g 乌金 梵夹装 47×7
h 7 6
i 无 藏纸 黑 完整
j 封面钤有“民族文化宫图书馆藏”印。

213.57
a 64-57

b སྐུ་འཕྲེང་བདུན་གྱི་གསོལ་འདེབས་འདོད་དོན་འདྲེན་པའི་ཤིང་རྟ།

七代世系之启请文·引求义之车

c ༄ཤཱཀྱའི་དགེ་སློང་བློ་བཟང་ཐུབ་བསྟན་ཆོས་ཀྱི་ཉི་མ་དགེ་ལེགས་རྣམ་རྒྱལ་དཔལ་བཟང་པོ།

d ཞིང་ཆེན་ལན་ཁྲུའི་ཕོ་བྲང་ལུ་ཧེ་ཐན། བག་ཡོད་སྤྲུལ་སྐུ་དགེ་འདུན་བློ་བཟང་ཕུན་ཚོགས།

e གསོལ་འདེབས།(启请文)

f 刻本 བཀྲ་ཤིས་ལྷུན་པོ།（西藏日喀则扎什伦布寺） སྨྲུག་འཛིན་དབང་པོ་བློ་བཟང་རྒྱལ་

མཚན།

g 乌金 梵夹装 47.5×7
h 3 6
i 无 藏纸 黑 完整
j 封面钤有“民族文化宫图书馆藏”印。

213.58
a 64-58

b འཁྲུངས་རབས་གསོལ་འདེབས་བཞུགས་སོ།།

本生传启请文

c ༄༅།ཀུན་དགའི་དགེ་སློང་བློ་བཟང་ཐུབ་བསྟན་ཆོས་ཀྱི་ཉི་མ་དགེ་ལེགས་རྣམ་རྒྱལ་དཔལ་བཟང་པོ།

d

e གསོལ་འདེབས།(启请文)

f 刻本 བཀྲ་ཤིས་ལྷུན་པོ།（西藏日喀则扎什伦布寺）

g 乌金 梵夹装 47.5×7

h 5 6

i 无 藏纸 黑 完整

j 封面钤有“民族文化宫图书馆藏”印。

213.59

a 64-59

b ལབ་མཁན་ཆེན་བློ་བཟང་འཇམ་དབྱངས་བསྟན་པའི་རྒྱལ་མཚན་གྱི་སྐུ་འཕྲེང་གསོལ་འདེབས།

勒寺大堪布·洛桑绛央丹白坚赞之历辈启请文

c ༄༅།ཀུན་དགའི་དགེ་སློང་བློ་བཟང་ཐུབ་བསྟན་ཆོས་ཀྱི་ཉི་མ་དགེ་ལེགས་རྣམ་རྒྱལ་དཔལ་བཟང་པོ།

d

e གསོལ་འདེབས། (启请文)

f 刻本 བཀྲ་ཤིས་ལྷུན་པོ།（西藏日喀则扎什伦布寺）

g 乌金 梵夹装 47.5×7

h 4 6

i 无 藏纸 黑 完整

j 封面钤有“民族文化宫图书馆藏”印。

213.60

a 64-60

b འཇམ་བཞད་བསྐལ་བཟང་ཐུབ་བསྟན་དབང་ཕྱུག་གི་འཁྲུངས་རབས།

嘉木样协巴·格桑土登旺秋本生传

c ༄༅།ཀུན་དགའི་དགེ་སློང་བློ་བཟང་ཐུབ་བསྟན་ཆོས་ཀྱི་ཉི་མ་དགེ་ལེགས་རྣམ་རྒྱལ་དཔལ་བཟང་པོ།

d སྤྲུལ་སྐུ་སྐལ་བཟང་འཇིགས་མེད་རྒྱ་མཚོ་སོགས།

e སྐྱེས་རབས།（本生传）

f 刻本 བཀྲ་ཤིས་ལྷུན་པོ།（西藏日喀则扎什伦布寺）

g 乌金 梵夹装 48×7

h 4 6

i 无 藏纸 黑 完整

j 封面钤有“民族文化宫图书馆藏”印。

213.61

a 64-61

b བླ་མ་རྣམས་ཀྱི་མཚན་བསྟོད་ཕྱོགས་གཅིག་ཏུ་བསྒྲིགས་པ།

诸上师之名称赞合编

c ༄༅།ཤཱཀྱའི་དགེ་སློང་བློ་བཟང་ཐུབ་བསྟན་ཆོས་ཀྱི་ཉི་མ་དགེ་ལེགས་རྣམ་རྒྱལ་དཔལ་བཟང་པོ།

d དཀའ་ཆེན་དབང་འདུས་སོགས།

e བསྟོད་ཚོགས།（赞集）

f 刻本 བཀྲ་ཤིས་ལྷུན་པོ།（西藏日喀则扎什伦布寺）

g 乌金 梵夹装 48×7

h 11 6

i 无 藏纸 黑 完整

j 封面钤有“民族文化宫图书馆藏”印。

213.62

a 64-62

b མྱུར་འབྱོན་གསོལ་འདེབས་འདོད་དོན་རེ་སྐོང་།

祈祷活佛迅速转世启请文·随求满愿

c ༄༅།ཤཱཀྱའི་དགེ་སློང་བློ་བཟང་ཐུབ་བསྟན་ཆོས་ཀྱི་ཉི་མ་དགེ་ལེགས་རྣམ་རྒྱལ་དཔལ་བཟང་པོ།

d

e གསོལ་འདེབས། （启请文）

f 刻本 བཀྲ་ཤིས་ལྷུན་པོ། （西藏日喀则扎什伦布寺）

g 乌金 梵夹装 47×7
h 3 6
i 无 藏纸 黑 完整
j 封面钤有“民族文化宫图书馆藏”印。

213.63
a 64-63

b མྱུར་འབྱོན་གསོལ་འདེབས་ཀྱི་རིམ་པ་རྣམས་ཕྱོགས་གཅིག་དུ་བསྒྲིགས་པ།

祈活佛迅速转世启请文次第合编

c ༄།ཤཱཀྱའི་དགེ་སློང་བློ་བཟང་ཐུབ་བསྟན་ཆོས་ཀྱི་ཉི་མ་དགེ་ལེགས་རྣམ་རྒྱལ་དཔལ་བཟང་པོ།

d གདན་ས་ཆོས་སྡེ་ཆེན་ཚོགས་གླིང་གི་ཏྭ་བླ་མ་དབུ་ཆོས་ལས་སྡེ་སོགས།

e བསྟོད་ཚོགས།(赞集)

f 刻本 བཀྲ་ཤིས་ལྷུན་པོ། （西藏日喀则扎什伦布寺）

g 乌金 梵夹装 48×7
h 19 6
i 无 藏纸 黑 完整
j 封面钤有“民族文化宫图书馆藏”印。

213.64
a 64-64

b པར་བྱང་སྨོན་ཚིག་དགོས་འདོད་ཀུན་འབྱུང་།

版本题词·随求普生

c ༄།ཤཱཀྱའི་དགེ་སློང་བློ་བཟང་ཐུབ་བསྟན་ཆོས་ཀྱི་ཉི་མ་དགེ་ལེགས་རྣམ་རྒྱལ་དཔལ་བཟང་པོ།

d

e སྨོན་ཚིག(祈愿文)

f 刻本 བཀྲ་ཤིས་ལྷུན་པོ།（西藏日喀则扎什伦布寺）

h 1 6

i 无 藏纸 黑 完整

j 封面钤有“民族文化宫图书馆藏”印。

214

A 3672 3547

B བློ་བཟང་ཐུབ་བསྟན་ཆོས་ཀྱི་ཉི་མ་གསུང་འབུམ།

洛桑土登却吉尼玛文集

C ང

D པཎ་ཆེན་བློ་བཟང་ཐུབ་བསྟན་ཆོས་ཀྱི་ཉི་མ།

同 3670 介绍。

E 馆藏齐全。

214.1

a 69-1

b སྐྱབས་མགོན་རྗེ་བཙུན་བློ་བཟང་ཐུབ་བསྟན་ཆོས་ཀྱི་ཉི་མ་དགེ་ལེགས་རྣམ་རྒྱལ་དཔལ་བཟང་པོའི་གསུང་འབུམ་

ང་པའི་དཀར་ཆག་རིན་པོ་ཆེའི་ཕྲེང་བ།

怙主至尊上师洛桑土登却吉尼玛格勒朗杰文集ང字函目录·大宝鬘

c ༄ཤཱཀྱའི་དགེ་སློང་བློ་བཟང་ཐུབ་བསྟན་ཆོས་ཀྱི་ཉི་མ་དགེ་ལེགས་རྣམ་རྒྱལ་དཔལ་བཟང་པོ། ཤཱཀྱའི་དགེ་སློང་

ཧྲམསྦུཙ།

d

e དཀར་ཆག(目录)

f 刻本 བཀྲ་ཤིས་ལྷུན་པོ།（西藏日喀则扎什伦布寺）

g 乌金 梵夹装 46×7

h 6 6

i 无 藏纸 黑 完整

j 封面钤有“民族文化宫图书馆藏”印。

214.2

a 69-2

b མདོ་སྔགས་གཉིས་ཀའི་གནད་རབ་གསལ་བྱེད།

阐明显密法要

c ༄༅།།ཤཱཀྱའི་དགེ་སློང་བློ་བཟང་ཐུབ་བསྟན་ཆོས་ཀྱི་ཉི་མ་དགེ་ལེགས་རྣམ་རྒྱལ་དཔལ་བཟང་པོ། ཤཱཀྱའི་དགེ་སློང་

ཧྲམསུཏྲ།

d དཀའ་ཆེན་སངས་རྒྱས་དཔལ་བཟང་ལ་གདམས་པ།

e གཞུང་འགྲེལ།（典籍释）

f 刻本 བཀྲ་ཤིས་ལྷུན་པོ།（西藏日喀则扎什伦布寺）

g 乌金 梵夹装 47×7

h 16 6

i 有 藏纸 黑 完整

j 封面钤有“民族文化宫图书馆藏”印。

214.3

a 69-3

b རྡོར་སེམས་སྒོམ་བཟླས་ཀྱི་འཁྲིད་ཡིག་སྡིག་སྒྲིབ་ཚ་གདུང་སེལ་བའི་ཟླ་འོད།

金刚萨埵修诵法导引·消除罪障热恼之月光

c ༄༅།།ཤཱཀྱའི་དགེ་སློང་བློ་བཟང་ཐུབ་བསྟན་ཆོས་ཀྱི་ཉི་མ་དགེ་ལེགས་རྣམ་རྒྱལ་དཔལ་བཟང་པོ། ཤཱཀྱའི་དགེ་སློང་

ཧྲམསུཏྲ།

d

e འཁྲིད་ཡིག（导释）

f 刻本 ཆོས་གྲྭ་བཀྲ་ཤིས་ལྷུན་པོ།（西藏日喀则扎什伦布寺）

g 乌金 梵夹装 47.5×7
h 6 6
i 无 藏纸 黑 完整
j 封面钤有“民族文化宫图书馆藏”印。

214.4
a 69-4
b དཔལ་གསང་བ་འདུས་པའི་རྒྱུད་ཀྱི་བཤད་སྲོལ་ཐུན་མོང་མ་ཡིན་པ་རྗེ་རྒྱལ་བ་གཉིས་པའི་མན་ངག་འགྲེལ་བ་
བཞི་ སྒྲགས་གྲགས་པའི་དབུ་འཇུག་གཉིས་ཀྱི་ས་བཅད།
吉祥密集续之不共讲规第二佛陀之教授·著名四家合注之中观、入行二论之科判
c ༄༅།ཤཱཀྱའི་དགེ་སློང་བློ་བཟང་ཐུབ་བསྟན་ཆོས་ཀྱི་ཉི་མ་དགེ་ལེགས་རྣམ་རྒྱལ་དཔལ་བཟང་པོ། ཤཱཀྱའི་དགེ་སློང་
ཧྲུམ་སྟུ་ཧྲ།
d སྐལ་བཟང་བདེ་ཆེན་པོ་བྲང་། （西藏日喀则扎什伦布寺格桑德庆宫）
e སྔགས། (密宗)
f 刻本 ཆོས་གྲྭ་བཀྲ་ཤིས་ལྷུན་པོ། （西藏日喀则扎什伦布寺）
g 乌金 梵夹装 47.5×7
h 5 6
i 无 藏纸 黑 完整
j 封面钤有“民族文化宫图书馆藏”印。

214.5
a 69-5
b དཔལ་གསང་བ་འདུས་པའི་རྒྱུད་ཀྱི་བཤད་སྲོལ་ཐུན་མོང་མ་ཡིན་པ་རྗེ་རྒྱལ་བ་གཉིས་པའི་མན་ངག་འགྲེལ་བ་
བཞི་སྒྲགས་ཀྱི་བཤད་ལུང་སྩོལ་སྐབས་སུ་དགེ་བའི་བཤེས་གཉེན་འགའ་ཞིག་ནས་གསུང་བཤད་རགས་རམ་ཙམ་
ཟིན་བྲིས་སུ་བཀོད་པ་སྐལ་བཟང་དད་པའི་ཤིང་རྟ།
吉祥密集续之不共讲规第二佛陀之教授· 传赐四家合注之讲教文时部分善知识之讲说简略

c　༄༅། ཤཱཀྱའི་དགེ་སློང་བློ་བཟང་ཐུབ་བསྟན་ཆོས་ཀྱི་ཉི་མ་དགེ་ལེགས་རྣམ་རྒྱལ་དཔལ་བཟང་པོ། ཤཱཀྱའི་དགེ་སློང་

ཧྣམ་སྒྲུབ།

d

e　སྔགས།（密宗）

f　刻本　ཆོས་གྲྭ་བཀྲ་ཤིས་ལྷུན་པོ།（西藏日喀则扎什伦布寺）

g　乌金　梵夹装　46×7

h　42　6

i　无　藏纸　黑　完整

j　封面钤有“民族文化宫图书馆藏”印。

214.6

a　69-6

b　འཇིགས་བྱེད་དམར་ཆུང་གི་སྒྲུབ་ཐབས་དུག་ལྔའི་གཉེན་པོ།

怖畏金刚玛穹之修法·五毒之对治

c　༄༅། ཤཱཀྱའི་དགེ་སློང་བློ་བཟང་ཐུབ་བསྟན་ཆོས་ཀྱི་ཉི་མ་དགེ་ལེགས་རྣམ་རྒྱལ་དཔལ་བཟང་པོ།ཤཱཀྱའི་དགེ་སློང་

ཧྣམ་སྒྲུབ།

d　གནས་མཆོག་རི་བོ་དྭངས་གསལ།（五台山）

བཱ་ཀན་ཧོ་ཐོག་ཐུ་སྐུ་ཕྲེང་བདུན་པ་སྐལ་བཟང་དམ་ཆོས་ཉི་མ།

e　སྒྲུབ་ཐབས།（修心法）

f　刻本　ཆོས་གྲྭ་བཀྲ་ཤིས་ལྷུན་པོ།（西藏日喀则扎什伦布寺）

g　乌金　梵夹装　47.5×7

h　8　6

i　无　藏纸　黑　完整

j　封面钤有“民族文化宫图书馆藏”印。

214.7

a 69-7

b གཤིན་རྗེ་གཤེད་དམར་པོ་མདའ་འགེངས་ལ་བརྟེན་པའི་དབང་སྒྱུར་ལས་རིམ།

依红色满箭阎曼德迦修制伏作业次第

c ༄༅ཤཱཀྱའི་དགེ་སློང་བློ་བཟང་ཐུབ་བསྟན་ཆོས་ཀྱི་ཉི་མ་དགེ་ལེགས་རྣམ་རྒྱལ་དཔལ་བཟང་པོ།

ཤཱཀྱའི་དགེ་སློང་ཧྲུམསྟྭཾ།

d ཐུའུ་བཀྭན་ནོ་མོན་ཁུ་སྐུ་ཕྲེང་བདུན་པ་སྐལ་བཟང་དམ་ཆོས་ཉི་མ།

e ཆོ་ག(仪轨)

f 刻本 ཆོས་གྲྭ་བཀྲ་ཤིས་ལྷུན་པོ།（西藏日喀则扎什伦布寺） དོན་གྲུབ་དབང་འདུས།

g 乌金 梵夹装 47.5×7

h 6 6

i 无 藏纸 黑 完整

j 封面钤有“民族文化宫图书馆藏”印。

214.8

a 69-8

b དཔལ་རྡོ་རྗེ་འཇིགས་བྱེད་ལ་བརྟེན་པའི་ཆར་འབེབས་དང་རླུང་གནོན་རྗེ་བླ་མའི་མན་ངག་སྙན་བརྒྱུད་ཟབ་མོ།

至尊上师之耳传教授·依吉祥怖畏金刚修求雨及镇风之法

c ༄༅ཤཱཀྱའི་དགེ་སློང་བློ་བཟང་ཐུབ་བསྟན་ཆོས་ཀྱི་ཉི་མ་དགེ་ལེགས་རྣམ་རྒྱལ་དཔལ་བཟང་པོ། ཤཱཀྱའི་དགེ་སློང་

ཧྲུམསྟྭཾ།

d སྐལ་བཟང་བདེ་ཆེན་པོ་བྲང་།（西藏日喀则扎什伦布寺格桑德庆宫）

e མན་ངག(善言)

f 刻本 ཆོས་གྲྭ་བཀྲ་ཤིས་ལྷུན་པོ།（西藏日喀则扎什伦布寺）

g 乌金 梵夹装 48×7

h 10 6

i 无 藏纸 黑 完整

j 封面钤有“民族文化宫图书馆藏”印。

214.9

a 69-9

b དཔལ་ཀྱི་རྡོ་རྗེ་བསྟོད་པ་འདོད་དགུའི་ཆར་འབེབས།

吉祥喜金刚赞·随求雨降

c ༄ཤཱཀྱའི་དགེ་སློང་བློ་བཟང་ཐུབ་བསྟན་ཆོས་ཀྱི་ཉི་མ་དགེ་ལེགས་རྣམ་རྒྱལ་དཔལ་བཟང་པོ། ཤཱཀྱའི་དགེ་སློང་

ཧྣཱམསྤྲུཏི།

d ཆུ་ཡོས། 水兔年（1903）

e བསྟོད་ཚོགས།(赞集)

f 刻本 ཚོས་གྲྭ་བཀྲ་ཤིས་ལྷུན་པོ།（西藏日喀则扎什伦布寺）

g 乌金 梵夹装 47×7

h 3 6

i 无 藏纸 黑 完整

j 封面钤有“民族文化宫图书馆藏”印。

214.10

a 69-10

b བཅོམ་ལྡན་འདས་འཕགས་མ་གདུགས་དཀར་མོའི་བརྒྱུད་འདེབས་རཏྣའི་དོ་ཤལ།

薄伽梵圣母白伞盖传承启请文·惹达那璎珞

c ༄ཤཱཀྱའི་དགེ་སློང་བློ་བཟང་ཐུབ་བསྟན་ཆོས་ཀྱི་ཉི་མ་དགེ་ལེགས་རྣམ་རྒྱལ་དཔལ་བཟང་པོ། ཤཱཀྱའི་དགེ་སློང་

ཧྣཱམསྤྲུཏི།

d རྒྱལ་ཁམས་ཐུགས་རམས་པ་བསྟན་པ།

e གསོལ་འདེབས།（启请文）

f 刻本 ཚོས་གྲྭ་བཀྲ་ཤིས་ལྷུན་པོ།（西藏日喀则扎什伦布寺）

g 乌金 梵夹装 47×7

h 12 6

i 无 藏纸 黑 完整

j 封面钤有“民族文化宫图书馆藏”印；民族宫目录中为4叶。

214.11

a 69-11

b བཅོམ་ལྡན་འདས་འཕགས་མ་གདུགས་དཀར་མོའི་ཞི་བའི་སྦྱིན་སྲེག

薄伽梵圣母白伞盖息灾护摩法

c ༄ཤཱཀྱའི་དགེ་སློང་བློ་བཟང་ཐུབ་བསྟན་ཆོས་ཀྱི་ཉི་མ་དགེ་ལེགས་རྣམ་རྒྱལ་དཔལ་བཟང་པོ། ཤཱཀྱའི་དགེ་སློང་

ཧཱུཾསྭཱཧཱ།

d

e སྦྱིན་སྲེག（火供）

f 刻本 ཆོས་གྲྭ་བཀྲ་ཤིས་ལྷུན་པོ།（西藏日喀则扎什伦布寺）

g 乌金 梵夹装 48×7

h 12 6

i 无 藏纸 黑 完整

j 封面钤有“民族文化宫图书馆藏”印。

214.12

a 69-12

b ནན་ཧེ་རྗེ་བཙུན་ཏཱ་རེ་མར་བསྟོད་ཅིང་གསོལ་འདེབས་རྒྱལ་ཡུམ་འགྱེས་པའི་མཆོད་སྤྲིན།

南海至尊达热玛赞并启请文·佛母喜悦之供养云

c ༄ཤཱཀྱའི་དགེ་སློང་བློ་བཟང་ཐུབ་བསྟན་ཆོས་ཀྱི་ཉི་མ་དགེ་ལེགས་རྣམ་རྒྱལ་དཔལ་བཟང་པོ། ཤཱཀྱའི་དགེ་སློང་

ཧཱུཾསྭཱཧཱ།

d

e གསོལ་འདེབས།(启请文)

f 刻本 ཆོས་གྲྭ་བཀྲ་ཤིས་ལྷུན་པོ།（西藏日喀则扎什伦布寺）

g 乌金 梵夹装 47×7

h 4 6

i 无 藏纸 黑 完整

j 封面钤有“民族文化宫图书馆藏”印。

214.13

a 69-13

b ཤིང་སྤྱན་རྗེ་བཙུན་སྒྲོལ་མའི་འདོད་གསོལ་སྨོན་ཚིག།

兴安至尊度母之发愿文

c ༄ཤཱཀྱའི་དགེ་སློང་བློ་བཟང་ཐུབ་བསྟན་ཆོས་ཀྱི་ཉི་མ་དགེ་ལེགས་རྣམ་རྒྱལ་དཔལ་བཟང་པོ། ཤཱཀྱའི་དགེ་སློང་

ཧྲམསྦྱིཅ།

d ཤིང་བྱི། 木鼠年（1924）

e སྨོན་ཚིག（祈愿文）

f 刻本 ཆོས་གྲྭ་བཀྲ་ཤིས་ལྷུན་པོ།（西藏日喀则扎什伦布寺）

g 乌金 梵夹装 46×7

h 1 6

i 无 藏纸 黑 完整

j 封面钤有“民族文化宫图书馆藏”印。

214.14

a 69-14

b བླ་མ་ཡི་དམ་ཆོས་སྐྱོང་རྣམས་ལ་ཚོགས་འཁོར་འབུལ་ཚུལ་དངོས་གྲུབ་འགུགས་པའི་ཕོ་ཉ།

上师本尊护法前献会供法

c ༄ཤཱཀྱའི་དགེ་སློང་བློ་བཟང་ཐུབ་བསྟན་ཆོས་ཀྱི་ཉི་མ་དགེ་ལེགས་རྣམ་རྒྱལ་དཔལ་བཟང་པོ། ཤཱཀྱའི་དགེ་སློང་

ཧྲམསྦྱིཅ།

d

e ཆོ་ག（仪轨）

f 刻本 ཆོས་གྲྭ་བཀྲ་ཤིས་ལྷུན་པོ།（西藏日喀则扎什伦布寺）

g 乌金 梵夹装 47.5×7
h 3 6
i 无 藏纸 黑 完整
j 封面钤有“民族文化宫图书馆藏”印。

214.15
a 69-15
b རྟ་མཆོག་ཡང་གསང་གཙོ་བོ་གྱུར་བའི་ཚོགས་མཆོད་རྣལ་འབྱོར་རོལ་བའི་དགའ་སྟོན།
密修马头金刚为主之会供法·瑜伽游戏喜宴
c ༄།ཤཱཀྱའི་དགེ་སློང་བློ་བཟང་ཐུབ་བསྟན་ཆོས་ཀྱི་ཉི་མ་དགེ་ལེགས་རྣམ་རྒྱལ་དཔལ་བཟང་པོ། ཤཱཀྱའི་དགེ་སློང་
ཧྨསུཙ།
d ནན་ཅིང་ཕོ་བྲང་།（江苏南京） ཡོན་ཏན་དབང་ཕྱུག
e ཚོགས་མཆོད།（集供）
f 刻本 ཆོས་གྲྭ་བཀྲ་ཤིས་ལྷུན་པོ།（西藏日喀则扎什伦布寺）
g 乌金 梵夹装 47.5×7
h 3 6
i 无 藏纸 黑 完整
j 封面钤有“民族文化宫图书馆藏”印。

214.16
a 69-16
b ནན་ཅིང་དུ་རྒྱའི་བུ་ཚོ་རྣམས་ལ་རིག་བྱེད་མའི་རྗེས་གནང་སྩལ་སྐབས་ཀྱི་གསུང་བཤད་མདོར་བསྡུས།
在南京向佛教徒等传授邬摩天女随许法时之讲述略篇
c ༄།ཤཱཀྱའི་དགེ་སློང་བློ་བཟང་ཐུབ་བསྟན་ཆོས་ཀྱི་ཉི་མ་དགེ་ལེགས་རྣམ་རྒྱལ་དཔལ་བཟང་པོ། ཤཱཀྱའི་དགེ་སློང་
ཧྨསུཙ།
d
e རྗེས་གནང་།（灌顶）

f　刻本　ཆོས་གྲྭ་བཀྲ་ཤིས་ལྷུན་པོ།（西藏日喀则扎什伦布寺）

g　乌金　梵夹装　47.5×7

h　5　6

i　无　藏纸　黑　完整

j　封面钤有“民族文化宫图书馆藏”印。

214.17

a　69-17

b　ནན་ཅིང་བུ་ཅོ་རྣམས་ལ་ཆེ་དབང་བསྐུར་སྐབས་ཀྱི་བཤད་དཀྲོལ་དུས་མིན་འཆི་ཞགས་གཅོད་པའི་རལ་གྲི

向南京佛教徒等传授长寿灌顶时之解说·断非时死索之利剑

c　༄ཤཱཀྱའི་དགེ་སློང་བློ་བཟང་ཐུབ་བསྟན་ཆོས་ཀྱི་ཉི་མ་དགེ་ལེགས་རྣམ་རྒྱལ་དཔལ་བཟང་པོ། ཤཱཀྱའི་དགེ་སློང་

ཧྣམསྤུཙ།

d

e　ཆེ་དབང་།（长寿灌顶）

f　刻本　ཆོས་གྲྭ་བཀྲ་ཤིས་ལྷུན་པོ།（西藏日喀则扎什伦布寺）

g　乌金　梵夹装　47×7

h　10　6

i　无　藏纸　黑　完整

j　封面钤有“民族文化宫图书馆藏”印。

214.18

a　69-18

b　བདེ་བར་གཤེགས་པ་སྨན་བླ་མཆེད་བརྒྱད་ཀྱི་དབང་གི་སྔ་གོན་དང་དངོས་གཞིའི་བཤད་དཀྲོལ་ཟབ་དོན་གསལ་

བའི་མེ་ལོང་།

药师八佛灌顶之加行、正行时之讲解·现显深义明镜

c　༄ཤཱཀྱའི་དགེ་སློང་བློ་བཟང་ཐུབ་བསྟན་ཆོས་ཀྱི་ཉི་མ་དགེ་ལེགས་རྣམ་རྒྱལ་དཔལ་བཟང་པོ། ཤཱཀྱའི་དགེ་སློང་

ཧྣམསྤུཙ།

d

e དབང་གི་སྔ་གོན། （灌顶前行准备）

f 刻本 ཆོས་གྲྭ་བཀྲ་ཤིས་ལྷུན་པོ། （西藏日喀则扎什伦布寺）

g 乌金 梵夹装 47.5×7
h 8 6
i 无 藏纸 黑 完整
j 封面钤有“民族文化宫图书馆藏”印。

214.19
a 69-19

b རབ་བཤད་དགེ་ལེགས་ཡོངས་འདུའི་སྙེ་མ།

开光解说·妙善全聚穗

c ༄ཤཱཀྱའི་དགེ་སློང་བློ་བཟང་ཐུབ་བསྟན་ཆོས་ཀྱི་ཉི་མ་དགེ་ལེགས་རྣམ་རྒྱལ་དཔལ་བཟང་པོ། ཤཱཀྱའི་དགེ་སློང་

ཧྲམ་སྤྲུ་ཙ།

d

e རབ་གནས། （开光仪轨）

f 刻本 ཆོས་གྲྭ་བཀྲ་ཤིས་ལྷུན་པོ། （西藏日喀则扎什伦布寺）

g 乌金 梵夹装 47.5×7
h 5 6
i 无 藏纸 黑 完整
j 封面钤有“民族文化宫图书馆藏”印。

214.20
a 69-20

b རབ་བཤད་དགེ་ལེགས་ཟུ་ཆར་འཇོ་བའི་སྤྲིན་ཕུང་།

开光解说·妙善微雨如意云层

c ༄ཤཱཀྱའི་དགེ་སློང་བློ་བཟང་ཐུབ་བསྟན་ཆོས་ཀྱི་ཉི་མ་དགེ་ལེགས་རྣམ་རྒྱལ་དཔལ་བཟང་པོ། ཤཱཀྱའི་དགེ་སློང་

ཧྲམ་སྤྲུ་ཙ།

d

e རབ་གནས།(开光仪轨)

f 刻本 ཆོས་གྲྭ་བཀྲ་ཤིས་ལྷུན་པོ།（西藏日喀则扎什伦布寺）

g 乌金 梵夹装 48×7
h 6 6
i 无 藏纸 黑 完整
j 封面钤有“民族文化宫图书馆藏”印。

214.21
a 69-21

b རབ་བཤད་དགེ་ལེགས་སྒོ་བརྒྱ་འབྱེད་པའི་ལྡེ་མིག

开光解说·开妙善多门之幻钥

c ༄༅།།པཎ་ཆེན་བློ་བཟང་ཆོས་ཀྱི་ཉི་མ་དགེ་ལེགས་རྣམ་རྒྱལ་དཔལ་བཟང་པོ། ཤཱཀྱའི་དགེ་སློང་

ཧཱུཾ་མྠཾ།

d

e རབ་གནས།（开光仪轨）

f 刻本 ཆོས་གྲྭ་བཀྲ་ཤིས་ལྷུན་པོ།（西藏日喀则扎什伦布寺）

g 乌金 梵夹装 48×7
h 5 6
i 无 藏纸 黑 完整
j 封面钤有“民族文化宫图书馆藏”印。

214.22
a 69-22

b བཀྲ་ཤིས་རྫས་བརྒྱད་ཀྱི་བཤད་པ་ཁག་ཅིག

部分吉祥物相之讲说

c ༄༅།།པཎ་ཆེན་བློ་བཟང་ཆོས་ཀྱི་ཉི་མ་དགེ་ལེགས་རྣམ་རྒྱལ་དཔལ་བཟང་པོ། ཤཱཀྱའི་དགེ་སློང་

ཧཱུཾ་མྠཾ།

d

e　རབ་གནས།（开光仪轨）

f　刻本　ཆོས་གྲྭ་བཀྲ་ཤིས་ལྷུན་པོ།（西藏日喀则扎什伦布寺）

g　乌金　梵夹装　47.5×7
h　6　6
i　无　藏纸　黑　完整
j　封面钤有“民族文化宫图书馆藏”印。

214.23
a　69-23

b　ལྷག་པའི་ལྷ་གང་རུང་གི་སྒོ་ནས་དད་ལྡན་ལ་བཀྲུ་བྱབས་བསྲུང་གསུམ་བྱ་ཚུལ།

本尊法门中给具信者作洗、净、护三法

c　༄།ཤཱཀྱའི་དགེ་སློང་བློ་བཟང་ཐུབ་བསྟན་ཆོས་ཀྱི་ཉི་མ་དགེ་ལེགས་རྣམ་རྒྱལ་དཔལ་བཟང་པོ། ཤཱཀྱའི་དགེ་སློང་

ཧྲྀམསྟུཙ།

d

e　ཆོ་ག།（仪轨）

f　刻本　ཆོས་གྲྭ་བཀྲ་ཤིས་ལྷུན་པོ།（西藏日喀则扎什伦布寺）

g　乌金　梵夹装　47.5×7
h　4　6
i　无　藏纸　黑　完整
j　封面钤有“民族文化宫图书馆藏”印。

214.24
a　69-24

b　ཡི་དམ་གང་རུང་གི་བཀའ་བསྒོ་བྱ་ཚུལ།

本尊教敕法

c　༄༅། ཤཱཀྱའི་དགེ་སློང་བློ་བཟང་ཐུབ་བསྟན་ཆོས་ཀྱི་ཉི་མ་དགེ་ལེགས་རྣམ་རྒྱལ་དཔལ་བཟང་པོ། ཤཱཀྱའི་དགེ་སློང་
ཧྲམ་སྦྱར།

d

e　བཀའ་སྒོ་བྱ་ཚུལ།（授命）

f　刻本　ཆོས་གྲྭ་བཀྲ་ཤིས་ལྷུན་པོ།（西藏日喀则扎什伦布寺）

g　乌金　梵夹装　47×7

h　3　6

i　无　藏纸　黑　完整

j　封面钤有“民族文化宫图书馆藏”印。

214.25

a　69-25

b　མགོན་དཀར་ཡིད་བཞིན་ནོར་བའི་གཏོར་ཆོག་མདོར་བསྡུས་དབུལ་ཕོངས་ཀུན་སེལ།
白色怙主如意宝之供神馐略法·普除贫乏

c　༄༅། ཤཱཀྱའི་དགེ་སློང་བློ་བཟང་ཐུབ་བསྟན་ཆོས་ཀྱི་ཉི་མ་དགེ་ལེགས་རྣམ་རྒྱལ་དཔལ་བཟང་པོ། ཤཱཀྱའི་དགེ་སློང་
ཧྲམ་སྦྱར།

d　ཞིང་བཟའ་རིན་པོ་ཆེ།

e　ཆོ་ག（仪轨）

f　刻本　ཆོས་གྲྭ་བཀྲ་ཤིས་ལྷུན་པོ།（西藏日喀则扎什伦布寺）

g　乌金　梵夹装　47.5×7

h　3　6

i　无　藏纸　黑　完整

j　封面钤有“民族文化宫图书馆藏”印。

214.26

a　69-26

b ཆོས་རྒྱལ་གྱི་ལས་བཞིའི་འཕྲིན་བཅོལ་མདོར་བསྡུས་དང་དབྱུ་གུའི་སྙེལ་ཚིག་བཅས་བཞུགས་སོ།།

荡金曲吉四种事业之请托事业略法与右固诗文

c ༄ཤཱཀྱའི་དགེ་སློང་བློ་བཟང་ཐུབ་བསྟན་ཆོས་ཀྱི་ཉི་མ་དགེ་ལེགས་རྣམ་རྒྱལ་དཔལ་བཟང་པོ། ཤཱཀྱའི་དགེ་སློང་ཧྲྀཿམསྭཱུཏྲ།

d དགོན་པ་གྲངས་ཆེན་དཀར་ཆེན་འཇིགས་མེད།

e འཕྲིན་བཅོལ།（托业）

f 刻本 ཆོས་གྲྭ་བཀྲ་ཤིས་ལྷུན་པོ།（西藏日喀则扎什伦布寺）

g 乌金 梵夹装 48×7

h 4 6

i 无 藏纸 黑 完整

j 封面钤有“民族文化宫图书馆藏”印。

214.27

a 69-27

b མ་ཅིག་རྡོ་རྗེ་རབ་བརྟན་མར་གཏོར་འབུལ་བསྐང་བཤགས་མདོར་བསྡུས་འབུལ་ཚུལ།

玛吉金刚极坚母前供神馐、酬忏略法

c ༄ཤཱཀྱའི་དགེ་སློང་བློ་བཟང་ཐུབ་བསྟན་ཆོས་ཀྱི་ཉི་མ་དགེ་ལེགས་རྣམ་རྒྱལ་དཔལ་བཟང་པོ། ཤཱཀྱའི་དགེ་སློང་ཧྲྀཿམསྭཱུཏྲ།

d ཟུར་ཁང་པ་བློ་བཟང་རྒྱལ་མཚན།

e ཆོ་ག（仪轨）

f 刻本 ཆོས་གྲྭ་བཀྲ་ཤིས་ལྷུན་པོ།（西藏日喀则扎什伦布寺）

g 乌金 梵夹装 47.5×7

h 1 6

i 无 藏纸 黑 完整

j 封面钤有“民族文化宫图书馆藏”印。

214.28

a 69-28

b མ་ཅིག་རྡོ་རྗེ་རབ་བརྟན་མའི་གསོལ་མཆོད་མདོར་བསྡུས།

玛吉金刚坚母之祈供略法

c ༄ཤཱཀྱའི་དགེ་སློང་བློ་བཟང་ཐུབ་བསྟན་ཆོས་ཀྱི་ཉི་མ་དགེ་ལེགས་རྣམ་རྒྱལ་དཔལ་བཟང་པོ། ཤཱཀྱའི་དགེ་སློང་

ཧྲམསྟུཏ།

d

e ཆོ་ག（仪轨）

f 刻本 ཆོས་གྲྭ་བཀྲ་ཤིས་ལྷུན་པོ།（西藏日喀则扎什伦布寺）

g 乌金 梵夹装 48×7

h 1 6

i 无 藏纸 黑 完整

j 封面钤有“民族文化宫图书馆藏”印。

214.29

a 69-29

b རྒྱལ་བའི་བསྟན་སྲུང་ཆེན་མོ་དཔལ་ལྡན་རྡོ་རྗེ་ཁྱུང་ལུང་མར་མཆོད་གཏོར་འབུལ་ཚུལ།

大护法母具德多杰穹隆玛前供神馐法

c ༄ཤཱཀྱའི་དགེ་སློང་བློ་བཟང་ཐུབ་བསྟན་ཆོས་ཀྱི་ཉི་མ་དགེ་ལེགས་རྣམ་རྒྱལ་དཔལ་བཟང་པོ། ཤཱཀྱའི་དགེ་སློང་

ཧྲམསྟུཏ།

d རྗེ་དྲུང་བསྟན་འཛིན་ཆོས་འཆེལ།

e ཆོ་ག（仪轨）

f 刻本 ཆོས་གྲྭ་བཀྲ་ཤིས་ལྷུན་པོ།（西藏日喀则扎什伦布寺）

g 乌金 梵夹装 48×7

h 3 6

i 无 藏纸 黑 完整

j 封面钤有“民族文化宫图书馆藏”印。

214.30

a 69-30

b རྒྱལ་པོ་ཆེན་པོ་རྣམ་ཐོས་སྲས་ལ་བརྟེན་ནས་ཚེ་དཔལ་སོགས་ཀྱི་ཕྱུ་གཡང་འགུགས་བྱེད་ཀྱི་ལས་རིམ་འདོད་དགུའི་དངོས་གྲུབ་ཡིད་བཞིན་འཇོ་བའི་བསམ་འཕེལ་དབང་རྒྱལ།

依多闻子修长寿吉祥等之招福作业次第·随求悉地如意灌顶王

c ཤཱཀྱའི་དགེ་སློང་བློ་བཟང་ཐུབ་བསྟན་ཆོས་ཀྱི་ཉི་མ་དགེ་ལེགས་རྣམ་རྒྱལ་དཔལ་བཟང་པོ། ཤཱཀྱའི་དགེ་སློང་ཧྣཨསྭུཏ།

d

e ཆོ་ག（仪轨）

f 刻本 ཆོས་གྲྭ་བཀྲ་ཤིས་ལྷུན་པོ།（西藏日喀则扎什伦布寺） ཕྱང་ཕུང་པཱཧྲེ་ཏ།

g 乌金 梵夹装 48.5×7

h 6 6

i 无 藏纸 黑 完整

j 封面钤有“民族文化宫图书馆藏”印。

214.31

a 69-31

b རྣམ་སྲས་འདོད་གསོལ།

多闻子随求祈愿文

c ཤཱཀྱའི་དགེ་སློང་བློ་བཟང་ཐུབ་བསྟན་ཆོས་ཀྱི་ཉི་མ་དགེ་ལེགས་རྣམ་རྒྱལ་དཔལ་བཟང་པོ། ཤཱཀྱའི་དགེ་སློང་ཧྣཨསྭུཏ།

d

e གསོལ་འདེབས།（启请文）

f 刻本 ཆོས་གྲྭ་བཀྲ་ཤིས་ལྷུན་པོ།（西藏日喀则扎什伦布寺）

g 乌金 梵夹装 47.5×7

h 1 6

i 无 藏纸 黑 完整

j　封面钤有“民族文化宫图书馆藏”印。

214.32

a　69-32

b　གནོད་སྦྱིན་ཆེན་པོ་ཡང་དག་ཤེས་སྒྲུབ་ཚུལ།

大药叉正慧修法

c　༄ཤཱཀྱའི་དགེ་སློང་བློ་བཟང་ཐུབ་བསྟན་ཆོས་ཀྱི་ཉི་མ་དགེ་ལེགས་རྣམ་རྒྱལ་དཔལ་བཟང་པོ། ཤཱཀྱའི་དགེ་སློང་

ཧྲཚསྟུཏཱ།

d

e　ཆོ་ག（仪轨）

f　刻本　ཆོས་གྲྭ་བཀྲ་ཤིས་ལྷུན་པོ།（西藏日喀则扎什伦布寺）

g　乌金　梵夹装　47.5×7

h　7　6

i　无　藏纸　黑　完整

j　封面钤有“民族文化宫图书馆藏”印。

214.33

a　69-33

b　འཇམ་དཔལ་གཤིན་རྗེ་གཤེད་ཀྱི་གསུང་སྤྲུལ་གནོད་སྦྱིན་དྲེགས་པའི་རྒྱལ་པོའི་གཏོར་ཆོག་བདུད་དཔུང་ཕྱེ་མར་

འཐག་བྱེད་མི་ཟད་རྡོ་རྗེ་ཐོག་འབེབས།

文殊阎曼德迦之语化身药叉王之供神馐仪轨·粉碎无穷魔军之金刚霹雳

c　༄ཤཱཀྱའི་དགེ་སློང་བློ་བཟང་ཐུབ་བསྟན་ཆོས་ཀྱི་ཉི་མ་དགེ་ལེགས་རྣམ་རྒྱལ་དཔལ་བཟང་པོ། ཤཱཀྱའི་དགེ་སློང་

ཧྲཚསྟུཏཱ།

d　རི་བོ་རྩེ་ལྔ།（五台山）　བྱང་ཆེན་བློ་བཟང་རྒྱལ་མཚན་སོགས།

e　ཆོ་ག（仪轨）

f 刻本 ཆོས་གྲྭ་བཀྲ་ཤིས་ལྷུན་པོ།（西藏日喀则扎什伦布寺）

g 乌金 梵夹装 47×7

h 29 6

i 无 藏纸 黑 完整

j 封面钤有“民族文化宫图书馆藏”印。

214.34

a 69-34

b ལྕམ་སྲིང་གཏོར་ཆོག་གསར་བསྒྲིགས་ཀྱི་ནང་མཆོད་ཟུར་བསྡེབས།

姊妹护法之供神馐仪轨新编中之内供另编

c ༄ཤཱཀྱའི་དགེ་སློང་བློ་བཟང་ཐུབ་བསྟན་ཆོས་ཀྱི་ཉི་མ་དགེ་ལེགས་རྣམ་རྒྱལ་དཔལ་བཟང་པོ། ཤཱཀྱའི་དགེ་སློང་ཧྣམསྦྱར།

d

e ཆོ་ག（仪轨）

f 刻本 ཆོས་གྲྭ་བཀྲ་ཤིས་ལྷུན་པོ།（西藏日喀则扎什伦布寺）

g 乌金 梵夹装 47×7

h 2 6

i 无 藏纸 黑 完整

j 封面钤有“民族文化宫图书馆藏”印。

214.35

a 69-35

b ལྕམ་སྲིང་གི་བསྐང་འཕྲིན་ཆ་ཚང་མདོར་བསྡུས་དང་རྒྱབ་ཡིག་སྨོན་ཚིག་བཅས་བཞུགས་སོ།།

姊妹护法之酬供、劝请事业全备略法与背文愿词

c ༄ཤཱཀྱའི་དགེ་སློང་བློ་བཟང་ཐུབ་བསྟན་ཆོས་ཀྱི་ཉི་མ་དགེ་ལེགས་རྣམ་རྒྱལ་དཔལ་བཟང་པོ། ཤཱཀྱའི་དགེ་སློང་ཧྣམསྦྱར།

d

e ཆོ་ག（仪轨）

f 刻本 ཆོས་གྲྭ་བཀྲ་ཤིས་ལྷུན་པོ།（西藏日喀则扎什伦布寺）

g 乌金 梵夹装 47.5×7

h 4 6

i 无 藏纸 黑 完整

j 封面钤有“民族文化宫图书馆藏”印。

214.36

a 69-36

b ཆོས་སྐྱོང་དྲེགས་པ་ལྕམ་སྲིང་གི་མངོན་རྟོགས་བསྐང་བསྐལ་ཆ་ཚང་མདོར་བསྡུས་དམ་ཉམས་ཀླད་ལ་བསྐོར་བའི་

འཕྲུལ་འཁོར།

姊妹护法之现证法酬供全备略法·绕退戒者脑顶之幻轮

c ༄།ཤཱཀྱའི་དགེ་སློང་བློ་བཟང་ཐུབ་བསྟན་ཆོས་ཀྱི་ཉི་མ་དགེ་ལེགས་རྣམ་རྒྱལ་དཔལ་བཟང་པོ། ཤཱཀྱའི་དགེ་སློང་

ཧཱུཾསྭཱཧཱ།

d རི་བོ་རྩེ་ལྔ།（五台山）

e ཆོ་ག（仪轨）

f 刻本 ཆོས་གྲྭ་བཀྲ་ཤིས་ལྷུན་པོ།（西藏日喀则扎什伦布寺）

g 乌金 梵夹装 48×7

h 4 6

i 无 藏纸 黑 完整

j 封面钤有“民族文化宫图书馆藏”印。

214.37

a 69-37

b ནེ་སེར་ཇོ་བོ་ཆེན་པོའི་གཏོར་ཆོག་དངོས་གྲུབ་འགུགས་པའི་ཕོ་ཉ།

勒色大觉窝之供神馐仪轨·招悉地之钩

c ༄།ཤཱཀྱའི་དགེ་སློང་བློ་བཟང་ཐུབ་བསྟན་ཆོས་ཀྱི་ཉི་མ་དགེ་ལེགས་རྣམ་རྒྱལ་དཔལ་བཟང་པོ། ཤཱཀྱའི་དགེ་སློང་

དྷརྨསྭཱཧཱ།

d

e ཆོ་ག（仪轨）

f 刻本 ཆོས་གྲྭ་བཀྲ་ཤིས་ལྷུན་པོ།（西藏日喀则扎什伦布寺）

g 乌金 梵夹装 47×7
h 20 6
i 无 藏纸 黑 完整
j 封面钤有“民族文化宫图书馆藏”印。

214.38
a 69-38

b ནེ་སེར་ཇོ་བོ་ཆེན་པོའི་འཕྲིན་བསྐུལ་བཀའ་བརྒྱ་མ།

勒色大觉窝之极密劝请事业法

c ༄།ཤཱཀྱའི་དགེ་སློང་བློ་བཟང་ཐུབ་བསྟན་ཆོས་ཀྱི་ཉི་མ་དགེ་ལེགས་རྣམ་རྒྱལ་དཔལ་བཟང་པོ། ཤཱཀྱའི་དགེ་སློང་

དྷརྨསྭཱཧཱ།

d

e ཆོ་ག（仪轨）

f 刻本 ཆོས་གྲྭ་བཀྲ་ཤིས་ལྷུན་པོ།（西藏日喀则扎什伦布寺）

g 乌金 梵夹装 47×7
h 4 6
i 无 藏纸 黑 完整
j 封面钤有“民族文化宫图书馆藏”印。

214.39
a 69-39

b ལྷ་ཡི་དགེ་བསྙེན་ཆེན་པོའི་གཏོར་ཆོག་འཕྲིན་ལས་འགུགས་པའི་པོ་ཉའི་སྐབས་ཀྱི་ཐྱིན་འབེབས་རོལ་མོའི་ཚམ་

ངམས་ཇི་ལྟར་བྱ་བའི་བརྗོད་བྱང་།

护法拉伊格业钦波之供神馐仪轨 · 招 事业之使者时加持如何调振音乐法之备忘录

c ༄ཤཱཀྱའི་དགེ་སློང་བློ་བཟང་ཐུབ་བསྟན་ཆོས་ཀྱི་ཉི་མ་དགེ་ལེགས་རྣམ་རྒྱལ་དཔལ་བཟང་པོ། ཤཱཀྱའི་དགེ་སློང་

ཧྐཨསྣུཏྭ།

d

e ཆོ་ག（仪轨）

f 刻本 ཆོས་གྲྭ་བཀྲ་ཤིས་ལྷུན་པོ།（西藏日喀则扎什伦布寺）

g 乌金 梵夹装 48×7

h 3 6

i 无 藏纸 黑 完整

j 封面钤有“民族文化宫图书馆藏”印。

214.40

a 69-40

b ཉེ་སེར་ཇོ་བོ་ཆེན་པོའི་བསྟོད་པ།

勒色大觉窝赞

c ༄ཤཱཀྱའི་དགེ་སློང་བློ་བཟང་ཐུབ་བསྟན་ཆོས་ཀྱི་ཉི་མ་དགེ་ལེགས་རྣམ་རྒྱལ་དཔལ་བཟང་པོ། ཤཱཀྱའི་དགེ་སློང་

ཧྐཨསྣུཏྭ།

d

e བསྟོད་ཚོགས།（赞集）

f 刻本 ཆོས་གྲྭ་བཀྲ་ཤིས་ལྷུན་པོ།（西藏日喀则扎什伦布寺）

g 乌金 梵夹装 47.5×7

h 3 6

i 无 藏纸 黑 完整

j 封面钤有“民族文化宫图书馆藏”印。

214.41

a 69-41

b ཡུལ་ལྷ་གཞི་བདག་སྤྱི་འདུས་ཀྱི་གསོལ་འཕྲིན་ལེགས་ཚོགས་མགྲོན་དུ་འགུགས་པའི་ཕོ་ཉ།

方神地神总共之祈愿、请托事业法·召请嘉宾之使者

c ༄ཤཱཀྱའི་དགེ་སློང་བློ་བཟང་ཐུབ་བསྟན་ཆོས་ཀྱི་ཉི་མ་དགེ་ལེགས་རྣམ་རྒྱལ་དཔལ་བཟང་པོ། ཤཱཀྱའི་དགེ་སློང་

ཧྲུམསྭུཏི།

d ཐང་ར་སུ་མའི་ཕོ་བྲང་།（登热寺）

e ཆོ་ག（仪轨）

f 刻本 ཆོས་གྲྭ་བཀྲ་ཤིས་ལྷུན་པོ།（西藏日喀则扎什伦布寺）

g 乌金 梵夹装 47.5×7

h 3 6

i 无 藏纸 黑 完整

j 封面钤有“民族文化宫图书馆藏”印。

214.42

a 69-42

b ནང་སོག་ཐུ་ཤེ་ཡེ་ཐུ་སྦ་ཡིན་ཁ་ཤོག་གི་གནོད་སྦྱིན་ཕྱོགས་ཀྱི་ས་འཛིན་སྦ་ར་ཧན་གྱི་གཞི་བདག་སྟོབས་ཆེན་རྒྱལ་པོའི་གཏོར་ཆོག་མངོན་རྟོགས་སྤྱན་འདྲེན་བསྐང་བཤགས་བསྐུལ་བཟློག་སོགས་ཆ་ཚང་མདོར་བསྡུས་འཕྲིན་ལས་བྱུ་ཆར་གཡོ་བའི་ཆུ་འཛིན་གསར་པ།

内蒙土谢图白颜克旗之洛金方位之乌梁罕之地神大力王供神馐仪轨、现观、迎请、酬忏、召退等法全备略法·事业微雨摇动之新云

c ༄ཤཱཀྱའི་དགེ་སློང་བློ་བཟང་ཐུབ་བསྟན་ཆོས་ཀྱི་ཉི་མ་དགེ་ལེགས་རྣམ་རྒྱལ་དཔལ་བཟང་པོ། ཤཱཀྱའི་དགེ་སློང་

ཧྲུམསྭུཏི།

d ཕྱང་ཕྱུག་གཟིམ་ཆུང་།　ཆེང་ཕྱང་ཡེ་ཤེས་མཁས་བཙུན།

e ཆོ་ག（仪轨）

f 刻本 ཆོས་གྲྭ་བཀྲ་ཤིས་ལྷུན་པོ།（西藏日喀则扎什伦布寺）

g 乌金 梵夹装 47.5×7
h 4 6
i 无 藏纸 黑 完整
j 封面钤有“民族文化宫图书馆藏”印。

214.43
a 69-43
b དར་ཧན་ཤོག་ཛ་སག་ཆེན་ཝང་ནས་ཞུས་ངོར་ཧུར་གེ་སུ་མའི་ཆོས་སྲུང་གི་བསྐང་གསོ་ཆ་ཚང་།
达尔罕旗扎萨克亲王请求呼尔格苏玛护法之酬供全法
c ༄།ཤཱཀྱའི་དགེ་སློང་བློ་བཟང་ཐུབ་བསྟན་ཆོས་ཀྱི་ཉི་མ་དགེ་ལེགས་རྣམ་རྒྱལ་དཔལ་བཟང་པོ། ཤཱཀྱའི་དགེ་སློང་
ཧྲམསྲུཙ།
d ལྕགས་རྟ། 铁马年（1930） དར་ཧན་ཆིང་ཝང་རྣམ་རྒྱལ་ཚེ་རིང་།
e ཆོ་ག（仪轨）
f 刻本 ཆོས་གྲྭ་བཀྲ་ཤིས་ལྷུན་པོ།（西藏日喀则扎什伦布寺）
g 乌金 梵夹装 48.5×7
h 6 6
i 无 藏纸 黑 完整
j 封面钤有“民族文化宫图书馆藏”印。

214.44
a 69-44
b བུར་ཐེ་གནས་བདག་གི་གསོལ་མཆོད་དངོས་གྲུབ་ཆར་འབེབས་པའི་སྤྲིན་ཕུང་།
布格特尔地神之祈供法·悉地雨降之云层
c ༄།ཤཱཀྱའི་དགེ་སློང་བློ་བཟང་ཐུབ་བསྟན་ཆོས་ཀྱི་ཉི་མ་དགེ་ལེགས་རྣམ་རྒྱལ་དཔལ་བཟང་པོ། ཤཱཀྱའི་དགེ་སློང་
ཧྲམསྲུཙ།
d ས་དགོན་བློ་ལྡན་ཕུན་ཚོགས་གླིང་།（西藏日喀则萨迦罗丹彭措林寺） དར་ཧན་ཆིང་ཝང་།

e ཆོ་ག（仪轨）

f 刻本 ཆོས་གྲྭ་བཀྲ་ཤིས་ལྷུན་པོ།（西藏日喀则扎什伦布寺）

g 乌金 梵夹装 48×7
h 3 6
i 无 藏纸 黑 完整
j 封面钤有“民族文化宫图书馆藏”印。

214.45
a 69-45
b གཞི་བདག་རྡོར་བདག་ལ་མཆོད་གཏོར་འབུལ་ཚུལ།

地神多垛前供神馐法

c ཤཱཀྱའི་དགེ་སློང་བློ་བཟང་ཐུབ་བསྟན་ཆོས་ཀྱི་ཉི་མ་དགེ་ལེགས་རྣམ་རྒྱལ་དཔལ་བཟང་པོ། ཤཱཀྱའི་དགེ་སློང་

ཧྲམ་སྦྱིན།

d

e ཆོ་ག（仪轨）

f 刻本 ཆོས་གྲྭ་བཀྲ་ཤིས་ལྷུན་པོ།（西藏日喀则扎什伦布寺）

g 乌金 梵夹装 47×7
h 3 6
i 无 藏纸 黑 完整
j 封面钤有“民族文化宫图书馆藏”印。

214.46
a 69-46
b སོག་ཡུལ་མལ་གྱི་ཨོ་ལ་སའི་གཞི་བདག་ལྷ་ཆེན་པའི་མངོན་རྟོགས་བཤགས་འཕྲིན་བསང་དང་གསེར་སྐྱེམས་བསྟོད་

པ་བཅས་འབུལ་ཚུལ།

蒙古地区玛拉鄂拉萨之地神拉钦巴之现证法、忏除、劝请事业、煨桑供、神饮、赞颂等作法

c ༄༅།པཎ་ཆེན་དགེ་སློང་བློ་བཟང་ཐུབ་བསྟན་ཆོས་ཀྱི་ཉི་མ་དགེ་ལེགས་རྣམ་རྒྱལ་དཔལ་བཟང་པོ། ཤཱཀྱའི་དགེ་སློང་

ཧྲུམ་སྒྲུབ།

d ཐུག་མཛོད་ཆོས་རྒྱ་མཚོ།

e ཆོ་ག（仪轨）

f 刻本 ཆོས་གྲྭ་བཀྲ་ཤིས་ལྷུན་པོ།（西藏日喀则扎什伦布寺）

g 乌金 梵夹装 47.5×7
h 3 6
i 无 藏纸 黑 完整
j 封面钤有“民族文化宫图书馆藏”印。

214.47
a 69-47
b ཆེན་ཕྱང་དགོན་གནས་ཀྱི་སྲུང་མ་ཆོས་རྒྱལ་ཆེན་པོ་དང་བསྟན་སྐྱོང་ཆེན་པོ་རྣམ་གཉིས་ལ་གསོལ་མཆོད་གཉེར་

གཏད་བཅས་བྱ་ཚུལ།

亲王贡勒之护法曲吉钦波与丹穹钦波二神前祈供等法

c ༄༅།པཎ་ཆེན་དགེ་སློང་བློ་བཟང་ཐུབ་བསྟན་ཆོས་ཀྱི་ཉི་མ་དགེ་ལེགས་རྣམ་རྒྱལ་དཔལ་བཟང་པོ། ཤཱཀྱའི་དགེ་སློང་

ཧྲུམ་སྒྲུབ།

d སྐལ་བཟང་བདེ་ཆེན་པོ་བྲང་།（西藏日喀则扎什伦布寺格桑德庆宫）

ཧོར་ཆེན་ཇ་སག་ཆེན་ཕྱང་སྲ་ཡི་ཧེ་ཁྲུ།

e ཆོ་ག（仪轨）

f 刻本 ཆོས་གྲྭ་བཀྲ་ཤིས་ལྷུན་པོ།（西藏日喀则扎什伦布寺）

g 乌金 梵夹装 47×7
h 1 6
i 无 藏纸 黑 完整
j 封面钤有“民族文化宫图书馆藏”印。

214.48

a　69-48

b　གཞི་བདག་ཨ་ཡུར་ཤྲི་མ་ཎི་བྷ་དྲའི་གསོལ་མཆོད་མདོར་བསྡུས།

地神阿玉锡里玛呢巴扎之祈供略法

c　༄༅།ཤཱཀྱའི་དགེ་སློང་བློ་བཟང་ཐུབ་བསྟན་ཆོས་ཀྱི་ཉི་མ་དགེ་ལེགས་རྣམ་རྒྱལ་དཔལ་བཟང་པོ། ཤཱཀྱའི་དགེ་སློང་

ཧྲམསྨུཙ།

d

e　ཆོ་ག（仪轨）

f　刻本　ཆོས་གྲྭ་བཀྲ་ཤིས་ལྷུན་པོ།（西藏日喀则扎什伦布寺）

g　乌金　梵夹装　47.5×7

h　1　6

i　无　藏纸　黑　完整

j　封面钤有“民族文化宫图书馆藏”印。

214.49

a　69-49

b　སྦོ་རིལ་ཏའི་ཡུལ་གྲུའི་གཞི་བདག་ལ་གསོལ་མཆོད་བྱ་ཚུལ།

博日达地方地神前祈供法

c　༄༅།ཤཱཀྱའི་དགེ་སློང་བློ་བཟང་ཐུབ་བསྟན་ཆོས་ཀྱི་ཉི་མ་དགེ་ལེགས་རྣམ་རྒྱལ་དཔལ་བཟང་པོ། ཤཱཀྱའི་དགེ་སློང་

ཧྲམསྨུཙ།

d　ཕང་ཐུ།（王府）

e　ཆོ་ག（仪轨）

f　刻本　ཆོས་གྲྭ་བཀྲ་ཤིས་ལྷུན་པོ།（西藏日喀则扎什伦布寺）

g　乌金　梵夹装　46.5×7

h　3　6

i 无 藏纸 黑 完整

j 封面钤有“民族文化宫图书馆藏”印。

214.50

a 69-50

b བཀྲ་ཤིས་རི་བོར་གནས་པའི་གཞི་བདག་རྣམས་ལ་གསོལ་མཆོད་འཕྲིན་འཆོལ་བྱ་ཚུལ།

扎西日窝山所住之地神等前祈供、请托事业法

c ༄༅།ཤཱཀྱའི་དགེ་སློང་བློ་བཟང་ཐུབ་བསྟན་ཆོས་ཀྱི་ཉི་མ་དགེ་ལེགས་རྣམ་རྒྱལ་དཔལ་བཟང་པོ། ཤཱཀྱའི་དགེ་སློང་

ཧྲམསྡྷཱ།

d ཆོས་སྐྱབས་སོགས།

e ཆོ་ག（仪轨）

f 刻本 ཆོས་གྲྭ་བཀྲ་ཤིས་ལྷུན་པོ།（西藏日喀则扎什伦布寺）

g 乌金 梵夹装 47×7

h 3 6

i 无 藏纸 黑 完整

j 封面钤有“民族文化宫图书馆藏”印。

214.51

a 69-51

b བཙན་རྒོད་རྡོ་རྗེ་འབར་བའི་གཏོར་ཆོག

赞阁多杰坝哇之供神馐仪轨

c ༄༅།ཤཱཀྱའི་དགེ་སློང་བློ་བཟང་ཐུབ་བསྟན་ཆོས་ཀྱི་ཉི་མ་དགེ་ལེགས་རྣམ་རྒྱལ་དཔལ་བཟང་པོ། ཤཱཀྱའི་དགེ་སློང་

ཧྲམསྡྷཱ།

d དཧར་ཆེན་འགྱུར་མེད་རྟོགས་ལྡན།

e ཆོ་ག（仪轨）

f 刻本 ཆོས་གྲྭ་བཀྲ་ཤིས་ལྷུན་པོ།（西藏日喀则扎什伦布寺）

g 乌金 梵夹装 47.5×7
h 1 6
i 无 藏纸 黑 完整
j 封面钤有“民族文化宫图书馆藏”印。

214.52
a 69-52
b གནས་དེར་རྫོ་མཚམས་ཀྱི་ཡུལ་ལྷར་བཙན་བཪྒོས་དམར་ཤ་འཁྲག་གིས་རྒྱན་པ་སོགས་མཆོད་གཏོར་རྣམས་འདུ་བྱས་ཏེ་བླ་མེད་ལྟར་བྱིན་གྱིས་རླབས་པ།

此间南界之地神红色赞学血肉所严饰等前供神馐汇编·如无上瑜伽之加持

c ༄༅ཤཱཀྱའི་དགེ་སློང་བློ་བཟང་ཐུབ་བསྟན་ཆོས་ཀྱི་ཉི་མ་དགེ་ལེགས་རྣམ་རྒྱལ་དཔལ་བཟང་པོ། ཤཱཀྱའི་དགེ་སློང་

ཛཡནྟུ།

d

e ཆོ་ག（仪轨）

f 刻本 ཆོས་གྲྭ་བཀྲ་ཤིས་ལྷུན་པོ།（西藏日喀则扎什伦布寺）

g 乌金 梵夹装 47×7
h 1 6
i 无 藏纸 黑 完整
j 封面钤有“民族文化宫图书馆藏”印。

214.53
a 69-53
b སྨོན་ལམ་བླ་མའི་ཁུ་རལ་དུ་ཤིང་བཟའ་ཧོ་ཐོག་ཐུ་ནས་ཞུས་ངོར་སྤྲུལ་བའི་ར་རྒྱའི་གཞི་བདག་གི་མཆོད་གཏོར་བྱ་ཚུལ།

应孟朗喇嘛之库伦辛萨呼图克图所请而作惹嘉地神之供神馐法

c ༄༅ཤཱཀྱའི་དགེ་སློང་བློ་བཟང་ཐུབ་བསྟན་ཆོས་ཀྱི་ཉི་མ་དགེ་ལེགས་རྣམ་རྒྱལ་དཔལ་བཟང་པོ། ཤཱཀྱའི་དགེ་སློང་

ཛཡནྟུ།

d　ཞིང་བཟའ་རིན་པོ་ཆེ།

e　ཆོ་ག（仪轨）

f　刻本　ཚེས་གྲུ་བཀྲ་ཤིས་ལྷུན་པོ།（西藏日喀则扎什伦布寺）

g　乌金　梵夹装　47.5×7
h　6　6
i　无　藏纸　黑　完整
j　封面钤有“民族文化宫图书馆藏”印。

214.54
a　69-54

b　ཛ་རོང་ཞྭ་ནུམ་ཆེན་ཕང་ཕུགས་ཀྱི་རྒྱབ་རིའི་ཨོ་སྨག་ལ་གསོལ་མཆོད་བྱ་ཚུལ།
　西乌珠穆沁亲王后山之鄂博前祈供法

c　༄ཤཱཀྱའི་དགེ་སློང་བློ་བཟང་ཐུབ་བསྟན་ཆོས་ཀྱི་ཉི་མ་དགེ་ལེགས་རྣམ་རྒྱལ་དཔལ་བཟང་པོ། ཤཱཀྱའི་དགེ་སློང་
　ཧྲཱིསྭུཏི།

d　ཆེན་ཕང་བསོད་ནམས་རབ་བརྟན།

e　ཆོ་ག（仪轨）

f　刻本　ཚེས་གྲུ་བཀྲ་ཤིས་ལྷུན་པོ།（西藏日喀则扎什伦布寺）

g　乌金　梵夹装　47.5×7
h　3　6
i　无　藏纸　黑　完整
j　封面钤有“民族文化宫图书馆藏”印。

214.55
a　69-55

b　སྐུ་འབུམ་གཞི་བདག་ལིའུ་ཆེར་གསོལ་མཆོད་བྱ་ཚུལ།
　塔尔寺地神里乌切前祈供略法

c ༄ཤཱཀྱའི་དགེ་སློང་བློ་བཟང་ཐུབ་བསྟན་ཆོས་ཀྱི་ཉི་མ་དགེ་ལེགས་རྣམ་རྒྱལ་དཔལ་བཟང་པོ། ཤཱཀྱའི་དགེ་སློང་

ཧམསྭུཏྲ།

d སྐུ་འབུམ་རྒྱ་ཡག་སྤྲུལ་སྐུ།

e ཆོ་ག（仪轨）

f 刻本 ཆོས་གྲྭ་བཀྲ་ཤིས་ལྷུན་པོ།（西藏日喀则扎什伦布寺）

g 乌金 梵夹装 47×7

h 4 6

i 无 藏纸 黑 完整

j 封面钤有“民族文化宫图书馆藏”印。

214.56

a 69-56

b ཐོལ་གོལ་གཞི་བདག་དང་ནང་སོག་ནས་མན་ཤིག་གི་གཞི་བདག་གཉིས་ཀྱི་གསོལ་མཆོད།

陶勒郭勒地神与内蒙奈曼旗地神之祈供法

c ༄ཤཱཀྱའི་དགེ་སློང་བློ་བཟང་ཐུབ་བསྟན་ཆོས་ཀྱི་ཉི་མ་དགེ་ལེགས་རྣམ་རྒྱལ་དཔལ་བཟང་པོ། ཤཱཀྱའི་དགེ་སློང་

ཧམསྭུཏྲ།

d ཐན་ཧེ་སེ་ཕོ་བྲང་།

e ཆོ་ག（仪轨）

f 刻本 ཆོས་གྲྭ་བཀྲ་ཤིས་ལྷུན་པོ།（西藏日喀则扎什伦布寺）

g 乌金 梵夹装 48×7

h 2 6

i 无 藏纸 黑 完整

j 封面钤有“民族文化宫图书馆藏”印。

214.57

a 69-57

b　དུར་བུ་ཐུ་ཤོག་གི་གཞི་བདག་ཨ་མོར་ལྷུགས་ཁང་ལ་བསང་མཆོད་འབུལ་ཚུལ་མདོར་བསྡུས་བཞུགས་སོ།།

杜尔伯特旗地神阿莫甲康前煨桑供略法

c　༄ཤཱཀྱའི་དགེ་སློང་བློ་བཟང་ཐུབ་བསྟན་ཆོས་ཀྱི་ཉི་མ་དགེ་ལེགས་རྣམ་རྒྱལ་དཔལ་བཟང་པོ།　ཤཱཀྱའི་དགེ་སློང་ཧྲམསྟུཏཾ།

d　ཐན་དེ་སེ་ཕོ་བྲང་།

e　ཆོ་ག（仪轨）

f　刻本　ཆོས་གྲྭ་བཀྲ་ཤིས་ལྷུན་པོ།（西藏日喀则扎什伦布寺）

g　乌金　梵夹装　47.5×7
h　3　6
i　无　藏纸　黑　完整
j　封面钤有“民族文化宫图书馆藏”印。

214.58
a　69-58

b　ཨ་སྦག་དྭ་ཤང་ཁོ་ཁོག་གི་ཡུལ་ལྷ་གཞི་བདག་རྣམས་ལ་བསང་མཆོད་ཇི་ལྟར་བྱ་བའི་རིམ་པ།

阿巴嘎大王旗之方神地神等前煨桑供次第

c　༄ཤཱཀྱའི་དགེ་སློང་བློ་བཟང་ཐུབ་བསྟན་ཆོས་ཀྱི་ཉི་མ་དགེ་ལེགས་རྣམ་རྒྱལ་དཔལ་བཟང་པོ།　ཤཱཀྱའི་དགེ་སློང་ཧྲམསྟུཏཾ།

d　ཏྭ་ཆེན་ཤང་།

e　ཆོ་ག（仪轨）

f　刻本　ཆོས་གྲྭ་བཀྲ་ཤིས་ལྷུན་པོ།（西藏日喀则扎什伦布寺）

g　乌金　梵夹装　47×7
h　4　6
i　无　藏纸　黑　完整
j　封面钤有“民族文化宫图书馆藏”印。

214.59

a 69-59

b ཀུན་སྐྱོབ་ཨོ་སྦོག་གི་གཞི་བདག་རྣམས་ལ་བསང་མཆོད་བྱ་ཚུལ།

衮觉鄂博之地神等前煨桑供法

c ༄ཤཱཀྱའི་དགེ་སློང་བློ་བཟང་ཐུབ་བསྟན་ཆོས་ཀྱི་ཉི་མ་དགེ་ལེགས་རྣམ་རྒྱལ་དཔལ་བཟང་པོ། ཤཱཀྱའི་དགེ་སློང་

ཧྲམསྟུཙ།

d ཧོག་ཐང་རོག་དགོན། མཁན་པོ་ཐུབ་བསྟན་རྒྱ་མཚོ།

e ཚོ་ག（仪轨）

f 刻本 ཆོས་གྲྭ་བཀྲ་ཤིས་ལྷུན་པོ།（西藏日喀则扎什伦布寺）

g 乌金 梵夹装 47.5×7

h 2 6

i 无 藏纸 黑 完整

j 封面钤有“民族文化宫图书馆藏”印。

214.60

a 69-60

b གཞི་བདག་རྡོ་རྗེ་ཁྱུང་རྒོད་འབར་བར་མཆོད་གཏོར་གསེར་སྐྱེམས་བསང་མཆོད་བཅས་བྱ་ཚུལ།

地神多杰穹阁坝哇前供神馐、神饮、煨桑供等法

c ༄ཤཱཀྱའི་དགེ་སློང་བློ་བཟང་ཐུབ་བསྟན་ཆོས་ཀྱི་ཉི་མ་དགེ་ལེགས་རྣམ་རྒྱལ་དཔལ་བཟང་པོ། ཤཱཀྱའི་དགེ་སློང་

ཧྲམསྟུཙ།

d ཕོ་བྲང་ཀུན་སྐྱོབ་གླིང་།（西藏日喀则贡觉林寺）

e ཚོ་ག（仪轨）

f 刻本 ཆོས་གྲྭ་བཀྲ་ཤིས་ལྷུན་པོ།（西藏日喀则扎什伦布寺）

g 乌金 梵夹装 47×7

h 6 6

i 无 藏纸 黑 完整

j　封面钤有“民族文化宫图书馆藏”印；民族宫目录中为1叶。

214.61

a　69-61

b　གསུང་ཐོར་བུ་འགའ་ཞིག་ཕྱོགས་སུ་བསྒྲིགས་པ་དགེ།

部分散集合编

c　༄ཤཱཀྱའི་དགེ་སློང་བློ་བཟང་ཐུབ་བསྟན་ཆོས་ཀྱི་ཉི་མ་དགེ་ལེགས་རྣམ་རྒྱལ་དཔལ་བཟང་པོ།　ཤཱཀྱའི་དགེ་སློང་

རྣམསྦྱིཾ།

d

e　ཐོར་བུ།（散集）

f　刻本　ཆོས་གྲྭ་བཀྲ་ཤིས་ལྷུན་པོ།（西藏日喀则扎什伦布寺）

g　乌金　梵夹装　47.5×7

h　6　6

i　无　藏纸　黑　完整

j　封面钤有“民族文化宫图书馆藏”印。

214.62

a　69-62

b　དཔལ་རྡོ་རྗེ་འཇིགས་བྱེད་ཆེན་པོའི་ཆོས་སྐོར་དཔལ་ཡོད་དུ་གྲགས་པའི་དཀར་ཆག་རིན་ཆེན་དོ་ཤལ།

吉祥怖畏金刚法门在西藏传称之目录·大宝璎珞

c　༄ཤཱཀྱའི་དགེ་སློང་བློ་བཟང་ཐུབ་བསྟན་ཆོས་ཀྱི་ཉི་མ་དགེ་ལེགས་རྣམ་རྒྱལ་དཔལ་བཟང་པོ།　ཤཱཀྱའི་དགེ་སློང་

རྣམསྦྱིཾ།

d

e　དཀར་ཆག（目录）

f　刻本　ཆོས་གྲྭ་བཀྲ་ཤིས་ལྷུན་པོ（西藏日喀则扎什伦布寺）

g　乌金　梵夹装　47.5×7

h　4　6

i 无 藏纸 黑 完整
j 封面钤有“民族文化宫图书馆藏”印。

214.63
a 69-63
b དཔལ་ལྡན་ས་སྐྱ་པའི་གསེར་ཆོས་སུ་གྲགས་པ་རྗེས་བཙུན་མ་ཀུ་རུ་ཀུལླེའི་བེའུ་བུམ་གྱི་དཀར་ཆག་གསལ་བར་བཀོད་པ་ཨུཏྤལའི་འཕྲེང་བ།
具德萨迦派金法中著称之作明佛母袖珍目录显明篇·青莲鬘
c ༄༅།ཤཱཀྱའི་དགེ་སློང་བློ་བཟང་ཐུབ་བསྟན་ཆོས་ཀྱི་ཉི་མ་དགེ་ལེགས་རྣམ་རྒྱལ་དཔལ་བཟང་པོ། ཤཱཀྱའི་དགེ་སློང་ཧརྨསྭུཏྲ།
d
e དཀར་ཆག（目录）
f 刻本 ཆོས་གྲྭ་བཀྲ་ཤིས་ལྷུན་པོ།（西藏日喀则扎什伦布寺）
g 乌金 梵夹装 48.5×7
h 6 6
i 无 藏纸 黑 完整
j 封面钤有“民族文化宫图书馆藏”印。

214.64
a 69-64
b འདོད་ཁམས་དབང་ཕྱུག་དམག་སོར་རྒྱལ་མོའི་ཆོས་སྐོར་གྱི་དཀར་ཆག་མཁའ་འགྲོ་དགྱེས་པའི་སྒྲ་དབྱངས།
欲界自在退敌佛母法门之目录·空行悦意之声
c ༄༅།ཤཱཀྱའི་དགེ་སློང་བློ་བཟང་ཐུབ་བསྟན་ཆོས་ཀྱི་ཉི་མ་དགེ་ལེགས་རྣམ་རྒྱལ་དཔལ་བཟང་པོ། ཤཱཀྱའི་དགེ་སློང་ཧརྨསྭུཏྲ།
d
e དཀར་ཆག（目录）

f 刻本 ཆོས་གྲྭ་བཀྲ་ཤིས་ལྷུན་པོ།（西藏日喀则扎什伦布寺）

g 乌金 梵夹装 47.5×7
h 6 6
i 无 藏纸 黑 完整
j 封面钤有“民族文化宫图书馆藏”印。

214.65
a 69-65

b བསྟན་མའི་ཆོས་སྐོར་བའི་དབུས་ཀྱི་དཀར་ཆག་ཟླ་ཚེས་གསར་བ།

地母之法类袖珍目录新月篇

c ༄༅།ཀྲཱུའི་དགེ་སློང་བློ་བཟང་ཐུབ་བསྟན་ཆོས་ཀྱི་ཉི་མ་དགེ་ལེགས་རྣམ་རྒྱལ་དཔལ་བཟང་པོ། ཤཱཀྱའི་དགེ་སློང་

ཧྲུམ་སུ་ཏ།

d

e དཀར་ཆག（目录）

f 刻本 ཆོས་གྲྭ་བཀྲ་ཤིས་ལྷུན་པོ།（西藏日喀则扎什伦布寺）

g 乌金 梵夹装 47×7
h 6 6
i 无 藏纸 黑 完整
j 封面钤有“民族文化宫图书馆藏”印。

214.66
a 69-66

b གཟིགས་སྣང་བརྒྱ་ཅན་གྱི་དཀར་ཆག་འགོ་བརྗོད།

宏大观显之目录序言

c ༄༅།ཀྲཱུའི་དགེ་སློང་བློ་བཟང་ཐུབ་བསྟན་ཆོས་ཀྱི་ཉི་མ་དགེ་ལེགས་རྣམ་རྒྱལ་དཔལ་བཟང་པོ། ཤཱཀྱའི་དགེ་སློང་

ཧྲུམ་སུ་ཏ།

d

e　དཀར་ཆག（目录）

f　刻本　ཆོས་གྲྭ་བཀྲ་ཤིས་ལྷུན་པོ།（西藏日喀则扎什伦布寺）

g　乌金　梵夹装　48.5×7
h　6　6
i　无　藏纸　黑　完整
j　封面钤有“民族文化宫图书馆藏”印。

214.67
a　69-67

b　རྒྱལ་བའི་བསྟན་སྲུང་རྣམས་ཀྱི་སྣན་དར་སྨོན་ཚིག་སྣ་ཚོགས།

诸护法之各种哈达愿文

c　༄ཤཱཀྱའི་དགེ་སློང་བློ་བཟང་ཐུབ་བསྟན་ཆོས་ཀྱི་ཉི་མ་དགེ་ལེགས་རྣམ་རྒྱལ་དཔལ་བཟང་པོ།　ཤཱཀྱའི་དགེ་སློང་

ཧྲཱམསྦྱཱ།

d　གཞིམ་ཆུང་བཀའ་གདམས་ཕོ་བྲང་།（西藏日喀则扎什伦布寺噶当宫殿）

ཐུགས་རམས་པ་བློ་བཟང་བསྟན་འཛིན།

e　སྨོན་ཚིག（祈愿文）

f　刻本　ཆོས་གྲྭ་བཀྲ་ཤིས་ལྷུན་པོ།（西藏日喀则扎什伦布寺）

g　乌金　梵夹装　47.5×7
h　6　6
i　无　藏纸　黑　完整
j　封面钤有“民族文化宫图书馆藏”印。

214.68
a　69-68

b　གུར་སྟེང་དགེ་བསྙེན་ལྷ་རི་དབང་རྒྱལ་གྱི་བསང་མཆོད།

故顶格业拉日旺吉之煨桑供法

c　༄ཤཱཀྱའི་དགེ་སློང་བློ་བཟང་ཐུབ་བསྟན་ཆོས་ཀྱི་ཉི་མ་དགེ་ལེགས་རྣམ་རྒྱལ་དཔལ་བཟང་པོ།　ཤཱཀྱའི་དགེ་སློང་

རྫམ་སྦྱིན།

d སྐུ་འབུམ་བྱམས་པ་གླིང་།（青海塔尔寺）

e ཚོ་ག（仪轨）

f 刻本 ཆོས་གྲྭ་བཀྲ་ཤིས་ལྷུན་པོ།（西藏日喀则扎什伦布寺）

g 乌金 梵夹装 48×7
h 4 6
i 无 藏纸 黑 完整
j 封面钤有"民族文化宫图书馆藏"印。

214.69
a 69-69

b པར་བྱང་སྨོན་ཚིག་སྐུ་བཞིའི་རིན་ཆེན་འདྲེན་པའི་ཤིང་རྟ།

版本题词·引四身之车

c ༄༅།ཤཱཀྱའི་དགེ་སློང་བློ་བཟང་ཐུབ་བསྟན་ཆོས་ཀྱི་ཉི་མ་དགེ་ལེགས་རྣམ་རྒྱལ་དཔལ་བཟང་པོ། ཤཱཀྱའི་དགེ་སློང་

རྫམ་སྦྱིན།

d

e སྨོན་ཚིག（祈愿文）

f 刻本 ཆོས་གྲྭ་བཀྲ་ཤིས་ལྷུན་པོ།（西藏日喀则扎什伦布寺）

g 乌金 梵夹装 47.5×7
h 1 6
i 无 藏纸 黑 完整
j 封面钤有"民族文化宫图书馆藏"印。

215
A 3673 3548

B བློ་བཟང་ཐུབ་བསྟན་ཆོས་ཀྱི་ཉི་མའི་གསུང་འབུམ།

洛桑土登却吉尼玛文集

C ཙ

D པཎ་ཆེན་བློ་བཟང་ཐུབ་བསྟན་ཆོས་ཀྱི་ཉི་མ།

同 3670 介绍。

E 馆藏齐全。

215.1

a 80-1

b སྐྱབས་མགོན་རྗེ་བཙུན་བླ་མ་བློ་བཟང་ཐུབ་བསྟན་ཆོས་ཀྱི་ཉི་མ་དགེ་ལེགས་རྣམ་རྒྱལ་དཔལ་བཟང་པོའི་བཀའ་འབུམ་ཙ་པའི་དཀར་ཆག་རིན་པོ་ཆེའི་ཐྲེང་བ་ཞེས་བྱ་བ་བཞུགས་སོ།།

怙主至尊上师洛桑土登却吉尼玛格勒朗杰文集ཙ字函目录·大宝鬘

c

d

e དཀར་ཆག（目录）

f 刻本 བཀྲ་ཤིས་ལྷུན་པོ།（西藏日喀则扎什伦布寺）

g 乌金 梵夹装 48×6

h 6 6

i 无 藏纸 黑 完整

j 封面钤有“民族文化宫图书馆藏”印。

215.2

a 80-2

b འཕགས་མ་དབྱངས་ཅན་མའི་བསྟོད་པ་ཚོགས་སུ་བཅད་པ་མཚོ་བྱུང་དགྱེས་པའི་མཆོད་སྤྲིན་ཞེས་བྱ་བ་བཞུགས་སོ།།

圣妙音佛母赞颂·海生悦意之供养法

c ཤཱཀྱའི་དགེ་སློང་བློ་བཟང་ཐུབ་བསྟན་ཆོས་ཀྱི་ཉི་མ་དགེ་ལེགས་རྣམ་རྒྱལ།

d

e བསྟོད་པ།（赞颂）

f 刻本 བཀྲ་ཤིས་ལྷུན་པོ། （西藏日喀则扎什伦布寺）

g 乌金 梵夹装 48×6
h 6 6
i 有 藏纸 黑 完整
j 封面铃有“民族文化宫图书馆藏”印。

215.3
a 80-3

b སྒྲ་དབྱངས་ལྷ་མོར་བསྟོད་པ་དབྱངས་ཅན་དགྱེས་པའི་གློས་གར་ཞེས་བྱ་བ་བཞུགས་སོ།།

妙音佛母赞·妙音悦意之舞蹈

c ཆོས་སྨྲ་བའི་བཙུན་པ་ཆོས་ཀྱི་ཉི་མ།

d པེ་ཅིང་གསེར་གྱི་རྒྱལ་ཁབ། （北京皇宫）

e བསྟོད་པ། （赞颂）

f 刻本 བཀྲ་ཤིས་ལྷུན་པོ། （西藏日喀则扎什伦布寺）

g 乌金 梵夹装 48×6
h 4 6
i 无 藏纸 黑 完整
j 封面铃有“民族文化宫图书馆藏”印。

215.4
a 80-4

b ཚངས་སྲས་ལྷ་མོར་སྙན་ཚིག་གི་བསྟོད་པ་དབྱངས་ཅན་དགྱེས་བྱེད་པང་འགྲོའི་རྒྱུད་མང་ཞེས་བྱ་བ་བཞུགས་སོ།།

梵子天母赞美诗篇·妙音悦意之琵琶

c ཤཱཀྱའི་དགེ་སློང་བློ་བཟང་ཐུབ་བསྟན་ཆོས་ཀྱི་ཉི་མ་དགེ་ལེགས་རྣམ་རྒྱལ།

d གཟིམས་ཆུང་ཁམས་གསུམ་ཟིལ་གནོན་པོ་བྲང་། （制伏三界宫） དད་ལྡན་སཱེིཧྣིའི་མིང་ཅན།

e བསྟོད་པ། （赞颂）

f 刻本 བཀྲ་ཤིས་ལྷུན་པོ། （西藏日喀则扎什伦布寺）

g 乌金 梵夹装 48×6

h 5 6
i 无 藏纸 黑 完整
j 封面钤有“民族文化宫图书馆藏”印。

215.5
a 80-5

b ཧཱེ་བཙུན་འཇམ་དཔལ་དབྱངས་ལ་ཤེས་རབ་གསལ་བྱེད་ཀྱི་བསྟོད་པ་བློ་གྲོས་མཆོག་སྦྱིན་ཞེས་བྱ་བ་བཞུགས་སོ།།

至尊文殊能明智慧赞·智慧殊胜施

c ཤཱཀྱའི་དགེ་སློང་ཧྲ་ནམས་ཅན།

d ཁམས་གསུམ་ཟིལ་གནོན་པོ་བྲང་།（制伏三界宫） དཀའ་ཆེན་འཇམ་དཔལ་ལགས།

e བསྟོད་པ།（赞颂）

f 刻本 བཀྲ་ཤིས་ལྷུན་པོ།（西藏日喀则扎什伦布寺） སྣ་བཟང་འཛིགས་མེད།

g 乌金 梵夹装 48×6
h 5 6
i 无 藏纸 黑 完整
j 封面钤有“民族文化宫图书馆藏”印。

215.6
a 80-6

b ཧཱེ་བཙུན་འཇམ་པའི་དབྱངས་ཀྱི་བདག་བསྐྱེད་བཞུགས་སོ།།

至尊文殊之自生法

c
d

e བདག་བསྐྱེད།（自生）

f 刻本 བཀྲ་ཤིས་ལྷུན་པོ།（西藏日喀则扎什伦布寺）

g 乌金 梵夹装 48×6
h 2 6
i 无 藏纸 黑 完整
j 封面钤有“民族文化宫图书馆藏”印。

215.7

a 80-7

b རྗེ་བཙུན་འཇམ་དབྱངས་ལ་མདུན་བསྐྱེད་ཀྱི་སྒོ་ནས་མཆོད་ཅིང་གསོལ་བ་འདེབས་པ།

至尊文殊面前生起法门中供养及启请文

c

d གནས་མཆོག་རི་བོ་དྭངས་བསིལ།（清凉山） སུ་མ་ཏི།

e གསོལ་འདེབས།（启请文）

f 刻本 བཀྲ་ཤིས་ལྷུན་པོ།（西藏日喀则扎什伦布寺）

g 乌金 梵夹装 48×6

h 3 6

i 无 藏纸 黑 完整

j 封面钤有“民族文化宫图书馆藏”印。

215.8

a 80-8

b ལྷག་པའི་ལྷ་མཆོག་རྗེ་བཙུན་འཇམ་པའི་དབྱངས་ལ་སྙན་རྒྱན་གྱི་སྒོ་ནས་གསོལ་བ་འདེབས་པའི་ཚིགས་སུ་བཅད་པ་བཞུགས་སོ།།

本尊文殊面前由修辞门而作启请颂

c ཤཱཀྱའི་རིང་ལུགས་འཛིན་པ་ཧྣ་ཀྣའི་མིང་ཅན།

d

e གསོལ་འདེབས།（启请文）

f 刻本 བཀྲ་ཤིས་ལྷུན་པོ།（西藏日喀则扎什伦布寺）

g 乌金 梵夹装 48×6

h 3 6

i 无 藏纸 黑 完整

j 封面钤有“民族文化宫图书馆藏”印。

215.9

a 80-9

b ཇོ་བཙུན་འཇམ་དཔལ་དབྱངས་ལ་གསོལ་བ་འདེབས་པའི་བདེན་ཚིག་ཐུགས་རྗེ་བསྐུལ་བའི་ཕོ་ཉ་ ཞེས་བྱ་བ་བཞུགས་སོ།།
至尊文殊前启请真实语·催动大悲之使者

c ཤཱཀྱའི་དགེ་སློང་ཆོས་ཀྱི་ཉི་མ།

d ཤིང་གླང་ཟླ་བ་དྲུག་པའི་ཚེས་གཅིག 木牛年（1925）六月一日
གནས་མཆོག་རི་བོ་རྩེ་ལྔ།（五台山）

e གསོལ་འདེབས།（启请文）

f 刻本 བཀྲ་ཤིས་ལྷུན་པོ།（西藏日喀则扎什伦布寺）

g 乌金 梵夹装 48×6
h 3 6
i 无 藏纸 黑 完整
j 封面钤有“民族文化宫图书馆藏”印。

215.10
a 80-10
b ཇོ་བཙུན་འཇམ་པའི་དབྱངས་ཀྱི་གསོལ་འདེབས་རྒྱལ་ཀུན་ཡབ་གཅིག་མ་བཞུགས་སོ།།
至尊文殊之启请文·诸佛独父篇

c ཤཱཀྱའི་དགེ་སློང་བློ་བཟང་ཐུབ་བསྟན་ཆོས་ཀྱི་ཉི་མ།

d དད་ལྡན་སེ་རྐྱིའི་མིང་ཅན།

e གསོལ་འདེབས།（启请文）

f 刻本 བཀྲ་ཤིས་ལྷུན་པོ།（西藏日喀则扎什伦布寺）

g 乌金 梵夹装 48×6
h 3 6
i 无 藏纸 黑 完整
j 封面钤有“民族文化宫图书馆藏”印。

215.11

a 80-11

b ཡོངས་རྫོ་རིན་པོ་ཆེར་ཕུལ་བའི་ཞུ་ཕྲིན་སྐྱབས་གསུམ་འདུས་སྐུ་མ་ཞེས་བྱ་བ་བཞུགས་སོ།།

致荣洛活佛书·三皈总聚体篇

c

d

e ཞུ་འཕྲིན།（信札）

f 刻本 བཀྲ་ཤིས་ལྷུན་པོ།（西藏日喀则扎什伦布寺）

g 乌金 梵夹装 48×6

h 3 6

i 无 藏纸 黑 完整

j 封面钤有“民族文化宫图书馆藏”印。

215.12

a 80-12

b ཡོངས་འཛིན་རྡོ་རྗེ་འཆང་ཆེན་པོར་འབུལ་གནང་མཛད་པའི་ཆབ་ཤོག་ཐུགས་རྗེ་བསྐུལ་བའི་གླུ་ དབྱངས་ཞེས་བྱ་

བ་བཞུགས་སོ།།

致经师大金刚持书·催动悲心之歌音

c

d

e ཆབ་ཤོག（书函）

f 刻本 བཀྲ་ཤིས་ལྷུན་པོ།（西藏日喀则扎什伦布寺）

g 乌金 梵夹装 48×6

h 3 6

i 无 藏纸 黑 完整

j 封面钤有“民族文化宫图书馆藏”印。

215.13

a 80-13

b འཕྲིན་ཡིག་འཐོར་བུ་སྣ་ཚོགས་ཕྱོགས་སུ་བསྒྲིབས་པ་དབྱངས་ཅན་དགྱེས་པའི་དགའ་སྟོན་ཞེས་བྱ་བ་བཞུགས་སོ།།

各种书札散集合编·妙音悦意之喜宴

c

d

e འཕྲིན་ཡིག（信札）

f 刻本 བཀྲ་ཤིས་ལྷུན་པོ།（西藏日喀则扎什伦布寺）

g 乌金 梵夹装 48×6
h 14 6
i 无 藏纸 黑 完整
j 封面钤有“民族文化宫图书馆藏”印。

215.14
a 80-14

b བྱམས་མགོན་རིན་པོ་ཆེར་ཕྲུལ་བའི་ཆབ་ཤོག་བཞུགས་སོ།།

致绛贡活佛书

c ཤཱཀྱའི་དགེ་སློང་བློ་བཟང་ཐུབ་བསྟན་ཆོས་ཀྱི་ཉི་མ་དགེ་ལེགས་རྣམ་རྒྱལ།

d ཚེ་འཕྲུལ་ཟླ་བའི་གྲལ་ཚེས། 藏历正月

e ཆབ་ཤོག（书函）

f 刻本 བཀྲ་ཤིས་ལྷུན་པོ།（西藏日喀则扎什伦布寺）

g 乌金 梵夹装 48×6
h 5 6
i 无 藏纸 黑 完整
j 封面钤有“民族文化宫图书馆藏”印；民族宫目录中为4叶。

215.15
a 80-15

b མེ་སྦྲུལ་ཟླ་ཚེས་ཉིན་བྱམས་པ་རིན་པོ་ཆེར་རྩལ་བའི་ཆབ་ཤོག་རྣམ་གསུམ་བྱམས་པའི་ཆུ་རྒྱུན་ཞེས་བྱ་བ་

བཞུགས་སོ།།

丁巳年吉月吉日赐绛巴活佛书三种·慈氏水流

c ཤཱཀྱའི་དགེ་སློང་བློ་བཟང་ཐུབ་བསྟན་ཆོས་ཀྱི་ཉི་མ་དགེ་ལེགས་རྣམ་རྒྱལ།

d

e ཆབ་ཤོག（书函）

f 刻本 བཀྲ་ཤིས་ལྷུན་པོ། （西藏日喀则扎什伦布寺）

g 乌金 梵夹装 48×6

h 5 6

i 无 藏纸 黑 完整

j 封面钤有“民族文化宫图书馆藏”印。

215.16

a 80-16

b ཅོ་ནེ་བློ་བཟང་རྒྱ་མཚོར་སྩལ་བའི་ཆབ་ཤོག

赐卓尼 · 洛桑嘉措书

c

d

e ཆབ་ཤོག（信札）

f 刻本 བཀྲ་ཤིས་ལྷུན་པོ། （西藏日喀则扎什伦布寺）

g 乌金 梵夹装 48×6

h 4 6

i 无 藏纸 黑 完整

j 封面钤有“民族文化宫图书馆藏”印。

215.17

a 80-17

b ལུང་རིགས་ནོར་གྱིས་ཕྱུག་པ་དགེ་བའི་བཤེས་གཉེན་དཀའ་ཆེན་སངས་དཔལ་ལགས་སུ་སྩལ་བའི་ཆབ་ཤོག

赐教理丰富之善知识噶钦桑伯书

c ཤཱཀྱའི་དགེ་སློང་བློ་བཟང་ཐུབ་བསྟན་ཆོས་ཀྱི་ཉི་མ་དགེ་ལེགས་རྣམ་རྒྱལ།

d

e ཆབ་ཤོག（书函）

f 刻本 བཀྲ་ཤིས་ལྷུན་པོ། （西藏日喀则扎什伦布寺）

g 乌金 梵夹装 48×6

h 4 6

i 无 藏纸 黑 完整
j 封面钤有“民族文化宫图书馆藏”印。

215.18
a 80-18
b ཡོངས་འཛིན་རྡོ་རྗེ་འཆང་ཆེན་པོར་ཕུལ་བའི་ཞུ་འཕྲིན་སོགས་ཆབ་ཤོག་སྣ་ཚོགས་ཀྱི་སྐོར་བཞུགས་སོ།།
致经师大金刚持书函等类
c
d
e ཆབ་ཤོག（书函）
f 刻本 བཀྲ་ཤིས་ལྷུན་པོ།（西藏日喀则扎什伦布寺）
g 乌金 梵夹装 48×6
h 9 6
i 无 藏纸 黑 完整
j 封面钤有“民族文化宫图书馆藏”印。

215.19
a 80-19
b ཕྲིན་ཡིག་སྣ་ཚོགས་ཀྱི་རིམ་པ་ཕྱོགས་གཅིག་ཏུ་བསྒྲིགས་པ་འཇིགས་མེད་སེངྒེའི་སྒྲ་དབྱངས་ཞེས་བྱ་བ་བཞུགས་སོ།།
各种书札次第合编·无畏狮子吼声
c ཤཱཀྱའི་དགེ་སློང་ཆོས་ཀྱི་ཉི་མ།
d
e འཕྲིན་ཡིག（信札）
f 刻本 བཀྲ་ཤིས་ལྷུན་པོ།（西藏日喀则扎什伦布寺）
g 乌金 梵夹装 48×6
h 17 6
i 无 藏纸 黑 完整
j 封面钤有“民族文化宫图书馆藏”印。

215.20
a 80-20

b གྲ་ཉེ་ངག་དབང་དགེ་ལེགས་ལ་ཕུལ་བའི་ཆབ་ཤོག་ཐུགས་བསྐྱེད་མདོངས་མཐའ་བསྒྱུལ་བའི་ དབྱར་སྐྱེས་ཇ་
གསང་ཞེས་བྱ་བ་བཞུགས་སོ།།
致扎业·阿旺格勒书·发心感动孔雀起舞之雷音
c
d ཁྲུམ་ཟླ་བའི་དམར་ཕྱོགས་ཀྱི་བཟང་པོ་གསུམ་པ། 藏历八月三日
e ཆབ་ཤོག（书函）
f 刻本 བཀྲ་ཤིས་ལྷུན་པོ།（西藏日喀则扎什伦布寺）
g 乌金 梵夹装 48×6
h 4 6
i 无 藏纸 黑 完整
j 封面钤有“民族文化宫图书馆藏”印。

215.21
a 80-21
b བཀྲ་ཤིས་འཁྱིལ་སྒོ་མང་མཁན་སྤྲུལ་གྲ་ཉེ་ངག་དབང་དགེ་ལེགས་ཚང་ལ་ལྟགས་རྟ་གནམ་ལོ་གསར་ གཞོད་ཀྱི་
རྟེན་འབྲུང་ཞུ་འཕྲིན་གཞན་གསོས་བུ་མོའི་དབྱངས་སྙན་ཞེས་བྱ་བ་བཞུགས་སོ།།
庚午祝贺新岁至拉卜楞阁芒堪布活佛扎业·阿旺格勒书·杜鹃雅音
c
d
e ཞུ་འཕྲིན།（信札）
f 刻本 བཀྲ་ཤིས་ལྷུན་པོ།（西藏日喀则扎什伦布寺）
g 乌金 梵夹装 48×6
h 4 6
i 无 藏纸 黑 完整
j 封面钤有“民族文化宫图书馆藏”印。

215.22
a 80-22
b ཨ་ལག་ལྷ་མ་རིན་པོ་ཆེར་ཕུལ་བའི་ཆབ་ཤོག་དཔྱིད་ཀྱི་དགའ་སྟོན་འདྲེན་པའི་པོ་ཏ་ཞེས་བྱ་བ་བཞུགས་སོ།།

致阿拉喇嘛活佛书·引导春宴之使

c

d

e ཆབ་ཤོག（信札）

f 刻本 བཀྲ་ཤིས་ལྷུན་པོ།（西藏日喀则扎什伦布寺）

g 乌金 梵夹装 48×6

h 5 6

i 无 藏纸 黑 完整

j 封面钤有“民族文化宫图书馆藏”印。

215.23

a 80-23

b ཐུགས་ཟུར་ཏཱ་ཧོར་སྤྲུལ་སྐུར་སྤེལ་འཕྲིན།

致安苏·达理呼尔活佛书

c

d ཀུན་གླིང་།（西藏日喀则贡林）

e འཕྲིན་ཡིག（信札）

f 刻本 བཀྲ་ཤིས་ལྷུན་པོ།（西藏日喀则扎什伦布寺）

g 乌金 梵夹装 48×6

h 3 6

i 无 藏纸 黑 完整

j 封面钤有“民族文化宫图书馆藏”印。

215.24

a 80-24

b གཏིང་སྐྱེས་སྤྲུལ་པའི་སྐུར་ཕུལ་བའི་ཞུ་ཤོག་བསྐོལ་བྱང་ཡིད་ཀྱི་རེ་བ་ཀུན་སྐོང་ཞེས་བྱ་བ་བཞུགས་སོ།།

致丁杰活佛书信记录·普满心愿

c ཤཱཀྱའི་དགེ་སློང་བློ་བཟང་ཐུབ་བསྟན་ཆོས་ཀྱི་ཉི་མ།

d

e ཞུ་ཤོག（书函）

f 刻本 བཀྲ་ཤིས་ལྷུན་པོ།（西藏日喀则扎什伦布寺）

g 乌金 梵夹装 48×6

h 6 6

i 无 藏纸 黑 完整

j 封面钤有“民族文化宫图书馆藏”印。

215.25

a 80-25

b ཕྱག་མཛོད་མཁན་སྤྲུལ་ལ་སྤེལ་བ་གཙུག་ནོར་འདྲེན་པའི་ཤིང་རྟ་ཞེས་བྱ་བ།

致强佐堪布活佛书·引顶宝之车

c

d

e འཕྲིན་ཡིག（信札）

f 刻本 བཀྲ་ཤིས་ལྷུན་པོ།（西藏日喀则扎什伦布寺）

g 乌金 梵夹装 48×6

h 3 6

i 无 藏纸 黑 完整

j 封面钤有“民族文化宫图书馆藏”印。

215.26

a 80-26

b ཞིང་ཆེན་ལན་ཁྲུར་ཆོས་སྡེ་ཆེན་པོ་བཀྲ་ཤིས་འཁྱིལ་གི་དུས་འཁོར་གྲྭ་ཚང་འདུས་སྤྱི་ནས་འཕྲིན་ཡིག་སྤེལ་

འབྱོར་གྱི་ ལན་དཔྱར་འདི་སྒྲ་དབྱངས་ཞེས་བཞུགས་སོ།།

致拉卜楞大寺时轮僧院总会来函之复书·琵琶声音

c

d

e འཕྲིན་ལན།（信札）

f 刻本 བཀྲ་ཤིས་ལྷུན་པོ།（西藏日喀则扎什伦布寺）

g 乌金 梵夹装 48×6

h 3 6

i 无 藏纸 黑 完整

j 封面钤有“民族文化宫图书馆藏”印。

215.27

a 80-27

b མདོ་སྨད་སྤུ་རྒྱལ་སྐུ་མངའ་བདག་འཕགས་མཆོག་ཆོས་སྐུ་ནས་ཆབ་ཤོག་འབྱོར་པའི་བཀའ་ལན་དབྱིད་ཀྱི་རྒྱལ་

མོའི་ དབྱངས་སྙན་ཞེས་བྱ་བ་བཞུགས་སོ།།

多麦区布贾活佛来函之复书·杜鹃歌声

c ཤཱཀྱའི་དགེ་སློང་བློ་བཟང་ཐུབ་བསྟན་ཆོས་ཀྱི་ཉི་མ།

d

e བཀའ་ལན།（复书）

f 刻本 བཀྲ་ཤིས་ལྷུན་པོ།（西藏日喀则扎什伦布寺）

g 乌金 梵夹装 48×6

h 3 6

i 无 藏纸 黑 完整

j 封面钤有“民族文化宫图书馆藏”印。

215.28

a 80-28

b མདོ་སྨད་བཀྲིས་འཁྱིལ་ནས་དཔལ་མང་སྤྲུལ་སྐུ་གང་གིས་ཞུ་འཕྲིན་ཕུལ་ལན་མེས་པོའི་མགོན་སྐྱེས་ ཞེས་བྱ་བ་

བཞུགས་སོ།།

致多麦区拉卜楞寺阿莽活佛来函之复书·梵天歌声

c ཤཱཀྱའི་དགེ་སློང་བློ་བཟང་ཐུབ་བསྟན་ཆོས་ཀྱི་ཉི་མ།

d

e འཕྲིན་ལན（信札）

f 刻本 བཀྲ་ཤིས་ལྷུན་པོ།（西藏日喀则扎什伦布寺）

g 乌金 梵夹装 48×6

h 3 6

i 无 藏纸 黑 完整

j 封面钤有“民族文化宫图书馆藏”印。

215.29

a 80-29

b ལྷ་འདྲེ་བཀའ་ཤོག

谕鬼神文告类

c ཤཱཀྱའི་དགེ་སློང་བློ་བཟང་ཐུབ་བསྟན་ཆོས་ཀྱི་ཉི་མ།

d

e བཀའ་ཤོག（文告）

f 刻本 བཀྲ་ཤིས་ལྷུན་པོ།（西藏日喀则扎什伦布寺）

g 乌金 梵夹装 48×6

h 5 6

i 无 藏纸 黑 完整

j 封面钤有“民族文化宫图书馆藏”印。

215.30

a 80-30

b རེ་སྐོང་ཁུལ་སྤྲུལ་པའི་སྐུ་ནས་ཞུ་ཡིག་ཕུལ་བའི་བཀའ་ལན་བཞུགས་སོ།།

致青海同仁地区阿若活佛来函之复书

c

d

e འཕྲིན་ཡིག（信札）

f 刻本 བཀྲ་ཤིས་ལྷུན་པོ།（西藏日喀则扎什伦布寺）

g 乌金 梵夹装 48×6

h 3 6

i 无 藏纸 黑 完整

j 封面钤有“民族文化宫图书馆藏”印。

215.31

a 80-31

b རེ་སྐོང་རི་ཁྲོད་དབང་པོ་ཁ་རྒྱ་ལགས་སུ་སྐུལ་བའི་ཞུ་འཕྲིན་དཔྱིད་ཀྱི་ཕོ་ཉ་ཞེས་བྱ་བ་བཞུགས།

致同仁日磋旺波喀嘉书·春使杜鹃

c

d ཤིང་གླང་། 木牛年（1925） པེ་ཅིང་ཡིན་དའི་ཕོ་བྲང་།（北京瀛台宫）

e འཕྲིན་ཡིག（信札）

f 刻本 བཀྲ་ཤིས་ལྷུན་པོ།（西藏日喀则扎什伦布寺）

g 乌金 梵夹装 48×6

h 3 6

i 无 藏纸 黑 完整

j 封面钤有“民族文化宫图书馆藏”印。

215.32

a 80-32

b སྐུ་འབུམ་ཁྲི་པ་ཤིང་བཟའ་སྤྲུལ་པའི་སྐུར་སྐྱེལ་བའི་ཆབ་ཤོག་དོན་ལྡན་གླུ་དབྱངས་ཞེས་བྱ་བ་བཞུགས་སོ།།

致塔尔寺座主辛萨活佛书·具义歌声

c

d

e ཆབ་ཤོག（书函）

f 刻本 བཀྲ་ཤིས་ལྷུན་པོ།（西藏日喀则扎什伦布寺）

g 乌金 梵夹装 48×6

h 2 6

i 无 藏纸 黑 完整

j 封面钤有“民族文化宫图书馆藏”印。

215.33

a 80-33

b བསྟན་པའི་རྩ་ལག་དམ་པ་སྐུ་འབུམ་ཆེ་ཤོས་སྤྲུལ་པའི་སྐུ་རིན་པོ་ཆེར་ཕུལ་བའི་ཞུ་འཕྲིན།

致圣教本支大德塔尔寺却西活佛书

c ཤཱཀྱའི་དགེ་སློང་བློ་བཟང་ཐུབ་བསྟན་ཆོས་ཀྱི་ཉི་མ་དགེ་ལེགས་དཔལ་བཟང་།

d ཟླ་བ་བདུན་པའི་ཚེས་ཉེར་གཅིག 七月二十一日

e འཕྲིན་ཡིག（信札）

f 刻本 བཀྲ་ཤིས་ལྷུན་པོ།（西藏日喀则扎什伦布寺）

g 乌金 梵夹装 48×6
h 2 6
i 无 藏纸 黑 完整
j 封面钤有“民族文化宫图书馆藏”印。

215.34
a 80-34

b ཀུན་དུ་དགེ་བའི་ཟབ་དོན་ཆོས་ཀྱི་བང་མཛོད་ཅེས་བྱ་བ་བཞུགས་སོ།།

普善甚深法宝藏

c
d

e ཆབ་ཤོག（信札）

f 刻本 བཀྲ་ཤིས་ལྷུན་པོ།（西藏日喀则扎什伦布寺）

g 乌金 梵夹装 48×6
h 2 6
i 无 藏纸 黑 完整
j 封面钤有“民族文化宫图书馆藏”印。

215.35
a 80-35

b ཆབ་ཤོག་གི་སྐོར་སྣ་ཚོགས་བཞུགས་སོ།།

各种书札类

c ཤཱཀྱའི་དགེ་སློང་བློ་བཟང་ཐུབ་བསྟན་ཆོས་ཀྱི་ཉི་མ་དགེ་ལེགས་དཔལ་བཟང་།

d

e ཆབ་ཤོག（信札）

f 刻本 བཀྲ་ཤིས་ལྷུན་པོ།（西藏日喀则扎什伦布寺）

g 乌金 梵夹装 48×6
h 13 6
i 无 藏纸 黑 完整
j 封面钤有“民族文化宫图书馆藏”印。

215.36

a 80-36

b ཆབ་ཤོག་འཐོར་བུ་འགའ་ཞིག་བཞུགས་སོ།།

部分零散书札

c

d

e ཆབ་ཤོག（信札）

f 刻本 བཀྲ་ཤིས་ལྷུན་པོ།（西藏日喀则扎什伦布寺）

g 乌金 梵夹装 48×6

h 8 6

i 无 藏纸 黑 完整

j 封面钤有“民族文化宫图书馆藏”印。

215.37

a 80-37

b སྙིགས་དུས་ཀྱི་མཧཱ་པཎྜི་དབྱངས་ཅན་གྲུབ་པའི་རྡོ་རྗེ་དཔལ་བཟང་པོའི་གསུང་རྒྱུན་ལུང་སྟོན་པ་སུམ་ཅུ་པའི་སྙིང་པོ་མདོར་བསྡུས་ལེགས་བཤད་ལྗོན་པའི་དབང་པོའི་འགྲེལ་བཤད་བཞུགས་སོ།།

浊世大班智达·央金珠白多杰之言教法流声明论记三十颂摄影·嘉言如意王树之讲释

c ཤཱཀྱའི་བཙུན་པ་ཆོས་ཀྱི་ཉི་མ།

d པེ་ཅིང་ཡིན་དའི་ཕོ་བྲང་།（北京瀛台宫）

e བརྡ་སྤྲོད།（语言学）

f 刻本 བཀྲ་ཤིས་ལྷུན་པོ།（西藏日喀则扎什伦布寺）

g 乌金 梵夹装 48×6

h 17 6

i 无 藏纸 黑 完整

j 封面钤有“民族文化宫图书馆藏”印。

215.38

a 80-38

b བཀྲིས་ལྷུན་པོའི་གྲྭ་ཚང་གསུམ་དུ་རྗེ་བཙུན་འཇམ་པའི་དབྱངས་ཀྱི་སྐུ་ཐང་གསར་འགྱོར་སྐབས་ཀྱི་དབྱིད་ཁྲ་

བཞུགས་སོ།།

扎什伦布寺三扎仓奉到至尊文殊画轴时之文书

c

d

e དབྱིད་ཁྲ།(文书)

f 刻本 བཀྲ་ཤིས་ལྷུན་པོ།(西藏日喀则扎什伦布寺)

g 乌金 梵夹装 48×6

h 5 6

i 无 藏纸 黑 完整

j 封面钤有“民族文化宫图书馆藏”印。

215. 39

a 80-39

b བཀྲ་ཤིས་ལྷུན་པོའི་ཚོགས་ཆེན་དུ་སྩལ་པའི་དབྱིད་ཁྲ་ཁག་གཉིས་བཞུགས་སོ།།

赐扎什伦布寺大会之文书二种

c

d

e དབྱིད་ཁྲ།(文书)

f 刻本 བཀྲ་ཤིས་ལྷུན་པོ།(西藏日喀则扎什伦布寺)

g 乌金 梵夹装 48×6

h 5 6

i 无 藏纸 黑 完整

j 封面钤有“民族文化宫图书馆藏”印。

215. 40

a 80-40

b ཚེ་ཚོས་གཉིས་ཀྱི་སྣང་བརྟན་གསར་བསྐྲུན་སྐབས་ཚོགས་ཆེན་དུ་མང་འགྱེད་བསྙེན་བཀུར་བསྒྲར་བའི་

དབྱིད་ཁྲ་བཞུགས་སོ།།

新造寿法二像时致大会中应多作恭敬承事之文书

c ཤཱཀྱའི་དགེ་སློང་ཧྲམ་སུ་ཙུས།

d

e དཔྱད་ཁྲ།(文书)

f 刻本 བཀྲ་ཤིས་ལྷུན་པོ།（西藏日喀则扎什伦布寺）

g 乌金 梵夹装 48×6
h 3 6
i 无 藏纸 黑 完整
j 封面铃有“民族文化宫图书馆藏”印。

215.41
a 80-41

b མེ་ཡོས་ཟླ་ཚེས་ཉིན་ཡོངས་འཛིན་རྡོ་རྗེ་འཆང་གི་དགོངས་རྫོགས་དུས་མཆོད་ཐོག་ཧོར་ཆེན་དར་ཧན་པོ་ཧོག་ཨུ་

ཏུར་དགོན་བློ་ལྡན་ཕུན་གླིང་། བཀྲིས་ཤིས་རྒྱས་གླིང་སྤྱི་ཚོགས་སུ་བསྙེན་བཀུར་མང་འགྱེད་ སྐུལ་བའི་དཔྱད་ཁྲ།

丁卯年吉月吉日经师金刚持圆寂时供养事宜致科尔沁达尔罕旗温都尔寺洛登彭林与扎西吉林公众会中应多作恭敬承事之文书

c ཤཱཀྱའི་དགེ་སློང་བློ་བཟང་ཐུབ་བསྟན་ཆོས་ཀྱི་ཉི་མ་དགེ་ལེགས་དཔལ་བཟང་།

d

e དཔྱད་ཁྲ།(文书)

f 刻本 བཀྲ་ཤིས་ལྷུན་པོ།（西藏日喀则扎什伦布寺）

g 乌金 梵夹装 48×6
h 3 6
i 无 藏纸 黑 完整
j 封面铃有“民族文化宫图书馆藏”印。

215.42
a 80-42

b རི་བོ་དྭངས་བསིལ་དུ་སྨོན་ལམ་སྐབས་བསྙེན་བཀུར་མང་འགྱེད་སྐུལ་བའི་དཔྱད་ཁྲ།

清凉山愿会时命多作恭敬承事之文书

c ཤཱཀྱའི་དགེ་སྦྱོང་བློ་བཟང་ཐུབ་བསྟན་ཆོས་ཀྱི་ཉི་མ་དགེ་ལེགས་དཔལ་བཟང་།

d

e དཔྱད་ཁྲ།(文书)

f 刻本 བཀྲ་ཤིས་ལྷུན་པོ།（西藏日喀则扎什伦布寺）

g 乌金 梵夹装 48×6

h 4 6

i 无 藏纸 黑 完整

j 封面钤有“民族文化宫图书馆藏”印。

215.43

a 80-43

b ནང་སོག་ཧོར་ཆེན་དར་ཧན་ཁོ་ཤོག་ཐང་རག་དགོན་འདུས་སྡེར་བསྙེར་བཀུར་མང་འགྱེད་བསྐུར་བའི་དཔྱད་ཁྲ།

致内蒙科尔沁达尔罕旗塘惹寺僧会中应多作恭敬承事之文书

c ཤཱཀྱའི་དགེ་སྦྱོང་བློ་བཟང་ཐུབ་བསྟན་ཆོས་ཀྱི་ཉི་མ་དགེ་ལེགས་དཔལ་བཟང་།

d

e དཔྱད་ཁྲ།（文书)

f 刻本 བཀྲ་ཤིས་ལྷུན་པོ།（西藏日喀则扎什伦布寺）

g 乌金 梵夹装 48×6

h 3 6

i 无 藏纸 黑 完整

j 封面钤有“民族文化宫图书馆藏”印。

215.44

a 80-44

b ཆུ་བྱ་འཕྲུལ་རྫོགས་པ་གསུམ་པའི་ཐོག་སྨ་ད་ཧལ་འདུས་ཚོགས་སུ་བསྙེན་བཀུར་ཉིན་འཁྱོངས་ཐབ་ལྡན་

སྐྱེལ་བའི་དཔྱད་ཁྲ།

癸酉年神变节三圆满时中命坝达哈那僧会中应日常勤行恭敬承事之文书

c

d

e དཔྱད་ཁྲ།(文书)

f 刻本 བཀྲ་ཤིས་ལྷུན་པོ།（西藏日喀则扎什伦布寺）

g 乌金 梵夹装 48×6
h 3 6
i 无 藏纸 黑 完整
j 封面钤有“民族文化宫图书馆藏”印。

215.45
a 80-45

b ས་འབྲུག་དགའ་ལྡན་ལྔ་མཆོད་ཉིན་ལྗང་ལུང་དགོན་དགའ་ལྡན་ཐེག་ཆེན་དགེ་འཕེལ་འདུས་སྡེར་བསྙེན་

མང་འགྱེད་བསྐུར་བའི་དཔྱད་ཁྲ།

戊辰年甘丹宗喀巴忌辰燃灯节日命江隆寺甘丹特钦格培林僧会应多作恭敬承事之文书

c སྐྱབས་མགོན་སྐུ་འི་དགེ་སྦྱོང་བློ་བཟང་ཐུབ་བསྟན་ཆོས་ཀྱི་ཉི་མ་དགེ་ལེགས་དཔལ་བཟང་།

d

e དཔྱད་ཁྲ།(文书)

f 刻本 བཀྲ་ཤིས་ལྷུན་པོ།（西藏日喀则扎什伦布寺）

g 乌金 梵夹装 48×6
h 4 6
i 无 藏纸 黑 完整
j 封面钤有“民族文化宫图书馆藏”印。

215.46
a 80-46

b ཤིང་ཕག་ས་ག་ཟླའི་དུས་ཆེན་ཐོག་སྐུ་འབུམ་བྱམས་པ་གླིང་འདུས་ཚོགས་སུ་བསྙེན་བཀུར་མཛད་པའི་དཔྱད་ཁྲ་

བཞུགས་སོ།།

乙亥年氐宿节庆时命塔尔寺强巴林僧会应作恭敬承事之文书

c
d

e དཔྱད་ཁྲ།(文书)

f 刻本 བཀྲ་ཤིས་ལྷུན་པོ།（西藏日喀则扎什伦布寺）

g 乌金 梵夹装 48×6
h 46 6
i 无 藏纸 黑 完整
j 封面钤有“民族文化宫图书馆藏”印；民族宫目录中为3叶。

215.47
a 80-47

b བྱམས་ཆེན་གྱི་སྨོན་ལམ་དྲང་སྲོང་བདེན་པའི་ཐུན་འགྱུར་ཞེས་བྱ་བ་བཞུགས་སོ།།

弥勒大像愿文·仙人真言沙

c ཤཱཀྱའི་དགེ་སློང་བློ་བཟང་ཐུབ་བསྟན་ཆོས་ཀྱི་ཉི་མ་དགེ་ལེགས་རྣམ་རྒྱལ།

d དགེ་བའི་བཤེས་གཉེན་བློ་བཟང་བསྟན་འཛིན།

e སྨོན་ལམ།(祈愿文)

f 刻本 བཀྲ་ཤིས་ལྷུན་པོ།（西藏日喀则扎什伦布寺）

g 乌金 梵夹装 48×6
h 3 6
i 无 藏纸 黑 完整
j 封面钤有“民族文化宫图书馆藏”印。

215.48
a 80-48

b བྱམས་ཆེན་ལ་སྣམ་སྦྱར་ཕུལ་བའི་དགེ་བསྔོའི་སྨོན་ཚིག་བཞུགས་སོ།།

供弥勒大像祖衣之善根回向愿文

c ཤཱཀྱའི་དགེ་སློང་བློ་བཟང་ཐུབ་བསྟན་ཆོས་ཀྱི་ཉི་མ་དགེ་ལེགས་རྣམ་རྒྱལ

d

e སྨོན་ཚིག（祈愿文）

f 刻本 བཀྲ་ཤིས་ལྷུན་པོ།（西藏日喀则扎什伦布寺）

g 乌金 梵夹装 48×6

h 4 6

i 无 藏纸 黑 完整

j 封面钤有“民族文化宫图书馆藏”印；民族宫目录中为 3 叶。

215.49

a 80-49

b སྐུ་འབུམ་དུ་གོས་སྐུ་གསར་འགྱོར་བགྱིས་པའི་རྒྱབ་ཡིག་སྨོན་ཚིག་བཞུགས་སོ།།

塔尔寺中奉到缎制佛像时所作之背文愿词

c ཤཱཀྱའི་རིང་ལུགས་འཛིན་པ་བློ་བཟང་ཐུབ་བསྟན་ཆོས་ཀྱི་ཉི་མ་དགེ་ལེགས་རྣམ་རྒྱལ།

d ཁྲི་ཆེན་རྒྱ་ཡག་སྤྲུལ་སྐུ་རིན་པོ་ཆེ།

e སྨོན་ཚིག（祈愿文）

f 刻本 བཀྲ་ཤིས་ལྷུན་པོ།（西藏日喀则扎什伦布寺）

g 乌金 梵夹装 48×6

h 4 6

i 无 藏纸 黑 完整

j 封面钤有“民族文化宫图书馆藏”印。

215.50

a 80-50

b རྒྱལ་བ་ཚེ་དང་འོད་སྣང་མཐའ་ཡས་ངུར་སྨིག་གར་དུ་བློས་པ་པཎ་ཆེན་བློ་བཟང་ཆོས་ཀྱི་རྒྱན་མཚན་ཆོས་ཀྱི་རྒྱལ་མཚན་གྱི་སྤྱན་སྔར་མཛད་པའི་ཐུགས་སྨོན་ཡིད་བཞིན་དབང་རྒྱལ་ཞེས་བྱ་བ་བཞུགས་སོ།།

无量寿与无量光佛化现缁衣相之班禅·洛桑却吉坚赞前奉献愿文·如意灌顶王

c ཤཱཀྱའི་དགེ་སྦྱོང་བློ་བཟང་ཐུབ་བསྟན་ཆོས་ཀྱི་ཉི་མ་དགེ་ལེགས་རྣམ་རྒྱལ།

d

e སྨོན་ཚིག（祈愿文）

f 刻本 བཀྲ་ཤིས་ལྷུན་པོ།（西藏日喀则扎什伦布寺）

g 乌金 梵夹装 48×6

h 3 6
i 无 藏纸 黑 完整
j 封面钤有“民族文化宫图书馆藏”印。

215.51
a 80-51

b པར་བྱང་སྨོན་ཚིག་སྣ་ཚོགས་ཕྱོགས་གཅིག་ཏུ་བསྒྲིགས་པ་བཞུགས་སོ།།

各种版本题词愿文合编

c ཤཱཀྱའི་དགེ་སློང་བློ་བཟང་ཐུབ་བསྟན་ཆོས་ཀྱི་ཉི་མ་དགེ་ལེགས་རྣམ་རྒྱལ།

d རྣམ་གྲྭ་དགེ་སློང་གྲགས་པ་རྣམ་རྒྱལ་སོགས།

e སྨོན་ཚིག（祈愿文）

f 刻本 བཀྲ་ཤིས་ལྷུན་པོ།（西藏日喀则扎什伦布寺）

g 乌金 梵夹装 48×6
h 10 6
i 无 藏纸 黑 完整
j 封面钤有“民族文化宫图书馆藏”印。

215.52
a 80-52

b ཆོས་མངོན་མཛོད་ཀྱི་དོན་ལ་དོགས་བཅོད་བློ་གསལ་རོལ་རྩེད་ཀྱི་པར་བྱང་ཐུགས་སྨོན་བཀའ་རྩོམ་ཚིགས་སུ་

བཅད་བཞུགས་སོ།།

对法藏教义决疑·智者游戏之版本题词愿文颂

c ཤཱཀྱའི་དགེ་སློང་བློ་བཟང་ཐུབ་བསྟན་ཆོས་ཀྱི་ཉི་མ་དགེ་ལེགས་རྣམ་རྒྱལ།

d

e སྨོན་ཚིག（祈愿文）

f 刻本 བཀྲ་ཤིས་ལྷུན་པོ།（西藏日喀则扎什伦布寺）

g 乌金 梵夹装 48×6
h 3 6
i 无 藏纸 黑 完整

j 封面钤有“民族文化宫图书馆藏”印。

215.53

a 80-53

b སློམ་སྡེ་ནམ་མཁའ་རྒྱལ་མཚན་གྱི་དབུ་མའི་པར་བྱང་བཞུགས་སོ།།

贡德朗喀坚赞之中观版本题词

c ཤཱཀྱའི་དགེ་སློང་བློ་བཟང་ཐུབ་བསྟན་ཆོས་ཀྱི་ཉི་མ་དགེ་ལེགས་རྣམ་རྒྱལ།

d དགའ་གཙང་དགེ་བཤེས་དམ་ཆོས་བསྟན་འཕེལ།

e སྨོན་ཚིག(祈愿文)

f 刻本 བཀྲ་ཤིས་ལྷུན་པོ། （西藏日喀则扎什伦布寺）

g 乌金 梵夹装 48×6

h 4 6

i 无 藏纸 黑 完整

j 封面钤有“民族文化宫图书馆藏”印。

215.54

a 80-54

b ཁུ་རལ་བྱབས་ཁྲུས་མཁན་པོ་ནོ་མིན་ཧན་སེར་ཁང་པ་དཀོན་བྱམས་པ་དཔལ་ལྡན་བསྟན་འཛིན་སྐལ་བཟང་

བསྔོས་པར་བཅས་པ་ནས་བཟང་གོས་འབབ་ཞིག་ལས་གྲུབ་པའི་རྗེ་བཙུན་བྱམས་པ་མགོན་པོ་ལ་སྨན་བླ་བདེ་

བཤེགས་བརྒྱད་ཀྱིས་བསྐོར་བ་གསར་བཞེངས་བགྱིས་པའི་རྒྱབ་ཡིག་སྨོན་ཚིག་བཞུགས་སོ།།

库伦甲楚堪布诺们汗色康巴根·绛巴白登丹僧格桑等人以上缎新制弥勒怙主像周匝绕药师八佛像轴背文愿词

c

d སྐྱིད་ན་འཆི་མེད་སྐྱིད་ཚལ། སེར་ཁང་པ་དཀོན་བྱམས་པ་དཔལ་ལྡན་བསྟན་འཛིན་སྐལ་བཟང་།

e སྨོན་ཚིག(祈愿文)

f 刻本 བཀྲ་ཤིས་ལྷུན་པོ། （西藏日喀则扎什伦布寺）

g 乌金 梵夹装 48×6

h 6 6

i 无 藏纸 黑 完整
j 封面钤有“民族文化宫图书馆藏”印。

215.55
a 80-55
b འདོད་གསོལ་སྨོན་ཚིག་འདོད་དགུའི་མཆོག་སྦྱིན་བཞུགས་སོ།།
祈求愿文·随愿殊胜施
c ཤཱཀྱའི་དགེ་སློང་བློ་བཟང་ཐུབ་བསྟན་ཆོས་ཀྱི་ཉི་མ་དགེ་ལེགས་རྣམ་རྒྱལ།
d གསེར་གྱི་རྒྱལ་ཁབ་ཆེན་པོའི་ཕོ་བྲང་ཡིན་དའི།（北京瀛台宫）
ནར་ཆེན་ས྄ྲ་རོང་སོག་གི་དབང་ཐུས་ཕྱུངས།
e སྨོན་ཚིག(祈愿文)
f 刻本 བཀྲ་ཤིས་ལྷུན་པོ།（西藏日喀则扎什伦布寺）
g 乌金 梵夹装 48×6
h 3 6
i 无 藏纸 黑 完整
j 封面钤有“民族文化宫图书馆藏”印。

215.56
a 80-56
b སྨོན་ཚིག་འདོད་དོན་དཔལ་སྟེར་ཞེས་བྱ་བ་བཞུགས་སོ།།
愿文·求义吉祥施
c ཤཱཀྱའི་དགེ་སློང་བློ་བཟང་ཐུབ་བསྟན་ཆོས་ཀྱི་ཉི་མ་དགེ་ལེགས་རྣམ་རྒྱལ།
d
e སྨོན་ཚིག(祈愿文)
f 刻本 བཀྲ་ཤིས་ལྷུན་པོ།（西藏日喀则扎什伦布寺）
g 乌金 梵夹装 48×6
h 2 6
i 无 藏纸 黑 完整
j 封面钤有“民族文化宫图书馆藏”印。

215.57

a 80-57

b སྨོན་ཚིག་འདོད་དོན་རེ་སྐོང་ཞེས་བྱ་བ་བཞུགས་སོ།།

愿文·求义满愿

c ཤཱཀྱའི་དགེ་སློང་བློ་བཟང་ཐུབ་བསྟན་ཆོས་ཀྱི་ཉི་མ་དགེ་ལེགས་རྣམ་རྒྱལ།

d ལྕགས་ལུག 铁羊年（1931）

e སྨོན་ཚིག(祈愿文)

f 刻本 བཀྲ་ཤིས་ལྷུན་པོ།（西藏日喀则扎什伦布寺）

g 乌金 梵夹装 48×6

h 2 6

i 无 藏纸 黑 完整

j 封面钤有“民族文化宫图书馆藏”印。

215.58

a 80-58

b དུར་བེད་ཛ་སག་ཕྲང་ནས་ཞུས་ངོར་སྩལ་བ་བཞུགས་སོ།།

应杜尔伯特扎萨王请求而赐之撰文

c ཤཱཀྱའི་དགེ་སློང་བློ་བཟང་ཐུབ་བསྟན་ཆོས་ཀྱི་ཉི་མ་དགེ་ལེགས་རྣམ་རྒྱལ།

d དུར་བེད་ཛ་སག་ཕྲང་ཕན་བདེ་ཀུན་ཁྱབ།

e འཕྲིན་ཡིག(信札)

f 刻本 བཀྲ་ཤིས་ལྷུན་པོ།（西藏日喀则扎什伦布寺）

g 乌金 梵夹装 48×6

h 2 6

i 无 藏纸 黑 完整

j 封面钤有“民族文化宫图书馆藏”印。

215.59

a 80-59

b སུ་ཉིད་གཡོན་རུའི་ཤོག་ཁོངས་དགོན་ཚེས་བཅུ་སུ་མ་སྙིང་རྗེ་སྒྲོལ་བའི་གླིང་གི་བླ་མ་ཀུན་དགའ་ཆོས་ཀྱི་རྡོ་

རྗེར་སྩལ་བའི་སྨོན་ཚིག་བཞུགས་སོ།།

赐苏尼特左翼旗所属策觉寺宁杰卓哇林之喇嘛衮却吉多杰之愿文

c བླ་མ་ཀུན་དགའ་ཆོས་ཀྱི་རྡོ་རྗེ།

d

e སྨོན་ཚིག(祈愿文)

f 刻本 བཀྲ་ཤིས་ལྷུན་པོ།（西藏日喀则扎什伦布寺）

g 乌金 梵夹装 48×6
h 3 6
i 无 藏纸 黑 完整
j 封面钤有“民族文化宫图书馆藏”印。

215.60
a 80-60

b སྨོན་ཚིག་འཆི་མེད་དཔལ་སྟེར་ཞེས་བྱ་བ་བཞུགས་སོ།།

愿文·长寿吉祥施

c ཤཱཀྱའི་དགེ་སློང་བློ་བཟང་ཐུབ་བསྟན་ཆོས་ཀྱི་ཉི་མ་དགེ་ལེགས་རྣམ་རྒྱལ།

d ཧོར་ཟླ་བཅུ་གཉིས་པའི་དམར་ཕྱོགས་ཀྱི་བཟང་པོ་གསུམ་པའི་ཉིན། 藏历十二月三日

ཤན་ཞི་ཞིང་ཆེན་དན་ཡོན་ཕུའི་ཕོ་བྲང་།（山西太原） མཁན་སྤྲུལ་འཇམ་དབྱངས་གྲགས་པ་རྒྱ་མཚོ།

e སྨོན་ཚིག(祈愿文)

f 刻本 བཀྲ་ཤིས་ལྷུན་པོ།（西藏日喀则扎什伦布寺）

g 乌金 梵夹装 48×6
h 3 6
i 无 藏纸 黑 完整
j 封面钤有“民族文化宫图书馆藏”印。

215.61
a 80-61

b ཙ་རོང་སུ་ཉིད་ཐུའི་ལུང་ནས་ཞུས་སྐུལ་མོང་གོལ་སྤྱི་མཐུན་གྱི་སྨོན་ཚིག་འདོད་དོན་ རེ་སྐོང་ཞེས་བྱ་བ་བཞུགས།

应西苏尼特王请求赐予蒙古共同和睦之愿文·求义满愿

c ཤཱཀྱའི་དགེ་སློང་བློ་བཟང་ཐུབ་བསྟན་ཆོས་ཀྱི་ཉི་མ་དགེ་ལེགས་རྣམ་རྒྱལ།

d རྡོ་རྗེ་ཧྲ་ཕྶ་བདེ་མཆོག་དོན་གྲུབ།

e སྨོན་ཚིག(祈愿文)

f 刻本 བཀྲ་ཤིས་ལྷུན་པོ།（西藏日喀则扎什伦布寺）

g 乌金 梵夹装 48×6

h 3 6

i 无 藏纸 黑 完整

j 封面钤有“民族文化宫图书馆藏”印。

215.62

a 80-62

b དད་སྟོབས་དང་ལྡན་པའི་སེ་ཐུས་ལག་ཆེ་ཤེས་རབ་རྡོ་རྗེ་ནས་བསྐུལ་བའི་སྨོན་ལམ་འདོད་དོན་དཔལ་གཏེར་

ཞེས་བྱ་བ་བཞུགས་སོ།།

应具足信力之色图拉奇·喜饶多杰劝请而作之愿文·求义吉祥库

c ཤཱཀྱའི་དགེ་སློང་བློ་བཟང་ཐུབ་བསྟན་ཆོས་ཀྱི་ཉི་མ་དགེ་ལེགས་རྣམ་རྒྱལ།

d ནང་སོག་སེ་ཐུ་ལག་ཆེ་ཤེས་རབ་རྡོ་རྗེ།

e སྨོན་ལམ།(祈愿文)

f 刻本 བཀྲ་ཤིས་ལྷུན་པོ།（西藏日喀则扎什伦布寺）

g 乌金 梵夹装 48×6

h 2 6

i 无 藏纸 黑 完整

j 封面钤有“民族文化宫图书馆藏”印。

215.63

a 80-63

b　སྨོན་ཚིག་དཔག་བསམ་དབང་པོ་ཞེས་བྱ་བ་བཞུགས་སོ།།

　　愿文·如意宝王

c　ཤཱཀྱའི་དགེ་སློང་བློ་བཟང་ཐུབ་བསྟན་ཆོས་ཀྱི་ཉི་མ་དགེ་ལེགས་རྣམ་རྒྱལ།

d

e　སྨོན་ཚིག(祈愿文)

f　刻本　བཀྲ་ཤིས་ལྷུན་པོ།（西藏日喀则扎什伦布寺）

g　乌金　梵夹装　48×6

h　3　6

i　无　藏纸　黑　完整

j　封面钤有“民族文化宫图书馆藏”印。

215.64

a　80-64

b　སྦ་རོང་ཨུ་རུམ་ཏཱ་ཆིང་ཝང་གི་འདོད་གསོལ་སྨོན་ཚིག་ལེགས་བྱས་འགུགས་པའི་ཕོ་ཉ་བཞུགས་སོ།།

　　西乌珠穆沁亲王之祈求愿文·招善业之使者

c　ཤཱཀྱའི་དགེ་སློང་བློ་བཟང་ཐུབ་བསྟན་ཆོས་ཀྱི་ཉི་མ་དགེ་ལེགས་རྣམ་རྒྱལ།

d

e　སྨོན་ཚིག（祈愿文）

f　刻本　བཀྲ་ཤིས་ལྷུན་པོ།（西藏日喀则扎什伦布寺）

g　乌金　梵夹装　48×6

h　3　6

i　无　藏纸　黑　完整

j　封面钤有“民族文化宫图书馆藏”印。

215.65

a　80-65

b　ཟི་ལིང་ཨམ་བན་གྱི་དྲུང་ཡིག་ལ་རྒྱུན་འཁྱེར་དུ་སྤྱལ་བའི་གསོལ་འདེབས་མདོར་བསྡུས་བཞུགས་སོ།།

　　致西宁钦差之文案常用启请文略篇

c　ཤཱཀྱའི་དགེ་སློང་བློ་བཟང་ཐུབ་བསྟན་ཆོས་ཀྱི་ཉི་མ་དགེ་ལེགས་རྣམ་རྒྱལ།

d ཞིང་ཆེན་ལན་ཁྲིའི་པོ་བྲང་ལྷ་དེ་ཐན། ཨམ་བན་གྱི་དྲུང་ཡིག་ཁྲུར་འཛིན་བློ་བཟང་དགེ་འདུན།

e གསོལ་འདེབས།（启请文）

f 刻本 བཀྲ་ཤིས་ལྷུན་པོ།（西藏日喀则扎什伦布寺）

g 乌金 梵夹装 48×6
h 2 6
i 无 藏纸 黑 完整
j 封面钤有“民族文化宫图书馆藏”印。

215.66
a 80-66

b སྐྱབས་གསུམ་ཐུགས་རྗེ་བསྐུལ་བའི་སྨོན་ཚིག་འདོད་དོན་དཔལ་སྟེར་བཞུགས་སོ།།

劝动三宝悲心之愿文·求义吉祥施

c ཤཱཀྱའི་དགེ་སློང་བློ་བཟང་ཐུབ་བསྟན་ཆོས་ཀྱི་ཉི་མ་དགེ་ལེགས་རྣམ་རྒྱལ།

d ཐུ་ས་ལག་ཆེ་བདེ་བ་ཀུན་ལྡན།

e སྨོན་ཚིག（祈愿词）

f 刻本 བཀྲ་ཤིས་ལྷུན་པོ།（西藏日喀则扎什伦布寺）

g 乌金 梵夹装 48×6
h 2 6
i 无 藏纸 黑 完整
j 封面钤有“民族文化宫图书馆藏”印；民族宫目录中为6叶。

215.67
a 80-67

b འཕགས་པ་ཀུན་ཏུ་བཟང་པོའི་སྨོན་ལམ་གྱི་རྗེས་སུ་འགྲོ་བའི་བསྔོ་བ་དྲང་སྲོང་བདེན་པའི་ཐུན་འགྱུར་ཞེས་

བྱ་བ་བཞུགས་སོ།།

圣普贤愿之随行回向文·仙人真言之沙粒

c ཤཱཀྱའི་དགེ་སློང་བློ་བཟང་ཐུབ་བསྟན་ཆོས་ཀྱི་ཉི་མ་དགེ་ལེགས་རྣམ་རྒྱལ།

d

e སྨོན་ལམ།（祈愿文）

f 刻本 བཀྲ་ཤིས་ལྷུན་པོ།（西藏日喀则扎什伦布寺）

g 乌金 梵夹装 48×6
h 6 6
i 无 藏纸 黑 完整
j 封面钤有“民族文化宫图书馆藏”印。

215.68
a 80-68

b འདས་བསྔོ་མདོར་བསྡུས་བཞུགས་སོ།།

为亡者回向略篇

c ཤཱཀྱའི་དགེ་སློང་ཉམ་སྨྲེ།

d

e བསྔོ་སྨོན།（回向文）

f 刻本 བཀྲ་ཤིས་ལྷུན་པོ།（西藏日喀则扎什伦布寺）

g 乌金 梵夹装 48×6
h 3 6
i 无 藏纸 黑 完整
j 封面钤有“民族文化宫图书馆藏”印。

215.69
a 80-69

b དད་བརྩོན་བསོད་ནམས་ཀྱི་དཔུང་སྟོབས་དང་ལྡན་པ་ཨུན་དུར་པའི་སེ་ཚེ་ལྷ་དབང་བསྒྱུར་གྱི་འདོད་སྨོན་བཞུགས་སོ།།

具足信念福力之温都尔·色泽拉旺鸠之希求愿文

c ཤཱཀྱའི་དགེ་སློང་བློ་བཟང་ཐུབ་བསྟན་ཆོས་ཀྱི་ཉི་མ་དགེ་ལེགས་རྣམ་རྒྱལ།

d ཧོར་ཆེན་ཁོ་ཤོག་ཐང་ར་མགོན།（科尔沁和硕登热寺）

e འདོད་སྨོན།（求愿文）

f 刻本 བཀྲ་ཤིས་ལྷུན་པོ།（西藏日喀则扎什伦布寺）

g 乌金 梵夹装 48×6
h 3 6
i 无 藏纸 黑 完整
j 封面钤有“民族文化宫图书馆藏”印。

215.70
a 80-70

b རི་བོ་རྩེ་ལྔའི་རྟེན་གཙོ་རྣམས་ལ་ན་བཟའ་སོགས་འབུལ་གནང་གི་འདོད་གསོལ་སྨོན་ཚིག་ཁག་བཞུགས་སོ།།

五台山主要佛像等供衣之祈求愿文

c ཤཱཀྱའི་དགེ་སློང་བློ་བཟང་ཐུབ་བསྟན་ཆོས་ཀྱི་ཉི་མ་དགེ་ལེགས་རྣམ་རྒྱལ།

d

e སྨོན་ཚིག(祈愿词)

f 刻本 བཀྲ་ཤིས་ལྷུན་པོ།（西藏日喀则扎什伦布寺）

g 乌金 梵夹装 48×6
h 3 6
i 无 藏纸 黑 完整
j 封面钤有“民族文化宫图书馆藏”印。

215.71
a 80-71

b གུང་གོའི་རྒྱལ་ཁབ་ནས་མཚན་འཕར་གཡང་ཏའི་ཐམ་ཁ་འབུལ་བཞེས་སྐབས་ཞལ་གོར་ཏ་རོང་སུ་ཉིད་

ཐུའི་ཤང་ཁས་སུ་མའི་རྟེན་གཙོ་ཐུགས་སྨོན་སྔན་ཤལ་འབུལ་གནང་གི་བཀའ་རྩོམ།

中央赐封号玉印时在锡林郭勒西苏尼特王克寺之主要佛像前献哈达之愿文

c ཤཱཀྱའི་དགེ་སློང་བློ་བཟང་ཐུབ་བསྟན་ཆོས་ཀྱི་ཉི་མ་དགེ་ལེགས་རྣམ་རྒྱལ།

d

e སྨོན་ལམ།(祈愿文)

f 刻本 བཀྲ་ཤིས་ལྷུན་པོ།（西藏日喀则扎什伦布寺）

g 乌金 梵夹装 48×6

h 3 6
i 无 藏纸 黑 完整
j 封面钤有“民族文化宫图书馆藏”印。

215.72
a 80-72
b ལྕགས་ལུགས་ཟླ་ཆོས་ལ་སྨོན་ལམ་ཟླ་མའི་ཁུ་རལ་དུ་རྗེ་བཙུན་བྱམས་ཆེན་གྱི་སྤྱན་སྔར་ལྔ་ལྡའི་ཁྲི་མཆོད་རིམ་
འབུལ་དང་འབྲེལ་བའི་སྣན་དར་ཐོག་བཀོད་པའི་ཐུགས་སྨོན་བདེན་ཚིག་བཞུགས་སོ།།
辛未年氐宿月十五日在孟朗喇嘛之库伦之至尊弥勒大像前供五座供次第相结合之哈达愿文誓句
c ཤཱཀྱའི་དགེ་སློང་བློ་བཟང་ཐུབ་བསྟན་ཆོས་ཀྱི་ཉི་མ།
d
e སྨོན་ཚིག（祈愿词）
f 刻本 བཀྲ་ཤིས་ལྷུན་པོ།（西藏日喀则扎什伦布寺）
g 乌金 梵夹装 48×6
h 3 6
i 无 藏纸 黑 完整
j 封面钤有“民族文化宫图书馆藏”印。

215.73
a 80-73
b ཤིང་ཕག་ཟླ་༩ཚེས་༡༡ཉིན་སྐུ་འབུམ་གསེར་སྡོང་སྐུ་མདུན་དུ་དཀར་མེ་གཏན་འཛུགས་སྐབས་ཐུགས་སྨོན་སྣན་
ཞལ་གྱི་སྨོན་ཚིག་བཞུགས་སོ།།
乙亥年九月十一日于塔尔寺金塔前建立常供明灯时献敬神哈达之愿词
c འཇམ་མགོན་རྒྱལ་བའི་རྗེས་འཇུག་བློ་བཟང་ཐུབ་བསྟན་ཆོས་ཀྱི་ཉི་མ་དགེ་ལེགས་རྣམ་རྒྱལ།
d
e སྨོན་ཚིག(祈愿词)
f 刻本 བཀྲ་ཤིས་ལྷུན་པོ།（西藏日喀则扎什伦布寺）
g 乌金 梵夹装 48×6

h 3 6
i 无 藏纸 黑 完整
j 封面钤有“民族文化宫图书馆藏”印。

215.74
a 80-74
b སྨོན་ཚིག་སྣ་ཚོགས་ཀྱི་རིམ་པ་ཕྱོགས་གཅིག་ཏུ་བསྒྲིགས་པ་ཅི་འདོད་རིན་ཆེན་འདྲེན་པའི་དེད་དཔོན་ཞེས་
བྱ་བ་བཞུགས་སོ།།
各种愿文次第合编·随愿载宝之商主
c ཤཱཀྱའི་དགེ་སློང་བློ་བཟང་ཐུབ་བསྟན་ཆོས་ཀྱི་ཉི་མ་དགེ་ལེགས་རྣམ་རྒྱལ།
d
e སྨོན་ཚིག(祈愿词)
f 刻本 བཀྲ་ཤིས་ལྷུན་པོ།（西藏日喀则扎什伦布寺）
g 乌金 梵夹装 48×6
h 20 6
i 无 藏纸 黑 完整
j 封面钤有“民族文化宫图书馆藏”印。

215.75
a 80-75
b ཤམ་སྨོན་རྫོགས་ལྡན་ཉིན་བྱེད་སོགས་འདོད་གསོལ་སྨོན་ཚིག་སྣ་ཚོགས་ཀྱི་སྐོར་བཞུགས་སོ།།
香拔拉愿圆劫日光等各种祈求愿文类
c ཤཱཀྱའི་དགེ་སློང་བློ་བཟང་ཐུབ་བསྟན་ཆོས་ཀྱི་ཉི་མ་དགེ་ལེགས་རྣམ་རྒྱལ།
d ལྷུང་ལུང་དགོན་སོགས།（青海章隆寺） ཆོས་རྗེ་དབུ་མཛད་ཡེ་ཤེས་རྡོ་རྗེ་སོགས།
e སྨོན་ཚིག(祈愿词)
f 刻本 བཀྲ་ཤིས་ལྷུན་པོ།（西藏日喀则扎什伦布寺）
g 乌金 梵夹装 48×6
h 7 6
i 无 藏纸 黑 完整

j 封面钤有“民族文化宫图书馆藏”印。

215.76
a 80-76

b ཇ་མཆོད་དང་ཚོགས་ཁྲིའི་སྨོན་ཚིག་བཅས་བཞུགས་སོ།།

茶供及斋僧大锅之愿文等

c ཤཱཀྱའི་དགེ་སློང་བློ་བཟང་ཐུབ་བསྟན་ཆོས་ཀྱི་ཉི་མ་དགེ་ལེགས་རྣམ་རྒྱལ།

d

e ཇ་མཆོད།（茶供）

f 刻本 བཀྲ་ཤིས་ལྷུན་པོ།（西藏日喀则扎什伦布寺）

g 乌金 梵夹装 48×6
h 3 6
i 无 藏纸 黑 完整
j 封面钤有“民族文化宫图书馆藏”印。

215.77
a 80-77

b སྨོན་ཚིག་འཐོར་བུ་སྣ་ཚོགས་བཞུགས།

各种零散愿文

c རྡོ་རྗེ་སློབ་དཔོན་གྱི་མིང་འཛིན་རྣམ་སུ་ཙ།

d

e སྨོན་ཚིག（祈愿词）

f 刻本 བཀྲ་ཤིས་ལྷུན་པོ།（西藏日喀则扎什伦布寺）

g 乌金 梵夹装 48×6
h 3 6
i 无 藏纸 黑 完整
j 封面钤有“民族文化宫图书馆藏”印。

215.78
a 80-78

b རིགས་ལྡན་དྲག་པོ་འཁོར་ལོ་ཅན་ལ་གསོལ་འདེབས་དང་འབྲེལ་བར་ལོག་སྨོན་གྱི་ཉེར་འཚེ་བཟློག་པའི་སྨོན་འཕྲིན་ཞེས་བྱ་བ་བཞུགས་སོ།།

具种威猛轮王前与祈愿相结合之回遮邪愿损害之愿文

c ཤཱཀྱའི་དགེ་སློང་བློ་བཟང་ཐུབ་བསྟན་ཆོས་ཀྱི་ཉི་མ་དགེ་ལེགས་རྣམ་རྒྱལ།

d ཨེར་ཏེ་ནི་མཁན་པོ་སངས་རྒྱས་རྒྱ་མཚོ།

e སྨོན་ཚིག(祈愿文)

f 刻本 བཀྲ་ཤིས་ལྷུན་པོ།（西藏日喀则扎什伦布寺）

g 乌金 梵夹装 48×6

h 2 6

i 无 藏纸 黑 完整

j 封面钤有“民族文化宫图书馆藏”印。

215.79

a 80-79

b བཀའ་ཐོད་ལྔའི་སྨོན་ལམ་འདོད་དོན་དཔལ་སྟེར་ཞེས་བྱ་བ་བཞུགས་སོ།།

五部教法之愿文·求义吉祥施

c ཤཱཀྱའི་དགེ་སློང་བློ་བཟང་ཐུབ་བསྟན་ཆོས་ཀྱི་ཉི་མ་དགེ་ལེགས་རྣམ་རྒྱལ།

d དགེ་གཅན་ཧོ་ཐོག་ཐུ་སོགས།

e སྨོན་ལམ།(祈愿文)

f 刻本 བཀྲ་ཤིས་ལྷུན་པོ།（西藏日喀则扎什伦布寺）

g 乌金 梵夹装 48×6

h 3 6

i 无 藏纸 黑 完整

j 封面钤有“民族文化宫图书馆藏”印。

215.80

a 80-80

b པར་བྱང་སྨོན་ཚིག

刻版题记

c

d

e སྨོན་ལམ།（祈愿文）

f 刻本 བཀྲ་ཤིས་ལྷུན་པོ།（西藏日喀则扎什伦布寺）

g 乌金 梵夹装 48×6

h 1 6

i 无 藏纸 黑 完整

j 封面钤有“民族文化宫图书馆藏”印。

216

A 3674 3328

B ཡོངས་འཛིན་ཡེ་ཤེས་རྒྱལ་མཚན་གྱི་གསུང་འབུམ།

荣增·耶喜坚赞文集

C ཀ

D ཡོངས་འཛིན་ཡེ་ཤེས་རྒྱལ་མཚན། དགེ་ལུགས།རབ་བྱུང་བཅུ་གཉིས་པའི་ཆུ་སྦྲུལ་ལོ།༧༡༣ལ་ཡབ་ཆོས་རྒྱལ་གྱི་གདུང་རྒྱུད་ཚངས་པ་དཀར་པོ་དང་། ཡུམ་ཚེ་རིང་དཔལ་འཛོམས་གཉིས་ཀྱི་སྲས་སུ་སྐུ་བལྟམས། དགུང་ལོ་བཅུ་པར་བཀྲ་ཤིས་ལྷུན་པོའི་ཆོས་སྒོར་ཞུགས། པཎ་ཆེན་བློ་བཟང་ཡེ་ཤེས་དྲུང་ནས་རབ་ཏུ་བྱུང་ནས་དགེ་ཚུལ་གྱི་སྡོམ་པ་བཞེས། མཚན་ཡེ་ཤེས་རྒྱལ་མཚན་གསོལ། དགུང་ལོ་བཅུ་བདུན་པར་གཞུང་ཆེན་པོད་ལྔ་གསན་གསམ་མཛད། དགུང་ལོ་ཉི་ཤུ་རྩ་གསུམ་ལ་གྲུབ་དབང་རིན་པོ་བློ་བཟང་རྣམ་རྒྱལ་གྱི་མཁན་སློབ་སྒྲིགས་མ་མཛད་དེ་བསྙེན་པར་རྫོགས་ཏེ་དགེ་སློང་གི་བསླབ་སྡོམ་བཞེས།དགུང་ལོ་ཞེར་གསུམ་ནས་བཞི་བཅུ་ཞེ་གཅིག་བར་དབེན་པའི་རི་ཁྲོད་དུ་བཞུགས་ནས་སྒྲུབ་པ་ཉམས་ལེན་གཙོ་བོ་གནང་། ཕུར་ལྕོག་རིན་པོ་ཆེའི་བཀའ་བཞིན་གསུང་ཆོས་གནང་བ་གཙོ་བོར་མཛད། སློབ་མ་ཡང་གསུང་ཆོས་གནང་ཐེངས་རེར་སྟོང་ལྷག་ཙམ་རེ་འདུས་པས་སྐུ་ཚེ་དེ་ལ་ཚིག་འབུམ་ལྷག་ཙམ་བྱུང་། ཆུ་

སྟག་༡༧༨༢ལ་རྒྱལ་བ་སྐུ་ཕྲེང་བརྒྱད་པའི་ཡོངས་འཛིན་གནང་། དགུང་ལོ་དོན་བདུན་ལ་གྲིབ་ཚེ་མཆོག་གླིང་དགོན་གསར་འདེབས་མཛད། སློབ་མ་གྲགས་ཆེ་བ་རྒྱལ་བ་སྐུ་ཕྲེང་བརྒྱད་པ་པཎ་ཆེན་སྐུ་ཕྲེང་བདུན་པ། ཕྱུར་ཕྱུག་རིན་པོ་ཆེའི་ཡང་སྲིད་བཅས་ཀྱིས་གཙོས་མཐའ་ཡས་པ་པ་བྱུང་། གསུང་འབུམ་པོད་བཅུ་དགུ་ཡོད། རབ་བྱུང་བཅུ་གསུམ་པའི་ཆུ་གླང་ལོ་༡༧༩༣ལ་དགོངས་པ་རྫོགས། དེང་དཔེ་མཛོད་ཁང་དུ་ཚེ་མཆོག་གླིང་གི་པར་པོད་༡༩ ཀ--ཛ ཨང་རྟགས ༣༦༧༤--༣༦༩༢ བཞུགས།

荣增·耶喜坚赞（1713—1793）：10 岁入扎什伦布寺学习，在班禅洛桑益西座前出家，赐名耶喜坚赞。17 岁起学习《五部大论》。23 岁受比丘戒。毕生多数时间在修行中度过。曾任第八世达赖喇嘛、七世班禅的经师，任期为 12 年。在尊师座前受比丘戒的弟子逾万人。77 岁创建拉萨蔡确林寺。遗著共 19 函，在西藏图书馆藏北京民族文化宫图书馆赠送的文集有拉萨蔡确林寺版 19 函，编号为 3674—3692。

E 此函民族宫目录著录为 3 卷；西藏图书馆藏品中仅一卷，并且不在民族宫目录中。

216. 1

a 1-1

b དཔལ་ལྡན་བླ་མ་དམ་པ་རིགས་དང་དཀྱིལ་འཁོར་རྒྱ་མཚོའི་མངའ་བདག་བཀའ་དྲིན་གསུམ་ལྡན་ཡོངས་འཛིན་པཎྜི་ཏ་ཆེན་པོ་རྗེ་བཙུན་ཡེ་ཤེས་རྒྱལ་མཚན་དཔལ་བཟང་པོའི་སྐུ་གསུང་ཐུགས་ཀྱི་རྟོགས་པ་བརྗོད་པ་ཐུབ་བསྟན་པདྨོ་འབྱེད་པའི་ཉིན་བྱེད་ཅེས་བྱ་བ་བཞུགས་སོ།།

吉祥上师班智达耶喜坚赞之身、语、意传记·莲花怒盛

c ཤཱཀྱའི་བསྟན་པ་བློ་བཟང་བསྟན་པའི་དབང་ཕྱུག་འཇམ་པའི་རྒྱ་མཚོ།

d ཀུན་དགའ་ཞེས་པའི་ཤིང་ཕོ་སྟག་ལོའི་སྨོན་ཟླའི་དམར་ཕྱོགས་ཀྱི་བཟང་པོ་གསུམ་པར། 木阳虎年（1734）藏历四月三日

གྲུ་འཛིན་གཉིས་པའི་གཞལ་མེད་ཁང་གི་གཟིམས་ཆུང་ཉི་འོད་འཁྱིལ་དུ།（西藏拉萨布达拉宫）

དགེ་སློང་ཆོས་མཛད་དགེ་ལེགས་རྒྱལ་མཚན་སོགས།

e རྟོགས་བརྗོད།(传记)

f 刻本 ཚེ་མཆོག་གླིང་།（西藏拉萨蔡确林） གསོལ་དཔོན་རྗེ་དྲུང་དགེ་ལེགས་རྒྱལ་མཚན།

g 乌金 梵夹装 48×6
h 208 6
i 有 藏纸 黑 完整
j 封面钤有“民族文化宫图书馆藏”印；民族宫目录中无此件。

217
A **3675 3329**

B ཡོངས་འཛིན་ཡེ་ཤེས་རྒྱལ་མཚན་གྱི་གསུང་འབུམ།

荣增·耶喜坚赞文集

C ཁ

D ཡོངས་འཛིན་ཡེ་ཤེས་རྒྱལ་མཚན།

同 3674 介绍。
E 馆藏齐全。

217.1
a 2-1

b དཀར་ཆག

目录

c
d

e དཀར་ཆག(目录)

f 刻本 ཚེ་མཆོག་གླིང་།（西藏拉萨蔡确林）

g 乌金 梵夹装 48×6
h 1 6
i 无 藏纸 黑 完整
j 封面钤有“民族文化宫图书馆藏”印。

217.2
a 2-2

b བདག་ཉིད་ཆེན་པོ་མཁས་མཆོག་དཔའ་བོས་མཛད་པའི་སྐྱེས་རབས་སོ་བཞི་པའི་དོན་རྣམ་པར་བཤད་པ་ཐེག་

ཆེན་ གསལ་བའི་སྒྲོན་མེ་ལས་རྟོགས་བརྗོད་བཅུ་པ་ནས་ཉེར་གསུམ་པའི་བར་གྱི་རྣམ་བཤད་བཞུགས་སོ།།

大师克却巴窝所著本生三十四事释义·大乘明灯中自第十事至二十三事释义

c དགེ་སློང་ཡེ་ཤེས་རྒྱལ་མཚན།

d རབ་བྱུང་བཅུ་གསུམ་པའི་འཕར་བ་ཞེས་པ་ལྕགས་མོ་གླང་གི་ལོ། 第十三饶迥铁阴牛年（1781）

མང་ཡུལ་སྐྱིད་གྲོང་བཀྲ་ཤིས་བསམ་གཏན་གླིང་།（西藏日喀则吉隆扎西桑丹林）

རྗེ་དྲུང་བློ་བཟང་ཕུན་ཚོགས།

e སྐྱེས་རབས།（本生传）

f 刻本 ཚེ་མཆོག་གླིང་།（西藏拉萨蔡确林）

g 乌金 梵夹装 48×6

h 370 6

i 有 藏纸 黑 完整

j 封面钤有“民族文化宫图书馆藏”印；民族宫目录中为270叶。

218

A 3676 3330

B ཡོངས་འཛིན་ཡེ་ཤེས་རྒྱལ་མཚན་གྱི་གསུང་འབུམ།

荣增·耶喜坚赞文集

C ག

D ཡོངས་འཛིན་ཡེ་ཤེས་རྒྱལ་མཚན།

同3674介绍。

E 馆藏齐全。

218.1

a 3-1

b　གསུང་འབུམ་པོད་ག་པའི་དཀར་ཆག

文集ག字函目录

c

d

e　དཀར་ཆག（目录）

f　刻本　ཚེ་མཆོག་གླིང་།（西藏拉萨蔡确林）

g　乌金　梵夹装　48×6

h　1　6

i　无　藏纸　黑　完整

j　封面钤有“民族文化宫图书馆藏”印。

218.2

a　3-2

b　བདག་ཉིད་ཆེན་པོ་མཁས་མཆོག་དཔའ་བོས་མཛད་པའི་སྐྱེས་རབས་སོ་བཞི་པའི་དོན་རྣམ་པར་བཤད་པ་ཐེག་ཆེན་གསལ་བའི་སྒྲོན་མེ་ལས་རྟོགས་བརྗོད་ཉེ་ཤུ་རྩ་བཞི་པ་མན་གྱི་རྣམ་བཤད་བཞུགས་སོ།།

大师克却巴窝所著本生三十四事释义·大乘明灯中自第二十四至以下诸事释义

c　དགེ་སློང་ཡེ་ཤེས་རྒྱལ་མཚན།

d　རབ་བྱུང་བཅུ་གསུམ་པའི་འཕར་བ་ཞེས་པ་ལྕགས་མོ་གླང་གི་ལོ། 第十三饶迥铁阴牛年（1781）

མང་ཡུལ་སྐྱིད་གྲོང་བཀྲ་ཤིས་བསམ་གཏན་གླིང་།（西藏日喀则吉隆扎西桑丹林）

རྫེ་དྲུང་བློ་བཟང་ཕུན་ཚོགས།

e　སྐྱེས་རབས།（本生传）

f　刻本　ཚེ་མཆོག་གླིང་།（西藏拉萨蔡确林）

g　乌金　梵夹装　48×6

h　271　6

i　有　藏纸　黑　完整

j　封面钤有“民族文化宫图书馆藏”印；民族宫目录中为270叶。

218.3

a 3-3

b བདག་ཉིད་ཆེན་པོ་མཁས་མཆོག་དཔའ་བོས་མཛད་པའི་སྐྱེས་རབས་སོ་བཞི་པའི་རྣམ་པར་བཤད་པ་ཐེག་ཆེན་གསལ་ བའི་སྒྲོན་མེའི་བསྡུས་དོན་བཞུགས་སོ།།

大师克却巴窝所著本生三十四事释义·大乘明灯之摄义

c དགེ་སློང་ཡེ་ཤེས་རྒྱལ་མཚན།

d བཀྲ་ཤིས་བསམ་གཏན་གླིང་།（西藏日喀则扎西桑丹林）

e སྐྱེས་རབས།（本生传）

f 刻本 ཚེ་མཆོག་གླིང་།（西藏拉萨蔡确林）

g 乌金 梵夹装 48×6

h 66 6

i 无 藏纸 黑 完整

j 封面钤有“民族文化宫图书馆藏”印。

219

A 3677 3331

B ཡོངས་འཛིན་ཡེ་ཤེས་རྒྱལ་མཚན་གྱི་གསུང་འབུམ།

荣增·耶喜坚赞文集

C ང

D ཡོངས་འཛིན་ཡེ་ཤེས་རྒྱལ་མཚན།

同3674介绍。

E 馆藏齐全。

219.1

a 2-1

b གསུང་ང་པའི་དཀར་ཆག

文集ང字函目录

c

d

e དཀར་ཆག（目录）

f 刻本 ཚེ་མཆོག་གླིང་།（西藏拉萨蔡确林）

g 乌金 梵夹装 48×6

h 1 6

i 无 藏纸 黑 完整

j 封面钤有“民族文化宫图书馆藏”印。

219.2

a 2-2

b བྱང་ཆུབ་ལམ་གྱི་རིམ་པའི་བླ་མ་བརྒྱུད་པའི་རྣམ་པར་ཐར་པ་རྒྱལ་བསྟན་མཛེས་པའི་རྒྱན་མཆོག་ཕུལ་བྱུང་

ནོར་བུའི་ཕྲེང་བ་ཞེས་བྱ་བ་བཞུགས་སོ།།

菩提道次第师承史

c

d

e རྣམ་ཐར།（传记）

f 刻本 ཚེ་མཆོག་གླིང་།（西藏拉萨蔡确林）

g 乌金 梵夹装 48×6

h 474 6

i 无 藏纸 黑 完整

j 封面钤有“民族文化宫图书馆藏”印。

220

A 3678 3343

B ཡོངས་འཛིན་ཡེ་ཤེས་རྒྱལ་མཚན་གྱི་གསུང་འབུམ།

荣增·耶喜坚赞文集

C ཅ

D　ཡོངས་འཛིན་ཡེ་ཤེས་རྒྱལ་མཚན།

同 3674 介绍。

E　此函民族宫目录著录为 2 卷；西藏图书馆藏品为 5 卷，并且皆为同文集ཙ函内容。

220.1

a　5-1

b　དགའ་ལྡན་ཕྱག་རྒྱ་ཆེན་པོའི་སྨོན་ཚིག་དངོས་གྲུབ་ཀུན་འབྱུང་བཞུགས་སོ།།

噶丹派大手印愿文·悉地普生

c

d　བཀྲ་ཤིས་བསམ་གཏན་གླིང་།（西藏日喀则扎西桑丹林）　སྐྱིད་སྡུག་ཆོས་མཛོད་དགེ་སྐོང་ངག་དབང་རྣམ་རྒྱལ།

e　སྨོན་ཚིག（祈愿文）

f　刻本　ཚེ་མཆོག་གླིང་།（西藏拉萨蔡确林）

g　乌金　梵夹装　48×6

h　3　6

i　无　藏纸　黑　完整

j　封面钤有“民族文化宫图书馆藏”印。

220.2

a　5-2

b　བཀའ་གདམས་ཐིག་ལེ་བཅུ་དྲུག་གི་དཀྱིལ་ཆོག་བཀའ་གདམས་གསལ་བྱེད་ཅེས་བྱ་བ་བཞུགས་སོ།།

噶当派十六明点曼荼罗仪轨·能明噶当教法

c　དགེ་སྐོང་ཡེ་ཤེས་རྒྱལ་མཚན།

d　བཀྲ་ཤིས་བསམ་གཏན་གླིང་།（西藏日喀则扎西桑丹林）

སྐྱིད་སྡུག་ཆོས་མཛོད་དགེ་སྐོང་ངག་དབང་རྣམ་རྒྱལ།

e　དཀྱིལ་ཆོག(曼荼罗仪轨)

f 刻本 ཚེ་མཆོག་གླིང་།（西藏拉萨蔡确林）

g 乌金 梵夹装 48×6
h 100 6
i 无 藏纸 黑 完整
j 封面钤有“民族文化宫图书馆藏”印。

220.3
a 5-3
b བཅོམ་ལྡན་འདས་མ་གདུགས་དཀར་ཅན་གྱི་སྒྲུབ་ཐབས་མཆོག་ཏུ་གྲུབ་པའི་སྙིང་པོ་སོགས་ཡིད་དམ་སྒྲུབ་སྐོར་

དངོས་གྲུབ་ཀུན་འབྱུང་བཞུགས་སོ།།

薄伽梵圣母白伞盖修法·殊胜成就心要

c དགེ་སློང་ཡེ་ཤེས་རྒྱལ་མཚན།

d བཀྲ་ཤིས་བསམ་གཏན་གླིང་།（西藏日喀则扎西桑丹林）

e སྒྲུབ་ཐབས།（修心法）

f 刻本 ཚེ་མཆོག་གླིང་།（西藏拉萨蔡确林）

g 乌金 梵夹装 48×6
h 59 6
i 无 藏纸 黑 完整
j 封面钤有“民族文化宫图书馆藏”印。

220.4
a 5-4
b འདུལ་བ་རྒྱ་མཚོའི་སྙིང་པོའི་རྣམ་བཤད་འདུལ་གཞུང་གསལ་བའི་སྒྲོན་མེ་ཞེས་བྱ་བ་བཞུགས་སོ།།

毗奈耶大海心要注释·律典明灯

c འདུལ་འཛིན་ཡེ་ཤེས་རྒྱལ་མཚན།

d དབེན་གནས་བཀྲ་ཤིས་བསམ་གཏན་གླིང་།（西藏日喀则扎西桑丹林）

དགེ་སློང་ཡེ་ཤེས་དགེ་འདུན་སོགས།

e འདུལ་བ།(律经)

f 刻本 ཚེ་མཆོག་གླིང་།（西藏拉萨蔡确林）

g 乌金 梵夹装 48×6
h 183 6
i 无 藏纸 黑 完整
j 封面钤有“民族文化宫图书馆藏”印；民族宫目录中为184叶。

220.5
a 5-5

b དགའ་ལྡན་ཕྱག་རྒྱ་ཆེན་པོའི་ཁྲིད་ཡིག་སྙན་རྒྱུད་ལམ་བཟང་གསལ་བའི་སྒྲོན་མེ་ཞེས་བྱ་བ་བཞུགས་སོ།།

噶丹派大手印讲义·耳传妙道明灯

c དགེ་སློང་ཡེ་ཤེས་རྒྱལ་མཚན།

d མང་ཡུལ་སྐྱིད་གྲོང་གི་ནགས་ཁྲོད་བཀྲ་ཤིས་བསམ་གཏན་གླིང་།（西藏日喀则吉隆扎西桑丹林）

ཞང་སྐུ་མཆོག་སྤྲུལ་རིན་པོ་ཆེ།

e ཕྱག་ཆེན་ཁྲིད།(大法手印)

f 刻本 ཚེ་མཆོག་གླིང་།（西藏拉萨蔡确林）

g 乌金 梵夹装 48×6
h 122 6
i 无 藏纸 黑 完整
j 封面钤有“民族文化宫图书馆藏”印。

221
A 3679 3333

B ཡོངས་འཛིན་ཡེ་ཤེས་རྒྱལ་མཚན་གྱི་གསུང་འབུམ།

荣增·耶喜坚赞文集

C ཆ

D ཡོངས་འཛིན་ཡེ་ཤེས་རྒྱལ་མཚན།

同 3674 介绍。

E 此函民族宫目录著录为 6 卷，西藏图书馆藏品中缺 3 卷：《由闻思修三者之门进入佛教次第·具缘智者之正道》《发菩提心仪轨·大乘心要》《一切智布顿·仁钦珠文集目录·佛教大宝美饰最胜黄金鬘》。

221.1

a 3-1

b ལམ་ཁྲིད་འཇམ་པའི་ཞལ་ལུང་གི་ཁྲིད་དམིགས་བསྡུས་དོན་སྐལ་ལྡན་འཇུག་ངོགས་ཞེས་བྱ་བ་བཞུགས་སོ།།

道次第讲义·文殊语教之讲义所缘摄义·具缘津梁

c དགེ་སློང་ཡེ་ཤེས་རྒྱལ་མཚན།

d རབ་བྱུང་བཅུ་གསུམ་པའི་ཁྲོ་མོ་ཞེས་པ་ཤིང་ཕོ་འབྲུག་གི་ལོ། 第十三饶迥木阳龙年（1784）

པོ་བྲང་ཆེན་པོ་ཏ་ལའི་གཟིམ་ཆུང་བདེ་བ་ཅན། （西藏拉萨布达拉宫）

འབྲས་སྤུངས་རམ་པ་ཡེ་ཤེས་སྤུན་ཚོགས་སོགས།

e ལམ་རིམ།(道次第)

f 刻本 ཚེ་མཆོག་གླིང་། （西藏拉萨蔡确林）

g 乌金 梵夹装 48×6

h 27 6

i 无 藏纸 黑 完整

j 封面钤有“民族文化宫图书馆藏”印。

221.2

a 3-2

b བྱང་ཆུབ་ལམ་གྱི་རིམ་པའི་སྙིང་པོའི་གསལ་བྱེད་ཡང་གསལ་སྒྲོན་མ་ཞེས་བྱ་བ་བཞུགས་སོ།།

菩提道次第心要·极显明灯

c

d

e ལམ་རིམ།(道次第)

f 刻本 ཚེ་མཆོག་གླིང་། （西藏拉萨蔡确林）

g 乌金 梵夹装 48×6

h 3 6
i 无 藏纸 黑 完整
j 封面钤有“民族文化宫图书馆藏”印；民族宫目录中为20叶。

221.3
a 3-3

b བསྟོད་པ་བརྒྱ་ལྔ་བཅུ་པའི་རྣམ་བཤད་ལམ་བཟང་གསལ་བྱེད་རིན་ཆེན་སྒྲོན་མེ་ཞེས་བྱ་བ་བཞུགས།

一百五十赞注释·阐明妙道大宝灯

c དགེ་སློང་ཡེ་ཤེས་རྒྱལ་མཚན།

d སྤྲེའུ་ཞེས་པ་མེ་མོ་ལུག་གི་ལོའི་ས་ག་ཟླ་བའི་མངོན་པར་བྱང་ཆུབ་པའི་དུས་ཆེན་ཉིན། 火阴羊年（1787）藏历四月十五日

ཕོ་བྲང་ཆེན་པོ་ཏ་ལའི་གཟིམ་ཆུང་བདེ་བ་ཅན།（西藏拉萨布达拉宫）

ཚུང་སྐུ་ཡེ་ཤེས་བསྟན་པའི་སྒྲོན་མེ་སོགས།

e བསྟོད་འགྲེལ།(赞释)

f 刻本 ཚེ་མཚོག་གླིང་།（西藏拉萨蔡确林）

g 乌金 梵夹装 48×6
h 216 6
i 有 藏纸 黑 完整
j 封面钤有“民族文化宫图书馆藏”印。

222
A 3680 3334

B ཡོངས་འཛིན་ཡེ་ཤེས་རྒྱལ་མཚན་གྱི་གསུང་འབུམ།

荣增·耶喜坚赞文集

C ཛ

D ཡོངས་འཛིན་ཡེ་ཤེས་རྒྱལ་མཚན།

同3674介绍。
E 馆藏齐全。

222.1
a 7-1

b གསུང་འབུམ་ཛ་པའི་དཀར་ཆག་ནོར་བུའི་མེ་ལོང་བཞུགས་སོ།།

文集ཛ字函目录·宝镜

c

d

e དཀར་ཆག(目录)

f 刻本 ཚེ་མཆོག་གླིང་།（西藏拉萨蔡确林）

g 乌金 梵夹装 48×6
h 1 6
i 无 藏纸 黑 完整
j 封面钤有“民族文化宫图书馆藏”印。

222.2
a 7-2

b རྒྱལ་བའི་བསྟན་པའི་ནང་མཛོད་དམ་པའི་ཆོས་འདུལ་བའི་བྱུང་ཚུལ་བརྗོད་པ་རྒྱལ་བསྟན་རིན་པོ་ཆེའི་གསལ་བྱེད་ཉིན་མོར་བྱེད་པའི་སྣང་བ་ཞེས་བྱ་བ་བཞུགས་སོ།།

佛教内库正法毗奈耶来源史·能明大宝佛教之日光

c འདུལ་བ་འཛིན་པ་ཡེ་ཤེས་རྒྱལ་མཚན།

d རབ་བྱུང་བཅུ་གསུམ་པའི་ཞི་བ་ཞེས་པ་རང་ལོ་བདུན་ཅུ་དོན་བདུན་པ། 第十三饶迥七十七年（1790） ཕོ་བྲང་ཆེན་པོ་ཏ་ལའི་གཞིམ་ཁང་བདེ་བ་ཅན།（西藏拉萨布达拉宫）

རབ་འབྱམས་སྨྲ་བ་ཡེ་ཤེས་དོན་གྲུབ།

e འདུལ་བ།(律经)

f 刻本 ཚེ་མཆོག་གླིང་།（西藏拉萨蔡确林）

g 乌金 梵夹装 48×6
h 154 6

i 无 藏纸 黑 完整
j 封面钤有“民族文化宫图书馆藏”印。

222.3
a 7-3
b བདག་ཉིད་ཆེན་པོ་སློབ་དཔོན་སེང་གེ་བཟང་པོ་ལ་བསྟགས་པའི་རབ་ཏུ་བྱེད་པ་ཐེག་ཆེན་ཆོས་ཀྱི་སྒྲ་དབྱངས་

ཞེས་བྱ་བ་བཞུགས་སོ།།

大圣阿阇黎森格桑波赞颂品·大乘法音
c དགེ་སློང་ཡེ་ཤེས་རྒྱལ་མཚན།
d ཕོ་བྲང་ཆེན་པོ་ཏ་ལའི་གཟིམ་ཚུང་བདེ་བ་ཅན།（西藏拉萨布达拉宫）

བྱ་ཡུལ་མང་ར་མཁན་པོ་རྗེ་དྲུང་བློ་བཟང་རྡོ་རྗེ།

e བསྟགས་བརྗོད།(赞颂)
f 刻本 ཚེ་མཆོག་གླིང་།（西藏拉萨蔡确林）
g 乌金 梵夹装 48×6
h 35 6
i 无 藏纸 黑 完整
j 封面钤有“民族文化宫图书馆藏”印。

222.4
a 7-4
b ཤེས་རབ་ཀྱི་ཕ་རོལ་ཏུ་ཕྱིན་པའི་མན་ངག་གི་བསྟན་བཅོས་མངོན་པར་རྟོགས་པའི་རྒྱན་གྱི་བསྡུས་དོན་ཞིབ་ཏུ་

བཀོད་ པ་ཤེར་ཕྱིན་མཛོད་བརྒྱ་འབྱེད་པའི་ལྡེ་མིག་ཅེས་བྱ་བ་བཞུགས་སོ།།

般若波罗蜜多教授现观庄严论摄义·开般若百库之钥
c
d ཕོ་བྲང་ཆེན་པོ་ཏ་ལའི་གཟིམ་ཚུང་བདེ་བ་ཅན།（西藏拉萨布达拉宫）
e ཤེར་ཕྱིན།(般若)
f 刻本 ཚེ་མཆོག་གླིང་།（西藏拉萨蔡确林） དགེ་སློང་ཡེ་ཤེས་རྒྱལ་མཚན།

g 乌金 梵夹装 48×6
h 47 6
i 无 藏纸 黑 完整
j 封面钤有“民族文化宫图书馆藏”印。

222.5
a 7-5
b ཤེར་ཕྱིན་སྟོང་ཕྲག་བརྒྱད་པ་དང་མངོན་རྟོགས་རྒྱན་སྦྱར་ཏེ་བྱང་ཆུབ་ལམ་གྱི་རིམ་པའི་གནད་རྣམས་གསལ་བར་

སྟོན་པའི་མན་ངག་ཤེར་ཕྱིན་གསལ་བའི་སྒྲོན་མེ་བཞུགས་སོ།།

般若八千颂配合现观庄严论而开示菩提道次第·诸教要之教授
c དགེ་སློང་ཡེ་ཤེས་རྒྱལ་མཚན།
d རབ་བྱུང་བཅུ་གསུམ་པའི་ཐུན་མོང་ཞེས་པ་ལྕགས་ཕོ་ཁྱིའི་ལོ་ཆུ་སྟོད་ཟླ་བ། 第十三饶迥铁阳狗年（1790）藏历六月

ཕོ་བྲང་ཆེན་པོ་ཏ་ལའི་གཞིམ་ཁང་བདེ་བ་ཅན།（西藏拉萨布达拉宫）

མང་ར་རྗེ་དྲུང་བློ་བཟང་རྡོ་རྗེ།

e ཤེར་ཕྱིན།（般若）

f 刻本 ཚེ་མཆོག་གླིང་།（西藏拉萨蔡确林）

g 乌金 梵夹装 48×6
h 82 6
i 无 藏纸 黑 完整
j 封面钤有“民族文化宫图书馆藏”印。

222.6
a 7-6
b ལུགས་ཟུང་སྣང་དོར་གསལ་བར་སྟོན་པའི་བསླབ་བྱ་ནོར་བུའི་འཕྲེང་བ་སོགས་བསླབ་བྱ་དགེ་བསྐུལ་གྱི་རིམ་པ་

ཕྱོགས་ གཅིག་ཏུ་སྡེབས་པ་བཞུགས།

开示教政双运能明取舍之教言·宝鬘等劝善教言次第合编
c རྒྱལ་ཁམས་པ་དགེ་སློང་ཡེ་ཤེས་རྒྱལ་མཚན།

d ཕོ་བྲང་ཆེན་པོ་ཏ་ལའི་གཟིམ་ཆུང་བདེ་བ་ཅན།（西藏拉萨布达拉宫）

ཀུང་ཐང་དཀོན་མཆོག་བསྟན་པའི་སྒྲོན་མེ་སོགས།

e བསླབ་བྱ།(教言)

f 刻本 ཚོ་མཚོག་གླིང་།（西藏拉萨蔡确林）

g 乌金 梵夹装 48×6

h 19 6

i 无 藏纸 黑 完整

j 封面钤有“民族文化宫图书馆藏”印。

222.7

a 7-7

b ལམ་རིམ་སྔོན་འགྲོ་སྦྱོར་བའི་ཆོས་དྲུག་བྱ་ཚུལ་བློ་བཟང་དགོངས་རྒྱན་བྱ་བ་བཞུགས་སོ།།

菩提道次第之前行六加行法修法·善慧心宝

c རྒྱལ་ཁམས་ཀྱི་སྤྲང་པོ་ཡེ་ཤེས་རྒྱལ་མཚན།

d ལྷ་ཛའི་ལྷ་ཁང་། དཀའ་ཆེན་བློ་བཟང་བཟང་པོ།

e ལམ་རིམ།(道次第)

f 刻本 ཚོ་མཚོག་གླིང་།（西藏拉萨蔡确林）

g 乌金 梵夹装 48×6

h 13 6

i 无 藏纸 黑 完整

j 封面钤有“民族文化宫图书馆藏”印。

223

A 3681 3335

B ཡོངས་འཛིན་ཡེ་ཤེས་རྒྱལ་མཚན་གྱི་གསུང་འབུམ།

荣增·耶喜坚赞文集

C ༦

D ཡོངས་འཛིན་ཡེ་ཤེས་རྒྱལ་མཚན།

同 3674 介绍。

E 馆藏齐全。

223.1

a 10-1

b པོད་ཉ་པའི་དཀར་ཆག

ཉ字函目录

c

d

e དཀར་ཆག(目录)

f 刻本 ཚེ་མཆོག་གླིང་།（西藏拉萨蔡确林）

g 乌金 梵夹装 48×6

h 1 6

i 无 藏纸 黑 完整

j 封面钤有“民族文化宫图书馆藏”印。

223.2

a 10-2

b འཕགས་པ་འཇམ་དཔལ་གྱི་མཚན་ཡང་དག་པར་བརྗོད་པའི་འགྲེལ་པ་རྗེ་བཙུན་འཇམ་པའི་དབྱངས་ཀྱི་བྱིན་

རླབས་ ཀྱི་ཆར་རྒྱུན་མྱུར་དུ་འབེབས་བྱེད་བསྟོད་སྤྲིན་གྱི་སྒྲ་དབྱངས་ཞེས་བྱ་བ་བཞུགས།

圣文殊真实名称经释·至尊文殊加持雨速降之雷音赞

c ཆོས་སྨྲ་བའི་བཙུན་པ་ཡེ་ཤེས་རྒྱལ་མཚན།

d རབ་བྱུང་བཅུ་གསུམ་པའི་སྤྱར་བུ་ཞེས་པ་ས་ཕོ་སྤྲེའུ་ལོ། 第十三饶迥土阳猴年（1788）

ཕོ་བྲང་ཆེན་པོ་ཏ་ལའི་གཟིམ་ཆུང་བདེ་བ་ཅན།（西藏拉萨布达拉宫）

དགེ་སློང་འཇམ་དཔལ་ཚེ་རིང་།

e བསྟོད་འགྲེལ།（赞释）

f 刻本 ཚེ་མཆོག་གླིང་།（西藏拉萨蔡确林）

g 乌金 梵夹装 48×6
h 167 6
i 无 藏纸 黑 完整
j 封面钤有“民族文化宫图书馆藏”印。

223.3
a 10-3

b བྱིན་རླབས་ཀྱི་གཏེར་ཆེན་པོ་དཔལ་རྡོ་རྗེ་འཇིགས་བྱེད་ཆེན་པོའི་རིམ་པ་དང་པོའི་ཟབ་ཁྲིད་༧འཇམ་མགོན་སྙན་

བརྒྱུད་ཀྱི་མན་ངག་ཡིད་ཆེས་གསུམ་ལྡན་ཞེས་བྱ་བ་བཞུགས་སོ།།

加持大宝藏吉祥怖畏金刚第一次第讲义·具足三信文殊怙主耳传教授

c དགེ་སློང་ཡེ་ཤེས་རྒྱལ་མཚན།

d པོ་བྲང་ཆེན་པོ་ཏ་ལའི་གཟིམ་ཆུང་བདེ་བ་ཅན།（西藏拉萨布达拉宫）

སྐྱོང་འཁོར་སྤྱིལ་པའི་སྐུ་ངག་དབང་འཇམ་དབྱངས་བསྟན་འཛིན་རྒྱ་མཚོ།

e སྔགས།（密宗）

f 刻本 ཚེ་མཆོག་གླིང་།（西藏拉萨蔡确林）

g 乌金 梵夹装 48×6
h 100 6
i 无 藏纸 黑 完整
j 封面钤有“民族文化宫图书馆藏”印。

223.4
a 10-4

b དཔལ་རྡོ་རྗེ་འཇིགས་བྱེད་ཆེན་པོའི་རིམ་པ་དང་པོའི་ཁྲིད་དམིགས་ཀྱི་བསྡུས་དོན་ཟུང་འཇུག་གཞལ་མེད་ཁང་དུ་

བགྲོད་པའི་ཐེམ་སྐས་ཞེས་བྱ་བ་བཞུགས།

吉祥怖畏金刚第一次第教导所缘摄义·趣无量宫殿之阶梯

c དགེ་སློང་ཡེ་ཤེས་རྒྱལ་མཚན།

d　ས་མོ་བྱའི་ལོ། 土阴鸡年（1789）

　 གྲུ་འཛིན་གཉིས་པའི་གཞལ་མེད་ཁང་གི་གཟིམ་ཆུང་བདེ་བ་ཅན།（西藏拉萨布达拉宫）

e　སྔགས།（密宗）

f　刻本　ཚེ་མཆོག་གླིང་།（西藏拉萨蔡确林）

g　乌金　梵夹装　48×6

h　13　6

i　无　藏纸　黑　完整

j　封面钤有“民族文化宫图书馆藏”印。

223.5

a　10-5

b　བཅོམ་ལྡན་འདས་དཔལ་རྡོ་རྗེ་འཇིགས་བྱེད་ལྷ་བཅུ་གསུམ་གྱི་རས་བྲིས་ཀྱི་དཀྱིལ་འཁོར་དུ་དབང་བསྐུར་

　བའི་ཆོ་ག་ལག་ལེན་རབ་གསལ་ལས་སྔ་གོན་གྱི་རིམ་པ་བཞུགས་སོ།།

　薄伽梵吉祥怖畏金刚十三尊布绘曼荼罗中灌顶仪轨·显明修法之预行次第

c　དགེ་སློང་ཡེ་ཤེས་རྒྱལ་མཚན།

d　ལྕགས་མོ་ཕག་གི་ལོ་རྒྱལ་ཟླ་བའི་ཡར་ཚེས། 铁阴猪年（1791）藏历十二月

　ཚེ་མཆོག་བསམ་གཏན་གླིང་གི་གཙུག་ལག་ཁང་།（西藏拉萨蔡确桑丹林）

　རྒྱལ་དབང་ཐམས་ཅད་མཁྱེན་པ།

e　ཆོ་ག（仪轨）

f　刻本　ཚེ་མཆོག་གླིང་།（西藏拉萨蔡确林）

g　乌金　梵夹装　48×6

h　31　6

i　无　藏纸　黑　完整

j　封面钤有“民族文化宫图书馆藏”印。

223.6

a　10-6

b བཅོམ་ལྡན་འདས་དཔལ་རྡོ་རྗེ་འཇིགས་བྱེད་ཆེན་པོ་དང་རྗེ་བཙུན་འཇམ་དབྱངས་དཀར་པོ་ཞི་ཁྲོ་སྦྲགས་

ནས་བསྒྲུབ་པའི་མན་ངག་བཞུགས་སོ།།

薄伽梵吉祥怖畏金刚与至尊白色文殊静猛合修教授

c འཇམ་མགོན་སྔན་རྒྱུད་ཀྱི་མན་ངག་འཛིན་པ་དགེ་སློང་ཡེ་ཤེས་རྒྱལ་མཚན།

d པོ་བྲང་ཆེན་པོ་ཏ་ལའི་གཟིམ་ཆུང་བདེ་བ་ཅན།（西藏拉萨布达拉宫）

e ཆོ་ག（仪轨）

f 刻本 ཚེ་མཆོག་གླིང་།（西藏拉萨蔡确林）

g 乌金 梵夹装 48×6
h 8 6
i 无 藏纸 黑 完整
j 封面铃有“民族文化宫图书馆藏”印。

223.7
a 10-7

b གསང་བདེ་འཇིགས་གསུམ་གྱི་རྒྱུད་འཆད་པ་དང་རིམ་གཉིས་ཀྱི་ཁྲིད་བྱེད་པའི་ཚེ་རྡོ་རྗེ་སློབ་དཔོན་ལ་མཆོད་

པ་ཇི་ ལྟར་བྱ་བའི་ཚུལ་རིམ་གཉིས་ལམ་གྱི་སྒོ་འབྱེད་ཅེས་བྱ་བ་བཞུགས་སོ།།

密集胜乐怖畏三尊密续讲说及二次第讲说时金刚阿阇黎应如何作法·开二次第门

c དགེ་སློང་ཡེ་ཤེས་རྒྱལ་མཚན།

d བཀྲ་ཤིས་བསམ་གཏན་གླིང་།（西藏日喀则扎西桑丹林）

e བླ་མཆོད།（上师供养）

f 刻本 ཚེ་མཆོག་གླིང་།（西藏拉萨蔡确林）

g 乌金 梵夹装 48×6
h 23 6
i 无 藏纸 黑 完整
j 封面铃有“民族文化宫图书馆藏”印。

223.8

a 10-8

b ཟབ་མོ་འཕོ་བའི་རྣལ་འབྱོར་ཉམས་སུ་ལེན་ཚུལ་བཞུགས་སོ།།

甚深道往生瑜伽修法

c དགེ་སློང་ཡེ་ཤེས་རྒྱལ་མཚན།

d པོ་བྲང་ཆེན་པོ་ཏ་ལའི་གཟིམ་ཆུང་བདེ་བ་ཅན།（西藏拉萨布达拉宫）

དགེ་སློང་འཇམ་དབྱངས་དོན་གྲུབ།

e འཕོ་ཁྲིད།（往生导释）

f 刻本 ཚེ་མཆོག་གླིང་།（西藏拉萨蔡确林）

g 乌金 梵夹装 48×6

h 6 6

i 无 藏纸 黑 完整

j 封面钤有“民族文化宫图书馆藏”印。

223.9

a 10-9

b ཁྲོ་བོ་མཁའ་འགྲོའི་སྦྱིན་སྲེག་དང་དམ་ཚིག་རྡོ་རྗེའི་བསྒོམ་བཟླས་བྱ་ཚུལ་དངོས་གྲུབ་ཀུན་འབྱུང་བཞུགས་སོ།།

忿怒金刚空行之护摩法及三昧耶金刚之修诵法·悉地普生

c འཇམ་མགོན་སྨན་རྒྱུད་འཛིན་པ་དགེ་སློང་ཡེ་ཤེས་རྒྱལ་མཚན།

d པོ་བྲང་ཆེན་པོའི་གཟིམ་ཆུང་བདེ་བ་ཅན།（西藏拉萨布达拉宫）

e སྦྱིན་སྲེག（火供）

f 刻本 ཚེ་མཆོག་གླིང་།（西藏拉萨蔡确林）

g 乌金 梵夹装 48×6

h 5 6

i 无 藏纸 黑 完整

j 封面钤有“民族文化宫图书馆藏”印。

223.10

a 10-10

b ཚེ་སྒྲུབ་འཆི་མེད་བདུད་རྩིའི་ཆུ་རྒྱུན་གྱི་སྦྱོར་དངོས་མཇུག་གསུམ་དུ་ཇི་ལྟར་བྱ་བའི་ཆོག་བསྒྲིགས་མན་ངག་

ཞལ་ཤེས་དང་བཅས་པ་སོགས་ཡི་དམ་སྒྲུབ་སྐོར་དངོས་གྲུབ་ཀུན་འབྱུང་བཞུགས་སོ།།

长寿法长生甘露长流之初中后三段中如何修法仪轨及教授要诀等本尊修法类·悉地普生

c དགེ་སློང་ཡེ་ཤེས་རྒྱལ་མཚན།

d པོ་བྲང་ཆེན་པོའི་གཟིམ་ཆུང་བདེ་བ་ཅན།（西藏拉萨布达拉宫） དད་ལྡན་བྱམས་པ་འཛིགས་མེད།

e སྔགས།（密宗）

f 刻本 ཚེ་མཆོག་གླིང་།（西藏拉萨蔡确林）

g 乌金 梵夹装 48×6

h 54 6

i 无 藏纸 黑 完整

j 封面钤有“民族文化宫图书馆藏”印。

224

A 3681 3336

B ཡོངས་འཛིན་ཡེ་ཤེས་རྒྱལ་མཚན་གྱི་གསུང་འབུམ།

荣增·耶喜坚赞文集

C ཏ

D ཡོངས་འཛིན་ཡེ་ཤེས་རྒྱལ་མཚན།

同 3674 介绍。

E 馆藏齐全。

224.1

a 8-1

b གསུང་ཏ་པའི་དཀར་ཆག

文集ཏ字函目录

c
d

e དཀར་ཆག（目录）

f 刻本 ཚེ་མཆོག་གླིང་།（西藏拉萨蔡确林）

g 乌金 梵夹装 48×6
h 1 6
i 无 藏纸 黑 完整
j 封面钤有“民族文化宫图书馆藏”印。

224.2
a 8-2

b ཐུགས་རྗེ་ཆེན་པོའི་སྒྲུབ་ཐབས་ཀྱི་དོན་རྣམ་པར་བཤད་པ་བྱ་བའི་རྒྱུད་ཀྱི་དོན་གསལ་མཁས་པའི་དགའ་སྟོན་

ཞེས་བྱ་བ་བཞུགས་སོ།།

大悲观音修法注解·显明密经教义·智者喜宴

c དགེ་སློང་ཡེ་ཤེས་རྒྱལ་མཚན།

d ལྕགས་ཕོ་འབྲུག་གི་ལོ་ས་ག་ཟླ་བའི་ཚེས་བརྒྱད། 铁阳龙年（1760）藏历四月八日

དབེན་གནས་བཀྲ་ཤིས་བསམ་གཏན་གླིང་།（西藏日喀则扎西桑丹林寺）

ལྷ་རྗེ་དགེ་སློང་ཡེ་ཤེས་ལྷུན་གྲུབ་སོགས།

e བྱ་རྒྱུད།（行续）

f 刻本 ཚེ་མཆོག་གླིང་།（西藏拉萨蔡确林）

g 乌金 梵夹装 48×6
h 338 6
i 有 藏纸 黑 完整
j 封面钤有“民族文化宫图书馆藏”印；民族宫目录中为 337 叶。

224.3
a 8-3

b སྣང་གནས་བླ་བརྒྱུད་གསོལ་འདེབས། མཆོད་ཕྲེང་།སྨོན་ལམ་རྣམས་བཞུགས་སོ།།

禁食斋师承祈祷文、供养云鬘、愿文等

c དགེ་སློང་ཡེ་ཤེས་རྒྱལ་མཚན།

d བཀྲ་ཤིས་བསམ་གཏན་གླིང་།（西藏日喀则扎西桑丹林）

e གསོལ་འདེབས།（启请文）

f 刻本 ཚེ་མཆོག་གླིང་།（西藏拉萨蔡确林）

g 乌金 梵夹装 48×6
h 5 6
i 无 藏纸 黑 完整
j 封面钤有“民族文化宫图书馆藏”印。

224.4

a 8-4

b ཐུགས་རྗེ་ཆེན་པོ་བཅུ་གཅིག་ཞལ་གྱི་སྒྲུབ་ཐབས་སྨྱུང་བར་གནས་པའི་ཆོ་ག་བདག་མདུན་བུམ་གསུམ་ཆ་ལག་ཚང་བ་བཞུགས།

十一面大悲观音修法禁食斋仪轨自生、前生、净瓶三法俱全

c དགེ་སློང་ཡེ་ཤེས་རྒྱལ་མཚན།

d གྲུ་འཛིན་གཉིས་པའི་གཞལ་མེད་ཁང་གི་གཟིམས་ཆུང་བདེ་བ་ཅན།（西藏拉萨布达拉宫）

རབ་འབྱམས་པ་ངག་དབང་ཡེ་ཤེ་སོགས།

e སྒྲུབ་ཐབས།（修心法）

f 刻本 ཚེ་མཆོག་གླིང་།（西藏拉萨蔡确林）

g 乌金 梵夹装 48×6
h 20 6
i 无 藏纸 黑 完整
j 封面钤有“民族文化宫图书馆藏”印。

224.5

a 8-5

b དཔལ་མོ་ལུགས་ཀྱི་ཐུགས་རྗེ་ཆེན་པོ་བཅུ་གཅིག་ཞལ་གྱི་དབང་ཆོག་བཞུགས་སོ།།

伯谟传规之十一面大悲观音灌顶仪轨

c དགེ་སློང་ཡེ་ཤེས་རྒྱལ་མཚན།

d གྲུ་འཛིན་གཉིས་པའི་གཞལ་མེད་ཁང་གི་ གཟིམས་ཆུང་བདེ་བ་ཅན།（西藏拉萨布达拉宫）

དགས་པོ་རབ་འབྱམས་པ་ངག་དབང་ཡེ་ཤེས།

e དབང་ཆོག（灌顶仪轨）

f 刻本 ཚེ་མཆོག་གླིང་།（西藏拉萨蔡确林）

g 乌金 梵夹装 48×6

h 7 6

i 无 藏纸 黑 完整

j 封面钤有“民族文化宫图书馆藏”印。

224.6

a 8-6

b ཐུགས་རྗེ་ཆེན་པོ་བཅུ་གཅིག་ཞལ་གྱི་ཞི་བའི་སྦྱིན་སྲེག་བཞུགས་སོ།།

十一面大悲观音息灾护摩法

c དགེ་སློང་ཡེ་ཤེས་རྒྱལ་མཚན།

d འཕགས་པ་ཐུགས་རྗེ་ཆེན་པོའི་སྤྲུལ་པའི་ཕོ་བྲང་པོ་ཏ་ལའི་གཟིམས་ཆུང་བདེ་བ་ཅན་དུ།（西藏拉萨布达拉宫） དགས་པོ་རབ་འབྱམས་པ་ངག་དབང་ཡེ་ཤེས།

e སྦྱིན་སྲེག（火供）

f 刻本 ཚེ་མཆོག་གླིང་།（西藏拉萨蔡确林）

g 乌金 梵夹装 48×6

h 15 6

i 无 藏纸 黑 完整

j 封面钤有“民族文化宫图书馆藏”印。

224.7

a 8-7

b ཐུགས་རྗེ་ཆེན་པོ་ཞལ་བཅུ་གཅིག་པའི་རྗེས་གནང་གི་ཆོ་ག་བཞུགས་སོ།།

十一面大悲观音随许法仪轨

c དགེ་སློང་ཡེ་ཤེས་རྒྱལ་མཚན།

d

e ཆོ་ག（仪轨）

f 刻本 ཚེ་མཆོག་གླིང་།（西藏拉萨蔡确林）

g 乌金 梵夹装 48×6

h 8 6

i 无 藏纸 黑 完整

j 封面钤有“民族文化宫图书馆藏”印。

224.8

a 8-8

b ཐུགས་རྗེ་ཆེན་པོ་བཅུ་གཅིག་ཞལ་དཔལ་མོ་ལུགས་དཀྱིལ་འཁོར་དུ་དབང་བསྐུར་བའི་ཆོ་ག་སྔ་གོན་དང་

བཅས་པ་བཞུགས་སོ།།

十一面大悲观音伯谟传规曼荼罗中灌顶仪轨及预行法等

c དགེ་སློང་ཡེ་ཤེས་རྒྱལ་མཚན།

d པོ་བྲང་ཆེན་པོ་ཏ་ལ།（西藏拉萨布达拉宫）

e ཆོ་ག（仪轨）

f 刻本 ཚེ་མཆོག་གླིང་།（西藏拉萨蔡确林）

g 乌金 梵夹装 48×6

h 12 6

i 无 藏纸 黑 完整

j 封面钤有“民族文化宫图书馆藏”印。

225

A 3693 3830

B ཀུ་གེ་ཡོངས་འཛིན་བློ་བཟང་བསྟན་འཛིན་གྱི་གསུང་འབུམ།

古格经师洛桑丹增文集

C ཀ

D ཀུ་གེ་ཡོངས་འཛིན་བློ་བཟང་བསྟན་འཛིན། དགེ་ལུགས། རབ་བྱུང་བཅུ་གསུམ་པའི་ས་ཕོ་འབྲུག་ལོ་༡༧༤༨ ལ་ཡབ་ཚེ་རིང་དཔལ་འབྱོར་དང་། ཡུམ་འཛོམ་ཆོག་གཉིས་ཀྱི་སྲས་སུ་གཙང་གཡས་རུ་བདེ་ཀྲུས་བྱེ་མ་གླིང་གི་གཙུག་ལྷག་ཁང་དང་ཉེ་བ། ཆུ་ཐོ་ལོ་ཏ་ཏའི་ཉེ་འདབས་བརྒྱ་མཁར་ཞེས་པའི་ཡུལ་དུ་སྐུ་འཁྲུངས། དགུང་ལོ་དགུ་པར་ཁ་བ་བློ་བཟང་བརྩོན་འགྲུས་མདུན་རབ་ཏུ་བྱུང་མཚན་ལ་བློ་བཟང་བསྟན་འཛིན་ཞེས་གནང་། དགུང་ལོ་བཅུ་པར་མཁན་ཆེན་ཡེ་ཤེས་རྒྱལ་མཚན་མདུན་དུ་དགེ་ཚུལ་སྡོམ་པ་བླངས། དཀྱིལ་ཁང་གྲྭ་ཚང་དུ་ཚད་མའི་སྐོར་སོགས་ལ་སྦྱངས་པ་ཕྱུལ་དུ་ཕྱིན་ནས་དཀའ་བཅུ་པའི་མཚན་རྟགས་བཞེས། དགུང་ལོ་ཉེར་བརྒྱད་ལ་པཎ་ཆེན་བློ་བཟང་དཔལ་ལྡན་ཡེ་ཤེས་ལས་དགེ་སློང་གི་སྡོམ་པ་བཞེས། དེ་ནས་ལོ་བཅུ་བཞིའི་རིང་དཔལ་འབྱོར་ལྷུན་གྲུབ་རི་ཁྲོད་སོགས་གནས་དབེན་པར་ཉམས་ལེན་མཛད་དེ་བཞུགས། དགུང་ལོ་ཞེ་ལྔ་པར་དཀྱིལ་ཁང་གྲྭ་ཚང་གི་སློབ་དཔོན་དུ་བསྐོས། དགུང་ལོ་ཞེ་བརྒྱད་པར་རྒྱུད་པ་གྲྭ་ཚང་གི་སློབ་དཔོན་མཛད། དགུང་ལོ་ཞེ་དགུ་པར་ཀུན་གཟིགས་པཎ་ཆེན་བློ་བཟང་བསྟན་པའི་ཉི་མའི་ཡོངས་འཛིན་མཛད། དེ་ནས་ཀུ་གེ་ཡོངས་འཛིན་ཞེས་མཚན་སྙན་ཐོབ། ༡༨༡༣ལོར་སྐུ་གཤེགས། གསུང་རྩོམ་པོད་ལྔ་བཞུགས། ངེད་དཔེ་མཛོད་ཁང་དུ་མི་རིགས་ཕོ་བྲང་ནས་ཕྱིར་འབུལ་ཞུས་པའི་གྲས་པོད་༤ ཀ ཁ ང ཅ ཨང་རྟགས་༣༦༩༣--༣༦༩༦ བཞུགས།

古格经师洛桑丹增(1748—1813) ：属格鲁派。诞生于后藏，9 岁在卡巴洛桑尊者座前授戒，10 岁受沙弥戒，开始系统学习因明学。28 岁在班禅洛桑贝丹耶喜座前受比丘戒。曾任居康扎仓、密宗扎仓经师。49 岁任班禅洛桑丹贝尼玛经师。史称古格经师。其文集共有 5 函，在西藏图书馆藏北京民族文化宫图书馆赠送的文集有 4 函，编号为 3693—3696。

E 馆藏齐全。

225.1

a 18-1

b　གུ་གེ་ཡོངས་འཛིན་རྡོ་རྗེ་འཆང་བློ་བཟང་བསྟན་འཛིན་གྱི་གསུང་འབུམ་ཀ་པའི་དཀར་ཆག

古格经师金刚持文集ཀ字函目录

c　༄ཤཱཀྱའི་དགེ་སློང་བློ་བཟང་བསྟན་འཛིན།

d

e　དཀར་ཆག（目录）

f　刻本

g　乌金　梵夹装　48×7

h　3　6

i　无　藏纸　黑　完整

j　封面钤有“民族文化宫图书馆藏”印。

225.2

a　18-2

b　ལམ་ཟབ་མོ་བླ་མ་ལྷའི་རྣལ་འབྱོར་ཉམས་སུ་ལེན་ཚུལ་དངོས་གྲུབ་ཀུན་འབྱུང་།

甚深道上师本尊瑜伽修法·悉地普生

c　༄ཤཱཀྱའི་དགེ་སློང་བློ་བཟང་བསྟན་འཛིན།

d　དཀའ་ཆེན་ཡེ་ཤེས་བསྟན་འཛིན།

e　བླ་མའི་རྣལ་འབྱོར།（上师瑜伽）

f　刻本　བཀྲ་ཤིས་ལྷུན་པོ།（西藏日喀则扎什伦布寺）

g　乌金　梵夹装　48.5×7

h　12　6

i　无　藏纸　黑　完整

j　封面钤有“民族文化宫图书馆藏”印。

225.3

a　18-3

b　བླ་མ་མཆོད་པའི་ཆོ་ག་ལེགས་ཚོགས་རྒྱ་མཚོའི་འཇུག་ངོགས།

上师供养仪轨·圆满福海之门径

c ཤཱཀྱའི་དགེ་སློང་བློ་བཟང་བསྟན་འཛིན།

d དཀའ་ཆེན་བདེ་ལེགས་རྒྱལ་མཚན།

e ཆོ་ག（仪轨）

f 刻本 བཀྲ་ཤིས་ལྷུན་པོ།（西藏日喀则扎什伦布寺）

g 乌金 梵夹装 49×7
h 10 6
i 无 藏纸 黑 完整
j 封面钤有“民族文化宫图书馆藏”印。

225.4
a 18-4

b ཆོས་གྲྭ་ཆེན་པོ་བཀྲ་ཤིས་ལྷུན་པོ་དཔལ་གྱི་སྡེ་ཆེན་ཕྱོགས་ཐམས་ཅད་ལས་རྣམ་པར་རྒྱལ་བའི་གསང་སྔགས་རྒྱལ་བ་གྲྭ་ཚང་གི་རྡོ་རྗེ་སློབ་དཔོན་རྣམས་ཀྱི་རྟོགས་བརྗོད་དཔག་བསམ་ལྗོན་པ།

扎什伦布寺尊胜诸方密宗院诸金刚阿阇梨之史事·如意宝树

c ཤཱཀྱའི་དགེ་སློང་བློ་བཟང་བསྟན་འཛིན།

d རང་ལོ་ང་དགུ་པ། 五十九岁（1808 年）

བཀྲ་ལྷུན་ནྲ་ཟང་།（西藏日喀则扎什伦布寺） དངུལ་ཆུ་ཆོས་བཟང་།

e རྟོགས་བརྗོད།（传记）

f 刻本 བཀྲ་ཤིས་ལྷུན་པོ།（西藏日喀则扎什伦布寺）

g 乌金 梵夹装 49×7
h 93 6
i 无 藏纸 黑 完整
j 封面钤有“民族文化宫图书馆藏”印。

225.5

a 18-5

b ཡོངས་འཛིན་ཡོན་ཏན་རྒྱལ་མཚན་གྱི་རྣམ་ཐར་གསོལ་འདེབས།

经师云丹嘉措传记启请文

c ༄༅།ཀུན་མཁྱེན་དགེ་སློང་བློ་བཟང་བསྟན་འཛིན།

d ཡོངས་འཛིན་ཁང་།（西藏日喀则扎什伦布寺） དཀའ་བཅུ་བློ་བཟང་དགེ་ལེགས་འཕགས།

e གསོལ་འདེབས།（启请文）

f 刻本 བཀྲ་ཤིས་ལྷུན་པོ།（西藏日喀则扎什伦布寺）

g 乌金 梵夹装 49×7

h 3 6

i 无 藏纸 黑 完整

j 封面钤有“民族文化宫图书馆藏”印。

225.6

a 18-6

b དུས་ཀྱི་འཁོར་ལོ་དང་རྩ་བའི་བླ་མ་དབྱེར་མེད་དུ་གསོལ་འདེབས་པའི་བླ་མའི་རྣལ་འབྱོར་མཆོག་ཐུན་དངོས་གྲུབ་ཀྱི་སྒོ་བརྒྱ་འབྱེད་པའི་ལྡེ་མིག

时轮与根本上师无别祈请之上师瑜伽法·开共与不共悉地多门之钥

c གྱི་ན་པ་བསྟན་འཛིན།

d དབེན་གནས་དགའ་ལྡན་ཆོས་གླིང་།（西藏日喀则噶丹却林） དགེ་སློང་བསྟན་པ་ཡར་འཕེལ།

e བླ་མའི་རྣལ་འབྱོར།（上师仪轨）

f 刻本 བཀྲ་ཤིས་ལྷུན་པོ།（西藏日喀则扎什伦布寺）

g 乌金 梵夹装 49×7

h 13 6

i 无 藏纸 黑 完整

j 封面钤有“民族文化宫图书馆藏”印。

225.7

a 18-7

b བྱང་ཆུབ་ལམ་གྱི་རིམ་པའི་དམར་ཁྲིད་ཐེག་ཆེན་ལམ་གྱི་འཇུག་ངོགས།

菩提道次第直观导释・大乘道门径

c ༄༅། །ཤཱཀྱའི་དགེ་སློང་བསྟན་འཛིན།

d ཉེ་འཁོར་བ་བློ་བཟང་རྡོ་རྗེ།

e ལམ་རིམ།（道次第）

f 刻本 བཀྲ་ཤིས་ལྷུན་པོ།（西藏日喀则扎什伦布寺）

g 乌金 梵夹装 48.5×7

h 92 6

i 无 藏纸 黑 完整

j 封面钤有“民族文化宫图书馆藏”印。

225.8

a 18-8

b གསང་བདེ་འཇིགས་གསུམ་གྱི་བསྐྱེད་རྫོགས་ཀྱི་འཁྲིད་ཀྱི་བཅད།

密集、胜乐、怖畏三法之生圆二次第导释科判

c ༄༅། །ཤཱཀྱའི་དགེ་སློང་བློ་བཟང་བསྟན་འཛིན།

d

e སྔགས།（密宗）

f 刻本 བཀྲ་ཤིས་ལྷུན་པོ།（西藏日喀则扎什伦布寺）

g 乌金 梵夹装 49×7

h 7 6

i 无 藏纸 黑 完整

j 封面钤有“民族文化宫图书馆藏”印。

225.9

a 18-9

b　དཔལ་རྡོ་རྗེ་འཇིགས་བྱེད་དམར་པོའི་སྒྲུབ་ཐབས་དུག་ལྔའི་ནད་ཀུན་སེལ་བའི་སྨན་མཆོག་གསེར་མདོག་

ནམ་རྒྱལ།

红怖畏金刚修法·消除五毒诸病妙药金柯子

c　ཤཱཀྱའི་དགེ་སློང་བློ་བཟང་བསྟན་འཛིན།

d　རྒྱལ་བའི་རིམ་གྲོ་བ་ཆེན་པོ་བློ་བཟང་རྒྱལ་མཚན།

e　སྒྲུབ་ཐབས།（修心法）

f　刻本　བཀྲ་ཤིས་ལྷུན་པོ།（西藏日喀则扎什伦布寺）

g　乌金　梵夹装　49×7
h　9　6
i　无　藏纸　黑　完整
j　封面钤有“民族文化宫图书馆藏”印。

225.10
a　18-10

b　དཔལ་རྡོ་རྗེ་འཇིགས་བྱེད་ལ་བརྟེན་པའི་ཟབ་ལམ་ནཱ་རོ་ཆོས་དྲུག་གི་ནང་ཚན་གཏུམ་མོའི་གདམས་པ་ཉམས་སུ་

ལེན་ཚུལ།

依怖畏金刚修甚深道那若六法之内部法门脐轮火教授修法

c　ཤཱཀྱའི་དགེ་སློང་བློ་བཟང་བསྟན་འཛིན།

d　མདའ་དཔོན་པད་ཚལ་ཚེ་དབང་རབ་བརྟན།

e　གདམས་ངག（教诫）

f　刻本　བཀྲ་ཤིས་ལྷུན་པོ།（西藏日喀则扎什伦布寺）

g　乌金　梵夹装　48.5×7
h　8　6
i　无　藏纸　黑　完整
j　封面钤有“民族文化宫图书馆藏”印。

225.11

a 18-11

b དཔལ་རྡོ་རྗེ་འཇིགས་བྱེད་ཀྱི་རྫོགས་རིམ་རིམ་པ་བཞི་བའི་ཁྲིད་ཡིག་སྐུ་གསུམ་ཁང་བཟང་དུ་བགྲོད་པའི་

མྱུར་ལམ།

怖畏金刚圆满次第第四次第导释·趣三身妙室之捷径

c

d

e སྔགས། （密宗）

f 刻本 བཀྲ་ཤིས་ལྷུན་པོ། （西藏日喀则扎什伦布寺）

g 乌金 梵夹装 48×7

h 29 6

i 无 藏纸 黑 完整

j 封面钤有“民族文化宫图书馆藏”印。

225.12

a 18-12

b རྒྱུད་ཀྱི་རྒྱལ་པོ་དཔལ་གསང་བ་འདུས་པའི་སྔགས་བཏུའི་བྱིན་རླབས་ཇི་ལྟར་བྱ་ཚུལ་མཆོག་ཐུན་དངོས་གྲུབ་ཀྱི་

བང་མཛོད།

密续王密集密咒加持修法·共与不共悉地藏

c ཤཱཀྱའི་དགེ་སློང་བློ་བཟང་བསྟན་འཛིན།

d

e སྔགས། （密宗）

f 刻本 བཀྲ་ཤིས་ལྷུན་པོ། （西藏日喀则扎什伦布寺）

g 乌金 梵夹装 49×7

h 12 6

i 无 藏纸 黑 完整

j 封面钤有“民族文化宫图书馆藏”印。

225.13

a 18-13

b　བྲུལ་གཏོར་གྱི་ཁྲིད་ཡིག་ཟླ་ཤེལ་བདུད་རྩིའི་ཆུ་རྒྱུན་སྤེལ་བའི་འོད་དཀར་གྱི་ཕྲེང་བ།
散块神馐导释·水晶甘露长流·增长白光鬘

c　༄ཤཱཀྱའི་དགེ་སློང་བློ་བཟང་བསྟན་འཛིན།

d　༄རྒྱལ་བའི་སྐུ་ཞང་རབ་བརྟན་རྒྱ་མཚོ།

e　བྲུལ་གཏོར།（神馐仪轨）

f　刻本　བཀྲ་ཤིས་ལྷུན་པོ།（西藏日喀则扎什伦布寺）　བསྟན་འཛིན་དར་རྒྱས།

g　乌金　梵夹装　49×7

h　9　6

i　无　藏纸　黑　完整

j　封面钤有“民族文化宫图书馆藏”印。

225.14

a　18-14

b　ཀུན་རིག་གི་བསྙེན་ཡིག་ངན་འགྲོ་མུན་པ་སེལ་བའི་སྒྲོན་མེ།
毗卢遮那闭关静修法·消除恶趣黑暗之明灯

c　༄ཤཱཀྱའི་དགེ་སློང་བློ་བཟང་བསྟན་འཛིན།

d　བཀྲ་ཤིས་ལྷུན་པོའི་ཡོངས་འཛིན་ཁང་།（西藏日喀则扎什伦布寺）　ཁལ་ཁ་རྗེ་བཙུན་དམ་པ།

e　བསྙེན་ཡིག（念修文）

f　刻本　བཀྲ་ཤིས་ལྷུན་པོ།（西藏日喀则扎什伦布寺）

g　乌金　梵夹装　49×7

h　5　6

i　无　藏纸　黑　完整

j　封面钤有“民族文化宫图书馆藏”印。

225.15

a　18-15

b བཅོམ་ལྡན་འདས་ངན་སོང་ཐམས་ཅད་ཡོངས་སུ་སྦྱོང་བ་ཀུན་རིག་རྣམ་པར་སྣང་མཛད་ཀྱི་སྒྲུབ་དཀྱིལ་ཡོ་གའི་

སྙིང་པོ།

薄伽梵净治一切恶趣毗卢遮那曼荼罗修法·瑜伽心要

c ༄ཤཱཀྱའི་དགེ་སློང་བློ་བཟང་བསྟན་འཛིན།

d རྗེ་བཙུན་བློ་བཟང་བསྟན་པའི་དཔལ་ཕྱུག་འཇིགས་མེད་རྒྱ་མཚོ།

e སྒྲུབ་ཐབས།（修心法）

f 刻本 བཀྲ་ཤིས་ལྷུན་པོ།（西藏日喀则扎什伦布寺）

g 乌金 梵夹装 49×7

h 52 6

i 无 藏纸 黑 完整

j 封面钤有“民族文化宫图书馆藏”印。

225.16

a 18-16

b བཅོམ་ལྡན་འདས་ཐམས་ཅད་རིག་པའི་དབང་གི་སྦྱིན་སྲེག་ཆེ་དགུ་དབང་དུ་སྡུད་པའི་ལྕགས་ཀྱུ།

薄伽梵毗卢遮那怀爱护摩修法·摄服权贵之钩

c ༄ཤཱཀྱའི་དགེ་སློང་བློ་བཟང་བསྟན་འཛིན།

d དབེན་གནས་དགའ་ལྡན་ཆོས་གླིང་།（西藏日喀则噶丹却林寺）

མཁན་ཆེན་ནོ་མོན་བློ་བཟང་ཚེ་དབང་སྐྱབས།

e སྦྱིན་སྲེག（火供）

f 刻本 བཀྲ་ཤིས་ལྷུན་པོ།（西藏日喀则扎什伦布寺）

g 乌金 梵夹装 49×7

h 13 6

i 无 藏纸 黑 完整

j 封面钤有“民族文化宫图书馆藏”印。

225. 17

a 18-17

b དཔལ་རྡོ་རྗེ་འཇིགས་བྱེད་ལ་བརྟེན་པའི་རྨོངས་རེངས་ཀྱི་སྦྱིན་སྲེག་དང་ཕྱག་ན་རྡོ་རྗེ་གཏུམ་པོའི་བསྙེན་ཡིག་ཁ་སྐོང་གི་སྦྱིན་སྲེག

依怖畏金刚修痴执护摩与威猛金刚手闭关静修补缺护摩法

c ཤཱཀྱའི་དགེ་སློང་བློ་བཟང་བསྟན་འཛིན།

d

e སྦྱིན་སྲེག（火供）

f 刻本 བཀྲ་ཤིས་ལྷུན་པོ།（西藏日喀则扎什伦布寺）

g 乌金 梵夹装 49×7

h 4 6

i 无 藏纸 黑 完整

j 封面钤有“民族文化宫图书馆藏”印。

225. 18

a 18-18

b རྟ་མགྲིན་གྱི་ཞི་བའི་སྦྱིན་སྲེག་གི་ཆོ་ག་སྡིག་མུན་སེལ་བའི་ཉིན་བྱེད་སྣང་བ།

马头金刚息灾护摩仪轨·消除罪恶黑暗之日光

c ཤཱཀྱའི་དགེ་སློང་གདོང་དྲུག་གྲུབ་པའི་རྡོ་རྗེ།

d སེང་ཆེན་སྤྲུལ་སྐུ་བློ་བཟང་བསྟན་འཛིན་དཔལ་འབྱོར་སོགས།

e ཆོ་ག（仪轨）

f 刻本 བཀྲ་ཤིས་ལྷུན་པོ།（西藏日喀则扎什伦布寺）

g 乌金 梵夹装 49×7

h 6 6

I 无 藏纸 黑 完整

j 封面钤有“民族文化宫图书馆藏”印。

226
A 3694 3831

B ཀུ་གེ་ཡོངས་འཛིན་བློ་བཟང་བསྟན་འཛིན་གྱི་གསུང་འབུམ།

古格经师洛桑丹增文集

C ཁ

D ཀུ་གེ་ཡོངས་འཛིན་རྡོ་རྗེ་འཆང་བློ་བཟང་བསྟན་འཛིན།

同3693介绍。

E 此函民族宫目录著录为26卷；西藏图书馆藏品中缺一卷：《班禅一切智请住世文·催伏魔军象狮声与经师自请住世文》，又有一卷为重复，故成26卷。

226.1
a 26-1

b ཀུ་གེ་ཡོངས་འཛིན་རྡོ་རྗེ་འཆང་བློ་བཟང་བསྟན་འཛིན་གྱི་གསུང་འབུམ་ཁ་པའི་དཀར་ཆག

古格经师金刚持文集ཁ字函目录

c ༄༅།ཀུའི་དགེ་སློང་བློ་བཟང་བསྟན་འཛིན།

d

e དཀར་ཆག（目录）

f 刻本
g 乌金 梵夹装 49×7
h 3 6
i 无 藏纸 黑 完整
j 封面钤有"民族文化宫图书馆藏"印，写有哲蚌寺藏书号：མ ༢。

226.2
a 26-2

b མདོ་རྒྱུད་ཟབ་མོའི་ཆོས་ཀྱི་ལུང་རྗེས་གནང་དབང་ཁྲིད་ཐོབ་ཡིག་ནོར་བུའི་ཕྲེང་བ།

显密深法之诵传经教、随许法、灌顶导释等闻法录·宝鬘

c ༄༅།ཀུན་དགའ་སྐྱོང་སྐྱོ་བཟང་བསྟན་འཛིན། ཡོངས་འཛིན་སྐྱོ་བཟང་བསྟན་འཛིན་ནམ་གདོང་དྲུག་གྲུབ་པའི་རྡོ་རྗེ།

d

e ཐོབ་ཡིག（得法录）

f 刻本 བཀྲ་ཤིས་ལྷུན་པོ།（西藏日喀则扎什伦布寺）

g 乌金 梵夹装 49×7

h 157 6

i 有 藏纸 黑 完整

j 封面钤有“民族文化宫图书馆藏”印，写有哲蚌寺藏书号： མ ༢。

226.3

a 26-3

b ཚེ་ཏ་ཟུང་འབྲེལ་གྱི་དབང་བྱ་ཚུལ་བདུད་རྩིའི་བུམ་བཟང་།

无量寿与马头金刚双运灌顶法 · 甘露妙瓶

c ༄༅།ཀུན་དགའ་སྐྱོང་སྐྱོ་བཟང་བསྟན་འཛིན།

d མཁན་པོ་རྫ་སྒག་བླ་མ།

e ཚོ་ག（仪轨）

f 刻本 བཀྲ་ཤིས་ལྷུན་པོ།（西藏日喀则扎什伦布寺）

g 乌金 梵夹装 48.5×7

h 19 6

i 无 藏纸 黑 完整

j 封面钤有“民族文化宫图书馆藏”印，写有哲蚌寺藏书号：མ ༢。

226.4

a 26-4

b ཚེ་དཔག་མེད་ལྷ་གཅིག་ཏུ་གྲགས་པའི་ཚེ་དབང་བསྐུར་ཚུལ།

无量寿独尊一瓶长寿灌顶法

c ༄༅།ཀུན་དགའ་སྐྱོང་སྐྱོ་བཟང་བསྟན་འཛིན།

d　སྤྲུལ་སྐུ་ཨ་ཡིའི་མཚན་ཅན།

e　ཚེ་དབང་།（长寿灌顶）

f　刻本　བཀྲ་ཤིས་ལྷུན་པོ།（西藏日喀则扎什伦布寺）

g　乌金　梵夹装　49×7
h　17　6
i　无　藏纸　黑　完整
j　封面钤有“民族文化宫图书馆藏”印，写有哲蚌寺藏书号：ཨ　༢。

226.5

a　26-5

b　བདེ་མཆོག་དཀར་པོའི་སྒོ་ནས་ཚེ་སྒྲུབ་བྱ་ཚུལ་འགྱུར་མེད་རྡོ་རྗེའི་བྲག་རི།

依白胜乐修长寿法·永固金刚山

c　༄ཤཱཀྱའི་དགེ་སློང་བློ་བཟང་བསྟན་འཛིན།

d　དབེན་གནས་དགའ་ལྡན་ཆོས་གླིང་།（西藏日喀则噶丹却林）　དགེ་སློང་བསྟན་པ་ཡར་འཕེལ།

e　ཚེ་སྒྲུབ།（长寿修法）

f　刻本　བཀྲ་ཤིས་ལྷུན་པོ།（西藏日喀则扎什伦布寺）

g　乌金　梵夹装　49×7
h　3　6
i　无　藏纸　黑　完整
j　封面钤有“民族文化宫图书馆藏”印，写有哲蚌寺藏书号：ཨ　༢。

226.6

a　26-6

b　བླ་བརྒྱུད་གསོལ་འདེབས་སོགས་ངག་ཐོར་བུ་འགའ་ཞིག

师承启请文等散集

c　༄ཤཱཀྱའི་དགེ་སློང་བློ་བཟང་བསྟན་འཛིན།

d　དཀའ་བཅུ་དགེ་ལེགས་རྒྱལ་མཚན།

e　གསོལ་འདེབས།（启请文）

f　刻本　བཀྲ་ཤིས་ལྷུན་པོ།（西藏日喀则扎什伦布寺）

g　乌金　梵夹装　48×7
h　10　6
i　无　藏纸　黑　完整
j　封面钤有“民族文化宫图书馆藏”印，写有哲蚌寺藏书号：མ　༢。民族宫目录中为8叶。

226.7
a　26-7

b　ཡོངས་འཛིན་རྡོ་རྗེ་འཆང་ཆེན་པོའི་ཞབས་བརྟན་འདོད་དགུའི་འབྱུང་གནས་བསམ་འཕེལ་དབང་གི་རྒྱལ་པོ།
经师金刚持请住世文·随愿之源·如意灌顶王

c　ཤཱཀྱའི་དགེ་སློང་བློ་བཟང་བསྟན་འཛིན།

d　རི་ཁྲོད་དགའ་ལྡན་ཆོས་གླིང་།（西藏日喀则噶丹却林）　སྡེ་བ་ཕུན་ཚོགས་རྡོ་རྗེ།

e　ཞབས་བརྟན།（住世文）

f　刻本　བཀྲ་ཤིས་ལྷུན་པོ།（西藏日喀则扎什伦布寺）

g　乌金　梵夹装　49.5×7
h　5　6
i　无　藏纸　黑　完整
j　封面钤有“民族文化宫图书馆藏”印，写有哲蚌寺藏书号：མ　༢。民族宫目录中为3叶。

226.8
a　26-8

b　ཡོངས་འཛིན་རྡོ་རྗེ་འཆང་ཆེན་པོའི་ཞབས་བརྟན་འདོད་དགུའི་འབྱུང་གནས་བསམ་འཕེལ་དབང་གི་རྒྱལ་པོ།
经师金刚持请住世文·随愿之源·如意灌顶王

c　ཤཱཀྱའི་དགེ་སློང་བློ་བཟང་བསྟན་འཛིན། ཡོངས་འཛིན་བློ་བཟང་བསྟན་འཛིན་ནམ་གདོང་དྲུག་གྲུབ་པའི་རྡོ་རྗེ།

d　རི་ཁྲོད་དགའ་ལྡན་ཆོས་གླིང་།（西藏日喀则噶丹却林）　སྡེ་པ་ཕུན་ཚོགས་རྡོ་རྗེ།

e　གསོལ་འདེབས།（启请文）

f　刻本　བཀྲ་ཤིས་ལྷུན་པོ།（西藏日喀则扎什伦布寺）

g　乌金　梵夹装　49.5×7

h　3　6

i　无　藏纸　黑　完整

j　封面钤有“民族文化宫图书馆藏”印，写有哲蚌寺藏书号：ཨ　༢。

226.9

a　26-9

b　ལམ་རིམ་སྔོན་འགྲོ་སྦྱོར་བའི་ཆོས་དྲུག་བྱ་ཚུལ་འཇུག་པ་བདེ་ཕྱིར་ཚིགས་སུ་བཅད་པ།

菩提道次第前导六加行法·为易入而作颂文

c　དཀའ་བཅུ་བློ་བཟང་བརྩོན་འགྲུས།

d

e　ལམ་རིམ།（道次第）

f　刻本　བཀྲ་ཤིས་ལྷུན་པོ།（西藏日喀则扎什伦布寺）

g　乌金　梵夹装　49×7

h　12　6

i　无　藏纸　黑　完整

j　封面钤有“民族文化宫图书馆藏”印，写有哲蚌寺藏书号：ཨ　༢。民族宫目录中为9叶。

226.10

a　26-10

b　དགེ་ཚུལ་གྱི་སྡོམ་པ་བཅས་མཚམས་བསྲུང་ཚུལ་ལྟུང་བའི་ཆུ་ལོན་ཞེས་བྱ་བ་དང་འབྲས་སྤུངས་གཙང་བ་སྤྲུལ་སྐུའི་སྐྱེ་ཕྲེང་གསོལ་འདེབས།

沙弥戒制界守护法·堕罪忏净与哲蚌章巴活法历代启请文

c　༄ཤཱཀྱའི་དགེ་སློང་བློ་བཟང་བསྟན་འཛིན།

d　དགའ་ལྡན་ཆོས་གླིང་།（西藏日喀则噶丹却林）　དཔལ་ལྡན་ཕུན་ཚོགས་རྡོ་རྗེ་དང་ཡུམ་ཉི་མ་བུ་ཁྲིད།

e　གསོལ་འདེབས་སོགས།（启请文）

f　刻本　བཀྲ་ཤིས་ལྷུན་པོ།（西藏日喀则扎什伦布寺）

g　乌金　梵夹装　48.5×7

h　13　6

i　无　藏纸　黑　完整

j　封面钤有“民族文化宫图书馆藏”印，写有哲蚌寺藏书号：མ　༢。

226.11

a　26-11

b　བཅོམ་ལྡན་འདས་རྣམ་པར་རྒྱལ་མ་ལྷ་དགུའི་དཀྱིལ་འཁོར་སྒྲུབ་ཅིང་མཆོད་པའི་ཚེ། བདག་མདུན་གྱི་བཟླས་པའི་སྐབས་དང་མདུན་བསྐྱེད་ཀྱི་གཙོ་མོའི་ལས་བཅོལ་གྱི་དམིགས་པ་ཇི་ལྟར་བྱ་ཚུལ་དང་། རྡོ་རྗེ་འཇིགས་བྱེད་ཀྱི་ཡེ་ཤེས་འབེབ་ཐུགས་དྲུག་ཅུ་བའི་ཟོར་འཕེན། གཏོར་མ་བརྒྱ་རྩ་སོགས་ཀྱི་སྐོར་ལ་དྲི་བ་བཀོད་པའི་ལན་ཆབས་གཅིག་ཏུ་བཀོད་པ།

薄伽梵尊胜佛母九尊曼荼罗供修时自前生二法诵时及面前生起之主尊请托事业所缘如何修法、怖畏金刚智慧尊降临咒、六十神馐放咒法、百神馐等法类问答合

c　༄ཤཱཀྱའི་དགེ་སློང་བློ་བཟང་བསྟན་འཛིན། ཡོངས་འཛིན་བློ་བཟང་བསྟན་འཛིན་ནམ་གདོང་དྲུག་གྲུབ་པའི་རྡོ་རྗེ།

d　ཆོས་རྗེ་ཀུན་དགའ་རིན་ཆེན་གྱི་དྲིས་ལན་དུ།

e　དྲི་བ་དྲིས་ལན།（问答）

f　刻本　བཀྲ་ཤིས་ལྷུན་པོ།（西藏日喀则扎什伦布寺）

g　乌金　梵夹装　48.5×7
h　8　6
i　无　藏纸　黑　完整
j　封面钤有“民族文化宫图书馆藏”印，写有哲蚌寺藏书号：མ　༢。

226.12
a　26-12

b　འཁོར་ལོ་སྡོམ་པ་དྲིལ་བུ་ལུགས་ལུས་དཀྱིལ་གྱི་བདག་འཇུག་ལེན་ཚུལ་རིན་ཆེན་བང་མཛོད་སྒོ་བརྒྱ་འབྱེད་པའི་ལྡེ་མིག

枳布师传胜乐轮身曼荼罗自入修法·开大宝藏多门之钥

c　དགེ་སློང་དཀོན་མཆོག་རྒྱ་མཚོ།

d

e　ཆོ་ག（仪轨）

f　刻本　བཀྲ་ཤིས་ལྷུན་པོ།（西藏日喀则扎什伦布寺）

g　乌金　梵夹装　49×7
h　20　6
i　无　藏纸　黑　完整
j　封面钤有“民族文化宫图书馆藏”印，写有哲蚌寺藏书号：མ　༢。

226.13
a　26-13

b　ཞི་གནས་སྒོམ་ཚུལ་གྱི་མན་ངག་ཏིང་འཛིན་སྒོ་བརྒྱ་འབྱེད་པའི་ལྡེ་མིག

寂止修法教授·开三摩地多门之钥

c　༄ཤཱཀྱའི་དགེ་སློང་གདོང་དྲུག་གྲུབ་པའི་རྡོ་རྗེ།

d　ལྷ་ལྡན་གཙུག་ལག་ཁང་།（西藏拉萨大昭寺）　ཨ་ར་ཧོར་ཆེན་སྤྲུལ་སྐུ་བློ་བཟང་སྙན་གྲགས།

e　མན་ངག（善言）

f　刻本　བཀྲ་ཤིས་ལྷུན་པོ།（西藏日喀则扎什伦布寺）

g　乌金　梵夹装　48.5×7
h　10　6
i　无　藏纸　黑　完整
j　封面钤有“民族文化宫图书馆藏”印，写有哲蚌寺藏书号：མ　༢。

226.14
a　26-14

b　ཁྱུང་ནག་གི་ལས་ཚོགས།

黑金翅鸟各种作业

c　༄༅།ཤཱཀྱའི་དགེ་སློང་བློ་བཟང་བསྟན་འཛིན། ཡོངས་འཛིན་བློ་བཟང་བསྟན་འཛིན་ནམ་གདོང་དྲུག་གྲུབ་པའི་རྡོ་རྗེ།

d　མཆོ་སྔོན་ཆིང་ཧཡང་བསོད་ནམས་རབ་བརྟན།

e　ལས་ཚོགས།（业资）

f　刻本
g　乌金　梵夹装　48.5×7
h　8　6
i　有　藏纸　黑　完整
j　封面钤有“民族文化宫图书馆藏”印，写有哲蚌寺藏书号：མ　༢。

226.15
a　26-15

b　རི་ཁྲོད་དགའ་ལྡན་ཆོས་གླིང་གི་གནས་བསྟོད་དག་སྣང་ནོར་བུའི་བང་མཛོད་ཀྱི་ལྡེ་མིག་ཞེས་བྱ་བ་དང་།མ་ཅིག་

རྡོ་རྗེ་རབ་བརྟན་མའི་གཏོར་འབུལ་ལེ་ཚན་གཉིས།

噶丹却林圣地赞·净相宝藏之钥与玛吉多杰饶登玛供神馐法等

c　༄༅།ཤཱཀྱའི་དགེ་སློང་བློ་བཟང་བསྟན་འཛིན།

d　གཉེར་པ་བློ་བཟང་བསོད་ནམས།

e　བསྟོད་ཚོགས།（赞集）

f　刻本　བཀྲ་ཤིས་ལྷུན་པོ།（西藏日喀则扎什伦布寺）　གཉེར་པ་བློ་བཟང་བསོད་ནམས།

g　乌金　梵夹装　48.5×7
h　5　6
i　无　藏纸　黑　完整
j　封面钤有“民族文化宫图书馆藏”印，写有哲蚌寺藏书号：མ　༢。

226.16
a　26-16
b　འཇིགས་བྱེད་དམར་པོའི་གསེར་སྐྱེམས། ལྷ་མོ་རབ་བརྟན་མའི་བསྐང་གསོ། ཕྱག་དྲུག་པའི་གཏོར་འབུལ། སྨན་བླ་བདེ་གཤེགས་བརྒྱད་ཀྱི་གསོལ་འདེབས་བཅས་བཞུགས་སོ།།
红怖畏金刚神饮供法、极坚天母酬供法、六臂明王供神馐法、药师八佛启请文等
c　༄ཤཱཀྱའི་དགེ་སློང་གཏོང་དྲུག་གྲུབ་པའི་རྡོ་རྗེ།
d　གཉེར་པ་བློ་བཟང་བསོད་ནམས།
e　གསོལ་འདེབས།（启请文）
f　刻本　བཀྲ་ཤིས་ལྷུན་པོ།（西藏日喀则扎什伦布寺）
g　乌金　梵夹装　49×7
h　7　6
i　无　藏纸　黑　完整
j　封面钤有“民族文化宫图书馆藏”印，写有哲蚌寺藏书号：མ　༢。

226.17
a　26-17
b　དུས་འཁོར་ཚོགས་གྲྭ་པ་རྣམས་ཀྱི་བཅའ་ཡིག་གི་འགྲེལ་བཤད།
修学时轮仪轨诸僧伽之清规制约解说
c　༄ཤཱཀྱའི་དགེ་སློང་བློ་བཟང་བསྟན་འཛིན།

d དཀའ་ཆེན་བློ་བཟང་འཇམ་དབྱངས།

e བཅའ་ཡིག（清规戒律）

f 刻本 བཀྲ་ཤིས་ལྷུན་པོ།（西藏日喀则扎什伦布寺）

g 乌金 梵夹装 49×7
h 9 6
i 无 藏纸 黑 完整
j 封面钤有“民族文化宫图书馆藏”印，写有哲蚌寺藏书号： མ ༢。

226.18
a 26-18

b དྲིས་ལན་ཐེ་ཚོམ་གྱི་དྲ་བ་གཅོད་པའི་མཚོན་ཆ།

问答类·断疑网之武器

c ༄།ཀུན་ཀྱི་དགེ་སློང་བློ་བཟང་བསྟན་འཛིན།

d

e དྲི་བ་དྲིས་ལན།（问答）

f 刻本 བཀྲ་ཤིས་ལྷུན་པོ།（西藏日喀则扎什伦布寺）

g 乌金 梵夹装 49.5×7
h 11 6
i 无 藏纸 黑 完整
j 封面钤有“民族文化宫图书馆藏”印，写有哲蚌寺藏书号：མ ༢。

226.19
a 26-19

b ཆབ་ཤོག

书信类

c ༄།ཀུན་ཀྱི་དགེ་སློང་བློ་བཟང་བསྟན་འཛིན།

d

e ཆབ་ཤོག（书函）

f 刻本 བཀྲ་ཤིས་ལྷུན་པོ།（西藏日喀则扎什伦布寺）

g 乌金 梵夹装 48.5×7
h 4 6
i 无 藏纸 黑 完整
j 封面钤有“民族文化宫图书馆藏”印，写有哲蚌寺藏书号：མ ༢。

226.20
a 26-20

b ཉི་མ་མདུང་གང་མ།

日曜董冈玛篇

c ཕྱི་ཀྲུའི་དགེ་སློང་བློ་བཟང་བསྟན་འཛིན།

d

e ཆོ་ག（仪轨）

f 刻本 བཀྲ་ཤིས་ལྷུན་པོ།（西藏日喀则扎什伦布寺）

g 乌金 梵夹装 48.5×7
h 7 6
i 无 藏纸 黑 完整
j 封面钤有“民族文化宫图书馆藏”印，写有哲蚌寺藏书号：མ ༢。

226.21
a 26-21

b ཐང་འཁོར་སོགས་ཀྱི་རྒྱབ་ཡིག་སྨོན་ཚིག

佛像画轴及法轮等之背文、愿文等类

c ཕྱི་ཀྲུའི་དགེ་སློང་བློ་བཟང་བསྟན་འཛིན། ཡོངས་འཛིན་བློ་བཟང་བསྟན་འཛིན་ནམ་གདོང་དྲུག་གྲུབ་པའི་རྡོ་རྗེ།

d

e སྨོན་ལམ།（祈愿文）

f 刻本 བཀྲ་ཤིས་ལྷུན་པོ།（西藏日喀则扎什伦布寺）

g 乌金 梵夹装 48×7
h 2 6
i 无 藏纸 黑 完整
j 封面钤有“民族文化宫图书馆藏”印，写有哲蚌寺藏书号：མ ༢。

226.22
a 26-22

b དཔལ་ལྡན་ལྷ་མོའི་མདོས་ཆེན་གྱི་རྫས་ཆ་དང་ལག་ལེན་མན་ངག

吉祥天母大灵器所用物品与修法要诀

c ༄༅།ཀུའི་དགེ་སློང་བློ་བཟང་བསྟན་འཛིན།

d

e མན་ངག（善言）

f 刻本 བཀྲ་ཤིས་ལྷུན་པོ།（西藏日喀则扎什伦布寺）

g 乌金 梵夹装 48.5×7
h 7 6
i 无 藏纸 黑 完整
j 封面钤有“民族文化宫图书馆藏”印，写有哲蚌寺藏书号：མ ༢。

226.23
a 26-23

b དཔལ་ལྡན་ལྷ་མོ་རྡོ་རྗེ་རབ་བརྟན་མའི་གསོལ་མཆོད་བདུད་སྡེ་ཐྲག་རི་འཇོམས་པའི་གནམ་ལྕགས།

吉祥天母金刚极坚母祈供法·摧伏魔军之霹雳

c ༄༅།ཀུའི་དགེ་སློང་གདོང་དྲུག་གྲུབ་པའི་རྡོ་རྗེ།

d དབེན་གནས་དགའ་ལྡན་ཆོས་གླིང་།（西藏日喀则噶丹却林寺） འབྲས་གཙང་སྤྱིལ་སྐུ།

e གསོལ་འདེབས།（启请文）

f 刻本 བཀྲ་ཤིས་ལྷུན་པོ།（西藏日喀则扎什伦布寺）

g 乌金 梵夹装 49×7
h 5 6
i 无 藏纸 黑 完整
j 封面钤有“民族文化宫图书馆藏”印，写有哲蚌寺藏书号：ཨ ༢。

226.24
a 26-24
b དཔལ་ལྡན་ལྷ་མོ་རལ་གཅིག་མའི་གསོལ་མཆོད་མཁའ་འགྲོ་དགྱེས་པའི་གླུ་དབྱངས།
吉祥天母一发辮母祈供法·空行喜悦之歌音
c ༄ཤཱཀྱའི་དགེ་སློང་གདོང་དྲུག་གྲུབ་པའི་རྡོ་རྗེ།
d མེ་ཕོ་བྱི། 火阳鼠年（1816）
དབེན་གནས་དགའ་ལྡན་ཆོས་གླིང་།（西藏日喀则噶丹却林） ཞལ་དཀར་རྗེ་དྲུང་།
e གསོལ་མཆོད།（供养仪轨）
f 刻本 བཀྲ་ཤིས་ལྷུན་པོ།（西藏日喀则扎什伦布寺）
g 乌金 梵夹装 48.5×7
h 10 6
i 无 藏纸 黑 完整
j 封面钤有“民族文化宫图书馆藏”印，写有哲蚌寺藏书号：ཨ ༢。

226.25
a 26-25
b གནོད་སྦྱིན་གྱི་རྒྱལ་པོ་སྤུ་གྲི་དམར་པོའི་སྙིང་གི་རྒྱུད་འགྲེལ་ཡིད་མུན་སེལ་བྱེད།
药叉王红刃心要密续释·消除心暗
c ༄ཤཱཀྱའི་དགེ་སློང་བློ་བཟང་བསྟན་འཛིན།
d ༄རྒྱལ་དབང་གི་སྐུ་བཅར་བློ་བཟང་ཆོས་འཛིན།
e རྒྱུད་འགྲེལ།(续释)
f 刻本 པཀྲ་ཤིས་ལྷུན་པོ།（西藏日喀则扎什伦布寺）

g　乌金　梵夹装　49×7
h　14　6
i　无　藏纸　黑　完整
j　封面钤有“民族文化宫图书馆藏”印，写有哲蚌寺藏书号：ཨ　༡。

226.26
a　26-26
b　ཕྱུག་གཞུང་ཡུལ་གྱི་གནས་བདག་གཞི་བདག་བཅས་ལ་བསངས་དང་གསེར་སྐྱེམས་མཆོད་གཏོར་འབུལ་ཚུལ།
　秋雄区方神地神等前煨桑与神饮、神馐供法
c　༄ཤཱཀྱའི་དགེ་སློང་བློ་བཟང་བསྟན་འཛིན།
d　ཁང་གསར་གཞིས་གཉེར་ཞབས་དྲུང་།
e　ཆོ་ག(仪轨)
f　刻本　བཀྲ་ཤིས་ལྷུན་པོ།（西藏日喀则扎什伦布寺）
g　乌金　梵夹装　48.5×7
h　4　6
i　无　藏纸　黑　完整
j　封面钤有“民族文化宫图书馆藏”印，写有哲蚌寺藏书号：ཨ　༡。

227
A　3695　745
B　གུ་གེ་ཡོངས་འཛིན་བློ་བཟང་བསྟན་འཛིན་གྱི་གསུང་འབུམ།
　古格经师洛桑丹增文集
C　ང
D　གུ་གེ་ཡོངས་འཛིན་རྡོ་རྗེ་འཆང་བློ་བཟང་བསྟན་འཛིན།
同 3693 介绍。

E 此函民族宫目录著录为 17 卷；西藏图书馆藏品为 19 卷，其中一卷为ཀ函内容，又一卷为重复。

227.1

a 19-1

b གུ་གེ་ཡོངས་འཛིན་རྡོ་རྗེ་འཆང་བློ་བཟང་བསྟན་འཛིན་གྱི་གསུང་འབུམ་ང་པའི་དཀར་ཆག

古格经师金刚持文集ང字函目录

c ཤཱཀྱའི་དགེ་སློང་བློ་བཟང་བསྟན་འཛིན། ཡོངས་འཛིན་བློ་བཟང་བསྟན་འཛིན་ནམ་གདོང་དྲུག་གྲུབ་པའི་རྡོ་རྗེ།

d

e དཀར་ཆག(目录)

f 刻本

g 乌金 梵夹装 49.5×7

h 1 6

i 无 藏纸 黑 完整

j 封面钤有“民族文化宫图书馆藏”印。

227.2

a 19-2

b རྒྱལ་བ་ཀུན་གྱི་ཡབ་གཅིག་རྗེ་བཙུན་འཇམ་པའི་དབྱངས་ཞི་ཁྲོ་སྦྲགས་སྒྲུབ་ཀྱི་དམིགས་སྐོར་ཐུན་མོང་བ་དང་།

ཐུན་མོང་མ་ཡིན་པ་ཉམས་སུ་ལེན་ཚུལ་སྐུ་གསུམ་གོ་འཕང་མཐོན་པོར་བགྲོད་པའི་ཐེམ་སྐས།

诸佛独父至尊文殊静怒合修所缘法类共与不共之修法·趣三身佛位之无上阶梯

c ཤཱཀྱའི་དགེ་སློང་བློ་བཟང་བསྟན་འཛིན།

d དགེ་སློང་ཛ་རྒྱབ་པ་ཡེ་ཤེས་བསྟན་འཛིན།

e སྒྲུབ་ཐབས།（修心法）

f 刻本 བཀྲ་ཤིས་ལྷུན་པོ།（西藏日喀则扎什伦布寺）

g 乌金 梵夹装 48.5×7

h 13 6
i 无 藏纸 黑 完整
j 封面钤有“民族文化宫图书馆藏”印；民族宫目录中为ག函内容。

227.3
a 19-3
b འཇམ་དཔལ་ཞི་དྲག་གི་བསྙུང་བ་བཀྲ་ཤིས་ལྷུན་པོའི་རྟེན་གསུང་བྱོན་རྣམས་ཀྱི་བྱུང་ཁུངས་རྒྱུད་གྲྭའི་བཅའ་ཡིག་གི་

འགྲེལ་བ་བསྙེན་གནས་ཀྱི་སྡོམ་པ་འབོག་ཆེན་ནེ་སེར་བའི་མཆོད་བསྟོད་བཅས་ཐོར་བུ་འགའ་ཞིག་བཞུགས་སོ།།

扎什伦布寺文殊静怒护法像曾说话诸尊之来历、密宗院之清规制约注释、斋戒仪轨、勒色哇之供赞等部分散集

c ༄༅།ཤཱཀྱའི་དགེ་སློང་བློ་བཟང་བསྟན་འཛིན།

d བཀྲ་ཤིས་ལྷུན་པོའི་ཡོངས་འཛིན་ཁང་།（西藏日喀则扎什伦布寺）

དགེ་ཚུལ་མ་ཡེ་ཤེས་ཆོས་འཛིན།

e བཅའ་ཡིག(清规戒律)

f 刻本 བཀྲ་ཤིས་ལྷུན་པོ།（西藏日喀则扎什伦布寺）

g 乌金 梵夹装 48.5×7
h 24 6
i 无 藏纸 黑 完整
j 封面钤有“民族文化宫图书馆藏”印。

227.4
a 19-4
b དགེ་ལྡན་རིན་པོ་ཆེའི་བཀའ་སྲོལ་ཕྱག་རྒྱ་ཆེན་པོ་རྩ་འགྲེལ་རྣམས་ཀྱི་འགྲེལ་བཤད་མཆོག་ཐུན་དངོས་གྲུབ་ཀྱི་བང་

མཛོད།

格登派大宝法规大手印本释之讲释·胜共二悉地宝藏

c ༄༅།ཤཱཀྱའི་དགེ་སློང་བློ་བཟང་བསྟན་འཛིན།

d　དབེན་གནས་དགའ་ལྡན་ཆོས་གླིང་།（西藏日喀则噶丹却林寺）

རྗེ་དྲུང་འཇམ་དབྱངས་བསྟན་འཛིན་སོགས།

e　ཕྱག་རྒྱ་ཆེན་མོ།(大法手印)

f　刻本　བཀྲ་ཤིས་ལྷུན་པོ།（西藏日喀则扎什伦布寺）

g　乌金　梵夹装　49×7

h　227　6

i　无　藏纸　黑　完整

j　封面钤有“民族文化宫图书馆藏”印。

227.5

a　19-5

b　བཀའ་བརྒྱད་སྟོང་པའི་ལུང་གི་སྙིང་ནས་གསུང་བཤད་ཐོབ་པའི་བླ་མ་བརྒྱུད་པའི་གསོལ་འདེབས་དང་རྩ་བའི་བླ་མའི་བཀའ་དྲིན་གསོལ་འདེབས།

获得般若八千颂经教讲授之师承祈请与本师恩德祈请等

c　ཤཱཀྱའི་དགེ་སློང་བློ་བཟང་བསྟན་འཛིན།

d

e　གསོལ་འདེབས།(启请文)

f　刻本　བཀྲ་ཤིས་ལྷུན་པོ།（西藏日喀则扎什伦布寺）

g　乌金　梵夹装　49×7

h　12　6

i　无　藏纸　黑　完整

j　封面钤有“民族文化宫图书馆藏”印。

227.6

a　19-6

b ཀྱལ་དབང་ཐམས་ཅད་མཁྱེན་པ་བློ་བཟང་སྐལ་བཟང་རྒྱ་མཚོས་མཛད་པའི་བརྒྱུད་པ་གསུམ་གྱི་བླ་མར་གསོལ་བ་འདེབས་ཤིང་དངོས་གྲུབ་ཞུ་བའི་གདུང་དབྱངས་དགེ་ལེགས་ཆར་འབེབས།

佛王一切智洛桑格桑嘉措所著三种承传师之祈请并求赐悉地之哀音·福善雨降注释

c ༄༅།ཤཱཀྱའི་དགེ་སློང་བློ་བཟང་བསྟན་འཛིན།

d ཐུགས་རམས་པ་བློ་བཟང་ཚུལ་ཁྲིམས།

e གསོལ་འདེབས།(启请文)

f 刻本 བཀྲ་ཤིས་ལྷུན་པོ།（西藏日喀则扎什伦布寺）

g 乌金 梵夹装 49×7

h 12 6

i 无 藏纸 黑 完整

j 封面钤有“民族文化宫图书馆藏”印。

227.7

a 19-7

b ཐུན་དྲུག་གི་བླ་མའི་རྣལ་འབྱོར་ཉམས་སུ་ལེན་ཚུལ་དང་འཇིགས་བྱེད་རྗེན་པའི་བླ་མའི་རྣལ་འབྱོར་གྱི་གསུང་མགུར།

六座上师瑜伽修法与依怖畏金刚之上师瑜伽道情歌

c ༄༅།ཤཱཀྱའི་དགེ་སློང་བློ་བཟང་བསྟན་འཛིན།

d དཀའ་ཆེན་བློ་བཟང་བཀྲ་ཤིས།

e བླ་མའི་རྣལ་འབྱོར།(上师瑜伽)

f 刻本 བཀྲ་ཤིས་ལྷུན་པོ།（西藏日喀则扎什伦布寺）

g 乌金 梵夹装 48.5×7

h 7 6

i 无 藏纸 黑 完整

j 封面钤有“民族文化宫图书馆藏”印。

227.8

a 19-8

b ནཱ་རོ་མཁའ་སྤྱོད་མའི་སྒྲུབ་ཐབས་དང་བསྐྱེད་རྫོགས་ཞམས་སུ་ལེན་ཚུལ་མཁའ་སྤྱོད་མྱུར་དུ་འགྲུབ་པའི་ཕོ་ཉ།

那若空行母修法与生圆二次第修法·空行速成之使者

c ༄ཤཱཀྱའི་དགེ་སློང་བློ་བཟང་བསྟན་འཛིན།

d དཀའ་ཆེན་བློ་བཟང་འཇམ་དབྱངས་སོགས།

e སྒྲུབ་ཐབས།（修心法）

f 刻本 བཀྲ་ཤིས་ལྷུན་པོ།（西藏日喀则扎什伦布寺）

g 乌金 梵夹装 47.5×7

h 39 6

i 无 藏纸 黑 完整

j 封面钤有“民族文化宫图书馆藏”印。

227.9

a 19-9

b ནཱ་རོ་མཁའ་སྤྱོད་མའི་ཚོགས་མཆོད་དང་འབྲེལ་བའི་ཚེས་བཅུའི་མཆོད་པ་མཁའ་སྤྱོད་གྲུབ་པའི་མྱུར་ལམ།

与那若空行会供结合之初十日供法·成就空行之捷径

c ༄ཤཱཀྱའི་དགེ་སློང་བློ་བཟང་བསྟན་འཛིན།

d དྲུང་རམས་པ་བློ་བཟང་ཚོས་འཕེལ།

e ཆོ་ག(仪轨)

f 刻本 བཀྲ་ཤིས་ལྷུན་པོ།（西藏日喀则扎什伦布寺） རྗེ་དྲུང་འཇམ་དབྱངས་བསྟན་འཛིན།

g 乌金 梵夹装 47.5×7

h 13 6

i 无 藏纸 黑 完整

j 封面钤有“民族文化宫图书馆藏”印。

227.10

a 19-10

b གཏོར་བཤད་སྐལ་ལྡན་སྤྱི་ནོར།

神馐讲说·具缘共宝

c ༄ཤཱཀྱའི་དགེ་སློང་བློ་བཟང་བསྟན་འཛིན།

d

e གཏོར་བཤད།(神馐说)

f 刻本 བཀྲ་ཤིས་ལྷུན་པོ།（西藏日喀则扎什伦布寺）

g 乌金 梵夹装 48×7

h 15 6

i 无 藏纸 黑 完整

j 封面钤有“民族文化宫图书馆藏”印。

227.11

a 19-11

b འཇམ་དཔལ་ཞི་དྲག་གི་བསྲུང་བ་བཀྲ་ཤིས་ལྷུན་པོའི་རྟེན་གསུང་བྱོན་རྣམས་ཀྱི་འབྱུང་ཁུངས་རྒྱུད་གྲྭའི་བཅའ་ཡིག་གི་འགྲེལ་པ་བསྙེན་གནས་ཀྱི་སྡོམ་པ་འབོག་ཆེན་ནེ་སེར་བའི་མཆོད་བསྟོད་བཅས་ཐོར་བུ་འགའ་ཞིག་བཞུགས་སོ།།

扎什伦布寺文殊静怒护法像曾说话诸尊之来历、密宗院之清规制约注释、斋戒仪轨、勒色哇之供赞等部分散集

c ༄ཤཱཀྱའི་དགེ་སློང་བློ་བཟང་བསྟན་འཛིན། ཡོངས་འཛིན་བློ་བཟང་བསྟན་འཛིན་ནམ་གདོང་དྲུག་གྲུབ་པའི་རྡོ་རྗེ།

d བཀྲ་ཤིས་ལྷུན་པོའི་ཡོངས་འཛིན་ཁང་།（西藏日喀则扎什伦布寺）

དགེ་ཚུལ་མ་ཡེ་ཤེས་ཆོས་འཛིན།

e བཅའ་ཡིག(清规戒律)

f 刻本 བཀྲ་ཤིས་ལྷུན་པོ།（西藏日喀则扎什伦布寺）

g 乌金 梵夹装 48.5×7

h 24 6

i 无 藏纸 黑 完整

j 封面钤有“民族文化宫图书馆藏”印。

227.12

a 19-12

b དབྱངས་ཅན་མའི་ཞི་བའི་སྦྱིན་སྲེག་དངོས་གྲུབ་ཀུན་འབྱུང་།

妙音佛母息灾护摩法·悉地普生

c དཀྱིལ་ཁང་ཁྲི་པ་བསྟན་འཛིན།

d སྐུ་ཞང་རབ་བརྟན་དོན་གྲུབ།

e སྦྱིན་སྲེག（火供）

f 刻本 བཀྲ་ཤིས་ལྷུན་པོ།（西藏日喀则扎什伦布寺）

g 乌金 梵夹装 48.5×7

h 5 6

i 无 藏纸 黑 完整

j 封面钤有“民族文化宫图书馆藏”印。

227.13

a 19-13

b རྡོ་རྗེ་རྣལ་འབྱོར་མའི་ཞི་བའི་སྦྱིན་སྲེག་གི་ཆོ་ག་དངོས་གྲུབ་རིན་ཆེན་འདྲེན་པའི་ཤིང་རྟ།

金刚瑜伽母息灾护摩仪轨·引悉地大宝之车

c ༄།ཤཱཀྱའི་དགེ་སློང་བློ་བཟང་བསྟན་འཛིན།

d དྲུང་རམས་པ་བློ་བཟང་ཆོས་འཕེལ།

e སྦྱིན་སྲེག（火供）

f 刻本 བཀྲ་ཤིས་ལྷུན་པོ།（西藏日喀则扎什伦布寺）

g 乌金 梵夹装 47.5×7

h 8 6

i 无 藏纸 黑 完整

j 封面钤有“民族文化宫图书馆藏”印。

227.14

a 19-14

b ཆོས་སྐྱོང་དམ་ཅན་རྒྱ་མཚོའི་སྒྲུབ་ཐབས་འཕྲིན་ལས་ཀྱི་རྒྱ་མཚོ།

护法荡金及诸眷属修法·事业大海

c ༄༅།།ཀུའི་དགེ་སློང་བློ་བཟང་བསྟན་འཛིན། ཡོངས་འཛིན་བློ་བཟང་བསྟན་འཛིན་ནམ་གདོང་དྲུག་གྲུབ་པའི་རྡོ་རྗེ།

d བཀྲ་ཤིས་ལྷུན་པོའི་ཡོངས་འཛིན་ཁང་།（西藏日喀则扎西伦布寺） དཀའ་བཅུ་བློ་བཟང་དགེ་ལེགས།

e སྒྲུབ་ཐབས།（修心法）

f 刻本 བཀྲ་ཤིས་ལྷུན་པོ།（西藏日喀则扎什伦布寺）

g 乌金 梵夹装 49×7

h 13 6

i 无 藏纸 黑 完整

j 封面钤有“民族文化宫图书馆藏”印。

227.15

a 19-15

b དཔལ་ལྡན་ལྷ་མོ་རྡོ་རྗེ་རབ་བརྟན་མའི་བསྐང་བ་འཕྲིན་ལས་རྣམ་བཞིའི་རིན་ཆེན་འདྲེན་པའི་ཤིང་རྟ།

吉祥大天母金刚极坚母酬供法·引四种事业大宝之车

c ༄༅།།ཀུའི་དགེ་སློང་གདོང་དྲུག་གྲུབ་པའི་རྡོ་རྗེ།

d བཀྲ་ཤིས་ལྷུན་པོའི་ཡོངས་འཛིན་ཁང་།（西藏日喀则扎什伦布寺） འབྲས་གཙང་སྤྲུལ་སྐུ།

e ཆོ་ག（仪轨）

f 刻本 བཀྲ་ཤིས་ལྷུན་པོ།（西藏日喀则扎什伦布寺）

g 乌金 梵夹装 48.5×7

h 14 6

i 无 藏纸 黑 完整

j　封面钤有“民族文化宫图书馆藏”印。

227.16

a　19-16

b　ཇོ་མོ་བཀྲ་ཤིས་ཚེ་རིང་མའི་བསངས་མཆོད་དང་གསེར་སྐྱེམས་འབུལ་ཚུལ་དང་མཐུ་གཏད་བྲག་རི་འཇོམས་པའི་གནམ་ལྕགས་གཏད་ཐུལ་གྱི་ཆོ་ག་བདེ་ལེགས་སྒོ་འབྱེད།

觉母吉祥长寿母之煨桑供、神饮供法及摧坏岩山之霹雳仪轨·开善乐门

c　གདོང་དྲུག་གྲུབ་པའི་རྡོ་རྗེ།

d　གཉེར་ཚང་ཆེན་མོ།（大储藏室）

e　ཆོ་ག（仪轨）

f　刻本　བཀྲ་ཤིས་ལྷུན་པོ།（西藏日喀则扎什伦布寺）

g　乌金　梵夹装　48×7

h　10　6

i　无　藏纸　黑　完整

j　封面钤有“民族文化宫图书馆藏”印。

227.17

a　19-17

b　དྲག་བཙན་ཨ་ཤོས་དང་བཙན་རྒོད་མེ་ལྷེ་འབར་བའི་གསོལ་མཆོད།

扎赞阿学与赞阁麦杰坝祈供法

c　༄ཤཱཀྱའི་དགེ་སློང་བློ་བཟང་བསྟན་འཛིན།

d　ཡུམ་ཉེ་མ་ཐུ་ཁྲིད།

e　གསོལ་མཆོད།（供养仪轨）

f　刻本　བཀྲ་ཤིས་ལྷུན་པོ།（西藏日喀则扎什伦布寺）

g　乌金　梵夹装　48.5×7

h　3　6

i 无 藏纸 黑 完整
j 封面钤有“民族文化宫图书馆藏”印。

227.18
a 19-18
b ཁལ་ཁ་ཡུལ་གྱི་ཆོས་བདག་རྣམ་སྣང་ལ་གསོལ་མཆོད་བྱ་ཚུལ་དངོས་གྲུབ་ཀྱི་སྒོ་འབྱེད་པའི་ལྡེ་མིག
库伦地区法主朗浪前祈供法·开悉地多门之钥
c ཤཱཀྱའི་དགེ་སློང་བློ་བཟང་བསྟན་འཛིན།
d དཀའ་ཆེན་སྨིན་པ་བློ་འཕེལ་སོགས།
e ཆོ་ག（仪轨）
f 刻本 བཀྲ་ཤིས་ལྷུན་པོ།（西藏日喀则扎什伦布寺）
g 乌金 梵夹装 49×7
h 7 6
i 无 藏纸 黑 完整
j 封面钤有“民族文化宫图书馆藏”印。

227.19
a 19-19
b བསྔོ་བ་རྒྱས་པ་བཞུགས་སོ།
回向广文
c ཤཱཀྱའི་དགེ་སློང་བློ་བཟང་བསྟན་འཛིན། ཡོངས་འཛིན་བློ་བཟང་བསྟན་འཛིན་ནམ་གདོང་དྲུག་གྲུབ་པའི་རྡོ་རྗེ།
d
e བསྔོ་ཡིག（回向文）
f 刻本 བཀྲ་ཤིས་ལྷུན་པོ།（西藏日喀则扎什伦布寺）
g 乌金 梵夹装 49×7
h 4 6
i 无 藏纸 黑 完整
j 封面钤有“民族文化宫图书馆藏”印。

228

A 3696 3832

B ཀུ་གེ་ཡོངས་འཛིན་བློ་བཟང་བསྟན་འཛིན་གྱི་གསུང་འབུམ།

古格经师洛桑丹增文集

C ཙ

D ཀུ་གེ་ཡོངས་འཛིན་རྡོ་རྗེ་འཆང་བློ་བཟང་བསྟན་འཛིན།

同 3693 介绍。

E 馆藏齐全。

228.1

a 3-1

b ཡོངས་འཛིན་རྡོ་རྗེ་འཆང་གི་གསུང་འབུམ་ཙ་པའི་དཀར་ཆག

经师金刚持文集ཙ字函目录

c ༄ཀུ་གེའི་དགེ་སློང་བློ་བཟང་བསྟན་འཛིན། ཡོངས་འཛིན་བློ་བཟང་བསྟན་འཛིན་ནམ་གདོང་དྲུག་གྲུབ་པའི་རྡོ་རྗེ།

d

e དཀར་ཆག（目录）

f 刻本

g 乌金 梵夹装 49×7

h 1 6

i 无 藏纸 黑 完整

j 封面钤有“民族文化宫图书馆藏”印。

228.2

a 3-2

b སློབ་དཔོན་དཔའ་བོས་མཛད་པའི་སྐྱེས་རབས་སོ་བཞི་པའི་འགྲེལ་བཤད་དད་པའི་རིན་ཆེན་འདྲེན་པའི་ཤིང་རྟ།

阿阇梨巴俄著三十四本生传注释·载运敬信珍宝之车

c ཡོངས་འཛིན་བློ་བཟང་བསྟན་འཛིན་ནམ་གདོང་དྲུག་གྲུབ་པའི་རྡོ་རྗེ།

d དབེན་གནས་དགའ་ལྡན་ཆོས་གླིང་།（西藏日喀则噶丹却林寺）

e སྐྱེས་རབས།（传记）

f 刻本
g 乌金 梵夹装 48×7
h 250 6
i 有 藏纸 黑 完整
j 封面钤有“民族文化宫图书馆藏”印。

228.3
a 3-3

b གསུང་ངག་རིན་པོ་ཆེ་ལམ་འབྲས་བུ་དང་བཅས་པའི་གདམས་ངག

法典道果教授

c ཤཱཀྱའི་དགེ་སློང་བློ་བཟང་བསྟན་འཛིན། ཡོངས་འཛིན་བློ་བཟང་བསྟན་འཛིན་ནམ་གདོང་དྲུག་གྲུབ་པའི་རྡོ་རྗེ།

d དབེན་གནས་དགའ་ལྡན་ཆོས་གླིང་།（西藏日喀则噶丹却林寺） མཁན་ཆེན་བློ་བཟང་ཚེ་དབང་།

e གདམས་ངག（教诫）

f 刻本
g 乌金 梵夹装 48×7
h 168 6
i 无 藏纸 黑 完整
j 封面钤有“民族文化宫图书馆藏”印。

229
A 3697 3289

B ཕ་བོང་ཁ་པ་བདེ་ཆེན་སྙིང་པོའི་གསུང་འབུམ།

帕邦喀巴·德钦宁布文集

C ཀ

D ཕ་བོང་ཁ་པ་རྗེ་བཙུན་བྱམས་པ་བསྟན་འཛིན་འཕྲིན་ལས་རྒྱ་མཚོ། དགེ་ལུགས།རབ་བྱུང་བཅོ་ལྔ་པའི་ས་སྟག་ལོ་༡༨༧༨ལ་ཡབ་ཨོད་དྲུང་ཚེ་བསྟན་རྣམ་རྒྱལ་དང་། ཡུམ་ཚེ་འབྲང་བཟང་མོ་དཀོན་མཆོག་སྒྲོན་མ་གཉིས་ཀྱི་སྲས་སུ་ལྷ་ལྡན་གཙུག་ལག་ཁང་གི་ནུབ་ཕྱོགས་གཡུ་ཐོག་ཞར་ཞེས་པའི་གནས་ཚང་དུ་སྐུ་འཁྲུངས། དགུང་ལོ་བཞི་པར་ཁྲི་ཆེན་ངག་

དཔང་ནོར་བུའི་དྲུང་དུ་དབུ་སྐྲ་གཙུག་ཕུད་ཕུལ། དགུང་ལོ་བདུན་པར་ཕུར་ལྕོག་སྐུ་ཕྲེང་གསུམ་པ་བྱམས་པ་རྒྱ་མཚོའི་དྲུང་རབ་བྱུང་སྒྲུབ་པའི་མཚན་བྱམས་པ་བསྟན་འཛིན་འཕྲིན་ལས་རྒྱ་མཚོ་ཞེས་བསྟུལ། དགུང་ལོ་བཅུ་གཅིག་ཐོག་སྲིད་སྐྱོང་ཚེ་སྨོན་གླིང་བསྟན་པའི་རྒྱལ་མཚན་གྱིས་ཕ་བོང་ཁའི་མཁན་པོ་བསྟན་འཛིན་བཟང་པོའི་སྤྲུལ་སྐུར་ངོས་འཛིན་གནང་། དགུང་ལོ་བཅོ་བརྒྱད་ལ་གླིང་བསྡེའི་མཚན་བཏགས་བཞེས། དགུང་ལོ་བཅུ་དགུ་ལ་རྒྱུད་པ་གྲྭ་ཚང་དུ་སྔགས་ཀྱི་སྐོར་གསན་བསམ་མཛད། བྲག་རི་རྡོ་རྗེ་འཆང་སོགས་དགེ་བའི་བཤེས་གཉེན་བཅུ་ཕྲག་འགའི་ཞབས་ལ་གཏུགས་ནས་ལུང་རྒྱུན་པོ་ཏི་ལྔ་བརྒྱར་ཉེ་བ་དང་། རྗེས་གནང་སྟོང་ཕྲག་ཉེ་བ། ཁྲིད་ཆེན་ཁག་ལྔ་བཅུ་བརྒྱལ་བ། དབང་ཆེན་བཅུ་ཕྲག་གཉིས་སུ་ཉེ་བ་མཆོན་ས་དགེ་རྙིང་མ་སོགས་ཀྱི་དབང་ལུང་མན་ངག་རྒྱ་མཚོ་ལྟ་བུར་གསན་བསམ་རྒྱ་ཆེན་པོ་གནང་། རྗེ་འདིས་གོ་ས་དབང་གྲགས་གང་ལའང་དོན་གཉེར་མེད་པ་དཔེར་ན། རྒྱལ་ཚབ་གནང་རྒྱུར་ཐུགས་མོས་མ་གནང་བ་དང་། ཤིས་ཁང་ལིའུ་ཀྲུའུ་ཞིས་ཁམས་ཁུལ་དུ་གདན་འདྲེན་ཞུ་ཡིག་ཕུལ་ཀྱང་མ་ཕེབས་པ། རྒྱལ་བ་སྐུ་ཕྲེང་བཅུ་བཞི་པའི་ཡོངས་འཛིན་གྱི་གོ་ས་མ་བཞེས་པ། སྲིད་སྐྱོང་ར་སྒྲེང་གིས་བོད་ཀྱི་བླ་ཆེན་ཚང་མའི་གྲལ་དབུར་བཞུགས་ཆོག་པའི་གོ་གནས་ཕུལ་ཡང་དང་ལེན་མ་མཛད་པ་རེད། རྗེ་ཉིད་ཀྱི་སློབ་མ་དབུས་གཙང་གདན་ས་ཆེན་པོ་བཞིས་མཚོན་བོད་ལྗོངས་ཡོངས་ཀྱི་དགེ་ལུགས་དགོན་སྡེ་ཁག་གི་མཁན་སྤྲུལ་དགེ་བཤེས། འདུས་སྡེ་བཅས་ཕལ་ཆེ་བ་དང་། ཡུལ་གྲུ་སོ་སོའི་སེར་སྐྱ་དྲག་ཞན་ཆེས་མང་པོ་དང་། ཧོར་མོན་བལ་འབྲུག་རྒྱ་སོག་སོགས་ས་ཕྱོགས་གང་སར་མི་ཁྱབ་མེད། རབ་བྱུང་བཅུ་དྲུག་པའི་ལྕགས་སྦྲུལ་ལོ་༡༩༤༡ལ་གཟུགས་སྐུ་ཆོས་དབྱིངས་སུ་བསྡུས། གསུང་རྩོམ་པོད་བཅུ་གཉིས་ལྷག་བཞུགས། དེང་དཔེ་མཛོད་ཁང་དུ་བཀྲ་ཤིས་ཆོས་གླིང་གི་པར་པོད་༡༠ ཀ--ཐ ཨང་རྟགས་ ༣༤༨༧--༣༥༠༥ བཞུགས།

帕邦喀巴·德钦宁布（1878—1941）：属格鲁派。诞生于拉萨大昭寺西侧宇拓夏（གཡུ་ཐོག་ཤར།）。被夏巴曲杰认定帕邦喀堪布丹增桑布转世。当时也有章嘉若白多杰转世之说。8 岁出家。19 岁在下密院学习密宗。广泛学习藏族各个教派典籍，毕生传授显密典籍及大小五明，以满足众愿。以卫藏四大寺为主的各大小寺院堪布、活佛、格西、僧人多为其弟子。尼泊尔、内地、不丹、蒙古等地徒弟不计其数。十三世达赖喇嘛圆寂后，尊师不愿担任摄政王；西康刘文辉主席致函邀请，却未应；不愿担任第十四世达赖喇嘛的经师；不接受摄政王热振活佛赠与的“西藏首席大喇嘛”封号。享年 63 岁。遗著共 11 函，在西藏图书馆藏北京民族文化宫图书馆赠送的文集有扎西却林版文集 10 函，编号为 3697—3705。

E 馆藏齐全。

229.1

a 5-1

b ཁྱབ་བདག་རྡོ་རྗེ་འཆང་ཕ་བོང་ཁ་པ་དཔལ་བཟང་པོའི་གསུང་འབུམ་པོད་ཀ་པའི་དཀར་ཆག་བཞུགས།

遍主金刚持帕邦喀巴文集ཀ字函目录

c

d

e དཀར་ཆག（目录）

f 刻本 ཕ་བོང་ཁའི་ཡང་དབེན་བཀྲ་ཤིས་ཆོས་གླིང་།（西藏拉萨帕邦喀扎西却林）

g 乌金 梵夹装 48×6

h 4 6

i 无 藏纸 黑 完整

j 封面钤有“民族文化宫图书馆藏”印。

229.2

a 5-2

b རིགས་བརྒྱའི་ཁྱབ་བདག་རྡོ་རྗེ་སེམས་དཔའི་ངོ་བོ་རྗེ་ཕ་བོང་ཁ་པའི་གསན་ཡིག་བསམ་འཕེལ་ནོར་བུའི་དོ་ཤལ་ལས་དབང་རྒྱུད་ཀྱི་སྐོར་ཕྱོགས་གཅིག་ཏུ་བཀོད་པ་བཞུགས་སོ།།

百部遍主金刚萨埵之体性至尊帕邦喀巴之闻听法录·如意宝璎珞中灌顶法类合编

c

d

e གསན་ཡིག（聆听文）

f 刻本 ཕ་བོང་ཁའི་ཡང་དབེན་བཀྲ་ཤིས་ཆོས་གླིང་།（西藏拉萨帕邦喀扎西却林）

g 乌金 梵夹装 48×6

h 16 6

i 无 藏纸 黑 完整

j 封面钤有“民族文化宫图书馆藏”印。

229.3
a 5-3
b རིགས་བརྒྱའི་ཁྱབ་བདག་རྡོ་རྗེ་སེམས་དཔའི་ངོ་བོ་རྗེ་ཕ་བོང་ཁ་པའི་གསན་ཡིག་བསམ་འཕེལ་ནོར་བུའི་དོ་ཤལ་

ལས་དབང་ཁྲིད་སྨྲགས་མའི་སྐོར་ཕྱོགས་གཅིག་ཏུ་བཀོད་པ་བཞུགས་སོ།།

百部遍主金刚萨埵之体性至尊帕邦喀巴之闻法录·如意宝瓔珞中灌顶导释合编
c
d
e གསན་ཡིག（聆听文）

f 刻本 ཕ་བོང་ཁའི་ཡང་དབེན་བཀྲ་ཤིས་ཆོས་གླིང་།（西藏拉萨帕邦喀扎西却林）

g 乌金 梵夹装 48×6
h 64 6
i 无 藏纸 黑 完整
j 封面钤有“民族文化宫图书馆藏”印。

229.4
a 5-4
b རིགས་བརྒྱའི་ཁྱབ་བདག་རྡོ་རྗེ་སེམས་དཔའི་ངོ་བོ་རྗེ་ཕ་བོང་ཁ་པའི་གསན་ཡིག་བསམ་འཕེལ་ནོར་བུའི་དོ་ཤལ་

ལས་ལུང་ཁྲིད་སྣ་ཚོགས་སྐོར་ཕྱོགས་གཅིག་ཏུ་བཀོད་པ་བཞུགས་སོ།།

百部遍主金刚萨埵之体性至尊帕邦喀巴之闻法录·如意宝瓔珞中传经教导诸法类合编
c
d རབ་བྱུང་བཅུ་དྲུག་པའི་ནག་པ་ཟླ་བར་བདུས། 第十六饶迥年（1927）藏历三月

གཞིས་ལྷ་ལྡུ་དགའ་ཚལ།（西藏拉萨） འདན་གྲྭ་སུ་རྡིའི་མིང་ཅན་གྱིས་བདུས།

e གསན་ཡིག（聆听文）

f 刻本 ཕ་བོང་ཁའི་ཡང་དབེན་བཀྲ་ཤིས་ཆོས་གླིང་།（西藏拉萨帕邦喀扎西却林）

g 乌金 梵夹装 48×6
h 48 6

i 无 藏纸 黑 完整
j 封面钤有“民族文化宫图书馆藏”印。

229.5
a 5-5
b རིགས་བརྒྱའི་ཁྱབ་བདག་རྡོ་རྗེ་སེམས་དཔའི་ངོ་བོ་རྗེ་ཕ་བོང་ཁ་པའི་གསན་ཡིག་བསམ་འཕེལ་ནོར་བུའི་དོ་ཤལ་ལས་ལུང་རྒྱུད་གི་སྐོར་ཕྱོགས་གཅིག་ཏུ་བཀོད་པ་བཞུགས་སོ།།
百部遍主金刚萨埵之体性至尊帕邦喀巴之闻法录·如意宝璎珞中传经法类合编
c
d
e གསན་ཡིག（聆听文）
f 刻本 ཕ་བོང་ཁའི་ཡང་དབེན་བཀྲ་ཤིས་ཆོས་གླིང་།（西藏拉萨帕邦喀扎西却林）
g 乌金 梵夹装 48×6
h 232 6
i 无 藏纸 黑 完整
j 封面钤有“民族文化宫图书馆藏”印。

230
A 3698 3290
B ཕ་བོང་ཁ་པ་བདེ་ཆེན་སྙིང་པོའི་གསུང་འབུམ།
帕邦喀巴·德钦宁布文集
C ཁ
D ཕ་བོང་ཁ་པ་རྗེ་བཙུན་བྱམས་པ་བསྟན་འཛིན་འཕྲིན་ལས་རྒྱ་མཚོ།
同3697介绍。
E 馆藏齐全。

230.1
a 15-1
b ཁྱབ་བདག་རྡོ་རྗེ་འཆང་ཕ་བོང་ཁ་པ་དཔལ་བཟང་པོའི་གསུང་འབུམ་པོད་ཁ་པའི་དཀར་ཆག་བཞུགས།

遍主金刚持帕邦喀巴文集ཁ字函目录

c
d

e དཀར་ཆག（目录）

f 刻本 ཕ་བོང་ཁའི་ཡང་དབེན་བཀྲ་ཤིས་ཆོས་གླིང་།（西藏拉萨帕邦喀扎西却林）

g 乌金 梵夹装 48×6
h 2 6
i 无 藏纸 黑 完整
j 封面钤有“民族文化宫图书馆藏”印。

230.2
a 15-2

b རིགས་བརྒྱའི་ཁྱབ་བདག་རྡོ་རྗེ་སེམས་དཔའི་ངོ་བོ་རྗེ་ཕ་བོང་ཁ་པའི་གསན་ཡིག་བསམ་འཕེལ་ནོར་བུའི་དོ་ཤལ་ལས་རྗེས་གནང་སྐོར་ཕྱོགས་གཅིག་ཏུ་བཀོད་པ་བཞུགས་སོ།།

百部遍主金刚萨埵之体性至尊帕邦喀巴之闻法录·如意宝瓔珞中随许法类合编

c
d

e གསན་ཡིག（聆听文）

f 刻本 ཕ་བོང་ཁའི་ཡང་དབེན་བཀྲ་ཤིས་ཆོས་གླིང་།（西藏拉萨帕邦喀扎西却林）

g 乌金 梵夹装 48×6
h 33 6
i 无 藏纸 黑 完整
j 封面钤有“民族文化宫图书馆藏”印。

230.3
a 15-3

b རིགས་བརྒྱའི་ཁྱབ་བདག་རྡོ་རྗེ་སེམས་དཔའི་ངོ་བོ་རྗེ་ཕ་བོང་ཁ་པའི་གསན་ཡིག་བསམ་འཕེལ་ནོར་བུའི་དོ་ཤལ་ལས་བེའུ་བུམ་སྐོར་ཕྱོགས་གཅིག་ཏུ་བཀོད་པ་བཞུགས་སོ།།

百部遍主金刚萨埵之体性至尊帕邦喀巴之闻法录·如意宝瓔珞中小函类合编

c

d

e གསན་ཡིག（聆听文）

f 刻本 ཕ་བོང་ཁའི་ཡང་དབེན་བཀྲ་ཤིས་ཆོས་གླིང་།（西藏拉萨帕邦喀扎西却林）

g 乌金　梵夹装　48×6

h 87　6

i 有　藏纸　黑　完整

j 封面钤有“民族文化宫图书馆藏”印。

230.4

a 15-4

b ཟབ་ལམ་བླ་མ་མཆོད་པ་བདེ་སྟོང་དབྱེར་མེད་མ་དཔལ་འཁོར་ལོ་སྡོམ་པ་དང་འབྲེལ་བའི་རྣལ་འབྱོར་ཉམས་སུ་ལེན་ཚུལ་གྱི་ཆོ་ག་ནག་འགྲོས་སུ་བཀོད་པ་ཞར་བྱུང་དང་བཅས་པ་སྙན་བརྒྱུད་བདུད་རྩིའི་ཐིག་ཞེས་བྱ་བ་བཞུགས་སོ།།

甚深道供养上师法空乐无别篇与胜乐轮相结合之瑜伽修法仪轨易诵通轨及附则·耳传甘露精华

c ཕ་བོང་ཁ་སྤྲུལ་མིང་པ་བྱམས་པ་བསྟན་འཛིན་འཕྲིན་ལས་རྒྱ་མཚོ།

d བཙུན་མ་འཕྲིན་ལས་བདེ་སྐྱོང་།

e ཆོ་ག（仪轨）

f 刻本 ཕ་བོང་ཁའི་ཡང་དབེན་བཀྲ་ཤིས་ཆོས་གླིང་།（西藏拉萨帕邦喀扎西却林）

ངག་ལྡན་དཔོན་ལྷ་ཁྱབ་བསྟན་གསུང་རབ།

g 乌金　梵夹装　48×6

h 31　6

i 无　藏纸　黑　完整

j 封面钤有“民族文化宫图书馆藏”印。

230.5

a 15-5

b ཟབ་ལམ་བླ་མ་མཆོད་པ་འཇིགས་བྱེད་དང་འབྲེལ་བར་ཉམས་ལེན་ཚུལ་གྱི་འདོན་ཆོག་སུ་བཀོད་པ་སྙན་བརྒྱུད་

བདུད་རྩིའི་ཐིགས་མ་ཞེས་བྱ་བ་བཞུགས་སོ།།

甚深道供养上师法与怖畏金刚相结合之修法念诵通轨·耳传甘露珠

c སྟོན་ཟླའི་ཡར་ཚེས།

d དགས་པོ་དགའ་ལྡན་བཤད་སྒྲུབ་རྣམ་པར་རྒྱལ་བའི་གླིང་སོགས།（塔波噶丹夏珠林）

e ཆོ་ག（仪轨）

f 刻本 བཀྲ་ཤིས་ཆོས་གླིང་།（西藏拉萨扎西却林） འདུན་ཆོས་འཁོར་དགོན་གྱི་གྲྭ་རིགས་དགེ་

སློང་བློ་བཟང་དོན་ཛེ།

g 乌金 梵夹装 48×6
h 20 6
i 无 藏纸 黑 完整
j 封面钤有“民族文化宫图书馆藏”印。

230.6
a 15-6

b སྙན་བརྒྱུད་དབང་བཞི་རྒྱས་པ་ལེན་ཚུལ་གྱི་ཆོག་སྒྲིགས་ཐབས་མཁས་འཕྲུལ་གྱི་དགའ་སྟོན་བཞུགས།

耳传四灌顶广修仪轨·善巧方便幻化喜宴

c ཕ་བོང་ཁའི་སྤྲུལ་མིང་།

d རབ་རྒྱལ་མེ་གླང་ལོ་ཁྲུམས་སྟོད་ཟླ་བ། 火牛年（1937）藏历七月十六至八月十五日

རོང་པོ་རེ་སྟོད་ཀྱི་ཆོས་སྐར་འགྲོ་འདྲེན་གླིང་ཁང་།མི་རྗེ་མདོ་ལས་ལས་ཚན་པ་ཐུབ་བསྟན་ཀུན་འཕེལ།

e མན་ངག（善言）

f 刻本 བཀྲ་ཤིས་ཆོས་གླིང་།（西藏拉萨扎西却林） དགེ་སློང་བློ་བཟང་དོན་ཛེ།

g 乌金 梵夹装 48×6
h 7 6
i 无 藏纸 黑 完整

j　封面钤有“民族文化宫图书馆藏”印。

230.7

a　15-7

b　ཟབ་ལམ་བླ་མ་མཆོད་པ་བདེ་སྟོང་དབྱེར་མ་དང་གྲུབ་རྒྱལ་ལུགས་ཀྱི་ཚེ་སྒྲུབ་སྦྲགས་མའི་སྒོ་ནས་ཞིང་ཁྱད་པར་ཅན་ ལ་བརྟན་བཞུགས་འབུལ་ཚུལ་རྟག་བརྟན་རྡོ་རྗེའི་རི་ཁྲ་ཞེས་བྱ་བ་བཞུགས་སོ།།

甚深道供养上师法空乐无别篇与珠吉传规之长寿合修法门中请久住殊胜刹土文·固相金刚图画

c

d

e　བརྟན་བཞུགས།（住世文）

f　刻本　བཀྲ་ཤིས་ཆོས་གླིང་།（西藏拉萨扎西却林）

g　乌金　梵夹装　48×6

h　13　6

i　无　藏纸　黑　完整

j　封面钤有“民族文化宫图书馆藏”印。

230.8

a　15-8

b　བླ་མའི་རྣལ་འབྱོར་བྱིན་རླབས་འདོད་དགུའི་གཏེར་མཛོད་སོགས་བླ་མའི་རྣལ་འབྱོར་གྱི་རིམ་པ་ཕྱོགས་གཅིག་ཏུ་བསྒྲིགས་པ་བཞུགས་སོ།།

上师瑜伽法·加持如意秘藏等上师瑜伽法次第合编

c　ཕ་བོང་ཁའི་སྤྲུལ་མིང་པ།

d　ཆབ་མདོ་དགེ་ལྡན་བྱམས་པ་གླིང་།（西藏昌都噶丹·强巴林）

ལྡན་ཆོས་འཁོར་དགོན་གྱི་གྲྭ་ རིགས་སྔོ་བཟང་རྡོ་རྗེ།

e　བླ་མའི་རྣལ་འབྱོར།（上师瑜伽）

f　刻本　བཀྲ་ཤིས་ཆོས་གླིང་།（西藏拉萨扎西却林）

g　乌金　梵夹装　48×6

h 16 6
i 无 藏纸 黑 完整
j 封面钤有“民族文化宫图书馆藏”印。

230.9
a 15-9
b ཁྱབ་བདག་འཁོར་ལོའི་མགོན་པོ་རྡོ་རྗེ་འཆང་ཕ་བོང་ཁ་པའི་གསུང་ལས་བླ་བརྒྱུད་གསོལ་འདེབས་སོགས་ཀྱི་སྐོར་ཕྱོགས་གཅིག་ཏུ་བསྒྲིགས་པ་བཞུགས་སོ།།
遍主轮怙主金刚持帕邦喀巴文集师承祈请类合编
c ཕ་བོང་ཁའི་སྤྲུལ་མིང་པ།
d རང་ལོ་དྲུག་ཅུར། 六十岁(1938年) ལྕགས་ཟམ་དགེ་གཞི་ཐུབ་བསྟན་དར་རྒྱས་ གླིང་གི་ལས་སྡེ་རྣམས།
e གསོལ་འདེབས།（启请文）
f 刻本 བཀྲ་ཤིས་ཆོས་གླིང་།（西藏拉萨扎西却林） དགེ་སློང་བསྟན་འཛིན་མཁས་མཆོག
g 乌金 梵夹装 48×6
h 23 6
i 有 藏纸 黑 完整
j 封面钤有“民族文化宫图书馆藏”印。

230.10
a 15-10
b ཟབ་ལམ་དགའ་ལྡན་ལྷ་བརྒྱ་མའི་རྣལ་འབྱོར་ཉམས་སུ་ལེན་ཚུལ་སྙན་བརྒྱུད་ཞལ་ཤེས་ལྷུག་པར་བཀོད་པའི་མན་ངག་རིན་ཆེན་གཏེར་གྱི་བང་མཛོད་ཅེས་བྱ་བ་བཞུགས་སོ།།
甚深道喜足天众所出之上师瑜伽法喜足天众篇
c ཕ་བོང་ཁ་པ།
d མེ་བྱི་ལོ། 火鼠年（1936） ཆབ་མདོ་དགེ་ལྡན་བྱམས་པ་གླིང་དཀོན་རྫོང་བླ་བྲང་གི་གཟིམས་ཆུང་མཁའ་སྤྱོད་དགའ་ཚལ།（西藏昌都噶丹强巴林） ཚ་བ་བྱམས་པ་མཐའ་ཡས་སོགས།
e བླ་མའི་རྣལ་འབྱོར།（上师瑜伽）

f　刻本　བཀྲ་ཤིས་ཆོས་གླིང་།（西藏拉萨扎西却林）

g　乌金　梵夹装　48×6

h　23　6

i　有　藏纸　黑　完整

j　封面钤有“民族文化宫图书馆藏”印。

230.11

a　15-11

b　དགེ་ལྡན་སྙན་བརྒྱུད་ཀྱི་མན་ངག་ལས་བྱུང་བའི་བླ་མའི་རྣལ་འབྱོར་དགའ་ལྡན་ལྷ་བརྒྱ་མར་གྲགས་པ་

བཞུགས་སོ།།

格登耳传教授中所出之上师瑜伽法喜足天众篇

c

d

e　བླ་མའི་རྣལ་འབྱོར།（上师瑜伽）

f　刻本　བཀྲ་ཤིས་ཆོས་གླིང་།（西藏拉萨扎西却林）

g　乌金　梵夹装　48×6

h　5　6

i　有　藏纸　黑　完整

j　封面钤有“民族文化宫图书馆藏”印。

230.12

a　15-12

b　སྲད་རྒྱུད་ལུགས་ཀྱི་དགའ་ལྡན་ལྷ་བརྒྱ་མའི་འཕོ་ཁྲིད་འདོན་ཆོག་དང་བཅས་པ་སྐལ་བཟང་དགའ་ལྡན་བགྲོད་

པའི་ཐེམ་སྐས་ཞེས་བྱ་བ་བཞུགས་སོ།།

舍派传规之喜足天众篇之往生法教导念诵仪轨·趣具缘喜宴之阶梯

c　བཙུན་གཟུགས་བྱམས་པ་བསྟན་འཛིན་འཕྲིན་ལས་རྒྱ་མཚོ།

d　ཞོལ་ཁང་པ་དོན་གྲུབ་ཕུན་ཚོགས།

e　འཕོ་ཁྲིད།（往生导释）

f　刻本　བཀྲ་ཤིས་ཆོས་གླིང་།（西藏拉萨扎西却林）

g　乌金　梵夹装　48×6
h　8　6
i　无　藏纸　黑　完整
j　封面钤有“民族文化宫图书馆藏”印。

230.13
a　15-13

b　ལམ་གྱི་རྩ་བ་བཤེས་གཉེན་བསྟེན་ཚུལ་སྐྱོང་ཁྲིད་དུ་ཉམས་སྐབས་ཀྱི་ཟིན་བྲིས་གྲུབ་གཉིས་འདོད་པ་འཛོ་བའི་དཔག་

བསམ་ཡོངས་འདུའི་སྙེ་མ་ཞེས་བྱ་བ་བཞུགས་སོ།།

道之根本·依止善知识法修验教导传授时之笔录·二种成就如意全聚穗

c

d

e　བཤེས་གཉེན་བསྟེན་ཚུལ།(从师)

f　刻本　བཀྲ་ཤིས་ཆོས་གླིང་།（西藏拉萨扎西却林）

g　乌金　梵夹装　48×6
h　52　6
i　无　藏纸　黑　完整
j　封面钤有“民族文化宫图书馆藏”印。

230.14
a　15-14

b　རྗེ་བཙུན་བླ་མ་ཆོ་ནེ་པཎྜིཏ་རིན་པོ་ཆེའི་ཞལ་སྔ་ནས་སྔགས་རིམ་ཆེན་པོའི་བཤད་ལུང་ནོས་སྐབས་ཀྱི་གསུང་བཤད་

ཟིན་བྲིས་བརྗོར་ཙམ་དུ་བཀོད་པ་བཞུགས་སོ།།

至尊上师卓尼班智达传授密宗道次第广论经教时开示之笔录

c

d

e　སྔགས་རིམ།(密次第)

f　刻本　བཀྲ་ཤིས་ཆོས་གླིང་།（西藏拉萨扎西却林）

g　乌金　梵夹装　48×6

h 37 6
i 无 藏纸 黑 完整
j 封面钤有“民族文化宫图书馆藏”印。

230.15
a 15-15
b སྒྲུབ་སྡེ་དགེ་རྒྱས་ཐེག་མཆོག་གླིང་གི་སྒྲོང་བ་པ་རྣམས་ཀྱི་ཉམས་བཞེས་ཁྲིམས་སུ་བཅའ་བའི་ཡི་གེ་ངོ་མཚར་བདུད་རྩིའི་དགའ་སྟོན་ཞེས་བྱ་བ་བཞུགས་སོ།།
禅院格杰特却林诸僧伽修行之清规制约・希有甘露喜宴
c
d
e བཅའ་ཡིག（清规戒律）
f 刻本 བཀྲ་ཤིས་ཆོས་གླིང་།（西藏拉萨扎西却林）
g 乌金 梵夹装 48×6
h 21 6
i 无 藏纸 黑 完整
j 封面钤有“民族文化宫图书馆藏”印。

231
A 3699 3291
B ཕ་བོང་ཁ་པ་བདེ་ཆེན་སྙིང་པོའི་གསུང་འབུམ།
帕邦喀巴・德钦宁布文集
C ག
D ཕ་བོང་ཁ་པ་རྗེ་བཙུན་བྱམས་པ་བསྟན་འཛིན་འཕྲིན་ལས་རྒྱ་མཚོ།
同 3697 介绍。
E 馆藏齐全。

231.1
a 18-1
b ཁྱབ་བདག་རྡོ་རྗེ་འཆང་ཕ་བོང་ཁ་པ་དཔལ་བཟང་པོའི་གསུང་འབུམ་པོད་ག་པའི་དཀར་ཆག་བཞུགས།

遍主金刚持帕邦喀巴文集ཀ字函目录

c

d

e དཀར་ཆག（目录）

f 刻本 བཀྲ་ཤིས་ཆོས་གླིང་།（西藏拉萨扎西却林）

g 乌金 梵夹装 48×6

h 2 6

i 无 藏纸 黑 完整

j 封面钤有“民族文化宫图书馆藏”印。

231.2

a 18-2

b རྒྱུད་ཐམས་ཅད་ཀྱི་རྒྱལ་པོ་དཔལ་གསང་བ་འདུས་པའི་བསྐྱེད་རིམ་དངོས་གྲུབ་རྒྱ་མཚོ་དང་རྫོགས་རིམ་རིམ་ལྔ་གསལ་སྒྲོན་གཉིས་ཀྱི་གསུང་བཤད་ཉན་པའི་ཟིན་བྲིས་འགའ་ཞིག་ཕྱོགས་གཅིག་ཏུ་བཀོད་པ་བཞུགས་སོ།།

一切密续之王密集金刚生起次第·悉地海与圆满五次第明灯二者之部分闻法录合编

c

d

e གསང་སྔགས།（密宗）

f 刻本 བཀྲ་ཤིས་ཆོས་གླིང་།（西藏拉萨扎西却林）

g 乌金 梵夹装 48×6

h 70 6

i 有 藏纸 黑 完整

j 封面钤有“民族文化宫图书馆藏”印。

231.3

a 18-3

b འདུས་པ་འཕགས་ལུགས་ཀྱི་སྒྲུབ་ཐབས་མདོར་བསྡུས་མཆོག་གི་དགའ་སྟོན་ཞེས་བྱ་བ་བཞུགས་སོ།།

圣派传规密集之修法略篇·殊胜喜宴

c ཕ་བོང་ཁའི་སྤྲུལ་མིང་པ།

d སེར་ཐུགས་གྲྭ་རིགས་དགེ་ཆོས་ལྡན་ཐོགས་མེད་སོགས།

e སྒྲུབ་ཐབས།（修心法）

f 刻本 བཀྲ་ཤིས་ཆོས་གླིང་།（西藏拉萨扎西却林）

g 乌金 梵夹装 48×6
h 17 6
i 有 藏纸 黑 完整
j 封面钤有“民族文化宫图书馆藏”印。

231.4
a 18-4

b བཅོམ་ལྡན་འདས་དཔལ་རྡོ་རྗེ་འཇིགས་བྱེད་དཔའ་བོ་གཅིག་པའི་སྒྲུབ་ཐབས་བདུད་ལས་རྣམ་རྒྱལ་གྱི་ངག་འདོན་

ནག་འགྲོས་བློ་དམན་ལས་དང་པོ་བ་ལ་ཕྱེར་བདེ་བར་བཀོད་པ་བཞུགས་སོ།།

薄伽梵吉祥独勇怖畏金刚胜伏魔军修法之念诵通解·初业易读

c ཕ་བོང་ཁའི་སྤྲུལ་མིང་པས།

d དགེ་གཉེན་དོན་གྲུབ་དཔལ་འབྱོར།

e སྒྲུབ་ཐབས།（修心法）

f 刻本 བཀྲ་ཤིས་ཆོས་གླིང་།（西藏拉萨扎西却林）

g 乌金 梵夹装 48×6
h 25 6
i 有 藏纸 黑 完整
j 封面钤有“民族文化宫图书馆藏”印。

231.5
a 18-5

b འཇིགས་མཛད་དཔའ་བོ་གཅིག་པའི་བདག་བསྐྱེད་ཙུང་བསྡུས་ཏེ་ཉམས་སུ་ལེན་ཚུལ་བཞུགས་སོ།།

独勇怖畏金刚之自生法略修法

c ཕ་བོང་ཁའི་སྤྲུལ་མིང་པས།

d དཀོན་རྫོར་བླ་བྲང་། དཀོན་རྫོར་ཞབས་གྲས་དགེ་སློང་ལྷུན་གྲུབ་བཀྲ་ཤིས།

e སྔགས། （密宗）

f 刻本 བཀྲ་ཤིས་ཆོས་གླིང་།（西藏拉萨扎西却林）

g 乌金 梵夹装 48×6
h 10 6
i 无 藏纸 黑 完整
j 封面钤有“民族文化宫图书馆藏”印。

231.6
a 18-6

b བཅོམ་ལྡན་འདས་དཔལ་རྡོ་རྗེ་འཇིགས་བྱེད་དཔའ་བོ་གཅིག་པའི་སྒྲུབ་ཐབས་ཤིན་ཏུ་མདོར་བསྡུས་དང་བདག་

འཇུག་ཤིན་ཏུ་བསྡུས་པ་བཅས་བཞུགས་སོ།།

薄伽梵独勇怖畏金刚最略修法及自生法最略修法

c ཕ་བོང་ཁའི་སྤྲུལ་མིང་པ།

d གཙང་བཀྲས་ལྷུན་བདེ་ཆེན་ཕོ་བྲང་།（西藏日喀则扎什伦布寺） ཛ་སག་བླ་མ་བློ་བཟང་རིན་ཆེན།

e སྒྲུབ་ཐབས། （修心法）

f 刻本 བཀྲ་ཤིས་ཆོས་གླིང་།（西藏拉萨扎西却林）

g 乌金 梵夹装 48×6
h 10 6
i 无 藏纸 黑 完整
j 封面钤有“民族文化宫图书馆藏”印。

231.7
a 18-7

b རྡོ་རྗེ་འཆང་ཕ་བོང་ཁ་པའི་གསུང་དཔལ་རྡོ་རྗེ་འཇིགས་བྱེད་དཔའ་བོ་གཅིག་པའི་ལས་རུང་གི་བསྙེན་པ་བྱ་ཚུལ་

དང་།དཔའ་གཅིག་གི་བསྙེན་ཆེན་ཟིན་ཐོ་ཐུན་མོང་མ་ཡིན་པ་ཨ་མདོ་བདེ་ཡངས་རིན་པོ་ཆེས་མཛད་པ་དྲུག་ཅུ་

མ་དྲག་བཟློས་ཀྱི་ཟིན་ཐོ་བཅས་བཞུགས་སོ།།

金刚持帕邦喀巴文集中独勇怖畏金刚念修法、独勇长期念修法不共记录、安多德央巴之著述及其讲说记录、六十食子威猛施供法及有关闭关修行之书扎两则

c

d

e སྔགས།（密宗）

f 刻本 བཀྲ་ཤིས་ཆོས་གླིང་།（西藏拉萨扎西却林）

g 乌金 梵夹装 48×6

h 16 6

i 无 藏纸 黑 完整

j 封面钤有“民族文化宫图书馆藏”印；民族宫目录中为31叶。

231.8

a 18-8

b བྱིན་རླབས་ཅན་དུ་གྲགས་པ་དཔལ་འཁོར་ལོ་སྡོམ་པའི་རྒྱུད་འགྲེལ་སྦས་དོན་ཀུན་གསལ་གྱི་བཤད་ལུང་དང་།

དཔལ་དུས་ཀྱི་འཁོར་ལོའི་བསྐྱེད་རིམ་གྱི་ཟིན་ཐོར་བུ་བཅས་བཞུགས་སོ།།

具加持之胜乐轮续释·隐义普显之讲说传经及时轮生起次第记录散篇

c

d

e རྒྱུད་འགྲེལ།（续释）

f 刻木 བཀྲ་ཤིས་ཆོས་གླིང་།（西藏拉萨扎西却林）

g 乌金 梵夹装 48×6

h 18 6

i 无 藏纸 黑 完整

j 封面钤有“民族文化宫图书馆藏”印。

231.9

a 18-9

b དཔལ་འཁོར་ལོ་སྡོམ་པ་དྲིལ་བུ་ལུས་དཀྱིལ་གྱི་བླ་བརྒྱུད་གསོལ་འདེབས་བདེ་ཆེན་ཉེ་ལམ་དང་། གྲུབ་ཆེན་

དབང་ཕྱུག་དྲིལ་བུ་ཞབས་ལུགས་ཀྱི་བཅོམ་ལྡན་འདས་འཁོར་ལོ་སྡོམ་པའི་ལུས་དཀྱིལ་གྱི་མངོན་པར་རྟོགས་པ་བདེ་

ཆེན་རབ་འཕེལ་བཅས་བཞུགས་སོ།།

积布传规胜乐轮身曼荼罗师承启请文·大乐捷径及成就在师积布传规之薄伽梵胜乐轮身曼荼罗现证法·大乐增盛

c　 བླ་གཟུགས་བྱམས་པ་བསྟན་འཛིན་འཕྲིན་ལས་རྒྱ་མཚོ།

d

e　གསོལ་འདེབས།（启请文）

f　刻本　བཀྲ་ཤིས་ཆོས་གླིང་།（西藏拉萨扎西却林）　འབྲས་སྤོ་མང་དགེ་སློང་བློ་ལྡན་ཤེས་རབ།

g　乌金　梵夹装　48×6
h　42　6
i　有　藏纸　黑　完整
j　封面钤有“民族文化宫图书馆藏”印。

231.10
a　18-10

b　གྲུབ་ཆེན་དྲིལ་བུ་ཞབས་ལུགས་བཅོམ་ལྡན་འདས་འཁོར་ལོ་སྡོམ་པ་ལུས་དཀྱིལ་གྱི་བུམ་བསྐྱེད་དང་བདག་འཇུག་

མདོར་བསྡུས་ཉེས་ལྟུང་དྲི་མ་འཁྲུད་པའི་ཐུགས་རྗེའི་ག་བུར་ཆབ་རྒྱུན་ཞེས་བྱ་བ་བཞུགས་སོ།།

大成就师积布传规之薄伽梵胜乐轮身曼荼罗之净瓶生法自生法略篇·涤除罪恶垢之大悲龙脑长流

c　ཕ་བོང་ཁ་བདེ་ཆེན་སྙིང་པོ།

d　ཤར་སྤྲུལ་བདེ་ཆེན་ཆོས་ཀྱི་དཔལ་བོ།

e　སྔགས།（密宗）

f　刻本　བཀྲ་ཤིས་ཆོས་གླིང་།（西藏拉萨扎西却林）

ཆབ་མདོའི་གྲྭ་དཀར་ལྡན་དཔོན་ལྷ་ཐུབ་བསྟན་གསུང་རབ།

g　乌金　梵夹装　48×6
h　15　6
i　无　藏纸　黑　完整
j　封面钤有“民族文化宫图书馆藏”印。

231.11

a 18-11

b གྲུབ་ཆེན་དྲིལ་བུ་ཞབས་ལུགས་བཅོམ་ལྡན་འདས་འཁོར་ལོ་སྡོམ་པ་ལུས་དཀྱིལ་གྱི་བུམ་བསྐྱེད་དང་བདག་འཇུག་

མདོར་བསྡུས་བཟླག་ཆོག་ཏུ་བཀོད་པ་བཞུགས་སོ།།

大成就师枳布传规之薄伽梵轮身曼荼罗长期念修法之念修结合念诵仪轨

c

d

e ཆོ་ག(仪轨)

f 刻本 བཀྲ་ཤིས་ཆོས་གླིང་།（西藏拉萨扎西却林）

g 乌金 梵夹装 48×6

h 6 6

i 无 藏纸 黑 完整

j 封面钤有“民族文化宫图书馆藏”印。

231.12

a 18-12

b གྲུབ་ཆེན་དྲིལ་བུ་ཞབས་ལུགས་བཅོམ་ལྡན་འདས་འཁོར་ལོ་སྡོམ་པ་ལུས་དཀྱིལ་ལ་བརྟེན་པའི་ཕྱི་རོལ་མཆོད་པ་ བྱ་

ཚུལ་གྱི་འདོན་ཆོག་བསོད་ནམས་མཆོག་གི་དགའ་སྟོན་ཞེས་བྱ་བ་བཞུགས་སོ།།

依大成就师枳布传规之薄伽梵胜乐轮身曼荼罗外供法之念诵仪轨 · 殊胜福德之喜宴

c ཕ་བོང་ཁ་པ་བདེ་ཆེན་སྙིང་པོ།

d རྒྱུད་སྨད་ཐུགས་རམས་པ་ཧེ་ཧོ་བློ་བཟང་མཁས་གྲུབ།

e འདོན་ཆོག(念诵仪轨)

f 刻本 བཀྲ་ཤིས་ཆོས་གླིང་།（西藏拉萨扎西却林） ངག་ལྡན་དཔོན་ལྷ་ཐུབ་བསྟན་གསུང་རབ།

g 乌金 梵夹装 48×6

h 11 6

i 无 藏纸 黑 完整

j 封面钤有“民族文化宫图书馆藏”印。

231.13

a 18-13

b དཔལ་འཁོར་ལོ་སྡོམ་པའི་ཇ་མཆོད་རྡོ་རྗེའི་ལུས་ཀྱི་མཆོད་སྤྲིན་བཞུགས།

吉祥胜乐轮茶供法 · 金刚身之供养云

c བདེ་ཆེན་སྙིང་པོ།

d ངག་ལྡན་དཔོན་ལྷ།

e ཇ་མཆོད།(茶供)

f 刻本 བཀྲ་ཤིས་ཆོས་གླིང་།（西藏拉萨扎西却林）

g 乌金 梵夹装 48×6

h 1 6

i 无 藏纸 黑 完整

j 封面钤有“民族文化宫图书馆藏”印。

231.14

a 18-14

b འཆི་མེད་རྡོ་རྗེའི་སྲོག་ཏུ་སྒྲུབ་པའི་མན་ངག་ཀུན་གྱི་ཕུལ་བྱུང་རྡོ་རྗེ་བཟླས་པའི་རླུང་སྦྱོར་བདེ་མཆོག་ལྷ་དཀར་པོ་

སྒྲུབ་ཏེ་ཉམས་སུ་ལེན་ཚུལ་གྱི་མན་ངག་སྙན་བརྒྱུད་བདུད་རྩིའི་ཐིག་ལེ་ཞེས་བྱ་བ་བཞུགས་སོ།།

成就不死金刚寿命之卓越教授金刚念诵风息和合与白色胜乐长寿本尊合修法之耳传教授 · 甘露精华

c ཕ་བོང་ཁའི་སྤྲུལ་མིང་པས།

d རང་ལོ་རེ་གསུམ་དུ་ལྕགས་འབྲུག་གྲོ་བཞིན་ཟླ་བ། 六十三岁铁龙年（1940）藏历七月

རྒྱལ་རྩེ་དཔལ་འཁོར་བདེ་བ་ཆེན་པོའི་ཆོས་སྡེ།（西藏日喀则江孜白居寺）

དཀའ་ཆེན་སངས་རྒྱས་དཔལ་བཟང་སོགས།

e ཚེ་སྒྲུབ།(长寿仪轨)

f 刻本 བཀྲ་ཤིས་ཆོས་གླིང་།（西藏拉萨扎西却林）

g 乌金 梵夹装 48×6

h　6　6
i　有　藏纸　黑　完整
j　封面钤有“民族文化宫图书馆藏”印。

231.15
a　18-15

b　བདེ་མཆོག་ཚེ་ལྷ་དཀར་པོའི་སྒོ་ནས་ཡུལ་ཁྱད་པར་ཅན་ལ་ཞབས་བརྟན་འབུལ་ཚུལ་མཁའ་འགྲོ་བསུན་བཟློག་

དང་ བཅས་པ་འཆི་མེད་བདུད་རྩིའི་བུམ་བཟང་ཞེས་བྱ་བ་བཞུགས་སོ།།

依白色胜乐长寿本尊法门对殊胜对境请长久住世文及空行送驾法·长寿甘露妙瓶

c
d

e　ཞབས་བརྟན།（住世文）

f　刻本　བཀྲ་ཤིས་ཆོས་གླིང་།（西藏拉萨扎西却林）

g　乌金　梵夹装　48×6
h　13　6
i　无　藏纸　黑　完整
j　封面钤有“民族文化宫图书馆藏”印。

231.16
a　18-16

b　བཅོམ་ལྡན་འདས་བདེ་མཆོག་ཚེ་ལྷ་དཀར་པོའི་ཚོགས་མཆོད་བླ་ཚུལ་དངོས་གྲུབ་འགུག་པའི་ལྕགས་ཀྱུ་ཞེས་

བྱ་བ་བཞུགས་སོ།།

薄伽梵白色胜乐长寿本尊之会供法·招悉地之钩

c　ཕ་བོང་ཁའི་སྤྲུལ་མིང་པ།

d　དགེ་སློང་བློ་མ་བློ་བཟང་ཆོས་འཕེལ།

e　ཚོགས་མཆོད།（集供）

f　刻本　བཀྲ་ཤིས་ཆོས་གླིང་།（西藏拉萨扎西却林）

g　乌金　梵夹装　48×6

h 3 6
i 无 藏纸 黑 完整
j 封面钤有“民族文化宫图书馆藏”印。

231.17
a 18-17

b བཅོམ་ལྡན་འདས་མ་སེང་ལྡེང་ནགས་ཀྱི་སྒྲོལ་མའི་རིམ་པ་གཉིས་ཀྱི་རྣལ་འབྱོར་ཉམས་སུ་ལེན་ཚུལ་གྱི་མན་ངག་

དམར་བཅད་ལྟག་པར་བཀོད་པ་ཙིནྟ་མ་ཎིའི་དོ་ཤལ་ཞེས་བྱ་བ་བཞུགས་སོ།།

薄伽梵竭地洛迦林度母之二次第道瑜伽验修法直观教导·心宝瓔珞

c ཕ་བོང་ཁའི་སྤྲུལ་མིང་པས།

d རབ་བྱུང་ས་སྟག་ས་ཟླའི་ཡར་ཚེས་བཟང་པོར། 土虎年（1938）藏历四月上旬

དབེན་གནས་བཀྲ་ཤིས་ཆོས་གླིང་།（西藏拉萨扎西却林）

e སྔགས།（密宗）

f 刻本 བཀྲ་ཤིས་ཆོས་གླིང་།（西藏拉萨扎西却林） འདན་ཆོས་འཁོར་དགོན་གྱི་གྲྭ་རིགས་བློ་

བཟང་དོ་རྗེ།

g 乌金 梵夹装 48×6
h 78 6
i 有 藏纸 黑 完整
j 封面钤有“民族文化宫图书馆藏”印。

231.18
a 18-18

b གསང་བདེ་འཇིགས་གསུམ་གྱི་རིམ་གཉིས་བཀའ་ཁྲིད་སྐབས་འགྲེལ་གཏོར་འབུལ་ཚུལ་སྐོར་དང་།སྒྲུ་ལུས་

མཆོད་པ་སོགས་ཀྱི་ཕྱག་བཞེས་འཁྲུལ་མེད་ཕྱོགས་གཅིག་ཏུ་བཀོད་པ་བཞུགས་སོ།།

密集、胜乐、怖畏三法二次第讲释时供神馐法类与幻身供养等之无误作法合编

c
d

e　གཏོར་འབུལ།(神馐仪轨)

f　刻本　བཀྲ་ཤིས་ཆོས་གླིང་།（西藏拉萨扎西却林）

g　乌金　梵夹装　48×6
h　18　6
i　无　藏纸　黑　完整
j　封面钤有“民族文化宫图书馆藏”印；民族宫目录中为19叶。

232
A　3700　3292

B　ཕ་བོང་ཁ་པ་བདེ་ཆེན་སྙིང་པོའི་གསུང་འབུམ།

帕邦喀巴·德钦宁布文集

C　ང

D　ཕ་བོང་ཁ་པ་རྗེ་བཙུན་བྱམས་པ་བསྟན་འཛིན་འཕྲིན་ལས་རྒྱ་མཚོ།

同3697介绍。
E　馆藏齐全。

232.1
a　21-1
b　ཁྱབ་བདག་རྡོ་རྗེ་འཆང་ཕ་བོང་ཁ་པ་དཔལ་བཟང་པོའི་གསུང་འབུམ་པོད་ང་པའི་དཀར་ཆག་བཞུགས།

遍主金刚持帕邦喀巴文集ང字函目录

c
d

e　དཀར་ཆག(目录)

f　刻本　བཀྲ་ཤིས་ཆོས་གླིང་།（西藏拉萨扎西却林）

g　乌金　梵夹装　48×6
h　2　6
i　无　藏纸　黑　完整
j　封面钤有“民族文化宫图书馆藏”印。

232.2
a 21-2
b རྗེ་བཙུན་རྡོ་རྗེ་རྣལ་འབྱོར་མ་ནཱ་རོ་མཁའ་སྤྱོད་ཀྱི་སྒྲུབ་ཐབས་ཐུན་མོང་མ་ཡིན་པ་བདེ་ཆེན་ཉེ་ལམ་ ཞེས་བྱ་བ་བཞུགས་སོ༎
至尊金刚瑜伽母那若空行之不共修法·大乐捷径
c
d
e སྒྲུབ་ཐབས།（修心法）
f 刻本 བཀྲ་ཤིས་ཆོས་གླིང་།（西藏拉萨扎西却林）
g 乌金 梵夹装 48×6
h 20 6
i 有 藏纸 黑 完整
j 封面钤有“民族文化宫图书馆藏”印。

232.3
a 21-3
b རྗེ་བཙུན་རྡོ་རྗེ་རྣལ་འབྱོར་མ་ནཱ་རོ་མཁའ་སྤྱོད་དབང་མོའི་སྒྲུབ་ཐབས་བདེ་ཆེན་ཉེ་ལམ་ལས་བསྡུས་ཏེ་བསྒོམ་ཚུལ་ནག་འགྲོས་སུ་བཀོད་པ་བཞུགས་སོ༎
至尊金刚瑜伽母那若空行母修法·大乐捷径摄要修法易行通轨
c ཕ་བོང་ཁའི་སྤྲུལ་མིང་པས།
d ཆབ་མདོ་དགེ་ལྡན་བྱམས་གླིང་དཀོན་རྫོང་ལྷ་ཐང་གི་གཟིམ་ཁང་མཁའ་སྤྱོད་དགའ་ཚལ།（西藏昌都噶丹强巴林） ཆབ་མདོ་རྫ་ཆུ་དབྱངས་ཅན་ཚང་།
e སྒྲུབ་ཐབས།（修心法）
f 刻本 བཀྲ་ཤིས་ཆོས་གླིང་།（西藏拉萨扎西却林） འདན་གྲྭ་བློ་བཟང་རྡོ་རྗེ།
g 乌金 梵夹装 48×6
h 7 6
i 无 藏纸 黑 完整
j 封面钤有“民族文化宫图书馆藏”印。

232.4

a 21-4

b རྗེ་བཙུན་རྡོ་རྗེ་རྣལ་འབྱོར་མ་ནཱ་རོ་མཁའ་སྤྱོད་དབང་མོའི་དཀྱིལ་འཁོར་གྱི་ཆོ་ག་བདེ་ཆེན་དགའ་སྟོན་ཞེས་བྱ་བ་བཞུགས་སོ།།

至尊金刚瑜伽母那若空行母曼荼罗仪轨·大乐喜宴

c བཙུན་གཟུགས་བྱམས་པ་བསྟན་འཛིན་འཕྲིན་ལས་རྒྱ་མཚོ།

d དྒེས་ཧཱུྃ་སྐུ་ངོ་རྗེ་བཙུན་མ་ཐུབ་བསྟན་ཚུལ་ཁྲིམས་སྒྲོལ་དཀར།

e ཆོ་ག(仪轨)

f 刻本 བཀྲ་ཤིས་ཆོས་གླིང་།（西藏拉萨扎西却林） འབྲས་སྔོ་མང་པ་དགེ་སློང་བློ་ལྡན་ཤེས་རབ།

g 乌金 梵夹装 48×6

h 36 6

i 无 藏纸 黑 完整

j 封面钤有“民族文化宫图书馆藏”印。

232.5

a 21-5

b རྗེ་བཙུན་རྡོ་རྗེ་རྣལ་འབྱོར་མ་ནཱ་རོ་མཁའ་སྤྱོད་དབང་མོའི་བསྙེན་སྒྲུབ་ལས་གསུམ་གྱི་ལག་ལེན་ནག་འགྲོས་སུ་བཀོད་པ་སྐལ་བཟང་མཁའ་སྤྱོད་བགྲོད་པའི་ཐེམ་སྐས་བཞུགས་སོ།།

至尊金刚瑜伽母那若空行母念、修、造作三者之修法易行通轨·趣具缘空行之阶梯

c བཙུན་གཟུགས་བདེ་ཆེན་སྙིང་པོ།

d ཚ་བ་རོང་ནས་དགེ་བསྙེན་རྡོ་རྗེ་རབ་བརྟན།

e བསྙེན་སྒྲུབ།(念修)

f 刻本 བཀྲ་ཤིས་ཆོས་གླིང་།（西藏拉萨扎西却林） ཞྭ་སྐབ་ཆོས་མཛད་ཐུབ་བསྟན་དབང་རྒྱལ།

g 乌金 梵夹装 48×6

h 23 6

i 有 藏纸 黑 完整
j 封面钤有“民族文化宫图书馆藏”印。

232.6
a 21-6
b ནཱ་རོ་མཁའ་སྤྱོད་མའི་བསྙེན་པའི་སྔོན་འགྲོའི་འདོན་ཆ་ནག་བགྲོས་བཀླག་ཆོག་ཟུར་དུ་བཀོལ་བ་རྡོ་རྗེའི་བྱིན་བརྒྱ་
འབེབ་པའི་ཕོ་ཉ་དང་། བསྙེན་པ་འདུག་སྐབས་ཀྱི་ཕྱག་ལེན་དང་ཚོ་གའི་ཟིན་ཐོ། ཆོས་བཅུ་རྒྱས་འབྲིང་བསྡུས་པ་བྱ་
ཚུལ་བཅས་བཞུགས།
那若空行母之念修加行易诵通轨附篇·赐金刚加持之使者、念修时之实修法与仪轨记录、广中略初十供法
c ཕ་བོང་ཁའི་སྤྲུལ་མིང་པ་བྱམས་པ་བསྟན་འཛིན་འཕྲིན་ལས་རྒྱ་མཚོ།
d དགེ་བསྙེན་རྡོ་རྗེ་རབ་བརྟན་སོགས།
e ཚོ་ག(仪轨)
f 刻本 བཀྲ་ཤིས་ཆོས་གླིང་།（西藏拉萨扎西却林） ཆབ་མདོ་བ་དག་ལྡན་དཔོན་ལྷས།
g 乌金 梵夹装 48×6
h 18 6
i 无 藏纸 黑 完整
j 封面钤有“民族文化宫图书馆藏”印。

232.7
a 21-7
b རྗེ་བཙུན་རྡོ་རྗེ་རྣལ་འབྱོར་མ་ནཱ་རོ་མཁའ་སྤྱོད་དབང་མོའི་སྒོ་ནས་ཞི་བའི་སྦྱིན་སྲེག་བྱ་ཚུལ་དངོས་གྲུབ་འདོད་
འཇོ་ཞེས་བྱ་བ་བཞུགས་སོ།།
至尊金刚瑜伽母那若空行母法门中息灾护摩修法·悉地如意
c ཕ་བོང་ཁའི་སྤྲུལ་མིང་པས།
d དགེ་བསྙེན་རྡོ་རྗེ་རབ་བརྟན་སོགས།
e ཞི་སྦྱིན།(寂静火供)

f 刻本 བཀྲ་ཤིས་ཆོས་གླིང་།（西藏拉萨扎西却林） ཆབ་མདོ་བ་ངག་ལྡན་དཔོན་ལྷས།

g 乌金 梵夹装 48×6
h 9 6
i 无 藏纸 黑 完整
j 封面钤有“民族文化宫图书馆藏”印。

232.8
a 21-8

b རྗེ་བཙུན་རྡོ་རྗེ་རྣལ་འབྱོར་མ་ནཱ་རོ་མཁའ་སྤྱོད་མ་ལ་བརྟེན་ནས་འཇིག་རྟེན་པའི་མེ་ལྷ་ཐབ་ཏུ་འགུགས་པའི་

བསྙེན་ པ་བྱ་ཚུལ་ནག་འགྲོས་སུ་བཀོད་པ་དངོས་གྲུབ་མྱུར་འགུགས་ཞེས་བྱ་བ་བཞུགས་སོ།།

依至尊金刚瑜伽母那若空行母修钩召世间火神入灶念修法易诵通轨·速招悉地

c

d དགེ་བསྙེན་རྡོ་རྗེ་རབ་བརྟན་སོགས།

e ཆོ་ག（仪轨）

f 刻本 བཀྲ་ཤིས་ཆོས་གླིང་།（西藏拉萨扎西却林） ཆབ་མདོ་བ་ངག་ལྡན་དཔོན་ལྷ།

g 乌金 梵夹装 48×6
h 3 6
i 无 藏纸 黑 完整
j 封面钤有“民族文化宫图书馆藏”印。

232.9
a 21-9

b རྗེ་བཙུན་རྡོ་རྗེ་རྣལ་འབྱོར་མ་ནཱ་རོ་མཁའ་སྤྱོད་དབང་མོའི་སྒོ་ནས་འཇིག་རྟེན་པའི་མེ་ལྷ་ཐབ་ཏུ་འགུགས་པའི་

བསྙེན་ པའི་བཅུ་ཆའི་སྦྱིན་སྲེག་བྱ་ཚུལ་དྲང་སྲོང་དགྱེས་པའི་མཆོད་སྦྱིན་ཞེས་བྱ་བ་བཞུགས།

至尊金刚瑜伽母那若空行母法门中钩召世间火神入灶念修法十分摩法·仙人悦意之供施

c ༄ ཕ་བོང་ཁའི་སྤྲུལ་མིང་བདེ་ཆེན་སྙིང་པོ།

d དགེ་བསྙེན་རྡོ་རྗེ་རབ་བརྟན་སོགས།

e ཆོ་ག།（仪轨）

f 刻本 བཀྲ་ཤིས་ཆོས་གླིང་།（西藏拉萨扎西却林） ཆབ་མདོ་བ་ངག་ལྷུན་དཔོན་ལྔ།

g 乌金 梵夹装 48×6
h 5 6
i 无 藏纸 黑 完整
j 封面钤有“民族文化宫图书馆藏”印。

232.10
a 21-10

b རྗེ་བཙུན་རྡོ་རྗེ་རྣལ་འབྱོར་མ་ནཱ་རོ་མཁའ་སྤྱོད་དབང་མོ་བརྟེན་པའི་སིདྡྷ་རའི་སྒྲུབ་པའམ་བསྙེན་སྒྲུབ་སྦྲགས་མའི་འདོན་སྒྲིགས་མཁའ་སྤྱོད་ཞིང་གི་འཇུག་ངོགས་ཞེས་བྱ་བ་བཞུགས་སོ།།

依至尊金刚瑜伽母那若空行母修生都惹法及念修结合念诵法列编·入空行刹之门径

c ༄ ཕ་བོང་ཁའི་སྤྲུལ་མིང་བདེ་ཆེན་སྙིང་པོ།

d དགེ་བསྙེན་རྡོ་རྗེ་རབ་བརྟན་སོགས།

e བསྙེན་སྒྲུབ།（念修）

f 刻本 བཀྲ་ཤིས་ཆོས་གླིང་།（西藏拉萨扎西却林） ཆབ་མདོ་བ་ངག་ལྷུན་དཔོན་ལྔ།

g 乌金 梵夹装 48×6
h 3 6
i 无 藏纸 黑 完整
j 封面钤有“民族文化宫图书馆藏”印。

232.11
a 21-11

b རྗེ་བཙུན་རྡོ་རྗེ་རྣལ་འབྱོར་མ་ནཱ་རོ་མཁའ་སྤྱོད་དབང་མོའི་བསྙེན་པའི་བཅུ་ཆ་ཆེན་མོ་སྦྱིན་སྲེག་བྱ་རྒྱུད་ཀྱི་འདོན་ཆོག་ལྷུག་པར་སྤེལ་བ་དོན་ཡོད་འཕྲུལ་གྱི་ཞགས་པ་ཞེས་བྱ་བ་བཞུགས་སོ།།

至尊金刚瑜伽母那若空行母念修十分护摩广修法念诵仪轨·不空幻化索

c ༄ ཕ་བོང་ཁའི་སྤྲུལ་མིང་བདེ་ཆེན་སྙིང་པོས།

d དགེ་བསྙེན་རྡོ་རྗེ་རབ་བརྟན་སོགས།

e སྦྱིན་སྲེག་བྱ་ཚུལ་གྱི་འདོན་ཆོག（火供念诵仪轨）

f 刻本 བཀྲ་ཤིས་ཆོས་གླིང་།（西藏拉萨扎西却林） ཆབ་མདོ་བ་ངག་ལྡན་དཔོན་ལྷས།

g 乌金 梵夹装 48×6
h 8 6
i 无 藏纸 黑 完整
j 封面钤有“民族文化宫图书馆藏”印。

232.12
a 21-12

b མཁའ་འགྲོ་བསྐྱོད་པའི་མན་ངག་གསེར་ཆོས་ཐུན་མོང་མ་ཡིན་པའི་ཞལ་ཤེས་ཅིག་བརྒྱུད་མ་བཞུགས་སོ།།

趣空行之教授·金法不共秘诀单传法

c ཕ་བོང་ཁ་བདེ་ཆེན་སྙིང་པོ།

d

e མན་ངག（善言）

f 刻本 བཀྲ་ཤིས་ཆོས་གླིང་།（西藏拉萨扎西却林）

g 乌金 梵夹装 48×6
h 4 6
i 无 藏纸 黑 完整
j 封面钤有“民族文化宫图书馆藏”印。

232.13
a 21-13

b རྗེ་བཙུན་རྡོ་རྗེ་རྣལ་འབྱོར་མ་ནཱ་རོ་མཁའ་སྤྱོད་དབང་མོའི་ཚོགས་མཆོད་མདོར་བསྡུས་ཟག་མེད་དགྱེས་རྒྱུའི་

དགའ་སྟོན་ཞེས་བྱ་བ་བཞུགས་སོ།།

至尊金刚瑜伽母那若空行母会供略修法·无漏乐之喜宴

c ཕ་བོང་ཁ་སྤྲུལ་མིང་པས།

d རབ་རྒྱལ་ལྕགས་འབྲུག་ས་ཟླར། 铁龙年（1940）藏历四月

བཀྲ་ལྷུན་བདེ་ཆེན་སྐལ་བཟང་པོ་བྲང་།（西藏日喀则扎什伦布寺）　གསོལ་དཔོན་འཇམ་དབྱངས།

e　ཚོགས་མཆོད།（集供）

f　刻本　བཀྲ་ཤིས་ཆོས་གླིང་།（西藏拉萨扎西却林）　འདན་གྲྭ་བློ་བཟང་རྡོ་རྗེ།

g　乌金　梵夹装　48×6
h　3　6
i　无　藏纸　黑　完整
j　封面钤有“民族文化宫图书馆藏”印。

232.14
a　21-14

b　རྗེ་བཙུན་རྡོ་རྗེ་རྣལ་འབྱོར་མའི་སྒོ་ནས་ཏིལ་གྱི་སྦྱིན་སྲེག་བྱ་ཚུལ་སྡིག་ལྟུང་ལྷག་མེད་སྦྱོང་བའི་ཐབས་མཁས་

འཕྲུལ་ གྱི་ཆོ་ག་དང་། ཟས་མཆོད་ཐབས་མཁས་བསོད་ནམས་མཆོད་སྤྲིན་ཞེས་བྱ་བ་བཞུགས་སོ།།

至尊金刚瑜伽母法法门中芝麻护摩修法·净治一切罪恶之善巧方便幻化仪轨、神馐供法、善巧方便之福禄供养云

c　༄ཕ་བོང་ཁ་བདེ་ཆེན་སྙིང་པོ།

d　ཆུ་སྤྲེལ་ཁྲུམས་ཟླའི་ཡར་གྱིཚེས་བཟང་པོ་གཉིས་པ། 水猴年（1932）藏历八月

དགེ་བསྙེན་རྡོ་རྗེ་རབ་བརྟན་སོགས།

e　ཆོ་ག（仪轨）

f　刻本　བཀྲ་ཤིས་ཆོས་གླིང་།（西藏拉萨扎西却林）

ཚབ་མདོ་ངག་ལྷུན་དཔོན་ལྷ་ཐུབ་བསྟན་གསུང་རབ།

g　乌金　梵夹装　48×6
h　6　6
i　无　藏纸　黑　完整
j　封面钤有“民族文化宫图书馆藏”印。

232.15
a　21-15

b　རྗེ་བཙུན་ཡུམ་རྐྱང་གི་འཕོ་བ་མྱུར་འདྲེན་ཐུགས་རྗེའི་ལྕགས་ཀྱུ་དང་། ལག་མཆོད་བྱ་ཚུལ་བཅས་བཞུགས་སོ།།

至尊一尊佛母之往生速导修法·大悲之钩及手供法等

c　དཔལ་འཁོར་ལོ་སྡོམ་པའི་ལམ་ལ་མོས་པ་ཡིད་བྱེད་ཀྱི་རྣལ་འབྱོར་པ་བདེ་ཆེན་སྙིང་པོ།

d　གཟིམ་ལྷ་ཀླུའི་སྐྱེས་མོས་ཚལ།（西藏拉萨拉鲁庄园）

རྒྱུད་སྨད་བླ་མ་དབུ་མཛད་ཐུབ་བསྟན་ ཉིན་བྱེད་སོགས།

e　ཆོ་ག（仪轨）

f　刻本　བཀྲ་ཤིས་ཆོས་གླིང་།（西藏拉萨扎西却林）　ལྷ་དྲུང་སྐལ་བཟང་དབང་རྒྱལ།

g　乌金　梵夹装　48×6

h　6　6

i　无　藏纸　黑　完整

j　封面钤有“民族文化宫图书馆藏”印。

232.16

a　21-16

b　ཐུགས་རྗེ་ཆེན་པོ་བཅུ་གཅིག་ཞལ་དཔལ་མོ་ལུགས་ཀྱི་རས་བྲིས་ཀྱི་དཀྱིལ་འཁོར་དུ་དབང་བསྐུར་བའི་ཆོ་ག་རྒྱལ་མཆོག་བདུན་པ་ཆེན་པོའི་དཀྱིལ་ཆོག་ལྟར་ནག་འགྲོས་སུ་བཀོད་པ་བཞུགས་སོ།།

伯谟传规十一面大悲观音之布绘曼荼罗中灌顶仪轨·按七世达赖之曼荼罗仪轨所编易诵通轨

c

d

e　ཆོ་ག（仪轨）

f　刻本　བཀྲ་ཤིས་ཆོས་གླིང་།（西藏拉萨扎西却林）

g　乌金　梵夹装　48×6

h　36　6

i　无　藏纸　黑　完整

j　封面钤有“民族文化宫图书馆藏”印。

232.17

a　21-17

b　མདོ་རྒྱན་སྦྱར་བའི་བཤད་ལུང་དང་དབུ་མ་ལ་འཇུག་པའི་ཟབ་བཤད་ཐོས་སྐབས་ཀྱི་བརྗེད་ཐོ་ཐོར་ཙམ་དུ་བཀོད་པ་དང་། དབུ་མའི་བརྗེད་བྱང་ཉུང་ངུ་བཅས་བཞུགས་སོ།།

闻受般若摄颂及现观庄严论相结合之传经及入中论甚深解说时备忘略录及中观备忘略录

c

d

e　དབུ་མ།（中观）

f　刻本　བཀྲ་ཤིས་ཆོས་གླིང་།（西藏拉萨扎西却林）

g　乌金　梵夹装　48×6

h　17　6

i　无　藏纸　黑　完整

j　封面钤有“民族文化宫图书馆藏”印。

232. 18

a　21-18

b　དྲང་བ་དང་ངེས་པའི་དོན་རྣམ་པར་བཞག་པ་ལེགས་པར་བཤད་པའི་སྙིང་པོའི་ཟབ་བཤད་ཐོས་སྐབས་ཀྱི་ཟིན་བྲིས་མདོ་ཙམ་དུ་བཀོད་པ་བཞུགས་སོ།།

了不了义建立论·善说心要甚深解说闻受时之笔录略篇

c

d

e　དབུ་མ།（中观）

f　刻本　བཀྲ་ཤིས་ཆོས་གླིང་།（西藏拉萨扎西却林）

g　乌金　梵夹装　48×6

h　39　6

i　有　藏纸　黑　完整

j　封面钤有“民族文化宫图书馆藏”印。

232. 19

a　21-19

b　བྱང་ཆུབ་སེམས་པའི་སྤྱོད་པ་ལ་འཇུག་པ་ཞེས་བྱ་བ་བཀའ་མཆན་ཐོར་བུ་དང་བཅས་པ་བཞུགས་སོ།།

入菩提行论零散注释

c

d མེ་བྱི་ལོ། 火鼠年（1876） དགེ་ལྡན་ཆབ་མདོ་བྱམས་པ་གླིང་།（西藏昌都噶丹强巴林）

e སྤྱོད་འཇུག（入行论）

f 刻本 བཀྲ་ཤིས་ཆོས་གླིང་།（西藏拉萨扎西却林）

g 乌金 梵夹装 48×6
h 82 6
i 无 藏纸 黑 完整
j 封面钤有“民族文化宫图书馆藏”印。

232.20
a 21-20

b བྱམས་ཆུབ་སེམས་དཔའི་སྤྱོད་པ་ལ་འཇུག་པའི་བཤད་ཁྲིད་ཀྱི་ས་བཅད་བཞུགས་སོ།།

入菩萨行论讲释之科判

c པ་བོང་ཁའི་སྤྲུལ་མིང་པས།

d མདོ་ཁམས་ཆབ་མདོ་དགེ་ལྡན་བྱམས་པ་གླིང་།（西藏昌都噶丹强巴林）

e སྤྱོད་འཇུག（入行论）

f 刻本 བཀྲ་ཤིས་ཆོས་གླིང་།（西藏拉萨扎西却林）

g 乌金 梵夹装 48×6
h 15 6
i 无 藏纸 黑 完整
j 封面钤有“民族文化宫图书馆藏”印。

232.21
a 21-21

b བྱང་ཆུབ་སེམས་པའི་སྤྱོད་པ་ལ་འཇུག་པའི་ཟབ་ཁྲིད་ནོས་སྐབས་ཀྱི་ཟིན་བྲིས་བཞུགས་སོ།།

入菩萨行论甚深导释闻受时之笔录

c
d

e　སྤྱོད་འཇུག（入行论）

f　刻本　བཀྲ་ཤིས་ཆོས་གླིང་།（西藏拉萨扎西却林）

g　乌金　梵夹装　48×6
h　36　6
i　无　藏纸　黑　完整
j　封面钤有“民族文化宫图书馆藏”印。

233
A　3706　4419

B　དཔལ་མང་པཎྜི་ཏ་དཀོན་མཆོག་རྒྱལ་མཚན་གྱི་གསུང་འབུམ།
阿莽班智达·恭却坚赞文集

C　ཀ

D　དཔལ་མང་དཀོན་མཆོག་རྒྱལ་མཚན། དགེ་ལུགས། རབ་བྱུང་བཅུ་གསུམ་པའི་ཤིང་སྤྲེལ་ལོ་སྟེ་སྤྱི་ལོ་༡༧༦༤ ལོར་ཡབ་དབང་དྲག་སྐྱབས་དང་། ཡུམ་བདེ་བཟའ་ལྷ་མོ་རྒྱལ་གཉིས་ཀྱི་སྲས་སུ་ཀན་ལྷོའི་བསང་ཆུ་ཇོང་ལ་སྐུ་འཁྲུངས། དགུང་ལོ་དྲུག་པར་ཀུན་མཁྱེན་འཇིགས་མེད་དབང་པོས་དཔལ་མང་བློ་བཟང་དོན་གྲུབ་ཀྱི་སྤྲུལ་སྐུར་ཐུགས་ཐག་བཅད་དེ་གདན་སར་བཀོད། དགུང་ལོ་བཅུ་གཅིག་ལ་ཆོས་གྲྭར་བཞུགས། དགུང་ལོ་བཅུ་དགུ་པར་ཀུན་མཁྱེན་མཆོག་ལས་བསྙེན་པར་རྫོགས། དགུང་ལོ་སུམ་ཅུ་པར་རྡོ་རམས་པའི་མཚན་རྟགས་བླངས། དགུང་ལོ་སོ་བཞི་པར་ཀུན་མཁྱེན་མཆོག་སྤྲུལ་བཙལ་བར་དབུས་སུ་ཕེབས། དགུང་ལོ་ཞེ་གཅིག་ལ་བླ་བྲང་བཀྲིས་འཁྱིལ་གྱི་ཁྲིར་ཕེབས། ཁོང་གི་སློབ་མ་གྲགས་ཆེ་བ་བ་ནི། རྗེ་ཤེས་རབ་རྒྱ་མཚོ། ཐུ་ཁྲི་འཇམ་དབྱངས་ཐུབ་བསྟན་ཉི་མ། དཀོན་མཆོག་ནོར་བུ་སོགས་ཡིན། དགུང་ལོ་དགུ་བཅུ་སན་ཏེ་ཆུ་གླང་གི་ལོ་༡༨༥༣ལོར་གཤེགས། གསུང་རྩོམ་པོད་བཅུ་བཞུགས། ངེད་དཔེ་མཛོད་ཁང་དུ་མི་རིགས་པོ་བྲང་ནས་ཕྱིར་འབུལ་ཞུས་པའི་གྲས་པོད་ཙ ཀ ག ཅ ཨ ང་རྟགས༣༧༠༦--༣༧༠༨བཞུགས།

阿莽班智达·恭却坚赞（1764—1853）：属格鲁派。诞生于多麦拉卜楞桑曲，系幼子。6岁时在第二世嘉木样恭却晋美旺布座前剃度。自幼刻苦求法、四处游学。由于学识渊博，被众人推崇为大学者，史称“阿莽班智达”。曾主持寻找第二世嘉木样转世灵童的工作。其代表作是《拉卜楞寺志》《贡唐丹贝仲美传记》。享年 90 岁。遗著在西藏图书馆藏北京民族文化宫图书馆赠送的文集有 3 函，编号为 3706—3708。

E 馆藏齐全。

233.1

a 6-1

b རྗེ་བཙུན་རཏྣ་བྷདྲའི་གསུང་འབུམ་དཀར་ཆག

至尊惹纳达乍文集目录

c རྗེ་བཙུན་རཏྣ་བྷདྲ།

d

e དཀར་ཆག（目录）

f 刻本 དགའ་ལྡན་ཆོས་འཁོར་གླིང་།（甘肃噶丹曲廓林）

g 乌金 梵夹装 46.5×6

h 3 6

i 无 藏纸 黑 完整

j 封面钤有“民族文化宫图书馆藏”印。

233.2

a 6-2

b མདོ་སྨད་བསྟན་པའི་འབྱུང་གནས་དཔལ་ལྡན་བཀྲ་ཤིས་འཁྱིལ་གྱི་གདན་རབས་རང་བཞིན་ཡོངས་སུ་བརྗོད་པའི་ལྷའི་རྔ་ཆེན།

多麦佛教源流·拉卜楞寺法嗣志·诗体论述天鼓

c རྗེ་བཙུན་རཏྣ་བྷདྲ། དབལ་མང་དཀོན་མཆོག་རྒྱལ་མཚན།

d རབ་བྱུང་བཅུ་གསུམ་པའི་ལྕགས་སྤྲེལ། 第十三饶迥铁猴年（1800）

དགའ་ལྡན་ཆོས་འཁོར་གླིང་།（甘肃噶丹曲廓林）

e གདན་རབས།（寺志）

f 刻本 དགའ་ལྡན་ཆོས་འཁོར་གླིང་།（甘肃噶丹曲廓林） དགེ་སློང་དཀོན་མཆོག་ཆོས་བཟང་།

g 乌金 梵夹装 48×6

h 307 6

i 无 藏纸 黑 完整

j 封面钤有“民族文化宫图书馆藏”印。

233.3

a 6-3

b བཀའ་དྲིན་གསུམ་ལྡན་གྱི་རིན་པོ་ཆེ་སྐྱེས་རབས་རྣམ་ཐར་གསོལ་འདེབས་བྱིན་རླབས་མྱུར་འཇུག་མ།

祈请三恩上师本生传愿文·速入加持

c རྗེ་བཙུན་རཏྣ་རྡྷཛ། དཔལ་མང་དཀོན་མཆོག་རྒྱལ་མཚན། སྔོ་མང་བླ་བྲུར་མིང་ཅན།

d

e སྐྱེས་རབས།（本生）

f 刻本 དགའ་ལྡན་ཆོས་འཁོར་གླིང་།（甘肃噶丹曲廓林） དགེ་ཚུལ་རིན་ཆེན་བཀྲ་ཤིས།

g 乌金 梵夹装 47.5×6

h 6 6

i 无 藏纸 黑 完整

j 封面钤有“民族文化宫图书馆藏”印；民族宫目录中为4叶。

233.4

a 6-4

b ཀུན་མཁྱེན་གོང་མའི་རྣམ་ཐར་གྱི་དྲིས་ལན།

上世遍智嘉木样传问答

c རྗེ་བཙུན་རཏྣ་རྡྷཛ། དཔལ་མང་དཀོན་མཆོག་རྒྱལ་མཚན། སྔོ་མང་བླ་བྲུར་མིང་ཅན།

d

e དྲི་བ་དྲིས་ལན།（问答）

f 刻本 དགའ་ལྡན་ཆོས་འཁོར་གླིང་།（甘肃噶丹曲廓林）

g 乌金 梵夹装 46.5×6

h 3 6
i 无 藏纸 黑 完整
j 封面钤有“民族文化宫图书馆藏”印。

233.5
a 6-5
b ཀུན་མཁྱེན་སྐུ་ཕྲེང་གཉིས་པའི་རྣམ་ཐར་ཞལ་ཐང་ལྔའི་ཁ་བྱང་།
第二世遍智嘉木样传五画像之题名
c རྗེ་བཙུན་རཏྣ་རྡྷྭཛ། དཔལ་མང་དཀོན་མཆོག་རྒྱལ་མཚན། སློ་མང་བླ་བྲུབ་མིང་ཅན།
d
e རྣམ་ཐར།（传记）
f 刻本 དགའ་ལྡན་ཆོས་འཁོར་གླིང་།（甘肃噶丹曲廓林）
g 乌金 梵夹装 47.5×6
h 4 6
i 无 藏纸 黑 完整
j 封面钤有“民族文化宫图书馆藏”印。

233.6
a 6-6
b སྐྱབས་འགྲོའི་ཁྲིད་ཡིག་ཐུབ་བསྟན་སྒོ་འབྱེད།
皈依注解·开佛教门
c རྗེ་བཙུན་རཏྣ་རྡྷྭཛ། དཔལ་མང་དཀོན་མཆོག་རྒྱལ་མཚན། སློ་མང་བླ་བྲུབ་མིང་ཅན།
d དགེ་ལྡན་བསྟན་པ་འཕེལ་རྒྱས་གླིང་།（甘肃噶丹·丹巴帕杰林）
དགེ་སློང་དཀོན་མཆོག་ཡར་འཕེལ།
e སྐྱབས་འགྲོའི་ཁྲིད་ཡིག（皈依导释）
f 刻本 དགའ་ལྡན་ཆོས་འཁོར་གླིང་།（甘肃噶丹曲廓林） དགེ་སློང་འཇིགས་མེད་གྲགས་པ།
g 乌金 梵夹装 46×6

h 13 6
i 无 藏纸 黑 完整
j 封面钤有“民族文化宫图书馆藏”印。

234
A 3707 821
B དཔལ་མང་པཎྜི་ཏ་དཀོན་མཆོག་རྒྱལ་མཚན་གྱི་གསུང་འབུམ།
阿莽班智达·恭却坚赞文集
C ག
D རྗེ་བཙུན་དཔལ་མང་དཀོན་མཆོག་རྒྱལ་མཚན།
同 3706 介绍。
E 馆藏齐全。

234.1
a 16-1
b རྟེན་འབྲེལ་བསྟོད་པའི་ཊཱིཀྐ་རིན་ཆེན་སྡོང་ཤིང་།
缘起赞注疏·大宝树
c རྗེ་བཙུན་རཏྣ་དྷྭཛ།
d རབ་བྱུང་བཅུ་བཞི་པའི་མེ་ཡོས། 第十四饶迴火兔年（1807）
ཆོས་སྡེ་ཆེན་པོ་བླ་བྲང་བཀྲ་ཤིས་འཁྱིལ།（甘肃夏河拉卜楞寺）
e བསྟོད་འགྲེལ།（赞释）
f 刻本 དགའ་ལྡན་ཆོས་འཁོར་གླིང་།（甘肃噶丹曲廓林）
g 乌金 梵夹装 48×6
h 60 6
i 无 藏纸 黑 完整
j 封面钤有“民族文化宫图书馆藏”印；民族宫目录中为 59 叶。

234.2
a 16-2

b ཐུའུ་བཀྭན་རྡོ་རྗེ་འཆང་གིས་མཛད་པའི་ངེས་དོན་གྱི་བླ་མའི་གསོལ་འདེབས་ཀྱི་འགྲེལ་བ་རྩོམ་དགོས་ཞུས་པའི་
བཀའ་ལན།
请为土观金刚持所著了义上师祈祷文作释之答书
c རྗེ་བཙུན་ར་ཏྣ་དྷྭཛ།
d བློ་བཟང་བཀྲ་ཤིས།
e གསོལ་འདེབས།（启请文）
f 刻本 དགའ་ལྡན་ཆོས་འཁོར་གླིང་།（甘肃噶丹曲廓林）
g 乌金 梵夹装 48×6
h 5 6
i 无 藏纸 黑 完整
j 封面钤有“民族文化宫图书馆藏”印。

234.3
a 16-3
b བྱང་ཆུབ་ཀྱི་སེམས་སྒོམ་པའི་མན་ངག
修菩提心之教授
c རྗེ་བཙུན་ར་ཏྣ་དྷྭཛ།
d བཀྲ་ཤིས་འཁྱིལ།（甘肃夏河拉卜楞寺）
e མན་ངག（善言）
f 刻本 དགའ་ལྡན་ཆོས་འཁོར་གླིང་།（甘肃噶丹曲廓林）
g 乌金 梵夹装 47×6
h 8 6
i 无 藏纸 黑 完整
j 封面钤有“民族文化宫图书馆藏”印；民族宫目录中为 7 叶

234.4
a 16-4

b ལམ་གྱི་རིམ་པ་ཡོངས་སུ་རྫོགས་པ་མགུར་དབྱངས་སུ་བསྡེབས་པ།

道次第圆满道情歌编

c རྗེ་བཙུན་རཏྣ་རྡོར།

d བཀྲ་ཤིས་འཁྱིལ།（甘肃夏河拉卜楞寺）

e ལམ་རིམ།（道次第）

f 刻本 དགའ་ལྡན་ཆོས་འཁོར་གླིང་།（甘肃噶丹曲廓林）

g 乌金 梵夹装 48×6

h 23 6

i 无 藏纸 黑 完整

j 封面钤有“民族文化宫图书馆藏”印；民族宫目录中为 24 叶。

234. 5

a 16-5

b སྙིང་པོ་དོན་གསུམ་གྱི་མན་ངག་ཟིན་བྲིས་སུ་བཀོད་པ་བདུད་རྩིའི་ཐུག་ཐིག

三心要义之教授笔录·甘露珠鬘

c རྗེ་བཙུན་རཏྣ་རྡོར།

d བཀྲ་ཤིས་འཁྱིལ།（甘肃夏河拉卜楞寺）

e མན་ངག（善言）

f 刻本 དགའ་ལྡན་ཆོས་འཁོར་གླིང་།（甘肃噶丹曲廓林）

g 乌金 梵夹装 47×6

h 9 6

i 无 藏纸 黑 完整

j 封面钤有“民族文化宫图书馆藏”印。

234. 6

a 16-6

b ཟླ་རྒྱུད་རིགས་གསུམ་གྱི་བསྙེན་ཡིག་དོན་གསལ་སྙིང་པོ།

事续部三部之闭关静修法·明义心要

c རྗེ་བཙུན་རཏྣ་བྷདྲ།

d མཛོད་དགེ་སྐད་དགོན།

e བསྙེན་ཡིག（念修文）

f 刻本 དགའ་ལྡན་ཆོས་འཁོར་གླིང་།（甘肃噶丹曲廓林） དགེ་སློང་འཇིགས་མེད་གྲགས་པ།

g 乌金 梵夹装 46.5×6
h 13 6
i 无 藏纸 黑 完整
j 封面钤有“民族文化宫图书馆藏”印。

234.7
a 16-7

b བདེ་གསང་འཇིགས་གསུམ་གྱི་བསྙེན་ཡིག་ལག་ཏུ་བླང་བདེ་བ།

胜乐、密集、怖畏三法之闭关静修易行法

c རྗེ་བཙུན་རཏྣ་བྷདྲ།

d

e བསྙེན་ཡིག（念修文）

f 刻本 དགའ་ལྡན་ཆོས་འཁོར་གླིང་།（甘肃噶丹曲廓林）

g 乌金 梵夹装 47.5×6
h 9 6
i 无 藏纸 黑 完整
j 封面钤有“民族文化宫图书馆藏”印。

234.8
a 16-8

b སྐྱབས་མགོན་རྡོ་རྗེ་འཆང་བརྟན་བཞུགས་འབུལ་ཚུལ་ལེ་ཚན་གསུམ།

怙主金刚持前请长久住世文三节

c　ཇེ་བཙུན་རྡོ་རྗེ།

d　བཀྲ་ཤིས་འཁྱིལ།（甘肃夏河拉卜楞寺）

e　བརྟན་བཞུགས།（住世文）

f　刻本　དགའ་ལྡན་ཆོས་འཁོར་གླིང་།（甘肃噶丹曲廓林）

g　乌金　梵夹装　46.5×6

h　17　6

i　无　藏纸　黑　完整

j　封面钤有“民族文化宫图书馆藏”印；民族宫目录中为15叶。

234.9

a　16-9

b　མཆོག་སྤྲུལ་རིན་པོ་ཆེའི་བརྟན་བཞུགས་མཚམས་སྦྱོར།

祈请第三世嘉木样活佛长久住世文

c　ཇེ་བཙུན་རྡོ་རྗེ།

d　བཀྲ་ཤིས་འཁྱིལ།（甘肃夏河拉卜楞寺）

e　བརྟན་བཞུགས།（住世文）

f　刻本　དགའ་ལྡན་ཆོས་འཁོར་གླིང་།（甘肃噶丹曲廓林）

g　乌金　梵夹装　47.5×6

h　17　6

i　无　藏纸　黑　完整

j　封面钤有“民族文化宫图书馆藏”印；民族宫目录中为16叶。

234.10

a　16-10

b　བླ་མ་མཆོད་པའི་དམིགས་ཁྲིད་འཛིགས་མེད་ཞལ་གྱི་བདུད་རྩི།

上师供养之所缘教导

c　རྗེ་བཙུན་རྡོ་རྡོར།

d

e　བླ་མཆོད་ཁྲིད་ཡིག（上师供养导释）

f　刻本　དགའ་ལྡན་ཆོས་འཁོར་གླིང་།（甘肃噶丹曲廓林）

g　乌金　梵夹装　46.5×6

h　43　6

i　无　藏纸　黑　完整

j　封面钤有“民族文化宫图书馆藏”印；民族宫目录中为 41 叶。

234.11

a　16-11

b　བདེ་མཆོག་གི་དྲིས་ལན།

胜乐轮之问答

c　རྗེ་བཙུན་རྡོ་རྡོར།

d

e　དྲི་བ་དྲིས་ལན།（问答）

f　刻本　དགའ་ལྡན་ཆོས་འཁོར་གླིང་།（甘肃噶丹曲廓林）

g　乌金　梵夹装　47.5×6

h　6　6

i　无　藏纸　黑　完整

j　封面钤有“民族文化宫图书馆藏”印。

234.12

a　16-12

b　དཔལ་གསང་བ་འདུས་པའི་རྫོགས་རིམ་དམར་ཁྲིད་ཀྱི་སྐབས་སུ་སྒྱུ་ལུས་མཆོད་པ་ཇི་ལྟར་བྱ་ཚུལ་གྱི་ཆོ་ག་ཟུང་

འཇུག་དགའ་སྟོན།

密集圆满次第直观教导时幻身供养应如何作法仪轨·双运喜宴

c　རྗེ་བཙུན་རཏྣ་རྡོར།

d　བཀྲ་ཤིས་འཁྱིལ།（甘肃夏河拉卜楞寺）

e　ཆོ་ག（仪轨）

f　刻本　དགའ་ལྡན་ཆོས་འཁོར་གླིང་།（甘肃噶丹曲廓林）

g　乌金　梵夹装　47×6

h　6　6

i　无　藏纸　黑　完整

j　封面钤有“民族文化宫图书馆藏”印；民族宫目录中为7叶。

234.13

a　16-13

b　མ་ཅིག་ཁྲོས་མའི་སྒྲུབ་ཐབས་ལས་བརྩམས་པའི་དྲིས་ལན།

玛吉忿怒母修法中之问答

c　རྗེ་བཙུན་རཏྣ་རྡོར།

d　རྒྱ་ཚང་ངག་དབང་ལྷུན་གྲུབ།

e　དྲི་བ་དྲིས་ལན།（问答）

f　刻本　དགའ་ལྡན་ཆོས་འཁོར་གླིང་།（甘肃噶丹曲廓林）

g　乌金　梵夹装　47×6

h　5　6

i　无　藏纸　黑　完整

j　封面钤有“民族文化宫图书馆藏”印。

234.14

a　16-14

b　ལམ་ཟབ་རྒྱུན་གྱི་འདོན་ཆའི་ཟུར་འདེབས་བདུད་གཅོད་རལ་གྲི

甚深道瑜伽之念诵附篇·断魔利剑

c ཇེ་བཙུན་རཏྣ་རྡོར།

d

e འདོན་ཆའི་ཟུར་འདེབས།（补充启请文）

f 刻本 དགའ་ལྡན་ཆོས་འཁོར་གླིང་།（甘肃噶丹曲廓林）

g 乌金 梵夹装 47.5×6

h 19 6

i 无 藏纸 黑 完整

j 封面钤有“民族文化宫图书馆藏”印；民族宫目录中为 18 叶。

234.15

a 16-15

b གཏེར་གྱི་ཟིན་བྲིས་ཉུང་ང་།

觉法笔录略篇

c ཇེ་བཙུན་རཏྣ་རྡོར།

d

e གཏེར།（觉派笔录）

f 刻本 དགའ་ལྡན་ཆོས་འཁོར་གླིང་།（甘肃噶丹曲廓林）

g 乌金 梵夹装 47.5×6

h 4 6

i 无 藏纸 黑 完整

j 封面钤有“民族文化宫图书馆藏”印。

234.16

a 16-16

b ཟབ་དོན་སྙན་བརྒྱུད་ཀྱི་གཏེར་གཞུང་ཟབ་མོའི་གཏེར་གྱི་མན་ངག་བློ་གྲོས་མིག་འབྱེད།

甚深义耳传觉法典籍、甚深觉法教授·开智者眼

c ཇེ་བཙུན་རཏྣ་རྡོར།

d　གཞན་ཕྱོགས་དཀོན་མཆོག་རྒྱལ་མཚན་སོགས།

e　མན་ངག（善言）

f　刻本　དགའ་ལྡན་ཆོས་འཁོར་གླིང་།（甘肃噶丹曲廓林）

g　乌金　梵夹装　46.5×6
h　97　6
i　无　藏纸　黑　完整
j　封面钤有“民族文化宫图书馆藏”印；民族宫目录中为94叶。

235
A　3708　823

B　དཔལ་མང་པཎྜི་ཏ་དཀོན་མཆོག་རྒྱལ་མཚན་གྱི་གསུང་འབུམ།
阿莽班智达·恭却坚赞文集

C　ཙ

D　རྗེ་བཙུན་དཔལ་མང་དཀོན་མཆོག་རྒྱལ་མཚན།
同3706介绍。

E　此函民族宫目录著录为21卷，西藏图书馆藏品中缺一卷：《持明密咒学处守护法简明篇》。

235.1
a　20-1

b　རྒྱུད་སྡེ་བཞིའི་སྤྱི་དོན་རྣམ་པར་བཞག་པ་སྔགས་ལ་འཇུག་པའི་སྒོ།
四部密续之总义建立·入密教之门

c　རྗེ་བཙུན་རཏྣ་རྡོར།

d　ལྕགས་སྟག 铁虎年（1830）　དགེ་འཕེལ་བཀྲ་ཤིས་ཆོས་འཕེལ་གླིང་།（扎西格培林）

e　སྔགས།（密宗）

f　刻本　དགའ་ལྡན་ཆོས་འཁོར་གླིང་།（甘肃噶丹曲廓林）

g 乌金 梵夹装 47.5×6
h 70 6
i 无 藏纸 黑 完整
j 封面钤有“民族文化宫图书馆藏”印。

235.2
a 20-2
b དཔལ་དུས་ཀྱི་འཁོར་ལོའི་ལམ་བཟང་ཡོངས་སུ་རྫོགས་པ་རྒྱུད་ལ་སྐྱེ་བའི་གསོལ་འདེབས་རྡོ་རྗེ་ཚིག་གི་འབྲུ་འགྲེལ།
时轮圆满妙道心中生起祈愿文·金刚句释
c རྗེ་བཙུན་རཏྣ་བྷདྲ།
d
e གསོལ་འདེབས།（启请文）
f 刻本 དགའ་ལྡན་ཆོས་འཁོར་གླིང་།（甘肃噶丹曲廓林） དགེ་སློང་ཚུལ་ཁྲིམས་རྒྱ་མཚོ།
g 乌金 梵夹装 47.5×6
h 5 6
i 无 藏纸 黑 完整
j 封面钤有“民族文化宫图书馆藏”印。

235.3
a 20-3
b བླ་མ་དམ་པ་རྣམས་ཀྱི་ཞལ་ནས་ཐོས་པའི་སྔགས་ཀྱི་གསུང་སྒྲོས་ཐོར་བུ་འགའ་ཞིག་ཟིན་བྲིས་སུ་བཀོད་པ། སྙིང་གི་གཅེས་ནོར།
诸上师大德口传密咒之部分论述笔录·心要珍宝
c རྗེ་བཙུན་རཏྣ་བྷདྲ།
d བཀྲ་ཤིས་འཁྱིལ།（甘肃夏河拉卜楞寺）
e སྔགས་ཀྱི་གསུང་སྒྲོས་ཟིན་བྲིས།（密宗）

f 刻本 དགའ་ལྡན་ཆོས་འཁོར་གླིང་།（甘肃噶丹曲廓林） དགེ་སློང་དཀོན་མཆོག་མཁྱེན་རབ།

g 乌金 梵夹装 47×6
h 18 6
i 无 藏纸 黑 完整
j 封面钤有“民族文化宫图书馆藏”印；民族宫目录中为10叶。

235.4
a 20-4

b བླ་མ་མཆོད་པ་དང་འབྲེལ་བའི་ཕྱག་ཆེན་ཁྲིད་ཀྱི་ཟིན་བྲིས་དྲན་པས་གདུང་སེལ།

与上师供养相结合之大手印导引笔录·正念消除苦恼

c རྗེ་བཙུན་རྡོ་རྗེ

d ཤིང་སྤྲེལ། 木猴年（1824）

e ཕྱག་ཆེན་ཁྲིད་ཟིན་བྲིས།（大法手印导释笔录）

f 刻本 དགའ་ལྡན་ཆོས་འཁོར་གླིང་།（甘肃噶丹曲廓林）

g 乌金 梵夹装 47×6
h 43 6
i 无 藏纸 黑 完整
j 封面钤有“民族文化宫图书馆藏”印。

235.5
a 20-5

b ཕྱག་ཆེན་གྱི་ཟིན་བྲིས་དྲན་པས་གདུང་སེལ་གྱི་ཁ་སྐོང་སྙིང་པོ་རབ་གསལ།

大手印笔录·正念消除苦恼之补遗·显明心要

c རྗེ་བཙུན་རྡོ་རྗེ

d རང་ལོ་བརྒྱད་ཅུ་དྲུག་པ། 八十六岁（1849年） དཀོན་མཆོག་བྱམས་པ་སོགས།

e ཕྱག་ཆེན་གྱི་ཟིན་བྲིས།（大手印笔录）

f 刻本 དགའ་ལྡན་ཆོས་འཁོར་གླིང་།（甘肃噶丹曲廓林） དཀོན་མཆོག་བྱམས་པ།

g 乌金 梵夹装 47×6

h 13 6

i 无 藏纸 黑 完整

j 封面钤有“民族文化宫图书馆藏”印。

235.6

a 20-6

b དཔལ་གསང་བ་འདུས་པའི་འཇིག་རྟེན་དབང་ཕྱུག་གི་རིལ་སྒྲུབ།

吉祥密集观自在之丸药修法

c རྗེ་བཙུན་རཏྣ་རྡྷྭཛ།

d མཛོད་དགེ་དགོན་གསར་དགའ་ལྡན་རབ་རྒྱས་གླིང་།（甘肃合作佐盖贡萨寺）

e སྒྲུབ་ཐབས།（修法）

f 刻本 དགའ་ལྡན་ཆོས་འཁོར་གླིང་།（甘肃噶丹曲廓林）

g 乌金 梵夹装 47.5×6

h 7 6

i 无 藏纸 黑 完整

j 封面钤有“民族文化宫图书馆藏”印。

235.7

a 20-7

b དཔལ་གསང་བ་འདུས་པའི་རྒྱུད་ཀྱི་དགོངས་པ་དང་མཐུན་པར་གཙོ་བོ་འཕོ་བའི་མན་ངག་གིས་འཇིག་རྟེན་དབང་ ཕྱུག་གི་སྒོ་ནས་རིལ་སྒྲུབ་ཀྱི་ཆོ་ག་བྱ་ཚུལ།

吉祥密集续之密意主要相合之往生法教授由观自在法门修丸药仪轨法

c རྗེ་བཙུན་རཏྣ་རྡྷྭཛ།

d རབ་འབྱམས་པ་འཇམ་དབྱངས་མཁས་གྲུབ།

e　ཆོ་ག།（仪轨）

f　刻本　དགའ་ལྡན་ཆོས་འཁོར་གླིང་།（甘肃噶丹曲廓林）

g　乌金　梵夹装　47.5×6
h　4　6
i　无　藏纸　黑　完整
j　封面钤有“民族文化宫图书馆藏”印。

235.8
a　20-8

b　གསང་འདུས་བསྙེན་ཡིག་ཀུན་མཁྱེན་བླ་མའི་གསུང་ལས་བཏུས་པའི་དྲིས་ལན།

密集闭关静修法·遍智嘉木样上师言教中之问答类

c　རྗེ་བཙུན་རཏྣ་དྷྭཛ།

d　བཀྲ་ཤིས་འཁྱིལ།（甘肃夏河拉卜楞寺）

e　དྲི་བ་དྲིས་ལན།（问答）

f　刻本　དགའ་ལྡན་ཆོས་འཁོར་གླིང་།（甘肃噶丹曲廓林）

g　乌金　梵夹装　48×6
h　4　6
i　无　藏纸　黑　完整
j　封面钤有“民族文化宫图书馆藏”印。

235.9
a　20-9

b　དཔལ་གསང་བ་འདུས་པའི་རིམ་གཉིས་ཀྱི་མན་ངག་རིན་ཆེན་ལྡེ་མིག

密集二次第之教授·大宝钥

c　རྗེ་བཙུན་རཏྣ་དྷྭཛ།

d　དགོན་གསར་དགའ་ལྡན་རབ་རྒྱས་གླིང་།（甘肃合作佐盖贡萨寺）

e མན་ངག（善言）

f 刻本 དགའ་ལྡན་ཆོས་འཁོར་གླིང་།（甘肃噶丹曲廓林寺）

g 乌金 梵夹装 48.5×6
h 4 6
i 无 藏纸 黑 完整
j 封面钤有“民族文化宫图书馆藏”印。

235.10
a 20-10
b མ་ཎི་རིལ་སྒྲུབ་ཀྱི་ཆོ་ག་ཕན་བདེ་ཀུན་འབྱུང་།
嘛呢丸修制仪轨·利乐普生
c རྗེ་བཙུན་རཏྣ་ཛྷྭཛ།
d དཔལ་ལྡན་བཀྲ་ཤིས་འཁྱིལ།（甘肃夏河拉卜楞寺）
e ཆོ་ག（仪轨）
f 刻本 དགའ་ལྡན་ཆོས་འཁོར་གླིང་།（甘肃噶丹曲廓林）
g 乌金 梵夹装 46×6
h 6 6
i 无 藏纸 黑 完整
j 封面钤有“民族文化宫图书馆藏”印。

235.11
a 20-11
b དམིགས་བརྩེ་མའི་སྒོ་ནས་བཀྲུ་བྱབས་བསྲུང་བ་བྱ་ཚུལ་གདུང་སེལ་བདུད་རྩིའི་ཆུ་རྒྱུན།
弥遮玛法门中沐浴、除净、守护作法·除苦甘露长流
c རྗེ་བཙུན་རཏྣ་ཛྷྭཛ།
d དགེ་ཚུལ་ངག་དབང་བསྟན་འཛིན།
e ཁྲུས་གསོལ།（沐浴）

f 刻本 དགའ་ལྡན་ཆོས་འཁོར་གླིང་།（甘肃噶丹曲廓林） དགེ་ཚུལ་དཀོན་མཆོག་ཆོས་འབྱོར།
g 乌金 梵夹装 46.5×6
h 9 6
i 无 藏纸 黑 完整
j 封面钤有“民族文化宫图书馆藏”印。

235.12
a 20-12
b འཇམ་དཔལ་གསང་ལྡན་དང་འབྲེལ་བའི་སྦྱིན་སྲེག་གི་ཆོ་ག་ཡེ་ཤེས་འོད་སྣང་།
与文殊具密相结合之护摩仪轨 · 智慧光明
c རྗེ་བཙུན་རྡ་དྷོ།
d དཔལ་ལྡན་བཀྲ་ཤིས་འཁྱིལ་གྱི་རི་ཁྲོད་ཐར་པ་རྩེ།（甘肃夏河拉卜楞寺）
e ཆོ་ག（仪轨）
f 刻本 དགའ་ལྡན་ཆོས་འཁོར་གླིང་།（甘肃噶丹曲廓林） དགེ་ཚུལ་དཀོན་མཆོག་ཆོས་འབྱོར།
g 乌金 梵夹装 47.5×6
h 10 6
i 无 藏纸 黑 完整
j 封面钤有“民族文化宫图书馆藏”印。

235.13
a 20-13
b ཉི་མ་སྦས་པའི་ལུགས་ཀྱི་སྒྲོལ་མ་ཉེར་གཅིག་གི་སྒྲུབ་ཐབས་དང་དཀྱིལ་ཆོག་གི་རིམ་པ།
尼玛贝巴传规之二十一度母修法与曼荼罗仪轨次第
c རྗེ་བཙུན་རྡ་དྷོ།
d དཔལ་ལྡན་བཀྲ་ཤིས་འཁྱིལ།（甘肃夏河拉卜楞寺） དཀོན་མཆོག་གྲགས་པ།
e སྒྲུབ་ཐབས།（修心法）

f 刻本 དགའ་ལྡན་ཆོས་འཁོར་གླིང་།（甘肃噶丹曲廓林）

g 乌金 梵夹装 47×6
h 28 6
i 无 藏纸 黑 完整
j 封面钤有“民族文化宫图书馆藏”印。

235. 14
a 20-14

b གཤིན་པོ་སྦྱིན་ཆོག་གི་བཤད་པ་དྭངས་གསལ་མེ་ལོང་།

净治亡者罪障仪轨讲解·洁晶镜

c རྗེ་བཙུན་རཏྣ་རྡྷོ།

d དཔལ་ལྡན་བཀྲ་ཤིས་འཁྱིལ།（甘肃夏河拉卜楞寺）

e ཆོ་ག（仪轨）

f 刻本 དགའ་ལྡན་ཆོས་འཁོར་གླིང་།（甘肃噶丹曲廓林）

g 乌金 梵夹装 47×6
h 18 6
i 无 藏纸 黑 完整
j 封面钤有“民族文化宫图书馆藏”印。

235. 15
a 20-15

b བླ་མ་དམ་པ་རྣམས་ཀྱི་གསུང་སྒྲོས་ཐོར་བུ་བདུད་རྩིའི་ཐིགས་མ།

诸上师大德之论述散集·甘露珠

c རྗེ་བཙུན་རཏྣ་རྡྷོ།

d

e ཐོར་བུ།（散集）

f 刻本 དགའ་ལྡན་ཆོས་འཁོར་གླིང་།（甘肃噶丹曲廓林）

g　乌金　梵夹装　46.5×6
h　16　6
i　无　藏纸　黑　完整
j　封面钤有“民族文化宫图书馆藏”印。

235.16
a　20-16
b　ཀུན་རིག་གི་ཕྱག་རྒྱའི་ལག་ཁྲིད་ཐོབ་སྐབས་གསུང་བཤད་ཟིན་བྲིས་སུ་བཀོད་པ་སྙིང་གི་ཐིག་ལེ།
　遍知手印直观教导笔录·心要明点
c　རྗེ་བཙུན་རཏྣ་བྷདྲ།
d
e　ཟིན་བྲིས།（笔录）
f　刻本　དགའ་ལྡན་ཆོས་འཁོར་གླིང་།（甘肃噶丹曲廓林）
g　乌金　梵夹装　47×6
h　7　6
i　无　藏纸　黑　完整
j　封面钤有“民族文化宫图书馆藏”印。

235.17
a　20-17
b　རྗེ་བཙུན་བླ་མ་དམ་པ་ངག་དབང་བློ་གྲོས་དཔལ་བཟང་པོ་དེ་ཉིད་ཀྱི་རྣམ་ཐར་མུ་ཏིག་གི་ཕྲེང་བ།
　至尊上师大德阿旺洛卓传·珍珠鬘
c　རྗེ་བཙུན་རཏྣ་བྷདྲ།
d　རྗེ་བཙུན་དཀོན་མཆོག་བྱམས་པ།
e　རྣམ་ཐར།（传记）
f　刻本　དགའ་ལྡན་ཆོས་འཁོར་གླིང་།（甘肃噶丹曲廓林）
g　乌金　梵夹装　47×6
h　16　6
i　无　藏纸　黑　完整
j　封面钤有“民族文化宫图书馆藏”印。

235. 18
a 20-18

b ལམ་གྱི་གཙོ་བོ་རྣམ་གསུམ་གྱི་ཟིན་ཐོ།

正道三要备忘录

c རྗེ་བཙུན་རཏྣ་ཧྲྀད།

d

e ལམ་གཙོའི་ཟིན་ཐོ།（笔录）

f 刻本 དགའ་ལྡན་ཆོས་འཁོར་གླིང་།（甘肃噶丹曲廓林）

g 乌金 梵夹装 47×6
h 11 6
i 无 藏纸 黑 完整
j 封面钤有“民族文化宫图书馆藏”印。

235. 19
a 20-19

b དྲིས་ལན་འགའ་ཞིག་ཕྱོགས་གཅིག་ཏུ་བཀོད་པ་མར་མེའི་འོད་ཟེར།

部分问答合编·酥油灯光

c རྗེ་བཙུན་རཏྣ་ཧྲྀད།

d བཀྲ་ཤིས་འཁྱིལ།（甘肃夏河拉卜楞寺）

e དྲི་བ་དྲིས་ལན།（问答）

f 刻本 དགའ་ལྡན་ཆོས་འཁོར་གླིང་།（甘肃噶丹曲廓林）

g 乌金 梵夹装 47×6
h 37 6
i 无 藏纸 黑 完整
j 封面钤有“民族文化宫图书馆藏”印。

235. 20
a 20-20

b　ཆོས་སྐྱོང་སྤྱིའི་གཏོར་བསྔོ།

护法总神馐供回向法

c　རྗེ་བཙུན་རཏྣ་བྷདྲ།

d　བཀྲ་ཤིས་འཁྱིལ།（甘肃夏河拉卜楞寺）

e　ཆོ་ག（仪轨）

f　刻本　དགའ་ལྡན་ཆོས་འཁོར་གླིང་།（甘肃噶丹曲廓林）

g　乌金　梵夹装　47×6

h　2　6

i　无　藏纸　黑　完整

j　封面钤有“民族文化宫图书馆藏”印。

ཀྲུང་ཧྭ་གནའ་དཔེའི་བྱུང་བ་བརྗོད་པའི་དཀར་ཆག་དཔེ་ཚོགས།
中华古籍书志书目丛刊

བོད་རང་སྐྱོང་ལྗོངས་དཔེ་མཛོད་ཁང་གི་གནའ་དཔེའི་དཀར་ཆག

西藏自治区图书馆古籍目录

གསུང་འབུམ་པོད།

文集卷

4

བོད་རང་སྐྱོང་ལྗོངས་དཔེ་མཛོད་ཁང་གིས་བསྒྲིགས།
西藏自治区图书馆◎编

国家图书馆出版社

第4册目录

3709-3716 གུང་ཐང་དཀོན་མཆོག་བསྟན་པའི་སྒྲོན་མེའི་གསུང་འབུམ། ······················ 1

贡唐・恭却丹白卓麦文集

3717-3719 ཐུའུ་བཀྭན་ཆོས་ཀྱི་ཉི་མའི་གསུང་འབུམ། ······························ 89

土观・却吉尼玛文集

3720-3723 ལྕང་སྐྱ་ངག་དབང་བློ་བཟང་ཆོས་ལྡན་གྱི་གསུང་འབུམ། ······················135

章嘉・阿旺洛桑曲登文集

3724-3727 3736 ལྕང་སྐྱ་རོལ་པའི་རྡོ་རྗེའི་བཀའ་འབུམ། ··························140

章嘉・若白多杰文集

3728 ཀེའུ་ཚང་བློ་བཟང་འཇམ་དབྱངས་སྨོན་ལམ་གསུང་འབུམ། ······················214

盖邬仓・洛桑绛央孟朗文集

3729-3730 བཀའ་འགྱུར་བ་བློ་བཟང་ཚུལ་ཁྲིམས་ཀྱི་གསུང་འབུམ། ······················219

甘珠尔・洛桑楚臣文集

3731-3732 རོང་ཐ་བློ་བཟང་དམ་ཆོས་རྒྱ་མཚོའི་གསུང་འབུམ། ························255

绒塔・洛桑旦曲嘉措文集

3733-3734 རྟ་ཚག་ཡེ་ཤེས་བསྟན་པའི་མགོན་པོའི་གསུང་འབུམ། ······················296

达扎・耶喜丹白贡波文集

3735 དྭགས་པོ་མཁན་ཆེན་ངག་དབང་གྲགས་པའི་གསུང་འབུམ། ······················306

塔波堪钦・阿旺扎巴文集

3737 འབྲི་གུང་སྐྱོབ་པ་འཇིག་རྟེན་མགོན་པོའི་གསུང་འབུམ། ······················316

止贡・觉巴久定贡布文集

3738-3747 རྒྱལ་སྲས་ཐོགས་མེད་བཟང་པོའི་གསུང་འབུམ། ······ 320

贾色·妥美桑布文集

3748 རྒྱལ་སྲས་བློ་བཟང་ངག་དབང་ཐོགས་མེད་ཀྱི་གསུང་འབུམ། ······ 321

贾色·洛桑阿旺妥美文集

3749 དྭགས་པོ་ལྷ་རྗེའི་བསོད་ནམས་རིན་ཆེན་གྱི་གསུང་འབུམ། ······ 326

塔波拉杰·索朗仁钦文集

3750 འབྲུག་པ་ཀུན་དགའ་ལེགས་པའི་གསུང་འབུམ། ······ 341

竹巴·衮噶勒巴文集

3751 འབྲུག་པ་རྒྱལ་དབང་ཀུན་དགའ་དཔལ་འབྱོར་གྱི་གསུང་འབུམ། ······ 344

竹巴杰旺·衮噶班觉文集

3752-3755 དྲུང་ཆེན་ཤེས་རབ་རྒྱ་མཚོའི་གསུང་འབུམ། ······ 354

仲钦·喜饶嘉措文集

3756 བྱམས་གླིང་པཎ་ཆེན་བསོད་ནམས་རྣམ་རྒྱལ་གྱི་གསུང་འབུམ། ······ 379

强林班钦·索朗朗杰文集

3757 ཚ་ཧར་དགེ་བཤེས་བློ་བཟང་ཚུལ་ཁྲིམས་ཀྱི་གསུང་འབུམ། ······ 381

察哈尔格西·洛桑楚臣文集

3759 རྫོང་དཀར་འཇིགས་མེད་དམ་ཆོས་རྒྱ་མཚོའི་གསུང་འབུམ། ······ 391

宗噶·晋美旦曲嘉措文集

3760-3762 བུ་སྟོན་གྱི་གསུང་འབུམ། ······ 395

布顿文集

3763-3775 རྗེ་ཙོང་ཁ་པའི་གསུང་འབུམ། ······ 403

宗喀巴文集

3779-3783 12363-12370 སྡེ་སྲིད་སངས་རྒྱས་རྒྱ་མཚོའི་གསུང་འབུམ། ······ 411

第司·桑结嘉措文集

后　记 ······ 428

236

A 3709 917、3588

B གུང་ཐང་དཀོན་མཆོག་བསྟན་པའི་སྒྲོན་མེའི་གསུང་འབུམ།

贡唐·恭却丹白卓麦文集

C ཀ

D གུང་ཐང་དཀོན་མཆོག་བསྟན་པའི་སྒྲོན་མེ། དགེ་ལུགས། རབ་བྱུང་བཅུ་གསུམ་པའི་ཆུ་ཕོ་རྟའི་ལོ་ ༡༧༦༢ ལ་ཡབ་ལྷུགས་པོ་བྱམས་དང་། ཡུམ་པོ་ཅོག་གཉིས་ཀྱི་སྲས་སུ་མདོ་སྨད་ཤར་སྐོའི་ཕྱོགས་ཀྱི་མཛོད་དགེའི་སྨད་དུ་སྐུ་འཁྲུངས། དགུང་ལོ་བདུན་པར་ཀུན་མཁྱེན་འཇིགས་མེད་དབང་པོས་ཁྲི་ཆེན་དགེ་འདུན་ཕུན་ཚོགས་ཀྱི་ཡང་སྲིད་དུ་ངོས་འཛིན་ནས་བླ་བྲང་བཀྲ་ཤིས་འཁྱིལ་དུ་གདན་དྲངས། ཀུན་མཁྱེན་མདུན་ནས་དགེ་བསྙེན་དང་དགེ་ཚུལ་གྱི་སྡོམ་པ་དཀྲུས་གཅིག་ཏུ་ཞུས་ཤིང་མཚན་ལ་དཀོན་མཆོག་བསྟན་པའི་སྒྲོན་མེ་བསྐུལ། དགུང་ལོ་བཅུ་བདུན་པར་འབྲས་སྤུངས་ སྒོ་མང་གྲྭ་ཚང་དུ་ཞུགས།དགུང་ལོ་ཉེར་གཅིག་ལ་རྒྱལ་བ་འཇམ་པའི་རྒྱ་མཚོའི་མདུན་ནས་བསྙེན་རྫོགས་ཀྱི་སྡོམ་པ་མནོས། དགུང་ལོ་ཉེར་གཉིས་ལ་ལྷ་རམས་པའི་མཚན་བཏགས་བཞེས། དགུང་ལོ་སོ་གཅིག་པར་བླ་བྲང་བཀྲ་ཤིས་འཁྱིལ་གྱི་གདན་ཁྲིར་ཐེབས་གདན་རབས་ཉེར་གཅིག་པ་ཡིན། རབ་བྱུང་བཅུ་བཞི་པའི་ཆུ་ལུག་ལོ༡༨༢༣ལ་སྐུ་གཤེགས། དབལ་མང་པཎྜི་ཏ་དཀོན་མཆོག་རྒྱལ་མཚན་སོགས་སློབ་མ་མཁས་པ་མང་དུ་བྱུང་། ཆུ་ཤིང་བསྟན་བཅོས་སོགས་གསུང་རྩོམ་པོད་བཅུ་གཉིས་ཡོད། དེད་དཔེ་མཛོད་ཁང་དུ་ཞོལ་པར་པོད་༨ཀ--ཉཨང་རྟགས་༣༠༠༡--༣༠༢༩དང་། བྲང་པར་མ་པོད་༡༡ཀ--དཨང་རྟགས༥༠༣༩--༥༠༦༦མི་རིགས་པོ་བྲང་ནས་ཕྱིར་འབུལ་ཞུས་པའི་གྲས་པོད་༦ ཀ--ཉ ཁ་དང་ཉ་ཆད། ཨང་རྟགས ༣༧༠༩--༣༧༡༦ བཞུགས།

贡唐·恭却丹白卓麦（1762—1823）：属格鲁派。诞生于多麦佐格（今甘南藏族自治州合作市境内）。7 岁时被认定赤钦衮登彭措转世，迎入拉卜楞寺，在拉卜楞寺住持嘉木样大师受沙弥戒，赐名恭却丹白卓麦。17 岁赴西藏哲蚌寺果芒扎仓学习，22 岁获格西学位。31 岁任拉卜楞寺第二十一任赤巴，在多麦地区所有格鲁派寺院里讲经说法。一生著作甚丰，尤以《水树格言》《世故老人劝诫》等著作脍炙人口。西藏图书馆馆藏其文集有原藏于北京民族宫图书馆的文集 6 函，编号为 3709—3716；雪版 8 函，编号在 3001—3024 间。

E 此函在民族宫目录著录为 917、3588 两个号，前者为 6 卷，后者为 4 卷；西藏图书馆藏品中缺 917 号 2 卷：《文集第一函目录》《明义释中广中略三种般若及现观庄严论释等配合经庄严明解之笔录·阐明隐义之灯》；3588 号缺 2 卷：《毗奈耶法海之难义摄要略编·宝鬘》《对法藏摄义·入对法海之舟》。

236.1

a 6-1

b རྗེ་བཙུན་བླ་མ་གུང་ཐང་འཇམ་པའི་དབྱངས་དཀོན་མཆོག་བསྟན་པའི་སྒྲོན་མེ་དཔལ་བཟང་པོའི་གསུང་འབུམ་ཀ་པའི་དཀར་ཆག་བཞུགས་སོ།།

至尊上师贡唐·绛白央恭却丹白卓麦文集ཀ字函目录

c

d

e དཀར་ཆག（目录）

f 刻本 ཞོལ་པར།（西藏拉萨雪版）

g 乌金 梵夹装 48×6

h 2 6

i 无 藏纸 黑 完整

j 封面钤有“民族文化宫图书馆藏”印。

236.2

a 6-2

b འཇམ་མགོན་རྒྱལ་བ་གཉིས་པ་ལ་བསྟན་པའི་སྙིང་པོ་གསལ་བར་མཛད་པའི་ཚུལ་ལས་བརྩམས་ཏེ་བསྟོད་པ་དོན་དང་ལྡན་པ་ཞེས་བྱ་བ་བཞུགས་སོ།།

文殊怙主第二佛陀前从阐明圣教心要事业起而作具义赞颂

c བཙུན་པ་དཀོན་མཆོག་བསྟན་པའི་སྒྲོན་མེ།

d དཔལ་ལྡན་བཀྲ་ཤིས་འཁྱིལ།（甘肃夏河拉卜楞寺） རྩོམ་པ་ངག་དབང་ཡོན་ཏན།

e བསྟོད་པ།（赞颂）

f 刻本 ཞོལ་པར།（拉萨西藏雪版） དགེ་སློང་དཀོན་མཆོག་ཀུན་དགའ།

g 乌金 梵夹装 48×6
h 4 6
i 无 藏纸 黑 完整
j 封面钤有“民族文化宫图书馆藏”印。

236.3
a 6-3

b འཇམ་མགོན་རྒྱལ་བ་གཉིས་པ་ལ་བསྟན་པའི་སྙིང་པོ་གསལ་བར་མཛད་པའི་ཚུལ་ལས་བརྩམས་ཏེ་བསྟོད་པ་དོན་

དང་ལྡན་པའི་རྒྱ་ཆེར་འགྲེལ་པ་བསྟན་པའི་དེ་ཉིད་སྣང་ཞེས་བྱ་བ་བཞུགས་སོ།།

文殊怙主第二佛陀前从阐明圣教心要事业起而作具义赞颂之广释·圣教之真实光明

c བཙུན་པ་དཀོན་མཆོག་བསྟན་པའི་སྒྲོན་མེ།

d རབ་བྱུང་བཅུ་བཞི་པའི་བགྲང་བྱ་ལྷ་པ་སྐྱེས་བདག་ཅེས་པ་ལྕགས་མོ་ལུག་གི་ལོ་ནག་པ་ཟླ་བ། 第十四饶迥

铁阴羊年（1811）藏历三月 ཁྲི་ཆེན་ནམ་མཁའ་བཟང་མཆོག་གི་སྤྲུལ་སྐུ་རིན་པོ་ཆེ།

e བསྟོད་འགྲེལ།（赞释）

f 刻本 ཞོལ་པར།（西藏拉萨雪版） ཧྲི་ཀླུ་ཀ་རཏྣ་ཨཱནནྡ།

g 乌金 梵夹装 48×6
h 131 6
i 有 藏纸 黑 完整
j 封面钤有“民族文化宫图书馆藏”印。

236.4
a 6-4

b འཕགས་པ་ཤེས་རབ་ཀྱི་ཕ་རོལ་ཕྱིན་སྡུད་པ་མཆན་དང་བཅས་པ་བཞུགས་སོ།།

圣般若波罗蜜多略本及注释等

c བཙུན་པ་དཀོན་མཆོག་བསྟན་པའི་སྒྲོན་མེ།

d རང་ལོ་ཉེར་དགུ། 二十九岁（1790年） དཔལ་ལྡན་འབྲས་སྤུངས།（西藏拉萨哲蚌寺）

ཨ་མཆོག་དགོན་འཛམ་དབྱངས་ཕུན་ཚོགས།

e ཤེར་ཕྱིན། （般若）

f 刻本 ཞོལ་པར། （西藏拉萨雪版）

g 乌金 梵夹装 48×6
h 31 6
i 无 藏纸 黑 完整
j 封面钤有“民族文化宫图书馆藏”印。

236. 5
a 6-5

b ཤེས་རབ་སྙིང་པོའི་སྔགས་ཀྱི་རྣམ་བཤད་སྦས་དོན་གསལ་བ་ཞེས་བྱ་བ་བཞུགས་སོ།།

般若心经咒义解说·阐明隐义

c མི་ཕྱིའི་དཀུན་མཚམས་སྐབས།

d

e ཤེས་སྙིང་། （般若）

f 刻本 ཞོལ་པར། （西藏拉萨雪版） ཐུགས་རམས་པ་དཀོན་མཆོག་ཀུན་དགའ།

g 乌金 梵夹装 48×6
h 17 6
i 无 藏纸 黑 完整
j 封面钤有“民族文化宫图书馆藏”印；民族宫目录中为 18 叶。

236. 6
a 6-6

b དབུ་མ་འཇུག་པའི་ས་བཅད་བཞུགས་སོ།།

入中论科判

c
d

e ས་བཅད། （科判）

f 刻本 ཞོལ་པར། （西藏拉萨雪版）

g　乌金　梵夹装　48×6
h　10　6
i　无　藏纸　黑　完整
j　封面钤有“民族文化宫图书馆藏”印；民族宫目录中为11叶。

237
A　3710-3711　919、3590
B　གུང་ཐང་དཀོན་མཆོག་བསྟན་པའི་སྒྲོན་མེའི་གསུང་འབུམ།
贡唐·恭却丹白卓麦文集
C　ག
D　གུང་ཐང་བསྟན་པའི་སྒྲོན་མེ།
同3706介绍。
E　此函民族宫目录中有919和3590号，前者有9卷，后者有7卷。西藏图书馆藏品中缺919号的2卷：《嘉言心要论中唯识类注释馀论·明智百论之光明》《般若第一品之探讨注释馀论》；另有10卷为同文集ང函内容，有一卷为民族宫目录中无。

237.1
a　25-1
b　རྗེ་གུང་ཐང་དཀོན་མཆོག་བསྟན་པའི་སྒྲོན་མེ་དཔལ་བཟང་པོའི་གསུང་འབུམ་ག་པའི་དཀར་ཆག་བཞུགས་སོ།།
至尊贡唐·恭却丹白卓麦文集ག字函目录
c
d
e　དཀར་ཆག（目录）
f　刻本　ཞོལ་པར།（西藏拉萨雪版）
g　乌金　梵夹装　48×6
h　2　6
i　无　藏纸　黑　完整
j　封面钤有“民族文化宫图书馆藏”印。

237.2
a　25-2
b　རྟེན་འབྲེལ་གྱི་རྣམ་བཞག་ལུང་རིགས་བང་མཛོད་ཅེས་བྱ་བ་བཞུགས་སོ།།
　　缘起建立论·教理宝藏
c　བཙུན་པ་དཀོན་མཆོག་བསྟན་པའི་སྒྲོན་མེ།
d　རང་ལོ་ཉེར་གསུམ། 二十三岁（1784 年）　དཔལ་ལྡན་འབྲས་སྤུངས།（西藏拉萨哲蚌寺）
e　དབུ་མ།（中观）
f　刻本　ཞོལ་པར།（西藏拉萨雪版）
g　乌金　梵夹装　48×6
h　34　6
i　无　藏纸　黑　完整
j　封面钤有“民族文化宫图书馆藏”印。

237.3
a　25-3
b　རྣམ་ཐར་སྒོ་གསུམ་གྱི་རྣམ་པར་བཞག་པ་ལེགས་བཤད་རྒྱ་མཚོའི་ཐ་རླབས་ཞེས་བྱ་བ་བཞུགས་སོ།།
　　三解脱门之建立论·嘉言海涛
c　ཆོས་སྨྲ་བའི་བཙུན་པ་དཀོན་མཆོག་བསྟན་པའི་སྒྲོན་མེ།
d　རང་ལོ་ཉེར་བདུན། 二十七岁（1788 年）
　　ཆོས་གྲྭ་ཆེན་པོ་བཀྲ་ཤིས་འཁྱིལ།（甘肃夏河拉卜楞寺）　ཐོས་བསམ་གླིང་གི་གཞུང་གསར་འདོན་གྲྭ
e　རྣམ་ཐར་སྒོ་གསུམ།（三解脱门）
f　刻本　ཞོལ་པར།（西藏拉萨雪版）
g　乌金　梵夹装　48×6
h　11　6
i　无　藏纸　黑　完整
j　封面钤有“民族文化宫图书馆藏”印。

237.4

a 25-4

b དམིགས་པ་བརྟག་པའི་འགྲེལ་པ་ཕྱོགས་གླང་དགོངས་རྒྱན་ཞེས་བྱ་བ་བཞུགས་སོ།།

观所缘论释·陈那密意庄严

c བཙུན་པ་དཀོན་མཆོག་བསྟན་པའི་སྒྲོན་མེ།

d རང་ལོ་ཉེར་དྲུག 二十六岁（1787 年）

e ཚད་མ།（因明学）

f 刻本 ཞོལ་པར།（西藏拉萨雪版）

g 乌金 梵夹装 48×6
h 5 6
i 无 藏纸 黑 完整
j 封面钤有“民族文化宫图书馆藏”印。

237.5
a 25-5

b རིགས་ལམ་འཕྲུལ་གྱི་ལྡེ་མིག་ཅེས་བྱ་བ་བཞུགས་སོ།།

正理路篇·幻化之钥
c
d

e རིགས་ལམ།（正理）

f 刻本 ཞོལ་པར།（西藏拉萨雪版）

g 乌金 梵夹装 48×6
h 11 6
i 无 藏纸 黑 完整
j 封面钤有“民族文化宫图书馆藏”印。

237.6
a 25-6

b གྲུབ་མཐའ་བཞིའི་འདོད་ཚུལ་སོགས་དྲིས་ལན་སྣ་ཚོགས་ཀྱི་སྐོར་ཞལ་ལུང་བདུད་རྩིའི་ཐིགས་འཕྲེང་ཞེས་བྱ་བ་

བཞུགས་སོ།།

四宗所许法等各种问答类·语教甘露珠鬘

c

d

e དྲི་བ་དྲིས་ལན། （问答）

f 刻本 ཞོལ་པར། （西藏拉萨雪版）

g 乌金 梵夹装 48×6

h 22 6

i 无 藏纸 黑 完整

j 封面钤有“民族文化宫图书馆藏”印；民族宫目录中为24叶。

237.7

a 25-7

b བསྔོ་བའི་རྒྱལ་པོ་བསྟན་འབར་མའི་དགོངས་དོན་རྒྱ་ཆེར་འགྲེལ་པ་ལེགས་བཤད་བསྟན་པའི་སྒྲོན་མེ་ཞེས་བྱ་བ་

བཞུགས་སོ།།

回向王教光焰之密意广释·嘉言教灯

c བཙུན་པ་དཀོན་མཆོག་བསྟན་པའི་སྒྲོན་མེ།

d ས་ཕོ་འབྲུག་གིོ་ཁྲུམས་ཀྱི་ཟླ་བ། 土阳龙年（1808）藏历八月 དབེན་ཡིད་དགའ་ཆོས་འཛིན།

e བསྔོ་འགྲེལ། （回向释）

f 刻本 ཞོལ་པར། （西藏拉萨雪版） དགེ་སློང་དཀོན་མཆོག་ཀུན་དགའ།

g 乌金 梵夹装 48×6

h 51 6

i 无 藏纸 黑 完整

j 封面钤有“民族文化宫图书馆藏”印。

237.8

a 25-8

b བསྟན་པའི་འཇུག་སྒོ་སྐྱབས་འགྲོའི་ཁྲིད་ཡིག་ཕན་བདེའི་ལམ་བཟང་གསལ་བའི་སྒྲོན་མེ་ཞེས་བྱ་བ་བཞུགས་སོ།།

圣教入门皈依之教导·利乐妙道明灯

c བཙུན་པ་དཀོན་མཆོག་བསྟན་པའི་སྒྲོན་མེ།

d　དབེན་གནས་ཡིད་དགའ་ཆོས་འཛིན།　ཏ་ཐོན་སྐལ་བཟང་སྐྱིད་སོགས།

e　སྐྱབས་ཁྲིད།（皈依导释）

f　刻本　ཞོལ་པར།（西藏拉萨雪版）　ཐུགས་རམས་པ་དཀོན་མཆོག་ཀུན་དགའ།

g　乌金　梵夹装　48×6
h　21　6
i　无　藏纸　黑　完整
j　封面钤有“民族文化宫图书馆藏”印；民族宫目录中为22叶。

237.9
a　25-9

b　བྱང་ཆུབ་ལམ་གྱི་རིམ་པའི་སྔོན་འགྲོ་སྦྱོར་བའི་ཆོས་དྲུག་ལག་ཏུ་ལེན་ཚུལ་གསལ་བར་བཀོད་པ་ལམ་བཟང་སྒྲུབ་པའི་འཇུག་ངོགས་ཞེས་བྱ་བ་བཞུགས་སོ།།

菩提道次第前导六加行修法·成就妙道之门径

c　བཙུན་པ་དཀོན་མཆོག་བསྟན་པའི་སྒྲོན་མེ།

d　དད་ལྡན་དགེ་སློང་དཀོན་མཆོག་སངས་རྒྱས།

e　སྦྱོར་ཆོས།（韵法）

f　刻本　ཞོལ་པར།（西藏拉萨雪版）　ཐུགས་རམ་པ་དཀོན་མཆོག་ཀུན་དགའ།

g　乌金　梵夹装　48×6
h　19　6
i　无　藏纸　黑　完整
j　封面钤有“民族文化宫图书馆藏”印；民族宫目录中为⊏函。

237.10
a　25-10

b　ལམ་རིམ་བདེ་ལམ་གྱི་བརྒྱུད་འདེབས་བཞུགས་སོ།།

菩提道次第坦道之传承启请文

c
d

e གསོལ་འདེབས།（启请文）

f 刻本 ཞོལ་པར།（西藏拉萨雪版）

g 乌金 梵夹装 48×6
h 1 6
i 无 藏纸 黑 完整
j 封面钤有“民族文化宫图书馆藏”印。

237.11
a 25-11

b ཡོངས་འཛིན་རིན་པོ་ཆེ་ཡེ་ཤེས་རྒྱལ་མཚན་ནས་བདེ་ལམ་གྱི་ཁྲིད་གནང་བ་རྗེ་བཙུན་དཀོན་མཆོག་བསྟན་པའི་སྒྲོན་མེ་དཔལ་བཟང་པོས་ཟིན་བྲིས་སུ་གནང་བ་གདུང་སེལ་བདུད་རྩིའི་ཐིགས་པ་ཞེས་བྱ་བ་བཞུགས་སོ།།

至尊恭却丹白卓麦所记录荣增仁波且耶喜坚赞传授坦道之导释·消除痛苦之甘露精华

c བཙུན་པ་དཀོན་མཆོག་བསྟན་པའི་སྒྲོན་མེ།
d

e ལམ་རིམ།（道次第）

f 刻本 ཞོལ་པར།（西藏拉萨雪版）

g 乌金 梵夹装 48×6
h 74 6
i 无 藏纸 黑 完整
j 封面钤有“民族文化宫图书馆藏”印；民族宫目录中为ང函。

237.12
a 25-12

b བྱང་ཆུབ་བདེ་ལམ་གྱི་དམིགས་སྐོར་ཆ་ཚང་བར་ཚོགས་བཅད་དུ་བསྡེབས་པ་ལམ་མཆོག་སྙིང་པོ་ཞེས་བྱ་བ་བཞུགས་སོ།།

菩提坦道所缘法门全俱颂文·胜道心要

c བཙུན་པ་དཀོན་མཆོག་བསྟན་པའི་སྒྲོན་མེ།

d དབེན་གནས་ཡིད་དགའ་ཆོས་འཛིན། ཀུ་ཤྲཱི་བློ་བཟང་བཀྲ་ཤིས།

e ལམ་རིམ། （道次第）

f 刻本 ཞོལ་པར། （西藏拉萨雪版）

g 乌金 梵夹装 48×6
h 8 6
i 无 藏纸 黑 完整
j 封面铃有“民族文化宫图书馆藏”印。

237.13
a 25-13

b བདག་གཞན་མཉམ་བརྗེ་སྒོམ་ཚུལ་བཞུགས་སོ།།

自他相易修行法

c བཙུན་པ་དཀོན་མཆོག་བསྟན་པའི་སྒྲོན་མེ།

d

e སེམས་བསྐྱེད། （发心）

f 刻本 ཞོལ་པར། （西藏拉萨雪版） ཐུགས་རམས་པ་དཀོན་མཆོག་ཀུན་དགའ།

g 乌金 梵夹装 48×6
h 12 6
i 无 藏纸 黑 完整
j 封面铃有“民族文化宫图书馆藏”印；民族宫目录中为6叶。

237.14
a 25-14

b ཟབ་མོ་ལྟ་བའི་ཟིན་བྲིས་ཐར་ལམ་སྣང་བ་ཞེས་བྱ་བ་བཞུགས་སོ།།

甚深正见笔录·解脱道光明

c བསྟན་པའི་སྒྲོན་མེ།

d རང་ལོ་ཉེར་བཞི་པ། 二十四岁（1785年）

ལྷ་ལྡན་སྤྲུལ་པའི་གཙུག་ལག་ཁང་གི་ཉེ་འདབས། （西藏拉萨大昭寺附近）

e དབུ་མ།（中观）

f 刻本 ཞོལ་པར།（西藏拉萨雪版）

g 乌金 梵夹装 48×6
h 22 6
i 无 藏纸 黑 完整
j 封面钤有“民族文化宫图书馆藏”印；民族宫目录中为 20 叶。

237.15
a 25-15

b དགེ་ལྡན་ཕྱག་རྒྱ་ཆེན་པོའི་ཁྲིད་ཀྱི་ཟིན་བྲིས་ཞལ་ལུང་བདུད་རྩིའི་ཐིགས་ཕྲེང་ཞེས་བྱ་བ་བཞུགས་སོ།།

格登大手印教导记录·语教甘露珠鬘

c

d ཆོས་གྲྭ་ཆེན་པོ་བཀྲ་ཤིས་འཁྱིལ།（甘肃夏河拉卜楞寺）

e ཕྱག་ཆེན།（大法手印）

f 刻本 ཞོལ་པར།（西藏拉萨雪版）

g 乌金 梵夹装 48×6
h 29 6
i 无 藏纸 黑 完整
j 封面钤有“民族文化宫图书馆藏”印；民族宫目录中为ང函。

237.16
a 25-16

b བྱང་ཆུབ་ཀྱི་སེམས་གཉིས་སྒོམ་ཚུལ་ཐེག་པ་མཆོག་གི་འཇུག་ངོགས་ཞེས་བྱ་བ་བཞུགས་སོ།།

二种菩提心修法·胜乘之门经

c བཙུན་པ་དཀོན་མཆོག་བསྟན་པའི་སྒྲོན་མེ།

d སྨན་པ་ལྷ་ཟུར་བཀའ་འགྱུར་བ་དཀོན་མཆོག་རབ་རྒྱས།

e སེམས་བསྐྱེད།（发心）

f 刻本 ཞོལ་པར།（西藏拉萨雪版） སྤྱགས་རམས་པ་དཀོན་མཆོག་ཀུན་དགའ།

g 乌金 梵夹装 48×6
h 10 6
i 无 藏纸 黑 完整
j 封面钤有“民族文化宫图书馆藏”印；民族宫目录中为ང函。

237.17

a 25-17

b ལམ་གྱི་གཙོ་བོ་རྣམ་གསུམ་རྩ་ཚིག་གི་སྟེང་ནས་གཞུང་བསྲངས་ཏེ་ཉམས་སུ་ལེན་ཚུལ།

依道之三要本文使论典义正而作修法

c རབ་འབྱམས་པ་དཀོན་མཆོག་སྐལ་ལྡན།

d

e ལམ་རིམ།（道次第）

f 刻本 ཞོལ་པར།（西藏拉萨雪版） ཕྱུགས་རམས་དཀོན་མཆོག་ཀུན་དགའ།

g 乌金 梵夹装 48×6
h 5 6
i 无 藏纸 黑 完整
j 封面钤有“民族文化宫图书馆藏”印；民族宫目录中为ང函。

237.18

a 25-18

b བླ་མའི་རྣལ་འབྱོར་དགའ་ལྡན་ལྷ་བརྒྱའི་ཁྲིད་ཀྱི་ཟིན་བྲིས་བཞུགས་སོ།།

上师瑜伽法·喜足天众教导之笔录

c
d

e བླ་མའི་རྣལ་འབྱོར།（上师瑜伽）

f 刻本 ཞོལ་པར།（西藏拉萨雪版）

g 乌金 梵夹装 48×6
h 10 6
i 无 藏纸 黑 完整
j 封面钤有“民族文化宫图书馆藏”印。

237.19

a 25-19

b ཟབ་ལམ་བླ་མའི་རྣལ་འབྱོར་དགའ་ལྡན་ལྷ་བརྒྱ་མའི་ཟབ་གནད་ཡོངས་སུ་རྫོགས་པ་ཐོ་ཙམ་བཀོད་པ་བཞུགས་སོ།།

甚深道上师瑜伽喜足天众甚深要义全录

c བཙུན་པ་དཀོན་མཆོག་བསྟན་པའི་སྒྲོན་མེ།

d དགེ་སློང་དཀོན་མཆོག་མཁས་གྲུབ།

e བླ་མའི་རྣལ་འབྱོར།（上师瑜伽）

f 刻本 ཞོལ་པར།（西藏拉萨雪版） ཐུགས་རམ་པ་དཀོན་མཆོག་ཀུན་དགའ།

g 乌金 梵夹装 48×6

h 8 6

i 无 藏纸 黑 完整

j 封面钤有“民族文化宫图书馆藏”印；民族宫目录中为ང函。

237.20

a 25-20

b དགའ་ལྡན་ལྷ་བརྒྱ་མའི་གཞུང་བསྲངས་ཏེ་མདོ་སྔགས་ཆ་ཚང་བར་ཉམས་སུ་ལེན་ཚུལ་དགའ་ལྡན་ཞིང་དུ་བགྲོད་

པའི་ནོར་བུའི་ཐེམ་སྐས་ཞེས་བྱ་བ་བཞུགས་སོ།།

依喜足天众法典正轨修显密完整教义法·趣兜率刹之宝梯

c བཙུན་པ་དཀོན་མཆོག་བསྟན་པའི་སྒྲོན་མེ།

d ཊཱ་བླ་མ་རབ་འབྱམས་པ་ཀུན་དགའ་རྣམ་རྒྱལ།

e ཆོ་ག（仪轨）

f 刻本 ཞོལ་པར།（西藏拉萨雪版） ཧེ་ཤྲཱ་ཙ་ཊཱ་ན་ཧྨ

g 乌金 梵夹装 48×6

h 11 6

i 无 藏纸 黑 完整

j 封面钤有“民族文化宫图书馆藏”印；民族宫目录中为ང函，12 叶。

237.21
a 25-21

b རྗེ་བཙུན་བྱམས་པ་མགོན་པོ་ལ་བརྟེན་པའི་འཕོ་བའི་རྣམ་པར་བཞག་པ་དགའ་ལྡན་ཞིང་དུ་བགྲོད་པའི་བདེ་ལམ་ཞེས་བྱ་བ་བཞུགས་སོ།།

依至尊弥勒怙主修往生法类·趣兜率刹土之坦道

c བཙུན་པ་དཀོན་མཆོག་བསྟན་པའི་སྒྲོན་མེ།

d དགོན་གསར་དགའ་ལྡན་རབ་རྒྱས་གླིང་།（甘肃合作佐盖贡萨寺） དགེ་སློང་བློ་བཟང་དཀོན་མཆོག

e འཕོ་བའི་གདམས་པ།（往生教言）

f 刻本 ཞོལ་པར།（西藏拉萨雪版） དགེ་སློང་དཀོན་མཆོག་ཀུན་དགའ།

g 乌金 梵夹装 48×6
h 13 6
i 无 藏纸 黑 完整
j 封面钤有“民族文化宫图书馆藏”印；民族宫目录中为ང函，14 叶。

237.22
a 25-22

b སྲིད་རྒྱུད་ལུགས་ཀྱི་འཕོ་བའི་གདམས་པའི་ངག་འདོན་ཁྲིགས་ཆགས་སུ་བསྡེབས་པ་བཞུགས་སོ།།

赛续派之往生教言口诵合集

c བཙུན་པ་དཀོན་མཆོག་བསྟན་པའི་སྒྲོན་མེ།

d ཆོས་གྲྭ་ཆེན་པོ་བཀྲ་ཤིས་འཁྱིལ།（甘肃夏河拉卜楞寺） དགེ་འདུན་རབ་རྒྱས་སོགས།

e འཕོ་བའི་གདམས་པ།（往生教言）

f 刻本 ཞོལ་པར།（西藏拉萨雪版）

g 乌金 梵夹装 48×6
h 3 6

i 无 藏纸 黑 完整
j 封面钤有“民族文化宫图书馆藏”印；民族宫目录中无此件。

237.23
a 25-23
b ཟབ་ལམ་བླ་མའི་རྣལ་འབྱོར་གྱི་མན་ངག་སྙིང་པོའི་རྩ་ཚིག་གི་འགྲེལ་པ་སྙན་བརྒྱུད་གསང་བའི་ལྡེ་མིག་ཅེས་བྱ་ བ་

བཞུགས་སོ།།

甚深道上师瑜伽教授心要根本句释·耳传密法之钥
c བཙུན་པ་དཀོན་མཆོག་བསྟན་པའི་སྒྲོན་མེ།
d རབ་བྱུང་བཅུ་བཞི་པའི་བགྲང་བྱ་གཉིས་པ་རྣམ་བྱུང་གི་ལོ། 第十四饶迥土龙年（1808）

དབེན་གནས་ཡིད་དགའ་ཆོས་འཛིན།

e བླ་མའི་རྣལ་འབྱོར། （上师瑜伽）

f 刻本 ཞོལ་པར། （西藏拉萨雪版） ཧཱུ་ལྲྀ་ཙ་ཏྲ་ན་རྒྱ།
g 乌金 梵夹装 48×6
h 39 6
i 无 藏纸 黑 完整
j 封面钤有“民族文化宫图书馆藏”印；民族宫目录中为ང函，34叶。

237.24
a 25-24
b གསང་བདེ་འཇིགས་གསུམ་སོགས་ལྷག་ལྷ་དུ་མ་དང་འབྲེལ་བའི་རྣལ་འབྱོར་དངོས་གྲུབ་ཀུན་འབྱུང་ཞེས་བྱ་བ་

བཞུགས་སོ།།

与密集、胜乐、怖畏三法等诸多本尊结合之上师瑜伽法·悉地普生
c བཙུན་པ་དཀོན་མཆོག་བསྟན་པའི་སྒྲོན་མེ།
d དགའ་ལྡན་དམ་ཆོས་གླིང་། འཕྲིན་ལས་རྒྱ་མཚོ་སོགས།
e བླ་མའི་རྣལ་འབྱོར། （上师瑜伽）

f 刻本 ཞོལ་པར། （西藏拉萨雪版）

g 乌金 梵夹装 48×6
h 43 6
i 无 藏纸 黑 完整
j 封面钤有“民族文化宫图书馆藏”印；民族宫目录中为ང函，45叶。

237.25
a 25-25

b མགོན་པོ་འོད་དཔག་མེད་ལ་བརྟེན་པའི་བླ་མའི་རྣལ་འབྱོར་ཞིང་མཆོག་སྒོ་འབྱེད་སོགས་བླ་མའི་རྣལ་འབྱོར་གྱི་རིམ་པ་ཕྱོགས་བསྒྲིགས་བཞུགས་སོ།།

依怙主无量光佛修上师瑜伽·开胜刹门等上师瑜伽次第合编

c བཙུན་པ་དཀོན་མཆོག་བསྟན་པའི་སྒྲོན་མེ།

d དཀོན་མཆོག་དགེ་ལེགས།

e བླ་མའི་རྣལ་འབྱོར། （上师瑜伽）

f 刻本 ཞོལ་པར། （西藏拉萨雪版）

g 乌金 梵夹装 48×6
h 15 6
i 无 藏纸 黑 完整
j 封面钤有“民族文化宫图书馆藏”印。

238
A 3712-3713 920

B གུང་ཐང་དཀོན་མཆོག་བསྟན་པའི་སྒྲོན་མེའི་གསུང་འབུམ།

贡唐·恭却丹白卓麦文集

C ང

D གུང་ཐང་བསྟན་པའི་སྒྲོན་མེ།

同3706介绍。

E　此函民族宫目录著录为 28 卷；西藏图书馆藏品中仅存 7 卷，另 7 卷为民族宫目录中无，32 卷为同文集其他函内容

238.1

a　47-1

b　རྗེ་གུང་ཐང་བསྟན་པའི་སྒྲོན་མེའི་བཀའ་འབུམ་པོད་བཞི་པའི་དཀར་ཆག་བཞུགས།

至尊贡唐·恭却丹白卓麦文集第四函目录

c　བརྩོན་པ་དཀོན་མཆོག་བསྟན་པའི་སྒྲོན་མེ།

d

e　དཀར་ཆག（目录）

f　刻本　བཀྲ་ཤིས་འཁྱིལ།（甘肃夏河拉卜楞寺）

g　乌金　梵夹装　48×6

h　3　6

i　无　藏纸　黑　完整

j　封面钤有“民族文化宫图书馆藏”印。

238.2

a　47-2

b　རྡོ་རྗེ་འཇིགས་བྱེད་དཔའ་བོ་གཅིག་པའི་ཆོ་ག་དང་སྦྱར་ཏེ་འཇམ་དཔལ་ཕྱི་ནང་གསང་གསུམ་དང་སྐུ་གསུང་ཐུགས་ཀྱི་ཞི་ཁྲོ་སྒྲུབ་ཐབས་སྒྲུབ་ཀྱི་གནད་མ་ཚང་བ་མེད་པར་དཀྱུས་གཅིག་ཉམས་སུ་བླངས་པའི་ཚུལ་གསལ་བར་བཀོད་པ་དངོས་གྲུབ་ནོར་བུའི་གན་མཛོད་ཅེས་བྱ་བ་བཞུགས་སོ།།

独一大威德仪轨、内、外、密及语、身、意之静猛修法全集实践方法·如意宝库

c　བརྩོན་པ་དཀོན་མཆོག་བསྟན་པའི་སྒྲོན་མེ།

d　དཔལ་ལྡན་བཀྲ་ཤིས་འཁྱིལ་གྱི་འདུ་ཁང་ཆེན་མོ།（甘肃夏河拉卜楞寺）　ཏྲ་བླ་མ་ངག་དབང་ནོར་བུ།

e　སྔགས།（密宗）

f　刻本　བཀྲ་ཤིས་འཁྱིལ།（甘肃夏河拉卜楞寺）

g　乌金　梵夹装　48×6

h 6 6
i 无 藏纸 黑 完整
j 封面钤有“民族文化宫图书馆藏”印；民族宫目录中无此件。

238.3
a 47-3

b དྲིལ་བུ་ལུས་དཀྱིལ་དང་འབྲེལ་བའི་བླ་མའི་རྣལ་འབྱོར་གསང་ཆེན་སྙིང་པོ་ཞེས་བྱ་བ་བཞུགས་སོ།།

枳布派身之曼荼罗有关上师瑜伽之密义

c བཙུན་པ་དཀོན་མཆོག་བསྟན་པའི་སྒྲོན་མེ།

d ཞབས་དྲུང་དཀོན་མཆོག་རྣམ་རྒྱལ།

e བླ་མའི་རྣལ་འབྱོར།（上师瑜伽）

f 刻本 བཀྲ་ཤིས་འཁྱིལ།（甘肃夏河拉卜楞寺）

g 乌金 梵夹装 48×6
h 5 6
i 无 藏纸 黑 完整
j 封面钤有“民族文化宫图书馆藏”印；民族宫目录中无此件。

238.4
a 47-4

b དྲིལ་བུ་ལུས་དཀྱིལ་དང་འབྲེལ་བའི་བླ་མའི་རྣལ་འབྱོར་གསང་ཆེན་སྙིང་པོའི་མཆན་འགྲེལ་བཞུགས་སོ།།

枳布派身之曼荼罗有关上师瑜伽之密义注释

c བཙུན་པ་དཀོན་མཆོག་བསྟན་པའི་སྒྲོན་མེ།

d ཞབས་དྲུང་དཀོན་མཆོག་རྣམ་རྒྱལ།

e བླ་མའི་རྣལ་འབྱོར།（上师瑜伽）

f 刻本 བཀྲ་ཤིས་འཁྱིལ།（甘肃夏河拉卜楞寺） སྔགས་རམས་པ་དཀོན་མཆོག་ཀུན་དགའ།

g 乌金 梵夹装 48×6
h 12 6
i 无 藏纸 黑 完整
j 封面钤有“民族文化宫图书馆藏”印；民族宫目录中无此件。

238.5

a 47-5

b དྲུག་ཅུ་པའི་སྒོ་ནས་གློ་བུར་ལས་བཅོལ་གྱི་གཏོར་མ་འཕེན་ཚུལ་བསྡུན་དགྲ་གསོད་པའི་གནམ་ལྕགས་འཁོར་ལོ་

ཞེས་བྱ་བ་བཞུགས།

六十论突然依托抛神馐之要义·伏魔闪电法轮

c བཙུན་པ་དཀོན་མཆོག་བསྟན་པའི་སྒྲོན་མེ།

d ཞབས་དྲུང་སྐལ་བཟང་དར་རྒྱས།

e གཏོར་ཆོག（神馐仪轨）

f 刻本 བཀྲ་ཤིས་འཁྱིལ།（甘肃夏河拉卜楞寺）

g 乌金 梵夹装 48×6

h 18 6

i 无 藏纸 黑 完整

j 封面钤有“民族文化宫图书馆藏”印；民族宫目录中无此件。

238.6

a 47-6

b གསང་བདེ་འཇིགས་གསུམ་སོགས་ལྷག་ལྷ་དུ་མ་དང་འབྲེལ་བའི་རྣལ་འབྱོར་དངོས་གྲུབ་ཀུན་འབྱུང་ཞེས་བྱ་བ་

བཞུགས་སོ།།

与密集、胜乐、怖畏三法等诸多本尊结合之上师瑜伽法·悉地普生

c བཙུན་པ་དཀོན་མཆོག་བསྟན་པའི་སྒྲོན་མེ།

d སེར་དགོན་དགའ་ལྡན་དམ་ཆོས་གླིང་། ལྷ་རམས་པ་འཕྲིན་ལས་དཔལ་བཟང་སོགས།

e བླ་མའི་རྣལ་འབྱོར།（上师瑜伽）

f 刻本 བཀྲ་ཤིས་འཁྱིལ།（甘肃夏河拉卜楞寺）

g 乌金 梵夹装 48×6

h 45 6

i 无 藏纸 黑 完整

j 封面钤有“民族文化宫图书馆藏”印。

238.7

a 47-7

b མགོན་པོ་འོད་དཔག་མེད་ལ་བརྟེན་པའི་བླ་མའི་རྣལ་འབྱོར་ཞིང་མཆོག་སྒོ་འབྱེད་ཅེས་བྱ་བ་བཞུགས་སོ།།

依怙主无量光佛修上师瑜伽法・开胜刹门

c བཙུན་པ་དཀོན་མཆོག་བསྟན་པའི་སྒྲོན་མེ།

d བསོད་ནམས་རིན་ཆེན།

e བླ་མའི་རྣལ་འབྱོར།（上师瑜伽）

f 刻本 བཀྲ་ཤིས་འཁྱིལ།（甘肃夏河拉卜楞寺）

g 乌金 梵夹装 48×6

h 7 6

i 无 藏纸 黑 完整

j 封面钤有“民族文化宫图书馆藏”印。

238.8

a 47-8

b བདེ་བ་ཅན་གྱི་ཞིང་གི་ཡོན་ཏན་སེམས་པ་དང་སྦྲགས་ཏེ་སྨོན་ལམ་འདེབས་ཚུལ་བྱིན་རླབས་མྱུར་འཇུག་ཅེས་བྱ་བ་

བཞུགས་སོ།།

极乐刹土之功德与心结合发愿文・速入加持

c བཙུན་པ་དཀོན་མཆོག་བསྟན་པའི་སྒྲོན་མེ།

d ངག་དབང་དོན་གྲུབ་སོགས།

e སྨོན་ལམ།（祈愿词）

f 刻本 བཀྲ་ཤིས་འཁྱིལ།（甘肃夏河拉卜楞寺） ཐུགས་རམ་པ་རཏྣ་ཨཱ་ན་ནྡོ།

g 乌金 梵夹装 48×6

h 4 6

i 无 藏纸 黑 完整

j 封面钤有“民族文化宫图书馆藏”印；民族宫目录中为ཙ函。

238.9
a 47-9
b ཡིད་དགའ་ཆོས་འཛིན་གྱི་ཞིང་ལ་བསྔགས་པ་བརྗོད་པ་དྭངས་པའི་མེ་ལོང་།
兜率悦意持法刹土赞·莹洁明镜
c བཙུན་པ་དཀོན་མཆོག་བསྟན་པའི་སྒྲོན་མེ།
d ཆོས་གྲྭ་ཆེན་པོ་བཀྲ་ཤིས་འཁྱིལ།（甘肃夏河拉卜楞寺） ཆོས་རྗེ་ངག་དབང་རྒྱ་མཚོ།
e སྨོན་ཚིག（愿词）
f 刻本 བཀྲ་ཤིས་འཁྱིལ།（甘肃夏河拉卜楞寺）
g 乌金 梵夹装 48×6
h 5 6
i 无 藏纸 黑 完整
j 封面钤有“民族文化宫图书馆藏”印；民族宫目录中为ཙ函。

238.10
a 47-10
b བླ་མགོན་དབྱེར་མེད་ཀྱི་རྣལ་འབྱོར་དང་ལམ་རིམ་གྱི་སྨོན་ལམ་བཞུགས་སོ།།
上师与贡波无别之瑜伽与道次第愿文
c བཙུན་པ་དཀོན་མཆོག་བསྟན་པའི་སྒྲོན་མེ།
d འཇམ་དབྱངས་དོན་གྲུབ།
e སྨོན་ཚིག（祈愿词）
f 刻本 བཀྲ་ཤིས་འཁྱིལ།（甘肃夏河拉卜楞寺）
g 乌金 梵夹装 48×6
h 4 6
i 无 藏纸 黑 完整

j 封面钤有“民族文化宫图书馆藏”印；民族宫目录中为ད函。

238.11

a 47-11

b གཟུངས་སྔགས་ཟབ་མོ་དུ་མ་ཁ་ཏོན་དུ་བྱ་བའི་ཚུལ་དགེ་བའི་འཕྲུལ་འདེགས་ཞེས་བྱ་བ་བཞུགས་སོ། །

诸多甚深密咒陀罗尼念诵法·善根幻变

c བཙུན་པ་དཀོན་མཆོག་བསྟན་པའི་སྒྲོན་མེ།

d འཇམ་དབྱངས་མཁྱེན་རྟེན་པ།

e གཟུངས་སྔགས།（密咒）

f 刻本 བཀྲ་ཤིས་འཁྱིལ།（甘肃夏河拉卜楞寺）

g 乌金 梵夹装 48×6

h 7 6

i 无 藏纸 黑 完整

j 封面钤有“民族文化宫图书馆藏”印；民族宫目录中为ཐ函。

238.12

a 47-12

b གཟུགས་མཆོག་མའི་འགྲེལ་པ་བཞུགས་སོ། །

胜色篇之解释

c བཙུན་པ་དཀོན་མཆོག་བསྟན་པའི་སྒྲོན་མེ།

d འཇམ་པའི་རྡོ་རྗེ།

e བསྟོད་འགྲེལ།（赞释）

f 刻本 བཀྲ་ཤིས་འཁྱིལ།（甘肃夏河拉卜楞寺）

g 乌金 梵夹装 48×6

h 4 6

i 无 藏纸 黑 完整

j 封面钤有“民族文化宫图书馆藏”印；民族宫目录中为༧函。

238.13

a 47-13

b རབ་གནས་དགེ་ལེགས་ཆར་འབེབས་ཀྱི་ཕྱག་ལེན་མཐའ་དག་གསལ་བར་བཤད་པ་ལེགས་བྱས་སྤྲིན་གྱི་སྒྲ་དབྱངས་ཞེས་བྱ་བ་བཞུགས་སོ།།

开光法·吉祥雨降之一切作法·阐明善事云音

c བཙུན་པ་དཀོན་མཆོག་བསྟན་པའི་སྒྲོན་མེ།

d དབུ་མཛད་སྟགས་རམས་པ་བློ་བཟང་དཀོན་མཆོག

e རབ་གནས།（开光仪轨）

f 刻本 བཀྲ་ཤིས་འཁྱིལ།（甘肃夏河拉卜楞寺） དགེ་སློང་དཀོན་མཆོག་ཀུན་དགའ།

g 乌金 梵夹装 48×6

h 19 6

i 无 藏纸 黑 完整

j 封面钤有“民族文化宫图书馆藏”印；民族宫目录中为༥函。

238.14

a 47-14

b རབ་གནས་ཀྱི་ལོ་རྒྱུས་གཙོ་བོར་གྱུར་པའི་བཤད་པ་བཞུགས་སོ།།

开光主要史事解说

c བཙུན་པ་དཀོན་མཆོག་བསྟན་པའི་སྒྲོན་མེ།

d

e རབ་གནས་ཀྱི་ལོ་རྒྱུས།（开光史）

f 刻本 བཀྲ་ཤིས་འཁྱིལ།（甘肃夏河拉卜楞寺）

g 乌金 梵夹装 48×6

h 8 6

i 无 藏纸 黑 完整

j 封面钤有“民族文化宫图书馆藏”印；民族宫目录中为ད函。

238.15

a 47-15

b བཀྲ་ཤིས་རྫས་བརྒྱད་ཀྱི་རྣམ་བཤད་བཀྲ་ཤིས་དགའ་སྟོན་ཞེས་བྱ་བ་བཞུགས་སོ།།

八吉祥物品解说·吉祥喜宴

c བཙུན་པ་དཀོན་མཆོག་བསྟན་པའི་སྒྲོན་མེ།

d དམུ་དགེ་དཔོན་སློབ་བྱུང་ཆུའི་ལྷ་རམ་པ་ལྷ་རམས་པ་ངག་དབང་རྒྱལ་མཚན་སོགས།

e རྫས་བརྒྱད་འགྲེལ་པ།（吉祥八物释）

f 刻本 བཀྲ་ཤིས་འཁྱིལ།（甘肃夏河拉卜楞寺） ཐུགས་རམས་པ་དཀོན་མཆོག་ཀུན་དགའ།

g 乌金 梵夹装 48×6

h 16 6

i 无 藏纸 黑 完整

j 封面钤有“民族文化宫图书馆藏”印；民族宫目录中为ད函。

238.16

a 47-16

b ངན་སོང་ཐམས་ཅད་སྦྱོང་བའི་དཀྱིལ་འཁོར་ཞལ་སྟོན་གྱི་བཤད་པ་ཆོས་དུང་དཀར་པོའི་སྒྲ་དབྱངས་ཞེས་བྱ་བ་

བཞུགས་སོ།།

净治一切恶趣曼荼罗语教解说·白法螺之声

c བཙུན་པ་དཀོན་མཆོག་བསྟན་པའི་སྒྲོན་མེ།

d ལྷུན་གྲུབ་གླིང་།

e ཐུགས།（密宗）

f 刻本 བཀྲ་ཤིས་འཁྱིལ།（甘肃夏河拉卜楞寺）

g 乌金 梵夹装 48×6

h 19 6

i 无 藏纸 黑 完整
j 封面钤有“民族文化宫图书馆藏”印；民族宫目录中为ད函。

238.17
a 47-17
b ཀུན་མཁྱེན་བླ་མའི་འཁྲུངས་རབས་དང་འབྲེལ་བའི་བླ་མའི་རྣལ་འབྱོར་བཞུགས་སོ།།
与恭钦喇嘛本生事纪结合之上师瑜伽法
c བཙུན་པ་དཀོན་མཆོག་བསྟན་པའི་སྒྲོན་མེ།
d དཀོན་མཆོག་ཡར་འཕེལ།
e བླ་མའི་རྣལ་འབྱོར།（上师瑜伽）
f 刻本 བཀྲ་ཤིས་འཁྱིལ།（甘肃夏河拉卜楞寺）
g 乌金 梵夹装 48×6
h 3 6
i 无 藏纸 黑 完整
j 封面钤有“民族文化宫图书馆藏”印。

238.18
a 47-18
b ཟབ་ལམ་བླ་མའི་རྣལ་འབྱོར་བཞུགས་སོ།།
甚深道上师瑜伽法
c བཙུན་པ་དཀོན་མཆོག་བསྟན་པའི་སྒྲོན་མེ།
d ངག་དབང་དཀོན་མཆོག
e བླ་མའི་རྣལ་འབྱོར།（上师瑜伽）
f 刻本 བཀྲ་ཤིས་འཁྱིལ།（甘肃夏河拉卜楞寺）
g 乌金 梵夹装 48×6
h 2 6
i 无 藏纸 黑 完整
j 封面钤有“民族文化宫图书馆藏”印。

238.19
a 47-19
b བླ་མགོན་དབྱེར་མེད་ཀྱི་རྣལ་འབྱོར་ཉམས་སུ་ལེན་ཚུལ་བཞུགས་སོ།།
上师与贡波无别之瑜伽修法
c བཙུན་པ་དཀོན་མཆོག་བསྟན་པའི་སྒྲོན་མེ།
d དགེ་སློང་བློ་བཟང་དར་རྒྱས།
e བླ་མའི་རྣལ་འབྱོར།（上师瑜伽）
f 刻本 བཀྲ་ཤིས་འཁྱིལ།（甘肃夏河拉卜楞寺）
g 乌金 梵夹装 48×6
h 3 6
i 无 藏纸 黑 完整
j 封面钤有“民族文化宫图书馆藏”印；民族宫目录中为ད函。

238.20
a 47-20
b སངས་རྒྱས་སུམ་ཅུ་སོ་ལྔའི་སྒྲུབ་ཐབས་ཀྱི་ཆོ་ག་ལྟུང་བའི་མུན་སེལ་ཞེས་བྱ་བ་བཞུགས་སོ།།
三十五佛修法仪轨·消除业障黑暗
c བཙུན་པ་དཀོན་མཆོག་བསྟན་པའི་སྒྲོན་མེ།
d དཀོན་མཆོག་འབྱུང་གནས།
e ཆོ་ག（仪轨）
f 刻本 བཀྲ་ཤིས་འཁྱིལ།（甘肃夏河拉卜楞寺）
g 乌金 梵夹装 48×6
h 10 6
i 无 藏纸 黑 完整
j 封面钤有“民族文化宫图书馆藏”印；民族宫目录中为ཐ函。

238.21

a 47-21

b ཡོན་སྦྱོང་གི་ཆོ་ག་སྒྲིབ་པའི་མུན་སེལ་ཞེས་བྱ་བ་བཞུགས་སོ༎

修习福德仪轨·消除业障黑暗

c བཙུན་པ་དཀོན་མཆོག་བསྟན་པའི་སྒྲོན་མེ།

d སྨན་པ་བླ་ཟུར་བློ་བཟང་ཡོན་ཏན།

e ཆོ་ག（仪轨）

f 刻本 བཀྲ་ཤིས་འཁྱིལ།（甘肃夏河拉卜楞寺） དགེ་སློང་ཀུན་མཆོག་ཀུན་དགའ།

g 乌金 梵夹装 48×6

h 6 6

i 无 藏纸 黑 完整

j 封面钤有“民族文化宫图书馆藏”印；民族宫目录中为ཇ函。

238.22

a 47-22

b མདོ་སྔགས་ཀྱི་ལམ་ཡོངས་རྫོགས་ཟུང་ལྡན་གྱི་སྒོ་ནས་བསྟན་པ་རྒྱལ་བ་དགྱེས་པའི་དབྱངས་སྙན་ཞེས་བྱ་བ་

བཞུགས་སོ༎

显密全道由叠字门而作之赞颂·佛喜悦之雅音

c བཙུན་པ་དཀོན་མཆོག་བསྟན་པའི་སྒྲོན་མེ།

d

e བསྟོད་པ།（赞颂）

f 刻本 བཀྲ་ཤིས་འཁྱིལ།（甘肃夏河拉卜楞寺）

g 乌金 梵夹装 48×6

h 3 6

i 无 藏纸 黑 完整

j 封面钤有“民族文化宫图书馆藏”印；民族宫目录中为ཇ函。

238.23

a　47-23

b　དགའ་ལྡན་ལྷ་བརྒྱ་མ་མའི་གཞུང་བསྲངས་ཏེ་མདོ་སྔགས་ཆ་ཚང་བར་ཉམས་ལེན་ཚུལ་དགའ་ལྡན་ཞིང་དུ་བགྲོད་

པའི་ཐོར་བུའི་ཐེམ་སྐས་ཞེས་བྱ་བ་བཞུགས་སོ།།

依喜足天众法典正轨修显密完整教义法·趣兜率刹之宝梯

c　བཙུན་པ་དཀོན་མཆོག་བསྟན་པའི་སྒྲོན་མེ།

d　ཏྲཱ་བླ་མ་རབ་འབྱམས་པ་ཀུན་དགའ་རྣམ་རྒྱལ་སོགས།

e　བླ་མའི་རྣལ་འབྱོར།（上师瑜伽）

f　刻本　བཀྲ་ཤིས་འཁྱིལ།（甘肃夏河拉卜楞寺）　ཝེཌྷཱུ་རྱ་ཨཱ་ནནྡ།

g　乌金　梵夹装　48×6

h　12　6

i　无　藏纸　黑　完整

j　封面钤有“民族文化宫图书馆藏”印。

238.24

a　47-24

b　མདོ་སྡེ་ཐར་པ་ཆེན་པོའི་འདོན་ཐབས་མདོ་ཉིད་ཀྱི་དགོངས་པ་ཇི་ལྟ་བ་བཞིན་དུ་རྒྱས་པར་བཀོད་པ་བཞུགས་སོ།།

大解脱经念诵法·如经密意广记

c　བཙུན་པ་དཀོན་མཆོག་བསྟན་པའི་སྒྲོན་མེ།

d　དམ་ཆོས་དཔལ་བཟང་།

e　ཐར་མདོ་འདོན་ཐབས།（解脱经诵法）

f　刻本　བཀྲ་ཤིས་འཁྱིལ།（甘肃夏河拉卜楞寺）

g　乌金　梵夹装　48×6

h　10　6

i　无　藏纸　黑　完整

j　封面钤有“民族文化宫图书馆藏”印；民族宫目录中为ཐ函。

238.25

a 47-25

b འཇམ་དཔལ་མཚན་བརྗོད་ཀྱི་འདོན་ཐབས་བཞུགས་སོ།།

文殊名称经念诵法

c བཙུན་པ་དཀོན་མཆོག་བསྟན་པའི་སྒྲོན་མེ།

d བཀའ་བཅུ་སྐལ་བཟང་གཏན།

e མཚན་བརྗོད་འདོན་ཐབས།（相称经念诵法）

f 刻本 བཀྲ་ཤིས་འཁྱིལ།（甘肃夏河拉卜楞寺） ཐུགས་རམས་པ་དཀོན་མཆོག་ཀུན་དགའ།

g 乌金 梵夹装 48×6

h 5 6

i 无 藏纸 黑 完整

j 封面钤有“民族文化宫图书馆藏”印；民族宫目录中为ཐ函。

238.26

a 47-26

b སུ་རུ་པའི་གཏོར་མ་གཏོང་ཚུལ་གྱི་རྣམ་བཞག་བཞུགས་སོ།།

苏汝巴神馐供法之建立论

c བཙུན་པ་དཀོན་མཆོག་བསྟན་པའི་སྒྲོན་མེ།

d རབ་འབྱམས་པ་དཀོན་མཆོག་ལྷུན་གྲུབ།

e གཏོར་ཆོག（神馐仪轨）

f 刻本 བཀྲ་ཤིས་འཁྱིལ།（甘肃夏河拉卜楞寺）

g 乌金 梵夹装 48×6

h 5 6

i 无 藏纸 黑 完整

j 封面钤有“民族文化宫图书馆藏”印；民族宫目录中为ཐ函。

238.27

a 47-27

b ཚེ་དཔག་མེད་ཀྱི་བླ་བརྒྱུད་སྨོན་ཤིས་སོགས་སྨོན་ཤིས་ལེ་ཚན་བཞུགས་སོ༎
无量寿佛之师承、发愿、吉祥颂等品目

c བརྩོན་པ་དཀོན་མཆོག་བསྟན་པའི་སྒྲོན་མེ།

d དཀོན་མཆོག་བསྟན་དར།

e སྨོན་ཤིས།（祈愿）

f 刻本 བཀྲ་ཤིས་འཁྱིལ།（甘肃夏河拉卜楞寺）

ཕྱོགས་རམས་པ་དཀོན་མཆོག་ཀུན་དགའ།

g 乌金 梵夹装 48×6
h 10 6
i 无 藏纸 黑 完整
j 封面钤有“民族文化宫图书馆藏”印；民族宫目录中为ཐ函。

238.28
a 47-28

b དུས་ཀྱི་འཁོར་ལོའི་ལམ་ལ་སློབ་ཚུལ་གྱི་སྨོན་ལམ་ཚིག་ལྷུག་ཏུ་བྱས་པ་བཞུགས་སོ༎
时轮道修学发愿散文

c བརྩོན་པ་དཀོན་མཆོག་བསྟན་པའི་སྒྲོན་མེ།

d རབ་འབྱམས་པ་ངག་དབང་བསྟན་འཛིན་སོགས།

e སྨོན་ཚིག（祈愿词）

f 刻本 བཀྲ་ཤིས་འཁྱིལ།（甘肃夏河拉卜楞寺）

g 乌金 梵夹装 48×6
h 4 6
i 无 藏纸 黑 完整
j 封面钤有“民族文化宫图书馆藏”印；民族宫目录中为ཐ函。

238.29

a 47-29

b པ་མའི་དྲིན་གཞོ་ཚུལ་དང་གཤིན་པོར་མ་ཎི་བསྐུལ་བའི་མགུར་དབྱངས་བཞུགས་སོ།།

报父母恩法与对亡者劝诵嘛呢六字真言之道情歌

c བཙུན་པ་དཀོན་མཆོག་བསྟན་པའི་སྒྲོན་མེ།

d

e མགུར་དབྱངས།（道歌）

f 刻本 བཀྲ་ཤིས་འཁྱིལ།（甘肃夏河拉卜楞寺） སྨྱགས་རམ་པ་དཀོན་མཆོག་ཀུན་དགའ།

g 乌金 梵夹装 48×6

h 4 6

i 无 藏纸 黑 完整

j 封面钤有“民族文化宫图书馆藏”印。

238.30

a 47-30

b མགོན་པོའི་གཏོར་ཆོག་ཤིན་ཏུ་བསྡུས་པ་བེ་ཏ་ར་ཏེ་སྨ༔

怙主供神馐仪轨略编

c བཙུན་པ་དཀོན་མཆོག་བསྟན་པའི་སྒྲོན་མེ།

d དགེ་སློང་དགེ་ལེགས་རྒྱ་མཚོ།

e གཏོར་ཆོག（神馐仪轨）

f 刻本 བཀྲ་ཤིས་འཁྱིལ།（甘肃夏河拉卜楞寺）

g 乌金 梵夹装 48×6

h 16 6

i 无 藏纸 黑 完整

j 封面钤有“民族文化宫图书馆藏”印；民族宫目录中为ང函。

238.31

a 47-31

b ཆོས་རྒྱལ་ཕྱི་ནང་གསང་གསུམ་གྱི་བསྙེན་ཅིང་སྒྲུབ་པའི་རིམ་པ་ཁ་སྐོང་གསང་སྒྲུབ་ཀྱི་བསྐང་བ་དང་བཅས་པ་བཞུགས་སོ།།

荡金曲吉内外密三法之念修次第补遗及密修之酬供

c བཙུན་པ་དཀོན་མཆོག་བསྟན་པའི་སྒྲོན་མེ།

d ཆོས་གྲྭ་ཆེན་པོ་བཀྲ་ཤིས་འཁྱིལ།（甘肃夏河拉卜楞寺） རབ་འབྱམས་པ་དཀོན་མཆོག་བསོད་ནམས།

e བསྙེན་སྒྲུབ།（念修）

f 刻本 བཀྲ་ཤིས་འཁྱིལ།（甘肃夏河拉卜楞寺）

g 乌金 梵夹装 48×6
h 9 6
i 无 藏纸 黑 完整
j 封面钤有“民族文化宫图书馆藏”印；民族宫目录中为ད函。

238.32
a 47-32

b ཞིང་སྐྱོང་ཆེན་པོ་ཀྵེཏྲ་པཱ་ལའི་གཏོར་ཟློག་བྱ་ཚུལ་བཞུགས་སོ།།

护域护神噶夏扎巴拉之神馐仪轨

c བཙུན་པ་དཀོན་མཆོག་བསྟན་པའི་སྒྲོན་མེ།

d དགེ་བཤེས་བློ་བཟང་འཇིགས་མེད།

e གཏོར་ཟློག（抛神馐）

f 刻本 བཀྲ་ཤིས་འཁྱིལ།（甘肃夏河拉卜楞寺）

g 乌金 梵夹装 48×6
h 6 6
i 无 藏纸 黑 完整
j 封面钤有“民族文化宫图书馆藏”印；民族宫目录中无此件。

238.33
a 47-33

b དཔལ་ལྡན་དམག་ཟོར་རྒྱལ་མོའི་བསྙེན་སྒྲུབ་ལ་འཇུག་པའི་མན་ངག་ཁྲག་འཐུང་དགའ་སྟོན་ཞེས་བྱ་བ་

བཞུགས་སོ།།

吉祥退敌王母念修法进入之教授·饮血喜宴

c བརྩོན་པ་དཀོན་མཆོག་བསྟན་པའི་སྒྲོན་མེ།

d དཀོན་མཆོག་བསྟན་འཛིན་རྒྱ་མཚོ་སོགས།

e བསྙེན་སྒྲུབ།（念修）

f 刻本 བཀྲ་ཤིས་འཁྱིལ།（甘肃夏河拉卜楞寺） ཐུགས་རམ་པ་དཀོན་མཆོག་ཀུན་དགའ།

g 乌金 梵夹装 48×6

h 8 6

i 无 藏纸 黑 完整

j 封面钤有“民族文化宫图书馆藏”印；民族宫目录中为ད函。

238.34

a 47-34

b རྒྱལ་བའི་བསྟན་སྲུང་ཆེན་པོ་དྲེགས་པ་ལྕམ་སྲིང་བསྙེན་སྒྲུབ་པའི་རིམ་པ་ལས་བཞིའི་འཕྲིན་ལས་ལྷུན་གྲུབ་ཅེས་བྱ་

བ་བཞུགས་སོ།།

大护法江生念修法次第·四业任运天成

c བརྩོན་པ་དཀོན་མཆོག་བསྟན་པའི་སྒྲོན་མེ།

d

e བསྙེན་སྒྲུབ།（念修）

f 刻本 བཀྲ་ཤིས་འཁྱིལ།（甘肃夏河拉卜楞寺）

g 乌金 梵夹装 48×6

h 19 6

i 无 藏纸 黑 完整

j 封面钤有“民族文化宫图书馆藏”印；民族宫目录中为ད函。

238.35
a 47-35
b རྟ་མགྲིན་ཕྱག་གཉིས་པའི་སྒྲུབ་ཐབས་དངོས་གྲུབ་གཏེར་མཛོད་ཅེས་བྱ་བ་བཞུགས་སོ།།
二臂马头金刚修法·悉地宝藏
c བཙུན་པ་དཀོན་མཆོག་བསྟན་པའི་སྒྲོན་མེ།
d ཏོ་ཀྲུ་རབ་འབྱམས་པ་བློ་བཟང་དཀོན་མཆོག་སོགས།
e སྒྲུབ་ཐབས།（修心法）
f 刻本 བཀྲ་ཤིས་འཁྱིལ།（甘肃夏河拉卜楞寺）
g 乌金 梵夹装 48×6
h 8 6
i 无 藏纸 黑 完整
j 封面钤有“民族文化宫图书馆藏”印；民族宫目录中为ཐ函。

238.36
a 47-36
b བཟང་སྤྱོད་ལ་བརྟེན་པའི་འཆི་བླུའི་ཆོ་ག་སྐྱེ་འགྲོའི་དབུགས་འབྱིན་ཞེས་བྱ་བ་བཞུགས་སོ།།
依普贤行愿修赎死法仪轨·众生安慰
c བཙུན་པ་དཀོན་མཆོག་བསྟན་པའི་སྒྲོན་མེ།
d རྒྱལ་མཁན་པོ་རིན་པོ་ཆེ་གྲགས་པ་རྒྱལ་མཚན།
e ཆོ་ག（仪轨）
f 刻本 བཀྲ་ཤིས་འཁྱིལ།（甘肃夏河拉卜楞寺）
g 乌金 梵夹装 48×6
h 9 6
i 无 藏纸 黑 完整
j 封面钤有“民族文化宫图书馆藏”印；民族宫目录中为ཐ函。

238.37

a 47-37

b ཚེ་བདག་མགོན་པོ་ལ་བརྟེན་ནས་འཆི་བསླུ་བྱ་ཚུལ་ཚེ་ཉམས་གསོའི་བྱེད་བདུད་རྩིའི་ཐིགས་པ་ཞེས་བྱ་བ་བཞུགས་སོ༎

依长寿怙主修赎死法·能养寿衰之甘露精华

c བསྟན་པ་དཀོན་མཆོག་བསྟན་པའི་སྒྲོན་མེ།

d བློ་བཟང་བསྟན་དར་དབང་ཕྱུག

e འཆི་བསླུའི་ཆོ་ག（赎死仪轨）

f 刻本 བཀྲ་ཤིས་འཁྱིལ（甘肃夏河拉卜楞寺） ཐུགས་རམས་པ་དཀོན་མཆོག་ཀུན་དགའ།

g 乌金 梵夹装 48×6

h 6 6

i 无 藏纸 黑 完整

j 封面钤有“民族文化宫图书馆藏”印；民族宫目录中为ཐ函。

238.38

a 47-38

b སྨན་བྱིན་རླབས་བྱ་ཚུལ་བདུད་རྩིའི་ཐིགས་པ་ཞེས་བྱ་བ་བཞུགས་སོ༎

加持药物法·甘露精华

c བསྟན་པ་དཀོན་མཆོག་བསྟན་པའི་སྒྲོན་མེ།

d གསོ་རིག་སྨྲ་བ་དཀོན་མཆོག་ཡར་འཕེལ།

e སྨན་བྱིན་བྱ་ཚུལ།（赐药法）

f 刻本 བཀྲ་ཤིས་འཁྱིལ།（甘肃夏河拉卜楞寺）

g 乌金 梵夹装 48×6

h 5 6

i 无 藏纸 黑 完整

j 封面钤有“民族文化宫图书馆藏”印；民族宫目录中为ཐ函。

238.39

a 47-39

b བཅོམ་ལྡན་འདས་ཀླུའི་དབང་ཕྱུག་རྒྱལ་པོའི་སྒོ་ནས་ཡུལ་ཁྲུས་བྱ་ཚུལ་ཀླུ་བསང་བཅས་བཞུགས་སོ།།

薄伽梵鲁神佛法门中宝瓶净水修法仪轨·除苦之月光宝树

c བརྩོན་པ་དཀོན་མཆོག་བསྟན་པའི་སྒྲོན་མེ།

d དཀོན་མཆོག་སྟན་གྲགས།

e ཀླུ་བསང་།（鲁神煨桑）

f 刻本 བཀྲ་ཤིས་འཁྱིལ།（甘肃夏河拉卜楞寺） སྔགས་རམ་པ་དཀོན་མཆོག་ཀུན་དགའ།

g 乌金 梵夹装 48×6

h 5 6

i 无 藏纸 黑 完整

j 封面钤有“民族文化宫图书馆藏”印；民族宫目录中为ཐ函。

238.40

a 47-40

b ཚེ་ལྷ་རྣམ་གསུམ་གྱི་མངོན་རྟོགས་བཞུགས་སོ།།

长寿三尊现证法

c བརྩོན་པ་དཀོན་མཆོག་བསྟན་པའི་སྒྲོན་མེ།

d དགེ་སློང་དཀོན་མཆོག་ཟླ་བ།

e ཚེ་སྒྲུབ།（长寿仪轨）

f 刻本 བཀྲ་ཤིས་འཁྱིལ།（甘肃夏河拉卜楞寺）

g 乌金 梵夹装 48×6

h 3 6

i 无 藏纸 黑 完整

j 封面钤有“民族文化宫图书馆藏”印；民族宫目录中为ཐ函。

238.41

a 47-41

b སྨྱུང་གནས་དང་འབྲེལ་བར་སྟོང་མཆོད་འབུལ་ཚུལ་གྱི་ཆོ་ག་ཕན་བདེའི་ཆར་འབེབས་ཞེས་བྱ་བ་བཞུགས་སོ།།

与斋戒结合之献千盏灯供法仪轨·利乐雨降

c བཙུན་པ་དཀོན་མཆོག་བསྟན་པའི་སྒྲོན་མེ།

d བློ་བཟང་ཡོན་ཏན་སོགས།

e ཆོ་ག（仪轨）

f 刻本 བཀྲ་ཤིས་འཁྱིལ།（甘肃夏河拉卜楞寺）

g 乌金 梵夹装 48×6

h 5 6

i 无 藏纸 黑 完整

j 封面钤有“民族文化宫图书馆藏”印；民族宫目录中为ད函。

238.42

a 47-42

b འཕགས་མཆོག་ཐུགས་རྗེ་ཆེན་པོ་ལ་བརྟེན་པའི་མིག་གཟུངས་ཉམས་སུ་ལེན་ཚུལ་གྱི་བྱིན་རླབས་བདུད་རྩིའི་ཐིགས་པ་ཞེས་བྱ་བ་བཞུགས་སོ།།

依圣大悲观音修眼陀罗尼咒法·加持甘露精华

c བཙུན་པ་དཀོན་མཆོག་བསྟན་པའི་སྒྲོན་མེ།

d དཀོན་མཆོག་བདེ་ཆེན།

e མིག་གཟུངས་ཉམས་ལེན།（眼咒实践）

f 刻本 བཀྲ་ཤིས་འཁྱིལ།（甘肃夏河拉卜楞寺）

g 乌金 梵夹装 48×6

h 3 6

i 无 藏纸 黑 完整

j 封面钤有“民族文化宫图书馆藏”印；民族宫目录中为ད函。

238.43
a 47-43
b ལྷ་མོ་འོད་ཟེར་ཅན་གྱི་སྒྲུབ་ཐབས།
持光女神之修成法
c བཙུན་པ་དཀོན་མཆོག་བསྟན་པའི་སྒྲོན་མེ།
d དཀོན་མཆོག་བདེ་ཆེན།
e སྒྲུབ་ཐབས།（修果）
f 刻本 བཀྲ་ཤིས་འཁྱིལ།（甘肃夏河拉卜楞寺）
g 乌金 梵夹装 48×6
h 2 6
i 无 藏纸 黑 完整
j 封面钤有“民族文化宫图书馆藏”印；民族宫目录中无此件。

238.44
a 47-44
b སྨན་ཆོག་མདོར་བསྡུས་བཞུགས་སོ།།
药师仪轨简要
c བཙུན་པ་དཀོན་མཆོག་བསྟན་པའི་སྒྲོན་མེ།
d རྗེ་རམས་པ་བསོད་ནམས་གྲགས་པ།
e སྨན་ཆོག（药师仪轨）
f 刻本 བཀྲ་ཤིས་འཁྱིལ།（甘肃夏河拉卜楞寺） ཐུགས་རམས་པ་དཀོན་མཆོག་ཀུན་དགའ།
g 乌金 梵夹装 48×6
h 2 6
i 无 藏纸 黑 完整
j 封面钤有“民族文化宫图书馆藏”印；民族宫目录中无此件。

238.45
a 47-46

b གཡང་འབོད་ཡིད་བཞིན་འགུགས་པའི་ལྕགས་ཀྱུ་བཞུགས་སོ།།

招财运法·招如意之钩

c བཙུན་པ་དཀོན་མཆོག་བསྟན་པའི་སྒྲོན་མེ།

d བློ་བཟང་དཔལ་ལྡན།

e གཡང་འབོད།（招运法）

f 刻本 བཀྲ་ཤིས་འཁྱིལ།（甘肃夏河拉卜楞寺）

g 乌金 梵夹装 48×6

h 3 6

i 无 藏纸 黑 完整

j 封面钤有“民族文化宫图书馆藏”印；民族宫目录中为ཐ函。

238.46

a 47-47

b འཕགས་མ་ཡིད་བཞིན་འཁོར་ལོའི་འདོད་གསོལ་ལས་བཞི་ལྷུན་གྲུབ་ཅེས་བྱ་བ་བཞུགས་སོ།།

圣母如意轮祈愿文·四业任运天成

c བཙུན་པ་དཀོན་མཆོག་བསྟན་པའི་སྒྲོན་མེ།

d ཞབས་དྲུང་དཀོན་མཆོག་རྣམ་རྒྱལ།

e འདོད་གསོལ།（如意祈愿）

f 刻本 བཀྲ་ཤིས་འཁྱིལ།（甘肃夏河拉卜楞寺）

g 乌金 梵夹装 48×6

h 2 6

i 无 藏纸 黑 完整

j 封面钤有“民族文化宫图书馆藏”印；民族宫目录中为ཐ函。

239

A 3714 921

B　ཀུང་ཐང་དཀོན་མཆོག་བསྟན་པའི་སྒྲོན་མེའི་གསུང་འབུམ།

贡唐·恭却丹白卓麦文集

C　ཅ

D　ཀུང་ཐང་བསྟན་པའི་སྒྲོན་མེ།

同 3706 介绍。

E　此函民族宫目录著录为 16 卷；西藏图书馆藏品中缺三卷：《善巧戒严贤良大师阁芒堪布洛桑曲达传·正直善巧之喜宴》《宗喀巴大师现证成佛赞·清净雪山篇释·殊胜庄严之门径》《兜率悦意持法刹土赞·莹洁明镜》，其中最后者混入同文集ང函中，另 8 卷为同文集ཉ函内容。

239.1

a　21-1

b　རྗེ་བཙུན་བླ་མ་དམ་པ་ཀུང་ཐང་འཇམ་པའི་དབྱངས་དཀོན་མཆོག་བསྟན་པའི་སྒྲོན་མེ་དཔལ་བཟང་པོའི་གསུང་འབུམ་ཅ་པའི་དཀར་ཆག

至尊恭却晋美旺波秘传

c　༄བཙུན་པ་ཀུང་ཐང་དཀོན་མཆོག་བསྟན་པའི་སྒྲོན་མེ།

d

e　དཀར་ཆག（目录）

f　刻本

ཞོ་བྲང་པོ་ཏཱ་ལའི་ཞོལ་པར་ཁང་ཆེན་མོ་གངས་ཅན་ཕན་བདེ་གཏེར་མཛོད་གླིང་།（西藏拉萨雪版）

g　乌金　梵夹装　49×6

h　2　6

i　无　藏纸　黑　完整

j　封面钤有“民族文化宫图书馆藏”印；民族宫目录中为 5 叶。

239.2

a　21-2

b　རྗེ་བཙུན་བླ་མ་དམ་པ་ཚུལ་ཁྲིམས་བསྟན་པའི་ཉི་མ་དཔལ་བཟང་པོའི་རྣམ་ཐར།

至尊上师楚臣丹白尼玛传

c ༄༅བཙུན་པ་གུང་ཐང་དཀོན་མཆོག་བསྟན་པའི་སྒྲོན་མེ།

d བཀྲ་ཤིས་འཁྱིལ།（甘肃夏河拉卜楞寺）

e རྣམ་ཐར།（传记）

f 刻本

ཕོ་བྲང་པོ་ཏ་ལའི་ཞོལ་པར་ཁང་ཆེན་མོ་གངས་ཅན་ཕན་བདེ་གཏེར་མཛོད་གླིང་།（西藏拉萨雪版）

སྔགས་རམས་པ་དཀོན་མཆོག་ཀུན་དགའ།

g 乌金　梵夹装　49.5×6
h 108　6
i 无　藏纸　黑　完整
j 封面钤有“民族文化宫图书馆藏”印；民族宫目录中为 114 叶。

239.3
a 21-3

b བསྟན་པའི་ཚ་ལག་ཡིལ་གོག་སན་ཨེར་ཏི་ནི་པཎྜིཏ་ཧུ་ཐོག་ཐུ་བློ་བཟང་བསྟན་པ་དར་རྒྱས་ཀྱི་རྣམ་ཐར།

圣教栋梁伊阁生额尔德尼麦尔根班智达呼图克图洛桑巴达杰传

c ༄༅བཙུན་པ་གུང་ཐང་དཀོན་མཆོག་བསྟན་པའི་སྒྲོན་མེ།

d བཀྲ་ཤིས་འཁྱིལ།（甘肃夏河拉卜楞寺）

e རྣམ་ཐར།（传记）

f 刻本

ཕོ་བྲང་པོ་ཏ་ལའི་ཞོལ་པར་ཁང་ཆེན་མོ་གངས་ཅན་ཕན་བདེ་གཏེར་མཛོད་གླིང་།（西藏拉萨雪版）

སྔགས་རམས་པ་དཀོན་མཆོག་ཀུན་དགའ།

g 乌金　梵夹装　48.5×6
h 11　6
i 无　藏纸　黑　完整
j 封面钤有“民族文化宫图书馆藏”印；民族宫目录中为 12 叶。

239.4

a 21-4

b ངེས་པ་དོན་གྱི་བཤེས་གཉེན་ཆེན་པོ་མཁས་གྲུབ་བསྟན་འཛིན་པའི་རྟོགས་པར་བརྗོད་པ་ལེགས་ཚོགས་སྒོ་འབྱེད།

了义大善知识克珠丹僧传·开福善门

c ཀུན་མཁྱེན་པ་ཀུན་ཐང་དཀོན་མཆོག་བསྟན་པའི་སྒྲོན་མེ།

d བཀྲ་ཤིས་འཁྱིལ།（甘肃夏河拉卜楞寺）

e རྟོགས་བརྗོད།（传记）

f 刻本

ཞོ་བྲང་པོ་ཏ་ལའི་ཞོལ་པར་ཁང་ཆེན་མོ་གངས་ཅན་ཕན་བདེ་གཏེར་མཛོད་གླིང་།（西藏拉萨雪版）

ཐུགས་རམས་པ་དཀོན་མཆོག་ཀུན་དགའ།

g 乌金 梵夹装 48×6

h 46 6

i 无 藏纸 黑 完整

j 封面钤有“民族文化宫图书馆藏”印；民族宫目录中为54叶。

239.5

a 21-5

b དགེ་ལྡན་བསྟན་པ་རྒྱས་པའི་སྨོན་ལམ་གྲུབ་པའི་བདེན་ཚིག་གི་འགྲེལ་པ།

格丹教法发扬宏昌愿文成就真实语释文

c ཀུན་མཁྱེན་པ་ཀུན་ཐང་དཀོན་མཆོག་བསྟན་པའི་སྒྲོན་མེ།

d གུར་ཡག་སྤྲུལ་སྐུ་ངག་དབང་བསྟན་འཛིན་ཆོས་འཕེལ།

e སྨོན་འགྲེལ།（祈愿文释）

f 刻本

བྲང་པོ་ལའི་ཞོལ་པར་ཁང་ཆེན་མོ་གངས་ཅན་ཕན་བདེ་གཏེར་མཛོད་གླིང་།（西藏拉萨雪版）

g 乌金 梵夹装 49×6

h 5 6

i 无 藏纸 黑 完整

j 封面钤有“民族文化宫图书馆藏”印；民族宫目录中为6叶。

239.6
a 21-6

b ཕུལ་བྱུང་ལེགས་བཤད་མའི་འགྲེལ་བ་མཁས་པའི་དགའ་སྟོན།

卓越嘉言释·智者喜宴

c ༄བཙུན་པ་གུང་ཐང་དཀོན་མཆོག་བསྟན་པའི་སྒྲོན་མེ།

d

e བསྟོད་ཚོགས།（赞集）

f 刻本

ཕོ་བྲང་པོ་ཏ་ལའི་ཞོལ་པར་ཁང་ཆེན་མོ་གངས་ཅན་ཕན་བདེ་གཏེར་མཛོད་གླིང་།（西藏拉萨雪版）

ཐུགས་རམས་པ་དཀོན་མཆོག་ཀུན་དགའ།

g 乌金 梵夹装 49×6
h 13 6
i 无 藏纸 黑 完整
j 封面钤有“民族文化宫图书馆藏”印；民族宫目录中为14叶。

239.7
a 21-7

h གཉའ་རྗེ་དཔོན་སློབ་རིན་པོ་ཆེའི་བསྟོད་འགྲེལ་ནོར་བུའི་དོ་ཤལ།

聂哲师徒仁波且之赞释·宝瓔珞

c ༄བཙུན་པ་གུང་ཐང་དཀོན་མཆོག་བསྟན་པའི་སྒྲོན་མེ།

d བཀྲ་ཤིས་འཁྱིལ།（甘肃夏河拉卜楞寺）

e བསྟོད་ཚོགས།（赞集）

f 刻本

ཕོ་བྲང་པོ་ཏ་ལའི་ཞོལ་པར་ཁང་ཆེན་མོ་གངས་ཅན་ཕན་བདེ་གཏེར་མཛོད་གླིང་།（西藏拉萨雪版）

g 乌金 梵夹装 49×6
h 6 6

i 无 藏纸 黑 完整
j 封面钤有“民族文化宫图书馆藏”印。

239.8
a 21-8
b བཀའ་གདམས་གོང་མའི་རྣམ་ཐར་དང་འབྲེལ་བའི་ཀུན་བཟང་འཁོར་ལོ་སོགས་ཀུན་འཁོར་སྣ་ཚོགས་ཀྱི་སྐོར་ངོ་མཚར་འཕྲུལ་གྱི་ལེགས་བཤད།
与噶当派先师传记结合之普贤轮等各种普贤轮类·希有幻化之嘉言
c ༄བཙུན་པ་ཀུང་ཐང་དཀོན་མཆོག་བསྟན་པའི་སྒྲོན་མེ།
d བཀྲ་ཤིས་འཁྱིལ།（甘肃夏河拉卜楞寺）
e ཀུན་འཁོར་སྣ་ཚོགས་ཀྱི་སྐོར།（普贤轮说）
f 刻本
ས་བྲང་པོ་ཏ་ལའི་ཞོལ་པར་ཁང་ཆེན་མོ་གངས་ཅན་ཕན་བདེ་གཏེར་མཛོད་གླིང་།（西藏拉萨雪版）
ཐུགས་རམས་པ་དཀོན་མཆོག་ཀུན་དགའ།
g 乌金 梵夹装 49×6
h 11 6
i 无 藏纸 黑 完整
j 封面钤有“民族文化宫图书馆藏”印；民族宫目录中为 12 叶。

239.9
a 21-9
b བདེན་གཏམ་དེ་ཉིད་གསལ་བའི་མེ་ལོང་།
真实语真性显明镜
c ༄བཙུན་པ་ཀུང་ཐང་དཀོན་མཆོག་བསྟན་པའི་སྒྲོན་མེ།
d
e བསླབ་བྱ།（教言）
f 刻本

ཞོ་བྲང་པོ་ཏ་ལའི་ཞོལ་པར་ཁང་ཆེན་མོ་གངས་ཅན་ཕན་བདེ་གཏེར་མཛོད་གླིང་།（西藏拉萨雪版）

g　乌金　梵夹装　49×6

h　4　6

i　无　藏纸　黑　完整

j　封面钤有“民族文化宫图书馆藏”印。

239.10

a　21-10

b　ཀུན་གཟིགས་ལྔ་པ་ཆེན་པོས་མཛད་པའི་རྗེ་རིན་པོ་ཆེའི་བསྟོད་པ་དབྱིད་ཀྱི་རྒྱལ་མོའི་གླུ་དབྱངས་ཀྱི་དོན་འགྲེལ་

དབྱར་སྐྱེས་སྒྲ་རྒྱན།

佛王第五世所著宗喀巴大师赞·杜鹃歌声释义·千百雷声

c　༄༅། བཙུན་པ་གུང་ཐང་དཀོན་མཆོག་བསྟན་པའི་སྒྲོན་མེ།

d　ཀུ་ཤྲཱི་འཇིགས་མེད་བློ་བཟང་།

e　བསྟོད་འགྲེལ།（赞释）

f　刻本

ཞོ་བྲང་པོ་ཏ་ལའི་ཞོལ་པར་ཁང་ཆེན་མོ་གངས་ཅན་ཕན་བདེ་གཏེར་མཛོད་གླིང་།（西藏拉萨雪版）

g　乌金　梵夹装　48.3×6

h　8　6

i　无　藏纸　黑　完整

j　封面钤有“民族文化宫图书馆藏”印；民族宫目录中为9叶。

239.11

a　21-11

b　བདེ་བ་ཅན་གྱི་ཞིང་གི་ཡོན་ཏན་སེམས་པ་དང་།་སྦྲགས་ཏེ་སྨོན་ལམ་འདེབས་ཚུལ་བྱིན་རླབས་མྱུར་

འཇུག་དང་། ཡིད་དགའ་ཆོས་འཛིན་གྱི་ཞིང་གི་བསྔགས་བརྗོད་བཅས་བཞུགས་སོ།།

极乐刹土之功德与心结合发愿文·速入加持

c　༄བཙུན་པ་གྲུང་ཐང་དཀོན་མཆོག་བསྟན་པའི་སྒྲོན་མེ།

d　བཀྲ་ཤིས་འཁྱིལ།（甘肃夏河拉卜楞寺）

e　བསྟོད་ཚོགས།（赞集）

f　刻本

ཞོ་བྲང་པོ་ཏ་ལའི་ཞོལ་པར་ཁང་ཆེན་མོ་གངས་ཅན་ཕན་བདེ་གཏེར་མཛོད་གླིང་།（西藏拉萨雪版）

g　乌金　梵夹装　48.3×6

h　7　6

i　无　藏纸　黑　完整

j　封面钤有“民族文化宫图书馆藏”印；民族宫目录中为4叶。

239.12

a　21-12

b　བདེ་བར་གཤེགས་པའི་སྐུ་གསུང་ཐུགས་རྟེན་བཞེངས་པ་དང་ཕྱག་མཆོད་སྐོར་བའི་ཕན་ཡོན་བསྟན་པ་རྣམ་དཀར་

ལས་ལ་བསྐུལ་བྱེད་དཀར་ཆག་ལྷའི་རྔ་ཆེན།

建造如来身语意所依与礼供功德赞·鼓励净业录·大天鼓

c　༄བཙུན་པ་གྲུང་ཐང་དཀོན་མཆོག་བསྟན་པའི་སྒྲོན་མེ།

d　རབ་འབྱམས་པ་ཀུན་དགའ་རྣམ་རྒྱལ།

e　ཕྱག་མཆོད་ཕན་ཡོན་སོགས།（礼供功德）

f　刻本

ཞོ་བྲང་པོ་ཏ་ལའི་ཞོལ་པར་ཁང་ཆེན་མོ་གངས་ཅན་ཕན་བདེ་གཏེར་མཛོད་གླིང་།（西藏拉萨雪版）

g　乌金　梵夹装　49×6

h　39　6

i　无　藏纸　黑　完整

j　封面钤有“民族文化宫图书馆藏”印；民族宫目录中为35叶。

239.13

a　21-13

b　ཕྱང་སྟོན་བྱམས་པའི་དཀར་ཆག་གདངས་སྙན་ཆོས་ཀྱི་གཏམ།

慈氏记别录·雅音法之犍槌

c　༄བཙུན་པ་གུང་ཐང་དཀོན་མཆོག་བསྟན་པའི་སྒྲོན་མེ།

d　སྔགས་རམས་པ་དཀོན་མཆོག་ཀུན་དགའ།

e　དཀར་ཆག（目录）

f　刻本

ཕོ་བྲང་པོ་ཏ་ལའི་ཞོལ་པར་ཁང་ཆེན་མོ་གངས་ཅན་ཕན་བདེ་གཏེར་མཛོད་གླིང་།（西藏拉萨雪版）

སྔགས་རམས་པ་དཀོན་མཆོག་ཀུན་དགའ།

g　乌金　梵夹装　48×6

h　13　6

i　无　藏纸　黑　完整

j　封面钤有“民族文化宫图书馆藏”印；民族宫目录中为 12 叶。

239.14

a　21-14

b　བཅོམ་ལྡན་འདས་མ་ལྷ་མོ་རིག་བྱེད་མ་ལ་བསྟོད་པའི་རྒྱ་ཆེར་འགྲེལ་པ་རྡོ་རྗེ་གསུམ་གྱི་སྣང་བ།

薄伽梵能明佛母赞广释·三金刚之光明

c　༄བཙུན་པ་གུང་ཐང་དཀོན་མཆོག་བསྟན་པའི་སྒྲོན་མེ།

d　བཀྲ་ཤིས་འཁྱིལ།（甘肃夏河拉卜楞寺）

e　བསྟོད་ཚོགས།（赞集）

f　刻本

ཕོ་བྲང་པོ་ཏ་ལའི་ཞོལ་པར་ཁང་ཆེན་མོ་གངས་ཅན་ཕན་བདེ་གཏེར་མཛོད་གླིང་།（西藏拉萨雪版）

g　乌金　梵夹装　48×6

h　139　6

i　无　藏纸　黑　完整

j　封面钤有“民族文化宫图书馆藏”印；民族宫目录中为༡函内容，137 叶。

239.15

a 21-15

b རྡོ་རྗེ་གསུམ་གྱི་སྣང་བའི་བསྡུས་དོན།

三金刚光明摄义

c ༄བཙུན་པ་ཀུང་ཐང་དཀོན་མཆོག་བསྟན་པའི་སྒྲོན་མེ།

d

e སྔགས།（密宗）

f 刻本

བོད་ལྗོངས་པོ་ཏ་ལའི་ཞོལ་པར་ཁང་ཆེན་མོ་གངས་ཅན་ཕན་བདེ་གཏེར་མཛོད་གླིང་།（西藏拉萨雪版）

སྒོམས་ལས་པ་བློ་བཟང་དཔལ་ལྡན་ཡེ་ཤེས།

g 乌金 梵夹装 49×6

h 5 6

i 无 藏纸 黑 完整

j 封面钤有“民族文化宫图书馆藏”印；民族宫目录中为༧函内容，6叶。

239.16

a 21-16

b བ་རི་ལོ་ཙ་བ་ནས་རྒྱུད་པའི་ལོ་རྒྱུས་དང་། རིག་བྱེད་མ་ལ་འདོད་གསོལ་བགྱ་ཤིས་ཆར་འབེབ་བས།

坝日译师传承史

c ༄བཙུན་པ་ཀུང་ཐང་དཀོན་མཆོག་བསྟན་པའི་སྒྲོན་མེ།

d རྨ་ཆུ།（黄河）

e གསོལ་འདེབས།（启请文）

f 刻本

བོད་ལྗོངས་པོ་ཏ་ལའི་ཞོལ་པར་ཁང་ཆེན་མོ་གངས་ཅན་ཕན་བདེ་གཏེར་མཛོད་གླིང་།（西藏拉萨雪版）

g 乌金 梵夹装 48×6

h 5 6

i 无 藏纸 黑 完整

j 封面钤有“民族文化宫图书馆藏”印；民族宫目录中为༧函内容。

239.17

a 21-17

b འཕགས་མ་རིག་བྱེད་མ་ཕྱི་སྒྲུབ་ཀྱི་ཐུན་མོང་དང་ཐུན་མོང་མ་ཡིན་པའི་རྗེས་གནང་བྱ་ཚུལ་ལེགས་པར་བཀོད་པ་

དངོས་གྲུབ་འགུགས་པའི་ལྕགས་ཀྱུ།

圣能明佛母外修共与不共随许法·招悉地之钩

c ༄བཙུན་པ་གུང་ཐང་དཀོན་མཆོག་བསྟན་པའི་སྒྲོན་མེ།

d སློབ་བརྩོན་དཀོན་མཆོག་བྱམས་པ།

e རྗེས་གནང་བྱ་ཚུལ།（灌顶）

f 刻本

ཕོ་བྲང་པོ་ཏ་ལའི་ཞོལ་པར་ཁང་ཆེན་མོ་གངས་ཅན་ཕན་བདེ་གཏེར་མཛོད་གླིང་།（西藏拉萨雪版）

སྤགས་རམས་པ་དཀོན་མཆོག་ཀུན་དགའ།

g 乌金 梵夹装 49×6

h 7 6

i 无 藏纸 黑 完整

j 封面钤有“民族文化宫图书馆藏”印；民族宫目录中为༧函内容，8叶。

239.18

a 21-18

b དཔའ་བོ་གཅིག་པའི་བསྐྱེད་རིམ་སྙིང་པོའི་དོན་གསལ།

独勇怖畏金刚生起次第要义明解

c ༄བཙུན་པ་གུང་ཐང་དཀོན་མཆོག་བསྟན་པའི་སྒྲོན་མེ།

d རྗེ་རམ་པ་ཡོན་ཏན་ལེགས་གྲུབ།

e　སྔགས།（密宗）

f　刻本

ཞོ་བྲང་པོ་ཏ་ལའི་ཞོལ་པར་ཁང་ཆེན་མོ་གངས་ཅན་ཕན་བདེ་གཏེར་མཛོད་གླིང་།（西藏拉萨雪版）

g　乌金　梵夹装　49.5×6
h　12　6
i　无　藏纸　黑　完整
j　封面钤有“民族文化宫图书馆藏”印；民族宫目录中为ཉ函内容。

239.19
a　21-19

b　གཟུགས་མཆོག་མའི་འགྲེལ་བ།

胜色篇之解释

c　༧བཙུན་པ་ཀུང་ཐང་དཀོན་མཆོག་བསྟན་པའི་སྒྲོན་མེ།

d

e　བསྟོད་འགྲེལ།（赞释）

f　刻本

ཞོ་བྲང་པོ་ཏ་ལའི་ཞོལ་པར་ཁང་ཆེན་མོ་གངས་ཅན་ཕན་བདེ་གཏེར་མཛོད་གླིང་།（西藏拉萨雪版）

g　乌金　梵夹装　48×6
h　4　6
i　无　藏纸　黑　完整
j　封面钤有“民族文化宫图书馆藏”印；民族宫目录中为ཉ函内容。

239.20
a　21-20

b　རྡོར་སེམས་སྒོམ་བཟླས་ཀྱི་སྒོ་ནས་ཉེས་ལྟུང་སྦྱོང་བའི་ཉམས་ལེན་གྱི་སྙིང་པོར་བྱ་ཚུལ།

金刚萨埵念诵法门中净治罪恶修法心要

c　༧བཙུན་པ་ཀུང་ཐང་དཀོན་མཆོག་བསྟན་པའི་སྒྲོན་མེ།

d

e　སྔགས།（密宗）

f　刻本

ཞོ་བྲང་པོ་ཏ་ལའི་ཞོལ་པར་ཁང་ཆེན་མོ་གངས་ཅན་ཕན་བདེ་གཏེར་མཛོད་གླིང་།（西藏拉萨雪版）

g　乌金　梵夹装　48.5×6

h　3　6

i　无　藏纸　黑　完整

j　封面钤有“民族文化宫图书馆藏”印；民族宫目录中为༧函内容，4 叶。

239.21

a　21-21

b　མགོན་པོ་འོད་དཔག་མེད་ལ་བརྟེན་པའི་འཕོ་ཁྲིད་སོགས་ཀྱི་སྐོར་དག་ཞིང་དུ་མར་བགྲོད་པའི་མྱུར་ལམ།

依怙主无量光佛修往生法教导等往生教导法类·趣诸净土之捷径

c　༄བཙུན་པ་གུང་ཐང་དཀོན་མཆོག་བསྟན་པའི་སྒྲོན་མེ།

d　རི་ཁྲོད་པ་དགེ་སློང་ངག་དབང་རྒྱལ་མཚན་སོགས།

e　མན་ངག（善言）

f　刻本

ཞོ་བྲང་པོ་ཏ་ལའི་ཞོལ་པར་ཁང་ཆེན་མོ་གངས་ཅན་ཕན་བདེ་གཏེར་མཛོད་གླིང་།（西藏拉萨雪版）

g　乌金　梵夹装　49×6

h　12　6

i　无　藏纸　黑　完整

j　封面钤有“民族文化宫图书馆藏”印；民族宫目录中为༧函内容，13 叶。

240

A　3715　3594

B　གུང་ཐང་དཀོན་མཆོག་བསྟན་པའི་སྒྲོན་མེའི་ གསུང་འབུམ།

贡唐·恭却丹白卓麦文集

C ཛ

D གུང་ཐང་བསྟན་པའི་སྒྲོན་མེ།

同 3706 介绍。

E 此函民族宫目录著录为 5 卷；西藏图书馆藏品中除该 5 卷外，其余均为ཏ、ཐ、ད等函内容。

240. 1

a 44-1

b རྗེ་བཙུན་བླ་མ་དམ་པ་གུང་ཐང་འཇམ་པའི་དབྱངས་དཀོན་མཆོག་བསྟན་པའི་སྒྲོན་མེ་དཔལ་བཟང་པོའི་གསུང་འབུམ་ཛ་པའི་དཀར་ཆག

至尊上师贡唐·绛白央恭却丹·白卓麦文集ཛ字函目录

c ༄༅བཙུན་པ་གུང་ཐང་དཀོན་མཆོག་བསྟན་པའི་སྒྲོན་མེ།

d

e དཀར་ཆག（目录）

f 刻本

ཞོ་བྲང་པོ་ཏ་ལའི་ཞོལ་པར་ཁང་ཆེན་མོ་གངས་ཅན་ཕན་བདེ་གཏེར་མཛོད་གླིང་།（西藏拉萨雪版）

g 乌金 梵夹装 49×6

h 3 6

i 无 藏纸 黑 完整

j 封面钤有“民族文化宫图书馆藏”印。

240. 2

a 44-2

b ངན་སོང་ཐམས་ཅད་སྦྱོང་བའི་དཀྱིལ་འཁོར་ཞལ་སྐོན་གྱི་བཤད་པ་ཆོས་དུང་དཀར་པོའི་སྒྲ་དབྱངས།

净治一切恶趣曼荼罗语教解说·白法螺之声

c ༄༅བཙུན་པ་གུང་ཐང་དཀོན་མཆོག་བསྟན་པའི་སྒྲོན་མེ།

d ད་ཚང་ལྷུན་གྲུབ་གླིང་།

e　སྔགས།（密宗）

f　刻本

ཕོ་བྲང་པོ་ཏ་ལའི་ཞོལ་པར་ཁང་ཆེན་མོ་གངས་ཅན་ཕན་བདེ་གཏེར་མཛོད་གླིང་།（西藏拉萨雪版）

g　乌金　梵夹装　49×6

h　19　6

i　无　藏纸　黑　完整

j　封面钤有“民族文化宫图书馆藏”印；民族宫目录中为ད函内容。

240.3

a　44-3

b　ཀུན་མཁྱེན་བླ་མའི་མཛད་པའི་རྡོར་ཕྲེང་གི་དབང་གི་ཁ་སྐོང་ཀྲི་ཡའི་ཕྱག་ལེན་དང་བཅས་པ།

恭钦喇嘛所著金刚鬘灌顶补遗、事续修习法

c　༄བཙུན་པ་གུང་ཐང་དཀོན་མཆོག་བསྟན་པའི་སྒྲོན་མེ།

d　ཆུ་མོ་ཕག　水阴猪年（1803）　དུས་འཁོར་སློབ་ཟུར་ངག་དབང་ཕུན་ཚོགས།

e　མན་ངག（善言）

f　刻本

ཕོ་བྲང་པོ་ཏ་ལའི་ཞོལ་པར་ཁང་ཆེན་མོ་གངས་ཅན་ཕན་བདེ་གཏེར་མཛོད་གླིང་།（西藏拉萨雪版）

g　乌金　梵夹装　49×6

h　7　6

i　无　藏纸　黑　完整

j　封面钤有“民族文化宫图书馆藏”印；民族宫目录中为ད函内容，8 叶。

240.4

a　44-4

b　རབ་གནས་དགེ་ལེགས་ཆར་འབེབས་ཀྱི་ཕྱག་ལེན་མཐའ་དག་གསལ་བར་བཤད་པ་ལེགས་བྱས་སྤྲིན་གྱི་

སྒྲ་དབྱངས།

开光法·吉祥雨降之一切作法·阐明善事云音

c ༄༅།བསྟན་པ་གུང་ཐང་དཀོན་མཆོག་བསྟན་པའི་སྒྲོན་མེ།

d ཐུགས་རམས་པ་བློ་བཟང་དཀོན་མཆོག

e རབ་གནས།（开光）

f 刻本

ཞོ་བྲང་པོ་ཏ་ལའི་ཞོལ་པར་ཁང་ཆེན་མོ་གངས་ཅན་ཕན་བདེ་གཏེར་མཛོད་གླིང་།（西藏拉萨雪版）

དགེ་སློང་དཀོན་མཆོག་ཀུན་དགའ།

g 乌金 梵夹装 48.5×6

h 20 6

i 无 藏纸 黑 完整

j 封面钤有“民族文化宫图书馆藏”印；民族宫目录中为ཏ函内容，19叶。

240.5

a 44-5

b རབ་གནས་ཀྱི་ལོ་རྒྱུས་གཙོ་བོ་གྲུར་བའི་བཤད་པ།

开光主要史事解说

c ༄༅།བསྟན་པ་གུང་ཐང་དཀོན་མཆོག་བསྟན་པའི་སྒྲོན་མེ།

d

e རབ་གནས་ཀྱི་ལོ་རྒྱུས།（开光史）

f 刻本

ཞོ་བྲང་པོ་ཏ་ལའི་ཞོལ་པར་ཁང་ཆེན་མོ་གངས་ཅན་ཕན་བདེ་གཏེར་མཛོད་གླིང་།（西藏拉萨雪版）

g 乌金 梵夹装 48.5×6

h 8 6

i 无 藏纸 黑 完整

j 封面钤有“民族文化宫图书馆藏”印；民族宫目录中为ཏ函内容。

240.6

a　44-6

b　བཀྲ་ཤིས་རྫས་བརྒྱད་ཀྱི་རྣམ་བཤད་བཀྲ་ཤིས་དགའ་སྟོན།

八吉祥物品解说·吉祥喜宴

c　༄བཙུན་པ་གུང་ཐང་དཀོན་མཆོག་བསྟན་པའི་སྒྲོན་མེ།

d　དམུ་དགེ་དཔོན་སློབ་ཟུར་ཚུའི་ལྷ་རམས་པ་ངག་དབང་ངག་དབང་རྒྱལ་མཚན་སོགས།

e　བཀྲ་ཤིས་རྫས་བརྒྱད་ཀྱི་རྣམ་བཤད།（吉祥八物论）

f　刻本

ཞོ་བྲང་པོ་ཏ་ལའི་ཞོལ་པར་ཁང་ཆེན་མོ་གངས་ཅན་ཕན་བདེ་གཏེར་མཛོད་གླིང་།（西藏拉萨雪版）

དགེ་སློང་དཀོན་མཆོག་ཀུན་དགའ།

g　乌金　梵夹装　49×6

h　17　6

i　无　藏纸　黑　完整

j　封面钤有“民族文化宫图书馆藏”印；民族宫目录中为ད函内容，16 叶。

240.7

a　44-7

b　རྣམ་རྒྱལ་སྟོང་མཆོད་ཀྱི་ཆོ་གའི་ཟུར་འདེབས་བདུད་རྩིའི་ཞལ་མངར།

尊胜千盏灯供之仪轨另编·甘霖

c　༄བཙུན་པ་གུང་ཐང་དཀོན་མཆོག་བསྟན་པའི་སྒྲོན་མེ།

d　ཆོས་རྗེ་ཡེ་ཤེས་དར་རྒྱས།

e　ཆོ་ག（仪轨）

f　刻本

ཞོ་བྲང་པོ་ཏ་ལའི་ཞོལ་པར་ཁང་ཆེན་མོ་གངས་ཅན་ཕན་བདེ་གཏེར་མཛོད་གླིང་།（西藏拉萨雪版）

g　乌金　梵夹装　48×6
h　4　6
i　无　藏纸　黑　完整
j　封面钤有“民族文化宫图书馆藏”印；民族宫目录中为ཏ函内容，5叶。

240.8
a　44-8
b　ཚེ་ལྷ་རྣམ་གསུམ་གྱི་མངོན་རྟོགས།
长寿三尊现证法
c　༄བཙུན་པ་གུང་ཐང་དཀོན་མཆོག་བསྟན་པའི་སྒྲོན་མེ།
d　དགེ་སློང་དཀོན་མཆོག་ཟླ་བ།
e　ཆོ་ག（仪轨）
f　刻本
ཕོ་བྲང་པོ་ཏ་ལའི་ཞོལ་པར་ཁང་ཆེན་མོ་གངས་ཅན་ཕན་བདེ་གཏེར་མཛོད་གླིང་།（西藏拉萨雪版）
g　乌金　梵夹装　49×6
h　2　6
i　无　藏纸　黑　完整
j　封面钤有“民族文化宫图书馆藏”印；民族宫目录中为ཐ函内容，3叶。

240.9
a　44-9
b　གྲུབ་ཆེན་བརྒྱད་ཅུའི་རྗེས་གནང་བྱ་ཚུལ།
八十大成就者灌顶法
c　༄བཙུན་པ་གུང་ཐང་དཀོན་མཆོག་བསྟན་པའི་སྒྲོན་མེ།
d　སློབ་ཟུར་དཀོན་མཆོག་དར་རྒྱས།
e　རྗེས་གནང་།（灌顶）
f　刻本

ཙོ་བྱང་པོ་ཏ་ལའི་ཞོལ་པར་ཁང་ཆེན་མོ་གངས་ཅན་ཕན་བདེ་གཏེར་མཛོད་གླིང་།（西藏拉萨雪版）

དགེ་སློང་དཀོན་མཆོག་ཀུན་དགའ།

g 乌金 梵夹装 49×6
h 9 6
i 无 藏纸 黑 完整
j 封面钤有“民族文化宫图书馆藏”印；民族宫目录中为ཐ函内容。

240.10
a 44-10

b སེང་ལྡེང་ནགས་སྒྲོལ་གྱི་སྒྲུབ་ཐབས་བྱིན་རླབས་དགའ་སྟོན།

竭地洛迦林度母修法·加持喜宴

c ༄བཙུན་པ་ཀུང་ཐང་དཀོན་མཆོག་བསྟན་པའི་སྒྲོན་མེ།

d སློབ་ཟུར་དཀོན་མཆོག་དར་རྒྱས།

e སྒྲུབ་ཐབས།（修心法）

f 刻本

ཙོ་བྱང་པོ་ཏ་ལའི་ཞོལ་པར་ཁང་ཆེན་མོ་གངས་ཅན་ཕན་བདེ་གཏེར་མཛོད་གླིང་།（西藏拉萨雪版）

g 乌金 梵夹装 49×6
h 5 6
i 无 藏纸 黑 完整
j 封面钤有“民族文化宫图书馆藏”印；民族宫目录中为ཐ函内容，6叶。

240.11
a 44-11

b རྟ་མགྲིན་ཕྱག་གཉིས་པའི་སྒྲུབ་ཐབས་དངོས་གྲུབ་གཏེར་མཛོད།

二臂马头金刚修法·悉地宝藏

c ༄བཙུན་པ་ཀུང་ཐང་དཀོན་མཆོག་བསྟན་པའི་སྒྲོན་མེ།

d　རབ་འབྱམས་པ་བློ་བཟང་དཀོན་མཆོག་སོགས།

e　སྒྲུབ་ཐབས།（修心法）

f　刻本

ཤོ་བྲང་པོ་ཏ་ལའི་ཞོལ་པར་ཁང་ཆེན་མོ་གངས་ཅན་ཕན་བདེ་གཏེར་མཛོད་གླིང་།（西藏拉萨雪版）

g　乌金　梵夹装　49×6
h　7　6
i　无　藏纸　黑　完整
j　封面钤有“民族文化宫图书馆藏”印；民族宫目录中为ཐ函内容，8叶。

240.12
a　44-12
b　སྨན་ཆོག་མདོར་བསྡུས།

药师仪轨略篇

c　༄བཙུན་པ་གུང་ཐང་དཀོན་མཆོག་བསྟན་པའི་སྒྲོན་མེ།

d　རྗེ་རམས་པ་བསོད་ནམས་གྲགས་པ།

e　སྨན་ཆོག（药师仪轨）

f　刻本

ཤོ་བྲང་པོ་ཏ་ལའི་ཞོལ་པར་ཁང་ཆེན་མོ་གངས་ཅན་ཕན་བདེ་གཏེར་མཛོད་གླིང་།（西藏拉萨雪版）

ཐུགས་རམས་པ་དཀོན་མཆོག་ཀུན་དགའ།

g　乌金　梵夹装　49×6
h　1　6
i　无　藏纸　黑　完整
j　封面钤有“民族文化宫图书馆藏”印；民族宫目录中为ཐ函内容，2叶。

240.13
a　44-13
b　སངས་རྒྱས་སུམ་ཅུ་སོ་ལྔའི་སྒྲུབ་ཐབས་ཀྱི་ཆོ་ག་ལྷུང་བའི་མུན་སེལ།

三十五佛修法仪轨·消除罪恶黑暗

c ༄བཙུན་པ་ཀུན་ཐང་དཀོན་མཆོག་བསྟན་པའི་སྒྲོན་མེ།

d རབ་འབྱམས་པ་འཇིགས་མེད་ཡར་འཕེལ།

e སྒྲུབ་ཐབས།（修心法）

f 刻本

ཞོ་བྲང་པོ་ཏ་ལའི་ཞོལ་པར་ཁང་ཆེན་མོ་གངས་ཅན་ཕན་བདེ་གཏེར་མཛོད་གླིང་།（西藏拉萨雪版）

ཐུགས་རམས་པ་དཀོན་མཆོག་ཀུན་དགའ།

g 乌金　梵夹装　48.5×6

h 8　6

i 无　藏纸　黑　完整

j 封面钤有“民族文化宫图书馆藏”印；民族宫目录中为ཐ函内容，10叶。

240.14

a 44-14

b ཡོན་སྦྱོང་གི་ཆོ་ག་སྒྲིབ་པའི་མུན་སེལ།

修习福德仪轨·消除业障黑暗

c ༄བཙུན་པ་ཀུན་ཐང་དཀོན་མཆོག་བསྟན་པའི་སྒྲོན་མེ།

d ཐ་ཟུར་ནོ་བཟང་ཡོན་ཏན།

e ཆོ་ག（仪轨）

f 刻本

ཞོ་བྲང་པོ་ཏ་ལའི་ཞོལ་པར་ཁང་ཆེན་མོ་གངས་ཅན་ཕན་བདེ་གཏེར་མཛོད་གླིང་།（西藏拉萨雪版）

ཐུགས་རམས་པ་དཀོན་མཆོག་ཀུན་དགའ།

g 乌金　梵夹装　49×6

h 5　6

i 无　藏纸　黑　完整

j 封面钤有“民族文化宫图书馆藏”印；民族宫目录中为ཐ函内容，6叶。

240.15

a 44-15

b ཚེ་དཔག་མེད་ལ་བརྟེན་པའི་ཚེ་སྒྲུབ།

依无量寿佛修长寿法

c ༄༅བཙུན་པ་གུང་ཐང་དཀོན་མཆོག་བསྟན་པའི་སྒྲོན་མེ།

d དགོན་གསར་དགའ་ལྡན་དར་རྒྱས་གླིང་།（甘肃合作佐格贡萨寺）

རི་ཁྲོད་པ་དོན་གྲུབ་རྒྱ་མཚོ་སོགས།

e ཆོ་ག（仪轨）

f 刻本

ཞོ་བྲང་པོ་ཏ་ལའི་ཞོལ་པར་ཁང་ཆེན་མོ་གངས་ཅན་ཕན་བདེ་གཏེར་མཛོད་གླིང་།（西藏拉萨雪版）

g 乌金 梵夹装 49×6

h 3 6

i 无 藏纸 黑 完整

j 封面钤有“民族文化宫图书馆藏”印；民族宫目录中为ཟ函内容。

240.16

a 44-16

b མི་འཁྲུགས་པའི་གོས་སྐུ་བཀྲམས་སྐབས་ཀྱི་འདོན་ཆའི་གོ་རིམ།

不动金刚之缎制身像陈设时之念诵次第

c ༄༅བཙུན་པ་གུང་ཐང་དཀོན་མཆོག་བསྟན་པའི་སྒྲོན་མེ།

d

e ལས་ཚོགས།（业资）

f 刻本

ཞོ་བྲང་པོ་ཏ་ལའི་ཞོལ་པར་ཁང་ཆེན་མོ་གངས་ཅན་ཕན་བདེ་གཏེར་མཛོད་གླིང་།（西藏拉萨雪版）

g 乌金 梵夹装 49×6

h 5 6

i 无 藏纸 黑 完整

j 封面钤有“民族文化宫图书馆藏”印；民族宫目录中为ཐ函内容，4 叶。

240.17

a 44-17

b འཕགས་མཆོག་འཇམ་དཔལ་ནག་པོ་ལ་བརྟེན་པའི་སྦྱིན་སྲེག་གི་ཆོ་ག་ཉེས་པ་ཀུན་སེལ། རི་ཁྲོད་ལྷ་མོ། ཆོས་རྒྱལ་གསང་སྒྲུབ། འཇིགས་བྱེད་ཆོས་རྒྱལ་སྒྲུག་པ། སེང་གདོང་མ། ལྷ་མོ་བཅས་ཀྱི་བསྙེན་པ་བྱེད་ཚུལ།

圣黑文殊护摩仪轨·普除罪过、山林天母、密修曲吉、怖畏与曲吉合修、狮相佛母等念修法

c ཤཱཀྱ་བཙུན་པ་ཀུན་ཐང་དཀོན་མཆོག་བསྟན་པའི་སྒྲོན་མེ།

d ཨ་མཆོག་དགོན། （甘肃合作阿木去乎寺）

ཤེས་ཚང་དགེ་སློང་ཁྱུ་དགེ་འཇམ་དབྱངས་བསོད་ནམས།

e སྦྱིན་སྲེག་གི་ཆོ་ག་སོགས། （火供仪轨）

f 刻本

ཕོ་བྲང་པོ་ཏ་ལའི་ཞོལ་པར་ཁང་ཆེན་མོ་གངས་ཅན་ཕན་བདེ་གཏེར་མཛོད་གླིང་། （西藏拉萨雪版）

ཐུགས་རམས་པ་དཀོན་མཆོག་ཀུན་དགའ།

g 乌金 梵夹装 49×6

h 18 6

i 无 藏纸 黑 完整

j 封面钤有“民族文化宫图书馆藏”印。

240.18

a 44-18

b བཅོམ་ལྡན་འདས་ཀླུའི་དབང་ཕྱུག་རྒྱལ་པོའི་སྒོ་ནས་བུམ་ཆུ་སྒྲུབ་ཚུལ།

薄伽梵龙尊王佛法门中宝瓶净水修法仪轨·除苦之月光宝树

c ཤཱཀྱ་བཙུན་པ་ཀུན་ཐང་དཀོན་མཆོག་བསྟན་པའི་སྒྲོན་མེ།

d　དགའ་ལྡན་བཤད་སྒྲུབ་དར་རྒྱས་བཀྲ་ཤིས་ཀུན་ནས་འཁྱིལ་བའི་གླིང་།（甘肃夏河拉卜楞寺）

གསོ་རིག་དཀོན་མཆོག་བསྟན་དར་སོགས།

e　སྒྲུབ་ཐབས།（修心法）

f　刻本

ཕོ་བྲང་པོ་ཏ་ལའི་ཞོལ་པར་ཁང་ཆེན་མོ་གངས་ཅན་ཕན་བདེ་གཏེར་མཛོད་གླིང་།（西藏拉萨雪版）

g　乌金　梵夹装　49.5×6

h　7　6

i　无　藏纸　黑　完整

j　封面钤有“民族文化宫图书馆藏”印；民族宫目录中为ཐ函内容，9 叶。

240.19

a　44-19

b　བཅོམ་ལྡན་འདས་ཀླུའི་དབང་ཕྱུག་རྒྱལ་པོའི་སྒོ་ནས་ཡུལ་ཁྲུས་བྱ་ཚུལ།

薄伽梵龙尊王佛法门中净浴方境法及煨鲁神法

c　༄བཙུན་པ་གུང་ཐང་དཀོན་མཆོག་བསྟན་པའི་སྒྲོན་མེ།

d　དད་ལྡན་དཀོན་མཆོག་སྐན་གྲགས།

e　ཆོ་ག（仪轨）

f　刻本

ཕོ་བྲང་པོ་ཏ་ལའི་ཞོལ་པར་ཁང་ཆེན་མོ་གངས་ཅན་ཕན་བདེ་གཏེར་མཛོད་གླིང་།（西藏拉萨雪版）

ཐུགས་རམས་པ་དཀོན་མཆོག་ཀུན་དགའ།

g　乌金　梵夹装　49.5×6

h　4　6

i　无　藏纸　黑　完整

j　封面钤有“民族文化宫图书馆藏”印；民族宫目录中为ཐ函内容，5 叶。

240.20

a 44-20

b འཕགས་མཆོག་སེངྒེའི་སྒྲའི་མངོན་རྟོགས་བུམ་སྒྲུབ་དང་བཅས་པ།

圣狮子吼佛修持法及净瓶修法等

c ༄བཙུན་པ་གུང་ཐང་དཀོན་མཆོག་བསྟན་པའི་སྒྲོན་མེ།

d དགོན་གསར་དགའ་ལྡན་རབ་རྒྱས་གླིང་།（甘肃合作佐盖贡萨寺）

དད་ལྡན་དཀོན་མཆོག་སྦྱིན་པ།

e སྒྲུབ་ཐབས།（修心法）

f 刻本 ཕོ་བྲང་པོ་ཏ་ལའི་ཞོལ་པར་ཁང་ཆེན་མོ་གངས་ཅན་ཕན་བདེ་གཏེར་མཛོད་གླིང་།

（西藏拉萨雪版） ཐུགས་རམས་པ་དཀོན་མཆོག་ཀུན་དགའ།

g 乌金 梵夹装 49.5×6

h 3 6

i 无 藏纸 黑 完整

j 封面钤有“民族文化宫图书馆藏”印；民族宫目录中为ཐ函内容。

240.21

a 44-21

b ཡེ་ཤེས་ཁྱུང་ཁྲའི་སྒྲུབ་ཐབས་ལས་ཚོགས་དང་བཅས་པ་བྱིན་རླབས་དགའ་སྟོན་ཞེས་བྱ་བ་དང་།འཇམ་དཔལ་

ནཱ་ག་རཀྵའི་བཀྲུ་བྱབས་སྲུང་བ།

智慧杂色金翅鸟修法及作业等·加持喜宴与绛伯纳嘎惹夏之除净、沐浴、守护三法等

c ༄བཙུན་པ་གུང་ཐང་དཀོན་མཆོག་བསྟན་པའི་སྒྲོན་མེ།

d རབ་འབྱམས་པ་རྣམ་རྒྱལ་མཁས་མཆོག

e སྒྲུབ་ཐབས།（修心法）

f 刻本

ཞོ་བྲང་པོ་ཏཱ་ལའི་ཞོལ་པར་ཁང་ཆེན་མོ་གངས་ཅན་ཕན་བདེ་གཏེར་མཛོད་གླིང་།（西藏拉萨雪版）

g 乌金 梵夹装 49×6
h 8 6
i 无 藏纸 黑 完整
j 封面钤有“民族文化宫图书馆藏”印。

240.22
a 44-22
b སྨན་བྱིན་རླབས་བྱ་ཚུལ་བདུད་རྩིའི་ཐིགས་པ།
加持药物法·甘露精华
c ༧བཙུན་པ་ཀུང་ཐང་དཀོན་མཆོག་བསྟན་པའི་སྒྲོན་མེ།
d གསོ་རིག་སྨྲ་བ་དཀོན་མཆོག་ཡར་འཕེལ།
e སྨན་ཆོག（药师仪轨）
f 刻本
ཞོ་བྲང་པོ་ཏཱ་ལའི་ཞོལ་པར་ཁང་ཆེན་མོ་གངས་ཅན་ཕན་བདེ་གཏེར་མཛོད་གླིང་།（西藏拉萨雪版）
ཐུགས་རམས་པ་དཀོན་མཆོག་ཀུན་དགའ།
g 乌金 梵夹装 49×6
h 5 6
i 无 藏纸 黑 完整
j 封面钤有“民族文化宫图书馆藏”印；民族宫目录中为ཐ函内容。

240.23
a 44-23
b གཟུངས་སྔགས་ཟབ་མོ་དུ་མ་ཁ་ཏོན་དུ་བྱ་བའི་ཚུལ་དགེ་བའི་འཕྲུལ་འདེགས།
诸多甚深密咒陀罗尼念诵法·善根幻变
c ༧བཙུན་པ་ཀུང་ཐང་དཀོན་མཆོག་བསྟན་པའི་སྒྲོན་མེ།
d རབ་འབྱམས་པ་འཇམ་དབྱངས་ཐུབ་སྟོབས།

e སྔགས།（密宗）

f 刻本

ཕོ་བྲང་པོ་ཏཱ་ལའི་ཞོལ་པར་ཁང་ཆེན་མོ་གངས་ཅན་ཕན་བདེ་གཏེར་མཛོད་གླིང་།（西藏拉萨雪版）

g 乌金 梵夹装 49×6

h 6 6

i 无 藏纸 黑 完整

j 封面钤有“民族文化宫图书馆藏”印；民族宫目录中为ཐ函内容，7叶。

240.24

a 44-24

b མདོ་སྡེ་ཐར་པ་ཆེན་པོ་འདོན་ཐབས་མདོ་ཉིད་ཀྱི་དགོངས་པ་ཇི་བཞིན་དུ་རྒྱས་པར་བཀོད་པ།

大解脱经念诵法·加经密意广记

c ༧བཙུན་པ་གུང་ཐང་དཀོན་མཆོག་བསྟན་པའི་སྒྲོན་མེ།

d ཨོར་ཏུ་སུ།（鄂尔多斯） དམ་ཆོས་དཔལ་བཟང་།

e མདོ།（显宗）

f 刻本

ཕོ་བྲང་པོ་ཏཱ་ལའི་ཞོལ་པར་ཁང་ཆེན་མོ་གངས་ཅན་ཕན་བདེ་གཏེར་མཛོད་གླིང་།（西藏拉萨雪版）

g 乌金 梵夹装 49×6

h 9 6

i 无 藏纸 黑 完整

j 封面钤有“民族文化宫图书馆藏”印；民族宫目录中为ཐ函内容，10叶。

240.25

a 44-25

b འཇམ་དཔལ་མཚན་བརྗོད་ཀྱི་འདོན་ཐབས་ཁག་གཉིས།

文殊名称经念诵法

c ༧བཙུན་པ་གུང་ཐང་དཀོན་མཆོག་བསྟན་པའི་སྒྲོན་མེ།

d　དཀའ་བཅུ་སྐལ་བཟང་བསམ་གཏན།

e　བསྟོད་ཚོགས།（赞集）

f　刻本

ཞོ་བྲང་པོ་ཏ་ལའི་ཞོལ་པར་ཁང་ཆེན་མོ་གངས་ཅན་ཕན་བདེ་གཏེར་མཛོད་གླིང་།（西藏拉萨雪版）

སྤགས་རམས་པ་དཀོན་མཆོག་ཀུན་དགའ།

g　乌金　梵夹装　49×6
h　4　6
i　无　藏纸　黑　完整
j　封面钤有“民族文化宫图书馆藏”印；民族宫目录中为ཐ函内容，5叶。

240.26
a　44-26

b　སུ་རུ་བའི་གཏོར་མ་གཏོང་ཚུལ།

苏汝巴神馐供法之建立论

c　༄བཙུན་པ་གུང་ཐང་དཀོན་མཆོག་བསྟན་པའི་སྒྲོན་མེ།

d　རབ་འབྱམས་པ་དཀོན་མཆོག་ལྷུན་གྲུབ།

e　ཆོ་ག（仪轨）

f　刻本

ཞོ་བྲང་པོ་ཏ་ལའི་ཞོལ་པར་ཁང་ཆེན་མོ་གངས་ཅན་ཕན་བདེ་གཏེར་མཛོད་གླིང་།（西藏拉萨雪版）

g　乌金　梵夹装　49×6
h　4　6
i　无　藏纸　黑　完整
j　封面钤有“民族文化宫图书馆藏”印；民族宫目录中为ཐ函内容，5叶。

240.27
a　44-27

b　བཟང་སྤྱོད་ལ་བརྟེན་པའི་འཆི་བླུའི་ཚོ་ག་སྐྱེ་འགྲོའི་དབུགས་འབྱིན།

依普贤行愿修赎死法仪轨·众生安慰

c ༄།བཙུན་པ་གུང་ཐང་དཀོན་མཆོག་བསྟན་པའི་སྒྲོན་མེ།

d རྒྱལ་མཁན་ཆེན་གྲགས་པ་རྒྱལ་མཚན།

e ཆོ་ག（仪轨）

f 刻本

ཟོ་བྲང་པོ་ཏ་ལའི་ཞོལ་པར་ཁང་ཆེན་མོ་གངས་ཅན་ཕན་བདེ་གཏེར་མཛོད་གླིང་།（西藏拉萨雪版）

g 乌金 梵夹装 48.5×6

h 9 6

i 无 藏纸 黑 完整

j 封面钤有“民族文化宫图书馆藏”印；民族宫目录中为ཐ函内容。

240.28

a 44-28

b ཚེ་བདག་མགོན་པོ་ལ་བརྟེན་ནས་འཆི་བླུ་བྱ་ཚུལ་ཚེ་ཉམས་གསོ་བྱེད་བདུད་རྩིའི་ཐིགས་པ།

依长寿怙主修赎死法·能养寿衰之甘露精华

c ༄།བཙུན་པ་གུང་ཐང་དཀོན་མཆོག་བསྟན་པའི་སྒྲོན་མེ།

d ནོ་མོན་ཧན་བློ་བཟང་བསྟན་དར་དབང་ཕྱུག

e འཆི་བླུ་བྱ་ཚུལ།（赎死法）

f 刻本

ཟོ་བྲང་པོ་ཏ་ལའི་ཞོལ་པར་ཁང་ཆེན་མོ་གངས་ཅན་ཕན་བདེ་གཏེར་མཛོད་གླིང་།（西藏拉萨雪版）

ཐུགས་རམས་པ་དཀོན་མཆོག་ཀུན་དགའ།

g 乌金 梵夹装 48×6

h 5 6

i 无 藏纸 黑 完整

j 封面钤有“民族文化宫图书馆藏”印；民族宫目录中为ཐ函内容，6叶。

240.29

a 44-29

b ཛམ་དཀར་ལྷ་ལྔའི་ནོར་སྒྲུབ་བྱ་ཚུལ་གྱི་ཟུར་འདེབས་གསེར་གྱི་ལྡེ་མིག་དང་འཛམ་དམར་སྒྲུབ་ཐབས་འདོད་དགུའི་མཆོག་སྦྱིན་སོགས།

白藏跋拉五尊增财修法另篇·黄金钥与红藏跋拉修法·随愿殊胜施

c ༄བཙུན་པ་གུང་ཐང་དཀོན་མཆོག་བསྟན་པའི་སྒྲོན་མེ།

d དགའ་ལྡན་བཤད་སྒྲུབ་དར་རྒྱས་བཀྲ་ཤིས་གཡས་སུ་འཁྱིལ་བའི་གླིང་།（甘肃夏河拉卜楞寺）

དད་ལྡན་བཀྲ་ཤིས་མཁྱེན་རབ།

e ནོར་སྒྲུབ།（财修法）

f 刻本

པོ་བྲང་པོ་ཏ་ལའི་ཞོལ་པར་ཁང་ཆེན་མོ་གངས་ཅན་ཕན་བདེ་གཏེར་མཛོད་གླིང་།（西藏拉萨雪版）

g 乌金 梵夹装 48.5×6

h 12 6

i 无 藏纸 黑 完整

j 封面钤有“民族文化宫图书馆藏”印；民族宫目录中为ཐ函内容，13 叶。

240.30

a 44-30

b དུས་ཀྱི་འཁོར་ལོའི་ལམ་ལ་སློབ་ཚུལ་གྱི་སྨོན་ལམ་ཚིག་ལྷུག་ཏུ་བྱས་པ།

时轮道修学发愿散文

c ༄བཙུན་པ་གུང་ཐང་དཀོན་མཆོག་བསྟན་པའི་སྒྲོན་མེ།

d རབ་འབྱམས་པ་ངག་དབང་བསྟན་འཛིན་སོགས།

e སྨོན་ལམ།（祈愿）

f 刻本

པོ་བྲང་པོ་ཏ་ལའི་ཞོལ་པར་ཁང་ཆེན་མོ་གངས་ཅན་ཕན་བདེ་གཏེར་མཛོད་གླིང་།（西藏拉萨雪版）

g 乌金 梵夹装 49×6

h 4 6

i 无 藏纸 黑 完整

j 封面钤有“民族文化宫图书馆藏”印；民族宫目录中为ཟ函内容。

240.31

a 44-31

b ཚེ་དཔག་མེད་ཀྱི་བླ་བརྒྱུད་སྨོན་ཤིས་སོགས་སྨོན་ཤིས་ལེ་ཚན།

无量寿佛之师承、发愿、吉祥颂等品目

c ༄བཙུན་པ་གུང་ཐང་དཀོན་མཆོག་བསྟན་པའི་སྒྲོན་མེ།

d

e སྨོན་ལམ།（祈愿）

f 刻本

ཞོ་བྲང་པོ་ཏ་ལའི་ཞོལ་པར་ཁང་ཆེན་མོ་གངས་ཅན་ཕན་བདེ་གཏེར་མཛོད་གླིང་།（西藏拉萨雪版）

g 乌金 梵夹装 48.5×6

h 9 6

i 无 藏纸 黑 完整

j 封面钤有“民族文化宫图书馆藏”印；民族宫目录中为ཟ函内容，10叶。

240.32

a 44-32

b འཕགས་མཆོག་འཇམ་དཔལ་དཀར་པོ་ལ་བསྟོད་པ་འཇམ་མགོན་དགྱེས་པ་སྐྱེད་བྱེད།

圣白文殊赞·文殊喜悦之赞云海

c ༄བཙུན་པ་གུང་ཐང་དཀོན་མཆོག་བསྟན་པའི་སྒྲོན་མེ།

d བཀྲ་ཤིས་འཁྱིལ།（甘肃夏河拉卜楞寺） རྗེ་བླ་མ།

e བསྟོད་ཚོགས།（赞集）

f 刻本 ཞོ་བྲང་པོ་ཏ་ལའི་ཞོལ་པར་ཁང་ཆེན་མོ་གངས་ཅན་ཕན་བདེ་གཏེར་མཛོད་གླིང་།

（西藏拉萨雪版） ཐུགས་རམས་པ་དཀོན་མཆོག་ཀུན་དགའ།

g 乌金 梵夹装 49×6

h 7 6
i 无 藏纸 黑 完整
j 封面钤有“民族文化宫图书馆藏”印；民族宫目录中为ཐ函内容，8 叶。

240.33
a 44-33
b མདོ་སྔགས་ཀྱི་ལམ་ཡོངས་རྫོགས་ཟུང་ལྡན་གྱི་སྒོ་ནས་བསྟན་པ་རྒྱལ་བ་དགྱེས་པའི་དབྱངས་སྙན།
显密全道由叠字门而作之赞颂·佛喜悦之雅音
c ༧བཙུན་པ་གུང་ཐང་དཀོན་མཆོག་བསྟན་པའི་སྒྲོན་མེ།
d
e བསྟོད་ཚོགས། （赞集）
f 刻本
ཞོ་བྲང་པོ་ཏཱ་ལའི་ཞོལ་པར་ཁང་ཆེན་མོ་གངས་ཅན་ཕན་བདེ་གཏེར་མཛོད་གླིང་། （西藏拉萨雪版）
g 乌金 梵夹装 49.5×6
h 3 6
i 无 藏纸 黑 完整
j 封面钤有“民族文化宫图书馆藏”印；民族宫目录中为ཐ函内容。

240.34
a 44-34
b འཇམ་མགོན་བླ་མ་ལ་བསྟོད་པའི་རབ་ཏུ་བྱེད་པ་ཀ་ལ་པིངྐའི་སྒྲ་དབྱངས་དང་།ཀུན་མཁྱེན་འཇིགས་མེད་
དབང་པོ་བསྟོད་པ་བཞུགས་སོ།།
文殊怙主上师赞品·迦陵频鸟伽音与一切智晋美旺布赞
c ༧བཙུན་པ་གུང་ཐང་དཀོན་མཆོག་བསྟན་པའི་སྒྲོན་མེ།
d ཨ་མཆོག་བླ་བྲུར་འཇམ་དབྱངས་ཕུན་ཚོགས།
e བསྟོད་ཚོགས། （赞集）
f 刻本
ཞོ་བྲང་པོ་ཏཱ་ལའི་ཞོལ་པར་ཁང་ཆེན་མོ་གངས་ཅན་ཕན་བདེ་གཏེར་མཛོད་གླིང་། （西藏拉萨雪版）

ཐུགས་རམས་པ་དཀོན་མཆོག་ཀུན་དགའ།

g 乌金 梵夹装 49×6
h 8 6
i 无 藏纸 黑 完整
j 封面钤有“民族文化宫图书馆藏”印。

240.35
a 44-35

b འབྱུངས་རབས་གསོལ་འདེབས་ནོར་བུའི་ཕྲེང་བ།

本生事纪祈祷文·宝鬘

c ༄བཙུན་པ་ཀུང་ཐང་དཀོན་མཆོག་བསྟན་པའི་སྒྲོན་མེ།

d དང་ལྡན་དཀོན་མཆོག་སྐྱབས།

e གསོལ་འདེབས།（启请文）

f 刻本

ཕོ་བྲང་པོ་ཏ་ལའི་ཞོལ་པར་ཁང་ཆེན་མོ་གངས་ཅན་ཕན་བདེ་གཏེར་མཛོད་གླིང་།（西藏拉萨雪版）

ཐུགས་རམས་པ་དཀོན་མཆོག་ཀུན་དགའ།

g 乌金 梵夹装 48.5×6
h 3 6
i 无 藏纸 黑 完整
j 封面钤有“民族文化宫图书馆藏”印；民族宫目录中为ཐ函内容，2叶。

240.36
a 44-36

b སྟོན་པ་ཐུབ་པའི་དབང་པོ་ལ་མ་བཟོད་པར་བསྟོད་པ་སྒོ་མཐའ་ཡས་སོགས་བསྟོད་ཚོགས་གསོལ་འདེབས་ཀྱི་

སྒོར་བྱིན་རླབས་གཏེར་གྱི་སྒོ་འབྱེད།

导师能仁王佛道颂无边赞门等赞颂祈愿类·开加持藏之门

c ༧བཙུན་པ་གུང་ཐང་དཀོན་མཆོག་བསྟན་པའི་སྒྲོན་མེ།

d རི་ཁྲོད་པ་ངག་དབང་དཀོན་མཆོག

e བསྟོད་ཚོགས།（赞集）

f 刻本

ཕོ་བྲང་པོ་ཏཱ་ལའི་ཞོལ་པར་ཁང་ཆེན་མོ་གངས་ཅན་ཕན་བདེ་གཏེར་མཛོད་གླིང་།（西藏拉萨雪版）

ཐུགས་རམས་པ་དཀོན་མཆོག་ཀུན་དགའ།

g 乌金 梵夹装 49×6

h 56 6

i 无 藏纸 黑 完整

j 封面钤有“民族文化宫图书馆藏”印；民族宫目录中为ཐ函内容，58叶。

240.37

a 44-37

b དཔལ་ལྡན་སྨད་རྒྱུད་གྲྭ་ཚང་གི་དེབ་ཡིག་མགོ་རྒྱན་ཕུན་ཚོགས་འདོད་དགུའི་རོལ་མཚོ་སོགས་དེབ་རྒྱུན་

སྣ་ཚོགས།

具德密宗下院文册·顶严美满·随愿遊戏海等各种文册

c ༧བཙུན་པ་གུང་ཐང་དཀོན་མཆོག་བསྟན་པའི་སྒྲོན་མེ།

d ཀུ་ཤྲཱི་ཏཱ་ནྣ་མ་དཀོན་མཆོག་ཡེ་ཤེས།

e བཅའ་ཡིག（清规戒律）

f 刻本

ཕོ་བྲང་པོ་ཏཱ་ལའི་ཞོལ་པར་ཁང་ཆེན་མོ་གངས་ཅན་ཕན་བདེ་གཏེར་མཛོད་གླིང་།（西藏拉萨雪版）

ཐུགས་རམས་པ་དཀོན་མཆོག་ཀུན་དགའ།

g 乌金 梵夹装 49×6

h 9 6

i 无 藏纸 黑 完整

j 封面钤有“民族文化宫图书馆藏”印；民族宫目录中为ཐ函内容，10 叶。

240.38

a 44-38

b དབེན་གནས་ཡིད་དགའ་ཆོས་འཛིན་གྱི་བཅའ་ཡིག་ཡང་དག་སྒྲུབ་པའི་འཇུག་ངོགས་ཞེས་བྱ་བ་དང་། དེའི་དེབ་

ཟུར་ཨ་རུ་ཧོར་ཆེན་དགོན་བཀྲ་ཤིས་བསམ་འགྲུབ་གླིང་གི་བཅའ་ཡིག་བཅས་བཞུགས་སོ།།

意愿曲增寺之清规制约·成就正净之门径

c ༄བཙུན་པ་ཀུང་ཐང་དཀོན་མཆོག་བསྟན་པའི་སྒྲོན་མེ།

d ལྕགས་བྱ། 铁鸡年（1801） ཆོས་སྡེ་བཀྲ་ཤིས་འཁྱིལ།（甘肃夏河拉卜楞寺）

e བཅའ་ཡིག（清规戒律）

f 刻本

ཕོ་བྲང་པོ་ཏ་ལའི་ཞོལ་པར་ཁང་ཆེན་མོ་གངས་ཅན་ཕན་བདེ་གཏེར་མཛོད་གླིང་།（西藏拉萨雪版）

g 乌金 梵夹装 48.5×6

h 21 6

i 无 藏纸 黑 完整

j 封面钤有“民族文化宫图书馆藏”印；民族宫目录中为ཐ函内容，13 叶。

240.39

a 44-39

b མདོའི་ཚིགས་བཅད་གསུམ་གྱི་དོན་ཅུང་ཟད་བཀྲལ་བ་སོགས་ལེའུ་ཚན་ཐོར་བུ་སྣ་ཚོགས་བཞུགས་སོ།།

经三颂义略释等各种零散品目

c ༄བཙུན་པ་ཀུང་ཐང་དཀོན་མཆོག་བསྟན་པའི་སྒྲོན་མེ།

d ཨུ་རོད་དམ་ཆོས་དགའ་སྟོན་གླིང་གི་ཁྲི་པ་བློ་བཟང་ཆོས་འཕེལ།

e ཐོར་བུ།（散集）

f 刻本

ཕོ་བྲང་པོ་ཏ་ལའི་ཞོལ་པར་ཁང་ཆེན་མོ་གངས་ཅན་ཕན་བདེ་གཏེར་མཛོད་གླིང་།（西藏拉萨雪版）

g 乌金 梵夹装 49×6

h 40 6
i 无 藏纸 黑 完整
j 封面钤有“民族文化宫图书馆藏”印。

240.40
a 44-40

b ལེགས་པར་བཤད་པ་ཤིང་གི་བསྟན་བཅོས་ལུགས་གཉིས་ཡལ་འདབ་བརྒྱ་ལྡན།

嘉言树论·政教二规枝叶繁茂

c ༧བཙུན་པ་གུང་ཐང་དཀོན་མཆོག་བསྟན་པའི་སྒྲོན་མེ།

d ཚ་ཀན་སྨན་ཆུ།

e བསྟན་བཅོས།（典籍）

f 刻本

ཕོ་བྲང་པོ་ཏ་ལའི་ཞོལ་པར་ཁང་ཆེན་མོ་གངས་ཅན་ཕན་བདེ་གཏེར་མཛོད་གླིང་།（西藏拉萨雪版）

g 乌金 梵夹装 49×6
h 7 6
i 无 藏纸 黑 完整
j 封面钤有“民族文化宫图书馆藏”印；民族宫目录中为ད函内容。

240.41
a 44-41

b ལེགས་པར་བཤད་པ་ཆུའི་བསྟན་བཅོས་ལུགས་གཉིས་རླབས་འཕྲེང་བརྒྱ་ལྡན།

嘉言水论·政教二规浪涛腾湃

c ༧བཙུན་པ་གུང་ཐང་དཀོན་མཆོག་བསྟན་པའི་སྒྲོན་མེ།

d

e བསྟན་བཅོས།（格言）

f 刻本

ཕོ་བྲང་པོ་ཏ་ལའི་ཞོལ་པར་ཁང་ཆེན་མོ་གངས་ཅན་ཕན་བདེ་གཏེར་མཛོད་གླིང་།（西藏拉萨雪版）

ཐུགས་རམས་པ་དཀོན་མཆོག་ཀུན་དགའ།

g 乌金 梵夹装 48×6
h 9 6
i 无 藏纸 黑 完整
j 封面钤有“民族文化宫图书馆藏”印；民族宫目录中为ད函内容，10 叶。

240.42
a 44-42
b སློབ་གར་གྱི་བསྟན་བཅོས་ཡང་དག་ལམ་དུ་བགྲོ་བའི་རོལ་རྩེད།
对话剧本·引入正道之遊戏
c ༄བཙུན་པ་ཀུང་ཐང་དཀོན་མཆོག་བསྟན་པའི་སྒྲོན་མེ།
d རབ་བྱུང་བཅུ་བཞི། 第十四饶迥
e སློབ་གར་གྱི་བསྟན་བཅོས། （典籍）
f 刻本
ཕོ་བྲང་པོ་ཏ་ལའི་ཞོལ་པར་ཁང་ཆེན་མོ་གངས་ཅན་ཕན་བདེ་གཏེར་མཛོད་གླིང་།（西藏拉萨雪版）
ཐུགས་རམས་པ་དཀོན་མཆོག་ཀུན་དགའ།
g 乌金 梵夹装 49×6
h 14 6
i 无 藏纸 黑 完整
j 封面钤有“民族文化宫图书馆藏”印；民族宫目录中为ད函内容，16 叶。

240.43
a 44-43
b ཚིག་བཀྲ་སྣ་ཚོགས་ཀྱི་སྐོར་མདངས་མཐའ་རྒྱས་པའི་དབྱར་ཟེ།
各种吉祥词类·具缘孔雀悦意之雷音
c ༄བཙུན་པ་ཀུང་ཐང་དཀོན་མཆོག་བསྟན་པའི་སྒྲོན་མེ།
d

e བསྟོད་ཚོགས།（赞集）

f 刻本

པོ་བྲང་པོ་ཏ་ལའི་ཞོལ་པར་ཁང་ཆེན་མོ་གངས་ཅན་ཕན་བདེ་གཏེར་མཛོད་གླིང་།（西藏拉萨雪版）

g 乌金 梵夹装 48.5×6

h 10 6

i 无 藏纸 黑 完整

j 封面钤有“民族文化宫图书馆藏”印；民族宫目录中为ད函内容。

240.44

a 44-44

b སྙན་དངགས་ཀྱི་དཔེར་བརྗོད་རྩོམ་འཕྲོ་ཅན།

诗学举例著述馀论

c ༄བཙུན་པ་གུང་ཐང་དཀོན་མཆོག་བསྟན་པའི་སྒྲོན་མེ།

d

e སྙན་ངག（修辞）

f 刻本

པོ་བྲང་པོ་ཏ་ལའི་ཞོལ་པར་ཁང་ཆེན་མོ་གངས་ཅན་ཕན་བདེ་གཏེར་མཛོད་གླིང་།（西藏拉萨雪版）

g 乌金 梵夹装 49×6

h 30 6

i 无 藏纸 黑 完整

j 封面钤有“民族文化宫图书馆藏”印；民族宫目录中为ད函内容，32叶。

241

A 3716 3595

B གུང་ཐང་དཀོན་མཆོག་བསྟན་པའི་སྒྲོན་མེའི་ གསུང་འབུམ།

贡唐·恭却丹白卓麦文集

C ༡

D གུང་ཐང་བསྟན་པའི་སྒྲོན་མེ།

同 3706 介绍。

E 此函民族宫目录著录为 12 卷；西藏图书馆藏品中除该 12 卷外，其余均为ད、ང函内容。

241.1

a 21-1

b རྗེ་བཙུན་བླ་མ་དམ་པ་ཀུན་ཐང་འཇམ་པའི་དབྱངས་དཀོན་མཆོག་བསྟན་པའི་སྒྲོན་མེ་དཔལ་བཟང་པོའི་གསུང་འབུམ་ཉ་པའི་དཀར་ཆག

至尊上师贡唐·绛白央恭却丹白卓麦文集ཉ字函目录

c ཆབ་མདོའི་གྲྭ་རིགས་ཐུབ་བསྟན་གསུང་རབ།

d

e དཀར་ཆག（目录）

f 刻本

ལྷོ་བྲང་པོ་ཏ་ལའི་ཞོལ་པར་ཁང་ཆེན་མོ་གངས་ཅན་ཕན་བདེ་གཏེར་མཛོད་གླིང་།（西藏拉萨雪版）

g 乌金 梵夹装 49×6

h 3 6

i 无 藏纸 黑 完整

j 封面钤有“民族文化宫图书馆藏”印。

241.2

a 21-2

b ཉམས་མྱོང་རྒན་པོའི་འབེལ་གཏམ་ཡིད་འབྱུང་དམར་ཁྲིད།

经验老人之劝世法言·起心动念之教导

c ༄༅བཙུན་པ་ཀུན་ཐང་དཀོན་མཆོག་བསྟན་པའི་སྒྲོན་མེ།

d

e　བསླབ་བྱ། （教言）

f　刻本

ཞོ་བྲང་པོ་ཏ་ལའི་ཞོལ་པར་ཁང་ཆེན་མོ་གངས་ཅན་ཕན་བདེ་གཏེར་མཛོད་གླིང་། （西藏拉萨雪版）

g　乌金　梵夹装　49×6
h　5　6
i　无　藏纸　黑　完整
j　封面钤有“民族文化宫图书馆藏”印；民族宫目录中为ང函内容。

241.3
a　21-3

b　ཡུལ་མཆོག་དམན་དུ་མ་ལ་ཕུལ་བའི་སྤྲིང་ཡིག་གི་སྐོར་སྒྲ་དོན་རྒྱན་གྱི་རོལ་མཚོ།

致若干尊卑人士之书札类·音义饰词之游戏海

c　༄བཙུན་པ་ཀུང་ཐང་དཀོན་མཆོག་བསྟན་པའི་སྒྲོན་མེ།

d　བཀྲ་ཤིས་ཆོས་གླིང་གི་ཁྲི་ཐོག་པ་དགེ་བཤེས་འཇམ་དབྱངས་རྒྱ་མཚོ་སོགས།

e　སྤྲིངས་ཡིག （信札）
f　刻本

ཞོ་བྲང་པོ་ཏ་ལའི་ཞོལ་པར་ཁང་ཆེན་མོ་གངས་ཅན་ཕན་བདེ་གཏེར་མཛོད་གླིང་། （西藏拉萨雪版）

ཐུགས་རམས་པ་ཀུན་དགའ་དཀོན་མཆོག

g　乌金　梵夹装　49×6
h　25　6
i　无　藏纸　黑　完整
j　封面钤有“民族文化宫图书馆藏”印；民族宫目录中为ང函内容，27 叶。

241.4
a　21-4

b　ཁྲིད་བཤད་སོགས་བཤད་པ་སྣ་ཚོགས།

升座讲法等各种讲说

c　༧བཙུན་པ་གུང་ཐང་དཀོན་མཆོག་བསྟན་པའི་སྒྲོན་མེ།

d　བཀྲ་ཤིས་འཁྱིལ་གྱི་གསོ་རིག་གཞན་ཕན་གླིང་གི་དཔོན་སློབ་བློ་བཟང་འཇིགས་མེད།

e　བཤད་པ་སྣ་ཚོགས།（讲说汇编）

f　刻本

ཞོ་བྲང་པོ་ཏ་ལའི་ཞོལ་པར་ཁང་ཆེན་མོ་གངས་ཅན་ཕན་བདེ་གཏེར་མཛོད་གླིང་།（西藏拉萨雪版）

g　乌金　梵夹装　49×6

h　12　6

i　无　藏纸　黑　完整

j　封面钤有“民族文化宫图书馆藏”印。

241.5

a　21-5

b　མགོན་པོའི་གཏོར་ཆོག་བསྡུས་པ།གཏོར་འབུལ་རྒྱུན་འཁྱེར།གཟི་བྱིན་སྐྱེད་པ།ཆོས་རྒྱལ།ལྷ་མོ།རྣམ་སྲས་སོ་སོར་གཏོར་མ་འབུལ་ཚུལ།

怙主供神馐略轨、神馐常供法、生威、曲吉、天母、多闻子等各各之神馐供法

c　༧བཙུན་པ་གུང་ཐང་དཀོན་མཆོག་བསྟན་པའི་སྒྲོན་མེ།

d　དད་ལྡན་དགེ་སློང་དཀོན་མཆོག་ཚུལ་ཁྲིམས།

e　ཆོ་ག（仪轨）

f　刻本

ཞོ་བྲང་པོ་ཏ་ལའི་ཞོལ་པར་ཁང་ཆེན་མོ་གངས་ཅན་ཕན་བདེ་གཏེར་མཛོད་གླིང་།（西藏拉萨雪版）

g　乌金　梵夹装　49×6

h　17　6

i　无　藏纸　黑　完整

j　封面钤有“民族文化宫图书馆藏”印。

241.6

a　21-6

b　དཔལ་མགོན་ཞལ་བཞི་པའི་གཏོར་འབུལ་དངོས་གྲུབ་ཀུན་འབྱུང་དང་བསྟོད་པ་ཛམས་པའི་སྒྲ་སྒྲོགས།
四面怙主供神馐法·悉地普生及赞颂·威猛之声

c　༄བཙུན་པ་གུང་ཐང་དཀོན་མཆོག་བསྟན་པའི་སྒྲོན་མེ།

d

e　གཏོར་འབུལ་སོགས།（神馐供法）

f　刻本
ཕོ་བྲང་པོ་ཏཱ་ལའི་ཞོལ་པར་ཁང་ཆེན་མོ་གངས་ཅན་ཕན་བདེ་གཏེར་མཛོད་གླིང་།（西藏拉萨雪版）

g　乌金　梵夹装　49×6
h　3　6
i　无　藏纸　黑　完整
j　封面钤有“民族文化宫图书馆藏”印。

241.7
a　21-7

b　ཆོས་རྒྱལ་ཕྱི་ནང་གསང་གསུམ་གྱི་བསྙེན་ཅིང་སྒྲུབ་པའི་རིམ་པ་ཁ་སྐོང་གསང་གསུམ་གྱི་བསྐང་བ་དང་བཅས་པ།
荡金曲吉内外密三法之念修次第补遗及密修之酬供

c　༄བཙུན་པ་གུང་ཐང་དཀོན་མཆོག་བསྟན་པའི་སྒྲོན་མེ།

d　བཀྲ་ཤིས་འཁྱིལ།（甘肃夏河拉卜楞寺）　རབ་འབྱམས་པ་དཀོན་མཆོག་བསོད་ནམས།

e　སྒྲུབ་ཐབས།（修心法）

f　刻本
ཕོ་བྲང་པོ་ཏཱ་ལའི་ཞོལ་པར་ཁང་ཆེན་མོ་གངས་ཅན་ཕན་བདེ་གཏེར་མཛོད་གླིང་།（西藏拉萨雪版）

g　乌金　梵夹装　48×6
h　8　6
i　无　藏纸　黑　完整
j　封面钤有“民族文化宫图书馆藏”印；民族宫目录中为ད函内容，9叶。

241.8
a　21-8

b　དཔལ་ལྡན་དམག་སོར་རྒྱལ་མོའི་བསྙེན་སྒྲུབ་ལ་འཇུག་པའི་མན་ངག་ཁྲག་འཐུང་དགའ་སྟོན།

吉祥退敌王母念修法进入之教授·饮血喜宴

c　༄བཙུན་པ་ཀུང་ཐང་དཀོན་མཆོག་བསྟན་པའི་སྒྲོན་མེ།

d　དགེ་སློང་དཀོན་མཆོག་དཔལ་བཟང་།

e　མན་ངག（善言）

f　刻本

ཤོ་བྲང་པོ་ཏ་ལའི་ཞོལ་པར་ཁང་ཆེན་མོ་གངས་ཅན་ཕན་བདེ་གཏེར་མཛོད་གླིང་།（西藏拉萨雪版）

ཐུགས་རམས་པ་དཀོན་མཆོག་ཀུན་དགའ།

g　乌金　梵夹装　49.5×6

h　8　6

i　无　藏纸　黑　完整

j　封面钤有“民族文化宫图书馆藏”印；民族宫目录中为ང函内容。

241.9

a　21-9

b　རྒྱལ་པའི་བསྟན་སྲུང་ཆེན་པོ་དྲེགས་པ་ལྕམ་སྲིང་བསྙེན་ཅིང་སྒྲུབ་པའི་རིམ་པ་ལས་བཞིའི་འཕྲིན་ལས་ལྷུན་གྲུབ།

大护法江生念修法次第·四业任运天成

c　༄བཙུན་པ་ཀུང་ཐང་དཀོན་མཆོག་བསྟན་པའི་སྒྲོན་མེ།

d　དགེ་འདུན་ཀུན་བཟང་རབ་བསྟན་རྒྱ་མཚོ་སོགས།

e　སྒྲུབ་ཐབས།（修心法）

f　刻本

ཤོ་བྲང་པོ་ཏ་ལའི་ཞོལ་པར་ཁང་ཆེན་མོ་གངས་ཅན་ཕན་བདེ་གཏེར་མཛོད་གླིང་།（西藏拉萨雪版）

ཐུགས་རམས་པ་དཀོན་མཆོག་ཀུན་དགའ།

g　乌金　梵夹装　49×6

h　18　6

i　无　藏纸　黑　完整

j 封面钤有“民族文化宫图书馆藏”印；民族宫目录中为ད函内容，19 叶。

241.10

a 21-10

b གཏོར་འབུལ་བསང་མཆོད་སོགས་ཀྱི་བསྐོར་བསྟན་སྲུང་དགྱེས་པའི་མཆོད་སྤྲིན།

神馐供法、煨桑供法等·护法悦意之供养云

c ༄བཙུན་པ་གུང་ཐང་དཀོན་མཆོག་བསྟན་པའི་སྒྲོན་མེ།

d དཀའ་བཅུ་དག་དབང་བློ་བཟང་།

e ཚོ་ག（仪轨）

f 刻本

པོ་བྲང་པོ་ཏ་ལའི་ཞོལ་པར་ཁང་ཆེན་མོ་གངས་ཅན་ཕན་བདེ་གཏེར་མཛོད་གླིང་།（西藏拉萨雪版）

g 乌金 梵夹装 48×6

h 31 6

i 无 藏纸 黑 完整

j 封面钤有“民族文化宫图书馆藏”印；民族宫目录中为ད函内容，36 叶。

241.11

a 21-11

b མ་རྒྱལ་སྤོམ་རའི་གཡང་འབོད་ཕུན་ཚོགས་འདོད་དགུའི་རོལ་མཚོ་ཞེས་བྱ་བ་དང་། རྒྱལ་གསོལ་མཇུག་ཏུ་སྦྱར་

རྒྱུའི་ གཡང་འབོད་བཅས་བཞུགས་སོ།།

玛吉邦若招财运法·随愿遊戏海与供神结尾之招财运法

c ༄བཙུན་པ་གུང་ཐང་དཀོན་མཆོག་བསྟན་པའི་སྒྲོན་མེ།

d

e གཡང་འབོད།（招运）

f 刻本

པོ་བྲང་པོ་ཏ་ལའི་ཞོལ་པར་ཁང་ཆེན་མོ་གངས་ཅན་ཕན་བདེ་གཏེར་མཛོད་གླིང་།（西藏拉萨雪版）

g 乌金 梵夹装 48.5×6

h 6 6
i 无 藏纸 黑 完整
j 封面钤有“民族文化宫图书馆藏”印；民族宫目录中为6叶。

241.12
a 21-12
b ལྷ་གཉན་ཆེན་པོ་རྡོ་ལ་གཡུ་རྩེའི་གསོལ་མཆོད་རྒྱས་པ་ཕྱོགས་ལས་རྣམ་པར་རྒྱལ་བའི་རྟ་མཆོག་ཞེས་བྱ་བ་དང་།

ལྷ་ཆེན་གཉན་རྗེ་གུང་སྔོན་གྱི་བསང་མཆོད་བཅས་བཞུགས་སོ།།

念钦俄拉玉哲祈供广法·尊胜诸方与麾与大神念杰贡俄煨桑供法
c ༄བཙུན་པ་གྲུང་ཐང་དཀོན་མཆོག་བསྟན་པའི་སྒྲོན་མེ།
d
e ཚ་ག（仪轨）
f 刻本
ཤོ་བྲང་པོ་ཏ་ལའི་ཞོལ་པར་ཁང་ཆེན་མོ་གངས་ཅན་ཕན་བདེ་གཉེར་མཛོད་གླིང་།（西藏拉萨雪版）
ཐུགས་རམས་པ་ཀུན་དགའ་དཀོན་མཆོག
g 乌金 梵夹装 49×6
h 13 6
i 无 藏纸 黑 完整
j 封面钤有“民族文化宫图书馆藏”印。

241.13
a 21-13
b རྒྱལ་བ་མི་ཕམ་མགོན་པོ་ལ་མདོ་ཆོག་གི་ལུགས་བཞིན་མཆོད་ཚུལ་སོགས་བཀའ་རྩོམ་སྣ་ཚོགས་ཀྱི་སྐོར་ཕྱོགས་

གཅིག་ཏུ་བསྒྲིགས་པ།

弥勒怙主前依显教仪轨传规之供养法等各种著述合编
c ༄བཙུན་པ་གྲུང་ཐང་དཀོན་མཆོག་བསྟན་པའི་སྒྲོན་མེ།
d

e　སྣ་ཚོགས།（综合）

f　刻本

ཕོ་བྲང་པོ་ཏཱ་ལའི་ཞོལ་པར་ཁང་ཆེན་མོ་གངས་ཅན་ཕན་བདེ་གཏེར་མཛོད་གླིང་།（西藏拉萨雪版）

g　乌金　梵夹装　49×6

h　36　6

i　无　藏纸　黑　完整

j　封面钤有“民族文化宫图书馆藏”印。

241.14

a　21-14

b　དགེ་ལྡན་བསྟན་པ་རྒྱས་པའི་སྨོན་ལམ་སོགས་སྨོན་ཚིག་གི་སྐོར་དྲང་སྲོང་ཆེན་པོའི་བདེན་ཚིག

祝格登教法宏昌愿文等·仙人真言

c　༄བཙུན་པ་གུང་ཐང་དཀོན་མཆོག་བསྟན་པའི་སྒྲོན་མེ།

d　དགེ་སློང་དཀོན་མཆོག་རིན་ཆེན།

e　སྨོན་ཚིག（祈愿词）

f　刻本

ཕོ་བྲང་པོ་ཏཱ་ལའི་ཞོལ་པར་ཁང་ཆེན་མོ་གངས་ཅན་ཕན་བདེ་གཏེར་མཛོད་གླིང་།（西藏拉萨雪版）

ཐུགས་རམས་པ་ཀུན་དགའ་དཀོན་མཆོག

g　乌金　梵夹装　49×6

h　25　6

i　无　藏纸　黑　完整

j　封面钤有“民族文化宫图书馆藏”印；民族宫目录中为ད函内容，28叶。

241.15

a　21-15

b བླ་མའི་ཐུགས་རྗེ་བསྐུལ་ཏེ་ཚེ་རབས་རྗེས་འཛིན་གྱི་སྨོན་ཚིག་ལམ་ཐུན་མོང་དང་ཐུན་མོང་མ་ཡིན་པའི་དམིགས་སྐོར་ཆ་ཚང་།ཚེ་རབས་རྗེས་འཛིན་གྱི་སྨོན་ཚིག་དངོས་གྲུབ་ཀུན་འབྱུང་།འཕགས་མ་ཡིད་བཞིན་འཁོར་ལོའི་འདོད་གསོལ་ལས་བཞི་ལྷུན་གྲུབ་དགེ་སྦྱོར་གྱི་མཇུག་ཏུ་འདོན་རྒྱུའི་སྨོན་ཚིག་བཅས་བཞུགས་སོ།།

催动上师悲心祈祷生生摄受愿文·共与不共道所缘法门、生生摄受愿文·悉地普生、圣母如意轮祈愿文·四业任运天成结尾之愿文念诵等

c ༄བཙུན་པ་གུང་ཐང་དཀོན་མཆོག་བསྟན་པའི་སྒྲོན་མེ།

d རབ་འབྱམས་པ་འཇིགས་མེད་ཡར་འཕེལ།

e སྨོན་ཚིག（祈愿词）

f 刻本

ཞོ་ཐང་པོ་ཏ་ལའི་ཞོལ་པར་ཁང་ཆེན་མོ་གངས་ཅན་ཕན་བདེ་གཏེར་མཛོད་གླིང་།（西藏拉萨雪版）

g 乌金 梵夹装 48.5×6

h 5 6

i 无 藏纸 黑 完整

j 封面钤有“民族文化宫图书馆藏”印。

241.16

a 21-16

b མྱུར་འབྱོན་གསོལ་འདེབས་ཀྱི་སྐོར་ཉམ་ཐག་སྐྱེ་བོའི་གདུང་དབྱངས།

祝活佛迅速转世祈愿文·苦弱者之哀音

c ༄བཙུན་པ་གུང་ཐང་དཀོན་མཆོག་བསྟན་པའི་སྒྲོན་མེ།

d

e གསོལ་འདེབས།（启请文）

f 刻本

ཞོ་ཐང་པོ་ཏ་ལའི་ཞོལ་པར་ཁང་ཆེན་མོ་གངས་ཅན་ཕན་བདེ་གཏེར་མཛོད་གླིང་།（西藏拉萨雪版）

g 乌金 梵夹装 49×6

h 8 6

i 无 藏纸 黑 完整

j 封面钤有“民族文化宫图书馆藏”印；民族宫目录中为ད函内容，9叶。

241.17

a 21-17

b རྡོ་རྗེ་འཆང་དབང་མི་ཡི་གར་རོལ་པའི།། ཡབ་རྗེ་བསྟན་པའི་སྒྲོན་མེའི་ཞལ་སྔ་ནས།། སྐྱེ་བོ་བློ་དམན་ཀུན་གྱིས་གོ་བདེ་ཆེད།། ཕལ་སྐད་ཚུལ་དུ་གནང་བའི་ཟབ་ཆོས་བཞུགས་སོ།།

金刚持丹白卓麦为使浅慧者易知而作之深法俗语解

c ༄བཙུན་པ་གུང་ཐང་དཀོན་མཆོག་བསྟན་པའི་སྒྲོན་མེ།

d

e མན་ངག（善言）

f 刻本

ཪོ་བྲང་པོ་ཏ་ལའི་ཞོལ་པར་ཁང་ཆེན་མོ་གངས་ཅན་ཕན་བདེ་གཏེར་མཛོད་གླིང་།（西藏拉萨雪版）

g 乌金 梵夹装 48.5×6

h 6 6

i 无 藏纸 黑 完整

j 封面钤有“民族文化宫图书馆藏”印。

241.18

a 21-18

b གསུང་ཐོར་བུ་ལས་རྟེན་གསུམ་གྱི་དཀར་ཆག་དང་སྐོར་ཚད་ཀྱི་རིམ་པ་ཕྱོགས་བཀོད།

散集中关于佛像经佛塔之目录与量度次第汇编

c ༄བཙུན་པ་གུང་ཐང་དཀོན་མཆོག་བསྟན་པའི་སྒྲོན་མེ།

d དགོན་གསར་དགའ་ལྡན་རབ་རྒྱས་གླིང་།（甘肃合作佐格贡萨寺）

དགེ་སློང་དཀོན་མཆོག་དར་རྒྱས།

e དཀར་ཆག（目录）

f 刻本

ཪོ་བྲང་པོ་ཏ་ལའི་ཞོལ་པར་ཁང་ཆེན་མོ་གངས་ཅན་ཕན་བདེ་གཏེར་མཛོད་གླིང་།（西藏拉萨雪版）

g 乌金 梵夹装 49.5×6
h 15 6
i 无 藏纸 黑 完整
j 封面钤有“民族文化宫图书馆藏”印。

241.19
a 21-19
b བཤད་པ་སྣ་ཚོགས་ཕྱོགས་བསྡུས།
各种讲说合编
c ༄བཙུན་པ་གུང་ཐང་དཀོན་མཆོག་བསྟན་པའི་སྒྲོན་མེ།
d
e བསྟོད་ཚོགས།（赞集）
f 刻本
ལྷ་བྲང་པོ་ཏ་ལའི་ཞོལ་པར་ཁང་ཆེན་མོ་གངས་ཅན་ཕན་བདེ་གཏེར་མཛོད་གླིང་།（西藏拉萨雪版）
g 乌金 梵夹装 49×6
h 14 6
i 无 藏纸 黑 完整
j 封面钤有“民族文化宫图书馆藏”印。

241.20
a 21-20
b བསྔོ་བ་རྒྱས་པ་དགེ་ཚོགས་རྒྱ་མཚོའི་འཇུག་ངོགས།
回向广文·福善海之门径
c ༄བཙུན་པ་གུང་ཐང་དཀོན་མཆོག་བསྟན་པའི་སྒྲོན་མེ།
d དད་ལྡན་དཀོན་མཆོག་དར་རྒྱས།
e བསྔོ་བའི་སྐོར།（回向）
f 刻本
ལྷ་བྲང་པོ་ཏ་ལའི་ཞོལ་པར་ཁང་ཆེན་མོ་གངས་ཅན་ཕན་བདེ་གཏེར་མཛོད་གླིང་།（西藏拉萨雪版）

g 乌金 梵夹装 49×6
h 5 6
i 无 藏纸 黑 完整
j 封面钤有“民族文化宫图书馆藏”印；民族宫目录中为920号ㄈ函内容。

241.21
a 21-21
b འཇམ་དབྱངས་བླ་མ་རྗེ་བཙུན་དཀོན་མཆོག་བསྟན་པའི་སྒྲོན་མེའི་རྣམ་པར་ཐར་པ་བརྗོད་པའི་གཏམ་དད་པའི་པདྨོ་བཞད་པའི་ཉིན་བྱེད།
绛央上师至尊恭却丹白卓麦传·信莲开放之丽日
c ༄༅བཙུན་པ་གུང་ཐང་དཀོན་མཆོག་བསྟན་པའི་སྒྲོན་མེ།
d
e རྣམ་ཐར།（传记）
f 刻本
ཕོ་བྲང་པོ་ཏ་ལའི་ཞོལ་པར་ཁང་ཆེན་མོ་གངས་ཅན་ཕན་བདེ་གཏེར་མཛོད་གླིང་།（西藏拉萨雪版）
ཞབས་དྲུང་དཀོན་མཆོག་བསྟན་པ་རབ་རྒྱས།
g 乌金 梵夹装 48.5×6
h 194 6
i 有 藏纸 黑 完整
j 封面钤有“民族文化宫图书馆藏”印。

242
A 3717 3642
B ཐུའུ་བཀྭན་ཆོས་ཀྱི་ཉི་མའི་གསུང་འབུམ།
土观·却吉尼玛文集
C ཧ

D ཐུའུ་བཀྭན་བློ་བཟང་ཆོས་ཀྱི་ཉི་མ། དགེ་ལུགས། རབ་བྱུང་བཅུ་གཉིས་པའི་མེ་སྦྲུལ་ལོ་༡༧༣༧ ལ་ཡབ་དབང་སྐྱབས་རྒྱལ་དང་། ཡུམ་པ་རི་བཟའ་ཆོས་མཚོ་སྐྱིད་གཉིས་ཀྱི་སྲས་སུ་ཨ་མདོ་ཕོ་རོད་ལང་གྲུའི་ཕྱོགས་ཕུན་ཚོགས་གླིང་ལུང་པར་སྐུ་འཁྲུངས། དགུང་ལོ་དྲུག་ཐོག་སྐུ་གོང་མའི་ཁྲིར་འཁོད། བདེ་རྒྱུ་ངག་དབང་དགེ་ལེགས་རྒྱ་མཚོའི་དྲུང་དུ་ དགེ་བསྙེན་བསྒྲུབས། དགུང་ལོ་བཅུ་གཅིག་ལ་སུམ་པ་མཁན་ཆེན་ཡེ་ཤེས་དཔལ་འབྱོར་ལས་རབ་ཏུ་བྱུང་། དགོན་ལུང་བྱམས་པ་གླིང་གི་ཆོས་གྲྭར་ཞུགས། དགུང་ལོ་བཅུ་གསུམ་ལ་ལྕང་སྐྱ་རོལ་པའི་རྡོ་རྗེ་ལས་དགེ་ཚུལ་བསྒྲུབས། དགུང་ལོ་བཅུ་དགུ་ཤིང་ཕག་ལོ་ལ་དབུས་གཙང་དུ་ཕེབས། དགུང་ལོ་ཉེར་གཅིག་མེ་གླང་ལོ་ལ་ཕུར་ལྕོག་རིན་པོ་ཆེ་ལས་བསྙེན་རྫོགས་བསྒྲུབས། ཀུན་མཁྱེན་འཇིགས་མེད་དབང་པོ། ཕུར་ལྕོག་རིན་པོ་ཆེ། པཎ་ཆེན་དཔལ་ལྡན་ཡེ་ཤེས། སྟག་ཕུ་བཞད་པའི་རྡོ་རྗེ། ལྕང་སྐྱ་རོལ་པའི་རྡོ་རྗེ། བ་རི་ངག་དབང་དོན་གྲུབ་སོགས་མཁས་པ་མང་པོ་ལས་ཆོས་གསན། དགུང་ལོ་ཉེར་གསུམ་པ་ས་ཡོས་ལ་གཞུང་ནས་ཞྭ་ལུ་མཁན་པོར་བསྐོས། དགུང་ལོ་ཉེར་ལྔ་ལྕགས་སྦྲུལ་ལ་དགོན་ལུང་ཁྲིར་ཕེབས་མཁན་རབས་སོ་བཞི་པ་ཡིན། མི་ཕག་ལ་རྒྱ་ནག་པེ་ཅིང་དུ་ཕེབས་གོང་མས་ཧོ་ཐོག་ཐུའི་གོ་ས་དང་ཆན་བཞིའི་ལུང་ལས་ཕུལ། དགུང་ལོ་ང་གཅིག་པ་མེ་ལུག་ལ་བྱ་ཁྱུང་གི་མཁན་རབས་ཞེ་གཉིས་པའི་ཁྲི་ལ་ཕེབས་ཏེ་ལོ་གསུམ་བསྐྱངས། དགུང་ལོ་ང་གསུམ་པར་སྐུ་འབུམ་བྱམས་པ་གླིང་གི་ཁྲིར་བཞུགས། རྗེ་འདི་ཉིད་ཀྱི་མགོན་པ་མང་པོ་བཏབ། གསུང་རྩོམ་པོད་ཆུང་བཅོ་ལྔ་ཙམ་བཞུགས། རབ་བྱུང་བཅུ་གསུམ་པའི་ཆུ་ཁྱི་ལ་༡༨༠༢ལ་སྐུ་གཤེགས། ངེད་དཔེ་མཛོད་ཁང་དུ་མི་རིགས་པོ་བྲང་ནས་ཕྱིར་འབུལ་ཞུས་པའི་གྲས་པོད་༢༩ཐཨང་རྟགས༣༧༡༧--༣༧༡༨དང་། ཞོལ་པར་པོད་༡༠ཀ--ཐཨང་རྟགས༣༠༢༥--༣༠༥༩འཛམ་ཐང་པར་པོད་༢༣ ཀ--འ ཨང་རྟགས ༩༤༧༥--༩༤༨༧ སྐུ་འབུམ་པར་པོད་༣ ད--པ ཨང་རྟགས ༥༢༣༣--༥༢༩༡ བཞུགས།

土观·却吉尼玛（1737—1802）：属格鲁派。多麦佑宁寺活佛，诞生于今甘肃省凉州地区的彭措隆巴。章嘉若白多杰认定其为土观转世，6 岁时到达佑宁寺土观拉章。11 岁，在松巴益西班觉座前出家。19 岁，前往卫藏，受四噶伦代表、哲邦果芒扎仓众僧的隆重欢迎，驻于白珠康参。次日，拜见达赖格桑嘉措之后，在哲蚌寺开始了学经的旅程。23 岁时，西藏地方政府任其为夏鲁寺主持。25 岁返回多麦佑宁寺。同年 11 月任佑宁寺住持。27 岁，乾隆皇帝命其进京，遂觐见皇帝，皇帝赐以“大呼图克图”之尊誉。期间受邀到蒙古讲经说法，当地上层人士献大批财物。此后每年夏季到蒙古地区讲法、利益众生，广收徒众。30 岁，被皇帝诏封为“国师”。32 岁，向皇帝告假回籍。皇上赏赐丰盛，带着大批财物回到佑宁寺。向寺院众僧发放布施，特迎请嘉木样二世晋美旺布为寺院及新置的佛像、佛经、佛塔开光，向嘉木样献价值连城的供器。35 岁时，皇帝下旨命其进京，途经蒙古时谒见章嘉活佛与蒙古哲布尊丹巴活佛。翌年，返回佑宁寺。37 岁。应嘉木样之邀，前往拉卜楞寺，向众僧弘扬正法，诸学者甚悦。41 岁，迎请班禅白丹益西至佑宁寺，求教诸法疑难。59 岁，抵却藏寺，拜见前往内地的章嘉活佛转世，又为认定嘉木样的转世，前往拉卜楞寺。66 岁，因长期患病，救治无效而辞世。遗著在西藏图书馆藏北京民族文化宫图书馆赠送的文集 2 函，编号为 3717—3718；雪版 10 函，编号在 3025—3054 间； 壤塘版 23 函，编号为 4675—4697；塔尔寺版 3 函，编号在 5233—5241 间。

E 此函民族宫目录著录为 42 卷，西藏图书馆藏品仅 24 卷，并且内有 2 卷为重复。

242.1

a 24-1

b ཐུའུ་བཀྭན་བློ་བཟང་ཆོས་ཀྱི་ཉི་མའི་གསུང་འབུམ་ཉ་པའི་དཀར་ཆག

土观·洛桑却吉尼玛文集ཉ字函目录

c བཙུན་གཟུགས་བློ་བཟང་ཆོས་ཀྱི་ཉི་མ། ཀུ་ས་ལི་རྣམ་བརྫ།

d

e དཀར་ཆག（目录）

f 刻本

g 乌金 梵夹装 38.5×7

h 2 6

i 无 藏纸 黑 完整

j 封面钤有“民族文化宫图书馆藏”印；民族宫目录中为 2 叶。

242.2

a 24-2

b　རྡོ་རྗེ་རྣལ་འབྱོར་མའི་སེརྐྵ་རའི་དཀྱིལ་འཁོར་སྒྲུབ་ཆོག་མདོར་བསྡུས།

金刚瑜伽母黄丹曼荼罗简略修供法

c　བཙུན་གཟུགས་བློ་བཟང་ཆོས་ཀྱི་ཉི་མ། ཀུ་ས་ལི་ཧྲྀཾ་བརྫོ།

d　རྒྱ་ནག་པོ་བྲང་གི་ཉེ་འདབས།（汉地）

e　སྒྲུབ་ཐབས།（修心法）

f　刻本
g　乌金　梵夹装　38.5×7
h　3　6
i　无　藏纸　黑　完整
j　封面钤有“民族文化宫图书馆藏”印。

242.3
a　24-3

b　རྗེ་བཙུན་རྡོ་རྗེ་རྣལ་འབྱོར་མ་ནཱ་རོ་མཁའ་སྤྱོད་མའི་ལམ་གྱི་རིམ་པའི་སྤྱི་དོན་གསང་ཆེན་སྒོ་བརྒྱ་འབྱེད་པའི་ལྡེ་མིག

至尊金刚瑜伽母那若空行母道次第总义・开大密百门之钥

c　བཙུན་གཟུགས་བློ་བཟང་ཆོས་ཀྱི་ཉི་མ། ཀུ་ས་ལི་ཧྲྀཾ་བརྫོ།

d　དགེ་བྱེད་ཀྱི་ལོ། 水虎年（1782）　དབེན་གནས་བདེ་ཆེན་ཆོས་གླིང་།（德钦却林）

དགེ་སློང་བློ་བཟང་ཀུན་དགའ།

e　སྔགས།（密宗）

f　刻本
g　乌金　梵夹装　39.5×7
h　92　6
i　无　藏纸　黑　完整
j　封面钤有“民族文化宫图书馆藏”印；民族宫目录中为81叶。

242.4
a　24-4

b　རྗེ་བཙུན་རྡོ་རྗེ་རྣལ་འབྱོར་མ་ན་རོ་མཁའ་སྤྱོད་མའི་རྒྱུན་གྱི་ཉམས་ལེན་རྗེ་བློ་གསལ་རྒྱ་མཚོས་མཛད་པ།

至尊洛色嘉措所著至尊金刚瑜伽母那若空行母常修法

c　བློ་གསལ།

d

e　སྒྲུབ་ཐབས།（修心法）

f　刻本
g　乌金　梵夹装　38×6
h　5　6
i　无　藏纸　黑　完整
j　封面钤有“民族文化宫图书馆藏”印；民族宫目录中为 4 叶。

242.5

a　24-5

b　རྗེ་བཙུན་རྡོ་རྗེ་རྣལ་འབྱོར་མ་ན་རོ་མཁའ་སྤྱོད་མའི་སྒྲུབ་ཐབས་རྒྱས་པ་པདྨ་རཱ་གའི་ཐེམ་སྐས།

至尊金刚瑜伽母那若空行母修法广本·赤珠宝梯

c　བཙུན་གཟུགས་བློ་བཟང་ཆོས་ཀྱི་ཉི་མ།　ཀུ་ས་ལི་དྷརྨ་བཛྲ།

d　གནས་མཆོག་བདེ་ཆེན་ཆོས་གླིང་།（德钦却林）

e　སྒྲུབ་ཐབས།（修心法）

f　刻本　དགེ་ཚུལ་རྒྱལ་མཚན་གྲགས་པ།

g　乌金　梵夹装　38.5×6.5
h　29　6
i　无　藏纸　黑　完整
j　封面钤有“民族文化宫图书馆藏”印；民族宫目录中为 18 叶。

242.6

a　24-6

b　རྗེ་བཙུན་རྡོ་རྗེ་རྣལ་འབྱོར་མ་ན་རོ་མཁའ་སྤྱོད་མའི་སྒྲུབ་ཐབས་ཐུན་མོང་མ་ཡིན་པ་བདེ་ཆེན་ཉེ་ལམ།

至尊金刚瑜伽母那若空行之不共修法·大乐捷径

c　བཙུན་གཟུགས་བློ་བཟང་ཆོས་ཀྱི་ཉི་མ། ཀུ་ས་ལི་དྷརྨ་བཛྲ།

d འབྲས་སྤུངས།（西藏拉萨哲蚌寺）

e སྒྲུབ་ཐབས།（修心法）

f 刻本

g 乌金 梵夹装 38×6.5

h 14 6

i 无 藏纸 黑 完整

j 封面钤有“民族文化宫图书馆藏”印；民族宫目录中为10叶。

242.7

a 24-7

b རྗེ་བཙུན་རྡོ་རྗེ་རྣལ་འབྱོར་མ་ནཱ་རོ་མཁའ་སྤྱོད་མའི་སྒྲུབ་ཐབས་གསང་ཆེན་བཅུད་ཀྱི་ཐིགས་པ།

至尊金刚瑜伽母那若空行修法·大密明点

c བཙུན་གཟུགས་བློ་བཟང་ཆོས་ཀྱི་ཉི་མ། ཀུ་ས་ལི་རྣམ་བརྫེ།

d རང་ལོ་རེ་དྲུག་པ། 六十六岁（1801年）

e སྒྲུབ་ཐབས།（修心法）

f 刻本

g 乌金 梵夹装 38.5×6.5

h 10 6

i 无 藏纸 黑 完整

j 封面钤有“民族文化宫图书馆藏”印；民族宫目录中为10叶。

242.8

a 24-8

b རྗེ་བཙུན་ནཱ་རོ་མཁའ་སྤྱོད་མའི་སྒྲུབ་ཐབས་ཤིན་ཏུ་བསྡུས་པ་མཁའ་སྤྱོད་བགྲོད་པའི་ཐེམ་སྐས།

至尊那若空行最略修法·趣空行之阶梯

c བཙུན་གཟུགས་བློ་བཟང་ཆོས་ཀྱི་ཉི་མ། ཀུ་ས་ལི་རྣམ་བརྫེ།

d

e སྒྲུབ་ཐབས།（修心法）

f 刻本
g 乌金 梵夹装 38.5×6.5
h 3 6
i 无 藏纸 黑 完整
j 封面钤有“民族文化宫图书馆藏”印；民族宫目录中为1叶。

242.9
a 24-9
b རྗེ་བཙུན་ནཱ་རོ་མཁའ་སྤྱོད་མའི་སིནྡྷུ་རའི་དཀྱིལ་འཁོར་སྒྲུབ་ཅིང་མཆོད་པ་དང་བདག་ཉིད་འཇུག་ཅིང་དབང་

བླང་ བའི་ཆོ་ག་ཆ་ལག་དང་བཅས་པ་དངོས་གྲུབ་གྲུ་ཆར་གཡོ་བའི་སྤྲིན་ཕུང་།

至尊金刚瑜伽母赞颂启请偈·速 招悉地之钩与劝发悲心启请文·能引悉地宝车
c བཙུན་གཟུགས་བློ་བཟང་ཆོས་ཀྱི་ཉི་མ། ཀུ་ས་ལི་རྣམ་བཟོ།
d འབྲས་སྤུངས།（西藏拉萨哲蚌寺）
e སྒྲུབ་ཐབས།（修心法）
f 刻本
g 乌金 梵夹装 38.5×6.5
h 39 6
i 无 藏纸 黑 完整
j 封面钤有“民族文化宫图书馆藏”印；民族宫目录中为5叶。

242.10
a 24-10
b རྗེ་བཙུན་རྡོ་རྗེ་རྣལ་འབྱོར་མ་ལ་བསྟོད་ཅིང་གསོལ་བ་འདེབས་པའི་ཚིགས་སུ་བཅད་པ་དངོས་གྲུབ་མྱུར་དུ་

འགུགས་པའི་ལྕགས་ཀྱུ།

至尊金刚瑜伽母赞颂祈请偈·速招悉地之钩
c བཙུན་གཟུགས་བློ་བཟང་ཆོས་ཀྱི་ཉི་མ། ཀུ་ས་ལི་རྣམ་བཟོ།
d ལྕགས་བྱི། 铁鼠年（1780）

e　གསོལ་འདེབས།(启请文)

f　刻本　ངག་དབང་བསྟན་འཕེལ།

g　乌金　梵夹装　38.5×6.5
h　4　6
i　无　藏纸　黑　完整
j　封面钤有“民族文化宫图书馆藏”印；民族宫目录著录为《至尊金刚瑜伽母赞颂祈请偈·速招悉地之钩与劝发悲心启请文·能引悉地宝车》，5叶。

242.11
a　24-11

b　རྗེ་བཙུན་མཁའ་སྤྱོད་མའི་ཐུགས་རྗེ་བསྐུལ་བའི་གསོལ་འདེབས་དངོས་གྲུབ་ནོར་བུའི་འདྲེན་པའི་ཤིང་རྟ།

至尊空行母劝发悲心启请文·能引悉地宝车

c　བཙུན་གཟུགས་བློ་བཟང་ཆོས་ཀྱི་ཉི་མ། ཀུ་ས་ལི་ཧྲམ་བཟོ།

d　དབེན་གནས་ཕུར་བུ་ལྕོགས།（西藏拉萨普布觉）

e　གསོལ་འདེབས།(启请文)

f　刻本
g　乌金　梵夹装　38.5×6.5
h　4　6
i　无　藏纸　黑　完整
j　封面钤有“民族文化宫图书馆藏”印；民族宫目录中题为《至尊金刚瑜伽母赞颂启请偈·速招悉地之钩与劝发悲心启请文·能引悉地宝车》，5叶。

242.12
a　24-12

b　རྗེ་བཙུན་ནཱ་རོ་མཁའ་སྤྱོད་མའི་བསྐྱེད་རྫོགས་ཀྱི་སྙིང་པོ་མཁའ་སྤྱོད་ཉེ་ལམ།

至尊那若空行母生圆二次第之心要·空行捷径

c　བཙུན་གཟུགས་བློ་བཟང་ཆོས་ཀྱི་ཉི་མ། ཀུ་ས་ལི་ཧྲམ་བཟོ།

d　འབྲས་སྤུངས།（西藏拉萨哲蚌寺）　ངག་དབང་ཆོས་འབྱོར།

e སྔགས། (密宗)

f 刻本

g 乌金 梵夹装 38.5×6.5

h 5 6

i 无 藏纸 黑 完整

j 封面钤有“民族文化宫图书馆藏”印；民族宫目录中为《至尊那若空行母生圆二次第之心要·空行捷径、教授口诀、空行密语等》，4叶。

242.13

a 24-13

b རྗེ་བཙུན་ན་རོ་མཁའ་སྤྱོད་མའི་ལམ་གྱི་རིམ་པའི་སྟོང་ཐུན་གནད་དོན་ཀུན་གསལ།

至尊那若空行母道次第总纲·要义普明

c བཙུན་གཟུགས་བློ་བཟང་ཆོས་ཀྱི་ཉི་མ། ཀུ་ས་ལི་ཧྲམ་བརྫེ།

d

e སྔགས། (密宗)

f 刻本

g 乌金 梵夹装 38×6.5

h 6 6

i 无 藏纸 黑 完整

j 封面钤有“民族文化宫图书馆藏”印。

242.14

a 24-14

b རྗེ་བཙུན་རྡོ་རྗེ་རྣལ་འབྱོར་མ་ན་རོ་མཁའ་སྤྱོད་ཀྱི་མན་ངག་ཞལ་ཤེས་མཁའ་འགྲོའི་གསང་གཏམ།

至尊金刚瑜伽那若空行母教授口诀、空行密语等

c བཙུན་གཟུགས་བློ་བཟང་ཆོས་ཀྱི་ཉི་མ། ཀུ་ས་ལི་ཧྲམ་བརྫེ།

d

e མན་ངག (善言)

f 刻本

g 乌金 梵夹装 38×6.5

h 3 6
i 无 藏纸 黑 完整
j 封面钤有“民族文化宫图书馆藏”印；民族宫目录中为《至尊那若空行母生圆二次第之心要·空行捷径、教授口诀、空行密语等》，4 叶。

242.15
a 24-15
b རྗེ་བཙུན་རྡོ་རྗེ་རྣལ་འབྱོར་མ་ནཱ་རོ་མཁའ་སྤྱོད་མའི་ཐུན་མཚམས་སུ་ཉེ་བར་མཁོ་བའི་འི་མན་ངག་གི་རིམ་པ་ལྔ།
至尊金刚瑜伽母那若空行母座间必需教授五次第
c བཙུན་གཟུགས་བློ་བཟང་ཆོས་ཀྱི་ཉི་མ། ཀུ་ས་ལི་རྣམ་བརྫུ།
d དགོན་ལུང་།（青海佑宁寺）
e མན་ངག（善言）
f 刻本
g 乌金 梵夹装 38×6.5
h 7 6
i 无 藏纸 黑 完整
j 封面钤有“民族文化宫图书馆藏”印；民族宫目录中为 4 叶。

242.16
a 24-16
b རྗེ་བཙུན་རྡོ་རྗེ་རྣལ་འབྱོར་མ་ནཱ་རོ་མཁའ་སྤྱོད་མའི་སྙིང་པོ་དང་ཀཱ་ང་པ་བརྒྱད་ཀྱི་བསྟོད་པའི་ཕན་ཡོན་བཤད་པ་
བསྐལ་བཟང་དགའ་བསྐྱེད།
至尊金刚瑜伽母那若空行母心咒与八句赞之功德解说·具缘生喜
c བཙུན་གཟུགས་བློ་བཟང་ཆོས་ཀྱི་ཉི་མ། ཀུ་ས་ལི་རྣམ་བརྫུ།
d
e བསྟོད་ཚོགས།（赞集）
f 刻本
g 乌金 梵夹装 38×6.5
h 7 6

i　无　藏纸　黑　完整
j　封面钤有“民族文化宫图书馆藏”印；民族宫目录中为16叶。

242.17
a　24-17
b　རྗེ་བཙུན་རྡོ་རྗེ་རྣལ་འབྱོར་མ་ནཱ་རོ་མཁའ་སྤྱོད་ཀྱི་བསྙེན་ཡིག་པདྨ་ར་གའི་འཕྲེང་མཛེས།
至尊金刚瑜伽母那若空行念诵文·赤珠美鬘
c　བཙུན་གཟུགས་བློ་བཟང་ཆོས་ཀྱི་ཉི་མ། ཀུ་ས་ལི་རྣམ་བརྫུ།
d　དབེན་གནས་བདེ་ཆེན་ཆོས་གླིང་།（德钦却林）
e　བསྙེན་ཡིག（念修文）
f　刻本　དགེ་ཚུལ་རྒྱལ་མཚན་གྲགས་པ།
g　乌金　梵夹装　38×6.5
h　22　6
i　无　藏纸　黑　完整
j　封面钤有“民族文化宫图书馆藏”印；民族宫目录中为22叶。

242.18
a　24-18
b　རྗེ་བཙུན་ནཱ་རོ་མཁའ་སྤྱོད་མའི་ཞི་བའི་སྦྱིན་སྲེག་བྱ་ཚུལ་དངོས་གྲུབ་འདོད་འཇོ།
至尊那若空行母息灾护摩法·悉地如意
c　བཙུན་གཟུགས་བློ་བཟང་ཆོས་ཀྱི་ཉི་མ། ཀུ་ས་ལི་རྣམ་བརྫུ།
d　དབེན་གནས་བདེ་ཆེན་ཆོས་གླིང་།（德钦却林）
e　སྦྱིན་སྲེག（火供）
f　刻本　དགེ་སློང་བློ་བཟང་བཟོད་པ།
g　乌金　梵夹装　38×6.5
h　10　6
i　无　藏纸　黑　完整

j 封面钤有“民族文化宫图书馆藏”印；民族宫目录中为 7 叶。

242.19

a 24-19

b ནཱ་རོ་མཁའ་སྤྱོད་ཀྱི་བཀའ་བསྒོ་བྱ་ཚུལ།

那若空行母法门中禳解广法

c བཙུན་གཟུགས་བློ་བཟང་ཆོས་ཀྱི་ཉི་མ། ཀུ་ས་ལི་རྣམ་བརྡ།

d ཞི་ཧུའུ།（西湖） སློབ་མ་ཨུ་རོད་ཆོས་སྐྱབས།

e བཀའ་བསྒོ་བྱ་ཚུལ།(指示)

f 刻本

g 乌金 梵夹装 38×6.5

h 4 6

i 无 藏纸 黑 完整

j 封面钤有“民族文化宫图书馆藏”印；民族宫目录中为《那若空行母法门中禳解广法及略法》，3 叶。

242.20

a 24-20

b ནཱ་རོ་མཁའ་སྤྱོད་མའི་སྒོ་ནས་བཀའ་བསྒོ་རྒྱས་པ་བྱ་ཚུལ།

那若空行母法门中禳解略法

c བཙུན་གཟུགས་བློ་བཟང་ཆོས་ཀྱི་ཉི་མ། ཀུ་ས་ལི་རྣམ་བརྡ།

d སློབ་མ་ཨུ་རོད་ཆོས་སྐྱབས།

e བཀའ་བསྒོ་བྱ་ཚུལ།(指示)

f 刻本

g 乌金 梵夹装 38×6.5

h 2 6

i 无 藏纸 黑 完整

j 封面钤有“民族文化宫图书馆藏”印；民族宫目录中题为《那若空行母法门中禳解广法及略法》，3 叶。

242.21
a 24-21

b མཁའ་འགྲོ་གྲིབ་སེལ་བྱ་རྩུལ་གང྄འི་ཆུ་རྒྱུན།

空行障秽消除法·恒河长流

c བཙུན་གཟུགས་བློ་བཟང་ཆོས་ཀྱི་ཉི་མ། ཀུ་ས་ལི་རྣམ་བརྗོད།

d

e ཆོ་ག(仪轨)

f 刻本
g 乌金 梵夹装 38×6.5
h 5 6
i 无 藏纸 黑 完整
j 封面钤有“民族文化宫图书馆藏”印；民族宫目录中为4叶。

242.22
a 24-22

b རྗེ་བཙུན་ནཱ་རོ་མཁའ་སྤྱོད་མའི་སྒོ་ནས་འཆི་བ་བསླུ་བའི་མན་ངག་འཆི་མེད་རྡོ་རྗེའི་སྦྱིན་སྲེག

至尊那若空行母法门中赎死秘诀·长寿金刚命施

c བཙུན་གཟུགས་བློ་བཟང་ཆོས་ཀྱི་ཉི་མ། ཀུ་ས་ལི་རྣམ་བརྗོད།

d དབེན་གནས་བདེ་ཆེན་ཆོས་གླིང་།（德钦却林）

e མན་ངག(善言)

f 刻本 དགེ་སློང་བློ་བཟང་བཟོད་པ།

g 乌金 梵夹装 38×6.5
h 11 6
i 无 藏纸 黑 完整
j 封面钤有“民族文化宫图书馆藏”印；民族宫目录中为7叶。

242.23
a 24-23

b ཇེ་བཙུན་རྡོ་རྗེ་རྣལ་འབྱོར་མ་ནཱ་རོ་མཁའ་སྤྱོད་མའི་སྒོ་ནས་སྤོ་སྒོ་བྱ་ཚུལ་སྡིག་མུན་སེལ་བའི་ཟླ་བ།

至尊金刚瑜伽母那若空行母法门中超荐门仪轨·消除罪恶黑暗之月

c བཙུན་གཟུགས་བློ་བཟང་ཆོས་ཀྱི་ཉི་མ། ཀུ་ས་ལི་རྣམ་བཟོ།

d

e ཆོ་ག(仪轨)

f 刻本

g 乌金 梵夹装 38×6.5

h 20 6

i 无 藏纸 黑 完整

j 封面钤有“民族文化宫图书馆藏”印；民族宫目录中为14叶。

242.24

a 24-24

b ཇེ་བཙུན་རྡོ་རྗེ་རྣལ་འབྱོར་མའི་བཀའ་སྲུང་དཔའ་བོ་དུར་ཁྲོད་བདག་པོའི་གཏོར་ཆོག་དང་རྗེས་གནང་བྱ་ཚུལ་

ལམ་བཞི་ལྷུན་གྲུབ།

至尊金刚瑜伽母护法勇士尸林主之供神馐仪轨与随许法·四业任运成就

c བཙུན་གཟུགས་བློ་བཟང་ཆོས་ཀྱི་ཉི་མ། ཀུ་ས་ལི་རྣམ་བཟོ།

d

e ཆོ་ག(仪轨)

f 刻本

g 乌金 梵夹装 38×6.5

h 8 6

i 无 藏纸 黑 完整

j 封面钤有“民族文化宫图书馆藏”印；民族宫目录中为5叶。

243

A 3718 3644

B ཐུའུ་བཀྭན་ཆོས་ཀྱི་ཉི་མའི་གསུང་འབུམ།

土观·却吉尼玛文集

C ཛ

D ཐུའུ་བཀྭན་བློ་བཟང་ཆོས་ཀྱི་ཉི་མ།

同 3717 介绍。

E 馆藏齐全。

243.1

a 3-1

b ཐུའུ་བཀྭན་བློ་བཟང་ཆོས་ཀྱི་ཉི་མའི་གསུང་འབུམ་ཛ་པའི་དཀར་ཆག

土观·洛桑却吉尼玛文集ཛ字函目录

c བཙུན་གཟུགས་བློ་བཟང་ཆོས་ཀྱི་ཉི་མ། ཀུ་ས་ལི་རྣམ་བརྡ།

d

e དཀར་ཆག（目录）

f 刻本 ཞོལ་པར།（西藏拉萨雪版）

g 乌金 梵夹装 49×7

h 2 6

i 无 藏纸 黑 完整

j 封面钤有“民族文化宫图书馆藏”印。

243.2

a 3-2

b རིགས་དང་དཀྱིལ་འཁོར་རྒྱ་མཚོའི་མངའ་བདག་རྗེ་བཙུན་བློ་བཟང་ཆོས་ཀྱི་ཉི་མའི་གསང་གསུམ་རྨད་དུ་

བྱུང་བའི་མཛད་བཟང་འདབ་བརྒྱའི་དགའ་ཚལ་གྱི་ཆ་ཙམ་གཏམ་དུ་བྱས་པ་རྟོགས་བརྗོད་པདྨ་དཀར་པོའི་སྨད་ཆ།

诸部曼荼罗海主至尊洛桑却吉尼玛三密殊胜事业莲花乐园之传记·白莲花下卷

c ༄བཙུན་པ་དཀོན་མཆོག་བསྟན་པའི་སྒྲོན་མེ།

d རབ་བྱུང་བཅུ་བཞི་པའི་ཤིང་མོ་ཕག 第十四饶迥木阴猪年（1755）

བླ་བྲང་བཀྲ་ཤིས་འཁྱིལ་གྱི་ཞེ་འདབས་དབེན་གནས་ཡིད་དགའ་ཆོས་འཛིན།（甘肃夏河拉卜楞寺）

e　རྟོགས་བརྗོད།（传记）

f　刻本　ཞོལ་པར།（西藏拉萨雪版）　སྦྱགས་རམས་པ་དཀོན་མཆོག་ཀུན་དགའ།

g　乌金　梵夹装　49×7
h　406　6
i　有　藏纸　黑　完整
j　封面钤有“民族文化宫图书馆藏”印。

243.3
a　3-3

b　དཔལ་ལྡན་བླ་མ་དམ་པ་རྣལ་འབྱོར་གྱི་དབང་ཕྱུག་ཆེན་པོ་བློ་བཟང་ཆོས་ཀྱི་ཉི་མའི་ཐུན་མོང་མ་ཡིན་པའི་རྣམ་

ཐར་པུཎྜ་རི་ཀའི་འཁྲི་ཤིང་།

大德上师瑜伽大自在王洛桑却吉尼玛不共传记·芬陀利花芸香树

c　དགེ་སློང་བློ་བཟང་འཇིགས་མེད་དམ་མིང་གཞན་རིག་པའི་རལ་གྲི

d　རབ་བྱུང་བཅུ་བཞི་པའི་ས་མོ་སྦྲུལ། 第十四饶迥土阴蛇年（1749）

བླ་བྲང་བཀྲ་ཤིས་འཁྱིལ།（甘肃夏河拉卜楞寺）

e　རྣམ་ཐར།（传记）

f　刻本　ཞོལ་པར།（西藏拉萨雪版）　དགེ་སློང་དག་དབང་གྲགས་པ།

g　乌金　梵夹装　49.5×7
h　66　6
i　无　藏纸　黑　完整
j　封面钤有“民族文化宫图书馆藏”印。

244
A　3719

B　ཐུའུ་བཀྭན་ཆོས་ཀྱི་ཉི་མའི་གསུང་འབུམ།

土观·却吉尼玛文集

C ཐོར་བུ།

D ཐུའུ་བཀྭན་བློ་བཟང་ཆོས་ཀྱི་ཉི་མ།

同 3717 介绍。

E 西藏图书馆藏此函由民族宫目录中同文集不同函的散卷组成,部分卷在后者中无。

244.1

a 60-1

b ཐུའུ་བཀྭན་བློ་བཟང་ཆོས་ཀྱི་ཉི་མའི་གསུང་ཐོར་བུའི་དཀར་ཆག

土观·洛桑却吉尼玛文集散函目录

c བཙུན་གཟུགས་བློ་བཟང་ཆོས་ཀྱི་ཉི་མ། ཀུ་ས་ལི་རྣམ་བརྗེ

d

e དཀར་ཆག（目录）

f 刻本 ཞོལ་པར།（西藏拉萨雪版）

g 乌金 梵夹装 50×60

h 1 28

i 无 藏纸 黑 完整

j 封面钤有“民族文化宫图书馆藏”印。

244.2

a 60-2

b བསླབ་བྱ་གཅེས་པ་བཅོ་བརྒྱད་པ།

教言十八颂

c བཙུན་གཟུགས་བློ་བཟང་ཆོས་ཀྱི་ཉི་མ། ཀུ་ས་ལི་རྣམ་བརྗེ།

d དགེ་སློང་ཡོན་ཏན།

e བསླབ་བྱ།（教言）

f 刻本 ཞོལ་པར།（西藏拉萨雪版）

g 乌金 梵夹装 39×6
h 3 6
i 无 藏纸 黑 完整
j 封面钤有“民族文化宫图书馆藏”印；民族宫目录中无此件。

244.3
a 60-3
b འབྲུངས་རབས་གསོལ་འདེབས་ནོར་བུའི་ཕྲེང་བ།
本身传记祈请·宝串
c བཙུན་གཟུགས་བློ་བཟང་ཆོས་ཀྱི་ཉི་མ། ཀུ་ས་ལི་རྣམ་བརྫུ། བླ་མ་དཀོན་མཆོག་འཇིགས་མེད་དབང་པོ།
d དགེ་བཤེས་ངག་དབང་བློ་བཟང་།
e གསོལ་འདེབས།（启请文）
f 刻本 ཞོལ་པར།（西藏拉萨雪版）
g 乌金 梵夹装 38×6.5
h 2 6
i 无 藏纸 黑 完整
j 封面钤有“民族文化宫图书馆藏”印；民族宫目录中无此件。

244.4
a 60-4
b སྐྱབས་མགོན་ལྕང་སྐྱ་རིན་པོ་ཆེ་ཡབ་སྲས་གཉིས་ཀྱི་གསུང་མགུར།
上师怙主章嘉师徒之道歌
c བཙུན་གཟུགས་བློ་བཟང་ཆོས་ཀྱི་ཉི་མ། ཀུ་ས་ལི་རྣམ་བརྫུ།
d མགུར།（道歌）
f 刻本 ཞོལ་པར།（西藏拉萨雪版）
g 乌金 梵夹装 38.5×6
h 4 6
i 无 藏纸 黑 完整

j 封面钤有“民族文化宫图书馆藏”印；民族宫目录中无此件。

244.5

a 60-5

b གྲོས་འདེབས་སྙིང་གི་ཐིག་ལེ།

议事祈请要义

c བཙུན་གཟུགས་བློ་བཟང་ཆོས་ཀྱི་ཉི་མ། ཀུ་ས་ལི་རྣམ་བརྗོད།

d སྐྱིད་ཚལ་ཡིད་དགའ་ཆོས་འཕེལ།

e གསོལ་འདེབས།（启请文）

f 刻本 ཞོལ་པར།（西藏拉萨雪版）

g 乌金 梵夹装 39×6

h 4 6

i 无 藏纸 黑 完整

j 封面钤有“民族文化宫图书馆藏”印；民族宫目录中无此件。

244.6

a 60-6

b བླ་མའི་རྣལ་འབྱོར་དོན་གཉིས་ལྷུན་འགྲུབ་ཀྱི་དམིགས་རིམ་དངོས་གྲུབ་ནོར་བུ་འདྲེན་པའི་ཤིང་རྟ།

上师瑜伽·二利任运成就缘次第·引悉地宝车

c བཙུན་གཟུགས་བློ་བཟང་ཆོས་ཀྱི་ཉི་མ། ཀུ་ས་ལི་རྣམ་བརྗོད།

d སྐུ་འབུམ་བྱམས་པ་གླིང་།（青海塔尔寺） པེ་ཀྲུ་ཏ་གེ་རྟ་ཤ་ས་ན་ཏ་རྟ།

e བླ་མའི་རྣལ་འབྱོར།（上师瑜伽）

f 刻本 ཞོལ་པར།（西藏拉萨雪版）

g 乌金 梵夹装 39×6

h 19 6

i 无 藏纸 黑 完整

j 封面钤有“民族文化宫图书馆藏”印；民族宫目录中为ག函内容，17 叶。

244.7

a 60-7

b ཐེག་པ་ཆེན་པོ་མདོ་སྡེའི་རྒྱན་དང་བྱང་ཆུབ་སེམས་དཔའི་སའི་དོན་གཅིག་ཏུ་སྒྲུར་ནས་རྒྱལ་པའི་སྲས་ཀྱི་ལམ་

ཉམས་སུ་ལེན་ཚུལ་མདོ་ཙམ་བཤད་པ་ཐེག་ཆེན་ལམ་བཟང་གསལ་བའི་ཉི་མ།

大乘经庄严论与菩萨地教义合一略说佛子道验修法·显明大乘妙道之日

c བཙུན་གཟུགས་བློ་བཟང་ཆོས་ཀྱི་ཉི་མ། ཀུ་ས་ལི་ཧྲཱུ་བཟོ།

d ས་ལུག། 土羊年（1799） ཆོས་སྡེ་བྱམས་པ་འབུམ་གླིང་།（甘肃炳灵寺）

e རྒྱལ་སྲས་ཉམས་ལེན།（佛子道验修法）

f 刻本 ཞོལ་པར།（西藏拉萨雪版）

g 乌金 梵夹装 39×6

h 37 6

i 无 藏纸 黑 完整

j 封面钤有“民族文化宫图书馆藏”印；民族宫目录中为ག函内容，31 叶。

244.8

a 60-8

b རྗེ་བཙུན་དམ་པ་རང་བྱུང་ཡེ་ཤེས་རྡོ་རྗེ་ལ་གསོལ་འདེབས་པའི་ཚིགས་སུ་བཅད་པ་བྱིན་རླབས་སྒོ་འབྱེད།

至尊冉炯意西多吉之祈愿·加持开门

c བཙུན་གཟུགས་བློ་བཟང་ཆོས་ཀྱི་ཉི་མ། ཀུ་ས་ལི་ཧྲཱུ་བཟོ།

d

e གསོལ་འདེབས།（启请文）

f 刻本 ཞོལ་པར།（西藏拉萨雪版） དགེ་སློང་ངག་དབང་ཕུན་ཚོགས།

g 乌金 梵夹装 39.5×6.5

h 4 6

i 无 藏纸 黑 完整

j 封面钤有“民族文化宫图书馆藏”印；民族宫目录中无此件。

244.9

a 60-9

b ཁྱུང་ནག་མེའི་སྤུ་གྲི་སྒྲུབ་ཐབས་རྗེས་གནང་།

黑色金翅鸟火刀修法随许法

c བཙུན་གཟུགས་བློ་བཟང་ཆོས་ཀྱི་ཉི་མ། ཀུ་ས་ལི་རྣམ་བརྫེ།

d

e སྒྲུབ་ཐབས།（修心法）

f 刻本 ཞོལ་པར།（西藏拉萨雪版）

g 乌金 梵夹装 38×6

h 5 5

i 无 藏纸 黑 完整

j 封面钤有“民族文化宫图书馆藏”印；民族宫目录中为ང函内容，题名为《黑色金翅鸟火刀修法随许法与修法·利刃能断》，6叶。

244.10

a 60-10

b བཅོམ་ལྡན་འདས་རྡོ་རྗེ་སེམས་དཔའ་ལ་བསྟོད་ཅིང་གསོལ་བ་འདེབས་པའི་ཚོགས་སུ་བཅད་པ་བྱིན་རླབས་ཆུ་རྒྱུན་འདྲེན་པའི་ཡུར་བ།

薄伽梵金刚菩提之赞美及祈愿颂·加持水渠

c བཙུན་གཟུགས་བློ་བཟང་ཆོས་ཀྱི་ཉི་མ། ཀུ་ས་ལི་རྣམ་བརྫེ།

d

e གསོལ་འདེབས།（启请文）

f 刻本 ཞོལ་པར།（西藏拉萨雪版）

g 乌金 梵夹装 39×6

h 3 6

i 无 藏纸 黑 完整

j 封面钤有“民族文化宫图书馆藏”印；民族宫目录中无此件。

244.11

a 60-11

b སྒྲོལ་དཀར་ལ་བརྟེན་པའི་བླ་མའི་རྣལ་འབྱོར།

依据白度母修行之上师瑜伽

c བཙུན་གཟུགས་བློ་བཟང་ཆོས་ཀྱི་ཉི་མ། ཀུ་ས་ལི་ཧྲམ་བཟོ།

d སྐུ་འབུམ།（青海塔尔寺）

e བླ་མའི་རྣལ་འབྱོར།（上师瑜伽）

f 刻本 ཞོལ་པར།（西藏拉萨雪版）

g 乌金 梵夹装 39.5×6

h 2 6

i 无 藏纸 黑 完整

j 封面钤有“民族文化宫图书馆藏”印；民族宫目录中无此件。

244.12

a 60-12

b རང་གི་རྩ་བའི་བླ་མའི་བཀའ་དྲིན་དྲན་པའི་སྒོ་ནས་གསོལ་བ་འདེབས་པ།

忆念根本上师恩德作祈请法

c བཙུན་གཟུགས་བློ་བཟང་ཆོས་ཀྱི་ཉི་མ། ཀུ་ས་ལི་ཧྲམ་བཟོ།

d

e གསོལ་འདེབས།（启请文）

f 刻本 ཞོལ་པར།（西藏拉萨雪版）

g 乌金 梵夹装 39.5×6

h 4 6

i 无 藏纸 黑 完整

j 封面钤有“民族文化宫图书馆藏”印；民族宫目录中为ཀ函内容。

244.13

a 60-13

b ཡོངས་རྫོགས་བསྟན་པའི་མངའ་བདག་རྡོ་རྗེ་འཆང་ཡེ་ཤེས་བསྟན་པའི་སྒྲོན་མེ་དཔལ་བཟང་པོའི་ཡོན་ཏན་མདོ་ཙམ་བརྗོད་པའི་སྒོ་ནས་བསྟོད་པའི་རབ་ཏུ་ཕྱེ་བ་དད་པའི་པདྨོ་རྒྱས་པའི་ཉིན་བྱེད།

圆满教主金刚持耶喜丹白卓麦功德之门而作赞略说·信莲盛开之日

c བཙུན་གཟུགས་བློ་བཟང་ཆོས་ཀྱི་ཉི་མ། ཀུ་ས་ལི་རྣམ་བརྫེ།

d ལྷ་ས།（西藏拉萨）

e བསྟོད་ཚོགས།（赞集）

f 刻本 ཞོལ་པར།（西藏拉萨雪版）

g 乌金 梵夹装 38×6

h 4 6

i 无 藏纸 黑 完整

j 封面钤有“民族文化宫图书馆藏”印；民族宫目录中为ཀ函内容，题名为《圆满教主金刚持耶喜丹白卓麦功德之门而作赞略说·信莲盛开之日、金刚萨埵赞·引加持流水之渠、圣救度母赞·随愿普生、圣妙音佛母赞·睡莲鬘等》，6叶。

244.14

a 60-14

b བཅོམ་ལྡན་འདས་རྡོ་རྗེ་མི་འཁྲུགས་པ་ལྷ་དགུའི་དཀྱིལ་འཁོར་དུ་དབང་བསྐུར་བའི་ཆོ་ག་གངྒཱའི་ཆུ་རྒྱུན།

薄伽梵不动佛九尊曼荼罗灌顶仪轨·恒河长流

c བཙུན་གཟུགས་བློ་བཟང་ཆོས་ཀྱི་ཉི་མ། ཀུ་ས་ལི་རྣམ་བརྫེ།

d རྟ་ལོ། 马年 བཟི་གནས་ཡིད་དགའ་ཆོས་འཛིན།

e ཆོ་ག།（仪轨）

f 刻本 ཞོལ་པར།（西藏拉萨雪版） དགེ་སློང་བློ་བཟང་དར་མ།

g 乌金 梵夹装 39×6
h 35 6
i 无 藏纸 黑 完整
j 封面钤有“民族文化宫图书馆藏”印；民族宫目录中为ང函内容，28 叶。

244.15
a 60-15

b མི་འཁྲུགས་པའི་སྒོ་ནས་སྙིང་སྒྲུབ་བྱ་ཚུལ་བདུད་རྩིའི་ཆུ་རྒྱུན།

依据不动金刚之隐修仪轨·甘露水

c བཙུན་གཟུགས་བློ་བཟང་ཆོས་ཀྱི་ཉི་མ། ཀུ་ས་ལི་རྣམ་བརྫུ།

d དགེ་སློང་བློ་བཟང་ཚེ་རིང་།

e སྙིང་སྒྲུབ་བྱ་ཚུལ།（隐修法）

f 刻本 ཞོལ་པར།（西藏拉萨雪版）

g 乌金 梵夹装 39×6
h 3 6
i 无 藏纸 黑 完整
j 封面钤有“民族文化宫图书馆藏”印；民族宫目录中无此件。

244.16
a 60-16

b བཅོམ་ལྡན་འདས་མི་འཁྲུགས་པའི་སྒོ་ནས་རང་གཞན་གྱི་དོན་སྒྲུབ་ཚུལ་གྱི་མན་ངག་ཀུན་ཕན་བདུད་རྩིའི་

དགའ་སྟོན།

依薄伽梵不动金刚之我他修行仪轨之善言·利他甘露欢宴

c བཙུན་གཟུགས་བློ་བཟང་ཆོས་ཀྱི་ཉི་མ། ཀུ་ས་ལི་རྣམ་བརྫུ།

d

e སྔགས།(密宗)

f 刻本 ཞོལ་པར།（西藏拉萨雪版）

g 乌金 梵夹装 39×6

h 2 6

i 无 藏纸 黑 完整

j 封面钤有“民族文化宫图书馆藏”印；民族宫目录中无此件。

244.17

a 60-17

b མི་འཁྲུགས་པ་དང་སྤྱན་རས་གཟིགས་བཅུ་གཅིག་ཞལ་གཉིས་ཀྱི་རྣལ་འབྱོར་འཁྱེར་བདེ།

不动金刚及十一面观世音之瑜伽简便

c བརྩོན་གཟུགས་བློ་བཟང་ཆོས་ཀྱི་ཉི་མ། ཀུ་ས་ལི་ཧྲུམ་བརྫུ། དཔོན་མོ་ནོར་འཛིན་དབང་མོ།

d སྐུ་འབུམ།（青海塔尔寺）

e ཆོ་ག(仪轨)

f 刻本 ཞོལ་པར།（西藏拉萨雪版） དཀའ་བཅུ་བློ་བཟང་བརྟན་འགྲུས།

g 乌金 梵夹装 40×6

h 6 6

i 无 藏纸 黑 完整

j 封面钤有“民族文化宫图书馆藏”印；民族宫目录中无此件。

244.18

a 60-18

b སྤྱན་རས་གཟིགས་ཞལ་བཅུ་གཅིག་པའི་སྨྱུང་གནས་ཀྱི་ཆོ་ག་ཤིན་ཏུ་བསྡུས་པ།

十一面观音斋戒最略仪轨·甘露精华

c བརྩོན་གཟུགས་བློ་བཟང་ཆོས་ཀྱི་ཉི་མ། ཀུ་ས་ལི་ཧྲུམ་བརྫུ།

d མཛོས་བྱེད་ཀྱི་ལོ། 水兔年（1783）

e ཆོ་ག(仪轨)

f 刻本 ཞོལ་པར།（西藏拉萨雪版）

g 乌金 梵夹装 39×6
h 8 6
i 无 藏纸 黑 完整
j 封面钤有“民族文化宫图书馆藏”印；民族宫目录中为ང函内容，7 叶。

244.19
a 60-19

b གཙུག་གཏོར་རྣམ་རྒྱལ་མའི་ལྷ་དགུའི་སྒྲུབ་ཐབས་སྟོང་མཆོད་ཀྱི་ཆོ་ག་དང་བཅས་པ་འཆི་མེད་བདུད་རྩི།
顶髻尊胜佛母九尊修法及千盏灯供仪轨等·长寿甘露长流

c བཙུན་གཟུགས་བློ་བཟང་ཆོས་ཀྱི་ཉི་མ། ཀུ་ས་ལི་རྣམ་བཟོ།

d གཞིས་ཀ་ཨོ་རྒྱན་གླིང་།（谿卡邬坚林）

e ཆོ་ག(仪轨)

f 刻本 ཞོལ་པར། （西藏拉萨雪版） དགེ་སློང་བློ་བཟང་དོན་གྲུབ།

g 乌金 梵夹装 38.5×6
h 22 6
i 无 藏纸 黑 完整
j 封面钤有“民族文化宫图书馆藏”印；民族宫目录中为ང函内容，17 叶。

244.20
a 60-20

b བཅོམ་ལྡན་འདས་བདེ་བར་གཤེགས་པ་སུམ་ཅུ་སོ་ལྔ་ལ་བརྟེན་ནས་ལྟུང་བ་བཤགས་པའི་ཆོ་ག་གཞན་ཕན་

ཉི་མའི་འོད་ཟེར།

依三十五佛修忏罪堕仪轨·利他日光

c བཙུན་གཟུགས་བློ་བཟང་ཆོས་ཀྱི་ཉི་མ། ཀུ་ས་ལི་རྣམ་བརྫ།

d བླ་བྲང་བཀྲ་ཤིས་འོད་འབར་གྱི་གཟིམ་ཆུང་བདེ་ཆེན་ཕུག དཀའ་བཅུ་བསོད་ནམས་བཟང་པོ།

e ཆོ་ག(仪轨)

f 刻本 ཞོལ་པར།（西藏拉萨雪版） དགེ་སློང་བློ་བཟང་དོན་གྲུབ།

g 乌金 梵夹装 38.5×6
h 27 6
i 无 藏纸 黑 完整
j 封面钤有“民族文化宫图书馆藏”印；民族宫目录中为ང函内容，19 叶。

244.21
a 60-21

b འཁོར་ལོ་འབར་བའི་རིག་སྔགས་ཉམས་སུ་བླང་ཚུལ་ཕུང་སྲི་ཕྱེ་མར་འཐག་པའི་འཕྲུལ་འཁོར།

炽燃轮明咒修持法·粉碎蕴魔之幻轮

c བཙུན་གཟུགས་བློ་བཟང་ཆོས་ཀྱི་ཉི་མ། ཀུ་ས་ལི་རྣམ་བརྫ།

d

e སྒྲུབ་ཐབས།（修心法）

f 刻本 ཞོལ་པར།（西藏拉萨雪版） བློ་བཟང་ཀུན་དགའ།

g 乌金 梵夹装 39×6
h 9 6
i 无 藏纸 黑 完整
j 封面钤有“民族文化宫图书馆藏”印；民族宫目录中为ང函内容，8 叶。

244.22
a 60-22

b བཅོམ་ལྡན་འདས་ཁྲོ་བོའི་རྒྱལ་པོ་གཙུག་གཏོར་འབར་བའི་གདམས་པ་ཤིན་ཏུ་ཟབ་པ་རྡོ་རྗེ་ཕ་ལམ།

薄伽梵忿怒明王顶髻炽燃之甚深教授·金刚钻石

c　བཙུན་གཟུགས་བློ་བཟང་ཆོས་ཀྱི་ཉི་མ། ཀུ་ས་ལི་དྷརྨ་བཛྲ།

d　གཟིམ་ཆུང་བདེ་ཆེན་ཕུག

e　གདམས་ངག(教诫)

f　刻本　ཞོལ་པར།（西藏拉萨雪版）

g　乌金　梵夹装　39×6
h　13　6
i　无　藏纸　黑　完整
j　封面钤有“民族文化宫图书馆藏”印；民族宫目录中为ང函内容，8叶。

244.23
a　60-23

b　ཀླུ་མཆོད་བྱེད་ཚུལ་བདུད་རྩི་ཡོལ་གོ

鲁神供养法·甘露器皿

c　བཙུན་གཟུགས་བློ་བཟང་ཆོས་ཀྱི་ཉི་མ། ཀུ་ས་ལི་དྷརྨ་བཛྲ།

d　མཆོད་རྟེན་ཐང་བཀྲ་ཤིས་དར་རྒྱས་གླིང་གི་ཁྲི་ཟུར་རྒྱ་རིག་ཞབས་དྲུང་།

e　ཆོ་ག（仪轨）

f　刻木　ཞོལ་པར།（西藏拉萨雪版）　དགེ་སློང་བློ་བཟང་དར་མ།

g　乌金　梵夹装　39×6
h　4　6
i　无　藏纸　黑　完整
j　封面钤有“民族文化宫图书馆藏”印；民族宫目录中为ཅ函内容，3叶。

244.24
a　60-24

b　བཅོམ་ལྡན་འདས་ཀླུ་དབང་རྒྱལ་པོའི་སྒོ་ནས་ཀླུ་དང་ས་བདག་གི་གནོད་འཚེ་སེལ་ཐབས་བདུད་རྩིའི་

བུམ་བཟང་།

薄伽梵鲁神自在王佛法门中消除龙神地神灾害法·甘露妙瓶

c　བཙུན་གཟུགས་བློ་བཟང་ཆོས་ཀྱི་ཉི་མ། ཀུ་ས་ལི་རྣམ་བཪྫ།

d　སྐུ་འབུམ།（青海塔尔寺）　དགེ་སློང་བསམ་གཏན།

e　ཆོ་ག（仪轨）

f　刻本　ཞོལ་པར།（西藏拉萨雪版）　ངག་དབང་བསྟན་འཕེལ།

g　乌金　梵夹装　39×6

h　12　6

i　无　藏纸　黑　完整

j　封面钤有“民族文化宫图书馆藏”印；民族宫目录中为ང函内容，11叶。

244.25

a　60-25

b　བཅོམ་ལྡན་འདས་རྡོ་རྗེ་སེམས་དཔའི་སྒོ་ནས་གང་ཟག་ཁྱད་པར་ཅན་གྱི་སྐུ་གདུང་མཆོད་རྟེན་སྦྱོང་བའི་

ཆོ་ག་རིན་ཆེན་སྒྲོན་མ།

薄伽梵金刚萨埵法门中供养殊胜有精舍利并净治仪轨·大宝明灯

c　བཙུན་གཟུགས་བློ་བཟང་ཆོས་ཀྱི་ཉི་མ། ཀུ་ས་ལི་རྣམ་བཪྫ།

d　དགོན་ལུང་བྱམས་པ་གླིང་།（青海佑宁寺强巴林）

e　ཆོ་ག（仪轨）

f　刻本　ཞོལ་པར།（西藏拉萨雪版）　དགེ་སློང་ངག་དབང་བསྟན་འཕེལ།

g　乌金　梵夹装　39×6

h　28　6

i　无　藏纸　黑　完整

j　封面钤有“民族文化宫图书馆藏”印；民族宫目录中为ང函内容，22叶。

244.26

a　60-26

b　རྗེ་བཙུན་རྡོ་རྗེ་རྣལ་འབྱོར་མ་ནཱ་རོ་མཁའ་སྤྱོད་མའི་རྒྱུན་གྱི་ཉམས་ལེན་རྗེ་བློ་གསལ་རྒྱ་མཚོས་མཛད་པ།

至尊洛色嘉措所著至尊金刚瑜伽母那若空行母常修法

c　བཙུན་གཟུགས་བློ་བཟང་ཆོས་ཀྱི་ཉི་མ། ཀུ་ས་ལི་དྷརྨ་བཛྲ།

d

e　སྒྲུབ་ཐབས།（修心法）

f　刻本　ཞོལ་པར།（西藏拉萨雪版）

g　乌金　梵夹装　38×6

h　5　6

i　无　藏纸　黑　完整

j　封面钤有“民族文化宫图书馆藏”印；民族宫目录中为 3642 号༡函内容，4 叶。

244.27

a　60-27

b　རྗེ་བཙུན་རྡོ་རྗེ་རྣལ་འབྱོར་མ་ནཱ་རོ་མཁའ་སྤྱོད་མའི་སྒྲུབ་ཐབས་རྒྱས་པ་པདྨ་རཱ་གའི་ཐེམ་སྐས།

至尊金刚瑜伽母那若空行母修法广本·赤珠宝梯

c　བཙུན་གཟུགས་བློ་བཟང་ཆོས་ཀྱི་ཉི་མ། ཀུ་ས་ལི་དྷརྨ་བཛྲ།

d　གནས་མཆོག་བདེ་ཆེན་གླིང་།（德钦林）

e　སྒྲུབ་ཐབས།（修心法）

f　刻本　ཞོལ་པར།（西藏拉萨雪版）　དགེ་ཚུལ་རྒྱལ་མཚན་གྲགས་པ།

g　乌金　梵夹装　38.5×6

h　29　5

i　无　藏纸　黑　完整

j　封面钤有“民族文化宫图书馆藏”印；民族宫目录中为 3642 号༡函内容，18 叶。

244.28

a　60-28

b　རྗེ་བཙུན་རྡོ་རྗེ་རྣལ་འབྱོར་མ་ནཱ་རོ་མཁའ་སྤྱོད་མའི་སྒྲུབ་ཐབས་ཐུན་མོང་མ་ཡིན་པ་བདེ་ཆེན་ཉེ་ལམ།

至尊金刚瑜伽母那若空行之不共修法·大乐捷径

c　བཙུན་གཟུགས་བློ་བཟང་ཆོས་ཀྱི་ཉི་མ། ཀུ་ས་ལི་ཧྲཱུཾ་བཛྲ།

d　འབྲས་སྤུངས།（西藏拉萨哲蚌寺）

e　སྒྲུབ་ཐབས།（修心法）

f　刻本　ཞོལ་པར།（西藏拉萨雪版）

g　乌金　梵夹装　38.5×6

h　14　6

i　无　藏纸　黑　完整

j　封面钤有“民族文化宫图书馆藏”印；民族宫目录中为3642号༧函内容，10叶。

244.29

a　60-29

b　རྗེ་བཙུན་ནཱ་རོ་མཁའ་སྤྱོད་མའི་སྒྲུབ་ཐབས་ཤིན་ཏུ་བསྡུས་པ་མཁའ་སྤྱོད་བགྲོད་པའི་ཐེམ་སྐས།

至尊那若空行最略修法·趣空行之阶梯

c　བཙུན་གཟུགས་བློ་བཟང་ཆོས་ཀྱི་ཉི་མ། ཀུ་ས་ལི་ཧྲཱུཾ་བཛྲ།

d

e　སྒྲུབ་ཐབས།（修心法）

f　刻本　ཞོལ་པར།（西藏拉萨雪版）

g　乌金　梵夹装　38.5×6

h　3　6

i　无　藏纸　黑　完整

j　封面钤有“民族文化宫图书馆藏”印；民族宫目录中为3642号༧函内容，1叶。

244.30

a　60-30

b　རྗེ་བཙུན་ནཱ་རོ་མཁའ་སྤྱོད་མའི་ཐུགས་རྗེ་བསྐུལ་བའི་གསོལ་འདེབས་དངོས་གྲུབ་ནོར་བུ་འདྲེན་པའི་ཤིང་རྟ།

至尊那若空行母劝发悲心启请文·能引悉地宝车

c　བཙུན་གཟུགས་བློ་བཟང་ཆོས་ཀྱི་ཉི་མ། ཀུ་ས་ལི་རྣམ་བརྫ།

d　དབེན་གནས་ཕུར་བུ་ལྕོགས།（西藏拉萨普布觉）

e　གསོལ་འདེབས།（启请文）

f　刻本　ཞོལ་པར།（西藏拉萨雪版）

g　乌金　梵夹装　38×6
h　4　6
i　无　藏纸　黑　完整

j　封面钤有“民族文化宫图书馆藏”印；民族宫目录中为 3642 号༧函内容，题名《至尊金刚瑜伽母赞颂祈请偈·速招悉地之钩与劝发悲心启请文·能引悉地宝车》，5 叶。

244. 31

a　60-31

b　རྗེ་བཙུན་ནཱ་རོ་མཁའ་སྤྱོད་མའི་བསྐྱེད་རྫོགས་ཀྱི་སྙིང་པོ་མཁའ་སྤྱོད་ཉེ་ལམ།

至尊那若空行母生圆二次第之心要·空行捷径

c　བཙུན་གཟུགས་བློ་བཟང་ཆོས་ཀྱི་ཉི་མ། ཀུ་ས་ལི་རྣམ་བརྫ།

d　འབྲས་སྤུངས།（西藏拉萨哲蚌寺）　ངག་དབང་ཆོས་འབྱོར།

e　སྔགས།（密宗）

f　刻本　ཞོལ་པར།（西藏拉萨雪版）

g　乌金　梵夹装　38.5×6.5
h　5　6
i　无　藏纸　黑　完整

j　封面钤有“民族文化宫图书馆藏”印；民族宫目录中为 3642 号༧函内容，题名《至尊那若空行母生圆二次第之心要·空行捷径、教授口诀、空行密语等》，4 叶。

244.32

a　60-32

b　རྗེ་བཙུན་ནཱ་རོ་མཁའ་སྤྱོད་མའི་ལམ་གྱི་རིམ་པའི་སྟོང་ཐུན་གནད་དོན་ཀུན་གསལ།

至尊那若空行母道次第总纲·要义普明

c　བཙུན་གཟུགས་བློ་བཟང་ཆོས་ཀྱི་ཉི་མ། ཀུ་ས་ལི་ཧྣམ་བརྡ།

d

e　སྔགས།(密宗)

f　刻本　ཞོལ་པར།（西藏拉萨雪版）

g　乌金　梵夹装　38×6.5

h　6　6

i　无　藏纸　黑　完整

j　封面钤有“民族文化宫图书馆藏”印；民族宫目录中为 3642 号༧函内容，4 叶。

244.33

a　60-33

b　རྗེ་བཙུན་རྡོ་རྗེ་རྣལ་འབྱོར་མ་ནཱ་རོ་མཁའ་སྤྱོད་ཀྱི་མན་ངག་ཞལ་ཤེས་མཁའ་འགྲོའི་གསང་གཏམ།

至尊金刚瑜伽母那若空行母教授口诀、空行密语等

c　བཙུན་གཟུགས་བློ་བཟང་ཆོས་ཀྱི་ཉི་མ། ཀུ་ས་ལི་ཧྣམ་བརྡ།

d

e　མན་ངག(善言)

f　刻本　ཞོལ་པར།（西藏拉萨雪版）

g　乌金　梵夹装　38×6.5

h　3　6

i　无　藏纸　黑　完整

j　封面钤有“民族文化宫图书馆藏”印；民族宫目录中为 3642 号༧函内容，题名《至尊那若空行母生圆二次第之心要·空行捷径、教授口诀、空行密语等》，4 叶。

244.34

a　60-34

b　རྗེ་བཙུན་རྡོ་རྗེ་རྣལ་འབྱོར་མ་ནཱ་རོ་མཁའ་སྤྱོད་མའི་ཐུན་མཚམས་སུ་ཉེ་བར་མཁོ་བའི་མན་ངག་གི་རིམ་པ་ལྔ།

至尊金刚瑜伽母那若空行母座间必需教授五次第

c　བཙུན་གཟུགས་བློ་བཟང་ཆོས་ཀྱི་ཉི་མ། ཀུ་ས་ལི་རྣམ་བརྫོ།

d　དགོན་ལུང་།（青海佑宁寺）

e　མན་ངག(善言)

f　刻本　ཞོལ་པར།（西藏拉萨雪版）

g　乌金　梵夹装　38×6.5

h　7　6

i　无　藏纸　黑　完整

j　封面铃有“民族文化宫图书馆藏”印；民族宫目录中为 3642 号ཉ函内容，4 叶。

244.35

a　60-35

b　རྗེ་བཙུན་རྡོ་རྗེ་རྣལ་འབྱོར་མ་ནཱ་རོ་མཁའ་སྤྱོད་མའི་སྙིང་པོ་དང་ཚང་བརྒྱད་ཀྱི་བསྟོད་པའི་ཕན་ཡོན་བཤད་པ་བསྐལ་བཟང་དགའ་བསྐྱེད།

至尊金刚瑜伽母那若空行母心咒与八句赞之功德解说·具缘生喜

c　བཙུན་གཟུགས་བློ་བཟང་ཆོས་ཀྱི་ཉི་མ། ཀུ་ས་ལི་རྣམ་བརྫོ།

d

e　བསྟོད་ཚོགས།(赞集)

f　刻本　ཞོལ་པར།（西藏拉萨雪版）

g　乌金　梵夹装　38×6.5

h　7　6

i　无　藏纸　黑　完整

j 封面钤有“民族文化宫图书馆藏”印；民族宫目录中为 3642 号༧函内容，16 叶。

244.36

a 60-36

b རྗེ་བཙུན་རྡོ་རྗེ་རྣལ་འབྱོར་མ་ནཱ་རོ་མཁའ་སྤྱོད་ཀྱི་བསྙེན་ཡིག་པདྨ་ར་གའི་འཕྲེང་མཛེས།

至尊金刚瑜伽母那若空行念诵文·赤珠美鬘

c བཙུན་གཟུགས་བློ་བཟང་ཆོས་ཀྱི་ཉི་མ། ཀུ་ས་ལི་ཧྲྀམ་བཟོ།

d དབེན་གནས་བདེ་ཆེན་ཆོས་གླིང་།（德钦却林）

e བསྙེན་ཡིག(念修文)

f 刻本 ཞོལ་པར།（西藏拉萨雪版） དགེ་ཚུལ་རྒྱལ་མཚན་གྲགས་པ།

g 乌金 梵夹装 38×6.5

h 22 6

i 无 藏纸 黑 完整

j 封面钤有“民族文化宫图书馆藏”印；民族宫目录中为 3642 号༧函内容，14 叶。

244.37

a 60-37

b རྗེ་བཙུན་ནཱ་རོ་མཁའ་སྤྱོད་མའི་ཞི་བའི་སྦྱིན་སྲེག་བྱ་ཚུལ་དངོས་གྲུབ་འདོད་འཇོ།

至尊那若空行母息灾护摩法·悉地如意

c བཙུན་གཟུགས་བློ་བཟང་ཆོས་ཀྱི་ཉི་མ། ཀུ་ས་ལི་ཧྲྀམ་བཟོ།

d དབེན་གནས་བདེ་ཆེན་ཆོས་གླིང་།（德钦却林）

e སྦྱིན་སྲེག(火供)

f 刻本 ཞོལ་པར།（西藏拉萨雪版） དགེ་སློང་བློ་བཟང་བཟོད་པ།

g 乌金 梵夹装 38×6.5

h 10 6

i 无 藏纸 黑 完整

j 封面钤有“民族文化宫图书馆藏”印；民族宫目录中为 3642 号༧函内容，7 叶。

244. 38

a 60-38

b ནཱ་རོ་མཁའ་སྤྱོད་ཀྱི་བཀའ་བསྒོ་བྱ་ཚུལ།

那若空行禳解广法

c བཙུན་གཟུགས་བློ་བཟང་ཆོས་ཀྱི་ཉི་མ། ཀུ་ས་ལི་ཧྲམ་བརྡ།

d ཞེ་ཧུཨུ།（西湖） སློབ་མ་ཨུ་རོད་ཆོས་སྐྱབས།

e བཀའ་བསྒོ་བྱ་ཚུལ།(指示)

f 刻本 ཞོལ་པར།（西藏拉萨雪版）

g 乌金 梵夹装 38×6.5

h 4 6

i 无 藏纸 黑 完整

j 封面钤有“民族文化宫图书馆藏”印；民族宫目录中为 3642 号༧函内容，题名《那若空行母法门中禳解广法及略法》，3 叶。

244. 39

a 60-39

b རྗེ་བཙུན་ནཱ་རོ་མཁའ་སྤྱོད་མའི་སྒོ་ནས་འཆི་བ་བསླུ་བའི་མན་ངག་འཆི་མེད་རྡོ་རྗེའི་སྦྱིན་སྲེག

至尊那若空行母法门中赎死秘诀·长寿金刚命施

c བཙུན་གཟུགས་བློ་བཟང་ཆོས་ཀྱི་ཉི་མ། ཀུ་ས་ལི་ཧྲམ་བརྡ།

d དབེན་གནས་བདེ་ཆེན་ཆོས་གླིང་།（德钦却林）

e མན་ངག(善言)

f 刻本 ཞོལ་པར།（西藏拉萨雪版） དགེ་སློང་བློ་བཟང་བཟོད་པ།

g 乌金 梵夹装 38×6.5

h　11　6
i　无　藏纸　黑　完整
j　封面钤有“民族文化宫图书馆藏”印；民族宫目录中为3642号ཤ函内容，7叶。

244.40
a　60-40
b　རྗེ་བཙུན་རྡོ་རྗེ་རྣལ་འབྱོར་མ་ནཱ་རོ་མཁའ་སྤྱོད་མའི་སྒོ་ནས་ཧྨོ་སྒོ་བྱ་ཚུལ་སྡིག་མུན་སེལ་བའི་ཟླ་བ།
至尊金刚瑜伽母那若空行母法门中超荐门仪轨·消除罪恶黑暗之月
c　བཙུན་གཟུགས་བློ་བཟང་ཆོས་ཀྱི་ཉི་མ། ཀུ་ས་ལི་ཧྨ་བཟོ།
d
e　ཆོ་ག（仪轨）
f　刻本　ཞོལ་པར།（西藏拉萨雪版）
g　乌金　梵夹装　38×6.5
h　20　6
i　无　藏纸　黑　完整
j　封面钤有“民族文化宫图书馆藏”印；民族宫目录中为3642号ཤ函内容，14叶。

244.41
a　60-41
b　རྗེ་བཙུན་རྡོ་རྗེ་རྣལ་འབྱོར་མའི་བཀའ་སྲུང་དཔའ་བོ་དུར་ཁྲོད་བདག་པོའི་གཏོར་ཆོག་དང་རྗེས་གནང་བྱ་ཚུལ་ལས་བཞི་ལྷུན་གྲུབ།
至尊金刚瑜伽母护法勇士尸林主之供神馐仪轨与随许法·四业任运成就
c　བཙུན་གཟུགས་བློ་བཟང་ཆོས་ཀྱི་ཉི་མ། ཀུ་ས་ལི་ཧྨ་བཟོ།
d
e　ཆོ་ག（仪轨）
f　刻本　ཞོལ་པར།（西藏拉萨雪版）

g 乌金 梵夹装 38×6.5
h 8 6
i 无 藏纸 黑 完整
j 封面钤有“民族文化宫图书馆藏”印；民族宫目录中为 3642 号༡函内容，5 叶。

244.42
a 60-42
b ཛེ་བཙུན་ནཱ་རོ་མཁའ་སྤྱོད་མའི་སིནྡྷུ་རའི་དཀྱིལ་འཁོར་སྒྲུབ་ཅིང་མཆོད་པ་དང་བདག་ཉིད་འཇུག་ཅིང་དབང་བླང་བའི་ཆོ་ག་ཆ་ལག་དང་བཅས་པ་དངོས་གྲུབ་གྲུ་ཆར་གཡོ་བའི་སྤྲིན་ཕུང་།
至尊那若空行母黄丹曼荼罗修法并供法、自入受灌顶仪轨支分·悉地细雨飘动之云聚
c བཙུན་གཟུགས་བློ་བཟང་ཆོས་ཀྱི་ཉི་མ། ཀུ་ས་ལི་རྣམ་བརྫ།
d འབྲས་སྤུངས།（西藏拉萨哲蚌寺）
e སྒྲུབ་ཐབས།（修心法）
f 刻本 ཞོལ་པར།（西藏拉萨雪版）
g 乌金 梵夹装 38.5×6.5
h 39 6
i 无 藏纸 黑 完整
j 封面钤有“民族文化宫图书馆藏”印；民族宫目录中为 3642 号༡函内容，28 叶。

244.43
a 60-43
b མ་ཅིག་ཁྲོས་མ་ནག་པོ་ལྷ་ལྔའི་མདུན་བསྐྱེད་ཀྱི་ཆོ་ག་མཁའ་འགྲོ་མཉེས་བྱེད།
玛吉黑色忿怒母五尊面前生起仪轨·空行悦意
c བཙུན་གཟུགས་བློ་བཟང་ཆོས་ཀྱི་ཉི་མ། ཀུ་ས་ལི་རྣམ་བརྫ།
d དགེ་གནས་བདེ་ཆེན་ཆོས་གླིང་།（德钦却林）

e ཆོ་ག（仪轨）

f 刻本 ཞོལ་པར།（西藏拉萨雪版） ཨ་ནན།

g 乌金 梵夹装 39.5×6
h 11 6
i 无 藏纸 黑 完整
j 封面钤有“民族文化宫图书馆藏”印；民族宫目录中为ང函内容，12 叶。

244.44
a 60-44

b གཅོད་ཀྱི་གདམས་པ་ཐར་པའི་སྒོ་འབྱེད།

觉法教授·开解脱门

c བཙུན་གཟུགས་བློ་བཟང་ཆོས་ཀྱི་ཉི་མ། ཀུ་ས་ལི་རྣམ་བཟོ།

d འབྲས་སྤུངས།（西藏拉萨哲蚌寺）

e གདམས་ངག（善言）

f 刻本 ཞོལ་པར།（西藏拉萨雪版）

g 乌金 梵夹装 39×6
h 13 6
i 无 藏纸 黑 完整
j 封面钤有“民族文化宫图书馆藏”印；民族宫目录中为ང函内容，10 叶。

244.45
a 60-45

b གཅོད་ཀྱི་མན་ངག་ཤིན་ཏུ་བསྡུས་པ་ཟབ་དོན་ཡང་སྙིང་།

觉法最略教授·甚深义心要

c བཙུན་གཟུགས་བློ་བཟང་ཆོས་ཀྱི་ཉི་མ། ཀུ་ས་ལི་རྣམ་བཟོ།

d

e གཅོད།（觉派）

f　刻本　ཞོལ་པར།（西藏拉萨雪版）

g　乌金　梵夹装　39×6
h　4　6
i　无　藏纸　黑　完整
j　封面钤有“民族文化宫图书馆藏”印；民族宫目录中为ང函内容，3 叶。

244.46
a　60-46

b　གཙུག་གཏོར་བཟློས་ཆེན་བསྡུས་པའི་ཆོ་ག་སྙིང་པོ་བཅུད་འདུས།
顶髻大回遮略轨·要旨精粹

c　བཙུན་གཟུགས་བློ་བཟང་ཆོས་ཀྱི་ཉི་མ། ཀུ་ས་ལི་རྣམ་བཞི།

d

e　ཆོ་ག（仪轨）

f　刻本　ཞོལ་པར།（西藏拉萨雪版）　དགེ་སློང་བློ་བཟང་དོན་གྲུབ།

g　乌金　梵夹装　39.5×6
h　9　6
i　无　藏纸　黑　完整
j　封面钤有“民族文化宫图书馆藏”印；民族宫目录中为ཅ函内容，7 叶。

244.47
a　60-47

b　བསྟན་སྲུང་རྡོ་རྗེ་རྒྱལ་མཚན་པའི་གསོལ་མཆོད་བཙན་རྒོལ་རོལ་མཚོ།
护教觉窝坚赞之祈请供养法·暴恶神游戏海

c　བཙུན་གཟུགས་བློ་བཟང་ཆོས་ཀྱི་ཉི་མ། ཀུ་ས་ལི་རྣམ་བཞི།

d　གཟིམས་ཆུང་མཁའ་སྤྱོད་ཡང་རྩེ།

e　ཆོ་ག（仪轨）

f　刻本　ཞོལ་པར།（西藏拉萨雪版）

g 乌金 梵夹装 38×6
h 15 6
i 无 藏纸 黑 完整
j 封面钤有“民族文化宫图书馆藏”印；民族宫目录中为ཙ函内容，9叶。

244.48
a 60-48
b ཚེ་རིང་མཆེད་ལྔའི་གསོལ་མཆོད་ཀྱི་ཆོ་ག་འདོད་འཇོའི་བུམ་བཟང་།
长寿五兄弟祈请供养仪轨·如意妙瓶
c བཙུན་གཟུགས་བློ་བཟང་ཆོས་ཀྱི་ཉི་མ། ཀུ་ས་ལི་ཧྲུམ་བཛྲ།
d
e ཆོ་ག（仪轨）
f 刻本 ཞོལ་པར།（西藏拉萨雪版）
g 乌金 梵夹装 39.5×6
h 12 6
i 无 藏纸 黑 完整
j 封面钤有“民族文化宫图书馆藏”印；民族宫目录中为ཙ函内容，8叶。

244.49
a 60-49
b དགེ་བ་རྫོགས་བྱང་དུ་བསྔོ་བའི་ཚིགས་སུ་བཅད་པ།
功德圆满之回向颂
c བཙུན་གཟུགས་བློ་བཟང་ཆོས་ཀྱི་ཉི་མ། ཀུ་ས་ལི་ཧྲུམ་བཛྲ།
d ཏིང་སྐྱི་བླ་མ་ཀུན་བཟང་སྙན་གྲགས་རྒྱ་མཚོ།
e བསྔོ་ཡིག（回向文）
f 刻本 ཞོལ་པར།（西藏拉萨雪版）
g 乌金 梵夹装 38×6
h 2 6

i　无　藏纸　黑　完整

j　封面钤有“民族文化宫图书馆藏”印；民族宫目录中无此件。

244.50

a　60-50

b　སྨོན་ལམ་ཐོར་བུ།

零散祈愿

c　བཙུན་གཟུགས་བློ་བཟང་ཆོས་ཀྱི་ཉི་མ། ཀུ་ས་ལི་ཧྲུམ་བརྗོད།

d　ཏིང་སྐྱ་ཐྭ་མ་ཀུན་བཟང་སྙན་གྲགས་རྒྱ་མཚོ།

e　སྨོན་ལམ།（祈愿）

f　刻本　ཞོལ་པར།（西藏拉萨雪版）

g　乌金　梵夹装　39×6

h　5　6

i　无　藏纸　黑　完整

j　封面钤有“民族文化宫图书馆藏”印；民族宫目录中无此件。

244.51

a　60-51

b　བཅོམ་ལྡན་འདས་ཁྲོས་མ་ནག་མོ་ལྷ་ལྔའི་སྒྲུབ་ཐབས་མདོར་བསྡུས་མཁའ་འགྲོའི་ཞལ་ལུང་།

薄伽梵黑色忿怒母五尊略修法·空行口传

c　བཙུན་གཟུགས་བློ་བཟང་ཆོས་ཀྱི་ཉི་མ། ཀུ་ས་ལི་ཧྲུམ་བརྗོད།

d　ཐུགས་པ་ཚེ་རིང་ཐར།

e　སྒྲུབ་ཐབས།（修心法）

f　刻本　ཞོལ་པར།（西藏拉萨雪版）　དགེ་སློང་བློ་བཟང་ཀུན་དགའ།

g　乌金　梵夹装　39×6

h　4　6

i　无　藏纸　黑　完整

j　封面钤有“民族文化宫图书馆藏”印；民族宫目录中为ང函内容叶。

244.52

a 60-52

b ཚེ་བདག་མགོན་པོའི་གཏོར་ཆོག་དངོས་གྲུབ་བདུད་རྩིའི་བུམ་བཟང་།

寿神怙主供神馐仪轨·悉地甘露妙瓶与会供·普贤喜宴

c བཙུན་གཟུགས་བློ་བཟང་ཆོས་ཀྱི་ཉི་མ། ཀུ་ས་ལི་རྣམ་བཟློ

d དགོན་ལུང་།（青海佑宁寺） ཕང་རྫོ་རྗེ་སྐྱབས།

e ཆོ་ག（仪轨）

f 刻本 ཞོལ་པར།（西藏拉萨雪版） དགེ་སློང་ངག་དབང་བསྟན་འཕེལ།

g 乌金 梵夹装 38.5×6

h 8 6

i 无 藏纸 黑 完整

j 封面钤有“民族文化宫图书馆藏”印；民族宫目录中为ཅ函内容，11叶。

244.53

a 60-53

b སྲུང་མའི་དབང་པོ་དཔལ་མགོན་ཞལ་བཞི་པ་ལ་མཆོད་ཅིང་འཕྲིན་ལས་བཅོལ་བའི་ཚིགས་སུ་བཅད་པ་འདོད་དོན་ལྷུན་གྲུབ།

护法王吉祥四面怙主之祭祀及托业颂·心愿速成

c བཙུན་གཟུགས་བློ་བཟང་ཆོས་ཀྱི་ཉི་མ། ཀུ་ས་ལི་རྣམ་བཟློ

d ཕུན་ཚོགས་བསྟན་པ།

e ཆོ་ག（仪轨）

f 刻本 ཞོལ་པར།（西藏拉萨雪版） དགེ་སློང་ངག་དབང་བསྟན་འཕེལ།

g 乌金 梵夹装 38×6

h 2 6

i 无 藏纸 黑 完整

j 封面钤有“民族文化宫图书馆藏”印；民族宫目录中无此件。

244.54

a 60-54

b དགོན་ལུང་ཆོས་སྐྱོང་རྡོ་རྗེ་འོད་ལྡན་དཀར་པོའི་མངའ་གསོལ་ལྷ་མཆོག་དགྱེས་པའི་བཞད་སྒྲ།

佑宁寺护神金刚白持光供奉·神之欢宴

c བཙུན་གཟུགས་བློ་བཟང་ཆོས་ཀྱི་ཉི་མ། ཀུ་ས་ལི་ཧཱུྃ་བཛྲ།

d དགོན་ལུང་།（青海佑宁寺）

e གསོལ་འདེབས།（启请文）

f 刻本 ཞོལ་པར།（西藏拉萨雪版）

g 乌金 梵夹装 39×6

h 2 6

i 无 藏纸 黑 完整

j 封面钤有“民族文化宫图书馆藏”印；民族宫目录中无此件。

244.55

a 60-55

b དཔལ་ལྡན་ལྷ་མོ་ལ་ཚེ་གཏོར་འབུལ་ཚུལ་གྱི་ལག་ལེན་ཁྲིགས་ཆགས་སུ་བཀོད་པ་འགག་མེད་རྡོ་རྗེ་སྒྲ་དབྱངས།

吉祥天母前献日供法实修次第·无障金刚声

c བཙུན་གཟུགས་བློ་བཟང་ཆོས་ཀྱི་ཉི་མ། ཀུ་ས་ལི་ཧཱུྃ་བཛྲ།

d སྐུ་འབུམ་བྱམས་པ་གླིང་།（青海塔尔寺）

e ཆོ་ག（仪轨）

f 刻本 ཞོལ་པར།（西藏拉萨雪版） དགེ་སློང་ངག་དབང་བསྟན་འཕེལ།

g 乌金 梵夹装 39×6

h 12 6

i 无 藏纸 黑 完整

j 封面钤有“民族文化宫图书馆藏”印；民族宫目录中为ཅ函内容，11 叶。

244.56

a 60-56

b རྟ་མགྲིན་གསང་སྒྲུབ་ཀྱི་ཆོས་སྐོར་བུམ་གཏེར་ཚོ་ག་དགོས་འདོད་ཀུན་འབྱུང་།

马头金刚密修法类中瓶藏仪轨·随愿普生

c བཙུན་གཟུགས་བློ་བཟང་ཆོས་ཀྱི་ཉི་མ། ཀུ་ས་ལི་ཧྲམ་བཟོ།

d མཛེས་བྱེད་ཆུ་སྟོད། 水兔年（1783）藏历六月

e ཚོ་ག（仪轨）

f 刻本 ཞོལ་པར།（西藏拉萨雪版） བློ་བཟང་ཀུན་དགའ།

g 乌金 梵夹装 38×6

h 13 6

i 无 藏纸 黑 完整

j 封面钤有“民族文化宫图书馆藏”印；民族宫目录中为ཛ函内容，12 叶。

244.57

a 60-57

b སྐྱེར་སྒང་ལུགས་ཀྱི་རྟ་མགྲིན་གསང་སྒྲུབ་ཀྱི་དྲག་པོའི་སྦྱིན་སྲེག་གི་ཆོ་ག་བདུད་སྡེ་སྲེག་བྱེད་བསྐལ་པའི་མེ་དཔུང་།

结冈传规之马头金刚密修之降伏法护摩仪轨·焚烧魔军之劫火

c བཙུན་གཟུགས་བློ་བཟང་ཆོས་ཀྱི་ཉི་མ། ཀུ་ས་ལི་ཧྲམ་བཟོ།

d དགེ་བྱེད་ཆུ་སྟག 水虎年（1782）

e ཚོ་ག（仪轨）

f 刻本 ཞོལ་པར།（西藏拉萨雪版） བློ་བཟང་ཀུན་དགའ།

g 乌金 梵夹装 39×6

h 14 6

i 无 藏纸 黑 完整

j 封面钤有“民族文化宫图书馆藏”印；民族宫目录中为ཝ函内容，13 叶。

244.58

a 60-58

b བསྔོ་བ་བཞུགས་སོ།།

回向

c བཙུན་གཟུགས་བློ་བཟང་ཆོས་ཀྱི་ཉི་མ། ཀུ་ས་ལི་རྣམ་བདེ།

d

e བསྔོ་ཡིག（回向文）

f 刻本 ཞོལ་པར།（西藏拉萨雪版）

g 乌金 梵夹装 38×6
h 3 6
i 无 藏纸 黑 完整
j 封面钤有“民族文化宫图书馆藏”印；民族宫目录中无此件。

244.59
a 60-59

b འཁོར་ལོ་འབར་བའི་རིག་སྔགས་ཉམས་སུ་བླང་ཚུལ་ཕུང་སྲི་ཕྱེ་མར་འཐག་པའི་འཁྲུལ་འཁོར།

炽燃轮明咒修持法·粉碎蕴魔之幻轮

c བཙུན་གཟུགས་བློ་བཟང་ཆོས་ཀྱི་ཉི་མ། ཀུ་ས་ལི་རྣམ་བདེ།

d

e སྒྲུབ་ཐབས།（修心法）

f 刻本 ཞོལ་པར།（西藏拉萨雪版） བློ་བཟང་ཀུན་དགའ།

g 乌金 梵夹装 38×6
h 9 6
i 无 藏纸 黑 完整
j 封面钤有“民族文化宫图书馆藏”印；民族宫目录中为ང函内容叶，8 叶。

244.60
a 60-60

b རྡོ་རྗེ་འཇིགས་བྱེད་ཟླ་བརྒྱད་དང་བཅས་པའི་སྦྱིན་སྲེག་གི་སྒོ་ནས་ཆར་འབེབས་པའི་གདམས་པ་ཕན་བདེ་ཀུན་

འབྱུང་།

怖畏金刚八龙等部护摩法门中降雨要诀·利乐普生

c　བཙུན་གཟུགས་བློ་བཟང་ཆོས་ཀྱི་ཉི་མ། ཀུ་ས་ལི་དྷརྨ་བཛྲ།

d　མེ་ཕོ་འབྲུག 火阳龙年（1796）

e　གདམས་ངག(教诫)

f　刻本　ཞོལ་པར།（西藏拉萨雪版）　དགེ་སློང་མ་སུ་དྷརྨ།

g　乌金　梵夹装　39×6

h　8　6

i　无　藏纸　黑　完整

j　封面钤有“民族文化宫图书馆藏”印；民族宫目录中为ང函内容叶，7叶。

245

A　3720-3721　3559、3549

B　ལྕང་སྐྱ་ངག་དབང་བློ་བཟང་ཆོས་ལྡན་གྱི་གསུང་འབུམ།

章嘉·阿旺洛桑曲登文集

C　ཀ

D　ལྕང་སྐྱ་ངག་དབང་བློ་བཟང་ཆོས་ལྡན།　དགེ་ལུགས་པ།　མདོ་སྨད་ཙོང་ཁའི་ཡུལ་དུ་༡༦༤༢ལོར་སྐྱ་འཁྲུངས།　པཎ་ཆེན་བློ་བཟང་ཆོས་རྒྱན་གྱིས་གྲགས་པ་འོད་ཟེར་གྱི་སྐུ་སྐྱེས་སུ་ངོས་འཛིན་མཛད།　དགུང་ལོ་དགུ་པར་དགོན་ལུང་བྱམས་པ་གླིང་དུ་སྐྱ་འཁྲུངས།　མཆོད་ཡོན་ཀུན་གྱིས་བརྩི་འཇོག་ཆེན་པོ་བྱས།　དགུང་ལོར་ཉི་ཤུར་ལྷ་ལྡན་དུ་ཕེབས།　ལྷ་བ་ཆེན་པོའི་སྤྱན་སྔར་དགེ་ཚུལ་གྱི་སྡོམ་པ་མནོས།　མཚན་ངག་དབང་བློ་བཟང་མཆོག་ལྡན་ཞེས་གསོལ།　འབྲས་སྤུངས་སྒོ་མང་གྲྭ་ཚང་གི་ཆོས་གྲྭར་ཞུགས།　དགུང་ལོ་ཉེར་གསུམ་པར་བསྙེན་རྫོགས་ཀྱི་སྡོམ་པ་བཞེས།　དགུང་ལོར་ཉེར་དགུ་པར་ལྷ་སའི་སྨོན་ལམ་ཆེན་མོར་གྲྭ་སྐོར་མཛད།　དགུང་ལོ་ང་གཉིས་པ་གོང་མའི་བཀའ་བཞིན་པེ་ཅིང་དུ་ཕེབས།　དགུང་ལོ་དོན་གསུམ་པ་སྤྱི་ལོ་༡༧༡༤ལོར་དགོངས་པ་རྫོགས།　དེད་དཔེ་མཛོད་ཁང་དུ་མི་རིགས་པོ་བྲང་ནས་ཕྱིར་འབུལ་ཞུས་པའི་གྲས་པོད་ཀ ཨང་རྟགས་ ༣༧༢༠--༣༧༢༣ བཞུགས།

章嘉·阿旺洛桑曲登（1642-1714）：幼时被班禅洛桑曲坚认定为扎巴唯色转世。9岁迎往佑宁寺。20岁赴拉萨，在五十达赖座前接受沙弥戒，赐名阿旺洛桑曲登，入哲蚌寺果芒扎仓学习。23岁接受比丘戒。29岁参加拉萨大法会。在卫藏期间，拜众多名师，使其成为渊博大学者。52岁，被皇帝下诏前往北京。73岁圆寂。西藏图书馆藏北京民族文化宫图书馆赠送的文集有3函，编号为3720-3723。

E 此函民族宫目录有3559和3549号，前者一卷，后者3卷；西藏图书馆藏品中多出一卷为同文集3560号ཁ函内容。

245.1

a 5-1

b ཐུན་མོང་བའི་ལམ་གྱི་རིམ་པ་རྣམས་ཕྱོགས་གཅིག་ཏུ་བཀོད་པ་གླེགས་བམ་དང་པོའི་དཀར་ཆག

共通道诸次第合编第一函目录

c གྱི་ན་པ་ངག་དབང་བློ་བཟང་ཆོས་ལྡན།

d

e དཀར་ཆག(目录)

f 刻本 འབྲས་སྤུངས།（西藏拉萨哲蚌寺）

g 乌金 梵夹装 49×7

h 2 6

i 无 藏纸 黑 完整

j 封面钤有“民族文化宫图书馆藏”印。

245.2

a 5-2

b བྱང་ཆུབ་ལམ་གྱི་རིམ་པའི་གདམས་པའི་ཚིགས་སུ་བཅད་པ་ཀུན་མཁྱེན་བདེ་ལམ།

菩提道次第教授颂文·遍智坦道

c གྱི་ན་པ་ངག་དབང་བློ་བཟང་ཆོས་ལྡན།

d དཀའ་བཅུ་ཤེས་དར།

e མན་ངག(善言)

f　刻本　འབྲས་སྤུངས།（西藏拉萨哲蚌寺）　དཀའ་བཅུ་ཤེས་དར།

g　乌金　梵夹装　49×7

h　235　6

i　有　藏纸　黑　完整

j　封面钤有“民族文化宫图书馆藏”印；民族宫目录中为225叶。

245.3

a　5-3

b　བསྟན་པའི་འཇུག་སྒོ་སྐྱབས་འགྲོའི་འཁྲིད་ཡིག་སོགས་ལམ་ཐུན་མོང་བས་རྒྱུད་སྦྱོང་བའི་རིམ་པ།

入佛教门皈依导释等共通道净治身心次第等

c　ཀྱི་ན་པ་ངག་དབང་བློ་བཟང་ཆོས་ལྡན།

d　པ་ཡན་ཆ་ཏན་གྱི་མདུན་རི་ཕུན་ཚོགས་ཁང་།

ཏར་ཆེན་བྱམས་པ་བཀྲ་ཤིས་གུང་དང་གུང་གི་སྲིང་མོ་དཔོན་མོ་ཐན་བུ།

e　སྐྱབས་འཁྲིད།（皈依导释）

f　刻本　འབྲས་སྤུངས།（西藏拉萨哲蚌寺）　སློམ་བརྩོན་དགེ་ཚུལ་དཔལ་བཟང་།

g　乌金　梵夹装　49×7

h　102　6

i　无　藏纸　黑　完整

j　封面钤有“民族文化宫图书馆藏”印。

245.4

a　5-4

b　བློ་སྦྱོང་བསྙན་བརྒྱུད་ཆེན་མོའི་འཁྲིད་ཡིག་གཞན་ཕན་ཉི་མ།

耳传修心导释·利他之日

c　ཀྱི་ན་པ་ངག་དབང་བློ་བཟང་ཆོས་ལྡན།

d

e　བློ་སྦྱོང་།（修心）

f 刻本 འབྲས་སྤུངས།（西藏拉萨哲蚌寺）

g 乌金 梵夹装 46×7
h 34 6
i 无 藏纸 黑 完整
j 封面钤有“民族文化宫图书馆藏”印；民族宫目录中为ཁ函内容，21叶。

245.5
a 5-5

b བསགས་སྦྱོང་གི་གནད་བསྡུས་པ་ཡན་ལག་བདུན་པའི་ཆོ་ག་དང་།བདེ་བ་ཅན་གྱི་ཞིང་དུ་བགྲོད་པའི་སྨོན་ལམ་

ཞིང་ མཆོག་སྒོ་འབྱེད་ལེ་ཚན་གཉིས་བཅས་བཞུགས།

积资忏净摄要七支仪轨与往生极乐世界愿文·开殊胜刹门

c ཀྱི་ན་པ་ངག་དབང་བློ་བཟང་ཆོས་ལྡན།

d ཆོས་སྡེ་ཆེན་པོ་སྐུམ་བུམ་པ་གླིང་།（青海塔尔寺） རབ་འབྱམས་པ་བློ་བཟང་ཆོས་འགྱུར་སོགས།

e ཆོ་ག（仪轨）

f 刻本 འབྲས་སྤུངས།（西藏拉萨哲蚌寺）

g 乌金 梵夹装 48×7
h 30 6
i 无 藏纸 黑 完整
j 封面钤有“民族文化宫图书馆藏”印。

246
A 3722 3555

B ལྕང་སྐྱ་ངག་དབང་བློ་བཟང་ཆོས་ལྡན་གྱི་གསུང་འབུམ།

章嘉·阿旺洛桑曲登文集

C ཁ

D ལྕང་སྐྱ་ངག་དབང་བློ་བཟང་ཆོས་ལྡན།

同3720介绍。

E 馆藏齐全。

246.1
a 1-1

b སྐྱབས་འགྲོ་སོགས་ཀྱི་འཁྲིད་དང་། གསང་བདེ་འཇིགས་གསུམ་གྱི་རིམ་གཉིས་ཀྱི་ཉམས་ལེན།
皈依导释与密集、胜乐、怖畏三尊二次第验修法等

c གྱི་ན་པ་ངག་དབང་བློ་བཟང་ཆོས་ལྡན།

d

e སྐྱབས་འཁྲིད་སོགས། （皈依导释）

f 刻本 འབྲས་སྤུངས།（西藏拉萨哲蚌寺）

g 乌金 梵夹装 47×7
h 425 6
i 无藏纸黑残缺
j 封面钤有“民族文化宫图书馆藏”印；民族宫目录中为459叶。

247
A 3723 3557

B ལྕང་སྐྱ་ངག་དབང་བློ་བཟང་ཆོས་ལྡན་གྱི་གསུང་འབུམ།
章嘉·阿旺洛桑曲登文集

C ང

D ལྕང་སྐྱ་ངག་དབང་བློ་བཟང་ཆོས་ལྡན།
同3720介绍。
E 馆藏齐全。

247.1
a 1-1

b དུས་སྲིའི་དབང་པོའི་སྒྲུབ་ཐབས་འཁྲུལ་སྤོང་། སྦྱིན་སྲེག་གཟུང་འབུལ་རབ་གནས་ལྷན་ཐབས། བསྲེག་ཆོག་སོགས་བཞུགས་སོ།།
时仇王无误修法、护摩、制伏、开光补遗、荼毗仪轨等

c ཀྱི་ན་པ་ངག་དབང་བློ་བཟང་ཆོས་ལྡན།

d

e སྦྱོང་ཐབས།（修心法）

f 刻本 འབྲས་སྤུངས།（西藏拉萨哲蚌寺） རབ་འབྱམས་པ་བློ་བཟང་ཉིན་མོ།

g 乌金 梵夹装 47.5×7

h 296 6

i 无 藏纸 黑 完整

j 封面钤有“民族文化宫图书馆藏”印。

248

A 3724 763

B ལྕང་སྐྱ་རོལ་པའི་རྡོ་རྗེའི་བཀའ་འབུམ།

章嘉·若白多杰文集

C ང

D ལྕང་སྐྱ་རོལ་པའི་རྡོ་རྗེ། དགེ་ལུགས། རབ་བྱུང་བཅུ་གཉིས་པའི་མེ་བྱ་ལོ་༡༧༡༧ལ་ཡབ་ཆེ་གྲྭ་ཚངས་པ་ཀུ་རུ་བསྟན་འཛིན་དང་། ཡུམ་བུ་སྐྱིད་ཀྱི་སྲས་སུ་མདོ་སྨད་ཙོང་ཁའི་བྱང་གི་ཕྱོགས་སུ་ལང་གྲུའུ་ཞེས་པའི་འབྲོག་སྡེར་སྐུ་འཁྲུངས། དགུང་ལོ་བཞི་པར་ཀུན་མཁྱེན་དཀོན་མཆོག་འཇིགས་མེད་དབང་པོས་ལྕང་སྐྱ་བློ་བཟང་ཆོས་ལྡན་གྱི་ཡང་སྲིད་དུ་ཐུགས་ཐག་བཅད། དགུང་ལོ་བདུན་པར་རྗེ་བློ་བཟང་བསྟན་འཛིན་རྒྱལ་མཚན་དྲུང་ནས་དགེ་བསྙེན་སྡོམ་པ་བཞེས། དགུང་ལོ་བརྒྱད་པར་གོང་མ་ཡུང་ཏེང་གིས་གདན་འདྲེན་ཞུས་པ་ལྟར་པེ་ཅིང་དུ་ཕེབས་ནས་ཟུང་གྲུ་ཟི་དགོན་པའི་ཁྲི་ལ་ཞབས་ཀྱི་པདྨོ་བཀོད། པཎ་ཆེན་བློ་བཟང་ཡེ་ཤེས་ཀྱི་མདུན་ནས་དགེ་ཚུལ་དང་དགེ་སློང་གི་སྡོམ་པ་མནོས་ཏེ་མཚན་ལ་ཡེ་ཤེས་བསྟན་པའི་སྒྲོན་མེ་ཞེས་གསོལ། དགུང་ལོ་ཉེར་ལྔ་ལ་བསྟན་འགྱུར་སོག་ཡིག་ཏུ་བསྒྱུར་བས་ཕྱིས་སུ་པེ་ཅིང་དུ་པར་ཤིང་བརྐོས་ཡོད། པེ་ཅིང་དུ་བོད་ལུགས་ཀྱི་དགོན་པ་མང་པོ་གསར་དུ་བཞེངས་ཏེ་གོང་མ་ལ་བོད་ཡིག་བསླབས་ཤིང་ཟབ་ཆོས་རྣམས་ཀྱང་རིམ་གྱིས་ཕུལ། ༡༧༣༥ལོར་རྒྱལ་བ་བདུན་པ་སྐལ་བཟང་རྒྱ་མཚོ་

མགར་ཐང་ནས་ལྷ་སར་གདན་དྲངས། དགུང་ལོ་ང་ལྔ་པར་གོང་མའི་བཀའ་བཞིན་བཀའ་འགྱུར་མན་ཇུའི་སྐད་ཡིག་ཏུ་བསྒྱུར། གསུང་རྩོམ་རྣམས་ཕྱོགས་གཅིག་ཏུ་བསྡུས་ཏེ་པེ་ཅིན་དུ་པོ་ཏི་བདུན་པར་བརྐོས་ཡོད། རབ་བྱུང་བཅུ་གསུམ་པའི་མེ་ཕོ་རྟ་ལོ་༡༧༨༦ལ་རི་བོ་རྩེ་ལྔར་སྐུ་ གཤེགས། ངེད་དགེ་མཛོད་ཁང་དུ་མི་རིགས་ཕོ་བྲང་ནས་ཕྱིར་འབུལ་ཞུས་པའི་གྲས་པོད་༣ ང ཅ ཆ ཨང་རྟགས་ ༣༧༢༤--༣༧༢༦ བཞུགས།

章嘉·若白多杰（1717—1786）：属格鲁派。诞生于今甘肃凉州一游牧部落，其父系属蒙古族。4岁时被拉卜楞寺嘉木样二世认定为章嘉阿旺曲登转世。由土观·曲吉嘉措奉旨迎请到佑宁寺。8岁，受雍正皇帝邀请赴北京。在班禅洛桑益西座前受沙弥和比丘戒。25岁，把藏文《丹珠尔》译成蒙古文，并在北京雕成木刻版；在北京创建多座格鲁派寺院。1735年奉七世达赖喇嘛之命赴拉萨。55岁，受皇帝之命把藏文《甘珠尔》翻译成满文本。70岁在五台山圆寂。其文集包括传记、祈愿、道歌、仪轨、修辞等多种内容共7函。西藏图书馆藏北京民族文化宫图书馆赠送的文集有3函，编号为3724—3726。

E 此函民族宫目录著录为71卷，西藏图书馆藏品中缺3卷：《至尊如意轮白度母法门中修长寿悉地文篇·长寿喜宴》《悟道歌三学功德篇》《道情歌大乐篇》。

248.1

a 68-1

b ལྕང་སྐྱ་རོལ་པའི་རྡོ་རྗེའི་བཀའ་འབུམ་ང་པའི་དཀར་ཆག

章嘉·若白多杰文集ང字函目录

c

d

e དཀར་ཆག（目录）

f 刻本 རྒྱ་ནག（汉地）

g 乌金 梵夹装 46×6

h 4 4

i 无 藏纸 黑 完整

j 封面钤有“民族文化宫图书馆藏”印。

248.2

a 68-2

b གཟམ་ཡུམ་གྱི་འཁོར་བ་བསྒྲུབ་ཅིང་མཆོད་པའི་ཆོ་ག་བཀྲ་ཤིས་རབ་རྒྱས་ཞེས་བྱ་བ་བཞུགས་སོ༎

星曜母曼荼罗修供仪轨·吉祥昌盛

c རྒྱལ་ཁམས་ཞུལ་བའི་རིག་པ་འཛིན་པ་ལྷུང་སྐྱ་རོལ་པའི་རྡོ་རྗེ།

d

e ཆོ་ག（修心法）

f 刻本 རྒྱ་ནག（汉地） དགེ་ལེགས་ནམ་མཁའ།

g 乌金 梵夹装 46×6

h 17 4

i 无 藏纸 黑 完整

j 封面钤有“民族文化宫图书馆藏”印。

248.3

a 68-3

b རྗེ་བཙུན་འཇམ་དཔལ་དབྱངས་ཨ་ར་པ་ཙ་ན་དཀར་པོ་གཙོ་རྐྱང་གི་སྒྲུབ་ཐབས་རབ་དཀར་ཟླ་བའི་འོད་ཟེར་

ཞེས་བྱ་བ་བཞུགས་སོ༎

至尊文殊阿惹巴扎那白色独尊之修法·明灿月光

c

d བོད་ཡུལ་རྡོ་རྗེ་གདན་ལྷ་ལྡན།（西藏拉萨） སྒོ་མང་གྲྭ་པ་ཨོར་དུ་སུ་ནམ་རྒྱལ་ཚེ་རིང་སོགས།

e སྒྲུབ་ཐབས།（修心法）

f 刻本 རྒྱ་ནག（汉地） ཞབས་དྲུང་སྐལ་བཟང་བསྟན་འཛིན།

g 乌金 梵夹装 46×6

h 5 4

i 无 藏纸 黑 完整

j 封面钤有“民族文化宫图书馆藏”印。

248.4

a 68-4

b འཇམ་དབྱངས་ཀྱི་མངོན་རྟོགས་བཞུགས་སོ༎

文殊现证法

c ཨུང་སྐུ་རོལ་པའི་རྡོ་རྗེ།

d དགེ་བསྐོས་ཡེ་ཤེས་དར་རྒྱས།

e སྒྲུབ་ཐབས།（修心法）

f 刻本 རྒྱ་ནག（汉地）

g 乌金 梵夹装 46×6

h 3 4

i 无 藏纸 黑 完整

j 封面钤有“民族文化宫图书馆藏”印。

248.5

a 68-5

b བཅོམ་ལྡན་འདས་མི་གཡོ་བའི་སྒྲུབ་ཐབས་ལས་ཚོགས་དང་བཅས་པ་གོ་བདེ་བར་བརྗོད་པ་བཻཌཱུརྱའི་ཕྲེང་བ་བཞུགས་སོ།།

薄伽梵不动明王修法及诸法事易知录·吠琉璃鬘

c

d རི་བོ་རྩེ་ལྔའི་སྒྲུབ་ཁང་ཨེ་ཝྃ་དགའ་འཁྱིལ།（五台山）

e སྒྲུབ་ཐབས།（修心法）

f 刻本 རྒྱ་ནག（汉地） དགེ་སློང་དགེ་ལེགས་ནམ་མཁའ།

g 乌金 梵夹装 46×6

h 7 4

i 无 藏纸 黑 完整

j 封面钤有“民族文化宫图书馆藏”印。

248.6

a 68-6

b སོ་སོར་འབྲང་མའི་མངོན་རྟོགས་མདོར་བསྡུས་བཞུགས།

随求佛母现证略法

c ཞྭང་སྐུ་རོལ་པའི་རྡོ་རྗེ།

d

e སྒྲུབ་ཐབས།（修心法）

f 刻本 རྒྱ་ནག（汉地） ཆོས་རྗེ་ཐུབ་བསྟན་དར་རྒྱས།

g 乌金 梵夹装 46×6

h 4 4

i 无 藏纸 黑 完整

j 封面钤有“民族文化宫图书馆藏”印。

248.7

a 68-7

b ཕྱག་ན་རྡོ་རྗེ་འབྱུང་པོ་འདུལ་བྱེད་ཀྱི་མངོན་རྟོགས་བཞུགས་སོ།།

金刚手调伏部多之现证法

c ཞྭང་སྐུ་རོལ་པའི་རྡོ་རྗེ།

d

e སྒྲུབ་ཐབས།（修心法）

f 刻本 རྒྱ་ནག（汉地）

g 乌金 梵夹装 46×6

h 3 4

i 无 藏纸 黑 完整

j 封面钤有“民族文化宫图书馆藏”印。

248.8

a 68-8

b ཛམྦྷ་ལ་ནག་པོའི་མངོན་རྟོགས་བཞུགས་སོ།།

黑色藏跋拉现证法

c

d

e སྒྲུབ་ཐབས།（修心法）

f 刻本 རྒྱ་ནག（汉地） དགེ་སློང་བསོད་ནམས་ཕུན་ཚོགས།

g 乌金 梵夹装 46×6

h 4 4

i 无 藏纸 黑 完整

j 封面钤有“民族文化宫图书馆藏”印。

248.9

a 68-9

b རྒྱལ་ཡུམ་སྒྲོལ་དཀར་ཡིད་བཞིན་འཁོར་ལོ་ལ་བསྟོད་པ་ཚེ་ཡི་དངོས་གྲུབ་འགུགས་པར་བྱེད་པའི་ལྕགས་ཀྱུ་ཞེས་བྱ་བ་བཞུགས་སོ།།

白色如意轮救度佛母赞·招长寿悉地之钩

c ཤཱཀྱའི་དགེ་སློང་ཡེ་ཤེས་བསྟན་པའི་སྒྲོན་མེ་རོལ་པའི་རྡོ་རྗེ།

d གོང་མ་ཆེན་པོའི་ཕོ་བྲང་ཉེ་འདབས།

e བསྟོད་པ།（赞颂）

f 刻本 རྒྱ་ནག（汉地） དགེ་ཚུལ་བསམ་གྲུབ།

g 乌金 梵夹装 46×6

h 4 4

i 无 藏纸 黑 完整

j 封面钤有“民族文化宫图书馆藏”印。

248.10

a 68-10

b རྗེ་བཙུན་སྒྲོལ་མ་ལ་གསོལ་བ་འདེབས་ཚུལ་འདོད་དགུའི་མཆོག་སྦྱིན་ཞེས་བྱ་བ་བཞུགས་སོ།།

至尊救度母前祈愿法·如愿殊胜施

c རྒྱལ་ཁམས་པ་ལྕང་སྐྱ་རོལ་པའི་རྡོ་རྗེ།

d རི་བོ་རྩེ་ལྔའི་སྒྲུབ་ཁང་ཨེ་ཝཾ་དགའ་འཁྱིལ།（五台山） ཛ་སག་བླ་མ་དགེ་ལེགས་ནམ་མཁའ།

e གསོལ་འདེབས།（启请文）

f 刻本 རྒྱ་ནག（汉地）

g 乌金 梵夹装 46×6

h 4 4

i 无 藏纸 黑 完整

j 封面钤有“民族文化宫图书馆藏”印。

248.11

a 68-11

b ཐུབ་པའི་དབང་ལ་མཛད་པ་བཅུ་གཉིས་ཀྱི་སྒོ་ནས་བསྟོད་པ་བཞུགས།

能仁王佛前由十二事业之门而作赞颂文

c ཆོས་སྨྲ་བ་ལྷང་སྐྱ་རོལ་པའི་རྡོ་རྗེ།

d ཨོར་དུ་སུ་ཐོ་ཡོན་ཆོས་རྗེ།

e བསྟོད་པ།（赞颂）

f 刻本 རྒྱ་ནག（汉地） བསོད་ནམས་ཕུན་ཚོགས།

g 乌金 梵夹装 46×6

h 3 4

i 无 藏纸 黑 完整

j 封面钤有“民族文化宫图书馆藏”印。

248.12

a 68-12

b རྗེ་བཙུན་འཇམ་དཔལ་དབྱངས་ལ་བསྟོད་པ་དཔྱིད་ཀྱི་རྒྱལ་མོའི་གླུ་དབྱངས་ཞེས་བྱ་བ་བཞུགས།

至尊文殊赞·杜鹃歌声

c སྟོམ་ལས་པ་དགེ་སློང་ཡེ་ཤེས་བསྟན་པའི་སྒྲོན་མེ་ལྷང་སྐྱ་རོལ་པའི་རྡོ་རྗེ།

d གནས་མཆོག་རི་བོ་རྩེ་ལྔ།（五台山） ཇོ་སག་བླ་མ་ཆོས་འཕེལ་དར་རྒྱས་སོགས།

e བསྟོད་པ།（赞颂）

f 刻本 རྒྱ་ནག（汉地） ཞབས་དྲུང་བསྟན་འཛིན་རྒྱ་མཚོ།

g 乌金 梵夹装 46×6

h 3 4
i 无 藏纸 黑 完整
j 封面钤有“民族文化宫图书馆藏”印。

248.13
a 68-13
b དཔལ་ཡེ་ཤེས་ཡོན་ཏན་བཟང་པོའི་བསྟོད་པ་རྣམ་པར་བཤད་པ་མཁས་པ་དགའ་བསྐྱེད་ཏམྦུ་རའི་སྒྲ་དབྱངས་

ཞེས་ བྱ་བ་བཞུགས་སོ།།

耶喜云丹桑波之赞说·智者喜悦之琵琶音
c མདོ་རྒྱུད་མན་ངག་མང་དུ་ཐོས་པའི་རྒྱལ་ཁམས་པ་ཡེ་ཤེས་སྙིང་པོ་རྒྱལ་སྐྱེ་རོལ་པའི་རྡོ་རྗེ།
d གནས་མཆོག་རི་བོ་རྩེ་ལྔའི་དབེན་གནས་ཀུན་ཏུ་བདེ་བའི་ཚལ་གྱི་གྲུབ་ཁང་ཨེ་ཝཾ་དགའ་འཁྱིལ།（五台山）
e བསྟོད་འགྲེལ།（赞释）
f 刻本 རྒྱ་ནག（汉地） ཉེ་གནས་ཛ་སག་བླ་མ་དགེ་ལེགས་ནམ་མཁའ།
g 乌金 梵夹装 46×6
h 7 4
i 无 藏纸 黑 完整
j 封面钤有“民族文化宫图书馆藏”印。

248.14
a 68-14
b རྒྱལ་ཡུམ་དབྱངས་ཅན་མ་དཀར་མོ་ལ་བསྟོད་པ་ཤེས་རབ་སྣང་བ་རྒྱས་པའི་དགའ་སྟོན་ཞེས་བྱ་བ་བཞུགས་སོ།།
白色妙音佛母赞·智光广大之喜宴
c རྒྱལ་ཁམས་པ་སྙིང་སྐྱེ་རོལ་པའི་རྡོ་རྗེ།
d དགེ་སློང་དགེ་ལེགས་ནམ་མཁའ།
e བསྟོད་པ།（赞颂）
f 刻本 རྒྱ་ནག（汉地） ཞབས་དྲུང་སྐལ་བཟང་རྣམ་རྒྱལ།
g 乌金 梵夹装 46×6
h 3 4

i 无 藏纸 黑 完整
j 封面钤有“民族文化宫图书馆藏”印。

248.15
a 68-15

b འཇམ་དཔལ་གཤིན་རྗེའི་གཤེད་པོར་བསྟོད་པའི་ཚིགས་སུ་བཅད་པ་བདུད་དཔུང་རྣམ་པར་འཐག་པ་ཞེས་བྱ་བ་བཞུགས་སོ།།

文殊阎曼德迦颂赞·粉碎魔军

c རིག་པ་འཛིན་པའི་གཟུགས་བརྙན་འཆང་བ་རོལ་པའི་རྡོ་རྗེ།

d

e བསྟོད་པ།（赞颂）

f 刻本 རྒྱ་ནག（汉地）

g 乌金 梵夹装 46×6
h 3 4
i 无 藏纸 黑 完整
j 封面钤有“民族文化宫图书馆藏”印。

248.16
a 68-16

b འཕགས་མཆོག་སྤྱན་རས་གཟིགས་ལ་གདུང་བའི་དབྱངས་ཀྱིས་གསོལ་བ་འདེབས་པ་འཕགས་པའི་ཐུགས་རྗེ་བསྐུལ་བའི་ལྷའི་རྔ་ཆེན་ཞེས་བྱ་བ་བཞུགས་སོ།།

圣观世音前悲声祈祷文·催动圣者悲心之天鼓

c རྒྱལ་ཁམས་པ་ཡེ་ཤེས་སྙིང་པོ་རོལ་པའི་རྡོ་རྗེ།

d རང་ལོ་ཉེར་བརྒྱད་པ་ཤིང་འབྲུག 二十八岁木牛年（1745） རི་བོ་རྩེ་ལྔའི་དབེན་གནས་ཀུན་ཏུ་བདེ་བའི་ཚལ་གྱི་སྤྲུལ་ཁང་ཨེ་ཝཾ་དགའ་འཁྱིལ།（五台山）

e གསོལ་འདེབས།（启请文）

f 刻本 རྒྱ་ནག（汉地） ཉེ་གནས་ཛ་སག་བླ་མ་དགེ་ལེགས་ནམ་མཁའ།

g 乌金 梵夹装 46×6
h 4 4
i 无 藏纸 黑 完整
j 封面钤有“民族文化宫图书馆藏”印。

248.17
a 68-17
b བྱང་ཆུབ་ལམ་གྱི་རིམ་པའི་ཉམས་ལེན་དང་སྦྱར་བའི་གསོལ་འདེབས་བཞུགས།
结合菩提道次第修法之祈愿文
c
d དགུང་ལོ་བཅུ་གཅིག 十一岁（1728 年）
e གསོལ་འདེབས།（启请文）
f 刻本 རྒྱ་ནག（汉地）
g 乌金 梵夹装 46×6
h 5 4
i 无 藏纸 黑 完整
j 封面钤有“民族文化宫图书馆藏”印。

248.18
a 68-18
b དཔལ་རྡོ་རྗེ་འཇིགས་བྱེད་ལྷ་བཅུ་གསུམ་མའི་དབང་གི་བརྒྱུད་པའི་ཁ་སྐོང་བླ་བརྒྱུད་གསོལ་འདེབས་བཞུགས་སོ།།
怖畏金刚十三尊灌顶传承补遗、师承启请文
c ལྕང་སྐྱ་རོལ་པའི་རྡོ་རྗེ།
d
e གསོལ་འདེབས།（启请文）
f 刻本 རྒྱ་ནག（汉地） དགའ་བཅུ་ངག་དབང་མཆོག་གྲུབ།
g 乌金 梵夹装 46×6
h 3 4
i 无 藏纸 黑 完整
j 封面钤有“民族文化宫图书馆藏”印。

248.19
a 68-19
b ཁྲི་ཆེན་སྤྲུལ་སྐུ་རིན་པོ་ཆེའི་ཞབས་བརྟན་བཞུགས་སོ།།
祈请赤钦活佛长久住世文
c རྒྱལ་ཁམས་པ་ལྷུང་སྐྱ་རོལ་པའི་རྡོ་རྗེ།
d རྒྱལ་སྲས་བཅུ་གཉིས་པ། 皇子十二岁（1772 年）
e ཞབས་བརྟན།（住世文）
f 刻本 རྒྱ་ནག（汉地）
g 乌金 梵夹装 46×6
h 4 4
i 无 藏纸 黑 完整
j 封面钤有“民族文化宫图书馆藏”印。

248.20
a 68-20
b བླ་མ་རྡོ་རྗེ་འཆང་གི་ཞབས་འདེགས་ཞུ་ལུགས་ཞལ་གདམས་ཤིང་ཕག་ལོ་སྩལ་བ།
上师金刚持供养承事法·乙亥年所赐语教
c ལྕང་སྐྱ་རོལ་པའི་རྡོ་རྗེ།
d དྲུང་ཡིག་ཆེན་མོ་སྐལ་བཟང་བདེ་ཆེན།
e ཞལ་གདམས།（教诫）
f 刻本 རྒྱ་ནག（汉地）
g 乌金 梵夹装 46×6
h 4 4
i 无 藏纸 黑 完整
j 封面钤有“民族文化宫图书馆藏”印。

248.21
a 68-21

b གསོལ་འདེབས་མུ་ཏིག་འཕྲེང་མཛེས་ཞེས་བྱ་བ་བཞུགས།

祈祷文·珍珠美鬘

c

d རྒྱལ་ཁབ་པའི་ཅིང་གི་ཟུང་གྲུ་བཞིའི་ལྷ་ཁང་།

d གསོལ་འདེབས།(启请文)

f 刻本 རྒྱ་ནག（汉地）

g 乌金 梵夹装 46×6
h 2 4
i 无 藏纸 黑 完整
j 封面钤有“民族文化宫图书馆藏”印。

248.22
a 68-22

b ཁྲི་ཆེན་ནོ་མིན་ཧན་རིན་པོ་ཆེའི་མྱུར་འབྱོན་གསོལ་འདེབས་བཞུགས།

赤钦诺们罕仁波且迅速转世祈祷文

c ལྕང་སྐྱ་རོལ་པའི་རྡོ་རྗེ།

d དཀའ་བཅུ་ཏཱ་བླ་མ་བློ་བཟང་བཀྲ་ཤིས།

e གསོལ་འདེབས།(启请文)

f 刻本 རྒྱ་ནག（汉地）

g 乌金 梵夹装 46×6
h 2 4
i 无 藏纸 黑 完整
j 封面钤有“民族文化宫图书馆藏”印。

248.23
a 68-23

b རྒྱལ་དབང་ཐམས་ཅད་མཁྱེན་པའི་མཆོག་སྤྲུལ་རིན་པོ་ཆེ་བློ་བཟང་འཇམ་པའི་རྒྱ་མཚོའི་ཞབས་བརྟན་བཞུགས།

祈请佛王一切智活佛洛桑绛伯嘉措长久住世文

c ལྕང་སྐྱ་རོལ་པའི་རྡོ་རྗེ།

d ཆོས་རིག་སྨྲ་བའི་དབང་པོ་ཏཱ་བླ་མ་ཆོས་དྲུང་སྐལ་བཟང་འཕྲིན།

e ཞབས་བརྟན།（住世文）

f 刻本 རྒྱ་ནག（汉地）

g 乌金 梵夹装 46×6

h 2 4

i 无 藏纸 黑 完整

j 封面钤有“民族文化宫图书馆藏”印。

248.24

a 68-24

b ཞབས་བརྟན་བཞུགས་སོ།།

请长久住世文

c ལྕང་སྐྱ་རོལ་པའི་རྡོ་རྗེ།

d བ་སོ་རྗེ་དྲུང་སྤྲུལ་པའི་སྐུ།

e ཞབས་བརྟན།(住世文)

f 刻本 རྒྱ་ནག（汉地）

g 乌金 梵夹装 46×6

h 3 4

i 无 藏纸 黑 完整

j 封面钤有“民族文化宫图书馆藏”印。

248.25

a 68-25

b གོང་མའི་ཞབས་བརྟན་བཞུགས།

祈请皇上长久住世文

c ལྕང་སྐྱ་རོལ་པའི་རྡོ་རྗེ།

d ཐུབ་ཆེན་བྱམས་པ་གླིང་གི་མཁན་པོ་བློ་བཟང་ཆོས་འཕགས་སོགས།

e ཞབས་བརྟན། （住世文）

f 刻本 རྒྱ་ནག （汉地）

g 乌金 梵夹装 46×6

h 2 4

i 无 藏纸 黑 完整

j 封面钤有“民族文化宫图书馆藏”印。

248.26

a 68-26

b བྱང་ཕྱོགས་འགྲོ་བའི་འདྲེན་པ་རྗེ་བཙུན་དམ་པའི་མཆོག་སྤྲུལ་རིན་པོ་ཆེ་ཡེ་ཤེས་བསྟན་པའི་ཉི་མའི་ཞབས་བརྟན་བཀྲ་ཤིས་རབ་རྒྱས་ཞེས་བྱབ་བཞུགས་སོ།།

祈请北方众生之导师哲布尊丹巴活佛耶喜丹白尼玛长久住世文·吉祥昌盛

c ལྷང་སྐྱ་རོལ་པའི་རྡོ་རྗེ།

d མཛོད་པ་ལྷུན་གྲུབ་རྡོ་རྗེ་སོགས།

e ཞབས་བརྟན། （住世文）

f 刻本 རྒྱ་ནག （汉地）

g 乌金 梵夹装 46×6

h 2 4

i 无 藏纸 黑 完整

j 封面钤有“民族文化宫图书馆藏”印。

248.27

a 68-27

b གསོལ་འདེབས་བཅུ་གཉིས་དཔེ་མཚོན་དང་སྐྱབས་གསུམ་ངོ་བོ་མ་བཅས་བཞུགས་སོ།།

祈愿文十二种举例说明及三皈自性篇

c ལྕང་སྐྱ་པ་དགེ་སློང་ཡེ་ཤེས་བསྟན་པའི་སྒྲོན་མེ།

d འབྲུག་ལོ་ས་ག་ཟླ་བའི་ཚེས་བཅོ་ལྔ། 龙年藏历四月十五日

ལྷ་ལྡན་གཙུག་ལག་ཁང་གི་ཉེ་འདབས།（西藏拉萨大昭寺附近）

e གསོལ་འདེབས།(启请文)

f 刻本 རྒྱ་ནག（汉地）

g 乌金 梵夹装 46×6
h 3 4
i 无 藏纸 黑 完整
j 封面钤有“民族文化宫图书馆藏”印。

248.28
a 68-28

b གསོལ་འདེབས་མགུར་མཆོག་སྐུ་བཞི་མ་ཞེས་བྱ་བ་བཞུགས་སོ།།

祈愿胜歌四身篇

c སྐུ་སྐྱེ་ངག་དབང་ཆོས་གྲགས།

d རང་ལོ་བཅོ་བརྒྱད། 十八岁（1735 年） འཇམ་དབྱངས་གོང་མ་ཆེན་པོའི་སྐྱིད་ཚལ།

e གསོལ་འདེབས།（启请文）

f 刻本 རྒྱ་ནག（汉地）

g 乌金 梵夹装 46×6
h 3 4
i 无 藏纸 黑 完整
j 封面钤有“民族文化宫图书馆藏”印。

248.29
a 68-29

b གསོལ་འདེབས་བྱིན་རླབས་མྱུར་འཇུག་སོགས་གསོལ་འདེབས་ལེ་ཚན་བཞུགས་སོ།།

祈愿文·速得加持等祈愿文类

c རྒྱལ་ཁམས་པ་ལྡང་སྐྱ་རོལ་པའི་རྡོ་རྗེ།

d　གཉེར་པ་མགོན་རྒྱལ་སོགས།

e　གསོལ་འདེབས།(启请文)

f　刻本　རྒྱ་ནག（汉地）

g　乌金　梵夹装　46×6
h　5　4
i　无　藏纸　黑　完整
j　封面钤有“民族文化宫图书馆藏”印。

248.30
a　68-30

b　ཁྲི་ཆེན་མཆོག་སྤྲུལ་རིན་པོ་ཆེ་བློ་བཟང་བསྟན་པའི་ཉི་མའི་མྱུར་བྱོན་གསོལ་འདེབས་བཞུགས།

　赤钦活佛洛桑丹白尼玛迅速转世祈祷文

c　ལྷུང་སྐྱ་རོལ་པའི་རྡོ་རྗེ།

d　ཡོང་རེ་ཀུང་གི་ཚོགས་ཆེན་དགེ་བསྐོས་ཟུར་པ་ཐུགས་རམས་པ་བློ་བཟང་ཡེ་ཤེས།

e　གསོལ་འདེབས།(启请文)

f　刻本　རྒྱ་ནག（汉地）　ཞབས་དྲུང་སྐལ་བཟང་བསྟན་འཛིན།

g　乌金　梵夹装　46×6
h　2　4
i　无　藏纸　黑　完整
j　封面钤有“民族文化宫图书馆藏”印。

248.31
a　68-31

b　འདོད་གསོལ་མཆོག་གཅིག་མ་སོགས་གསོལ་འདེབས་ལེ་ཚན་བཞུགས།

　祈愿文·唯一殊胜篇等祈愿文类

c

d　དགེ་སློང་ངག་དབང་བསྟན་འཛིན།

e　གསོལ་འདེབས།(启请文)

f 刻本 རྒྱ་ནག（汉地） ཆོས་རྗེ་ཐུབ་བསྟན་དར་རྒྱས།

g 乌金 梵夹装 46×6

h 3 4

i 无 藏纸 黑 完整

j 封面钤有“民族文化宫图书馆藏”印。

248.32

a 68-32

b བཀའ་དྲིན་གསོལ་འདེབས་བཞུགས་སོ།།

恩德祈愿文

c མང་ཐོས་བཙུན་པ་ལྕང་སྐྱ་ཧུ་ཐོག་ཐུ་རོལ་པའི་རྡོ་རྗེ།

d དཀའ་བཅུ་བློ་བཟང་ཡོན་ཏན།

e གསོལ་འདེབས།(启请文)

f 刻本 རྒྱ་ནག（汉地） ཞབས་དྲུང་ངག་དབང་བློ་གསལ་རྒྱ་མཚོ།

g 乌金 梵夹装 46×6

h 2 4

i 无 藏纸 黑 完整

j 封面钤有“民族文化宫图书馆藏”印。

248.33

a 68-33

b འདོད་གསོལ་བྱིན་རླབས་མྱུར་འཇུག་ཞེས་བྱ་བ་བཞུགས།

祈愿文·速得加持篇

c ཆོས་སྨྲ་བའི་ལྕང་སྐྱ་རོལ་པའི་རྡོ་རྗེ།

d དགེ་སློང་བློ་བཟང་ཆོས་གྲུབ།

e གསོལ་འདེབས།(启请文)

f 刻本 རྒྱ་ནག（汉地） ལྷ་བཙུན་ངག་དབང་བསྟན་འཛིན་རྒྱ་མཚོ།

g 乌金 梵夹装 48×6

h 3 4
i 无 藏纸 黑 完整
j 封面钤有“民族文化宫图书馆藏”印。

248.34
a 68-34
b ཞལ་སྔ་ནས་བློ་བཟང་ཆོས་འཛིན་པའི་ཞབས་བརྟན་སྨོན་ཚིག་བཞུགས།
祈请洛桑曲增长久住世愿文
c སློམ་ལས་པ་ངག་དབང་ཆོས་ཀྱི་གྲགས་པ།
d རྒྱལ་སྲས་བཙུ་གཉིས་པ།
e ཞབས་བརྟན།(住世文)
f 刻本 རྒྱ་ནག（汉地）
g 乌金 梵夹装 48×6
h 2 4
i 无 藏纸 黑 完整
j 封面钤有“民族文化宫图书馆藏”印。

248.35
a 68-35
b སྨོན་ལམ་བགྲང་ཡས་མ་ཞབས་བརྟན་ཚེའི་མཆོག་སྩོལ་མ་བཅས་བཞུགས་སོ།།
发愿文·芸芸篇及请长久住世文·赐寿篇
c མང་དུ་ཐོས་པའི་རྒྱལ་ཁམས་པ་ལྷུང་སྐྱ་རོལ་པའི་རྡོ་རྗེ།
d
e ཞབས་བརྟན།(住世文)
f 刻本 རྒྱ་ནག（汉地）
g 乌金 梵夹装 48×6
h 2 4
i 无 藏纸 黑 完整
j 封面钤有“民族文化宫图书馆藏”印。

248.36

a 68-36

b གསོལ་བརྟན་རྒྱལ་ཀུན་ཡབ་གྱུར་མ་དང་ངག་དབང་མཁྱེན་གཏེར་མ་བཞུགས་སོ།།

祈愿文·佛尊篇与请住世文·语王智藏篇

c སྐུ་སྐྱེས་ངག་དབང་ཆོས་གྲགས།

d དགེ་སློང་བློ་བཟང་དོན་གྲུབ།

e གསོལ་བརྟན།།(住世文)

f 刻本 རྒྱ་ནག（汉地） དགེ་ཚུལ་ངག་དབང་བསམ་གྲུབ།

g 乌金 梵夹装 48×6

h 2 4

i 无 藏纸 黑 完整

j 封面钤有“民族文化宫图书馆藏”印。

248.37

a 68-37

b ཁྲི་ཆེན་སྤྲུལ་པའི་སྐུ་བློ་བཟང་བསྟན་པའི་ཉི་མ་ཞབས་བརྟན་ཞེས་བྱ་བཞུགས་སོ།།

祈请赤钦活佛洛桑丹白尼玛长久住世文

c ཨུང་སྐྱ་རོལ་པའི་རྡོ་རྗེ།

d

e ཞབས་བརྟན།།(住世文)

f 刻本 རྒྱ་ནག（汉地）

g 乌金 梵夹装 48×6

h 2 4

i 无 藏纸 黑 完整

j 封面钤有“民族文化宫图书馆藏”印。

248.38

a 68-38

b ཁྲི་ཆེན་སྤྲུལ་པའི་སྐུའི་འབྲུངས་རབས་དང་འབྲེལ་བའི་ཞབས་བརྟན་ཞེས་བྱ་བ་བཞུགས་སོ།།

结合赤钦活佛本生事纪之请长久住世文

c　རྒྱལ་ཁམས་པ་ལྕང་སྐྱ་སྐུ་རོལ་པའི་རྡོ་རྗེ།

d　ཛ་སག་བླ་མ་ཡེ་ཤེས་བསྟན་འཛིན་རབ་རྒྱས།

e　ཞབས་བརྟན།(住世文)

f　刻本　རྒྱ་ནག（汉地）　ཆོས་རྗེ་ཐུབ་བསྟན་དར་རྒྱས།

g　乌金　梵夹装　48×6

h　3　4

i　无　藏纸　黑　完整

j　封面钤有“民族文化宫图书馆藏”印。

248.39

a　68-39

b　རྗེ་བཙུན་དམ་པའི་སྤྲུལ་སྐུའི་ཞབས་བརྟན་བདེན་ཚིག་བཞུགས།

祈请哲布尊丹巴活佛长久住世真言

c　ལྕང་སྐྱ་རོལ་པའི་རྡོ་རྗེ།

d　སྟོང་སྐོར་མཐུ་ཕྲིན་མེན་ཧན་གྱི་སྤྲུལ་པའི་སྐུ་རིན་པོ་ཆེ་སོགས།

e　ཞབས་བརྟན།（住世文）

f　刻本　རྒྱ་ནག（汉地）　ཆོས་རྗེ་ཐུབ་བསྟན་དར་རྒྱས།

g　乌金　梵夹装　48×6

h　2　4

i　无　藏纸　黑　完整

j　封面钤有“民族文化宫图书馆藏”印。

248.40

a　68-40

b　སོ་ཉིད་ཀུ་ཤྲི་ཆོས་རྗེའི་སྨྱུར་བྱོན་གསོལ་འདེབས།

索里国师法王迅速转世祈愿文

c　ལྕང་སྐྱ་རོལ་པའི་རྡོ་རྗེ།

d དགེ་འདུན་རྒྱལ་ཁྲིམས།

e གསོལ་འདེབས། （启请文）

f 刻本 རྒྱ་ནག （汉地）

g 乌金 梵夹装 48×6
h 2 4
i 无 藏纸 黑 完整
j 封面钤有“民族文化宫图书馆藏”印。

248. 41
a 68-41

b བདེ་བར་གཤེགས་པའི་སྐུ་གསུང་ཐུགས་ཀྱི་རྟེན་བཞེངས་པའི་ཕན་ཡོན་སོགས་དང་དགེ་བ་བསྔོ་བའི་ཚིགས་སུ་བཅད་པ་ཞེས་བྱ་བ་བཞུགས་སོ།།

建造如来身像、经、塔之功德及善业回向颂

c དགེ་སློང་ཡེ་ཤེས་བསྟན་པའི་སྒྲོན་མེ།

d བླ་མ་ཤེས་རབ་རྒྱ་མཚོ་སོགས།

e རྟེན་བཞེངས་ཕན་ཡོན། （建佛塔之功德）

f 刻本 རྒྱ་ནག （汉地） དགེ་རྒྱལ་རྒྱལ་ཁྲིམས་ཆོས་འཕེལ།

g 乌金 梵夹装 48×6
h 4 4
i 无 藏纸 黑 完整
j 封面钤有“民族文化宫图书馆藏”印；民族宫目录中为 3 叶。

248. 42
a 68-42

b གྲོས་འདེབས་གསེར་ཞུན་འཁྱིལ་པ་ཞེས་བྱ་བ་བཞུགས་སོ།།

劝告歌·熔金积聚

c སྐུ་སྐྱེ་ངག་དབང་ཆོས་གྲགས།

d རང་ལོ་བཅུ་དགུ་པར། 十九岁（1936年） མི་ཉག་སྐད་གི་སའི་ཆ།

e གསོལ་འདེབས།（启请文）

f 刻本 རྒྱ་ནག（汉地） ཚུལ་ཁྲིམས་ཆོས་འཕེལ།

g 乌金 梵夹装 48×6
h 3 4
i 无 藏纸 黑 完整
j 封面钤有“民族文化宫图书馆藏”印。

248.43
a 68-43

b བར་དོའི་འཕྲང་སྒྲོལ་གྱི་གསོལ་འདེབས་འཇིགས་སྒྲོལ་གྱི་དཔའ་བོ་ཞེས་བྱ་བའི་འགྲེལ་པ་གདན་བདེའི་བསིལ་བ་

སྟེར་ བྱེད་ཟླ་ཟེར་ཞེས་བྱ་བ་བཞུགས་སོ།།

脱中阴险处之祈愿文·解难勇士释文·永乐清凉之月光

c མང་དུ་ཐོས་པ་ལྗང་སྐྱ་རོལ་པའི་རྡོ་རྗེ།

d ཆོས་རྗེ་བློ་བཟང་སངས་རྒྱས།

e གསོལ་འདེབས།（启请文）

f 刻本 རྒྱ་ནག（汉地） དགེ་བཤེས་ཚུལ་ཁྲིམས་དར་རྒྱས།

g 乌金 梵夹装 48×6
h 11 4
i 无 藏纸 黑 完整
j 封面钤有“民族文化宫图书馆藏”印。

248.44
a 68-44

b སྐྱབས་འགྲོའི་ཁྲིད་བཞུགས་སོ།།

皈依导释

c ཆོས་སྨྲ་བའི་བཙུན་པ་ལྗང་སྐྱ་རོལ་པའི་རྡོ་རྗེ།

d དགེ་ཚུལ་ཧར་ཚ་པེ་ལིག་ཐུ་སློ་བཟང་ཆོས་འཕེལ།

e སྐྱབས་ཁྲིད། （皈依导释）

f 刻本 རྒྱ་ནག （汉地）

g 乌金 梵夹装 48×6
h 5 4
i 无 藏纸 黑 完整
j 封面钤有“民族文化宫图书馆藏”印。

248.45
a 68-45

b གདུགས་དཀར་གྱི་རྒྱན་མཚན་འཛུགས་པའི་ཕྱག་ལེན་གྱི་བརྗེད་ཐོ་བཀྲ་ཤིས་རབ་རྒྱས་བཞུགས།

白伞盖胜幢建立法随闻录·吉祥昌盛

c ལྕང་སྐྱ་རོལ་པའི་རྡོ་རྗེ།

d ཆོས་སྡེ་ཆེན་པོ་དགོན་ལུང་གི་ཉེ་འདབས་དབེན་གནས་གསང་སྔགས་བདེ་ཆེན་པོ་གླིང་། （青海佑宁寺）

e བརྗེད་ཐོ། （备忘录）

f 刻本 རྒྱ་ནག （汉地） དགེ་སློང་དགེ་ལེགས་ནམ་མཁའ།

g 乌金 梵夹装 48×6
h 4 4
i 无 藏纸 黑 完整
j 封面钤有“民族文化宫图书馆藏”印。

248.46
a 68-46

b གསུང་མགུར་གསེར་བཙོ་མ་དང་དཔལ་མཉམ་མེད་མ་བཅས་པ་བཞུགས་སོ།།

道情歌纯金篇及吉祥无等篇

c བཙུན་གཟུགས་སྨྲོན་པ་ལྕང་སྐྱ་རོལ་པའི་རྡོ་རྗེ།

d

e མགུར། (道歌)

f 刻本 རྒྱ་ནག（汉地）

g 乌金 梵夹装 48×6
h 5 4
i 无 藏纸 黑 完整
j 封面铃有“民族文化宫图书馆藏”印。

248.47
a 68-47

b འཇིགས་བྱེད་རིམ་གཉིས་དང་སྦྱར་བའི་མགུར་ཟབ་མོ་བཞུགས།

配合怖畏金刚二次第之甚深道情歌

c ལྕང་སྐྱོན་རོལ་པའི་རྡོ་རྗེ།

d ཆོས་སྡེ་ཆེན་པོ་དགོན་ལུང་གི་ཉེ་འདབས་དབེན་གནས་གསང་སྔགས་བདེ་ཆེན་པོ་བྲང་།（青海佑宁寺）

e མགུར།（道歌）

f 刻本 རྒྱ་ནག（汉地） དགེ་སློང་དགེ་ལེགས་ནམ་མཁའ།

g 乌金 梵夹装 48×6
h 3 4
i 无 藏纸 黑 完整
j 封面铃有“民族文化宫图书馆藏”印。

248.48
a 68-48

b ལྟ་བའི་གསུང་མགུར་ཟབ་མོ།

正见之甚深道情歌

c ལྕང་སྐྱ་རོལ་པའི་རྡོ་རྗེ།

d སྤྲུལ་པའི་གནས་མཆོག་རི་བོ་རྩེ་ལྔར་སྦྲས་པའོ།（五台山）

e མགུར།（道歌）

f 刻本 རྒྱ་ནག（汉地） དགེ་སློང་དགེ་ལེགས་ནམ་མཁའ།

g 乌金 梵夹装 48×6

h 3 4
i 无 藏纸 黑 完整
j 封面钤有“民族文化宫图书馆藏”印。

248.49
a 68-49
b དབེན་པར་དགའ་བའི་གཏམ་ཚིས་གླུ་རིང་མོ་བཞུགས།
喜寂静之法语长歌
c ཕྱང་སྐྱ་རོལ་པའི་རྡོ་རྗེ།
d རི་སྲོས་ལྡན་གྱི་སྲོར་ཐོལ་བྱུང་།
e གཏམ།（讲说）
f 刻本 རྒྱ་ནག（汉地）
g 乌金 梵夹装 48×6
h 3 4
i 无 藏纸 黑 完整
j 封面钤有“民族文化宫图书馆藏”印。

248.50
a 68-50
b རི་བོ་རྩེ་ལྔའི་གནས་བསྟོད་དང་འབྲེལ་བའི་མགུར་འཇམ་དཔལ་དགྱེས་པའི་མཆོད་སྤྲིན་ཞེས་བྱ་བ་བཞུགས་སོ།།
结合五台山圣地赞之道情歌·文殊悦意之供养云
c ཐུགས་འཆང་ལྕང་སྐྱ་རོལ་པའི་རྡོ་རྗེ།
d རབ་བྱུང་བཅུ་གསུམ་པའི་མེ་ཕག་ལོར། 第十三饶迥火猪年（1767）
མི་འཕགས་ལོར་འཕགས་པ་འཇམ་དཔལ་གྱི་སྤྲུལ་པའི་གནས་མཆོག་རི་བོ་རྩེ་ལྔའི་དབེན་གནས།（五台山）
དགེ་སློང་དགེ་ལེགས་ནམ་མཁའ།
e མགུར།（道歌）
f 刻本 རྒྱ་ནག（汉地）

g 乌金 梵夹装 48×6
h 5 4
i 无 藏纸 黑 完整
j 封面钤有“民族文化宫图书馆藏”印。

248.51
a 68-51

b གསུང་མགུར་སྐུ་སྤྲུལ་མ་ཞེས་བྱ་བ་བཞུགས་སོ།།

道情歌化身篇

c ལྕང་སྐྱ་རོལ་པའི་རྡོ་རྗེ།

d ས་ཡོས་ཟླ་བ་དྲུག་པའི་ཚེས་ལྔ་ཉི་མ་མེ་ བཞིའི་འགྲུབ་སྦྱོར་ཐོག 土兔年（1759）六月五日

e གསུང་མགུར།(道歌)

f 刻本 རྒྱ་ནག（汉地）

g 乌金 梵夹装 48×6
h 3 4
i 无 藏纸 黑 完整
j 封面钤有“民族文化宫图书馆藏”印。

248.52
a 68-52

b བླ་མ་མཆོག་གསུམ་གྱི་ཐུགས་རྗེ་བསྐུལ་བ་ངེས་འབྱུང་སྐྱོ་ཤས་ཀྱི་ཤུགས་གླུ་ཞེས་བྱ་བ་བཞུགས་སོ།།

催动上师三宝之悲心唤起出离厌恼之歌

c རིགས་པ་སྨྲ་བ་ལྕང་སྐྱ་རོལ་པའི་རྡོ་རྗེ།

d

e ངེས་འབྱུང་སྐྱོ་ཤས་ཀྱི་ཤུགས་གླུ།(厌世歌)

f 刻本 རྒྱ་ནག（汉地） ཚུལ་ཁྲིམས་ཆོས་འཕེལ།

g 乌金 梵夹装 48×6
h 5 4
i 无 藏纸 黑 完整
j 封面钤有“民族文化宫图书馆藏”印；民族宫目录中为6叶。

248.53
a 68-53

b འགྲོས་འདེབས་གསུང་མགུར་ཞེས་བྱ་བ་བཞུགས་སོ།།

劝善道情歌

c ལྕང་སྐྱ་རོལ་པའི་རྡོ་རྗེ།

d

e གསུང་མགུར།（道歌）

f 刻本 རྒྱ་ནག（汉地）

g 乌金 梵夹装 48×6
h 2 4
i 无 藏纸 黑 完整
j 封面钤有“民族文化宫图书馆藏”印。

248.54
a 68-54

b ཆོས་ལ་བསྐུལ་བའི་གླུ་དབྱངས་ཐར་པའི་སྒོ་འབྱེད་བཞུགས་སོ།།

劝入正法之歌音·开解脱门

c བན་ཆུང་ངག་དབང་ཆོས་གྲགས།

d རང་ལོ་བཅུ་དགུ་པ། 十九岁（1736年）

e ཆོས་བསྐུལ་གླུ་དབྱངས།（正法之歌）

f 刻本 རྒྱ་ནག（汉地） བཀའ་བཅུ་ངག་དབང་ཆོས་འབྱོར།

g 乌金 梵夹装 48×6
h 3 4
i 无 藏纸 黑 完整
j 封面钤有“民族文化宫图书馆藏”印。

248.55
a 68-55

b དབུ་མའི་ལྟ་བ་ཉམས་སུ་ལེན་པའི་ཚུལ་དེ་ཁོ་ན་ཉིད་སྣང་བར་བྱེད་པའི་སྒྲོན་མེ་ཞེས་བྱ་བ་བཞུགས།

修中观见之法·显见空性明灯

c ཆོས་སྨྲ་བ་ལྷུང་སྐྱ་རོལ་པའི་རྡེ།

d

e དབུ་མ།(中观)

f 刻本 རྒྱ་ནག（汉地）

g 乌金 梵夹装 48×6
h 31 4
i 无 藏纸 黑 完整
j 封面钤有“民族文化宫图书馆藏”印。

248.56
a 68-56

b ལྟ་ཁྲིད་བཞུགས།

正见导释

c ཤཱཀྱའི་དགེ་སློང་ཡེ་ཤེས་བསྟན་པའི་སྒྲོན་མེ།

d ལྷ་ལྡན་གཙུག་ལག་ཁང་གི་ཉེ་འདབས།（西藏拉萨大昭寺附近） ནོར་བུ་རྒྱ་མཚོ།

e དབུ་མ།(中观)

f 刻本 རྒྱ་ནག（汉地） བྱང་རྩེ་དཔོན་སློབ་ངག་དབང་ལྷུན་འགྲུབ།

g 乌金 梵夹装 48×6
h 5 4
i 无 藏纸 黑 完整
j 封面钤有“民族文化宫图书馆藏”印。

248.57
a 68-57

b ལྟ་ཁྲིད་མདོར་བསྡུས་བཞུགས་སོ།།

正见导释略要

c　བན་ཆུང་ངག་དབང་ཆོས་གྲགས།

d　རང་ལོ་བཅུ་བདུན། 十七岁（1934 年）

e　དབུ་མ།（中观）

f　刻本　རྒྱ་ནག（汉地）

g　乌金　梵夹装　48×6
h　6　4
i　无　藏纸　黑　完整
j　封面钤有“民族文化宫图书馆藏”印。

248.58
a　68-58

b　ཐེག་པ་ཆེན་པོར་བློ་སྦྱོང་བའི་གདམས་ཀྱི་སྦྱོར་བའི་གདམས་ཀྱི་སྦྱོར་བ་པདྨ་དཀར་པོའི་འཕྲེང་བ་ཞེས་བྱ་བ་བཞུགས།

大乘修心法言·白莲鬘

c　ལྕང་སྐྱ་རོལ་པའི་རྡོ་རྗེ།

d　མཚོ་བདུན་ལྷ་ཁང་སེར་པོ།

e　བློ་སྦྱོང་།（修心）

f　刻本　རྒྱ་ནག（汉地）　དགེ་སློང་ནམ་མཁའ།

g　乌金　梵夹装　48×6
h　11　4
i　无　藏纸　黑　完整
j　封面钤有“民族文化宫图书馆藏”印。

248.59
a　68-59

b　བློ་སྦྱོང་ཆོས་ཀྱི་སྒོ་འབྱེད་བཞུགས།

开修心之法门

c　ཆོས་སྨྲ་བ་ལྕང་སྐྱ་རོལ་པའི་རྡོ་རྗེ།

d　དགེ་སློང་ངག་དབང་ཕུན་ཚོགས།

e　བློ་སྦྱོང་།（修心）

f　刻本　རྒྱ་ནག（汉地）　དགེ་སློང་བསོད་ནམས་ཕུན་ཚོགས།

g　乌金　梵夹装　48×6
h　6　4
i　无　藏纸　黑　完整
j　封面钤有“民族文化宫图书馆藏”印。

248.60
a　68-60

b　བྱང་ཆུབ་སེམས་སྦྱོང་གི་ཉམས་ལེན་གསོལ་འདེབས་ཐེག་མཆོག་གདམས་པའི་སྙིང་པོ་བྱ་བ་བཞུགས།

菩提心修习之祈愿文・胜乘教导心要

c　ཨུང་སྐྱ་རོལ་པའི་རྡོ་རྗེ།

d　བྱང་དཔལ་ཁའི་ཤེ་རེ་གེ་ཆོས་རྗེ་བློ་བཟང་རྣམ་རྒྱལ་རྡོ་རྗེ།

e　གསོལ་འདེབས།（启请文）

f　刻本　རྒྱ་ནག（汉地）　ཨུ་རོད་ཞབས་དྲུང་སྐལ་བཟང་རྣམ་རྒྱལ།

g　乌金　梵夹装　48×6
h　3　4
i　无　藏纸　黑　完整
j　封面钤有“民族文化宫图书馆藏”印。

248.61
a　68-61

b　བྱང་ཆུབ་ཀྱི་སེམས་བསྐྱེད་ཚུལ་བཤད་པ་ཐེག་ཆེན་འཇུག་སྒོ་ཞེས་བྱ་བ་བཞུགས་སོ།།

发菩提心法解说・大乘入门

c　སྐུ་སྐྱེ་བག་དབང་ཆོས་གྲགས།

d

e　སེམས་བསྐྱེད།（发心）

f 刻本 རྒྱ་ནག（汉地）

g 乌金 梵夹装 48×6
h 11 4
i 无 藏纸 黑 完整
j 封面钤有“民族文化宫图书馆藏”印。

248.62
a 68-62

b དགེ་ལེགས་སུ་བྱེད་པའི་གཏམ་དྲང་སྲོང་མཛོད་པར་དགའ་བའི་གླུས་གར་ཞེས་བྱ་བ་བཞུགས་སོ།།

行善法言·仙人悦意歌舞

c ཐང་སྐྱ་རོལ་པའི་རྡོ་རྗེ་ཡེ་ཤེས་བསྟན་པའི་སྒྲོན་མེ།

d དམ་ཆོས་དགའ་ཚལ་དུ་གྲགས་པའི་གཙུག་ལག་ཁང་།

e ཆོས་གཏམ།(法语)

f 刻本 རྒྱ་ནག（汉地） ལྷ་བཙུན་ཞབས་དྲུང་བསྟན་འཛིན་རྒྱ་མཚོ།

g 乌金 梵夹装 48×6
h 13 4
i 无 藏纸 黑 完整
j 封面钤有“民族文化宫图书馆藏”印。

248.63
a 68-63

b འདོད་དོན་གསོལ་འདེབས་སྨོན་ཚིག་དང་བཅས་པ་བཞུགས་སོ།།

所求祈愿文等

c ཐང་སྐྱ་རོལ་པའི་རྡོ་རྗེ།

d སྐུ་མདུན་མཁན་པོ་བསྐལ་བཟང་ཡོན་ཏན།

e སྨོན་ཚིག(祈愿词)

f 刻本 རྒྱ་ནག（汉地）

g 乌金 梵夹装 48×6

h 2 4
i 无 藏纸 黑 完整
j 封面钤有“民族文化宫图书馆藏”印。

248.64
a 68-64

b པཎ་ཆེན་རིན་པོ་ཆེའི་ཞབས་བརྟན་ཚིགས་བཅད་བཞུགས་སོ།།

祈请班禅大师长久住世颂

c ལྕང་སྐྱ་རོལ་པའི་རྡོ་རྗེ།

d

e ཞབས་བརྟན།།(住世文)

f 刻本 རྒྱ་ནག（汉地）

g 乌金 梵夹装 48×6
h 2 4
i 无 藏纸 黑 完整
j 封面钤有“民族文化宫图书馆藏”印。

248.65
a 68-65

b རིགས་བརྒྱའི་ཁྱབ་བདག་པཎ་ཆེན་ཐམས་ཅད་མཁྱེན་པ་བློ་བཟང་དཔལ་ལྡན་ཡེ་ཤེས་ཀྱི་ཞབས་པད་ བརྟན་ཅིང་

བཞེད་དོན་ལྷུན་གྱིས་འགྲུབ་པའི་བདེན་ཚིག་བཀྲ་ཤིས་ཆར་འབེབས་ཞེས་བྱ་བ་བཞུགས་སོ།།

祈请百部徧主班禅一切智洛桑伯登耶喜长久住世并随愿任运天成之祈愿文·吉祥雨降

c ལྕང་སྐྱ་རོལ་པའི་རྡོ་རྗེ།

d ས་ག་ཟླ་བའི་ཡར་ཚེ་བཟང་པོ། 藏历四月上旬

e ཞབས་བརྟན།།(住世文)

f 刻本 རྒྱ་ནག（汉地） ཛ་སག་བླ་མ་དགེ་ལེགས་ནམ་མཁས།

g 乌金 梵夹装 48×6
h 2 4

i 无 藏纸 黑 完整
j 封面钤有“民族文化宫图书馆藏”印。

248.66
a 68-66
b གསོལ་འདེབས་སྨོན་ལམ་འགའ་ཞིག་བཞུགས།
部分祈愿文
c ལྕང་སྐྱ་རོལ་པའི་རྡོ་རྗེ།
d ཐུའུ་བཀྭན་སྤྲུལ་སྐུ་རིན་པོ་ཆེ།
e གསོལ་འདེབས།(启请文)
f 刻本 རྒྱ་ནག（汉地）
g 乌金 梵夹装 48×6
h 4 4
i 无 藏纸 黑 完整
j 封面钤有“民族文化宫图书馆藏”印。

248.67
a 68-67
b གསུང་མགུར་ཞལ་གདམས་འགའ་ཞིག་བཞུགས།
部分道情歌语教
c ལྕང་སྐྱ་རོལ་པའི་རྡོ་རྗེ་ཡེ་ཤེས་བསྟན་པའི་སྒྲོན་མེ།
d
e ཞལ་གདམས།(教诫)
f 刻本 རྒྱ་ནག（汉地）
g 乌金 梵夹装 48×6
h 5 4
i 无 藏纸 黑 完整
j 封面钤有“民族文化宫图书馆藏”印。

248.68

a 68-68

b ཞབས་བརྟན་རྒྱལ་ཀུན་ཡབ་ཅིག་བཞུགས་སོ།།

请长久住世文·诸佛之尊篇

c ལྕང་སྐྱོན་རོལ་པའི་རྡོ་རྗེ།

d

e ཞབས་བརྟན།།(住世文)

f 刻本 རྒྱ་ནག（汉地） གསོལ་དཔོན་དགེ་སློང་བློ་བཟང་ཚོས་འཕེལ།

h 2 4

i 无 藏纸 黑 完整

j 封面钤有"民族文化宫图书馆藏"印。

249

A 3725 764

B ལྕང་སྐྱ་རོལ་པའི་རྡོ་རྗེའི་བཀའ་འབུམ།

章嘉·若白多杰文集

C ཙ

D ལྕང་སྐྱ་ཡེ་ཤེས་བསྟན་པའི་སྒྲོན་མེ་དཔལ་བཟང་པོ།

同 3724 介绍。

E 此函民族宫目录著录为 52 卷，西藏图书馆藏品中缺一卷：《至尊金刚持章嘉·若白多杰之部分加持法言集，勤恳搜寻，随手所得作为合编》。

249.1

a 51-1

b གསུང་འབུམ་ཙ་པའི་དཀར་ཆག

文集ཙ字函目录

c ལྕང་སྐྱ་རོལ་པའི་རྡོ་རྗེ།

d

e　དཀར་ཆག（目录）

f　刻本　རྒྱ་ནག（汉地）

g　乌金　梵夹装　48×6
h　3　4
i　无　藏纸　黑　完整
j　封面钤有“民族文化宫图书馆藏”印。

249.2
a　51-2

b　བྱང་ཆུབ་སེམས་པའི་བསླབ་བྱ་མདོར་བསྡུས་པ་གཞན་ཕན་བདུད་རྩིའི་འོད་ཕྲེང་ཞེས་བྱ་བ་བཞུགས་སོ།།
　　菩萨之学略编·利他甘露光明鬘

c　སྙོམས་ལས་པ་ལྡང་སྐྱ་རོལ་པའི་རྡོ་རྗེ།

d

e　བསླབ་བྱ།（教言）

f　刻本　རྒྱ་ནག（汉地）　ཟུ་མེད་ལྷ་བཙུན།

g　乌金　梵夹装　48×6
h　27　4
i　无　藏纸　黑　完整
j　封面钤有“民族文化宫图书馆藏”印。

249.3
a　51-3

b　རྒྱལ་བའི་བསྟན་པ་ལ་ཇི་ལྟར་སློབ་པའི་མདོ་ཙམ་བརྗོད་པ་གཞན་ཕན་བདུད་རྩིའི་སྙིང་པོ་ཞེས་བྱ་བ་བཞུགས་སོ།།
　　如何学习佛教之次第略说·利他甘露精华

c　ཆོས་སྨྲ་བ་ལྕང་སྐྱ་རོལ་པའི་རྡོ་རྗེ།

d　ཨུ་རང་ཞབས་དྲུང་དགེ་འདུན་རྒྱལ་མཚན།

e　བསླབ་བྱ།（教言）

f　刻本　རྒྱ་ནག（汉地）　ལྷ་བཙུན་ཞབས་དྲུང་ཡེ་ཤེས་བསྟན་འཛིན།

g　乌金　梵夹装　48×6
h　6　4
i　无　藏纸　黑　完整
j　封面钤有“民族文化宫图书馆藏”印。

249.4
a　51-4
b　བསླབ་བྱ་གསལ་བའི་སྒྲོན་མེ་ཞེས་བྱ་བ་བཞུགས།
训诲教言明灯
c　ལྕང་སྐྱ་རོལ་པའི་རྡོ་རྗེ།
d　དགེ་སློང་ཕུན་ཚོགས་རྒྱ་མཚོ།
e　བསླབ་བྱ།（教言）
f　刻本　རྒྱ་ནག（汉地）　དགེ་སློང་ངག་དབང་ཆོས་དཔལ།
g　乌金　梵夹装　48×6
h　3　4
i　无　藏纸　黑　完整
j　封面钤有“民族文化宫图书馆藏”印。

249.5
a　51-5
b　ལོ་ཙཱ་བ་ངག་དབང་ཆོས་དཔལ་ལ་གནང་བའི་བསླབ་བྱ་བཞུགས།
赐译师阿旺曲培之训诲教言
c　ལྕང་སྐྱ་རོལ་པའི་རྡོ་རྗེ།
d　རྒྱལ་ཁབ་ཆེན་པོ།（汉地）
e　བསླབ་བྱ།（教言）
f　刻本　རྒྱ་ནག（汉地）
g　乌金　梵夹装　48×6
h　3　4
i　无　藏纸　黑　完整

j 封面钤有“民族文化宫图书馆藏”印。

249.6

a 51-6

b བསླབ་བྱ་བདུད་རྩིའི་ཡང་ཞུན་ཞེས་བྱ་བ་བཞུགས་སོ།།

训诲教言·甘露精华

c ལྕང་སྐྱ་རོལ་པའི་རྡོ་རྗེ།

d དཔེན་གནས་གསང་སྔགས་བདེ་ཆེན་པོ་བྲང་།　　ཇོ་སག་བླ་མ་བསྐལ་བཟང་ལྷ་དབང་།

e བསླབ་བྱ།(教言)

f 刻本 རྒྱ་ནག（汉地） དགེ་སློང་དགེ་ལེགས་ནམ་མཁའ།

g 乌金 梵夹装 48×6

h 3 4

i 无 藏纸 黑 完整

j 封面钤有“民族文化宫图书馆藏”印。

249.7

a 51-7

b དགའ་ལྡན་བྱང་ཆུབ་གླིང་གི་བཅའ་ཡིག་བཞུགས།

甘丹绛曲林寺之清规制约

c ཆོས་སྨྲ་བ་ལྕང་སྐྱ་རོལ་པའི་རྡོ་རྗེ།

d ཧོར་གི་ཨཾ་པན་ཚེ་དབང་དར་རྒྱས།

e བཅའ་ཡིག(清规戒律)

f 刻本 རྒྱ་ནག（汉地） བསོད་ནམས་ཕུན་ཚོགས།

g 乌金 梵夹装 48×6

h 3 4

i 无 藏纸 黑 完整

j 封面钤有“民族文化宫图书馆藏”印。

249.8

a 51-8

b བསྟན་པའི་གསལ་བྱེད་དམ་པ་འཇམ་དབྱངས་བཞད་པའི་སྤྲུལ་པའི་སྐུ་རིན་པོ་ཆེའི་དྲིས་ལན།

答宏法大师嘉木样协巴问

c ལྕང་སྐྱ་རོལ་པའི་རྡོ་རྗེ།

d

e དྲི་བ་དྲིས་ལན།（问答）

f 刻本 རྒྱ་ནག（汉地） དཔྱོད་ལྡན་ཆོས་རྗེ་ཐུབ་བསྟན་དར་རྒྱས།

g 乌金 梵夹装 48×6

h 6 4

i 无 藏纸 黑 完整

j 封面钤有“民族文化宫图书馆藏”印。

249.9

a 51-9

b སྒོ་མང་ཀུན་ཏུ་རབ་འབྱམས་པ་བྱམས་པ་བློ་གྲོས་ཀྱི་དྲིས་ལན་བཞུགས་སོ།།

答阁芒贡如热绛巴

c རྒྱལ་ཁམས་པ་ལྕང་སྐྱ་རོལ་པའི་རྡོ་རྗེ།

d

e དྲི་བ་དྲིས་ལན།（问答）

f 刻本 རྒྱ་ནག（汉地） ཀུ་ཤྲཱི་དགེ་སློང་ངག་དབང་དད་འཕེལ།

g 乌金 梵夹装 48×6

h 23 4

i 无 藏纸 黑 完整

j 封面钤有“民族文化宫图书馆藏”印。

249.10

a 51-10

b དྲིས་ལན་ཁྱད་པར་གསུམ་ལྡན་བཞུགས་སོ།།

答问具三优胜篇

c སྐུ་སྐྱེས་ངག་དབང་ཆོས་གྲགས།

d རྒྱལ་ཁབ་པེ་ཅིང་། （北京）

e དྲི་བ་དྲིས་ལན། （问答）

f 刻本 རྒྱ་ནག （汉地）

g 乌金 梵夹装 48×6
h 9 4
i 无 藏纸 黑 完整
j 封面钤有“民族文化宫图书馆藏”印。

249.11
a 51-11

b བཟོད་པ་ཀུ་ཤྲིའི་དྲིས་ལན་བཞུགས་སོ།།

答索巴国师问

c ལྕང་སྐྱ་རོལ་པའི་རྡོ་རྗེ།

d དགུང་ལོ་བཅུ་བདུན། 十七岁（1733年）

e དྲི་བ་དྲིས་ལན། （问答）

f 刻本 རྒྱ་ནག （汉地）

g 乌金 梵夹装 48×6
h 7 4
i 无 藏纸 黑 完整
j 封面钤有“民族文化宫图书馆藏”印。

249.12
a 51-12

b རྒྱལ་དབང་ཐམས་ཅད་མཁྱེན་པ་བློ་བཟང་སྐལ་བཟང་རྒྱ་མཚོ་དཔལ་བཟང་པོའི་ཞབས་པད་རིན་པོ་ཆེའི་དྲུང་དུ་ཕུལ་བའི་ཞུ་ཡིག་བཞུགས་སོ།།

呈佛王一切智洛桑格桑嘉措座前之书信

c ལྕང་སྐྱ་རོལ་པའི་རྡོ་རྗེ།

d

e ཞུ་ཡིག（呈书）

f 刻本 རྒྱ་ནག（汉地）

g 乌金 梵夹装 48×6
h 5 4
i 无 藏纸 黑 完整
j 封面钤有“民族文化宫图书馆藏”印。

249.13
a 51-13

b གོང་ས་རིན་པོ་ཆེར་ཕུལ་བའི་ཞུ་ཡིག་དགེ་ལེགས་རྒྱ་ཆེན་མ་བཞུགས།

上佛王书·广大妙善篇

c ལྕང་སྐྱ་རོལ་པའི་རྡོ་རྗེ།

d

e ཞུ་ཡིག（呈书）

f 刻本 རྒྱ་ནག（汉地）

g 乌金 梵夹装 48×6
h 4 4
i 无 藏纸 黑 完整
j 封面钤有“民族文化宫图书馆藏”印。

249.14
a 51-14

b གོང་ས་རིན་པོ་ཆེར་ཕུལ་བའི་ཞུ་ཡིག་དཔལ་ལྡན་ཕུན་ཚོགས་མ་བཞུགས།

上佛王书·具德圆满篇

c ལྕང་སྐྱ་རོལ་པའི་རྡོ་རྗེ།

d

e ཞུ་ཡིག(呈书)

f 刻本 རྒྱ་ནག（汉地）

g 乌金 梵夹装 48×6
h 4 4
i 无 藏纸 黑 完整
j 封面钤有“民族文化宫图书馆藏”印。

249.15
a 51-15

b གོང་ས་རིན་པོ་ཆེར་ཕུལ་བའི་ཞུ་ཡིག་བདེ་འབྱུང་གཙུག་རྒྱན་མ་བཞུགས།

上佛王书·大自在天顶严篇

c རིགས་པ་སྨྲ་བ་ལྕང་སྐྱ་སྐུ་སྐྱེར་གྲགས་པ།

d

e ཞུ་ཡིག(呈书)

f 刻本 རྒྱ་ནག（汉地）

g 乌金 梵夹装 48×6
h 4 4
i 无 藏纸 黑 完整
j 封面钤有“民族文化宫图书馆藏”印。

249.16
a 51-16

b ཁྲི་ཆེན་རྡོ་རྗེ་འཆང་ངག་དབང་མཆོག་ལྡན་པའི་སྐུ་ཞབས་སུ་ཕུལ་བའི་ཞུ་ཡིག་བཞུགས།

致赤钦多杰羌·阿旺却登书

c ལྕང་སྐྱ་རོལ་པའི་རྡོ་རྗེ།

d

e ཆབ་ཤོག(书函)

f 刻本 རྒྱ་ནག（汉地）

g 乌金 梵夹装 48×6
h 3 4
i 无 藏纸 黑 完整

j 封面钤有“民族文化宫图书馆藏”印。

249.17

a 51-17

b ཆབ་མདོ་འཕགས་པ་ལྷར་ཕུལ་བའི་ཞུ་ཡིག་བཞུགས།

致昌都帕巴拉书

c ལྕང་སྐྱ་རོལ་པའི་རྡོ་རྗེ།

d

e ཆབ་ཤོག(书函)

f 刻本 རྒྱ་ནག（汉地）

g 乌金 梵夹装 48×6

h 2 4

i 无 藏纸 黑 完整

j 封面钤有“民族文化宫图书馆藏”印。

249.18

a 51-18

b པཎ་ཆེན་མཆོག་སྤྲུལ་རིན་པོ་ཆེ་བློ་བཟང་དཔལ་ལྡན་ཡེ་ཤེས་ཞལ་སྔ་ནས་ལ་ཕུལ་བའི་ཞུ་ཤོག་ཞབས་ བརྟན་

འབུལ་དུས་ཀྱི་ཚིགས་བཅད་བཅས་བཞུགས།

呈班禅活佛洛桑白登耶喜书信、请长久住世颂文等

c ལྕང་སྐྱ་རོལ་པའི་རྡོ་རྗེ།

d

e ཆབ་ཤོག(书函)

f 刻本 རྒྱ་ནག（汉地）

g 乌金 梵夹装 48×6

h 4 4

i 无 藏纸 黑 完整

j 封面钤有“民族文化宫图书馆藏”印。

249.19

a　51-19

b　འཇམ་དབྱངས་བཞད་པའི་སྤྲུལ་པའི་སྐུ་རིན་པོ་ཆེའི་འཕྲིན་ཡིག་གི་ལན་ཞེས་བྱ་བ་བཞུགས་སོ།།

答嘉木样协巴活佛书

c　དགེ་སློང་རིག་པ་འཛིན་པ་ཀུན་པོ་རོལ་པའི་རྡོ་རྗེ།

d

e　ཡིག་ལན།（信札）

f　刻本　རྒྱ་ནག（汉地）

g　乌金　梵夹装　48×6

h　19　4

i　无　藏纸　黑　完整

j　封面钤有“民族文化宫图书馆藏”印；民族宫目录中为5叶。

249.20

a　51-20

b　ཡོངས་འཛིན་རིན་པོ་ཆེ་སྐྱིད་གྲོང་བླ་མར་ཕུལ་བའི་ཡི་གེ་སོགས་སྤྲིངས་ཡིག་ལེ་ཚན་བཞུགས།

致荣增仁波且吉宗喇嘛书等书函类

c　ལྕང་སྐྱ་རོལ་པའི་རྡོ་རྗེ།

d

e　སྤྲིངས་ཡིག（信札）

f　刻本　རྒྱ་ནག（汉地）

g　乌金　梵夹装　48×6

h　6　4

i　无　藏纸　黑　完整

j　封面钤有“民族文化宫图书馆藏”印。

249.21

a　51-21

b　ཇའི་སང་རབ་འབྱམས་ངག་དབང་བསྟན་འཛིན་ལ་གནང་བའི་འཕྲིན་ཆུང་།

致宰桑热绛巴·阿旺丹增书函

c ཆོས་སྨྲ་བ་ཨུང་སྒྲ་རོལ་པའི་རྡོ་རྗེ།

d མོང་གོལ་ཅིན་གུ་ཤི་ཆོས་རྗེ་སྦྱིན་པ་རྒྱ་མཚོ།

e སྤྲིངས་ཡིག（信札）

f 刻本 རྒྱ་ནག（汉地） ཞབས་དྲུང་སྐལ་བཟང་བསྟན་འཛིན།

g 乌金 梵夹装 48×6

h 17 4

i 无 藏纸 黑 完整

j 封面钤有“民族文化宫图书馆藏”印。

249.22

a 51-22

b རྨད་དུ་བྱུང་བའི་གཏམ་གྱི་སྒྲོར་བ་མཁས་མང་མགྲིན་རྒྱན་ཞེས་བྱ་བ་བཞུགས་སོ།།

卓越法言之结构·众智者之项饰

c གྱི་ན་བ་ངག་དབང་ཆོས་ཀྱི་གྲགས་པ།

d རང་ལོ་བཅུ་བདུན། 十七岁（1733 年） ཞབས་དྲུང་བསྟན་པའི་རྒྱལ་མཚན།

e གཏམ།（言说）

f 刻本 རྒྱ་ནག（汉地） ཚུལ་ཁྲིམས་ཆོས་འཕེལ།

g 乌金 梵夹装 48×6

h 4 4

i 无 藏纸 黑 完整

j 封面钤有“民族文化宫图书馆藏”印。

249.23

a 51-23

b ཚབ་ཤོག་སྙན་ངགས་ལེ་ཚན་བཞུགས།

诗体书札类

c ཨུང་སྒྲ་རོལ་པའི་རྡོ་རྗེ།

d

e ཆབ་ཤོག（书函）

f 刻本 རྒྱ་ནག（汉地）

g 乌金 梵夹装 48×6
h 3 4
i 无 藏纸 黑 完整
j 封面钤有“民族文化宫图书馆藏”印。

249.24
a 51-24

b བཀའ་བློན་མདོ་མཁར་བར་གནང་བའི་ཆབ་ཤོག་བཞུགས།

致噶伦多喀哇之书函

c ལྕང་སྐྱ་རོལ་པའི་རྡོ་རྗེ།

d

e ཆབ་ཤོག（书函）

f 刻本 རྒྱ་ནག（汉地）

g 乌金 梵夹装 48×6
h 3 4
i 无 藏纸 黑 完整
j 封面钤有“民族文化宫图书馆藏”印。

249.25
a 51-25

b རྒྱལ་བའི་བསྟན་སྲུང་ཆེན་པོ་རྣམས་ལ་མཆོད་གཏོར་འབུལ་ཚུལ་ལས་བཞི་ལྷུན་འགྲུབ་པའི་སྒྲ་དབྱངས་ཞེས་བྱ་བ་བཞུགས་སོ།།

诸大护法前供神馐法·四业任运天成之声

c ལྕང་སྐྱ་རོལ་པའི་རྡོ་རྗེ།

d ས་སྟོན་ཟླ་བའི་ཚེས་བཅོ་ལྔ། 藏历四月十五日 བོད་ཡུལ་རྡོ་རྗེ་གདན་ལྷ་ལྡན།（西藏拉萨）

e གཏོར་འབུལ།（供神馐）

f　刻本　རྒྱ་ནག（汉地）　ཞབས་དྲུང་བསྐལ་བཟང་བསྟན་འཛིན།

g　乌金　梵夹装　48×6

h　6　4

i　无　藏纸　黑　完整

j　封面钤有“民族文化宫图书馆藏”印。

249.26

a　51-26

b　རྒྱལ་བའི་བསྟན་སྲུང་མགོན་ཆོས་ལྷ་མོ་རྣམ་སྲས་ལྷམ་སྲིང་སྐུ་ལྔ་རྡོ་རྗེ་གྲགས་ལྡན་རྡོར་ལེགས་གྲགས་ རྒྱལ་མ་རྨ་ཆེན་སྤོམ་ར་བཅས་ལ་མཆོད་གཏོར་འབུལ་ཚུལ་བསྡུས་པ་ལས་བཞི་ལྷུན་གྱིས་གྲུབ་པའི་སྒྲ་དབྱངས་ཞེས་བྱ་བ་བཞུགས་སོ།།

护法怙主、荡金曲吉、多闻子、江生、五尊明王、多杰扎登、多杰勒巴、扎吉玛、玛钦邦惹等前供神馐略法·四业任运天成之声

c　རིག་པ་འཛིན་པ་ལྷུང་སྐྱ་རོལ་པའི་རྡོ་རྗེ།

d　ལྷ་ལྡན་སྤྲུལ་པའི་གཙུག་ལག་ཁང་།（西藏拉萨大昭寺）

འཇམ་བཞད་དཀོན་མཆོག་འཇིགས་མེད་དབང་པོ།

e　གཏོར་འབུལ།（供神馐）

f　刻本　རྒྱ་ནག（汉地）　མཁན་པོ་སྐལ་བཟང་ཡོན་ཏན།

g　乌金　梵夹装　48×6

h　5　4

i　无　藏纸　黑　完整

j　封面钤有“民族文化宫图书馆藏”印。

249.27

a　51-27

b　རྒྱལ་བའི་བསྟན་བསྲུང་ཆེན་པོ་རྣམས་ལ་འཕྲིན་ལས་གཉེར་གཏད་ཀྱི་ཚིགས་བཅད་མ་བཞུགས་སོ།།

诸大护法前请托事业颂文

c　རིག་པ་འཛིན་པ་ལྷུང་སྐྱ་རོལ་པའི་རྡོ་རྗེ།

d ཆོས་བཟང་སྤྲུལ་པའི་སྐུ་རིན་པོ་ཆེ།

e འཕྲིན་བཅོལ། （托业）

f 刻本 རྒྱ་ནག （汉地）

g 乌金 梵夹装 48×6
h 3 4
i 无 藏纸 黑 完整
j 封面钤有“民族文化宫图书馆藏”印。

249.28
a 51-28

b ཡིད་དམ་ཆོས་སྐྱོང་འགའ་ཞིག་གཏོར་མ་འབུལ་ཚུལ་བཞུགས་སོ།།

部分本尊护法前供神馐法

c ལྕང་སྐྱ་རོལ་པའི་རྡོ་རྗེ།

d ཨུ་གེར་ཏཱའ་ཨ་མིན་ཏྭ།

e གཏོར་འབུལ། （供神馐）

f 刻本 རྒྱ་ནག （汉地） དགོན་ལྷུན་ཚུལ་ཁྲིམས་ཆོས་འཕེལ།

g 乌金 梵夹装 48×6
h 2 4
i 无 藏纸 黑 完整
j 封面钤有“民族文化宫图书馆藏”印。

249.29
a 51-29

b རྒྱལ་ཀུན་མཐུ་སྟོབས་གཅིག་བསྡུས་བསྟན་དགྲ་ཐལ་བར་བརློག་མཛད་དཔལ་ཙ་ཏུར་མུ་ཁ་འཁོར་ བཅས་ལ་

བསྟོད་ཅིང་འཕྲིན་ལས་འཚོལ་བ་བསྟན་དགྲ་བརླགས་བྱེད་ཅེས་བྱ་བ་བཞུགས།

聚诸佛之力作粉碎教敌之吉祥扎都谟喀及其眷属等之赞颂并请托事业文·摧坏教敌

c ལྕང་སྐྱ་རོལ་པའི་རྡོ་རྗེ།

d མདོ་ཆེ་ནའི་ཡུལ་གྲུ（汉地）

e བསྟོད་པ།（赞颂）

f 刻本 རྒྱ་ནག（汉地）

g 乌金 梵夹装 48×6
h 2 4
i 无 藏纸 黑 完整
j 封面钤有“民族文化宫图书馆藏”印。

249.30
a 51-30

b རྒྱལ་ཆེན་རྣམ་ཐོས་སྲས་ལ་མཆོད་གཏོར་འབུལ་ཚུལ་བཞུགས་སོ།།

多闻子前供神馐法

c ཆོས་སྨྲ་བ་རོལ་པའི་རྡོ་རྗེ།

d ཨུ་རུ་མུ་ཆེན་ཤེས་རབ་ཀུ་ཤེས།

e གཏོར་འབུལ།（供神馐）

f 刻本 རྒྱ་ནག（汉地）

g 乌金 梵夹装 48×6
h 2 4
i 无 藏纸 黑 完整
j 封面钤有“民族文化宫图书馆藏”印。

249.31
a 51-31

b རྒྱལ་པོ་སྐུ་ལྔ་ལ་མཆོད་གཏོར་འབུལ་ཚུལ་བཞུགས་སོ།།

五尊明王前供神馐法

c ལྕང་སྐྱ་རོལ་པའི་རྡོ་རྗེ།

d ས་ཞིད་ཤྲི་པེ་ལི།

e གཏོར་འབུལ། (供神馐)

f 刻本 རྒྱ་ནག (汉地) བསོད་ནམས་ཕུན་ཚོགས།

g 乌金 梵夹装 48×6
h 3 4
i 无 藏纸 黑 完整
j 封面钤有“民族文化宫图书馆藏”印。

249.32
a 51-32

b དམ་ཅན་རྡོ་རྗེ་ལེགས་པ་ལ་མཆོད་གཏོར་འབུལ་ཞིང་འཕྲིན་ལས་འཚོལ་བའི་ཚུལ་དཔའ་བོའི་སྒྲ་དབྱངས་ཞེས་བྱ་བ་བཞུགས།

荡金多杰勒巴前供神馐并请托事业法·勇士之声

c རིག་པ་འཛིན་པ་ཚངས་སྐྱ་རོལ་པའི་རྡོ་རྗེ།

d གནས་མཆོག་རི་བོ་རྩེ་ལྔ། (五台山) ཛ་སག་བླ་མ་དགེ་ལེགས་ནམ་མཁའ།

e གཏོར་འབུལ། (供神馐)

f 刻本 རྒྱ་ནག (汉地)

g 乌金 梵夹装 48×6
h 4 4
i 无 藏纸 黑 完整
j 封面钤有“民族文化宫图书馆藏”印。

249.33
a 51-33

b རྒྱལ་བའི་བསྟན་བསྲུང་གཞན་པོ་རྣམས་ཀྱི་གཏོར་འབུལ་གྱི་མཇུག་ཏུ་སྦྱར་ཆོག་པའི་འཕྲིན་བཅོལ་གྱི་ཚིགས་བཅད་དགྲ་ལས་རྣམ་པར་རྒྱལ་བའི་གད་རྒྱངས་ཞེས་བྱ་བ་བཞུགས་སོ།།

供诸护法神馐之后可以配用之请托事业颂·胜伏魔敌之笑声

c ཚངས་སྐྱ་རོལ་པའི་རྡོ་རྗེ།

d ལྷ་ལྡན་སྤྲུལ་པའི་གཙུག་ལག་ཁང་།（西藏拉萨大昭寺）

e འཕྲིན་བཅོལ།（托业）

f 刻本 རྒྱ་ནག（汉地）

g 乌金 梵夹装 48×6

h 2 4

i 无 藏纸 黑 完整

j 封面钤有“民族文化宫图书馆藏”印。

249.34

a 51-34

b རྨ་ཆེན་སྤོམ་རའི་གསོལ་མཆོད་བཞུགས་སོ།།

玛钦邦惹祈供法

c ལྕང་སྐྱ་རོལ་པའི་རྡོ་རྗེ།

d དགེ་ལྡན་བྱང་རྩེ་གླ་ཟུར་ངག་དབང་ལྷུན་འགྲུབ།

e འཕྲིན་བཅོལ།（托业）

f 刻本 རྒྱ་ནག（汉地） བསོད་ནམས་ཕུན་ཚོགས།

g 乌金 梵夹装 48×6

h 6 4

i 无 藏纸 黑 完整

j 封面钤有“民族文化宫图书馆藏”印。

249.35

a 51-35

b པོ་ལྷ་དུང་སྐྱོང་དཀར་པོའི་གསོལ་མཆོད་བཞུགས་སོ།།

波拉董炯噶波祈供法

c ལྕང་སྐྱ་རོལ་པའི་རྡོ་རྗེ།

d ནའི་མན་བཀྲ་ཤིས་ཐུ་ས་ལག་ཆེས།

e གསོལ་མཆོད།（供养）

f 刻本 རྒྱ་ནག（汉地） དཀའ་བཅུ་བསྟན་འཛིན་རྒྱ་མཚོ།

g 乌金 梵夹装 48×6
h 5 4
i 无 藏纸 黑 完整
j 封面钤有“民族文化宫图书馆藏”印。

249.36
a 51-36

b ཆོས་སྐྱོང་གི་འཁྲུ་ཞོག་ཞི་བའི་མན་ངག་བདུད་རྩིའི་ཆུ་རྒྱུན་ཞེས་བྱ་བ་བཞུགས།

护法息瞋要诀·甘露长流

c ལྕང་སྐྱ་རོལ་པའི་རྡོ་རྗེ།

d

e མན་ངག（善言）

f 刻本 རྒྱ་ནག（汉地） ཆོས་རྗེ་ཐུབ་བསྟན་དར་རྒྱས།

g 乌金 梵夹装 48×6
h 7 4
i 无 藏纸 黑 完整
j 封面钤有“民族文化宫图书馆藏”印。

249.37
a 51-37

b འཆི་ལྟས་བརྟག་པ་དང་འཆི་བསླུ་བའི་ཐབས་ཚེ་ཁྲིད་དང་བཅས་པ་འཆི་མེད་དགའ་སྟོན་བཞུགས་སོ།།

观察死相及赎死法并长寿教导·长寿喜宴

c ལྕང་སྐྱ་རོལ་པའི་རྡོ་རྗེ།

d

e འཆི་བསླུ།（赎死法）

f 刻本 རྒྱ་ནག（汉地） སྨྲ་རིག་སྨྲ་བ་བསམ་གཏན་ཆོས་འཕེལ།

g 乌金 梵夹装 48×6

h 10 4
i 无 藏纸 黑 完整
j 封面钤有“民族文化宫图书馆藏”印。

249.38
a 51-38
b བསངས་མཆོག་བསམ་འཕེལ་ཡིད་བཞིན་དབང་རྒྱལ་ཞེས་བྱ་བ་བཞུགས་སོ།།
烟桑供法仪轨・吉祥如意
c ལྷང་སྐྱ་རོལ་པའི་རྡོ་རྗེ།
d ཕོ་བྲང་ཆེན་པོའི་ཉེ་འདབས་ཐང་ཤན་དུ་གྲགས་པའི་ཆུ་ཚན་ཁར། ཛ་སག་བླ་མ་དགེ་ལེགས་ནམ་མཁས།
e བསངས་མཆོག（煨桑）
f 刻本 རྒྱ་ནག（汉地） ལྷ་བཙུན་ཞབས་དྲུང་ངག་དབང་བསྟན་འཛིན་རྒྱ་མཚོ།
g 乌金 梵夹装 48×6
h 10 4
i 无 藏纸 黑 完整
j 封面钤有“民族文化宫图书馆藏”印。

249.39
a 51-39
b བསང་མཆོག་བཀྲ་ཤིས་འདོད་འཇོ་ཞེས་བྱ་བ་བཞུགས།
煨桑供法仪轨・吉祥如意
c ལྷང་སྐྱ་རོལ་པའི་རྡོ་རྗེ།
d ཛ་སག་བླ་མ་དགེ་ལེགས་ནམ་མཁས།
e འཕྲིན་བཅོལ།（托业）
f 刻本 རྒྱ་ནག（汉地） ཆོས་རྗེ་ཐུབ་བསྟན་དར་རྒྱས།
g 乌金 梵夹装 48×6
h 7 4
i 无 藏纸 黑 完整
j 封面钤有“民族文化宫图书馆藏”印。

249.40

a　51-40

b　རི་བོ་རྩེ་ལྔའི་གཞི་བདག་རྣམས་ལ་གཏོར་འབུལ་འཕྲིན་བཅོལ་མདོར་བསྡུས་པ་བཞུགས།

　五台山诸地神前供神馐及请托事业略法

c　ཆོས་སྨྲ་བ་ལྷུང་སྐྱ་རོལ་པའི་རྡོ་རྗེ།

d　རི་བོ་རྩེ་ལྔའི་ཕྱུགས་ཉིང་ཞེས་པའི་ལྷ་ཁང་།（五台山）　ཛ་སག་བླ་མ་ཆོས་འཕེལ་དར་རྒྱས་སོགས།

e　གཏོར་འབུལ།（供神馐）

f　刻本　རྒྱ་ནག（汉地）

g　乌金　梵夹装　48×6

h　3　4

i　无　藏纸　黑　完整

j　封面钤有“民族文化宫图书馆藏”印。

249.41

a　51-41

b　ཀྭན་ལོ་ཡེའི་གསོལ་མཆོད་བཞུགས་སོ།།

　关老爷祈供法

c　ལྷུང་སྐྱ་རོལ་པའི་རྡོ་རྗེ།

d　ཏག་ཚག་རྗེ་དྲུང་སྤྲུལ་པའི་སྐུ་རིན་པོ་ཆེ།

e　འཕྲིན་བཅོལ།（托业）

f　刻本　རྒྱ་ནག（汉地）

g　乌金　梵夹装　48×6

h　2　4

i　无　藏纸　黑　完整

j　封面钤有“民族文化宫图书馆藏”印。

249.42

a　51-42

b ཀླུ་གཏོར་གྱི་ཆོ་ག་ཡན་ལག་དང་བཅས་པ་ཕན་བདེའི་རྒྱ་མཚོ་ཆེན་པོ་ཞེས་བྱ་བ་བཞུགས་སོ།།

供鲁神神馐仪轨及支分等·利乐大海

c ལྕང་སྐྱ་རོལ་པའི་རྡོ་རྗེ།

d རབ་བྱུང་བཅུ་གསུམ་པའི་མེ་ཕོ་ཁྱི་ལོའི་ཆུ་སྟོད་ཟླ་བའི་ཚེས་བཟང་པོར། 第十三饶迥火阳狗年

（1766）藏历六月 མཚོ་བདུན་ལྷ་ཁང་སེར་པོར།

e ཆོ་ག（仪轨）

f 刻本 རྒྱ་ནག（汉地） དཔའ་ཀ་ཤྲི་ངག་དབང་བསྟན་འཕེལ།

g 乌金 梵夹装 48×6

h 19 4

i 无 藏纸 黑 完整

j 封面钤有“民族文化宫图书馆藏”印。

249.43

a 51-43

b སྣན་དར་ཞལ་བྱང་བཞུགས་སོ།།

献敬神哈达题记

c ཆོས་སྨྲ་བ་ལྕང་སྐྱ་རོལ་པའི་རྡོ་རྗེ།

d

e སྨོན་ཚིག（祈愿词）

f 刻本 རྒྱ་ནག（汉地）

g 乌金 梵夹装 48×6

h 2 4

i 无 藏纸 黑 完整

j 封面钤有“民族文化宫图书馆藏”印。

249.44

a 51-44

b བཀའ་འགྱུར་བཞེངས་པའི་ཁ་བྱང་བཞུགས་སོ།།

刻造甘珠尔之题记

c　ལྕང་སྐྱ་རོལ་པའི་རྡོ་རྗེ།

d　གུང་ཀུན་དགའ་བསྟན་འཛིན།

e　བཀའ་འགྱུར་བཞེངས་པའི་ཁ་བྱང་།（甘珠尔题记）

f　刻本　རྒྱ་ནག（汉地）

g　乌金　梵夹装　48×6

h　3　4

i　无　藏纸　黑　完整

j　封面钤有“民族文化宫图书馆藏”印。

249.45

a　51-45

b　དམ་པའི་ཆོས་པདྨ་དཀར་པོའི་ཁ་བྱང་པ་བཞུགས།

刻造妙法莲华经之题记

c　ལྕང་སྐྱ་རོལ་པའི་རྡོ་རྗེ།

d

e　སྨོན་ཚིག（祈愿词）

f　刻本　རྒྱ་ནག（汉地）　ཀུ་རང་ཞབས་དྲུང་སྐལ་བཟང་བསྟན་འཛིན།

g　乌金　梵夹装　48×6

h　4　4

i　无　藏纸　黑　完整

j　封面钤有“民族文化宫图书馆藏”印。

249.46

a　51-46

b　མདོ་སྡེ་ཐར་པ་ཆེན་པོའི་ཁ་བྱང་བཞུགས་སོ།།

刻造大解脱经之题记

c　ལྕང་སྐྱ་རོལ་པའི་རྡོ་རྗེ།

d

e མདོ་སྡེ་ཐར་པ་ཆེན་པོའི་ཁ་བྱང་།（解脱经题记）

f 刻本 རྒྱ་ནག（汉地） ཞུ་རང་ཞབས་དྲུང་སྦྲ་བཟང་བསྟན་འཛིན།

g 乌金 梵夹装 48×6

h 3 4

i 无 藏纸 黑 完整

j 封面钤有“民族文化宫图书馆藏”印。

249. 47

a 51-47

b བརྒྱད་སྟོང་པའི་བྲིས་བྱང་བཞུགས།

般若八千颂之题记

c ལྕང་སྐྱ་རོལ་པའི་རྡོ་རྗེ།

d ཛ་སག་བླ་མ་བསྟན་འཛིན་ཆོས་དར།

e བརྒྱད་སྟོང་པའི་བྲིས་བྱང་།（八千颂题记）

f 刻本 རྒྱ་ནག（汉地） དཀའ་བཅུ་བསྟན་འཛིན་རྒྱ་མཚོ།

g 乌金 梵夹装 48×6

h 3 4

i 无 藏纸 黑 完整

j 封面钤有“民族文化宫图书馆藏”印。

249. 48

a 51-48

b སུ་རྦུ་པའི་སྒོ་ནས་ཡི་དྭགས་ལ་གཏོར་མ་གཏོང་ཚུལ་བཞུགས།

苏汝巴法门中施饿鬼神馐法

c ལྕང་སྐྱ་རོལ་པའི་རྡོ་རྗེ།

d

e གཏོར་མ་གཏོང་ཚུལ།（抛神馐法）

f 刻本 རྒྱ་ནག（汉地） དགེ་སློང་དགེ་ལེགས་ནམ་མཁས།

g 乌金 梵夹装 48×6
h 3 4
i 无 藏纸 黑 完整
j 封面钤有“民族文化宫图书馆藏”印。

249.49
a 51-49

b བཀའ་བློན་གུང་པཎྜི་ཏ་ར་གནང་བའི་ཆབ་ཤོག་ཚན་པ་གཉིས་བཞུགས།

致噶论公·班智达之书函二则

c ལྕང་སྐྱ་རོལ་པའི་རྡོ་རྗེ།

d

e ཆབ་ཤོག（书函）

f 刻本 རྒྱ་ནག（汉地）

g 乌金 梵夹装 48×6
h 5 4
i 无 藏纸 黑 完整
j 封面钤有“民族文化宫图书馆藏”印。

249.50
a 51-50

b བཀའ་འགྱུར་ཁ་བྱང་བཀྲ་ཤིས་ལྷུན་གྲུབ་ཞེས་བྱ་བ་བཞུགས་སོ།།

新造甘珠尔之题记·吉祥任运天成

c རྒྱལ་ཁམས་པ་ལྕང་སྐྱ་རོལ་པའི་རྡོ་རྗེ།

d རབ་བྱུང་བཅུ་གསུམ་པའི་ས་ཕོ་བྱི་བའི་ལོ། 第十三饶迥土阳鼠年（1768）

e བཀའ་འགྱུར་ཁ་བྱང་།（甘珠尔题记）

f 刻本 རྒྱ་ནག（汉地） རྣམ་དཔྱོད་དང་ལྡན་པ་ཨུ་རད་ཞབས་དྲུང་སྐལ་བཟང་བསྟན་འཛིན།

g 乌金 梵夹装 48×6
h 3 4
i 无 藏纸 黑 完整
j 封面钤有“民族文化宫图书馆藏”印。

249.51

a 51-51

b གསོལ་འདེབས་གཏོད་མའི་མགོན་པོ་མ་བཞུགས་སོ།།

祈愿文最初怙主篇

c རྒྱལ་ཁམས་པ་ལྕང་སྐྱ་རོལ་པའི་རྡོ་རྗེ།

d བཀྲ་ལྷུན་ཤར་རྩེ་གྲྭ་ཚང་གི་ཁྲི་པ་ཡོན་ཏན་རྒྱལ་མཚན།

e གསོལ་འདེབས།（启请文）

f 刻本 རྒྱ་ནག（汉地） ཨོཾ་ཏན་དཀའ་བཅུ་ངག་དབང་མཆོག་གྲུབ།

g 乌金 梵夹装 48×6

h 2 4

i 无 藏纸 黑 完整

j 封面钤有“民族文化宫图书馆藏”印。

250

A 3726 765

B ལྕང་སྐྱ་རོལ་པའི་རྡོ་རྗེའི་བཀའ་འབུམ།

章嘉·若白多杰文集

C **ཆ**

D ལྕང་སྐྱ་ཡེ་ཤེས་བསྟན་པའི་སྒྲོན་མེ་དཔལ་བཟང་པོ།

同 3724 介绍。

E 馆藏齐全。

250.1

a 3-1

b ལྕང་སྐྱ་རོལ་པའི་རྡོ་རྗེའི་གསུང་འབུམ་ཆ་པའི་དཀར་ཆག

章嘉·若白多杰文集ཆ字函目录

c ལྕང་སྐྱ་རོལ་པའི་རྡོ་རྗེའམ་དགེ་སློང་ཡེ་ཤེས་བསྟན་པའི་སྒྲོན་མེ། ལ་ལྡི་ཧ་བརྫོད།

d

e དཀར་ཆག（目录）

f 刻本
g 乌金 梵夹装 47×6.5
h 1 5
i 无 藏纸 黑 完整
j 封面钤有“民族文化宫图书馆藏”印。

250.2
a 3-2

b གྲུབ་པའི་མཐའ་རྣམ་པར་བཞག་པའི་ཐུབ་བསྟན་ལྷུན་པོའི་མཛེས་རྒྱན། སྟོད་ཆ།

宗派建立论·须弥妙庄严（上）

c ལྕང་སྐྱ་རོལ་པའི་རྡོ་རྗེའམ་དགེ་སློང་ཡེ་ཤེས་བསྟན་པའི་སྒྲོན་མེ། ལ་ལྟི་ཏ་བཛྲ།

d

e གྲུབ་མཐའ།（教派）

f 刻本
g 乌金 梵夹装 47×6.5
h 208 5
i 有 藏纸 黑 完整
j 封面钤有“民族文化宫图书馆藏”印。

250.3
a 3-3

b གྲུབ་པའི་མཐའ་རྣམ་པར་བཞག་པའི་ཐུབ་བསྟན་ལྷུན་པོའི་མཛེས་རྒྱན། སྨད་ཆ།

宗派建立论·须弥妙庄严（下）

c ལྕང་སྐྱ་རོལ་པའི་རྡོ་རྗེའམ་དགེ་སློང་ཡེ་ཤེས་བསྟན་པའི་སྒྲོན་མེ། ལ་ལྟི་ཏ་བཛྲ།

d

e གྲུབ་མཐའ།（教派）

f 刻本
g 乌金 梵夹装 47×6.5

h　121　5
i　有　藏纸　黑　完整
j　封面钤有“民族文化宫图书馆藏”印。

251
A　3727

ལྕང་སྐྱ་རོལ་པའི་རྡོ་རྗེའི་བཀའ་འབུམ།

B　章嘉·若白多杰文集

C　**རྫོང་བུ**

D　ལྕང་སྐྱ་ཡེ་ཤེས་བསྟན་པའི་སྒྲོན་མེ་དཔལ་བཟང་པོ།

同 3724 介绍。
E　民族宫目录中无此函。

251.1
a　31-1

b　གྲུབ་ཆེན་དྲིལ་བུ་ལུགས་ཀྱི་འཁོར་ལོ་སྡོམ་པའི་ལུས་དཀྱིལ་གྱི་དམར་ཁྲིད་ཞལ་ཤེས་བདེ་ཆེན་གསལ་བའི་སྒྲོན་མེ།

大成就者枳布派之轮诫中身导释·大乐灯

c　ལྕང་སྐྱ་རོལ་པའི་རྡོ་རྗེའམ་དགེ་སློང་ཡེ་ཤེས་བསྟན་པའི་སྒྲོན་མེ། ལ་ལྀ་ཏ་བཛྲ།

d

e　མན་ངག（善言）

f　刻本　དགེ་སློང་བསོད་ནམས་ཕུན་ཚོགས།

g　乌金　梵夹装　40.5×6
h　51　6
i　无　藏纸　黑　完整
j　封面钤有“民族文化宫图书馆藏”印。

251.2
a　31-2

b　རྗེ་བཙུན་རྡོ་རྗེ་རྣལ་འབྱོར་མའི་བསྙེན་སྒྲུབ་ཀྱི་རིམ་པ་གསལ་བར་བཤད་པ་གསང་ཆེན་བཅུད་ཀྱི་ཐིགས་པ།

至尊金刚瑜伽女念修程序明鉴·大密精滴

c ཨུང་སྐུ་རོལ་པའི་རྡོ་རྗེའམ་དགེ་སློང་ཡེ་ཤེས་བསྟན་པའི་སྒྲོན་མེ། ལ་ལྟི་ཏ་བཛྲ།

d འཇམ་དབྱངས་གོང་མ་ཆེན་པོ་ཕོ་བྲང་གི་ཞེ་འདབས་དགོན་གནས་བཀྲ་ཤིས་རབ་རྒྱས།

e སྒྲུབ་ཐབས།（修心法）

f 刻本
g 乌金 梵夹装 39.5×5
h 22 5
i 无 藏纸 黑 完整
j 封面钤有“民族文化宫图书馆藏”印。

251.3
a 31-3

b དཔལ་རྡོ་རྗེ་འཇིགས་བྱེད་ཀྱི་བདག་འཇུག་རྒྱུན་གྱི་རྣལ་འབྱོར་བྱ་ཚུལ་མདོར་བསྡུས་དངོས་གྲུབ་འགུགས་པའི་

ལྕགས་ཀྱུ།

吉祥大威德自入瑜伽简修法·如意钩

c ཐུགས་འཆང་ལྷ་ལི་ཏ། ལ་ལྟི་ཏ་བཛྲ།

d

e ཆོ་ག（仪轨）

f 刻本
g 乌金 梵夹装 39×5
h 15 5
i 无 藏纸 黑 完整
j 封面钤有“民族文化宫图书馆藏”印。

251.4
a 31-4

b ཤིན་ཏུ་གསང་བའི་མགུར་དབྱངས་རྡོ་རྗེ་མཁའ་འགྲོ་མ་རྣམས་ཀྱི་སྙིང་ཐིག་ལེ་བསྐུལ་བའི་སྒྲ་དབྱངས།

极密道歌金刚空行母要义·音

c ཨུང་སྐུ་རོལ་པའི་རྡོ་རྗེའམ་དགེ་སློང་ཡེ་ཤེས་བསྟན་པའི་སྒྲོན་མེ། ལ་ལྟི་ཏ་བཛྲ།

d

e མགུར།(道歌)

f 刻本
g 乌金 梵夹装 39×5
h 3 5
i 无 藏纸 黑 完整
j 封面钤有“民族文化宫图书馆藏”印。

251.5
a 31-5

b ཚེ་བདག་མགོན་པོའི་ཚེ་སྒྲུབ་ཡིད་བཞིན་དབང་རྒྱལ།

长寿怙主之修行法·如意王

c ཟུང་སྐྱ་རོལ་པའི་རྡོ་རྗེའམ་དགེ་སློང་ཡེ་ཤེས་བསྟན་པའི་སྒྲོན་མེ། ལ་ལྷི་ཏ་བཛྲ།

d རྟ་ལོ།马年

e ཚེ་སྒྲུབ།(长寿修法)

f 刻本 དགེ་སློང་དགེ་ལེགས་ནམ་མཁའ།

g 乌金 梵夹装 37.5×5
h 7 5
i 无 藏纸 黑 完整
j 封面钤有“民族文化宫图书馆藏”印。

251.6
a 31-6

b རྩ་སྔགས་ཀྱི་ངེས་དོན་ཟབ་མོ་ལམ་གྱི་རིམ་པར་བསྒྲིགས་པ།

基本咒语之甚道次序

c ཟུང་སྐྱ་རོལ་པའི་རྡོ་རྗེའམ་དགེ་སློང་ཡེ་ཤེས་བསྟན་པའི་སྒྲོན་མེ། ལ་ལྷི་ཏ་བཛྲ།

d

e སྔགས།(密宗)

f 刻本

g　乌金　梵夹装　40×5
h　3　5
i　无　藏纸　黑　完整
j　封面钤有“民族文化宫图书馆藏”印。

251.7
a　31-7
b　འཆི་མེད་རྡོ་རྗེ་ལྷ་མོའི་སྒོ་ནས་ཚེ་སྒྲུབ་བྱ་ཚུལ་འཆི་མེད་བདུད་རྩིའི་རྒྱ་མཚོ།
　依长寿金刚女神长寿修行法 · 长寿甘露海
c　ལྕང་སྐྱ་རོལ་པའི་རྡོ་རྗེའམ་དགེ་སློང་ཡེ་ཤེས་བསྟན་པའི་སྒྲོན་མེ། ལ་ལྷ་ཏ་བཛྲ།
d
e　སྒྲུབ་ཐབས།（修心法）
f　刻本　དགེ་སློང་དགེ་ལེགས་ནམ་མཁའ།
g　乌金　梵夹装　37.5×5
h　5　5
i　无　藏纸　黑　完整
j　封面钤有“民族文化宫图书馆藏”印。

251.8
a　31-8
b　བླ་མ་མགོན་པོ་དབྱེར་མེད་ལ་གསོལ་འདེབས་པ་དངོས་གྲུབ་འགུགས་པའི་ལྕགས་ཀྱུ།
　上师怙主祈请 · 如意钩
c　ལྕང་སྐྱ་རོལ་པའི་རྡོ་རྗེའམ་དགེ་སློང་ཡེ་ཤེས་བསྟན་པའི་སྒྲོན་མེ། ལ་ལྷ་ཏ་བཛྲ།
d　ཆུ་འབྲུག　水龙年（1772）　རི་བོ་རྩེ་ལྔ།（五台山）
e　གསོལ་འདེབས།(启请文)
f　刻本　དགེ་སློང་དགེ་ལེགས་ནམ་མཁའ།
g　乌金　梵夹装　39.5×5
h　3　5

i 无 藏纸 黑 完整
j 封面钤有“民族文化宫图书馆藏”印。

251.9
a 31-9
b མགོན་པོ་ཕྱག་དྲུག་པ་ལ་བསྟོད་ཅིང་འཕྲིན་ལས་བཅོལ་བའི་རབ་ཏུ་བྱེད་པ་བདུད་ལས་རྣམ་པར་རྒྱལ་བའི་རྡ་མཆོན།
六臂怙主之赞美及托业分类·降魔器
c ཐུང་སྐྱ་རོལ་པའི་རྡོ་རྗེའམ་དགེ་སློང་ཡེ་ཤེས་བསྟན་པའི་སྒྲོན་མེ། ལ་ལྡི་ཏ་བཛྲ།
d འཇམ་བཞད་དཀོན་མཆོག་འཇིགས་མེད་དབང་པོ།
e བསྟོད་ཚོགས།(赞集)
f 刻本 ཀཱམ་རྡོ་རྗེ།
g 乌金 梵夹装 39.5×5
h 4 5
i 无 藏纸 黑 完整
j 封面钤有“民族文化宫图书馆藏”印。

251.10
a 31-10
b ཟབ་ལམ་གཏུམ་མོའི་གདམས་པ་ཉམས་སུ་ལེན་པའི་ཁྲིད་ཡིག་བདེ་བ་ཆེན་པོའི་རྒྱ་མཚོ།
密道忿女教诫修行导释·大乐海
c ཐུང་སྐྱ་རོལ་པའི་རྡོ་རྗེའམ་དགེ་སློང་ཡེ་ཤེས་བསྟན་པའི་སྒྲོན་མེ། ལ་ལྡི་ཏ་བཛྲ།
d ཇ་སག་བླ་མ་བློ་བཟང་ཆོས་འཕེལ།
e མན་ངག(善言)
f 刻本 ཆོས་རྗེ་ངག་དབང་བསྟན་འཕེལ།
g 乌金 梵夹装 37.5×5

h 12 5
i 无 藏纸 黑 完整
j 封面钤有“民族文化宫图书馆藏”印。

251.11
a 31-11

b ཚེ་སྒྲུབ་རྒྱུན་འཁྱེར་མདོར་བསྡུས་ཚེ་སྲོག་བརྟན་བྱེད་རྡོ་རྗེའི་གོ་ཆ།

长寿修行常识简要 · 长寿金刚器

c ཨུང་སྐྱ་རོལ་པའི་རྡོ་རྗེའམ་དགེ་སློང་ཡེ་ཤེས་བསྟན་པའི་སྒྲོན་མེ། ལ་ལྷི་ཏ་བཛྲ།

d རི་བོ་རྩེ་ལྔ།（五台山）

e སྒྲུབ་ཐབས།（修心法）

f 刻本 དགེ་སློང་དགེ་ལེགས་ནམ་མཁའ།

g 乌金 梵夹装 39.5×5
h 2 5
i 无 藏纸 黑 完整
j 封面钤有“民族文化宫图书馆藏”印。

251.12
a 31-12

b རྗེ་བཙུན་འཇམ་པའི་དབྱངས་དང་འབྲེལ་བའི་ཟབ་ལམ་བླ་མའི་རྣལ་འབྱོར་ཐུན་མོང་མ་ཡིན་པ་བདེ་ཆེན་རྒྱས་

པའི་དགའ་སྟོན།

与上师文殊有关的甚法无上瑜伽不共大乐欢宴

c ཨུང་སྐྱ་རོལ་པའི་རྡོ་རྗེའམ་དགེ་སློང་ཡེ་ཤེས་བསྟན་པའི་སྒྲོན་མེ། ལ་ལྷི་ཏ་བཛྲ།

d ལྷ་ལྡན་གཙུག་ལག་ཁང་།（西藏拉萨大昭寺） བྲག་གཡབ་སྤྲུལ་སྐུ་སྐལ་བཟང་ཐུབ་བསྟན་དབང་ཕྱུག

e བླ་མའི་རྣལ་འབྱོར།（上师瑜伽）

f 刻本 ཞྭ་རོད་ཞབས་དྲུང་སྐལ་བཟང་བསྟན་འཛིན།

g 乌金 梵夹装 38.5×5
h 6 5
i 无 藏纸 黑 完整
j 封面钤有“民族文化宫图书馆藏”印。

251.13
a 31-13
b དམ་ཅན་ཆོས་ཀྱི་རྒྱལ་པོ་ལ་མཆོད་གཏོར་འབུལ་ཞིང་འཕྲིན་ལས་འཆོལ་བའི་ཚིགས་བཅད་གདོང་ལྔའི་སྒྲ་
དབྱངས།
汤金曲吉神馐祭司及托业颂·五面音
c ཨུང་སྐྱ་རོལ་པའི་རྡོ་རྗེའམ་དགེ་སློང་ཡེ་ཤེས་བསྟན་པའི་སྒྲོན་མེ། ལ་ལྦི་ཏ་བཛྲ།
d
e ཆོ་ག(仪轨)
f 刻本 དགེ་སློང་དགེ་ལེགས་ནམ་མཁའ།
g 乌金 梵夹装 39.5×5
h 3 5
i 无 藏纸 黑 完整
j 封面钤有“民族文化宫图书馆藏”印。

251.14
a 31-14
b ཆོས་སྐྱོང་སྤྱི་བསྐུལ་རྡོ་རྗེའི་ཐོག་འབེབས།
护法神总激·金刚霹雳
c ཨུང་སྐྱ་རོལ་པའི་རྡོ་རྗེའམ་དགེ་སློང་ཡེ་ཤེས་བསྟན་པའི་སྒྲོན་མེ། ལ་ལྦི་ཏ་བཛྲ།
d
e བསྟོད་ཚོགས།(赞集)
f 刻本
g 乌金 梵夹装 40×5
h 3 5

i　无　藏纸　黑　完整
j　封面钤有“民族文化宫图书馆藏”印。

251.15
a　31-15
b　གཉིད་མོར་ཆེའི་རྨི་ལམ་གྱི་རོལ་མཚོར་ཤར་བའི་བསྟན་བཅོས་ངོ་མཚར་ཟླ་བའི་སྣང་བརྙན།
　解梦经典·奇影月亮
c　ཨུང་སྐུ་རོལ་པའི་རྡོ་རྗེའམ་དགེ་སློང་ཡེ་ཤེས་བསྟན་པའི་སྒྲོན་མེ། ལ་ལྦི་ཏ་བཛྲ།
d
e　བསྟན་བཅོས།（典籍）
f　刻本
g　乌金　梵夹装　38.5×5
h　13　5
i　无　藏纸　黑　完整
j　封面钤有“民族文化宫图书馆藏”印。

251.16
a　31-16
b　དུས་གསུམ་རྒྱལ་ཀུན་འདུས་ཞལ་རྡོ་རྗེ་དངོས་རྗེ་ཐམས་མཁྱེན་གཟིགས་བློ་བཟང་བསྐལ་མེད་རྒྱ་མཚོའི་
　བཀའ་རྩོམ།
　三世佛面集金刚一切知洛桑格美嘉措之文集
c　ཨུང་སྐུ་རོལ་པའི་རྡོ་རྗེའམ་དགེ་སློང་ཡེ་ཤེས་བསྟན་པའི་སྒྲོན་མེ། ལ་ལྦི་ཏ་བཛྲ།
d
e　གསུང་རྩོམ།（文集）
f　刻本
g　乌金　梵夹装　35×5
h　3　6
i　无　藏纸　黑　完整
j　封面钤有“民族文化宫图书馆藏”印。

251.17
a 31-17

b དཔལ་འཁོར་ལོ་བདེ་མཆོག་ཡབ་ཡུམ་ལ་བརྟེན་པའི་འཕོ་བའི་མན་ངག་མཁའ་སྤྱོད་བགྲོད་པའི་བདེ་ལམ།

依吉祥胜乐夫妇往生善言·空行道

c ཞྭང་སྐུ་རོལ་པའི་རྡོ་རྗེའམ་དགེ་སློང་ཡེ་ཤེས་བསྟན་པའི་སྒྲོན་མེ། ལ་ལྷི་ཏ་བཛྲ།

d

e མན་ངག（善言）

f 刻本 དགེ་སློང་དགེ་ལེགས་ནམ་མཁའ།

g 乌金 梵夹装 47×6.5
h 5 6
i 无 藏纸 黑 完整
j 封面钤有“民族文化宫图书馆藏”印。

251.18
a 31-18

b དཔལ་དུས་ཀྱི་འཁོར་ལོའི་ལུགས་ཀྱི་རྩ་རླུང་ཐིག་ལེ་རྣམ་བཞག

吉祥时轮内修法基本论

c ཞྭང་སྐུ་རོལ་པའི་རྡོ་རྗེའམ་དགེ་སློང་ཡེ་ཤེས་བསྟན་པའི་སྒྲོན་མེ། ལ་ལྷི་ཏ་བཛྲ།

d

e སྔགས།（密宗）

f 刻本 དགེ་སློང་ངག་དབང་ཆོས་དཔལ།

g 乌金 梵夹装 44×6
h 4 7
i 无 藏纸 黑 完整
j 封面钤有“民族文化宫图书馆藏”印。

251.19
a 31-19

b　མགོན་པོ་སྙིང་ཞུགས་དང་འབྲེལ་བའི་བླ་མའི་རྣལ་འབྱོར།

与贡布怙主入心有关的无上瑜伽

c　ཟུང་སྐྱུ་རོལ་པའི་རྡོ་རྗེའམ་དགེ་སློང་ཡེ་ཤེས་བསྟན་པའི་སྒྲོན་མེ། ལ་ལི་ཏ་བཛྲ།

d

e　བླ་མའི་རྣལ་འབྱོར།（上师瑜伽）

f　刻本

g　乌金　梵夹装　48×6

h　5　7

i　无　藏纸　黑　完整

j　封面钤有“民族文化宫图书馆藏”印。

251.20

a　31-20

b　ཕག་མོའི་འཕྲེང་སྔགས་ཀྱི་མཆན་འགྲེལ།

金刚帕姆密宗之注疏

c　ཟུང་སྐྱུ་རོལ་པའི་རྡོ་རྗེའམ་དགེ་སློང་ཡེ་ཤེས་བསྟན་པའི་སྒྲོན་མེ། ལ་ལི་ཏ་བཛྲ།

d

e　སྔགས།（密宗）

f　刻本

g　乌金　梵夹装　49×7

h　2　6

i　无　藏纸　黑　完整

j　封面钤有“民族文化宫图书馆藏”印。

251.21

a　31-21

b　རྫོགས་རིམ་ལ་ཉེ་བར་མཁོ་བའི་རྩ་རླུང་ཐིག་ལེའི་རྣམ་བཞག

圆满内修常识基本论

c　ཟུང་སྐྱུ་རོལ་པའི་རྡོ་རྗེའམ་དགེ་སློང་ཡེ་ཤེས་བསྟན་པའི་སྒྲོན་མེ། ལ་ལི་ཏ་བཛྲ།

d

e སྔགས། （密宗）

f 刻本

g 乌金 梵夹装 50×7

h 3 6

i 无 藏纸 黑 完整

j 封面钤有“民族文化宫图书馆藏”印。

251.22

a 31-22

b ལྕང་སྐྱ་རྡོ་རྗེ་འཆང་རོལ་པའི་རྡོ་རྗེ་མཛད་པའི་ཆོས་རྒྱལ་དཀར་སེར་དམར་གསུམ་གྱི་བསྟོད་པ།

章嘉若白多杰撰写之金刚法王白、黄、红护法赞

c ལྕང་སྐྱ་རོལ་པའི་རྡོ་རྗེའམ་དགེ་སློང་ཡེ་ཤེས་བསྟན་པའི་སྒྲོན་མེ། ལ་ལྀ་ཏ་བཛྲ།

d

e བསྟོད་ཚོགས། （赞集）

f 刻本

g 乌金 梵夹装 46.5×6

h 3 7

i 无 藏纸 黑 完整

j 封面钤有“民族文化宫图书馆藏”印。

251.23

a 31-23

b དཔལ་རྡོ་རྗེ་འཇིགས་བྱེད་ཀྱི་བདག་འཇུག་རྒྱུན་གྱི་རྣལ་འབྱོར་བྱ་ཚུལ་མདོར་བསྡུས་དངོས་གྲུབ་འགུགས་པའི་ལྕགས་ཀྱུ།

吉祥大威德之自入瑜伽简要练法·如意钩

c ལྕང་སྐྱ་རོལ་པའི་རྡོ་རྗེའམ་དགེ་སློང་ཡེ་ཤེས་བསྟན་པའི་སྒྲོན་མེ། ལ་ལྀ་ཏ་བཛྲ།

d

e སྔགས། （密宗）

f 刻本 དགེ་ལེགས་ནམ་མཁའ།

g 乌金 梵夹装 45.5×7
h 10 6
i 无 藏纸 黑 完整
j 封面钤有“民族文化宫图书馆藏”印。

251.24
a 31-24

b བླ་མའི་རྣལ་འབྱོར་ཟུང་འཇུག་བགྲོད་པའི་ཐེམ་སྐས།

上师瑜伽双修途径·梯子

c ལྷུང་སྐྱ་རོལ་པའི་རྡོ་རྗེའམ་དགེ་སློང་ཡེ་ཤེས་བསྟན་པའི་སྒྲོན་མེ། ལ་ལྟི་ཏ་བཛྲ།

d སྒྲུབ་ཁང་ཨེ་ཝཾ་དགའ་འཁྱིལ།

e བླ་མའི་རྣལ་འབྱོར།（上师瑜伽）

f 刻本 དགེ་ལེགས་ནམ་མཁའ།

g 乌金 梵夹装 45×6
h 3 7
i 无 藏纸 黑 完整
j 封面钤有“民族文化宫图书馆藏”印。

251.25
a 31-25

b བླ་མའི་རྣལ་འབྱོར་དངོས་གྲུབ་འགུགས་པའི་ལྕགས་ཀྱུ།

上师瑜伽·道果钩

c ལྷུང་སྐྱ་རོལ་པའི་རྡོ་རྗེའམ་དགེ་སློང་ཡེ་ཤེས་བསྟན་པའི་སྒྲོན་མེ། ལ་ལྟི་ཏ་བཛྲ།

d ཆོས་རྗེ་བློ་བཟང་ཉི་མ།

e བླ་མའི་རྣལ་འབྱོར།（上师瑜伽）

f 刻本
g 乌金 梵夹装 45×6
h 2 7

i 无 藏纸 黑 完整
j 封面钤有“民族文化宫图书馆藏”印。

251.26
a 31-26
b ཞང་དཀ་བྱིན་རླབས།
章阿加持
c ཞང་སྐྱ་རོལ་པའི་རྡོ་རྗེའམ་དགེ་སློང་ཡེ་ཤེས་བསྟན་པའི་སྒྲོན་མེ། ལ་ལྷི་ཏ་བཛྲ།
d
e མན་ངག（善言）
f 刻本
g 乌金 梵夹装 46×6.5
h 2 7
i 无 藏纸 黑 完整
j 封面钤有“民族文化宫图书馆藏”印。

251.27
a 31-27
b གསང་ཆེན་ཐེག་པའི་རྣལ་འབྱོར་ལ་མོས་པའི་སྐལ་ལྡན་གྱི་སྐྱེ་བོ་རྣམས་ཀྱིས་བླ་མ་ལྷའི་རྣལ་འབྱོར་ཉམས་ལེན་བྱེད་
ཚུལ་སྙན་ཐུན་མན་ངག་གི་རྒྱན་པ།
大密乘瑜伽修行法所喜众生无上瑜伽实践法·善言饰
c ཞང་སྐྱ་རོལ་པའི་རྡོ་རྗེའམ་དགེ་སློང་ཡེ་ཤེས་བསྟན་པའི་སྒྲོན་མེ། ལ་ལྷི་ཏ་བཛྲ།
d
e བླ་མའི་རྣལ་འབྱོར།（上师瑜伽）
f 刻本 དགེ་སློང་དགེ་ལེགས་ནམ་མཁའ།
g 乌金 梵夹装 43×6
h 10 6
i 无 藏纸 黑 完整
j 封面钤有“民族文化宫图书馆藏”印。

251.28
a 31-28
b བདེ་མཆོག་བྱིན་རླབས་ཅན་གྱི་ཙ་དབུ་མའི་ནང་རླུང་བསྒོམ་ཚུལ་རྒྱུ་དྲི་གསང་ཐེག
胜乐加持之基本中观内修法密乘
c ཐུང་སྐྱ་རོལ་པའི་རྡོ་རྗེའམ་དགེ་སློང་ཡེ་ཤེས་བསྟན་པའི་སྒྲོན་མེ། ལ་ལྷི་ཏ་བཛྲ།
d
e ཙ་རླུང་བསྒོམ་ཚུལ།（内修）
f 刻本
g 乌金 梵夹装 45×6
h 10 6
i 无 藏纸 黑 完整
j 封面钤有“民族文化宫图书馆藏”印。

251.29
a 31-29
b ཕ་བླ་མ་ལ་ལྷི་ཏ་བཛྲ་ཀྱིས་དགྱེས་བཞིན་དུ་སྩལ་པའི་ཟབ་ཆོས་བླ་མའི་རྣལ་འབྱོར་སྔོན་བརྒྱུད་མ་རྣལ་འབྱོར་མིན་ལ་ ཤིན་དུ་གསང་བར་བྱ་བ་གསྒྲི།
上师拉鲁达金刚传授之甚法上师瑜伽之传承瑜伽密义
c ཐུང་སྐྱ་རོལ་པའི་རྡོ་རྗེའམ་དགེ་སློང་ཡེ་ཤེས་བསྟན་པའི་སྒྲོན་མེ། ལ་ལྷི་ཏ་བཛྲ།
d ལྕགས་གླང་། 铁牛年（1781）
e བླ་མའི་རྣལ་འབྱོར།（上师瑜伽）
f 刻本 དགེ་སློང་དགེ་ལེགས་ནམ་མཁའ།
g 乌金 梵夹装 44.5×6
h 3 6
i 无 藏纸 黑 完整
j 封面钤有“民族文化宫图书馆藏”印。

251.30
a　31-30
b　འཇམ་དཔལ་གཤིན་རྗེ་གཤེད་ཀྱི་བཀའ་སྲོད་དམ་ཅན་ཆོས་ཀྱི་རྒྱལ་པོའི་བསྙེན་སྒྲུབ་ལས་གསུམ་གྱི་རྣམ་བཞག་

བསྟན་ པ་སྲུང་བའི་རྡོ་རྗེ་ཏུ་མཚོན་ཆེན་པོ།

文殊护神汤金曲吉之念修论·护法金刚器
c　ལྕང་སྐྱ་རོལ་པའི་རྡོ་རྗེའམ་དགེ་སློང་ཡེ་ཤེས་བསྟན་པའི་སྒྲོན་མེ། ལ་ལི་ཏ་བཛྲ།
d
e　སྒྲུབ་ཐབས།（修心法）
f　刻本
g　乌金　梵夹装　48.5×6
h　30　6
i　无　藏纸　黑　完整
j　封面钤有“民族文化宫图书馆藏”印。

251.31
a　31-31
b　རྒྱུད་ཀྱི་རྒྱལ་པོ་བརྟག་པ་གཉིས་པ་ལས་བྱུང་བའི་རྡོ་རྗེ་གླུའི་རྣམ་པར་བཤད་པ་མཁའ་འགྲོའི་ཞལ་ལུང་རྡོ་རྗེ་

གསང་བའི་མཛོད།

续王二观察之金刚歌论空行母授言金刚密·宝库
c　ལྕང་སྐྱ་རོལ་པའི་རྡོ་རྗེའམ་དགེ་སློང་ཡེ་ཤེས་བསྟན་པའི་སྒྲོན་མེ། ལ་ལི་ཏ་བཛྲ།
d
e　རྒྱུད་འགྲེལ།（续释）
f　刻本
g　乌金　梵夹装　47×6
h　9　7
i　无　藏纸　黑　完整
j　封面钤有“民族文化宫图书馆藏”印。

252

A 3728 790

B ཀེའུ་ཚང་བློ་བཟང་འཇམ་དབྱངས་སྨོན་ལམ་གསུང་འབུམ།

盖邬仓·洛桑绛央孟朗文集

C ཀ

D ཀེའུ་ཚང་བློ་བཟང་འཇམ་དབྱངས་སྨོན་ལམ། དགེ་ལུགས། རབ་བྱུང་བཅུ་གཉིས་པའི་ས་མོ་སྦྲུལ་ལོ་༡༦༨༩་ལ་སྐུ་འཁྲུངས། འདས་ལོ་མི་གསལ། མདོ་ཁམས་བྲག་མགོ་དགོན་པའི་བླ་མ་ཡིན། དགུང་ལོ་གཞོན་དུས་ནས་དབུས་ལྷ་ལྡན་དུ་སྐོར་མཛད་དེ་མཁས་པར་གྱུར། གསུང་རྩོམ་སྔོན་དཀར་མཛེས་དགོན་གྱི་དཔེ་ཐོ་ཞིག་ཏུ་ཀ་ནས་ཉའི་བར་པོ་ཏི་བརྒྱད་ཡོད་པར་འཁོད་ཞེས་མི་རིགས་པོ་བྲང་གི་དཀར་ཆག་ནང་འཁོད་འདུག་དེང་དཔེ་མཛོད་ཁང་དུ་མི་རིགས་པོ་བྲང་ནས་ ཕྱིར་འབུལ་ཞུས་པའི་གྲས་པོད་ ༡ ཨང་རྟགས ༣༧༢༨ བཞུགས།

盖邬仓·洛桑绛央孟朗（1689—？）：属格鲁派。系甘孜炉霍寺院喇嘛。年轻时赴卫藏学习，最终成为大学者。据北京民族文化宫图书馆编著的《藏文典籍目录》中记载，甘孜寺目录中记录其遗著有8函。西藏图书馆藏北京民族文化宫图书馆赠送的文集有1函，编号为3728。

E 此函民族宫目录著录为8卷，西藏图书馆藏品中多出一卷。

252.1

a 9-1

b ཡོངས་འཛིན་བསྟན་པའི་མངའ་བདག་རྗེ་བཙུན་བློ་བཟང་འཇམ་དབྱངས་སྨོན་ལམ་དཔལ་བཟང་པོའི་ཞལ་སྔ་ནས་ ཀྱི་གསུང་འབུམ་པོད་དང་པོའི་དཀར་ཆག

雍增上师洛桑绛央孟朗之文集第一部目录

c ཀེའུ་ཚང་བློ་བཟང་འཇམ་དབྱངས་སྨོན་ལམ།

d

e དཀར་ཆག（目录）

f 刻本 ར་སྒྲེང་།（西藏拉萨热振寺）

g 乌金 梵夹装 54×7

h 2 6

i 无 藏纸 黑 完整
j 封面钤有“民族文化宫图书馆藏”印；民族宫目录中无此件。

252.2
a 9-2

b གདམས་ངག་ཆུ་བོ་རྒྱུན་གྱི་རྣལ་འབྱོར།

教诫长流瑜伽法

c བློ་བཟང་འཇམ་དབྱངས་སྨོན་ལམ།

d

e མན་ངག(善言)

f 刻本 ར་སྒྲེང་།（西藏拉萨热振寺）

g 乌金 梵夹装 54×7
h 23 6
i 无 藏纸 黑 完整
j 封面钤有“民族文化宫图书馆藏”印。

252.3
a 9-3

b བླ་མ་མཆོད་པའི་རབ་འབྱམས་རྣམ་དག་བདེ་བའི་འབྱུང་གནས།

上师供养法·广博清净福源

c ཀུན་ཚང་བློ་བཟང་འཇམ་དབྱངས་སྨོན་ལམ།

d ར་སྒྲེང་དགེ་འཕེལ་གླིང་།（西藏拉萨热振寺）

e ཆོ་ག(仪轨)

f 刻本 ར་སྒྲེང་།（西藏拉萨热振寺）

g 乌金 梵夹装 54×7
h 20 6
i 无 藏纸 黑 完整
j 封面钤有“民族文化宫图书馆藏”印。

252.4

a 9-4

b བླ་མ་མཆོད་པའི་ཆོ་ག་དད་པའི་ལྗོན་ཤིང་།

上师供养仪轨·正信宝树

c ཀཱུ་ཚང་སྤྲུལ་མིང་འཛིན་པ་བློ་བཟང་འཇམ་དབྱངས་སྨོན་ལམ།

d ཀཱུ་ཚང་ནུབ་རི་ཁྲོད། （西藏拉萨盖邬仓西山静修院） དགེ་ཚུལ་མ་བློ་བཟང་དཔལ་མོ།

e ཆོ་ག(仪轨)

f 刻本 ར་སྒྲེང་།（西藏拉萨热振寺）

g 乌金 梵夹装 54×7

h 9 6

i 无 藏纸 黑 完整

j 封面钤有“民族文化宫图书馆藏”印。

252.5

a 9-5

b ཐུན་དྲུག་རྣལ་འབྱོར་དང་བླ་མའི་རྣལ་འབྱོར་སོགས།

六座瑜伽与上师瑜伽等

c ཀཱུ་ཚང་སྤྲུལ་མིང་འཛིན་པ་བློ་བཟང་འཇམ་དབྱངས་སྨོན་ལམ།

d རི་བོ་དགེ་ལྡན་རྣམ་པར་རྒྱལ་བའི་གླིང་།（西藏拉萨甘丹寺） སྤྲུལ་སྐུ་ངག་དབང་བློ་བཟང་ནོར་བུ།

e བླ་མའི་རྣལ་འབྱོར།(上师瑜伽)

f 刻本 ར་སྒྲེང་།（西藏拉萨热振寺）

g 乌金 梵夹装 54×7

h 9 6

i 无 藏纸 黑 完整

j 封面钤有“民族文化宫图书馆藏”印。

252.6

a 9-6

b བཀའ་དྲིན་མཚུངས་མེད་རྗེ་བཙུན་བླ་མ་དམ་པ་རིན་ཆེན་དབང་རྒྱལ་དཔལ་བཟང་པོའི་རྣམ་ཐར་རྒྱལ་བསྟན་ཉིན་བྱེད།
恩德无比至尊上师仁钦旺杰传·佛教日光

c ཀུ་ཙྪ་ཚང་སྤྲུལ་མིང་འཛིན་པ་བློ་བཟང་འཇམ་དབྱངས་སྨོན་ལམ།

d བླ་མ་བློ་བཟང་བཀྲ་ཤིས།

e རྣམ་ཐར།(传记)

f 刻本 ར་སྒྲེང་།（西藏拉萨热振寺）

g 乌金 梵夹装 54×7
h 27 7
i 无 藏纸 黑 完整
j 封面铃有“民族文化宫图书馆藏”印。

252.7
a 9-7

b རྣལ་འབྱོར་སྤྱོད་པའི་ཡིད་དང་ཀུན་གཞིའི་རྩ་འགྲེལ་དཀའ་གནས་གསལ་བྱེད་ཉི་ཟླ་ཟུང་འབྲེལ།
瑜伽师传规之意识与阿赖耶识本释释难·日月双运

c ཀུ་ཙྪ་ཚང་སྤྲུལ་མིང་འཛིན་པ་བློ་བཟང་འཇམ་དབྱངས་སྨོན་ལམ།

d རྗེ་བཙུན་བློ་བཟང་ཡེ་ཤེས་བསྟན་པ་རབ་རྒྱས་དཔལ་བཟང་པོ།

e ཡིད་དང་ཀུན་གཞིའི་རྩ་འགྲེལ།(释难)

f 刻本 ར་སྒྲེང་།（西藏拉萨热振寺） དབེན་གནས་པ་དགེ་སློང་བ་རྣམ་རྒྱལ་བཀྲ་ཤིས།

g 乌金 梵夹装 54×7
h 37 7
i 无 藏纸 黑 完整
j 封面铃有“民族文化宫图书馆藏”印。

252.8
a 9-8

b　བྱང་ཆུབ་ལམ་གྱི་རིམ་པའི་སྔོན་འགྲོ་སྦྱོར་བའི་ཆོས་དྲུག་གི་ཁྲིད་ཡིག་ཆེན་མོ་འཇམ་དབྱངས་བླ་མའི་དགོངས་རྒྱན།
　菩提道次第加行六法之导释广论·文殊上师之密意庄严
c　ཀུན་ཚང་སྤྲུལ་མིང་འཛིན་པ་བློ་བཟང་འཇམ་དབྱངས་སྨོན་ལམ།
d　དབེན་གནས་ཀུན་ཚང་རི་ཁྲོད།（西藏拉萨盖邬仓山静修院）
e　ལམ་རིམ།（道次第）
f　刻本　ར་སྒྲེང་།（西藏拉萨热振寺）　དབེན་གནས་པ་དགེ་སློང་བ་རྣམ་རྒྱལ་བཀྲ་ཤིས།
g　乌金　梵夹装　54×7
h　85　7
i　无　藏纸　黑　完整
j　封面钤有“民族文化宫图书馆藏”印。

252.9
a　9-9
b　བྱང་ཆུབ་ལམ་གྱི་རིམ་པ་ཆུང་ངུའི་ཟིན་བྲིས་བློ་གསལ་རྒྱ་མཚོ་འཇུག་ངོགས།
　菩提道次第略论记录·智海门径
c　ཀུན་ཚང་སྤྲུལ་མིང་འཛིན་པ་བློ་བཟང་འཇམ་དབྱངས་སྨོན་ལམ།
d　དབེན་གནས་པ་དགེ་སློང་བ་རྣམ་རྒྱལ་བཀྲ་ཤིས།
e　ལམ་རིམ།（道次第）
f　刻本　ར་སྒྲེང་།（西藏拉萨热振寺）
g　乌金　梵夹装　54×7
h　191　7
i　无　藏纸　黑　完整
j　封面钤有“民族文化宫图书馆藏”印。

253

A 3729 1142

B བཀའ་འགྱུར་པ་བློ་བཟང་ཚུལ་ཁྲིམས་ཀྱི་གསུང་འབུམ།

甘珠尔·洛桑楚臣文集

C ཀ

D བཀའ་འགྱུར་བློ་བཟང་ཚུལ་ཁྲིམས། དགེ་ལུགས། རབ་བྱུང་བཅུ་གཉིས་པའི་དུས་རབས་བཅོ་བརྒྱད་པའི་དུས་མགོའི་ཙམ་གྱི་མི་ཡིན། ཁོང་གིས་ཛ་ཡ་པཎྜི་ཏ་བློ་བཟང་འཕྲིན་ལས་དཔལ་བཟང་པོ་（༡༦༤༢--༡༧༡༥）སློབ་དཔོན་དུ་བསྟེན་ནས་མདོ་སྔགས་རིག་གནས་དང་བཅས་པར་སྦྱངས་ནས་འཆད་རྩོད་རྩོམ་གསུམ་གྱིས་དུས་འདའ་བར་མཛད། གསུང་རྩོམ་ཆོས་ཚན་ཅིག་བརྒྱ་བདུན་ཅུ་དོན་དགུ་ཡོད་པ་པོད་དྲུག་ཏུ་བསྡུས་པ་བཞུགས། དེང་དཔེ་མཛོད་ཁང་དུ་མི་རིགས་པོ་བྲང་ནས་ཕྱིར་འབུལ་ཞུས་པའི་གྲངས་པོད་༢ ཀ--ཁ ཨང་རྟགས ༣༧༢༩--༣༧༣༠ བཞུགས།

甘珠尔·洛桑楚臣（1642—1715）：属格鲁派。系扎雅班智达洛桑赤列贝桑的弟子。遗著共有179部集于6函，在西藏图书馆藏北京民族文化宫图书馆赠送的文集有2函，编号为3729—3730。

E 此函民族宫目录著录为41卷，西藏图书馆藏品中多出一卷。

253.1

a 42-1

b བཀའ་འགྱུར་བའི་ངག་བསྒྲིགས་ཐོར་བུ་ལས་པོ་ཏི་དང་པོའི་དཀར་ཆག

甘珠尔巴之教语散集第一函目录

c བཀའ་འགྱུར་བློ་བཟང་ཚུལ་ཁྲིམས། བཀའ་འགྱུར་བ་བཀའ་བཅུ་ཨེར་ཏེ་ནི་མེར་གན། བཀའ་འགྱུར་བ་བློ་བཟང་དབང་ཕྱུག

d

e དཀར་ཆག（目录）

f 刻本

g 乌金 梵夹装 48×7

h 4 6

i 无 藏纸 黑 完整
j 封面钤有“民族文化宫图书馆藏”印。

253.2
a 42-2
b རྒྱལ་བའི་བཀའ་འགྱུར་རོ་ཅོག་ནས་འདུལ་བ་ལུང་སྡེ་བཞི་ཡོངས་རྫོགས་ཀྱི་ལུང་གི་བརྒྱུད་འདེབས་དད་པའི་ཙ་བ།
甘珠尔全部佛经中四分律典圆满传承启请文·净信根本
c བཀའ་འགྱུར་བློ་བཟང་ཚུལ་ཁྲིམས། བཀའ་འགྱུར་བ་བཀའ་བཅུ་ཨེར་ཏེ་ནི་མེར་གན། བཀའ་འགྱུར་བ་བློ་བཟང་དབང་ཕྱུག
d
e འདུལ་བ།（律经）
f 刻本
g 乌金 梵夹装 47×7
h 3 6
i 无 藏纸 黑 完整
j 封面钤有“民族文化宫图书馆藏”印。

253.3
a 42-3
b མདོ་སྡེ་སྣ་ཚོགས་ཀྱི་བརྒྱུད་འདེབས་མུ་ཏིག་དོ་ཤལ།
各种经典传承启请文·珍珠璎珞
c བཀའ་འགྱུར་བློ་བཟང་ཚུལ་ཁྲིམས། བཀའ་འགྱུར་བ་བཀའ་བཅུ་ཨེར་ཏེ་ནི་མེར་གན།བཀའ་འགྱུར་བ་བློ་བཟང་དབང་ཕྱུག
d
e གསོལ་འདེབས།（启请文）
f 刻本 འཚན་པོ་དར་རྒྱས།

g 乌金 梵夹装 47×7
h 2 6
i 无 藏纸 黑 完整
j 封面钤有“民族文化宫图书馆藏”印。

253.4
a 42-4
b ཤེས་རབ་ཀྱི་ཕ་རོལ་ཏུ་ཕྱིན་པ་ཡུམ་རྒྱས་པའི་ལུང་གི་བརྒྱུད་འདེབས་རིན་ཆེན་ཕྲེང་བ།
广本般若经诵传经教之传承启请文·大宝鬘
c བཀའ་འགྱུར་བློ་བཟང་ཚུལ་ཁྲིམས། བཀའ་འགྱུར་བ་བཀའ་བཅུ་ཨེར་ཏེ་ནི་མེར་གན།བཀའ་འགྱུར་བ་བློ་བཟང་དཔང་ཕྱུག
d
e བརྒྱུད་འདེབས།（启请文）
f 刻本 འོན་པོ་དར་རྒྱས།
g 乌金 梵夹装 47×7
h 2 6
i 无 藏纸 黑 完整
j 封面钤有“民族文化宫图书馆藏”印。

253.5
a 42-5
b འཕགས་པ་དཀོན་མཆོག་བརྩེགས་པའི་ལུང་གི་བརྒྱུད་འདེབས་པུཎྜ་རི་ཀའི་ཕྲེང་བ།
圣宝积经诵传经教传承启请文
c བཀའ་འགྱུར་བློ་བཟང་ཚུལ་ཁྲིམས། བཀའ་འགྱུར་བ་བཀའ་བཅུ་ཨེར་ཏེ་ནི་མེར་གན།བཀའ་འགྱུར་བ་བློ་བཟང་དཔང་ཕྱུག
d
e བརྒྱུད་འདེབས།（启请文）
f 刻本 འོན་པོ་དར་རྒྱས།

g 乌金 梵夹装 47×7
h 2 6
i 无 藏纸 黑 完整
j 封面钤有“民族文化宫图书馆藏”印。

253.6

a 42-6

b སངས་རྒྱས་ཕལ་མོ་ཆེ་ལུང་གི་བརྒྱུད་འདེབས་སྐལ་ལྡན་མགྲིན་རྒྱན།

华严经诵传经教传承启请文·具缘项饰

C བཀའ་འགྱུར་བློ་བཟང་ཚུལ་ཁྲིམས། བཀའ་འགྱུར་བ་བཀའ་བཅུ་ཨེར་ཏེ་ནི་མེར་གན།བཀའ་འགྱུར་བ་བློ་བཟང་

དཔང་ཕྱུག

d

e བརྒྱུད་འདེབས།（启请文）

f 刻本
g 乌金 梵夹装 47×7
h 2 6
i 无 藏纸 黑 完整
j 封面钤有“民族文化宫图书馆藏”印。

253.7

a 42-7

b དཔལ་དུས་ཀྱི་འཁོར་ལོ་ལུང་གི་བརྒྱུད་འདེབས་དད་པའི་འཇུག་ངོགས།

时轮经教诵传承启请文·入正信门径

c བཀའ་འགྱུར་བློ་བཟང་ཚུལ་ཁྲིམས།བཀའ་འགྱུར་བ་བཀའ་བཅུ་ཨེར་ཏེ་ནི་མེར་གན།

བཀའ་འགྱུར་བ་བློ་བཟང་དཔང་ཕྱུག

d

e བརྒྱུད་འདེབས།（启请文）

f 刻本 འོན་པོ་དགེ་ཚུལ་དར་རྒྱས།

g 乌金 梵夹装 47×7
h 2 6
i 无 藏纸 黑 完整
j 封面钤有“民族文化宫图书馆藏”印。

253.8
a 42-8
b གསོལ་འདེབས་བྱིན་རླབས་མྱུར་འཇུག
启请文·速获加持
c བཀའ་འགྱུར་བློ་བཟང་ཚུལ་ཁྲིམས། བཀའ་འགྱུར་བ་བཀའ་བཅུ་ཨེར་ཏི་ནི་མེར་གན།
བཀའ་འགྱུར་བ་བློ་བཟང་དབང་ཕྱུག
d
e གསོལ་འདེབས།（启请文）
f 刻本 འོན་པོ་དགེ་ཚུལ་དར་རྒྱས།
g 乌金 梵夹装 47×7
h 2 6
i 无 藏纸 黑 完整
j 封面钤有“民族文化宫图书馆藏”印。

253.9
a 42-9
b གསོལ་འདེབས་བརྟན་བཞུགས་བྱིན་རླབས་མྱུར་འགུགས།
启请文、请住世文·速招加持
c བཀའ་འགྱུར་བློ་བཟང་ཚུལ་ཁྲིམས། བཀའ་འགྱུར་བ་བཀའ་བཅུ་ཨེར་ཏི་ནི་མེར་གན།
བཀའ་འགྱུར་བ་བློ་བཟང་དབང་ཕྱུག
d
e གསོལ་འདེབས།（启请文）

f 刻本 འོན་པོ་དགེ་ཚུལ་དར་རྒྱས།

g 乌金 梵夹装 47×7
h 2 6
i 无 藏纸 黑 完整
j 封面钤有“民族文化宫图书馆藏”印。

253.10
a 42-10

b མཁྱེན་བརྩེ་དབང་ཕྱུག་མ།

智悲自在篇

c བཀའ་འགྱུར་བློ་བཟང་ཚུལ་ཁྲིམས།བཀའ་འགྱུར་བ་བཀའ་བཅུ་ཨེར་ཏེ་ནི་མེར་གན།

བཀའ་འགྱུར་བ་བློ་བཟང་དབང་ཕྱུག

d

e བསྟོད་ཚོགས།（赞集）

f 刻本 དགེ་སློང་བསྟན་པའི་རྒྱལ་མཚན།

g 乌金 梵夹装 47×7
h 3 6
i 无 藏纸 黑 完整
j 封面钤有“民族文化宫图书馆藏”印。

253.11
a 42-11

b གསོལ་འདེབས་བྱིན་རླབས་མྱུར་སྩོལ།

启请文·速赐加持

c བཀའ་འགྱུར་བློ་བཟང་ཚུལ་ཁྲིམས། བཀའ་འགྱུར་བ་བཀའ་བཅུ་ཨེར་ཏེ་ནི་མེར་གན། བཀའ་འགྱུར་བ་བློ་

བཟང་དབང་ཕྱུག

d

e　གསོལ་འདེབས། （启请文）

f　刻本

g　乌金　梵夹装　47×7

h　2　6

i　无　藏纸　黑　完整

j　封面钤有“民族文化宫图书馆藏”印。

253.12

a　42-12

b　བླ་མ་དམ་པའི་བརྟན་བཞུགས་སྨོན་གསོལ་མའི་ཚིག་འགྲེལ་དད་པའི་བསྐུལ་མ།

请上师大德久住世间文夙习篇句释·起信之鞭策

c　བཀའ་འགྱུར་བློ་བཟང་ཚུལ་ཁྲིམས། བཀའ་འགྱུར་བ་བཀའ་བཅུ་ཨེར་ཧེ་ནེ་མེར་གན།བཀའ་འགྱུར་བ་བློ་བཟང་དབང་ཕྱུག

d　དགེ་ཚུལ་འཇིགས་མེད་རྡོ་རྗེ།

e　གསོལ་འདེབས། （启请文）

f　刻本　དགེ་སློང་བློ་བཟང་ཆོས་འབྱོར།

g　乌金　梵夹装　47×7

h　4　6

i　无　藏纸　黑　完整

j　封面钤有“民族文化宫图书馆藏”印。

253.13

a　42-13

b　བརྟན་བཞུགས་འཆི་མེད་བདུད་རྩིའི་ཐིགས་པའི་རྣམ་བཤད་ལེགས་ཚོགས་ཀུན་འཕེལ།

请久住世间文·长寿甘露精华释·福善普增

c　བཀའ་འགྱུར་བློ་བཟང་ཚུལ་ཁྲིམས། བཀའ་འགྱུར་བ་བཀའ་བཅུ་ཨེར་ཧེ་ནེ་མེར་གན། བཀའ་འགྱུར་བ་བློ་བཟང་དབང་ཕྱུག

d　དགེ་ཚུལ་འཛིགས་མེད་རྡོ་རྗེ།

e　བརྟན་བཞུགས།（住世文）

f　刻本　དགེ་སློང་བློ་བཟང་ཆོས་འབྱོར།

g　乌金　梵夹装　47×7
h　3　6
i　无　藏纸　黑　完整
j　封面钤有“民族文化宫图书馆藏”印。

253.14
a　42-14

b　གསོལ་འདེབས་དད་པའི་འཇུག་ངོགས།

启请文·入正言信门径

c　བཀའ་འགྱུར་བློ་བཟང་ཚུལ་ཁྲིམས། བཀའ་འགྱུར་བ་བཀའ་བཅུ་ཨེར་ཏེ་ནི་མེར་གན། བཀའ་འགྱུར་བ་བློ་བཟང་

དབང་ཕྱུག

d

e　གསོལ་འདེབས།（启请文）

f　刻本
g　乌金　梵夹装　47×7
h　2　6
i　无　藏纸　黑　完整
j　封面钤有“民族文化宫图书馆藏”印。

253.15
a　42-15

b　གསོལ་འདེབས་བྱིན་རླབས་མྱུར་འཇུག

启请文·速获加持篇

c　བཀའ་འགྱུར་བློ་བཟང་ཚུལ་ཁྲིམས། བཀའ་འགྱུར་བ་བཀའ་བཅུ་ཨེར་ཏེ་ནི་མེར་གན། བཀའ་འགྱུར་བ་བློ་བཟང་

དཔང་ཕྱུག

d

e གསོལ་འདེབས། (启请文)

f 刻本
g 乌金 梵夹装 47×7
h 3 6
i 无 藏纸 黑 完整
j 封面钤有“民族文化宫图书馆藏”印。

253.16
a 42-16

b ཐུབ་བསྟན་དར་རྒྱས་གླིང་གི་ལྷ་ཁང་གི་ལྷེ་རྩོམ་མུ་ཏིག་གི་ཕྲེང་བ་ངོ་མཚར་རབ་བཀོད།

土登达吉林佛殿中榜文·珍珠鬘希有庄严

c བཀའ་འགྱུར་བློ་བཟང་ཚུལ་ཁྲིམས།བཀའ་འགྱུར་བ་བཀའ་བཅུ་ཨེར་ཏི་ནི་མེར་གན།

བཀའ་འགྱུར་བ་བློ་བཟང་དཔང་ཕྱུག

d དགེ་སློང་བློ་བཟང་ཡེ་ཤེས།

e བསྟོད་ཚོགས། (赞集)

f 刻本 དགེ་སློང་བློ་བཟང་ཡེ་ཤེས།

g 乌金 梵夹装 47×7
h 4 6
i 无 藏纸 黑 完整
j 封面钤有“民族文化宫图书馆藏”印。

253.17
a 42-17

b རྡོ་རྗེ་ཕྲེང་བའི་བླ་བརྒྱུད་གསོལ་འདེབས་ནོར་བུའི་ཕྲེང་བ་ཞེས་བྱ་བ་པན་ཆེན་གསན་ཡིག་ལྟར་བྲིས་པ།

按班禅闻法录撰述之金刚鬘师承启请文·大宝鬘

c བཀའ་འགྱུར་བློ་བཟང་ཚུལ་ཁྲིམས།བཀའ་འགྱུར་བ་བཀའ་བཅུ་ཨེར་ཧེ་ནེ་མེར་གན།བཀའ་འགྱུར་བ་བློ་བཟང་
དབང་ཕྱུག

d དགེ་སློང་བཟོད་པ་རྒྱ་མཚོ།

e གསོལ་འདེབས།（启请文）

f 刻本

g 乌金 梵夹装 47×7

h 3 6

i 无 藏纸 黑 完整

j 封面钤有“民族文化宫图书馆藏”印。

253.18

a 42-18

b ཨེརྡ་བཀྲ་ཤིས་ཀྱིས་བསྐུལ་བའི་གསོལ་འདེབས།
受因扎西劝请而作之启请文

c བཀའ་འགྱུར་བློ་བཟང་ཚུལ་ཁྲིམས། བཀའ་འགྱུར་བ་བཀའ་བཅུ་ཨེར་ཧེ་ནེ་མེར་གན། བཀའ་འགྱུར་བ་བློ་
བཟང་དབང་ཕྱུག

d ཆུ་ལུག 水羊年（1703）

e གསོལ་འདེབས།（启请文）

f 刻本

g 乌金 梵夹装 47×7

h 18 6

i 无 藏纸 黑 完整

j 封面钤有“民族文化宫图书馆藏”印；民族宫目录中为2叶。

253.19

a 42-19

b ཤྲི་གེ་ཐུ་ནོ་ཡོན་ཆོས་རྗེ་བློ་བཟང་ཚུལ་ཁྲིམས་དཔལ་བཟང་པོའི་གསོལ་འདེབས་བརྟན་བཞུགས་སྨོན་ལམ་དང་བཅས་པ།

锡勒克图诺颜法王洛桑楚臣之启请文、祈祷住世文、发愿文等

c བཀའ་འགྱུར་བློ་བཟང་ཚུལ་ཁྲིམས།བཀའ་འགྱུར་བ་བཀའ་བཅུ་ཨེར་ཏེ་ནི་མེར་གན།བཀའ་འགྱུར་བ་བློ་བཟང་དབང་ཕྱུག

d དགེ་ཚུལ་བཀྲ་ཤིས་དོན་གྲུབ།

e གསོལ་འདེབས།（启请文）

f 刻本

g 乌金　梵夹装　47×7

h 4　6

i 无　藏纸　黑　完整

j 封面钤有“民族文化宫图书馆藏”印。

253.20

a 42-20

b པན་ཏི་ཏ་ཤྲི་རེ་གེ་ཐུའི་གསོལ་འདེབས།

班智达西日热格图启请文

c བཀའ་འགྱུར་བློ་བཟང་ཚུལ་ཁྲིམས།　བཀའ་འགྱུར་བ་བཀའ་བཅུ་ཨེར་ཏེ་ནི་མེར་གན།　བཀའ་འགྱུར་བ་བློ་བཟང་དབང་ཕྱུག

d པཎ་ཏི་ཏ་ཤྲི་རེ་གེ་ཐུ་ཆོས་རྗེ་བློ་བཟང་ཞི་བ།

e གསོལ་འདེབས།（启请文）

f 刻本　དགེ་སློང་བསྟན་པ་བཀྲ་ཤིས།

g 乌金　梵夹装　47×7

h 2　6

i 无　藏纸　黑　完整

j 封面钤有“民族文化宫图书馆藏”印，民族宫目录中无此件。

253.21

a 42-21

b བཀའ་དྲིན་དྲན་པའི་གསོལ་འདེབས་སོགས་གསོལ་འདེབས་ཀྱི་སྐོར་བཞུགས་སོ།།

念恩启请文等类

c བཀའ་འགྱུར་བློ་བཟང་ཚུལ་ཁྲིམས། བཀའ་འགྱུར་བ་བཀའ་བརྒྱུ་ཨེར་ཧེ་ནེ་མེར་གན། བཀའ་འགྱུར་བ་བློ་བཟང་དཔང་ཕྱུག

d དགེ་སློང་ཆོས་འཕེལ།

e གསོལ་འདེབས།（启请文）

f 刻本

g 乌金 梵夹装 47×7

h 8 6

i 无 藏纸 黑 完整

j 封面钤有“民族文化宫图书馆藏”印。

253.22

a 42-22

b བཀའ་དྲིན་གསོལ་འདེབས་དྲན་པའི་ལྕགས་ཀྱུ།

启请文·念恩之钩

c བཀའ་འགྱུར་བློ་བཟང་ཚུལ་ཁྲིམས། བཀའ་འགྱུར་བ་བཀའ་བརྒྱུ་ཨེར་ཧེ་ནེ་མེར་གན། བཀའ་འགྱུར་བ་བློ་བཟང་དཔང་ཕྱུག

d སྐུ་སྐྱེས་བློ་བཟང་མཁས་མཆོག

e གསོལ་འདེབས།（启请文）

f 刻本 དགེ་སློང་བསྟན་པ་བཀྲ་ཤིས།

g 乌金 梵夹装 47×7

h 2 6

i 无 藏纸 黑 完整

j 封面钤有“民族文化宫图书馆藏”印。

253.23

a 42-23

b གསོལ་འདེབས་བརྟན་བཞུགས་བྱིན་རླབས་མྱུར་འགུགས་ཞེས་བྱ་བ་སོགས་གསོལ་འདེབས།

启请文·请住世文·速招加持篇

c བཀའ་འགྱུར་བློ་བཟང་ཚུལ་ཁྲིམས། བཀའ་འགྱུར་བ་བཀའ་བཅུ་ཨེར་ཏི་ནི་མེར་གན། བཀའ་འགྱུར་བ་བློ་བཟང་དབང་ཕྱུག

d འོན་པོ་བློ་བཟང་ཆོས་འཕེལ་སོགས།

e གསོལ་འདེབས།（启请文）

f 刻本 དགེ་ཚུལ་ངག་དབང་དོན་གྲུབ།

g 乌金 梵夹装 47×7

h 4 6

i 无 藏纸 黑 完整

j 封面钤有“民族文化宫图书馆藏”印。

253.24

a 42-24

b བྱམས་པའི་སྤྲུལ་སྐུ་བློ་བཟང་བསྟན་འཛིན་གྱི་སྤྲུལ་སྐུ་མྱུར་འབྱོན་གྱི་གསོལ་འདེབས་སོགས་གསོལ་འདེབས་ཀྱི་སྐོར།

祈请强巴活佛洛桑丹增迅速转世等祈祷文

c བཀའ་འགྱུར་བློ་བཟང་ཚུལ་ཁྲིམས། བཀའ་འགྱུར་བ་བཀའ་བཅུ་ཨེར་ཏི་ནི་མེར་གན། བཀའ་འགྱུར་བ་བློ་བཟང་དབང་ཕྱུག

d དད་ལྡན་བློ་བཟང་མགོན་པོ།

e གསོལ་འདེབས།（启请文）

f 刻本 དགེ་ཚུལ་ཚུལ་ཁྲིམས་དར་རྒྱས།

g 乌金 梵夹装 47×7

h 5 6
i 无 藏纸 黑 完整
j 封面钤有“民族文化宫图书馆藏”印。

253.25
a 42-25
b ངག་དབང་བསྟན་པའི་འཁོར་ལོ་མ།
语王坚固轮篇
c བཀའ་འགྱུར་བློ་བཟང་ཚུལ་ཁྲིམས། བཀའ་འགྱུར་བ་བཀའ་བཅུ་ཨེར་ཏེ་ནི་མེར་གན། བཀའ་འགྱུར་བ་བློ་བཟང་དབང་ཕྱུག
d དགེ་ཚུལ་བསམ་གཏན་རྒྱ་མཚོ།
e གསོལ་འདེབས།（启请文）
f 刻本 དགེ་སློང་བསྟན་པ་བཀྲ་ཤིས།
g 乌金 梵夹装 47×7
h 3 6
i 无 藏纸 黑 完整
j 封面钤有“民族文化宫图书馆藏”印。

253.26
a 42-26
b འཇམ་དབྱངས་གོང་མ་ཁང་ཞི་རྒྱལ་པོར་ཡན་ལག་བདུན་པ་འབུལ་ཚུལ་དང་དད་པའི་བསྐུལ་མ།
曼殊皇帝康熙座前贡献七支供养法·信之策动
c བཀའ་འགྱུར་བློ་བཟང་ཚུལ་ཁྲིམས། བཀའ་འགྱུར་བ་བཀའ་བཅུ་ཨེར་ཏེ་ནི་མེར་གན། བཀའ་འགྱུར་བ་བློ་བཟང་དབང་ཕྱུག
d
e ཆོ་ག（仪轨）
f 刻本

g 乌金 梵夹装 47×7
h 3 6
i 无 藏纸 黑 完整
j 封面钤有“民族文化宫图书馆藏”印。

253.27
a 42-27
b རྡོ་རྗེ་ཕྲེང་བའི་བརྒྱུད་འདེབས་མུ་ཏིག་གི་ཕྲེང་བ།
金刚鬘师承启请文·珍珠鬘
c བཀའ་འགྱུར་བློ་བཟང་ཚུལ་ཁྲིམས།
བཀའ་འགྱུར་བ་བཀའ་བཅུ་ཨེར་ཏི་ནི་མེར་གན། བཀའ་འགྱུར་བ་བློ་བཟང་དབང་ཕྱུག
d
e གསོལ་འདེབས།（启请文）
f 刻本 དཀའ་ཆེན་བློ་བཟང་བསྟན་འཛིན།
g 乌金 梵夹装 47×7
h 2 6
i 无 藏纸 黑 完整
j 封面钤有“民族文化宫图书馆藏”印。

253.28
a 42-28
b རྒྱ་ཆེན་ཚོགས་གཉིས་མ་སོགས་ཉེར་མཁོ།
广大二资粮常用篇
c བཀའ་འགྱུར་བློ་བཟང་ཚུལ་ཁྲིམས། བཀའ་འགྱུར་བ་བཀའ་བཅུ་ཨེར་ཏི་ནི་མེར་གན། བཀའ་འགྱུར་བ་བློ་བཟང་དབང་ཕྱུག
d ཆིང་ཞང་དོན་གྲུབ་རྡོ་རྗེ།
e ཚོ་ག（仪轨）

f 刻本 དགེ་སློང་བློ་བཟང་དོན་གྲུབ།

g 乌金 梵夹装 47×7
h 5 6
i 无 藏纸 黑 完整
j 封面钤有“民族文化宫图书馆藏”印。

253.29
a 42-29

b སྐྱབས་འགྲོའི་ཆོ་ག་ཐར་ལམ་ནོར་བུའི་གླིང་དུ་བགྲོད་པའི་གྲུ་གཟིངས།

皈依仪轨·趣解脱道·宝洲之舟

c བཀའ་འགྱུར་བློ་བཟང་ཚུལ་ཁྲིམས། བཀའ་འགྱུར་བ་བཀའ་བཅུ་ཨེར་དེ་ནི་མེར་གན། བཀའ་འགྱུར་བ་བློ་

བཟང་དཔང་ཕྱུག

d

e ཆོ་ག（仪轨）

f 刻本
g 乌金 梵夹装 47×7
h 9 6
i 无 藏纸 黑 完整
j 封面钤有“民族文化宫图书馆藏”印。

253.30
a 42-30

b རྒྱལ་དབང་བློ་བཟང་བསྐལ་བཟང་རྒྱ་མཚོས་མཛད་པའི་རྗེ་བཙུན་དམ་པའི་སྤྲུལ་སྐུ་མྱུར་འབྱོན་གྱི་གསོལ་འདེབས།

佛王达赖洛桑格桑嘉措所著哲布尊丹巴之化身迅速转世祈祷文之注释

c བཀའ་འགྱུར་བློ་བཟང་ཚུལ་ཁྲིམས། བཀའ་འགྱུར་བ་བཀའ་བཅུ་ཨེར་དེ་ནི་མེར་གན། བཀའ་འགྱུར་བ་བློ་

བཟང་དཔང་ཕྱུག

d

e གསོལ་འདེབས།（启请文）

f 刻本 དགེ་སློང་བསྟན་པ་བཀྲ་ཤིས།

g 乌金 梵夹装 47×7
h 3 6
i 无 藏纸 黑 完整
j 封面钤有“民族文化宫图书馆藏”印。

253.31
a 42-31

b དམིགས་བརྩེ་མའི་འགྲེལ་བ་དགོངས་དོན་གསལ་བའི་མེ་ལོང་།

弥遮玛释文·密意明镜

c བཀའ་འགྱུར་བློ་བཟང་ཚུལ་ཁྲིམས། བཀའ་འགྱུར་བ་བཀའ་བཅུ་ཨེར་ཏེ་ནི་མེར་གན། བཀའ་འགྱུར་བ་བློ་

བཟང་དབང་ཕྱུག

d དགེ་སློང་དཔལ་བཟང་།

e བསྟོད་འགྲེལ། （赞释）

f 刻本 དགེ་ཚུལ་བློ་བཟང་བཀྲ་ཤིས།

g 乌金 梵夹装 47×7
h 9 6
i 无 藏纸 黑 完整
j 封面钤有“民族文化宫图书馆藏”印。

253.32
a 42-32

b བསགས་སྦྱོང་གི་གནད་བསྡུས་པ་ཡན་ལག་བདུན་པའི་ཆོ་ག་སྡིག་མུན་སེལ་བའི་སྒྲོན་མེ།

积资净罪摄要七支仪轨·消除罪恶黑暗之明灯

c བཀའ་འགྱུར་བློ་བཟང་ཚུལ་ཁྲིམས། བཀའ་འགྱུར་བ་བཀའ་བཅུ་ཨེར་ཏེ་ནི་མེར་གན། བཀའ་འགྱུར་བ་བློ་

་བཟང་དབང་ཕྱུག

d ནང་སོ་ཚུལ་ཁྲིམས་དར་རྒྱས་སོགས།

e ཆོ་ག（仪轨）

f 刻本 དགེ་ཚུལ་བློ་བཟང་བཀྲ་ཤིས།

g 乌金 梵夹装 47×7
h 8 6
i 无 藏纸 黑 完整
j 封面钤有“民族文化宫图书馆藏”印。

253.33
a 42-33

b ཡབ་རྗེ་ཙོང་ཁ་པ་ཆེན་པོས་ཚ་ཁོ་བ་ལ་དངོས་སུ་གསུངས་པའི་ཞལ་གདམས་ལམ་གྱི་གཙོ་བོ་གསུམ་གྱི་རྣམ་བཤད་མདོར་བསྡུས།

至尊父师宗喀巴大师为察柯巴亲授语教三要道之略释

c བཀའ་འགྱུར་བློ་བཟང་ཚུལ་ཁྲིམས། བཀའ་འགྱུར་བ་བཀའ་བཅུ་ཤེར་ཏི་ནི་མེར་གན། བཀའ་འགྱུར་བ་བློ་བཟང་དབང་ཕྱུག

d

e གདམས་ངག（教诫）

f 刻本
g 乌金 梵夹装 47×7
h 7 6
i 无 藏纸 黑 完整
j 封面钤有“民族文化宫图书馆藏”印。

253.34
a 42-34

b མདོ་ཆོག་གི་ལྷན་ཐབས་ནོར་བུའི་དོ་ཤལ།

经轨补遗篇·珍宝璎珞

c བཀའ་འགྱུར་བློ་བཟང་ཚུལ་ཁྲིམས། བཀའ་འགྱུར་བ་བཀའ་བཅུ་ཤེར་ཏི་ནི་མེར་གན། བཀའ་འགྱུར་བ་བློ་བཟང་དབང་ཕྱུག

d དགེ་བསྔོས་བསྟན་པ།

e བློ་སྦྱོང་ཐབས།（修心法）

f 刻本 དགེ་ཚུལ་བསོད་ནམས་རྒྱལ་མཚན།

g 乌金 梵夹装 47×7
h 13 6
i 无 藏纸 黑 完整
j 封面钤有“民族文化宫图书馆藏”印。

253.35
a 42-35

b གནས་བཅུའི་ཕྱག་མཆོད་རྒྱལ་བསྟན་མཛད་མེད་ཀྱི་ཟུར་འདེབས་ངག་འདོན་བྱ་ཚུལ།

十方礼赞佛教无尽补充念诵法

c བཀའ་འགྱུར་བློ་བཟང་ཚུལ་ཁྲིམས། བཀའ་འགྱུར་བ་བཀའ་བཅུ་ཨེར་དེ་ནི་མེར་གན། བཀའ་འགྱུར་བ་བློ་

བཟང་དབང་ཕྱུག

d སྐུ་སྐྱེས་ངག་དབང་དཔལ་འབྱོར།

e ཕྱག་མཆོད་ཀྱི་ཟུར་འདེབས་ངག་འདོན།（补充念诵法）

f 刻本 འོན་པོ་དར་རྒྱས།

g 乌金 梵夹装 47×7
h 39 6
i 无 藏纸 黑 完整
j 封面钤有“民族文化宫图书馆藏”印。

253.36
a 42-36

b བསླབ་བྱ་རིན་པོ་ཆེ་ཐར་པའི་འཇུག་ངོགས།

教言·大宝解脱门径

c　བཀའ་འགྱུར་བློ་བཟང་ཚུལ་ཁྲིམས།　བཀའ་འགྱུར་བ་བཀའ་བཅུ་ཨེར་ཏི་ནི་མེར་གན།　བཀའ་འགྱུར་བ་བློ་བཟང་དབང་ཕྱུག

d　དགེ་སློང་ཤེས་རབ་རྒྱ་མཚོ།

e　བསླབ་བྱ།（教言）

f　刻本　དཀའ་ཆེན་བློ་བཟང་བསྟན་འཛིན།　དགེ་སློང་བློ་བཟང་དོན་གྲུབ།

g　乌金　梵夹装　47×7

h　65　6

i　无　藏纸　黑　完整

j　封面钤有“民族文化宫图书馆藏”印。

253.37

a　42-37

b　གསོ་སྦྱོང་བྱིན་གྱིས་བརླབ་ཚུལ་ཐར་པའི་ཐེམ་སྐས།

长净斋戒加持法·解脱阶梯

c　བཀའ་འགྱུར་བློ་བཟང་ཚུལ་ཁྲིམས།　བཀའ་འགྱུར་བ་བཀའ་བཅུ་ཨེར་ཏི་ནི་མེར་གན།　བཀའ་འགྱུར་བ་བློ་བཟང་དབང་ཕྱུག

d

e　གསོ་སྦྱོང་།（布萨）

f　刻本

g　乌金　梵夹装　47×7

h　4　6

i　无　藏纸　黑　完整

j　封面钤有“民族文化宫图书馆藏”印。

253.38

a　42-38

b　བཅའ་ཡིག་ཐར་པའི་ཐེམ་སྐས།

清规制约·解脱阶梯

c བཀའ་འགྱུར་བློ་བཟང་ཚུལ་ཁྲིམས། བཀའ་འགྱུར་བ་བཀའ་བཅུ་ཨེར་ཏེ་ནི་མེར་གན། བཀའ་འགྱུར་བ་བློ་བཟང་དབང་ཕྱུག

d ཚངས་སྦྱིན་ཕང་།

e བཅའ་ཡིག(清规戒律)

f 刻本 དགེ་སློང་ཚུལ་ཁྲིམས་དར་རྒྱས།

g 乌金 梵夹装 47×7
h 5 6
i 无 藏纸 黑 完整
j 封面钤有“民族文化宫图书馆藏”印。

253.39
a 42-39

b སྒྲོན་མེ་བརྟག་པ།

灯兆观察法

c བཀའ་འགྱུར་བློ་བཟང་ཚུལ་ཁྲིམས།བཀའ་འགྱུར་བ་བཀའ་བཅུ་ཨེར་ཏེ་ནི་མེར་གན། བཀའ་འགྱུར་བ་བློ་བཟང་དབང་ཕྱུག

d དར་ཧན་ཆོས་རྗེ་བློ་བཟང་བསྟན་འཛིན།

e བརྟག་ཐབས།（观察法）

f 刻本 དཀའ་བཅུ་བློ་བཟང་བསྟན་འཛིན།

g 乌金 梵夹装 47×7
h 3 6
i 无 藏纸 黑 完整
j 封面钤有“民族文化宫图书馆藏”印。

253.40
a 42-40

b ཀ་སོགས་སུམ་ཅུ་དང་སྦྱར་བས་གདམས་པ་རིན་ཆེན་ཕྲེང་བ།

依三十字母嵌字诗所作教导篇·大宝鬘

c བཀའ་འགྱུར་བློ་བཟང་ཚུལ་ཁྲིམས། བཀའ་འགྱུར་བ་བཀའ་བཅུ་ཨེར་དེ་ནི་མེར་གན། བཀའ་འགྱུར་བ་བློ་བཟང་དབང་ཕྱུག

d

e གདམས་ངག（教诫）

f 刻本

g 乌金 梵夹装 47×7

h 2 6

i 无 藏纸 黑 完整

j 封面钤有“民族文化宫图书馆藏”印。

253.41

a 42-41

b འདོད་གསོལ་དངོས་གྲུབ་ཀུན་འབྱུང་།

随愿祈求·悉地普生

c བཀའ་འགྱུར་བློ་བཟང་ཚུལ་ཁྲིམས། བཀའ་འགྱུར་བ་བཀའ་བཅུ་ཨེར་དེ་ནི་མེར་གན། བཀའ་འགྱུར་བ་བློ་བཟང་དབང་ཕྱུག

d སའི་ཚངས་པ་ཆོས་རྒྱ་མཚོ་གུང་།

e གསོལ་འདེབས།（启请文）

f 刻本 དབུ་མཛོད་བསྟན་པ་བཀྲ་ཤིས།

g 乌金 梵夹装 47×7

h 2 6

i 无 藏纸 黑 完整

j 封面钤有“民族文化宫图书馆藏”印。

253.42

a 42-42

b གསོལ་འདེབས་ཤེལ་དཀར་ཕྲེང་བ་བློ་གསལ་མགྲིན་རྒྱན།

随愿祈求·水晶鬘·智者项饰

c བཀའ་འགྱུར་བློ་བཟང་ཚུལ་ཁྲིམས། བཀའ་འགྱུར་བ་བཀའ་བཅུ་ཨེར་ཏེ་ནི་མེར་གན། བཀའ་འགྱུར་བ་བློ་བཟང་དབང་ཕྱུག

d

e གསོལ་འདེབས།（启请文）

f 刻本 དཀའ་ཆེན་བློ་བཟང་བསྟན་འཛིན།

g 乌金 梵夹装 47×7

h 3 6

i 无 藏纸 黑 完整

j 封面钤有“民族文化宫图书馆藏”印。

254

A 3730 1143

B བཀའ་འགྱུར་པ་བློ་བཟང་ཚུལ་ཁྲིམས་ཀྱི་གསུང་འབུམ།

甘珠尔·洛桑楚臣文集

C ཁ

D བཀའ་འགྱུར་བློ་བཟང་ཚུལ་ཁྲིམས།

同 3429 介绍。

E 此函民族宫目录著录为 27 卷，西藏图书馆藏品中缺一卷：《明王五尊祈供法》。

254.1

a 26-1

b བཀའ་འགྱུར་བའི་ངག་བསྒྲིགས་ཐོར་བུ་ལས་པོ་ཏི་གཉིས་པའི་དཀར་ཆག

甘珠尔教语散集第二函目录

c བཀའ་འགྱུར་བློ་བཟང་ཚུལ་ཁྲིམས། བཀའ་འགྱུར་བ་བཀའ་བཅུ་ཨེར་ཏེ་ནི་མེར་གན། བཀའ་འགྱུར་བ་བློ་བཟང་དབང་ཕྱུག

d

e དཀར་ཆག（目录）

f 刻本
g 乌金 梵夹装 47×7
h 2 6
i 无 藏纸 黑 完整
j 封面钤有“民族文化宫图书馆藏”印。

254.2
a 26-2

b དྲང་ངེས་རྣམ་འབྱེད་ཀྱི་མཐའ་དཔྱོད་མདོར་བསྡུས་པ་བློ་གསལ་མགྲིན་རྒྱན།

了义与不了义之识别研讨摄义·智者项饰

c བཀའ་འགྱུར་བློ་བཟང་ཚུལ་ཁྲིམས། བཀའ་འགྱུར་བ་བཀའ་བཅུ་ཨེར་ཏེ་ནི་མེར་གན། བཀའ་འགྱུར་བ་བློ་བཟང་དབང་ཕྱུག

d

e དྲང་ངེས།（了义与不了义）

f 刻本 དཔལ་ལྡན་འབྲས་སྤུངས།（西藏拉萨哲蚌寺）

g 乌金 梵夹装 47×7
h 56 6
i 无 藏纸 黑 完整
j 封面钤有“民族文化宫图书馆藏”印。

254.3
a 26-3

b རྟེན་འབྲེལ་གྱི་མཐའ་དཔྱོད་བླང་དོར་གསལ་བའི་སྒྲོན་མེ།

缘起之研讨·取舍明灯

c བཀའ་འགྱུར་བློ་བཟང་ཚུལ་ཁྲིམས། བཀའ་འགྱུར་བ་བཀའ་བཅུ་ཨེར་ཏེ་ནི་མེར་གན། བཀའ་འགྱུར་བ་བློ་བཟང་དབང་ཕྱུག

d ཆུ་མོ་ལུག 水阴羊年（1703） མ་ཧཱ་ཙི་ནའི་ཡུལ།（汉地） དགེ་ཚུལ་བློ་བཟང་དོན་གྲུབ།

e དབུ་མ།（中观）

f 刻本 དགེ་ཚུལ་བློ་བཟང་དོན་གྲུབ།

g 乌金 梵夹装 47×7
h 36 6
i 无 藏纸 黑 完整
j 封面钤有“民族文化宫图书馆藏”印。

254.4
a 26-4

b བློ་སྦྱོང་ལ་ཉེ་བར་མཁོ་བའི་ལུང་སྣ་ཚོགས།

修心常用之各种经教

c བཀའ་འགྱུར་བློ་བཟང་ཚུལ་ཁྲིམས། བཀའ་འགྱུར་བ་བཀའ་བཅུ་ཨེར་ཏེ་ནི་མེར་གན། བཀའ་འགྱུར་བ་བློ་བཟང་དབང་ཕྱུག

d དགེ་ཚུལ་ཚུལ་ཁྲིམས་དར་རྒྱས།

e བློ་སྦྱོང་།（修心）

f 刻本 དགེ་ཚུལ་ཚུལ་ཁྲིམས་དར་རྒྱས།

g 乌金 梵夹装 47×7
h 10 6
i 无 藏纸 黑 完整
j 封面钤有“民族文化宫图书馆藏”印。

254.5
a 26-5

b མདོ་ལས་བྱུང་བའི་ཉེར་མཁོ།

经典中所出之常用法类

c བཀའ་འགྱུར་བློ་བཟང་ཚུལ་ཁྲིམས། བཀའ་འགྱུར་བ་བཀའ་བཅུ་ཨེར་ཏེ་ནི་མེར་གན། བཀའ་འགྱུར་བ་བློ་བཟང་དབང་ཕྱུག

d

e མདོ།（显宗）

f 刻本
g 乌金 梵夹装 47×7
h 6 6
i 无 藏纸 黑 完整
j 封面钤有“民族文化宫图书馆藏”印。

254.6
a 26-6
b བློ་སྦྱོང་དད་པའི་བསྐུལ་མ།
修心·信心激励篇
c བཀའ་འགྱུར་བློ་བཟང་ཚུལ་ཁྲིམས།
བཀའ་འགྱུར་བ་བཀའ་བཅུ་ཨེར་ཏེ་ནེ་མེར་གན། བཀའ་འགྱུར་བ་བློ་བཟང་དབང་ཕྱུག
d དགེ་བསྙེན་པདྨ་དབང་རྒྱལ།
e བློ་སྦྱོང་།（修心）
f 刻本 སྐུ་སྐྱེས་ངག་དབང་ཚུལ་ཁྲིམས།
g 乌金 梵夹装 47×7
h 2 6
i 无 藏纸 黑 完整
j 封面钤有“民族文化宫图书馆藏”印。

254.7
a 26-7
b བསླབ་ཚིག་རིན་ཆེན་ཕྲེང་བ།
教言宝鬘
c བཀའ་འགྱུར་བློ་བཟང་ཚུལ་ཁྲིམས། བཀའ་འགྱུར་བ་བཀའ་བཅུ་ཨེར་ཏེ་ནེ་མེར་གན།
བཀའ་འགྱུར་བ་བློ་བཟང་དབང་ཕྱུག
d

e བསླབ་བྱ། （教言）

f 刻本 བཀའ་འགྱུར་བ།

g 乌金 梵夹装 47×7
h 4 6
i 无 藏纸 黑 完整
j 封面钤有“民族文化宫图书馆藏”印。

254.8
a 26-8

b རང་གི་སྤྱོད་ཚུལ་ལ་ཁྲེལ་བས་གྲོས་འདེབས་དང་བཅས་པ།

对自己行为愧劝忠言篇

c བཀའ་འགྱུར་བློ་བཟང་ཚུལ་ཁྲིམས། བཀའ་འགྱུར་བ་བཀའ་བཅུ་ཨེར་དེ་ནི་མེར་གན། བཀའ་འགྱུར་བ་བློ་བཟང་དཔང་ཕྱུག

d དགེ་སློང་ཚུལ་ཁྲིམས་སོགས།

e བློ་སྦྱོང་། （修心）

f 刻本 དགེ་སློང་བློ་བཟང་རྒྱལ་མཚན།

g 乌金 梵夹装 47×7
h 4 6
i 无 藏纸 黑 完整
j 封面钤有“民族文化宫图书馆藏”印。

254.9
a 26-9

b ལྷག་བསམ་རབ་དཀར་གྱི་སྙན་བསྐུལ་ཡབ་རིན་པོ་ཆེར་བརྒྱུད་དེ་སངས་རྒྱས་ལ་ཀ་ཁའི་དཔེ་བཞིན་ཞུ་བའི་ཚིག་གི་ཐྲེང་བ་མགུལ་རྒྱན།

增上心纯洁之忠言祈请父尊转呈而冒昧陈情·项饰鬘

c བཀའ་འགྱུར་བློ་བཟང་ཚུལ་ཁྲིམས། བཀའ་འགྱུར་བ་བཀའ་བཅུ་ཨེར་ཧེ་ནི་མེར་གན།

བཀའ་འགྱུར་བ་བློ་བཟང་དཔང་ཕྱུག

d ལྕགས་བྱི། 铁鼠年（1660）

e ཞུ་ཚིག（启请文）

f 刻本
g 乌金 梵夹装 47×7
h 4 6
i 无 藏纸 黑 完整
j 封面钤有“民族文化宫图书馆藏”印。

254.10
a 26-10

b བསླབ་བྱ་རབ་དཀར་སྒྲོན་མེ།

教导篇·光洁明灯

c བཀའ་འགྱུར་བློ་བཟང་ཚུལ་ཁྲིམས། བཀའ་འགྱུར་བ་བཀའ་བཅུ་ཨེར་ཧེ་ནི་མེར་གན། བཀའ་འགྱུར་བ་བློ་

བཟང་དཔང་ཕྱུག

d

e བསླབ་བྱ།（教言）

f 刻本
g 乌金 梵夹装 47×7
h 3 6
i 无 藏纸 黑 完整
j 封面钤有“民族文化宫图书馆藏”印。

254.11
a 26-11

b བསླབ་བྱ་ལྷག་བསམ་ཀུམ་དཀར་གྱི་ཚ་སྐྱེས་རབ་ཏུ་རྒྱས་པའི་ཕྲེང་བ།

教导篇·增上心白莲盛开鬘

c བཀའ་འགྱུར་བློ་བཟང་ཚུལ་ཁྲིམས། བཀའ་འགྱུར་བ་བཀའ་བཅུ་ཨེར་ཏེ་ནི་མེར་གན།

བཀའ་འགྱུར་བ་བློ་བཟང་དབང་ཕྱུག

d སྐུ་སྐྱེས་བློ་བཟང་མཁས་མཆོག

e བསླབ་བྱ།（教言）

f 刻本 ཆོས་རྗེ་དགེ་སློང་བརྩོན་འགྲུས།

g 乌金 梵夹装 47×7

h 4 6

i 无 藏纸 黑 完整

j 封面钤有“民族文化宫图书馆藏”印。

254.12

a 26-12

b ལེགས་བྱས་བསོད་ནམས་ཞིང་གི་དམ་པ་སྤྲུལ་བྱང་རྟེན་གསུམ་བཞེངས་པའི་དཀར་ཆག་ཕན་བདེའི་སྣང་བརྙན་

གསལ་བར་འཆར་བའི་ཤེལ་དཀར་མེ་ལོང་།

善作福田中建造殊胜佛像、经、塔之目录·显利乐像之水晶镜

c བཀའ་འགྱུར་བློ་བཟང་ཚུལ་ཁྲིམས། བཀའ་འགྱུར་བ་བཀའ་བཅུ་ཨེར་ཏེ་ནི་མེར་གན། བཀའ་འགྱུར་བ་བློ་

བཟང་དབང་ཕྱུག

d ཤིང་མོ་བྱ། 木阴鸡年（1705） ཐུགས་རམས་པ་ངག་དབང་ཆོས་འཕགས།

e དཀར་ཆག（目录）

f 刻本

g 乌金 梵夹装 47×7

h 27 6

i 无 藏纸 黑 完整

j 封面钤有“民族文化宫图书馆藏”印；民族宫目录中为28叶。

254.13

a 26-13

b བཀའ་འགྱུར་རིན་པོ་ཆེ་བཞེངས་པའི་ཞལ་བྱང་ཕན་བདེའི་ཆུར་ཉལ་བཞད་པའི་ཉིན་བྱེད་འོད་ཟེར།

造甘珠尔大宝经典之题词·利乐鱼跃之万缕日光

c བཀའ་འགྱུར་བློ་བཟང་ཚུལ་ཁྲིམས། བཀའ་འགྱུར་བ་བཀའ་བཅུ་ཨེར་ཏེ་ནི་མེར་གན།

བཀའ་འགྱུར་བ་བློ་བཟང་དབང་ཕྱུག

d

e ཞལ་བྱང་།（品目）

f 刻本 དགོན་པོ་དགེ་སློང་ཚུལ་ཁྲིམས་དར་རྒྱས།

g 乌金 梵夹装 47×7
h 3 6
i 无 藏纸 黑 完整
j 封面钤有“民族文化宫图书馆藏”印。

254.14
a 26-14

b བྱང་ཆུབ་ལམ་གྱི་རིམ་པའི་པར་བྱང་ལམ་བཟང་ཐེམ་སྐས།

菩提道次第刊刻后记·妙道阶梯

c བཀའ་འགྱུར་བློ་བཟང་ཚུལ་ཁྲིམས། བཀའ་འགྱུར་བ་བཀའ་བཅུ་ཨེར་ཏེ་ནི་མེར་གན། བཀའ་འགྱུར་བ་བློ་

བཟང་དབང་ཕྱུག

d ཚངས་སྤྲིན་ཕང་།

e པར་བྱང་།(版本品目)

f 刻本 དགེ་སློང་བརྩོན་འགྲུས།

g 乌金 梵夹装 47×7
h 2 6
i 无 藏纸 黑 完整
j 封面钤有“民族文化宫图书馆藏”印。

254.15
a 26-15

b　རི་བོ་རྩེ་ལྔའི་གནས་བསྟོད།

五台山圣地赞

c　བཀའ་འགྱུར་བློ་བཟང་ཚུལ་ཁྲིམས།　བཀའ་འགྱུར་བ་བཀའ་བཅུ་ཨེར་ཏེ་ནི་མེར་གན།

བཀའ་འགྱུར་བ་བློ་བཟང་དབང་ཕྱུག

d　ཞབས་དྲུང་རིན་པོ་ཆེ་ཆོས་རྒྱ་མཚོ།

e　བསྟོད་ཚོགས།(赞集)

f　刻本
g　乌金　梵夹装　47×7
h　4　6
i　无　藏纸　黑　完整
j　封面钤有“民族文化宫图书馆藏”印。

254.16
a　26-16

b　རབ་བྱུང་གི་རྟགས་ཙམ་འཆར་བ་ལ་མ་གུས་པའི་ཉེས་པ་བརྗོད་པའི་ཚུལ།

对仅持出家相者述说不敬之罪

c　བཀའ་འགྱུར་བློ་བཟང་ཚུལ་ཁྲིམས།　བཀའ་འགྱུར་བ་བཀའ་བཅུ་ཨེར་ཏེ་ནི་མེར་གན།　བཀའ་འགྱུར་བ་བློ་

བཟང་དབང་ཕྱུག

d

e　འདུལ་བ།（律经）

f　刻本　དགེ་སྡོང་དར་རྒྱས།

g　乌金　梵夹装　47×7
h　7　6
i　无　藏纸　黑　完整
j　封面钤有“民族文化宫图书馆藏”印。

254.17
a　26-17

b བསངས་མཆོད་ཀུན་བཟང་མཆོད་སྤྲིན་དང་བསངས་ཀྱི་སྐོར།

煨桑供法·普贤供养云与煨桑供法类

c བཀའ་འགྱུར་བློ་བཟང་ཚུལ་ཁྲིམས། བཀའ་འགྱུར་བ་བཀའ་བཅུ་ཨེར་ཏེ་ནི་མེར་གན། བཀའ་འགྱུར་བ་བློ་བཟང་དཔང་ཕྱུག

d བྲེས་སྐར།

e བསངས་མཆོད།（煨桑）

f 刻本

g 乌金 梵夹装 47×7

h 6 6

i 无 藏纸 黑 完整

j 封面钤有“民族文化宫图书馆藏”印。

254.18

a 26-18

b འབྲས་སྤུངས་ཆོས་རྒྱལ་ཆེན་པོར་མཆོད་གཏོར་འབུལ་ཚུལ་ཤིན་ཏུ་བསྡུས་པ།

哲蚌寺曲吉大护法前供神馐简略法

c བཀའ་འགྱུར་བློ་བཟང་ཚུལ་ཁྲིམས། བཀའ་འགྱུར་བ་བཀའ་བཅུ་ཨེར་ཏེ་ནི་མེར་གན། བཀའ་འགྱུར་བ་བློ་བཟང་དཔང་ཕྱུག

d དཀའ་ཆེན་བློ་བཟང་བསྟན་འཛིན།

e ཆོ་ག（仪轨）

f 刻本 དཀའ་ཆེན་བློ་བཟང་བསྟན་འཛིན།

g 乌金 梵夹装 47×7

h 3 6

i 无 藏纸 黑 完整

j 封面钤有“民族文化宫图书馆藏”印。

254.19

a 26-19

b བསང་མཆོད་འདོད་དགུ་ལྷུན་གྲུབ་མ་ལ་སོགས་བསངས་ཡིག་གི་སྐོར།

烟桑供法·如意任运天成等烟桑供法类

c བཀའ་འགྱུར་བློ་བཟང་ཚུལ་ཁྲིམས། བཀའ་འགྱུར་བ་བཀའ་བཅུ་ཨེར་ཧེ་ནི་མེར་གན། བཀའ་འགྱུར་བ་བློ་བཟང་དབང་ཕྱུག

d

e བསངས་ཡིག（煨桑念诵）

f 刻本

g 乌金 梵夹装 47×7

h 3 6

i 无 藏纸 黑 完整

j 封面钤有“民族文化宫图书馆藏”印。

254.20

a 26-20

b བསངས་མཆོད་བར་ཆད་ཀུན་སེལ།

煨桑供法·灾厄全消

c བཀའ་འགྱུར་བློ་བཟང་ཚུལ་ཁྲིམས། བཀའ་འགྱུར་བ་བཀའ་བཅུ་ཨེར་ཧེ་ནི་མེར་གན། བཀའ་འགྱུར་བ་བློ་བཟང་དབང་ཕྱུག

d དགེ་རྒྱལ་བསྟན་འཛིན།

e བསངས་མཆོད།（煨桑）

f 刻本

g 乌金 梵夹装 47×7

h 2 6

i 无 藏纸 黑 完整

j 封面钤有“民族文化宫图书馆藏”印。

254.21

a 26-21

b　བསངས་མཆོད་ཀུན་བཟང་མཆོད་སྤྲིན།

　烟桑供法·普贤供养云

c　བཀའ་འགྱུར་བློ་བཟང་ཚུལ་ཁྲིམས།　བཀའ་འགྱུར་བ་བཀའ་བཅུ་ཨེར་ཏེ་ནི་མེར་གན།　བཀའ་འགྱུར་བ་བློ་

　བཟང་དཔང་ཕྱུག

d　མཆོག་སྤྲུལ་བློ་བཟང་དཔང་རྒྱལ།

e　བསངས་མཆོད།（煨桑）

f　刻本　བཀྲ་ཤིས་ཆོས་འཕེལ་གླིང་།（扎西却培林寺）

g　乌金　梵夹装　47×7

h　4　6

i　无　藏纸　黑　完整

j　封面钤有“民族文化宫图书馆藏”印。

254.22

a　26-22

b　བཅའ་ཡིག་བླང་དོར་འབྱེད་པའི་གསལ་བྱེད་ཉི་མ།

　清规制约·取舍分明之丽日

c　བཀའ་འགྱུར་བློ་བཟང་ཚུལ་ཁྲིམས།　བཀའ་འགྱུར་བ་བཀའ་བཅུ་ཨེར་ཏེ་ནི་མེར་གན།

　བཀའ་འགྱུར་བ་བློ་བཟང་དཔང་ཕྱུག

d　དབུ་མཛད་ཆོས་འཛིན།

e　བཅའ་ཡིག（清规戒律）

f　刻本　དགེ་ཚུལ་བློ་བཟང་།

g　乌金　梵夹装　47×7

h　7　6

i　无　藏纸　黑　完整

j　封面钤有“民族文化宫图书馆藏”印。

254.23

a 26-23

b གྲུབ་ཆེན་མི་ཏྲ་ཛ་གིའི་ལུགས་ཀྱི་རྡོར་ཕྲེང་དབང་བརྒྱུད་གསོལ་འདེབས་དངོས་གྲུབ་འགུགས་པའི་ལྕགས་ཀྱུ།

大成就师弥扎卓格传规之金刚鬘灌顶传承启请文·招悉地之钩

c བཀའ་འགྱུར་བློ་བཟང་ཚུལ་ཁྲིམས། བཀའ་འགྱུར་བ་བཀའ་བཅུ་ཨེར་ཏི་ནི་མེར་གན། བཀའ་འགྱུར་བ་བློ་བཟང་དབང་ཕྱུག

d

e གསོལ་འདེབས།（启请文）

f 刻本 གསོལ་དཔོན་དགེ་ཚུལ་བློ་བཟང་།

g 乌金 梵夹装 47×7

h 2 6

i 无 藏纸 黑 完整

j 封面钤有“民族文化宫图书馆藏”印。

254.24

a 26-24

b བདེ་མཆོག་དཀར་པོ་དཔའ་བོ་ཉེར་ལྔའི་སྒྲུབ་ཐབས་བདུད་ལས་རྣམ་རྒྱལ།

白色胜乐金刚二十五勇尊修法·胜伏魔军

c བཀའ་འགྱུར་བློ་བཟང་ཚུལ་ཁྲིམས། བཀའ་འགྱུར་བ་བཀའ་བཅུ་ཨེར་ཏི་ནི་མེར་གན། བཀའ་འགྱུར་བ་བློ་བཟང་དབང་ཕྱུག

d

e སྒྲུབ་ཐབས།（修心法）

f 刻本 དགེ་སློང་ཆོས་འཕེལ་དང་གསོལ་དཔོན་བློ་བཟང་།

g 乌金 梵夹装 47×7

h 17 6

i 无 藏纸 黑 完整

j 封面钤有“民族文化宫图书馆藏”印。

254.25

a 26-25

b ཀུན་རིག་གི་ཆོ་སྒོའི་སྦྱངས་ཆོག་ཐར་ལམ་བགྲོད་པའི་ཐེམ་སྐས།

依毗卢遮那法门修净治仪轨·趣解脱道之阶梯

c བཀའ་འགྱུར་བློ་བཟང་ཚུལ་ཁྲིམས།

བཀའ་འགྱུར་བ་བཀའ་བཅུ་ཨེར་ཏི་ནི་མེར་གན། བཀའ་འགྱུར་བ་བློ་བཟང་དབང་ཕྱུག

d

e ཆོ་ག（仪轨）

f 刻本 དགེ་སྡོང་བསམ་འཕེལ།

g 乌金 梵夹装 47×7

h 21 6

i 无 藏纸 黑 完整

j 封面钤有“民族文化宫图书馆藏”印。

254.26

a 26-26

b ཚེ་རིང་མཆེད་ལྔའི་བདག་བསྐྱེད་ཀྱི་ཆོ་ག་པད་དཀར་བཞད་པའི་ཉི་ཟེར།

长寿五昆仲之自生法仪轨·白莲笑开之日光

c བཀའ་འགྱུར་བློ་བཟང་ཚུལ་ཁྲིམས།

བཀའ་འགྱུར་བ་བཀའ་བཅུ་ཨེར་ཏི་ནི་མེར་གན། བཀའ་འགྱུར་བ་བློ་བཟང་དབང་ཕྱུག

d

e ཆོ་ག（仪轨）

f 刻本 དགེ་སྡོང་བསམ་འཕེལ།

g 乌金 梵夹装 47×7

h 5 6

i 无 藏纸 黑 完整

j 封面铃有“民族文化宫图书馆藏”印。

255

A 3731 4527

B རོང་ཐ་བློ་བཟང་དམ་ཆོས་རྒྱ་མཚོའི་གསུང་འབུམ།

绒塔·洛桑旦曲嘉措文集

C ག

D རོང་ཐ་བློ་བཟང་དམ་ཆོས་རྒྱ་མཚོ། དགེ་ལུགས། རབ་བྱུང་བཅུ་གསུམ་པའི་ཤིང་གླང་ལོ་༡༨༠༥ ལ་མཚོ་སྔོན་ཡུལ་ཁུལ་དུ་སྐུ་འཁྲུངས། དགུང་ལོ་ཆུང་ངུའི་དུས་ནས་རོང་ཐ་སྤྲུལ་སྐུ་ཡིན་པར་ངོས་འཛིན། བླ་མ་བློ་བཟང་ཆོས་འགྱུར་ལྷུན་གྲུབ། བསྟན་འཛིན་མཐུ་སྟོབས། ཆོས་དབང་རྣམ་རྒྱལ་སོགས་ལས་མདོ་སྔགས་རིག་གནས་བཅས་པར་སྦྱངས་པ་ མཐར་ཕྱིན་མཛད། ཁོང་གི་སྐུ་ཚེ་ཉིལ་པོར་དབེན་པར་མཚམས་བསྙེན་སྒྲུབ་གཙོ་བོ་གནང་། ཁོང་ནི་ར་ཉག་དགོན་པའི་དགོན་བདག་ཡིན། མཁས་པ་འགས་རབ་བྱུང་བཅོ་ལྔ་པའི་ལྕགས་ཕོ་བྱི་བ་ལོ་༡༩༠༠ལ་འདས་པར་བཞེད་ཞེས་མི་རིགས་པོ་བྲང་གི་དཀར་ཆག་ནང་འཁོད་འདུགགསུང་འབུམ་པོད་བཞི་བཞུགས། ད་དེ་དགེ་མཛོད་ཁང་དུ་མི་རིགས་པོ་བྲང་ནས་ཕྱིར་འབུལ་ཞུས་པའི་གྲངས་པོད་༢ ཨང་རྟགས ༣༧༣༡--༣༧༣༢ བཞུགས།

绒塔·洛桑旦曲嘉措（1805—1900）：诞生于康区玉树，幼时被认定绒塔活佛的转世灵童。系热聂寺寺主，一生大部分时间在修行中度过。享年85岁。遗著共2函，西藏图书馆藏北京民族文化宫图书馆赠送的文集有2函，编号为3731—3732。

E 馆藏齐全。

255.1

a 28-1

b བཀའ་དྲིན་གསུམ་ལྡན་གྱི་བླ་མ་རྡོ་རྗེ་འཆང་མ་ཧཱ་པཎྜི་ཏ་རྗེ་བཙུན་བློ་བཟང་དམ་ཆོས་རྒྱ་མཚོའི་གསུང་འབུམ་ག་པའི་དཀར་ཆག

具足三恩之上师金刚持大班智达至尊洛桑旦曲嘉措文集ག字函目录

c　རོང་ཐ་དགེ་སློང་བློ་བཟང་དམ་ཆོས་རྒྱ་མཚོ།　པདྨ་དཀྱིལ་པ་རྒྱལ།　འཇམ་དབྱངས་གྲུབ་པའི་རྡོ་རྗེ།

d

e　དཀར་ཆག（目录）

f　刻本

g　乌金　梵夹装　47.5×6

h　3　6

i　无　藏纸　黑　完整

j　封面钤有“民族文化宫图书馆藏”印。

255.2

a　28-2

b　ལྷག་པའི་ལྷ་མཆོག་ཡང་གསང་ཁྲོས་པའི་བསྐྱེད་རིམ་གྱི་རྣམ་པར་བཞག་པ་སྐུ་གསུམ་བཞད་མེད་ཁང་དུ་བགྲོད་པའི་ ཐེམ་སྐས་དངོས་གྲུབ་འདོད་པ་འཇོ་བའི་བུམ་བཟང་།

本尊极密莲花忿怒王生起次第之建立·趣三身无量宫之阶梯·悉地如意妙瓶

c　རོང་ཐ་དགེ་སློང་བློ་བཟང་དམ་ཆོས་རྒྱ་མཚོ། པདྨ་དཀྱིལ་པ་རྒྱལ། འཇམ་དབྱངས་གྲུབ་པའི་རྡོ་རྗེ།

d　ཤིང་ཡོས། 木兔年（1855）　རི་ཁྲོད་པ་དགེ་འདུན་ཡར་འཕེལ།

e　སྔགས།(密宗)

f　刻本

g　乌金　梵夹装　47×6

h　29　6

i　无　藏纸　黑　完整

j　封面钤有“民族文化宫图书馆藏”印。

255.3

a　28-3

b　དཔལ་རྟ་མཆོག་ཡང་གསང་ཁྲོས་པའི་དབང་བཤད་སྐུ་གསུམ་རིན་ཆེན་གྲོང་དུ་བགྲོད་པའི་ཐེམ་སྐས་དབང་ཆེན་བཞད་པའི་སྒྲ་དབྱངས།

吉祥马头金刚极密忿怒王灌顶解说·趣三身宝城之阶梯·大灌顶喜笑声

c ཪོང་ཐ་དགེ་སློང་བློ་བཟང་དམ་ཆོས་རྒྱ་མཚོ། པདྨ་དགྱེས་པ་རྩལ། འཇམ་དབྱངས་གྲུབ་པའི་རྡོ་རྗེ།

d སེར་བྱེས་བླ་ཚབ་དགེ་བཤེས་རིན་པོ་ཆེ།

e དབང་བཤད།(灌顶说)

f 刻本
g 乌金 梵夹装 48×6
h 42 6
i 无 藏纸 黑 完整
j 封面钤有“民族文化宫图书馆藏”印。

255.4
a 28-4

b རྟ་མཆོག་ཡང་གསང་ཁྲོས་པའི་དཀྱིལ་འཁོར་གྱི་ཆོ་ག་གསལ་བར་བཀོད་པ་མཆོག་མཐུན་འགུགས་པའི་ལྕགས་ཀྱུ།
马头金刚极密忿怒王曼荼罗仪轨·招胜共悉地之钩

c ཪོང་ཐ་དགེ་སློང་བློ་བཟང་དམ་ཆོས་རྒྱ་མཚོ། པདྨ་དགྱེས་པ་རྩལ། འཇམ་དབྱངས་གྲུབ་པའི་རྡོ་རྗེ།

d ཡོངས་འཛིན་གྱི་ལོ། 水鼠年（1852） དབེན་གནས་ཆོས་ཀྱི་ཐེ་བྲང་།（四川热聂大乘林）

e ཆོ་ག(仪轨)

f 刻本
g 乌金 梵夹装 48×6
h 10 6
i 无 藏纸 黑 完整
j 封面钤有“民族文化宫图书馆藏”印。

255.5
a 28-5

b ཐུགས་པའི་ལྷ་མཆོག་པདྨ་ཡང་གསང་ཁྲོས་པའི་བསྙེན་པ་བྱ་ཚུལ་དངོས་གྲུབ་འདོད་པ་འཇོ་བའི་བུམ་བཟང་།
本尊极密莲花忿怒王念修法·悉地如意妙瓶

c ཪོང་ཐ་དགེ་སློང་བློ་བཟང་དམ་ཆོས་རྒྱ་མཚོ། པདྨ་དགྱེས་པ་རྩལ། འཇམ་དབྱངས་གྲུབ་པའི་རྡོ་རྗེ།

d

e　བསྙེན་ཡིག（念修文）

f　刻本　དབེན་གནས་བཀྲ་ཤིས་ཆོས་གླིང་།（扎西却林）

g　乌金　梵夹装　48×6
h　5　6
i　无　藏纸　黑　完整
j　封面钤有“民族文化宫图书馆藏”印。

255.6
a　28-6

b　ལྷ་མཆོག་རྒྱལ་བའི་རྒྱ་མཚོའི་ཚོགས་ཀྱི་མཆོད་པ་བྱ་ཚུལ་དངོས་གྲུབ་འདབ་སྟོང་བཞད་པའི་ཉིན་བྱེད།

最胜本尊佛海会供修法·悉地千叶莲花笑开之日光

c　རོང་ཐ་དགེ་སློང་བློ་བཟང་དམ་ཆོས་རྒྱ་མཚོ།　པདྨ་དགྱེས་པ་རྒྱལ། འཇམ་དབྱངས་གྲུབ་པའི་རྡོ་རྗེ།

d

e　ཆོ་ག（仪轨）

f　刻本　དབེན་གནས་བཀྲ་ཤིས་ཆོས་གླིང་།（扎西却林）

g　乌金　梵夹装　48×6
h　3　6
i　无　藏纸　黑　完整
j　封面钤有“民族文化宫图书馆藏”印。

255.7
a　28-7

b　འཕགས་མཆོག་ཕྱག་ན་པདྨའི་དཀྱིལ་འཁོར་དུ་དབང་ཇི་ལྟར་བསྐུར་བའི་རིམ་པ་མདོ་ཙམ་བཤད་པ་དག་སྣང་ནོར་བུ་འཛིན་པའི་གྲུ་གཟིངས་འཇུག་པ་བདེ་བའི་ལམ་བཟང་།

圣持莲观音曼荼罗中如何灌顶次第略说·载净观宝之舟大乐妙道

c　རོང་ཐ་དགེ་སློང་བློ་བཟང་དམ་ཆོས་རྒྱ་མཚོ།　པདྨ་དགྱེས་པ་རྒྱལ། འཇམ་དབྱངས་གྲུབ་པའི་རྡོ་རྗེ།

d

e　མན་ངག（善言）

f　刻本
g　乌金　梵夹装　47.5×6
h　14　6
i　无　藏纸　黑　完整
j　封面钤有“民族文化宫图书馆藏”印。

255.8
a　28-8

b　འཇམ་དབྱངས་དམར་སེར་གཙོ་སྐྱོང་ལ་བརྟེན་པའི་སྨྱུང་བར་གནས་པའི་ཆོ་ག་ཉེས་སྒྲིབ་དྲི་མ་འཁྲུད་པའི་བདུད་རྩི།

依红黄色文殊单一主尊修禁食斋法仪轨·洗净罪垢之甘露

c　རོང་ཐ་དགེ་སློང་བློ་བཟང་དམ་ཆོས་རྒྱ་མཚོ།　པདྨ་དགྱེས་པ་རྩལ།　འཇམ་དབྱངས་གྲུབ་པའི་རྡོ་རྗེ།

d　དབེན་གནས་ཆོས་ཀྱི་ཪོ་བྲང་།（四川热聂大乘林）

e　ཆོ་ག(仪轨)

f　刻本
g　乌金　梵夹装　48.5×6
h　18　6
i　无　藏纸　黑　完整
j　封面钤有“民族文化宫图书馆藏”印。

255.9
a　28-9

b　རྗེ་བཙུན་རྡོ་རྗེ་རྣལ་འབྱོར་མའི་བྱིན་རླབས་ཀྱི་ཆོ་ཉེ་བར་མཁོ་བའི་དབང་བཤད་སྐལ་ལྡན་ཐར་བར་བགྲོད་པའི་ལམ་ གཅིག་དངོས་གྲུབ་འདབ་སྟོང་བཞད་པའི་པདྨ།

至尊金刚瑜伽母加持时常用灌顶解说·有缘者往解脱城之唯一道路·悉地灿烂之千叶莲花

c　རོང་ཐ་དགེ་སློང་བློ་བཟང་དམ་ཆོས་རྒྱ་མཚོ།　པདྨ་དགྱེས་པ་རྩལ།　འཇམ་དབྱངས་གྲུབ་པའི་རྡོ་རྗེ།

d ར་ཉག་ཐེག་ཆེན་གླིང་གི་ཡང་དབེན་ཆོས་ཀྱི་ཕོ་བྲང་།（四川热聂大乘林）

e དབང་བཤད།(灌顶说)

f 刻本

g 乌金 梵夹装 47.5×6

h 13 6

i 无 藏纸 黑 完整

j 封面钤有“民族文化宫图书馆藏”印。

255.10

a 28-10

b འཕགས་མ་མཚོ་བྱུང་ལྷ་མོའི་བསྙེན་ཡིག་རབ་གསལ་ནོར་ཟླ།

圣海生佛母之念修法·极明亮之宝月

c རོང་ཐ་དགེ་སློང་བློ་བཟང་དམ་ཆོས་རྒྱ་མཚོ། པདྨ་དགྱེས་པ་རྩལ། འཇམ་དབྱངས་གྲུབ་པའི་རྡོ་རྗེ།

d

e བསྙེན་ཡིག（念修文）

f 刻本

g 乌金 梵夹装 47.5×6

h 5 6

i 无 藏纸 黑 完整

j 封面钤有“民族文化宫图书馆藏”印。

255.11

a 28-11

b དྲིལ་བུ་ལུགས་ཀྱི་འཁོར་ལོ་སྡོམ་པའི་བསྙེན་ཡིག་དམ་པའི་བཞེད་གཞུང་བློ་ལྡན་དགའ་བའི་ཞེར་འཚོལ།

枳布巴传规之胜乐轮念修法·大德乐许之论典智所喜之探讨

c རོང་ཐ་དགེ་སློང་བློ་བཟང་དམ་ཆོས་རྒྱ་མཚོ། པདྨ་དགྱེས་པ་རྩལ། འཇམ་དབྱངས་གྲུབ་པའི་རྡོ་རྗེ།

d

e བསྙེན་ཡིག（念修文）

f 刻本

g 乌金 梵夹装 48×6

h 5 6

i 无 藏纸 黑 完整

j 封面钤有“民族文化宫图书馆藏”印。

255.12

a 28-12

b འཕགས་མཆོག་སྤྱན་རས་གཟིགས་ལ་བརྟེན་པའི་བུམ་དབང་བསྐུར་ཚུལ་གདུང་སེལ་ནོར་བུའི་ཟླ་བ།

依圣观世音修瓶灌顶法・除热恼之宝月

c རོང་ཕ་དགེ་སློང་བློ་བཟང་དམ་ཆོས་རྒྱ་མཚོ། པདྨ་དགྱེས་པ་རྩལ། འཇམ་དབྱངས་གྲུབ་པའི་རྡོ་རྗེ།

d བླ་མ་དགེ་འདུན་བསྟན་པའི་རྒྱལ་མཚན།

e དབང་སྐུར་ཚུལ།（灌顶授法）

f 刻本

g 乌金 梵夹装 47×6

h 4 6

i 无 藏纸 黑 完整

j 封面钤有“民族文化宫图书馆藏”印。

255.13

a 28-13

b འཕགས་མ་མཚོ་ལྡན་མའི་སྒོ་ནས་རྫས་སྦྱོར་གྱི་རིལ་བུ་སྒྲུབ་ཚུལ།

圣具海佛母法门中配方药丸修制法

c རོང་ཕ་དགེ་སློང་བློ་བཟང་དམ་ཆོས་རྒྱ་མཚོ། པདྨ་དགྱེས་པ་རྩལ། འཇམ་དབྱངས་གྲུབ་པའི་རྡོ་རྗེ།

d དབེན་ས་ཆོས་ཀྱི་ཕོ་བྲང་།（四川热聂大乘林） བྱ་བྲལ་ཆོས་ཀྱི་དགའ་བ།

e སྒྲུབས་ཐབས།（修心法）

f 刻本

g 乌金 梵夹装 47×6

h 3 6

i 无 藏纸 黑 完整

j 封面钤有“民族文化宫图书馆藏”印。

255.14
a 28-14

b དབྱངས་ཅན་མ་ལ་བསྟོད་པའི་ཀུན་འཁོར།

妙音母赞颂回文诗

c རོང་ཐ་དགེ་སློང་བློ་བཟང་དམ་ཆོས་རྒྱ་མཚོ། པདྨ་དགྱེས་པ་རྩལ། འཇམ་དབྱངས་གྲུབ་པའི་རྡོ་རྗེ།

d

e བསྟོད་ཚོགས།（赞集）

f 刻本
g 乌金 梵夹装 47.5×6
h 1 6
i 无 藏纸 黑 完整
j 封面钤有“民族文化宫图书馆藏”印。

255.15
a 28-15

b དཔལ་རྡོ་རྗེ་འཇིགས་བྱེད་ཀྱི་བསྙེན་པ་ཇི་ལྟར་བྱ་ཚུལ་གསལ་བར་བཤད་པ་ཟབ་དོན་བདུད་རྩི་འབྱེད་པའི་

ཟླ་བ་བློ་ལྡན་ཀུན་དགའ་བྱེད།

吉祥怖畏金刚念修法如何作明解能深义之月光·智者普喜

c རོང་ཐ་དགེ་སློང་བློ་བཟང་དམ་ཆོས་རྒྱ་མཚོ། པདྨ་དགྱེས་པ་རྩལ། འཇམ་དབྱངས་གྲུབ་པའི་རྡོ་རྗེ།

d དབེན་ས་ཆོས་ཀྱི་ཐེ་བྲང་།（四川热聂大乘林）

e བསྙེན་ཡིག（念修文）

f 刻本
g 乌金 梵夹装 47.5×6
h 8 6
i 无 藏纸 黑 完整
j 封面钤有“民族文化宫图书馆藏”印。

255.16
a 28-16

b གྲུབ་པའི་དབང་ཕྱུག་ཆེན་པོ་རྡོ་རྗེ་དྲིལ་བུ་ལུགས་ཀྱི་འཁོར་ལོ་སྡོམ་པ་ལྷ་ལྔའི་བསྐྱེད་རིམ་གྱི་རྣམ་བཞག་

གསལ་བར་ བསྟན་པ་སྐུ་བཞིའི་གྲོང་དུ་བགྲོད་པའི་ཐེམ་སྐས།

成就自在大师多杰枳布巴传规之胜乐轮五尊生起次第建立显明解说·趣四身城之阶梯

c རོང་ཐ་དགེ་སློང་བློ་བཟང་དམ་ཆོས་རྒྱ་མཚོ། པདྨ་དགྱེས་པ་རྩལ། འཇམ་དབྱངས་གྲུབ་པའི་རྡོ་རྗེ།

d ར་ཉག་ཐེག་ཆེན་གླིང་།（四川热聂大乘林）

e སྔགས།(密宗)

f 刻本

g 乌金 梵夹装 47.5×6

h 31 6

i 无 藏纸 黑 完整

j 封面钤有“民族文化宫图书馆藏”印。

255.17

a 28-17

b དཔལ་འཁོར་ལོ་སྡོམ་པའི་དྲིལ་བུ་ལུགས་ཀྱི་རྫོགས་རིམ་ཟབ་མོ་ཉམས་སུ་ལེན་ཚུལ་ལེགས་པར་བཤད་པ་མཁའ་

འགྲོའི་ སྙིང་ཐིག

吉祥胜乐轮枳布传规之甚深圆满次第修法善解空行心滴

c རོང་ཐ་དགེ་སློང་བློ་བཟང་དམ་ཆོས་རྒྱ་མཚོ། པདྨ་དགྱེས་པ་རྩལ། འཇམ་དབྱངས་གྲུབ་པའི་རྡོ་རྗེ།

d

e སྔགས།(密宗)

f 刻本

g 乌金 梵夹装 48×6

h 10 6

i 无 藏纸 黑 完整

j 封面钤有“民族文化宫图书馆藏”印。

255.18

a 28-18

b ཆོས་མངོན་པ་མཛོད་ཀྱི་གནས་གསུམ་པའི་འགྲེལ་བ་ཆོས་མངོན་རྒྱ་མཚོ་འཇུག་པའི་གྲུ་གཟིངས།

俱舍论中第三分位解释·入现对法海之舟

c རོང་ཐ་དགེ་སློང་བློ་བཟང་དམ་ཆོས་རྒྱ་མཚོ། པདྨ་དགྱེས་པ་རྩལ། འཇམ་དབྱངས་གྲུབ་པའི་རྡོ་རྗེ།

d ར་ཤག་ཐེག་ཆེན་གླིང་།（四川热聂大乘林）

e མཛོད།(俱舍论)

f 刻本

g 乌金 梵夹装 47.5×6

h 37 6

i 无 藏纸 黑 完整

j 封面钤有“民族文化宫图书馆藏”印。

255.19

a 28-19

b རྡོ་རྗེ་འཇིགས་བྱེད་དཔའ་བོ་གཅིག་པའི་དབང་བཤད་འཇུག་པ་བདེ་བའི་ལམ་བཟང་སྐུ་གསུམ་བགྲོད་པའི་

ཐེམ་སྐས།

独勇怖畏金刚灌顶解说·趣大乐妙道三身城中之阶梯

c རོང་ཐ་དགེ་སློང་བློ་བཟང་དམ་ཆོས་རྒྱ་མཚོ། པདྨ་དགྱེས་པ་རྩལ། འཇམ་དབྱངས་གྲུབ་པའི་རྡོ་རྗེ།

d

e དབང་བཤད།(灌顶说)

f 刻本

g 乌金 梵夹装 47.5×6

h 33 6

i 无 藏纸 黑 完整

j 封面钤有“民族文化宫图书馆藏”印。

255.20

a 28-20

b གྲུབ་བརྙེས་ལུ་ཡི་པའི་ལུགས་ཀྱི་དཔལ་འཁོར་ལོ་སྡོམ་པ་ལྷ་དྲུག་ཅུ་རྩ་གཉིས་པའི་དཀྱིལ་འཁོར་དུ་དབང་བསྐུར་

བའི་ཚུལ་གསལ་བར་བཤད་པ་སྐུ་གསུམ་རིན་ཆེན་གོང་དུ་འཁྲིད་པའི་དེད་དཔོན།

成就师鲁伊巴传规之吉祥胜乐轮六十二尊曼荼罗灌顶法明解·导入三身宝宫之舵手

c ངོར་ཐར་དགེ་སློང་བློ་བཟང་དམ་ཆོས་རྒྱ་མཚོ། པདྨ་དགྱེས་པ་རྩལ། འཇམ་དབྱངས་གྲུབ་པའི་རྡོ་རྗེ།

d བླ་མ་བློ་བཟང་ཆོས་དབང་རྣམ་རྒྱལ།

e ཆོ་ག(仪轨)

f 刻本
g 乌金 梵夹装 47.5×6
h 42 6
i 无 藏纸 黑 完整
j 封面钤有“民族文化宫图书馆藏”印。

255.21
a 28-21

b རྗེ་བཙུན་འཇམ་དཔལ་དབྱངས་ཀྱི་སྒོ་ནས་སྨྱུང་བར་གནས་པ་ཉམས་སུ་བླང་བའི་ཕན་ཡོན་དང་གཟུངས་སྔགས་ཀྱི་ ཕན་ཡོན་བཅས་མདོར་ཙམ་བཀོད་པ་དྲི་མའི་ཟླ་ཤེལ་གཙང་མའི་མེ་ལོང་།

至尊妙吉祥法门中禁食斋修法之功德及其陀罗尼之胜利等略说·无垢月晶镜

c ངོར་ཐར་དགེ་སློང་བློ་བཟང་དམ་ཆོས་རྒྱ་མཚོ། པདྨ་དགྱེས་པ་རྩལ། འཇམ་དབྱངས་གྲུབ་པའི་རྡོ་རྗེ།

d ར་ཉག་ཐེག་ཆེན་གླིང་།（四川热聂大乘林）

e སྨྱུང་གནས་ཀྱི་ཕན་ཡོན།(戒斋功德)

f 刻本
g 乌金 梵夹装 48×6
h 7 6
i 无 藏纸 黑 完整
j 封面钤有“民族文化宫图书馆藏”印。

255.22
a 28-22

b བཅོམ་ལྡན་འདས་ཐམས་ཅད་རིག་པའི་བསྙེན་ཡིག་མདོར་བསྡུས་སུ་བཀོད་པ་སྐལ་བཟང་ཡིད་ཀྱི་བདུད་རྩི།

薄伽梵普明之念修略法·贤劫心中甘露

c རོང་ཐ་དགེ་སློང་བློ་བཟང་དམ་ཆོས་རྒྱ་མཚོ། པདྨ་དཀྱིལ་པ་རྒྱལ། འཇམ་དབྱངས་གྲུབ་པའི་རྡོ་རྗེ།

d ར་ཞུག་ཐེག་ཆེན་གླིང་།（四川热聂大乘林）

e བསྙེན་ཡིག(念修文)

f 刻本
g 乌金 梵夹装 47.5×6
h 6 6
i 无 藏纸 黑 完整
j 封面钤有“民族文化宫图书馆藏”印。

255.23
a 28-23

b འཕགས་མ་དབྱངས་ཅན་མའི་སྦྱིན་སྲེག་གི་ཆོ་ག་མཐུ་བྱིན་སྣང་བ་རྫོགས་པའི་ཉིན་བྱེད།

圣妙音佛母护摩仪轨·加持圆满之日光

c རོང་ཐ་དགེ་སློང་བློ་བཟང་དམ་ཆོས་རྒྱ་མཚོ། པདྨ་དཀྱིལ་པ་རྒྱལ། འཇམ་དབྱངས་གྲུབ་པའི་རྡོ་རྗེ།

d ར་ཞུག་ཐེག་ཆེན་གླིང་།（四川热聂大乘林）

e ཆོ་ག(仪轨)

f 刻本
g 乌金 梵夹装 47.5×6
h 4 6
i 无 藏纸 黑 完整
j 封面钤有“民族文化宫图书馆藏”印。

255.24
a 28-24

b བཅོམ་ལྡན་འདས་ཚེ་དཔག་ལྷ་དགུའི་དཀྱིལ་འཁོར་གྱི་ཆོ་ག་ཀླུ་ཆོག་ཞར་བྱུང་དང་བཅས་པ་གསལ་བར་བཤད་པ་

དགེ་མཚན་འདབ་བརྒྱ་བཞད་པའི་ཉི་འོད།

薄伽梵无量寿九尊曼荼罗仪轨附载供鲁神仪轨等·吉祥千叶莲花笑开之日光

c རོང་ཐ་དགེ་སློང་བློ་བཟང་དམ་ཆོས་རྒྱ་མཚོ། པདྨ་དཀྱིལ་པ་རྒྱལ། འཇམ་དབྱངས་གྲུབ་པའི་རྡོ་རྗེ།

d　ར་ཞྭ་ཐེག་ཆེན་གླིང་།（四川热聂大乘林）

e　ཆོ་ག（仪轨）

f　刻本

g　乌金　梵夹装　48×6

h　11　6

i　无　藏纸　黑　完整

j　封面钤有“民族文化宫图书馆藏”印。

255.25

a　28-25

b　བཅོམ་ལྡན་འདས་མགོན་པོ་ཚེ་དཔག་མེད་ལྷ་དགུའི་བསྙེན་པ་ཇི་ལྟར་བྱ་བའི་ཚུལ་གསལ་བར་བཤད་པ་འཆི་མེད་ རིག་འཛིན་གྲུབ་པའི་བཅུད་ལེན།

薄伽梵无量寿佛九尊念修如何作法显明解说 · 长生持明之采英

c　རོང་ཐ་དགེ་སློང་བློ་བཟང་དམ་ཆོས་རྒྱ་མཚོ།　པདྨ་དགྱེས་པ་རྩལ།　འཇམ་དབྱངས་གྲུབ་པའི་རྡོ་རྗེ།

d　ར་ཞྭ་ཐེག་ཆེན་གླིང་།（四川热聂大乘林）　དགེ་སློང་ལུང་རིགས་རྒྱ་མཚོ།

e　བསྙེན་ཡིག（念修文）

f　刻本

g　乌金　梵夹装　47.5×6

h　7　6

i　无　藏纸　黑　完整

j　封面钤有“民族文化宫图书馆藏”印。

255.26

a　28-26

b　བཅོམ་ལྡན་འདས་ཚེ་དཔག་མེད་ལྷ་དགུའི་སྒོ་ནས་ཞི་བའི་སྦྱིན་སྲེག་ཇི་ལྟར་བྱ་བའི་ཚུལ་སྡིག་ལྟུང་བ་མོ་འཇོམས་པའི་ཉིན་བྱེད།

薄伽梵无量寿九尊息灾护摩修法 · 摧罪恶霜雪之日光

c རོང་ཐ་དགེ་སློང་བློ་བཟང་དམ་ཆོས་རྒྱ་མཚོ། པདྨ་དགྱེས་པ་རྩལ། འཇམ་དབྱངས་གྲུབ་པའི་རྡོ་རྗེ།

d ར་ཉག་ཐེག་ཆེན་གླིང་།（四川热聂大乘林）

e སྦྱིན་སྲེག(火供)

f 刻本
g 乌金 梵夹装 47×6
h 7 6
i 无 藏纸 黑 完整
j 封面钤有“民族文化宫图书馆藏”印。

255.27
a 28-27

b ལྷ་མཆོག་པདྨ་ཡང་གསང་ཁྲོས་པའི་སྒྲུབ་ཐབས་ཁྱེར་བདེ་དངོས་གྲུབ་འགུགས་པའི་ལྕགས་ཀྱུ་ངོ་མཚར་ཨུཏྤལ་

དམར་ པོའི་ཐྲེང་བཟང་།

最胜本尊极密莲花忿怒王易行修法·招悉地之钩·希有红莲妙鬘

c རོང་ཐ་དགེ་སློང་བློ་བཟང་དམ་ཆོས་རྒྱ་མཚོ། པདྨ་དགྱེས་པ་རྩལ། འཇམ་དབྱངས་གྲུབ་པའི་རྡོ་རྗེ།

d ས་ཁྱི། 土狗年（1838/1898） ར་ཉག་ཐེག་ཆེན་གླིང་།（四川热聂大乘林）

དགེ་སློང་ཡེ་ཤེས་རྒྱལ་མཚན།

e སྒྲུབ་ཐབས།（修心法）

f 刻本
g 乌金 梵夹装 48×6
h 3 6
i 无 藏纸 黑 完整
j 封面钤有“民族文化宫图书馆藏”印。

255.28
a 28-28

b རྡོ་རྗེ་རྣལ་འབྱོར་ཞལ་གཉིས་མའི་ཚོགས་མཆོད་མཁའ་འགྲོ་ཉེས་བྱེད་དངོས་གྲུབ་འགུགས་པའི་ལྕགས་ཀྱུ།

二面金刚瑜伽母会供法·空行悦意招悉地之钩

c　རོང་ཐ་དགེ་སློང་བློ་བཟང་དམ་ཆོས་རྒྱ་མཚོ།　པདྨ་དགྱེས་པ་རྒྱལ།　འཇམ་དབྱངས་གྲུབ་པའི་རྡོ་རྗེ།

d　ར་ཉག་ཐེག་ཆེན་གླིང་།（四川热聂大乘林）

e　ཆོ་ག།(仪轨)

f　刻本
g　乌金　梵夹装　48×6
h　2　6
i　无　藏纸　黑　完整
j　封面钤有“民族文化宫图书馆藏”印。

256
A　3732　4528
B　རོང་ཐ་བློ་བཟང་དམ་ཆོས་རྒྱ་མཚོའི་གསུང་འབུམ།

绒塔·洛桑旦曲嘉措文集

C　ང

D　རོང་ཐ་བློ་བཟང་དམ་ཆོས་རྒྱ་མཚོ།

同 3731 介绍。
E　馆藏齐全。

256.1
a　52-1
b　བཀའ་དྲིན་གསུམ་ལྡན་གྱི་བླ་མ་རྡོ་རྗེ་འཆང་མ་ཧཱ་པཎྜི་རྗེ་བཙུན་བློ་བཟང་དམ་ཆོས་རྒྱ་མཚོའི་གསུང་འབུམ་ང་པའི་དཀར་ཆག

具足三恩之上师金刚持大班智达至尊洛桑旦曲嘉措文集ང字函目录

c　རོང་ཐ་དགེ་སློང་བློ་བཟང་དམ་ཆོས་རྒྱ་མཚོ།　པདྨ་དགྱེས་པ་རྒྱལ།　འཇམ་དབྱངས་གྲུབ་པའི་རྡོ་རྗེ།　དགེ་སློང་སྦ་རིའི་མིང་ཅན།　རྒྱལ་སྲས་འོད་ཟེར་མཐའ་ཡས་དྲི་མེད་དགེ་བའི་བློ་གྲོས།

d　ར་ཞག་ཐེག་ཆེན་གླིང་།（四川热聂大乘林）

e　དཀར་ཆག（目录）

f　刻本

g　乌金　梵夹装　47.5×6

h　4　6

i　无　藏纸　黑　完整

j　封面钤有“民族文化宫图书馆藏”印。

256.2

a　52-2

b　བླ་མའི་རྣལ་འབྱོར་ཟབ་མོ་དང་འབྲེལ་བ་བར་དོའི་འཕྲུལ་སྣང་ཞི་བའི་སྨོན་ལམ།

甚深上师瑜伽结合修息灭中有幻现之愿文等

c　རོང་ཐ་དགེ་སློང་བློ་བཟང་དམ་ཆོས་རྒྱ་མཚོ། པདྨ་དགྱེས་པ་རྩལ།　འཇམ་དབྱངས་གྲུབ་པའི་རྡོ་རྗེ། དགེ་སློང་སྨ་

རའི་མིང་ཅན།　རྒྱལ་སྲས་འོད་ཟེར་མཐའ་ཡས་དྲི་མེད་དགེ་བའི་བློ་གྲོས།

d　ར་ཞག་ཐེག་ཆེན་གླིང་།（四川热聂大乘林）　པེ་ཅུ་སྣར་གྱི་དེག་སྒོང་ཚུལ་ཁྲིམས་ཕུལ་བྱུང་།

e　སྨོན་ལམ།（祈愿）

f　刻本

g　乌金　梵夹装　49×6

h　3　6

i　无　藏纸　黑　完整

j　封面钤有“民族文化宫图书馆藏”印。

256.3

a　52-3

b　བླ་མ་རྣམས་ལ་གསོལ་བ་འདེབས་པའི་ཚུལ་ལེ་ཚན་འགའ་རེ་བཞུགས་པའི་དབུ་ཡི་གཟིགས་ཕྱོགས་ལགས།

诸上师启请法数则

c　རོང་ཐ་དགེ་སློང་བློ་བཟང་དམ་ཆོས་རྒྱ་མཚོ།　པདྨ་དགྱེས་པ་རྩལ། འཇམ་དབྱངས་གྲུབ་པའི་རྡོ་རྗེ།

དགེ་སློང་པདྨ་རིའི་མིང་ཅན། རྒྱལ་སྲས་འོད་ཟེར་མཐའ་ཡས་དྲི་མེད་དགེ་བའི་བློ་གྲོས།

d ཚེ་ཕུན་ཆོས་སྒར།（蔡文却寺） ཨ་མྱེས་ཚེ་དབང་།

e གསོལ་འདེབས།（启请文）

f 刻本

g 乌金 梵夹装 48×6

h 5 6

i 无 藏纸 黑 完整

j 封面铃有“民族文化宫图书馆藏”印。

256.4

a 52-4

b དབུ་མ་ལ་འཇུག་པའི་བསྟན་བཅོས་ཀྱི་དགོངས་པ་རབ་ཏུ་གསལ་བའི་མེ་ལོང་ལ་སྣར་ཡང་མཆན་གྱིས་གསལ་བར་

བཀྲིས་པ་ཀུན་ཕན་ཟླ་བའི་འོད་སྣང་།

入中论密意明镜注释·普利月光

c རོང་ཐ་དགེ་སློང་བློ་བཟང་དམ་ཆོས་རྒྱ་མཚོ། པདྨ་དཀྲིས་པ་རྒྱལ། འཇམ་དབྱངས་གྲུབ་པའི་རྡོ་རྗེ། དགེ་སློང་

པདྨ་རིའི་མིང་ཅན། རྒྱལ་སྲས་འོད་ཟེར་མཐའ་ཡས་དྲི་མེད་དགེ་བའི་བློ་གྲོས།

d ར་ཉག་ཐེག་ཆེན་གླིང་།（四川热聂大乘林）

e དབུ་མའི་མཆན།（中观释）

f 刻本

g 乌金 梵夹装 47×6

h 74 6

i 无 藏纸 黑 完整

j 封面铃有“民族文化宫图书馆藏”印。

256.5

a 52-5

b　དབུ་མའི་བསྟན་བཅོས་རྩ་བ་ཤེས་རབ་ཀྱི་ངག་དོན་བཤད་པ་རིན་པོ་ཆེའི་ཕྲེང་བ་ལ་སྣར་ཡང་མཆན་འགྲེལ་བཏབ་པ་ཟབ་དོན་གཟུགས་བརྙན་འཆར་བའི་མེ་ལོང་།

中观根本智论文义释宝鬘论注解·显现深义影相之明镜

c　རོང་ཐ་དགེ་སློང་བློ་བཟང་དམ་ཆོས་རྒྱ་མཚོ།　པདྨ་དགྱེས་པ་རྒྱལ།　འཇམ་དབྱངས་གྲུབ་པའི་རྡོ་རྗེ།　དགེ་སློང་སྨྲ་རིའི་མིང་ཅན།　རྒྱལ་སྲས་འོད་ཟེར་མཐའ་ཡས་དྲི་མེད་དགེ་བའི་བློ་གྲོས།

d

e　དབུ་མ།（中观）

f　刻本

g　乌金　梵夹装　48×6

h　71　6

i　无　藏纸　黑　完整

j　封面钤有“民族文化宫图书馆藏”印。

256.6

a　52-6

b　རྡོར་སེམས་ལ་བརྟེན་པའི་བླ་མའི་རྣལ་འབྱོར་དངོས་གྲུབ་ནོར་བུ་འདྲེན་པའི་ཤིང་རྟ།

依金刚萨埵修上师瑜伽法·引悉地之车

c　རོང་ཐ་དགེ་སློང་བློ་བཟང་དམ་ཆོས་རྒྱ་མཚོ།　པདྨ་དགྱེས་པ་རྒྱལ།　འཇམ་དབྱངས་གྲུབ་པའི་རྡོ་རྗེ།　དགེ་སློང་སྨྲ་རིའི་མིང་ཅན།　རྒྱལ་སྲས་འོད་ཟེར་མཐའ་ཡས་དྲི་མེད་དགེ་བའི་བློ་གྲོས།

d　ར་ཤག་ཐེག་ཆེན་གླིང་།（四川热聂大乘林）　མཛོད་པ་དགེ་སློང་བློ་བཟང་ཤེས་རབ།

e　བླ་མའི་རྣལ་འབྱོར།（上师瑜伽）

f　刻本

g　乌金　梵夹装　47.5×6

h　3　6

i　无　藏纸　黑　完整

j　封面钤有“民族文化宫图书馆藏”印。

256.7

a 52-7

b དབེན་པར་དགའ་བའི་གཏམ་རབ་སྙན་དྲི་ཟའི་འཕང་འགྲོ

静修者所喜之语·乾达婆之琵琶雅音

c རོང་ཐ་དགེ་སློང་བློ་བཟང་དམ་ཆོས་རྒྱ་མཚོ། པདྨ་དགྱེས་པ་རྩལ། འཇམ་དབྱངས་གྲུབ་པའི་རྡོ་རྗེ། དགེ་སློང་སྨྲ་རིའི་མིང་ཅན། རྒྱལ་སྲས་འོད་ཟེར་མཐའ་ཡས་དྲི་མེད་དགེ་བའི་བློ་གྲོས།

d ར་ཉག་ཐེག་ཆེན་གླིང་།（四川热聂大乘林） དཔོན་ལྡན་ཚུལ་ཁྲིམས་བསྟན་འཛིན།

e ཆོས་གཏམ།（法语）

f 刻本

g 乌金 梵夹装 47×6

h 4 6

i 无 藏纸 黑 完整

j 封面钤有“民族文化宫图书馆藏”印。

256.8

a 52-8

b དགའ་ལྡན་ཕུན་ཚོགས་གླིང་གི་བྱམས་ཆེན་མཐོང་བ་དོན་ལྡན་གྱི་དཀར་ཆག་ངོ་མཚར་དད་གུས་རྒྱས་པའི་པདྨོ་བློ་ལྡན་ཡིད་ཀྱི་རེ་སྐོང་།

噶丹彭措林寺之通哇顿登大弥勒像志·希有盛开之信莲·智者满愿

c རོང་ཐ་དགེ་སློང་བློ་བཟང་དམ་ཆོས་རྒྱ་མཚོ། པདྨ་དགྱེས་པ་རྩལ། འཇམ་དབྱངས་གྲུབ་པའི་རྡོ་རྗེ། དགེ་སློང་སྨྲ་རིའི་མིང་ཅན། རྒྱལ་སྲས་འོད་ཟེར་མཐའ་ཡས་དྲི་མེད་དགེ་བའི་བློ་གྲོས།

d ར་ཉག་ཐེག་ཆེན་གླིང་།（四川热聂大乘林） མཆོག་སྤྲུལ་བློ་བཟང་སྨིན་གྲོལ་རྒྱ་མཚོ།

e དཀར་ཆག（目录）

f 刻本

g 乌金 梵夹装 47.5×6

h 16 6

i 无 藏纸 黑 完整

j　封面钤有“民族文化宫图书馆藏”印。

256.9

a　52-9

b　བཅོམ་ལྡན་འདས་འཕགས་མ་ཡིད་བཞིན་འཁོར་ལོ་ལ་བརྟེན་པའི་མཎྜལ་བཞི་པའི་ཆོ་ག་ཀུན་ཕན་བདུད་རྩིའི་སྤྲིན་ཟེར།

依薄伽梵圣如意轮佛母修四曼遮仪轨・普他甘露支

c　རོང་ཐ་དགེ་སློང་བློ་བཟང་དམ་ཆོས་རྒྱ་མཚོ།　པདྨ་དགྱེས་པ་རྩལ།　འཇམ་དབྱངས་གྲུབ་པའི་རྡོ་རྗེ།　དགེ་སློང་སྨྲ་རིའི་མིང་ཅན།　རྒྱལ་སྲས་འོད་ཟེར་མཐའ་ཡས་དྲི་མེད་དགེ་བའི་བློ་གྲོས།

d　ར་ཉག་ཐེག་ཆེན་གླིང་།（四川热聂大乘林）

e　ཆོ་ག（仪轨）

f　刻本

g　乌金　梵夹装　47.5×6

h　4　6

i　无　藏纸　黑　完整

j　封面钤有“民族文化宫图书馆藏”印。

256.10

a　52-10

b　འཇམ་དཔལ་དམར་སེར་གྱི་སྒྲུབ་ཐབས་མདོར་བསྡུས་ལེ་ཚན་གཉིས།

红黄色文殊略修法二则

c　རོང་ཐ་དགེ་སློང་བློ་བཟང་དམ་ཆོས་རྒྱ་མཚོ།　པདྨ་དགྱེས་པ་རྩལ།　འཇམ་དབྱངས་གྲུབ་པའི་རྡོ་རྗེ།　དགེ་སློང་སྨྲ་རིའི་མིང་ཅན།　རྒྱལ་སྲས་འོད་ཟེར་མཐའ་ཡས་དྲི་མེད་དགེ་བའི་བློ་གྲོས།

d　ར་ཉག་ཐེག་ཆེན་གླིང་།（四川热聂大乘林）　དགེ་སློང་འོད་ཟེར་བཟང་པོ།

e　སྒྲུབ་ཐབས།（修心法）

f　刻本

g 乌金 梵夹装 47.5×6
h 2 6
i 无 藏纸 黑 完整
j 封面钤有“民族文化宫图书馆藏”印。

256.11
a 52-11
b འཇམ་དབྱངས་སྒྲུབ་ཐབས་ཀྱི་གོ་དོན་རྣམ་པར་བཞག་པ་ཐེག་མཆོག་ལམ་དུ་བགྲོད་པའི་ཐེམ་སྐས།
妙吉祥修法之意义论述·趣胜乘道之阶梯
c རོང་ཐ་དགེ་སློང་བློ་བཟང་དམ་ཆོས་རྒྱ་མཚོ། པདྨ་དགྱེས་པ་རྩལ། འཇམ་དབྱངས་གྲུབ་པའི་རྡོ་རྗེ། དགེ་སློང་སྨྲ་རིའི་མིང་ཅན། རྒྱལ་སྲས་འོད་ཟེར་མཐའ་ཡས་དྲི་མེད་དགེ་བའི་བློ་གྲོས།
d ར་ཉག་ཐེག་ཆེན་གླིང་།（四川热聂大乘林）
e སྒྲུབ་ཐབས།（修心法）
f 刻本
g 乌金 梵夹装 47.5×6
h 12 6
i 无 藏纸 黑 完整
j 封面钤有“民族文化宫图书馆藏”印。

256.12
a 52-12
b འཇམ་པའི་དབྱངས་སྒྲུབ་ཐབས་ཀྱི་འཇུག་ཏུ་བྱ་བའི་གཏོར་མ་འབུལ་ཚུལ་དགོས་འདོད་འབྱུང་བའི་རིན་ཆེན།
文殊修法完结时神馐供法·随求生起之大宝
c རོང་ཐ་དགེ་སློང་བློ་བཟང་དམ་ཆོས་རྒྱ་མཚོ། པདྨ་དགྱེས་པ་རྩལ། འཇམ་དབྱངས་གྲུབ་པའི་རྡོ་རྗེ། དགེ་སློང་སྨྲ་རིའི་མིང་ཅན། རྒྱལ་སྲས་འོད་ཟེར་མཐའ་ཡས་དྲི་མེད་དགེ་བའི་བློ་གྲོས།
d ར་ཉག་ཐེག་ཆེན་གླིང་།（四川热聂大乘林）
e ཆོ་ག（仪轨）

f 刻本
g 乌金 梵夹装 47.5×6
h 2 6
i 无 藏纸 黑 完整
j 封面钤有“民族文化宫图书馆藏”印。

256.13
a 52-13
b མགུར་མ་ཆོས་ལ་བསྐུལ་བའི་གྲོས་འདེབས་སོགས་གསུང་མགུར་གྱི་ཚོགས་རྣམས་ཕྱོགས་གཅིག་ཏུ་བསྒྲིགས་པ་བཞུགས་པའི་དབུ་ཡིག་གཟིགས་ཕྱོགས།
道情歌劝进入佛法之谈论等各种道情歌合编
c རོང་ཐ་དགེ་སློང་བློ་བཟང་དམ་ཆོས་རྒྱ་མཚོ། པདྨ་དགྱེས་པ་རྩལ། འཇམ་དབྱངས་གྲུབ་པའི་རྡོ་རྗེ། དགེ་སློང་སྨྲ་རིའི་མིང་ཅན། རྒྱལ་སྲས་འོད་ཟེར་མཐའ་ཡས་དྲི་མེད་དགེ་བའི་བློ་གྲོས།
d ར་ཉེག་ཐེག་ཆེན་གླིང་།（四川热聂大乘林）
e མགུར།（道歌）
f 刻本 ཚེ་བྲུམ་ཆོས་སྒར།（蔡文却寺）
g 乌金 梵夹装 47.5×6
h 5 6
i 无 藏纸 黑 完整
j 封面钤有“民族文化宫图书馆藏”印。

256.14
a 52-14
b ཉ་དང་འབུ་གྲོག་མ་བྱ་ཁྱི་སོགས་སྲོག་ཆགས་ཅི་རིགས་ལ་སྦྱིན་གཏང་བྱ་ཚུལ།
对鱼、虫蚁、鸡、犬等动物如何施食作法
c རོང་ཐ་དགེ་སློང་བློ་བཟང་དམ་ཆོས་རྒྱ་མཚོ། པདྨ་དགྱེས་པ་རྩལ། འཇམ་དབྱངས་གྲུབ་པའི་རྡོ་རྗེ། དགེ་སློང་སྨྲ་རིའི་མིང་ཅན། རྒྱལ་སྲས་འོད་ཟེར་མཐའ་ཡས་དྲི་མེད་དགེ་བའི་བློ་གྲོས།
d ར་ཉག་ཐེག་ཆེན་གླིང་།（四川热聂大乘林）

e སྦྱིན་གཏང་བྱ་ཚུལ།（布施）

f 刻本
g 乌金 梵夹装 48×6
h 1 6
i 无 藏纸 黑 完整
j 封面钤有“民族文化宫图书馆藏”印。

256.15
a 52-15

b གསང་སྔགས་རྡོ་རྗེ་ཐེག་པའི་ལམ་གྱི་རྣམ་བཞག་དང་། གཞན་ཡང་ཉེར་མཁོ་ཅི་རིགས་པ་དངོས་གྲུབ་རྒྱ་མཚོར་འཇུག་ པའི་གྲུ་གཟིངས་གཞུང་དོན་འབྱེད་པའི་ལྡེ་མིག

密咒金刚乘之地道建立及其他常用法·入悉地海之舟·开利他门之钥

c རོང་ཐ་དགེ་སློང་བློ་བཟང་དམ་ཆོས་རྒྱ་མཚོ། པདྨ་དགྱེས་པ་རྩལ། འཇམ་དབྱངས་གྲུབ་པའི་རྡོ་རྗེ། དགེ་སློང་སྨྲ་རིའི་མིང་ཅན། རྒྱལ་སྲས་འོད་ཟེར་མཐའ་ཡས་དྲི་མེད་དགེ་བའི་བློ་གྲོས།

d ར་ཉག་ཐེག་ཆེན་གླིང་།（四川热聂大乘林）

e སྔགས།（密宗）

f 刻本
g 乌金 梵夹装 47.5×6
h 14 6
i 无 藏纸 黑 完整
j 封面钤有“民族文化宫图书馆藏”印。

256.16
a 52-16

b སྡོམ་གསུམ་བསླབ་བྱ་དང་བླ་མ་ལྔ་བཅུ་བའི་སྡོམ་ཚིག་མཆན་བུ་ཙུང་ཟད་བཏབ་པ།

三种戒律学处及事师五十颂纲要略释

c　རོང་ཐ་དགེ་སློང་བློ་བཟང་དམ་ཆོས་རྒྱ་མཚོ།　པདྨ་དགྱེས་པ་རྩལ།　འཇམ་དབྱངས་གྲུབ་པའི་རྡོ་རྗེ།　དགེ་སློང་སྣ་རིའི་མིང་ཅན།　རྒྱལ་སྲས་འོད་ཟེར་མཐའ་ཡས་དྲི་མེད་དགེ་བའི་བློ་གྲོས།

d　ར་ཞག་ཐེག་ཆེན་གླིང་།（四川热聂大乘林）

e　བསླབ་བྱ།（教言）

f　刻本

g　乌金　梵夹装　47.5×6

h　24　6

i　无　藏纸　黑　完整

j　封面钤有“民族文化宫图书馆藏”印。

256.17

a　52-17

b　ལྕགས་མཁར་ཟུར་དགུ་པའི་ལག་ལེན་ཇི་ལྟར་བྱ་ཚུལ་རབ་བརྗིད་རྡོ་རྗེ་ཐོགས་མདའ།

九角铁堡如何修法·权威金刚霹雳

c　རོང་ཐ་དགེ་སློང་བློ་བཟང་དམ་ཆོས་རྒྱ་མཚོ།　པདྨ་དགྱེས་པ་རྩལ།　འཇམ་དབྱངས་གྲུབ་པའི་རྡོ་རྗེ།　དགེ་སློང་སྣ་རིའི་མིང་ཅན།　རྒྱལ་སྲས་འོད་ཟེར་མཐའ་ཡས་དྲི་མེད་དགེ་བའི་བློ་གྲོས།

d　ར་ཞག་ཐེག་ཆེན་གླིང་།（四川热聂大乘林）

e　ཆོ་ག།（仪轨）

f　刻本

g　乌金　梵夹装　48×6

h　8　6

i　无　藏纸　黑　完整

j　封面钤有“民族文化宫图书馆藏”印。

256.18

a　52-18

b　ཚེ་ལྷ་རྣམས་གསུམ་གྱི་མངོན་རྟོགས།

长寿三尊修持法

c རོང་ཐ་དགེ་སློང་བློ་བཟང་དམ་ཆོས་རྒྱ་མཚོ། པདྨ་དགྱེས་པ་རྩལ། འཇམ་དབྱངས་གྲུབ་པའི་རྡོ་རྗེ། དགེ་སློང་སྨྲ་རིའི་མིང་ཅན། རྒྱལ་སྲས་འོད་ཟེར་མཐའ་ཡས་དྲི་མེད་དགེ་བའི་བློ་གྲོས།

d ར་ཉག་ཐེག་ཆེན་གླིང་།（四川热聂大乘林） གྲོང་སྨད་དགེ་ཚུལ་དོན་ལྡན།

e ཚེ་ཆོག（长寿仪轨）

f 刻本

g 乌金　梵夹装　48×6

h 2　6

i 无　藏纸　黑　完整

j 封面钤有“民族文化宫图书馆藏”印。

256.19

a 52-19

b འཕགས་པ་ཐུགས་རྗེ་ཆེན་པོ་ལ་བརྟེན་པའི་འཕོ་བ་བདེ་ཆེན་ཞིང་དུ་བགྲོད་པའི་ཐེམ་སྐས།

依大悲观音修往生法·趣极乐世界之阶梯

c རོང་ཐ་དགེ་སློང་བློ་བཟང་དམ་ཆོས་རྒྱ་མཚོ། པདྨ་དགྱེས་པ་རྩལ། འཇམ་དབྱངས་གྲུབ་པའི་རྡོ་རྗེ། དགེ་སློང་སྨྲ་རིའི་མིང་ཅན། རྒྱལ་སྲས་འོད་ཟེར་མཐའ་ཡས་དྲི་མེད་དགེ་བའི་བློ་གྲོས།

d ར་ཉག་ཐེག་ཆེན་གླིང་།（四川热聂大乘林） འགག་ལ་དགོན་གྱི་གྲྭ་རིགས་དགེ་སློང་ཆོས་དར།

e འཕོ་བའི་སྐོར།（往生法）

f 刻本

g 乌金　梵夹装　47.5×6

h 2　6

i 无　藏纸　黑　完整

j 封面钤有“民族文化宫图书馆藏”印。

256.20

a 52-20

b　བླ་མ་མཆོད་པ་དང་འབྲེལ་བའི་གསོན་གཤིན་གྱི་བྱང་སྲེག་བྱ་བའི་ཚུལ་སྡིག་ལྟུང་བ་མོ་འཇོམས་པའི་ཉིན་བྱེད།
上师供养仪轨结合对生者和亡者修火化灵牌法·摧罪恶霜雪之日光

c　རོང་ཐ་དགེ་སློང་བློ་བཟང་དམ་ཆོས་རྒྱ་མཚོ།　པདྨ་དགྱེས་པ་རྩལ།　འཇམ་དབྱངས་གྲུབ་པའི་རྡོ་རྗེ།　དགེ་སློང་སྣ་རིའི་མིང་ཅན།　རྒྱལ་སྲས་འོད་ཟེར་མཐའ་ཡས་དྲི་མེད་དགེ་བའི་བློ་གྲོས།

d　ར་ཞག་ཐེག་ཆེན་གླིང་།（四川热聂大乘林）

e　ཚོ་ག（仪轨）

f　刻本
g　乌金　梵夹装　47.5×6
h　3　6
i　无　藏纸　黑　完整
j　封面钤有“民族文化宫图书馆藏”印。

256.21
a　52-21

b　རྗེ་བླ་མ་ལ་བརྟེན་པའི་གཏོར་མ་གཏོང་བའི་ཆོ་ག་ཕན་བདེའི་ཆར་རྒྱུན།
依宗喀巴大师修神馐供施仪轨·利乐长流

c　རོང་ཐ་དགེ་སློང་བློ་བཟང་དམ་ཆོས་རྒྱ་མཚོ།　པདྨ་དགྱེས་པ་རྩལ།　འཇམ་དབྱངས་གྲུབ་པའི་རྡོ་རྗེ།　དགེ་སློང་སྣ་རིའི་མིང་ཅན།　རྒྱལ་སྲས་འོད་ཟེར་མཐའ་ཡས་དྲི་མེད་དགེ་བའི་བློ་གྲོས།

d　ར་ཞག་ཐེག་ཆེན་གླིང་།（四川热聂大乘林）

e　ཚོ་ག（仪轨）

f　刻本
g　乌金　梵夹装　47.5×6
h　3　6
i　无　藏纸　黑　完整
j　封面钤有“民族文化宫图书馆藏”印。

256.22
a　52-22

b མཁའ་སྤྱོད་མའི་བསྟོད་འགྲེལ་རྡོ་རྗེ་གྲོང་དུ་བགྲོད་པའི་བྱུ་རུའི་ཐེམ་སྐས།
空行母赞释·趣金刚城之珊瑚阶梯

c རོང་ཐ་དགེ་སློང་བློ་བཟང་དམ་ཆོས་རྒྱ་མཚོ། པདྨ་དགྱེས་པ་རྩལ། འཇམ་དབྱངས་གྲུབ་པའི་རྡོ་རྗེ། དགེ་སློང་སྨྲ་རིའི་མིང་ཅན། རྒྱལ་སྲས་འོད་ཟེར་མཐའ་ཡས་དྲི་མེད་དགེ་བའི་བློ་གྲོས།

d ར་ཉག་ཐེག་ཆེན་གླིང་།（四川热聂大乘林）

e བསྟོད་འགྲེལ།（赞释）

f 刻本
g 乌金 梵夹装 47.5×6
h 7 6
i 无 藏纸 黑 完整
j 封面钤有“民族文化宫图书馆藏”印。

256.23
a 52-23

b སྤྱན་རས་གཟིགས་རྒྱལ་བ་རྒྱ་མཚོའི་སྒོ་ནས་གཤིན་པོ་རྗེས་སུ་འཛིན་པའི་ཆོ་ག་ཉམ་ཐག་དབུགས་འབྱིན།
观世音佛海法门中度亡仪轨·苦弱得安息

c རོང་ཐ་དགེ་སློང་བློ་བཟང་དམ་ཆོས་རྒྱ་མཚོ། པདྨ་དགྱེས་པ་རྩལ། འཇམ་དབྱངས་གྲུབ་པའི་རྡོ་རྗེ། དགེ་སློང་སྨྲ་རིའི་མིང་ཅན། རྒྱལ་སྲས་འོད་ཟེར་མཐའ་ཡས་དྲི་མེད་དགེ་བའི་བློ་གྲོས།

d ར་ཉག་ཐེག་ཆེན་གླིང་།（四川热聂大乘林） དགེ་སློང་ཡེ་ཤེས་རྒྱ་མཚན།

e ཆོ་ག（仪轨）

f 刻本
g 乌金 梵夹装 48×6
h 10 6
i 无 藏纸 黑 完整
j 封面钤有“民族文化宫图书馆藏”印。

256.24

a　52-24

b　དྲག་པོ་གསུམ་སྦྲིལ་གྱི་སྒྲུབ་ཐབས་མདོར་བསྡུས།

威猛三尊合并略修法

c　རོང་ཐ་དགེ་སློང་བློ་བཟང་དམ་ཆོས་རྒྱ་མཚོ།　པདྨ་དགྱེས་པ་རྩལ།　འཇམ་དབྱངས་གྲུབ་པའི་རྡོ་རྗེ།　དགེ་སློང་སྨྲ་རེའི་མིང་ཅན།　རྒྱལ་སྲས་འོད་ཟེར་མཐའ་ཡས་དྲི་མེད་དགེ་བའི་བློ་གྲོས།

d　ར་ཤག་ཐེག་ཆེན་གླིང་།（四川热聂大乘林）

e　སྒྲུབ་ཐབས།（修心法）

f　刻本

g　乌金　梵夹装　47.5×6

h　1　6

i　无　藏纸　黑　完整

j　封面钤有“民族文化宫图书馆藏”印。

256.25

a　52-25

b　ཞིང་ལ་གནོད་པའི་ཡུག་པོ་འབུད་པར་བྱེད་པ།

除去田中有害杂禾法

c　རོང་བ་དགེ་སློང་བློ་བཟང་དམ་ཆོས་རྒྱ་མཚོ།　པདྨ་དགྱེས་པ་རྩལ།　འཇམ་དབྱངས་གྲུབ་པའི་རྡོ་རྗེ།　དགེ་སློང་སྨྲ་རེའི་མིང་ཅན།　རྒྱལ་སྲས་འོད་ཟེར་མཐའ་ཡས་དྲི་མེད་དགེ་བའི་བློ་གྲོས།

d　ར་ཤག་ཐེག་ཆེན་གླིང་།（四川热聂大乘林）

e　ཆོ་ག།(仪轨)

f　刻本

g　乌金　梵夹装　47.5×6

h　1　6

i　无　藏纸　黑　完整

j　封面钤有“民族文化宫图书馆藏”印。

256.26
a 52-26

b རྗེ་བཙུན་རྡོ་རྗེ་རྣལ་འབྱོར་མའི་འཕོ་བ་བྱ་ཚུལ་མཁའ་སྤྱོད་ཞིང་དུ་བགྲོད་པའི་དེད་དཔོན།

至尊金刚瑜伽母往生修法·导往空行刹土之商主

c རོང་ཐ་དགེ་སློང་བློ་བཟང་དམ་ཆོས་རྒྱ་མཚོ། པདྨ་དགྱེས་པ་རྩལ། འཇམ་དབྱངས་གྲུབ་པའི་རྡོ་རྗེ། དགེ་སློང་སྨྲ་རིའི་མིང་ཅན། རྒྱལ་སྲས་འོད་ཟེར་མཐའ་ཡས་དྲི་མེད་དགེ་བའི་བློ་གྲོས།

d ར་ཉག་ཐེག་ཆེན་གླིང་།（四川热聂大乘林）

བཀྲ་ཤིས་ལྷ་ཕུག་དགོན་གྱི་གྲྭ་རིགས་ངག་དབང་ཤེས་རབ།

e འཕོ་བ་བྱ་ཚུལ།(往生法)

f 刻本
g 乌金 梵夹装 47.5×6
h 1 6
i 无 藏纸 黑 完整
j 封面钤有“民族文化宫图书馆藏”印。

256.27
a 52-27

b བསྙེན་རྫོགས་ཀྱི་སྡོམ་རྒྱུན་ལྟར་གྱི་གསོལ་འདེབས།

依戒统传承之祈愿文

c རོང་ཐ་དགེ་སློང་བློ་བཟང་དམ་ཆོས་རྒྱ་མཚོ། པདྨ་དགྱེས་པ་རྩལ། འཇམ་དབྱངས་གྲུབ་པའི་རྡོ་རྗེ། དགེ་སློང་སྨྲ་རིའི་མིང་ཅན། རྒྱལ་སྲས་འོད་ཟེར་མཐའ་ཡས་དྲི་མེད་དགེ་བའི་བློ་གྲོས།

d

e གསོལ་འདེབས།(启请文)

f 刻本
g 乌金 梵夹装 47.5×6
h 1 6
i 无 藏纸 黑 完整
j 封面钤有“民族文化宫图书馆藏”印。

256.28

a 52-28

b ནོར་རྒྱུན་མའི་ཆུ་སྦྱིན།

财施者水施修法

c རོང་ཐ་དགེ་སློང་བློ་བཟང་དམ་ཆོས་རྒྱ་མཚོ། པདྨ་དགྱེས་པ་རྩལ། འཇམ་དབྱངས་གྲུབ་པའི་རྡོ་རྗེ། དགེ་སློང་སྨ་རིའི་མིང་ཅན། རྒྱལ་སྲས་འོད་ཟེར་མཐའ་ཡས་དྲི་མེད་དགེ་བའི་བློ་གྲོས།

d འབྲོམ་བུ་དར་རྒྱས་གླིང་།（仲布林） དགེ་སློང་བློ་གྲོས་བཟང་པོ།

e ཆོ་ག(仪轨)

f 刻本
g 乌金 梵夹装 47.5×6
h 1 6
i 无 藏纸 黑 完整
j 封面钤有“民族文化宫图书馆藏”印。

256.29
a 52-29

b སྙིང་ཐིག་གི་བླ་བརྒྱུད།

心滴之师录

c རོང་ཐ་དགེ་སློང་བློ་བཟང་དམ་ཆོས་རྒྱ་མཚོ། པདྨ་དགྱེས་པ་རྩལ། འཇམ་དབྱངས་གྲུབ་པའི་རྡོ་རྗེ། དགེ་སློང་སྨ་རིའི་མིང་ཅན། རྒྱལ་སྲས་འོད་ཟེར་མཐའ་ཡས་དྲི་མེད་དགེ་བའི་བློ་གྲོས།

d ར་ཉག་ཐེག་ཆེན་གླིང་།（四川热聂大乘林）

e གསོལ་འདེབས།(启请文)

f 刻本
g 乌金 梵夹装 47×6
h 1 6
i 无 藏纸 黑 完整
j 封面钤有“民族文化宫图书馆藏”印。

256.30

a 52-30

b འཕགས་མ་སྒྲུབ་པའི་ཡི་གེ་ཉུང་ངུ་ཟླ་བ་གཞོན་ནུའི་འདྲི་ཤིང་།

圣母成就字简编·月童之如意树

c རྫོང་ཐ་དགེ་སློང་བློ་བཟང་དམ་ཆོས་རྒྱ་མཚོ། པདྨ་དགྱེས་པ་རྩལ། འཇམ་དབྱངས་གྲུབ་པའི་རྡོ་རྗེ། དགེ་སློང་སྨྲ་རིའི་མིང་ཅན། རྒྱལ་སྲས་འོད་ཟེར་མཐའ་ཡས་དྲི་མེད་དགེ་བའི་བློ་གྲོས།

d ར་ཉག་ཐེག་ཆེན་གླིང་།（四川热聂大乘林） དགེ་སློང་ཤེས་རབ་རྒྱལ་མཚན།

e སྒྲུབ་ཐབས།（修心法）

f 刻本

g 乌金 梵夹装 48×6

h 1 6

i 无 藏纸 黑 完整

j 封面钤有“民族文化宫图书馆藏”印。

256.31

a 52-31

b གཏོར་མའི་རིམ་པ་སྣ་ཚོགས།

各种神馐供法次第上师瑜伽法门类合编

c རྫོང་ཐ་དགེ་སློང་བློ་བཟང་དམ་ཆོས་རྒྱ་མཚོ། པདྨ་དགྱེས་པ་རྩལ། འཇམ་དབྱངས་གྲུབ་པའི་རྡོ་རྗེ། དགེ་སློང་སྨྲ་རིའི་མིང་ཅན། རྒྱལ་སྲས་འོད་ཟེར་མཐའ་ཡས་དྲི་མེད་དགེ་བའི་བློ་གྲོས།

d ར་ཉག་ཐེག་ཆེན་གླིང་།（四川热聂大乘林） མཆོག་སྤྲུལ་རིན་པོ་ཆེ་བློ་བཟང་རྒྱལ་མཚན།

e ཆོ་ག(仪轨)

f 刻本

g 乌金 梵夹装 47.5×6

h 8 6

i 无 藏纸 黑 完整

j 封面钤有“民族文化宫图书馆藏”印。

256.32

a 52-32

b བླ་མའི་རྣལ་འབྱོར་གྱི་སྐོར་ཕྱོགས་གཅིག་ཏུ་བཀོད་པ།

上师瑜伽法门类合编

c རོང་ཐ་དགེ་སློང་བློ་བཟང་དམ་ཆོས་རྒྱ་མཚོ། པདྨ་དགྱེས་པ་རྩལ། འཇམ་དབྱངས་གྲུབ་པའི་རྡོ་རྗེ། དགེ་སློང་ས་སྐྱ་རིའི་མིང་ཅན། རྒྱལ་སྲས་འོད་ཟེར་མཐའ་ཡས་དྲི་མེད་དགེ་བའི་བློ་གྲོས།

d ར་ཉེག་ཐེག་ཆེན་གླིང་།（四川热聂大乘林）

དགེ་སློང་ཡེ་ཤེས་རྒྱལ་མཚན།དཔོན་མོ་བདེ་སྐྱིད་ཆོས་སྒྲོན།

e བླ་མའི་རྣལ་འབྱོར།(上师仪轨)

f 刻本

g 乌金　梵夹装　48×6

h 12　6

i 无　藏纸　黑　完整

j 封面钤有“民族文化宫图书馆藏”印；民族宫目录中为6叶。

256.33

a 52-33

b ཟབ་ལམ་བླ་མའི་རྣལ་འབྱོར་ཉམས་སུ་ལེན་ཚུལ།

甚深道上师瑜伽修法

c རོང་ཐ་དགེ་སློང་བློ་བཟང་དམ་ཆོས་རྒྱ་མཚོ། པདྨ་དགྱེས་པ་རྩལ། འཇམ་དབྱངས་གྲུབ་པའི་རྡོ་རྗེ། དགེ་སློང་ས་སྐྱ་རིའི་མིང་ཅན། རྒྱལ་སྲས་འོད་ཟེར་མཐའ་ཡས་དྲི་མེད་དགེ་བའི་བློ་གྲོས།

d ར་ཉག་ཐེག་ཆེན་གླིང་།（四川热聂大乘林）

e བླ་མའི་རྣལ་འབྱོར།(上师仪轨)

f 刻本

g 乌金　梵夹装　47.5×6

h 6　6

i 无　藏纸　黑　完整

j 封面钤有“民族文化宫图书馆藏”印。

256.34

a 52-34

b འཕགས་མ་སྒྲ་དབྱངས་ལྷ་མོ་སྒྲུབ་པའི་ཆོ་ག་དངོས་གྲུབ་སྦྲང་རྩི་ཆག་པའི་པདྨ་སྐལ་བཟང་ཀྲང་དྲུག་དགའ་བའི་བདུད་རྩི།

圣声音佛母修法仪轨·储悉地蜜之莲中贤劫蜜蜂所喜甘露

c རོང་ཐ་དགེ་སློང་བློ་བཟང་དམ་ཆོས་རྒྱ་མཚོ། པདྨ་དགྱེས་པ་རྩལ། འཇམ་དབྱངས་གྲུབ་པའི་རྡོ་རྗེ། དགེ་སློང་སྣ་རིའི་མིང་ཅན། རྒྱལ་སྲས་འོད་ཟེར་མཐའ་ཡས་དྲི་མེད་དགེ་བའི་བློ་གྲོས།

d ར་ཉག་ཐེག་ཆེན་གླིང་།（四川热聂大乘林） དགེ་སློང་ངག་དབང་འོད་ཟེར།

e སྒྲུབ་ཐབས།（修心法）

f 刻本

g 乌金 梵夹装 47.5×6

h 6 6

i 无 藏纸 黑 完整

j 封面钤有“民族文化宫图书馆藏”印。

256.35

a 52-35

b བཅོམ་ལྡན་འདས་དཔལ་རྡོ་རྗེ་འཇིགས་བྱེད་ལ་བརྟེན་པའི་སྦྱོང་ཆོག་དེ་ལྟར་བྱ་ཚུལ་བརྒྱུད་ལྡན་བླ་མའི་ཞལ་ལུང་དག་པའི་ཞིང་དུ་བགྲོད་པའི་ཐེམ་སྐས།

依薄伽梵吉祥怖畏金刚修净治仪轨去·传承诸师之语教·趣清净刹土之阶梯

c རོང་ཐ་དགེ་སློང་བློ་བཟང་དམ་ཆོས་རྒྱ་མཚོ། པདྨ་དགྱེས་པ་རྩལ། འཇམ་དབྱངས་གྲུབ་པའི་རྡོ་རྗེ། དགེ་སློང་སྣ་རིའི་མིང་ཅན། རྒྱལ་སྲས་འོད་ཟེར་མཐའ་ཡས་དྲི་མེད་དགེ་བའི་བློ་གྲོས།

d ར་ཉག་ཐེག་ཆེན་གླིང་།（四川热聂大乘林）

e ཆོ་ག།(仪轨)

f 刻本

g 乌金 梵夹装 47.5×6

h 16 6

i 无 藏纸 黑 完整

j 封面钤有“民族文化宫图书馆藏”印。

256.36

a 52-36

b འཕགས་མཆོག་འཇིག་རྟེན་དབང་ཕྱུག་ལ་བསྟོད་པ་ཚིགས་སུ་བཅད་པ་པོ་བསྟོད་ཅེས་གྲགས་པའི་འགྲེལ་པ་ཀུན་

ཕན་བདུད་རྩིའི་ཐིག་ལེ།

圣观世音赞颂释·普利甘露精华

c རོང་ཐ་དགེ་སློང་བློ་བཟང་དམ་ཆོས་རྒྱ་མཚོ། པདྨ་དགྱེས་པ་རྩལ། འཇམ་དབྱངས་གྲུབ་པའི་རྡོ་རྗེ། དགེ་

སློང་སྨྲ་རིའི་མིང་ཅན། རྒྱལ་སྲས་འོད་ཟེར་མཐའ་ཡས་དྲི་མེད་དགེ་བའི་བློ་གྲོས།

d ར་ཉག་ཐེག་ཆེན་གླིང་།（四川热聂大乘林）

e བསྟོད་ཚོགས།(赞集)

f 刻本

g 乌金 梵夹装 48×6

h 12 6

i 无 藏纸 黑 完整

j 封面钤有“民族文化宫图书馆藏”印。

256.37

a 52-37

b བསྟན་སྲུང་ཆོས་ཀྱི་སྒྲོལ་མའི་སྒོ་ནས་དྲག་པོའི་གཏོར་མའི་ལས་ཇི་ལྟར་བྱ་བའི་ཚུལ་རབ་བརྗིད་རྡོ་རྗེའི་མཚོན་ཆ།

护法却季卓玛法门中威猛神馐羯摩如何作法·极威金刚武器·断退戒生命之利剑

c རོང་ཐ་དགེ་སློང་བློ་བཟང་དམ་ཆོས་རྒྱ་མཚོ། པདྨ་དགྱེས་པ་རྩལ། འཇམ་དབྱངས་གྲུབ་པའི་རྡོ་རྗེ། དགེ་

སློང་སྨྲ་རིའི་མིང་ཅན། རྒྱལ་སྲས་འོད་ཟེར་མཐའ་ཡས་དྲི་མེད་དགེ་བའི་བློ་གྲོས།

d ར་ཉག་ཐེག་ཆེན་གླིང་།（四川热聂大乘林）

e ཆོ་ག(仪轨)

f 刻本
g 乌金 梵夹装 47.5×6
h 14 6
i 无 藏纸 黑 完整
j 封面钤有“民族文化宫图书馆藏”印。

256.38
a 52-38
b བསྟན་སྲུང་ཨ་ཕྱི་མའི་སྒྲུབ་ཐབས་མདོར་བསྡུས།
护法阿奇玛略修法
c རོང་ཐ་དགེ་སློང་བློ་བཟང་དམ་ཆོས་རྒྱ་མཚོ། པདྨ་དགྱེས་པ་རྩལ། འཇམ་དབྱངས་གྲུབ་པའི་རྡོ་རྗེ། དགེ་སློང་སྨྲ་རིའི་མིང་ཅན། རྒྱལ་སྲས་འོད་ཟེར་མཐའ་ཡས་དྲི་མེད་དགེ་བའི་བློ་གྲོས།
d ར་ཉག་ཐེག་ཆེན་གླིང་།（四川热聂大乘林） བཀྲ་ཤིས།
e སྒྲུབ་ཐབས།（修心法）
f 刻本
g 乌金 梵夹装 47×6
h 1 6
i 无 藏纸 黑 完整
j 封面钤有“民族文化宫图书馆藏”印。

256.39
a 52-39
b བསྐུལ་ཆོག་གི་དམིགས་པ་ཇི་ལྟར་བྱ་བའི་ཚུལ་དགྲ་བགེགས་བྱད་མ་བཟློག་པའི་རྡོ་རྗེ་མཚོན་ཆ།
禳解仪轨所缘如何修法·诅咒魔灾回遮之金刚武器
c རོང་ཐ་དགེ་སློང་བློ་བཟང་དམ་ཆོས་རྒྱ་མཚོ། པདྨ་དགྱེས་པ་རྩལ། འཇམ་དབྱངས་གྲུབ་པའི་རྡོ་རྗེ། དགེ་སློང་སྨྲ་རིའི་མིང་ཅན། རྒྱལ་སྲས་འོད་ཟེར་མཐའ་ཡས་དྲི་མེད་དགེ་བའི་བློ་གྲོས།
d ར་ཉག་ཐེག་ཆེན་གླིང་།（四川热聂大乘林） དགེ་སློང་བློ་བཟང་ཚུལ་ཁྲིམས་སོགས།
e ཆོ་ག(仪轨)
f 刻本

g 乌金 梵夹装 47×6
h 7 6
i 无 藏纸 黑 完整
j 封面钤有“民族文化宫图书馆藏”印。

256.40
a 52-40
b མགོན་པོ་ཡིད་བཞིན་ནོར་བུ་སོགས་ཆོས་སྐྱོང་རྣམས་ཀྱི་སྒྲུབ་ཐབས་ཕྱོགས་གཅིག་ཏུ་བསྒྲིགས་པ་འཕྲིན་ལས་མྱུར་འགྲུབ།
护法明王如意宝等诸护法修法合编·速招事业成就
c རོང་ཐ་དགེ་སློང་བློ་བཟང་དམ་ཆོས་རྒྱ་མཚོ། པདྨ་དགྱེས་པ་རྩལ། འཇམ་དབྱངས་གྲུབ་པའི་རྡོ་རྗེ། དགེ་སློང་ལྷ་རིའི་མིང་ཅན། རྒྱལ་སྲས་འོད་ཟེར་མཐའ་ཡས་དྲི་མེད་དགེ་བའི་བློ་གྲོས།
d ར་ཉག་ཐེག་ཆེན་གླིང་།（四川热聂大乘林） དགེ་སློང་བློ་བཟང་བསྟན་འཛིན།
e སྒྲུབ་ཐབས།（修心法）
f 刻本
g 乌金 梵夹装 47×6
h 7 6
i 无 藏纸 黑 完整
j 封面钤有“民族文化宫图书馆藏”印。

256.41
a 52-41
b བསྒྱུད་བསང་།
常用煨桑供法
c རོང་ཐ་དགེ་སློང་བློ་བཟང་དམ་ཆོས་རྒྱ་མཚོ། པདྨ་དགྱེས་པ་རྩལ། འཇམ་དབྱངས་གྲུབ་པའི་རྡོ་རྗེ། དགེ་སློང་ལྷ་རིའི་མིང་ཅན། རྒྱལ་སྲས་འོད་ཟེར་མཐའ་ཡས་དྲི་མེད་དགེ་བའི་བློ་གྲོས།
d མེ་ལུག 火羊年（1847） ར་ཉག་ཐེག་ཆེན་གླིང་།（四川热聂大乘林） དགེ་སློམ་ལས་ཐོགས་པ།

e བསང་ཆོག(煨桑仪轨)

f 刻本
g 乌金 梵夹装 47.5×6
h 2 6
i 无 藏纸 黑 完整
j 封面钤有“民族文化宫图书馆藏”印。

256.42
a 52-42

b རྒྱུན་བསང་བྱ་ཚུལ་ལེའུ་གཉིས་དང་རླུང་རྟའི་བསང་མདོར་བསྡུས།

常用煨桑供法二则及风幡煨桑略供法

c རོང་ཐ་དགེ་སློང་བློ་བཟང་དམ་ཆོས་རྒྱ་མཚོ། པདྨ་དགྱེས་པ་རྩལ། འཇམ་དབྱངས་གྲུབ་པའི་རྡོ་རྗེ། དགེ་

སློང་སྣ་རིའི་མིང་ཅན། རྒྱལ་སྲས་འོད་ཟེར་མཐའ་ཡས་དྲི་མེད་དགེ་བའི་བློ་གྲོས།

d ར་ཉག་ཐེག་ཆེན་གླིང་།（四川热聂大乘林） ཕྱག་མཛོད་འཕགས་ལེགས།

e བསང་ཆོག(煨桑仪轨)

f 刻本
g 乌金 梵夹装 47.5×6
h 3 6
i 无 藏纸 黑 完整
j 封面钤有“民族文化宫图书馆藏”印。

256.43
a 52-43

b ཡུལ་ལྷ་འབྲོམ་བུ་རྫོ་བོ་ལ་བསངས་མཆོད་འབུལ་ཚུལ་མཆོད་ཡུལ་དགྱེས་པའི་སྤྲིན་ཕུང་།

地方神仲布觉窝煨桑供法·供境所喜云层

c རོང་ཐ་དགེ་སློང་བློ་བཟང་དམ་ཆོས་རྒྱ་མཚོ། པདྨ་དགྱེས་པ་རྩལ། འཇམ་དབྱངས་གྲུབ་པའི་རྡོ་རྗེ། དགེ་

སློང་སྣ་རིའི་མིང་ཅན། རྒྱལ་སྲས་འོད་ཟེར་མཐའ་ཡས་དྲི་མེད་དགེ་བའི་བློ་གྲོས།

d　ཆུ་མོ་སྦྲུལ། 水阴蛇年（1833/1893）　ར་ཉག་ཐེག་ཆེན་གླིང་།（四川热聂大乘林）

འབྲོམ་དར་རྒྱས་དགོན་གྱི་དགེ་སློང་བློ་བཟང་མགོན་པོ།

e　བསངས་མཆོད།（煨桑）

f　刻本
g　乌金　梵夹装　7.5×6
h　2　6
i　无　藏纸　黑　完整
j　封面钤有“民族文化宫图书馆藏”印。

256.44
a　52-44
b　རྟེན་ཐུགས་འཛུགས་པའི་ཆོ་ག་དམ་ཅན་ཆོས་སྐྱོང་མཉེས་པའི་མཐུན་རྫས།
建立神像意念所依仪轨·荡金护法所喜顺缘物品
c　རོང་ཐ་དགེ་སློང་བློ་བཟང་དམ་ཆོས་རྒྱ་མཚོ།　པདྨ་དགྱེས་པ་རྩལ།　འཇམ་དབྱངས་གྲུབ་པའི་རྡོ་རྗེ།　དགེ་

སློང་སྒྲ་རིའི་མིང་ཅན།　རྒྱལ་སྲས་འོད་ཟེར་མཐའ་ཡས་དྲི་མེད་དགེ་བའི་བློ་གྲོས།

d　ར་ཉེག་ཐག་ཆེན་གླིང་།（四川热聂大乘林）　དབུ་མཛོད་སྐལ་བཟང་འཕྲིན་ལས།

e　ཆོ་ག（仪轨）

f　刻本
g　乌金　梵夹装　47.5×6
h　4　6
i　无　藏纸　黑　完整
j　封面钤有“民族文化宫图书馆藏”印。

256.45
a　52-45
b　ཟབ་མོ་གཅོད་ཀྱི་འགྲེལ་བ་མཐོང་བས་འཛུམ་ཤོར།

甚深觉法解释·见者喜笑

c ཪོང་ཐ་དགེ་སློང་བློ་བཟང་དམ་ཆོས་རྒྱ་མཚོ། པདྨ་དགྱེས་པ་རྩལ། འཇམ་དབྱངས་གྲུབ་པའི་རྡོ་རྗེ། དགེ་སློང་སྨ་རིའི་མིང་ཅན། རྒྱལ་སྲས་འོད་ཟེར་མཐའ་ཡས་དྲི་མེད་དགེ་བའི་བློ་གྲོས།

d ར་ཉག་ཐེག་ཆེན་གླིང་།（四川热聂大乘林）

e གཙོད།(觉派)

f 刻本
g 乌金 梵夹装 47×6
h 20 6
i 无 藏纸 黑 完整
j 封面钤有“民族文化宫图书馆藏”印。

256.46
a 52-46

b བསླབ་བྱ་མགུར་དབྱངས་ཀྱི་ཚུལ་དུ་བསྡེབས་པ་སྙིང་གཏམ་བཅུ་གཉིས་པ།

训诲歌声十二心语篇

c ཪོང་ཐ་དགེ་སློང་བློ་བཟང་དམ་ཆོས་རྒྱ་མཚོ། པདྨ་དགྱེས་པ་རྩལ། འཇམ་དབྱངས་གྲུབ་པའི་རྡོ་རྗེ། དགེ་སློང་སྨ་རིའི་མིང་ཅན། རྒྱལ་སྲས་འོད་ཟེར་མཐའ་ཡས་དྲི་མེད་དགེ་བའི་བློ་གྲོས།

d ར་ཉག་ཐེག་ཆེན་གླིང་།（四川热聂大乘林） ལྷ་ཕྱུག་བླ་བྲང་གི་མགོན་པོ།

e བསླབ་བྱ།(教言)

f 刻本
g 乌金 梵夹装 47.5×6
h 2 6
i 无 藏纸 黑 完整
j 封面钤有“民族文化宫图书馆藏”印。

256.47
a 52-47

b མགོན་པོ་མི་འགྱུགས་པའི་རྣལ་འབྱོར་ཉམས་སུ་ལེན་ཚུལ།

怙主不动金刚瑜伽修法

c　རོང་ཐ་དགེ་སློང་བློ་བཟང་དམ་ཆོས་རྒྱ་མཚོ། པདྨ་དགྱེས་པ་རྩལ། འཇམ་དབྱངས་གྲུབ་པའི་རྡོ་རྗེ། དགེ་སློང་སྔ་རིའི་མིང་ཅན། རྒྱལ་སྲས་འོད་ཟེར་མཐའ་ཡས་དྲི་མེད་དགེ་བའི་བློ་གྲོས།

d　ར་ཉག་ཐེག་ཆེན་གླིང་།（四川热聂大乘林）

e　སྒྲུབ་ཐབས།（修心法）

f　刻本

g　乌金　梵夹装　48×6

h　2　6

i　无　藏纸　黑　完整

j　封面钤有“民族文化宫图书馆藏”印。

256.48

a　52-48

b　རྗེ་བཙུན་རྣལ་འབྱོར་མའི་དབང་གི་ཆོ་ག་ཉུང་ངུ་བསྡུས་སུ་བཀོད་པ་པཎ་ཆེན་ཆོས་ཀྱི་རྒྱལ་པོའི་ཞལ་ལུང་།
至尊瑜伽母灌顶仪轨略编·班禅法王之语教

c　རོང་ཐ་དགེ་སློང་བློ་བཟང་དམ་ཆོས་རྒྱ་མཚོ། པདྨ་དགྱེས་པ་རྩལ། འཇམ་དབྱངས་གྲུབ་པའི་རྡོ་རྗེ། དགེ་སློང་སྔ་རིའི་མིང་ཅན། རྒྱལ་སྲས་འོད་ཟེར་མཐའ་ཡས་དྲི་མེད་དགེ་བའི་བློ་གྲོས།

d　ར་ཉག་ཐེག་ཆེན་གླིང་།（四川热聂大乘林）　དགེ་སློང་བསྟན་འཛིན་བཟང་པོ།

e　དབང་ཆོག(灌顶仪轨)

f　刻本

g　乌金　梵夹装　47×6

h　6　6

i　无　藏纸　黑　完整

j　封面钤有“民族文化宫图书馆藏”印。

256.49

a　52-49

b　ཤམ་བྷ་ལར་སྐྱེས་པའི་སྨོན་ལམ་རིག་འཛིན་གྲོང་དུ་བགྲོད་པའི་ཐེམ་སྐས།
往生香跋拉愿文·趣持明城之阶梯

c　རོང་ཐ་དགེ་སློང་བློ་བཟང་དམ་ཆོས་རྒྱ་མཚོ། པདྨ་དགྱེས་པ་རྩལ། འཇམ་དབྱངས་གྲུབ་པའི་རྡོ་རྗེ། དགེ་སློང་སྨྲ་རིའི་མིང་ཅན། རྒྱལ་སྲས་འོད་ཟེར་མཐའ་ཡས་དྲི་མེད་དགེ་བའི་བློ་གྲོས།

d　ར་ཉག་ཐེག་ཆེན་གླིང་།（四川热聂大乘林）　དགེ་སློང་བློ་བཟང་སྦྱིན་པ།

e　གསོལ་འདེབས།(启请文)

f　刻本

g　乌金　梵夹装　47.5×6

h　4　6

i　无　藏纸　黑　完整

j　封面钤有“民族文化宫图书馆藏”印。

256.50

a　52-50

b　འཕགས་མ་ཡིད་བཞིན་འཁོར་ལོའི་ཚེ་སྒྲུབ་བྱ་ཚུལ་ཁྱེར་བདེ་ཉམས་སུ་ལེན་ཚུལ།

圣母如意轮长寿修法之易行修法

c　རོང་ཐ་དགེ་སློང་བློ་བཟང་དམ་ཆོས་རྒྱ་མཚོ། པདྨ་དགྱེས་པ་རྩལ། འཇམ་དབྱངས་གྲུབ་པའི་རྡོ་རྗེ། དགེ་སློང་སྨྲ་རིའི་མིང་ཅན། རྒྱལ་སྲས་འོད་ཟེར་མཐའ་ཡས་དྲི་མེད་དགེ་བའི་བློ་གྲོས།

d　ར་ཉག་ཐེག་ཆེན་གླིང་།（四川热聂大乘林）

e　སྒྲུབ་ཐབས།（修心法）

f　刻本

g　乌金　梵夹装　47.5×6

h　2　6

i　无　藏纸　黑　完整

j　封面钤有“民族文化宫图书馆藏”印。

256.51

a　52-51

b　བྱང་ཆུབ་ལམ་གྱི་རིམ་པའི་ཁྲིད་ཡིག་ཐམས་ཅད་མཁྱེན་པར་བགྲོད་པའི་ཐེམ་སྐས།

菩提道次第讲义·趣一切智之捷径·文殊语教心要

c　རོང་ཐ་དགེ་སློང་བློ་བཟང་དམ་ཆོས་རྒྱ་མཚོ། པདྨ་དགྱེས་པ་རྒྱལ། འཇམ་དབྱངས་གྲུབ་པའི་རྡོ་རྗེ། དགེ་སློང་སྨྲ་རིའི་མིང་ཅན། རྒྱལ་སྲས་འོད་ཟེར་མཐའ་ཡས་དྲི་མེད་དགེ་བའི་བློ་གྲོས།

d　ར་ཉག་ཐེག་ཆེན་གླིང་།（四川热聂大乘林）　དགེ་སློང་ཡེ་ཤེས་རྒྱལ་མཚན།

e　ལམ་རིམ།(道次第)

f　刻本

g　乌金　梵夹装　32.5×6

h　55　6

i　无　藏纸　黑　完整

j　封面钤有“民族文化宫图书馆藏”印。

256.52

a　52-52

b　བྱང་ཆུབ་ལམ་གྱི་རིམ་པ་ཉམས་སུ་ལེན་ཚུལ་གྱི་ཕྱག་བཞེས་སྙིང་པོ་དྲིལ་བ།

菩提道次第修法心要编

c　རོང་ཐ་དགེ་སློང་བློ་བཟང་དམ་ཆོས་རྒྱ་མཚོ། པདྨ་དགྱེས་པ་རྒྱལ། འཇམ་དབྱངས་གྲུབ་པའི་རྡོ་རྗེ། དགེ་སློང་སྨྲ་རིའི་མིང་ཅན། རྒྱལ་སྲས་འོད་ཟེར་མཐའ་ཡས་དྲི་མེད་དགེ་བའི་བློ་གྲོས།

d　ར་ཉག་ཐེག་ཆེན་གླིང་།（四川热聂大乘林）

e　ལམ་རིམ།(道次第)

f　刻本

g　乌金　梵夹装　31×6

h　12　6

i　无　藏纸　黑　完整

j　封面钤有“民族文化宫图书馆藏”印。

257

A　**3733　3797**

B　རྟ་ཚག་ཡེ་ཤེས་བསྟན་པའི་མགོན་པོའི་གསུང་འབུམ།

达扎·耶喜丹白贡波文集

C ཀ།

D རྟ་ཚག་ཡེ་ཤེས་བསྟན་པའི་མགོན་པོ། དགེ་ལུགས། རབ་བྱུང་བཅུ་གསུམ་པའི་ལྕགས་པོ་འབྲུག་ལོ་༡༧༦༠ལ་སྤོ་བོ་མལ་ཇོའི་གྲོང་དུ་སྐུ་འཁྲུངས། རྟ་ཚག་སྐུ་ཕྲེང་བདུན་པའི་ཡང་སྲིད་དུ་ངོས་འཛིན་མཛད་དེ་གདན་ས་དཔའ་ཤོད་དགོན་དུ་གདན་དྲངས། དགུང་ལོ་བརྒྱད་པར་མཁན་ཆེན་དཔལ་ལྡན་སྟོན་གྲགས་ལས་དགེ་བསྙེན་གྱི་སྡོམ་པ་བཞེས། དགུང་ལོ་བཅུ་གསུམ་པར་སྐུ་འབུམ་དགོན་ནས་སོག་ཡུལ་དོ་ལོ་ནོར་བརྒྱུད་ཞེ་ཧོ་ཕེབས་ནས་གོང་མ་ཆེན་ལུང་དང་མཇལ།ལྕང་སྐྱ་ཡེ་ཤེས་བསྟན་པའི་སྒྲོན་མེ་ལས་དགེ་ཚུལ་གྱི་སྡོམ་པ་བཞེས། དགུང་ལོ་ཉེར་གསུམ་པར་དབུས་སུ་ཕེབས་ནས་འབྲས་སྤུངས་སྒོ་མང་གྲྭ་ཚང་དུ་ཞུགས། སྤྱི་ལོ་༡༧༨༧ལོར་བཀའ་བློན་གྱི་ལས་རོགས་གནང་། སྤྱི་ལོ་༡༧༩༡ལོ་ནས་༡༨༡༠ལོའི་བར་སྲིད་སྐྱོང་གནང་། ལྷ་སར་ཀུན་བདེ་གླིང་ཐུག་བཏབ། རབ་བྱུང་བཅུ་བཞི་པའི་ལྕགས་པོ་རྟ་ལོ་༡༨༡༠ལ་ཀུན་བདེ་གླིང་དུ་སྐུ་གཤེགས། གསུང་རྩོམ་པོད་གཉིས་ཡོད། འདིར་དཔེ་མཛོད་ཁང་དུ་མི་རིགས་པོ་བྲང་ནས་ཕྱིར་འབུལ་ཞུས་པའི་གྲས་པོད་ ༢ ག ཨང་རྟགས ༣༧༣༣--༣༧༣༤ བཞུགས།

达扎·耶喜丹白贡波（1760—1810）：属宁玛派。系第八世达措活佛，诞生于波密。5岁时被迎入八宿寺，举行隆重的坐床仪式。乾隆皇帝下诏允其袭封。13岁，从塔尔寺经蒙古至热河觐见乾隆皇帝。在章嘉·益西丹贝仲美座前受沙弥戒。23岁赴拉萨入哲蚌寺果芒扎仓学习。创建拉萨功德林。1787年任噶隆助理。1791—1810年执政，最终在功德林圆寂，享年50岁。遗著共2函，西藏图书馆藏北京民族文化宫图书馆赠送的文集有2函，编号为3733—3734。

E 此函民族宫目录著录为14卷，西藏图书馆藏品中缺3卷：《千尊无量寿佛像开光向依怙佛王贡献曼荼罗之讲说笔录》《灵堂、佛像、经、塔、庙宇开光是供施教言讲说类》《跋索·洛桑丹白贡波听闻深广正法之感恩受法录·唤醒记忆》。

257.1

a 11-1

b གསུང་འབུམ་པོད་དང་པོའི་དཀར་ཆག

文集第一函目录

c

d

e དཀར་ཆག(目录)

f 刻本 རྒྱ་ནག（汉地）

g 乌金 梵夹装 48×6

h 2 6

i 无 藏纸 黑 完整

j 封面钤有“民族文化宫图书馆藏”印。

257.2

a 11-2

b བྱང་ཆུབ་ལམ་གྱི་རིམ་པའི་བརྒྱུད་པ་གསུམ་གྱི་བླ་མ་རྣམས་ལ་གསོལ་འདེབས་ཅིང་ངེས་འབྱུང་བྱང་སེམས་ཡང་

དག་པའི་ལྟ་བ་རྒྱུད་ལ་སྐྱེ་བའི་འདོད་གསོལ་དང་བཅས་པ་ཆོས་ཀྱི་སྒོ་འབྱེད་ཅེས་བྱ་བ་བཞུགས་སོ།།

菩提道次第第三种传承诸上师前启请文并祈求心中生起出离心、菩提心、清净正见等·开正法门

c དགེ་སློང་བློ་བཟང་དོན་གྲུབ་སོགས།

d

e གསོལ་འདེབས།(启请文)

f 刻本 རྒྱ་ནག（汉地）

g 乌金 梵夹装 48×6

h 14 6

i 无 藏纸 黑 完整

j 封面钤有“民族文化宫图书馆藏”印；民族宫目录中为11叶。

257.3

a 11-3

b བླ་མའི་རྣལ་འབྱོར་བཀའ་དྲིན་ངེས་གསོབ་སོགས་བཞུགས་སོ།།

上师瑜伽·定当报恩等

c ཏྲ་ཚག་པ་ཡེ་ཤེས་བློ་བཟང་བསྟན་པའི་མགོན་པོ།

d དགེ་སློང་བཀྲ་ཤིས་ཡོན་ཏན།

e　བླ་མའི་རྣལ་འབྱོར།(上师瑜伽)

f　刻本　རྒྱ་ནག（汉地）

g　乌金　梵夹装　48×6
h　8　6
i　无　藏纸　黑　完整
j　封面钤有“民族文化宫图书馆藏”印；民族宫目录中为7叶。

257.4
a　11-4

b　བླ་མའི་རྣལ་འབྱོར་ཐར་པའི་ཐེམ་སྐས་ནང་སྒྲུབ་ཀྱི་ངག་འདོན་སྙིང་པོར་སྒྲིལ་བ་བཞུགས་སོ།།

上师瑜伽·解脱阶梯内修念诵心要编

c　ཏ་ཚག་པ།

d　པོ་བྲང་ཆེན་པོ་པོ་ཏ་ལ།（西藏拉萨布达拉宫）

e　བླ་མའི་རྣལ་འབྱོར།(上师瑜伽)

f　刻本　རྒྱ་ནག（汉地）

g　乌金　梵夹装　48×6
h　4　6
i　无　藏纸　黑　完整
j　封面钤有“民族文化宫图书馆藏”印；民族宫目录中为3叶。

257.5
a　11-5

b　མཆོག་གསུམ་རིན་པོ་ཆེར་གསོལ་འདེབས་དྲང་སྲོང་གྲུབ་པའི་བདེན་ཚིག་ཞེས་བྱ་བ་བཞུགས་སོ།།

三宝前启请文·仙人真实语

c　ཏ་ཚག་སྐྱེ་མེད་པ་ཡེ་ཤེས་བློ་བཟང་བསྟན་པའི་མགོན་པོ།

d　དགེ་སློང་ཆོས་ལྡན་སོགས།

e　གསོལ་འདེབས།(启请文)

f 刻本 རྒྱ་ནག（汉地）

g 乌金 梵夹装 48×6

h 76 6

i 无 藏纸 黑 完整

j 封面钤有“民族文化宫图书馆藏”印；民族宫目录中为60叶。

257.6

a 11-6

b རྗེ་བཙུན་བླ་མ་ཡེ་ཤེས་རྒྱལ་མཚན་དཔལ་བཟང་པོས་རྨེ་རུ་བདེ་ལམ་གྱི་བཀའ་ཆོས་གནང་སྐབས་རྒྱལ་སྲས་ཀྱི་སྤྱོད་པ་ལ་སློབ་ཚུལ་ཡན་ཆད་ཀྱི་གསུང་བཤད་རྩ་འགྲེལ་གཉིས་ཀ་ཟིན་བྲིས་སུ་བཀོད་པ་བཞུགས་སོ།།

至尊上师耶喜坚赞在木如寺讲话菩提道教法时菩萨行学处以上讲说本释二者之笔录

c

d

e ལམ་རིམ།（道次第）

f 刻本 རྒྱ་ནག（汉地）

g 乌金 梵夹装 48×6

h 43 6

i 无 藏纸 黑 完整

j 封面钤有“民族文化宫图书馆藏”印；民族宫目录中为35叶。

257.7

a 11-7

b ཡོངས་ཀྱི་དགེ་བའི་བཤེས་གཉེན་ཆེན་པོ་བློ་བཟང་ཚུལ་ཁྲིམས་ཀྱི་རྟོགས་བརྗོད་པ་དད་ལྡན་རེ་བསྐོང་ནོར་བུའི་དོ་ཤལ་ཞེས་བྱ་བ་བཞུགས་སོ།།

大善知识洛桑楚臣传·具信满愿·宝璎珞

c བ་སོ་སྤྲུལ་མིང་པ་ཡེ་ཤེས་བློ་བཟང་བསྟན་པའི་མགོན་པོ།

d པོ་བྲང་ཆེན་པོ་པོ་ཏ་ལའི་གཟིམས་ཁང་རིག་གནས་ཀུན་གསལ།（西藏拉萨布达拉宫）

ཕུར་ལྕོགས་བྱམས་མགོན།

e　རྟོགས་བརྗོད།(传记)

f　刻本　རྒྱ་ནག（汉地）

g　乌金　梵夹装　48×6
h　29　6
i　无　藏纸　黑　完整
j　封面钤有“民族文化宫图书馆藏”印；民族宫目录中为24叶。

257.8
a　11-8
b　ལྷ་ས།ར་ཆེ།བསམ་ཡས་ཇོ་བོ་བཅས་ལ་སྣམ་སྦྱར་ཕུལ་བའི་སྨོན་ཚིག་བཞུགས།
　向拉萨、小昭寺、桑耶寺释迦佛供献僧伽胝之愿文
c　རྟ་ཚག་པ་ཡེ་ཤེས་བློ་བཟང་བསྟན་པའི་མགོན་པོ།

d　དབྱིངས་པ་ཆོས་མཛད་བློ་བཟང་བསྟན་འཛིན།

e　སྨོན་ཚིག（祈愿词）

f　刻本　རྒྱ་ནག（汉地）

g　乌金　梵夹装　48×6
h　136　6
i　无　藏纸　黑　完整
j　封面钤有“民族文化宫图书馆藏”印；民族宫目录中为109叶。

257.9
a　11-9
b　སྐྱབས་འཇུག་ཞུ་མི་འདས་གསོན་སེར་སྐྱ་སོགས་ཀྱི་དོན་དུ་སྨོན་ཚིག་ཐར་ལམ་སྒོ་འབྱེད་བཞུགས་སོ།།
　为僧俗存亡人等启请救度愿文·开解脱道门
c　རྟ་ཚག་པ་ཡེ་ཤེས་བློ་བཟང་བསྟན་པའི་མགོན་པོ།

d　ལྕགས་བྱ་ས་ག་ཟླའི་དུས་ཆེན། 铁鸡年（1801）萨嘎达瓦节

e　སྨོན་ཚིག（祈愿词）

f 刻本 རྒྱ་ནག（汉地）

g 乌金 梵夹装 48×6
h 12 6
i 无 藏纸 黑 完整
j 封面钤有“民族文化宫图书馆藏”印；民族宫目录中为 11 叶。

257.10
a 11-10

b དབུས་གཙང་ཀུན་བདེ་ཆོས་འཁོར་གླིང་གི་བཅའ་ཡིག་གི་ཟིན་བྲིས་བཞུགས་སོ།།

卫藏功德却柯林寺之清规制约笔录

c

d པོ་ཏ་ལའི་གཟིམས་ཆུང་རིག་གནས་ཀུན་གསལ།（西藏拉萨布达拉宫）

e བཅའ་ཡིག（清规戒律）

f 刻本 རྒྱ་ནག（汉地）

g 乌金 梵夹装 48×6
h 24 6
i 无 藏纸 黑 完整
j 封面钤有“民族文化宫图书馆藏”印；民族宫目录中为 19 叶。

257.11
a 11-11

b བེ་ཁྲིར་དགའ་ལྡན་ཕན་བདེ་ལེགས་བཤད་གླིང་གི་ཁྲིམས་སུ་བཅས་པའི་རིམ་པ་ཐར་པའི་ཐེམ་སྐས་བཞུགས་སོ།།

白切甘丹彭德勒协林寺之清规制约次第·解脱阶梯

c རྟ་ཚག་བློ་བཟང་བསྟན་པའི་མགོན་པོ།

d ཕོ་བྲང་ཆེན་པོ་པོ་ཏ་ལ།（西藏拉萨布达拉宫） སྒྲུབ་ཁང་བློ་བཟང་དགེ་ལེགས་རྒྱལ་མཚན།

e བཅའ་ཡིག（法律）

f 刻本 རྒྱ་ནག（汉地）

g 乌金 梵夹装 48×6
h 22 6

i 无 藏纸 黑 完整

j 封面钤有“民族文化宫图书馆藏”印；民族宫目录中为 17 叶。

258

A 3734

B རྟ་ཚག་བློ་བཟང་བསྟན་པའི་མགོན་པོའི་གསུང་འབུམ།

达扎·洛桑丹白贡波文集

C

D རྟ་ཚག་བློ་བཟང་བསྟན་པའི་མགོན་པོ།

同 3733 介绍。

E 此函由民族宫目录中同文集各函散卷组成。

258.1

a 6-1

b བློ་བཟང་བསྟན་པའི་མགོན་པོས་ཟབ་པ་དང་རྒྱ་ཆེ་བའི་དམ་པའི་ཆོས་ཀྱི་བཀའ་དྲིན་མནོས་པའི་ཐོབ་ཡིག་བཪྗེད་ངེས་གཉིད་སློངས་བཞུགས་སོ།།

洛桑丹贝贡布之著作广深法宝之感恩得法记录醒目

c

d

e ཐོབ་ཡིག（得法录）

f 刻本 ཞོལ།（西藏拉萨雪版）

g 乌金 梵夹装 48×6

h 111 6

i 无 藏纸 黑 完整

j 封面钤有“民族文化宫图书馆藏”印；民族宫目录中无此件。

258.2

a 6-2

b རྒྱལ་བའི་བཀའ་འགྱུར་རིན་པོ་ཆེའི་དཀར་ཆག་བཻཌཱུརྱའི་ཞུན་མའི་བཞིན་སྔོད་ཅེས་བྱ་བ་བཞུགས་སོ།།

甘珠尔目录·吠琉璃熔器

c　རྒྱལ་ཚབ་མིང་འཛིན་པ་རྟ་ཚག་པ་ཡེ་ཤེས་བློ་བཟང་བསྟན་པའི་མགོན་པོ།

d　རབ་བྱུང་བཅུ་བཞི་པའི་ས་འབྲུག་ལོ། 第十四饶迥土龙年（1808）

པོ་ཏ་ལའི་གཟིམས་ཆུང་རིག་གནས་ཀུན་གསལ།（西藏拉萨布达拉宫）　མཛོད་པ་ཡེ་ཤེས་རབ་བརྟན།

e　དཀར་ཆག（目录）

f　刻本　ཞོལ།（西藏拉萨雪版）

g　乌金　梵夹装　48×6
h　139　6
i　无　藏纸　黑　完整
j　封面钤有“民族文化宫图书馆藏”印；民族宫目录中为ཁ函，120叶。

258.3
a　6-3

b　རྟེན་བསྡུས་འཛམ་གླིང་སྤྱི་ནོར་གྱི་ཕབ་རྟའི་དཀར་ཆག་ངན་འགྲོའི་སྒོ་འགེགས་མངོན་མཐོར་འཛེགས་པའི་

ཐེམ་སྐས་བཞུགས་སོ།།

灵物摄要赡洲总宝酵剂目录·阻恶趣门登天之梯

c　རྟ་ཚག་པ་ཡེ་ཤེས་བློ་བཟང་བསྟན་པའི་མགོན་པོ།

d

e　དཀར་ཆག（目录）

f　刻本　ཞོལ།（西藏拉萨雪版）

g　乌金　梵夹装　48×6
h　12　6
i　无　藏纸　黑　完整
j　封面钤有“民族文化宫图书馆藏”印；民族宫目录中为ཁ函，10叶。

258.4
a　6-4

b སྐྱབས་མགོན་རྒྱལ་དབང་མཆོག་ལ་ཚེ་དཔག་སྟོང་སྐུར་རབ་གནས་གནང་སྐབས་སུ་ཕུལ་བའི་ མཎྜལ་གྱི་བཤད་པ་བཞུགས་སོ།།

千尊无量寿佛像开光向依怙佛王贡献曼荼罗之讲说笔录

c

d

e མཎྜལ་གྱི་བཤད་པ། （曼荼罗说）

f 刻本 ཞོལ། （西藏拉萨雪版）

g 乌金 梵夹装 48×6

h 53 6

i 无 藏纸 黑 完整

j 封面钤有“民族文化宫图书馆藏”印；民族宫目录中为ཀ函，43 叶。

258.5

a 6-5

b དམ་པའི་ཆོས་ལ་བསྐུལ་བའི་བསླབ་བྱ་ཐར་ལམ་བལྟ་བའི་མེ་ལོང་ཞེས་བྱ་བ་བཞུགས་སོ།།

劝入正法教言·观解说道明镜

c རྟ་ཚག་སྤྲུལ་མིང་པ་ཡེ་ཤེས་བློ་བཟང་བསྟན་པའི་མགོན་པོ།

d མེ་སྟག་ཟླ་བ་བདུན་པའི་ཚེས་བརྒྱད། 火虎年（1806）七月八日

སྤྲུལ་སྐུ་བསྟན་པ་སྐལ་བཟང་སོགས།

e བསླབ་བྱ། （教言）

f 刻本 ཞོལ། （西藏拉萨雪版）

g 乌金 梵夹装 48×6

h 25 6

i 无 藏纸 黑 完整

j 封面钤有“民族文化宫图书馆藏”印；民族宫目录中为ཁ函，22 叶。

258.6

a 6-6

b ས་བྱ་ལོ་རྒྱལ་ཁབ་ཆེན་པོར་ཐོན་སྐབས་ནག་ཆུ་ནས་རྒྱལ་དབང་མཆོག་ལ་སྐྱབས་ཞུ་ཞུ་ཡིག་ཕྲུལ་བའི་ཟིན་བྲིས་བཞུགས་སོ།།

己酉年驾诣大国时黑水区上达赖喇嘛请求救抚书及一些记录

c

d

e སྐྱབས་ཞུ།（皈依呈书）

f 刻本 ཞོལ།（西藏拉萨雪版）

g 乌金 梵夹装 48×6

h 26 6

i 无 藏纸 黑 完整

j 封面钤有“民族文化宫图书馆藏”印；民族宫目录中为ཁ函，21叶。

259

A 3735 4433

B དྭགས་པོ་མཁན་ཆེན་ངག་དབང་གྲགས་པའི་གསུང་འབུམ།

塔波堪钦·阿旺扎巴文集

C ཁ

D དྭགས་པོ་མཁན་ཆེན་ངག་དབང་གྲགས་པ། དགེ་ལུགས། རབ་བྱུང་བརྒྱད་པའི་མི་༡༨༥༠ལ་སྐུ་འཁྲུངས། དགུང་ལོ་གཞོན་དུས་ཆབ་མདོར་བཞུགས། དྭགས་པོ་བློ་གྲོས་བསྟན་པ་དགའ་ལྡན་གསེར་ཁྲིར་ཕེབས་རྗེས། ཕོང་དྭགས་པོ་གྲྭ་ཚང་གི་འཆད་ཉན་མཁན་པོར་བཀོད། དེ་ནས་བཟུང་ཡུན་རིང་པོར་དྭགས་པོ་གྲྭ་ཚང་དུ་མདོ་སྔགས་ཀྱི་གཞུང་ལུགས་མང་པོ་འཆད་ཉན་དང་ཉམས་ལེན་གནང་། སྐུ་ཚེའི་མཇུག་ཏུ་བྲ་མོ་ནགས་འདབ་དང་། གངས་དཀར་ཕུ་གཡུ་ལུང་སྐྱིད་མོ་གཞོངས་ཀྱི་དབེན་གནས་སོགས་ལ་གནས་ངེས་མེད་དུ་བྱོན་ནས་སྒྲུབ་པ་སྙིང་པོར་མཛད།

འདས་པོ་མི་གསལ། གསུང་རྩོམ་ཆོས་ཚན་བཅུ་དགུར་བཞུགས། ངེད་དཔེ་མཛོད་ཁང་དུ་མི་རིགས་པོ་བྲང་ནས་ཕྱིར་

འབུལ་ཞུས་ པའི་གྲས་པོད་ ༡ ཁ ཨང་རྟགས ༣༧༣༥ བཞུགས།

塔波堪钦·阿旺扎巴（1450—？）：属噶举派。系第七代噶丹赤巴塔波堪钦洛卓丹巴之弟子。年幼时居昌都，成年后到强巴林，长期讲授经典、广收徒弟、修行。其著作用词优雅清新、寓意深刻而扼要，皆易读易懂之作。遗著共19函，西藏图书馆藏北京民族文化宫图书馆赠送的文集有1函，编号为3735。

E 馆藏齐全。

259.1

a 19-1

b དགས་པོ་མཁན་ཆེན་ངག་དབང་གྲགས་པའི་གསུང་འབུམ་གླེགས་བམ་གཉིས་པའི་དཀར་ཆག་བཞུགས།

塔波堪钦·阿旺扎巴文集第二函目录

c

d

e དཀར་ཆག（目录）

f 刻本

g 乌金 梵夹装 48×6

h 1 7

i 无 藏纸 黑 完整

j 封面钤有“民族文化宫图书馆藏”印。

259.2

a 19-2

b ཟབ་མོ་རྟེན་ཅིང་འབྲེལ་བར་འབྱུང་བའི་སྒོ་ནས་བསྟོད་པ་སྙིང་པོའི་རྒྱན་རྣམ་པར་བཀོད་པ་བཞུགས་སོ།།

甚深缘起法门赞·心要庄严

c དགེ་སློང་ངག་གི་དབང་ཕྱུག་གྲགས་པའི་བློ་གྲོས།

d རི་བོ་ལྷ་སྡིངས་ཀུན་ཏུ་དགེ་བའི་ཆ་ཐེག་པ་ཆེན་པོ་ཡོངས་སུ་རྫོགས་པའི་ནགས་ཁྲོད། སྨེ་སྔོད་འཛིན་པ་གྲགས་

པ་བཀྲ་ཤིས།

e བསྟོད་པ།（赞颂）

f 刻本
g 乌金 梵夹装 48×6
h 26 7
i 有 藏纸 黑 完整
j 封面钤有“民族文化宫图书馆藏”印。

259.3
a 19-3
b རྒྱལ་བ་གཉིས་པ་ཀླུ་སྒྲུབ་ཞབས་ཀྱིས་མཛད་པའི་བྱང་ཆུབ་སེམས་ཀྱི་འགྲེལ་པའི་རྣམ་བཤད་

ནོར་བུའི་ཕྲེང་བ་ཞེས་བྱ་བ་བཞུགས་སོ།།

龙树所著菩提心释解说·宝鬘
c
d
e བྱང་ཆུབ་སེམས་ཀྱི་འགྲེལ་པའི་རྣམ་བཤད།（菩提心释论）
f 刻本
g 乌金 梵夹装 48×6
h 32 7
i 无 藏纸 黑 完整
j 封面钤有“民族文化宫图书馆藏”印。

259.4
a 19-4
b ལྷག་བསམ་རབ་ཏུ་དཀར་བའི་རྣམ་བཤད་དྲིས་ལན་དངོས་གྲུབ་ཀྱི་ཕྲེང་བ་མཁས་པའི་རྒྱན་ཞེས་བྱ་བ་བཞུགས་སོ།།
增上意乐问答·悉地鬘·智者庄严
c
d
e དྲི་བ་དྲིས་ལན།（问答）
f 刻本
g 乌金 梵夹装 48×6
h 26 7
i 无 藏纸 黑 完整
j 封面钤有“民族文化宫图书馆藏”印。

259.5

a 19-5

b དྭགས་པོ་མཁན་ཆེན་ངག་དབང་གྲགས་པའི་ལྷག་བསམ་རབ་དཀར་གྱིས་ལྟ་སྒོམ་དྲིས་ལན་བཞུགས་སོ།།

塔波堪钦·阿旺扎巴之增上意乐篇观修问答

c སྒོམ་ཆེན་ངག་དབང་གྲགས་པ།

d བློ་གྲོས་ཀྱི་སྐལ་པོ་མཁའ་སྤྱོད་ཀྱི་གུར་ཁང་། བློ་གྲོས་སེང་གེ

e དྲི་བ་དྲིས་ལན།（问答）

f 刻本

g 乌金 梵夹装 48×6

h 32 7

i 无 藏纸 黑 完整

j 封面钤有“民族文化宫图书馆藏”印。

259.6

a 19-6

b དྭགས་པོ་ངག་དབང་གྲགས་པས་ཇོ་ནང་བའི་འདོད་པ་བརྗོད་པ་དོན་བཞི་པ་བཞུགས།

塔波·阿旺扎巴论觉囊派所许四义

c དགེ་སློང་ངག་དབང་གྲགས་པས།

d

e ཇོ་གྲུབ།（觉囊派观点）

f 刻本

g 乌金 梵夹装 48×6

h 10 7

i 无 藏纸 黑 完整

j 封面钤有“民族文化宫图书馆藏”印。

259.7

a 19-7

b རྗེ་བཙུན་འཕགས་པ་ལྷའི་གསུང་ལན་དུ་བསྒྲིངས་པ་ལམ་བཟང་སྙིང་པོ་གསལ་བའི་མེ་ལོང་ཞེས་བྱ་བ་བཞུགས་སོ།།

答至尊帕巴拉书·妙道心要明镜

c དགེ་སློང་ངག་གི་དབང་ཕྱུག་གྲགས་པ།

d ཤྲཱི་ར་ལྷ་སྡིངས་དགོན་པ།

e དྲི་བ་དྲིས་ལན།（问答）

f 刻本 རྩེ་ལུ་གཞོན་ནུ་བཟང་པོ།

g 乌金 梵夹装 48×6
h 37 7
i 无 藏纸 黑 完整
j 封面钤有“民族文化宫图书馆藏”印。

259.8
a 19-8

b འཕགས་པ་ལྷ་ཡིས་དྲིས་ལན་ངང་པའི་རྒྱལ་པོ་སྟོབས་བཅུ་པ་ཞེས་བྱ་བ་བཞུགས་སོ།།

答帕巴拉问·鹅王十力
c
d

e དྲི་བ་དྲིས་ལན།（问答）

f 刻本
g 乌金 梵夹装 48×6
h 23 7
i 无 藏纸 黑 完整
j 封面钤有“民族文化宫图书馆藏”印。

259.9
a 19-9

b དྲིས་ལན་རྗེད་མའི་ལན་བཞུགས་སོ།།

问答篇后之回答
c
d

e དྲིས་ལན།（问答）

f 刻本
g 乌金 梵夹装 48×6
h 10 7
i 无 藏纸 黑 完整

j 封面钤有“民族文化宫图书馆藏”印。

259.10

a 19-10

b དྲི་ལན་རྣམ་དཔྱོད་མཛེས་པའི་རྒྱན་ཕྲེང་ཞེས་བྱ་བ་བཞུགས་སོ།།

问答篇·智慧美饰鬘

c སློམ་ཆེན་ངག་དབང་གྲགས་པ།

d ཀུན་དགའ་བཟང་པོའི་གསུང་གི་ལན།

e དྲི་བ་དྲིས་ལན།（问答）

f 刻本

g 乌金　梵夹装　48×6

h 18　7

i 无　藏纸　黑　完整

j 封面钤有“民族文化宫图书馆藏”印。

259.11

a 19-11

b དགས་པོ་ངག་དབང་གྲགས་པའི་སྙན་ངགས་ཀྱི་བསྟན་བཅོས་མི་དམན་པའི་ཞུ་ལན་བཞུགས་སོ།།

塔波·阿旺扎巴之修词学论·答下人问

c

d

e ཞུ་ལན།（问答）

f 刻本

g 乌金　梵夹装　48×6

h 31　7

i 无　藏纸　黑　完整

j 封面钤有“民族文化宫图书馆藏”印。

259.12

a 19-12

b དགས་པོ་མཁན་ཆེན་ངག་དབང་གྲགས་པའི་ས་ལམ་རྣམ་གཞག་བུ་བཞུགས་སོ།།

塔波堪钦·阿旺扎巴之地道根基篇

c དགེ་སློང་ངག་གི་དབང་ཕྱུག་གྲགས་པ།

d ཚོག་དཀར་ལྷ་ཡི་ཕོ་བྲང་།

e ས་ལམ།（地次第）

f 刻本
g 乌金 梵夹装 48×6
h 6 7
i 无 藏纸 黑 完整
j 封面钤有“民族文化宫图书馆藏”印。

259.13
a 19-13

b ཆོས་ཐམས་ཅད་ཀྱི་སྔོན་འགྲོ་བསླབ་བྱ་དང་བཅས་པ་དྲང་དོན་གྱི་ཆོས་ཀྱི་རྒྱ་མཚོ་ཞེས་བྱ་བ་བཞུགས་སོ།།

一切法之前行学处·不了义法海

c དགེ་སློང་ངག་གི་དབང་ཕྱུག་གྲགས་པ།

d

e བསླབ་བྱ།（教言）

f 刻本 ཤྲཱི་གངས་དཀར་ཤུ་གཡུ་ལོང་སྐྱིད་མོ་གཞོངས་ཀྱི་དབེན་གནས།
g 乌金 梵夹装 48×6
h 6 7
i 无 藏纸 黑 完整
j 封面钤有“民族文化宫图书馆藏”印。

259.14
a 19-14

b དྭགས་པོ་མཁན་ཆེན་ངག་དབང་གྲགས་པའི་ཞི་ལྷག་རྣམ་གཞག་མདོར་བསྡུས་བཞུགས་སོ།།

塔波堪钦·阿旺扎巴之止观建立略摄

c
d

e ཞི་ལྷག་སྐོར།（止观论）

f 刻本

g 乌金 梵夹装 48×6
h 5 7
i 无 藏纸 黑 完整
j 封面钤有“民族文化宫图书馆藏”印。

259.15
a 19-15
b རྗེའི་ཉམས་མགུར་ལམ་རིམ་བསྡུས་དོན་གྱི་འགྲེལ་པ་བཞུགས་སོ།།
尊者之道情道次第略义释
c ཤཱཀྱའི་དགེ་སློང་ངག་གི་དབང་པོ།
d
e ལམ་རིམ། （道次第）
f 刻本
g 乌金 梵夹装 48×6
h 8 7
i 无 藏纸 黑 完整
j 封面钤有“民族文化宫图书馆藏”印。

259.16
a 19-16
b དཔལ་ལྡན་ས་གསུམ་མའི་ས་བཅད་སོགས་བཞུགས་སོ།།
三地科判等
c བསོད་ནམས་ཡེ་ཤེས་དབང་པོ།
d ཆབ་མདོ་བྱམས་པ་གླིང་གི་རྒྱལ་བའི་དབང་པོའི་ཕོ་བྲང་། （西藏昌都强巴林寺）
བསོད་ནམས་དོན་གྲུབ།
e ས་བཅད། （科判）
f 刻本
g 乌金 梵夹装 48×6
h 21 7
i 无 藏纸 黑 完整
j 封面钤有“民族文化宫图书馆藏”印。

259.17

a 19-17

b དཔལ་ལྡན་བླ་མ་བློ་གྲོས་བརྟན་པ་ལ་རྣམ་ཐར་གྱི་སྒོ་ནས་བསྟོད་པ་བཞུགས་སོ།།

具德上师洛卓丹巴传赞

c

d

e བསྟོད་པ།（赞颂）

f 刻本

g 乌金 梵夹装 48×6

h 10 7

i 无 藏纸 黑 完整

j 封面钤有“民族文化宫图书馆藏”印。

259.18

a 19-18

b བསྟན་བཅོས་མོས་གུས་ཅན་གྱི་རྣར་རྒྱན་ཞེས་བྱ་བ་བཞུགས་སོ།།

无上乘道次第·信者耳饰

c བྱ་མིག་རིག་པ་འཛིན་པའི་བརྒྱུད་འཆང་ངག་གི་དབང་པོ།

d དཔལ་དཔེ་ཁུངས་ཀྱི་མགོན་པ། གྲགས་པ་དབང་ཕྱུག

e ལམ་རིམ།（道次第）

f 刻本

g 乌金 梵夹装 48×6

h 15 7

i 无 藏纸 黑 完整

j 封面钤有“民族文化宫图书馆藏”印。

259.19

a 19-19

b གསུང་མགུར་རིམ་པ་གཅིག་བཞུགས་སོ།།

部分道歌

c　ངག་གི་དབང་པོ།

d

e　གསུང་མགུར།（道歌）

f　刻本
g　乌金　梵夹装　48×6
h　21　7
i　有　藏纸　黑　完整
j　封面钤有“民族文化宫图书馆藏”印。

260
A　3736　3556

B　ལྕང་སྐྱ་རོལ་པའི་རྡོ་རྗེའི་བཀའ་འབུམ།
章嘉·若白多杰文集

C　ག

D　ལྕང་སྐྱ་ཡེ་ཤེས་བསྟན་པའི་སྒྲོན་མེ་དཔལ་བཟང་པོ།
同3724介绍。
E　馆藏齐全。

260.1
a　1-1

b　གསང་བདེ་འཇིགས་གསུམ་གྱི་མངོན་རྟོགས་དང་དཀྱིལ་ཆོག་ངག་འདོན་ཁྲིགས་ཆགས་སུ་སྡེབས་པ།
密集、胜乐、怖畏三尊现证法与曼荼罗仪轨念诵列编等

c　ཀྱི་ན་པ་ངག་དབང་བློ་བཟང་ཆོས་ལྡན།

d

e　ཆོ་ག（仪轨）

f　刻本
g　乌金　梵夹装　45×6
h　258　6
i　无　藏纸　黑　完整
j　封面钤有“民族文化宫图书馆藏”印。

261

A 3737

B འབྲི་གུང་སྐྱོབ་པ་འཇིག་རྟེན་མགོན་པོའི་གསུང་འབུམ།

止贡·觉巴久定贡布文集

C ཀ-ང

D སྐྱོབ་པ་འཇིག་རྟེན་མགོན་པོའམ་སྐྱོབ་པ་རིན་ཆེན་དཔལ།（འབྲི་གུང་བཀའ་བརྒྱུད）རབ་བྱུང་གཉིས་པའི་ཆུ་མོ་ཕག་ལོ་༡༡༤༣ལ་ཡབ་སྣྱ་ར་རྡོ་རྗེ་དང་། ཡུམ་བཙུན་མ་གཉིས་ཀྱི་སྲས་སུ་མདོ་ཁམས་ལྡན་སྟོད་གཙོང་དུ་སྐུ་འཁྲུངས། དགུང་ལོ་དྲུག་ནས་ཉེ་ཤུ་བར་ཡབ་དང་བླ་མ་ཁག་གཅིག་ལས་ཡི་གེ་སྦྱོར་ཀློག་དང་བསྙེན་རིམ་དང་སྒྲུབ་ཐབས་སོགས་གསན་པ་དང་། དབང་ལུང་མན་ངག་གང་ཙམ་ཞུས། དགུང་ལོ་ཉེར་ལྔ་པར་ཕག་གྲུ་རྡོ་རྗེ་རྒྱལ་པོའི་ཞབས་ལ་གཏུགས་ཤིང་གི་ལོ་ལ་བྱང་ཆུབ་སེམས་སྒོམ་ཞུས་པས་མཚན་ལ་རིན་ཆེན་དཔལ་ཞེས་གསོལ། དགུང་ལོ་ཉེར་དགུ་པ་ལ་གཡེ་ཆུང་དུ་ཕྱིན་ཏེ་ལོ་གསུམ་གྱི་རིང་དུ་སྒྲུབ་པ་ཉམས་ལེན་མཛད། དགུང་ལོ་སོ་ལྔ་པར་ཞང་གསུམ་ཐོག་པ་ལས་བསྙེན་པར་རྫོགས། དེ་ནས་ཕག་གྲུར་ཕེབས་ནས་ལོ་གསུམ་རིང་གདན་ས་བསྐྱངས། དགུང་ལོ་སོ་བདུན་ས་མོ་ཕག་ལོ་ལ་འབྲི་ཐེལ་བྱང་ཆུབ་གླིང་གསར་འདེབས་མཛད་ནས་དགེ་འདུན་མང་པོའི་ཚོགས་པ་བསྐྱངས་པས་འབྲི་གུང་བཀའ་བརྒྱུད་ཀྱི་བསྟན་པའི་སྲོལ་ཚུགས། དགུང་ལོ་དྲུག་ཅུ་ཐམ་པར་སེང་ག་ལའི་དགྲ་བཅོམ་པས་མེ་ཏོག་ཕུལ་བ་དང་། པཎ་ཆེན་ཤཱཀྱ་ཤྲཱི་ཡིས་ཀྱང་སྐྱབས་གཉིས་པ་ཞེས་བསྔགས་བརྗོད་མཛད། དགུང་ལོ་དྲུག་ཅུ་རེ་དྲུག་པར་སྤྱན་ལྔ་གྲགས་པ་འབྱུང་གནས་ཕག་གྲུའི་གདན་སའི་ཁྲི་ལ་མངའ་གསོལ། ཡོང་གི་སློབ་མ་སྤྱན་ལྔ་བརྒྱད། ཐུགས་སྲས་བརྒྱད། དཔལ་ཆེན་བརྒྱད།རས་པ་བརྒྱད། གངས་པ་གསུམ།ལོ་ཙཱ་བ་བརྒྱད། འདུལ་འཛིན་བཅུ། ཞིག་པོ་ལྔ་བཅས་བྱོན། རབ་བྱུང་བཞི་པའི་མེ་མོ་གླང་ལོ་༡༢༡༧ལ་དགོངས་པ་ཆོས་དབྱིངས་སུ་གཤེགས། ངེད་དཔེ་མཛོད་ཁང་དུ་མི་རིགས་དཔེ་སྐྲུན་ཁང་ནས་ཕྱིར་འབུལ་ཞུས་པའི་གྲངས་པོད་༡ ཨང་རྟགས ༣༧༣༧ དང་། ལ་དགས་པར་པོད་༥ ཀ--ཅ ཨང་རྟགས ༢༣༧༧--༢༣༨༡ བཞུགས།

止贡·觉巴久定贡布（1143—1217）：又称觉巴仁青贝，诞生于多康地区。系止贡梯寺及止贡噶举派的创始人。幼年起在热振寺等地系统学习显密教义。后拜帕竹多杰嘉布为上师，赐名仁青贝，成为帕竹喇嘛的得意门生。1177年，帕竹喇嘛圆寂，由其担任止贡梯寺的住持。建立止贡梯寺的强曲林，并聚会僧众讲经说法，据说众僧最多时达10余万人。其弟子有八图赛、八贝欠、八热巴、三岗巴、八译师、十持律等。尊师大力维修止贡梯寺，修复桑耶寺。最终在止贡梯寺圆寂，享年75岁。遗著有手抄本10函，刻本5函。西藏图书馆藏北京民族文化宫图书馆赠送的文集有1函，编号为3737；拉达克版5函，编号在2377—2391间。

E 民族宫目录中无此文集。

261.1

a 7-1

b དམ་ཆོས་དགོངས་པ་གཅིག་པའི་ཁོག་དབུབ།

法教思集

c འབྲི་གུང་སྐྱོབ་པ་འཇིག་རྟེན་མགོན་པོ་རིན་ཆེན་དཔལ།

d འབྲི་གུང་མཐིལ།（西藏拉萨墨竹工卡止贡梯寺）

e ཚོམ་གསུམ།（教诫）

f 刻本 སྡེ་ཐང་བ་ངག་དབང་མཁས་དབང་།

g 乌金 梵夹装 44.5×6

h 27 7

i 无 藏纸 黑 完整

j 封面钤有“民族文化宫图书馆藏”印，写有哲蚌寺藏书号：འབྲས། མ ༡༠༣。

261.2

a 7-2

b འཇིག་རྟེན་མགོན་པོའི་གསུང་བཞི་ཙུ་པ།

上师久定公布文集之第十四部

c

d

e ཞལ་གདམས།（教诫）

f 刻本

g 乌金 梵夹装 44.5×6

h　44　7
i　无　藏纸　黑　完整
j　封面钤有“民族文化宫图书馆藏”印，写有哲蚌寺藏书号：　འབྲས། མ ༧༠༣。

261.3
a　7-3
b　ཁྱད་པར་ལྟ་བསྒོམ་སྤྱོད་པའི་ཚོམས་ཏེ་དང་པོའོ།
　特殊观修第一集
c
d
e　ལྟ་ཁྲིད།（正见导释）
f　刻本
g　乌金　梵夹装　44.5×6
h　44　7
i　无　藏纸　黑　完整
j　封面钤有“民族文化宫图书馆藏”印，写有哲蚌寺藏书号：འབྲས། མ ༧༠༣。

261.4
a　7-4
b　བསླབ་པ་བྱང་སེམས་གནད་བསྡུས་ཀྱི་ཚོམས་གསུམ་པ་བཞུགས།
　菩提心教戒要以三集
c
d
e　བསླབ་བྱ།（教言）
f　刻本
g　乌金　梵夹装　44.5×6
h　42　7
i　无　藏纸　黑　完整
j　封面钤有“民族文化宫图书馆藏”印，写有哲蚌寺藏书号：འབྲས། མ ༧༠༣。

261.5
a　7-5

b　གསང་སྔགས་རིག་འཛིན་སྡོམ་པའི་ཆོམས།

密宗持慧集

c

d

e　སྡོམ་གསུམ་དང་འབྲེལ་བའི་བསླབ་བྱ།（三戒教言）

f　刻本

g　乌金　梵夹装　44.5×6

h　40　7

i　无　藏纸　黑　完整

j　封面钤有“民族文化宫图书馆藏”印，写有哲蚌寺藏书号：འབྲས། མ ༡༠༣。

261.6

a　7-6

b　ཆོས་ཀྱི་འཁོར་ལོའི་གནད་བསྡུས་ཀྱི་ཆོམས།

法轮要义集

c

d

e　ཤེས་བྱ་སྤྱིའི་རྣམ་བཞག（常识总论）

f　刻本

g　乌金　梵夹装　44.5×6

h　54　7

i　无　藏纸　黑　完整

j　封面钤有“民族文化宫图书馆藏”印，写有哲蚌寺藏书号：འབྲས། མ ༡༠༣。

261.7

a　7-7

b　འབྲས་བུ་སངས་རྒྱས་ཀྱི་སའི་གནད་བསྡུས་ཏེ་ཚོམས་བདུན་པ།

佛果地简要之第七部

c

d

e　ས་ལམ།（地次第）

f 刻本

g 乌金 梵夹装 44.5×6

h 14 7

i 无 藏纸 黑 完整

j 封面钤有“民族文化宫图书馆藏”印，写有哲蚌寺藏书号：འབྲས། མ ༡༠༣。

262

A 3738-3747

B རྒྱལ་སྲས་ཐོགས་མེད་བཟང་པོའི་གསུང་འབུམ།

贾色·妥美桑布文集

C

D རྒྱལ་སྲས་ཐོགས་མེད་བཟང་པོ། ས་སྐྱ། རབ་བྱུང་ལྔ་པའི་ཤིང་མོ་ལུག་ལོ་ ༡༢༩༥ ལ་ཡབ་དཀོན་མཆོག་དཔལ་དང་། ཡུམ་འབུམ་སྒྲོན་གཉིས་ཀྱི་སྲས་སུ་ས་སྐྱའི་ཕུལ་བྱུང་བྲག་སྐྱར་སྐུ་འཁྲུངས། དགུང་ལོ་བཅུ་བཞི་པར་བསམ་གླིང་པའི་གདུང་བརྒྱུད་བླ་མ་དཔལ་འབར་ནས་མཁན་པོ་གནང་ནས་རབ་བྱུང་དང་དགེ་ཚུལ་དཀྱུས་གཅིག་ཏུ་བསྒྲུབས་ཏེ་མཚན་ལ་བཟང་པོ་དཔལ་ཞེས་གསོལ། དགུང་ལོ་བཅོ་ལྔ་ལ་ཨེའི་ཆོས་གྲྭར་ཕེབས་ནས་བླ་མ་ཀུན་དགའ་རྒྱལ་མཚན་ལས་ཀུན་བཏུས་དང་བྱམས་ཆོས་སྡེ་ལྔ་སོགས་ལ་ཐོས་བསམ་ནན་ཏན་དུ་གནང་། དགུང་ལོ་ཉེར་གསུམ་པར་གསང་ཕྱོགས་ཀྱི་ཆོས་གྲྭ་ཀུན་ཏུ་གྲྭ་སྐོར་མཛད་ཅིང་མཁས་པའི་སྙན་གྲགས་རྒྱས། དགུང་ལོ་སུམ་ཅུ་ཐམ་པར་མཁན་པོ་བྱང་སེམས་རིན་ཆེན་ལས་བསྙེན་པར་རྫོགས། དགུང་ལོ་བདུན་གྱི་རིང་དུ་བོ་དོང་ཨེ་རྟ་རའི་གདན་ས་བསྐྱངས་ཤིང་འཆད་ཉན་སྤེལ། ཁོང་ནི་ལམ་རིམ་བླ་མ་བླ་བརྒྱུད་ཀྱི་བླ་མ་བདུན་ཅུ་དོན་གསུམ་པ་ཡིན། ཁོང་གི་སློབ་མའི་ཚོགས་ལས་མཆོག་ཏུ་གྱུར་པ་ནི་རྗེ་བཙུན་རེད་མདའ་བ་གཞོན་ནུ་བློ་གྲོས་ཡིན། རབ་བྱུང་དྲུག་པའི་ས་མོ་བྱ་ལོ་ ༡༣༦༩ ལ་དགོངས་ཆོས་དབྱིངས་སུ་གཤེགས། གསུང་རྩོམ་རྒྱལ་སྲས་ལག་ལེན་སོགས་ཆོས་ཚན་བརྒྱ་དང་བཅོ་ལྔ་བཞུགས། ངེད་དཔེ་མཛོད་ཁང་དུ་མི་རིགས་པོ་བྲང་ནས་ཕྱིར་འབུལ་ཞུས་པའི་གྲས་པོད་ ༡ཀ ༣༧༣༨--༣༧༤༧ བཞུགས།

贾色·妥美桑布（1295—1369）：诞生于萨迦附近，自幼父母双亡，14

岁出家，入博当密宗学院。15 岁起拜上师衮噶坚赞，系统学习《慈氏五部》等，并在后藏所有的寺院求过学，以辩论博学著称。 任博当寺住持 7 年，系菩提道次第 73 代传承喇嘛。39 岁任博当密宗学院的住持。其弟子中以热达瓦迅努洛哲最为著名。享年 75 岁。遗著在西藏图书馆藏北京民族文化宫图书馆赠送的文集有 1 函，编号为 3738-3747。

E 民族宫目录中无此函。

262.1

a 1-1

b རྒྱལ་སྲས་ཐོགས་མེད་བཟང་པོའི་བཀའ་འབུམ་ཐོར་བུ།

贾色·妥美桑布散集

c དངུལ་ཆུའི་ཆོས་རྫོང་སོགས།

d དགེ་བའི་བཤེས་གཉེན་ཐར་པ་དཔལ་སོགས།

e ཐོར་བུ།（散集）

f 刻本 བརྐོ་སྤར་།

g 乌金 梵夹装 48×6

h 238 6

i 有 藏纸 黑 完整

j 封面钤有“民族文化宫图书馆藏”印。

263

A 3748 3755

B རྒྱལ་སྲས་བློ་བཟང་ངག་དབང་ཐོགས་མེད་ཀྱི་གསུང་འབུམ།

贾色·洛桑阿旺妥美文集

C ཀ-ཆ

D རྒྱལ་སྲས་བློ་བཟང་ངག་དབང་ཐོགས་མེད་བསྟན་འཛིན་རྒྱ་མཚོ། དགེ་ལུགས། ཁོང་ནི་དུས་རབས་བཅུ་དགུ་པའི་སྨད་ཙམ་གྱི་མི་ཡིན་ཞིང་། མདོ་སྨད་ཕྱོགས་ཀྱི་མགོན་པ་ཞིག་གི་སྤྲུལ་སྐུ་མིན་ནམ་ཞེས་མི་རིགས་པོ་བྲང་གི་

དཀར་ཆག་ནང་འགོད་འདུག ངེད་དགེ་མཛོད་ཁང་དུ་མི་རིགས་པོ་བྲང་ནས་ཕྱིར་འབུལ་ཞུས་པའི་གྲས་ཡོད་ ༧ ཡང་ཧྲགས ༣༧༤༨ བཞུགས།

贾色·洛桑阿旺妥美：诞生于19世纪末。据北京民族文化宫《藏文典籍目录》记载，他很可能是多麦地区某寺院活佛。遗著在西藏图书馆藏北京民族文化宫图书馆赠送的文集有1函，编号为3748。

E 此函民族宫目录著录为7卷，西藏图书馆藏品中多出2卷。

263.1

a 9-1

b རྒྱལ་སྲས་རྡོ་རྗེ་འཆང་བློ་བཟང་ངག་དབང་ཐོགས་མེད་བསྟན་འཛིན་རྒྱ་མཚོའི་གསུང་འབུམ་དཀར་ཆག

贾色金刚持洛桑阿旺妥美丹津嘉措文集目录

c རྒྱལ་སྲས་བློ་བཟང་ངག་དབང་ཐོགས་མེད་བསྟན་འཛིན་རྒྱ་མཚོ།

d

e དཀར་ཆག（目录）

f 抄本

g 乌金 梵夹装 43×5.5

h 2 3

i 无 藏纸 黑 完整

j 封面钤有“民族文化宫图书馆藏”印。

263.2

a 9-2

b སྐྱབས་ཁྲིད་ས་བཅད།

皈依导释科判

c རྒྱལ་སྲས་བློ་བཟང་ངག་དབང་ཐོགས་མེད་བསྟན་འཛིན་རྒྱ་མཚོ།

d

e སྐྱབས་ཁྲིད།（皈依导释）

f 抄本

g 乌金 梵夹装 44×6

h 4 5
i 无 藏纸 黑 完整
j 封面钤有“民族文化宫图书馆藏”印。

263.3
a 9-3

b སྐྱབས་ཁྲིད།

皈依导释

c རྒྱལ་སྲས་བློ་བཟང་ངག་དབང་ཐོགས་མེད་བསྟན་འཛིན་རྒྱ་མཚོ།

d མཁན་ཆེན་ཡོངས་འཛིན་མཆོག

e སྐྱབས་ཁྲིད།（皈依导释）

f 抄本
g 乌金 梵夹装 45×6
h 42 5
i 无 藏纸 黑 完整
j 封面钤有“民族文化宫图书馆藏”印。

263.4
a 9-4

b སྐྱབས་ཁྲིད་རྒྱལ་བསྟན་རིན་པོ་ཆེའི་སྒོ་འབྱེད།

皈依导释·开佛教门

c རྒྱལ་སྲས་བློ་བཟང་ངག་དབང་ཐོགས་མེད་བསྟན་འཛིན་རྒྱ་མཚོ།

d

e སྐྱབས་ཁྲིད།（皈依导释）

f 抄本
g 乌金 梵夹装 44.5×6
h 30 5
i 无 藏纸 黑 完整
j 封面钤有“民族文化宫图书馆藏”印。

263.5

a　9-5

b　བྱང་ཆུབ་བདེ་ལམ་གྱི་ཟིན་བྲིས་ངོ་མཚར་ལེགས་བཤད་ཟླ་ཆོས།

菩提坦道讲说记录·希有嘉言

c　རྒྱལ་སྲས་བློ་བཟང་ངག་དབང་ཐོགས་མེད་བསྟན་འཛིན་རྒྱ་མཚོ།

d

e　ལམ་རིམ།（道次第）

f　抄本

g　乌金　梵夹装　44×6

h　83　5

i　无　藏纸　黑　完整

j　封面钤有“民族文化宫图书馆藏”印。

263.6

a　9-6

b　སྐྱབས་འགྲོའི་ཁྲིད་ཡིག་རྒྱལ་བསྟན་རིན་པོ་ཆེའི་སྒོ་འབྱེད།

皈依导释·开佛教门

c　རྒྱལ་སྲས་བློ་བཟང་ངག་དབང་ཐོགས་མེད་བསྟན་འཛིན་རྒྱ་མཚོ།

d

e　སྐྱབས་ཁྲིད།（皈依导释）

f　抄本

g　乌金　梵夹装　44.5×6

h　4　5

i　无　藏纸　黑　完整

j　封面钤有“民族文化宫图书馆藏”印。

263.7

a　9-7

b　བསྙེན་རྫོགས་པཎ་ཆེན་སྡོམ་རྒྱུན་གྱི་བརྒྱུད་འདེབས།

班禅传赐比丘戒戒律传承启请文等

c　རྒྱལ་སྲས་བློ་བཟང་ངག་དབང་ཐོགས་མེད་བསྟན་འཛིན་རྒྱ་མཚོ།

d　ཕྱག་མཛོད།

e　གསོལ་འདེབས།（启请文）

f　抄本
g　乌金　梵夹装　46×6
h　5　6
i　无　藏纸　黑　完整
j　封面钤有“民族文化宫图书馆藏”印。

263.8
a　9-8

b　སླེའུ་ལུང་རྗེ་དྲུང་རིན་པོ་ཆེའི་༧ཞབས་བརྟན་སྨོན་ཚིག

列隆大师长寿住世祈愿

c　རྒྱལ་སྲས་བློ་བཟང་ངག་དབང་ཐོགས་མེད་བསྟན་འཛིན་རྒྱ་མཚོ།

d　དགེ་སློང་བསྟན་འཛིན་འོད་ཟེར།

e　གསོལ་འདེབས།（启请文）

f　抄本
g　乌金　梵夹装　44×6
h　4　5
i　无　藏纸　黑　完整
j　封面钤有“民族文化宫图书馆藏”印；民族宫目录中无此件。

263.9
a　9-9

b　གསོལ་འདེབས།

启请文

c　རྒྱལ་སྲས་བློ་བཟང་ངག་དབང་ཐོགས་མེད་བསྟན་འཛིན་རྒྱ་མཚོ།

d

e　གསོལ་འདེབས། （启请文）

f　抄本
g　乌金　梵夹装　49×7
h　1　7
i　无　藏纸　黑　完整
j　封面钤有“民族文化宫图书馆藏”印；民族宫目录中无此件。

264
A　3749　944、562
B　དྭགས་པོ་ལྷ་རྗེའི་བསོད་ནམས་རིན་ཆེན་གྱི་གསུང་འབུམ།
塔波拉杰·索朗仁钦文集
C　ག-ཅ
D　དྭགས་པོ་ལྷ་རྗེ་བསོད་ནམས་རིན་ཆེན་ནམ་རྗེ་སྒམ་པོ་པ། （དྭགས་པོ་བཀའ་བརྒྱུད） རབ་བྱུང་དང་པོའི་ས་མོ་ལུག་ལོ་༡༠༧༩ལོ་ཡབ་སྙེ་བ་སངས་རྒྱས་རྒྱལ་པོ་དང་། ཡུམ་ཤ་མོ་བཟའ་ཚེ་ལྡམ་གཉིས་ཀྱི་སྲས་སུ་སྐུ་འཁྲུངས། དགུང་ལོ་བདུན་པར་ཡབ་ཀྱི་མདུན་ནས་ཡི་གེའི་འབྲི་ཀློག་བསླབས། རྒྱ་ཁྲི་ཐན་གྱི་སྨན་པ་གཙུག་ཕུད་ཅན་སོགས་སློབ་དཔོན་བཅུ་གསུམ་ལ་བསྟེན་ནས་ལོ་བཅུ་གསུམ་རིང་གསོ་རིག་སྦྱངས་པས་མཁས་པའི་མཐར་སོན། དགུང་ལོ་བཅུ་དྲུག་པར་མཆིམས་ཇོ་སྲས་དར་མ་འོད་ཀྱི་བུ་མོ་ཁབ་ཏུ་བཞེས། དགུང་ལོ་ཉེར་གསུམ་ལ་རིག་མ་དང་སྲས་མིང་སྲིང་གཉིས་འདས། དགུང་ལོ་ཉེར་དྲུག་ལ་དགེ་བཤེས་སློ་ལྡན་ཤེས་རབ་ལས་བསྙེན་རྫོགས་ཀྱི་སྡོམ་པ་བཞེས་ཏེ་མཚན་ལ་བསོད་ནམས་རིན་ཆེན་ཞེས་གསོལ། དགུང་ལོ་སོ་གཅིག་པར་རྗེ་བཙུན་མི་ལ་རས་པ་དང་མཇལ། རྗེ་མི་ལའི་ཐུགས་སྲས་ཀུན་གྱི་གཙུག་གི་ཏོག་ལྟར་གྱུར། དྭགས་ལྷ་སྒམ་པོར་དགོན་པ་བཏབ། དྭགས་པོ་བཀའ་བརྒྱུད་གསར་གཏོད་མཛད། སློབ་མ་གྲགས་ཆེ་བ་སྒམ་པོ་ཚུལ་ཁྲིམས་སྙིང་པོ། གསལ་སྟོང་ཤོ་སྒམ། ཁམས་སྟོན་པག་མོ་གྲུ་པ། ཀརྨ་པ་དུས་གསུམ་མཁྱེན་པ། འབའ་རོམ་དར་མ་དབང་ཕྱུག་ཞང་འགྲོ་བའི་མགོན་པོ་སོགས་ཡིན།

རབ་བྱུང་གསུམ་པའི་ཆུ་བྱ་ལོ་༡༡༥༣ལ་དགོངས་པ་མྱ་ངན་ལས་འདས། གསུང་འབུམ་པོད་གཉིས་བཞུགས། དེང་

དཔེ་མཛོད་ཁང་དུ་མི་རིགས་ཕོ་བྲང་ནས་ཕྱིར་འབུལ་ཞུས་པའི་གྲས་པོད་༡ ག--ཀ ཨང་རྟགས ༣༧༤༩ བཞུགས།

塔波拉杰·索朗仁钦（1079—1153）：塔波噶举派的创始人。7 岁开始从父学习,拜当时最有名的医学专家学习藏医学达 13 年之久。26 岁在上师洛丹西热座前出家。31 岁拜见至尊米拉日巴，最终成为米拉日巴的教派掌门人。创建塔波寺及塔波噶举派。一生弟子众多，以噶玛都松钦巴、雄卓卫贡布等著名。享年 75 岁。遗著共 2 函，西藏图书馆藏北京民族文化宫图书馆赠送的文集有 1 函，编号为 3749。

E　此函在民族宫目录著录为 944 和 562 号，西藏图书馆藏品中缺前者 5 卷、后者 3 卷。

264. 1

a　31-1

b　ཆོས་ཀྱི་རྗེ་དཔལ་ལྡན་སྒམ་པོ་པ་ཆེན་པོའི་རྣམ་པར་ཐར་པ་ཡིད་བཞིན་གྱི་ནོར་བུ་རིན་པོ་ཆེ་ཀུན་ཁྱབ་སྙན་པའི་

བ་དན་ཐར་པ་རིན་པོ་ཆེའི་རྒྱན་གྱི་མཆོག

法王具吉祥冈波钦布传·如意宝解脱宝庄严

c　དྭགས་ལྷ་དཔལ་གྱི་སྒམ་པོ།　རྗེ་སྒམ་པོ་པ།

d　ལྕགས་ཕོ་འབྲུག 铁羊龙年（1100）　རི་བོ་གཅེ།

e　རྣམ་ཐར།（传记）

f　刻本

g　乌金　梵夹装　47.5×7

h　62　7

i　无　藏纸　黑　完整

j　封面钤有“民族文化宫图书馆藏”印；民族宫目录中为 125 叶。

264. 2

a　31-2

b　ཚོགས་ཆོས་བཀྲ་ཤིས་ཕུན་ཚོགས་བཞུགས་སོ།།

会供法事·吉祥圆满

c　དྭགས་ལྷ་དཔལ་གྱི་སྒམ་པོ།　རྗེ་སྒམ་པོ་པ།

d

e ལས་ཚོགས།（业资）

f 刻本 ཞེ་གནས་སོ་སློམ་བྱང་ཡེ་ཤེས།

g 乌金 梵夹装 48×7

h 12 7

i 无 藏纸 黑 完整

j 封面钤有“民族文化宫图书馆藏”印。

264.3

a 31-3

b མགོན་པོ་ཟླ་འོད་གཞོན་ནུས་མཛད་པའི་ཚོགས་ཆོས་ལེགས་མཛེས་མ།

贡波·达俄旋努所著会供法事·善妙篇

c དྭགས་ལྷ་དཔལ་གྱི་སྒམ་པོ། རྗེ་སྒམ་པོ་པ།

d

e ལས་ཚོགས།（业资）

f 刻本

g 乌金 梵夹装 47.5×7

h 45 7

i 无 藏纸 黑 完整

j 封面钤有“民族文化宫图书馆藏”印。

264.4

a 31-4

b ཆོས་རྗེ་དྭགས་པོ་ལྷ་རྗེའི་གསུང་། ཚོགས་ཆོས་ཡོན་ཏན་ཕུན་ཚོགས།

法王塔波拉杰所著会供法事功德圆满

c དྭགས་ལྷ་དཔལ་གྱི་སྒམ་པོ། རྗེ་སྒམ་པོ་པ།

d

e ལས་ཚོགས།（业资）

f 刻本 ཆ་པ་དཔོན་ལྷ།

g 乌金 梵夹装 47.5×7

h 18 7
i 无 藏纸 黑 完整
j 封面钤有“民族文化宫图书馆藏”印。

264.5
a 31-5
b ཚོགས་ཆོས་མུ་ཏིག་གི་ཕྲེང་བ།
会供法事·珍珠鬘
c དྭགས་ལྷ་དཔལ་གྱི་སྒམ་པོ། རྗེ་སྒམ་པོ་བ།
d
e ཚོགས་ཆོས། (法会)
f 刻本
g 乌金 梵夹装 47×7
h 18 7
i 无 藏纸 黑 完整
j 封面钤有“民族文化宫图书馆藏”印。

264.6
a 31-6
b རྗེ་དྭགས་པོ་རིན་པོ་ཆེའི་ཚོགས་ཆོས་ཆེན་མོ།
塔波大师所著会供法事广篇
c དྭགས་ལྷ་དཔལ་གྱི་སྒམ་པོ། རྗེ་སྒམ་པོ་བ།
d དགེ་སློང་ཤེས་རབ་གཞོན་ནུ།
e ཚོགས་ཆོས། (法会)
f 刻本
g 乌金 梵夹装 46×7
h 19 7
i 无 藏纸 黑 完整
j 封面钤有“民族文化宫图书馆藏”印。

264.7
a 31-7

b དུས་གསུམ་མཁྱེན་པའི་ཞུ་ལན།

答堆松钦巴问

c དྭགས་ལྷ་དཔལ་གྱི་སྒམ་པོ། རྗེ་སྒམ་པོ་པ།

d

e དྲི་བ་དྲིས་ལན།（问答）

f 刻本

g 乌金 梵夹装 46×7

h 50 7

i 无 藏纸 黑 完整

j 封面钤有“民族文化宫图书馆藏”印。

264.8

a 31-8

b རྗེ་ཕག་མོ་གྲུབ་པའི་ཞུས་ལན།

答至尊帕莫珠巴问

c དྭགས་ལྷ་དཔལ་གྱི་སྒམ་པོ། རྗེ་སྒམ་པོ་པ།

d

e དྲི་བ་དྲིས་ལན།（问答）

f 刻本

g 乌金 梵夹装 46×7

h 15 7

i 无 藏纸 黑 完整

j 封面钤有“民族文化宫图书馆藏”印。

264.9

a 31-9

b རྣལ་འབྱོར་ཆོས་འབྱུང་གི་ཞུས་ལན།

瑜伽源流问答

c དྭགས་ལྷ་དཔལ་གྱི་སྒམ་པོ། རྗེ་སྒམ་པོ་པ།

d

e　དྲི་བ་དྲིས་ལན། （问答）
f　刻本
g　乌金　梵夹装　46.5×7
h　4　7
i　无　藏纸　黑　完整
j　封面钤有“民族文化宫图书馆藏”印。

264.10
a　31-10
b　སེམས་ཀྱི་མཚན་ཉིད་གབ་པ་མངོན་དུ་ཕྱུང་བ།

揭发心之隐相

c　དྭགས་ལྷ་དཔལ་གྱི་སྒམ་པོ།　རྗེ་སྒམ་པོ་བ།
d
e　མན་ངག （善言）
f　刻本
g　乌金　梵夹装　47×7
h　5　7
i　无　藏纸　黑　完整
j　封面钤有“民族文化宫图书馆藏”印。

264.11
a　31-11
b　དྭགས་པོ་ལྷ་རྗེའི་གསུང་།　དམར་ཁྲིད་གསང་ཆེན།　བར་དོའི་དམར་ཁྲིད།　འཕོ་བའི་དམར་ཁྲིད་ཞལ་གདམས་དང་བཅས་པ།

塔波拉杰所著大密直观教导、中阴直观教导、往生法直观教导语教等

c　དྭགས་ལྷ་དཔལ་གྱི་སྒམ་པོ།　རྗེ་སྒམ་པོ་བ།
d
e　སྔགས་ཀྱི་ཁྲིད་ཡིག （密宗导释）
f　刻本　བསོད་ནམས་ལྷུན་གྲུབ་ཟླ་འོད་རྒྱལ་མཚན་གྱི་པར་དུ་བགྱིས་པའོ།
g　乌金　梵夹装　47.5×7

h　15　7
i　无　藏纸　黑　完整
j　封面钤有“民族文化宫图书馆藏”印。

264.12
a　31-12
b　དྭགས་པོ་ལྷ་རྗེས་མཛད་པའི་ཕྱག་རྒྱ་ཆེན་པོའི་རྡོ་རྗེའི་ཡེ་ཤེས་དབང་དང་། ཕག་མོའི་གཞུང་མདོ་དང་བཅས་པ།
塔波拉杰所著大手印金刚智慧灌顶与帕莫之经典
c　དྭགས་ལྷ་དཔལ་གྱི་སྒམ་པོ།　རྗེ་སྒམ་པོ་བ།
d
e　དབང་བཤད།（灌顶说）
f　刻本
g　乌金　梵夹装　47×7
h　8　7
i　无　藏纸　黑　完整
j　封面钤有“民族文化宫图书馆藏”印。

264.13
a　31-13
b　དྭགས་པོ་ལྷ་རྗེའི་གསུང་སྒྲོས་བསྙན་བརྒྱུད་གསལ་བའི་མེ་ལོང་།
塔波拉杰所说耳传明镜
c　དྭགས་ལྷ་དཔལ་གྱི་སྒམ་པོ།　རྗེ་སྒམ་པོ་བ།
d
e　ཞལ་གདམས།（教诫）
f　刻本
g　乌金　梵夹装　48×7
h　11　7
i　无　藏纸　黑　完整
j　封面钤有“民族文化宫图书馆藏”印。

264.14

a 31-14

b དྭགས་པོ་ལྷ་རྗེའི་གསུང་སྒྲོས་བསྟན་བརྒྱུད་བརྗེད་བྱང་མ།

塔波拉杰所说耳传备忘录

c དྭགས་ལྷ་དཔལ་གྱི་སྒམ་པོ། རྗེ་སྒམ་པོ་བ།

d

e ཟིན་བྲིས།（笔录）

f 刻本

g 乌金 梵夹装 47.5×7

h 10 7

i 无 藏纸 黑 完整

j 封面钤有“民族文化宫图书馆藏”印。

264.15

a 31-15

b དྭགས་པོ་ལྷ་རྗེའི་གསུང་ཞལ་གྱི་བདུད་རྩི་ཐུན་མོང་མ་ཡིན་པ།

塔波拉杰所说不共之语教甘露

c དྭགས་ལྷ་དཔལ་གྱི་སྒམ་པོ། རྗེ་སྒམ་པོ་བ།

d

e ཞལ་གདམས།（教诫）

f 刻本

g 乌金 梵夹装 48×7

h 20 7

i 无 藏纸 黑 完整

j 封面钤有“民族文化宫图书馆藏”印。

264.16

a 31-16

b དྭགས་པོ་ལྷ་རྗེའི་གསུང་། ཕྱག་རྒྱ་ཆེན་པོའི་མན་ངག་ཐོག་བབས་དང་མགུར་འབུམ་རྣམས།

塔波拉杰所著大手印教授·降雷篇与道情歌集

c དྭགས་ལྷ་དཔལ་གྱི་སྒམ་པོ། རྗེ་སྒམ་པོ་བ།

d

e མན་ངག（善言）

f 刻本

g 乌金 梵夹装 47×7

h 11 7

i 无 藏纸 黑 完整

j 封面钤有“民族文化宫图书馆藏”印。

264. 17

a 31-17

b དགས་པོ་ལྷ་རྗེའི་གསུང་། ཕྱག་རྒྱ་ཆེན་པོ་གསལ་བྱེད་ཀྱི་མན་ངག

塔波拉杰所著大手印显明教授

c དྭགས་ལྷ་དཔལ་གྱི་སྒམ་པོ། རྗེ་སྒམ་པོ་བ།

d

e མན་ངག（善言）

f 刻本

g 乌金 梵夹装 47×7

h 6 7

i 无 藏纸 黑 完整

j 封面钤有“民族文化宫图书馆藏”印。

264. 18

a 31-18

b དྭགས་པོ་ལྷ་རྗེའི་གསུང་། ཕྱག་རྒྱ་ཆེན་པོ་བསམ་གྱི་མི་ཁྱབ་པའི་སྒོམ་རིམས།

塔波拉杰所著大手印不可思议修行次第

c དྭགས་ལྷ་དཔལ་གྱི་སྒམ་པོ། རྗེ་སྒམ་པོ་བ།

d

e མན་ངག（善言）

f 刻本 བསོད་ནམས་ལྷུན་གྲུབ་བླ་འོད་རྒྱལ་མཚན་གྱི་པར་དུ་བགྱིས་པའོ།།

g 乌金 梵夹装 46×7
h 9 7
i 无 藏纸 黑 完整
j 封面钤有“民族文化宫图书馆藏”印。

264.19
a 31-19
b དྭགས་པོ་ལྷ་རྗེའི་གསུང་། སྙིང་པོ་དོན་གྱི་གདམས་པ་ཕྱག་རྒྱ་ཆེན་པོའི་འབུམ་ཏིག
塔波拉杰所著要义教导大手印集萃
c དྭགས་ལྷ་དཔལ་གྱི་སྒམ་པོ། རྗེ་སྒམ་པོ་བ།
d
e ཞལ་གདམས།（教诫）
f 刻本 ཞེས་རབ་ཀུན་དགའ།
g 乌金 梵夹装 46×7
h 11 7
i 无 藏纸 黑 完整
j 封面钤有“民族文化宫图书馆藏”印。

264.20
a 31-20
b ཆོས་རྗེ་དྭགས་པོ་ལྷ་རྗེའི་གསུང་། ཕྱག་རྒྱ་ཆེན་པོ་རྩ་བ་ལ་ངོ་སྤྲོད་ཞེས་ཀྱང་བྱ་སྣང་བ་ལམ་ཁྱེར་གྱི་རྟོག་པ་ཅིག་ཆོག ཅེས་ཀྱང་བྱ་ཕྱག་རྒྱ་ཆེན་པོ་གཉུག་མ་མི་འགྱུར་བ།
法王塔波拉杰所著大手印根本认识，亦名光明道用一证万能，亦名大手印本源不变
c དྭགས་ལྷ་དཔལ་གྱི་སྒམ་པོ། རྗེ་སྒམ་པོ་བ།
d
e ཞལ་གདམས།（教诫）
f 刻本 བསོད་ནམས་ལྷུན་གྲུབ་ཟླ་འོད་རྒྱལ་མཚན་གྱི་པར་དུ་བགྱིས་པའོ།།

g　乌金　梵夹装　47×7
h　9　7
i　无　藏纸　黑　完整
j　封面钤有“民族文化宫图书馆藏”印。

264.21
a　31-21
b　ཆོས་རྗེ་དྭགས་པོ་ལྷ་རྗེའི་གསུང་།　སྙིང་པོ་ངོ་སྤྲོད་དོན་དམ་གཏེར་མཛོད།
　法王塔波拉杰所说心要认识·胜义宝藏
c　དྭགས་ལྷ་དཔལ་གྱི་སྒམ་པོ།　རྗེ་སྒམ་པོ་བ།
d
e　ཞལ་གདམས།（教诫）
f　刻本
g　乌金　梵夹装　47×7
h　12　7
i　无　藏纸　黑　完整
j　封面钤有“民族文化宫图书馆藏”印。

264.22
a　31-22
b　ཆོས་རྗེ་དྭགས་པོ་ལྷ་རྗེའི་གསུང་། རྣམ་རྟོག་དོན་ལྡན་གྱི་ངོ་སྤྲོད།
　法王塔波拉杰所说思虑·胜义认识
c　དྭགས་ལྷ་དཔལ་གྱི་སྒམ་པོ།　རྗེ་སྒམ་པོ་བ།
d
e　གདམས་ངག（教诫）
f　刻本　བསོད་ནམས་ལྷུན་གྲུབ་ཀླུ་འོད་རྒྱལ་མཚན་གྱི་པར་དུ་བགྱིས་པའོ།།
g　乌金　梵夹装　47.5×7
h　11　7
i　无　藏纸　黑　完整
j　封面钤有“民族文化宫图书馆藏”印。

264.23

a 31-23

b ཆོས་རྗེ་དྭགས་པོ་ལྷ་རྗེའི་གསུང་། སྒྲུབ་པ་སྙིང་གི་ངོ་སྤྲོད།

法王塔波拉杰所说修行心要认识

c དྭགས་ལྷ་དཔལ་གྱི་སྒམ་པོ། རྗེ་སྒམ་པོ་པ།

d

e སྒྲུབ་ཐབས།（修心法）

f 刻本 བསོད་ནམས་ལྷུན་གྲུབ་ན་འོད་རྒྱལ་མཚན་གྱི་པར་དུ་བགྱིས་པའོ།། ཤེས་རབ་ཀུན་དགའ།

g 乌金 梵夹装 47×7

h 10 7

i 无 藏纸 黑 完整

j 封面钤有“民族文化宫图书馆藏”印。

264.24

a 31-24

b ཆོས་རྗེ་དྭགས་པོ་ལྷ་རྗེའི་གསུང་། མདོ་སྔགས་ཀྱི་སྒོམ་དོན་བསྡུས་པ།

法王塔波拉杰所说显密修行摄义

c དྭགས་ལྷ་དཔལ་གྱི་སྒམ་པོ། རྗེ་སྒམ་པོ་པ།

d

e གདམས་པ།（教诫）

f 刻本 བསོད་ནམས་ལྷུན་གྲུབ་ན་འོད་རྒྱལ་མཚན་གྱི་པར་དུ་བགྱིས་པའོ།།

g 乌金 梵夹装 47.5×7

h 12 7

i 无 藏纸 黑 完整

j 封面钤有“民族文化宫图书馆藏”印。

264.25

a 31-25

b ཆོས་རྗེ་དྭགས་པོ་ལྷ་རྗེའི་གསུང་སྒྲོས་དུམ་སྒྲིགས་མ།

法王塔波拉杰之论述辑录

c དྭགས་ལྷ་དཔལ་གྱི་སྒམ་པོ། རྗེ་སྒམ་པོ་བ།

d

e གསུང་ཐོར་བུ། （散集）

f 刻本 བསོད་ནམས་ལྷུན་གྲུབ་ཟླ་འོད་རྒྱལ་མཚན་གྱི་པར་དུ་བགྱིས་པའོ།།

g 乌金 梵夹装 47×7
h 7 7
i 无 藏纸 黑 完整
j 封面钤有“民族文化宫图书馆藏”印。

264.26
a 31-26

b ཆོས་རྗེ་དྭགས་པོ་ལྷ་རྗེའི་གསུང་། བསླབ་གསུམ་རྣམ་བཞག་ལ་སོགས།

法王塔波拉杰所说三学建立等

c དྭགས་ལྷ་དཔལ་གྱི་སྒམ་པོ། རྗེ་སྒམ་པོ་བ།

d

e བསླབ་གསུམ། （三教言）

f 刻本 བསོད་ནམས་ལྷུན་གྲུབ་ཟླ་འོད་རྒྱལ་མཚན་གྱི་པར་དུ་བགྱིས་པའོ།།

g 乌金 梵夹装 47.5×7
h 20 7
i 无 藏纸 黑 完整
j 封面钤有“民族文化宫图书馆藏”印。

264.27
a 31-27

b ཆོས་རྗེ་དྭགས་པོ་ལྷ་རྗེའི་གསུང་། གནས་ལུགས་གཉིས་ཀྱི་མན་ངག་དང་གོ་ཆ་གཉིས་ཀྱི་མན་ངག

法王塔波拉杰所说二真宝教授与二披甲善言

c དྭགས་ལྷ་དཔལ་གྱི་སྒམ་པོ། རྗེ་སྒམ་པོ་བ།

d

e　མན་ངག（善言）

f　刻本　བསོད་ནམས་ལྷུན་གྲུབ་ཟླ་འོད་རྒྱལ་མཚན་གྱི་པར་དུ་བགྲིས་པའོ།།　ཤེས་རབ་ཀུན་དགའ།

g　乌金　梵夹装　47×7
h　29　7
i　无　藏纸　黑　完整
j　封面钤有“民族文化宫图书馆藏”印。

264.28
a　31-28

b　ཆོས་རྗེ་དྭགས་པོ་ལྷ་རྗེའི་གསུང་། བཀའ་ཚོམས་དང་འཕོ་བའི་ཞལ་གདམས་རྣམས།

法王塔波拉杰所说经集、往生法语教

c　དྭགས་ལྷ་དཔལ་གྱི་སྒམ་པོ།　རྗེ་སྒམ་པོ་བ།

d

e　ཞལ་གདམས་སོགས།（教诫）

f　刻本　བསོད་ནམས་ལྷུན་གྲུབ་ཟླ་འོད་རྒྱལ་མཚན་གྱི་པར་དུ་བགྲིས་པའོ།།　ཉི་ཟླ་རྡོ་རྗེ།

g　乌金　梵夹装　47×7
h　31　7
i　无　藏纸　黑　完整
j　封面钤有“民族文化宫图书馆藏”印；民族宫目录中为32叶。

264.29
a　31-29

b　ཆོས་རྗེ་དྭགས་པོ་ལྷ་རྗེའི་གསུང་།　བསྟན་བཅོས་གྲོས་འདེབས་བདུད་རྩིའི་ཕྲེང་བ།

法王塔波拉杰所说商讨论·甘露鬘与问题探讨

c　དྭགས་ལྷ་དཔལ་གྱི་སྒམ་པོ།　རྗེ་སྒམ་པོ་བ།

d

e　གདམས་པ།（教诫）

f　刻本　བསོད་ནམས་ལྷུན་གྲུབ་ཟླ་འོད་རྒྱལ་མཚན་གྱི་པར་དུ་བགྲིས་པའོ།།

g 乌金 梵夹装 47×7
h 11 7
i 无 藏纸 黑 完整
j 封面钤有“民族文化宫图书馆藏”印；民族宫目录中为 12 叶。

264.30
a 31-30
b ཆོས་རྗེ་དྭགས་པོ་ལྷ་རྗེའི་གསུང་། ཟླ་འོད་གཞོན་ནུས་མཛད་པའི་བསྡུས་བཅུད།
法王塔波拉杰所说达俄旋努所著略摄精要
c དྭགས་ལྷ་དཔལ་གྱི་སྒམ་པོ། རྗེ་སྒམ་པོ་བ།
d
e ཟླ་འོད་གཞོན་ནུས་མཛད་པའི་བསྡུས་བཅུད།（略摄精要）
f 刻本 བསོད་ནམས་ལྷུན་གྲུབ་ཟླ་འོད་རྒྱལ་མཚན་གྱི་པར་དུ་བགྱིས་པའོ།།
g 乌金 梵夹装 47×7
h 11 7
i 无 藏纸 黑 完整
j 封面钤有“民族文化宫图书馆藏”印。

264.31
a 31-31
b ཆོས་རྗེ་དྭགས་པོ་ལྷ་རྗེའི་གསུང་། མར་པའི་ཚིགས་བཅད་བརྒྱད་མའི་འགྲེལ་བ།
法王塔波拉杰所说玛尔巴八颂释
c དྭགས་ལྷ་དཔལ་གྱི་སྒམ་པོ། རྗེ་སྒམ་པོ་བ།
d
e མར་པའི་ཚིགས་བཅད་བརྒྱད་མའི་འགྲེལ་བ།（八颂释）
f 刻本 བསོད་ནམས་ལྷུན་གྲུབ་ཟླ་འོད་རྒྱལ་མཚན་གྱི་པར་དུ་བགྱིས་པའོ།། དཀོན་མཆོག་སྐྱབས།
g 乌金 梵夹装 47×7
h 6 7
i 无 藏纸 黑 完整

j 封面钤有“民族文化宫图书馆藏”印。

265

A 3750 3898

B འབྲུག་པ་ཀུན་དགའ་ལེགས་པའི་གསུང་འབུམ།

竹巴·衮噶勒巴文集

C

D འབྲུག་པ་ཀུན་དགའ་ལེགས་པ། བཀའ་བརྒྱུད། རབ་བྱུང་བརྒྱད་པའི་ཤིང་ཕག་ལོ་༡༤༥༥ལ་ཡབ་ནང་སོ་རིན་ཆེན་ བཟང་པོ་དང་། ཡུམ་དཔོན་མོ་མགོན་མོ་སྐྱིད་ཀྱི་སྲས་སུ་ཡུལ་སྐྱིད་ཤོད་དུ་སྐུ་འཁྲུངས། དགུང་ལོ་བཅུ་གསུམ་ལ་ཡབ་བཀྲོངས་སྐབས་ཨ་ནེའི་བློ་བོས་འཁྲིད་ནས་གཞིས་ཀ་རིན་སྤུངས་པའི་མི་དབང་ཀུན་ཏུ་བཟང་པོའི་ཕྱག་ཕྱིར་ཕེབས་ནས་དེར་ལོ་དྲུག་ཙམ་བཞུགས། དེ་གནས་དབུས་སུ་གནས་ངེས་མེད་དུ་བསྐོར་བར་ཕེབས། གནས་རྙིང་ཆོས་རྗེའི་དྲུང་ནས་རབ་ཏུ་བྱུང་ཞིང་དགེ་ཚུལ་གྱི་སྡོམ་པ་བླངས་ཀུན་དགའ་ལེགས་པའི་དཔལ་འབྱོར་ཞེས་པའི་མཚན་གསོལ། ཞྭ་ལུ་རྗེ་མཁྱེན་རབ་མདུན་ནས་དགེ་སློང་གི་སྡོམ་པ་བླངས། གནས་རྙིང་ཆོས་རྗེ་དང་། ཞྭ་ལུ་རྗེ་མཁྱེན་རབ། རྒྱལ་དབང་ཀརྨ་པ་བདུན་པ་ཆོས་གྲགས་རྒྱ་མཚོ། སྣག་ལུང་པ། གྲམ་པ་དཀའ་བཅུ་པ། རྫོགས་ལྡན་ལྷ་བཙུན་པ་སོགས་བླ་མ་མང་པོ་བསྟེན་ནས་ཐུན་མོང་དང་ཐུན་མོང་མིན་པའི་རིག་གནས་མཐའ་དག་ལ་མཁས་པའི་མཐར་སོན། མོན་ཡུལ་དུ་ཕེབས་ནས་མོན་ཁྲིབས་ལྷ་ཁང་བཏབ། ཁོང་གི་རིག་མ་ཞིག་བཞེས་པ་དང་དེ་ལ་སྲས་ཞིག་ཀྱང་འཁྲུངས། ཁོང་གི་སྟོན་ཤཱཀྱ་ཐུབ་པའི་རྗེས་འཇུག་འགགས་དཔོན་ཚུགས་འཛིན་པ། དཀོར་ནག་ཟ་གཉེར་ཕྱིར་ཆོས་འཚོང་བ། གྲུབ་མཐའ་ཕྱོགས་རིས་ཀྱི་རྩོད་པ་བྱས་པ་སོགས་ལ་ཟུར་ཟའི་གསུང་མང་དག་ཞིག་ཡོད། ཁོང་ས་ཕོ་བྱི་བ་ལོ་༡༥༢༨ལ་འདས་སམ་ཞེས་མི་རིགས་ཕོ་བྲང་གི་དཀར་ཆག་ནང་འཁོད་འདུག་རྣམ་ཐར་ནང་མི་གསལ། ངེད་དཔེ་མཛོད་ཁང་དུ་མི་རིགས་ཕོ་བྲང་ནས་ཕྱིར་འབུལ་ཞུས་པའི་གྲས་པོད་ ༡ ཀ། ཨང་རྟགས ༣༧༥༠ བཞུགས།

竹巴·衮噶勒巴（1455—？）：属噶举派。诞生于拉萨河下游，少年时父亲被害。20 岁左右开始云游四方。第七世噶玛巴曲扎嘉措座前聆听密宗要义。精通政教诸事。赴门域，建立寺庙，收门徒 30 余人。去世后其子将遗体迎入堆龙朗帕寺，并供于银塔内。遗著多以民间口头形式流传，内容丰富，主要以揭露藏区寺院之间教派的争端、寺院内部的勾心斗角等等。西藏图书馆藏北京民族文化宫图书馆赠送的文集有 1 函，编号为 3750。

E 此函在民族宫目录中无函号。馆藏齐全。

265.1

a 4-1

b རྣལ་འབྱོར་པའི་མིང་ཅན་ཀུན་དགའ་ལེགས་པའི་རྣམ་ཐར་བྱུང་ཚུལ་ལྷུག་པར་སྨྲས་པ་ཞིབ་མོའི་རྩིང་མོ་ཧ་ལེ་ཧོ་ལེ་ས་ཟིན་སྤུ་ཟིན་ནས་བཀོད་པ་ཅེས་བྱ་བ་བཞུགས་སོ།།

瑜伽师衮噶勒巴传·急草成章

c

d ར་ལུང་ཐེལ།（西藏日喀则热隆寺）

e རྣམ་ཐར།（传记）

f 刻本

g 乌金 梵夹装 48×6

h 168 6

i 有 藏纸 黑 完整

j 封面钤有“民族文化宫图书馆藏”印；民族宫目录中为 169 叶。

265.2

a 4-2

b རྣལ་འབྱོར་གྱི་དབང་ཕྱུག་ཆེན་པོ་ཀུན་དགའ་ལེགས་པའི་རྣམ་ཐར་གསུང་འབུམ་རྒྱ་མཚོ་ལས་དད་པའི་ཀུ་ཤས་ཆུ་ཐིགས་ཙམ་བླངས་པ་ངོ་མཚར་བདུད་རྩིའི་ཐིགས་མངར་ཅེས་བྱ་བ་བཞུགས་སོ།།

瑜伽自在师衮噶勒巴传·文集海中以净信古莎草所取之希有甘露滴

c

d

e རྣམ་ཐར།（传记）

f 刻本

g 乌金 梵夹装 48×6

h 81 6
i 有 藏纸 黑 完整
j 封面钤有“民族文化宫图书馆藏”印。

265.3
a 4-3
b རྣལ་འབྱོར་བའི་མིང་ཅན་ཀུན་དགའ་ལེགས་པའི་ཉམས་ལ་ཤར་བའི་ཐུལ་གྱི་ཆོས་སྤྱོད་འདྲ་དང་ཉམས་འཆར་ཅི་བྱུང་མ་བྱུང་བྲིས་པ་སྐྱུག་གཏད་གང་མེད་པ་དགའ་ཞིག་བཞུགས་སོ།།
瑜伽师衮噶勒巴修悟中现起之零星法行及随录悟境
c འབྲུག་པ་ཀུན་ལེགས།
d ཞབས་དྲུང་དེ་ཁང་དང་། མཁས་གྲུབ་ནམ་རིམ་སོགས།
e ཆོས་སྤྱོད།（法行）
f 刻本
g 乌金 梵夹装 48×6
h 74 6
i 有 藏纸 黑 完整
j 封面钤有“民族文化宫图书馆藏”印。

265.4
a 4-4
b རྣལ་འབྱོར་གྱི་དབང་ཕྱུག་ཀུན་དགའ་ལེགས་པའི་གསུང་འབུམ་ཐོར་བུ་བཞུགས་སོ།།
瑜伽自在师衮噶勒巴散集
c
d
e ཐོར་བུ།（散集）
f 刻本
g 乌金 梵夹装 48×6
h 29 6
i 有 藏纸 黑 完整

j 封面钤有“民族文化宫图书馆藏”印。

266

A 3751

B འབྲུག་པ་རྒྱལ་དབང་ཀུན་དགའ་དཔལ་འབྱོར་གྱི་གསུང་འབུམ།

竹巴杰旺 · 衮噶班觉文集

C

D འབྲུག་རྒྱལ་དབང་ཆོས་རྗེ་ཀུན་དགའ་དཔལ་འབྱོར། བཀའ་བརྒྱུད། རབ་བྱུང་བདུན་པའི་ས་སྤྲེལ་ལོ་༡༤༢༨ ལ་ཡབ་དཔོན་ཤེས་རབ་བཟང་པོ་དང་། ཡུམ་དཔོན་མོ་ཀུན་དགའ་འཛོམ་གཉིས་ཀྱི་སྲས་སུ་འབྲུག་ར་ལུང་གི་ཆར་གཏོགས་པའི་ཡུལ་གྲུ་སྟག་ཚང་ཁར་སྐུ་འཁྲུངས། དགུང་ལོ་བརྒྱད་པར་མཁན་པོ་ཀུན་དགའ་དཔལ་བའི་སྤྱན་སྔར་རབ་ཏུ་བྱུང་ཞིང་དགེ་ཚུལ་གྱི་སྡོམ་པ་བླངས། མཚན་ལ་ཀུན་དགའ་དཔལ་འབྱོར་ཞེས་གནང་། འབྲུག་ར་ལུང་དང་ཉེ་བའི་རི་ཁྲོད་རྣམས་སུ་བྱོན་ནས་ཉམས་ལེན་མཛད། མཁན་པོ་དོན་གྲུབ་དཔལ་ལས་བསྙེན་རྫོགས་ཀྱི་སྡོམ་པ་བླངས། བྱམས་པ་གླིང་པ་བསོད་ནམས་རྣམ་རྒྱལ། འགྲོ་མགོན་དབང་ཕྱུག་བློ་གྲོས། རྣལ་འབྱོར་དབང་ཕྱུག་གུ་ཎ་རཏྣ། འབྲས་སྤུངས་ཆོས་རྗེ་བཀྲ་ཤིས་དཔལ་ལྡན། བླ་མ་ཡོན་ཏན་བཟང་པོ། པཎ་ཆེན་ནགས་ཀྱི་རིན་ཆེན། ཆོས་རྗེ་ཨ་མོ་གྷ་ཤྲཱི། འབར་ར་བ་ནམ་མཁའ་རྒྱལ་མཚན་སོགས་ལས་ཆོས་འབྲེལ་མང་པོ་ཞུས། དགུང་ལོ་ཞེ་གསུམ་ལ་དྭགས་པོ་ཟླ་འོད་གཞོན་ནུའི་གདན་ཁྲིར་བཞུགས། བུ་ཆུའི་གནས་སྒོ་ཆེ། སྒྲུབ་པ་ཉམས་ལེན་ལ་ཞུགས་པའི་སློབ་མ་ཉམས་རྟོགས་ཅན་མང་པོ་བྱུང་། རབ་བྱུང་བརྒྱད་པའི་མེ་ཕོ་སྤྲེལ་ལོ་༡༤༧༦ལ་དགོངས་པ་རྫོགས། དེང་དཔེ་མཛོད་ཁང་དུ་མི་རིགས་པོ་བྲང་ནས་ཕྱིར་འབུལ་ཞུས་པའི་གྲས་པོད་༡ ཨང་རྟགས ༠༣༧༥༡ བཞུགས།

竹巴杰旺 · 衮噶班觉（1428—1476）：属噶举派。诞生于不丹。8 岁受沙弥戒，与强林班钦 · 索朗朗杰、哲邦曲杰扎西贝丹等高僧大德广结法缘。43 岁任塔波达沃讯努寺的法台。其培养的弟子以修行为主。西藏图书馆藏北京民族文化宫图书馆赠送的文集有 1 函，编号为 3751。

E 此函无函号，民族宫目录著录为 20 卷，西藏图书馆藏品中缺一卷《赞颂类》，又一卷为民族宫目录中无。

266.1

a 20-1

b དཀར་ཆག་དཔེ་རྫི་དང་བཅས་པ་བཞུགས།

目录

c

d

e དཀར་ཆག（目录）

f 刻本 ཆོས་རྒྱལ་ལྷུན་པོ།（曲吉伦布）

g 乌金 梵夹装 48×6

h 2 6

i 无 藏纸 黑 完整

j 封面钤有“民族文化宫图书馆藏”印。

266.2

a 20-2

b དཔལ་ལྡན་བླ་མ་དམ་པའི་མཛད་པ་རྨད་དུ་བྱུང་བ་ངོ་མཚར་བདུད་རྩིའི་ཐིགས་པ་ཞེས་བྱ་བ་བཞུགས།

具德上师希有法行·希有甘露滴

c ཨ་བ་དྷུ་ཏི་པ་རིན་ཆེན་རྣམ་རྒྱལ།

d ས་མོ་ཕག་ལོ། 土阴猪年[①] དཔལ་ར་ལུང་ཐེལ་གྱི་དབེན་གནས།（西藏日喀则热隆寺）

ཤར་ཁ་རས་ཆེན་པ་སོགས།

e རྣམ་ཐར།（传记）

f 刻本 ཆོས་རྒྱལ་ལྷུན་པོ།（曲吉伦布）

g 乌金 梵夹装 48×6

h 25 7

i 有 藏纸 黑 完整

j 封面钤有“民族文化宫图书馆藏”印。

---

① 与作者生卒年接近的土猪年为 1719 年或 1779 年，均不在作者生卒年范围之内。

266.3
a 20-3

b བཀའ་རྒྱུད་ཀུན་གྱི་དབུས་ན་མངོན་མཐོ་བརྒྱལ་བའི་གདུང་འཛིན་རྒྱལ་དབང་ཆོས་ཀྱི་རྗེ།དཔལ་ལྡན་འབྲུག་པའི་གསུང་དག་རྡོ་རྗེའི་མགུར། ཐབ་ཡངས་འབྲུག་གི་སྒྲ་ཆེན་འདི་སྒྲགས་སོ།།

竹巴噶举派之金刚道歌

c

d གྱུ་ཞུན་གྱི་ཟླ་བའི་དཀར་པོའི་ཕྱོགས་ཀྱི་དགའ་བ་དང་པོ། པྲཛཱའི་མིང་ཅན།

e མགུར།（道歌）

f 刻本 ཆོས་རྒྱལ་ལྷུན་པོ།（曲吉伦布）

g 乌金 梵夹装 48×6
h 18 7
i 有 藏纸 黑 完整
j 封面钤有“民族文化宫图书馆藏”印；民族宫目录中无此件。

266.4
a 20-4

b ཞལ་གདམས་རིན་ཆེན་ཕྲེང་བ་ཚིགས་སུ་བཅད་པ་ཉུང་ངུའི་རིམ་པ་བཞུགས་སོ།།

教诫宝鬘·部分偈颂列编

c
d

e ཞལ་གདམས།（教诫）

f 刻本 ཆོས་རྒྱལ་ལྷུན་པོ།（曲吉伦布） དཔལ་ན་རིངས་པ་སུ་པྲ་ཏྲུ་ཤྲི་ཧྲ་ད།

g 乌金 梵夹装 48×6
h 15 7
i 有 藏纸 黑 完整
j 封面钤有“民族文化宫图书馆藏”印。

266.5
a 20-5

b ཞལ་གདམས་དྲི་ལན་དང་བཅས་པ་བཞུགས།

教诫及问答

c

d

e ཞལ་གདམས། (教诫)

f 刻本 ཆོས་རྒྱལ་ལྷུན་པོ། (曲吉伦布)

g 乌金 梵夹装 48×6

h 40 7

i 有 藏纸 黑 完整

j 封面钤有“民族文化宫图书馆藏”印。

266.6

a 20-6

b དཔལ་བརྟག་པ་གཉིས་པའི་རྒྱུད་ཀྱི་ཟིན་བྲིས་བཞུགས།

喜金刚二品续笔录

c

d

e རྒྱུད། (续部)

f 刻本 ཆོས་རྒྱལ་ལྷུན་པོ། (曲吉伦布)

g 乌金 梵夹装 48×6

h 25 7

i 有 藏纸 黑 完整

j 封面钤有“民族文化宫图书馆藏”印。

266.7

a 20-7

b གསུང་ངག་ནོར་བུ་རིམ་པར་བརྒྱུས་པ་དུམ་བུ་ཁྲིགས་སུ་བཀོད་པ་བཞུགས།

教言宝联珠列编

c

d

e བསླབ་བྱ། (教言)

f 刻本 ཆོས་རྒྱལ་ལྷུན་པོ། (曲吉伦布)

g 乌金 梵夹装 48×6
h 36 7
i 有 藏纸 黑 完整
j 封面钤有“民族文化宫图书馆藏”印。

266.8
a 20-8

b རྣལ་འབྱོར་བཞིའི་ཞལ་གདམས་གསང་ཆེན་གྲུབ་པའི་ཀློང་ཡངས་ཞེས་བྱ་བ་བཞུགས་སོ།།

四瑜伽教诫·密乘大师成就之广域

c བསྒྲིགས་པ་པོ་ནི་བསོད་ནམས་མཆོག་ལྡན།

d དཔལ་ར་ལུང་ཐེལ་གི་སྒྲུབ་གླིང་ཆེན་པོ།（西藏日喀则热隆寺）

e ཞལ་གདམས།（教诫）

f 刻本 ཆོས་རྒྱལ་ལྷུན་པོ།（曲吉伦布）

g 乌金 梵夹装 48×6
h 21 7
i 无 藏纸 黑 完整
j 封面钤有“民族文化宫图书馆藏”印。

266.9
a 20-9

b བཞི་ཆོས་ཞལ་གདམས་བཞུགས་སོ།།

四法教诫

c

d

e ཞལ་གདམས།（教诫）

f 刻本 ཆོས་རྒྱལ་ལྷུན་པོ།（曲吉伦布）

g 乌金 梵夹装 48×6
h 20 7
i 无 藏纸 黑 完整
j 封面钤有“民族文化宫图书馆藏”印。

266.10
a 20-10
b ཟབ་དོན་དགོངས་པའི་གཏེར་མཛོད་གྲུབ་པའི་ཤིང་རྟ་ཞེས་བྱ་བ་བཞུགས་སོ།།
甚深义密意藏·成就车轨
c
d
e སྣ་ཚོགས།（汇编）
f 刻本 ཆོས་རྒྱལ་ལྷུན་པོ།（曲吉伦布）
g 乌金 梵夹装 48×6
h 36 7
i 有 藏纸 黑 完整
j 封面钤有“民族文化宫图书馆藏”印。

266.11
a 20-11
b དཔལ་འཁོར་ལོ་བདེ་མཆོག་གི་སྔོན་དཀྱིལ་བཞུགས་སོ།།
吉祥胜乐轮现证曼荼罗仪轨
c འཛིན་བྱེད་ཀྱི་ལོ་ནག་པ་ཟླ་བའི་མར་ངོའི་ཚེས་དགའ་དང་པོ་ལ།
d གྲུབ་པའི་དབེན་གནས་དག་པ་དཔལ་ར་ལུང་ཐེལ་གྱི་ཡང་དགོན།（西藏日喀则热隆寺）
e ཆོ་ག（仪轨）
f 刻本 ཆོས་རྒྱལ་ལྷུན་པོ།（曲吉伦布） སུ་རྒྱ་ཙ་ན་དུ་ལ་སོགས།
g 乌金 梵夹装 48×6
h 18 7
i 有 藏纸 黑 完整
j 封面钤有“民族文化宫图书馆藏”印。

266.12
a 20-12
b རྡོ་རྗེ་རྣལ་འབྱོར་མ་སྒྲུབ་ཅིང་མཆོད་པའི་ཆོ་ག་བཞུགས།
金刚瑜伽母修供仪轨

c རྣལ་འབྱོར་བ་རྒྱལ་དབང་།

d ཛྙཱ་ཕྱོགས་ཀྱི་རྒྱུད་གྲུབ་པའི་ཞིང་མཆོག་ཙ་རི་ཏྲ་དང་ཉེ་བའི་གནས།

e ཆོ་ག（仪轨）

f 刻本 ཆོས་རྒྱལ་ལྷུན་པོ།（曲吉伦布）

g 乌金 梵夹装 48×6
h 5 7
i 无 藏纸 黑 完整
j 封面钤有“民族文化宫图书馆藏”印。

266.13
a 20-13

b བླ་མ་མོས་གུས་ཀྱི་ཁྲིད་ཡིག་བཞུགས་སོ།།

敬信上师之教导

c རྣལ་འབྱོར་བ་རྒྱལ་དབང་།

d ཡོངས་སུ་དག་པའི་གནས་ཙ་རི་ཏྲ་ཙ་གོང་གི་ནགས་ཁྲོད།

e བསླབ་ཁྲིད།（教言导释）

f 刻本 ཆོས་རྒྱལ་ལྷུན་པོ།（曲吉伦布）

g 乌金 梵夹装 48×6
h 14 7
i 有 藏纸 黑 完整
j 封面钤有“民族文化宫图书馆藏”印。

266.14
a 20-14

b ཕྱག་རྒྱ་ཆེན་པོ་ལྷན་ཅིག་སྐྱེས་སྦྱོར་གྱི་ཁྲིད་ཡིག་བཞུགས་སོ།།

大手印俱生和合教导

c རིག་པ་འཛིན་པ་རྒྱལ་དབང་།

d ཞྭ་གོང་ཏྲ་ཀི་གསང་བའི་ཕྱག་པ།

e ཕྱག་ཆེན་ཁྲིད། （大法手印导释）

f 刻本 ཆོས་རྒྱལ་ལྷུན་པོ།（曲吉伦布） ཤར་དགས་པོའི་བཙུན་པ་མ་ཧེ་ཏྲ་ཚྭ་བོ་ཤུ་རྡོ།

g 乌金 梵夹装 48×6
h 7 7
i 无 藏纸 黑 完整
j 封面钤有“民族文化宫图书馆藏”印。

266.15
a 20-15

b དཔལ་ན་རོ་ཆོས་དྲུག་གི་ཁྲིད་ཡིག་མཆོག་གི་གྲུ་ཆེན་དང་གསང་སྤྱོད་ཟློག་སྒོམ་གྱི་ཁྲིད་ཡིག་ཟིལ་ནོན་སེང་གེའི་ང་རོ་བཞུགས་སོ།།

纳若六法教导·殊胜大筏及密行逆修教导·威慑之狮子吼音

c རྒྱལ་དབང་།

d གནས་མཆོག་ཞྭ་རི།

e ན་རོ་ཆོས་དྲུག་གི་ཁྲིད། （纳若六法导释）

f 刻本 ཆོས་རྒྱལ་ལྷུན་པོ།（曲吉伦布） ཤར་དགས་པོའི་སྟོན་སྒོམ་མ་ཧེ་ཏྲ་ཚའོ།།

g 乌金 梵夹装 48×6
h 18 7
i 有 藏纸 黑 完整
j 封面钤有“民族文化宫图书馆藏”印。

266.16
a 20-16

b དག་སྣང་ཞིང་སྦྱོང་གི་ཁྲིད་ཡིག་སྐུ་གསུམ་ངོ་སྤྲོད་བཞུགས་སོ།།

炼习净相刹土教导·三身解说

c འབྲུག་པ་རིན་པོ་ཆེ་རྒྱལ་དབང་ཆོས་རྗེ།

d ཐོད་ཀ༹་ཀི་གསང་བའི་ཕུག་པ།

e སྐུ་གསུམ་ངོ་སྤྲོད།（三佛身介绍）

f 刻本 ཆོས་རྒྱལ་ལྷུན་པོར།（曲吉伦布） ཤར་པོ་འཁོར་གྱི་སྟེ་སྤྱོད་འཛིན་པ་སངས་རྒྱས་འབུམ་མོ།།

g 乌金 梵夹装 48×6

h 11 7

i 有 藏纸 黑 完整

j 封面钤有“民族文化宫图书馆藏”印。

266.17

a 20-17

b ཆོས་བརྒྱད་མགོ་སྙོམས་ཀྱི་ཁྲིད་ཡིག་བདེ་ཆེན་རོལ་པའི་རྒྱ་གཏེར་བཞུགས་སོ།།

八法平等教导·大乐游戏海

c

d

e ཁྲིད་ཡིག（导释）

f 刻本 ཆོས་རྒྱལ་ལྷུན་པོར།（曲吉伦布）

g 乌金 梵夹装 48×6

h 7 7

i 有 藏纸 黑 完整

j 封面钤有“民族文化宫图书馆藏”印。

266.18

a 20-18

b བྱམས་སྙིང་རྗེ་བྱང་ཆུབ་ཀྱི་སེམས་ཁྲིད་བཞུགས་སོ།།

慈悲菩提心教导

c

d ཐོད་གོང་མཁའ་འགྲོ་གསང་བའི་ཕུག

e སེམས་བསྐྱེད།（发心）

f 刻本 ཆོས་རྒྱལ་ལྷུན་པོ།（曲吉伦布） ཤར་པོ་འཁོར་གྱི་དཀའ་བཅུ་པ་སངས་རྒྱས་འབུམ་མོ།

g 乌金 梵夹装 48×6
h 3 7
i 有 藏纸 黑 完整
j 封面钤有“民族文化宫图书馆藏”印。

266.19
a 20-19
b རྒྱུ་འབྲས་རྟེན་འབྲེལ་གྱི་ཁྲིད་ཡིག་བདེ་ཆེན་མཉམ་པའི་མེ་ལོང་བཞུགས་སོ།།
因果缘起教导·大乐平等明镜
c རྒྱལ་དབང་།
d ནྣ་གོང་ཊ་ཀི་གསང་བའི་ཕྱུག
e རྟེན་འབྲེལ།（因缘）
f 刻本 ཆོས་རྒྱལ་ལྷུན་པོ།（曲吉伦布）
g 乌金 梵夹装 48×6
h 10 7
i 无 藏纸 黑 完整
j 封面钤有“民族文化宫图书馆藏”印。

266.20
a 20-20
b འབྲུག་པ་རིན་པོ་ཆེའི་ཁྲིད་ཆུང་བརྒྱད་ཀྱི་གདམས་པ་ཀུན་ལ་མེད་པའི་ཁྱད་ཆོས་བཞུགས་སོ།།
竹巴大师八小教导·罕有差别
c
d
e གདམས་པ།（教诫）
f 刻本 ཆོས་རྒྱལ་ལྷུན་པོ།（曲吉伦布）
g 乌金 梵夹装 48×6
h 9 7
i 有 藏纸 黑 完整
j 封面钤有“民族文化宫图书馆藏”印。

267

A 3752 3691

B དྲུང་ཆེན་ཤེས་རབ་རྒྱ་མཚོའི་གསུང་འབུམ།

仲钦·喜饶嘉措文集

C ཀ།

D དྲུང་ཆེན་ཤེས་རབ་རྒྱ་མཚོ། དགེ་ལུགས། རབ་བྱུང་བཅུ་གསུམ་པའི་ཆུ་མོ་ཕག་ལོ་༡༨༠༣ལ་ཡབ་སོག་རིགས་ནོ་ཁོ་དང་ཡུམ་ཅོ་ན་ཐར་གྱི་སྲས་སུ་རྩེ་གཞུང་ཁོངས་ཀྱི་ཐག་དམར་མདོར་སྐུ་འཁྲུངས། ཁུ་བོ་ཇེ་སང་བླ་མ་ངག་དབང་འདུལ་འཛིན་སློབ་དཔོན་བསྟེན་ནས་ཡིག་རིགས་སྣ་ཚོགས་འབྲི་ཀློག་ལ་འགྲན་ཟླ་བྲལ་བ་བྱུང་། དགུང་ལོ་བཅུ་དྲུག་ལ་བླ་བྲང་བཀྲ་ཤིས་འཁྱིལ་དུ་ཕེབས། ལོ་འདིར་རྗེ་རམས་པ་དཀོན་མཆོག་དགེ་འདུན་ལས་དགེ་བསྙེན་དང་རབ་བྱུང་གི་སྡོམ་པ་ཞུས། བླ་བྲང་བཀྲ་ཤིས་འཁྱིལ་གྱི་གྲྭ་ཚང་བཞིའི་ཡ་གྱལ་ཐོས་བསམ་གླིང་གྲྭ་ཚང་གི་ཆོས་གྲྭར་བཞུགས། དགུང་ལོ་བཅུ་བདུན་ལ་གུང་ཐང་བསྟན་པའི་སྒྲོན་མེའི་སྤྱན་སྔར་དགེ་ཚུལ་གྱི་སྡོམ་པ་མནོས། འཇམ་བཞད་བློ་བཟང་ཐུབ་བསྟན་འཇིགས་མེད་རྒྱ་མཚོས་མཁན་པོ་མཛད་དེ་བསྙེན་རྫོགས་ཀྱི་སྡོམ་པ་བཞེས་པ་དང་ཤེས་རབ་རྒྱ་མཚོ་ཞེས་མཚན་གནང་། འཇམ་བཞད་བློ་བཟང་ཐུབ་བསྟན་འཇིགས་མེད་རྒྱ་མཚོ། དཀོན་མཆོག་བསྟན་པའི་སྒྲོན་མེ། སྡེ་ཁྲི་འཇམ་དབྱངས་ཐུབ་བསྟན་ཉི་མ། དཔལ་མང་དཀོན་མཆོག་རྒྱལ་མཚན་སོགས་མཁས་དབང་བཅུ་ཕྲག་གསུམ་ལ་ཉེ་བ་བསྟེན་ནས་དབང་ལུང་ཁྲིད་མང་པོ་ཞུས། རབ་བྱུང་བཅོ་ལྔ་པའི་ཤིང་ཕག་ལོ་༡༨༧༥ལ་སྐུ་གཤེགས། གསུང་རྩོམ་ཁྱོན་བསྡོམས་པོད་ཉེ་ཤུ་ཡོད་སྐད་ཀྱང་། འདིར་དཔེ་མཛོད་ཁང་དུ་མི་རིགས་ཕོ་བྲང་ནས་ཕྱིར་འབུལ་ཞུས་པའི་གྲངས་པོད་༤ ཀ ཁ ཅ ཆ ཨང་རྟགས ༣༧༥༢--༣༧༥༥ བཞུགས།

仲钦·喜饶嘉措（1803—1875）：属格鲁派。曾系拉卜楞寺的大秘书。诞生于多麦泽库一带，父母皆系蒙古族。六、七岁开始学习书法及多种文字。在嘉木样协巴座前剃度为僧，16 岁入拉卜楞寺闻思扎仓。17 岁，在贡唐丹贝仲美座前受沙弥戒。拜阿莽班智达、德瓦·降央图丹尼玛等三十余名高僧大德学习显密。在拉卜楞寺的冬季辩论会上脱颖而出。据说其专著有 24 函。西藏图书馆藏北京民族文化宫图书馆赠送的文集有 4 函，编号为 3752—3755。

E　此函民族宫目录著录为17卷，西藏图书馆藏品中缺一卷：《甘丹耳传教授宝库至尊喜饶嘉措ཀ字函目录》。

267.1

a　16-1

b　ཞབས་བརྟན་གསོལ་འདེབས་ཀྱི་འགྲེལ་པ་ཤེས་ལྡན་དད་པའི་ཆུ་གཏེར་འཕེལ་བའི་ཟླ་ཤེལ་ཕྲེང་བ་ཞེས་བྱ་བ་བཞུགས་སོ།།

长久住祈启请文释·智增长信海之月晶鬘

c　བཙུན་གཟུགས་ངག་དབང་ཐུབ་བསྟན་རྒྱ་མཚོ།

d　སྨྲོས་ལྡན་གྱི་ལོའི་ས་གའི་ཡར་ཚེས་བཟང་པོར། 土兔年（1819）藏历四月

དགེ་སློང་བྱམས་པ་རྒྱ་མཚོ།

e　བསྟོད་འགྲེལ།（赞释）

f　刻本

g　乌金　梵夹装　48×6

h　88　6

i　有　藏纸　黑　完整

j　封面钤有“民族文化宫图书馆藏”印。

267.2

a　16-2

b　འཕགས་ཡུལ་མཁས་གྲུབ་ཡོངས་ཀྱི་གཙུག་རྒྱན་གྲུབ་པའི་སློབ་དཔོན་ཆེན་པོ་མི་ཏྲ་ཛོ་གིའི་རྟོགས་པ་བརྗོད་པ་ཟུང་འཇུག་གྲུབ་པའི་གཏམ་སྙན་ཞེས་བྱ་བ་བའི་ཏ་ར་རི་སྨཿ

印度善巧成就之顶严大成就轨范师弥扎卓基传·双运成就妙语

c　བིཛྫུ་ཕྲ་རྣོག་རས།

d　དགའ་ལྡན་ཆོས་འཁོར་གླིང་།（甘肃噶丹曲廓林寺）

e　རྟོགས་བརྗོད།（传记）

f　刻本

g 乌金 梵夹装 48×6
h 3 6
i 无 藏纸 黑 完整
j 封面钤有“民族文化宫图书馆藏”印。

267.3
a 16-3
b རྗེའི་བསྟོད་པ་རྩ་འགྲེལ་གྱི་བཤད་ལུང་གི་བརྗེད་བྱང་ཐོར་བུ་ནོར་བུའི་ཕྲ་ཚོམ་ཞེས་བྱ་བ་བཞུགས་སོ།།

至尊宗喀巴赞本释说教随闻录散集·宝簇

c བཙུན་གཟུགས་ཤེས་རབ་རྒྱ་མཚོ།

d

e བསྟོད་པ།(赞颂)

f 刻本
g 乌金 梵夹装 48×6
h 35 6
i 无 藏纸 黑 完整
j 封面钤有“民族文化宫图书馆藏”印。

267.4
a 16-4
b རྟེན་འབྲེལ་བསྟོད་པ་རྩ་འགྲེལ་གྱི་བཤད་ལུང་གི་བརྗེད་བྱང་ཐུབ་དབང་དགྱེས་པའི་མཆོད་སྤྲིན་ཞེས་བྱ་བ་

བཞུགས་སོ།།

缘起赞本释说教随闻录·能仁王喜悦之供养云

c བཙུན་གཟུགས་ཤེས་རབ་རྒྱ་མཚོ།

d

e བསྟོད་པ།(赞颂)

f 刻本
g 乌金 梵夹装 48×6
h 39 6
i 无 藏纸 黑 完整
j 封面钤有“民族文化宫图书馆藏”印。

267.5

a 16-5

b སྲས་རྒྱུད་ལུགས་ཀྱི་བླ་མའི་རྣལ་འབྱོར་དགའ་ལྡན་ལྷ་བརྒྱ་མར་གྲགས་པའི་ཁྲིད་ཀྱི་ཟིན་བྲིས་དངོས་གྲུབ་ནོར་བུའི་

སྙེ་མ་ཞེས་བྱ་བ་བཞུགས་སོ།།

色派传规之上师瑜伽喜足天众导引笔录·悉地宝穗

c དགེ་སློང་ཤེས་རབ་རྒྱ་མཚོ།

d

e བླ་མའི་རྣལ་འབྱོར།（上师瑜伽）

f 刻本

g 乌金　梵夹装　48×6

h 28　6

i 无　藏纸　黑　完整

j 封面钤有"民族文化宫图书馆藏"印。

267.6

a 16-6

b སྲད་རྒྱུད་ལུགས་ཀྱི་བླ་མའི་རྣལ་འབྱོར་དགའ་ལྡན་ལྷ་བརྒྱ་མའི་དམིགས་རིམ་བརྗེད་བྱང་དུ་བཀོད་པ་ཟབ་ལམ་

ནོར་བུའི་གན་མཛོད་ཅེས་བྱ་བ་བཞུགས་སོ།།

色派传规之上师瑜伽喜足天众所缘次第随闻录·甚深道宝库

c དགེ་སློང་ཤེས་རབ་རྒྱ་མཚོ།

d

e བླ་མའི་རྣལ་འབྱོར།（上师瑜伽）

f 刻本　ཆོས་རྒྱལ་ལྷུན་པོ།

g 乌金　梵夹装　48×6

h 16　6

i 无　藏纸　黑　完整

j 封面钤有"民族文化宫图书馆藏"印。

267.7

a 16-7

b　དགའ་ལྡན་ལྷ་བརྒྱ་མའི་གཞུང་བཤད་ཀྱི་ཁྲིད་ཀྱི་ཟིན་བྲིས་བཞུགས་སོ།།

喜足天众引申讲解笔录

c

d

e　བླ་མའི་རྣལ་འབྱོར།（上师瑜伽）

f　刻本

g　乌金　梵夹装　48×6

h　13　6

i　无　藏纸　黑　完整

j　封面钤有“民族文化宫图书馆藏”印。

267.8

a　16-8

b　རྗེ་བདག་ཉིད་ཆེན་པོའི་སྲས་ཀྱི་ཐུ་བོ་མཁས་གྲུབ་སྨྲ་བའི་ཉི་མ་ལ་ཅིག་བརྒྱུད་དུ་བསྟེལ་བའི་བླ་མའི་རྣལ་འབྱོར་

གྱི་བརྗེད་བྱང་གྲུབ་གཉིས་དགའ་སྟོན་ཞེས་བྱ་བ་བཞུགས།

至尊宗喀巴大师单传首要弟子克珠杰之上师瑜伽法备忘录·两种成就喜宴

c　དགེ་སློང་ཤེས་རབ་རྒྱ་མཚོ།

d

e　བླ་མའི་རྣལ་འབྱོར།（上师瑜伽）

f　刻本

g　乌金　梵夹装　48×6

h　8　6

i　无　藏纸　黑　完整

j　封面钤有“民族文化宫图书馆藏”印。

267.9

a　16-9

b　སྲས་རྒྱུད་ལུགས་ཀྱི་དགའ་ལྡན་འཕོ་ཁྲིད་ཀྱི་བརྗེད་བྱང་མི་ཕམ་བླ་མའི་ཞལ་ལུང་ཞེས་བྱ་བ་བཞུགས་སོ།།

色派传规之往生兜率导引备忘录·无能胜上师口传

c　དགེ་སློང་ཤེས་རབ་རྒྱ་མཚོ།

d　གར་འདུག་ཞུང་རིགས་དགའ་ཚལ།

e　འཕོ་ཁྲིད།(往生导释)

f　刻本
g　乌金　梵夹装　48×6
h　9　6
i　无　藏纸　黑　完整
j　封面钤有“民族文化宫图书馆藏”印。

267.10
a　16-10

b　རྗེ་བདག་ཉིད་ཆེན་པོ་སོགས་ཀྱི་སྐུ་བརྙན་འགའ་ཞིག་གི་ལོ་རྒྱུས་ཅུང་ཟད་བརྗོད་པ་མཉན་པར་འོས་པའི་གཏམ་

　ཀྱི་ཕྲེང་བ་བཞུགས་སོ།།

　至尊宗喀巴大师等部分身像之史事略说·堪闻语鬘
c
d

e　ལོ་རྒྱུས།(历史)

f　刻本
g　乌金　梵夹装　48×6
h　12　6
i　无　藏纸　黑　完整
j　封面钤有“民族文化宫图书馆藏”印。

267.11
a　16-11

b　ཡོངས་སུ་གྲགས་པའི་སྨོན་ལམ་ལྔའི་གཞུང་གི་མཚམས་རྣམ་པར་འབྱེད་པ་གསལ་བྱེད་ཉི་མའི་ཕྲེང་བ་ཞེས་བྱ་

　བ་བཞུགས་སོ།།

　共许之五种愿文分析·能显日光鬘

c　བཙུན་གཟུགས་ཤེས་རབ་རྒྱ་མཚོ།

d　རང་གི་སྐྱེ་ཡུལ་རྩེ་གཞུང་ས་ཡི་ཐིག་ལེ།

e　སྨོན་འགྲེལ།(祈愿释)

f　刻本
g　乌金　梵夹装　48×6
h　14　6
i　无　藏纸　黑　完整
j　封面钤有“民族文化宫图书馆藏”印。

267.12
a　16-12

b　སྐྱབས་མགོན་སྐུ་ཕྲེང་གསུམ་པ་ཆོས་གྲྭར་ཕེབས་སྐབས་ཀྱི་ཉིན་དང་པོའི་ཚོགས་གཏམ་གྱི་ཟིན་ཐོ་ཆོས་སྲིད་ལུགས་བརྒྱའི་སྣང་བ་དགེ་ལེགས་བྱེ་བའི་ལམ་དུ་འདྲེན་པའི་ཤིང་རྟ་དང་། དེའི་དུས་མཆོད་འབྲེལ་བའི་རྣམ་ཐར། བསླབ་བྱ་གྲུལ་འཕྲོས། བླ་མའི་ཞལ་གདམས་གདུང་སེལ་སྨན་གྱི་ཐིགས་པ་བཅས་བཞུགས་སོ།།

第三世嘉木样至经院第一日训词笔记·引教政百事入福善妙道之车与所载教言、及其与期供相关之史事、谆谆教言、上师语教·除苦良药

c　དགེ་སློང་ཤེས་རབ་བཟང་པོ།

d　དགའ་ལྡན་ཆོས་འཁོར་གླིང་སོགས།（甘肃噶丹曲廓林寺）

e　ཞལ་གདམས།

f　刻本
g　乌金　梵夹装　48×6
h　16　6
i　无　藏纸　黑　完整
j　封面钤有“民族文化宫图书馆藏”印。

267.13
a　16-13

b　དཔལ་དུས་ཀྱི་འཁོར་ལོའི་ཐུགས་དཀྱིལ་གྱི་འདོན་བསྒྲིགས་བདུད་རྩིའི་བུམ་བཟང་ཞེས་བྱ་བ་བཞུགས་སོ།།

吉祥时轮意曼荼罗念诵编·甘露妙瓶

c
d

e　ཆོ་ག(仪轨)

f 刻本
g 乌金 梵夹装 48×6
h 20 6
i 无 藏纸 黑 完整
j 封面钤有“民族文化宫图书馆藏”印。

267.14
a 16-14
b དཔལ་དུས་ཀྱི་འཁོར་ལོའི་བསྐྱེད་རིམ་གྱི་རྣམ་བཞག་འཇམ་དཔལ་ཞལ་ལུང་ཞེས་བྱ་བ་བཞུགས་སོ།།
吉祥时轮生起次第之建立·文殊语教
c ཤཱཀྱའི་བཙུན་པ་འཇམ་དབྱངས་ཐུབ་བསྟན་ཉི་མ།
d ཆོས་གྲྭ་ཆེན་པོ་བཀྲ་ཤིས་འཁྱིལ།（甘肃夏河拉卜楞寺） སྨན་པ་སློབ་ཟུར་ཚུལ་ཁྲིམས་རྒྱ་མཚོ།
e བསྐྱེད་རིམ།(生起次第)
f 刻本 འཇམ་དབྱངས་ཤེས་རབ།
g 乌金 梵夹装 48×6
h 79 6
i 无 藏纸 黑 完整
j 封面钤有“民族文化宫图书馆藏”印。

267.15
a 16-15
b བཅོམ་ལྡན་འདས་དཔལ་དུས་ཀྱི་འཁོར་ལོའི་ཞི་བའི་སྦྱིན་སྲེག་གི་ཆོ་ག་གསལ་བར་བཤད་པ་འཇམ་དབྱངས་
དགོངས་རྒྱན་ཞེས་བྱ་བ་བཞུགས་སོ།།
薄伽梵大轮息灾护摩仪轨明解·文殊密意庄严
c ཤཱཀྱའི་དགེ་སློང་འཇམ་དབྱངས་ཐུབ་བསྟན་ཉི་མ།
d རང་ལོ་སོ་གཅིག 三十一岁（1833 年）
ཨ་རུ་ཧོར་ཆེན་པེ་ལེའི་དགོན་པ་བཀྲ་ཤིས་ཆོས་འཁོར་གླིང་།（内蒙古阿鲁科尔沁扎西曲廓林）
རབ་འབྱམས་པ་བློ་བཟང་ཡོན་ཏན་སོགས།

e ཆོ་ག(仪轨)

f 刻本 དགེ་ཚུལ་ངག་དབང་བློ་བཟང་།

g 乌金 梵夹装 48×6

h 29 6

i 无 藏纸 黑 完整

j 封面钤有“民族文化宫图书馆藏”印。

267.16

a 16-16

b བཅོམ་ལྡན་འདས་དཔལ་དུས་ཀྱི་འཁོར་ལོའི་ཐུགས་དཀྱིལ་གྱི་སྒོ་ནས་བསྙེན་པ་བྱ་ཚུལ་དངོས་གྲུབ་རྣམ་གཉིས་འགུགས་པའི་ལྕགས་ཀྱུ་ཞེས་བྱ་བ་བཞུགས་སོ།།

薄伽梵吉祥时轮意曼荼罗中闭关静修法·招二种悉地之钩

c

d

e ཆོ་ག(仪轨)

f 刻本

g 乌金 梵夹装 48×6

h 14 6

i 无 藏纸 黑 完整

j 封面钤有“民族文化宫图书馆藏”印。

268

A 3753 3692

B དྲུང་ཆེན་ཤེས་རབ་རྒྱ་མཚོའི་གསུང་འབུམ།

仲钦·喜饶嘉措文集

C ཁ

D དྲུང་ཆེན་ཤེས་རབ་རྒྱ་མཚོ།

同 3752 介绍。

E 此函民族宫目录著录为 19 卷，西藏图书馆藏品中缺一卷：《甘丹耳传教授宝库至尊喜饶嘉措文集ཁ字函目录》。

268. 1
a 18-1

b འདུས་པ་འཕགས་ལུགས་ལྷ་སོ་གཉིས་པའི་ལམ་རིམ་པ་དང་པོའི་ཁྲིད་དམིགས་ཀྱི་བརྗེད་བྱང་མི་བསྐྱོད་མགོན་པོའི་ཞལ་ལུང་ཞེས་བྱ་བ་བཞུགས་སོ།།

圣传密集三十二尊第一道次第导引所缘备忘录·不动怙主口传

c དགེ་སློང་ཤེས་རབ་རྒྱ་མཚོ།

d

e ཞལ་གདམས།（教诫）

f 刻本
g 乌金 梵夹装 48×6
h 102 6
i 无 藏纸 黑 完整
j 封面钤有“民族文化宫图书馆藏”印。

268. 2
a 18-2

b དཔལ་གསང་བ་འདུས་པའི་རྫོགས་རིམ་རིམ་ལྔའི་དམར་ཁྲིད་ཀྱི་བརྗེད་བྱང་མི་བསྐྱོད་ཞལ་གྱི་བདུད་རྩི་ཞེས་བྱ་བ་བཞུགས་སོ།།

吉祥密集圆满次第五次第直观导释备忘录·不动佛教语甘露

c
d

e རྫོགས་རིམ།（圆满次第）

f 刻本
g 乌金 梵夹装 48×6
h 39 6
i 无 藏纸 黑 完整
j 封面钤有“民族文化宫图书馆藏”印。

268. 3
a 18-3

b འདུས་པའི་རྩ་རྒྱུད་ཀྱི་གླེང་གཞི་སྨྲས་བཤད་ཀྱི་ཡི་གེ་བཞི་བཅུའི་གསལ་བྱེད་རྡོ་རྗེའི་ལམ་གྱི་སྒྲོན་མེ་ཞེས་བྱ་བ་བཞུགས་སོ།།
密集根本续缘起·阐明隐说四十字·金刚道明灯
c བཙུན་གཟུགས་ཤེས་རབ་རྒྱ་མཚོ།
d
e རྩ་རྒྱུད།(基本续)
f 刻本
g 乌金 梵夹装 48×6
h 3 6
i 无 藏纸 黑 完整
j 封面钤有“民族文化宫图书馆藏”印。

268.4
a 18-4
b གྲུབ་ཆེན་ལཱུ་ཨི་པའི་ལུགས་ཀྱི་དཔལ་འཁོར་ལོ་སྡོམ་པའི་བསྐྱེད་རིམ་ཧེ་རུ་ཀའི་ཞལ་ལུང་ཞེས་བྱ་བཞུགས་སོ།།
大成就师鲁伊巴传规之吉祥胜乐生起次第·嘿汝嘎口传
c
d བཀྲ་ཤིས་འཁྱིལ་ཆོས་གྲྭ（甘肃夏河拉卜楞寺）
e བསྐྱེད་རིམ།(生起次第)
f 刻本
g 乌金 梵夹装 48×6
h 71 6
i 有 藏纸 黑 完整
j 封面钤有“民族文化宫图书馆藏”印。

268.5
a 18-5
b གྲུབ་མཆོག་ལཱུ་ཨི་པའི་ལུགས་ཀྱི་དཔལ་འཁོར་ལོ་སྡོམ་པའི་རྫོགས་རིམ་རྣལ་འབྱོར་ཆེན་པོའི་དམར་ཁྲིད་ཧེ་རུ་ཀའི་ཞལ་གྱི་བདུད་རྩི་ཞེས་བྱ་བ་བཞུགས་སོ།།

大成就师鲁伊巴传规之吉祥胜乐圆满次第大瑜伽值观导释·嘿 汝嘎口中甘露

c བཙུན་གཟུགས་ཤེས་རབ་རྒྱ་མཚོ།

d

e རྫོགས་རིམ།(圆满次第)

f 刻本

g 乌金 梵夹装 48×6

h 28 6

i 无 藏纸 黑 完整

j 封面钤有“民族文化宫图书馆藏”印。

268.6

a 18-6

b བདེ་མཆོག་བསྐྱེད་རིམ་འདོད་འཇོ་དང་རྫོགས་རིམ་དངོས་གྲུབ་སྙེ་མའི་བསྡུས་དོན་བཞུགས།

胜乐生起次第·如意宝与圆满次第·悉地穗

c བཙུན་གཟུགས་ཤེས་རབ་རྒྱ་མཚོ།

d

e བསྐྱེད་རྫོགས།(生起次第)

f 刻本

g 乌金 梵夹装 48×6

h 4 6

i 无 藏纸 黑 完整

j 封面钤有“民族文化宫图书馆藏”印。

268.7

a 18-7

b འཇམ་དཔལ་དུས་དགྲའི་དབང་པོ་མ་ཧེའི་གདོང་ཅན་བཅུ་གསུམ་ལྷའི་འཁོར་ལོའི་རིམ་པ་དང་པོའི་ཟབ་ཁྲིད་ཟིན་ བྲིས་འཇིགས་མཛད་རྡོ་རྗེའི་ཞལ་ལུང་ཞེས་བྱ་བ་བཞུགས་སོ།།

文殊怖畏金刚十三尊生起次第甚深导引笔录·怖畏金刚口传

c དགེ་སློང་ཤེས་རབ་རྒྱ་མཚོ།

d

e སྔགས།(密宗)

f 刻本
g 乌金 梵夹装 48×6
h 68 6
i 无 藏纸 黑 完整
j 封面钤有“民族文化宫图书馆藏”印。

268.8
a 18-8

b འཇམ་དཔལ་རྡོ་རྗེ་བཅུ་གསུམ་ལྷའི་འཁོར་ལོའི་རྫོགས་རིམ་རྣལ་འབྱོར་བཞིའི་ཁྲིད་ཀྱི་བརྗེད་བྱང་འཇིགས་མཛད་

ཞལ་གྱི་བདུད་རྩི་ཞེས་བྱ་བ་བཞུགས་སོ།།

文殊怖畏金刚十三尊圆满次第四瑜伽导引备忘录·怖畏口中甘露

c དགེ་སློང་ཤེས་རབ་རྒྱ་མཚོ།

d

e རྫོགས་རིམ།(圆满次第)

f 刻本
g 乌金 梵夹装 48×6
h 26 6
i 无 藏纸 黑 完整
j 封面钤有“民族文化宫图书馆藏”印。

268.9
a 18-9

b བཅོམ་ལྡན་འདས་འཇིགས་མཛད་རྡོ་རྗེ་དཔའ་བོ་གཅིག་པ་ལ་བརྟེན་པའི་ཞི་ཁྲོ་སྦྲགས་སྒྲུབ་ཀྱི་གདམས་པའི་

གསལ་བྱེད་ཤེས་རབ་རལ་གྲིའི་འོད་ཟེར་འབུམ་འགྱེད་ཅེས་བྱ་བ་བཞུགས་སོ།།

依薄伽梵独勇怖畏金刚修寂怒合修之教授明解·慧剑光芒万丈

c སློམས་ལས་པ་ཤེས་རབ་རྒྱ་མཚོ།

d

e ཆོ་ག(仪轨)

f 刻本 འབྲས་སྤུངས།（西藏拉萨哲蚌寺） གནམ་བསྐོས་དགའ་བ་བརྒྱ་ལྡན་པོ་བྲང་།

g 乌金 梵夹装 48×6
h 9 6
i 无 藏纸 黑 完整
j 封面钤有“民族文化宫图书馆藏”印。

268.10
a 18-10

b དཔལ་རྡོ་རྗེ་འཇིགས་བྱེད་དཔའ་བོ་གཅིག་པ་ལ་བརྟེན་ནས་ཆོས་རབ་ཏུ་རྣམ་འབྱེད་ཀྱི་ཤེས་རབ་ སྒྲུབ་པའི་མན་ངག་རྡོ་རྗེའི་ཚིག་གི་མདུད་འགྲོལ་ཞེས་བྱ་བ་བཞུགས་སོ།།

依吉祥独勇怖畏金刚修择法智慧之教授·能解金刚句结

c བཙུན་གཟུགས་ཤེས་རབ་རྒྱ་མཚོ།

d ཆོས་སྡེ་ཆེན་པོ་བཀྲ་ཤིས་འཁྱིལ།（甘肃夏河拉卜楞寺） ཞང་ཚང་དུ་ཐོག་ཐུའི་སྤྲུལ་པའི་སྐུ་རིན་པོ་ཆེ། དཀོན་མཆོག་ཚུལ་ཁྲིམས་སོགས།

e མན་ངག(善言)

f 刻本
g 乌金 梵夹装 48×6
h 5 6
i 无 藏纸 黑 完整
j 封面钤有“民族文化宫图书馆藏”印。

268.11
a 18-11

b འཇམ་དབྱངས་ཆོས་སྐོར་གྱི་རྗེས་གནང་ཁྲིད་དང་བཅས་པའི་བརྗེད་བྱང་ཐུགས་རྗེ་ཉིན་བྱེད་འོད་ཀྱིས་ཕྱེ་བའི་དད་ པའི་པདྨོའི་འཛུམ་ཟེར་ཞེས་བྱ་བ་བཞུགས་སོ།།

文殊法类中随许法引导等备忘录·大悲日光开信莲嘻蕊

c དགེ་སློང་ཤེས་རབ་རྒྱ་མཚོ།

d

e དབང་གནང་ཁྲིད།(灌顶导释)

f 刻本
g 乌金 梵夹装 48×6
h 9 6
i 无 藏纸 黑 完整
j 封面钤有“民族文化宫图书馆藏”印。

268.12
a 18-12
b འཇམ་དབྱངས་ཞི་དྲག་གི་བསྲུང་བའི་གདམས་པ་སྲ་བརྟན་རྡོ་རྗེའི་གོ་ཆ་ཞེས་བྱ་བ་བཞུགས་སོ།།
寂怒文殊守护教授·坚固金刚铠
c བཙུན་གཟུགས་ཤེས་རབ་རྒྱ་མཚོ།
d
e གདམས་པ།（教诫）
f 刻本
g 乌金 梵夹装 48×6
h 8 6
i 无 藏纸 黑 完整
j 封面钤有“民族文化宫图书馆藏”印。

268.13
a 18-13
b རྒྱ་ར་ཆོས་སྐྱོང་རྒྱ་མཚོའི་ལྷ་ཁྲིད་ཀྱི་བརྗེད་བྱང་སྙིང་གི་ཐིག་ལེ་ཞེས་བྱ་བ་བཞུགས་སོ།།
嘉惹护法海导引备忘录·法要精髓
c སྨོམས་ལས་པ་ཤེས་རབ་རྒྱ་མཚོ།
d
e རྒྱ་རའི་ལྷ་ཁྲིད།（嘉惹导释）
f 刻本
g 乌金 梵夹装 48×6
h 5 6
i 无 藏纸 黑 完整
j 封面钤有“民族文化宫图书馆藏”印。

268.14
a 18-14
b ཡིད་ཆེས་གསུམ་ལྡན་གྱི་བཤད་ལུང་ཟིན་བྲིས་དང་། སྒྲོལ་མའི་རྗེས་གནང་གི་ཟིན་ཐོ་བཞུགས་སོ།།
具三信解之讲经笔录与度母随许法记录
c
d
e ཟིན་བྲིས།（笔录）
f 刻本
g 乌金 梵夹装 48×6
h 10 6
i 无 藏纸 黑 完整
j 封面钤有“民族文化宫图书馆藏”印。

268.15
a 18-15
b ནཱ་རོ་ཆོས་དྲུག་གི་ཁྲིད་ཀྱི་བརྗེད་ཐོ་ཁྱུང་པོའི་སྙིང་ནོར་ཞེས་བྱ་བ་བཞུགས་སོ།།
妮谷六法导引备忘录·金翅鸟心宝
c དགེ་སློང་ཤེས་རབ་རྒྱ་མཚོ།
d
e ནཱ་རོ་ཆོས་དྲུག（妮谷六法）
f 刻本
g 乌金 梵夹装 48×6
h 6 6
i 无 藏纸 黑 完整
j 封面钤有“民族文化宫图书馆藏”印。

268.16
a 18-16
b དུས་འཁོར་བསྐྱེད་རིམ་བཤད་ལུང་གི་བརྗེད་ཐོ་འཇམ་དཔལ་གསུང་གི་འོད་ཟེར་ཞེས་བྱ་བ་བཞུགས་སོ།།
时轮生起次第讲经备忘录·文殊语光
c དགེ་སློང་ཤེས་རབ་རྒྱ་མཚོ།
d

e བསྐྱེད་རིམ།（生起次第）

f 刻本
g 乌金 梵夹装 48×6
h 21 6
i 无 藏纸 黑 完整
j 封面钤有“民族文化宫图书馆藏”印。

268.17
a 18-17

b ཕྱག་རྡོར་འཁོར་ཆེན་གྱི་རྫོགས་རིམ་རྩོམ་འཕྲོ་བཞུགས་སོ།།

金刚手大轮圆满次第未完著述

c

d

e རྫོགས་རིམ།（圆满次第）

f 刻本
g 乌金 梵夹装 48×6
h 5 6
i 无 藏纸 黑 完整
j 封面钤有“民族文化宫图书馆藏”印。

268.18
a 18-18

b རྔོག་དཀྱིལ་བདུན་ལས་བརྩམས་པའི་གཏམ་དུ་བརྗོད་པ་སྙན་བསྐུལ་ལྷའི་ང་སྒྲ་ཞེས་བྱ་བཞུགས་སོ།།

依鄂氏传规之七坛城所著美妙言说·天之鼓声

c དགེ་སློང་ཤེས་རབ་རྒྱ་མཚོ།

d ཆོས་སྡེ་ཆེན་པོ་དཔལ་ལྡན་བཀྲ་ཤིས་འཁྱིལ་གྱི་གར་འདུག་སྒྲིལ་བྱ།（甘肃夏河拉卜楞寺）

e ཆོ་ག（仪轨）

f 刻本
g 乌金 梵夹装 48×6
h 4 6
i 无 藏纸 黑 完整
j 封面钤有“民族文化宫图书馆藏”印。

269
A 3754 3695

B བྱང་ཆེན་ཤེས་རབ་རྒྱ་མཚོའི་གསུང་འབུམ།

仲钦·喜饶嘉措文集

C ཙ

D བྱང་ཆེན་ཤེས་རབ་རྒྱ་མཚོ།

同 3752 介绍。

E 此函民族宫目录著录为 18 卷，西藏图书馆藏品中缺 2 卷：《甘丹耳传教授宝库至尊喜饶嘉措文集ཙ字函目录》《煨桑供养法类》。

269.1
a 16-1

b བསྟན་པའི་གནད་ཀུན་རྫོགས་པའི་གདམས་པ་བྱང་ཆུབ་བདེ་ལམ་གྱི་ཞལ་ཤེས་བདུད་རྩིའི་ དབྱིངས་ཀྱི་སྒོ་འབྱེད་ཅེས་བྱ་བ་བཞུགས་སོ།།

佛教要旨圆满教授·菩提坦道教授口诀·开甘露界门

c དགེ་སློང་ཤེས་རབ་རྒྱ་མཚོ།

d

e ལམ་རིམ།(道次第)

f 刻本
g 乌金 梵夹装 48×6
h 183 6
i 有 藏纸 黑 完整
j 封面钤有“民族文化宫图书馆藏”印。

269.2
a 16-2

b བྱང་ཆུབ་ལམ་རིམ་ཆེན་མོའི་བཤད་ལུང་གི་ཟིན་བྲིས་བཞུགས་སོ།།

菩提道次第广论讲经笔录

c

d

e ལམ་རིམ།(道次第)

f 刻本
g 乌金 梵夹装 48×6
h 91 6
i 无 藏纸 黑 完整
j 封面钤有“民族文化宫图书馆藏”印。

269.3
a 16-3

b བྱང་ཆུབ་ལམ་གྱི་རིམ་པའི་ཞལ་གདམས་རིན་ཆེན་དོ་ཤལ་ཞེས་བྱ་བ་བཞུགས་སོ།།

菩提道次第教诫·大宝璎珞

c དགེ་སློང་ཤེས་རབ་རྒྱ་མཚོ།

d སྨན་ལུང་བཀྲ་ཤིས་ཆོས་འཕེལ་གླིང་གི་ཉེ་འདབ་སྣང་སྡོངས་ཤིག་ཏུ།（甘肃夏河扎西却培林）

སྣང་ཁ་སྤྲུལ་པའི་སྐུ་རིན་པོ་ཆེ།

e ཞལ་གདམས།（教诫）

f 刻本
g 乌金 梵夹装 48×6
h 7 6
i 无 藏纸 黑 完整
j 封面钤有“民族文化宫图书馆藏”印。

269.4
a 16-4

b མདོ་སྔགས་ཡོངས་རྫོགས་ཀྱི་ལམ་ལ་དཔྱད་སྒོམ་བྱེད་ཚུལ་གྱི་ཞལ་ཆེམས་ལེགས་བཤད་རྒྱ་གཏེར་ འཕེལ་བའི་

རླབས་སྦྲེང་སྙིང་གི་ཐུར་མ་ཞེས་བྱ་བ་བཞུགས་སོ།།

显密圆满道中观修法遗教·嘉言海涛心钥

c དགེ་སློང་ཤེས་རབ་རྒྱ་མཚོ།

d ར་སའི་བྲག་དཀར་རི་རྩེ།（西藏拉萨）

e ཞལ་གདམས།（教诫）

f 刻本
g 乌金　梵夹装　48×6
h 9　6
i 无　藏纸　黑　完整
j 封面钤有“民族文化宫图书馆藏”印。

269.5
a 16-5

b འཇམ་མགོན་བླ་མའི་ཐུགས་བཅུད་ལམ་གཙོའི་གསུང་བགྲོས་མི་ཤིགས་རྡོ་རྗེའི་ཟེག་མ་ཞེས་བྱ་བ་བཞུགས་སོ།།

文殊怙主上师心灵道之三要法语 • 不坏金刚屑

c བཙུན་གཟུགས་ཤེས་རབ་རྒྱ་མཚོ།

d

e ལམ་གཙོ།（道次第主导）

f 刻本
g 乌金　梵夹装　48×6
h 9　6
i 无　藏纸　黑　完整
j 封面钤有“民族文化宫图书馆藏”印。

269.6
a 16-6

b ལམ་གཙོའི་གདམས་ངག་བརྟན་པའི་འཁོར་ལོའི་ཞལ་ལུང་ཞེས་བྱ་བ་བཞུགས་སོ།།

道之三要教授 • 固轮口传

c བཙུན་གཟུགས་ཤེས་རབ་རྒྱ་མཚོ།

d རང་གི་སྐྱེ་ཡུལ་རྩེ་འགྲམ།

e ལམ་གཙོ།（道次第主导）

f 刻本
g 乌金　梵夹装　48×6
h 9　6
i 无　藏纸　黑　完整

j 封面铃有“民族文化宫图书馆藏”印。

269.7
a 16-7
b ལམ་གཙོའི་ཟིན་ཐོ་བློ་གཏེར་པདྨོ་རྒྱས་པའི་ཉིན་བྱེད་བཞུགས་སོ༎
道之三要记录·盛开慧莲之日光
c
d
e ལམ་གཙོ། (道次第主导)
f 刻本
g 乌金 梵夹装 48×6
h 7 6
i 无 藏纸 黑 完整
j 封面铃有“民族文化宫图书馆藏”印。

269.8
a 16-8
b ལམ་གཙོ་དང་སེམས་བསྐྱེད་མཆོད་པའི་ཟིན་བྲིས་རྡོ་རྗེ་འཆང་ཕྲ་ཀློ་སྭ་རས་མཛད་པ་བཞུགས་སོ༎
金刚持乍连萨惹所著道之三要与发心供养笔录
c དགེ་སློང་ཤེས་རབ་རྒྱ་མཚོ།
d
e ལམ་གཙོ། (道次第主导)
f 刻本
g 乌金 梵夹装 48×6
h 11 6
i 无 藏纸 黑 完整
j 封面铃有“民族文化宫图书馆藏”印。

269.9
a 16-9
b ཡོན་ཏན་གཞི་གྱུར་མའི་ཟིན་བྲིས་གདུང་སེལ་སྨན་གྱི་སྨྱུ་གུ་ཞེས་བྱ་བ་བཞུགས་སོ༎
功德渊源篇笔录·除苦药苗

c བཙུན་གཟུགས་ཤེས་རབ་རྒྱ་མཚོ།

d རབ་འབྱམས་དཀོན་མཆོག་འཕྲིན་ལས།

e ལམ་ཟིན། (道次第笔录)

f 刻本
g 乌金 梵夹装 48×6
h 13 6
i 无 藏纸 黑 完整
j 封面钤有“民族文化宫图书馆藏”印。

269.10
a 16-10

b སྤྱན་འདྲེན་ཁྲུས་གསོལ་གྱི་དམིགས་རྣམ་མདོར་བསྡུས་ཕན་བདེའི་སྤྲ་ཆར་འགྱེད་པའི་རྫོགས་ལྡན་ སྤྲིན་གྱི་སྒྲ་

དབྱངས་ཞེས་བྱ་བ་བཞུགས་སོ།།

迎请沐浴祈请诸所缘略录·喜利乐雨之圆劫雷音

c བཙུན་གཟུགས་ཤེས་རབ་རྒྱ་མཚོ།

d

e ཁྲུས་གསོལ། (沐浴)

f 刻本
g 乌金 梵夹装 48×6
h 9 6
i 无 藏纸 黑 完整
j 封面钤有“民族文化宫图书馆藏”印。

269.11
a 16-11

b བྱང་ཆུབ་ལམ་གྱི་རིམ་པའི་གསུང་ཟིན་བརྗེད་བྱང་དུ་བཀོད་པ་བཞུགས་སོ།།

菩提道次第教语备忘录

c
d

e ལམ་རིམ། (道次第)

f 刻本
g 乌金 梵夹装 48×6
h 17 6
i 无 藏纸 黑 完整
j 封面钤有“民族文化宫图书馆藏”印。

269.12
a 16-12
b འཇམ་མགོན་རྗེ་ཁྲི་རིན་པོ་ཆེའི་དྲུང་དུ་གསན་པའི་སྐྱེས་རབས་སོ་བཞི་པའི་བཤད་པའི་ཟིན་བྲིས་བཞུགས་སོ།།
文殊怙主德赤仁波切座前敬闻释迦本生三十四事讲说笔录
c
d
e སྐྱེས་རབས།（本生传）
f 刻本
g 乌金 梵夹装 48×6
h 22 6
i 无 藏纸 黑 完整
j 封面钤有“民族文化宫图书馆藏”印。

269.13
a 16-13
b སྐྱེས་རབས་སོ་བཞི་པའི་ཚོས་ཐུན་དང་པོའི་གསུང་བཤད་ཟིན་བྲིས་སུ་བྱས་པ་བཞུགས་སོ།།
释迦本生三十四事第一法座间讲说笔录
c དགེ་སློང་ཤེས་རབ་རྒྱ་མཚོ།
d
e སྐྱེས་རབས།（本生传）
f 刻本
g 乌金 梵夹装 48×6
h 6 6
i 无 藏纸 黑 完整
j 封面钤有“民族文化宫图书馆藏”印。

269.14
a 16-14

b སྤྱོད་འཇུག་གི་བཤད་པའི་ཟིན་ཐོ་ཞལ་ལུང་བདུད་རྩིའི་ཟེགས་མ་ཞེས་བྱ་བ་བཞུགས་སོ།།

入行论讲说录·语教甘露珠

c དགེ་སློང་ཤེས་རབ་རྒྱ་མཚོ།

d

e སྤྱོད་འཇུག（入行论）

f 刻本

g 乌金 梵夹装 48×6

h 4 6

i 无 藏纸 黑 完整

j 封面钤有“民族文化宫图书馆藏”印。

269.15

a 16-15

b གསོལ་འདེབས་འགའ་ཞིག་བཞུགས་སོ།།

部分启请文

c བཙུན་གཟུགས་ཤེས་རབ་རྒྱ་མཚོ།

d

e གསོལ་འདེབས།（启请文）

f 刻本

g 乌金 梵夹装 48×6

h 14 6

i 无 藏纸 黑 完整

j 封面钤有“民族文化宫图书馆藏”印。

269.16

a 16-16

b ཚེ་རབས་རྗེས་འཛིན་གྱི་སྨོན་ཚིག་དོན་གཉིས་འབྲས་སྟེར་དང་།

འདོད་དོན་པདྨ་བཞད་པའི་ཉིན་བྱེད་བཅས་བཞུགས་སོ།།

世代愿文·二利果施与随愿莲开之日光

c

d སྨན་རིའི་རྩེར། དགེ་སློང་སྨོན་ལམ་མཆོག་གྲུབ།

e སྨོན་ཚིག(祈愿词)

f 刻本
g 乌金 梵夹装 48×6
h 4 6
i 无 藏纸 黑 完整
j 封面钤有“民族文化宫图书馆藏”印。

270
A 3755 3696

B དྲུང་ཆེན་ཤེས་རབ་རྒྱ་མཚོའི་གསུང་འབུམ།

仲钦·喜饶嘉措文集

C ཆ

D དྲུང་ཆེན་ཤེས་རབ་རྒྱ་མཚོ།

同 3752 介绍。

E 此函民族宫目录著录 2 卷，西藏图书馆藏品中缺一卷：《甘丹耳传教授宝库至尊喜饶嘉措文集ཆ字函目录》。

270.1
a 1-1

b ཐོག་མཐའ་བར་དུ་དགེ་བའི་དམ་པའི་ཀྱི་ཐོབ་ཡིག་མདོ་སྔགས་ཟབ་རྒྱས་བདུད་རྩིའི་མཚོ་ལས་སྣ་རྩེས་བླངས་པའི་

ཆུ་ཐིགས་ཞེས་བྱ་བ་བཞུགས་སོ།།

初中后时间中所受善妙正法之得法录·显密深广甘露海中略取水滴

c བཙུན་གཟུགས་ཤེས་རབ་རྒྱ་མཚོ།

d རང་ལོ་དོན་གསུམ། 七十三岁（1874 年）

e ཐོབ་ཡིག （得法录）

f 刻本

g 乌金 梵夹装 48×6
h 513 6
i 有 藏纸 黑 完整
j 封面钤有“民族文化宫图书馆藏”印。

271
A 3756 1231
B བྱམས་གླིང་པཎ་ཆེན་བསོད་ནམས་རྣམ་རྒྱལ་གྱི་གསུང་འབུམ།
强林班钦·索朗朗杰文集
C ཀ
D བྱམས་གླིང་པ་པཎ་ཆེན་བསོད་ནམས་རྣམ་རྒྱལ། བཀའ་བརྒྱུད། རབ་བྱུང་བདུན་པའི་ལྕགས་ཕོ་འབྲུག་ལོའི་༡༤༠༠ ལ་ཡབ་དྲུང་ཆེན་ཚུལ་ཁྲིམས་རྒྱལ་མཚན་དང་། ཡུམ་འཛོམ་པ་གཉིས་ཀྱི་སྲས་སུ་གྲྭ་ནང་བདེ་ལེགས་གླིང་ཞེས་པར་སྐུ་བལྟམས། དགུང་ལོ་བཅུ་བཞི་པར་བཤེས་གཉེན་རྒྱལ་མཚན་བཟང་པོས་རབ་ཏུ་བྱུང་ཞིང་དགེ་ཚུལ་གྱི་སྡོམ་པ་བླངས། མཚན་བསོད་ནམས་རྣམ་རྒྱལ་ཞེས་གསོལ། དགུང་ལོ་ཉེར་གཅིག་པར་དཔལ་རྩེ་ཐང་གི་ཆོས་གྲྭ་ཆེན་མོར་གཞུང་དྲུག་ལ་བཤད་པ་མཛད་ནས་མཁས་པའི་གྲགས་པ་ཐོབ། རྒྱལ་ཚབ་དར་མ་རིན་ཆེན་ལས་བསྙེན་རྫོགས་ཀྱི་སྡོམ་པ་བཞེས། རྗེ་ཙོང་ཁ་པ་ཆེན་པོ་དང་། སྤྱན་སྔ་བསོད་ནམས་བཟང་པོ། རྒྱབ་ཚབ་དར་མ་རིན་ཆེན། བོ་དོང་པཎ་ཆེན་སོགས་བླ་མ་སྐྱེས་ཆེན་དམ་པ་མང་པོའི་དྲུང་ནས་ཟབ་ཆོས་ཞུས། དགུང་ལོ་སོ་བདུན་པར་བྱམས་པ་གླིང་གི་གདན་སར་བཞུགས། དགུང་ལོ་དྲུག་ཅུ་རེ་ལྔ་པར་གདན་ས་ཐེལ་གྱི་མཁན་པོ་མཛད། དགུང་ལོ་བདུན་ཅུ་དོན་གསུམ་ནས་མཆོད་རྟེན་ཐོས་གྲོལ་ཆེན་མོ་བཞེངས་སྒོ་ཚུགས། ཐུགས་སྲས་གཙོ་བོ་ནི་ལྷོ་བྲག་ལོ་ཆེན་བསོད་ནམས་རྒྱ་མཚོ་ཡིན། རབ་བྱུང་བརྒྱད་པའི་ ཤིང་མོ་ལུག་གི་ལོ་༡༤༧༥ ལ་སྐུའི་བཀོད་པ་བསྡུས། དེང་དཔེ་མཛོད་ཁང་དུ་མི་རིགས་ཕོ་ བྲང་ནས་ཕྱིར་འབུལ་ཞུས་པའི་གྲས་པོད་༡ ཨང་རྟགས ༣༧༥༨ བཞུགས།

强林班钦·索朗朗杰（1400—1478）：诞生于西藏雅鲁藏布江岸的扎囊县。少年丧父，由叔父和管家抚养。12 岁谒见噶玛德辛协巴，14 岁出家。在丹萨梯寺举行庆贺大典。16 岁，在宗喀巴大师座前聆听《菩提道次》《中观根本轮》等。31 岁，新建杰钦林寺的尊胜塔、金写大般若经、劫贤经等，并加以校订、撰写目录。37 岁，在强巴林寺宣讲中观、般若、戒律等。68 岁，与印度班智达一起译校胜乐本续、白伞盖佛母大回遮法、壁画和坛城绘制方法等。73 岁，建造与白居寺佛塔相似的托卓曲登，并迎请 9 名尼泊尔工匠铸造弥勒大佛像。尊师精通显密经论的同时，刻印抄写佛经。其弟子中以洛扎大译师索朗嘉措最为称著。享年 75 岁。观其传记，撰写了不少东西，但是其著作在西藏图书馆藏北京民族文化宫图书馆赠送的文集仅 1 函，编号为 3756。

E 馆藏齐全。

271.1

a 2-1

b གསང་སྔགས་རྡོ་རྗེ་ཐེག་པའི་འདུལ་བ་ཀུན་ལས་བཏུས་པ་རྩ་བའི་མདོ།

密咒金刚乘戒律摄集根本经

c པཎ་ཆེན་བྱམས་གླིང་བ། བྱམས་གླིང་པཎ་ཆེན་བསོད་ནམས་རྣམ་རྒྱལ།

d ལྕགས་པོ་སྟག 铁虎年（1770） དཔལ་མགོན་བྱམས་པ་གླིང་།（西藏山南扎囊强巴林）

e གསང་སྔགས།（密宗）

f 刻本

g 乌金 梵夹装 56×7

h 32 6

i 无 藏纸 黑 完整

j 封面钤有“民族文化宫图书馆藏”印。

271.2

a 2-2

b སྔགས་ཀྱི་འདུལ་བ་རྣམ་པར་འབྱེད་པའི་གཞུང་ལུགས་རྡོ་རྗེ་ཐེག་པ་ལ་སྒྲུབ་པ་པོའི་རྒྱུད་སྡོད་དུ་བྱ་བའི་བསླབ་པ་ཀུན་ལས་བཏུས་པ་དྲི་མ་མེད་པའི་སྣང་བ།

密乘戒律释论金刚乘修行者之密藏集学论·无垢光明三誓句庄严正

c པཎ་ཆེན་བྱམས་གླིང་བ། བྱམས་གླིང་པཎ་ཆེན་བསོད་ནམས་རྣམ་རྒྱལ།

d ལྕགས་པོ་སྟག 铁虎年（1770） དཔལ་མགོན་བྱམས་པ་གླིང་།（西藏山南扎囊强巴林）

e གསང་སྔགས།（密宗）

f 刻本
g 乌金 梵夹装 56×7
h 509 6
i 无 藏纸 黑 完整
j 封面钤有“民族文化宫图书馆藏”印。

272
A 3757 3945
B ཆ་ཧར་དགེ་བཤེས་བློ་བཟང་ཚུལ་ཁྲིམས་ཀྱི་གསུང་འབུམ།
察哈尔格西·洛桑楚臣文集
C ༡
D ཆ་ཧར་དགེ་བཤེས་བློ་བཟང་ཚུལ་ཁྲིམས། དགེ་ལུགས། རབ་བྱུང་བཅུ་གཉིས་པའི་ལྕགས་ཕོ་སྤྲེལ་ལོ་༡༧༤༠ལ་ཡབ་ཚེ་མགོན་རྒྱལ་དང་། ཡུམ་བློ་བཟང་ཉི་མ་གཉིས་ཀྱི་སྲས་སུ་སོག་པོ་དར་ཚོ་ཆེན་པོ་ཁོ་ཤོ་ཆ་གན་དུ་སྐུ་འཁྲུངས། དགུང་ལོ་བདུན་ལ་ཆས་པ་བློ་བཟང་འཕྲིན་ལས་ཀྱི་མདུན་ནས་རབ་ཏུ་བྱུང་ཞིང་དགེ་བསྙེན་གྱི་སྡོམ་པ་ཞུས། མཚན་ལ་བློ་བཟང་ཚུལ་ཁྲིམས་ཞེས་གསོལ། གཞན་ཕན་བྱང་ཆུབ་གླིང་གི་དགོན་པར་ཞུགས། ཨ་ཆི་ཐུ་མོན་ཧན་བློ་བཟང་བསྟན་འཛིན་གྱི་མདུན་ནས་དགེ་ཚུལ་སྡོམ་པ་བཞེས། དགུང་ལོ་ཉི་ཤུ་ལ་མཆོ་མདུན་དགོན་དུ་ཐེངས་གཉིས་པ་ཕེབས་ཏེ་ཁྲི་ཆེན་སྤྲུལ་སྐུ་བློ་བཟང་བསྟན་པའི་ཉི་མ་ལས་དགེ་སློང་གི་སྡོམ་པ་མནོས། དགུང་ལོ་ཉེར་གསུམ་ལ་པེ་ཅིང་ཡུང་ཧྭ་ཀུང་དུ་སློབ་གཉེར་ལ་ཕེབས་ནས་ལོ་བདུན་བཞུགས། ལྕང་སྐྱ་རོལ་པའི་རྡོ་རྗེ། དགའ་ལྡན་ཁྲི་ཆེན་ངག་དབང་ཚུལ་ཁྲིམས། པག་ཤི་བླ་མ་ངག་དབང་དཔལ་ལྡན། རབ་འབྱམས་པ་ངག་དབང་ཚུལ་ཁྲིམས་སོགས་བླ་མ་མང་པོར་བསྟེན་ནས་རིག་གནས་ཀུན་ལ་སྦྱངས་མཐར་ཕྱིན་མཛད། དགུང་ལོ་སོ་དགུ་བར་ས་སྐྱ་ལེགས་བཤད་རྩ་འགྲེལ་སོགས་ཡིག་ཏུ་བསྒྱུར། དགུང་ལོ་ཞེ་གཉིས་ལ་པཎ་ཆེན་རིན་པོ་ཆེའི་གསང་རྣམ་གསང་བའི་ལུང་ཞེས་པ་སོགས་ཡིག་ཏུ་བསྒྱུར། དགུང་ལོ་ཞེ་ལྔ་པར་དཀར་པོ་རིའི་དགོན་པ་དགའ་ལྡན་ཆོས་འཛིན་གླིང་གསར་དུ་བཏབ་པའི་ཐབས་བཀོད་མཛད། དགུང་ལོ་རེ་གསུམ་པར་སོག་ཡིག་ཐོག་ནས་བརྩམས་པའི་འཇམ་མགོན་བླ་མ་

ཙོང་ཁ་པ་ཆེན་པོའི་རྣམ་ཐར་བོད་ཡིག་ཏུ་བསྒྱུར། རྒྱལ་བ་རིན་པོ་ཆེའི་ཆོ་ལོ་དང་། གོང་མའི་དབུ་བླ་སོགས་ཀྱི་གོ་ནས་ཕྱུལ་ཡང་གཏན་ནས་མ་བཞེས་མ་མཛད་པར་འཆད་རྩོད་རྩོམ་གསུམ་གྱི་དུས་འདའ་བར་མཛད་དོ། རབ་བྱུང་བཅུ་བཞི་པའི་ལྕགས་པོ་རྟ་ལོ་༡༨༡༠ལ་སྐུ་གཤེགས། གསུང་རྩོམ་པོད་བཅུ་གཅིག་བཞུགས། ངེད་དཔེ་མཛོད་ཁང་དུ་མི་རིགས་ཕོ་བྲང་ནས་ཕྱིར་འབུལ་ཞུས་པའི་གྲས་པོད་ ༡་ དེ་ཏ ཨང་རྟགས ༣༧༥༧ དང་། སྐུ་འབུམ་པར་པོད་༡༠ ཀ--ཐ ཨང་རྟགས ༥༡༦༦--༥༡༧༥ བཞུགས།

察哈尔格西·洛桑楚臣（1740—1810）：属格鲁派。八旗子弟，系家中长子，15 岁出家，在雍和宫安居 7 年，随章嘉等高僧大德学习。整理阿嘉活佛的文集 2 函，撰写多部道歌。39 岁将《萨迦格言及其注释》译成蒙古文。63 岁时遵照阿嘉活佛之意将蒙古文版的《宗喀巴全传》译成藏文。其专著内容丰富，包括般若注疏、因明、菩提道次第注疏、天文历算、医学等。西藏图书馆藏北京民族文化宫图书馆赠送的文集有 1 函，编号为 3757；塔尔寺版 10 函，编号为 5166—5175。

E　馆藏齐全。

272.1

a　20-1

b　རྗེ་རིན་པོ་ཆེའི་རྣམ་ཐར་གྱི་ཟུར་རྒྱན་བདེ་ལེགས་ཀུན་འབྱུང་།

至尊宗喀巴大师传附篇·乐善普生

c　ཆ་ཧར་དགེ་བཤེས་བློ་བཟང་ཚུལ་ཁྲིམས།

d

e　རྣམ་ཐར།（传记）

f　刻本　ངག་དབང་ཆོས་འཕེལ་གྱི་པར་དུ་སྐྲུན།　དགེ་རྒྱལ་དཔལ་འབྱོར།

g　乌金　梵夹装　49×7

h　25　6

i　无　藏纸　黑　完整

j　封面钤有“民族文化宫图书馆藏”印。

272.2

a　20-2

b　བླ་བརྒྱུད་གསོལ་འདེབས་གང་ལའང་སྦྱར་ཆོག་པའི་ཚིགས་བཅད།

师承祈请随处可合颂

c　ཆ་ཧར་དགེ་བཤེས་བླ་མ་བློ་བཟང་ཚུལ་ཁྲིམས།

d　ལྷ་བཙུན་བློ་བཟང་སྨོན་ལམ།

e　གསོལ་འདེབས།（启请文）

f　刻本 ཞབས་དྲུང་བློ་བཟང་ཉི་མ།

g　乌金　梵夹装　49×7

h　3　6

i　无　藏纸　黑　完整

j　封面钤有“民族文化宫图书馆藏”印。

272.3

a　20-3

b　ཐོར་བུ་སྣ་ཚོགས།

各种散篇

c　ཆ་ཧར་དགེ་བཤེས་བླ་མ་བློ་བཟང་ཚུལ་ཁྲིམས།

d

e　གསུང་ཐོར་བུ།（散集）

f　刻本 རྒྱ་ནག（汉地）　དགེ་སློང་བློ་བཟང་དམ་ཆོས།

g　乌金　梵夹装　49×7

h　38　6

i　无　藏纸　黑　完整

j　封面钤有“民族文化宫图书馆藏”印。

272.4

a　20-4

b　རབ་ཉེར་ལྔའི་སྡོམ་ཚིག

最上二十五摄颂

c　ཆ་ཧར་དགེ་བཤེས་བླ་མ་བློ་བཟང་ཚུལ་ཁྲིམས།

d

e　སློ་སྦྱོང་།（修心）

f　刻本　རྒྱ་ནག（汉地）　དགེ་ཚུལ་ཕུན་ཚོགས་དར་རྒྱས།

g　乌金　梵夹装　49×7

h　15　6

i　无　藏纸　黑　完整

j　封面钤有“民族文化宫图书馆藏”印。

272.5

a　20-5

b　དགའ་ལྡན་རིལ་སྒྲུབ་བྱ་བའི་ཆོ་ག་དངོས་གྲུབ་ཀུན་འབྱུང་།

甘丹丸药制修仪轨·悉地普生

c　ཆ་ཧར་དགེ་བཤེས་བླ་མ་བློ་བཟང་ཚུལ་ཁྲིམས།

d　ངག་དབང་ཆོས་འཕེལ།

e　ཆོ་ག（仪轨）

f　刻本　རྒྱ་ནག（汉地）　དགེ་སློང་བློ་བཟང་བསམ་འགྲུབ།

g　乌金　梵夹装　49×7

h　12　6

i　无　藏纸　黑　完整

j　封面钤有“民族文化宫图书馆藏”印。

272.6

a　20-6

b　བཅོམ་ལྡན་འདས་རྣམ་པར་རྒྱལ་མ་ལ་སྟོང་མཆོད་འབུལ་བའི་ཆོ་ག་ཚེ་བསོད་དཔལ་སྟེར།

薄伽梵尊胜佛母供献千盏灯供仪轨·福寿吉祥施

c　ཆ་ཧར་དགེ་བཤེས་བླ་མ་བློ་བཟང་ཚུལ་ཁྲིམས།

d

e ཆོ་ག（仪轨）

f 刻本 རྒྱ་ནག（汉地） དགེ་ཚུལ་རྡྲམ་བཀྲ་ཤིས།

g 乌金 梵夹装 49×7
h 31 6
i 无 藏纸 黑 完整
j 封面钤有“民族文化宫图书馆藏”印。

272. 7
a 20-7

b ཆོས་གོས་སོགས་ལ་དད་པའི་སྒོ་འབྱེད་ནོར་བུའི་ལྡེ་མིག་གཞི་གསུམ་ཉམས་ལེན་ཡིད་བཞིན་ནོར་བུ།

于法衣等启敬信门之宝钥 · 三事修行如意宝

c ཆ་ཧར་དགེ་བཤེས་བླ་མ་བློ་བཟང་ཚུལ་ཁྲིམས།

d

e འདུལ་བ།（律经）

f 刻本 རྒྱ་ནག（汉地） དགེ་ཚུལ་རྡྲམ་བཀྲ་ཤིས།

g 乌金 梵夹装 49×7
h 32 6
i 无 藏纸 黑 完整
j 封面钤有“民族文化宫图书馆藏”印。

272. 8
a 20-8

b སྐྱབས་མགོན་མཆོག་གི་ཕྱག་བཞེས་བཞིན་བྲིས་པའི་གཞི་གསུམ་ཉེར་མཁོ།

依至尊怙主之传统作法而编写之三事常用篇

c ཆ་ཧར་དགེ་བཤེས་བླ་མ་བློ་བཟང་ཚུལ་ཁྲིམས།

d

e འདུལ་བ།（律经）

f 刻本 རྒྱ་ནག（汉地） དགེ་ཚུལ་བཀྲ་ཤིས་རྡོ་རྗེ།

g 乌金 梵夹装 49×7

h 11 6
i 无 藏纸 黑 完整
j 封面铃有“民族文化宫图书馆藏”印。

272.9
a 20-9
b འདུལ་བའི་ལས་ཆོག་གི་ཟུར་འདེབས་ཀྱི་ཡིག་ཆུང་།
毗奈耶羯摩仪轨另篇小品
c ཆ་ཧར་དགེ་བཤེས་བློ་མ་བློ་བཟང་ཚུལ་ཁྲིམས།
d
e འདུལ་བའི་ལས་ཆོག（律经羯摩仪轨）
f 刻本 རྒྱ་ནག（汉地） དགེ་ཚུལ་བཀྲ་ཤིས་རྡོ་རྗེ།
g 乌金 梵夹装 49×7
h 19 6
i 无 藏纸 黑 完整
j 封面铃有“民族文化宫图书馆藏”印。

272.10
a 20-10
b གྲོ་བཞིན་སྐྱེས་ཀྱི་གཏམ་རྒྱུད་ལས་འབྲས་ཀྱི་གཟུགས་བརྙན་གསལ་བར་སྟོན་པའི་དྲི་མའི་མེ་ལོང་།
卓辛杰之故事·显示业果影像之无垢镜
c ཆ་ཧར་དགེ་བཤེས་བློ་མ་བློ་བཟང་ཚུལ་ཁྲིམས།
d
e གཏམ་རྒྱུད།（故事）
f 刻本 རྒྱ་ནག（汉地） ཏཱ་བླ་མ་བློ་བཟང་ཉི་མ།
g 乌金 梵夹装 49×7
h 21 6
i 无 藏纸 黑 完整
j 封面铃有“民族文化宫图书馆藏”印。

272.11
a 20-11

b བཅོམ་ལྡན་འདས་ཀུན་རིག་གཙོ་སྐྱོང་གི་ཞི་བའི་སྦྱིན་སྲེག་གི་ཆོ་ག་དངོས་གྲུབ་ཡོངས་འདུ།

薄伽梵遍智独尊之息灾护摩仪轨·悉地全聚

c ཆ་ཉར་དགེ་བཤེས་བླ་མ་བློ་བཟང་ཚུལ་ཁྲིམས།

d

e ཆོ་ག（仪轨）

f 刻本 རྒྱ་ནག（汉地） དགེ་སློང་བློ་བཟང་དམ་ཆོས།

g 乌金 梵夹装 49×7
h 14 6
i 无 藏纸 黑 完整
j 封面钤有“民族文化宫图书馆藏”印。

272.12
a 20-12

b བཅོམ་ལྡན་འདས་ཀུན་རིག་གི་ཆོ་གའི་ཕྱག་རྒྱ་བྱ་ཚུལ་དངོས་གྲུབ་དགའ་སྟོན།

薄伽梵遍智仪轨中手印作法·悉地喜宴

c ཆ་ཉར་དགེ་བཤེས་བླ་མ་བློ་བཟང་ཚུལ་ཁྲིམས།

d

e ཆོ་གའི་ཕྱག་རྒྱ་བྱ་ཚུལ།（大法手印）

f 刻本 རྒྱ་ནག（汉地） དགེ་ཚུལ་བཀྲ་ཤིས་རྡོ་རྗེ་དང་དགེ་ཚུལ་དགེ་ལེགས་བསྟན་དར།

g 乌金 梵夹装 49×7
h 17 6
i 无 藏纸 黑 完整
j 封面钤有“民族文化宫图书馆藏”印。

272.13
a 20-13

b ཕུང་པོ་བསྲེག་སྦྱོང་བྱ་བའི་ཆོ་ག་ཐར་བའི་སྒོ་འབྱེད།

火化净荐仪轨·开解脱门

c ཆ་ཧར་དགེ་བཤེས་བླ་མ་བློ་བཟང་ཚུལ་ཁྲིམས།

d

e ཆོ་ག（仪轨）

f 刻本 རྒྱ་ནག（汉地） དགེ་སློང་བློ་བཟང་དམ་ཆོས།

g 乌金 梵夹装 49×7
h 7 6
i 无 藏纸 黑 完整
j 封面钤有“民族文化宫图书馆藏”印。

272.14
a 20-14

b ཡེ་ཤེས་ཀྱི་མགོན་པོའི་སྔགས་བཟླ་བའི་ཚེ་བདུད་རྩི་འབེབས་སྦྱོང་གི་དམིགས་པ་བྱ་ཚུལ།

耶喜贡波之密咒诵时缘想甘露降涤法

c ཆ་ཧར་དགེ་བཤེས་བླ་མ་བློ་བཟང་ཚུལ་ཁྲིམས།

d

e ཆོ་ག（仪轨）

f 刻本 རྒྱ་ནག（汉地） དགེ་ཚུལ་ལྷུན་བཀྲ་ཤིས།

g 乌金 梵夹装 49×7
h 10 6
i 无 藏纸 黑 完整
j 封面钤有“民族文化宫图书馆藏”印。

272.15
a 20-15

b ཁྲིམ་པ་གྲོགས་བསྡེབས་པག་རྩིས་བཀྲ་ཤིས་ལྗོན་བཟང་།

合婚算法·吉祥宝树

c ཆ་ཧར་དགེ་བཤེས་བླ་མ་བློ་བཟང་ཚུལ་ཁྲིམས།

d

e སྨན་རྩིས།（藏医历算）

f 刻本 རྒྱ་ནག（汉地） དགེ་སློང་དཔལ་འབྱོར་རབ་བརྟན།

g 乌金 梵夹装 49×7
h 8 6
i 无 藏纸 黑 完整
j 封面钤有“民族文化宫图书馆藏”印。

272.16
a 20-16

b བག་མ་གཏོང་ལེན་ལ་མཁོ་བའི་ཆོ་ག་བཀྲ་ཤིས་ཀུན་སྒྲུབ།

嫁娶常用仪轨·吉祥普成

c ཆ་ཧར་དགེ་བཤེས་བློ་མ་བློ་བཟང་ཚུལ་ཁྲིམས།

d

e ཆོ་ག（仪轨）

f 刻本 རྒྱ་ནག（汉地） དགེ་ཚུལ་དགེ་ལེགས་བསྟན་དར།

g 乌金 梵夹装 49×7
h 5 6
i 无 藏纸 黑 完整
j 封面钤有“民族文化宫图书馆藏”印。

272.17
a 20-17

b གཏེར་བུམ་སྒྲུབ་ཚུལ་བཀྲ་ཤིས་ཀུན་འབྱུང་།

大藏瓶修法·吉祥普生

c ཆ་ཧར་དགེ་བཤེས་བློ་མ་བློ་བཟང་ཚུལ་ཁྲིམས།

d

e སྒྲུབ་ཐབས།（修心法）

f 刻本 རྒྱ་ནག（汉地） ཞབས་དྲུང་བློ་བཟང་ཉི་མ།

g 乌金 梵夹装 49×7
h 3 6
i 无 藏纸 黑 完整

j　封面钤有“民族文化宫图书馆藏”印。

272.18

a　20-18

b　ཀླུ་མཆོད་ཚུལ་ཕན་བདེ་ཀུན་འབྱུང་།

供鲁神法·利药普生

c　ཆ་ཧར་དགེ་བཤེས་བླ་མ་བློ་བཟང་ཚུལ་ཁྲིམས།

d

e　ཀླུ་མཆོད།（鲁神仪轨）

f　刻本　རྒྱ་ནག（汉地）　དགེ་ཚུལ་ཕུན་ཚོགས་བསྟན་དར།

g　乌金　梵夹装　49×7

h　5　6

i　无　藏纸　黑　完整

j　封面钤有“民族文化宫图书馆藏”印。

272.19

a　20-19

b　དམ་པའི་ཆོས་ལ་འཇུག་ཚུལ་དངོས་གྲུབ་ཀུན་འབྱུང་།

入正法门径·悉地普生

c　ཆ་ཧར་དགེ།བཤེས་བླ་མ་བློ་བཟང་ཚུལ་ཁྲིམས།

d

e　དམ་པའི་ཆོས་ལ་འཇུག་ཚུལ།（入正法门径）

f　刻本　རྒྱ་ནག（汉地）

དགེ་སློང་དཔལ་འབྱོར་རབ་བརྟན།དགེ་ཚུལ་བཀྲ་ཤིས་རབ་བརྟན།བཀྲ་ཤིས་ཉི་མ།དགེ་ལེགས་བསྟན་དར།བཀྲ་ཤིས་

རྡོ་རྗེ།

g　乌金　梵夹装　49×7

h　65　6

i　无　藏纸　黑　完整

j　封面钤有“民族文化宫图书馆藏”印。

272.20

a 20-20

b ཞ་པོད་ཀྱི་པར་བྱང་སྨོན་ལམ་ལེགས་ཚོགས་ལྷུན་གྲུབ།

ཞ字函版本题词愿文·福善任运成就

c ཆ་ཧར་དགེ་བཤེས་བླ་མ་བློ་བཟང་ཚུལ་ཁྲིམས།

d

e པར་བྱང་།（版本品目）

f 刻本 རྒྱ་ནག（汉地）

g 乌金 梵夹装 49×7

h 2 6

i 无 藏纸 黑 完整

j 封面钤有“民族文化宫图书馆藏”印。

273

A 3759 807

B རྫོང་དཀར་འཇིགས་མེད་དམ་ཆོས་རྒྱ་མཚོའི་གསུང་འབུམ།

宗噶·晋美旦曲嘉措文集

C ད

D འཇིགས་མེད་དམ་ཆོས་རྒྱ་མཚོའམ་དབྱངས་ཅན་དགྱེས་པའི་རྡོ་རྗེ། དགེ་ལུགས། རབ་བྱུང་བཅོ་ལྔ་པའི་ས་མོ་ཁྱིའི་ལོ་ ༡༨༩༨ ལ་ཡབ་ཐུགས་འཆང་དགེ་འདུན་བསོད་ནམས་ཡུམ་སྒྲོལ་མ་སྐྱིད་གཉིས་ཀྱི་སྲས་སུ་མདོ་སྨད་རེབ་གོང་གི་ཡུལ་ལ་སྐུ་འཁྲུངས། ཤར་བློ་བཟང་སྐལ་ལྡན་བསྟན་པའི་རྒྱལ་མཚན་ནས་རྫོང་དཀར་འཇིགས་མེད་བསམ་གཏན་གླིང་གི་ཡང་སྲིད་དུ་ངོས་འཛིན་མཛད། གདན་སའི་ཁྲི་བཀོད། ཞྭ་དམར་དགེ་འདུན་བསྟན་འཛིན་རྒྱ་མཚོ་ལས་རབ་བྱུང་གི་སྡོམ་པ་མནོས། འཇིགས་མེད་དམ་ཆོས་རྒྱ་མཚོ་ཞེས་གསོལ། དགུང་ལོ་དགུ་པར་སྐུ་འབུམ་དུ་ཕྱིན། དགུང་ལོ་བཅུ་གསུམ་ལ་ལྡི་ཚ་བཀྲ་ཤིས་ཆོས་སྡིངས་སུ་དཔེ་ཁྲིད་དབུ་བཙུགས། དགུང་ལོ་བཅུ་

དགུ་པ་མི་འབྲུག་ལོར་འཇམ་དབྱངས་ཐུབ་བསྟན་རྒྱ་མཚོ་ལས་དགེ་སློང་སྡོམ་པ་མནོས། དགུང་ལོ་སུམ་ཅུ་པར་ཤར་སྐལ་ལྡན་རྒྱ་མཚོའི་གདན་ས་རོང་བོ་དགོན་དུ་ཕེབས་ཤར་སྐུ་ཕྲེང་བདུན་པ་ལ་དམ་ཆོས་ཀྱི་དགའ་སྟོན་བསྩལ་ཞིང་གསེར་ཁྲིར་བཀོད། རོང་ཆེན་ཀི་ཧྲེ་སྤྲུལ་སྐུའི་ཡོངས་འཛིན་གནང་། ཡོངས་འཛིན་གཙོ་བོ་ནི་ཞྭ་དམར་དགེ་འདུན་བསྟན་འཛིན་རྒྱ་མཚོ། འཇམ་དབྱངས་བླ་མ་བློ་བཟང་དཔལ་ལྡན། ཁྲི་ཆེན་འཇམ་དབྱངས་ཐུབ་བསྟན་རྒྱ་མཚོ་གཙོས་བཤེས་གཉེན་དགུ་ཅམ་བསྟེན་ནས་ཤེས་བྱའི་གནས་ཀུན་ལ་མཁས་པར་གྱུར། ཕོང་གི་སློབ་མ་ལ་ཞྭ་དམར་སྤྲུལ་པའི་སྐུ། རྫོང་དཀར་གྱི་སྐུ་ཞབས་རྣམ་གཉིས། ཨ་ལགས་ཚེ་ཏན་ཞབས་དྲུང་སོགས་བླ་སྤྲུལ་མཁས་དབང་མང་དུ་ཐེལ། རབ་བྱུང་བཅུ་དྲུག་པའི་མེ་ཁྱི་ལོ་༡༨༩༨ལ་སྐུ་གཤེགས། དེང་དཔེ་མཛོད་ཁང་དུ་མི་རིགས་པོ་བྲང་ནས་ཕྱིར་འབུལ་ཞུས་ པའི་གྲས་པོད་༡ ཨང་རྟགས ༣༧༥༩ བཞུགས།

宗噶·晋美旦曲嘉措（1898—1946）：属格鲁派。诞生于安多热贡（今青海省黄南州同仁县境内）。被夏·噶丹嘉措认定为宗嘎晋美桑丁林活佛转世，7 岁迎入寺院任法台。在夏玛·衮登丹增嘉措座前受戒。9 岁赴塔尔寺。13 岁在嘉木样图登嘉措座前受比丘戒。拜雍增洛桑贝丹为师。30 岁任隆务寺法台，任隆务格达活佛之上师。其弟子以夏玛活佛、才旦夏茸著名。享年 59 岁。西藏图书馆藏北京民族文化宫图书馆赠送的文集有 1 函，编号为 3759。
E 此函民族宫目录著录为 9 卷，西藏图书馆藏品中缺 3 卷：《八千颂与摄集论之分段·月藤》《摄集论与现观庄严论之分段·天乐》《甚深道次第颂·治轮回百病良药》。

273. 1

a 6-1

b བཀའ་དྲིན་མཚུངས་མེད་ཀྱི་བླ་མ་རྡོ་རྗེ་འཆང་ཆེན་པོའི་གསུང་འབུམ་ང་པའི་དཀར་ཆག

恩德无等之金刚大持上师文集ང字函目录

c མི་ཕམ་དབྱངས་ཅན་དགྱེས་པའི་རྡོ་རྗེ།

d

e དཀར་ཆག（目录）

f 刻本 མདོ་སྨད་ཏན་ཏིག་ཤེ་འཁོར་ཐུ་བ་བཀྲ་ཤིས་ཆོས་སྡིངས་དགོན། （青海扎西曲定寺）

g 乌金 梵夹装 45×6

h 1 6

i 无 藏纸 黑 完整

j 封面钤有“民族文化宫图书馆藏”印。

273.2

a 6-2

b ཕར་ཕྱིན་མཐའ་དཔྱོད་ཀྱི་སྤོམ་ཚིག་སྦས་དོན་གཏམ་གྱི་སྙིང་པོ།

般若波罗蜜多探究总纲·隐义心要

c མི་ཕམ་དབྱངས་ཅན་དགྱེས་པའི་རྡོ་རྗེ།

d

e ཕར་ཕྱིན། （般若）

f 刻本 མདོ་སྨད་ཏན་ཏིག་ཤེ་འཁོར་ཐུ་བ་བཀྲ་ཤིས་ཆོས་སྡིངས་དགོན། （青海丹豆寺）

བཀྲ་ཤིས་ཆོས་གླིང་སྡིངས་ཀྱི་ཕར་ཕྱིན་པ་ཆེན་པོ་དཀོན་མཆོག་བློ་གྲོས་རྒྱ་མཚོ།

g 乌金 梵夹装 45×6

h 120 7

i 无 藏纸 黑 完整

j 封面钤有“民族文化宫图书馆藏”印。

273.3

a 6-3

b ཕར་ཕྱིན་ས་བཅད་མཁྱེན་གསུམ་གྱི་རྣམ་པར་སྤོམ་རྒྱ་འགྲེལ་ཉེར་གཅིག་ཏུ་གྲགས་པའི་སྤོམ་མཆན་དང་བཅས་པ།

般若科判及三智种类纲要、二十一家天竺学者注释及纲要注解

c མི་ཕམ་དབྱངས་ཅན་དགྱེས་པའི་རྡོ་རྗེ།

d

e ཕར་ཕྱིན། （般若）

f 刻本 མདོ་སྨད་ཏན་ཏིག་ཤེ་འཁོར་ཐུ་བ་བཀྲ་ཤིས་ཆོས་སྡིངས་དགོན། （青海丹豆寺）

g 乌金 梵夹装 42×6

h 10 7
i 无 藏纸 黑 完整
j 封面钤有“民族文化宫图书馆藏”印。

273.4
a 6-4
b ལྟ་ཁྲིད་ངེས་དོན་གནད་ཀྱི་སྙིང་པོ།
正见导释了义心要
c མི་ཕམ་དབྱངས་ཅན་དགྱེས་པའི་རྡོ་རྗེ།
d ས་སྟག 土虎年（1938）
e ལྟ་ཁྲིད།（正见导释）
f 刻本 མདོ་སྨད་ཁན་ཏིག་ཉེ་འཁོར་ཐུ་བ་བཀྲ་ཤིས་ཆོས་སྡིངས་དགོན།（青海丹豆寺）
g 乌金 梵夹装 45.5×6
h 35 7
i 无 藏纸 黑 完整
j 封面钤有“民族文化宫图书馆藏”印。

273.5
a 6-5
b ཕར་ཕྱིན་སྡོམ་ཚིག་གི་ཟུར་རྒྱན་མཛུབ་མོ་རི་སྟོན།
般若波罗蜜多总纲附篇指要
c མི་ཕམ་དབྱངས་ཅན་དགྱེས་པའི་རྡོ་རྗེ།
d
e ཕར་ཕྱིན།（般若）
f 刻本 མདོ་སྨད་ཁན་ཏིག་ཉེ་འཁོར་ཐུ་བ་བཀྲ་ཤིས་ཆོས་སྡིངས་དགོན།（青海丹豆寺）
g 乌金 梵夹装 44.5×6
h 14 6
i 无 藏纸 黑 完整
j 封面钤有“民族文化宫图书馆藏”印。

273.6
a 6-6
b དབུ་མ་རྩ་བ་ཤེས་རབ་ཀྱི་སྤྱོམ་འགྲོ་ཅན་དུ་ལུས་པ།
中观根本智论总纲未竟稿
c མི་ཕམ་དབྱངས་ཅན་དགྱེས་པའི་རྡོ་རྗེ།
d
e དབུ་མ།（中观）
f 刻本 མདོ་སྨད་དན་ཏིག་ཉེ་འཁོར་ཐུབ་བཀྲ་ཤིས་ཆོས་སྡིངས་དགོན།（青海丹豆寺）
g 乌金 梵夹装 45×6
h 7 6
i 无 藏纸 黑 完整
j 封面钤有“民族文化宫图书馆藏”印。

274
A 3760 3079
B བུ་སྟོན་གྱི་གསུང་འབུམ།
布顿文集
C བ
D བུ་སྟོན་རིན་ཆེན་གྲུབ།བུ་ལུགས། རབ་བྱུང་ལྔ་པའི་ལྕགས་སྟག་ལོ་༡༢༩༠ ལ་ཡབ་བྲག་སྟོན་རྒྱལ་མཚན་དཔལ་བཟང་དང་། ཡུམ་བསོད་ནམས་འབུམ་གཉིས་ཀྱི་སྲས་སུ་གཙང་སྟོད་ཁྲོ་ཕུའི་ཕྱོགས་ཀྱི་ཤབ་སྨད་སྒོམ་གནས་དགོན་པར་སྐུ་འཁྲུངས། དགུང་ལོ་བཅོ་བརྒྱད་ལ་ཁྲོ་ཕུར་མཁན་ཆེན་སེང་གེ་དཔལ་ལས་རབ་བྱུང་དགེ་ཚུལ་གྱི་སྡོམ་པ་བཞེས། དབུས་གཙང་མཁས་པ་མང་པོ་ལས་གཞུང་ཆེན་རིག་གནས་ལ་སྦྱངས་བརྩོན་གནང་ནས་སྙན་གྲགས་དབུས་གཙང་ཀུན་དུ་ཁྱབ། མཁས་པའི་ཁྲིད་དུ་ཕ་སྟོན་པ་ལ་བུའང་སྟོན་པ་བྱུང་འདུག་ཅེས་བུ་སྟོན་ཞེས་པའི་མཚན་ཡང་དེ་ནས་ཐོགས། དགུང་ལོ་ཉེར་གསུམ་ལ་མཁན་ཆེན་བཀའ་བཞི་པ་གྲགས་པ་གཞོན་ནུ་ལས་བསྙེན་རྫོགས་པ་བཞེས། དགུང་ལོ་སོ་གཅིག་ལ་ཞྭ་ལུ་ཆོས་སྡེ་ཆེན་པོའི་གདན་ས་བཟུང་། རྗེ་ཉིད་ཀྱི་བུ་ལུགས་པའི་གྲུབ་མཐའ་སྤེལ་གཏོང་

པས་དེའི་རྒྱུད་འཛིན་རིམ་བྱོན་རྣམས་ལ་ཞ་ལུ་པའི་གྲུབ་མཐའ་བུ་ལུགས་ཞེས་གྲགས། སློབ་མ་རྒྱ་གར། བལ་པོ། རྒྱ་ནག། ཡུལ་གུར། སོག་པོ། བོད་དབུས་གཙང་མངའ་རིས་མདོ་སྟོད་སྨད་གང་ལས་འདུས། ཁོང་ལ་རྒྱ་གར་རྒྱལ་པོ་ཕྱུ་ཏྲ་མ་ལ་སོགས་ཀྱི་དད་གུས་བླ་མེད་ཞུ། དགུང་ལོ་ང་ལྔ་ལ་གོང་མའི་གདན་ཞུའི་གསེར་ཡིག་འབྱོར་ཡང་མ་ཕེབས་པར་དབེན་པར་སྒྲ་དང་གསང་སྔགས་ཀྱི་གཞུང་མང་པོ་འགྲོ་བསྒྱུར་དང་གཞི་བསྒྱུར་མཛད། ཧོར་གྱི་མི་དཔོན་བརྒྱ་ཕྲག་དམག་འབུམ་ཚོ་གསུམ་དང་ཁྲི་ཕྲག་གཉིས་ཀྱི་འཁོར་དང་བཅས་བྱུང་དུ་ལྷགས་ནས་དཔལ་དུས་ཀྱི་འཁོར་ལོའི་དབང་སོགས་གསང་སྔགས་ཀྱི་ཆོས་འཁོར་ཞུས། དགུང་ལོ་རེ་བདུན་པ་ལ་སྒྲ་ཚད་པ་རིན་ཆེན་རྣམ་རྒྱལ་ལ་ཞ་ལུའི་གདན་ས་གཏད་ནས་རི་ཕུག་ཏུ་གཏན་བཞུགས་མཛད། སློབ་མ་གཙོ་བོ་སྒྲ་ཚད་པ་རིན་ཆེན་རྣམ་རྒྱལ། བྱང་པ་དཀོན་མཆོག་གྲགས། གོང་གསུམ་བདེ་ཆེན་པ་ཆོས་ཀྱི་མགོན་པོ། ཡོ་ག་བ་རིན་བཟང་། ཡོ་ག་བ་ཚེ་དབང་། ཁྲུང་པོ་ལྷས་པ་སོགས་ཤིན་ཏུ་མང་ངོ་། རབ་བྱུང་དྲུག་པའི་ཤིང་འབྲུག་ལོ་༡༣༦༤ལ་ཞི་བར་གཤེགས། ཁྱོན་པོད་ཆེན་ཉི་ཤུ་རྩ་དྲུག་ཡོད། ངེད་དཔེ་མཛོད་ཁང་དུ་མི་རིགས་ཕོ་བྲང་ནས་ཕྱིར་འབུལ་ཞུས་པའི་གྲས་པོད་༣ ཨང་རྟགས ༣༧༦༠--༣༧༦༢ དང་། ཞོལ་པར་པོད་༢༨ ཨང་རྟགས་༢༥༥༠--༢༦༣༣ བཞུགས།

布顿仁青珠（1290—1364）：属夏鲁布顿派。诞生于后藏卓普宁玛派高僧之家。6 岁许从母读书识字。学者声誉，名扬卫藏，门下弟子甚多。62 岁，翻译若干声明典籍。75 岁圆寂。遗著由扎则巴仁青朗杰抄辑于夏鲁寺，有 27 函。当时只有抄本而无刻本。1917 年，十三世达赖喇嘛命在雪印经院刊刻木版，共计 28 函。但是比丘仁青僧格所著的《布顿传》中则谓 33 函。从此，布顿著作名扬四海。遗著在西藏图书馆藏北京民族文化宫图书馆赠送的文集有 3 函，编号为 3760—3762；雪版 28 函，编号在 2550—2633 间。
E 馆藏齐全。

274. 1

a 3-1

b བུ་སྟོན་ཐམས་ཅད་མཁྱེན་པའི་བཀའ་འབུམ་པ་པའི་དཀར་ཆག

布顿文集པ字函目录

c བུ་སྟོན་ཐམས་ཅད་མཁྱེན་པ། དགེ་སློང་རིན་ཆེན་གྲུབ།

d

e དཀར་ཆག（目录）

f 刻本

g 乌金 梵夹装 49.5×7.5

h 1 7

i 无 藏纸 黑 完整

j

274.2

a 3-2

b རྒྱུད་སྡེ་སྤྱིའི་རྣམ་བཞག་རྒྱུད་སྡེ་རིན་པོ་ཆེའི་མཛེས་རྒྱན།

续部总建立·续部大宝妙庄严

c བུ་སྟོན་ཐམས་ཅད་མཁྱེན་པ། དགེ་སློང་རིན་ཆེན་གྲུབ།

d མྱོས་ལྡན་གྱི་ལོ། 土兔年（1339） བླ་མ་རིན་ཆེན་ཡེ་ཤེས།

e རྒྱུད་སྡེ།（续部）

f 刻本 དགེ་སློང་ཤཱཀྱ་བཟང་པོ།

g 乌金 梵夹装 49.5×7.5

h 305 7

i 无 藏纸 黑 完整

j

274.3

a 3-3

b རྒྱུད་སྡེ་སྤྱིའི་རྣམ་བཞག་པ་རྒྱུད་སྡེ་ཐམས་ཅད་ཀྱི་གསང་བ་གསལ་བར་བྱེད་པ།

续部总建立·一切续部之密意明解

c བུ་སྟོན་ཐམས་ཅད་མཁྱེན་པ། དགེ་སློང་རིན་ཆེན་གྲུབ།

d

e རྒྱུད་སྡེ།（续部）

f 刻本 དགེ་སློང་ཤཱཀྱ་བཟང་པོ།

g 乌金 梵夹装 49.5×7.5
h 152 7
i 无 藏纸 黑 完整
j

275
A 3761 3082

B བུ་སྟོན་གྱི་གསུང་འབུམ།

布顿文集

C ཚ

D བུ་སྟོན་རིན་ཆེན་གྲུབ།

同 3760 介绍。
E 馆藏齐全。

275.1
a 2-1

b བུ་སྟོན་ཐམས་ཅད་མཁྱེན་པའི་བཀའ་འབུམ་ཚ་པའི་དཀར་ཆག

布顿文集ཚ字函目录

c བུ་སྟོན་ཐམས་ཅད་མཁྱེན་པ། དགེ་སློང་རིན་ཆེན་གྲུབ།

d

e དཀར་ཆག（目录）

f 刻本
g 乌金 梵夹装 49.5×7.5
h 1 7
i 无 藏纸 黑 完整
j

275.2
a 2-2

b ཤེས་རབ་ཀྱི་ཕ་རོལ་དུ་ཕྱིན་པའི་མན་ངག་གི་བསྟན་བཅོས་མངོན་པར་རྟོགས་པའི་རྒྱན་བཅས་པའི་རྒྱ་ཆེར་བཤད་

པ་ལུང་གི་སྙེ་མ།

般若波罗蜜多之教授现观庄严论广释·教言穗

c བུ་སྟོན་ཐམས་ཅད་མཁྱེན་པ། དགེ་སློང་རིན་ཆེན་གྲུབ།

d ས་མོ་ལུག 土阴羊年（1319）

e ཕར་ཕྱིན།（般若）

f 刻本

g 乌金 梵夹装 49.5×7.5

h 363 7

i 无 藏纸 黑 完整

j

276

A 3762 3085

B བུ་སྟོན་གྱི་གསུང་འབུམ།

布顿文集

C ཞ

D བུ་སྟོན་རིན་ཆེན་གྲུབ།

同3760介绍。

E 馆藏齐全。

276.1

a 4-1

b བུ་སྟོན་ཐམས་ཅད་མཁྱེན་པའི་བཀའ་འབུམ་ཞ་པའི་དཀར་ཆག

布顿文集ཞ字函目录

c བུ་སྟོན་ཐམས་ཅད་མཁྱེན་པ། དགེ་སློང་རིན་ཆེན་གྲུབ།

d

e དཀར་ཆག（目录）

f 刻本
g 乌金 梵夹装 50×7
h 1 7
i 无 藏纸 黑 完整
j

276.2
a 4-2
b འདུལ་བ་སྤྱིའི་རྣམ་པར་བཞག་པ་འདུལ་བ་རིན་པོ་ཆེའི་མཛེས་རྒྱན།
毗奈耶总建立·毗奈耶大宝妙庄严
c ཐུ་སྟོན་ཐམས་ཅད་མཁྱེན་པ། དགེ་སློང་རིན་ཆེན་གྲུབ།
d
e འདུལ་བ།（律经）
f 刻本
g 乌金 梵夹装 50×7
h 70 7
i 无 藏纸 黑 完整
j

276.3
a 4-3
b མདོ་རྩའི་རྣམ་བཤད་འདུལ་བ་རྒྱ་མཚོའི་སྙིང་པོ་གསལ་བྱེད།
根本经解说·律海心要明解
c ཐུ་སྟོན་ཐམས་ཅད་མཁྱེན་པ། དགེ་སློང་རིན་ཆེན་གྲུབ།
d
e འདུལ་བ།（律经）
f 刻本
g 乌金 梵夹装 50×7
h 295 7
i 无 藏纸 黑 完整
j

276.4

a 4-4

b ལས་བརྒྱ་རྩ་གཅིག་གི་རྣམ་བཤད་ཚོ་གའི་གསལ་བྱེད།

百一羯摩解说·显明仪轨

c བུ་སྟོན་ཐམས་ཅད་མཁྱེན་པ། དགེ་སློང་རིན་ཆེན་གྲུབ།

d

e ཚོ་ག（仪轨）

f 刻本

g 乌金　梵夹装　50×7

h 125　7

i 无　藏纸　黑　完整

j

277

A 3765-3768

B རྗེ་ཙོང་ཁ་པའི་གསུང་འབུམ།

宗喀巴文集

C ཕ

D རྗེ་ཙོང་ཁ་པ་ཆེན་པོ་བློ་བཟང་གྲགས་པ་དགེ་ལུགས། རབ་བྱུང་དྲུག་པའི་མེ་བྱ་ལོ་༡༣༥༧ལ་ཡབ་དར་ཁ་ཆེ་ཀླུ་འབུམ་དགེ་དང་། ཡུམ་ཤིང་བཟའ་ཨ་ཆོས་ཀྱི་སྲས་སུ་མདོ་སྨད་ཀྱི་སའི་ཆ་ཤར་ཙོང་ཁའི་ཡུལ་དུ་སྐུ་བལྟམས། དགུང་ལོ་གསུམ་ལ་ཆོས་རྗེ་ཀརྨ་པ་སྐུ་ཕྲེང་བཞི་པ་རོལ་པའི་རྡོ་རྗེ་ལས་དགེ་བསྙེན་གྱི་སྡོམ་པ་བཞེས་ཤིང་མཚན་ལ་ཀུན་དགའ་སྙིང་པོ་ཞེས་གསོལ། དགུང་ལོ་བདུན་ལ་ཆོས་རྗེ་དོན་གྲུབ་རིན་ཆེན་པས་མཁན་པོ་མཛད་དེ་དགེ་ཚུལ་སྡོམ་པ་བཞེས་ནས་མཚན་ལ་བློ་བཟང་གྲགས་པ་ཞེས་གསོལ། དགུང་ལོ་ཉི་ཤུ་ལྷག་ཙམ་དུ་སོན་སྐབས་མཁན་པོ་དཀའ་བཞི་ཚུལ་རིན་པས་མཁན་པོ་མཛད་དེ་བསྙེན་རྫོགས་ཀྱི་སྡོམ་པ་བཞེས། རྗེ་བཙུན་རེད་མདའ་བ་གཞོན་ནུ་བློ་གྲོས། བླ་མ་དབུ་མ་པ། ཞྭ་ལུ་རིན་ཆེན་རྣམ་རྒྱལ། བླ་མ་འཇམ་རིམ་པ། ལྷོ་བྲག་གྲུབ་ཆེན། ཉ་དབོན་ཀུན་དགའ་དཔལ་སོགས་བཤེས་གཉེན་དུ་མ་བསྟེན། གསང་ཕུ་དང་བདེ་བ་ཅན་སོགས་གདན་ས་ཆེན་པོ་རྣམས་སུ་

མདོ་སྔགས་གཞུང་ལུགས་ལ་ཐོས་བསམ་སྒོམ་ གསུམ་དང་། འཆད་རྩོད་རྩོམ་པ་རྒྱ་ཆེར་གནང་ནས་བཤད་སྒྲུབ་ཀྱི་དུས་འདའ་བར་མཛད། རྗེང་ཕྱིའི་བྱམས་པ་ཞིག་ གསོས། གཉལ་གྱི་ལུང་ར་ཆེན་མོ། ལྷ་ལྡན་དུ་སྨོན་ལམ་ཆེན་མོ་བཙུགས་པ། དགའ་ལྡན་དུ་སྒྲུབ་མཆོད་སྤེལ་བ་སོགས་མཛད་ཆེན་བཞི་ལ་སོགས་པ་མཛད་ནས་མཚན་སྙན་ས་ཕྱོགས་གང་སར་མི་ཁྱབ་པ་མེད། སྤྱི་ལོ་༡༤༠༩ལོར་དགའ་ལྡན་དགོན་ཕྱག་བཏབ་ནས་དེར་བརྟེན་ཆགས་པ་ལ་བརྟེན་ནས་གདན་སའི་མིང་གིས་དགའ་ལྡན་པའི་ལུགས་ཀྱི་མིང་ཆགས། རྒྱལ་ཚབ་རྗེ་དང་། མཁས་གྲུབ་རྗེ་སོགས་སློབ་མ་གྲགས་ཆེ་བ་བརྒྱ་དང་བཞི་བཅུ་ཞེ་བདུན་བྱུང་། རབ་བྱུང་ བདུན་པའི་ས་ཕག་ལོ་༡༤༡༩ལོ་གཟིམ་ཁང་འོད་གསལ་སྟུག་ཏུ་གཟུགས་སྐུའི་བཀོད་པ་བསྡུས། གསུང་འབུམ་པོད་༡༨ བཞུགས། དེད་དཔེ་མཛོད་ཁང་དུ་དགེ་སྡེའི་པར་པོད་༡༨ ཀ--ཚ ཨང་རྟགས་༢༧༥༤--༢༨༡༠དང་། སེ་རའི་པར་པོད་༡༨ ཀ--ཚ ཨང་རྟགས ༢༨༡༡--༢༨༦༢ མི་རིགས་ཕོ་བྲང་ནས་ཕྱིར་འབུལ་ཞུས་པའི་གྲས་པོད་༥ ཀ བ པ ཕ ཚ ཨང་རྟགས ༣༧༦༣--༣༧༧༥ བཞུགས།

宗喀巴（1357—1419）：藏传佛教格鲁派创始人。诞生于多麦湟水流域。兄弟六人排行第四。幼年起拜噶玛巴若贝多杰为师，法名贡嘎宁布。7 岁时法主东珠仁青旨令其出家，取名罗桑扎巴。1372 年赴卫藏求学，拜遍各教派高僧大德为师，系统学习显密宗教义。最终在藏族各个教派中成为领袖人物，也为藏传佛教格鲁派的创建奠定了扎实的基础。1402 年，在热振寺撰写《菩提道次第广论》。书中向诸学者阐述、引导正理之菩提道次第。1405 年，著书《密宗道次第广论》。1409 年，在拉萨大昭寺创建祈愿大法会。同年创建甘丹寺，即格鲁派主寺。在甘丹寺广行修供，功业显赫。1419 年圆寂，享年 62 岁。遗著在西藏图书馆藏北京民族文化宫图书馆赠送的文集有 5 函，编号在 3763—3775 间；德格版 18 函，编号在 2754—2810 间；色拉寺版 18 函，编号在 2811—2862 间；拉卜楞版 19 函，编号为 4877—4895；塔尔寺版 19 函，编号为 4458—4476。

E　民族宫目录中无此函。

277. 1

a　1-1

b　ཁམས་གསུམ་ཆོས་ཀྱི་རྒྱལ་པོ་ཙོང་པ་ཆེན་པོས་མཛད་པའི་བྱང་ཆུབ་ལམ་གྱིས་རིམ་པ་ཆེན་མོ་བཞུགས་སོ།།

三界法王宗喀巴大师撰写之菩提道次第广论

c　མང་དུ་ཐོས་པའི་དགེ་སློང་སྤོང་བ་པ་ཤར་ཙོང་ཁ་པ་བློ་བཟང་གྲགས་པ།

d ར་སྒྲེང་རྒྱལ་བའི་དབེན་གནས་ཀྱི་ཡང་དགོན་བྲག་སེང་གེའི་ཞོལ་གྱི་རི་ཁྲོད།（西藏拉萨热振寺）

སྔོམ་བརྩོན་ཆེན་པོ་མཁན་ཆེན་ཟླུལ་ཕྱུ་བ་དཀོན་མཆོག་དཔལ་བཟང་པོ་སོགས།

e ལམ་རིམ།（道次第）

f 刻本 བཀྲ་ལྷུན།（西藏日喀则扎什伦布寺） བསོད་ནམས་དཔལ་བཟང་པོ།

g 乌金 梵夹装 50×6

h 481 6

i 有 藏纸 黑 完整

j 封面钤有“民族文化宫图书馆藏”印。

278

A 3763 373

B རྗེ་ཙོང་ཁ་པའི་གསུང་འབུམ།

宗喀巴文集

C བ

D རྗེ་ཙོང་ཁ་པ་ཆེན་པོ་བློ་བཟང་གྲགས་པ།

同 3765 介绍。

E 此函在民族宫目录著录为 7 卷，西藏图书馆藏品中多出一卷。

278.1

a 8-1

b འཇམ་མགོན་བླ་མ་ཙོང་ཁ་པ་ཆེན་པོའི་གསུང་འབུམ་པོད་བ་པའི་དཀར་ཆག

文殊怙主上师宗喀巴文集བ字函目录

c

d

e དཀར་ཆག（目录）

f 刻本 བཀྲ་ལྷུན།（西藏日喀则扎什伦布寺）

g 乌金 梵夹装 50×6

h　1　6
i　无　藏纸　黑　完整
j　封面钤有“民族文化宫图书馆藏”印；民族宫目录中无此件。

278.2
a　8-2
b　དབུ་མ་རྩ་བའི་ཚིག་ལེའུར་བྱས་པ་ཤེས་རབ་ཅེས་བྱ་བའི་རྣམ་བཤད་རིགས་པའི་རྒྱ་མཚོ་ཞེས་བྱ་བ་བཞུགས་སོ། །
　中观根本智论颂文释义・正理海
c　མང་དུ་ཐོས་པའི་དགེ་སློང་ཤར་བློ་བཟང་གྲགས་པ།
d
e　དབུ་མ། （中观）
f　刻本　བཀྲ་ཤིས་ལྷུན། （西藏日喀则扎什伦布寺）　སྤོམ་བརྩོན་བསོད་ནམས་བློ་གྲོས།
g　乌金　梵夹装　50×6
h　283　6
i　无　藏纸　黑　完整
j　封面钤有“民族文化宫图书馆藏”印；民族宫目录中为292叶。

278.3
a　8-3
b　དཀའ་གནད་བརྒྱད་ཀྱི་ཟིན་བྲིས་རྗེའི་གསུང་བཞིན་བརྗེད་བྱང་དུ་བཀོད་པ་བཞུགས་སོ། །
　八大难义笔录・如宗喀巴大师所说而作之备忘录
c
d
e　དབུ་མ། （中观）
f　刻本
g　乌金　梵夹装　50×6
h　18　6
i　无　藏纸　黑　完整
j　封面钤有“民族文化宫图书馆藏”印。

278.4
a　8-4

b　རིགས་པ་དྲུག་ཅུ་པའི་ཟིན་བྲིས་རྗེའི་གསུང་བཞིན་རྒྱལ་ཚབ་ཆོས་རྗེས་བཀོད་པ་བཞུགས་སོ།།

六十如理论之讲录·由杰策法王依宗喀巴大师所谟而撰出

c

d

e　དབུ་མ།（中观）

f　刻本

g　乌金　梵夹装　50×6

h　13　6

i　无　藏纸　黑　完整

j　封面钤有“民族文化宫图书馆藏”印；民族宫目录中为14叶。

278.5

a　8-5

b　རྒྱལ་ཚབ་ཆོས་རྗེས་རྗེའི་དྲུང་དུ་གསན་པའི་མངོན་གསུམ་ལེའུའི་བརྗེད་བྱང་བཞུགས་སོ།།

杰策法王在宗喀巴大师座前听受释量论现量品之备忘录

c

d

e　ཚད་མ།（因明学）

f　刻本

g　乌金　梵夹装　50×6

h　55　6

i　无　藏纸　黑　完整

j　封面钤有“民族文化宫图书馆藏”印；民族宫目录中为56叶。

278.6

a　8-6

b　དབུ་མ་ལྟ་བའི་ཁྲིད་ཡིག་བཞུགས་སོ།།

中观性见之导释

c　མང་དུ་ཐོས་པའི་རྒྱལ་ཁམས་པ་བློ་བཟང་གྲགས་པ།

d　ཞོ་དེ་གུང་རྒྱལ་གྱི་ལྷ་ཞོལ།（西藏拉萨）

e　དབུ་མ།（中观）

f 刻本
g 乌金 梵夹装 50×6
h 26 6
i 无 藏纸 黑 完整
j 封面钤有“民族文化宫图书馆藏”印；民族宫目录中的题名为“有寂平等性见之导释”。

278.7
a 8-7
b ཚིག་སྦྱོར་ཕུན་སུམ་ཚོགས་པའི་སྙན་ངག་གི་ལམ་ནས་དྲངས་པའི་བློ་སྦྱོང་བཞུགས་སོ།།
由措词美满之诗路而引出之修心法
c ཤར་ཙོང་ཁ་པ་བློ་བཟང་གྲགས་པ།
d ཚལ་དབུས་གླིང་གི་གཙུག་ལག་ཁང་།（西藏拉萨蔡布林）
e བློ་སྦྱོང་།（修心）
f 刻本
g 乌金 梵夹装 50×6
h 3 6
i 无 藏纸 黑 完整
j 封面钤有“民族文化宫图书馆藏”印；民族宫目录中为4叶。

278.8
a 8-8
b དབུ་མ་རྒྱན་གྱི་ཟིན་བྲིས་རྗེ་རང་གིས་གནང་བ་བཞུགས་སོ།།
宗喀巴大师讲授中观庄严论笔录
c
d
e དབུ་མ།（中观）
f 刻本 བཀྲ་ལྷུན།（西藏日喀则扎什伦布寺）
g 乌金 梵夹装 50×6
h 17 6
i 无 藏纸 黑 完整
j 封面钤有“民族文化宫图书馆藏”印；民族宫目录中为18叶。

279
A 3764

B ཇེ་ཙོང་ཁ་པའི་གསུང་འབུམ།

宗喀巴文集

C ཚ

D ཇེ་ཙོང་ཁ་པ་ཆེན་པོ་བློ་བཟང་གྲགས་པ།

同 3765 介绍。

E 民族宫目录中无此函。

279.1

a 1-1

b ལེགས་པར་བཤད་པ་གསེར་གྱི་འཕྲེང་བ་ཞེས་བྱ་བ་བཞུགས།

格言金珠串

c མང་དུ་ཐོས་པ་ཤར་ཙོང་ཁ་པ་བློ་བཟང་གྲགས་པ།

d གཙུག་ལྷག་ཁང་ཆེན་པོ་འཚལ་ཡང་དགོན།（西藏拉萨蔡亚寺）

e རྒྱན་འགྲེལ།（庄严释）

f 刻本 འབྲས་སྤུངས།（西藏拉萨哲蚌寺） མདོ་སྔད་པ་ཕོང་སྟོན་རྡོ་གྲིབ།

g 乌金 梵夹装 50×6

h 428 6

i 有 藏纸 黑 完整

j 封面钤有“民族文化宫图书馆藏”印。

280

A 3769

B ཇེ་ཙོང་ཁ་པའི་གསུང་འབུམ།

宗喀巴文集

C ཚ

D རྗེ་ཙོང་ཁ་པ་ཆེན་པོ་བློ་བཟང་གྲགས་པ།

同 3765 介绍。

E 民族宫目录中无此函。

280.1

a 1-1

b བྱང་ཆུབ་ལམ་གྱི་རིམ་པ་བཞུགས་སོ།།

菩提道次第论

c ཤར་ཙོང་ཁ་པ་བློ་བཟང་གྲགས་པ།

d རི་བོ་དགེ་ལྡན།།（西藏拉萨甘丹寺）

e ལམ་རིམ།（道次第）

f 刻本 འབྲས་སྤུངས།（西藏拉萨哲蚌寺）

g 乌金 梵夹装 50×6

h 189 6

i 无 藏纸 黑 完整

j 封面钤有“民族文化宫图书馆藏”印；内容为“略论”。

281

A 3770-3773 372

B རྗེ་ཙོང་ཁ་པའི་གསུང་འབུམ།

宗喀巴文集

C ཕ

D རྗེ་ཙོང་ཁ་པ་ཆེན་པོ་བློ་བཟང་གྲགས་པ།

同 3765 介绍。

E 此函民族宫目录著录为 8 卷；西藏图书馆藏品中缺此 8 卷，而所藏一卷则在民族宫目录中无。

281.1

a 1-1

b　བྱང་ཆུབ་ལམ་གྱི་རིམ་པ།

　菩提道次第

c　ཤར་ཙོང་ཁ་པ་བློ་བཟང་གྲགས་པ།

d

e　ལམ་རིམ།（道次第）

f　刻本

g　乌金　梵夹装　47×6

h　135　7

i　有　藏纸　黑　完整

j　封面钤有“民族文化宫图书馆藏”印，写哲蚌寺藏书号：འབྲས་སྤུངས།　ནང་།

　༡༤༧。民族宫目录中无此件。

282

A　3771-3772　372

B　རྗེ་ཙོང་ཁ་པའི་གསུང་འབུམ།

　宗喀巴文集

C　ཕ

D　རྗེ་ཙོང་ཁ་པ་ཆེན་པོ་བློ་བཟང་གྲགས་པ།

　同 3765 介绍。

E　此函民族宫目录著录为 8 卷；西藏图书馆藏品中缺该 8 卷，所藏一卷为民族宫目录中无。

282.1

a　1-1

b　བྱང་ཆུབ་ལམ་གྱི་རིམ་པ།

　菩提道次第

c　ཟ་ཧོར་བཙེ་འཛམ་དབྱངས་དགའ་བའི་བཤེས་གཉེན།

d

e ལམ་རིམ།（道次第）

f 刻本
g 乌金 梵夹装 46×6
h 189 6
i 有 藏纸 黑 完整
j 民族宫目录中无此件。

283
A 3774 361

B རྗེ་ཙོང་ཁ་པའི་གསུང་འབུམ།
宗喀巴文集

C ག

D རྗེ་ཙོང་ཁ་པ་ཆེན་པོ་བློ་བཟང་གྲགས་པ།

E 馆藏齐全。

283.1
a 1-1

b རྒྱལ་བ་ཁྱབ་བདག་རྡོ་རྗེ་འཆང་ཆེན་པོའི་ལམ་གྱི་རིམ་པ་གསང་བ་ཀུན་གྱིས་གནད་རྣམ་པར་ཕྱེ་བ།
胜遍主金刚大持之道次第·开显一切密要论

c ཤར་ཙོང་ཁ་པ་བློ་བཟང་གྲགས་པ།

d ལྷ་ཞོལ་བྱམས་པ་གླིང་མིང་གཞན་གསང་སྔགས་ནང་།（西藏拉萨拉雪强巴林）

e སྔགས་རིམ།（密次第）

f 刻本 དགའ་བཞི་འཛོམ་པ་གཡག་སྦྱེ་བ་བསོད་ནམས་དཔལ་བཟང་།

g 乌金 梵夹装 50×6.5
h 441 6
i 无 藏纸 黑 完整
j 民族宫目录中为 497 叶。

284
A 3775 361

B རྗེ་ཙོང་ཁ་པའི་གསུང་འབུམ།

宗喀巴文集

C ག

D རྗེ་ཙོང་ཁ་པ་ཆེན་པོ་བློ་བཟང་གྲགས་པ།

同 3765 介绍。

E 馆藏齐全。

284.1

a 1-1

b རྒྱལ་བ་ཁྱབ་བདག་རྡོ་རྗེ་འཆང་ཆེན་པོའི་ལམ་གྱི་རིམ་པ་གསང་བ་ཀུན་གྱིས་གནད་རྣམ་པར་ཕྱེ་བ།

胜遍主金刚大持之道次第·开显一切密要论

c ཤར་ཙོང་ཁ་བ་བློ་བཟང་གྲགས་པ།

d གོང་དཀར་དཔལ་གྱི་སྡེ།（西藏山南贡嘎寺）

e སྔགས་རིམ།（密次第）

f 刻本

g 乌金 梵夹装 47．5×6

h 361 7

i 有 藏纸 黑 完整

j 封面钤有“民族文化宫图书馆藏”印；民族宫目录中为 497 叶。

285

A 3779 492

B སྡེ་སྲིད་སངས་རྒྱས་རྒྱ་མཚོའི་གསུང་འབུམ།

第司·桑结嘉措文集

C

D　སྡེ་སྲིད་སངས་རྒྱས་རྒྱ་མཚོ། དགེ་ལུགས། རབ་བྱུང་བཅུ་གཅིག་པའི་ཆུ་སྦྲུལ་ལོ་༡༦༥༣ལ་ཡབ་ཨ་སྒྲུབ་དང་། ཡུམ་བུ་ཁྲིད་རྒྱལ་མོའི་སྲས་སུ་ལྷ་ས་གྲོང་ཁྱེར་ཉང་བྲན་གྲོང་སྨད་གཞིས་ཀར་སྐུ་འཁྲུངས། དགུང་ལོ་བརྒྱད་ནས་རྒྱལ་བ་ལྔ་པའི་མདུན་དུ་ཞབས་ཕྱིར་བཞུགས། ༡༦༧༩ལོ་ནས་རྒྱལ་བ་ལྔ་པ་སྐུ་མ་འདས་བར་ལོ་ལྔ་དང་། ༡༧༠༣ལོ་བར་ལོ་ཉི་ཤུ་རྩ་དྲུག་རིང་སྲིད་དབང་བཟུང་། ལས་ཁུངས་མང་པོ་གསར་འཛུགས་བྱས། རྒྱལ་བ་ལྔ་པ་སྐུ་འདས་རྗེས་དེ་སྟོན་ཞལ་ཆེམས་ལྟར། རྒྱལ་བ་སྐུ་གཤེགས་པའི་གནས་ཚུལ་སྐོར་བོད་ས་གནས་སུ་ཁྱབ་བསྒྲགས་མ་བྱས་པར་ལོ་བཅུ་གསུམ་རིང་གསང་བ་མཛད། ༡༦༩༠ལོར་ཕོ་བྲང་དམར་པོ་འཛུགས་སྐྲུན་བྱ་འགོ་འཛུགས། དེ་ནས་ལོ་གཉིས་རྗེས་གསང་བའི་སྒོ་ནས་རྒྱལ་བ་ལྔ་པ་ཆེན་པོའི་སྐུ་གདུང་བཞུགས་པའི་གསེར་གདུང་འཛམ་གླིང་རྒྱན་གཅིག་དངོས་སུ་བཟོ་སྐྲུན་བྱེད་སྒོ་ཚུགས། ཁོང་སྲིད་གཞུང་གི་ལས་ཀ་མཛད་བཞིན་དུ་རྩོམ་ཡིག་ཧ་ཅང་མང་པོ་ཡོད་པ་ཕྱོན་བསྡོམས་པོད་༢༨ཙམ་ཡོད། བོད་རབ་བྱུང་བཅུ་གཉིས་པ་ཤིང་བྱ་ལོ་༡༧༠༥ལ་རྒྱལ་པོ་ལྷ་བཟང་གིས་བཀྲོངས། ངེད་དཔེ་མཛོད་ཁང་དུ་མི་རིགས་ཕོ་བྲང་ནས་ཕྱིར་འབུལ་ཞུས་པའི་གྲངས་པོད་༥ ཨང་རྟགས ༣༧༧༩--༣༧༨༣ བཞུགས།

第司·桑结嘉措（1653—1705）：属格鲁派。诞生于拉萨娘热，五世达赖赐名为桑杰嘉措。8岁时拜达赖为师，系统学习大小五明。1690年，开始建造布达拉宫的红宫及佛像、经文、灵塔。1697年，被五世达赖任命为第巴。政教诸事，皆请示五世达赖，巩固和完善建立不久的噶丹颇章。在五世达赖的赐教下，谙熟政教事务、阅世广博，为藏族文化的发展做出了不可磨灭的贡献。遗著有《四部医典之注疏蓝琉璃》《白琉璃》《甘丹寺志黄琉璃》《布达拉宫目录》（གསེར་སྡོང་འཛམ་གླིང་རྒྱན་གཅིག）等。西藏图书馆藏北京民族文化宫图书馆赠送的文集有5函，编号为3779—3783。

E　此函无函号；馆藏齐全。

285.1

a　1-1

b　ཕུག་ལུགས་རྩིས་ཀྱི་ལེགས་བཤད་མཁས་པའི་མགུལ་རྒྱན་བཻཌཱུར་དཀར་པོ།

浦派历算法·智者项饰·白琉璃璎珞·智士真宝第一帙

c　དབྱངས་ཅན་དགྱེས་པའི་བློ་ལྡན་གདོང་དྲུག་སྙེམས་པའི་ལང་ཚོ་གསར་མ།

d　ཁྲག་སྐྱུག་ཅེས་པ་ཆུ་ཕག　水猪年（1683）

e　སྨན་རྩིས།（藏医历算）

f　刻本
g　乌金　梵夹装　53×7
h　632　6
i　有　藏纸　黑　完整
j　封面钤有“民族文化宫图书馆藏”印；民族宫目录中为314叶。

286
A　3780　2310

B　སྡེ་སྲིད་སངས་རྒྱས་རྒྱ་མཚོའི་གསུང་འབུམ།

第司·桑结嘉措文集

C

D　སྡེ་སྲིད་སངས་རྒྱས་རྒྱ་མཚོ།

同3779介绍。

E　此函无函号；馆藏齐全。

286.1
a　2-1

b　བསྟན་བཅོས་བཻཌཱུརྱ་དཀར་པོ་ལས་དྲི་ལན་འཁྲུལ་སྣང་གཡའ་སེལ་དོན་གྱི་བཞིན་རས་སྟོན་བྱེད།

白琉璃论献疑·除锈复原

c　དབྱངས་ཅན་དགྱེས་པའི་བློ་ལྡན་གདོང་དྲུག་སྙེམས་པའི་ལང་ཚོ་གསར་མ།

d

e　སྨན་རྩིས།（藏医历算）

f　刻本
g　乌金　梵夹装　53×7
h　473　6
i　有　藏纸　黑　完整
j　封面钤有“民族文化宫图书馆藏”印。

286.2

a 2-2

b གླེགས་བམ་ཕྱ་ན་མེད་པའི་བསྟན་བཅོས་ཆེན་པོ་བཻཌཱུརྻ་དཀར་པོ་ལས་འཕྲོས་པའི་སྙན་སྒྲོན་ཞིས་བརྒྱ་བརྒྱད་པ།

白琉璃论献疑二百零八条

c དབྱངས་ཅན་དགྱེས་པའི་བློ་ལྡན་གདོང་དྲུག་སྙེམས་པའི་ལང་ཚོ་གསར་མ།

d

e སྨན་རྩིས།（藏医历算）

f 刻本

g 乌金 梵夹装 53×7

h 64 6

i 无 藏纸 黑 完整

j 封面钤有“民族文化宫图书馆藏”印。

287

A 3781 494

B སྡེ་སྲིད་སངས་རྒྱས་རྒྱ་མཚོའི་གསུང་འབུམ།

第司·桑结嘉措文集

C

D སྡེ་སྲིད་སངས་རྒྱས་རྒྱ་མཚོ།

同 3779 介绍。

E 此函无函号；民族宫目录著录为 3 卷，西藏图书馆藏品则 2 卷，另一卷入下一函中。

287.1

a 2-1

b གསོ་བ་རིག་པའི་བསྟན་བཅོས་སྨན་བླའི་དགོངས་རྒྱན་རྒྱུད་བཞིའི་གསལ་བྱེད་བཻཌཱུརྻ་སྔོན་པོའི་མལླི་ཀ་

བཞུགས་སོ།།

医方明论·药师佛密意庄严四部医典明解·蓝琉璃玛里嘎

c དབྱངས་ཅན་དགྱེས་པའི་བློ་ལྡན་གདོང་དྲུག་སྙེམས་པའི་ལང་ཚོ་གསར་མ།

d　ས་བྱི། 土鼠年[1]

e　སྨན་རྩིས།（藏医历算）

f　刻本　ལྕགས་རི་རིག་བྱེད་འགྲོ་ཕན་གླིང་།（西藏拉萨旧曼孜康医学院）　ཚོས་ཀྱི་སྡེ།

g　乌金　梵夹装　50×7

h　40　6

i　无　藏纸　黑　完整

j　封面钤有“民族文化宫图书馆藏”印；民族宫目录中为“玛里嘎第一帙”，31叶。

287.2

a　2-2

b　གསོ་བ་རིག་པའི་བསྟན་བཅོས་སྨན་བླའི་དགོངས་རྒྱན་རྒྱུད་བཞིའི་གསལ་བྱེད་བཻཌཱུརྻ་སྔོན་པོའི་ཕྲེང་བ་ལས་དུམ་བུ་གཉིས་པ་བཤད་པའི་རྒྱུད་ཀྱི་རྣམ་བཤད།

医方明论·药师佛密意庄严四部医典明解·蓝琉璃鬘中第二卷论说医典解说

c　དབྱངས་ཅན་དགྱེས་པའི་གློ་ལྡན་གདོང་དྲུག་སྙེམས་པའི་ལང་ཚོ་གསར་མ།

d　ས་བྱི། 土鼠年

e　སྨན་རྩིས།（藏医历算）

f　刻本　ལྕགས་རི་རིག་བྱེད་འགྲོ་ཕན་གླིང་།（西藏拉萨旧曼孜康医学院）　ཚོས་ཀྱི་སྡེ།

g　乌金　梵夹装　50×7

h　284　6

i　无　藏纸　黑　完整

j　封面钤有“民族文化宫图书馆藏”印；民族宫目录中为223叶。

288

A　3782　494-495

B　སྡེ་སྲིད་སངས་རྒྱས་རྒྱ་མཚོའི་གསུང་འབུམ།

---

① 与作者生卒年接近的土鼠年为1648年或1708年，均不在作者生卒年范围之内。以下同。

第司·桑结嘉措文集

C

D　སྡེ་སྲིད་སངས་རྒྱས་རྒྱ་མཚོ།

同 3779 介绍。

E　此函无函号；西藏图书馆藏品 2 卷，一为民族宫目录中的 494 号内容，一为 495 号内容；缺民族宫目录中 495 号的一卷：《医方明论·药师佛密意庄严四部医典明解·蓝琉璃玛里嘎第二帙》。

288.1

a　2-1

b　གསོ་བ་རིག་པའི་བསྟན་བཅོས་སྨན་བླའི་དགོངས་རྒྱན་རྒྱུད་བཞིའི་གསལ་བྱེད་བཻཌཱུརྱ་སྔོན་པོའི་ཕྲེང་བ་ལས་དུམ་

བུ་ གསུམ་པ་མན་ངག་ཡོན་ཏན་རྒྱུད་ཀྱི་རྣམ་བཤད།

医方明论·药师佛密意庄严四部医典明解·蓝琉璃鬘中第三卷秘诀医典解说

c　དབྱངས་ཅན་དགྱེས་པའི་བློ་ལྡན་གདོང་དྲུག་སྙེམས་པའི་ལང་ཚོ་གསར་མ།

d　ས་བྱི། 土鼠年

e　སྨན་རྩིས།（藏医历算）

f　刻本　ལྷགས་རི་རིག་བྱེད་འགྲོ་ཕན་གླིང་།（西藏拉萨旧曼孜康医学院）　ཚེས་ཀྱི་སེངྒེ།

g　乌金　梵夹装　50×7

h　563　6

i　无　藏纸　黑　完整

j　封面钤有“民族文化宫图书馆藏”印；民族宫目录中为 494 号内容，202 叶。

288.2

a　2-2

b　གསོ་བ་རིག་པའི་བསྟན་བཅོས་སྨན་བླའི་དགོངས་རྒྱན་རྒྱུད་བཞིའི་གསལ་བྱེད་བཻཌཱུརྱ་སྔོན་པོའི་ཕྲེང་བ་ལས་དུམ་

བུ་ བཞི་བ་ཕྱི་མ་རྒྱུད་ཀྱི་རྣམ་བཤད།

医方明论·药师佛密意庄严四部医典明解·蓝琉璃鬘中第四卷后续医典解说

c　དབྱངས་ཅན་དགྱེས་པའི་བློ་ལྡན་གདོང་དྲུག་སྙེམས་པའི་ལང་ཚོ་གསར་མ།

d　ས་བྱི། 土鼠年

e　སྨན་རྩིས།（藏医历算）

f　刻本　ལྕགས་རི་རིག་བྱེད་འགྲོ་ཕན་གླིང་།（西藏拉萨旧曼孜康医学院）　ཆོས་ཀྱི་སེངྒེ།

g　乌金　梵夹装　50×7
h　251　6
i　无　藏纸　黑　完整
j　封面钤有“民族文化宫图书馆藏”印；民族宫目录中为495号内容，189叶。

289
A　3783　1386

B　སྡེ་སྲིད་སངས་རྒྱས་རྒྱ་མཚོའི་གསུང་འབུམ།

第司·桑结嘉措文集
C

D　སྡེ་སྲིད་སངས་རྒྱས་རྒྱ་མཚོ།

同3779介绍。
E　此函无函号；馆藏齐全。

289.1
a　1-1

b　མན་ངག་ཡོན་ཏན་རྒྱུད་ཀྱི་ལྷན་ཐབས་ཟུག་རྔུ་ཚ་གདུང་སེལ་བའི་ག་བུར་དུས་མིན་འཆི་ཞགས་གཅོད་པའི་རལ་གྲི

秘诀医典补遗·消除疫热之冰片斩除非命死索之利剑

c　དབྱངས་ཅན་དགྱེས་པའི་བློ་ལྡན་གདོང་དྲུག་སྙེམས་པའི་ལང་ཚོ་གསར་མ།

d

e　སྨན་རྩིས།（藏医历算）

f　刻本　རབ་བྱུང་བཅུ་གཉིས་པའི་ཆུ་མོ་གླང་ལ་སྡེ་དགེའི་ལྷུན་གྲུབ་སྟེང་གི་བླ་བྲང་ཆེན་མོར་པར་དུ་བསྒྲུབས།
（第十二饶迥水阴牛年四川德格）

g 乌金 梵夹装 47×6.5
h 225 6
i 有藏纸黑残缺
j 封面钤有“民族文化宫图书馆藏”印；民族宫目录中为298叶。

290
A 12363
B སྡེ་སྲིད་སངས་རྒྱས་རྒྱ་མཚོའི་གསུང་འབུམ།
第司·桑结嘉措文集
C
D སྡེ་སྲིད་སངས་རྒྱས་རྒྱ་མཚོ།
同3779介绍。
E 无函号，由民族宫目录中不同函散卷组成。

290.1
a 3-1
b གསོ་བ་རིག་པའི་བསྟན་བཅོས་སྨན་བླའི་དགོངས་རྒྱན་རྒྱུད་བཞིའི་གསལ་བྱེད་བཻཌཱུར་སྔོན་པོའི་ལྷག་ཞེས་བྱ་བ།
医方明论·药师佛密意庄严四部医典明解·蓝琉璃玛里嘎
c
d
e སྨན་རྩིས།（藏医历算）
f 刻本 དགའ་ལྡན་ཕུན་ཚོགས་གླིང་།（西藏日喀则噶丹彭措林）
g 乌金 梵夹装 47×6
h 17 6
i 无 藏纸 黑 完整
j 封面钤有“民族文化宫图书馆藏”印。

290.2
a 3-2
b གསོ་བ་རིག་པའི་བསྟན་བཅོས་སྨན་བླའི་དགོངས་རྒྱན་རྒྱུད་བཞིའི་གསལ་བྱེད་བཻཌཱུར་སྔོན་པོའི་ཕྲེང་བ་ལས་དུམ་

བུ་གཉིས་པ་བཤད་པའི་རྒྱུད་ཀྱི་རྣམ་བཤད་ཞེས་བྱ་བ་བཞུགས།

医方明论·药师佛密意庄严四部医典明解·蓝琉璃鬘中第二卷论说医典解说

c

d

e　སྨན་རྩིས།（藏医历算）

f　刻本　དགའ་ལྡན་ཕུན་ཚོགས་གླིང་།（西藏日喀则噶丹彭措林）

g　乌金　梵夹装　47×6

h　261　6

i　无　藏纸　黑　完整

j　封面钤有"民族文化宫图书馆藏"印。

290.3

a　3-3

b　གསོ་བ་རིག་པའི་བསྟན་བཅོས་སྨན་བླའི་དགོངས་རྒྱན་རྒྱུད་བཞིའི་གསལ་བྱེད་བཻཌཱུརྱ་སྔོན་པོའི་ཕྲེང་བ་ལས་དུམ་

བུ་བཞི་པ་ཕྱི་མའི་རྒྱུད་ཀྱི་རྣམ་བཤད་ཅེས་བྱ་བ་བཞུགས་སོ།།

医方明论·药师佛密意庄严四部医典明解·蓝琉璃鬘中第四卷后续医典解说

c

d

e　སྨན་རྩིས།（藏医历算）

f　刻本　དགའ་ལྡན་ཕུན་ཚོགས་གླིང་།（西藏日喀则噶丹彭措林）

g　乌金　梵夹装　47×6

h　232　6

i　无　藏纸　黑　完整

j　封面钤有"民族文化宫图书馆藏"印。

291

A　12364

B　རྡོ་སྲིད་སངས་རྒྱས་རྒྱ་མཚོའི་གསུང་འབུམ།

第司·桑结嘉措文集

C

D སྡེ་སྲིད་སངས་རྒྱས་རྒྱ་མཚོ།

同 3779 介绍。

E 无函号，由民族宫目录中不同函的散卷组成。

291.1

a 3-1

b གསོ་བ་རིག་པའི་བསྟན་བཅོས་སྨན་བླའི་དགོངས་རྒྱན་རྒྱུད་བཞིའི་གསལ་བྱེད་བཻཌཱུར་སྔོན་པོའི་ མལླིཀ་ཞེས་བྱ་བ་

བཞུགས།

医方明论·药师佛密意庄严四部医典明解·蓝琉璃玛里嘎

c

d

e སྨན་རྩིས།（藏医历算）

f 刻本 དགའ་ལྡན་ཕུན་ཚོགས་གླིང་།（西藏日喀则噶丹彭措林）

g 乌金 梵夹装 47×6

h 37 6

i 无 藏纸 黑 完整

j 封面钤有“民族文化宫图书馆藏”印。

291.2

a 3-2

b གསོ་བ་རིག་པའི་བསྟན་བཅོས་སྨན་བླའི་དགོངས་རྒྱན་རྒྱུད་བཞིའི་གསལ་བྱེད་བཻཌཱུར་སྔོན་པོའི་ཕྲེང་བ་ལས་དུམ་

བུ་ གཉིས་པ་བཤད་པའི་རྒྱུད་ཀྱི་རྣམ་བཤད་ཞེས་བྱ་བ་བཞུགས།

医方明论·药师佛密意庄严四部医典明解·蓝琉璃鬘中第二卷论说医典解说

c

d

e གསོ་རིག（藏医学）

f 刻本 དགའ་ལྡན་ཕུན་ཚོགས་གླིང་།（西藏日喀则噶丹彭措林）

g 乌金 梵夹装 47×6
h 261 6
i 无 藏纸 黑 完整
j 封面钤有“民族文化宫图书馆藏”印。

291.3
a 3-3
b གསོ་བ་རིག་པའི་བསྟན་བཅོས་སྨན་བླའི་དགོངས་རྒྱན་རྒྱུད་བཞིའི་གསལ་བྱེད་བཻཌཱུ་རྱ་སྔོན་པོའི་ཕྲེང་བ་ལས་དུམ་

བུ་ བཞི་པ་ཕྱི་མའི་རྒྱུད་ཀྱི་རྣམ་བཤད་ཅེས་བྱ་བ་བཞུགས་སོ།།

医方明论·药师佛密意庄严四部医典明解·蓝琉璃鬘中第四卷后续医典解说
c
d
e གསོ་རིག（藏医学）
f 刻本 དགའ་ལྡན་ཕུན་ཚོགས་གླིང་།（西藏日喀则噶丹彭措林）
g 乌金 梵夹装 47×6
h 232 6
i 无 藏纸 黑 完整
j 封面钤有“民族文化宫图书馆藏”印。

292
A 12365
B སྡེ་སྲིད་སངས་རྒྱས་རྒྱ་མཚོའི་གསུང་འབུམ།
第司·桑结嘉措文集
C
D སྡེ་སྲིད་སངས་རྒྱས་རྒྱ་མཚོ།
同3779介绍。
E 无函号，由民族宫目录中不同编号的散卷组成。

292.1
a 3-1

b གསོ་བ་རིག་པའི་བསྟན་བཅོས་སྨན་བླའི་དགོངས་རྒྱན་རྒྱུད་བཞིའི་གསལ་བྱེད་བཻཌཱུརྱ་སྔོན་པོའི་ལྷིག་ཞེས་བྱ་བ་
བཞུགས།
医方明论·药师佛密意庄严四部医典明解·蓝琉璃玛里嘎
c
d
e སྨན་རྩིས།（藏医历算）
f 刻本 དགའ་ལྡན་ཕུན་ཚོགས་གླིང་།（西藏日喀则噶丹彭措林）
g 乌金 梵夹装 47×6
h 37 6
i 无 藏纸 黑 完整
j 封面钤有“民族文化宫图书馆藏”印。

292.2
a 3-2
b གསོ་བ་རིག་པའི་བསྟན་བཅོས་སྨན་བླའི་དགོངས་རྒྱན་རྒྱུད་བཞིའི་གསལ་བྱེད་བཻཌཱུརྱ་སྔོན་པོའི་ཕྲེང་བ་ལས་དུམ་
བུ་གཉིས་པ་བཤད་པའི་རྒྱུད་ཀྱི་རྣམ་བཤད་ཞེས་བྱ་བ་བཞུགས།
医方明论·药师佛密意庄严四部医典明解·蓝琉璃鬘中第二卷论说医典解说
c
d
e སྨན་རྩིས།（藏医历算）
f 刻本 དགའ་ལྡན་ཕུན་ཚོགས་གླིང་།（西藏日喀则噶丹彭措林）
g 乌金 梵夹装 47×6
h 261 6
i 无 藏纸 黑 完整
j 封面钤有“民族文化宫图书馆藏”印。

292.3
a 3-3
b གསོ་བ་རིག་པའི་བསྟན་བཅོས་སྨན་བླའི་དགོངས་རྒྱན་རྒྱུད་བཞིའི་གསལ་བྱེད་བཻཌཱུརྱ་སྔོན་པོའི་ཕྲེང་བ་ལས་དུམ་

བུ་ བཞི་པ་ཕྱི་མའི་རྒྱུད་ཀྱི་རྣམ་བཤད་ཅེས་བྱ་བ་བཞུགས་སོ།།

医方明论 ·药师佛密意庄严四部医典明解 ·蓝琉璃蔓中第四卷后续医典解说

c
d

e སྨན་རྩིས། （藏医历算）

f 刻本 དགའ་ལྡན་ཕུན་ཚོགས་གླིང་། （西藏日喀则噶丹彭措林）

g 乌金 梵夹装 47×6
h 232 6
i 无 藏纸 黑 完整
i 封面钤有“民族文化宫图书馆藏”印。

293
A 12366

B སྡེ་སྲིད་སངས་རྒྱས་རྒྱ་མཚོའི་གསུང་འབུམ།

第司 · 桑结嘉措文集

C

D སྡེ་སྲིད་སངས་རྒྱས་རྒྱ་མཚོ།

同 3779 介绍。

E 无函号，由民族宫目录中不同函散卷组成。

293.1
a 2-1

b གསོ་བ་རིག་པའི་བསྟན་བཅོས་སྨན་བླའི་དགོངས་རྒྱན་རྒྱུད་བཞིའི་གསལ་བྱེད་བཻཌཱུརྱ་སྔོན་པོའི་ཕྲེང་བ་ལས་དུམ་

བུ་ གཉིས་པ་བཤད་པའི་རྒྱུད་ཀྱི་རྣམ་བཤད་ཞེས་བྱ་བ་བཞུགས།

医方明论 ·药师佛密意庄严四部医典明解 ·蓝琉璃蔓中第二卷论说医典解说

c
d

e སྨན་རྩིས། （藏医历算）

f 刻本 དགའ་ལྡན་ཕུན་ཚོགས་གླིང་།（西藏日喀则噶丹彭措林）

g 乌金 梵夹装 47×6
h 261 6
i 无 藏纸 黑 完整
j 封面钤有“民族文化宫图书馆藏”印。

293.2
a 2-2

b གསོ་བ་རིག་པའི་བསྟན་བཅོས་སྨན་བླའི་དགོངས་རྒྱན་རྒྱུད་བཞིའི་གསལ་བྱེད་བཻཌཱུརྱ་སྔོན་པོའི་ཕྲེང་བ་ལས་དུམ་བུ་ བཞི་པ་ཕྱི་མའི་རྒྱུད་ཀྱི་རྣམ་བཤད་ཅེས་བྱ་བ་བཞུགས་སོ།།

医方明论·药师佛密意庄严四部医典明解·蓝琉璃鬘中第四卷后续医典解说
c
d

e སྨན་རྩིས།（藏医历算）

f 刻本 དགའ་ལྡན་ཕུན་ཚོགས་གླིང་།（西藏日喀则噶丹彭措林）

g 乌金 梵夹装 47×6
h 232 6
i 无 藏纸 黑 完整
j 封面钤有“民族文化宫图书馆藏”印。

294
A 12367

B སྡེ་སྲིད་སངས་རྒྱས་རྒྱ་མཚོའི་གསུང་འབུམ།

第司·桑结嘉措文集
C

D སྡེ་སྲིད་སངས་རྒྱས་རྒྱ་མཚོ།

同 3779 介绍。
E 无函号，由民族宫目录中不同函散卷组成。

294.1

a 1-1

b གསོ་བ་རིག་པའི་བསྟན་བཅོས་སྨན་བླའི་དགོངས་རྒྱན་རྒྱུད་བཞིའི་གསལ་བྱེད་བཻཌཱུརྱ་སྔོན་པོའི་ཕྲེང་བ་ལས་དུམ་

བུ་ གསུམ་པ་མན་ངག་ཡོན་ཏན་རྒྱུད་ཀྱི་རྣམ་བཤད་ཅེས་བྱ་བ་བཞུགས་སོ།།

医方明论 •药师佛密意庄严四部医典明解 •蓝琉璃鬘中第三卷秘诀医典解说

c

d

e སྨན་རྩིས།（藏医历算）

f 刻本 དགའ་ལྡན་ཕུན་ཚོགས་གླིང་།（西藏日喀则噶丹彭措林）

g 乌金 梵夹装 47×6

h 537 7

i 无 藏纸 黑 完整

j 封面钤有“民族文化宫图书馆藏”印。

295

A 12368

B སྡེ་སྲིད་སངས་རྒྱས་རྒྱ་མཚོའི་གསུང་འབུམ།

第司 · 桑结嘉措文集

C

D སྡེ་སྲིད་སངས་རྒྱས་རྒྱ་མཚོ།

同 3779 介绍。

E 无函号，由民族宫目录中不同函的散卷组成。

295.1

a 1-1

b གསོ་བ་རིག་པའི་བསྟན་བཅོས་སྨན་བླའི་དགོངས་རྒྱན་རྒྱུད་བཞིའི་གསལ་བྱེད་བཻཌཱུརྱ་སྔོན་པོའི་ཕྲེང་བ་ལས་དུམ་

བུ་ གསུམ་པ་མན་ངག་ཡོན་ཏན་རྒྱུད་ཀྱི་རྣམ་བཤད་ཅེས་བྱ་བ་བཞུགས་སོ།།

医方明论 •药师佛密意庄严四部医典明解 •蓝琉璃鬘中第三卷秘诀医典解说

c

d

e སྨན་རྩིས། （藏医历算）

f 刻本 དགའ་ལྡན་ཕུན་ཚོགས་གླིང་། （西藏日喀则噶丹彭措林）

g 乌金 梵夹装 47×6

h 537 7

i 无 藏纸 黑 完整

j 封面钤有“民族文化宫图书馆藏”印。

296

A 12369

B སྡེ་སྲིད་སངས་རྒྱས་རྒྱ་མཚོའི་གསུང་འབུམ།

第司·桑结嘉措文集

C

D སྡེ་སྲིད་སངས་རྒྱས་རྒྱ་མཚོ།

同 3779 介绍。

E 无函号，由民族宫目录中不同函散卷组成。

296.1

a 1-1

b གསོ་བ་རིག་པའི་བསྟན་བཅོས་སྨན་བླའི་དགོངས་རྒྱན་རྒྱུད་བཞིའི་གསལ་བྱེད་བཻཌཱུརྱ་སྔོན་པོའི་ཕྲེང་བ་ལས་དུམ་

བུ་ གསུམ་པ་མན་ངག་ཡོན་ཏན་རྒྱུད་ཀྱི་རྣམ་བཤད་ཅེས་བྱ་བ་བཞུགས་སོ།།

医方明论·药师佛密意庄严四部医典明解·蓝琉璃鬘中第三卷秘诀医典解说

c

d

e སྨན་རྩིས། （藏医历算）

f 刻本 དགའ་ལྡན་ཕུན་ཚོགས་གླིང་། （西藏日喀则噶丹彭措林）

g 乌金 梵夹装 47×6

h 537 7

i 无 藏纸 黑 完整

i 封面钤有“民族文化宫图书馆藏”印。

297

A 12370

B སྡེ་སྲིད་སངས་རྒྱས་རྒྱ་མཚོའི་གསུང་འབུམ།

第司·桑结嘉措文集

C

D སྡེ་སྲིད་སངས་རྒྱས་རྒྱ་མཚོ།

同 3779 介绍。

E 无函号，由民族宫目录中不同函的散卷组成。

297.1

a 1-1

b གསོ་བ་རིག་པའི་བསྟན་བཅོས་སྨན་བླའི་དགོངས་རྒྱན་རྒྱུད་བཞིའི་གསལ་བྱེད་བཻཌཱུརྻ་སྔོན་པོའི་ཕྲེང་བ་ལས་དུམ་

བུ་ གསུམ་པ་མན་ངག་ཡོན་ཏན་རྒྱུད་ཀྱི་རྣམ་བཤད་ཅེས་བྱ་བ་བཞུགས་སོ།།

医方明论·药师佛密意庄严四部医典明解·蓝琉璃鬘中第三卷秘诀医典解说

c

d

e སྨན་རྩིས། （藏医历算）

f 刻本 དགའ་ལྡན་ཕུན་ཚོགས་གླིང་། （西藏日喀则噶丹彭措林）

g 乌金 梵夹装 47×6

h 537 7

i 无 藏纸 黑 完整

j 封面钤有“民族文化宫图书馆藏”印。

མཇུག་བྱང་།

《ཀྲུང་ཧྭ་གནའ་དཔེའི་ཕྱུང་བ་བརྗོད་པའི་དཀར་ཆག་དཔེ་ཚོགས་ལས་བོད་རང་སྐྱོང་ལྗོངས་དཔེ་མཛོད་ཁང་གི་གནའ་དཔེའི་དཀར་ཆག་ གསུང་འབུམ་པོད།》 ཅེས་པ་འདི་བོད་རིག་པའི་མཁས་དབང་རྣམ་གྱི་སྤྱན་ལམ་དུ་གཟིགས་འབུལ་བྱ་སྐབས། རང་ཉིད་ཀྱི་སེམས་ནང་བརྗོད་དཀའ་བའི་དགའ་སྤྲོ་ཞིག་བྱུང་། དཔེ་མཛོད་ཁང་གི་དཔེ་སྙིང་སྲུང་སྐྱོབ་ཀྱི་ལས་དོན་མི་སྣས་དཀའ་ངལ་ཁྱད་དུ་བསད་དེ་བོད་རང་སྐྱོང་ལྗོངས་དཔེ་མཛོད་ཁང་གི་ལོ་རྒྱུས་ཐོག་གི་དེབ་ཐོག་མ་དེ་དངོས་སུ་དཔེ་བསྐྲུན་བྱས་པར་བཀྲ་ཤིས་རྟེན་འབྲེལ་ཞུ་རྒྱུ་དང་ང་རང་ཡང་ཁོ་པ་ཚོའི་ལས་ཀའི་དད་ཞེན་ལ་སྤྲོ་སྣང་དང་སྤོབས་པ་སྐྱེ་དགོས་པ་ཞིག་བྱུང་། ཐོག་མར་དེབ་འདི་དེད་དཔེ་མཛོད་ཁང་གི་ལོ་རྒྱུས་ཐོག་དངོས་སུ་དཔེ་སྐྲུན་བྱས་པའི་དེབ་ཐོག་མ་དེ་ཡིན་སྟབས་ཕྱོགས་གང་ཅིའི་ཐད་ནས་ཉམས་མྱོང་གཞན་པས་དེར་འཛོལ་ནོར་འཕྱུགས་དང་ཀྲང་འཁྱོར་ཞུས་སོགས་ཀྱི་སྐྱོན་མཆིས་སྲིད་པས་བོད་ཀྱི་དཔེ་སྙིང་ལ་མཁྱེན་རྒྱ་ཡངས་པའི་མཁས་དབང་རྣམས་པས་ཡོ་བསྲང་དང་སྐྱོན་བརྗོད་ཡོང་བར་སྨོན། དེབ་འདིའི་དཔེ་སྐྲུན་ཐད་བོད་རང་སྐྱོང་ལྗོངས་རིག་གནས་ཐིང་གི་དབུ་ཁྲིད་ཀྱིས་ཤུགས་ཆེའི་རྒྱབ་སྐྱོར་དང་རྒྱལ་ཁབ་གནའ་དཔེ་སྲུང་སྐྱོབ་ལྟེ་གནས་ཀྱིས་དེབ་འདིའི་རྩོམ་བསྒྲིགས་ཀྱི་འགྲོ་སོང་བཏང་བ་བཅས་ལ་ཁ་ཞེ་གཉིས་མེད་ཀྱི་ཐུགས་རྗེ་ཆེ་ཞུ་རྒྱུ་ཡིན། དེབ་འདི་བདེ་བླག་ངང་དཔེ་སྐྲུན་ཐུབ་པར་རྒྱལ་ཁབ་དཔེ་མཛོད་ཁང་གི་དཔེ་སྐྲུན་ཁང་གིས་སེར་སྣ་མེད་ཅིང་སེམས་རྩ་འཁོལ་པོའི་ངང་ནས་རོགས་རམ་གནང་བ་ལས་ཁོ་པ་ཚོའི་བླ་ན་མེད་པའི་ལས་རིགས་སྙིང་སྟོབས་ལ་སེམས་ཀྱི་གཏིང་ནས་ཐུགས་རྗེ་ཆེ་ཞུ་རྒྱུ། དེབ་འདིས་དེད་དཔེ་མཛོད་ཁང་གི་དཔེ་སྙིང་ཁྱབ་བསྒྲགས་བྱས་པ་ནི་ང་ཚོའི་འོས་འགན་དང་དེ་མིན་བོད་ལྗོངས་གནའ་དཔེ་སྲུང་སྐྱོབ་ལས་ཀའི་གྲུབ་འབྲས་ཆེན་པོ་ཞིག་ཏུ་བརྩིས་ཏེ་གནའ་དཔེ་ཉར་ཚགས་ཀྱི་ལས་ཁུངས་མང་པོ་ཞིག་ནས་ཀྱང་རང་རང་སོ་སོའི་དཔེ་སྙིང་གི་དཀར་ཆག་བསྒྲིགས་ཏེ་དཔེ་སྐྲུན་དང་ཁྱབ་བསྒྲགས་ཀྱི་ལས་ཀར་སྐུལ་འདེད་ཀྱི་ནུས་ཤོན་ཐུབ་པ་བྱས་སྟེ་བོད་ལྗོངས་ཀྱི་གནའ་དཔེ་སྲུང་སྐྱོབ་ལས་ཀ་མཐོ་རླབས་གསར་པ་ཞིག་སྤྱུར་བ་བྱ་རྒྱུ་བཅས་ཀྱི་དོན་སྙིང་ཡིན། དེབ་འདི་དངོས་སུ་དཔེ་སྐྲུན་བྱས་ཟིན་པས་རྩོམ་བསྒྲིག་དང་དཔེ་སྐྲུན་གྱི་ལས་ཀར་སྐུ་ལས་བསྐྱོན་མཁན་གྱི་དགེ་རྒན་རྣམས་ལ་ཡང་ཐུགས་རྗེ་ཆེ་ཞུ་རྒྱུ་ཡིན། ང་ཚོས་དབུ་ཁྲིད་དང་མཁས་དབང་། དགེ་བའི་

བཞེས་གཉེན་གྱི་སྐུལ་ལྕགས་དེ་འགྲུལ་ཤུགས་སུ་བསྒྱུར་ཏེ་དེ་བས་སེམས་ཚ་འཁོལ་པོས་དཔེ་རྙིང་གི་ལས་ཀ་བསྒྲུབས་རྒྱུ་ཡིན། ངེད་དཔེ་མཛོད་ཁང་གི་དཔེ་རྙིང་ལས་ཀ་གང་ལེགས་བྱས་པ་དང་སྨྲུགས་ཤུར་བརྩོན་གྱིས་བོད་ལྗོངས་ཀྱི་གནའ་དཔེ་ཡོངས་བཞེར་དང་ཉར་ཚགས་ཀྱི་ཁོར་ཡུག་དང་མི་སྣ་སྐྱིད་བསྲིང་། གནའ་དཔེ་ཉམས་བཟོ་དང་དཔེ་རྙིང་ སྲུས་ལེགས་དཔེ་སྐྲུན་སོགས་ཀྱི་ལས་ཀའི་སྡེ་ཁྲིད་ཏེ་བོད་ལྗོངས་ཀྱི་གནའ་དཔེའི་སྲུང་སྐྱོབ་ཀྱི་ལས་ཀ་འདི་ཡང་སྐས་རིམ་གསར་པ་ཞིག་ཏུ་སླེབས་པ་བྱ་རྒྱུ་ཡིན།

བོད་རང་སྐྱོང་ལྗོངས་དཔེ་མཛོད་ཁང་གི་དབུ་ཁྲིད་ཀུན་པ། ནོ་མོ་ནས།

༢༠༡༥ལོའི་ཟླ་༣པར།

后记

《中华古籍书志书目丛刊·西藏自治区图书馆古籍目录·文集卷》一书呈现在藏学家面前时,本人心里极为矛盾与忐忑。图书馆古籍工作人员不辞辛苦,能够编辑出版西藏自治区图书馆历史上第一部正式出版物,势必值得庆贺,我为他们的执着感到极为高兴与自豪。另一方面,正因为是本馆历史上第一部正式出版物,其中不免有讹误错漏等,还望学界严厉指正批评。出版此目录的过程中,我们得到了西藏自治区文化厅领导的大力支持,国家古籍保护中心为目录的编纂提供经费,在此表示诚挚的谢意。此书能够顺利出版,更得益于国家图书馆出版社的慷慨解囊与热心相助,我们为他们崇高的敬业精神表示衷心的感谢。出版目录,揭示馆藏,是我们的责任与义务,这是出版本书的第一层意义。而本书作为西藏古籍保护工程的一大成果,将会带动更多馆藏单位积极编目,纷纷出版公布,必将西藏古籍保护工作推向高潮,这是出版此书的另一深层意义所在。目录已经出版了,再次感谢编辑出版过程中付出辛勤劳动的所有老师,我们将各位领导、学者、老师们的鼓励化作动力,更加热情地投入到古籍工作当中。做好本馆古籍工作的同时,我们会积极带领全区做好古籍普查登记、改善古籍保存环境、培养人才、启动修复、出版精品等一系列工作,将西藏古籍工作推上新台阶。

西藏自治区图书馆馆长　努木

2015 年 3 月于拉萨